Lieber Leser

*Die 32. Ausgabe des
Michelin-Hotelführers Deutschland
bietet Ihnen eine aktualisierte Auswahl
an Hotels und Restaurants.*

*Von unseren unabhängigen
Hotelinspektoren ausgearbeitet,
bietet der Hotelführer dem Reisenden
eine große Auswahl an Hotels
und Restaurants
in jeder Kategorie sowohl was den Preis
als auch den Komfort anbelangt.*

*Stets bemüht, unseren Lesern die neueste
Information anzubieten,
wurde diese Ausgabe
mit größter Sorgfalt erstellt.*

*Deshalb sollten Sie immer nur
dem aktuellen Hotelführer Ihr
Vertrauen schenken.*

*Ihre Kommentare sind uns immer
willkommen.*

Michelin wünscht Ihnen « Gute Reise ! »

D1226554

Inhaltsverzeichnis

Wahl
eines Hotels, eines Restaurants

Die Auswahl der in diesem Führer aufgeführten Hotels und Restaurants ist für Durchreisende gedacht. In jeder Kategorie drückt die Reihenfolge der Betriebe (sie sind nach ihrem Komfort klassifiziert) eine weitere Rangordnung aus.

KATEGORIEN

🏨🏨🏨🏨	Großer Luxus und Tradition	XXXXX
🏨🏨🏨	Großer Komfort	XXXX
🏨🏨	Sehr komfortabel	XXX
🏨	Mit gutem Komfort	XX
🏠	Mit ausreichendem Komfort	X
🏡	Bürgerlich	
garni	Hotel ohne Restaurant	
	Restaurant vermietet auch Zimmer	mit Zim

ANNEHMLICHKEITEN

Manche Häuser sind im Führer durch rote Symbole gekennzeichnet (s. unten.) Der Aufenthalt in diesen Hotels ist wegen der schönen, ruhigen Lage, der nicht alltäglichen Einrichtung und Atmosphäre und dem gebotenen Service besonders angenehm und erholsam.

🏨🏨🏨🏨 bis 🏠	Angenehme Hotels
XXXXX bis X	Angenehme Restaurants
« Park »	Besondere Annehmlichkeit
🦢	Sehr ruhiges, oder abgelegenes und ruhiges Hotel
🦢	Ruhiges Hotel
≤ Rhein	Reizvolle Aussicht
≤	Interessante oder weite Sicht

Die Übersichtskarten S. 42 – S. 51, auf denen die Orte mit besonders angenehmen oder ruhigen Häusern eingezeichnet sind, helfen Ihnen bei der Reisevorbereitung. Teilen Sie uns bitte nach der Reise Ihre Erfahrungen und Meinungen mit. Sie helfen uns damit, den Führer weiter zu verbessern.

Einrichtung

Die meisten der empfohlenen Hotels verfügen über Zimmer, die alle oder doch zum größten Teil mit einer Naßzelle ausgestattet sind. In den Häusern der Kategorien 🏨, 🏠 und 🛏 kann diese jedoch in einigen Zimmern fehlen.

30 Z	Anzahl der Zimmer
🛗	Fahrstuhl
▤	Klimaanlage
TV	Fernsehen im Zimmer
⚡✗	Haus teilweise reserviert für Nichtraucher
☎	Zimmertelefon mit direkter Außenverbindung
♿	Für Körperbehinderte leicht zugänglich
🧒	Spezielle Einrichtungen/Angebote für Kinder
🏡	Garten-, Terrassenrestaurant
🏊 🏊	Freibad, Hallenbad oder Thermalhallenbad
♨	Badeabteilung, Thermalkur
🚴 🏋 ≋s	Fitneßraum – Kneippabteilung – Sauna – Dampfbad
🏖	Strandbad – Liegewiese, Garten
✂	Hoteleigener Tennisplatz
🏌18 🐎	Golfplatz und Lochzahl – Reitpferde
🏛 150	Konferenzräume mit Höchstkapazität
🚗	Hotelgarage, überdachter Parkplatz (wird gewöhnlich berechnet)
℗	Parkplatz reserviert für Gäste
🐕	Hunde sind unerwünscht (im ganzen Haus bzw. in den Zimmern oder im Restaurant)
Fax	Telefonische Dokumentenübermittlung
Mai-Okt.	Öffnungszeit, vom Hotelier mitgeteilt
nur Saison	Unbestimmte Öffnungszeit eines Saisonhotels. Häuser ohne Angabe von Schließungszeiten sind ganzjährig geöffnet.

Küche

DIE STERNE

Einige Häuser verdienen wegen ihrer überdurchschnittlich guten Küche Ihre besondere Beachtung. Auf diese Häuser weisen die Sterne hin.
Bei den mit « **Stern** » ausgezeichneten Betrieben nennen wir maximal drei kulinarische Spezialitäten, die Sie probieren sollten.

❀❀❀ **Eine der besten Küchen : eine Reise wert**
Ein denkwürdiges Essen, edle Weine, tadelloser Service, gepflegte Atmosphäre... entsprechende Preise.

❀❀ **Eine hervorragende Küche : verdient einen Umweg**
Ausgesuchte Menus und Weine... angemessene Preise.

❀ **Eine sehr gute Küche : verdient Ihre besondere Beachtung**
Der Stern bedeutet eine angenehme Unterbrechung Ihrer Reise.
Vergleichen Sie aber bitte nicht den Stern eines sehr teuren Luxusrestaurants mit dem Stern eines kleineren oder mittleren Hauses, wo man Ihnen zu einem annehmbaren Preis eine ebenfalls vorzügliche Mahlzeit reicht.

SORGFÄLTIG ZUBEREITETE, PREISWERTE MAHLZEITEN

Für Sie wird es interessant sein, auch solche Häuser kennenzulernen, die eine sehr gute, vorzugsweise regionale Küche zu einem besonders günstigen Preis/Leistungs-Verhältnis bieten. Im Text sind die betreffenden Restaurants durch die rote Angabe Menu kenntlich gemacht, z. B Menu 29/41.

Siehe Karten der Orte mit « Stern » und « Sorgfältig zubereitete, preiswerte Mahlzeiten » S. 42 bis S. 51.

Biere und Weine : siehe S. 52, 54 bis 56

Preise

Die in diesem Führer genannten Preise wurden uns im Sommer 1994 angegeben. Sie können sich mit den Preisen von Waren und Dienstleistungen ändern. Sie enthalten Bedienung und MWSt. Es sind Inklusivpreise, die sich nur noch durch die evtl. zu zahlende Kurtaxe erhöhen können.

Erfahrungsgemäß werden bei größeren Veranstaltungen, Messen und Ausstellungen (siehe Seiten am Ende des Führers) in vielen Städten und deren Umgebung erhöhte Preise verlangt.

Die Namen der Hotels und Restaurants, die ihre Preise genannt haben, sind fettgedruckt. Gleichzeitig haben sich diese Häuser verpflichtet, die von den Hoteliers selbst angegebenen Preise den Benutzern des Michelin-Führers zu berechnen.

Halten Sie beim Betreten des Hotels den Führer in der Hand. Sie zeigen damit, daß Sie aufgrund dieser Empfehlung gekommen sind.

MAHLZEITEN

←	**Mahlzeiten** (3-gängig) **unter** 25 DM
Menu 25/65	**Feste Menupreise :** Mindestpreis 25 DM, Höchstpreis 65 DM
Menu à la carte 44/82	**Mahlzeiten « à la carte »** – Der erste Preis entspricht einer einfachen Mahlzeit und umfaßt Suppe, Hauptgericht, Dessert. Der zweite Preis entspricht einer reichlichen Mahlzeit (mit Spezialität) bestehend aus: Vorspeise, Hauptgericht, Käse oder Dessert.
♨	Preiswerte offene Weine

ZIMMER

Z 55/140	Mindestpreis 55 für ein Einzelzimmer, Höchstpreis 140 für ein Doppelzimmer inkl. Frühstück.

HALBPENSION

1/2 P 58/89	Mindestpreis und Höchstpreis für Halbpension pro Person und Tag während der Hauptsaison. Es ist ratsam, sich beim Hotelier vor der Anreise nach den genauen Bedingungen zu erkundigen.

ANZAHLUNG – KREDITKARTEN

Einige Hoteliers verlangen eine Anzahlung. Diese ist als Garantie sowohl für den Hotelier als auch für den Gast anzusehen.

Es ist ratsam, sich beim Hotelier nach den genauen Bedingungen und Preisen zu erkundigen.

AE ⓸ E VISA JCB | Vom Haus akzeptierte Kreditkarten

Städte

In alphabetischer Reihenfolge (ä = ae, ö = oe, ü = ue, ß = ss)

✉ 2891 Waddens	Postleitzahl und Name des Verteilerpostamtes
☎ 0211	Vorwahlnummer (bei Gesprächen vom Ausland aus wird die erste Null weggelassen)
☎ 0591 (Lingen)	Vorwahlnummer und zuständiges Fernsprechamt
Ⓛ	Landeshauptstadt
413 R 20 987 ③	Nummer der Michelin-Karte mit Koordinaten bzw. Faltseite
24 000 Ew.	Einwohnerzahl
Höhe 175 m	Höhe
Heilbad ⎫ Kneippkurort ⎪ Heilklimatischer ⎪ Kurort-Luftkurort ⎬ Seebad ⎪ Erholungsort ⎪ Wintersport ⎭	Art des Ortes
800/1 000 m	Höhe des Wintersportgeländes und Maximal-Höhe, die mit Kabinenbahn oder Lift erreicht werden kann
🚡 2	Anzahl der Kabinenbahnen
🚠 4	Anzahl der Schlepp- oder Sessellifts
🎿 4	Anzahl der Langlaufloipen
AX A	Markierung auf dem Stadtplan
❋ ≼	Rundblick, Aussichtspunkt
⛳18	Golfplatz mit Lochzahl
✈	Flughafen
🚗 ☎ 7720	Ladestelle für Autoreisezüge – Nähere Auskünfte unter der angegebenen Telefonnummer
⛴ ⛴	Autofähre, Personenfähre
🄸	Informationsstelle
ADAC	Allgemeiner Deutscher Automobilclub (mit Angabe der Geschäftsstelle)

Sehenswürdigkeiten

BEWERTUNG

★★★	Eine Reise wert
★★	Verdient einen Umweg
★	Sehenswert

LAGE

Sehenswert	In der Stadt
Ausflugsziel	In der Umgebung der Stadt
N, S, O, W	Im Norden (N), Süden (S), Osten (O), Westen (W) der Stadt.
über ①, ④	Zu erreichen über die Ausfallstraße ① bzw. ④, die auf dem Stadtplan und der Michelin-Karte identisch gekennzeichnet sind
6 km	Entfernung in Kilometern

Reiseinformationen

Deutsche Zentrale für Tourismus (DZT)
Beethovenstr. 69, 60325 Frankfurt, ℰ (069) 7 57 20, Fax 7 51903.

Allgemeine Deutsche Zimmerreservierung (ADZ)
Corneliusstr. 34, 60325 Frankfurt, ℰ (069) 74 07 67, Fax 7 51056.

ADAC : Adressen im jeweiligen Ortstext
Notruf (Ortstarif, bundeseinheitlich) ℰ (01802) 22 22 22

AvD : Lyoner Str. 16, 60528 Frankfurt – Niederrad,
ℰ (069) 6 60 60, Fax 6606210, Notruf (gebührenfrei) ℰ 0130-99 09.

ACE : Schmidener Str. 233, 70374 Stuttgart,
ℰ (0711) 5 30 30, Fax 5303121, Notruf : ℰ 192 16.

DTC : Amalienburgstr. 23, 81247 München,
ℰ (089) 8 91 13 30, Fax 8116288, Notruf : ℰ 8 11 12 12.

Stadtpläne

□ ● **Hotels**
■ ● **Restaurants**

Sehenswürdigkeiten

Sehenswertes Gebäude mit Haupteingang

Sehenswerter Sakralbau
  Kathedrale, Kirche oder Kapelle

Straßen

Autobahn, Schnellstraße

❶ ❶ Nummern der Anschlußstellen : Autobahnein –
und/oder – ausfahrt

Hauptverkehrsstraße

← ◄ ɪ===ɪ Einbahnstraße – Gesperrte Staße, mit Verkehrsbeschränkungen

Fußgängerzone – Straßenbahn

Karlstr. **P** **P** Einkaufsstraße – Parkplatz

╪ ⊣⊢ ⊣⊢ Tor – Passage – Tunnel

Bahnhof und Bahnlinie

◻+++++◻ ◻—◻ Standseilbahn – Seilschwebebahn

⚠ **F** Bewegliche Brücke – Autofähre

Sonstige Zeichen

🛈 Informationsstelle

☪ ✡ Moschee – Synagoge

● ◌ ⠪ ✹ 🏛 Turm – Ruine – Windmühle – Wasserturm

▥ ᵗᵗt ↑ Garten, Park, Wäldchen – Friedhof – Bildstock

◯ ⚑ ✈ Stadion – Golfplatz – Pferderennbahn

♨ ☇ ▨ ▦ Freibad – Hallenbad

≼ ※ Aussicht – Rundblick

■ ◉ ✿ Denkmal – Brunnen – Fabrik

⚓ 🗼 Jachthafen – Leuchtturm

✈ ◉ Flughafen – U-Bahnstation, unterirdischer S-Bahnhof

Schiffsverbindungen :
🚢 ⚓ ⚓ Autofähre – Personenfähre

③ Straßenkennzeichnung (identisch auf Michelin-Stadt-
plänen und -Abschnittskarten)

▣ ✉ Hauptpostamt (postlagernde Sendungen) und Telefon

⊞ ▭ Krankenhaus – Markthalle

▨ ▢ Öffentliches Gebäude, durch einen Buchstaben
gekennzeichnet :

L　R Sitz der Landesregierung – Rathaus

J Gerichtsgebäude

M　T Museum – Theater

U Universität, Hochschule

POL Polizei (in größeren Städten Polizeipräsidium)

ADAC Automobilclub

Die Stadtpläne sind eingenordet (Norden = oben).

Ami lecteur

Cette 32ᵉ édition du Guide Michelin
Deutschland propose une sélection
actualisée d'hôtels et de restaurants.

Réalisée en toute indépendance par nos
Inspecteurs, elle offre au voyageur de
passage un large choix d'adresses à tous
les niveaux de confort et de prix.

Toujours soucieux d'apporter à
nos lecteurs l'information la plus récente,
nous avons mis à jour cette édition avec
le plus grand soin.

C'est pourquoi, seul, le Guide de l'année
en cours mérite votre confiance.

Merci de vos commentaires
toujours appréciés.

Michelin vous souhaite « Bon voyage ! »

Sommaire

Le choix
d'un hôtel, d'un restaurant

Ce guide vous propose une sélection d'hôtels et restaurants établie à l'usage de l'automobiliste de passage. Les établissements, classés selon leur confort, sont cités par ordre de préférence dans chaque catégorie.

CATÉGORIES

🏨	Grand luxe et tradition	XXXXX
🏨	Grand confort	XXXX
🏨	Très confortable	XXX
🏨	De bon confort	XX
🏠	Assez confortable	X
🏠	Simple mais convenable	
garni	L'hôtel n'a pas de restaurant	
	Le restaurant possède des chambres	mit Zim

AGRÉMENT ET TRANQUILLITÉ

Certains établissements se distinguent dans le guide par les symboles rouges indiqués ci-après. Le séjour dans ces hôtels se révèle particulièrement agréable ou reposant.
Cela peut tenir d'une part au caractère de l'édifice, au décor original, au site, à l'accueil et aux services qui sont proposés, d'autre part à la tranquillité des lieux.

🏨 à 🏠	Hôtels agréables
XXXXX à X	Restaurants agréables
« Park »	Élément particulièrement agréable
🦢	Hôtel très tranquille ou isolé et tranquille
🦢	Hôtel tranquille
≤ Rhein	Vue exceptionnelle
≤	Vue intéressante ou étendue.

Les localités possédant des établissements agréables ou tranquilles sont repérées sur les cartes pages 42 à 51.

Consultez-les pour la préparation de vos voyages et donnez-nous vos appréciations à votre retour, vous faciliterez ainsi nos enquêtes.

L'installation

Les chambres des hôtels que nous recommandons possèdent, en général, des installations sanitaires complètes. Il est toutefois possible que dans les catégories 🏠, 🏠 et ⛱, certaines chambres en soient dépourvues.

30 Z	Nombre de chambres
🛗	Ascenseur
▤	Air conditionné
TV	Télévision dans la chambre
🚭	Établissement en partie réservé aux non-fumeurs
☎	Téléphone dans la chambre, direct avec l'extérieur
🚹	Accessible aux handicapés physiques
🚼	Equipements d'accueil pour les enfants
🌳	Repas servis au jardin ou en terrasse
⛲ 🏊	Piscine : de plein air ou couverte
♨	Balnéothérapie, Cure thermale
⅃ᠪ 🧖 ≘s	Salle de remise en forme – Cure Kneipp – Sauna
⛱ 🌴	Plage aménagée – Jardin de repos
🎾	Tennis à l'hôtel
🏌18 🐎	Golf et nombre de trous – Chevaux de selle
🏛 150	Salles de conférences : capacité maximum
🚗	Garage dans l'hôtel (généralement payant)
Ⓟ	Parking réservé à la clientèle
🐕	Accès interdit aux chiens (dans tout ou partie de l'établissement)
Fax	Transmission de documents par télécopie
Mai-Okt.	Période d'ouverture, communiquée par l'hôtelier
nur Saison	Ouverture probable en saison mais dates non précisées. En l'absence de mention, l'établissement est ouvert toute l'année.

La table

LES ÉTOILES

Certains établissements méritent d'être signalés à votre attention pour la qualité de leur cuisine. Nous les distinguons par **les étoiles de bonne table**.

Nous indiquons, pour ces établissements, trois spécialités culinaires qui pourront orienter votre choix.

❀❀❀ | **Une des meilleures tables, vaut le voyage**
Table merveilleuse, grands vins, service impeccable, cadre élégant... Prix en conséquence.

❀❀ | **Table excellente, mérite un détour**
Spécialités et vins de choix... Attendez-vous à une dépense en rapport.

❀ | **Une très bonne table dans sa catégorie**
L'étoile marque une bonne étape sur votre itinéraire.
Mais ne comparez pas l'étoile d'un établissement de luxe à prix élevés avec celle d'une petite maison où à prix raisonnables, on sert également une cuisine de qualité.

REPAS SOIGNÉS A PRIX MODÉRÉS

Vous souhaitez parfois trouver des tables plus simples, à prix modérés ; c'est pourquoi nous avons sélectionné des restaurants proposant, pour un rapport qualité-prix particulièrement favorable, un repas soigné, souvent de type régional. Ces restaurants sont signalés par Menu en rouge. Ex. Menu 29/41.

Consultez les cartes des localités (étoiles de bonne table et repas soignés à prix modérés) pages 42 à 51.

La bière et les vins : voir p. 52, 54, 57 et 58

17

Les prix

Les prix que nous indiquons dans ce guide ont été établis en été 1994. Ils sont susceptibles de modifications, notamment en cas de variations des prix des biens et services. Ils s'entendent taxes et services compris. Aucune majoration ne doit figurer sur votre note, sauf éventuellement la taxe de séjour.

A l'occasion de certaines manifestations commerciales ou touristiques (voir les dernières pages), les prix demandés par les hôteliers risquent d'être sensiblement majorés dans certaines villes jusqu'à leurs lointains environs.

Les hôtels et restaurants figurent en gros caractères lorsque les hôteliers nous ont donné tous leurs prix et se sont engagés, **sous leur propre responsabilité,** à les appliquer aux touristes de passage porteurs de notre guide.

Entrez à l'hôtel le Guide à la main, vous montrerez ainsi qu'il vous conduit là en confiance.

REPAS

←	Établissement proposant un repas simple à **moins de** 25 DM
Menu 25/65	**Menus à prix fixe :** minimum 25 maximum 65
Menu à la carte 44/82	**Repas à la carte –** Le premier prix correspond à un repas normal comprenant : potage, plat garni et dessert. Le 2ᵉ prix concerne un repas plus complet (avec spécialité) comprenant : entrée, plat garni, fromage ou dessert.
⌀	vin de table en carafe à prix modéré

CHAMBRES

Z 55/140	Prix minimum 55 pour une chambre d'une personne prix maximum 140 pour une chambre de deux personnes petit déjeuner compris

DEMI-PENSION

1/2 P 58/90	Prix minimum et maximum de la demi-pension par personne et par jour, en saison. Il est indispensable de s'entendre par avance avec l'hôtelier pour conclure un arrangement définitif.

LES ARRHES – CARTES DE CRÉDIT

Certains hôteliers demandent le versement d'arrhes. Il s'agit d'un dépôt-garantie qui engage l'hôtelier comme le client. Bien faire préciser les dispositions de cette garantie.

🆎 ⓞ 🇪 𝘝𝘐𝘚𝘈 ⌨ | Cartes de crédit acceptées par l'établissement

Les villes

Classées par ordre alphabétique (mais ä = ae, ö = oe, ü = ue, ß = ss)

✉ 2891 Waddens	Numéro de code postal et nom du bureau distributeur du courrier
✆ 0211	Indicatif téléphonique interurbain
✆ 0591 (Lingen)	Indicatif téléphonique interurbain suivi, si nécessaire, de la localité de rattachement
Ⓛ	Capitale de « Land »
413 R 20 987 ③	Numéro de la Carte Michelin et carroyage ou numéro du pli
24 000 Ew	Population
Höhe 175 m	Altitude de la localité
Heilbad	Station thermale
Kneippkurort	Station de cures Kneipp
Heilklimatischer	Station climatique
Kurort-Luftkurort	Station climatique
Seebad	Station balnéaire
Erholungsort	Station de villégiature
Wintersport	Sports d'hiver
800/1 000 m	Altitude de la station et altitude maximum atteinte par les rémontées mécaniques
🚡 2	Nombre de téléphériques ou télécabines
🚟 4	Nombre de remonte-pentes et télésièges
🎿 4	Ski de fond et nombre de pistes
AX A	Lettres repérant un emplacement sur le plan
❋ ≤	Panorama, vue
⛳ 18	Golf et nombre de trous
✈	Aéroport
🚗 ✆ 7720	Localité desservie par train-auto. Renseignements au numéro de téléphone indiqué
⛴ ⛴	Transports maritimes : passagers et voitures, passagers seulement
🄱	Information touristique
ADAC	Automobile Club d'Allemagne

Les curiosités

INTÉRÊT

★★★	Vaut le voyage
★★	Mérite un détour
★	Intéressant

SITUATION

Sehenswert	Dans la ville
Ausflugsziel	Aux environs de la ville
N, S, O, W	La curiosité est située : au Nord, Sud, Est, ou Ouest
über ①, ④	On s'y rend par la sortie ① ou ④ repérée par le même signe sur le plan du Guide et sur la carte
6 km	Distance en kilomètres

Les plans

□	●	**Hôtels**
▣	●	Restaurants

Curiosités

Bâtiment intéressant et entrée principale

Édifice religieux intéressant :
  Cathédrale, église ou chapelle

Voirie

Autoroute, route à chaussées séparées

Echangeurs numérotés : complet, partiel

Grande voie de circulation

Sens unique – Rue impraticable, réglementée

Rue piétonne – Tramway

Karlstr. Rue commerçante – Parc de stationnement

Porte – Passage sous voûte – Tunnel

Gare et voie ferrée

Funiculaire – Téléphérique, télécabine

Pont mobile – Bac pour autos

Signes divers

Information touristique

Mosquée – Synagogue

Tour – Ruines – Moulin à vent – Château d'eau

Jardin, parc, bois – Cimetière – Calvaire

Stade – Golf – Hippodrome

Piscine de plein air, couverte

Vue – Panorama

Monument – Fontaine – Usine

Port de plaisance – Phare

Aéroport – Station de métro, gare souterraine

Transport par bateau :
  passagers et voitures, passagers seulement

③ Repère commun aux plans et aux cartes Michelin détaillées

Bureau principal de poste restante et téléphone

Hôpital – Marché couvert

Bâtiment public repéré par une lettre :

L R	Conseil provincial – Hôtel de ville
J	Palais de justice
M T	Musée – Théâtre
U	Université, grande école
POL	Police (commissariat central)
ADAC	Automobile Club

Les plans de villes sont disposés le Nord en haut.

Dear Reader

This 32nd edition of the Michelin Guide to Deutschland offers the latest selection of hotels and restaurants.

Independently compiled by our inspectors, the Guide provides travellers with a wide choice of establishments at all levels of comfort and price.

We are committed to providing readers with the most up to date information and this edition has been produced with the greatest care.

That is why only this year's guide merits your complete confidence.

Thank you for your comments, which are always appreciated.

Bon voyage !

Contents

Choosing
a hotel or restaurant

This guide offers a selection of hotels and restaurants to help the motorist on his travels. In each category establishments are listed in order of preference according to the degree of comfort they offer.

CATEGORIES

🏨	Luxury in the traditional style	XXXXX
🏨	Top class comfort	XXXX
🏨	Very comfortable	XXX
🏨	Comfortable	XX
🏛	Quite comfortable	X
🏠	Simple comfort	
garni	The hotel has no restaurant	
	The restaurant also offers accommodation	mit Zim

PEACEFUL ATMOSPHERE AND SETTING

Certain establishments are distinguished in the guide by the red symbols shown below.
Your stay in such hotels will be particularly pleasant or restful, owing to the character of the building, its decor, the setting, the welcome and services offered, or simply the peace and quiet to be enjoyed there.

🏨 to 🏛	Pleasant hotels
XXXXX to X	Pleasant restaurants
« Park »	Particularly attractive feature
🦢	Very quiet or quiet, secluded hotel
🦢	Quiet hotel
≤ Rhein	Exceptional view
≤	Interesting or extensive view

The maps on pages 42 to 51 indicate places with such peaceful, pleasant hotels and restaurants.
By consulting them before setting out and sending us your comments on your return you can help us with our enquiries.

Hotel facilities

In general the hotels we recommend have full bathroom and toilet facilities in each room. However, this may not be the case for certain rooms in categories 🏠, 🏠 and 🏠.

30 Z	Number of rooms
🛗	Lift (elevator)
▤	Air conditioning
TV	Television in room
⚔️	Hotel partly reserved for non-smokers
☎	Direct-dial phone in room
⚠	Accessible to disabled people
🏃	Special facilities for children
☂	Meals served in garden or on terrace
🏊 🏊	Outdoor or indoor swimming pool
⚒	Hydrotherapy
🏋 ⚑ ≋s	Exercise room – Kneipp cure service – Sauna
🏖 ⚓	Beach with bathing facilities – Garden
🎾	Hotel tennis court
⛳18 🐎	Golf course and number of holes – Horse riding
🎪 150	Equipped conference hall (maximum capacity)
🚗	Hotel garage (additional charge in most cases)
Ⓟ	Car park for customers only
🐕	Dogs are not allowed in all or part of the hotel
Fax	Telephone document transmission
Mai-Okt.	Dates when open, as indicated by the hotelier
nur Saison	Probably open for the season – precise dates not available. Where no date or season is shown, establishments are open all year round.

Cuisine

STARS

Certain establishments deserve to be brought to your attention for the particularly fine quality of their cooking. **Michelin stars** are awarded for the standard of meals served. For each of these restaurants we indicate three culinary specialities to assist you in your choice.

❀❀❀ | **Exceptional cuisine, worth a special journey**
Superb food, fine wines, faultless service, elegant surroundings. One will pay accordingly !

❀❀ | **Excellent cooking, worth a detour**
Specialities and wines of first class quality. This will be reflected in the price.

❀ | **A very good restaurant in its category**
The star indicates a good place to stop on your journey.
But beware of comparing the star given to an expensive « de luxe » establishment to that of a simple restaurant where you can appreciate fine cuisine at a reasonable price.

GOOD FOOD AT MODERATE PRICES

You may also like to know of other restaurants with less elaborate, moderately priced menus that offer good value for money and serve carefully prepared meals, often of regional cooking.
In the guide such establishments are shown with the word Menu in red just before the price of the menu, for example Menu 29/41.

Please refer to the map of star-rated restaurants and good food at moderate prices (pp 42 to 51).

Beer and wine : see pages 53, 54, 59 and 60

Prices

Prices quoted are valid for summer 1994. Changes may arise if goods and service costs are revised. The rates include tax and service and no extra charge should appear on your bill, with the possible exception of visitors' tax.

In the case of certain trade exhibitions or tourist events (see end of guide), prices demanded by hoteliers are liable to reasonable increases in certain cities and for some distance in the area around them.

Hotels and restaurants in bold type have supplied details of all their rates and **have assumed responsability** for maintaining them for all travellers in possession of this guide.

Your recommendation is self-evident if you always walk into a hotel, Guide in hand.

MEALS

→	Establishment serving a simple meal **for less than** 25 DM
Menu 25/65	**Set meals –** Lowest 25 and highest 65 prices for set meals
Menu à la carte 44/82	**« A la carte » meals –** The first figure is for a plain meal and includes soup, main dish of the day with vegetables and dessert. The second figure is for a fuller meal (with « spécialité ») and includes hors d'œuvre or soup, main dish with vegetables, cheese or dessert.
👃	Table wine at a moderate price

ROOMS

14 Z 55/140	Lowest price 55 for a single room and highest price 140 for a double room, breakfast included

HALF BOARD

1/2 P 58/90	Lowest and highest prices per person, per day in the season. It is advisable to agree on terms with the hotelier before arriving.

DEPOSITS – CREDIT CARDS

Some hotels will require a deposit, which confirms the commitment of customer and hotelier alike. Make sure the terms of the agreement are clear.

AE ⓘ E VISA JCB | Credit cards accepted by the establishment

Towns

in alphabetical order (but ä = ae, ö = oe, ü = ue, ß = ss)

✉ 2891 Waddens	Postal number and Post Office serving the town
☎ 0211	Telephone dialling code. Omit 0 when dialling from abroad
☎ 0591 (Lingen)	For a town not having its own telephone exchange, the town where the exchange serving it is located is given in brackets after the dialling code
Ⓛ	Capital of « Land »
413 R 20 987 ③	Michelin map number, co-ordinates or fold
24 000 Ew	Population
Höhe 175 m	Altitude (in metres)
Heilbad	Spa
Kneippkurort	Health resort (Kneipp)
Heilklimatischer	Health resort
Kurort-Luftkurort	Health resort
Seebad	Seaside resort
Erholungsort	Holiday resort
Wintersport	Winter sports
800/1 000 m	Altitude (in metres) of resort and highest point reached by lifts
🚠 2	Number of cable-cars
🎿 4	Number of ski and chairlifts
🎿 4	Cross-country skiing and number of runs
AX A	Letters giving the location of a place on the town plan
✳ ≤	Panoramic view, view
⛳18	Golf course and number of holes
✈	Airport
🚗 ℰ 7720	Place with a motorail connection, further information from telephone number listed
⛴ ⛴	Shipping line : passengers and cars, passengers only
🛈	Tourist Information Centre
ADAC	German Automobile Club

29

Sights

STAR-RATING

★★★	Worth a journey
★★	Worth a detour
★	Interesting

LOCATION

Sehenswert	Sights in town
Ausflugsziel	On the outskirts
N, S, O, W	The sight lies north, south, east or west of the town
über ①, ④	Sign on town plan and on the Michelin road map indicating the road leading to a place of interest
6 km	Distance in kilometres

Town plans

Hotels

Restaurants

Sights

Place of interest and its main entrance

Interesting place of worship:
  Cathedral, church or chapel

Roads

Motorway, dual carriageway

Numbered interchanges : complete, limited

Major through route

One-way street – Unsuitable for traffic, street subject to restrictions

Pedestrian street – Tramway

Karlstr. Shopping street – Car park

Gateway – Street passing under arch – Tunnel

Station and railway

Funicular – Cable-car

Lever bridge – Car ferry

Various signs

Tourist Information Centre

Mosque – Synagogue

Tower – Ruins – Windmill – Water tower

Garden, park, wood – Cemetery – Cross

Stadium – Golf course – Racecourse

Outdoor or indoor swimming pool

View – Panorama

Monument – Fountain – Factory

Pleasure boat harbour – Lighthouse

Airport – Underground station, S-Bahn station underground

Ferry services :
  passengers and cars, passengers only

③ Reference number common to town plans and Michelin maps

Main post office with poste restante and telephone

Hospital – Covered market

Public buildings located by letter :

L R   Provincial Government Office – Town Hall

J   Law Courts

M T   Museum – Theatre

U   University, College

POL.   Police (in large towns police headquarters)

ADAC   Automobile Club

North is at the top on all town plans.

Amico Lettore

*Questa 32^{esima} edizione
della Guida Michelin Deutschland
propone una selezione aggiornata
di alberghi e ristoranti.*

*Realizzata dai nostri ispettori in piena
autonomia offre al viaggiatore
di passaggio un'ampia scleta a tutti i
livelli di comfort e prezzo.*

*Con l'intento di fornire ai nostri lettori
l'informazzione più recente,
abbiamo aggiornato questa edizione con
la massima cura.*

*Per questo solo la Guida dell'anno
in corso merita pienamente la vostra
fiducia.*

*Grazie delle vostre segnalazioni
sempre gradite.*

Michelin vi augura « Buon Viaggio ! »

Sommario

La scelta
di un albergo, di un ristorante

Questa guida Vi propone una selezione di alberghi e ristoranti
stabilita ad uso dell'automobilista di passaggio. Gli esercizi,
classificati in base al confort che offrono, vengono citati in
ordine di preferenza per ogni categoria.

CATEGORIE

🏨	Gran lusso e tradizione	XXXXX
🏨	Gran confort	XXXX
🏨	Molto confortevole	XXX
🏨	Di buon confort	XX
🏠	Abbastanza confortevole	X
⚘	Semplice, ma conveniente	
garni	L'albergo non ha ristorante	
	Il ristorante dispone di camere	mit Zim

AMENITÀ E TRANQUILLITÀ

Alcuni esercizi sono evidenziati nella guida dai simboli rossi
indicati qui di seguito. Il soggiorno in questi alberghi dovrebbe
rivelarsi particolarmente ameno o riposante.
Ciò può dipendere sia dalle caratteristiche dell'edificio, dalle
decorazioni non comuni, dalla sua posizione e dal servizio
offerto, sia dalla tranquillità dei luoghi.

🏨 a 🏠	Alberghi ameni
XXXXX a X	Ristoranti ameni
« Park »	Un particolare piacevole
🐾	Albergo molto tranquillo o isolato e tranquillo
🐾	Albergo tranquillo
≤ Rhein	Vista eccezionale
≤	Vista interessante o estesa

*Le località che possiedono degli esercizi ameni o tranquilli
sono riportate sulle carte da pagina 42 a 51.*
*Consultatele per la preparazione dei Vostri viaggi e, al
ritorno, inviateci i Vostri pareri ; in tal modo agevolerete le
nostre inchieste.*

Installazioni

Le camere degli alberghi che raccomandiamo possiedono, generalmente, delle installazioni sanitarie complete. È possibile tuttavia che nelle categorie 🏠, 🏠 e ⬧ alcune camere ne siano sprovviste.

30 Z	Numero di camere
🛗	Ascensore
🆒	Aria condizionata
TV	Televisione in camera
✁	Esercizio riservato in parte ai non fumatori
☎	Telefono in camera comunicante direttamente con l'esterno
♿	Agevole accesso per i minorati fisici
⛹	Attrezzatura per accoglienza e ricreazione dei bambini
☖	Pasti serviti in giardino o in terrazza
⌁ ▨	Piscina : all'aperto, coperta
⚕	Idroterapia, Cura termale
🛌 ⚽ ≦s	Palestra – Cura Kneipp – Sauna
🏖 🌿	Spiaggia attrezzata – Giardino da riposo
🎾	Tennis appartenente all'albergo
🏌18 🐎	Golf e numero di buche – Cavalli da sella
🏛 150	Sale per conferenze : capienza massima
🚗	Garage nell'albergo (generalmente a pagamento)
Ⓟ	Parcheggio riservato alla clientela
🐕	Accesso vietato ai cani (in tutto o in parte dell'esercizio)
Fax	Trasmissione telefonica di documenti
Mai-Okt.	Periodo di apertura, comunicato dall'albergatore
nur Saison	Probabile apertura in stagione, ma periodo non precisato. Gli esercizi senza tali menzioni sono aperti tutto l'anno.

La tavola

LE STELLE

Alcuni esercizi meritano di essere segnalati alla Vostra attenzione per la qualità tutta particolare della loro cucina. Noi li evidenziamo con le « **stelle di ottima tavola** ». Per questi ristoranti indichiamo tre specialità culinarie che potranno aiutarVi nella scelta.

✿✿✿ **Una delle migliori tavole, vale il viaggio**
Tavola meravigliosa, grandi vini, servizio impeccabile, ambientazione accurata... Prezzi conformi.

✿✿ **Tavola eccellente, merita una deviazione**
Specialità e vini scelti... AspettateVi una spesa in proporzione.

✿ **Un'ottima tavola nella sua categoria**
La stella indica una tappa gastronomica sul Vostro itinerario.
Non mettete però a confronto la stella di un esercizio di lusso, dai prezzi elevati, con quella di un piccolo esercizio dove, a prezzi ragionevoli, viene offerta una cucina di qualità.

PASTI ACCURATI A PREZZI CONTENUTI

Talvolta desiderate trovare delle tavole più semplici a prezzi contenuti. Per questo motivo abbiamo selezionato dei ristoranti che, per un rapporto qualità-prezzo particolarmente favorevole, offrono un pasto accurato spesso a carattere tipicamente regionale. Questi ristoranti sono evidenziati nel testo con Menu in rosso. Es Menu 29/41.

Consultate le carte delle località con stelle e con il simbolo di pasto accurato a prezzo contenuto (pagine 42 a 51).

La birra e i vini : vedere p. 53, 54, 61 e 62

I prezzi

I prezzi che indichiamo in questa guida sono stati stabiliti nell'estate 1994. Potranno pertanto subire delle variazioni in relazione ai cambiamenti dei prezzi di beni e servizi. Essi s'intendono comprensivi di tasse e servizio. Nessuna maggiorazione deve figurare sul Vostro conto, salvo eventualmente la tassa di soggiorno. In occasione di alcune manifestazioni commerciali o turistiche (vedere le ultime pagine), i prezzi richiesti dagli albergatori possono subire un sensibile aumento nelle località interessate e nei loro dintorni.

Gli alberghi e ristoranti vengono menzionati in carattere grassetto quando gli albergatori ci hanno comunicato tutti i loro prezzi e si sono impegnati, **sotto la propria responsabilità,** ad applicarli ai turisti di passaggio, in possesso della nostra guida.

Entrate nell'albergo con la Guida alla mano, dimostrando in tal modo la fiducia in chi vi ha indirizzato.

PASTI

←	Esercizio che offre un pasto semplice **per meno di** 25 DM
Menu 25/65	**Menu a prezzo fisso :** minimo 25 massimo 65.
Menu à la carte 44/82	**Pasto alla carta –** Il primo prezzo corrisponde ad un pasto semplice comprendente : minestra, piatto con contorno e dessert. Il secondo prezzo corrisponde ad un pasto più completo (con specialità) comprendente : antipasto, piatto con contorno, formaggio o dessert.
⌕	Vino da tavola a prezzo modico

CAMERE

Z 55/140	Prezzo minimo 55 per una camera singola e prezzo massimo 140 per una camera per due persone, compresa la prima colazione.

MEZZA PENSIONE

1/2 P 58/90	Prezzo minimo e massimo della mezza pensione per persona e per giorno, in alta stagione : è indispensabile contattare precedentemente l'albergatore per raggiungere un accordo definitivo.

LA CAPARRA – CARTE DI CREDITO

Alcuni albergatori chiedono il versamento di una caparra. Si tratta di un deposito-garanzia che impegna tanto l'albergatore che il cliente. Vi raccomandiamo di farVi precisare le norme riguardanti la reciproca garanzia di tale caparra.

AE ⓪ E VISA JCB | Carte di credito accettate dall'esercizio

Le città

Elencate in ordine alfabetico (ma ä = ae, ö = oe, ü = ue, ß = ss)

✉ 2891 Waddens	Numero di codice e sede dell'Ufficio postale
☎ 0211	Prefisso telefonico interurbano. Dall'estero non formare lo O
☎ 0591 (Lingen)	Quando il centralino telefonico si trova in un'altra località, ne indichiamo il nome tra parentesi, dopo il prefisso
Ⓛ	Capoluogo di « Land »
413 R 20 987 ③	Numero della carta Michelin e del riquadro o numero della piega
24 000 Ew	Popolazione
Höhe 175 m	Altitudine
Heilbad	Stazione termale
Kneippkurort	Stazione di cure Kneipp
Heilklimatischer	Stazione climatica
Kurort-Luftkurort	Stazione climatica
Seebad	Stazione balneare
Erholungsort	Stazione di villeggiatura
Wintersport	Sport invernali
800/1 000 m	Altitudine della località ed altitudine massima raggiungibile con le risalite meccaniche
⛷ 2	Numero di funivie o cabinovie
⛷ 4	Numero di sciovie e seggiovie
⛷ 4	Sci di fondo e numero di piste
AX B	Lettere indicanti l'ubicazione sulla pianta
❊ ≤	Panorama, vista
⛳	Golf e numero di buche
✈	Aeroporto
🚗 ℰ 7720	Località con servizio auto su treno. Informarsi al numero di telefono indicato
⛴ ⛴	Trasporti marittimi : passeggeri ed autovetture, solo passeggeri
🛈	Ufficio informazioni turistiche
ADAC	Automobile Club Tedesco

Le curiosità

GRADO DI INTERESSE

★★★	Vale il viaggio
★★	Merita una deviazione
★	Interessante

UBICAZIONE

Sehenswert	Nella città
Ausflugsziel	Nei dintorni della città
N, S, O, W	La curiosità è situata : a Nord, a Sud, a Est, a Ovest
über ①, ④	Ci si va dall'uscita ① o ④ indicata con lo stesso segno sulla pianta
6 km	Distanza chilometrica

Le piante

□	●	**Alberghi**
▣	●	**Ristoranti**

Curiosità

Edificio interessante ed entrata principale

Costruzione religiosa interessante :
   Cattedrale, chiesa o cappella

Viabilità

Autostrada, strada a carreggiate separate

Svincoli numerati : completo, parziale

Grande via di circolazione

Senso unico - Via impraticabile, a circolazione regolamentata

Via pedonale - Tranvia

Karlstr. Ⓟ Ⓟ Via commerciale - Parcheggio

Porta - Sottopassaggio - Galleria

Stazione e ferrovia

Funicolare - Funivia, Cabinovia

Ponte mobile - Battello per auto

Simboli vari

Ufficio informazioni turistiche

Moschea - Sinagoga

Torre - Ruderi - Mulino a vento - Torre idrica

Giardino, parco, bosco - Cimitero - Calvario

Stadio - Golf - Ippodromo

Piscina : all'aperto, coperta

Vista - Panorama

Monumento - Fontana - Fabbrica

Porto per imbarcazioni da diporto - Faro

Aeroporto – Stazione della Metropolitana, stazione sotterranea

Trasporto con traghetto :
   passeggeri ed autovetture, solo passeggeri

③ Simbolo di riferimento comune alle piante ed alle carte
   Michelin particolareggiate

ufficio centrale di fermo posta e telefono

Ospedale - Mercato coperto

Edificio pubblico indicato con lettera :

L R   Sede del Governo della Provincia - Municipio

J   Palazzo di Giustizia

M T   Museo - Teatro

U   Università, grande scuola

POL   Polizia (Questura, nelle grandi città)

ADAC   Automobile Club

Le piante topografiche sono orientate col Nord in alto.

DIE STERNE

LES ÉTOILES

THE STARS

LE STELLE

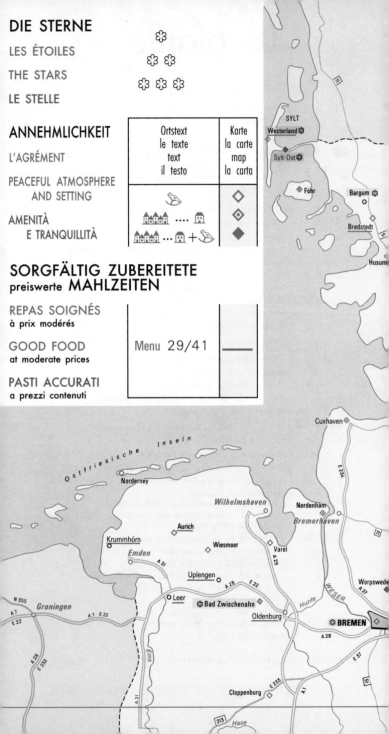

ANNEHMLICHKEIT

L'AGRÉMENT

PEACEFUL ATMOSPHERE
AND SETTING

AMENITÀ
E TRANQUILLITÀ

	Ortstext le texte text il testo	Karte la carte map la carta
		◇
		◈
		◆

SORGFÄLTIG ZUBEREITETE
preiswerte MAHLZEITEN

REPAS SOIGNÉS
à prix modérés

GOOD FOOD
at moderate prices

PASTI ACCURATI
a prezzi contenuti

| Menu 29/41 | ── |

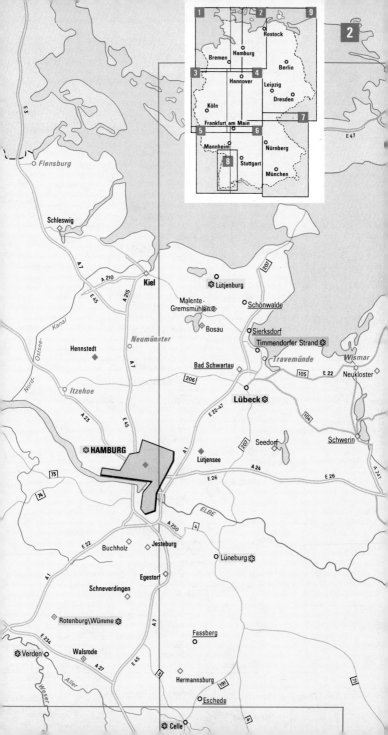

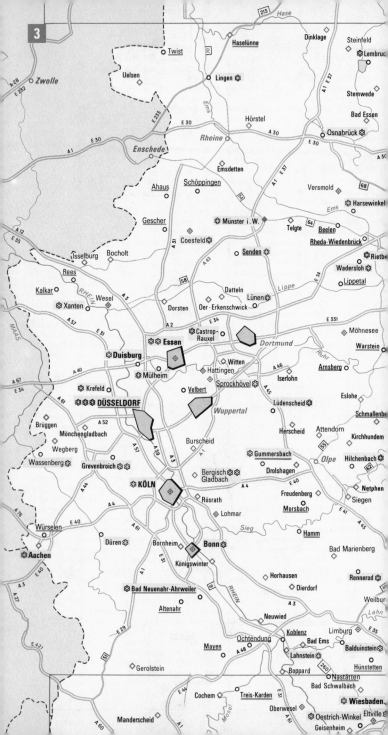

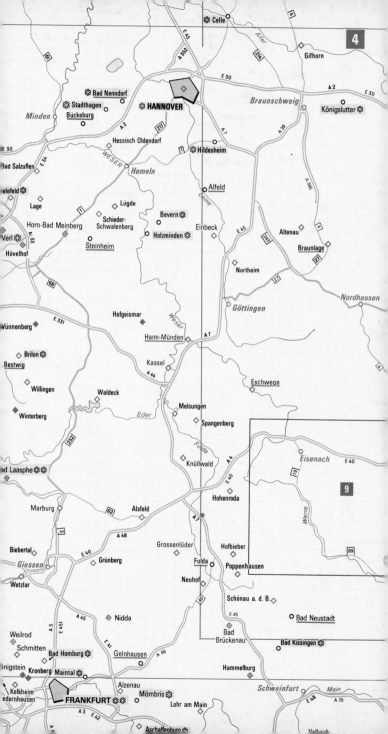

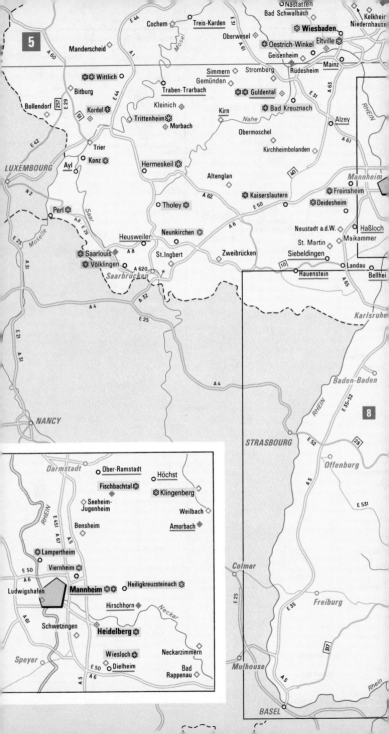

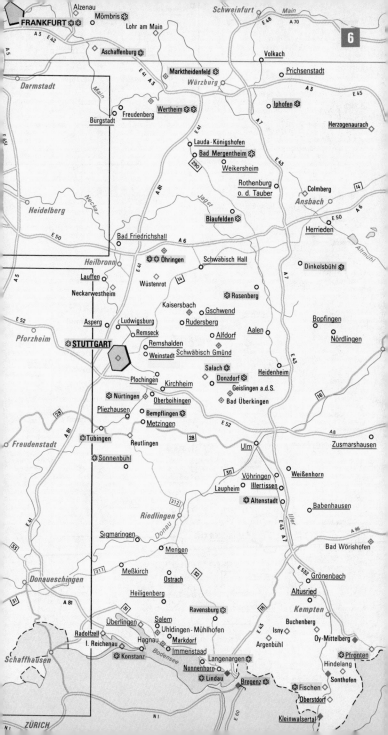

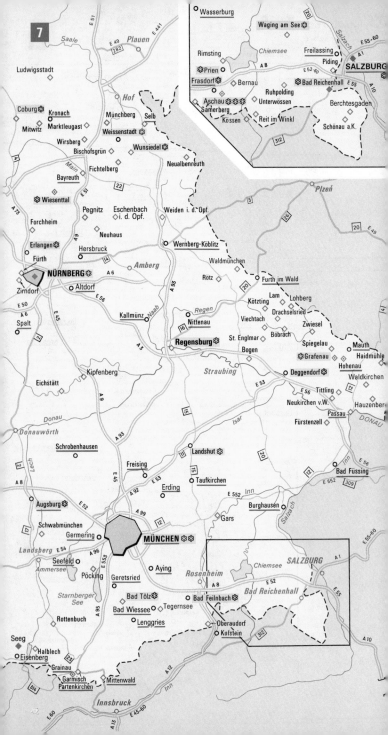

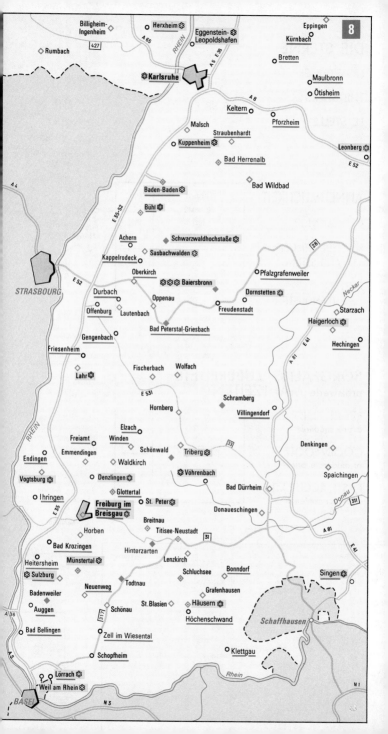

DIE STERNE

LES ÉTOILES

THE STARS

LE STELLE

ANNEHMLICHKEIT

L'AGRÉMENT

PEACEFUL ATMOSPHERE
AND SETTING

AMENITÀ
E TRANQUILLITÀ

Ortstext le texte text il testo	Karte la carte map la carta
🖐	◇
🏘 .... 🏠	◈
🏘 ... 🏠 + 🖐	◆

SORGFÄLTIG ZUBEREITETE preiswerte MAHLZEITEN

REPAS SOIGNÉS
à prix modérés

GOOD FOOD
at moderate prices

PASTI ACCURATI
a prezzi contenuti

Menu 29/41	—

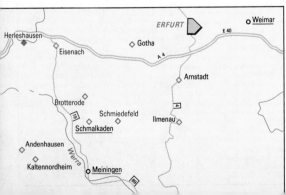

BIERE

Die Bierherstellung, deren Anfänge bis ins 9. Jh. zurückreichen, unterliegt in Deutschland seit 1516 dem Reinheitsgebot, welches vorschreibt, daß zum Bierbrauen nur Hopfen, Gerstenmalz, Hefe und Wasser verwendet werden dürfen. Etwa 1 400 Brauereien stellen heute in Deutschland ca. 4 000 verschiedene Biere her, deren geschmackliche Vielfalt auf den hauseigenen Braurezepten beruht.

Beim Brauen prägt die aus Malz und dem aromagebenden Hopfen gewonnene Würze zusammen mit dem Brauwasser, der Gärungsart (obergärig, untergärig) und der für das Gären verwendeten Hefe entscheidend Qualität, Geschmack, Farbe und Alkoholgehalt des Bieres.

Die alkoholfreien Biere und Leichtbiere enthalten 0,5 % bis 3 % Alkohol und einen Stammwürzgehalt (= vor der Gärung gemessener Malzextraktgehalt der Würze) von 1,5 % bis 9 %.

Die Vollbiere (Alt, Export, Kölsch, Märzen, Pils, Weizenbier) haben einen Alkoholgehalt von 3,7 % bis 5,5 % und einen Stammwürzegehalt von 11 % bis 15 %.

Die Starkbiere (Bock- und Doppelbockbiere) liegen im Alkoholgehalt über 5,3 % und im Stammwürzegehalt ab 16 %.

Durch den höheren Malzanteil wirken vor allem die dunklen Biere (Rauchbier, Bockbier, Malzbier) süßlich.

Die verschiedenen Biersorten sind je nach der Region unterschiedlich im Geschmack.

LA BIÈRE

La fabrication de la bière en Allemagne remonte au début du 9e siècle. En 1516 une « ordonnance d'intégrité » (Reinheitsgebot) précise que seuls le houblon, le malt, la levure et l'eau peuvent être utilisés pour le brassage de la bière. Il en est toujours ainsi et le procédé utilisé est le suivant :

Le malt de brasserie – grains d'orge trempés, germés et grillés – est mis à tremper et à cuire en présence de houblon qui apporte au moût, ainsi élaboré, ses éléments aromatiques. Grâce à une levure, ce moût entre en fermentation.

Aujourd'hui environ 1 400 brasseries produisent en Allemagne 4 000 sortes de bières diverses par leur goût, leur couleur et également leur teneur en alcool.

Au restaurant ou à la taverne, la bière se consomme généralement à la pression « vom Fass ».

Les bières courantes ou Vollbiere (Kölsch, Alt, Export, Pils, Märzen, bière de froment) sont les plus légères et titrent 3 à 4° d'alcool.

Les bières fortes ou Starkbiere (Bockbier, Doppelbock) atteignent 5 à 6° et sont plus riches en malt.

Elles sont légères dans le Sud (Munich, Stuttgart), un peu plus fermentées et amères en Rhénanie (Dortmund, Cologne) douceâtres à Berlin.

Les bières brunes (malt torréfié) peuvent paraître sucrées (Rauchbier, Bockbier, Malzbier).

BEER

Beer has been brewed in Germany since the beginning of 9C. In 1516 a decree on quality (Reinheitsgebot) was passed which stated that only hops, malt, yeast and water should be used for brewing. This still applies and the following method is used :

Brewer's malt – obtained from barley after soaking, germination and roasting – is mixed with water and hops which flavour the must, and boiled. Yeast is added and the must is left to ferment.

Today about 1400 breweries in Germany produce 4000 kinds of beer which vary in taste, colour and alcohol content.

In restaurants and bars, beer is generally on draught "vom Fass".

Popular beers or Vollbiere (Kölsch, Alt, Export, Pils, Märzen and beer from wheatgerm) are light and 3-4 % proof.

Strong beers or Starkbiere (Bockbier, Doppelbock) are rich in malt and 5-6 % proof.

These are light in the South (Munich, Stuttgart), stronger and more bitter in Rhineland (Dortmund, Cologne) and sweeter in Berlin.

Dark beers (roasted malt) may seem rather sugary (Rauchbier, Bockbier, Malzbier).

LA BIRRA

La fabbricazione della birra in Germania risale all'inizio del nono secolo. Nel 1516, un « ordinanza d'integrità » (Reinheitsgebot) precisa che, per la produzione della birra, possono essere solamente adoperati il luppolo, il malto, il lievito e l'acqua. Ciò è rimasto immutato e il processo impiegato è il seguente :

Il malto – derivato da semi d'orzo macerati, germinati e tostati – viene macerato e tostato unitamente al luppolo che aggiunge al mosto, elaborato in tal modo, le sue componenti aromatiche. Grazie all'apporto di un lievito, questo mosto entra in fermentazione.

Oggigiorno, circa 1400 birrerie producono in Germania 4000 tipi di birra diversi per il loro gusto, colore e la loro gradazione alcolica.

Nei ristoranti o nelle taverne, la birra viene consumata alla spina « vom Fass ».

Le birre comuni o Vollbiere (Kölsch, Alt, Export, Pils, Märzen, birra di frumento) sono le più leggere e raggiungono una gradazione alcolica di 3 o 4°.

Le birre forti o Starkbiere (Bockbier, Doppelbock) raggiungono una gradazione alcolica di 5 o 6° e sono le più ricche di malto.

Esse sono leggere nel Sud (Monaco, Stuttgart), leggermente più fermentate e amare in Renania (Dortmund, Colonia), dolciastre a Berlino.

Le birre scure (malto torrefatto) possono sembrare dolcificate (Rauchbier, Bockbier, Malzbier).

WEINBAUGEBIETE – CARTE DU VIGNOBLE
MAP OF THE VINEYARDS – CARTA DEI VIGNETI

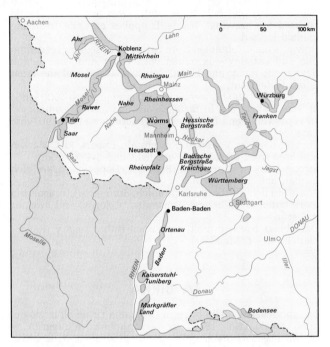

Neben den Spitzengewächsen gibt es in vielen Regionen gebietstypische Weine, die – am Ort verkostet – für manche Überraschung gut sind.

En dehors des grands crus, il existe en maintes régions des vins locaux qui, bus sur place, vous réserveront d'heureuses surprises.

In addition to the fine wines there are many wines, best drunk in their region of origin and which you will find extremely pleasant.

Al di fuori dei grandi vini, esistono in molte regioni dei vini locali che, bevuti sul posto, Vi riserveranno piacevoli sorprese.

WEINE

Auf einer Gesamtanbaufläche von ca. 104 000 ha gedeiht in dreizehn bestimmten Anbaugebieten (Ahr, Mittelrhein, Mosel-Saar-Ruwer, Nahe, Rheingau, Rheinhessen, Hessische Bergstraße, Franken, Rheinpfalz, Württemberg, Baden Saale-Unstrut, Elbtal) eine Vielfalt von Weinen unterschiedlichsten Charakters, geprägt von der Verschiedenartigkeit der Böden, vom Klima und von der Rebsorte.

DIE WICHTIGSTEN WEINE

REBSORTEN UND CHARAKTERISTIK	HAUPTANBAUGEBIET
Weißwein *(ca. 80 % der dt. Weinproduktion)*	
Gutedel *leicht, aromatisch*	Baden
Kerner *rieslingähnlich, rassig*	Württemberg
Morio-Muskat *aromatisch, bukettreich*	Rheinpfalz
Müller-Thurgau *würzig-süffig, feine Säure*	Franken, Rheinhessen, Baden, Nahe, Elbtal, Saale-Unstrut
Riesling (in Baden : Klingelberger) *rassig, spritzig, elegant, feine Fruchtsäure*	Mittelrhein, Mosel-Saar-Ruwer, Rheingau
Ruländer (Grauburgunder) *kräftig, füllig, gehaltvoll*	Baden
Silvaner *fruchtig, blumig, kräftig*	Franken, Rheinhessen, Nahe, Rheinpfalz
(Gewürz-) Traminer (i. d. Ortenau : Clevner) *würzig, harmonisch*	Baden, Elbtal
Weißburgunder *blumig, fruchtig, elegant*	Baden, Elbtal, Saale-Unstrut
Rotwein	
Lemberger *kernig, kräftig, wuchtig*	Württemberg
Portugieser *leicht, süffig, mundig frisch*	Ahr, Rheinpfalz
Schwarzriesling *zart, fruchtig*	Württemberg
(blauer) Spätburgunder (in Württemberg : Clevner) *rubinfarben, samtig, körperreich*	Ahr, Baden
Trollinger *leicht, frisch, fruchtig*	Württemberg

Fortsetzung →

Das Weingesetz von 1971 und 1982 teilt die deutschen Weine in 4 Güteklassen ein :

deutscher Tafelwein muß aus einer der 4 Weinregionen stammen (Tafelwein, ohne den Zusatz « deutscher » kann mit Weinen aus EG-Ländern verschnitten sein).

Landwein trägt eine allgemeine Herkunftsbezeichnung (z. B. Pfälzer Landwein), darf nur aus amlich zugelassenen Rebsorten gewonnen werden, muß mindestens 55 Öchslegrade haben und darf nur trocken oder halbtrocken sein.

Qualitätswein bestimmter Anbaugebiete muß aus einem der deutschen Anbaugebiete stammen und auf dem Etikett eine Prüfnummer haben.

Qualitätswein mit Prädikat darf nur aus einem einzigen Bereich innerhalb der deutschen Anbaugebiete stammen, muß auf dem Etikett eine Prüfnummer haben und eines der 6 Prädikate besitzen :

Kabinett, Spätlese, Auslese, Beerenauslese, Trockenbeerenauslese, Eiswein.

Eiswein wird aus Trauben gewonnen, die nach Frost von mindestens – 7 °C gelesen wurden.

LES VINS

En Allemagne le vignoble s'étend sur plus de 104 000 ha. Les vins les plus connus proviennent principalement des 13 régions suivantes : Ahr, Mittelrhein (Rhin moyen), Mosel-Saar-Ruwer, Nahe, Rheingau, Rheinhessen (Hesse rhénane), Hessische Bergstraße (Montagne de Hesse), Franken (Franconie), Rheinpfalz (Rhénanie-Palatinat), Württemberg (Wurtemberg), Baden (Pays de Bade), Vallée de l'Elbe (entre Dresde et Meissen), Saale et l'Unstrut (entre Naumburg et Feyburg).

PRINCIPAUX VINS	
CÉPAGES ET CARACTÉRISTIQUES	**PRINCIPALES RÉGIONS**
Vins blancs *(80 % de la production)*	
Gutedel *léger, bouqueté*	Pays de Bade
Kerner *proche du Riesling*	Wurtemberg
Morio-Muskat *aromatique, bouqueté*	Rhénanie-Palatinat
Müller-Thurgau *vigoureux, nerveux*	Franconie, Hesse rhénane, Pays de Bade, Nahe, vallée de l'Elbe, région de Saale-Unstrut
Riesling (dans le pays de Bade Klingelberger) *racé, élégant, au fruité légèrement acidulé*	Rhin moyen Moselle-Sarre-Ruwer, Rheingau
Ruländer *puissant, rond, riche*	Pays de Bade
Silvaner *fruité, bouqueté, puissant*	Franconie, Hesse rhénane, Nahe, Rhénanie-Palatinat
Traminer, Gewürztraminer *épicé, harmonieux*	Pays de Bade, vallée de l'Elbe
Weißburgunder *bouqueté, fruité, élégant*	Pays de Bade, vallée de l'Elbe, région de Saale-Unstrut
Vins rouges	
Lemberger *charnu, puissant*	Wurtemberg
Portugieser *léger, gouleyant, frais*	Ahr, Rhénanie-Palatinat
Schwarzriesling *tendre, fruité*	Wurtemberg
(blauer) Spätburgunder (en Wurtemberg : Clevner) *de couleur rubis, velouté*	Ahr, Pays de Bade
Trollinger *léger, frais, fruité*	Wurtemberg

tourner →

Badisch Rotgold
Assemblage de Grauburgunder (pinot gris) et de Spätburgunder (pinot noir) dans la plupart des cas dans la proportion 3 : 1.

Schillerwein
Raisins noirs et blancs pressurés ensembles.

Weißherbst
Raisins noirs pressurés immédiatement, puis fermentation du moût sans la râfle.

La législation de 1971 et de 1982 classe les vins allemands en 4 catégories :

Tafelwein ou deutscher Tafelwein, vins de table, sans provenance précise, pouvant être des coupages, soit de vins de la C.E.E., soit de vins exclusivement allemands.

Landwein porte une appellation d'origine générale (ex. Pfälzer Landwein), et ne peut provenir que de cépages officiellement reconnus ; il doit avoir au minimum 55° Öchsle et ne peut être que sec ou demi sec.

Qualitätswein bestimmter Anbaugebiete, vins de qualité supérieure, ils portent un numéro de contrôle officiel et ont pour origine une des régions (Gebiet) déterminées.

Qualitätswein mit Prädikat, vins strictement contrôlés, ils représentent l'aristocratie du vignoble, ils proviennent d'un seul vignoble d'appellation et portent en général l'une des dénominations suivantes :
Kabinett (réserve spéciale), Spätlese (récolte tardive), Auslese (récolte tardive, raisins sélectionnés), Beerenauslese, Trockenbeerenauslese (vins liquoreux), Eiswein.
Les « Eiswein » (vins des glaces) sont obtenus à partir de raisins récoltés après une gelée d'au moins –7 °C.

WINES

The vineyards of Germany extend over 104 000 ha – 257 000 acres and 13 regions : Ahr, Mittelrhein, Mosel-Saar-Ruwer, Nahe, Rheingau, Rheinhessen, Hessische Bergstraße, Franken (Franconia), Rheinpfalz (Rhineland-Palatinate), Württemberg, Baden, Elbe Valley (Dresden-Meissen), Saale and Unstrut (Naumburg-Feyburg).

PRINCIPAL WINES	
GRAPE STOCK AND CHARACTERISTICS	**MAIN REGIONS**
White wines *(80 % of production)*	
Gutedel *light, fragrant*	Baden
Kerner *similar to Riesling*	Württemberg
Morio-Muskat *fragrant full bouquet*	Rhineland-Palatinate
Müller-Thurgau *potent, lively*	Franconia, Rheinhessen, Baden, Nahe, valley of the Elbe, Saale-Unstrut region
Riesling (in Baden : Klingelberger) *noble, elegant, slightly acid and fruity*	Mittelrhein, Mosel-Saar-Ruwer, Rheingau
Ruländer *potent, smooth, robust*	Baden
Silvaner *fruity, good bouquet, potent*	Franconia, Rheinhessen, Nahe, Rhineland-Palatinate
Traminer, Gewürztraminer *spicy, smooth*	Baden, valley of the Elbe
Weißburgunder *delicate bouquet, fruity, elegant*	Baden, valley of the Elbe, Saale-Unstrut region
Red wines	
Badisch Rotgold *noble, robust, elegant*	Baden
Lemberger *full bodied, potent*	Württemberg
Portugieser *light, smooth, fresh*	Ahr, Rhineland-Palatinate
Schwarzriesling *delicate, fruity*	Württemberg
(blauer) Spätburgunder (in Württemberg : Clevner) *ruby colour, velvety*	Ahr, Baden
Trollinger *light, fresh, fruity*	Württemberg

P.T.O. →

Following legislation in 1971 and 1982, German wines fall into 4 categories:

Tafelwein or deutscher Tafelwein are table wines with no clearly defined region of origin, and which in effect may be a blending of other Common Market wines or of purely German ones.

Landwein are medium quality wines between the table wines and the Qualitätswein b. A. which carry a general appellation of origin (i.e. Pfälzer Landwein) and can only be made from officially approved grapes, must have 55° "Öchslegrade" minimum and must be dry or medium dry.

Qualitätswein bestimmter Anbaugebiete, are wines of superior quality which carry an official control number and originate from one of the clearly defined regions (Gebiet) e.g. Moselle, Baden, Rhine.

Qualitätswein mit Prädikat, are strictly controlled wines of prime quality. These wines are grown and made in a clearly defined and limited area or vineyard and generally carry one of the following special descriptions:

Kabinett (a perfect reserve wine), Spätlese (wine from late harvest grapes), Auslese (wine from specially selected grapes), Beerenauslese, Trockenbeerenauslese (sweet wines), Eiswein.

Eiswein (ice wines) are produced from grapes harvested after a minimum –7 °C frost.

I VINI

Il vigneto della Germania si estende su più di 104.000 ettari. Esso comporta 13 regioni : Ahr, Mittelrhein (Reno medio), Mosel-Saar-Ruwer, Nahe, Rheingau, Rheinhessen (Hesse renano), Hessische Bergstraße (montagna di Hesse), Franken (Franconia), Rheinpfalz (Renania-Palatinato), Württemberg, Baden, Valle dell'Elba (Dresda e Meissen), Saale e Unstrut (Naumburg e Friburgo).

VINI PRINCIPALI	
VITIGNI E CARATTERISTICHE	**PRINCIPALI REGIONI**
Vini bianchi *(80 % della produzione)*	
Gutedel *leggero, aromatico*	Baden
Kerner *molto simile al Riesling*	Württemberg
Morio-Muskat *aromatico*	Renania-Palatinato
Müller-Thurgau *vigoroso*	Franconia, Hesse renano, Baden, Nahe, Valle di Elbe, regione Saale-Unstrut
Riesling (Nella regione di Baden : Klingelberger) *aristocratico, elegante, fruttato leggermente acidulo*	Reno medio, Mosella-Sarre-Ruwer, Rheingau
Ruländer *forte, corposo, robusto*	Baden
Silvaner *fruttato, aromatico, forte*	Franconia, Hesse renano, Nahe Renania-Palatinato
Traminer (Gewürz-) *corposo, armonico*	Baden, valle di Elbe
Weißburgunder *aromatico, fruttato, elegante*	Baden, valle di Elbe, regione Saale-Unstrut
Vini rossi	
Badisch Rotgold *aristocratico, robusto, elegante*	Baden
Lemberger *corposo, forte*	Württemberg
Portugieser *leggero, fresco*	Ahr, Renania-Palatinato
Schwarzriesling *tenero, fruttato*	Württemberg
(blauer) Spätburgunder (nella regione di Württemberg : Clevner) *colore rubino, vellutato, pieno, corposo*	Ahr, Baden
Trollinger *leggero, fresco, fruttato*	Württemberg

Segue →

La legislazione del 1971 e del 1982 classifica i vini tedeschi in 4 categorie :

Tafelwein o deutscher Tafelwein : vini da tavola, senza provenienza precisa, possono essere di taglio, sia per i vini della C.E.E. che per vini esclusivamente tedeschi.

Landwein : in termini di qualità è una via di mezzo fra il vino da tavola e il Qualitätswein b.A., è contrassegnato da denominazione di origine generale (es. : Pfälzer Landwein) e proviene esclusivamente da uve ufficialmente riconosciute ; deve raggiungere minimo 55° Öchsle e può essere solo secco o semi secco.

Qualitätswein bestimmter Anbaugebiete : vini di qualità superiore, sono contrassegnati da un numero di controllo ufficiale e provengono da una delle regioni (Gebiet) determinate (Mosel, Baden, Rhein...)

Qualitätswein mit Prädikat : vini rigorosamente controllati, rappresentano l'aristocrazia del vigneto, provengono da un unico vigneto di denominazione e sono generalmente contrassegnati da una delle seguenti denominazioni :
Kabinett (riserva speciale), Spätlese (raccolta tardiva), Auslese (raccolta tardiva, uve selezionate), Beerenauslese, Trockenbeerenauslese (vini liquorosi), Eiswein.
Gli « Eiswein » (vini dei ghiacci) si ottengono a partire da una raccolta dopo una gelata di almeno –7°C.

Städte

in alphabetischer Reihenfolge

(ä = ae, ö = oe, ü = ue)

Villes

classées par ordre alphabétique
(mais ä = ae, ö = oe, ü = ue)

Towns

in alphabetical order
(but ä = ae, ö = oe, ü = ue)

Città

in ordine alfabetico
(se non che ä = ae, ö = oe, ü = ue)

BREGENZ, KÖSSEN, KUFSTEIN, SALZBURG (Österreich) sind in der alphabetischen Reihenfolge,

AACHEN Nordrhein-Westfalen 412 B 14, 987 ㉓, 409 L 3 – 253 000 Ew – Höhe 174 m – Heilbac – ✆ 0241.

Sehenswert : Dom★★ (Domschatzkammer★★★, Ambo Heinrichs II★★★, Pala d'Oro★★★, Karlsschrein★★★, Marmorthron★ Karls des Großen) BZ – Couven-Museum★ BY M1 – Suermondt-Ludwig-Museum★ CZ **M2**.

Ausflugsziel : Kornelimünster (Abteikirche★) ④ : 10 km.

🛏, Aachen-Seffent (über ⑨), Schurzelter Str. 300, ⊠ 52074, ℰ 1 25 0 ; 🚃 ℰ 43 33 28 – Kongreßzentrum Eurogress (CY), ℰ 15 10 11.

🛈 Verkehrsverein, Friedrich-Wilhelm-Platz, ⊠ 52062, ℰ 1 80 29 60, Fax 1802931.

ADAC, Strangenhäuschen 16, ⊠ 52070, ℰ (0221) 47 27 47, Fax 153835.

◆Düsseldorf 81 ③ – Antwerpen 140 ⑨ – ◆Bonn 91 ③ – Bruxelles 142 ⑥ – ◆Köln 69 ③ – Liège 54 ⑥ – Luxembourg 182 ⑥.

AACHEN

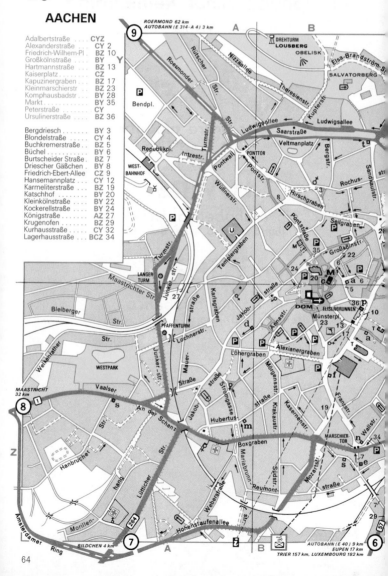

Steigenberger Hotel Quellenhof, Monheimsallee 52, ⊠ 52062, ℘ 15 20 81, Telex 832864, Fax 154504, « Großer Park, Terrasse mit ≼ », direkter Zugang zum Kurmittelhaus – 🛗 ❀ Zim 📺 ఉ ☜ – 🔏 900. 🆎 ⓞ ⋿ 𝘝𝘐𝘚𝘈 𝘑𝘊𝘉. ❀ Rest   CY **a**
Menu 48 Büffet(mittags) und à la carte 62/106 – **160 Z** 195/350, 5 Suiten.

Aquis-Grana-Hotel, Büchel 32, ⊠ 52062, ℘ 44 30, Fax 443137, direkter Zugang zum Thermalhallenbad Römerbad (Gebühr) – 🛗 📺 ఉ ☜ – 🔏 60. 🆎 ⓞ ⋿ 𝘝𝘐𝘚𝘈   BY **a**
23.- 28. Dez. geschl. – **Menu** (Samstag - Sonntag und Feiertage geschl.) (nur Abendessen) à la carte 42/72 – **94 Z** 165/235.

Holiday Inn Garden Court, Krefelder Str. 221, ⊠ 52070, ℘ 1 80 30, Telex 832555, Fax 1803444 – 🛗 ❀ Zim 📺 ☎ 🅿 – 🔏 35. 🆎 ⓞ ⋿ 𝘝𝘐𝘚𝘈 𝘑𝘊𝘉   über ①
Menu à la carte 39/68 – **100 Z** 197/279.

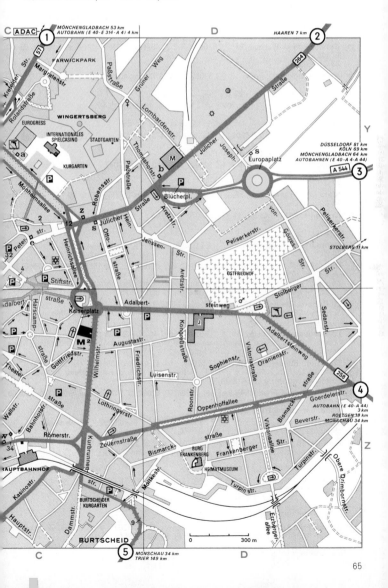

🏨 **Pannonia Hotel Aachen,** Jülicher Str. 10, ⊠ 52070, ℰ 5 10 60, Fax 501180 – |✿| ✦✦ Zim
🔲 📺 ⇔ – ▵ 30. 🅰🅴 ⓞ 🅴 *VISA*. ✦✦ Rest   CY **s**
Menu 28 Büffet(mittags) und à la carte 50/78 – **103 Z** 170/245.

🏨 **Regence,** Peterstr. 71 /Ecke Peterskirchhof, ⊠ 52062, ℰ 4 78 70, Fax 39055, ⇌ – |✿|
✦✦ Zim 🔲 📺 ☎ ⇔. 🅰🅴 ⓞ 🅴 *VISA*   CY **e**
Menu (nur Abendessen, japanische Küche) à la carte 39/65 – **60 Z** 165/295.

🏨 **Novotel,** Joseph-von-Görres-Straße (Am Europaplatz), ⊠ 52068, ℰ 1 68 70, Telex 832435,
Fax 163911, ㄸ, 🔄 (geheizt), ✄ – |✿| ✦✦ Zim 🔳 📺 ☎ ⅋ ⓟ – ▵ 250. 🅰🅴 ⓞ 🅴 *VISA*
Menu à la carte 34/58 – **117 Z** 174/208.   DY **s**

🏨 **Hotel am Marschiertor** garni, Wallstr. 1, ⊠ 52064, ℰ 3 19 41, Fax 31944 – |✿| 📺 ☎ –
▵ 30. ⓞ 🅴 *VISA*   BZ **n**
50 Z 115/190.

🏨 **Burtscheider Markt** ⚘ garni, Burtscheider Markt 14, ⊠ 52066, ℰ 60 00 00, Fax 6000020
– |✿| ✦✦ Zim 📺 ☎ ⅋. 🅰🅴 ⓞ 🅴 *VISA*   über Dammstraße   CZ
24. Dez.- 1. Jan. geschl. – **30 Z** 120/260.

🏨 **Benelux** garni, Franzstr. 21, ⊠ 52064, ℰ 2 23 43, Fax 22345 – |✿| 📺 ☎ ⇔ ⓟ. 🅰🅴 ⓞ
🅴 *VISA*   BZ **f**
33 Z 145/220.

🏨 **Krott,** Wirichsbongardstr. 16, ⊠ 52062, ℰ 4 83 73, Fax 403892, ⇌ – |✿| 📺 ☎. 🅰🅴 ⓞ 🅴
VISA   BZ **a**
Menu à la carte 46/78 – **22 Z** 135/230.

🏨 **Royal,** Jülicher Str. 1, ⊠ 52070, ℰ 1 50 61, Fax 156813 – |✿| ✦✦ Zim 🔳 Rest 📺 ☎. 🅰🅴
ⓞ 🅴 *VISA*   CY **z**
Menu (nur Abendessen, indische Küche) à la carte 40/56 – **31 Z** 145/260.

🏠 **Ibis,** Friedlandstr. 8, ⊠ 52064, ℰ 4 78 80, Fax 4788110 – |✿| ✦✦ Zim 📺 ☎ ⅋ ⓟ – ▵ 50.
🅰🅴 ⓞ 🅴 *VISA*   BZ **s**
Menu à la carte 33/55 – **104 Z** 119/133.

🏠 **Lousberg** garni, Saarstr. 108, ⊠ 52062, ℰ 2 03 31, Fax 22047 – |✿| 📺 ☎ ⇔. 🅰🅴 ⓞ 🅴
VISA. ✦✦   BY **t**
30 Z 105/165.

🏠 **Marx** garni, Hubertusstr. 35, ⊠ 52064, ℰ 3 75 41, Fax 26705 – |✿| ☎ ⓟ   AZ **m**
34 Z 85/160.

🏠 **Krone** garni, Jülicher Str. 91 a, ⊠ 52070, ℰ 15 30 51, Fax 152511 – |✿| 📺 ☎ ⇔. 🅰🅴
🅴 *VISA*   DY **b**
37 Z 99/160.

🏠 **Danmark** garni, Lagerhausstr. 21, ⊠ 52064, ℰ 3 44 14, Fax 408454 – |✿| ☎. 🅰🅴 ⓞ 🅴 *VISA*
20 Z 95/140.   CZ **w**

✗✗✗ **Gala,** Monheimsallee 44 (im Casino), ⊠ 52062, ℰ 15 30 13, Fax 158578 – 🔳. 🅰🅴 ⓞ 🅴 *VISA*
🅹🅲🅱   CY
Sonntag - Montag geschl. – **Menu** (nur Abendessen, Tischbestellung ratsam) à la carte
83/111 – **Bistro** *(auch Mittagessen)* **Menu** à la carte 45/68.

✗✗✗ **Le Canard,** Bendelstr. 28, ⊠ 52062, ℰ 3 86 63, ㄸ – 🅰🅴 🅴   AZ **d**
Sonntag - Montag, Ende Feb.- Mitte März und Anfang - Mitte Juni geschl. – **Menu** à la carte
79/102.

✗✗ **La Bécasse,** Hanbrucher Str. 1, ⊠ 52064, ℰ 7 44 44 – 🅰🅴 ⓞ 🅴 *VISA*   AZ **s**
Sonntag und Juli - Aug. 3 Wochen geschl., Montag und Samstag nur Abendessen – **Menu**
(französische Küche) à la carte 78/110.

✗✗ **Tradition,** Burtscheider Str. 11, ⊠ 52064, ℰ 4 48 42, Fax 408108 – 🅰🅴 ⓞ 🅴 *VISA*   BZ **e**
Dienstag und über Karneval geschl., Mittwoch nur Abendessen – **Menu** (abends Tischbestellung ratsam) à la carte 34/77.

✗✗ **Elisenbrunnen,** Friedrich-Wilhelm-Platz 13a, ⊠ 52062, ℰ 2 97 72, Fax 49962, ㄸ – 🅰🅴 ⓞ
🅴 *VISA*   BZ **p**
Menu à la carte 38/64.

✗✗ **Da Salvatore,** Bahnhofplatz 5, ⊠ 52064, ℰ 3 13 77, Fax 29992 – 🅰🅴 ⓞ 🅴 *VISA*   CZ **w**
Menu (italienische Küche) à la carte 41/76.

✗ **Zum Schiffgen,** Hühnermarkt 23, ⊠ 52062, ℰ 3 35 29 – 🅰🅴 ⓞ 🅴 *VISA*   BYZ **c**
Sonntag - Mittwoch nur Mittagessen – **Menu** à la carte 26/57.

In Aachen-Brand ④ : 7 km :

🏠 **Haus Press,** Trierer Str. 842 (B 258), ⊠ 52078, ℰ 52 10 01, Fax 562236, ㄸ – 📺 ☎ ⇔
ⓟ. 🅰🅴 ⓞ 🅴 *VISA*
Menu *(Montag geschl.)* à la carte 36/70 – **14 Z** 75/130.

In Aachen-Friesenrath ④ : 14 km :

✗✗✗ **Schloß Friesenrath** ⚘ mit Zim, Pannekoogweg 46, ⊠ 52076, ℰ (02408)50 48, Fax 5049,
« Ehem. gräfliches Palais, Park » – 📺 ☎ ⓟ. 🅰🅴 ⓞ 🅴 *VISA*
Juli - Aug. 2 Wochen und 24. Dez.- 21. Jan. geschl. – **Menu** *(Montag geschl.)* (wochentags
nur Abendessen) à la carte 65/93 – **3 Z** 160.

In Aachen-Kornelimünster ④ : 10 km :

🏨 **Zur Abtei,** Napoleonsberg 132 (B 258), ⊠ 52076, 𝓟 (02408) 21 48, Fax 4151, 🏤, « Individuelle Einrichtung » – 📺 ☎ – 🕍 20. 𝔸𝔼 ⓪ 🅴 𝘝𝘐𝘚𝘈. ⚓ Rest
Menu 40 (mittags) und à la carte 71/89 – **12 Z** 90/300.

🍴🍴 ❀ **St. Benedikt,** Benediktusplatz 12, ⊠ 52076, 𝓟 (02408) 28 88, Fax 2888 – 🅴
Sonntag - Montag, Aug. 3 Wochen und Weihnachten - Anfang Jan. geschl. – **Menu** (nur Abendessen) 75/98 und à la carte 67/88
Spez. Seezungenfilet im Reisblatt mit Ingwersauce, Feines vom Kaninchen in Monschauer Senfsauce, Dessertteller " St. Benedikt ".

In Aachen-Lichtenbusch ⑤ : 8 km :

🏨 **Zur Heide,** Raafstr. 80, ⊠ 52076, 𝓟 (02408)20 85, Fax 6268 – 📺 ☎ 🅿 – 🕍 50. 𝔸𝔼 ⓪ 🅴 𝘝𝘐𝘚𝘈
Menu à la carte 34/62 – **29 Z** 95/140.

In Aachen-Walheim ④ : 12 km :

🍴🍴 **Brunnenhof** mit Zim, Schleidener Str. 132 (B 258), ⊠ 52076, 𝓟 (02408) 8 00 24, Fax 81559 – 📺 ☎ ⇔ 🅿 𝔸𝔼 🅴 𝘝𝘐𝘚𝘈
Menu *(Donnerstag geschl.)* à la carte 59/83 – **10 Z** 79/145.

An der B 258 Richtung Monschau ⑤ : 12 km :

🏨 **Relais Königsberg,** Schleidener Str. 440, ⊠ 52076 AC-Walheim, 𝓟 (02408) 50 45, Fax 59184, 🏤 – 📲 📺 ☎ ⇔ 🅿 𝔸𝔼 🅴 𝘝𝘐𝘚𝘈
Menu *(Montag geschl.)* à la carte 36/67 – **20 Z** 80/175.

🍴🍴 **Gut Kalkhäuschen,** Schleidener Str. 400, ⊠ 52076 AC-Walheim, 𝓟 (02408) 5 83 10 – 🅿. ⚓
Montag geschl. – **Menu** (nur Abendessen, Tischbestellung ratsam, italienische Küche) à la carte 65/76.

An der Straße Verlautenheide-Stolberg ③ : 9 km :

🍴🍴🍴 **Gut Schwarzenbruch,** ⊠ 52222 Stolberg, 𝓟 (02402) 2 22 75, Fax 4432, « Stilvolle Einrichtung » – 🅿. 𝔸𝔼 ⓪ 🅴 𝘝𝘐𝘚𝘈
Menu à la carte 57/80.

Siehe auch : *Würselen* ① : 6 km

AALEN Baden-Württemberg 𝟜𝟙𝟛 N 20, 𝟡𝟠𝟟 ㊱ – 65 000 Ew – Höhe 433 m – Wintersport : 450/520 m ⚡1 ⚡2 – ❀ 07361.

Sehenswert : Besucherbergwerk in Aalen-Wasseralfingen.

🔢 Fremdenverkehrsamt, Marktplatz 2, ⊠ 73430, 𝓟 52 23 58, Fax 69250.
ADAC, Bahnhofstr. 81, ⊠ 73430, 𝓟 6 47 07, Fax 69801.

◆Stuttgart 73 – ◆Augsburg 119 – Heilbronn 131 – ◆Nürnberg 132 – ◆Ulm (Donau) 67 – ◆Würzburg 135.

🏨 **Treff Hotel Limes-Thermen** ⚘, Osterbucher Platz 1, ⊠ 73431, 𝓟 94 40, Fax 944550, ≤, 🏤, direkter Zugang zu den Thermen – 📲 ⇔ Zim 📺 ☎ ᴄ 🅿 – 🕍 200. 𝔸𝔼 ⓪ 🅴 𝘝𝘐𝘚𝘈
Menu à la carte 42/66 – **147 Z** 145/246.

🏨 **Aalener Ratshotel** garni, Friedrichstr. 7, ⊠ 73430, 𝓟 6 20 01, Fax 66060 – 📲 📺 ☎ 🅿.
𝔸𝔼 ⓪ 🅴 𝘝𝘐𝘚𝘈
40 Z 79/134.

🏨 **Graulshof,** Ziegelstr. 155, ⊠ 73431, 𝓟 3 24 69, Fax 36218, Biergarten – 📺 ☎ 🅿. 🅴. ⚓
Ende Juli - Anfang Aug. geschl. – **Menu** *(Montag geschl.)* à la carte 28/63 – **9 Z** 65/150.

🏨 **Weißer Ochsen,** Bahnhofstr. 47, ⊠ 73430, 𝓟 6 26 85, Fax 6349 – 📺 ☎ 🅿. ⚓
Menu *(Samstag geschl.)* à la carte 28/52 – **7 Z** 70/120.

🍴🍴 **Eichenhof** mit Zim, Stadionweg 1, ⊠ 73430, 𝓟 4 10 20, Fax 46688, 🏤, Biergarten – 📺 ☎ ⇔ 🅿. 𝔸𝔼 ⓪ 🅴 𝘝𝘐𝘚𝘈
Aug. 2 Wochen geschl. – **Menu** *(Montag geschl., Dienstag nur Abendessen)* à la carte 33/65 – **9 Z** 75/130.

🍴🍴 **Zum Falken** mit Zim, Schubartstr. 12, ⊠ 73430, 𝓟 6 27 80 – ⇔ 🅿
Aug. 2 Wochen geschl. – **Menu** *(Sonntag nur Mittagessen, Montag geschl.)* à la carte 28/65 – **7 Z** 53/90.

🍴 **Im Pelzwasen** ⚘ mit Zim, Eichendorffstr. 10, ⊠ 73431, 𝓟 3 17 61, Fax 36463, ≤, 🏤, ⇔ – 📺 ☎ ⇔ 🅿 𝔸𝔼 🅴. ⚓ Zim
1. - 14. Jan. geschl. – **Menu** *(wochentags nur Abendessen, Sonn- und Feiertage nur Mittagessen)* à la carte 30/64 *(auch vegetarische Gerichte)* 🍷 – **10 Z** 65/130.

In Aalen-Ebnat SO : 8 km :

🍴 **Landgasthof Lamm** mit Zim, Unterkochener Str. 16, ⊠ 73432, 𝓟 (07367) 24 12, Fax 4912, 🏤 – ⇔ 🅿. ⚓
Menu *(Dienstag geschl.)* à la carte 29/60 *(auch vegetarische Gerichte)* 🍷 – **8 Z** 50/90.

In Aalen-Röthardt NO : 4 km :

🏠 **Vogthof** 🦢, Bergbaustr. 28, ✉ 73433, 𝒫 7 36 88, Fax 77882, 🍽 – 📺 ☎ 🅿. 🆎 ⓞ ⋐ *VISA*. 🛇 Zim
Juli - Aug. 3 Wochen geschl. – **Menu** *(Freitag und letzter Sonntag im Monat geschl.)* à la carte 29/57 ⅋ – **14 Z** 72/115.

In Aalen-Unterkochen SO : 4 km :

🏛 **Asbrock - Goldenes Lamm,** Kocherstr. 8, ✉ 73432, 𝒫 81 82, Fax 88282 – |💈| 📺 ⅙ ⋐
🅿 – 🍴 150. 🆎 ⓞ ⋐ *VISA*
Menu à la carte 39/74 *(auch vegetarische Gerichte)* – **50 Z** 89/239.

🏠 **Scholz,** Aalener Str. 80, ✉ 73432, 𝒫 56 70 (Hotel) 8 75 00 (Rest.), Fax 567200, « Kleiner
Garten » – 📺 ☎ ⋐ 🅿 – 🍴 15. 🆎 ⓞ ⋐ *VISA*. 🛇 Rest
Menu (wochentags nur Abendessen) à la carte 26/57 ⅋ – **50 Z** 89/150.

🏠 **Kälber** 🦢, Behringstr. 26, ✉ 73432, 𝒫 84 44, Fax 88264, ⋖, 🍺 – 📺 ☎ ⋐ 🅿 – 🍴 20.
🆎 ⓞ ⋐ *VISA*
Jan. 2 Wochen geschl. – **Menu** *(Sonntag nur Mittagessen)* à la carte 36/60 *(auch vege-
tarische Gerichte) –* **20 Z** 78/140.

🏠 **Läuterhäusle** 🦢, Waldhäuser Str. 109, ✉ 73432, 𝒫 8 72 57, Fax 88282, 🍽 – 📺 ☎ 🅿
Menu *(Montag geschl.)* (wochentags nur Abendessen) à la carte 30/57 – **14 Z** 68/128.

In Aalen-Waldhausen O : 9,5 km :

🏛 **Adler,** Deutschordenstr. 8, ✉ 73432, 𝒫 (07367) 95 00, Fax 950400, 🍽, ⋐s, 🔲 – |💈|
🛇 Zim 📺 ☎ ⋐ 🅿 – 🍴 40. 🆎 ⓞ ⋐
Menu à la carte 31/70 *(auch vegetarische Gerichte) –* **33 Z** 85/155.

🏠 Alte Linde, Albstr. 121, ✉ 73432, 𝒫 (07367) 20 01, Fax 2003, Biergarten – 📺 ☎ ⋐ 🅿
– 🍴 30
17 Z.

In Westhausen NO : 10 km :

🏛 **Garni,** Aalener Str.16, ✉ 73463, 𝒫 (07363) 50 26, Fax 5028 – 📺 ☎ 🅿. ⋐ *VISA*
20 Z 65/125.

Siehe auch : *Oberkochen* (S : 9 km)

ABBACH, BAD Bayern 𝟜𝟙𝟛 T 20 – 9 000 Ew – Höhe 374 m – Heilbad – ✪ 09405.
🖪 Kurverwaltung, Kaiser-Karl V.-Allee 5, ✉ 93077, 𝒫 15 55, Fax 6493.
♦München 109 – Ingolstadt 62 – Landshut 63 – ♦Nürnberg 112 – ♦Regensburg 10 – Straubing 56.

🏠 **Pension Elisabeth** 🦢 garni, Ratsdienerweg 8, ✉ 93077, 𝒫 13 15, Fax 7166, ⋐s, 🍺 –
📺 ☎ 🅿
31 Z 55/130.

🏠 **Zur Post,** Am Markt 21, ✉ 93077, 𝒫 13 33, Fax 7619, Biergarten – ☎ ⋐ 🅿
➡ *Jan. 3 Wochen geschl. –* **Menu** *(Dienstag nur Mittagessen, Mittwoch geschl.)* à la carte
22/45 – **20 Z** 45/90.

ABENSBERG Bayern 𝟜𝟙𝟛 S 20, 𝟿𝟠𝟟 ㉗ – 10 100 Ew – Höhe 371 m – ✪ 09443.
♦München 89 – Ingolstadt 39 – Landshut 46 – ♦Regensburg 34.

🏠 **Jungbräu,** Weinbergerstr. 6, ✉ 93326, 𝒫 9 10 70, Fax 910733 – 🅿. 🆎 ⓞ ⋐ *VISA*
➡ *Juli - Aug. 2 Wochen und Weihnachten - Neujahr geschl. –* **Menu** *(Donnerstag nur Mittagessen)* à la carte 23/49 – **23 Z** 50/120.

🏠 Zum Kuchlbauer, Stadtplatz 2, ✉ 93326, 𝒫 14 84 – ⋐
24 Z.

In Siegenburg S : 6 km :

🍴 **Bräustüberl,** Hopfenstr. 3, ✉ 93354, 𝒫 (09444) 4 53, Fax 9155, 🍽 – 🅿. 🆎 ⓞ ⋐ *VISA*
➡ *Montag, 20. Feb.- 3. März und Okt. 2 Wochen geschl. –* **Menu** à la carte 23/43.

ABENTHEUER Rheinland-Pfalz 𝟜𝟙𝟚 E 18 – 450 Ew – Höhe 420 m – Erholungsort – ✪ 06782
(Birkenfeld).
Mainz 116 – Idar-Oberstein 22 – ♦Trier 57.

🍴🍴 **La Cachette,** Böckingstr. 11, ✉ 55767, 𝒫 57 22, Fax 9440, « Ehem. Jagdschloß a.d. 18.
Jh. » – 🅿
Montag geschl. – **Menu** (wochentags nur Abendessen) à la carte 45/70.

ABTSWIND Bayern 𝟜𝟙𝟛 O 17 – 700 Ew – Höhe 265 m – ✪ 09383.
♦München 249 – ♦Nürnberg 79 – ♦Würzburg 36.

🏠 **Weinstube Zur Linde** garni, Ebracher Gasse 2, ✉ 97355, 𝒫 18 58, Fax 6448 – 🅿
9 Z 57/90.

🍴 **Weingut Behringer,** Rehweiler Str. 7 (O : 2km), ✉ 97355, 𝒫 8 41, Fax 7129, 🍽 – 🅿
➡ *Montag - Dienstag und Mitte Dez.- Anfang Feb. geschl. –* **Menu** à la carte 21/44 ⅋.

ACHERN Baden-Württemberg **413** H 21, **987** ㉞, **242** ⑳ – 20 600 Ew – Höhe 143 m – ✆ 07841.

🛈 Reisebüro der Sparkasse, Hauptstr. 84, ✉ 77855, ✆ 64 15 11, Fax 641518.

♦Stuttgart 127 – Baden-Baden 33 – Offenburg 26 – Strasbourg 36.

🏨 **Götz Sonne-Eintracht,** Hauptstr. 112, ✉ 77855, ✆ 64 50, Fax 645645, 🌫, 🔲, 🚁 – 🛗
📺 🕭 ➯ 🅿 – 🔬 80. 🆎 ⓪ Ⓔ 𝘝𝘐𝘚𝘈
Menu à la carte 51/88 – **49 Z** 89/270.

🏨 **Schwarzwälder Hof,** Kirchstr. 38, ✉ 77855, ✆ 50 01, Telex 752280, Fax 29526, 🌫 – 📺
🕭 ➯ 🅿 – 🔬 25. 🆎 Ⓔ 𝘝𝘐𝘚𝘈
Menu *(Sonntag nur Mittagessen, Montag und Juli 2 Wochen geschl.)* à la carte 37/74 –
20 Z 83/145.

In Achern-Oberachern SO : 1,5 km :

🍴🍴 **Zum Hirsch** mit Zim, Oberacherner Str. 26, ✉ 77855, ✆ 2 15 79, Fax 29268, 🌫 – 📺 🕭
🅿. ⓪ Ⓔ 𝘝𝘐𝘚𝘈
Menu *(Montag, März 1 Woche und Anfang - Mitte Nov. geschl., Dienstag nur Abendessen)*
à la carte 42/72 – **5 Z** 80/150.

In Achern-Önsbach SW : 4 km :

🍴🍴 **Adler** (Restauriertes Fachwerkhaus a.d.J. 1724), Rathausstr. 5, ✉ 77855, ✆ 41 04, 🌫 –
🅿. Ⓔ
Montag - Dienstag, Feb.- März 2 Wochen und Juli - Aug. 3 Wochen geschl. – **Menu** à la
carte 44/76.

ACHIM Niedersachsen **411** K 7, **987** ⑮ – 31 000 Ew – Höhe 20 m – ✆ 04202.

♦Hannover 102 – ♦Bremen 20 – Verden an der Aller 21.

🏨 **Stadt Bremen,** Obernstr. 45, ✉ 28832, ✆ 89 20, Fax 82960 – 🛗 📺 🕭 🅿 – 🔬 40. 🚫
Menu à la carte 34/59 – **38 Z** 68/160.

🏨 **Gieschen's Hotel,** Obernstr. 12, ✉ 28832, ✆ 80 06, Fax 2711, 🌫 – 📺 🕭 🅿 – 🔬 80.
🆎 Ⓔ 𝘝𝘐𝘚𝘈
Menu à la carte 32/65 – **30 Z** 85/150.

In Achim-Uphusen NW : 5,5 km :

🏨 **Novotel Bremer Kreuz,** zum Klümoor, ✉ 28832, ✆ 52 80, Telex 249440, Fax 84457, 🌫,
🔲 (geheizt), 🚁 – 🛗 🔛 Zim 🔲 🕭 ➯ 🅿 – 🔬 300. 🆎 ⓪ Ⓔ 𝘝𝘐𝘚𝘈. 🚫 Rest
Menu à la carte 39/56 – **116 Z** 140/158.

In Thedinghausen S : 8 km :

🏨 **Braunschweiger Hof,** Braunschweiger Str. 38, ✉ 27321, ✆ (04204) 2 61, Fax 7587 – 📺
🕭 ➯ 🅿. 🆎 Ⓔ
Menu *(Montag und Sept. 2 Wochen geschl.)* à la carte 34/54 – **15 Z** 59/95.

ACHSLACH Bayern **413** V 20 – 1 100 Ew – Höhe 600 m – Wintersport : 600/800 m 🎿1 🎿2
– ✆ 09929 (Ruhmannsfelden).

♦München 163 – Cham 41 – Deggendorf 19.

In Achslach-Kalteck S : 4 km – Höhe 750 m

🏨 **Berghotel Kalteck** 🦢, ✉ 94250, ✆ (09905) 83 26, Fax 263, ≤, 🌫, ≤s, 🔲, 🚁 🎿 – 🕭
🅿. 🆎 Ⓔ
13. März - 14. April und 30. Okt.- 21. Dez. geschl. – **Menu** à la carte 23/44 – **23 Z** 60/104,
3 Suiten – ½ P 63/89.

ACHTERWEHR Schleswig-Holstein siehe Kiel.

ADELEBSEN Niedersachsen **411** **412** M 12 – 3 200 Ew – Höhe 180 m – ✆ 05506.

♦Hannover 131 – Göttingen 18 – Hann. Münden 27.

🏨 **Zur Post,** Mühlenanger 38, ✉ 37139, ✆ 6 00, Fax 7215 – 🕭 ➯ 🅿
Juli geschl. – **Menu** à la carte 24/52 – **13 Z** 50/98.

ADELSDORF Bayern siehe Höchstadt an der Aisch.

ADELSRIED Bayern **413** P 21 – 1 500 Ew – Höhe 491 m – ✆ 08294 (Horgau).

♦München 76 – ♦Augsburg 18 – ♦Ulm (Donau) 65.

🏨 **Parkhotel Schmid,** Augsburger Str. 28, ✉ 86477, ✆ 29 10, Fax 2429, « Gartenterrasse »,
≤s, 🔲, 🚁 – 🛗 📺 🕭 🅿 – 🔬 120. 🆎 ⓪ Ⓔ 𝘝𝘐𝘚𝘈
Weihnachten - Neujahr geschl. – **Menu** à la carte 30/64 – **94 Z** 130/195.

Benutzen Sie immer die neuesten Ausgaben
der Michelin-Straßenkarten und - Reiseführer.

ADENAU Rheinland-Pfalz 412 D 15, 987 ㉔ – 2 800 Ew – Höhe 300 m – ✿ 02691.
🖪 Tourist-Information, Kirchstr. 5, ⊠ 53518, ℰ 3 05 16, Fax 30573.
Mainz 163 – ◆Aachen 105 – ◆Bonn 48 – ◆Koblenz 72 – ◆Trier 95.

🏨 **Zum Wilden Schwein,** Hauptstr. 117, ⊠ 53518, ℰ 70 61, Fax 1390, 🏤 – 📺 ☎ 👓 ❷. E
   Menu à la carte 36/70 – **20 Z** 90/200.

🕆🕆 **Historisches Haus-Blaue Ecke** mit Zim, Markt 4, ⊠ 53518, ℰ 20 05, Fax 3805, 🏤,
   « Schönes Fachwerkhaus a.d.J.1578 » – 📺 ☎ 👓 ❷. 🖭 ⓞ E 𝘝𝘐𝘚𝘈
   10. Jan.- 10. Feb. und 29. März - 5. April geschl. – **Menu** (Nov.- April Montag geschl.) à
   la carte 38/68 – **8 Z** 100/160.

   In Kaltenborn-Jammelshofen O : 10 km, nahe der B 412 :

🏠 **Waldhotel** 🕭, Bergstr. 18, ⊠ 53520, ℰ (02691) 20 31, Fax 7630, ≼ – ❷. 🖭 E
◆ **Menu** à la carte 24/53 – **23 Z** 65/140.

AERZEN Niedersachsen siehe Hameln.

AHAUS Nordrhein-Westfalen 411 412 E 10, 987 ⑬ ⑭, 408 M 5 – 33 700 Ew – Höhe 50 m –
✿ 02561.
🖽 Ahaus-Alstätte, Schmäinghook 36, ℰ (02567) 4 05.
🖪 Verkehrsverein, Schloßstr. 16a, ⊠ 48683, ℰ 2 77 84, Fax 72105.
◆Düsseldorf 116 – Bocholt 49 – Enschede 26 – Münster (Westfalen) 55.

🏩 **Ratshotel Rudolph,** Coesfelder Str. 21, ⊠ 48683, ℰ 91 10, Fax 911300, 🏤, 🖙, 🖳 –
   |🛗| ⅙ Zim 📺 & ❷ – 🛦 80. 🖭 ⓞ E 𝘝𝘐𝘚𝘈
   Menu (bemerkenswerte Weinkarte) à la carte 44/70 *(auch vegetarische Gerichte)* –
   40 Z 148/196, 3 Suiten.

🏨 **Schloss-Hotel,** Oldenkottplatz 3, ⊠ 48683, ℰ 91 00, Fax 91099 – |🛗| ⅙ Zim 📺 ☎ –
   🛦 40. 🖭 ⓞ E 𝘝𝘐𝘚𝘈
   Menu à la carte 36/61 – *Schloßklause :* **Menu** à la carte 26/33 – **21 Z** 138/186.

🕆 **Zur Barriere,** Legdener Str. 99 (B 474 ; SO : 3 km), ⊠ 48683, ℰ 38 00, Fax 40349, 🏤 –
   ❷. 🖭 E 𝘝𝘐𝘚𝘈 – *Montag geschl.* – **Menu** à la carte 30/63.

   In Ahaus-Alstätte NW : 9,5 km :

🏨 **Golfhotel Ahaus** 🕭, Schmäinghook 36, ⊠ 48683, ℰ (02567) 3 80, Fax 38200, 🏤, 🖙,
   🖽 – |🛗| 📺 & ❷ – 🛦 40. 🖭 ⓞ E 𝘝𝘐𝘚𝘈. 🕱 – **Menu** *(Sonntag geschl.)* (nur Abendessen)
   à la carte 61/78 – *Bistro :* **Menu** à la carte 34/45 – **49 Z** 155/380.

   In Ahaus-Ottenstein W : 7 km :

🕆🕆 **Haus im Flör** 🕭 mit Zim, Hörsteloe 49 (N : 2 km Richtung Alstätte), ⊠ 48683,
   ℰ (02567) 10 57, Fax 3477, 🏤, 🕱 – 📺 ☎ 👓 ❷. 🖭 ⓞ E 𝘝𝘐𝘚𝘈. 🕱
   Menu *(Samstag nur Abendessen, Montag, Feb. 2 Wochen und Juli - Aug. 3 Wochen
   geschl.)* à la carte 39/74 – **11 Z** 90/150.

   In Ahaus-Wüllen SW : 3 km :

🏠 **Hof zum Ahaus,** Argentréstr. 10, ⊠ 48683, ℰ 88 21, Fax 8437 – 📺 ☎ ❷. 🖭 E
◆ **Menu** *(Mittwoch geschl.)* (nur Abendessen) à la carte 22/42 – **14 Z** 60/110.

AHAUSEN Niedersachsen siehe Rotenburg (Wümme).

AHLEN Nordrhein-Westfalen 411 412 G 11, 987 ⑭ – 51 200 Ew – Höhe 83 m – ✿ 02382.
◆Düsseldorf 124 – Bielefeld 67 – Hamm in Westfalen 13 – Münster (Westfalen) 34.

   In Ahlen-Tönnishäuschen N : 6 km :

🕆🕆 **Landgasthof Tönnishäuschen,** Tönnishäuschen 7, ⊠ 59227, ℰ (02528) 14 54, Fax 3693
   – ❷. 🖭 ⓞ E 𝘝𝘐𝘚𝘈
   Donnerstag und Feb. geschl., Freitag nur Mittagessen – **Menu** à la carte 31/61.

   In Ahlen-Vorhelm NO : 7 km :

🏠 **Witte,** Hauptstr. 32, ⊠ 59227, ℰ (02528) 88 86, Fax 3110 – 📺 ☎ ❷. 🖭 E 𝘝𝘐𝘚𝘈
   Menu *(Freitag geschl.)* à la carte 29/57 – **27 Z** 85/160.

AHORN Bayern siehe Coburg.

AHRENSBURG Schleswig-Holstein 411 N 5, 987 ⑤, 984 ⑥ ⑩ – 27 000 Ew – Höhe 25 m –
✿ 04102.
🖽 Am Haidschlag 45, ℰ 5 13 09.
◆Kiel 79 – ◆Hamburg 23 – ◆Lübeck 47.

🏨 **Ahrensburg** 🕭 garni, Ahrensfelder Weg 48, ⊠ 22926, ℰ 5 15 60, Fax 515656 – ⅙ Zim
   📺 ☎ ❷. 🖭 ⓞ E 𝘝𝘐𝘚𝘈 🖯🖯. 🕱 – **24 Z** 129/180.

🏨 **Am Schloss,** Am alten Markt 17 (B 75), ⊠ 22926, ℰ 80 55, Fax 1801, 🖙 – |🛗| 📺 ☎ 👓
   – 🛦 60. 🖭 ⓞ E 𝘝𝘐𝘚𝘈 – **Menu** *(Sonntag geschl.)* à la carte 34/70 – **80 Z** 120/180.

In Ahrensburg-Ahrensfelde S : 4 km :

🏠 **Ahrensfelder Hof** 🦌, Dorfstr. 10, ✉ 22926, 𝒫 6 63 16, Fax 64023, 🛋, 🌳, 🐎 (Halle) – 📺 ☎ 🅿
  Menu *(Montag geschl.)* à la carte 38/64 – **12 Z** 120/180.

In Siek SO : 6 km :

✗✗ **Alte Schule,** Hauptstr. 44, ✉ 22962, 𝒫 (04107) 91 14 – 🅿. 🆎 **E**
  Mittwoch geschl., Samstag nur Abendessen – **Menu** à la carte 55/88.

AHRENSHOOP Mecklenburg-Vorpommern 414 J 2 – 860 Ew – Seebad – 🕓 038220 (Wustrow).
🛈 Kurverwaltung, Kirchnersgang 2, ✉ 18347, 𝒫 2 34, fax 300.
Schwerin 130 – ◆Rostock 35 – Stralsund 65.

🏨 **Haus am Meer,** Dorfstr. 36, ✉ 18347, 𝒫 8 08 16, Fax 80610 📺 ☎ 🅿. 🆎 ① **E** 𝑽𝑰𝑺𝑨
  Menu (nur Abendessen) à la carte 23/45 – **24 Z** 168/250 – ½ P 124/150.
🏨 Möwe, Schifferberg 16, ✉ 18347, 𝒫 60 80, Fax 80616, 🛋, ⊜ – ⊱ Zim 📺 ☎ 🅿
  24 Z.
✗✗ Café Buhne 12, Grenzweg 12, ✉ 18347, 𝒫 2 32, ≤, 🛋
  (nur Abendessen, Tischbestellung ratsam).

AIBLING, BAD Bayern 413 T 23, 987 ㊲, 426 I 5 – 15 500 Ew – Höhe 501 m – Moorheilbad – 🕓 08061.
🏌 Tuntenhausen, Aiblinger Str. 1 (N : 8,5 km), 𝒫 (08061) 14 03.
🛈 Städt. Kurverwaltung, W.-Leibl-Platz, ✉ 83043, 𝒫 21 66, Fax 37156.
◆München 63 – Rosenheim 12 – Salzburg 92.

🏨 **Romantik-Hotel Lindner** (mit Gästehaus 🦌), Marienplatz 5, ✉ 83043, 𝒫 9 06 30, Fax 30535, 🛋, « Stilvolle Einrichtung », 🐎 – 📺 ☎ 🚕 🅿 – 🛎 25. 🆎 ① **E** 𝑽𝑰𝑺𝑨
  Menu *(26. Dez.- 5. Jan. geschl.)* à la carte 41/70 – **32 Z** 100/230.
🏨 **Kur- und Sporthotel St. Georg** 🦌, Ghersburgstr. 18, ✉ 83043, 𝒫 49 70, Fax 497105, 🛋, Massage, ≠, ⊜, 🔲, 🐎 – 🔋 📺 ☎ 🕭 🚕 🅿 – 🛎 200. 🆎 ① **E** 𝑽𝑰𝑺𝑨. 🛠 Rest
  Menu à la carte 45/72 – **226 Z** 135/230, 17 Suiten – ½ P 130/162.
🏨 **Schmelmer Hof,** Schwimmbadstr. 15, ✉ 83043, 𝒫 49 20, Fax 492551, 🛋, Massage, ≠, ⊜, 🔲, 🐎 – 🔋 ☎ 🅿 – 🛎 100
  Menu à la carte 37/51 – **112 Z** 115/190 – ½ P 120/160.
🏠 **Lindl-Hof** garni, Harthauser Str. 35, ✉ 83043, 𝒫 4 90 80, Fax 490860, ⊜, 🐎 – 📺 ☎ 🚕 🅿
  Dez. geschl. – **34 Z** 65/130.
🏠 **Parkcafé Bihler** 🦌 (mit Gästehaus), Katharinenstr. 8, ✉ 83043, 𝒫 9 07 50, Fax 9075150, « Gartenterrasse », ⊜, 🐎 – 📺 ☎ 🚕 🅿. 🛠 Zim
  Mitte Jan.- Mitte Feb. geschl. – **Menu** *(Donnerstag geschl.)* à la carte 26/60 – **23 Z** 75/160.
🏠 Pension Medl 🦌, Erlenweg 4 (Harthausen), ✉ 83043, 𝒫 60 19, Fax 36196, 🛋, 🐎 – 📺 ☎ 🅿
  12 Z.

AICHA VORM WALD Bayern 413 W 20 – 2 200 Ew – Höhe 340 m – 🕓 08544.
◆München 178 – Deggendorf 42 – Passau 19.

🏠 **Landhaus Bauer** 🦌 garni, Panholzstr. 2a, ✉ 94529, 𝒫 84 03 – 🅿
  19 Z 43/76.

AICHACH Bayern 413 Q 21, 987 ㊱ – 15 500 Ew – Höhe 445 m – 🕓 08251.
◆München 59 – ◆Augsburg 24 – Ingolstadt 53 – ◆Ulm (Donau) 98.

🏠 **Bauerntanz,** Stadtplatz 18, ✉ 86551, 𝒫 8 95 50, Fax 52804 – 🔋 ☎ 🅿. 🆎 ① **E** 𝑽𝑰𝑺𝑨
  Menu *(Sonntag nur Mittagessen, Montag und Anfang - Mitte Aug. geschl.)* à la carte 32/55 – **16 Z** 70/110.
✗ **Specht,** Stadtplatz 43, ✉ 86551, 𝒫 32 55, 🛋 – 📺 ☎ 🅿. 🛠
  20. Aug.- 5. Sept. und 24. Dez.- 6. Jan. geschl. – **Menu** *(Samstag geschl., Sonntag nur Mittagessen)* à la carte 19/39 ⅃ – **20 Z** 60/95.

In Aichach-Untergriesbach :

🏠 **Wagner** 🦌, Harthofstr. 38, ✉ 86551, 𝒫 8 97 70, Fax 897750, 🛋 – 🅿 – 🛎 30. **E**
  Aug. 2 Wochen geschl. – **Menu** *(Dienstag geschl.)* à la carte 21/40 ⅃ – **30 Z** 50/90.

AICHELBERG Baden-Württemberg 413 L 21 – 850 Ew – Höhe 400 m – 🕓 07164 (Boll).
Ausflugsziel : Holzmaden : Museum Hauff★, W : 3 km.
◆Stuttgart 43 – Göppingen 12 – Kirchheim unter Teck 11 – ◆Ulm (Donau) 51.

🏠 **Panorama** 🦌, Boller Str. 11, ✉ 73101, 𝒫 20 81, Fax 12306, ≤ – ☎ 🚕 🅿 – 🛎 30. **E**
  Menu à la carte 35/60 – **16 Z** 75/140.

AICHTAL Baden-Württemberg **413** K 21 – 8 400 Ew – Höhe 385 m – ✪ 07127.
◆Stuttgart 22 – Reutlingen 19 – ◆Ulm (Donau) 74.

In Aichtal-Grötzingen :

🏨 **Aichtaler Hof,** Raiffeisenstr. 5, ⊠ 72631, ℰ 95 90, Fax 959959, 🏤 – |♻| ⇔ Zim 📺 ☎
& ❷ – 🔬 50. 🖭 ◉ Ε 🗺
Menu à la carte 40/73 – **59 Z** 145/225.

AIDENBACH Bayern **413** W 21, **987** ㉘ ㊳, **426** L 3 – 2 500 Ew – Höhe 337 m – Erholungsort
– ✪ 08543.
◆München 155 – Passau 35 – ◆Regensburg 103.

🏠 **Bergwirt,** Egglhamer Str. 9, ⊠ 94498, ℰ 12 08, Fax 1948, 🏤 – 📺 ⇐ ❷. 🖭 Ε
⇐ 2.- 31. Jan. geschl. – **Menu** à la carte 22/38 ⅜ – **14 Z** 48/84.

AIDLINGEN Baden-Württemberg siehe Böblingen.

AITERHOFEN Bayern siehe Straubing.

AITERN Baden-Württemberg siehe Schönau im Schwarzwald.

ALBERSDORF Schleswig-Holstein **411** K 4, **987** ⑤, **984** ⑥ – 3 800 Ew – Höhe 6 m – Luftkurort
– ✪ 04835.
◆Kiel 72 – Itzehoe 37 – Neumünster 59 – Rendsburg 36.

⚲ **Ramundt,** Friedrichstr. 1, ⊠ 25767, ℰ 2 21, Fax 222 – 📺 ☎ ⇐ ❷
Menu *(Sonntag geschl.)* à la carte 27/56 – **11 Z** 70/150.

🍴🍴 Kurhotel Ohlen ⬙ mit Zim, Weg zur Badeanstalt 1, ⊠ 25765, ℰ 3 51, Fax 1079, 🏤, 🌿
– ☎ ⇐ ❷
7 Z.

ALBERSHAUSEN Baden-Württemberg siehe Göppingen.

ALBSTADT Baden-Württemberg **413** K 22, **987** ㉟ – 50 000 Ew – Höhe 730 m – Wintersport :
600/975 m ✔6 ✔5 – ✪ 07431.
Ausflugsziel : Raichberg★, ≼★, N : 11 km.
🅱 Städtisches Verkehrsamt, Albstadt-Ebingen, Marktstraße (Rathaus), ⊠ 72458, ℰ 1 60 12 04, Fax
1601480.
◆Stuttgart 98 – ◆Freiburg im Breisgau 132 – ◆Konstanz 104 – ◆Ulm (Donau) 97.

In Albstadt-Ebingen :

🏨 **Linde,** Untere Vorstadt 1, ⊠ 72458, ℰ 5 30 61, Fax 53322, « Elegante, individuelle
Einrichtung » – ⇔ Zim 📺 ☎
Aug. 3 Wochen und 23. Dez.- 7. Jan. geschl. – **Menu** *(Samstag sowie Sonn- und Feiertage
geschl.)* (Tischbestellung ratsam) à la carte 49/96 – **23 Z** 108/210.

🏠 **Maria** ⬙, Mozartstr. 1, ⊠ 72458, ℰ 44 63, Fax 54566, ⬙, 🌿 – 📺 ☎ ⇐. ◉ Ε
🗺
Juli - Aug. 3 Wochen und Weihnachten - Anfang Jan. geschl. – *(nur Abendessen für Hausgäste)* – **18 Z** 80/155.

🍴 **In der Breite** mit Zim, Flanderstr. 97, ⊠ 72458, ℰ 9 00 70, Fax 900777, 🏤 – 📺 ☎ ❷.
◉ Ε 🗺
Juli - Aug. 3 Wochen geschl. – **Menu** *(Montag geschl., Samstag nur Abendessen)* à la carte
29/61 – **7 Z** 78/150.

In Albstadt-Tailfingen :

🏠 **Blume - Post,** Gerhardstr. 10, ⊠ 72461, ℰ 1 20 22, Fax 14320 – |♻| 📺 ☎ ⇐ ❷ – 🔬 25.
Ε 🗺. ⬙
(nur Abendessen für Hausgäste) – **22 Z** 102/160.

ALDERSBACH Bayern **413** W 21, **426** L 3 – 3 500 Ew – Höhe 324 m – ✪ 08543 (Aidenbach).
◆München 158 – Passau 32 – Regensburg 111 – Salzburg 122.

🏠 **Mayerhofer,** Ritter-Tuschl-Str. 2, ⊠ 94501, ℰ 16 02, Fax 1604, Biergarten, 🌿 – 📺 ☎ ❷.
⇐ Ε 🗺
Sept. 3 Wochen geschl. – **Menu** *(Montag geschl., Freitag nur Mittagessen)* à la carte 24/48
⅜ – **33 Z** 53/120.

ALEXANDERSBAD, BAD Bayern 420 T 16,17 – 1 350 Ew – Höhe 590 m – Heilbad – ✆ 09232 (Wunsiedel).

🛈 Verkehrsbüro und Kurverwaltung, Haus des Gastes, Am Kurpark 3, ✉ 95680, ✆ 26 34, Fax 8333.

◆München 262 – Bayreuth 46 – Hof 58.

🏨 **Alexandersbad** ⪜, Markgrafenstr. 24, ✉ 95680, ✆ 88 90, Fax 889461, Massage, ♨, ♠︎,
   ⪜s, ◻︎, ※(Halle) – 📲 📺 ☎ ⇐⇒ 🄿 – 🚗 70. 🖭 ① 🗲 𝑉𝐼𝑆𝐴
   Menu à la carte 41/72 – **160 Z** 140/210 – ½ P 135/170.

🏠 **Am Forst** ⪜ garni, Zum Nagelbrunnen 18, ✉ 95680, ✆ 42 42, Fax 4466, 🚲 – ⇐⇒ 🄿
   Nov.- 20. Dez. geschl. – **23 Z** 45/90.

ALF Rheinland-Pfalz 412 E 16, 987 ㉔ – 1 200 Ew – Höhe 95 m – ✆ 06542 (Zell a.d. Mosel).

Ausflugsziele : Marienburg : Lage★★ (≤★★) S : 2 km.

Mainz 108 – ◆Koblenz 84 – ◆Trier 61.

🕿 **Bömer's,** Ferd.-Remy-Str. 27, ✉ 56859, ✆ 23 10, Fax 1275 – 📲 🄿. ① 🗲 𝑉𝐼𝑆𝐴. ※ Rest
   2. Jan.- Karneval und Mitte Nov. - Weihnachten geschl. – **Menu** (Dienstag nur Abendessen)
   à la carte 22/42 ♨ – **32 Z** 53/110 – ½ P 70/82.

ALFDORF Baden-Württemberg 413 M 20 – 5 700 Ew – Höhe 500 m – ✆ 07172.

◆Stuttgart 49 – Schwäbisch Gmünd 12 – Schwäbisch Hall 40.

   In Alfdorf-Haghof W : 5 km :

🏨 **Haghof,** Welzheimer Str. 3, ✉ 73553, ✆ (07182) 9 28 00, Fax 928088, ⪜s, ◻︎, 🚲, 🏌 –
   📲 📺 ☎ 🄿 – 🚗 50. 🖭 🗲 𝑉𝐼𝑆𝐴
   Menu à la carte 37/74 (auch vegetarisches Menu) – **45 Z** 100/210.

ALFELD (LEINE) Niedersachsen 411 412 M 11, 987 ⑮ – 23 200 Ew – Höhe 93 m – ✆ 05181.

◆Hannover 52 – Göttingen 66 – Hildesheim 26 – ◆Kassel 108.

🏠 **Am Schlehberg** ⪜, Heinrich-Rinne-Str. 37, ✉ 31061, ✆ 8 53 10, Fax 853158, ≤, 🍴 –
   ↔ 📺 ☎ 🄿 – 🚗 25. 🖭 🗲 𝑉𝐼𝑆𝐴. ※ Zim
   Menu (Freitag geschl., Samstag nur Abendessen) à la carte 33/69 – **28 Z** 85/190.

🏠 **Deutsches Haus,** Holzerstr. 25, ✉ 31061, ✆ 30 98, Fax 26100, 🍴 – 📲 📺 ☎ ⇐⇒ 🄿 –
   🚗 100. 🖭 ① 🗲 𝑉𝐼𝑆𝐴
   Menu (Sonntag nur Mittagessen) à la carte 33/69 – **21 Z** 70/120.

🏠 **City-Hotel** garni, Leinstr. 14, ✉ 31061, ✆ 30 73, Fax 26397 – 📲 📺 ☎ ⇐⇒. 🖭 ① 🗲 𝑉𝐼𝑆𝐴.
   ※
   Juli - Aug. 3 Wochen geschl. – **28 Z** 65/130.

   In Alfeld-Hörsum SO : 3,5 km :

🏠 **Zur Eule** ⪜, Horststr. 45, ✉ 31061, ✆ 46 61, Fax 25790, ◻︎, 🚲 – ☎ 🄿. 🖭 🗲
   Menu (Montag nur Abendessen) à la carte 25/37 – **27 Z** 50/110.

🏠 **Haus Rosemarie** garni, Horststr. 52, ✉ 31061, ✆ 34 33, Fax 27365, 🚲 – ☎ ⇐⇒ 🄿. 🗲
   12 Z 50/100.

   In Alfeld-Warzen W : 2,5 Km :

✕ **Grüner Wald,** Am Knick 7, ✉ 31061, ✆ 2 42 48, 🍴 – 🄿. ※
   Montag und Juli - Aug. 2 Wochen geschl. – **Menu** à la carte 34/60.

ALFTER Nordrhein-Westfalen 412 E 14 – 18 000 Ew – Höhe 173 m – ✆ 0228 (Bonn).

◆Düsseldorf 74 – ◆Aachen 89 – ◆Bonn 6 – ◆Köln 24.

✕✕✕ **Herrenhaus Buchholz,** Buchholzweg 1 (NW : 2 km), ✉ 53347, ✆ (02222) 6 00 05,
   Fax 61469, « Gartenterrasse » – 🄿 – 🚗 40. 🖭 ① 🗲
   Menu (Tischbestellung ratsam) à la carte 64/98.

ALKEN Rheinland-Pfalz 412 F 16 – 700 Ew – Höhe 85 m – ✆ 02605 (Löf).

Mainz 93 – Cochem 28 – ◆Koblenz 23.

🏠 **Landhaus Schnee** (mit Gästehaus), Moselstr. 6, ✉ 56332, ✆ 33 83, Fax 8126, ≤, ⪜s –
   ▤ Rest 📺 ⇐⇒ 🄿. 🖭 🗲
   2.- 31. Jan. geschl. – **Menu** (Mittwoch nur Mittagessen) à la carte 28/49 ♨ – **23 Z** 70/150
   – ½ P 75/97.

✕✕ **Burg Thurant** mit Zim, Moselstr. 15, ✉ 56332, ✆ 35 81, 🍴 – 🄿. 🗲
   Feb.- 3. März geschl. – **Menu** (Montag geschl., Dienstag nur Abendessen, Okt.- Ostern
   wochentags nur Abendessen) à la carte 34/70 – **5 Z** 70/110.

ALLENBACH Rheinland-Pfalz siehe Idar-Oberstein.

ALLENSBACH Baden-Württemberg 四13 K 23, 987 ㉟, 427 L 2 – 6 200 Ew – Höhe 400 m – Erholungsort – ✿ 07533.

🏠 Allensbach-Langenrain, 🖋 51 24.

🔃 Verkehrsamt, Rathausplatz 2, ✉ 78476, 🖋 63 40.

◆Stuttgart 173 – ◆Konstanz 11 – Singen (Hohentwiel) 21.

🏠 **Haus Regina** garni, Gallus-Zembroth-Str. 19a, ✉ 78476, 🖋 50 91, Fax 5075 – 🅿
16 Z 68/115.

ALLERSBERG Bayern 四13 Q 19, 987 ㉖ – 7 800 Ew – Höhe 384 m – ✿ 09176.

◆München 139 – Ingolstadt 65 – ◆Nürnberg 29 – ◆Regensburg 94.

🏠 **Café Kattenbeck** garni, Marktplatz 12, ✉ 90584, 🖋 2 74, Fax 1702 – ⇐ 🅿. 🆈 ⓞ 🅴 _VISA_
24 Z 68/110.

An der Straße nach Nürnberg N : 6 km :

XXX **Faberhof,** ✉ 90602 Pyrbaum, 🖋 (09180) 6 13, Fax 2977, 😤 – 🅿. 🆈 ⓞ 🅴
Dienstag und Mitte - Ende Jan. geschl. – **Menu** à la carte 63/86.

ALPE ECK Bayern siehe Sonthofen.

ALPIRSBACH Baden-Württemberg 四13 I 21, 987 ㉟ – 7 500 Ew – Höhe 441 m – Luftkurort – Wintersport : 628/749 m ✔2 ✔5 – ✿ 07444.

Sehenswert : Ehemaliges Kloster★.

🔃 Kurverwaltung, Hauptstr. 20 (B 294), ✉ 72275, 🖋 61 42 81, Fax 614283.

◆Stuttgart 99 – Freudenstadt 18 – Schramberg 19 – Villingen-Schwenningen 51.

🏠 **Rößle,** Aischbachstr. 5, ✉ 72275, 🖋 22 81, Fax 2368 – |‡| ☎ ⇐ 🅿. 🆈 🅴
10.- 20. März und 10. Nov.- 4. Dez. geschl. – **Menu** *(Montag geschl.)* à la carte 35/58 –
26 Z 66/105.

🏠 **Löwen-Post,** Marktplatz 12, ✉ 72275, 🖋 23 93 – ☎ 🅿
Mitte Jan.- Mitte Feb. geschl. – **Menu** *(Dienstag geschl.)* à la carte 30/62 – **12 Z** 65/120.

🏠 **Waldhorn,** Kreuzgasse 4, ✉ 72275, 🖋 9 51 10, Fax 951155 – 📺 ☎ 🅿. 🆈 ⓞ 🅴 _VISA_
Menu à la carte 30/62 – **18 Z** 62/140.

In Alpirsbach-Aischfeld O : 5 km :

🏠 **Sonne,** Im Aischfeld 2, ✉ 72275, 🖋 23 30, Fax 2353, 😤, 🍴 – 📺 ☎ 🅿. ⓞ 🅴 _VISA_
Jan. 3 Wochen geschl. – **Menu** *(Dienstag geschl.)* à la carte 25/53 ♨ – **22 Z** 55/105.

In Alpirsbach-Ehlenbogen :

☝ **Adler,** an der B 294 (N : 2 km), ✉ 72275, 🖋 22 15, Fax 4588, 😤, 🍴 – 🅿. 🆈 ⓞ 🅴
➡ **Menu** *(Mittwoch geschl.)* à la carte 20/37 ♨ – **16 Z** 40/95 – ½ P 50/55.

ALSFELD Hessen 四12 K 14, 987 ㉕ – 17 500 Ew – Höhe 264 m – ✿ 06631.

Sehenswert : Marktplatz★ – Rathaus★ – Rittergasse (Fachwerkhäuser★).

🔃 Städt. Verkehrsbüro, Rittergasse 5, ✉ 36304, 🖋 18 21 65.

◆Wiesbaden 128 – ◆Frankfurt am Main 107 – Fulda 44 – ◆Kassel 93.

🏠 **Zum Schwalbennest,** Pfarrwiesenweg 12, ✉ 36304, 🖋 50 61, Fax 71081, 🍴 – |‡| 📺 ☎
🅿 – 🕍 50. 🆈 ⓞ 🅴 _VISA_. 🍽 Rest
Menu *(Samstag geschl.)* à la carte 28/56 – **65 Z** 90/140.

🏠 **Krone,** Schellengasse 2 (B 62), ✉ 36304, 🖋 40 41, Fax 4043 – ☎ 🅿 – 🕍 50. 🆈 ⓞ 🅴
➡ _VISA_
Menu *(Sonntag nur Mittagessen)* à la carte 23/64 – **38 Z** 70/125.

🏠 **Klingelhöffer,** Hersfelder Str. 47, ✉ 36304, 🖋 20 73, Fax 71064 – 📺 ☎ 🅿 – 🕍 30. 🆈
ⓞ 🅴 _VISA_. 🍽 Rest
Menu *(Sonntag nur Mittagessen)* à la carte 34/56 – **38 Z** 67/135.

🏠 **Zur Erholung,** Grünberger Str. 26 (B 49), ✉ 36304, 🖋 20 23, Fax 2043 – ☎ ⇐ 🅿 –
➡ 🕍 120. 🆈 ⓞ 🅴 _VISA_
Menu à la carte 24/59 – **29 Z** 70/120.

In Alsfeld-Eudorf NO : 3 km :

🏠 **Zur Schmiede,** Ziegenhainer Str. 26 (B 254), ✉ 36304, 🖋 60 31, Fax 73335, 🍴 – |‡| 📺
☎ ⇐ 🅿 – 🕍 150
Menu *(Montag nur Abendessen)* à la carte 27/53 ♨ – **54 Z** 65/110.

In Romrod SW : 6 km über die B 49 :

🏠 **Sporthotel Vogelsberg** 🦢, Kneippstr. 1 (S : 1 km), ✉ 36329, 🖋 (06636) 8 90, Fax 89522,
😤, 😔, 🏊, 🍴, 🍽(Halle) – |‡| 🔁 Zim 📺 ☎ 🅿 – 🕍 100. 🆈 ⓞ 🅴 _VISA_. 🍽 Rest
Menu à la carte 47/70 – **104 Z** 140/300.

ALT RUPPIN Brandenburg siehe Neuruppin.

ALTBACH Baden-Württemberg siehe Plochingen.

ALTDORF Bayern 🔲🔲🔲 R 18, 🔲🔲🔲 ㉖ – 12 900 Ew – Höhe 446 m – 🟢 09187.
◆München 176 – ◆Nürnberg 22 – ◆Regensburg 80.

🏠 **Alte Nagelschmiede,** Oberer Markt 13, ✉ 90518, 𝒫 56 45, Fax 8234 – 📺 ☎ 𝐏. 🛇 Zim
→ *Aug. 3 Wochen geschl.* – **Menu** *(Sonntag geschl., Montag nur Abendessen)* (Tischbestellung ratsam) à la carte 24/59 – **22 Z** 70/150.

🍴 **Rotes Ross,** Oberer Markt 5, ✉ 90518, 𝒫 52 72 – ① 🇪 𝑽𝑰𝑺𝑨
→ *Donnerstag nur Mittagessen, Montag, Mitte Aug.- Mitte Sept. und 24. Dez.- 5. Jan. geschl.*
– **Menu** (Tischbestellung ratsam) à la carte 24/54.

ALTDORF Bayern siehe Landshut.

ALTENA Nordrhein-Westfalen 🔲🔲🔲 🔲🔲🔲 G 13, 🔲🔲🔲 ⑭ – 24 000 Ew – Höhe 159 m – 🟢 02352.
◆Düsseldorf 88 – Hagen 25 – Iserlohn 16 – Lüdenscheid 14.

In Altena-Dahle O : 7 km :

🏠 **Alte Linden** (restauriertes Fachwerkhaus a.d. 17. Jh.), Hauptstr. 38, ✉ 58762, 𝒫 7 12 10,
Fax 75094, � – 📺 ☎ 𝐏. 🇪 𝑽𝑰𝑺𝑨
Menu *(Montag und Samstag nur Abendessen)* à la carte 30/65 – **12 Z** 80/130.

In Altena-Großendrescheid SW : 7 km, in Altroggenrahmede rechts ab :

🏠 **Gasthof Spelsberg** 🐾, Großendrescheid 17, ✉ 58762, 𝒫 9 58 00, Fax 958088, ≤, 🌫,
🌫 – 📺 ☎ 𝐏 – 🔬 40
Menu *(Dienstag, Juli - Aug. 3 Wochen und Weihnachten - Anfang Jan. geschl.)* à la carte
28/51 – **12 Z** 95/155.

ALTENAHR Rheinland-Pfalz 🔲🔲🔲 D 15, 🔲🔲🔲 ㉔ – 2 000 Ew – Höhe 169 m – 🟢 02643.
🅱 Verkehrsverein, im ehemaligen Bahnhof, ✉ 53505, 𝒫 84 48, Fax 3516.
Mainz 163 – ◆Bonn 30 – Euskirchen 29 – ◆Koblenz 62 – ◆Trier 113.

🏠 **Central-Hotel,** Brückenstr. 5, ✉ 53505, 𝒫 18 15, Fax 1803, 🌫 – 𝐏. 🛇
29. Dez.- Jan. geschl. – **Menu** *(Montag geschl.)* à la carte 32/71 – **25 Z** 65/120.

🏠 **Zur Post,** Brückenstr. 2, ✉ 53505, 𝒫 93 10, Fax 931200, 🌫, 🌩 – 📶 📺 ☎ 𝐏 – 🔬 50.
🅰🅴 ① 🇪 𝑽𝑰𝑺𝑨
20. Nov.- 20. Dez. geschl. – **Menu** à la carte 25/59 – **52 Z** 68/150.

🏠 **Cafe Lang,** Altenburger Str. 1, ✉ 53505, 𝒫 20 91, Fax 2090 – 📺 ☎ 𝐏. 🅰🅴 ① 🇪 𝑽𝑰𝑺𝑨
Menu à la carte 28/53 – **40 Z** 69/138.

🍴🍴 **Wein-Gasthaus Schäferkarre** (restauriertes Winzerhaus a.d.J. 1716), Brückenstr. 29,
✉ 53505, 𝒫 71 28, Fax 1247 – 🅰🅴 ① 🇪 𝑽𝑰𝑺𝑨. 🛇
Montag und 20. Dez.- Ende Jan. geschl. – **Menu** à la carte 38/63.

ALTENAU Niedersachsen 🔲🔲🔲 O 11, 🔲🔲🔲 ⑯ – 2 900 Ew – Höhe 450 m – Heilklimatischer Kurort
– Wintersport : 450/900 m ≰3 ≰3 – 🟢 05328.
🅱 Kurverwaltung, Schultal 5, ✉ 38707, 𝒫 8 02 22, Fax 80238.
◆Hannover 109 – ◆Braunschweig 61 – Göttingen 71 – Goslar 18.

🏠 **Moock's Hotel,** Am Schwarzenberg 11, ✉ 38707, 𝒫 2 22, Fax 8189, 🌫 – 📺 ☎ 🚗
𝐏. 🇪
Menu à la carte 27/64 – **14 Z** 70/156 – ½ P 83/103.

🏠 **Landhaus am Kunstberg** 🐾 garni, Bergmannsstieg 5, ✉ 38707, 𝒫 2 55, Fax 256, ≤, 🌫,
🌩, 🌿 – 📺 ☎ 🚗 𝐏. 🇪. 🛇
4. Nov.- 18. Dez. geschl. – **14 Z** 70/124.

ALTENBERG Sachsen 🔲🔲🔲 N 13, 🔲🔲🔲 ㉔, 🔲🔲🔲 ㉘ – 3 600 Ew – Höhe 754 m – Wintersport :
760/827 m ≰1 ≰4 – 🟢 035056.
🅱 Verkehrsamt, Rathaus, Platz des Bergmanns 2, ✉ 01773, 𝒫 42 61, Fax 4263.
◆Dresden 43 – Chemnitz 74 – ◆Leipzig 154.

In Altenberg-Hirschsprung NW : 4 km :

🏨 **Ramdohr-Ladenmühle** 🐾, Bielatalstr. 8, ✉ 01773, 𝒫 42 40, Fax 4240, 🌫, 🌫, 🌩 – 📺
→ ☎ 𝐏 – 🔬 25. 🅰🅴 🇪 𝑽𝑰𝑺𝑨
Menu à la carte 23/46 – **47 Z** 70/150.

ALTENBERGE Nordrhein-Westfalen 🔲🔲🔲 🔲🔲🔲 F 10, 🔲🔲🔲 ⑭ – 8 000 Ew – Höhe 104 m – 🟢 02505.
◆Düsseldorf 138 – Enschede 49 – Münster (Westfalen) 15.

🏠 **Stüer,** Laerstr. 6, ✉ 48341, 𝒫 12 12, Fax 3747, 🌫, 🌫, 🌩 – 📺 ☎ 🚗 𝐏 – 🔬 80. 🅰🅴
① 🇪 𝑽𝑰𝑺𝑨. 🛇 Rest
Menu *(Montag - Freitag nur Abendessen)* à la carte 34/60 – **37 Z** 80/140.

75

ALTENBURG Thüringen 🔲 J 13, 🔲 ㉓, 🔲 ⑰ ㉗ - 50 000 Ew - Höhe 227 m - 😊 03447.
Sehenswert : Rathaus und Markt★ - Schloß (Schloßkirche★) - Lindenau-Museum★★.
🚩 Fremdenverkehrsamt, Weibermarkt 17, ⌧ 04600, 🕾 31 11 45.
Erfurt 115 - ◆Leipzig 49 - Zwickau 33.

🏨 **Parkhotel,** August-Bebel-Str. 16, ⌧ 04600, 🕾 58 30, Fax 583444, Massage, 🚐s - 📱
   ✲ Zim 📺 🕾 ⓖ ⓟ - 🔏 80. 🖭 🗲 𝘝𝘐𝘚𝘈
   Menu à la carte 26/45 - **65 Z** 95/210.

🏨 **Altenburger Hof,** Schmöllnsche Landstr. 8, ⌧ 04600, 🕾 58 40, Fax 584499, Massage, 🚐s
   - 📱 ✲ Zim 📺 🕾 ⓖ ⓟ - 🔏 150. 🖭 ⓞ 🗲 𝘝𝘐𝘚𝘈
   Menu à la carte 23/50 - **145 Z** 105/285.

🏠 **Treppengasse** 🌿 garni, Treppengasse 5, ⌧ 04600, 🕾 31 35 49, Fax 313549, 🚐s - 📺
   🕾 ⓟ. 🖭 ⓞ 🗲 𝘝𝘐𝘚𝘈. 🎿
   13 Z 88/128.

🍴 **Ratskeller,** Markt 1, ⌧ 04600, 🕾 31 12 26 - 🖭 🗲 𝘝𝘐𝘚𝘈
   Menu à la carte 21/45.

   In Gleina SW : 5 km :

🏠 **Kertscher-Hof** 🌿 garni, ⌧ 04603, 🕾 (03447) 50 23 51, Fax 502353, 🚗 - 📺 🕾 ⓟ. 🖭 🗲
   15 Z 90/150.

ALTENGLAN Rheinland-Pfalz 🔲 F 18, 🔲 ③ - 3 500 Ew - Höhe 199 m - 😊 06381.
Mainz 102 - Kaiserslautern 27 - ◆Saarbrücken 72 - ◆Trier 94.

   Beim Wildpark Potzberg SO : 7 km - Höhe 562 m

🏠 **Turm-Hotel** 🌿, Auf dem Potzberg, ⌧ 66887 Föckelberg, 🕾 (06385) 7 20, Fax 72156,
   ≼ Pfälzer Bergland, 🏡, 🚐s - 📺 🕾 ⓟ - 🔏 50
   15. Jan.- 15. Feb. geschl. - **Menu** *(Montag geschl.)* à la carte 27/59 *(auch vegetarische
   Gerichte)* 🍴 - **47 Z** 68/118.

ALTENKIRCHEN IM WESTERWALD Rheinland-Pfalz 🔲 F 14, 🔲 ㉔ - 5 300 Ew - Höhe
245 m - 😊 02681 - Mainz 110 - ◆Bonn 49 - ◆Koblenz 56 - ◆Köln 65 - Limburg an der Lahn 50.

🏨 **Glockenspitze,** Hochstraße, ⌧ 57610, 🕾 8 00 50, Fax 800599, 🏡, 🚐s, 🎾(Halle)(Zugang
   zum öffentlichen 🏊) - 📱 📺 🕾 ⓟ - 🔏 100. 🖭 ⓞ 🗲 𝘝𝘐𝘚𝘈. 🎿 Zim
   Menu à la carte 42/65 - **40 Z** 135/240.

🏠 **Haus Hubertus,** Frankfurter Str. 59a, ⌧ 57610, 🕾 34 28, Fax 70539, 🏡, « Garten » - 📺
   🕾 🚗 ⓟ
   Menu *(Freitag geschl.)* à la carte 32/55 - **13 Z** 55/110.

   In Weyerbusch NW : 8 km - Luftkurort :

🏠 **Sonnenhof,** Kölner Str. 33 (B 8), ⌧ 57635, 🕾 (02686) 83 33, Fax 8332, 🏡 - 📺 🕾 ⓟ -
   🔏 100. 🗲
   Menu *(Montag nur Abendessen, Donnerstag geschl.)* à la carte 31/54 - **12 Z** 65/105.

ALTENKUNSTADT Bayern siehe Burgkunstadt.

ALTENMARKT AN DER ALZ Bayern 🔲 U 22,23, 🔲 ㊲, 🔲 J 5 - 3 300 Ew - Höhe 490 m
- 😊 08621 (Trostberg) - ◆München 82 - Passau 113 - Rosenheim 44 - Salzburg 60.

🏠 **Im Trauntal,** Grassacher Str. 2, ⌧ 83352, 🕾 40 05, Fax 4009, 🏡 - 📺 🕾 🚗 ⓟ - 🔏 20.
   🗲 𝘝𝘐𝘚𝘈
   Menu à la carte 27/57 - **18 Z** 82/134.

🏠 **Angermühle,** Angermühle 1, ⌧ 83352, 🕾 30 26, Fax 8327, 🏡 - 📺 🕾 🚗 ⓟ. 🖭 ⓞ 🗲 𝘝𝘐𝘚𝘈
   Menu à la carte 32/63 - **29 Z** 72/118.

ALTENMEDINGEN Niedersachsen siehe Bevensen, Bad.

ALTENPLEEN Mecklenburg-Vorpommern siehe Stralsund.

ALTENSTADT Bayern 🔲 N 22, 🔲 ㊱, 🔲 C 4 - 4 500 Ew - Höhe 530 m - 😊 08337.
◆München 165 - Bregenz 93 - Kempten (Allgäu) 58 - ◆Ulm (Donau) 36.

🏠 **Zur Sonne,** Bahnhofstr. 8, ⌧ 89281, 🕾 72 60, Fax 9112 - 🕾 🚗 ⓟ. 🗲
   Menu *(Sonntag und Aug. 3 Wochen geschl.)* à la carte 23/40 - **28 Z** 60/95.

   In Altenstadt-Illereichen :

🍴🍴 ⊛ **Landhotel Schloßwirtschaft** 🌿 mit Zim, Kirchplatz 2, ⌧ 89281, 🕾 80 45, Fax 460, 🏡,
   🚗 - 📺 🕾 🚗 ⓟ. 🖭 ⓞ 🗲 𝘝𝘐𝘚𝘈
   Menu *(Sonntag nur Mittagessen, Montag geschl.)* (abends Tischbestellung ratsam) 60 (mit-
   tags) und à la carte 90/120 - **10 Z** 106/220
   Spez. Kalbskopf-Gänseleberterrine mit sauren Rädle, Langustinen mit Kichererbsencrème und
   Oliven, Wachtelkotelette im Kartoffelmantel.

ALTENSTEIG Baden-Württemberg 413 I 21, 987 ㉟ - 11 000 Ew - Höhe 504 m - Luftkurort - Wintersport : 561/584 m ⛷1 ⛷1 - ☎ 07453.

Sehenswert: Lage★.

ℹ Städt. Verkehrsamt, Rosenstr. 28 (ev. Gemeindehaus), ✉ 72213, ☎ 66 33, Fax 27257.

♦Stuttgart 68 - Freudenstadt 25 - Tübingen 48.

Gasthof zur Traube, Rosenstr. 6, ✉ 72213, ☎ 70 33, Fax 7037 - 🚗 🅟. AE ⓞ E VISA. ✗ Zim - *Ende Okt. - Mitte Nov. geschl.* - **Menu** *(Montag geschl.)* à la carte 26/53 - **28 Z** 56/102 - ½ P 67/72.

In Altensteig-Berneck NO : 3 km - Erholungsort :

Traube (mit Gästehaus), Hauptstr. 22, ✉ 72213, ☎ 80 04, Fax 8006, ≘s, 🏊 - 🛗 📺 ☎ 🚗 🅟 - 🏛 40
Menu à la carte 33/60 🍷 - **54 Z** 66/148.

Rössle (mit Gästehaus, 🐌), Marktplatz 8, ✉ 72213, ☎ 81 56, Fax 4203, ≘s, 🏊, 🌳 - 📺 🚗 🅟. ✗ Zim
10.- 25. Jan. und 7.- 21. Dez. geschl. - **Menu** *(Mittwoch geschl.)* à la carte 28/52 🍷 - **18 Z** 80/150 - ½ P 85/105.

In Altensteig-Spielberg SW : 5 km :

Ochsen, Römerstr. 2, ✉ 72213, ☎ 61 22, Fax 1448, 🏡, 🌳 - 🚗 🅟. ✗
über Fastnacht 1 Woche und Juli - Aug. 2 Wochen geschl. - **Menu** *(Montag nur Mittagessen)* à la carte 29/50 🍷 - **12 Z** 43/110 - ½ P 50/85.

In Altensteig-Überberg NW : 2 km :

Hirsch (mit Gästehaus), Simmersfelder Str. 24, ✉ 72213, ☎ 82 90, ≘s, 🌳 - 🚗 🅟
Juli - Aug. 2 Wochen geschl. - **Menu** *(Dienstag geschl.)* à la carte 27/59 🍷 - **18 Z** 50/120 - ½ P 70/85.

In Altensteig-Wart NO : 7 km :

Sonnenbühl 🐌, Wildbader Str. 44, ✉ 72213, ☎ (07458) 77 10, Fax 771522, 🏡, Massage, ♆, ≘s, 🏊, 🌳, 🎾 - 🛗 ⇔ Zim 📺 🚶 🚗 🅟 - 🏛 150. AE ⓞ E VISA
Menu à la carte 41/72 - ***Schwarzwaldstube :*** **Menu** à la carte 28/64 - **120 Z** 160/240, 3 Suiten.

ALTENWEDDINGEN Sachsen-Anhalt 414 G 10 - 2 000 Ew - Höhe 80 m - ☎ 039205.

Magdeburg 21 - Halberstadt 36.

Körling, Halberstädter Str. 1 (B 81, W : 2km), ✉ 39171, ☎ 2 39 01, Fax 23905 - 📺 ☎ ♿ 🅟 - 🏛 30. AE ⓞ E VISA
Menu à la carte 21/43 - **33 Z** 120/250.

Bördeperle, Neuer Weg 16, ✉ 39171, ☎ 2 19 96, Fax 21996, 🏡 - 📺 ☎ 🅟. ⓞ E VISA. ✗
Menu à la carte 24/42 - **12 Z** 98/150.

ALTÖTTING Bayern 413 V 22, 987 ㊲, 426 JK 4 - 12 000 Ew - Höhe 402 m - Wallfahrtsort - ☎ 08671.

ℹ Wallfahrts- und Verkehrsbüro, Kapellplatz 2a, ✉ 84503, ☎ 80 68, Fax 85858.

♦München 93 - Landshut 64 - Passau 83 - Salzburg 66.

Zur Post, Kapellplatz 2, ✉ 84503, ☎ 50 40, Fax 6214, 🏡, ≘s, 🏊 - 🛗 📺 🅟 - 🏛 140. AE ⓞ E VISA JCB
Menu à la carte 30/65 - **98 Z** 145/290.

Parkhotel garni, Neuöttinger Str. 28, ✉ 84503, ☎ 1 20 27, Fax 4887 - 📺 ☎ 🚗 🅟. AE E
1.- 10. Jan. geschl. - **12 Z** 95/160.

Plankl, Schlotthamer Str. 4, ✉ 84503, ☎ 8 51 51, Fax 12495, ≘s - 🛗 ⇔ Zim 📺 🚗 🅟 - 🏛 80. AE ⓞ E VISA
Menu à la carte 23/46 - **78 Z** 60/200, 5 Suiten.

Zwölf Apostel, Bruder-Konrad-Platz 3, ✉ 84503, ☎ 59 22, Fax 84371, 🏡 - 🛗 ⇔ Zim 🅟 - 🏛 100
20. Jan.- Feb. geschl. - **Menu** *(Nov.- April Montag geschl.)* à la carte 26/48 - **60 Z** 65/115.

In Teising W : 5 km :

Gasthof Hutter, Hauptstr. 17 (B 12), ✉ 84576, ☎ (08633) 2 07, 🏡
Dienstag nur Mittagessen, Mittwoch und Nov. 3 Wochen geschl. - **Menu** à la carte 23/39.

In Tüßling-Bräu im Moos SW : 9,5 km :

Bräu im Moos, Moos 21, ✉ 84577, ☎ (08633) 10 41, Fax 7941, Biergarten, Brauerei-Museum, Hirschgehege - 🅟
Montag und 2. Jan.- 14. Feb. geschl. - **Menu** à la carte 28/55.

In Tüßling-Kiefering W : 6 km über die B 299 :

Landgasthof zum Bauernsepp, ✉ 84577, ☎ (08633) 71 02, Fax 7994, « Innenhofterrasse », 🎾 - 📺 ☎ 🅟 - 🏛 70. AE E VISA
Menu à la carte 33/63 - **38 Z** 78/125.

ALTRIP Rheinland-Pfalz siehe Ludwigshafen am Rhein.

ALTUSRIED Bayern 413 N 23, 426 C 5 – 7 900 Ew – Höhe 722 m – Erholungsort – 😊 08373
♦München 131 – Kempten 20 – ♦Memmingen 30.

In Altusried-Kimratshofen W : 5,5 km :

XX **Alte Post** mit Zim, Am Kirchberg 2, ⊠ 87452, 🎭 81 11, Fax 8113 – |🛏| ☎ 🅿. ① 🗗 VISA
Menu *(Dienstag geschl.)* à la carte 40/79 – **5 Z** 75/150.

ALZENAU Bayern 412 413 K 16, 987 ㉕ – 17 000 Ew – Höhe 114 m – 😊 06023.
🖪 Städt. Verkehrsamt, Rathaus, Hanauer Str. 1, ⊠ 63755, 🎭 50 21 12, Fax 🎭 30497.
♦München 378 – Aschaffenburg 19 – ♦Frankfurt am Main 36.

In Alzenau-Hörstein S : 4 km :

🏠 **Käfernberg** 🦌, Mömbriser Str. 9, ⊠ 63755, 🎭 94 10, Fax 941115, ≤, �఻, « Weinstube im alpenländischen Stil », 🚗 – |🛏| 📺 ☎ 🅿 – 🍴 20. 🗗 VISA
Menu *(Sonntag und Anfang - Mitte Aug. geschl.)* à la carte 47/82 – **31 Z** 75/190.

In Alzenau-Wasserlos SO : 2 km :

🏠 **Krone am Park** 🦌 garni, Hellersweg 1, ⊠ 63755, 🎭 60 52, Fax 8724, ≤, 🚗s, ℀, 🎿 –
📺 ☎ 🚗 🅿 – 🍴 25. 🗗 VISA
28 Z 108/244.

🏠 **Krone** 🦌, Hahnenkammstr. 37, ⊠ 63755, 🎭 60 25, Fax 31660 – 📺 ☎ 🅿 – 🍴 50. 🗗
VISA
Mitte Juli - Mitte Aug. geschl. – **Menu** *(Sonntag nur Mittagessen, Montag nur Abendessen)*
à la carte 33/71 – **22 Z** 75/165.

🏠 **Schloßberg im Weinberg** 🦌, Schloßberg 2, ⊠ 63755, 🎭 10 58, Fax 30253, ≤ Maintal,
�఻, 🖼 – 📺 ☎ 🅿 – 🍴 50. 🗗 ① 🗗 VISA
2.- 25. Jan. geschl. – **Menu** à la carte 39/72 – **19 Z** 93/205.

ALZEY Rheinland-Pfalz 412 H 17, 987 ㉔ – 15 800 Ew – Höhe 173 m – 😊 06731.
🖪 Kulturamt, Ernst-Ludwig-Straße (Rathaus), ⊠ 55232, 🎭 49 53 05.
Mainz 34 – ♦Darmstadt 48 – Kaiserslautern 49 – Bad Kreuznach 29 – Worms 28.

🏠 **Alzeyer Hof,** Antoniterstr. 60, ⊠ 55232, 🎭 88 05, Fax 8808 – |🛏| 📺 ☎ 🚗 – 🍴 60. 🗗
🗗 VISA
Menu *(Sonntag und Juli - Aug. 3 Wochen geschl.)* à la carte 35/66 ♨ – **25 Z** 105/149.

🏠 **Am Schloss** 🦌, Amtgasse 39, ⊠ 55232, 🎭 86 56, Fax 45605 – 📺 ☎ 🔥 🅿 – 🍴 50. 🗗
① 🗗 VISA
Menu à la carte 36/60 – **24 Z** 105/150.

🏠 **Diamant** garni, Hospitalstr. 28a, ⊠ 55232, 🎭 48 70, Fax 48712 – |🛏| 📺 ☎ 🚗. 🗗 ① 🗗
VISA
17 Z 95/125.

🏠 **Rheinhessen - Treff,** Industriestr. 13 (O : 1 km, nahe der Autobahn), ⊠ 55232, 🎭 40 30,
Fax 403106, �఻, ℀ (Halle) – |🛏| 🔄 Zim 📺 ☎ 🅿 – 🍴 70. 🗗 ① 🗗 VISA. 🎿 Rest
Menu à la carte 33/64 ♨ – **143 Z** 115/185.

🏠 **Krause,** Gartenstr. 2, ⊠ 55232, 🎭 61 81, Fax 45613, �఻ – 📺 ☎ 🅿. 🗗 🗗
27. Dez.- 14. Jan. geschl. – Menu *(Dienstag geschl., Samstag nur Abendessen)* à la carte
38/80 ♨ – **10 Z** 85/130.

AMBERG Bayern 413 S 18, 987 ㉗ – 43 000 Ew – Höhe 374 m – 😊 09621.
Sehenswert : Deutsche Schulkirche★ AZ **A** – Wallfahrtskirche Maria-Hilf (Fresken★) BY **B**.
🖪 Fremdenverkehrsamt, Zeughausstr. 1 a, ⊠ 92224, 🎭 1 02 39.
ADAC, Kaiser-Wilhelm-Ring 29a, ⊠ 92224, 🎭 2 23 80, Fax 15499.
♦München 204 ⑤ – Bayreuth 79 ⑥ – ♦Nürnberg 61 ⑤ – ♦Regensburg 64 ③.

Stadtplan siehe gegenüberliegende Seite

🏠 **Drahthammer Schlößl,** Drahthammer Str. 30, ⊠ 92224, 🎭 8 50 88, Fax 88424, 🌉, 🚗s
– 📺 ☎ 🅿. 🗗 ① 🗗 VISA   BY **a**
Menu à la carte 36/65 – **44 Z** 75/280.

🏠 **Fleischmann,** Wörthstr. 4, ⊠ 92224, 🎭 1 51 32, Fax 33986 – 📺 ☎ 🚗. 🗗   AZ **f**
24. Dez.- 6. Jan. geschl. – Menu *(nur Abendessen für Hausgäste)* – **31 Z** 80/130.

XX **Casino - Altdeutsche Stube,** Schrannenplatz 8, ⊠ 92224, 🎭 2 26 64, Fax 22066 –
🍴 150. 🗗 🗗 VISA   AZ **T**
Montag und Aug. 3 Wochen geschl. – **Menu** à la carte 36/68.

In Freudenberg NO : 10 km über Krumbacher Straße BY :

🏠 **Hammermühle** 🦌, Hammermühlstr. 1, ⊠ 92272, 🎭 (09627) 91 50, Fax 1409, 🌉, 🚗s,
🚗, ℀ – 📺 ☎ 🅿 – 🍴 50. 🗗 ① 🗗 VISA. 🎿 Rest
Menu *(Sonntag nur Mittagessen)* à la carte 31/57 – **31 Z** 92/149.

AMBERG

AMELINGHAUSEN Niedersachsen 🗺️ N 7, 🗺️ ⑮ – 3 100 Ew – Höhe 65 m – Erholungsort – 🏠 04132.

🎫 Verkehrs- und Kulturverein, Lüneburger Str. 50 (Rathaus), ✉ 21385, 🖉 92 09 19, Fax 920916.
◆Hannover 104 – ◆Hamburg 57 – Lüneburg 26.

🏨 **Schenck's Gasthaus** (mit Gästehaus Bergpension ⚲, 🔲, �‍s, 🖛), Lüneburger Str. 48 (B 209), ✉ 21385, 🖉 6 30, Fax 8998 – 📺 🕿 🄿 – 🛏 80
Menu (23. Nov.- 2. Dez. geschl.) à la carte 35/57 – **37 Z** 70/180.

🍴 **Fehlhaber,** Lüneburger Str. 38 (B 209), ✉ 21385, 🖉 3 76, 🖙, – 🕿 ⟵⟶ 🄿
Menu (Mittwoch geschl.) à la carte 26/53 🍴 – **10 Z** 65/112 – ½ P 75/85.

In Wriedel-Wettenbostel SO : 8 km :

🏨 **Zur Erika** ⚲, Brunnenweg 1, ✉ 29565, 🖉 (05829) 5 29, 🖙, 🖙s, 🖛 – 📺 ⟵⟶ 🄿
März geschl. – **Menu** (Montag - Freitag nur Abendessen, Mittwoch geschl.) à la carte 27/49 – **14 Z** 55/110.

AMERDINGEN Bayern 🗺️ O 20 – 750 Ew – Höhe 530 m – 🏠 09008.
◆München 132 – ◆Augsburg 66 – Nördlingen 17 – ◆Ulm (Donau) 67.

🏨 **Landhotel Kesseltaler Hof** ⚲, Graf-Stauffenberg-Str. 21, ✉ 86735, 🖉 6 16, Fax 1412, 🖙, « Renoviertes ehemaliges Bauernhaus », 🖙s, 🔲, 🖛 – 📺 🕿 🄿 – 🛏 20. 🅴 🆅🅸🆂🅰 🅹🅲🅱
Menu (Montag - Dienstag sowie Jan. und Aug. jeweils 2 Wochen geschl.) à la carte 32/65 – **14 Z** 70/110.

AMMERBUCH Baden-Württemberg 🗺️ J 21 – 10 000 Ew – Höhe 365 m – 🏠 07073.
◆Stuttgart 44 – Freudenstadt 51 – Pforzheim 67 – Reutlingen 25.

In Ammerbuch-Entringen :

🍴🍴 Im Gärtle, Bebenhauser Str. 44, ✉ 72119, 🖉 64 35, « Gartenterrasse » – 🄿.

In Ammerbuch-Pfäffingen :

🍴 **Lamm,** Dorfstr. 42, ✉ 72119, 🖉 30 50, Fax 30513, 🖙 – 📺 🕿 🄿. 🅰🅴 🅾 🅴 🆅🅸🆂🅰
24. Dez.- 10. Jan. geschl. – **Menu** (Samstag und Montag nur Abendessen) à la carte 36/84 – **19 Z** 88/160.

AMÖNEBURG Hessen 🗺️ J 14 – 4 800 Ew – Höhe 362 m – Erholungsort – 🏠 06422.
◆Wiesbaden 125 – Gießen 34 – Bad Hersfeld 71 – ◆Kassel 97 – Marburg 14.

🍴🍴 **Dombäcker,** Markt 18, ✉ 35287, 🖉 37 55, 🖙 – 🛏 15. 🅴
Montag, 1.- 7. Jan. und Juli - Aug. 2 Wochen geschl. – **Menu** à la carte 52/78.

AMORBACH Bayern 🗺️ 🗺️ K 18, 🗺️ ㉕ – 5 000 Ew – Höhe 166 m – Luftkurort – 🏠 09373.
Sehenswert : Abteikirche★ (Chorgitter★, Bibliothek★, Grüner Saal★).
🎫 Städt. Verkehrsamt, im alten Rathaus, Marktplatz, ✉ 63916, 🖉 47 78, Fax 2566.
◆München 353 – Aschaffenburg 47 – ◆Darmstadt 69 – Heidelberg 67 – ◆Würzburg 77.

🏨 **Post,** Schmiedstr. 2, ✉ 63916, 🖉 14 10, Fax 1456, 🖙, 🖙s, 🖛 – 📱 📺 🕿 ⟵⟶ 🄿. 🅰🅴 🅾
Mitte Jan.- Mitte Feb. geschl. – **Menu** à la carte 32/60 – **30 Z** 70/140.

🏨 **Badischer Hof,** Am Stadttor 4, ✉ 63916, 🖉 95 05, Fax 7374, 🖙 – 📺 🕿 🄿 – 🛏 20.
🅰🅴 🅾 🅴 🆅🅸🆂🅰
Menu (Dienstag geschl.) à la carte 37/69 – **27 Z** 85/195.

🏨 **Frankenberg** ⚲, Gotthardsweg 12 (Sommerberg), ✉ 63916, 🖉 12 50, Fax 4628, ≤, 🖙, 🔲, 🖛 – 📺 🕿 ⟵⟶ 🄿. 🅾. ⚜ Rest
5. Jan.- 5. März und 15. Nov.- 20. Dez. geschl. – **Menu** à la carte 29/55 – **20 Z** 65/120.

🍴🍴 **Victoria,** Johannesturmstr. 10, ✉ 63916, 🖉 73 15
Montag - Dienstag geschl. – **Menu** à la carte 45/67.

Im Otterbachtal W : 3 km über Amorsbrunner Straße :

🏨 **Der Schafhof** ⚲ (ehem. Klostergut), ✉ 63916 Amorbach, 🖉 (09373) 9 73 30, Fax 4120, ≤, 🖙, 🖛, ⚜ – 📱 📺 🕿 🄿 – 🛏 25. 🅰🅴 🅾 🅴 🆅🅸🆂🅰 🅹🅲🅱. ⚜ Zim
Menu (bemerkenswerte Weinkarte) à la carte 77/114 – **Einkehr zur Pilgerstube** (Mittwoch - Donnerstag geschl.) **Menu** à la carte 34/52 – **19 Z** 155/350.

In Amorbach-Boxbrunn NW : 10 km :

🍴 **Bayerischer Hof** (mit Gästehaus), Hauptstr. 8 (B 47), ✉ 63916, 🖉 14 35, Fax 3208 – ⟵⟶ 🄿
Jan. 3 Wochen und Juni 2 Wochen geschl. – **Menu** (Donnerstag-Freitag geschl.) à la carte 22/44 🍴 – **15 Z** 42/98.

AMPFING Bayern 🗺️ U 22, 🗺️ ㊲, 🗺️ J 4 – 5 100 Ew – Höhe 415 m – 🏠 08636.
◆München 74 – Landshut 60 – Salzburg 89.

🏨 **Fohlenhof,** Zangberger Str. 23, ✉ 84539, 🖉 8 88, Fax 7691, 🖙 – 🕿 🄿 – 🛏 50. 🅰🅴 🅾 🅴
Menu (Samstag und Mitte Aug.- Anfang Sept. geschl., Dienstag - Freitag nur Abendessen) à la carte 32/55 – **34 Z** 80/140.

AMRUM (Insel) Schleswig-Holstein **411** HI 2,3, **987** ④, **984** ② – Seeheilbad – Insel der Nordfriesischen Inselgruppe.

Ausflugsziele : Die Halligen★ (per Schiff).

⚓ von Dagebüll (ca. 2 Std.). Für PKW Voranmeldung bei Wyker Dampfschiffs-Reederei GmbH in Wyk auf Föhr, ⊠ 25938, ℰ (04681) 80 40, Fax 8016.

Nebel – 1 045 Ew – ✪ 04682.

🛈 Kurverwaltung, ⊠25946, ℰ 8 81, Fax 2999.

✗ **Ekke-Nekkepenn,** Waasterstigh 19, ⊠ 25946, ℰ 22 45, ㄍ – ℗
Donnerstag sowie 6. Jan.- 15. Feb. und 2. Nov.- 15. Dez. geschl. – **Menu** à la carte 32/50.

Norddorf – 600 Ew – ✪ 04682.

🛈 Kurverwaltung, ⊠ 25946, ℰ 8 11, Fax 1795.

Nebel 4 – Wittdün 9.

🏠 **Hüttmann** ⅀, Ual Saarepswai 2, ⊠ 25946, ℰ 92 20, Fax 922113, ≤, ㄍ, Massage, ⱻ, ㄍ – 📺 ☎ ℗. ⅍ Zim
Menu *(23. Nov.- 16. Feb. geschl.)* à la carte 38/71 – **67 Z** 100/240 – ½ P 93/155.

🏠 **Seeblick** ⅀ (Appartment-Hotel), Strunwai 13, ⊠ 25946, ℰ 92 10, Fax 2574, ㄍ, Massage, ♨, ⱻ, ☒, ㄍ, ✗(Halle) – 🛗 ☰ Rest 📺 ☎ ⟷ ℗ – ⩱ 70
Anfang Jan.- Mitte Feb. geschl. – **Menu** *(Nov.- März Montag - Dienstag geschl.)* à la carte 35/75 – **27 Z** 135/260.

🏠 **Ual Öömrang Wiartshüs** ⅀, Bräätlun 4, ⊠ 25946, ℰ 8 36, Fax 1432, ㄍ, « Altfriesische Kate, Seemannsstube », ⱻ, ㄍ – 📺 ☎ ℗
7. Jan.- 21. Feb. geschl. – **Menu** *(im Winter Mittwoch - Donnerstag geschl.)* à la carte 37/52 – **10 Z** 80/160.

🏠 **Graf Luckner** ⅀, Madelwai 4, ⊠ 25946, ℰ 9 45 00, Fax 945037 – 📺 ☎ ℗
Nov.- 24. Dez. geschl. – (Restaurant nur für Hausgäste) – **18 Z** 80/290.

Wittdün – 700 Ew – ✪ 04682.

🛈 Kurverwaltung, ⊠ 25946, ℰ 8 61, Fax 871.

🏠 **Weiße Düne,** Achtern Strand 6, ⊠ 25946, ℰ 8 55, Fax 4359, ㄍ, ⱻ, ☒ – 📺 ☎ ℗
Mitte Jan.- Mitte Feb. und Ende Nov.- Mitte Dez. geschl. – **Menu** *(Montag geschl.)* à la carte 39/66 – **12 Z** 178/256.

🏠 **Strandhotel Vierjahreszeiten** ⅀ garni, Obere Wandelbahn 16, ⊠ 25946, ℰ 3 50, Fax 2935, ≤, ⱻ – 📺 ☎ ℗
35 Z 110/200.

ANDECHS Bayern siehe Herrsching am Ammersee

ANDENHAUSEN Thüringen **412** N 14,15, **414** C 13 – 350 Ew – Höhe 600 m – ✪ 036964 (Dermbach).

Erfurt 109 – Bad Hersfeld 57 – Fulda 44.

🏠 **Rhöngasthof Katzenstein** ⅀, (NO : 1 km), ⊠ 36452, ℰ 9 30 32, Fax 93038, ≤, ㄍ – ⟷ 📺 ℗ – ⩱ 60. ⅍ Zim
Menu à la carte 24/34 – **26 Z** 55/112 – ½ P 54/71.

ANDERNACH Rheinland-Pfalz **412** F 15, **987** ㉔ – 28 000 Ew – Höhe 65 m – ✪ 02632.

🛈 Touristinformation, Läufstr. 11, ⊠ 56626, ℰ 92 23 00, Fax 922242.

Mainz 120 – ♦Bonn 43 – ♦Koblenz 18 – Mayen 23.

🏠 **Fischer,** Am Helmwartsturm 4, ⊠ 56626, ℰ 49 20 47, Fax 45547, ㄍ – 🛗 📺 ☎. 🝙 ⓸ ℰ 𝒱𝐼𝒮𝐴
Puth's Ambiente *(Sonntag geschl., Tischbestellung ratsam)*, **Menu** à la carte 52/80 – **20 Z** 125/240.

🏠 **Parkhotel Andernach,** Konrad-Adenauer-Allee 33, ⊠ 56626, ℰ 4 40 51, Fax 493441, ≤, ㄍ – 🛗 📺 ☎ ⟷ ℗ – ⩱ 300. 🝙 ⓸ ℰ 𝒱𝐼𝒮𝐴
Menu à la carte 48/70 – **28 Z** 95/160.

🏠 **Villa am Rhein,** Konrad-Adenauer-Allee 31, ⊠ 56626, ℰ 9 27 40, Fax 927450, ≤, ㄍ – 📺 ☎ ℗ – ⩱ 20. 🝙 ⓸ ℰ 𝒱𝐼𝒮𝐴
Jan. 2 Wochen geschl. – **Menu** *(Samstag geschl.)* à la carte 40/63 – **25 Z** 95/155.

🏠 **Alte Kanzlei** (historisches Haus a.d.J. 1677), Steinweg 30, ⊠ 56626, ℰ 4 44 47, Fax 494865, ㄍ, ⱻ – 📺 ☎
Menu *(Sonntag geschl.)* (nur Abendessen) à la carte 35/58 – **10 Z** 95/180.

🏠 **Meder,** Konrad-Adenauer-Allee 17, ⊠ 56626, ℰ 4 26 32, Fax 30111, ≤ – 📺 ☎. 🝙 ⓸ ℰ 𝒱𝐼𝒮𝐴. ⅍ Rest
(Restaurant nur für Hausgäste) – **10 Z** 95/180.

🏠 **Am Martinsberg** ⅀ garni, Frankenstr. 6, ⊠ 56626, ℰ 4 55 22, Fax 1406 – ⟶ 📺 ☎ ⟷ ℗. ℰ. ⅍ – **28 Z** 78/125.

✗✗ Bagatelle, Hochstr. 92 (Eingang Obere Wallstraße), ⊠ 56626, ℰ 49 33 81, ㄍ

81

ANGELBACHTAL Baden-Württemberg ▦▯▨ ▦▯▨ J 19 – 3 600 Ew – Höhe 154 m – ✆ 07265.
♦Stuttgart 91 – Heilbronn 40 – ♦Karlsruhe 47 – ♦Mannheim 44.

In Angelbachtal-Eichtersheim :

XX **Asal** (Wasserschloß in einem Park), Schloßstr. 1, ⊠ 74918, ℘ 72 00, 🍴 – ❶
Dienstag nur Abendessen, Montag, über Fasching und Juli - Aug. 3 Wochen geschl. – **Menu** à la carte 49/92.

In Angelbachtal-Michelfeld :

🏨 **Schloß Michelfeld,** Friedrichstr. 2, ⊠ 74918, ℘ 70 41, Fax 279, 🍴 – 🛗 📺 ⇔ ❶ –
🏛 30. 🆎 ⓞ Ɛ 𝘝𝘐𝘚𝘈
Menu *(Montag geschl., Dienstag - Freitag nur Abendessen)* à la carte 47/85 – **21 Z** 105/210.

🏠 **Engel,** Friedrichstr. 7, ⊠ 74918, ℘ 70 38, Fax 7030 – 📺 ☎ ❶. ॐ Zim
Feb. und Aug. jeweils 3 Wochen geschl. – **Menu** *(Donnerstag geschl., Freitag nur Abendessen)* à la carte 32/67 – **8 Z** 86/115.

ANGER Bayern ▦▯▨ V 23 – 4 000 Ew – Höhe 500 m – ✆ 08656.
🏢 Verkehrsamt, Dorfplatz 4, ⊠ 83454, ℘ 3 63, Fax 7171.
♦München 122 – Bad Reichenhall 15 – Rosenheim 75 – Salzburg 19.

🏠 **Alpenhof,** Dorfplatz 15, ⊠ 83454, ℘ 5 91, Fax 7375, 🍴 – 📺 ☎. Ɛ
← *Ende Jan.- Mitte Feb. und Nov. geschl.* – **Menu** *(Montag geschl., Dienstag nur Abendessen)* à la carte 22/47 – **19 Z** 52/110.

ANGERMÜNDE Brandenburg ▦▯▨ O 6, ▨▨▨ ⑫, ▨▨▨ ⑱ – 11 500 Ew – Höhe 45 m – ✆ 03331.
Potsdam 114 – ♦Frankfurt an der Oder 106 – Prenzlau 41.

🏨 **Weiss,** Puschkinallee 11, ⊠ 16278, ℘ 2 18 54, Fax 23366, 🍴 – 🛗 📺 ☎ ₺ ❶ – 🏛 40.
🆎 Ɛ 𝘝𝘐𝘚𝘈
Menu à la carte 27/52 *(auch vegetarisches Menu)* – **17 Z** 120/180.

In Stolpe SO : 10 km :

🏠 Stolper Turm, Dorfstr. 40, ⊠ 16278, ℘ (03338) 5 40, Fax 334, 🍴 – 📺 ☎ ❶
12 Z.

ANIF Österreich siehe Salzburg.

ANKLAM Mecklenburg-Vorpommern ▦▯▨ N 4, ▨▨▨ ⑦, ▨▨▨ ⑦ – 18 500 Ew – Höhe 5 m –
✆ 03971.
🏢 Anklam-Information, Kleiner Wall 11, ⊠ 17389, ℘ 21 05 41.
Schwerin 182 – Neubrandenburg 50 – Stralsund 77.

🏨 **Am Stadtwall** garni, Demminer Str. 5, ⊠ 17389, ℘ 83 31 36, Fax 833137 – 📺 ☎ ❶. 🆎
Ɛ 𝘝𝘐𝘚𝘈 – **19 Z** 99/159.

In Auerose SO : 6 km :

🏨 **Auerose** garni, Nahe der B 109, ⊠ 17389, ℘ (039726) 3 13, Fax 314 – 📺 ☎ ⇔ ❶. 🆎
Ɛ 𝘝𝘐𝘚𝘈. ॐ – **16 Z** 98/139.

ANKUM Niedersachsen ▦▯▯ G 9 – 6 000 Ew – Höhe 54 m – ✆ 05462.
♦Hannover 149 – ♦Bremen 103 – Nordhorn 62 – ♦Osnabrück 40.

🏨 **Artland-Sporthotel** ॐ, Tütinger Str. 28, ⊠ 49577, ℘ 88 20, Fax 882888, ⇌, 🖾,
ॐ(Halle) – 🛗 ⇌ Zim 📺 ☎ ❶ – 🏛 60. 🆎 ⓞ Ɛ 𝘝𝘐𝘚𝘈
Menu à la carte 34/66 – **57 Z** 85/150.

🏨 **Schmidt,** Hauptstr. 35, ⊠ 49577, ℘ 88 90, Fax 88988, ⇌ – 📺 ☎ ❶ – 🏛 20. 🆎 ⓞ Ɛ
𝘝𝘐𝘚𝘈 𝘑𝘊𝘉. ॐ
12. Juli - 27. Aug. und 27.- 30. Dez. geschl. – **Menu** à la carte 35/65 – **10 Z** 85/120.

🏠 **Raming,** Hauptstr. 21, ⊠ 49577, ℘ 2 02, Fax 9439 – 📺 ☎ ⇔ ❶
← **Menu** *(Freitag geschl.)* à la carte 24/40 – **24 Z** 40/100.

ANNABERG-BUCHHOLZ Sachsen ▦▯▨ L 14, ▨▨▨ ㉓ ㉔, ▨▨▨ ㉗ – 25 400 Ew – Höhe 831 m –
✆ 03733.
Sehenswert : St. Annen-Kirche★★, Schöne Pforte★★, Kanzel★, Bergaltar★.
♦Dresden 94 – Chemnitz 30 – ♦Leipzig 108.

🏨 **Landhotel Forsthaus,** Schneeberger Str. 22 (B101), ⊠ 09456, ℘ 6 60 17, Fax 65849 – 📺
☎ ⇔ ❶ – 🏛 25. 🆎 ⓞ Ɛ 𝘝𝘐𝘚𝘈
Menu à la carte 33/52 – **17 Z** 110/160.

🏠 **Goldene Sonne,** Adam-Ries-Str. 11, ⊠ 09456, ℘ 2 21 83, Fax 22183 – 🛗 📺 ☎. Ɛ 𝘝𝘐𝘚𝘈
← **Menu** à la carte 23/46 – **26 Z** 110/150.

XX Ratskeller, Markt 1, ⊠ 09456, ℘ 2 22 22.

Auf dem Pöhlberg - Höhe 831 m :

🏨 Berghotel Pöhlberg ≫ (restauriertes Hotel in einem Aussichtsturm), ✉ 09456 Annaberg
Buchholz, ✆ (03733) 1 83 20, Fax 183229, ≼ Erzgebirge, Biergarten – 📺 ☎ 🅿
14 Z.

In Frohnau W : 1,5 km :

✗ **Frohnauer Hammer,** Sehmatalstr. 3, ✉ 09456, ✆ (03733) 2 21 07, 🏠 – 🅰🅴 ⓞ 🄴 𝘝𝘐𝘚𝘈
Menu à la carte 21/42.

In Schönfeld NW : 6 km :

🏨 **Schönfelder Hof** garni, Annaberger Str. 34 (B 95), ✉ 09488, ✆ 5 60 00, Fax 560030, ≘s
– 📺 ☎ 🅿. 🅰🅴 🄴 𝘝𝘐𝘚𝘈
17 Z 95/160.

ANNWEILER Rheinland-Pfalz 🄰🄸🄸 🄰🄸🄸 G 19. 🄰🄸🄸 ㉔. 🄰🄸🄸 ⑧ – 7 000 Ew – Höhe 183 m – Luftkurort – 🕿 06346.

Ausflugsziel : Burg Trifels★ (Kapellenturm ⁂★) O : 7 km.

🄱 Verkehrsamt, Rathaus, ✉ 76855, ✆ 22 00, Fax 7917.

Mainz 125 – Landau in der Pfalz 15 – Neustadt an der Weinstraße 33 – Pirmasens 33 – Speyer 42.

🏨 **Bergterrasse** ≫ garni, Trifelsstr. 8, ✉ 76855, ✆ 72 19, 🚗 – ⇖ 🅿. 🛇
21 Z 45/100.

🏛 **Richard Löwenherz,** Burgstr. 23, ✉ 76855, ✆ 83 94, 🏠 – 🄴 𝘝𝘐𝘚𝘈
Jan.- Feb. 4 Wochen geschl. – **Menu** *(Mittwoch geschl.)* à la carte 22/50 🍴 – **12 Z** 40/100.

✗ **Zur alten Gerberei,** Am Prangertshof 11, ✉ 76855, ✆ 35 66, 🏠
Montag und Jan.- Feb. 3 Wochen geschl. – **Menu** (Nov.- März wochentags nur Abendessen)
à la carte 27/47 🍴.

ANRÖCHTE Nordrhein-Westfalen 🄰🄸🄸 🄰🄸🄸 HI 12 – 9 300 Ew – Höhe 200 m – 🕿 02947.

◆Düsseldorf 134 – Lippstadt 13 – Meschede 30 – Soest 21.

🏛 **Café Buddeus,** Hauptstr. 128, ✉ 59609, ✆ 39 95 – ☎ ⇦ 🅿
Menu *(Freitag geschl.)* à la carte 24/47 – **26 Z** 45/100.

ANSBACH Bayern 🄰🄸🄸 O 19. 🄰🄸🄸 ㉖ – 40 000 Ew – Höhe 409 m – 🕿 0981.

Sehenswert : Residenz★ (Fayencenzimmer★★, Spiegelkabinett★).

🏌₉ Schloß Colmberg (NW : 17 km), ✆ (09803) 2 62 ; 🏌₁₈ Lichtenau, Weickershof 1 (O : 9 km),
✆ (09827) 69 07.

🄱 Amt für Kultur und Touristik, Johann-Sebastian-Bach-Platz 1, ✉ 91522, ✆ 5 12 43, Fax 51365.

ADAC, Promenade 21, ✉ 91522, ✆ 1 77 00, Fax 12777.

◆München 202 – ◆Nürnberg 56 – ◆Stuttgart 162 – ◆Würzburg 78.

🏨 **Am Drechselsgarten** ≫, Am Drechselsgarten 1, ✉ 91522, ✆ 8 90 20, Fax 8902605, ≼,
🏠, ≘s – ▯ 📺 ☎ 🅿 – 🍴 80. 🅰🅴 ⓞ 𝘝𝘐𝘚𝘈 🛇
1.- 8. Jan. geschl. – **Menu** à la carte 46/71 – **85 Z** 155/220.

🏨 **Bürger-Palais** garni, Neustadt 48, ✉ 91522, ✆ 9 51 31, Fax 95600, « Modernisiertes
Barockhaus, elegante Einrichtung » – 📺 ☎ – 🍴 20. 🅰🅴 ⓞ 🄴 𝘝𝘐𝘚𝘈
12 Z 160/260.

🏨 **Der Platengarten,** Promenade 30, ✉ 91522, ✆ 56 11, Fax 5610, Biergarten – ▯ 📺 ☎.
🄴 𝘝𝘐𝘚𝘈
27. Dez.- 5. Jan. geschl. – **Menu** *(Samstag geschl.)* à la carte 32/63 – **23 Z** 90/200.

🏨 **Fantasie,** Eyber Str. 75, ✉ 91522, ✆ 55 41, Fax 15124 – 📺 ☎ ⇦ 🅿 – 🍴 20. 🄴
Menu *(Freitag geschl.)* à la carte 29/45 – **40 Z** 70/90.

🏨 **Schwarzer Bock,** Pfarrstr. 31, ✉ 91522, ✆ 9 51 11, Fax 95490, 🏠 – 📺 ☎. 🅰🅴 ⓞ 🄴 𝘝𝘐𝘚𝘈
𝙹𝘾𝘽
Menu *(Sonntag nur Mittagessen)* à la carte 38/59 – **19 Z** 78/195.

🏨 **Christl** ≫ garni, Richard-Wagner-Str. 39, ✉ 91522, ✆ 81 21, Fax 88433 – 📺 ☎ ⇦ 🅿.
🅰🅴 ⓞ 𝘝𝘐𝘚𝘈
21 Z 75/150.

🏨 **Windmühle,** Rummelsberger Str. 1 (B 14), ✉ 91522, ✆ 1 50 88, Fax 17980 – ▯ 📺 ☎ 🅿.
🅰🅴 ⓞ 🄴 𝘝𝘐𝘚𝘈
Jan. 2 Wochen geschl. – **Menu** *(Samstag geschl.)* à la carte 23/52 🍴 – **34 Z** 80/150.

In Ansbach-Brodswinden SO : 7 km über die B 13 :

🏨 **Landgasthof Kaeßer** ≫, Brodswinden 23, ✉ 91522, ✆ 73 18, Fax 94307, 🏠 – 📺 ☎
⇦ 🅿. 🅰🅴 🄴. 🛇 Zim
Menu *(Samstag geschl.)* à la carte 20/39 – **17 Z** 75/118.

ANZING Bayern **413** S 22 – 3 100 Ew – Höhe 516 m – 🕾 08121.

♦München 22 – Landshut 65 – Salzburg 148.

🏠 **Kirchenwirt,** Hoegerstr. 2, ⊠ 85646, 𝒫 30 33, Fax 43159, 🏤 – 👄 🅿. 🆎 ⑩ 🄴 𝘝𝘐𝘚𝘈
➡ **Menu** *(Montag und Aug. geschl.)* à la carte 24/61 – **20 Z** 85/125.

APPENWEIER Baden-Württemberg **413** GH 21, **987** ㉞, **242** ㉔ – 8 800 Ew – Höhe 137 m – 🕾 07805.

♦Stuttgart 143 – Baden-Baden 47 – Freudenstadt 50 – Strasbourg 22.

🏠 **Hanauer Hof,** Ortenauer Str. 50 (B 3), ⊠ 77767, 𝒫 9 56 60, Fax 5365, 🏤 – 🛗 🅿. 🆎 ⑩
🄴 𝘝𝘐𝘚𝘈, 🍴 Rest
ab Aschermittwoch 2 Wochen geschl. – **Menu** *(Dienstag geschl.)* à la carte 34/61 –
27 Z 60/140.

🏠 **Schwarzer Adler** garni, Ortenauer Str. 44 (B 3), ⊠ 77767, 𝒫 27 85, Fax 5216 – 🚗 🅿.
⑩ 🄴 𝘝𝘐𝘚𝘈
24 Z 75/150.

ARENDSEE Sachsen-Anhalt **414** G 7, **984** ⑪, **987** ⑯ – 3 500 Ew – Höhe 26 m – 🕾 039384.

🛈 Stadtinformation, Lindenstr.19a (Am Strandbad), ⊠ 39619, 𝒫 71 64.

Magdeburg 116 – ♦Berlin 151 – Schwerin 119.

🏨 **Deutsches Haus,** Friedensstr. 91, ⊠ 39619, 𝒫 5 00, Fax 7294 – 📺 ☎ 🚗 🅿. 🆎 ⑩ 🄴
𝘝𝘐𝘚𝘈
Menu à la carte 29/56 🍷 – **15 Z** 92/148.

🍴 **Deuschle mit Zim,** Salzwedeler Str. 52, ⊠ 39619, 𝒫 3 06, 🏤 – 📺 ☎ 🅿. 🍴 Zim
6 Z.

In Leppin O : 5,5 km :

🏠 **Leppiner Hof,** Dorfstr. 62 (B 190), ⊠ 39615, 𝒫 8 37, Fax 837 – 📺 🅿. 🆎 🄴 𝘝𝘐𝘚𝘈
➡ **Menu** à la carte 23/46 – **11 Z** 80/120.

☞ *Benutzen Sie für weite Fahrten in Europa die Michelin-Länderkarten :*

970 Europa, **980** Griechenland, **984** Deutschland, **985** Skandinavien-Finnland,
986 Großbritannien-Irland, **987** Deutschland-Österreich-Benelux, **988** Italien,
989 Frankreich, **990** Spanien-Portugal.

ARGENBÜHL Baden-Württemberg **413** MN 23, 24 – 5 200 Ew – Höhe 600 m – Erholungsort
– 🕾 07566.

🛈 Verkehrsamt, Rathaus in Eisenharz, Eglofser Str. 4, ⊠ 88260, 𝒫 6 15, Fax 2627.

♦Stuttgart 194 – Bregenz 38 – Ravensburg 34 – ♦Ulm (Donau) 98.

In Argenbühl-Eglofs :

🏠 **Zur Rose** 🐾, Dorfplatz 7, ⊠ 88260, 𝒫 3 36, Fax 1678, ≤, 🏤, 🈸, 🌳 – 🅿. 🄴
➡ *Anfang Dez.- Weihnachten geschl.* – **Menu** *(Montag geschl.)* à la carte 23/45 – **19 Z** 39/95.

In Argenbühl-Isnyberg SO : 5 km ab Eisenharz, über die B 12 Richtung Isny und Straße nach
Lindenberg :

🏠 **Bromerhof** 🐾, ⊠ 88260, 𝒫 (07566) 23 81, Fax 2685, ≤, 🏤, 🈸, 🉐, 🌳, 🍴 – 👄 📺
☎ 🅿 – 🏋 80. 🆎 ⑩ 🄴 𝘝𝘐𝘚𝘈
Menu *(Montag - Donnerstag nur Abendessen)* à la carte 37/68 – **42 Z** 79/206.

ARNSBERG Nordrhein-Westfalen **411** **412** H 12, **987** ⑭ – 78 000 Ew – Höhe 230 m – 🕾 02931.

🛫 Neheim-Hüsten (NW : 9 km), 𝒫 (02932) 3 15 46.

🛈 Verkehrsverein, Neumarkt 6, ⊠ 59821, 𝒫 40 55, Fax 12331.

ADAC, Lange Wende 42 (Neheim-Hüsten), ⊠ 59755, 𝒫 2 79 79, Fax 82189.

♦Düsseldorf 129 – Dortmund 62 – Hamm in Westfalen 42 – Meschede 22.

🏨 **Menge,** Ruhrstr. 60, ⊠ 59821, 𝒫 5 25 20, Fax 525250, « Kleiner Garten », 🌳 – 📺 ☎ 🚗
🅿. 🆎 🄴
Menu *(Sonntag - Montag und Juli - Aug. 3 Wochen geschl.)* (nur Abendessen) à la carte
37/73 – **19 Z** 80/180.

🏨 **Landsberger Hof,** Alter Markt 18, ⊠ 59821, 𝒫 33 18, Fax 12183 – 📺 ☎ 🚗 🅿. 🄴.
🍴 Zim
Menu *(Mittwoch geschl.)* à la carte 35/66 – **12 Z** 85/140.

🏠 **Swora** garni, Nordring 30, ⊠ 59821, 𝒫 1 23 39, Fax 22144 – 📺 ☎ 🅿. 🄴
10 Z 80/160.

🍴🍴 **Mand,** Neumarkt 6, ⊠ 59821, 𝒫 44 00, Fax 22168 – 🆎 ⑩ 🄴 𝘝𝘐𝘚𝘈
27. Dez.- 6. Jan. geschl. – **Menu** à la carte 39/65.

In Arnsberg-Neheim NW : 9 km – ☎ 02932 :

Dorint-Hotel, Zu den drei Bänken, ✉ 59757, ☎ 20 01, Fax 200228, ≤, 🌳, ≘s, 🏊 – |♦| ⇜ Zim 📺 ☎ Ⓟ – 🏛 100. AE ⓓ E VISA. ✂
Menu à la carte 38/64 – **165 Z** 157/340.

Waldhaus - Rodelhaus, Zu den drei Bänken 1, ✉ 59757, ☎ 9 70 40, Fax 22437, ≤, ≘s – 📺 ☎ Ⓟ – 🏛 60. AE ⓓ E VISA. ✂
Menu *(Dienstag sowie Jan. und Juli-Aug. jeweils 2 Wochen geschl.)* à la carte 34/51 – **21 Z** 68/140.

Krone 🐦, Johannesstr. 62, ✉ 59755, ☎ 2 42 31, Fax 83357 – |♦| 📺 ☎ 🚗 Ⓟ – 🏛 60. E. ✂ Zim
Juli - Aug. 2 Wochen geschl. – **Menu** *(Sonntag geschl.)* (nur Abendessen) à la carte 21/42 – **25 Z** 60/110.

Haus Risse, Neheimer Markt 2, ✉ 59755, ☎ 2 98 89, 🌳
Montag geschl. – **Menu** à la carte 56/75 – ***Bistro :*** **Menu** à la carte 33/65.

ARNSTADT Thüringen 414 E 13, 984 ㉓, 987 ㉖ – 30 000 Ew – Höhe 285 m – ☎ 03628.

Sehenswert : Neues Palais (Puppen-Sammlung★).

ℹ Arnstadt-Information, Markt 3, ✉ 99310, ☎ 20 49.

Erfurt 18 – Coburg 87 – Eisenach 63 – Gera 85.

Mon Plaisir, Lessingstr. 21, ✉ 99310, ☎ 73 91 11, Fax 739222, ≘s – |♦| 📺 ☎ Ⓟ – 🏛 30. AE ⓓ E VISA
Menu à la carte 32/58 – **37 Z** 135/195.

Krone, Am Bahnhof 8, ✉ 99310, ☎ 7 70 60, Fax 602484, 🌳 – ⇜ Zim 📺 ☎ Ⓟ – 🏛 60. AE ⓓ E VISA
Menu à la carte 23/54 – **41 Z** 110/160.

Anders 🐦, Gehrener Str. 22, ✉ 99310, ☎ 74 53, Fax 745444, 🌳, ≘s – |♦| 📺 ☎ ♿ Ⓟ – 🏛 20. AE ⓓ E VISA
Menu à la carte 25/49 – **37 Z** 100/160.

In Eischleben N : 7 km :

Krone, Erfurter Str. 22 (B 4), ✉ 99334, ☎ (03628) 7 58 77, Fax 75877, Biergarten – 📺 ☎ Ⓟ. AE ⓓ E VISA
Menu à la carte 23/44 – **10 Z** 98/140.

In Ichtershausen N : 5 km :

Residenz, Erfurter Str. 31, ✉ 99334, ☎ 91 00, Fax 9100 – 📺 ☎ Ⓟ. AE
Menu à la carte 20/44 – **32 Z** 120/150.

In Holzhausen NW : 5 km :

Veste Wachsenburg 🐦 mit Zim (Burganlage a.d.17.Jh.), ✉ 99310, ☎ (03628) 7 42 40, Fax 742488, ≤ Thüringer Wald-Vorland, 🌳 – 📺 ☎ Ⓟ. AE E VISA
– ***Pallas*** *(nur Abendessen)* **Menu** à la carte 42/72 – ***Rittersaal*:** **Menu** à la carte 26/50 – **16 Z** 65/350.

ARNSTEIN Bayern 413 M 17, 987 ㉖ – 8 000 Ew – Höhe 228 m – ☎ 09363.

♦München 295 – Fulda 100 – Schweinfurt 24 – ♦Würzburg 25.

An der Autobahn A 7 Würzburg - Fulda :

Rasthaus Riedener Wald-West, ✉ 97262 Hausen-Rieden, ☎ (09363) 7 01, Fax 6486, 🌳 – 📺 ☎ Ⓟ. AE ⓓ E VISA
Menu (Nov.- Mitte Dez. nur self-service) à la carte 27/59 – **10 Z** 80/130.

Rasthaus Riedener Wald-Ost mit Zim, ✉ 97262 Hausen-Rieden, ☎ (09363) 50 01, Fax 1435, 🌳 – 📺 ☎ 🚗 Ⓟ. AE E
Menu à la carte 29/56 – **8 Z** 90/140.

AROLSEN Hessen 411 412 JK 12, 987 ⑮ – 16 500 Ew – Höhe 290 m – Heilbad – ☎ 05691.

ℹ Kur- und Verkehrsverwaltung, Haus des Kurgastes, Prof.-Klapp-Str. 14, ✉ 34454, ☎ 20 30.

♦Wiesbaden 205 – ♦Kassel 46 – Marburg 85 – Paderborn 55.

Residenzschloß - Schloßhotel 🐦, Königin-Emma-Str. 10, ✉ 34454, ☎ 80 80, Fax 808529, 🌳, Massage, ♆, ≘s, 🏊 – |♦| ⇜ Zim 📺 🚗 Ⓟ – 🏛 250. AE E VISA
Menu à la carte 36/67 – **175 Z** 130/215 – ½ P 138/160.

Brauhaus-Hotel garni, Kaulbachstr. 33, ✉ 34454, ☎ 20 28, Fax 6942 – |♦| 📺 ☎ Ⓟ. AE ⓓ E VISA. ✂
Jan. 3 Wochen und Juli - Aug. 2 Wochen geschl. – **13 Z** 78/130.

Schäfer's Restaurant, Schloßstr. 15, ✉ 34454, ☎ 76 52 – AE ⓓ E VISA
Mittwoch geschl. – **Menu** à la carte 52/72.

In Arolsen-Mengeringhausen – Erholungsort :

Luisen-Mühle 🐦, Luisenmühler Weg 1, ✉ 34454, ☎ 30 21, Fax 2578, ≘s, 🏊, 🐎 – 📺 ☎ Ⓟ. ⓓ E VISA. ✂ – **Menu** *(Freitag geschl.)* à la carte 24/52 – **25 Z** 60/140.

ASBACHER HÜTTE Rheinland-Pfalz siehe Kempfeld.

ASCHAFFENBURG Bayern 412 413 K 17, 987 ㉕ – 65 000 Ew – Höhe 130 m – ✆ 06021.
Sehenswert : Schloß Johannisburg★ Z.

🏌 Hösbach-Feldkahl (über ②), ℘ (06024) 72 22.

🇧 Tourist-Information, Schloßplatz 1, ⊠ 63739, ℘ 39 58 00, Fax 395777.

ADAC, Wermbachstr. 10, ⊠ 63739, ℘ 2 78 90, Fax 29511.

♦München 354 ① – ♦Darmstadt 40 ③ – ♦Frankfurt am Main 40 ④ – ♦Würzburg 78 ①.

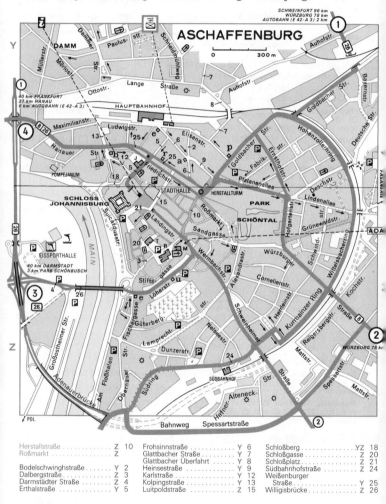

🏨 **Aschaffenburger Hof,** Frohsinnstr. 11 (Einfahrt Weißenburger Str. 20), ⊠ 63739,
℘ 2 14 41, Telex 4188736, Fax 27298, ☞ – 🛗 ⇔ Zim 📺 ☎ ⇔ 🅿 – 🔬 40. 🆀 ① E
VISA
Menu *(Samstag geschl.)* à la carte 39/80 – **62 Z** 108/196.
Y **a**

🏨 **Post,** Goldbacher Str. 19, ⊠ 63739, ℘ 33 40, Fax 13483, ☞, 🔲 – 🛗 ⇔ Zim 📺 ☎ ⇔
🅿 – 🔬 35. ① E **VISA**
Menu 27/98 und à la carte – **71 Z** 98/195.
Y **p**

🏥 **Wilder Mann,** Löherstr. 51, ⊠ 63739, 𝒫 2 15 55, Fax 22893 – |≢| 🖵 ☎ ⇐ 🅿 – 🔏 80.
ᴀᴇ ⓞ 🄴 𝗩𝗜𝗦𝗔   Z e
22. Dez.- 7. Jan. geschl. – **Menu** à la carte 42/69 – **66 Z** 115/175, 10 Suiten.

🏥 **City Hotel** garni, Frohsinnstr. 23, ⊠ 63739, 𝒫 2 15 15, Fax 21514 – |≢| 🖵 ☎. ᴀᴇ ⓞ 🄴
𝗩𝗜𝗦𝗔   Y e
22. Dez.- 5. Jan. geschl. – **40 Z** 98/298.

🏠 **Zum Goldenen Ochsen,** Karlstr. 16, ⊠ 63739, 𝒫 2 31 32, Fax 25785 – 🖵 ☎ 🅿 – 🔏 30.
ᴀᴇ ⓞ 🄴 𝗩𝗜𝗦𝗔   Y b
Menu *(Montag nur Abendessen, Juli - Aug. 3 Wochen geschl.)* à la carte 30/52 🍴 –
39 Z 90/140.

🏠 **Pfaffenmühle** garni, Glattbacher Str. 44, ⊠ 63741, 𝒫 3 46 60, Fax 346650 – |≢| 🖵 ☎ 🅿.
ᴀᴇ ⓞ 🄴 𝗩𝗜𝗦𝗔 𝗝𝗖𝗕   über Glattbacher Str.   Y
34 Z 90/150.

🏠 **Café Fischer** garni, Weißenburger Str. 32, ⊠ 63739, 𝒫 2 34 87, Fax 29727 – |≢| 🖵 ☎. ⓞ
🄴 𝗩𝗜𝗦𝗔   Y r
19 Z 78/130.

🏠 **Syndikus,** Löherstr. 35, ⊠ 63739, 𝒫 2 35 88, Fax 29280 – |≢| 🖵 ☎. ᴀᴇ ⓞ 🄴 𝗩𝗜𝗦𝗔 Z u
Menu *(Sonntag und Juli - Aug. 2 Wochen geschl.)* (nur Abendessen) à la carte 33/63 –
22 Z 85/160.

🍴 **Hofgut Fasanerie** 🐾 mit Zim, Bismarckallee 1, ⊠ 63739, 𝒫 9 10 06, Fax 98944, 🌿, Biergarten, « Ehem. Hofgut in einer Parkanlage » – 🖵 ☎ 🅿. 🄴   über Lindenallee   Z
28. Okt.- 20. Nov. und 22. Dez.- 15. Jan. geschl. – **Menu** *(Dienstag-Freitag nur Abendessen,
Montag und Donnerstag geschl.)* à la carte 35/60 – **5 Z** 90/140.

In Aschaffenburg-Schweinheim über ② :

🏠 **Altes Sudhaus** garni, Schweinheimer Str. 117, ⊠ 63743, 𝒫 96 06 09, Fax 970103 – |≢| 🖵
☎ 🅿. ᴀᴇ ⓞ 🄴 𝗩𝗜𝗦𝗔
15 Z 85/145.

In Goldbach ① : 3,5 km :

🏠 **Russmann,** Aschaffenburger Str. 96, ⊠ 63773, 𝒫 5 30 40, Fax 540568 – ▤ Rest 🖵 ☎
⇐ 🅿. ᴀᴇ ⓞ 🄴 𝗩𝗜𝗦𝗔
Menu *(Sonn- und Feiertage nur Mittagessen)* à la carte 45/71 – **21 Z** 85/150.

In Haibach ② : 4,5 km :

🏠 **Spessartstuben,** Jahnstr. 7, ⊠ 63808, 𝒫 (06021) 6 36 60, Fax 636666, 🍴 – 🖵 ☎ 🅿.
🄴 𝗩𝗜𝗦𝗔
Menu *(Samstag, Feb. 2 Wochen und Aug. 3 Wochen geschl.)* à la carte 36/69 –
30 Z 90/140.

🏠 **Edel** garni, Zum Stadion 17, ⊠ 63808, 𝒫 (06021) 6 30 30, Fax 66070 – 🖵 ☎ 🅿. 🛥
8 Z 70/120.

In Hösbach-Bahnhof ① : 8 km :

🏥 **Gerber,** Aschaffenburger Str. 12, ⊠ 63768, 𝒫 (06021) 59 40, Fax 594100, 🌿 – |≢| ⤴ Zim
🖵 ☎ ⇐ 🅿 – 🔏 35. ⓞ 🄴 𝗩𝗜𝗦𝗔. 🛥 Rest
24. Dez.- 8. Jan. geschl. – **Menu** *(Sonntag geschl.)* (nur Abendessen) à la carte 35/59 🍴
– **50 Z** 100/175.

In Hösbach-Winzenhohl ② : 6,5 km, in Haibach-Ortsmitte links ab :

🏥 **Klingerhof** 🐾, Am Hügel 7, ⊠ 63768, 𝒫 (06021) 64 60, Fax 646180, ≤ Spessart, 🌿,
Biergarten, 🍴, ▧, ✈ – |≢| 🖵 ☎ 🅿 – 🔏 75. ᴀᴇ ⓞ 🄴 𝗩𝗜𝗦𝗔
Menu à la carte 39/70 – **50 Z** 119/180.

In Johannesberg N : 8 km über Müllerstraße Y :

🍴🍴 ✿ **Sonne - Meier's Restaurant** mit Zim, Hauptstr. 2, ⊠ 63867, 𝒫 (06021) 47 00 77,
Fax 413964, « Gartenterrasse » – 🖵 ☎ ⇐ 🅿. ᴀᴇ ⓞ 🄴 𝗩𝗜𝗦𝗔
Menu *(Montag und Ende Aug.- Anfang Sept. geschl.)* (Tischbestellung ratsam) 98/128 und
à la carte 65/97 – **9 Z** 68/118
Spez. Geröstete Jakobsmuscheln im Sauerkrautschaum, Potpourri von Meeresfrüchten, Pochier-
tes Rinderfilet mit Meerrettich.

ASCHARA Thüringen siehe Bad Langensalza.

Besonders angenehme Hotels oder Restaurants
sind im Führer rot gekennzeichnet.   🏨🏨🏨 ... 🏠

Sie können uns helfen, wenn Sie uns die Häuser angeben,
in denen Sie sich besonders wohl gefühlt haben.

Jährlich erscheint eine komplett überarbeitete Ausgabe   ᨷᨷᨷᨷ ... 🍴
aller Roten Michelin-Führer.

Luftkurort – Wintersport : 700/1 550 m ∽1 ⫯15 ⤶6 – ⊕ 08052.
🅱 Kurverwaltung, Kampenwandstr. 38, 🖂 83229, 🖉 3 92, Fax 4717.
◆München 82 – Rosenheim 23 – Salzburg 64 – Traunstein 35.

🏨 ⊕⊕⊕ **Residenz Heinz Winkler** 🦢, Kirchplatz 1, 🖂 83229, 🖉 1 79 90, Fax 179966,
≼ Kampenwand, 🍽️, « Elegante Hotelanlage mit restauriertem Postgasthof a.d. 17. Jh. »,
Massage, ⭲s, 🛏 – 📶 📺 ⟺ ℗. ⓞ 🄴 𝘝𝘐𝘚𝘈. ⁙ Rest
Menu 195/225 und à la carte 87/128 – **32 Z** 210/580
Spez. Tomatenmousse mit Hummer und Sauerrahm, Krebse auf Lauch in Château Chalon, Bresse-
Taube mit Artischocken und Senfkörnersauce.

🏨 **Burghotel,** Kampenwandstr. 94, 🖂 83229, 🖉 17 20, Fax 172200, 🍽️, Biergarten, ⭲s – 📶
📺 ☎ ℗ – ⚖ 150. 🄰🄴 ⓞ 🄴 𝘝𝘐𝘚𝘈
Menu à la carte 37/72 – **104 Z** 120/210.

🏨 **Aschauer Hof** garni, Frasdorfer Str. 4, 🖂 83229, 🖉 53 97, Fax 5398, ⭲s – 📺 ☎ ℗
38 Z 65/220.

🏨 **Edeltraud,** Narzissenweg 15, 🖂 83229, 🖉 40 95, Fax 5170, ≼, 🌧 – ☎ ⟺ ℗. ⁙
Ende Okt.- 20. Dez. geschl. – (nur Abendessen für Hausgäste) – **14 Z** 62/110.

🏠 **Alpengasthof Brucker** 🦢, Schloßbergstr. 12, 🖂 83229, 🖉 49 87, Biergarten, 🌧 – ℗.
🄴. ⁙ Zim
Nov. geschl. – **Menu** (Donnerstag geschl.) à la carte 24/36 ⚹ – **11 Z** 35/90.

In Aschau-Sachrang SW : 12 km – Höhe 738 m :

🏠 **Zur Post,** Dorfstr. 7, 🖂 83229, 🖉 (08057) 10 06, Fax 1082, Biergarten, 🌧 – ⍩ Rest 📺
☎ ℗
Nov. geschl. – **Menu** (Dienstag geschl.) à la carte 26/52 – **14 Z** 55/170.

🅸 Nordkirchen, Golfplatz 6 (SW : 5 km), 🖉 (02596) 30 05.
🅱 Verkehrsverein, Katharinenplatz 1, 🖂 59387, 🖉 6 09 36, Fax 7525.
◆Düsseldorf 116 – Dortmund 50 – Hamm in Westfalen 24 – Münster (Westfalen) 24.

🏨 **Jagdschlößchen,** Himmelstr. 2, 🖂 59387, 🖉 8 66, Fax 868, 🍽️, « Restaurant mit rustikaler Einrichtung », ⭲s, 🖳 – 📶 ⍩ 📺 ☎ ⟺ ℗ – ⚖ 25. 🄰🄴 ⓞ 🄴 𝘝𝘐𝘚𝘈
Menu (Montag geschl.) à la carte 40/73 – **25 Z** 110/220.

🏨 **Goldener Stern,** Appelhofstr. 5, 🖂 59387, 🖉 3 73, Fax 6405 – 📺 ☎ ⟺ ℗. 🄴 𝘝𝘐𝘚𝘈
◆ **Menu** à la carte 21/38 – **15 Z** 70/135.

🏨 **Haus Klaverkamp - Gästehaus Eschenburg,** Steinfurter Str. 21, 🖂 59387,
◆ 🖉 10 35 (Hotel) 8 84 (Rest.) – 📺 ☎ ℗ – ⚖. 🄰🄴 🄴 𝘝𝘐𝘚𝘈
Menu à la carte 24/47 – **19 Z** 60/100.

In Ascheberg-Davensberg NW : 2 km :

🏨 **Clemens-August** (mit Gästehaus), Burgstr 54, 🖂 59387, 🖉 60 40, Fax 604178, 🍽️, ⭲s
◆ – 📶 ☎ ℗ – ⚖ 40
März geschl. – **Menu** (Sonntag nur Mittagessen, Montag geschl.) à la carte 23/48 –
51 Z 60/110.

In Ascheberg-Herbern SO : 7 km :

🏨 **Zum Wolfsjäger** garni, Südstr. 36, 🖂 59387, 🖉 (02599) 4 14, Fax 2941 – 📶 📺 ☎ ⟺
℗ – ⚖ 40. 🄴
Dez.- Jan. 2 Wochen geschl. – **13 Z** 75/130.

---

lungsort – ⊕ 04526.
◆Kiel 31 – Neumünster 16 – Lübeck 53.

🍴 **See-Hotel** mit Zim, Plöner Chaussee 21 (B 430), 🖂 24326, 🖉 17 01, Fax 1717, ≼, 🍽️,
« Kleiner Park am See », 🦆, 🌧 – ☎ ℗. 🄰🄴 🄴 𝘝𝘐𝘚𝘈. ⁙
Menu (Okt.- April Mittwoch geschl.) à la carte 44/65 – **14 Z** 85/170.

⊕ 03473.
Magdeburg 52 – Halberstadt 36 – Halle 53 – Nordhausen 77.

🏨 **Andersen** garni, Bahnhofstr. 32, 🖂 06449, 🖉 8 74 60, Fax 8746150 – 📶 ⍩ 📺 ☎ ℗ –
⚖ 30. 🄰🄴 🄴 𝘝𝘐𝘚𝘈
48 Z 120/135.

ASCHHEIM Bayern siehe München.

ASENDORF Niedersachsen siehe Jesteburg.

ASPACH Baden-Württemberg siehe Backnang.

ASPERG Baden-Württemberg ᴬᴵᴵᴬ K 20, ⑨⑧⑦ ㉕ ㉟ – 12 200 Ew – Höhe 270 m – ✆ 07141.

◆Stuttgart 20 – Heilbronn 38 – Ludwigsburg 5 – Pforzheim 54.

🏯 **Adler** ⬞, Stuttgarter Str. 2, ⊠ 71679, ✆ 6 30 01, Fax 63006, ☞, ☎, ▧ – ⊫ ⬄ Zim
▤ Rest �📺 ⬌ 🅿 – ⚓ 180. ᴬᴱ Ε 𝘝𝘐𝘚𝘈
Menu (Tischbestellung ratsam) à la carte 40/77 – *Symphonie (nur Abendessen, Sonntag-Montag geschl.)* **Menu** à la carte 56/86 – **64 Z** 135/300.

🏠 **Landgasthof Lamm,** Lammstr. 1, ⊠ 71679, ✆ 2 64 10, Fax 264150 – 📺 ☎ 🅿. ᴬᴱ ⓞ
Ε 𝘝𝘐𝘚𝘈
Juli-Aug. 3 Wochen geschl. – **Menu** *(Montag geschl.)* à la carte 33/64 – **18 Z** 98/160.

🏠 **Bären,** Königstr. 8, ⊠ 71679, ✆ 2 65 60, Fax 65478, ☞ – 📺 ☎ 🅿. ᴬᴱ ⓞ Ε 𝘝𝘐𝘚𝘈
über Fasching und Aug.- Sept. 3 Wochen geschl. – **Menu** *(Montag geschl.)* à la carte 28/58 *(auch vegetarische Gerichte)* ⅃ – **16 Z** 88/149.

XX **Schaarschmidt-Alte Krone** (Fachwerkhaus a.d.J. 1649), Königstr. 15, ⊠ 71679,
✆ 6 58 00, Fax 65143 – ᴬᴱ ⓞ Ε 𝘝𝘐𝘚𝘈
Samstag nur Abendessen, Sonntag und Juni 2 Wochen geschl. – **Menu** (Tischbestellung ratsam) 40/78 und à la carte.

In Tamm NW : 2,5 km :

🏯 **Historischer Gasthof Ochsen,** Hauptstr. 40, ⊠ 71732, ✆ (07141) 6 09 01, Fax 601957,
☞, « Restauriertes Fachwerkhaus a.d. 18. Jh. » – 📺 ☎ ⬌. ᴬᴱ ⓞ Ε 𝘝𝘐𝘚𝘈 ᴶᶜᴮ
Menu à la carte 41/78 – **16 Z** 125/175.

ATERITZ Sachsen-Anhalt siehe Kemberg.

ATTENDORN Nordrhein-Westfalen ᴬᴵᴵᴬ G 13, ⑨⑧⑦ ㉔ – 23 600 Ew – Höhe 255 m – ✆ 02722.
Sehenswert : Attahöhle✱.

🔰 Reise- und Fremdenverkehrs GmbH, Kölner Str. 12a, ⊠ 57439, ✆ 6 42 29, Fax 4775.

◆Düsseldorf 131 – Lüdenscheid 37 – Siegen 46.

🏠 **Zur Post,** Niederste Str. 7, ⊠ 57439, ✆ 24 65, Fax 4891, ☎, ▧ – ⊫ 📺 ☎ ⬌ 🅿. ᴬᴱ
⬌ ⓞ Ε 𝘝𝘐𝘚𝘈
Menu *(Donnerstag geschl.)* à la carte 23/59 – **32 Z** 75/150.

🏠 **Rauch** garni, Wasserstr. 6, ⊠ 57439, ✆ 9 24 20, Fax 924233 – 📺 ☎ 🅿. ⓞ Ε 𝘝𝘐𝘚𝘈
15 Z 95/160.

Außerhalb O : 3,5 km, Richtung Helden :

🏯 **Burghotel Schnellenberg** ⬞, ⊠ 57439 Attendorn, ✆ (02722) 69 40, Fax 694169, ≤,
« Burg a. d. 13. Jh., Burgkapelle, Burgmuseum », ⬩ – 📺 ⬌ 🅿 – ⚓ 80. ᴬᴱ ⓞ Ε 𝘝𝘐𝘚𝘈
Jan. 2 Wochen und 23.- 31. Dez. geschl. – **Menu** à la carte 55/90 – **42 Z** 165/320.

In Attendorn-Neu Listernohl SW : 3 km :

XX **Le Pâté,** Alte Handelsstr. 15, ⊠ 57439, ✆ 7 01 94, Fax 70136, ☞ – ⬩
(nur Abendessen, Tischbestellung ratsam).

In Attendorn-Niederhelden O : 8 km :

🏯 **Sporthotel Haus Platte,** Repetalstr. 219, ⊠ 57439, ✆ (02721) 13 10, Fax 131455, ☞, ☎,
▧, ☞ – ⬄ Zim 📺 🅿 – ⚓ 60. ᴬᴱ ⓞ Ε 𝘝𝘐𝘚𝘈. ⬩ Rest
22.- 25. Dez. geschl. – **Menu** à la carte 37/65 – **53 Z** 99/250 – ½ P 135/175.

🏯 **Landhotel Struck,** Repetalstr. 245, ⊠ 57439, ✆ (02721) 1 39 40, Fax 20161, ☞, ☎, ▧,
☞ – ⬄ Rest 📺 🅿 – ⚓ 120. ᴬᴱ ⓞ Ε 𝘝𝘐𝘚𝘈. ⬩
Menu à la carte 38/66 – **49 Z** 98/232 – ½ P 121/153.

AUE Sachsen ᴬᴵᴬ K 14, ⑨⑧⑭ ㉓, ⑨⑧⑦ ㉗ – 23 000 Ew – Höhe 343 m – ✆ 03771.

🔰 Stadtinformation, Goethestr. 5, ⊠ 08280, ✆ 28 11 25, Fax 22709.

◆Dresden 122 – Chemnitz 34 – Zwickau 23.

🏠 **Blauer Engel,** Altmarkt 1, ⊠ 08280, ✆ 29 20, Fax 23173, ☎ – 📺 ☎ 🅿. ᴬᴱ Ε 𝘝𝘐𝘚𝘈
Menu à la carte 25/45 – **64 Z** 100/160.

AUERBACH (VOGTLAND) Sachsen ᴬᴵᴬ J 14, ⑨⑧⑭ ㉗, ⑨⑧⑦ ㉗ – 22 500 Ew – Höhe 480 m –
✆ 03744.

🔰 Fremdenverkehrsamt, Schloßstr. 10, ⊠ 08209, ✆ 8 14 50, Fax 81437.

◆Dresden 147 – Gera 56 – Plauen 24.

🏠 Auerbacher Hof garni, Berthold-Brecht-Str. 6, ⊠ 08209, ✆ 21 56 63 – 📺 ☎ 🅿
18 Z.

🏠 **Auerbach,** Friedrich-Ebert-Str. 38, ⊠ 08209, ✆ 8 09 01, Fax 80911 – 📺 ☎. ᴬᴱ Ε. ⬩ Zim
⬌ **Menu** *(Samstag nur Abendessen)* à la carte 19/32 – **15 Z** 80/120.

AUERBACH IN DER OBERPFALZ Bayern 413 R 17, 987 ㉗ – 9 800 Ew – Höhe 435 m – ✪ 09643.
♦München 212 – Bayreuth 42 – ♦Nürnberg 68 – ♦Regensburg 102 – Weiden in der Oberpfalz 49.

🏨 **Romantik-Hotel Goldner Löwe,** Unterer Markt 9, ✉ 91275, ℰ 17 65, Fax 4670 – |ṣ| ⇔ Zim 🖃 Rest 📺 ☎ 🚗 🅿 – 🖾 80. 🖾 ① 🖾 🖾. ⅋ Rest
Menu à la carte 37/90 – **27 Z** 90/250.

🏠 **Federhof,** Bahnhofstr. 37, ✉ 91275, ℰ 12 69, Fax 4622 – 🚗 🅿
↞ 20. Dez.- 15. Jan. geschl. – **Menu** (Freitag nur Mittagessen) à la carte 21/46 🍴 –
22 Z 60/120.

AUEROSE Mecklenburg-Vorpommern siehe Anklam.

AUETAL Niedersachsen 411 412 K 10 – 6 200 Ew – Höhe 160 m – ✪ 05752.
♦Hannover 46 – Bückeburg 19 – Hameln 21 – Oberkirchen 19.

In Auetal-Rehren :

🏠 **Waldhotel Mühlenhof** ⌂, Zur Obersburg 7, ✉ 31749, ℰ 4 24, Fax 346, ⇌, ⊐ , 🖾 –
|ṣ| ☎ 🚗 🅿 – 🖾 20. 🖾 🖾
Anfang Nov.- Mitte Dez. geschl. – (Restaurant nur für Hausgäste) – **50 Z** 65/150.

AUFSESS Bayern 413 Q 17 – 1 400 Ew – Höhe 426 m – ✪ 09198.
♦München 231 – ♦Bamberg 29 – Bayreuth 31 – ♦Nürnberg 61.

🏠 **Sonnenhof** (Brauerei-Gasthof), Im Tal 70, ✉ 91347, ℰ 7 36, Fax 737, 🍴, ⊐ (geheizt), 🐎
↞ – ☎ 🅿 🖾 🖾
Jan. und Nov.- Dez. jeweils 2 Wochen geschl. – **Menu** (Dienstag geschl.) à la carte 19/35
🍴 – **18 Z** 45/100.

AUGGEN Baden-Württemberg 413 F 23, 242 ㊵, 87 ⑨ – 2 000 Ew – Höhe 266 m – ✪ 07631
(Müllheim).
♦Stuttgart 240 – Basel 31 – ♦Freiburg im Breisgau 44 – Mulhouse 28.

🏨 **Gästehaus Krone** garni (mit 2 Gästehäusern ⌂), Hauptstr. 6, ✉ 79424, ℰ 60 75,
Fax 16913, ⇌, 🖾, 🐎 – |ṣ| 📺 ☎ 🅿 🖾 🖾 🖾
21 Z 95/220.

✗ **Zur Krone,** Hauptstr. 12, ✉ 79424, ℰ 25 56, Fax 12506 – 🅿
Mittwoch und Feb. geschl. – **Menu** à la carte 39/66.

✗ **Bären** mit Zim, Bahnhofstr. 1 (B 3), ✉ 79424, ℰ 23 06, 🍴 – 🅿
Jan. geschl. – **Menu** (Donnerstag geschl., Freitag nur Abendessen) à la carte 29/58 🍴 –
7 Z 65/100.

AUGSBURG Bayern 413 P 21, 987 ㊱ – 250 000 Ew – Höhe 496 m – ✪ 0821.
Sehenswert : Fuggerei★ Y – Maximilianstraße★ Z – St. Ulrich- und Afra-Kirche★ (Simpertuska-
pelle : Baldachin mit Statuen★) Z – Hoher Dom (Südportal★★ des Chores, Türflügel★,
Prophetenfenster★, Gemälde★ von Holbein dem Älteren) Y – Städtische Kunstsamm-
lungen (Festsaal★★) Z M1 – St. Anna-Kirche (Fuggerkapelle★) Y B – Staatsgalerie in der
Kunsthalle★ X M4.

🏌 Bobingen-Burgwalden (④ : 17 km), ℰ (08234) 56 21 ; 🏌 Stadtbergen (3 km über Augsburger
Straße), ℰ (0821) 43 49 19 ; 🏌 Gessertshausen (SW : 15 km über ⑤), Weiherhof, ℰ (08238) 78 44.
🛈 Tourist- und Kongreß Service, Bahnhofstr. 7, ✉ 86150, ℰ 50 20 70, Fax 5020745.
🛈 Tourist-Information, Rathausplatz, ✉ 86150, ℰ 50 20 70.
ADAC, Ernst-Reuter-Platz 3, ✉ 86150, ℰ 50 28 80, Fax 512531.
♦München 68 ① – ♦Ulm (Donau) 80 ⑥.

Stadtplan siehe gegenüberliegende Seite

🏨 **Steigenberger Drei Mohren** ⌂, Maximilianstr. 40, ✉ 86150, ℰ 5 03 60, Fax 157864,
« Gartenterrasse » – |ṣ| ⇔ Zim 🖃 Rest 📺 🚗 🅿 – 🖾 250. 🖾 ① 🖾 🖾 🖾. ⅋ Rest
Menu à la carte 50/79 – **107 Z** 195/340, 5 Suiten.   Z **a**

🏨 **Augusta,** Ludwigstr. 2, ✉ 86152, ℰ 5 01 40, Fax 5014605, ⇌ – |ṣ| ⇔ Zim 📺 🍴 🅿 –
🖾 70. 🖾 ① 🖾 🖾
24.- 30. Dez. geschl. – **Menu** à la carte 43/75 – **104 Z** 182/280.   Y **v**

🏨 **Romantik-Hotel Augsburger Hof,** Auf dem Kreuz 2, ✉ 86152, ℰ 31 40 83, Fax 38322,
🍴, ⇌ – |ṣ| ⇔ Zim 📺 ☎ 🍴 🚗. 🖾 ① 🖾 🖾   X **v**
Menu à la carte 45/79 – **36 Z** 115/245.

🏨 **Fischertor,** Pfärrle 16, ✉ 86152, ℰ 15 60 51, Fax 30702, 🍴 – |ṣ| 📺 ☎ 🚗. 🖾 ① 🖾
🖾 🖾   X **c**
Menu à la carte 37/67 – **21 Z** 98/168.

🏨 **Intercity Hotel,** Halderst. 29, ✉ 86150, ℰ 5 03 90, Fax 5039999 – |ṣ| ⇔ Zim 📺 ☎ 🍴
– 🖾 25. 🖾 ① 🖾 🖾. ⅋ Rest   X **a**
Menu (Samstag - Sonntag geschl.) à la carte 34/54 – **120 Z** 190/250.

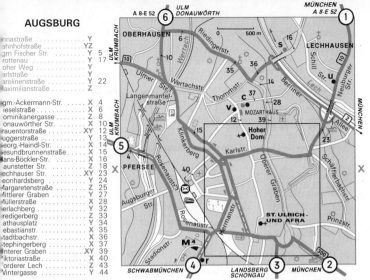

AUGSBURG

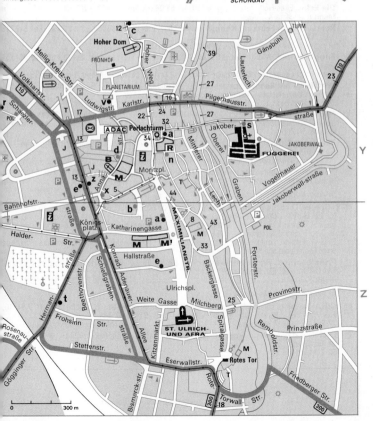

🏨 **Ulrich** garni, Kapuzinergasse 6, ⊠ 86150, ℰ 3 30 77, Fax 33081 – |≹| ⇔ Zim 📺 ☎ ⇔
– 🔒 25. 🝆 ⦿ 🝆 𝓥𝓘𝓢𝓐   Z €
24. Dez. - 7. Jan. geschl. – **31 Z** 130/180.

🏨 **Dom-Hotel** ⸙ garni, Frauentorstr. 8, ⊠ 86152, ℰ 15 30 31, Fax 510126, ⇌, 🔲 – |≹| 📺
☎ ⇔ ⦿. 🝆 ⦿ 🝆 𝓥𝓘𝓢𝓐 𝓙𝓒𝓑   Y c
43 Z 105/190.

🏨 **Ost** garni, Fuggerstr. 4, ⊠ 86150, ℰ 50 20 40, Fax 5020444, ⇌ – |≹| ⇔ Zim 📺 ☎. 🝆
⦿ 🝆 𝓥𝓘𝓢𝓐   Y z
24. Dez.- 1. Jan. geschl. – **55 Z** 119/220.

🏨 **Langer** garni, Gögginger Str. 39, ⊠ 86159, ℰ 57 80 77, Fax 592600 – |≹| ⇔ Zim 📺 ☎
⇔ ⦿. 🝆 ⦿ 🝆 𝓥𝓘𝓢𝓐   X
25 Z 93/168.

🏨 **Hotel am Rathaus** garni, Am Hinteren Perlachberg 1, ⊠ 86150, ℰ 50 90 00, Fax 517746
– |≹| 📺 ☎ ⇔. 🝆 ⦿ 🝆 𝓥𝓘𝓢𝓐 𝓙𝓒𝓑   Y a
32 Z 120/205.

🏨 **Ibis,** Hermanstr. 25, ⊠ 86150, ℰ 5 03 10, Fax 5031300 – |≹| ⇔ Zim 📺 ☎ 🕭 ⇔ – 🔒 70
🝆 ⦿ 🝆 𝓥𝓘𝓢𝓐   Z
Menu à la carte 25/50 – **104 Z** 119/133.

🏨 **Post,** Fuggerstr. 7, ⊠ 86150, ℰ 3 60 44, Fax 33664 – |≹| ☎ ⇔ – 🔒 60. 🝆 🝆
𝓥𝓘𝓢𝓐   Y e
21. Dez.- 10. Jan. geschl. – **Menu** à la carte 38/67 – **45 Z** 95/160.

🏨 **Gästehaus Iris** garni, Gartenstr. 4, ⊠ 86152, ℰ 51 09 81 – ☎ ⇔   Y
Aug. geschl. – **10 Z** 70/150.

XXX **Oblinger,** Pfärrle 14, ⊠ 86152, ℰ 51 86 62, Fax 30702 – 🝆 ⦿ 🝆 𝓥𝓘𝓢𝓐 𝓙𝓒𝓑. ⸎   X c
Sonn- und Feiertage nur Mittagessen, Montag geschl. – Menu (Tischbestellung ratsam,
bemerkenswerte Weinkarte) à la carte 37/71.

XX **Die Ecke,** Elias-Holl-Platz 2, ⊠ 86150, ℰ 51 06 00, Fax 311992 – 🝆 ⦿ 🝆 𝓥𝓘𝓢𝓐   Y n
Menu à la carte 41/80.

XX **Restaurant im Feinkost Kahn,** Annastr. 16 (2. Etage), ⊠ 86150, ℰ 31 20 31, Fax 516216
– 🝆 ⦿ 🝆 𝓥𝓘𝓢𝓐   Y d
Sonn- und Feiertage geschl. – **Menu** à la carte 46/92.

XX **Fuggerkeller,** Maximilianstr. 36, ⊠ 86150, ℰ 51 62 60 – ▤ ⦿. 🝆 ⦿ 🝆 𝓥𝓘𝓢𝓐
𝓙𝓒𝓑   Z a
Sonn- und Feiertage nur Mittagessen, 1.- 21. Aug. geschl. – **Menu** à la carte 38/60.

X **Wirtshaus am Lech,** Leipziger Str. 50, ⊠ 86169, ℰ 70 70 74, Fax 707084, ⸙, (moder-
✦ nisiertes bayerisches Gasthaus), Biergarten – ⦿   X s
Donnerstag geschl. – **Menu** à la carte 24/60.

X **Fuggerei-Stube,** Jakoberstr. 26, ⊠ 86152, ℰ 3 08 70, Fax 159023 – 🝆 🝆 𝓥𝓘𝓢𝓐   Y s
Sonn- und Feiertage nur Mittagessen, Montag geschl. – **Menu** (Tischbestellung ratsam) à
la carte 31/66.

X **Zeughaus-Stuben,** Zeugplatz 4, ⊠ 86150, ℰ 51 16 85, Fax 513864, ⸙, Biergarten – 🝆
⦿ 🝆 𝓥𝓘𝓢𝓐   Z b
Sonn- und Feiertage nur Mittagessen – **Menu** à la carte 30/64 *(auch vegetarische Gerichte).*

X 7-Schwaben-Stuben, Bürgermeister-Fischer-Str. 12, ⊠ 86150, ℰ 31 45 63, Fax 513767 –
(schwäbische Küche)   Y x

In Augsburg-Haunstetten ③ *: 7 km :*

🏨 ⸙ **Gregor,** Landsberger Str. 62, ⊠ 86179, ℰ 8 00 50, Fax 800569, ⸙ – |≹| 📺 ☎ ⦿ – 🔒 150.
🝆 ⦿ 🝆 𝓥𝓘𝓢𝓐 – **Cheval blanc** *(nur Abendessen, Sonn- und Feiertage, Montag sowie Aug.
geschl.)* **Menu** 115/140 und à la carte 75/105 – **Lindenstube** *(Sonn- und Feiertage geschl.)*
Menu 35 und à la carte 44/69 – **40 Z** 98/180
Spez. Wolfsbarsch mit kroß gebratener Haut, Geschmortes Kaninchen mit Rosmarinjus, Charlotte
vom Topfenpalatschinken.

🏨 **Prinz Leopold,** Bgm.-Widmeier-Str. 54, ⊠ 86179, ℰ 8 40 71(Hotel) 81 25 64 (Rest.),
Fax 84314 – |≹| 📺 ☎ ⦿ – 🔒 100
Menu *(Mittwoch geschl., Donnerstag nur Abendessen)* à la carte 33/53 – **38 Z** 125/190.

In Augsburg-Lechhausen :

🏨 **CIRA Hotel** garni (Boarding House), Kurt-Schumacher-Str. 6, ⊠ 86165, ℰ 7 94 40,
Fax 7944450 – |≹| ⇔ Zim 📺 ☎ 🕭 ⦿ – 🔒 45. 🝆 ⦿ 🝆 𝓥𝓘𝓢𝓐
77 Z 148/198, 7 Suiten.   über Neuburger Str. und Blücherstr.

🏨 **Lech-Hotel** garni, Neuburger Str. 31, ⊠ 86167, ℰ 72 10 64, Fax 719244 – |≹| ⇔ Zim 📺
☎. 🝆 🝆 𝓥𝓘𝓢𝓐   X u
39 Z 115/165.

Gute Küchen
haben wir durch
Menu, ⸙, ⸙⸙ oder ⸙⸙⸙ kenntlich gemacht.

AUGUSTUSBURG Sachsen 🔲🔲🔲 L 13, 🔲🔲🔲 ㉗ – 2 100 Ew – Höhe 470 m – 😊 037291.
Sehenswert : Schloß Augustusburg (Jagdtier- und Vogelkundemuseum★, Motorradmuseum★★).
🛈 Fremdenverkehrsamt, Marienberger Str. 29b, ⌧ 09573, ✆ 65 51, Fax 6552.
◆Dresden 96 – Chemnitz 16 – Zwickau 52.

🏠 **Waldhaus** �, Am Kurplatz 7, ⌧ 09573, ✆ 2 03 17, Fax 6425, � – 🛗 📺 ☎ 🔥 🅿 – 🔏 50
21 Z.

🏠 **Ferienhotel Augustusburg** ⍶, Waldstr. 16, ⌧ 09573, ✆ 2 08 10, Fax 20549, 🌃, ≘s
– 📺 ☎ – 🔏 20. 🆎 ⓪ 🗲 𝘝𝘐𝘚𝘈
Menu à la carte 26/47 – **29 Z** 100/170.

🏠 **Café Friedrich** ⍶, Hans-Planer-Str. 1, ⌧ 09573, ✆ 66 66, Fax 6666, 🌃 – 📺 ☎ ⇔ 🅿
11 Z.

🏠 **Morgensonne** garni, Morgensternstr. 2, ⌧ 09573, ✆ 65 81/2 05 08, Fax 6582, 🌼 – 📺
☎ 🅿
12 Z 110/130.

🍴 **Augustuskeller,** im Schloß Augustusburg, ⌧ 09573, ✆ 2 07 40, Fax 20591, « rustikale
Einrichtung, Gewölbekeller »
Montag geschl. – **Menu** (Tischbestellung ratsam) à la carte 24/51.

AUKRUG Schleswig-Holstein 🔲🔲🔲 M 4 – 3 400 Ew – Höhe 25 m – 😊 04873.
🛆 Aukrug-Bargfeld, ✆ (04873) 5 95.
◆Kiel 44 – ◆Hamburg 71 – Itzehoe 26 – Neumünster 14.

In Aukrug-Innien :

🍴🍴 **Gasthof Aukrug,** Bargfelder Str. 2, ⌧ 24613, ✆ 4 24 – 🅿. 🗲
Montag - Dienstag und Feb. geschl. – **Menu** (wochentags nur Abendessen) à la carte 38/64.

In Aukrug-Bucken W : 6,5 km nahe der B 430 :

🍴🍴 **Hof Bucken** (mit Gästehaus ⍶), ⌧ 24613, ✆ 2 09, Fax 1243, 🌃, « Garten » – 📺 🅿.
🗲 𝘝𝘐𝘚𝘈
Menu à la carte 32/60 – **11 Z** 46/120.

AULENDORF Baden-Württemberg 🔲🔲🔲 L23 – 7 500 Ew – Höhe 575 m – Kneippkurort – 😊 07525.
◆Stuttgart 124 – Ravensburg 28 – ◆Ulm (Donau) 68.

🏠 **Aulendorfer Hof** garni, Hauptstr. 21, ⌧ 88326, ✆ 10 77, Fax 2900 – 📺 ☎ 🅿. 🆎 🗲 𝘝𝘐𝘚𝘈
über Weihnachten geschl. – **15 Z** 95/150.

AUMA Thüringen siehe Triptis.

AUMÜHLE Schleswig-Holstein 🔲🔲🔲 NO 6 – 3 500 Ew – Höhe 35 m – 😊 04104.
🛆 Dassendorf (SO : 5 km), ✆ (04104) 61 20.
◆Kiel 104 – ◆Hamburg 26 – ◆Lübeck 57.

🏨 **Waldesruh am See** ⍶ (ehemaliges Jagdschloß a.d. 18. Jh.), Am Mühlenteich 2, ⌧ 21521,
✆ 30 46, Fax 2073, « Gartenterrasse mit ≤ » – 🛗 📺 ☎ 🅿. 🆎 ⓪ 🗲 𝘝𝘐𝘚𝘈
Menu *(Dienstag geschl.)* à la carte 35/66 – **15 Z** 76/198.

🍴🍴 **Fischerhaus** ⍶ (mit Gästehaus), Am Mühlenteich 3, ⌧ 21521, ✆ 50 42, ≤, 🌃 – 📺 ☎
🅿
Menu à la carte 41/83 – **12 Z** 96/145.

🍴🍴 **Fürst Bismarck Mühle** ⍶ mit Zim, Mühlenweg 3, ⌧ 21521, ✆ 20 28, Fax 1200, 🌃 –
📺 ☎ 🅿 ⓪ 🗲 𝘝𝘐𝘚𝘈
Menu *(Mittwoch geschl.)* à la carte 41/80 – **7 Z** 130/190.

AURICH (OSTFRIESLAND) Niedersachsen 🔲🔲🔲 F 6, 🔲🔲🔲 ⑭, 🔲🔲🔲 N 1 – 37 000 Ew – Höhe 8 m
– 😊 04941.
🛈 Verkehrsverein, Norderstr. 32, ⌧ 26603, ✆ 44 64, Fax 10655.
ADAC, Esenser Str. 122a, ⌧ 26607, ✆ 7 29 98, Fax 7840.
◆Hannover 241 – Emden 26 – Oldenburg 70 – Wilhelmshaven 51.

🏨 **Stadt Aurich,** Hoheberger Weg 17, ⌧ 26603, ✆ 43 31, Fax 62572, 🌃, ≘s – 🛗 ⍀ Zim
📺 ☎ 🅿 – 🔏 50. 🆎 ⓪ 🗲 𝘝𝘐𝘚𝘈
Menu à la carte 35/70 – **48 Z** 85/155.

🏨 **Piqueurhof,** Burgstr. 1, ⌧ 26603, ✆ 41 18, Fax 66821, ≘s, 🔲 – 🛗 📺 ☎ 🔥 ⇔ 🅿 –
🔏 250. 🆎 ⓪ 🗲 𝘝𝘐𝘚𝘈
Menu à la carte 40/71 – **41 Z** 85/230.

🏨 **Brems Garten,** Kirchdorfer Str. 7, ⌧ 26603, ✆ 92 00, Fax 920920 – 📺 ☎ 🅿 – 🔏 300.
🆎 ⓪ 🗲 𝘝𝘐𝘚𝘈
Menu à la carte 35/66 – **29 Z** 80/155.

In Aurich-Wallinghausen O : 3 km :

🏨 **Köhlers Forsthaus** ⬩, Hoheberger Weg 192, ✉ 26605, 𝒞 1 79 20, Fax 179217, 🌧,
« Garten », ⬩⬩, 🗔 – 🖵 ☎ ♿ ❷ – 🅰 80. ⬧ 🄴 𝚅𝙸𝚂𝙰 – **Menu** à la carte 29/57 – **48 Z** 65/250.

In Aurich-Wiesens SO : 6 km :

XXX **Waldhof** ⬩ mit Zim, Zum alten Moor 10, ✉ 26605, 𝒞 6 10 99, Fax 66579, « Park,
Gartenterrasse » – 🖵 ☎ ⇦ ❷. 🄴 – **Menu** *(Montag geschl.)* à la carte 41/71 – **10 Z** 75/250.

AYING Bayern 🄳🄰🄱 S 23 – 3 000 Ew – Höhe 611 m – Wintersport : ⚡1 – ❸ 08095.
♦München 26 – Rosenheim 34.

🏨 **Brauereigasthof Aying,** Zornedinger Str. 2, ✉ 85653, 𝒞 7 05, Fax 2053, 🌧, « Rustikale
Einrichtung » – 🖵 ☎ ❷ – 🅰 150. 🄰🄴 ⬧ 🄴 𝚅𝙸𝚂𝙰
Menu *(Mitte Jan. - Anfang Feb. geschl.)* à la carte 35/78 – **27 Z** 160/300.

AYL Rheinland-Pfalz 🄳🄸🄲 C 18 – 1 200 Ew – Höhe 160 m – ❸ 06581 (Saarburg).
Mainz 178 – Merzig 28 – Saarburg 3,5 – ♦Trier 21.

🏠 **Weinhaus Ayler Kupp** ⬩, Trierer Str. 49, ✉ 54441, 𝒞 30 31, Fax 2344,
« Gartenterrasse », 🌧 – 🖵 ☎ ❷. 🄰🄴 ⬧ 🄴 𝚅𝙸𝚂𝙰
19. Dez.- Jan. geschl. – **Menu** *(Sonntag - Montag geschl.)* à la carte 31/63 – **13 Z** 45/110.

BAABE Mecklenburg-Vorpommern siehe Rügen (Insel).

BABENHAUSEN Bayern 🄳🄸🄱 N 22, 🄹🄱🄿 ㊱, 🄸🄻🄶 C 4 – 5 000 Ew – Höhe 563 m – Erholungsort
– ❸ 08333 – ♦München 112 – ♦Augsburg 64 – Memmingen 22 – ♦Ulm (Donau) 39.

🏠 **Sailer Bräu** ⬩, Judengasse 10, ✉ 87727, 𝒞 13 28, Fax 7102 – ⇦ ❷ – **Menu** *(Donnerstag, 25. Jan.- 12. Feb. und 12.- 30. Juli geschl.)* à la carte 30/50 – **18 Z** 33/86.

XX **Post,** Stadtgasse 1, ✉ 87727, 𝒞 13 03 – 🄰🄴 ⬧ 🄴 𝚅𝙸𝚂𝙰
Montag-Dienstag und 15. Aug.- 2. Sept. geschl. – **Menu** à la carte 34/69.

BABENHAUSEN Hessen 🄳🄸🄲 🄳🄸🄱 J 17, 🄹🄱🄿 ㉕ – 16 000 Ew – Höhe 126 m – ❸ 06073.
♦Wiesbaden 63 – Aschaffenburg 14 – ♦Darmstadt 26.

🏠 **Deutscher Hof** garni, Bismarckplatz 4, ✉ 64832, 𝒞 20 11, Fax 2013 – 🖵 ☎ ⇦ ❷. 🄰🄴
⬧ 🄴 𝚅𝙸𝚂𝙰 – **19 Z** 80/160.

BACHARACH Rheinland-Pfalz 🄳🄸🄲 G 16, 🄹🄱🄿 ㉔ – 2 600 Ew – Höhe 80 m – ❸ 06743.
Sehenswert : Markt★ – Posthof★ – Burg Stahleck (Aussichtsturm ⩽★★).

🆔 Städtisches Verkehrsamt, Oberstr. 1, ✉ 55422, 𝒞 29 68.
Mainz 50 – ♦Koblenz 50 – Bad Kreuznach 33.

🏠 **Park-Café,** Marktstr. 8, ✉ 55422, 𝒞 14 22, Fax 1541, ⬩⬩, 🗔 – 🛗 ☎ ⇦. 𝚅𝙸𝚂𝙰. 🍽
Anfang März - Mitte Nov. – **Menu** *(Dienstag geschl.)* à la carte 29/64 – **23 Z** 85/200.

🏠 **Altkölnischer Hof,** Blücherstr. 2, ✉ 55422, 𝒞 13 39, Fax 2793 – 🛗 🖵 ☎ ⇦. 🄰🄴 𝚅𝙸𝚂𝙰
April - Okt. – **Menu** à la carte 32/56 – **20 Z** 85/200.

🏠 **Gelber Hof,** Blücherstr. 26, ✉ 55422, 𝒞 10 17, Fax 1088, 🌧 – 🛗 ☎. 🄴
Dez. 2 Wochen und Jan. 3 Wochen geschl. – **Menu** *(Montag geschl.)* à la carte 40/64 –
32 Z 75/130.

BACKNANG Baden-Württemberg 🄳🄸🄱 L 20, 🄹🄱🄿 ㉕ – 32 000 Ew – Höhe 271 m – ❸ 07191.
🆔 Tourist-Information, Bahnhofstr. 7(Bürgerhaus), ✉ 71522, 𝒞 89 42 24, Fax 86806.
♦Stuttgart 32 – Heilbronn 36 – Schwäbisch Gmünd 42 – Schwäbisch Hall 37.

🏨 **Am Südtor** garni, Stuttgarter Str. 139, ✉ 71522, 𝒞 14 40, Fax 144144 – 🛗 ⤢ Zim 🖵
☎ ❷ – 🅰 65. 🄰🄴 ⬧ 🄴 𝚅𝙸𝚂𝙰
70 Z 110/195.

🏨 **Gerberhof** garni, Wilhelmstr. 16, ✉ 71522, 𝒞 97 70, Fax 88181 – 🛗 ⤢ 🖵 ☎ ⇦. 🄰🄴
⬧ 🄴 𝚅𝙸𝚂𝙰
42 Z 120/200.

🏠 **Rems-Murr Hotel** garni, Talstr. 45, ✉ 71522, 𝒞 8 80 05, Fax 72974 – 🛗 🖵 ☎ ⇦ ❷.
🄰🄴 ⬧ 🄴 𝚅𝙸𝚂𝙰
40 Z 110/160.

🏠 **Bitzer** garni, Eugen-Adolff-Str. 29, ✉ 71522, 𝒞 9 63 35, Fax 8763644 – 🖵 ☎ ⇦ ❷. 🄰🄴
⬧ 🄴 𝚅𝙸𝚂𝙰
32 Z 95/138.

🏠 **Holzwarth** garni, Eduard-Breuninger-Str. 2, ✉ 71522, 𝒞 81 94, Fax 62826 – 🖵 ☎ ❷
22. Dez.- 7. Jan. geschl. – **15 Z** 75/130.

XX **Backnanger Stuben,** Bahnhofstr. 7 (Bürgerhaus), ✉ 71522, 𝒞 6 20 61, Fax 62062 –
🅰 30. 🄰🄴 ⬧ 🄴 𝚅𝙸𝚂𝙰
Dienstag geschl. – **Menu** à la carte 35/65 *(auch vegetarische Gerichte).*

In Aspach-Großaspach NW : 4 km :

XX **Lamm**, Hauptstr. 23, ⊠ 71546, ℘ (07191) 2 02 71, Fax 23131 – ⊕
Sonntag nur Mittagessen, Montag und Juli - Aug. 3 Wochen geschl. – **Menu** à la carte 43/72
(auch vegetarische Gerichte).

In Aspach-Kleinaspach NW : 7 km :

⌂ **Sonnenhof** ⊱, Oberstenfelder Straße, ⊠ 71546, ℘ (07148) 3 70, Fax 37303, ⇌s,
⊐ (geheizt), ⊠, ⌗, ⌦ – ⊡ ☎ ⊕ – ⟁ 45. ⌶⊑ ⊚ ⋲ ⱽⱽⱽ
Menu à la carte 30/58 *(auch vegetarische Gerichte)* ⅙ – **142 Z** 65/140.

BAD...

siehe unter dem Eigennamen des Ortes (z. B. Bad Orb siehe Orb, Bad).

voir au nom propre de la localité (ex. : Bad Orb voir Orb, Bad).

see under second part of town name (e.g. for Bad Orb see under Orb, Bad).

vedere nome proprio della località (es. : Bad Orb vedere Orb, Bad).

BADEN-BADEN Baden-Württemberg ⓸⓵⓷ H 20, ⓽⓼⓻ ㉞ ㉟ – 50 000 Ew – Höhe 181 m – Heilbad
– ☎ 07221.

Sehenswert : Lichtenaler Allee★★ BZ – Kurhaus (Spielsäle★) BZ – Stadtmuseum im Baldreit★
BY.

Ausflugsziele : Ruine Yburg ⌖★★ über Fremersbergstr. AX – Merkur ⟨★ AX – Autobahnkirche★,
① : 8 km – Schwarzwaldhochstraße (Höhenstraße★★ von Baden-Baden bis Freudenstadt) – Badische Weinstraße (Rebland★) – Gernsbach (Rathaus★), über Beuerner Str. AX.

⎷⌃ Fremersbergstr. 127 (AX), ℘ 2 35 79.

🛈 Haus des Kurgastes, Augustaplatz 8, ⊠ 76530, ℘ 27 52 00, Fax 275202.

ADAC, Lange Str. 57, ⊠ 76530, ℘ 2 22 10, Fax 26106.

◆Stuttgart 112 ① – ◆Freiburg im Breisgau 112 ① – ◆Karlsruhe 39 ① – Strasbourg 61 ①.

Stadtplan siehe nächste Seite

🏨🏨 **Brenner's Park-Hotel** ⊱, Schillerstr. 6, ⊠ 76530, ℘ 90 00, Telex 781261, Fax 38772, ⟨,
⌂, « Park, Cafeterrasse », Massage, ⌗, ⌕ (Brenner's Spa), ⌆, ⇌s, ⊠, ⌦ – ⌷ ⊟ Rest
⊡ ⟺ – ⟁ 60. ⌶⊑ ⊚ ⋲ ⱽⱽⱽ ᴶᶜᴮ. ⌥ Rest   BZ **a**
Park-Restaurant : **Menu** à la carte 78/112 – *Schwarzwaldstube :* **Menu** à la carte 65/100
– **100 Z** 465/1370, 29 Suiten.

🏨🏨 **Steigenberger-Hotel Europäischer Hof,** Kaiserallee 2, ⊠ 76530, ℘ 93 30, Fax 28831,
⟨ – ⌷ ⌥ Zim ⊟ Rest ⊡ ⊕ – ⟁ 90. ⌶⊑ ⊚ ⋲ ⱽⱽⱽ ᴶᶜᴮ. ⌥ Rest   BY **b**
Menu à la carte 63/91 – **131 Z** 185/470, 4 Suiten.

🏨🏨 **Steigenberger Avance Badischer Hof,** Lange Str. 47, ⊠ 76530, ℘ 93 40, Fax 934470,
⌂, Massage, ⌗, ⇌s, ⌕ (Thermal), ⊠, ⌦ – ⌷ ⌥ Zim ⊡ ⟺ – ⟁ 150. ⌶⊑ ⊚ ⋲ ⱽⱽⱽ
ᴶᶜᴮ. ⌥ Rest   BY **e**
Menu à la carte 62/96 – **140 Z** 175/430.

🏨 **Quisisana** ⊱, Bismarckstr. 21, ⊠ 76530, ℘ 36 90, Fax 369269, Massage, ⌗, ⌆, ⇌s, ⊠,
⌦ – ⌷ ⊡ ⟺ ⊕ – ⟁ 15. ⋲ ⱽⱽⱽ. ⌥ Rest   AX **n**
(Restaurant nur für Hausgäste) – **60 Z** 205/420, 9 Suiten.

🏨 **Holland Hotel Sophienpark**, Sophienstr. 14, ⊠ 76530, ℘ 35 60, Fax 356121, ⌂,
« Park » – ⌷ ⌥ Zim ⊡ ⌅ ⊕ – ⟁ 50. ⋲ ⱽⱽⱽ. ⌥ Rest   CY **z**
Parkrestaurant (nur Mittagsbuffet) **Menu** 33 – *Pavillon (nur Abendessen)* **Menu** à la carte
45/76 – **73 Z** 170/245, 5 Suiten.

🏨 **Fairway Hotel** ⊱, Fremersbergstr. 125, ⊠ 76530, ℘ 21 70, Fax 26215,
« Gartenterrasse », ⇌s, ⌦ – ⌷ ⌥ Zim ⊡ ⟺ ⊕ – ⟁ 60. ⌶⊑ ⊚ ⋲ ⱽⱽⱽ ᴶᶜᴮ
Menu à la carte 46/80 – **110 Z** 200/300.   über Fremersbergstr. AX

🏨 **Queens Hotel** ⊱, Falkenstr. 2, ⊠ 76530, ℘ 21 90, Fax 219519, ⌂, ⇌s, ⊠, ⌦ – ⌷
⌥ Zim ⊡ ⌅ ⟺ ⊕ – ⟁ 90. ⌶⊑ ⊚ ⋲ ⱽⱽⱽ   AX **e**
Menu à la carte 48/75 – **121 Z** 262/500.

🏨 **Bad-Hotel Zum Hirsch** ⊱, Hirschstr. 1, ⊠ 76530, ℘ 93 90, Fax 38148, « Ballsaal », Massage, ⌗ – ⌷ ⌥ Zim ⊡ ⟺ – ⟁ 100. ⌶⊑ ⊚ ⋲ ⱽⱽⱽ. ⌥ Rest   BY **g**
(nur Abendessen für Hausgäste) – **58 Z** 150/280.

⌂ **Romantik-Hotel Der kleine Prinz,** Lichtentaler Str. 36, ⊠ 76530, ℘ 34 64, Telex 781433,
Fax 38264, « elegante, individuelle Einrichtung » – ⌷ ⊡ ☎ ⟺. ⌶⊑ ⊚ ⋲ ⱽⱽⱽ ᴶᶜᴮ. ⌥
Menu *(Montag und Jan. 3 Wochen geschl., Dienstag nur Abendessen)* à la carte 74/104
– **33 Z** 195/395, 5 Suiten.   CZ **u**

⌂ **Allee-Hotel Bären,** Hauptstr. 36, ⊠ 76534, ℘ 70 20, Fax 702113, ⟨, « Parkterrasse », ⌦
– ⌷ ⌥ Zim ⊡ ⊕ – ⟁ 60. ⌶⊑ ⊚ ⋲ ⱽⱽⱽ   AX **p**
Menu à la carte 50/89 – **80 Z** 125/380 – ½ P 145/265.

⌂ **Atlantic** ⊱ garni, Sophienstr. 2a, ⊠ 76530, ℘ 2 41 11, Fax 26260 – ⌷ ⌥ ⊡ ☎ ⟺.
⌶⊑ ⋲ ⱽⱽⱽ   BZ **r**
51 Z 110/310.

95

BADEN-BADEN

*Si vous devez faire étape
dans une station
ou dans un hôtel isolé,
prévenez par téléphone,
surtout en saison.*

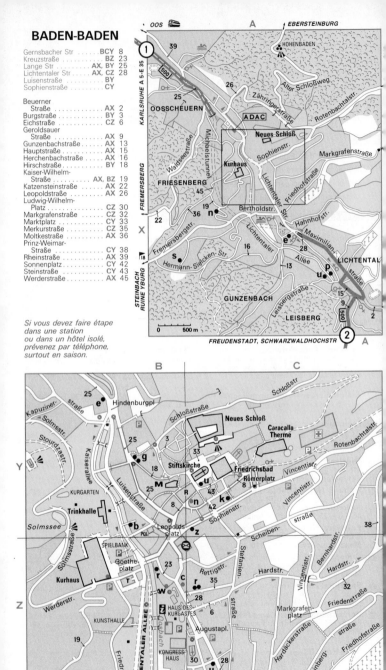

🏤 **Tannenhof** ⏠, Hans-Bredow-Str. 20, ☒ 76530, ℘ 27 11 81, Fax 271186, ≼, 🏠 – 📶 📺
🕿 🅿 – 🔬 40. 🆎 🗲 𝐕𝐈𝐒𝐀
AX **s**
Menu *(Samstag-Sonntag und Juli-Aug. 3 Wochen geschl.)* à la carte 40/67 – **27 Z** 102/190.

🏤 **Colmar** ⏠ garni, Lange Str. 34, ☒ 76530, ℘ 9 38 90, Fax 938950 – 📶 📺 🕿. 🆎 🗲 𝐕𝐈𝐒𝐀
🗾𝐂𝐁
BY **g**
26 Z 110/195.

🏠 **Etol** garni, Merkurstr. 7, ☒ 76530, ℘ 3 60 40, Fax 360444 – 📺 🕿 🅿. 🆎 ⓞ 🗲 𝐕𝐈𝐒𝐀
20 Z 120/220.
CZ **r**

🏠 **Deutscher Kaiser** garni, Merkurstr. 9, ☒ 76530, ℘ 27 00, Fax 270270 – 📶 📺 🕿 ⇌.
🆎 ⓞ 🗲 𝐕𝐈𝐒𝐀
CZ **r**
28 Z 130/220.

🏠 **Greiner** ⏠ garni, Lichtentaler Allee 88, ☒ 76530, ℘ 7 11 35 – 🕿 🅿. ⚘   AX **u**
Mitte Nov.- Anfang Dez. geschl. – **33 Z** 75/120.

🏠 **Am Markt,** Marktplatz 18, ☒ 76530, ℘ 2 27 47, Fax 391887 – 📶 🕿. 🆎 ⓞ 🗲 𝐕𝐈𝐒𝐀 CY **u**
(nur Abendessen für Hausgäste) – **26 Z** 50/150.

🏠 **Römerhof** garni, Sophienstr. 25, ☒ 76530, ℘ 2 34 15, Fax 391707 – 📶 🕿 ⇌. 🆎 ⓞ 🗲
𝐕𝐈𝐒𝐀. ⚘
CY **k**
Mitte Dez.- Anfang Feb. geschl. – **24 Z** 80/160.

XXX **Stahlbad,** Augustaplatz 2, ☒ 76530, ℘ 2 45 69, Fax 390222, « Gartenterrasse » – 🆎 ⓞ
🗲 𝐕𝐈𝐒𝐀
BZ **w**
Sonntag - Montag geschl. – Menu à la carte 69/113.

XX **Kurhaus-Betriebe,** Kaiserallee 1, ☒ 76530, ℘ 90 70, Fax 907150, 🏠 – 🆎 ⓞ 🗲 𝐕𝐈𝐒𝐀 🗾𝐂𝐁
– **Gourmet** *(Montag - Dienstag geschl.)* Menu à la carte 67/86 – **Bistro :** Menu à la carte
44/74.
BZ

XX **Papalangi,** Lichtentaler Str. 13, ☒ 76530, ℘ 3 16 16, Fax 32788, 🏠 – 🆎 🗲 𝐕𝐈𝐒𝐀 🗾𝐂𝐁
Sonntag nur Mittagessen, Montag geschl. – Menu à la carte 39/62.
BZ **c**

X **Münchner Löwenbräu,** Gernsbacher Str. 9, ☒ 76530, ℘ 2 23 11, Fax 26320, 🏠, Bier-
garten – 🆎 ⓞ 🗲 𝐕𝐈𝐒𝐀 🗾𝐂𝐁
CY **n**
Menu à la carte 33/50.

An der Straße nach Ebersteinburg NO : 2 km :

🏤 **Kappelmann,** Rotenbachtalstr. 30, ☒ 76530 Baden-Baden, ℘ (07221) 35 50, Fax 355100,
🏠, 🌱 – 📶 🕿 🅿 – 🔬 25. 🆎 ⓞ 🗲 𝐕𝐈𝐒𝐀 🗾𝐂𝐁. ⚘ Rest
Mitte Jan.- Mitte Feb. geschl. – Menu à la carte 44/74 – **42 Z** 130/220.

In Baden-Baden-Gaisbach SO : 5 km über Beuerner Str. AX :

🏤 **Waldhotel Forellenhof** ⏠, Gaisbach 91, ☒ 76534, ℘ 97 40, Fax 974299, 🏠, 🌱 – 📶
📺 🕿 ⇌ 🅿. 🆎 ⓞ 🗲 𝐕𝐈𝐒𝐀
Menu à la carte 43/67 – **27 Z** 99/200.

In Baden-Baden-Geroldsau ② : 5 km :

🏤 **Auerhahn,** Geroldsauer Str. 160, ☒ 76534, ℘ 74 35, Fax 7432, 🏠 – 📺 🕿. 🆎 🗲 𝐕𝐈𝐒𝐀
Menu *(Donnerstag geschl.)* à la carte 30/53 – **20 Z** 88/164.

🏠 **Sonne** garni, Geroldsauer Str. 145, ☒ 76534, ℘ 74 12 – 📺 🕿 ⇌ 🅿
18 Z 75/130.

🏠 **Hirsch,** Geroldsauer Str. 130, ☒ 76534, ℘ 7 13 17, Fax 72598, Biergarten – 📺 🅿. 🗲 𝐕𝐈𝐒𝐀
Menu *(Mittwoch geschl.)* à la carte 35/62 – **12 Z** 70/130.

In Baden-Baden-Neuweier SW : 10 km über Fremersbergstr. AX – ✪ 07223 :

🏤 **Rebenhof** ⏠, Weinstr. 58, ☒ 76534, ℘ 54 06, Fax 52321, ≼ Weinberge und Rheinebene,
🏠, 🌱 – 📶 🕿 ⇌ 🅿. ⚘ Zim
Mitte Jan.- Anfang März geschl. – Menu *(Sonntag geschl., Montag nur Abendessen)* à la
carte 36/68 – **17 Z** 82/165.

🏤 **Heiligenstein** ⏠, Heiligensteinstr. 19a, ☒ 76534, ℘ 5 20 25, Fax 58933, ≼ Weinberge,
Rheinebene und Yburg, 🏠, ⇌, 🌱 – 📶 ⇄ Zim 📺 🕿 🅿 – 🔬 25. 🗲
20.- 25. Dez. geschl. – Menu *(Dienstag geschl.)* (nur Abendessen) à la carte 36/60 – **24 Z**
93/240.

🏠 **Pension Röderhof** ⏠ garni, Im Nußgärtel 2, ☒ 76534, ℘ 5 20 44, Fax 52612, 🌱 – 📺
🕿 ⇌ 🅿
10. Jan.- 15. Feb. geschl. – **15 Z** 65/140.

🏠 **Zum Altenberg** ⏠ (mit Gästehaus), Schartenbergstr. 6, ☒ 76534, ℘ 5 72 36, Fax 60460,
🏠, ▨, 🌱 – 📺 🕿 ⇌ 🅿
Menu *(Donnerstag und 10. Jan.- 10. Feb. geschl.)* à la carte 27/56 – **19 Z** 52/150.

XX ✿ **Zum Alde Gott,** Weinstr. 10, ☒ 76534, ℘ 55 13, Fax 60624, ≼, 🏠 – 🅿. 🆎 ⓞ 🗲 𝐕𝐈𝐒𝐀
Donnerstag und Jan. geschl. – Menu à la carte 84/111
Spez. Forellenroulade mit Hummermaultäschle, Rehmedaillons mit Selleriepüree und Wachol-
dersauce, Gebratene Ente mit Rahmsauerkraut.

XX **Schloß Neuweier,** Mauerbergstr. 21, ☒ 76534, ℘ 5 79 44, Fax 58933, « Gartenterrasse »
– 🅿. 🆎 🗲
Dienstag und 22.- 25. Dez. geschl. – Menu à la carte 62/99.

97

XX **Traube** (mit Zim und Gästehaus), Mauerbergstr. 107, ⊠ 76534, ℰ 5 72 16, Fax 6764, ⇔
  – 🔟 ☎ 🅟 🖪 𝗩𝗜𝗦𝗔
  Mitte - Ende Feb. geschl. – Menu *(Mittwoch geschl.)* à la carte 45/90 – **15 Z** 75/195.

XX **Zum Lamm** mit Zim, Mauerbergstr. 34, ⊠ 76534, ℰ 5 70 38, Fax 52612, « Rustikale Einrichtung, Gartenterrasse mit Grill » – ☎ 🅟
  12 Z.

XX **Rebstock** 🌭 mit Zim, Schloßackerweg 3, ⊠ 76534, ℰ 5 72 40, ⇱, ⇱ – 🅟. 🖾 🖪
  24. Juli - 5. Aug. und 23. Dez.- 10. Jan. geschl. – **Menu** *(Montag - Dienstag geschl.)* à la
  carte 40/65 – **4 Z** 68/105.

In Baden-Baden - Oos NW : 3 km über Rheinstraße AX :

🏛 **Karlshof** garni, Ooser Bahnhofstr. 4 (im Bahnhof), ⊠ 76532, ℰ 6 16 76, Fax 55043 – 🔟
  ☎ 🅟. 🖾 🕦 🖪 𝗩𝗜𝗦𝗔. 🛠
  9 Z 90/160.

In Baden-Baden - Sandweier NW : 8 km über Rheinstr. AX :

🏛🏛 **Blume,** Mühlstr. 24, ⊠ 76532, ℰ 9 50 30, Fax 950370, ⇱, ⇔, 🖾, ⇱ – 🛗 🔟 ☎ 🅟 –
  🕸 60. 🖪 𝗩𝗜𝗦𝗔
  Menu à la carte 37/64 – **29 Z** 80/160.

In Baden-Baden - Umweg SW : 8,5 km über Fremersbergstraße AX :

XXX **Bocksbeutel** mit Zim, Umweger Str. 103, ⊠ 76534, ℰ (07223) 5 80 31, Fax 60808,
  ≼ Weinberge und Rheinebene, ⇱, ⇔ – 🔟 ☎ 🅟. 🖾 🕦 🖪 𝗩𝗜𝗦𝗔
  Menu *(Montag geschl.)* à la carte 39/94 *(auch vegetarisches Menu)* – **10 Z** 87/143.

In Baden-Baden - Varnhalt SW : 6 km über Fremersbergstr. AX – ☻ 07223 :

🏛 **Haus Rebland,** Umweger Str. 133, ⊠ 76534, ℰ 5 20 47, Fax 60496, ≼ Weinberge und
  Rheinebene, ⇱, ⇔, 🖾 – 🔟 ☎ 🅟. 🖾 🕦 🖪 𝗩𝗜𝗦𝗔
  15. Nov.- 15. Dez. geschl. – **Menu** *(Mittwoch geschl.)* à la carte 37/55 – **24 Z** 65/155.

XX **Pospisil's Restaurant Merkurius** mit Zim, Klosterbergstr. 2, ⊠ 76534, ℰ 54 74,
  Fax 60996, ≼ Weinberge und Rheinebene, ⇱, ⇱ – 🔟 ☎ 🅟
  Menu *(Montag geschl., Dienstag nur Abendessen)* à la carte 54/93 – **4 Z** 100/130.

XX **Zum Adler** mit Zim, Klosterbergstr. 15, ⊠ 76534, ℰ 5 72 41, Fax 60378, ≼ Weinberge und
  Rheinebene, ⇱ – 🅟. 🖾 🕦 🖪 𝗩𝗜𝗦𝗔
  15.- 30. Jan. geschl. – **Menu** *(Donnerstag geschl.)* à la carte 34/72 – **9 Z** 70/130.

An der Autobahn A 5 über ① :

🏛🏛 **Rasthaus Baden-Baden,** ⊠ 76532, ℰ (07221) 6 50 43, Fax 17661, ⇱ – 🛗 ⤬ Zim 🔟
  ☎ 🅟 ⟺ – 🕸 50. 🖪 𝗩𝗜𝗦𝗔
  Menu *(auch Self-Service)* à la carte 35/55 – **39 Z** 119/187.

Siehe auch : Schwarzwaldhochstraße

BADENWEILER Baden-Württemberg 🌀🌀🌀 G 23. 🌀🌀🌀 ㉞. 🌀🌀🌀 ④ ⑤ – 3 700 Ew – Höhe 426 m
– Heilbad – Das Kurzentrum ist von März bis Okt. für den Durchgangsverkehr gesperrt. Fahrer-
laubnis nur für Hotelgäste oder mit Sondergenehmigung. – ☻ 07632.

Sehenswert : Kurpark★★ – Burgruine ≼★.

Ausflugsziele : Blauen : Aussichtsturm ☀★★, SO : 8 km – Schloß Bürgeln★, S : 8 km.

🏌 beim Grenzübergang Neuenburg (W : 16 km), ℰ (07632) 50 31.

🗲 Kur-Touristik, Ernst-Eisenlohr-Str. 4, ⊠ 79410, ℰ 7 21 10, Fax 72170.

◆Stuttgart 242 – Basel 45 – ◆Freiburg im Breisgau 46 – Mulhouse 30.

🏛🏛🏛 **Römerbad** 🌭, Schloßplatz 1, ⊠ 79410, ℰ 7 00, Telex 772933, Fax 70200, « Park », Massage, ⇔, 🖾 (Thermal), 🖾, ⇱, ⤬ – 🛗 🔟 ⚻ ⟺ 🅟 – 🕸 80. 🖾 🕦 🖪 𝗩𝗜𝗦𝗔. 🛠 Rest
  Menu à la carte 55/90 – **83 Z** 240/480, 9 Suiten.

🏛🏛 **Schwarzmatt** 🌭, Akazienstr. 4, ⊠ 79410, ℰ 60 42, Fax 6047, ⇱, 🖾 – 🛗 🔟 ⚼ ⟺
  🅟
  Menu *(Tischbestellung ratsam)* à la carte 70/91 – **41 Z** 210/500, 4 Suiten.

🏛🏛 **Parkhotel Weißes Haus** 🌭, Wilhelmstr. 6, ⊠ 79410, ℰ 50 41, Fax 5045, ≼, « Park »,
  ⇱, ⤬ – 🛗 🔟 ⟺ 🅟 – 🕸 25. 🖾. 🛠
  9. Jan.- 15. Feb. und 1.-20. Dez. geschl. – **Menu** à la carte 43/73 – **40 Z** 110/230, 3 Suiten.

🏛 **Anna** 🌭, Oberer Kirchweg 2, ⊠ 79410, ℰ 79 70, Fax 797150, ≼, 🖾, ⇱ – 🛗 ☎ 🅟.
  🛠 Rest
  Mitte Feb.- Mitte Nov. – (Restaurant nur für Hausgäste) – **34 Z** 105/250.

🏛 **Ritter,** Friedrichstr. 2, ⊠ 79410, ℰ 83 10, Fax 831299, ⇱, « Garten », Massage, ♨, ⇔,
  🖾, ⇱ – 🛗 🔟 ☎ 🅟. 🖾 🕦 🖪 𝗩𝗜𝗦𝗔
  Menu à la carte 40/65 – **65 Z** 105/320.

🏛 **Sonne** 🌭, Moltkestr. 4, ⊠ 79410, ℰ 7 50 80, Fax 750865, ⇱, ⇱ – 🔟 ☎ ⟺ 🅟. 🖾
  🕦 🖪 𝗩𝗜𝗦𝗔
  Menu à la carte 40/70 🍷 – **42 Z** 88/200 – ½ P 100/135.

Post ⏝, Sofienstr. 1, ✉ 79410, ℰ 50 51, Fax 5123, 🏠, ⇔s, 🔲 – |♿| 📺 ☎ ⟷
Mitte Nov.- Jan. geschl. – **Menu** à la carte 36/68 – **55 Z** 82/250.

Eckerlin ⏝, Römerstr. 2, ✉ 79410, ℰ 83 20, Fax 832299, ≼, 🏠, « Garten », ⇔s, ⅂, 🔲,
🏠 – |♿| 📺 ☎ 🅿. 🝙 ⓞ ⅃ 𝗩𝗜𝗦𝗔 – **Menu** à la carte 27/55 – **60 Z** 110/280.

Am Kurpark-Villa Hedwig ⏝, Römerstr. 10, ✉ 79410, ℰ 8 20 00, Fax 820031,
« Jugendstil-Villa mit stilvoller Einrichtung », 🏠 – 📺 ☎ 🅿. ⅃
6.- 31. Jan. und 1.- 15. Dez. geschl. – (nur Abendessen für Hausgäste) – **15 Z** 100/240.

Daheim ⏝, Römerstr. 8, ✉ 79410, ℰ 75 80, Fax 758276, ≼, ⇔s, 🔲, 🏠 – |♿| 📺 ☎ ⟷
🅿. ⓞ ⅃ 𝗩𝗜𝗦𝗔. ✳
Dez. - Jan. geschl. – (Restaurant nur für Hausgäste) – **33 Z** 100/256 – ½ P 123/158.

Försterhaus Lais ⏝, Badstr. 42, ✉ 79410, ℰ 3 17, Fax 6056, 🏠, ⇔s, 🔲, 🏠 – 📺 ☎
🅿. 𝗩𝗜𝗦𝗔. ✳ Zim
Menu *(Nov.- Feb. Sonntag geschl., März - Okt. Sonntag nur Mittagessen)* à la carte 32/58
⅃ – **27 Z** 60/198.

Schloßberg ⏝ garni, Schloßbergstr. 3, ✉ 79410, ℰ 50 16, Fax 6376, ≼, ⇔s, 🏠 – |♿| 📺
☎ 🅿. 🝙 ⅃.
Mitte Feb.- Mitte Nov. – **26 Z** 92/200.

Schnepple ⏝, Hebelweg 15, ✉ 79410, ℰ 54 20, Fax 6001, 🏠 – 📺 ☎ ⟷ 🅿. 🝙
⅃ 𝗩𝗜𝗦𝗔. ✳
Mitte Jan. - Mitte Feb. geschl. – (nur Abendessen für Hausgäste) – **18 Z** 65/160
– ½ P 90/110.

Badenweiler Hof ⏝ garni, Wilhelmstr. 40, ✉ 79410, ℰ 8 20 40, Fax 820411, ⇔s – |♿| ☎
🅿. ✳ – **17 Z** 75/138.

In Badenweiler-Lipburg SW : 3 km :

☆ **Landgasthof Schwanen** ⏝, E.-Scheffelt-Str. 5, ✉ 79410, ℰ 52 28, Fax 5208, 🏠, 🏠 –
☎ ⟷ 🅿. 🝙 ⓞ ⅃ 𝗩𝗜𝗦𝗔
Anfang Jan.- Mitte Feb. geschl. – **Menu** *(Donnerstag, im Winter auch Mittwoch geschl.)*
à la carte 33/62 ⅃ – **17 Z** 55/130 – ½ P 83/97.

In Badenweiler-Sehringen S : 3 km :

🏡 **Gasthof zum grünen Baum** ⏝, Sehringer Str. 19, ✉ 79410, ℰ 74 11, Fax 1580, ≼, 🏠
– ☎ ⟷ 🅿. ✳ Zim
Mitte Dez.- Anfang Feb. geschl. – **Menu** *(Montag geschl.)* à la carte 31/57 ⅃ – **17 Z** 35/120.

Auf dem Blauen SO : 8 km – Höhe 1 165 m :

☆ **Hochblauen** ⏝, ✉ 79410 Badenweiler, ℰ (07632) 3 88, Fax 6655, ≼ Schwarzwald und
Alpen, 🏠, 🏠 – ⟷ 🅿
Ende März - Anfang Nov. (Restaurant nur für Hausgäste, für Passanten Self-Service bis 18
Uhr, *Donnerstag und 7.Jan.-Feb. geschl.*) – **15 Z** 53/112 – ½ P 78/82.

BAHLINGEN Baden-Württemberg 𝟜𝟙𝟛 G 22, 𝟚𝟜𝟚 ㉜ – 3 400 Ew – Höhe 248 m – ✪ 07663
Eichstetten).
Stuttgart 190 – ♦Freiburg im Breisgau 22 – Offenburg 48.

🏡 **Lamm**, Hauptstr. 49, ✉ 79353, ℰ 13 11, Fax 5433, ⇔s – 📺 ☎ ⟷ 🅿 – 🕍 60. 🝙 ⅃
Menu *(Sonntag geschl.)* à la carte 30/63 ⅃ – **27 Z** 65/140.

BAIERBRUNN Bayern 𝟜𝟙𝟛 R 22 – 2 400 Ew – Höhe 638 m – ✪ 089 (München).
München 15 – Garmisch-Partenkirchen 72.

🏠 **Strobl** garni, Wolfratshauser Str. 54 a, ✉ 82065, ℰ 7 93 06 79, Fax 7938969 – 📺 ☎ ⅌
🅿. 🝙 ⓞ ⅃ 𝗩𝗜𝗦𝗔 – **20 Z** 108/160.

BAIERSBRONN Baden-Württemberg 𝟜𝟙𝟛 HI 21, 𝟡𝟠𝟟 ㉟ – 15 800 Ew – Höhe 550 m – Luftkurort
Wintersport : 584/1 065 m ⅄11 ⅊14 – ✪ 07442.
◗ Kurverwaltung, Freudenstädter Str. 36, ✉ 72270, ℰ 25 70, Fax 7087.
Stuttgart 100 ② – Baden-Baden 50 ① – Freudenstadt 7 ②.

Stadtplan siehe nächste Seite

🏡 **Rose,** Bildstöckleweg 2, ✉ 72270, ℰ 20 35, Fax 4396, 🏠, ⇔s, 🔲 – |♿| 📺 ☎ ⟷ 🅿.
🕍 15. 🝙 ⓞ 𝗩𝗜𝗦𝗔   AX **h**
20. Nov.- 20. Dez. geschl. – **Menu** *(Dienstag geschl.)* à la carte 32/64 – **41 Z** 80/170
– ½ P 80/140.

🏡 **Falken,** Oberdorfstr. 95, ✉ 72270, ℰ 8 40 70, Fax 840770, 🏠, ⇔s, 🏠 – |♿| 📺 ☎ 🅿. 🝙
ⓞ ⅃ 𝗩𝗜𝗦𝗔   AY **s**
Mitte März - Anfang April und Nov.- Dez. 3 Wochen geschl. – **Menu** *(Dienstag geschl.)* à
la carte 26/52 – **23 Z** 60/125.

🏡 **Rosengarten** ⏝, Bildstöckleweg 35, ✉ 72270, ℰ 20 88, Fax 50664, ⇔s, 🔲 – ☎ 🅿.
✳ Zim   AX **a**
6. Nov.- 14. Dez. geschl. – **Menu** *(Mittwoch-Donnerstag geschl.)* à la carte 28/60 – **27 Z**
65/138.

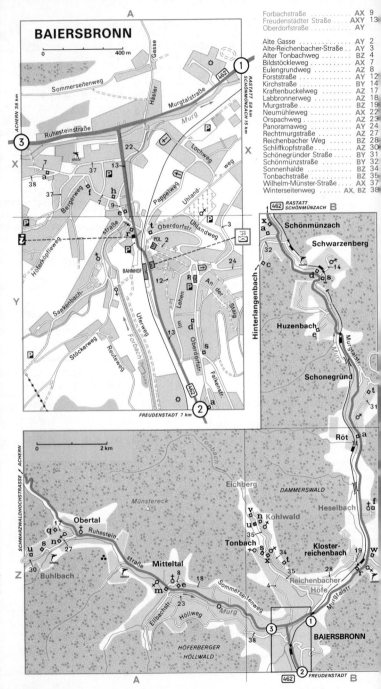

BAIERSBRONN

0 — 400 m

ACHERN 38 km

RASTATT 58 km
SCHÖNMÜNZACH 15 km

Murgtalstraße

Sommerseitenweg

Ruhesteinstraße

Murg

Häsler Gasse

Lochweg

Bergerweg

Höferkopfweg

Sankenbach-straße

Stöckerweg

Reulweg

Pappelweg

Uhlandweg

Oberdorfstr.

POL.

BAHNHOF

Uferweg

Forbach

Lehen

An der Staig

Im

Oberdorfstr.

Falkenstr.

FREUDENSTADT 7 km

B

462 RASTATT SCHÖNMÜNZACH

Schönmünzach

Schwarzenberg

Hinterlangenbach

Huzenbach

Murgtalstr.

Murg

Schonegründ

Röt

0 — 2 km

 SCHWARZWALDHOCHSTRASSE / ACHERN

Tonbach

Münstereck

Eichberg

DAMMERSWALD

Kohlwald

Heselbach

Obertal

Ruhestein

straße

Tonbach

Klosterreichenbach

Buhlbach

Mitteltal

Eibachstr.

Höllweg

Murg

Sommerseitenweg

Reichenbacher Höfe

HÖFERBERGER HÖLLWALD

462 FREUDENSTADT

BAIERSBRONN

A

B

🏠 **Miller-Wagner,** Forbachstr. 4, ⊠ 72270, 𝒞 22 57, 🍴 – 🛗 🅿   AX   **e**
Nov. geschl. – **Menu** *(Mittwoch geschl.)* à la carte 31/69 – **18 Z** 61/126 – ½ P 75/83.

🏠 Hirsch, Oberdorfstr. 74, ⊠ 72270, 𝒞 30 33, Fax 50323, 🚭, 🔲, 🐎 – 🛗 📺 🕿 🅿 AY   **d**
33 Z.

🏠 **Pappel,** Oberdorfstr. 1, ⊠ 72270, 𝒞 8 41 20, Fax 841250 – 🛗 🅿   AY   **t**
April 2 Wochen und Nov. geschl. – **Menu** *(Mittwoch geschl.)* à la carte 27/57 – **20 Z** 48/116
– ½ P 63/70.

🏠 **Krone,** Freudenstädter Str. 32, ⊠ 72270, 𝒞 8 41 10, Fax 4408, 🚭, 🔲 – 📺 🕿 🚗 🅿
10. Jan.- 5. Feb. und Nov.- 15. Dez. geschl. – **Menu** *(Montag geschl.)* à la carte 26/58 –
43 Z 60/140.   AY   **r**

🏠 **Café Berghof** ⹂, Bildstöckleweg 17, ⊠ 72270, 𝒞 70 18, Fax 7349, ≤, 🍴, Massage, ♣,
🚭, 🔲 – 🛗 📺 🕿 🅿   AX   **f**
28. März - 9. April und 4. Nov.- 24. Dez. geschl. – **Menu** *(Montag geschl.)* à la carte 26/50
🅶 – **33 Z** 58/126.

🏠 **Haus Petra** garni, Oberdorfstr. 142, ⊠ 72270, 𝒞 27 53, Fax 3825, ≤, 🐎 – 📺 🚗 🅿
20 Z 63/125.   AY   **a**

In Baiersbronn-Tonbach :

🏛 **Traube Tonbach** ⹂, Tonbachstr. 237, ⊠ 72270, 𝒞 49 20, Fax 492692, ≤,
« Gartenterrasse, Hauskapelle », Massage, ♣, 𝕱, ♨, 🚭, 🏊 (geheizt), 🔲, 🐎, 🎾 (Halle)
– 🛗 📺 🏓 🚗 🅿 – 🛎 30. 🍴   BZ   **n**
Menu nur für Hausgäste, siehe auch Rest. *Schwarzwaldstube* und *Köhlerstube* separat
erwähnt – **182 Z** 196/510, 8 Suiten.

🏛 **Kurhotel Sonnenhalde** ⹂, Obere Sonnenhalde 63, ⊠ 72270, 𝒞 30 44, Fax 50192, ≤,
🍴, 🚭, 🔲, 🐎 – 🛗 📺 🚗 🅿. 🍴 Rest   BZ   **t**
5. Nov.- 15. Dez. geschl. – **Menu** *(Mittwoch geschl.)* à la carte 38/60 – **33 Z** 60/224,
3 Suiten.

🏛 **Waldlust** (mit Gästehaus, ⹂), Tonbachstr. 174, ⊠ 72270, 𝒞 83 50, Fax 2127, 🚭, 🔲,
🐎 – 🛗 📺 🕿 🚗 🅿. 🍴 Rest   BZ   **x**
Anfang Nov.- Mitte Dez. geschl. – **Menu** *(Dienstag geschl.)* à la carte 30/63 🅶 – **45 Z** 68/152,
4 Suiten.

🏠 **Kurhotel Tanne** ⹂, Tonbachstr. 243, ⊠ 72270, 𝒞 20 69, Fax 7657, ≤, 🍴, Massage, ♣,
🚭, 🔲, 🐎 – 🛗 📺 🕿 🚗 🅿 – 🛎 30   BZ   **v**
10. Nov.- 17. Dez. geschl. – **Menu** *(Montag geschl.)* à la carte 36/85 – **53 Z** 80/174
– ½ P 76/96.

🏠 **Am Tonbach,** Tonbachstr. 177, ⊠ 72270, 𝒞 26 05, Fax 50591, 🔲, 🐎 – 📺 🕿 🚗 🅿.
🍴 Rest   BZ   **s**
Ende Nov. - Mitte Dez. geschl. – **Menu** à la carte 27/55 – **16 Z** 79/148.

💥💥💥 🕸🕸 **Schwarzwaldstube,** Tonbachstr. 237, ⊠ 72270, 𝒞 49 26 65, ≤ – 🅿. 🆎 ⑩ 🇪
𝙑𝙄𝙎𝘼, 🍴   BZ   **u**
Montag - Dienstag, 9.- 31. Jan. und 31. Juli - 22. Aug. geschl. – **Menu** (Tischbestellung
ratsam) 155/195 und à la carte 99/130
Spez. Variation vom Kalbskopf mit Wurzelgemüse und Tomaten-Kapernvinaigrette, Chartreuse
mit Langustinen und Kaviar an Schnittlauchbutter, Crépinette von der Wachtel mit Trüffeln und
Sellerie.

💥💥💥 **Köhlerstube,** Tonbachstr. 237, ⊠ 72270, 𝒞 49 26 65, ≤, 🍴, « Behaglich-rustikale
Restauranträume » – 🅿. 🆎 ⑩ 🇪 **𝙑𝙄𝙎𝘼**   BZ   **u**
Donnerstag geschl. – **Menu** (Tischbestellung ratsam) à la carte 57/90.

Im Murgtal, Richtung Schwarzwaldhochstraße :

In Baiersbronn-Mitteltal :

🏛 **Bareiss** ⹂, Gärtenbühlweg 14, ⊠ 72270, 𝒞 4 70, Fax 47320, ≤, « Gartenterrasse », Massage, ♣, 𝕱, ♨, 🚭, 🏊 (geheizt), 🔲, 🐎, 🎾 – 🛗 🍴 Rest 📺 🏓 🚗 🅿   AZ   **e**
Menu nur für Hausgäste, siehe auch *Restaurant Bareiss* separat erwähnt – **100 Z** 190/700,
7 Suiten.

🏛 **Lamm,** Ellbachstr. 4, ⊠ 72270, 𝒞 49 80, Fax 49878, 🚭, 🔲, 🐎, 🦮 – 🛗 📺 🚗 🅿. 🆎
⑩ 🇪 **𝙑𝙄𝙎𝘼**   AZ   **m**
Menu à la carte 34/68 – **46 Z** 55/200.

🏠 **Ödenhof,** Ödenhofweg 9, ⊠ 72270, 𝒞 8 40 90, Fax 840919, 𝕱, 🚭, 🔲, 🐎 – 🛗 🅶 🅿.
🍴 Rest
Jan. geschl. – **Menu** *(Dienstag geschl.)* (Abendessen nur für Hausgäste) à la carte 27/49
– **34 Z** 61/192 – ½ P 70/110.

💥💥💥 🕸🕸 **Restaurant Bareiss,** Gärtenbühlweg 14, ⊠ 72270, 𝒞 4 70, Fax 47320, ≤ – 🖿 🅿. 🆎
⑩ 🇪 **𝙑𝙄𝙎𝘼**   AZ   **e**
Montag-Dienstag, 6. Juni - 7.Juli und 27. Nov.- 24. Dez. geschl. – **Menu** (Tischbestellung
ratsam, bemerkenswerte Weinkarte) 140/180 und à la carte 92/125 – *Kaminstube :* **Menu**
à la carte 57/84 – *Dorfstuben :* **Menu** à la carte 48/69
Spez. Salat vom Bresse-Täubchen mit Zuckerschoten und Burgunderzwiebeln, Steinbutt mit Lan-
gustinenmousse gratiniert, Lauwarmer Schokoladenkuchen mit Vanilleglace.

In Baiersbronn-Obertal – ✪ 07449 :

🏨 **Engel Obertal** ◇, Rechtmurgstr. 28, ☒ 72270, ℰ 8 50, Fax 85200, Massage, ♠, ≦s, ⬛, ⌗ – |≋| ⤨ Rest ⊡ ☻. ⊗ Rest
AZ **n**
Menu à la carte 38/75 *(auch vegetarisches Menu)* – **67 Z** 119/320 – ½ P 149/193.

🏨 **Waldhotel Sommerberg** ◇, Hirschauerwald 23, ☒ 72270, ℰ 2 17, Fax 8014, ≤ Obertal, ≦s, ⬛, ⌗ – |≋| ⊡ ☎ ⇐ ☻ – 🚗 40. ①
AZ **q**
Menu à la carte 36/59 – **40 Z** 90/260.

🏠 **Pension Sigwart** ◇, Am Hänger 24 (Buhlbach), ☒ 72270, ℰ 6 96, Fax 698, ≤, ⌗ – ⊡ ☎ ☻
AZ **u**
15. Nov.- 18. Dez. geschl. – (Restaurant nur für Hausgäste) – **17 Z** 56/140.

🍴 **Blume** ◇, Rechtmurgstr. 108 (Buhlbach), ☒ 72270, ℰ 80 77, Fax 8009, Biergarten, ⌗ – ⊡ ☎ ⇐ ☻
AZ **s**
Mitte Nov.- Mitte Dez. geschl. – **Menu** *(Mittwoch geschl.)* à la carte 25/50 ♨ – **23 Z** 46/150.

Im Murgtal, Richtung Forbach :

In Baiersbronn-Klosterreichenbach :

🏨 **Heselbacher Hof** ◇, Heselbacher Weg 72, ☒ 72270, ℰ 83 80, Fax 838100, ≤, ⌗, ≦s, ⬛, ⌗ – |≋| ⊡ ☎ ⇐ ☻ – 🚗 20. ⊗
BZ **f**
15. Nov.- 18. Dez. geschl. – **Menu** *(Montag geschl.)* à la carte 29/66 – **41 Z** 82/230.

🏠 **Schützen,** Murgstr. 1, ☒ 72270, ℰ 8 41 50, Fax 841534, ⌗ – ⇐ ☻. ⊗ Zim BZ **r**
Mitte Nov.- Mitte Dez. geschl. – **Menu** *(Montag geschl.)* à la carte 26/50 ♨ – **20 Z** 51/128.

🍴 **Ochsen,** Musbacher Str. 5, ☒ 72270, ℰ 22 22, Fax 2217, ⌗ – ⇐ ☻. ⊗ Zim BZ **w**
April 3 Wochen und Ende Nov.- Mitte Dez. geschl. – **Menu** *(Dienstag geschl.)* à la carte 25/50 ♨ – **17 Z** 46/94.

In Baiersbronn-Röt :

🏠 **Sonne,** Murgtalstr. 323, ☒ 72270, ℰ 23 86, Fax 60194, ⌗, ≦s, ⬛, ⌗ – ⊡ ☎ ☻
15. Nov.- 20. Dez. geschl. – **Menu** à la carte 26/60 – **36 Z** 78/236.
BZ **a**

In Baiersbronn-Schönegründ :

🍴 **Löwen** ◇, Schönegründer Str. 90, ☒ 72270, ℰ (07447) 4 33, Fax 1722, ≤, ⌗, ⌗ – ☻
BY **t**
Okt.- Nov. 3 Wochen geschl. – **Menu** *(Dienstag geschl.)* à la carte 25/42 ♨ – **17 Z** 49/98.

In Baiersbronn-Huzenbach :

🏨 **Pfeifle's Höhenhotel Huzenbach** ◇, Roter Rain 47, ☒ 72270, ℰ (07447) 10 77, Fax 475, ≤, ⌗, Massage, ♠, ≦s, ⌗ – |≋| ⊡ ☎ ☻ – 🚗 40. ① E ⅦⅫⅡ ⊗ Zim
BY **e**
13. Nov.- 5. Dez. geschl. – **Menu** à la carte 43/84 – **45 Z** 80/200.

In Baiersbronn-Schwarzenberg :

🏨 **Sackmann,** Murgtalstr. 602 (B 462), ☒ 72270, ℰ (07447) 28 90, Fax 289400, ⌗, Massage, ♠, 🚴, ≦s, ⬛, ⌗ – |≋| ⊡ ⇐ ☻ – 🚗 40
BY **s**
Schloßberg (nur Abendessen) *(Montag-Dienstag, 1.- 21. Feb. und 2. - 15. Aug. geschl.)*
Menu à la carte 68/98 – ***Anita Stube :* Menu** à la carte 42/75 – **68 Z** 82/210 – ½ P 92/146.

🏨 **Löwen,** Murgtalstr. 604 (B 462), ☒ 72270, ℰ (07447) 93 20, Fax 1049, ⌗ – |≋| ⊡ ☎ ☻.
⊗ Rest
BY **d**
Jan.- Feb. 3 Wochen geschl. – **Menu** à la carte 40/75 – **30 Z** 75/150.

In Baiersbronn-Schönmünzach – ✪ 07447 :

🏨 **Sonnenhof** ◇, Schifferstr. 36, ☒ 72270, ℰ 93 00, Fax 930333, ⌗, ≦s, ⬛ – |≋| ⊡ ☎ ☻ Rest
BY **a**
Mitte Nov.- Mitte Dez. geschl. – **Menu** à la carte 30/66 – **42 Z** 60/164 – ½ P 78/103.

🏠 **Holzschuh's Schwarzwaldhotel,** Murgtalstr. 655, ☒ 72270, ℰ 10 88, Fax 1004, ⌗, Massage, ♠, 🚴, ≦s, ⬛, ⌗ – |≋| ⊡ ☎ ⇐ ☻. ⊗ Rest
BY **x**
15. Nov.- 15. Dez. geschl. – **Menu** *(Dienstag geschl.)* à la carte 32/64 – **27 Z** 65/178 – ½ P 86/109.

🏠 Elisabeth ◇, Schönmünzstr. 63, ☒ 72270, ℰ (07447) 3 52, Fax 2021, ⌗, ≦s, ⬛ – |≋| ⊡ ☎ ⇐ ☻
BY **c**
26 Z.

In Baiersbronn-Hinterlangenbach W : 10,5 km ab Schönmünzach BY :

🏨 **Forsthaus Auerhahn** ◇ (mit Gästehäusern), ☒ 72270, ℰ (07447) 3 90, Fax 2035, ⌗, Wildgehege, ≦s, ⬛, ⌗, ✖ – ⊡ ☎ ☻
Mitte Nov.- Mitte Dez. geschl. – **Menu** *(Dienstag geschl.)* à la carte 34/54 – **24 Z** 70/198, 6 Suiten – ½ P 92/121.

BAIERSDORF Bayern siehe Erlangen.

EUROPE on a single sheet Michelin map no 🔲🔲🔲.

BALDUINSTEIN Rheinland-Pfalz 四12 G 15 – 600 Ew – Höhe 105 m – ۞ 06432 (Diez).
Mainz 69 – Limburg an der Lahn 10 – ◆Koblenz 62.

🏚 ۞ **Zum Bären - Kleines Restaurant,** Bahnhofstr. 24, ⊠ 65558, ℘ 8 10 91, Fax 83643 – 📺
☎ ❶ – 🏄 30
März 3 Wochen und Okt.- Nov. 2 Wochen geschl. – **Menu** *(Montag - Dienstag geschl.)* (nur
Abendessen, Tischbestellung erforderlich, bemerkenswerte Weinkarte) 95/150 – **Kachel-
ofen** *(Dienstag geschl.)* **Menu** à la carte 45/89 – **10 Z** 80/160
Spez. Pochiertes Forellenfilet mit Kürbisnudeln, Kalbsbriestörtchen mit Trüffelsauce, Geschmorter
Milchlammbug mit Rahmwirsing.

BALINGEN Baden-Württemberg 四13 J 22, 987 ㉟ – 31 500 Ew – Höhe 517 m – ۞ 07433.
Ausflugsziel : Lochenstein ≤★ vom Gipfelkreuz, S : 8 km.
ADAC, Wilhelm-Kraut-Str. 46, ⊠ 72336, ℘ 3 60 45, Fax 381578.
◆Stuttgart 82 – ◆Freiburg im Breisgau 116 – ◆Konstanz 116 – Tübingen 36 – ◆Ulm (Donau) 134.

🏚 **Hamann,** Neue Str. 11, ⊠ 72336, ℘ 95 00, Fax 5123 – 🛗 ⊱⊰ Zim 📺 ☎, ⌶ ❶ ⊑ 𝘝𝘐𝘚𝘈
24. Dez.- 6. Jan. geschl. – **Menu** *(Samstag-Sonntag geschl.)* à la carte 30/65 *(auch vegetarische Gerichte)* – **50 Z** 95/180.

🏚 **Stadt Balingen,** Hirschbergstr. 48 (Nähe Stadthalle), ⊠ 72336, ℘ 80 21, Fax 5119 – 🛗
⊱⊰ Zim 📺 ☎ ❶. ⌶ ❶ ⊑ 𝘝𝘐𝘚𝘈
(nur Abendessen für Hausgäste) – **59 Z** 122/196.

🏚 **Thum,** Klausenweg 20, ⊠ 72336, ℘ 9 69 00, Fax 969044, 🛋 – 🛗 📺 ☎ 🚗 ❶. ❶ ⊑
𝘝𝘐𝘚𝘈
Menu *(Samstag geschl.)* à la carte 28/62 – **24 Z** 68/235.

※※ **Zum Hirschgulden,** Charlottenstr. 27 (Stadthalle), ⊠ 72336, ℘ 25 81, Fax 22364, 🛋 –
❶. ⌶ ❶ ⊑ 𝘝𝘐𝘚𝘈
Menu à la carte 31/66.

BALJE Niedersachsen 四11 K 5 – 1 100 Ew – Höhe 2 m – ۞ 04753.
◆Hannover 218 – Bremerhaven 74 – Cuxhaven 38 – ◆Hamburg 114.

In Balje-Hörne SW : 5 km :

🏚 **Zwei Linden,** Itzwördener Str. 4, ⊠ 21730, ℘ 3 24, Fax 8186, 🌿 – 📺 ☎ 🚗 ❶. ⊑
⬥ **Menu** à la carte 22/42 – **9 Z** 60/105.

BALLRECHTEN-DOTTINGEN Baden-Württemberg siehe Sulzburg.

BALTRUM (Insel) Niedersachsen 四11 F 5, 984 ⑨. 897 ④ – 500 Ew – Seeheilbad – Insel der
ostfriesischen Inselgruppe, Autos nicht zugelassen – ۞ 04939.
⛴ von Neßmersiel (ca. 30 min.), ℘ 2 35.
🚩 Pavillon am Anleger, ⊠ 26579, ℘ 80 48, Fax 1377.
◆Hannover 269 – Aurich (Ostfriesland) 28 – Norden 17 – Wilhelmshaven 70.

🏚 **Strandhof** 🐾, Nr. 123, ⊠ 26579, ℘ 8 90, Fax 8913, 🛎, 🌿 – ☎. ✼
Mitte März - Okt. – **Menu** à la carte 29/52 – **37 Z** 75/134 – ½ P 86/93.

🏚 **Strandhotel Wietjes** 🐾, Nr. 58, ⊠ 26579, ℘ 2 37, Fax 457, ≤, 🛎 – 🛗 📺 ☎
Ende Feb.- Mitte Okt. – **Menu** (Mittagessen nur für Hausgäste) à la carte 28/60 –
43 Z 85/260.

🏚 **Dünenschlößchen** 🐾, Ostdorf 48, ⊠ 26579, ℘ 9 12 30, Fax 912313, ≤, 🌿 – 🛗 ⊱⊰ Rest
☎. ✼
April - Mitte Okt. – **Menu** *(Montag geschl.)* à la carte 28/70 – **43 Z** 80/170.

※※ **Witthus** 🐾 (mit Zim. und Gästehaus), Nr. 137, ⊠ 26579, ℘ 3 58, Fax 1250, ≤, 🛋 – 📺
☎
Anfang Jan.- Mitte März und Nov.- Weihnachten geschl. – **Menu** à la carte 30/68 –
12 Z 65/140.

BALVE Nordrhein-Westfalen 四11 四12 G 12,13 – 11 800 Ew – Höhe 250 m – ۞ 02375.
◆Düsseldorf 110 – Arnsberg 26 – Hagen 38 – Plettenberg 16.

In Balve-Binolen N : 5 km :

※※ **Haus Recke** mit Zim, an der B 515, ⊠ 58802, ℘ (02379) 2 09, Fax 293, 🛋,
« Tropfsteinhöhle » (Eintritt DM 3,50) – 📺 ☎ 🚗 ❶. ⌶ ⊑ 𝘝𝘐𝘚𝘈 𝘫𝘤𝘣
Menu *(Montag, 5.- 20. Feb. und 1.- 17. Nov. geschl.)* à la carte 30/63 – **10 Z** 85/160.

In Balve-Eisborn N : 9 km :

🏚 **Zur Post** 🐾, Dorfstr. 3, ⊠ 58802, ℘ (02379) 91 60, Fax 91620, 🛋, 🛎, 🖼, 🌿 – 🛗 ☎
❶ – 🏄 80. ✼ Zim
18. Juli- 7. Aug. geschl. – **Menu** à la carte 30/60 – **50 Z** 88/162.

🏚 **Antoniushütte** 🐾, Dorfstr. 10, ⊠ 58802, ℘ (02379) 91 50, Fax 644, 🛋 – ☎ ❶ – 🏄 60.
Menu à la carte 35/68 – **62 Z** 80/210.

BAMBERG Bayern 🔲🔲🔲 PQ 17, 🔲🔲🔲 ㉖ – 70 000 Ew – Höhe 260 m – ✿ 0951.

Sehenswert : Dom★★ (Bamberger Reiter★★★, St.-Heinrichs-Grab★★★) BZ – Altes Rathaus★ BCZ – Diözesanmuseum★ BZ **M** – Alte Hofhaltung (Innenhof★★) BZ – Neue Residenz : Rosengarten ≼★ BZ.

🔲₈ Gut Leimershof (NO : 16 km über ⑤), ℰ (09547) 71 09.

🔲 Fremdenverkehrsamt, Geyerswörthstr. 3, ✉ 96047, ℰ 87 11 61, Fax 871960.

ADAC, Schützenstr. 4a (Parkhaus), ✉ 96047, ℰ 2 10 77, Fax 23462.

◆München 232 ② – Erfurt 154 ⑤ – ◆Nürnberg 61 ② – ◆Würzburg 96 ②.

Stadtplan siehe gegenüberliegende Seite

🔱 **Residenzschloss,** Untere Sandstr. 32, ✉ 96049, ℰ 6 09 10, Telex 662424, Fax 6091701, 🏡, « Hauskapelle », ≘ – 🛗 ⇄ Zim 📺 ⅙ ⇐ – 🔬 250. 🔳 ⓞ ⋿ 𝘝𝘐𝘚𝘈 BY **r**
Menu à la carte 55/80 – **184 Z** 195/390, 4 Suiten.

🔱 **Bamberger Hof - Bellevue,** Schönleinsplatz 4, ✉ 96047, ℰ 9 85 50, Fax 985562 – 🛗 📺 ⇐ – 🔬 40. 🔳 ⓞ ⋿ 𝘝𝘐𝘚𝘈 CZ **e**
Menu (Juli - Sept. Sonntag geschl.) à la carte 50/75 – **47 Z** 160/320.

🏛 **Romantik-Hotel Weinhaus Messerschmitt,** Lange Str. 41, ✉ 96047, ℰ 2 78 66, Fax 26141, « Brunnenhof » – 📺 ☎ – 🔬 40. 🔳 ⓞ ⋿ 𝘝𝘐𝘚𝘈. ✀ Zim CZ **x**
18.- 24. Dez. geschl. – **Menu** à la carte 48/76 – **14 Z** 112/225.

🏛 **St. Nepomuk** ⬙ (mit Gästehäusern), Obere Mühlbrücke 9, ✉ 96049, ℰ 2 51 83, Fax 26651, ≼, « Ehemalige Mühle in der Regnitz gelegen » – 🛗 📺 ☎ ⅙ ⇐ – 🔬 30. 🔳 ⓞ ⋿ 𝘝𝘐𝘚𝘈 CZ **a**
Menu à la carte 45/88 – **47 Z** 130/240, 3 Suiten.

🏠 **Barock-Hotel am Dom** ⬙ garni, Vorderer Bach 4, ✉ 96049, ℰ 5 40 31, Fax 54021 – 🛗 📺 ☎ ⅙. 🔳 ⓞ ⋿ 𝘝𝘐𝘚𝘈 BZ **k**
6. Jan.- 6. Feb. geschl. – **19 Z** 100/155.

🏠 **Berliner Ring** garni, Pödeldorfer Str. 146, ✉ 96050, ℰ 91 50 50, Fax 14715 – 🛗 📺 ☎ ⇐ 🅿. 🔳 ⋿ 𝘝𝘐𝘚𝘈 AX **a**
40 Z 95/142.

🏠 **Wilde Rose,** Keßlerstr. 7, ✉ 96047, ℰ 98 18 20, Fax 22071 – 📺 ☎. 🔳 ⓞ ⋿ 𝘝𝘐𝘚𝘈. ✀ Zim CZ **h**
Menu (Sonntag nur Mittagessen) à la carte 29/60 – **29 Z** 90/150.

🏠 **Alt Ringlein und Gästehaus,** Dominikanerstr. 9, ✉ 96049, ℰ 5 40 98 (Hotel) 5 21 66 (Rest.), Fax 52230 – 🛗 📺 ☎ ⇐ BZ **n**
Menu (Mittwoch geschl.) à la carte 28/60 – **54 Z** 95/200.

🏠 **Brudermühle,** Schranne 1, ✉ 96049, ℰ 5 40 91, Fax 51211, 🏡 – 📺 ☎. ⓞ ⋿ 𝘝𝘐𝘚𝘈 BZ **b**
Menu (Montag geschl.) à la carte 27/55 – **16 Z** 115/170.

🏠 **Weierich,** Lugbank 5, ✉ 96049, ℰ 5 40 04, Fax 55800, « Rest. in fränkischem Bauernstil » – 📺 ☎ BZ **s**
Menu (Sonntag nur Mittagessen) à la carte 26/56 – **23 Z** 100/150.

🏠 **Bergschlößchen** ⬙, Am Bundleshof 2, ✉ 96049, ℰ 5 20 05, Fax 59454, ≼ Bamberg – ☎ 🅿. ⋿ über St.-Getreu-Straße BZ
8.- 30. Jan. geschl. – (nur Abendessen für Hausgäste) – **14 Z** 90/160.

🏠 **Zum Spatz** garni, Herrnstr. 2, ✉ 96049, ℰ 5 20 70, Fax 51203 – 📺 ☎. 🔳 ⓞ ⋿ 𝘝𝘐𝘚𝘈. ✀ Mitte - Ende Jan. geschl. – **10 Z** 75/160. BZ **a**

🏠 **Altenburgblick** ⬙ garni, Panzerleite 59, ✉ 96049, ℰ 9 53 10, Fax 9531444, ≼ – 🛗 📺 ☎ 🅿. 🔳 ⋿ 𝘝𝘐𝘚𝘈 AX **y**
42 Z 70/150.

✕✕ **Bassanese,** Obere Sandstr. 32, ✉ 96049, ℰ 5 75 51 – ✀ BZ **r**
3. Juni - 12. Sept. geschl. – **Menu** (italienische Küche) à la carte 55/85.

✕✕ **Würzburger Weinstuben,** Zinkenwörth 6, ✉ 96047, ℰ 2 26 67, 🏡 – 🔳 ⓞ ⋿ 𝘝𝘐𝘚𝘈 CZ **w**
Dienstag nur Mittagessen, Mittwoch und Ende Aug.- Mitte Sept. geschl. – **Menu** à la carte 34/68.

In Bamberg-Bug ③ : 4 km :

🔱 **Lieb-Café Bug** ⬙, Am Regnitzufer 23, ✉ 96049, ℰ 5 60 78, 🏡 – 🅿
20. Dez.- Anfang Jan. geschl. – **Menu** (Sonn- und Feiertage nur Mittagessen, Freitag und Mitte Okt.- Mitte Nov. geschl.) à la carte 25/49 – **15 Z** 40/100.

In Hallstadt ⑤ : 4 km :

🏠 **Frankenland,** Bamberger Str. 76, ✉ 96103, ℰ (0951) 7 12 21, Fax 73685 – 🛗 📺 ☎ ⇐ 🅿. 🔳 ⋿ 𝘝𝘐𝘚𝘈
Menu (Freitag geschl.) (wochentags nur Abendessen) à la carte 23/45 ⅛ – **38 Z** 69/104.

Siehe auch : Breitengüßbach und Memmelsdorf

MICHELIN-REIFENWERKE KGaA. 96103 Hallstadt (über ⑤ : 5 km), Michelinstr. 130, ℰ (0951)79 11 Fax 791248.

BAMBERG

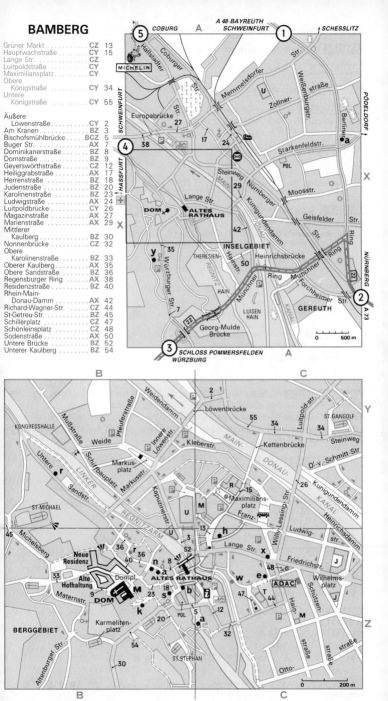

BANNESDORF Schleswig-Holstein siehe Fehmarn (Insel).

BANSIN Mecklenburg-Vorpommern siehe Usedom (Insel).

BANTIKOW Brandenburg siehe Kyritz.

BANZKOW Mecklenburg-Vorpommern siehe Schwerin.

BARGTEHEIDE Schleswig-Holstein 🔢 N 5, 🔢 ⑤ – 11 000 Ew – Höhe 48 m – ✆ 04532.
📷 Gut Jersbek (W : 3 km), ✆ (04532) 2 35 55.
◆Kiel 73 – ◆Hamburg 29 – ◆Lübeck 38 – Bad Oldesloe 14.

  🏠 **Papendoor** (mit Gästehaus), Lindenstr. 1, ✉ 22941, ✆ 70 41, Fax 7043 – 📺 ☎ 🚗 🅿.
  🖾 ① 🖃 𝗩𝗜𝗦𝗔
  Menu *(Samstag-Sonntag und Jan. geschl.)* (nur Abendessen) à la carte 38/60 –
  25 Z 100/175.

  ✗✗ **Utspann,** Hamburger Str. 1 (B 75), ✉ 22941, ✆ 62 20, ☂ – 🅿. 🖾 ① 🖃 𝗩𝗜𝗦𝗔
  Jan. und Montag geschl. – **Menu** à la carte 39/80.

BARGUM Schleswig-Holstein 🔢 J 2 – 800 Ew – Höhe 3 m – ✆ 04672 (Langenhorn).
◆Kiel 111 – Flensburg 37 – Schleswig 63.

  ✗✗✗ ⚙ **Andresen's Gasthof** mit Zim, Dörpstraat 63 (an der B 5), ✉ 25842, ✆ 10 98, Fax 1099,
  « Geschmackvoll eingerichtete Restauranträume in friesischem Stil » – 📺 ☎ 🅿. 🖾 🖃 𝗩𝗜𝗦𝗔.
  ☂
  Anfang Jan.- Mitte Feb. geschl. – **Menu** *(Montag - Dienstag und Okt.- Nov. 2 Wochen
  geschl.)* (außer an Feiertagen nur Abendessen, Tischbestellung erforderlich) à la carte
  84/108 – **5 Z** 95/185
  Spez. Steinbutt mit Knoblauchjus, Nüßchen vom Salzwiesenlamm mit Pilzrisotto, Gratinierter
  Vanilleflan.

BARK Schleswig-Holstein siehe Segeberg, Bad.

BARNSTORF Niedersachsen 🔢 I 8, 🔢 ⑭ – 5 300 Ew – Höhe 30 m – ✆ 05442.
◆Hannover 105 – ◆Bremen 52 – ◆Osnabrück 67.

  🏨 **Roshop,** Am Markt 6, ✉ 49406, ✆ 98 00, Fax 980444, ☂, ☎, 🔲, ☞ – 📳 ⊁ Zim 🍽 Rest
  📺 ⅋ 🚗 🅿 – 🔺 80. 🖾 🖃 𝗩𝗜𝗦𝗔
  Menu à la carte 32/66 – **62 Z** 90/255.

BARSINGHAUSEN Niedersachsen 🔢 🔢 L 10, 🔢 ⑮ – 35 000 Ew – Höhe 100 m – ✆ 05105.
🗓 Fremdenverkehrsamt, Deisterstr. 2, ✉ 30890, ✆ 77 42 63, Fax 65632.
◆Hannover 23 – Bielefeld 87 – Hameln 42 – ◆Osnabrück 117.

  🏨 **Sporthotel Fuchsbachtal** ⚘, Bergstr. 54, ✉ 30890, ✆ 77 60, Fax 776333, ☂, ☎, 🔲,
  ⅌ – 📺 ☎ ⅋ 🅿 – 🔺 140. 🖾 🖃 𝗩𝗜𝗦𝗔
  Menu à la carte 35/74 – **57 Z** 105/230.

  🏨 **Stadthotel** garni, Egestorfer Str. 6, ✉ 30890, ✆ 6 50 95, Fax 62473 – 📺 ☎ 🅿 – 🔺 40.
  🖾 ① 🖃 𝗩𝗜𝗦𝗔
  40 Z 100/150.

  An der B 65, nahe der A 2, Abfahrt Bad Nenndorf NO : 5 Km :

  🏠 **Echo Hotel** garni, ✉ 30890 Barsinghausen-Bantorf, ✆ 52 70, Fax 527199 – ⊁ Zim 📺
  ☎ 🅿 – 🔺 30. 🖾 ① 🖃 𝗩𝗜𝗦𝗔. ☂ Rest
  64 Z 113/153.

BARSSEL Niedersachsen 🔢 G 7 – 11 000 Ew – Höhe 9 m – ✆ 04499.
🗓 Fremdenverkehrsverein, Rathaus, Theodor-Klinker-Pl. 1, ✉ 26676, ✆ 81 40, Fax 8159.
◆Hannover 208 – Cloppenburg 53 – Oldenburg 37 – Papenburg 36.

  🏠 **Ummen,** Friesoyther Str. 2, ✉ 26676, ✆ 15 76, Fax 74342, ☂ – 📺 ☎ 🅿
  Menu à la carte 27/41 – **18 Z** 65/125.

  ✗ Müllerhaus, Mühlenweg 4, ✉ 26676, ✆ 27 07 – 🅿.

BARTH Mecklenburg-Vorpommern 🔢 K 2, 🔢 ③, 🔢 ⑦ – 11 000 Ew – Höhe 5 m –
✆ 038231.
🗓 Barth-Information, Lange Str. 51, ✉ 18356, ✆ 24 64.
Schwerin 155 – Stralsund 33.

  🏠 Stadt Barth, Lange Str. 60, ✉ 18356, ✆ 22 50 – 📺 ☎ – **9 Z**.

  In Karnin SO : 9 km :

  🏠 **Carmina,** An der B 105, ✉ 18469, ✆ (038324) 70 44, Fax 548, ☂ – 📺 ☎ 🅿. 🖾 🖃 𝗩𝗜𝗦𝗔
  ◆ **Menu** à la carte 19/26 – **23 Z** 85/120.

BARTHOLOMÄ Baden-Württemberg 413 MN 20 – 1 800 Ew – Höhe 642 m – Wintersport : 🎿4 – 😊 07173.
◆Stuttgart 74 – Aalen 16 – Heidenheim an der Brenz 18 – Schwäbisch Gmünd 21.

An der Straße nach Steinheim SO : 3 km :

🏠 **Gasthof im Wental,** ⊠ 73566 Bartholomä, 𝒫 (07173) 97 81 90, Fax 9781940, ☂ – 📺 ☎ 🍴 🅿 – 🔬 70. 🆎 ⑩ ⋿ 𝗩𝗜𝗦𝗔. ⅍ Zim
Nov. geschl. – **Menu** *(Montag geschl.)* à la carte 28/52 *(auch vegetarische Gerichte)* ⅊ – **27 Z** 70/120.

BASDAHL Niedersachsen 411 J 6 – 850 Ew – Höhe 30 m – 😊 04766.
◆Hannover 92 – ◆Bremen 57 – ◆Bremerhaven 34 – ◆Hamburg 92.

🏠 **Kluster Hof,** Kluste 1 (NO : 1 km, an der B 71/74), ⊠ 27432, 𝒫 10 21, Fax 1023, ☂ – ← 📺 ☎ 🍴 🅿 – 🔬 25. 🆎 ⑩ ⋿ 𝗩𝗜𝗦𝗔
Juli - Aug. 2 Wochen geschl. – **Menu** *(Montag geschl.)* à la carte 24/52 – **16 Z** 55/120.

BASTEI Sachsen siehe Stadt Wehlen.

BATTENBERG AN DER EDER Hessen 412 I 13, 987 ㉕ – 5 400 Ew – Höhe 349 m – 😊 06452.
◆Wiesbaden 151 – ◆Kassel 85 – Marburg 31 – Siegen 71.

🏡 **Rohde** ⅍, Hauptstr. 53, ⊠ 35088, 𝒫 9 33 30, Fax 933350 – ☎ 🍴 🅿. 🆎 ⋿
← **Menu** à la carte 24/53 ⅊ – **10 Z** 48/106.

BATTWEILER Rheinland-Pfalz siehe Zweibrücken.

BAUMHOLDER Rheinland-Pfalz 412 F 18, 987 ㉔ – 4 500 Ew – Höhe 450 m – Erholungsort – 😊 06783.
Mainz 107 – Kaiserslautern 52 – ◆Saarbrücken 75 – ◆Trier 76.

🏠 **Berghof** ⅍, Korngasse 12, ⊠ 55774, 𝒫 10 11, Fax 8787, ☂ – 📺 ☎ 🍴. 🆎 ⑩ ⋿
← 𝗩𝗜𝗦𝗔
Menu *(Sonntag geschl.)* (nur Abendessen) à la carte 22/46 ⅊ – **16 Z** 71/103.

BAUNATAL Hessen 411 412 L 13 – 25 400 Ew – Höhe 180 m – 😊 0561 (Kassel).
◆Wiesbaden 218 – Göttingen 57 – ◆Kassel 11 – Marburg 82.

In Baunatal-Altenbauna :

🏨 **Ambassador,** Friedrich-Ebert-Allee, ⊠ 34225, 𝒫 4 99 30, Fax 4993500, 🚭 – 🛗 ⅍⋙ Zim 📺 ☎ 🍴 🅿 – 🔬 55. 🆎 ⑩ ⋿ 𝗩𝗜𝗦𝗔
Menu à la carte 39/66 – **120 Z** 170/250.

🏠 Scirocco, Kirchbaunaer Str. 1, ⊠ 34225, 𝒫 49 30 21, Telex 992478, Fax 4912760, Biergarten, 🚭 – 🛗 📺 ☎ 🅿 – 🔬 80
61 Z.

BAUTZEN Sachsen 414 P 12, 984 ⑳, 987 ⑱ – 47 000 Ew – Höhe 219 m – 😊 03591.
Sehenswert : Dom St. Peter★.
🅱 Bautzen-Information, Fleischmarkt 2, ⊠ 02625, 𝒫 4 20 16.
ADAC, Flinzstr.15c, ⊠ 02625, 𝒫 55 22 36, Fax 552269.
◆Dresden 53 – Cottbus 75 – Görlitz 45.

🏡 **Stadt Bautzen,** Wendischer Graben 20, ⊠ 02625, 𝒫 49 20, Fax 492100 – 🛗 📺 ☎ 🅿 – ← 🔬 50. 🆎 ⋿ 𝗩𝗜𝗦𝗔
Menu à la carte 20/44 – **144 Z** 100/150.

✗ Ratskeller, Innere Lauenstr. 1, ⊠ 02625, 𝒫 4 24 74, Fax 42474.

In Bautzen-Burk NO : 3 km :

🏨 **Spree Hotel** ⅍, An den Steinbrüchen, ⊠ 02625, 𝒫 2 13 00, Fax 213010, 🚭 – 🛗 ⅍⋙ Zim 🍴 📺 ☎ ⅋ 🅿 – 🔬 70. 🆎 ⋿ 𝗩𝗜𝗦𝗔. ⅍
Menu à la carte 32/52 – **81 Z** 170/260.

In Grubschütz SW : 4,5 km über die B 6 Richtung Dresden, in Stiebitz links ab :

🏠 **Landhotel Grubschütz** ⅍, ⊠ 02692, 𝒫 (03591) 30 39 90, Fax 303919, ☂, 🍴 – 📺 ☎ ← 🅿
Menu à la carte 22/40 – **10 Z** 95/130.

In Niedergurig NO : 4,5 km :

🏠 **Parkhotel** garni, (im Gewerbepark), ⊠ 02694, 𝒫 2 17 80, Fax 217875, 🚭 – ⅍⋙ 📺 ☎ 🅿 – 🔬 30. 🆎 ⑩ ⋿ 𝗩𝗜𝗦𝗔. ⅍
60 Z 90/160.

BAYERBACH Bayern 413 W 21 – 1 400 Ew – Höhe 354 m – ✿ 08563.
♦München 140 – Landshut 90 – Passau 34.

In Bayerbach-Holzham NO : 1,5 km :

🏠 Landgasthof Winbeck, nahe der B 388, ✉ 94137, ℘ (08532) 78 17, ☆ – 📺 ☎ 🅿. ✻ Zim
16 Z.

BAYERISCH EISENSTEIN Bayern 413 W 19, 987 ㉘ – 1 800 Ew – Höhe 724 m – Luftkurort
– Wintersport : 724/1 456 m ✂7 ✂5 – ✿ 09925.
Ausflugsziel : Hindenburg-Kanzel ≤★, NW : 9 km.
🛈 Verkehrsamt, im Arberhallenwellenbad, ✉ 94252, ℘ 3 27, Fax 656.
♦München 193 – Passau 77 – Straubing 85.

🏨 **Waldspitze,** Hauptstr. 4, ✉ 94252, ℘ 3 08, Fax 1287, ☆, ☎s, 🔲 – |�| 📺 ☎ 🅿
Nov. 3 Wochen geschl. – **Menu** à la carte 28/52 – **56 Z** 74/128.

🏨 **Sportel** ⌚ garni, Hafenbrädl-Allee 16, ✉ 94252, ℘ 6 25, Fax 428, ≤, ☞ – 📺 ☎ 🅿. 🄴
✻
Nov.- Mitte Dez. geschl. – **15 Z** 60/99.

🏠 **Eisensteiner Hof,** Anton-Pech-Weg 14, ✉ 94252, ℘ 2 32, Fax 232, ☆, ☎s – |�| 🅿. ⓞ
➡ 🄴 *VISA*
Nov geschl. – **Menu** à la carte 23/45 – **21 Z** 65/130 – ½ P 68/83.

🏠 **Pension am Regen** ⌚ garni, Anton-Pech-Weg 21, ✉ 94252, ℘ 9 40 00, Fax 940019, ☎s,
🔲, ☞ – 📺 ☎ 🅿. 🄴
Mitte April - Mitte Mai und Mitte Okt.- Mitte Dez. geschl. – **14 Z** 68/140.

🏠 **Pension Wimmer** ⌚ garni, Am Buchenacker 13, ✉ 94252, ℘ 4 38, Fax 1395, ≤, ☎s, 🔲,
☞ – ⌚ 🅿. ✻
15. Nov.- 15. Dez. geschl. – **16 Z** 47/114.

In Bayerisch-Eisenstein - Seebachschleife S : 4 km :

🏠 Waldhotel Seebachschleife ⌚, ✉ 94252, ℘ 10 00, Fax 646, ☆, ☎s, 🔲 – |�| 🅿
50 Z.

BAYERISCH GMAIN Bayern siehe Reichenhall, Bad.

BAYERSOIEN Bayern 413 PQ 23 – 1 000 Ew – Höhe 812 m – Luftkurort mit Moorbadbetrieb
– ✿ 08845.
Ausflugsziel : Echelsbacher Brücke★ N : 3 km.
🛈 Kur- und Verkehrsamt, Dorfstr. 45, ✉ 82435, ℘ 18 90, Fax 9000.
♦München 102 – Garmisch-Partenkirchen 31 – Weilheim 38.

🏨 **Parkhotel** ⌚, Am Kurpark 1, ✉ 82435, ℘ 1 20, Fax 8398, ≤, ☆, Massage, ♣, ✦, ☎s,
🔲, ☞ – |�| ✦ Rest 📺 ☎ ☖ ⌚ 🅿 – ☖ 40
Menu à la carte 45/65 *(auch Diät)* – **92 Z** 140/260 – ½ P 120/170.

🏠 **Metzgerwirt,** Dorfstr. 39, ✉ 82435, ℘ 17 53, Fax 7182 – 📺 ☎ 🅿. 🄰🄴 ⓞ 🄴 *VISA*
➡ *17. Nov.- 8. Dez. geschl.* – **Menu** *(Mittwoch geschl.)* à la carte 24/53 – **10 Z** 58/110
– ½ P 70/73.

🏠 **Haus am Kapellenberg** ⌚, Eckweg 8, ✉ 82435, ℘ 5 22, Fax 7203, ≤, ☆, ☞ – 🅿
➡ **Menu** à la carte 23/50 ☖ – **14 Z** 46/96 – ½ P 56.

BAYREUTH Bayern 413 R 17, 987 ㉖ ㉗ – 72 000 Ew – Höhe 340 m – ✿ 0921.
Sehenswert : Markgräfliches Opernhaus★ Y – Richard-Wagner-Museum★ Z **M1**.
Ausflugsziel : Schloß Eremitage★ : Schloßpark★ 4 km über ②.
Festspiel-Preise : siehe Seite 8
Prix pendant le festival : voir p. 16
Prices during tourist events : see p. 24
Prezzi duranti i festival : vedere p. 32.
✈ Bindlacher Berg, ① : 7 km, ℘ (09208) 85 22.
🛈 Fremdenverkehrsverein, Luitpoldplatz 9, ✉ 95444, ℘ 8 85 88, Fax 88538.
ADAC, Hohenzollernring 64, ✉ 95444, ℘ 6 96 60, Fax 58170.
♦München 231 ③ – ♦Bamberg 65 ⑤ – ♦Nürnberg 80 ③ – ♦Regensburg 159 ③.

Stadtplan siehe gegenüberliegende Seite

🏨 **Königshof,** Bahnhofstr. 23, ✉ 95444, ℘ 2 40 94, Fax 12264 – |�| 📺 🅿. 🄰🄴 ⓞ 🄴 *VISA*
Menu à la carte 39/71 – **35 Z** 95/250.   Y **f**

🏨 **Bayerischer Hof,** Bahnhofstr. 14, ✉ 95444, ℘ 7 86 00, Fax 22085, ☎s, 🔲, ☞ – |�| 📺
⌚ 🅿 – ☖ 30. 🄰🄴 ⓞ 🄴 *VISA*   Y **e**
Menu *(Samstag nur Abendessen, Sonntag und 1.- 10. Jan. geschl.)* à la carte 35/70 –
49 Z 115/250.

BAYREUTH

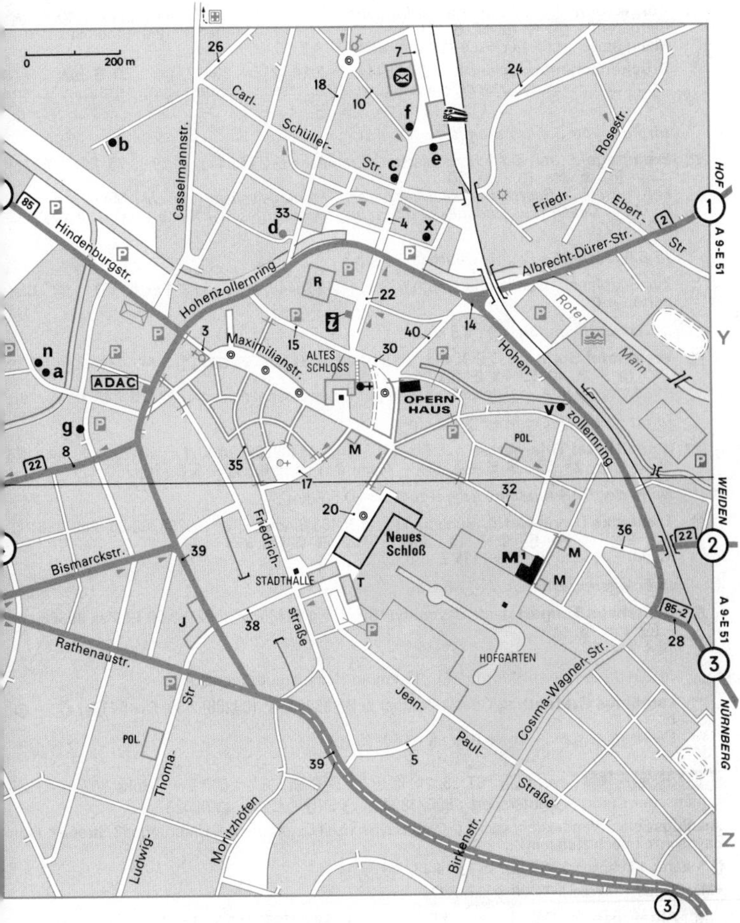

Arvena, Eduard-Bayerlein-Str. 5a, ⊠ 95445, ℰ 72 70, Fax 727115, �, �ₛ – 🛊 🔆 Zim 📺 ☎ ₺ 🚗 ❷ – 🔏 380. 🆎 ① Ε 𝘝𝘐𝘚𝘈 – **Menu** à la carte 39/70 – **202 Z** 155/295.Y **b**

Treff-Hotel Rheingold, Austr. 2/Unteres Tor, ⊠ 95445, ℰ 7 56 50, Fax 7565801, �, 🚂ₛ, 🔼 – 🛊 🔆 Zim 🔲 📺 ☎ ₺ 🚗 – 🔏 250. 🆎 ① Ε 𝘝𝘐𝘚𝘈. 🞕 Rest   Y **g**
Menu à la carte 43/72 *(auch vegetarische Gerichte)* – **146 Z** 155/230.

Zur Lohmühle, Badstr. 37, ⊠ 95444, ℰ 5 30 60, Fax 58286, � – 🛊 📺 ☎ ❷ – 🔏 20. 🆎 ① Ε 𝘝𝘐𝘚𝘈 – **Menu** *(Sonntag nur Mittagessen, Feb.- März und Sept.- Okt. jeweils 2 Wochen geschl.)* (abends Tischbestellung ratsam) à la carte 28/65 – **42 Z** 120/260. Y **v**

Kolping Hotel, Kolpingstr. 5, ⊠ 95444, ℰ 8 80 70, Fax 880715, � – 🛊 📺 ☎ – 🔏 300. 🆎 ① Ε 𝘝𝘐𝘚𝘈 – **Menu** à la carte 30/71 – **45 Z** 95/300.   Y **x**

Goldener Hirsch garni, Bahnhofstr. 13, ⊠ 95444, ℰ 2 30 46, Fax 22483 – 🔆 📺 ☎ 🚗 ❷ – 🔏 30. Ε – **40 Z** 75/220.   Y **c**

🏨 **Goldener Löwe,** Kulbacher Str. 30, ✉ 95445, 𝒫 4 10 46, Fax 47777, 🏤 – ☎ 🅿. 🆎 🅾
Ⓔ 𝖵𝖨𝖲𝖠   Y n
24. Dez.- 10. Jan. geschl. – **Menu** *(Sonntag und 1.- 15. Sept. geschl.)* à la carte 26/45 –
12 Z 80/145.

🏨 **Spiegelmühle,** Kulbacher Str. 28, ✉ 95445, 𝒫 4 10 91, Fax 47320, 🏤 – 📺 ☎ 🅿. 🅾
Ⓔ 𝖵𝖨𝖲𝖠. ⚒ Rest   Y a
Menu *(Sonntag geschl.)* à la carte 26/62 – **13 Z** 82/155.

❌❌ **Bürgerreuth** ⚘ mit Zim, An der Bürgerreuth 20, ✉ 95445, 𝒫 7 84 00, Fax 784024, 🏤
Biergarten – 📺 ☎ 🅿. 🆎 Ⓔ 𝖵𝖨𝖲𝖠   über Bürgerreuther Str.   Y
Menu (italienische Küche) à la carte 40/60 – **8 Z** 90/168.

❌ **Brückenschenke,** Schulstr. 5, ✉ 95444, 𝒫 2 14 42, Fax 83472, 🏤 – 🆎 Ⓔ 𝖵𝖨𝖲𝖠   Y d
Sonn- und Feiertage geschl. – **Menu** (nur Abendessen, Tischbestellung ratsam) à la carte
40/75.

Im Park von Schloß Eremitage ② : 4 km :

❌❌ **Eremitage** ⚘ mit Zim (ehem. Marstall), Eremitage 6, ✉ 95448, 𝒫 79 99 70, Fax 7999711,
🏤 – 📺 ☎ 🅿 ⟵ 🅿 – 🦽 30
Feb. geschl. – **Gaststube** *(nur Mittagessen, Montag-Dienstag geschl.)* **Menu** à la carte
27/46 – **Cuvée** *(nur Abendessen, Sonntag-Montag geschl.)* **Menu** à la carte 62/80 –
6 Z 95/220.

In Bayreuth-Oberkonnersreuth ③ : 3 km :

❌ Zur Sudpfanne, Oberkonnersreuther Str. 4, ✉ 95448, 𝒫 5 28 83, Fax 515011, 🏤, Biergarten – 🅿.

In Bayreuth-Seulbitz ② : 6,5 km :

🏨 **Waldhotel Stein** ⚘, ✉ 95448, 𝒫 90 01, Fax 94725, ⟨, 😀, 🔲, 🎠 – ⤬ Zim 📺 ☎
⟵ 🅿 – 🦽 40. 🆎 🅾 Ⓔ 𝖵𝖨𝖲𝖠
Mitte Dez.- Mitte Jan. geschl. – **Menu** (nur Abendessen) à la carte 42/76 – **48 Z** 120/196.

In Bayreuth-Thiergarten ③ : 6 km :

❌❌❌ **Schloßhotel Thiergarten** mit Zim, ✉ 95448, 𝒫 (09209) 98 40, Fax 98429, 🏤, 🎠 – 📺
☎ 🅿 – 🦽 25. 🆎 🅾 Ⓔ 𝖵𝖨𝖲𝖠 𝖩𝖢𝖡 – **Menu** à la carte 62/75 – **8 Z** 130/260.

Nahe der BAB-Ausfahrt Bayreuth-Nord ① : 2 km :

🏨 **Transmar-Travel-Hotel,** Bühlstr. 12, ✉ 95463 Bindlach, 𝒫 (09208) 68 60, Fax 686100,
🏤, 😀 – 😐 ⤬ 📺 ☎ & 🅿 – 🦽 130. 🆎 🅾 Ⓔ 𝖵𝖨𝖲𝖠 𝖩𝖢𝖡
Menu à la carte 33/55 – **148 Z** 135/265.

In Eckersdorf-Donndorf ④ : 5 km :

🏨 **Gästehaus Teupert** garni, Bayreuther Str. 1, ✉ 95488, 𝒫 (0921) 3 00 12, Fax 35368, 🎠
– 📺 ⟵ 🅿. ⚒
18 Z 70/140.

In Bindlach-Obergräfenthal ⑤ : 10 km, in Heinersreuth rechts ab :

❌❌ **Landhaus Gräfenthal,** Obergräfenthal 7, ✉ 95463, 𝒫 (09208) 2 89, Fax 57174, 🏤 – 🅿.
Ⓔ
Dienstag geschl. – **Menu** à la carte 40/65 ♨.

BAYRISCHZELL Bayern 🔲🔳 ST 23, 24, 🔳🔳 ㉗, 🔲🔲 HI 5,6 – 1 600 Ew – Höhe 802 m – Heil-
klimatischer Kurort – Wintersport : 800/1800 m ✦5 ✦1 ✦20 – ☻ 08023.
Ausflugsziele : Wendelstein ✱✱★★ (✦ ab Bayrischzell-Osterhofen) – Ursprungpaß-Straße★ (von
Bayrischzell nach Kufstein).
🅱 Kuramt, Kirchplatz 2, ✉ 83735, 𝒫 6 48, Fax 1034.
✦München 77 – Miesbach 23 – Rosenheim 37.

🏨 **Alpenrose** (mit Gästehaus), Schlierseer Str. 6, ✉ 83735, 𝒫 6 20, Fax 1049, 🏤, Biergarten,
🎠 – 📺 ⟵ 🅿
Mitte Nov.- Mitte Dez. geschl. – **Menu** à la carte 27/57 – **40 Z** 78/220 – ½ P 96/106.

🏨 **Gasthof zur Post,** Schulstr. 3, ✉ 83735, 𝒫 2 26, Fax 775, 🎠 – ☎ ⟵ 🅿. 🆎 🅾 Ⓔ 𝖵𝖨𝖲𝖠
April 3 Wochen und Ende Okt.- Mitte Dez. geschl. – **Menu** *(Dienstag geschl.)* à la carte
28/56 – **46 Z** 67/150.

🏨 **Haus Effland** ⚘ garni, Tannermühlstr. 14, ✉ 83735, 𝒫 2 63, Fax 1413, 😀, 🔲, 🎠 – ☎
🅿
April - Mai 3 Wochen und Nov.- 15. Dez. geschl. – **14 Z** 67/150.

🏨 **Deutsches Haus,** Schlierseer Str. 16, ✉ 83735, 𝒫 2 02, Fax 1470, 🏤 – ☎ 🅿. 🆎 🅾 Ⓔ
𝖵𝖨𝖲𝖠
Mitte Nov.- Mitte Dez. geschl. – **Menu** à la carte 25/56 – **21 Z** 42/140 – ½ P 88/92.

🏨 **Wendelstein,** Ursprungstr. 1, ✉ 83735, 𝒫 6 10, Fax 245, Biergarten – ☎ 🅿 🆎 Ⓔ
➤ *Nov.- 20. Dez. geschl.* – **Menu** *(Montag geschl.)* à la carte 24/53 ♨ – **22 Z** 40/124
– ½ P 59/81.

In Bayrischzell-Geitau NW : 5 km :

Postgasthof Rote Wand ☜, ⊠ 83735, ℘ 2 43, Fax 656, ≤, « Gartenterrasse », 🌧 –
➡ ☎ ⇔ 🅿. 🆀 E 𝘝𝘐𝘚𝘈
April 2 Wochen und Nov.- 18. Dez. geschl. – **Menu** *(Dienstag geschl., Mittwoch nur Abend-essen)* à la carte 24/49 – **30 Z** 55/130 – ½ P 78/85.

In Bayrischzell-Osterhofen NW : 3 km :

Alpenhof, Osterhofen 1, ⊠ 83735, ℘ 2 87, Fax 586, ≤, 🏡, ⇔s, 🔲, 🌧 – 🛗 📺 ☎ ⇔
🅿 – 🔬 25. E. ❄ Zim
23. April - 6. Mai und 22. Okt.- 22. Dez. geschl. – **Menu** *(Montag, Jan.- April auch Don-nerstag geschl.)* à la carte 27/66 ⅃ – **42 Z** 82/194.

BEBRA Hessen 🔢🔢🔢 M 14, 🔢🔢🔢 ㉕ – 16 500 Ew – Höhe 205 m – ✪ 06622.
◆Wiesbaden 182 – Erfurt 120 – Bad Hersfeld 15 – ◆Kassel 64.

Röse, Hersfelder Str. 1, ⊠ 36179, ℘ 80 26, Fax 42462, Biergarten, ⇔s – 📺 ☎ 🅿 – 🔬 50.
🆀 ⓞ 𝘝𝘐𝘚𝘈
Menu à la carte 31/53 – **42 Z** 84/179.

Hessischer Hof, Kasseler Str. 4, ⊠ 36179, ℘ 60 71, Fax 43962 – 📺 ☎ – 🔬 100. 🆀 ⓞ
E 𝘝𝘐𝘚𝘈
Weihnachten - Mitte Jan. geschl. – **Menu** *(Samstag geschl.)* à la carte 26/50 ⅃ –
27 Z 75/120.

BECHHOFEN Bayern 🔢🔢🔢 O 19, 🔢🔢🔢 ㉖ – 5 900 Ew – Höhe 425 m – ✪ 09822.
◆München 189 – Ansbach 19 – ◆Augsburg 131 – ◆Nürnberg 67 – ◆Ulm (Donau) 127.

In Bechhofen-Großenried NO : 4 km :

Zum Roten Ochsen, Kirchenallee 1, ⊠ 91572, ℘ 78 46, Fax 5854 – ⇔ 🅿
➡ **Menu** *(Mittwoch geschl.)* à la carte 24/38 – **16 Z** 39/68.

In Bechhofen-Kleinried NO : 5 km :

Landhotel Riederhof mit Zim, ⊠ 91572, ℘ 58 51, Fax 5852, 🏡 – ☎. 🆀 E 𝘝𝘐𝘚𝘈 𝘑𝘊𝘉
Menu *(Donnerstag geschl.)* à la carte 37/60 *(auch vegetarisches Menu)* – **6 Z** 55/95.

BECKINGEN Saarland siehe Merzig.

BECKUM Nordrhein-Westfalen 🔢🔢🔢 🔢🔢🔢 H 11, 🔢🔢🔢 ⑭ – 38 500 Ew – Höhe 110 m – ✪ 02521.
🔒 Bauernschaft Ebbecke (S : 7 km über die B 475), ℘ (02527) 81 91.
🅱 Stadtinformation, Markt 1, ⊠ 59269, ℘ 2 91 71.
◆Düsseldorf 130 – Bielefeld 56 – Hamm in Westfalen 20 – Lippstadt 25 – Münster (Westfalen) 41.

Am Höxberg S : 1,5 km – ✪ 02521 :

Höxberg ☜, Soestwarte 1, ⊠ 59269, ℘ 70 88, Fax 3410, 🏡, ⇔s – ❄ Zim 📺 ☎ 🚿
⇔ 🅿 – 🔬 40. 🆀 ⓞ E 𝘝𝘐𝘚𝘈
Menu à la carte 42/78 – **40 Z** 135/220.

Haus Pöpsel ☜, Herzfelder Str. 60, ⊠ 59269, ℘ 36 28, Fax 17928 – ☎ 🅿. ❄
1.- 18. Aug. geschl. – **Menu** *(Mittwoch geschl.)* *(wochentags nur Abendessen)* à la carte
27/42 – **7 Z** 48/92.

Zur Windmühle mit Zim, Unterberg 2/33, ⊠ 59269, ℘ 34 08, Fax 17023 – 📺 ☎ 🅿. 🆀
ⓞ E 𝘝𝘐𝘚𝘈. ❄
Samstag nur Abendessen, Montag und Juli - Aug. 3 Wochen geschl. – **Menu** (bemer-kenswerte Weinkarte) à la carte 38/84 – **11 Z** 80/140.

In Beckum-Vellern NO : 4 km :

Alt Vellern, Dorfstr. 21, ⊠ 59269, ℘ 1 45 33, Fax 16024, « Gemütliche Stuben im west-fälischen Stil » – 🛗 📺 ☎ 🚿 ⇔ 🅿. 🆀 ⓞ E 𝘝𝘐𝘚𝘈. ❄
Menu *(Freitag geschl.)* à la carte 35/66 – **18 Z** 98/170.

BEDERKESA Niedersachsen 🔢🔢🔢 J 6, 🔢🔢🔢 ④ ⑤, 🔢🔢🔢 ⑩ – 4 500 Ew – Höhe 10 m – Luftkurort
– Moorheilbad – ✪ 04745.
🅱 Kurverwaltung, Amtsstr. 8, ⊠ 27624, ℘ 7 91 45, Fax 5155.
◆Hannover 198 – Bremerhaven 25 – Cuxhaven 39 – ◆Hamburg 108.

Romantik-Hotel Waldschlößchen Bösehof ☜, Hauptmann-Böse-Str. 19, ⊠ 27624,
℘ 94 80, Fax 948200, ≤, 🏡, ⇔s, 🔲 – 🛗 ❄ Zim 📺 ⇔ 🅿 – 🔬 60. 🆀 ⓞ E 𝘝𝘐𝘚𝘈
Menu à la carte 48/74 – **30 Z** 75/210.

Seehotel Dock, Zum Hasengarten 2, ⊠ 27624, ℘ 9 47 80, Fax 947878, (Restaurant in der
3. Etage mit ≤), ⇔s, 🔲 – 🛗 📺 ☎ 🚿 🅿 – 🔬 30. ❄ Rest
Menu à la carte 29/62 – **43 Z** 80/150.

BEEDENBOSTEL Niedersachsen siehe Lachendorf.

BEELEN Nordrhein-Westfalen 411 412 H 11 – 5 000 Ew – Höhe 52 m – ✪ 02586.
♦Düsseldorf 148 – Bielefeld 37 – Münster (Westfalen) 37.

  XX **Hemfelder Hof** mit Zim, Clarholzer Str. 21 (SO : 3 km, B 64), ✉ 48361, 𝄞 2 15, Fax 8624,
    🍴 – 📺 ☎ ⇐ ❷ – ▲ 40. **E**. ❀
    Juli - Aug. 3 Wochen geschl. – Menu *(Freitag geschl., Samstag nur Abendessen)* à la carte
    35/72 – **11 Z** 65/110.

BEERFELDEN Hessen 412 413 J 18, 987 ㉕ – 7 000 Ew – Höhe 427 m – Erholungsort – Win-
tersport : 450/550 m, ⚓5, ⚐1 – ✪ 06068.
🚠 Beerfelden-Hetzbach (NW : 5 km), 𝄞 (06068) 39 08.
🏢 Städt. Verkehrsbüro, Metzkeil 1, ✉ 64743, 𝄞 20 71, Fax 3529.
♦Wiesbaden 106 – ♦Darmstadt 61 – Heidelberg 44 – ♦Mannheim 58.

  🏠 **Schwanen,** Metzkeil 4, ✉ 64743, 𝄞 22 27, Fax 2325 – 📺 ☎. **AE** ⓪ **E** **VISA**. ❀ Zim
    Feb. und Okt. jeweils 2 Wochen geschl. – Menu *(Montag geschl.)* à la carte 29/55 *(auch
    vegetarische Gerichte)* ⅞ – **8 Z** 56/115.

    In Beerfelden-Gammelsbach S : 7 km :

  🏠 **Grüner Baum,** Neckartalstr. 65, ✉ 64743, 𝄞 21 56, Fax 47265, 🍴 – 📺 ❷
    Mitte Jan. - Mitte Feb. geschl. – Menu *(Dienstag geschl.)* à la carte 26/55 ⅞ – **10 Z** 49/110.

    Auf dem Krähberg NO : 10 km :

  🏠 **Reussenkreuz** ⚘, ✉ 64759 Sensbachtal, 𝄞 (06068) 22 63, Fax 4651, ≼, 🍴, ⇌, 🐎 –
    📺 ❷ ⇐ ❷ ⓪ **E** **VISA**
    Menu à la carte 29/60 ⅞ – **19 Z** 60/140.

BEESKOW Brandenburg 414 O 9, 987 ⑱ – 9 700 Ew – Höhe 40 m – ✪ 03366.
Potsdam 127 – Berlin 87 – Fürstenwalde 22.

  🏠 **Märkisches Gutshaus,** Frankfurter Chaussee 49, ✉ 15848, 𝄞 2 00 53, Fax 20055 – 📺
  ➔ ☎ ❷ – ▲ 20. **AE** **E** **VISA**
    Menu à la carte 24/45 – **29 Z** 100/180 – ½ P 110/120.

  🏠 **Zum Schwan,** Berliner Str. 31, ✉ 15848, 𝄞 2 03 98, Fax 23434 – 📺 ☎ ❷ – ▲ 20. **AE**
  ➔ ⓪ **E** **VISA**
    Menu à la carte 24/34 – **24 Z** 80/140 – ½ P 75/95.

BEHRINGEN Thüringen siehe Eisenach.

BEILNGRIES Bayern 413 R 19, 987 ㉗ – 8 200 Ew – Höhe 372 m – Erholungsort – ✪ 08461.
🏢 Touristik-Verband, Hauptstr. 14 (Haus des Gastes), ✉ 92339, 𝄞 84 35, Fax 70735.
♦München 108 – Ingolstadt 35 – ♦Nürnberg 72 – ♦Regensburg 51.

  🏨 **Gams,** Hauptstr. 16, ✉ 92339, 𝄞 2 56, Fax 7475, ⇌ – 🛗 ❀ Zim 📺 ☎ ❷ – ▲ 80. **AE**
    ⓪ **E** **VISA**
    3.- 8. Jan. geschl. – Menu à la carte 25/60 – **63 Z** 95/190.

  🏨 **Gasthof Gallus,** Neumarkter Str. 25, ✉ 92339, 𝄞 2 47, Fax 7680, 🍴, ⇌, 🐎 – 🛗 📺
    ☎ ❷ – ▲ 130. **AE** ⓪ **E** **VISA**
    Menu à la carte 26/56 – **59 Z** 85/180.

  🏨 **Fuchs-Bräu,** Hauptstr. 23, ✉ 92339, 𝄞 2 95, Fax 8357, 🍴, ⇌, ◻ – 🛗 📺 ☎ ⅙ ❷ –
    ▲ 180. **AE** ⓪ **E** **VISA**
    Menu à la carte 26/52 – **67 Z** 80/135.

  🏠 **Krone,** Hauptstr. 20, ✉ 92339, 𝄞 2 21, Fax 8317 – ☎ ❷ – ▲ 30
  ➔ *Jan.- Feb. 3 Wochen geschl.* – Menu *(Nov.- April Donnerstag geschl.)* à la carte 19/41 –
    48 Z 55/90.

  🏠 **Goldener Hahn** (Brauerei-Gasthof), Hauptstr. 44, ✉ 92339, 𝄞 4 19, Fax 8447, Biergarten
  ➔ – 🛗 ☎ ⅙ ❷ – ▲ 50. ⓪ **E** **VISA**
    Menu à la carte 20/47 – **38 Z** 65/108.

    In Beilngries-Hirschberg W : 3,5 km :

  🏠 **Zum Hirschen** ⚘, ✉ 92339, 𝄞 5 20, 🍴 – ❷
  ➔ *1.- 16. Nov. geschl.* – Menu *(Montag geschl.)* à la carte 19/38 – **15 Z** 54/88.

BEILSTEIN Baden Württemberg 413 K 19 – 5 400 Ew – Höhe 258 m – ✪ 07062.
♦Stuttgart 41 – Heilbronn 16 – Schwäbisch Hall 47.

  XX **Alte Bauernschänke,** Heerweg 19 (Ecke Wunnensteinstraße), ✉ 71717, 𝄞 9 26 50,
    Fax 92654, 🍴 – ❷. **AE** ⓪ **E** **VISA**
    Montag und Feb. 2 Wochen geschl. – Menu à la carte 33/62.

In Beilstein-Stocksberg NO : 11 km – Höhe 540 m :

⚲ **Landgasthof Krone,** Prevorster Str. 2, ⊠ 71543, ℘ (07130) 13 22, Fax 3224, 徐, 禹 – **⊕**. 彩 Zim
über Fastnacht, Juli und vor Weihnachten jeweils 2 Wochen geschl. – **Menu** *(Mittwoch-Donnerstag geschl.)* à la carte 28/57 – **10 Z** 50/135.

BEILSTEIN Rheinland-Pfalz **412** E 16 – 150 Ew – Höhe 86 m – ✪ 02673 (Ellenz-Poltersdorf).
Sehenswert : Burg Metternich ≤★.
Mainz 111 – Bernkastel-Kues 68 – Cochem 11.

🏠 **Haus Burgfrieden,** Im Mühlental 62, ⊠ 56814, ℘ 14 32, Fax 1577, ⛫ – |≹| **⊕**. 彩
↞ *April - Okt.* – **Menu** à la carte 24/58 – **38 Z** 60/120.

🏠 **Am Klosterberg** ⌂ garni, Klosterstraße, ⊠ 56814, ℘ 18 50, Fax 1287 – 📺 ☎ **⊕**
Ostern - Anfang Nov. – **17 Z** 65/135.

✕ **Haus Lipmann** mit Zim, Marktplatz 3, ⊠ 56814, ℘ 15 73, ≤, « Rittersaal, Gartenterrasse »
– 📺 ☎ **⊕**
15. März-15. Nov. – **Menu** à la carte 28/51 ⅃ – **5 Z** 100/150.

BELLHEIM Rheinland-Pfalz **412 413** H 19 – 7 000 Ew – Höhe 110 m – ✪ 07272.
Mainz 126 – ◆Karlsruhe 32 – Landau in der Pfalz 13 – Speyer 22.

🏠 **Lindner,** Postgrabenstr. 54, ⊠ 76756, ℘ 7 53 00, Fax 77236, 徐 – 📺 ☎ **⊕**. **E**
Menu *(Dienstag nur Abendessen, Montag, 2.- 10. Jan. und 9.- 31. Juli geschl.)* (Tischbe-stellung ratsam) à la carte 32/64 ⅃ – **15 Z** 85/125.

✕✕ **Bellheimer Braustübl** mit Zim, Hauptstr. 78, ⊠ 76756, ℘ 7 55 00, Fax 74013, 徐 – 📺
☎ ⇔ **⊕** – 🏊 50. **E**
30. Dez.- 14. Jan. und Aug. 2 Wochen geschl. – **Menu** *(Montag - Dienstag geschl.)* à la carte 32/70 ⅃ – **7 Z** 70/110.

In Zeiskam NW : 4,5 km :

🏠 **Zeiskamer Mühle** ⌂, Hauptstr. 87 (S : 1,5 km), ⊠ 67378, ℘ (06347) 67 67, Fax 6193, Innenhofterrasse – |≹| 📺 ☎ **⊕**. **AE ⓞ E** **VISA**
Menu *(Montag nur Abendessen, Donnerstag und Sept. 3 Wochen geschl.)* à la carte 38/68
⅃ – **17 Z** 80/120.

BELLINGEN, BAD Baden-Württemberg **413** F 23, **216** ④, **242** ㊵ – 3 400 Ew – Höhe 256 m
– Heilbad – ✪ 07635.
🅱 Bade- und Kurverwaltung, im Kurmittelhaus, ⊠ 79415, ℘ 3 10 00, Fax 310090.
◆Stuttgart 247 – Basel 27 – Müllheim 12.

🏠 **Paracelsus,** Akazienweg 1, ⊠ 79415, ℘ 8 10 40, Fax 3354, Massage, 禹 – 📺 ☎ **⊕**. **E**.
彩
Dez.- Jan. geschl. – (nur Abendessen für Hausgäste) – **23 Z** 85/180 – ½ P 94/110.

🏠 **Landgasthof Schwanen,** Rheinstr. 50, ⊠ 79415, ℘ 13 14, Fax 2331, 徐 – 📺 ☎ **⊕**. **E**
VISA
Jan. geschl. – **Menu** *(Dienstag geschl., Mittwoch nur Abendessen)* à la carte 34/68 –
13 Z 60/138 – ½ P 74/92.

🏠 **Burger,** Im Mittelgrund 5, ⊠ 79415, ℘ 8 10 00, Fax 810035, 徐 – 📺 ☎ **⊕**. **AE ⓞ E**
VISA
Menu à la carte 34/68 ⅃ – **15 Z** 85/160.

🏠 **Markushof-Quellenhof,** Badstr. 6, ⊠ 79415, ℘ 3 10 80, Fax 310888, 徐, 🎐 – 📺 ☎ ⇔
⊕. **E** **VISA**. 彩
Mitte Jan.- Mitte Feb. geschl. – **Menu** *(Mittwoch geschl.)* à la carte 32/69 – **52 Z** 78/180
– ½ P 105/135.

🏠 **Kaiserhof,** Rheinstr. 68, ⊠ 79415, ℘ 6 00, Fax 8622 – 📺 ☎ **⊕**. **AE E** **VISA**. 彩 Zim
Dez.- 7. Jan. geschl. – **Menu** *(Donnerstag geschl.)* à la carte 35/75 – **14 Z** 55/150.

🏠 **Birkenhof,** Rheinstr. 76, ⊠ 79415, ℘ 6 23, Fax 2546, 禹 – 📺 ☎ **⊕**. 彩 Rest
15. Dez.- Jan. geschl. – (Restaurant nur für Pensionsgäste) – **16 Z** 55/130 – ½ P 82.

🏠 **Therme** garni, Rheinstr. 72, ⊠ 79415, ℘ 93 48, Fax 8622, ⇔, 禹 – 📺 ☎ **⊕**. **AE E**
VISA
Dez.- 7. Jan. geschl. – **16 Z** 55/150.

In Bad Bellingen-Hertingen O : 3 km :

🏠 **Hebelhof-Römerbrunnen** ⌂, Bellinger Str. 5, ⊠ 79415, ℘ 10 01, Fax 3322, 徐, Mas-sage, ⇔, 🎐, 禹 – 📺 ☎ 🛠 ⇔ **⊕**. **E**. 彩
Menu *(6.- 30. Jan. und Donnerstag geschl.)* à la carte 40/73 *(auch vegetarisches Menu)*
⅃ – **18 Z** 80/220.

BELM Niedersachsen siehe Osnabrück.

BELZIG Brandenburg 🔢 J 9. 🔢 ⑮. 🔢 ⑰ – 8 000 Ew – Höhe 80 m – ⚙ 033841.
🛈 Fläming-Information, Wiesenburger Str. 15, ✉ 14806, 𝒫 22 50.
Potsdam 57 – Brandenburg 35 – ♦Berlin 85 – Cottbus 150 – Dessau 57 – Magdeburg 72.

🏨 **Burghotel,** Wittenberger Str. 14, ✉ 14806, 𝒫 3 12 96, Fax 31297, ≼ – 📺 ☎ 🅿. 🖭 ⓪
➡ 🅴 ☑️ – **Menu** à la carte 23/55 – **12 Z** 95/150.

In Lüsse O : 6 km :

🏨 **Landhaus Sternberg** garni, Dorfstr. 31, ✉ 14806, 𝒫 (033841) 81 45, Fax 8145, ☞ – 📺
☎ 🅿
11 Z 90/120.

Außerhalb N : 7 km über die B 102 :

🏨 Fläminghof Wernicke 🐾, Wenddoche, ✉ 14806, 𝒫 (Funk)0161/1333843, 🐎 (Halle) – 📺
🅿. 🏊 Zim
17 Z

🏨 **Fläming-Hotel Wenddoche** 🐾, Wenddoche, ✉ 14806, 𝒫 (033846) 4 02 31, Fax 40020,
🍴, 🈺, 🏊, ☞ – 📺 🅿 – 🔏 40 – **Menu** à la carte 26/51 – **26 Z** 80/140.

BEMPFLINGEN Baden-Württemberg 🔢 K 21 – 3 100 Ew – Höhe 336 m – ⚙ 07123.
♦Stuttgart 34 – Reutlingen 13 – Tübingen 21 – ♦Ulm (Donau) 71.

XXX ⚙ **Krone,** Brunnenweg 40, ✉ 72658, 𝒫 3 10 83, Fax 35985 – 🅿 – 🔏 50
*Montag, Sonn- und Feiertage, 28. März - 2. April, Juli - Aug. 3 Wochen sowie 20. Dez.-
7. Jan. geschl.* – **Menu** (Tischbestellung ratsam) 40 (mittags) und à la carte 60/95
Spez. Steinbutt im Reisblatt mit Thunfischsauce, Rücken vom Salzwiesenlamm mit Kräuter-
Paprikakruste, Zwetschgenterrine mit Champagnercrème.

BENDESTORF Niedersachsen 🔢 M 6,7 – 2 000 Ew – Höhe 50 m – Luftkurort – ⚙ 04183.
♦Hannover 130 – ♦Hamburg 30 – Lüneburg 40.

🏨 **Landhaus Meinsbur** 🐾, Gartenstr. 2, ✉ 21227, 𝒫 7 79 90, Fax 6087, « Ehem. Bauernhaus mit geschmackvoller Einrichtung, Gartenterrasse » – 📺 ☎ 🅿. 🖭 ⓪ 🅴 ☑️
Menu 25/37 (mittags) und à la carte 50/86 – **15 Z** 135/280.

BENDORF Rheinland-Pfalz 🔢 F 15, 🔢 ㉔ – 16 000 Ew – Höhe 67 m – ⚙ 02622.
Mainz 101 – ♦Bonn 63 – ♦Koblenz 10 – Limburg an der Lahn 42.

🏨 **Berghotel Rheinblick** 🐾, Remystr. 79, ✉ 56170, 𝒫 12 71 27, Fax 14323, ≼ Rheintal, 🍴
☞, 🏊 – 📳 📺 ☎ 🚗 🅿 – 🔏 30. 🖭 ⓪ 🅴 ☑️. 🏊 Rest
20. Dez.- 10. Jan. geschl. – **Menu** (Freitag geschl.) à la carte 36/73 🍷 – **35 Z** 85/200.

XX **Weinhaus Syré,** Engersport 12, ✉ 56170, 𝒫 25 81, Fax 2581, 🍴 – 🅿. 🅴
*Montag, Ende Feb.- Anfang März und Juli - Aug. 3 Wochen geschl., Dienstag nur Abend-
essen* – **Menu** à la carte 39/84.

BENEDIKTBEUERN Bayern 🔢 R 23, 🔢 ㊲, 🔢 G 5 – 3 000 Ew – Höhe 615 m – Erholungsort
– ⚙ 08857.
Sehenswert : Ehemalige Klosterkirche (Anastasia-Kapelle★).
🛈 Verkehrsamt, Prälatenstr. 5, ✉ 83671, 𝒫 2 48, Fax 9470.
♦München 61 – Garmisch-Partenkirchen 44 – Bad Tölz 15.

🏨 **Alpengasthof Friedenseiche** 🐾, Häusernstr. 34, ✉ 83671, 𝒫 82 05, Fax 9981, 🍴, ☞
➡ – ☎ 🚗 🅿 – 🔏 25
10. Nov.- 20. Dez. geschl. – **Menu** (Mittwoch geschl.) à la carte 24/50 – **30 Z** 60/130
– ½ P 84/106.

X Klosterbräustüberl, Zeiler Weg 2, ✉ 83671, 𝒫 94 07, Fax 9408, Biergarten – 🅿.

BENNINGEN Baden-Württemberg siehe Marbach am Neckar.

BENSHEIM AN DER BERGSTRASSE Hessen 🔢 🔢 I 17, 🔢 ㉕ – 37 000 Ew – Höhe 115 m
– ⚙ 06251.
Ausflugsziel : Staatspark Fürstenlager★★ N : 3 km.
🏌 über Berliner Ring (S : 1 km), 𝒫 6 77 32.
🛈 Tourist-Information, Rodensteinstr. 19, ✉ 64625, 𝒫 1 41 17, Fax 14123.
ADAC, Bahnhofstr. 9, ✉ 64625, 𝒫 6 98 88, Fax 67687.
♦Wiesbaden 66 – ♦Darmstadt 26 – Heidelberg 35 – Mainz 59 – ♦Mannheim 32 – Worms 20.

🏨 **Alleehotel Europa,** Europa-Allee 45, ✉ 64625, 𝒫 10 50, Fax 105100, 🍴, 🈺 – 📳 ✂ Zim
📺 ☎ 🅿 – 🔏 80. 🖭 ⓪ 🅴 ☑️. 🏊 Rest
Menu à la carte 40/66 – **75 Z** 178/210.

🏨 **Kelly's Hotel,** Wormser Str. 14, ✉ 64625, 𝒫 10 10, Fax 4063, 🈺 – 📳 ✂ Zim 📺 ☎ 🅿
– 🔏 120. 🖭 ⓪ 🅴 ☑️ – **Menu** à la carte 39/56 – **126 Z** 150/205.

🏠 **Bacchus,** Rodensteinstr. 30, ⊠ 64625, ℰ 3 90 91 (Hotel) 7 46 43 (Rest.), Fax 67608, 🏤
– 📺 🕿 🖭 ⓞ ᴇ 𝗩𝗜𝗦𝗔
Boccaccio (Montag geschl.) (italienische Küche)
Menu à la carte 26/45 ⅄ – **40 Z** 90/170.

🏠 **Präsenzhof,** Am Wambolter Hof 7, ⊠ 64625, ℰ 42 56, Fax 38273, 🕿 – |≢| 📺 🕿 ⟾.
🡆 ᴁ ⓞ ᴇ 𝗩𝗜𝗦𝗔
Menu *(Mittwoch geschl.)* à la carte 20/45 – **29 Z** 75/130.

🏠 **Hans** garni, Rodensteinstr. 48, ⊠ 64625, ℰ 21 73, Fax 64682 – 📺 🕿 ⟾ ⓟ. ᴁ ⓞ ᴇ
𝗩𝗜𝗦𝗔
23. Dez.- 6. Jan. geschl. – **15 Z** 92/148.

🏠 Stadtmühle, Plantanenallee 2, ⊠ 64625, ℰ 3 80 08 – 📺 🕿
7 Z.

✗ Dalberger Hof, Dalberger Gasse 15 (Bürgerhaus), ⊠ 64625, ℰ 47 47, Fax 63795, 🏤 –
🟰 70.

In Bensheim-Auerbach – Luftkurort :

🏨 Parkhotel Krone, Darmstädter Str. 168 (B 3), ⊠ 64625, ℰ 7 30 81, Telex 468537, Fax 78450,
🏤, 🡆, 🟦 – |≢| 📺 🕿 ⓟ – 🟰 200. 𝒮𝒳 Rest
(auch vegetarische Gerichte) – **55 Z**.

🏠 **Poststuben** 🖙 (mit Gästehäusern), Schloßstr. 28, ⊠ 64625, ℰ 7 29 87, Fax 74743, 🏤,
« Behagliches Restaurant » – 📺 🕿 ⟾ ⓟ. ᴁ ⓞ ᴇ 𝗩𝗜𝗦𝗔. 𝒮𝒳 Zim
Menu *(Sonntag nur Mittagessen, Montag und Juli - Aug. 2 Wochen geschl.)* à la carte 43/70
– **18 Z** 100/170.

✗✗ **Parkhotel Herrenhaus** 🖙 mit Zim, Im Staatspark Fürstenlager (O : 1 km), ⊠ 64625,
ℰ 7 22 74, Fax 78473, 🏤, 🖉 – 📺 🕿 ⟾ ⓟ
Menu *(abends Tischbestellung erforderlich)* à la carte 33/79 – **9 Z** 160/270.

✗✗ Burggraf-Bräu (eigene Hausbrauerei), Darmstädter Str. 231 (1. Etage), ⊠ 64625, ℰ 7 25 25,
🏤 – ⓟ
(nur Abendessen) *(auch vegetarische Gerichte).*

✗ Weinhaus Scherer - Blauer Aff (Weinstuben-Restaurant), Kappengasse 2, ⊠ 64625,
ℰ 7 29 58, Fax 77428, 🏤
(nur Abendessen).

BENTHEIM, BAD Niedersachsen 𝟒𝟏𝟏 𝟒𝟏𝟐 E 10, 𝟗𝟖𝟕 ⑭, 𝟒𝟎𝟖 M 5 – 14 500 Ew – Höhe 96 m
– Heilbad – 🟢 05922.

🟦 Verkehrsbüro, Schloßstr. 2, ⊠ 48455, ℰ 31 66, Fax 7354.

♦Hannover 207 – Enschede 29 – Münster (Westfalen) 56 – ♦Osnabrück 75.

🏨 **Großfeld** 🖙 (mit Gästehäusern), Schloßstr. 6, ⊠ 48455, ℰ 8 28, Fax 4349, 🡆, 🟦, 🖉
– |≢| 📺 & ⓟ – 🟰 35. ᴁ ⓞ ᴇ 𝗩𝗜𝗦𝗔. 𝒮𝒳 Rest
Menu à la carte 34/70 – **100 Z** 90/240.

🏨 **Am Berghang** 🖙, Am Kathagen 69, ⊠ 48455, ℰ 20 47, Fax 4867, 🏤, 🡆, 🟦, 🖉 –
📺 🕿 ⓟ. ᴁ ⓞ 𝗩𝗜𝗦𝗔. 𝒮𝒳
(nur Abendessen für Hausgäste) – **27 Z** 98/250 – ½ P 80/109.

🏠 **Altes Wasserwerk** 🖙 garni, Möllenkamp 2, ⊠ 48455, ℰ 36 61, 🡆, 🟦 – 📺 🕿 ⟾
ⓟ. 𝒮𝒳
20. Dez.- 4. Jan. geschl. – **10 Z** 38/76.

♙ **Steenweg,** Ostend 1, ⊠ 48455, ℰ 23 28, Fax 1490 – 🕿 ⓟ. ᴁ ⓞ ᴇ 𝗩𝗜𝗦𝗔
🡆 **Menu** à la carte 24/49 – **19 Z** 52/103 – ½ P 68/88.

✗✗ **Schulze-Berndt** mit Zim, Ochtruper Str. 38, ⊠ 48455, ℰ 23 22, Fax 6130 – 📺 🕿 ⓟ. ᴁ
ⓞ ᴇ 𝗩𝗜𝗦𝗔
Menu à la carte 29/69 – **9 Z** 55/125.

In Bad Bentheim-Gildehaus W : 4 km :

🏨 **Niedersächsischer Hof** 🖙, Am Mühlenberg 5, ⊠ 48455, ℰ (05924) 85 67, Fax 6016, 🏤,
🡆, 🟦, 🖉 – 📺 🕿 ⓟ. ᴁ ⓞ ᴇ 𝗩𝗜𝗦𝗔. 𝒮𝒳 Rest
Menu à la carte 40/78 – **25 Z** 85/180.

BERCHING Bayern 𝟒𝟏𝟑 R 19, 𝟗𝟖𝟕 ㉖ ㉗ – 7 500 Ew – Höhe 390 m – Erholungsort – 🟢 08462.

♦München 114 – Ingolstadt 41 – ♦Nürnberg 66 – ♦Regensburg 45.

🏨 **Brauereigasthof Winkler** (mit Gästehaus), Reichenauplatz 22, ⊠ 92334, ℰ 13 27,
🡆 Fax 27128, 🏤, 🡆 – |≢| 📺 🕿 ⓟ – 🟰 40. ᴁ ᴇ. 𝒮𝒳 Zim
Sept. 2 Wochen geschl. – **Menu** *(Sonntag und Dienstag nur Mittagessen)* à la carte 19/38
– **21 Z** 65/140.

BERCHTESGADEN Bayern 413 V 24, 987 ㊳, 426 K 6 – 8 200 Ew – Höhe 540 m – Heilklimatischer Kurort – Wintersport : 530/1 800 m ⛡2 ⛷29 – ☎ 08652.

Sehenswert : Schloßplatz★ – Schloß (Dormitorium★) – Salzbergwerk.

Ausflugsziele : Deutsche Alpenstraße★★★ (von Berchtesgaden bis Lindau) – Kehlsteinstraße★★★ – Kehlstein ☀★★ (nur mit RVO - Bus ab Obersalzberg : O : 4 km) – Roßfeld-Ringstraße ←★★ (O : 7 km über die B 425).

⛳9 Obersalzberg, ☎ 21 00.

ℹ Kurdirektion, Königsseer Str. 2, ✉ 83471, ☎ 50 11, Fax 63300.

♦München 154 ③ – Kitzbühel 77 ② – Bad Reichenhall 18 ③ – Salzburg 23 ①.

BERCHTESGADEN

Marktplatz ... 16
Metzgerstraße ... 18
Weihnachtsschützenstraße ... 21

Angergasse ... 2
Bahnhofstraße ... 3
Bergwerkstraße ... 5
Franziskanerplatz ... 6
Griesstätterstraße ... 7
Hasensprung ... 8
von-Hindenburg-Allee ... 9
Kälbersteinstraße ... 10
Koch-Sternfeld-Straße ... 12
Königsseer Straße ... 13
Locksteinstraße ... 14
Ludwig-Ganghofer-Straße ... 15
Maximilianstraße ... 17
Ramsauer Straße ... 19
Salzburger Straße ... 20

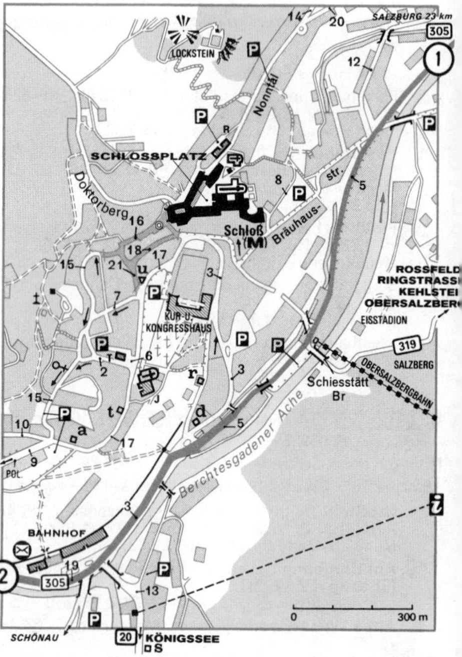

Benutzen Sie auf Ihren Reisen in Europa die Michelin-Länderkarten 1:400 000 bis 1:1 000 000.

Pour parcourir l'Europe utilisez les cartes Michelin Grandes Routes 1/400 000 à 1/1 000 000.

Geiger, Stanggass, ✉ 83471, ☎ 96 55 55, Fax 965400, ←, 🏖, « Park », 🏊, 🏊, 🏊, 🌳 – 🛗 ⇔ Zim 📺 🚗 🅿 – 🏛 50. VISA. ⌘ Rest — über von-Hindenburg-Allee
Mitte Nov. - Mitte Dez. geschl. – **Menu** à la carte 49/85 – **55 Z** 120/300, 3 Suiten – ½ P 135/195.

Fischer, Königsseer Str. 51, ✉ 83471, ☎ 95 50, Fax 64873, ←, 🏊, 🏊 – 🛗 📺 ☎ 🚗 🅿. E. ⌘ Rest — **s**
26. März - 8. April und Nov.- 20. Dez. geschl. – **Menu** *(Montag und Dienstag nur Abendessen)* à la carte 38/73 – **54 Z** 92/230 – ½ P 102/123.

Vier Jahreszeiten, Maximilianstr. 20, ✉ 83471, ☎ 95 20, Fax 5029, ←, 🏊, 🏊 – 📺 ☎ 🚗 🅿 – 🏛 60. AE ⓓ E VISA — **a**
Menu à la carte 32/70 – **59 Z** 105/260 – ½ P 111/156.

Post, Maximilianstr. 2, ✉ 83471, ☎ 50 67, Fax 64801, ←, 🏖, Biergarten – 🛗 📺 ☎. AE ⓓ E VISA — **u**
Menu *(Okt.- April Dienstag geschl.)* à la carte 29/70 – **42 Z** 75/190.

Krone 🔇, Am Rad 5, ✉ 83471, ☎ 6 20 51, Fax 66579, ←, « Gemütlich eingerichtete Zimmer im Bauernstil », 🌳 – ⇔ Rest 📺 ☎ 🅿. ⌘ Rest — über Locksteinstraße
Ende Okt. - 20. Dez. geschl. – (nur Abendessen für Hausgäste) – **21 Z** 68/156 – ½ P 86/96.

Alpenhotel Kronprinz 🔇, Am Brandholz, ✉ 83471, ☎ 60 70, Telex 56201, Fax 607120, ←, 🏖, 🏊, 🌳 – 🛗 📺 ☎ 🚗 🅿. AE ⓓ E VISA. ⌘ Rest — über Kälbersteinstr.
Menu (wochentags nur Abendessen) à la carte 34/64 – **65 Z** 97/226 – ½ P 96/137.

🏨 **Wittelsbach** garni, Maximilianstr. 16, ✉ 83471, ✆ 9 63 80, Fax 66304, ≤ – 🛗 📺 ☎ 🅿,
🖭 ⑩ ⅽ 𝘝𝘐𝘚𝘈   t
Nov. - 15. Dez. geschl. – **29 Z** 90/160, 3 Suiten.

🏨 **Rosenbichl** ⬡, Rosenhofweg 24, ✉ 83471, ✆ 56 00, Fax 5541, ≤, ≘s, 🛋 – 📺 ☎ ⬡
🅿. ⅽ. ※   über Locksteinstraße
(nur Abendessen für Hausgäste) – **13 Z** 105/160 – ½ P 100/130.

🏨 **Demming,** Sunklergäßchen 2, ✉ 83471, ✆ 50 21, Fax 64878, ≤, 🛋, ≘s, 🔲 – 🛗 📺 ☎
🅿, 🖭 ⑩ ⅽ 𝘝𝘐𝘚𝘈   r
5. Nov.- 18. Dez. geschl. – **Menu** *(Mittwoch nur Abendessen)* à la carte 34/61 – **35 Z** 81/176
– ½ P 99/106.

🏨 **Weiherbach** ⬡ garni, Weiherbachweg 6, ✉ 83471, ✆ 6 20 93, Fax 62094, ≤, 🞀, ≘s,
🔲, 🛋 – 🛗 📺 ☎ 🅿. ※   über Locksteinstraße
5. Nov.- 20. Dez. geschl. – **25 Z** 70/190.

🏠 **Bavaria,** Sunklergäßchen 11, ✉ 83471, ✆ 9 66 10, Fax 64809, ≤ – 📺 ☎ 🅿. 🖭 ⅽ 𝘝𝘐𝘚𝘈
10. Nov.- 19. Dez. geschl. – **Menu** à la carte 25/52 – **27 Z** 62/150 – ½ P 76/100.   d

An der Roßfeld-Ringstraße O : 7 km :

🏨 **Grenzgasthaus Neuhäusl** ⬡, Wildmoos 45 – Höhe 850 m, ✉ 83471 Berchtesgaden,
✆ (08652)6 20 73, Fax 64637, ≤ Untersberg, Kehlstein, 🛋, ≘s, 🛋 – 📺 ☎ 🅿
20. Nov.- 20. Dez. geschl. – **Menu** *(Dienstag geschl.)* à la carte 23/50 🍸 – **23 Z** 72/152,
3 Suiten – ½ P 84/92.

🏨 **Alpenhotel Denninglehen** ⬡, Am Priesterstein 7 – Höhe 900 m, ✉ 83471
Berchtesgaden, ✆ (08652) 50 85, Fax 64710, ≤ Berchtesgadener Berge, 🛋, Massage, ♨,
≘s, 🔲, 🛋 – 🛗 ⤢ Rest 📺 ☎ 🅿. ※ Rest
15. Jan.- 1. Feb. und 26. Nov.- 18. Dez. geschl. – **Menu** (nur Abendessen) à la carte 41/60
– **24 Z** 105/222 – ½ P 142/157.

🏠 **Pension Meisl** ⬡ garni, Wildmoos 42 – Höhe 850 m, ✉ 83471 Berchtesgaden,
✆ (08652) 39 91, ≤ Untersberg, 🛋 – ⇐ 🅿
19 Z 40/90.

Siehe auch : *Schönau am Königssee, Ramsau und Bischofswiesen*

`BERG` Baden-Württemberg siehe Ravensburg.

`BERG` Bayern 🔢🔢🔢 R 23, 🔢🔢🔢 G 5 – 7 000 Ew – Höhe 630 m – ✆ 08151 (Starnberg).
🇫🇸 Berg-Leoni, Rottmannweg 5, ✆ (08041) 32 10.
◆München 30 – Garmisch-Partenkirchen 69 – Starnberg 6.

🏨 **Park- und Strandhotel** ⬡, Am Ölschlag 9, ✉ 82335, ✆ 5 01 01, Fax 50105, ≤ Starnberger See, « Seeterrasse », ≘s, ※ – 🛗 📺 ☎ 🅿 – 🍴 35. 🖭 ⅽ 𝘝𝘐𝘚𝘈
Menu à la carte 46/73 – **53 Z** 135/260 – ½ P 113/163.

In Berg-Leoni S : 1 km :

🏨 **Dorint Hotel Starnberger See** ⬡, Assenbucher Str. 44, ✉ 82335, ✆ 50 60, Fax 506140,
≤ Starnberger See, Biergarten, « Seeterrasse », ≘s, 🔲, 🞀 – 🛗 📺 ☎ 🅿 – 🍴 40. 🖭
⑩ ⅽ 𝘝𝘐𝘚𝘈 – **Menu** à la carte 42/70 – **72 Z** 185/305 – ½ P 167/217.

`BERG` Bayern 🔢🔢🔢 S 15 – 2 800 Ew – Höhe 614 m – ✆ 09293.
◆München 286 – Bayreuth 57 – ◆Nürnberg 142.

In Berg-Rudolphstein N : 7 km 🔢🔢🔢 ㉗ :

🏨 **Saalehotel,** Panoramastr. 50, ✉ 95180, ✆ 94 10, Fax 941666, 🛋, ≘s, 🔲, 🛋 – 🛗 📺
☎ 🅿 – 🍴 50. 🖭 ⑩ ⅽ 𝘝𝘐𝘚𝘈 – **Menu** à la carte 32/54 – **35 Z** 150/240.

`BERG bei Neumarkt (Oberpfalz)` Bayern 🔢🔢🔢 R 18 – 6 000 Ew – Höhe 406 m – ✆ 09189.
◆München 145 – Amberg 50 – ◆Nürnberg 29 – ◆Regensburg 71.

🏠 **Lindenhof,** Rosenbergstr. 13, ✉ 92348, ✆ 5 40, Fax 9188, 🛋 – 🛗 📺 ☎ 🅿
Menu *(Montag nur Abendessen)* à la carte 20/32 – **46 Z** 55/110.

XX **Goldener Hirsch** mit Zim (restauriertes Fachwerkhaus a.d.11.Jh.), Herrenstr. 3, ✉ 92348,
✆ 76 25, Fax 7609, 🛋 – 📺 ☎ – 🍴 40. 🖭 ⑩ ⅽ 𝘝𝘐𝘚𝘈
Menu à la carte 42/66 – **11 Z** 95/145.

`BERGEN` Bayern 🔢🔢🔢 U 23, 🔢🔢🔢 J 5 – 4 000 Ew – Höhe 554 m – Luftkurort – Wintersport :
550/1 670 m ≰1 ≰5 ≰4 – ✆ 08662 (Siegsdorf).
🇧 Verkehrsamt, Dorfplatz 5, ✉ 83346, ✆ 83 21, Fax 5855.
◆München 105 – Rosenheim 46 – Salzburg 42 – Traunstein 10.

🏠 **Säulner Hof** ⬡, Säulner Weg 1, ✉ 83346, ✆ 86 55, Fax 5957, 🛋, 🛋 – 🅿
14 Z.

🏠 **Mariandl,** Hochfellnstr. 44, ✉ 83346, ✆ 84 95 – 🅿
(nur Abendessen für Hausgäste) – **14 Z**.

In Bergen-Holzhausen NW : 4 km :

🛏 Alpenblick 🦢, Schönblickstr. 6, ✉ 83346, 𝒫 (08661) 3 18, « Terrasse mit ≤ » – **🅿**. 🛠 Zim
13 Z.

BERGEN Niedersachsen **411** MN 8, **987** ⑮ – 12 500 Ew – Höhe 75 m – 🕲 05051.
◆Hannover 67 – Celle 24 – ◆Hamburg 94 – Lüneburg 68.

🏨 **Kohlmann,** Lukenstr. 6, ✉ 29303, 𝒫 30 14, Fax 2240 – **📺** **☎** **🅿**. **⁂** **①** **E** **VISA**
Menu *(Montag nur Abendessen)* à la carte 28/54 – **14 Z** 60/150.

Bergen-Altensalzkoth siehe : *Celle*

BERGEN (Vogtland) Sachsen **414** J 14 – 1 150 Ew – Höhe 450 m – 🕲 037463.
◆Dresden 145 – Gera 54 – Hof 45 – Plauen 20.

🏨 **Marienstein** 🦢, Thomas-Müntzer-Str. 9, ✉ 08239, 𝒫 81 12, Fax 8113, « Terrasse mit ≤ »,
🖙 – 🛗 ⋊ Zim **📺** **☎** **🅿** – 🔏 30. **⁂** **①** **E** **VISA**
Menu à la carte 26/38 – **16 Z** 120/180.

BERGGIESSHÜBEL, KURORT Sachsen **414** N 13, **984** ④, **987** ⑧ – 1 900 Ew – Höhe 350 m
– 🕲 035023 (Bad Gottleuba).
◆Dresden 31 – Chemnitz 106 – ◆Leipzig 142.

🏨 **Waldesruh** 🦢, Talstr. 42 (N : 2 km), ✉ 01819, 𝒫 3 71, Fax 371, 🏡, 🎄 – **📺** **☎** **🅿** – 🔏 60.
⁂ **E** **VISA**. 🛠
Menu à la carte 25/38 – **61 Z** 95/160.

BERGHAUPTEN Baden-Württemberg siehe Gengenbach.

BERGHAUSEN Rheinland-Pfalz siehe Katzenelnbogen.

BERGHEIM Österreich siehe Salzburg.

BERGHEIM Nordrhein-Westfalen **412** C 14, **987** ㉓ – 56 500 Ew – Höhe 69 m – 🕲 02271.
◆Düsseldorf 41 – ◆Köln 26 – Mönchengladbach 38.

🏨 **Parkhotel,** Kirchstr. 12, ✉ 50126, 𝒫 4 70 80, Fax 470840 – **📺** **☎** – 🔏 40. **⁂** **①** **E** **VISA**.
🛠
Menu à la carte 25/60 – **21 Z** 85/170.

🛏 **Konert,** Kölner Str. 33 (B 55), ✉ 50126, 𝒫 4 41 83, Fax 43740 – 🚗 **🅿**
➤ 24. Dez.- 8. Jan. geschl. – **Menu** *(Sonn- und Feiertage geschl.)* à la carte 21/41 – **11 Z**
50/120.

BERGHÜLEN Baden-Württemberg siehe Merklingen.

BERGISCH GLADBACH Nordrhein-Westfalen **412** E 14, **987** ㉔ – 104 000 Ew – Höhe 86 m –
🕲 02202.
🖥 Bensberg-Refrath, 𝒫 (02204) 6 31 14.
ADAC, Bensberger Str. 99, 𝒫 (0221) 47 27 47, Fax 42931.
◆Düsseldorf 50 – ◆Köln 17.

🏰 ✿✿ **Schloßhotel Lerbach - Restaurant Dieter Müller** 🦢, Lerbacher Weg, ✉ 51469,
𝒫 20 40, Fax 204940, « Modernisiertes Schloß in einer Parkanlage », Massage, 🖙, 🔲,
🛠 – 🛗 **🅿** – 🔏 100. **⁂** **①** **E** **VISA**. 🛠 Rest
Menu *(Sonntag - Montag, 1.- 17. Jan. und 16. Juli - 7. Aug. geschl.)* 148/198 und à la carte
109/133 – **Schloßschänke** 🏡 **Menu** à la carte 59/78 – **54 Z** 290/580, 6 Suiten
Spez. Lachscarpaccio mit Kaviar, Offene Ravioli mit Gänsestopfleber, mariniertem Kürbis und
Trüffelsauce, Filet vom Loup de mer mit Rotweinsauce und schwarzen Nudeln.

🏨 **Zur Post** garni, Hauptstr. 154 (Fußgängerzone), ✉ 51465, 𝒫 3 50 51, Fax 36846 – **📺** **☎**
🅿 **①** **E** **VISA**. 🛠
33 Z 115/230.

✗✗✗ **Eggemanns Bürgerhaus,** Bensberger Str. 102, ✉ 51469, 𝒫 3 61 34, Fax 32505 – **🅿**. **⁂**
① **E**
Donnerstag geschl., Freitag nur Abendessen – **Menu** (Tischbestellung ratsam) à la carte
56/90.

✗ **Diepeschrather Mühle** 🦢 mit Zim, Diepeschrath 2 (W : 3,5 km über Paffrath), ✉ 51469,
𝒫 (02202) 5 16 51, Fax 50748, 🏡 – 🚗 **🅿**
Mitte - Ende Jan. geschl. – **Menu** *(Montag nur Mittagessen, Donnerstag geschl.)* à la carte
36/69 – **10 Z** 55/125.

In Bergisch Gladbach-Bensberg - 🕸 02204 :

🏨 **Waldhotel Mangold** 🦢, Im Milchborntal, ✉ 51429, 𝒫 (02204) 5 40 11, Fax 54500, 🎄,
🌿 – 🍴 Zim 📺 ☎ 🅿 – 🛎 30. 🖭 🈴 📼. 🦶
Menu *(Montag, Sonn- und Feiertage sowie Juli - Aug. 4 Wochen geschl.)* à la carte 53/89
– 20 Z 150/300.

🏨 **Malerwinkel** garni, Fischbachstr. 3 (am Rathaus), ✉ 51429, 𝒫 (02204) 5 30 06, Fax 53009,
« Renovierte Fachwerkhäuser a.d.18.Jh. » – 📺 ☎. 🖭 🈸 🈴
23. Dez. - 1. Jan. geschl. **– 16 Z** 135/220.

In Bergisch Gladbach-Gronau :

🏨 **Gronauer Tannenhof,** Robert-Schuman-Str. 2, ✉ 51469, 𝒫 3 50 88, Fax 35579, 🎄 – 🛗
📺 ☎ 🚗 🅿 – 🛎 100. 🖭 🈸 🈴 📼
Menu à la carte 38/74 **– 34 Z** 130/250.

In Bergisch Gladbach-Herkenrath :

🏠 **Hamm,** Strassen 14, ✉ 51429, 𝒫 (02204) 80 41, Fax 85001, 🎄 – 📺 ☎ 🅿 – 🛎 60. 🖭
🈸 🈴 📼
Menu *(Montag nur Abendessen)* à la carte 28/60 **– 30 Z** 95/165.

🏠 **Arnold,** Strassen 31, ✉ 51429, 𝒫 (02204) 80 54, Fax 83406, 🎄 – 📺 ☎ 🅿. 🈴
Menu *(Freitag geschl.)* à la carte 35/66 **– 20 Z** 95/160.

In Bergisch Gladbach-Refrath :

🏠 **Tannenhof Refrath** garni, Lustheide 45a, ✉ 51427, 𝒫 (02204) 6 70 85, Fax 21773 – ☎
🅿 🖭 🈸 🈴 📼
34 Z 95/160.

BERGKIRCHEN Bayern siehe Dachau.

BERGLEN Baden-Württemberg siehe Winnenden.

BERGNEUSTADT Nordrhein-Westfalen 412 F 13, 987 ㉔ – 21 000 Ew – Höhe 254 m – 🕸 02261
(Gummersbach).
♦Düsseldorf 95 – ♦Köln 57 – Olpe 20 – Siegen 47.

🏠 **Feste Neustadt,** Hauptstr. 19, ✉ 51702, 𝒫 4 17 95, Fax 48021 – 📺 ☎ 🚗 🅿. 🖭 🈸 📼
22. Dez.- 4. Jan. und Mitte Juli - Anfang Aug. geschl. **– Menu** *(Sonntag nur Mittagessen,
Montag geschl.)* à la carte 31/56 **– 14 Z** 70/140.

In Bergneustadt-Niederrengse NO : 7 km :

🍴🍴 **Rengser Mühle** 🦢 mit Zim, ✉ 51702, 𝒫 (02763) 3 24, Fax 7073, 🎄, « Rustikale gemütliche Einrichtung » – 📺 ☎ 🅿. 🖭 🈴. 🦶
Menu *(Montag nur Mittagessen, Dienstag geschl.)* à la carte 43/70 **– 4 Z** 100/140.

BERGRHEINFELD Bayern siehe Schweinfurt.

BERGZABERN, BAD Rheinland-Pfalz 412 413 G 19, 987 ㉔, 87 ② – 7 700 Ew – Höhe 200 m
– Heilklimatischer Kurort – Kneippheilbad – 🕸 06343.
Sehenswert : Gasthaus zum Engel★.
🅱 Kurverwaltung, Kurtalstr. 25 (im Thermalhallenbad), ✉ 76887, 𝒫 88 11, Fax 5484.
Mainz 127 – ♦Karlsruhe 38 – Landau in der Pfalz 15 – Pirmasens 42 – Wissembourg 10.

🏨 **Petronella,** Kurtalstr. 47 (B 427), ✉ 76887, 𝒫 10 75, Fax 5313, « Gartenterrasse », Massage, 🏊, 🍴, 🌿 – 🛗 📺 ☎ 🕭 🅿 – 🛎 30. 🈸 🈴 📼
Jan. geschl. **– Menu** *(Nov.- März Dienstag geschl.)* à la carte 41/84 **– 48 Z** 95/230.

🏠 **Rebenhof** garni, Weinstr. 58, ✉ 76887, 𝒫 10 35, Fax 4410, 🌿 – ☎ 🚗 🅿. 🈴
16 Z 80/180.

🏠 **Pfälzer Wald,** Kurtalstr. 77 (B 427), ✉ 76887, 𝒫 10 56, Fax 4893, 🎄, 🌿 – 📺 ☎ 🅿. 🖭
← 🈴 📼. 🦶 Zim
Menu *(Jan.- Feb. geschl.)* à la carte 24/57 🍺 **– 25 Z** 80/145.

🏠 **Seeblick,** Kurtalstr. 71 (B 427), ✉ 76887, 𝒫 70 40, Fax 704100, 🔅 – 🛗 🅿. 🦶 Rest
Mitte Jan. - Mitte Feb. geschl. – (Restaurant nur für Hausgäste) **– 60 Z** 83/175.

🏠 **Wasgau** 🦢, Friedrich-Ebert-Str. 21, ✉ 76887, 𝒫 84 01, 🎄, 🌿 🍺 – 🅿. 🈴 📼. 🦶 Rest
Jan. geschl. **– Menu** *(Donnerstag geschl.)* à la carte 32/64 🍺 **– 24 Z** 60/150.

🍴 **Zum Engel,** Königstr. 45, ✉ 76887, 𝒫 49 33, 🎄, « Restauriertes Renaissancehaus a.d.
← 16. Jh. »
Montag nur Mittagessen, Dienstag, Feb. und Juli jeweils 2 Wochen geschl. **– Menu** à la
carte 24/46 🍺.

BERGZABERN, BAD

In Pleisweiler-Oberhofen NO : 2,5 km :

✗ **Schloßbergkeller** ⅌ mit Zim, Im Bienengarten 22 (Pleisweiler), ✉ 76889, ℰ (06343) 15 82, Fax 61562, ⌂ – ⅙ Rest ☎ ℗. ℇ
Menu *(Mittwoch und Jan.- Feb. 2 Wochen geschl.)* à la carte 27/48 ⅊ – **9 Z** 54/93.

In Gleiszellen-Gleishorbach N : 4,5 km :

🏨 **Südpfalz-Terrassen** ⅌, Winzergasse 42 (Gleiszellen), ✉ 76889, ℰ (06343) 20 66, Fax 5952, ≼, ⌂, ≘s, ◲, ☞ – ✿ 🆃🆅 ☎ ℗ – ⚐ 60. ℇ 💳
4.- 31. Jan. und 19.- 25. Dez. geschl. – **Menu** *(Montag geschl.)* à la carte 29/60 ⅊ – **53 Z** 75/170.

BERKA, BAD Thüringen 🄸🄸🄸 F 13, 🄰🄰🄰 ㉓, 🄰🄰🄰 ㉖ – 5 400 Ew – Höhe 275 m – Heilbad – 🌀 036458.
Erfurt 27 – Jena 30 – Suhl 66 – Weimar 13.

🏨 **Kurhotel,** Bahnhofstr. 32, ✉ 99438, ℰ 34 30, Fax 30704, ⌂ – ⅙ Zim 🆃🆅 ☎ ℗ – ⚐ 25. ⓞ ℇ 💳
Jan. 1 Woche geschl. – **Menu** à la carte 27/39 – **30 Z** 95/130.

BERKHEIM Baden-Württemberg 🄰🄸🄸 N 22, 🄰🄰🄰 ㊱, 🄰🄰🄰 C 4 – 2 000 Ew – Höhe 580 m – 🌀 08395.
♦Stuttgart 138 – Memmingen 11 – Ravensburg 65 – ♦Ulm (Donau) 46.

🏨 **Ochsen,** Alte Steige 1, ✉ 88450, ℰ 9 29 29, Fax 92955 – ℗
➡ *Ende Juli - Anfang Aug. geschl.* – **Menu** *(Sonntag geschl.)* à la carte 22/40 *(auch vegetarische Gerichte)* ⅊ – **15 Z** 50/110.

BERLEBURG, BAD Nordrhein-Westfalen 🄰🄸🄸 I 13, 🄰🄰🄰 ㉔ – 21 500 Ew – Höhe 450 m – Kneippheilbad – Wintersport : 500/750 m ⅊2 ⅊9 – 🌀 02751.
🅱 Verkehrsbüro, Poststr. 44, ✉ 57319, ℰ 70 77, Fax 13437.
♦Düsseldorf 174 – Frankenberg an der Eder 46 – Meschede 56 – Siegen 44.

🏨 **Westfälischer Hof,** Astenbergstr. 6 (B 480), ✉ 57319, ℰ 9 24 90, Fax 924990, Massage, ♨, ♣, ≘s – 🆃🆅 ☎ ⇔ ℗ – ⚐ 30. ℀ ⓞ ℇ 💳. ⅍ Rest
Menu à la carte 29/56 – **39 Z** 60/170 – ½ P 80/110.

🏨 **Kaiser Friedrich,** Ederstr. 18 (B 480), ✉ 57319, ℰ 71 61, Fax 2862 – 🆃🆅 ☎ ℗. ℀ ℇ 💳
Menu *(Donnerstag geschl.)* à la carte 25/54 – **9 Z** 60/130.

An der Straße nach Hallenberg NO : 6 km :

🏨 **Erholung** ⅌, ✉ 57319 Bad Berleburg-Laibach, ℰ (02751) 72 18, Fax 2866, ≼, ⌂, ☞ – ⇔ ℗
Mitte Nov.- Anfang Dez. geschl. – **Menu** à la carte 29/60 – **17 Z** 58/146 – ½ P 81/105.

In Bad Berleburg-Raumland S : 4 km :

🍴 **Raumland,** Hinterstöppel 7, ✉ 57319, ℰ 5 18 60, Fax 53254, ⌂, ☞ – ℗. ℇ 💳. ⅍ Zim
Menu à la carte 28/50 – **11 Z** 53/124.

In Bad Berleburg-Wemlighausen NO : 3 km :

🍴 **Aderhold,** An der Lindenstr. 22, ✉ 57319, ℰ 39 60, ≘s, ☞ – ⇔ ℗. ℇ. ⅍
Sept. 3 Wochen geschl. – **Menu** *(Montag geschl.)* à la carte 25/51 – **12 Z** 38/74.

In Bad Berleburg-Wingeshausen W : 14 km :

✗ **Weber** ⅌ mit Zim, Inselweg 5, ✉ 57319, ℰ (02759) 4 12, ☞ – ℗. ⅍ Zim
Juli und Nov. jeweils 2 Wochen geschl. – **Menu** *(Montag nur Mittagessen, Dienstag geschl.)* à la carte 30/62 – **7 Z** 45/120.

LES GUIDES MICHELIN

Guides Rouges (hôtels et restaurants) :

Benelux, España Portugal, France, Great Britain and Ireland, Italia, Suisse, main Cities Europe

Guides Verts (Paysages, monuments et routes touristiques) :

Allemagne, Autriche, Belgique, Canada, Espagne, France, Grande Bretagne, Grèce, Hollande, Irlande, Italie, Londres, Maroc, New York, Nouvelle Angleterre, Portugal, Rome, Suisse, Washington
... et la collection sur la France.

Berlin

Ⓛ Berlin 📟 L 8, 📟 ⑰ ⑱, 📟 ⑮ ⑯ – Bundeshauptstadt – 3 500 000 Ew
– Höhe 40 m – 🔘 030

HAUPTSEHENSWÜRDIGKEITEN

Museen, Galerien, Sammlungen : Pergamon-Museum★★★ PY – Alte Nationalgalerie★ PY **M¹** – Bode-Museum★★ PY **M²** – Altes Museum★ PY **M³** – Kunstgewerbemuseum★ NZ **M⁴** – Neue Nationalgalerie★ NZ **M⁵** – Philharmonie★★★ NZ – Schloß Charlottenburg★★ (Reiterstandbild des Großen Kurfürsten★★, Historische Räume★, Porzellan-Kabinett★★) ; im Knobelsdorff-Flügel : Nationalgalerie★★, Weißer Saal★, Goldene Galerie★★ EY ; Antikenmuseum★ (Schatzkammer★★★) EY **M⁶** ; Ägyptisches Museum★ (Büste der Königin Nofretete★★) EY **M⁶** – Museum Dahlem★★★ (Gemäldegalerie★★, Skulpturen★★, Kupferstichkabinett★, Museum für Völkerkunde★★ BV – Museum für Verkehr und Technik★ GZ **M⁸** – Käthe-Kollwitz-Museum★ LXY **M⁹** – Martin-Gropius-Bau★ NZ **M¹⁰** – Berlin-Museum★ GY – Kunstgewerbemuseum★ DV **M¹³**.

Parks, Gärten, Seen : Zoologischer Garten★★ MX – Schloßpark Charlottenburg★ (im Belvedere : historische Porzellanausstellung★) EY – Botanischer Garten★★ BV – Grunewald★ AUV (am Grunewaldsee : Jagdschloß★ BV **M¹⁶**) – Havel★ und Pfaueninsel★ AV – Wannsee★★ AV.

Gebäude, Straßen, Plätze : Brandenburger Tor★★ NZ – Unter den Linden★ NPZ – Gendarmenmarkt★ PZ – Deutsche Staatsoper★ PZ – Neue Wache★ PY – Arsenal (Zeughaus)★★ PY – Nikolaiviertel★ RYZ – Olympia-Station★ AU Nicolaikirche★ AU.

🛥 Berlin-Wannsee, Am Stölpchenweg, 𝒫 8 05 50 75.

✈ Berlin-Tegel, 𝒫 4 10 11.

✈ Berlin-Schönefeld (S : 25 km), 𝒫 6 09 10.

🚇 Berlin-Wannsee, 𝒫 8 03 20 81.

Messegelände am Funkturm BU 𝒫 3 03 80, Fax 30382325.

🛈 Berlin-Tourist – Information im Europa-Center (Budapester Straße) ✉ 10787, 𝒫 2 62 60 31, Telex 183356. Fax 21232520.

🛈 Verkehrsamt, im Hauptbahnhof ✉ 10243, 𝒫 2 79 52 09.

🛈 Verkehrsamt im Flughafen Tegel 𝒫 41 01 31 45.

ADAC, Berlin-Wilmersdorf, Bundesallee 29, 𝒫 8 68 60. Fax 8616025.

♦ Frankfurt/Oder 105 – ♦ Hamburg 289 – ♦ Hannover 288 – ♦ Leipzig 183 – ♦ Rostock 222.

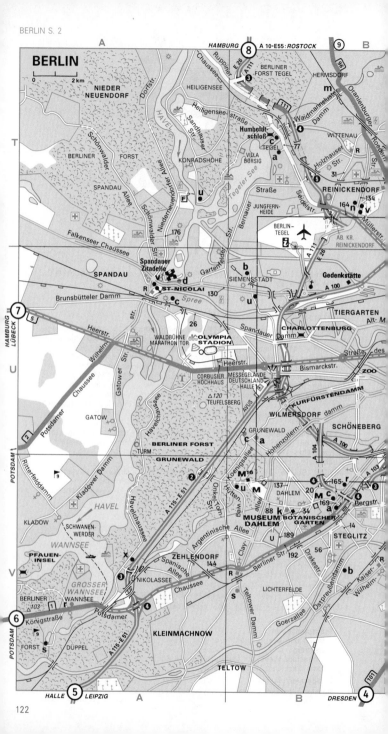

STRALSUND | A 10-E 55 | C | PRENZLAU | HAMBURG ROSTOCK | D | SZCZECIN
(9) | (2) | | | | | (10)

BLANKENFELDE
969
BUCHHOLZ
A 114
MÄRKISCHES VIERTEL
Blankenfelder Str.
ROSENTHAL
BLANKENBURG
KAROW
A 10-E 55
AB. DR. SCHWANEBECK
FRANKFURT/ ODER
T
LINDENBERG
Bernauer Str.
straße
Pasewalker Str.

SCHLOSS
U
WEISSEN-SEE
Dorf
HEINERSDORF
MALCHOW
WARTENBERG
PANKOW
Berliner Allee
HOHEN-
FALKENBERG
EBERSWALDE
R
Residenzstr.
Prenzlauer Promenade
Falkenberger Straße
SCHÖNHAUSEN
59
153
Allee

Osloer Str.
Seestr.
66
Rhin Str.
U
Allee
Blumberger Damm

bit Invaliden
Dimitroff. Str.
Greifswalder Str.
PRENZLAUER BERG
200
SPORTFORUM BERLIN
Landsberger
MARZAHN
Märkische
R

MITTE
REICHSTAG
17. Juni
TIERGARTEN
Alexanderpl.
Karl-Marx- Allee Frankfurter
118
T R
Alt- Friedrichsfelde
T 5
(1)
FRANKFURT/ ODER

BRANDENBURGER TOR
FRIEDRICHS-HAIN
108
c
Allee
FRIEDRICHSFELDE
5
BIESDORF
Str.

Gitschiner str. Skalitzer str.
a
LICHTENBERG
TIERPARK BERLIN
7
Köpenicker
U

KREUZBERG
Sonnenallee
Karl-Marx-Str.
Hauptstr.
Spree
8
SOWJETISCHES EHRENMAL
e
190
KARLSHORST

Potsdamer Str.
Hermannstr.
TREPTOWER PARK
R
Köpenicker
U

BERLIN-TEMPELHOF
BAUMSCHULENWEG
Landstr.
VOLKSPARK
OBERSCHÖNEWEIDE
WUHLHEIDE
12
Lindenstr.

(21)
NEUKÖLLN
c
a
76
206

132
Britzer
e
Buschkrug allee
NIEDER-SCHÖNEWEIDE
KÖNIGSHEIDE
46
Spree

TEMPELHOF
R
Damm
Rudower
JOHANNISTHAL
Oberspree-
KÖLLNISCHE HEIDE
Adlergestell
Dörpfeld
str.
M 13
ADLERSHOF

MARIENDORF
Attilastr. Manteuffelstr.
Tempelhofer
Mariendorfer
BRITZ
Mohriner Allee
r
96a
V

LANKWITZ
Britzer Str. Allee
Buckower Damm
GROPIUS-STADT
Neuköllner
TREPTOW
GRÜNAU

Großbeeren str.
b
Johannisthaler Chaussee
BUCKOW

MARIENFELDE
Buckower Chaussee
Marienfelder Damm
RUDOW
Waltersdorfer Chaussee
ALTGLIENICKE

Marienfelder
Lichtenrader Damm
96
GROSS-ZIETHEN
179
(1)
BOHNSDORF

LICHTENRADE
(3) | C | D | COTTBUS | (3) | A 13: DRESDEN | (2)
96 | | | | 96a | E 36-E 55 | A 113

123

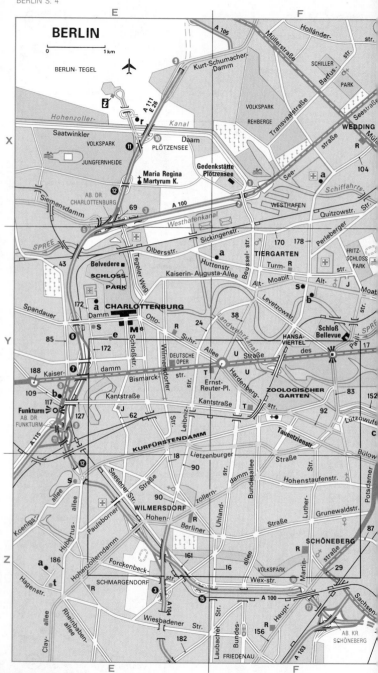

BERLIN

0   1 km

BERLIN- TEGEL

A 105

Holländer- str.

Müllerstraße

Kurt-Schumacher- Damm

SCHILLER

Barfus- str.

PARK

Seestraße

WEDDING

Müll

A 111 E 26

Hohenzoller- Kanal

Daam PLÖTZENSEE

VOLKSPARK REHBERGE

Transvaalstraße

R

104

Saatwinkler VOLKSPARK JUNGFERNHEIDE

Maria Regina Martyrum K.

Gedenkstätte Plötzensee

See-straße

Schiffahrts

a

WESTHAFEN

Quitzowstr. Str.

Perleberger

170 — 178

FRITZ-SCHLOSS PARK

AB. DR. CHARLOTTENBURG

69

A 100

Westhafenkanal

Sickingstr.

TIERGARTEN

Siemensdamm

Olbersstr.

Huttenstr.

Turm- R

Beussel- str.

SPREE

43

Belvedere

SCHLOSS-PARK

Tegeler Weg

Kaiserin- Augusta-Allee

a

Alt- Moabit

S

Alt-

Moat

J

SPR

Spandauer

172

a CHARLOTTENBURG

Damm

Otto-

24

38

Leverkowstr

HANSA-VIERTEL

Schloß Bellevue

des

Paul-

17

85

S

e

M

R

Suhr-

Allee

Wilmers-

U

Straße

U

ZOOLOGISCHER GARTEN

188

Kaiser-

172

damm

Schloßstr.

dorfer

DEUTSCHE OPER

Ernst-Reuter-Pl.

Hardenberg-

str.

83

152

109

b

Bismarck-

str.

Kantstraße

T

Kantstraße

T

92

Lützowufe

C

Funkturm

117

127

J

62

Leibniz-

Str.

Tauentzienstr.

AB. DR. FUNKTURM

A 115

KURFÜRSTENDAMM

18

Lietzenburger

str.

Straße

Bülow-

90

damm

Hohenstaufenstr.

Str.

Potsdamer

S

Sesslener Str.

90

zollern-

Bundesallee

Luther-

Grunewaldstr.

87

WILMERSDORF

Paulsborner

Hohen-

Berliner

R

Uhland-

allee

Straße

straße

SCHÖNEBERG

R

Koenigs-

allee

allee

Hubertus-

Hohenzollerndamm

a

186

161

16

VOLKSPARK

Wex-str.

Martin-

29

Z

t

Hagenstr.

SCHMARGENDORF

Forckenbeck-

str.

3

15

A 100

Haupt-

17

AB. KR. SCHÖNEBERG

R

Rheinbahnen-allee

Clay- allee

Wiesbadener Str.

A 104

Laubacher Str.

Bundes-

156

R

Haupt-

A 103

182

FRIEDENAU

E

F

124

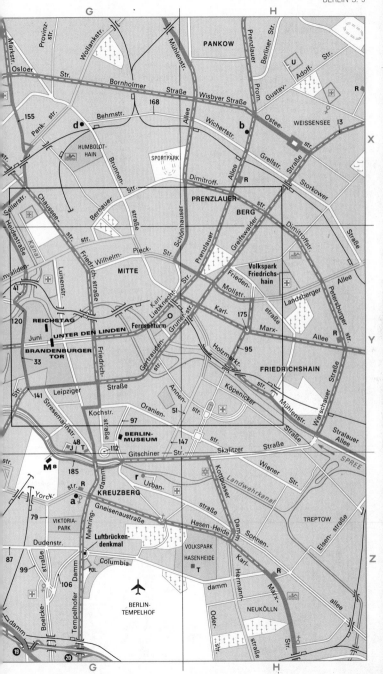

BERLIN
KURFÜRSTENDAMM ZOO

0 — 400 m

R.-Wagner-Str.
Kaiser-
Zillestraße
Zillestraße
Otto-
Fraunhofer-
Suhr-
24
T
Alle

Schloßstr.
DEUTSCHE OPER
Leibnizstr.
Bismarckstraße

CHARLOTTENBURG
Bismarckstr.
str.
Deutsche Oper
SCHILLER THEATER

Sophie-Charlotten-Pl.
Bismarck-
Friedrich-
Schillerstr.
Wilmersdorfer
Schillerstr.
Schlüterstr.

Kaiserdamm
Sophie-Ch.-Pl.

Wundt-
str.
Schillerstr.
J
straße

LIETZENSEE PARK
Windscheidstr.
Pestalozzistr.
Krumme
Pestalozzistr.

Lietzen-
Suarezstr.
s

Neue Kantstraße
Amtsgerichts-platz
Kantstraße
Kantstraße
Kantstraße

see
Leonhardtstr.
181
Wilmersdorfer Str
SAVIGNYPLA

Suarezstr.
62
Rönne-
straße
Straße
S-BAHN
Mommsenstr.
Leibnizstr.
Mommsen-
s

CHARLOTTENBURG
Straße
Bleibtr

Holtzendorff-platz
r
Gervinusstr.
Dahlmannstr.
Lewishanstr.
e
Schlüterstr.
e
g

Heilbronner Str.
Droysenstr.
Damaschke-
z
str.
Adenauerpl.
n
Adenauerpl.
Lietzenburger
Straße

Georg-Wilhelm-
Straße
KURFÜRSTENDAMM
Xantener Str.
Brandenburgische
Pariser
Str.

d
Straße
Friedrich-
Nestorstraße
3
138
a
Straße
Düsseldorfer
Straße

HALENSEE
Westfälische
Str.
s
Hochmeister-platz
Brandenburgische
Straße

12
Seesener
Joachim-
Paulsborner
Straße
Eisenzahnstraße
p
Württembergische
Sächsische
Emser
Str.

S BAHN
BAB
Stadtring
Straße
Konstanzer Str.
PREUSSEN PARK

Grieser Pl.
Straße
Hohenzollerndamm
Ems
Pla

Straße
Straße
Cunostr.
Paulsborner
Konstanzer
Straße
Fehrbelliner Platz
Hohenzollerndamm

Paulsborner
Straße
HOHENZOLLERNDAMM
damm
Hohenzollerndamm
R
str.
Sigmaringer
Str.

13
Rudolstädter
Fehrbelliner Pl.
Brandenburgische Str.

Viktoria-
Hohenzollern-
S-BAHN
Berliner
Blissestr.
Bar-
Straße

Auguste-
A 100
Straße
WILMERSDORF
straße

EISSTADION
STADION
A 104
AB. KR. RHEINICKENDORF
Steglitz
VOLKSPARK
Mecklenburgische Straße

Forckenbeckstraße
Cunostraße
A 104
Heidelbg. Pl.
HEIDELBERGER PL.
Bar-

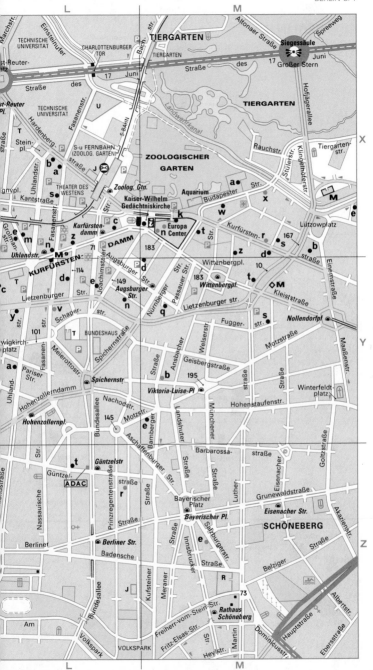

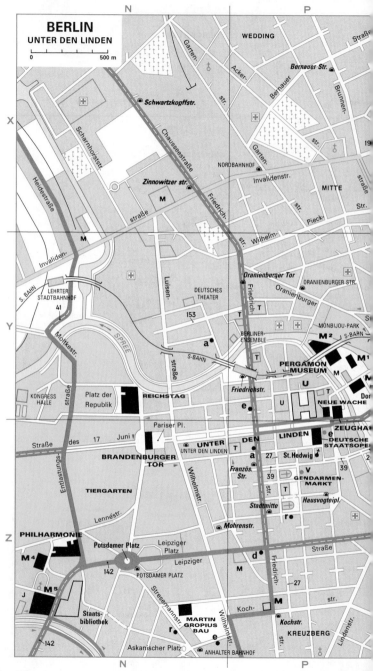

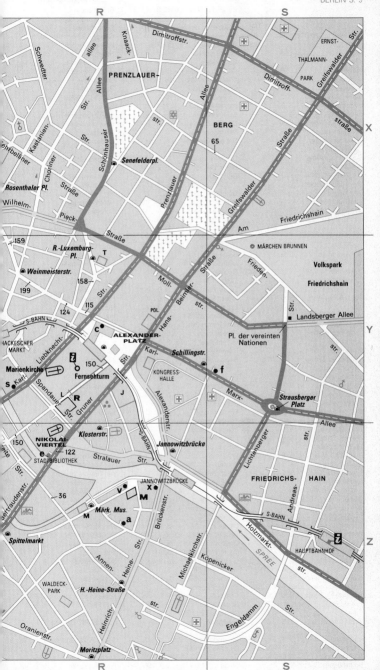

Im Zentrum (Berlin-Charlottenburg, -Mitte, -Schöneberg und -Wilmersdorf) Stadtpl◖
Berlin : S. 4 - 9 :

🏨🏨🏨🏨 **Bristol Hotel Kempinski** ⚲, Kurfürstendamm 27, ⊠ 10719, ℰ 88 43 40, Telex 18355
Fax 8836075, ⇑, Massage, ⇔, 🔲 – |≢| 🔳 ☎ – 🕍 300. 🆎 ⓪ 🗲 𝗩𝗜𝗦𝗔 𝗝𝗖𝗕. ⚈⚈
Kempinski-Rest. (Montag - Dienstag geschl.) **Menu** à la carte 57/93 – *Grill und Hummerb*
(Sonntag geschl.) **Menu** à la carte 67/101 – **315 Z** 370/590, 32 Suiten.   LX

🏨🏨🏨🏨 **Grand Hotel Esplanade** (modernes Hotel mit integrierter Sammlung zeitgenössisch
Kunst), Lützowufer 15, ⊠ 10785, ℰ 25 47 80, Telex 185986, Fax 2651171, Tagungssch
mit eigenem Anleger, Massage, 𝕗₆, ⇔, 🔲 – |≢| 🔆 Zim 🔲 🔳 ⇔ – 🕍 300. 🆎 ⓪
𝗩𝗜𝗦𝗔 𝗝𝗖𝗕. ⚈⚈ Rest
Menu *(Samstag nur Abendessen, Sonntag geschl.)* à la carte 70/94 – **402 Z** 409/708, 17 S
ten.

🏨🏨🏨🏨 **Maritim Grand Hotel,** Friedrichstr. 158-164, ⊠ 10117, ℰ 2 32 70, Fax 23273362, 🏠, Ma
sage, ⇔, 🔲 – |≢| 🔆 Zim 🔲 ⧖ ⇔ – 🕍 100. 🆎 ⓪ 🗲 𝗩𝗜𝗦𝗔. ⚈⚈ Rest   PZ
Menu siehe Rest. *Le Grand Silhouette* separat erwähnt – *Coelln (bemerkenswerte We
karte)* **Menu** à la carte 51/96 – *Goldene Gans :* **Menu** à la carte 30/60 – **350 Z** 383/71
23 Suiten.

🏨🏨🏨 **Inter-Continental,** Budapester Str. 2, ⊠ 10787, ℰ 2 60 20, Telex 184380, Fax 26028076
Massage, ⇔, 🔲 – |≢| 🔆 Zim 🔲 🔳 ⧖ ⇔ 🅿 – 🕍 800. 🆎 ⓪ 🗲 𝗩𝗜𝗦𝗔 𝗝𝗖
⚈⚈ Rest   MX
Zum Hugenotten (bemerkenswerte Weinkarte) *(nur Abendessen, Sonntag geschl.)* **Men**
à la carte 80/100 – *L.A. Café :* **Menu** à la carte 39/70 – **511 Z** 364/543, 40 Suiten.

🏨🏨🏨 **Schweizerhof,** Budapester Str. 21, ⊠ 10787, ℰ 2 69 60, Telex 185501, Fax 2696900, Ma
sage, 𝕗₆, ⇔, 🔲 – |≢| 🔆 Zim 🔲 🔳 ⧖ ⇔ 🅿 – 🕍 340. 🆎 ⓪ 🗲 𝗩𝗜𝗦𝗔 𝗝𝗖𝗕. ⚈⚈ Rest
Menu (nur Abendessen) à la carte 60/82 – **430 Z** 324/503, 10 Suiten.   MX

🏨🏨🏨 **Palace,** Budapester Str. 42 (im Europa-Center), ⊠ 10789, ℰ 2 50 20, Telex 18482
Fax 2626577, freier Zugang zu den Thermen – |≢| 🔆 Zim 🔲 – 🕍 260. 🆎 ⓪ 🗲 𝗩𝗜𝗦𝗔 𝗝𝗖
⚈⚈ Rest   MX
First Floor (Samstag nur Abendessen, Sonntag geschl.) **Menu** à la carte 67/110 – *Alt Nür*
berg : **Menu** à la carte 32/45 – **322 Z** 307/554, 18 Suiten.

🏨🏨🏨 **Berlin,** Lützowplatz 17, ⊠ 10785, ℰ 2 60 50, Telex 184332, Fax 26052715, 🏠, Massag
⇔ – |≢| 🔆 Zim 🔲 Rest 🔲 ⧖ ⇔ 🅿 – 🕍 500. 🆎 ⓪ 🗲 𝗩𝗜𝗦𝗔 𝗝𝗖𝗕. ⚈⚈ Rest   MX
Menu 29/Buffet (mittags) und à la carte 47/80 – **490 Z** 250/399, 11 Suiten.

🏨🏨🏨 **Berlin Hilton** ⚲ (mit 🏰 Kronenflügel), Mohrenstr. 30, ⊠ 10117, ℰ 2 38 20, Telex 30577
Fax 23824269, Massage, 𝕗₆, ⇔, 🔲 – |≢| 🔆 Zim 🔲 🔳 ⧖ ⇔ – 🕍 300. 🆎 ⓪ 🗲 𝗩
𝗝𝗖𝗕   PZ
Menu à la carte 50/115 – **502 Z** 236/585, 12 Suiten.

🏨🏨🏨 **Steigenberger Berlin,** Los-Angeles-Platz 1, ⊠ 10789, ℰ 2 12 70, Telex 18144
Fax 2127117, 🏠, Massage, ⇔, 🔲 – |≢| 🔆 Zim 🔲 ⧖ ⇔ – 🕍 600. 🆎 ⓪ 🗲 𝗩̲
𝗝𝗖𝗕. ⚈⚈ Rest   MY
Park-Restaurant (nur Abendessen, Sonntag - Montag geschl.) **Menu** à la carte 57/82
Berliner Stube : **Menu** à la carte 33/59 – **397 Z** 311/582, 11 Suiten.

🏨🏨🏨 **Radisson Plaza Hotel Berlin,** Karl-Liebknecht-Str. 5, ⊠ 10178, ℰ 2 38 28, Telex 30475
Fax 23827590, 🏠, Massage, ⇔, 🔲 – |≢| 🔆 Zim 🔲 ⧖ ⇔ 🅿 – 🕍 420. 🆎 ⓪ 🗲 𝗩𝗜𝗦𝗔 𝗝𝗖
⚈⚈ Rest   RY
Menu à la carte 56/90 – **600 Z** 317/550, 34 Suiten.

🏨🏨 **Savoy,** Fasanenstr. 9, ⊠ 10623, ℰ 31 10 30, Telex 184292, Fax 31103333, ⇔ – |≢| 🔆 Zi
🔲 – 🕍 30. 🆎 ⓪ 🗲 𝗩𝗜𝗦𝗔 𝗝𝗖𝗕. ⚈⚈ Rest   LX
Menu à la carte 46/70 – **125 Z** 254/394, 6 Suiten.

🏨🏨 **Brandenburger Hof** (Modernisiertes Wilhelminisches Stadtpalais mit Bauhau
Einrichtung), Eislebener Str. 14, ⊠ 10789, ℰ 21 40 50, Fax 21405100 – |≢| 🔲 ⧖ ⇔ – 🕍 2
🆎 ⓪ 🗲 𝗩𝗜𝗦𝗔 𝗝𝗖𝗕. ⚈⚈   LY
Die Quadriga (nur Abendessen) *(Samstag - Sonntag, Jan. 2 Wochen und Juli 3 Woche*
geschl.) **Menu** à la carte 67/99 – *Der Wintergarten :* **Menu** à la carte 44/80 – **87 Z** 275/44

🏨🏨 **Mondial** ⚲, Kurfürstendamm 47, ⊠ 10707, ℰ 88 41 10, Telex 182839, Fax 88411150, 🏠
🔲 – |≢| 🔲 🔳 ⧖ ⇔ – 🕍 50. 🆎 ⓪ 🗲 𝗩𝗜𝗦𝗔. ⚈⚈ Rest   KY
Menu à la carte 52/77 – **75 Z** 220/480.

🏨🏨 **Maritim Hotel Berlin,** Friedrichstr. 150, ⊠ 10117, ℰ 2 38 75, Fax 23874209, ⇔, 🔲
|≢| 🔆 Zim 🔲 ⧖ ⇔ – 🕍 1050. 🆎 ⓪ 🗲 𝗩𝗜𝗦𝗔 𝗝𝗖𝗕. ⚈⚈   PY
bis 1.Feb 1995 wegen Umbau geschl. – **Menu** à la carte 41/87 – **403 Z** 295/500, 27 Suite

🏨🏨 **President,** An der Urania 16, ⊠ 10787, ℰ 21 90 30, Telex 184018, Fax 2141200, ⇔ – |
🔆 Zim 🔲 🔳 ⧖ 🅿 – 🕍 40. 🆎 ⓪ 🗲 𝗩𝗜𝗦𝗔. ⚈⚈ Rest   MY
Menu *(Sonntag nur Mittagessen)* à la carte 44/71 – **187 Z** 257/375, 6 Suiten.

🏨🏨 **Berlin Penta Hotel** ⚲, Nürnberger Str. 65, ⊠ 10787, ℰ 21 00 70, Telex 18287
Fax 2132009, Massage, ⇔, 🔲 – |≢| 🔆 Zim 🔲 ⧖ ⇔ 🅿 – 🕍 120. 🆎 ⓪ 🗲 𝗩̲
𝗝𝗖𝗕   MX
Menu à la carte 55/86 – **425 Z** 297/484.

🏨🏨 **Seehof** ⚲, Lietzensee-Ufer 11, ⊠ 14057, ℰ 32 00 20, Telex 182943, Fax 32002251, ⇔,
« Gartenterrase », ⇔, 🔲 – |≢| 🔲 Rest 🔲 ⧖ ⇔ – 🕍 50. 🆎 ⓪ 🗲 𝗩𝗜𝗦𝗔 𝗝𝗖𝗕   JX
Menu à la carte 53/84 – **78 Z** 219/468.

🏨 **Luisenhof,** Köpenicker Str. 92, ✉ 10179, 𝒫 2 70 05 43, Fax 2797983 – |‡| ⇔ Zim 📺 ☎
– 🔌 40   RZ **a**
(nur Abendessen) – **28 Z**

🏨 **Forum-Hotel Berlin,** Alexanderplatz, ✉ 10178, 𝒫 2 38 90, Telex 307680, Fax 23894305,
🚐 – |‡| ⇔ Zim 📺 ☎ – 🔌 300. 🆎 ⓪ 🇪 𝗩𝗜𝗦𝗔 𝖩𝖢𝖡   RY **c**
Menu à la carte 55/90 – **1003 Z** 216/367.

🏨 **Ambassador,** Bayreuther Str. 42, ✉ 10787, 𝒫 21 90 20, Telex 184259, Fax 21902380, Mas-
sage, 🚐, 🔲 – |‡| 📺 ☎ 🔲 Rest 📺 ☎ ⇔ 🅿 – 🔌 70. 🆎 ⓪ 🇪 𝗩𝗜𝗦𝗔 𝖩𝖢𝖡   MX **z**
Menu à la carte 34/65 – **199 Z** 250/440.

🏨 **Alsterhof,** Augsburger Str. 5, ✉ 10789, 𝒫 21 24 20, Telex 183484, Fax 2183949, 🏛, Mas-
sage, 🚐, 🔲 – |‡| ⇔ Zim 📺 ☎ ⇔. 🆎 ⓪ 🇪 𝗩𝗜𝗦𝗔   MY **q**
Menu à la carte 39/68 – **200 Z** 191/336, 4 Suiten.

🏨 **Art-Hotel Sorat** garni (modernes Hotel mit Ausstellung zeitgenössischer Kunst), Joachim-
stalerstr. 29, ✉ 10719, 𝒫 88 44 70, Fax 88447700 – |‡| ⇔ Zim 📺 ☎ ⅙ ⇔. 🆎 ⓪ 🇪
𝗩𝗜𝗦𝗔 𝖩𝖢𝖡   LY **e**
75 Z 255/340.

🏨 **Am Zoo** garni, Kurfürstendamm 25, ✉ 10719, 𝒫 88 43 70, Telex 183835, Fax 88437714
– |‡| ⇔ Zim ☎ 🅿 – 🔌 30. 🆎 ⓪ 🇪 𝗩𝗜𝗦𝗔 𝖩𝖢𝖡   LX **z**
136 Z 243/393.

🏨 **Queens Hotel** garni, Güntzelstr. 14, ✉ 10717, 𝒫 87 02 41, Telex 182948, Fax 8619326 –
|‡| 📺 ☎ ⇔ 🅿. 🆎 ⓪ 🇪 𝗩𝗜𝗦𝗔   LZ **t**
110 Z 217/342.

🏨 **Residenz,** Meinekestr. 9, ✉ 10719, 𝒫 88 44 30, Telex 183082, Fax 8824726 – |‡| 📺 ☎.
🆎 ⓪ 🇪 𝗩𝗜𝗦𝗔. 🍽 Rest   LY **d**
Grand Cru : Menu à la carte 56/88 – **88 Z** 220/310.

🏨 **Hecker's Hotel** garni, Grolmanstr. 35, ✉ 10623, 𝒫 8 89 00, Telex 184954, Fax 8890260
– |‡| ⇔ Zim 🔲 Rest 📺 ☎ ⇔ 🅿. 🆎 ⓪ 🇪 𝗩𝗜𝗦𝗔 𝖩𝖢𝖡   LX **e**
72 Z 250/370.

🏨 **Sylter Hof,** Kurfürstenstr. 114, ✉ 10787, 𝒫 2 12 00, Telex 183317, Fax 2142826 – |‡| 📺
☎ 🅿 – 🔌 80. 🆎 ⓪ 🇪 𝗩𝗜𝗦𝗔   MX **d**
Menu à la carte 41/61 – **160 Z** 223/364, 18 Suiten.

🏨 **Hamburg,** Landgrafenstr. 4, ✉ 10787, 𝒫 26 47 70, Telex 184974, Fax 2629394, 🏛 – |‡|
⇔ Zim 📺 ☎ ⇔ 🅿 – 🔌 80. 🆎 ⓪ 🇪 𝗩𝗜𝗦𝗔. 🍽 Rest   MX **s**
Menu à la carte 40/63 *(auch vegetarische Gerichte)* – **240 Z** 225/320.

🏨 **Concept,** Grolmanstr. 41, ✉ 10623, 𝒫 88 42 60, Telex 183389, Fax 88426500, 🚐 – |‡| 📺
☎ ⅙ – 🔌 45. 🆎 ⓪ 🇪 𝗩𝗜𝗦𝗔 𝖩𝖢𝖡. 🍽   LX **m**
Menu à la carte 34/57 – **100 Z** 240/350, 3 Suiten.

🏨 **Berlin Excelsior Hotel,** Hardenbergstr. 14, ✉ 10623, 𝒫 3 15 50, Telex 184781,
Fax 31551002 – |‡| ⇔ Zim 🔲 Rest 📺 ☎ ⇔ – 🔌 70. 🆎 ⓪ 🇪 𝗩𝗜𝗦𝗔 𝖩𝖢𝖡. 🍽 Rest
Peacock *(nur Abendessen, Sonntag - Montag geschl.)* **Menu** à la carte 57/80 – **Store House
Grill : Menu** à la carte 36/60 – **320 Z** 245/295.   LX **b**

🏨 **Bremen** garni, Bleibtreustr. 25, ✉ 10707, 𝒫 8 81 40 76, Fax 8824685 – |‡| ⇔ Zim 📺 ☎
⇔. 🆎 ⓪ 🇪 𝗩𝗜𝗦𝗔 𝖩𝖢𝖡   KY **g**
53 Z 215/320.

🏨 **Abacus Spreehotel** garni, Wallstr. 59, ✉ 10179, 𝒫 2 73 60, Fax 2002109 – |‡| ⇔ 📺 ☎
– 🔌 50. 🆎 🇪 𝗩𝗜𝗦𝗔   RZ **v**
158 Z 150/280.

🏨 **Kanthotel** garni, Kantstr. 111, ✉ 10627, 𝒫 32 30 26, Telex 183330, Fax 3240952 – |‡| 📺
☎ 🅿. 🆎 ⓪ 🇪 𝗩𝗜𝗦𝗔 𝖩𝖢𝖡. 🍽   JX **e**
55 Z 229/259.

🏨 **Schloßparkhotel** 🌳, Heubnerweg 2a, ✉ 14059, 𝒫 3 22 40 61, Fax 3258861, 🔲, 🍃 –
|‡| 📺 ☎ 🅿 – 🔌 50. 🆎 ⓪ 🇪 𝗩𝗜𝗦𝗔   EY **a**
Menu à la carte 40/63 – **39 Z** 189/285.

🏨 **Berliner-Congress-Center,** Märkisches Ufer 54, ✉ 10179, 𝒫 2 75 80, Fax 27582165, 🏛
– |‡| 📺 ☎ – 🔌 120. 🆎 ⓪ 🇪 𝗩𝗜𝗦𝗔. 🍽 Rest   RZ **x**
Menu à la carte 32/64 – **110 Z** 175/300.

🏠 **Albrechtshof,** Albrechtstr. 8, ✉ 10117, 𝒫 28 40 30, Fax 2843100, 🏛 – |‡| ⇔ 📺 ☎ –
🔌 70. 🆎 ⓪ 🇪 𝗩𝗜𝗦𝗔. 🍽 Rest   NY **a**
Menu à la carte 35/71 – **99 Z** 155/405, 11 Suiten.

🏠 **Boulevard** garni, Kurfürstendamm 12, ✉ 10719, 𝒫 88 42 50, Fax 88425450 – |‡| 📺 ☎.
🆎 ⓪ 🇪 𝗩𝗜𝗦𝗔   LX **c**
57 Z 230/320.

🏠 Delta garni, Pohlstr. 58, ✉ 10785, 𝒫 26 00 20, Fax 26002111 – |‡| ⇔ Zim 📺 ☎ ⇔ –
🔌 20   FY **c**
47 Z

🏠 **Kronprinz** garni (restauriertes Haus a.d.J. 1894), Kronprinzendamm 1, ✉ 10711,
𝒫 89 60 30, Fax 8931215 – |‡| ⇔ Zim 📺 ☎ – 🔌 25. 🆎 ⓪ 🇪 𝗩𝗜𝗦𝗔 𝖩𝖢𝖡   JY **d**
66 Z 185/295.

🏨 **Arosa Parkschloß-Hotel,** Lietzenburger Str. 79, ✉ 10719, 𝒫 88 00 58 26, Telex 18339
Fax 8824579, 🍴, ⌿, – 🛗 ↔ Zim 📺 ☎ ⇔ – 🔒 30. 🖭 ⓞ 🖃 VISA JCB   LY
Menu à la carte 41/71 – **90 Z** 215/480.

🏨 **Scandotel Castor** garni, Fuggerstr. 8, ✉ 10777, 𝒫 21 30 30, Fax 21303160 – 🛗 ↔ 📺
☎. 🖭 ⓞ 🖃 VISA. ⌘   MY
78 Z 210/265.

🏨 **Berlin-Plaza,** Knesebeckstr. 63, ✉ 10719, 𝒫 88 41 30, Telex 184181, Fax 88413754, 🍴
– 🛗 ↔ Zim 📺 ☎ ⇔ 🅿 – 🔒 30. 🖭 ⓞ 🖃 VISA JCB. ⌘   LY
Menu à la carte 32/51 – **131 Z** 198/335.

🏨 **Kardell,** Gervinusstr. 24, ✉ 10629, 𝒫 3 24 10 66, Fax 3249710 – 🛗 📺 ☎ ⇔ 🅿. 🖭 ⓒ
🖃 VISA JCB   JY
Menu *(Samstag nur Abendessen)* à la carte 51/73 – **33 Z** 135/240.

🏨 **Astoria** garni, Fasanenstr. 2, ✉ 10623, 𝒫 3 12 40 67, Fax 3125027 – 🛗 📺 ☎. 🖭 ⓞ
VISA JCB   LX
32 Z 196/279.

🏨 **Kurfürstendamm am Adenauerplatz** garni, Kurfürstendamm 68, ✉ 10707, 𝒫 88 46 3
Telex 184630, Fax 8825528 – 🛗 📺 ☎ 🅿 – 🔒 35. 🖭 ⓞ 🖃 VISA   JY
34 Z 176/264, 4 Suiten.

🏨 **Atrium-Hotel** garni, Motzstr. 87, ✉ 10779, 𝒫 2 18 40 57, Fax 2117563 – 🛗 📺 ☎. 🖃
22 Z 98/150.   MY

🏨 **Domus** garni, Uhlandstr. 49, ✉ 10719, 𝒫 88 20 41, Telex 185975, Fax 8820410 – 🛗 ↔
☎ 🅿. 🖭 ⓞ 🖃 VISA   LY
24. Dez.- 2. Jan. geschl. – **73 Z** 155/245.

🏨 **Kubrat,** Leipziger Str. 19, ✉ 10117, 𝒫 2 01 20 54, Fax 2012057 – 🛗 📺 ☎ 🅿 – 🔒 4
🖭 🖃 VISA   PZ
Menu à la carte 30/40 – **36 Z** 120/190.

🏨 **Pension Wittelsbach** garni, Wittelsbacherstr. 22, ✉ 10707, 𝒫 8 62 13 45, Fax 862153
– 🛗 ↔ 📺 ☎ 🚸. 🖭 🖃 VISA   JY
31 Z 125/330.

🏨 **Franke,** Albrecht-Achilles-Str. 57, ✉ 10709, 𝒫 8 92 10 97, Fax 8911639 – 🛗 📺 ☎ ⇔ 🅖
🖭 ⓞ 🖃 VISA JCB. ⌘ Rest   JY
Menu à la carte 29/46 – **69 Z** 160/230.

🏨 **Lichtburg,** Paderborner Str. 10, ✉ 10709, 𝒫 8 9ꞓ80 41, Fax 8926106 – 🛗 📺 ☎. 🖭 ⓒ
🖃 VISA. ⌘ Rest   JY
Menu à la carte 30/45 – **64 Z** 150/250.

🏨 **Berolina,** Karl-Marx-Allee 31, ✉ 10178, 𝒫 23 81 30, Telex 307722, Fax 2423409 – 🛗 🗖
☎ 🅿 – 🔒 50. 🖭 ⓞ 🖃 VISA JCB. ⌘ Rest   SY
Menu à la carte 31/49 – **370 Z** 165/280, 3 Suiten.

🏨 **Ibis** garni, Messedamm 10, ✉ 14057, 𝒫 30 39 30, Fax 3019536 – 🛗 ↔ 📺 ☎ – 🔒 4
🖭 🖃 VISA   EY
191 Z 159/198.

XXXX ❀ **Le Grand Silhouette** – Maritim Grand Hotel, Friedrichstr. 158-164, ✉ 1011
𝒫 23 27 45 00, Fax 23273362 – 🛗 ⇔. 🖭 ⓞ 🖃 VISA JCB. ⌘   PZ
Sonntag - Montag und Juli - Aug. 4 Wochen geschl. – **Menu** (nur Abendessen) 98/189 un
à la carte 79/108
Spez. Lasagne von Jakobsmuscheln, Langustinen und Hummer, Gebackener Kalbskopf auf Stei
pilzremoulade, Glacierte Ochsenschwanzpraline mit Spitzkohl und Barolosauce.

XXX ❀ **Opernpalais-Königin Luise,** Unter den Linden 5, ✉ 10117, 𝒫 20 26 83, Fax 2004438
🔒 50. 🖭 🖃 VISA. ⌘   PZ
Montag geschl. – **Menu** (nur Abendessen, Tischbestellung ratsam) à la carte 60
81.

XXX ❀ **Alt Luxemburg,** Windscheidstr. 31, ✉ 10627, 𝒫 3 23 87 30 – 🖭 ⓞ VISA   JX
Sept.- April Sonntag - Montag, Mai - Aug. Samstag - Sonntag geschl. – **Menu** (nur Abend
essen, Tischbestellung ratsam) 108/135 und à la carte 73/95
Spez. Bayerische Crème von Räucheraal mit Forellenkaviar, Hummercrèmesuppe, Spieß vo
Entenbrust mit Lauch und Chilinudeln.

XXX ❀ **Bamberger Reiter,** Regensburger Str. 7, ✉ 10777, 𝒫 2 18 42 82, Fax 2142348, 🍴
🖭 ⓞ VISA. ⌘   MY
1.- 14. Jan. und Sonntag - Montag geschl. – **Menu** (nur Abendessen, Tischbestellung ra
sam) 145/185 und à la carte 92/113 – *Bistro :* **Menu** à la carte 61/71
Spez. Terrine von geräuchertem Lachs und Stör mit Kaviar, Lammcarré mit Basilikumpesto, Kar
melisierter Haselnußschmarren mit Krokanteis.

XXX **Ristorante Anselmo,** Damaschkestr. 17, ✉ 10711, 𝒫 3 23 30 94, Fax 3246228, 🍴
« Modernes italienisches Restaurant » – 🖭. ⌘   JY
Sonntag geschl. – **Menu** à la carte 53/106.

XX **Ephraim-Palais,** Spreeufer 1, ✉ 10178, 𝒫 2 42 51 08, Fax 3219292 – 🖭 ⓞ 🖃 VISA RZ
Juli - Aug. nur Abendessen – **Menu** à la carte 54/77.

XX **Ponte Vecchio,** Spielhagenstr. 3, ✉ 10585, 𝒫 3 42 19 99 – ⓞ   JX
Dienstag und Juli - Aug. 4 Wochen geschl. – **Menu** (nur Abendessen, Tischbestellung erfo
derlich, toskanische Küche) à la carte 55/89.

XX **Ana e Bruno,** Sophie-Charlotten-Str. 101, ⊠ 14059, ℰ 3 25 71 10, Fax 3226895 – ᴬᴱ.
 ⅝ EY **s**
 Sonntag - Montag, Jan. 1 Woche und Juni - Juli 3 Wochen geschl. – **Menu** (nur Abendessen,
 italienische Küche, bemerkenswertes Angebot ital. Weine) à la carte 67/84.

XX **Restaurant im Logenhaus,** Emser Str. 12, ⊠ 10719, ℰ 8 73 25 60, Fax 8612985 – ᴬᴱ ⓞ
 ᴇ 𝘝𝘐𝘚𝘈 KY **s**
 Sonntag geschl. – **Menu** (nur Abendessen) à la carte 60/82.

XX **IL Sorriso,** Kurfürstenstr. 76, ⊠ 10787, ℰ 2 62 13 13, Fax 2650277, ⇪ – ᴬᴱ ⓞ ᴇ 𝘝𝘐𝘚𝘈
 ⅝ MX **r**
 Sonntag und 22. Dez.- 5. Jan. geschl. – **Menu** (abends Tischbestellung ratsam, italienische
 Küche) à la carte 51/71.

XX **Peppino,** Fasanenstr. 65, ⊠ 10719, ℰ 8 83 67 22 – ᴬᴱ LY **v**
 Montag und Juli - Aug. 4 Wochen geschl. – **Menu** (italienische Küche) à la carte 53/77.

XX **Funkturm-Restaurant** (⏸, DM 3), Messedamm 22, ⊠ 14055, ℰ 30 38 29 96,
 Fax 30383915, ⩽ Berlin – ᴬᴱ ⓞ ᴇ 𝘝𝘐𝘚𝘈. ⅝ EY
 Menu (Tischbestellung ratsam) à la carte 54/84.

XX Karviol, Salzburger Str. 19, ⊠ 10825, ℰ 7 87 44 83, ⇪ MZ **e**
 (nur Abendessen).

XX **Französischer Hof,** Jägerstr. 56, ⊠ 10117, ℰ 2 29 39 69, Fax 2293975 – ᵭ. ᴬᴱ ⓞ ᴇ 𝘝𝘐𝘚𝘈
 ᴊᴄʙ PZ **v**
 Menu à la carte 44/72.

XX **Trio,** Klausenerplatz 14, ⊠ 14059, ℰ 3 21 77 82 EY **e**
 Mittwoch - Donnerstag geschl. – **Menu** (nur Abendessen, Tischbestellung ratsam) à la carte
 47/65.

XX **Mövenpick,** Europa-Center (1. Etage), ⊠ 10789, ℰ 2 62 70 77, Fax 2629486, ⩽ – ᴬᴱ ⓞ
 ᴇ 𝘝𝘐𝘚𝘈 MX **n**
 Caveau : **Menu** à la carte 42/67.

XX **Stachel** (Restaurant im Bistro-Stil), Giesebrechtstr. 3, ⊠ 10629, ℰ 8 82 36 29, ⇪ – ᴬᴱ ᴇ
 𝘝𝘐𝘚𝘈 JY **e**
 Feiertage geschl. – **Menu** (nur Abendessen) à la carte 51/67.

XX **Du Pont,** Budapester Str. 1, ⊠ 10787, ℰ 2 61 88 11, ⇪ – ᴬᴱ ⓞ ᴇ 𝘝𝘐𝘚𝘈 ᴊᴄʙ MX **x**
 Samstag nur Abendessen, Sonn- und Feiertage sowie 24. Dez.- 2. Jan. geschl. – **Menu** à
 la carte 65/98.

XX **Daitokai,** Tauentzienstr. 9 (im Europa-Center, 1. Etage), ⊠ 10789, ℰ 2 61 80 99,
 Fax 2616036 – ᴬᴱ ⓞ ᴇ 𝘝𝘐𝘚𝘈 ᴊᴄʙ. ⅝ MX **n**
 Menu (japanische Küche) 54/96 und à la carte.

X **Maxwell,** Helmstedter Str. 9, ⊠ 10717, ℰ 8 54 47 37, Fax 8544737 – ᴬᴱ ᴇ LZ **r**
 Menu (nur Abendessen) à la carte 71/87.

 In Berlin-Britz Stadtplan Berlin : S. 3 :

🏠 **Britzer Hof** garni, Jahnstr. 13, ⊠ 12347, ℰ 6 85 00 80, Fax 68500868 – ⏸ ⇇ ᴛᴠ ☎ ⇐.
 ᴬᴱ ⓞ ᴇ 𝘝𝘐𝘚𝘈 ᴊᴄʙ CV **a**
 57 Z 155/250.

🏠 **Sorat Hotel u. Office** garni, Rudower Str. 90, ⊠ 12351, ℰ 60 00 80, Fax 60008666, ⇆
 – ⏸ ⇇ ⊟ ᴛᴠ ☎ ⇐ – ᵭ 35. ᴬᴱ ⓞ ᴇ 𝘝𝘐𝘚𝘈 CV **s**
 96 Z 150/290.

🏠 **Buschkrugpark** garni, Buschkrugallee 107, ⊠ 12359, ℰ 6 00 99 00, Fax 60099020 – ⏸ ᴛᴠ
 ☎. ᴬᴱ ⓞ ᴇ 𝘝𝘐𝘚𝘈 CV **e**
 23. Dez.- 1. Jan. geschl. – **25 Z** 175/265.

🏠 **Bürger-Hotel** garni, Bürgerstr. 42, ⊠ 12347, ℰ 6 28 90 30, Fax 62890320 – ᴛᴠ ☎. ᴬᴱ ᴇ
 𝘝𝘐𝘚𝘈. ⅝ CV **c**
 32 Z 140/180.

 In Berlin-Buckow Stadtplan Berlin : S. 3 :

🏠 **Esprit** garni, Rudower Str. 179, ⊠ 12351, ℰ 6 62 10 51, Fax 6613460 – ⏸ ᴛᴠ ☎. ᴬᴱ ᴇ 𝘝𝘐𝘚𝘈
 ᴊᴄʙ CV **r**
 16 Z 150/250.

 In Berlin-Dahlem Stadtplan Berlin : S. 2,4 :

🏠 **Forsthaus Paulsborn** ⟍, Am Grunewaldsee, ⊠ 14193, ℰ 8 13 80 10, Fax 8141156, ⇪
 – ᴛᴠ ☎ ⓟ – ᵭ 80. ᴬᴱ ⓞ ᴇ 𝘝𝘐𝘚𝘈 BV **u**
 Menu *(Montag geschl.)* à la carte 43/82 – **10 Z** 155/235.

XX **Alter Krug,** Königin-Luise-Str. 52, ⊠ 14195, ℰ 8 32 50 89, Fax 8327749, « Gartenterrasse »
 – ⓟ. ᴬᴱ ⓞ ᴇ 𝘝𝘐𝘚𝘈 BV **k**
 Sonntag nur Mittagessen, Montag geschl. – **Menu** (wochentags nur Abendessen) à la carte
 49/81.

 In Berlin-Friedrichshain Stadtplan Berlin : S. 3 :

🏠 **Picco,** Gürtelstr. 41, ⊠ 10247, ℰ 30 64 30, Fax 30643222, ⇆ – ⏸ ᴛᴠ ☎ ᵭ ⇐ – ᵭ 14.
 ᴬᴱ ⓞ ᴇ 𝘝𝘐𝘚𝘈. ⅝ CU **c**
 Menu (nur Abendessen) 25/35 und à la carte 46/55 – **60 Z** 177/261.

In Berlin-Grunewald Stadtplan Berlin : S. 2,4 :

🏨 **Schloßhotel Vier Jahreszeiten,** Brahmsstr. 6, ✉ 14193, ℰ 89 58 40, Fax 89584800,
« Ehemaliges Palais », ♬, ⇔, 🔲 – |✦| 🔲 🔲 ⟸ – 🔏 70. 🔲 ⓞ 🔳 *VISA*. 🔲 Rest
Vivaldi (nur Abendessen) (Sonntag - Montag geschl.) **Menu** 128/168 und à la carte 83/128
– *Le Jardin :* **Menu** à la carte 56/76 – **39 Z** 566/657, 7 Suiten.   EZ **a**

XXXX ✿ **Grand Slam,** Gottfried-von-Cramm-Weg 47, ✉ 14193, ℰ 8 25 38 10, Fax 8266300, 🔲
– 🔲 ⓞ 🔳 *VISA* 🔲. 🔲   BU
Sonntag - Montag, Jan. 2 Wochen und Juli - Aug. 3 Wochen geschl. – **Menu** (nur Abend-
essen, Tischbestellung erforderlich) 125/175 und à la carte 93/108
Spez. Gegrillter Bonito mit Austernbéarnaise, Salzwiesenlamm mit Auberginenconfit, Geeister
Champagnersabayon.

XXX **Hemingway's,** Hagenstr. 18, ✉ 14193, ℰ 8 25 45 71, Fax 8900670, 🔲 – 🔲 ⓞ 🔳 *VISA*
🔲   EZ **t**
Menu (nur Abendessen, Tischbestellung ratsam) à la carte 74/99.

XX **Castel Sardo,** Hagenstr. 2, ✉ 14193, ℰ 8 25 60 14, 🔲 – 🔲 ⓞ 🔳 *VISA*   BU **a**
Montag geschl. – **Menu** (italienische Küche) à la carte 54/87.

In Berlin-Kreuzberg Stadtplan Berlin : S. 5 u. 8 :

🏨 **Stuttgarter Hof,** Anhalter Str. 9, ✉ 10963, ℰ 26 48 30, Telex 183966, Fax 26483900, ⇔
– |✦| 🔲 Zim 🔲 🔲 ⟸ – 🔏 30. 🔲 ⓞ 🔳 *VISA*   NZ **e**
Menu à la carte 41/76 – **110 Z** 235/440.

🏨 **Riehmers Hofgarten,** Yorckstr. 83, ✉ 10965, ℰ 78 10 11, Fax 7866059 – |✦| 🔲 🔲 –
🔏 25   GZ **a**
Menu (nur Abendessen) à la carte 47/70 – **38 Z** 200/290.

🏨 **Antares** garni, Stresemannstr. 97, ✉ 10963, ℰ 25 41 60, Fax 2615027 – |✦| 🔲 🔲. 🔲
ⓞ 🔳 *VISA* 🔲   NZ **r**
87 Z 150/290.

XX **Altes Zollhaus,** Carl-Herz-Ufer 30, ✉ 10961, ℰ 6 92 33 00, Fax 6923566 – 🔲 ⓞ 🔳
VISA   GZ **r**
Sonntag - Montag geschl. – **Menu** (nur Abendessen) 70/100.

In Berlin-Lichtenberg Stadtplan Berlin : S. 3 :

🏨 **Abacus - Am Tierpark,** Franz-Mett-Str. 3, ✉ 10319, ℰ 5 16 20, Fax 5162666, ⇔ – |✦|
🔲 Zim 🔲 🔲 🔏 🔲 – 🔏 90. 🔲 ⓞ 🔳 *VISA*. 🔲 Rest   DU **e**
Menu 30/44 nur Buffet – **278 Z** 190/310.

🏨 **Nova** garni, Weitlingstr. 15, ✉ 10317, ℰ 5 25 24 66, Fax 5252432 – |✦| 🔲 🔲 – 🔏 20. 🔲
ⓞ 🔳 *VISA*   DU **a**
38 Z 120/220.

In Berlin-Lichterfelde Stadtplan Berlin : S. 2 :

🏨 **Villa Toscana** garni, Bahnhofstr. 19, ✉ 12207, ℰ 7 72 39 61, Fax 7734488, « Ehemalige
Villa mit geschmackvoller Einrichtung » – |✦| 🔲 🔲. 🔲 ⓞ 🔳 *VISA* 🔲. 🔲   BV **b**
16 Z 178/276.

In Berlin-Mariendorf Stadtplan Berlin : S. 3 :

🏨 **Landhaus Alpinia,** Säntisstr. 32, ✉ 12107, ℰ 76 17 70 (Hotel) 7 41 99 98 (Rest.),
Fax 7419835, « Gartenterrasse », ⇔ – |✦| 🔲 ⟸ – 🔏 20. 🔲 🔳 *VISA*   CV **b**
Säntisstuben : **Menu** à la carte 57/72 – **58 Z** 168/330.

In Berlin Prenzlauerberg Stadtplan Berlin : S. 5 :

🏨 **Sorat Hotel Gustavo** garni, Prenzlauer Allee 169, ✉ 10409, ℰ 44 66 10, Fax 44661661
– |✦| 🔲 🔲 🔲 ⟸ – 🔏 50. 🔲 ⓞ 🔳 *VISA*   HX **b**
123 Z 190/310.

In Berlin-Reinickendorf Stadtplan Berlin : S. 2-3 :

🏨 **Rheinsberg am See,** Finsterwalder Str. 64, ✉ 13435, ℰ 4 02 10 02, Fax 4035057,
« Gartenterrasse am See », ♬, ⇔, 🔲, 🔲, 🔲 – |✦| 🔲 🔲 🔲 – 🔏 60. 🔳 *VISA*   CT **e**
Menu à la carte 46/78 – **80 Z** 165/280.

🏨 **Carat** garni, Ollenhauerstr. 111, ✉ 13403, ℰ 41 09 70, Fax 41097444 – |✦| 🔲 🔲 ⟸
🔲 – 🔏 40. 🔲 🔳 *VISA*   BT **n**
42 Z 150/315.

🏨 **Central-Hotel** garni, Kögelstr. 12, ✉ 13403, ℰ 49 88 10, Fax 49881650 – |✦| 🔲 🔲 🔲. 🔲
🔳   BT **v**
70 Z 100/210.

🏨 **Ibis,** Alt Reinickendorf 4-9, ✉ 13407, ℰ 49 88 30, Fax 49883444, 🔲 – |✦| 🔲 Zim 🔲 🔲
🔲 🔲 – 🔏 60. 🔲 ⓞ 🔳 *VISA* 🔲   CT **a**
Menu à la carte 26/53 – **116 Z** 153/193.

🏨 **Hotel CD,** Blankestr. 11, ✉ 13403, ℰ 4 96 05 55, Fax 4960540, 🔲 – 🔲 🔲 🔲. 🔳
VISA   BT **v**
Menu *(Sonntag nur Mittagessen)* à la carte 25/48 – **10 Z** 140/210.

In Berlin-Siemensstadt Stadtplan Berlin : S. 2 :

🏨 **Airport Hotel Esplanade,** Rohrdamm 80, ✉ 13629, 🖉 38 38 90, Fax 38389900, �############, **♨**,
🗣, 🖳 – ❚╪❚ 🍴 Zim 🅣🆅 & 🚗 🅟 – 🔺 170. 🆎 🅞 🗜 🆅🆂🅰 🅹🅲🅱. 🕸 Rest BU **b**
Menu à la carte 42/58 – **342 Z** 248/396.

🏨 **Novotel,** Ohmstr. 4, ✉ 13629, 🖉 3 80 30, Fax 3819403, 🍃 – ❚╪❚ 🍴 Zim 🅣🆅 🕿 & 🅟 –
🔺 200. 🆎 🅞 🆅🆂🅰 BU **u**
Menu à la carte 31/61 – **119 Z** 198/248.

In Berlin-Spandau Stadtplan Berlin : S. 2 :

🏨 Neotel Senator, Freiheit 5, ✉ 13597, 🖉 33 09 80, Fax 33098980 – ❚╪❚ ▤ 🅣🆅 🕿 & 🚗 –
🔺 50 AU **c**
115 Z.

🏠 **Herbst** garni, Moritzstr. 20, ✉ 13597, 🖉 3 33 40 32, Fax 3337365 – 🅣🆅 🕿 AU **v**
21. Dez.- 2. Jan. geschl. – **21 Z** 130/195.

🍴 **Kolk,** Hoher Steinweg 7, ✉ 13597, 🖉 3 33 88 79, �############ – 🕸 AU **d**
Jan.- Okt. Montag geschl. – **Menu** à la carte 33/65.

In Berlin-Steglitz Stadtplan Berlin : S. 2 :

🏨 **Steglitz International,** Albrechtstr. 2 (Ecke Schloßstraße), ✉ 12120, 🖉 79 00 50,
Telex 183545, Fax 79005550 – ❚╪❚ 🍴 Zim 🅣🆅 & 🚗 – 🔺 400. 🆎 🅞 🗜 🆅🆂🅰. 🕸 Rest
Menu à la carte 43/65 – **211 Z** 260/320, 3 Suiten. BV **a**

🏠 **Ravenna Hotel** garni, Grunewaldstr. 8, ✉ 12165, 🖉 79 09 10, Fax 7924412 – ❚╪❚ 🅣🆅 🕿 🚗
🅟 – 🔺 20. 🆎 🅞 🗜 🆅🆂🅰 🅹🅲🅱 BV **c**
59 Z 125/195, 3 Suiten.

🏠 **Am Forum Steglitz,** Bornstr. 5, ✉ 12161, 🖉 8 50 80 40, Fax 8592298, �############ – ❚╪❚ 🅣🆅 🕿 🚗.
🆎 🅞 🗜 🆅🆂🅰 BV **r**
Menu (nur Abendessen) à la carte 33/57 – **28 Z** 165/195.

In Berlin-Tegel Stadtplan Berlin : S. 4 :

🏨 **Sorat-Hotel Humboldt-Mühle** 🕸, An der Mühle 5, ✉ 13507, 🖉 43 90 40, Fax 43904444,
�############, **♨**, 🗣 – ❚╪❚ 🍴 Zim ▤ 🅣🆅 🕿 🚗 – 🔺 50. 🆎 🅞 🗜 🆅🆂🅰 BT **c**
Menu à la carte 40/61 – **122 Z** 203/366.

🏨 **Novotel Berlin Airport,** Kurt-Schumacher-Damm 202 (über Flughafen-Zufahrt), ✉ 13405,
🖉 4 10 60, Telex 181605, Fax 4106700, �############, 🗣, 🍃 (geheizt) – ❚╪❚ 🍴 Zim ▤ 🅣🆅 & 🅟
– 🔺 150. 🆎 🅞 🗜 🆅🆂🅰 EX **r**
Menu à la carte 36/57 – **183 Z** 198/248.

🏠 **Am Tegeler See** 🕸 (mit Gästehaus), Wilkestr. 2, ✉ 13507, 🖉 4 38 40, Fax 4384150, �############
– ❚╪❚ 🅣🆅 🕿 🚗 🅟. 🆎 🅞 🗜 🆅🆂🅰 BT **a**
Menu à la carte 27/52 – **56 Z** 140/210.

In Berlin-Tegelort Stadtplan Berlin : S. 2 :

🏠 **Igel** garni, Friederikestr. 33, ✉ 13505, 🖉 4 36 00 10, Fax 4362470, 🗣 – 🅣🆅 🕿 🚗 🅟.
🆎 🅞 🗜 🆅🆂🅰 AT **u**
50 Z 120/220.

In Berlin-Tiergarten Stadtplan Berlin : S. 4 :

🏨 **Sorat Hotel Am Spreebogen** 🕸, Alt Moabit 99, ✉ 10559, 🖉 39 07 90, Fax 39079999,
�############, **♨**, 🗣 – ❚╪❚ 🍴 Zim 🅣🆅 & 🚗 – 🔺 150. 🆎 🅞 🗜 🆅🆂🅰. 🕸 Rest FY **b**
Menu à la carte 52/70 – **224 Z** 190/420.

🏨 **Park Consul** garni, Alt-Moabit 86a, ✉ 10555, 🖉 39 07 80, Fax 39078900 – ❚╪❚ 🍴 🅣🆅 🕿
🚗. 🆎 🅞 🗜 🆅🆂🅰 FY **s**
52 Z 215/325.

🏠 **Alfa-Hotel,** Ufnaustr. 1, ✉ 10553, 🖉 34 40 31, Fax 3452111 – ❚╪❚ 🅣🆅 🕿 🚗 – 🔺 35. 🆎
🅞 🗜 🆅🆂🅰 🅹🅲🅱 FY **a**
(nur Abendessen für Hausgäste) – **33 Z** 226/270.

In Berlin-Waidmannslust Stadtplan Berlin : S. 2 :

🍴🍴🍴 ⊛ **Rockendorf's Restaurant,** Düsterhauptstr. 1, ✉ 13469, 🖉 4 02 30 99, Fax 4022742,
« Elegante Einrichtung » – 🅟. 🆎 🅞 🗜 🆅🆂🅰 BT **m**
Sonntag - Montag, 22. Dez.- 6. Jan. und Juli geschl. – **Menu** (Tischbestellung ratsam)
110/175 (mittags) 175/225 (abends)
Spez. Geräucherter Seeteufel auf Tomatengelee mit Kaviar, Geschmorter Tafelspitz vom Milch-
kalb mit Wurzelgemüse, Brombeersuppe mit Quarkeis und Schneeballen.

In Berlin-Wannsee Stadtplan Berlin : S. 2 :

🏠 **Forsthaus an der Hubertusbrücke** 🕸 garni, Stölpchenweg 45, ✉ 14109, 🖉 8 05 30 54,
Fax 8053524 – 🅣🆅 🕿 🅟. 🆎 🅞 🗜 🆅🆂🅰 AV **s**
22 Z 230/320.

🍴 **Halali,** Königstr. 24, ✉ 14109, 🖉 8 05 31 25, Fax 8059201, �############ – 🆎 🗜 🆅🆂🅰 AV **r**
Dienstag sowie Jan. und Juli - Aug. je 2 Wochen geschl. – **Menu** (wochentags nur Abendessen) à la carte 44/64.

137

In Berlin-Wedding Stadtplan Berlin : S. 4 :

Gästehaus Axel Springer garni, Föhrer Str. 14, ✉ 13353, ✆ 45 00 60, Fax 4500646 – TV ☎ ♿ P. AE ① E VISA. ✻ FX
35 Z 149/204.

Quality Hotel Berlin, Hochstr. 2, ✉ 13357, ✆ 46 00 30, Fax 46003444 – |‡| ⇆ Zim TV ☎ ♿ ⇔. AE ① E VISA JCB GX
Menu à la carte 30/60 – **220 Z** 195/285, 4 Suiten.

In Berlin-Zehlendorf Stadtplan Berlin : S. 2 :

Cristallo, Teltower Damm 52, ✉ 14167, ✆ 8 15 66 09, Fax 8152023, 😀 – AE VISA BV
Menu (wochentags nur Abendessen, italienische Küche) à la carte 49/84.

An der Avus Stadtplan Berlin : S. 2 :

Raststätte - Motel Grunewald, Kronprinzessinnenweg 120, ✉ 14129, ✆ 8 03 10 11, Fax 8033189, 😀 – |‡| TV ☎ P. E VISA AV
Menu à la carte 28/53 – **44 Z** 135/185.

Am Wannsee SW : 24 km :

Blockhaus Nikolskoe, Nikolskoer Weg, ✉ 14109, ✆ 8 05 29 14, Fax 8052029, 😀 – P über Königstraße AV
Donnerstag geschl. – **Menu** à la carte 27/66.

Am großen Müggelsee SO : 15 km über Adlergestell DV :

Müggelsee ⛰, Am Müggelsee (südliches Ufer), ✉ 12559 Berlin-Köpenick, ✆ (030) 65 88 20, Fax 65882263, 😀, Massage, ≘s, ✻ – |‡| TV ☎ P – 🔺 200. AE ① E VISA JCB
Menu à la carte 29/51 – **175 Z** 250/420, 5 Suiten.

Seehotel Friedrichshagen, Müggelseedamm 288 (nördliches Ufer), ✉ 12587 Berlin-Köpenick-Friedrichshagen, ✆ (030) 64 08 40, Fax 64084139, ←, « Terrasse am See », ≘, Bootssteg – TV ☎ P – 🔺 100. AE E VISA. ✻
Menu à la carte 34/63 – **40 Z** 155/225.

In Eichwalde SO : 21 km über Adlergestell DV :

C+W Gourmet, Bahnhofstr. 9, ✉ 15732, ✆ (030) 6 75 84 23, Fax 6758423, Restaurant im Bistrostil
Montag - Dienstag geschl. – **Menu** (wochentags nur Abendessen) 60/80 und à la carte 48/60.

MICHELIN-REIFENWERKE KGaA. Regionales Vertriebszentrum 15711 Schenkendorf Zeppelin-Ring 2, ✆ (03375) 91 81 00, Fax 918199.

BERLINCHEN Brandenburg siehe Wittstock.

BERMSGRÜN Sachsen siehe Schwarzenberg.

BERNAU Brandenburg 414 M 7, 984 ⑯, 987 ⑰ ⑱ – 21 000 Ew – Höhe 79 m – ☎ 03338.
ℹ Fremdenverkehrsamt, Marktplatz 2 (Rathaus), ✉ 16321, ✆ 57 91.
Potsdam 59 – ♦Berlin 27 – Neubrandenburg 144 – ♦Frankfurt an der Oder 95.

Kaisergarten ⛰, Breitscheidstr. 32, ✉ 16321, ✆ 36 34 64, Fax 363466 – |‡| ⇆ Zim TV ☎ – 🔺 40. AE ① E VISA
Menu à la carte 26/52 – **66 Z** 125/165.

Comfort Hotel garni, Zepernicker Chaussee 39, ✉ 16321, ✆ 3 87 00, Fax 38702, ≘s TV ☎ P. AE ① E VISA
48 Z 130/175.

Waldkater, Wandlitzer Chaussee 10 (NW : 3 km), ✉ 16321, ✆ 57 64, Fax 5764, 😀 – P

In Schönfeld O : 11 km :

Ritter zur Linde, Weesower Str. 3, ✉ 16356, ✆ (033398) 3 81, 😀
Montag-Dienstag und Jan.- Feb. 6 Wochen geschl. – **Menu** à la carte 42/61.

In Lanke N : 12 km :

Landhotel am Obersee, Am Obersee 3, ✉ 16359, ✆ (03337) 37 41, Fax 3739, 😀, ⛵ – TV ☎ ♿ P – 🔺 20. E VISA
Menu à la carte 23/47 – **22 Z** 80/150.

Seeschloss, Oberseer Str. 6, ✉ 16359, ✆ (03337) 20 43, Fax 3412, 😀 – TV ☎ P – 🔺 3…
25 Z.

Einige Hotels in größeren Städten
bieten preisgünstige Wochenendpauschalen an.

🛈 Kur- u. Verkehrsamt, Aschauer Str. 10, ✉ 83233, 𝄞 72 18, Fax 89683.

♦München 84 – Rosenheim 25 – Salzburg 59 – Traunstein 30.

🏨 **Alter Wirt - Bonnschlößl,** Kirchplatz 9, ✉ 83233, 𝄞 8 90 11, Fax 89103, Biergarten, « Park », 🌲 – 🛗 ☎ 🚗 🅿. 🛇 Zim
Mitte Okt.- Mitte Nov. geschl. – **Menu** *(Montag geschl.)* à la carte 26/59 ⅃ – **44 Z** 58/140.

🏨 **Talfriede,** Kastanienallee 1, ✉ 83233, 𝄞 74 18, Fax 7702 – 🅿. 🆎 ⓪ 🅴 𝘝𝘐𝘚𝘈. 🛇
April - Anfang Nov. – (nur Abendessen für Hausgäste) – **29 Z** 88/195.

🏠 **Jägerhof,** Rottauer Str. 15, ✉ 83233, 𝄞 73 77, Fax 7829, 🌳 – ☎ 🅿. 🅴 𝘝𝘐𝘚𝘈
18.- 28. April und 24. Okt.- 21. Nov. geschl. – **Menu** *(Dienstag-Mittwoch geschl.)* à la carte 34/69 – **12 Z** 70/124.

🏠 **Kampenwand,** Aschauer Str. 12, ✉ 83233, 𝄞 8 94 04, 🌳 – 📺 ☎ 🅿
10 Z.

In Bernau-Felden NO : 4 km :

🏠 **Seehotel Fischerstüberl,** Felden 4, ✉ 83233, 𝄞 72 17, Fax 7440, 🌳, Biergarten, ⓔ – ♦ 🛗 📺 ☎ 🅿. 🛇 Zim
Nov.- 24. Dez. geschl. – **Menu** *(Mittwoch, im Winter auch Donnerstag geschl.)* à la carte 23/52 – **29 Z** 110/180.

In Bernau-Reit SW : 3 km – Höhe 700 m

🏨 **Seiserhof** 🐾, Reit 5, ✉ 83233, 𝄞 98 90, Fax 89646, ≤ Chiemgau und Chiemsee, 🌳, 🐾, ♦ 🌲 – 🛗 ☎ 🅿. 🛇 Zim
Mitte - Ende Jan. und 16. Nov.- 23. Dez. geschl. – **Menu** *(Dienstag-Mittwoch geschl.)* à la carte 21/52 ⅃ – **24 Z** 50/140.

🏨 **Seiser Alm** 🐾, Reit 4, ✉ 83233, 𝄞 74 04, Fax 8620, ≤ Chiemgau und Chiemsee, 🌳, ⓔ, ♦ 🌲 – 🛗 ♿ 🚗 🅿. 🆎 🅴
Ende Okt. - Mitte Nov. und März - April 2 Wochen geschl. – **Menu** *(Donnerstag-Freitag geschl.)* à la carte 21/41 ⅃ – **25 Z** 50/100.

🛈 Kurverwaltung, Bernau-Innerlehen, Rathaus, ✉ 79872, 𝄞 16 00 30, Fax 160090.

♦Stuttgart 198 – Basel 59 – ♦Freiburg im Breisgau 47 – Waldshut-Tiengen 35.

In Bernau-Dorf :

🏠 **Bergblick,** Hasenbuckweg 1, ✉ 79872, 𝄞 4 24, Fax 1466, ≤, 🌳, 🌲 – 📺 🚗 🅿. 🛇
31. Okt.- 25. Dez. geschl. – **Menu** *(Dienstag geschl.)* à la carte 28/60 ⅃ – **12 Z** 62/112 – ½ P 76/82.

In Bernau-Innerlehen :

🏠 **Schwarzwaldhaus,** Am Kurpark 26, ✉ 79872, 𝄞 3 65, Fax 1371, 🌲 – 🚗 🅿
Mitte Nov.- Mitte Dez. geschl. – **Menu** *(Donnerstag geschl.)* à la carte 28/48 ⅃ – **12 Z** 47/94 – ½ P 61/64.

In Bernau-Oberlehen :

🏠 **Schwanen,** Todtmooser Str. 17, ✉ 79872, 𝄞 3 48, Fax 1758, 🌲 – ↤ Zim 📺 ☎ 🚗 🅿. ⓪ 🅴 𝘝𝘐𝘚𝘈 – *Mitte Nov.- Mitte Dez. geschl.* – **Menu** *(Mittwoch geschl.)* à la carte 25/48 ⅃ – **18 Z** 50/140 – ½ P 75/95.

🏠 **Bären,** Weiherweg 1, ✉ 79872, 𝄞 6 40, Fax 1521, 🌳 – 📺 ☎ 🅿. 🛇
5.- 30. April und 5. Nov.- 20. Dez. geschl. – **Menu** *(Montag geschl.)* à la carte 27/60 ⅃ – **12 Z** 55/100.

🛈 Stadtinformation, Lindenplatz 9, ✉ 06406, 𝄞 2 60 96, Fax 26098.

Magdeburg 44 – ♦Leipzig 76.

🏨 **Parkhotel Parforce-Haus,** Aderstedter Str. 1 (B 185, SW : 2 km), ✉ 06406, 𝄞 36 20, Fax 362111, 🌳, ⓔ – 🛗 ↤ Zim 📺 🅿 – 🏛 90. 🅴 𝘝𝘐𝘚𝘈
Menu à la carte 27/53 – **105 Z** 145/250.

🏨 **Fürsteneck,** Große Einsiedelsgasse 2, ✉ 06406, 𝄞 2 20 16, Fax 22016, ⓔ – 🛗 📺 ☎ 🅿 – 🏛 20 – **19 Z.**

🏨 **Askania** garni, Breite Str. 2, ✉ 06406, 𝄞 4 60, Fax 46135 – 📺 ☎ 🅿 – 🏛 40. 🆎 ⓪ 🅴 𝘝𝘐𝘚𝘈 **47 Z** 125/165.

🏠 **Ulmer Spatz** garni, Heinrich-Zille-Str. 2, ✉ 06406, 𝄞 2 40 21, Fax 24060 – 📺 ☎. 🅴 **17 Z** 104/148.

🏠 **City-Hotel** garni, Lindenstr. 1c, ✉ 06406, 𝄞 2 21 70, Fax 23122, 🛁, ⓔ – 📺 ☎. 🅴 **17 Z** 95/155.

BERNECK IM FICHTELGEBIRGE, BAD Bayern 🗺️🗺️🗺️ RS 16, 🗺️🗺️🗺️ ㉗ – 5 000 Ew – Höhe 377 m
– Kneippheilbad – Luftkurort – 🌀 09273.

🅱️ Kurverwaltung, Rathaus, Bahnhofstr. 77, ✉️ 95460, 𝄕 89 16, Fax 8936.

♦München 244 – Bayreuth 15 – Hof 45.

🏠 **Kurhotel Heissinger** 🦢 garni, An der Ölschnitz 51, ✉️ 95460, 𝄕 3 31, 🔥 – 🛗 📺 🚗,
🕧 ⑩ 🇪 𝐕𝐈𝐒𝐀
10. Jan.- Feb. und 15. Nov.- 15. Dez. geschl. – **18 Z** 68/130.

🏠 **Haus am Kurpark** 🦢, Heinersreuther Weg 1, ✉️ 95460, 𝄕 76 18, Fax 1800 – 📺 ☎ 🅿️.
➡️ 🕧 ⑩ 🇪 𝐕𝐈𝐒𝐀 – *Mitte Jan.- Ende Feb. geschl.* – **Menu** *(Montag geschl.)* (nur Abendessen)
à la carte 21/36 – **13 Z** 65/140.

✗ **Hübner,** Marktplatz 34, ✉️ 95460, 𝄕 82 82, Fax 8087 – 🕧 ⑩ 🇪 𝐕𝐈𝐒𝐀
Donnerstag und Feb. geschl. – **Menu** à la carte 27/57.

In Bad Berneck-Goldmühl SO : 3 km :

🏠 **Schwarzes Roß,** Maintalstr. 11, ✉️ 95460, 𝄕 3 64, Fax 5234, 🌳 – 📺 ☎ 🚗 🅿️ – 🏛️ 30.
➡️ 🕧 🇪
28. Okt.- 25. Nov. geschl. – **Menu** *(Ostern - Okt. Sonntag nur Mittagessen, Dez.- Ostern
Sonntag geschl.)* à la carte 20/42 – **24 Z** 60/140.

In Goldkronach SO : 5 km – *Erholungsort* :

🏠 **Alexander von Humboldt,** Bad Bernecker Str. 4, ✉️ 95497, 𝄕 (09273) 61 96, Fax 8395,
🛁, 🏊 – 🛗 📺 ☎ 🚗 🅿️ – 🏛️ 80. 🕧 ⑩ 🇪 𝐕𝐈𝐒𝐀, ⚡ Rest
Menu *(Feb. geschl.)* à la carte 28/64 – **40 Z** 94/198.

BERNKASTEL-KUES Rheinland-Pfalz 🗺️🗺️ E 17, 🗺️🗺️🗺️ ㉔ – 7 200 Ew – Höhe 115 m – *Erholungsort*
– 🌀 06531.

Sehenswert : Markt★.

Ausflugsziel : Burg Landshut ≼★★, S : 3 km.

🅱️ Tourist-Information, in Bernkastel, Gestade 5, ✉️ 54470, 𝄕 40 23, Fax 7953.

Mainz 113 – ♦Koblenz 103 – ♦Trier 49 – Wittlich 16.

Im Ortsteil Bernkastel :

🏨 **Zur Post,** Gestade 17, ✉️ 54470, 𝄕 20 22, Fax 2927, « Gemütliche Gasträume », 🛁 – 🛗
📺 ☎ – 🏛️ 20. 🕧 ⑩ 🇪 𝐕𝐈𝐒𝐀
Jan. geschl. – **Menu** à la carte 36/62 – **42 Z** 95/180.

🏨 **Doctor Weinstuben,** Hebegasse 5, ✉️ 54470, 𝄕 60 81, Fax 6296, « Ehem. Zehnthaus
a.d.J.1668, Innenhofterrasse » – 🛗 ☎. 🕧 ⑩ 🇪 𝐕𝐈𝐒𝐀, ⚡ Rest
Jan.- März geschl. – **Menu** *(Donnerstag geschl.)* à la carte 37/62 – **19 Z** 85/160.

🏠 **Behrens** garni, Schanzstr. 9, ✉️ 54470, 𝄕 60 88, Fax 6089 – 🛗 📺 ☎ 🚗
2. Jan.- Feb. geschl. – **25 Z** 65/150.

🏠 **Römischer Kaiser,** Markt 29, ✉️ 54470, 𝄕 30 38, Fax 7672 – 📺 ☎. 🕧 ⑩ 🇪 𝐕𝐈𝐒𝐀
Jan.- Feb. geschl. – **Menu** à la carte 34/69 – **35 Z** 75/160.

🏠 **Binz,** Markt 1, ✉️ 54470, 𝄕 22 25, Fax 7103 – 📺 ☎. 🇪 𝐕𝐈𝐒𝐀
15. Dez.- Jan. geschl. – **Menu** *(Feb.- Juli Dienstag geschl.)* à la carte 31/55 – **8 Z** 60/140.

🏠 **Moselblümchen,** Schwanenstr. 10, ✉️ 54470, 𝄕 23 35, Fax 7633 – 🇪 𝐕𝐈𝐒𝐀
20. Dez.- 15. März geschl. – **Menu** *(Montag nur Mittagessen, Dienstag geschl.)* à la carte
26/56 – **22 Z** 75/146.

🍴 **Kapuziner-Stübchen,** Römerstr. 35, ✉️ 54470, 𝄕 23 53
➡️ *Ende Feb.- Anfang März geschl.* – **Menu** *(Montag geschl.)* à la carte 19/36 🍷 – **10 Z** 32/90.

✗ **Ratskeller,** Am Markt, ✉️ 54470, 𝄕 73 29, Fax 1359 – ⑩ 🇪 𝐕𝐈𝐒𝐀
Montag und Feb. geschl. – **Menu** à la carte 39/55.

Im Ortsteil Kues :

🏨 **Moselpark** 🦢, Am Kurpark, ✉️ 54470, 𝄕 50 80, Fax 508612, 🌳, 🛁, 🛁, 🔲, 🌳,
⚡ (Halle) – 🛗 📺 ☎ 🅿️ – 🏛️ 250. 🕧 🇪 𝐕𝐈𝐒𝐀
Menu à la carte 34/73 – **150 Z** 145/278.

🏠 **Drei Könige** garni, Bahnhofstr. 1, ✉️ 54470, 𝄕 20 35, Fax 7815 – 🛗 📺 ☎ 🚗. 🕧 ⑩
🇪 𝐕𝐈𝐒𝐀
Mitte März - Mitte Nov. – **40 Z** 90/168.

🏠 **Panorama** 🦢 garni, Rebschulweg 48, ✉️ 54470, 𝄕 30 61, Fax 94214, 🛁, 🌳 – 📺 ☎ 🅿️.
🕧 🇪
15. Jan.- 15. Feb. geschl. – **15 Z** 55/130.

🏠 **Am Kurpark,** Meisenweg 1, ✉️ 54470, 𝄕 30 31, Fax 1245, 🌳 – 📺 ☎ 🅿️. 🕧 ⑩ 𝐕𝐈𝐒𝐀
Menu à la carte 25/41 – **15 Z** 65/115.

🏠 **Weinhaus St. Maximilian** garni, Triniusstraße, ✉️ 54470, 𝄕 24 31, Fax 7541 – 🅿️. 🇪 𝐕𝐈𝐒𝐀
Mitte März - Mitte Nov. – **10 Z** 70/105.

✗ **Café Volz** mit Zim, Lindenweg 18, ✉️ 54470, 𝄕 66 27, Fax 7611, 🌳, 🌳 – 📺 ☎ 🅿️. 🕧
⑩ 🇪
Anfang Jan. - Anfang Feb. geschl. – **Menu** *(Montag geschl.)* à la carte 27/54 – **7 Z** 60/130.

Im Ortsteil Wehlen NW : 4 km :

🏠 **Mosel-Hotel** ⚲, Uferallee 3, ✉ 54470, ℰ 85 27, Fax 1546, ≤, 🍴 – 📺 ☺
März - Mitte Nov. – **Menu** *(nur Abendessen)* à la carte 26/48 – **15 Z** 70/140.

BERNRIED Bayern 🔢🔢🔢 V 20 – 4 100 Ew – Höhe 500 m – Wintersport : 750/1 000 m 🎿3 🎿5
☺ 09905.

Verkehrsamt, Engerlgasse 25a, ✉ 94505, ℰ 2 17, Fax 8138.

München 160 – Passau 57 – ♦ Regensburg 65 – Straubing 33.

🏠 **Bernrieder Hof** ⚲, Bogener Str. 9, ✉ 94505, ℰ 83 97, Fax 8400, 🍴, ⇔s, ⌁ (geheizt),
🌲, 🌳 – ⚞ Zim 📺 ☎ ☺ – 🏛 80. 🔲 ⅝ Rest
7.- 31. Jan. geschl. – **Menu** à la carte 26/50 – **33 Z** 48/112 – ½ P 64.

In Bernried-Rebling NO : 10 km :

🏠 **Reblinger Hof** ⚲, Kreisstr. 3, ✉ 94505, ℰ 5 55, Fax 1839, ≤, 🍴, Damwildgehege, ⇔s,
🔲, 🌳 – ☎ ⇔ ☺. 🔲
Mitte Nov.- 24. Dez. geschl. – **Menu** *(Montag - Dienstag geschl.)* à la carte 28/53 –
13 Z 85/198 – ½ P 109/124.

BERNRIED AM STARNBERGER SEE Bayern 🔢🔢🔢 Q 23, 🔢🔢🔢 F 5 – 1 800 Ew – Höhe 633 m
Erholungsort – ☺ 08158.

Verkehrsbüro, Bahnhofstr. 4, ✉ 82347, ℰ 80 45, Fax 8047.

München 47 – Starnberg 20 – Weilheim 18.

🏠 **Marina** ⚲, Segelhafen 1, ✉ 82347, ℰ 93 20, Fax 7117, ≤, 🍴, ⇔s, 🔲, 🛥🌲, 🌳 Yachthafen – 📺 ☎ ☺ – 🏛 80. 🔲 ⅼ 🔲 ⅤⅠSA ⅉⅭⲂ
20. Dez.- 7. Jan. geschl. – **Menu** à la carte 42/72 – **72 Z** 155/295 – ½ P 175/195.

ERNSDORF Sachsen 🔢🔢🔢 O 11, 🔢🔢🔢 ⑳, 🔢🔢🔢 ⑱ – 4 000 Ew – Höhe 120 m – ☺ 035723.

Dresden 46 – Cottbus 59 – Görlitz 83 – ♦Leipzig 150.

🏠 Deutsches Haus, Kamenzer Str. 1 (B 97), ✉ 02994, ℰ 3 95, Fax 395, Biergarten – 📺 ☎
☺ – **10 Z**.

ERTRICH, BAD Rheinland-Pfalz 🔢🔢🔢 E 16, 🔢🔢🔢 ⑳ – 1 400 Ew – Höhe 165 m – Heilbad –
02674.

Verkehrsamt, im Thermalhallenbad, ✉ 56864, ℰ 12 93.

Mainz 118 – ♦Koblenz 93 – ♦Trier 60.

🏠 **Fürstenhof** ⚲, Kurfürstenstr. 36, ✉ 56864, ℰ 93 40, Fax 737, direkter Zugang zum Kurmittelhaus, 🔲 – 🕴 📺 ☎ ⇔
Menu à la carte 38/75 – **69 Z** 85/220, 5 Suiten.

🏠 **Kurhotel,** Kurfürstenstr. 34, ✉ 56864, ℰ 8 34, Fax 837, « Gartenterrasse », Massage, ♨
– 🕴 📺 ☎ ⇔ – 🏛 50
Menu à la carte 30/63 – **40 Z** 85/195 – ½ P 104/144.

🏠 **Quellenhof** garni, Kurfürstenstr. 25, ✉ 56864, ℰ 18 90, Fax 189100, 🌳 – 🕴 📺 ☎
☺
40 Z 78/170.

🏠 **Bertricher Hof,** Am Schwanenteich 7, ✉ 56864, ℰ 8 14, Fax 816, 🍴 – 📺 ☎ ☺. ⅝ Zim
3.- 25. Dez. geschl. – **Menu** à la carte 31/56 *(auch vegetarische Gerichte)* – **15 Z** 68/190
– ½ P 84/96.

🏠 **Café Am Schwanenweiher** ⚲ garni, Am Schwanenteich 11, ✉ 56864, ℰ 6 69, Fax 533,
🌲 – 📺 ☎ ⇔ ☺. ⅝
14 Z 85/150, 3 Suiten.

🏠 **Haus Christa** ⚲ garni, Viktoriastr. 4, ✉ 56864, ℰ 4 29, Fax 1558 – 🕴 📺 ☎. 🔲 ⅉ 🔲
ⅤⅠSA
20 Z 70/150.

ESCHEID Rheinland-Pfalz siehe Trittenheim.

ESIGHEIM Baden-Württemberg 🔢🔢🔢 K 20, 🔢🔢🔢 ㉕ – 10 300 Ew – Höhe 185 m – ☺ 07143.

Stuttgart 30 – Heilbronn 20 – Ludwigsburg 14 – Pforzheim 60.

🏠 **Ortel,** Am Kelterplatz, ✉ 74354, ℰ 30 31, Fax 32623 – 📺 ☎. 🔲 ⅉ 🔲 ⅤⅠSA
Menu *(Montag nur Mittagessen, Dienstag geschl.)* à la carte 27/55 ⅍ – **7 Z** 92/128.

🏠 Hotel am Markt garni, Kirchstr. 43, ✉ 74354, ℰ 38 98, Fax 35141, « Renoviertes Fachwerkhaus a.d.J. 1615 » – ☎ ☺
10 Z.

In Freudental W : 6 km :

♔ **Lamm,** Hauptstr. 14, ✉ 74392, ✆ (07143) 2 53 53, Fax 28213 – ☎ **Ⓟ**
Feb. 2 Wochen geschl. – **Menu** *(Donnerstag-Freitag geschl.)* à la carte 29/60 ⚖
11 Z 60/110.

✗ **Wolfsberg,** Wolfsbergweg 41, ✉ 74392, ✆ (07143) 2 55 84, Fax 26997, Biergarten – **Ⓖ**
Montag - Dienstag und Juli - Aug. 2 Wochen geschl. – **Menu** à la carte 33/53 *(auch vege*
tarische Gerichte).

BESTWIG Nordrhein-Westfalen **411 412** | 12 – 12 000 Ew – Höhe 350 m – Wintersport
500/750 m ⚡3 🎿4 – ✆ 02904.

🛈 Verkehrsamt, Rathaus, an der B 7, ✉ 59909, ✆ 8 12 75.

♦Düsseldorf 156 – Brilon 14 – Meschede 8.

In Bestwig-Andreasberg SO : 6 km :

🏠 **Andreasberg,** Dorfstr. 37, ✉ 59909, ✆ (02905) 6 13, Fax 613, « Garten », ⇔, 🖾 – **Ⓒ**
– 🛁 30. 🕏 Rest
März 3 Wochen geschl. – **Menu** *(Donnerstag geschl.)* à la carte 26/46 – **18 Z** 60/110.

In Bestwig-Föckinghausen N : 3,5 km :

🏠 **Waldhaus** ⚲, ✉ 59909, ✆ 22 62, Fax 6538, 🎐, 🖈 – ☎ **Ⓟ**. 🖭 **E** 𝒱𝒮𝒜
Ende Feb.- Mitte März und Mitte Nov.- Anfang Dez. geschl. – **Menu** *(Montag geschl.)* à
carte 36/55 – **17 Z** 60/120.

In Bestwig-Ostwig O : 1,5 km :

🏨 **Nieder,** Hauptstr. 19, ✉ 59909, ✆ 9 71 00, Fax 971070, « Gartenterrasse », ⇔, 🖈 –
☎ **Ⓟ** – 🛁 30. **E**. 🕏 Rest
2.- 24. Jan. und 2.- 17. Juli geschl. – **Menu** *(Montag geschl.)* à la carte 26/60 – **35 Z** 74/13

In Bestwig-Velmede W : 1,5 km :

✗✗ **Frielinghausen** mit Zim, Oststr. 4, ✉ 59909, ✆ 5 55, Fax 2391, Biergarten – ☎ **Ⓟ**. 🖭 **Ⓒ**
E 𝒱𝒮𝒜
April und Sept. jeweils 2 Wochen geschl. – **Menu** *(Montag geschl.)* à la carte 41/61
8 Z 64/110.

BETZDORF Rheinland-Pfalz **412** G 14, **987** ㉔ – 10 700 Ew – Höhe 185 m – ✆ 02741.

Mainz 120 – ♦Köln 99 – Limburg an der Lahn 65 – Siegen 23.

🏨 **Breidenbacher Hof,** Klosterhof 7, ✉ 57501, ✆ 2 26 96, Fax 4724, Biergarten – 📺 ☎ ⟵
Ⓟ – 🛁 60. 🖭 **⊙ E** 𝒱𝒮𝒜. 🕏 Rest
2.- 9. Jan. geschl. – **Menu** *(Samstag und Feiertage nur Abendessen, Sonntag geschl*
à la carte 41/67 – **19 Z** 98/220.

In Kirchen-Katzenbach NO : 5 km :

🏨 **Zum weißen Stein** ⚲, Dorfstr. 50, ✉ 57548, ✆ (02741) 6 20 85, Fax 62581, ≤, 🖈 –
Ⓟ – 🛁 40. 🖭 **⊙ E** 𝒱𝒮𝒜. 🕏 Rest
Menu à la carte 39/62 – **35 Z** 85/162.

BETZENSTEIN Bayern **413** R 17 – 2 300 Ew – Höhe 511 m – Erholungsort – Winterspor
600/650 m ⚡1, 🎿1 – ✆ 09244.

♦München 211 – Bayreuth 41 – ♦Nürnberg 45 – ♦Regensburg 125 – Weiden in der Oberpfalz 65.

♔ Burghardt, Hauptstr. 7, ✉ 91282, ✆ 2 06 – ⟵
13 Z.

In Betzenstein-Spies SW : 7 km :

🏠 **Eibtaler Hof** ⚲, ✉ 91282, ✆ 3 63, Fax 1641, 🎐, ⇔, 🖈 – 📺 ☎ **Ⓟ**
✦ *Nov. geschl.* – **Menu** *(Montag geschl.)* à la carte 16/30 ⚖ – **10 Z** 50/90.

BEUREN Baden-Württemberg **413** L 21 – 3 300 Ew – Höhe 434 m – Erholungsort – ✆ 070
(Neuffen).

♦Stuttgart 44 – Reutlingen 21 – ♦Ulm (Donau) 66.

♔ **Schwanen** ⚲, Kelterstr. 6, ✉ 72660, ✆ 22 90 – **Ⓟ**
Juli-Aug. 2 Wochen und Weihnachten - Anfang Jan. geschl. – **Menu** *(Montag geschl.)* (n
Abendessen) à la carte 28/50 ⚖ – **12 Z** 36/80.

✗✗ **Beurener Hof** ⚲ mit Zim, Hohenneuffenstr. 16, ✉ 72660, ✆ 91 01 10, Fax 9101133, ⟨
– ☎ ⟵ **Ⓟ**. 🕏
Mitte Jan.- Anfang Feb. geschl. – **Menu** *(Dienstag geschl., Mittwoch nur Abendesse*
à la carte 37/71 – **10 Z** 85/150.

BEURON Baden-Württemberg 🔲🔢🔟 J 22, 🔢🔢🔢 ㉟, 🔢🔢🔢 ㊳ – 900 Ew – Höhe 625 m – ✆ 07466.
Ausflugsziel : Donautal★ (Richtung Sigmaringen).
◆Stuttgart 117 – ◆Freiburg im Breisgau 114 – ◆Konstanz 64 – ◆Ulm (Donau) 113.

🏠 Pelikan, Abteistr. 12, ✉ 88631, ℰ 4 06, Fax 408, 🍴 – 🛗 ☎ ⇌ 🅿 – 🔼 35
30 Z.

In Beuron-Hausen im Tal NO : 9 km :

🏠 **Steinhaus,** Schwenninger Str. 2, ✉ 88631, ℰ (07579) 5 56, Fax 1035 – 🅿. ✋ Zim
Nov. geschl. – **Menu** *(Donnerstag geschl.)* à la carte 27/45 ⅞ – **14 Z** 47/94 – ½ P 65.

In Beuron-Thiergarten NO : 14,5 km :

✖✖ **Hammer** mit Zim, Zum Hammer 3, ✉ 88631, ℰ (07570) 4 76, 🍴 – ⇌ 🅿
Menu *(Donnerstag geschl.)* à la carte 31/56 – **7 Z** 70/95.

✖ **Berghaus** 🦌 mit Zim, Waldstr. 1, ✉ 88631, ℰ (07570) 3 93, Fax 1388, ≤, 🍴, 🌿 – 🅿
Jan. geschl. – **Menu** *(Dienstag geschl.)* à la carte 26/51 – **8 Z** 55/94.

BEVENSEN, BAD Niedersachsen 🔲🔢🔢 O 7, 🔢🔢🔢 ⑯ – 9 600 Ew – Höhe 39 m – Heilbad und
Kneipp-Kurort – ✆ 05821.

🏌 Bad Bevensen-Secklendorf (N : 4 km), ℰ 12 49.

🏢 Kurverwaltung im Kurzentrum, Dahlenburger Str. 1, ✉ 29544, ℰ 5 70, Fax 5766.
◆Hannover 113 – ◆Braunschweig 100 – Celle 70 – Lüneburg 24.

🏛 **Fährhaus** 🦌, Alter Mühlenweg 1, ✉ 29549, ℰ 50 00, Fax 50089, 🍴, Massage, ≠, 🔥,
⊆s, 🔲, 🌿 – 🛗 ✻ Rest 📺 👍 🅿 – 🔼 40. 🆎 ⓞ �ⅇ 🆅🆂🅰
Menu à la carte 36/64 – **53 Z** 109/254, 3 Suiten – ½ P 104/149.

🏛 **Ilmenautal** 🦌, Am Klaubusch 11, ✉ 29549, ℰ 54 00, Fax 42432, 🍴 – 🛗 📺 ☎ 🅿 – 🔼 20.
ⅇ 🆅🆂🅰 ✋ Zim
Menu à la carte 39/67 – **42 Z** 70/220.

🏛 **Kieferneck** 🦌, Lerchenweg 1, ✉ 29549, ℰ 5 60, Fax 5688, Massage, ≠, 🔥, ⊆s, 🔲 –
🛗 📺 ☎ 🅿 – 🔼 25. ⅇ
Menu *(Montag geschl.)* à la carte 41/63 – **51 Z** 90/220 – ½ P 110/135.

🏛 **Grünings Landhaus** 🦌, Haberkamp 2, ✉ 29549, ℰ 9 84 00, Fax 894041,
« Gartenterrasse », Massage, ≠, ⊆s, 🔲, 🌿 – 🛗 📺 ☎ 🅿. ✋ Zim
6.- 24. Jan. und 22. Nov.- 16. Dez. geschl. – **Menu** *(Montag-Dienstag geschl.)* (Tischbestellung erforderlich) à la carte 62/78 – **25 Z** 120/254 – ½ P 156/160.

🏛 **Zur Amtsheide** 🦌, Zur Amtsheide 5, ✉ 29549, ℰ 8 51, Fax 85338, Massage, ≠, 🔥, ⊆s,
🔲, 🌿, 🏌 – 🛗 📺 ☎ 🅿 – 🔼 20. 🆎 ⅇ ✋ Rest
(Restaurant nur für Hausgäste) – **48 Z** 86/188, 10 Suiten – ½ P 99/119.

🏛 **Sonnenhügel** 🦌, Zur Amtsheide 9, ✉ 29549, ℰ 54 10, Fax 54112, Massage, ≠, 🔥, ⊆s
– 🛗 📺 ☎ 🅿. ✋
15. Dez.- 16. Jan. geschl. – (Restaurant nur für Hausgäste) – **35 Z** 88/182.

🏠 **Heidekrug,** Bergstr. 15, ✉ 29549, ℰ 9 87 10, 🌿 – 🛗 📺 ☎ ⇌ 🅿
Mitte Jan.- Feb. geschl. – **Menu** *(Dienstag geschl.)* à la carte 34/63 – **17 Z** 70/160 – ½
P 93/101.

🏠 **Karstens** 🦌 (mit Gästehaus), Am Klaubusch 1, ✉ 29549, ℰ 4 10 27, Fax 41020, 🍴 – 📺
☎ 🅿. 🆎 🆅🆂🅰 ✋
Menu à la carte 30/59 – **29 Z** 72/230.

In Bad Bevensen-Medingen NW : 1,5 km :

🏛 **Vier Linden,** Bevenser Str. 3, ✉ 29549, ℰ 54 40, Fax 1584, 🍴, Massage, ≠, ⊆s, 🔲, 🌿
– 📺 ☎ 👍 🅿 – 🔼 60. 🆎 ⓞ ⅇ 🆅🆂🅰
Menu à la carte 37/75 – **42 Z** 95/220 – ½ P 94/134.

In Altenmedingen N : 6 km :

🏛 **Fehlhabers Hotel,** Hauptstr. 5, ✉ 29575, ℰ (05807) 8 80, Fax 88222, Massage, ≠, ⊆s,
🔲, 🌿 – 🛗 ✻ Zim 📺 ☎ ⇌ 🅿 – 🔼 80. 🆎 ⓞ ⅇ 🆅🆂🅰
Menu à la carte 32/58 – **43 Z** 78/184 – ½ P 105/163.

🏛 **Hof Rose** 🦌 (Niedersächsischer Gutshof), Niendorfer Weg 12, ✉ 29575, ℰ (05807) 2 21,
Fax 1291, « Park », ⊆s, 🔲, 🌿, ✖ – ✻ Rest ☎ 🅿. ✋
6. Jan.- Feb. geschl. – (nur Abendessen für Hausgäste) – **16 Z** 85/148 – ½ P 99/110.

In Altenmedingen-Eddelstorf N : 8 km :

🏛 Hansens Hof 🦌, Alte Dorfstr. 2, ✉ 29575, ℰ (05807) 12 55, Fax 1304, « Niedersächsischer
Gutshof », 🌿, ✖, 🐎 (Halle) – 📺 ☎ 🅿 – 🔼 30
19 Z.

In Altenmedingen-Bohndorf N : 11 km :

🏠 **Landgasthof Stössel** 🦌 (mit Gästehaus), Im Dorfe 2, ✉ 29575, ℰ (05807) 2 91, Fax 1217,
🍴, ⬛ (geheizt), 🌿, ✖ – 📺 ☎ 🅿. ✋ Rest
Menu *(Donnerstag geschl.)* à la carte 23/46 – **16 Z** 60/120 – ½ P 68/78.

143

BEVERN Niedersachsen 𝟜𝟙𝟙 𝟜𝟙𝟚 L 11 – 4 600 Ew – Höhe 90 m – ✪ 05531.

♦Hannover 71 – Göttingen 63 – ♦Kassel 85 – Paderborn 68.

XX ✿ **Schloß Bevern** (modern-elegantes Restaurant in einem Schloß der Weserrenaissance), Schloß 1, ✉ 37639, ✆ 87 83, �──– 🅿. 🆎 ⓄⒹ Ɛ 𝘝𝘐𝘚𝘈
Montag sowie Feb. und Aug. jeweils 2 Wochen geschl., Dienstag nur Abendessen – **Menu** à la carte 62/80
Spez. Fischrahmsuppe mit Safran, Pochiertes Lammfilet in Kräutersauce, Dessertteller "Schloß Bevern ".

BEVERUNGEN Nordrhein-Westfalen 𝟜𝟙𝟙 𝟜𝟙𝟚 KL 11,12. 𝟿𝟾𝟽 ⑮ – 15 700 Ew – Höhe 96 m – ✪ 05273.

🛈 Verkehrsamt, Weserstr. 10, ✉ 37688, ✆ 9 22 21, Fax 92120.

♦Düsseldorf 226 – Göttingen 63 – ♦Hannover 115 – ♦Kassel 56.

🏠 **Stadt Bremen,** Lange Str. 13, ✉ 37688, ✆ 90 30, Fax 21575, Biergarten, ⇌s, 🏊, – 📳 📺 ☎ 🅿 – 🔬 45. 🆎 Ⓓ Ɛ 𝘝𝘐𝘚𝘈
Menu à la carte 32/64 – **48 Z** 70/175 – ½ P 85/99.

🏠 Böker, Bahnhofstr. 25, ✉ 37688, ✆ 13 54, Fax 22325 – 🅿
14 Z.

🏠 **Pension Resi** ⑤, Am Kapellenberg 17, ✉ 37688, ✆ 13 97, ⇌s, 🏊, 🌿 – 🅿
(Restaurant nur für Hausgäste) – **11 Z** 50/95.

🏠 **Pension Bevertal** garni, Jahnweg 1a, ✉ 37688, ✆ 54 85, Fax 21115, « Garten » – 📺 🅿. 🌾
15 Z 45/95.

🏠 **Kuhn,** Weserstr. 27, ✉ 37688, ✆ 13 53, �──– ⇐⇒ 🅿
März 2 Wochen geschl. – **Menu** *(Sept.- April Mittwoch geschl.)* à la carte 24/38 – **15 Z** 56/98.

BEXBACH Saarland 𝟜𝟙𝟚 E 18, 𝟤𝟦𝟤 ⑦, 𝟪𝟽 ⑪ – 19 500 Ew – Höhe 249 m – ✪ 06826.

♦Saarbrücken 30 – Homburg/Saar 7 – Kaiserslautern 41 – Neunkirchen/Saar 7.

🏠 **Hochwiesmühle** ⑤, Hochwiesmühle 50 (N : 1,5 km), ✉ 66450, ✆ 81 90, Fax 819147, Biergarten, ⇌s, 🏊, 🌿, XX – 📳 ✂ Zim 📺 ☎ 🅿 – 🔬 120. Ɛ 𝘝𝘐𝘚𝘈
Menu à la carte 37/68 *(auch vegetarische Gerichte)* – **80 Z** 95/210.

🏠 **Zur Krone,** Rathausstr. 6, ✉ 66450, ✆ 59 56, Fax 51124, �──– 📳 📺 ☎ ⇐⇒ 🅿. 🆎 Ⓓ Ɛ 𝘝𝘐𝘚𝘈
Menu *(Sonntag nur Mittagessen)* à la carte 37/69 – **16 Z** 95/160.

🏠 **Klein,** Rathausstr. 35, ✉ 66450, ✆ 48 10 (Hotel) 14 96 (Rest.), Fax 2280 – 📺. Ɛ
Stadtkeller (nur Abendessen) **Menu** à la carte 25/44 ♨ – **19 Z** 70/120.

X **Carola** mit Zim, Rathausstr. 70, ✉ 66450, ✆ 40 34 – ☎ 🅿. Ⓓ Ɛ 𝘝𝘐𝘚𝘈
Menu *(Dienstag und 27. Dez.- 6. Jan. geschl.)* à la carte 29/60 – **13 Z** 40/80.

BEYENDORF Sachsen-Anhalt siehe Magdeburg.

BIBERACH AN DER RISS Baden-Württemberg 𝟜𝟙𝟹 M 22, 𝟿𝟾𝟽 ㊱, 𝟜𝟤𝟨 B 4 – 30 000 Ew – Höhe 532 m – ✪ 07351.

🛈 Städt. Fremdenverkehrsstelle, Theaterstr. 6, ✉ 88400, ✆ 5 14 83, Fax 51511.

ADAC, Rollinstr. 15, ✉ 88400, ✆ 70 02, Fax 6697.

♦Stuttgart 134 – Ravensburg 47 – ♦Ulm (Donau) 42.

🏠 **Eberbacher Hof,** Schulstr. 11, ✉ 88400, ✆ 1 59 70, Fax 159797, �──– 📳 📺 ☎. 🆎 Ɛ 𝘝𝘐𝘚𝘈
Juli-Aug. 2 Wochen und Weihnachten - Anfang Jan. geschl. – **Menu** *(Samstag geschl.)* à la carte 41/65 – **26 Z** 80/175.

🏠 **Kapuzinerhof,** Kapuzinerstr. 17, ✉ 88400, ✆ 50 60, Fax 506100, ⇌s – 📳 ✂ Zim 📺 ☎ 🐧 ⇐⇒ 🅿 – 🔬 35. 🆎 Ⓓ Ɛ 𝘝𝘐𝘚𝘈. 🌾 Rest
Menu *(Samstag - Sonntag geschl.)* à la carte 40/68 – **72 Z** 120/190.

🏠 **Berliner Hof,** Berliner Platz 5, ✉ 88400, ✆ 2 10 51, Fax 31064, ⇌s – 📳 📺 ☎ ⇐⇒ 🅿 – 🔬 25. 🆎 Ⓓ Ɛ 𝘝𝘐𝘚𝘈
Menu *(Montag geschl.)* à la carte 29/70 – **28 Z** 86/145.

🏠 Erlenhof garni, Erlenweg 18, ✉ 88400, ✆ 20 71, Fax 2074 – 📺 ☎ ⇐⇒ 🅿
16 Z.

🏠 **Brauerei-Gaststätte und Gästehaus Haberhäusle** ⑤, Haberhäuslestr. 22, ✉ 88400, ✆ 5 80 20, Fax 12710, �──– 📳 📺 ☎ 🅿. 🌾 Zim
Menu *(Montag geschl., Dienstag und Samstag nur Abendessen)* à la carte 28/59 – **13 Z** 95/130.

In Maselheim NO : 9 km :

🏠 **Landhotel Maselheimer Hof,** Kronenstr. 1, ✉ 88437, ✆ (07351) 7 12 99, Fax 72593, ⇌s – 📳 📺 ☎ ⇐⇒ 🅿. 🆎 Ⓓ Ɛ 𝘝𝘐𝘚𝘈
Menu à la carte 35/69 – **23 Z** 85/165.

BIBERACH IM KINZIGTAL Baden-Württemberg 🔢🔢🔢 GH 21, 🔢🔢🔢 ㉞, 🔢🔢🔢 ㉘ – 3 000 Ew – Höhe 195 m – Erholungsort – 🕲 07835 (Zell am Harmersbach).

Verkehrsbüro, Hauptstr. 27, ✉ 77781, 𝒫 33 14, Fax 3543.

Stuttgart 164 – ◆Freiburg im Breisgau 55 – Freudenstadt 47 – Offenburg 18.

In Biberach-Prinzbach SW : 4 km :

🏠 **Badischer Hof** ⬙ (mit 2 Gästehäusern), Talstr. 20, ✉ 77781, 𝒫 63 60, Fax 636299, ⇔s, 〰 (geheizt), 🦆 – ⏐𝄐 TV ☎ ⟵ 🄿 – 🛆 30
Ende Jan. - Mitte Feb. geschl. – **Menu** *(im Sommer Mittwoch nur Mittagessen, im Winter Mittwoch geschl.)* à la carte 25/64 🝨 – **48 Z** 55/140.

BIEBELRIED Bayern siehe Würzburg.

BIEBEREHREN Baden-Württemberg siehe Creglingen.

BIEBERTAL Hessen 🔢🔢🔢 I 15 – 10 000 Ew – Höhe 190 m – 🕲 06409.

Wiesbaden 99 – Gießen 10 – Marburg 27.

In Biebertal-Fellingshausen :

🝆 **Pfaff** ⬙, Am Dünsberg, ✉ 35444, 𝒫 20 91, Fax 2036, ⩽, 🍴, 〰, 🦆 – ☎ 🄿 – 🛆 30. ⓘ E VISA *– Jan. und Okt. jeweils 2 Wochen geschl.* – **Menu** *(Sonntag nur Mittagessen, Montag nur Abendessen)* à la carte 26/56 🝨 – **21 Z** 68/122.

BIEBESHEIM Hessen 🔢🔢🔢 🔢🔢🔢 I 17 – 6 200 Ew – Höhe 90 m – 🕲 06258.

Wiesbaden 48 – ◆Darmstadt 19 – Mainz 36 – ◆Mannheim 39 – Worms 24.

🏠 **Biebesheimer Hof**, Königsberger Str. 1, ✉ 64584, 𝒫 70 54, Fax 6011, 🍴 – ☎ 🄿 – 🛆 30. E **Menu** *(Samstag geschl.)* à la carte 27/58 🝨 – **19 Z** 75/130.

BIEDENKOPF Hessen 🔢🔢🔢 I 14, 🔢🔢🔢 ㉕ – 14 400 Ew – Höhe 271 m – Luftkurort – Wintersport : 400/674 m ⬍2 ⬍2 – 🕲 06461.

Städt.Verkehrsbüro, Am Markt 4, ✉ 35216, 𝒫 30 26.

Wiesbaden 152 – ◆Kassel 101 – Marburg 32 – Siegen 55.

🏨 **Panorama** ⬙, Auf dem Radeköppel, ✉ 35216, 𝒫 78 80, Fax 788333, ⩽, 🍴, ⇔s – TV ☎ 🄿 – 🛆 300. 🝫 Rest
40 Z.

BIEDERITZ Sachsen-Anhalt siehe Magdeburg.

BIELEFELD Nordrhein-Westfalen 🔢🔢🔢 🔢🔢🔢 I 10,11, 🔢🔢🔢 ⑭, 🔢🔢🔢 ⑱ – 319 000 Ew – Höhe 118 m 🕲 0521.

Bielefeld-Hoberge, Dornberger Str. 375 (AY), 𝒫 10 51 03.

Tourist-Information, Am Bahnhof (Leinenmeisterhaus), ✉ 33602, 𝒫 17 88 44, Fax 178811.

Tourist-Information, Neues Rathaus, Niederwall 23, ✉ 33602, 𝒫 17 88 99, Fax 516997.

ᗪAC, Stapenhorststr. 131, ✉ 33615, 𝒫 1 08 10; Fax 108170.

◆üsseldorf 182 ⑤ – Dortmund 114 ⑤ – ◆Hannover 108 ②.

Stadtpläne siehe nächste Seiten

🏨 **Mövenpick-Hotel**, Am Bahnhof 3, ✉ 33602, 𝒫 5 28 20, Telex 932201, Fax 5282100, 🍴 – ⏐𝄐 ⇥ Zim ▤ TV 🝫 ⟵ – 🛆 35. 🝳 ⓘ E VISA
Menu à la carte 38/70 – **162 Z** 200/365.   DY **n**

🏨 **Mercure**, Am Waldhof 15, ✉ 33602, 𝒫 5 28 00, Fax 5280113, 🍴, ⇔s – ⏐𝄐 ⇥ Zim ▤ TV ☎ 🝫 – 🛆 250. 🝳 ⓘ E VISA   DZ **a**
Menu *(Freitag-Sonntag geschl.)* à la carte 43/70 – **125 Z** 185/275.

🏨 **Brenner Hotel Diekmann**, Otto-Brenner-Str. 133, ✉ 33607, 𝒫 2 99 90, Telex 932303, Fax 2999220 – ⏐𝄐 TV ☎ 🄿 – 🛆 80. 🝳 ⓘ E VISA   BY **y**
Menu à la carte 50/73 – **73 Z** 120/280.

🏨 **Novotel** ⬙, Am Johannisberg 5, ✉ 33615, 𝒫 9 61 80, Fax 9618333, 〰 (geheizt), 🦆 – ⏐𝄐 ⇥ Zim ▤ TV ☎ 🝫 🄿 – 🛆 300. 🝳 ⓘ E VISA   BY **r**
Menu à la carte 40/65 – **118 Z** 138/186.

🏨 **Waldhotel Brand's Busch** ⬙, Furtwänglerstr. 52, ✉ 33604, 𝒫 2 11 10, Fax 9211313, 🍴, ⇔s – ⏐𝄐 ⇥ Zim TV ☎ 🄿 – 🛆 70. 🝳 ⓘ E VISA JCB   BY **m**
Weihnachten - Anfang Jan. geschl. – **Menu** *(Freitag geschl.)* à la carte 35/65 – **81 Z** 125/220.

🏠 **Conti Hotel** garni, Schelpsheide 19, ✉ 33613, 𝒫 88 10 57, Fax 881059, ⇔s – TV ☎ ⟵ 🄿 – 🛆 40. 🝳 ⓘ E VISA   BX **a**
74 90/175.

🏠 **Altstadt-Hotel** garni, Ritterstr. 15, ✉ 33602, 𝒫 17 93 14, Fax 61389, ⇔s – ⏐𝄐 TV ☎ 🦆 – 🛆 40. 🝳 E VISA   DY **v**
23 Z 130/200.

145

BIELEFELD

Bahnhofstraße . . . . DY
Feilenstraße . . . . DY
Gehrenberg . . . . DZ
Jahnplatz . . . . DY 69

Niedernstraße . . . . DY 92
Obernstraße . . . . DZ

Adenauerplatz . . . . DZ 2
Altenhagener Straße . . . . CX 4
Altmühlstraße . . . . BZ 7
Altstädter Kirchplatz . . . . DZ 9

Altstädter Kirchstraße . . . . . DZ 1
Am Brodhagen . . . . BX 1
Am Güterbahnhof . . . . DY 1
Am Preßwerk . . . . AY 1
Am Sparrenberg . . . . DZ 2
Am Stadtholz . . . . BY 2
Amtmann-Bullrich-Straße . . . CY 2

A
B
BÜNDE 23 km
0
1 km
NIEDERDORNBERG-DEPPENDORF
BABENHAUSEN
Babenhauser Str.
Bielefelder Str.
KIRCHDORNBERG
ADAC
Wertherstr.
Voltmannstr.
GELLERSHAGEN
Jöllenbecker
Johannisbach
Westerfeldstr.
Talbrücken
Obersee
SCHILDESCHE
Engersche Str.
Herforder Str.
Eckendorfer
RADRENNBAHN
Heeper
BIELEFELD-OST
Dornberger Str.
HOBERGE-UERENTRUP
Bergstr.
Dornberger Str.
Stapenhorststr.
Bauernhaus
POL.
TIER PARK
TEUTOBURGER WALD
FERNSEHTURM
Osnabrücker Str.
OSNABRÜCK 55 km
HALLE 17 km
STEINHAGEN
QUELLE
Carl-Severing-Str.
Artur-Ladebeck-Str.
ANSTALT BETHEL
GADDERBAUM
Detmolder Str.
SIEKER
Otto-Brenner-Str.
Osningstr.
Hauptstr.
Bodelschwinghstr.
TEUTOBURGER WALD
Queller Str.
Gütersloher Str.
Brockhagener
BRACKWEDE
Senner Str.
Windelsbleicher
BUSCHKAMP
Osningstr.
UMMELN
Ummelner
SÜDWESTFELD
FLUGPLATZ
Buschkampstr.
Paderborner
BIELEFELD-SENNESTADT
Senner Str.
SENNE I
Brackweder Str.
Friedrichsdorfer
WINDFLÖTE
Buschkampstr.
Krackser Str.
Wilhelmsdorfer
BIELEFELDER KREUZ
E 34-A 2
Verler Str.
A 33
FRIEDRICHSDORF
Friedrichsdorfer Str.
ECKARDTSHEIM
MÜNSTER 87 km
GÜTERSLOH 17 km
DORTMUND 114 Km
KÖLN 194 Km
PADERBORN 47 Km
KASSEL 125 Km
X
Y
Z

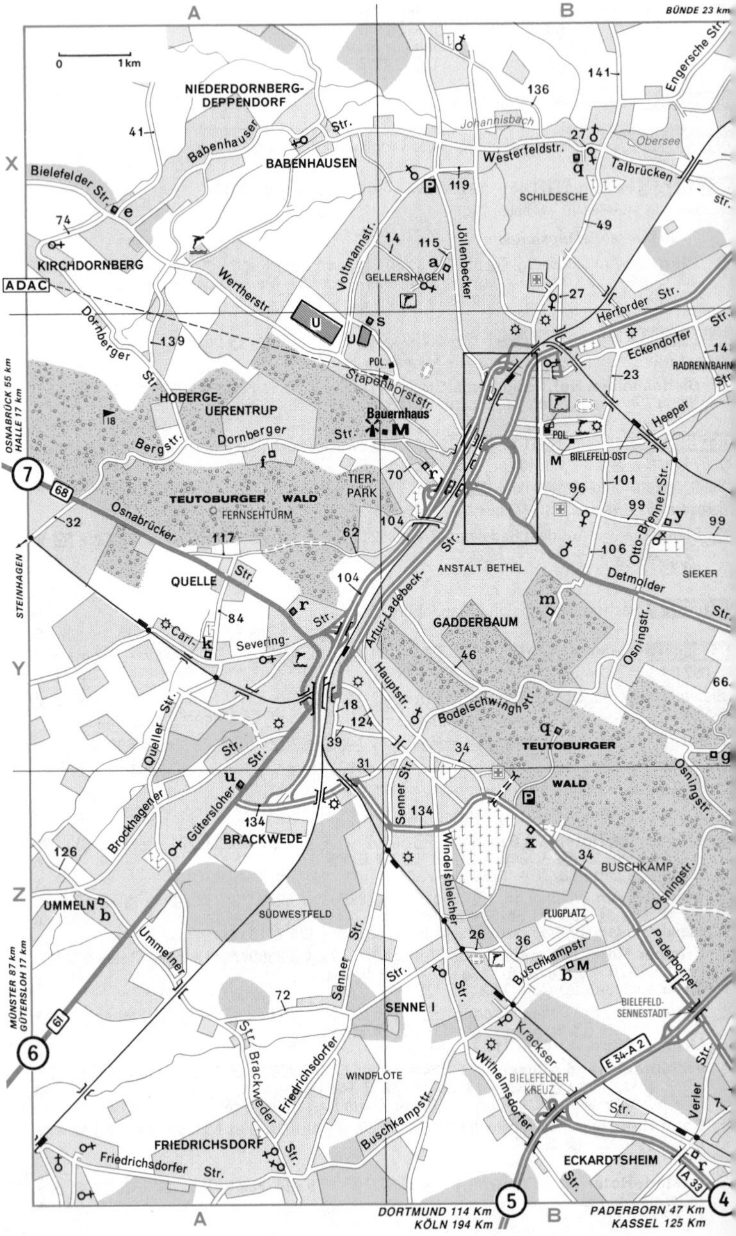

XX **Lecoeur,** Oberntorwall 10, ⌧ 33602, 𝒫 12 23 47, Fax 101814 – **E** 𝑉𝐼𝑆𝐴   DY **a**
Sonntag - Montag und Juli - Aug. 2 Wochen geschl. – **Menu** (nur Abendessen) à la carte
54/73.

X **Klötzer's Kleines Restaurant** (Bistro), Ritterstr. 33, ⌧ 33602, 𝒫 6 89 54, Fax 69321 – 𝐴𝐸
    DY **e**
Samstag nur Mittagessen, Sonn- und Feiertage sowie Montag geschl. – **Menu** à la carte
44/75.

X **Im Bültmannshof** (restaurierter Fachwerkbau a.d.J. 1802), Kurt-Schumacher-Str. 17a,
⌧ 33615, 𝒫 10 08 41, 🌳 – **P**. **①** **E** 𝑉𝐼𝑆𝐴   AY **s**
Montag, 1.- 5. Jan. und 17. Juli - 8. Aug. geschl. – **Menu** à la carte 38/68.

X **Sparrenburg,** Am Sparrenberg 38a, ⌧ 33602, 𝒫 6 59 39, Fax 65999, 🌳 – **P**. 𝐴𝐸 **E**
Dienstag und Aug. 3 Wochen geschl. – **Menu** à la carte 38/60.   DZ **f**

In Bielefeld-Brackwede :

XX **Brackweder Hof,** Gütersloher Str. 236, ⌧ 33649, 𝒫 44 25 26, Fax 449441 – **P**. 𝐴𝐸 **①** **E**
𝑉𝐼𝑆𝐴   AZ **u**
Montag und Juli geschl. – **Menu** à la carte 40/68.

In Bielefeld-Großdornberg :

XX **Kreuzkrug,** Wertherstr. 462, ⌧ 33619, 𝒫 10 22 64, Fax 161197, Biergarten – **P**. **E**AX **e**
Montag und Juni - Juli 3 Wochen geschl. – **Menu** à la carte 33/67.

In Bielefeld-Heepen :

🏨 **Petter,** Alter Postweg 68, ⌧ 33719, 𝒫 93 41 40, Fax 9341425 – 📺 ☎ ⬅ **P**. 𝐴𝐸 **①** **E**
𝑉𝐼𝑆𝐴. 🦆 Zim   CY **h**
23. Dez.- 2. Jan. geschl. – **Menu** *(Sonntag geschl.)* (nur Abendessen) à la carte 37/64 –
18 Z 114/160.

🏠 **Kraus** garni, Alter Postweg 60, ⌧ 33719, 𝒫 93 41 50, Fax 9341021 – 📶 ⇆ 📺 ☎ **P**. 🦆
10 Z 145/185.   CY **h**

In Bielefeld-Hillegossen :

🏨 **Berghotel Stiller Friede** 🦢, Selhausenstr. 12, ⌧ 33699, 𝒫 2 30 54, Fax 24858, 🌳, Biergarten, ⬅s, 🍽 – 📺 ☎ ⬅ **P**. **①** **E**   BY **g**
Menu *(Freitag geschl.)* à la carte 33/60 – **28 Z** 95/220.

🏠 **Schweizer Haus,** Christophorusstr. 23, ⌧ 33699, 𝒫 92 42 90, Fax 206112 – 📺 ☎ ⬅
P - 🏛 20. **①** **E** 𝑉𝐼𝑆𝐴   CY **t**
Mitte Dez. - Mitte Jan. geschl. – **Menu** *(Samstag sowie Sonn- und Feiertage geschl.)* (nur
Abendessen) à la carte 38/60 – **20 Z** 108/180.

In Bielefeld - Hoberge-Uerentrup :

🏨 **Hoberger Landhaus** 🦢, Schäferdreesch 18, ⌧ 33619, 𝒫 10 10 31, Fax 103927, 🌳, ⬅s,
🍽 – 📺 ☎ ⬅ **P** - 🏛 60. 𝐴𝐸 **①** **E** 𝑉𝐼𝑆𝐴   AY **f**
Menu *(Donnerstag geschl.)* à la carte 43/70 – **31 Z** 123/195.

In Bielefeld-Oldentrup :

🏨🏨 **Oldentruper Hof,** Niederholz 2, ⌧ 33699, 𝒫 2 09 00, Fax 2090100, 🌳, ⬅s, 🍽 – 📶
⇆ Zim 📺 🖐 **P** - 🏛 130. 𝐴𝐸 **①** **E** 𝑉𝐼𝑆𝐴   CY **z**
Menu à la carte 39/72 – **136 Z** 174/243.

In Bielefeld-Quelle :

🏠 **Büscher,** Carl-Severing-Str. 136, ⌧ 33649, 𝒫 45 03 11, Fax 452796, ⬅s, 🍽 – 📺 ☎ ⬅
P - 🏛 60. 𝐴𝐸 **①** **E** 𝑉𝐼𝑆𝐴   AY **k**
22. Dez.- 2. Jan. geschl. – **Menu** à la carte 29/65 – **34 Z** 85/185.

XX **Schlichte Hof** mit Zim (restauriertes Fachwerkhaus aus dem 15. Jh.), Osnabrücker Str. 100,
⌧ 33649, 𝒫 4 55 88, Fax 452888 – 📺 ☎ ⬅ **P**. 𝐴𝐸 **E** 𝑉𝐼𝑆𝐴   AY **l**
Menu à la carte 40/75 – **11 Z** 100/152.

In Bielefeld-Schildesche :

XX **Bonne Auberge** (restauriertes Fachwerkhaus a.d.J. 1775), An der Stiftskirche 10, ⌧ 33611,
𝒫 8 16 68, 🌳 – **P**   BX **q**
Montag und Jan. geschl. – **Menu** (wochentags nur Abendessen) à la carte 35/67

In Bielefeld-Senne :

XXX ❀ **Auberge le Concarneau,** Buschkampstr. 75, ⌧ 33659, 𝒫 49 37 17, Fax 493388,
« Restauriertes, westfälisches Fachwerkhaus im Museumshof Senne » – **P**. **E**   BZ **b**
Sonntag, Montag und Feiertage sowie März-April 2 Wochen, Juli-Aug. 3 Wochen und Okt
1 Woche geschl. – **Menu** (nur Abendessen, Tischbestellung ratsam, bemerkenswerte Weinkarte) 110/160 und à la carte 74/106
Spez. Lauwarmer Entensalat, Kamm-Muscheln auf Brennesselschaum, Dessertauswahl "in
miniature".

XX **Gasthaus Buschkamp,** Buschkampstr. 75, ✉ 33659, ✆ 49 28 00, Fax 493388,
« Historisches Gasthaus im Museumshof Senne » – ☻. ⌷   BZ **b**
Menu à la carte 36/68.

XX **Waterbör,** Waterboerstr. 77, ✉ 33659, ✆ 2 41 41, Fax 24346, 🍴, « Restauriertes Fachwerkhaus im Ravensberger Bauernstil » – ☻. ⌶⌷   BY **q**
Montag geschl., Samstag nur Abendessen – **Menu** à la carte 36/70.

In Bielefeld-Sennestadt :

🏠 **Wintersmühle,** Sender Str. 6, ✉ 33689, ✆ (05205) 7 03 85, Fax 71104, ☎, 🚗 – 📺 ☎
🚗 ☻. ⌶⌷ ⌷ *VISA*. ⌷   BZ **r**
(nur Abendessen für Hausgäste) – **17 Z** 95/140.

In Bielefeld-Ummeln :

🏠 **Diembeck,** Steinhagener Str. 45, ✉ 33649, ✆ 48 78 78, Fax 489477, Biergarten – 📺 ☎
☻. ⌶⌷ ⌷ ⌷ *VISA*   AZ **b**
Menu *(Montag geschl.)* (nur Abendessen) à la carte 31/66 – **25 Z** 85/190.

BIELEN Thüringen siehe Nordhausen.

BIETIGHEIM-BISSINGEN Baden-Württemberg ⌷⌷⌷ K 20. ⌷⌷⌷ ㉟ – 40 000 Ew – Höhe 220 m
– ✆ 07142.

🛈 Stadtinformation, Arkadengebäude, Marktplatz, ✉ 74321, ✆ 7 42 27.
♦Stuttgart 25 – Heilbronn 25 – Ludwigsburg 9 – Pforzheim 55.

Im Stadtteil Bietigheim :

🏨 **Parkhotel,** Freiberger Str. 71, ✉ 74321, ✆ 5 10 77, Fax 54099, 🍴 – 📶 📺 ☎ 🚗 ☻ –
⌷ 70. ⌶⌷ ⌷ ⌷
Menu *(Sonntag nur Mittagessen)* à la carte 35/65 – **60 Z** 95/155.

🏨 **Rose,** Kronenbergstr. 14, ✉ 74321, ✆ 4 20 04, Fax 45928 – 📺 ☎ 🚗. ⌶⌷ ⌷ *VISA*
Menu à la carte 36/75 – **21 Z** 95/165.

XX **Zum Schiller** mit Zim (und 🏨 Gästehaus), Marktplatz 5, ✉ 74321, ✆ 4 10 18, Fax 46058
– 📶 📺 ☎. ⌶⌷ ⌷ ⌷ *VISA*. ⌷
Menu *(Montag nur Abendessen, Sonn- und Feiertage sowie Juli-Aug. 3 Wochen geschl.)*
à la carte 55/102 *(bemerkenswerte Weinkarte)* ⌷ – **30 Z** 98/190.

Im Stadtteil Bissingen :

🏨 **Otterbach,** Bahnhofstr. 153, ✉ 74321, ✆ 58 40, Fax 64142 – 📶 ⌷ Zim 📺 ☎ ☻ – ⌷ 25.
⌶⌷ ⌷ ⌷ *VISA* – **Menu** *(Samstag nur Abendessen, Juli-Aug. 3 Wochen geschl.)* à la carte
38/69 – **55 Z** 80/160.

🏠 **Litz,** Bahnhofstr. 9/2, ✉ 74321, ✆ 39 12, Fax 33523 – 📺 ☎ ☻ ⌶⌷ ⌷ ⌷ *VISA*
Flößerstube (Samstag und 30. Juli- 19. Aug. geschl) **Menu** à la carte 25/47 – **28 Z** 78/135.

BILLERBECK Nordrhein-Westfalen ⌷⌷⌷ ⌷⌷⌷ E 11. ⌷⌷⌷ ⌷⌷. ⌷⌷⌷ M 6 – 10 000 Ew – Höhe 138 m
– Erholungsort – ✆ 02543.

🛈 Verkehrsamt, Markt 1, ✉ 48727, ✆ 73 73, Fax 7350.
♦Düsseldorf 110 – Enschede 56 – Münster (Westfalen) 32 – Nordhorn 65.

🏨 **Weissenburg** ⌷, Gantweg 18 (N : 2 km), ✉ 48727, ✆ 7 50, Fax 75275, ≤, 🍴
« Wildgehege, Park », ☎, ⌷, 🚗 – 📶 📺 ☎ 🚗 ☻ – ⌷ 100. ⌶⌷ ⌷ ⌷ *VISA*. ⌷
Menu à la carte 37/70 – **55 Z** 120/200.

🏨 **Domschenke,** Markt 6, ✉ 48727, ✆ 44 24, Fax 4128, 🍴, « Gediegene, gemütliche
Einrichtung » – 📺 ☎ 🚗. ⌶⌷ ⌷ ⌷ *VISA*
Menu à la carte 35/67 – **24 Z** 78/180.

🏨 Billerbecker Hof garni, Schmiedestr. 20, ✉ 48727, ✆ 88 80, Fax 88888 – 📺 ☎ ☻ – ⌷ 30.
⌷
24 Z

🏠 **Homoet,** Schmiedestr. 2, ✉ 48727, ✆ 3 26, Fax 8546, 🍴 – ☎ 🚗. ⌶⌷ ⌷. ⌷ Rest
Menu *(Donnerstag geschl.)* (wochentags nur Abendessen) à la carte 32/61 – **15 Z** 70/145.

BILLIGHEIM-INGENHEIM Rheinland-Pfalz ⌷⌷⌷ ⌷⌷⌷ H 19. ⌷⌷ ② – 3 800 Ew – Höhe 161 m –
✆ 06349.

Mainz 119 – ♦ Karlsruhe 31 – Landau in der Pfalz 7 – Wissembourg 20.

XX **Pfälzer Hof** mit Zim, Hauptstr. 45 (Ingenheim), ✉ 76831, ✆ 70 45, Fax 6822, 🍴
Menu *(Mittwoch geschl., Donnerstag nur Abendessen)* à la carte 34/63 ⌷ – **4 Z** 75/120.

In Heuchelheim-Klingen W : 3,5 km :

🏠 **Gästehaus Mühlengrund** ⌷, Untermühle 2 (Heuchelheim), ✉ 76831, ✆ (06349) 14 49
⬅ (Hotel) 81 74 (Rest.), Fax 3104, 🍴, 🚗 – ☻
Hotel : Mitte Jan.- Mitte Feb. geschl. – **Menu** *(Montag-Dienstag und Ende Jan.- Anfang März
geschl.)* à la carte 22/44 ⌷ – **14 Z** 40/80.

BINGEN Rheinland-Pfalz 412 G 17, 987 ㉔ – 24 000 Ew – Höhe 82 m – ✆ 06721.
Sehenswert : Burg Klopp ≼★.
Ausflugsziele : Burg Rheinstein ≼★★ ⑤ : 6 km – Rheintal★★★ (von Bingen bis Koblenz).
🛈 Städt. Verkehrsamt, Rheinkai 21, ⊠ 55411, ✆ 18 42 05, Fax 16275.
Mainz 31 ① – ◆Koblenz 66 ④ – Bad Kreuznach 15 ② – ◆Wiesbaden 35 ①.

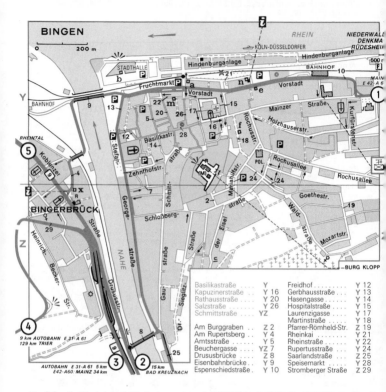

Basilikastraße . .	**Y**	Freidhof	**Y** 12
Kapuzinerstraße .	**Y** 16	Gerbhausstraße . . .	**Y** 13
Rathausstraße . .	**Y** 20	Hasengasse	**Y** 14
Salzstraße	**Y** 26	Hospitalstraße . . .	**Y** 15
Schmittstraße . . .	**YZ**	Laurenzigasse . . .	**Y** 17
		Martinstraße	**Y** 18
Am Burggraben . .	**Z** 2	Pfarrer-Römheld-Str.	**Z** 19
Am Rupertsberg . .	**Y** 4	Rheinkai	**Y** 21
Amtsstraße	**Y** 5	Rheinstraße	**Y** 22
Beuchergasse	**YZ** 7	Rupertusstraße . . .	**Y** 24
Drususbrücke	**Z** 8	Saarlandstraße . . .	**Z** 25
Eisenbahnbrücke . .	**Y** 9	Speisemarkt	**Y** 28
Espenschiedstraße .	**Y** 10	Stromberger Straße	**Z** 29

🏨 **Atlantis-Rheinhotel,** Hindenburganlage 1, ⊠ 55411, ✆ 79 60, Fax 796500, ≼, 🛋, ≦s
– 🛗 🍴 Rest 📺 ☎ ⇌ ❷ – 🔼 400. 🖭 ⓞ 🔲 VISA. ⋇ Rest Y b
Menu à la carte 35/73 – **134 Z** 177/296.

🏨 **Weinhotel Michel** garni, Mainzer Str. 74, ⊠ 55411, ✆ 1 20 86, Fax 16299, ≦s – 🛗 📺
☎ ⇌ ❷ – 🔼 20. 🖭 ⓔ VISA. ⋇ über ①
20 Z 125/205.

🏨 **Martinskeller** ⤢ garni, Martinstr. 1, ⊠ 55411, ✆ 1 34 75, Fax 2508 – 📺 ☎ ⇌. 🖭 ⓞ
ⓔ VISA Y f
23. Dez.- 2. Jan. geschl. – **15 Z** 115/195.

🏨 **Krone,** Rheinkai 19, ⊠ 55411, ✆ 1 70 16, Fax 17210 – 📺 ☎. 🖭 ⓞ ⓔ VISA Y n
über Ostern 2 Wochen und 27. Dez.- 6. Jan. geschl. – **Menu** (Sonntag nur Mittagessen,
Montag geschl.) à la carte 26/56 🍴 – **24 Z** 70/135.

🏨 **Rheinhotel Starkenburger Hof** garni, Rheinkai 1, ⊠ 55411, ✆ 1 43 41, Fax 13350 – 📺
☎. 🖭 ⓞ ⓔ VISA JCB Y a
Jan.- Feb. geschl. – **30 Z** 85/135.

🏨 **Goldener Kochlöffel** garni, Rheinstr. 22, ⊠ 55411, ✆ 1 39 44 – ⋇ Y m
Mitte Dez.- Anfang Feb. geschl. – **12 Z** 50/120.

🍴🍴 **Brunnenkeller,** Vorstadt 60, ⊠ 55411, ✆ 1 61 33, Fax 16133 – 🖭 ⓔ VISA Y e
Freitag, Jan.-Feb. und Juli-Aug. jeweils 2 Wochen geschl., Samstag und Sonntag nur Abendessen – **Menu** (Tischbestellung ratsam) à la carte 60/86 (auch vegetarische Gerichte).

In Bingen-Bingerbrück :

🏠 **Römerhof**, Rupertsberg 10, ⊠ 55411, ℰ 3 22 48, Fax 34082 – 📺 🅿   Z **x**
(wochentags nur Abendessen) – **30 Z**.

In Münster-Sarmsheim ② : 4 km :

🏠 **Münsterer Hof** garni, Rheinstr. 35, ⊠ 55424, ℰ (06721) 4 10 23, Fax 41025 – 📺 ☎ 🅿.
🖭 **E**. ⚘
10 Z 85/135.

In Laubenheim ② : 6 km :

⚡ **Traube,** Naheweinstr. 66, ⊠ 55452, ℰ (06704) 12 28, Fax 1076 – ☎ 🅿
➡ *Aug. und Dez.- Jan. jeweils 2 Wochen geschl.* – **Menu** *(Sonn- und Feiertage geschl.)* (nur
Abendessen) à la carte 23/40 ⚖ – **14 Z** 45/80.

BINZ Mecklenburg-Vorpommern siehe Rügen (Insel).

BINZEN Baden-Württemberg 🔢🔢🔢 F 24, 🔢🔢🔢 ④⓪, 🔢🔢🔢 ④ – 2 400 Ew – Höhe 285 m – 🕄 07621
(Lörrach).
♦Stuttgart 260 – Basel 11 – ♦Freiburg im Breisgau 64 – Lörrach 6.

🏠 **Mühle** ⚘ (mit 🏠 Gästehaus), Mühlenstr. 26, ⊠ 79589, ℰ 60 72, Fax 65808,
« Gartenterrasse », 🌇 – 📺 ☎ ⇔ 🅿 – 🏛 40
Menu *(Sonn- und Feiertage geschl.)* à la carte 44/88 – **20 Z** 95/220.

🏠 **Ochsen**, Hauptstr. 42, ⊠ 79589, ℰ 6 23 26, Fax 69257, 🌇 – 📺 ☎ 🅿
Nov. 2 Wochen geschl. – **Menu** *(Mittwoch geschl., Donnerstag nur Abendessen)* à la carte
40/80 – **24 Z** 70/180.

In Rümmingen NO : 2 km :

✗✗ **Landgasthof Sonne,** Wittlinger Str. 3, ⊠ 79595, ℰ (07621) 32 70, 🌇 – 🅿. 🖭 **E** 𝖵𝖨𝖲𝖠
Jan. und Juli-Aug. jeweils 2 Wochen geschl. – **Menu** à la carte 49/81.

In Schallbach N : 4 km :

🏠 **Zur Alten Post,** Alte Poststr. 16, ⊠ 79597, ℰ (07621) 8 80 12, Fax 88015, 🌇 – 📺 ☎ 🅿
– 🏛 25. 🖭 ⓞ **E** 𝖵𝖨𝖲𝖠
Menu *(Donnerstag und 2.- 9. Jan. geschl., Freitag nur Abendessen)* à la carte 32/62 ⚖ –
19 Z 80/150.

BIRGLAND Bayern 🔢🔢🔢 R 18 – 1 500 Ew – Höhe 510 m – 🕄 09666 (Illschwang).
♦München 194 – Amberg 22 – ♦Nürnberg 51.

In Birgland-Schwend :

🏠 **Birgländer Hof** ⚘, ⊠ 92262, ℰ 18 90, Fax 18913, 🐟, ⏛, 🔲, 🌇 – 🖩 ☎ ⇔ 🅿 – 🏛 40
➡ **Menu** à la carte 19/48 – **36 Z** 55/120.

BIRKENAU Hessen 🔢🔢🔢 🔢🔢🔢 J 18 – 10 500 Ew – Höhe 110 m – Luftkurort – 🕄 06201 (Weinheim
a.d.B.).
🖪 Verkehrsamt, Rathaus, Hauptstr. 119, ⊠ 69488, ℰ 30 05.
♦Wiesbaden 97 – ♦Darmstadt 44 – Heidelberg 27 – ♦Mannheim 22.

🏠 **Drei Birken** garni, Königsberger Str. 2, ⊠ 69488, ℰ 30 32, 🐟, 🔲, 🌇 – 📺 ☎ 🅿. ⓞ
E 𝖵𝖨𝖲𝖠
20 Z 85/140.

✗✗ **Drei Birken,** Hauptstr. 170, ⊠ 69488, ℰ 3 23 68, 🌇 – 🅿
Freitag, Feb. 2 Wochen und Aug. 3 Wochen geschl. – **Menu** à la carte 44/65.

BIRKENFELD Baden-Württemberg siehe Pforzheim.

BIRKENFELD (MAIN-SPESSART-KREIS) Bayern 🔢🔢🔢 🔢🔢🔢 M 17 – 1 800 Ew – Höhe 211 m –
🕄 09398.
♦München 312 – ♦Frankfurt am Main 100 – ♦Würzburg 28.

In Birkenfeld-Billingshausen NO : 2 km :

✗✗ **Goldenes Lamm** (Steinhaus a. d. J. 1883), Untertorstr. 13, ⊠ 97834, ℰ 3 52, Fax 514 –
🅿 – 🏛 50. ⚘
Montag - Dienstag und Juli 2 Wochen geschl. – **Menu** à la carte 36/56.

BIRKENFELD Rheinland-Pfalz 🔢🔢🔢 E 18 – 7 000 Ew – Höhe 396 m – 🕄 06782.
Mainz 107 – Idar Oberstein 16 – Neunkirchen/Saar 46 – St. Wendel 26.

🏠 **Oldenburger Hof**, Achtstr. 7, ⊠ 55765, ℰ 8 25, Fax 9659, 🌇, Biergarten – 📺 ☎ 🅿 –
🏛 25. 🖭 **E** 𝖵𝖨𝖲𝖠
Menu *(Samstag nur Abendessen)* à la carte 35/56 ⚖ – **11 Z** 75/105.

BIRKENWERDER Brandenburg 🔲🔲🔲 L 7. 🔲🔲🔲 ⑮ – 5 700 Ew 60 m – 🔵 03303.
Potsdam 45 – Berlin 25.

🏠 **Andersen** garni, Clara-Zetkin-Str. 9(2. Etage), ⊠ 16547, 𝒫 (0161)1 31 36 78 – 🛗 📺 ☎ 🅿.
🆎 ⓪ 🄴 *VISA*
17 Z 120/155.

BIRNBACH, BAD Bayern 🔲🔲🔲 W 21, 🔲🔲🔲 L 3 – 5 900 Ew – Höhe 450 m – Heilbad – 🔵 08563.
🏢 Kurverwaltung, Neuer Marktplatz 1, ⊠ 84364, 𝒫 2 98 40, Fax 29850.
◆München 147 – Landshut 82 – Passau 46.

🏨 **Sonnengut** 🦢, Am Aunhamer Berg 2, ⊠ 84364, 𝒫 30 50, Fax 305100, 🌧, Massage, ⚲,
🆓, 🔲 (Thermal) – 🛗 ⇆ Zim 📺 ☎ ⇔ 🅿 🄴. 🛇 Rest
Menu à la carte 37/57 – **89 Z** 120/320, 4 Suiten – ½ P 130/170.

🏨 **Vital-Hotel Vierjahreszeiten** 🦢, Brunnaderstr. 27, ⊠ 84364, 𝒫 30 80, Fax 308111, Massage, ⚲, 🆓 – 🛗 ⇆ Zim 📺 ☎ 🅿
(nur Abendessen für Hausgäste) – **77 Z** 83/178 – ½ P 101/125.

🏨 **Sammareier Gutshof,** Pfarrkirchner Str. 22, ⊠ 84364, 𝒫 29 70, Fax 29713, 🌧, Massage,
⚲, 🆓, 🔲 – 🛗 📺 ☎ ⇔. 🄴
Menu à la carte 32/66 – **38 Z** 105/226.

🏨 **Churfürstenhof** 🦢 garni, Brunnaderstr. 23, ⊠ 84364, 𝒫 29 40, Fax 294160, Massage, ⚲,
🆓, 🌧 – 📺 ☎ 🅿
48 Z 71/154, 6 Suiten.

🏨 **Kurhotel Hofmark** 🦢, Professor-Drexel-Str. 16, ⊠ 84364, 𝒫 29 60, Fax 296295, 🌧, Massage, ⚲, direkter Zugang zur Therme – 🛗 📺 ☎ ♿. 🛇 Rest
Menu à la carte 33/49 – **76 Z** 102/194 – ½ P 128.

🏨 **Kurhotel Quellenhof** 🦢, Brunnaderstr. 11, ⊠ 84364, 𝒫 30 70, Fax 307200, 🌧, Massage,
⚲, 🆓, 🔲, 🌧 – ⇆ Zim 📺 ☎ ⇔ 🅿
Dez.- Jan. geschl. – **Menu** *(Donnerstag geschl.)* à la carte 33/59 – **38 Z** 100/230
– ½ P 120/150.

🏠 **Alte Post,** Hofmark 23, ⊠ 84364, 𝒫 29 20, Fax 29299, 🌧, Massage, ⚲, 🆓, 🔲, 🌧 –
↠ ☎ 🅿
29. Nov.- 20. Dez. geschl. – **Menu** à la carte 23/53 – **41 Z** 68/150, 3 Suiten – ½ P 81/93.

🏠 **Rappensberg** garni, Brunnaderstr. 9, ⊠ 84364, 𝒫 9 61 60, 🆓 – 🛗 ⇔ 🅿. 🛇
6.- 27. Dez. geschl. – **28 Z** 45/96.

BISCHOFSGRÜN Bayern 🔲🔲🔲 S 16, 🔲🔲🔲 ㉗ – 2 300 Ew – Höhe 679 m – Heilklimatischer Kurort
– Wintersport : 653/1 024 m ≤5 ≤6 (Skizirkus Ochsenkopf) – Sommerrodelbahn – 🔵 09276.
🏢 Verkehrsamt im Rathaus, Hauptstr. 27, ⊠ 95493, 𝒫 12 92, Fax 505.
◆München 259 – Bayreuth 27 – Hof 57.

🏨 **Sport-Hotel Kaiseralm** 🦢, Fröbershammer 31, ⊠ 95493, 𝒫 8 00, Fax 8145, ≤ Bischofs-
grün und Fichtelgebirge, 🌧, 🆓, 🔲, 🛠(Halle) – 🛗 📺 ☎ ⇔ 🅿 – 🔬 120. 🆎 ⓪ 🄴
VISA. 🛇 Rest
Menu à la carte 46/69 – **119 Z** 110/260, 4 Suiten – ½ P 140/156.

🏠 **Kurhotel Puchtler - Deutscher Adler,** Kirchenring 4, ⊠ 95493, 𝒫 10 44, Fax 1250, Massage, ⚲, ♨, 🆓, 🌧 ♬ – 🛗 ☎ 🅿 ⇔ 🅿 – 🔬 40. 🆎 ⓪
22. Nov.- 20. Dez. geschl. – **Menu** à la carte 27/55 – **42 Z** 66/178 – ½ P 80/130.

🏠 **Berghof** 🦢, Ochsenkopfstr. 40, ⊠ 95493, 𝒫 10 21, Fax 1301, ≤, 🌧, 🆓, 🌧 – ☎ ⇔
🅿
Mitte Nov.- Mitte Dez. geschl. – **Menu** à la carte 26/50 – **30 Z** 55/120 – ½ P 68/83.

🏠 **Siebenstern** 🦢 garni, Kirchbühl 15, ⊠ 95493, 𝒫 3 07, Fax 8407, ≤, 🌧 – 🅿
Nov.- 8. Dez. geschl. – **26 Z** 55/90.

🏠 **Jägerhof,** Hauptstr. 12, ⊠ 95493, 𝒫 2 57, Fax 8396, 🆓 – 🅿
↠ *10. Nov.- 15. Dez. geschl.* – **Menu** *(Donnerstag geschl.)* à la carte 20/50 ♨ – **16 Z** 54/100.

🏠 **Hirschmann** 🦢 garni, Fröbershammer 9, ⊠ 95493, 𝒫 4 37, 🆓, 🌧 – ⇔ 🅿. 🛇
6. Nov.- 20. Dez. geschl. – **18 Z** 51/96.

BISCHOFSHEIM A. D. RHÖN Bayern 🔲🔲🔲 🔲🔲🔲 N 15, 🔲🔲🔲 ㉕ ㉖ – 5 200 Ew – Höhe 447 m –
Erholungsort – Wintersport : 450/930 m ≤10 ≤5 – 🔵 09772.
Ausflugsziel : Kreuzberg (Kreuzigungsgruppe ≤★) SW : 7 km.
🏢 Verkehrsverein, Altes Amtsgericht, Kirchplatz 5, ⊠ 97653, 𝒫 14 52, Fax 1054.
◆München 364 – Fulda 39 – Bad Neustadt an der Saale 20 – ◆Würzburg 96.

🏠 Bischofsheimer Hof 🦢, Bauersbergstr. 59a, ⊠ 97653, 𝒫 12 97, ≤, 🌧, 🆓, 🌧 – 📺 ⇔
🅿
8 Z.

🍴 **Adler,** Ludwigstr. 28, ⊠ 97653, 𝒫 3 20, Fax 8898, 🌧 – ⇔ 🅿
Mitte Nov.- Mitte Dez. geschl. – **Menu** à la carte 29/41 – **23 Z** 42/88 – ½ P 56/68.

In Bischofsheim-Haselbach :

🏠 **Luisenhof** ⚜️, Haselbachstr. 93, ✉ 97653, ℰ 18 80, Fax 8654, ⬤s, 🛋, – ⑨ – 🛁 40. 🆎 🇪
↔ *Mitte Nov.- Mitte Dez. geschl. –* **Menu** *(Mittwoch geschl.)* à la carte 23/42 – **14 Z** 45/82
– ½ P 55/59.

In Bischofsheim-Oberweißenbrunn W : 5 km :

🏠 **Zum Lamm,** Geigensteinstr. 26 (B 279), ✉ 97653, ℰ 2 96, Fax 298, ⬤s, 🛋 – ☎ 🚗 ⑨.
↔ 🆎 🇪 𝘝𝘐𝘚𝘈
16. Nov.- 19. Dez. geschl. – **Menu** à la carte 22/45 🍺 – **23 Z** 43/80 – ½ P 47/66.

BISCHOFSMAIS Bayern 🔢🔢🔢 W 20 – 3 200 Ew – Höhe 685 m – Erholungsort – Wintersport :
700/1 097 m ⚡6 🎿8 – ⓪ 09920.
🇩 Verkehrsamt im Rathaus, ✉ 94253, ℰ 13 80, Fax 1200.
♦München 159 – Deggendorf 18 – Regen 10.

🏠 **Alte Post,** Dorfstr. 2, ✉ 94253, ℰ 2 74, Fax 1515 – |⫯| ☎ ⑨. 🆎 🇪
↔ *Nov.- 25. Dez. geschl. –* **Menu** *(Donnerstag und Samstag geschl.)* à la carte 23/46 –
32 Z 60/100 – ½ P 65/75.

🏠 **Berghof Plenk** ⚜️ garni, Oberdorf 18, ✉ 94253, ℰ 4 42, ≤, 🛋 – ⑨
Nov.- Mitte Dez. geschl. – **12 Z** 54/67.

In Bischofsmais-Habischried NW : 4,5 km :

🏠 **Schäffler,** Ortsstr. 2, ✉ 94253, ℰ 13 75, Fax 8318, 🏡, ⬤s, 🛋 – 📺 ☎ ⑨
↔ *10. Nov.- 20. Dez. geschl. –* **Menu** *(Montag geschl.)* à la carte 24/42 – **12 Z** 36/72
– ½ P 46/50.

BISCHOFSWERDA Sachsen 🔢🔢🔢 O 12. 🔢🔢🔢 ⑳ ㉔, 🔢🔢🔢 ⑱ – 12 900 Ew – Höhe 290 m – ⓪ 03594.
🇩 Stadtinformation, Altmarkt 1, ✉ 01877, ℰ 8 62 41, Fax 86214.
♦Dresden 20 – Cottbus 91 – Görlitz 62.

🏨 **Holzmann Hotel am Markt,** Altmarkt 30, ✉ 01877, ℰ 75 10, Fax 751400 – ↔ Zim 📺
↔ ☎ – 🛁 30. 🆎 ⑩ 🇪 𝘝𝘐𝘚𝘈
Menu à la carte 22/38 – **33 Z** 120/235.

🏠 Sporthotel, Clara-Zetkin-Str.6, ✉ 01877, ℰ 7 59 30, Fax 75953, 🎣,, ⬤s – 📺 ☎ ⑨
22 Z.

🏡 **Goldener Engel,** Altmarkt 25, ✉ 01877, ℰ 70 33 25, Fax 705339 – 📺 ☎ ⑨
↔ **Menu** à la carte 19/36 – **20 Z** 55/150.

In Bischofswerda-Belmsdorf SO : 2 km :

🏠 **Gutshof** ⚜️, Alte Belmsdorfer Str. 33, ✉ 01877, ℰ 70 52 00 – 📺 ☎ ⑨
(nur Abendessen für Hausgäste) – **10 Z** 70/120.

In Rammenau NW : 6 km :

XX **Schloßgaststätte,** ✉ 01877, ℰ (03594) 70 30 65, Fax 703160, 🏡, « Barockschloß a.d.
18. Jh., Park » – ⑨. 🆎 🇪 𝘝𝘐𝘚𝘈
Nov.- März Montag geschl. – **Menu** à la carte 28/62.

BISCHOFSWIESEN Bayern 🔢🔢🔢 V 24, 🔢🔢🔢 ㊲, 🔢🔢🔢 K 6 – 7 500 Ew – Höhe 600 m – Heilkli-
matischer Kurort – Wintersport : 600/1 390 m ⚡3 🎿3 – ⓪ 08652 (Berchtesgaden).
🇩 Verkehrsverein, Hauptstr. 48 (B 20), ✉ 83483, ℰ 72 25, Fax 7895.
♦München 148 – Berchtesgaden 5 – Bad Reichenhall 13 – Salzburg 28.

🏨 Brennerbascht, Hauptstr. 46 (B 20), ✉ 83483, ℰ 70 21, Fax 7752, 🏡, « Gaststuben in
alpenländischem Stil mit kleiner Brauerei » – |⫯| ☎ ⑨
25 Z.

🏨 Panorama Sporthotel, Reichenhaller Str. 16, ✉ 83483, ℰ 70 31, Fax 8686, ≤, ⬤s, 🛋, ✗
– |⫯| 📺 ☎ 🚗 ⑨ – 🛁 40 – **35 Z**.

🏠 **Mooshäusl** ⚜️, Jennerweg 11, ✉ 83483, ℰ 72 61, Fax 7340, ≤ Watzmann, Hoher Göll
und Brett, ⬤s, 🛋 – 🚗 ⑨. ✗ Rest
10.- 28. Jan. und 24. Okt.- 20. Dez. geschl. – (nur Abendessen für Hausgäste) – **20 Z** 60/120.

BISPINGEN Niedersachsen 🔢🔢🔢 N 7. 🔢🔢🔢 ⑮ – 5 300 Ew – Höhe 70 m – Luftkurort – ⓪ 05194.
🇩 Verkehrsverein, Rathaus, Borsteler Str. 4, ✉ 29646, ℰ 3 98 50, Fax 39816.
♦Hannover 94 – ♦Hamburg 60 – Lüneburg 45.

🏠 **König-Stuben,** Luheweg 25, ✉ 29646, ℰ 5 14, Fax 7447, ⬤s, 🔲, 🛋 – 📺 ☎ 🚗 ⑨
15. Jan.- 20. Feb. geschl. – **Menu** à la carte 28/53 – **25 Z** 65/158.

🏠 **Rieckmann's Gasthof,** Kirchweg 1, ✉ 29646, ℰ 95 10, Fax 1211, « Cafégarten », 🛋 –
↔ 📺 ☎ 🚗 ⑨. 🆎 ⑩ 🇪 𝘝𝘐𝘚𝘈
Mitte Dez.- Mitte Jan. geschl. – **Menu** *(Nov.- April Montag geschl.)* à la carte 22/46 –
20 Z 45/130.

In Bispingen-Behringen NW : 4 km :

XX **Niedersachsen Hof** mit Zim, Widukindstr. 3, ⊠ 29646, ℰ 77 50, Fax 2755, 🍽 – 🅃� 🕿
🚗 🅿. 🄰🄴 🄴 *VISA*
Jan.- Feb. geschl. – **Menu** *(Okt.- Juni Dienstag geschl.)* à la carte 33/67 – **5 Z** 85/150.

In Bispingen-Hützel NO : 2,5 km :

🏠 **Ehlbeck's Gasthaus,** Bispinger Str. 8, ⊠ 29646, ℰ 23 19, Fax 2319, 🍽, 🛏 – 🅃�
🅿. 🄾🄸 *VISA*
Mitte Feb.- Mitte März geschl. – **Menu** *(Nov.- Mai Montag geschl.)* à la carte 29/55 –
15 Z 63/124.

In Bispingen-Niederhaverbeck NW : 10 km

🏠 **Menke** 🦢, ⊠ 29646, ℰ (05198) 3 30, Fax 1275, 🍽, 🍴, 🛏 – 🅃� 🚗 🅿 – 🔬 25
Anfang Feb.- Mitte März geschl. – **Menu** *(Nov.- Juli Donnerstag geschl.)* à la carte 31/65
– **15 Z** 70/148.

🏠 **Landhaus Haverbeckhof** 🦢 (mit Gästehäusern), ⊠ 29646, ℰ (05198) 12 51, Fax 1248,
🍽, 🛏 – 🅿. 🄰🄴 🄴
Nov.- Dez. 4 Wochen geschl. – **Menu** à la carte 29/58 *(auch vegetarische Gerichte)* –
32 Z 44/116 – ½ P 68/82.

An der Autobahn A 7- Westseite :

🏠 **Motel - Raststätte Brunautal,** ⊠ 29646 Bispingen-Behringen, ℰ (05194) 8 85, Fax 886,
🍽 – 🅃� 🕿 🚗 🅿. 🤸 Zim
Menu à la carte 28/57 – **30 Z** 110/165.

BISSENDORF KRS. OSNABRÜCK Niedersachsen 🄸🄸🄸 🄸🄸🨂 H 10 – 13 100 Ew – Höhe 108 m
– 🄲 05402.

🏌 Jeggen (N : 8 km), ℰ (05402) 6 36.
◆Hannover 129 – Bielefeld 49 – ◆Osnabrück 13.

🏛 Landhaus Stumpe, Osnabrücker Str. 11, ⊠ 49143, ℰ 9 24 70, Fax 924799, 🍽 – 🅃� 🕿 🅿
– 🔬 80 – **20 Z**.

In Bissendorf-Schledehausen NO : 8 km – Luftkurort :

🏠 **Bracksiek,** Bergstr. 22, ⊠ 49143, ℰ 9 90 30, Fax 990351, 🍽 – 🛗🅃 🕿 🅰 🚗 🅿 – 🔬 50.
🄰🄴 🄾🄸 🄴 *VISA*
Menu *(Dienstag nur Abendessen)* à la carte 32/62 – **31 Z** 88/180.

BISTENSEE Schleswig-Holstein siehe Rendsburg.

BITBURG Rheinland-Pfalz 🄸🄸🨂 C 17, 🄨🄸🄸 ㉓. 🄸🄸🄸 M 6 – 11 700 Ew – Höhe 339 m – 🄲 06561.
🄱 Verkehrsbüro Bitburger Land, Bedastr. 11, ⊠ 54634, ℰ 89 34, Fax 4646.
Mainz 165 – ◆Trier 31 – Wittlich 36.

🏛 **Eifelbräu,** Römermauer 36, ⊠ 54634, ℰ 91 00, Fax 910100, 🄰🄴 – 🅃� 🕿 🚗 🅿 – 🔬 180.
🄰🄴 🄾🄸 🄴
Menu *(Montag geschl.)* à la carte 32/59 – **28 Z** 80/140.

XX **Zum Simonbräu** mit Zim, Am Markt 7, ⊠ 54634, ℰ 33 33, Fax 3373 – 🛗🅃 🕿 🅿 – 🔬 20.
🄰🄴 🄾🄸 🄴 *VISA*
Menu à la carte 33/69 – **5 Z** 90/160.

In Rittersdorf NW : 4 km :

🏠 **Am Wisselbach,** Bitburger Str. 2, ⊠ 54636, ℰ (06561) 70 57, Fax 12293, 🄰🄴, 🛏 – 🅃�
🕿 🅿. 🄰🄴 🄾🄸 🄴 *VISA*. 🤸 Rest
Menu *(10.- 31. Jan. geschl.)* à la carte 28/50 – **23 Z** 60/138.

XX Burg Rittersdorf, in der Burg, ⊠ 54636, ℰ (06561) 24 33, 🍽, « Wasserburg a.d. 15. Jh. »
– 🅿.

In Wolsfeld SW : 8 km :

🏠 **Zur Post,** Europastr. 32 (B 257), ⊠ 54636, ℰ (06568) 3 27, Fax 7801, 🛏 – 🅃 🅿. 🤸
◆ **Menu** *(Dienstag geschl.)* à la carte 22/44 – **19 Z** 60/120.

In Dudeldorf O : 11 km über die B 50 :

🏛 **Romantik-Hotel Zum alten Brauhaus,** Herrengasse 2, ⊠ 54647, ℰ (06565) 20 57,
Fax 2125, « Gartenterrasse », 🛏 – 🅃 🕿 🅿. 🄰🄴 🄾🄸 🄴 *VISA*. 🤸 Rest
21. Dez.- 1. Feb. geschl. – **Menu** *(Mittwoch geschl.)* (nur Abendessen) à la carte 61/83 –
15 Z 140/240.

Am Stausee Bitburg NW : 12 km über Biersdorf – 🄲 06569 :

🏰 **Dorint Sporthotel Südeifel** 🦢, ⊠ 54636 Biersdorf, ℰ 9 90, Telex 4729607, Fax 7909, ≼,
🍽, Massage, 🄰🄴, 🄼, 🛏, 🍴 (Halle) – 🛗 🅃 🏊 🅿 – 🔬 250. 🄰🄴 🄾🄸 🄴 *VISA*.
🤸 Rest
Menu à la carte 48/71 – **100 Z** 160/298, 4 Suiten.

🏠 **Waldhaus Seeblick** ⌕, Ferienstr. 1, ⌧ 54636 Biersdorf, ℰ 2 22, ≤ Stausee, « Terrasse », 🐾 – 📺 ☎ 🅿. 🆎 ℁ Rest
5. Jan.- 15. Feb. geschl. – **Menu** à la carte 28/53 ⅃ – **20 Z** 65/102.

🏠 **Berghof** ⌕, Ferienstr. 3, ⌧ 54636 Biersdorf, ℰ 8 88, Fax 880, ≤ Stausee, 🏤, 🐾 – 📺 ☎ ⇦ 🅿
20. Nov.- 25. Dez. geschl. – **Menu** *(Montag geschl.)* à la carte 25/51 – **12 Z** 55/100.

BITTERFELD Sachsen-Anhalt 🔢🔢 I 11, 🔢🔢 ⑲, 🔢🔢 ⑰ – 25 000 Ew – Höhe 80 m – 🕸 03493.
Magdeburg 96 – ◆Leipzig 37.

🏨 **Rema-Hotel Ambassador,** Zörbiger Str. 47, ⌧ 06749, ℰ 2 13 40, Fax 21346 – ⇥⇤ Zim 📺 ☎ 🅿 – 🔬 50. 🆎 ⑩ ℇ 𝘝𝘐𝘚𝘈
Menu à la carte 34/56 – **38 Z** 170/360.

BLAIBACH Bayern siehe Kötzting.

BLAICHACH Bayern siehe Sonthofen.

BLANKENBACH Bayern 🔢🔢 🔢🔢 K 16 – 1 300 Ew – Höhe 175 m – 🕸 06024 (Schöllkrippen).
◆München 356 – Aschaffenburg 15 – ◆Frankfurt am Main 48.

✗✗ **Landgasthof Behl,** Krombacher Str. 2, ⌧ 63825, ℰ 47 66, Fax 5766 – 🅿. 🆎 ⑩ ℇ 𝘝𝘐𝘚𝘈
Montag geschl. – **Menu** à la carte 38/65.

BLANKENBURG Sachsen-Anhalt 🔢🔢 P 11, 🔢🔢 E 10, 🔢🔢 ⑯ – 17 400 Ew – Höhe 225 m –
🕸 03944.
🚩 Fremdenverkehrsamt, Tränkestr. 1, ⌧ 38889, ℰ 28 98, Fax 4011.
Magdeburg 73 – Göttingen 124 – Halle 88 – Nordhausen 42.

🏨 **Am Vogelherd** ⌕, Am Vogelherd 10, ⌧ 38889, ℰ 50 13, Fax 5035, ≤, 🏤, ⌛s, 🐾 – 📺 ☎ 🅿 – 🔬 50 – **87 Z**.

BLANKENBURG, BAD Thüringen 🔢🔢 F 13, 🔢🔢 ㉓, 🔢🔢 ㉖ – 8 000 Ew – Höhe 220 m –
🕸 036741.
🚩 Fremdenverkehrsamt, Magdeburger Gasse 1, ⌧ 07422, ℰ 26 67, Fax 2667.
Erfurt 60 – Bayreuth 126 – Coburg 82 – Gera 77.

🏨🏨 **Am Goldberg** ⌕, Goetheweg 9, ⌧ 07422, ℰ 26 05, Fax 2605, 🏤, « Elegante Einrichtung », ⌛s, ⌛, ⌧, 🐾, ✗ – ⌷ ⇥⇤ Zim 📺 🅿 – 🔬 60. 🆎 ⑩ ℇ 𝘝𝘐𝘚𝘈
Menu à la carte 28/66 *(bemerkenswerte Weinkarte)* – **40 Z** 95/190.

🏠 **Zum Steinhof,** Wirbacher Str. 6, ⌧ 07422, ℰ 34 70, Fax 41035, 🏤 – 📺 ☎ 🅿. 🆎 ⑩
➔ ℇ 𝘝𝘐𝘚𝘈
Menu à la carte 21/32 – **28 Z** 80/130.

🏠 **Weinhaus Eberitzsch,** Schwarzburger Str. 19, ⌧ 07422, ℰ 23 53, Fax 2427, Biergarten
– 📺 ⇦ 🅿
Menu *(Donnerstag geschl.)* à la carte 25/41 – **35 Z** 80/180.

BLANKENHEIM Nordrhein-Westfalen 🔢🔢 C 15, 🔢🔢 ㉓ – 8 300 Ew – Höhe 497 m – Erholungsort
– 🕸 02449.
🚩 Verkehrsbüro im Rathaus, Rathausplatz, ⌧ 53945, ℰ 3 33.
◆Düsseldorf 110 – ◆Aachen 74 – ◆Köln 74 – ◆Trier 99.

🏨 **Kölner Hof,** Ahrstr. 22, ⌧ 53945, ℰ 14 05, Fax 1061, 🏤, ⌛s – 📺 ☎ ⇦ 🅿. 🆎 ℇ 𝘝𝘐𝘚𝘈
März 3 Wochen geschl. – **Menu** *(Mittwoch geschl.)* à la carte 34/68 – **23 Z** 80/120.

BLAUBACH Rheinland-Pfalz siehe Kusel.

BLAUBEUREN Baden-Württemberg 🔢🔢 M 21, 🔢🔢 ㉟ ㊱ – 11 500 Ew – Höhe 519 m – 🕸 07344.
Sehenswert : Ehemaliges Kloster (Hochaltar★★).
◆Stuttgart 83 – Reutlingen 57 – ◆Ulm (Donau) 18.

🏨 **Zum Ochsen,** Marktstr. 4, ⌧ 89143, ℰ 62 65, Fax 8430 – 📺 ☎ ⇦. 🆎 ⑩ ℇ 𝘝𝘐𝘚𝘈
24. Dez.- 1. Jan. geschl. – **Menu** *(Jan. 2 Wochen geschl.)* à la carte 28/58 – **29 Z** 75/150.

In Blaubeuren-Weiler W : 2 km :

🏠 **Forellenfischer** ⌕ garni, Aachtalstr. 5, ⌧ 89143, ℰ 50 24, Fax 21199 – 📺 ☎ 🅿. 🆎 ℇ
Mitte Dez. - Mitte Jan. geschl. – **22 Z** 73/135.

✗✗ **Forellen-Fischer,** Aachtalstr. 6, ⌧ 89143, ℰ 65 45 – 🅿. ⑩
Sonntag nur Mittagessen, Montag, Jan. 3 Wochen und 24.- 31. Aug. geschl. – **Menu**
à la carte 37/66.

Baden-Württemberg siehe Badenweiler.

Baden-Württemberg 🔢 M 19 – 4 500 Ew – Höhe 460 m – 🕿 07953.

♦Stuttgart 123 – Heilbronn 80 – ♦Nürnberg 122 – ♦Würzburg 89.

🏨 🕸 **Zum Hirschen,** Hauptstr. 15, ⊠ 74572, 🖉 10 41, Fax 1043, « Modern - elegante Einrichtung » – 📺 🕿 ⇦ 🅿
Jan. geschl. – Menu *(Montag geschl., Okt.- März Sonntag nur Mittagessen)* (Tischbestellung ratsam, auch regionale Küche, bemerkenswerte Weinkarte) 125 und à la carte 41/99 – **12 Z** 83/276
Spez. Hummersalat mit Koriander, Gefüllte Taube mit Waldpilzen, Côte de Boeuf vom Hohenloher Rind.

Niedersachsen 🔢 P 7, 🔢 ⑯ – 8 000 Ew – Höhe 10 m – 🕿 05852.

♦Hannover 148 – ♦Hamburg 66 – Lüneburg 24.

🏨 **Landhaus an der Elbe** ⤸, Elbstr. 5, ⊠ 21354, 🖉 12 30, Fax 3022, 🍽, 🚗 – 📺 🕿 🅿
Menu *(Nov.- März Freitag geschl.)* à la carte 25/42 – **15 Z** 65/150.

💥💥 **Am Schloßpark,** Schützenweg, ⊠ 21354, 🖉 5 00, Fax 585, 🍽 – 🅿 – 🏔 400. 🆎 ⓞ
🅴 🆅🅸🆂🅰
Montag geschl. – **Menu** à la carte 40/69.

Rheinland-Pfalz siehe Prüm.

Saarland 🔢 E 19, 🔢 ㉔, 🔢 ⑦ – 25 000 Ew – Höhe 211 m – Kneippkurort – 🕿 06842.

♦Saarbrücken 25 – Neunkirchen/Saar 16 – Sarreguemines 24 – Zweibrücken 12.

🏨 **Zur Post,** Kardinal-Wendel-Str. 19 a, ⊠ 66440, 🖉 20 12, Fax 4202, ⇔s – 📺 🕿
Menu *(Mittwoch geschl.)* à la carte 35/60 – **12 Z** 65/125.

💥 **Gasthaus Schwalb,** Gerbergasse 4, ⊠ 66440, 🖉 23 06, Fax 4095 – 🕸
Sonntag nur Mittagessen, Montag geschl. – **Menu** à la carte 25/56 🍷.

In Blieskastel-Mimbach O : 1,5 km :

🏨 **Bliestal-Hotel,** Breitfurter Str. 10, ⊠ 66440, 🖉 27 60, Fax 4156 – 📺 🕿 🅿. 🆎 ⓞ 🅴 🆅🅸🆂🅰
🕸 Rest
Jan. 1 Woche geschl. – **Menu** *(Donnerstag nur Mittagessen, Samstag nur Abendessen)* à la carte 32/64 – **13 Z** 60/120.

In Blieskastel-Niederwürzbach NW : 5 km :

💥💥 Gutshof Junkerwald, Am Weiher (NW : 2 km), ⊠ 66440, 🖉. 70 77, Fax 7077, « Gartenterrasse » – 🅿.

💥 **Hubertushof** ⤸ mit Zim, Kirschendell 32, ⊠ 66440, 🖉 65 44, Fax 7866, 🍽, Damwildgehege – 📺 🕿 🅿. 🆎 🅴 🆅🅸🆂🅰. 🕸
1.- 14. Jan. und Juli-Aug. 2 Wochen geschl. – **Menu** *(Dienstag geschl.)* à la carte 33/63 – **6 Z** 62/118.

Nordrhein-Westfalen 🔢 🔢 K 11, 🔢 ⑮ – 16 000 Ew – Höhe 200 m – 🕿 05235.
🚩 Blomberg-Cappel, 🖉 (05236) 4 59.
🚺 Touristen Information, Marktplatz 2, ⊠ 32825, 🖉 50 42 50, Fax 504290.

♦Düsseldorf 208 – Detmold 21 – ♦Hannover 74 – Paderborn 38.

🏛 **Burghotel Blomberg** ⤸, Am Brink 1, ⊠ 32825, 🖉 5 00 10, Fax 500145, 🍽, « Mittelalterliche Burg », ⇔s, 🔲 – 🛗 🕸 Zim 📺 🅿 – 🏔 100. 🆎 ⓞ 🅴 🆅🅸🆂🅰 🅹🅲🅱
Menu à la carte 46/76 – **52 Z** 130/300.

🏨 **Deutsches Haus,** Marktplatz 7, ⊠ 32825, 🖉 4 68, Fax 2715 – 📺 🕿 – 🏔 60
Menu à la carte 30/59 – **16 Z** 85/150.

🏨 **Café Knoll,** Langer Steinweg 33, ⊠ 32825, 🖉 9 60 00, Fax 7398, « Historische Fachwerkfassade a.d.J.1622 » – 📺 🕿 🅿. 🆎 🅴
Menu *(nur Abendessen)* à la carte 28/52 – **10 Z** 85/130.

Baden-Württemberg 🔢 I 23, 🔢 J 2, 🔢 ⑦ – 10 000 Ew – Höhe 703 m – 🕿 07702.
🚺 Verkehrsamt, Hauptstr. 97 (Rathaus), ⊠ 78176, 🖉 51 28, Fax 5155.

♦Stuttgart 143 – Donaueschingen 17 – Schaffhausen 26 – Waldshut-Tiengen 44.

In Blumberg-Epfenhofen SO : 3 km :

🏨 Löwen, Kommentalstr. 2 (B 314), ⊠ 78176, 🖉 21 19, Fax 2119, 🚗 – 🛗 🅿
25 Z.

In Blumberg-Zollhaus O : 1,5 km :

🏠 **Kranz,** Schaffhausener Str. 11 (B 27), ⊠ 78176, ℘ 25 30, Fax 3697, 😤 – 📺 ☎ ⇔ 🅿.
E
April 3 Wochen geschl. – **Menu** *(Samstag geschl.)* à la carte 28/52 – **27 Z** 59/122.

BOBINGEN Bayern 🔢 P 22, 🔢 ㊱ – 15 100 Ew – Höhe 526 m – ✪ 08234.
◆München 78 – Augsburg 13.

🏠 **Schempp,** Hochstr. 74, ⊠ 86399, ℘ 30 46, Fax 4098, 😤 – 📺 ☎ ⇔ 🅿 – 🏛 30. 🖭
E 𝘝𝘐𝘚𝘈
Menu à la carte 30/57 – **46 Z** 85/180.

BOCHOLT Nordrhein-Westfalen 🔢 🔢 C 11, 🔢 ⑬, 🔢 K 6 – 70 000 Ew – Höhe 26 m –
✪ 02871.
🖪 Stadtinformation, Kreuzstr. 27, ⊠ 46395, ℘ 50 44, Fax 185927.
◆Düsseldorf 83 – Arnhem 57 – Enschede 58 – Münster (Westfalen) 82.

🏨 **Am Erzengel,** Münsterstr. 250 (B 67), ⊠ 46397, ℘ 1 40 95, Fax 184499, 😤 – 📳 ⥲ Zim
📺 🕭 ⇔ 🅿 – 🏛 100. 🖭 E 𝘝𝘐𝘚𝘈 🗾
Menu *(Montag und Aug. 3 Wochen geschl.)* à la carte 39/69 – **35 Z** 140/250.

🏠 **Kupferkanne,** Dinxperloer Str. 53, ⊠ 46399, ℘ 41 31, Fax 487455 – 📳 📺 ☎ ⇔ 🅿 –
🏛 60. 🖭 ⓞ E 𝘝𝘐𝘚𝘈. 🛠 Rest
Menu *(Samstag nur Abendessen)* à la carte 32/59 – **29 Z** 95/165.

🏠 **Zigeuner-Baron,** Bahnhofstr. 17, ⊠ 46395, ℘ 1 23 95, Fax 15318, Biergarten – 📺 ☎ ⇔
◆ 🅿. 🖭 ⓞ E 𝘝𝘐𝘚𝘈. 🛠
Menu à la carte 24/62 – **11 Z** 95/160.

🏠 **Stadt Hotel,** Bahnhofstr. 24, ⊠ 46397, ℘ 1 50 44, Fax 180495 – 📺 ☎ 🅿. 🖭 ⓞ E 𝘝𝘐𝘚𝘈
Blumenhof : **Menu** à la carte 32/57 – **21 Z** 100/170.

In Bocholt-Barlo N : 5 km :

🏨 **Schloß Diepenbrock** 🌲, Schloßallee 5, ⊠ 46397, ℘ 35 45, Fax 39607, 😤 – 📺 ☎ 🅿
– 🏛 50. 🖭 ⓞ E 𝘝𝘐𝘚𝘈. 🛠
Menu à la carte 49/76 – **23 Z** 143/290.

BOCHUM Nordrhein-Westfalen 🔢 🔢 E 12, 🔢 ⑭ – 403 000 Ew – Höhe 83 m – ✪ 0234.
Sehenswert : Bergbaumuseum★★ Y – Eisenbahnmuseum★ X.
🖫 Im Mailand 125 (über ③), ℘ 79 98 32.
🖪 Verkehrsverein im Hauptbahnhof, ⊠ 44787, ℘ 1 30 31, Fax 65727.
🖪 Informationszentrum Ruhr-Bochum, Rathaus, Rathausplatz, ⊠ 44787, ℘ 9 10 39 75.
ADAC, Ferdinandstr. 12, ⊠ 44789, ℘ 31 10 01, Fax 309809.
◆Düsseldorf 48 ⑤ – Dortmund 21 ① – ◆Essen 17 ⑤.

Stadtplan siehe nächste Seite

🏨 **Novotel,** Stadionring 22, ⊠ 44791, ℘ 5 06 40, Telex 825429, Fax 503036, 😤, 🚬,
🛠 (geheizt) – 📳 ⥲ Zim 🍴 📺 ☎ 🕭 🅿 – 🏛 300. 🖭 ⓞ E 𝘝𝘐𝘚𝘈   X n
Menu à la carte 39/67 – **118 Z** 184/223.

🏨 **Acora-Hotel,** Nordring 44, ⊠ 44787, ℘ 6 89 60, Fax 67473 – 📳 ⥲ Zim 📺 ☎ ⇔ – 🏛 60.
🖭 ⓞ E 𝘝𝘐𝘚𝘈   Y a
Menu *(Sonntag nur Abendessen)* à la carte 32/55 – **224 Z** 148/190.

🏨 **Oekey,** Auf dem Alten Kamp 10, ⊠ 44803, ℘ 3 86 71, Fax 382960, 😤 – 📺 ☎ ⇔ 🅿.
🖭 ⓞ E 𝘝𝘐𝘚𝘈 🗾   X c
Menu *(Samstag nur Abendessen, Sonntag geschl.)* à la carte 49/71 – **17 Z** 110/150.

🏠 **Schmidt-Mönnikes,** Drusenbergstr. 164, ⊠ 44789, ℘ 33 39 60 (Hotel) 31 24 69 (Rest.),
Fax 3339666 – 📺 ☎ ⇔ 🅿. 🖭 E 𝘝𝘐𝘚𝘈   X r
Weihnachten – Anfang Jan. geschl. – *Vitrine :* **Menu** à la carte 26/56 – **33 Z** 97/135.

🏠 **Plaza** garni, Hellweg 20, ⊠ 44787, ℘ 1 30 85, Fax 66934 – 📳 📺 ☎. 🖭 ⓞ E 𝘝𝘐𝘚𝘈 Z d
36 Z 105/130.

🏠 **Ibis Bochum Zentrum,** Universitätsstr. 3, ⊠ 44789, ℘ 3 33 11, Fax 3331867 – 📳 📺 ☎
🅿 – 🏛 50. 🖭 ⓞ E 𝘝𝘐𝘚𝘈 🛠 Rest   Z s
Menu *(Sonntag geschl.)* à la carte 31/50 – **157 Z** 119/153.

XXX **Gastronomie im Stadtpark,** Klinikstr. 41, ⊠ 44791, ℘ 50 70 90, Fax 5070999, 😤 – 🕭
🅿 – 🏛 350. 🖭 ⓞ E 𝘝𝘐𝘚𝘈   Y u
Montag und Dez.- Jan. 3 Wochen geschl., Okt.- März Sonntag nur Mittagessen – **Menu**
à la carte 65/74.

XX **Altes Bergamt,** Schillerstr. 20, ⊠ 44791, ℘ 5 19 55, Fax 512425, 😤 – 🅿. ⓞ E 𝘝𝘐𝘚𝘈
Sonn- und Feiertage sowie 1.- 15. Jan. geschl. – **Menu** à la carte 41/78.   Y e

XX **Stammhaus Fiege,** Bongardstr. 23, ⊠ 44787, ℘ 1 26 43 – 🖭 E   Y v
Sonntag nur Mittagessen, Donnerstag und Juli-Aug. 2 Wochen geschl. – **Menu** à la carte
42/74.

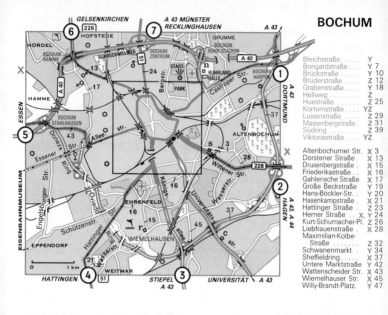

BOCHUM

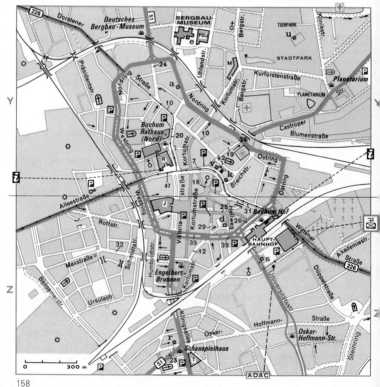

XX **Jacky Ballière,** Wittener Str. 123, ⊠ 44803, 𝒫 33 57 60 – ℘   X **s**
Samstag und Sonntag nur Abendessen, Mittwoch geschl. – **Menu** (Tischbestellung ratsam) à la carte 44/67.

XX **Alt Nürnberg,** Königsallee 16, ⊠ 44789, 𝒫 31 16 98 – 🆎 ⓸ 🄴 𝘝𝘐𝘚𝘈   Z **r**
Montag geschl. – **Menu** (nur Abendessen) à la carte 57/71.

X **Mutter Wittig,** Bongardstr. 35, ⊠ 44787, 𝒫 1 21 41, Fax 683301, � – ⓹
Menu à la carte 29/54.   Y **k**

Beim Ruhrpark-Einkaufszentrum über die A 40 X :

🏨 **Queens Hotel Bochum,** Kohlleppelsweg, ⊠ 44791, 𝒫 9 25 90, Fax 234410, 🈺 – 🛗
℘✗ Zim 📺 🕭 ⓹ – 🔬 90. 🆎 ⓸ 🄴 𝘝𝘐𝘚𝘈
Menu à la carte 49/72 – **108 Z** 217/277.

In Bochum-Harpen über ① :

XX **Brinkhoff's Stammhaus,** Harpener Hellweg 157, ⊠ 44805, 𝒫 23 35 49, � – ⓹
Dienstag geschl. – **Menu** (nur Abendessen) à la carte 62/80.

In Bochum-Sundern über ④ :

XXX **Haus Waldesruh,** Papenloh 8 (nahe der Sternwarte), ⊠ 44797, 𝒫 47 16 76, Fax 461815,
≤, � – ⓹ – 🔬 120. 🆎 🄴
Montag und Feb. geschl. – **Menu** à la carte 45/69.

In Bochum-Wattenscheid ⑤ : 9 km :

🏨 **Beckmannshof,** Berliner Str. 39, ⊠ 44866, 𝒫 (02327) 37 84, Fax 33857, � – 📺 ☎ ⓹
– 🔬 80. 🆎 ⓸ 🄴 𝘝𝘐𝘚𝘈
27. Dez.- 10. Jan. geschl. – **Menu** *(Samstag nur Abendessen, Sonntag geschl.)* à la carte 45/74 – **21 Z** 95/150.

🏨 **Am Südpark,** Höntroper Str. 103, ⊠ 44869, 𝒫 (02327) 7 31 62, Fax 73337, � – 📺 ☎
⓹. 🆎 ⓸ 🄴 𝘝𝘐𝘚𝘈. ℘✗ Rest
Menu à la carte 35/77 – **24 Z** 110/160.

In Bochum-Weitmar über ④ :

🏠 **Zum Neuling,** Neulingstr. 42, ⊠ 44795, 𝒫 47 18 80, Fax 461909, 🈺, 🔳 – 📺 ☎ ⓹. 🆎
⓸ 🄴 𝘝𝘐𝘚𝘈
Juni 2 Wochen geschl. – **Menu** *(Mittwoch geschl., Samstag nur Abendessen)* à la carte 32/62 – **12 Z** 110/160.

BOCKHORN Bayern siehe Erding.

BOCKLET, BAD Bayern 𝟺𝟷𝟹 N 16 – 2 200 Ew – Höhe 230 m – Heilbad – ✪ 09708.
Ausflugsziel : Schloß Aschach : Graf-Luxburg-Museum★, SW : 1 km (Mai - Okt. Fahrten mit hist. Postkutsche).
🛈 Kurverwaltung, im Haus des Kurgastes, Kurhausstraße, ⊠ 97708, 𝒫 2 17.
✦München 339 – Fulda 62 – Bad Kissingen 10.

🏨 **Kurhotel Kunzmann** ℘, An der Promenade 6, ⊠ 97708, 𝒫 7 80, Fax 78100, �, Massage, ⚕, 🔬, 🈺, 🔳, 🌿 – 🛗 🍴 Rest ☎ ⇦⇨ ⓹ – 🔬 80
Menu à la carte 27/57 *(auch Diät)* – **79 Z** 86/200 – ½ P 96/100.

🏠 **Laudensack,** von-Hutten-Str. 37, ⊠ 97708, 𝒫 2 24, Fax 1285, « Gartenterrasse », 🌿 – ⓹
Mitte Dez.- Mitte Feb. geschl. – **Menu** *(Dienstag geschl., im Winter Sonntag nur Mittagessen)* à la carte 29/57 ⚕ – **33 Z** 50/114.

BODELSHAUSEN Baden-Württemberg siehe Hechingen.

BODENHEIM Rheinland-Pfalz siehe Mainz.

BODENMAIS Bayern 𝟺𝟷𝟹 W 19, 𝟿𝟪𝟽 ㉘ – 3 600 Ew – Höhe 689 m – heilklimatischer Kurort – Wintersport : 700/1 456 m ⚞1 ⚞3, am Arber : ⚞1 ⚞5 ⚞5 – ✪ 09924.
Ausflugsziele : Großer Arber ≤★★ NO : 11 km und Sessellift – Großer Arbersee★ NO : 8 km.
🛈 Kurverwaltung, Bahnhofstr. 56, ⊠ 94249, 𝒫 7 78 35, Fax 77850.
✦München 178 – Cham 51 – Deggendorf 35 – Passau 73.

🏨 **Kur- und Sporthotel Adam,** Bahnhofstr. 51, ⊠ 94249, 𝒫 9 40 00, Fax 7219, Massage, ⚕, 🈺, 🔳, 🌿 – 🛗 📺 ☎ ⇦⇨ ⓹ ℘✗ Rest
(nur Abendessen für Hausgäste) – **32 Z** 85/160 – ½ P 88/93.

🏨 **Waldhotel Riederin** ℘, Riederin 1, ⊠ 94249, 𝒫 77 60, Fax 7337, ≤ Bodenmais, �, Massage, ⚕, 🔳 (geheizt), 🔳, 🌿, ℘✗(Halle) – 🛗 ℘✗ 📺 ☎ ⇦⇨ ⓹. ℘✗
Menu (nur Abendessen) à la carte 42/51 – **60 Z** (½ P) 94/354.

🏨 **Hofbräuhaus,** Marktplatz 5, ⊠ 94245, 𝒫 77 70, Fax 777200, ≤, �, 🈺, 🔳, 🔳, 🌿 –
⇦ 🛗 📺 ⇦⇨ ⓹
Anfang Nov.- Mitte Dez. geschl. – **Menu** à la carte 24/61 – **75 Z** 76/168 – ½ P 77/104.

🏛 **Neue Post** (mit Gästehaus ⚜), Kötztinger Str. 25, ✉ 94249, 𝄞 70 77, Fax 7269, ☂, Massage, ⇋s, ▨, 🛋, ※ – ▥ ☎ 🅿. ※ Rest
10. Nov.- 18. Dez. geschl. – **Menu** à la carte 29/51 – **54 Z** 65/186 – ½ P 75/110.

🏛 **Andrea** ⚜, Hölzlweg 10, ✉ 94249, 𝄞 3 86, Fax 7474, ≤ Bodenmais, ⇋s, ▨, 🛋 – ▥ ☎ 🅿. ※
6. Nov.- 15. Dez. geschl. – (nur Abendessen für Hausgäste) – **26 Z** (– ½ P) 94/204.

🏛 **Hubertus** ⚜, Amselweg 2, ✉ 94249, 𝄞 70 26, Fax 831, ≤, ☂, ⇋s, ▨, 🛋 – ▥ ☎ ⇨ 🅿
15.- 29. April und 6. Nov.- 20. Dez. geschl. – **Menu** *(Dienstag geschl.)* à la carte 21/42 – **36 Z** 59/144.

🏛 **Appartementhotel Bergknappenhof,** Silberbergstr. 8, ✉ 94249, 𝄞 77 40, Fax 7373, ≤, ⇋s, ▨, 🛋, ※ – 🅿. ※ Rest
Menu *(Sonntag geschl.)* (nur Abendessen) à la carte 27/56 – **35 Z** 66/156 – ½ P 77/97.

🏛 **Kurparkhotel,** Amselweg 1, ✉ 94249, 𝄞 10 94, Fax 339, ☂ – ▥ ☎ 🅿
Menu à la carte 27/50 ⚜ – **18 Z** 68/140.

🏛 **Waldeck** (mit Gästehaus), Arberseestr. 39, ✉ 94249, 𝄞 9 40 30, Fax 7056, ≤, Biergarten, ⇋s, ▨ – ▥ 🅿
Nov.- 16. Dez. geschl. – **Menu** à la carte 24/42 – **63 Z** 73/175 – ½ P 73/98.

🏛 **Waldesruh** ⚜, Scharebenstr. 31, ✉ 94249, 𝄞 95 00, Fax 7217, ≤, ☂, Massage, ⇋s, ▨, ▨ – ⚡ ▥ ☎ 🅿 – 🔺 30
5. Nov.- 20. Dez. geschl. – **Menu** *(Montag geschl.)* à la carte 22/47 – **76 Z** 59/134.

🏛 **Fürstenbauer,** Kötztinger Str. 34, ✉ 94249, 𝄞 70 91, Fax 7092, ≤, ☂, ⇋s, ▨ – ▥ ☎ 🅿. Ⓔ 𝕍𝕀𝕊𝔸 J̣C̣Ḅ
Ende Nov.- Mitte Dez. geschl. – **Menu** à la carte 27/46 – **21 Z** 65/150.

🏛 **Zur Klause** ⚜ garni, Klause 1a, ✉ 94249, 𝄞 18 85, Fax 7279, ≤, ⇋s – 🅿. ※
Nov.- Mitte Dez. geschl. – **17 Z** 50/84.

In Bodenmais-Böhmhof SO : 1 km :

🏛 **Böhmhof** ⚜, Böhmhof 1, ✉ 94249, 𝄞 2 22, Fax 1718, ☂, ⇋s, 🛋 (geheizt), ▨, ▨ – ▥ ☎ ⇨ 🅿
Nov.- 20. Dez. geschl. – **Menu** à la carte 24/44 – **24 Z** 75/158, 4 Suiten – ½ P 87/97.

In Bodenmais-Kothinghammer SW : 2,5 km :

🏛 **Hammerhof,** Kothinghammer 1, ✉ 94249, 𝄞 70 44, Fax 7442, ☂, ⇋s, ▨ – ▥ ☎ 🅿. Ⓐ̲Ⓔ̲. ※
Nov.- 20. Dez. geschl. – **Menu** à la carte 31/50 – **23 Z** 71/128 – ½ P 79/82.

In Bodenmais-Mais NW : 2,5 km :

🏛 **Waldblick** garni, ✉ 94249, 𝄞 3 57, ⇋s, ▨, ▨ – ▥ 🅿
Ende Okt.- Ende Jan. geschl. – **20 Z** 47/104.

In Bodenmais-Mooshof NW : 1 km :

🏛 **Mooshof,** Mooshof 7, ✉ 94249, 𝄞 77 50, Fax 7238, ≤, ☂, Massage, ⇋s, ▨, ▨, ※ – ⚡ Zim ▥ ☎ 🅿. ※ Rest
20. Nov.- 15. Dez. geschl. – **Menu** à la carte 27/52 ⚜ – **55 Z** 54/168 – ½ P 73/103.

BODENSEE Baden-Württemberg und Bayern 🄸🄹🄱 KL 23, 24, 🄨🄨🄧 ㉟ ㊱, 🄻🄸🄶 ⑨ ⑩ ⑪ – Höhe 395 m.

Sehenswert : See★★ mit den Inseln Mainau★★ und Reichenau★ (Details siehe unter den erwähnten Ufer-Orten).

BODENTEICH Niedersachsen 🄸🄸🄸 OP 8, 🄨🄨🄧 ⑯ – 3 800 Ew – Höhe 55 m – Kneipp-Kurort – Luftkurort – ☎ 05824.

🅱 Kurverwaltung und Fremdenverkehrsamt, Burgstr. 8, ✉ 29389, 𝄞 95 01 80, Fax 3308.
◆Hannover 107 – ◆Braunschweig 76 – Lüneburg 50 – Wolfsburg 54.

🏛 **Braunschweiger Hof,** Neustädter Str. 2, ✉ 29389, 𝄞 2 50, Fax 255, ☂, Massage, ♨, 🔺, ⇋s, ▨, ▨, ※ – ⚡ ☎ 🕎 🅿 – 🔺 50. Ⓐ̲Ⓔ̲ Ⓞ̲ Ⓔ 𝕍𝕀𝕊𝔸
Menu à la carte 23/58 ⚜ – **40 Z** 80/150.

🏛 **Landhaus Bodenteich** garni, Neustädter Str. 100, ✉ 29389, 𝄞 30 85, Fax 3087, ⇋s, ▨ – ▥ ☎ 🅿. ※
19 Z 75/130.

Les hôtels ou restaurants agréables
sont indiqués dans le guide par un signe rouge.   🏛🏛🏛 ··· 🏛

Aidez-nous en nous signalant les maisons où,
par expérience, vous savez qu'il fait bon vivre.   ※※※※※ ··· ※

Votre guide Michelin sera encore meilleur.

BODENWERDER Niedersachsen 411 412 L 11, 987 ⑮ – 6 000 Ew – Höhe 75 m – Luftkurort – ✆ 05533.

🏛 Fremdenverkehrsamt, Weserstr. 3, ✉ 37619, ✆ 4 05 41, Fax 40540.

♦Hannover 68 – Detmold 59 – Hameln 23 – ♦Kassel 103.

🏠 **Deutsches Haus,** Münchhausenplatz 4, ✉ 37619, ✆ 39 25, Fax 4113, �します – ⚄ 📺 ☎ 🅿 – 🔏 150. 🖭 **E**
Menu *(Dez.- März Samstag geschl.)* à la carte 29/62 – **43 Z** 79/145.

🟔 **Münchhausen-Stube,** Große Str. 5, ✉ 37619, ✆ 72 38, �します – 🖭 **E** **VISA**
Montag - Dienstag geschl. – **Menu** à la carte 31/61.

BODENWÖHR Bayern 413 TU 19, 987 ㉗ – 3 600 Ew – Höhe 378 m – ✆ 09434.

♦München 168 – Cham 34 – ♦Nürnberg 99 – ♦Regensburg 46.

🏠 **Brauereigasthof Jacob,** Ludwigsheide 2, ✉ 92439, ✆ 12 38, Fax 1437, ≤, �します,
⇆ « Geschmackvolle Einrichtung im Landhausstil », 🐝, 🌇 – ≒ Zim 📺 ☎ 🚗 🅿 – 🔏 50.
⚡ Zim
Menu à la carte 22/41 – **25 Z** 74/130.

BODMAN-LUDWIGSHAFEN Baden-Württemberg 413 JK 23, 987 ㉟, 427 L 2 – 3 900 Ew –
Höhe 408 m – Erholungsort – ✆ 07773.

🏛 Verkehrsamt, Rathaus (Bodman), Seestr. 5, ✉ 78351, ✆ 54 86.

🏛 Verkehrsbüro, Hafenstr. 5 (Bürger- und Gäste-Zentrum Ludwigshafen), ✉ 78351, ✆ 93 00 42.

♦Stuttgart 165 – Bregenz 74 – ♦Konstanz 34 – Singen (Hohentwiel) 26.

Im Ortsteil Bodman :

🏠 **Sommerhaus** garni, Kaiserpfalzstr. 67, ✉ 78351, ✆ 76 82, Fax 364, ≤, 🌇 – 📺 ☎. 🖭
E
April - Okt. – **10 Z** 85/130.

Im Ortsteil Ludwigshafen :

🏢 Strandhotel Adler, Hafenstr. 4, ✉ 78351, ✆ 52 14, Fax 5070, ≤, « Gartenterrasse am See »
– 📺 ☎ 🅿 – 🔏 30
16 Z.

🏠 **Krone,** Hauptstr. 25 (B 31), ✉ 78351, ✆ 53 16, Fax 7221, �します – 📺 🅿. 🖭 ⓞ **E** **VISA**
Nov. 2 Wochen geschl. – **Menu** *(Sept.- Mai Mittwoch nur Abendessen)* à la carte 22/49
– **21 Z** 75/155.

BÖBINGEN Baden-Württemberg siehe Schwäbisch Gmünd.

BÖBLINGEN Baden-Württemberg 413 K 20, 987 ㉟ – 43 000 Ew – Höhe 464 m – ✆ 07031.

🏛 Städt. Verkehrsamt, Kongreßhalle, ✉ 71032, ✆ 66 62 25, Fax 666229.

♦Stuttgart 19 – ♦Karlsruhe 80 – Reutlingen 36 ① – ♦Ulm (Donau) 97.

Stadtpläne siehe nächste Seiten

🏢 **Böhler,** Postplatz 17, ✉ 71032, ✆ 2 51 43, Fax 226168, ≘, 🔲 – ⚄ ≒ Zim 📺 ☎ 🚗
🅿 – 🔏 25. 🖭 ⓞ **E** **VISA** ⚡ Rest   DY **b**
Menu *(Freitag nur Mittagessen, Samstag geschl.)* à la carte 42/77 – **41 Z** 145/225.

🏢 **Zum Reussenstein** garni (Mahlzeiten im Gasthof Zum Reussenstein), Kalkofenstr. 20,
✉ 71032, ✆ 6 60 00, Fax 660055, ≘ – ⚄ 📺 ☎ 🚗 🅿. 🖭 ⓞ **E** **VISA**   BT **h**
42 Z 130/195.

🏢 **Wanner** garni, Tübinger Str. 2, ✉ 71032, ✆ 22 60 06, Fax 223386 – ⚄ 📺 ☎ 🚗. 🖭 ⓞ
E **VISA**   DZ **p**
24. Dez.- 1. Jan. geschl. – **34 Z** 124/195.

🏠 **Böblinger Haus,** Keilbergstr. 2, ✉ 71032, ✆ 21 10, Fax 229811, �します – ⚄ 📺 ☎ 🚗 🅿
– 🔏 20. 🖭 ⓞ **E** **VISA**   BT **f**
23. Dez.- 6. Jan. geschl. – **Menu** *(Samstag geschl., Sonntag nur Mittagessen)* à la carte
37/64 – **35 Z** 115/185.

🏠 **Rieth,** Tübinger Str. 155 (B 464), ✉ 71032, ✆ 72 30, Fax 277760, ≘, 🌇 – 📺 ☎ 🚗 🅿.
🖭 ⓞ **E** **VISA**   BU **r**
23. Dez.- 2. Jan. geschl. – (nur Abendessen für Hausgäste) – **51 Z** 100/170.

In Böblingen-Dagersheim über ③ : 4,5 km :

🏠 **Waldhorn,** Böblinger Str. 1, ✉ 71034, ✆ 7 67 20, Fax 767266 – 📺 ☎ 🅿. 🖭 ⓞ **E** **VISA**
über Weihnachten geschl. – **Menu** *(Sonn- und Feiertage geschl.)* à la carte 31/66 –
30 Z 105/180.

In Böblingen-Hulb :

🏢 **Novotel,** Otto-Lilienthal-Str. 18, ✉ 71034, ✆ 64 50, Fax 228816, �します, ≘, 🔟 (geheizt), 🌇
– ⚄ ≒ Zim 📺 ☎ 🖶 🅿 – 🔏 150. 🖭 ⓞ **E** **VISA**   AT **s**
Menu à la carte 30/60 – **118 Z** 120/140.

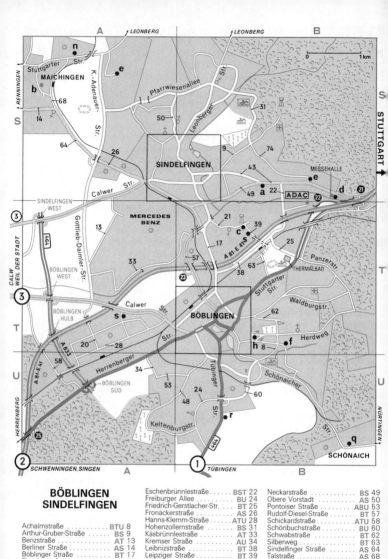

BÖBLINGEN
SINDELFINGEN

In Schönaich SO : 6 km BU – ☎ 07031 :

🏨 **Sulzbachtal** ⬥, im Sulzbachtal (NO : 2 km, Richtung Steinenbronn), ⊠ 71101, ℰ 7 57 80 (Hotel) 65 15 11 (Rest.), Fax 757810, 🍽 – 📺 ☎ 🅿. 🆎 ⑩ ⋿ 𝘝𝘐𝘚𝘈
20. Dez.- 14. Jan. geschl. – **Menu** *(Montag geschl., Dienstag nur Abendessen)* à la carte 31/55 – **21 Z** 85/140.

🏨 **Pfefferburg,** Böblinger Straße (NW : 2 km), ⊠ 71101, ℰ 6 30 10, Fax 630160, ≼, 🍽 – 📺 🅿. 🆎 ⑩ ⋿ 𝘝𝘐𝘚𝘈
BU **q**
Menu *(Montag geschl., Sonntag nur Mittagessen)* à la carte 32/66 – **24 Z** 94/150.

🏨 **Wagner** ⬥ garni, Cheruskerstr. 6, ⊠ 71101, ℰ 65 10 94, Fax 651097 – 📺 ☎ 🅿. 🆎 ⑩
⋿ 𝘝𝘐𝘚𝘈
23. Dez.- 8. Jan. geschl. – **20 Z** 85/120.

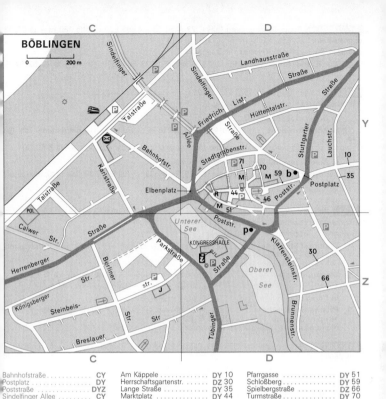

BÖBLINGEN

In Aidlingen-Deufringen W : 11 km :

XX **Alte Villa,** Aidlinger Str. 36, ⊠ 71134, ℘ (07056) 28 72, Fax 4472 – **P**. ℀ **E**. ℀
Montag und Weihnachten - Mitte Jan. geschl. – **Menu** (wochentags nur Abendessen, Tischbestellung ratsam) à la carte 60/84.

BÖBRACH Bayern 413 W 19 – 1 600 Ew – Höhe 575 m – Erholungsort – Wintersport : ℀8
– ℀ 09923 (Teisnach).

🛈 Verkehrsamt, Rathaus, ⊠ 94255, ℘ 23 52, Fax 3433.
◆München 171 – Passau 78 – Regen 18 – ◆Regensburg 98.

🏠 **Sporthotel Ödhof** ℀, Öd Nr. 5, ⊠ 94255, ℘ 12 46, Fax 3321, ≤, ℀, ≘s, 🔲, 🐎, ℀,
℀ – 🛗 🔲 ☎ 🚗 **P**. ℀ ① **E** *VISA*
Menu à la carte 31/60 – **30 Z** 70/150.

🏠 Brauereigasthof Eck (mit Gästehaus), Eck 1, ⊠ 94255, ℘ 6 85, Fax 3566, ℀, ≘s, 🐎 –
☎ 🚗 **P** – **22 Z**

BÖHMENKIRCH Baden-Württemberg 413 M 20, 987 ㊱ – 5 000 Ew – Höhe 696 m – ℀ 07332.
◆Stuttgart 70 – Göppingen 26 – Heidenheim an der Brenz 17 – ◆Ulm (Donau) 45.

🏠 **Lamm** (mit Gästehaus), Kirchstr. 8, ⊠ 89558, ℘ 52 43, Fax 6013 – 🔲 ☎ **P**
◆ *Juli - Aug. 2 Wochen geschl.* – **Menu** *(Montag geschl.)* à la carte 21/40 ⅛ – **32 Z** 38/
104.

BOESDORF Schleswig-Holstein 411 O 4 – 1 500 Ew – Höhe 25 m – ℀ 04522.
◆Kiel 36 – Eutin 8 – ◆Lübeck 46 – Oldenburg in Holstein 48.

In Bösdorf-Niederkleveez N : 3 km :

🏨 **Fährhaus Niederkleveez** ℀ garni, Am Dieksee 6, ⊠ 24306, ℘ (04523) 99 59 29,
Fax 995910, ≤, « Lage am See », ≘s, 🛥, 🐎 – ℀ 🔲 ☎ **P**. ℀
April - Sept. – **16 Z** 130/280.

BÖTZINGEN Baden-Württemberg 🔲🔲🔲 G 22, 🔲🔲🔲 ㉜ – 4 800 Ew – Höhe 186 m – 🔥 07663 (Eichstetten).

♦Stuttgart 224 – Colmar 35 – ♦Freiburg im Breisgau 16.

🔲 **Zur Krone,** Gottenheimer Str. 1, ✉ 79268, ℰ 12 32, Fax 5599, 🔲 – 🔲 🔲 🔲 🔲 🔲 🔲 🔲
Menu *(Donnerstag geschl., Freitag nur Abendessen)* à la carte 25/55 🔲 – **30 Z** 68/120.

BOGEN Bayern 🔲🔲🔲 V 20, 🔲🔲🔲 ㉗ – 9 000 Ew – Höhe 332 m – 🔥 09422.

♦München 134 – ♦Regensburg 60 – Straubing 12.

In Bogen-Bogenberg SO : 3,5 km :

🔲 **Schöne Aussicht** 🔲 mit Zim, ✉ 94327, ℰ 15 39, ≤ Donauebene, Biergarten – 🔲 🔲
🔲 Zim
10. Jan.- 15. Feb. geschl. – **Menu** *(Freitag geschl.)* à la carte 23/39 🔲 – **8 Z** 60/90.

In Niederwinkling-Welchenberg SO : 8 km :

🔲🔲 **Landgasthof Buchner,** Freymannstr. 15, ✉ 94559, ℰ (09962) 7 30, Fax 2430, Biergarten
– 🔲 🔲 🔲 🔲 🔲
Montag - Dienstag geschl. – **Menu** à la carte 46/70.

BOLL Baden-Württemberg 🔲🔲🔲 L 21 – 4 600 Ew – Höhe 425 m – 🔥 07164.

🔲 Kultur- und Verkehrsamt, Hauptstr. 81, ✉ 73087, ℰ 8 08 28.

♦Stuttgart 48 – Göppingen 9 – ♦Ulm (Donau) 49.

🔲 **Badhotel Stauferland** 🔲, Gruibinger Str. 32, ✉ 73087, ℰ 20 77, Fax 4146, « Terrasse mit
≤ », 🔲, 🔲, 🔲 – 🔲 🔲 🔲 🔲 🔲 🔲 30. 🔲 🔲 🔲 🔲 🔲 🔲 Rest
Juli - Aug. 3 Wochen geschl. – **Menu** à la carte 46/84 – **45 Z** 135/250.

🔲 **Löwen,** Hauptstr. 46, ✉ 73087, ℰ 9 40 90, Fax 940944 – 🔲 🔲 🔲 🔲 🔲 🔲 🔲
21. Dez.- 20. Jan. geschl. – **Menu** *(Montag geschl.)* à la carte 29/59 – **37 Z** 76/128.

In Boll-Bad Boll :

🔲🔲 **Prisma Seminarhotel** 🔲, Michael-Hörauf-Weg, ✉ 73087, ℰ 80 50, Fax 12886, 🔲 – 🔲
🔲 Zim 🔲 🔲 🔲 – 🔲 90. 🔲 🔲 🔲 🔲 🔲
Menu à la carte 32/48 *(auch vegetarische Gerichte)* – **93 Z** 182/359.

BOLLENDORF Rheinland-Pfalz 🔲🔲🔲 C 17, 🔲🔲🔲 M 6, 🔲🔲🔲 ㉛ – 1 700 Ew – Höhe 215 m – Luftkurort
– 🔥 06526.

🔲 Tourist - Information, Am Sauerstaden, ✉ 54669, ℰ 2 30.

Mainz 193 – Bitburg 28 – Luxembourg 43 – ♦Trier 34.

🔲 **Burg Bollendorf** 🔲, Burgstr. 7, ✉ 54669, ℰ 6 90, Fax 6938, 🔲, 🔲, 🔲 – 🔲 🔲 🔲 🔲
– 🔲 80. 🔲 🔲 🔲 🔲 🔲
Jan.- Feb. geschl. – **Menu** à la carte 35/60 – **42 Z** 105/196 – ½ P 109/129.

🔲 **Waldhotel Sonnenberg** 🔲, Sonnenbergallee 1 (NW : 1,5 km), ✉ 54669, ℰ 5 52,
Fax 8677, ≤ Sauertal, 🔲, 🔲, 🔲, 🔲 – 🔲 🔲 🔲 🔲 🔲 🔲 Rest
Menu à la carte 28/57 – **26 Z** 106/212.

🔲 **Ritschlay** 🔲, Auf der Ritschlay 3, ✉ 54669, ℰ 2 12, Fax 343, ≤ Sauertal, « Garten » –
🔲
7. Jan.- 15. Feb. und 11. Nov.- 20. Dez. geschl. – *(nur Abendessen für Hausgäste)* –
20 Z 68/136.

🔲 **Scheuerhof,** Sauerstaden 42, ✉ 54669, ℰ 3 95, Fax 8639 – 🔲 🔲 🔲 🔲 🔲 🔲
Mitte Jan.- Mitte Feb. geschl. – *(Restaurant nur für Hausgäste)* – **14 Z** 63/165 – ½ P 80/107.

🔲 **Hauer,** Sauerstaden 20, ✉ 54669, ℰ 3 23, Fax 314, 🔲 – 🔲 🔲 🔲 🔲 🔲 🔲
Menu à la carte 27/51 – **22 Z** 66/120 – ½ P 84/88.

BOLTENHAGEN Mecklenburg-Vorpommern 🔲🔲🔲 Q 5, 🔲🔲🔲 F 4, 🔲🔲🔲 ⑥ – 2 500 Ew – Höhe 5 m
– Seebad – 🔥 038825 (Klütz).

🔲 Kurverwaltung, Ernst-Thälmann-Str. 66, ✉ 23946, ℰ 92 84.

Schwerin 47 – Lübeck 44.

🔲 Pension Kühne 🔲, Chaussee 7d, ✉ 23946, ℰ 95 01, 🔲 – 🔲 🔲
(nur Abendessen für Hausgäste) – **13 Z**.

BONN Nordrhein-Westfalen 🔲🔲🔲 E 14, 🔲🔲🔲 ㉓㉔ – Parlaments- und Regierungssitz – 312 000 Ew
– Höhe 64 m – 🔥 0228.

Sehenswert : In Bonn : Schwarz-Rheindorf-Kirche★ AV – Alter Zoll ≤★ CZ – Rheinisches Landesmuseum (Römische Abteilung★) BZ **M** – Münster★ (Kreuzgang★) BCZ – **In Bonn-Bad Godesberg :** Godesburg 🔲★.

🔲 Köln-Bonn in Wahn (① : 27 km), ℰ (02203) 4 00.

🔲 Informationsstelle, Münsterstr. 20 (Cassius Bastei), ✉ 53111, ℰ 77 34 66, Fax 690368.

ADAC, Godesberger Allee 127 (Bad Godesberg), ✉ 53175, ℰ (0221) 47 27 47, Fax 379873.

♦Düsseldorf 73 ⑥ – ♦Aachen 91 ⑥ – ♦Köln 28 ⑥ – Luxembourg 190 ④.

BONN

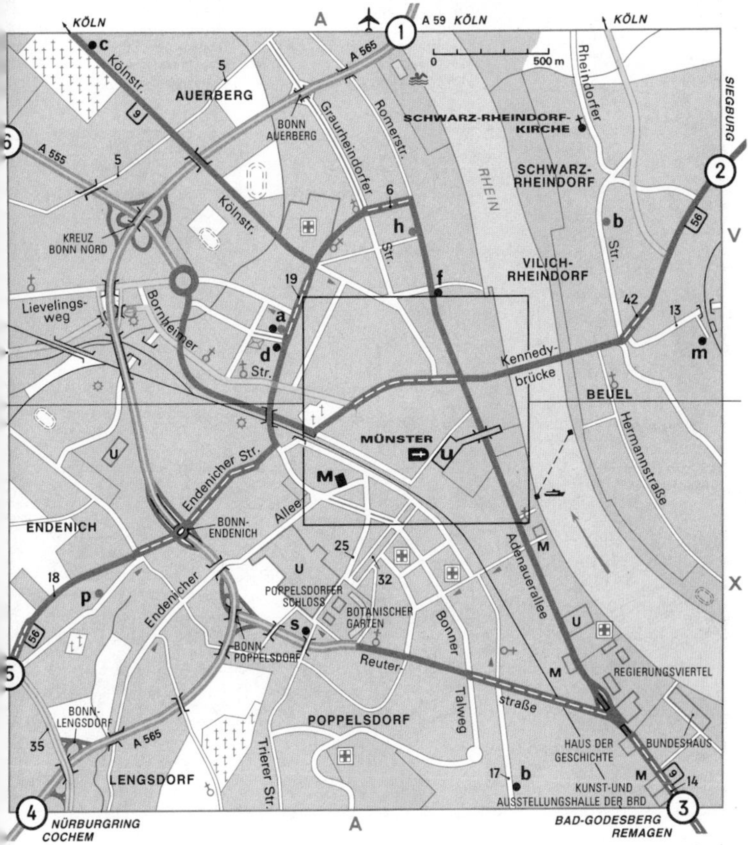

Günnewig Bristol Hotel ⟨⟩, Prinz-Albert-Str. 2, ⊠ 53113, ℰ 2 69 80, Telex 8869661,
Fax 2698222, 斎, ⇔s, ⟨⟩ – ☰ ⤢ Zim ▤ �📺 ⟨⟩ – 🖈 200. ⷶ ⓞ ⷤ 𝓥𝓲𝓼𝓪   CZ **v**
Majestic (Sonntag und Juli-Aug. 3 Wochen geschl.) **Menu** à la carte 63/82 – *Walliser*
Stuben (nur Abendessen) **Menu** à la carte 42/58 – *Hofkonditorei Bierhoff :* **Menu** à la carte
37/64 – **120 Z** 295/450, 4 Suiten.

Königshof, Adenauerallee 9, ⊠ 53111, ℰ 2 60 10, Telex 886535, Fax 2601529, ⟨ Rhein,
斎 – ☰ 📺 ⟨⟩ – 🖈 160. ⷶ ⓞ ⷤ 𝓥𝓲𝓼𝓪, ⟨⟩   CZ **a**
Menu à la carte 42/83 – **137 Z** 215/280, 4 Suiten.

Scandic Crown Hotel, Berliner Freiheit 2, ⊠ 53111, ℰ 7 26 90, Telex 885271,
Fax 7269700, 斎, ⇔s, ⟨⟩ – ☰ ⤢ Zim ▤ 📺 ⟨⟩ – 🖈 250. ⷶ ⷤ 𝓥𝓲𝓼𝓪.
⟨⟩ Rest   CY **m**
Menu à la carte 47/84 – **252 Z** 250/335, 8 Suiten.

Günnewig Residence Hotel ⟨⟩, Kaiserplatz, ⊠ 53113, ℰ 2 69 70, Fax 2697777, Biergarten, ⇔s, ⟨⟩ – ☰ ⤢ Zim ▤ 📺 ⟨⟩ – 🖈 180. ⷶ ⓞ ⷤ 𝓥𝓲𝓼𝓪   CZ **f**
Menu à la carte 37/62 – **144 Z** 236/373, 5 Suiten.

Domicil garni, Thomas-Mann-Str. 24, ⊠ 53111, ℰ 72 90 90, Telex 886633, Fax 691207,
« Modern-elegante Einrichtung », ⇔s – ☰ 📺 – 🖈 35. ⷶ ⓞ ⷤ 𝓥𝓲𝓼𝓪 𝓳𝓬𝓫   BZ **f**
21. Dez.- 2. Jan. geschl. – **42 Z** 201/465.

165

BONN

🏨 **Consul** garni, Oxfordstr. 12, ⊠ 53111, 𝒫 7 29 20, Telex 8869660, Fax 7292250 – 🛗 📺 ☎
⟲ – 🛦 35. 🖭 ⓞ ⋲ 𝘝𝘐𝘚𝘈
BY **t**
23. Dez.- 2. Jan. geschl. – **92 Z** 163/240.

🏨 **Kaiser-Karl-Hotel,** Vorgebirgsstr. 56, ⊠ 53119, 𝒫 65 09 33, Telex 886856, Fax 637899,
« Elegante Einrichtung » – 🛗 📺 ☎ ⟲ – 🛦 25. 🖭 ⓞ ⋲ 𝘝𝘐𝘚𝘈
AV **a**
Menu siehe Rest. *Bistro* separat erwähnt – **41 Z** 190/360.

🏨 **Continental** garni, Am Hauptbahnhof, ⊠ 53111, 𝒫 63 53 60, Fax 631190 – 🛗 📺 ☎. 🖭
ⓞ ⋲ 𝘝𝘐𝘚𝘈 ᴊᴄʙ
BZ **n**
23. Dez.- 7. Jan. geschl. – **35 Z** 145/300.

🏨 **Astoria** garni, Hausdorffstr. 105, ⊠ 53129, 𝒫 23 95 07, Fax 230378, ☎s – 🛗 📺 ☎ ℗ –
🛦 30. 🖭 ⓞ ⋲ 𝘝𝘐𝘚𝘈
AX **b**
46 Z 120/230.

🏨 **President** garni, Clemens-August-Str. 32, ⊠ 53115, 𝒫 7 25 00, Fax 725072 – 🛗 ⤢ Zim
📺 ☎ – 🛦 80. 🖭 ⓞ ⋲ 𝘝𝘐𝘚𝘈 ᴊᴄʙ
AX **s**
98 Z 169/349.

🏨 **Schwan** garni, Mozartstr. 24, ⊠ 53115, 𝒫 63 41 08, Fax 651793 – 📺 ☎. 🖭 ⋲
𝘝𝘐𝘚𝘈
BZ **e**
22 Z 120/270.

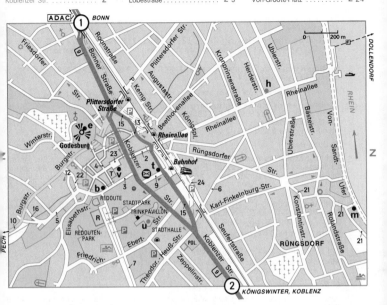

🏠 **Mozart** garni, Mozartstr. 1, ⊠ 53115, ℰ 65 90 71, Fax 659075 – 🛗 📺 ☎ 🚗 ⓘ 🇪 𝘝𝘐𝘚𝘈
22. Dez.- 1. Jan. geschl. – **39 Z** 70/185.
BZ **n**

🏠 **Ibis,** Vorgebirgsstr. 33, ⊠ 53119, ℰ 7 26 60, Telex 886683, Fax 7266405, 🏠 – 🛗 ⇅ Zim
📺 ☎ 🕭 🚗 🅿 – 🛎 50. 🅰🇪 ⓘ 🇪 𝘝𝘐𝘚𝘈
AV **d**
Menu (Samstag-Sonntag und 15. Juli - Aug. geschl.) (nur Abendessen) à la carte 33/52
– **147 Z** 132/180.

🏠 **Beethoven,** Rheingasse 26, ⊠ 53113, ℰ 63 14 11, Fax 691629 – 🛗 📺 ☎ 🚗. 🅰🇪 ⓘ 🇪
𝘝𝘐𝘚𝘈. 🎉
CY **s**
27. Dez.- 9. Jan. geschl. – **Menu** (Freitag nur Mittagessen, Samstag und 18. Juli - 8. Aug.
geschl.) à la carte 30/60 – **59 Z** 69/185.

🏠 **Jacobs** garni, Bergstr. 85, ⊠ 53129, ℰ 23 28 22, Fax 232850, « Einrichtung im Bauernstil »,
🛱 – 🛗 📺 ☎ 🅿 über Hausdorffstraße AX
43 Z 80/180.

🏠 **Römerhof** garni, Römerstr. 20, ⊠ 53111, ℰ 63 47 96, Fax 633838 – ☎ 🅿. 🎉 AV **f**
26 Z 114/192.

🏠 **Rheinland** garni, Berliner Freiheit 11, ⊠ 53111, ℰ 65 80 96, Fax 472844 – 🛗 📺 ☎ 🚗.
🇪
CY **q**
20. Dez.- 15. Jan. geschl. – **31 Z** 120/170.

🏠 **Kurfürstenhof** garni, Baumschulallee 20, ⊠ 53115, ℰ 98 50 50, Fax 632045 – 🛗 📺 ☎.
ⓘ 🇪 𝘝𝘐𝘚𝘈
BZ **x**
28 Z 115/180.

🏠 **Kölner Hof** garni, Kölnstr. 502 (Auerberg), ⊠ 53117, ℰ 67 10 04, Fax 679737 – 📺 ☎ 🅿
39 Z.
AV **c**

🍽🍽 **Le Petit Poisson,** Wilhelmstr. 23a, ⊠ 53111, ℰ 63 38 83, Fax 655905 – 🅰🇪 ⓘ 🇪 𝘝𝘐𝘚𝘈
Sonntag-Montag geschl. – **Menu** (nur Abendessen, Tischbestellung ratsam) à la carte
69/95.
BY **x**

🍽🍽 **Zur Lese,** Adenauerallee 37, ⊠ 53113, ℰ 22 33 22, Fax 222060, ≼ Rhein, 🏠 – 🛗 🚗.
🅰🇪 ⓘ 🇪 𝘝𝘐𝘚𝘈. 🎉
CZ **t**
Montag geschl. – **Menu** à la carte 53/71.

🍽🍽 **Ristorante Grand'Italia,** Bischofsplatz 1, ⊠ 53111, ℰ 63 83 33 – 🅰🇪 ⓘ 🇪 𝘝𝘐𝘚𝘈.
🎉
CZ **c**
Menu (italienische Küche) à la carte 43/76.

167

XX **Zum Kapellchen,** Brüdergasse 12, ⊠ 53111, ℰ 65 10 52, Fax 653560, 斎 – 匨 ⓞ Ɛ 𝘝𝘐𝘚𝘈
Menu à la carte 52/83. CY **a**

XX Ristorante Caminetto, Römerstr. 83, ⊠ 53111, ℰ 65 42 27 AV **h**
(italienische Küche, Tischbestellung ratsam).

XX **Bistro** - Kaiser-Karl-Hotel, Vorgebirgsstr. 50, ⊠ 53119, ℰ 69 69 67, Fax 637899 – 匨 ⓞ Ɛ
𝘝𝘐𝘚𝘈 AV **a**
Montag und Samstag nur Abendessen, Sonntag und März 2 Wochen geschl. – **Menu**
à la carte 50/71.

XX **Die Traube,** Thomas-Mann-Str. 18, ⊠ 53111, ℰ 63 22 55, Fax 696947 – 匨 Ɛ 𝘝𝘐𝘚𝘈 BYZ **a**
Samstag nur Abendessen, Sonntag geschl. – **Menu** (Tischbestellung ratsam) à la carte
55/86.

X **Im Bären** (Brauereigaststätte), Acherstr. 1, ⊠ 53111, ℰ 63 32 00, Fax 639245, 斎 CZ **r**
Menu à la carte 25/53.

Auf dem Venusberg SW : 4 km über Trierer Straße AX und Im Wingert :

🏨 **Steigenberger Hotel Venusberg** ⦂, An der Casselsruhe 1, ⊠ 53127 Bonn,
ℰ (0228) 28 80, Telex 886363, Fax 288288, 斎, ⊜ – 🛗 🌤 Zim 🆃🆅 ⟵➡ 🄿 – 🔬 80. 匨
ⓞ Ɛ 𝘝𝘐𝘚𝘈. 🎇 Rest
Menu à la carte 64/86 – **84 Z** 245/360, 6 Suiten.

In Bonn-Beuel :

🏨 **Schloßhotel Kommende Ramersdorf** (ehem. Ritterordens-Schloß, Schloßmuseum),
Oberkasseler Str. 10 (Ramersdorf), ⊠ 53227, ℰ 44 07 34, Fax 444400, ≤, 斎, « Einrichtung
mit Stil-Möbeln und Antiquitäten » – 🆃🆅 ☎ 🄿. 匨 ⓞ Ɛ 𝘝𝘐𝘚𝘈 über ③ und die B 42
Juli-Aug. 4 Wochen geschl. – **Menu** *(Dienstag geschl.)* (italienische Küche) à la carte 47/79
– **18 Z** 90/190.

🏨 **Willkens,** Goetheallee 1, ⊠ 53225, ℰ 47 16 40, Fax 462293 – 🛗 🆃🆅 ☎. 匨 ⓞ Ɛ 𝘝𝘐𝘚𝘈. 🎇
Weihnachten - Anfang Jan. geschl. – **Menu** *(Freitag-Samstag und Aug. geschl.)* (nur Abendessen) à la carte 41/56 – **34 Z** 95/135. AV **m**

🏨 **Florin** ⦂ garni, Ölbergweg 17, ⊠ 53227, ℰ 47 18 40, Fax 461794 – 🆃🆅 ☎ ⟵➡ 🄿. 匨 Ɛ
𝘝𝘐𝘚𝘈 über Hermannstr. AX
Juli 2 Wochen geschl. – **19 Z** 90/160.

🏠 Mertens, Rheindorfer Str. 134, ⊠ 53225, ℰ 47 44 51 – ☎ 🄿 AV **b**
(wochentags nur Abendessen) – **16 Z**.

In Bonn-Endenich :

XX **Altes Treppchen,** Endenicher Str. 308, ⊠ 53121, ℰ 62 50 04, Fax 621264 – 🄿. 匨 ⓞ Ɛ
𝘝𝘐𝘚𝘈 AX **p**
Samstag-Sonntag und 23. Dez.- 3. Jan. geschl. – **Menu** à la carte 47/69.

In Bonn-Bad Godesberg :

🏨 **Maritim,** Godesberger Allee 1, ⊠ 53175, ℰ 8 10 80, Telex 886413, Fax 8108811, Massage,
🛁, ⊜, 🏊 – 🛗 🌤 Zim 🔳 🆃🆅 ⴘ ⟵➡ – 🔬 1800. 匨 ⓞ Ɛ 𝘝𝘐𝘚𝘈 🄹🄲🄱. 🎇 Rest über ④
La Marée *(Samstag-Sonntag und Juli-Aug. 4 Wochen geschl.)* **Menu** à la carte 78/105 –
Rôtisserie : **Menu** 60 (Buffet) – **412 Z** 315/488, 41 Suiten.

🏨 **Rheinhotel Dreesen** ⦂, Rheinstr. 45, ⊠ 53179, ℰ 8 20 20, Fax 8202153, ≤ Rhein und
Siebengebirge, « Park » – 🛗 🆃🆅 🄿 – 🔬 150. 匨 ⓞ Ɛ 𝘝𝘐𝘚𝘈. 🎇 Rest Z **m**
Menu à la carte 57/88 – **74 Z** 195/468.

🏨 **Godesburg-Hotel** ⦂, Auf dem Godesberg 5 (in der Godesburg-Ruine), ⊠ 53177,
ℰ 31 60 71, Fax 311218, ≤ Bad Godesberg und Siebengebirge, 斎 – 🆃🆅 ☎ 🄿. 匨 ⓞ Ɛ
𝘝𝘐𝘚𝘈. 🎇 Zim Z **e**
Menu à la carte 47/70 – **14 Z** 151/290.

🏨 **Kaiserhof** garni, Moltkestr. 64, ⊠ 53173, ℰ 36 20 16, Fax 363825 – 🛗 🆃🆅 ☎ ⟵➡. 匨 ⓞ
Ɛ 𝘝𝘐𝘚𝘈 Z **t**
22. Dez.- 2. Jan. geschl. – **50 Z** 135/242.

🏠 **Insel-Hotel,** Theaterplatz 5, ⊠ 53177, ℰ 36 40 82, Fax 352878, 斎 – 🛗 🆃🆅 ☎ 🄿. 匨 ⓞ
Ɛ 𝘝𝘐𝘚𝘈 🄹🄲🄱 Z **v**
Menu à la carte 30/44 – **66 Z** 145/220.

🏠 **Eden,** Am Kurpark 5a, ⊠ 53177, ℰ 95 72 70, Fax 362494 – 🛗 🆃🆅 ☎ 🄿. 匨 ⓞ Ɛ 𝘝𝘐𝘚𝘈
(Restaurant nur für Hausgäste) – **42 Z** 130/250. Z **b**

XXX ❀ **Halbedel's Gasthaus,** Rheinallee 47, ⊠ 53173, ℰ 35 42 53, Fax 354253, 斎 – 🄿. 匨
Montag und Juli-Aug. 3 Wochen geschl. – **Menu** (nur Abendessen, Tischbestellung ratsam,
bemerkenswerte Weinkarte) à la carte 74/98 Z **h**
Spez. Tomatensalat mit Rotbarbe in Basilikumvinaigrette, Bresse-Taube mit weißen Bohnen und
schwarzen Trüffeln, Soufflé von Ziegenkäse mit Kirschkompott.

XX **Cäcilienhöhe** mit Zim, Goldbergweg 17, ⊠ 53177, ℰ 32 10 01, Fax 328314, ≤ Bad Godesberg und Siebengebirge – ☎ 🄿. 匨 ⓞ Ɛ über Theodor-Heuss-Str. Z
Menu *(Samstag nur Abendessen, Sonntag geschl.)* (italienische Küche) à la carte 64/78
– **10 Z** 120/150.

X **Stadthalle,** Koblenzer Str. 80, ⊠ 53177, ℰ 36 40 35, Fax 357681, ≤, 斎 – 🄿 – 🔬 500
Menu à la carte 27/53. Z **u**

In Bonn-Hardtberg über ⑤ :

🏨 **Novotel,** Max-Habermann-Str. 2/Ecke Konrad-Adenauer-Damm, ⊠ 53123, ℘ 2 59 90, Fax 250893, 斎, ☒ (geheizt) – 📳 ↳ Zim 🆃🆅 ☎ & ❷ – ⚖ 250. 🄰🄴 ⓞ 🄴 𝗩𝗜𝗦𝗔
Menu à la carte 29/52 – **142 Z** 165/213.

In Bonn-Holzlar über ③ :

🏨 **Wald-Café** ☜, Am Rehsprung 35, ⊠ 53229, ℘ 48 20 44, Fax 484254, 斎, ☒, ☞ – 🆃🆅
☎ ⇦ ❷ – ⚖ 70. 🄰🄴 🄴
Menu *(Montag geschl.)* à la carte 39/58 – **27 Z** 85/169.

In Bonn-Lengsdorf über ⑤ :

🅇🅇🅇 ❀ **Le Marron,** Provinzialstr. 35, ⊠ 53127, ℘ 25 32 61, Fax 253028, 斎 – ❷. 🄰🄴 🄴 𝗩𝗜𝗦𝗔
Freitag und Samstag nur Abendessen, Sonntag geschl. – **Menu** à la carte 68/96 – *Bistro*
Le Galopin : **Menu** à la carte 29/49
Spez. Flusskrebse in ihrer Jus, Gefüllter Milchferkelfuß in Trüffelbutter, Schwarzwälder Baum-
kuchen-Kirschtörtchen.

BONNDORF Baden-Württemberg 🄸🄸🄸 I 23, 🄸🄸🄸 ㊲, 🄸🄸🄸 IJ 2 – 6 000 Ew – Höhe 847 m –
Luftkurort – Wintersport : 847/898 m ✠3 ⚡6 – ✿ 07703.
🄱 Tourist-Informations-Zentrum, Schloßstr. 1, ⊠ 79848, ℘ 76 07, Fax 7507.
◆Stuttgart 151 – Donaueschingen 25 – ◆Freiburg im Breisgau 55 – Schaffhausen 35.

🏨 **Schwarzwald-Hotel,** Rothausstr. 7, ⊠ 79848, ℘ 4 21, Fax 442, ☎, ☒, ☞ – 📳 🆃🆅 ☎
❷ – ⚖ 50. 🄰🄴 🄴 𝗩𝗜𝗦𝗔
Menu *(15. Nov.- 20. Dez. und Montag geschl., Dienstag nur Abendessen)* à la carte 36/64
⅋ – **72 Z** 70/180.

🏨 **Sommerau** ☜, Im Steinatal (W : 9 km), ⊠ 79848, ℘ 6 70, Fax 1541, ☎ – 📳 ☎ ❷
Menu *(Montag-Dienstag geschl.)* à la carte 35/66 ⅋ – **12 Z** 60/120 – ½ P 80/87.

⚘ **Sonne,** Martinstr. 7, ⊠ 79848, ℘ 9 39 30, Fax 939320 – ❷
⬩ *6. Nov.- 6. Dez. geschl.* – **Menu** *(Mittwoch geschl.)* à la carte 23/46 ⅋ – **32 Z** 45/90.

🍴 **Germania** mit Zim, Martinstr. 66, ⊠ 79848, ℘ 2 81, 斎 – 🆃🆅 ❷. ⚱ Zim
Jan. geschl. – **Menu** *(Montag geschl.)* à la carte 30/58 ⅋ – **8 Z** 35/90.

In Bonndorf-Holzschlag NW : 8 km – Luftkurort :

🏨 **Schwarzwaldhof Nicklas,** Bonndorfer Str. 66, ⊠ 79848, ℘ (07653) 8 03, Fax 804, 斎,
☞ – ☎ ❷. 🄰🄴 🄴
Mitte Jan. - Mitte Feb. geschl – (Restaurant nur für Hausgäste) – **12 Z** 55/130.

BOPFINGEN Baden-Württemberg 🄸🄸🄸 O 20, 🄸🄸🄸 ㉖ ㊲ – 12 000 Ew – Höhe 470 m – ✿ 07362.
◆Stuttgart 100 – ◆Augsburg 82 – ◆Nürnberg 104 – ◆Ulm (Donau) 77.

🏨 **Sonne,** Hauptstr. 20 (Am Markt), ⊠ 73441, ℘ 9 60 60, Fax 960640, ☎ – ↳ Zim 🆃🆅 ☎
⇦ ❷ – ⚖ 30. 🄰🄴 ⓞ 🄴 𝗩𝗜𝗦𝗔. ⚱
27. Dez. - 5. Jan. sowie April und Juli jeweils 1 Woche geschl. – Menu *(Sonntag nur Mittagessen, Montag nur Abendessen)* à la carte 40/67 – **20 Z** 75/150.

🏨 **Café Dietz,** Hauptstr. 63, ⊠ 73441, ℘ 80 70, Fax 80770, 斎 – 🆃🆅 ☎ ⇦ ❷. 🄰🄴 ⓞ 🄴 𝗩𝗜𝗦𝗔
⬩ **Menu** *(1.- 15. Jan. und Montag geschl.)* à la carte 24/38 – **45 Z** 60/120.

In Kirchheim am Ries NO : 5,5 km :

🏨 **Engelhard** garni, Schulgasse 1, ⊠ 73467, ℘ (07362) 31 18, Fax 3136 – 🆃🆅 ☎ ⇦ ❷. ⚱
10 Z 48/95.

BOPPARD Rheinland-Pfalz 🄸🄸🄸 F 16, 🄸🄸🄸 ㉔ – 16 500 Ew – Höhe 70 m – Kneippheilbad –
✿ 06742.
Sehenswert : Gedeonseck ≤★.
🄱 Tourist-Information, Oberstr. 118, ⊠ 56154, ℘ 38 88, Fax 81402.
Mainz 89 – Bingen 42 – ◆Koblenz 21.

🏨 **Bellevue,** Rheinallee 41, ⊠ 56154, ℘ 10 20, Fax 102602, ≤, 斎, Massage, ☎, ☒, ✗
– 📳 🆃🆅 – ⚖ 140. 🄰🄴 ⓞ 🄴 𝗩𝗜𝗦𝗔 𝗝𝗖𝗕. ⚱ Rest
Menu *(wochentags nur Abendessen)* à la carte 44/78 – **95 Z** 125/390.

🏨 **Rheinlust,** Rheinallee 27, ⊠ 56154, ℘ 30 01, Fax 3004, ≤ – 📳 ☎ ❷ – ⚖ 25. 🄰🄴 ⓞ 🄴 𝗩𝗜𝗦𝗔
Mitte April - Okt. – **Menu** à la carte 39/76 – **91 Z** 70/165.

🏨 **Günther** garni, Rheinallee 40, ⊠ 56154, ℘ 23 35, Fax 1557, ≤ – 📳 🆃🆅 ☎. ⚱
Mitte Dez. - Mitte Jan. geschl. – **19 Z** 79/148.

🏨 **Residenz Rosenhain,** Rheinallee 19, ⊠ 56154, ℘ 47 47, Fax 3832, 斎, ☞ – ☎ ⇦ ❷
Menu à la carte 51/75 *(auch vegetarische Gerichte)* – **10 Z** 90/160.

🏨 **Rebstock,** Rheinallee 31, ⊠ 56154, ℘ 48 76, Fax 4877, ≤ – 🆃🆅 ☎. 🄰🄴 🄴 𝗩𝗜𝗦𝗔
Menu *(Montag-Dienstag und 6. Jan. - Ende März geschl.)* à la carte 35/65 ⅋ – **15 Z** 70/180.

🏨 Am Ebertor, Heerstraße (B 9), ⊠ 56154, ℘ 20 81, 斎 – 🆃🆅 ☎ ⇦ ❷ – ⚖ 120
66 Z.

In Boppard-Buchholz W : 6,5 km – Höhe 406 m

🏠 **Tannenheim,** Bahnhof Buchholz 3 (B 327), ⊠ 56154, 𝒫 22 81, Fax 2432, 🏤, 🚗 – 📺 ⟨⟩
🅟. 🆄🅴 🆅🅸🆂🅰
Jan. geschl. – **Menu** *(Donnerstag geschl., Sonn- und Feiertage nur Mittagessen)* à la carte
37/66 🍷 – **14 Z** 52/105.

In Boppard-Hirzenach S : 8 km :

✗✗ **Gasthaus Hirsch** mit Zim, Rheinstr. 17, ⊠ 56154, 𝒫 (06741) 26 01 – 🆄🅴 ⓞ 🅴 🆅🅸🆂🅰
Menu *(Montag geschl.)* (wochentags nur Abendessen) à la carte 46/62 – **5 Z** 65/95.

In Boppard-Bad Salzig S : 3 km – Mineralheilbad :

🏠 **Berghotel Rheinpracht** 🏠, Am Kurpark, ⊠ 56154, 𝒫 62 79, ≤, 🏤, 🚗 – 🅟
← *Mitte März - Mitte Okt.* – **Menu** *(Dienstag geschl.)* à la carte 21/38 🍷 – **12 Z** 34/92.

Außerhalb N : 12 km über die B 9 bis Spay, dann links, Auffahrt Rheingoldstraße :

🏨 **Golfhotel Jakobsberg** 🏠 – Höhe 318 m, ⊠ 56154 Boppard, 𝒫 (06742) 80 80,
Telex 426323, Fax 3069, ≤, 🏤, Biergarten, Massage, 🛨, 🏋, ≘s, 🔲, 🚗, ✗ (Halle), 🅸8
– 🛗 📺 🅟 – 🔬 200. 🆄🅴 ⓞ 🅴 🆅🅸🆂🅰 🅹🅲🅱 ✼ Rest
Menu (Tischbestellung ratsam) à la carte 50/84 – **110 Z** 190/310, 6 Suiten.

BORCHEN Nordrhein-Westfalen siehe Paderborn.

BORDESHOLM Schleswig-Holstein 🔢 N 4, 🔢 ⑤ – 7 000 Ew – Höhe 25 m – ✦ 04322.
♦Kiel 22 – ♦Hamburg 78 – Neumünster 12.

In Brügge O : 1,5 km :

✗✗ **Brügger Markt,** Am Markt 5, ⊠ 24582, 𝒫 (04322) 22 45, Fax 4961, 🏤 – 🅟. 🆄🅴 🅴
Juli 3 Wochen geschl. – **Menu** *(Dienstag geschl.)* à la carte 40/77.

BORGHOLZHAUSEN Nordrhein-Westfalen 🔢 🔢 H 10, 🔢 ⑭ – 8 000 Ew – Höhe 133 m
– ✦ 05425.
♦Düsseldorf 185 – Bielefeld 26 – Münster (Westfalen) 57 – ♦Osnabrück 35.

In Borgholzhausen-Winkelshütten N : 3 km :

🏨 **Landhaus Uffmann,** Meller Str. 27, ⊠ 33829, 𝒫 9 48 90, Fax 255, 🏤, ≘s, ✗ – 📺 ☎
🅟 – 🔬 80. 🆄🅴 ⓞ 🅴 🆅🅸🆂🅰
Menu à la carte 43/77 – **34 Z** 105/170.

BORKEN Nordrhein-Westfalen 🔢 🔢 D 11, 🔢 ⑬, 🔢 L 6 – 37 300 Ew – Höhe 46 m –
✦ 02861.
🔷 Verkehrsamt, Bahnhofstr. 22 (im Bahnhof), ⊠ 46325, 𝒫 8 82 52, Fax 66792.
♦Düsseldorf 86 – Bocholt 18 – Enschede 57 – Münster (Westfalen) 64.

🏨 **Lindenhof,** Raesfelder Str. 2, ⊠ 46325, 𝒫 92 50, Fax 63430 – 🛗 📺 ☎ ⟨⟩ 🅟 – 🔬 100.
🆄🅴 ⓞ 🅴 🆅🅸🆂🅰
Menu à la carte 40/66 – **58 Z** 110/220.

🏠 **Haus Fliederbusch** (mit Gästehaus), Hohe Oststr. 20, ⊠ 46325, 𝒫 9 22 50, Fax 922519
← – 📺 ☎ 🅟 – 🔬 50. 🆄🅴 ⓞ 🅴 🆅🅸🆂🅰
Menu à la carte 23/52 – **34 Z** 75/125.

In Borken-Gemen N : 1 km :

🏠 **Demming,** Neustr. 15, ⊠ 46325, 𝒫 6 20 99, Fax 66242, 🏤 – 📺 ☎ 🅟. 🅴 🆅🅸🆂🅰
Menu *(Montag geschl.)* à la carte 25/59 – **17 Z** 65/130.

In Borken-Rhedebrügge W : 6 km :

✗✗ **Landhaus Lindenbusch** mit Zim, Rhedebrügger Str. 16, ⊠ 46325, 𝒫 (02872) 18 18, Fax 2716,
« Gartenterrasse » – 📺 ☎ 🅟. 🆄🅴 🅴
Jan. geschl. – **Menu** *(Dienstag geschl.)* (wochentags nur Abendessen) à la carte 41/71 –
5 Z 55/100.

In Borken-Weseke N : 6 km :

✗✗ **Landhaus Lindenbusch** mit Zim, Hauptstr. 29, ⊠ 46325, 𝒫 (02862) 38 32, Fax 3852 – 📺
☎ 🅟. 🆄🅴 🅴 🆅🅸🆂🅰 🅹🅲🅱
1.- 15. Jan. geschl. – **Menu** *(Donnerstag nur Abendessen)* à la carte 28/62 – **8 Z** 63/98.

An der Straße nach Rhede (B67) W : 4 km :

🏠 **Wasserschloß Haus Pröbsting,** Pröbstinger Allee 14, ⊠ 46325, 𝒫 80 90, Fax 809200,
🏤, « Wasserschloß a.d. 13. Jh », ✗ – 📺 ☎ 🅟 – 🔬 60. 🆄🅴 ⓞ 🅴 🆅🅸🆂🅰
Menu *(Sonntag nur Mittagessen)* à la carte 35/62 – **34 Z** 120/180.

BORKHEIDE Brandenburg 🔲🔲🔲 K 9 – 1 100 Ew – Höhe 51 m – 🔵 033845.
Potsdam 31 – ◆Berlin 59 – Brandenburg 44.

🏠 **Kieltyka,** Friedrich-Engels-Str. 45, ✉ 14822, 𝄐 3 15, Fax 41163, 🏚 – 📺 ☎ 🅿.
◆ ⅗ Zim
Menu *(Freitag geschl.)* à la carte 19/34 – **8 Z** 85/130.

BORKUM (Insel) 2972. Niedersachsen 🔲🔲🔲 CD 6, 🔲🔲🔲 ③, 🔲🔲🔲 KL 1 – 6 000 Ew – Seeheilbad
– Größte Insel der ostfriesischen Inselgruppe – 🔵 04922.
⛴ von Emden-Außenhafen (ca. 2h 30min) - Voranmeldung erforderlich, 𝄐 (04921) 89 07 22,
Fax 490746.
🛈 Verkehrsbüro am Bahnhof, ✉ 26757, 𝄐 8 41, Fax 844.
◆Hannover 253 – Emden 4.

🏨 **Nordsee-Hotel** ⑤, Bubertstr. 9, ✉ 26757, 𝄐 30 80, Fax 308113, ≼, Massage, ♨, 🔥, ≋,
🔲 – 📶 📺 ☎ 🅿 – 🔺 30. 🖭 ⓞ 🗲 𝚅𝙸𝚂𝙰. ⅗ Rest
28. Nov.- 25. Dez. geschl. – **Menu** à la carte 31/62 – **91 Z** 130/330, 4 Suiten – ½ P 145/200.

🏨 Nautic-Kurhotel Upstalsboom ⑤, Goethestr. 18, ✉ 26757, 𝄐 30 40, Fax 304911, Massage,
♨, ≋, 📺 ☎ 🅿 – 🔺 40. ⅗
(Restaurant nur für Hausgäste) – **70 Z**, 12 Suiten.

🏨 **Seehotel Upstalsboom** ⑤, Viktoriastr. 2, ✉ 26757, 𝄐 9 11 00, Fax 7173 – 🛗 📺 ☎. 🖭
ⓞ 🗲 𝚅𝙸𝚂𝙰. ⅗ Rest
Mitte Feb. - Mitte Nov. – (Restaurant nur für Hausgäste) – **39 Z** 118/276 – ½ P 125/177.

🏨 **Poseidon** ⑤, Bismarckstr. 40, ✉ 26757, 𝄐 8 11, Fax 4189, ≋, 🔲 – 🛗 📺 ☎
Menu *(Nov.- März Mittwoch geschl.)* (nur Abendessen) à la carte 43/72 – **60 Z** 125/310
– ½ P 140/185.

🏠 **Graf Waldersee** ⑤, Bahnhofstr. 6, ✉ 26757, 𝄐 10 94, Fax 7188 – 📺 ☎. ⓞ 🗲 𝚅𝙸𝚂𝙰.
⅗ Rest
Nov.- 20. Dez. und 10. Jan.- 15. Feb. geschl. – **Menu** (wochentags nur Abendessen) à la
carte 34/59 *(auch Diät)* – **25 Z** 83/220 – ½ P 109/148.

BORNHEIM Nordrhein-Westfalen 🔲🔲🔲 D 14 – 35 000 Ew – Höhe 55 m – 🔵 02222.
◆Düsseldorf 71 – ◆ Aachen 86 – ◆ Bonn 11 – ◆ Köln 21.

In Bornheim-Roisdorf SO : 2 km :

🏠 **Heimatblick** ⑤, Brombeerweg 1, ✉ 53332, 𝄐 6 00 37, Fax 61072, ≼ Bonn und
Rheinebene, « Gartenterrasse » – ☎ 🅿. 🖭 ⓞ 🗲 𝚅𝙸𝚂𝙰. ⅗ Zim
Menu à la carte 37/60 – **14 Z** 75/150.

BORNHEIM Rheinland-Pfalz siehe Landau in der Pfalz.

BORNHÖVED Schleswig-Holstein 🔲🔲🔲 N 4, 🔲🔲🔲 ⑤, 🔲🔲🔲 ⑥ – 2 600 Ew – Höhe 42 m – 🔵 04323.
◆Kiel 31 – ◆Hamburg 83 – ◆Lübeck 49 – Oldenburg in Holstein 60.

In Ruhwinkel N : 2 km :

🍴 **Zum Landhaus,** Dorfstr. 18, ✉ 24601, 𝄐 (04323) 63 82, « Garten » – 🅿
Okt.- Nov. 2 Wochen geschl. – **Menu** *(Freitag geschl.)* (nur Abendessen) à la carte 25/40
– **14 Z** 60/105.

BOSAU Schleswig-Holstein 🔲🔲🔲 O 4 – 800 Ew – Höhe 25 m – Erholungsort – 🔵 04527.
⛳ Bosau-Thürk (O : 5 km), 𝄐 16 48.
🛈 Kurverwaltung, Bischof-Vicelin-Damm 11, ✉ 23715, 𝄐 4 98, Fax 1050.
◆Kiel 41 – Eutin 16 – ◆Lübeck 37.

🏨 **Strauers Hotel am See** ⑤, Gerolddamm 2, ✉ 23715, 𝄐 99 40, Fax 994111, ≼, 🏚,
« Lage am See », Massage, ♨, ≋, 🔲, 🔥, ☀ Bootssteg – 📺 ☎ ⇔ 🅿 –
🔺 50
März - Nov. – **Menu** *(Mai-Okt. Montag nur Mittagessen, März-April und Nov. Montag
geschl.)* à la carte 40/75 – **35 Z** 116/236 – ½ P 123/138.

🏠 **Braasch zum Frohsinn** ⑤, Bischof-Vicelin-Damm 18, ✉ 23715, 𝄐 2 69, Fax 1703, ☀
◆ Bootssteg – ⇔ 🅿
März - Nov. – **Menu** *(außer Saison Dienstag geschl.)* à la carte 24/44 – **30 Z** 57/102
– ½ P 61/66.

BOTHEL Niedersachsen siehe Rotenburg (Wümme).

Les bonnes tables

Nous distinguons à votre intention certains restaurants par

Menu, 🕸, 🕸🕸 ou 🕸🕸🕸.

BOTTROP Nordrhein-Westfalen **411 412** D 12, **987** ⑬ – 118 000 Ew – Höhe 30 m – ✪ 02041.

☞ Bottrop-Kirchhellen (N : 14 km), ℘ (02045) 8 24 88.

🛈 Bottrop-Information, Gladbecker Str. 13, ✉ 46236, ℘ 26 54 64, Fax 265467.

ADAC, Schützenstr. 3, ✉ 46236, ℘ 2 80 32, Fax 29531.

◆Düsseldorf 44 – ◆Essen 11 – Oberhausen 8,5.

🏨 **Ramada,** Paßstr. 6, ✉ 46236, ℘ 16 80, Fax 262699, ⇌ – 🛗 ⇟ Zim 🖭 🔟 ☎ ⇦ –
🔬 120. 🔤 ⓞ ⋿ 𝘝𝘐𝘚𝘈
Menu 32/35 (Buffet) und à la carte 42/67 – **104 Z** 152/194.

🏠 **Brauhaus,** Gladbecker Str. 78, ✉ 46236, ℘ 2 48 90 (Hotel) 26 23 35 (Rest.), Fax 24893 –
🔟 ☎ ❼ – 🔬 25. 🔤 ⋿ 𝘝𝘐𝘚𝘈
Menu (nur Abendessen) à la carte 28/45 – **23 Z** 110/160.

🏠 **City-Hotel** garni, Osterfelder Str. 9, ✉ 46236, ℘ 2 30 48, Fax 265098 – 🛗 🔟 ☎. 🔤 ⋿
𝘝𝘐𝘚𝘈
25 Z 95/160.

※※ Overbeckhof, Im Stadtgarten 26, ✉ 46236, ℘ 2 27 19, Fax 688712, 🌤 – ❼.

Außerhalb N : 3 km :

※※ **Forsthaus Specht,** Oberhausener Str. 391 (B 223), ✉ 46240 Bottrop, ℘ (02041) 9 40 84,
Fax 975307, 🌤 – ❼. 🔤 ⓞ ⋿ 𝘝𝘐𝘚𝘈
Menu à la carte 31/84.

In Bottrop-Kirchhellen NW : 9 km über die B 223 :

※ Petit marché (Restaurant im Bistro-Stil), Hauptstr. 16, ✉ 46244, ℘ (02045) 32 31 – ❼
(Tischbestellung ratsam).

In Bottrop-Kirchhellen-Feldhausen N : 14 km über die B 223 :

🏠 **Landhaus Berger** garni, Marienstr. 5, ✉ 46244, ℘ (02045) 30 61, Fax 81297 – 🔟 ☎ ⇦
❼. ⓞ ⋿ 𝘝𝘐𝘚𝘈
12 Z 85/150.

※ **Gasthof Berger** mit Zim, Schloßgasse 35, ✉ 46244, ℘ (02045) 26 68, 🌤 – ❼. ⓞ ⋿
↔ 𝘝𝘐𝘚𝘈
Juli - Aug. 4 Wochen geschl. – **Menu** *(Montag geschl.)* à la carte 23/64 – **4 Z** 60/120.

BRACHTTAL Hessen siehe Soden-Salmünster, Bad.

BRACKENHEIM Baden-Württemberg **412 413** K 19, **987** ㉕ – 11 500 Ew – Höhe 192 m –
✪ 07135.

◆Stuttgart 41 – Heilbronn 15 – ◆Karlsruhe 58.

In Brackenheim-Botenheim S : 1,5 km :

🏨 **Adler,** Hindenburgstr. 4, ✉ 74336, ℘ 9 81 10, Fax 981120 – 🔟 ☎ ❼. ⋿. ⁓ Zim
Juli-Aug. 3 Wochen geschl. – **Menu** *(Dienstag geschl.)* à la carte 37/67 – **16 Z** 95/180.

BRÄUNLINGEN Baden-Württemberg **413** I 23, **427** J 2 – 5 800 Ew – Höhe 694 m – Erholungsort
– ✪ 0771 (Donaueschingen).

🛈 Städt. Verkehrsamt, Kirchstr. 10, ✉ 78199, ℘ 6 19 00, Fax 603169.

◆Stuttgart 132 – Donaueschingen 6,5 – ◆Freiburg im Breisgau 58 – Schaffhausen 41.

🏠 **Lindenhof,** Zähringer Str. 24, ✉ 78199, ℘ 6 10 63, Fax 6723 – 🛗 🔟 ☎ ❼. 🔤 ⋿
März 3 Wochen geschl. – **Menu** *(Freitag geschl.)* à la carte 26/57 ♨ – **27 Z** 50/110.

BRÄUNSDORF Sachsen siehe Freiberg.

BRAKE Niedersachsen **411** I 6, **987** ⑭ – 16 100 Ew – Höhe 4 m – ✪ 04401.

◆Hannover 178 – ◆Bremen 59 – Oldenburg 31.

🏠 **Wilkens-Hotel Haus Linne,** Mitteldeichstr. 51, ✉ 26919, ℘ 53 57, Fax 4828, ≼, 🌤 – 🔟
☎ ❼. ⁓
Menu *(Samstag geschl.)* à la carte 33/59 – **12 Z** 95/140.

🏠 **Landhaus,** Am Stadion 4 (Zufahrt Weserstraße), ✉ 26919, ℘ 50 11, Fax 5011, 🌤 – 🔟
☎ ❼. 🔤 ⓞ ⋿ 𝘝𝘐𝘚𝘈
Menu *(Sonntag nur Mittagessen, Montag geschl.)* à la carte 30/50 – **13 Z** 78/140.

BRAKEL Nordrhein-Westfalen **411 412** K 11, **987** ⑮ – 16 700 Ew – Höhe 141 m – Luftkurort
– ✪ 05272.

🛈 Verkehrsamt, Haus des Gastes, Am Markt, ✉ 33034, ℘ 60 92 69, Fax 609297.

◆Düsseldorf 206 – Detmold 43 – ◆Kassel 76 – Paderborn 36.

🏨 **Kurhotel am Kaiserbrunnen** ⑤, Brunnenallee 79, ✉ 33034, ℘ 60 50, Fax 605111, 🌤,
Massage, ⇌ – 🛗 ⇟ Zim 🔟 ☎ ❼ – 🔬 150. 🔤 ⓞ ⋿ 𝘝𝘐𝘚𝘈
Menu à la carte 31/61 – **60 Z** 110/220 – ½ P 95/125.

BRAMSCHE Niedersachsen 411 412 G 9. 987 ⑭ – 28 500 Ew – Höhe 46 m – ✆ 05461.
◆Hannover 167 – ◆Bremen 111 – Lingen 56 – ◆Osnabrück 16 – Rheine 54.

🏛 **Idingshof** ⍟, Bührener Esch 1 (Ecke Malgartener Str.), ⊠ 49565, ℰ 88 90, Fax 88964, �,
⥱s, ॐ (Halle) – 🔰 📺 🅿 – 🔬 150. 🖭 ⓞ ⋶ 𝘝𝘐𝘚𝘈
Menu à la carte 36/66 – **80 Z** 95/175.

In Bramsche-Hesepe N : 2,5 km :

🏛 **Haus Surendorff**, Dinklingsweg 1, ⊠ 49565, ℰ 9 30 20, Fax 93028, ⥱s, 🔲 , ⍕ – 📺 ☎
🅿 – 🔬 50. ⓞ ⋶ 𝘝𝘐𝘚𝘈 ⍝ Zim
Menu *(Juli 2 Wochen geschl.)* à la carte 29/61 – **32 Z** 75/125.

In Bramsche-Malgarten NO : 6 km :

✗✗ **Landhaus Hellmich** mit Zim, Sögelner Allee 47, ⊠ 49565, ℰ 38 41, Fax 64025, 🌨 – ☎
🅿. 🖭 ⓞ ⋶ 𝘝𝘐𝘚𝘈
Menu *(Montag geschl.)* à la carte 45/82 – **8 Z** 70/130.

BRAMSTEDT, BAD Schleswig-Holstein 411 M 5. 987 ⑤. 984 ⑥ – 10 400 Ew – Höhe 10 m
– Heilbad – ✆ 04192.
🏌9 Ochsenweg 38, ℰ 34 44.
🖪 Verkehrsbüro, Rathaus, Bleeck 17, ⊠ 24576, ℰ 15 35, Fax 50660.
◆Kiel 58 – ◆Hamburg 48 – Itzehoe 27 – ◆Lübeck 60.

🏛 **Kurhotel Gutsmann** ⍟, Birkenweg 14, ⊠ 24576, ℰ 50 80, Fax 508159,
« Gartenterrasse », ⥱s, 🔲 – 🔰 ⍓ Zim 📺 ☎ & 🅿 – 🔬 100. 🖭 ⓞ ⋶ 𝘝𝘐𝘚𝘈
Menu à la carte 43/69 – **147 Z** 98/220, 4 Suiten.

🏛 **Köhlerhof** ⍟, Am Köhlerhof 4, ⊠ 24576, ℰ 50 50, Fax 505638, 🌨, « Park mit Teich »
– 🔰 ⍓ Zim 📺 ☎ ⟷ 🅿 – 🔬 350. 🖭 ⓞ ⋶ 𝘝𝘐𝘚𝘈
Menu à la carte 43/68 – **132 Z** 134/197 – ½ P 167/220.

🏛 **Zur Post**, Bleeck 29, ⊠ 24576, ℰ 5 00 60, Fax 500680, 🌨 – 🔰 📺 ☎ 🅿 – 🔬 80. 🖭 ⓞ
⋶ 𝘝𝘐𝘚𝘈
Menu à la carte 42/76 – **46 Z** 102/200.

✗ **Bramstedter Wappen**, Bleeck 9, ⊠ 24576, ℰ 33 54, 🌨 – 🅿
Donnerstag nur Mittagessen, Freitag, Juni 1 Woche und Sept. 2 Wochen geschl. – **Menu**
à la carte 28/49.

✗ **Bruse** mit Zim, Bleeck 7, ⊠ 24576, ℰ 14 38, 🌨 – 📺 🅿. 🖭 ⋶ 𝘝𝘐𝘚𝘈. ⍝
Okt. geschl. – **Menu** *(Montag nur Mittagessen, Dienstag geschl.)* à la carte 30/61 –
7 Z 65/110.

BRANDENBURG Brandenburg 414 J 8. 984 ⑮. 987 ⑰ – 90 000 Ew – Höhe 35 m – ✆ 03381.
Sehenswert : Dom ★ – St. Katharinenkirche★.
Ausflugsziel : Klosterkirche Lehnin ★ (SO : 20 km).
🖪 Brandenburg-Information, Hauptstr. 51, ⊠ 14776, ℰ 2 37 43.
ADAC, Ritterstr. 102, ⊠ 14770, ℰ 8 68 60, Fax 524300.
◆Berlin 69 – Cottbus 178 – Dessau 82 – Magdeburg 83.

🏠 **Mothes**, Göttiner Landstr. 37, ⊠ 14776, ℰ 66 19 00 – 📺 ☎ 🅿
18 Z.

🏠 **Gerono garni**, Magdeburger Str. 12, ⊠ 14770, ℰ 30 35 15, Fax 304928 – 📺 ☎
36 Z.

✗✗ **Ratskeller**, Altstädtischer Markt 10, ⊠ 14770, ℰ 22 40 51, Fax 224051, 🌨 – 🔬 40. 🖭
⋶ 𝘝𝘐𝘚𝘈
Menu à la carte 27/47.

In Brandenburg-Plaue W : 8 km :

🏛 **Lindenhof**, Chausseestr. 21 (B 1), ⊠ 14774, ℰ 40 35 10, Fax 403510, Biergarten – 📺 ☎.
⋶ 𝘝𝘐𝘚𝘈
Menu à la carte 27/47 – **16 Z** 130/160.

🏠 **Luisenhof** ⍟, Wendseeufer 8a, ⊠ 14774, ℰ 40 33 81, Fax 403381, 🌨, ⍕ – 📺 ☎ 🅿
Menu à la carte 26/40 – **7 Z** 85/150.

Am Beetzsee N : 5 km :

🏛 **Park Hotel Seehof** ⍟, ⊠ 14778 Brielow, ℰ (03381) 70 29 00, Fax 702910, 🌨, ⥱s, 🐴⟷,
⍕ – 🔰 ⍓ Zim 📺 ☎ & 🅿 – 🔬 80. 🖭 ⋶ 𝘝𝘐𝘚𝘈. ⍝
Menu à la carte 32/51 🏵 – **94 Z** 145/225.

In Groß Kreutz O : 14 km :

✗✗ Zur Post, Brandenburger Str. 17 (B 1), ⊠ 14550, ℰ (033207) 22 06, Fax 2206 – 🅿
(auch vegetarische Gerichte).

In Netzen SO : 14 km :

🏛 **Seehof** ⍟, Am Netzener See, ⊠ 14797, ℰ (03382) 8 07, Fax 842, 🌨 – 📺 ☎ 🅿 – 🔬 40
Menu à la carte 28/45 – **32 Z** 125/190.

In Groß Briesen-Klein Briesen S : 21 km, über die B 102 bis Ragösen, dann rechts ab :

🏨 **Parkhotel Juliushof** 🦢, ✉ 14806, 𝒫 (033846) 4 02 45, Fax 40245, 🌳, ≦s – 📺 ☎ 🅿 – 🔬 25. 🖭 ㉣
Menu à la carte 27/54 – **12 Z** 125/170.

BRANNENBURG Bayern 🗗🗗🗗 T 23, 🗗🗗🗗 J 5 – 5 000 Ew – Höhe 509 m – Luftkurort – Wintersport 800/1 730 m ⚡2 (Skizirkus Wendelstein) ⚡1 – ◆ 08034.
Ausflugsziel : Wendelsteingipfel ※★★ (mit Zahnradbahn, 55 Min.).
🖪 Verkehrsamt, Rosenheimer Str. 5, ✉ 83098, 𝒫 45 15, Fax 1623.
◆München 72 – Miesbach 32 – Rosenheim 17.

🏠 **Zur Post,** Sudelfeldstr. 20, ✉ 83098, 𝒫 10 66, Fax 1864, 🌳, ≦s, 🌬 – 📺 ☎ ⇦ 🅿 – 🔬 60
8. Jan.- 10. Feb. geschl. – **Menu** *(Mittwoch nur Abendessen, Donnerstag geschl.)* à la carte 27/48 – **35 Z** 55/125.

🏠 **Schloßwirt,** Kirchplatz 1, ✉ 83098, 𝒫 23 65, Fax 7187 – ☎ ⇦ 🅿. ㉣. ※
⟵ *Nach Ostern 2 Wochen und Mitte Nov.- Mitte Dez. geschl.* – **Menu** *(Montag - Dienstag geschl.)* à la carte 24/42 ⚋ – **16 Z** 50/105 – ½ P 65/68.

🏠 **Kürmeier,** Dapferstr. 5, ✉ 83098, 𝒫 18 35, Biergarten – ⇦ 🅿
⟵ *15. Nov.- 16. Dez. geschl.* – **Menu** *(Montag, Okt.- Mai auch Dienstag geschl.)* à la carte 23/39 – **19 Z** 54/108 – ½ P 55/65.

BRAUBACH Rheinland-Pfalz 🗗🗗🗗 F 16. 🗗🗗🗗 ㉔ – 3 800 Ew – Höhe 71 m – ◆ 02627.
Ausflugsziel : Lage★★ der Marksburg★ S : 2 km.
🖪 Verkehrsamt, Rathausstr. 8, ✉ 56338, 𝒫 2 03.
Mainz 87 – ◆Koblenz 13.

🏨 **Zum weißen Schwanen,** Brunnenstr. 4, ✉ 56338, 𝒫 5 59, Fax 8802, « Weinhaus a.d. 17 Jh. und Mühle a.d.J. 1341 », 🌬 – 📺 ☎ 🅿. ㉣ 🗺 🌐
Menu *(Mittwoch und Juli geschl.)* (nur Abendessen, Tischbestellung ratsam) à la carte 39/66 ⚋ – **14 Z** 80/140.

BRAUNEBERG Rheinland-Pfalz 🗗🗗🗗 D 17 – 1 200 Ew – Höhe 111 m – ◆ 06534.
Mainz 123 – Bernkastel-Kues 10 – ◆Trier 36 – Wittlich 18.

🏨 **Brauneberger Hof** (Fachwerkhaus a.d.18.Jh. mit modernem Hotelanbau), Hauptstr. 66 ✉ 54472, 𝒫 14 00, Fax 1401, 🌬 – ☎ 🅿
Mitte Jan. - Mitte Feb. geschl. – (nur Abendessen für Hausgäste) – **13 Z** 70/110.

BRAUNFELS Hessen 🗗🗗🗗 🗗🗗🗗 I 15, 🗗🗗🗗 ㉔ ㉕ – 10 500 Ew – Höhe 236 m – Luftkurort – ◆ 06442
🗗 Homburger Hof (W : 1 km), 𝒫 45 30.
🖪 Kur-GmbH, Fürst-Ferdinand-Str. 4 (Haus des Gastes), ✉ 35619, 𝒫 50 61, Fax 5260.
◆Wiesbaden 84 – Gießen 28 – Limburg an der Lahn 34.

🏛 **Schloß Hotel** garni, Hubertusstr. 2, ✉ 35619, 𝒫 30 50, Fax 305222, 🌬 – 📺 ☎ 🅿 – 🔬 30 🖭 🌐 ㉣ 🗺
Weihnachten - Mitte Jan. geschl. – **36 Z** 95/155.

🍴 **Solmser Hof,** Markt 1, ✉ 35619, 𝒫 42 35, Fax 6953, 🌳 – 🖭 🌐 ㉣ 🗺
Menu à la carte 32/60 *(auch vegetarische Gerichte).*

BRAUNLAGE Niedersachsen 🗗🗗🗗 O 11, 🗗🗗🗗 ⑯ – 5 100 Ew – Höhe 565 m – Heilklimatische Kurort – Wintersport : 560/965 m ⚡1 ⚡3 ⚡3 – ◆ 05520.
🖪 Kurverwaltung Braunlage, Elbingeroder Str. 17, ✉ 38700, 𝒫 9 30 70, Fax 930720.
🖪 Kurverwaltung Hohegeiss, Kirchstr. 15 a, ✉ 38700, 𝒫 (05583) 2 41, Fax 1235.
◆Hannover 124 – ◆Braunschweig 69 – Göttingen 67 – Goslar 33.

🏛 **Maritim** 🦢, Pfaffenstieg, ✉ 38700, 𝒫 80 50, Fax 3620, ≤, Massage, ≠, ≦s, ⚓ (geheizt 🖂, 🌬, ※ – 🛗 ⇆ Zim 📺 🌲 ⇦ 🅿 – 🔬 400. 🖭 🌐 ㉣ 🗺. ※ Rest
Menu à la carte 56/86 – **309 Z** 195/368, 8 Suiten – ½ P 139/210.

🏠 **Brauner Hirsch,** Am Brunnen 1, ✉ 38700, 𝒫 80 60, Fax 80675, 🌳 – 🛗 ☎ ⇦ 🅿. 🌐
⟵ ㉣ 🗺
Menu à la carte 22/53 – **46 Z** 54/125 – ½ P 64/83.

🏠 **Hohenzollern** 🦢, Dr.-Barner-Str. 11, ✉ 38700, 𝒫 30 91, Fax 3093, ≤, ≦s, 🖂, 🌬 – 🛗 ☎ ⇦ 🅿. 🌐 ㉣ 🗺. ※
Menu à la carte 36/60 – **37 Z** 89/240 – ½ P 105/147.

🏠 **Landhaus Foresta** 🦢, Am Jermerstein 1, ✉ 38700, 𝒫 6 76, Fax 8135, ≦s, 🌬 – 📺 🅿
(nur Abendessen für Hausgäste) – **21 Z** 70/150 – ½ P 80/95.

🏠 **Harzhotel Regina,** Bahnhofstr.12, ✉ 38700, 𝒫 30 37, Fax 1345, ≦s, 🖂 – ☎ ⅙ ⇦ 🅿 – 🔬 20. 🖭 🌐 ㉣ 🗺
Mitte April - Anfang Mai und Mitte Nov.- Mitte Dez. geschl. – (Restaurant nur für Hausgäste) – **24 Z** 70/156 – ½ P 80/100.

🏠 **Rosenhof** garni, Herzog-Johann-Albrecht-Str.41, ✉ 38700, ℰ 17 07, Fax 3472, ⊜s, 🌺 – 📺 🅿. ⓞ Ɛ VISA
15 Z 80/150.

🏠 **Hasselhof** garni, Schützenstr. 6, ✉ 38700, ℰ 30 41, Fax 1442, 🔲, 🌺 – ☎ 🅿. ÆƐ ⓞ Ɛ VISA
Mitte Nov.- 20. Dez. geschl. – **20 Z** 82/160.

🏠 **Zur Erholung,** Lauterberger Str. 10, ✉ 38700, ℰ 13 79, Fax 575, 🌺 – 📺 ☎ ⇦ 🅿. Ɛ
➜ **Menu** à la carte 24/58 – **32 Z** 60/140 – ½ P 70/100.

✕✕ **Romantik-Hotel Zur Tanne** (mit Zim. und Gästehaus), Herzog-Wilhelm-Str. 8, ✉ 38700, ℰ 10 34, Fax 3992, « Geschmackvoll - behagliche Einrichtung » – 📺 ☎ ⇦ 🅿. ÆƐ ⓞ Ɛ VISA. ⌘ Zim
Menu (Tischbestellung ratsam) à la carte 37/78 – **22 Z** 75/225 – ½ P 110/160.

In Braunlage-Hohegeiss SO : 12 km – Höhe 642 m – Heilklimatischer Kurort – Wintersport :
600/700 m ✚4 ✦3 – ✪ 05583 :

🏠 **Brockenblick,** Wilhelm-Raabe-Str.1, ✉ 38700, ℰ 13 28, Fax 1329, 🏡 – 📺 ☎ ⇦ 🅿
Nov.-Mitte Dez.geschl. – **Menu** *(Dez.- April Mittwoch geschl.)* à la carte 27/53 – **6 Z** 65/120
– ½ P 65/90.

🏠 **Rust** , Am Brande 5, ✉ 38700, ℰ 8 31, Fax 364, ≼, 🏡, ⊜s, 🔲, 🌺 – ⇥ Zim 📺 ☎
➜ 🅿. ⌘ Zim
Nov.- 15. Dez. geschl. – **Menu** à la carte 24/44 – **15 Z** 60/120 – ½ P 69/75.

🏠 **Gästehaus Brettschneider** garni, Hubertusstr. 2, ✉ 38700, ℰ 8 06, ≼, 🌺 – ⇦ 🅿.
⌘ – *Nov.- 20. Dez. geschl. –* **11 Z** 43/92.

✕✕ **Landhaus Bei Wolfgang,** Hindenburgstr. 6, ✉ 38700, ℰ 8 88, Fax 1354 – ÆƐ ⓞ Ɛ VISA
Donnerstag und Mitte Nov.- Mitte Dez. geschl. – **Menu** à la carte 34/75.

Dans ce guide
un même symbole, un même mot,
imprimé en noir *ou en* rouge, *en maigre ou en* gras,
n'ont pas tout à fait la même signifaction.
Lisez attentivement les pages explicatives.

BRAUNSBACH Baden-Württemberg 🄰🄹🄹 M 19 – 2 600 Ew – Höhe 235 m – ✪ 07906.
♦Stuttgart 93 – Heilbronn 53 – Schwäbisch Hall 13.

In Braunsbach-Döttingen NW : 3 km :

🏠 **Schloß Döttingen** (mit Gästehäusern), ✉ 74542, ℰ 10 10, Fax 10110, ⊜s,
🔲 (geheizt), 🌺 – ⇥ Zim 📺 ☎ 🅿 – ⚒ 80. Ɛ. ⌘ Rest
26. Juli - 8. Aug. und 20.- 31. Dez. geschl. – **Menu** *(Sonn- und Feiertage geschl.)* à la carte
27/57 – **90 Z** 80/160.

BRAUNSCHWEIG Niedersachsen 🄰🄹🄹 O 10, 🄰🄹🄹 ⑮ ⑯ – 260 000 Ew – Höhe 72 m – ✪ 0531.
Sehenswert : Dom★ (Imerward-Kruzifix★★, Bronzeleuchter★) BY – Herzog-Anton-Ulrich-Museum
(Mittelalter-Abteilung★) BY M1.

🏌 Schwarzkopffstr. 10 (über ④), ℰ 69 13 69.
✈ Lilienthalplatz, ② : 9 km, ℰ 35 00 05.
🛈 Städt. Verkehrsverein, Hauptbahnhof, ✉ 38102, ℰ 27 35 50 und Bohlweg (Pavillon), ✉ 38100,
ℰ 2 73 55 30, Fax 2735519.
ADAC, Lange Str. 63, ✉ 38100, ℰ 4 40 14, Fax 125224.
♦Hannover 64 ⑦ – ♦Berlin 230 ② – Magdeburg 92 ②.

Stadtpläne siehe nächste Seiten

🏨 **Stadtpalais** garni (Gaststätte mit eigener Hausbrauerei im Hause), Hinter Liebfrauen 1a,
✉ 38100, ℰ 24 10 24, Fax 241025 – ⧉ 📺 🅿. ÆƐ ⓞ Ɛ VISA. ⌘   BY **a**
45 Z 198/328.

🏨 **Mövenpick-Hotel,** Jöddenstr. 3 (Welfenhof), ✉ 38100, ℰ 4 81 70, Telex 952777,
Fax 4817551, 🏡, direkter Zugang zum Fun-Club mit Saunarium 🔲 und Sole-Grotte – ⧉
⇥ Zim 📺 ☎ ♿ – ⚒ 120. ÆƐ ⓞ Ɛ VISA ᴊᴄʙ   BY **z**
Menu à la carte 28/82 – **130 Z** 220/340.

🏨 **Stadthotel Magnitor,** Am Magnitor 1, ✉ 38100, ℰ 4 71 30, Fax 4713499, « Restaurierte
Fachwerkhäuser aus dem 15.-18. Jh. mit modern-eleganter Einrichtung » – ⧉ 📺 ☎ ⇦
– ⚒ 20. ÆƐ ⓞ Ɛ VISA   BY **s**
Menu à la carte 45/68 – **32 Z** 194/288, 3 Suiten.

🏨 **Ritter St. Georg,** Alte Knochenhauerstr. 13, ✉ 38100, ℰ 1 30 39, Fax 13038,
« Fachwerkhaus aus dem 15.Jh., stilvoll eingerichtetes Restaurant » – 📺 ☎. ÆƐ ⓞ Ɛ VISA
⌘   AY **e**
Menu *(Sonntag geschl.)* (Tischbestellung ratsam) à la carte 66/87 – **22 Z** 205/360.

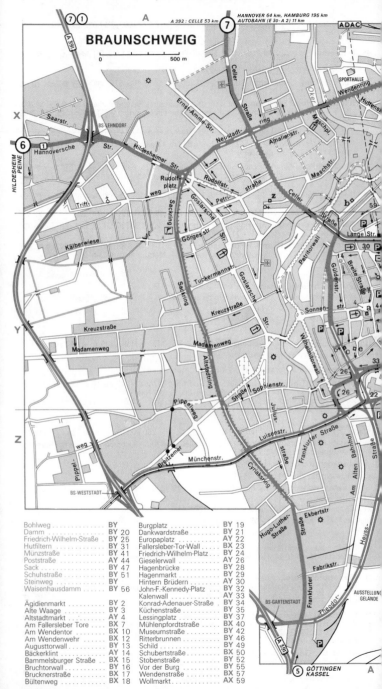

BRAUNSCHWEIG

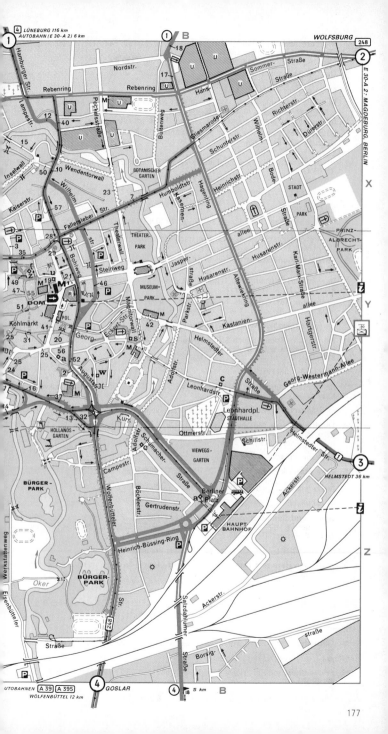

🏨 **Mercure Atrium,** Berliner Platz 3, ⊠ 38102, 𝒫 7 00 80, Fax 7008125, 斎 – |≢| ⇔ Zim
 📺 ☎ ⇔ – 🛆 240. 🖭 ⓪ 🔁 𝘝𝘐𝘚𝘈 🇯🇨🇧 BZ **a**
 Menu *(Samstag-Sonntag geschl.)* à la carte 39/80 – **130 Z** 169/330.

🏨 **Deutsches Haus,** Ruhfäutchenplatz 1, ⊠ 38100, 𝒫 1 20 00, Telex 952744, Fax 1200444
 – |≢| – |≢| 📺 ☎ 🅿 – 🛆 150. 🖭 ⓪ 🔁 𝘝𝘐𝘚𝘈 BY **u**
 Menu à la carte 32/77 – **84 Z** 129/328.

🏨 **Play Off,** Salzdahlumer Str. 137, ⊠ 38126, 𝒫 2 63 10, Fax 67119, Massage, 𝕝ᴭ, ⇌, ⁂
 – |≢| 📺 ☎ 🅿 – 🛆 300. 🖭 ⓪ 🔁 𝘝𝘐𝘚𝘈 über Salzdahlumer Str. BZ
 Menu (nur Abendessen) à la carte 34/63 – **184 Z** 185/400.

🏠 **Lessing-Hof** ⧼ garni (mit Gästehaus), Okerstr. 13, ⊠ 38100, 𝒫 2 41 60, Fax 2416222 –
 |≢| 📺 ☎ ⇔ 🅿 🔁 𝘝𝘐𝘚𝘈 AX **b**
 41 Z 105/169.

🏠 **An der Stadthalle** garni, Leonhardstr. 21, ⊠ 38102, 𝒫 7 30 68, Fax 75148 – |≢| 📺 ☎ 🅿
 🖭 ⓪ 🔁 𝘝𝘐𝘚𝘈 BY **c**
 Weihnachten - Neujahr geschl. – **24 Z** 105/170.

🏠 **Wartburg** garni, Rennelbergstr. 12, ⊠ 38114, 𝒫 50 00 11, Fax 507629 – |≢| 📺 ☎. 🖭 🔁
 𝘝𝘐𝘚𝘈 AX **z**
 21 Z 98/185.

🏠 **Fürstenhof,** Campestr. 12, ⊠ 38102, 𝒫 79 10 61, Fax 791064, ⇌, 🔲 – ☎. 🖭 ⓪ 🔁
 𝘝𝘐𝘚𝘈 BZ **c**
 Menu (wochentags nur Abendessen, auch indonesische Küche) à la carte 25/55 – **52 Z**
 119/164.

🏠 **Pension Wienecke** garni, Kuhstr. 14, ⊠ 38100, 𝒫 4 64 76, Fax 46464 – 📺. ⁂ BY **w**
 17 Z 62/127.

🍴🍴 Gewandhaus, Altstadtmarkt 1, ⊠ 38100, 𝒫 24 27 77, Fax 242775, 斎, « Hist. Stadthaus
 a.d. 13. Jh. ; Gewölbekeller » AY **a**

🍴🍴 **Brabanter Hof,** Güldenstr. 77, ⊠ 38100, 𝒫 4 30 90 AY **c**
 Montag und Juli - Aug. 4 Wochen geschl. – **Menu** à la carte 50/77.

Im Industriegebiet Hansestraße über Hamburger Str. BX :

🏨 **Nord** garni, Robert-Bosch-Str. 7 (Nähe BAB Kreuz BS-Nord), ⊠ 38112, 𝒫 31 08 60
 Fax 3108686 – |≢| 📺 ☎ 🕭 ⇔ 🅿
 32 Z 130/195.

An der B 1 über ⑦ : 5 Km :

🍴🍴 Raffturm, Raffturm 1, ⊠ 38116, 𝒫 84 31 32, Fax 843132, 斎, « Geschmackvolle Einrichtung mit Antiquitäten » – 🅿

In Braunschweig-Riddagshausen über Kastanienallee BY :

🏨 **Landhaus Seela,** Messeweg 41, ⊠ 38104, 𝒫 3 70 01 62, Fax 3700193, 斎 – |≢| 📺 ☎ ⇔
 🅿 – 🛆 110. ⓪ 🔁 𝘝𝘐𝘚𝘈 ⁂ Zim
 Menu à la carte 40/71 – **38 Z** 130/350.

In Braunschweig-Rüningen ⑤ : 5 km :

🏠 **Zum Starenkasten,** Thiedestr. 25 (B 248), ⊠ 38122, 𝒫 87 41 21, Fax 874126, ⇌, 🔲 –
 |≢| 📺 ☎ 🅿 – 🛆 180. 🖭 ⓪ 🔁 𝘝𝘐𝘚𝘈
 Menu à la carte 29/54 – **57 Z** 120/230.

In Braunschweig-Wenden ① : 7 km :

🏨 **Sport- und Seminarhotel,** Hauptstr. 48 b, ⊠ 38110, 𝒫 (05307) 20 90, Fax 209400, 斎
 Massage, 𝕝ᴭ, ⇌, ⁂(Halle) – |≢| 📺 ☎ 🅿 – 🛆 70. 🖭 ⓪ 🔁 𝘝𝘐𝘚𝘈 🇯🇨🇧 ⁂ Rest
 Menu à la carte 30/71 – **66 Z** 159/298.

In Schwülper ⑦ : 11 km, nahe BAB-Abfahrt Braunschweig-West :

🏠 **Zwischen Harz und Heide,** Ackerstr. 25 (B 214), ⊠ 38179, 𝒫 (05303) 60 55, Fax 4894
 📺 ☎ 🅿
 24. Dez.- 1. Jan. geschl – **Menu** *(Samstag-Sonntag geschl.)* à la carte 29/51 – **8 Z** 85/165

BREDSTEDT Schleswig-Holstein 𝟦𝟙𝟙 J 3, 𝟫𝟪𝟩 ④ – 4 500 Ew – Höhe 5 m – ✿ 04671.
🗗 Fremdenverkehrsverein, Süderstr. 36, ⊠ 25821, 𝒫 58 57, Fax 6975.
◆Kiel 101 – Flensburg 38 – Husum 17 – Niebüll 25.

🏠 **Ulmenhof** (ehem. Villa), Tondernsche Str. 4 (B 5), ⊠ 25821, 𝒫 33 55, Fax 6256, 斎 – 📺
 ☎ 🅿. 🖭 🔁
 Menu à la carte 34/59 – **8 Z** 75/145.

🍴🍴 **Friesenhalle** mit Zim, Hohle Gasse 2, ⊠ 25821, 𝒫 15 21, Fax 2875 – 📺 ☎ ⇔ 🅿. 🖭
 ⓪ 🔁 𝘝𝘐𝘚𝘈 ⁂
 Ende Feb.- Mitte März und Nov. 3 Wochen geschl. – **Menu** *(Sonntag nur Mittagessen*
 Montag nur Abendessen) à la carte 42/73 – **8 Z** 60/180.

In Sterdebüll NW : 4 km Richtung Dagebüll :

🏠 **Landhaus Sterdebüll,** Dorfstr. 90, ✉ 25852, 𝒫 (04671) 9 11 00, 🌭, ⇌ – 📺 ☎ ₺ 🅿.
🖭 ⓪ 🗲 𝘝𝘐𝘚𝘈
Jan. geschl. – **Menu** *(im Winter Montag geschl.)* à la carte 31/56 – **34 Z** 75/150.

In Ockholm-Bongsiel NW : 13 km Richtung Dagebüll :

⚘ **Gaststätte Bongsiel** ⚘ (nordfriesisches Dorfgasthaus und ehem. Schleusenwärterhaus),
✉ 25842, 𝒫 (04674) 14 45, Fax 1458, « Bildersammlung bekannter deutscher Maler », 🚋
– 🅿
Mitte Jan.- Mitte Feb. geschl. – **Menu** *(Dienstag nur Abendessen, außer Saison Dienstag geschl.)* à la carte 25/46 – **12 Z** 50/80.

In Ockholm-Schlüttsiel NW : 17 km :

✗ **Fährhaus Schlüttsiel** ⚘ mit Zim, ✉ 25842, 𝒫 (04674) 2 55, Fax 1542, ≼ Nordsee und
Halligen – 📺 ☎ ⇌ 🅿, 🖭 🗲
Mitte Nov.- Mitte Dez. geschl. – **Menu** à la carte 32/54 – **5 Z** 75/130.

Siehe auch : *Bargum* N : 10,5 km

BREGENZ 🅛 Österreich 🔢 M 24, 🔢 ㊱, 🔢 B 6 – 27 000 Ew – Höhe 396 m – Wintersport :
414/1 020 m ≰1 ≴2 – ♨ 05574 (innerhalb Österreich).

Sehenswert : ≼★ (vom Hafendamm) BY – Vorarlberger Landesmuseum★ BY – Martinsturm ≼★
BY.

Ausflugsziele : Pfänder★★ : ≼★★, Alpenwildpark (auch mit ≰) BY.

Festspiel-Preise : siehe Seite 8
Prix pendant le festival : voir p. 16
Prices during tourist events : see p. 24
Prezzi duranti i festival : vedere p. 32.

🖪 Bregenz-Tourismus, Anton-Schneider-Str. 4a, ✉ A-6900, 𝒫 43 39 10, Fax 4339110.
Wien 627 ① – Innsbruck 199 ② – ◆München 196 ① – Zürich 119 ③.

Stadtplan siehe nächste Seite

Die Preise sind in der Landeswährung (ö. S.) angegeben.

🏨 **Schwärzler,** Landstr. 9, ✉ A-6900, 𝒫 49 90, Fax 47575, 🌭, Massage, ⇌, 🔲, 🚋 – ₺
📺 ☎ ₺ ⓪ 🗲 𝘝𝘐𝘚𝘈. ❄ Rest   über Landstr. AZ
Menu à la carte 290/475 – **83 Z** 840/2200.

🏨 **Messmer Hotel am Kornmarkt,** Kornmarktstr. 16, ✉ A-6900, 𝒫 4 23 56, Fax 423566,
🌭, ⇌ – ₺ ⇱ Zim 📺 ☎ ⇌ – 🔬 60. 🖭 ⓪ 🗲 𝘝𝘐𝘚𝘈   BY u
Menu à la carte 250/490 – **82 Z** 1044/2200.

🏨 **Mercure,** Platz der Wiener Symphoniker, ✉ A-6900, 𝒫 4 61 00, Telex 57470, Fax 47412,
🌭 – ₺ 🍽 Rest 📺 ☎ ₺ 🅿 – 🔬 120. 🖭 🗲 𝘝𝘐𝘚𝘈   AY e
Menu à la carte 240/435 – **94 Z** 1330/2240, 3 Suiten.

🏨 **Weisses Kreuz,** Römerstr. 5, ✉ A-6900, 𝒫 4 98 80, Fax 498867 – ₺ 📺 ☎ 🅿 – 🔬 30
Weihnachten - 15. Jan. geschl. – **Menu** *(Juli 2 Wochen und Sonntag geschl.)* à la carte
185/425 – **45 Z** 1270/2074.   BY s

🏨 **Germania,** Am Steinenbach 9, ✉ A-6900, 𝒫 42 76 60, Fax 427664, 🌭, ⇌ – ₺ ⇱ 📺
☎ ⇌ 🅿 – 🔬 20. 🖭 ⓪ 🗲 𝘝𝘐𝘚𝘈   BY n
Feb. 2 Wochen geschl. – **Menu** à la carte 238/440 – **40 Z** 740/2232.

🏠 **Falken** garni, Quellenstr. 49, ✉ A-6900, 𝒫 4 77 33, Fax 46357 – 📺 ☎ 🅿. 🖭 ⓪ 🗲 𝘝𝘐𝘚𝘈
17 Z 879/1383.   AZ f

✗✗✗✗ ❀ **Deuring-Schlössle** ⚘ mit Zim (kleines Stadtschloß a.d.J. 1690), Ehre-Guta-Platz 4,
✉ A-6900, 𝒫 4 78 00, Fax 4780080, 🌭 – ⇱ Rest 📺 ☎ 🅿 – 🔬 70. 🖭 ⓪ 🗲 𝘝𝘐𝘚𝘈
3.- 10. Jan. geschl. – **Menu** *(Montag geschl.)* (Tischbestellung ratsam) 760/985 und à la
carte 340/705 – **13 Z** 1350/2800, 3 Suiten   BZ a
Spez. Sepiaravioli in Hummersauce, Flusskrebse mit Meeresalgensalat, Gebratenes Kalbsbries mit
Steinpilzen in Kräuterrahm.

In Lochau ① : 3 km :

✗✗ **Mangold,** Pfänderstr. 3, ✉ A-6911, 𝒫 (05574) 4 24 31, Fax 424319, « Innenhofterrasse »
– 🅿
Montag geschl. – **Menu** à la carte 310/520.

✗ Weinstube Messmer, Landstr. 3, ✉ A-6911, 𝒫 (05574) 4 41 51, « Gastgarten » – 🅿.

In Hörbranz ① : 6 km :

🏠 **Brauer** garni, Unterhochstegstr. 25, ✉ A-6912, 𝒫 (05573) 24 04, Fax 4251 – ☎ 🅿. ❄
45 Z 490/1050.

✗ **Kronen-Stuben** mit Zim, Lindauer Str. 48, ✉ A-6912, 𝒫 (05573) 23 41, Fax 23416, 🌭 –
📺 ☎ 🅿 🖭 ⓪ 🗲 𝘝𝘐𝘚𝘈
Menu *(Montag geschl.)* à la carte 225/360 ⅃ – **5 Z** 630/1050.

BREGENZ

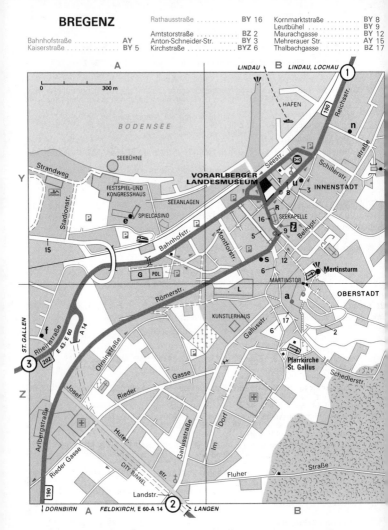

In Eichenberg ① : 8 km – Höhe 796 m – Erholungsort :

🏠 **Schönblick** ⍾, Dorf 6, ✉ A-6911, 𝒫 (05574) 4 59 65, Fax 459657, ≼ Bodensee, Lindau
und Alpen, 🏡, ⇌s, 🔲, 🐎, ✗ – 🛗 📺 ☎ 🚗 🅿
9. Jan.- 15. Feb. und 14. Nov.- 15. Dez. geschl. – **Menu** *(Montag geschl., Dienstag nur
Abendessen)* à la carte 210/520 – **17 Z** 600/1400.

━━ **BREHNA** Sachsen-Anhalt 4⃞1⃞4⃞ I 11. 9⃞8⃞4⃞ ⑲, 9⃞8⃞7⃞ ⑰ – 2 500 Ew – Höhe 90 m – ☎ 034954.
Magdeburg 94 – ◆Leipzig 34.

🏨 **Country Park-Hotel,** Thiemendorfer Mark 2, ✉ 06796, 𝒫 6 50, Fax 65556, 🏡, ⇌s – 🛗
⍰ Zim 📺 🅿 – 🔬 120. ⁘ ① 🅴 🆅🆂🅰. ✗
Weihnachten - Anfang Jan. geschl. – **Menu** à la carte 30/57 – **188 Z** 180/225.

Alle Michelin-Straßenkarten werden ständig überarbeitet und aktualisiert.

Sehenswert : Münster★ (Hochaltar★★, Innendekoration★, Lage★), Münsterberg ≤★.

Ausflugsziel : Niederrottweil : Schnitzaltar★ der Kirche St. Michael, N : 11 km.

🛈 Verkehrsamt, Werd 9, ⊠ 79206, 𝄞 8 32 27.

ADAC, Im Grenzzollamt, 𝄞 8 30 70, Fax 830779.

◆Stuttgart 209 – Colmar 24 – ◆Freiburg im Breisgau 28.

🏨 **Am Münster** ⑤, Münsterbergstr. 23, ⊠ 79206, 𝄞 83 80, Fax 838100, ≤ Rheinebene und
Vogesen, 🏤, ≘s, 🔲 – 📳 📺 🕿 ᖳ 🅿 – 🕍 120. 🝙 ⴲ Ε **VISA** **JCB**
7.- 20. Jan. geschl. – **Menu** à la carte 47/76 – **70 Z** 95/260.

🏨 **Kapuzinergarten** ⑤, Kapuzinergasse 26, ⊠ 79206, 𝄞 9 30 00, Fax 930093, ≤ Kaiserstuhl
und Schwarzwald, 🏤, 🍴 – 📺 🕿 ᖳ 🅿. Ε
Menu (Sonntag-Montag geschl.) à la carte 43/82 – **15 Z** 100/230.

🏠 **Kaiserstühler Hof,** Richard-Müller-Str. 2, ⊠ 79206, 𝄞 8 30 60, Fax 830666 – 📳 📺 🕿 –
🕍 35. 🝙 ⴲ Ε **VISA**
Menu (Mittwoch und Feb.- März 2 Wochen geschl.) à la carte 35/80 – **17 Z** 90/250.

🏠 **Café Rheinblick,** Rheinuferstr. 2, ⊠ 79206, 𝄞 71 72, Fax 80338, 🏤 – 📺 🕿 🅿
Ende Nov.- 24. Dez. geschl. – **Menu** (Montag geschl.) à la carte 29/54 – **25 Z** 80/140.

In Breisach-Hochstetten SO : 2,5 km :

🏠 **Landgasthof Adler** (mit Gästehaus), Hochstetter Str. 11, ⊠ 79206, 𝄞 9 39 30, Fax 7096,
🏤, 🦌, 🍴 – 📺 🕿 🅿. Ε
Feb. 3 Wochen geschl. – **Menu** (Donnerstag geschl., Samstag nur Abendessen) à la carte
27/56 🍴 – **23 Z** 70/130.

Ausflugsziel : Burg Rheineck : ≤★ S : 2 km.

🛈 Verkehrsamt, Albert-Mertes-Str. 11 (Heilbäderhaus Römer-Thermen), ⊠ 53498, 𝄞 9 70 71, Fax
815.

Mainz 133 – ◆Bonn 33 – ◆Koblenz 30.

🏩 **Rheinhotel Vier Jahreszeiten** ⑤, Rheinstr. 11, ⊠ 53498, 𝄞 60 70, Telex 863333, Fax 9220,
≤ Rhein, ≘s, 🔲 – 📳 📺 🕿 🅿 – 🕍 200 – **133 Z.**

🏠 **Zur Mühle** ⑤, Koblenzer Str.15 (B 9), ⊠ 53498, 𝄞 9 70 61, Fax 96017, ≤, 🏤, 🔲, 🍴
– 📳 📺 🕿 🅿. 🝙 ⴲ Ε **VISA**
5. Jan.- 2. März geschl. – **Menu** à la carte 29/48 🍴 – **33 Z** 76/150 – ½ P 75/92.

🏠 **Niederée,** Zehnerstr. 2 (B 9), ⊠ 53498, 𝄞 92 10, Fax 96766, ≘s – 📳 📺 🕿 🅿. 🝙 ⴲ Ε
VISA. ⌘ Zim
Menu (7.Jan.- 4. Feb. und Mittwoch geschl.) à la carte 28/50 🍴 – **31 Z** 68/150 – ½ P 87.

🏠 Quellenhof, Albert-Mertes-Str. 23, ⊠ 53498, 𝄞 94 79, 🏤 – 🅿. ⌘ Zim
17 Z.

🏠 **Haus Mathilde** ⑤, Waldstr. 5, ⊠ 53498, 𝄞 91 44 – 🅿. 🝙 Ε **VISA**
15. Nov.- 15. Dez. geschl. – (Restaurant nur für Hausgäste) – **18 Z** 50/116 – ½ P 66/81.

XX **Historisches Weinhaus Templerhof** (Haus a.d.J. 1657), Koblenzer Str.45 (B 9), ⊠ 53498,
𝄞 94 35, Fax 7394, 🏤 – 🅿. 🝙 ⴲ Ε **VISA**
Mittwoch, Jan. 3 Wochen und Juni 2 Wochen geschl., Donnerstag nur Abendessen – **Menu**
à la carte 43/74 (auch vegetarisches Menu).

XX **Zum Weißen Roß** mit Zim (Haus a.d.J. 1628), Zehnerstr. 19 (B 9), ⊠ 53498, 𝄞 91 35, 🏤
– 🝙 ⴲ Ε **VISA** – **Menu** à la carte 46/81 – **10 Z** 85/200.

X **Vater und Sohn** mit Zim, Zehnerstr. 78 (B 9), ⊠ 53498, 𝄞 91 48, 🏤 – 🅿. 🝙 ⴲ Ε **VISA**
Menu (Montag geschl.) à la carte 32/56 – **8 Z** 45/95.

Sehenswert : Chiemsee★.

🛈 Verkehrsamt, Gollenshauser Str. 1, ⊠ 83254, 𝄞 2 34.

München 96 – Rosenheim 26 – Traunstein 28.

X **Beim Oberleitner am See** ⑤ mit Zim, Seestr. 24, ⊠ 83254, 𝄞 3 96, ≤ Chiemsee und
Berge, 🏤, 🦌 Bootssteg – 🅿
10. Jan.- Ende März und 19. Okt.- 25. Dez. geschl. – **Menu** (Dienstag nur Mittagessen,
Mittwoch geschl.) à la carte 26/59 🍴 – **6 Z** 60/100.

Wiesbaden 149 – Fulda 35 – Gießen 42 – ◆Kassel 75.

An der Autobahn A 5 (Nordseite) NW : 5 km :

🏠 **Rasthaus Motel Rimberg,** ⊠ 36287 Breitenbach-Rimberg, 𝄞 (06675) 5 61, Fax 1689, ≤
– 📳 📺 🕿 ᖳ 🛒 🅿. 🝙 ⴲ Ε **VISA**
Menu à la carte 30/56 – **11 Z** 80/161.

BREITENGÜSSBACH Bayern 🔢 P 17, 🔢 ㉖ – 3 600 Ew – Höhe 245 m – ✪ 09544.
📷 Gut Leimershof (O : 6 km), 🖉 (09547) 71 09.
◆München 239 – ◆Bamberg 9 – Bayreuth 64 – Coburg 37 – Schweinfurt 63.

🏨 **Vierjahreszeiten** ⤢, Sportplatz 6, ⊠ 96149, 🖉 8 61, Fax 864, ⛼, 🔲 – 📺 ☎ 🅿 – 🔏 30
📍
  Menu *(Sonntag nur Mittagessen, Freitag, über Fasching und Nov. 2 Wochen geschl.)* à la
  carte 27/59 – **35 Z** 78/165.

BREITNAU Baden-Württemberg 🔢 H 23 – 1 800 Ew – Höhe 950 m – Luftkurort – Wintersport
1 000/1 200 m ≰2 ≰1 – ✪ 07652 (Hinterzarten).
🅱 Kurverwaltung, Rathaus, ⊠ 79874, 🖉 16 97, Fax 5134.
◆Stuttgart 167 – Donaueschingen 42 – ◆Freiburg im Breisgau 30.

🏨 **Kaiser's Tanne Wirtshus,** Am Wirbstein 27 (B 500, SO : 2 km), ⊠ 79874, 🖉 1 20 10
  Fax 1507, « Gartenterrasse mit ≼ », ⛼, 🔲, ≈, 🚗 – 🛗 📺 ☎ ⇦ 🅿. 📍
  Menu à la carte 53/82 – **35 Z** 85/370.

🏨 **Faller,** Im Obenbach 5 (B 500, SO : 2 km), ⊠ 79874, 🖉 10 01, Fax 311, « Terrasse mit ≼ »
  ⛼, 🚗 – 🛗 📺 ☎ ⇦ 🅿. 📠 E 💳
  Nov.- Dez. 2 Wochen geschl. – **Menu** *(Mittwoch nur Mittagessen, Donnerstag geschl.*
  à la carte 38/66 – **25 Z** 85/260.

🏨 **Löwen,** an der B 500 (O : 1 km), ⊠ 79874, 🖉 3 59, Fax 359, ≼, 🍴, ⛼, 🚗, ℀ – 🅿
  10. Nov.- 20. Dez. geschl. – **Menu** *(Dienstag geschl.)* à la carte 28/53 ⅃ – **14 Z** 55/120

🏨 Backhof Helmle, Ödenbachstr. 3 (SO : 2 km, an der B 500), ⊠ 79874, 🖉 3 89, 🍴, 🚗 –
  ☎ ⇦ 🅿
  24 Z.

🏨 **Kreuz,** Dorfstr. 1, ⊠ 79874, 🖉 13 88, Fax 1304, ≼, 🍴, direkter Zugang zum 🔲 im Kurhaus
  – ↔ ☎ 🅿
  Ende April - Anfang Mai und Anfang Nov.- Anfang Dez. geschl. – **Menu** *(Montag geschl.*
  à la carte 24/40 ⅃ – **16 Z** 55/100 – ½ P 70/75.

In Breitnau-Höllsteig SW : 9 km über die B 31 :

🏨 **Hofgut Sternen,** am Eingang der Ravennaschlucht, ⊠ 79874, 🖉 10 82, Fax 1031, 🍴 –
  🛗 📺 ☎ 🔥 🅿 – 🔏 60. 📠 ① E 💳 💳
  Menu à la carte 35/65 – **54 Z** 103/174.

☞ *When in a hurry use the Michelin Main Road Maps :*

  🔢 Europe, 🔢 Greece, 🔢 Germany, 🔢 Scandinavia-Finland,
  🔢 Great Britain and Ireland, 🔢 Germany-Austria-Benelux, 🔢 Italy,
  🔢 France and 🔢 Spain-Portugal.

BREITUNGEN Thüringen 🔢 C 13, 🔢 O 14, 🔢 ㉖ – 6 000 Ew – Höhe 290 m – ✪ 036848
Erfurt 82 – Eisenach 29 – Bad Hersfeld 56 – Meiningen 24 – Suhl 41.

🏨 **Skaras Landhaushotel,** Wirtsgasse 13, ⊠ 98597, 🖉 88 00, Fax 880122, 🍴 – 📺 ☎ 🅿
  ↔ **Menu** à la carte 22/52 – **16 Z** 70/140.

BREMEN Ⓛ Stadtstaat Bremen 🔢 J 7, 🔢 ⑭ ⑮ – 552 000 Ew – Höhe 10 m – ✪ 0421.
Sehenswert : Marktplatz★★ z – Focke-Museum★★ vu M3 – Rathaus★ (Treppe★★) z R – Dom St
Petri★ (Taufbecken★★ Madonna★) z – Wallanlagen★ yz – Böttcherstraße★ z : Roseliushaus
(Nr.6) und Paula-Modersohn-Becker-Haus★ (Nr.8) z E – Schnoor-Viertel★ z – Kunsthalle★ z.
📷 Bremen-Vahr, Bgm.-Spitta-Allee 34 (u), 🖉 23 00 41 ; 📷 Garlstedt (N : 11 km über die B 6 u)
🖉 (04795) 4 17 ; 📷 Bremen-Oberneuland (über ①), Heinrich-Baden-Weg 25, 🖉 25 93 21.
🛫 Bremen-Neustadt (S : 6 km) v, 🖉 5 59 51.
🚆 🖉 30 63 07.
Ausstellungsgelände a. d. Stadthalle (cx), 🖉 3 50 50.
🅱 Verkehrsverein, Touristinformation am Bahnhofsplatz, ⊠ 28195, 🖉 30 80 00, Telex 244854, Fax
3080030.
ADAC, Bennigsenstr. 2, ⊠ 28207, 🖉 4 99 40, Fax 447147.
◆Hamburg 120 ① – ◆Hannover 123 ①.

Stadtpläne siehe nächste Seiten

🏨 **Park Hotel** ⤢, im Bürgerpark, ⊠ 28209, 🖉 3 40 80, Telex 244343, Fax 3408602, ≼, 🍴
  – 🛗 📺 ⇦ 🅿 – 🔏 350. 📠 ① E 💳 💳
  Menu (bemerkenswertes Weinangebot) à la carte 72/115 – **150 Z** 320/540, 8 Suiten.

🏨 **Maritim,** Hollerallee 99, ⊠ 28215, 🖉 3 78 90, Fax 3789600, ⛼, 🔲 – 🛗 ℀ Zim 🗏 📺
  ⇦ – 🔏 1000. 📠 ① E 💳 💳
  L'echalote (nur Abendessen, Sonntag-Montag geschl.) **Menu** à la carte 70/95 – **Brasserie**
  (nur Mittagessen, Sonntag-Montag auch Abendessen) **Menu** 46 (Buffet) – **261 Z** 250/496
  5 Suiten.

182

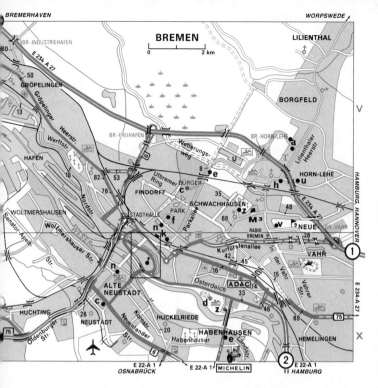

🏨 **Scandic Crown Hotel,** Böttcherstr. 2 (Eingang Wachtstr.), ⊠ 28195, ℰ 3 69 60, Telex 245034, Fax 3696960, ⇔s, 🔲 – 🛗 ⇔ Zim ▤ �📺 ⇔ – 🔏 250. ☒ ⓞ 🗲 𝘝𝘐𝘚𝘈 JCB
Z **x**
23. Dez.- 2. Jan. geschl. – **Menu** à la carte 44/68 – **235 Z** 265/365.

🏨 **Zur Post,** Bahnhofsplatz 11, ⊠ 28195, ℰ 3 05 90, Telex 244971, Fax 3059591, ⇔s, 🔲 – 🛗 ⇔ Zim �📺 ⇔ ⇔ – 🔏 100. ☒ ⓞ 🗲 𝘝𝘐𝘚𝘈
Y **x**
Menu siehe Rest. *L'Orchidée* separat erwähnt *Café zur Post - Kachelstübchen :* **Menu** à la carte 33/70 – **194 Z** 187/365, 4 Suiten.

🏨 **Bremen Marriott,** Hillmannplatz 20, ⊠ 28195, ℰ 1 76 70, Telex 246868, Fax 1767238 – 🛗 ⇔ Zim ▤ �📺 ⅙ – 🔏 400. ☒ ⓞ 🗲 𝘝𝘐𝘚𝘈 JCB ⸰⸰
Y **n**
Menu à la carte 44/81 – **230 Z** 293/570, 4 Suiten.

🏨 **Munte am Stadtwald,** Parkallee 299, ⊠ 28213, ℰ 2 20 20, Telex 246562, Fax 219876, ⇔s, 🔲 – 🛗 ⇔ Zim �📺 ⇔ 🅟 – 🔏 150. ☒ ⓞ 🗲 𝘝𝘐𝘚𝘈 JCB
V **e**
Weihnachten geschl. – **Menu** à la carte 38/63 – **121 Z** 166/270.

🏨 **Mercure-Columbus** garni, Bahnhofsplatz 5, ⊠ 28195, ℰ 3 01 20, Fax 15369, ⇔s – 🛗 ⇔ Zim �📺 ⇔ – 🔏 50. ☒ ⓞ 🗲 𝘝𝘐𝘚𝘈
Y **f**
149 Z 179/270.

🏨 **Überseehotel** garni, Wachtstr. 27, ⊠ 28195, ℰ 3 60 10, Telex 246501, Fax 3601555 – 🛗 �📺 ☎ ⅙ – 🔏 60. ☒ ⓞ 🗲 𝘝𝘐𝘚𝘈
Z **u**
124 Z 130/240.

🏨 **Hanseat** garni, Bahnhofsplatz 8, ⊠ 28195, ℰ 1 46 88, Fax 170588 – 🛗 �📺 ☎. ☒ ⓞ 🗲 𝘝𝘐𝘚𝘈
Y **e**
33 Z 148/218.

BREMEN

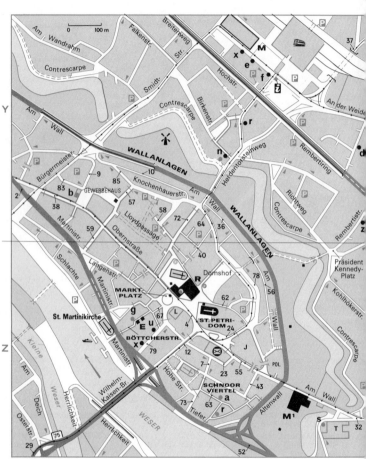

🏨 **Schaper-Siedenburg** garni, Bahnhofstr. 8, ⊠ 28195, ℰ 3 08 70, Telex 246644, Fax 30878
   – ⬚ ⥥ Zim 📺 ☎. 🅰🎔 ⓪ ⋿ 𝗩𝗜𝗦𝗔 JCB
   22. Dez.- 2. Jan. geschl. – **90 Z** 125/195.
   Y

🏨 **Bremer Haus,** Löningstr. 16, ⊠ 28195, ℰ 3 29 40, Fax 3294411 – ⬚ ⥥ Zim 📺 ☎ ⇐
   🅟 – ⛟ 20. 🅰🎔 ⓪ ⋿ 𝗩𝗜𝗦𝗔
   Menu *(Samstag und Sonntag nur Mittagessen)* à la carte 27/55 – **76 Z** 120/190.
   Y

🏨 **Lichtsinn** garni, Rembertistr. 11, ⊠ 28203, ℰ 36 80 70, Fax 327287 – 📺 ☎ ⇐. 🅰🎔 ⓪
   ⋿ 𝗩𝗜𝗦𝗔 JCB – **34 Z** 140/200.
   Y

🏨 **Residence** garni, Hohenlohestr. 42, ⊠ 28209, ℰ 34 10 29, Fax 342322, ⥊ – ⬚ 📺 ☎. 🅰🎔
   ⓪ ⋿ 𝗩𝗜𝗦𝗔 – *15. Dez. - 5. Jan. geschl.* – **34 Z** 115/185.
   VX

XXX ✿ **L'Orchidée** - Hotel zur Post, Bahnhofsplatz 11 (6. Etage, |♯|), ⊠ 28195, 𝒫 3 05 98 88, Fax 3059591 – 🖭 ⦿ 🄴 𝕍𝕀𝕊𝔸. ✸   Y **x**
Sonntag-Montag, März-April 2 Wochen und Juli-Aug. 4 Wochen geschl. – **Menu** (nur Abendessen, Tischbestellung ratsam) à la carte 74/100
Spez. Terrine von Räucheraal und Granat, Geröstete Fischsuppe, Rehrücken im Strudelteig.

XXX ✿ **Villa Verde,** Weserstadion (Weserseite, 2.Etage, |♯|), ⊠ 28205, 𝒫 3 05 91 00, Fax 4987307 – 🖭 ⦿ 🄴 𝕍𝕀𝕊𝔸. ✸   X **d**
Sonntag-Montag sowie Jan. und Juli - Aug. jeweils 3 Wochen geschl. – **Menu** (Tischbestellung ratsam) 47 (mittags) und à la carte 69/100
Spez. Wildterrine mit Rotwein-Quittenmousse, Lachssoufflé in Safransauce, Mascarpone-Koriandercrème in Schokoladenblättern.

XXX Meierei, im Bürgerpark, ⊠ 28209, 𝒫 3 40 86 19, Fax 3408621, ≼, « Cafeterrasse » – ⦿ (bemerkenswertes Weinangebot).   V **c**

XX **Flett,** Böttcherstr. 3, ⊠ 28195, 𝒫 32 09 95, Fax 320996 – 🖭 ⦿ 🄴 𝕍𝕀𝕊𝔸 ᴊᴄʙ   Z **g**
Sonntag geschl. – **Menu** à la carte 44/77.

XX **Ratskeller,** im alten Rathaus, ⊠ 28195, 𝒫 32 16 76, Fax 3378121 – 🖭 ⦿ 🄴 𝕍𝕀𝕊𝔸. ✸
Menu (Weinkarte mit etwa 600 deutschen Weinen) à la carte 58/80.   Z **R**

XX **Jürgenshof,** Pauliner Marsch 1 (Nähe Weserstadion), ⊠ 28205, 𝒫 44 10 37, Fax 4985458, « Gartenterrasse » – ⦿. 🖭 ⦿ 🄴 𝕍𝕀𝕊𝔸 – **Menu** à la carte 56/76.   X **z**

XX **Die Gans Im Schnoor,** Schnoor 3-4, ⊠ 28195, 𝒫 32 12 18, Fax 2206100   Z **a**
Sonntag geschl. – **Menu** (nur Abendessen) à la carte 53/91.

XX **Concordenhaus,** Hinter der Holzpforte 2, ⊠ 28195, 𝒫 32 53 31, Fax 325331 – 🖭 🄴 𝕍𝕀𝕊𝔸. ✸
Menu (abends Tischbestellung ratsam) à la carte 50/63.   Z **r**

X ✿ **Grashoff's Bistro,** Contrescarpe 80 (neben der Hillmann-Passage), ⊠ 28195, 𝒫 1 47 40, Fax 302040 – ⦿ 𝕍𝕀𝕊𝔸. ✸   Y **n**
Samstag nur Mittagessen, Sonntag geschl. – **Menu** (wochentags bis 18.30 Uhr geöffnet, Tischbestellung erforderlich) à la carte 67/96
Spez. Hummer armoricaine, Gedämpfter Schellfisch mit Senfsauce, Couscous mit geschmorter Lammschulter.

X **La Villa,** Goetheplatz 4, ⊠ 28203, 𝒫 32 79 63, « Gartenterrasse »   Z **s**
Samstag nur Abendessen, Sonntag geschl. – **Menu** (Tischbestellung ratsam, italienische Küche) à la carte 45/70.

X Alte Gilde, Ansgaritorstr. 24, ⊠ 28195, 𝒫 17 17 12, Fax 15701, 🏡   Y **b**

In Bremen-Alte Neustadt :

🏨 **Westfalia,** Langemarckstr. 40, ⊠ 28199, 𝒫 5 90 20, Telex 246190, Fax 507457 – |♯| 📺 ☎
& ⦿ – 🔬 40. 🖭 ⦿ 🄴 𝕍𝕀𝕊𝔸   X **n**
Menu *(Sonntag geschl.)* à la carte 32/65 – **69 Z** 98/180.

🏨 **Acora,** Neuenlander Str.55 (B 6), ⊠ 28199, 𝒫 5 09 50, Fax 508652, ≘s – |♯| ↝ Zim 📺
☎ ⦿ – 🔬 35. 🖭 ⦿ 🄴 𝕍𝕀𝕊𝔸   X **c**
Menu *(Sonntag geschl.)* à la carte 32/58 – **184 Z** 145/200.

In Bremen-Blumenthal ④ : 26 km :

🏠 **Zur Heidquelle,** Schwaneweder Str. 52, ⊠ 28779, 𝒫 60 33 12, Fax 6098110 – 📺 ☎ ↝
⦿. 🖭 ⦿ 🄴 𝕍𝕀𝕊𝔸 – **Menu** à la carte 37/62 – **22 Z** 75/180.

🏠 Zum Klüverdamm, Mühlenstr. 43, ⊠ 28779, 𝒫 60 00 77, Fax 608714, 🏡 – ↝ Zim 📺 ☎
↝ ⦿ – 🔬 80 – **33 Z**.

In Bremen-Borgfeld NO : 11 km über Lilienthaler Heerstr. V :

XX Borgfelder Landhaus, Warfer Landstr. 73, ⊠ 28357, 𝒫 27 05 12, Fax 273967 – ⦿.

In Bremen-Farge ④ : 32 km :

🏨 **Fährhaus Meyer-Farge,** Wilhelmshavener Str. 1, ⊠ 28777, 𝒫 6 86 81, Fax 68684, ≼, 🏡, « Schiffsbegrüßungsanlage » – 📺 ☎ ⦿ – 🔬 30. 🖭 ⦿ 🄴 𝕍𝕀𝕊𝔸
Menu à la carte 42/79 – **20 Z** 119/190.

In Bremen-Habenhausen :

🏠 **Zum Werdersee** ⚲, Holzdamm 104, ⊠ 28279, 𝒫 83 85 04, Fax 838507 – 📺 ☎ ⦿. 🖭
⦿ 🄴 𝕍𝕀𝕊𝔸 – **Menu** à la carte 35/67 – **12 Z** 80/115.   X **e**

In Bremen - Horn-Lehe :

🏨🏨 **Landgut Horn,** Leher Heerstr. 140, ⊠ 28357, 𝒫 2 58 90, Fax 2589222 – |♯| ↝ Zim 📺
& ↝ ⦿ – 🔬 90. 🖭 ⦿ 🄴 𝕍𝕀𝕊𝔸   V **u**
Menu à la carte 44/81 – **106 Z** 160/220.

🏨 **Horner Eiche** garni, Im Hollergrund 1, ⊠ 28357, 𝒫 2 78 20, Fax 2769666 – |♯| ↝ 📺 ☎
↝ ⦿ – 🔬 40. 🖭 ⦿ 🄴 𝕍𝕀𝕊𝔸 – **69 Z** 105/175.   V **a**

🏨 **Deutsche Eiche,** Lilienthaler Heerstr. 174, ⊠ 28357, 𝒫 25 10 11, Fax 251014, 🏡, ≘s –
|♯| 📺 ☎ ⦿. 🖭 ⦿ 🄴 𝕍𝕀𝕊𝔸 – **Menu** à la carte 38/66 – **40 Z** 105/175.   V **a**

🏠 **Landhaus Louisenthal - Senator Bölkenhof,** Leher Heerstr. 105, ⊠ 28359, 𝒫 23 20 76
(Hotel) 23 20 36 (Rest.), Fax 236716, ≘s – 📺 ☎ ⦿ – 🔬 40. 🖭 ⦿ 🄴 𝕍𝕀𝕊𝔸   V **h**
Menu *(Montag - Freitag nur Abendessen)* à la carte 46/74 – **60 Z** 70/190.

In Bremen-Neue Vahr :

🏨 **Queens Hotel,** August-Bebel-Allee 4, ✉ 28329, ℰ 2 38 70, Telex 244580, Fax 234617 –
📶 ✜ Zim 🍽 Rest 📺 👌 🅿 – 🔏 300. 🆎 ⓪ ∈ 𝑉𝐼𝑆𝐴 ⠀⠀⠀⠀⠀⠀⠀⠀⠀⠀⠀⠀⠀⠀⠀⠀V ⠀v
Menu à la carte 50/67 – **144 Z** 212/304.

In Bremen-Schwachhausen :

🏠 **Heldt** ⟋, Friedhofstr. 41, ✉ 28213, ℰ 21 30 51, Fax 215145 – 📺 ☎ ⟷. 🆎 ⓪ ∈ 𝑉𝐼𝑆𝐴
⠀✻ Zim⠀⠀V ⠀⠀
(nur Abendessen für Hausgäste) – **50 Z** 89/180.

In Bremen-Vegesack ④ : 22 km :

🏨 **Strandlust Vegesack,** Rohrstr. 11, ✉ 28757, ℰ 6 60 90, Fax 6609444, ≤, « Terrasse am
Weserufer » – 📶 ✜ 📺 🅿 – 🔏 300. 🆎 ⓪ ∈ 𝑉𝐼𝑆𝐴. ✻ Zim
Menu à la carte 46/76 – **50 Z** 145/315.

🏨 **Atlantic Hotel** garni, Sagerstr. 20, ✉ 28757, ℰ 6 60 50, Fax 664774 – 📶 ✜ Zim 📺 ☎
👌 ⟷ – 🔏 25. 🆎 ⓪ ∈ 𝑉𝐼𝑆𝐴 𝐽𝐶𝐵
87 Z 115/220.

In Lilienthal NO : 12 km Richtung Worpswede ∨ – ☎ 04298 :

🏠 **Rohdenburg's Gaststätte,** Trupermoorer Landstr. 28, ✉ 28865, ℰ 32 58, Fax 3269, 🍴
– 📺 ☎ 🅿. 🆎 ∈ 𝑉𝐼𝑆𝐴. ✻ Rest
Menu *(Montag nur Abendessen, Mittwoch, 2.- 8. Jan. und 10.- 27. Juli geschl.)* à la carte
31/57 – **16 Z** 88/140.

🏠 **Schomacker,** Heidberger Str. 25, ✉ 28865, ℰ 37 10, Fax 4291 – ✜ Zim 📺 ☎ 🅿 – 🔏 20
⓪ ∈ 𝑉𝐼𝑆𝐴
23. Dez. - 1. Jan. geschl. – **Menu** *(Freitag nur Abendessen)* à la carte 33/55 – **28 Z** 88/148

In Oyten SO : 17 km über die B 75 – ☎ 04207 :

🏠 **Oyten am Markt,** Hauptstr. 85, ✉ 28876, ℰ 45 54, Fax 4149 – 📶 📺 ☎ 🅿. 🆎 ⓪ ∈ 𝑉𝐼𝑆𝐴
𝐽𝐶𝐵
Weihnachten - Anfang Jan. geschl. – **Menu** *(Freitag geschl., Samstag, Sonn-und Feiertage*
nur Mittagessen) à la carte 28/49 – **24 Z** 85/125.

🏠 **Motel Höper,** Hauptstr. 58, ✉ 28876, ℰ 59 66, Fax 5838, 🍴, 🌳 – 📺 ☎ 🅿 – 🔏 50
🆎 ⓪ ∈ 𝑉𝐼𝑆𝐴 𝐽𝐶𝐵. ✻ Rest
Menu *(Samstag, Sonn- und Feiertage nur Abendessen)* à la carte 31/56 – **36 Z** 73/120

🏠 **Fehsenfeld** garni, Hauptstr. 50, ✉ 28876, ℰ 70 48 – 📺 ☎ ⟷ 🅿. 🆎 ⓪ ∈ 𝑉𝐼𝑆𝐴. ✻
24. Dez.- Mitte Jan. geschl. – **10 Z** 66/102.

BREMERHAVEN Bremen 𝟜𝟙𝟙 I 6, 𝟡𝟠𝟟 ④ ⑤. 𝟡𝟠𝟜 ⑩ – 132 000 Ew – Höhe 3 m – ☎ 0471.
Sehenswert : Deutsches Schiffahrtsmuseum★★★ AZ **M.**
🛈 Tourist-Info, Obere Bürger 17 (im Columbus-Center), ✉ 27568, ℰ 4 30 00, Fax 43080.
ADAC, Fährstr. 18, ✉ 27568, ℰ 4 24 70, Fax 43718.
♦Bremen 58 ③ – ♦Hamburg 134 ②.

Stadtplan siehe gegenüberliegende Seite

🏨 **Naber,** Theodor-Heuss-Platz 1, ✉ 27568, ℰ 4 87 70, Fax 4877999, 🍴 – 📶 📺 ⟷ 🅿 –
🔏 90. 🆎 ⓪ ∈ 𝑉𝐼𝑆𝐴 𝐽𝐶𝐵⠀⠀⠀⠀⠀⠀⠀⠀⠀⠀⠀⠀⠀⠀⠀⠀⠀⠀⠀⠀⠀⠀⠀⠀⠀⠀⠀⠀⠀⠀⠀AZ
Menu à la carte 48/81 – **99 Z** 164/305, 5 Suiten.

🏨 **Haverkamp,** Prager Str. 34, ✉ 27568, ℰ 4 83 30, Telex 238679, Fax 4833281, �><, 🔲
📶 📺 ☎ 🅿 – 🔏 35. 🆎 ⓪ ∈ 𝑉𝐼𝑆𝐴⠀⠀⠀⠀⠀⠀⠀⠀⠀⠀⠀⠀⠀⠀⠀⠀⠀⠀⠀⠀⠀⠀⠀⠀⠀AZ ⠀
Menu *(nur Abendessen)* à la carte 40/65 – **108 Z** 135/325.

🏨 **Parkhotel Waldschenke** ⟋, im Bürgerpark, ✉ 27574, ℰ 2 70 41, Fax 27047, 🍴 – 📺
☎ 🅿 – 🔏 30. 🆎 ⓪ ∈ 𝑉𝐼𝑆𝐴⠀⠀⠀⠀⠀⠀⠀⠀über Walter-Delius-Str.⠀⠀BZ
Menu *(Sonntag nur Mittagessen)* à la carte 33/59 – **47 Z** 94/160.

🏠 **Geestemünde** ⟋ garni, Am Klint 20, ✉ 27574, ℰ 2 88 00⠀⠀⠀⠀⠀⠀⠀⠀⠀⠀BZ
13 Z 69/120.

🏠 **Am Theaterplatz** garni, Schleswiger Str. 5, ✉ 27568, ℰ 4 26 20, Fax 416516 – ⟷. 🅰
⓪ ∈ 𝑉𝐼𝑆𝐴. ✻⠀⠀⠀⠀⠀⠀⠀⠀⠀⠀⠀⠀⠀⠀⠀⠀⠀⠀⠀⠀⠀⠀⠀⠀⠀⠀⠀⠀⠀⠀⠀⠀⠀⠀AZ
14 Z 70/130.

✕✕ **Fischereihafen-Restaurant Natusch,** Am Fischbahnhof 1, ✉ 27572, ℰ 7 10 21
Fax 75008, « Einrichtung aus Original-Schiffsteilen » – 🆎 ⓪ ∈ 𝑉𝐼𝑆𝐴⠀⠀⠀⠀⠀BY ⠀
Montag geschl. – **Menu** à la carte 49/78.

✕ **Seute Deern,** Am Alten Hafen, ✉ 27568, ℰ 41 62 64, Fax 45949, « Restaurant auf einem
Dreimast-Bark a.d.J. 1919 » – 🆎 ⓪ ∈ 𝑉𝐼𝑆𝐴⠀⠀⠀⠀⠀⠀⠀⠀⠀⠀⠀⠀⠀⠀⠀⠀⠀AZ ⠀
Menu *(vorwiegend Fischgerichte)* à la carte 37/58.

In Bremerhaven-Leherheide

🏨 **Übersee-Hotel,** Adolf-Kolping-Str. 2, ✉ 27578, ℰ 68 80, Fax 68899, 🍴, �><, – 📶 📺
🅿 – 🔏 30. 🆎 ⓪ ∈ 𝑉𝐼𝑆𝐴⠀⠀⠀⠀⠀⠀⠀⠀⠀⠀⠀⠀⠀⠀⠀⠀⠀⠀⠀⠀⠀⠀⠀⠀⠀⠀⠀⠀BY
Menu *(wochentags nur Abendessen)* à la carte 34/58 – **46 Z** 109/169.

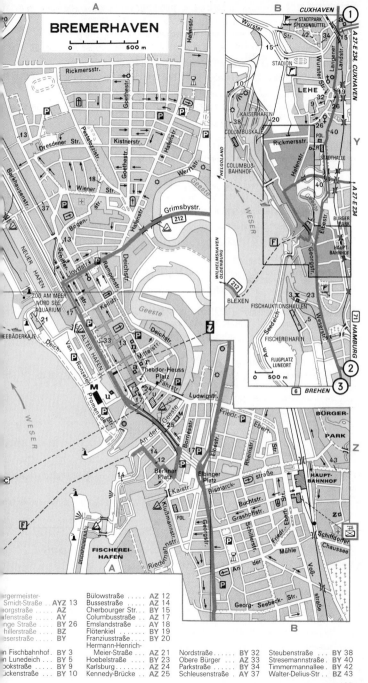

BREMERHAVEN

0 ___ 500 m

187

BREMERVÖRDE Niedersachsen 4️⃣1️⃣1️⃣ K 6, 9️⃣8️⃣7️⃣ ⑤ ⑮, 9️⃣8️⃣4️⃣ ⑩ – 20 000 Ew – Höhe 4 m – ✪ 04761

🆔 Touristik-Information, Rathausmarkt 1, ✉ 27432, 𝄞 8 63 35, Fax 86376.

◆Hannover 170 – ◆Bremen 71 – Bremerhaven 48 – ◆Hamburg 78.

🏠 **Oste-Hotel,** Neue Str. 125, ✉ 27432, 𝄞 87 60, Fax 87666, 🍴, 🚭 – 🔄 Zim 📺 ☎ ⇐
　🅿 – 🔏 200. 🅰🅴 🕦 🅴 𝗩𝗜𝗦𝗔
　Menu à la carte 34/60 – **41 Z** 110/150.

🏠 **Daub,** Bahnhofstr. 2, ✉ 27432, 𝄞 30 86, Fax 2017, 🚭 – 🔄 Zim 📺 ☎ 🅿 – 🔏 250. 🅰
　🕦 🅴 𝗩𝗜𝗦𝗔
　Menu (Sonntag nur Mittagessen) à la carte 34/60 – **60 Z** 73/130.

🏠 **Park-Hotel,** Stader Str. 22 (B 74), ✉ 27432, 𝄞 24 60, Fax 71327, 🍴, 🌳 – 📺 ☎ 🅿
　🔏 100. 🅰🅴 🕦 🅴 𝗩𝗜𝗦𝗔
　Menu à la carte 34/58 – **16 Z** 80/130.

BRENSBACH Hessen 4️⃣1️⃣2️⃣ 4️⃣1️⃣3️⃣ J 17 – 5 200 Ew – Höhe 175 m – ✪ 06161.

◆Wiesbaden 73 – ◆Darmstadt 26 – ◆Mannheim 53 – Michelstadt 19.

　In Brensbach-Mummenroth NO : 3 km :

🍴 **Zum Brünnchen,** ✉ 64395, 𝄞 5 53, 🍴 – 🅿
　Montag-Dienstag, 9.- 19. Jan. und 18. Sept.- 5. Okt. geschl. – **Menu** à la carte 28/64.

　In Brensbach-Stierbach SO : 4 km :

🏠 **Schnellertshof,** Erbacher Str. 100, ✉ 64395, 𝄞 23 80, Fax 1438, Wildgehege, 🚭, 🔲
➔　🌳 – ☎ 🅿. 🕦 🅴 𝗩𝗜𝗦𝗔
　Jan. 1 Woche geschl. – **Menu** (Dienstag geschl.) à la carte 24/54 – **18 Z** 68/120.

　In Brensbach-Wersau NW : 2 km :

🏠 **Zum Kühlen Grund,** Bahnhofstr. 81 (B 38), ✉ 64395, 𝄞 20 88, Fax 1561 – |📶| 📺 ☎ ⇐
➔　🅿 – 🔏 25. 🅴 𝗩𝗜𝗦𝗔. 🍽 Zim
　17. Juli - 12. Aug. geschl. – **Menu** (Montag geschl.) à la carte 24/67 🍷 – **26 Z** 80/134

BRETTEN Baden-Württemberg 4️⃣1️⃣2️⃣ 4️⃣1️⃣3️⃣ J 19, 9️⃣8️⃣7️⃣ ㉕ – 23 100 Ew – Höhe 170 m – ✪ 07252

◆Stuttgart 54 – Heilbronn 47 – ◆Karlsruhe 28 – ◆Mannheim 64.

🏠 Krone, Melanchthonstr. 2, ✉ 75015, 𝄞 20 41, Fax 80598 – |📶| 📺 ☎ 🅿 – 🔏 40
　39 Z.

　In Bretten-Diedelsheim W : 2 km :

🏠 **Grüner Hof,** Karlsruher Str. 2, ✉ 75015, 𝄞 9 35 10, Fax 78251 – |📶| 📺 ☎ 🅿. 🍽 Zim
　Menu (Freitag und Juli - Aug. 2 Wochen geschl.) à la carte 26/47 🍷 – **25 Z** 84/140.

　In Bretten-Neibsheim NW : 6 km :

🍴 **Zur Rose,** Heidelsheimer Str. 2, ✉ 75015, 𝄞 71 38 – 🅰🅴 🕦 🅴 𝗩𝗜𝗦𝗔
　Montag, Feb.- März und Juli-Aug. jeweils 2 Wochen geschl. – **Menu** (wochentags nu
　Abendessen, Tischbestellung ratsam) à la carte 33/58 🍷.

BRETTIN Sachsen-Anhalt siehe Genthin.

BRETZENHEIM Rheinland-Pfalz 4️⃣1️⃣2️⃣ G 17 – 2 200 Ew – Höhe 110 m – ✪ 0671 (Bad Kreuznach

Mainz 38 – ◆Koblenz 75 – Bad Kreuznach 5.

🏠 **Grüner Baum,** Kreuznacher Str. 33, ✉ 55559, 𝄞 22 38, Fax 2237 – |📶| 🔄 Zim ☎ ⇐
　🅿. 🍽 Zim
　15.- 30. Juli und 23. Dez.- 7. Jan. geschl. – **Menu** (Freitag und Sonntag geschl.) (nur Aben
　essen) à la carte 25/41 🍷 – **35 Z** 38/110.

BRETZFELD Baden-Württemberg 4️⃣1️⃣3️⃣ L 19 – 10 000 Ew – Höhe 210 m – ✪ 07946.

◆Stuttgart 61 – Heilbronn 20 – ◆Nürnberg 145 – ◆Würzburg 107.

　In Bretzfeld-Bitzfeld N : 2 km :

🏠 **Zur Rose** (mit Gästehaus), Weißlensburger Str. 12, ✉ 74626, 𝄞 77 50, Fax 775400, 🚭
➔　🔲 – |📶| 📺 ☎ 🅿 – 🔏 35. 🕦 🅴 𝗩𝗜𝗦𝗔
　Feb. und Aug. jeweils 2 Wochen geschl. – **Menu** (Donnerstag geschl.) à la carte 23/57 🍷
　– **34 Z** 90/150.

　In Bretzfeld-Brettach SO : 9 km, Richtung Mainhardt :

🍴🍴 **Rössle** 🍃 mit Zim, Mainhardter Str. 26, ✉ 74626, 𝄞 (07945) 9 11 10, Fax 911130, Bie
　garten – 📺 ☎ 🅿. 🅰🅴 🅴
　Juli 2 Wochen geschl. – **Menu** (Montag nur Mittagessen, Dienstag geschl.) à la carte 36/6
　🍷 – **4 Z** 58/98.

188

BREUBERG/ODENWALD Hessen 412 413 K 17 – 7 700 Ew – Höhe 150 m – ✆ 06165.
♦Wiesbaden 83 – Aschaffenburg 24 – ♦Darmstadt 38.

In Breuberg-Neustadt :

🏠 **Rodensteiner,** Wertheimer Str. 3, ⊠ 64747, ℘ 20 01, Fax 2004, 綜, 屛 – 龚 TV ☎ ❷ – 🔬 30. AE ❶ E 𝘝𝘐𝘚𝘈
   Menu *(Montag und Jan. 2 Wochen geschl.)* à la carte 39/72 – **31 Z** 95/220.

BREUNA Hessen 411 412 K 12 – 3 600 Ew – Höhe 200 m – Luftkurort – ✆ 05693.
♦Wiesbaden 240 – ♦Kassel 36 – Paderborn 59.

🏠 **Sonneneck** ⌖, Stadtpfad 2, ⊠ 34479, ℘ 2 93, Fax 7144, 綜, 龡, 屛 – TV ☎ ⇦ ❷
   3.- 31. Jan. geschl. – **Menu** *(Montag geschl.)* à la carte 32/52 – **19 Z** 68/168.

BRIETLINGEN Niedersachsen siehe Lüneburg.

BRILON Nordrhein-Westfalen 411 412 I 12, 987 ⑭ ⑮ – 25 000 Ew – Höhe 455 m – Luftkurort
– Wintersport : 450/600 m ⚡2 ⚡9 – ✆ 02961.
🛈 Städt. Verkehrsamt, Steinweg 26, ⊠ 59929, ℘ 80 96, Fax 51199.
♦Düsseldorf 168 – ♦Kassel 89 – Lippstadt 47 – Paderborn 47.

🏠 **Quellenhof,** Strackestr. 12, ⊠ 59929, ℘ 20 45, Fax 2047, 龡, ◨ – 龚 TV ☎ ⇦ ❷. AE ❶ E 𝘝𝘐𝘚𝘈 𝗝𝗖𝗕. ⁒ Rest
   Menu *(Donnerstag geschl.)* à la carte 29/56 ⚬ – **22 Z** 75/150.

🏠 **Waldhotel,** Hölsterloh 1 (SO : 1,5 km, nahe der B 251), ⊠ 59929, ℘ 34 73, Fax 50470, ≤, 綜, 龡, 屛 – TV ☎ ⇦ ❷. AE ❶ E 𝘝𝘐𝘚𝘈
   Menu *(Mitte Nov.- Mitte Dez. geschl.)* à la carte 29/53 – **14 Z** 64/130 – ½ P 70/90.

🏠 **Haus Rech,** Hoppecker Str. 1, ⊠ 59929, ℘ 9 75 40, Fax 975454, 龡 – ☎. AE E. ⁒
   Menu *(Montag nur Mittagessen)* à la carte 25/49 – **26 Z** 65/140 – ½ P 80/90.

In Brilon-Gudenhagen S : 4 km über die B 251 :

🏠 **Waldpark** ⌖, Triftweg 20, ⊠ 59929, ℘ 35 45, ≤, 龡, ⯐, ◨, 屛 – ❷. ⁒
   Ende Nov.- 20. Dez. geschl. – (Restaurant nur für Hausgäste) – **17 Z** 58/150 – ½ P 65/75.

XX ✿ **Haus Waldsee** Am Waldfreibad, ⊠ 59929, ℘ 33 18, 屛 – TV ☎ ❷. AE E 𝘝𝘐𝘚𝘈
   Menu *(Montag geschl.)* à la carte 48/72 – **5 Z** 70/110
   Spez. Riesengarnelen mit Avocadomousse, Rehrücken im Haselnußcrêpe, Holunderblüten-
   mousse mit Beerensauce.

In Brilon-Wald S : 8 km über die B 251 :

🏠 **Jagdhaus Schellhorn** ⌖, In der Lüttmecke 9, ⊠ 59929, ℘ 33 34, Fax 6052, 龡, ◨, 屛
   – TV ☎ ⇦ ❷. AE E 𝘝𝘐𝘚𝘈
   Menu *(Sonntag nur Mittagessen, Montag nur Abendessen)* à la carte 44/64 – **13 Z** 70/120
   – ½ P 105/106.

BRODENBACH Rheinland-Pfalz 412 F 16 – 700 Ew – Höhe 85 m – Erholungsort – ✆ 02605 (Löf).
Mainz 94 – Cochem 25 – ♦Koblenz 26.

🏠 **Peifer,** Moselufer 43 (SW : 1,5 km), ⊠ 56332, ℘ 7 56, Fax 84315, ≤, 綜, ◨, 屛 – 龚 TV
   ❷ – 🔬 30. ⁒ Rest
   2. Jan.- Anfang Feb. geschl. – **Menu** à la carte 27/55 – **26 Z** 70/140 – ½ P 75/85.

BROKDORF Schleswig-Holstein 411 KL 5 – 920 Ew – Höhe 3 m – ✆ 04829.
♦ Kiel 87 – Itzehoe 18 – Elmshorn 33.

🏠 **Sell,** Dorfstr. 65, ⊠ 25576, ℘ 5 55, Fax 595, 綜 – 龚 TV ☎ ❷ – 🔬 100. E
   Menu *(Montag, Freitag und Jan. geschl.)* à la carte 33/69 – **22 Z** 75/140.

BROKENLANDE Schleswig-Holstein siehe Neumünster.

BROME Niedersachsen 411 P 9, 987 ⑯ – 3 000 Ew – Höhe 67 m – ✆ 05833.
♦Hannover 118 – ♦Hamburg 141 – ♦Braunschweig 60.

In Brome-Zicherie S : 4 km :

🏠 **Hubertus,** an der B 244, ⊠ 38465, ℘ 15 15, Fax 7425, 綜, Wildgehege, 龡 – TV ☎ ❷
   – 🔬 50. ⁒ Rest
   Menu *(Montag nur Abendessen)* à la carte 26/46 – **31 Z** 70/125.

BROTTERODE Thüringen 412 O 14, 414 D 13 – 3 500 Ew – Höhe 600 m – ✆ 036840.
🛈 Fremdenverkehrsamt, Hagenplatz 5, ⊠ 98599, ℘ 22 15, Fax 2548.
rfurt 57 – ♦Berlin 421 – Bad Hersfeld – Coburg 96.

🏠 **Zur guten Quelle,** Schmalkalder Str. 27, ⊠ 98599, ℘ 3 40, Fax 2226 – TV ❷
   ← **Menu** à la carte 20/37 ⚬ – **23 Z** 55/96.

Außerhalb W : 3 km :

🏨 **Waldschlößchen** 🦌, Im Gehege, ⊠ 98599, 𝒫 (036840) 22 63, 🐴 – 📺 📵
━ Menu à la carte 22/35 – **10 Z** 75/95.

▰▰▰ **BRUCHHAUSEN-VILSEN** Niedersachsen 🔟🔟🔟 K 8 – 4 800 Ew – Höhe 19 m – Luftkurort –
📵 04252.

♦Hannover 79 – ♦Bremen 40 – Minden 83 – Verden an der Aller 30.

%% **Dillertal**, an der B 6 (SW : 4 km), ⊠ 27305, 𝒫 26 80, Fax 678, �௴ – 📵 – 🔏 250. ⓘ 📧
   VISA
   Menu à la carte 32/60.

▰▰▰ **BRUCHMÜHLBACH-MIESAU** Rheinland-Pfalz 🔟🔟 🔟🔟🔟 F 18, 🔟🔟 ⑧ – 11 000 Ew – Höhe 265 m
– 📵 06372.

Mainz 109 – Homburg/Saar 13 – Kaiserslautern 26 – ♦Saarbrücken 48.

🏨 **Pfälzer Stuben**, Langwiederstr. 5 (Bruchmühlbach), ⊠ 66892, 𝒫 80 44, Fax 5696 – 📺 ☎
   📵. 🆎 ⓘ 📧 *VISA*. ⋟ Zim
   Jan. 3 Wochen geschl. – Menu *(Montag, Dienstag und Samstag nur Abendessen, Mittwoch
   geschl.)* à la carte 25/64 ⅞ – **9 Z** 48/86.

▰▰▰ **BRUCHSAL** Baden-Württemberg 🔟🔟 🔟🔟🔟 I 19, 🔟🔟🔟 ㉕ – 38 000 Ew – Höhe 115 m – 📵 07251.

Sehenswert : Schloß★★ (Treppe★★, Museum mechanischer Musikinstrumente★★).

🛈 Stadtinformation, Am alten Schloß 2 (Bürgerzentrum), ⊠ 76646, 𝒫 7 27 71, Fax 72789.

ADAC, Moltkestr. 38, 𝒫 8 10 40, Fax 87387.

♦Stuttgart 68 – Heidelberg 37 – Heilbronn 61 – ♦Karlsruhe 25 – ♦Mannheim 49.

🏩 **Scheffelhöhe** 🦌, Adolf-Bieringer-Str. 20, ⊠ 76646, 𝒫 80 20 (Hotel) 33 73 (Rest.),
   Fax 802156, ≤, 🌰, ≘s – 🛗 📺 ☎ 📵 – 🔏 30. 🆎 ⓘ 📧 *VISA* ᴶᶜᴮ
   Belvedere : Menu à la carte 34/68 – **93 Z** 130/210.

🏩 Goldenes Lamm, Kübelmarkt 8, ⊠ 76646, 𝒫 20 58 – 📺 ☎ ⇔
   16 Z.

🏨 **Garni**, Amalienstr. 6, ⊠ 76646, 𝒫 21 38, Fax 82838, 🐴 – 🛗 ⇔. 🆎 ⓘ 📧 *VISA* ⋟
   23. Dez.- 7. Jan. geschl. – **15 Z** 70/110.

%% **Zum Bären**, Schönbornstr. 28, ⊠ 76646, 𝒫 8 86 27, Fax 88611, 🌰 – 📵. 🆎 ⓘ 📧 *VISA*
   Menu à la carte 35/66.

In Bruchsal-Büchenau SW : 7 km :

🏩 **Ritter**, Au in den Buchen 83, ⊠ 76646, 𝒫 (07257) 8 80, Fax 88111, 🌰, ≘s – 🛗 📺 ☎ 🅗
   📵 – 🔏 100. 🆎 ⓘ 📧 *VISA*
   27. Dez.- 8. Jan. geschl. – Menu à la carte 34/62 *(auch vegetarische Gerichte)* ⅞ – *Brasserie*
   (nur Abendessen) Menu à la carte 38/66 – **108 Z** 112/180, 4 Suiten.

In Bruchsal-Obergrombach S : 7 km :

% **Landgasthof Grüner Baum** mit Zim, Hauptstr. 40, ⊠ 76646, 𝒫 (07257) 33 31, Fax 6592,
   Biergarten – 📧 *VISA*
   4.- 12. März und Aug.- Sept. 3 Wochen geschl. – Menu *(Donnerstag geschl., Freitag nur
   Abendessen)* à la carte 29/58 ⅞ – **4 Z** 60/110.

In Bruchsal-Untergrombach SW : 4,5 km :

% **Michaelsklause**, Auf dem Michaelsberg (NO : 2,5 km) – Höhe 274 m, ⊠ 76646,
   𝒫 (07257) 32 30, Fax 4873, ≤ Rheinebene und Pfälzer Wald, 🌰 – 📵. 🆎 ⓘ 📧 *VISA*
   Menu à la carte 32/54.

In Karlsdorf-Neuthard NW : 4 km :

🏨 **Karlhof** (mit Gästehaus 🛗), Bruchsaler Str. 1 (B 35), ⊠ 76689, 𝒫 (07251) 9 44 10,
   Fax 944132 – 📺 ☎ 📵. 🆎 ⓘ 📧 *VISA*
   Menu *(Sonntag nur Mittagessen)* à la carte 35/61 – **54 Z** 88/140.

%% **Schlindwein-Stuben**, Altenbürgstr. 6, ⊠ 76689, 𝒫 (07251) 4 10 76, Fax 49343, 🌰 – ⤢
   🆎 ⓘ 📧 *VISA*
   Montag- Dienstag und Juli 3 Wochen geschl. – Menu à la carte 35/62 *(auch vegetarische
   Gerichte).*

In Forst NW : 5 km :

🏩 **Forst**, Gottlieb-Daimler-Straße 6 (Nähe BAB Ausfahrt), ⊠ 76694, 𝒫 (07251) 1 60 58,
   Fax 83994, 🌰, 🐴 – 📺 ☎ 📵. 🆎 ⓘ 📧 *VISA*
   Menu *(Samstag nur Abendessen, Montag, Juli-Aug. 3 Wochen und Feb.- März 1 Woche
   geschl.)* à la carte 51/80 – **27 Z** 98/180.

An der Autobahn A 5 - Westseite :

🏩 **Rasthof Bruchsal**, ⊠ 76694 Forst, 𝒫 (07251) 71 80, Fax 718222, 🌰 – ☎ 🅗 ⇔ 📵
   Menu à la carte 30/69 – **48 Z** 120/178.

BRUCKMÜHL Bayern 🔲 S 23, 🔲 ㊲, 🔲 H 5 – 12 000 Ew – Höhe 507 m – 🌀 08062.

◆München 44 – Innsbruck 119 – Salzburg 100.

In Bruckmühl-Kirchdorf N : 1 km :

XX **Großer Wirt** mit Zim, Am Griesberg 2, ✉ 83052, ℰ 12 49, Fax 5888, 🍴, ⌁ (geheizt), 🚗 – 🔳 ☎ 🚗 🄿. 🄰🄴
Feb. 2 Wochen geschl. – **Menu** *(Donnerstag geschl.)* à la carte 27/62 – **12 Z** 65/120.

BRÜCKENAU, BAD Bayern 🔲 🔲 M 16, 🔲 ㉕ – 7 500 Ew – Höhe 300 m – Heilbad – 🌀 09741.

🄱 Kur- und Verkehrsamt, Rathausplatz 1, ✉ 97769, ℰ 36 69, Fax 80437.

◆München 345 – ◆Frankfurt am Main 97 – Fulda 34 – ◆Würzburg 78.

In Bad Brückenau – Stadtmitte :

🏛 **Zur Krone**, Marktplatz 5, ✉ 97769, ℰ 40 81, Fax 3851 – 🔳 ☎. 🄰🄴 🄾 🄴 🆅🅸🆂🅰
7.- 20. Jan. geschl. – **Menu** *(Sonntag geschl.)* (nur Abendessen) à la carte 28/54 – **10 Z** 70/130.

🏛 **Zur Mühle** ⌁, Ernst-Putz-Str. 17, ✉ 97769, ℰ 50 61, « Kleiner Park mit Teich », 🚗 – 🚗 ◆ 🄿. ⌁
Mitte Nov.- Mitte Dez. geschl. – **Menu** *(Nov.- April Mittwoch geschl.)* à la carte 23/40 🦪 – **37 Z** 45/108 – ½ P 61/75.

In Bad Brückenau – Staatsbad :

🏨 **Dorint Hotel** ⌁, Heinrich-von-Bibra-Str. 13, ✉ 97769, ℰ 8 50, Fax 85425, 🍴, direkter Zugang zum Kurmittelzentrum – 🛗 🔳 🕭 🚗 🄿 – 🔺 130. 🄰🄴 🄾 🄴 🆅🅸🆂🅰 🛎 Rest
Menu à la carte 46/75 – **146 Z** 168/320 – ½ P 157/205.

In Bad Brückenau-Wernarz SW : 4 km :

🏛 **Landhotel Weißes Ross**, Frankfurter Str. 30, ✉ 97769, ℰ 20 60, Fax 5598, 🍸, 🔳, 🚗, 🐾 – 🄿. 🄰🄴 🄴. 🛎
Menu *(Montag geschl.)* (nur Abendessen) à la carte 29/54 – **17 Z** 65/140 – ½ P 85.

In Oberleichtersbach S : 4 km :

🏨 Rhön-Hof, Hammelburger Str. 4 (B 27), ✉ 97789, ℰ (09741) 50 91, Fax 5094, ≤, 🍴, 🍸, 🔳, 🚗 – 🛗 🔳 ☎ 🄿 – 🔺 40. 🛎 Rest
32 Z.

In Zeitlofs-Rupboden SW : 8 km :

XX **Alte Villa** mit Zim (modernisierte Jugendstilvilla), Kohlgraben 2, ✉ 97799, ℰ (09746) 6 31, Fax 1247, 🍴 – 🔳 ☎ 🄿. 🄰🄴 🄾 🄴 🆅🅸🆂🅰
Mitte Jan.- Mitte Feb. geschl. – **Menu** *(Montag-Dienstag geschl., Mittwoch-Freitag nur Abendessen)* à la carte 51/80 – **5 Z** 75/150.

BRUEGGE Schleswig-Holstein siehe Bordesholm.

BRÜGGEN Nordrhein-Westfalen 🔲 B 13, 🔲 J 8, 🔲 ㉑ – 14 000 Ew – Höhe 40 m – 🌀 02163.

🄱 Verkehrsamt, Klosterstr. 38, ✉ 41379, ℰ 57 01 64, Fax 570165.

◆Düsseldorf 54 – Mönchengladbach 22 – Roermond 17 – Venlo 17.

🏨 **Brüggener Klimp** (mit Gästehaus), Burgwall 15, ✉ 41379, ℰ 50 95, Fax 7917, 🍴, 🍸, 🔳, 🚗 – 🔳 ☎ 🄿 – 🔺 50. 🄰🄴 🄴 🆅🅸🆂🅰
Menu à la carte 31/56 – **60 Z** 105/150.

In Brüggen-Born NO : 2 km :

🏛 **Borner Mühle** ⌁, ✉ 41379, ℰ 95 59 50, Fax 59003, 🍴 – 🛗 ☎ 🄿 – 🔺 25. 🄰🄴 🄴 🆅🅸🆂🅰
Menu à la carte 31/60 – **28 Z** 75/130, 8 Suiten.

BRÜHL Nordrhein-Westfalen 🔲 D 14, 🔲 ㉓ – 41 500 Ew – Höhe 65 m – 🌀 02232.

Sehenswert : Schloß (Treppenhaus★).

🄱 Informationszentrum, Uhlstr.3, ✉ 50321, ℰ 7 93 45, Fax 48051.

◆Düsseldorf 61 – ◆Bonn 20 – Düren 35 – ◆Köln 13.

🏨 **Am Stern** garni, Uhlstr. 101, ✉ 50321, ℰ 1 80 00, Fax 180055 – 🛗 🔳 ☎ 🄿. 🄰🄴 🄾 🄴 🆅🅸🆂🅰
41 Z 120/250.

🏨 **Hansa Hotel**, Römerstr. 1, ✉ 50321, ℰ 20 40, Fax 204523, 🍴 – 🛗 🍽 Rest 🔳 ☎ 🚗 🄿 – 🔺 220. 🄰🄴 🄾 🄴 🆅🅸🆂🅰. 🛎 Rest
Menu à la carte 40/74 – **160 Z** 195/429.

🏨 **Rheinischer Hof** garni, Euskirchener Str. 123 (Pingsdorf), ✉ 50321, ℰ 93 30 10, Fax 31689 – 🛗 🔳 ☎ 🄿. 🄾 🄴 🆅🅸🆂🅰
15. Dez.- 15. Jan. geschl. – **22 Z** 100/160.

BRUNSBÜTTEL Schleswig-Holstein 🔢 K 5, 🔢 ⑤, 🔢 ⑥ – 13 500 Ew – Höhe 2 m – ✿ 04852.
♦Kiel 96 – ♦Hamburg 83 – Itzehoe 27.

🏛 **Zur Traube,** Am Markt 9, ✉ 25541, 𝒫 5 10 11, Fax 7257, 🕿 – 📺 ☎ 🚗 🅿 – 🛆 80.
🖭 ⓪ ⋹ 𝖵𝖨𝖲𝖠. 🛠 Rest
Menu à la carte 41/67 – **18 Z** 98/150.

In Neufeld NW : 7 km :

🍴 **Op'n Diek,** Op'n Diek 3, ✉ 25724, 𝒫 (04851) 18 40, Fax 4042, ≼, 🏤 – 🅿
Donnerstag und März geschl. – **Menu** (abends Tischbestellung ratsam) à la carte 25/51.

BRUSCHIED Rheinland-Pfalz siehe Kirn.

BUBENREUTH Bayern siehe Erlangen.

BUCHAU, BAD Baden-Württemberg 🔢 L 22, 🔢 ㉟ ㊱, 🔢 ㊳ – 3 900 Ew – Höhe 586 m
– Moorheilbad – ✿ 07582.
Ausflugsziele : Steinhausen : Wallfahrtskirche★ SO : 10 km – Bad Schussenried : ehemaliges
Kloster (Klosterbibliothek★) SO : 9 km.
🛈 Städt. Kur- und Verkehrsamt, Marktplatz 1, ✉ 88422, 𝒫 8 08 12, Fax 80840.
♦Stuttgart 112 – Ravensburg 43 – Reutlingen 71 – ♦Ulm (Donau) 63.

🏛 Zum Kreuz, Hofgartenstr. 1, ✉ 88422, 𝒫 82 72 – 📺 ☎ 🚗
25 Z.

🍴 **Hofbräuhaus** mit Zim, Schloßplatz 12, ✉ 88422, 𝒫 82 27, 🏤 – 📺 ☎ 🅿. 🛠
Weihnachten - Mitte Jan. geschl. – **Menu** (Montag geschl.) à la carte 23/46 ⅃ – **8 Z** 50/100.

BUCHEN (ODENWALD) Baden-Württemberg 🔢 🔢 K 18, 🔢 ㉕ – 16 800 Ew – Höhe 340 m
– Erholungsort – ✿ 06281.
🛈 Verkehrsamt, Hochstadtstr. 2, ✉ 74722, 𝒫 27 80, Fax 31151.
♦Stuttgart 113 – Heidelberg 87 – Heilbronn 59 – ♦Würzburg 68.

🏛 **Romantik-Hotel Prinz Carl,** Hochstadtstr. 1, ✉ 74722, 𝒫 18 77, Fax 1879, 🏤,
« Rustikale Weinstube » – 🛗 📺 ☎ 🚗 🅿 – 🛆 25. 🖭 ⓪ ⋹ 𝖵𝖨𝖲𝖠
Menu à la carte 42/70 – **21 Z** 125/240 – ½ P 128/158.

In Buchen-Hainstadt N : 1,5 km :

🏠 **Zum Schwanen,** Hornbacher Str. 4, ✉ 74722, 𝒫 28 63, Fax 97098, 🔳 – 🛗 ☎ 🅿. 🛠 Zim
Juli-Aug. 3 Wochen geschl. – **Menu** (Mittwoch geschl.) à la carte 18/35 ⅃ – **19 Z** 46/84.

In Buchen-Hettigenbeuern NW : 9 km :

🏠 Löwen 🦢, Morretalstr. 8, ✉ 74722, 𝒫 (06286) 2 75, 🕿, 🔳, 🗲 – 🅿. 🛠
18 Z.

BUCHENBACH Baden-Württemberg siehe Kirchzarten.

BUCHENBERG Bayern 🔢 N 23, 🔢 C 5 – 3 800 Ew – Höhe 895 m – Luftkurort – Wintersport
900/1 036 m ≰6 ⚞5 – ✿ 08378.
♦München 133 – Kempten (Allgäu) 8,5 – Isny 17.

🏛 **Kurhotel Sommerau** 🦢, Eschacher Str. 35, ✉ 87474, 𝒫 70 11, Fax 7014, ≼, 🏤, Mas
sage, ♨, 🕿, 🗲 – 📺 ☎ 🅿 – 🛆 150. 🖭 ⓪ ⋹ 𝖵𝖨𝖲𝖠
Menu (Dienstag geschl.) à la carte 29/58 ⅃ – **39 Z** 90/172 – ½ P 105/133.

🏠 **Jagdhaus Schwarzer Bock** 🦢, Kürnacher Str. 169 (NW : 1,5 km), ✉ 87474, 𝒫 4 72
Fax 7820, 🏤, 🕿, 🔳, 🗲, 🛠 (Halle) – 📺 ☎ 🚗 🅿 – 🛆 30
Menu (Sonntag nur Mittagessen, Montag nur Abendessen, Mitte Nov.- Mitte Dez. geschl.
à la carte 33/57 – **25 Z** 90/230.

BUCHHOLZ IN DER NORDHEIDE Niedersachsen 🔢 M 6, 🔢 ⑮ – 33 000 Ew – Höhe 46 m
– ✿ 04181.
🏌 Holm-Seppensen (S : 5 km), 𝒫 (04181) 3 62 00.
🛈 Verkehrsverein, Bahnhofstr. 7, ✉ 21244, 𝒫 2 89 60, Fax 39384.
♦Hannover 124 – ♦Bremen 96 – ♦Hamburg 37.

In Buchholz-Dibbersen :

🏠 **Frommann,** Harburger Str. 8 (B 75), ✉ 21244, 𝒫 78 00, Fax 39432, 🏤, 🔳, 🗲 – 📺 ☎
🚗 🅿 – 🛆 40. 🖭 ⓪ ⋹ 𝖵𝖨𝖲𝖠
Menu à la carte 23/53 – **48 Z** 61/120.

🏠 **Gästehaus Ulmenhof** 🦢 garni (ehem. Bauernhaus), Am Sööl'n 1, ✉ 21244, 𝒫 3 98 16
Fax 97103 – 📺 ☎ 🚗 🅿. 🛠
12 Z 68/96.

192

In Buchholz-Holm-Seppensen :

🏠 **Seppenser Mühle** ॐ, ⊠ 21244, ℘ (04187) 68 99, Fax 6909, ଛ – |≜| ☎ ❷. ﷼ ⴹ *VISA*
Jan. geschl. – **Menu** à la carte 30/57 – **21 Z** 92/140.

In Buchholz - Seppensen :

🏠 **Heitmann** garni, Buchholzer Landstr. 6, ⊠ 21244, ℘ 3 90 15, Fax 39851 – 🆃🆅 ☎ ❷. ﷼
⑩ ⴹ *VISA*. ℀
11 Z 98/140.

In Buchholz-Steinbeck :

🏠 Zur Eiche, Steinbecker Str. 111, ⊠ 21244, ℘ 2 00 00, Fax 39509, ଛ – 🆃🆅 ☎ ❷ – ⚒ 40.
℀ Rest
18 Z.

🏠 **Hoheluft,** Hoheluft 1 (an der B 75), ⊠ 21244, ℘ 9 21 10, Fax 921150, ☞ – ☎ ⇦ ❷ –
⚒ 40. ⴹ *VISA*
Menu *(Samstag geschl.)* à la carte 34/56 – **31 Z** 65/140.

BUCHLOE Bayern ⁍⁍⁍ P 22, ⁍⁍⁍ ㊱ – 8 500 Ew – Höhe 627 m – ✪ 08241.
◆München 68 – ◆Augsburg 42 – Kempten (Allgäu) 60 – Memmingen 49.

🏠 **Stadthotel,** Bahnhofstr. 47, ⊠ 86807, ℘ 50 60, Fax 506135, ⇔s – |≜| 🆃🆅 ☎ ⇦ ❷ – ⚒ 90.
﷼ ⴹ *VISA*
Menu *(Sonntag nur Mittagessen)* à la carte 34/61 – **44 Z** 98/187.

BUCKOW Brandenburg ⁍⁍⁍ O 8, ⁍⁍⁍ ⑯, ⁍⁍⁍ ⑱ – 2 000 Ew – Höhe 125 m – ✪ 033433.
Potsdam 91 – ◆Berlin 63 – Eberswalde 50 – ◆Frankfurt a. d. Oder 48.

🏠 **Bergschlösschen,** Königstr. 38, ⊠ 15377, ℘ 5 73 12, Fax 57412, ≤, ଛ, ⇔s – 🆃🆅 ☎ ❷
– ⚒ 25. ⴹ *VISA*
Menu à la carte 28/44 – **14 Z** 100/160.

BÜCHLBERG Bayern ⁍⁍⁍ X 20,21 – 3 800 Ew – Höhe 489 m – Erholungsort – Wintersport : ☃2
– ✪ 08505.
🛈 Verkehrsamt, Hauptstr. 5 (Rathaus), ⊠ 94124, ℘ 9 00 80, Fax 900848.
◆München 192 – Freyung 21 – Passau 15.

🏠 **Binder,** Freihofer Str. 6, ⊠ 94124, ℘ 9 00 70, Fax 900799, ≤, ଛ, ⇔s, ☞ – |≜| ☎ ⇦ ❷
◆ – ⚒ 120. ℀
Mitte Jan.- Mitte Feb. geschl. – **Menu** *(Nov.- April Donnerstag geschl.)* à la carte 21/36 –
60 Z 48/88.

🏠 **Pension Beinbauer** ॐ, Pangerlbergstr. 5, ⊠ 94124, ℘ 65 20, Fax 6520, ☞ – ❷
Nov.- 20. Dez. geschl. – (nur Abendessen für Hausgäste) – **28 Z** 45/90 – ½ P 60/75.

🏠 **Escherich,** Hauptstr. 1, ⊠ 94124, ℘ 12 62, Fax 6741, ଛ. – |≜| ☎ ❷
◆ *Ende Okt.- Mitte Nov. geschl. –* **Menu** *(Dienstag geschl.)* à la carte 20/33 – **21 Z** 50/80 – ½
P 50/60.

🍴 **Zur Post,** Marktplatz 6, ⊠ 94124, ℘ 12 10, Fax 6619, Biergarten, ☞ – ❷. ⴹ
◆ *Nov.- Mitte Dez. geschl. –* **Menu** *(Mitte Jan.- Mitte April Montag geschl.)* à la carte 18/31
– **33 Z** 40/90 – ½ P 47/52.

BÜCKEBURG Niedersachsen ⁍⁍⁍ ⁍⁍⁍ K 10, ⁍⁍⁍ ⑮ – 20 500 Ew – Höhe 60 m – ✪ 05722.
Sehenswert : Schloß (Fassade★) – Hubschraubermuseum★.
🛈 Städt. Verkehrsbüro (Stadthaus 2), Lange Str. 44, ⊠ 31675, ℘ 20 61 81, Fax 206210.
◆Hannover 62 – Bielefeld 63 – ◆Bremen 106 – ◆Osnabrück 93.

🏠 **Ambiente,** Herminenstr.11, ⊠ 31675, ℘ 10 12, Fax 3416, ଛ, ⇔s – |≜| ⇲ Zim 🆃🆅 ☎ ⴺ
⇦ ❷. ﷼ ⴹ *VISA*
Menu à la carte 28/65 – **34 Z** 95/290.

🏠 **Altes Forsthaus** ॐ, Am Harrl 2, ⊠ 31675, ℘ 2 80 40, Fax 280444, ଛ, ☞ – |≜| 🆃🆅 ☎
❷ – ⚒ 60. ﷼ ⑩ ⴹ *VISA*
Menu à la carte 46/72 *(auch vegetarische Gerichte)* – **42 Z** 120/220.

🍴 **Ratskeller,** Bahnhofstr. 2, ⊠ 31675, ℘ 40 96, Fax 26548 – ﷼ ⑩ ⴹ *VISA*
Menu à la carte 29/74.

In Bückeburg-Röcke W : 5 km :

🏠 **Große Klus,** Am Klusbrink 19, ⊠ 31675, ℘ 9 51 20, Fax 951250, « Gemütlich-rustikale
Einrichtung » – 🆃🆅 ☎ ❷. ⑩ ⴹ *VISA*
Menu *(Montag geschl.)* (wochentags nur Abendessen, bemerkenswerte Weinkarte) à la
carte 45/83 *(auch vegetarische Gerichte)* – **18 Z** 95/220.

BÜCKEN Niedersachsen 🔢🔢🔢 K 8 – 1 000 Ew – Höhe 20 m – 🔵 04251.

◆Hannover 68 – ◆Bremen 56 – ◆Hamburg 122.

🏠 **Thöle - Zur Linde,** Hoyaer Str. 33, ✉ 27333, 𝒫 23 25, Fax 7464, 🍴, 🐎 – 📺 🕿 🅿 –
➡ 🍴 40. ⓞ ⒠ 𝗩𝗜𝗦𝗔
　　Menu *(Sonntag nur Mittagessen)* à la carte 19/45 – **25 Z** 30/100.

In Nordholz-Warpe S : 6,5 km :

🏠 **Landhaus Hünecke,** Haus Nr. 2, ✉ 27333, 𝒫 (05022) 6 21, Fax 1726, 🕿, 🔲, 🍴 – 📺
➡ 🅿. 🆎 ⒠ 🍴 Zim
　　Menu *(Sonntag nur Mittagessen)* à la carte 21/40 – **14 Z** 55/95.

BÜDINGEN Hessen 🔢🔢 🔢🔢 K 16, 🔢🔢🔢 ㉕ – 19 200 Ew – Höhe 130 m – Luftkurort – 🔵 06042.

Sehenswert : Stadtmauer★ – Schloß (Kapelle : Chorgestühl★).

🏛 Städt. Verkehrsamt, Marktplatz 7, ✉ 63654, 𝒫 88 41 37, Fax 884182.

◆Wiesbaden 91 – ◆Frankfurt am Main 48 – Fulda 78.

🏠 Stadt Büdingen, Jahnstr. 16, ✉ 63654, 𝒫 5 61, Fax 564, 🍴 – ⒤ 📺 🕿 🅿 – 🍴 300
　　52 Z.

🏠 **Haus Sonnenberg,** Sudetenstr. 4, ✉ 63654, 𝒫 30 51, Fax 1823, 🍴, Biergarten, 🕿 – 📺
　🕿 🅿 – 🍴 80. 🆎 ⓞ ⒠ 𝗩𝗜𝗦𝗔 🍴 Rest
　　Menu *(Sonntag nur Mittagessen, Montag nur Abendessen)* à la carte 40/68 – **26 Z** 85/150.

BÜHL Baden-Württemberg 🔢🔢🔢 H 20, 🔢🔢🔢 ㉞, 🔢🔢🔢 ⑳ – 25 000 Ew – Höhe 135 m – 🔵 07223.

Ausflugsziel : Burg Altwindeck ≤★ SO : 4 km.

🏛 Verkehrsamt, Hauptstr. 41, ✉ 77815, 𝒫 28 32 33, Fax 283209.

◆Stuttgart 117 – Baden-Baden 17 – Offenburg 41.

🏛 ⚜ **Wehlauer's Badischer Hof,** Hauptstr. 36, ✉ 77815, 𝒫 2 30 63, Fax 23065,
　« Gartenrestaurant » – ⒤ 📺 🕿 – 🍴 30. 🆎 ⒠ 𝗩𝗜𝗦𝗔
　　Menu *(Sonntag-Montag und 1.- 15. Jan. geschl.)* (nur Abendessen, bemerkenswerte Wein-
　　karte) à la carte 56/120 – **25 Z** 110/285
　　Spez. Salat von der Taube mit warmer Gänseleber, Gratinierte Flußkrebse auf Lauch und Trüffeln,
　　Gefülltes Stubenküken mit Morchelbutter.

🏠 **Zum Sternen,** Hauptstr. 32, ✉ 77815, 𝒫 9 86 50, Fax 986533 – ⒤ 📺 🕿 🅿. 🆎 ⒠ 𝗩𝗜𝗦𝗔
➡ 　**Menu** *(Mittwoch geschl.)* à la carte 24/50 – **16 Z** 75/135.

🏠 Adler, Johannesplatz 3, ✉ 77815, 𝒫 2 46 22 – ⒤ 🍴
　　9 Z.

🍴🍴 **Grüne Bettlad** mit Zim (Haus a.d. 16. Jh., bäuerliche Einrichtung), Blumenstr. 4, ✉ 77815,
　　𝒫 2 42 38, Fax 24247, 🍴 – 📺 🕿. 🆎
　　Weihnachten - Mitte Jan. und Juli-Aug. 2 Wochen geschl. – **Menu** *(Sonntag-Montag geschl.)*
　　à la carte 56/92 – **6 Z** 140/250.

🍴🍴 **Gude Stub,** Dreherstr. 9, ✉ 77815, 𝒫 84 80, Fax 900180, 🍴, « Kleine Stuben im
　　Bauernstil »
　　Samstag nur Abendessen, Montag geschl. – **Menu** (Tischbestellung ratsam) à la carte
　　45/79.

In Bühl-Eisental :

🍴 **Zum Rebstock,** Weinstr. 2 (B 3), ✉ 77815, 𝒫 2 42 45 – 🅿. 🍴
　　Montag, Ende Juli - Mitte Aug. und Ende Dez.- Mitte Jan. geschl. – **Menu** (wochentags nur
　　Abendessen, Tischbestellung ratsam) à la carte 45/68.

In Bühl-Kappelwindeck :

🏠 **Jägersteig** 🍴, Kappelwindeckstr. 95a, ✉ 77815, 𝒫 9 85 90, Fax 985998, ≤ Bühl und
　　Rheinebene, 🍴 – 📺 🕿 🅿
　　10. Jan.- 20. Feb. geschl. – **Menu** *(Montag nur Abendessen, Donnerstag geschl.)* à la carte
　　32/58 – **12 Z** 72/124.

🍴🍴 Der Einsiedelhof mit Zim, Kappelwindeckstr. 51, ✉ 77815, 𝒫 2 12 20, Fax 21276, 🍴 – 📺
　　🍴 🅿
　　9 Z.

🍴 **Zum Rebstock** mit Zim, Kappelwindeckstr. 85, ✉ 77815, 𝒫 2 21 09, Fax 40142, 🍴 – 🅿
　　Menu *(Mittwoch, Jan. 2 Wochen und Juli-Aug. 1 Woche geschl.)* à la carte 31/66 🍴 –
　　7 Z 58/104.

In Bühl-Neusatz :

🏠 **Pension Linz** 🍴 garni, Waldmattstr. 10, ✉ 77815, 𝒫 9 86 70, Fax 25206, ≤, 🕿, 🔲, 🍴 ,
　　🍴 – 🕿 🍴 🅿
　　11 Z 68/132.

🍴🍴 **Traube,** Obere Windeckstr. 20 (Waldmatt), ✉ 77815, 𝒫 2 16 42 – 🆎 ⒠
　　Montag sowie Jan. und Sept. jeweils 2 Wochen geschl. – **Menu** (wochentags nur Abend-
　　essen) à la carte 48/75.

In Bühl-Rittersbach :

🏠 **Zur Blume,** Hubstr. 85, ✉ 77815, ℰ 2 21 04 – 📺 ☎ 🚗 **P.** ⴹ
Menu *(Donnerstag und Feb. geschl.)* à la carte 26/59 ⬧ – **12 Z** 70/140.

An der Burgruine Altwindeck SO : 4 km über Kappelwindeck :

XXX **Burg Windeck,** Kappelwindeckstr. 104, ✉ 77815 Bühl, ℰ (07223) 4 00 15, Fax 40016, ≤
Bühl und Rheinebene, ㄹ – **P.** 🗚 ① ⴹ 🚾
Dienstag und Jan.- Feb. geschl. – **Menu** à la carte 32/84.

Siehe auch : *Schwarzwaldhochstraße*

BÜHLERTAL Baden-Württemberg 🗺 H 20, 🗺 ⑳ – 8 000 Ew – Höhe 500 m – Luftkurort –
✪ 07223 (Bühl).
🛈 Verkehrsamt, Hauptstr. 92, ✉ 77830, ℰ 7 33 95, Fax 75984.
◆Stuttgart 120 – Baden-Baden 20 – Strasbourg 51.

🏦 **Rebstock,** Hauptstr. 110 (Obertal), ✉ 77830, ℰ 7 31 18, Fax 75943, « Gartenterrasse »,
ㄹ – 🛗 📺 ☎ **P** – 🕍 120. 🗚 ① ⴹ 🚾 – *Feb. 2 Wochen und 7.- 24. Nov. geschl.* –
Menu *(Donnerstag geschl.)* à la carte 39/75 – **21 Z** 95/190.
🏠 **Badischer Löwe,** Sessgasse 3 (Untertal), ✉ 77830, ℰ 99 80, Fax 998299, ㄹ – ⛟ Zim
📺 ☎ – 🕍 60. 🗚 ⴹ 🚾
Menu à la carte 33/59 ⬧ – **21 Z** 80/180.
🏠 **Grüner Baum,** Hauptstr. 31 (Untertal), ✉ 77830, ℰ 7 22 06, Fax 75848, 🚗 – 📺 ☎ **P**
– 🕍 80. 🗚. ⴷⴼ – *6.- 15. Jan. geschl.* – **Menu** à la carte 43/59 – **50 Z** 70/160.

BÜHLERZELL Baden-Württemberg 🗺 M 19, 20 – 1 700 Ew – Höhe 391 m – ✪ 07974.
◆Stuttgart 84 – Aalen 42 – Schwäbisch Hall 23.

🏯 **Goldener Hirsch,** Heilbergerstr. 2, ✉ 74426, ℰ 3 86, Fax 1223, Biergarten – **P** – 🕍 180
◆ *Jan.- Feb. 2 Wochen geschl.* – **Menu** *(Donnerstag geschl.)* à la carte 22/45 ⬧ – **10 Z** 40/70
– ½ P 52.

BÜHLOW Brandenburg siehe Spremberg.

BÜNDE Nordrhein-Westfalen 🗺 🗺 I 10, 🗺 ⑭ – 41 500 Ew – Höhe 70 m – ✪ 05223.
🛈 Tourist-Information, Rathaus, Bahnhofstr. 15, ✉ 32257, ℰ 16 12 12, Fax 161351.
◆Düsseldorf 203 – Bielefeld 23 – ◆Hannover 97 – ◆Osnabrück 46.

🏦 **City Hotel** garni, Kaiser-Wilhelm-Str. 2, ✉ 32257, ℰ 1 00 96, Fax 10097 – 🛗 📺 ☎ 🚗
– 🕍 30. 🗚 ① ⴹ 🚾
54 Z 110/170.
🏦 **Handelshof** garni, Bahnhofstr. 79, ✉ 32257, ℰ 9 29 30, Fax 929310 – 🛗 📺 ☎ **P.** 🗚 ①
ⴹ 🚾 ᴊᴄʙ – **21 Z** 98/185.

In Bünde-Ennigloh :

🏠 **Parkhotel Sonnenhaus,** Borriesstr. 29, ✉ 32257, ℰ 4 29 69, Fax 43563, ㄹ – 📺 ☎ **P**
– 🕍 90. 🗚 ① ⴹ 🚾
Menu *(Sonntag geschl.)* à la carte 38/68 – **18 Z** 95/150.
XX Waldhaus Dustholz, Zum Waldhaus 20, ✉ 32257, ℰ 6 16 06, ㄹ – **P.**

BÜRCHAU Baden-Württemberg siehe Neuenweg.

BÜREN Nordrhein-Westfalen 🗺 🗺 I 12, 🗺 ⑭ ⑮ – 18 000 Ew – Höhe 232 m – ✪ 02951.
◆Düsseldorf 152 – ◆Kassel 92 – Paderborn 29.

🏠 **Kretzer,** Wilhelmstr. 2, ✉ 33142, ℰ 24 43, Fax 70119 – 📺 ☎ **P.** ① ⴹ
◆ *12. Juli - 1. Aug. geschl.* – **Menu** *(Mittwoch nur Mittagessen)* à la carte 20/50 – **12 Z** 50/90.

BÜRGEL Thüringen 🗺 H 13, 🗺 ㉓. 🗺 ㉖ – 1 800 Ew – Höhe 263 m – ✪ 036692.
◆Erfurt 55 – Halle 88 – Jena 12 – Gera 33.

🏠 **Sonne,** Markt 9, ✉ 07614, ℰ 2 25 22, ㄹ – 📺 ☎. 🗚 ⴹ 🚾
◆ **Menu** à la carte 21/44 – **14 Z** 75/150.

BÜRGSTADT Bayern 🗺 🗺 K 17 – 4 000 Ew – Höhe 130 m – ✪ 09371 (Miltenberg).
◆München 352 – Aschaffenburg 43 – Heidelberg 79 – ◆Würzburg 76.

🏠 **Weinhaus Stern,** Hauptstr. 23, ✉ 63927, ℰ 26 76, Fax 65154, « Weinlaube » – 📺 ☎ **P.**
🗚 ⴹ
Feb.- März 3 Wochen und Aug. 2 Wochen geschl. – **Menu** *(Dienstag-Mittwoch geschl.)* (nur
Abendessen) à la carte 37/70 – **12 Z** 58/125.
🏠 **Adler,** Hauptstr. 30, ✉ 63927, ℰ 26 00, Fax 67600, ㄹ – 📺 ☎ **P.** 🗚 ⴹ
Menu *(Montag geschl., Dienstag nur Abendessen)* à la carte 34/64 ⬧ – **18 Z** 58/160.

BÜRSTADT Hessen 412 413 I 18, 987 ⑳ – 15 000 Ew – Höhe 90 m – ✆ 06206.

◆Wiesbaden 73 – ◆Frankfurt am Main 65 – ◆Mannheim 21 – Worms 7.

🏨 **Berg,** Vinzenzstr. 6, ✉ 68642, ℰ 98 30, Fax 98349, 🛏, ≘s – ⅍ Zim 📺 ☎ ⇔ 🅿 –
🔺 30. 🆎 ⓞ Ε 🆅🆂🅰 🅹🅲🅱. ⅍ Rest
Menu à la carte 35/64 – **35 Z** 88/200.

In Bürstadt-Bobstadt N : 3 km :

🏨 **Bergsträsser Hof,** Mannheimer Str. 2 (B 44), ✉ 68642, ℰ (06245) 80 94, Fax 8095 – ☎
⇔. 🆎 ⓞ Ε 🆅🆂🅰. ⅍ Rest
Menu *(Samstag geschl.)* (wochentags nur Abendessen) à la carte 26/52 ♨ – **16 Z** 68/108.

BÜSCHERHEIDE Niedersachsen siehe Preußisch-Oldendorf.

BÜSINGEN Baden-Württemberg 413 J 23, 427 K 2, 216 ⑧ – Deutsche Exklave im Schweizer
Hoheitsgebiet, Schweizer Währung (sfr) – 1 500 Ew – Höhe 421 m – ✆ 07734 (Gailingen).

◆Stuttgart 167 – ◆Konstanz 42 – Schaffhausen 5 – Singen (Hohentwiel) 15.

%% **Alte Rheinmühle** 🕭 mit Zim, Junkerstr. 93, ✉ 78266, ℰ 60 76, Fax 6079, ≼, « Ehemalige
Mühle a.d.J. 1664 », �── – ☎ 🅿 – 🔺 60
(Tischbestellung ratsam) – **15 Z.**

% **Hauenstein,** Schaffhauser Str. 69 (W : 2,5 km), ✉ 78266, ℰ 62 77, ≼ – 🅿
Montag-Dienstag sowie Jan., Juni und Okt. jeweils 2 Wochen geschl. – **Menu** (Tischbestellung ratsam) à la carte 41/48.

BÜSUM Schleswig-Holstein 411 J 4, 987 ④, 984 ⑥ – 5 000 Ew – Nordseeheilbad – ✆ 04834.

🏌 Warwerort (O : 8 km), ℰ (04834) 63 00.

🗗 Kurverwaltung, im Kurgastzentrum, ✉ 25761, ℰ 90 90, Fax 6530.

◆Kiel 102 – Flensburg 103 – Meldorf 25.

🏨 **Friesenhof** 🕭, Nordseestr. 66, ✉ 25761, ℰ 20 95, Fax 8108, ≼, 🛏, ≘s, �──, ⅍ – 🕴 📺
☎ ♿ 🅿. 🆎 ⓞ Ε 🆅🆂🅰
Anfang Jan.- Mitte Feb. geschl. – **Menu** à la carte 39/77 *(auch vegetarische Gerichte)* –
44 Z 125/260 – ½ P 113/158.

🏨 **Strandhotel Hohenzollern** 🕭, Strandstr. 2, ✉ 25761, ℰ 99 50, Fax 995150, 🛏 – 🕴 📺
☎ 🅿. 🆎
7. Nov.- 20. Dez. geschl., 5. Jan.- Feb. garni – **Menu** à la carte 32/62 – **43 Z** 73/156
– ½ P 72/93.

🏨 **Zur Alten Apotheke** garni, Hafenstr. 10, ✉ 25761, ℰ 20 46, �── – 🕴 📺 ☎ ⇔ 🅿. ⅍
17 Z.

🏠 **Seegarten** 🕭 garni, Strandstr. 3, ✉ 25761, ℰ 60 20, Fax 60266, ≼ – 🕴 📺 ☎ ⇔ 🅿
ⓞ Ε 🆅🆂🅰.
Mitte März - Ende Okt. – **23 Z** 75/194.

🏠 **Erlengrund** 🕭, Nordseestr. 100 (NW : 2 km), ✉ 25761, ℰ 20 71, Fax 6749, 🛏, ≘s, 🖲
�── – 📺 ☎ ⇔ 🅿. 🆎 🆅🆂🅰
15.- 26. Dez. geschl. – **Menu** à la carte 29/52 – **52 Z** 58/160 – ½ P 78/98.

🏠 **Windjammer** 🕭, Dithmarscher Str. 17, ✉ 25761, ℰ 66 61, Fax 3040 – 📺 ☎ 🅿. ⅍
(Restaurant nur für Hausgäste) – **17 Z** 79/166 – ½ P 96/101.

🏠 **Büsum** 🕭 garni, Blauort 18, ✉ 25761, ℰ 6 01 40, Fax 60188, ≘s – 🕴 📺 ☎ 🅿
Mitte März - Okt. – **33 Z** 65/158.

🏠 **Zur Alten Post** (mit Gästehaus), Hafenstr. 2, ✉ 25761, ℰ 23 92, Fax 4944, « Dithmarsche
Bauernstube » – 📺 🅿
20. - 25. Dez. geschl. – **Menu** à la carte 29/59 – **29 Z** 50/110 – ½ P 68/75.

In Büsumer Deichhausen O : 2 km :

🏨 **Der Rosenhof** 🕭, To Wurth 12, ✉ 25761, ℰ (04834) 98 00, Fax 98080
« Gartenterrasse », ≘s, �── – 📺 ☎ 🅿 – 🔺 30
Menu *(Montag geschl.)* (im Winter nur Abendessen) à la carte 41/69 – **23 Z** 114/208
3 Suiten – ½ P 120/131.

🏠 **Deichgraf** 🕭, Achtern Dieck 24, ✉ 25761, ℰ (04834) 22 71, Fax 8584, 🛏 – 🅿. ⅍
Mitte März - Anfang Nov. – **Menu** à la carte 30/52 – **22 Z** 65/118 – ½ P 76.

In Westerdeichstrich N : 3 km :

% Gasthaus Strobl, Dorfstr. 65, ✉ 25761, ℰ (04834) 38 03 – 🅿
(nur Abendessen).

BÜTTELBORN Hessen 412 413 I 17 – 10 000 Ew – Höhe 85 m – ✆ 06152.

◆Wiesbaden 35 – ◆Darmstadt 12 – ◆Frankfurt am Main 35 – Mainz 28 – ◆Mannheim 56.

🏠 **Haus Monika,** an der B 42 (O : 1,5 km), ✉ 64572, ℰ 18 10, Fax 181189, 🛏 – 🕴 📺 ☎
🅿. 🆎 ⓞ Ε 🆅🆂🅰. ⅍
24. Dez.- 2. Jan. geschl. – **Menu** *(Samstag und Sonntag nur Mittagessen, Juli 3 Woche
geschl.)* à la carte 35/68 – **39 Z** 95/166.

BURBACH Nordrhein-Westfalen 🔢🔢🔢 H 14, 🔢🔢🔢 ㉔ – 14 200 Ew – Höhe 370 m – ☎ 02736.
♦Düsseldorf 145 – ♦Köln 108 – Limburg an der Lahn 45 – Siegen 21.

In Burbach-Holzhausen O : 8 km :

%% D'r Fiester-Hannes, Flammersbacher Str. 7, ✉ 57299, ℘ 39 33, « Restauriertes Fachwerkhaus a.d. 17. Jh. » –
(Tischbestellung ratsam) (Wiedereröffnung nach Umbau Frühjahr 1995).

In Burbach-Wasserscheide O : 5,5 km :

🏠 **Haus Wasserscheide,** Dillenburger Str. 66, ✉ 57299, ℘ 80 68, Fax 8478, Biergarten –
📺 ☎ 🄿 🄰🄴 🄴
Menu *(Samstag nur Abendessen)* à la carte 31/61 – **15 Z** 45/130.

BURG Schleswig-Holstein siehe Fehmarn (Insel).

BURG/MAGDEBURG Sachsen-Anhalt 🔢🔢🔢 H 9, 🔢🔢🔢 ⑮, 🔢🔢🔢 ⑯ ⑰ – 25 000 Ew – Höhe 54 m
– ☎ 03921.
🄱 Burg-Information, Schartauer Straße, ✉ 39288, ℘ 7 30.
Magdeburg 28 – Brandenburg 55.

🏠 **Carl von Clausewitz,** In der Alten Kaserne 35, ✉ 39288, ℘ 4 52 13, Fax 45215, Biergarten,
🕿 – 🛗 📺 ☎ 🄿 – 🔬 50. 🄰🄴 🄴 🆅🅸🆂🅰
Menu à la carte 36/72 – **51 Z** 95/240.

BURG/MOSEL Rheinland-Pfalz siehe Enkirch.

BURG / SPREEWALD Brandenburg 🔢🔢🔢 O 10 – 8 000 Ew – Höhe 58 m – ☎ 035603.
Ausflugsziele : Spreewald★★ (Freilandmuseum Lehde★, per Kahn ab Lübbenau W : 19 km).
🄱 Fremdenverkehrsbüro, Am Hafen 1, ✉ 03096, ℘ 4 17.
Potsdam 144 – Cottbus 18 – ♦Frankfurt/Oder 98 – Leipzig 117.

🏠 **Romantik-Hotel Zur Bleiche** 🌿, Bleichestr. 16, ✉ 03096, ℘ 6 20, Fax 60292, 🌸, 🚜
– 🗲🗲 Zim 📺 ☎ 🄿 – 🔬 160. 🄰🄴 🄾 🄴 🆅🅸🆂🅰
Menu à la carte 31/52 – **70 Z** 136/194 – ½ P 122/161.

🏠 **Zum Leineweber,** Am Bahndamm 2, ✉ 03096, ℘ 6 40, Fax 61129, 🌸, 🕿 – 🗲🗲 Zim
📺 ☎ 🄿. 🄰🄴 🄴 🆅🅸🆂🅰
Menu à la carte 25/52 – **41 Z** 135/180 – ½ P 110/155.

🏠 **Zur Linde,** Hauptstr. 38, ✉ 03096, ℘ 2 09, « Gartenterrasse » – 📺 🄿
➡ **Menu** à la carte 24/43 – **16 Z** 70/100.

In Burg-Kauper N : 9 km :

🏠 **Waldhotel Eiche** 🌿, ✉ 03096, ℘ 6 43, Fax 60184, 🌸, Biergarten, 🕿, 🚜 – 📺 🄿 –
🔬 60. 🄰🄴 🄴 🆅🅸🆂🅰
Menu à la carte 25/55 – **61 Z** 140/200, 8 Suiten.

In Müschen S : 3 km :

🏠 Spreewaldhof 🌿, Dorfstr. 19, ✉ 03096, ℘ (035603) 8 06, Fax 60967, 🌸, 🕿 – 📺 ☎ 🄿
7 Z.

In Leipe NW : 8 km :

🏠 **Spreewaldhotel** 🌿, Dorfstraße 20, ✉ 03226, ℘ (03542) 22 34, Fax 3891, 🌸 – 📺 ☎ 🄿.
➡ 🍴 Zim
Jan.- Feb. 4 Wochen geschl. – **Menu** à la carte 23/40 – **21 Z** 110/190.

BURGBERG IM ALLGÄU Bayern 🔢🔢🔢 N 38 – 3 300 Ew – Höhe 750 m – Wintersport : 750/900 m
🎿 1 🎿 2 – ☎ 08321 – 🄱 Verkehrsbüro, Rathaus, ✉ 87545, ℘ 8 48 10, Fax 89784.
♦München 154 – Kempten 28.

🏠 **Löwen,** Grüntenstraße 1, ✉ 87545, ℘ 95 83, Fax 83737, 🌸 – 📺
Nov.- 15. Dez. geschl. – **Menu** *(Montag geschl.)* à la carte 26/55 – **15 Z** 65/130.

BURGDORF Niedersachsen 🔢🔢🔢 🔢🔢🔢 N 9, 🔢🔢🔢 ⑮ – 29 900 Ew – Höhe 56 m – ☎ 05136.
🏌 Burgdorf-Ehlershausen, ℘ (05085) 76 28.
♦Hannover 25 – ♦Braunschweig 52 – Celle 24.

🏠 **Am Försterberg,** Immenser Str.10, ✉ 31303, ℘ 20 51, Fax 873342, 🌸 – 📺 ☎ 🄿 – 🔬 50.
🄾 🄴 🆅🅸🆂🅰 – **Menu** à la carte 37/66 – **24 Z** 88/280.

In Burgdorf-Beinhorn W : 7 km :

🏠 **Landhotel Moormühle,** Oldhorster Moor 4 (B3), ✉ 31303, ℘ 8 89 80, Fax 889855 – 📺
☎ 🄿 – 🔬 80. 🄰🄴 🄾 🄴 🆅🅸🆂🅰 🍴
Menu *(Samstag-Sonntag geschl.)* (nur Abendessen) à la carte 39/63 – **30 Z** 110/260.

In Burgdorf-Ehlershausen N : 10 km :

🏠 **Bähre,** Ramlinger Str. 1, ✉ 31303, 𝒫 (05085) 9 89 80, Fax 989898 – 📺 ☎ 🅿
Juli-Aug. 3 Wochen geschl. – **Menu** *(Donnerstag geschl.)* à la carte 26/59 – **23 Z** 85/150.

In Burgdorf-Hülptingsen O : 3 km :

🏨 **Sporting-Hotel** garni, Tuchmacherweg 20 (B 188), ✉ 31303, 𝒫 8 50 51, Fax 6602,
🎾(Halle) – 🛗 ✤ Zim 📺 ☎ 🅿. 🅰 ① 🄴 𝓥𝓘𝓢𝓐
52 Z 129/289.

▬▬▬ **BURGEBRACH** Bayern 🔢🔢 P 17 – 5 800 Ew – Höhe 269 m – 🕿 09546.
◆München 227 – ◆Bamberg 15 – ◆Nürnberg 56 – ◆Würzburg 66.

🏠 **Gasthof u. Gästehaus Goldener Hirsch,** Hauptstr. 14, ✉ 96138, 𝒫 12 27, Fax 6709, ⇌,
← 🔲, 🚗 – 🛗 ✤ Zim 🅿. 🄴
Weihnachten - Anfang Jan. geschl. – **Menu** *(Freitag geschl.)* à la carte 18/36 ♨ –
56 Z 50/100.

▬▬▬ **BURGHASLACH** Bayern 🔢🔢 O 17 – 2 500 Ew – Höhe 300 m – 🕿 09552 (Schlüsselfeld).
◆München 229 – ◆Bamberg 46 – ◆Nürnberg 58 – ◆Würzburg 59.

🏠 **Pension Talblick** ⟡, Fürstenforster Str. 32, ✉ 96152, 𝒫 17 70, ≼, 🚗 – ⟰ 🅿. 🄴. ⟡
6. Jan.- März und Mitte Nov.- 27. Dez. geschl. – (nur Abendessen für Hausgäste) –
10 Z 32/64 – ½ P 38.

🦢 **Rotes Ross,** Kirchplatz 5, ✉ 96152, 𝒫 3 74 – 🛗 🅿
← *5. Jan.- 4. Feb. geschl.* – **Menu** à la carte 21/38 ♨ – **16 Z** 42/70.

In Burghaslach-Oberrimbach W : 5 km :

🏠 **Steigerwaldhaus,** ✉ 96152, 𝒫 78 58, Fax 6371, 🍴, 🚗 – 📺 ☎ 🅿. 🅰 ① 🄴 𝓥𝓘𝓢𝓐. ⟡
← *Mitte Jan. - Mitte Feb. und Mitte - Ende Aug. geschl.* – **Menu** *(Dienstag geschl.)* à la carte
24/59 ♨ – **14 Z** 40/90 – ½ P 50/80.

Wenn Sie ein ruhiges Hotel suchen,
benutzen Sie zuerst die Übersichtskarte in der Einleitung
oder wählen Sie im Text ein Hotel mit dem Zeichen ⟡ *bzw.* ⟡

▬▬▬ **BURGHAUSEN** Bayern 🔢🔢 V 22, 🔢🔢🔢 ㊳, 🔢🔢🔢 K 4 – 18 000 Ew – Höhe 368 m – 🕿 08677.
Sehenswert : Lage★★ der Burg★★, ≼★.
Ausflugsziele : Wallfahrtskirche Marienberg★ SW : 4 km – Klosterkirche Raitenhaslach★
(Deckenmalerei★★) SW : 5 km.
🛫 Marktl, Falkenhof 1 (N : 13 km), 𝒫 (08678) 89 96 ; 🚆, 🚆, Haiming, Schloß Piesing (NO : 5 km),
𝒫 (08678) 70 01.
🅱 Verkehrsamt, Rathaus, Stadtplatz 112, ✉ 84489, 𝒫 24 35, Fax 887155.
◆München 110 – Landshut 78 – Passau 81 – Salzburg 58.

🏨 **Lindacher Hof** garni, Mehringer Str. 47, ✉ 84489, 𝒫 98 60, Fax 986400, ⇌ – 🛗 ✤ Zim
📺 ☎ ⇦. 🅰 ① 🄴 𝓥𝓘𝓢𝓐
42 Z 115/180.

🏨 **Post,** Stadtplatz 39, ✉ 84489, 𝒫 30 43, Fax 62091, 🍴 – 📺 ☎ ⇦ – 🔏 40. ① 🄴 𝓥𝓘𝓢𝓐
Menu à la carte 25/63 – **22 Z** 98/145.

🏨 **Glöcklhofer,** Ludwigsberg 4, ✉ 84489, 𝒫 70 24, Fax 65500, Biergarten, 🏊 (geheizt), 🚗
– 📺 ☎ ⟰ ⇦ 🅿 – 🔏 45. 🅰 ① 🄴 𝓥𝓘𝓢𝓐
Menu à la carte 44/71 – **49 Z** 98/200.

🏨 **Bayerische Alm** ⟡, Robert-Koch-Str. 211, ✉ 84489, 𝒫 98 20, Fax 982200, Biergarten,
« Gartenterrasse » – 📺 ☎ ⇦ 🅿. 🅰 ① 🄴 𝓥𝓘𝓢𝓐
Menu *(Freitag geschl., im Winter Sonntag nur Mittagessen)* à la carte 34/61 – **22 Z** 100/180.

🏨 **Salzach** garni, Hans-Stiglocher-Str. 11, ✉ 84489, 𝒫 70 18 – 📺 ☎ 🅿. ① 🄴 𝓥𝓘𝓢𝓐
15 Z 88/135.

🍴🍴 **Fuchsstuben,** Mautnerstr. 271, ✉ 84489, 𝒫 6 27 24, 🍴
Anfang - Mitte Juni, Mitte Aug.- Anfang Sept. und Montag geschl., Sonntag nur Mittagessen
– Menu à la carte 33/65.

Bei der Wallfahrtskirche Marienberg SW : 4 km :

🍴 **Zur Einkehr,** Marienberg 119, ✉ 84489 Burghausen, 𝒫 (08677) 23 03, Fax 5421, 🍴 – 🅿.
🄴
Montag geschl., Dienstag-Mittwoch nur Abendessen – **Menu** à la carte 28/59.

In Burghausen-Raitenhaslach SW : 5 km :

🏨 **Klostergasthof Raitenhaslach** ⟡, ✉ 84489, 𝒫 70 62, Fax 66111, 🍴, Biergarten,
← « Modernisierter Brauereigasthof a.d. 16. Jh. » – 📺 ☎ 🅿. 🅰 🄴 𝓥𝓘𝓢𝓐
Menu à la carte 23/54 – **14 Z** 90/130.

BURGKUNSTADT Bayern 🖽🖪🖫 Q 16, 🖫🖪🖬 ㉖ – 6 800 Ew – Höhe 304 m – ✪ 09572.
◆München 273 – ◆Bamberg 48 – Bayreuth 38 – Coburg 34.

In Altenkunstadt S : 2 km :

🏥 **Gondel,** Marktplatz 7, ⊠ 96264, ℰ (09572) 36 61, Fax 4596 – 📺 ☎ 🅿. ⑩ 🄴
2.- 10. Jan. geschl. – **Menu** *(Freitag nur Mittagessen, Samstag nur Abendessen)* à la carte
36/66 – **31 Z** 65/170.

In Altenkunstadt-Baiersdorf S : 5 km :

🏥 Fränkischer Hof, Altenkunstädter Str. 41, ⊠ 96264, ℰ (09572) 16 24, 🍴, 🚗 – 🖗 📺 ☎
🅿 – 🔏 50
45 Z.

BURGLENGENFELD Bayern 🖽🖪🖫 ST 19, 🖫🖪🖬 ㉗ – 10 600 Ew – Höhe 347 m – ✪ 09471.
🌃 Schmidmühlen (NW : 11 km), ℰ (09474) 7 01.
◆München 149 – Amberg 34 – ◆Nürnberg 90 – ◆Regensburg 27.

🏠 **Gerstmeier,** Berggasse 5, ⊠ 93133, ℰ 8 05 44, 🍴 – ☎ 🚗 🅿. 🕸
◆ **Menu** (nur Abendessen) à la carte 22/36 – **27 Z** 50/100.
🍴 **Drei Kronen,** Hauptstr. 1, ⊠ 93133, ℰ 8 05 81, 🍴 – 🅿
◆ **Menu** à la carte 19/35 🍷.

BURGTHANN Bayern 🖽🖪🖫 Q 18 – 9 800 Ew – Höhe 440 m – ✪ 09183.
◆München 159 – ◆Nürnberg 24 – ◆Regensburg 79.

🍴🍴 **Blaue Traube** mit Zim, Schwarzachstr. 7, ⊠ 90559, ℰ 75 55, Fax 3787, 🍴 – 📺 ☎. 🄴
Aug.- Sept. 3 Wochen geschl. – **Menu** *(Montag nur Mittagessen, Dienstag geschl.)* à la carte
26/58 – **8 Z** 55/120.

BURGWALD Hessen 🖽🖪🖩 J 14 – 4 900 Ew – Höhe 230 m – ✪ 06457.
◆Wiesbaden 145 – ◆Kassel 90 – Marburg 24 – Paderborn 111 – Siegen 82.

In Burgwald-Ernsthausen :

🍴🍴 **Burgwald-Stuben,** Marburger Str. 25 (B 252), ⊠ 35099, ℰ 80 66, Fax 1076 – 🅿. 🄰🄴 🄴
Mittwoch und Juli 3 Wochen geschl. – **Menu** (nur Abendessen) à la carte 54/94.

BURGWEDEL Niedersachsen 🖽🖩🖩 🖽🖩🖪 M 9 – 20 000 Ew – Höhe 58 m – ✪ 05139.
◆Hannover 22 – ◆Bremen 107 – Celle 28 – ◆Hamburg 137.

In Burgwedel-Grossburgwedel 🖫🖪🖬 ⑮ :

🏨 **Mega-Hotel,** Isernhägener Str. 3, ⊠ 30938, ℰ 80 30, Fax 87355, « Hotelanlage in rekon-
struierten Fachwerkhäusern, Innenhofterrasse mit Teich », Massage, �, 🔲 – 🖗 🖃 📺
🅑 🅿 – 🔏 70. 🄰🄴 ⑩ 🄴 VISA
Menu à la carte 48/74 – **44 Z** 185/300.

🏥 **Marktkieker** garni, Am Markt 7, ⊠ 30938, ℰ 70 93, Fax 894065, « 300 Jahre altes
Fachwerkhaus » – 🖗 📺 ☎ 🅿. 🄰🄴
Weihnachten - Anfang Jan. geschl. – **16 Z** 98/204.

In Burgwedel-Wettmar :

🍴🍴 **Remise,** Hauptstr. 31, ⊠ 30938, ℰ 33 33, Fax 27603 – 🅿. 🄴
Dienstag geschl. – **Menu** (nur Abendessen) à la carte 50/79.

BURKHARDTSGRUEN Sachsen siehe Eibenstock.

BURLADINGEN Baden-Württemberg 🖽🖪🖫 K 22 – 12 500 Ew – Höhe 722 m – ✪ 07475.
◆Stuttgart 78 – ◆Freiburg im Breisgau 173 – ◆Ulm (Donau) 92.

In Burladingen-Gauselfingen SO : 4,5 km :

🏥 **Wiesental,** Gauzolfstr. 23 (B 32), ⊠ 72393, ℰ 75 35, Fax 7317 – 📺 ☎ 🚗 🅿. 🕸 Rest
über Fastnacht und Juli-Aug. je 1 Woche geschl. – **Menu** *(Donnerstag geschl.)* à la carte
26/53 🍷 – **15 Z** 70/120.

In Burladingen-Killer NW : 6 km :

🏥 Lamm, Bundesstr. 1 (B 32), ⊠ 72393, ℰ (07477) 10 88 – 📺 ☎ 🚗 🅿
13 Z.

In Burladingen-Melchingen N : 12 km :

🏥 **Gästehaus Hirlinger** 🦌 garni, Falltorstr. 9, ⊠ 72393, ℰ (07126) 9 29 70, Fax 929723, 🚗
– 🚘 ☎ 🚗 🅿
21 Z 53/92.

BURSCHEID Nordrhein-Westfalen 412 E 13, 987 24 – 17 500 Ew – Höhe 200 m – 🛱 02174.
♦Düsseldorf 42 – ♦Köln 26 – Remscheid 19.

🏠 **Schützenburg,** Hauptstr. 116 (B 232), ✉ 51399, 𝒫 56 18, Fax 63847, 🔟 – 📺 ☎ 🅿 –
🍴 40. 🖅. ☆ Zim
Menu *(Freitag-Samstag und 18. Juli - 15. Aug. geschl.)* à la carte 32/63 – **26 Z** 95/170.

An der B 232 W : 2 km :

XX **Haus Kuckenberg** mit Zim, Kuckenberg 28, ✉ 51399 Burscheid, 𝒫 (02174) 50 25,
Fax 61839 – 📺 ☎ 🅿. 🖅 🖃
Menu *(Mittwoch geschl.)* (wochentags nur Abendessen) à la carte 38/67 – **13 Z** 80/130.

In Burscheid-Hilgen NO : 4 km :

🏠 **Heyder,** Kölner Str. 94 (B 51), ✉ 51399, 𝒫 50 91, Fax 61814, 🔟 – 📺 ☎ ⇐ 🅿. 🖃 🗺
Weihnachten - Anfang Jan. geschl. – **Menu** *(Samstag geschl.)* à la carte 30/61 –
28 Z 88/185.

Nahe der B 51 S : 2 km :

🏠 **Haus Landscheid** ☜, ✉ 51399 Burscheid, 𝒫 (02174) 4 10 82, Fax 41084, Biergarten, ⇌
– 📺 ☎ 🅿 – 🍴 30. 🖅 ① 🖃 🗺
Menu *(Montag-Dienstag geschl.,)* (wochentags nur Abendessen) à la carte 43/72 –
28 Z 120/240.

BUSCHVITZ Mecklenburg-Vorpommern siehe Rügen (Insel).

BUTJADINGEN Niedersachsen 411 HJ 6 – 6 000 Ew – Höhe 3 m – 🛱 04733.
🚹 Kurverwaltung, Strandallee (Burhave), ✉ 26969, 𝒫 16 16, Fax 1860.
♦Hannover 214 – Bremerhaven 15 – Oldenburg 67.

In Butjadingen-Burhave – Seebad :

🏠 **Haus am Meer** ☜, Am Deich 26, ✉ 26969, 𝒫 4 22, 🍴 – 📺 🅿. ☆ Rest
➡ *Nov. 2 Wochen geschl.* – **Menu** *(Donnerstag geschl.)* (wochentags nur Abendessen) à la
carte 22/50 – **10 Z** 55/113.

In Butjadingen-Fedderwardersiel – Seebad :

🏠 **Zur Fischerklause** ☜, Sielstr. 16, ✉ 26969, 𝒫 3 62, Fax 1847, 🍴 – 📺 ☎ 🅿. ① 🖃 🗺.
☆ Rest
15. Feb.- 15. März und 5.- 30. Nov. geschl. – **Menu** *(Dienstag geschl.)* à la carte 28/54
– **17 Z** 75/130.

In Butjadingen-Ruhwarden :

🏠 **Schild's Hotel** (mit Gästehäusern), Butjadinger Str. 8, ✉ 26969, 𝒫 (04736) 2 25 (Hotel)
2 18 (Rest.), Fax 712, 🍴, ⇌, 🔟 (geheizt), 🍴 – 🅿. ☆
Hotel Okt.- Ostern geschl. – **Menu** *(Okt.- März wochentags nur Abendessen und Montag-
Dienstag geschl.)* à la carte 40/75 – **68 Z** 54/120 – ½ P 64/70.

In Butjadingen-Tossens : – Seebad :

🏠 **Treff Nordsee Tropen Parc** ☜, Strandallee, ✉ 26969, 𝒫 (0 47 36) 92 80, Fax 928428,
🍴, ⇌, 🔟, 🐾, ☆ – 🛗 📺 ☎ 🎾 🅿 – 🍴 100. 🖅 🖃 🗺
Menu à la carte 30/50 – **78 Z** 120/260.

BUTTENHEIM Bayern siehe Hirschaid.

BUTZBACH Hessen 412 413 J 15, 987 25 – 22 000 Ew – Höhe 205 m – 🛱 06033.
Ausflugsziel : Burg Münzenberg★, O : 9 km.
♦Wiesbaden 71 – ♦Frankfurt am Main 42 – Gießen 23.

🏠 **Hessischer Hof** garni (mit Appartementhaus), Weiseler Str. 43, ✉ 35510, 𝒫 94 40,
Fax 16282 – 🛗 📺 ☎ ⇐ 🅿. 🖅 ① 🖃 🗺
42 Z 98/170.

🏠 **Römer** garni, Jakob-Rumpf-Str. 2 (Limes-Galerie), ✉ 35510, 𝒫 69 63, Fax 71343 – 🛗 ⇔
📺 ☎ 🕭. 🖅 ① 🖃 🗺
50 Z 95/160.

X **Zum Stern,** Weiseler Str. 36, ✉ 35510, 𝒫 79 77, Fax 7972, Biergarten – 🅿 – 🍴 70
Montag geschl. – **Menu** à la carte 34/65.

BUXHEIM Bayern siehe Memmingen.

BUXTEHUDE Niedersachsen 411 LM 6, 987 ⑤, 984 ⑩ – 34 000 Ew – Höhe 5 m – ✪ 04161.
🏌 Zum Lehmfeld 1 (S : 4 km), 𝒫 (04161) 8.13 33 ; 🏌 Ardestorfer Weg 1 (SO : 6 km),
𝒫 (04161) 8 76 99.
🛈 Stadtinformation, Stavenort, ✉ 21614, 𝒫 50 12 97, Fax 52693.
◆Hannover 158 – ◆Bremen 99 – Cuxhaven 93 – ◆Hamburg 37.

🏤 **Zur Mühle,** Ritterstr. 16, ✉ 21614, 𝒫 5 06 50, Fax 506530 – ⧉ 📺 ☎. ⅀ ⓞ ⋿ 𝘝𝘐𝘚𝘈. ⅋
Menu *(Sonntag geschl.)* à la carte 43/78 – **36 Z** 135/250.

🏤 **Herzog Widukind** garni, Kottmeierstr. 1, ✉ 21614, 𝒫 64 60, Fax 646146 ⧉ ⥼ 📺 ☎ 🅿.
⅀ ⓞ ⋿ 𝘝𝘐𝘚𝘈 – **45 Z** 155/195.

🏤 **Am Stadtpark** garni, Bahnhofstr. 1, ✉ 21614, 𝒫 50 68 10, Fax 506815 – 📺 ☎ 🚗 🅿.
⅀ ⓞ ⋿ 𝘝𝘐𝘚𝘈 𝘑𝘊𝘉
20 Z 108/155.

🏠 **An der Linah** garni, Harburger Str. 44, ✉ 21614, 𝒫 6 00 90, Fax 600910 📺 ☎ 🅿. ⅀ ⓞ
⋿ 𝘝𝘐𝘚𝘈
27 Z 100/140.

In Buxtehude-Hedendorf W : 5 km :

🏠 **Zur Eiche,** Harsefelder Str. 64, ✉ 21614, 𝒫 (04163) 23 01, Fax 7727 – 📺 ☎ 🅿 – 🕍 150.
⅋ Rest
Menu *(Donnerstag geschl.)* (wochentags nur Abendessen) à la carte 28/55 – **10 Z** 85/135.

In Buxtehude-Neukloster W : 4 km :

🏤 **Seeburg,** Cuxhavener Str. 145 (B 73), ✉ 21614, 𝒫 8 20 71, Fax 80772, ≤,
« Gartenterrasse » – 📺 ☎ 🚗 🅿 – 🕍 40. ⅀ ⓞ ⋿ 𝘝𝘐𝘚𝘈
Menu à la carte 38/80 – **14 Z** 100/170.

CADENBERGE Niedersachsen 411 K 5, 987 ⑤, 984 ⑥ – 3 200 Ew – Höhe 8 m – ✪ 04777.
◆Hannover 218 – Bremerhaven 56 – Cuxhaven 33 – ◆Hamburg 97.

🏠 **Eylmann's Hotel** (mit Gästehaus), Bergstr. 5, ✉ 21781, 𝒫 2 21, Fax 1514, 🌫 – ⧉ 📺 ☎
🚗 🅿 – 🕍 60
Menu à la carte 32/59 – **26 Z** 59/130.

CADOLZBURG Bayern 413 P 18 – 8 600 Ew – Höhe 351 m – ✪ 09103.
◆München 179 – Ansbach 30 – ◆Nürnberg 19 – ◆Würzburg 87.

In Cadolzburg-Egersdorf O : 2 km :

🏠 **Grüner Baum** 🐾, Dorfstr. 11, ✉ 90556, 𝒫 9 21, Fax 5539, 🌫 – ☎ 🅿 – 🕍 40. ⓞ ⋿
↩ 𝘝𝘐𝘚𝘈
Menu *(Sonntag, Anfang Jan. 1 Woche und Aug. 3 Wochen geschl., Montag nur Abend-
essen)* à la carte 21/44 – **30 Z** 78/131.

CALW Baden-Württemberg 413 J 20, 987 ㉟ – 23 000 Ew – Höhe 347 m – ✪ 07051.
🛈 Verkehrsamt, Aureliusplatz 10 (im Rathaus Hirsau), ✉ 75365, 𝒫 56 71, Fax 51608.
◆Stuttgart 47 – Freudenstadt 66 – Pforzheim 26 – Tübingen 40.

🏤 **Ratsstube,** Marktplatz 12, ✉ 75365, 𝒫 18 64, Fax 70826, 🌫 – 📺 ☎ – 🕍 30. ⋿ 𝘝𝘐𝘚𝘈
über Fastnacht 2 Wochen geschl. – **Menu** à la carte 34/65 – **13 Z** 125/170.

🏠 **Rössle,** Hermann-Hesse-Platz 2, ✉ 75365, 𝒫 3 00 52, Fax 77668 – 📺 ☎ 🚗. ⅀ ⋿ 𝘝𝘐𝘚𝘈.
⅋
Aug. geschl. – **Menu** *(Freitag geschl.)* à la carte 27/57 🐾 – **20 Z** 85/140.

In Calw-Hirsau N : 2,5 km – Luftkurort :

🏤 **Kloster Hirsau,** Wildbader Str. 2, ✉ 75365, 𝒫 56 21, Fax 51795, 🌫, ☎, 🔲 , 🔥,
⅋ (Halle) – ⧉ 📺 ☎ 🚗 🅿 – 🕍 80. ⓞ 𝘝𝘐𝘚𝘈
Klosterschenke : Menu à la carte 32/58 – **Ulrichs Klostergalerie** *(Sonntag nur Mittagessen, Montag und Juli-Aug. 3 Wochen geschl.)* **Menu** à la carte 63/90 – **42 Z** 95/210
– ½ P 100/150.

In Calw-Stammheim SO : 4,5 km :

🍴🍴 **Adler** mit Zim, Hauptstr. 16, ✉ 75365, 𝒫 42 87, Fax 20311, 🌫 – 📺 ☎ 🅿. ⅋ Rest
Menu à la carte 38/79 – **8 Z** 95/150.

🍴 **Sonne** mit Zim, Bärengasse 20, ✉ 75365, 𝒫 4 04 71, Fax 77046, 🌫 – 📺 ☎ 🅿. ⋿ 𝘝𝘐𝘚𝘈
Menu *(Montag geschl., Samstag nur Abendessen)* à la carte 28/63 – **3 Z** 65/125.

CAMBERG, BAD Hessen 412 413 H 16, 987 ㉔ – 12 000 Ew – Höhe 200 m – Kneippheilbad
– ✪ 06434.
🛈 Städt. Kurverwaltung, Chambray-les-Tours-Platz 2, ✉ 65520, 𝒫 2 02 32, Fax 20220.
◆Wiesbaden 37 – ◆Frankfurt am Main 61 – Limburg an der Lahn 17.

🏤 **Bad Camberg,** Caspar-Hofmann-Platz 2, ✉ 65520, 𝒫 20 30, Fax 203180, 🌫 – ⧉ 📺 ☎
🚗 – 🕍 80. ⅀ ⓞ ⋿ 𝘝𝘐𝘚𝘈
Menu à la carte 31/61 – **52 Z** 110/220.

An der Autobahn A 3 W : 4 km :

🏠 **Rasthaus und Motel Camberg,** (Westseite), ⊠ 65520 Bad Camberg, 𝒫 (06434) 60 66, Fax 7004, ≤, 🏠 – 🕿 ⇐🚗 🅿 – 🔬 20. 🖪
Menu à la carte 28/59 – **27 Z** 90/145.

CAMBS Mecklenburg-Vorpommern siehe Schwerin.

CASTROP-RAUXEL Nordrhein-Westfalen 🔳🔳 🔳🔳 E 12, 🔳🔳🔳 ⑭ – 80 000 Ew – Höhe 55 m – ❄ 02305.

🏌 Dortmunder Str. 383 (O : 3,5 km), 𝒫 6 20 27.

♦ Düsseldorf 73 – Bochum 12 – Dortmund 12 – Münster (Westfalen) 56.

🏨 ❀ **Ramada Schloßhotel Goldschmieding,** Dortmunder Str. 55, ⊠ 44575, 𝒫 1 80 61, Fax 31320 – ↳ Zim 📺 🅿 – 🔬 70. 🖭 ⑩ 🖪 𝖵𝖨𝖲𝖠
Menu siehe Rest. *Goldschmieding* separat erwähnt – **43 Z** 176/296.

✕✕✕ ❀ **Restaurant Goldschmieding,** Dortmunder Str. 49, ⊠ 44575, 𝒫 3 29 31, Fax 15945, ehem. Wasserschlößchen – 🅿. 🖭 ⑩ 🖪 𝖵𝖨𝖲𝖠
Samstag nur Abendessen, Montag geschl. – **Menu** à la carte 52/96
Spez. Gänsestopfleber mit grünem Spargel und Artischocken, Souffliertes Steinbuttfilet in Champagnersauce, Mille-feuille von Schokolade mit Minzeschaum.

CELLE Niedersachsen 🔳🔳 N 9, 🔳🔳🔳 ⑮ – 74 000 Ew – Höhe 40 m – ❄ 05141.

Sehenswert : Altstadt★★ – Schloß (Hofkapelle★) Y.

Ausflugsziel : Wienhausen (Kloster★) ③ : 10 km.

🏌 Celle-Garßen (über ②), 𝒫 (05086) 3 95.

🚩 Verkehrsverein, Markt 6, ⊠ 29221, 𝒫 12 12, Fax 12459.

ADAC, Nordwall 1a, ⊠ 29221, 𝒫 10 60, Fax 217882.

♦ Hannover 45 ④ – ♦ Bremen 112 ⑤ – ♦ Hamburg 117 ①.

Stadtplan siehe gegenüberliegende Seite

🏨 ❀ **Fürstenhof - Restaurant Endtenfang** ≫, Hannoversche Str. 55, ⊠ 29221, 𝒫 20 10, Fax 201120, « Historisches Palais mit Hotelanbau », ≘ₛ, 🔲 – ❘🛗❘ 📺 ⇐🚗 🅿 – 🔬 60. 🖭 ⑩ 🖪 𝖵𝖨𝖲𝖠. ✺ Rest   Z e
Menu 98/155 und à la carte 67/105 – *Kutscherstube (nur Abendessen, Sonn- und Feiertage geschl.)* **Menu** à la carte 36/65 – **71 Z** 170/410, 3 Suiten
Spez. Variation von der Wachtel mit Gänseleber, Jakobsmuscheln mit Bohnenkernen und Chili, Seeteufel mit Lorbeer-Pimentosauce und geschmorten Artischocken.

🏨 **Caroline Mathilde** garni (mit Gästehaus), Bremer Weg 37, ⊠ 29223, 𝒫 3 20 23, Fax 32028, ≘ₛ, 🔲 – ❘🛗❘ 📺 📻 🅿 – 🔬 50. 🖭 ⑩ 🖪 𝖵𝖨𝖲𝖠   Y e
22. Dez.– 5. Jan. geschl. – **52 Z** 110/250.

🏨 **Blumlage** garni, Blumlage 87, ⊠ 29221, 𝒫 70 71, Fax 201120 – 📺 🕿 🅿. 🖭 ⑩ 🖪 𝖵𝖨𝖲𝖠   Z d
32 Z 98/280.

🏨 **Am Stadtgraben** garni, Fritzenwiese 22, ⊠ 29221, 𝒫 10 91, Fax 24082, « Ehem. Villa a.d. 19. Jh., geschmackvolle Einrichtung mit Antiquitäten », ≘ₛ – ↳ 📺 🕿 🅿. 🖭 ⑩ 🖪 𝖵𝖨𝖲𝖠 𝖩𝖢𝖡   Y t
8 Z 140/260.

🏨 **Borchers** garni, Schuhstr. 52 (Passage), ⊠ 29221, 𝒫 70 61, Fax 201120 – ❘🛗❘ 📺 🕿 ⇐🚗. 🖭 ⑩ 🖪 𝖵𝖨𝖲𝖠   Y f
19 Z 120/300.

🏨 **St. Georg** ≫ garni, St. Georg-Str. 25, ⊠ 29221, 𝒫 2 10 51, Fax 217725, « Fachwerkhäuser a.d. 17. Jh. » – 📺 🕿 ⇐🚗 🅿. 🖭 🖪 𝖵𝖨𝖲𝖠. ✺   Y s
15 Z 95/195.

🏨 **Brauner Hirsch** garni, Münzstr. 9 c, ⊠ 29223, 𝒫 9 39 30, Fax 939350 – 📺 🕿 🅿. 🖭 ⑩ 🖪 𝖵𝖨𝖲𝖠   Y a
24 Z 110/230.

🏠 **Bacchus** (mit Gästehaus), Bremer Weg 132a, ⊠ 29223, 𝒫 5 20 31, Fax 52689 – 📺 🕿 ⇐🚗 🅿. 🖭 🖪 𝖵𝖨𝖲𝖠. ✺ Rest   über Bremer Weg   Y
Menu à la carte 29/57 – **43 Z** 78/138.

🏠 **Utspann,** Im Kreise 13, ⊠ 29221, 𝒫 9 27 20, Fax 927252, 🏠, « Restaurierte Fachwerkhäuser aus dem 18. Jh. mit antiker Einrichtung », ≘ₛ – 📺 🕿 🅿. 🖭 ⑩ 🖪 – 🔬 20. 🖭 ⑩ 🖪 𝖵𝖨𝖲𝖠
23. Dez.– 1. Jan. geschl. – **Menu** *(Sonntag geschl.)* (Okt.-Mai nur Abendessen) à la carte 36/56 – **19 Z** 120/205.   Y v

🏠 **Schaper,** Heese 6, ⊠ 29225, 𝒫 4 23 10, Fax 46965 – 📺 🕿 🅿. ⑩ 🖪
Menu *(Samstag nur Abendessen, Sonntag nur Mittagessen, Montag geschl.)* à la carte 33/50 – **13 Z** 95/170.   über Bahnhofstraße   Z

🏠 **Atlantik** garni, Südwall 12a, ⊠ 29221, 𝒫 2 30 39, Fax 24009 – ↳ Zim 📺 🕿. 🖭 ⑩ 🖪 𝖵𝖨𝖲𝖠 𝖩𝖢𝖡. ✺   Y b
20. Dez.– 5. Jan. geschl. – **14 Z** 80/170.

CELLE

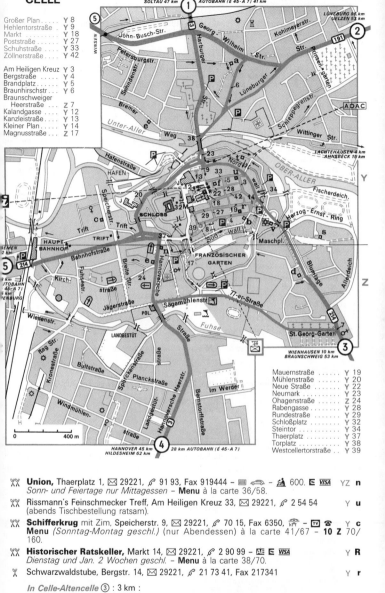

XX **Union,** Thaerplatz 1, ⊠ 29221, ℰ 91 93, Fax 919444 – ▤ ⬚ – 🔏 600. ⴹ 𝗩𝗜𝗦𝗔   YZ **n**
Sonn- und Feiertage nur Mittagessen – **Menu** à la carte 36/58.

XX **Rissmann's Feinschmecker Treff,** Am Heiligen Kreuz 33, ⊠ 29221, ℰ 2 54 54   Y **u**
(abends Tischbestellung ratsam).

XX **Schifferkrug** mit Zim, Speicherstr. 9, ⊠ 29221, ℰ 70 15, Fax 6350, 🏤 – 📺 ☎   Y **c**
Menu *(Sonntag-Montag geschl.)* (nur Abendessen) à la carte 41/67 – **10 Z** 70/160.

XX **Historischer Ratskeller,** Markt 14, ⊠ 29221, ℰ 2 90 99 – 🄰🄴 ⴹ 𝗩𝗜𝗦𝗔   Y **R**
Dienstag und Jan. 2 Wochen geschl. – **Menu** à la carte 38/70.

X Schwarzwaldstube, Bergstr. 14, ⊠ 29221, ℰ 21 73 41, Fax 217341   Y **r**

In Celle-Altencelle ③ : 3 km :

🏠 **Schaperkrug,** Braunschweiger Heerstr. 85 (B 214), ⊠ 29227, ℰ 8 30 91, Fax 881958 – 📺
☎ ⬚ 🄿 – 🔏 70. 🄰🄴 ⓪ ⴹ 𝗩𝗜𝗦𝗔
Menu *(Sonn- und Feiertage nur Mittagessen)* à la carte 34/74 – **36 Z** 105/250.

In Celle-Groß Hehlen ① : 4 km :

🏠 **Celler Tor,** Celler Str. 13 (B 3), ⊠ 29229, ℰ 59 00, Fax 590490, 🏤, ⇌, 🔲, 🎣 – 🛗 📺
🄿 – 🔏 200. 🄰🄴 ⓪ ⴹ 𝗩𝗜𝗦𝗔
Menu *(Sonn- und Feiertage nur Mittagessen)* à la carte 47/74 – **64 Z** 143/296.

In Wienhausen SO : 10 km über ③ :

🏠 **Voß** garni, Hauptstr. 27, ⊠ 29342, ℘ (05149) 5 92, Fax 202, « Geschmackvolle Einrichtung mit Antiquitäten », ☞ – 📺 ☎ ⅙ ⑫, ⅍ ⅇ. ⅏
15. Jan.- 5. Feb. geschl. – **20 Z** 98/160.

In Bergen-Altensalzkoth N : 14 km über ① :

🏠 **Helms** (mit Gästehaus), ⊠ 29303, ℘ (05054) 81 82, Fax 8180, 🍴, 🍴, ☞ – 🚿 📺 ☎ ⅙ 🌫 ⑫ – 🏌 60. ⅍ ⑩ ⅇ 𝘝𝘐𝘚𝘈
15. Dez.- Jan. geschl. – **Menu** à la carte 29/63 – **50 Z** 74/200.

CHAM Bayern ⓸⓵⓷ UV 19, ⓹⓼⓻ ㉗ – 17 000 Ew – Höhe 368 m – ⊛ 09971.

🛈 Fremdenverkehrsamt, Probsteistr. 46 (im Cordonhaus), ⊠ 93413, ℘ 49 33, Fax 6811.
◆München 178 – Amberg 73 – Passau 109 – Plzen 94 – ◆Regensburg 56.

🏠 **Randsberger Hof,** Randsberger-Hof-Str. 15, ⊠ 93413, ℘ 12 66, Fax 20299, 🍴, 🍴 – 🚿
◆ 📺 ☎ 🌫 ⑫ – 🏌 100. ⅍ ⑩ ⅇ 𝘝𝘐𝘚𝘈
Menu à la carte 22/46 – **85 Z** 52/126.

🔝 **Gästeheim am Stadtpark** 🌫 garni, Tilsiter Str. 3, ⊠ 93413, ℘ 22 53, Fax 79253, ☞ – 📺 ☎ 🌫. ⅍ ⅇ
11 Z 38/76.

🍴🍴 **Bräu-Pfandl,** Lucknerstr. 11, ⊠ 93413, ℘ 2 07 87 – ⅍ ⑩ ⅇ 𝘝𝘐𝘚𝘈
Sonntag - Montag geschl. – **Menu** à la carte 30/69.

In Cham-Altenmarkt SW : 3 km :

🏠 **Stadt- und Sporthotel,** Prälat-Wolker-Str. 5, ⊠ 93413, ℘ 39 50, Fax 39520, Biergarten, 🍴, ⅍ – 🚿 📺 ☎ ⅙ ⑫ – 🏌 50. ⑩ ⅇ 𝘝𝘐𝘚𝘈
Nov. 2 Wochen geschl. – **Menu** à la carte 26/54 – **67 Z** 85/135.

In Cham-Chammünster O : 3 km über die B 85 :

🏠 **Berggasthaus Oedenturm** 🌫, Am Oedenturm 11, ⊠ 93413, ℘ 38 80, Fax 32647, ≤, 🍴, ☞ – ⑫. ⑩ ⅇ
6. Okt.- 3. Dez. geschl. – **Menu** *(Sonntag nur Mittagessen, Montag geschl.)* à la carte 29/57 – **11 Z** 38/85 – ½ P 58/65.

In Chamerau SO : 7 km :

🏠 **Landgasthof Schwalbenhof,** Kalvarienberg 1 (B 85), ⊠ 93466, ℘ (09944) 8 68, Fax 2654, ◆ 🍴 – ⑫ ⑫
Mitte Feb. - Mitte März geschl. – **Menu** *(Mittwoch geschl.)* à la carte 24/48 – **17 Z** 51/90 – ½ P 56/62.

In Runding O : 9 km :

🏠 **Pension Christiane** 🌫, Dorfplatz 1, ⊠ 93486, ℘ (09971) 26 96, Fax 40652, 🍴, 🍴, ☞ – ⅍ Zim ⑫
April - Nov. – (nur Abendessen für Hausgäste) – **44 Z** 50/120.

CHAMERAU Bayern siehe Cham.

CHEMNITZ Sachsen ⓸⓵⓸ K 13, ⓹⓼⓸ ㉓ ㉔, ⓹⓼⓻ ㉗ – 290 000 Ew – Höhe 300 m – ⊛ 0371.
Sehenswert : Museum für Naturkunde (versteinerter Wald★) – Schloßkirche (Geißelsäule★).
Ausflugsziel : Schloß Augustusburg★ (Museum für Jagdtier- und Vogelkunde★, Motorradmuseum★★), O : 15 km.
🛈 Tourist-Information, Straße der Nationen 3, ⊠ 09111, ℘ 6 20 51, Fax 61583.
ADAC, Bahnhofstr. 20, ⊠ 09111, ℘ 63 15 66, Fax 62777.
◆Dresden 70 – ◆Berlin 268 – ◆Leipzig 78 – Praha 163.

🏠 **Acora Aparthotel,** Bernsdorfer Str. 2, ⊠ 09126, ℘ 6 01 31, Fax 62781 – 🚿 ⅍ Zim 📺 ☎ ⑫ – 🏌 30. ⅍ ⑩ ⅇ 𝘝𝘐𝘚𝘈. ⅍ Rest
Menu à la carte 37/61 – **194 Z** 175/260.

🏠 **Mercure,** Brückenstraße 19, ⊠ 09111, ℘ 68 30, Fax 683505, 🍴 – 🚿 ⅍ Zim 🍽 Rest 📺 ☎ – 🏌 100. ⅍ ⅇ 𝘝𝘐𝘚𝘈 𝘑𝘊𝘉
Menu à la carte 33/59 – **386 Z** 149/240.

🏠 **Günnewig Hotel Europa,** Straße der Nationen 56, ⊠ 09111, ℘ 68 11 28, Fax 670606, 🍴 – 🚿 ⅍ Zim 📺 ☎. ⅍ ⅇ 𝘝𝘐𝘚𝘈 𝘑𝘊𝘉. ⅍ Rest
Menu à la carte 27/57 – **109 Z** 150/180.

🏠 Sächsischer Hof, Brühl 26, ⊠ 09111, ℘ 41 43 83, Fax 414586, 🍴 – 🚿 📺 ☎ ⑫ – 🏌 40
20 Z

🏠 **Elisenhof** garni, Mühlenstr. 102, ⊠ 09111, ℘ 41 08 71, Fax 410871 – 🚿 📺 ☎. ⅍ ⑩ ⅇ
𝘝𝘐𝘚𝘈
24 Z 95/180.

🏠 **Tiffany** garni, Claußstr. 54, ⊠ 09126, ℘ 52 07 10, Fax 5207127, 🍴 – 📺 ⑫
12 Z 110/160.

Ratskeller-Ratsgewölbe, Markt 1, ✉ 09111, ✆ 44 66 77, Fax 446679 – AE Ⓓ E VISA
Menu (nur Abendessen) à la carte 42/60 – ***Marktstuben*** *(auch Mittagessen)* **Menu** à la carte 23/42.

In Chemnitz-Adelsberg SO : 4 km :

Adelsberger Parkhotel Hoyer, Wilhelm-Busch-Str. 61, ✉ 09127, ✆ 77 33 03, Fax 773377, – 🛗 TV ☎ P – 50. AE E VISA
Menu *(Sonntag geschl.)* à la carte 34/51 – **27 Z** 175/255.

In Chemnitz-Rabenstein W : 6 km :

Burghotel Rabenstein, Grünaer Str. 2, ✉ 09117, ✆ 85 65 02, Fax 850579, « Gartenrestaurant » – TV P – 80. AE Ⓓ E VISA
Menu à la carte 32/64 – **20 Z** 130/290.

In Röhrsdorf NW : 5 km :

Quality Hotel Plaza (Chemnitz Park), Wildparkstr. 6, ✉ 09247, ✆ (03722) 51 30, Fax 513100, – 🛗 Zim TV ☎ P – 50. AE Ⓓ E VISA
Menu à la carte 27/50 – **104 Z** 168/228.

In Neukirchen SW : 8 km :

Almenrausch, Bahnhofstr. 5, ✉ 09221, ✆ 26 66 60, Fax 2666640 – TV ☎ P. AE Ⓓ E VISA.
Menu à la carte 22/36 – **16 Z** 95/170.

In Hartmannsdorf NW : 9 km :

Domizil, Am Berg 3, ✉ 09232, ✆ (03722)9 54 61, Fax 95476, – 🛗 Zim TV ☎ P – 60. AE Ⓓ E VISA
Menu à la carte 36/61 – **90 Z** 205/270.

In Kleinolbersdorf SO : 9 km :

Kleinolbersdorf, Hauptstr. 45, ✉ 09128, ✆ 77 24 02, Fax 772404, – TV ☎ P – 20. AE Ⓓ E VISA
Menu *(2.- 15. Jan. geschl.)* à la carte 26/53 – **14 Z** 125/195.

In Mittelbach SW : 9 km :

Abendroth, Hofer Str. 11 a, ✉ 09224, ✆ 85 52 13, Fax 855295, – TV ☎ P. E
Menu à la carte 20/35 – **34 Z** 99/136.

In Kändler NW : 10 km :

Parkhotel, Rabensteiner Str. 12, ✉ 09247, ✆ (03722) 25 42, Fax 2543, – TV ☎ P – 20.
(nur Abendessen) – **26 Z**.

Landhotel Goldener Becher, Rabensteiner Str. 7, ✉ 09247, ✆ (03722) 8 70 08, Fax 92116, – 🛗 TV ☎ P – 30
80 Z.

CHIEMING Bayern 413 U 23, 987 ㊲, 426 J 5 – 3 700 Ew – Höhe 532 m – Erholungsort – 08664.

Sehenswert: Chiemsee★ – Schloß Herrenchiemsee★★.

Chieming-Hart (N : 7 km), ✆ (08669) 75 57.

Verkehrsamt, Haus des Gastes, Hauptstr. 20b, ✉ 83339, ✆ 2 45, Fax 8998.

♦München 104 – Traunstein 12 – Wasserburg am Inn 37.

Unterwirt, Hauptstr. 32, ✉ 83339, ✆ 5 51, Fax 1649, Biergarten – TV P
7. Jan.- 2. Feb. und 2.- 30. Nov. geschl. – **Menu** *(Juli - Sept. Dienstag, Okt.- Juni Montag und Dienstag geschl.)* à la carte 29/60 *(auch vegetarische Gerichte)* – **11 Z** 35/115.

In Chieming-Ising NW : 7 km – Luftkurort :

Gut Ising, Kirchberg 3, ✉ 83339, ✆ (08667)7 90, Fax 79432, Biergarten, « Zimmer mit Stil- und Bauernmöbeln », (Halle), (Reitschule und -hallen) – 🛗 TV P – 90. AE Ⓓ E VISA
Menu à la carte 36/72 – **105 Z** 160/250, 7 Suiten – ½ P 167/203.

CHIEMSEE Bayern 413 U 23, 987 ㊲, 426 J 5 – Höhe 518 m.

Sehenswert: See ★ mit Herren- und Fraueninsel – Schloß Herrenchiemsee★★.

ab Gstadt : ♦München 94 – Rosenheim 27 – Traunstein 27.

Auf der Fraueninsel – Autos nicht zugelassen :

von Gstadt (ca. 5 min) und von Prien (ca. 20 min)

Zur Linde (Gasthof a.d. 14. Jh.), ✉ 83256 Chiemsee, ✆ (08054) 9 03 66, Fax 7299, – Zim ☎. Zim
15. Jan.- 15. März geschl. – **Menu** à la carte 28/59 – **14 Z** 95/180 – ½ P 125/140.

CHORIN Brandenburg 🅰🄸🄸 N 7 – 500 Ew – Höhe 36 m – ☎ 033366.
Potsdam 95 – ◆Berlin 63 – Frankfurt a.d. Oder 96 – Neubrandenburg 108.

🏛 **Haus Chorin** 🐾, Neue Klosterallee 10, ⌧ 16230, 🖉 4 47, Fax 326, 🍴, 🕿s, 🛥, 🚗 –
📺 🕿 🅿 – 🏧 40. ⑀ 𝗩𝗜𝗦𝗔
Menu à la carte 26/39 – **22 Z** 73/124.

CHOSSEWITZ Brandenburg siehe Eisenhüttenstadt.

CLAUSTHAL-ZELLERFELD Niedersachsen 🅰🄸🄸 NO 11, 🄰🄸🄸 ⑯ – 17 000 Ew – Höhe 600 m –
Heilklimatischer Kurort – Wintersport : 600/800 m 🚶1 🎿4 – ☎ 05323.
🛈 Kurverwaltung, Bahnhofstr. 5a, ⌧ 38678, 🖉 8 10 24.
◆Hannover 98 – ◆Braunschweig 62 – Göttingen 59 – Goslar 19.

🏛 **Parkhotel Calvör** 🐾, Treuerstr. 6, ⌧ 38678, 🖉 95 00, Fax 950222, 🍴, (restauriertes Haus
a.d. 17. Jh.), « Geschmackvolle Einrichtung in rustikalem Stil », 🕿s – ⇆ Zim 📺 🕿 🅿 –
🏧 60. ⑁⑂ ⑪ ⑀ 𝗩𝗜𝗦𝗔
Menu à la carte 26/76 – **41 Z** 98/164.

🏛 **Goldene Krone,** Kronenplatz 3, ⌧ 38678, 🖉 93 00, Fax 930100, 🍴 – 🛗 📺 🕿 🚗 🅿
– 🏧 35. ⑀ 𝗩𝗜𝗦𝗔
Menu *(Donnerstag geschl.)* à la carte 32/64 – **25 Z** 95/200.

🏠 **Kronprinz,** Goslarsche Str. 20 (B 241), ⌧ 38678, 🖉 8 10 88 – 🕿 🚗 🅿
Nov. geschl. – Menu *(Montag geschl.)* à la carte 27/52 – **22 Z** 65/150.

🏠 **Wolfs-Hotel,** Goslarsche Str. 60 (B 241), ⌧ 38678, 🖉 8 10 14, Fax 81015, 🕿s, ⬛, 🚗 –
⇆ Zim 📺 🕿 🅿 – 🏧 40. ⑁⑂ ⑪ ⑀ 𝗩𝗜𝗦𝗔 𝗝𝗖𝗕
Menu (wochentags nur Abendessen, Sonntag nur Mittagessen) à la carte 32/56 –
30 Z 88/160 – ½ P 105/123.

In Clausthal-Zellerfeld-Buntenbock S : 3,5 km – Luftkurort :

🏠 **Gästehaus Tannenhof,** An der Ziegelhütte 2 (B 241), ⌧ 38678, 🖉 9 38 20 (Hotel)
16 97 (Rest.), Fax 938228, 🍴, 🚗 – 📺 🕿 🅿
Menu *(Montag geschl.)* à la carte 27/49 – **10 Z** 75/120.

CLOPPENBURG Niedersachsen 🅰🄸🄸 GH 8, 🄰🄸🄸 ⑭ – 25 000 Ew – Höhe 39 m – ☎ 04471.
Sehenswert : Museumsdorf★.
🛈 Tourist-Information (Kulturamt), Mühlenstr. 20, ⌧ 49661, 🖉 1 85 81, Fax 7199.
◆Hannover 178 – ◆Bremen 67 – Lingen 68 – ◆Osnabrück 76.

🏛 **Parkhotel** 🐾 garni, Burgstr. 8, ⌧ 49661, 🖉 66 14, Fax 6617, 🕿s – 🛗 ⇆ Zim 📺 🕿 🛗
🅿 – 🏧 50. ⑁⑂ ⑀ 𝗩𝗜𝗦𝗔
51 Z 90/180.

🏠 **Schäfers Hotel,** Lange Str. 66, ⌧ 49661, 🖉 24 84, Fax 84844 – 📺 🕿 🚗 🅿. ⑁⑂ ⑪ ⑀
𝗩𝗜𝗦𝗔
Menu *(Sonntag nur Mittagessen, Montag nur Abendessen)* à la carte 45/68 – **12 Z** 75/120.

🏠 **Schlömer,** Bahnhofstr. 17, ⌧ 49661, 🖉 28 38, Fax 6524 – 📺 🕿 🚗 🅿. ⑁⑂ ⑪ ⑀ 𝗩𝗜𝗦𝗔
Menu *(Sonntag geschl.)* à la carte 37/66 – **15 Z** 85/165.

🏠 **Deeken,** Friesoyther Str. 2, ⌧ 49661, 🖉 65 52, Fax 5816, 🕿s, 🚗 – 📺 🕿 🚗 🅿 – 🏧 60.
⑁⑂ ⑪ ⑀ 𝗩𝗜𝗦𝗔
Menu *(Samstag und Juli - Aug. 3 Wochen geschl.)* à la carte 31/69 – **20 Z** 65/160.

In Resthausen NW : 6 km über Resthauser Straße :

🏠 **Landhaus Schuler** 🐾, Kastanienallee 6, ⌧ 49696, 🖉 (04475) 4 95, Fax 1705, 🍴, 🚗 –
🕿 🅿
Menu *(Freitag geschl.)* à la carte 31/56 – **11 Z** 60/140 – ½ P 80/90.

Siehe auch : *Molbergen (W : 8,5 km)*

COBURG Bayern 🅰🄸🄸 P 16, 🄰🄸🄸 ㉖ – 44 000 Ew – Höhe 297 m – ☎ 09561.
Sehenswert : Gymnasium Casimirianum★ z A.
🛐 Schloß Tambach (W : 10 km), 🖉 (09567) 12 12.
🛈 Tourist-Information, Herrngasse 4, ⌧ 96450, 🖉 7 41 80, Fax 741829.
ADAC, Mauer 9, ⌧ 96450, 🖉 9 47 47, Fax 95620.
◆München 279 ②. – ◆Bamberg 47 ②. – Bayreuth 74 ②.

Stadtplan siehe gegenüberliegende Seite

🏛 **Blankenburg,** Rosenauer Str. 30, ⌧ 96450, 🖉 7 50 05, Fax 75674, 🍴, « Restaurant mit
rustikaler Einrichtung » – 🛗 ⇆ Zim 📺 🕿 🅿 – 🏧 50. 🍽 Rest   Y v
Kräutergarten (abends Tischbestellung ratsam) *(Sonntag geschl.)* Menu à la carte 46/77
– **46 Z** 110/195.

🏛 **Stadt Coburg** 🐾, Lossaustr. 12, ⌧ 96450, 🖉 87 40, Fax 874222, « Rustikales
Grillrestaurant », 🕿s – 🛗 📺 🕿 🅿 – 🏧 60. ⑁⑂ ⑪ ⑀ 𝗩𝗜𝗦𝗔 𝗝𝗖𝗕. 🍽 Rest   Y e
Menu *(Sonntag geschl.)* à la carte 39/72 – **44 Z** 125/196.

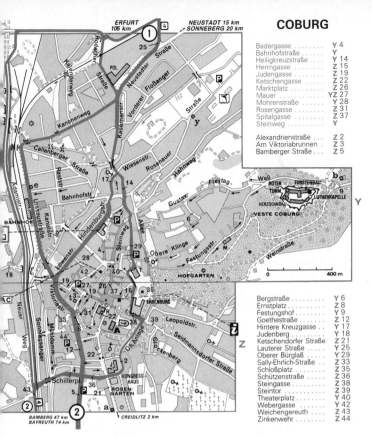

COBURG

ERFURT 105 km

NEUSTADT 15 km
SONNEBERG 20 km

🏨 **Goldene Traube,** Am Viktoriabrunnen 2, ⊠ 96450, ℰ 87 60, Fax 876222, ⚌s – |≢| ⇔ Zim 📺 ☎ ⇔ – 🍴 80. 🖭 ᴇ 𝓥𝓘𝓢𝓐
Z t
Menu à la carte 33/68 – **79 Z** 130/270.

🏨 **Festungshof** ⤳, Festungsberg 1, ⊠ 96450, ℰ 7 50 77, Fax 94372, ㈤ – 📺 ☎ ⇔ 🅿
– 🍴 120. 🖭 ① ᴇ 𝓥𝓘𝓢𝓐
Y b
Menu à la carte 34/66 – **14 Z** 95/240.

XXX ❀ **Coburger Tor - Restaurant Schaller** mit Zim, Ketschendorfer Str. 22, ⊠ 96450,
ℰ 2 50 74, Fax 28874, ㈤ – |≢| 📺 ☎ 🅿. ❀
Z a
Menu *(Sonn- und Feiertage geschl.)* (nur Abendessen, Tischbestellung ratsam) 88/128 und
à la carte 61/86 – **13 Z** 125/250
Spez. Tempura von Austern, Kalbskotelette in zweierlei Olivensaucen, Gebackene Apfelravioli mit
weißem Schokoladeneis und schwarzen Nüssen.

In Coburg-Neu Neershof O : 6 km über Seidmannsdorfer Str. Z :

🏨 **Schloß Neuhof** ⤳, Neuhofer Str. 10, ⊠ 96450, ℰ (09563) 20 51, Fax 2107, ㈤, « Park »
– 📺 ☎ 🅿. ᴇ 𝓥𝓘𝓢𝓐
Jan. geschl. – **Menu** à la carte 48/87 – **20 Z** 90/185.

In Coburg-Scheuerfeld W : 3 km über Judenberg Y :

🏨 **Gasthof Löhnert** ⤳, Schustersdamm 28, ⊠ 96450, ℰ 3 10 31, Fax 32652, ⚌s, 🔲 – ☎
🅿
Menu *(Donnerstag nur Abendessen, Sonntag sowie Jan. und Aug. jeweils 2 Wochen
geschl.)* à la carte 23/39 – **56 Z** 73/103.

In Rödental N : 7 km über Neustadter Straße Y :

X **Brauereigasthof Grosch** mit Zim, Oeslauer Str. 115, ⊠ 96472, ℰ (09563) 40 47, Fax 4700
– ☎ ⇔ 🅿. ᴇ 𝓥𝓘𝓢𝓐
Menu à la carte 26/51 – **13 Z** 73/130.

In Ahorn-Witzmannsberg SW : 10 km über ② und die B 303 :

🏠 **Waldpension am Löhrholz** ⤷ garni, Badstr. 20a, ✉ 96482, ✆ (09561) 13 35, Fax 1641, 🌁 – ☎ 🅿. ⅀ 🔳 𝘝𝘐𝘚𝘈
22 Z 65/110.

In Großheirath ② : 11 km :

🏛 **Steiner,** Hauptstr. 5, ✉ 96269, ✆ (09565) 79 40, Fax 79497, 🌁, ⇌s, 🔳, 🐎 – |≉| 📺 ☎
↞ 🅿 – 🔏 60. ⅀
Menu *(Montag nur Abendessen)* à la carte 22/48 – **70 Z** 68/140, 4 Suiten.

COCHEM Rheinland-Pfalz 🔢🔢 E 16, 🔢🔢🔢 ㉔ – 6 000 Ew – Höhe 91 m – ✪ 02671.
Sehenswert : Lage★★.
🈺 Verkehrsamt, Endertplatz, ✉ 56812, ✆ 39 71, Fax 8410.
Mainz 139 – ◆Koblenz 51 – ◆Trier 92.

🏛 **Alte Thorschenke,** Brückenstr. 3, ✉ 56812, ✆ 70 59, Fax 4202, 🌁, « Historisches Haus a.d.J. 1332 » – |≉| ☎ ⇌ – 🔏 20. ⅀ ⓪ ⅀ 𝘝𝘐𝘚𝘈 ⅀ Rest
5. Jan.- 15. März geschl. – **Menu** *(Nov.- Jan. Mittwoch geschl.)* à la carte 48/83 –
34 Z 95/225.

🏠 **Karl Müller,** Moselpromenade 9, ✉ 56812, ✆ 13 33, Fax 7131, 🌁 – |≉| ☎. ⅀ 𝘝𝘐𝘚𝘈
Menu *(Nov.- Feb. Dienstag geschl.)* à la carte 27/55 – **36 Z** 80/130.

🏠 **Haus Erholung** garni (mit Gästehaus |≉|), Moselpromenade 64, ✉ 56812, ✆ 75 99,
Fax 4362, ⇌s, 🔳 – 🅿. ⅀. ⅀
Mitte März - Mitte Nov. – **13 Z** 48/110.

🏠 **Weinhaus Feiden,** Liniusstr. 1, ✉ 56812, ✆ 32 56, Fax 4826 – ⇌. ⅀ Rest
↞ *28. Jan.- 17.Feb. und 1.- 17. März geschl.* – **Menu** *(Montag geschl.)* à la carte 22/55 ♨
– **10 Z** 50/90.

❌❌ **Lohspeicher** ⤷ mit Zim, Obergasse 1, ✉ 56812, ✆ 39 76, Fax 1772, 🌁 – |≉| 📺 ☎. ⅀
⓪ ⅀. ⅀
2. Jan.- Feb. geschl. – **Menu** *(Dienstag geschl., Mittwoch nur Abendessen)* 30 (mittags) und
à la carte 64/90 – **8 Z** 85/150 – ½ P 110/120.

In Cochem-Cond :

🏛 **Thul** ⤷, Brauselaystr. 27, ✉ 56812, ✆ 71 34, Fax 5367, ≼ Cochem und Mosel, 🌁, ⇌s,
🐎 – |≉| 📺 ☎ ⇌ 🅿. ⓪
Dez.- Jan. geschl. – **Menu** à la carte 32/52 ♨ – **23 Z** 72/160 – ½ P 86/104.

🏛 **Görg** garni, Bergstr. 6, ✉ 56812, ✆ 88 94, Fax 8990, ≼, ⇌s – |≉| 📺 ⇌ 🅿. ⅀
10.- 31. Jan. geschl. – **12 Z** 80/140.

🏛 **Am Rosenhügel,** Valwiger Str. 57, ✉ 56812, ✆ 13 96, Fax 8116, ≼, 🐎 – |≉| 📺 🅿. ⅀
𝘝𝘐𝘚𝘈
Dez.- 15. Feb. geschl. – (nur Abendessen für Hausgäste) – **23 Z** 70/150.

🏠 **Am Hafen,** Uferstr. 4, ✉ 56812, ✆ 84 74, Fax 8099, ≼, 🌁 – 📺 ☎ ⇌. ⅀ ⓪ 𝘝𝘐𝘚𝘈. ⅀
Menu *(2.- 15. Jan. geschl.)* à la carte 27/59 – **18 Z** 70/200 – ½ P 75/125.

In Cochem-Sehl :

🏠 **Panorama,** Klostergartenstr. 44, ✉ 56812, ✆ 84 30, Fax 3064, ⇌s, 🔳, 🐎 – |≉| 📺 ☎ ⇌
🅿 – 🔏 100. ⅀ 𝘝𝘐𝘚𝘈. ⅀ Rest
Jan. geschl. – **Menu** à la carte 27/53 – **43 Z** 80/190 – ½ P 92/117.

🏠 **Parkhotel Landenberg,** Sehler Anlagen 1, ✉ 56812, ✆ 71 10, Fax 8379,
« Gartenterrasse », ⇌s, 🔳 – 📺 ☎ ⇌ 🅿. ⅀ ⅀ 𝘝𝘐𝘚𝘈. ⅀ Rest
Anfang Jan.- Mitte März geschl. – **Menu** à la carte 35/86 – **24 Z** 95/210 – ½ P 105/153.

🏠 **Keßler-Meyer** ⤷ garni, Am Reilsbach 12, ✉ 56812, ✆ 45 64, Fax 3858, ≼, ⇌s, 🔳 – 📺
☎ ⇌ 🅿. ⅀
30 Z 95/200.

🏠 **Zur schönen Aussicht,** Sehler Anlagen 22, ✉ 56812, ✆ 72 32, ≼, 🌁 – ⅀ Zim
Menu *(Nov.- Juni Montag geschl.)* à la carte 28/51 ♨ – **16 Z** 60/150.

🏠 **Weinhaus Klasen,** Sehler Anlagen 8, ✉ 56812, ✆ 76 01, Fax 91380 – |≉| 🅿. ⅀ Zim
↞ *Weihnachten - Anfang Jan. geschl.* – **Menu** *(Nov.- Mai Mittwoch geschl.)* (nur Abendessen)
à la carte 20/41 ♨ – **12 Z** 55/120.

Im Enderttal NW : 3 km :

🏛 **Weißmühle** ⤷, ✉ 56812 Cochem, ✆ (02671) 89 55, Fax 8207, 🌁 – |≉| 📺 ☎ 🅿 – 🔏 50.
⓪ ⅀ 𝘝𝘐𝘚𝘈
Menu à la carte 44/79 – **36 Z** 95/220.

In Ernst O : 5 km :

🏠 **Pollmanns,** Moselstr. 54, ✉ 56814, ✆ (02671) 86 83, Fax 5646, 🌁 – |≉| 🅿
↞ *Mitte Jan.- Mitte März geschl.* – **Menu** *(Donnerstag nur Abendessen)* à la carte 21/53 –
79 Z 73/120.

❄ **Weinhaus André,** Moselstr. 1, ✉ 56814, ✆ (02671) 46 88, Fax 5859, ≼ – 🅿. ⅀ Zim
↞ *20. Dez.- Jan. geschl.* – **Menu** *(Dienstag geschl.)* à la carte 23/37 ♨ – **15 Z** 50/92.

COESFELD Nordrhein-Westfalen 𝟜𝟙𝟙 𝟜𝟙𝟚 E 11, 𝟗𝟖𝟟 ⑭, 𝟜𝟘𝟠 M 6 – 37 000 Ew – Höhe 81 m – ☎ 02541.

🟢 Stevede 8a, ℘ 59 57.

🛈 Verkehrsamt, Rathaus, Markt 8, ⊠ 48653, ℘ 1 51 51.

Düsseldorf 105 – Münster (Westfalen) 38.

🏨 **Zur Mühle** garni, Mühlenstr. 23, ⊠ 48653, ℘ 91 30, Fax 6577 – 📺 ☎ 👤 🚗 👤. 🆎 ⓞ 🅴 𝘝𝘐𝘚𝘈 . ⚘
31 Z 100/150.

XXX ❀ **Valkenhof**, Mühlenstr. 25, ⊠ 48653, ℘ 8 77 34, Fax 87779, « Bürgerhaus a.d.18.Jh., elegante Einrichtung » – 🆎 ⓞ 🅴 𝘝𝘐𝘚𝘈
Montag geschl. – **Menu** 48 (mittags) und à la carte 74/97
Spez. Lauwarmer Hummer mit Tomaten und Kräutern, Mit Kalbsbries gefüllte Perlhuhnbrust, Pfefferminzauflauf mit Schokoladensorbet.

COLMBERG Bayern 𝟜𝟙𝟛 O 18 – 1 100 Ew – Höhe 442 m – ☎ 09803.

🟢 Burg Colmberg, ℘ 6 00.

München 225 – Ansbach 17 – Rothenburg ob der Tauber 18 – ◆Würzburg 71.

🏨 **Burg Colmberg** ⮵, ⊠ 91598, ℘ 6 15, Fax 262, ≤, 🏠, « Hotel mit stilvoller Einrichtung in einer 1000-jährigen Burganlage, Hauskapelle, Gartenterrasse » Wildpark – ☎ 🚗 👤 – 🍴 100. 🆎 🅴. ⚘ Rest
Jan.- Feb. geschl. – **Menu** *(Dienstag geschl.)* à la carte 24/58 – **23 Z** 75/195 – ½ P 110/150.

COSWIG (ANHALT) Sachsen-Anhalt 𝟜𝟙𝟜 J 10, 𝟗𝟖𝟜 ⑲, 𝟗𝟖𝟟 ⑰ – 10 000 Ew – Höhe 75 m – ☎ 034903.

Magdeburg 72 – ◆Berlin 108.

In Coswig-Griebo O : 2,5 km :

🏨 **Bayrischer Hof,** Straße der Freundschaft 41a (B 187), ⊠ 06869, ℘ 4 38, Fax 2310, 🏠 – 📺 ☎ 👤 👤 ⓞ 🅴 𝘝𝘐𝘚𝘈
Menu à la carte 21/39 – **22 Z** 109/168.

COTTBUS Brandenburg 𝟜𝟙𝟜 O 10, 𝟗𝟖𝟜 ⑳, 𝟗𝟖𝟟 ⑱ – 125 000 Ew – Höhe 64 m – ☎ 0355.

Ausflugsziele : Spreewald★★ (Freilandmuseum Lehde★, per Kahn ab Lübbenau NW : 31 km).

🛈 Cottbus-Information, Berliner Str. 3, ⊠ 03046, ℘ 2 42 55, Fax 791931.

ADAC, Wilhelmstr. 3, ⊠ 03046, ℘ 8 68 60, Fax 792122.

Potsdam 146 – ◆Dresden 104 – ◆Frankfurt/Oder 80 – ◆Leipzig 174.

🏨 **Maritim,** Vetschauer Str. 12, ⊠ 03048, ℘ 47610, Fax 4761900, 🍸, ≦ₛ, 🏊 – 🛗 ⚙ 🖥 📺 ☎ 👤 🚗 – 🍴 330. 🆎 ⓞ 🅴 𝘝𝘐𝘚𝘈 𝗝𝗖𝗕. ⚘ Rest
Menu à la carte 40/60 – **241 Z** 205/348.

🏨 **Dorotheenhof,** Waisenstr. 19, ⊠ 03046, ℘ 7 83 80, Fax 7838444 – 🛗 ⚙ Zim 📺 ☎ 👤 – 🍴 25. 🆎 ⓞ 🅴 𝘝𝘐𝘚𝘈. ⚘ Rest
Menu à la carte 40/62 – **62 Z** 140/195.

🏨 Branitz ⮵, Heinrich-Zille-Straße, ⊠ 03042, ℘ 7 51 00, Fax 713172, 🏠, Massage, ≦ₛ – 🛗 📺 ☎ 👤 – 🍴 450 – **205 Z**.

🏨 **Waldhotel Cottbus,** Drachhausener Str. 70, ⊠ 03044, ℘ 8 76 40, Fax 8764100, 🏠 – 📺 ☎ 👤 👤 – 🍴 80. 🆎 🅴 𝘝𝘐𝘚𝘈
Menu à la carte 27/41 – **53 Z** 140/170.

🏨 **Ostrow,** Wasserstr. 4, ⊠ 03046, ℘ 78 00 80, Fax 7800820, Biergarten – 📺 ☎ 👤
Menu à la carte 20/36 – **18 Z** 85/180.

In Kolkwitz W : 4 km :

🏨 **Haus Irmer,** Berliner Str. 90c (an der B 115), ⊠ 03099, ℘ (0355) 28 74 74, Fax 287477, 🏠, ≦ₛ – 🛗 📺 ☎ 👤 – 🍴 40. 🆎 🅴 𝘝𝘐𝘚𝘈
Menu à la carte 21/47 – **36 Z** 175/210.

In Gallinchen S : 4 km :

🏨 **Jahrmarkthof,** Friedensplatz 8, ⊠ 03058, ℘ (0355) 53 94 12, Fax 542976 – 📺 ☎ 👤. 🅴
Menu à la carte 20/37 – **12 Z** 80/140.

In Limberg W : 10 km :

🏨 **Limberg,** Hauptstr. 70, ⊠ 03099, ℘ (035604) 6 30, Fax 63100, 🏠, ⚒ – 📺 ☎ 👤 – 🍴 30. 🆎 ⓞ 🅴 𝘝𝘐𝘚𝘈
Menu à la carte 22/51 – **30 Z** 120/260.

In Roggosen SO : 12 km :

🏨 **Waldhotel,** Dorfstr. 61, ⊠ 03058, ℘ (035605) 4 05 60, Fax 40502 – 📺 ☎ 👤. 🆎 ⓞ 🅴 𝘝𝘐𝘚𝘈
Menu (nur Abendessen) à la carte 19/24 – **34 Z** 125/170.

CRAILSHEIM Baden-Württemberg 👁🔟🔧 N 19. 👁🔧🔧 ㉖ – 30 000 Ew – Höhe 413 m – ✿ 07951.

🏛 Städt. Verkehrsamt, Rathaus, Marktplatz 1, ✉ 74564, ℘ 40 31 25, Fax 43234.

◆Stuttgart 114 – ◆Nürnberg 102 – ◆Würzburg 112.

🏨 **Post-Faber,** Lange Str. 2 (B 14), ✉ 74564, ℘ 80 38, Fax 8030, ☎s – |≢| 📺 ☎ ⇔ ❶ –
🔬 40. 🄰🄴 ⓞ 🄴 𝘝𝘐𝘚𝘈
Menu *(Freitag nur Mittagessen, Samstag nur Abendessen)* à la carte 33/60 – **65 Z** 88/160.

In Crailsheim-Rossfeld W : 4 km :

🏠 Krone (mit Gästehaus), Reussenbergstr. 13, ✉ 74564, ℘ 2 29 65, Fax 26634 – 📺 ☎ ❶.
❀
21 Z.

CREGLINGEN Baden-Württemberg 👁🔟🔧 N 18. 👁🔧🔧 ㉖ – 4 900 Ew – Höhe 277 m – Erholungsort
– ✿ 07933.

Sehenswert : Herrgottskirche (Marienaltar★★).

🏛 Verkehrsamt, Rathaus, ✉ 97993, ℘ 7 01 11, Fax 70130.

◆Stuttgart 145 – Ansbach 50 – Bad Mergentheim 28 – ◆Würzburg 45.

🏠 **Krone,** Hauptstr. 12, ✉ 97993, ℘ 5 58, Fax 1444 – ❶. ❀ Zim
➡ *10. Dez.- Jan. geschl.* – **Menu** *(Montag geschl.)* à la carte 23/40 ♨ – **14 Z** 38/115.

In Bieberehren-Klingen NW : 3,5 Km :

🏠 **Zur Romantischen Straße,** ✉ 97243, ℘ (09338) 2 09 – ❶. ❀
1.- 18. Nov. geschl. – *(nur Abendessen für Hausgäste)* – **11 Z** 46/96.

CREUZBURG Thüringen siehe Eisenach.

CRIMMITSCHAU Sachsen 👁🔟🔧 J 13, 👁🔧🔧 ㉓. 👁🔧🔧 ㉗ – 22 400 Ew – Höhe 230 m – ✿ 03762.

🏛 Fremdenverkehrsbüro, Kirchplatz 5, ✉ 08451, ℘ 9 00, Fax 202.

◆Dresden 114 – Chemnitz 44 – ◆Leipzig 72 – Zwickau 71.

In Crimmitschau-Gablenz O : 2 km :

🏠 **Sperlingsberg** ⌂, Sperlingsberg 2, ✉ 08451, ℘ 4 02 77, Fax 46851 – 📺 ☎ ❶ – 🔬 25.
🄴
(nur Abendessen für Hausgäste) – **9 Z** 85/135.

MICHELIN-REIFENWERKE KGaA. Niederlassung 08451 Crimmitschau Gewerbering 6,
℘ (03762)4 65 57, Fax 49597.

CUXHAVEN Niedersachsen 👁🔟🔧 J 5, 👁🔧🔧 ④. 👁🔧🔧 ⑥ – 62 000 Ew – Höhe 3 m – Nordseeheilbad
– ✿ 04721.

Sehenswert : Landungsbrücke "Alte Liebe★" ⇔★ γ – Kugelbake ⇔★ NW : 2 km.

🔟₈ Oxstedt, Hohe Klint (SW : 11 km über ②), ℘ (04723) 27 37.

🏛 Touristic GmbH, Lichtenbergplatz, ✉ 27472, ℘ 3 60 46, Fax 52564.

◆Hannover 222 ② – Bremerhaven 43 ① – ◆Hamburg 130 ①.

Stadtplan siehe gegenüberliegende Seite

🏨 **Donner's Hotel** ⌂, Am Seedeich 2, ✉ 27472, ℘ 50 90, Fax 509134, ≼, ☎s, 🔲 – |≢| 📺
☎ ❶ – 🔬 100. 🄰🄴 ⓞ 🄴 𝘝𝘐𝘚𝘈   Y **b**
Menu à la carte 47/85 – **85 Z** 92/300.

🏨 **Seepavillon Donner** ⌂, Bei der Alten Liebe 5, ✉ 27472, ℘ 56 60, Fax 566130,
≼ Nordsee-Schiffsverkehr – ↬ Zim 📺 ☎ ❶ – 🔬 250. 🄰🄴 ⓞ 🄴 𝘝𝘐𝘚𝘈. ❀ Zim   Y **f**
Menu à la carte 30/71 – **45 Z** 100/182.

🏠 **Stadt Cuxhaven,** Alter Deichweg 11, ✉ 27472, ℘ 58 20, Fax 582200 – |≢| 📺 ☎ ❶ – 🔬 25.
🄰🄴 ⓞ 🄴 𝘝𝘐𝘚𝘈   Y **e**
Menu à la carte 35/76 – **42 Z** 78/180.

In Cuxhaven-Altenbruch ① : 8 km :

🏠 **Deutsches Haus** garni, Altenbrucher Bahnhofstr. 2, ✉ 27478, ℘ (04722) 3 11, Fax 314 –
📺 ☎ ⇔ ❶
Jan. geschl. – **26 Z** 70/140.

In Cuxhaven-Döse NW : 3 km über Feldweg Y :

🏨 **Kur-Hotel Deichgraf** ⌂, Nordfeldstr. 16, ✉ 27476, ℘ 40 50, Fax 405614, ≼, Massage,
♨, ☎s, 🔲 – |≢| ↬ Zim 📺 ☎ ❻ ⇔ ❶ – 🔬 60. 🄴 𝘝𝘐𝘚𝘈. ❀ Rest
Menu à la carte 50/91 *(auch vegetarische Gerichte)* – **74 Z** 148/298, 3 Suiten.

🏠 **Astrid** ⌂ garni, Hinter der Kirche 26, ✉ 27476, ℘ 4 09 70, Fax 48526, ☎s – 📺 ☎ ❶.
26 Z 80/160, 3 Suiten.

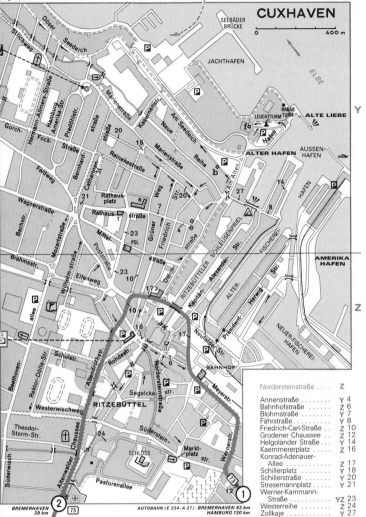

Kugelbake

HELGOLAND

CUXHAVEN

0 — 400 m

BREMERHAVEN 39 km   (2) [73]   AUTOBAHN (E 234-A 27): BREMERHAVEN 43 km
HAMBURG 130 km (1)

In Cuxhaven-Duhnen NW : 6 km über Strichweg Y :

🏨 **Badhotel Sternhagen** ⟂, Cuxhavener Str. 86, ☒ 27476, ℰ 43 40, Fax 434444, ≤, Massage, ⚓, ⇌, ◰, – ⟂ ⤢ TV & 📞 ⚠ ①, ⚠ Rest – *20. Nov.- Mitte Dez. geschl.* – **Menu** *(Mitte Jan.- Mitte Feb., 13. Nov.- 20. Dez. und Montag-Dienstag geschl., Mittwoch-Freitag nur Abendessen)* à la carte 70/106 – **50 Z** 165/400, 9 Suiten.

🏨 **Strandperle** ⟂ (mit Appartementhäusern), Duhner Strandstr. 15, ☒ 27476, ℰ 4 00 60, Fax 400696, ≤, ⇌, ⇌, ◰, – ⟂ TV ⟺ 📞 ⚠ ① ⓔ 𝕍𝕀𝕊𝔸
Menu à la carte 49/83 – **50 Z** 125/260, 10 Suiten.

🏨 **Kur-Strand-Hotel Duhnen** ⟂, Duhner Strandstr. 7, ☒ 27476, ℰ 40 30, Fax 403333, ≤, ⇌, ◰, – ⟂ TV 📞 – ⚖ 60. ⚠ ① ⓔ 𝕍𝕀𝕊𝔸, ❄
Menu à la carte 44/75 – **80 Z** 120/340.

🏨 **Wehrburg** ⟂ garni (mit Gästehaus), Wehrbergsweg 53, ☒ 27476, ℰ 4 00 80, Fax 4008276, ⇌, ⇌, – ⟂ ☎ ⟺ 📞 ① ⓔ 𝕍𝕀𝕊𝔸 – **65 Z** 65/180.

🏨 Seeschwalbe garni, Cuxhavener Str. 87, ☒ 27476, ℰ 40 03 00, Fax 400344, ⇌ – ⟂ TV ☎
📞 ❄ – **48 Z**.

🏠 **Meeresfriede** ⌖, Wehrbergsweg 11, ✉ 27476, 𝄞 4 60 11, Fax 49866, ◧, 🍴 – 📺 ☎ ⇐⇒ ☻. ◑ 𝘝𝘐𝘚𝘈. ✄
Jan.- Feb. geschl. – (nur Abendessen für Hausgäste) – **29 Z** 68/220 – ½ P 104/135.

🏠 **Neptun** ⌖ garni, Nordstr. 11, ✉ 27476, 𝄞 42 90, Fax 403333, 🍴 – 📺 ☎ ⇐⇒ ☻. 𝖠𝖤 ◑
E 𝘝𝘐𝘚𝘈. ✄
April - Okt. – **24 Z** 100/210.

✗ **Fischerstube,** Nordstr. 8a, ✉ 27476, 𝄞 4 20 70, Fax 420742 – ☻. 𝖠𝖤 ◑ E 𝘝𝘐𝘚𝘈
Nov.- Feb. geschl. – **Menu** à la carte 33/64.

In Cuxhaven-Sahlenburg W : 10 km über Westerwischweg Z :

🏠 **Itjen** ⌖ garni, Am Sahlenburger Strand 3, ✉ 27476, 𝄞 2 03 10, Fax 203119, ≤ – 📺 ☎
☻. ✄
Jan.- Feb. geschl. – **21 Z** 78/130.

DACHAU Bayern 𝟦𝟣𝟥 R 22, 𝟫𝟪𝟩 ㊲, 𝟦𝟤𝟨 G 4 – 34 600 Ew – Höhe 505 m – ✿ 08131.
🐎 An der Floßlände 1, 𝄞 1 08 79 ; 🐎 🐎 Eschenried (SW : 4 km), 𝄞 (08131) 32 38.
♦München 17 – ♦Augsburg 54 – Landshut 72.

🏨 **Central,** Münchner Str. 46 a, ✉ 85221, 𝄞 56 40, Fax 564121 – ▯ 📺 ☎ ♿ ⇐⇒ ☻ – 🅿 25.
𝖠𝖤 E 𝘝𝘐𝘚𝘈
Menu à la carte 29/59 – **44 Z** 135/165.

🏨 **Fischer,** Bahnhofstr. 4, ✉ 85221, 𝄞 7 82 04, Fax 78508, ☂ – ▯ 📺 ☎ ⇐⇒ ☻. 𝖠𝖤 ◑ E
𝘝𝘐𝘚𝘈
Menu à la carte 25/57 – **26 Z** 90/140.

🏠 **Hörhammerbräu,** Konrad-Adenauer-Str. 12, ✉ 85221, 𝄞 47 11, Fax 79484 – 📺 ☎ ⇐⇒
– 🅿 80. 𝖠𝖤 ◑ E 𝘝𝘐𝘚𝘈. ✄
Menu à la carte 33/60 – **20 Z** 115/180.

In Dachau-Ost :

🏨 Aurora, Roßwachtstr. 1, ✉ 85221, 𝄞 5 15 30, Fax 515332, ☂, Massage, ⇔ – ▯ 📺 ☎
⇐⇒ ☻. ✄ – **14 Z.**

🏨 **Götz,** Pollnstr. 6, ✉ 85221, 𝄞 2 10 61, Fax 26387, ⇔, ◧ (Gebühr) – ▯ 📺 ☎ ⇐⇒ ☻. 𝖠𝖤
E 𝘝𝘐𝘚𝘈
Menu (nur Abendessen) à la carte 32/60 – **38 Z** 112/156.

🏠 **Huber** ⌖ garni, Josef-Seliger-Str. 7, ✉ 85221, 𝄞 5 15 20, Fax 515250 – 📺 ☎ ⇐⇒ ☻.
◑ E 𝘝𝘐𝘚𝘈. ✄
17 Z 90/150.

🏠 **Bavaria-Hotel** garni, Rudolf-Diesel-Str. 16, ✉ 85221, 𝄞 17 31, Fax 26958 – ▯ 📺 ☎ ☻.
𝖠𝖤 E 𝘝𝘐𝘚𝘈. ✄
31 Z 95/150.

In Bergkirchen-Günding SW : 3 km :

🏠 **Forelle** garni, Brucker Str. 16, ✉ 85232, 𝄞 (08131) 5 67 30, Fax 80119 – 📺 ☎ ⇐⇒ ☻.
E 𝘝𝘐𝘚𝘈. ✄
24. Dez.- 8. Jan. geschl. – **30 Z** 95/130.

In Hebertshausen N : 4 km :

🏠 **Landgasthof Herzog,** Heripertplatz 1, ✉ 85241, 𝄞 (08131) 16 21, Fax 1623, ☂ – ▯ 📺
☎ ☻. 𝖠𝖤 E 𝘝𝘐𝘚𝘈
Menu *(Montag geschl.)* à la carte 25/56 – **25 Z** 79/125.

DACHSBERG Baden-Württemberg 𝟦𝟣𝟥 H 23, 𝟤𝟣𝟨 ⑥ – 1 300 Ew – Höhe 940 m – Erholungsort
– Wintersport : ☃3 – ✿ 07672.
🅱 Verkehrsamt, Rathaus Wittenschwand, ✉ 79875, 𝄞 20 41, Fax 1683.
♦Stuttgart 201 – Basel 65 – Donaueschingen 75 – St. Blasien 11.

In Dachsberg-Wittenschwand :

⛄ **Dachsberger Hof** ⌖, ✉ 79875, 𝄞 26 47, Fax 9485, ≤, ☂, ⇔, ◧, 🍴 – 📺 ⇐⇒ ☻.
🔙 𝖠𝖤 E 𝘝𝘐𝘚𝘈
Mitte Nov. - Mitte Dez. geschl. – **Menu** à la carte 22/55 ♨ – **20 Z** 45/100.

DACHWIG Thüringen 𝟦𝟣𝟦 E 12 – 1 600 Ew – Höhe 183 m – ✿ 036206.
♦Erfurt 26 – Gotha 27 – Bad Langensalza 16 – Bad Tennstedt 14 – Sömmerda 25.

🏠 **Landgasthof zur Tanne,** Anger 1, ✉ 99100, 𝄞 31 70, Fax 3170 – 📺 ☎. 𝖠𝖤 E
🔙 **Menu** *(Montag nur Abendessen)* à la carte 24/44 – **10 Z** 85/120.

DAHLENBURG Niedersachsen 𝟦𝟣𝟣 P 7, 𝟫𝟪𝟩 ⑯ – 3 100 Ew – Höhe 30 m – ✿ 05851.
♦Hannover 148 – ♦Braunschweig 118 – Lüneburg 24.

⛄ Kurlbaum, Gartenstr. 12, ✉ 21368, 𝄞 4 09, 🍴 – 📺 ☎ ⇐⇒ ☻
13 Z.

DAHME Schleswig-Holstein 411 Q 4, 987 ⑥ – 1 400 Ew – Höhe 5 m – Ostseeheilbad – ☎ 04364.

🖼 Kurverwaltung, Kurpromenade, ✉ 23747, ☏ 80 11.

◆Kiel 79 – Grömitz 13 – Heiligenhafen 22.

🏠 **Holsteinischer Hof** ☜, Strandstr. 9, ✉ 23747, ☏ 10 85, Fax 8746 – |🛗| ☎ ❷
    Mitte März - Anfang Okt. – **Menu** (nur Abendessen) à la carte 29/53 – **35 Z** 90/190.

DAHN Rheinland-Pfalz 412 413 G 19, 987 ㉔, 242 ⑫ – 5 200 Ew – Höhe 210 m – Luftkurort – ☎ 06391.

Sehenswert : Burgruinen★.

🖼 Tourist-Information, Schulstr. 29, Rathaus, ✉ 66994, ☏ 58 11, Fax 1362.

Mainz 143 – Landau in der Pfalz 39 – Pirmasens 22 – Wissembourg 24.

🏠 **Pfalzblick** ☜, Goethestr. 1, ✉ 66994, ☏ 40 40, Fax 404540, ⇌, ⇌s, ▨ , 屛 – |🛗| ↔ Zim
    📺 ☎ ❷ – 🔥 50. 🅰🅴 ⑩ 🅴 *VISA*
    Menu à la carte 40/66 – **76 Z** 109/286 – ½ P 116/156.

In Erfweiler NO : 3 km :

🏠 **Die kleine Blume** ☜, Winterbergstr. 106, ✉ 66996, ☏ (06391) 50 61, Fax 813, ⇌, ⇌s,
    ▨ – |🛗| ☎ ⇌ ❷ – 🔥 20. ✻
    Jan. 3 Wochen geschl. – **Menu** *(Montag-Freitag nur Abendessen)* à la carte 32/60 –
    23 Z 95/170.

DALLGOW Brandenburg 414 L 8 – 3 200 Ew – Höhe 40 m – ☎ 03322.

Potsdam 23 – ◆Berlin 19.

In Dallgow-Döberitz :

🏨 **Parkhotel Dallgow,** Johann-Sebastian-Bach-Str. 7, ✉ 14624, ☏ 27 89, Fax 278800 – |🛗|
    📺 ❷ – 🔥 70. 🅰🅴 ⑩ 🅴 *VISA* JCB
    Menu à la carte 34/54 – **48 Z** 160/330, 4 Suiten. ,

☞ *Keine Aufnahme in den Michelin-Führer durch*

   – *Beziehungen oder*

   – *Bezahlung*

DAMME Niedersachsen 411 H 9, 987 ⑭ – 14 000 Ew – Höhe 63 m – ☎ 05491.

◆Hannover 114 – ◆Bremen 98 – ◆Osnabrück 37.

🏠 Regina ☜, Steinfelder Str. 45, ✉ 49395, ☏ 22 23, Fax 5559, ⇌ – 📺 ☎ ❷. ✻
    (nur Abendessen) – **13 Z**.

✗✗ **Ratskeller,** Mühlenstr. 18, ✉ 49395, ☏ 37 66, ⇌ – ❷
    Samstag nur Abendessen, Mittwoch und Juni - Juli 3 Wochen geschl. – **Menu** à la carte
    47/73.

DANNENBERG Niedersachsen 411 Q 7, 987 ⑯ – 8 000 Ew – Höhe 22 m – ☎ 05861.

📍 Zernien-Braasche (W : 14 km), ☏ (05863) 5 56.

🖼 Gästeinformation, Markt 5, ✉ 29451, ☏ 8 08 43.

◆Hannover 137 – ◆Braunschweig 125 – Lüneburg 51.

🏠 Alte Post, Marschtorstr. 6, ✉ 29451, ☏ 25 11, Fax 4066, ⇌ – 📺 ☎ ⇌ ❷ – **14 Z**.

DANNENFELS Rheinland-Pfalz siehe Kirchheimbolanden.

DARGUN Mecklenburg-Vorpommern 414 K 4, 984 ⑦, 987 ⑦ – 4 500 Ew – Höhe 25 m – ☎ 039959.

Schwerin 121 – Greifswald 56 – Güstrow 61 – ◆ Rostock 60 – Stralsund 69.

🏠 **Am Klostersee,** Am Klosterdamm, ✉ 17159, ☏ 25 20, Fax 252028, ⇌, 屛 – 📺 ☎ ❷.
    ⇌ 🅰🅴 ⑩ 🅴 *VISA*
    Menu à la carte 20/32 – **17 Z** 80/140.

DARMSTADT Hessen 412 413 I 17, 987 ㉕ – 140 000 Ew – Höhe 146 m – ☎ 06151.

Sehenswert : Hessisches Landesmuseum★ X **M1** – Prinz-Georg-Palais (Großherzogliche Porzellansammlung★) X **M2**.

📍 Mühltal-Traisa, Dippelshof, ☏ 14 65 43.

🖼 Verkehrsamt, Luisen-Center, Luisenplatz 5, ✉ 64283, ☏ 13 27 80.

🖼 Tourist-Information am Hauptbahnhof, ✉ 64293, ☏ 13 27 82.

ADAC, Marktplatz 4, ✉ 64283, ☏ 2 62 77, Fax 294612.

◆Wiesbaden 44 ④ – ◆Frankfurt am Main 33 ⑤ – ◆Mannheim 50 ④.

DARMSTADT

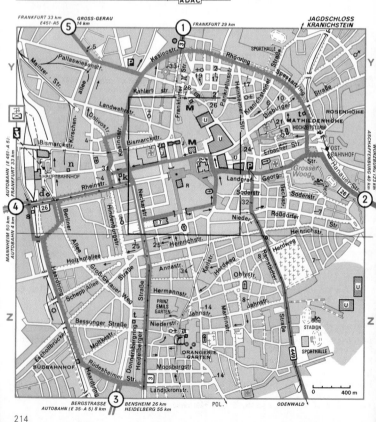

214

Maritim Rhein-Main Hotel, Am Kavalleriesand 6, ☒ 64295, 𝒫 30 30, Fax 303111, ⇌s, ⬚ – |≬| ⤢ Zim ▤ 🖵 ⅙ ⇌ – 🅰 170. 🆎 ⓪ Ɛ 𝘝𝘐𝘚𝘈 ᴊᴄв. 𝒮𝒻 Rest   Y **s**
Menu à la carte 50/85 – **248 Z** 245/480, 4 Suiten.

Maritim-Konferenzhotel, Rheinstr. 105 (B 26), ☒ 64295, 𝒫 87 80, Fax 893294, ⇌s, ⬚ – |≬| ⤢ Zim ▤ 🖵 ⅙ ⇌ – 🅰 400. 🆎 ⓪ Ɛ 𝘝𝘐𝘚𝘈 ᴊᴄв. 𝒮𝒻 Rest   Y **d**
Menu à la carte 45/78 – **352 Z** 217/422, 11 Suiten.

Contel (Appartementhotel), Otto-Röhm-Str. 90, ☒ 64293, 𝒫 88 20, Fax 882888, ☆ – |≬|
⤢ Zim 🖵 ☎ ⓟ – 🅰 100. 🆎 𝘝𝘐𝘚𝘈   über ⑤
Menu *(Samstag, Sonn- und Feiertage geschl.)* à la carte 38/60 – **250 Z** 150/280.

Weinmichel, Schleiermacherstr. 10, ☒ 64283, 𝒫 2 90 80, Fax 23592 – |≬| ⤢ Zim 🖵 ☎ ⓟ – 🅰 45. 🆎 ⓪ Ɛ 𝘝𝘐𝘚𝘈   X **h**
Menu *(Juli-Aug. Samstag-Sonntag geschl.)* à la carte 56/88 – *Taverne (nur Abendessen)*
Menu à la carte 33/55 – **74 Z** 139/228.

Parkhaus-Hotel garni, Grafenstr. 31, ☒ 64226, 𝒫 2 81 00, Telex 419434, Fax 293908 – |≬|
⤢ 🖵 ☎ ⇌ – 🅰 80. 🆎 ⓪ Ɛ 𝘝𝘐𝘚𝘈   X **e**
80 Z 145/190.

Hornung garni, Mornewegstr. 43, ☒ 64293, 𝒫 92 66, Fax 891892 – |≬| 🖵 ☎ ⓟ. 🆎 ⓪ Ɛ 𝘝𝘐𝘚𝘈 ᴊᴄв   Y **n**
36 Z 95/149.

Prinz Heinrich, Bleichstr. 48, ☒ 64293, 𝒫 8 28 88, Fax 895901, « Rustikale Einrichtung » – |≬| ⤢ Zim 🖵 ☎ ⓟ – 🅰 20. 🆎 𝘝𝘐𝘚𝘈   Y **k**
Menu (nur Abendessen, Tischbestellung ratsam) à la carte 29/50 – **64 Z** 105/185.

Donnersberg garni, Donnersbergring 38, ☒ 64295, 𝒫 3 31 58, Fax 33147 – |≬| 🖵 ☎. 🆎 Ɛ 𝘝𝘐𝘚𝘈. 𝒮𝒻   Z **t**
Weihnachten - Anfang Jan. geschl. – **20 Z** 109/195.

Mathildenhöhe garni, Spessartring 53, ☒ 64287, 𝒫 4 80 46, Fax 44236, ⇌s – |≬| ⤢ 🖵 ☎ ⇌ ⓟ. 🆎 ⓪ Ɛ 𝘝𝘐𝘚𝘈   Y **t**
20 Z 130/170.

City-Hotel garni, Adelungstr. 44, ☒ 64283, 𝒫 3 36 91, Fax 316096 – |≬| 🖵 ☎ ⇌ ⓟ. 🆎 ⓪ Ɛ 𝘝𝘐𝘚𝘈   X **v**
Weihnachten - Anfang Jan. geschl. – **58 Z** 110/170.

Orangerie, Bessunger Str. 44, ☒ 64285, 𝒫 66 49 46, ☆ – ⓟ. 🆎 Ɛ 𝘝𝘐𝘚𝘈   Z **a**
Montag geschl. – **Menu** (Tischbestellung ratsam) à la carte 45/80.

Alt Hamburg, Landgraf-Georg-Str. 17, ☒ 64283, 𝒫 2 13 21   X **c**
Juni - Sept. Sonntag und 15.- 30. Aug. geschl. – **Menu** (überwiegend Fischgerichte) à la carte 35/67.

In Darmstadt-Arheilgen ① : 4 km :

Weißer Schwan, Frankfurter Landstr. 190 (B 3), ☒ 64291, 𝒫 37 17 02, Fax 377884 – ⇌ ⓟ – 🅰 160 – **23 Z**.

In Darmstadt-Eberstadt ③ : 7 km :

Rehm garni, Heidelberger Landstr. 306, ☒ 64297, 𝒫 5 50 22, Fax 593033 – 🖵 ☎ ⇌. 𝒮𝒻
Juni-Juli 3 Wochen geschl. – **22 Z** 60/130.

Schweizerhaus, Mühltalstr. 35, ☒ 64297, 𝒫 5 44 60, Fax 57740, « Gartenterrasse » – 🖵 ☎ ⇌ ⓟ. 🆎 𝘝𝘐𝘚𝘈
Juli 2 Wochen geschl. – **Menu** *(Freitag geschl.)* à la carte 40/66 – **20 Z** 85/150.

In Darmstadt-Einsiedel NO : 7 km über Dieburger Straße Y :

Einsiedel, Dieburger Str. 263, ☒ 64287, 𝒫 (06159) 2 44, Fax 1744, ☆ – ⓟ. 🆎 Ɛ
Dienstag geschl., Juni - Sept. Mittwoch nur Abendessen – **Menu** à la carte 70/89.

In Darmstadt-Kranichstein NO : 5 km über Kranichsteiner Str. Y :

Schloßhotel Kranichstein, Kranichsteiner Str. 261, ☒ 64289, 𝒫 9 77 90, Fax 977920, ☆ – |≬| 🖵 ⅙ ⓟ – 🅰 120. 🆎 ⓪ Ɛ 𝘝𝘐𝘚𝘈 ᴊᴄв
– *Der Grill (nur Abendessen, Sonn- und Feiertage geschl.)* **Menu** à la carte 70/90 –
Kavaliersbau : **Menu** à la carte 37/63 – **15 Z** 450/490, 4 Suiten.

In Mühltal-Trautheim SO : 5 km über Nieder-Ramstädter-Straße Z :

Waldesruh ⬿, Am Bessunger Forst 28, ☒ 64367, 𝒫 (06151) 1 40 87, Fax 144396, ☆, ⬚ – |≬| 🖵 ☎ ⓟ
36 Z.

Auf der Ruine Frankenstein ③ : 16 km über Darmstadt-Eberstadt :

Burg Frankenstein, ☒ 64367 Mühltal, 𝒫 (06151) 5 46 18, Fax 54985, ⩽ Rheinebene, ☆ – ⓟ – 🅰 80. Ɛ 𝘝𝘐𝘚𝘈
Montag geschl. – **Menu** à la carte 29/53.

In Weiterstadt NW : 7 km über ⑤ :

Hamm garni, Kreuzstr. 30, ☒ 64331, 𝒫 (06150) 30 82, Fax 15757 – 🖵 ☎ ⇌ ⓟ – 🅰 40. 🆎 ⓪ Ɛ 𝘝𝘐𝘚𝘈
27 Z 95/150.

DARMSTADT

In Weiterstadt-Gräfenhausen NW : 8 km über ⑤ :

🏠 **Zum Löwen,** Darmstädter Landstr. 11, ✉ 64331, 𝒸 (06150) 5 10 25, Fax 50247 – 📺 ☎
◆ 📞 🄴 *VISA* 🛇 Zim
27. Dez.- 1. Jan. geschl. – **Menu** *(Samstag und Juli geschl.)* à la carte 24/52 ⅋ – **14 Z** 85/120.

DARSCHEID Rheinland-Pfalz siehe Daun.

DASING Bayern 🔢🔢 Q 21, 🔢🔢🔢 ㉟ – 4 600 Ew – Höhe 482 m – ✪ 08205.
◆ München 54 – ◆Augsburg 13 – Ingolstadt 62.

In Dasing - Lindl NW : 2 km nahe der A 8 :

🏨 **Highway-Hotel** garni, Robert-Bosch-Str. 1, ✉ 86453, 𝒸 60 90, Fax 609255, (moderne Einrichtung), 🔷 – 🛗 ✂ Zim 📺 ☎ & 📞 – 🔺 30. 🄰🄴 🅾 🄴 *VISA* 🄹🄲🄱
85 Z 145/210.

DASSEL Niedersachsen 🔢🔢 🔢🔢 LM 11, 🔢🔢🔢 ⑮ – 11 600 Ew – Höhe 125 m – Erholungsort
– ✪ 05564.
◆Hannover 82 – ◆Braunschweig 105 – Göttingen 52 – Goslar 75.

🏠 **Deutsche Eiche,** Obere Str.14, ✉ 37586, 𝒸 10 23, Fax 2750 – 📺 ☎ 📞 – 🔺 80. 🄰🄴 🅾
🄴 *VISA*
Menu *(Freitag nur Abendessen, Sonntag nur Mittagessen)* à la carte 28/63 – **19 Z** 70/120.

In Dassel-Lüthorst NO : 6 km :

🏠 **Wilhelm-Busch-Landhotel** 🌭, Weiße Mühle 11, ✉ 37586, 𝒸 9 40 40, Fax 940413, 🍴,
🔷 – 📺 ☎ ⇦ 📞. 🄰🄴 🄴 *VISA* – **Menu** à la carte 28/51 – **28 Z** 78/118.

DATTELN Nordrhein-Westfalen 🔢🔢 🔢🔢 F 12, 🔢🔢🔢 ⑭ – 37 000 Ew – Höhe 53 m – ✪ 02363.
◆Düsseldorf 81 – ◆Dortmund 20 – Münster (Westfalen) 44 – Recklinghausen 12.

🏠 **Zum Ring,** Ostring 41 (B 235), ✉ 45711, 𝒸 5 24 65, Fax 53501, 🍴, « Individuelle, gemütliche Einrichtung », 🔷 – 📺 ☎ 📞. 🄰🄴 🅾 🄴 *VISA* – **Menu** à la carte 30/61 – **9 Z** 85/150.

In Datteln-Ahsen NW : 7 km über Westring :

🏨 **Landhotel Jammertal** 🌭, Redderstr. 421, ✉ 45711, 𝒸 37 70, Fax 377100, 🍴, 🔷, 🗻,
🔲, 🍴, 🎾 – 🛗 ✂ Zim 📺 ☎ 📞 – 🔺 60. 🄰🄴 🅾 🄴 *VISA* 🛇 Rest
Menu à la carte 43/73 – **51 Z** 110/260.

DAUCHINGEN Baden-Württemberg siehe Villingen-Schwenningen.

DAUN Rheinland-Pfalz 🔢🔢 D 16, 🔢🔢🔢 ㉓ – 8 200 Ew – Höhe 420 m – Heilklimatischer Kurort
- Kneippkurort – Mineralheilbad – ✪ 06592.
Ausflugsziele : Die Maare★ (Weinfelder Maar, Totenmaar, Pulvermaar).
🄱 Kurverwaltung, Leopoldstr. 14, ✉ 54550, 𝒸 7 14 77, Fax 71489.
Mainz 161 – ◆Bonn 79 – ◆Koblenz 70 – ◆Trier 64.

🏨 **Schloß-Hotel Kurfürstliches Amtshaus** 🌭, Auf dem Burgberg, ✉ 54550, 𝒸 30 31,
Fax 4942, ≼, 🔷, 🔲, 🍴 – 🛗 📺 📞 – 🔺 40. 🄰🄴 🅾 🄴 *VISA* 🛇 Rest
8.- 26. Jan. geschl. – **Menu** *(Montag-Dienstag geschl.)* à la carte 80/115 – **42 Z** 115/260
– ½ P 145/180.

🏨 **Panorama** 🌭, Rosenbergstr. 26, ✉ 54550, 𝒸 93 40, Fax 934230, ≼, 🍴, Massage, ♨,
🔺, 🔷, 🔲, 🍴 – 🛗 📺 ☎ & 📞. 🛇 Rest – *17. Feb.- 25. März und 15. Nov.- 20. Dez.
geschl.* – **Menu** *(Montag geschl.)* à la carte 37/64 ⅋ – **26 Z** 90/165 – ½ P 105/115.

🏠 **Zum Goldenen Fäßchen,** Rosenbergstr. 5, ✉ 54550, 𝒸 30 97, Fax 8673, 🔷 – 🛗 ☎ ⇦
◆ 📞. 🄰🄴 🅾 🄴 *VISA*
Menu *(Donnerstag geschl.)* à la carte 24/50 – **27 Z** 65/140 – ½ P 75/78.

In Daun-Gemünden S : 2 km :

🏠 Berghof 🌭, Lieserstr. 20, ✉ 54550, 𝒸 28 91, ≼, 🍴 – ☎ ⇦ 📞. 🛇 Rest
17 Z

🏠 **Müller,** Lieserstr. 17, ✉ 54550, 𝒸 25 06, Fax 2524, 🔷, 🍴 – ⇦ 📞. 🛇 Rest
◆ *4. Jan.- Feb. geschl.* – **Menu** *(Donnerstag geschl.)* à la carte 22/48 ⅋ – **12 Z** 37/94.

In Schalkenmehren SO : 6 km – Erholungsort – ✪ 06592 :

🏨 **Landgasthof Michels** 🌭, St.-Martin-Str. 9, ✉ 54552, 𝒸 70 81, Fax 7085, 🔷, 🔲, 🍴,
– 🛗 📺 ☎ & 📞 – 🔺 30. 🄰🄴 🄴 *VISA* 🛇 Rest
Menu *(Dienstag nur Mittagessen)* à la carte 39/66 – **38 Z** 77/174 – ½ P 85/112.

🏠 **Schneider-Haus am Maar,** Maarstr. 22, ✉ 54552, 𝒸 5 51, Fax 554, 🍴, 🍴 – 📺 ☎ ⇦
◆ 📞 – *15. Jan.- 24. Feb. geschl.* – **Menu** *(Nov.- März Mittwoch geschl.)* à la carte 23/53 –
19 Z 55/140.

In Darscheid NO : 6 km – Erholungsort :

XX **Kucher's Landhotel** mit Zim, Karl-Kaufmann-Str. 2, ✉ 54552, 𝒫 (06592) 6 29, Fax 3677, ⛲ – **Ⓟ**. 🖭 **E**
Jan. 3 Wochen und März 2 Wochen geschl. – **Menu** *(Montag geschl., Dienstag nur Abendessen)* (bemerkenswerte Weinkarte) à la carte 58/86 🍷 – **14 Z** 60/130 – ½ P 88.

DEDELSTORF Niedersachsen siehe Hankensbüttel.

DEGGENDORF Bayern 🗺 V 20, 🗺 ㉘ – 31 000 Ew – Höhe 312 m – Wintersport : 500/1 200 m 🚡5 🚠8 – ✪ 0991.
Ausflugsziele : Kloster Metten (Kirche und Bibliothek★) NW : 5 km – Klosterkirche★ in Niederalteich SO : 11 km.
🛈 Berghof Rusel (NO : 10 km), 𝒫 (09920) 12 79.
🛈 Kultur- und Verkehrsamt, Oberer Stadtplatz, ✉ 94469, 𝒫 2 96 01 69, Fax 31586.
◆München 144 – Landshut 74 – Passau 65 – ◆Regensburg 80.

🏨 **Flamberg Parkhotel,** Edlmairstr. 4, ✉ 94469, 𝒫 60 13, Fax 31551, Massage, 🔧, 🚿 – 🛗 🍴 Zim 🖚 **Ⓟ** – 🏛 60. 🖭 **Ⓞ E** 🖾
Menu à la carte 38/71 – **125 Z** 163/211, 6 Suiten.

🏨 **Donauhof,** Hafenstr. 1, ✉ 94469, 𝒫 3 89 90, Fax 389966, 🚿 – 🛗 🍱 ☎ **Ⓟ** – 🏛 50
(nur Abendessen) – **45 Z,** 3 Suiten.

XXX ✿ **Grauer Hase,** Untere Vorstadt 12, ✉ 94469, 𝒫 77 70 – 🍽. 🖭 **E**
Menu (Tischbestellung ratsam) 38/95 und à la carte 41/87
Spez. Entenleberkuchen mit Orangenkompott, Gefülltes Saiblingsfilet im Reiberdatschi gebacken, Sauerbraten vom Lammrücken mit Schwarzbrotknödeln und Wirsing.

X **La padella,** Rosengasse 7, ✉ 94469, 𝒫 55 41 – 🖭 **Ⓞ E** 🖾
Sonntag nur Mittagessen, Montag sowie März und Sept. jeweils 2 Wochen geschl.) – **Menu** (Tischbestellung ratsam) à la carte 37/62.

In Deggendorf-Fischerdorf S : 2 km :

🏠 **Rosenhof** 🍃 garni, Rosenstr. 7, ✉ 94469, 𝒫 82 55, Fax 382313 – 🖚 **Ⓟ**. 🖭 **Ⓞ E** 🖾.
🚿 – **17 Z** 45/110.

In Deggendorf-Natternberg SW : 6 km :

🏠 **Burgwirt** 🍃 (mit Gästehaus), Deggendorfer Str. 7, ✉ 94469, 𝒫 3 00 45, Fax 31287, ⛲, 🚿 – 🚿 – ☎ 🖚 **Ⓟ** – 🏛 25
Menu *(Montag geschl.)* à la carte 23/46 – **36 Z** 70/160 – ½ P 95/105.

DEGGENHAUSERTAL 7774. Baden-Württemberg 🗺 L 23, 🗺 M 2 – 3 000 Ew – Höhe 497 m – ✪ 07555 – ◆ Stuttgart 144 – Bregenz 55 – Ravensburg 20.

In Deggenhausertal-Limpach :

🏠 **Gutsgasthof Mohren,** Kirchgasse 1, ✉ 88693, 𝒫 53 55, Fax 787, ⛲, 🌳 – ☎ **Ⓟ** – 🏛 50. 🚿
Anfang Jan.- Anfang Feb. geschl. – **Menu** *(Montag geschl., Dienstag nur Abendessen)* à la carte 25/49 🍷 – **39 Z** 65/105 – ½ P 80/92.

In Deggenhausertal-Roggenbeuren :

🏠 **Krone,** Lindenplatz 2, ✉ 88693, 𝒫 2 96, Fax 666, 🚿, 🔲, 🌳 – ☎ **Ⓟ**. 🚿 Rest
Jan.- Feb. und Nov. jeweils 3 Wochen geschl. – **Menu** *(Montag geschl.)* à la carte 23/47 – **27 Z** 60/110 – ½ P 73/98.

DEIDESHEIM Rheinland-Pfalz 🗺 🗺 H 18, 🗺 ㉔, 🗺 ④ – 3 900 Ew – Höhe 117 m – Luftkurort – ✪ 06326.
🛈 Tourist Information, Bahnhofstraße (Stadthalle), ✉ 67146, 𝒫 50 21, Fax 5023.
Mainz 88 – Kaiserslautern 39 – ◆Mannheim 23 – Neustadt an der Weinstraße 8.

🏨 **Deidesheimer Hof,** Am Marktplatz, ✉ 67146, 𝒫 18 11, Fax 7685, ⛲ – 🍱 ☎ **Ⓟ**. 🖭 **Ⓞ E** 🖾
1.- 6. Jan. geschl. – **Schwarzer Hahn** separat erwähnt – **St. Urban** *(Dienstag geschl.)* **Menu** à la carte 50/80 – **21 Z** 150/340.

🏨 **Hatterer's Hotel,** Weinstr. 12, ✉ 67146, 𝒫 60 11, Fax 7539, ⛲ – 🛗 🍱 ☎ 🖚 **Ⓟ** – 🏛 80. 🖭 **Ⓞ E** 🖾 – **Menu** à la carte 50/100 – **57 Z** 135/230 – ½ P 130/185.

🏨 **Haardt-Hotel,** Weinstr. 11, ✉ 67146, 𝒫 70 70, Fax 707200, ⛲, 🚿, 🔲 – 🛗 🍱 ☎ **Ⓟ** – 🏛 80. 🖭 **Ⓞ E** 🖾
Menu *(Sonntag geschl.)* à la carte 35/60 – **80 Z** 110/190.

🏨 **St. Urban,** Im Oberen Grain 1, ✉ 67146, 𝒫 85 38, Fax 7948, ⛲ – 🛗 🍱 ☎ **Ⓟ** – 🏛 25. 🖭 **E** 🖾 – **Menu** à la carte 35/75 🍷 – **18 Z** 118/216.

🏨 **Gästehaus Hebinger** garni, Bahnhofstr. 21, ✉ 67146, 𝒫 3 87, Fax 7494 – 🍱 ☎ **Ⓟ**. 🚿
20. Dez.- 6. Jan. geschl. – **11 Z** 80/140.

XXXX ❀ **Schwarzer Hahn,** Am Marktplatz 1, ✉ 67146, ℘ 18 12, Fax 7685, « Gewölbekeller mit eleganter Einrichtung » – 🅰🅴 🗱 **E** *VISA*
Sonntag-Montag, 1.- 6. Jan. und Juli- Aug. 4 Wochen geschl. – **Menu** (nur Abendessen, bemerkenswerte Weinkarte) 130/160 und à la carte 88/123.
Spez. Cannelloni von Gänseleber und Trüffel, Gegrillter Hummer mit Safran-Ingwersauce, Loup de mer in Trüffel-Selleriekruste.

In Forst N : 2 km :

X **Landhaus an der Wehr,** Im Elster 8, ✉ 67147, ℘ (06326) 69 84 – 🅿. 🕸
Montag und Juli 1 Woche geschl., Dienstag nur Abendessen – **Menu** à la carte 33/65 🍺.

DEIZISAU Baden-Württemberg siehe Plochingen.

DELBRÜCK Nordrhein-Westfalen 🄌🄌 🄌🄌 I 11 – 24 500 Ew – Höhe 95 m – ❀ 05250.
◆Düsseldorf 171 – Bielefeld 39 – Münster (Westfalen) 74 – Paderborn 16.

🏨 **Waldkrug,** Graf-Sporck-Str. 34, ✉ 33129, ℘ 5 32 03, Fax 5699 – |≡| 📺 ☎ 🚗 🅿. 🅰🅴 ⓪
E *VISA*
Juni-Juli 2 Wochen geschl. – **Menu** à la carte 31/60 – **16 Z** 95/200.

DELITZSCH Sachsen 🄌🄌🄌 J 11, 🄌🄌🄌 ⑲ – 28 000 Ew – Höhe 98 m – ❀ 034202.
◆Dresden 116 – ◆Leipzig 22.

🏠 **Goldener Adler,** Hallesche Str. 13, ✉ 04509, ℘ 2 10 33, Fax 51033 – 📺 ☎ 🅰🅴 ⓪ **E**
VISA
Menu à la carte 27/43 – **26 Z** 90/165.

In Delitzsch-Kertitz NW : 2 km :

🏠 **Flämingsthaler Hof,** Schenkenbergerstr. 3, ✉ 04509, ℘ 2 11 85, Fax 21329, ≘s – 📺 ☎
➡ 🅿. 🅰🅴 **E** *VISA*
Menu (nur Abendessen) à la carte 23/48 – **20 Z** 100/165.

In Schenkenberg NW : 2,5 km :

🏨 **Schenkenberger Hof,** Hofegasse 3, ✉ 04509, ℘ (034202) 2 13 66, Fax 21081, 🔄 – 📺
☎ 🅿. **E**
(nur Abendessen für Hausgäste) – **27 Z** 110/160 – ½ P 125/130.

In Rackwitz SO : 12 km :

🏘 **Schladitzer Hof,** Hauptstr. 2a, ✉ 04519, ℘ (034294) 66 51, Fax 6657, ≘s – ⇔ Zim 📺
🅿 – 🔏 20. **E** *VISA*
Menu à la carte 30/49 – **41 Z** 145/195.

DELLIGSEN Niedersachsen 🄌🄌 🄌🄌 M 11 – 4 000 Ew – Höhe 130 m – ❀ 05187.
◆Hannover 54 – Hameln 55 – Hildesheim 41.

In Grünenplan NW : 4 km – Erholungsort :

🏠 **Lampes Posthotel,** Obere Hilsstr. 1, ✉ 31074, ℘ (05187) 7 50 35, Fax 75037, 🌤 – |≡| 📺
☎ 🅿 – 🔏 80. 🅰🅴 ⓪ **E** *VISA*
2.- 8. Jan. geschl. – **Menu** *(Montag geschl.)* à la carte 30/58 – **21 Z** 75/150 – ½ P 100.

DELMENHORST Niedersachsen 🄌🄌 I 7, 🄌🄌🄌 ⑭ – 78 000 Ew – Höhe 18 m – ❀ 04221.
ADAC, Reinersweg 34, ✉ 27751, ℘ 7 10 00, Fax 72571.
◆Hannover 136 – ◆Bremen 13 – Oldenburg 37.

🏨 **Gut Hasport** 🦢 garni, Hasporter Damm 220, ✉ 27755, ℘ 2 60 81, Fax 26084, 🔄 , 🌿
– 📺 ☎ 🅿. 🕸
21 Z 70/110, 3 Suiten.

🏠 **Goldenstedt** 🦢, Urselstr. 18, ✉ 27751, ℘ 96 00, Fax 960100, 🌤 – 📺 ☎ 🚗 🅿. ⓪
E *VISA*
23. Dez.- Anfang Jan. geschl. – **Menu** (nur Abendessen) à la carte 28/53 – **35 Z** 105/165.

🏠 **Thomsen,** Bremer Str. 186, ✉ 27751, ℘ 97 00, Fax 70001 – |≡| 📺 ☎ 🅿. 🅰🅴 ⓪ **E**
➡ *VISA*
Menu *(Samstag nur Abendessen)* à la carte 24/57 – **70 Z** 50/150.

XX **Die Scheune,** Bremer Str. 327, ✉ 27751, ℘ 7 02 15, Fax 70216, 🌤 – 🅿. 🅰🅴 ⓪ **E** *VISA*
🕸
Menu (wochentags nur Abendessen) à la carte 52/84.

Siehe auch : *Ganderkesee*

218

DEMMIN Mecklenburg-Vorpommern 414 L 4, 987 ⑦ – 15 300 Ew – Höhe 10 m – © 03998.
🖪 Stadtinformation, Am Markt 23 (Rathaus), ✉17109, 𝒫 22 50 31.
Schwerin 145 – Stralsund 57.

🏠 **Am Stadtpark,** Kirchhofstraße, ✉ 17109, 𝒫 36 23 68, Fax 362369 – 📺 ☎. ⊑ 𝘝𝘐𝘚𝘈
━ Menu à la carte 20/50 – **14 Z** 110/150.

In Rustow NO : 8 km :

🏠 **Peenetal,** Demminer Str. 17, ✉ 17121, 𝒫 (039998) 1 01 55, Fax 10156, 🍽 – 📺 ☎
━ 🄿
Menu à la carte 24/40 – **13 Z** 110/150.

In Vanselow SO : 10 km :

🏛 **Schloß Vanselow** (Restauriertes Herrenhaus a.d.J. 1870), ✉ 17111, 𝒫 (03998) 22 20 96,
Fax 222647 – 📺 ☎ 🄿. ⋙
(nur Abendessen für Hausgäste) – **12 Z** 170/240.

In Loitz NO : 11 km :

🏠 **Am Markt,** Marktstr. 162, ✉ 17121, 𝒫 (039998) 30 10, Fax 30128 – 📺 ☎. ⊑
━ *(nur Abendessen für Hausgäste)* – **15 Z** 110/150.

DENKENDORF Baden-Württemberg 419 KL 20 – 9 400 Ew – Höhe 300 m – © 0711 (Stuttgart).
♦Stuttgart 23 – Göppingen 34 – Reutlingen 32 – ♦Ulm (Donau) 71.

🏠 **Bären-Post,** Deizisauer Str. 12, ✉ 73770, 𝒫 34 40 26, Fax 3460625, 🍽 – 🛗 📺 ☎ 🄿 –
🄰 40. ⒶⒺ ⊑ 𝘝𝘐𝘚𝘈
20. Dez.- 10. Jan. geschl. – Menu à la carte 36/55 – **62 Z** 85/190.

DENKENDORF Bayern 419 R 20, 987 ㉗ – 3 600 Ew – Höhe 480 m – © 08466.
♦München 95 – ♦Augsburg 107 – Ingolstadt 22 – ♦Nürnberg 72 – ♦Regensburg 88.

🏛 **Mozartstuben,** Mozartstr. 12, ✉ 85095, 𝒫 10 92, Fax 8329, 🍽 – 📺 ☎ 🚗 🄿 – 🄰 25.
ⒶⒺ ⓞ ⊑ 𝘝𝘐𝘚𝘈 ᴊᴄв
Menu à la carte 26/56 – **40 Z** 75/110.

🏠 **Post,** Hauptstr. 14, ✉ 85095, 𝒫 2 36, Fax 1645, 🍽 – 🚗 🄿
━ *Nov. 3 Wochen geschl.* – Menu à la carte 23/45 – **68 Z** 46/72.

DENKINGEN Baden-Württemberg 419 J 22 – 2 200 Ew – Höhe 697 m – © 07424.
♦Stuttgart 107 – Donaueschingen 37 – Offenburg 97 – Tübingen 73.

Auf dem Klippeneck O : 4,5 km – Höhe 998 m :

✗✗ **Höhenrestaurant Klippeneck** ⌂ mit Zim, ✉ 78588 Denkingen, 𝒫 (07424) 80 57,
Fax 85059, ≼ Baar und Schwarzwald, 🍽 – 📺 ☎ 🄿
Jan. 3 Wochen geschl. – Menu *(Montag geschl.)* à la carte 35/64 – **8 Z** 75/130.

DENZLINGEN Baden-Württemberg 419 G 22, 242 ㉜ – 11 500 Ew – Höhe 235 m –
© 07666.
♦Stuttgart 203 – ♦Freiburg im Breisgau 12 – Offenburg 61.

✗✗ ✿ **Rebstock-Stube** mit Zim (Gasthof a.d. 14. Jh.), Hauptstr. 74, ✉ 79211, 𝒫 20 71, Fax 7942
– ➩ Zim 📺 ☎ 🄿. ⒶⒺ ⓞ ⊑ 𝘝𝘐𝘚𝘈
Menu *(1.-15. Aug. und Sonntag-Montag geschl., an Feiertagen geöffnet)* (Tischbestellung
ratsam) 78/120 und à la carte 50/92 – **8 Z** 65/150
Spez. Salat von Kalbskopf und Waldpilzen, Steinbutt vom Grill mit Sauce Raifort, Stubenküken
à l'estragon.

In Vörstetten W : 3 km :

🔅 **Sonne,** Freiburger Str. 4, ✉ 79279, 𝒫 (07666) 23 26, 🍽 – 🄿. ⊑. ⋙ Rest
Menu *(Montag und 24. Dez.- 6. Jan. geschl.)* à la carte 28/59 ⅃ – **11 Z** 55/98.

DERMBACH Thüringen 412 N 14, 414 C 13 – 400 Ew – Höhe 350 m – © 036964.
Erfurt 107 – ♦Berlin 371 – Bad Hersfeld 40 – Fulda 36.

🏠 Rhönpaulus, Bahnhofstr.21, ✉ 36466, 𝒫 2 34 – 📺 🄿
9 Z

DERNAU Rheinland-Pfalz 412 E 15 – 2 000 Ew – Höhe 125 m – © 02643 (Altenahr).
Mainz 152 – Adenau 27 – ♦Bonn 30.

🔅 **Kölner Hof,** Schmittmannstr. 40 (B 267), ✉ 53507, 𝒫 84 07 – 🚗 🄿. 𝘝𝘐𝘚𝘈
━ *Feb. geschl.* – Menu *(Mittwoch-Donnerstag geschl.)* à la carte 24/41 ⅃ – **8 Z** 45/80.

DERNBACH (KREIS NEUWIED) Rheinland-Pfalz **4 1 2** F 15 – 750 Ew – Höhe 310 m – ✪ 02689 (Dierdorf).

Mainz 106 – ♦Koblenz 30 – ♦Köln 71 – Limburg an der Lahn 47.

🏨 **Country-Hotel** ⊗, Hauptstr. 16, ⊠ 56307, ℰ 29 90, Fax 299322, 🍴, ⊆s, ⊠, ᾰ, ℅
– |🕸| 🄫 ❷ – 🄬 250. 🄰🄴 ⓸ 🄴 ⱽⁱˢᴬ
Menu à la carte 45/79 – **148 Z** 110/190.

DERSAU Schleswig-Holstein **4 1 1** NO 4 – 800 Ew – Höhe 40 m – Luftkurort – ✪ 04526.

♦Kiel 39 – ♦Hamburg 92 – ♦Lübeck 60.

🏨 **Zur Mühle am See** (mit Gästehäusern), Dorfstr. 47, ⊠ 24326, ℰ 83 45, Fax 1403, 🍴, 🄰🄴s,
🚣 Bootssteg – 🄫 ☎ ❷. 🄰🄴 ⓸ 🄴 ⱽⁱˢᴬ
Menu à la carte 29/56 – **34 Z** 80/130.

DESSAU Sachsen-Anhalt **4 1 4** I 10, **9 8 4** ⑲, **9 8 7** ⑰ – 96 000 Ew – Höhe 61 m – ✪ 0340.
🄑 Dessau-Information, Friedrich-Naumann-Str. 12, ⊠ 06844, ℰ 21 46 61, Fax 215233.

Magdeburg 63 – ♦Berlin 116 – ♦Leipzig 60 – Nordhausen 140.

🏨 **Steigenberger Avance Hotel,** Friedensplatz, ⊠ 06844, ℰ 2 51 50, Fax 2515151, 🍴, Ⅰ₆,
⊆s – |🕸| ⅙⅞ Zim 🄫 ☎ ⇐⇒ – 🄬 300. 🄰🄴 ⓸ 🄴 ⱽⁱˢᴬ ᴶᶜᴮ
Menu à la carte 37/60 – **204 Z** 190/350, 6 Suiten.

🏨 **Holiday Inn Garden Court,** Zerbster Str. 29, ⊠ 06844, ℰ 2 51 40, Fax 2514100, ⊆s – |🕸|
⅙⅞ Zim 🄫 ☎ & ⇐⇒ – 🄬 180. 🄰🄴 ⓸ 🄴 ⱽⁱˢᴬ
Menu à la carte 49/63 – **161 Z** 170/240.

🏨 **Pension An den 7 Säulen** garni, Ebertallee 66, ⊠ 06846, ℰ 61 96 20, Fax 619622 – ⅙⅞
🄫 ☎ ❷
23 Z 130/180.

🏨 **City-Pension** garni, Ackerstr. 3a, ⊠ 06842, ℰ 82 50 15, Fax 825017 – |🕸| 🄫 ☎ ⇐⇒. 🄰🄴
🄴 ⱽⁱˢᴬ
24 Z 85/140.

🍴🍴 **Restaurant am Museum,** Franzstr. 90, ⊠ 06842, ℰ 21 53 83, 🍴 – 🄰🄴 🄴 ⱽⁱˢᴬ
← **Menu** à la carte 23/52.

🍴🍴 Dessauer Bierstuben, Kavalierstr. 29a, ⊠ 06844, ℰ 7 39 09.

DETMOLD Nordrhein-Westfalen **4 1 1** **4 1 2** J 11, **9 8 7** ⑮ – 70 000 Ew – Höhe 134 m – ✪ 05231.
Sehenswert : Westfälisches Freilichtmuseum★ BX.

Ausflugsziele : Externsteine★ (Flachrelief★★ a.d. 12. Jh.), S : 11 km BY – Hermannsdenkmal★ (⹌★) SW : 6 km AY.

🄑 Städt. Verkehrsamt, Rathaus, Lange Straße, ⊠ 32756, ℰ 97 70, Fax 767299.

ADAC, Paulinenstr. 64, ⊠ 32756, ℰ 2 34 06, Fax 38050.

♦Düsseldorf 197 ⑤ – Bielefeld 29 ① – ♦Hannover 95 ③ – Paderborn 27 ④.

Stadtplan siehe gegenüberliegende Seite

🏨 **Detmolder Hof** (Steingiebelhaus a.d.J. 1560), Lange Str. 19, ⊠ 32756, ℰ 2 82 44,
Fax 39527 – |🕸| 🄫 – 🄬 40. 🄰🄴 ⓸ 🄴 ⱽⁱˢᴬ AZ **v**
Menu à la carte 49/75 – **39 Z** 119/220.

🏨 **Lippischer Hof,** Willy-Brandt-Platz 1, ⊠ 32756, ℰ 93 60, Fax 24470 – |🕸| ⅙⅞ Zim 🄫 🄫
& ❷ – 🄬 70. 🄰🄴 ⓸ 🄴 ⱽⁱˢᴬ AZ **n**
Le Gourmet : **Menu** à la carte 50/80 – **27 Z** 118/199.

In Detmold-Berlebeck :

🍴🍴🍴 **Romantik-Hotel Hirschsprung** mit Zim, Paderborner Str. 212, ⊠ 32760, ℰ 49 11,
Fax 4172, 🍴, « Gartenterrasse », 🚲 – 🄫 ☎ ⇐⇒ ❷. 🄰🄴 ⓸ 🄴 ⱽⁱˢᴬ BY **t**
Menu *(im Winter Donnerstag geschl.)* (Tischbestellung ratsam) à la carte 40/86 – **11 Z** 100/210.

In Detmold-Heiligenkirchen :

🏨 **Achilles** garni, Paderborner Str. 87, ⊠ 32732, ℰ 41 66, Fax 48867, ⊆s – ☎ ⇐⇒ ❷. 🄰🄴
⓸ 🄴 ⱽⁱˢᴬ BY **g**
24 Z 70/120.

In Detmold-Hiddesen – Kneippkurort :

🏨 **Römerhof** ⊗, Maiweg 37, ⊠ 32760, ℰ 8 82 38, Fax 8132, ≤, 🍴 – |🕸| 🄫 ☎ ❷. 🄰🄴 ⓸
🄴 ⱽⁱˢᴬ AY **d**
Menu *(Donnerstag geschl.)* (wochentags nur Abendessen) à la carte 35/61 – **19 Z** 95/195.

In Detmold-Pivitsheide :

🏨 **Forellenhof** ⊗, Gebr.-Meyer-Str. 50, ⊠ 32758, ℰ (05232) 9 85 00, Fax 985040, 🚲 – 🄫
☎ ❷. 🄰🄴 ⓸ 🄴 ⱽⁱˢᴬ, ⅙⅞ AX **b**
(nur Abendessen für Hausgäste) – **12** 75/140.

220

DETMOLD

DETTELBACH Bayern ▨▨▨ N 17, ▨▨▨ ⑳ – 4 300 Ew – Höhe 189 m – ✪ 09324.

Sehenswert : Wallfahrtskirche (Kanzel★, Renaissance-Portal★).

🇫 Dettelbach-Mainsondheim, ✎ 46 56.

♦München 264 – ♦Bamberg 61 – ♦Nürnberg 93 – ♦Würzburg 19.

⚘ **Grüner Baum** (altfränkischer Gasthof), Falterstr. 2, ⊠ 97337, ✎ 14 93, Fax 3734 – ☎ ⇔.
E �✕ Zim
21. Juni - 13. Juli und 24. Dez.- 15. Jan. geschl. – **Menu** (Sonntag nur Mittagessen, Montag nur Abendessen) à la carte 29/55 ⅃ – **18 Z** 65/120.

DETTINGEN / ERMS Baden-Württemberg ▨▨▨ L 21 – 8 000 Ew – Höhe 398 m – ✪ 07123 (Metzingen).

♦Stuttgart 46 – Reutlingen 13 – ♦Ulm (Donau) 61.

🏠 **Zum Rößle,** Uracher Str. 30, ⊠ 72581, ✎ 9 78 00, Fax 978010 – 📺 ☎ 📵. ⓞ **E** 𝕍𝕀𝕊𝔸.
✕ Rest
Jan. 1 Woche geschl. – **Menu** (Montag geschl.) à la carte 26/62 – **22 Z** 58/150.

DETTINGEN UNTER TECK Baden-Württemberg ▨▨▨ L 21 – 5 200 Ew – Höhe 385 m – ✪ 07021.

♦Stuttgart 36 – Reutlingen 34 – ♦Ulm (Donau) 57.

🏠 **Rößle** garni, Austr. 32, ⊠ 73265, ✎ 9 84 90, Fax 9849150 – 🛗 📺 ☎ ⇔ 📵. **E**
50 Z 70/110.

🏠 **Teckblick,** Teckstr. 44, ⊠ 73265, ✎ 8 30 48, Fax 53024, 🌳 – 🛗 📺 ☎ 📵 – 🔥 30. ℻
ⓞ **E** 𝕍𝕀𝕊𝔸
1.- 6. Jan. geschl. – **Menu** (Sonntag nur Mittagessen) à la carte 32/54 – **23 Z** 65/95.

DEUDESFELD Rheinland-Pfalz ▨▨▨ D 16 – 500 Ew – Höhe 450 m – Erholungsort – ✪ 06599 (Weidenbach).

Mainz 181 – Bitburg 28 – ♦Bonn 107 – ♦Trier 67.

🏠 **Sonnenberg** 🐾, Birkenstr. 14, ⊠ 54570, ✎ 8 67, Fax 804, ⇗, 🔲, 🌾 – 📵
(nur Abendessen) – **22 Z**.

⚘ **Zur Post,** Hauptstr. 8, ⊠ 54570, ✎ 8 66, Fax 1304, 🌳, ⇗, 🌾 – 📵. ✕ Rest
Nov. 3 Wochen geschl. – **Menu** (im Winter Donnerstag geschl.) à la carte 20/40 –
23 Z 35/75 – ½ P 50/52.

DEUTSCH-EVERN Niedersachsen siehe Lüneburg.

DEUTSCHE ALPENSTRASSE Bayern ▨▨▨ LM 24 bis W 24, ▨▨▨ ㊱ ㊲ ㊳.

Sehenswert : Panoramastraße★★★ von Lindau bis Berchtesgaden (Details siehe unter den erwähnten Orten entlang der Strecke).

DIEBLICH Rheinland-Pfalz ▨▨▨ F 16 – 2 200 Ew – Höhe 65 m – ✪ 02607 (Kobern).

Mainz 96 – Cochem 39 – ♦Koblenz 14.

🏠 **Pistono,** Hauptstr. 30, ⊠ 56332, ✎ 2 18, Fax 1039, 🌳, ⇗, 🔲, 🌾 – 🛗 ☎ 📵. **E**. ✕
nach Karneval 2 Wochen geschl. – **Menu** (Montag geschl.) à la carte 24/61 – **86 Z** 60/180.

DIEBURG Hessen ▨▨▨ ▨▨▨ J 17, ▨▨▨ ⑳ – 14 000 Ew – Höhe 144 m – ✪ 06071.

♦Wiesbaden 61 – Aschaffenburg 28 – ♦Darmstadt 16 – ♦Frankfurt 36.

🏨 **Mainzer Hof** garni, Markt 22, ⊠ 64807, ✎ 2 50 95, Fax 25090 – 📺 ☎ 📵 – 🔥 20. ℻ ⓞ
E 𝕍𝕀𝕊𝔸 – Weihnachten - Anfang Jan. geschl. – **34 Z** 100/180.

DIEKHOLZEN Niedersachsen siehe Hildesheim.

DIELHEIM Baden-Württemberg ▨▨▨ ▨▨▨ J 19 – 7 600 Ew – Höhe 130 m – ✪ 06222.

♦Stuttgart 102 – Heidelberg 25 – Heilbronn 50 – ♦Karlsruhe 48 – ♦Mannheim 38.

In Dielheim-Horrenberg O : 3,5 km :

✕ **Zum wilden Mann,** Burgweg 1, ⊠ 69234, ✎ 7 10 53, Fax 73171 – 📵. **E**
Dienstag, Mitte Juli - Mitte Aug. und 23. Dez.- Mitte Jan. geschl. – **Menu** à la carte 30/67.

✕ **Hirsch** mit Zim, Hoffenheimer Str. 7, ⊠ 69234, ✎ 7 20 58, Fax 75708 – ☎ 📵. ✕ Zim
Juli-Aug. 3 Wochen geschl. – **Menu** (Donnerstag geschl.) à la carte 38/60 – **5 Z** 65/125.

DIEMELSEE Hessen ▨▨▨ ▨▨▨ J 12 – 6 300 Ew – Höhe 340 m – ✪ 05633.

♦Wiesbaden 200 – ♦Kassel 70 – Marburg 80 – Paderborn 62.

In Diemelsee-Heringhausen :

🏨 **Fewotel Diemelsee,** Seestr. 17, ⊠ 34519, ✎ 60 80, Fax 5429, ≤, 🌳, ⇗, 🔲 – 🛗 📺
☎ ✳ 📵 – 🔥 60. **E** 𝕍𝕀𝕊𝔸. ✕ Rest
Menu à la carte 30/53 – **69 Z** 99/218 – ½ P 127/137.

In Diemelsee-Ottlar :

🏠 **Landhotel Ottonenhof**, Zum Upland 8, ✉ 34519, ✆ 10 55, Fax 5958, 🏤, 🚗, 🌁 – 🚗
🅿. **E**. 🕏
Mitte Nov.- Mitte Dez. geschl. – **Menu** *(Mittwoch geschl.)* à la carte 25/48 – **17 Z** 57/114
– ½ P 63/67.

DIEMELSTADT Hessen 📖📖 J 12, 📖 ⑮ – 6 000 Ew – Höhe 280 m – ⬢ 05694.
🚩 Städt. Verkehrsamt, Ramser Str. 6 (Wrexen), ✉ 34474, ✆ (05642) 84 34.
◆Wiesbaden 218 – Dortmund 126 – ◆Kassel 53 – Paderborn 38.

In Diemelstadt-Rhoden :

XX **Rosengarten** 🕭 mit Zim, Schloßplatz 1, ✉ 34474, ✆ 2 28, Fax 770, 🏤 – **AE ⓪ E VISA**
Menu *(Dienstag geschl.)* à la carte 46/71 – **8 Z** 68/115.

DIEPHOLZ Niedersachsen 📖 I 9, 📖 ⑭ – 15 400 Ew – Höhe 39 m – ⬢ 05441.
◆Hannover 109 – ◆Bremen 67 – Oldenburg 64 – ◆Osnabrück 51.

In Diepholz-Heede NO : 2 km :

X **Zum Jagdhorn** mit Zim, Heeder Dorfstr. 10, ✉ 49356, ✆ 22 02, Fax 5786 – **TV** ☎ 🚗
🅿
Menu à la carte 30/55 – **8 Z** 60/100.

In Diepholz-St. Hülfe NO : 3 km :

🏠 **Castendieck** (Niedersächsisches Fachwerkhaus a.d.J. 1819, mit Gästehaus), Bremer Str.
20 (B 51), ✉ 49356, ✆ 20 64, Fax 2245, « Gartenterrasse », 🕏 – **TV** ☎ 🚗 **🅿**
14 Z.

DIERDORF Rheinland-Pfalz 📖 F 15, 📖 ㉔ – 4 400 Ew – Höhe 240 m – ⬢ 02689.
Mainz 106 – ◆Koblenz 30 – ◆Köln 77 – Limburg an der Lahn 47.

🏠 **Waldhotel** 🕭, nahe der B 413 (W : 2 km), ✉ 56269, ✆ 20 88, Fax 7881, ≤, 🆑,
→ ⏚ (geheizt), 🌁 – **TV** ☎ 🚗 **🅿**
Menu *(Weihnachten - Silvester und Montag geschl.)* à la carte 23/60 – **17 Z** 60/96.

In Großmaischeid SW : 6 km :

🏠 **Tannenhof** 🕭, Stebacher Str. 64, ✉ 56269, ✆ (02689) 60 41, Fax 5513, 🏤, 🌁, 🕏 –
→ **TV** ☎ **🅿** – 🏛 60
Menu à la carte 24/46 – **20 Z** 65/130.

In Isenburg SW : 11 km :

🏠 **Haus Maria** 🕭, Caaner Str. 6, ✉ 56271, ✆ (02601) 29 80, 🏤, 🌁 – 🚗 **🅿** – 🏛 25. **AE**
⓪ E VISA
28. Dez.- 10. Jan. geschl. – **Menu** *(Montag nur Abendessen)* à la carte 28/54 – **14 Z** 50/120.

DIERHAGEN Mecklenburg-Vorpommern 📖 J 3 – 1 500 Ew – Seebad – ⬢ 038226.
🚩 Kurverwaltung, Waldstr. 4, ✉ 18347, ✆ 2 01.
Schwerin 122 – ◆Rostock 27 – Stralsund 57.

🏨 **Blinkfüer** 🕭, An der Schwedenschanze 20, ✉ 18347, ✆ 8 03 84, Fax 80392, 🏤, 🆑 –
TV ☎ **🅿**. **AE ⓪ E VISA**
Menu à la carte 32/63 – **28 Z** 110/225 – ½ P 113/138.

In Dierhagen-Neuhaus SW : 3 km :

🏠 **An de See** 🕭, Zwischen den Kiefern 1, ✉ 18347, ✆ 8 03 81, Fax 80391, 🆑, 🚐 – **TV**
☎ **🅿** – 🏛 30. 🕏 Rest
Menu à la carte 25/42 – **40 Z** 100/180.

DIESSEN AM AMMERSEE Bayern 📖 Q 23, 📖 ㊱, 📖 F 5 – 9 000 Ew – Höhe 536 m –
Luftkurort – ⬢ 08807 – **Sehenswert** : Stiftskirche★ – Ammersee★.
🚩 Verkehrsamt, Mühlstr. 4a, ✉ 86911, ✆ 10 48, Fax 4459.
◆München 53 – Garmisch-Partenkirchen 62 – Landsberg am Lech 22.

🏠 **Strand-Hotel** 🕭, Jahnstr. 10, ✉ 86911, ✆ 9 22 20, Fax 8958, ≤, 🏤, 🚐, 🌁 – **TV** ☎
🅿. **⓪ VISA**. 🕏 Zim
20. Dez.- 10. Jan. geschl. – **Menu** *(Montag, Okt.- April auch Dienstag sowie Mitte Nov.-
Mitte Feb. geschl.)* à la carte 37/68 – **18 Z** 94/260.

🏠 **Seefelder Hof** 🕭, Alexander-Koester-Weg 6, ✉ 86911, ✆ 10 23, Fax 1024, Biergarten –
☎ **🅿**. **⓪**
Menu *(Okt.-Mai Donnerstag-Freitag, Juni-Sept. Donnerstag und Weihnachten- Mitte Feb.
geschl., Dienstag nur Mittagessen)* à la carte 37/75 – **22 Z** 55/170 – ½ P 85/96.

In Diessen-Riederau N : 4 km :

🏠 **Kramerhof** 🦪, Ringstr. 4, ✉ 86911, ℘ 77 97, Fax 4690, 🌣, Biergarten, 🐎 – 📺 ☎ 🅿.
🔚 E
2.- 30. Jan. geschl. – **Menu** *(April - Okt. Mittwoch, Nov.- März Mittwoch-Donnerstag geschl.)*
à la carte 24/50 – **10 Z** 75/110 – ½ P 85/95.

XX Seehaus, Seeweg 22, ✉ 86911, ℘ 73 00, Fax 6810, ≤ Ammersee, « Terrassen am See »
Bootssteg – 🅿.

DIETENHOFEN Bayern 413 P 18 – 5 200 Ew – Höhe 356 m – ✪ 09824.
♦München 201 – Ansbach 17 – ♦Nürnberg 32.

XX **Moosmühle** 🦪 mit Zim, Mühlstr. 12, ✉ 90599, ℘ 95 90, Fax 95959, 🌣, ≘s, ❄ (Halle)
– 📺 ☎ 🅿
Aug.-Sept. 3 Wochen geschl. – **Menu** *(Montag geschl., Dienstag nur Abendessen)* à la carte
33/64 – **7 Z** 85/145 - (Gästehaus mit 21 Zim. ab 1995).

DIETERSHEIM Bayern siehe Neustadt an der Aisch.

DIETFURT AN DER ALTMÜHL Bayern 413 R 19, 987 ㉗ – 5 300 Ew – Höhe 365 m – Erho-
lungsort – ✪ 08464.
🅱 Verkehrsbüro, Rathaus, Hauptstraße 26, ✉ 92345, ℘ 17 15, Fax 247.
♦München 126 – Ingolstadt 44 – ♦Nürnberg 81 – ♦Regensburg 61.

🏠 **Zur Post,** Hauptstr. 25, ✉ 92345, ℘ 3 21, Fax 9126, Biergarten – 🅿
🔚 *Nov. 3 Wochen geschl.* – **Menu** *(Dienstag geschl.)* à la carte 22/34 – **28 Z** 42/76.

DIETMANNSRIED Bayern 413 N 23, 987 ㊱ – 5 900 Ew – Höhe 682 m – ✪ 08374.
♦München 112 – ♦Augsburg 90 – Kempten 13 – Memmingen 25.

In Dietmannsried-Probstried NO : 4 km :

XX **Landhaus Haase** mit Zim, Wohlmutser Weg 2, ✉ 87463, ℘ 80 10, Fax 6655, 🌣,
« Elegant-rustikale Einrichtung », ≘s – 📺 ☎ 🚗 🅿. 🖭 ① E 𝘝𝘐𝘚𝘈
Aug. 2 Wochen geschl. – **Menu** *(Samstag nur Abendessen)* (Tischbestellung ratsam)
à la carte 39/75 – **8 Z** 80/155 – ½ P 95/120.

DIETZENBACH Hessen 412 413 J 16,17 – 31 000 Ew – Höhe 170 m – ✪ 06074.
♦Wiesbaden 47 – Aschaffenburg 30 – ♦Darmstadt 33 – ♦Frankfurt am Main 15.

🏨 **Sonnenhof,** Otto-Hahn-Str. 7 (O : 2 km), ✉ 63128, ℘ 48 90, Fax 489333, 🌣 – 📳 ⇤ Zim
📺 ☎ 🅿 – 🔬 25. 🖭 E 𝘝𝘐𝘚𝘈
24. Dez.- 5. Jan. geschl. – **Menu** à la carte 31/69 – **83 Z** 155/355.

DIEZ/LAHN Rheinland-Pfalz 412 H 15, 987 ㉔ – 9 000 Ew – Höhe 119 m – Felke- und Luftkurort
– ✪ 06432.
🅱 Verkehrsamt, Rathaus, Wilhelmstr. 63, ✉ 65582, ℘ 50 12 70, Fax 5136.
Mainz 54 – ♦Koblenz 56 – Limburg an der Lahn 4,5.

In Diez-Freiendiez :

🏨 **Wilhelm von Nassau** garni, Weiherstr. 38, ✉ 65582, ℘ 10 14, Fax 1447, ≘s, 🔲 – 📳 📺
☎ 🅿 – 🔬 40. 🖭 ① E 𝘝𝘐𝘚𝘈
37 Z 103/175.

DILLENBURG Hessen 412 H 14, 987 ㉔ – 25 000 Ew – Höhe 220 m – ✪ 02771.
🅱 Städt. Verkehrsamt, Hauptstr. 19, ✉ 35683, ℘ 9 61 17, Fax 96178.
♦Wiesbaden 127 – Gießen 47 – Marburg 52 – Siegen 30.

🏨 **Zum Schwan,** Wilhelmsplatz 6, ✉ 35683, ℘ 60 11, Fax 7511 – 📺 ☎. 🖭 ① E 𝘝𝘐𝘚𝘈
27. Dez.- Mitte Jan. geschl. – **Menu** *(Samstag geschl.)* à la carte 32/75 – **15 Z** 89/130.

🏠 **Oranien** garni, Am Untertor 1, ✉ 35683, ℘ 70 85, Fax 22951 – 📺 ☎ 🚗. 🖭 ① E 𝘝𝘐𝘚𝘈
25 Z 105/150.

XX Bartmann's Haus, Untertor 3, ✉ 35683, ℘ 78 51, « Restauriertes Fachwerkhaus mit
geschmackvoller Einrichtung ».

In Dillenburg-Eibach O : 2,5 km :

🏠 **Kanzelstein** 🦪, Fasanenweg 2, ✉ 35683, ℘ 58 36, 🌣 – ☎ 🅿. E. ❄ Zim
Menu à la carte 27/40 🍴 – **21 Z** 60/110.

DILLINGEN AN DER DONAU Bayern **413** O 21, **987** ㊱ – 17 000 Ew – Höhe 434 m – ✿ 09071.

◆München 108 – ◆Augsburg 50 – ◆Nürnberg 121 – ◆Ulm (Donau) 53.

🏠 **Dillinger Hof,** Rudolf-Diesel-Str. 8 (an der B 16), ⊠ 89407, ℰ 80 61 (Hotel) 86 71 (Rest.), Fax 8323 – 📺 ☎ ❷ – 🏄 30. 🄰🄴 ⓞ E 𝓥𝓘𝓢𝓐
23. Dez.- Mitte Jan. geschl. – **Menu** à la carte 26/50 – **51 Z** 90/150.

🏠 **Garni Trumm,** Donauwörther Str. 62 (B 16), ⊠ 89407, ℰ 30 72, Fax 4100 – 📺 ☎ 🚗 ❷, 🄰🄴 E 𝓥𝓘𝓢𝓐, ⁑
24. Dez.- 2. Jan. geschl. – **20 Z** 50/94.

🏠 **Gästehaus am Zoll** garni, Donaustr. 23 1/2, ⊠ 89407, ℰ 47 95, Fax 71453 – 🚗 ❷. E. ⁑ – *Weihnachten - Anfang Jan. geschl.* – **14 Z** 55/95.

In Dillingen-Fristingen SO : 6 km :

XX **Storchennest,** Demleitnerstr. 6, ⊠ 89407, ℰ 45 69, Fax 6180, 🌳 – ❷. 🄰🄴 E
Montag - Dienstag sowie Jan. 1 Woche und Aug. 2 Wochen geschl. – **Menu** 35 (mittags) und à la carte 49/83.

DILLINGEN/SAAR Saarland **412** D 18, **987** ㉓ ㉔, **242** ⑥ – 21 600 Ew – Höhe 182 m – ✿ 06831 (Saarlouis).

◆Saarbrücken 33 – Saarlouis 5 – ◆Trier 62.

🏨 **Saarland-Hotel König,** Göbenstr. 1, ⊠ 66763, ℰ 7 80 01, Fax 78002 – 📺 ☎ ❷. 🄰🄴 ⓞ E 𝓥𝓘𝓢𝓐
Menu *(Sonntag nur Mittagessen, Montag nur Abendessen, Anfang Jan. 1 Woche geschl.)* à la carte 43/70 *(auch vegetarische Gerichte)* – **23 Z** 75/140.

In Dillingen-Diefflen NO : 3,5 km :

🏨 **Bawelsberger Hof,** Dillinger Str. 5a, ⊠ 66763, ℰ 70 39 93, Fax 73976, 🕿 – |🛗| ⁑ Zim 📺 ❷ – 🏄 70. 🄰🄴 ⓞ E 𝓥𝓘𝓢𝓐 ⁑ Rest
Ma cuisine (Sonntag nur Mittagessen, Montag geschl.) **Menu** à la carte 42/68 – *Saarstube :* **Menu** à la carte 31/46 – **46 Z** 110/189.

DILLSTÄDT Thüringen siehe Meiningen.

DINGOLFING Bayern **413** U 21, **987** ㊲ – 15 000 Ew – Höhe 364 m – ✿ 08731.

◆München 101 – Landshut 32 – Straubing 34.

In Loiching-Oberteisbach SW : 5 km :

🏨 **Räucherhansl** ⚜, ⊠ 84180, ℰ 32 00, Fax 40670, 🌳, 🕿 – |🛗| 📺 ☎ ❷ – 🏄 50
➡ **Menu** *(Dienstag nur Abendessen)* à la carte 24/43 – **55 Z** 75/130.

DINKELSBÜHL Bayern **413** NO 19, **987** ㉖ – 11 000 Ew – Höhe 440 m – ✿ 09851.
Sehenswert : St.-Georg-Kirche★ – Deutsches Haus★.
🛈 Städt. Verkehrsamt, Marktplatz, ⊠ 91550, ℰ 9 02 40, Fax 90279.

◆München 159 – ◆Nürnberg 93 – ◆Stuttgart 115 – ◆Ulm (Donau) 103 – ◆Würzburg 105.

🏨 Deutsches Haus, Weinmarkt 3, ⊠ 91550, ℰ 60 58, Fax 7911, 🌳, « Fachwerkhaus a.d. 15. Jh. » – 📺 ☎ 🚗 – 🏄 25. ⁑ – **10 Z**

🏨 ✿ **Eisenkrug - Restaurant Zum kleinen Obristen,** Dr.-Martin-Luther-Str. 1, ⊠ 91550, ℰ 5 77 00, Fax 577070 – |🛗| 📺 ☎ – 🏄 40. 🄰🄴 ⓞ E 𝓥𝓘𝓢𝓐
Menu *(Montag geschl. und Jan. - Feb. 3 Wochen geschl.)* 40 (mittags) und à la carte 77/94 – *Weinkeller (nur Abendessen)* **Menu** à la carte 33/61 – **21 Z** 90/160
Spez. Variation vom Kalbskopf mit eingelegten Gemüsen, Steinbutt mit Basilikum, Lamm im Strudelteig.

🏨 **Blauer Hecht,** Schweinemarkt 1, ⊠ 91550, ℰ 8 11, Fax 814, 🌳, 🕿, 🏊 – ⁑ Zim 📺 ☎ – 🏄 60. 🄰🄴 ⓞ E 𝓥𝓘𝓢𝓐 ⁑
2.- 31. Jan. geschl. – **Menu** *(Montag und 1.- 13. Feb. geschl.)* à la carte 38/66 – **44 Z** 93/170 – ½ P 97/135.

🏨 **Goldene Kanne,** Segringer Str. 8, ⊠ 91550, ℰ 60 11, Fax 2281 – 📺 ☎ 🚗 – 🏄 400. 🄰🄴 E 𝓥𝓘𝓢𝓐 𝓙𝓒𝓑
Mitte - Ende März geschl. – **Menu** *(Nov.- Feb. Dienstag geschl.)* à la carte 27/53 – **26 Z** 75/220.

🏨 **Goldener Anker** (mit Gästehaus), Untere Schmiedsgasse 22, ⊠ 91550, ℰ 5 78 00, Fax 578080, 🌳 – 📺 ☎. 🄰🄴 ⓞ E 𝓥𝓘𝓢𝓐
Menu à la carte 27/62 – **15 Z** 80/150.

🏨 Weißes Ross (mit Gästehaus), Steingasse 12, ⊠ 91555, ℰ 22 74, Fax 6770, 🌳 – 📺 ☎. ⁑ Rest – **23 Z**.

🏨 **Goldene Rose** (mit Gästehaus), Marktplatz 4, ⊠ 91550, ℰ 5 77 50, Fax 577575 – 📺 ☎ 🚗 ❷ – 🏄 30. 🄰🄴 ⓞ E 𝓥𝓘𝓢𝓐 𝓙𝓒𝓑
Menu à la carte 26/57 – **33 Z** 75/170 – ½ P 85/120.

🏨 **Goldene Krone,** Nördlinger Str. 24, ⊠ 91550, ℰ 22 93, Fax 6520 – |🛗| 🚗. 🄰🄴 ⓞ E 𝓥𝓘𝓢𝓐
➡ 𝓙𝓒𝓑 – *Mitte - Ende Aug. und Mitte - Ende Nov. geschl.* – **Menu** *(Mittwoch geschl.)* à la carte 24/40 ⚜ – **25 Z** 61/98 – ½ P 66/85.

In Dürrwangen NO : 8 km :

Zum Hirschen, Hauptstr. 13, ✉ 91602, ℘ (09856) 2 60, Fax 1801 – ☎ P. ⚹ Zim
Aug. 2 Wochen geschl. – **Menu** *(Montag nur Abendessen)* à la carte 18/48 ⚱ – **30 Z** 55/98.

In Fichtenau-Lautenbach : W : 7 km :

Storchenmühle, Buckenweiler Str. 42, ✉ 74579, ℘ (07962) 5 66, Fax 1234, ⛱, ≘s, – TV ☎ P – 🏛 30. AE ⓓ E VISA
Menu *(Montag nur Abendessen, Dienstag geschl.)* à la carte 24/44 ⚱ – **10 Z** 75/115.

DINKLAGE Niedersachsen 411 H 8,9, 987 ⑭ – 9 600 Ew – Höhe 30 m – ☎ 04443.
◆Hannover 131 – ◆Bremen 79 – Oldenburg 59 – ◆Osnabrück 48.

Burghotel ⚐, Burgallee 1, ✉ 49413, ℘ 89 70, Fax 897444, ⛱, Wildpark, ≘s – |‡| ⚹ Zim TV ☎ ♿ P – 🏛 90. AE ⓓ E VISA
Menu à la carte 50/78 – **54 Z** 155/225.

An der Straße zur Autobahn : O : 2 km :

Wiesengrund, Lohner Str. 17, ✉ 49413 Dinklage, ℘ (04443) 20 50, Fax 3798 – TV ☎ 🚗 P – 🏛 30. AE ⓓ E VISA. ⚹
Menu (nur Abendessen) à la carte 24/48 – **20 Z** 70/115 – ½ P 90/98.

Landhaus Stuben, Dinklager Str. 132, ✉ 49393 Lohne, ℘ (04443) 43 83, Fax 3767, ⛱ – P. AE ⓓ E VISA. ⚹
Samstag nur Abendessen, Sonntag nur Mittagessen, Montag geschl. – **Menu** à la carte 42/66.

DINSLAKEN Nordrhein-Westfalen 411 412 D 12, 987 ⑬ – 66 500 Ew – Höhe 30 m – ☎ 02064.
⛳ Hünxe (NO : 8 km), ℘ (02858) 64 80.
ℹ Stadtinformation, Friedrich-Ebert-Str. 82, ✉ 46535, ℘ 6 62 22.
◆Düsseldorf 49 – Duisburg 16 – Oberhausen 20 – Wesel 14.

Hotel am Park garni, Althoffstr. 16, ✉ 46535, ℘ 5 40 54, Fax 54057 – |‡| TV ☎ P. AE ⓓ E VISA. ⚹
24 Z 150/240.

Garni, Bahnhofsvorplatz 9, ✉ 46535, ℘ 5 23 09, Fax 2686 – TV P. AE ⓓ E. ⚹
22 Z 50/120.

In Dinslaken-Hiesfeld SO : 3 km :

Haus Hiesfeld, Kirchstr. 125, ✉ 46539, ℘ 9 40 00, Fax 96009 – P. AE ⓓ E VISA
Feb. und Juli-Aug. jeweils 2 Wochen, Montag sowie Sonn- und Feiertage geschl. – **Menu** (Tischbestellung ratsam) à la carte 57/81.

DIRMSTEIN Rheinland-Pfalz 412 413 H 18 – 2 500 Ew – Höhe 108 m – ☎ 06238.
Mainz 61 – Kaiserslautern 43 – ◆Mannheim 24 – Worms 13.

Kempf, Marktstr. 3, ✉ 67246, ℘ 30 11, Fax 3014, ⛱, ≘s, 🏊 – |‡| TV ☎ – 🏛 60. AE E VISA
Menu à la carte 29/64 – **23 Z** 80/190.

In Großkarlbach SW : 4 km :

Winzergarten, Hauptstr. 17, ✉ 67229, ℘ (06238) 21 51, Fax 1275, ⛱ – |‡| ☎ P – 🏛 30. ⚹
Menu à la carte 26/56 ⚱ – **55 Z** 65/100.

Restaurant Gebr. Meurer, Hauptstr. 67, ✉ 67229, ℘ (06238) 6 78, Fax 1007, « Gartenterrasse » – 🏛 80. AE E
Menu (nur Abendessen, Tischbestellung ratsam) à la carte 50/84.

DISCHINGEN Baden-Württemberg 413 NO 20 – 4 500 Ew – Höhe 463 m – ☎ 07327.
◆Stuttgart 109 – Heidenheim an der Brenz 18 – Nördlingen 27.

Schloßgaststätte ⚐, Im Schloß Taxis, ✉ 89561, ℘ 4 25, Fax 6845, Biergarten – ☎ P. E
Weihnachten - Neujahr geschl. – **Menu** *(Montag geschl.)* à la carte 22/47 – **14 Z** 38/90.

DISSEN Niedersachsen 411 412 H 10, 987 ⑭ – 8 100 Ew – Höhe 100 m – ☎ 05421.
◆Hannover 132 – Bielefeld 29 – Osnabrück 26.

In Dissen-Nolle N : 2 km :

Heimathof Nolle, Norte 83, ✉ 49201, ℘ 44 50, Fax 2252 – P. E VISA
Montag und Donnerstag sowie Feb. und Juni - Juli jeweils 2 Wochen geschl. – **Menu** (wochentags nur Abendessen, Tischbestellung ratsam) à la carte 57/79.

DITZENBACH, BAD Baden-Württemberg **418** M 21 – 3 300 Ew – Höhe 509 m – Heilbad –
🕸 07334 (Deggingen).
🔁 Verkehrsamt, Haus des Gastes, Helfensteinstr. 20, ✉ 73342, 𝒸 69 11.
◆Stuttgart 56 – Göppingen 19 – Reutlingen 51 – ◆Ulm (Donau) 44.

🏨 **Zum Lamm** (mit 🏚 Gästehaus 🍃), Hauptstr. 30, ✉ 73342, 𝒸 50 80 – ⇔ Zim 📺 ☎
🕭 ⇦ 🅟. 🆎 🅴. ⇔ Zim
Feb.- März 4 Wochen geschl. – **Menu** (Samstag nur Mittagessen, Sonntag geschl.) à la carte
45/78 – **16 Z** 70/210.

🍴 **Heuändres,** Helfensteinstr. 8, ✉ 73342, 𝒸 53 20, 🍖 – 🅿
◆ 27. Juli - 17. Aug und 20. Dez.- 20. Jan. geschl. – **Menu** (Montag geschl.) à la carte 24/53
🕭 – **8 Z** 40/90 – ½ P 60/76.

In Bad Ditzenbach-Gosbach SW : 2 km :

🏨 **Hirsch,** Unterdorfstr. 2 (an der B 466), ✉ 73342, 𝒸 (07335) 51 88, Fax 5822 – ☎ 🅟. 🆎
🅴. ⇔
Jan.- Feb. 4 Wochen sowie Juli-Aug. und Okt.- Nov. jeweils 2 Wochen geschl. – **Menu**
(Montag geschl.) à la carte 37/67 (auch vegetarische Gerichte) – **8 Z** 65/110.

DITZINGEN Baden-Württemberg **418** K 20, **984** ㉞ – 23 500 Ew – Höhe 381 m – 🕸 07156.
◆Stuttgart 10 – Pforzheim 33.

🏨 **Blankenburg Hotel Ditzingen,** Gerlinger Str. 27, ✉ 71254, 𝒸 93 20, Fax 932190 – 🛗
⇔ Zim 📺 ☎ ⇦ – 🕭 16. 🆎 ⓞ 🅴 𝘝𝘐𝘚𝘈. ⇔ Rest
Menu à la carte 35/53 – **70 Z** 145/195.

DOBEL Baden-Württemberg **418** I 20, **987** ㉟ – 2 200 Ew – Höhe 689 m – Heilklimatischer Kurort
– Wintersport : 500/720 m ⚹2 ⚼2 – 🕸 07083 (Bad Herrenalb).
🔁 Kurverwaltung, im Kurhaus, ✉ 75335, 𝒸 7 45 13, Fax 74535.
◆Stuttgart 74 – Baden-Baden 28 – ◆Karlsruhe 33 – Pforzheim 24.

🏨 **Rössle** 🍃, Joh.-P.-Hebel-Str. 7, ✉ 75335, 𝒸 23 53, Fax 51657, 🍖, 🈂s – 🛗 ☎ ⇦ 🅿
◆ – 🕭 30
15. Nov.- 15. Dez. geschl. – **Menu** (Dienstag geschl.) à la carte 23/51 🕭 – **34 Z** 42/140
– ½ P 60/90.

🏨 **Gästehaus Flora** 🍃 garni, Brunnenstr. 7, ✉ 75335, 𝒸 29 48, 🔲, 🍖 – ☎ 🅿
10 Z 50/90.

DOBERAN, BAD Mecklenburg-Vorpommern **411** S4, **414** H 3, **987** ⑥ – 12 200 Ew – Höhe 50 m
– Kur- und Badeort – 🕸 038203.
Sehenswert : Münster★★ (Altar★, Triumphkreuz★, Sakramentshaus★).
🔁 Bad Doberan - Information, Goethestr. 1, ✉ 18209, 𝒸 21 54.
Schwerin 79 – ◆Rostock 17 – Wismar 48.

🏨 **Romantik-Hotel Kurhotel,** Am Kamp, ✉ 18209, 𝒸 30 36, Fax 2126, 🍖, 🈂s – 🛗 📺 ☎
🅿 – 🕭 50. 🆎 ⓞ 🅴 𝘝𝘐𝘚𝘈. ⇔ Rest
Menu à la carte 29/60 – **62 Z** 135/280.

In Heiligendamm NW : 6,5 km :

🏨 **Residenz** 🍃 (mit Gästehaus), Prof.-Dr.-Vogel-Str. 16, ✉ 18209, 𝒸 (038203) 1 28 76,
Fax 12875, ≤, 🍖, 🈂s, 🐾 – 🛗 ⇔ 📺 ☎ 🅿 – 🕭 60. 🆎 ⓞ 🅴 𝘝𝘐𝘚𝘈
Menu à la carte 31/49 – **35 Z** 145/220, 6 Suiten (Anbau mit 30 Z bis Frühjahr 1995).

DÖBELN Sachsen **414** L 12, **984** ㉔, **987** ⑰ – 27 000 Ew – Höhe 151 m – 🕸 03431.
🔁 Fremdenverkehrsbüro, Straße des Friedens 3, ✉ 04720, 𝒸 44 39 03, Fax 443911.
◆Dresden 55 – ◆Leipzig 59.

🏨 **Weiße Taube,** Eisenbahnstr. 1, ✉ 04720, 𝒸 61 17 14, Fax 611714, 🍖 – 📺 ☎ 🅿. 🅴
Menu (Montag geschl.) à la carte 27/50 – **11 Z** 85/150.

DÖRENTRUP Nordrhein-Westfalen **411** **412** K 10 – 8 000 Ew – Höhe 200 m – 🕸 05265.
◆Düsseldorf 206 – Bielefeld 37 – Detmold 20 – ◆Hannover 75.

In Dörentrup-Farmbeck :

🏨 **Landhaus Begatal,** Bundesstr. 2 (B 66), ✉ 32694, 𝒸 82 55, Fax 8225, 🍖 – ⇔ Zim 📺
☎ 🕭 🅿 – 🕭 20. ⓞ 🅴 𝘝𝘐𝘚𝘈. ⇔ Rest
Menu (Montag geschl.) à la carte 30/53 – **12 Z** 78/126.

In Dörentrup-Schwelentrup – Luftkurort :

🍴 **Jagdrestaurant Grünental,** Sternberger Str. 3, ✉ 32694, 𝒸 2 52, Fax 498, 🍖 – 🅿. ⓞ
🅴
Montag-Dienstag geschl. – **Menu** à la carte 34/60.

DÖRPEN Niedersachsen 🔲🔲 E 8 – 3 300 Ew – Höhe 5 m – 🕿 04963.
◆Hannover 242 – ◆Bremen 118 – Groningen 64 – Oldenburg 71 – ◆Osnabrück 115.

🏠 **Borchers,** Neudörpener Str. 48, ✉ 26892, ℰ 16 72, Fax 4434, 🍴, 🚗 – 📺 🕿 ⟵⟶ 🅿
– 🛁 40
Menu *(Samstag nur Abendessen)* à la carte 27/68 – **31 Z** 65/130.

DÖRRENBACH Rheinland-Pfalz 🔲🔲 🔲🔲 G 19, 🔲🔲 ⑫, 🔲🔲 ② – 1 000 Ew – Höhe 350 m –
Erholungsort – 🕿 06343.
Sehenswert : Renaissance-Rathaus★ – Wehrfriedhof★.
Mainz 131 – ◆Karlsruhe 42 – Pirmasens 46 – Wissembourg 10.

🏠 **Pension Waldruhe** 🐾 garni, Wiesenstr. 6, ✉ 76889, ℰ 15 06 – 🅿
10 Z 42/80.

DOERVERDEN Niedersachsen siehe Verden (Aller).

DÖTTESFELD Rheinland-Pfalz 🔲🔲 F 15 – 350 Ew – Höhe 220 m – Erholungsort – 🕿 02685
(Flammersfeld).
Mainz 117 – ◆Koblenz 43 – ◆Köln 74 – Limburg an der Lahn 58.

🏠 **Zum Wiedbachtal** 🐾, Wiedstr. 14, ✉ 56305, ℰ 10 60, Fax 8660, 🔟, 🌳 – 🕿 🅿. 🆎 ①
🇪 𝑽𝑰𝑺𝑨. ❄
Menu *(Dienstag geschl.)* à la carte 26/55 – **11 Z** 59/104.

In Oberlahr W : 3 km :

🏨 **Der Westerwald Treff** 🐾 (mit Ferienanlage), ✉ 57641, ℰ (02685) 8 70, Fax 87268, Biergarten, 🚗, 🔟, ❄ (Halle) – 🛗 📺 🕿 🅿 – 🛁 250. 🆎 ① 🇪 𝑽𝑰𝑺𝑨
Menu à la carte 42/78 – **148 Z** 140/260.

DOLLNSTEIN Bayern 🔲🔲 Q 20 – 1 800 Ew – Höhe 400 m – 🕿 08422.
◆München 122 – Ingolstadt 42 – ◆Nürnberg 91.

🍴 Zur Post, Marktplatz 3, ✉ 91795, ℰ 15 15, 🍴 – 📺 🕿 🅿
9 Z.

In Dollnstein-Obereichstätt NO : 7 km :

🏠 **Zur Hüttenschänke,** Allee 15, ✉ 91795, ℰ (08421) 9 79 70, Fax 979797 – 🕿 🅿. 🇪. ❄
⟵ Nov. 2 Wochen geschl. – **Menu** *(Mittwoch geschl.)* (wochentags nur Abendessen) à la carte
24/44 – **22 Z** 65/110.

DOMMITZSCH Sachsen 🔲🔲 K 11, 🔲🔲 ⑲ – 2 700 Ew – Höhe 90 m – 🕿 034223.
◆Dresden 102 – ◆Leipzig 64.

🍴 **Fährhaus,** Elbstr. 15 (An der Fähre, N : 1 km), ✉ 04880, ℰ 4 03 46, Fax 40346, 🍴 – 📺
⟵ ⟵⟶ 🅿
Menu *(Montag - Dienstag geschl.)* à la carte 16/33 🍷 – **9 Z** 55/85.

DONAUESCHINGEN Baden-Württemberg 🔲🔲 I 23, 🔲🔲 ㉟, 🔲🔲 J 2 – 20 000 Ew – Höhe 686 m
– 🕿 0771.
Sehenswert : Fürstenberg-Sammlungen (Gemäldegalerie★ : Passionsaltar★★).
📐 Donaueschingen-Aasen (NO : 4 km), ℰ 8 45 25.
🎪 Verkehrsamt, Karlstr. 58, ✉ 78166, ℰ 85 72 21, Fax 857228.
◆Stuttgart 131 – Basel 108 – ◆Freiburg im Breisgau 65 – ◆Konstanz 67 – Reutlingen 124 – Zürich 99.

🏨 **Carlton,** Hagelrainstr. 20, ✉ 78166, ℰ 85 30, Fax 853912, 🍴, 🚗 – 🛗 ↯ Zim 📺 🅿 –
🛁 250. 🆎 🇪 𝑽𝑰𝑺𝑨. ❄ Rest
Menu (nur Abendessen) à la carte 48/77 – **140 Z** 160/245.

🏨 **Öschberghof** 🐾, am Golfplatz (NO : 4 km), ✉ 78166, ℰ 8 40, Fax 84600, ≤, 🍴, Massage
🎣, 🚗, 🔟, 🌳, 📐 – 🛗 📺 🕹 ⟵⟶ 🅿 – 🛁 100. 🆎 🇪 𝑽𝑰𝑺𝑨. ❄
27. Dez.- 22. Jan. geschl. – **Menu** 35/60 und à la carte 49/78 – **55 Z** 190/285 – ½ P
180/228.

🏠 **Ochsen,** Käferstr. 18, ✉ 78166, ℰ 8 09 90 (Hotel) 80 99 22 (Rest.), Fax 809988, 🚗, 🔟
⟵ – 🛗 📺 🕿 ⟵⟶ 🅿. 🇪 𝑽𝑰𝑺𝑨
Menu *(Donnerstag sowie Jan. und Juli jeweils 2 Wochen geschl.)* à la carte 24/45 🍷 – **42 Z**
74/115.

🏠 **Linde,** Karlstr. 18, ✉ 78166, ℰ 30 48, Fax 3040 – 🛗 📺 🕿 🅿. ① 🇪 𝑽𝑰𝑺𝑨. ❄
über Fastnacht und 20. Dez.- 20. Jan. geschl. – **Menu** *(Freitag-Samstag geschl.)* (nur Abendessen) à la carte 27/54 – **21 Z** 85/165.

🏠 **Zur Sonne,** Karlstr. 38, ✉ 78166, ℰ 8 31 30, Fax 831330, 🚗 – 📺 🕿 ⟵⟶ 🅿. 🇪 𝑽𝑰𝑺𝑨.
❄ Zim
15. Dez.- 15. Jan. geschl. – **Menu** *(Sonntag-Montag geschl.)* à la carte 34/59 – **20 Z** 85/150.

🏠 **Zum Hirschen,** Herdstr. 5, ✉ 78166, ℰ 25 49, Fax 7859, 🚗 – 🛗 📺 ⟵⟶ 🅿
⟵ 20.Dez.- 20. Jan. geschl. – **Menu** *(Dienstag geschl.)* à la carte 22/44 🍷 – **28 Z** 70/135.

228

In Donaueschingen-Allmendshofen S : 2 km :

🏠 **Grüner Baum,** Friedrich-Ebert-Str. 59, ✉ 78166, 𝒫 8 09 10, Fax 8091250, 😕, 🖙 – 🛗 📺
🕿 📵 – 🔏 100. ⬛ ⓞ 𝐄 𝗩𝗜𝗦𝗔
Ende Okt.- Anfang Nov. und über Weihnachten geschl. – **Menu** *(Sonntag nur Mittagessen)*
à la carte 27/54 – **40 Z** 75/150.

In Donaueschingen-Aufen NW : 2,5 km – Erholungsort :

🏠 **Waldblick** 🦫, Am Hinteren Berg 7, ✉ 78166, 𝒫 83 25 20, Fax 8325225, 😕, �, 🔲, 🖙
– 🛗 📺 🕿 🚗 📵 – 🔏 45. ⬛ ⓞ 𝐄 𝗩𝗜𝗦𝗔
Dez. 3 Wochen geschl. – **Menu** *(Montag geschl.)* à la carte 28/60 ⚓ – **45 Z** 80/150 – ½
P 95/115.

DONAUSTAUF Bayern siehe Regensburg.

DONAUWÖRTH Bayern ⬛⬛⬛ P 20, ⑨⑧⑦ ㊱ – 18 000 Ew – Höhe 405 m – ✪ 0906.
Ausflugsziele : Kaisheim : ehemalige Klosterkirche (Chorumgang*) N : 6 km – Harburg :
Schloß (Sammlungen*) NW : 11 km.

🛈 Verkehrsamt, Rathaus, Rathausgasse 1, ✉ 86609, 𝒫 78 91 45, Fax 789222.

◆München 100 – Ingolstadt 56 – ◆Nürnberg 95 – ◆Ulm (Donau) 79.

🏠 **Posthotel Traube,** Kapellstr. 14, ✉ 86609, 𝒫 60 96, Fax 23390, 🚁 – 🛗 📺 🕿 📵 – 🔏 40.
◆ ⬛ ⓞ 𝐄 𝗩𝗜𝗦𝗔 𝗝𝗖𝗕
3.- 17. Jan. geschl. – **Menu** à la carte 24/49 – **43 Z** 88/185.

✕✕ **Goldener Greifen** mit Zim, Pflegstr. 15, ✉ 86609, 𝒫 33 75, Fax 28375, 😕 – 📺 🚗 📵.
⬛ 𝐄 𝗩𝗜𝗦𝗔
Menu *(Montag und Jan. 1 Woche geschl.)* (wochentags nur Abendessen) à la carte 49/71
– **10 Z** 55/110.

In Donauwörth-Parkstadt :

🏨 **Parkhotel,** Sternschanzenstr. 1, ✉ 86609, 𝒫 60 37, Fax 23283, ≤ Donauwörth, 😕 –
⇥ Zim 📺 🕿 📵 – 🔏 30. ⬛ ⓞ 𝐄 𝗩𝗜𝗦𝗔
Menu à la carte 33/69 – **45 Z** 99/180.

🏠 **Parkstadt** 🦫 garni, Andreas-Mayr-Str. 11, ✉ 86609, 𝒫 40 39, Fax 23986, 🔲 – 📺 🕿 📵.
⬛ 𝐄 𝗩𝗜𝗦𝗔
15. Juli - 15. Aug. geschl. – **14 Z** 57/110.

In Tapfheim-Erlingshofen SW : 7 km :

✕✕ **Kartäuserklause** mit Zim, Donauwörther Str. 7 (B 16), ✉ 86660, 𝒫 (09004) 3 02, Fax 370,
😕 – 📺 🕿 📵. 🦌
(nur Abendessen) – **5 Z**.

DONZDORF Baden-Württemberg ⬛⬛⬛ M 20 – 12 000 Ew – Höhe 405 m – ✪ 07162 (Süßen).
🛈 Schloß Ramsberg, 𝒫 2 71 71.

◆Stuttgart 57 – Göppingen 13 – Schwäbisch Gmünd 17 – ◆Ulm (Donau) 45.

🏨 ※ **Becher - Restaurant De Balzac** (mit Gästehaus), Schloßstr. 7, ✉ 73072, 𝒫 2 00 50,
Fax 200555, 😕, 🚁 – 🛗 📺 📵 – 🔏 120. ⬛ ⓞ 𝗩𝗜𝗦𝗔
Menu *(Sonn- und Feiertage, Montag und Mitte Feb.- Mitte März. geschl.)* (Tischbestellung
ratsam, bemerkenswerte Weinkarte) 73/108 und à la carte 65/95 – ***Bauernstube** (Sonntag
nur Mittagessen, Montag nur Abendessen)* **Menu** à la carte 32/62 – **65 Z** 100/200
Spez. Hummergratin, Edelfische in Rieslingsauce, Rehrücken mit Pfifferlingen und Spätzle.

DORF ZECHLIN Brandenburg ⬛⬛⬛ K 6 – 350 Ew – Höhe 60 m – ✪ 033923.
Potsdam 104 – Neuruppin 24.

🏠 **Waldeck,** Am Kunkelberg 4, ✉ 16837, 𝒫 4 80, Fax 480, 😕, 🚁, 🔲, 🖙 – 📺 📵. 𝐄 𝗩𝗜𝗦𝗔
◆ **Menu** à la carte 22/50 ⚓ – **26 Z** 65/110.

DORMAGEN Nordrhein-Westfalen ⬛⬛⬛ D 13, ⑨⑧⑦ ㉓ – 59 000 Ew – Höhe 45 m – ✪ 02133.
Ausflugsziel : Zons : befestigtes Städtchen* N : 6 km.

🛈 Fremdenverkehrsamt (Bürgerhaus), im Ortsteil Zons, Schloßstr. 37, ✉ 41541, 𝒫 5 32 62, Fax 53461.

◆Düsseldorf 25 – ◆Köln 24 – Neuß 19.

🏨 **Romantik-Hotel Höttche,** Krefelder Str. 14, ✉ 41539, 𝒫 25 30, Fax 10616, 😕,
« Rustikales Restaurant », 🚁, 🔲 – 🛗 📺 🕿 🚗 📵 – 🔏 50. ⬛ ⓞ 𝐄
23.- 30. Dez. geschl. – **Menu** à la carte 54/86 – **63 Z** 115/230.

🏠 **Zur Flora,** Florastr. 49, ✉ 41539, 𝒫 4 60 11, Fax 477824 – 📺 🕿 🚗 📵
Menu *(Sonntag nur Mittagessen, Montag nur Abendessen)* à la carte 26/60 – **16 Z** 110/160.

🏠 **Ragusa,** Marktplatz 7, ✉ 41539, 𝒫 4 35 02, Fax 43609, 😕 – 📺 🕿 📵. ⬛ ⓞ 𝐄 𝗩𝗜𝗦𝗔
Menu à la carte 29/60 – **18 Z** 96/205.

In Dormagen-St. Peter NW : 5,5 km über die B 9 :

🏛 **Stadt Dormagen** garni, Robert-Bosch-Str. 2, ✉ 41541, 𝒫 78 28, Fax 70940, ⇔ – 📺 ☎
P. **AE** ① **E** 𝑽𝑰𝑺𝑨. ⅍
22. Dez.- 8. Jan. und Juni-Juli 2 Wochen geschl. – **15 Z** 90/150.

In Dormagen-Zons N : 6 km :

🏛 **Schloss Friedestrom** ⑤ garni, Parkstr. 2, ✉ 41541, 𝒫 50 30, Fax 503290, ⇔ – 📶 📺
☎ ⇦. **AE** ① **E** 𝑽𝑰𝑺𝑨 𝐉𝐂𝐁
Weihnachten - Anfang Jan. geschl. – **30 Z** 165/375.

DORNBURG Hessen **412** H 15 – 8 000 Ew – Höhe 400 m – ✪ 06436.
Mainz 75 – ◆Frankfurt am Main 88 – Koblenz 46 – Siegen 55.

In Dornburg-Frickhofen :

🏛 Café Bock garni, Hauptstr. 30, ✉ 65599, 𝒫 20 77, Fax 2256 – 📺 ☎ ⇦ **P**
10 Z.

DORNSTADT Baden-Württemberg siehe Ulm (Donau).

DORNSTETTEN Baden-Württemberg **413** I 21. **987** ㉟ – 7 000 Ew – Höhe 615 m – Luftkuror
– ✪ 07443.
🛈 Kurverwaltung, Rathaus, Marktplatz 2, ✉ 72280, 𝒫 58 68.
◆Stuttgart 87 – Freudenstadt 8.

In Dornstetten-Aach SW : 2 km – Erholungsort :

🏛 Waldgericht (Fachwerkhaus a.d. 16. Jh.), Grüntaler Str. 4, ✉ 72280, 𝒫 80 33, Fax 4983 –
📺 ☎ **P**
28 Z.

In Dornstetten-Hallwangen NO : 2,5 km – Luftkurort :

❌❌ ❀ **Die Mühle,** Eichenweg 23 (nahe der B 28), ✉ 72280, 𝒫 63 29 – **P**
Montag und Donnerstag nur Abendessen, Mittwoch geschl. – **Menu** 79/120 und à la carte
46/88
Spez. Edelfische in Vinaigrette, Lammnüßchen mit Gemüselasagne, Limonenparfait mit Him-
beersauce.

DORNUM Niedersachsen **411** F 6, **987** ④ – 4 500 Ew – Höhe 5 m – ✪ 04933.
◆Hannover 262 – Emden 46 – Oldenburg 91 – Wilhelmshaven 54.

❌❌ **Beninga Burghotel** ⑤ mit Zim (Wasserschloß a.d.J. 1507), Beningalohne 2, ✉ 26553,
𝒫 29 11, Fax 2301, ⇪ – 📺 ☎ **P**
Menu *(Nov.- April Montag geschl.)* 31 (mittags) und à la carte 57/85 – **10 Z** 85/150.

DORSTEN Nordrhein-Westfalen **411** **412** D 12, **987** ⑬ – 81 000 Ew – Höhe 37 m – ✪ 02362
Ausflugsziel : Wasserschloß Lembeck ★ (NO : 10,5 km).
◆Düsseldorf 61 – Bottrop 17 – ◆Essen 29 – Recklinghausen 19.

🏛 **Am Kamin** garni, Alleestr. 37, ✉ 46282, 𝒫 2 70 07, Fax 45391 – 📶 📺 ☎ ⇦ **P**. **AE** ①
E 𝑽𝑰𝑺𝑨
25 Z 135/170.

🏛 **Haus Berken,** An der Molkerei 50, ✉ 46284, 𝒫 6 12 13, Fax 62270, ⇪ – 📺 **P**. **AE** ①
E 𝑽𝑰𝑺𝑨
Menu *(Samstag nur Abendessen, Mittwoch geschl.)* à la carte 30/56 – **20 Z** 70/150.

❌❌❌ **Henschel,** Borkener Str. 47 (B 224), ✉ 46284, 𝒫 6 26 70 – **P**. **AE** ① **E** 𝑽𝑰𝑺𝑨. ⅍
Samstag nur Abendessen, Jan. 1 Woche und Juni-Juli 2 Wochen geschl. – **Menu** 55 (mittags) und à la carte 76/93.

In Dorsten-Deuten N : 9 km :

🏛 **Grewer,** Weseler Str. 351 (B 58), ✉ 46282, 𝒫 (02369) 80 83, Fax 8322, ⇪ – ☎ ⇦ **P**
① **E** 𝑽𝑰𝑺𝑨
Juli-Aug. 3 Wochen geschl. – **Menu** *(Donnerstag geschl.)* à la carte 27/53 – **17 Z** 58/98.

In Dorsten-Lembeck NO : 10,5 km :

❌❌ **Schloßhotel Lembeck** ⑤ mit Zim, im Schloß (S : 2 km), ✉ 46286, 𝒫 (02369) 72 13
Fax 77370, ⇪, « Wasserschloß a.d. 17. Jh. mit Schloßkapelle und Museum, Park » – 📺
☎ **P**. ① **E** 𝑽𝑰𝑺𝑨
Menu *(Montag, Donnerstag und Freitag nur Abendessen)* à la carte 28/75 – **10 Z** 89/178

In Dorsten-Wulfen NO : 7 km :

🏛 **Humbert,** Dülmener Str. 1 (B 58), ✉ 46286, 𝒫 (02369) 41 09, Fax 6853, ⇪ – 📺 ☎ ⇦
P – 🔒 50. **AE** ① **E** 𝑽𝑰𝑺𝑨
Aug. 2 Wochen geschl. – **Menu** *(Montag geschl.)* à la carte 25/54 – **21 Z** 65/140.

Sehenswert : Fernsehturm ⚹★ CZ – Westfalenpark★ BCZ – Marienkirche (Marienaltar★) BYZ **B** – Reinoldikirche★ BY **A** – Petrikirche (Antwerpener Schnitzaltar★) AY **D** – Museum für Kunst und Kulturgeschichte (Dortmunder Goldschatz★) AY **M1**.

🛫 Dortmund-Reichsmark (④ : 7 km), ✆ 77 41 33.

🛲 Dortmund-Wickede, ② : 11 km, ✆ 21 89 01.

Ausstellungsgelände Westfalenhalle (AZ), ✆ 1 20 45 21, Telex 822321.

🅱 Verkehrspavillon am Hauptbahnhof, ✉ 44137, ✆ 14 03 41.

🅱 Informations- und Presseamt, Friedensplatz 3, ✉ 44122, ✆ 5 02 21 70, Fax 5022167.

ADAC, Kaiserstr. 63, ✉ 44135, ✆ 5 49 90, Fax 5499298.

◆Düsseldorf 82 ④ – ◆Bremen 236 ② – ◆Frankfurt am Main 224 ④ – ◆Hannover 212 ① – ◆Köln 94 ④.

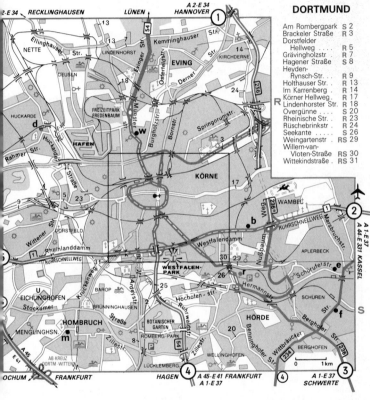

DORTMUND

Am Rombergpark	S 2
Brackeler Straße	R 3
Dorstfelder Hellweg	R 5
Grävingholzstr.	R 7
Hagener Straße	S 8
Heyden-Rynsch-Str.	R 9
Holthauser Str.	R 13
Im Karrenberg	R 14
Körner Hellweg	R 17
Lindenhorster Str.	R 18
Overgünne	S 20
Rheinische Str.	R 23
Rüschebrinkstr.	R 24
Seekante	S 26
Weingartenstr.	RS 29
Willem-van-Vloten-Straße	RS 30
Wittekindstraße	RS 31

🏨 **Scandic Crown Hotel,** An der Buschmühle 1, ✉ 44139, ✆ 1 08 60, Telex 822221, Fax 1086777, ☆, ⓕ, ☎, ⌧ – 🛗 ↹ Zim ▤ 🖵 🕭 ⇔ 🅿 – 🔬 350. ⒶⒺ ① Ⓔ 𝖵𝖨𝖲𝖠 ⚹ Rest
BZ **r**
Menu à la carte 48/68 – **190 Z** 240/355, 5 Suiten.

🏨 **Holiday Inn - Römischer Kaiser,** Olpe 2, ✉ 44135, ✆ 54 32 00, Telex 822479, Fax 574354, Massage, ☎ – 🛗 ↹ Zim ▤ 🖵 🕭 – 🔬 120. ⒶⒺ ① Ⓔ 𝖵𝖨𝖲𝖠 ⚹ BZ **a**
Menu (siehe *Gastronomie im Römischer Kaiser* separat erwähnt) – **118 Z** 258/401, 3 Suiten.

🏨 **Parkhotel Wittekindshof,** Westfalendamm 270 (B 1), ✉ 44141, ✆ 59 60 81, Telex 822216, Fax 516081, ☆, ☎ – 🛗 ↹ Zim ▤ 🖵 🅿 – 🔬 120. ⒶⒺ ① Ⓔ 𝖵𝖨𝖲𝖠 ⚹ Rest
R **b**
Menu à la carte 53/82 – **65 Z** 230/300.

🏨 **Parkhotel Westfalenhallen** ⚾, Strobelallee 41, ✉ 44139, ✆ 1 20 42 45, Fax 1204555, ⟨, ☆, ☎, ⌧ – 🛗 ↹ Zim 🖵 🕭 ⇔ 🅿 – 🔬 250. ⒶⒺ ① Ⓔ 𝖵𝖨𝖲𝖠 AZ **s**
Juli-Aug. 3 Wochen geschl. – **Menu** à la carte 36/82 – **107 Z** 189/249.

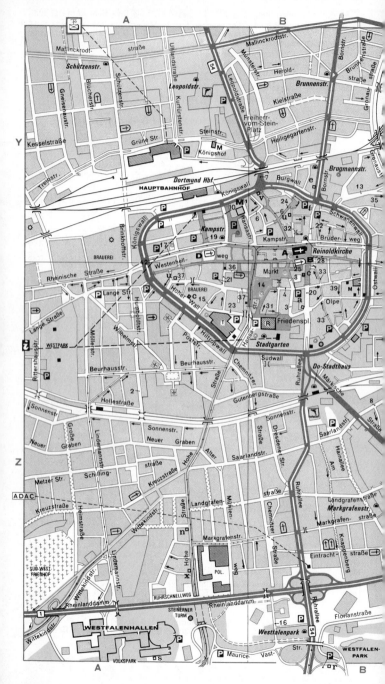

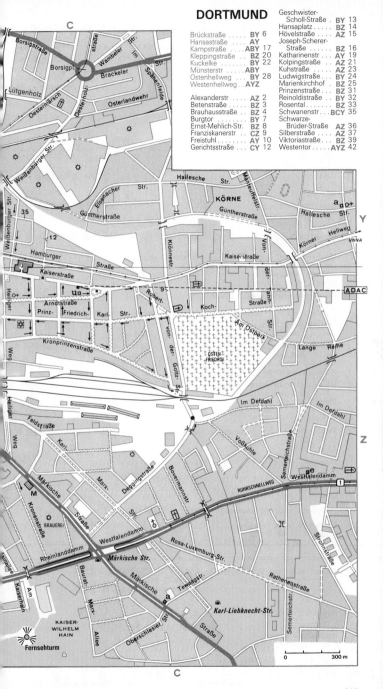

DORTMUND

233

🏨 **Senator,** Münsterstr. 187 (B 54), ⊠ 44145, 𝒫 81 81 61, Fax 813690, ⇔ – |≋| 📺 ☎ 📵 ·
 ⚘ 25. 🅰🅴 ① 🅴 𝘝𝘐𝘚𝘈   R v
 Ende Dez. - Anfang Jan. geschl. – (nur Abendessen für Hausgäste) – **34 Z** 120/190.

🏨 **Drees - Consul,** Hohe Str. 107, ⊠ 44139, 𝒫 1 29 90, Fax 1299555, ⇔, 🔲 – |≋| ⤸ Zin
 📺 ☎ ⇦ 📵 – ⚘ 70. 🅰🅴 ① 🅴 𝘝𝘐𝘚𝘈   AZ ▪
 Menu à la carte 37/74 – **146 Z** 105/198.

🏨 **Esplanade** garni, Bornstr. 4, ⊠ 44135, 𝒫 5 85 30, Fax 5853270 – |≋| ⤸ 📺 ☎ 📵. 🅰🅴 ①
 🅴 𝘝𝘐𝘚𝘈 🅹🄲🄱   BY ◖
 23. Dez.- 2. Jan. geschl. – **49 Z** 130/180.

🏨 **City - Hotel** garni, Silberstr. 37, ⊠ 44137, 𝒫 14 20 86, Fax 162765 – |≋| ⤸ 📺 ☎ 📵. 🅰🅸
 ① 🅴 𝘝𝘐𝘚𝘈   AZ ◖
 50 Z 155/240.

🏨 **Königshof** garni, Königswall 4, ⊠ 44137, 𝒫 5 70 41, Fax 57040 – |≋| 📺 ☎ – ⚘ 35. 🅰🅴
 ① 🅴 𝘝𝘐𝘚𝘈   BY v
 45 Z 155/178.

🏠 **Gildenhof** garni, Hohe Str. 139, ⊠ 44139, 𝒫 12 20 35, Fax 122038 – |≋| ⤸ 📺 ☎ – ⚘ 30
 🅰🅴 ① 🅴 𝘝𝘐𝘚𝘈   AZ ✗
 23. Dez.- 2. Jan. geschl. – **50 Z** 109/159.

🏠 **Stadthotel** garni, Reinoldistr. 14, ⊠ 44135, 𝒫 57 10 11, Fax 577194 – |≋| 📺 ☎ ⇦. 🅰🅸
 ① 🅴 𝘝𝘐𝘚𝘈   BY L
 15.- 31. Juli und 24. Dez.- 2. Jan. geschl. – **31 Z** 120/195.

🏠 **Union** garni, Arndtstr. 66, ⊠ 44135, 𝒫 55 00 70, Fax 551722 – |≋| 📺 ☎ ⇦. 🅰🅴 ① 🅴 𝘝𝘐𝘚𝘈
 – **20 Z** 116/165.   CZ L

🍴🍴 **Gastronomie im Römischen Kaiser,** Kleppingstr. 27, ⊠ 44135, 𝒫 54 32 01
 Fax 5432442, ⛲ – ⚘ 120. 🅰🅴 ① 🅴 𝘝𝘐𝘚𝘈   BZ a
 – *Castellino (Samstag nur Abendessen, Sonntag geschl.)* **Menu** à la carte 73/91 – *Bon*
 vivant : **Menu** à la carte 38/78.

🍴🍴 **Mövenpick-Appenzeller Stube,** Kleppingstr. 11, ⊠ 44135, 𝒫 57 92 25, Fax 524160 – 🅰🅸
 ① 🅴 𝘝𝘐𝘚𝘈   BZ C
 Sonntag und Juli - Aug. 4 Wochen geschl. – **Menu** a la carte 46/68.

🍴🍴 **Le Calvados,** Märkische Str. 182, ⊠ 44141, 𝒫 43 55 73, Fax 435573 – 🅰🅴 🅴   CZ a
 Dienstag geschl. – **Menu** (nur Abendessen) à la carte 51/81.

🍴 **SBB-Restaurant,** Westfalendamm 166 (B 1), ⊠ 44141, 𝒫 59 78 15, Fax 5600637, ⛲ –
 📵. 🅰🅴 ① 🅴 𝘝𝘐𝘚𝘈   CZ e
 Samstag nur Abendessen – **Menu** à la carte 32/69 – *Edo* (japanisches Restaurant) *(nu*
 Abendessen) **Menu** 65/130.

🍴 **Hövels Hausbrauerei,** Hoher Wall 5, ⊠ 44137, 𝒫 14 10 44, Fax 148158, Biergarten
 « Kleine Brauerei im Restaurant » – 🅰🅴 ① 🅴 𝘝𝘐𝘚𝘈   AZ C
 Menu à la carte 33/59.

In Dortmund-Aplerbeck :

🏠 **Postkutsche** garni, Postkutschenstr. 20, ⊠ 44287, 𝒫 44 10 01, Fax 441003 – 📺 ☎ 📵
 🅰🅴 🅴 𝘝𝘐𝘚𝘈   S e
 27 Z 90/130.

In Dortmund-Barop :

🏨 **Romantik-Hotel Lennhof** ⚶, Menglinghauser Str. 20, ⊠ 44227, 𝒫 7 57 26, Fax 759361
 ⛲, « Rustikale Einrichtung », ⇔, 🔲, ≈, ℀ – 📺 ☎ 📵 – ⚘ 25. 🅰🅴 ① 🅴 𝘝𝘐𝘚𝘈 S m
 Menu à la carte 56/84 – **36 Z** 130/280.

In Dortmund-Bövinghausen ⑤ *: 8 km :*

🏠 **Commerz** garni, Provinzialstr. 396, ⊠ 44388, 𝒫 69 22 53, Fax 695939 – |≋| 📺 ☎ ⇦ 📵
 – ⚘ 30. 🅰🅴 ① 🅴 𝘝𝘐𝘚𝘈
 23. Dez.- 1. Jan. geschl. – **69 Z** 118/165.

In Dortmund-Höchsten über Wittbräucker Str. S *:*

🏠 **Haus Überacker,** Wittbräucker Str. 504 (B 234), ⊠ 44267, 𝒫 (02304) 8 04 21, Fax 86844
 « Gartenterrasse » – 📺 ☎ ⇦ 📵. 🅰🅴 ① 🅴 𝘝𝘐𝘚𝘈. ℀ Zim
 Mitte Juli - Anfang Aug. geschl. – **Menu** *(Donnerstag geschl.)* à la carte 30/66 – **17 Z** 85/
 160.

In Dortmund-Hörde :

🍴 Zum Treppchen, Faßstr. 21, ⊠ 44263, 𝒫 43 14 42, Fax 430078, ⛲, « Haus a.d.J. 1763
 rustikale Einrichtung » –   S ▪
 (Tischbestellung ratsam).

In Dortmund-Huckarde :

🍴🍴 **Alter Bahnhof,** Altfriedstr. 16, ⊠ 44369, 𝒫 39 19 30, ⛲ – 📵   R d
 Montag geschl., Samstag und Sonntag nur Abendessen – **Menu** à la carte 59/91.

234

In Dortmund-Körne :

🏠 **Körner Hof** garni, Hallesche Str. 102, ⊠ 44143, ℘ 59 00 28, Fax 561071, ⇔s, ▦ – 🛗 📺
🕿 ⟨⟩ ﹒ ﹝ ➀ ﹐ E ＶＩＳＡ   CY **a**
Weihnachten - Anfang Jan. geschl. – **21 Z** 135/190.

In Dortmund-Lücklemberg über Hagener Str. S :

🏠 **Zum Kühlen Grunde** 🌳, Galoppstr. 57, ⊠ 44229, ℘ 7 39 47, Fax 732436, Biergarten, ⇔s,
▦ – 📺 🕿 🅿 – 🔬 40. ﹒ ➀ E ＶＩＳＡ ＪＣＢ – *20. Dez.- 10. Jan. geschl. –* **Menu** *(Sonn- und
Feiertage geschl.)* (nur Abendessen) à la carte 27/56 – **30 Z** 95/140.

In Dortmund-Oespel ⑤ : 6 km :

🏠 **Novotel Dortmund-West,** Brennadorstr. 2, ⊠ 44149, ℘ 9 69 50, Fax 650944, 🌤, ⇔s,
🏊 (geheizt) – 🛗 ✑ Zim 📺 🕿 ♿ 🅿 – 🔬 150. ﹒ ➀ E ＶＩＳＡ
Menu à la carte – **104 Z** 153/171.

XX **Haus Horster,** Borussiastr. 7, ⊠ 44149, ℘ 6 58 58, Fax 651011 – 🅿. ﹒ E ＶＩＳＡ
Montag geschl. – **Menu** à la carte 43/75.

In Dortmund-Syburg ④ : 13 km :

🏠 **Landhaus Syburg,** Westhofener Str. 1, ⊠ 44265, ℘ 7 74 50, Fax 774421, 🌤, Massage,
⇔s, ▦ – 🛗 ✑ Zim 📺 🕿 ⟨⟩ 🅿 – 🔬 50. ﹒ ➀ E ＶＩＳＡ. ✤ Rest
Menu à la carte 49/81 – **64 Z** 195/350.

XXX **La Table,** Hohensyburgstr. 200 (im Spielcasino), ⊠ 44265, ℘ 9 77 70 37, Fax 9777077 –
🅿 – 🔬 30. ﹒ ➀ E ＶＩＳＡ. ✤
Montag und Juli - Aug. 2 Wochen geschl. – **Menu** (nur Abendessen, bemerkenswerte Weinkarte) à la carte 80/102.

DOSSENHEIM Baden-Württemberg ４１２ ４１３ J 18 – 10 500 Ew – Höhe 120 m – ✪ 06221 (Heidelberg).
◆Stuttgart 126 – ◆Darmstadt 57 – Heidelberg 5,5 – Mainz 86 – ◆Mannheim 22.

🏠 **Am Kirchberg** 🌳 garni, Steinbruchweg 4, ⊠ 69221, ℘ 8 50 40, Fax 863835 – 📺 🕿 🅿.
﹒ E ＶＩＳＡ. ✤ – **15 Z** 78/120.

🏠 **Goldener Hirsch,** Hauptstr. 59, ⊠ 69221, ℘ 8 51 19, Fax 863835 – 📺 🕿. ﹒ E ＶＩＳＡ. ✤
◆ *Ende Dez.- Anfang Jan. geschl. –* **Menu** *(Donnerstag geschl.)* à la carte 24/52 – **10 Z** 78/125.

🏠 **Bären** garni, Daimlerstr. 6 (Gewerbegebiet-Süd), ⊠ 69221, ℘ 8 50 29, Fax 863675 – 📺 🕿 🅿
19 Z 70/105.

🏠 Heidelberger Tor, Heidelberger Str. 32, ⊠ 69221, ℘ 8 52 34 – 🕿 🅿. ✤
(nur Abendessen für Hausgäste) – **22 Z**.

DRACHSELSRIED Bayern ４１３ W 19 – 2 300 Ew – Höhe 533 m – Erholungsort – Wintersport :
700/850 m ✂2 ✍6 – ✪ 09945 (Arnbruck).
🛈 Verkehrsamt, Zellertalstr. 8, ⊠ 94256, ℘ 5 05, Fax 2343.
◆München 178 – Cham 37 – Deggendorf 35.

🏠 **Falter,** Zellertalstr. 6, ⊠ 94256, ℘ 9 40 20, Fax 1799, 🌤, ⇔s, ▦, 🌳 – 🛗 📺 🕿 ⟨⟩ 🅿.
◆ ✤ Zim – *Ende Okt. - Mitte Dez. geschl. –* **Menu** *(außer Saison Montag geschl.)* à la carte
31/39 ⅄ – **34 Z** 47/110 – ½ P 63/73.

🏠 **Zum Schlossbräu** (mit Gästehaus, ▦), Hofmark 1, ⊠ 94256, ℘ 10 38, Fax 1445, 🌳 –
◆ ✑ Rest 🅿. ✤ Zim
Anfang Nov.- Mitte Dez. geschl. – **Menu** à la carte 20/34 ⅄ – **70 Z** 40/86 – ½ P 53/57.

In Drachselsried-Asbach S : 6 km :

🏠 **Berggasthof Fritz** 🌳 (mit Gästehaus, 🛗), ⊠ 94256, ℘ (09923) 22 12, ≤, 🌤, ⇔s, ▦,
◆ 🌳 – ⟨⟩ 🅿
Nov.- 15. Dez. geschl. – **Menu** à la carte 19/38 ⅄ – **50 Z** 39/100 – ½ P 54/66.

In Drachselsried-Oberried SO : 2 km :

🏠 **Berggasthof Hochstein** 🌳, Hochfallweg 7, ⊠ 94256, ℘ 4 63, Fax 2621, ≤, 🌤, ⇔s, 🌳
◆ – 🅿
Ende Okt.- Mitte Dez. geschl. – **Menu** à la carte 21/43 ⅄ – **38 Z** 54/88 – ½ P 57/65.

In Drachselsried-Unterried SO : 3 km :

🏠 **Lindenwirt** 🌳, Unterried 9, ⊠ 94256, ℘ 95 10, Fax 951299, 🌤, ⇔s, ▦, 🌳 ⚘ – 🛗 🅿.
◆ ✤ Rest
7. Nov.- 17. Dez. geschl. – **Menu** à la carte 22/42 ⅄ – **55 Z** 60/168 – ½ P 72/96.

Außerhalb O : 6 km, über Oberried – Höhe 730 m

🏠 **Ferienhotel Riedlberg** 🌳, ⊠ 94256 Drachselsried, ℘ (09924) 70 35, Fax 7273, ≤, 🌤,
◆ ⇔s, 🏊 (geheizt), ▦, 🌳 ✍, ⚘ – 📺 🕿 🅿 – *19. März - 8.April und Nov.- Mitte Dez. geschl.*
– **Menu** à la carte 21/39 ⅄ – **36 Z** 65/170 – ½ P 68/95.

DREIBURGENSEE Bayern siehe Tittling.

🚉 Hofgut Neuhof, 🏌️ (06102) 3 33 31.

◆Wiesbaden 45 – ◆Darmstadt 17 – ◆Frankfurt am Main 18.

In Dreieich-Dreieichenhain :

XX **Le Maître,** Siemensstr. 14, ✉ 63303, 🏌️ 8 20 85, Fax 84966, 🍽 – 🅿. ✗
(nur Abendessen) **Bistro.**

XX **Alte Bergmühle,** Geisberg 25, ✉ 63303, 🏌️ 8 18 58, Fax 88999, « Rustikale Einrichtung, Gartenterrasse » – 🅿. 🆎 ⓪ ᴇ 𝗩𝗜𝗦𝗔
Menu à la carte 38/75.

In Dreieich-Götzenhain :

⚘ **Krone,** Wallstr. 2, ✉ 63303, 🏌️ 8 41 15, Fax 88970, 🚗 – 📶 📺 🅿
Juli geschl. – **Menu** *(Samstag geschl.)* (wochentags nur Abendessen) à la carte 25/46 – **48 Z** 75/150.

In Dreieich-Sprendlingen :

🏨 **Dorint - Hotel,** Eisenbahnstr. 200, ✉ 63303, 🏌️ 60 60, Fax 63019, 🍽, 🚗, 🔲 – 📶 🛗 Zim 📺 🕿 🅿 – 🔬 60. 🆎 ⓪ ᴇ 𝗩𝗜𝗦𝗔
Menu à la carte 45/71 – **92 Z** 185/390, 4 Suiten.

🏠 **Herrnbrod - Ständecke,** Hauptstr. 29, ✉ 63303, 🏌️ 60 80, Fax 608200 – 📶 📺 🕿 🅿. 🆎 ᴇ 𝗩𝗜𝗦𝗔
Weihnachten - Anfang Jan. geschl. – **Menu** *(25. Juli - 14. Aug. und Samstag geschl., Sonntag nur Abendessen)* à la carte 26/55 – **63 Z** 91/167.

Gutsschänke Neuhof siehe unter **Frankfurt am Main**

DREIS KREIS BERNKASTEL-WITTLICH Rheinland-Pfalz siehe Wittlich.

DRENSTEINFURT Nordrhein-Westfalen 🔢🔢 G 11 – 12 200 Ew – Höhe 78 m – 😊 02508.
◆Düsseldorf 123 – Hamm in Westfalen 15 – Münster (Westfalen) 22.

In Drensteinfurt-Rinkerode NW : 9 km :

🏠 **Landhaus Rinkerode,** Altendorf 18 (B 54), ✉ 48314, 🏌️ (02538) 13 21, Fax 1360, Biergarten, ✗ – 📺 🕿 🅿 – 🔬 20
Menu *(Donnerstag und Jan. 2 Wochen geschl.* (wochentags nur Abendessen) à la carte 35/53 – **14 Z** 90/150.

Sehenswert : Zwinger ★★★ (Wallpavillon ★★, Nymphenbad ★★, Porzellansammlung ★★, Mathematisch-physikalischer Salon ★★, Rüstkammer ★★) AY – Semper-Oper ★★ AY – Hofkirche ★★ BY – Schloss (Fürstenzug-Mosaik ★, Langer Gang ★) BY – Albertinum (Gemäldegalerie Alte Meister ★★★, Gemäldegalerie Neue Meister ★★★, Grünes Gewölbe ★★★) BY – Prager Straße ★ ABZ – Museum für Geschichte der Stadt Dresden ★ BY L – Kreuzkirche ★ BY – Japanisches Palais★ (Garten ≼★) ABX – Museum für Volkskunst ★ BX M2 – Großer Garten ★ CDZ – Russisch-orthodoxe Kirche ★ V – Brühlsche Terrasse ≼ ★ BY – Reiterstandbild★ Augusts des Starken BX **E.**

Ausflugsziele : Schloß Moritzburg ★ (NW : 14 km über Moritzburger Landstr. U) – Schloß Pillnitz ★ (SO : 15 km über Pillnitzer Landstr. V) – Sächsische Schweiz ★★★ (Bastei ★★★, Festung Königstein ★★ ≼ ★★, Großsedlitz : Barockgarten ★).

✈ Dresden-Klotzsche (② : 13 km), 🏌️ 58 31 41. Stadtbüro, Rampische Str. 2, ✉ 01067, 🏌️ 4 95 60 13.

🛈 Tourist-Information, Prager Str. 10, ✉ 01069, 🏌️ 4 95 50 25, Fax 4951276.

🛈 Tourist-Information, Neustädter Markt, ✉ 01097, 🏌️ 5 35 39.

ADAC, Schandauer Str. 46, ✉ 01277, 🏌️ 44 78 80, Fax 4478850.

◆Berlin 198 ① – Chemnitz 70 ⑦ – Görlitz 98 ① – ◆Leipzig 111 ⑦ – Praha 152 ⑤.

Stadtpläne siehe nächste Seiten

🏨 **Maritim Hotel Bellevue,** Große Meißner Str. 15, ✉ 01097, 🏌️ 5 66 20, Telex 329330, Fax 55997, ≼, « Innenhofterrassen », Massage, 🛁, 🚗, 🔲 – 📶 🛗 Zim ▤ 📺 🅫 🚗
🅿 – 🔬 350. 🆎 ⓪ ᴇ 𝗩𝗜𝗦𝗔 🇯🇨🇧   BX **a**
Menu *(Mitte Juli - Mitte Aug. geschl.)* à la carte 50/77 – **Canaletto** *(nur Abendessen, Sonntag-Montag geschl.)* **Menu** à la carte 66/88 – **340 Z** 339/548, 16 Suiten.

🏨 **Dresden Hilton,** An der Frauenkirche 5, ✉ 01067, 🏌️ 4 84 10, Telex 329402, Fax 4841700, 🛁, 🚗, 🔲 – 📶 🛗 Zim 📺 🕿 🅿 – 🔬 320. 🆎 ⓪ ᴇ 𝗩𝗜𝗦𝗔   BY **e**
– **Rossini** (italienische Küche) **Menu** à la carte 43/68 – **Grüner Baum :** Menu 45/49 (Büffet) – **333 Z** 329/514, 4 Suiten.

🏨 **Bülow Residenz,** Rähnitzgasse 19, ✉ 01097, 🏌️ 4 40 33, Fax 4403410, 🍽 – 📶 📺 🅫 🅿
– 🔬 20. 🆎 ⓪ ᴇ 𝗩𝗜𝗦𝗔   BX **c**
Menu (nur Abendessen) à la carte 51/71 – **31 Z** 315/390.

🏨 **Bayerischer Hof,** Antonstr. 35, ✉ 01097, 🏌️ 5 02 41 93, Fax 570589 – 📶 📺 🅿 – 🔬 25. 🆎 ⓪ ᴇ 𝗩𝗜𝗦𝗔 – *22.- 31. Dez. geschl.* – **Menu** *(Samstag - Sonntag geschl.)* (nur Abendessen) à la carte 39/50 – **27 Z** 198/276, 3 Suiten.   BX **r**

DRESDEN

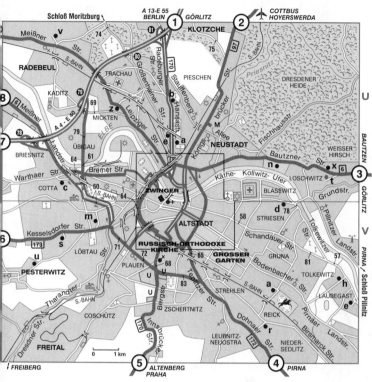

🏨 **Terrassenufer,** Terrassenufer 12, ⊠ 01069, ℘ 4 40 95 00, Fax 4409600 – ⧫ ⇄ Zim 📺
☎ – 🕍 20. 🖭 ⓪ 🖃 𝘝𝘐𝘚𝘈. ⅏ Rest   CY a
Menu à la carte 27/49 – **196 Z** 295/370, 6 Suiten.

🏨 **Windsor,** Roßmäßlerstr. 13, ⊠ 01139, ℘ 5 29 41, Fax 52944 – ⧫ 📺 ☎. 🖭 ⓪ 🖃 𝘝𝘐𝘚𝘈
← **Menu** à la carte 22/45 – **25 Z** 185/298.   U z

🏨 **Mercure Newa,** St. Petersburger Str. 34, ⊠ 01069, ℘ 4 81 41 09, Fax 4955137, 😌, 😊
– ⧫ ⇄ Zim 📺 ☎ ⇔ – 🕍 200. 🖭 ⓪ 𝘝𝘐𝘚𝘈   BZ n
Menu à la carte 27/61 – **314 Z** 210/240.

🏨 **Astron,** Hansastr.37, ⊠ 01097, ℘ 4 77 20, Fax 4772200, 😊 – ⧫ ⇄ Zim 📺 ☎ & ⇔
– 🕍 200. 🖭 ⓪ 𝘝𝘐𝘚𝘈   U e
Menu à la carte 31/47 – **269 Z** 230/370.

🏨 **Martha Hospiz** garni, Nieritzstr. 11, ⊠ 01097, ℘ 5 67 60, Fax 53218 – ⧫ 📺 ☎ &. 🖃 𝘝𝘐𝘚𝘈. ⅏
21.- 27. Dez. geschl. – **36 Z** 130/230.   BX s

🏨 Alpha, Fritz-Reuter-Str. 21, ⊠ 01097, ℘ 5 02 24 41, Fax 571390, 😊 – ⧫ 📺 ☎ 🅿 U a
(nur Abendessen) – **75 Z**.

🏠 **Novalis** garni, Bärnsdorfer Str. 185, ⊠ 01127, ℘ 5 61 30, Fax 5613180, 😊 – ⧫ ⇄ Zim
📺 ☎ 🅿 – 🕍 40. 🖭 🖃 𝘝𝘐𝘚𝘈   U b
85 Z 160/195.

🏠 **Bastei,** Prager Straße, ⊠ 01069, ℘ 4 85 63 88, Fax 4954076 – ⧫ ⇄ Zim 📺 ☎ – 🕍 30.
🖭 ⓪ 🖃 𝘝𝘐𝘚𝘈   BZ e
Menu à la carte 25/46 – **306 Z** 165/270.

🏠 **An der Rennbahn,** Winterbergstr. 96, ⊠ 01237, ℘ 2 54 00 30, Fax 2522785, 😌 – 📺 ☎
🅿. 🖭 🖃 𝘝𝘐𝘚𝘈   V a
Menu à la carte 25/48 – **22 Z** 145/210.

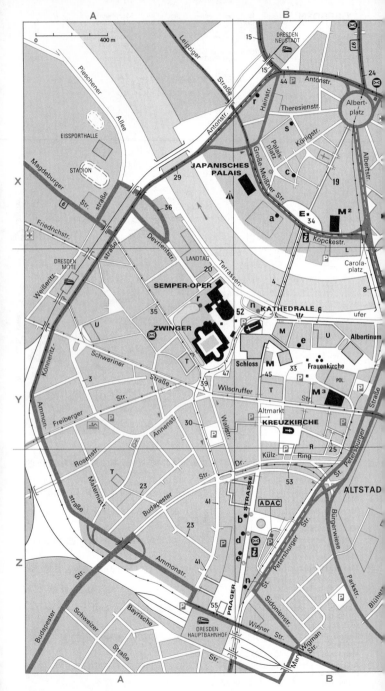

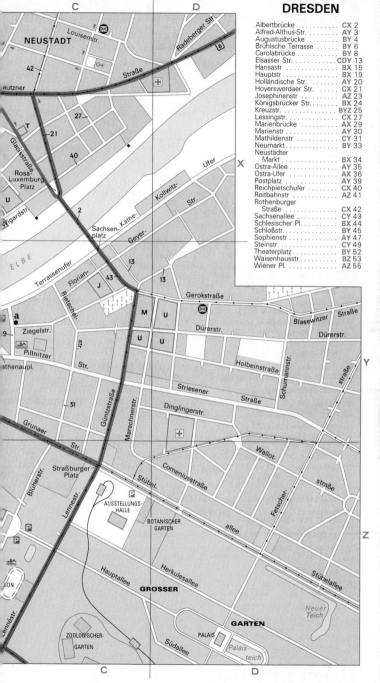

DRESDEN

239

🏠 **Königstein,** Prager Straße, ✉ 01069, 🖉 4 85 64 42, Fax 4954054 – 🛉 ᠘ Zim 📺 ☎ –
🛎 30. ஊ ⓘ E 𝘝𝘐𝘚𝘈   BZ **d**
Jan. geschl. – **Menu** à la carte 25/46 – **306 Z** 165/270.

🏠 **Lilienstein,** Prager Straße, ✉ 01069, 🖉 4 85 64 89, Fax 4952506, 🏞 – 🛉 ᠘ Zim 📺 ☎
& – 🛎 30. ஊ ⓘ E 𝘝𝘐𝘚𝘈 – **Menu** à la carte 25/46 – **306 Z** 165/270.   BZ **b**
Jan.- Feb. geschl.

XX **Italienisches Dörfchen,** Theaterplatz 3, ✉ 01067, 🖉 4 98 16 29, Fax 4981688, « Terrasse
mit ≤ » – ஊ ⓘ E 𝘝𝘐𝘚𝘈   BY **n**
– *Erlwein :* **Menu** à la carte 82/145 – *Weinzimmer :* **Menu** à la carte 38/74 – *Kurfürsten-
zimmer :* **Menu** à la carte 35/58.

XX **Opernrestaurant,** Theaterplatz 2 (1. Etage), ✉ 01067, 🖉 4 84 25 21, Fax 4956097, 🏞 –
ஊ ⓘ E 𝘝𝘐𝘚𝘈 – **Menu** à la carte 38/69.   AY **r**

In Dresden-Blasewitz

🏠 **Am Blauen Wunder,** Loschwitzer Str. 48, ✉ 01309, 🖉 3 36 60, Fax 3366299 – 🛉 ᠘ Zim
📺 ☎ ⟳ – 🛎 35. ஊ E 𝘝𝘐𝘚𝘈   UV **d**
Menu *(Sonntag geschl.)* à la carte 45/62 – **40 Z** 190/260.

In Dresden-Cotta :

🏠 **Residenz Alt Dresden,** Mobschatzer Str. 29, ✉ 01147, 🖉 4 28 10, Fax 4 28 19 88, 🏞,
≋s – 🛉 ᠘ Zim 📺 & ⟳ ⓟ – 🛎 100. ஊ ⓘ E 𝘝𝘐𝘚𝘈 𝗝𝗖𝗕. ❀   U **c**
Menu à la carte 34/54 – **124 Z** 208/286.

In Dresden-Klotzsche NO : 7 km über ② :

🏠 **Airport Hotel,** Karl-Marx-Str. 25, ✉ 01109, 🖉 8 83 30, Fax 8833333, 🏞, ≋s – 🛉 ᠘
☎ & ⟳ ⓟ – 🛎 50. ஊ ⓘ E 𝘝𝘐𝘚𝘈 𝗝𝗖𝗕
Menu à la carte 33/67 – **100 Z** 196/310, 6 Suiten.

🏠 **Point Hotel** garni, Königsbrücker Landstr. 71, ✉ 01109, 🖉 8 80 81 21, Fax 8808126 – 🛉
᠘ 📺 ☎ ⟳. ஊ E 𝘝𝘐𝘚𝘈 – **34 Z** 130/220.

In Dresden-Laubegast

🏠 **Prinz Eugen** 🌙 garni, Gustav-Hartmann-Str. 4, ✉ 01279, 🖉 2 51 59 98, Fax 2515986 – 🛉
᠘ 📺 ☎ ⓟ. ஊ ⓘ E 𝘝𝘐𝘚𝘈 – **47 Z** 190/240.   V **e**

🏠 **Resident Hotel Dresden,** Brünner Str. 11, ✉ 01279, 🖉 2 56 20, Fax 2562800 – 🛉 ᠘ Zim
📺 ☎ ⟳. ஊ ⓘ E 𝘝𝘐𝘚𝘈   V **h**
Menu (nur Abendessen) à la carte 34/57 – **123 Z** 140/280.

In Dresden-Lockwitz SO : 11 km über ④ :

🏠 **Am Hofegarten,** Lockwitzgrund 2, ✉ 01257, 🖉 2 81 65 25, Fax 2816527, 🏞 – 📺 ☎ ⓟ.
✦ ஊ ⓘ E 𝘝𝘐𝘚𝘈 – **Menu** à la carte 24/41 – **20 Z** 120/198.

In Dresden-Löbtau

🏠 **Burgk** garni, Burgkstr. 15, ✉ 01159, 🖉 4 21 51 42, Fax 4215109 – 📺 ☎. ஊ ⓘ E 𝘝𝘐𝘚𝘈
27 Z 100/230.   V **m**

In Dresden-Loschwitz :

🏠 **Schloß Eckberg,** Bautzner Str. 134, ✉ 01099, 🖉 5 25 71, Fax 55146, ≤, 🏞, « Park », Ⅰ₅,
≋s – 📺 ☎ ⓟ – 🛎 70. ஊ E 𝘝𝘐𝘚𝘈. ❀ Rest   U **n**
Menu à la carte 48/83 – **78 Z** 200/280, 4 Suiten.

XX **Schöne Aussicht** mit Zim, Krügerstr. 1, ✉ 01326, 🖉 3 63 05, Fax 36305, 🏞, « Terrasse
mit ≤ » – 📺 ☎ ⓟ. ஊ E 𝘝𝘐𝘚𝘈   über ③
Menu à la carte 31/53 – **9 Z** 160/240.

In Dresden-Niedersedlitz SO : 10 km über Bismarckstr. V :

🏠 **Ambiente** 🌙 garni, Meusegaster Str. 23, ✉ 01259, 🖉 22 18 80, Fax 2218836 – 🛉 📺 ☎
ⓟ. E 𝘝𝘐𝘚𝘈 – **20 Z** 158/265.

In Dresden-Pillnitz SO : 13 km über Pillnitzer Landstr. V :

X **Pillnitzer Elbblick** 🌙 mit Zim, Söbrigener Str. 2, ✉ 01326, 🖉 3 92 86, Fax 39222, ≤, 🏞
– 📺 ☎. ஊ E – **Menu** (Tischbestellung ratsam) à la carte 28/57 – **7 Z** 95/140.

In Dresden-Reick

🏠 **Coventry,** Hülßestr. 1, ✉ 01237, 🖉 2 81 63 11, Fax 2816310, 🏞 – 🛉 ᠘ Zim 📺 ☎ &
⟳ ⓟ – 🛎 25. ஊ E 𝘝𝘐𝘚𝘈 – **Menu** à la carte 39/71 – **51 Z** 220/290, 3 Suiten.   V **r**

In Dresden-Weißer Hirsch

🏠 **Villa Emma** 🌙 (Restaurierte Jugendstilvilla), Stechgrundstr.2, ✉ 01324, 🖉 37 48 10,
Fax 3748118, ≋s – ᠘ Zim 📺 ☎. ஊ ⓘ E 𝘝𝘐𝘚𝘈   U **x**
Menu *(Sonntag geschl.)* (nur Abendessen) à la carte 44/65 – **21 Z** 210/450.

XX ❀ **Erholung,** Rissweg 39, ✉ 01326, 🖉 37 79 93, Fax 377993 – ஊ E 𝘝𝘐𝘚𝘈   U **r**
Sonntag und Juli 2 Wochen geschl. – **Menu** (nur Abendessen) à la carte 50/73
Spez. Sächsisches Pilzsüppchen, Grünes Filet vom Rind an Radebeuler Rotweinsauce, Sächsische
Quarkkeulchen mit Apfelmus.

In Dresden-Wölfnitz :

🏠 **Wölfnitz** 🦢 garni, Altwölfnitz 5, ✉ 01169, 𝒫 4 11 99 11, Fax 4119912 – 📺 ☎ 🅿. 🖭 🗲
30. Dez.- 20. Jan. geschl. – **13 Z** 148/178.   v s

In Pesterwitz SW : 6 km :

🏠 **Pesterwitzer Siegel,** Dresdner Str. 23, ✉ 01705, 𝒫 (0351) 4 60 20 68/6 50 38 18,
─ Fax 4602072/6503822, Biergarten, 🚗 – 🔌 📺 ☎ 🅿 – 🔬 25. 🖭 ① 🗲 *VISA*   v u
Menu à la carte 24/54 – **26 Z** 160/195.

In Radebeul NW : 7 km :

🏨 **Flamberg Parkhotel Hoflössnitz** 🦢, Nizzastr. 55, ✉ 01445, 𝒫 8 32 10, Fax 8321445,
😊, Massage, 𝄺, 🚗, 🔲 – 🔌 ✤ Zim 🔲 📺 🅿 🚗 – 🔬 170. 🖭 ① 🗲 *VISA*   U v
– *La Vigna :* **Menu** à la carte 48/75 – *Rienzi :* **Menu** à la carte 37/58 – **202 Z** 315/430, 13
Suiten.

In Röhrsdorf SO : 14 km über ④ :

🏠 **Schloß Röhrsdorf** 🦢, ✉ 01809, 𝒫 28 57 70, Fax 28577263, 😊 – 📺 ☎ 🅿 – 🔬 150.
🖭 ① 🗲 *VISA*. ❄ Rest – **Menu** à la carte 35/62 – **21 Z** 150/290.

In Kreischa S : 15 km über ⑤ :

🏠 **Kreischaer Hof** 🦢, Alte Str. 4, ✉ 01731, 𝒫 (035206) 58 03, Fax 5803, 🚗, 🚗 – 🔌 📺
☎ 🅿 – 🔬 40. 🖭 🗲 *VISA* – (nur Abendessen für Hausgäste) – **49 Z** 120/180.

Siehe auch : Freital

DRIBURG, BAD Nordrhein-Westfalen 🆒🆒 K 11, 🅿🅱🅷 ⑮ – 18 500 Ew – Höhe 220 m –
Heilbad – ✪ 05253.
🅶 Am Kurpark, 𝒫 84 23 49.
🅱 Verkehrsamt, Lange Str. 140, ✉ 33014, 𝒫 8 81 80.
◆Düsseldorf 190 – Detmold 28 – ◆Kassel 86 – Paderborn 20.

🏨 **Gräfliches Kurhaus** 🦢, Am Bad 9 (im Kurpark), ✉ 33014, 𝒫 8 41, Fax 842204, 😊, 🚗,
❄, 🄵🄰 – 🔌 📺 🚗 🅿 – 🔬 70. 🖭 ① 🗲 *VISA*. ❄
Menu à la carte 41/65 – **85 Z** 135/240 – ½ P 170.

🏠 **Quellenhof,** Caspar-Heinrich-Str. 14, ✉ 33014, 𝒫 30 11, Fax 3014, 😊, Massage, ♨, 𝄺,
𝄺, 🚗, 🔲, 🏊 – 🔌 ❄ Rest 📺 ☎ 🅿 – 🔬 60. 🖭 ① 🗲 *VISA*. ❄ Rest
22.- 30. Dez. geschl. – **Menu** à la carte 29/57 – **48 Z** 95/184 – ½ P 120/135.

🏠 **Schwallenhof,** Brunnenstr. 34, ✉ 33014, 𝒫 98 13 00, Fax 981388, 😊, 🚗, 🔲, 🚗 – 🔌
📺 ☎ 🚗 🅿 – 🔬 40. 🖭 ① 🗲 *VISA* – **Menu** à la carte 33/61 – **45 Z** 74/162 – ½ P 88/98.

🏠 **Neuhaus** 🦢, Steinbergstieg 18, ✉ 33014, 𝒫 40 80, Fax 408616, 😊, 🔲, 🚗 – 🔌
📺 ☎ 🅿 – 🔬 75. 🖭 ① 🗲. ❄ Rest
Mitte Juli - Anfang Aug. geschl. – **Menu** à la carte 34/65 – **68 Z** 98/160.

🏠 **Althaus Parkhotel,** Caspar-Heinrich-Str. 17, ✉ 33014, 𝒫 20 88, Fax 930183,
« Gartenterrasse » – 🔌 ☎ 🅿 – 🔬 60. 🗲
7. Jan.- 7. Feb. geschl. – **Menu** (außer Saison garni) à la carte 26/60 *(auch vegetarische Gerichte)* – **42 Z** 55/195.

🏠 **Café am Rosenberg** 🦢, Hinter dem Rosenberge 22, ✉ 33014, 𝒫 20 02, Fax 2262, ≤,
« Gartenterrasse », 🚗, 🔲, 🚗 – ✤ Rest ☎ 🅿 🅿. ❄ Rest
Menu *(Mittwoch und Jan. 2 Wochen geschl.)* à la carte 25/52 🍷 – **22 Z** 68/160 – ½ P 80/85.

🏠 **Reform-Hotel** 🦢, Steinbergstieg 15, ✉ 33014, 𝒫 4 00 10, Fax 408616, 😊, 🚗, 🔲, 🚗
– 🔌 ✤ ☎ 🚗 🅿. ❄ Rest
Jan.- 15. Feb. und Nov. geschl. – **Menu** (Abendessen nur für Hausgäste) à la carte 30/62
(nur vegetarische Gerichte) – **39 Z** 73/150 – ½ P 88/95.

XX **Zum Braunen Hirschen** mit Zim, Lange Str. 70, ✉ 33014, 𝒫 22 20, 😊 – 📺 🚗 🅿 🖭
🗲 *VISA*
Menu *(Donnerstag geschl., Freitag nur Abendessen)* à la carte 31/60 – **5 Z** 60/140.

DROLSHAGEN Nordrhein-Westfalen 🆒🆒 G 13 – 11 700 Ew – Höhe 375 m – ✪ 02761 (Olpe).
🅱 Verkehrsamt, Klosterhof 2, ✉ 57489, 𝒫 7 03 81, Fax 70396.
◆Düsseldorf 114 – Hagen 59 – ◆Köln 70 – Siegen 34.

🏠 **Auf dem Papenberg** 🦢, Am Papenberg 15, ✉ 57489, 𝒫 7 12 10, ≤, 🚗 – 🅿. ❄
(Restaurant nur für Hausgäste) – **10 Z** 45/90 – ½ P 53.

🏠 **Zur alten Quelle,** Hagener Str. 40 (B 54/55), ✉ 57489, 𝒫 7 10 01, Fax 73007 – 📺 ☎ 🅿.
❄ Rest
Menu *(Donnerstag geschl.)* à la carte 25/57 – **8 Z** 60/120 – ½ P 76/81.

XX **Zur Brücke** mit Zim, Hagener Str. 12 (B 54/55), ✉ 57489, 𝒫 75 48, Fax 7540, 😊 – 📺
☎ 🚗 🅿. 🗲 *VISA*. ❄ Zim
Juni - Juli 3 Wochen geschl. – **Menu** *(Dienstag geschl.)* à la carte 31/56 – **13 Z** 70/130
– ½ P 85/90.

In Drolshagen-Frenkhauserhöh NO : 4 km :

🏠 **Zur schönen Aussicht,** Biggeseestraße, ⊠ 57489, 𝒫 25 83, Fax 5124, ≤, 🏤, 🚗 – 📺
↔ 🅿 🅴 🛇
Jan. geschl. – **Menu** *(Dienstag geschl.)* à la carte 24/44 – **14 Z** 50/98 – ½ P 58.

In Drolshagen-Scheda NW : 6 km :

🏠 **Haus Schulte,** Zum Höchsten 2, ⊠ 57489, 𝒫 (02763) 75 80, Fax 7871, Biergarten, 🚗, 🛇
– 🚗 🅿 🅴
Juli 1 Woche geschl. – **Menu** *(Mittwoch geschl.)* à la carte 32/64 – **16 Z** 45/90.

DUDELDORF Rheinland-Pfalz siehe Bitburg.

DUDENHOFEN Rheinland-Pfalz siehe Speyer.

DUDERSTADT Niedersachsen 411 412 N 12, 987 ⑮ ⑯ – 24 000 Ew – Höhe 172 m – 🕲 05527.
🛈 Gästeinformation, Rathaus, Marktstr. 66, ⊠ 37115, 𝒫 84 12 00, Fax 841201.
◆Hannover 131 – ◆Braunschweig 118 – Göttingen 32.

🏨 **Zum Löwen,** Marktstr. 30, ⊠ 37115, 𝒫 30 72, Fax 72630, « Elegante Einrichtung », 🛋,
🔲 – |🛗| 📺 🛁 🛇 – 🔏 80. 🅰🅴 ⓞ 🅴 𝓥𝓘𝓢𝓐. 🛇 Rest
Menu à la carte 34/72 – **40 Z** 120/260.

In Duderstadt-Fuhrbach NO : 6 km :

🏠 **Zum Kronprinzen** 🛇, Fuhrbacher Str. 31, ⊠ 37115, 𝒫 30 01, Fax 73355 – 🛬 Zim 📺
🕿 🅿 – 🔏 100. 🅰🅴 ⓞ 𝓥𝓘𝓢𝓐. 🛇 Zim
Menu à la carte 28/59 – **40 Z** 75/130.

In Duderstadt-Westerode NW : 2 Km :

🏠 Rosenthaler Hof, Rosenthaler Str. 31, ⊠ 37115, 𝒫 91 50, Fax 915333, 🛋, 🛇 (Halle) – |🛗|
📺 🕿 🛁 🅿 – 🔏 200
106 Z.

DÜBEN, BAD Sachsen 984 ⑲, 987 ⑰ – 9 000 Ew – Höhe 100 m – 🕲 034243.
◆Dresden 137 – Dessau 41 – Halle 56 – ◆Leipzig 35.

🏨 **National,** Ritterstr. 16 (B 2), ⊠ 04849, 𝒫 2 50 71, Fax 23688, 🏤, 🛋 – |🛗| 🛬 Zim 📺 🕿
🛁 🅿 – 🔏 30. 🅰🅴 ⓞ 🅴 𝓥𝓘𝓢𝓐 𝓙𝓒𝓑
Menu à la carte 31/50 – **43 Z** 87/280.

DÜLMEN Nordrhein-Westfalen 411 412 E 11, 987 ⑭, 408 M 6 – 43 000 Ew – Höhe 70 m –
🕲 02594.
🛈 Verkehrsamt, Rathaus, ⊠ 48249, 𝒫 1 22 92, Fax 3135.
◆Düsseldorf 94 – Münster (Westfalen) 34 – Recklinghausen 27.

🏨 **Merfelder Hof,** Borkener Str. 60, ⊠ 48249, 𝒫 10 55, Fax 80904, 🏤, 🛋 – |🛗| 📺 🕿 🅿
– 🔏 20. 🅰🅴 ⓞ 🅴 𝓥𝓘𝓢𝓐. 🛇
Menu à la carte 40/72 – **60 Z** 90/180.

🏨 **Zum Wildpferd,** Münsterstr. 52 (B51), ⊠ 48249, 𝒫 50 63, 🛋, 🔲 – |🛗| 📺 🕿 🚗 🅿 –
🔏 50. 🅰🅴 ⓞ 🅴 𝓥𝓘𝓢𝓐
Menu *(Sonntag geschl.)* à la carte 28/48 – **32 Z** 89/250.

🏠 **Dülmener Hof,** Halterner Str. 178, ⊠ 48249, 𝒫 44 23, Fax 80099, Biergarten – 📺 🕿 🅿
↔ 🅰🅴 🅴 𝓥𝓘𝓢𝓐
Menu à la carte 24/46 – **28 Z** 70/120.

🏠 **Lehmkuhl** garni, Coesfelder Str. 8, ⊠ 48249, 𝒫 44 34, Fax 80089 – 🅿
11 Z 50/110.

In Dülmen-Hausdülmen SW : 3 km :

🏠 **Große Teichsmühle,** Borkenbergestr. 78, ⊠ 48249, 𝒫 8 50 16, Fax 87423, 🏤 – 📺 🕿
🚗 🅿 – 🔏 50. 🅰🅴 ⓞ 🅴 𝓥𝓘𝓢𝓐
Menu à la carte 34/70 *(auch vegetarische Gerichte)* – **15 Z** 85/145.

Außerhalb NW : 5 km über Borkener Straße :

🛇🛇 **Haus Waldfrieden,** Börnste 20, ⊠ 48249 Dülmen, 𝒫 (02594) 22 73, Fax 3739, 🏤 – 🅿. 🛇
Freitag und 9. Jan.- 3. Feb. geschl. – **Menu** à la carte 26/59.

DÜREN Nordrhein-Westfalen 412 C 14, 987 ㉓ – 85 000 Ew – Höhe 130 m – 🕲 02421.
🛤 Düren-Gürzenich (über ⑤ und die B 264 ✗), 𝒫 6 72 78.
ADAC, Oberstr. 30, ⊠ 52349, 𝒫 (0221) 47 27 47, Fax 16985.
◆Düsseldorf 71 ① – ◆Aachen 34 ① – ◆Bonn 57 ③ – ◆Köln 48 ①.

DÜREN

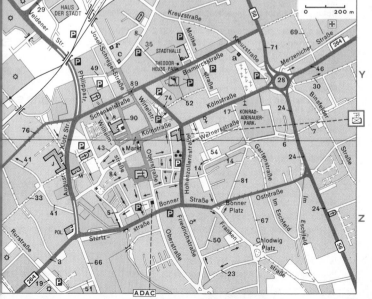

🏨 **Düren's Post-Hotel,** Josef-Schregel-Str. 36, ⌧ 52349, ☎ 1 70 01, Telex 833880, Fax 10138 – 🛗 🛏 📺 ☎ ⇐ 🅿 – 🍴 180. 🆀 ⓞ ⓔ 𝗩𝗜𝗦𝗔 ᴊᴄʙ Y r
Menu *(Sonntag geschl.)* (nur Abendessen) à la carte 45/73 – **51 Z** 160/260.

🏨 **Germania,** Josef-Schregel-Str. 20, ⌧ 52349, ☎ 1 50 00, Fax 10745 – 🛗 📺 ☎ – 🍴 80.
🆀 ⓞ ⓔ 𝗩𝗜𝗦𝗔 Y c
Menu à la carte 33/58 – **50 Z** 95/150.

XXX 🌸 **Hefter's,** Kreuzstr. 82, ⌧ 52351, ☎ 1 45 85, Fax 14585, ☂, « Gartenterrasse » Y a
Sonntag nur Abendessen, Montag-Dienstag sowie Feb.- März und Juli-Aug. jeweils 2
Wochen geschl. – **Menu** (Tischbestellung erforderlich) 105/145 und à la carte 60/93
Spez. Gebackenes Kalbsbries mit Trüffeljus, Steinbutt mit Spinatravioli und Limonenbutter, Eifeler
Rehrücken mit Waldpilzen.

XX **Stich im Stadtpark,** Valencienner Str. 2, ⌧ 52355, ☎ 6 30 68, Fax 66737, ☂,
« Gartenterrasse » – 🅿 – 🍴 25. 🆀 ⓞ ⓔ 𝗩𝗜𝗦𝗔 X n
Samstag nur Abendessen, Dienstag und 1 Woche über Karneval geschl. – **Menu** à la carte
49/78.

XX **Stadthalle,** Bismarckstr. 15, ⌧ 52351, ☎ 1 63 74, Fax 16609, ☂ – 🅿 – 🍴 300. 🆀 ⓔ
Montag geschl. – **Menu** à la carte 35/64. Y

In Düren-Rölsdorf :

🏨 **Jägerhof** garni, Monschauer Str. 215, ⌧, ☎ 6 30 87, Fax 66741 – 📺 ☎ 🅿 X s
23 Z 85/120.

In Kreuzau-Untermaubach S : 11 km über Nideggener Str. X :

X **Mühlenbach,** Rurstr. 16, ⌧ 52372, ☎ (02422) 41 58 – 🅿. ⓔ
Montag und 24. Feb.- 16. März geschl. – **Menu** à la carte 30/65.

DÜRKHEIM, BAD Rheinland-Pfalz 412 413 H 18, 987 ㉔, 242 ④ – 18 000 Ew – Höhe 120 m
– Heilbad – 🟊 06322.

🛈 Städt. Verkehrsamt, Mannheimer Str. 24 (Rathaus), ⌧ 67098, ☎ 93 51 56, Fax 935159.

Mainz 82 – Kaiserslautern 33 – ♦Mannheim 22 – Neustadt an der Weinstraße 14.

🏨 **Dorint Hotel** ⍋, Kurbrunnenstr. 30, ⌧ 67098, ☎ 60 10, Telex 454694, Fax 601603, ☂,
direkter Zugang zum Salinarium – 🛗 ⇥ Zim 📺 ☎ 🅿 – 🍴 500. 🆀 ⓞ ⓔ 𝗩𝗜𝗦𝗔 ⌁ Rest
Menu à la carte 39/68 – **100 Z** 170/270 – ½ P 195/242.

🏨 **Kurparkhotel** ⍋, Schloßplatz 1, ⌧ 67098, ☎ 79 70, Fax 797158, ≼, ☂, Massage, ≘,
⛉ – 🛗 ⇥ Zim 📺 ⇐ 🅿 – 🍴 180. 🆀 ⓞ ⓔ 𝗩𝗜𝗦𝗔
Menu à la carte 40/69 – **110 Z** 155/230 – ½ P 139/194.

🏨 **Gartenhotel Heusser** ⍋, Seebacher Str. 50, ⌧ 67098, ☎ 93 00, Fax 930499, ☂,
« Garten », ≘, ⛉ (geheizt), ⛉ – 🛗 📺 ☎ 🅿 – 🍴 50. 🆀 ⓞ ⓔ 𝗩𝗜𝗦𝗔
Menu *(Sonntag geschl.)* à la carte 35/67 ⅃ – **76 Z** 115/195 – ½ P 120/145.

🏨 **Bollers Parkhotel Leininger Hof,** Kurgartenstr. 17, ⌧ 67098, ☎ 60 20, Fax 602300, ≘,
⛉ – 🛗 ⇥ Zim 📺 ☎ ⇐ 🅿 – 🍴 200. 🆀 ⓞ ⓔ 𝗩𝗜𝗦𝗔
Menu *(Dienstag geschl.)* à la carte 36/71 – **91 Z** 110/190 – ½ P 113/158.

🏨 **Weingarten** garni, Triftweg 13, ⌧ 67098, ☎ 9 40 10, Fax 940155, ≘, ☴ – ⇥ Zim 📺
☎ 🅿 – 🍴 20. ⓔ 𝗩𝗜𝗦𝗔 ⌁
2.- 16.Jan. geschl. – **18 Z** 110/160.

🏨 **Fronmühle,** Salinenstr. 15, ⌧ 67098, ☎ 9 40 90, Fax 940940, ☂, ≘, ⛉, ☴ – 🛗 📺
☎ 🅿 – 🍴 20. 🆀 ⓞ ⓔ 𝗩𝗜𝗦𝗔
Menu *(Montag geschl.)* à la carte 43/78 – **21 Z** 95/170.

🏨 **An den Salinen** garni, Salinenstr. 40, ⌧ 67098, ☎ 9 40 40, Fax 940434 – ☎ 🅿. ⓞ ⓔ 𝗩𝗜𝗦𝗔
13 Z 90/140.

X **Weinstube Ester,** Triftweg 21, ⌧ 67098, ☎ 27 98, Fax 65888, ☂ – 🅿
Montag - Dienstag, über Fasching und Sept. jeweils 2 Wochen geschl. – **Menu** (wochentags
nur Abendessen, Tischbestellung erforderlich) à la carte 28/55 *(auch vegetarische Gerichte,*
⅃.

X Weinstube Bach-Mayer, Gerberstr. 13, ⌧ 67098, ☎ 86 11.

Nahe der Straße nach Leistadt N : 2,5 km :

🏨 **Annaberg** ⍋, Annaberg 1, ⌧ 67098 Bad Dürkheim, ☎ 9 40 00, Fax 940090, ☂,
« Ehem.Weingut mit modern-eleganter Einrichtung » – ☎ ⅃ 🅿 – 🍴 60. 🆀 ⓞ ⓔ 𝗩𝗜𝗦𝗔
Menu *(Montag und Dienstag nur Abendessen)* à la carte 36/75 – **15 Z** 155/250.

In Bad Dürkheim-Seebach SW : 1,5 km :

🏨 **Landhaus Fluch** ⍋ garni, Seebacher Str. 95, ⌧ 67098, ☎ 24 88, Fax 65729, ☴ – ☎ 🅿
⌁
20. Dez.- Mitte Jan. geschl. – **25 Z** 80/145.

In Bad Dürkheim-Ungstein N : 2 km :

🏠 **Panorama** ⍋ garni, Alter Dürkheimer Weg 8, ⌧ 67098, ☎ 47 11, ≼, ☂, ☴ – ☎ ⇐
🅿
20. Dez.- 22. Jan. geschl. ⅃ – **15 Z** 60/140.

– Heilklimatischer Kurort – Wintersport : ⚡2 – ✿ 07726.

🛈 Information im Haus des Gastes, ⊠ 78073, ℘ 66 62 66, Fax 666301.

◆Stuttgart 113 – ◆Freiburg im Breisgau 70 – ◆Konstanz 76 – Villingen-Schwenningen 8.

🏨 **Hänslehof** ⬧, Hofstr. 13, ⊠ 78073, ℘ 66 70, Fax 667555, 🍃, 🏊, 🔲 – 🛗 📺 ☎ 🚗
🅿 – 🛎 80. 🆀 ① ㊉ 𝘝𝘐𝘚𝘈
Menu à la carte 37/57 – **95 Z** 132/198, 6 Suiten.

🏨 Salinensee ⬧, Am Salinensee 1, ⊠ 78073, ℘ 80 21, Fax 4387, ≤, « Terrasse am See »,
🏊, 🍃 – 🛗 📺 ☎ 🚗 🅿 – 🛎 120. 🎿
30 Z.

🏨 **Haus Baden** ⬧ garni, Kapfstr. 6, ⊠ 78073, ℘ 76 81, 🍃 – ☎ 🅿
18 Z 66/144.

🍴🍴 **Landhaus Wagner** mit Zim, Luisenstr. 18, ⊠ 78073, ℘ 2 02 –
Dienstag und Nov. 3 Wochen geschl. – **Menu** à la carte 33/65 *(auch Diät)* – **7 Z** 62/124.

DÜSSELDORF S. 1

DÜSSELDORF 🄻 Nordrhein-Westfalen 🏙🏙 D 13, 🗺 ㉓ ㉔ – 570 000 Ew – Höhe 40 m – 🚇 0211.

Sehenswert : Königsallee★ EZ – Hofgarten★ und Schloß Jägerhof DEY (Goethe-Museum★ EY M1 – Hetjensmuseum★ DZ M4 – Landesmuseum Volk u. Wirtschaft★ DY M5 – Kunstmuseum★ DY M2 – Kunstsammlung NRW★ DY M3 – Löbbecke-Museum und Aquazoo★ S M6.

Ausflugsziel : Schloß Benrath (Park★) S : 10 km über Kölner Landstr. T.

🏌 Ratingen-Hösel (16 km über die A 44 S), ℘ (02102) 6 86 29 ; 🏌 Gut Rommeljans (12 km über die A 44 S), ℘ (02102) 8 10 92 ; 🏌 Düsseldorf-Hubbelr. (12 km über die B 7 S), ℘ (02104) 7 21 78 🏌 Düsseldorf-Hafen (T). Auf der Lausward, ℘ (0211) 39 65 98

🏌 Düsseldorf-Schmidtberg (12 km über die B 7 S) ℘ (02104) 7 70 60.

✈ Düsseldorf-Lohausen (① : 8 km), ℘ 42 10.

🚗 ℘ 3 68 04 68.

🚗 ℘ 45 60 01, Telex 8584853.

Messe-Gelände (S), ℘ 45 60 01, Telex 8584853.

🅱 Verkehrsverein, Konrad-Adenauer-Platz und Heinrich-Heine-Allee 24, ✉ 40210, ℘ 17 20 20, Telex 8587785, Fax 161071.

ADAC, Himmelgeister Str. 63, ✉ 40225, ℘ (0221) 47 27 47, Fax 332633.

Amsterdam 225 ② – ◆Essen 31 ② – ◆Köln 40 ⑤ – Rotterdam 237 ②.

Messe-Preise : siehe S. 8	**Foires et salons** : voir p. 16
Fairs : see p. 24	**Fiere :** vedere p. 32

Stadtpläne siehe nächste Seiten

🏨🏨 **Breidenbacher Hof,** Heinrich-Heine-Allee 36, ✉ 40213, ℘ 1 30 30, Telex 8582630, Fax 1303830, ⬛ – 📶 ⤬ Zim ☰ 📺 ⌨ – 🛏 60. 🖭 ⓞ 🗲 𝑉𝐼𝑆𝐴 𝐽𝐶𝐵. ⋙ EY a
Grill Royal : Menu à la carte 70/124 – **Breidenbacher Eck :** Menu à la carte 57/97 – **Trader Vic's** (nur Abendessen) **Menu** à la carte 52/92 – **132 Z** 290/610, 6 Suiten.

🏨🏨 **Steigenberger Parkhotel,** Corneliusplatz 1, ✉ 40213, ℘ 1 38 10, Telex 8582331, Fax 131679, ⬛ – 📶 ⤬ Zim ☰ Rest 📺 ⓟ – 🛏 200. 🖭 ⓞ 🗲 𝑉𝐼𝑆𝐴 𝐽𝐶𝐵. ⋙ Rest EY p
Menu à la carte 66/102 – **160 Z** 325/590, 9 Suiten.

🏨🏨 **Nikko,** Immermannstr. 41, ✉ 40210, ℘ 83 40, Telex 8582080, Fax 161216, ☕, Massage ⬛, ⛌ – 📶 ⤬ Zim ☰ 📺 ⌨ ⌨ – 🛏 450. 🖭 ⓞ 🗲 𝑉𝐼𝑆𝐴 𝐽𝐶𝐵. ⋙ Rest BV g
Benkay (Japanische Küche) (Samstag und Sonntag nur Abendessen) **Menu** à la carte 85/135 – **Traveller's** (Samstag und Sonntag nur Mittagessen) **Menu** à la carte 40/84 – **301 Z** 324/578, 13 Suiten.

🏨🏨 **Queens Hotel,** Ludwig-Erhard-Allee 3, ✉ 40227, ℘ 7 77 10, Fax 7771777, ⬛ – 📶 ⤬ Zim ☰ 📺 ⛭ – 🛏 55. 🖭 ⓞ 🗲 𝑉𝐼𝑆𝐴 BV s
Menu (nur Mittagessen) 39 (Buffet) – **120 Z** 295/530, 5 Suiten.

🏨🏨 **Holiday Inn,** Graf-Adolf-Platz 10, ✉ 40213, ℘ 3 84 80, Telex 8586359, Fax 3848390, ⬛ ⛌ – 📶 ⤬ Zim 📺 ⌨ – 🛏 80. 🖭 ⓞ 🗲 𝑉𝐼𝑆𝐴 𝐽𝐶𝐵. ⋙ Rest EZ t
Menu à la carte 63/83 – **177 Z** 377/599.

🏨🏨 **Majestic,** Cantadorstr. 4, ✉ 40211, ℘ 36 70 30 (Hotel) 35 72 92 (Rest.), Telex 8584649, Fax 3670399, ☕ – 📶 📺 – 🛏 30. 🖭 ⓞ 🗲 𝑉𝐼𝑆𝐴 𝐽𝐶𝐵. ⋙ BV a
24. Dez.- 4. Jan. geschl.(nur Hotel) – **La Grappa** (Sonn- und Feiertage geschl., außer Messen) (italienische Küche) **Menu** à la carte 62/78 – **52 Z** 215/425.

🏨🏨 **Rema Hotel Savoy** garni, Oststr. 128, ✉ 40210, ℘ 36 03 36, Telex 8584215, Fax 356642, Massage, ⬛, ⛌ – 📶 ⤬ Zim 📺 ⌨ – 🛏 90. 🖭 ⓞ 🗲 𝑉𝐼𝑆𝐴 EZ w
123 Z 180/400.

🏨 **Esplanade,** Fürstenplatz 17, ✉ 40215, ℘ 37 50 10, Telex 8582970, Fax 374032, ⬛, ⛌ – 📶 ⤬ Zim 📺 ☎ ⌨ – 🛏 60. 🖭 ⓞ 🗲 𝑉𝐼𝑆𝐴. ⋙ BX s
Menu à la carte 49/79 – **81 Z** 155/398.

🏨 **Madison I** garni, Graf-Adolf-Str. 94, ✉ 40210, ℘ 1 68 50, Fax 1685328, 👝, ⬛, ⛌ – 📶 ⤬ 📺 ☎ ⌨ – 🛏 50. 🖭 ⓞ 🗲 𝑉𝐼𝑆𝐴 𝐽𝐶𝐵 BV r
95 Z 155/265.

🏨 **Eden** garni, Adersstr. 29, ✉ 40215, ℘ 3 89 70, Telex 8582530, Fax 3897777 – 📶 ⤬ 📺 ☎ ⌨ – 🛏 90. 🖭 ⓞ 🗲 𝑉𝐼𝑆𝐴 𝐽𝐶𝐵 EZ n
22. Dez.- 6. Jan. geschl. – **129 Z** 188/412.

🏨 **Dorint Hotel** ⬙, Stresemannplatz 1, ✉ 40210, ℘ 3 55 40, Fax 354120 – 📶 ⤬ Zim 📺 ☎ ⌨ – 🛏 50. 🖭 ⓞ 🗲 𝑉𝐼𝑆𝐴 EZ z
Menu (Samstag-Sonntag geschl.) à la carte 41/64 – **153 Z** 190/395, 4 Suiten.

🏨 **Madison II** garni, Graf-Adolf-Str. 47, ✉ 40210, ℘ 37 02 96, Fax 1685328 – 📶 ⤬ 📺 ⌨. ⌨ 🖭 ⓞ 🗲 𝑉𝐼𝑆𝐴 𝐽𝐶𝐵 EZ e
Juli und 20. Dez.- 8. Jan. geschl. – **24 Z** 130/240.

🏨 **Hotel An der Kö** garni, Talstr. 9, ✉ 40217, ℘ 37 10 48, Fax 370835 – 📶 📺 ☎ ⓟ. 🖭 ⓞ 🗲 𝑉𝐼𝑆𝐴 𝐽𝐶𝐵 EZ r
44 Z 158/320.

🏛 **Rema-Hotel Concorde** garni, Graf-Adolf-Str. 60, ⊠ 40210, 🌼 36 98 25, Telex 8588008, Fax 354604 – 🛗 🌿 📺 ☎. ⯑ ⓞ 🛑 ⦸   EZ **f**
82 Z 180/340.

🏛 **Rema-Hotel Monopol** garni, Oststr. 135, ⊠ 40210, 🌼 8 42 08, Telex 8587770, Fax 328843 – 🛗 🌿 📺 ☎. ⯑ ⓞ 🛑 ⦸   EZ **d**
50 Z 180/340.

🏛 **Fürstenhof** garni, Fürstenplatz 3, ⊠ 40215, 🌼 37 05 45, Telex 8586540, Fax 379062, 🚄 – 🛗 🌿 📺 ☎. ⯑ ⓞ 🛑 ⦸. 🦮   BX **e**
24. Dez.- 2. Jan. geschl. – **50 Z** 145/340.

🏛 **Carat Hotel,** Benrather Str. 7a, ⊠ 40213, 🌼 1 30 50, Fax 322214, 🚄 – 🛗 🌿 Zim 📺 ☎
– 🔔 30. ⯑ ⓞ 🛑 ⦸   DZ **r**
Menu *(Samstag-Sonntag geschl.)* (nur Abendessen) à la carte 37/66 – **73 Z** 210/395.

🏛 **Astoria** garni, Jahnstr. 72, ⊠ 40215, 🌼 38 51 30, Fax 372089 – 🛗 🌿 📺 ☎ ⓟ. ⯑ ⓞ 🛑 ⦸ 🦮. 🦮   BX **b**
22. Dez.- 7. Jan. geschl. – **27 Z** 148/350, 4 Suiten.

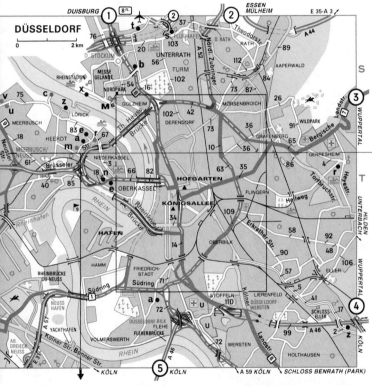

STRASSENVERZEICHNIS

DÜSSELDORF

🏨 **Uebachs,** Leopoldstr. 5, ✉ 40211, ✆ 36 05 66, Telex 8587620, Fax 358064 – 🛗 ⇔ Zim
📺 ☎ 🚗 – 🔏 30. 🄰🄴 ⑩ 🄴 𝗩𝗜𝗦𝗔. ✂ Rest
Menu *(Sonntag geschl., außer Messen)* à la carte 47/80 – **82 Z** 179/380.   BV **r**

🏨 **Bellevue** garni, Luisenstr. 98, ✉ 40215, ✆ 37 70 71, Fax 377076 – 🛗 ⇔ 📺 ☎. 🄰🄴 ⑩
🄴 𝗩𝗜𝗦𝗔. ✂   EZ **z**
23. Dez.- 1. Jan. geschl. – **55 Z** 245/295.

🏨 **Terminus** garni, Am Wehrhahn 81, ✉ 40211, ✆ 35 05 91, Fax 358350, ⇔, 🔳 – 🛗 📺
☎. 🄰🄴 🄴 𝗩𝗜𝗦𝗔   BV **f**
23. Dez.- 4. Jan. geschl. – **44 Z** 170/480.

🏨 **Cornelius** garni, Corneliusstr. 82, ✉ 40215, ✆ 38 20 55, Fax 382050, ⇔ – 🛗 📺 ☎ ℗
– 🔏 25. 🄰🄴 ⑩ 🄴 𝗩𝗜𝗦𝗔   BX **s**
20. Dez.- 7. Jan. geschl. – **48 Z** 140/280.

🏨 **Rema-Hotel Central** garni, Luisenstr. 42, ✉ 40215, ✆ 37 90 01, Telex 8582145,
Fax 379094 – 🛗 ⇔ 📺 ☎. 🄰🄴 ⑩ 🄴 𝗩𝗜𝗦𝗔   EZ **y**
72 Z 165/330.

🏨 **City** garni, Bismarckstr. 73, ✉ 40210, ✆ 36 50 23, Telex 8587362, Fax 365343 – 🛗 ⇔ 📺
☎. 🄰🄴 ⑩ 🄴 𝗩𝗜𝗦𝗔 🄹🄲🄱. ✂   EZ **k**
23. Dez.- 2. Jan. geschl. – **54 Z** 140/340.

🏩 **Prinz Anton** garni, Karl-Anton-Str. 11, ✉ 40211, ✆ 35 20 00, Fax 362010 – 🛗 📺 ☎. 🄰🄴
⑩ 🄴 𝗩𝗜𝗦𝗔 🄹🄲🄱   BV **k**
40 Z 150/395.

🏩 **Residenz** garni, Worringer Str. 88, ✉ 40211, ✆ 36 08 54, Fax 364676 – 🛗 ⇔ 📺 ☎. 🄰🄴
⑩ 🄴 𝗩𝗜𝗦𝗔   BV **z**
34 Z 139/320.

🏩 **Schumacher** garni, Worringer Str. 55, ✉ 40211, ✆ 36 78 50, Fax 3678570, ⇔ – 🛗 ⇔
📺 ☎ 🚗. 🄰🄴 ⑩ 🄴 𝗩𝗜𝗦𝗔 🄹🄲🄱   BV **d**
30 Z 150/350.

🏩 **Astor** garni, Kurfürstenstr. 23, ✉ 40211, ✆ 36 06 61, Fax 162597, ⇔ – 📺 ☎. 🄰🄴 🄴 𝗩𝗜𝗦𝗔
22. Dez.- 5. Jan. geschl. – **16 Z** 125/285.   BV **k**

🏩 **Großer Kurfürst** garni, Kurfürstenstr. 18, ✉ 40211, ✆ 35 76 47, Fax 162597 – 🛗 📺 ☎.
🄰🄴 🄴 𝗩𝗜𝗦𝗔   BV **k**
22. Dez. - 4. Jan. geschl. – **22 Z** 125/285.

🏩 **Beyer** garni, Scheurenstr. 57, ✉ 40215, ✆ 37 09 91, Fax 370993 – 🛗 📺 ☎. 🄰🄴 ⑩ 🄴 𝗩𝗜𝗦𝗔
19 Z 110/215.   BX **c**

🏩 **Lancaster** garni, Oststr. 166, ✉ 40210, ✆ 35 10 66, Fax 162884 – 🛗 📺 ☎. 🄰🄴 ⑩ 🄴 𝗩𝗜𝗦𝗔. ✂
Weihnachten - Anfang Jan. geschl. – **40 Z** 148/235.   EZ **f**

🏩 **Ibis-Hauptbahnhof** garni, Konrad-Adenauer-Platz 14, ✉ 40210, ✆ 1 67 20, Fax 1672101
– 🛗 ⇔ 📺 ☎ 🔥 – 🔏 30. 🄰🄴 ⑩ 🄴 𝗩𝗜𝗦𝗔 🄹🄲🄱   BV **u**
166 Z 158/236.

🏩 **Wurms** garni, Scheurenstr. 23, ✉ 40215, ✆ 37 50 01, Fax 375003 – 🛗 📺 ☎. 🄰🄴 ⑩ 🄴
𝗩𝗜𝗦𝗔. ✂   EZ **g**
5.- 25. Juli und 6. Dez.- 2. Jan.geschl. – **27 Z** 95/240.

🏩 **Wieland** garni, Wielandstr. 8, ✉ 40211, ✆ 35 01 71, Fax 353330 – 🛗 📺 ☎. 🄰🄴 ⑩ 🄴 𝗩𝗜𝗦𝗔. ✂
27 Z 130/350.   BV **e**

🍴🍴🍴 ❀ **Victorian,** Königstr. 3a (1. Etage), ✉ 40212, ✆ 32 02 22, Fax 131013 – 🍽. 🄰🄴 ⑩ 🄴 𝗩𝗜𝗦𝗔.
✂   EZ **c**
Sonn- und Feiertage geschl. – **Menu** (Tischbestellung erforderlich) 55 (mittags) und à la carte
75/120 – **Bistro im Victorian** *(April - Sept. Sonn- und Feiertage geschl.)* **Menu** à la carte
38/79
Spez. Geröstete Langustinen in ihrer Sauce, Kalbsnierchen in seinem Fett gebraten, Orangen-
blätter mit Grand-Marnier-Eis und Minzsauce.

🍴🍴🍴 **La Scala,** Königsallee 14 (1. Etage, 🛗), ✉ 40212, ✆ 32 68 32, Fax 328337 – 🄰🄴 ⑩ 🄴 𝗩𝗜𝗦𝗔
🄹🄲🄱   EY **y**
Weihnachten - Neujahr und Sonntag geschl., außer Messen – **Menu** (italienische Küche)
à la carte 72/102.

🍴🍴 **Weinhaus Tante Anna** (ehemalige Hauskapelle a.d.J. 1593), Andreasstr. 2, ✉ 40213,
✆ 13 11 63, Fax 132974, « Antike Bilder und Möbel » – 🄰🄴 ⑩ 🄴 𝗩𝗜𝗦𝗔 🄹🄲🄱. ✂   DY **c**
Sonntag geschl., außer Messen – **Menu** (nur Abendessen, Tischbestellung ratsam, bemerkenswerte Weinkarte) à la carte 63/84.

🍴🍴 **Tse-Yang,** Immermannstr. 65 (Immermannhof, Eingang Konrad-Adenauer-Platz),
✉ 40210, ✆ 36 90 20, Fax 1649423 – 🄰🄴 ⑩ 🄴 𝗩𝗜𝗦𝗔 🄹🄲🄱   BV **v**
Menu (chinesische Küche) à la carte 51/88.

🍴🍴 **La Terrazza,** Königsallee 30 (Kö-Center, 2. Etage, 🛗), ✉ 40212, ✆ 32 75 40, Fax 320975
– 🄰🄴 ⑩ 🄴 𝗩𝗜𝗦𝗔 🄹🄲🄱   EZ **v**
Sonn- und Feiertage geschl., außer Messen – **Menu** à la carte 58/85.

🍴🍴 **Nippon Kan,** Immermannstr. 35, ✉ 40210, ✆ 35 31 35, Fax 3613625 – 🄰🄴 ⑩ 🄴 𝗩𝗜𝗦𝗔 🄹🄲🄱. ✂
über Ostern und Weihnachten geschl. – **Menu** (Tischbestellung ratsam, japanische Küche)
à la carte 34/105.   BV **g**

🍴🍴 **Daitokai,** Mutter-Ey-Str. 1, ✉ 40213, ✆ 32 50 54, Fax 325056 – 🍽. 🄰🄴 ⑩ 🄴 𝗩𝗜𝗦𝗔 🄹🄲🄱. ✂
Menu (japanische Küche) à la carte 47/87.   DY **z**

Brauerei-Gaststätten :

✕ **Zum Schiffchen,** Hafenstr. 5, ✉ 40213, ℰ 13 24 22, Fax 134596, 🍴 – 𝖠𝖤 ⓪ 𝖤 𝖵𝖨𝖲𝖠 𝖩𝖢𝖡
DZ **f**
Weihnachten - Neujahr sowie Sonn- und Feiertage geschl. – **Menu** à la carte 39/58.

✕ **Im Goldenen Ring,** Burgplatz 21, ✉ 40213, ℰ 13 31 61, Fax 324780, Biergarten – 𝖠𝖤 ⓪ 𝖤 𝖵𝖨𝖲𝖠
DY **n**
über Weihnachten geschl. – **Menu** à la carte 30/60.

In Düsseldorf-Angermund ① : 15 km über die B 8 :

🏨 **Haus Litzbrück,** Bahnhofstr. 33, ✉ 40489, ℰ (0203) 7 44 81, Fax 74485, « Gartenterrasse », 🚤, 🞲, 🞲 – 📺 ☎ 🚗 🅿 – 🛥 35. 𝖠𝖤 ⓪ 𝖤 𝖵𝖨𝖲𝖠. 🞲
Menu à la carte 53/77 – **21 Z** 175/325.

In Düsseldorf-Benrath über Kölner Landstr. T :

🏨 **Rheinterrasse,** Benrather Schloßufer 39, ✉ 40597, ℰ 99 69 90, Fax 9969999, « Terrasse mit ≤ » – 📺 ☎ 🅿 – 🛥 25. 𝖠𝖤 𝖤 𝖵𝖨𝖲𝖠
Menu *(Montag geschl.)* à la carte 42/72 – **45 Z** 145/275.

✕✕ **Giuseppe Verdi,** Paulistr. 5, ✉ 40597, ℰ 7 18 49 44 – 𝖠𝖤 ⓪ 𝖤 𝖵𝖨𝖲𝖠. 🞲
Montag geschl. – **Menu** (italienische Küche) à la carte 67/102.

✕✕ **Lignano,** Hildener Str. 43, ✉ 40597, ℰ 7 11 89 36, Fax 718959 – 𝖠𝖤 ⓪ 𝖤 𝖵𝖨𝖲𝖠. 🞲
Samstag und Feiertage nur Abendessen, Sonntag und Juli-Aug. 3 Wochen geschl. – **Menu** (italienische Küche) à la carte 59/80.

In Düsseldorf-Bilk :

🏨 **Grand Hotel** garni, Varnhagenstr. 37, ✉ 40225, ℰ 31 08 00, Telex 8584072, Fax 316667, 🚤 – 📶 🞲 📺 ☎ 🕭 🚗 – 🛥 30. 𝖠𝖤 ⓪ 𝖤 𝖵𝖨𝖲𝖠 𝖩𝖢𝖡
BX **a**
70 Z 175/295.

🏨 **Aida** garni, Ubierstr. 36, ✉ 40223, ℰ 1 59 90, Fax 1599103, 🚤 – 📶 📺 ☎ 🕭 🅿 – 🛥 30.
𝖠𝖤 ⓪ 𝖤 𝖵𝖨𝖲𝖠. 🞲
T **a**
24. Dez.- 6. Jan. geschl. – **93 Z** 158/298.

In Düsseldorf-Derendorf :

🏨 **Villa Viktoria** garni, Blumenthalstr. 12, ✉ 40476, ℰ 46 90 00, Fax 46900601, « Modern - elegante Einrichtung », 🚤, 🞲 – 📶 🞲 📺 🚗. 𝖠𝖤 ⓪ 𝖤 𝖵𝖨𝖲𝖠 𝖩𝖢𝖡. 🞲
BU **c**
40 Suiten 315/1140.

🏨 **Lindner Hotel Rhein Residence,** Kaiserswerther Str. 20, ✉ 40477, ℰ 4 99 90, Fax 4999499, 🍴, Massage, 🚤 – 📶 🞲 Zim 📺 – 🛥 30. 𝖠𝖤 ⓪ 𝖤 𝖵𝖨𝖲𝖠 𝖩𝖢𝖡. 🞲 Rest
ABU **f**
Menu à la carte 37/66 – **126 Z** 251/572.

🏨 **Gildors Hotel** garni (mit Gästehaus), Collenbachstr. 51, ✉ 40476, ℰ 48 80 05, Fax 444844 – 📶 📺 ☎ 🚗. 𝖠𝖤 ⓪ 𝖤 𝖵𝖨𝖲𝖠
BU **n**
50 Z 160/320.

🏨 **Consul** garni, Kaiserswerther Str. 59, ✉ 40477, ℰ 4 92 00 78, Telex 8584624, Fax 4982577 – 📶 🞲 📺 ☎ 🚗. 𝖠𝖤 ⓪ 𝖤 𝖵𝖨𝖲𝖠
AU **c**
29 Z 150/280.

🏨 **Michelangelo** garni, Roßstr. 61, ✉ 40476, ℰ 94 85 30, Fax 467742 – 📶 🞲 📺 ☎ 🚗.
𝖠𝖤 ⓪ 𝖤 𝖵𝖨𝖲𝖠
BU **a**
21. Dez.- 1. Jan. geschl. – **70 Z** 140/320.

🏨 **Doria** garni, Duisburger Str. 1a, ✉ 40477, ℰ 49 91 92, Fax 4910402 – 📶 📺 ☎. 𝖠𝖤 ⓪ 𝖤 𝖵𝖨𝖲𝖠
EY **s**
23. Dez.- 2. Jan. geschl. – **40 Z** 130/295.

🏨 **National** garni, Schwerinstr. 16, ✉ 40477, ℰ 49 90 62, Fax 494590, 🚤 – 📶 📺 ☎ 🚗.
𝖠𝖤 ⓪ 𝖤 𝖵𝖨𝖲𝖠
BU **b**
23. Dez.- 3. Jan. geschl. – **32 Z** 130/270.

🏨 **Imperial** garni, Venloer Str.9, ✉ 40477, ℰ 4 92 19 08, Fax 4982778 – 📶 📺 ☎ 🚗. 𝖠𝖤 ⓪ 𝖤 𝖵𝖨𝖲𝖠
EY **v**
40 Z 114/229.

✕✕✕ **Amalfi,** Ulmenstr. 122, ✉ 40476, ℰ 43 38 09, Fax 4708112 – 𝖠𝖤 ⓪ 𝖤 𝖵𝖨𝖲𝖠
BU **r**
Samstag nur Abendessen, Sonntag und Aug. 3 Wochen geschl. – **Menu** (italienische Küche) à la carte 54/80.

✕✕ **Gatto Verde,** Rheinbabenstr. 5, ✉ 40476, ℰ 46 18 17, Fax 462933, 🍴 – 𝖠𝖤 ⓪ 𝖤 𝖵𝖨𝖲𝖠 𝖩𝖢𝖡
BU **s**
Samstag nur Abendessen, Sonntag-Montag und Juli-Aug. 4 Wochen geschl. – **Menu** (italienische Küche) à la carte 54/94.

✕✕ **Ristorante Rossini,** Kaiserstr. 5, ✉ 40479, ℰ 49 49 94, Fax 4910819 – 𝖠𝖤 ⓪ 𝖤 𝖵𝖨𝖲𝖠
EY **r**
Sonn- und Feiertage geschl., außer Messen – **Menu** à la carte 68/94.

In Düsseldorf-Düsseltal :

🏛 **Haus am Zoo** ⌘ garni, Sybelstr. 21, ✉ 40239, ℰ 62 63 33, Fax 626536, « Garten », ⭐,
⏃ (geheizt) – 🛗 ✲ 📺 ☎ ⇔. 🅰🅴 🅴 *VISA*. ⌘
Weihnachten - Anfang Jan. geschl. – **22 Z** 170/300.
BU **h**

In Düsseldorf-Eller :

🏛 **Novotel Düsseldorf Süd,** Am Schönenkamp 9, ✉ 40599, ℰ 7 40 80, Telex 8584374,
Fax 745512, ⌘, ⏃ (geheizt), ⮕ – 🛗 ✲ Zim ▦ 📺 ☎ ⌘ ⌾ – ⌘ 200. 🅰🅴 🆂 🅴 *VISA*.
Menu à la carte 35/66 – **120 Z** 187/239.
T **z**

In Düsseldorf-Gerresheim :

🏛 **Gerricus** garni, Schönaustr. 15, ✉ 40625, ℰ 28 20 21, Fax 283189 – 🛗 ✲ 📺 ☎ ⇔.
🅰🅴 🆂 🅴 *VISA*. ⌘ – 24. Dez.- 2. Jan. geschl. – **27 Z** 155/345.
T **r**

In Düsseldorf-Golzheim :

🏛 **SAS Royal Scandinavia Hotel,** Karl-Arnold-Platz 5, ✉ 40474, ℰ 4 55 30, Telex 8584601,
Fax 4553110, ⌘, ⭐, ⏃ – 🛗 ✲ Zim ▦ 📺 ⏃ ⇔ ⌾ – ⌘ 400. 🅰🅴 🆂 🅴 *VISA* 🅹🅲🅱.
⌘ Rest
AU **q**
Das Restaurant : **Menu** à la carte 45/70 – *Café de la Paix :* **Menu** à la carte 40/65 – **309 Z**
345/692, 15 Suiten.

🏛 **Düsseldorf Hilton,** Georg-Glock-Str. 20, ✉ 40474, ℰ 4 37 70, Telex 8584376, Fax 4377650,
⌘, Massage, ⭐, ⏃, ⮕ – 🛗 ✲ Zim ▦ 📺 ⏃ ⇔ ⌾ – ⌘ 1000. 🅰🅴 🆂 🅴 *VISA*.
⌘ Rest
AU **r**
Menu à la carte 54/83 – **374 Z** 367/659, 8 Suiten.

🏛 **Ashley's Garden** ⌘, Karl-Kleppe-Str. 20, ✉ 40474, ℰ 43 44 53, Fax 453299, ⌘, ⭐ –
📺 ☎ ⌾ – ⌘ 30. 🅰🅴 🆂 🅴 *VISA* 🅹🅲🅱
AU **e**
Menu *(Montag geschl.)* à la carte 47/72 – **36 Z** 185/400.

XX **Rosati,** Felix-Klein-Str. 1, ✉ 40474, ℰ 4 36 05 03, Fax 452963, ⌘ – ⌾. 🅰🅴 🆂 🅴 *VISA* 🅹🅲🅱.
⌘
AU **s**
Samstag nur Abendessen, Sonntag geschl. – **Menu** (Tischbestellung ratsam, italienische
Küche) à la carte 63/82 – *Rosati due :* **Menu** à la carte 40/59.

XX ⌘ **An'ne Bell,** Rotterdamer Str. 11, ✉ 40474, ℰ 4 37 08 88, Fax 4380369, ⌘ – 🅴 AU **a**
Samstag nur Abendessen – **Menu** 57/112 und à la carte 62/87
Spez. Terrine von Entenstopfleber und grünen Linsen, Das Beste vom Kaninchen im Kräutersud,
Beerentörtchen mit Vanilleeis.

In Düsseldorf-Holthausen :

🏛 **Schumann** garni, Bonner Str. 15, ✉ 40589, ℰ 79 11 16, Fax 792439 – 🛗 ✲ 📺 ☎. 🅰🅴
🆂 🅴 *VISA*. ⌘
über Kölner Landstr. T
38 Z 145/260.

🏛 **Elbroich** garni, Bonner Str. 7 (Ecke Am Langen Weiher), ✉ 40589, ℰ 79 90 71, Fax 7900088
– 🛗 ✲ 📺 ☎ ⇔. 🅰🅴 🆂 🅴 *VISA*
über Kölner Landstr. T
52 Z 135/245.

In Düsseldorf-Kaiserswerth über ① und die B 8 :

XXXX ⌘⌘⌘ **Im Schiffchen,** Kaiserswerther Markt 9 (1. Etage), ✉ 40489, ℰ 40 10 50,
Fax 403667 – 🅰🅴 🆂 🅴 *VISA*. ⌘
Sonntag - Montag geschl. – **Menu** (nur Abendessen, Tischbestellung erforderlich) 164/196
und à la carte 120/160
Spez. Bretonischer Hummer in Kamillenblüten gedämpft, Mit Kalbsbries gefüllte Cannelloni in
Trüffelbutter, Pochierte Williamsbirne und Pfirsich "Escoffier".

XX ⌘ **Aalschokker,** Kaiserswerther Markt 9 (Erdgeschoß), ✉ 40489, ℰ 40 39 48, Fax 403667
– 🅰🅴 🆂 🅴 *VISA*. ⌘
Sonntag - Montag geschl. – **Menu** (nur Abendessen, Tischbestellung ratsam) à la carte
72/94
Spez. Sülze von Kartoffeln und Gänseleber mit Kümmeljus, "Himmel und Erde" mit gebratener
Gänseleber, Eingelegter weißer Pfirsich auf Himbeercoulis.

In Düsseldorf-Kalkum ① : 10 km über die B 8 :

XX **Landgasthof zum Schwarzbach,** Edmund-Bertrams-Str. 43, ✉ 40489, ℰ 40 43 08,
Fax 402912, Biergarten – ⌾. 🅰🅴 🆂 🅴 *VISA*
Montag geschl. – **Menu** (wochentags nur Abendessen) à la carte 48/80.

In Düsseldorf-Lörick Stadtplan Düsseldorf : S. 1 :

🏛 **Fischerhaus** ⌘, Bonifatiusstr. 35, ✉ 40547, ℰ 59 79 79, Telex 8584449, Fax 5979759 –
✲ 📺 ☎ ⌾. 🅰🅴 🆂 🅴
S **z**
Menu siehe Rest. *Hummerstübchen* separat erwähnt – **35 Z** 189/298.

XXX ⌘⌘ **Hummerstübchen,** Bonifatiusstr. 35 (im Hotel Fischerhaus), ✉ 40547, ℰ 59 44 02,
Fax 5979759 – ⌾. 🅰🅴 🆂 🅴 *VISA*
S **z**
Sonntag - Montag und 8.- 24. Jan. geschl. – **Menu** (nur Abendessen, Tischbestellung rat-
sam) 119/159 und à la carte 105/131
Spez. Hummer-Menu, Steinbutt mit Kartoffelschuppen, Kalbsfilet im Reismantel mit Pfifferlingen.

In Düsseldorf-Lohausen :

🏨 **Arabella Airport Hotel** ⬙, am Flughafen, ✉ 40474, ✆ 4 17 30, Telex 858461⬚
Fax 4173707 – |≢| ⊱ Zim ▤ 📺 ⅙ – 🏖 180. 𝔸𝔼 ⓪ 𝐄 𝓥𝓘𝓢𝓐 𝗝𝗖𝗕. ⅙ Rest   S
Menu 39 (Buffet, mittags) und à la carte 46/70 – **200 Z** 210/330.

In Düsseldorf-Mörsenbroich :

🏨 **Düsseldorf Renaissance Hotel,** Nördlicher Zubringer 6, ✉ 40470, ✆ 6 21 6⬚
Telex 8586435, Fax 6216666, 🌲, ≋s, 🔲 – |≢| ⊱ Zim ▤ 📺 ⅙ ⬅ – 🏖 300. 𝔸𝔼 ⓒ
𝐄 𝓥𝓘𝓢𝓐 𝗝𝗖𝗕. ⅙ Rest
Menu à la carte 54/84 – **245 Z** 324/508, 8 Suiten.   BU

🏨 **Merkur** garni, Mörsenbroicher Weg 49, ✉ 40470, ✆ 63 40 31, Fax 622525 – 📺 ☎ ⓟ. 𝔸
ⓞ 𝐄 𝓥𝓘𝓢𝓐 – *1.- 5. Jan. geschl.* – **26 Z** 110/210.   CU

In Düsseldorf-Oberbilk :

🏨 **Lessing** garni, Volksgartenstr. 6, ✉ 40227, ✆ 72 30 53, Telex 8587219, Fax 723050, ≋s
– |≢| ⊱ 📺 ☎ ⬅. 𝔸𝔼 ⓞ 𝐄 𝓥𝓘𝓢𝓐 – **30 Z** 165/310.   BX

🏨 **Berliner Hof** garni, Ellerstr. 110, ✉ 40227, ✆ 78 47 44, Fax 786420 – |≢| 📺 ☎ ⬅. 𝔸
ⓞ 𝐄 𝓥𝓘𝓢𝓐 – *Anfang - Mitte Juli. geschl.* – **20 Z** 100/220.   BX

In Düsseldorf-Oberkassel :

🏨 **Ramada,** Am Seestern 16, ✉ 40547, ✆ 59 59 59, Fax 593569, ≋s, 🔲 – |≢| ⊱ Zim ▤
📺 ⓟ – 🏖 120. 𝔸𝔼 ⓞ 𝐄 𝓥𝓘𝓢𝓐 𝗝𝗖𝗕. ⅙ Rest   S
Menu à la carte 47/75 – **222 Z** 241/555.

🏨 **Lindner Hotel-Rheinstern,** Emanuel-Leutze-Str. 17, ✉ 40547, ✆ 5 99 70, Telex 858424⬚
Fax 5997339, ≋s, 🔲 – |≢| ⊱ Zim ▤ 📺 ⬅ ⓟ – 🏖 320. 𝔸𝔼 ⓞ 𝐄 𝓥𝓘𝓢𝓐 𝗝𝗖𝗕. ⅙ Res
Menu à la carte 34/53 – **254 Z** 251/447.   S

🏨 **Hanseat** garni, Belsenstr. 6, ✉ 40545, ✆ 57 50 69, Fax 589662, « Geschmackvoll⬚
Einrichtung » – 📺 ☎. 𝔸𝔼 ⓞ 𝐄 𝓥𝓘𝓢𝓐
Weihnachten - Neujahr geschl. – **37 Z** 175/280.   T

🏨 **Arosa** garni, Sonderburgstr. 48, ✉ 40545, ✆ 55 40 11, Fax 589073 – |≢| 📺 ☎ ⬅ ⓟ. 𝔸
ⓞ 𝐄 𝓥𝓘𝓢𝓐 – *24. Dez.- 3. Jan. geschl.* – **32 Z** 135/230.   T

✕✕ **De' Medici,** Amboßstr. 3, ✉ 40547, ✆ 59 41 51, Fax 592612 – 𝔸𝔼 ⓞ 𝐄 𝓥𝓘𝓢𝓐 𝗝𝗖𝗕. ⅙   S n
Samstag nur Abendessen sowie Sonn- und Feiertage geschl., außer Messen – **Menu** (Tisch⬚
bestellung ratsam, italienische Küche) à la carte 45/82.

✕✕ **Edo,** Am Seestern 5, ✉ 40547, ✆ 59 10 82, Fax 591394, « Japanische Gartenanlage
Terrasse » – ▤ ⓟ. 𝔸𝔼 ⓞ 𝐄 𝓥𝓘𝓢𝓐 𝗝𝗖𝗕.   S
Samstag nur Abendessen, Sonn- und Feiertage geschl. – **Menu** (japanische Küche) à la carte
63/107.

In Düsseldorf-Stockum :

🏨 **Fashion Hotel,** Am Hain 44, ✉ 40468, ✆ 43 41 82, Fax 434189 – 📺 ☎ ⓟ. 𝔸𝔼 ⓞ 𝐄 𝓥𝓘𝓢𝓐 𝗝𝗖⬚
– *Müller's Heideröschen (Montag - Freitag nur Abendessen)* **Menu** à la carte 30/60 – **29 Z**
130/300.   S b

🏨 **Schnellenburg,** Rotterdamer Str. 120, ✉ 40474, ✆ 43 41 33 (Hotel) 4 38 04 38 (Rest.)
Fax 4370976, ≤ – 📺 ☎ ⓟ – 🏖 50. 𝔸𝔼 ⓞ 𝐄 𝓥𝓘𝓢𝓐 𝗝𝗖𝗕   S ⬚
Weihnachten - Anfang Jan. geschl. – **Menu** à la carte 42/74 – **50 Z** 160/440.

In Düsseldorf-Unterbach SO : 11 km über Torfbruchstraße T :

🏨 **Landhotel Am Zault - Residenz,** Gerresheimer Landstr. 40, ✉ 40627, ✆ 25 10 81
Fax 254718, 🌲, ≋s – 📺 ☎ ⓟ – 🏖 80. 𝔸𝔼 ⓞ 𝐄 𝓥𝓘𝓢𝓐. ⅙ Rest
Menu *(Samstag nur Abendessen)* 32/46 (mittags) und à la carte 59/85 – **59 Z** 190/360⬚

In Düsseldorf-Unterbilk :

🏨 **Sorat** (modern - elegante Einrichtung), Volmerswerther Str. 35, ✉ 40221, ✆ 3 02 20
Fax 3027555 – |≢| ⊱ Zim ▤ 📺 ☎ ⬅ – 🏖 130. 𝔸𝔼 ⓞ 𝐄 𝓥𝓘𝓢𝓐   AX c
Menu à la carte 40/69 – **160 Z** 198/441.

✕✕✕ **Savini,** Stromstr. 47, ✉ 40221, ✆ 39 39 31, Fax 391719, 🌲 – 𝔸𝔼 ⓞ 𝐄 𝓥𝓘𝓢𝓐   AX e
Menu (nur Abendessen, Tischbestellung ratsam) à la carte 54/70.

✕✕ **Hafenrestaurant,** Kaistr. 4 (1. Etage), ✉ 40221, ✆ 3 01 03 37, Fax 3010326 – ⓟ. 𝔸𝔼 ⓞ
𝐄 𝓥𝓘𝓢𝓐 – *Samstag nur Abendessen, Sonntag geschl., außer Messen* – **Menu** (nur Fisch
gerichte) à la carte 56/90.   AX a

✕✕ **Rheinturm Top 180** (rotierendes Restaurant in 172 m Höhe), Stromstr. 20, ✉ 40221
✆ 84 85 80, Fax 325619, ⁕ Düsseldorf und Rhein (|≢|. Gebühr DM 5,50) – ▤ ⅙ – 🏖 60
𝔸𝔼 ⓞ 𝐄 𝓥𝓘𝓢𝓐 𝗝𝗖𝗕. ⅙ – **Menu** à la carte 55/79.   AV a

✕✕ **Breuer's Restaurant,** Hammer Str. 38, ✉ 40219, ✆ 39 31 13, Fax 307979, 🌲 – 𝔸𝔼 ⓞ
𝐄 𝓥𝓘𝓢𝓐   AX b
Sonntag geschl., außer Messen – **Menu** (nur Abendessen) à la carte 45/63.

In Düsseldorf-Unterrath :

🏨 **Lindner Hotel Airport,** Unterrather Str. 108, ✉ 40468, ✆ 9 51 60, Fax 9516516, 𝓕ö, ≋s
– |≢| ⊱ Zim 📺 ☎ ⬅ ⓟ – 🏖 120. 𝔸𝔼 ⓞ 𝐄 𝓥𝓘𝓢𝓐. ⅙ Rest   S s⬚
Menu à la carte 43/73 – **202 Z** 255/430.

In Düsseldorf-Wittlaer ① : 12 km über die B 8 :

XX **Brand's Jupp,** Kalkstr. 49, ✉ 40489, ✆ 40 40 49, Fax 4790403, « Gartenterrasse » – 🆎 ⓞ 🄴 🆅🅸🆂🅰
außer an Feiertagen Montag geschl., Dienstag nur Abendessen – **Menu** à la carte 41/70.

In Meerbusch-Büderich : – ☎ 02132

XXX **Landsknecht** mit Zim, Poststr. 70, ✉ 40667, ✆ 59 47, Fax 10978, 🍽 – 📺 ☎ ⓟ. 🆎 ⓞ
🄴 🆅🅸🆂🅰 ᴊᴄʙ. ⅋ᴊ⅃   S **u**
Menu *(Samstag nur Abendessen)* à la carte 55/72 – **8 Z** 160/280.

XXX **Landhaus Mönchenwerth,** Niederlöricker Str. 56 (an der Schiffsanlegestelle), ✉ 40667,
✆ 7 79 31, Fax 71899, ≤, « Gartenterrasse » – ⓟ. 🆎 ⓞ 🄴 🆅🅸🆂🅰 ᴊᴄʙ. ⅋ᴊ⅃   S **c**
Freitag - Samstag geschl. – **Menu** à la carte 59/98.

X **Lindenhof,** Dorfstr. 48, ✉ 40667, ✆ 26 64, Fax 552875   S **v**
Montag geschl. – **Menu** (nur Abendessen, Tischbestellung erforderlich) à la carte 48/70.

MICHELIN-REIFENWERKE KGaA. Niederlassung Neuß, Moselstr. 11, ✉ 41464,
✆ (02101) 4 90 61, Fax 49564.

*Bei Übernachtungen in kleineren Orten
oder abgelegenen Hotels empfehlen wir, hauptsächlich in der Saison,
rechtzeitige telefonische Anmeldung.*

DUISBURG Nordrhein-Westfalen 🔢🔢 D 12, 🔢 ⑬ – 537 700 Ew – Höhe 33 m – ☎ 0203.
🏌 Großbaumer Allee 240 (AZ), ✆ 72 14 69.
🏛 Stadtinformation, Königstr. 53, ✉ 47051, ✆ 2 83 21 89, Fax 3052562.
ADAC, Clauberggstr. 4, ✉ 47051, ✆ (0221) 47 27 47, Fax 287617.
◆Düsseldorf 29 ④ – ◆Essen 20 ② – Nijmegen 107 ⑥.

Stadtpläne siehe nächste Seiten

🏨 **Steigenberger Duisburger Hof,** Neckarstr. 2, ✉ 47051, ✆ 33 10 21, Fax 339847, 🍽 –
📱 ⅄⅄ Zim 📺 ⓟ – 🔼 200. 🆎 ⓞ 🄴 🆅🅸🆂🅰 ᴊᴄʙ. ⅋ᴊ Rest   CX **f**
Menu à la carte 53/84 – **111 Z** 195/425, 3 Suiten.

🏨 **Conti** garni, Düsseldorfer Str. 131, ✉ 47051, ✆ 28 70 05, Fax 288148, ≘ᴤ – 📱 ⅄⅄ 📺 ☎.
🆎 ⓞ 🄴 🆅🅸🆂🅰. ⅋ᴊ   CY **a**
40 Z 159/359.

🏨 **Plaza,** Düsseldorfer Str. 54, ✉ 47051, ✆ 2 82 20, Fax 2822300, ≘ᴤ – 📱 ⅄⅄ Zim 📺 ☎ ⇦
– 🔼 60. 🆎 ⓞ 🄴 🆅🅸🆂🅰   CY **e**
Menu à la carte 45/66 – **75 Z** 179/269.

🏨 **Stadt Duisburg** garni, Düsseldorfer Str. 124, ✉ 47051, ✆ 28 70 85, Fax 287754, ≘ᴤ – 📱
⅄⅄ Zim 📺 ☎ ⇦ ⓟ. 🆎 ⓞ 🄴 🆅🅸🆂🅰   CY **n**
35 Z 139/250.

🏨 **Novotel,** Landfermannstr. 20, ✉ 47051, ✆ 30 00 30, Telex 8551638, Fax 338689, ≘ᴤ, 🔲
– 📱 ⅄⅄ Zim ▤ 📺 ☎ – 🔼 150. 🆎 ⓞ 🄴 🆅🅸🆂🅰   CX **w**
Menu à la carte 40/60 – **162 Z** 163/203.

🏨 **Regent und Haus Hammerstein** garni, Dellplatz 1, ✉ 47051, ✆ 29 59 00, Fax 22288, ≘ᴤ,
🔲 – 📱 ⅄⅄ 📺 ☎. 🆎 ⓞ 🄴 🆅🅸🆂🅰 ᴊᴄʙ   BY **c**
61 Z 99/289.

🏠 **Haus Friederichs,** Neudorfer Str. 33, ✉ 47057, ✆ 35 57 37, Fax 352057, 🍽 – 📱 📺 ☎.
⅋ᴊ Rest   CY **b**
Menu *(Sonntag und Aug. geschl.)* (nur Abendessen) à la carte 37/60 – **34 Z** 100/150.

🏠 **Intercity Hotel Ibis** garni (im Hauptbahnhof), Mercatorstr. 15, ✉ 47051, ✆ 30 00 50,
Fax 340088, 🍽 – 📱 ⅄⅄ Zim 📺 ☎ ⅋ ⓟ – 🔼 30. 🆎 ⓞ 🄴 🆅🅸🆂🅰   CY
95 Z 119/168.

XX ✿ **La Provence,** Hohe Str. 29, ✉ 47051, ✆ 2 44 53 – ⅋ᴊ   CX **k**
*Samstag nur Abendessen, Sonn- und Feiertage sowie 12.- 26. April, Juli - Aug. 2 Wochen
und 23. Dez.- 7. Jan. geschl.* – **Menu** (Tischbestellung ratsam) 105/140 und à la carte
78/129
Spez. Hummersülze mit Orangenvinaigrette, Steinbutt auf Linsen, Lammcarré mit Bohnen.

XX **Mercatorhalle,** König-Heinrich-Platz, ✉ 47051, ✆ 33 20 66, Fax 338308, 🍽 – ▤ –
🔼 200. 🆎 ⓞ 🄴   CX **r**
Menu à la carte 41/75 *(auch vegetarische Gerichte).*

XX **Rôtisserie Laterne im Klöcknerhaus,** Mülheimer Str. 38, ✉ 47057, ✆ 35 15 15, 🍽 –
▤ – 🔼 60   AZ **c**
Samstag sowie Sonn- und Feiertage geschl. – **Menu** à la carte 38/76.

In Duisburg-Buchholz :

XX **Arlberger Hof,** Arlberger Str. 39, ✉ 47249, ✆ 70 18 79, Fax 706402 – ⅋ᴊ   AZ **a**
Sonn- und Feiertage sowie Juli-Aug. 3 Wochen geschl. – **Menu** (nur Abendessen) à la carte
56/81.

DUISBURG

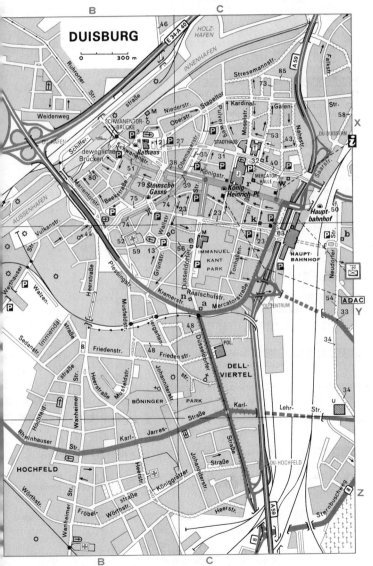

DUISBURG

In Duisburg-Homberg :

🏠 **Ampurias,** Königstr. 24, ✉ 47198, 𝒫 (02066) 1 20 05, Fax 12007, ≤, 🏠 – 🛗 📺 ☎ 🅿
ÆE ① Ɛ *VISA*
AZ ❹
Menu *(Samstag-Sonntag geschl.)* à la carte 45/75 – **12 Z** 173/240.

🏠 **Rheingarten,** Königstr. 78, ✉ 47198, 𝒫 (02066) 5 50 01, Fax 55004 – 🛗 📺 ☎ 🅿. ÆE ①
Ɛ *VISA*
AZ **s**
Menu à la carte 46/72 – **27 Z** 140/240.

In Duisburg-Rheinhausen-Mühlenberg :

🅇🅇 **Mühlenberger Hof** mit Zim, Hohenbudberger Str. 88, ✉ 47229, 𝒫 (02065) 4 15 65
Fax 41342, Biergarten, « Rustikal-elegante Einrichtung » – 📺 ☎ 🅿. Ɛ. 🌺 Zim   AZ **1**
Menu *(Montag und Feb. 2 Wochen geschl.)* (nur Abendessen) à la carte 48/76 – **11 Z**
70/160.

In Duisburg-Wanheimerort :

🏠 **Am Sportpark** garni, Buchholzstr. 27, ✉ 47055, 𝒫 77 03 40, Fax 771250, ≘s, 🔲 – 🛗 ⇦⇨
🅿. ÆE ① Ɛ *VISA*
AZ **1**
20 Z 94/148.

DUNNINGEN Baden-Württemberg 𝟜𝟙𝟛 I 22 – 5 000 Ew – Höhe 665 m – ✆ 07403.
♦Stuttgart 101 – Freudenstadt 49 – Villingen-Schwenningen 25.

🏠 **Krone,** Hauptstr. 8 (B 462), ✉ 78655, 𝒫 2 75, Fax 8122 – 📺 ☎ ⇦⇨ 🅿. 🌺 Zim
Ende Jan.- Anfang Feb. und Ende Juli - Mitte Aug. geschl. – **Menu** *(Freitag nur Mittagessen,
Montag geschl.)* à la carte 27/53 ⅃ – **10 Z** 55/100.

DURBACH Baden-Württemberg 𝟜𝟙𝟛 H 21, 𝟚𝟜𝟚 ㉔ – 3 800 Ew – Höhe 216 m – Erholungsort
– ✆ 0781 (Offenburg).
🅱 Verkehrsverein, Talstr. 36, ✉ 77770, 𝒫 4 21 53, Fax 43989.
♦Stuttgart 148 – Baden-Baden 54 – Freudenstadt 51 – Offenburg 9.

🅰🅰 **Zum Ritter** ⬡, Tal 1, ✉ 77770, 𝒫 3 10 31, Fax 41975, « Geschmackvolle Einrichtung »
≘s, 🔲 – 🛗 📺 ☎ ⇦⇨ 🅿 – 🔏 30. ÆE ① Ɛ *VISA*
Menu *(Montag nur Abendessen, 8. Jan.- 14. Feb. geschl.)* à la carte 49/91 – **62 Z** 112/255,
8 Suiten.

🏠 **Rebstock** ⬡, Halbgütle 30, ✉ 77770, 𝒫 48 20, Fax 482160, 🏠, ≘s, 🞀 – 🛗 📺 ☎ 🅿
– 🔏 40. ÆE Ɛ *VISA*. 🌺 Rest
Menu *(Nov.- Feb. Sonntag nur Mittagessen, Montag, Mitte Jan.- Mitte Feb. und 4.- 11. Aug.
geschl.)* à la carte 40/76 – **37 Z** 90/230 – ½ P 130/150.

EBELSBACH Bayern siehe Eltmann.

EBENSFELD Bayern 𝟜𝟙𝟛 P 16 – 5 200 Ew – Höhe 254 m – ✆ 09573.
♦München 251 – ♦Bamberg 21 – Bayreuth 67 – Coburg 29 – Hof 88.

🏠 **Pension Veitsberg** ⬡ garni, Prächtinger Str. 14, ✉ 96250, 𝒫 64 00, 🞀 – ⇦⇨ 🅿
26 Z 38/80.

EBERBACH AM NECKAR Baden-Württemberg 𝟜𝟙𝟚 𝟜𝟙𝟛 J 18, 𝟡𝟠𝟟 ㉕ – 15 000 Ew – Höhe
131 m – Heilquellen-Kurbetrieb – ✆ 06271.
🅱 Kurverwaltung, Im Kurzentrum, Kellereistr. 32, ✉ 69412, 𝒫 48 99, Fax 1319.
♦Stuttgart 107 – Heidelberg 33 – Heilbronn 53 – ♦Würzburg 111.

🏠 **Karpfen** (Fassade mit Fresken der Stadtgeschichte), Am alten Markt 1, ✉ 69412,
𝒫 7 10 15, Fax 71010 – 🛗 📺 ☎ 🅿. ÆE Ɛ *VISA*
Menu *(Dienstag und Feb.- März 3 Wochen geschl.)* à la carte 34/61 – **55 Z** 40/180.

Eberbach-Brombach siehe unter *Hirschhorn am Neckar*

EBERDINGEN Baden-Württemberg 𝟜𝟙𝟛 J 20 – 6 000 Ew – Höhe 272 m – ✆ 07042.
♦Stuttgart 28 – Heilbronn 54 – ♦Karlsruhe 77 – Pforzheim 31.

🅇🅇 **Kelterstuben,** Stuttgarter Str. 34, ✉ 71735, 𝒫 7 77 63 – ⬡ Rest 🅿. Ɛ
Sonntag nur Mittagessen, Montag und Mitte Juli - Anfang Aug. geschl. – **Menu** à la carte
48/80.

EBERMANNSTADT Bayern 𝟜𝟙𝟛 Q 17, 𝟡𝟠𝟟 ㉖ – 5 800 Ew – Höhe 290 m – Erholungsort –
✆ 09194.
🏌 Kanndorf 8, 𝒫 48 27.
🅱 Verkehrsamt, im Bürgerhaus, Bahnhofstr. 7, ✉ 91320, 𝒫 5 06 40, Fax 4525.
♦München 219 – ♦Bamberg 30 – Bayreuth 61 – ♦Nürnberg 48.

🏨 **Schwanenbräu**, Marktplatz 2, ☒ 91320, ℘ 2 09, Fax 5836 – 📺 ☎ – 🎴 60
➤ 1.- 20. Jan. geschl. – **Menu** (Sonntag nur Mittagessen) à la carte 23/47 – **17 Z** 70/120
– ½ P 68/82.

🏠 **Sonne** (mit Gästehaus 🚗), Hauptstr. 29, ☒ 91320, ℘ 3 42, Fax 4548 – 📺 ☎ ⟷
➤ **Menu** (Mittwoch geschl.) à la carte 19/45 – **32 Z** 60/120.

🏠 **Haus Feuerstein** garni, Georg-Wagner-Str. 15, ☒ 91320, ℘ 85 05, 🚗
14 Z 42/74.

✗ **Resengörg** (mit 🏨 Gästehaus 📶, 🚗), Hauptstr. 36, ☒ 91320, ℘ 7 39 30, Fax 739373 –
➤ ☎ ⟷ 🅟 – 🎴 40. 🆗 ⋿ 𝖵𝖨𝖲𝖠
Menu (Nov.- April Montag geschl., Mai-Okt. Montag nur Abendessen) à la carte 23/47 –
34 Z 70/140.

EBERN Bayern 𝟦𝟣𝟥 P 16, 𝟫𝟪𝟩 ㉖ – 7 000 Ew – Höhe 269 m – ✪ 09531.
♦München 255 – ♦Bamberg 26 – Coburg 26 – Schweinfurt 56.

In Pfarrweisach NW : 7 km :

♟ **Gasthof Eisfelder**, Lohrer Str. 2 (B 279), ☒ 96176, ℘ (09535) 2 69, Fax 723 – 🅟
➤ 20. Juli - 18. Aug. geschl. – **Menu** à la carte 16/30 – **16 Z** 35/70.

EBERSBACH AN DER FILS Baden-Württemberg 𝟦𝟣𝟥 L 20 – 15 300 Ew – Höhe 292 m –
✪ 07163.
♦Stuttgart 33 – Göppingen 10 – ♦Ulm (Donau) 70.

🏠 **Goldene Rose**, Hauptstr. 16 (B 10), ☒ 73061, ℘ 20 94, Fax 52927 – 📺 ☎
23 Z.

EBERSBERG Bayern 𝟦𝟣𝟥 S 22, 𝟫𝟪𝟩 ㊲, 𝟦𝟤𝟨 HI 4 – 10 000 Ew – Höhe 563 m – Erholungsort
– ✪ 08092.
🏌 Steinhöring, Zaißing 4 (NO : 8 km), ℘ (08092) 2 01 23.
♦München 32 – Landshut 69 – Rosenheim 31.

🏨 **Hölzerbräu**, Sieghartstr. 1, ☒ 85560, ℘ 2 40 20, Fax 24031, Biergarten, 🚶 – 📶 📺 ☎ ⟷
🅟 – 🎴 30. 🆗 ⋿ 𝖵𝖨𝖲𝖠
Menu à la carte 26/54 – **51 Z** 95/135.

🏨 **Klostersee** 🛥, Am Priel 3, ☒ 85560, ℘ 8 28 50, Fax 828550 – 📺 ☎ 🅟 – 🎴 30. 🆎 🆗
⋿ 𝖵𝖨𝖲𝖠
Juni 2 Wochen und Mitte Dez.- Anfang Jan. geschl. – **Menu** (Samstag - Sonntag geschl.)
(nur Abendessen) à la carte 31/51 – **23 Z** 75/130.

In Ebersberg-Oberndorf O : 2,5 km :

🏨 **Huber**, Münchner Str. 11, ☒ 85560, ℘ 2 10 26, Fax 21442, 🍴, 🚶, 🎾 – 📶 📺 ☎ 🅟 –
🎴 60. 🆎 ⋿ ⁘
Menu à la carte 26/60 – **54 Z** 90/190.

EBERSBURG Hessen 𝟦𝟣𝟤 𝟦𝟣𝟥 M 15 – 3 900 Ew – Höhe 382 m – ✪ 06656.
♦Wiesbaden 141 – ♦Frankfurt am Main 102 – Fulda 14 – Würzburg 93.

Im Ortsteil Weyhers :

🏠 **Rhönhotel Alte Mühle**, Altenmühle 4 (O : 2 km), ☒ 36157, ℘ 81 00, Fax 7748, 🍴, 🚶,
➤ 🚗 – 📺 🅟 – 🎴 25
Menu (Montag geschl.) à la carte 23/36 – **30 Z** 78/135 – ½ P 85/93.

EBERSDORF BEI COBURG Bayern 𝟦𝟣𝟥 Q 16 – 5 800 Ew – Höhe 303 m – ✪ 09562.
♦München 276 – ♦Bamberg 49 – Coburg 12 – Kronach 20.

🏠 **Goldener Stern**, Canter Str. 15, ☒ 96465, ℘ 10 62, Fax 1063, 🍴 – 📶 ☎ 🅟
➤ **Menu** (Montag geschl.) à la carte 23/44 – **24 Z** 62/128.

EBERSDORF Thüringen siehe Lobenstein.

EBERSTADT Baden-Württemberg siehe Weinsberg.

EBERSWALDE-FINOW Brandenburg 𝟦𝟣𝟦 N 7, 𝟫𝟪𝟦 ⑫, 𝟫𝟪𝟩 ⑱ – 53 000 Ew – Höhe 70 m –
✪ 03334.
🛈 Touristinformation, Pavillon am Markt, ☒ 16225, ℘ 2 31 68.
Potsdam 85 – ♦Berlin 53 – Neubrandenburg 118 – ♦Frankfurt an der Oder 86.

🏠 P + P Hotel, Eisenbahnstr. 40, ☒ 16225, ℘ 2 29 86 – 📺 ☎ ⟷ 🅟 – 🎴 45 – **16 Z**.

🏠 **Saturn**, Angermünder Straße, ☒ 16227, ℘ 3 39 31 – 📺 ☎ 🅟. 🆎 ⋿ 𝖵𝖨𝖲𝖠
(nur Abendessen für Hausgäste) – **49 Z** 99/139.

In Finowfurt W : 8 km :

🏨 **Motel 5,** Finowfurter Ring 2 (Gewerbepark), ✉ 16245, ☎ (03335) 3 09 20, Fax 30919 – 📺
◆ 🅿 ⁜ 🖭 ⓪ ☐ *VISA*
Menu (nur Abendessen) à la carte 21/35 – **30 Z** 110/150.

In Niederfinow O : 10 km :

🏨 **Am Schiffshebewerk,** Hebewerkstr. 43, ✉ 16248, ☎ (033362) 2 09, Fax 209, 🦤 – 📺
🕿 🅿
Menu à la carte 30/43 – **20 Z** 95/145.

EBRACH Bayern 🔢🔢🔢 O 17, 🔢🔢🔢 ㉖ – 1 950 Ew – Höhe 340 m – Erholungsort – 🕲 09553.
Sehenswert : Ehemaliges Kloster (Kirche★).
🚩 Verkehrsamt, Rathausplatz 4, ✉ 96157, ☎ 2 17, Fax 361.
◆München 248 – ◆Bamberg 34 – ◆Nürnberg 77 – ◆Würzburg 47.

🏨 **Klosterbräu,** Marktplatz 4, ✉ 96157, ☎ 1 80, Fax 1888, 🦤, 🖭, 🦤 – ⧉ 📺 🕿 🕹 🅿 –
◆ 🔼 80. 🖭 ⓪ ☐ *VISA*
Menu à la carte 23/61 – **40 Z** 94/188.

🏨 **Zum Alten Bahnhof,** Bahnhofstr. 4, ✉ 96157, ☎ 12 41, Fax 1468, Biergarten, 🦤 – 📺
◆ 🅿
6. Jan. - 6. Feb. geschl. – **Menu** *(Mittwoch geschl.)* à la carte 18/35 – **15 Z** 46/82
– ½ P 55/61.

EBSDORFERGRUND Hessen siehe Marburg.

ECHING Bayern 🔢🔢🔢 R 22 – 10 500 Ew – Höhe 460 m – 🕲 089 (München).
◆München 21 – Ingolstadt 59 – Landshut 55.

🏨 **Olymp,** Wielandstr. 3, ✉ 85386, ☎ 31 90 80, Fax 31908112, 🦤, 🖾 – ⧉ ⁜ Zim 📺 🕿
🦤 🅿 – 🔼 50. 🖭 ⓪ ☐ *VISA*
Menu à la carte 42/81 – **93 Z** 170/280.

🏨 **Höckmayr** garni, Obere Hauptstr. 2a, ✉ 85386, ☎ 3 19 74 20, Fax 31974234 – ⧉ 📺 🕿 🦤
🅿 ⁜
19 Z.

🏨 **Huberwirt,** Untere Hauptstr. 1, ✉ 85386, ☎ 31 90 50, Fax 31905123 – ⧉ 📺 🕿 🦤 🅿
◆ ☐ *VISA*
Menu *(Dienstag geschl.)* à la carte 24/57 – **52 Z** 55/135.

ECKARDTSLEBEN Thüringen siehe Langensalza, Bad.

ECKERNFÖRDE Schleswig-Holstein 🔢🔢🔢 M 3, 🔢🔢🔢 ⑤ – 23 000 Ew – Höhe 5 m – Seebad –
🕲 04351.
Sehenswert : Nikolaikirche (Innenausstattung★).
🔢 Schloß Altenhof, ☎ (04351) 4 12 27.
🚩 Kurverwaltung, Am Exer 1, ✉ 24340, ☎ 62 62, Fax 6282.
◆Kiel 28 – Rendsburg 30 – Schleswig 24.

🏨 **Stadthotel** garni, Am Exer 3, ✉ 24340, ☎ 60 44, Fax 6043, 🦤 – ⧉ ⁜ Zim 📺 🕹 🦤
– 🔼 70. 🖭 ☐ *VISA*
65 Z 110/250.

🏨 **Seelust** garni, Preußerstr. 3, ✉ 24340, ☎ 50 75, Fax 2714, ⩽ – ⧉ 📺 🕿 🕹 🅿 ☐ *VISA*
32 Z 90/220.

🍴 **Ratskeller** (Haus a.d.J. 1420), Rathausmarkt 8, ✉ 24340, ☎ 24 12, 🦤
Montag und Jan. geschl. – **Menu** à la carte 37/64.

In Gammelby NW : 5 km über die B 76 :

🏨 **Gammelby,** Dorfstr. 6, ✉ 24340, ☎ (04351) 88 10, Fax 88166, 🦤, ✂ – 📺 🕿 🦤 🅿 –
🔼 50. 🖭 ⓪ ☐ *VISA*, ⁜
Menu à la carte 37/70 – **32 Z** 75/180.

In Groß Wittensee SW : 11,5 km, an der B 203 :

🏨 **Schützenhof** (mit Gästehaus), Rendsburger Str. 2, ✉ 24361, ☎ (04356) 1 70, Fax 1766,
🦤, 🦤 – ⁜ Zim 📺 🕿 🦤 🅿 – 🔼 50
Menu *(Mai-Sept. Donnerstag nur Abendessen, Okt.- April Donnerstag geschl.)* à la carte
33/64 – **45 Z** 94/198.

In Klein Wittensee SW : 14 km, an der B 203 :

🍴 **Landhaus Wolfskrug** mit Zim, ✉ 24361, ☎ (04356) 3 54, 🦤, 🦤, 🖭
Menu *(Dienstag geschl.)* à la carte 45/67 – **11 Z** 50/150.

Bayern siehe Bayreuth.

Bayern siehe Königstein.

EDENKOBEN Rheinland-Pfalz 412 413 H 19, 987 ㉔, 242 ⑧ – 6 000 Ew – Höhe 148 m – Luftkurort – ☎ 06323.

Ausflugsziele : Schloß Ludwigshöhe (Max-Slevogt - Sammlung) W : 2 km – Rietburg : ≤ ★ W : 2 km und Sessellift.

🛈 Verkehrsamt, Poststr. 23, ✉ 67480, ℰ 32 34.

Mainz 101 – Landau in der Pfalz 11 – Neustadt an der Weinstraße 10.

🏨 **Park Hotel** ⌖, Unter dem Kloster 1, ✉ 67480, ℰ 70 45, Fax 7048, 🌧, ≋, 🔲, 🐎 –
🛗 📺 ☎ 🅿 – 🛦 30. 🆎 ∈
Menu *(Montag geschl.)* à la carte 37/70 ⅃ – **44 Z** 94/158.

🏨 **Gutshof Ziegelhütte,** Luitpoldstr. 79, ✉ 67480, ℰ 70 51, Fax 81108, 🌧 – 📺 ☎ 🅿. 🆎
⓪ ∈ 𝘝𝘐𝘚𝘈
Menu *(Montag-Dienstag sowie Feb. und Juli-Aug. jeweils 2 Wochen geschl.)* à la carte
26/57 *(auch vegetarische Gerichte)* ⅃ – **17 Z** 70/110.

✗ **Pfälzer Hof** mit Zim, Weinstr. 85, ✉ 67480, ℰ 29 41, Fax 980505, 🌧
Mitte Jan.- Mitte Feb. geschl. – **Menu** *(Donnerstag geschl.)* à la carte 30/58 ⅃ – **13 Z** 39/95.

In Weyher W : 2 km : – ☎ 06323

🏨 **Zum Kronprinzen,** Josef-Meyer-Str. 11, ✉ 76835, ℰ 70 63, Fax 7065 – ☎
Jan. 1 Woche und Juli - Aug. 2 Wochen geschl. – **Menu** *(Dienstag geschl.)* à la carte 27/57
⅃ – **11 Z** 62/112 – ½ P 81/87.

🏨 **Gästehaus Nossek** ⌖ garni, Oberdorf 46, ✉ 76835, ℰ 59 22 – 🅿
18 Z 53/106.

🏨 **Gästehaus Siener** ⌖ garni, Froehlichstr. 5, ✉ 76835, ℰ 44 67, 🐎 – ☎ 🅿
11 Z 40/80.

Hessen siehe Waldeck.

EDESHEIM Rheinland-Pfalz 412 413 H 19 – 2 400 Ew – Höhe 150 m – ☎ 06323 (Edenkoben).

Mainz 101 – Kaiserslautern 48 – ◆Karlsruhe 46 – ◆Mannheim 41.

✗ **Wein-Castell** mit Zim (Sandsteinbau a.d.J. 1840), Staatsstr. 21 (B 38), ✉ 67483, ℰ 23 92,
Fax 81676 – 📺 🅿
Jan.- Feb. 3 Wochen und Anfang Aug. 1 Woche geschl. – **Menu** *(Montag-Dienstag geschl.)*
à la carte 32/65 ⅃ – **14 Z** 68/150.

EDIGER-ELLER Rheinland-Pfalz 412 E 16 – 1 500 Ew – Höhe 92 m – ☎ 02675.

🛈 Verkehrsamt, im Ortsteil Ediger, Pelzerstr. 1, ✉ 56814, ℰ 13 44, Fax 1643.

Mainz 118 – Cochem 8 – ◆Koblenz 61 – ◆Trier 70.

Im Ortsteil Ediger :

🏨 **Weinhaus Feiden,** Moselweinstr. 22, ✉ 56814, ℰ 2 59, Fax 1583, ≤, « Blumenterrasse »
– 🚗 🅿. ∈ 𝘝𝘐𝘚𝘈
Jan.- Feb. geschl. – **Menu** *(Donnerstag geschl.)* à la carte 29/61 ⅃ – **20 Z** 65/140.

🏨 **Zum Löwen,** Moselweinstr. 23, ✉ 56814, ℰ 2 08, Fax 214, ≤, 🌧 – 🚗 🅿. 🆎 ⓪ ∈ 𝘝𝘐𝘚𝘈
Menu à la carte 30/70 ⅃ – **23 Z** 60/180.

Im Ortsteil Eller :

🏨 **Oster,** Moselweinstr. 61, ✉ 56814, ℰ 2 32, Fax 1570 – 🚗 🅿. 🆎 ⓪ ∈ 𝘝𝘐𝘚𝘈. 🍴 Zim
Anfang Jan.- Mitte Feb. geschl. – **Menu** *(Dienstag nur Abendessen)* à la carte 24/41 ⅃ –
13 Z 70/120.

EFRINGEN-KIRCHEN Baden-Württemberg 413 F 24, 427 G 3, 216 ④ – 7 100 Ew – Höhe 266 m
– ☎ 07628.

◆Stuttgart 254 – Basel 15 – ◆Freiburg im Breisgau 60 – Müllheim 28.

In Efringen-Kirchen - Blansingen NW : 5 km :

✗✗ **Traube** ⌖ mit Zim, Alemannenstr. 19, ✉ 79588, ℰ 82 90, Fax 8736, 🌧, « Ehem.
Bauernhaus mit geschmackvoller Einrichtung » – 📺 ☎ 🅿. ∈
Menu *(Dienstag geschl., Mittwoch nur Abendessen)* à la carte 60/80 – **7 Z** 110/170.

In Efringen-Kirchen - Egringen NO : 3 km :

✗ **Rebstock** mit Zim, Kanderner Str. 21, ✉ 79588, ℰ 3 70, Fax 1024, 🌧 – 📺 ☎ 🅿
Jan.- Feb. und Juli-Aug. jeweils 2 Wochen geschl. – **Menu** *(Montag-Dienstag geschl.)* à la
carte 41/68 ⅃ – **9 Z** 65/130.

In Efringen-Kirchen - Maugenhard NO : 7 km :

☆ **Krone** ⟿ (mit Gästehaus), Mappacher Str. 34, ✉ 79588, ℰ 3 22, Fax 8203, 斎, 屛 – TV
⟿ Ⓟ
Feb. 2 Wochen geschl. – Menu *(Dienstag-Mittwoch geschl.)* à la carte 31/60 ₰ – **24 Z**
60/120.

EGESTORF Niedersachsen 📶 📶 N 7, 📶 ⑮ – 2 200 Ew – Höhe 80 m – Erholungsort –
✪ 04175.

🛈 Verkehrsverein, Barkhof 1 b, ✉ 21272, ℰ 15 16.

◆Hannover 107 – ◆Hamburg 46 – Lüneburg 29.

🏠 **Zu den 8 Linden,** Alte Dorfstr. 1, ✉ 21272, ℰ 4 50, Fax 743, 斎 – TV ☎ Ⓟ – 🔬 100.
ᴁ ⓞ ᴇ VISA. 🎇 Rest
Menu à la carte 30/64 – **29 Z** 80/170 – ½ P 95/110.

🏠 **Egestorfer Hof,** Lübbersstedter Str. 1, ✉ 21272, ℰ 4 80, Fax 1090, 斎 – TV ☎ Ⓟ – 🔬 30
Menu à la carte 26/55 – **25 Z** 65/150.

In Egestorf-Döhle SW : 5 km :

🏠 **Aevermannshof,** Dorfstr. 44, ✉ 21272, ℰ 14 54, Fax 1635, 斎 – ☎ Ⓟ – 🔬 30. ᴁ ᴇ.
🎇 Zim
Menu à la carte 30/66 – **20 Z** 70/130.

In Egestorf-Sahrendorf NW : 3 km :

🏠 **Studtmann's Gasthof,** Im Sahrendorf 19, ✉ 21272, ℰ 5 03, Fax 1086, 斎, 屛 – TV ☎
Ⓟ – 🔬 30. ᴁ ᴇ VISA. 🎇 Zim
15. Jan.- 15. Feb. geschl. – Menu *(Dienstag geschl.)* à la carte 26/52 – **22 Z** 60/120.

In Egestorf-Sudermühlen W : 2 km :

🏨 Hof Sudermühlen ⟿, ✉ 21272, ℰ 14 41, Fax 1201, 斎, 🚗, 🔲, 屛, 🎿, 🐎 – 🛗 TV ☎
Ⓟ – 🔬 60
67 Z.

EGGENFELDEN Bayern 📶 V 21, 📶 ㊳, 📶 K 3 – 13 000 Ew – Höhe 415 m – ✪ 08721.

🗃 beim Bahnhof Kaismühle (O : 11 km über die B 388), ℰ (08561) 59 69.

ADAC, Lindhofstr. 10 (Krone-Einkaufszentrum), ✉ 84307, ℰ 68 26.

◆München 117 – Landshut 56 – Passau 72 – Salzburg 98 – Straubing 62.

🏨 **Bachmeier,** Schönauer Str. 2, ✉ 84307, ℰ 30 71, Fax 3075, 斎, Biergarten, 🚗, 屛 – TV
☎ ⟿ Ⓟ – 🔬 40. ᴁ ᴇ VISA. 🎇 Rest
4.- 10. Jan. geschl. – Menu à la carte 37/66 – **42 Z** 75/140.

🏠 **Motel Waldhof** ⟿ garni, Michael-Sallinger-Weg 5, ✉ 84307, ℰ 28 58, Fax 5683 – Ⓟ. ᴁ
ⓞ ᴇ
20. Dez.- 10. Jan. geschl. – **18 Z** 54/88.

EGGENSTEIN-LEOPOLDSHAFEN Baden-Württemberg 📶 📶 I 19 – 13 000 Ew – Höhe 112 m
– ✪ 0721 (Karlsruhe).

◆Stuttgart 97 – ◆Karlsruhe 12 – ◆Mannheim 63.

Im Ortsteil Eggenstein :

☆ Goldener Anker, Hauptstr. 20, ✉ 76344, ℰ 70 60 29, Fax 782333 – TV ☎. 🎇
25 Z.

XXX ✿ **Zum Löwen** mit Zim, Hauptstr. 51, ✉ 76344, ℰ 78 72 01, Fax 788334, 斎 – TV ☎. ᴇ
VISA. 🎇 Zim
Menu *(Samstag nur Abendessen, Sonntag geschl.)* (Tischbestellung ratsam) à la carte
58/86 – **11 Z** 75/135
Spez. Pasteten und Terrinen, Consommé von Spitzmorcheln mit Perlhuhnklößchen, Steinbutt-
schnitte mit Sauce Noilly Prat.

EGGSTÄTT Bayern 📶 U 23 – 2 400 Ew – Höhe 539 m – Erholungsort – ✪ 08056.

🛈 Verkehrsamt, Obinger Str. 7, ✉ 83125, ℰ 15 00, Fax 1422.

◆München 99 – Rosenheim 23 – Traunstein 28.

🏠 **Zur Linde** (mit Gästehaus ⟿ 🔲 🚗 屛), Priener Str. 42, ✉ 83125, ℰ 2 47, Fax 1536 –
TV Ⓟ
3. Jan.- Feb. und Nov.- Mitte Dez. geschl. – (Restaurant nur für Pensionsgäste) – **37 Z** 50/120.

☆ **Unterwirt-Widemann,** Kirchplatz 8, ✉ 83125, ℰ 3 37, Fax 1666, 斎, 屛 – Ⓟ. 🎇 Zim
Menu *(Montag geschl)* à la carte 18/39 – **40 Z** 44/94 – ½ P 52/59.

EGING AM SEE Bayern 𝟒𝟏𝟑 W 20 – 3 000 Ew – Höhe 420 m – Erholungsort – ✪ 08544.

🔁 Verkehrsamt, Rathaus, Prof.-Reiter-Str. 2, ✉ 94535, 𝒫 80 52, Fax 7584.

◆München 187 – Deggendorf 33 – Passau 30.

In Eging-Kroissenhof SW : 2km :

🏠 **Waldesruh** ♤, Kroissenhof 4, ✉ 94535, 𝒫 6 01, Fax 7526, ≤, 🌿 – ☎ **℗**
30 Z.

EGLOFFSTEIN Bayern 𝟒𝟏𝟑 Q 17, 𝟗𝟖𝟕 ㉖ – 2 000 Ew – Höhe 350 m – Luftkurort – ✪ 09197.

◆München 201 – ◆Bamberg 45 – Bayreuth 52 – ◆Nürnberg 36.

🏠 **Häfner**, Badstr. 131, ✉ 91349, 𝒫 5 35, Fax 8825, 🌿, 🞋 – ⤬ Rest 📺 ☎ **℗** – 🏛 20.
← 🆎 ⓪ 🔳 **VISA**
  6. Jan.- 10. Feb. geschl. – **Menu** *(Dienstag und Donnerstag geschl.)* à la carte 24/46 – **21 Z**
  57/114.

🏠 **Zur Post**, Talstr. 8, ✉ 91349, 𝒫 5 55, Fax 8801, 🌿, 🞋 – ⫶⫶ ☎ **℗**
← 9. Jan.- 24. Feb. geschl. – **Menu** *(Montag geschl.)* à la carte 22/54 – **23 Z** 50/106.

EHEKIRCHEN Bayern 𝟒𝟏𝟑 Q 21 – 3 200 Ew – Höhe 405 m – ✪ 08435.

◆München 54 – ◆Augsburg 40 – Ingolstadt 35.

🏠 **Strixner Hof**, Leitenweg 5 (Schönesberg), ✉ 86676, 𝒫 18 77, Fax 1260, 🌿, ⬖s – 📺 ☎
← **℗**
  Feb. 1 Woche und Ende Aug.- Anfang Sept. geschl. – **Menu** *(Donnerstag geschl.)* à la carte
  21/40 ♨ – **7 Z** 65/95.

EHINGEN Baden-Württemberg 𝟒𝟏𝟑 M 22, 𝟗𝟖𝟕 ㉟ – 23 800 Ew – Höhe 511 m – ✪ 07391.

Ausflugsziel : Obermarchtal : ehem. Kloster★ SW : 14 km.

◆Stuttgart 101 – Ravensburg 70 – ◆Ulm (Donau) 26.

🏨 **Adler**, Hauptstr. 116, ✉ 89584, 𝒫 80 43, Fax 54921 – ⫶⫶ 📺 ☎ ⟷ **℗** – 🏛 100. 🆎 🔳
  VISA
  Juli - Aug. 2 Wochen geschl. – **Menu** *(Sonntag nur Mittagessen, Montag geschl.)* à la carte
  27/52 ♨ – **39 Z** 85/140.

🏨 **Gasthof zum Ochsen**, Schulgasse 3, ✉ 89584, 𝒫 5 35 68, Fax 52867, 🌿 – ⫶⫶ 📺 ☎ –
  🏛 25. 🆎 ⓪ 🔳 **VISA**
  Menu *(Sonntag geschl.)* à la carte 30/69 – **20 Z** 93/160.

🍴 **Rose**, Hauptstr. 10, ✉ 89584, 𝒫 83 00, Fax 73436. 🔳
  Montag und Juli-Aug. 3 Wochen geschl. – **Menu** à la carte 30/59 *(auch vegetarische
  Gerichte)*.

In Ehingen-Kirchen W : 7,5 km :

🏨 **Zum Hirsch** ♤, Osterstr. 3, ✉ 89584, 𝒫 (07393) 9 50 10, Fax 4101 – ⫶⫶ 📺 ☎ **℗**. 🆎 🔳 **VISA**
← **Menu** *(Montag geschl.)* à la carte 24/55 ♨ – **17 Z** 60/130.

In Ehingen-Nasgenstadt O : 3 km :

🏨 **Panorama** garni, Karpfenweg 7, ✉ 89584, 𝒫 5 45 00, Fax 54415 – ⫶⫶ 📺 ☎ ⟷ **℗**. 🆎
  ⓪ 🔳 **VISA**
  32 Z 80/130.

EHLSCHEID Rheinland-Pfalz 𝟒𝟏𝟐 F 15 – 1 200 Ew – Höhe 360 m – Heilklimatischer Kurort –
✪ 02634.

🔁 Kurverwaltung, Haus des Kurgastes, ✉ 56581, 𝒫 22 07.

Mainz 118 – ◆Koblenz 35 – ◆Köln 73.

🏠 **Haus Westerwald** ♤, Parkstr. 3, ✉ 56581, 𝒫 65 60, Fax 65610, 🌿, ⬖s, 🔲, 🞋 – ⫶⫶
  📺 ☎ **℗** – 🏛 60. 🆎 🔳 **VISA**
  Menu à la carte 33/62 – **59 Z** 65/138 – ½ P 91/115.

🏠 **Park-Hotel** ♤, Parkstr. 17, ✉ 56581, 𝒫 85 43, Fax 2421, 🌿 – ☎ **℗**
  Menu *(Okt.- März Donnerstag geschl.)* à la carte 31/58 – **12 Z** 60/110 – ½ P 65/71.

🏠 **Müller-Krug** ♤, Parkstr. 15, ✉ 56581, 𝒫 80 65, Fax 3569, 🌿, ⬖s, 🔲, 🞋 – 📺 **℗**. 🆎
  ⓪ 🔳 **VISA**
  Mitte Jan.- Anfang Feb. und Mitte Nov.- Weihnachten geschl. – **Menu** *(Montag nur Mittagessen)* à la carte 28/63 – **24 Z** 61/140 – ½ P 82/96.

EHRENBERG (RHÖN) Hessen 𝟒𝟏𝟐 𝟒𝟏𝟑 N 15, 𝟗𝟖𝟕 ㉖ – 2 700 Ew – Höhe 577 m – Wintersport :
800/900 m ⬍ 3 – ✪ 06683.

🔁 Verkehrsamt, Rathaus in Wüstensachsen, ✉ 36115, 𝒫 12 06.

◆Wiesbaden 168 – ◆Frankfurt am Main 124 – Fulda 30 – ◆Nürnberg 171.

In Ehrenberg-Seiferts :

♨ **Zur Krone**, Eisenacher Str. 24 (B 278), ✉ 36115, 𝒫 2 38, Fax 1482, 🌿 – ⟷ **℗**
  Menu *(Mittwoch geschl.)* à la carte 26/39 ♨ – **20 Z** 50/80.

EHRENKIRCHEN Baden-Württemberg 👤👤👤 G 23, 👤👤👤 ㊱ – 5 600 Ew – Höhe 265 m – ✪ 07633.
◆Stuttgart 221 – Basel 56 – ◆Freiburg im Breisgau 14.

In Ehrenkirchen-Ehrenstetten :

XX **Barthel's Adler** mit Zim, Wenzinger Str. 33, ⊠ 79238, ℰ 70 62, Fax 7065, 🏤 – 📺 🕿
🕿. 🖭 ⓪ 🄴 𝗩𝗜𝗦𝗔
Feb. 2 Wochen geschl. – **Menu** *(Samstag und Montag geschl.)* à la carte 39/67 – **8 Z**
85/140.

In Ehrenkirchen -Kirchhofen :

🏠 **Sonne-Winzerstuben,** Lazarus-Schwendi-Str. 20, ⊠ 79238, ℰ 70 70, Fax 6060'
« Garten » – 📺 🚗 🕿. 🖭 ⓪ 🄴 𝗩𝗜𝗦𝗔
1.- 12. Aug. geschl. – **Menu** *(Donnerstag nur Mittagessen, Freitag und 15. Dez.- 15. Jan*
geschl.) à la carte 40/74 ⅛ – **14 Z** 60/140.

XX **Zur Krone** mit Zim, Herrenstr. 5, ⊠ 79238, ℰ 52 13, Fax 83550, 🏤, 🐎 – 📺 🚗 🕿. ⓪
🄴 𝗩𝗜𝗦𝗔
Menu *(Dienstag Ruhetag, Mittwoch nur Abendessen, Juli 3 Wochen und Nov.- März auch*
Mittwoch geschl.) à la carte 35/64 ⅛ – **9 Z** 50/90.

EIBAU Sachsen siehe Löbau.

EIBENSTOCK Sachsen 👤👤👤 J 14, 👤👤👤 ㉗, 👤👤👤 ㉗ – 6 400 Ew – Höhe 640 m – ✪ 037752.
🛈 Eibenstock-Information, Postplatz 4, ⊠ 08309, ℰ 22 44.
◆Dresden 108 – Zwickau 34.

🏠 **Bühlhaus** ⊗, Bühlstr. 16, ⊠ 08309, ℰ 21 27, Fax 2924, 🏤 – 📺 🕿 🕿. 🖭 🄴 𝗩𝗜𝗦𝗔
🔶 **Menu** à la carte 18/30 – **21 Z** 65/140.

In Wolfsgrün NO : 2 km :

🏠 **Sächsischer Hof,** an der B 283, ⊠ 08318, ℰ (037752) 62 80, Fax 3023, Biergarten – 📺
🔶 🕿. 🖭 ⓪ 🄴 𝗩𝗜𝗦𝗔
Menu à la carte 20/36 – **14 Z** 60/85.

In Burkhardtsgrün NO : 6 km :

🏠 Landhotel Am Alten Zollhaus, Hauptstr. 19, ⊠ 08318, ℰ 62 00, Fax 6206, 🏤, 🚌, 🖂 –
🔶 📺 🕿 🕿. – 🍽 35
18 Z.

Auf dem Auersberg SO : 13 km : – Höhe 1 019 m

🏠 **Berggasthof Auersberg** ⊗, ⊠ 08309 Eibenstock, ℰ 38 50, Fax 3744, ≼ Erzgebirge – 📺
🔶 🕿 🕿. 🖭 ⓪ 🄴 𝗩𝗜𝗦𝗔
Menu à la carte 20/30 – **11 Z** 55/90.

EICHENBERG Österreich siehe Bregenz.

EICHENDORF Bayern siehe Landau an der Isar.

EICHENZELL Hessen 👤👤👤 👤👤👤 M 15 – 8 200 Ew – Höhe 285 m – ✪ 06659.
◆Wiesbaden 134 – ◆Frankfurt am Main 95 – Fulda 8 – Würzburg 100.

🏠 **Kramer,** Fuldaer Str. 4, ⊠ 36124, ℰ 16 91, 🏤 – 📺 🕿 🚗. 🖭 𝗩𝗜𝗦𝗔
🔶 **Menu** *(Donnerstag geschl.)* à la carte 23/41 – **34 Z** 50/120.

In Eichenzell-Löschenrod W : 2,5 km :

XX **Zur Alten Brauerei,** Frankfurter Str. 1, ⊠ 36124, ℰ 12 08 – 🕿
Samstag nur Abendessen, Montag geschl. – **Menu** (abends Tischbestellung ratsam) à la
carte 44/74.

EICHSTÄTT Bayern 👤👤👤 Q 20, 👤👤👤 ㉖ – 13 500 Ew – Höhe 390 m – ✪ 08421.
Sehenswert : Bischöflicher Residenzbezirk★ : Residenzplatz★ – Dom (Pappenheimer Altar ★★,
Mortuarium ★, Kreuzgang ★) – Hofgarten (Muschelpavillon★) – Jura-Museum★.
🛈 Städt. Verkehrsamt, Kardinal-Preysing-Platz 14, ⊠ 85072, ℰ 79 77, Fax 7636.
◆München 107 – ◆Augsburg 76 – Ingolstadt 27 – ◆Nürnberg 93.

🏠 **Adler** garni, Marktplatz 22, ⊠ 85072, ℰ 67 67, Fax 8283, « Restauriertes Barockhaus a.d.
17. Jh. », 🚌 – 🛗 🔁 📺 🕿 🕹. – 🍽 20. 🖭 ⓪ 🄴 𝗩𝗜𝗦𝗔. ⊗
15. Dez.- 15. Jan. geschl. – **38 Z** 110/180.

🏠 **Sonne** (mit Gästehaus), Buchtal 17, ⊠ 85072, ℰ 67 91, Fax 89836 – 📺 🕿 🕿. ⊗ Zim
🔶 März 2 Wochen geschl. – **Menu** *(Mittwoch geschl.)* (wochentags nur Abendessen) à la carte
24/41 – **20 Z** 65/120.

🏠 **Café Fuchs** garni, Ostenstr. 8, ⊠ 85072, ℰ 67 88, Fax 80117 – 🛗 📺 🕿. 🖭 🄴
über Weihnachten geschl. – **23 Z** 65/120.

♀ Zur Trompete, Ostenstr. 3, ⊠ 85072, ℘ 16 13, Fax 80485, ⅌ – ☎
14 Z.

XXX **Domherrnhof,** Domplatz 5 (1. Etage ᧵), ⊠ 85072, ℘ 61 26, Fax 80849, « Restauriertes Stadthaus a.d. Rokokozeit » – ᧶ 30. 요 Ε
Montag und Jan. - Feb. 3 Wochen geschl. – **Menu** 32/45 (mittags) und à la carte 57/80.

X **Krone,** Domplatz 3, ⊠ 85072, ℘ 44 06, Fax 4172, Biergarten – Ε. ⅍ Zim
◢ *Mittwoch und Nov. 2 Wochen geschl. –* **Menu** à la carte 24/49.

In Eichstätt-Landershofen O : 3 km :

🏠 **Haselberg,** Am Haselberg 1, ⊠ 85072, ℘ 67 01, Fax 80952, ⅌ – 📺 ☎ ❷ – ᧶ 25. ⅍
Jan. geschl. – **Menu** *(April-Okt. Dienstag, Nov.- März Montag-Dienstag geschl.)* à la carte 25/66 – **27 Z** 65/110.

In Eichstätt-Wasserzell SW : 4,5 km :

🏠 **Zum Hirschen** (mit Gästehaus ᧵), Brückenstr. 9, ⊠ 85072, ℘ 40 07, Fax 2543, ⅌, ⌖
◢ – ☎ ⇔ ❷ – ᧶ 40
Jan.- Mitte Feb. geschl. – **Menu** *(Mittwoch nur Abendessen)* à la carte 21/40 ⅊ – **41 Z** 58/98 – ½ P 67/70.

An der B 13 NW : 9 km :

🏠 Zum Geländer ⅗, ⊠ 85132 Schernfeld-Geländer, ℘ (08421) 67 61, Fax 2614, ⅌, Wildschweingehege, ⌖ – ☎ ⇔ ❷ – ᧶ 25
30 Z.

EICHSTETTEN Baden-Württemberg 🔲🔲🔲 G 22 – 2 600 Ew – Höhe 190 m – ✪ 07663.
♦Stuttgart 193 – ♦Freiburg im Breisgau 19 – Offenburg 51.

X **Zum Ochsen,** Altweg 2, ⊠ 79356, ℘ 15 16 – ❷
Montag, Feb. und Juni - Juli jeweils 2 Wochen geschl., Dienstag nur Abendessen – **Menu** à la carte 33/64 ⅊.

EICHWALDE Brandenburg siehe Berlin.

EIGELTINGEN Baden-Württemberg 🔲🔲🔲 J 23, 🔲🔲🔲 K 2, 🔲🔲🔲 ⑧ ⑨ – 2 700 Ew – Höhe 450 m – ✪ 07774.
♦Stuttgart 148 – ♦Freiburg im Breisgau 103 – ♦Konstanz 45 – Stockach 10 – ♦Ulm (Donau) 124.

🏠 **Zur Lochmühle** ⅗, Hinterdorfstr. 44, ⊠ 78253, ℘ 70 86, Fax 6865, « Einrichtung mit bäuerlichen Antiquitäten, Sammlung von Kutschen und Traktoren, Gartenterrasse », ⌖, ◢ – 📺 ☎ ❷ – ᧶ 40. Ε
Feb.- März 2 Wochen geschl. – **Menu** à la carte 31/57 ⅊ – **34 Z** 80/150.

EILENBURG Sachsen 🔲🔲🔲 J 11, 🔲🔲🔲 ⑲, 🔲🔲🔲 ⑰ – 20 300 Ew – Höhe 150 m – ✪ 03423.
♦Dresden 106 – Dessau 59 – Halle 52 – ♦Leipzig 24 – Wittenberg 50.

🏨 **Il-Burg** garni, Puschkinstr. 33, ⊠ 04838, ℘ 5 95 28, Fax 59405 – ᧵ ⅍ 📺 ☎ ⇔ ❷ – ᧶ 25. 요 ① Ε 𝗩𝗜𝗦𝗔
34 Z 150/200.

EILSEN, BAD Niedersachsen 🔲🔲🔲 🔲🔲🔲 K 10 – 2 200 Ew – Höhe 70 m – Heilbad – ✪ 05722.
🄱 Kurverwaltung, Haus des Gastes, Bückeburger Str. 2, ⊠ 31707, ℘ 8 53 72, Fax 88651.
♦Hannover 58 – Hameln 27 – Minden 15.

🏠 **Haus Christopher** ⅗ garni, Rosenstr. 11, ⊠ 31707, ℘ 8 44 46, Fax 81589, ⌖ – 📺 ❷. Ε. ⅍
18 Z 60/145.

EIMELDINGEN Baden-Württemberg 🔲🔲🔲 F 24, 🔲🔲🔲 ⑩, 🔲🔲🔲 ④ – 1 600 Ew – Höhe 266 m – ✪ 07621 (Lörrach).
♦Stuttgart 260 – Basel 11 – ♦Freiburg im Breisgau 63 – Lörrach 7.

X **Zum Löwen** (mit Gästehaus), Hauptstr. 23 (B 3), ⊠ 79591, ℘ 60 63 (Hotel) 6 25 88 (Rest.), Fax 69726, ⅌, ⇔ – 📺 ☎ ⇔ ❷
Menu *(Dienstag - Mittwoch, 15.- 30. Jan. und 26. Aug.- 9. Sept. geschl.)* à la carte 35/62 ⅊ – **6 Z** 85/140.

EIMKE Niedersachsen 🔲🔲🔲 N 8 – 1 100 Ew – Höhe 45 m – ✪ 05873.
♦Hannover 97 – ♦Braunschweig 93 – Celle 54 – Lüneburg 48.

🏠 **Wacholderheide** (mit Gästehaus), Dorfstr. 6, ⊠ 29578, ℘ 3 29, Fax 1450, ⌖ – ☎ ❷. Ε 𝗩𝗜𝗦𝗔
Feb.- März 2 Wochen geschl. – **Menu** *(Montag geschl.)* à la carte 26/56 – **24 Z** 50/125.

EINBECK Niedersachsen 🔲🔲 🔲🔲 M 11, 🔲🔲🔲 ⑮ – 29 400 Ew – Höhe 114 m – ✆ 05561.
Sehenswert : Marktplatz★★ (Fachwerkhäuser★★) – Haus Marktstraße 13★★ – Tiedexer Straße★★
– Ratswaage★.
🛈 Tourist-Information, Rathaus, Marktplatz 6, ✉ 37574, ℘ 31 61 21, Fax 316108.
◆Hannover 71 – ◆Braunschweig 94 – Göttingen 41 – Goslar 64.

🏨 **Panorama** ⟍, Mozartstr. 2, ✉ 37574, ℘ 7 20 72, Fax 74011, ☆, ☎ – 📳 ⇖ 📺 ☎ ⟸
🅿 – 🔏 140. 🕮 ⓘ 🄴 𝑉𝐼𝑆𝐴
Menu à la carte 36/57 – **41 Z** 110/160.

🏨 **Gilde Hof,** Marktplatz 3, ✉ 37574, ℘ 50 26, Fax 74589 – 📺 ☎ ⟸. 🕮 🄴 𝑉𝐼𝑆𝐴
Menu *(Dienstag und Nov. 3 Wochen geschl.)* à la carte 32/60 – **17 Z** 90/160.

🏨 **Zum Hasenjäger** ⟍, Hubeweg 119, ✉ 37574, ℘ 9 30 20, Fax 73667, ≪, ☆ – 📺 ☎ ⟸
🅿. 🕮
Menu à la carte 38/67 – **19 Z** 100/160.

XX **Der Schwan** mit Zim, Tiedexer Str. 1, ✉ 37574, ℘ 46 09, Fax 72366, ☆ – ⇖ 📺 ☎ ⟸
🅿. 🕮 ⓘ 🄴 𝑉𝐼𝑆𝐴. ⅗
Menu *(Freitag geschl.)* (nur Abendessen) à la carte 46/81 – **12 Z** 90/170.

In Einbeck-Negenborn NO : 6 km :

🏨 **Einbecker Sonnenberg** ⟍ (Hotelanlage mit 14 Gästehäusern), ✉ 37574, ℘ 79 50,
Fax 795100, ≪, ☆, ☎, 🛆 (geheizt) – 📺 ☎ ⟸ 🅿 – 🔏 60. 🕮 🄴 𝑉𝐼𝑆𝐴
Menu *(Montag - Freitag nur Abendessen)* à la carte 44/85 – **28 Z** 115/165.

An der Straße nach Bad Gandersheim O : 3 km :

🏨 Die Clus, Am Roten Stein 3, ✉ 37574 Einbeck, ℘ (05561) 20 15, ☆ – 📺 ⟸ 🅿. ⅗ – **12 Z**.

EISCHLEBEN Thüringen siehe Arnstadt.

EISENACH Thüringen 🔲🔲 N 14, 🔲🔲🔲 C 13, 🔲🔲🔲 ㉖ – 44 000 Ew – Höhe 208 m – ✆ 03691.
Sehenswert : Predigerkirche (Mittelalterliche Schnitzplastik★).
Ausflugsziele : Wartburg ★★ (Palas ★, ≼ ★), SO : 4 km – Thüringer Wald ★★.
🛈 Eisenach-Information, Bahnhofstr. 3, ✉ 99817, ℘ 48 95, Fax 76161.
ADAC, Georgenstr. 17, ✉ 99817, ℘ 7 14 89, Fax 210230.
Erfurt 53 – ◆Berlin 340 – ◆Kassel 92 – Nordhausen 130.

🏨 **Romantik-Hotel Kaiserhof,** Wartburgallee 2, ✉ 99817, ℘ 21 35 13, Fax 203653, ☎ –
📳 📺 🅿 – 🔏 100. 🕮 ⓘ 🄴 𝑉𝐼𝑆𝐴
Menu *(Sonntag geschl.)* à la carte 43/68 – **64 Z** 130/220.

🏨 **Fürstenhof,** Luisenstr. 11, ✉ 99817, ℘ 77 80, Fax 203682, Biergarten – 📳 📺 🅿 – 🔏 40.
🕮 ⓘ 🄴 𝑉𝐼𝑆𝐴
Menu (nur Abendessen) à la carte 51/80 – **53 Z** 140/255.

🏨 **Villa Anna** ⟍ garni, Fritz-Koch-Str. 12, ✉ 99817, ℘ 2 39 50, Fax 239530 – 📺 ☎. 🕮 🄴
𝑉𝐼𝑆𝐴
14 Z 100/180.

🏨 **Sophienhotel,** Sophienstr. 41, ✉ 99817, ℘ 25 10, Fax 25111, ☎ – 📳 ⇖ Zim 📺 ☎ ⟸
– 🔏 50. 🕮 🄴 𝑉𝐼𝑆𝐴. ⅗ Rest
Menu à la carte 27/49 – **47 Z** 115/170.

🏨 **Glockenhof** (Hospiz), Grimmelgasse 4, ✉ 99817, ℘ 23 40, Fax 234131 – 📺 ☎ – 🔏 30.
🄴 𝑉𝐼𝑆𝐴. ⅗
Menu à la carte 32/46 ⅙ – **23 Z** 110/180.

🏨 **Burgfried** garni, Marienstr. 60, ✉ 99817, ℘ 21 42 21, Fax 214224, « Geschmackvolle
Einrichtung » – 📺 ☎ 🅿. 🕮 ⓘ 🄴 𝑉𝐼𝑆𝐴
19 Z 110/150.

🏨 **Andersen** garni, Clemensstr. 31, ✉ 99817, ℘ 25 50, Fax 255300 – 📳 ⇖ 📺 ☎ ⟸. 🕮
ⓘ 🄴 𝑉𝐼𝑆𝐴
48 Z 135/150.

🏨 **Logotel,** Karl-Marx-Str. 30, ✉ 99817, ℘ 23 50, Fax 235100 – 📳 ⇖ Zim 📺 ☎ ⟸ – 🔏 80.
🕮 ⓘ 🄴 𝑉𝐼𝑆𝐴. ⅗ Rest
Menu à la carte 26/50 – **50 Z** 130/160.

🏨 **Hellgrafenhof** (mit Gästehaus, ⟍, ☎), Katharinenstr. 13, ✉ 99817, ℘ 2 93 90,
Fax 293926, ☆, ☎ – 📺 ☎ 🅿. 🕮 ⓘ 🄴 𝑉𝐼𝑆𝐴
Menu à la carte 30/59 – **40 Z** 120/160.

🏨 **Haus Hainstein** ⟍, Am Hainstein 16, ✉ 99817, ℘ 24 20, Fax 242109, ☆ – 📳 📺 🕭 🅿
– 🔏 80. 🕮 ⓘ 🄴 𝑉𝐼𝑆𝐴. ⅗
Menu à la carte 24/45 – **47 Z** 80/160.

XX **Falstaff,** Clemensstr. 31 (1. Etage, 📳), ✉ 99817, ℘ 29 32 14, Fax 293216 – 🅿 – 🔏 60.
🕮 ⓘ 🄴 𝑉𝐼𝑆𝐴
Menu à la carte 30/52.

X **Alt Eisenach,** Karlstr. 51, ✉ 99817, ℘ 7 60 88, Fax 76088 – 🕮
Menu à la carte 22/44.

Auf der Wartburg SO : 4 km – Höhe 416 m

🏨 **Wartburg - Hotel** ॐ (Zufahrt zur An- und Abreise für Hausgäste erlaubt), ✉ 99817 Eisenach, *℘* (03691) 51 11, Fax 5111, ≤ Eisenach und Thüringer Wald, 🍴 – ⇔ Zim 📺 ☎ – 🏛 80. 🖭 ⑩ Ɛ 🆅🆂🅰. ℅ Rest
Menu à la carte 32/59 – **35 Z** 195/380.

In Creuzburg NW : 11 km :

✗ **Auf der Creuzburg** ॐ mit Zim (mittelalterliche Burganlage), ✉ 99831, *℘* (036926) 9 84 78, Fax 98479, ≤ – 📺 ☎ 🄿. 🖭 Ɛ
Menu à la carte 26/49 – **6 Z** 90/160.

In Behringen-Hütscheroda NO : 14 km über die B 84 :

🏨 **Zum Herrenhaus** ॐ garni, Schloßstr. 1, ✉ 99947, *℘* (036254) 7 20 24, Fax 72023 – 📺 🄿 – 🏛 35. 🖭 Ɛ 🆅🆂🅰
Weihnachten - Neujahr geschl. – **20 Z** 85/120.

EISENBACH Baden-Württemberg 🗺️ H 23 – 2 200 Ew – Höhe 950 m – Luftkurort – Wintersport : 959/1 138 m ≰2 ≴2 – ✪ 07657.
🛈 Kurverwaltung, im Bürgermeisteramt, ✉ 79871, *℘* 9 10 30, Fax 1512.
◆Stuttgart 148 – Donaueschingen 22 – ◆Freiburg im Breisgau 43.

🏨 **Bad,** Hauptstr. 55, ✉ 79871, *℘* 4 71, Fax 1505, 🍴, ☎, 🔲, 🐎 ≰ – ⇔ Rest ⇐ 🄿
➡ *März - April 2 Wochen und Nov. geschl.* – **Menu** *(Montag geschl.)* à la carte 23/50 ⅄ –
36 Z 45/100.

EISENBERG Bayern 🗺️ O 24 – 1 000 Ew – Höhe 870 m – Erholungsort – ✪ 08364.
🛈 Fremdenverkehrsbüro, Pröbstener Str. 9, ✉87637, *℘* 12 37.
◆ München 125 – Füssen 12 – Kempten (Allgäu) 34.

🏨 **Gockelwirt** (mit Gästehaus ॐ ☎ 🔲), Pröbstener Str. 23, ✉ 87637, *℘* 8 30, Fax 8320, 🍴, 🐎, ℅ – ☎ ⇐ 🄿. ℅ Zim
15. Jan.- 15. Feb. und Nov.-26. Dez. geschl. – **Menu** *(Okt.- Mitte Juli Donnerstag geschl.)*
à la carte 28/67 – **23 Z** 70/190.

In Eisenberg-Zell SW : 2 km :

🏨 **Burghotel Bären** ॐ, Dorfstr. 4, ✉ 87637, *℘* (08363) 50 11, Fax 73119, 🍴, ☎, 🐎 – 📶 ☎ ⇐ 🄿. ℅ Zim
27. März - 7. April und Mitte Nov. - 24. Dez. geschl. – **Menu** à la carte 35/66 – **35 Z** 63/130
– ½ P 83/90.

EISENBERG (PFALZ) Rheinland-Pfalz 🗺️ H 18 – 8 100 Ew – Höhe 248 m – ✪ 06351.
Mainz 59 – Kaiserslautern 29 – ◆Mannheim 40.

🏨 Waldhotel ॐ, Martin-Luther-Str. 20, ✉ 67304, *℘* 4 31 75, Fax 44295, 🍴, ☎, 🐎 – 📶 📺 ☎ 🅺 🄿 – 🏛 80
39 Z.

EISENHEIM Bayern siehe Volkach.

EISENHÜTTENSTADT Brandenburg 🗺️ P 9, 🗺️ ⑯, 🗺️ ⑱ – 48 000 Ew – Höhe 30 m – ✪ 03364.
Potsdam 141 – Cottbus 64 – ◆Frankfurt/Oder 28.

In Eisenhüttenstadt-Fürstenberg :

🏨 **Fürstenberg,** Gubener Str. 12, ✉ 15890, *℘* 75 00 61, Fax 750132, 🍴 – 📶 📺 ☎ 🄿. 🖭 ➡ Ɛ 🆅🆂🅰
Menu à la carte 24/43 – **24 Z** 105/170.

Im Fünfeichener Forst W : 7 km :

✗ **Forsthaus Schierenberg** ॐ mit Zim, ✉ 15890 Fünfeichen, *℘* (033654) 2 07, Fax 207, 🍴 – 📺 🄿. 🖭 ⑩ Ɛ 🆅🆂🅰
Menu à la carte 26/38 – **15 Z** 105/163.

Am Großen Treppelsee W : 20 km :

🏨 **Forsthaus Siehdichum** ॐ, ✉ 15890 Schernsdorf, *℘* (033655) 2 10, Fax 210, 🍴 – 📺 🄿. 🖭 ⑩ Ɛ 🆅🆂🅰
Menu à la carte 28/42 – **15 Z** 90/140.

In Chossewitz W : 27 km :

✗ **Seeschloß** ॐ mit Zim, ✉ 15848, *℘* (033673) 3 28, Fax 5100, 🍴, 🐎 – 📺 🄿. 🖭 Ɛ 🆅🆂🅰
Menu à la carte 29/43 – **8 Z** 115/130.

EISENSCHMITT Rheinland-Pfalz 🔢 D 16 – 600 Ew – Höhe 328 m – Erholungsort – 🕿 06567 (Oberkail).

Mainz 146 – Kyllburg 13 – ◆Trier 54 – Wittlich 17.

In Eisenschmitt-Eichelhütte :

🏨 **Molitors Mühle** 🏊, ⊠ 54533, 🖉 96 60, Fax 966100, ≤, « Gartenterrasse », ≦s, 🗔, 🐎, 🏇 – 🔟 🕿 🚗 🅿, 🖭 🅴 𝑽𝑰𝑺𝑨, 🍴 Rest
10. Jan.- 20. Feb. geschl. – **Menu** *(Nov.- April Montag geschl.)* à la carte 36/62 – **30 Z** 75/210.

EISFELD Thüringen 🔢 P 15, 🔢 E 14, 🔢 ㉗ – 5 000 Ew – Höhe 533 m – 🕿 03686.

Erfurt 75 – Coburg 21.

🏨 **Rosengarten** 🏊, Am Rosengarten, ⊠ 98673, 🖉 300030, Fax 300034, 🏡 – 🔟 🕿 🕭 🅿 – 🔬 15 – **23 Z**.

EISLEBEN (LUTHERSTADT) Sachsen-Anhalt 🔢 Q 10,🔢 G 11, 🔢 ⑲ – 25 000 Ew – Höhe 128 m – 🕿 03475.

🛈 Fremdenverkehrsverein, Hallesche Str. 6, ⊠ 06295, 🖉 21 24, Fax 2634.

Magdeburg 85 – Halle 32 – ◆Leipzig 66 – Nordhausen 59.

🏠 **Alter Simpel** garni, Glockenstr. 7, ⊠ 06295, 🖉 71 77 33, Fax 716474 – 🔟 🕿. 🅴
9 Z 95/145.

In Eisleben-Helfta SO : 2 km :

🏨 **Zur Lutherstadt** 🏊, Goethestr. 46, ⊠ 06295, 🖉 71 91 40, Fax 719142, 🏡, ≦s – 🔟 🕿 🅿
Menu à la carte 25/43 – **14 Z** 95/155.

EISLINGEN AN DER FILS Baden-Württemberg 🔢 M 20, 🔢 ㉟ ㊱ – 18 300 Ew – Höhe 336 m – 🕿 07161 (Göppingen).

◆Stuttgart 49 – Göppingen 5 – Heidenheim an der Brenz 38 – ◆Ulm (Donau) 45.

🏨 **Eichenhof**, Leonhardstr. 81, ⊠ 73054, 🖉 85 20, Fax 852162 – 🛗 ⁖⁖ Zim 🔟 🕿 🚗 🅿 – 🔬 350. 🖭 ⑩ 🅴 𝑽𝑰𝑺𝑨. 🍴
Menu *(Freitag nur Mittagessen, Samstag - Sonntag, 1.- 8. Jan. und 24.- 30. Dez. geschl.)* 35 (Buffet) – **124 Z** 79/165.

🍴🍴 **Schönblick**, Höhenweg 11, ⊠ 73054, 🖉 8 20 47, Fax 87467, Terrasse mit ≤ – 🅴 𝑽𝑰𝑺𝑨. 🍴
Jan. 2 Wochen, Juli 3 Wochen und Montag-Dienstag geschl. – **Menu** (wochentags nur Abendessen) à la carte 37/71.

EITORF Nordrhein-Westfalen 🔢 F 14, 🔢 ㉔ – 16 500 Ew – Höhe 89 m – 🕿 02243.

◆Düsseldorf 89 – ◆Bonn 32 – ◆Köln 49 – Limburg an der Lahn 76 – Siegen 78.

In Eitorf-Niederottersbach NO : 4,5 km :

🏠 **Steffens** 🏊, Ottersbachtalstr. 15, ⊠ 53783, 🖉 62 24, ≦s – 🔟 🕿 🅿. 🍴
Menu *(Montag geschl.)* à la carte 30/58 – **17 Z** 60/120.

ELBENSCHWAND Baden-Württemberg siehe Neuenweg

ELCHINGEN Bayern 🔢 N 21 – 9 100 Ew – Höhe 464 m – 🕿 07308.

◆München 127 – ◆Augsburg 69 – ◆Ulm (Donau) 14.

In Elchingen-Unterelchingen :

🏠 **Zahn**, Hauptstr. 35, ⊠ 89275, 🖉 30 07, Fax 42389 – 🕿 🅿. 🅴
Jan. und Ende Aug.- Anfang Sept. geschl. – **Menu** *(Freitag geschl.)* à la carte 26/60 – **16 Z** 68/109.

ELEND Sachsen-Anhalt siehe Schierke.

ELFERSHAUSEN Bayern 🔢 M 16 – 2 200 Ew – Höhe 199 m – 🕿 09704.

◆München 318 – Fulda 69 – Bad Kissingen 12 – ◆Würzburg 52.

🏨 **Gästehaus Ullrich**, August-Ullrich-Str. 42, ⊠ 97725, 🖉 2 81, Fax 6107, 🏡, « Garten », ≦s, 🗔, 🐎 – 🛗 🔟 🕿 🚗 🅿 – 🔬 100. 🖭 ⑩ 🅴 𝑽𝑰𝑺𝑨
Menu à la carte 35/60 – **65 Z** 90/160.

ELIXHAUSEN Österreich siehe Salzburg.

Les cartes Michelin sont constamment tenues à jour.

ELLENZ-POLTERSDORF Rheinland-Pfalz 🔢 E 16 – 900 Ew – Höhe 85 m – 🅒 02673.

Mainz 130 – Bernkastel-Kues 69 – Cochem 11.

🏨 **Weinhaus Fuhrmann,** Moselweinstr. 21 (Ellenz), ✉ 56821, 🖉 15 62, Fax 1564, ≤, 🏖, ⬲
🡢 – 🕾. 🖭 ⓪ Ⓔ 𝘝𝘐𝘚𝘈
Dez.- Feb. geschl. – **Menu** à la carte 22/50 🍷 – **61 Z** 65/140.

ELLWANGEN Baden-Württemberg 🔢 N 20, 🔢 ㉖ – 22 500 Ew – Höhe 439 m – Erholungsort
– 🅒 07961.

🅱 Städt. Verkehrsamt, Rathaus, Spitalstr. 4, ✉ 73479, 🖉 24 63, Fax 55267.

◆Stuttgart 94 – Aalen 19 – ◆Nürnberg 114 – ◆Ulm (Donau) 82 – ◆Würzburg 135.

🏨 **Roter Ochsen,** Schmiedstr. 16, ✉ 73479, 🖉 40 71, Fax 53613 – 📳 ⇔ Zim 🕾 🕿 🕹 ⬲
🅟 – 🏛 25. 🖭 Ⓔ. 🕸
Menu *(Sonntag nur Mittagessen, Montag geschl.)* à la carte 33/72 – **40 Z** 65/180.

🏨 **Stadthotel Germania** garni, Wolfgangstr. 4, ✉ 73479, 🖉 5 50 51, Fax 55054 – 📳 ⇔ 📺
🕿 🅟. 🖭 ⓪ Ⓔ 𝘝𝘐𝘚𝘈. 🕸
28 Z 75/145.

🏨 **Weißer Ochsen,** Schmiedstr. 20, ✉ 73479, 🖉 5 50 81, Fax 53396 – 📺 🕿 ⬲ 🅟. Ⓔ
Mitte Jan.- Mitte Feb. geschl. – **Menu** *(Dienstag und Mai 2 Wochen geschl.)* à la carte 26/57
– **22 Z** 70/110.

In Ellwangen-Espachweiler SW : 4 km :

🏨 **Seegasthof** 🦢, Bussardweg 1, ✉ 73479, 🖉 77 60, 🏖 – 🕿 🕿 🅟
27. Dez.- 20. Jan. geschl. – **Menu** *(Freitag geschl.)* à la carte 28/51 🍷 – **11 Z** 50/110.

In Ellwangen-Neunheim O : 2,5 km :

🏨 **Hirsch,** Maierstr. 2, ✉ 73479, 🖉 73 44, Fax 2869 – 🕿 🅟. Ⓔ. 🕸 Zim
🡢 **Menu** *(Mittwoch und jeden 3. Sonntag im Monat geschl.)* à la carte 24/40 – **9 Z** 49/92.

In Ellwangen-Röhlingen SO : 7 km :

🏨 Konle garni, Hofackerstr. 16, ✉ 73479, 🖉 (07965) 5 51, Fax 1003, 🐎 (Halle und Parcours)
– 📺 🕿 🅟
14 Z.

ELMENHORST Mecklenburg-Vorpommern siehe Rostock.

ELMSHORN Schleswig-Holstein 🔢 L 5, 🔢 ⑤, 🔢 ⑥ – 46 000 Ew – Höhe 5 m – 🅒 04121.

🅱 Verkehrs- und Bürgerverein, Torhaus, ✉ 25333, 🖉 23 12 36, Fax 25627.

◆Kiel 90 – Cuxhaven 77 – ◆Hamburg 34 – Itzehoe 25.

🏨 **Drei Kronen,** Gärtnerstr. 92, ✉ 25335, 🖉 2 20 49, Fax 1476 – 📺 🕿 ⬲ 🅟. 🖭 ⓪ Ⓔ 𝘝𝘐𝘚𝘈
Menu à la carte 29/49 – **31 Z** 85/135.

ELSTER, BAD Sachsen 🔢 T 16, 🔢 ㉗ – 5 000 Ew – Höhe 480 m – 🅒 037437.

🅱 Kur- und Fremdenverkehrsverein, Badeplatz (Kolonnaden), ✉ 08645, 🖉 7 14 61, Fax 71262.

◆Dresden 176 – Hof 44 – Plauen 27.

🏨 **Kurhotel Haus am See** 🦢, Robert-Koch-Str. 3, ✉ 08645, 🖉 7 30, Fax 2109, Biergarten,
🡢 🏖, ⬲, 🔲, 🖈 – 📳 📺 🕿 ⬲ 🅟 – 🏛 80. 🖭 ⓪ Ⓔ 𝘝𝘐𝘚𝘈
Menu à la carte 24/48 – **52 Z** 95/155, 10 Suiten.

In Mühlhausen NO : 5 km :

🏨 **Vogtland,** Brambacher Str. 38 (B 92), ✉ 08626, 🖉 (037437) 4 60 24, Fax 3484, 🏖, ⬲
🡢 – 📳 📺 🕿 ⬲ 🅟 – 🏛 60. Ⓔ 𝘝𝘐𝘚𝘈
Menu à la carte 21/61 – **30 Z** 80/160.

ELSTERWERDA Brandenburg 🔢 M 11, 🔢 ⑳, 🔢 ⑱ – 11 000 Ew – Höhe 93 m – 🅒 03533.

Potsdam 122 – Cottbus 75 – ◆Dresden 85 – ◆Leipzig 97.

🏨 Europäischer Hof, Denkmalsplatz 1, ✉ 04910, 🖉 21 66, Fax 2036 – 📺 🕿
16 Z.

In Kahla O : 3 km :

🏨 **Motel 5,** An der B 169, ✉ 04928, 🖉 (03533) 41 40, Fax 4270 – 📺 🕿 🅟. 🖭 ⓪ Ⓔ 𝘝𝘐𝘚𝘈. 🕸
(nur Abendessen für Hausgäste) – **30 Z** 105/150.

ELTERLEIN Sachsen 🔢 K 14 – 2 300 Ew – Höhe 650 m – 🅒 037349.

◆Dresden 117 – Chemnitz 40 – Chomutov 72 – Kalovy Vary 56 – Zwickau 36.

🏨 **Bergkristall,** Zwönitzer Str. 32, ✉ 09481, 🖉 75 26, Fax 7529 – ⇔ Zim 📺 🕿 🅟. 🖭 Ⓔ
🡢 𝘝𝘐𝘚𝘈
Menu *(Freitag geschl.)* à la carte 24/36 – **17 Z** 70/90.

ELTMANN Bayern 413 OP 17, 987 ㉖ – 5 000 Ew – Höhe 240 m – ✆ 09522.
◆München 254 – ◆Bamberg 19 – Schweinfurt 35.

🏠 **Haus am Wald** ⟆, Georg-Göpfert-Str. 31, ⊠ 97483, 𝒫 2 31, Fax 70620, ≼, 🌊 (geheizt),
🐎 – 📺 ☎ 🅿 – *Feb. geschl.* – (nur Abendessen für Hausgäste) – **12 Z** 45/85.

🏠 **Zur Wallburg,** Wallburgstr. 1, ⊠ 97483, 𝒫 60 11, Fax 8138, 🛋, ⊜, 🐎 – ☎ ⟸ 🅿
◆ – *20.- 28. Dez. geschl.* – **Menu** *(Dienstag geschl.)* (wochentags nur Abendessen) à la
carte 17/38 🍷 – **16 Z** 43/86.

In Ebelsbach N : 1 km :

⟑ Klosterbräu, Georg-Schäfer-Str. 11, ⊠ 97500, 𝒫 (09522) 60 27, Fax 8530, 🛋 – ☎ ⟸ 🅿
15 Z.

In Ebelsbach-Steinbach NW : 3,5 km :

🏠 **Landgasthof Neeb,** Dorfstr. 1 (an der B 26), ⊠ 97500, 𝒫 (09522) 60 22, Fax 8388, 🛋,
◆ « Gemütliche, rustikale Atmosphäre » – 📺 ☎ 🅿 – 🛎 80. 🆎 ⓞ 🅴 𝘝𝘐𝘚𝘈
Menu *(Montag und Aug. 2 Wochen geschl.)* à la carte 22/43 🍷 – **16 Z** 58/98.

In Oberaurach-Oberschleichach SW : 7 km :

🏠 **Landhaus Oberaurach** ⟆, Steigerwaldstr. 23, ⊠ 97514, 𝒫 (09529) 12 03, Fax 651, 🛋,
◆ ⊜, 🌊, 🐎 – 📺 ☎ 🅿. 🆎 ⓞ 🅴 𝘝𝘐𝘚𝘈. ℀ Zim
Menu *(Montag geschl.)* à la carte 24/49 – **16 Z** 70/130.

ELTVILLE AM RHEIN Hessen 412 H 16 – 16 000 Ew – Höhe 90 m – ✆ 06123.
Ausflugsziel : Kloster Eberbach★★ (Weinkeltern★★) NW : 9 km.
🛈 Kultur- und Gästeamt, Schmittstr. 2, ⊠ 65343, 𝒫 69 71 54, Fax 81187.
◆Wiesbaden 14 – Limburg an der Lahn 51 – Mainz 17.

🏨 **Frankenbach** garni, Wilhelmstr. 13, ⊠ 65343, 𝒫 50 56, Fax 63602 – 📺 ☎ 🅿. 🆎 ⓞ 🅴
𝘝𝘐𝘚𝘈 – **21 Z** 98/180.

🏨 **Sonnenberg** ⟆ garni, Friedrichstr. 65, ⊠ 65343, 𝒫 30 81, Fax 61829 – |🛗| 📺 ☎ ⟸ 🅿.
🆎 🅴 – *15. Dez.- 5. Jan. geschl.* – **30 Z** 105/160.

In Eltville-Erbach W : 2 km :

🏨🏨 **Schloss Reinhartshausen,** ⊠ 65346, 𝒫 67 60, Fax 676400, ⊜, 🌊 – |🛗| 🍽 📺 ♿ ⟸ 🅿
– 🛎 30. 🆎 ⓞ 🅴 𝘝𝘐𝘚𝘈 – *Jan. geschl.* – **Marcobrunn** « Parkterrasse » *(wochentags nur Abendessen, Montag - Dienstag geschl.)* **Menu** à la carte 82/128 – **Schloßkeller** *(nur Abendessen,
Dienstag und Juni - Aug. geschl.)* **Menu** à la carte 56/78 – **53 Z** 360/530, 12 Suiten.

℀℀ **Pan zu Erbach,** Eberbacher Str. 44, ⊠ 65346, 𝒫 6 35 38, Fax 4209, 🛋 – 🆎 ⓞ 🅴 𝘝𝘐𝘚𝘈
– **Menu** *(nur Abendessen, Tischbestellung ratsam)* à la carte 57/87.

In Eltville-Hattenheim W : 4 km :

🏨🏨 ❀ **Kronenschlösschen,** Rheinallee, ⊠ 65347, 𝒫 (06723) 6 40, Fax 7663,
« Gartenterrasse » – ℀ Zim 📺 🅿. 🆎 ⓞ 🅴 𝘝𝘐𝘚𝘈 ⌂⌂ – **Bistro : Menu** à la carte 59/88 – **18 Z** 242/432, 4 Suiten.
Spez. Kaninchenterrine mit Pflaumensauce, Steinbutt mit Spinatravioli, Krokantblätter mit Kaf-
feecrème.

🏠 **Zum Krug** (Fachwerkhaus a.d.J. 1720), Hauptstr. 34, ⊠ 65347, 𝒫 (06723) 9 96 80,
Fax 996825, « Gemütliche, rustikale Gasträume » – ☎ 🅿. 🆎 ⓞ 🅴 𝘝𝘐𝘚𝘈
20. Juli - 6. Aug. und 20. Dez.- 20. Jan. geschl. – **Menu** *(Sonntag nur Mittagessen, Montag
geschl.)* (bemerkenswertes Angebot Rheingauer Weine) à la carte 38/77 🍷 – **9 Z** 100/200.

℀ **Die Adler Wirtschaft,** Hauptstr. 31, ⊠ 65347, 𝒫 (06723) 79 82, Fax 87867 – ⓞ
Sonntag - Montag, 23. Dez.- 23. Jan. und 25. Juli - 8. Aug. geschl. – **Menu** (nur Abendessen)
à la carte 49/65 🍷.

ELZACH Baden-Württemberg 413 H 22, 987 ㉞, 242 ㉜ – 6 400 Ew – Höhe 361 m – Luftkurort
– ✆ 07682 – 🛈 Verkehrsamt, im Haus des Gastes, ⊠ 79215, 𝒫 79 90, Fax 80455.
◆Stuttgart 189 – ◆Freiburg im Breisgau 31 – Offenburg 43.

⟑ Hirschen-Post, Hauptstr. 37 (B 294), ⊠ 79215, 𝒫 2 01, Fax 6001, ⊜ – ⟸. ℀ Zim – **9 Z**.

In Elzach-Ladhof :

⟑ **Krone-Ladhof,** Ladhof 5 (B 294), ⊠ 79215, 𝒫 5 75, Fax 8964, ⊜ – ☎ 🅿. 🆎 🅴 𝘝𝘐𝘚𝘈
Nov.- Dez. 3 Wochen geschl. – **Menu** à la carte 25/54 – **15 Z** 35/80.

In Elzach-Oberprechtal NO : 7,5 km – Höhe 459 m

🏠 **Adler,** Waldkircher Str. 2, ⊠ 79215, 𝒫 12 91, Fax 1225 – ℀ Zim 📺 🅿. ℀
16. Jan.- 8. Feb. geschl. – **Menu** *(Dienstag geschl.)* à la carte 40/70 – **12 Z** 50/150.

🏠 **Pension Endehof,** Waldkircher Str. 13, ⊠ 79215, 𝒫 12 62, Fax 1355, ⊜, 🐎 – 🅿
(Restaurant nur für Hausgäste) – **24 Z** 42/80.

ELZE Niedersachsen 411 412 M 10, 987 ⑮ – 9 600 Ew – Höhe 76 m – ✆ 05068.
◆Hannover 30 – Göttingen 82 – Hameln 31 – Hildesheim 17.

🏠 **Papenhof** ⟆, Papendahlweg 14, ⊠ 31008, 𝒫 40 45, Fax 2260, 🛋, ⊜ – 📺 ☎ 🅿. 🆎
◆ 🅴 𝘝𝘐𝘚𝘈 – **Menu** (nur Abendessen) à la carte 23/43 – **18 Z** 80/160.

In Elze-Mehle SW : 3 km :

XXX **Schökel** mit Zim, Alte Poststr. 35 (B 1), ⌧ 31008, ℰ 30 66, Fax 3069, ⛲ – 📺 ☎ 🅿. 🆎
1.- 10. Jan. geschl. – **Menu** *(Montag - Dienstag geschl.)* (wochentags nur Abendessen)
à la carte 53/83 – **10 Z** 80/180.

ELZTAL Baden-Württemberg siehe Mosbach.

EMBSEN Niedersachsen siehe Lüneburg.

EMDEN Niedersachsen 🗖🗖🗖 E 6, 🗖🗖🗖 ⑬ ⑭, 🗖🗖🗖 M 1 – 53 000 Ew – Höhe 4 m – 🟐 04921.
Sehenswert : Ostfriesisches Landesmuseum★ (Rüstkammer★★) Z **M** – Kunsthalle★ (Stiftung
Henri Nannen) Y **M.**

⚓ nach Borkum (Autofähre, Voranmeldung erforderlich) ℰ 89 07 22, Fax 890746.
🖪 Verkehrsverein, Pavillon, Alter Markt, ⌧ 26721, ℰ 2 00 94, Fax 32528.
♦Hannover 251 ② – Groningen 98 ② – Oldenburg 80 ② – Wilhelmshaven 77 ①.

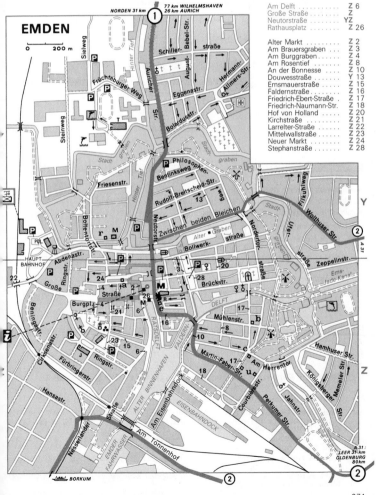

Parkhotel Upstalsboom, Friedrich-Ebert-Str. 73, ⊠ 26725, ℰ 82 80, Fax 828599, 🍴, ⇔s
– 📳 📺 ⇦ ❷ – 🔬 50. 🎟 ⓪ 🅴 𝘝𝘐𝘚𝘈. 🞀 Rest
Z u
Menu à la carte 36/63 – **95 Z** 165/225.

Faldernpoort, Courbièrestr. 6, ⊠ 26725, ℰ 2 10 75, Fax 28761 – 📺 ☎ ❷ – 🔬 180. 🎟
⓪ 🅴 𝘝𝘐𝘚𝘈
Z u
Menu *(Sonntag geschl.)* (nur Abendessen) à la carte 28/54 – **43 Z** 130/190.

Am Boltentor garni, Hinter dem Rahmen 10, ⊠ 26721, ℰ 3 23 46, Fax 20817 – 📺 ☎ ❷,
🅴. 🞀
Y r
19 Z 98/165.

Heerens Hotel, Friedrich-Ebert-Str. 67, ⊠ 26725, ℰ 2 37 40, Fax 23158 – 📺 ☎ ⇦ ❷.
⓪ 🅴 𝘝𝘐𝘚𝘈. 🞀
Z c
Menu *(Samstag und Juli - Aug. 4 Wochen geschl.)* à la carte 36/71 – **21 Z** 115/195.

Goldener Adler, Neutorstr. 5, ⊠ 26721, ℰ 9 27 30, Fax 927339 – 📺 ☎. 🎟 ⓪ 🅴 𝘝𝘐𝘚𝘈
Menu à la carte 35/61 – **16 Z** 100/180.
Z e

Deutsches Haus, Neuer Markt 7, ⊠ 26721, ℰ 9 27 60, Fax 927640 – 📺 ☎ ⇦ ❷. 🎟
⓪ 🅴 𝘝𝘐𝘚𝘈
Z a
Weihnachten - Anfang Jan. geschl. – **Menu** *(Samstag - Sonntag nur Mittagessen)* à la carte
35/61 – **27 Z** 110/180.

Alt-Emder Bürgerhaus, Friedrich-Ebert-Str. 33, ⊠ 26725, ℰ 2 42 41, Fax 24249, ⇔s – 📺
☎. 🎟 ⓪ 🅴 𝘝𝘐𝘚𝘈. 🞀 Rest
Z b
Menu *(Dienstag geschl.)* (wochentags nur Abendessen) à la carte 38/51 – **12 Z** 95/150.

EMMELSHAUSEN Rheinland-Pfalz 🔢🔢 F 16 – 4 100 Ew – Höhe 490 m – Luftkurort – ✪ 06747.
Mainz 76 – ◆Koblenz 30 – Bad Kreuznach 57 – ◆Trier 112.

Union-Hotel, Rhein-Mosel-Str. 71, ⊠ 56281, ℰ 15 67, Fax 1012, 🍴 – 📳 📺 ☎ ⇦ ❷
⬅ – 🔬 60. 🅴. 🞀
Juli - Aug. 3 Wochen geschl. – **Menu** *(Mittwoch geschl.)* à la carte 23/57 – **30 Z** 69/110.

Stoffel 🞀, Waldstr. 3a, ⊠ 56281, ℰ 3 64, Fax 8064, ⇔s, 🌳 – 📺 ☎ ⇦ ❷. 🅴
(nur Abendessen für Hausgäste) – **17 Z** 55/110.

In Halsenbach-Ehr N : 3,5 km :

Zur Katz, Auf der Katz 6 (B 327), ⊠ 56283, ℰ (06747) 66 26, Fax 6625, 🍴, ⇔s, 🔲, 🌳
– ☎ ⇦ ❷ – 🔬 80. 🞀
18 Z.

EMMENDINGEN Baden-Württemberg 🔢🔢🔢 G 22, 🔢🔢🔢 ㉞, 🔢🔢🔢 ㉜ – 24 000 Ew – Höhe 201 m
– ✪ 07641.
Sehenswert : Ruinen der Hochburg★.
🇮 Verkehrsamt, Neues Rathaus, Landvogteistr. 10, ⊠ 79312, ℰ 45 23 26, Fax 452360.
◆Stuttgart 193 – ◆Freiburg im Breisgau 16 – Offenburg 51.

In Emmendingen-Maleck NO : 4 km :

Park-Hotel Krone 🞀, Brandelweg 1, ⊠ 79312, ℰ 84 96, Fax 52576, « Hübsche
Gartenanlage », 🌳 – 📺 ☎ ❷ – 🔬 25. 🎟 ⓪ 🅴 𝘝𝘐𝘚𝘈
Anfang Feb.- Anfang März geschl. – **Menu** *(Montag geschl.)* (Tischbestellung ratsam) à la
carte 48/96 – **17 Z** 85/160.

In Emmendingen-Windenreute O : 3,5 km :

Windenreuter Hof 🞀, Rathausweg 19, ⊠ 79312, ℰ 40 86, Fax 53275, ≤, 🍴, ⇔s, 🌳
– ⇸ Zim 📺 🔥 ❷ – 🔬 95. 🎟 ⓪ 🅴 𝘝𝘐𝘚𝘈
Menu à la carte 53/88 – **50 Z** 75/175, 3 Suiten.

EMMERICH Nordrhein-Westfalen 🔢🔢🔢 B 11, 🔢🔢🔢 ⑬, 🔢🔢🔢 J 6 – 31 900 Ew – Höhe 19 m –
✪ 02822.
🇮 Fremdenverkehrsamt, Martinikirchgang 2 (Rheinmuseum), ⊠ 46446, ℰ 7 54 00, Fax 2756.
◆Düsseldorf 103 – Arnhem 33 – Nijmegen 34 – Wesel 40.

Rheincafé Köpping, Rheinpromenade 2, ⊠ 46446, ℰ 38 59, ≤, 🍴 – 🎟 🅴
Sept. - April Montag nur Mittagessen – **Menu** à la carte 37/67.

In Emmerich-Elten NW : 7 km – Erholungsort

Waldhotel Hoch-Elten 🞀, Lindenallee 34, ⊠ 46446, ℰ (02828) 70 41, Fax 7122,
≤ Niederrheinische Tiefebene, 🍴, Massage, ♨, ⇔s, 🔲, 🌳, 🞀 – 📳 📺 ☎ ❷ – 🔬 40.
🎟 ⓪ 🅴 𝘝𝘐𝘚𝘈 𝘫𝘤𝘣. 🞀 Rest
Menu *(Samstag nur Abendessen, Sonntag und 2.- 16. Jan. geschl.)* à la carte 60/84 – **35 Z**
98/220.

Auf der Heide 🞀, Luitgardisstr. 8, ⊠ 46446, ℰ (02828) 9 14 20, Fax 7336, 🍴, ⇔s –
⇸ Zim 📺 ☎ ❷ – 🔬 20. 🎟 ⓪ 🅴 𝘝𝘐𝘚𝘈
– *Moses Heide Stube* (wochentags nur Abendessen, Montag - Dienstag und Jan. geschl.)
Menu à la carte 51/65 – **26 Z** 118/178.

In Emmerich-Vrasselt O : 5 km :

⚘ **Heering,** Reeser Str. 384 (B 8), ⊠ 46446, ℰ 81 92, ㄫ, ☎, ▨ – ▥ ☎ ⇔ ℗
20. Dez.- 5. Jan. geschl. – Menu (Freitag geschl., Samstag nur Abendessen) à la carte 27/52
– **15 Z** 50/120.

EMPFINGEN Baden-Württemberg ⁴¹³ J 21 – 3 200 Ew – Höhe 500 m – ✆ 07485.

♦Stuttgart 62 – Hechingen 33 – Horb 8 – Rottweil 38.

🏛 **Ammann,** Haigerlocher Str.110, ⊠ 72186, ℰ 9 98 30, Fax 1472, ㄫ – ℗ – 🛦 30. ℀ ⓪
Ε ▨ ┸ **Menu** à la carte 36/70 – **44 Z** 98/160.

EMS, BAD Rheinland-Pfalz ⁴¹² G 15. ⁹⁸⁷ ㉔ – 10 000 Ew – Höhe 85 m – Heilbad – ✆ 02603.

▥₈ Denzerheide (N : 5 km), ℰ (02603) 65 41.

🎫 Tourist-Info und Gästezentrum, Römerstr. 1, ⊠ 56130, ℰ 40 41, Fax 4488.

Mainz 66 – ♦Koblenz 17 – Limburg an der Lahn 40 – ♦Wiesbaden 61.

🏛🏛 **Kurhotel,** Römerstr. 1, ⊠ 56130, ℰ 79 90, Telex 869017, Fax 799252, Massage, ♨, ☎,
▨ – |⧉| ↤ Zim ▥ & – 🛦 60. ℀ ⓪ Ε ▨
Menu à la carte 55/77 – **107 Z** 180/300, 3 Suiten.

XX **Schweizer Haus** ⌇ mit Zim, Malbergstr. 21, ⊠ 56130, ℰ 7 07 83, Fax 70784, ㄫ – ▥
☎ ℗. ℀ ⓪ Ε ▨
Ende Okt.- Mitte Nov, geschl. – Menu (Donnerstag geschl.) à la carte 41/74 – **11 Z** 70/150.

Außerhalb S : 3 km über Braubacher Str. :

🏠 **Café Wintersberg** ⌇ garni, ⊠ 56130 Bad Ems, ℰ (02603) 42 82, ≤ Bad Ems und Umgebung, ☎, ㄫ – ℗
*15. Dez.- 15. Jan. geschl. – 14 Z** 65/140.

In Fachbach W : 2 km :

🏠 Stadt Coblenz, Koblenzer Str. 16, ⊠ 56133, ℰ (02603) 1 34 40, ㄫ – ▥ ℗
(wochentags nur Abendessen) – **11 Z**.

In Kemmenau NO : 5 km – Erholungsort :

XX **Kupferpfanne-Maurer-Schmidt** (mit Gästehaus, ⌇), Hauptstr. 17, ⊠ 56130,
ℰ (02603) 1 41 97, Fax 14198, ㄫ, ㄫ – ▥ ☎ ⇔ ℗ – 🛦 35. ℀ ⓪ Ε ▨. ⌇
Menu *(Dienstag geschl.)* à la carte 48/84 – **12 Z** 60/180.

EMSBÜREN Niedersachsen ⁴¹¹ ⁴¹² E 9 – 8 600 Ew – Höhe 49 m – ✆ 05903.

♦Hannover 218 – Groningen 136 – Münster(Westfalen) 71 – ♦Osnabrück 77.

⚘ Evering, Lange Str. 24, ⊠ 48488, ℰ 2 94, Fax 7499 – ▥ ☎ ⇔ ℗
(nur Abendessen) – **10 Z**.

EMSDETTEN Nordrhein-Westfalen ⁴¹¹ ⁴¹² F 10. ⁹⁸⁷ ⑭ – 33 700 Ew – Höhe 45 m – ✆ 02572.

🎫 Verkehrsverein, Am Markt 11, ⊠ 48282, ℰ 8 26 66.

♦Düsseldorf 152 – Enschede 50 – Münster (Westfalen) 31 – ♦Osnabrück 46.

🏛 **Lindenhof,** Alte Emsstr. 7, ⊠ 48282, ℰ 92 60, Fax 926200, ☎ – ▥ ☎ ⇔ ℗. ℀
Mitte Juli - Anfang Aug. und 20. Dez.- 6. Jan. geschl. – Menu (Sonntag geschl.) (nur Abendessen) à la carte 40/64 – **28 Z** 85/140.

🏛 **Kloppenborg,** Frauenstr. 15, ⊠ 48282, ℰ 8 10 77, Fax 7368 – |⧉| ☎ ⇔ ℗. Ε ▨
Menu *(Sonntag, Juli - Aug. 3 Wochen und 24.- 31.Dez. geschl.)* (nur Abendessen) à la carte
31/58 – **22 Z** 92/150.

Jenseits der Ems NO : 4 km über die B 475, dann links ab :

⚘ **Schipp-Hummert** ⌇, Veltrup 17, ⊠ 48282 Emsdetten, ℰ (02572) 73 37, Biergarten, ㄫ
– ℗
Menu *(Montag geschl.)* (wochentags nur Abendessen) à la carte 24/48 – **15 Z** 50/95.

In Emsdetten-Hembergen SO : 6 km :

🏛 **Altes Gasthaus Lanvers** ⌇, Dorfstr. 11, ⊠ 48282, ℰ (02572) 18 34, Fax 3685 – |⧉| ▥
☎ & ℗ – 🛦 35. ℀ Ε ▨. ⌇ Zim
Menu (wochentags nur Abendessen) à la carte 32/63 – **30 Z** 80/190.

EMSKIRCHEN Bayern ⁴¹³ P 18. ⁹⁸⁷ ㉖ – 5 000 Ew – Höhe 359 m – ✆ 09104.

♦München 207 – ♦Bamberg 59 – ♦Nürnberg 32 – ♦Würzburg 69.

🏠 **Rotes Herz,** Hindenburgstr. 21 (B 8), ⊠ 91448, ℰ 6 94, ㄫ – ▥ ⇔ ℗
5.- 24 Juni und 24. Dez.- 8. Jan. geschl. – Menu (Samstag - Sonntag geschl.) à la carte
21/40 ⌇ – **12 Z** 53/90.

EMSTAL, BAD Hessen 🔢🔢 K 13 – 6 000 Ew – Höhe 320 m – Heilbad – 🌀 05624.

🔶 Kurverwaltung im Thermalbad, Karlsbader Str. 4, ✉ 34308, 𝒸 9 99 70, Fax 5541.

◆Wiesbaden 212 – ◆Frankfurt am Main 203 – ◆Kassel 22.

In Bad Emstal-Sand :

🏨 **Parkhotel Emstaler Höhe** 🦢, Kissinger Str. 2, ✉ 34308, 𝒸 50 90, Fax 509200, ≤, 🌳,
🚲, 🚗 – 📶 📺 ☎ 🅿 – 🔒 150. 🖭 ⓞ 🇪 𝘝𝘐𝘚𝘈
Menu à la carte 34/61 – **52 Z** 95/185, 4 Suiten – ½ P 88/130.

🏠 Grischäfer, Kasseler Str. 78, ✉ 34308, 𝒸 3 54, Fax 8778, « Rustikale Einrichtung » – ☎ 🅿
(wochentags nur Abendessen) – **17 Z**.

ENDINGEN Baden-Württemberg 🔢🔢 G 22, 🔢🔢㉓, 🔢🔢⑳ – 7 300 Ew – Höhe 187 m – 🌀 07642.

🔶 Verkehrsbüro, Hauptstr. 60, ✉ 79346, 𝒸 15 55, Fax 2202.

◆Stuttgart 189 – ◆Freiburg im Breisgau 27 – Offenburg 47.

🏠 **Pfauen** garni, Hauptstr. 78, ✉ 79346, 𝒸 80 50, Fax 2873 – 📶 📺 ☎ 🅿
35 Z 70/160.

🍴🍴 **Schindlers Ratsstube,** Marktplatz 10, ✉ 79346, 𝒸 34 58, 🌳 – 🍴. 🖭 🇪
Sonntag nur Mittagessen, Montag und Juli-Aug. 3 Wochen geschl. – **Menu** (Tischbestellung ratsam) à la carte 35/67.

In Endingen-Kiechlinsbergen SW : 5,5 km :

🍴🍴 **Stube** mit Zim (Fachwerkhaus a.d. 16. Jh.), Winterstr. 28, ✉ 79346, 𝒸 17 86, Fax 4286 –
📺 ☎. 🇪
nach Fastnacht und Juli jeweils 2 Wochen geschl. – Menu *(Montag - Dienstag geschl.)*
(bemerkenswerte Auswahl badischer Weine) à la carte 31/64 🍷 – **4 Z** 60/110.

In Endingen-Königschaffhausen W : 4,5 km :

🍴 **Adler,** Hauptstr. 35, ✉ 79346, 𝒸 32 12, 🌳 – 🅿. 🖭 🇪
Juli 3 Wochen geschl. – **Menu** *(Sonntag geschl.)* à la carte 32/55 🍷 – **12 Z** 55/85.

Die Preise	Einzelheiten über die in diesem Führer angegebenen Preise finden Sie in der Einleitung.

ENDORF, BAD Bayern 🔢🔢 T 23, 🔢🔢㊲, 🔢🔢 5 – 6 600 Ew – Höhe 520 m – Heilbad – 🌀 08053.

🏌 Höslwang (N : 8 km), 𝒸 (08075) 7 14.

🔶 Kurverwaltung im Rathaus, Bahnhofstr. 6, ✉ 83093, 𝒸 94 22, Fax 300830.

◆München 85 – Rosenheim 15 – Wasserburg am Inn 19.

🏨 **Der Kurfer Hof** 🦢, Kurf 1, ✉ 83093, 𝒸 20 50, Fax 205219, 🌳, Massage, ♨, 🚲, 🏊,
🏊 – 📶 📺 ☎ 🚗 🅿 – 🔒 25. 🎿 Zim
Menu à la carte 36/68 – **35 Z** 115/230.

🏠 **Zum Alten Ziehbrunnen** 🦢, Bergstr. 30, ✉ 83093, 𝒸 93 29, Fax 49417, 🚗 – 🅿
Nov.- 24. Dez. geschl. – (Restaurant nur für Hausgäste) – **10 Z** 62/150.

In Bad Endorf-Pelham NO : 5 km :

🏠 **Seeblick** 🦢, ✉ 83093, 𝒸 30 90, Fax 309500, ≤, 🌳, ♨, 🚲, 🦌, 🚗 – 📶 ☎ 🅿 – 🔒 40.
◆— 🎿 Rest
Nov.- 17. Dez. geschl. – **Menu** à la carte 23/57 🍷 – **80 Z** 52/160 – ½ P 62/90.

ENGELSBERG Bayern siehe Tacherting.

ENGELSBRAND Baden-Württemberg 🔢🔢 I 20 – 4 300 Ew – Höhe 620 m – 🌀 07082 (Neuenbürg).

◆Stuttgart 61 – Calw 19 – Pforzheim 11.

In Engelsbrand-Salmbach :

🏠 **Schwarzwald** 🦢 (mit Gästehaus), Pforzheimer Str. 41, ✉ 75331, 𝒸 (07235) 97 00,
Fax 3056, 🚗 – 📺 ☎ 🅿 🖭 🇪
Juli und Nov. jeweils 3 Wochen geschl. – **Menu** *(Sonntag nur Mittagessen, Donnerstag geschl.)* à la carte 26/49 – **11 Z** 65/98.

ENGELSKIRCHEN Nordrhein-Westfalen 🔢🔢 F 14, 🔢🔢㉔ – 21 100 Ew – Höhe 120 m – 🌀 02263.

◆Düsseldorf 73 – ◆Köln 36 – Olpe 43.

🍴🍴 **Alte Schlosserei,** Engelsplatz 7, ✉ 51766, 𝒸 2 02 12, Fax 2225, Biergarten – 🅿. 🖭 ⓞ
🇪 𝘝𝘐𝘚𝘈
Montag geschl., Samstag nur Abendessen – **Menu** à la carte 46/72.

ENGELTHAL Bayern siehe Hersbruck.

ENGEN IM HEGAU Baden-Württemberg 📖📖📖 J 23, 📖📖 ㉟, 📖📖 K 2 – 9 000 Ew – Höhe 520 m – 🕓 07733.

Ausflugsziel : Hegaublick ≤★, NW : 6 km (an der B 31).

🚩 Verkehrsamt, Rathaus, Hauptstr. 11, ✉ 78234, 🖉 50 22 02, Fax 2263.

◆Stuttgart 142 – Bregenz 101 – Donaueschingen 28 – Singen (Hohentwiel) 16.

🔼 **Sonne,** Bahnhofstr. 2, ✉ 78234, 🖉 52 07, Fax 2650 – 📺 ⇦ 🅟
25. Okt.- 5. Nov. und 27. Dez.- 5. Jan. geschl. – **Menu** *(Montag geschl., Dienstag nur Abendessen)* à la carte 29/58 ⅄ – **18 Z** 70/120.

ENGER Nordrhein-Westfalen 📖📖📖 📖📖 I 10, 📖📖 ⑭ – 18 000 Ew – Höhe 94 m – 🕓 05224.

🅖 🅖 Enger-Pödinghausen, 🖉 73 08.

◆Düsseldorf 196 – Bielefeld 16 – ◆Hannover 99 – Herford 9 – ◆Osnabrück 45.

🍴🍴 Brünger in der Wörde, Herforder Str. 14, ✉ 32130, 🖉 23 24, Fax 5727, Biergarten – 🅟 – 🏛 60.

ENINGEN UNTER ACHALM Baden-Württemberg siehe Reutlingen.

ENKIRCH Rheinland-Pfalz 📖📖 E 17 – 1 950 Ew – Höhe 100 m – Erholungsort – 🕓 06541 (Traben-Trarbach).

Ausflugsziel : Starkenburg ≤★, S : 5 km.

🚩 Verkehrsbüro, Brunnenplatz 2, ✉ 56850, 🖉 92 65, Fax 5269.

Mainz 104 – Bernkastel-Kues 29 – Cochem 51.

🏠 **Dampfmühle,** Am Steffensberg 80, ✉ 56850, 🖉 68 67, Fax 4904, 🌳, ▨ (geheizt), 🎷 – ⇔ Zim 🅟. ◍ E 𝗩𝗜𝗦𝗔
Mitte Jan.- Mitte Feb. geschl. – **Menu** *(Mittwoch geschl.)* à la carte 30/52 ⅄ – **17 Z** 61/140 – ½ P 84/104.

🏠 **Sponheimer Hof** 🦢 (mit Gästehäusern), Sponheimer Str. 19, ✉ 56850, 🖉 66 28, Fax 1043, 🍴🛌, 🔟, 🎷 – 📺 🅟. 🆎 ◍ E 𝗩𝗜𝗦𝗔
5. Jan.- 15. Feb. geschl. – **Menu** *(Dienstag geschl.)* à la carte 27/49 *(auch vegetarische Gerichte)* ⅄ – **18 Z** 40/84.

In Burg/Mosel N : 3 km :

🏠 **Zur Post,** Moselstr. 18, ✉ 56843, 🖉 (06541) 92 14, Fax 2865, 🌳 – ⇦. E. 🎷
9. Jan.- 25. Feb. geschl. – **Menu** *(Mittwoch geschl.)* à la carte 30/55 ⅄ – **12 Z** 50/120.

ENNEPETAL Nordrhein-Westfalen 📖📖📖 📖📖 F 13, 📖📖 ⑭ – 36 000 Ew – Höhe 200 m – 🕓 02333.

🚩 Haus Ennepetal, Gasstr. 10 (Milspe), ✉ 58256, 🖉 9 88 00, Fax 73373.

◆Düsseldorf 54 – Hagen 12 – ◆Köln 61 – Wuppertal 14.

In Ennepetal-Königsfeld SW : 7 km ab E.-Milspe :

🍴 **Spreeler Mühle,** Spreeler Weg 128, ✉ 58256, 🖉 (0202) 61 13 49, 🌳 – 🅟
Montag und Mitte Jan.- Mitte Feb. geschl. – **Menu** à la carte 26/58.

In Ennepetal-Voerde :

🏠 **Haus Grete,** Breckerfelder Str. 15, ✉ 58256, 🖉 82 08, Fax 88891 – 📺 ☎ 🅟. 🆎 ◍ E 𝗩𝗜𝗦𝗔
Weihnachten - Neujahr geschl. – **Menu** *(Sonntag geschl.)* (nur Abendessen) à la carte 31/61 – **30 Z** 55/160.

ENNIGERLOH Nordrhein-Westfalen 📖📖📖 📖📖 H 11 – 20 400 Ew – Höhe 106 m – 🕓 02524.

Ausflugsziel : Wasserburg Vornholz★ NO : 5 km.

🅖 Ennigerloh-Ostenfelde (NO : 5 km), 🖉 57 99.

◆Düsseldorf 134 – Beckum 10 – Bielefeld 60 – Warendorf 16.

🏠 **Hubertus,** Enniger Str. 4, ✉ 59320, 🖉 20 94, Fax 4878, 🍴🛌 – 📺 ☎ ⇦ 🅟 – 🏛 30. 🆎 ◍ E 𝗩𝗜𝗦𝗔
Menu *(Donnerstag und Feb. geschl.)* à la carte 33/65 – **19 Z** 75/140.

In Ennigerloh-Ostenfelde NO : 5 km :

🏠 **Kröger,** Hessenknapp 17, ✉ 59320, 🖉 9 31 90, Fax 931910 – 📺 ☎ 🅟 – 🏛 100
→ *Mitte Juli - Mitte Aug. geschl.* – **Menu** *(Freitag geschl.)* (nur Abendessen) à la carte 23/46 – **15 Z** 68/100.

ENZKLÖSTERLE Baden-Württemberg 📖📖📖 I 20, 21 – 1 500 Ew – Höhe 598 m – Luftkurort – Wintersport : 600/900 m ⅀2 🎿4 – 🕓 07085.

🚩 Kurverwaltung, Friedenstr. 16, ✉ 75337, 🖉 75 16, Fax 1398.

◆Stuttgart 89 – Freudenstadt 26 – Pforzheim 39.

🏨 **Enztalhotel,** Freudenstädter Str. 67, ✉ 75337, ℰ 1 80, Fax 1642, 🍴, Massage, ⇌, 🖾
– 🛗 📺 🚗 🅿. ⛝
1.- 20. Dez. geschl. – **Menu** *(Mittwoch - Donnerstag geschl.)* à la carte 40/74 – **50 Z**
125/220.

🏨 **Schwarzwaldschäfer** 🕭, Am Dietersberg 2, ✉ 75337, ℰ 17 12, Fax 7502, 🍴, ⇌, 🖾,
🚗 – 📺 ☎ 🚗 🅿
Mitte Nov.- Mitte Dez. geschl. – (nur Abendessen für Hausgäste) – **23 Z** 90/160.

🏠 **Wiesengrund** 🕭, Friedenstr. 1, ✉ 75337, ℰ 72 27, Fax 7227, 🍴, 🚗 – 🛗 📺 🅿. ⛝
Nov.- 20. Dez. geschl. – **Menu** *(Nov.-März Montag geschl.)* à la carte 31/55 – **24 Z** 63/124
– ½ P 84/97.

🏠 **Hirsch - Café Klösterle** (mit Gästehaus), Freudenstädter Str. 2, ✉ 75337, ℰ 72 61,
Fax 1686, 🍴, ⇌ – 🅿. E. ⛝ Zim
10. Jan.- 15. Feb. und Nov.- 20. Dez. geschl. – **Menu** à la carte 30/58 ♨ – **48 Z** 66/140
– ½ P 70/94.

🏠 **Schwarzwaldhof,** Freudenstädter Str. 9, ✉ 75337, ℰ 17 08, Fax 1328, 🍴 – 🛗 📺 ☎ 🚗
🅿
Feb.- März 3 Wochen geschl. – **Menu** à la carte 27/50 – **27 Z** 70/138 – ½ P 78/84.

🏠 **Gästehaus am Lappach** garni, Aichelberger Weg 4, ✉ 75337, ℰ 75 11, Fax 7611, 🖾,
🚗 – 🛗 ☎ 🅿. ⛝
Nov.- 20. Dez. geschl. – **32 Z** 76/138.

In Enzklösterle-Poppeltal SW : 5 km :

🏠 **Waldeck** 🕭, Eschentalweg 10, ✉ 75337, ℰ 10 72, Fax 1032, 🍴 – 🛗 📺 ☎ 🅿
← *21. Nov - 10. Dez. geschl.* – **Menu** à la carte 22/41 – **30 Z** 60/110 – ½ P 63/68.

EPPELHEIM Baden-Württemberg siehe Heidelberg.

EPPENBRUNN Rheinland-Pfalz 🔢 🔢 F 19, 🔢 ⑪ – 1 800 Ew – Höhe 390 m – Luftkurort
– ☎ 06335.
Mainz 135 – Landau in der Pfalz 59 – Pirmasens 14.

🏠 **Kupper** 🕭, Himbaumstr. 22, ✉ 66957, ℰ 3 41, Fax 5177, Biergarten, ⇌, 🖾 – 🅿. E
Jan. 2 Wochen geschl. – **Menu** *(Mittwoch geschl., Sonntag nur Mittagessen)* à la carte
25/53 ♨ – **21 Z** 68/106.

EPPENDORF Sachsen 🔢 L 13 – 3 700 Ew – Höhe 430 m – ☎ 037293.
♦Dresden 55 – Chemnitz 27.

🏨 **Eppendorfer Hof** (Moderne Einrichtung im Designer-Stil), Borstendorfer Str. 62, ✉ 09575,
← ℰ 2 56, Fax 256 – 🛗 📺 ☎ 👤 🅿 – 🔼 50. 🖾 ⓞ E 𝐕𝐈𝐒𝐀
Menu à la carte 20/35 – **36 Z** 105/150.

🍴 Prinz Albert, Albertplatz 1, ✉ 09575, ℰ 2 53, Biergarten – 📺 ☎ 🅿 – 🔼 20
8 Z.

EPPERTSHAUSEN Hessen 🔢 🔢 J 17 – 5 300 Ew – Höhe 140 m – ☎ 06071.
♦Wiesbaden 57 – Aschaffenburg 27 – ♦Darmstadt 22 – ♦Frankfurt am Main 24.

🏠 **Alte Krone,** Dieburger Str. 1, ✉ 64859, ℰ 3 00 00, Fax 300010 – 🛗 📺 ☎ 🅿 – 🔼 60.
🖾 E 𝐕𝐈𝐒𝐀. ⛝ Zim
Menu à la carte 36/56 – **43 Z** 65/158.

🏠 Am Rotkäppchenwald garni, Jahnstr. 22 (Gewerbegebiet West), ✉ 64859, ℰ 3 75 20,
Fax 38452 – 🛗 ⇄ 📺 ☎ 🚗 🅿. ⛝
18 Z.

EPPINGEN Baden-Württemberg 🔢 🔢 J 19, 🔢 ㉕ – 18 500 Ew – Höhe 190 m – ☎ 07262.
♦Stuttgart 80 – Heilbronn 26 – ♦Karlsruhe 48 – ♦Mannheim 64.

🏨 **Altstadthotel Wilde Rose** 🕭, Kirchgasse 29, ✉ 75031, ℰ 9 14 00, Fax 914090,
« Fachwerkhaus a.d. 16. Jh. » – 📺 ☎
Menu (nur Abendessen) à la carte 32/50 – **10 Z** 126/170.

🏠 **Villa Waldeck** 🕭, Waldstr. 80, ✉ 75031, ℰ 10 61, Fax 3366, 🍴, 🚗 – 📺 ☎ 🚗 🅿
– 🔼 40. 🖾 ⓞ E 𝐕𝐈𝐒𝐀
1.- 23. Jan. geschl. – **Menu** *(Montag geschl.)* à la carte 34/61 ♨ – **18 Z** 65/130.

🏠 **Geier,** Kleinbrückentorplatz 2, ✉ 75031, ℰ 44 24, Fax 3132, 🍴 – 🛗 📺 ☎ – 🔼 30. 🖾
← E 𝐕𝐈𝐒𝐀
Menu *(Samstag geschl.)* à la carte 24/50 ♨ – **26 Z** 65/120.

🍴🍴 **Palmbräuhaus,** Rappenauer Str. 5, ✉ 75031, ℰ 84 22, 🍴 – E
Montag nur Mittagessen, Dienstag und Juli - Aug. 2 Wochen geschl. – **Menu** à la carte
32/73.

In Eppingen-Richen NO : 5 km :

XX **Falkensee,** Berwanger Str. 29, ⊠ 75031, ℰ 18 73 – ☻
Freitag - Samstag nur Abendessen, Donnerstag sowie Jan. 2 Wochen und Juli - Aug.
3 Wochen geschl. – Menu à la carte 47/69.

In Gemmingen NO : 8 km :

XX **Restaurant am Park - Krone,** Richener Str. 3, ⊠ 75050, ℰ (07267) 2 56, Fax 8306 – ☻
AE E. ⍭
Dienstag, 5.- 9. April und 27. Dez.- 6. Jan. geschl. – Menu à la carte 34/62 ⅏.

EPPSTEIN Hessen 412 413 I 16 – 12 500 Ew – Höhe 184 m – Luftkurort – ✆ 06198.
♦Wiesbaden 20 – ♦Frankfurt am Main 28 – Limburg an der Lahn 41.

In Eppstein-Vockenhausen :

🏠 **Nassauer Hof,** Hauptstr. 104, ⊠ 65817, ℰ 5 90 20, Fax 590222, 🍽 – 📺 ☎ ⟲ ☻. ⑩
E VISA. ⍭ Zim
Jan. 2 Wochen und Juli-Aug. 3 Wochen geschl. – Menu *(Montag - Dienstag geschl.)* à la
carte 28/55 – **12 Z** 80/150.

ERBACH (ALB-DONAU-KREIS) Baden-Württemberg 413 M 22 – 11 000 Ew – Höhe 530 m –
✆ 07305.
♦Stuttgart 104 – Tuttlingen 105 – ♦Ulm (Donau) 12.

🏠 **Kögel,** Ehinger Str. 44 (B 311), ⊠ 89155, ℰ 80 21, Fax 5084 – 📺 ☎ ⟲ ☻. ⑩ E
1.- 16. Jan. und 24. Juli - 7. Aug. geschl. – **Trüffel** *(Sonn- und Feiertage geschl.)* Menu
à la carte 45/72 – **30 Z** 90/128.

🏠 **Zur Linde,** Bahnhofstr. 8, ⊠ 89155, ℰ 50 21 – 📺 ☎ ⟲ ☻. E
Juni 3 Wochen geschl. – Menu *(Sonntag und März 1 Woche geschl.)* à la carte 28/43 –
14 Z 90/120.

XX **Schloß-Restaurant,** Am Schloßberg 1, ⊠ 89155, ℰ 69 54, 🍽 – ☻. AE ⑩ E VISA
Montag, Jan. 3 Wochen und Aug. 2 Wochen geschl., Dienstag nur Abendessen – Menu
à la carte 46/69.

In Erbach-Dellmensingen SO : 3 km :

🏠 **Brauereigasthof Adler,** Adlergasse 2, ⊠ 89155, ℰ 73 42, Fax 7374 – ☎ ☻. ⍭
↔ Menu *(Montag, über Ostern 1 Woche, Ende Juli - Mitte Aug. und 24.- 31. Dez. geschl.)*
à la carte 20/46 ⅏ – **13 Z** 49/88.

ERBACH IM ODENWALD Hessen 412 413 J 18, 987 ㉕ – 12 000 Ew – Höhe 212 m – Luftkurort
– ✆ 06062.
Sehenswert : Schloß (Hirschgalerie★).
🛈 Fremdenverkehrsamt, Marktplatz 1, ⊠ 64711, ℰ 64 39, Fax 6416.
♦Wiesbaden 95 – ♦Darmstadt 50 – Heilbronn 79 – ♦Mannheim 59 – ♦Würzburg 100.

🏠 **Odenwälder Bauern- und Wappenstube** ⍭, Am Schloßgraben 30, ⊠ 64711, ℰ 22 36,
Fax 4789, 🍽 – ☎ ☻. AE ⑩ E VISA
Feb.- 5. März geschl. – Menu *(Montag geschl.)* (nur Abendessen) à la carte 31/62 – **12 Z**
58/120.

XX **Zum Hirsch,** Bahnstr. 2, ⊠ 64711, ℰ 35 59 – ⍭
Jan. 2 Wochen geschl., Mittwoch nur Abendessen – Menu à la carte 36/61 ⅏.

In Erbach-Erlenbach SO : 2 km :

🏠 **Erlenhof,** Bullauer Str. 10, ⊠ 64711, ℰ 31 74, Fax 62666, 🍽, 🛋, 🍽 – 📺 ☎ ☻. E
Menu *(Feb. geschl., Montag und Dienstag nur Abendessen)* à la carte 28/50 ⅏ – **26 Z**
82/134.

ERBENDORF Bayern 413 T 17, 987 ㉗ – 5 000 Ew – Höhe 509 m – Erholungsort – ✆ 09682.
🛈 Verkehrsamt, Marktplatz, ⊠ 92681, ℰ 23 27.
♦München 248 – Bayreuth 40 – ♦Nürnberg 108 – Weiden in der Oberpfalz 24.

🏠 **Pension Pöllath** ⍭ garni, Josef-Höser-Str. 12, ⊠ 92681, ℰ 5 87, 🛋, 🍽 – ⟲ ☻. ⍭
12 Z 33/64.

In Erbendorf-Pfaben N : 6 km, Höhe 720 m – Wintersport ≰1 :

🏠 **Steinwaldhaus** ⍭, ⊠ 92681, ℰ 23 91, Fax 3923, ≤ Oberpfälzer Wald, 🖼 – ☎ ☻ –
🔥 25. AE ⑩ E VISA
13. März - 7. April und 6. Nov.- 15. Dez. geschl. – Menu à la carte 29/51 ⅏ – **95 Z** 78/128
– ½ P 73/84.

L'EUROPA su un solo foglio Carta Michelin n° 970.

ERDING Bayern 🔢🔢🔢 S 22, 🔢🔢🔢 ㉗ – 25 500 Ew – Höhe 462 m – ✿ 08122.

🆅🅸🆂 Grünbach (O : 8 km über die B 388), ℰ (08122) 64 65.

◆München 35 – Landshut 39 – Rosenheim 66.

🏨 **Parkhotel Erding,** Am Bahnhof 3, ⊠ 85435, ℰ 49 90, Fax 499499 – 📶 ⇔ Zim 📺 ☎ ⚹
⇔ – ⚙ 50. 🄰🄴 🄴 𝘝𝘐𝘚𝘈
Menu à la carte 33/55 – **68 Z** 160/235.

🏨 **Kastanienhof,** Am Bahnhof 7, ⊠ 85435, ℰ 4 10 41, Fax 42477, 🍴, ➱ – 📶 📺 ☎ ⇔
– ⚙ 120. 🄰🄴 ① 🄴 𝘝𝘐𝘚𝘈 𝗝𝖢𝖡
Menu à la carte 42/61 – **88 Z** 185/325.

🏨 **Mayr-Wirt,** Haager Str. 4, ⊠ 85435, ℰ 70 94, Fax 7098 – 📶 📺 ☎ ⇔ – ⚙ 60. 🄰🄴 ①
🄴 𝘝𝘐𝘚𝘈 *(Samstag geschl.)* à la carte 29/62 – **60 Z** 95/210.

In Bockhorn-Grünbach NO : 8 km :

🍴 **Bräustüberl,** Graf-Seinsheim-Str. 21, ⊠ 85461, ℰ (08122) 4 72 37, Biergarten – 🅿
✛
Montag geschl., Dienstag nur Abendessen – Menu à la carte 35/57.

LES GUIDES VERTS MICHELIN
Paysages, monuments
Routes touristiques
Géographie,
Histoire, Art
Itinéraires de visite
Plans de villes et de monuments.

ERFTSTADT Nordrhein-Westfalen 🔢🔢🔢 D 14, 🔢🔢🔢 ㉓ – 47 500 Ew – Höhe 90 m – ✿ 02235.

🆅🅸🆂 Erftstadt-Konradsheim, ℰ 7 60 94.

◆Düsseldorf 64 – Brühl 8 – ◆Köln 18.

In Erftstadt-Lechenich :

🍴🍴 Husarenquartier mit Zim, Schloßstr. 10, ⊠ 50374, ℰ 50 96 – ☎ 🅿. ✛ Zim
6 Z

In Erftstadt-Kierdorf :

🍴🍴 Hans Josef Zingsheim, Goldenbergstr. 30, ⊠ 50374, ℰ 8 53 32 – ⚙ 50
(wochentags nur Abendessen).

ERFURT 🅻 Thüringen 🔢🔢🔢 F 13, 🔢🔢🔢 ㉓, 🔢🔢🔢 ㉖ – 215 000 Ew – Höhe 200 m – ✿ 0361.

Sehenswert : Mariendom ✶✶ (Nordportale ✶✶, Mosaikfenster ✶ im Chor, Kandelaber-Statue✶)A
– Severi-Kirche✶ (Sarkophag✶ des Hl. Severin)A – Rathaus (Fresken ✶)A R – Krämerbrücke ✶B
– Angermuseum ✶ (Altaraufsätze ✶✶, Pieta ✶✶)B M1.

✈ Erfurt-Bindersleben (W : 4 km) Y, ℰ 65 60.

🅱 Erfurt-Information, Bahnhofstr. 37, ⊠ 99084, ℰ 5 62 62 67, Fax 5623355.

🅱 Fremdenverkehrsamt, Krämerbrücke 3, ⊠99084, ℰ 5 62 34 36.

ADAC, Johannesstr.176, ⊠ 99084, ℰ 5 66 88 30, Fax 5668832.

◆Berlin 264 ② – Chemnitz 154 ② – ◆Leipzig 130 ② – Nordhausen 77 ④.

Stadtpläne siehe nächste Seiten

🏨 **Bauer Hotel Excelsior** garni, Bahnhofstr. 35, ⊠ 99084, ℰ 5 67 00, Fax 5670100, ➱ – 📶
⇔ 📺 ☎ 🅿. 🄰🄴 ① 🄴 𝘝𝘐𝘚𝘈 𝗝𝖢𝖡   B c
77 Z 149/249.

🏨 **Zumnorde am Anger** garni, Anger 50 (Eingang Weitergasse), ⊠ 99084, ℰ 5 68 00,
Fax 5680400 – 📶 ⇔ 📺 ☎ ⚹ ⇔ – ⚙ 10. 🄰🄴 ① 🄴 𝘝𝘐𝘚𝘈   B s
23. Dez.- 5. Jan. geschl. – **53 Z** 160/260.

🏨 **Carat** garni, Hans-Grundig-Str. 40, ⊠ 99099, ℰ 3 43 00, Fax 3430100, ➱ – 📶 ⇔ 📺 ☎
⇔ 🅿 – ⚙ 45. 🄰🄴 ① 🄴 𝘝𝘐𝘚𝘈   Y n
60 Z 170/250.

🏨 **Erfurter Hof,** Willy-Brandt-Platz 1, ⊠ 99084, ℰ 53 10, Fax 6461021, 🍴 – 📶 ⇔ Zim 📼 Rest
📺 🅿 – ⚙ 150. ✛ Rest   B a
173 Z, 5 Suiten.

🏨 **Kosmos,** Juri-Gagarin-Ring 127, ⊠ 99084, ℰ 55 10, Fax 551210 – 📶 ⇔ Zim 📼 Rest 📺
☎ 🅿 – ⚙ 170. 🄰🄴 ① 🄴 𝘝𝘐𝘚𝘈 𝗝𝖢𝖡. ✛ Rest   B e
Menu à la carte 28/61 – **321 Z** 195/295.

ERFURT

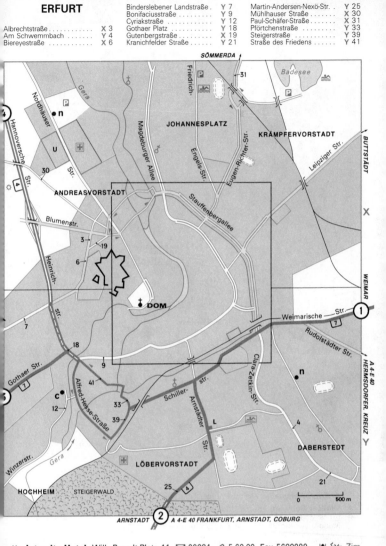

🏨 **Intercity Hotel,** Willy-Brandt-Platz 11, ☒ 99084, ☎ 5 60 00, Fax 5600999 – 🛗 ⇄ Zim
☲ Rest 📺 ☎ 🕭 🚗 – 🛦 40. 🖭 ⓞ 🗲 𝘝𝘐𝘚𝘈. 🛠 Rest   B **d**
Menu *(Samstag nur Abendessen, Sonntag geschl.)* à la carte 31/48 – **161 Z** 170/270.

🏨 Thüringen II, Nordhäuser Str. 76, ☒ 99089, ☎ 6 46 55 12 – 📺 ☎ 🕭 – 🛦 50   X **n**
156 Z.

🏨 **Cyriaksburg** 🐾 (ehem. Villa), Cyriakstr. 37, ☒ 99094, ☎ 6 43 83 72, Fax 6438373, 🏡, 🌊
– 📺 ☎ 🕭 – 🛦 15. 🖭 ⓞ 🗲 𝘝𝘐𝘚𝘈 𝘑𝘊𝘉   Y **c**
Menu *(Sonntag nur Mittagessen)* à la carte 32/53 – **14 Z** 93/226.

🏨 **Ibis,** Barfüßerstr. 9, ☒ 99084, ☎ 6 64 10, Fax 6641111 – 🛗 ⇄ Zim 📺 ☎ 🕭 🚗 – 🛦 110.
🖭 ⓞ 🗲 𝘝𝘐𝘚𝘈 – **Menu** à la carte 29/40 – **105 Z** 144/178.   B **r**

🍴🍴 **Horst Kohl,** Neuwerkstr.31, ☒ 99084, ☎ 6 42 25 61 – 🖭 ⓞ 🗲 𝘝𝘐𝘚𝘈   A **b**
Menu à la carte 31/58.

🍴 Gildehaus (Renaissancehaus a.d.J. 1892), Fischmarkt 13, ☒ 99084, ☎ 2 32 73, Fax 6430691,
Biergarten – 🛦 25 – (Tischbestellung ratsam).   A **t**

ERFURT

In Erfurt-Kerspleben NO : 5 km über Leipziger Straße ✕ :

🏨 **Weißer Schwan,** Erfurter Str. 179, ⊠ 99198, ☏ (036203) 5 80, Fax 50925, 🍴, 🐾s – 📳
➟ 📺 ☎ 🕭 🅿 – 🕿 50. 🆎 ⓪ Ɛ 𝘝𝘐𝘚𝘈
Menu à la carte 22/50 – **44 Z** 125/175.

In Erfurt-Linderbach : ① : 5 km :

🏨 **Linderhof,** Straße des Friedens 12, ⊠ 99198, ☏ 4 21 19 20, Fax 416333, 🍴 – 📳 ⋎⋎ Zim
📺 ☎ 🕭 🅿 – 🕿 40. 🆎 ⓪ Ɛ 𝘝𝘐𝘚𝘈
Menu à la carte 31/53 – **52 Z** 148/218.

In Erfurt-Marbach NW : 3 km über Mühlhäuser Straße ✕ :

✕✕ **Castell,** Hermann-Müller-Str. 2, ⊠ 99092, ☏ 66 67 68, Fax 666768 – 🕭. 🆎 ⓪ Ɛ 𝘝𝘐𝘚𝘈
Sonntag nur Mittagessen – **Menu** (wochentags nur Abendessen) à la carte 46/75.

In Gierstädt über ④ : 19 km :

🏨 **Fahner Höhe** 🐾, Ziehgasse, ⊠ 99100, ☏ (036206) 32 84, Fax 3132, 🐾s – 📳 📺 ☎ 🕭 🅿
➟ – 🕿 45. 🆎 ⓪ Ɛ 𝘝𝘐𝘚𝘈
Menu à la carte 24/45 – **130 Z** 95/160.

Siehe auch : *Dachwig*

ERFWEILER Rheinland-Pfalz siehe Dahn.

ERGOLDING Bayern siehe Landshut.

ERGOLDSBACH Bayern 413 T 20, 987 ㉗ ㊲ – 6 000 Ew – Höhe 417 m – ✿ 08771.
◆München 88 – Ingolstadt 80 – Landshut 16 – ◆Regensburg 44.

> 🍴 **Dallmaier,** Hauptstr. 26, ✉ 84061, ✆ 12 10, Biergarten – ⬛ 🅿 ⅍ ⓪
> 27. Dez.- 8. Jan. geschl. – **Menu** à la carte 19/44 ⅃ – **16 Z** 42/106.

ERKELENZ Nordrhein-Westfalen 412 B 13, 987 ㉓ – 41 000 Ew – Höhe 97 m – ✿ 02431.
◆Düsseldorf 45 – ◆Aachen 38 – Mönchengladbach 15.

> 🏨 **Rheinischer Hof-Breuer** garni, Kölner Str. 18, ✉ 41812, ✆ 7 41 24, Fax 74666 – 📺 ☎ ⬛ ⅍ ⓪ ⅀ 𝘝𝘐𝘚𝘈
> **23 Z** 100/250.

> 🍴🍴 Oerather Mühle, Roermonder Str. 36, ✉ 41812, ✆ 24 02, Fax 72857, 🏤 – 🅿.

ERKHEIM Bayern 413 NO 22, 426 D 4 – 2 500 Ew – Höhe 600 m – ✿ 08336.
◆München 98 – ◆Augsburg 67 – Memmingen 14 – ◆Ulm (Donau) 68.

> 🏨 **Gästehaus Herzner** ⬙, Färberstr. 37, ✉ 87746, ✆ 3 00, ☎, 🔲, 🍴 – 🅿
> 21. Dez.- 12. Jan. geschl. – (nur Abendessen für Hausgäste) – **14 Z** 44/95.

ERKRATH Nordrhein-Westfalen 411 412 D 13 – 49 000 Ew – Höhe 50 m – ✿ 0211 (Düsseldorf).
◆Düsseldorf 9 – Wuppertal 26.

In Erkrath-Hochdahl O : 3 km : – ✿ 02104

> 🏨 **Schildsheide,** Schildsheider Str. 47, ✉ 40699, ✆ 4 60 81, Fax 46083, 🏤, ☎, 🔲 – 📺 ☎ ⬛ 🅿. ⅍ ⓪ ⅀ 𝘝𝘐𝘚𝘈
> **Menu** (wochentags nur Abendessen) à la carte 43/65 – **38 Z** 110/318.

> 🏨 **Neanderhöhle,** Neandertal 3 (O : 2 km), ✉ 40699, ✆ 78 29, Fax 74825, 🏤 – 📺 ☎ 🅿 – 🔥 35
> **14 Z**.

> 🏨 **Landhaus Kemperdick,** Kemperdick 1, ✉ 40699, ✆ 3 15 10, Fax 36434, 🏤 – 📺 ☎ 🅿. ⅍ ⓪ ⅀ 𝘝𝘐𝘚𝘈
> **Menu** à la carte 31/64 – **9 Z** 95/150.

In Erkrath-Unterfeldhaus S : 4,5 km :

> 🏨 **Unterfeldhaus** ⬙ garni, Millrather Weg 21, ✉ 40699, ✆ 25 30 00, Fax 254332 – 📺 ☎ 🅿. 🛇
> 22. Dez.- 2. Jan. geschl. – **12 Z** 110/220.

ERLABRUNN Bayern siehe Würzburg.

ERLANGEN Bayern 413 PQ 18, 987 ㉖ – 102 000 Ew – Höhe 285 m – ✿ 09131.
🏌 Kleinsendelbach (O : 14 km über ②), ✆ (09126) 50 40.
🛈 Touristinformation, Nürnberger Str. 69, ✉ 91052, ✆ 2 50 74, Fax 23862.
ADAC, Henkestr. 26, ✉ 91054, ✆ 2 56 52, Fax 206238.
◆München 191 ④ – ◆Bamberg 40 ① – ◆Nürnberg 20 ④ – ◆Würzburg 91 ⑥.

Stadtplan siehe nächste Seite

> 🏨 **Bayerischer Hof,** Schuhstr. 31, ✉ 91052, ✆ 78 50, Fax 25800, 🏤, Massage, ☎ – 🛗 📺 🕭 ⬛ 🅿 – 🔥 250. ⅍ ⓪ ⅀ 𝘝𝘐𝘚𝘈   Z q
> **Menu** à la carte 40/64 – **158 Z** 225/255, 5 Suiten.

> 🏨 **Transmar-Kongress-Hotel,** Beethovenstr. 3, ✉ 91052, ✆ 78 40, Fax 784130, ☎, 🔲 – 🛗 ⅍ Zim 📺 ☎ ⬛ – 🔥 60. ⅍ ⓪ ⅀ 𝘝𝘐𝘚𝘈   Z u
> **Menu** à la carte 37/52 – **138 Z** 179/369.

> 🏨 **Altstadt** garni, Kuttlerstr. 10, ✉ 91054, ✆ 2 70 70, Fax 28246, ☎ – 🛗 📺 ☎ 🅿. ⅍ ⓪ ⅀ 𝘝𝘐𝘚𝘈   Y a
> 23. Dez.- 3. Jan. geschl. – **31 Z** 105/180.

> 🏨 **Luise** garni, Sophienstr. 10, ✉ 91052, ✆ 12 20, Fax 122100, 🔲 – 🛗 ⅍ Zim 📺 ☎ ⅋ ⬛ 🅿. ⅍ ⓪ ⅀ 𝘝𝘐𝘚𝘈   X p
> 24. Dez.- 2. Jan. geschl. – **101 Z** 119/229.

> 🏨 **Rokokohaus** ⬙ garni, Theaterplatz 13, ✉ 91054, ✆ 78 30, Fax 783199 – 🛗 📺 ☎ ⬛. ⅍ ⓪ ⅀ 𝘝𝘐𝘚𝘈   Y r
> 23. Dez.- 5. Jan. geschl. – **37 Z** 115/195.

> 🏨 Royal, Karlsbader Str. 13, ✉ 91058, ✆ 3 40 65, Fax 34069 – 📺 ☎   X s
> (indische Küche) – **19 Z**.

> 🏨 **Fränkischer Hof** garni, Goethestr. 34, ✉ 91054, ✆ 87 20, Fax 23798 – 🛗 📺 ☎ ⬛   Z a
> **40 Z** 90/180.

ERLANGEN

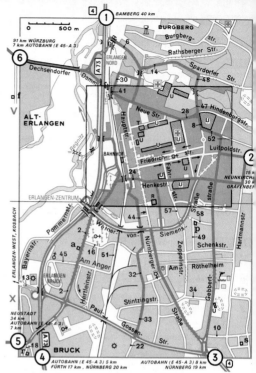

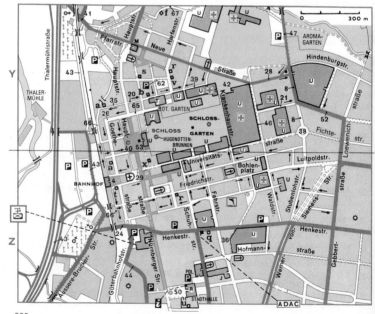

282

🏠 **Silberhorn** ⚛ garni, Wöhrstr. 13, ✉ 91054, ✆ 2 30 05, Fax 206969 – 📺 ☎ 🅿. 🆎 🗲 𝗩𝗜𝗦𝗔
22 Z 80/195.　　　　　　　　　　　　　　　　　　　　　　　　　　　　　　Y　**f**

🏠 **Bahnhof-Hotel** garni, Bahnhofplatz 5, ✉ 91054, ✆ 2 70 07, Fax 205078 – 📳 📺 ☎ ⟵.
🆎 ⓞ 🗲 𝗩𝗜𝗦𝗔. ⚒　　　　　　　　　　　　　　　　　　　　　　　　　　　Z　**t**
Weihnachten - Anfang Jan. geschl. – **15 Z** 105/160.

✕✕ **Altmann's Stube** mit Zim, Theaterplatz 9, ✉ 91054, ✆ 2 40 82, Fax 26227, 🪴 – 📺 ☎.
🆎 ⓞ 🗲 𝗩𝗜𝗦𝗔　　　　　　　　　　　　　　　　　　　　　　　　　　　　　Y　**v**
Menu *(Sonn- und Feiertage geschl.)* à la carte 47/70 *(auch vegetarische Gerichte)* – **14 Z**
80/150.

✕✕ Weinstube Kach, Kirchenstr. 2, ✉ 91054, ✆ 2 23 72, Fax 64169 – ⚒　　　　　　Y　**s**
(nur Abendessen).

✕ **A'Petit** (Einrichtung im Bistro-Stil), Theaterstr. 6, ✉ 91054, ✆ 2 42 39, Fax 22570 – Y　**b**
Menu (nur Abendessen, Tischbestellung ratsam) à la carte 46/64.

✕ Oppelei, Halbmondstr. 4, ✉ 91054, ✆ 2 15 62, 🪴　　　　　　　　　　　　　　Z　**x**

✕ **Gasthof Strauss** mit Zim, Rückerstr. 10, ✉ 91054, ✆ 2 36 45, Fax 807540 – 📺 ☎Z　**r**
Menu à la carte 30/53 – **15 Z** 49/135.

In Erlangen-Alterlangen :

🏠 **West** garni, Möhrendorfer Str. 44, ✉ 91056, ✆ 7 54 80, Fax 754855, 🏊 – 📺 ☎ 🅿. 🗲
40 Z 95/150.　　　　　　　　　　　　　　　　　　　　　　　　　　　　　V　**f**

In Erlangen-Bruck :

🏨 **Art Hotel Erlangen,** Äußere Brucker Str. 90, ✉ 91052, ✆ 7 14 00, Fax 714013, ≘ –
⚒ Zim 📺 ☎ ⟵ – 🔒 20. 🆎 ⓞ 🗲 𝗩𝗜𝗦𝗔　　　　　　　　　　　　　　　　　X　**a**
Menu siehe Rest. *Basilikum* separat erwähnt – **36 Z** 145/254.

🏠 **Roter Adler,** Fürther Str. 5, ✉ 91058, ✆ 6 60 01 (Hotel) 6 60 04 (Rest.), Fax 66001, 🪴.
➡ ≘ – 📺 ☎ 🅿　　　　　　　　　　　　　　　　　　　　　　　　　　　　　X　**r**
24. Dez.- 6. Jan. geschl. – **Menu** *(Samstag geschl.)* à la carte 19/31 – **35 Z** 89/138.

✕✕ **Basilikum** - Art Hotel Erlangen, Äußere Brucker Str. 90, ✉ 91052, ✆ 3 73 33, Fax 37788,
« Ständige Bilderausstellung » – 🆎 ⓞ 🗲 𝗩𝗜𝗦𝗔　　　　　　　　　　　　　　X　**a**
Samstag nur Abendessen, Montag und Mai 2 Wochen geschl. – **Menu** (abends Tischbe-
stellung ratsam) à la carte 63/84.

In Erlangen-Büchenbach über Büchenbacher Damm X :

🏠 **Zur Einkehr,** Dorfstr. 14, ✉ 91056, ✆ 79 20, Fax 792188, Biergarten – 📺 ☎ 🅿
➡ *Jan. 2 Wochen geschl.* – **Menu** à la carte 22/38 – **27 Z** 90/135.

In Erlangen-Eltersdorf S : 5 km über Fürther Str. X :

🏠 **Rotes Ross** garni, Eltersdorfer Str. 15a, ✉ 91058, ✆ 6 00 84, Fax 60087, ≘, 🚗 – ⚒
📺 ☎ ⟵ 🅿. 🆎 ⓞ 🗲 𝗩𝗜𝗦𝗔
31 Z 83/152.

In Erlangen-Frauenaurach über ⑤ :

🏠 **Schwarzer Adler** ⚛ garni, Herdegenplatz 1, ✉ 91056, ✆ 99 20 51, Fax 993195,
« Renoviertes Fachwerkhaus a.d. 16. Jh., Weinstube » – 📺 ☎. ⓞ 𝗩𝗜𝗦𝗔
Anfang Aug.- Anfang Sept. und Weihnachten - Anfang Jan. geschl. – **10 Z** 115/200.

In Erlangen-Kosbach W : 6 km über Büchenbacher Damm X :

✕✕ ⚘ **Polster** mit Zim, Am Deckersweiher 26, ✉ 91056, ✆ 7 55 40, Fax 755445, 🪴 – 📳 📺
☎ 🅿. 🆎 ⓞ 🗲 𝗩𝗜𝗦𝗔
Menu *(Montag geschl.)* (Tischbestellung ratsam, bemerkenswerte Weinkarte) à la carte
50/88 – **12 Z** 125/180
Spez. Soufflé von der Schleie im fränkischen Rieslingsud, Glacierte Entenbrust mit Steinpilzen,
Rehbockrücken mit schwarzen Walnüssen und Holundersauce.

In Erlangen-Tennenlohe über ③ :

🏨 **Transmar-Motor-Hotel,** Am Wetterkreuz 7, ✉ 91058, ✆ 60 80, Fax 608100, ≘, 🏊 , 🚿
– 📳 📺 ☎ 🅿 – 🔒 200. 🆎 ⓞ 🗲 𝗩𝗜𝗦𝗔. ⚒ Rest
Menu à la carte 38/72 – **125 Z** 194/324.

🏨 **Lachnerhof** garni, Märterleinsweg 2, ✉ 91058, ✆ 7 70 70, Fax 770747 – 📳 📺 ☎ 🅿 –
🔒 40. 🆎 ⓞ 🗲 𝗩𝗜𝗦𝗔. ⚒
28 Z 98/126.

🏠 **Tennenloher Hof,** Am Wetterkreuz 32, ✉ 91058, ✆ 69 60, Fax 696295, Biergarten, ≘,
➡ 🏊 – 📳 📺 ☎ 🅿 – 🔒 20. 🆎 ⓞ 🗲 𝗩𝗜𝗦𝗔
Menu *(Sonntag nur Mittagessen)* (wochentags nur Abendessen) à la carte 22/50 – **40 Z**
90/120.

In Bubenreuth N : 3 km :

🏠 **Mörsbergei,** Hauptstr. 14, ✉ 91088, ✆ (09131) 2 00 00, Fax 205697, Biergarten – 📺 ☎
🅿. 🆎 ⓞ 🗲 𝗩𝗜𝗦𝗔
Menu *(Mittwoch geschl.)* à la carte 29/56 – **18 Z** 89/179.

In Marloffstein NO : 5 km :

🏠 **Alter Brunnen,** Am alten Brunnen 1, ⊠ 91080, ℰ (09131) 5 00 15, Fax 501770, 🍴 – 📺
🞷 🅟 **– Menu** *(Montag nur Abendessen, Dienstag. Jan. 1 Woche und Aug. 2 Wochen geschl.)* à la carte 20/47 **– 18 Z** 60/90.

In Möhrendorf ① : 6 km :

🏠 **Landhotel Hagen** garni, Hauptstr. 28, ⊠ 91096, ℰ (09131) 7 54 00, Fax 754075, 🚐 – 📺
🞷 🅟, 🅰🅴 ⓞ 🅴 *VISA* **– 19 Z** 97/155.

In Baiersdorf ① : 7 km :

✕✕ ⚙ **Zum Storchennest,** Hauptstr. 41, ⊠ 91083, ℰ (09133) 8 26, Fax 5744 – 🅟, 🅰🅴 ⓞ 🅴
VISA
Sonntag - Montag, 2.- 10. Jan. und Aug. 3 Wochen geschl. **– Menu** 85/98 und à la carte
60/88
Spez. Hummer-Menu, Geschmorter Tafelspitz in Barolo, Buttermilchmousse im Krokantblatt.

ERLBACH Sachsen 🔲🔲🔲 J 15, 🔲🔲🔲 U 16 **– 1 800 Ew – Höhe** 520 m **– Erholungsort – ⚙ 037422.**
🟦 Fremdenverkehrsamt, Klingenthaler Str. 1, ⊠ 08265, ℰ 61 25, Fax 6225.
♦Dresden 183 – Hof 48 – Karlovy Vary 90 – Weiden i. d. Oberpfalz 118.

🏨 **Landhotel Lindenhöhe** 🌿, Hetzschen 10, ⊠ 08265, ℰ 60 66, Fax 6165, Biergarten, 🚐
🞷 – 📺 🞷 🅟 – 🏛 25. 🅴
Menu à la carte 24/44 🍷 **– 24 Z** 65/98.

ERLENBACH AM MAIN Bayern 🔲🔲🔲 🔲🔲🔲 K 17 **– 8 500 Ew – Höhe 125 m – ⚙ 09372.**
♦München 354 – Aschaffenburg 25 – Miltenberg 16 – ♦Würzburg 78.

🏠 **Fränkische Weinstuben,** Mechenharder Str. 5, ⊠ 63906, ℰ 50 49, Fax 5048, 🍴, 🌳 –
🞷 🅟, 🅴 *VISA*
Menu *(Montag geschl.)* à la carte 26/65 🍷 **– 18 Z** 55/120.

ERLENSEE Hessen 🔲🔲🔲 🔲🔲🔲 J 16 **– 10 700 Ew – Höhe 105 m – ⚙ 06183.**
♦Wiesbaden 65 – ♦Frankfurt am Main 26 – Fulda 81 – ♦Würzburg 114.

In Neuberg-Ravolzhausen N : 2 km :

🏨 **Bei den Tongruben** 🌿 garni, Unterfeld 19, ⊠ 63543, ℰ (06183) 20 40, Fax 74131, 🚐
– 🞵 📺 🞷 🛁 🅟 – 🏛 20. 🅰🅴 🅴 *VISA*. 🞼
20. Dez.- 8. Jan. geschl. **– 28 Z** 98/160

ERNST Rheinland-Pfalz siehe Cochem.

ERWITTE Nordrhein-Westfalen 🔲🔲🔲 🔲🔲🔲 I 12, 🔲🔲🔲 ⑭ **– 13 700 Ew – Höhe 106 m – ⚙ 02943.**
🟦 Kurverwaltung Bad Westernkotten, Weringhauser Str. (Haus des Gastes), ⊠ 59597,
ℰ (02943) 80 90.
♦Düsseldorf 135 – Lippstadt 7 – Meschede 36 – Soest 17.

🞵 **Büker,** Am Markt 14, ⊠ 59597, ℰ 23 36, Fax 4168 – 🚐 🅟, 🅰🅴 🅴
Menu *(Sonntag nur Mittagessen, Montag nur Abendessen)* à la carte 29/58 **– 21 Z** 65/135.

In Bad Westernkotten NO : 3 km – Heilbad :

🏨 **Grüttner,** Salzstr. 15, ⊠ 59597, ℰ (02943) 80 70, Fax 807290, Massage, ⯑, ⯑, 🚐, 🔲,
🌳 – 🞳 🞵 Zim 🞷 🛁, 🞼
22. Nov.- 20. Dez. geschl. – (Restaurant nur für Hausgäste) **– 54 Z** 78/156.

ESCHAU Bayern 🔲🔲🔲 🔲🔲🔲 K 17 **– 4 100 Ew – Höhe 171 m – ⚙ 09374.**
♦München 347 – Aschaffenburg 32 – Miltenberg 16 – ♦Würzburg 71.

In Eschau-Hobbach NO : 5,5 km :

🏠 **Zum Engel** (ehem. Bauernhof a.d.J. 1786 mit Gästehaus), Bayernstr. 47, ⊠ 63863, ℰ 3 88,
Fax 7831, 🍴, 🌳 – 🞷 🅟 – 🏛 25. 🅴 🞼 Rest
Aug. 2 Wochen und 18.- 25. Dez. geschl. **– Menu** *(Freitag geschl.)* à la carte 30/59 🍷 –
25 Z 30/110.

In Eschau-Wildensee O : 10 km – Erholungsort :

🏠 **Waldfrieden** 🌿, Wildensee 74, ⊠ 63863, ℰ 3 28, 🌳 – 🚐 🅟, 🅴. 🞼 Zim
🞷 *Nov.- Mitte Dez. geschl.* **– Menu** *(Montag geschl.)* à la carte 23/40 🍷 **– 28 Z** 41/78.

ESCHBACH Rheinland-Pfalz 🔲🔲🔲 G 16 **– 300 Ew – Höhe 380 m – ⚙ 06771.**
Mainz 57 – Bingen 37 – ♦Koblenz 27.

🏠 **Zur Suhle** 🌿, Talstr. 2, ⊠ 56357, ℰ 79 21, Fax 365, ≤, 🍴, « Garten mit Teich », 🚐,
🔲, 🞼 – 🞳 📺 🞷 🅟 – 🏛 25. 🅴 🞼 Rest
Mitte - Ende Juli geschl. **– Menu** à la carte 30/53 🍷 **– 21 Z** 70/170.

ESCHEDE Niedersachsen 🔲🔲🔲 N 8, 🔲🔲🔲 ⑮ – 6 500 Ew – Höhe 70 m – 🔴 05142.
♦Hannover 60 – Celle 17 – Lüneburg 69.

🏠 **Deutsches Haus**, Albert-König-Str. 8, ✉ 29348, 🅿 22 36, Fax 2505, 🚗 – 📺 ☎ 🚗 🅿.
⭕, 🛳 – *9. Feb.- 9. März und 11.- 25. Juli geschl.* – Menu *(Montag geschl.)* à la carte 29/65
– **11 Z** 75/110.

ESCHENBACH i. d. Opf. Bayern 🔲🔲🔲 S 17, 🔲🔲🔲 ㉗ – 3 800 Ew – Höhe 430 m – 🔴 09645.
♦München 211 – Bayreuth 35 – ♦Nürnberg 80 – ♦Regensburg 96 – Weiden in der Oberpfalz 28.

In Eschenbach-Klein-Kotzenreuth W : 2,5 km :

🏠 **Obersee** 🛳, ✉ 92676, 🅿 60 00, Fax 6154, 🍴, Biergarten – 📺 ☎ 🅿 – 🛄 25. 🆎 ⓪ 🇪
➡ Menu *(Montag geschl.)* (wochentags nur Abendessen) à la carte 27/50 – **13 Z** 65/120.

ESCHENLOHE Bayern 🔲🔲🔲 Q 24, 🔲🔲🔲 F 6 – 1 400 Ew – Höhe 636 m – Erholungsort – 🔴 08824.
🅱 Verkehrsamt im Rathaus, Murnauer Str. 1, ✉ 82438, 🅿 2 21.
♦München 74 – Garmisch-Partenkirchen 15 – Weilheim 30.

🏠 **Tonihof** 🛳, Walchenseestr. 42, ✉ 82438, 🅿 10 21, Fax 1477, ≤ Loisachtal mit Wettersteingebirge, 🍴, Massage, 🖙, 🚗 – 📺 ☎ 🕭 🚗 🅿 – 🛄 20
Menu *(Mittwoch geschl.)* à la carte 51/86 – **25 Z** 89/214 – ½ P 115/122.

🏠 **Zur Brücke**, Loisachstr. 1, ✉ 82438, 🅿 2 10 – ☎ 🚗 🅿
➡ *Mitte Nov.- Mitte Dez. geschl.* – Menu *(Dienstag geschl.)* à la carte 24/49 – **17 Z** 50/150.

🏠 **Villa Bergkristall** 🛳 garni, Walchenseestr. 33, ✉ 82438, 🅿 6 32, ≤, 🚗 – ☎ 🅿. 🛳
8 Z 55/120.

In Eschenlohe-Wengen :

🏠 **Wengererhof** 🛳 garni, ✉ 82438, 🅿 10 42, ≤, 🚗 – ☎ 🅿 – **23 Z** 65/124.

ESCHLKAM Bayern 🔲🔲🔲 V 19 – 3 600 Ew – Höhe 480 m – Wintersport : 🎿4 – 🔴 09948.
🅱 Rathaus, Waldschmidtplatz 2, ✉ 93458, 🅿 (09948) 10 22, Fax 633.
♦München 204 – ♦Regensburg 82.

In Warzenried O : 7 km :

🏠 **Park-Hotel-Böhmerwald** 🛳 (mit Gästehaus), Siegmund-Adam-Str. 54, ✉ 93458,
🅿 (09947) 20 00, Fax 20040, Massage, 🖙, 🔲, 🏇 – 🛗 ⇆ Zim 📺 🅿 – 🛄 20. 🛳 – 🎿
88 Z.

ESCHWEGE Hessen 🔲🔲🔲 N 13, 🔲🔲🔲 ⑮ ⑯ – 24 000 Ew – Höhe 170 m – 🔴 05651.
🅱 Verkehrsbüro, Hospitalplatz 16, ✉ 37269, 🅿 30 42 10, Fax 50291.
♦Wiesbaden 221 – Göttingen 49 – Bad Hersfeld 58 – ♦Kassel 56.

🏠 **Dölle's Nr. 1**, Friedrich-Wilhelm-Str. 2, ✉ 37269, 🅿 6 00 35, Fax 32632, 🖙 – 🛗 📺 ☎ 🚗
🅿 – 🛄 80. 🆎 ⓪ 🇪 🇻🇮🇸🇦 – Menu à la carte 41/79 *(auch vegetarisches Menu)* – **38 Z** 80/160.

🏠 **Zur Struth** 🛳, Struthstr. 7a, ✉ 37269, 🅿 2 10 81, Fax 2788, 🍴 – ☎ 🅿. 🇪 🇻🇮🇸🇦
Menu *(Sonntag nur Mittagessen, Montag nur Abendessen, Mitte - Ende Juli geschl.)* à la
carte 26/53 – **36 Z** 65/130.

🏠 **Stadthalle**, Wiesenstr. 9, ✉ 37269, 🅿 5 00 41, 🍴 – 🛗 📺 ☎ 🅿 – 🛄 60. 🆎 ⓪ 🇪 🇻🇮🇸🇦
Menu *(Montag geschl.)* à la carte 30/65 – **13 Z** 75/110.

In Meinhard-Schwebda NO : 5 km :

🏠🏠 **Schloß Wolfsbrunnen** 🛳 (Herrensitz a.d. Zeit der Jahrhundertwende), ✉ 37276,
🅿 (05651) 30 50, Fax 305333, ≤ Eschwege und Werratal, 🖙, 🔲, 🚗, 🏑 – 🛗 📺 🅿 –
🛄 80. 🆎 ⓪ 🇪 🇻🇮🇸🇦. 🛳 Rest – Menu 26/49 (mittags) und à la carte 49/82 – **65 Z** 150/395.

ESCHWEILER Nordrhein-Westfalen 🔲🔲🔲 B 14, 🔲🔲🔲 ㉓, 🔲🔲🔲 ㉔ – 52 000 Ew – Höhe 161 m –
🔴 02403 – ♦Düsseldorf 74 – ♦Aachen 15 – Düren 17 – ♦Köln 55.

🏠 **Park-Hotel**, Parkstr. 16, ✉ 52249, 🅿 7 87 70, Fax 36809, 🚗 – 📺 ☎. 🆎 ⓪ 🇪 🇻🇮🇸🇦
Menu *(Sonntag geschl.)* (nur Abendessen) à la carte 31/66 – **15 Z** 86/166.

ESENS Niedersachsen 🔲🔲🔲 F 6, 🔲🔲🔲 ④ – 6 000 Ew – Höhe 3 m – Seebad – 🔴 04971.
🅱 Kurverwaltung, Kirchplatz 1, ✉ 26427, 🅿 30 88, Fax 4988.
♦Hannover 261 – Emden 50 – Oldenburg 91 – Wilhelmshaven 50.

🏠 **Krögers Hotel** (mit Gästehaus), Bahnhofstr. 18, ✉ 26427, 🅿 30 65, Fax 4265, 🖙, 🚗 –
🛗 ⇆ Zim 📺 ☎ 🅿. 🆎 ⓪ 🇪 🇻🇮🇸🇦. 🛳
Menu *(15. Sept.- 15. Mai Montag geschl.)* à la carte 28/57 – **35 Z** 88/186.

🏠 **Wieting's Hotel**, Am Markt 7, ✉ 26427, 🅿 45 68, Fax 4151, 🖙, 🚗 – 📺 ☎ 🅿. ⓪ 🇪
🇻🇮🇸🇦. 🛳 – *2. Jan.- 23. Feb. geschl.* – Menu *(Mittwoch geschl.)* à la carte
28/57 – **25 Z** 75/160.

In Esens-Bensersiel NW : 4 km :

⌂ **Hörn van Diek** garni, Lammertshörn 1, ✉ 26427, ℘ 24 29, Fax 2429, 🖭 – ℗. ℀
3. Nov. - 25. Dez. geschl. – **18 Z** 80/160.

⌂ **Röttgers** ⌘ garni, Am Wattenmeer 6, ✉ 26427, ℘ 30 18, Fax 3867 – 📺 ☎ ℗
22 Z 120/150.

⌂ **Störtebeker** ⌘ garni, Am Wattenmeer 4, ✉ 26427, ℘ 9 19 00, Fax 919055, ⊟ – 📺 ☎
℗. ℀ – 15. Jan.- 10. Feb. geschl. – **25 Z** 45/86.

ESLOHE Nordrhein-Westfalen 👪👪 H 13. 👥👥 ⑭ – 8 900 Ew – Höhe 310 m – Luftkurort
– ✆ 02973 – 🛈 Verkehrsbüro, Kurhaus, Kupferstr. 30, ✉ 59889, ℘ 4 42.

♦Düsseldorf 159 – Meschede 20 – Olpe 43.

⌂ **Forellenhof Poggel,** Homertstr. 21, ✉ 59889, ℘ 62 71, Fax 6811, 😋, 🖛 – 🔯 📺 ☎ ৬
℗. 🅴 VISA. ℀ Rest
Menu à la carte 33/52 *(auch vegetarische Gerichte)* – **25 Z** 65/140.

⌂ **Haus Stoetzel - Brauereigasthof Domschänke** ⌘, St. Rochus-Weg 1a, ✉ 59889,
℘ 67 32 (Hotel) 7 10 (Rest.), Fax 2228, 😋, 🖛 – 📺 ℗. ℀ Zim – **Menu** *(Montag - Dienstag
und Jan. geschl., Mittwoch - Freitag nur Abendessen)* à la carte 29/56 ◊ – **9 Z** 58/110.

In Eslohe-Cobbenrode S : 7,5 km :

🏠🏠 **Berghotel Habbel** ⌘, Stertberg 1, ✉ 59889, ℘ 9 70 00, Fax 9700369, ≤ Sauerland u.
Cobbenrode, 😋, ⊟, 🖭, 🖛 – 🔯 📺 ☎ ℗ – 🛠 30. ℀
15.- 26. Dez. geschl. – **Menu** à la carte 32/60 – **38 Z** 90/240 – ½ P 103/135.

🏠🏠 **Hennemann,** Olper Str. 28 (B 55), ✉ 59889, ℘ 37 01, Fax 3703, ⊟, 🖭, 🖛, ✗ (Halle)
– 🔯 📺 ☎ ⇔ ℗ – 🛠 20. 🅰🅴 🅾 🅴 VISA. ℀ Rest
Menu *(Montag geschl.)* à la carte 30/61 – **23 Z** 95/230.

In Eslohe-Niedersalwey W : 4 km :

🞋 Woiler Hof, Salweytal 10, ✉ 59889, ℘ 4 97, Fax 1557, 😋 – ⇔ ℗. ℀ – **19 Z.**

In Eslohe-Obersalwey W : 7 km :

⌂ **Vellberg** ⌘, (NW : 1,5 km), ✉ 59889, ℘ 80 50, Fax 80540, ≤, 😋, ⊟, 🖭, 🖛 – 🔯 📺
☎ ℗ – 🛠 15
Menu *(Donnerstag geschl.)* à la carte 33/61 – **20 Z** 105/150 – ½ P 129.

In Eslohe-Wenholthausen N : 4 km :

⌂ **Sauerländer Hof,** Südstr. 35, ✉ 59889, ℘ 7 77, Fax 2363, 😋, ⊟, 🖭 – 📺 ☎ ℗. ℀ Rest
März 3 Wochen geschl. – **Menu** *(Donnerstag geschl.)* à la carte 31/65 – **21 Z** 74/180
– ½ P 87/91.

ESPELKAMP Nordrhein-Westfalen 👪👪 I 9. 👥👥 ⑭ ⑮ – 26 000 Ew – Höhe 43 m – ✆ 05772.
♦Düsseldorf 223 – ♦Bremen 99 – ♦Hannover 93 – ♦Osnabrück 46.

🏠🏠 **Mittwald** ⌘, Ostlandstr. 23, ✉ 32339, ℘ 40 29, Fax 7149, 😋, ⊟ – 🔯 📺 ☎ ℗ – 🛠 40.
🅰🅴 🅾 🅴 VISA. ℀
27. Dez.- 5. Jan. geschl. – **Menu** *(Samstag geschl.)* à la carte 30/65 – **50 Z** 85/170.

In Espelkamp-Frotheim SO : 4 km :

⌂ **Im Loh,** Diepenauer Str. 53, ✉ 32339, ℘ (05743) 40 90, Fax 40930, 😋 – 📺 ☎ ℗. 🅴
← ℀ Zim – **Menu** *(Montag geschl.)* (nur Abendessen) à la carte 24/55 – **19 Z** 79/130.

⌂ **Birkenhof,** Schmiedestr. 4, ✉ 32339, ℘ (05743) 80 00, Fax 4500, 😋 – 📺 ☎ ℗ – 🛠 150.
🅰🅴 🅾 🅴 VISA. ℀ Rest – **Menu** (wochentags nur Abendessen) à la carte 28/55 – **24 Z** 55/110.

ESPENAU Hessen siehe Kassel.

ESSEN Nordrhein-Westfalen 👪👪 E 12. 👥👥 ⑭ – 630 000 Ew – Höhe 120 m – ✆ 0201.
Sehenswert : Münster (Westchor★, Goldene Madonna★★★) : Münsterschatzkammer★★ **(M1)** mit
Vortragekreuzen★★★ DZ – Museum Folkwang★★ ABY – Villa Hügel★ (Historische Sammlung
Krupp★★) S – Johanniskirche (Altar★) DZ **A.**

Ausflugsziel : Essen-Werden : St. Ludger (Vierungskuppel★, Bronzekruzifixus★) S.

🛅 Essen-Heidhausen (über die B 224 S), ℘ 40 41 11 ; 🛅 Essen-Kettwig, Laupendahler Landstr.
(S), ℘ (02054) 8 39 11 ; 🛅 Essen-Bredeney, Freiherr-vom-Stein-Str. 92a (S), ℘ 44 14 26.

Messegelände und Grugahalle (AZ), ℘ 7 24 40, Fax 226692.

🛈 Verkehrsverein im Hauptbahnhof, Südseite, ✉ 45127, ℘ 23 54 27 und 8 10 60 82.

ADAC, Viehoferstr. 14, ✉ 45127, ℘ (0221) 47 27 47, Fax 237394.

♦Düsseldorf 31 ⑥ – Amsterdam 204 ⑨ – Arnhem 108 ⑨ – Dortmund 38 ③.

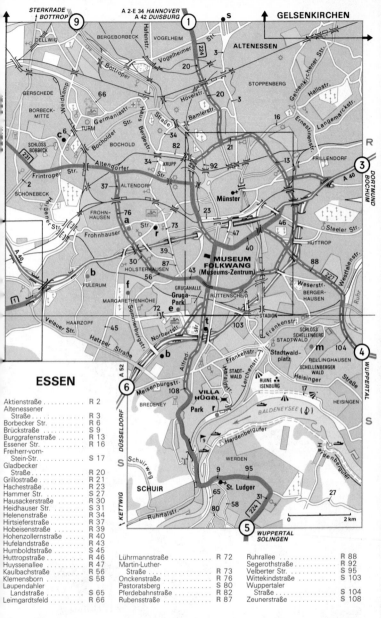

ESSEN

Sheraton Hotel ⬧, Huyssenallee 55, ⌧ 45128, ☎ 1 00 70, Telex 8571266, Fax 1007777, 🍴, Massage, 🏋, ⛵, 🔲 – 📶 ⇆ Zim 🔳 📺 ⅋ ⟷ 🅿 – 🔺 100. 🆎 ⓞ 🇪 𝐕𝐈𝐒𝐀 𝐉𝐂𝐁, 🎿 Rest
BV **e**
Menu à la carte 66/109 – **205 Z** 295/550, 6 Suiten.

Mövenpick Hotel Handelshof, Am Hauptbahnhof 2, ⌧ 45127, ☎ 1 70 80, Telex 857562, Fax 1708173 – 📶 ⇆ Zim 📺 ⅋ – 🔺 60. 🆎 ⓞ 🇪 𝐕𝐈𝐒𝐀
DZ **n**
Menu à la carte 30/59 – **194 Z** 210/580.

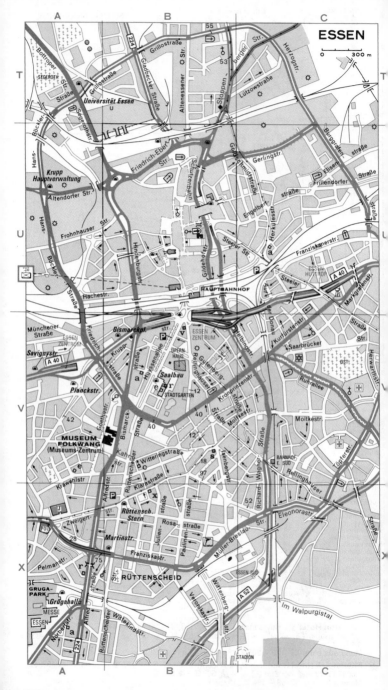

ESSEN

*Die Namen der
wichtigsten Einkaufsstraßen
sind am Anfang
des Straßenverzeichnisses
in Rot aufgeführt*

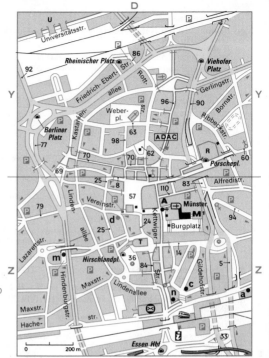

🏨 **Essener Hof,** Teichstr. 2, ⌧ 45127, ☏ 2 09 01, Fax 238351 – 📶 📺 ☎ – 🏛 80. 🆎 ⓪
  🗲 💳 ⚹ Rest   DZ **c**
  Menu *(Samstag - Sonntag geschl.)* (nur Abendessen) à la carte 37/69 – **130 Z** 🗲

🏨 **Europa** garni, Hindenburgstr. 35, ⌧ 45127, ☏ 23 20 41, Fax 232656 – 📶 📺 ☎. 🆎 ⓪ 🗲 💳
  Weihnachten - Neujahr geschl. – **49 Z** 150/220.   DZ **m**

🏨 **Luise** garni, Dreilindenstr. 96, ⌧ 45128, ☏ 23 92 53, Fax 200219 – 📶 📺 ☎   BV **a**
  29 Z.

🏨 **Ibis,** Hollestr. 50, ⌧ 45127, ☏ 2 42 80, Fax 2428600 – 📶 ⇆ Zim 📺 ☎ & 🅿 – 🏛 80.
  🆎 ⓪ 🗲 💳 ⚹   DZ **a**
  Menu *(Samstag - Sonntag und Juli - Aug. geschl.)* (nur Abendessen) à la carte 37/51 – **144 Z**
  134/180.

🏨 **Central** garni, Herkulesstr. 14, ⌧ 45127, ☏ 22 78 27, Fax 227813 – ☎ 🚗. 🆎 ⓪ 🗲 💳.
  ⚹   CU **a**
  18 Z 110/160.

✗✗ **La Grappa,** Rellinghauser Str. 4, ⌧ 45128, ☏ 23 17 66, Fax 229146 – 🆎 ⓪ 🗲 💳. ⚹
  Samstag nur Abendessen, Sonntag geschl. – **Menu** (Tischbestellung ratsam, bemerkenswerte ital. Wein- und Grappaauswahl) à la carte 61/85.   BV **v**

✗✗ **Rôtisserie im Saalbau,** Huyssenallee 53, ⌧ 45128, ☏ 22 18 66, Fax 221860, 😗 – 🅿 –
  🏛 1000. 🆎 ⓪ 🗲 💳   BV **r**
  Samstag nur Abendessen, Sonntag geschl. – **Menu** à la carte 43/75.

✗✗ **La Fontaine** (Restaurant im Bistro-Stil), III. Hagen 47, ⌧ 45127, ☏ 22 71 67 – 🆎 ⓪ 🗲 💳
  Sonn- und Feiertage geschl. – **Menu** (italienische Küche) à la carte 54/80.   DZ **d**

In Essen-Altenessen :

🏨 **Astoria,** Wilhelm-Nieswand-Allee 175, ⌧ 45326, ☏ 8 35 84, Fax 8358040, 😗 – 📶 📺 ☎
  🚗 🅿 – 🏛 35. 🆎 ⓪ 🗲 💳   R **s**
  (Restaurant nur für Hausgäste) – **102 Z** 165/300.

In Essen-Borbeck :

🏨 **Hotel am Schloßpark - Gasthof Krebs** (mit Gästehaus), Borbecker Str. 180, ⌧ 45355,
  ☏ 67 50 01, Fax 687762, Biergarten – 📺 ☎ 🅿. 🆎 🗲   R **c**
  Menu *(Donnerstag geschl.)* (wochentags nur Abendessen) à la carte 33/54 – **28 Z** 95/215.

In Essen-Bredeney :

🏨 **Scandic Crown Hotel Bredeney** ⑤, Theodor-Althoff-Str. 5, ⊠ 45133, ℘ 76 90, Telex 857597, Fax 7693143, 🏖, ☎, 🔲 – ⃗ ⇔ Zim ▤ Rest ☑ ⅋ 🅿 – 🔏 250. 🝙 ⓞ
🗜 *VISA*. 🍽 Rest   S **b**
Menu à la carte 58/80 – **293 Z** 250/355, 6 Suiten.

XXX **Parkhaus Hügel** mit Zim, Freiherr-vom-Stein-Str. 209, ⊠ 45133, ℘ 47 10 91, Fax 444207, ⩽, 🏖 – ☑ ☎ 🅿 – 🔏 60. 🝙 ⓞ 🗜 *VISA*   S **r**
Menu à la carte 48/82 – **13 Z** 110/160.

In Essen-Burgaltendorf SO : 12 km über Wuppertaler Str. S :

🏨 **Burg Mintrop** ⑤, Schwarzensteinweg 81, ⊠ 45289, ℘ 57 17 10, Fax 5717147, ☎, 🔲,
🌼 – ⃗ ⇔ Zim ☑ ☎ ⅋ 🅿 – 🔏 40. 🝙 ⓞ 🗜 *VISA*. 🍽 Rest
24. Dez.- 5. Jan. geschl. – (Restaurant nur für Hausgäste) – **60 Z** 136/270.

In Essen-Frohnhausen :

🏠 **Oehler** ⑤ garni, Liebigstr. 8, ⊠ 45145, ℘ 70 53 27, Fax 733792 – ☎ 🅿. 🍽   R **r**
22. Dez.- 8. Jan. geschl. – **12 Z** 70/120.

XXX **Kölner Hof,** Duisburger Str. 20, ⊠ 45145, ℘ 76 34 30, Fax 763403 – 🝙 ⓞ 🗜 *VISA*.
🍽   R **a**
Montag, Jan. und Juli - Aug. je 2 Wochen geschl., Dienstag nur Abendessen – **Menu** à la carte 62/89.

In Essen-Kettwig ④ : 11 km – ☎ 02054 :

🏨 **Schloß Hugenpoet** ⑤ (ehem. Wasserschloß), August-Thyssen-Str. 51 (W : 2,5 km), ⊠ 45219, ℘ 1 20 40, Fax 120450, 🏖, « Park, umfangreiche Gemäldesammlung », 🍽 –
⃗ ☑ ⇔ 🅿 – 🔏 40. 🝙 ⓞ 🗜 *VISA* 𝐉𝐂𝐁. 🍽 Rest
2.- 7. Jan. geschl. – **Menu** (bemerkenswerte Weinkarte) à la carte 76/133 – **19 Z** 265/470.

🏨 **Sengelmannshof** ⑤, Sengelmannsweg 35, ⊠ 45219, ℘ 60 68, Fax 83200, 🏖, ☎ – ⃗
☑ ☎ ⇔ 🅿 – 🔏 30. 🝙 ⓞ 🗜 *VISA*
Menu *(Samstag nur Abendessen)* à la carte 37/73 – **26 Z** 120/225.

🏠 **Schmachtenbergshof,** Schmachtenbergstr. 157, ⊠ 45219, ℘ 89 33, Fax 16547 – ☑ ☎
🅿 – 🔏 70
Menu *(Montag und Juni - Juli 3 Wochen geschl.)* (wochentags nur Abendessen) à la carte 31/46 – **24 Z** 100/170.

🏠 **Knappmann,** Ringstr. 198, ⊠ 45219, ℘ 78 09, Fax 6789 – ☑ ☎ 🅿. 🝙 🗜 *VISA* 𝐉𝐂𝐁. 🍽 Zim
23. Dez.- 2. Jan. geschl. – **Menu** *(Montag - Freitag nur Abendessen, Donnerstag geschl.)* à la carte 22/45 – **10 Z** 95/135.

XXXX ✿✿ **Résidence** ⑤ mit Zim, Auf der Forst 1, ⊠ 45219, ℘ 89 11, Fax 82501, 🏖 – ⇔ Rest
☑ ☎ 🅿. 🝙 ⓞ 🗜
1.- 8. Jan. und Juli - Aug. 3 Wochen geschl. – **Menu** *(Sonntag - Montag geschl.)* (nur Abendessen, Tischbestellung ratsam, bemerkenswerte Weinkarte) 135/178 und à la carte 97/125 – **18 Z** 210/550
Spez. Sülze von Ochsenschwanz und Gänsestopfleber mit Zuckerschotensalat, Zander und Hummer im Zucchinimantel mit Artischocken, Lammrücken in Wirsing und geschmorte Lammhachse mit Schnippelbohnen.

XX **Landhaus Rutherbach,** Ruhrtalstr. 221, ⊠ 45219, ℘ (0201) 49 52 46, 🏖 – 🅿. 🝙 🗜 *VISA*
Montag geschl. – **Menu** (wochentags nur Abendessen) à la carte 42/71.

In Essen-Rellinghausen :

XXX **Kockshusen** (Fachwerkhaus a.d. 17. Jh.), Pilgrimsteig 51, ⊠ 45134, ℘ 47 17 21, Fax 472099, « Gartenterrasse » – 🅿 – 🔏 25   S **m**
Dienstag und Juli - Aug. 3 Wochen geschl. – **Menu** à la carte 47/72.

In Essen-Rüttenscheid :

🏨 **Hotel an der Gruga** garni, Eduard-Lucas-Str. 17, ⊠ 45131, ℘ 4 19 10, Fax 425102, « Behagliche Einrichtung » – ⃗ ☑ ☎ ⇔ 🅿. ⓞ 🗜 *VISA*   AX **a**
39 Z 120/230.

🏨 **Maximilian** garni, Manfredstr. 10, ⊠ 45131, ℘ 45 01 70, Telex 4501799 – ⃗ ☑ ☎ 🅿. 🝙
ⓞ 🗜 *VISA*   S **t**
31 Z 150/240.

🏨 **Ruhr - Hotel** garni, Krawehlstr. 42, ⊠ 45130, ℘ 77 80 53, Fax 780283 – ⃗ ☑ ☎. 🝙 🗜
VISA 𝐉𝐂𝐁   AV **e**
29 Z 135/226.

🏨 **Alma** garni, Almastr. 7, ⊠ 45130, ℘ 77 70 90, Fax 7240106 – ⃗ ☑ ☎. 🝙 ⓞ 🗜 *VISA*. 🍽
39 Z 170/300.   BV **c**

🏠 **Behr's Parkhotel** garni, Alfredstr. 118, ⊠ 45131, ℘ 77 90 95, Fax 789816 – ☑ ☎ 🅿. 🝙
🗜   AX **r**
20 Z 140/200.

🏠 **Rüttenscheider Hof,** Klarastr. 18, ⊠ 45130, ℘ 79 10 51, Fax 792875 – ☑ ☎. ⓞ 🗜
VISA   BX **x**
Menu *(Donnerstag geschl.)* (nur Abendessen) à la carte 35/66 – **24 Z** 100/180.

XX **Bonne auberge,** Witteringstr. 92, ⊠ 45130, ℰ 78 39 99, Fax 783999 – 𝔸𝔼 ⓞ 𝔼
VISA   BV s
Samstag nur Abendessen, Sonn- und Feiertage geschl. – **Menu** à la carte 74/102.

XX **Silberkuhlshof,** Lührmannstr. 80, ⊠ 45131, ℰ 77 32 67, Fax 774635, « Gartenterrasse »
– ⓟ – 𝒜 50. 𝔸𝔼 ⓞ 𝔼 VISA   R e
Montag und 1.- 20. Jan. geschl. – **Menu** à la carte 41/65.

ESSEN, BAD Niedersachsen 𝟜𝟙𝟙 𝟜𝟙𝟚 I 10, 𝟡𝟠𝟟 ⑭ – 13 000 Ew – Höhe 90 m – Sole-Heilbad
– ❀ 05472.

🄱 Kurverwaltung, Ludwigsweg 6, ⊠ 49152, ℰ 8 33, Fax 4442.

◆Hannover 133 – Bielefeld 54 – ◆Osnabrück 24.

🏛 **Haus Deutsch Krone** ॐ, Ludwigsweg 10, ⊠ 49152, ℰ 40 80, Fax 408222, ≤, 🏖, ☎,
◆ 🔲 – ▮ 𝕋𝕍 ☎ ⓟ – 𝒜 120. 𝔸𝔼 ⓞ 𝔼
Menu à la carte 24/54 – **80 Z** 88/296.

🏛 **Parkhotel** ॐ, Auf der Breede 1, ⊠ 49152, ℰ 40 70, Fax 40720, ≤, 🏖, ☎ – ▮ 𝕋𝕍 ☎
ⓟ – 𝒜 50
Menu à la carte 35/66 – **28 Z** 95/225.

ESSING Bayern siehe Kelheim.

ESSINGEN Baden-Württemberg 𝟜𝟙𝟛 N 20 – 5 700 Ew – Höhe 520 m – Wintersport : 500/700 m
✓3 ✓3 – ❀ 07365.

◆Stuttgart 70 – Aalen 6 – ◆Augsburg 126 – ◆Ulm (Donau) 68.

🅺 Brauereigasthof Sonne, Rathausgasse 17, ⊠ 73457, ℰ 2 72, Fax 5032 – ⓟ
19 Z.

In occasione di alcune manifestazioni commerciali o turistiche
i prezzi richiesti dagli albergatori possono subire un sensibile
aumento nelle località interessate e nei loro dintorni.

ESSLINGEN AM NECKAR Baden-Württemberg 𝟜𝟙𝟛 KL 20, 𝟡𝟠𝟟 ㉟ – 92 000 Ew – Höhe 240 m
– ❀ 0711 (Stuttgart).

Sehenswert : Altes Rathaus★ Y B.

🄱 Tourist-Information, Rathausplatz 2, ⊠ 73728, ℰ 35 12 24 41, Fax 35122912.

ADAC, Hindenburgstr. 95, ⊠ 73728, ℰ 31 10 72, Fax 3180752.

◆Stuttgart 14 ④ – Reutlingen 40 ③ – ◆Ulm (Donau) 80 ③.

Stadtplan siehe nächste Seite

🏛 **Am Schelztor,** Schelztorstr. 5, ⊠ 73728, ℰ 35 30 51, Fax 359887, ☎ – ▮ 𝕋𝕍 ☎ – 𝒜 20.
𝔸𝔼 ⓞ 𝔼 VISA   Z e
Menu *(Samstag - Sonntag, Juli - Aug. 3 Wochen und Weihnachten - Anfang Jan. geschl.)*
à la carte 29/54 – **33 Z** 110/190.

🏛 **Am Schillerpark,** Neckarstr. 60, ⊠ 73728, ℰ 93 13 30(Hotel), 3 16 70 33(Rest.),
Fax 93133100 – ▮ 𝕋𝕍 ☎ ♿ 🚗 ⓟ. 𝔸𝔼 ⓞ 𝔼 VISA   Z r
– **Caterino** (italienische Küche) **Menu** à la carte 39/71 – **49 Z** 110/275.

🏛 **Rosenau,** Plochinger Str. 65, ⊠ 73730, ℰ 31 63 97, Fax 3161344, ☎, 🔲 – ▮ 𝕋𝕍 ☎ ⓟ.
𝔸𝔼 𝔼 VISA   über Plochinger Straße   Z
Menu *(Samstag, Aug. und 24. Dez.- 6. Jan. geschl.)* (nur Abendessen) à la carte 30/58 –
57 Z 90/180.

🄰 **Panorama-Hotel** garni, Mülberger Str. 66, ⊠ 73728, ℰ 37 31 88, Fax 371096, ≤ – ▮ 𝕋𝕍
☎ ⓟ. 𝔸𝔼 ⓞ 𝔼 VISA JCB   Y a
22. Dez.- 10. Jan. geschl. – **35 Z** 108/150.

XX **Dicker Turm,** Auf der Burg (Zufahrt über Mülberger Str.), ⊠ 73728, ℰ 35 50 35,
Fax 3508596, ≤ Esslingen – ▮ ⓟ. ⓞ 𝔼 VISA   Y d
Sonntag geschl. – **Menu** (abends Tischbestellung ratsam) à la carte 55/83 *(auch vegeta-*
rische Gerichte).

In Esslingen-Berkheim ③ : 4 km :

🏛 **Linde,** Ruiter Str. 2, ⊠ 73734, ℰ 34 53 05, Fax 3454125, ☎, 🛁 (geheizt), 🔲, 🌳 – ▮ 𝕋𝕍
☎ 🚗 ⓟ – 𝒜 50. 𝔸𝔼 ⓞ 𝔼 VISA
Menu *(Samstag und Weihnachten - Mitte Jan. geschl.)* à la carte 35/61 – **95 Z** 100/220.

In Esslingen-Zell ② : 4 km :

🏛 **Zeller Zehnt** garni, Hauptstr. 97, ⊠ 73730, ℰ 36 70 21, Fax 367545, ☎ – ▮ 𝕋𝕍 ☎ 🚗
ⓟ. 𝔸𝔼 ⓞ 𝔼 VISA
Juli - Aug. 3 Wochen und 24. Dez.- 6. Jan. geschl. – **29 Z** 90/160.

ESSLINGEN AM NECKAR

0   300 m

ESTERWEGEN Niedersachsen 🗺️ F 8 – 3 700 Ew – Höhe 35 m – ✆ 05955.
◆Hannover 200 – ◆Bremen 96 – Lingen 63 – ◆Osnabrück 121.

🏨 **Graf Balduin** 🦌 (mit 🏠 Gasthof), Am Sportpark, ✉ 26897, ℘ 2 02 00, Fax 20299, 🌳, 🎾(Halle) – 🛗 📺
✆ 🅿 – 🛎 50. 🆎 ⚕ ⬛ 💳
Menu *(Sonntag geschl.)* à la carte 28/54 – **33 Z** 70/120.

ETTAL Bayern 🗺️ Q 24, 🗺️ F 6 – 1 000 Ew – Höhe 878 m – Luftkurort – Wintersport : ✗2
– ✆ 08822 (Oberammergau).

Ausflugsziel : Schloß Linderhof★★ (Schloßpark★★) W : 9,5 km.

🛈 Verkehrsamt, Ammergauer Str. 8, ✉ 82488, ℘ 35 34, Fax 6399.
◆München 88 – Garmisch-Partenkirchen 15 – Landsberg am Lech 62.

🏨🏨 **Blaue Gams** 🦌 (mit 🏠 Gasthof), Vogelherdweg 12, ✉ 82488, ℘ 64 49, Fax 869, ≤, 🌳
🌳 – 🛗 📺 ✆ 🅿 – **Menu** a la carte 27/50 – **51 Z** 60/180 – ½ P 69/111.

🏨 **Benediktenhof** 🦌, Zieglerstr. 1, ✉ 82488, ℘ 46 37, Fax 7288, ≤, 🌳, « Haus im bäuerlichen Barockstil » – ✆ ⬅ 🅿. ✗ – Nov.- 22. Dez. und März - April 3 Wochen geschl.
– **Menu** *(Montag geschl.)* à la carte 33/57 – **16 Z** 85/145.

🏨 **Ludwig der Bayer,** Kaiser-Ludwig-Platz 10, ✉ 82488, ℘ 66 01, Fax 74480, 🌳, 🚴, 🎿,
🎿, ✗ – 🛗 ✆ 🅿 – 🛎 30
5. Nov.- 22. Dez. geschl. – **Menu** à la carte 26/67 – **70 Z** 80/198.

🏨 **Zur Post,** Kaiser-Ludwig-Platz 18, ✉ 82488, ℘ 35 96, Fax 6971, 🌳 – 📺 ⬅ 🅿. 💳
JCB
Nov.- 20. Dez. geschl. – **Menu** *(Dez.- April wochentags nur Abendessen)* à la carte 25/55
– **20 Z** 85/170.

In Ettal-Linderhof W : 11 km :

🏡 **Schlosshotel Linderhof** ♠, Linderhof 14, ⊠ 82488, ℘ 7 90, Fax 4347, 🌣 – |🛗| 📺 ☎
🚗 **ⓟ** – 🏊 40. ℿ ① 🇪 💳 ᴊᴄʙ
Menu à la carte 26/56 – **29 Z** 75/180.

ETTLINGEN Baden-Württemberg 四🖪🖪 HI 20, 🥚🖪🖪 ㉕㉟ – 38 000 Ew – Höhe 135 m – ✪ 07243.
🖪 Verkehrsamt im Schloß, ⊠ 76275, ℘ 10 12 21, Fax 101430.
◆Stuttgart 79 – Baden-Baden 36 – ◆Karlsruhe 8 – Pforzheim 30.

🏡 **Erbprinz**, Rheinstr. 1, ⊠ 76275, ℘ 32 20, Fax 16471, 🌣, « Elegantes Restaurant » – |🛗|
📺 🚗 **ⓟ** – 🏊 50. ℿ ① 🇪 💳
Menu *(Sonntag nur Mittagessen, Montag geschl.)* à la carte 59/96 – **Weinstube Sibylla :**
Menu à la carte 35/57 – **42 Z** 200/410.

🏡 **Stadthotel Engel**, Kronenstr. 13, ⊠ 76275, ℘ 33 00, Fax 330199, 🛋 – |🛗| ⇔ Zim 📺 ☎
🕭 🚗 – 🏊 40. ℿ ① 🇪 💳 ⬠
Weihnachten - Anfang Jan. geschl. – **Menu** (siehe **Weinstube zum Engele** separat erwähnt)
– **72 Z** 155/238.

🏡 **Holder**, Forlenweg 18, ⊠ 76275, ℘ 1 60 08, Fax 79595, 🛋 – |🛗| 📺 ☎ **ⓟ**. ℿ 🇪
24. Dez.- 7. Jan. geschl. – (nur Abendessen für Hausgäste) – **30 Z** 85/160.
Stadtplan Karlsruhe AV **b**

🏡 **Drei Mohren**, Rheinstr. 15, ⊠ 76275, ℘ 1 60 31, Fax 15791, 🌣 – |🛗| 📺 ☎ 🚗 **ⓟ**. ℿ
① 🇪 💳
Menu *(Samstag - Sonntag geschl.)* à la carte 40/70 – **26 Z** 158/175.

🏡 **Sonne** garni, Pforzheimer Str. 21, ⊠ 76275, ℘ 1.22 15, Fax 330199 – **ⓟ**. ℿ ① 🇪 💳
Weihnachten - Anfang Jan. geschl. – **26 Z** 75/135.

XXX **Weinstube zum Engele**, Kronenstr. 13, ⊠ 76275, ℘ 1 28 52, Fax 4673 – ℿ 🇪 💳
Sonntag geschl. – **Menu** (bemerkenswerte Weinkarte) 45 (mittags) und à la carte 53/84.

XX **Ratsstuben**, Kirchenplatz 1, ⊠ 76275, ℘ 1 47 54, Fax 330199, 🌣 – ℿ ① 🇪 💳
Menu à la carte 36/75.

X **Yasmin**, Marktstr. 16 (1. Etage), ⊠ 76275, ℘ 3 29 29 – ℿ 🇪
Menu (chinesische Küche) à la carte 26/52.

An der Autobahn A 5 (Anschlußstelle Karlsruhe-Süd) NW : 2,5 km :

🏡 **Scandic Crown Hotel**, Beim Runden Plom (Industriegebiet), ⊠ 76275 Ettlingen, ℘ 7 10,
Telex 7826615, Fax 71666, 🌣, 🎰, 🛋, ▨ – |🛗| ⇔ Zim 🍽 🕭 **ⓟ** – 🏊 350. ℿ ①
🇪 💳 ⬠ Rest Stadtplan Karlsruhe AV **e**
Menu à la carte 49/79 – **199 Z** 240/400, 4 Suiten.

EUSKIRCHEN Nordrhein-Westfalen 四🖪🖪 D 15, 🥚🖪🖪 ㉓ – 45 000 Ew – Höhe 150 m – ✪ 02251.
ADAC, Hochstr. 64, ⊠ 53879, ℘ (0221) 47 27 47, Fax 75964.
◆Düsseldorf 78 – ◆Bonn 27 – Düren 30 – ◆Köln 41.

🏡 **Eifel-Hotel** garni, Frauenberger Str. 181, ⊠ 53879, ℘ 50 10, Fax 73847, 🛋 – |🛗| ⇔ 📺
☎ 🕭 **ⓟ** – 🏊 20
25 Z 125/200.

🏡 **Rothkopf**, Kommerner Str. 76 (B 56), ⊠ 53879, ℘ 5 56 11, Fax 30 60 – 📺 ☎ **ⓟ**.
↔ ⬠ Rest
Menu *(Freitag geschl., Samstag nur Abendessen)* à la carte 23/55 – **33 Z** 110/180.

EUTIN Schleswig-Holstein 四🗓 OP 4, 🥚🖪🖪 ⑥, 🥚🖪🖪 ⑥ – 19 200 Ew – Höhe 43 m – Luftkurort
– ✪ 04521.
🖪 Fremdenverkehrsamt, Haus des Kurgastes, ⊠ 23701, ℘ 31 55.
◆Kiel 44 – ◆Lübeck 40 – Oldenburg in Holstein 29.

In Eutin-Fissau N : 2,5 km :

🏡 **Wiesenhof**, Leonhardt-Boldt-Str. 25, ⊠ 23701, ℘ 7 07 60, Fax 707666, 🛋, ▨, 🚿 – ☎
🚗 **ⓟ**. 🇪. ⬠
Menu *(Mittwoch geschl.)* à la carte 36/52 – **22 Z** 74/164.

In Eutin-Sielbeck N : 5,5 km :

🏡 **Uklei-Fährhaus**, Eutiner Str. 7 (am Kellersee), ⊠ 23701, ℘ 24 58, Fax 5576, ≤, « Terrasse
am See », 🚿 – **ⓟ**
Dez.- Anfang Feb. geschl. – **Menu** *(außer Saison Donnerstag geschl.)* à la carte 29/62 –
22 Z 60/145 – ½ P 80/95.

An der Straße nach Schönwalde NO : 3 km :

X **Der Redderkrug**, Am Redderkrug 5, ⊠ 23701 Eutin, ℘ (04521) 22 32, Fax 2293, ≤, 🌣
– **ⓟ** – 🏊 40. ℿ ① 🇪 💳 ᴊᴄʙ
Menu à la carte 31/58.

EXTERTAL Nordrhein-Westfalen 🔲🔲 K 10 – 13 100 Ew – Höhe 220 m – 🟢 05262.

🛈 Verkehrsamt, Mittelstr. 36 (Bösingfeld), ⊠ 32699, 𝒫 40 20, Fax 40258.

♦Düsseldorf 221 – ♦Hannover 72 – Paderborn 64 – ♦Osnabrück 103.

In Extertal-Bösingfeld :

🏠 **Timpenkrug,** Mittelstr. 14, ⊠ 32699, 𝒫 7 52, Fax 2220 – 📺 ☎ 🛬 🅿. 📧
Menu à la carte 29/54 – **15 Z** 78/128.

FACHBACH Rheinland Pfalz siehe Bad Ems.

FALKENAU Sachsen siehe Flöha.

FALKENBERG (MARK) Brandenburg siehe Freienwalde, Bad.

FALKENHAGEN Brandenburg siehe Pritzwalk.

FALKENSTEIN KREIS CHAM Bayern 🔲🔲 U 19 – 3 000 Ew – Höhe 627 m – Luftkurort – Wintersport : 630/700 m ⚡1 ⚡1 – 🟢 09462.

🛈 Verkehrsamt im Rathaus, ⊠ 93167, 𝒫 2 44.

♦München 162 – Cham 21 – ♦Regensburg 40 – Straubing 29.

🏨 **Hotel am Schloßpark,** Rodinger Str. 5, ⊠ 93167, 𝒫 7 96, Fax 1664, Biergarten, 🖙 – 🛗
➡ 📺 ☎ 🛬 🅿 – 🔬 30. 🖭 ⓞ 📧 𝘝𝘐𝘚𝘈
Menu *(Montag geschl.)* à la carte 23/50 – **17 Z** 70/130.

🏠 **Café Schwarz** 🐾, Arracher Höhe 1, ⊠ 93167, 𝒫 2 50, Fax 674, ◁, 🖙, 🗾, 🌧 – 🛬
🅿
Ende Nov. - Mitte Dez. geschl. – (nur Abendessen für Hausgäste) – **23 Z** 50/100
– ½ P 55/60.

🏠 **Schröttinger Bräu,** Marktplatz 7, ⊠ 93167, 𝒫 3 21, Fax 1664, Biergarten – 🅿. 🖭 ⓞ 📧
➡ 𝘝𝘐𝘚𝘈
Nov. 2 Wochen geschl. – **Menu** *(Okt.-Mai Montag geschl.)* à la carte 17/42 – **25 Z** 55/90
– ½ P 57/60.

FALKENSTEIN (Vogtland) Sachsen 🔲🔲 J 14, 🔲🔲🔲 ㉗, 🔲🔲🔲 ㉗ – 9 500 Ew – Höhe 500 m –
🟢 03745.

♦Dresden 151 – Gera 60 – Plauen 20.

🏨 **Falkenstein,** Amtsstr. 1, ⊠ 08223, 𝒫 74 20, Fax 742444, 🖙 – 🛗 ⅍ Zim 📺 ☎ 🛬 🅿
– 🔬 80. 🖭 ⓞ 📧 𝘝𝘐𝘚𝘈
5.- 31. Jan. geschl. – **Menu** à la carte 30/51 – **50 Z** 135/160.

🏠 **Jägerhalle,** Schloßstr. 50, ⊠ 08223, 𝒫 7 12 83, Fax 71324 – 📺 ☎ 🛬. 📧
➡ **Menu** *(Montag nur Abendessen)* à la carte 19/37 – **12 Z** 65/95.

FALLINGBOSTEL Niedersachsen 🔲🔲 M 8, 🔲🔲🔲 ⑮ – 11 000 Ew – Höhe 50 m – Kneippheilbad
und Luftkurort – 🟢 05162.

🛈 Kurverwaltung, Sebastian-Kneipp-Platz 1, ⊠ 29683, 𝒫 40 00, Fax 400500.

♦Hannover 59 – ♦Bremen 70 – ♦Hamburg 95 – Lüneburg 69.

🏨 **Berlin,** Düshorner Str. 7, ⊠ 29683, 𝒫 30 66, Fax 1636, 🌧, 🌧 – 📺 ☎ 🛬 🅿 – 🔬 25.
🖭 ⓞ 📧 𝘝𝘐𝘚𝘈. 🛠 Rest
Menu *(Sonntag nur Mittagessen)* à la carte 32/48 – **20 Z** 90/150.

🏠 **Haus Petersen** garni, Schlüterberg 1, ⊠ 29683, 𝒫 59 66, Fax 1262, 🖙, 🗾, 🌧 – 📺 ☎
🛬 🅿
16 Z 75/150.

🏠 **Karpinski** garni, Kirchplatz 1, ⊠ 29683, 𝒫 30 41, Fax 6405 – 🛗 📺 ☎ 🛬 🅿. 🖭 ⓞ 📧
𝘝𝘐𝘚𝘈 🛠
Mitte Dez.- Mitte Jan. geschl. – **22 Z** 65/115.

MICHELIN-REIFENWERKE KGaA. Regionales Vertriebszentrum Fallingbostel, Bockhorner Weg 11, ⊠ 29683, 𝒫 40 50 Fax 405170.

Ganz EUROPA auf einer Karte (mit Ortsregister) :
Michelin-Karte Nr. 🔲🔲🔲.

FARCHANT Bayern **413** Q 24, **426** F 6 – 3 800 Ew – Höhe 700 m – Erholungsort – Wintersport : 650/700 m ⚡2 – ✆ 08821 (Garmisch-Partenkirchen).

🛬, Oberau, Gut Buchwies (NO : 4 km), ℘ (08824) 83 44..

🛈 Verkehrsamt im Rathaus, Am Gern 1, ⊠ 82490, ℘ 67 55, Fax 61316.

◆München 84 – Garmisch-Partenkirchen 4 – Landsberg am Lech 73.

🏠 **Kirchmayer,** Hauptstr. 14, ⊠ 82490, ℘ 6 87 33, Fax 6345, 🏕 – 📳 📺 ☎ 🅿. 🆎 🅴 🆅🆂🅰
↔ 15. Nov. - 18. Dez. geschl. – **Menu** à la carte 24/49 – **16 Z** 75/150 – ½ P 102.

🏠 **Föhrenhof** ⟨⟩, Frickenstr. 2, ⊠ 82490, ℘ 66 40, Fax 61340, 🏕, 🚗 – 📺 ⟵⟶ 🅿
9.- 31. Jan., 27. März - 11. April und Nov.- 19. Dez. geschl. – **Menu** (Montag - Dienstag geschl.) à la carte 28/54 – **18 Z** 60/160.

🏠 **Gästehaus Zugspitz** garni, Mühldörflstr. 4, ⊠ 82490, ℘ 67 29, Fax 61664, ≤, ⇔s, 🚗 –
📺 ☎ 🅿
20. April - 1. Mai und 20. Nov.- 20. Dez. geschl. – **14 Z** 55/100.

FASSBERG Niedersachsen **411** N 8 – 6 300 Ew – Höhe 60 m – ✆ 05055.

🛈 Verkehrsbüro in Müden, Hauptstr. 6, ⊠ 29328, ℘ (05053) 3 29.

◆Hannover 87 – Celle 44 – Munster 14.

In Faßberg-Müden SW : 4 km – Erholungsort – ✆ 05053 :

🏨 **Niemeyer's Posthotel,** Hauptstr. 7, ⊠ 29328, ℘ 9 89 00, Fax 248, « Gartenterrasse », ⇔s
– 📺 ☎ 🅿 – 🔬 40. 🅴 🆅🆂🅰. ⚘
Menu (Jan. 2 Wochen geschl., im Winter Sonntag nur Mittagessen) à la carte 41/74 – **37 Z**
120/280.

🏨 **Bauernwald** ⟨⟩, Alte Dorfstr. 8, ⊠ 29328, ℘ 5 88, Fax 1556, « Gartenterrasse », ⇔s, 🚗
– 📺 ☎ ⟵⟶ 🅿 – 🔬 50. 🅴. ⚘
Juni - Juli 3 Wochen und 20. Dez.- Mitte Jan. geschl. – **Menu** (Montag geschl., Dienstag
nur Abendessen) à la carte 38/63 – **37 Z** 95/180.

FEHMARN (Insel) Schleswig-Holstein **411** Q 3, **987** ⑥ – Ostseeinsel, durch die
Fehmarnsundbrücke★ (Auto und Eisenbahn) mit dem Festland verbunden.

🛬 Burg-Wulfen, ℘ (04371) 59 00.

🚢 (Fähre), ℘ (04371) 21 68.

🚢 von Puttgarden nach Rodbyhavn/Dänemark.

🛈 Insel-Information in Burg, Breite Str. 28, ⊠ 23769, ℘ 30 54, Fax 50681.

🛈 Kurverwaltung in Burg-Südstrand, ⊠ 23769, ℘ 5 00 50, Fax 500590.

Bannesdorf – 2 300 Ew – ✆ 04371.
Burg 5.

In Bannesdorf - Neue Tiefe S : 6 km (ab Burg 2 km) :

🏠 **Strandhotel** garni, Am Binnensee 2 (Nähe Südstrand), ⊠ 23769, ℘ 31 42, Fax 9730 – ☎
🅿. 🅴
24 Z 74/158.

Burg – 6 700 Ew – Ostseeheilbad – ✆ 04371.
◆Kiel 86 – ◆Lübeck 86 – Oldenburg in Holstein 31.

🏠 **Kurhotel Hasselbarth** ⟨⟩, Sahrensdorfer Str. 39, ⊠ 23769, ℘ 23 22, Fax 4780, Massage,
♨, ♒, ⇔s, 🚗 – 📺 ☎ ⟵⟶ 🅿
24. Dez.- 1. Jan. geschl. – (Restaurant nur für Hausgäste) – **14 Z** 80/160.

In Burg-Burgstaaken :

🏠 **Schützenhof** ⟨⟩, Menzelweg 2, ⊠ 23769, ℘ 96 02, Fax 9670 – 📺 ☎ 🅿. 🆎 🅴. ⚘ Zim
Jan. geschl. – **Menu** (Dienstag geschl.) à la carte 29/58 – **32 Z** 55/130.

In Burg-Südstrand :

🏨 **Intersol** ⟨⟩, Südstrandpromenade, ⊠ 23769, ℘ 40 91, Fax 3765, ≤, 🏕 – 📳 📺 ☎ ♿ 🅿
– 🔬 50. ⓞ 🅴 🆅🆂🅰 🅹🅲🅱
Jan. - Feb. geschl. – **Menu** à la carte 32/73 – **44 Z** 97/265.

FEILNBACH, BAD Bayern **413** T 23, **426** HI 5 – 6 000 Ew – Höhe 540 m – Moorheilbad –
✆ 08066.

🛈 Kur- und Verkehrsamt, Bahnhofstr. 5, ⊠ 83075, ℘ 14 44, Fax 88750.

◆München 62 – Miesbach 22 – Rosenheim 19.

🏠 **Gästehaus Funk** ⟨⟩ garni, Nordweg 21, ⊠ 83075, ℘ 80 15, Fax 1007, ⇔s, 🚗 – 🅿. 🅴
13 Z 55/113.

🏠 **Gästehaus Kniep** ⟨⟩ garni, Wendelsteinstr. 41, ⊠ 83075, ℘ 3 37, ⇔s, 🚗 – 🅿. ⚘
Nov.- 20. Dez. geschl – **12 Z** 47/98.

In Bad Feilnbach-Au NW : 5 km :

XX ❀ **Landgasthof zur Post** mit Zim, Hauptstr. 48, ⊠ 83075, ℰ (08064) 7 42 – ❷.
E
Ende Aug.- Mitte Sept. geschl. – **Menu** *(Sonntag nur Mittagessen, Montag geschl.)*
(wochentags nur Abendessen, Tischbestellung erforderlich) 80/125 – **6 Z** 65/125
Spez. Saibling in Sauerampfer, Medaillon vom Milchkalb mit Zitronensauce, Topfencrème auf
Birnensauce.

In Bad Feilnbach-Oberhofen NW : 6,5 km :

🏠 **Forellen Stuben,** Oberhofen 81, ⊠ 83075, ℰ (08064) 3 81, Fax 1792, 㑇, 㑇 – 㑇
◆ ❷
Mitte Jan. - Mitte Feb. geschl. – **Menu** *(Montag geschl.)* à la carte 21/45 ⅄ – **15 Z** 50/90.

FELDAFING Bayern 🔢🔢🔢 Q 23, 🔢🔢🔢 ㊲, 🔢🔢🔢 F 5 – 4 900 Ew – Höhe 650 m – Erholungsort –
❀ 08157.
🏌 Tutzinger Str. 15, ℰ 70 05.
◆München 35 – Garmisch-Partenkirchen 65 – Weilheim 19.

🏠 **Kaiserin Elisabeth,** Tutzinger Str. 2, ⊠ 82340, ℰ 10 13, Fax 4939, ≤ Starnberger See, 㑇,
« Park », 㑇, 㑇 – 㑇 ❷ 㑇 ❷ – 㑇 60. 㑇 ⓪ E 🆅🅸🆂🅰. 㑇 Rest
Menu à la carte 51/81 – **70 Z** 90/280 – ½ P 128/208.

In Feldafing-Wieling W : 2 km :

🏠 **Zur Linde,** An der B 2, ⊠ 82340, ℰ 85 40, Fax 4465, Biergarten – 📺 ❷
Jan.- Feb. 3 Wochen und Nov. 2 Wochen geschl. – **Menu** *(Montag geschl.)* à la carte 26/60
– **11 Z** 65/130.

FELDBERG IM SCHWARZWALD Baden-Württemberg 🔢🔢🔢 H 23, 🔢🔢🔢 ㉞, 🔢🔢🔢 HI 2 – 1 500 Ew
– Höhe 1 230 m – Luftkurort – Wintersport : 1 000/1 500 m ⚡17 㑇3 – ❀ 07655.
Sehenswert : Gipfel ⚡⭐⭐ – Bismarck-Denkmal ≤⭐.
🅱 Tourist-Information, Feldberg-Altglashütten, Kirchgasse 1, ⊠ 79868, ℰ 80 19, Fax 80143.
◆Stuttgart 170 – Basel 60 – Donaueschingen 45 – ◆Freiburg im Breisgau 43.

In Feldberg-Altglashütten – Höhe 950 m

🏠 **Waldeck - Gästehaus Monika,** Windgfällstr. 19, ⊠ 79868, ℰ 3 64, Fax 231, ≤, 㑇,
– 㑇 㑇 ❷
Nov.- Mitte Dez. geschl. – **Menu** *(Mittwoch geschl.)* à la carte 28/57 – **27 Z** 59/128
– ½ P 84/88.

🏠 **Pension Schlehdorn,** Sommerberg 1 (B 500), ⊠ 79868, ℰ 5 64, Fax 1320, ≤, 㑇, 㑇 –
㑇 ❷
(nur Abendessen für Hausgäste) – **16 Z** 75/140 – ½ P 92/96.

🏠 **Sonneck,** Schwarzenbachweg 5, ⊠ 79868, ℰ 2 11 (Hotel) 14 11 (Rest.), Fax 767, 㑇 – ❷.
E
Nov. 3 Wochen geschl. – **Menu** *(20. März - 5. April und Montag geschl., Dienstag nur
Abendessen)* à la carte 31/63 – **15 Z** 60/112 – ½ P 77/82.

In Feldberg-Bärental – Höhe 980 m

🏨 **Tannhof** 㑇, Im Dobel 1, ⊠ 79868, ℰ 6 62, Fax 1631, 㑇, 㑇, 㑇, 㑇, 㑇 – ⚡ Zim
📺 㑇 㑇 ❷. 㑇 ⓪ E 🆅🅸🆂🅰
Menu à la carte 45/62 – **20 Z** 110/210.

🏨 **Adler** (Schwarzwaldgasthof a.d.J. 1840), Feldbergstr. 4 (B 317), ⊠ 79868, ℰ 12 42,
Fax 1228, 㑇 – 📺 㑇 ❷. 㑇 ⓪ E 🆅🅸🆂🅰
Menu à la carte 33/69 – **15 Z** 90/200.

🏠 **Sport-Hotel Diana,** Panoramaweg 11, ⊠ 79868, ℰ 3 66, Fax 1034, ≤, 㑇, 㑇 – 㑇 📺
㑇 ❷ – 㑇 25. 㑇 ⓪ E 🆅🅸🆂🅰. 㑇 Rest
Nov. geschl. – **Menu** à la carte 43/78 – **27 Z** 110/210.

In Feldberg-Falkau – Höhe 950 m

🏠 **Sporthotel Falkau,** Haslachstr. 12, ⊠ 79868, ℰ 2 94, Fax 1334, 㑇, 㑇, 㑇, 㑇 – 📺
❷ – 㑇 40. 㑇
Ende Nov. - Mitte Dez. geschl. – **Menu** à la carte 26/54 – **24 Z** 65/106 – ½ P 63.

🏠 **Peterle** 㑇, Schuppenhörnlestr. 18, ⊠ 79868, ℰ 6 77, Fax 1771, ≤, 㑇 – 📺 㑇 㑇 ❷.
E 🆅🅸🆂🅰
Nov. 2 Wochen geschl. – **Menu** *(Montag nur Abendessen, Donnerstag geschl.)* à la carte
26/51 ⅄ – **14 Z** 39/90 – ½ P 53/59.

L'EUROPE en une seule feuille Cartes Michelin :

– routière (pliée) : n° 🔢🔢🔢
– politique (plastifiée) : n° 🔢🔢🔢

FELDKIRCHEN-WESTERHAM Bayern 🅐🅑🅒 S 23 – 8 500 Ew – Höhe 551 m – ✪ 08063.

🔥 Oed 1, 🖉 63 00.

♦München 37 – Rosenheim 24.

Im Ortsteil Feldkirchen :

🏠 **Mareis**, Münchner Str. 10, ⌧ 83620, 🖉 97 30, Fax 973885, 🏞, 🛋, 🔲 – 🛗 📺 ☎ 🚗
🅟 – ⚓ 60
80 Z.

Im Ortsteil Aschbach NW : 3 km ab Feldkirchen :

✕✕ **Berggasthof Aschbach** mit Zim, ⌧ 83620, 🖉 90 91, Fax 200, ≤, 🏞 – 📺 ☎ 🅟. 🖃 VISA
20. Jan.- 20. Feb. geschl. – **Menu** *(Montag geschl.)* à la carte 36/71 – **9 Z** 90/150.

FELLBACH Baden-Württemberg siehe Stuttgart.

FENSTERBACH Bayern siehe Schwarzenfeld.

FERCH Brandenburg siehe Potsdam.

FEUCHT Bayern 🅐🅑🅒 Q 18, 🅰🅱🅒 ㉖ – 13 200 Ew – Höhe 361 m – ✪ 09128.

Siehe Nürnberg (Umgebungsplan).

♦München 153 – ♦Nürnberg 17 – ♦Regensburg 95.

🏠 **Bauer** garni, Schwabacher Str. 25b, ⌧ 90537, 🖉 29 33 – 🛗 ☎ 🚗 🅟. 🖃   CT x
24. Dez.- 6. Jan. geschl. – **37 Z** 40/135.

An der Autobahn A 9 SW : 2 km :

🏠 **Rasthaus und Motel Nürnberg-Feucht**, Ostseite, ⌧ 90537 Feucht, 🖉 (09128) 34 44,
Fax 12318 – ৬ 🚗 🅟   CT e
38 Z.

FEUCHTWANGEN Bayern 🅐🅑🅒 NO 19, 🅰🅱🅒 ㉖ – 10 500 Ew – Höhe 450 m – Erholungsort –
✪ 09852.

🏢 Verkehrsbüro, Marktplatz 1, ⌧ 91555, 🖉 9 04 44, Fax 90466.

♦München 171 – Ansbach 25 – Schwäbisch Hall 42 – ♦Ulm (Donau) 115.

🏛 **Romantik-Hotel Greifen-Post**, Marktplatz 8, ⌧ 91555, 🖉 68 00, Fax 68068,
« Geschmackvolle Einrichtung », 🛋, 🔲 ≒ Zim 📺 ☎ 🚗 – ⚓ 15. 🆎 ⑩ 🖃 VISA
Menu *(Sonntag-Montag und Jan. geschl.)* à la carte 52/86 – **40 Z** 129/250.

🏠 **Ballheimer**, Ringstr. 57, ⌧ 91555, 🖉 91 82, Fax 3738, 🏞 – 🅟. 🖃 VISA
Menu *(Sept.- Mai Montag geschl.)* à la carte 31/55 – **13 Z** 62/110.

🏠 **Wilder Mann**, Alter Ansbacher Berg 2, ⌧ 91555, 🖉 7 19 – 📺 🅟
➤ Ende Aug.-Mitte Sept. geschl. – **Menu** *(Donnerstag geschl.)* à la carte 20/32 ⚘ – **13 Z** 55/95.

🏡 **Lamm**, Marktplatz 5, ⌧ 91555, 🖉 25 00, Fax 2884 – 📺 ☎
➤ 20. Dez.- 10. Jan. geschl. – **Menu** *(Dienstag geschl.)* à la carte 20/31 ⚘ – **8 Z** 55/130.

In Feuchtwangen-Dorfgütingen N : 6 km :

🏠 **Landgasthof Zum Ross**, Dorfgütingen 37 (B 25), ⌧ 91555, 🖉 99 33, Fax 9914, 🏞, 🛋,
✕ – 📺 ☎ 🚗 🅟
23. Dez.- 7. Jan. und 26. Okt.- 3. Nov. geschl. – **Menu** *(Sonntag nur Mittagessen, Montag
geschl.)* à la carte 26/52 – **12 Z** 63/100.

FICHTELBERG Bayern 🅐🅑🅒 S 17 – 2 800 Ew – Höhe 684 m – Luftkurort – Wintersport :
700/1 024 m ⚡1 ⚡5 – ✪ 09272.

🏢 Verkehrsamt im Rathaus, Bayreuther Str. 4, ⌧ 95686, 🖉 3 53, Fax 6711.

♦München 259 – Bayreuth 30 – Marktredwitz 21.

🏛 **Schönblick** 🦌, Gustav-Leutelt-Str. 18, ⌧ 95686, 🖉 4 27, Fax 6731, 🏞, 🛋, 🔲, 🌳 –
☎ 🚗 🅟 – ⚓ 25
Menu à la carte 28/56 – **40 Z** 67/161.

In Fichtelberg-Neubau NW : 2 km :

🏠 **Specht**, Fichtelberger Str. 41, ⌧ 95686, 🖉 4 11, Fax 6011, 🏞, 🌳 – 🅟
➤ **Menu** à la carte 19/43 – **26 Z** 35/90.

🏠 **Waldhotel am Fichtelsee** 🦌, ⌧ 95686, 🖉 4 66, Fax 469, ≤, 🏞, 🌳 – ☎ 🅟
25. Okt.- 17. Dez. geschl. – **Menu** à la carte 26/48 – **18 Z** 60/128 – ½ P 66/70.

FICHTENAU Baden-Württemberg siehe Dinkelsbühl.

FIEFBERGEN Schleswig-Holstein 🔲🔢 NO 3 - 350 Ew - Höhe 30 m - 🔴 04344 (Schönberg).

♦Kiel 19 - Lütjenburg 27 - Preetz 24.

XX **Sommerhof,** Am Dorfteich 11, ✉ 24217, 𝒫 66 85, Fax 4498, « Gartenterrasse » - **ⓟ**. 🛇 *Montag-Dienstag sowie Feb. und Okt.- Nov. jeweils 2 Wochen geschl.* - **Menu** (nur Abendessen, Tischbestellung ratsam) à la carte 57/66.

FILDERSTADT Baden-Württemberg 🔲🔢🔢 K 20 - 37 000 Ew - Höhe 370 m - 🔴 0711 (Stuttgart).

♦Stuttgart 16 - Reutlingen 25 - ♦Ulm (Donau) 80.

In Filderstadt-Bernhausen :

🏨 **Rega Hotel** garni, Karl-Benz-Str. 25, ✉ 70794, 𝒫 7 09 00, Fax 7090100 - 🛗 🔄 📺 ☎ 🚗 **ⓟ**. 🖭 ⓞ 🄴 𝘝𝘐𝘚𝘈
113 Z 135/210.

🏨 **Schwanen** garni, Obere Bachstr. 5, ✉ 70794, 𝒫 70 00 50, Fax 70005411 - 🛗 📺 ☎ 🚗. 🖭 ⓞ 🄴 𝘝𝘐𝘚𝘈
39 Z 139/185.

🏠 **Schumacher** garni, Volmarstr. 19, ✉ 70794, 𝒫 70 30 83, Fax 704420 - 🛗 📺 🟠
23 Z 95/140.

In Filderstadt-Bonlanden :

🏨 **Am Schinderbuckel,** Bonländer Hauptstr. 145 (nahe der B 27/312), ✉ 70794, 𝒫 7 78 10, Telex 7255837, Fax 7781555, 🌳, 🛋, 🔲 - 🛗 🔄 Zim 📺 ☎ **ⓟ** - 🔬 120. 🖭 ⓞ 🄴 𝘝𝘐𝘚𝘈
Menu à la carte 47/85 - **121 Z** 154/250.

In Filderstadt-Harthausen :

XX Guade Stub, Grötzinger Str. 29, ✉ 70794, 𝒫 (07158) 77 55 - **ⓟ**.

In Filderstadt-Sielmingen :

🏨 **Zimmermann** garni, Wielandstraße, ✉ 70794, 𝒫 (07158) 93 30, Fax 933275 - 🛗 📺 ☎ 🛴 🚗 **ⓟ** - 🔬 20. 🄴 𝘝𝘐𝘚𝘈
45 Z 99/170.

FINNENTROP Nordrhein-Westfalen 🔲🔢🔢 G 13, 🔢🔢🔢 ㉔ - 17 400 Ew - Höhe 230 m - 🔴 02721 (Grevenbrück).

♦Düsseldorf 130 - Lüdenscheid 43 - Meschede 46 - Olpe 25.

In Finnentrop-Bamenohl SO : 2 km :

🏠 **Cordes,** Bamenohler Str. 59 (B 236), ✉ 57413, 𝒫 7 07 36, Fax 6905 - 📺 ☎ 🚗 **ⓟ** 🄴. 🛇 Rest
Menu *(Dienstag geschl.)* à la carte 30/70 - **10 Z** 69/150.

In Finnentrop-Rönkhausen N : 7 km :

🏠 **Im Stillen Winkel** 🌿, Kapellenstr. 11, ✉ 57413, 𝒫 (02395) 3 71, Fax 1583 - 📺 ☎ **ⓟ**. 🖭 ⓞ 🄴 𝘝𝘐𝘚𝘈. 🛇 Rest
Menu *(Donnerstag und Juli 2 Wochen geschl.)* à la carte 27/57 - **9 Z** 80/145.

FINSTERBERGEN Thüringen 🔲🔢🔢 D 13 - 1 600 Ew - Höhe 419 m - Erholungsort - 🔴 03623 (Friedrichroda).

🟦 Fremdenverkehrsamt, Hauptstr. 17, ✉ 99898, 𝒫 61 22, Fax 6396.

Erfurt 49 - ♦Berlin 313 - Bad Hersfeld 89 - Coburg 104.

🏨 Finsterbergen 🌿, Kurhausstr. 12, ✉ 99898, 𝒫 62 00, Fax 6203, ≤, 🍴, 🌳 - 🛗 📺 ☎ 🛴 **ⓟ** - 🔬 200 - **112 Z.**

X **Zur Tanne** mit Zim, Hauptstr. 37, ✉ 99898, 𝒫 61 25, Fax 6125 - 📺 ☎ **ⓟ**. 🖭 🄴. 🛇 Zim
➡ *Nov. 2 Wochen geschl.* - **Menu** *(Donnerstag geschl.)* à la carte 19/35 🍴 - **10 Z** 60/90.

FINSTERWALDE Brandenburg 🔲🔢🔢 N 11, 🔢🔢🔢 ⑳, 🔢🔢🔢 ⑱ - 23 000 Ew - Höhe 106 m - 🔴 03531.

🟦 Fremdenverkehrsbüro, Markt 1 (Rathaus), ✉ 03238, 𝒫 6 30 47.

Potsdam 144 - ♦Berlin 119 - Cottbus 96 - ♦Dresden 93 - ♦Leipzig 115.

🏠 **Sängerstadt,** Markt 2, ✉ 03238, 𝒫 25 57, Fax 3389 - 📺. 🄴 𝘝𝘐𝘚𝘈
➡ **Menu** *(Freitag - Samstag nur Abendessen)* à la carte 24/50 - **27 Z** 80/150.

🏠 **Zum Brückenkopf,** Berliner Str. 23, ✉ 03238, 𝒫 22 01, Fax 2201, 🌳 - 📺 🚗 **ⓟ**. 🛇
➡ **Menu** *(Sonntag geschl.)* à la carte 21/42 - **26 Z** 80/120.

🏠 **Zum Vetter** garni, Lange Str. 15, ✉ 03238, 𝒫 22 69 - 📺 🚗. 🖭 ⓞ 🄴 𝘝𝘐𝘚𝘈
20 Z 55/139.

XX **Goldener Hahn** mit Zim, Bahnhofstr. 3, ✉ 03238, 𝒫 22 14, Fax 8535 - 📺 ☎. 🖭 ⓞ 🄴
➡ 𝘝𝘐𝘚𝘈
Menu *(Samstag nur Abendessen, Sonntag und Juli geschl.)* à la carte 24/45 - **12 Z** 95/170.

FISCHACH Bayern █▐█▌█▏ O 22 – 4 000 Ew – Höhe 490 m – ✪ 08236.

╦ Gessertshausen, Weiherhof (O : 14 km), ✆ (08238) 78 44.

♦München 90 – ♦Augsburg 22 – ♦Ulm (Donau) 73.

XX **Zur Posthalterei** mit Zim, Poststr. 14, ⊠ 86850, ✆ 15 57, Fax 306, 숙 – ⊡ ☎ ⓟ ⓞ
◆ *Juni 2 Wochen geschl.* – **Menu** *(Donnerstag geschl.)* à la carte 24/50 – **9 Z** 50/95.

FISCHBACHAU Bayern █▐█▌█▏ S 23, █▐█▌█▏ H 5 – 4 700 Ew – Höhe 771 m – Erholungsort – Wintersport : 770/900 m ≰1 ≴7 – ✪ 08028.

❚ Verkehrsamt, Rathaus, Kirchplatz 10, ⊠ 83730, ✆ 8 76, Fax 2040.

♦München 72 – Miesbach 18.

In Fischbachau-Birkenstein O : 1 km :

▥ **Klassik-Hotel** 🍃 (mit Gästehaus), Birkensteinstr. 99, ⊠ 83730, ✆ 16 75, Fax 1864, ☞
– ⊡ ☎ ⇔ ⓟ – ▲ 40
(Restaurant nur für Hausgäste) – **15 Z** 99/178.

☆ **Oberwirt** 🍃, Birkensteinstr. 91, ⊠ 83730, ✆ 8 14, 숙, ☞ – ⓟ
◆ *15.- 30. Jan. und 1.- 15. Dez. geschl.* – **Menu** *(Mittwoch geschl.)* à la carte 23/50 ⅃ – **18 Z**
38/90 – ½ P 53/60.

In Fischbachau-Winkl N : 1 km :

X **Café Winklstüberl** mit Zim, Leitzachtalstr. 68, ⊠ 83730, ✆ 7 42, Fax 1586, « Gemütliche
◆ Bauernstuben, Sammlung von Kaffeemühlen, Gartenterrasse mit ≼ » – ⓟ
Menu à la carte 23/48 – **8 Z** 35/70.

FISCHBACHTAL Hessen █▐█▌█▏ █▐█▌█▏ J 17 – 2 500 Ew – Höhe 300 m – ✪ 06166.

♦Wiesbaden 72 – ♦Darmstadt 25 – ♦Mannheim 57.

In Fischbachtal-Lichtenberg – Erholungsort :

XXX ✿ **Landhaus Baur** 🍃 mit Zim *(ehem. Villa in einem kleinen Park, auch Gästehaus mit ⊡,
☞)*, Lippmannweg 15, ⊠ 64405, ✆ 83 13, Fax 8841, ≼, 숙 – ⊡ ⓟ. ✸ Rest
Jan. 3 Wochen und Okt. 2 Wochen geschl. – **Menu** *(Montag geschl., Dienstag nur Abend-
essen)* *(Tischbestellung erforderlich)* 95/160 und à la carte 79/98 – **9 Z** 120/250
Spez. Zickleinleber mit Bärlauchnudeln, Seewolf mit Muschelcurry, Zwetschgenbonbons mit
Muskatnußeis.

In Fischbachtal-Nonrod :

▥ **Berghof** 🍃, Rodensteiner Str. 17, ⊠ 64405, ✆ 86 47, Fax 8788, 숙 – ⊡ ☎ ⓟ. ㏂ ⓞ
Ɛ Ⅴ𝐈𝐒𝐀
Mitte Okt. - Mitte Nov. geschl. – **Menu** *(Montag geschl.)* à la carte 34/64 – **10 Z** 75/120.

FISCHEN IM ALLGÄU Bayern █▐█▌█▏ N 24, █▐█▌█▏ ㊱, █▐█▌█▏ C 6 – 2 700 Ew – Höhe 760 m – Heilklimatischer Kurort – Wintersport : 760/1 665 m ≰3 ≴5 – ✪ 08326.

❚ Verkehrsamt, Am Anger 15, ⊠ 87538, ✆ 18 15, Fax 9066.

♦München 157 – Kempten (Allgäu) 33 – Oberstdorf 6.

▦ **Rosenstock,** Berger Weg 14, ⊠ 87538, ✆ 18 95, Fax 9676, ≘s, ⊡, ☞ – 🛗 ⊡ ☎ ⓟ. ✸
3. Nov.- 17. Dez. geschl. – (Restaurant nur für Hausgäste) – **42 Z** 84/197.

▦ **Burgmühle** 🍃, Auf der Insel 4a, ⊠ 87538, ✆ 99 50, Fax 7352, ≘s, ⊡, ☞ – ⅍ ⊡ ☎
⇔ ⓟ. ✸
Anfang Nov.- Mitte Dez. geschl. – (nur Abendessen für Hausgäste) – **25 Z** 100/300.

▥ **Krone,** Auf der Insel 1, ⊠ 87538, ✆ 2 87, Fax 9351, 숙 – ⊡ ⓟ
3.-11. April und Nov.- 17. Dez. geschl. – **Menu** *(Montag-Dienstag geschl.)* à la carte 29/62
– **7 Z** 70/140.

▥ **Café Haus Alpenblick** 🍃, Maderhalmer Weg 10, ⊠ 87538, ✆ 97 91, Fax 9794, ≼, 숙,
☞ – ☎ ⇔ ⓟ. ✸
Nov.- Mitte Dez. geschl. – **Menu** *(Mittwoch geschl.)* (nur Abendessen) à la carte 26/56 –
21 Z 62/122 – ½ P 71/76.

▥ **Insel Mühle,** Auf der Insel 3, ⊠ 87538, ✆ 98 98, Fax 9888, Biergarten, ☞ – ⊡ ☎ ⇔ ⓟ
Nov. geschl. – **Menu** *(Dienstag geschl.)* à la carte 28/53 – **22 Z** 70/158 – ½ P 78/88.

☆ **Münchner Kindl,** Hauptstr. 11, ⊠ 87538, ✆ 83 89, Fax 8288, ☞ – ⓟ
◆ *Nov.- Mitte Dez. geschl.* – **Menu** *(Mittwoch nur Mittagessen, Donnerstag geschl.)* à la carte
22/40 – **18 Z** 58/116.

In Fischen-Langenwang S : 3 km :

▦ **Kur- und Sporthotel Sonnenbichl** 🍃, Sägestr. 19, ⊠ 87538, ✆ 99 40, Fax 994180, ≼,
숙, Massage, ♨, ☘, ≘s, ⊡, ☞, ✹ – ⅍ ⊡ ☎ ⇔ ⓟ. ✸
19. April - 11. Mai und 02. Nov.- 21. Dez. geschl. – **Menu** à la carte 34/69 – **54 Z** 85/284
– ½ P 105/197.

▥ **Café Frohsinn** 🍃, Wiesenweg 4, ⊠ 87538, ✆ 18 48, Fax 1840, ≼, Massage, ♨, ☘, ≘s,
⊡, ☞ – 🛗 ⓟ. ✸
2. Nov.- 18. Dez. geschl. – **Menu** *(Montag geschl.)* (Abendessen nur für Hausgäste) à la
carte 27/45 – **54 Z** 100/200.

In Fischen-Maderhalm :

🏨 **Kur- und Sporthotel Tanneck** ⑤, Maderhalm 20, ⊠ 87538, ℘ 99 90, Fax 999133, ≤ Fischen und Allgäuer Berge, Massage, ⚑, ⚒, ⬛, ⬛, ♨, ⚔ – ⊯ 📺 ⟸ 🅿 – 🏨 40. 🌐
6. Nov.- 20. Dez. geschl. – (Restaurant nur für Hausgäste) – **63 Z** 137/376, 3 Suiten – ½ P 132/218.

🏨 **Café Maderhalm** ⑤, Maderhalmer Weg 19, ⊠ 87538, ℘ 3 60 50, Fax 7492, ≤ Fischen und Allgäuer Berge, ☕ – 📺 ☎ ⟸ 🅿
Nov.- 23. Dez. geschl. – **Menu** (Montag geschl., Nov. - Juni Sonntag nur Mittagessen) à la carte 29/53 – **13 Z** 64/127.

In Obermaiselstein W : 3 km :

🏨 **Berwanger** ⑤ (mit Gästehaus), Niederdorf 11, ⊠ 87538, ℘ (08326) 18 55, Fax 9454, ≤, ☕, ⚒, ♨ – ⊯ 📺 ☎ ⟸ 🅿
23. April - 7. Mai und 4. Nov.- 16. Dez. geschl. – **Menu** (Donnerstag geschl.) à la carte 28/63 – **34 Z** 85/176 – ½ P 80/98.

🏨 **Café Steiner** ⑤, Niederdorf 21, ⊠ 87538, ℘ (08326) 4 90, Fax 7241, ≤, ♨ – 🅿. 🅴
Nov.- Mitte Dez. geschl. – (Restaurant nur für Hausgäste) – **10 Z** 50/114 – ½ P 61/72.

%% ③ **Langer's Schlemmerstuben**, Paßstr. 2, ⊠ 87538, ℘ (08326) 95 00, Fax 9496, ☕ – 🅿
Mittwoch nur Abendessen, Dienstag, 10. Jan.- 3. April auch Montag, 9.- 26. Jan. und Dez. 2 Wochen geschl. – **Menu** à la carte 60/90
Spez. Kaviarmaultaschen in Chablisschaum, Gänsestopfleber in Honigbutter, Allgäuer Charolais-filet mit Schupfnudeln.

▆▆ **FISCHERBACH** Baden-Württemberg 🔢 H 22, 🔢 ㉘ – 1 600 Ew – Höhe 220 m – Erholungsort – ③ 07832 (Haslach im Kinzigtal).
♦Stuttgart 149 – ♦Freiburg im Breisgau 51 – Freudenstadt 50 – Offenburg 33.

🏨 **Krone** ⑤, Vordertalstr. 17, ⊠ 77716, ℘ 29 97, Fax 5575, ☕, ♨ – ⊯ ☎ ⟸ 🅿. 🌐 Zim
➡ über Fastnacht 3 Wochen geschl. – **Menu** (Montag geschl.) à la carte 22/50 ⚭ – **20 Z** 52/100 – ½ P 63/65.

Außerhalb N : 7 km, Zufahrt über Hintertal – Höhe 668 m

🏨 **Nillhof** ⑤, Hintertal 29, ⊠ 77716 Fischerbach, ℘ (07832) 25 00, Fax 67297, ➡ ≤ Schwarzwald, ☕, ⚒, ♨ – ⟸ 🅿. 🅰🅴 ⓞ 🅴 𝖵𝖨𝖲𝖠
Menu (Montag geschl.) à la carte 23/65 ⚭ – **18 Z** 50/120 – ½ P 63/73.

Die Namen der wichtigsten Einkaufsstraßen
sind am Anfang des Straßenverzeichnisses in Rot aufgeführt.

▆▆ **FLAMMERSFELD** Rheinland-Pfalz 🔢 F 15 – 1 200 Ew – Höhe 270 m – Luftkurort – ③ 02685.
🅱 Fremdenverkehrsbüro (Rathaus), Rheinstr. 31, ⊠57632, ℘ 10 26.
Mainz 119 – ♦Koblenz 45 – ♦Köln 66 – Limburg an der Lahn 60.

In Rott SW : 2 km :

🏨 **Zur Schönen Aussicht** ⑤, Gartenstr., ⊠ 57632, ℘ (02685) 3 44, Fax 8478, « Garten », ⚒, ⬛ – 📺 🅿
5.- 12. März und 22. Okt.- 12. Dez. geschl. – (Restaurant nur für Hausgäste) – **18 Z** 47/106 – ½ P 63/69.

▆▆ **FLEIN** Baden-Württemberg siehe Heilbronn.

▆▆ **FLENSBURG** Schleswig-Holstein 🔢 L 2, 🔢 ⑤ – 88 000 Ew – Höhe 20 m – ③ 0461.
Sehenswert : Städtisches Museum★ Y **M1** – Nikolaikirche (Orgel★) Z – Flensburger Förde★ Y.
🅱 Verkehrsverein, Speicherlinie 40, ⊠ 24937, ℘ 2 30 90, Fax 17352.
ADAC, Robert-Koch-Str. 33, ⊠ 24937, ℘ 5 30 33 ; Fax 54675.
♦Kiel 88 ③ – ♦Hamburg 158 ③.

Stadtplan siehe gegenüberliegende Seite

🏨 **Ramada** garni, Norderhofenden 6, ⊠ 24937, ℘ 8 41 10, Fax 8411299, ⚒ – ⊯ ⤬ 📺 ☎ ⚭ – 🏨 70. 🅰🅴 ⓞ 🅴 𝖵𝖨𝖲𝖠   Y **a**
95 Z 145/190.

🏨 **Flensburger Hof** garni, Süderhofenden 38, ⊠ 24937, ℘ 1 73 29, Fax 17331 – ⊯ 📺 ☎ ⟸. 🅰🅴 ⓞ 🅴 𝖵𝖨𝖲𝖠   Z **g**
28 Z 105/180.

🏨 **Central-Hotel** garni, Neumarkt 1, ⊠ 24937, ℘ 8 60 00, Fax 22599 – ⊯ 📺 ☎ ⟸ 🅿. 🅰🅴 ⓞ 🅴 𝖵𝖨𝖲𝖠   Z **a**
54 Z 100/200.

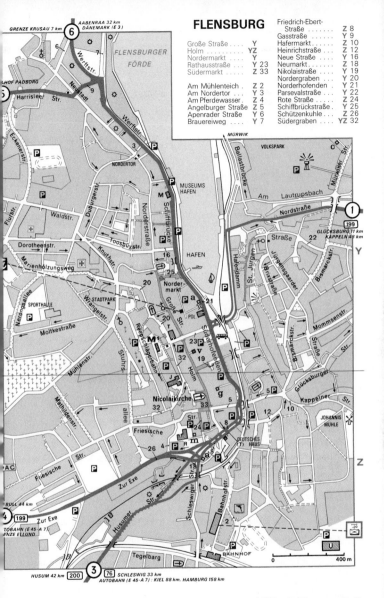

FLENSBURG

Große Straße	**Y**	Friedrich-Ebert-Straße	**Z** 8
Holm	**YZ**	Gasstraße	**Y** 9
Nordermarkt	**Y**	Hafermarkt......	**Z** 10
Rathausstraße ...	**Y** 23	Heinrichstraße ...	**Z** 12
Südermarkt	**Z** 33	Neue Straße	**Y** 16
		Neumarkt	**Z** 18
Am Mühlenteich .	**Z** 2	Nikolaistraße ...	**Y** 19
Am Nordertor ...	**Y** 3	Nordergraben ...	**Y** 20
Am Pferdewasser .	**Z** 4	Norderhofenden .	**Y** 21
Angelburger Straße	**Z** 5	Parsevalstraße ..	**Y** 22
Apenrader Straße	**Y** 6	Rote Straße	**Z** 24
Brauereiweg	**Y** 7	Schiffbrückstraße .	**Y** 25
		Schützenkuhle ...	**Z** 26
		Südergraben	**YZ** 32

GRENZE KRUSAU 7 km

AABENRAA 32 km
DÄNEMARK (E 3)

HOF PADBORG

Harrislee

GLÜCKSBURG 11 km
KAPPELN 48 km

BULL 44 km

TOBAHN (E 45-A 7)
ENZE ELLUND

HUSUM 42 km

SCHLESWIG 33 km
AUTOBAHN (E 45-A 7): KIEL 88 km, HAMBURG 158 km

🏠 **Am Rathaus** garni, Rote Str. 32, ✉ 24937, 𝒸 1 73 33, Fax 181382 – 🛗 📺 ☎ 🚗 🅿. 🅴
Weihnachten - Anfang Jan. geschl. – **40 Z** 85/150.
Z **m**

🏠 **Am Wasserturm** ⚲, Blasberg 13, ✉ 24943, 𝒸 3 15 06 00, Fax 312287, 🌭, ⚖, 🔲, 🌭
– 📺 ☎ 🅿. 🄰🄴 ⓞ 🅴 𝘝𝘐𝘚𝘈. 🍽 Rest
Menu à la carte 36/61 – **34 Z** 100/180.
Y **c**

🍴🍴 **Stadtrestaurant im Deutschen Haus,** Bahnhofstr. 15, ✉ 24937, 𝒸 2 35 66 – 🅿 –
🔺 500. 🄰🄴 ⓞ 🅴 𝘝𝘐𝘚𝘈
Sonntag geschl. – **Menu** à la carte 37/62.
Z

🍴 **Borgerforeningen,** Holm 17, ✉ 24937, 𝒸 2 33 85, Fax 23085, 🌭 – 🅿. 🄰🄴 ⓞ 🅴 𝘝𝘐𝘚𝘈
Sonntag geschl. – **Menu** à la carte 34/67.
Y **v**

In Harrislee ⑤ : 3,5 km :

🏠 **Nordkreuz,** Süderstr. 12, ✉ 24955, ℰ (0461) 7 74 00, Fax 774050 – 📺 ☎ 🅿. 🖽 E
Menu à la carte 30/53 – **14 Z** 60/140.

In Harrislee-Wassersleben ⑥ : 5 km :

🏠 **Wassersleben,** Wassersleben 4, ✉ 24955, ℰ (0461) 7 74 20, Fax 7742133, ≤, 🏡 – 📺 ☎ 🅿. 🖽 ⓞ E 𝘝𝘐𝘚𝘈
Menu à la carte 43/73 – **25 Z** 120/240.

In Oeversee ③ : 9 km an der B 76 :

🏠 **Romantik Hotel Historischer Krug,** ✉ 24988, ℰ (04630) 94 00, Fax 780, « Garten » ≦s, ⬛, 🐎 – 📺 ☎ & 🅿 – 🔬 30. 🖽 ⓞ E 𝘝𝘐𝘚𝘈
Menu à la carte 48/82 – **40 Z** 99/190.

FLINTSBACH AM INN Bayern ⒋⒈⒊ T 23 – 2 350 Ew – Höhe 496 m – Luftkurort – 😊 08034
🛈 Verkehrsamt, Rathaus, Kirchstr. 9, ✉ 83126, ℰ 18 13, Fax 2062.
◆München 73 – Rosenheim 18.

🏠 **Dannerwirt** 🦊, Kirchplatz 4, ✉ 83126, ℰ 20 17, Fax 7144 – 📺 ☎ 🅿. E
➡ *Nov. 3 Wochen geschl.* – **Menu** *(Donnerstag geschl.)* à la carte 24/49 – **26 Z** 70/100 – ½ P 70/95.

FLÖHA Sachsen ⒋⒈⒋ L 13, ⒐⒏⒋ ㉓, ⒐⒏⒎ ㉗ – 12 400 Ew – Höhe 340 m – 😊 03726.
◆Dresden 59 – Chemnitz 13 – Chomutov 72 – Karlovy Vary 95 – Zwickau 56.

In Falkenau O : 3 km :

🏠 **Falkenhöhe,** Dresdener Str. 4 (an der B 173), ✉ 09569, ℰ (03726) 62 62, Fax 6263, 🏡 ➡ – 🛗 ↹ Zim 📺 ☎ 🅿 – 🔬 35. 🖽 E 𝘝𝘐𝘚𝘈. ↹ Zim
Menu à la carte 20/30 ⅃ – **15 Z** 90/150.

In Oederan O : 7 km :

🏠 **Andersen** garni, Durchfahrt 1a, ✉ 09569, ℰ (037292) 6 06 05, Fax 60607 – 🛗 📺 ☎ – 🔬 30. 🖽 ⓞ E 𝘝𝘐𝘚𝘈
24 Z 95/145.

FLÖRSHEIM Hessen ⒋⒈⒉ ⒋⒈⒊ I 16 – 16 600 Ew – Höhe 95 m – 😊 06145.
◆Wiesbaden 21 – ◆Darmstadt 28 – ◆Frankfurt am Main 29 – Mainz 15.

🏠 **Herrnberg,** Bürgermeister-Lauck-Straße/Ecke Kapellenstraße, ✉ 65439, ℰ 20 11, Fax 53211 – 🛗 📺 ☎ 🅿. 🖽 ⓞ E 𝘝𝘐𝘚𝘈. ↹ Zim
Menu *(Samstag und Montag nur Abendessen, Sonntag und Juli 3 Wochen geschl.)* à la carte 29/63 – **36 Z** 125/195.

In Flörsheim-Bad Weilbach NO 2,5 km :

🏠 **Airport Country Hotel** 🦊, Alleestr. 18, ✉ 65439, ℰ 93 00, Fax 930230, 🏡 – 🛗 ▤ Rest 📺 🅿 – 🔬 50. 🖽 ⓞ E 𝘝𝘐𝘚𝘈
Menu à la carte 40/68 – **57 Z** 195/380.

FLOSS Bayern ⒋⒈⒊ T 17 – 3 700 Ew – Höhe 500 m – 😊 09603.
◆München 254 – Weiden 11.

🏠 **Goldener Löwe,** Marktplatz 2, ✉ 92685, ℰ 10 74, Fax 1076, ≦s – 🛗 ↹ Zim 📺 ☎ & ➡ – 🔬 20. 🖽 ⓞ E 𝘝𝘐𝘚𝘈
Menu *(Montag geschl.)* à la carte 23/46 – **25 Z** 68/138.

FÖHR (Insel) Schleswig-Holstein ⒋⒈⒈ I 2, ⒐⒏⒎ ④, ⒐⒏⒋ ② Insel der Nordfriesischen Inselgruppe – Seebad.
Ausflugsziele : Die Halligen★ (per Schiff).
🇮⒏ Nieblum, ℰ (04681) 32 77.
🚢 von Dagebüll (ca. 45 min). Für PKW Voranmeldung bei Wyker Dampfschiffs-Reederei GmbH in Wyk, ℰ (04681) 80 40.
◆Kiel 126 – Flensburg 57 – Niebüll 15.

Nieblum – 800 Ew – 😊 04681.

XX **Witt's Gasthof** mit Zim, Alkersumstieg 4, ✉ 25938, ℰ 16 96, Fax 50402, « Gartenterrasse » – ↹ Zim 📺 ☎ 🅿
Menu *(Montag geschl., Dienstag nur Abendessen, außer Saison)* à la carte 42/75 – **15 Z** 127/218 – ½ P 149/167.

Süderende – 150 Ew – 🕿 04683.

🏠 **Landhaus Altes Pastorat** ॐ, ✉ 25938, 𝒫 2 26, « Garten », 🌿 – ⤬ Rest 📺 ☎ 🅟.
🌿
Ostern - Sept. – (nur Abendessen, für Passanten Voranmeldung erforderlich) – **5 Z** (nur ½ P)
300/560.

Utersum – 510 Ew – 🕿 04683.

🏠 **Luisenhof** ॐ garni, Poolstich 5 (Hedehusum), ✉ 25938, 𝒫 (04693) 12 21, « Restauriertes
Bauernhaus a.d.J. 1635 mit individueller Einrichtung », 🌿 – ⤬ 📺 ☎ 🅟. 🆎
5. Jan.- Ostern und Nov.- 20. Dez. geschl. – **5 Z** 180/260.

Wyk – 4 500 Ew – Heilbad – 🕿 04681.

🛈 Städt. Kurverwaltung, Rathaus, Hafenstraße, ✉ 25938, 𝒫 30 40, Fax 5137.

🏠 **Kurhaus - Hotel** ॐ garni, Sandwall 40, ✉ 25938, 𝒫 7 92, Fax 1591, ≤, ⇌ – 📺 ☎ 🅟
28 Z.

🏠 **Kurhotel Atlantis** ॐ, Sandwall 29, ✉ 25938, 𝒫 21 99, Fax 4545, ≤, Massage, ⇌, 🔲,
🌿 – 🛗 📺 ☎ 🆎. 🌿 Rest
Menu à la carte 56/85 – **46 Z** 85/212 – ½ P 130/142.

🏠 **Duus,** Hafenstr. 40, ✉ 25938, 𝒫 5 98 10, Fax 598140 – 📺 ☎. 🆎 ⓞ 🄴 𝖵𝖨𝖲𝖠 𝖩𝖢𝖡
Nov. 3 Wochen geschl. – **Menu** *(Montag geschl.)* à la carte 35/63 – **22 Z** 120/190.

🏠 **Colosseum** ॐ, Große Str. 42, ✉ 25938, 𝒫 5 97 00, Fax 597037, ⇌ – 📺 ☎ 🅟. 🄴.
🌿 Zim
Menu *(Mittwoch geschl.)* à la carte 31/52 – **20 Z** 82/160 – ½ P 110/121.

✗ **Alt Wyk,** Große Str. 4, ✉ 25938, 𝒫 32 12, Fax 2471
Dienstag geschl. – **Menu** *(wochentags nur Abendessen)* à la carte 40/65.

✗ **Friesenstube,** Süderstr. 8, ✉ 25938, 𝒫 24 04 – 🆎 ⓞ 🄴 𝖵𝖨𝖲𝖠
Montag und 10. Jan.- 18. Feb. geschl. – **Menu** à la carte 41/72.

FORBACH Baden-Württemberg 🔢 I 20 – 6 000 Ew – Höhe 331 m – Luftkurort – 🕿 07228.

🛈 Kurverwaltung, Kurhaus, Striedstr. 14, ✉ 76596, 𝒫 23 40, Fax 2997.

♦Stuttgart 106 – Baden-Baden 26 – Freudenstadt 31 – ♦Karlsruhe 50.

In Forbach-Hundsbach SW : 14 km über Raumünzach – Wintersport : 750/1000 m ✦1 ✦1 :

🏠 **Feiner Schnabel** ॐ, Hundseckstr. 24, ✉ 76596, 𝒫 (07220) 2 72, Fax 272, 🍽, ⇌, 🔲,
← 🌿 – 🛗 📺 ⟵ 🅟. 🆎 𝖵𝖨𝖲𝖠. 🌿 Rest
2. Nov.- 24. Dez. geschl. – **Menu** *(Dienstag geschl.)* à la carte 24/54 ⅃ – **10 Z** 55/130.

FORCHHEIM Bayern 🔢 PQ 17, 🔢 ㉖ – 29 000 Ew – Höhe 265 m – 🕿 09191.
Sehenswert : Pfarrkirche (Bilder der Martinslegende★).

🛈 Städt. Verkehrsamt, Rathaus, ✉ 91301, 𝒫 8 43 38, Fax 84277.

♦München 206 – ♦Bamberg 25 – ♦Nürnberg 35 – ♦Würzburg 93.

🏠 **Franken** ॐ garni, Ziegeleistr. 17, ✉ 91301, 𝒫 62 40, Fax 62480 – 📺 ☎ ⟵ 🅟. 🆎 ⓞ
🄴 𝖵𝖨𝖲𝖠. 🌿
40 Z 69/104.

🏠 **Am Kronengarten** garni, Bamberger Str. 6 a, ✉ 91301, 𝒫 6 67 68, Fax 66331 – 🛗 📺 ☎.
🄴
25 Z 80/120.

🏠 **Pilatushof** ॐ garni, Kapellenstr. 13, ✉ 91301, 𝒫 8 99 70, Fax 65835 – 📺 ☎. 🆎 ⓞ 🄴
𝖵𝖨𝖲𝖠
Aug. 2 Wochen geschl. – **8 Z** 85/110.

In Forchheim-Burk W : 1,5 km :

🏠 **Schweizer Grom,** Röthenstr. 5, ✉ 91301, 𝒫 39 55, Biergarten – 📺 🅟 – 🛆 25. 🌿
← *6.- 29. Juni geschl.* – **Menu** *(Freitag geschl.)* à la carte 22/40 – **30 Z** 70/110.

In Kunreuth-Regensberg SO : 15 km :

🏠 **Berggasthof Hötzelein** ॐ, ✉ 91358, 𝒫 (09199) 80 90, Fax 80999, ≤Veldensteiner Forst,
🍽, ⇌, 🌿 – 🛗 📺 ☎ 🅟 – 🛆 30. 🆎 ⓞ 🄴 𝖵𝖨𝖲𝖠. 🌿
24. Nov.- 24. Dez. geschl. – **Menu** *(Dienstag geschl.)* à la carte 27/50 – **30 Z** 78/135.

FORCHTENBERG Baden-Württemberg 🔢 L 19 – 3 800 Ew – Höhe 189 m – 🕿 07947.

♦Stuttgart 83 – Heilbronn 41 – Künzelsau 13 – ♦Würzburg 93.

In Forchtenberg-Sindringen W : 6 km :

🏠 **Krone,** Untere Gasse 2, ✉ 74670, 𝒫 (07948) 4 01, Fax 2492, 🍽 – 📺 ☎ 🅟 – 🛆 40. 🄴.
🌿 Zim
2.- 28. Jan. geschl. – **Menu** *(Dienstag geschl.)* à la carte 27/51 ⅃ – **22 Z** 60/110.

FORST Baden-Württemberg bzw. Rheinland-Pfalz siehe Bruchsal bzw. Deidesheim.

FORST (LAUSITZ) Brandenburg 414 P 10, 984 ⑳, 987 ⑱ – 25 000 Ew – Höhe 78 m – ✪ 03562
Potsdam 180 – Cottbus 22.

🏤 **Giro,** Taubenstr. 30, ⊠ 03149, ℰ 98 30 41, Fax 983999, 🛋 – 📺 ☎ 🅿 – 🔏 30. 🅰🅴 🅴 𝚅𝙸𝚂𝙰
Menu à la carte 28/51 – **31 Z** 100/160.

🏠 Lindeneck, Berliner Str. 37, ⊠ 03149, ℰ 77 53, Fax 984165, 🛋 – 📺 ☎ 🅿. ✂
11 Z.

FRAMMERSBACH Bayern 412 413 L 16, 987 ㉕ – 4 800 Ew – Höhe 225 m – Erholungsort –
Wintersport : 450/530 m ✂1 ✂3 – ✪ 09355.
🆃 Verkehrsverein im Rathaus, Marktplatz 3, ⊠97833, ℰ 48 00.
◆München 332 – ◆Frankfurt am Main 71 – Fulda 74 – ◆Würzburg 52.

🏠 **Landgasthof Kessler,** Orber Str. 23 (B 276), ⊠ 97833, ℰ 12 36, Fax 4515 – ⬅ 🅿
Mitte. Jan.- Mitte. Feb. und 15. Nov.- 1. Dez. geschl. – Menu (Mittwoch nur Mittagessen,
à la carte 26/52 ⅋ – **15 Z** 51/95 – ½ P 60/65.

XX **Schwarzkopf** mit Zim, Lohrer Str. 80 (B 276), ⊠ 97833, ℰ 3 07, Fax 4412 – 📺 ⬅. 🅴
✂
Jan. 1 Woche und nach Pfingsten 3 Wochen geschl. – Menu (Montag geschl., Dienstag
nur Abendessen) à la carte 30/64 ⅋ – **5 Z** 50/100.

In Frammersbach-Habichsthal W : 7,5 km :

🏠 **Zur frischen Quelle,** Dorfstr. 10, ⊠ 97833, ℰ (06020) 13 93, 🛋, ⊜s, 🚗 – 🅿
◆ Feb.- März und Nov.- Dez. jeweils 2 Wochen geschl. – Menu (Mittwoch geschl.) à la carte
20/40 ⅋ – **20 Z** 36/66 – ½ P 46.

Jährlich eine neue Ausgabe,
aktuellste Informationen,
jährlich für Sie !

FRANKENBERG Sachsen 414 L 13, 984 ㉓, 987 ㉗ – 15 000 Ew – Höhe 262 m – ✪ 037206.
🆃 Fremdenverkehrsamt, Markt 5, ⊠ 09669, ℰ 70424, Fax 70424.
◆Dresden 63 – Chemnitz 13 – Chomutov 79 – Karlovy Vary 95 – Zwickau 54.

🏠 **Lützelhöhe** ⬎ garni, Dr.-Wilhelm-Külz-Str. 53, ⊠ 09669, ℰ 53 20, Fax 5300 – 📺 ☎ 🅿
– 🔏 20. 🅴
17 Z 90/130.

FRANKENBERG AN DER EDER Hessen 412 J 13, 987 ㉕ – 18 000 Ew – Höhe 296 m –
✪ 06451.
Sehenswert : Rathaus★.
Ausflugsziel : Haina : Ehemaliges Kloster★, O : 18 km.
🆃 Verkehrsamt, Obermarkt 13 (Stadthaus), ⊠ 35066, ℰ 50 51 13, Fax 505203.
◆Wiesbaden 156 – ◆Kassel 78 – Marburg 36 – Paderborn 104 – Siegen 83.

🏤 **Sonne** ⬎, Marktplatz 2, ⊠ 35066, ℰ 75 00, Fax 22147, ⊜s – 🛗 📺 ☎ – 🔏 150. 🅰🅴 ⓪
𝚅𝙸𝚂𝙰
Menu (Sonntag nur Mittagessen, Juli - Aug. Montag geschl.) (bemerkenswerte Weinkarte)
à la carte 40/82 – **42 Z** 90/240.

🏠 **Rats-Schänke** ⬎, Marktplatz 7, ⊠ 35066, ℰ 30 66, Fax 30 69 – 🛗 📺 ☎ ⬅. 🅰🅴 ⓪ 🅴
𝚅𝙸𝚂𝙰
2. - 15. Jan. geschl. – Menu (Donnerstag nur Abendessen) à la carte 27/58 – **30 Z** 88/170,
3 Suiten.

FRANKENHAIN Thüringen 414 E 13 – 1 100 Ew – Höhe 398 m – ✪ 036205 (Gräfenroda).
Erfurt 36 – Gotha 28 – Ilmenau 14 – Suhl 25.

🏠 **Gasthof am Gisselgrund,** Ohrdrufer Str. 9, ⊠ 99330, ℰ 9 11 57, Fax 95005, 🛋, ⊜s –
◆ 📺 ☎ 🅿. 🅰🅴 ⓪ 🅴 𝚅𝙸𝚂𝙰 𝙹𝙲𝙱
Menu à la carte 23/35 – **17 Z** 75/127.

FRANKENHAUSEN, BAD Thüringen 984 ㉓, 987 ⑯ – 10 000 Ew – Höhe 138 m – Kurort –
✪ 034671.
🆃 Kyffhäuser-Information, Am Anger 14, ⊠ 06567, ℰ 30 37, Fax 4126.
Erfurt 62 – Göttingen 110 – Halle 81 – Nordhausen 31.

🏠 **Bellevue** ⬎, Goethestr. 13, ⊠ 06567, ℰ 30 68, Fax 3046, Biergarten – 📺 ☎ 🅿 – 🔏 30
28 Z.

FRANKENSTEIN (Ruine) Hessen siehe Darmstadt.

Siehe auch Mannheim-Ludwigshafen (Umgebungsplan).

🛈 Städt. Verkehrsverein, Rathaus, ✉ 67227, 𝒫 8 93 95, Fax 89400.

Mainz 66 – Kaiserslautern 47 – ◆Mannheim 13 – Worms 10.

FRANKENTHAL
IN DER PFALZ

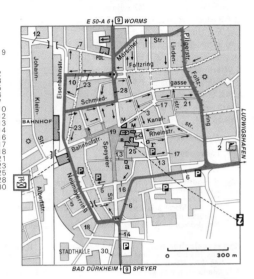

🏨 **Bauer Hotel Residenz** garni, Mina-Karcher-Platz, ✉ 67227, 𝒫 34 30, Fax 343434, ⇕s – |⃗$| 🛬 📺 ☎ – 🔏 20. 🖭 ⓪ 🖸 𝘝𝘐𝘚𝘈 𝗝𝗖𝗕
104 Z 159/279, 7 Suiten.　　　　　　Umgebungsplan Mannheim-Ludwigshafen　AU　**c**

🏨 **Central,** Karolinenstr. 6, ✉ 67227, 𝒫 87 80, Fax 22151, ⇕s, ▨ – |⃗$| 🛬 Zim 📺 ☎ 🅿 – 🔏 100. 🖭 ⓪ 🖸 𝘝𝘐𝘚𝘈　　　　　　　　　　　　　　　　　　　　　　　　　　　　**a**
Menu (Samstag nur Abendessen, Sonntag geschl.) à la carte 48/75 – **79 Z** 119/225.

🏠 **Rathaus-Café** garni, Rheinstr. 8, ✉ 67227, 𝒫 2 10 41, Fax 28259 – 📺 ☎ 🅿. 🖸 𝘝𝘐𝘚𝘈　**r**
32 Z 55/110.

🍴🍴 **Adamslust,** An der Adamslust 10, ✉ 67227, 𝒫 6 17 16, Fax 68249, 🌳 – 🅿. 🖭 ⓪ 🖸 𝘝𝘐𝘚𝘈, 🛇　　　　　Umgebungsplan Mannheim-Ludwigshafen　AU　**n**
Sonntag-Montag, März-April 2 Wochen und Okt. 1 Woche geschl. – **Menu** (Tischbestellung ratsam) à la carte 60/84.

When in EUROPE never be without :

Michelin Main Road Maps (1:400 000 to 1:1 000 000) ;

Michelin Sectional Maps ;

Michelin Red Guides :

**Benelux, España Portugal, France, Great Britain and Ireland, Italia, Suisse,
main cities Europe**

(Hotels and restaurants listed with symbols ; preliminary pages in English)

Michelin Green Guides :

**Austria, England : The West Country, France, Germany, Great Britain, Greece,
Ireland, Italy, London, Netherlands, Portugal, Rome, Scotland, Spain, Switzerland
Atlantic Coast, Auvergne Périgord, Brittany, Burgundy Jura
Châteaux of the Loire, Dordogne, Flanders Picardy and the Paris region, French Riviera,
Normandy, Paris, Provence, Vallée du Rhône**

(Sights and touring programmes described fully in English ; town maps).

FRANKFURT AM MAIN Hessen 월월₂ 월월₃ J 16, 월월월 ㉕ – 660 000 Ew – Höhe 91 m – ✪ 069.

Sehenswert : Zoo★★★ FV – Goethehaus★ GZ **M2** – Dom★ (Westturm★★, Chorgestühl★, Dom-Museum★) HZ – Palmengarten★ CV – Senckenberg-Museum★ (Paläontologie★★) CV **M9** – Städelsches Museum und Städtische Galerie★★ GZ – Museum für Kunsthandwerk★ HZ – Deutsches Filmmuseum★ GZ **M7** – Henninger Turm ✳ ★ FX.

🏎 Frankfurt-Niederrad (BT), ℰ 6 66 23 17.

✈ Frankfurt Main (AU), ℰ 6 90 25 95.

🚂 in Neu-Isenburg, ℰ (06102) 80 05 75.

Messegelände (CX), ℰ 7 57 50, Telex 411558.

🛈 Verkehrsamt im Hauptbahnhof (Nordseite), ✉ 60329, ℰ 21 23 88 49.

🛈 Verkehrsamt im Römer, ✉ 60311, ℰ 21 23 87 08.

ADAC, Schumannstr. 4, ✉ 60325, ℰ 7 43 00, Fax 749254.

ADAC, Schillerstr. 12, ✉ 60313, ℰ 7 43 02 95, Fax 283597.

♦Wiesbaden 41 ⑦ – ♦Bonn 178 ⑤ – ♦Nürnberg 226 ③ – ♦Stuttgart 204 ⑤.

| Messe-Preise : siehe S. 8 | Foires et salons : voir p. 16 |
| Fairs : see p. 24 | Fiere : vedere p. 32 |

Stadtpläne siehe nächste Seiten

🏨 **Steigenberger Frankfurter Hof,** Bethmannstr. 33, ✉ 60311, ℰ 2 15 02, Telex 411806, Fax 215900, 🌳 – 🛗 ↪ Zim 🍴 📺 – 🔬 120. 🆎 ⓞ ∈ 🆅🆂🅰 🅹🅲🅱. ✂ Rest   GZ **e**
Menu siehe Rest. *Français* separat erwähnt *Hofgarten (Freitag nur Mittagessen, Samstag geschl.)* Menu à la carte 62/85 – *Frankfurter Stubb* (Tischbestellung ratsam) *(Samstag-Sonntag und Feiertage sowie Juli - Aug. 4 Wochen geschl.* Menu à la carte 36/61 – *Kaiserbrunnen* *(Sonntag - Montag geschl.)* Menu à la carte 38/56 – **347 Z** 324/718, 20 Suiten.

🏨 **Hessischer Hof,** Friedrich-Ebert-Anlage 40, ✉ 60325, ℰ 7 54 00, Telex 411776, Fax 7540924, « Sèvres-Porzellansammlung im Restaurant » – 🛗 ↪ Zim 🍴 📺 🚗 ⓟ – 🔬 120. 🆎 ⓞ ∈ 🆅🆂🅰 🅹🅲🅱. ✂ Rest   CX **p**
Menu 40 (mittags) und à la carte 57/88 – **117 Z** 268/651, 11 Suiten.

🏨 **Arabella Grand Hotel,** Konrad-Adenauer-Str. 7, ✉ 60313, ℰ 2 98 10, Telex 4175926, Fax 2981810, Massage, ⊆s, 🔲 – 🛗 ↪ Zim 🍴 📺 ♿ 🚗 – 🔬 300. 🆎 ⓞ ∈ 🆅🆂🅰 🅹🅲🅱. ✂ Rest   HY **c**
Premiere (nur Abendessen, Sonn- und Feiertage sowie Juli - Aug. 4 Wochen geschl.) Menu 86/130 und à la carte 64/100 – *Brasserie :* Menu à la carte 46/89 – *Dynasty* (chinesiche Küche) Menu à la carte 40/82 – **378 Z** 370/609, 11 Suiten.

🏨 **Frankfurt Intercontinental,** Wilhelm-Leuschner-Str. 43, ✉ 60329, ℰ 2 60 50, Telex 413639, Fax 252467, 🏋, ⊆s, 🔲 – 🛗 ↪ Zim 🍴 📺 ♿ – 🔬 600. 🆎 ⓞ ∈ 🆅🆂🅰 🅹🅲🅱. ✂ Rest   GZ **a**
Rotisserie (Samstag nur Abendessen, Sonntag - Montag geschl.) Menu à la carte 74/99 – *Brasserie :* Menu à la carte 47/72 – **800 Z** 362/609, 60 Suiten.

🏨 **Forte Grand Parkhotel,** Wiesenhüttenplatz 28, ✉ 60329, ℰ 2 69 70, Telex 412808, Fax 2697884, ⊆s – 🛗 ↪ Zim 🍴 📺 ♿ 🚗 ⓟ – 🔬 200. 🆎 ⓞ ∈ 🆅🆂🅰 🅹🅲🅱   CX **k**
Menu à la carte 34/76 – **300 Z** 323/688, 4 Suiten.

🏨 **Frankfurt Marriott Hotel,** Hamburger Allee 2, ✉ 60486, ℰ 7 95 50, Telex 412573, Fax 79552432, ≼ Frankfurt, 🏋, ⊆s – 🛗 ↪ Zim 🍴 📺 🚗 – 🔬 600. 🆎 ⓞ ∈ 🆅🆂🅰 🅹🅲🅱. ✂ Rest   CV **a**
Menu à la carte 38/73 – **585 Z** 391/532, 17 Suiten.

🏨 **Palmenhof,** Bockenheimer Landstr. 89, ✉ 60325, ℰ 7 53 00 60, Fax 75300666 – 🛗 📺 🚗. 🆎 ⓞ ∈ 🆅🆂🅰 🅹🅲🅱   CV **m**
23. Dez.- 2. Jan. geschl. – *Bastei (Samstag sowie Sonn- und Feiertage geschl.)* Menu à la carte 62/74 – **47 Z** 190/300.

🏨 **Sofitel,** Savignystr. 14, ✉ 60325, ℰ 7 53 30, Telex 412061, Fax 7533175 – 🛗 ↪ Zim 📺 – 🔬 80. 🆎 ⓞ ∈ 🆅🆂🅰 🅹🅲🅱   CX **f**
Menu à la carte 39/75 – **124 Z** 240/420.

🏨 **National,** Baseler Str. 50, ✉ 60329, ℰ 27 39 40, Telex 412570, Fax 234460 – 🛗 ↪ Zim 📺 – 🔬 60. 🆎 ⓞ ∈ 🆅🆂🅰 🅹🅲🅱. ✂ Rest   CX **x**
Menu à la carte 40/60 *(auch vegetarische Gerichte)* – **70 Z** 208/434.

🏨 **An der Messe** garni, Westendstr. 104, ✉ 60325, ℰ 74 79 79, Fax 748349 – 🛗 📺 🚗. 🆎 ⓞ ∈ 🆅🆂🅰   CV **e**
46 Z 210/450.

🏨 **Mercure,** Voltastr. 29, ✉ 60486, ℰ 7 92 60, Telex 413791, Fax 79261606, ⊆s – 🛗 ↪ Zim 📺 🚗 – 🔬 20. 🆎 ⓞ ∈ 🆅🆂🅰 🅹🅲🅱   BS **t**
Menu à la carte 38/73 – **426 Z** 295/420, 12 Suiten.

🏨 **Scandic Crown Hotel,** Wiesenhüttenstr. 42, ⌧ 60329, ℰ 27 39 60, Telex 416394, Fax 27396795, ⇌, ▧ – ⧐ ↦ Zim 📺 – ▲ 100. 🖭 ⓪ Ε 𝗩𝗜𝗦𝗔
Menu à la carte 34/66 – **144 Z** 250/440.　　　　　　　　　　　　　　　CX **s**

🏨 **Imperial,** Sophienstr. 40, ⌧ 60487, ℰ 7 93 00 30, Telex 4189636, Fax 79300388 – ⧐ ▤ 📺 ☎ ⇌. 🖭 ⓪ Ε 𝗩𝗜𝗦𝗔 𝗝𝗖𝗕. ❄ Rest　　　　　　　　　　CV **t**
Menu (nur Abendessen) à la carte 41/68 – **60 Z** 190/450.

🏨 **Continental,** Baseler Str. 56, ⌧ 60329, ℰ 23 03 41, Telex 412502, Fax 232914 – ⧐ ↦ Zim 📺 ☎ – ▲ 20. 🖭 ⓪ Ε 𝗩𝗜𝗦𝗔 𝗝𝗖𝗕. ❄ Rest　　　　　　　CX **y**
Menu (Sonn- und Feiertage geschl.) à la carte 27/57 – **80 Z** 155/325.

🏨 **Novotel Frankfurt-Messe,** Voltastraße 1b, ⌧ 60486, ℰ 79 30 30, Telex 412054, Fax 79303930, ☆, ⇌ – ⧐ ↦ Zim ▤ 📺 ☎ ⅋ ⇌ 🅿 – ▲ 140. 🖭 ⓪ Ε 𝗩𝗜𝗦𝗔 𝗝𝗖𝗕　　　　　　　　　　　　　　　　　　　　　　　　　　　　　CV **r**
Menu à la carte 32/56 – **235 Z** 210/270.

🏨 **Victoria Hotel** garni, Elbestr. 24, ⌧ 60329, ℰ 27 30 60, Fax 27306100 – ⧐ ↦ 📺 ☎. 🖭 ⓪ Ε 𝗩𝗜𝗦𝗔　　　　　　　　　　　　　　　　　　　　　　　CDX **t**
75 Z 160/190.

🏨 **Intercity Hotel,** Poststr. 8, ⌧ 60329, ℰ 27 39 10, Telex 414709, Fax 27391999 – ⧐ ↦ Zim 📺 ☎ – ▲ 35. 🖭 ⓪ Ε 𝗩𝗜𝗦𝗔　　　　　　　　　　　　　CX **e**
Menu à la carte 38/57 – **227 Z** 202/345.

🏨 **Turm-Hotel** garni, Eschersheimer Landstr. 20, ⌧ 60322, ℰ 15 40 50, Fax 553578 – ⧐ 📺 ☎ 🅿. 🖭 ⓪ Ε 𝗩𝗜𝗦𝗔　　　　　　　　　　　　　　　　　　GY **b**
23. Dez.- 2. Jan. geschl. – **75 Z** 130/295.

🏨 **Rema-Hotel Bristol** garni, Ludwigstr. 13, ⌧ 60327, ℰ 24 23 90, Fax 251539 – ⧐ ↦ 📺 ☎ – ▲ 20. 🖭 ⓪ Ε 𝗩𝗜𝗦𝗔　　　　　　　　　　　　　　　CX **a**
145 Z 170/360.

🏨 **Bauer Hotel Domicil** garni, Karlstr. 14, ⌧ 60329, ℰ 27 11 10, Fax 253266 – ⧐ 📺 ☎. 🖭 ⓪ Ε 𝗩𝗜𝗦𝗔 𝗝𝗖𝗕　　　　　　　　　　　　　　　　　　　CX **d**
Weihnachten - Neujahr geschl. – **70 Z** 179/279.

🏨 **Rhein-Main** garni, Heidelberger Str. 3, ⌧ 60327, ℰ 25 00 35, Telex 413434, Fax 252518 – ⧐ ↦ 📺 ☎ 🅿. 🖭 ⓪ Ε 𝗩𝗜𝗦𝗔 𝗝𝗖𝗕. ❄　　　　　　CX **b**
50 Z 195/380.

🏨 **Mozart** garni, Parkstr. 17, ⌧ 60322, ℰ 55 08 31, Fax 5964559 – ⧐ 📺 ☎. 🖭 ⓪ Ε 𝗩𝗜𝗦𝗔 𝗝𝗖𝗕　　　　　　　　　　　　　　　　　　　　　　　　CV **p**
24. Dez.- 1. Jan. geschl. – **35 Z** 145/210.

🏨 **Concorde** garni, Karlstr. 9, ⌧ 60329, ℰ 23 32 30, Fax 237828 – ⧐ ↦ 📺 ☎. 🖭 ⓪ Ε 𝗩𝗜𝗦𝗔. ❄　　　　　　　　　　　　　　　　　　　　　　　CX **r**
20. Dez.- 2. Jan. geschl. – **45 Z** 140/300.

🏨 **Topas** garni, Niddastr. 88, ⌧ 60329, ℰ 23 08 52, Fax 237228 – ⧐ 📺 ☎. 🖭 ⓪ Ε 𝗩𝗜𝗦𝗔 𝗝𝗖𝗕. ❄　　　　　　　　　　　　　　　　　　　　　　CX **z**
31 Z 120/310.

🏨 **Cristall** garni, Ottostr. 3, ⌧ 60329, ℰ 23 03 51, Telex 4170654, Fax 253368 – ⧐ 📺 ☎. 🖭 ⓪ Ε 𝗩𝗜𝗦𝗔 𝗝𝗖𝗕. ❄　　　　　　　　　　　　　　　　　CX **c**
30 Z 120/310.

🏨 **Am Dom** garni, Kannengießergasse 3, ⌧ 60311, ℰ 28 21 41, Fax 283237 – ⧐ 📺 ☎. 🖭 𝗩𝗜𝗦𝗔　　　　　　　　　　　　　　　　　　　　　　　　　HZ **s**
30 Z 150/300.

🏨 **Falk** garni, Falkstr. 38 a, ⌧ 60487, ℰ 70 80 94, Fax 708017 – ⧐ 📺 ☎ 🅿. 🖭 ⓪ Ε 𝗩𝗜𝗦𝗔　　　　　　　　　　　　　　　　　　　　　　　　CV **n**
32 Z 140/235.

🏨 **Astoria** garni, Rheinstr. 25, ⌧ 60325, ℰ 74 50 46, Fax 746026, ⇌ – ↦ 📺 ☎ 🅿. 🖭 Ε 𝗩𝗜𝗦𝗔. ❄　　　　　　　　　　　　　　　　　　　　　　　CX **n**
21. Dez.- 2. Jan. geschl. – **66 Z** 149/240.

🏨 **Bauer Hotel Scala** garni, Schäfergasse 31, ⌧ 60313, ℰ 1 38 11 10, Fax 284234 – ⧐ ↦ 📺 ☎. 🖭 ⓪ Ε 𝗩𝗜𝗦𝗔 𝗝𝗖𝗕. ❄　　　　　　　　　　HY **a**
Weihnachten - Neujahr geschl. – **40 Z** 149/219.

🏨 **Am Zoo** garni, Alfred-Brehm-Platz 6, ⌧ 60316, ℰ 49 07 71, Fax 439868 – ⧐ 📺 ☎ 🅿. 🖭 ⓪ Ε 𝗩𝗜𝗦𝗔　　　　　　　　　　　　　　　　　　FV **q**
20. Dez.- 5. Jan. geschl. – **85 Z** 130/250.

🏨 **Liebig-Hotel** garni, Liebigstr. 45, ⌧ 60323, ℰ 72 75 51, Fax 727555 – 📺 ☎. 🖭 ⓪ Ε 𝗩𝗜𝗦𝗔　　　　　　　　　　　　　　　　　　　　　　　　　CV **z**
Weihnachten - Anfang Jan. geschl. – **19 Z** 135/280.

🏨 **Diana** garni, Westendstr. 83, ⌧ 60325, ℰ 74 70 07, Fax 747079 – 📺 ☎. 🖭 ⓪ Ε 𝗩𝗜𝗦𝗔 𝗝𝗖𝗕　　　　　　　　　　　　　　　　　　　　　　　CV **d**
24 Z 88/154.

🏨 **Corona** garni, Hamburger Allee 48, ⌧ 60486, ℰ 77 90 77, Fax 708639 – ⧐ 📺 ☎ 🅿. 🖭 ⓪ Ε 𝗩𝗜𝗦𝗔 𝗝𝗖𝗕　　　　　　　　　　　　　　　　　CV **h**
Mitte Dez.- Anfang Jan. geschl. – **26 Z** 115/320.

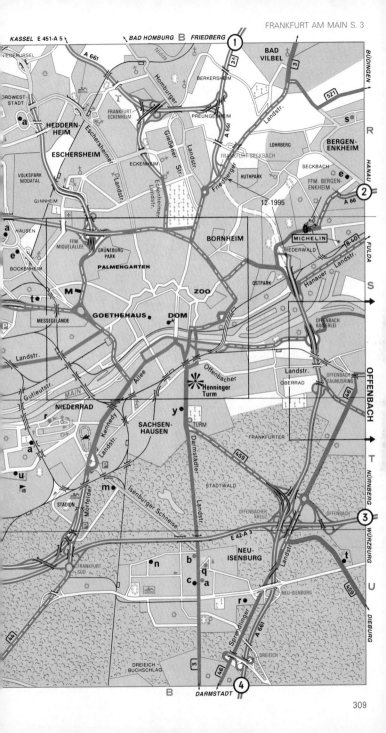

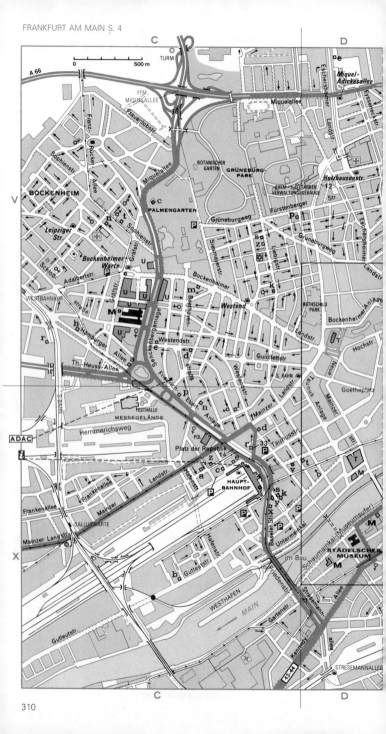

FRANKFURT AM MAIN

Straßenverzeichnis siehe Frankfurt S. 2

311

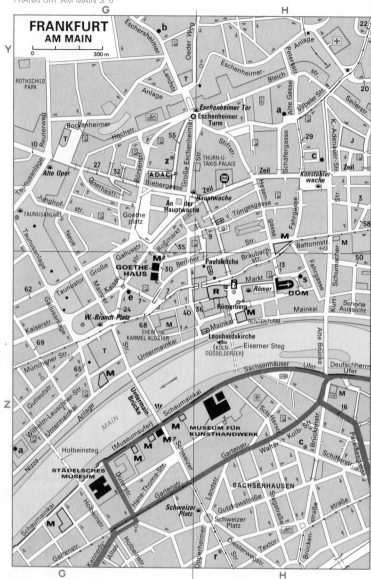

XXXX ✿ **Restaurant Français** - Hotel Steigenberger Frankfurter Hof, Bethmannstr. 33, ⊠ 60311,
⌀ 2 15 02 – ▤. 𝔸𝔼 ⓞ 𝙴 𝕍𝕀𝕊𝔸 𝙅𝙲𝙱. ⌚ GZ **e**
Samstag nur Abendessen, Montag, Sonn- und Feiertage (außer Messen) sowie Anfang Juli-Mitte Aug. geschl. – **Menu** (Tischbestellung ratsam) à la carte 84/106
Spez. "Frankfurter Kranz" mit Enten- und Gänseleber, Saltimbocca vom Seeteufel, Sisteron-Lammrücken mit Olivenkruste.

XXXX ✿✿ **Weinhaus Brückenkeller,** Schützenstr. 6, ⊠ 60311, ⌀ 28 42 38, Fax 296068, « Alte
Kellergewölbe mit kostbaren Antiquitäten » – ▤ ℗. 𝔸𝔼 ⓞ 𝕍𝕀𝕊𝔸. ⌚ FX **a**
Weihnachten - Anfang Jan. sowie Sonn- und Feiertage geschl., außer Messen - **Menu** (nur
Abendessen, Tischbestellung erforderlich) 94/138 und à la carte 86/126
Spez. Salat von Kalbskopf und Krebsen, Gefüllter Milchferkelfuß mit Polenta, Pochierter Pfirsich
mit Lavendeleis.

XXX **Villa Leonhardi,** Zeppelinallee 18, ⊠ 60325, ⌀ 74 25 35, Fax 740476, « Parkterrasse » –
𝔸𝔼 ⓞ 𝙴 𝕍𝕀𝕊𝔸 𝙅𝙲𝙱. ⌚ CV **c**
23. Dez. - Anfang Jan., Samstag sowie Sonn- und Feiertage geschl. – **Menu** à la carte 68/88.

XXX **Tse-Yang,** Kaiserstr. 67, ⊠ 60329, ⌀ 23 25 41, Fax 237825 – 𝔸𝔼 ⓞ 𝙴 𝕍𝕀𝕊𝔸 𝙅𝙲𝙱. ⌚
Menu (chinesische Küche) à la carte 44/96. CX **v**

XX **Daitokai,** Friedberger Anlage 1 (Zoo-Passage), ⊠ 60314, ⌀ 4 99 00 21, Fax 447032 – ▤.
𝔸𝔼 ⓞ 𝙴 𝕍𝕀𝕊𝔸 FV **e**
Juli - Aug. 4 Wochen geschl. – **Menu** (japanische Küche, Tischbestellung ratsam) 23/50
(mittags) und à la carte 48/98.

XX Börsenkeller, Schillerstr. 11, ⊠ 60313, ⌀ 28 11 15, Fax 294551 – ▤ GY **z**
(auch vegetarische Gerichte).

XX **Intercity-Restaurant,** im Hauptbahnhof (1. Etage |≬|), ⊠ 60329, ⌀ 27 39 50,
Fax 27395168 – ▤ – ⚐ 80. ⓞ 𝙴 𝕍𝕀𝕊𝔸. ⌚ CX
Menu à la carte 37/60.

X **Gargantua** (Bistro-Restaurant), Liebigstr. 47, ⊠ 60323, ⌀ 72 07 18, Fax 720717 – 𝔸𝔼 ⓞ
𝙴 𝕍𝕀𝕊𝔸 CV **s**
Samstag nur Abendessen, Sonntag und Ende Dez.- Anfang Jan. geschl. – **Menu** (Tisch-bestellung ratsam) 38 (mittags) und à la carte 64/88.

X **Ernos Bistro,** Liebigstr. 15, ⊠ 60323, ⌀ 72 19 97, Fax 173838, ⛱ – 𝔸𝔼 ⓞ 𝙴 𝕍𝕀𝕊𝔸CV **k**
Samstag-Sonntag (außer Messen) und Mitte Juni - Mitte Juli geschl. – **Menu** (Tischbe-stellung erforderlich, französische Küche) 50 (mittags) und à la carte 80/103.

In Frankfurt - Bergen-Enkheim – ✿ 06109 :

🏠 Klein, Vilbeler Landstr. 55, ⊠ 60388, ⌀ 30 60, Fax 306421, ⛱ – |≬| ⯐ ☎ ℗ BR **e**
60 Z

XX **Eugen's Restaurant-Stadthalle,** Marktstr. 15, ⊠ 60388, ⌀ 2 33 34, ⛱ – ⚐ 700. 𝔸𝔼 ⓞ
𝙴 𝕍𝕀𝕊𝔸 BR **s**
Montag geschl. – **Menu** à la carte 34/56.

In Frankfurt-Eschersheim

🏠 **Motel Frankfurt** garni, Eschersheimer Landstr. 204, ⊠ 60320, ⌀ 56 80 11, Fax 568010 –
⯐ ☎ ⇦ ℗. 𝙴 𝕍𝕀𝕊𝔸 DV **e**
66 Z 97/167.

In Frankfurt-Griesheim

🏠🏠 **Ramada,** Oeserstr. 180, ⊠ 65933, ⌀ 3 90 50, Telex 416812, Fax 3808218, ⇌ , 🔲 – |≬|
⯐ Zim ▤ Rest ⯐ ℗ – ⚐ 220. 𝔸𝔼 ⓞ 𝙴 𝕍𝕀𝕊𝔸 𝙅𝙲𝙱. ⌚ Rest AS **p**
Menu à la carte 39/69 – **236 Z** 217/516.

In Frankfurt-Harheim N : 12 km über Homburger Landstraße BR und Bonames :

🏠 **Harheimer Hof,** Alt Harheim 11, ⊠ 60437, ⌀ (06101) 40 50, Fax 405411, ⛱ – |≬| ⯐ ☎
℆ ⇦ ℗ – ⚐ 50. 𝔸𝔼 𝙴 𝕍𝕀𝕊𝔸. ⌚ Zim
24. Dez.- 2. Jan. geschl. – **Menu** *(Samstag geschl., Sonntag nur Mittagessen)* à la carte
41/70 – **46 Z** 150/280.

In Frankfurt-Hausen

🏠 **Ibis,** Königsberger Str. 1, ⊠ 60487, ⌀ 24 70 70, Fax 24707132 – |≬| ⯐ Zim ⯐ ☎ ℆ ℗
– ⚐ 20. 𝔸𝔼 ⓞ 𝙴 𝕍𝕀𝕊𝔸 𝙅𝙲𝙱 BS **e**
Menu à la carte 28/48 – **114 Z** 134/198.

🏠 **Hausener Dorfkrug,** Alt Hausen 11, ⊠ 60488, ⌀ 7 89 40 16, Fax 7891367, ⛱ – ⯐ ☎
⇦ ℗. 𝙴 BS **a**
Menu *(Montag geschl.)* à la carte 20/49 – **14 Z** 110/210.

In Frankfurt - Nieder-Erlenbach N : 14 km über Homburger Landstraße BR :

🏠 **Landhaus Alte Scheune,** Alt Erlenbach 44, ⊠ 60437, ⌀ (06101) 4 45 51, Fax 409311,
« Rustikales Restaurant mit Backsteingewölbe, Innenhofterrasse » – ⯐ ☎ ⇦ – ⚐ 20.
𝔸𝔼 𝙴 𝕍𝕀𝕊𝔸
Menu *(Sonn- und Feiertage geschl.)* (nur Abendessen, Tischbestellung ratsam) à la carte
59/81 – **25 Z** 135/210.

In Frankfurt - Nieder-Eschbach über Homburger Landstraße BR :

🏨 **Darmstädter Hof,** An der Walkmühle 1, ✉ 60437, ℘ 5 07 64 04, Fax 5074918, 斎 – 📺 ☎ ❷ – 🖄 100. ⬛ Ɛ 𝘝𝘐𝘚𝘈. ✀
Menu *(Sonntag nur Mittagessen, Montag und Juni-Juli 2 Wochen geschl.)* à la carte 43/63 – **14 Z** 130/185.

🏠 **Markgraf,** Deuil-La-Barre-Str. 103, ✉ 60437, ℘ 9 50 76 30, Fax 95076315 – 📺 ☎ ⇦ ❷.
◆ ⬛ ⓪ Ɛ 𝘝𝘐𝘚𝘈
Menu (nur Abendessen) à la carte 24/58 – **22 Z** 95/180.

In Frankfurt-Niederrad

🏨 **Queens Hotel,** Isenburger Schneise 40, ✉ 60528, ℘ 6 78 40, Telex 416717, Fax 6702634, 斎 – 📳 📺 ❷ – 🖄 300. ⬛ Ɛ 𝘝𝘐𝘚𝘈 𝗃𝖼𝖻 BT **m**
Menu à la carte 46/71 – **276 Z** 313/480, 3 Suiten.

🏨 **Arabella Congress Hotel,** Lyoner Str. 44, ✉ 60528, ℘ 6 63 30, Telex 416760, Fax 6633666, ⇌, 🔲 – 📳 ✲ Zim 📺 ⇦ ❷ – 🖄 330. ⬛ ⓪ Ɛ 𝘝𝘐𝘚𝘈 𝗃𝖼𝖻.
✀ Rest BT **u**
Menu à la carte 38/73 – **393 Z** 228/466, 8 Suiten.

🏨 **Dorint,** Hahnstr. 9, ✉ 60528, ℘ 66 30 60, Telex 4032180, Fax 66306600, ⇌, 🔲 – 📳 ✲ Zim 📺 ☎ ⊾ ⇦ – 🖄 180. ⬛ ⓪ Ɛ 𝘝𝘐𝘚𝘈 BT **a**
Menu à la carte 45/75 – **191 Z** 215/355.

✗✗ **Weidemann,** Kelsterbacher Str. 66, ✉ 60528, ℘ 67 59 96, Fax 673928, 斎 – ❷. ⬛ ⓪ Ɛ 𝘝𝘐𝘚𝘈 BT **r**
Samstag nur Abendessen, Sonn- und Feiertage geschl. – **Menu** (Tischbestellung ratsam) 48 (mittags) und à la carte 65/91.

In Frankfurt-Nordweststadt :

🏨 **Ramada Hotel Nordwest Zentrum** garni, Walter-Möller-Platz, ✉ 60439, ℘ 58 09 30, Fax 582447 – 📳 ✲ 📺 ⊾ ⇦ – 🖄 20. ⬛ ⓪ Ɛ 𝘝𝘐𝘚𝘈 BR **a**
93 Z 159/218.

In Frankfurt-Sachsenhausen

🏨 **Holiday Inn Crowne Plaza,** Mailänder-Str. 1, ✉ 60598, ℘ 6 80 20, Telex 411805, Fax 6802333, ⇌ – 📳 ✲ Zim 📺 ⊾ ⇦ ❷ – 🖄 400. ⬛ ⓪ Ɛ 𝘝𝘐𝘚𝘈 𝗃𝖼𝖻.
✀ Rest BT **y**
Menu à la carte 53/99 – **404 Z** 324/588.

✗✗ **Bistrot 77,** Ziegelhüttenweg 1, ✉ 60598, ℘ 61 40 40, Fax 7240885, 斎 – EX **a**
Samstag nur Abendessen, Sonntag, Mitte Juli - Anfang Aug. und Weihnachten - Anfang Jan. geschl. – **Menu** (bemerkenswerte Weinkarte) 48 (mittags) und à la carte 61/102.

✗✗ **Die Gans** (Bistro-Restaurant), Schweizer Str. 76, ✉ 60594, ℘ 61 50 75, Fax 622625, 斎. ⬛ ⓪ Ɛ 𝘝𝘐𝘚𝘈 𝗃𝖼𝖻 HZ **r**
Sonntag und Weihnachten - Anfang Jan. geschl. – **Menu** (nur Abendessen) à la carte 48/83.

✗✗ **Maingaustuben,** Schifferstr. 38, ✉ 60594, ℘ 61 07 52, Fax 620790 – ⬛ ⓪ Ɛ 𝘝𝘐𝘚𝘈 HZ **c**
Samstag und Juli - Aug. 4 Wochen geschl., Sonntag nur Mittagessen – **Menu** à la carte 41/76.

In Frankfurt-Sindlingen ⑦ : 13 km über die A 66 AS :

🏨 **Post,** Sindlinger Bahnstr. 12, ✉ 65931, ℘ (069) 3 70 10, Fax 3701502, ⇌, 🔲 – 📳 ✲ Zim 📺 📺 ⇦ ❷ – 🖄 40. ⬛ ⓪ Ɛ 𝘝𝘐𝘚𝘈 ✀ Zim
24.- 31. Dez. geschl. – **Menu** *(Samstag, Sonn- und Feiertage geschl.)* à la carte 39/66 – **108 Z** 140/290.

In Eschborn NW : 12 km :

🏨 **Novotel,** Philipp-Helfmann-Str. 10, ✉ 65760, ℘ (06196) 90 10, Telex 4072842, Fax 482114, 斎, 🔲 (geheizt), 🖽 – 📳 ✲ Zim 📺 📺 ☎ ❷ – 🖄 200. ⬛ ⓪ Ɛ 𝘝𝘐𝘚𝘈 AR **n**
Menu à la carte 34/65 – **227 Z** 200/250.

In Eschborn-Niederhöchstadt NW : 2 km ab Eschborn AR :

🏨 **Bommersheim,** Hauptstr. 418, ✉ 65760, ℘ (06173) 6 50 25, Fax 65024, 斎, « Stilvolle Restauranträume » – 📳 📺 ☎ ❷. ⬛ Ɛ 𝘝𝘐𝘚𝘈
Menu *(Dienstag geschl., Samstag nur Abendessen)* à la carte 53/73 – **26 Z** 160/250.

In Neu-Isenburg S : 7 km – ✪ 06102 :

🏨 **Balance-Hotel,** Wernher-von-Braun-Str. 12 (Gewerbegebiet Ost), ✉ 63263, ℘ 74 60, Fax 746746 – 📳 ✲ Zim 📺 📺 ☎ ⊾ ⇦ ❷ – 🖄 80. ⬛ ⓪ Ɛ 𝘝𝘐𝘚𝘈 𝗃𝖼𝖻.
✀ Rest BU **r**
24. Dez. - 1. Jan. geschl. – **Menu** 25 (mittags) und à la carte 35/61 – **165 Z** 180/370.

🏨 **Wessinger,** Alicestr. 2, ✉ 63263, ℘ 80 80, Fax 808280, « Gartenterrasse » – 📳 📺 ☎ ❷ – 🖄 25. ⬛ ⓪ Ɛ 𝘝𝘐𝘚𝘈 BU **n**
Menu *(Montag geschl.)* à la carte 37/85 *(auch vegetarische Gerichte)* – **37 Z** 159/250.

🏠 **Alfa** garni, Frankfurter Str. 123 (B 3), ✉ 63263, ℘ 1 70 24, Fax 25146 – 📺 ☎ ❷. ⬛ ⓪ Ɛ 𝘝𝘐𝘚𝘈 BU **c**
31 Z 90/180.

XX **Neuer Haferkasten,** Frankfurter Str. 118, ⌧ 63263, 𝒫 3 53 29, Fax 34542 – **☻**. 🅐🅔 🅞 🄴
⎯⎯⎯ 𝑉𝐼𝑆𝐴   BU **a**
Sonntag und Juli - Aug. 4 Wochen geschl. – **Menu** (italienische Küche) à la carte 56/81.

XX **Am Kamin,** Frankfurter Str. 1, ⌧ 63263, 𝒫 42 76 – **☻**. 🅐🅔 🅞 🄴 𝑉𝐼𝑆𝐴   BU **b**
*Samstag nur Abendessen, Sonn- und Feiertage sowie April und Juni - Juli jeweils 2 Wochen
geschl.* – **Menu** à la carte 48/62.

X **Grüner Baum** (traditionelles Äppelwoilokal), Marktplatz 4, ⌧ 63263, 𝒫 3 83 18, Fax 37928,
« Innenhof » – **☻**. 🅐🅔 🅞 🄴 𝑉𝐼𝑆𝐴   BU **q**
Montag geschl., außer Messen – **Menu** (Tischbestellung ratsam) à la carte 27/56.

In Neu-Isenburg-Gravenbruch SO : 11 km :

🏰 **Gravenbruch Kempinski Frankfurt,** ⌧ 63263, 𝒫 (06102) 50 50, Telex 417673,
Fax 505445, 🏖, « Park », ⛱, 🏊 (geheizt), 🔲, 🎾, 🏌 – ▮ ↝ Zim 🖩 📺 ⇔ **☻** –
🔼 350. 🅐🅔 🅞 🄴 𝑉𝐼𝑆𝐴 𝐽𝐶𝐵. ⅍ Rest   BU **t**
Menu 46 (mittags) und à la carte 65/101 – **288 Z** 348/578, 30 Suiten.

Beim Flughafen Frankfurt Main SW : 12 km – 🏵 – ✪ 069 :

🏰 **Sheraton,** Am Flughafen (Terminal Mitte), ⌧ 60549 Frankfurt, 𝒫 6 97 70, Telex 4189294,
Fax 69772209, ⛱, 🔲 – ▮ ↝ Zim 🖩 📺 ⅍ **☻** – 🔼 900. 🅐🅔 🅞 🄴 𝑉𝐼𝑆𝐴 𝐽𝐶𝐵. ⅍ Rest
Papillon (bemerkenswerte Weinkarte) *(Sonn- und Feiertage geschl.)* **Menu** à la carte 98/135
– *Maxwell's Bistro* **:** **Menu** à la carte 51/81 – *Taverne (Samstag geschl., Sonntag nur Abend-
essen* **Menu** à la carte 43/75 – **1050 Z** 395/675, 30 Suiten.   AU **a**

🏨 **Steigenberger Avance Frankfurt Airport,** Unterschweinstiege 16, ⌧ 60549, 𝒫 6 97 50,
Telex 413112, Fax 69752505, Massage, ⛱, 🔲 – ▮ ↝ Zim 🖩 📺 ⇔ – 🔼 350. 🅐🅔 🅞
🄴 𝑉𝐼𝑆𝐴 𝐽𝐶𝐵. ⅍ Rest   AU **z**
Menu 46 (Buffet) – **430 Z** 265/490, 10 Suiten.

XXX 5 Continents, im Flughafen, Ankunft Ausland B (Besucherhalle, Ebene 3), ⌧ 60549,
𝒫 6 90 53 90, Fax 694730, ≼ – ▮ – 🔼 30. ⅍ Rest   AU **b**

XX **Waldrestaurant Unterschweinstiege,** Unterschweinstiege 16, ⌧ 60549,
𝒫 69 75 25 00, « Gartenterrasse, rustikale Einrichtung » – 🖩 **☻**. 🅐🅔 🅞 🄴 𝑉𝐼𝑆𝐴 𝐽𝐶𝐵   AU **z**
Menu (Tischbestellung ratsam) 46 (Buffet) und à la carte 47/80.

An der Straße von Neu-Isenburg nach Götzenhain S : 13 km über die A 661 und Autobahnausfahrt Dreieich BU :

XXX Gutsschänke Neuhof, ⌧ 63303 Dreieich-Götzenhain, 𝒫 (06102) 3 00 00, Fax 300055,
« Rustikale Einrichtung, Gartenterrasse » – **☻**.

Siehe auch : *Maintal* ② : 13 km

MICHELIN-REIFENWERKE KGaA. Niederlassung Frankfurt-Fechenheim, Orber Str. 16 (BS),
⌧ 60386, 𝒫 41 70 06 Fax 426315.

FRANKFURT/ODER Brandenburg 🔢 P 8, 🔢 ⑯, 🔢 ⑱ – 86 000 Ew – Höhe 30 m – ✪ 0335.
🅑 Touristinformation, Karl-Marx-Str. 8a, ⌧ 15230, 𝒫 32 52 16.
ADAC, An der Autobahn 3, ⌧ 15236, 𝒫 4 23 95.

Potsdam 121 – ◆Berlin 91 – Cottbus 80.

🏛 **Kongresshotel Frankfurter Hof,** Logenstr. 2, ⌧ 15230, 𝒫 5 53 60, Fax 5536587, 🗖, ⛱
– ▮ ↝ Zim 📺 ☎ **☻** – 🔼 500. 🅐🅔 🅞 🄴 𝑉𝐼𝑆𝐴
23.- 30. Dez. geschl. – **Menu** à la carte 29/52 – **150 Z** 135/228.

🏛 **Graham's,** August-Bebel-Str. 11, ⌧ 15234, 𝒫 4 33 54 29, Fax 4333991 – 📺 ☎ **☻**. 🅐🅔 🄴
➜ 𝑉𝐼𝑆𝐴
Menu à la carte 22/49 – **12 Z** 140/165.

🏛 **Zur Alten Oder,** Fischerstr. 32, ⌧ 15230, 𝒫 55 62 20, Fax 324439, 🏖, ⛱ – 📺 ☎ **☻**.
➜ 🅐🅔 🅞 🄴 𝑉𝐼𝑆𝐴 𝐽𝐶𝐵
Menu *(Sonntag geschl.)* (nur Abendessen) à la carte 22/33 – **25 Z** 125/150.

X **Ratskeller,** Bischofstr. 11, ⌧ 15230, 𝒫 32 70 05, Fax 327005 – 🅐🅔 🄴 𝑉𝐼𝑆𝐴
➜ **Menu** à la carte 24/47 *(auch vegetarische Gerichte).*

In Frankfurt-Lichtenberg SW : 7 km :

🏨 **Holiday Inn,** Turmstr. 1, ⌧ 15234, 𝒫 5 56 50, Fax 5565100, 🏖, ⛱ – ▮ ↝ Zim 📺 ☎
⅍ **☻** – 🔼 360. 🅐🅔 🄴 𝑉𝐼𝑆𝐴
Menu à la carte 35/58 – **168 Z** 130/160, 18 Suiten.

FRANKWEILER Rheinland Pfalz 🔢 H 19 – 900 Ew – Höhe 250 m – ✪ 06345.
Mainz 113 – Landau in der Pfalz 11 – Neustadt 17 – Pirmasens 42.

XX **Robichon,** Orensfelsstr. 31, ⌧ 76833, 𝒫 (06345) 32 68, 🏖 – **☻**. 🄴
Montag nur Mittagessen, Dienstag, Jan. 1 Woche und Juli-Aug. 3 Wochen geschl. – **Menu**
à la carte 54/70.

FRASDORF Bayern 🔲🔲🔲 T 23, 🔲🔲🔲 ㊲, 🔲🔲🔲 I 5 – 2 400 Ew – Höhe 598 m – ✪ 08052 (Aschau).

🅱 Verkehrsamt, Hauptstr. 9, ✉ 83112, 𝒫 7 71.

◆München 78 – Innsbruck 115 – Salzburg 64.

🏨 ❀ **Landgasthof Karner** 🦢, Nußbaumstr. 6, ✉ 83112, 𝒫 40 71, Fax 4711, « Einrichtung im alpenländischen Stil, Gartenrestaurant », ⇌, 🐎, – 📺 ☎ 🅿 – 🛅 40. 🝙 ⑩ 🗲 𝚅𝙸𝚂𝙰
Menu à la carte 76/97 – **25 Z** 95/210
Spez. Scheiben von der sauren Kalbshaxe mit lauwarmem Radieschensalat, Semmelknödelsoufflé auf Pilzragout, Challans-Ente mit Wirsing und Kartoffelpuffer.

🍴 **Alpenhof,** Hauptstr. 31, ✉ 83112, 𝒫 22 95, Fax 5118, � – 🅿
Mittwoch und 7.- 31. Jan. geschl. – **Menu** à la carte 35/62.

In Frasdorf-Umrathshausen NO : 3 km :

🏨 **Landgasthof Goldener Pflug,** Humprehtstr. 1, ✉ 83112, 𝒫 3 58, Fax 4684, �, Biergarten, ⇌, 🐎 – 📺 ☎ 🅿 – 🛅 30. 🝙 🗲 𝚅𝙸𝚂𝙰
Nov. 3 Wochen geschl. – **Menu** *(Nov.- Juni Montag geschl.)* à la carte 41/64 – **23 Z** 100/220.

FRAUENAU Bayern 🔲🔲🔲 W 20 – 3 200 Ew – Höhe 616 m – Erholungsort – Wintersport : 620/800 m ⛷1 ⛷5 – ✪ 09926.

🅱 Verkehrsamt, Hauptstr. 12, ✉ 94258, 𝒫 7 10, Fax 1799.

◆München 187 – Cham 66 – Deggendorf 43 – Passau 57.

🏨 **Eibl-Brunner,** Hauptstr. 18, ✉ 94258, 𝒫 3 16, Fax 726, 🔓, ⇌, 🅇, 🐎 – 🛗 📺 ☎ 🅿. 🗲. 🕷 Zim
4. Nov.- 20. Dez. geschl. – **Menu** à la carte 24/50 ⅃ – **51 Z** 48/170 – ½ P 67.

🏨 **Landgasthof Hubertus** 🦢, Loderbauerweg 2, ✉ 94258, 𝒫 9 50 00, Fax 8187, �, ⇌, 🐎 – 🛗 📺 ☎ ⇦ 🅿. 🝙 🗲
10. Nov.- 15. Dez. geschl. – **Menu** à la carte 20/44 – **42 Z** 48/88 – ½ P 52/62.

🏨 **Gästehaus Falkenau** 🦢, Godehardstr. 18, ✉ 94258, 𝒫 7 15, ≤, ⇌, 🐎 – 📺 ☎ ⇦ 🅿 (nur Abendessen für Hausgäste) – **16 Z** 52/90.

🏨 **Café Ertl,** Krebsbachweg 3, ✉ 94258, 𝒫 7 30, ⇌, 🅇, 🐎 – 🅿. 🕷
Nov.- 15. Dez. geschl. – (nur Abendessen für Hausgäste) – **20 Z** 40/70.

🏨 **Büchler,** Dörflstr. 18, ✉ 94258, 𝒫 3 50, Fax 757, ≤, �, ⇌, 🐎 – ☎ ⇦ 🅿. 🝙 ⑩ 🗲
6. Nov.- 20. Dez. geschl. – **Menu** à la carte 19/45 – **20 Z** 50/88 – ½ P 59/65.

FRAUENBERG Bayern siehe Laaber.

FRAUENSTEIN Sachsen 🔲🔲🔲 M 13, 🔲🔲🔲 ㉔, 🔲🔲🔲 ㉘ – 1 300 Ew – Höhe 654 m – ✪ 037326.

◆Dresden 40 – Chemnitz 51.

🏨 **Frauensteiner Hof,** Freiberger Str. 25, ✉ 09623, 𝒫 3 38, Fax 9115, � – 📺 ☎ 🅿. 🝙 🗲 𝚅𝙸𝚂𝙰
Menu à la carte 24/47 – **25 Z** 85/140.

🏨 **Goldener Löwe,** Markt 10, ✉ 09623, 𝒫 3 00, Fax 450 – 📺 ☎. 🝙 🗲 𝚅𝙸𝚂𝙰
Menu à la carte 20/35 – **20 Z** 75/130.

🍴 **Goldener Stern,** Markt 21, ✉ 09623, 𝒫 94 01, Fax 9403, � – 🅿
Jan. geschl. – **Menu** à la carte 18/32 – **29 Z** 65/110.

FRECHEN Nordrhein-Westfalen 🔲🔲🔲 D 14, 🔲🔲🔲 ㉓ – 44 000 Ew – Höhe 65 m – ✪ 02234.

◆Düsseldorf 47 – ◆Aachen 62 – ◆Bonn 36 – ◆Köln 13.

🏨 **Halm-Schützenhaus,** Johann-Schmitz-Platz 22, ✉ 50226, 𝒫 95 70 00, Fax 52232, 🌐 – 🛗 📺 ☎ ⇦ 🅿 – 🛅 200. 🝙 ⑩ 🗲 𝚅𝙸𝚂𝙰
Menu à la carte 28/63 – **39 Z** 150/230.

🏨 Bartmannkrug, Kölner Str. 76, ✉ 50226, 𝒫 1 84 60, Fax 184650, 🌐 – 🛗 📺 ☎ 🅿 – 🛅 80
40 Z.

🍴🍴 **Ristorante Ermanno,** Othmarstr. 46, ✉ 50226, 𝒫 1 41 63 – 🝙 🗲
Samstag nur Abendessen, Sonntag, April 2 Wochen, Juli - Aug. und Okt. je 1 Woche geschl. – **Menu** (italienische Küche) à la carte 60/90.

FREDEBURG Schleswig-Holstein siehe Ratzeburg.

FREDENBECK Niedersachsen 🔲🔲🔲 L 6 – 4 500 Ew – Höhe 5 m – ✪ 04149.

◆Hannover 181 – ◆Bremen 91 – Bremerhaven 69 – ◆Hamburg 57.

🏨 **Fredenbeck** garni, Dinghorner Str. 19, ✉ 21717, 𝒫 9 28 20, Fax 928234 – 📺 ☎ 🅿. 🝙 𝚅𝙸𝚂𝙰
10 Z 70/130.

🍴 **Zur Dorfschänke** mit Zim, Schwingestr. 33, ✉ 21717, 𝒫 2 44, Fax 7267 – 🅿 – 🛅 200. 🝙 ⑩ 🗲 𝚅𝙸𝚂𝙰
Menu à la carte 27/47 **13 Z** 35/70.

FREDERSDORF Brandenburg **404** N 8 – 5 700 Ew – Höhe 60 m – ✪ 033431.

Potsdam 69 – ◆Berlin 34 – ◆Frankfurt a. d. Oder 73.

🏨 **Flora,** Mittelstraße, ✉ 15370, ℘ 8 30, Fax 83113, 🍽 – 🚭 Zim 📺 ☎ 🅿 – 🔬 60. 🖭 ⓪
➜ 🕿 𝒱𝐼𝒮𝐴
Menu à la carte 22/41 – **55 Z** 135/160.

FREIAMT Baden-Württemberg **419** G 22, **242** ㉜, **87** ⑦ – 3 900 Ew – Höhe 434 m – ✪ 07645.
🅩 Verkehrsbüro, Kurhaus, Badstraße, ✉ 79348, ℘ 6 44, Fax 628.
◆Stuttgart 195 – ◆Freiburg im Breisgau 30 – Offenburg 53.

In Freiamt-Brettental :

🏨 **Ludinmühle** ⑤, Brettental 20, ✉ 79348, ℘ 5 01, Fax 1247, 🍽, 🚿, 🐎 – 🚭 Zim 📺
☎ 🅿 – 🔬 30. 🖭 ⓪ 🕿 𝒱𝐼𝒮𝐴
10.- 30. Jan. geschl. – **Menu** à la carte 38/85 ⅄ – **30 Z** 80/190.

In Freiamt-Mussbach :

🍽 **Krone,** ✉ 79348, ℘ 2 27 – 🅿
Jan. 3 Wochen, Aug. 2 Wochen und Mittwoch geschl. – **Menu** (wochentags nur Abendessen, Tischbestellung ratsam) à la carte 35/54 ⅄.

In Freiamt-Ottoschwanden :

🏨 Heidhof ⑤, Gschächtrig 1, ✉ 79348, ℘ 13 43, Fax 8856, ≤, 🍽, 🖾, 🐎 – 🅿. 🕿 Zim
14 Z.

🏨 **Café Hipp,** Helgenstöckle 2, ✉ 79348, ℘ 88 42, Fax 8871, 🐎, 🕿 – ☎ 🚙 🅿. 🕿
Nov. 3 Wochen geschl. – (Restaurant nur für Hausgäste) ⅄ – **14 Z** 45/99.

🍽 Sonne mit Zim, Hauptstr. 20, ✉ 79348, ℘ 2 14, « Innenhofterrasse » – 🅿
5 Z.

FREIBERG Sachsen **414** M 13, **984** ㉔, **987** ⑰ ⑱ – 47 000 Ew – Höhe 400 m – ✪ 03731.
🅩 Freiberg-Information, Burgstr. 1, ✉ 09599, ℘ 2 36 02, Fax 273130.
◆Dresden 38 – Chemnitz 32 – ◆Leipzig 98.

🏨 **Am Obermarkt,** Waisenhausstr. 2, ✉ 09599, ℘ 3 43 61, Fax 34338 – 📺 ☎ 🅿. 🖭 ⓪ 🕿
𝒱𝐼𝒮𝐴
Menu à la carte 29/65 – **33 Z** 99/180.

🏨 **Silberhof** garni, Silberhofstr. 1, ✉ 09599, ℘ 2 39 70, Fax 23403 – 🛗 📺 ☎ 🅿 – 🔬 15.
🖭 𝒱𝐼𝒮𝐴
32 Z 99/245, 3 Suiten.

🏨 **Kronprinz,** Bahnhofstr. 19, ✉ 09599, ℘ 35 52 50, Fax 355216 – 🛗 📺 ☎ 🅿. 🕿. 🕿 Zim
➜ **Menu** à la carte 23/44 – **20 Z** 95/180.

🏨 **Kreller,** Fischerstr. 5, ✉ 09599, ℘ 2 35 50, Fax 23219, 🍽 – 🛗 🚭 Zim 📺 ☎ ⅄ – 🔬 40.
➜ **Menu** à la carte 24/53 – **28 Z** 95/160.

🏨 **Mauck'sches Gut** garni, Hornstr. 20, ✉ 09599, ℘ 3 39 78, Fax 33978 – 📺 ☎ 🅿. 🖭 ⓪
🕿 𝒱𝐼𝒮𝐴
19 Z 95/135.

🍽 **Brauhof** mit Zim, Körnerstr. 2, ✉ 09599, ℘ 2 32 81, Fax 23281, Biergarten – 📺 ☎ – 🔬 50.
➜ 🖭 ⓪ 🕿 𝒱𝐼𝒮𝐴
Menu à la carte 23/32 – **8 Z** 80/100.

In Bräunsdorf NW : 9 km :

🏨 **Landhaus Striegistal** ⑤, An der Striegis 141, ✉ 09603, ℘ (037321) 2 46, Fax 246, 🍽
➜ – 📺 ☎ 🅿
Menu à la carte 23/40 – **19 Z** 69/138.

In Hetzdorf NO : 12 km :

🏨 **Waldhotel Bergschlößchen** ⑤, Am Bergschlößchen 46 c, ✉ 09600, ℘ (035209) 9 91,
➜ Fax 992, ≤, 🍽, 🐎 – 📺 ☎ 🅿 – 🔬 20. 🖭 🕿 𝒱𝐼𝒮𝐴
Menu à la carte 21/40 – **18 Z** 78/168.

FREIBERG AM NECKAR Baden-Württemberg siehe Ludwigsburg.

FREIBURG (ELBE) Niedersachsen **411** K 5, **987** ⑤, **984** ⑥ – 2 000 Ew – Höhe 2 m – Erholungsort.
◆Hannover 197 – Bremerhaven 76 – Cuxhaven 51 – ◆Hamburg 82 – Stade 33.

🏨 **Gut Schöneworth** ⑤, Landesbrücker Str 42, ✉ 21729, ℘ 3 59, Fax 8203, 🕿, 🐎 – 📺
☎ 🚙 🅿 – 🔬 25
Menu (Nov. - März Tischbestellung erforderlich) à la carte 44/64 – **15 Z** 98/178.

Sehenswert : Münster★★ : Turm★★★ (≤★), Hochaltar von Baldung Grien★★ Y – Ehemalige Kaufhaus★ YZ B – Rathausplatz★ und Neues Rathaus★ Y **R1** – Augustiner Museum★★(mittelalterliche Kunst★★) Z **M1** – Museum für Ur- und Frühgeschichte (Keltische Stierkopf★, alemannische Fibel★) Y.

Ausflugsziel : Schloßberg★ (mit -⚡) Z – Schauinsland★ (≤★), über Günterstalstr. X 21 km.

🔚 Kirchzarten, Krüttweg (② : 9 km), ✆ (07661) 55 69.

Messegelände an der Stadthalle (über ②), ✆ 7 10 20.

🛈 Freiburg-Information, Rotteckring 14, ✉ 79098, ✆ 3 68 90 90, Telex 761110, Fax 37003.

ADAC, Karlsplatz 1, ✉ 79098, ✆ 3 68 80, Fax 368815.

◆Stuttgart 208 ④ – Basel 71 ④ – ◆Karlsruhe 134 ④ – Strasbourg 86 ④.

Stadtplan siehe gegenüberliegende Seite

🏨 ✿ **Colombi-Hotel,** Rotteckring 16, ✉ 79098, ✆ 2 10 60, Telex 772750, Fax 31410, 🌫 Massage, ⇆s, ⬛ – 📶 ⤢ Zim 🛏 📺 & ⬅ – 🛗 180. 🆎 ⓪ 🅴 𝚅𝙸𝚂𝙰 ⚘ Rest Y

Colombi-Restaurant : Menu 40(mittags) und à la carte 72/112 – *Hans-Thoma-Stube :* Men⸱ à la carte 47/70 – **119 Z** 260/494, 4 Suiten

Spez. Artischockensalat mit marinierten Flußkrebsen und Tomatenvinaigrette, Seeteufelmedai lon mit Paprika-Mozzarellakruste und Rosmarinsauce, Mangotörtchen mit Joghurt Limonensorbet.

🏨 **Dorint Kongress-Hotel,** Konrad-Adenauer-Platz 2, ✉ 79098, ✆ 3 88 90, Fax 3889100, ⇆s ⬛ – 📶 ⤢ Zim 🛏 📺 & ⬅ – 🛗 180. 🆎 ⓪ 🅴 𝚅𝙸𝚂𝙰 Y ⸱
Menu à la carte 39/60 – **219 Z** 210/310, 7 Suiten.

🏨 **Zum Roten Bären** (Haus a.d.J. 1120, seit 1311 Gasthof), Oberlinden 12, ✉ 79098 ✆ 38 78 70, Fax 3878717, ⇆s – 📺 ☎ ⬅ – 🛗 50. 🆎 ⓪ 🅴 𝚅𝙸𝚂𝙰. ⚘ Rest Z ⸱
Menu à la carte 50/82 – **25 Z** 195/310.

🏨 **Rheingold** garni, Eisenbahnstr. 47, ✉ 79098, ✆ 2 82 10 (Hotel), Fax 2821111 – 📶 📺 ☎ ⬅ – 🛗 60. 🆎 ⓪ 🅴 𝚅𝙸𝚂𝙰 Y ⸱
49 Z 170/330.

🏨 **Oberkirchs Weinstuben,** Münsterplatz 22, ✉ 79098, ✆ 3 10 11, Fax 31031, 🌫 – 📶 📺 ⬅. 🆎 🅴 𝚅𝙸𝚂𝙰 Y ⸱
Jan. geschl. – **Menu** *(Sonn- und Feiertage geschl.)* à la carte 40/75 🍴 – **26 Z** 100/290.

🏨 **Intercity Hotel,** Bismarckallee 3, ✉ 79098, ✆ 3 80 00, Fax 3800999 – 📶 ⤢ Zim 📺 & ⬅ ❷ – 🛗 60. 🆎 ⓪ 🅴 𝚅𝙸𝚂𝙰 Y r
Menu à la carte 30/48 – **152 Z** 165/235.

🏨 **Victoria** garni, Eisenbahnstr. 54, ✉ 79098, ✆ 3 18 81, Fax 33229 – 📶 📺 ☎ ⬅ ❷ – 🛗 25 🆎 ⓪ 🅴 𝚅𝙸𝚂𝙰 Y ᴘ
63 Z 157/237.

🏨 **Central-Hotel** garni, Wasserstr. 6, ✉ 79098, ✆ 3 19 70, Fax 3197100 – 📶 📺 ☎ ⬅ – 🛗 40. 🆎 ⓪ 🅴 𝚅𝙸𝚂𝙰 𝙹𝙲𝙱 Y s
49 Z 140/250.

🏨 **Park Hotel Post** garni, Eisenbahnstr. 35, ✉ 79098, ✆ 3 16 83, Fax 31680 – 📶 📺 ☎ ⬅ 🅴 𝚅𝙸𝚂𝙰. ⚘ Y h
41 Z 149/249.

🏨 **Markgräfler Hof** (ehem. Stadtpalais a.d.J. 1476), Gerberau 22, ✉ 79098, ✆ 3 25 40 Fax 37947 – 📺 ☎ ⬅. 🆎 ⓪ 🅴 𝚅𝙸𝚂𝙰. ⚘ Z ⸱
Menu *(Sonntag - Montag geschl.)* (bemerkenswerte Weinkarte) 45/58 (mittags) und à la carte 65/100 – **18 Z** 120/210.

🏨 **Schiller,** Hildastr. 2, ✉ 79102, ✆ 70 33 70, Fax 7033777 – 📺 ☎. 🆎 ⓪ 🅴 𝚅𝙸𝚂𝙰 Z a
Menu à la carte 44/68 – **20 Z** 120/180.

🏨 **Kolpinghaus,** Karlstr. 7, ✉ 79104, ✆ 3 19 30, Fax 3193202 – 📶 📺 ☎ & – 🛗 40. 🆎 ⓪ 🅴 𝚅𝙸𝚂𝙰 Y v
Menu à la carte 29/56 🍴 – **94 Z** 103/180.

🏨 **Schwarzwälder Hof,** Herrenstr. 43, ✉ 79098, ✆ 3 80 30, Fax 3803135 – 📶 📺 ☎. 🆎 ⓪ 🅴 𝚅𝙸𝚂𝙰 Z s
Menu *(Sonntag nur Mittagessen, Montag geschl.)* à la carte 28/46 🍴 – **47 Z** 68/175.

🏨 **Rappen,** Münsterplatz 13, ✉ 79098, ✆ 3 13 53, Fax 382252, 🌫 – 📶 📺 ☎. 🆎 ⓪ 🅴 𝚅𝙸𝚂𝙰 Y b
Menu à la carte 29/68 – **20 Z** 140/195.

XX **Wolfshöhle,** Konviktstr. 8, ✉ 79098, ✆ 3 03 03, Fax 288884, 🌫 – 🆎 ⓪ 🅴 𝚅𝙸𝚂𝙰 Z ⸱
Sonntag geschl. – **Menu** (abends Tischbestellung ratsam, italienische Küche) à la carte 51/82.

XX **Enoteca,** Gerberau 21, ✉ 79098, ✆ 3 07 51, Fax 280581 – 🆎 ⓪ 🅴 𝚅𝙸𝚂𝙰 Z x
Sonn- und Feiertage geschl. – **Menu** à la carte 48/78.

XX **Weinstube zur Traube,** Schusterstr. 17, ✉ 79098, ✆ 3 21 90, Fax 26313 – 🆎 🅴 𝚅𝙸𝚂𝙰 Y u
Juli 2 Wochen und Sonntag geschl., Montag nur Abendessen – **Menu** (Tischbestellung ratsam) à la carte 52/91.

FREIBURG
IM BREISGAU

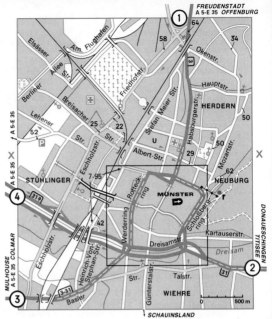

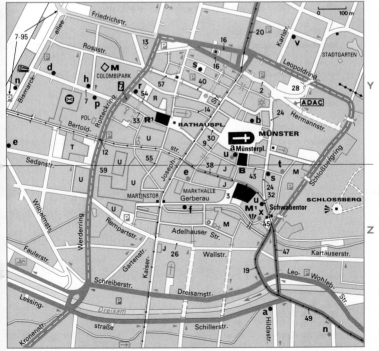

XX **Schloßbergrestaurant Dattler,** Am Schloßberg 1 (Zufahrt über Wintererstraße, oder mit Schloßberg-Seilbahn, DM 3,00), ⊠ 79104, ℰ 3 17 29, Fax 26243, ≤ Freiburg und Kaiserstuhl, ☂ – ❷. ⁤ AE ⓞ VISA X r
Dienstag und Jan.- Feb. 4 Wochen geschl. – **Menu** à la carte 40/73 ⅃.

XX **Klösterle,** Dreikönigstr. 8, ⊠ 79102, ℰ 7 57 84, Fax 73788, ☂ – ❀ Z n
Sonntag - Montag, Sept. 2 Wochen und Weihnachten - Ende Jan. geschl. – **Menu** (nur Abendessen) à la carte 44/76.

X **Großer Meyerhof,** Grünwälderstr. 7, ⊠ 79098, ℰ 2 25 52, Fax 281173 Z e
Montag - Dienstag geschl. – **Menu** à la carte 28/50 ⅃.

In Freiburg-Betzenhausen ④ : 2 km :

🏠 **Bischofslinde** ⌂ garni, Am Bischofskreuz 15, ⊠ 79114, ℰ 8 26 88, Fax 808345 – TV ☎ ❷. ⁤ AE ⓞ E VISA
26 Z 80/125.

In Freiburg-Ebnet ② : 3,5 km :

🏠 **Ruh,** Schwarzwaldstr. 225 (B 31), ⊠ 79117, ℰ 6 20 65 – ☎ ❷
➜ **Menu** *(Freitag geschl.)* à la carte 28/42 ⅃ – **14 Z** 58/98.

In Freiburg-Günterstal S : 2 km über Günterstalstraße X :

XX **Kühler Krug** mit Zim, Torplatz 1, ⊠ 79100, ℰ 2 91 03, Fax 29782, ☂ – TV ☎. E
Juni 3 Wochen geschl. – **Menu** *(Mittwoch - Donnerstag geschl.)* (Tischbestellung ratsam) 38/55 und à la carte 48/74 – **8 Z** 90/120.

In Freiburg-Herdern :

🏨 **Panorama Hotel Mercure** ⌂, Wintererstr. 89, ⊠ 79104, ℰ 5 10 30, Fax 5103300, ≤ Freiburg und Kaiserstuhl, ☂, Massage, ⩶s, ⬜, ✕ – ⧫ ⇜ Zim TV ☎ ❷ – ⵥ 60. ⁤ AE ⓞ E VISA über Stadtstraße X
Menu à la carte 53/82 – **85 Z** 190/275.

XX **Eichhalde,** Stadtstr. 91, ⊠ 79104, ℰ 5 48 17, Fax 54386 – E X s
Dienstag geschl., Samstag nur Abendessen – **Menu** 36 (mittags) und à la carte 53/74.

In Freiburg-Kappel SO : 7 km über ② und FR-Littenweiler :

🏨 **Zum Kreuz,** Großtalstr. 28, ⊠ 79117, ℰ 6 20 55, Fax 64793, ☂, ⩶s – TV ☎ ⇔ ❷. E
Mitte Jan.- Anfang Feb. geschl. – **Menu** *(Montag-Dienstag geschl.)* à la carte 37/65 ⅃ –
17 Z 80/180.

In Freiburg-Lehen ④ : 3 km :

🏨 **Bierhäusle,** Breisgauer Str. 41, ⊠ 79110, ℰ 8 83 00, Fax 806820 – ⧫ TV ☎ ❷. ⓞ E VISA
Menu *(Sonntag nur Mittagessen, Montag und Aug. 3 Wochen geschl.)* à la carte 44/81
⅃ – **43 Z** 85/195.

🏠 **Hirschengarten-Hotel** garni, Breisgauer Str. 51, ⊠ 79110, ℰ 8 03 03, Fax 8833339 – ⧫
TV ☎ ❷. ⁤ E VISA
23. Dez.- 9. Jan. geschl. – **20 Z** 85/130.

X **Hirschen** mit Zim, Breisgauer Str. 47, ⊠ 79110, ℰ 8 21 18, ☂ – ❷
Menu *(Donnerstag geschl.)* ((Tischbestellung erforderlich) à la carte 31/65 ⅃ – **10 Z** 65/90.

In Freiburg-Littenweiler ② : 2 km :

🏨 **Schwärs Hotel Löwen** (mit Gasthof), Kappler Str. 120, ⊠ 79117, ℰ 6 30 41, Fax 60690, ☂ – ⧫ TV ☎ ⇔ ❷ – ⵥ 70. ⁤ AE ⓞ E VISA
Menu à la carte 35/76 *(auch vegetarische Gerichte)* ⅃ – **60 Z** 140/220.

In Freiburg-Munzingen ③ : 13 km :

🏨 **Schloß Reinach** (ehem. Gutshof a. d. J. 1647 mit moderner Einrichtung), St.Erentrudis-Str. 12 (B31), ⊠ 79112, ℰ (07664) 40 70, Fax 407251, ☂ – ⧫ TV ☎ ⇔ ❷ – ⵥ 225. ⁤ AE ⓞ
E VISA ❀
Menu *(Dienstag geschl.)* (wochentags nur Abendessen) à la carte 48/78 – **76 Z** 89/180.

In Freiburg-Opfingen W : 10,5 km über Eschholzstr.X :

🎍 **Zur Tanne** (Badischer Gasthof a.d. 18. Jh.), Altgasse 2, ⊠ 79112, ℰ (07664) 18 10, Fax 5303
– E
17. Jan. - 25. Feb. und 1. - 18. Aug. geschl. – **Menu** *(Juli - Sept. Montag - Freitag nur Abendessen, Juli - April Dienstag geschl.)* (von Mitte April - Mitte Juni nur Spargelgerichte)
à la carte 30/62 ⅃ – **9 Z** 55/150.

In Freiburg-St. Georgen ③ : 5 km :

🏨 **Zum Schiff,** Basler Landstr. 35, ⊠ 79111, ℰ 47 30 41, Fax 475563, ⩶s – ⧫ TV ☎ ও ⇔
❷. ⁤ AE ⓞ E VISA
Menu à la carte 29/61 – **65 Z** 115/190.

🏨 **Ritter St. Georg** garni, Basler Landstr. 82, ⊠ 79111, ℰ 4 35 93 – TV ☎ ❷. E VISA ❀
Juli - Aug. 2 Wochen und Weihnachten - Neujahr geschl. – **17 Z** 98/180.

Beim Thermalbad ③ : 9 km über die B 3 und B 31 :

🏨 **Dorint** ⬡, An den Heilquellen 8, ⬚ 79111 Freiburg-St.Georgen, ℰ (0761) 4 90 80, Fax 4908100, ⬛, direkter Zugang zum Thermalbad – 🛗 ⇄ Zim ▤ Rest 📺 ⬄ 🅿 – 🏄 70. ⒜ ⬤ 🅴 𝖵𝖨𝖲𝖠. ⬚ Rest
Menu à la carte 39/67 *(auch vegetarische Gerichte)* – **131 Z** 210/285.

Siehe auch : *Horben und Oberried-Schauinsland*

FREIENWALDE, BAD Brandenburg 🄾🄸🄸 O 7. 🄾🄸🄸 ⑫, 🄾🄸🄸 ⑱ – 11 000 Ew – Höhe 30 m – ✆ 03344.
🄱 Oberbarnim Information, Karl-Marx-Str. 25, ⬚ 16259, ℰ 34 02, Fax 3402.
Potsdam 102 – Frankfurt/Oder 69.

🏠 **Zum Löwen,** Hauptstr. 41, ⬚ 16259, ℰ 52 15, Fax 5215, ⬛ – 📺 ☎ 🅿. 🅴
Menu à la carte 25/35 ⅃ – **16 Z** 65/130.

In Falkenberg NW : 6 km :

🏠 **Villa Fontane** garni, Fontaneweg 4, ⬚ 16259, ℰ (033458) 3 03 80, Fax 30381 – 📺 🅿
8 Z 80/140.

FREIGERICHT Hessen 🄾🄸🄸 🄾🄸🄸 K 16 – 13 000 Ew – Höhe 178 m – ✆ 06055.
◆Wiesbaden 77 – Aschaffenburg 28 – ◆Frankfurt am Main 41.

In Freigericht-Horbach – Erholungsort :

🏠 **Haus Vorspessart,** Geiselbacher Str. 11, ⬚ 63579, ℰ 8 30 74, Fax 83490, 🔲 – 🛗 📺 ☎
🅿. ⒜ 🅴 𝖵𝖨𝖲𝖠. ⬚ Zim
23. Dez.- 15. Jan. geschl. – **Menu** *(Sonntag geschl.)* à la carte 31/55 – **16 Z** 75/135.

FREILASSING Bayern 🄾🄸🄸 V 23, 🄾🄸🄸 ㊳, 🄾🄸🄸 K 5 – 14 000 Ew – Höhe 420 m – Erholungsort – ✆ 08654. – ◆München 139 – Bad Reichenhall 19 – Salzburg 7 – Traunstein 29.

🏨 **Moosleitner,** Wasserburger Str. 52 (W : 2,5 km), ⬚ 83395, ℰ 6 30 60, Fax 630699, ⬛, ⇄, ⬛, ⬛ (Halle) – 🛗 ⇄ Zim 📺 🅿 ⬄ – 🏄 30. ⒜ ⬤ 🅴 𝖵𝖨𝖲𝖠
3.- 7. Jan. geschl. – **Menu** *(Samstag geschl.)* à la carte 35/69 – **50 Z** 98/200.

🏨 **Krone** garni, Hauptstr. 26, ⬚ 83395, ℰ 6 01 70, Fax 601717 – 🛗 📺 ☎. ⒜ ⬤ 🅴 𝖵𝖨𝖲𝖠. ⬚
Anfang Jan. 1 Woche geschl. – **32 Z** 95/150.

🍴 **Zollhäusl,** Zollhäuslstr. 11, ⬚ 83395, ℰ 6 20 11, Fax 66679, Biergarten, ⬛ – 📺 ☎ ⬄
◆ 🅿. ⒜ 🅴 𝖵𝖨𝖲𝖠
Menu *(Montag geschl.)* à la carte 24/56 ⅃ – **14 Z** 70/120.

Siehe auch : *Salzburg* (Österreich)

FREILINGEN Rheinland-Pfalz 🄾🄸🄸 G 15, 🄾🄸🄸 ㉔ – 650 Ew – Höhe 370 m – Luftkurort – ✆ 02666.
Mainz 88 – ◆Köln 94 – Limburg an der Lahn 28.

🍴 **Ludwigshöh,** Hohe Str. 33 (B 8), ⬚ 56244, ℰ 2 80, ⬛, ⬛ – ⬄ 🅿
Jan. geschl. – **Menu** *(Freitag geschl.)* à la carte 27/45 – **10 Z** 45/100.

FREINSHEIM Rheinland-Pfalz 🄾🄸🄸 H 18 – 4 500 Ew – Höhe 100 m – ✆ 06353.
🄱 Verkehrsverein, Hauptstr. 2, ⬚ 67251, ℰ 17 79, Fax 4577.
Mainz 79 – Kaiserslautern 42 – ◆Mannheim 22.

🏨 ❀ **Luther** (Modernes Hotel in einem Haus aus der Barockzeit), Hauptstr. 29, ⬚ 67251, ℰ 20 21, Fax 8388, ⬛, ⬛ – 📺 ☎ 🅿 – 🏄 25. ⒜ 🅴 𝖵𝖨𝖲𝖠. ⬚
Juli - Aug. 3 Wochen geschl. – **Menu** *(Sonntag geschl.)* (nur Abendessen, Tischbestellung ratsam, bemerkenswerte Weinkarte) à la carte 86/102 – **23 Z** 90/250
Spez. Salat von getrüffeltem Täubchen, Gegrillter Loup de mer mit Lorbeer, Warmes Ziegenkäsesoufflé mit Haselnüssen und Honig.

🍴 **von-Busch-Hof** (Restaurant in einem ehemaligen Klosterkeller), ⬚ 67251, ℰ 77 05, Fax 3741, ⬛ – 🅴
Montag-Dienstag und Mitte Jan.- Mitte Feb. geschl. – **Menu** (wochentags nur Abendessen) à la carte 48/61.

FREISING Bayern 🄾🄸🄸 S 21, 🄾🄸🄸 ㊲ – 42 400 Ew – Höhe 448 m – ✆ 08161.
Sehenswert : Domberg★ – Dom★ (Chorgestühl★, Benediktuskapelle★).
🄱 Fremdenverkehrsamt, Marienplatz 7, ⬚ 85354, ℰ 5 41 22, Fax 54231.
◆München 34 – Ingolstadt 56 – Landshut 36 – ◆Nürnberg 144.

🏨 **Ramada Hotel Freising,** Alois-Steinecker-Str. 20, ⬚ 85354, ℰ 96 60, Telex 526700, Fax 966281, ⬛, 🔲 – 🛗 ⇄ Zim ▤ 📺 ♿ ⬄ – 🏄 260. ⒜ ⬤ 🅴 𝖵𝖨𝖲𝖠 𝖩𝖢𝖡. ⬚ Rest
Menu à la carte 49/75 – **252 Z** 200/340, 4 Suiten.

🏨 **Dorint Hotel,** Dr.-von-Daller-Str. 1, ⊠ 85356, 𝒫 53 20, Fax 532100, 🍴, ⇔s – |📶| ✳ Zir
📺 ☎ ⇔ – 🏛 80. 🖭 ⑩ 🗲 𝘝𝘐𝘚𝘈
Menu à la carte 42/62 – **138 Z** 175/300.

🏨 **Isar-Hotel,** Isarstr. 4, ⊠ 85356, 𝒫 86 50, Fax 865555 – |📶| ✳ Zim 📺 ☎ 𝐏. 🖭 ⑩ 🗲 𝘝𝘐𝘚
𝘑𝘊𝘉
Menu (chinesische Küche) à la carte 25/58 – **42 Z** 95/195.

🏨 **Bayerischer Hof,** Untere Hauptstr. 3, ⊠ 85354, 𝒫 30 37 – |📶| 📺 ☎ ⇔ 𝐏. 🗲 𝘝𝘐𝘚𝘈
Menu *(Freitag nur Mittagessen, Samstag und Aug. geschl.)* à la carte 26/44 – **70 Z** 74/133

In Freising-Haindlfing NW : 5 km :

✗ **Gasthaus Landbrecht,** Freisinger Str. 1, ⊠ 85354, 𝒫 (08167) 89 26 – 𝐏
*Mittwoch - Freitag nur Abendessen, Montag - Dienstag, Ende März - Mitte April und Ende
Aug.- Mitte Sept. geschl.* – **Menu** à la carte 32/56.

Im Flughafen Franz-Josef-Strauß SO : 8 km :

🏨 **Kempinski Airport München,** Terminalstraße/Mitte 20, ⊠ 85356 München
𝒫 (089) 9 78 20, Fax 97822610, ⇔s, ◻ – |📶| ✳ Zim 🍴 📺 ⅙ ⇔ – 🏛 280. 🖭 ⑩ 🗲
𝘝𝘐𝘚𝘈 𝘑𝘊𝘉
Menu à la carte 46/77 – **389 Z** 276/342, 17 Suiten.

✗✗ **Il Mondo,** Bereich B - Ebene 07, ⊠ 85356 München, 𝒫 (089) 97 59 28 70, Fax 9759285
– 𝐏. 🖭 ⑩ 🗲 𝘝𝘐𝘚𝘈
Menu (italienische Küche) à la carte 47/74.

✗✗ **Zirbelstube,** Zentralgebäude - Ebene 04, ⊠ 85356 München, 𝒫 (089) 97 59 28 60
Fax 97592856, « Original Riemer Zirbelstube » – 𝐏. 🖭 ⑩ 🗲 𝘝𝘐𝘚𝘈
Menu à la carte 38/67.

In Hallbergmoos S : 10 km :

🏨 **Mövenpick Hotel Cadettt,** Ludwigstr. 43, ⊠ 85399, 𝒫 (0811) 88 80, Telex 526564
Fax 888444, ⇔s – |📶| ✳ Zim 🍴 📺 ☎ ⅙ 𝐏 – 🏛 30. 🖭 ⑩ 🗲 𝘝𝘐𝘚𝘈 𝘑𝘊𝘉
Menu à la carte 35/61 – **164 Z** 201/222.

In Hallbergmoos-Goldach S : 12 km :

🏨 **Daniel's** garni, Hauptstr. 11, ⊠ 85399, 𝒫 (0811) 5 51 20, Fax 551213 – 📺 ☎ 𝐏 – 🏛 15
🖭 ⑩ 🗲
26 Z 98/225.

✗ **Landgasthof Alter Wirt** (mit 🏨 Gästehaus), Hauptstr. 66, ⊠ 85399, 𝒫 (0811) 5 51 40
(Hotel) 37 74 (Rest.), Fax 95050, Biergarten – ✳ Zim 📺 ☎ 𝐏
Menu *(Dienstag - Mittwoch geschl.)* à la carte 28/57 – **14 Z** 99/139.

In Oberding-Schwaig SO : 12 km :

🏨 **Arabella Airport Hotel** ⬎, Freisinger Str. 80, ⊠ 85445, 𝒫 (08122) 84 87 50, Fax 848800
⇔s, ◻ – |📶| ✳ Zim 🍴 📺 ⅙ ⇔ 𝐏 – 🏛 140. 🖭 ⑩ 🗲 𝘝𝘐𝘚𝘈
Menu à la carte 50/81 – **170 Z** 189/432.

FREITAL Sachsen 𝟦𝟣𝟦 M 13, 𝟫𝟪𝟦 ㉔, 𝟫𝟪𝟩 ⑱ – 40 000 Ew – Höhe 184 m – 🕃 0351.
♦Dresden 8 – Freiberg 22 – Chemnitz 70.

🏨 **Stadt Freital,** Bahnhofstr. 10, ⊠ 01705, 𝒫 4 76 03 44, Fax 4760346, 🍴 – 📺 ☎ – 🏛 20
⇢ 🖭 🗲 𝘝𝘐𝘚𝘈, ✼
Menu à la carte 18/35 – **15 Z** 114/183.

In Freital-Wurgwitz NW : 5km :

🏨 **Solar Parkhotel** ⬎, Pesterwitzer Str. 8, ⊠ 01705, 𝒫 6 56 60, Fax 6502951, ≤, 🍴, ⇔s
– |📶| 📺 ☎ ⅙ 𝐏 – 🏛 80. 🖭 ⑩ 🗲 𝘝𝘐𝘚𝘈 𝘑𝘊𝘉
Menu à la carte 33/58 – **125 Z** 158/238.

In Rabenau SO : 2,5 km :

🏨 **Rabennest** ⬎, Nordstr. 8, ⊠ 01734, 𝒫 4 76 03 22, Fax 4760325, 🍴 – 📺 ☎ 𝐏 – 🏛 40
⇢ 🖭 🗲 𝘝𝘐𝘚𝘈
Menu à la carte 17/43 ⅛ – **11 Z** 85/150.

In Tharandt W : 5 km :

🏨 **Schützenhaus,** Wilsdruffer Str. 20, ⊠ 01737, 𝒫 (035203) 3 04 11, Fax 30422, 🍴 – 📺
⇢ 𝐏 – 🏛 30. 🖭 🗲
Menu à la carte 23/37 – **12 Z** 90/150.

In Kesselsdorf NW : 6 km :

🏨 **Nestor,** Zschoner Ring 6 (Gewerbegebiet), ⊠ 01723, 𝒫 (035204) 45 90, Fax 459113, 🍴
⇔s – |📶| ✳ 🍴 📺 ☎ ⅙ ⇔ 𝐏 – 🏛 100. 🖭 🗲 𝘝𝘐𝘚𝘈
Menu à la carte 36/61 – **126 Z** 168/216.

In Hartha, Kurort W : 7 km :

🏠 **Kirchner** (mit Gästehaus), Talmühlenstr. 14, ⊠ 01737, ℘ (035203) 24 50, Fax 2447, ⇌s –
◆ 📺 ☎ 🅿 – 🏛 20
Menu *(Donnerstag nur Abendessen)* à la carte 18/30 – **28 Z** 95/160.

In Grillenburg SW : 12km :

🏠 Waldhotel Zur Grille, Hauptstr. 18, ⊠ 01737, ℘ (035202) 43 84, Fax 4384, 🌳 – 📺 ☎
🅿
14 Z.

🏠 Jagdhotel Zum Keiler, Hauptstr. 8, ⊠ 01737, ℘ (035202) 43 02, Fax 4384, 🌳 – 📺 ☎ 🅿.
⚫ Zim
12 Z, 3 Suiten.

FREMDINGEN Bayern 🔢🔢 O 20 – 2 200 Ew – Höhe 475 m – ✪ 09086.
◆München 143 – ◆Nürnberg 114 – ◆Würzburg 124.

In Fremdingen-Raustetten SW : 2 km :

🏠 **Waldeck** ⚫, Raustetten 12, ⊠ 86742, ℘ 2 30, 🌳, 🏊 (Gebühr) – ⇌ 🅿.
◆ ⚫ Zim
20. Dez.- Ende Feb. geschl. – **Menu** *(Montag - Freitag nur Abendessen)* à la carte 18/34
– **19 Z** 35/70 – ½ P 42/44.

FREUDENBERG Baden-Württemberg 🔢🔢 K 17, 🔢🔢 ㉕ – 4 000 Ew – Höhe 127 m –
✪ 09375.
◆Stuttgart 145 – Aschaffenburg 48 – Heidelberg 85 – ◆Würzburg 64.

🏠 Goldenes Faß, Faßgasse 3, ⊠ 97896, ℘ 6 51, Fax 1422, 🌳 – 📺 ☎ ⇌ 🅿 – 🏛 25
14 Z.

✗✗ **Rose** mit Zim, Hauptstr. 230, ⊠ 97896, ℘ 6 53, Fax 1491, 🌳 – 📺 ⇌ 🅿. 🄰🄴 ⓄⒹ 🄴
𝘝𝘐𝘚𝘈
Feb. 2 Wochen geschl. – **Menu** *(Dienstag geschl.)* à la carte 32/69 – **6 Z** 60/110.

In Freudenberg-Boxtal O : 10 km – Erholungsort :

🏠 **Rose** ⚫, Kirchstr. 15, ⊠ 97896, ℘ (09377) 12 12, Fax 1427, 🌳, 🌲 – 🅿. 🄴
◆ Feb. geschl. – **Menu** *(Montag geschl.)* à la carte 20/38 ⚬ – **24 Z** 47/98.

FREUDENBERG Bayern siehe Amberg.

FREUDENBERG Nordrhein-Westfalen 🔢🔢 G 14, 🔢🔢 ㉔ – 18 000 Ew – Höhe 300 m – Luftkurort
– ✪ 02734.
Ausflugsziel : Wasserschloß Crottorf★ W : 11 km.
🅱 Städt. Verkehrsamt, Krottorfer Str. 25, ⊠ 57258, ℘ 4 31 64, Fax 43115.
◆Düsseldorf 119 – Dortmund 94 – Hagen 75 – ◆Köln 82 – Siegen 17.

🏨 **Zur Altstadt,** Oranienstr. 41, ⊠ 57258, ℘ 49 60, Fax 49649, 🌳, ⇌s – 🛗 📺 ⇌ – 🏛 60.
🄰🄴 ⓄⒹ 🄴 𝘝𝘐𝘚𝘈
Menu à la carte 44/78 – **28 Z** 125/220.

🏠 **Haus im Walde** ⚫, Schützenstr. 31, ⊠ 57258, ℘ 46 70, Fax 467651, 🌳, ⇌s, 🏊, 🌲
– 🛗 📺 ☎ 🅿 – 🏛 50. 🄰🄴 ⓄⒹ 🄴 𝘝𝘐𝘚𝘈
Menu à la carte 30/67 – **50 Z** 95/190.

🏠 Zum Alten Flecken ⚫, Marktstr. 11, ⊠ 57258, ℘ 80 41, Fax 1277, ⇌s – 📺 ☎ ⇌.
⚫
25 Z.

In Freudenberg-Wilhelmshöhe O : 3 km :

🏠 **Waldhotel,** Krumme Birke 7 (an der BAB-Ausfahrt), ⊠ 57258, ℘ 27 80, Fax 278100, Biergarten, ⇌s – 📺 ☎ 🅿 – 🏛 35. 🄰🄴 ⓄⒹ 🄴 𝘝𝘐𝘚𝘈
Menu *(Samstag nur Abendessen)* à la carte 32/60 – **25 Z** 90/180.

FREUDENSTADT Baden-Württemberg 🔢🔢 J 21, 🔢🔢 ㉟ – 23 000 Ew – Höhe 735 m – Heil-
klimatischer Kurort – Wintersport : 660/938 m ⚡4 ⚡8 – ✪ 07441.
Sehenswert : Marktplatz★ A – Stadtkirche (Lesepult★★) AB.
Ausflugsziel : Schwarzwaldhochstraße (Höhenstraße★★ von Freudenstadt bis Baden-Baden) ④.
🅵 Hohenrieder Straße, ℘ 30 60.
🅱 Kurverwaltung, Promenadeplatz 1, ⊠ 72250, ℘ 86 40, Fax 85176.
◆Stuttgart 88 ② – Baden-Baden 57 ⑤ – ◆Freiburg im Breisgau 96 ③ – Tübingen 73 ②.

FREUDENSTADT

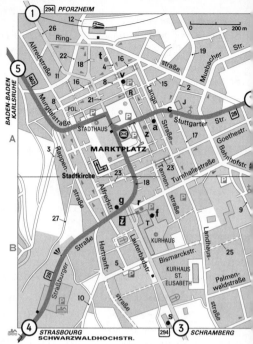

🏨 **Steigenberger Avance Hotel** ⑤, Karl-von-Hahn-Str. 129, ☑ 72250, ℰ 50 10, Fax 501266
　, Massage, ♣, 🏃, ≘s, ☒, 🌣 – ▯ ⇔ Zim ⊡ ☎ 🏃 ⇔ 🅿 – 🔬 90. ⚠ ① 🅴 Ⓥⁱˢᵃ
　　 Rest　　　　　　　　　　　　　　　　　　　　　　　　　　über ①
  bis Mitte Feb. 1995 wegen Umbau geschl. – Menu à la carte 34/69 – **114 Z** 140/292
  3 Suiten.

🏨 **Schwarzwaldhof** ⑤, Hohenrieder Str. 74 (beim Golfplatz), ☑ 72250, ℰ 74 21, Fax 7425
　, 🌣 direkter Zugang zur Badeabteilung mit ☒ des Kurhotel Eden – ▯ ⊡ ☎ ⇔ 🅿
  – 🔬 80. ⚠ ① 🅴 Ⓥⁱˢᵃ 🌣 Rest　　　　　　　　　　　　　über Bahnhofstr.　A
  Menu à la carte 40/66 *(auch vegetarische Gerichte)* – **40 Z** 94/264 – ½ P 128/172.

🏨 **Schwarzwaldhotel Birkenhof**, Wildbader Str. 95, ☑ 72250, ℰ 89 20, Fax 4763, 🌣, Mas
  sage, ♣, ≘s, ☒ – ▯ ⇔ Zim ⊡ ☎ 🏃 ⇔ 🅿 – 🔬 60. ⚠ ① 🅴 Ⓥⁱˢᵃ　　über ①
  Menu à la carte 33/56 *(auch vegetarische Gerichte)* – **57 Z** 115/210 – ½ P 145/170.

🏨 **Bären**, Langestr. 33, ☑ 72250, ℰ 27 29, Fax 2887 – ⊡ ☎ ⇔. ① 🅴 Ⓥⁱˢᵃ　　A a
  Menu *(Sonntag nur Mittagessen, Montag geschl.)* à la carte 35/70 – **24 Z** 75/180
  – ½ P 103/119.

🏨 **Hohenried** ⑤, Zeppelinstr. 5, ☑ 72250, ℰ 24 14, Fax 2559, 🌣, « Rosengarten », ≘s
  ☒, 🌣 – ⊡ ☎ ⇔ – 🔬 45. 🌣　　　　　　　　　　　　　　　über ③
  Menu *(Montag geschl.)* à la carte 38/60 – **27 Z** 90/210 – ½ P 120/154.

🏨 **Palmenwald**, Lauterbadstr. 56, ☑ 72250, ℰ 80 70, Fax 4006, Massage, ♣, 🏃, ≘s, ☒
  🌣 – ▯ ⇔ ⊡ ☎ 🅿 – 🔬 40. ⚠ ① 🅴 Ⓥⁱˢᵃ ᴶᶜᴮ　　　　　　　　B s
  Menu à la carte 38/54 – **82 Z** 110/270.

🏨 **Sonne am Kurpark** ⑤, Turnhallestr. 63, ☑ 72250, ℰ 60 44, Telex 764388, Fax 6300
  Massage, ♣, 🏃, ≘s, ☒, 🌣 – ▯ ⊡ ☎ ⇔ 🅿 – 🔬 65. ⚠ ① 🅴 Ⓥⁱˢᵃ ᴶᶜᴮ 🌣　B t
  Menu à la carte 42/62 *(auch Diät)* – **37 Z** 120/260 – ½ P 149/159.

🏠 **Schwanen**, Forststr. 6, ☑ 72250, ℰ 22 67, Fax 83265, 🌣 – ⇔ Zim ⊡ ☎. 🅴 Ⓥⁱˢᵃ. 🌣 Zim
  Menu *(Nov.– März Donnerstag geschl.)* à la carte 28/59 ♣ – **17 Z** 55/130.　A v

🏠 **Landhaus Bukenberger** ⑤ garni, Herrenfelder Str. 65, ☑ 72250, ℰ 27 71, ≼, 🌣 – ⊡
  ☎ 🅿. 🅴 Ⓥⁱˢᵃ　　　　　　　　　　　　　　über Herrenfelder Str.　B
  15. Nov.– 15. Dez. geschl. – **14 Z** 55/134.

🏠 **Alte Kanzlei**, Straßburger Str. 6, ☑ 72250, ℰ 8 88 60, Fax 888666 – ⊡ ☎ 🅿. ⚠ ① 🅴
  Ⓥⁱˢᵃ ᴶᶜᴮ　　　　　　　　　　　　　　　　　　　　　　　B g
  Menu à la carte 29/53 ♣ – **16 Z** 50/140.

♤ **Gasthof See,** Forststr. 17, ⊠ 72250, ℰ 26 88, Fax 1527 – **❶**. **AE ⓞ E VISA**. ✻ Zim
21. April - 3. Mai und 27. Okt.- 17. Nov. geschl. – **Menu** *(Mittwoch geschl.)* à la carte 26/43
♨ – **13 Z** 65/120 – ½ P 66/71.
A **t**

XX **Zum Warteck** mit Zim, Stuttgarter Str. 14, ⊠ 72250, ℰ 74 18, Fax 2957 – **tv ☎**. **ⓞ VISA**.
✻
Menu *(Dienstag geschl.)* (bemerkenswerte Weinkarte) à la carte 45/84 – **13 Z** 70/130.
A **c**

XX **Herzog Friedrich,** im Kurhaus, ⊠ 72250, ℰ 70 45, Fax 6599, ㎡ – ♿ ➾ – **🛁** 250. **AE ⓞ**
E VISA – *Montag geschl.* – **Menu** à la carte 31/57.
B **r**

X **Jägerstüble** mit Zim, Marktplatz 12, ⊠ 72250, ℰ 23 87, ㎡ – **E**
A **v**
Mitte Okt.- Anfang Nov. geschl. – **Menu** *(Montag geschl.)* à la carte 26/61 – **10 Z** 60/150.

An der B 28 ④ : 2 km :

🏨 **Langenwaldsee,** Straßburger Str. 99, ⊠ 72250 Freudenstadt, ℰ (07441) 22 34, Fax 4191,
≤, ㎡, ≋, ☞ – ✻ Rest **tv ☎ ❶ E VISA**
2. Nov.- 15. Dez. geschl. – **Menu** à la carte 38/65 – **36 Z** 80/240.

In Freudenstadt-Igelsberg ① : 11 km – *Erholungsort* :

🏨 **Krone,** Hauptstr. 8, ⊠ 72250, ℰ (07442) 34 58, Fax 50372, 🔲, ☞ – 🛗 ☎ ❶ – **🛁** 30. ✻
12.- 25. Jan. und 1.- 25. Dez. geschl. – **Menu** à la carte 32/64 – **30 Z** 84/182 – ½ P 100/120.

In Freudenstadt-Lauterbad ③ : 3 km – *Luftkurort* :

🏨 **Kurhotel Lauterbad** ⑤, Amselweg 5, ⊠ 72250, ℰ 8 10 06, Fax 82688, ㎡, Massage, **ʄᦞ**,
≋, 🔲, ☞ – ✻ Zim **tv ☎ ❶** – **🛁** 30. ✻ Rest – **Menu** *(Donnerstag geschl.)* à la carte
38/65 *(auch vegetarische Gerichte)* – **40 Z** 72/196 – ½ P 97/138.

🏨 **Grüner Wald** ⑤, Kinzigtalstr. 23, ⊠ 72250, ℰ 70 51, Fax 7055, ㎡, 🔲, ☞, ✈ – **tv ☎**
🚿 ➾ **❶** – **🛁** 25. **E VISA**. ✻ Rest
Menu à la carte 32/66 ♨ – **53 Z** 80/192 – ½ P 89/124.

🏠 **Landhaus Waldesruh** ⑤, Hardtsteige 5, ⊠ 72250, ℰ 30 35, 🔲, ☞ – **tv ☎ ❶**
(nur Abendessen für Hausgäste) – **28 Z**.

In Freudenstadt-Zwieselberg ④ : 8 km Richtung Bad Rippoldsau :

🏠 **Hirsch,** Hauptstr. 10, ⊠ 72250, ℰ 21 10, ㎡, ☞ – **tv ☎ ➾ ❶**
Anfang Nov.- Mitte Dez. geschl. – **Menu** à la carte 27/50 ♨ – **35 Z** 42/110 – ½ P 70.

Freudenstadt-Kniebis siehe : *Schwarzwaldhochstraße*

FREUDENTAL Baden-Württemberg siehe Besigheim.

FREYBURG (UNSTRUT) Sachsen-Anhalt ꧄꧄꧄ H 12, ꧄꧄꧄ ㉓, ꧄꧄꧄ ⑭ – 5 000 Ew – Höhe 120 m
– **❸** 034464.
🛈 Fremdenverkehrsverein, Markt, ⊠ 06632, ℰ 2 72 60 – Magdeburg 130 – Halle 41.

🏨 **Altdeutsche Weinstuben Zum Künstlerkeller,** Breite Str. 14, ⊠ 06632, ℰ 2 72 92,
Fax 27307, « Weinkeller und Innenhofterrasse » – **tv ☎** – **🛁** 50
Menu à la carte 33/54 – **32 Z** 85/180.

🏠 **Hotel Rebschule** ⑤, Ehrauberge 33, ⊠ 06632, ℰ 2 76 47, Fax 27647, ㎡ – **tv ☎ ❶**
➡ **Menu** à la carte 21/34 – **23 Z** 88/135.

FREYSTADT Bayern ꧄꧄꧄ QR 19 – 6 600 Ew – Höhe 410 m – **❸** 09179.
➤München 134 – Ansbach 67 – Ingolstadt 61 – ✦Nürnberg 40.

🏠 **Pietsch,** Marktplatz 55, ⊠ 92342, ℰ 51 04, Fax 2758 – 🛗 ☎ **❶**. **E**
➡ **Menu** *(Sonntag geschl.)* à la carte 22/50 – **55 Z** 65/115.

FREYUNG Bayern ꧄꧄꧄ X 20, ꧄꧄꧄ ㉘, ꧄꧄꧄ M 2 – 7 800 Ew – Höhe 658 m – Luftkurort – Win-
tersport : 658/800 m ✆3 ✦7 – **❸** 08551.
🛈 Verkehrsamt im Kurhaus, Rathausplatz 2, ⊠ 94078, ℰ 5 88 50, Fax 58855.
➤München 205 – Grafenau 15 – Passau 34.

🏠 **Brodinger - Am Freibad,** Zuppinger Str. 3, ⊠ 94078, ℰ 43 42, Fax 7973, ㎡, ≋, 🔲,
➡ ☞ – 🛗 ☎ **❶**. **AE ⓞ E VISA**
März und Nov. jeweils 2 Wochen geschl. – **Menu** *(Sonntag nur Mittagessen, Montag
geschl.)* à la carte 22/49 – **20 Z** 55/150.

🏠 **Brodinger** ⑤, Schulgasse 15, ⊠ 94078, ℰ 40 04, Fax 7283, ☂, ☞ – 🛗 **❶**. **AE ⓞ E VISA**
➡ *April und Nov. jeweils 2 Wochen geschl.* – **Menu** *(Samstag nur Mittagessen, Sonntag
geschl.)* à la carte 22/49 – **17 Z** 55/150.

🏠 **Zur Post,** Stadtplatz 2, ⊠ 94078, ℰ 40 25, Fax 7752, ≋, ☞ – 🛗 ☎ **❶**. **E**. ✻ Zim
➡ *Mai - Juni 2 Wochen und Nov. 3 Wochen geschl.* – **Menu** *(Montag geschl.)* à la carte 23/36
– **42 Z** 45/120.

XX **Landgasthaus Schuster,** Ort 19, ⊠ 94078, ℰ 71 84 – **❶**
Montag, Jan. 1 Woche und Juni 2 Wochen geschl., Dienstag nur Abendessen – **Menu**
à la carte 45/67.

FRICKENHAUSEN Bayern █▊▊ N 17 – 1 300 Ew – Höhe 180 m – ✪ 09331 (Ochsenfurt).
◆München 277 – Ansbach 61 – ◆Würzburg 21.

🏠 **Weingut Meintzinger** ⑤ garni, Jahnplatz 33, ☒ 97252, ℰ 8 72 10, Fax 7578 – 📺 ☎ ⇔
　 📵. ﷼﷽ ℇ ⱱⁱˢᵃ
　 21 Z 85/220.

✗✗ **Ehrbars Fränkische Weinstube,** Hauptstr. 19, ☒ 97252, ℰ 6 51, Fax 5207, 🏠
　 Montag und 15. Jan.- 15. März geschl. – **Menu** (Tischbestellung ratsam) à la carte 38/▮
　 ⑤.

FRICKINGEN Baden-Württemberg █▊▊ K 23, ▊▊▊ ⑩ – 2 600 Ew – Höhe 500 m – ✪ 075▮
(Heiligenberg).
◆Stuttgart 142 – Bregenz 67 – Sigmaringen 41.

🍂 **Paradies,** Kirchstr. 8, ☒ 88699, ℰ 81 71, Fax 1042 – ☎ 📵. ℇ. ≋ Zim
　 Weihnachten - Mitte Jan. geschl. – **Menu** *(Freitag nur Mittagessen, Samstag nur Aberⁱ*
　 essen) à la carte 26/45 – **18 Z** 45/90.

FRIDINGEN AN DER DONAU Baden-Württemberg █▊▊ J 22, ▊▊▊ ㉟, █▊▊ K 1 – 2 900 Ewⁱ
Höhe 600 m – Erholungsort – ✪ 07463 (Mühlheim an der Donau).
Ausflugsziel : Knopfmacherfelsen : Aussichtskanzel ≼★, O : 3 km.
◆Stuttgart 118 – ◆Freiburg im Breisgau 107 – ◆Konstanz 57 – ◆Ulm (Donau) 120.

　 In Fridingen-Bergsteig SW : 2 km Richtung Mühlheim – Höhe 670 m

✗✗ **Landhaus Donautal** mit Zim, ☒ 78567, ℰ 4 69, Fax 5099, ≼, 🏠, 🌲 – 📺 ☎ ⇔ ▮
　 ℇ ⱱⁱˢᵃ
　 Mitte Jan. - Ende Feb. geschl. – **Menu** *(Freitag nur Mittagessen, Montag geschl.)* à la carⁱ
　 31/67 – **4 Z** 89/140.

FRIEDBERG Bayern █▊▊ P 21, ▊▊▊ ㊱ – 26 000 Ew – Höhe 514 m – ✪ 0821 (Augsburg).
◆München 75 – ◆Augsburg 7 – ◆Ulm 87.

🏠 **Zum Brunnen** ⑤ garni, Bauernbräustr. 4 (Passage Brunnenhof/Garage West), ☒ 8631▮
　 ℰ 60 30 23, Fax 606640 – 📺 ☎ ⇔. ℇ ⱱⁱˢᵃ
　 15 Z 100/180.

FRIEDBERG/HESSEN Hessen █▊▊ █▊▊ J 15, ▊▊▊ ㉕ – 25 000 Ew – Höhe 150 m – ✪ 0603▮
Sehenswert : Judenbad★ – Burg (Adolfsturm★) – Stadtkirche (Sakramentshäuschen★).
🅱 Amt für Fremdenverkehr, Am Seebach 2 (in der Stadthalle), ☒ 61169, ℰ 98 87, Fax 61270.
◆Wiesbaden 61 – ◆Frankfurt am Main 32 – Gießen 36.

🏠 **Stadt Friedberg,** Am Seebach 2, ☒ 61169, ℰ 60 70, Fax 607100, 🏠, ≋ – ▮🏋 📺 ☎ ⇔
　 📵 – 🛏 400
　 Menu à la carte 26/67 – **84 Z** 125/195.

　 In Friedberg-Dorheim NO : 3 km :

🏠 **Dorheimer Hof,** Wetteraustr. 70, ☒ 61169, ℰ 6 33 55, Fax 63358, Biergarten – 📺 ☎ 📵
　 ﷼﷽ ℇ ⱱⁱˢᵃ
　 Menu *(wochentags nur Abendessen)* à la carte 26/55 ⑤ – **19 Z** 86/148.

　 In Rosbach vor der Höhe SW : 7 km :

🏠 **Garni,** Homburger Str. 84 (B 455), ☒ 61191, ℰ (06003) 2 35, Fax 238 – 📺 ☎ 📵. ﷼﷽ ▮
　 ⱱⁱˢᵃ
　 23 Z 97/175.

🏠 **Post** garni, Nieder-Rosbacher-Str. 11, ☒ 61191, ℰ (06003) 80 36, Fax 7655 – ↦ 📺 ☎ 📵
　 ﷼﷽ ⓞ ℇ ⱱⁱˢᵃ
　 14 Z 110/180.

FRIEDEBURG Niedersachsen █▊▊ G 6, ▊▊▊ ⑭ – 9 600 Ew – Höhe 10 m – Erholungsort
✪ 04465.
◆Hannover 224 – Oldenburg 54 – Wilhelmshaven 25.

🏠 **Deutsches Haus,** Hauptstr. 87, ☒ 26446, ℰ 4 81, Fax 8822, 🌲 – 📺 ☎ 📵. ⓞ ℇ ⱱⁱˢᵃ
　 Menu *(Montag geschl., Samstag nur Abendessen)* à la carte 27/45 – **20 Z** 45/90.

🏠 **Oltmanns** (Gasthof a.d.J. 1804), Hauptstr. 79, ☒ 26446, ℰ 2 05, Fax 836▮
　 « Gartenterrasse », 🌲 – 📺 📵. ℇ
　 Menu *(Mittwoch geschl.)* à la carte 26/63 – **11 Z** 65/108.

✗✗ **Friedeburg,** Hopelser Weg 11 (W : 1,5 km, nahe der B 436), ☒ 26446, ℰ 3 6▮
　 « Gartenterrasse » – 📵. ℇ
　 Dienstag und Sept. 3 Wochen geschl. – **Menu** à la carte 32/63.

An der B 437 SO : 2,5 km :

⌂ **Landhaus Rippen,** Hauptstr. 33, ✉ 26446 Friedeburg-Marx, ✆ 2 32, Fax 8603 – ⤞ Zim
📺 ☎ ⇐⇒ ℗ ⅍ ℇ 𝖵𝖨𝖲𝖠, ⚒
Menu *(Sonntag nur Mittagessen)* (wochentags nur Abendessen) à la carte 28/53 – **16 Z**
70/120.

FRIEDENFELS Bayern 𝟜𝟙𝟛 T 17 – 1 900 Ew – Höhe 537 m – Erholungsort – 🕲 09683.
▶München 259 – Bayreuth 50 – ◆Nürnberg 112 – Weiden in der Oberpfalz 34.

🛌 **Pension Zeitler** ⚶ garni, Otto-Freundl-Str. 11, ✉ 95688, ✆ 2 31, Fax 1015, 🐎 – 📺 ℗
36 Z 30/72.

FRIEDENWEILER Baden-Württemberg 𝟜𝟙𝟛 H 23 – 1 600 Ew – Höhe 910 m – Kneippkurort –
Wintersport : 920/1 000 m ⚞1 ⚟6 – 🕲 07651 (Titisee-Neustadt).
🛈 Kurverwaltung, Rathausstr. 16, ✉ 79877, ✆ 50 34, Fax 4130.
▶Stuttgart 151 – Donaueschingen 25 – ◆Freiburg im Breisgau 42.

⌂ **Ebi** ⚶, Klosterstr. 4, ✉ 79877, ✆ 75 74, Fax 3875, 🌳, ⊜, 🗔, 🐎 – 📺 ☎ ℗. ℇ 𝖵𝖨𝖲𝖠
⚒ Rest
Nov.- 20. Dez. geschl. – **Menu** *(Dienstag - Mittwoch geschl.)* à la carte 27/62 – **20 Z** 88/195.

🛌 **Steppacher** ⚶, Rathausstr. 4, ✉ 79877, ✆ 75 16, Fax 4631, 🐎 – ℗
◆ *24. April - 7. Mai und Mitte Nov.- Mitte Dez. geschl.* – **Menu** *(Montag geschl.)* à la carte
19/37 ⚖ – **8 Z** 30/80.

In Friedenweiler-Rötenbach SO : 4 km – Erholungsort :

⌂ **Rössle** (mit Gästehaus, ⚶), Hauptstr. 14, ✉ 79877, ✆ (07654) 3 51, Fax 7041, ⊜, 🐎 –
◆ ⚌ ℗
15. Nov.- 15. Dez. geschl. – **Menu** *(Dienstag geschl.)* à la carte 22/43 ⚖ – **29 Z** 40/110.

FRIEDERSDORF KRS. KAMENZ Sachsen siehe Pulsnitz.

FRIEDERSDORF Sachsen siehe Löbau.

FRIEDEWALD Hessen 𝟜𝟙𝟚 M 14 – 2 400 Ew – Höhe 388 m – 🕲 06674.
▶Wiesbaden 179 – Erfurt 113 – Fulda 58 – Gießen 100 – ◆Kassel 81.

✗✗ **Zum Löwen** mit Zim, Hauptstr. 17, ✉ 36289, ✆ 7 36, Fax 8635 – 📺 ☎ ⇐⇒ ℗. ⅍ ⓞ
ℇ 𝖵𝖨𝖲𝖠
Menu *(Montag geschl.)* à la carte 39/65 – **12 Z** 85/140.

FRIEDLAND Niedersachsen siehe Göttingen.

FRIEDLAND Mecklenburg-Vorpommern 𝟜𝟙𝟜 M 4, 𝟗𝟠𝟜 ⑦, 𝟗𝟠𝟟 ⑦ – 8 200 Ew – Höhe 23 m –
🕲 039601.
Schwerin 175 – Greifswald 61 – Neubrandenburg 26.

⌂ **Vredeland,** Mühlenstr. 87, ✉ 17098, ✆ 2 02 91, Fax 21553, 🌳 – 📺 ☎ – ⚌ 15. ℇ
◆ **Menu** à la carte 20/37 – **16 Z** 95/140.

FRIEDRICHRODA Thüringen 𝟜𝟙𝟜 D 13, 𝟗𝟠𝟜 ㉓, 𝟗𝟠𝟟 ㉖ – 6 100 Ew – Höhe 450 m – Erho-
lungsort – 🕲 03623.
🛈 Kurverwaltung, Marktstr. 15, ✉ 99894, ✆ 45 75, Fax 200694.
Erfurt 57 – ◆Berlin 421 – Bad Hersfeld 97 – Coburg 96.

In Friedrichroda-Reinhardsbrunn N : 1 km :

⌂ **Schloßhotel** (mit ⚶ Gästehaus), ✉ 99894, ✆ 42 53, Fax 4251, « Jagdschloß a.d.J.1828,
Park », ⊜ – 📺 ☎ ℗ – ⚌ 60. ⅍ ⓞ ℇ 𝖵𝖨𝖲𝖠
Menu à la carte 32/53 – **54 Z** 70/320.

FRIEDRICHSDORF Hessen 𝟜𝟙𝟚 𝟜𝟙𝟛 I 16 – 24 000 Ew – Höhe 220 m – 🕲 06172.
▶Wiesbaden 56 – Bad Homburg v.d.H. 5 – ◆Frankfurt am Main 27 – Gießen 42.

🏨 **Queens Hotel,** Im Dammwald 1, ✉ 61381, ✆ 73 90, Fax 739852, ⊜, 🗔 – ⧈ ⤞ Zim
📺 ☎ ⇐⇒ ℗ – ⚌ 100. ⅍ ⓞ ℇ 𝖵𝖨𝖲𝖠 𝖩𝖢𝖡
Menu à la carte 48/65 – **126 Z** 196/320.

🏨 **Lindenhof,** Hugenottenstr. 47, ✉ 61381, ✆ 76 60, Fax 76666, 🌳, ⊜, 🏊 (geheizt), 🐎
– ⧈ 📺 ☎ ⇐⇒ ℗ – ⚌ 20. ⅍ ℇ 𝖵𝖨𝖲𝖠
Menu *(Samstag-Sonntag, 16. Juli - 6. Aug. und 23. Dez.- 7. Jan. geschl.)* (nur Abendessen)
à la carte 38/78 – **40 Z** 135/270.

🏨 As-Salam Aparthotel garni, Hugenottenstr. 8, ✉ 61381, ✆ 7 49 02, Fax 71404 – ⧈ 📺 ☎
– ⚌ 15
21 Z, 5 Suiten.

✈ Friedrichshafen-Löwental, ① : 2 km, ✆ 3 00 90.

Messegelände, am Riedlepark (BY), ✆ 70 80, Fax 70810.

🚩 Tourist-Information, Bahnhofsplatz 2, ✉ 88045, ✆ 3 00 10, Fax 72588.

◆Stuttgart 167 ① – Bregenz 30 ② – ◆Freiburg im Breisgau 161 ③ – Ravensburg 20 ①.

FRIEDRICHSHAFEN

Buchhornplatz	AY 3	Maybachstraße	AZ 23
Dammstraße	AY 6	Meistershofener Straße	BY 25
Friedrichstraße	AY	Montfortstraße	AY 26
Goldschmiedstraße	AY 13	Östliche Uferstraße	BZ 28
Karlstraße	AY	Olgastraße	AZ 29
Wilhelmstraße	AY 41	Paulinenstraße	AY 30
		Ravensburger Straße	BZ 32
Albrechtstraße	AZ 2	Romanshorner Platz	AY 33
Charlottenstraße	BZ 4	Schanzstraße	AY 34
Eugen-Bolz-Straße	AY 8	Scheffelstraße	BZ 35
Flugplatzstraße	BY 10	Schloßstraße	AZ 36
Gebhardstraße	BZ 12	Schwabstraße	BY 37
Hofener Straße	AZ 18	Seestraße	AY 38
Katharinenstraße	BZ 21	Wendelgardstraße	BZ 39
Klosterstraße	AZ 22	Zeppelinstraße	AZ 42

🏨🏨 **Seehotel,** Bahnhofplatz 2, ✉ 88045, ✆ 30 30, Fax 303100, ≼, « Modern-elegante Einrichtung », ≋s – 🛗 ⇖ Zim 📺 ⇔ 🅿 – 🔬 80. 🖭 ① 🗲 ⟦⟧ᴠɪꜱᴀ   AZ ⬤
Menu à la carte 42/65 – **132 Z** 180/320 – ½ P 155/195.

🏨🏨 **Buchhorner Hof,** Friedrichstr. 33, ✉ 88045, ✆ 20 50, Telex 734210, Fax 32663, ≋s – 🛗
📺 🚗 – 🔬 100. 🖭 ① 🗲 ⟦⟧ᴠɪꜱᴀ ᴊᴄʙ   AZ a
Menu à la carte 44/86 *(auch vegetarische Gerichte)* – **65 Z** 129/260.

🏨 **Goldenes Rad - Drei König,** Karlstr. 43, ✉ 88045, ✆ 28 50 (Hotel) 2 16 25 (Rest.) Fax 285285, ≋s – 🛗 📺 ☎ 🅿 🖭 ① 🗲 ⟦⟧ᴠɪꜱᴀ   AY n
Menu *(Dienstag geschl.)* à la carte 36/60 – **68 Z** 110/230.

🏨 **Föhr,** Albrechtstr. 73, ✉ 88045, ✆ 30 50, Fax 27273, ≼ – 🛗 📺 ☎ ⓖ 🅿 – 🔬 30. 🖭 ⬤
🗲 ⟦⟧ᴠɪꜱᴀ   über Albrechtstr. ⬤
Menu (nur Abendessen) à la carte 34/64 *(auch vegetarische Gerichte)* – **66 Z** 120/250.

🏨 **City-Krone,** Schanzstr. 7, ✉ 88045, ✆ 70 50, Fax 705100, ≋s, 🔲 – 🛗 📺 ☎ 🅿 – 🔬 30
🖭 ① 🗲 ⟦⟧ᴠɪꜱᴀ   AY c
Menu *(Sonntag geschl.)* (nur Abendessen) à la carte 31/61 – **85 Z** 125/240.

🍴🍴 Kurgartenrestaurant, Olgastr. 20 (im Graf-Zeppelin-Haus), ✉ 88045, ✆ 7 20 72, Fax 33637 ≼ Bodensee, « Terrasse am See » – 🔬 50   AZ e
(auch vegetarische Gerichte).

In Friedrichshafen-Ailingen N : 6 km, über Ailinger Str. BY – Erholungsort :

🏠 **Sieben Schwaben,** Hauptstr. 37, ⌧ 88048, ℰ 5 50 98, Fax 56953 – 🛗 📺 ☎ ☻ – 🏛 25.
AE ① E VISA
Menu *(Jan. 2 Wochen geschl.)* (nur Abendessen) à la carte 33/61 – **27 Z** 85/150
– ½ P 85/95.

🏠 **Traube,** Ittenhauser Str. 4, ⌧ 88048, ℰ 5 30 63, Biergarten – 📺 ☎ ⇔ ☻. E VISA
Feb. und Okt.- Nov. jeweils 2 Wochen geschl. – **Menu** *(Montag geschl.)* à la carte 36/69
(auch vegetarische Gerichte) – **11 Z** 85/135.

In Friedrichshafen-Fischbach ③ : 5 km :

🏨 Traube, Meersburger Str. 13, ⌧ 88048, ℰ 95 80, Telex 734366, Fax 958888, 🍽, ⇌, ☒
– 🛗 📺 ☎ 🕭 ☻ – 🏛 40
91 Z

🏨 **Maier,** Poststr. 1, ⌧ 88048, ℰ 49 15, Fax 41700 – 🛗 📺 ☎ ☻. AE ① E VISA
Weihnachten - Mitte Jan. geschl. – **Menu** *(Okt.- April Freitag geschl., Mai-Sept. Freitag nur
Abendessen)* à la carte 33/68 *(auch vegetarische Gerichte)* – **45 Z** 98/185.

In Friedrichshafen-Manzell ③ : 2,5 km :

🏠 **Waldhorn,** Dornier-Str. 2/1, ⌧ 88045, ℰ 95 70, Fax 957333, 🍽, ⇌, 🐎 – 🛗 ✳ Zim
📺 ☎ ⇔ ☻ – 🏛 60. AE ① E VISA
Menu *(Montag nur Abendessen)* à la carte 27/62 – **40 Z** 70/200.

In Friedrichshafen-Schnetzenhausen NW : 4 km, über Hochstr. AZ :

🏨 **Krone,** Untere Mühlbachstr. 1, ⌧ 88045, ℰ 40 80, Fax 43601, 🍽, ⇌, ⚒ (geheizt), ☒,
🐎, 🗶 (Halle) – 🛗 📺 ⇔ ☻ – 🏛 80. AE ① E VISA. ✳ Zim
20.- 25 Dez. geschl. – **Menu** à la carte 31/64 – **125 Z** 120/250.

XX **Kachlofe,** Manzeller Str. 30, ⌧ 88045, ℰ 4 16 92, Fax 43815, 🍽, « Wintergarten » – 🕭
☻. AE ① E VISA
Menu (wochentags nur Abendessen) à la carte 42/63 *(auch vegetarische Gerichte).*

In Friedrichshafen-Waggershausen N : 3 km, über Hochstr. AZ :

🏠 **Traube,** Sonnenbergstr. 12, ⌧ 88045, ℰ 5 50 07, Fax 56785, ⇌ – 🛗 📺 ☎ ☻. AE ① E
VISA
2.- 9. Jan. und 22.- 29. Dez. geschl. – **Menu** *(Montag nur Abendessen)* à la carte 28/50
– **46 Z** 75/160.

FRIEDRICHSHALL, BAD Baden-Württemberg 🔢🔢 K 19, 🔢🔢 ㉕ – 11 800 Ew – Höhe 160 m
– ✪ 07136.
♦Stuttgart 62 – Heilbronn 10 – ♦Mannheim 83 – ♦Würzburg 110.

In Bad Friedrichshall-Duttenberg NW : 4 km :

XX **Alter Römer,** Torstr. 2, ⌧ 74177, ℰ 52 30, Fax 3497, 🍽, « Gemütliches Wirtshaus » –
☻. AE ① E VISA
Montag geschl., Dienstag nur Abendessen – **Menu** à la carte 58/78.

In Bad Friedrichshall-Jagstfeld :

XX **Zur Sonne** mit Zim, Deutschordenstr. 16, ⌧ 74177, ℰ 40 63, Fax 7208, ≤, 🍽 – 📺 ☎
☻. AE ① E VISA
Menu *(Montag-Dienstag und Aug. 2 Wochen geschl.)* à la carte 37/66 🍴 – **14 Z** 78/138.

In Bad Friedrichshall-Kochendorf :

🏨 **Schloß Lehen,** Hauptstr. 2, ⌧ 74177, ℰ 40 44, Fax 20155, 🍽 – 🛗 📺 ☎ ☻ – 🏛 80.
AE ① E VISA
- Lehenstube (Sonntag-Montag geschl.) **Menu** à la carte 60/91 – **Rittersaal :** **Menu** à la carte
34/78 – **27 Z** 90/210.

FRIEDRICHSKOOG Schleswig-Holstein 🔢 J 4, 🔢 ④ ⑤ – 3 000 Ew – Höhe 2 m – ✪ 04854.
🛈 Kurverwaltung, Koogstr. 66, ⌧ 25718, ℰ 10 84, Fax 850.
♦Kiel 116 – ♦Hamburg 108 – Itzehoe 52 – Marne 13.

In Friedrichskoog-Spitze NW : 4 km – Seebad :

🏠 **Möven-Kieker** 🦢, Strandweg 6, ⌧ 25718, ℰ 2 86, Fax 1689, 🍽, 🐎 – 📺 ☎ ☻
9. Jan.- 12. Feb. geschl. – **Menu** (abends Tischbestellung ratsam) à la carte 34/64 – **14 Z**
69/138.

FRIEDRICHSRUHE Baden-Württemberg siehe Öhringen.

Ganz EUROPA auf einer Karte (mit Ortsregister) :

Michelin-Karte Nr. 🔢🔢🔢.

FRIEDRICHSTADT Schleswig-Holstein **411** K 3, **987** ⑤ – 2 600 Ew – Höhe 4 m – Luftkuror – 🕿 04881.

🖪 Tourist-Information, Am Markt 9, ✉ 25840, 𝒫 72 40, Fax 1635.
♦Kiel 82 – Heide 25 – Husum 15 – Schleswig 49.

🏤 **Aquarium,** Am Mittelburgwall 4, ✉ 25840, 𝒫 6 91, Fax 7064, 🍽, 🈺, 🖾 – ⅗ Zim 📺
🕿 🅟 – 🛦 20. 🖭 🕦 🝔 𝗩𝗜𝗦𝗔
Menu à la carte 33/65 – **38 Z** 115/216.

✕✕ **Holländische Stube** mit Zim, Am Mittelburgwall 22, ✉ 25840, 𝒫 72 45, Fax 7126, 🍽
« Holländisches Haus a.d.17.Jh. » – 📺 🕿. 🖭 🕦 🝔 𝗩𝗜𝗦𝗔. ✻
Menu *(Nov.- Feb. Montag - Dienstag geschl.)* à la carte 32/53 – **8 Z** 100/140.

FRIESENHEIM Baden-Württemberg **413** G 21, **242** ㉘ – 10 200 Ew – Höhe 158 m – 🕿 0782 (Lahr).
♦Stuttgart 158 – ♦Freiburg im Breisgau 54 – Offenburg 12.

🏠 **Krone** (mit Gästehaus), Kronenstr. 2 (B 3), 𝒫 77948, 𝒫 6 20 38, Fax 61642 – 📺 🕿 🚗
🅟. 🝔 𝗩𝗜𝗦𝗔
Juli - Aug. 2 Wochen und 27. Dez.- 10. Jan. geschl. – **Menu** *(Freitag geschl., Samstag nu Abendessen)* à la carte 26/58 🛦 – **32 Z** 48/110.

In Friesenheim-Oberweier :

🏤 **Mühlenhof,** Oberweierer Hauptstr. 32, ✉ 77948, 𝒫 63 20, Fax 632153, 🍽 – 🛗 📺 🕿 🚗
🅟. 🖭 🝔 𝗩𝗜𝗦𝗔
Menu *(Dienstag sowie Jan. und Aug. jeweils 3 Wochen geschl.)* à la carte 30/58 🛦 – **32 Z** 58/120.

FRIESOYTHE Niedersachsen **411** G 7, **987** ⑭ – 17 000 Ew – Höhe 9 m – 🕿 04491.
♦Hannover 199 – ♦Bremen 88 – Lingen 89 – ♦Osnabrück 49.

🏠 **Stadt Friesoythe** 🍃 garni, Willohstr. 12, ✉ 26169, 𝒫 39 85, 🈺 – 📺 🕿 🚗 🅟
11 Z 80/160.

FRITZLAR Hessen **412** K 13, **987** ㉕ – 15 000 Ew – Höhe 235 m – 🕿 05622.
Sehenswert : Dom★ – Marktplatz★ – Stadtmauer (Grauer Turm★).
🖪 Verkehrsbüro, Rathaus, ✉ 35460, 𝒫 98 86 43.
♦Wiesbaden 201 – Bad Hersfeld 48 – ♦Kassel 32 – Marburg 61.

In Fritzlar-Ungedanken SW : 8 km :

🏠 **Büraberg,** an der B 253, ✉ 35460, 𝒫 99 80, Fax 99860 – ⅗ Zim 📺 🕿 🚗 🅟. 🖭 🕦 🝔 𝗩𝗜𝗦𝗔
Menu *(Sonntag nur Mittagessen, Montag nur Abendessen)* à la carte 26/52 – **34 Z** 80/120

FROHNAU Sachsen siehe Annaberg-Buchholz.

FÜRSTENAU Niedersachsen **411** FG 9, **987** ⑭ – 8 000 Ew – Höhe 50 m – 🕿 05901.
♦Hannover 195 – ♦Bremen 117 – Nordhorn 48 – ♦Osnabrück 44.

🏠 **Stratmann,** Große Str. 29, ✉ 49584, 𝒫 31 39 – 📺 🕿 🚗 🅟. 🖭
Menu à la carte 26/47 – **12 Z** 50/100.

🏠 **Wübbel,** Osnabrücker Str. 56 (B 214), ✉ 49584, 𝒫 27 89 – 🚗 🅟. ✻
➡ *Juli geschl.* – **Menu** *(Dienstag geschl.)* à la carte 21/39 – **10 Z** 50/100.

FÜRSTENBERG Niedersachsen **411 412** L 11 – 1 300 Ew – Höhe 180 m – Erholungsort - 🕿 05271.
🖪 Verkehrsamt, Meinbrexener Str.(am Schloß), ✉ 37699, 𝒫 51 01.
♦Hannover 107 – Göttingen 69 – ♦Kassel 66.

🏠 **Hubertus** 🍃, Derentaler Str. 58, ✉ 37699, 𝒫 59 11, Fax 5652, 🍽, 🍮, ✻ – 📺 🕿 🅟
🖭 🕦 🝔 𝗩𝗜𝗦𝗔
Menu à la carte 29/53 🛦 – **23 Z** 60/150.

FÜRSTENFELDBRUCK Bayern **413** Q 22, **987** ㊱ ㊲, **426** F 4 – 31 000 Ew – Höhe 528 m – 🕿 08141.
♦München 26 – ♦Augsburg 42 – Garmisch-Partenkirchen 97.

🏤 **Post,** Hauptstr. 7, ✉ 82256, 𝒫 2 40 74, Fax 16755 – 🛗 📺 🕿 🅟 – 🛦 50. 🖭 🕦 🝔 𝗩𝗜𝗦𝗔
23. Dez.- 6. Jan. geschl. – **Menu** *(Sonntag nur Mittagessen, Samstag und 3.- 18. Jun geschl.)* à la carte 29/58 – **44 Z** 120/180.

🏠 **Drexler** garni, Hauptstr. 10, ✉ 82256, 𝒫 50 61, Fax 5064 – 📺 🕿 🚗. 🝔 𝗩𝗜𝗦𝗔
24. Dez.- 12. Jan. und Sonntag geschl. – **17 Z** 80/160.

🏠 **Gästehaus Brucker** garni, Kapellenstr. 3, ✉ 82256, 𝒫 66 08, Fax 41331 – 📺 🕿 🚗 🅟
🖭 🝔 𝗩𝗜𝗦𝗔
13 Z 95/160.

In Fürstenzell-Altenmarkt NO : 4,5 km :

🏛 **Platte** 🍴, ⌧ 94081, 𝒫 2 00, ≤ Neuburger- und Bayerischer Wald, 🌳 – 📺 ☎ 🚗 🅿
➡ *Mitte Jan.- Mitte Feb. geschl.* – **Menu** *(Dienstag geschl.)* à la carte 24/37 ⚐ – **15 Z** 45/95.

Benachrichtigen Sie sofort das Hotel,
wenn Sie ein bestelltes Zimmer nicht belegen können.

FÜRTH Bayern 413 P 18, 987 ㉖ – 104 000 Ew – Höhe 294 m – ✆ 0911 (Nürnberg).
Siehe auch Nürnberg-Fürth (Umgebungsplan).

ADAC, Theresienstr. 5, ⌧ 90762, 𝒫 77 60 06, Fax 774175.
♦München 172 – ♦Nürnberg 7.

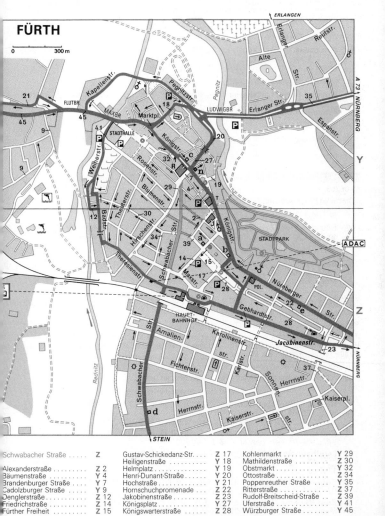

FÜRTH

🏨 **Parkhotel** garni, Rudolf-Breitscheid-Str. 15, ⊠ 90762, ℰ 77 66 66, Fax 7499064 – |�|
⇔ Zim 📺 ☎ ⇔ – 🛦 40. 🖭 ⓞ ⋿ 𝗩𝗜𝗦𝗔 Z
70 Z 145/228, 3 Suiten.

🏨 **Bavaria** garni, Nürnberger Str. 54, ⊠ 90762, ℰ 77 49 41, Fax 748015, ⇌, 🔲 – |�| 📺 ☎
⇔ 🅿. 🖭 ⓞ ⋿ 𝗩𝗜𝗦𝗔 Z
58 Z 120/240.

🏨 **Astron Suite-Hotel** garni, Königstr. 140, ⊠ 90762, ℰ 7 40 40, Fax 7404400, ⇌ – |�|
⇔ Zim 📺 ☎ ᕋ ⇔. 🖭 ⓞ ⋿ 𝗩𝗜𝗦𝗔 𝗝𝗖𝗕 Z
118 Appart. 208/266.

🏨 **Schwarzes Kreuz,** Königstr. 81, ⊠ 90762, ℰ 74 09 10, Fax 7418167, 🏠 – 📺 ☎ 🅿
🛦 140. 🖭 ⓞ ⋿ 𝗩𝗜𝗦𝗔 Y
Menu à la carte 25/45 – **22 Z** 125/175.

🏨 **Baumann** garni, Schwabacher Str. 131, ⊠ 90763, ℰ 77 76 50, Fax 746859 – |�| 📺 ☎ 🅿
🖭 ⓞ ⋿ 𝗩𝗜𝗦𝗔 𝗝𝗖𝗕 Z
21 Z 98/220.

✗✗ **Kupferpfanne,** Königstr. 85, ⊠ 90762, ℰ 77 12 77, Fax 777637 – 🖭 ⋿ 𝗩𝗜𝗦𝗔 Y
Sonntag - Montag und Feiertage geschl. – **Menu** (Tischbestellung ratsam) à la carte 63/91

Folgende Häuser finden Sie auf dem Stadtplan Nürnberg-Fürth :

In Fürth-Dambach :

🏨 **Forsthaus** ⑤, Zum Vogelsang 20, ⊠ 90768, ℰ 77 98 80, Fax 720885, 🏠, Massage, ⇌
🔲 – |�| ⇔ Zim 📺 🅿 – 🛦 160. 🖭 ⓞ ⋿ 𝗩𝗜𝗦𝗔, ✗ Rest AS
Menu à la carte 48/90 – **107 Z** 190/270, 3 Suiten.

In Fürth-Poppenreuth :

🏨 **Novotel Fürth,** Laubenweg 6, ⊠ 90765, ℰ 9 76 00, Fax 9760100, ⇌, ⤨ (geheizt), ⇌
– |�| ⇔ Zim 🍽 📺 ☎ ᕋ 🅿 – 🛦 250. 🖭 ⓞ ⋿ 𝗩𝗜𝗦𝗔 𝗝𝗖𝗕 AS
Menu à la carte 36/48 – **131 Z** 164/208.

In Fürth-Ronhof :

🏨 **Hachmann,** Ronhofer Hauptstr. 191, ⊠ 90765, ℰ 7 90 80 05, Fax 7908007, 🏠, ⇌ – 📺
☎ ⇔ 🅿 – 🛦 30. 🖭 ⋿ 𝗩𝗜𝗦𝗔 AS
Menu à la carte 33/66 – **26 Z** 125/220.

FÜRTH IM ODENWALD Hessen 𝟺𝟷𝟸 𝟺𝟷𝟹 J 18 – 10 100 Ew – Höhe 198 m – Erholungsort
☺ 06253.

♦Wiesbaden 83 – ♦Darmstadt 42 – Heidelberg 36 – ♦Mannheim 33.

In Fürth-Weschnitz NO : 6 km :

🏨 **Erbacher Hof,** Hammelbacher Str. 2, ⊠ 64658, ℰ 40 20, Fax 4804, ⇌, 🔲, 🐎 – |�| 📺
☎ 🅿 – 🛦 60. 🖭 ⓞ ⋿ 𝗩𝗜𝗦𝗔 – **Menu** à la carte 22/63 ⅃ – **45 Z** 75/130.

In Rimbach SW : 4,5 km :

🏨 **Berghof** ⑤, Holzbergstr. 27, ⊠ 64668, ℰ (06253) 64 54, Fax 84213, ≤, 🏠 – 📺 ☎ 🅿
🖭 ⓞ ⋿ 𝗩𝗜𝗦𝗔. ✗
Menu *(Donnerstag geschl., Freitag nur Abendessen)* à la carte 35/58 – **12 Z** 75/122.

FÜSSEN Bayern 𝟺𝟷𝟹 OP 24, 𝟿𝟴𝟽 ㊱, 𝟺𝟸𝟼 E 6 – 16 500 Ew – Höhe 803 m – Kneipp- und Luftkuror
– Wintersport : 810/950 m ⅗3 ⤒12 – ☺ 08362.

Sehenswert : St.-Anna-Kapelle (Totentanz★) B.
Ausflugsziele : Schloß Neuschwanstein★★ ② : 4 km und 1,5 km zu Fuß – Schlo�
Hohenschwangau★ 4 km über ② – Alpsee★ : Pindarplatz ≤★ 4 km über ② – Romantisch�
Straße★★ (von Füssen bis Würzburg).
🛈 Kurverwaltung, Kaiser-Maximilian-Platz 1, ⊠ 87629, ℰ 70 77, Fax 39181.
♦München 120 ② – Kempten (Allgäu) 41 ④ – Landsberg am Lech 63 ②.

Stadtplan siehe gegenüberliegende Seite

🏨 **Hirsch,** Kaiser-Maximilian-Platz 7, ⊠ 87629, ℰ 50 80, Telex 541308, Fax 508113, 🏠 – 📺
☎ 🅿. 🖭 ⓞ 𝗩𝗜𝗦𝗔 𝗝𝗖𝗕 – **Menu** à la carte 32/63 – **48 Z** 120/200.
7.- 31. Jan. geschl.

🏨 **Christine** ⑤ garni, Weidachstr. 31, ⊠ 87629, ℰ 72 29, 🐎 – 📺 ☎ ⇔ 🅿. ✗
15. Jan.- 15. Feb. geschl. – **15 Z** 120/200.

🏨 **Landhaus Sommer** ⑤ garni, Weidachstr. 74, ⊠ 87629, ℰ 24 81, Fax 2074, ≤, 🏠, ⇌
🔲, 🐎 – 🅿. 🖭 ⋿ 𝗩𝗜𝗦𝗔 über Weidachstraße
13 Z 62/178 -Anbau mit 30 Z bis Frühjahr 1995.

🏨 **Sonne** garni, Reichenstr. 37, ⊠ 87629, ℰ 60 61, Telex 541350, Fax 6064 – |�| 📺 ☎ 🅿
🖭 ⓞ ⋿ 𝗩𝗜𝗦𝗔 𝗝𝗖𝗕 – **32 Z** 135/180.

🏨 **Zum Hechten,** Ritterstr. 6, ⊠ 87629, ℰ 79 06, Fax 39841 – 📺 ☎ ⇔ 🅿
Menu à la carte 22/32 – **31 Z** 55/130 – ½ P 65/95.

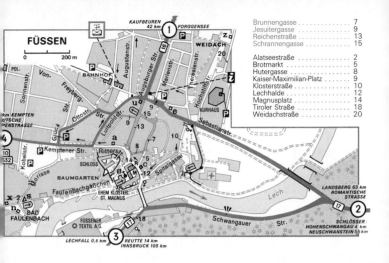

XX **Kurhaus-Pulverturm,** Schwedenweg 1, ⊠ 87629, ℰ 60 78, Fax 38669, 🔆 – ▤ 🅿 – 🔬 300. 🆎 ⓞ 🄴 𝘝𝘐𝘚𝘈
Menu à la carte 36/63.

X **Zum Schwanen,** Brotmarkt 4, ⊠ 87629, ℰ 61 74   **c**
Sonntag nur Mittagessen, Montag, Feb.- März 2 Wochen und Nov. geschl. – **Menu** à la carte 28/58.

In Füssen - Bad Faulenbach – Mineral- und Moorbad :

🏨 **Kurhotel Wiedemann** ⑊, Am Anger 3, ⊠ 87629, ℰ 9 13 00, Fax 913077, Massage, ♨, 🔥, 🐴 – ▐ ⅀⅄ Rest 🆄 ☎ ⇔ 🅿   **n**
Dez.- 15. Jan. geschl. – (Restaurant nur für Hausgäste) – **41 Z** 60/140 – ½ P 89/106.

🏨 **Alpenschlößle** ⑊, Alatseestr. 28, ⊠ 87629, ℰ 40 17, Fax 39847, 🌲 – 🆄 ☎ 🅿   **v**
Menu *(Dienstag geschl.)* 24 (mittags) und à la carte 48/80 – **10 Z** 75/160 – ½ P 108/111.

🏠 **Frühlingsgarten,** Alatseestr. 8, ⊠ 87629, ℰ 61 07, Fax 6247, 🔆 – 🅿   **s**
Nov.- 20. Dez. geschl. – **Menu** *(Dienstag geschl.)* à la carte 23/52 ⅃ – **14 Z** 52/140.

In Füssen-Hopfen am See ① : 5 km :

🏨 **Geiger,** Uferstr. 18, ⊠ 87629, ℰ 70 74, Fax 38838, ≤ See und Allgäuer Alpen – 🆄 🅿
Ende März - Anfang April und Anfang Nov.- Mitte Dez. geschl. – **Menu** *(Jan.- April Donnerstag geschl.)* à la carte 34/59 – **23 Z** 70/220.

🏨 **Alpenblick,** Uferstr. 10, ⊠ 87629, ℰ 5 05 70, Telex 541343, Fax 505773, ≤, 🔆, Massage, ♨, 🖕 – ▐ 🆄 ☎ 🅿. 🆎 ⓞ 🄴 𝘝𝘐𝘚𝘈 ᴊᴄʙ
Menu à la carte 32/63 – **46 Z** 99/260.

🏨 **Landhaus Enzensberg** ⑊, Höhenstr. 53, ⊠ 87629, ℰ 40 61, Fax 39179, ≤, 🔆 – 🆄 ☎
⇔
Anfang Jan.- Anfang Feb. geschl. – **Menu** *(Okt.- Juni Montag geschl.)* à la carte 35/79 *(auch vegetarische Gerichte)* – **7 Z** 80/230, 3 Suiten – ½ P 115/180.

X **Fischerhütte,** Uferstr. 16, ⊠ 87629, ℰ 71 03, Fax 38670, ≤, Biergarten, « Terrasse am See » – 🅿. 🆎 ⓞ 🄴 𝘝𝘐𝘚𝘈
Jan.- Feb. Montag-Dienstag Ruhetag, Nov.- Dez. geschl. – **Menu** à la carte 25/67.

In Füssen-Oberkirch ④ : 7 km :

🏨 **Bergruh** ⑊, Alte Steige 16 (Hinteregg), ⊠ 87629, ℰ 90 20, Fax 39291, ≤, Massage, ♨, 🖕, 🝢, ◫, 🌲 – ▐ 🆄 ☎ 🅿. 🄴 𝘝𝘐𝘚𝘈
Mitte Nov.- 24.Dez. geschl. – (Restaurant nur für Hausgäste) – **29 Z** 72/210, 5 Suiten – ½ P 87/139.

In Füssen-Weißensee ④ : 6 km :

🏠 **Seegasthof Weißensee,** an der B 310, ⊠ 87629, ℰ 70 95, Fax 2376, ≤, 🔆, 🐟, 🌲 – ▐ ☎ 🅿
7. Jan.- Mitte Feb. und Anfang Nov.- 25. Dez. geschl. – **Menu** *(Montag geschl.)* à la carte 28/50 ⅃ – **19 Z** 70/150 – ½ P 83/88.

🏠 **Seehof,** Gschrifter Str. 5, ⊠ 87629, ℰ 68 22, Fax 940137, ≤, 🌲 – 🅿. 🕸
Nov.- 20. Dez. geschl. – (Restaurant nur für Hausgäste) – **14 Z** 60/144 – ½ P 70/80.

In Rieden-Dietringen ① : 9 km :

🏨 **Schwarzenbach's Landhotel,** an der B 16, ⊠ 87669, ℰ (08367) 3 43, Fax 1061,
≼ Forggensee und Allgäuer Alpen, 佘, ⧉, ☞ – ⊡ ℗. ℁ Zim
Anfang Jan.- Mitte Feb. geschl. – **Menu** *(Dienstag geschl.)* à la carte 32/67 – **33 Z** 68/136
– ½ P 85/120.

Siehe auch : *Schwangau*

FÜSSING, BAD Bayern 🔢🔢🔢 W 21, 🔢🔢🔢 L 3 – 6 600 Ew – Höhe 324 m – Kurort – ✪ 08531.

🔁 Kurverwaltung, Rathausstr. 8, ⊠ 94072, ℰ 22 62 45, Fax 21367.

♦München 147 – Passau 32 – Salzburg 110.

🏨 **Kurhotel Wittelsbach,** Beethovenstr. 8, ⊠ 94072, ℰ 95 20, Fax 22256, Massage, ♣, ⧉
⧃ (Thermal), ⬛, ☞ – 🛗 ⊡ ⇦ ℗ – 🔏 80. ⒶⒺ Ⓔ 𝗩𝗜𝗦𝗔. ℁
Mitte Dez.- Mitte Jan. geschl. – (Restaurant nur für Hausgäste) – **69 Z** 140/280, 3 Suiten
– ½ P 165/195.

🏨 **Kurhotel Holzapfel,** Thermalbadstr. 5, ⊠ 94072, ℰ 95 70, Fax 957280, Massage, ♣, ☞
direkter Zugang zu den Thermalschwimmbädern – 🛗 ⊡ ☎ ℗ Ⓔ. ℁ Zim
Dez.- Jan. geschl. – **Menu** 22 (mittags) und à la carte 38/78 – **78 Z** 116/258 – ½ P 129/
166.

🏨 **Parkhotel** ⧬, Waldstr. 16, ⊠ 94072, ℰ 92 80, Fax 2061, « Gartenterrasse », Massage
♣, ⧃ (Thermal), ⬛ (Gebühr), ☞ – 🛗 ℁ Zim ⊡ ☎ ℗. ℁
Dez.- Jan. geschl. – **Menu** à la carte 31/61 – **108 Z** 85/220 – ½ P 113/185.

🏨 **Kurhotel Mürz** ⧬, Birkenallee 9, ⊠ 94072, ℰ 95 80, Fax 29876, Massage, ♣, ⧉
⬛ (Thermal) – 🛗 ☎ ℗. ⒶⒺ ⓄⒹ Ⓔ. ℁
Jan. geschl. – (Restaurant nur für Hausgäste) – **64 Z** 130/290.

🏨 Kurhotel Am Mühlbach, Bachstr.15 (Safferstetten, S : 1 km), ⊠ 94072, ℰ 27 80, Fax 278427
Massage, ♣, ⧉, ⬛ (Thermal), ☞ – 🛗 ⊡ ⇦ ℗. ℁
(Restaurant nur für Hausgäste) – **63 Z**.

🏨 **Kurhotel Sonnenhof,** Schillerstr. 4, ⊠ 94072, ℰ 2 26 40, Fax 2264207, Massage, ♣
⧃ (Thermal), ⬛, ☞ – 🛗 ⊡ ☎ ℗. ℁
28. Nov.- 14. Jan. geschl. – **Menu** à la carte 27/58 – **100 Z** 112/222 – ½ P 142/
148.

🏨 Promenade garni, Kurallee 20, ⊠ 94072, ℰ 2 92 26, Fax 295200, ☞ – 🛗 ⊡ ☎ ⇦. ℁
22 Z.

🏠 **Zur Post,** Inntalstr. 36 (Riedenburg, SO : 1 km), ⊠ 94072, ℰ 2 90 90 (Hotel), 2 97 95 (Rest.)
Fax 2909227, 佘, Massage, ☞ – 🛗 ☎ ℗
7. Jan.- 1. Feb. geschl. – **Menu** *(Okt.- April Donnerstag geschl.)* à la carte 27/47 – **58 Z**
68/160 – ½ P 79/91.

🏠 **Pension Diana** garni, Kurallee 12, ⊠ 94072, ℰ 2 90 60, Fax 291333, Massage, ☞ – 🛗
⊡ ☎ ⇦ ℗. ℁
Weihnachten - Anfang Jan. geschl. – **42 Z** 62/110.

🏠 **Bayerischer Hof,** Kurallee 18, ⊠ 94072, ℰ 95 66, Fax 956800, Massage, ♣, ⬛ (Gebühr
– 🛗 ⊡ ☎ ⇦ ℗. ⒶⒺ Ⓔ 𝗩𝗜𝗦𝗔. ℁ Rest
Dez.- Jan. geschl. – **Menu** à la carte 28/55 – **59 Z** 118/204 – ½ P 124/141.

🏠 **Kurhotel Falkenhof** ⧬ garni, Paracelsusstr. 4, ⊠ 94072, ℰ 20 32, Fax 2044, Massage
⧉, ☞ – 🛗 ☎ ℗ Ⓔ. ℁
Dez.- Jan. geschl. – **42 Z** 69/116.

🏠 **Brunnenhof** garni, Schillerstr. 9, ⊠ 94072, ℰ 2 46 29, Fax 24323, Massage, ☞ – 🛗 ☎
℗. ⒶⒺ Ⓔ. ℁
Ende Nov.- Anfang Feb. geschl. – **28 Z** 58/92.

🏠 **Sacher,** Schillerstr. 3, ⊠ 94072, ℰ 2 10 44, Massage, ☞ – 🛗 ☎ ℗. ℁
1.- 13. Jan. geschl. – (Restaurant nur für Hausgäste) – **38 Z** 70/140 – ½ P 85/
100.

✗ **Schloßtaverne,** Inntalstr. 26 (Riedenburg, SO : 1 km), ⊠ 94072, ℰ 2 45 68, Fax 2899, 佘
Biergarten – ℗
Mittwoch und Anfang Jan.- Anfang Feb. geschl. – **Menu** à la carte 29/59.

FULDA Hessen 🔢🔢🔢 🔢🔢🔢 M 15, 🔢🔢🔢 ㉕ – 56 500 Ew – Höhe 280 m – ✪ 0661.

Sehenswert : Dom (Bonifatiusaltar★) Υ – St.-Michael-Kirche★ Υ **B.**

Ausflugsziel : Kirche auf dem Petersberg (romanische Steinreliefs★★, Lage★, ≼★) O : 4 km (übe
die B 458 Υ).

🛆 Hofbieber (O : 11 km über die B 458), ℰ (06657) 13 34.

🔁 Städt. Verkehrsbüro, Schloßstr. 1, ⊠ 36037, ℰ 10 23 46, Fax 102775.

ADAC, Karlstr. 19, ⊠ 36037, ℰ 7 71 11, Fax 70488.

♦Wiesbaden 141 ② – ♦Frankfurt am Main 99 ② – Gießen 109 ① – ♦Kassel 106 ① – ♦Würzburg 108 ②.

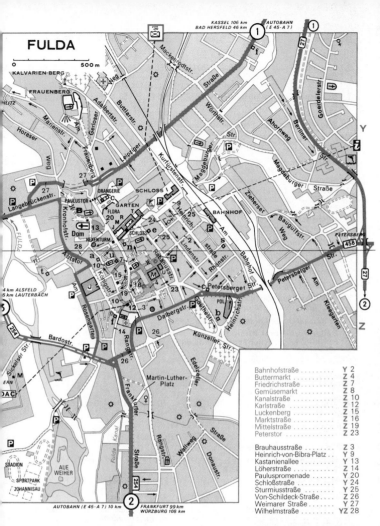

Romantik-Hotel Goldener Karpfen, Simpliziusplatz 1, ✉ 36037, ☎ 7 00 44, Fax 73042, ⇔s – 🛗 🙌 Zim 📺 ⇔ 🅿 – 🔬 50. 🆎 ⓞ Ε 𝘝𝘐𝘚𝘈. ⅏ Rest   Z **f**
Menu à la carte 46/90 – **62 Z** 180/400, 4 Suiten.

Maritim-Hotel Am Schloßgarten, Pauluspromenade 2, ✉ 36037, ☎ 28 20, Fax 282499, « Restaurant in einem Gewölbekeller a.d. 17. Jh. », ⇔s, 🔲 – 🛗 📺 ⇔ – 🔬 500. 🆎 ⓞ Ε 𝘝𝘐𝘚𝘈   Y **c**
Menu à la carte 48/76 – **112 Z** 189/358.

Zum Ritter, Kanalstr. 18, ✉ 36037, ☎ 81 65, Fax 71431 – 🛗 📺 🅿 – 🔬 45. 🆎 ⓞ Ε 𝘝𝘐𝘚𝘈
Menu à la carte 40/63 – **33 Z** 145/260.   Z **a**

Holiday Inn Garden Court garni, Lindenstr. 45, ✉ 36037, ☎ 8 33 00, Fax 8330555, ⇔s – 🛗 🙌 Zim 📺 ☎ 🅖 – 🔬 60. 🆎 ⓞ Ε 𝘝𝘐𝘚𝘈 𝙅𝘾𝘽   Z **c**
134 Z 210/231.

Lenz, Leipziger Str. 122, ✉ 36037, ☎ 6 20 40, Fax 6204400, 🍴, ⇔s, 🐎 – 🛗 🙌 Zim 📺 ☎ 🅿. 🆎 ⓞ Ε 𝘝𝘐𝘚𝘈   Y **f**
Menu (nur Abendessen) à la carte 34/57 – **57 Z** 115/210.

Zum Kurfürsten (ehem. Palais a.d.J. 1737), Schloßstr. 2, ✉ 36037, ☎ 7 00 01, Fax 77919, ⇔s – 🛗 📺 ☎ 🅿 – 🔬 40. 🆎 Ε 𝘝𝘐𝘚𝘈. ⅏ Rest   Y **n**
Menu à la carte 35/67 – **50 Z** 110/190.

FULDA

🏠 **Kolpinghaus,** Goethestr. 13, ✉ 36043, ℰ 7 60 52, Fax 76057, ㎡ – |⧉| 📺 ☎ 🅟 – ⚒ 15(
🍽 Rest   Z
55 Z.

🏠 **Europa,** Haimbacher Str. 65, ✉ 36041, ℰ 7 50 42, Fax 74144 – |⧉| ☎ ⟸ 🅟 ㏬ ① (
VISA   über Langebrückenstr.   Y
22.- 28. Dez. geschl. – Menu (nur Abendessen) à la carte 32/63 – **65 Z** 80/180.

🏠 **Hessischer Hof** garni, Nikolausstr. 22, ✉ 36037, ℰ 7 80 11, Fax 72289 – 📺 ☎ ⟸. A
E **VISA**   Y
27 Z 90/150.

🏠 **Wiesenmühle** ⚓ (modernisierte Mühle a.d. 14. Jh.), Wiesenmühlenstr. 13, ✉ 36037
ℰ 2 27 27, Fax 22720, ㎡, Biergarten, « Brauhaus mit kleiner Hausbrauerei » – 📺 ☎ ⓕ
– ⚒ 50. ㏬ E   Z
Menu à la carte 35/56 – **27 Z** 68/160.

🏠 **Bachmühle** (Sandsteinbau a.d.J. 1840), Künzeller Str. 133, ✉ 36043, ℰ 3 40 01, Fax 34465
㎡ – |⧉| ☎ 🅟. ㏬ E **VISA**   über Künzeller Str.   Z
Menu à la carte 32/59 – **50 Z** 80/160.

🏠 **Peterchens Mondfahrt** garni, Rabanusstr. 7 (5. Etage), ✉ 36037, ℰ 7 70 94, Fax 7151
– |⧉| 📺 ☎ 🅟. ㏬ ① E **VISA** JCB   Y
21 Z 99/169.

✗✗ **Dachsbau,** Pfandhausstr. 7, ✉ 36037, ℰ 7 40 30 – ㏬ ① E **VISA**   Z
Sonntag und Montag nur Mittagessen – Menu à la carte 40/65.

In Fulda-Kämmerzell N : 6 km über Horaser Weg Y :

✗✗ **Zum Stiftskämmerer - Gewölbekeller,** Kämmerzeller Str. 10, ✉ 36041, ℰ 5 23 69 – 🅟
㏬ ① E **VISA**
Dienstag und Juli - Aug. 3 Wochen geschl. – Menu à la carte 25/66.

In Fulda-Lehnerz ① : 2,5 km über die B 27, nahe Autobahnausfahrt Nord :

✗ **Grillenburg** mit Zim, Leipziger Str. 183, ✉ 36039, ℰ 60 76 63 – 🅟. E
Feb.- März 2 Wochen geschl. – **Menu** (Montag geschl.) à la carte 24/48 – **8 Z** 48/80.

In Künzell O : 2,5 km über Künzeller Straße Z :

🏨 **Bäder-Park-Hotel Rhön Therme,** Harbacher Weg 1, ✉ 36093, ℰ (0661) 39 7(
Fax 397151, ㎡, Freier Zugang zur Rhön Therme – |⧉| 📺 ☎ ⟸ 🅟 – ⚒ 150. ㏬ ① (
VISA
Menu à la carte 32/60 – **57 Z** 160/300.

FULDATAL Hessen siehe Kassel.

FURTH IM WALD Bayern ⁗⁑⁍ V 19, ⁗⁘⁗ ㉗ – 9 400 Ew – Höhe 410 m – Erholungsort – Wir
tersport : 610/950 ⚹3 ⚹5 – ✪ 09973.
▸ Gut Voithenberg (NW : 4 km), ℰ (09973) 20 89.
🛈 Fremdenverkehrsamt, Schloßplatz 1, ✉ 93437, ℰ 38 13, Fax 50919.
♦München 198 – Cham 19 – ♦Regensburg 75.

🏠 **Hohenbogen,** Bahnhofstr. 25, ✉ 93437, ℰ 15 09, Fax 1502 – |⧉| 📺 ☎ – ⚒ 40
Menu à la carte 32/58 – **32 Z** 54/108.

🏠 **Habersaign-Einödhof,** Haberseigen 1(NW : 2 km), ✉ 93437, ℰ 38 23, Fax 3284, ㎡, ⟸s
➡ ㎡ – |⧉| 📺 🅟. E. 🍽
Nov. 2 Wochen geschl. – **Menu** à la carte 18/30 – **30 Z** 54/110 – ½ P 66/74.

✗ **Zur Post** mit Zim, Stadtplatz 12, ✉ 93437, ℰ 15 06, Fax 1857, ㎡ – ☎ 🅟. E **VISA**
➡ *Jan. 3 Wochen geschl.* – **Menu**(Sonntag nur Mittagessen, Montag geschl.)à la carte 26/5
– **22 Z** 45/90.

In Gleissenberg NW : 7 km :

✿ **Pongratz,** Hauptstr. 25, ✉ 93477, ℰ (09975) 2 20, Fax 1491 – ㏬ E
➡ *Nov. 3 Wochen geschl.* – **Menu** (Mittwoch geschl.) à la carte 19/37 – **24 Z** 38/75.

FURTWANGEN Baden-Württemberg ⁗⁑⁍ H 22, ⁗⁘⁗ ㉟ – 10 000 Ew – Höhe 870 m – Erh(
lungsort – Wintersport : 850/1 150 m ⚹4 ⚹5 – ✪ 07723.
Sehenswert : Deutsches Uhrenmuseum★.
Ausflugsziel : Brend★ (⚹★) NW : 5,5 km.
🛈 Fremdenverkehrsverein, Rathaus, Marktplatz 4, ✉ 78120, ℰ 93 91 11, Fax 93 91 99.
♦Stuttgart 141 – Donaueschingen 29 – ♦Freiburg im Breisgau 48 – Offenburg 71.

🏠 **Ochsen,** Marktplatz 9, ✉ 78120, ℰ 20 16, Fax 2716, ⟸s – 📺 ☎ 🅟. E
Menu (Nov. 2 Wochen geschl.) à la carte 27/46 ⅃ – **35 Z** 60/122.

✿ **Kussenhof** ⚓, Kussenhofstr. 43, ✉ 78120, ℰ 77 60, ≤, ㎡ – ☎ 🅟
➡ *Nov.- Dez. 3 Wochen geschl.* – **Menu** (Montag geschl.) à la carte 23/38 ⅃ – **10 Z** 40/7

Neueck siehe : *Gütenbach*

336

FUSCHL AM SEE Österreich siehe Salzburg.

GADEBUSCH Mecklenburg-Vorpommern 411 Q 5, 414 I 4, 987 ⑥ – 6 500 Ew – Höhe 69 m – ☎ 03886.
◆Schwerin 24 – ◆Hamburg 86 – ◆Lübeck 42 – Ratzeburg 23 – Wismar 31.

- 🏠 **Christinenhof** 🦢 garni, Dorfstr. 3 (Güstow), ✉ 19205, ✆ 71 27 24, Fax 712715 🖂 ☎ 🅿
  18 Z 70/95.

GÄRTRINGEN Baden-Württemberg 413 J 21 – 10 000 Ew – Höhe 476 m – ☎ 07034.
◆Stuttgart 32 – Freudenstadt 59 – ◆Karlsruhe 88.

- 🏠 **Bären,** Daimlerstr. 11, ✉ 71116, ✆ 27 60, Fax 276222 – ⇌ Zim 🖂 ☎ 🅿 – 🔏 20. 🅰🅴
  ⓪ 🄴 𝘝𝘐𝘚𝘈 – 24. Dez.- 7. Jan. geschl. – **Menu** (Samstag-Sonntag und 25. Juli - 5. Aug. geschl.)
  à la carte 26/61 – **31 Z** 85/165.
- 🏠 **Kerzenstüble,** an der B 14, ✉ 71116, ✆ 9 24 00, Fax 924040, 😅 – 🛗 🖂 ☎ 🅿. 🅰🅴 ⓪
  🄴 𝘝𝘐𝘚𝘈
  Menu (Samstag nur Abendessen, Sonntag nur Mittagessen, Montag geschl.) à la carte
  27/58 🍸 – **28 Z** 120/180.

GÄUFELDEN Baden-Württemberg siehe Herrenberg.

GAGGENAU Baden-Württemberg 413 H 20, 987 ㉟ – 30 000 Ew – Höhe 142 m – ☎ 07225.
🄷 Kurverwaltung, Rathausstr. 11 (Bad Rotenfels), ✉ 76571, ✆ (07225) 7 96 69.
◆Stuttgart 103 – Baden-Baden 16 – ◆Karlsruhe 30 – Rastatt 14.

- 🏨 **Parkhotel Gaggenau,** Konrad-Adenauer-Str. 1, ✉ 76555, ✆ 6 70, Fax 76205, 😅 – 🛗
  ⇌ Zim 🖂 🕭 ⇦ – 🔏 200. 🅰🅴 ⓪ 🄴 𝘝𝘐𝘚𝘈 – **Menu** à la carte 41/68 – **63 Z** 159/287.

  In Gaggenau-Michelbach NO : 3,5 km :

- 🐗 **Zum Bernstein,** Feuerwehrst. 1, ✉ 76571, ✆ 7 80 77, Fax 78169, 😅 – 🖂 ☎ 🅿. 🄴
  ⬥ 𝘝𝘐𝘚𝘈
  Juli - Aug. 3 Wochen geschl. – **Menu** (Donnerstag geschl.) à la carte 24/41 🍸 – **14 Z** 65/105.
- ✕✕ **Zur Traube** (Restauriertes Fachwerkhaus a.d. 18. Jh.), Lindenstr. 10, ✉ 76571, ✆ 7 62 63,
  Fax 70213, 😅 – 🅿. 🅰🅴 🄴 𝘝𝘐𝘚𝘈
  Montag geschl. – **Menu** (abends Tischbestellung ratsam) à la carte 53/85.

  In Gaggenau-Moosbronn NO : 8 km :

- 🏠 **Hirsch,** Herrenalber Str. 17, ✉ 76571, ✆ (07204) 2 37, 😅, 🛥 – ☎ 🅿. 🄴
  Okt.- Nov. 3 Wochen geschl. – **Menu** (Montag nur Mittagessen, Dienstag geschl.) à la carte
  29/52 – **10 Z** 45/105.

  In Gaggenau-Ottenau SO : 2 km :

- ✕✕ Gasthaus Adler, Hauptstr. 255, ✉ 76571, ✆ 37 06 – 🅿
  (Tischbestellung ratsam)

  In Gaggenau - Bad Rotenfels NW 2,5 km :

- 🏠 **Ochsen,** Murgtalstr. 22, ✉ 76571, ✆ 9 69 90, Fax 969950 – 🖂 ☎ ⇦ 🅿. 🅰🅴 🄴 𝘝𝘐𝘚𝘈
  Menu (Samstag nur Abendessen, Sonntag nur Mittagessen) à la carte 34/68 **23 Z** 90/140.

GAIENHOFEN Baden-Württemberg 413 JK 23, 216 ⑨ – 4 200 Ew – Höhe 400 m – ☎ 07735.
🄷 Verkehrsbüro, Im Kohlgarten 1, ✉ 78343, ✆ 8 18 23, Fax 3004.
◆Stuttgart 175 – Schaffhausen 29 – Singen (Hohentwiel) 23 – Zürich 68.

  In Gaienhofen-Hemmenhofen – Erholungsort :

- 🏩 **Sport- und Tagungshotel Höri** 🦢, Uferstr. 20, ✉ 78343, ✆ 81 10, Fax 811222, ≤, 😅,
  ⇌s, 🏊, 🛥, 🎾, 🏐, 🏸 (Halle) – 🖂 🕭 ☎ 🅿 – 🔏 100. 🅰🅴 ⓪ 🄴
  Menu à la carte 42/79 – **84 Z** 125/270.
- 🏠 Landgasthaus Kellhof, Hauptstr. 318, ✉ 78343, ✆ 20 35, Fax 811222, 😅 – 🖂 ☎ 🅿
  16 Z.

  In Gaienhofen-Horn :

- 🏠 **Hirschen - Gästehaus Verena,** Kirchgasse 1, ✉ 78343, ✆ 30 51, Fax 1634, 😅, 🛥 –
  🖂 🅿. 🕿 – 7.- 31. Jan. geschl. – **Menu** (Nov.- April Mittwoch-Donnerstag geschl.) à la carte
  28/60 – **28 Z** 55/140.

GAILDORF Baden-Württemberg 413 M 19, 20, 987 ㉘㉖ – 12 000 Ew – Höhe 329 m – ☎ 07971.
◆Stuttgart 67 – Aalen 43 – Schwäbisch Gmünd 29 – Schwäbisch Hall 17.

  In Gaildorf-Unterrot S : 3 km :

- 🏠 **Kocherbähnle,** Schönberger Str. 8, ✉ 74405, ✆ 70 54, Fax 21088 – 🖂 ☎ ⇦ 🅿. 🅰🅴 ⓪
  🄴 𝘝𝘐𝘚𝘈
  Juli-Aug. 2 Wochen geschl. – **Menu** (Sonntag nur Mittagessen, Montag geschl.) à la carte
  30/55 🍸 – **9 Z** 60/110.

GAISSACH Bayern siehe Bad Tölz.

GALLINCHEN Brandenburg siehe Cottbus.

GAMMELBY Schleswig-Holstein siehe Eckernförde.

GAMMERTINGEN Baden-Württemberg 413 K 22, 987 ③⑤, 984 ③⑧ – 6 300 Ew – Höhe 665 m – ✿ 07574.

◆Stuttgart 77 – ◆Freiburg im Breisgau 160 – ◆Konstanz 100 – ◆Ulm (Donau) 79.

🏨 **Romantik Hotel Posthalterei,** Sigmaringer Str. 4, ✉ 72501, ℘ 8 76, Fax 878, Biergarten, ≦s – ⧉ 📺 ☎ 🅿 – 🔏 50. 🖭 ⓞ 🅴 𝚅𝙸𝚂𝙰
Menu à la carte 34/73 – **33 Z** 88/195.

GANDERKESEE Niedersachsen 411 I 7, 987 ⑭ – 28 900 Ew – Höhe 25 m – Erholungsort – ✿ 04222.

◆Hannover 140 – ◆Bremen 20 – Oldenburg 31.

🏠 **Jägerklause** ⅌ (mit Gästehaus), Neddenhüsen 16, ✉ 27777, ℘ 10 15, Fax 51015100, 🍴, 🐎 – 📺 ☎ 🚗 🅿 – 🔏 20. 🖭 🅴 𝚅𝙸𝚂𝙰
23. Dez.- 7. Jan. geschl. – **Menu** (wochentags nur Abendessen) à la carte 28/55 – **25 Z** 65/150.

🏡 **Oldenburger Hof,** Wittekindstr. 16 (an der B 212), ✉ 27777, ℘ 33 09, Fax 6527 – ☎ 🚗 🅿, 🖭 ⓞ 🅴 𝚅𝙸𝚂𝙰
22. Dez.- 8. Jan. geschl. – **Menu** (Samstag geschl.) à la carte 27/53 – **18 Z** 75/120.

Am Flugplatz W : 2,5 km :

🏠 **Airfield Hotel,** ✉ 27777 Ganderkesee, ℘ (04222) 10 91, Fax 70826 – 📺 ☎ 🅿 – 🔏 200. 🖭 ⓞ 🅴 𝚅𝙸𝚂𝙰
Menu à la carte 31/55 – **26 Z** 90/140.

In Ganderkesee-Hoyerswege SO : 2,5 km :

🏠 **Hof Hoyerswege,** Wildeshauser Landstr. 66 (B 213), ✉ 27777, ℘ 9 31 00, Fax 931055, « Gartenterrasse », 🐎 – 📺 ☎ 🚗 🅿 – 🔏 55. 🖭 ⓞ 🅴 𝚅𝙸𝚂𝙰
Menu à la carte 36/72 – **20 Z** 80/125.

In Ganderkesee-Stenum N : 6 km :

🏠 **Backenköhler** ⅌, Dorfring 40, ✉ 27777, ℘ (04223) 7 30, Fax 8604, 🍴 – 📺 ☎ 🅿 – 🔏 500. 🅴 𝚅𝙸𝚂𝙰 Menu (Montag nur Abendessen) à la carte 33/62 – **48 Z** 75/145.

✕ **Lüschens Bauerndiele,** Dorfring 75, ✉ 27777, ℘ (04223) 4 44, Fax 8891, « Gartenterrasse » – 🅿. 🖭 ⓞ 🅴 𝚅𝙸𝚂𝙰
Mittwoch und Juli-Aug. 3 Wochen geschl. – **Menu** à la carte 32/65.

GARBSEN Niedersachsen siehe Hannover.

GARCHING Bayern 413 RS 22, 426 GH 4 – 12 700 Ew – Höhe 485 m – ✿ 089 (München).
◆München 13 – Landshut 64 – ◆Regensburg 112.

🏨 **Hoyacker Hof,** Freisinger Landstr. 9a, ✉ 85748, ℘ 3 20 69 65, Fax 3207243, 🍴 – ⧉ ☎ 🚗 🅿. 🅴 𝚅𝙸𝚂𝙰
Menu (Freitag geschl.) (wochentags nur Abendessen) à la carte 33/58 – **61 Z** 130/200.

🏨 **Am Park** garni, Bürgermeister-Amon-Str. 2, ✉ 85748, ℘ 3 20 40 84, Fax 3204089 – 📺 ☎ 🚗 🅿. 🖭 ⓞ 🅴 𝚅𝙸𝚂𝙰
22. Dez.- 6. Jan. geschl. – **43 Z** 130/200.

🏠 **Coro** garni, Heideweg 1, ✉ 85748, ℘ 3 29 27 70, Fax 3291777, ≦s – ⇖ 📺 ☎ 🅿. 🖭 ⓞ 🅴 𝚅𝙸𝚂𝙰
22 Z 100/180.

🏠 **König Ludwig II,** Bürgerplatz 3, ✉ 85748, ℘ 3 20 50 46, Fax 3291510, 🍴 – ⧉ 📺 ☎ 🚗. 🖭 🅴 𝚅𝙸𝚂𝙰
Menu à la carte 33/56 – **24 Z** 115/170.

GARDELEGEN Sachsen-Anhalt 411 R 9, 414 G 8, 984 ⑮, 987 ⑯ – 13 000 Ew – Höhe 49 m – ✿ 03907.

Magdeburg 60 – Stendal 36 – Wolfsburg 38.

In Gardelegen-Lindenthal S : 3 km :

🏠 Lindenthal ⅌, ✉ 39638, ℘ 25 89, Biergarten – 📺 ☎ 🚗 🅿 **30 Z**.

Gute Küchen
haben wir durch
Menu, ✿, ✿✿ oder ✿✿✿ kenntlich gemacht.

GARMISCH-PARTENKIRCHEN Bayern 🔢🔢🔢 Q 24, 🔢🔢🔢 ㊱ ㊲, 🔢🔢🔢 F 6 – 26 500 Ew – Höhe 707 m – Heilklimatischer Kurort – Wintersport : 800/2 950 m ✦ 12 ✦ 39 ✦ 3 – ☻ 08821.

Sehenswert : St.-Anton-Anlagen ✦✦ X.

Ausflugsziele : Wank ❋✦✦ O : 2 km und ✦ – Partnachklamm✦✦ 25 min zu Fuß (ab Skistadion) – Zugspitzgipfel✦✦✦ (❋✦✦✦) mit Zahnradbahn (Fahrzeit 75 min) oder mit ✦ ab Eibsee (Fahrzeit 10 min).

🏌 Schwaigwang (N : 2 km), 𝒫 (08821) 24 73 ; 🏌 Oberau, Gut Buchwies (NO : 10 km), 𝒫 (08824) 83 44.

🏛 Verkehrsamt, Dr.-Richard-Strauß-Platz, ⊠ 82467, 𝒫 18 06, Fax 18055.

ADAC, Hindenburgstr. 14, ⊠ 82467, 𝒫 22 58, Fax 50657.

◆München 89 ① – ◆Augsburg 117 ① – Innsbruck 60 ② – Kempten (Allgäu) 103 ③.

Stadtplan siehe nächste Seite

🏨 **Grand-Hotel Sonnenbichl,** Burgstr. 97, ⊠ 82467, 𝒫 70 20, Telex 59632, Fax 702131, ≤ Wetterstein und Zugspitze, 🍴, Massage, ≘s, 🔲 – ▯ ❄ Zim 📺 ℗ – 🔬 70. 🕮 ⓿ 🗲 𝘝𝘐𝘚𝘈, ⅏ Rest
X u
Menu à la carte 46/81 – **90 Z** 150/300, 3 Suiten.

🏨 **Reindl's Partenkirchner Hof,** Bahnhofstr. 15, ⊠ 82467, 𝒫 5 80 25, Fax 73401, ≤ Wetterstein, « Terrasse », ≘s, 🔲, 🐾 – ▯ ❄ Zim 📺 ⬟. 🕮 ⓿ 🗲 𝘝𝘐𝘚𝘈 𝙅𝘾𝘽 Z r
Mitte Nov.- Mitte Dez. geschl. – **Menu** (Tischbestellung ratsam, bemerkenswerte Weinkarte) à la carte 37/73 – **65 Z** 146/272, 14 Suiten – ½ P 180/260.

🏨 **Posthotel Partenkirchen,** Ludwigstr. 49, ⊠ 82467, 𝒫 5 10 67, Fax 78568, ≤, 🍴, « Historische Herberge mit rustikaler Einrichtung » – ▯ 📺 ℗ – 🔬 60. 🕮 ⓿ 🗲 𝘝𝘐𝘚𝘈 𝙅𝘾𝘽
Y u
Menu à la carte 35/75 – **61 Z** 125/290 – ½ P 155/180.

🏨 Dorint Sporthotel ⌂, Mittenwalder Str. 59, ⊠ 82467, 𝒫 70 60, Telex 592464, Fax 706618, ≤, Biergarten, Massage, ≘s, 🔲, 🐾, ⅏ (Halle) – 📺 🏋 ⬟ – 🔬 160. ⅏ Rest X c
152 Z.

🏨 **Wittelsbach,** von-Brug-Str. 24, ⊠ 82467, 𝒫 5 30 96, Fax 57312, ≤ Waxenstein und Zugspitze, « Gartenterrasse », ≘s, 🔲, 🐾 – ▯ ❄ Zim 📺 ⬟. 🕮 ⓿ 🗲 𝘝𝘐𝘚𝘈 𝙅𝘾𝘽. ⅏ Rest
Nov.- 20. Dez. geschl. – **Menu** à la carte 40/84 – **60 Z** 145/260 – ½ P 120/160. Y d

🏨 **Alpina,** Alpspitzstr. 12, ⊠ 82467, 𝒫 78 30, Fax 71374, ≘s, 🔲, 🐾 – ▯ ❄ Zim 📺 ⬟
℗. 🕮 ⓿ 🗲 𝘝𝘐𝘚𝘈. ⅏ Rest Z b
Menu à la carte 36/61 – **70 Z** 140/320 – ½ P 155/195.

🏨 **Queens Hotel Residence,** Mittenwalder Str. 2, ⊠ 82467, 𝒫 75 60, Telex 592415, Fax 74268, 🍴, ≘s, 🔲, ⅏ – ▯ ❄ Zim 📺 ☎ ℗ – 🔬 150. 🕮 ⓿ 🗲 𝘝𝘐𝘚𝘈 Z m
Menu à la carte 41/75 – **117 Z** 160/302, 5 Suiten – ½ P 188/197.

🏨 **Staudacherhof** ⌂ garni, Höllentalstr. 48, ⊠ 82467, 𝒫 5 51 55, Fax 55186, ≤, ≘s, 🔲, 🔲, 🐾 – ▯ 📺 ☎ ⬟ ℗. 🗲 𝘝𝘐𝘚𝘈 Z v
April-Mai 4 Wochen und Mitte Nov.- Mitte Dez. geschl. – **37 Z** 110/300.

🏨 **Obermühle** ⌂, Mühlstr. 22, ⊠ 82467, 𝒫 70 40, Fax 704112, ≤, « Gartenterrasse », ≘s, 🔲, 🐾 – ▯ – 🔬 100. 🕮 ⓿ 🗲 𝘝𝘐𝘚𝘈 𝙅𝘾𝘽 X e
Menu à la carte 45/88 – **91 Z** 195/330, 5 Suiten – ½ P 200/230.

🏨 **Zugspitz,** Klammstr. 19, ⊠ 82467, 𝒫 10 81, Fax 78010, 🍴, ≘s, 🔲, 🐾 – ▯ 📺 ☎ ⬟
℗. 🕮 ⓿ 🗲 𝘝𝘐𝘚𝘈 𝙅𝘾𝘽 Z d
Menu (Dienstag geschl) à la carte 35/77 – **35 Z** 100/290.

🏨 **Boddenberg** ⌂ garni, Wildenauer Str. 21, ⊠ 82467, 𝒫 9 32 60, Fax 932645, ≤, « Garten », 🔲 (geheizt), 🐾 – 📺 ☎ ⬟. 🕮 ⓿ 🗲 𝘝𝘐𝘚𝘈 X r
Nov.- 15. Dez. geschl. – **24 Z** 88/190.

🏨 **Garmischer Hof** garni, Chamonixstr. 10, ⊠ 82467, 𝒫 5 10 91, Fax 51440, « Garten » – ▯ 📺 ☎ ⬟. 🕮 ⓿ 🗲 𝘝𝘐𝘚𝘈 Y q
42 Z 85/180.

🏨 **Clausings Post - Romantik-Hotel,** Marienplatz 12, ⊠ 82467, 𝒫 70 90, Fax 709205, 🍴, Biergarten – ▯ ❄ Zim 📺 ☎ – 🔬 15. 🕮 ⓿ 🗲 𝘝𝘐𝘚𝘈 𝙅𝘾𝘽 Z e
Menu à la carte 32/70 – **45 Z** 140/270.

🏨 **Rheinischer Hof** (mit Gästehaus), Zugspitzstr. 76, ⊠ 82467, 𝒫 7 20 24, Fax 59136, 🍴, ≘s, 🔲, 🐾 – ▯ ❄ Zim 📺 ☎ ⬟ ℗ X z
Menu à la carte 25/52 – **40 Z** 113/228, 6 Suiten.

🏨 **Berggasthof Panorama** ⌂, St. Anton 3, ⊠ 82467, 𝒫 25 15, Fax 4884, ≤ Garmisch-Partenkirchen und Zugspitzmassiv, Biergarten, « Terrasse » – 📺 ☎ ℗. 🗲 𝘝𝘐𝘚𝘈 𝙅𝘾𝘽 X k
Mitte Nov.- Mitte Dez. geschl. – **Menu** à la carte 26/61 – **17 Z** 75/150.

🏨 **Brunnthaler** garni, Klammstr. 31, ⊠ 82467, 𝒫 5 80 66, Fax 76696, ≤, ≘s – ▯ 📺 ☎ ⬟
℗. ⅏ Z a
Anfang Nov.- Mitte Dez. geschl. – **22 Z** 90/156.

GARMISCH-PARTENKIRCHEN

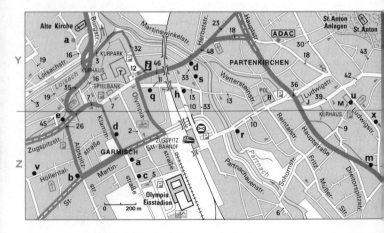

Erfahrungsgemäß werden bei größeren Veranstaltungen,
Messen und Ausstellungen in vielen Städten und deren Umgebung
erhöhte Preise verlangt.

🏠 **Bavaria** 🐾, Partnachstr. 51, 🖂 82467, 𝒫 34 66, Fax 76466, 🚗 – 🅿. 🆎 🇪. ⌘   Y s
Nov.- 20. Dez. geschl. – (nur Abendessen für Hausgäste) – **31 Z** 87/152.

🏠 **Roter Hahn** garni, Bahnhofstr. 44, 🖂 82467, 𝒫 5 40 65, Fax 54067, 🖳 , 🚗 – 🛗 ☎ 🅿.
🅾 🇪 𝘝𝘐𝘚𝘈 .   Y h
30 Z 88/140.

🏠 **Leiner,** Wildenauer Str. 20, 🖂 82467, 𝒫 5 00 34, Fax 4938, ≤, « Garten », ≘s, 🖳 , 🚗
– 🛗 ☎ 🅿. 🆎 🅾 🇪 𝘝𝘐𝘚𝘈   X a
Ende Okt.- Mitte Dez. geschl. – (Restaurant nur für Hausgäste) – **54 Z** 81/174
– ½ P 107/123.

🏠 **Gasthof Fraundorfer,** Ludwigstr. 24, 🖂 82467, 𝒫 21 76, Telex 592430, Fax 71073, ≘s
– 📺 ☎ 🅿. 🆎 🇪 𝘝𝘐𝘚𝘈   Z x
Menu *(Dienstag, April 2 Wochen und Anfang Nov.- Anfang Dez. geschl.)* à la carte 26/57
– **33 Z** 60/180 – ½ P 87/122.

🏠 **Hilleprandt** 🐾, Riffelstr. 17, 🖂 82467, 𝒫 28 61, Fax 74548, ≘s, 🚗 – 📺 ☎ 🅿. 🇪 𝘝𝘐𝘚𝘈
⌘   Z c
(nur Abendessen für Hausgäste) – **16 Z** 80/162 – ½ P 97/108.

XX **Husar,** Fürstenstr. 25, 🖂 82467, 𝒫 17 13 – 🅿. 🇪   Y a
Montag und Aug. geschl. – **Menu** (wochentags nur Abendessen, Tischbestellung erforderlich) à la carte 37/73.

XX **Alpenhof,** Am Kurpark 10 (in der Spielbank), 🖂 82467, 𝒫 5 90 55, Fax 78890, ⌷ – 🅾
🇪 𝘝𝘐𝘚𝘈   Y
Nov. 3 Wochen geschl. – **Menu** à la carte 39/70.

Am Rießersee S : 2 km über Rießerseestraße X :

🏨 **Ramada-Sporthotel** 🐾, Rieß 5, 🖂 82467 Garmisch-Partenkirchen, 𝒫 (08821) 75 80,
Telex 59658, Fax 3811, ≤, ⌷, Biergarten, ≘s, 🖳 – 🛗 ↩ Zim 📺 ⟵ 🅿 – 🔬 120. 🆎
🅾 🇪 𝘝𝘐𝘚𝘈. ⌘ Rest
Menu à la carte 42/70 – **155 Z** 220/440.

XX **Café Restaurant Rießersee** 🐾 mit Zim, Rieß 6, 🖂 82467 Garmisch-Partenkirchen,
𝒫 (08821) 5 01 81, Fax 72589, ≤ See und Zugspitzmassiv, « Seeterrasse », 🐎 – 📺 ☎
⟵ 🅿. 🅾 🇪 𝘝𝘐𝘚𝘈
Nov.- 22. Dez. geschl. – **Menu** *(Montag geschl.)* à la carte 27/57 – **5 Z** 125/200.

GARREL Niedersachsen 🐠🐠🐠 GH 8, 🐠🐠🐠 ⑭ – 10 000 Ew – Höhe 20 m – ✪ 04474.
🐟 Thülsfelder Talsperre, Mühlenweg 1, 🖂 49696 Molbergen-Resthausen.
♦Hannover 190 – ♦Bremen 72 – Lingen 80 – ♦Osnabrück 88.

🏠 **Zur Post,** Hauptstr. 34, 🖂 49681, 𝒫 80 00, Fax 7847, ⌷ – 📺 ☎ 🅿. 🆎 🅾 🇪 𝘝𝘐𝘚𝘈
Menu à la carte 28/55 – **25 Z** 62/140.

In Garrel-Petersfeld SW : 6 km - an der Thülsfelder Talsperre :

🏨 **Dreibrücken** 🐾, Drei-Brücken-Weg 10, 🖂 49681, 𝒫 (04495) 8 90, Fax 89100, ⌷, ≘s,
🖳 , – 🛗 ↩ Zim 📺 🅿 – 🔬 120. 𝘝𝘐𝘚𝘈
Menu à la carte 41/75 – **54 Z** 103/257.

GARS AM INN Bayern 🐠🐠🐠 T 22 – 3 000 Ew – Höhe 447 m – ✪ 08073.
♦München 76 – Wasserburg am Inn 22.

Außerhalb S : 7 km über Burgstall :

🏠 **Landhaus Au im Wald** 🐾, 🖂 83567 Gars-Unterreit, 𝒫 (08073) 10 24, Fax 1026, ≘s, 🏊 ,
🖳 , 🚗 – ☎ 🅿 – 🔬 25
(Restaurant nur für Hausgäste) – **14 Z** 98/190.

GARTOW Niedersachsen 🐠🐠🐠 R 7, 🐠🐠🐠 ⑯ – 1 300 Ew – Höhe 27 m – Luftkurort – ✪ 05846.
🛈 Kurverwaltung, Nienwalder Weg 1, 🖂 29471, 𝒫 3 33, Fax 2288.
♦Hannover 162 – Lüneburg 78 – Uelzen 66.

🏠 **Wendland,** Hauptstr. 11 (B 493), 🖂 29471, 𝒫 4 11, ⌷, 🚗 – 📺 ☎ 🅿
Menu *(Montag und 28. Jan.- 2. März geschl.)* à la carte 31/62 – **16 Z** 80/140.

GAU-BISCHOFSHEIM Rheinland-Pfalz siehe Mainz.

GEESTHACHT Schleswig-Holstein 🐠🐠🐠 O 6, 🐠🐠🐠 ⑤ ⑥ – 25 000 Ew – Höhe 16 m – ✪ 04152.
♦Kiel 118 – ♦Hamburg 29 – ♦Hannover 167 – Lüneburg 29.

🏨 **Fährhaus Ziehl,** Fährstieg 20, 🖂 21502, 𝒫 30 41, Fax 70788, ⌷ – 📺 ☎ ⟵ 🅿. 🆎 🅾
🇪 𝘝𝘐𝘚𝘈
Menu *(Freitag geschl.)* à la carte 27/55 – **18 Z** 80/150.

🏠 **Lindenhof,** Joh.-Ritter-Str. 38, 🖂 21502, 𝒫 30 61, Fax 3062 – 📺 ☎ 🅿. 🇪
Menu *(Samstag und Okt.- Nov. 2 Wochen geschl.)* à la carte 34/69 – **25 Z** 80/140.

Niedersachsen 🔢 🔢 L 10 – 13 800 Ew – Höhe 75 m – 🕿 05108.
♦Hannover 13 – Bielefeld 98 – Osnabrück 128.

🏠 **Ratskeller,** Am Markt 6, ⊠ 30989, ℰ 20 98, Fax 2008, 🏤 – 🛗 ⇔ Zim 📺 ☎. 🖭 ⓪ 🇪
🗺
Menu *(Samstag nur Abendessen, Montag und Juli-Aug. 4 Wochen geschl.)* à la carte 29/62
– **16 Z** 100/220.

Nordrhein-Westfalen 🔢 B 14, 🔢 ㉓, 🔢 J 9 – 22 200 Ew – Höhe 75 m
– 🕿 02451.
♦Düsseldorf 68 – ♦Aachen 25 – Mönchengladbach 40.

🏠 **City Hotel** garni, Theodor-Heuss-Ring 15, ⊠ 52511, ℰ 62 70, Fax 627300, 🚬 – 🛗 📺 ☎
– 🕭 40. 🖭 ⓪ 🇪 🗺
21 Z 88/135.

🏠 **Stadthotel** garni, Konrad-Adenauer-Str. 146, ⊠ 52511, ℰ 70 77, Fax 627300 – 📺 ☎. 🖭
⓪ 🇪 🗺
14 Z 69/135.

🍴 **Jabusch,** Markt 3, ⊠ 52511, ℰ 27 25, Fax 64687 – ☎ ⇔. 🖭 ⓪ 🇪 🗺
Menu *(Montag geschl.)* à la carte 26/53 – **20 Z** 49/108.

Bayern 🔢 O 17 – 2 200 Ew – Höhe 330 m – 🕿 09556.
📇 Friedrichstr. 10, ℰ 14 84.
♦München 237 – ♦Bamberg 55 – ♦Nürnberg 67 – ♦Würzburg 44.

🏩 **Landhotel Steigerwald** ⑤, Friedrichstr. 10, ⊠ 96160, ℰ 1 70, Fax 1750, 🏤, 🚬 – 📺
☎ ⓟ – 🕭 30. 🖭 🇪 🗺
Menu à la carte 26/52 – **30 Z** 95/195 – ½ P 105/130.

🏠 **Krone,** Kirchplatz 2, ⊠ 96160, ℰ 2 44, Fax 400 – 🛗 📺 ⇔ ⓟ. 🖭 ⓪ 🇪 🗺
⇠ Menu à la carte 19/37 ♨ – **64 Z** 60/90.

🏠 **Stern,** Marktplatz 11, ⊠ 96160, ℰ 2 17, Fax 844 – ⇔ ⓟ. 🖭 ⓪ 🇪 🗺
⇠ *Nov. geschl.* – **Menu** *(Dez.- März Mittwoch geschl.)* à la carte 24/46 ♨ – **34 Z** 48/94.

Hessen 🔢 G 17 – 11 700 Ew – Höhe 94 m – 🕿 06722 (Rüdesheim).
♦Wiesbaden 28 – ♦Koblenz 68 – Mainz 31.

Beim Kloster Marienthal N : 4 km :

🏩 **Waldhotel Gietz** ⑤, Marienthaler Str. 20, ⊠ 65366 Geisenheim, ℰ (06722) 9 96 00,
Fax 996099, 🏤, 🚬, 🗺, 🔄 – 📺 ☎ ⓟ – 🕭 60
Menu à la carte 34/54 – **30 Z** 80/240.

An der Straße nach Presberg N : 4,5 km :

🏩 **Haus Neugebauer** ⑤, ⊠ 65366 Geisenheim, ℰ (06722) 60 38, Fax 7443, 🏤, 🔄 – ☎
⇔ ⓟ. 🖭 ⓪ 🇪 🗺
Menu à la carte 33/60 ♨ – **20 Z** 95/150.

Sachsen 🔢 N 13, 🔢 ㉔, 🔢 ㉘ – 1 500 Ew – Höhe 600 m – 🕿 035056.
♦Dresden 44.

🏠 **Schellhaus Baude** ⑤, Altenberger Str. 14, ⊠ 01778, ℰ 54 59, Fax 31213, 🏤, 🚬, 🔄
⇠ – 📺 ☎ ⇔ ⓟ. 🖭 🇪 🗺. ⌿ Rest
Menu à la carte 21/41 – **24 Z** 95/160.

Baden-Württemberg 🔢 IJ 23, 🔢 ㉟, 🔢 J 2 – 5 700 Ew – Höhe 661 m –
🕿 07704.
♦Stuttgart 128 – Donaueschingen 15 – Singen (Hohentwiel) 30 – Tuttlingen 17.

In Geisingen - Kirchen-Hausen SO : 2,5 km :

🏩 **Gasthof Sternen,** Ringstr. 2 (Kirchen), ⊠ 78187, ℰ 80 39, Fax 803333, 🏤,
« Antonius-Saal », 🚬, 🔄 – 🛗 📺 ☎ ⓟ – 🕭 25. 🖭 ⓪ 🇪 🗺
Menu à la carte 25/64 ♨ – **50 Z** 93/140.

🏠 **Zur Burg,** Bodenseestr. 4 (B 31) (Hausen), ⊠ 78187, ℰ 9 29 90, Fax 6339, 🏤, 🔄 – 📺
☎ ⇔ ⓟ. 🖭 ⓪ 🇪 🗺
5.- 25. Nov. geschl. – **Menu** *(Mittwoch geschl.)* à la carte 28/64 – **22 Z** 56/160.

Baden-Württemberg 🔢 M 21, 🔢 ㊱ – 27 000 Ew – Höhe
464 m – 🕿 07331.
🎫 Stadtinformation, Hauptstr. 24, ⊠ 73312, ℰ 2 43 60, Fax 41450.
♦Stuttgart 69 – Göppingen 18 – Heidenheim an der Brenz 30 – ♦Ulm (Donau) 32.

🏠 **Krone,** Stuttgarter Str. 148 (B 10), ⊠ 73312, ℰ 6 10 71, Fax 61075 – 🛗 📺 ☎ ⓟ. 🇪. ⌿
Menu *(Sonntag und 1.- 6. Jan. geschl.)* à la carte 27/66 – **34 Z** 76/153.

In Geislingen-Eybach NO : 4 km :

🏠 **Ochsen** (mit Gästehaus), von-Degenfeld-Str. 22, ⊠ 73312, ℰ 6 20 51, Fax 62051, 🏠 – 🔄
📺 🕿 ⇔ ℗
Menu *(Freitag und Nov. geschl.)* à la carte 28/55 – **23 Z** 73/160.

In Geislingen-Weiler ob Helfenstein O : 3 km – Höhe 640 m

🏠 **Burghotel** 🔈 garni, Burggasse 41, ⊠ 73312, ℰ 4 10 51, Fax 41053, 🚘, 🔲, 🛲 – 📺 🕿
⇔ ℗. 🛠
Juli-Aug. 3 Wochen geschl. – **23 Z** 95/207.

🗙🗙 **Burgstüble,** Dorfstr. 12, ⊠ 73312, ℰ 4 21 62, Fax 40358 – ℗. 🅰🅴 ① 🅴 𝘝𝘐𝘚𝘈
Sonntag und Juli 3 Wochen geschl. – **Menu** (nur Abendessen, Tischbestellung erforderlich)
à la carte 44/75 *(auch vegetarisches Menu).*

GEITHAIN Sachsen 🆘🆘🆘 K 12, 🔢🔢🔢 ⑰, 🔢🔢🔢 ㉓ – 7 000 Ew – Höhe 165 m – ✦ 034341.
♦Dresden 114 – Chemnitz 57 – ♦Leipzig 59.

🏠 **Andersen** garni, Bahnhofstr. 11a, ⊠ 04643, ℰ 4 43 17, Fax 44316 – 🔄 ⇆ 📺 🕿 ⇔. 🅰🅴
① 🅴 𝘝𝘐𝘚𝘈
23 Z 110/145.

GELDERN Nordrhein-Westfalen 🆘🆘🆘 B 12, 🔢🔢🔢 ⑬, 🆘🆘🆘 L 1 – 29 500 Ew – Höhe 25 m – ✦ 02831.
🏌 Issum (O : 10 km), ℰ (02835) 36 26.
♦Düsseldorf 63 – Duisburg 43 – Krefeld 30 – Venlo 23 – Wesel 29.

🏠 **Rheinischer Hof,** Bahnhofstr. 40, ⊠ 47608, ℰ 55 22, Fax 980811 – 🕿 ⇔. 🅰🅴 ① 🅴 𝘝𝘐𝘚𝘈
Menu à la carte 25/53 – **26 Z** 48/104.

In Geldern-Walbeck SW : 6 km :

🗙🗙 Alte Bürgermeisterei, Walbecker Str. 2, ⊠ 47608, ℰ 8 99 33, Fax 980172, 🏠 – ℗.

GELNHAUSEN Hessen 🆘🆘🆘 🆘🆘🆘 K 16, 🔢🔢🔢 ㉕ – 20 000 Ew – Höhe 159 m – ✦ 06051.
Sehenswert : Marienkirche★ (Chorraum★★).
🛈 Verkehrsamt, Am Obermarkt, ⊠ 63571, ℰ 82 00 54.
♦Wiesbaden 84 – ♦Frankfurt am Main 42 – Fulda 62 – ♦Würzburg 86.

🏠 **Burg-Mühle,** Burgstr. 2, ⊠ 63571, ℰ 8 20 50, Fax 820554, 🚘 – 📺 🕿 ℗ – 🛠 30. ①
🅴 𝘝𝘐𝘚𝘈. 🛠
Menu *(Sonntag nur Mittagessen)* à la carte 40/69 – **33 Z** 93/165.

🏠 **Stadt-Schänke,** Fürstenhofstr. 1, ⊠ 63571, ℰ 1 60 51, Fax 16053, 🏠 – 📺 🕿 🕭 ℗. 🅰🅴
① 🅴 𝘝𝘐𝘚𝘈. 🛠
Menu *(Samstag geschl.)* à la carte 27/63 – **13 Z** 110/190.

🏠 **Grimmelshausen-Hotel** garni, Schmidtgasse 12, ⊠ 63571, ℰ 1 70 31, Fax 17033 – 📺
🕿 ⇔. 🅰🅴 ① 🅴 𝘝𝘐𝘚𝘈
32 Z 90/140.

In Gelnhausen-Meerholz SW : 3,5 km :

🗙🗙 **Schießhaus,** Schießhausstr. 10, ⊠ 63571, ℰ 6 69 29, Fax 66097 – ℗. ① 🅴
Mittwoch, 1.- 15. Jan. und Juni-Juli 2 Wochen geschl. – **Menu** à la carte 45/72.

In Linsengericht-Eidengesäß SO : 4 km :

🗙🗙 **Der Löwe,** Hauptstr. 20, ⊠ 63589, ℰ (06051) 7 13 43, Fax 75339, 🏠 – 🅰🅴 🅴 𝘝𝘐𝘚𝘈
Montag sowie Jan. und Juli jeweils 2 Wochen geschl. – **Menu** (wochentags nur Abendessen, Tischbestellung ratsam) à la carte 35/60 *(auch vegetarische Gerichte).*

GELSENKIRCHEN Nordrhein-Westfalen 🆘🆘🆘 🆘🆘🆘 E 12, 🔢🔢🔢 ⑭ – 294 000 Ew – Höhe 54 m –
✦ 0209.
🏌 Gelsenkirchen-Buer, Middelicher Str. 72, ℰ 7 41 81.
🛈 Verkehrsverein, Hans-Sachs-Haus, ⊠ 45879, ℰ 2 33 76, Fax 29698.
ADAC, Daimlerstr. 1 (Ecke Emscherstraße), ⊠ 45891, ℰ 77 70 31, Fax 779446.
♦Düsseldorf 45 ③ – Dortmund 32 ③ – ♦Essen 11 – Oberhausen 19 ④.

Stadtplan siehe nächste Seite

🏨 **Maritim,** Am Stadtgarten 1, ⊠ 45879, ℰ 17 60, Fax 207075, ≤, 🏠, 🚘, 🔲 – 🔄 ⇆ Zim
📺 ℗ – 🛠 330. 🛠 Rest   Z **a**
223 Z

🏠 **Ibis,** Bahnhofsvorplatz 12, ⊠ 45879, ℰ 1 70 20, Telex 824705, Fax 209882 – 🔄 ⇆ Zim
📺 🕿 🕭 – 🛠 60. 🅰🅴 ① 🅴 𝘝𝘐𝘚𝘈   X **a**
Menu à la carte 31/49 – **104 Z** 119/133.

🗙🗙 **Hirt,** Arminstr. 14, ⊠ 45879, ℰ 2 32 35, Fax 15396   X **t**
Samstag geschl., Sonntag nur Mittagessen – **Menu** 19 (mittags) und à la carte 31/67.

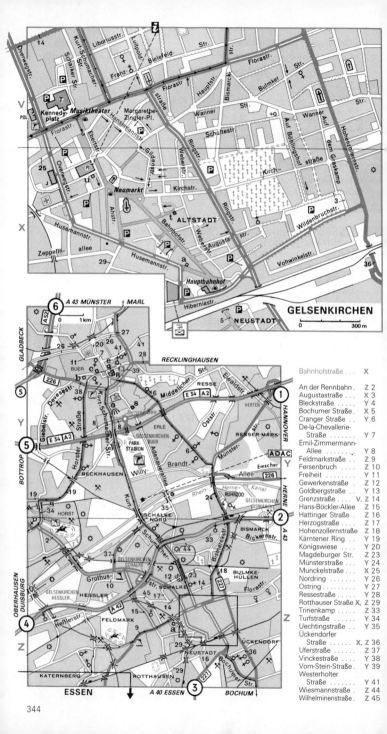

GELSENKIRCHEN

In Gelsenkirchen-Buer :

🏨 **Buerer Hof** garni, Hagenstr. 4, ⊠ 45894, 𝒫 34 90 31, Fax 349034 – ╪ 🅣🆅 ☎ 🚗 🅿, 🆀🅴
　 🄴 𝘝𝘐𝘚𝘈　　　　　　　　　　　　　　　　　　　　　　　　　　　　　　　　　　Y　**c**
　24 Z 135/215.

🏨 **Monopol** garni, Springestr. 9, ⊠ 45894, 𝒫 37 55 62, Fax 378675 – 🛗 🅣🆅 ☎ 🚗, 🆀🅾
　 🄴 𝘝𝘐𝘚𝘈　　　　　　　　　　　　　　　　　　　　　　　　　　　　　　　　　　　Y　**e**
　28 Z 108/175.

🏠 **Zum Schwan,** Urbanusstr. 40, ⊠ 45894, 𝒫 3 72 44, Fax 377652 – 🅣🆅 ☎　　　　Y　**b**
　Menu *(Sonn- und Feiertage sowie Juni-Juli 3 Wochen geschl.)* (nur Abendessen) à la carte
　32/53 – **15 Z** 95/135.

XX **Schloß Berge,** Adenauerallee 103, ⊠ 45894, 𝒫 5 99 58, Fax 597416, « Terrasse mit ⩽ »
　– 🅿 – 🅜 120. 🆀🅴 🅾 🄴 𝘝𝘐𝘚𝘈　　　　　　　　　　　　　　　　　　　　　　　Y　**s**
　Menu à la carte 35/69.

GELTOW Brandenburg siehe Potsdam.

GEMMINGEN Baden-Württemberg siehe Eppingen.

GEMÜNDEN AM MAIN Bayern 𝟦𝟣𝟤 𝟦𝟣𝟥 M 16, 𝟫𝟪𝟩 ㉘ – 10 600 Ew – Höhe 160 m – ☻ 09351.
🛈 Verkehrsamt, Hofweg 9, ⊠ 97737, 𝒫 38 30, Fax 4854.
♦München 319 – ♦Frankfurt am Main 88 – Bad Kissingen 38 – ♦Würzburg 39.

🏨 **Atlantis Main-Spessart-Hotel,** Hofweg 11, ⊠ 97737, 𝒫 8 00 40, Fax 800430 – 🛗 ╪ Zim
　🅣🆅 ☎ 🅿 – 🅜 70. 🆀🅴 🅾 🄴 𝘝𝘐𝘚𝘈
　Menu à la carte 29/57 – **52 Z** 108/160.

🏠 **Schäffer,** Bahnhofstr. 28, ⊠ 97737, 𝒫 20 81, Fax 4609 – 🅣🆅 ☎ 🚗 🅿 – 🅜 70. 🆀🅴 🅾
　🄴 𝘝𝘐𝘚𝘈
　Menu *(Sonntag nur Mittagessen)* à la carte 29/51 🍷 – **29 Z** 85/135.

🏠 **Koppen** (Sandsteinhaus a.d. 16. Jh.), Obertorstr. 22, ⊠ 97737, 𝒫 33 12, Fax 975044 – 🅣🆅
　☎. 🆀🅴 🄴
　Menu à la carte 30/57 – **10 Z** 80/100.

In Gemünden-Langenprozelten W : 2 km :

🏠 **Gasthof Imhof,** Frankenstr. 1, ⊠ 97737, 𝒫 9 71 10, Fax 971133, 😑 – ☎ 🅿. 🄴. ⌘
↝　1.- 21. Nov. geschl. – **Menu** *(Freitag geschl.)* à la carte 20/42 – **14 Z** 44/78.

GEMÜNDEN (RHEIN-HUNSRÜCK-KREIS) Rheinland-Pfalz 𝟦𝟣𝟤 F 17, 𝟫𝟪𝟩 ㉔ – 1 200 Ew – Höhe
282 m – Erholungsort – ☻ 06765.
Mainz 74 – ♦Koblenz 68 – Bad Kreuznach 44 – ♦Trier 95.

🏠 **Waldhotel Koppenstein** ⬙, SO : 1 km Richtung Bad Kreuznach, ⊠ 55490, 𝒫 2 04,
　Fax 4 94, ⩽, 😑, 🐴 – 🅿.
　Jan. geschl. – **Menu** *(Montag geschl.)* à la carte 32/70 – **12 Z** 65/104.

GENGENBACH Baden-Württemberg 𝟦𝟣𝟥 H 21, 𝟤𝟦𝟤 ㉔ – 11 900 Ew – Höhe 172 m – Erho-
lungsort – ☻ 07803.
🛈 Kurverwaltung im Winzerhof, ⊠ 77723, 𝒫 93 01 43, Fax 930142.
♦Stuttgart 160 – Offenburg 11 – Villingen-Schwenningen 68.

🏨 **Gästehaus Pfeffermühle** ⬙ garni, Oberdorfstr. 24a, ⊠ 77723, 𝒫 37 05, Fax 6628 – 🅣🆅
　☎ 🅿. 🆀🅴 🅾 🄴 𝘝𝘐𝘚𝘈
　21 Z 59/102.

🏠 **Blume,** Brückenhäuserstr. 10, ⊠ 77723, 𝒫 24 39, Fax 5320 – 🅣🆅 ☎ 🚗 🅿
　Jan. 3 Wochen geschl. – **Menu** *(Sonntag nur Mittagessen, Mittwoch geschl.)* (wochentags
　nur Abendessen) à la carte 28/52 🍷 – **23 Z** 58/130.

XX **Pfeffermühle,** Victor-Kretz-Str. 17, ⊠ 77723, 𝒫 37 05, Fax 6628, 😑 – 🆀🅴 🅾 🄴 𝘝𝘐𝘚𝘈
　Mittwoch nur Mittagessen, Donnerstag und Jan.- Feb. 4 Wochen geschl. – **Menu** à la carte
　34/56.

In Gengenbach-Schwaibach SO : 2 km :

XX **Landgasthof Eiche,** Kinzigstr. 35, ⊠ 77723, 𝒫 33 54, Fax 40594, Biergarten – 🅿.
　Montag geschl., Dienstag nur Abendessen – **Menu** à la carte 46/75.

In Berghaupten W : 2,5 km – Erholungsort :

🏨 **Hirsch** ⬙, Dorfstr. 9, ⊠ 77791, 𝒫 (07803) 9 39 70, Fax 939749 – 🅣🆅 ☎ 🚗 🅿 – 🅜 20.
　🄴 𝘝𝘐𝘚𝘈
　über Fastnacht und Juli-Aug. jeweils 2 Wochen geschl. – **Menu** *(Montag geschl., Dienstag*
　nur Abendessen) à la carte 38/64 – **17 Z** 68/135.

GENTHIN Sachsen-Anhalt 414 J 9, 984 ⑮, 987 ⑰ – 16 700 Ew – Höhe 35 m – ✪ 03933.
🛈 Tourist-Information, Bahnhofstr. 8, ✉ 39307, ℰ 36 44.
Magdeburg 54 – Brandenburg 31 – Stendal 34.

🏛 **Müller,** Ziegeleistr. 1, ✉ 39307, ℰ 80 32 19, Fax 803222, 🌫 – 📺 ☎ 🅿 – 🔬 200. 🆎 ⋿
➡ 🆅🅸🆂🅰
Menu à la carte 23/48 – **34 Z** 110/180.

🏛 Zur Bürgermark, Mühlenstr. 3, ✉ 39307, ℰ 22 06, Fax 3353 – 📺 ☎ 🅿. ⋇
25 Z.

In Brettin NO : 5 km :

✗ **Grüner Baum** (mit Gästehaus), Stremmestr. 14, ✉ 39307, ℰ (03933) 48 23, Fax 803135,
➡ 🌫s, 🚗 – 📺 🅿. 🆎 ⋿ 🆅🅸🆂🅰
Menu à la carte 22/47 – **18 Z** 85/165.

In Roßdorf-Dunkelforth O : 5 km

🏚 **Rasthof Dunkelforth,** an der B 1, ✉ 39307, ℰ (03933) 22 65, Fax 2267, 🌫, 🚗 – 📺 ☎
➡ 🅿 – 🔬 25. 🆎 ⋿ 🆅🅸🆂🅰. ⋇
Menu à la carte 21/36 – **21 Z** 90/140.

GEORGSMARIENHÜTTE Niedersachsen 411 412 H 10 – 32 000 Ew – Höhe 100 m – ✪ 05401.
♦Hannover 142 – Bielefeld 51 – Münster (Westfalen) 51 – ♦Osnabrück 8,5.

In Georgsmarienhütte-Oesede :

🏛 **Herrenrest,** an der B 51 (S : 2 km), ✉ 49124, ℰ 53 83, Fax 6951, 🌫 – ☎ 🚗 🅿 – 🔬 40.
⋇ Zim
Menu *(Montag geschl.)* à la carte 27/43 – **25 Z** 75/120.

GERA Thüringen 414 J 13, 984 ㉓, 987 ㉗ – 129 000 Ew – Höhe 205 m – ✪ 0365.
🛈 Gera-Information, Dr.-Rudolf-Breitscheid-Str. 1, ✉ 07545, ℰ 2 64 32, Fax 24192.
ADAC, Berliner Str. 150, ✉ 07546, ℰ 41 31 53, Fax 413154.
Erfurt 88 – Bayreuth 127 – Chemnitz 69.

🏨 **Dorint,** Berliner Str. 38, ✉ 07545, ℰ 4 34 40, Fax 4344100, 🌫, 🌫s – 📶 ⋇ Zim 📺 ♿
➡ 🅿 – 🔬 170. 🆎 ⓪ ⋿ 🆅🅸🆂🅰. ⋇ Rest
Menu à la carte 28/62 – **282 Z** 160/280, 4 Suiten.

🏚 **Maritim-Hotel Gera,** Heinrichstr. 30, ✉ 07545, ℰ 69 30, Fax 23449, 🌫, 🌫s – 📶 ⋇ Zim
📺 ☎ 🅿 – 🔬 150. 🆎 ⓪ ⋿ 🆅🅸🆂🅰 🏧
Menu à la carte 37/74 – **303 Z** 195/298, 4 Suiten.

🏛 **Galerie-Hotel** garni, Leibniz-Str. 21, ✉ 07548, ℰ 2 01 50, Fax 201522, (ständige Bilderausstellung) – 📺 ☎ 🅿. 🆎 ⓪ ⋿ 🆅🅸🆂🅰. ⋇
17 Z 135/165.

🏛 **An der Elster** 🍴 garni, Südstr. 12 (Zugang Georg-Büchner-Straße), ✉ 07548,
ℰ 7 10 61 61, Fax 54194, 🌫s – 📺 ☎ 🅿. ⋿ 🆅🅸🆂🅰
17 Z 110/160.

✗ Ritterhof, Rittergasse 6, ✉ 07545, ℰ 2 25 98 –.

In Gera-Dürrenebersdorf SW : 4 km :

🏛 **Comfort-Hotel** garni, Hofer Str. 12 (B 2), ✉ 07548, ℰ 8 21 50, Fax 8215200 – 📶 📺 ☎ 🅿.
🆎 ⋿ 🆅🅸🆂🅰.
72 Z 130/150.

In Gera-Frankenthal W : 6 km :

🏛 **Pension Frankenthal,** Frankenthaler Str. 74, ✉ 07548, ℰ 81 03 10, Fax 810556, Bier-
➡ garten – 📺 ☎ 🅿. ⋿ 🆅🅸🆂🅰. ⋇
Jan. 1 Woche geschl. – **Menu** à la carte 21/28 🍴 – **20 Z** 90/120.

In Gera-Langenberg N : 5 km :

🏛 **Zum Coryllis** garni, Platz des Friedens 8, ✉ 07552, ℰ 41 41 51, Fax 414151 – 📺 ☎ 🅿.
🆎 ⋿ 🆅🅸🆂🅰. ⋇
Weihnachten - Anfang Jan. geschl. – **16 Z** 125/175.

In Großebersdorf SW : 12 km :

🏚 **Adler,** Hauptstr. 22 (B 2), ✉ 07589, ℰ (036607) 25 41, Fax 2542, 🌫 – 📶 ⋇ Zim 📺 ☎
➡ 🅿 – 🔬 40. 🆎 ⓪ ⋿ 🆅🅸🆂🅰
Menu à la carte 26/56 – **42 Z** 130/170.

Am Hermsdorfer Kreuz Autobahnkreuz A 9/A 4 W : 22 km :

🏛 **Autobahnhotel Hermsdorfer Kreuz,** ✉ 07629 Hermsdorf, ℰ (036601) 29 61, Fax 2961
➡ – ⋇ Zim 📺 ☎ 🚗 🅿 – 🔬 40. 🆎 ⓪ ⋿ 🆅🅸🆂🅰
Menu à la carte 23/37 – **41 Z** 115/180.

GERETSRIED Bayern 四B R 23, 987 ㉷, 426 G 5 – 22 000 Ew – Höhe 593 m – ☎ 08171 (Wolfratshausen).

◆ München 45 – Garmisch-Partenkirchen 65 – Innsbruck 99.

In Geretsried-Gelting NW : 6 km :

🏠 **Zum alten Wirth,** Buchberger Str. 4, ✉ 82538, ℘ 71 94, Fax 76758, Biergarten, 🚬 – 📺
☎ ℗ – 🎿 30. 🆎 ⓞ 🅴 𝘝𝘐𝘚𝘈
Menu *(Dienstag und Aug. 3 Wochen geschl.)* à la carte 26/58 – **40 Z** 90/150.

GERHARDTSGEREUTH Thüringen siehe Hildburghausen.

GERLINGEN Baden-Württemberg siehe Stuttgart.

GERMERING Bayern 四B R 22, 987 ㉷, 426 G 4 – 35 200 Ew – Höhe 532 m – ☎ 089 (München).
◆München 18 – ◆Augsburg 53 – Starnberg 18.

🏠 **Mayer,** Augsburger Str. 45, ✉ 82110, ℘ 84 40 71 (Hotel) 8 40 15 15 (Rest.), Fax 844094,
🔲 – 📱 📺 ☎ ℗ – 🎿 200. 🆎 ⓞ 🅴 𝘝𝘐𝘚𝘈
Menu *(Montag geschl.)* à la carte 29/63 – **65 Z** 103/195.

🏠 **Regerhof,** Dorfstr. 38, ✉ 82110, ℘ 84 00 40 (Hotel) 8 40 28 20 (Rest.), Fax 8400445, 🚬
– 📱 📺 ☎ ℗. 🆎 🅴
– *Il Faro* (italienische Küche) *(Freitag geschl.)* Menu à la carte 36/55 – **34 Z** 90/160.

In Germering-Unterpfaffenhofen S : 1 km :

🏠 **Huber** garni, Bahnhofplatz 8, ✉ 82110, ℘ 89 41 70, Fax 89417333 – 📱 📺 ☎ ℗. 🆎 🅴 𝘝𝘐𝘚𝘈
30 Z 104/158.

In Puchheim NW : 2 km :

🏠 **Parsberg,** Augsburger Str. 1 (B 2), ✉ 82178, ℘ (089) 80 20 71, Fax 802060 – 📱 📺 ☎ 🚗
℗. 🆎 🅴 𝘝𝘐𝘚𝘈
Menu *(Montag-Dienstag geschl.)* à la carte 25/54 – **44 Z** 69/140.

In Puchheim-Bahnhof N : 4 km :

🏠 **Domicil,** Lochhauser Str. 61, ✉ 82178, ℘ (089) 80 00 70, Fax 80007400 – 📱 🚬 Zim 📺
☎ 🚗 – 🎿 60. 🆎 ⓞ 🅴 𝘝𝘐𝘚𝘈
Menu à la carte 26/57 – **103 Z** 135/200.

GERMERSHEIM Rheinland-Pfalz 四② 四B I 19, 987 ㉔㉕ – 17 000 Ew – Höhe 105 m – ☎ 07274.
Mainz 111 – ◆Karlsruhe 34 – Landau in der Pfalz 21 – Speyer 18.

🏠 **Germersheimer Hof,** Josef-Probst-Str. 15a, ✉ 76726, ℘ 50 50(Hotel), 50 51 55(Rest.),
Fax 505111, 🚬 – 📺 ☎ ℗ – 🎿 30. 🆎 ⓞ 🅴 𝘝𝘐𝘚𝘈
– *Margaux :* Menu à la carte 38/62 – **26 Z** 105/165.

🏠 **Post** garni, Sandstr. 8, ✉ 76726, ℘ 30 98, Fax 8979 – 📺 ☎. 🆎 🅴. 🛇
17 Z 90/135.

🏠 **Kurfürst,** Oberamtsstr. 1, ✉ 76726, ℘ 24 31, Fax 6094 – 📺. 🅴 𝘝𝘐𝘚𝘈
Menu *(Dienstag geschl.)* (wochentags nur Abendessen) à la carte 27/54 🍴 – **22 Z** 65/120.

XX **Alt Germersheim 1770,** ✉ 76726, ℘ 15 48 – 🅴
Donnerstag geschl., Samstag nur Abendessen – **Menu** à la carte 44/58.

X **Bayerischer Hof,** Hauptstr. 18, ✉ 76726, ℘ 25 58 – 🆎 ⓞ 🅴 𝘝𝘐𝘚𝘈. 🛇
Mittwoch nur Mittagessen, Samstag, Juli-Aug. 3 Wochen und 24. Dez.- 8. Jan. geschl. –
Menu à la carte 30/54 🍴.

GERNSBACH Baden-Württemberg 四B HI 20, 987 ㉟ – 15 000 Ew – Höhe 160 m – Luftkurort
– ☎ 07224.

Sehenswert : Altes Rathaus★.

🛈 Verkehrsamt, Rathaus, Igelbachstr. 11, ✉ 76593, ℘ 6 44 44, Fax 50996.

◆Stuttgart 91 – Baden-Baden 11 – ◆Karlsruhe 35 – Pforzheim 41.

🏠 **Sonnenhof,** Loffenauer Str. 33, ✉ 76593, ℘ 64 80, Fax 64860, ≤, 🚬, 🚬, 🔲 – 📱 📺
☎ ℗ – 🎿 30. 🆎 🅴 𝘝𝘐𝘚𝘈
Menu à la carte 29/66 – **45 Z** 88/145.

🏠 **Stadt Gernsbach** garni, Hebelstr. 2, ✉ 76593, ℘ 20 91, Fax 2094 – 📱 📺 ☎ ℗. 🆎 ⓞ
🅴 𝘝𝘐𝘚𝘈
40 Z 99/175.

An der Straße nach Baden-Baden und zur Schwarzwaldhochstr. SW : 4 km :

🏠 **Nachtigall,** Müllenbild 1, ✉ 76593 Gernsbach, ℘ (07224) 21 29, Fax 69626, 🚬, 🍴 – 📺
☎ 🚗 ℗. 🆎 ⓞ 🅴 𝘝𝘐𝘚𝘈
Feb. geschl. – **Menu** *(Montag geschl.)* à la carte 29/53 – **15 Z** 55/140.

347

In Gernsbach-Kaltenbronn SO : 16 km – Höhe 900 m – Wintersport : 900/1 000 m 🚠2 🎿1 :

🏠 **Sarbacher,** Kaltenbronner Str. 598, ⊠ 76593, ℘ 10 44, Fax 1040, 🍽 – 📺 ☎ 🅿. 🆎 ⓞ
E 𝘝𝘐𝘚𝘈
Menu à la carte 33/68 – **12 Z** 75/180.

In Gernsbach-Obertsrot S : 2 km :

✗ **Markgräflich Badische Gaststätte,** Im Schloß Eberstein, ⊠ 76593, ℘ 21 50, Fax 2141,
« Terrasse mit ≤ Murgtal » – 🅿. 🆎 E
Dienstag und Jan.- Feb. geschl. – **Menu** à la carte 30/45.

In Gernsbach-Staufenberg W : 2,5 km :

🏠 **Sternen,** Staufenberger Str. 111, ⊠ 76593, ℘ 33 08, Fax 69486 – 🛏 🅿. E 𝘝𝘐𝘚𝘈. ✎ Zim
Nov. geschl. – **Menu** *(Donnerstag geschl.)* à la carte 32/61 ♨ – **13 Z** 62/170.

GERNSHEIM Hessen 🗺️🗺️ I 17, 🗺️🗺️ ㉕ – 8 000 Ew – Höhe 90 m – ✆ 06258.
◆Wiesbaden 53 – ◆Darmstadt 21 – Mainz 46 – ◆Mannheim 39 – Worms 20.

🏠 **Hubertus,** Waldfrieden (O : 2 km), ⊠ 64579, ℘ 22 57, Fax 52229, 🍽 – 📺 ☎ 🅿. ⓞ E
𝘝𝘐𝘚𝘈
Menu à la carte 25/50 – **40 Z** 58/135.

GEROLSBACH Bayern 🗺️🗺️ R 21 – 2 400 Ew – Höhe 456 m – ✆ 08445.
◆München 63 – ◆Augsburg 47 – Ingolstadt 44.

✗✗ **Zur Post,** St.-Andreas-Str. 3, ⊠ 85302, ℘ 5 02, 🍽 – 🅿
Montag-Dienstag geschl. – **Menu** (wochentags nur Abendessen, Tischbestellung ratsam)
à la carte 53/80.

GEROLSTEIN Rheinland-Pfalz 🗺️🗺️ D 16, 🗺️🗺️ ㉓ – 7 400 Ew – Höhe 362 m – Luftkurort –
✆ 06591.
🅱 Verkehrsamt, Rathaus, ⊠ 54568, ℘ 13 82.
Mainz 182 – ◆Bonn 90 – ◆Koblenz 86 – Prüm 20.

🏨 **Waldhotel Rose** ≫, Zur Büschkapelle 5, ⊠ 54568, ℘ 1 80, Fax 18250, ≤, 🐚, 🔲, 🌲,
✎(Halle) – 📺 ☎ 🅿 – 🛎 50. 🆎 ⓞ E 𝘝𝘐𝘚𝘈
Menu à la carte 38/64 – **77 Z** 90/200.

🏠 **Seehotel** ≫ garni, Am Stausee 4, ⊠ 54568, ℘ 2 22, Fax 81114, 🐚, 🔲, 🌲 – 🅿. ✎
15. Nov.- 1. Feb. geschl. – **50 Z** 53/114.

🏠 **Landhaus Tannenfels,** Lindenstr. 68, ⊠ 54568, ℘ 41 23, Fax 4104, 🌲 – 🛏 🅿
➖ **Menu** (nur Abendessen) à la carte 24/63 – **12 Z** 49/104.

In Gerolstein-Müllenborn NW : 5 km :

🏨 **Landhaus Müllenborn** ≫, Auf dem Sand 45, ⊠ 54568, ℘ 2 88, Fax 8814, ≤, 🍽, 🐚
– 📺 ☎ ♿ 🅿 – 🛎 25. 🆎 ⓞ E 𝘝𝘐𝘚𝘈
Menu à la carte 43/66 – **19 Z** 95/208.

GEROLZHOFEN Bayern 🗺️🗺️ O 17, 🗺️🗺️ ㉖ – 7 000 Ew – Höhe 245 m – ✆ 09382.
🅱 Verkehrsamt, im alten Rathaus, Marktplatz, ⊠ 97447, ℘ 6 07 34, Fax 60751.
◆München 262 – ◆Bamberg 52 – ◆Nürnberg 91 – Schweinfurt 22.

🏨 **An der Stadtmauer,** Rügshöfer Str. 25, ⊠ 97447, ℘ 60 90, Fax 609179, 🍽, 🌲 – 🛗 📺
☎ – 🛎 30. 🆎 E 𝘝𝘐𝘚𝘈
Menu *(Sonntag geschl.)* (nur Abendessen) à la carte 29/55 – **41 Z** 82/150.

✗✗ **Kleines Restaurant,** Dingolshäuser Str. 13, ⊠ 97447, ℘ 59 50, 🍽 – 🆎 E
Montag geschl. – **Menu** (wochentags nur Abendessen) à la carte 32/50.

GERSDORF Sachsen 🗺️🗺️ K 12 – 1 200 Ew – Höhe 270 m – ✆ 034328.
◆Dresden 62 – Chemnitz 44.

An der B 176 W : 2 km :

🏨 **Waldhotel Schönerstädt,** ⊠ 04703 Schönerstädt, ℘ (034328) 4 17 03, Fax 41703, 🍽,
Biergarten, 🐚 – 📺 ☎ 🅿 – 🛎 30. 🆎 ⓞ E 𝘝𝘐𝘚𝘈
23.- 27. Dez. geschl. – **Menu** à la carte 25/46 – **24 Z** 110/170.

GERSFELD Hessen 🗺️🗺️ M 15, 🗺️🗺️ ㉕ ㉖ – 5 700 Ew – Höhe 482 m – Kneippheilbad –
Luftkurort – Wintersport : 500/950 m 🚠5 🎿7 – ✆ 06654.
Ausflugsziel : Wasserkuppe : ≤★★ N : 9,5 km über die B 284.
🅱 Kurverwaltung, Brückenstr. 1, ⊠ 36129, ℘ 17 80, Fax 8321.
◆Wiesbaden 160 – Fulda 28 – ◆Würzburg 96.

🏨 **Gersfelder Hof** ॐ, Auf der Wacht 14, ⊠ 36129, ℰ 18 90, Fax 7466, ⟨Massage, ⚿, ⚲, ⊜s, 🛏, 🚗, 🎾 – 🕴 📺 ☎ 🅿 – 🔏 70. 🆎 🄴 𝚅𝙸𝚂𝙰. ℅ Rest
Menu à la carte 36/59 – **63 Z** 106/196.

🏠 **Sonne,** Amelungstr. 1, ⊠ 36129, ℰ 3 03, Fax 7649, ⊜s – ☎ 🚗
➔ 16. Jan.- 3. Feb. geschl. – **Menu** à la carte 23/44 – **26 Z** 43/116.

In Gersfeld-Obernhausen NO : 5 km über die B 284 :

🏠 **Peterchens Mondfahrt - Deutscher Flieger,** Auf der Wasserkuppe (N : 4 km), ⊠ 36129, ℰ 3 81, Fax 7580, ⇐ – 🅿. 🄴. ℅
Nov.- 15. Dez. geschl. – **Menu** *(Nov.- Mai Montag nur Mittagessen, Dienstag geschl.)* à la carte 31/52 – **22 Z** 38/110.

🏠 **Berghof Wasserkuppe - Zur Fuldaquelle,** an der B 284, ⊠ 36129, ℰ 2 51, Fax 8115,
➔ ⟨, ⊜s, 🚗 – 🅿. 🆎 🄴
Menu à la carte 24/47 – **46 Z** 40/80 – ½ P 49/55.

GERSHEIM Saarland 𝟺𝟷𝟸 E 19, 𝟸𝟺𝟸 ⑪ – 7 000 Ew – Höhe 240 m – 🕿 06843.
⛳ Gersheim-Rubenheim, ℰ (06843) 87 97.
▸Saarbrücken 30 – Sarreguemines 13 – Zweibrücken 23.

In Gersheim-Herbitzheim N : 2 km :

🏠 **Bliesbrück,** Rubenheimer Str. 13, ⊠ 66453, ℰ 18 81, Fax 8731, ⟨, ⊜s – ⤞ Zim 📺 ☎
🅿 – 🔏 40. 🆎 🄾 🄴 𝚅𝙸𝚂𝙰. ℅ Rest
Menu *(wochentags nur Abendessen)* à la carte 29/60 🍷 – **30 Z** 65/149.

GERSTHOFEN Bayern 𝟺𝟷𝟹 P 21, 𝟿𝟾𝟽 ㊱ – 16 800 Ew – Höhe 470 m – 🕿 0821 (Augsburg).
▸München 65 – ✦Augsburg 7 – ✦Ulm (Donau) 76.

🏨 **Via Claudia,** Augsburger Str. 130, ⊠ 86368, ℰ 4 98 50, Fax 4985506 – 🕴 ⤞ Zim 📺 🅿
– 🔏 40. 🆎 🄾 🄴 𝚅𝙸𝚂𝙰. ℅ Rest
Menu *(nur Abendessen)* 35/60 Buffet – **90 Z** 150/195.

🏠 **Römerstadt** garni, Donauwörther Str. 42, ⊠ 86368, ℰ 24 79 00, Fax 497156 – 🕴 📺 ☎
🚗. 🅿. 🆎 🄾 🄴 𝚅𝙸𝚂𝙰
24. Dez.- 6. Jan. geschl. – **41 Z** 105/155.

An der Autobahn A 8-Südseite W : 6 km :

🏠 Rasthaus Edenbergen garni, ⊠ 86368 Gersthofen, ℰ (0821) 48 30 82, Fax 8643777, ⟨ –
📺 ☎ 🚗 🅿
16 Z.

GESCHER Nordrhein-Westfalen 𝟺𝟷𝟷 𝟺𝟷𝟸 DE 11, 𝟿𝟾𝟽 ⑬, 𝟺𝟶𝟾 M 6 – 16 000 Ew – Höhe 62 m
– 🕿 02542.
🛈 Stadtinformation, Hofstr. 33, ⊠ 48712, ℰ 43 00, Fax 60123.
▸Düsseldorf 107 – Bocholt 39 – Enschede 45 – Münster (Westfalen) 49.

🏨 **Domhotel,** Kirchplatz 6, ⊠ 48712, ℰ 9 30 10, Fax 7658 – 📺 ☎ 🚗 🅿 – 🔏 60. 🆎 🄾
🄴 𝚅𝙸𝚂𝙰
Menu *(Montag und Juli - Aug. 3 Wochen geschl.)* à la carte 32/62 – **18 Z** 75/170.

🏠 **Tenbrock,** Hauskampstr. 12, ⊠ 48712, ℰ 78 18, Fax 5067 – ☎ 🅿
➔ Juli - Aug. 3 Wochen geschl. – **Menu** *(Sonntag geschl.)* (nur Abendessen) à la carte 22/37
– **9 Z** 55/120.

GESEKE Nordrhein-Westfalen 𝟺𝟷𝟷 𝟺𝟷𝟸 I 12 – 18 000 Ew – Höhe 103 m – 🕿 02942.
▸Düsseldorf 138 – Lippstadt 15 – Meschede 46 – Paderborn 18 – Soest 30.

🏨 **Feldschlößchen,** Salzkotter Str. 42 (B 1), ⊠ 59590, ℰ 98 90, Fax 989399, ⟨, ⊜s, 🚗,
🏋 – 🕴 ⤞ Zim 📺 ☎ 🅿 – 🔏 60. 🆎 🄴
Menu *(Dienstag geschl.)* à la carte 29/57 – **62 Z** 90/180.

🏠 **Haus am Teich** ॐ, Am Teich 2, ⊠ 59590, ℰ 7 74 43, Fax 77408, ⟨ – 🕴 📺 ☎ 🅿. 🆎
🄴. ℅ Rest
Menu *(Montag geschl., Samstag nur Abendessen)* à la carte 29/72 – **10 Z** 80/160.

GETTORF Schleswig-Holstein 𝟺𝟷𝟷 M 3, 𝟿𝟾𝟽 ⑤ – 5 400 Ew – Höhe 15 m – 🕿 04346.
✦Kiel 16 – ✦Hamburg 112 – Schleswig 37.

🏠 **Stadt Hamburg,** Süderstr. 1, ⊠ 24214, ℰ 4 16 60, Fax 416641 – 📺 ☎ 🚗 🅿 – 🔏 40.
➔ 1.- 10. Jan. und Okt. 2 Wochen geschl. – **Menu** *(Sonntag geschl.)* à la carte 27/45 – **9 Z** 75/140.

GEVELSBERG Nordrhein-Westfalen **411 412** F 13, **987** ⑭ – 32 500 Ew – Höhe 140 m
❄ 02332.

♦Düsseldorf 57 – Hagen 9 – ♦Köln 62 – Wuppertal 17.

🏨 **Alte Redaktion,** Hochstr. 10, ✉ 58285, ℰ 7 09 70, Fax 709750, Biergarten – 📺 ☎ ❷
🍴 100. 🖭 ⓞ 🗲 𝘝𝘐𝘚𝘈
Menu à la carte 40/76 – **43 Z** 123/195.

🏠 Auto-Hotel, Hagener Str. 225 (B 7), ✉ 58285, ℰ 63 87, Fax 62721 – 📺 ☎ ❷
(nur Abendessen) – **27 Z**.

GIENGEN AN DER BRENZ Baden-Württemberg **413** N 21, **987** ㊱ – 19 000 Ew – Höhe 464 m
– ❄ 07322.

Ausflugsziel : Lonetal★ SW : 7 km.

♦Stuttgart 116 – ♦Augsburg 82 – Heidenheim an der Brenz 12 – ♦Ulm (Donau) 34.

🏨 **Lobinger Parkhotel,** Steigstr. 110, ✉ 89537, ℰ 10 41, Fax 1046, 🏤 – 📳 📺 ☎ ❷
🍴 100. 🖭 ⓞ 🗲 𝘝𝘐𝘚𝘈
Juli-Aug. 3 Wochen geschl. – **Menu** *(Samstag-Sonntag geschl.)* à la carte 31/60 – **75 Z**
125/210.

🏠 **Zum Lamm,** Marktstr. 19, ✉ 89537, ℰ 50 93, Fax 21996 – 📳 📺 ☎ ❷ – 🍴 20. 🖭 ⓞ
🗲 𝘝𝘐𝘚𝘈
Menu à la carte 30/55 – **29 Z** 87/180.

GIERSTÄDT Thüringen siehe Erfurt.

GIESEN Niedersachsen siehe Hildesheim.

In questa guida
uno stesso simbolo, uno stesso carattere
stampati in rosso o in nero, in magro o in grassetto,
hanno un significato diverso.
Leggete attentamente le pagine esplicative.

GIESSEN Hessen **412 413** J 15, **987** ㉕ – 73 000 Ew – Höhe 165 m – ❄ 0641.
Ausflugsziel : Burg Krofdorf-Gleiberg (Bergfried ⁂★) (NW : 6 km).
🛈 Touristinformation, Berliner Platz 2, ✉ 35390, ℰ 3 06 24 89, Fax 76957.
ADAC, Bahnhofstr. 15, ✉ 35390, ℰ 7 20 08, Fax 77856.

♦Wiesbaden 89 ⑤ – ♦Frankfurt am Main 61 ⑤ – ♦Kassel 139 ④ – ♦Koblenz 106 ②.

Stadtplan siehe gegenüberliegende Seite

🏨🏨 **Steinsgarten,** Hein-Heckroth-Str. 20, ✉ 35390, ℰ 3 89 90, Fax 3899200, 🏤, 🍴s, 🔲 –
📳 ⅍ Zim 📺 ❷ – 🍴 150. 🖭 ⓞ 🗲 𝘝𝘐𝘚𝘈. ⅍ Rest   Z a
22. Dez.- 7. Jan. geschl. – **Menu** à la carte 40/74 – **129 Z** 185/340.

🏠 **Köhler** garni, Westanlage 35, ✉ 35390, ℰ 7 60 86, Fax 76088 – 📳 📺 ☎. 🗲   Z t
27 Z 95/180.

🏠 **Residenz Hotel** garni, Wiesecker Weg 12, ✉ 35396, ℰ 3 99 80, Fax 399888 – 📳 📺 ☎
🚗. 🖭 🗲 𝘝𝘐𝘚𝘈   über ③
33 Z 118/207.

🏠 **Parkhotel Sletz** garni, Wolfstr. 26, ✉ 35394, ℰ 40 10 40, Fax 40104140 – 📺 ☎ 🚗. 🖭
ⓞ 🗲 𝘝𝘐𝘚𝘈   Z v
21 Z 105/135.

🏠 **Am Ludwigsplatz,** Ludwigsplatz 8, ✉ 35390, ℰ 3 30 82 (Hotel) 3 66 34 (Rest.), Fax 390499
↩ – 📳 📺 ☎ 🚗. 🖭 ⓞ 🗲 𝘝𝘐𝘚𝘈   Z h
Menu à la carte 24/70 – **45 Z** 110/180.

🏠 **Hotel an der Lahn** garni, Lahnstr. 21, ✉ 35398, ℰ 7 35 16, Fax 77497 – 🚗. ⅍   Y f
9 Z 80/130.

In Wettenberg-Launsbach NW : 6 km über Krofdorfer Str. Y :

🏨 Schöne Aussicht, Gießener Str. 3, ✉ 35435, ℰ (0641) 81059, Fax 85270, 🏤 – 📺 ☎ ❷
– 🍴 100. ⅍ Rest
15 Z.

In Pohlheim-Watzenborn - Steinberg SO : 7,5 km über Schiffenberger Weg Z :

🏠 **Goldener Stern,** Kreuzplatz 6, ✉ 35415, ℰ (06403) 6 16 24, Fax 68426 – 📺 ☎ 🚗 ❷.
↩ 🗲.
Mitte Juli - Anfang Aug. geschl. – **Menu** *(Freitag geschl., Samstag nur Abendessen)* à la
carte 22/49 – **17 Z** 75/116.

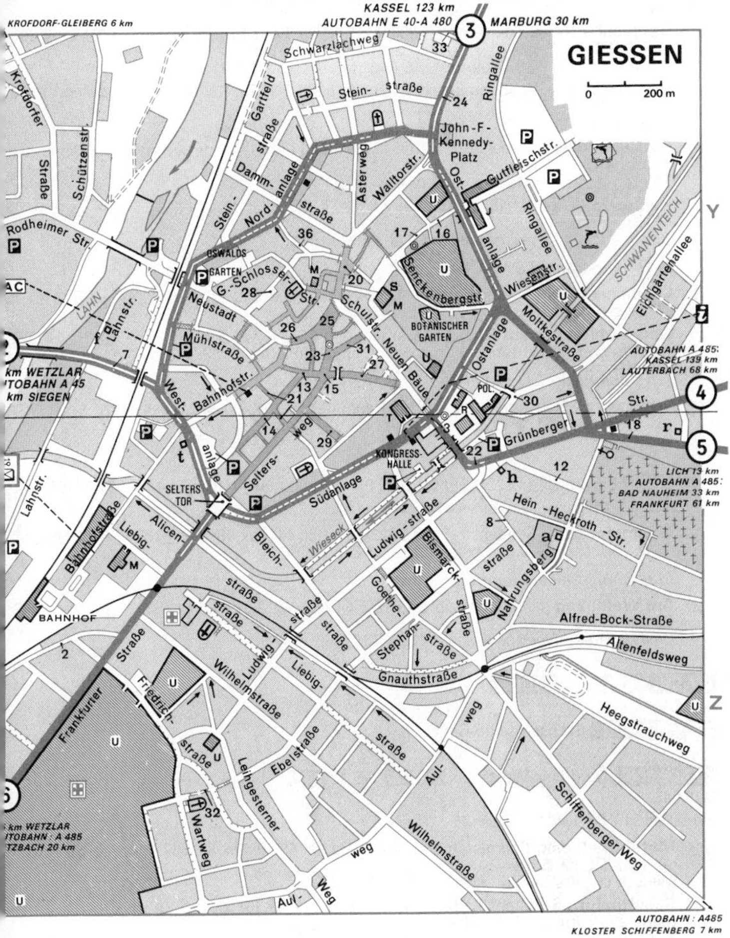

Kaplansgasse . . . . Y 13
Kreuzplatz . . . . Y 15
Mäusburg . . . . Y 23
Marktplatz . . . . Y 25
Marktstraße . . . . Y 26
Neuen Bäue . . . . Y
Neuenweg . . . . Y 27
Plockstraße . . . . Z 29
Sonnenstraße . . . . Y 31

Alter-Wetzlarer-Weg . . . . Z 2
Berliner Platz . . . . Z 3
Gabelsbergerstraße . . . . Y 7
Gartenstraße . . . . Z 8
Gutenbergstraße . . . . Z 12
Katharinengasse . . . . Z 14
Landgrafenstraße . . . . Y 16
Landgraf-Philipp-Platz . . . . . . Y 17
Licher Straße . . . . Z 18

Lindenplatz . . . . Y 20
Löwengasse . . . . Y 21
Ludwigsplatz . . . . Z 22
Marburger Straße . . . . Y 24
Pfarrgarten . . . . Y 28
Roonstraße . . . . Y 30
Studentensteg . . . . Z 32
Sudetenlandstraße . . . . Y 33
Wetzsteinstraße . . . . Y 36

GIFHORN Niedersachsen 411 O 9, 987 ⑯ – 42 000 Ew – Höhe 55 m – ☎ 05371.

18 Wilscher Weg 56, ☎ 1 67 37.

Tourist-Information, Cardenap 1 (Ratsweinkeller), ✉ 38518, ☎ 8 81 75, Fax 88258.

♦Hannover 79 – ♦Braunschweig 28 – Lüneburg 88.

Heidesee garni (siehe auch Restaurant Heidesee), Celler Str. 159 (B 188, W : 2 km), ✉ 38518, ☎ 95 10, Fax 56482, ≘s, , – |‡| TV ☎ P – 60. AE ① E VISA. *23.- 28. Dez. geschl.* – **45 Z** 120/250.

Skan-Tours-Hotel, Isenbütteler Weg 56, ✉ 38518, ☎ 93 00, Fax 930499, , ≘s – |‡| Zim TV ☎ & P – 80. AE ① E VISA
Menu à la carte 35/63 – **63 Z** 125/180.

🏠 **Deutsches Haus,** Torstr. 11, ✉ 38518, 𝒫 81 80, Fax 54672, Biergarten – 📺 ☎ 🕭 **P** –
🏛 60. 🝿 ⓄⒷ Ε 𝘝𝘐𝘚𝘈
Menu *(Sonntag nur Mittagessen)* à la carte 28/66 – **46 Z** 85/150.

🏠 **Grasshoff** garni, Weißdornbusch 4, ✉ 38518, 𝒫 5 30 36, Fax 56361 – 📺 ☎ 🚗 **P**. 🝿
Ε 𝘝𝘐𝘚𝘈 ⅝
19 Z 98/160.

✕✕ **Ratsweinkeller,** Cardenap 1, ✉ 38518, 𝒫 5 91 11, 🌧, « Renoviertes Fachwerkhaus a.d.
16. Jh. » Ε
Montag geschl. – **Menu** à la carte 43/74.

✕✕ **Heidesee,** Celler Str. 163 (B 188, W : 2 km), ✉ 38518, 𝒫 43 48, ≤, 🌧 – **P** – 🏛 250. Ⓞ
Ε 𝘝𝘐𝘚𝘈
2. Jan.- 10. Feb. geschl. – **Menu** à la carte 38/68.

In Gifhorn-Winkel SW : 6 km :

🏠 **Landhaus Winkel** garni, Hermann-Löns-Weg 2, ✉ 38518, 𝒫 1 29 55, 🐎 – 📺 ☎ **P**. Ε
20. Dez.- 4. Jan. geschl. – **22 Z** 75/140.

✕✕ **Gourmet-Restaurant Rauch,** Kellerberg 1, ✉ 38518, 𝒫 5 17 82, 🌧 – **P**. 🝿 Ⓞ 𝘝𝘐𝘚𝘈
Montag und Juni 2 Wochen geschl. – **Menu** à la carte 60/80.

Am Tankumsee SO : 7 km :

🏨 Seehotel 🦢, Eichenpfad 2, ✉ 38550 Isenbüttel, 𝒫 (05374) 16 21, Fax 4453, ≤, 🌧, ⅌,
🔲 – ⅜ Zim 📺 ☎ 🕭 **P** – 🏛 120
46 Z.

GILCHING Bayern 🔟🔟🔟 Q 22, 𝟿𝟾𝟽 ㊲, 𝟜𝟚𝟼 F 4 – 14 000 Ew – Höhe 564 m – ✪ 08105.
♦München 20 – ♦Augsburg 49 – Garmisch-Partenkirchen 84.

🏠 **Thalmeier** garni, Sonnenstr. 55, ✉ 82205, 𝒫 50 41, Fax 9899 – 📺 ☎ 🚗. Ε 𝘝𝘐𝘚𝘈 ⅝
2.- 6. Jan. und 8.- 23. Aug. geschl. – **16 Z** 105/150.

In Gilching-Geisenbrunn SO : 3 km :

🏠 **Am Waldhang** garni, Am Waldhang 22, ✉ 82205, 𝒫 2 52 04, Fax 25302 – 📺 ☎ 🚗 **P**.
🝿 Ⓞ Ε 𝘝𝘐𝘚𝘈
Weihnachten - Neujahr geschl. – **12 Z** 115/160.

GINSHEIM-GUSTAVSBURG Hessen siehe Mainz.

GIRBIGSDORF Sachsen siehe Görlitz.

GLADBECK Nordrhein-Westfalen 🔟🔟🔟 🔟🔟🔟 DE 12, 𝟿𝟾𝟽 ⑬ ⑭ – 81 000 Ew – Höhe 30 m –
✪ 02043.
♦Düsseldorf 54 – Dorsten 11 – ♦Essen 16.

🏨 **Motel Gladbeck,** Bohmertstr. 333, ✉ 45964, 𝒫 69 80, Fax 681517, 🌧 – 📲 📺 🕭 **P** –
🏛 800. 🝿 Ⓞ Ε 𝘝𝘐𝘚𝘈
Menu à la carte 34/56 – **156 Z** 113/160.

🏠 **Schultenhof,** Schultenstr. 10, ✉ 45966, 𝒫 5 17 79 – 📺 ☎ 🚗 **P**
Menu à la carte 25/60 – **14 Z** 65/110.

✕✕ **Schloß Wittringen,** Burgstr. 64, ✉ 45964, 𝒫 2 23 23, Fax 67451, 🌧, « Wasserschloß
a.d.13. Jh., Museum » – **P**. 🝿 Ⓞ Ε 𝘝𝘐𝘚𝘈
Menu à la carte 42/80.

GLADENBACH Hessen 🔟🔟🔟 I 14, 𝟿𝟾𝟽 ㉔ ㉕ – 11 500 Ew – Höhe 340 m – Kneippheilbad –
Luftkurort – ✪ 06462.
🆔 Kur- und Verkehrsgesellschaft, Hainstraße (Haus des Gastes), ✉ 35075, 𝒫 20 12 11, Fax 201222.
♦Wiesbaden 122 – Gießen 28 – Marburg 20 – Siegen 61.

🏠 **Gladenbacher Hof,** Bahnhofstr. 72, ✉ 35075, 𝒫 60 36, Fax 5236, ⅌, 🔲, 🐎 – ⅜ Zim
📺 ☎ **P** – 🏛 40. 🝿
Menu à la carte 29/50 – **34 Z** 60/160.

🏠 **Am Schloßgarten,** Hainstr. 7, ✉ 35075, 𝒫 70 15, Fax 8417, 🌧, ⅌, 🔲, 🐎 – 📺 ☎
P – 🏛 30. 🝿 Ⓞ Ε 𝘝𝘐𝘚𝘈
Jan. 2 Wochen geschl. – **Menu** *(Montag geschl.)* à la carte 27/60 – **20 Z** 75/150.

✕ **Zur Post** mit Zim, Marktstr. 30, ✉ 35075, 𝒫 70 23, Fax 3318 – 📺 ☎. 🝿 Ⓞ Ε 𝘝𝘐𝘚𝘈
Menu à la carte 28/51 – **8 Z** 65/98.

In Gladenbach-Erdhausen SW : 2,5 km :

✕✕ **Künstlerhaus Lenz** mit Zim, Blaumühlenweg 10, ✉ 35075, 𝒫 84 84, Fax 1056, 🌧 – 📺
☎ **P**. 🝿 Ε
Menu *(Montag geschl.)* à la carte 29/62 – **3 Z** 80/130.

GLANDORF Niedersachsen 411 412 GH 10, 987 ⑭ – 5 400 Ew – Höhe 64 m – ✆ 05426.
◆Hannover 148 – Bielefeld 38 – Münster (Westfalen) 33 – ◆Osnabrück 26.

🏠 **Herbermann**, Münsterstr. 25, ⊠ 49219, ℘ 30 11, Fax 3014 – ☎ ℗. **E** *VISA*
➡ **Menu** *(Sonntag nur Mittagessen, Montag geschl.)* à la carte 22/40 – **18 Z** 50/130.

GLASHÜTTEN Hessen 412 413 I 16 – 5 500 Ew – Höhe 506 m – ✆ 06174 (Königstein im Taunus).
◆Wiesbaden 34 – ◆Frankfurt am Main 30 – Limburg an der Lahn 33.

XX **Glashüttener Hof** mit Zim, Limburger Str. 86, ⊠ 61479, ℘ 69 22, � – ▥ ℗. ⁇ Zim
Menu *(Montag geschl.)* à la carte 46/76 – **9 Z** 85/170.

In Glashütten-Schloßborn SW : 3,5 km :

XX **Schützenhof**, Langstr. 13, ⊠ 61479, ℘ 6 10 74, Fax 964012 – ℗. ⁇
Sonntag, Dienstag und Mittwoch nur Abendessen, Montag und März-April 4 Wochen geschl. – **Menu** *(bemerkenswerte Weinkarte)* à la carte 74/110.

GLAUCHAU Sachsen 414 J 13, 984 ㉓, 987 ㉗ – 26 400 Ew – Höhe 260 m – ✆ 03763.
◆Dresden 97 – Chemnitz 27 – Gera 47 – ◆Leipzig 77.

🏨 **Holiday Inn**, Auestr. 16, ⊠ 08371, ℘ 6 60, Fax 66666 – ⭋ ⁇ Zim ▥ ℗ – 🔏 100. **AE**
⓪ **E** *VISA* *JCB* – **Menu** à la carte 34/48 – **72 Z** 150/195.

🏠 **Meyer** ⁇, Agricolastr. 6, ⊠ 08371, ℘ 24 55, Fax 15038, � – ▥ ☎ ℗. **AE** ⓪ **E** *VISA*
➡ **Menu** à la carte 24/41 – **13 Z** 120/180.

In Glauchau-Gesau NW : 3 km :

🏠 Erbschänke, Meeraner Str. 81, ⊠ 08371, ℘ 6 81 77, Fax 688964 – ▥ ☎ ℗
(nur Abendessen) – **24 Z**.

In Voigtlaide S : 3 km

🏨 **Landgasthof Voigtlaide,** Thurmer Str. 7, ⊠ 08373, ℘ (03763) 22 63, Fax 2263, 🌆 – ▥
➡ ☎ ℗ – 🔏 90. **AE** ⓪ **E** *VISA* – **Menu** à la carte 21/42 – **14 Z** 140/220.

In Weidensdorf NW : 4 km, nahe der BAB 4, Abfahrt Glauchau :

🏠 **Top Motel Sachsenring,** Hauptstr. 2, ⊠ 08373, ℘ (03763) 1 70 80, Fax 1708100, 🌆 –
➡ ▥ ☎ ዿ ℗ – 🔏 20. **AE** ⓪ **E** *VISA*
Menu à la carte 21/47 – **88 Z** 110/160.

In Niedermülsen S : 5 km :

🏠 **Nordsee** ⁇, Hauptstr. 45, ⊠ 08138, ℘ (037604) 26 60, Fax 2667, ⁇ – ▥ ☎ ℗ – 🔏 35.
AE **E** – **Menu** à la carte 27/61 – **50 Z** 90/140.

In Waldenburg-Oberwinkel NO : 6 km :

🏠 **Glänzelmühle**, ⊠ 08396, ℘ (037608) 2 10 15, Fax 21017, Biergarten – ▥ ☎ ዿ ℗ – 🔏 20.
➡ **E**
Menu *(Dienstag - Freitag nur Abendessen, Montag und Jan. 3 Wochen geschl.)* à la carte 22/46 – **11 Z** 95/150.

GLEINA Thüringen siehe Altenburg.

GLEISSENBERG Bayern siehe Furth im Wald.

GLEISZELLEN-GLEISHORBACH Rheinland-Pfalz siehe Bergzabern, Bad.

GLOTTERTAL Baden-Württemberg 413 G 22, 242 ㉜ – 2 500 Ew – Höhe 306 m – Erholungsort – ✆ 07684.
🛈 Verkehrsamt, In der Kur- und Sporthalle, Rathausweg 12, ⊠ 79286, ℘ 2 53, Fax 1786.
◆Stuttgart 208 – ◆Freiburg im Breisgau 17 – Waldkirch 11.

🏨 **Hirschen** (mit Gästehaus Rebenhof), Rathausweg 2, ⊠ 79286, ℘ 8 10, Fax 1713, « Gemütliche Restauranträume im Schwarzwaldstil », ⁇, �, ⁇ – ⭋ ▥ ℗ – 🔏 60. **AE**
E *VISA*
Menu *(Montag geschl.)* à la carte 55/92 – **55 Z** 100/340 – ½ P 140/190.

🏨 **Landgasthof Kreuz,** Landstr. 14, ⊠ 79286, ℘ 8 00 80, Fax 800839, ⁇, 🌮 – ⭋ ▥ ☎
℗ – 🔏 25. **AE** ⓪ **E** *VISA*. ⁇
Menu *(Jan. 2 Wochen geschl.)* à la carte 30/76 ⁇ – **35 Z** 62/170 – ½ P 95/115.

🏨 **Schwarzenberg's Traube,** Kirchstr. 25, ⊠ 79286, ℘ 13 13, Fax 738, 🌆 – ⭋ ▥ ☎ ⁇
℗ – 🔏 30. **AE** **E** *VISA*
Menu *(Sonntag nur Mittagessen, Montag, Jan.- Feb. und Nov. je 2 Wochen geschl.)* à la carte 48/77 – **12 Z** 90/190 – ½ P 100/120.

🏨 **Schloßmühle**, Talstr. 22, ⊠ 79286, ℘ 2 29, Fax 1485, 🌆 – ⭋ ▥ ☎ ℗. **AE** ⓪ **E** *VISA*
Menu *(Mittwoch, Feb.- März 2 Wochen und Nov. 3 Wochen geschl.)* à la carte 38/80 – **12 Z** 90/145.

🏚 **Schwarzenberg,** Talstr. 24, ☒ 79286, ℰ 13 24, Fax 1791, ⬛️, 🔲 – ☎ ⬅️ 🄿. 🄰🄴 ⓪
 🄴 *VISA*
 (nur Abendessen für Hausgäste) – **20 Z** 75/150 – ½ P 85/108.

🏚 **Wisser's Sonnenhof,** Schurhammerweg 7, ☒ 79286, ℰ 2 64, Fax 1093, ☂ – 📺 ☎ 🄿
 Menu *(Montag und Feb. 2 Wochen geschl.)* (wochentags nur Abendessen) à la carte 30/57
 – **17 Z** 80/160.

🏚 **Zum Goldenen Engel,** Friedhofstr. 2, ☒ 79286, ℰ 2 50, Fax 267, « Alter
 Schwarzwaldgasthof » – ⬅️ 🄿
 Menu *(Mittwoch und 2.- 15. Jan. geschl.)* à la carte 33/67 ⅛ – **9 Z** 65/100 – ½ P 80/105.

🏚 **Pension Faller** 🐾 garni, Talstr. 9, ☒ 79286, ℰ 2 26, 🛏 – 📺 ☎ ⬅️ 🄿. 🄴. 🏊
 15.- 29. Nov. und 22.- 26. Dez. geschl. – **11 Z** 70/140.

✕✕ **Zum Adler** mit Zim (Gasthaus mit rustikalen Schwarzwaldstuben), Talstr. 11, ☒ 79286,
 ℰ 10 81, Fax 1083, ☂, ⬛️ – 📺 ☎ 🄿 – 🄰 25. 🄰🄴 ⓪ 🄴 *VISA*
 Menu *(Dienstag geschl.)* (Tischbestellung ratsam) à la carte 43/81 – **11 Z** 80/160.

 In Heuweiler W : 2,5 km – 🌣 07666

🏚 **Grüner Baum,** Glottertalstr. 3, ☒ 79194, ℰ 20 99, Fax 2095, ☂, 🛏 – ☎ 🄿
 Menu *(Donnerstag geschl., Freitag nur Abendessen)* à la carte 26/60 – **24 Z** 62/110.

✕✕ **Zur Laube** mit Zim, Glottertalstr. 1, ☒ 79194, ℰ 22 67, Fax 8120, ☂, « Restauriertes
 Fachwerkhaus » – 📶 📺 ☎ 🄿. 🄴 *VISA*. 🏊
 Feb.- März 3 Wochen geschl. – **Menu** *(Dienstag geschl.)* à la carte 37/76 – **7 Z** 94/158.

▐ GLOWE ▌ Mecklenburg-Vorpommern siehe Rügen (Insel).

▐ GLÜCKSBURG ▌ Schleswig-Holstein 🄰🄸🄸 L 2, 🄰🄱🄷 ⑤ – 6 500 Ew – Höhe 30 m – Seeheilbad –
🌣 04631.

Sehenswert : Wasserschloß (Lage★).

🏌 Glücksburg-Bockholm (NO : 3 km), ℰ (04631) 25 47.

🄱 Kurverwaltung, Sandwigstr. 1a (Kurmittelhaus), ☒ 24960, ℰ 9 21, Fax 3301.

◆Kiel 93 – Flensburg 10 – Kappeln 40.

🏨 **Intermar** 🐾, Förderstr. 2, ☒ 24960, ℰ 4 90, Fax 49525, ≤, ⬛️, 🔲 – 📶 ⤋ Zim 🛏 Rest
 📺 ☎ ⬅️ – 🄰 150. 🄰🄴 ⓪ 🄴 *VISA*
 Menu à la carte 57/76 – **80 Z** 135/220, 3 Suiten.

🏚 Kurpark-Hotel, Sandwigstr. 1, ☒ 24960, ℰ 5 51, Fax 556 – 📶 📺 ☎ ⬅️ 🄿 – 🄰 40
 12 Z.

 In Glücksburg-Holnis NO : 5 km :

🏚 **Café Drei** 🐾, Drei 5, ☒ 24960, ℰ 25 75, Fax 2983, ☂, Biergarten – 📺 ☎ 🄿
 Menu *(Nov.- März Mittwoch geschl.)* à la carte 35/60 – **10 Z** 95/152.

▐ GLÜCKSTADT ▌ Schleswig-Holstein 🄰🄸🄸 L 5, 🄰🄱🄷 ⑤ – 12 000 Ew – Höhe 3 m – 🌣 04124.

🄱 Verkehrsamt, Am Markt 4, ☒ 25348, ℰ 64 16, Fax 6494.

◆Kiel 91 – Bremerhaven 75 – ◆Hamburg 54 – Itzehoe 22.

🏚 Raumann, Am Markt 5, ☒ 25348, ℰ 9 16 90, Fax 916950, ☂ – 📺 ☎
 30 Z.

✕✕ **Ratskeller,** Markt 4, ☒ 25348, ℰ 24 64, Fax 4154 – 🄰🄴 🄴 *VISA*
 Menu (Tischbestellung ratsam) à la carte 44/65.

▐ GMUND AM TEGERNSEE ▌ Bayern 🄰🄸🄸 S 23, 🄰🄱🄷 ㊲, 🄰🄴🄶 H 5 – 6 400 Ew – Höhe 739 m –
Erholungsort – Wintersport : 700/900 m ≤3 ≰3 – 🌣 08022 (Tegernsee).

🏌 Gut Steinberg, ℰ 7 40 31.

🄱 Verkehrsamt, Kirchweg 6 (Rathaus), ☒ 83703, ℰ 75 05 27, Fax 750520.

◆München 48 – Miesbach 11 – Bad Tölz 14.

🍃 **Oberstöger,** Tölzer Str. 4, ☒ 83703, ℰ 70 19, Fax 74816, Biergarten – ☎ 🄿
 Nov.- 5. Dez. geschl. – **Menu** *(Mittwoch geschl.)* à la carte 23/45 – **24 Z** 62/130
 – ½ P 69/81.

✕ **Gut Kaltenbrunn,** Kaltenbrunn 1, ☒ 83703, ℰ 79 69, Fax 74536, ≤ Tegernsee und Berge,
 ☂, Biergarten mit Selbstbedienung – 🄿. 🄴
 Nov.- März Dienstag geschl. – **Menu** à la carte 36/66.

 In Gmund-Finsterwald W : 2 km :

✕ **Feichtner Hof** mit Zim, Kaltenbrunner Str. 2, ☒ 83703, ℰ 73 22, Fax 74964, Biergarten
 mit Selbstbedienung – 📺 ☎ 🄿. 🄰🄴 🄴 *VISA*. 🏊
 Menu *(Jan. geschl.)* à la carte 26/56 – **10 Z** 95/220.

 In Gmund-Ostin SO : 2 km :

🍃 Kistlerwirt, Schlierseer Str. 60, ☒ 83703, ℰ 7 67 19, Fax 75258, ☂, ⬛️, 🛏 – 📺 ☎ 🄿
 22 Z.

GOCH Nordrhein-Westfalen 412 B 11, 987 ⑬, 408 J 6 – 30 500 Ew – Höhe 18 m – ✆ 02823.
🛈 Verkehrsamt, Markt 15, ✉ 47574, ✆ 32 02 02, Fax 320251.
◆Düsseldorf 87 – Krefeld 54 – Nijmegen 31.

🏨 **Sporthotel De Poort** ⑤, Jahnstr. 6, ✉ 47574, ✆ 8 60 71, Fax 80786, ≘s, 🔲 , ✾ (Halle)
– 🔄 📺 ☎ ℗ – 🔏 80. 🆎 ⑩ 🇪 𝚟𝚒𝚜𝚊
Menu à la carte 31/66 – **49 Z** 109/185.

🏨 **Litjes,** Pfalzdorfer Str. 2, ✉ 47574, ✆ 40 16, Fax 418236, ➯ – ☎ ℗. 🆎 🇪 𝚟𝚒𝚜𝚊
Menu (Montag geschl.) à la carte 30/50 – **17 Z** 72/117.

🏨 **Zur Friedenseiche,** Weezer Str. 1, ✉ 47574, ✆ 73 58, Fax 80947 – ☎ ⇐ ℗
↠ 22. Dez.- 4. Jan. geschl. – **Menu** (Sonntag geschl.) (nur Abendessen) à la carte 21/38 –
14 Z 63/99.

GÖDENSTORF Niedersachsen siehe Salzhausen.

GÖHREN Mecklenburg-Vorpommern siehe Rügen (Insel) bzw. Malchow.

GÖNNHEIM Rheinland-Pfalz siehe Wachenheim.

GÖPPINGEN Baden-Württemberg 413 LM 20, 987 ㉟ – 54 700 Ew – Höhe 323 m – ✆ 07161.
Ausflugsziel : Gipfel des Hohenstaufen ✳⋆, NO : 8 km.
🏌 Donzdorf (O : 13 km), ✆ (07162) 2 71 71.
🛈 Tourist-Information, Marktstr. 2, ✉ 73033, ✆ 65 02 92, Fax 683663.
ADAC, Willi-Bleicher-Str. 3, ✉ 73033, ✆ 97 80 90, Fax 9780920.
◆Stuttgart 44 ⑤ – Reutlingen 49 ⑤ – Schwäbisch Gmünd 26 ① – ◆Ulm (Donau) 63 ④.

GÖPPINGEN

🏨 **Hohenstaufen,** Freihofstr. 64, ⊠ 73033, 𝒫 67 00, Fax 70070 – ⤞ Zim 📺 ☎ ⇐ 🅿.
ᴀᴇ ⓪ ᴇ 𝚅𝙸𝚂𝙰   Y b
Menu *(Freitag und 24.- 30. Dez. geschl., Samstag nur Abendessen)* à la carte 45/80 – **50 Z**
105/190.

🏨 **City-Hotel im Kaiserbau** garni, Poststr. 14a, ⊠ 73033, 𝒫 9 76 70, Fax 976711 – 🛗 📺
☎ ⇐. ᴀᴇ ⓪ ᴇ 𝚅𝙸𝚂𝙰. ⅜   Z r
14 Z 125/195.

🏨 **Drei Kaiserberge** garni, Schillerplatz 4, ⊠ 73033, 𝒫 68 40 61, Fax 25979 – 📺 ☎. ᴀᴇ ⓪
ᴇ 𝚅𝙸𝚂𝙰   Z s
Ende Dez.- Anfang Jan. geschl. – **17 Z** 102/164.

In Göppingen-Jebenhausen ④ : 3 km :

🏠 **Pension Winkle** ⅖ garni, Schopflenbergweg 5, ⊠ 73035, 𝒫 4 15 74, Fax 49340, ⇌, 🔲
– ⤞ 📺 ☎ ⅚ ⇐ 🅿. 𝚅𝙸𝚂𝙰. ⅜
22. Dez.- 8. Jan. geschl. – **17 Z** 70/130.

In Göppingen-Ursenwang ③ : 5 km :

✕✕ **Bürgerhof,** Tannenstr. 2, ⊠ 73037, 𝒫 81 12 26, Fax 84811 – 🅿. ⅜
Montag-Dienstag und Aug. 3 Wochen geschl. – **Menu** à la carte 34/65.

In Wangen ⑤ : 6 km :

🏠 **Linde,** Hauptstr. 30, ⊠ 73117, 𝒫 (07161) 2 30 22, Fax 13685, Biergarten – 📺 ☎ ⇐ 🅿
– 🛁 30. ᴀᴇ ⓪ ᴇ 𝚅𝙸𝚂𝙰. ⅜ Rest
Menu *(Sonntag nur Mittagessen, Montag geschl.)* à la carte 40/68 ⅄ – **11 Z** 88/
150.

✕✕ **Landgasthof Adler,** Hauptstr. 103, ⊠ 73117, 𝒫 (07161) 2 11 95 – 🅿. ᴀᴇ ⓪ ᴇ
Montag-Dienstag und Juli 2 Wochen geschl. – **Menu** à la carte 52/75.

In Albershausen ⑤ : 8 km :

🏨 **Stern,** Uhinger Str. 1, ⊠ 73095, 𝒫 (07161) 3 20 81, Fax 34069, 🔲 – 🛗 📺 ☎ 🅿 – 🛁 30.
ᴇ. ⅜ Zim
Menu à la carte 34/66 – **49 Z** 95/150.

GÖRLITZ S achsen ⁴¹⁴ Q 12, ⁹⁸⁴ ⑳. ⁹⁸⁷ ⑱ ⑲ – 70 000 Ew – Höhe 200 m – 🕿 03581.
Sehenswert : Dreifaltigkeitskirche (Chorgestühl★) – Untermarkt★ – Städtische Kunstsammlun-
gen (Bauernschränke★).
🛈 Goerlitz-Information, Obermarkt 29, ⊠ 02826, 𝒫 40 69 99, Fax 405249.
ADAC, Luisenstr. 8, ⊠ 02826, 𝒫 40 34 57, Fax 403457.
◆Dresden 98 – Cottbus 90.

🏨 **Sorat,** Struvestr. 1, ⊠ 02826, 𝒫 40 65 77 (Hotel) 40 66 19 (Rest.), Fax 406579 – 🛗 ⤞ Zim
📺 📺 ⅚. ᴀᴇ ⓪ ᴇ 𝚅𝙸𝚂𝙰
Goldener Strauß : **Menu** à la carte 33/49 – **46 Z** 165/195.

🏨 **Zum Grafen Zeppelin,** Jauernicker Str. 15, ⊠ 02826, 𝒫 40 35 74, Fax 400447 – 📺 ☎
⇐. 🅿. ᴀᴇ ᴇ 𝚅𝙸𝚂𝙰
(nur Abendessen für Hausgäste) – **42 Z** 95/185.

🏨 **Hansa,** Berliner Str. 33-34, ⊠ 02826, 𝒫 40 63 01, Fax 406302, ⇷ – 📺 ☎. ᴀᴇ ᴇ 𝚅𝙸𝚂𝙰
← **Menu** à la carte 19/40 – **29 Z** 95/180.

🏨 **Europa** garni, Berliner Str. 2, ⊠ 02826, 𝒫 40 73 50, Fax 407350 – 📺 ☎. ᴀᴇ ᴇ 𝚅𝙸𝚂𝙰. ⅜
17 Z 105/180.

🏨 **Silesia,** Biesnitzer Str. 11, ⊠ 02826, 𝒫 4 81 00, Fax 481010, Biergarten, – 📺 ☎ 🅿 – 🛁 25.
← ᴀᴇ ᴇ 𝚅𝙸𝚂𝙰
Menu à la carte 23/40 – **26 Z** 120/170.

In Görlitz-Biesnitz :

✕ Kulmbacher Postillion, Am Aufgang 6 (an der Landeskrone), ⊠ 02827, 𝒫 7 81 13, ⇷, Biergarten, – 🅿.

In Girbigsdorf NW : 5 km :

🏠 **Mühlenhotel** ⅖ garni, Dorfstr. 86, ⊠ 02829, 𝒫 (03581) 31 40 49, Fax 315037 – 📺 ☎ 🅿.
ᴀᴇ ᴇ 𝚅𝙸𝚂𝙰
15. Dez.- 15. Jan. geschl. – **20 Z** 75/140.

In Ludwigsdorf N : 6 km :

✕✕ **Gutshof Hedicke,** Dorfstr. 114, ⊠ 02829, 𝒫 (03581) 31 30 86, Fax 313086, ⇷ – 🅿 –
🛁 25. ᴇ
3.-16. Jan. und Montag geschl., Sonntag nur Mittagessen – **Menu** à la carte 42/59.

Siehe auch : *Reichenbach und Löbau*

GÖSSNITZ Thüringen 414 J 13, 987 ㉗ – 5 000 Ew – Höhe 219 m – ☎ 034493.
Erfurt 118 – Chemnitz 44 – Jena 78 – ◆Leipzig 62 – Zwickau 20.

🏠 **Austria,** Zwickauer Str. 2, ⌧ 04639, ℰ 2 27 90, Fax 22799 – 🕴 📺 ☎ 🅟 – 🅰 50. ⬛ ⓞ
➡ 🗲 𝘝𝘐𝘚𝘈
   Menu à la carte 24/56 – **51 Z** 95/220.

✕ **Hochmuth,** Altenburger Str. 47, ⌧ 04639, ℰ 2 26 65, Fax 22665 – 🅟. ⬛ 🗲
➡ *Juli 2 Wochen geschl.* – **Menu** à la carte 23/44 ♨.

GÖSSWEINSTEIN Bayern 413 QR 17, 987 ㉖ – 4 200 Ew – Höhe 493 m – Luftkurort – ☎ 09242.
Sehenswert : Barockbasilika (Wallfahrtskirche) – Marienfelsen ≤★★.
Ausflugsziel : Fränkische Schweiz★★.
🛈 Verkehrsamt, Burgstr. 6, ⌧ 91327, ℰ 4 56.
◆München 219 – ◆Bamberg 45 – Bayreuth 46 – ◆Nürnberg 75.

🏠 **Zur Rose,** Pezoldstr. 2, ⌧ 91327, ℰ 2 25, Fax 1029, 🍽 – ℅ Zim
➡ *Nov.- Mitte Dez. geschl.* – **Menu** *(Montag geschl.)* à la carte 21/42 – **19 Z** 48/86
   – ½ P 60/70.

🏠 **Fränkischer Hahn** garni, Badanger Str. 35, ⌧ 91327, ℰ 4 02 – ☎ 🅟
   10 Z 80/130.

🏠 **Regina** garni, Sachsenmühler Str. 1, ⌧ 91327, ℰ 2 50, 🚗 – 🚙 🅟
   16 Z 60/102.

🏠 **Zur Post,** Balthasar-Neumann-Str. 10, ⌧ 91327, ℰ 2 78
   Nov.- Dez. geschl. – **Menu** *(Montag geschl.)* à la carte 26/54 – **14 Z** 52/92.

🏠 **Fränkische Schweiz,** Pezoldstr. 20, ⌧ 91327, ℰ 2 90, Fax 7234, 🍽 – 🚙 🅟
➡ *15. Nov.- 15. Dez. geschl.* – **Menu** *(Dienstag geschl.)* à la carte 18/30 ♨ – **16 Z** 35/76.

✕ **Schönblick** 🍽 mit Zim, August-Sieghardt-Str. 8, ⌧ 91327, ℰ 3 77, ≤, 🍽 – 📺 🅟
   5. Nov.- 15. Dez. geschl. – **Menu** *(Dienstag geschl., im Winter nur an Wochenenden geöff-*
   net) (wochentags nur Abendessen) à la carte 30/54 – **7 Z** 65/116.

   In Gössweinstein-Behringersmühle :

🏠 **Frankengold,** Pottensteiner Str. 29, ⌧ 91327, ℰ 15 05, Fax 7114, 🍽, 🚗 – 🕴 ☎ 🅟. 🗲
   10.- 30. Jan. geschl. – **Menu** *(Donnerstag geschl.)* à la carte 28/60 – **18 Z** 60/130
   – ½ P 78/83.

GÖTTINGEN Niedersachsen 411 412 M 12, 987 ⑮ – 130 000 Ew – Höhe 159 m – ☎ 0551.
Sehenswert : Fachwerkhäuser (Junkernschänke★) YZ B.
🖼 Schloß Levershausen (① : 20 km), ℰ (05551) 6 19 15.
🛈 Touristinformation, Altes Rathaus, Markt 9, ⌧ 37073, ℰ 5 40 00, Fax 4002998.
🛈 Tourist Office, vor dem Bahnhof, ⌧ 37073, ℰ 5 60 00.
ADAC, Kasseler Landstr. 44a, ⌧ 37081, ℰ 9 20 38, Fax 92017.
◆Hannover 122 ③ – ◆Braunschweig 109 ③ – ◆Kassel 47 ③.

Stadtplan siehe nächste Seite

🏨 **Gebhards Hotel,** Goetheallee 22, ⌧ 37073, ℰ 4 96 80, Fax 4968110, 🍽, 🚬 – 🕴 ℅ Zim
   📺 🅟 – 🅰 70. ⬛ ⓞ 🗲 𝘝𝘐𝘚𝘈   Y **e**
   Menu *(Samstag-Sonntag geschl.)* à la carte 61/91 – **60 Z** 160/350.

🏨 **Eden,** Reinhäuser Landstr. 22a, ⌧ 37083, ℰ 7 60 07, Fax 76761, 🍽, 🚬, ⬛ – 🕴 📺 ☎
   🚙 🅟 – 🅰 60. ⬛ 🗲 𝘝𝘐𝘚𝘈. 🍽   Z **d**
   Menu *(Weihnachten - Anfang Jan. geschl.)* (nur Abendessen) à la carte 37/56 – **100 Z**
   120/350.

🏠 **Stadt Hannover** garni, Goethe Allee 21, ⌧ 37073, ℰ 4 59 57, Fax 45470 – 🕴 📺 ☎. ⬛
   ⓞ 🗲 𝘝𝘐𝘚𝘈   Y **a**
   Weihnachten - Anfang Jan. geschl. – **28 Z** 98/165.

🏠 **Kasseler Hof** garni, Rosdorfer Weg 26, ⌧ 37073, ℰ 7 20 81, Fax 7703429 – ☎ 🅟. ⬛ 🗲
   𝘝𝘐𝘚𝘈 𝘑𝘊𝘉. 🍽   Z **f**
   7.- 14. April und 21. Juli - 6. Aug. geschl. – **32 Z** 63/170.

🏠 **Garni Gräfin v. Holtzendorff** 🍽, Ernst-Ruhstrat-Str. 4 (im Industriegebiet), ⌧ 37079,
   ℰ 6 39 87 – ⬛ 🗲   über ④
   Weihnachten - Anfang Jan. geschl. – **18 Z** 50/120.

✕✕ **Junkernschänke,** Barfüßerstr. 5, ⌧ 37073, ℰ 5 73 20, Fax 4968110, « Fachwerkhaus a.
   d. 15. Jh. » – ⬛ ⓞ 🗲 𝘝𝘐𝘚𝘈   Y **n**
   Montag geschl. – **Menu** à la carte 64/91.

✕ **Rathskeller,** Markt 9, ⌧ 37073, ℰ 5 64 33, Fax 45733, 🍽 – ⬛ ⓞ 🗲 𝘝𝘐𝘚𝘈   Z **u**
   Menu à la carte 28/63.

✕ **St. Germain,** Geismar Landstr. 21a, ⌧ 37083, ℰ 4 64 64 – ⬛   Z **b**
   Menu (nur Abendessen) à la carte 27/52.

✕ **Zum Schwarzen Bären** (Gaststätte a. d. 16. Jh.), Kurze Str. 12, ⌧ 37073, ℰ 5 82 84 – ⬛
   ⓞ 🗲 𝘝𝘐𝘚𝘈   Z **x**
   Sonntag nur Mittagessen, Montag geschl. – **Menu** à la carte 34/62.

357

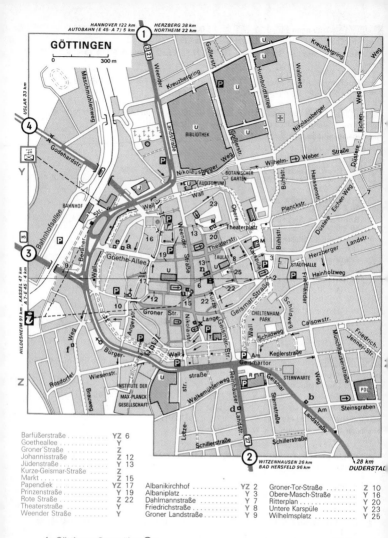

In Göttingen-Grone über ③ :

🏨 **Park-Hotel Ropeter,** Kasseler Landstr. 45, ✉ 37081, 𝒸 90 20, Fax 902166, ㈜, Massage, ⥱s, ▨, ☞ – ▯ ⥱ Zim ▤ Rest ▨ 🅿 – 🅪 230. 🆎 Ⓞ 🔳 ▨▨
Menu à la carte 47/86 – **143 Z** 145/305.

🏨 **Novostar** garni, Kasseler Landstr. 25, ✉ 37081, 𝒸 9 97 70, Fax 9977400 – ▯ ▨ ☎ 🅿.
🆎 ⓄⒺ ▨▨
72 Z 115/210.

🏨 **Schweizer Hof,** Kasseler Landstr. 120, ✉ 37081, 𝒸 5 09 60, Fax 509650, ⥱s – ▯ ⥱ Zim ▨ ☎ 🅿 – 🅪 20. 🆎 ⓄⒺ ▨▨
Ende Dez.-Anfang Jan. geschl. – **Menu** (wochentags nur Abendessen) à la carte 29/54 – **33 Z** 108/228.

🏨 **Leine Hotel** garni, Groner Landstr. 55, ✉ 37081, 𝒸 5 05 10, Fax 5051170 – ▯ ⥱ ▨ ☎ ⥱ 🅿. 🆎 ⓄⒺ ▨▨
101 Z 90/155.

🏨 **Rennschuh** garni, Kasseler Landstr. 93, ✉ 37081, 𝒸 9 00 90, Fax 9009199, ⥱s, ▨ – ▯ ⥱ Zim ▨ ☎ ⥱ 🅿 – 🅪 15. 🆎 ⓄⒺ ▨▨
22. Dez.- 1. Jan. geschl. – **106 Z** 70/130.

358

In Göttingen - Groß-Ellershausen ③ : 4 km :

🏨 **Freizeit In,** Dransfelder Str. 3 (B 3), ⊠ 37079, 𝒸 9 00 10, Fax 9001100, 斎, Massage, ₺,
⇌s, ⊠, ⚹ (Halle) – ᠍|♿ ⚿ Zim 📺 ☎ 🅿 – 🔏 500. ☒ ⓪ ᴇ 𝚅𝙸𝚂𝙰 𝙹𝙲𝙱
Menu à la carte 35/68 – **120 Z** 170/285.

In Göttingen-Weende über ① :

🏠 **Weender Hof,** Hannoversche Str. 150, ⊠ 37077, 𝒸 50 37 50, 斎 – 📺 ☎ 🅿. ⚹
Ostern, Pfingsten und 22. Dez.- 4. Jan. geschl. – **Menu** *(Samstag geschl.)* (wochentags nur
Abendessen) à la carte 27/51 – **20 Z** 75/110.

In Friedland ② : 12 km :

⚹ **Biewald** mit Zim, Weghausstr. 20, ⊠ 37133, 𝒸 (05504) 9 35 00, Fax 935040, 斎 – 📺 ☎
🅿. ☒ ⓪ ᴇ 𝚅𝙸𝚂𝙰
Menu *(Montag geschl.)* à la carte 31/71 – **9 Z** 60/128.

In Friedland - Groß-Schneen ② : 10 km :

⚹⚹ **Schillingshof** ⊗ mit Zim, Lappstr. 14, ⊠ 37133, 𝒸 (05504) 2 28, Fax 427, 斎 – 📺 ☎
🅿. ⓪ ᴇ 𝚅𝙸𝚂𝙰
Juni - Juli 3 Wochen geschl. – **Menu** *(Montag geschl., Dienstag nur Abendessen)* (bemerkenswerte Weinkarte) à la carte 53/93 – **5 Z** 78/135.

An der Autobahn A 7 ③ : 6,5 km :

🏨 **Autobahn-Rasthaus und Motel,** (Westseite), ⊠ 37124 Rosdorf-Mengershausen,
𝒸 (05509) 80 80, Fax 808157, 斎 – 📺 ☎ ₺ 🅿 – 🔏 30. ☒ ⓪ ᴇ 𝚅𝙸𝚂𝙰 𝙹𝙲𝙱
Restaurant : nur Self-service – **33 Z** 125/145.

🏠 **Autobahn-Rasthaus und Motel,** (Ostseite), ⊠ 37124 Rosdorf-Mengershausen,
𝒸 (05509) 9 25 50, Fax 925533, 斎 – 📺 ☎ 🅿. ☒ ⓪ ᴇ 𝚅𝙸𝚂𝙰 𝙹𝙲𝙱
Menu à la carte 32/57 – **11 Z** 85/125.

GOHRISCH, KURORT Sachsen ⁴¹⁴ O 13 – 900 Ew – Höhe 300 m – Luftkurort – ☻ 035021.
🆖 Fremdenverkehrsamt, Hauptstr. 116 b, ⊠ 01824, 𝒸 6 84 96, Fax 68497.
◆Dresden 37 – Bautzen 54.

🏠 **Parkhotel Margaretenhof** ⊗, Pfaffendorfer Str. 89, ⊠ 01824, 𝒸 81 53, Fax 68316, 斎,
◄ ₺., ⇌s, 🚿 – 📺 ☎ 🅿 – 🔏 30
Menu à la carte 24/57 – **32 Z** 95/118.

🏠 **Annas Hof,** Hauptstr. 118, ⊠ 01824, 𝒸 2 91, Fax 291, 斎, 🚿 – 📺 ☎ 🅿. ☒ ᴇ 𝚅𝙸𝚂𝙰
◄ **Menu** à la carte 23/36 – **13 Z** 60/130 – ½ P 65/80.

GOLDBACH Bayern siehe Aschaffenburg.

GOLDBERG Mecklenburg-Vorpommern ⁴¹⁴ J 5, ⁹⁸⁴ ⑦, ⁹⁸⁷ ⑥ ⑦ – 5 000 Ew – Höhe 67 m
– ☻ 038736.
Schwerin 50 – Güstrow 28.

🏠 **Seelust** ⊗, ⊠ 19399, 𝒸 71 56, Fax 7158, ≤, 斎, 🚿 – 📺 ☎ 🅿. ☒ ᴇ
◄ **Menu** à la carte 24/40 – **17 Z** 90/125.

GOLDKRONACH Bayern siehe Berneck im Fichtelgebirge, Bad.

GOMADINGEN Baden-Württemberg ⁴¹³ L 21 – 2 000 Ew – Höhe 675 m – Luftkurort – Win-
tersport : 680/800 m ⚡3 – ☻ 07385.
🆖 Verkehrsamt, Rathaus, Marktplatz 2, ⊠ 72532, 𝒸 10 41.
◆Stuttgart 64 – Reutlingen 23 – ◆Ulm (Donau) 60.

In Gomadingen-Dapfen SO : 5 km :

🏠 **Zum Hirsch,** Lautertalstr. 59, ⊠ 72532, 𝒸 4 27, Fax 1311, ⇌s, ⊠, 🚿 – ⟺ 🅿 – 🔏 20
Menu *(Dienstag geschl.)* à la carte 31/54 – **20 Z** 65/116.

In Gomadingen-Offenhausen W : 2 km :

🏨 **Landhaus Gulewitsch - Gestütsgasthof** ⊗, Ziegelbergstr. 24, ⊠ 72532, 𝒸 16 11,
Fax 1478, 斎, ⇌s, 🚿 – |♿ 📺 ☎ 🅿 – 🔏 40
Menu *(Mittwoch geschl.)* à la carte 40/72 – **21 Z** 65/140 – ½ P 83/93.

GOMARINGEN Baden-Württemberg ⁴¹³ K 21 – 7 500 Ew – Höhe 640 m – ☻ 07072.
◆Stuttgart 50 – Hechingen 17 – Reutlingen 11 – Tübingen 9.

🏨 **Arcis** garni, Bahnhofstr. 10, ⊠ 72810, 𝒸 91 80, Fax 918191 – |♿ ⚿ 📺 ☎ 🅿 – 🔏 30.
☒ ⓪ ᴇ 𝚅𝙸𝚂𝙰
39 Z 125/175.

GOMMERN Sachsen-Anhalt 👥👥👥 H 9, 👥👥👥 ⑲, 👥👥👥 ⑯ ⑰ – 6 800 Ew – Höhe 52 m – ✪ 039200.
Magdeburg 19 – Brandenburg 90 – Dessau 43.

🏨 **Drei Linden,** Am Walde 1, ✉ 39245, ℰ 5 13 28, Fax 50180, ⛲ – 📺 🅿. 🖭 ☰ 𝘝𝘐𝘚𝘈
Menu à la carte 26/42 – **32 Z** 110/180.

GOSLAR Niedersachsen 👥👥👥 O 11, 👥👥👥 ⑯ – 47 000 Ew – Höhe 320 m – ✪ 05321.
Sehenswert : Fachwerkhäuser★★ in der Altstadt★★★ : Marktplatz★★ Z, Rathaus★ mit
Huldigungssaal★★ YZ **R** – Kaiserpfalz★ Z – Breites Tor★ Y – Neuwerkkirche★ Y – Pfarrkirche St.
Peter und Paul★ Z F – Mönchehaus★ Y **M1.**

Ausflugsziel : Klosterkirche Grauhof★ NO : 3 km über die B 82 X.

🛈 Kur- und Fremdenverkehrsgesellschaft, Markt 7, ✉ 38640, ℰ 28 46, Fax 23005.
🛈 Kurverwaltung Hahnenklee, Rathausstr. 16, ✉ 38644, ℰ (05325) 20 14, Fax 3185.
◆Hannover 90 ④ – ◆Braunschweig 43 ① – Göttingen 80 ④ – Hildesheim 59 ④.

Stadtplan siehe gegenüberliegende Seite

🏨🏨 **Der Achtermann,** Rosentorstr. 20, ✉ 38640, ℰ 2 10 01, Fax 42748, ⛲, Massage, ⏚, ⇌,
⛄ – 🛗 📺 ♿ – 🔬 600. 🖭 ⓞ ☰ 𝘝𝘐𝘚𝘈   Y **r**
Menu à la carte 34/69 – **149 Z** 119/348.

🏨🏨 **Kaiserworth** (Haus a.d. 15. Jh.), Markt 3, ✉ 38640, ℰ 2 11 11, Fax 21114, ⛲ – 📺 ☎
🅿 – 🔬 100. 🖭 ☰ 𝘝𝘐𝘚𝘈   Z **x**
Menu à la carte 34/62 – **51 Z** 95/260.

🏨🏨 **Das Brusttuch** (Haus a.d. 16. Jh.), Hoher Weg 1, ✉ 38640, ℰ 2 10 81, Fax 18297 – 🛗 📺
☎ – 🔬 25. 🖭 ⓞ ☰ 𝘝𝘐𝘚𝘈   Z **r**
Menu à la carte 34/69 – **13 Z** 115/245.

🏨 **Schwarzer Adler,** Rosentorstr. 25, ✉ 38640, ℰ 2 40 01, Fax 24192, ⛲ – 📺 ☎ 🅿. ☰
𝘝𝘐𝘚𝘈   Y **e**
Menu *(Montag-Dienstag und Juli-Aug. 4 Wochen geschl.)* a la carte 34/69 – **25 Z** 95/
160.

🏨 **Bären,** Krugwiese 11a, ✉ 38640, ℰ 78 20, Fax 782304, ⛲, ⇌, ⛄ – 🛗 📺 ☎ ⇌ 🅿
– 🔬 220. 🖭 ⓞ ☰ 𝘝𝘐𝘚𝘈   X **a**
Menu à la carte 32/65 – **165 Z** 115/220.

🏨 **Villa Berger** ≫, Oberer Triftweg 6, ✉ 38640, ℰ 2 16 40, Fax 42206, ≈ – 📺 ☎ ⇌. ☰
𝘝𝘐𝘚𝘈. ℘ Rest   X **u**
Menu *(Sonntag nur Mittagessen)* à la carte 35/61 – **13 Z** 75/150.

🕮 **Goldene Krone,** Breite Str. 46, ✉ 38640, ℰ 2 27 92, Fax 18046 – 🅿. ⓞ ☰ 𝘝𝘐𝘚𝘈   Y **d**
10.- 30. Jan. geschl. – **Menu** *(Mittwoch geschl.)* à la carte 30/55 – **26 Z** 55/
140.

In Goslar-Grauhof N : 5 km über Immenröder Str. :

🏨 Landhaus Grauhof ≫, Am Gräbicht, ✉ 38644, ℰ 8 40 01, Fax 50958, ⛲ – 🛗 📺 ☎ 🅿
– 🔬 20
25 Z

In Goslar-Hahnenklee SW : 15 km über ③ – Höhe 560 m – Heilklimatischer Kurort – Wintersport : 560/724 m ✰1 ✰2 ✰1 – ✪ 05325 :

🏨🏨 **Dorint Hotel Kreuzeck,** Am Kreuzeck (SO : 3,5 km), ✉ 38644, ℰ 7 40, Fax 74839, ⛲,
⇌, ⛄, ≈, ℘ – 🛗 Zim 🛗 ↕ ⇌ 🅿 – 🔬 80. 🖭 ⓞ ☰ 𝘝𝘐𝘚𝘈. ℘ Rest
Menu à la carte 38/72 – **104 Z** 165/310 – ½ P 157/247.

🏨🏨 **Macke am See,** Parkstr. 4, ✉ 38644, ℰ 70 30, Fax 70310, ≤, ⛲, Massage, ⇌, ⛄ –
🛗 📺 ☎ ⇌ 🅿 – 🔬 40
Menu à la carte 35/72 – **40 Z** 90/260.

🏨🏨 **Walpurgis Hof,** Am Bocksberg 1, ✉ 38644, ℰ 70 90, Fax 3081, ⛲, ⇌ – 🛗 📺 ☎ ⛸
🅿 – 🔬 45. 🖭 ⓞ ☰ 𝘝𝘐𝘚𝘈 𝘑𝘊𝘉
Menu à la carte 36/63 – **58 Z** 125/250.

🏨 **Hotel am Park** garni, Parkstr. 2, ✉ 38644, ℰ 20 31, ≤, ⛄ – 📺 ☎ 🅿. ☰
25 Z 85/190.

🏨 **Der Waldgarten** ≫, Lautenthaler Str. 36, ✉ 38644, ℰ 20 81, Fax 3502,
← « Gartenterrasse », ⛄, ≈ – 🛗 ☎ ⇌ 🅿. ℘ Rest
Ende Okt. - Mitte Dez. geschl. – **Menu** à la carte 22/33 – **40 Z** 76/156 – ½ P 85/
100.

🏨 **Landhaus Kiesow** ≫, Höhenweg 14, ✉ 38644, ℰ 25 93, Fax 2729, ≤, ⇌, ⛄, ≈ –
📺 ☎ 🅿. ☰
Nov.- Mitte Dez. geschl. – (Restaurant nur für Hausgäste) – **23 Z** 52/106 – ½ P 71.

🏨 **Bellevue** ≫ garni, Birkenweg 5 (Bockswiese), ✉ 38644, ℰ 20 84, Fax 3319, ⇌, ⛄, ≈
– 📺 ☎ ⇌ 🅿. ☰
26 Z 65/140.

🏨 **Harzer Hof,** Rathausstr. 9, ✉ 38644, ℰ 25 13, Fax 3538 – 📺 ☎ 🅿. ℘ Zim
März und 18. Nov.- 16. Dez. geschl. – **Menu** *(Donnerstag geschl.)* à la carte 26/60 – **11 Z**
60/140.

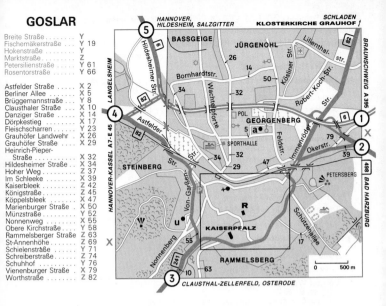

GOSLAR

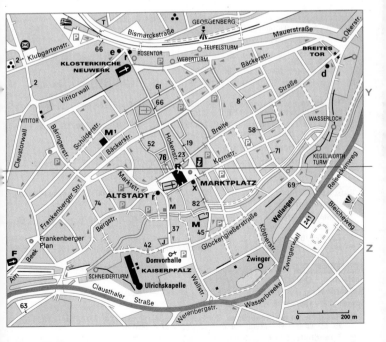

☞ Pour être inscrit au **guide Michelin**

- pas de piston,
- pas de pot de vin !

GOTHA Thüringen 🔳🔳🔳 E 13, 🔳🔳🔳 ㉓, 🔳🔳🔳 ㉖ – 54 000 Ew – Höhe 270 m – 🌀 03621.

Sehenswert : Schloß Friedenstein★.

Ausflugsziele : Thüringer Wald ★★ (Großer Inselsberg ≤ ★★, Friedrichroda : Marienglashöhle ★).

🖪 Gotha-Information, Blumenbachstr. 1, ⊠ 99867, 𝒫 5 40 36, Fax 222134.

Erfurt 25 – Gera 114 – Nordhausen 76.

🏨 **Turmhotel Gotha,** Am Luftschiffhafen 2 (Gewerbegebiet), ⊠ 99867, 𝒫 71 60, Fax 716430, ⌂, – 🛗 ✳ Zim 📺 ☎ ᶮ ⇔ 🅿 – 🔬 120. 🄰🄴 🄴 🆅🆂🄰. ⁎ Rest
Menu à la carte 27/45 – **104 Z** 165/190.

🏨 **Gothaer Hof,** Weimarer Str. 18, ⊠ 99867, 𝒫 22 40, Fax 224744, ⇌, 🔲 – 🛗 ✳ Zim 📺 ☎ ᶮ 🅿 – 🔬 100. 🄰🄴 🄾 🄴 🆅🆂🄰
Menu à la carte 28/53 – **107 Z** 140/220.

🏨 **Toscana,** Pfortenwallgasse 1, ⊠ 99867, 𝒫 2 95 93, Fax 29596 – 📺 ☎ 🅿. 🄰🄴 🄴 🆅🆂🄰. ⁎
Menu à la carte 30/51 – **20 Z** 125/190.

🏢 **St. Gambrin,** Schwabhäuser Str. 47, ⊠ 99867, 𝒫 3 09 00, Fax 309040 – 📺 ☎ – 🔬 25.
◆ 🄰🄴 🄾 🄴 🆅🆂🄰
Menu à la carte 23/41 – **24 Z** 120/200.

🏢 **Motel 5,** Eisenacher Str. 87, ⊠ 99867, 𝒫 30 12 35, Fax 301239 – 📺 ☎ 🅿. 🄰🄴 🄾 🄴 🆅🆂🄰
(nur Abendessen für Hausgäste) – **30 Z** 130/150.

🍴 Tanne, Bürgeraue 5, ⊠ 99867, 𝒫 5 24 50, 🏠.

Bei der Pferderennbahn Boxberg SW : 6 km :

🏨 **Thüringer Waldblick** ⟲, ⊠ 99880 Gospiteroda, 𝒫 (03621) 5 46 38, Fax 54638, ≤, 🏠,
◆ Biergarten, ⇌, 🏠, ⚡ – 📺 ☎ 🅿 – 🔬 40. 🄰🄴 🄴 🆅🆂🄰. ⁎
Menu à la carte 19/39 – **18 Z** 90/150.

In Wandersleben SO : 12 km :

🏢 **Comtel Wandersleben,** Mühlberger Str. 13, ⊠ 99869 , 𝒫 (036202) 8 23 75, Fax 82376
– 📺 ☎. 🄰🄴 🄴 🆅🆂🄰
24.- 30. Dez. geschl. – *(nur Abendessen für Hausgäste)* – **21 Z** 75/135.

GOTTMADINGEN Baden-Württemberg 🔳🔳🔳 J 23, 🔳🔳🔳 K 2, 🔳🔳🔳 ⑧ – 8 900 Ew – Höhe 432 m
– 🌀 07731 (Singen/Hohentwiel).

◆Stuttgart 159 – Schaffhausen 17 – Singen (Hohentwiel) 7.

🏢 **Sonne,** Hauptstr. 61(B 34), ⊠ 78244, 𝒫 7 16 28, Fax 73751 – 🛗 ✳ Zim 📺 ☎ 🅿 – 🔬 50.
🄰🄴 🄾 🄴 🆅🆂🄰
Menu *(Freitag geschl.)* à la carte 28/53 – **36 Z** 75/160.

🏢 **Kranz,** Hauptstr. 37 (B 34), ⊠ 78244, 𝒫 70 61, Fax 73994 – 🛗 📺 ☎ ᶮ ⇔ 🅿
20 Z

🏢 **Heilsberg** ⟲, Heilsbergweg 2, ⊠ 78244, 𝒫 7 16 64, Fax 74264, ⚡ – 📺 ☎ ⇔ 🅿
Menu à la carte 33/49 – **12 Z** 70/110.

🍴🍴 **Linde** mit Zim, Lindenstr. 8, ⊠ 78244, 𝒫 7 11 73, Fax 73899 – 📺 ☎. 🄰🄴 🄾 🄴 🆅🆂🄰
6.- 31. Jan. geschl. – **Menu** *(Montag geschl.)* à la carte 30/59 – **15 Z** 80/140.

In Gottmadingen-Bietingen W : 3 km :

🏢 **Landgasthof Wider,** Ebringer Str. 11, ⊠ 78244, 𝒫 (07734) 22 68, 🏠 – ☎ ⇔ 🅿. 🄴 🆅🆂🄰
◆ **Menu** *(Dienstag geschl.)* à la carte 23/43 ᶿ – **15 Z** 50/110.

GRAACH Rheinland-Pfalz 🔳🔳🔳 E 17 – 830 Ew – Höhe 105 m – 🌀 06531 (Bernkastel-Kues).

Mainz 116 – Bernkastel-Kues 3 – ◆Trier 46 – Wittlich 13.

🏢 **Weinhaus Pfeiffer** garni, Gestade 12, ⊠ 54470, 𝒫 40 01, Fax 1078, ≤ – ☎ ⇔ 🅿
13 Z 54/120.

🍸 **Zur Traube,** Hauptstr. 102, ⊠ 54470, 𝒫 21 89, Fax 1078 – 🅿
◆ *Anfang Jan.- Anfang Feb. geschl.* – **Menu** *(Montag geschl.)* à la carte 24/41 ᶿ – **11 Z** 35/84.

GRAAL-MÜRITZ Mecklenburg-Vorpommern 🔳🔳🔳 T 4, 🔳🔳🔳 J 3, 🔳🔳🔳 ⑦, 🔳🔳🔳 ⑥ – 4 000 Ew –
Seeheilbad – 🌀 038206.

🖪 Kurverwaltung, Zur Seebrücke 32, ⊠ 18181, 𝒫 8 62, Fax 823.

Schwerin 109 – ◆Rostock 18 – Stralsund 59.

🏨 **Residenz an der Seebrücke,** Zur Seebrücke 34, ⊠ 18181, 𝒫 2 07, Fax 79246 – 📺 ☎
🅿. 🄰🄴 🄾 🄴 🆅🆂🄰 – Menu à la carte 31/62 – **67 Z** 98/320.

🏨 **Strandhotel Düne** ⟲, Strandstr. 64, ⊠ 18181, 𝒫 7 97 72, Fax 79774, ⇌ 📺 ☎ 🅿 –
🔬 25. 🄰🄴 🄾 🄴 🆅🆂🄰
Menu à la carte 26/55 – **20 Z** 95/180 – ½ P 110/125.

🏢 **Kähler** ⟲, Zur Seebrücke 18, ⊠ 18181, 𝒫 7 98 06, Fax 412 – 📺 ☎ ᶮ 🅿. ⁎
◆ Menu *(Okt.- Mai Freitag geschl.)* (nur Abendessen) à la carte 21/38 – **10 Z** 70/130.

362

GRÄFELFING Bayern 413 R 22, 987 ⑰, 426 G 4 – 13 300 Ew – Höhe 540 m – ✪ 089 (München).
◆München 12 – Garmisch-Partenkirchen 81 – Landsberg am Lech 46.

In Gräfelfing-Lochham :

🏠 **Würmtaler Gästehaus,** Rottenbucher Str. 55, ✉ 82166, 𝒫 8 54 50 56, Fax 853897, 🖙, ☞ – 📺 ☎ 🅿
Menu *(Samstag geschl.)* à la carte 27/61 – **57 Z** 130/250.

XX **Lochhamer Einkehr,** Lochhamer Str. 4, ✉ 82166, 𝒫 85 54 22, Fax 8541761, 🌺, Biergarten – 🅿. ⅤⅩ Ｅ 𝘝𝘐𝘚𝘈
Montag geschl. – **Menu** à la carte 40/72.

In Planegg SW : 1 km :

🏠 **Planegg** 🧭 garni, Gumstr. 13, ✉ 82152, 𝒫 (089) 8 57 10 70, Fax 8596016 – ⧵ 📺 ☎ 🅿. Ｅ 𝘝𝘐𝘚𝘈
Weihnachten - Anfang Jan. geschl. – **39 Z** 95/165.

GRÄFENBERG Bayern 413 Q 18 – 5 000 Ew – Höhe 433 m – ✪ 09197.
◆München 190 – ◆Bamberg 42 – ◆Nürnberg 28.

In Gräfenberg-Haidhof N : 7,5 km :

🏠 **Schloßberg** 🧭, Haidhof 5, ✉ 91322, 𝒫 5 67, Fax 8857, 🌺, 🖙, ☞ – 📺 ☎ 🖛 🅿.
← ⅤⅩ Ｅ 𝘝𝘐𝘚𝘈
Jan. geschl. – **Menu** *(Montag geschl.)* à la carte 23/55 ⅃ – **31 Z** 67/150.

GRAFENAU Bayern 413 X 20, 987 ㉘, 426 M 2 – 8 600 Ew – Höhe 610 m – Luftkurort – Wintersport : 610/700 m ⅀2 ⅍8 – ✪ 08552.
🖪 Verkehrsamt im Rathaus, Rathausgasse 1, ✉ 94481, 𝒫 4 27 43, Fax 4690.
◆München 190 – Deggendorf 46 – Passau 37.

🏨 **Steigenberger Avance Sonnenhof** 🧭, Sonnenstr. 12, ✉ 94481, 𝒫 44 80, Fax 4680, ≤, 🌺, Massage, ♨, 🖙, 🔲, ☞, ✕ (Halle) – ⧵ ⤻ 📺 ⚒ 🖛 🅿 – 🔬 150. ⅤⅩ ⓞ Ｅ 𝘝𝘐𝘚𝘈. ✾ Rest
Menu à la carte 39/68 – **193 Z** 124/250.

🏨 **Hotel am Kurpark** 🧭, Freyunger Str. 49, ✉ 94481, 𝒫 42 90, Fax 429412, ≤, 🌺, 🖙, 🔲 – ⧵ ⤻ Zim 📺 ☎ 🖛 🅿. ⅤⅩ ⓞ Ｅ 𝘝𝘐𝘚𝘈. ✾ Rest
Menu à la carte 30/58 *(auch vegetarische Gerichte)* ⅃ – **120 Z** 99/198, 3 Suiten – ½ P 110/140.

🏨 **Parkhotel** 🧭, Freyunger Str. 51 (am Kurpark), ✉ 94481, 𝒫 44 90, Fax 449161, ≤, 🌺, Massage, 🖙, 🔲, ☞ – ⧵ 📺 ☎ & 🅿 – 🔬 25. ⅤⅩ Ｅ 𝘝𝘐𝘚𝘈. ✾ Rest
Nov.- 17. Dez. geschl. – **Menu** à la carte 35/68 – **45 Z** 75/250, 3 Suiten – ½ P 100/150.

XX ✿ **Säumerhof** mit Zim, Steinberg 32, ✉ 94481, 𝒫 24 01, Fax 5343, ≤, 🌺, 🖙, ☞ – 📺 ☎ 🅿. ⅤⅩ ⓞ Ｅ 𝘝𝘐𝘚𝘈
Menu *(Montag - Donnerstag nur Abendessen)* à la carte 48/83 – **10 Z** 85/180 – ½ P 133/138
Spez. Warm marinierte Meeresfrüchte mit Basilikum, Milchkalbsrücken mit wildem Majoran, Preiselbeercrème mit Honigeis.

In Grafenau-Grüb N : 1,5 km :

🏠 **Hubertus,** Grüb 20, ✉ 94481, 𝒫 43 85, Fax 5265, 🌺, 🖙, 🔲 – ⧵ 📺 ☎ 🖛 🅿
← *Anfang Nov.- Anfang Dez. geschl.* – **Menu** *(Montag geschl.)* à la carte 24/45 – **35 Z** 80/150 – ½ P 98/103.

In Grafenau-Rosenau NO : 3 km :

🏠 **Postwirt,** Rosenau 48, ✉ 94481, 𝒫 10 18, Fax 4356, 🌺, 🖙, 🔲, ☞, ✕ – ⧵ ☎ 🅿. ✾
← *Mitte Nov.- Mitte Dez. geschl.* – **Menu** *(Dienstag geschl.)* à la carte 23/44 ⅃ – **35 Z** 45/120 – ½ P 55/70.

In Neuschönau NO : 9 km :

🏠 **Bayerwald** 🧭, Am Hansenhügel 5, ✉ 94556, 𝒫 (08558) 17 13, Fax 2537, 🖙, 🔲 – ⧵ 🅿
Anfang Nov.- Mitte Dez. und Mitte März - April geschl. – (nur Abendessen für Hausgäste) – **31 Z** 56/120 – ½ P 56/70.

GRAFENHAUSEN Baden-Württemberg 413 H 23, 427 I 2, 216 ⑥ ⑦ – 2 100 Ew – Höhe 895 m – Luftkurort – Wintersport : 900/1 100 m ⅀1 ⅍5 – ✪ 07748.
Sehenswert : Heimatmuseum "Hüsli" ★ (in Rothaus, N : 3 km).
🖪 Kurverwaltung, Haus des Gastes, ✉ 79865, 𝒫 5 20 41, fax 52042.
◆Stuttgart 174 – Donaueschingen 41 – ◆Freiburg im Breisgau 58 – Waldshut-Tiengen 30.

🏠 **Tannenmühle** 🧭 (Schwarzwaldgasthof mit Museumsmühle, Tiergehege und Forellenteichen), Tannenmühlenweg 5 (SO : 3 km), ✉ 79865, 𝒫 2 15, Fax 1226, 🌺, ☞ – 📺 🅿
Mitte Nov.- Mitte Dez. geschl. – **Menu** *(Dienstag geschl.)* à la carte 27/63 ⅃ – **17 Z** 65/120 – ½ P 85/125.

363

In Grafenhausen-Rothaus N : 3 km – Höhe 975 m

🏨 **Kurhaus Rothaus** (mit Gästehaus), ⊠ 79865, ℰ 12 51, Fax 5542, Massage, ∯, ♨, ⇌s,
⊶ – 🔟 ☎ ⇦ 🅿 – 🕍 25
15. Nov.- 23. Dez. und April-Mai 2 Wochen geschl. – **Menu** *(Dienstag geschl.)* à la carte
35/62 – **46 Z** 78/215 – ½ P 97/117.

GRAFENRHEINFELD Bayern 🗺 N 16 – 2 900 Ew – Höhe 201 m – 🌣 09723.

◆ München 300 – Schweinfurt 6 – ◆Würzburg 28.

🏛 **Alte Amtsvogtei,** Kirchplatz 4, ⊠ 97506, ℰ 20 25, Fax 2027, Biergarten – 🔟 ☎ 🅿 –
🕍 80. 🆎 ⓞ 🅴 ₥₤ₐ
Jan. 3 Wochen geschl. – **Menu** *(Montag geschl.)* à la carte 25/47 – **9 Z** 70/140.

GRAFENWIESEN Bayern 🗺 V 19 – 1 800 Ew – Höhe 509 m – Erholungsort – 🌣 09941 (Kötzting).

🇿 Verkehrsamt im Rathaus, ⊠ 93479, ℰ 16 97, Fax 2965.

◆München 191 – Cham 26 – Deggendorf 50.

🏨 **Birkenhof** 📞, Auf der Rast 7, ⊠ 93479, ℰ 15 82, Fax 4961, ≤, ㇎, 🐾, ﹪ – 🚿 🔟 🅿
⟵ 10. Jan.- Feb. und 28. Okt.- 20. Dez. geschl. – **Menu** à la carte 21/35 – **50 Z** 60/120
– ½ P 75/80.

🏛 **Wildgatter** 📞, Kaitersberger Weg 27, ⊠ 93479, ℰ 60 80, Fax 608199, ≤, ㇎, ⇌s, 🐾
⟵ – 🔟 ☎ 🅿. 🅴
Nov. 2 Wochen geschl. – **Menu** *(Dienstag geschl.)* à la carte 24/40 – **25 Z** 80/140
– ½ P 94/112.

GRAFING Bayern 🗺 S 22, 🗺 ㊲, 🗺 H 4 – 11 000 Ew – Höhe 519 m – 🌣 08092.

🇫ᵍ Oberelkofen (S : 3 km), ℰ (08092) 74 94.

◆München 36 – Landshut 80 – Rosenheim 35 – Salzburg 110.

🏛 **Hasi** garni, Griesstr. 5, ⊠ 85567, ℰ 7 00 70, Fax 700780 – ☎ ⇦ 🅿. 🅴 ₥₤ₐ
21 Z 65/110.

GRAINAU Bayern 🗺 Q 24, 🗺 ㊱, 🗺 F 6 – 3 700 Ew – Höhe 748 m – Luftkurort – Wintersport : 750/2 950 m ⥾3 ⥾5 ⥾4 – 🌣 08821 (Garmisch-Partenkirchen).

Sehenswert : Eibsee★ SW : 3 km.

Ausflugsziel : Zugspitzgipfel★★★ (⚘★★★) mit Zahnradbahn (40 min) oder ⥾ ab Eibsee (10 min).

🇿 Verkehrsamt, Waxensteinstr. 35, ⊠ 82491, ℰ 8 14 11, Fax 8488.

◆München 94 – Garmisch-Partenkirchen 6.

🏩 **Alpenhof** 📞, Alpspitzstr. 34, ⊠ 82491, ℰ 80 71, Fax 81680, ≤, ㇎, ⇌s, 🖼, 🐾 – 🚿
⥾ Zim 🔟 🅿. ⓞ 🅴 ₥₤ₐ ⱼᴄв. ﹪
Menu *(Nov.-Dez. Montag - Donnerstag geschl., Freitag und Samstag nur Abendessen)*
à la carte 39/69 – **36 Z** 112/360 – ½ P 115/200.

🏩 **Eibsee - Hotel** 📞, am Eibsee (SW : 3 km), ⊠ 82491, ℰ 80 81, Fax 82585, ≤ Eibsee, ㇎,
🔂, ⇌s, 🖼, 🄰₀, 🐾, ﹪ – 🚿 ⥾ Zim 🔟 🅿 – 🕍 130. 🆎 ⓞ 🅴 ₥₤ₐ
Menu à la carte 58/80 – **120 Z** 170/400, 9 Suiten – ½ P 185/245.

🏨 **Alpenhotel Waxenstein** 📞, Höhnrainweg 3, ⊠ 82491, ℰ 80 01, Fax 8401,
≤ Waxenstein und Zugspitze, ㇎, Massage, ⇌s, 🖼, 🐾 – 🚿 🔟 ☎ ⇦ 🅿 – 🕍 60. 🆎
ⓞ 🅴 ₥₤ₐ. ﹪ Rest
Menu 38/95 und à la carte *(auch vegetarisches Menu)* – **50 Z** 120/350 – ½ P 150/200.

🏨 **Längenfelder Hof** 📞 garni, Längenfelder Str. 8, ⊠ 82491, ℰ 80 88, Fax 81807, ≤, ⇌s,
🖼, 🐾 – ☎ ⇦ 🅿. ﹪
2. Nov.- 15. Dez. geschl. – **19 Z** 77/184.

🏛 **Wetterstein** garni, Waxensteinstr. 26, ⊠ 82491, ℰ 80 04, Fax 8838, ⇌s, 🐾 – ☎ ⇦ 🅿.
﹪
15 Z 69/150.

🏛 **Alpspitz**, Loisachstr. 58, ⊠ 82491, ℰ 8 16 85, Fax 82794, ㇎, ⇌s, 🐾 – 🔟 ☎ 🅿
20 Z

🏛 **Haus Bayern** 📞 garni, Zugspitzstr. 72, ⊠ 82491, ℰ 89 85, ≤, « Garten », 🔂 (geheizt),
🐾 – ☎ ⇦ 🅿. ﹪
12 Z 70/130.

🏛 **Post** 📞 garni, Postgasse 10, ⊠ 82491, ℰ 88 53, Fax 8873, ≤, 🐾 – ⇦ 🅿. 🆎 ⓞ 🅴 ₥₤ₐ
10. Jan.- 10. Feb. und 25. Okt.- 18. Dez. geschl. – **20 Z** 75/155.

🏛 **Gästehaus am Kurpark** 📞 garni, Am Brücklesbach 3, ⊠ 82491, ℰ 85 49, 🐾 – 🅿. ﹪
12 Z 45/94.

🏛 **Grainauer Hof**, Schmölzstr. 11, ⊠ 82491, ℰ 5 00 61, Fax 55826, ≤, ⇌s, 🔂 (geheizt), 🖼,
🐾 – 🔟 ☎ 🅿. 🆎 ⓞ 🅴
Nov.- 15. Dez. geschl. – (nur Abendessen für Hausgäste) – **31 Z** 80/170.

※ **Gasthaus am Zierwald** mit Zim, Zierwaldweg 2, ⊠ 82491, ℰ 88 40, Fax 82640, ≤, 余,
余 – ☎ ᕫ. ᴬᴱ ⓞ E 𝘝𝘐𝘚𝘈
18.- 27. April und 30. Okt.- 6. Nov. geschl. – **Menu** *(Mittwoch geschl.)* à la carte 26/44
– **5 Z** 70/120.

※ **Zugspitze** ⑤ mit Zim, Törlenweg 11, ⊠ 82491, ℰ 88 89, Fax 81317, 余 – ☎ ᕫ. ᴬᴱ E
𝘝𝘐𝘚𝘈
Menu à la carte 31/62 – **9 Z** 60/120.

GRASBRUNN Bayern 𝟰𝟭𝟯 S 22 – 4 000 Ew – Höhe 560 m – ✿ 089 (München).
♦München 18 – Landshut 87 – Salzburg 141.

In Grasbrunn-Harthausen SO : 3 km :

🏠 **Landgasthof Forstwirt,** Beim Forstwirt 1 (SO : 1 km), ⊠ 85630, ℰ (08106) 3 63 80,
Fax 363811, Biergarten – 📺 ☎ ᕫ. ᴬᴱ ⓞ E 𝘝𝘐𝘚𝘈
Menu *(Montag nur Abendessen)* à la carte 30/61 – **32 Z** 98/180.

GRASELLENBACH Hessen 𝟰𝟭𝟮 𝟰𝟭𝟯 J 18 – 3 000 Ew – Höhe 420 m – Kneippheilbad – Luftkurort
– ✿ 06207 (Wald-Michelbach).
🛈 Verkehrsbüro, Nibelungenhalle, ⊠ 64689, ℰ 25 54, Fax 2554.
♦Wiesbaden 95 – Beerfelden 21 – ♦Darmstadt 55 – ♦Mannheim 46.

🏠🏠 **Siegfriedbrunnen** ⑤, Hammelbacher Str. 7, ⊠ 64689, ℰ 60 80, Fax 1577, 余, Massage,
🏊, ₤, ≦ₛ, ⃞ (geheizt), ⃞, 余, 쓪 – ⧈ 쓪 Zim 📺 ☎ ᕫ – 🔬 80
62 Z

🏠 **Café Gassbachtal** ⑤, Hammelbacher Str. 16, ⊠ 64689, ℰ 9 40 00, Fax 940013, ≦ₛ –
⧈ 📺 ☎ ᕫ. 쓪
Feb. geschl. – (Restaurant nur für Pensionsgäste) – **23 Z** 66/186 – ½ P 75/88.

🏠 **Landhaus Muhn** ⑤, Im Erzfeld 10, ⊠ 64689, ℰ 9 40 20, Fax 940219, ≦ₛ, 余 – 📺 ☎
ᕫ. 쓪
(Restaurant nur für Pensionsgäste) – **15 Z** 72/158 – ½ P 81/89.

🏠 **Dorflinde,** Siegfriedstr. 14, ⊠ 64689, ℰ 70 71, Fax 81736, 余, 余 – 📺 ☎ ⇌ ᕫ
Menu à la carte 33/66 – **21 Z** 72/144 – ½ P 90/95.

In Grasellenbach-Tromm SW : 7 km – Höhe 577 m

🏠 **Zur schönen Aussicht** ⑤, Auf der Tromm 2, ⊠ 64689, ℰ 33 10, ≤, 余, 余 – ⇌ ᕫ
⬥ *Ende Nov.- 24. Dez. geschl.* – **Menu** *(Montag geschl.)* à la carte 22/40 ⅄ – **17 Z** 40/76
– ½ P 46/56.

In Grasellenbach-Wahlen S : 2 km :

🏠🏠 **Burg Waldau,** Volkerstr. 1, ⊠ 64689, ℰ 94 50, Fax 945126, ≦ₛ – ⧈ 쓪 Zim 📺 ☎ ᕫ
– 🔬 40. ᴬᴱ ⓞ E 𝘝𝘐𝘚𝘈
Menu à la carte 26/54 ⅄ – **32 Z** 85/160 – ½ P 95/130.

GRASSAU Bayern 𝟰𝟭𝟯 U 23, 𝟰𝟮𝟲 J 5 – 6 000 Ew – Höhe 537 m – Luftkurort – ✿ 08641.
🛈 Verkehrsbüro, Kirchplatz 3, ⊠ 83224, ℰ 23 40, Fax 400841.
♦München 91 – Rosenheim 32 – Traunstein 25.

🏠🏠 **Astron Sporthotel Achental** ⑤, Mietenkamer Str. 65, ⊠ 83224, ℰ 40 10, Fax 1758, 余,
Massage, ≦ₛ, ⃞, 余, 쓪 – ⧈ 쓪 Zim 📺 ☎ 🏃 ᕫ – 🔬 100. ᴬᴱ ⓞ E 𝘝𝘐𝘚𝘈
Menu à la carte 34/63 – **200 Z** 160/210 – ½ P 135/195.

GREBENSTEIN Hessen 𝟰𝟭𝟭 𝟰𝟭𝟮 L 12 – 6 000 Ew – Höhe 175 m – ✿ 05674.
♦Wiesbaden 241 – ♦Kassel 17 – Paderborn 63.

※ **Zur Deutschen Eiche,** Untere Schnurstr. 3, ⊠ 34393, ℰ 2 46, Fax 348, 余 – ᕫ. ᴬᴱ ⓞ
E 𝘝𝘐𝘚𝘈
Mittwoch und Juli-Aug. 3 Wochen geschl. – **Menu** à la carte 29/59.

GREDING Bayern 𝟰𝟭𝟯 R 19, 𝟵𝟴𝟳 ㉖ ㉗ – 6 700 Ew – Höhe 400 m – Erholungsort – ✿ 08463.
🛈 Verkehrsamt, Marktplatz (Rathaus), ⊠ 91171, ℰ 9 04 20, Fax 90450.
♦München 113 – Ingolstadt 39 – ♦Nürnberg 55 – ♦Regensburg 61.

🏠🏠 **Schuster,** Marktplatz 23, ⊠ 91171, ℰ 90 30, Fax 788, 余, ≦ₛ, ⃞ – ⧈ 📺 ☎ ⇌ ᕫ –
🔬 80. ᴬᴱ ⓞ E 𝘝𝘐𝘚𝘈
Menu à la carte 28/62 – **70 Z** 95/220.

🏠 **Hotel am Markt,** Marktplatz 2, ⊠ 91171, ℰ 10 51, Fax 1602, Biergarten – 📺 ☎ ᕫ –
⬥ 🔬 50. ᴬᴱ ⓞ E 𝘝𝘐𝘚𝘈
Menu à la carte 20/54 – **29 Z** 48/98.

🏠 **Bauer-Keller,** Kraftbucher Str. 1 (jenseits der BAB-Ausfahrt), ⊠ 91171, ℰ 6 40 00,
⬥ Fax 640033, ≤, 余 – ☎ ⇌ ᕫ. ᴬᴱ ⓞ E 𝘝𝘐𝘚𝘈
Nov. 2 Wochen und 24.- 30. Dez. geschl. – **Menu** *(Dienstag nur Abendessen)* à la carte
22/52 *(auch vegetarische Gerichte)* ⅄ – **24 Z** 50/84 – ½ P 54/71.

GREFRATH Nordrhein-Westfalen 🔢 C 13 – 14 000 Ew – Höhe 40 m – ✪ 02158.
◆Düsseldorf 48 – Krefeld 20 – Mönchengladbach 25 – Venlo 16.

🏨 **Grefrather Hof,** Am Waldrand 1 (Nähe Eisstadion), ✉ 47929, ℘ 40 70, Telex 854863,
Fax 407200, ☞, ☜, ☒, ※ (Halle) – ▮ 📺 ☎ ❷ – 🏛 80. ⬛ ⓞ ⋲ 𝓥𝓘𝓢𝓐
Menu à la carte 40/68 – **80 Z** 120/180.

GREIFSWALD Mecklenburg-Vorpommern 🔢 L 3, 🔢 ⑦, 🔢 ⑦ – 70 000 Ew – Höhe 6 m
– ✪ 03834.

Sehenswert : Marktplatz★ (Haus Nr. 11★) – Marienkirche★ (Kanzel★) – Dom ST. Nikolai★ – Bota-
nischer Garten★ – Klosterruine Eldena★ – Fischerdorf Wieck★ (Klappbrücke★).
🛈 Greifswald-Information, Schuhhagen 22, ✉ 17489, ℘ 34 60, Fax 3788.
Schwerin 178 – Neubrandenburg 67 – ◆Rostock 103 – Stralsund 35.

🏨 **Europa Hotel,** Hans-Beimler-Str. 1, ✉ 17491, ℘ 80 10, Fax 801100, ☜ – ▮ ⤢ Zim 📺
⅋ ❷ – 🏛 60. ⬛ ⓞ ⋲ 𝓥𝓘𝓢𝓐
Menu à la carte 37/51 – **51 Z** 177/299.

🏨 **Möller,** Hans-Fallada-Str. 4, ✉ 17489, ℘ 50 22 29, Fax 502324, ☜ – 📺 ☎ ❷. ⋲
Menu *(Sonntag geschl.)* (nur Abendessen) à la carte 26/52 – **14 Z** 90/160 – ½ P 105/120.

In Greifswald-Wieck O : 4 km :

🏨 **Maria,** Dorfstr. 45, ✉ 17493, ℘ 84 01 49, Fax 840136, ☞ – 📺 ☎ ❷. ⋲. ※ Zim
Menu (Okt.- Mai nur Abendessen) à la carte 24/40 – **10 Z** 90/150.

In Neuenkirchen N : 2 km :

🏨 **Stettiner Hof,** Theodor-Körner-Str. 20, ✉ 17039, ℘ (03834) 89 96 24, Fax 899627 – 📺 ☎
⅋ ❷. ⬛ ⓞ ⋲ 𝓥𝓘𝓢𝓐
Menu à la carte 22/54 – **21 Z** 150/244.

In Mesekenhagen NW : 6 km :

🏨 **Landhaus Terner** garni, Greifswalder Str. 40, ✉ 17498, ℘ (038351) 3 30, Fax 330 – 📺
☎ ❷ ⬛ ⓞ ⋲ 𝓥𝓘𝓢𝓐
20. Dez.- 10. Jan. geschl. – **14 Z** 160/220.

GREIMERATH Rheinland-Pfalz siehe Zerf.

GREMERSDORF Schleswig-Holstein 🔢 P 3 – 900 Ew – Höhe 5 m – ✪ 04361 (Oldenburg i.H.).
◆Kiel 62 – Oldenburg 7 – Puttgarden 29.

🏨 **Zum grünen Jäger,** an der B 207, ✉ 23758, ℘ 70 28, Fax 8384 – 📺 ❷. ⓞ
Menu (nur Abendessen) à la carte 37/58 – **52 Z** 70/150.

GREMSDORF Bayern siehe Höchstadt an der Aisch.

GRENZACH-WYHLEN Baden-Württemberg 🔢 FG 24, 🔢 GH 3, 🔢 ④ – 13 200 Ew – Höhe
272 m – ✪ 07624.
◆Stuttgart 271 – Basel 6 – Bad Säckingen 25.

Im Ortsteil Grenzach :

🏨 **Eckert,** Basler Str. 20, ✉ 79639, ℘ 50 01, Fax 2414, ☞ – ▮ 📺 ☎ ❷. ⋲
Menu *(Donnerstag nur Mittagessen, Samstag nur Abendessen, Freitag geschl.)* à la carte
38/70 – **29 Z** 96/240.

GREUSSEN Thüringen 🔢 K 12, 🔢 ⑯, 🔢 ㉓ – 5 400 Ew – Höhe 178 m – ✪ 03636.
Erfurt 37 – Göttingen 109.

🏨 **Am Steingraben** garni, Flattigstr. 23, ✉ 99718, ℘ 70 11 44, Fax 701143 – 📺 ☎ ❷. ⬛
ⓞ ⋲ 𝓥𝓘𝓢𝓐. ※ – **20 Z** 75/130.

GREVEN Nordrhein-Westfalen 🔢 🔢 F 10, 🔢 ⑭ – 30 000 Ew – Höhe 52 m – ✪ 02571.
🛈 Verkehrsverein, Alte Münsterstr. 23, ✉ 48268, ℘ 13 00, Fax 55234.
◆Düsseldorf 141 – Enschede 59 – Münster (Westfalen) 20 – ◆Osnabrück 43.

🏨 **Eichenhof,** Hansaring 70, ✉ 48268, ℘ 6 20 07, Fax 52000, ☞ – 📺 ☎ ❷. ⬛ ⓞ ⋲ 𝓥𝓘𝓢𝓐
Menu *(Samstag nur Abendessen)* (Tischbestellung ratsam) à la carte 31/71 – **24 Z** 105/175.

🏨 Kroner Heide, Kroner Heide 5, ✉ 48268, ℘ 9 39 60, Fax 52697 – 📺 ☎ ⥿ ❷ – 🏛 30. ※
(nur Abendessen für Hausgäste) – **31 Z**.

🏨 **Wermelt,** Nordwalder Str. 160 (W : 3,5 km), ✉ 48268, ℘ 92 70, Fax 927152 – 📺 ☎ ❷.
⬛ ⓞ ⋲ 𝓥𝓘𝓢𝓐
Menu (wochentags nur Abendessen) à la carte 28/57 – **28 Z** 70/140.

🍴 **Altdeutsche Gaststätte Wauligmann,** Schiffahrter Damm 22 (B 481, SO : 4,5 km),
✉ 48268, ℘ 23 88, Fax 4500, ☞ – ❷. ⋲ 𝓥𝓘𝓢𝓐
Montag-Dienstag, 1.- 22. Aug. und 24.- 31. Dez. geschl. – **Menu** à la carte 24/55.

In Greven-Gimbte S : 4,5 km :

🏠 **Schraeder,** Dorfstr. 29, ✉ 48268, 𝒫 5 30 53, Fax 52090, 🐜 – 📺 ☎ ⟿ 🅿 – 🔬 30
➡ **Menu** *(Sonntag nur Mittagessen, Montag nur Abendessen, Feb. 2 Wochen geschl.)* à la
carte 24/55 – **31 Z** 68/125.

Ausflugsziel : Schloß Dyck★ N : 7 km.

◆Düsseldorf 28 – ◆Köln 31 – Mönchengladbach 26.

🏨 **Montanushof** garni, Montanusstr. 66, ✉ 41515, 𝒫 60 90, Fax 609600 – 🛗 ⇔ Zim 📺
☎ ⟿ – 🔬 250. 🆎 ⓞ 🇪 𝘝𝘐𝘚𝘈
114 Z 150/390.

🏨 **Sonderfeld** garni, Bahnhofsvorplatz 6, ✉ 41515, 𝒫 14 33, Fax 9628 – 🛗 📺 ☎ 🅿 – 🔬 60.
🆎 🇪 𝘝𝘐𝘚𝘈
Weihnachten - Anfang Jan. geschl. – **48 Z** 85/190.

🏠 **Stadt Grevenbroich** garni, Röntgenstr. 40, ✉ 41515, 𝒫 30 48, Fax 3705 – 📺 ☎ 🅿. 🆎
🇪
23. Dez.- 2. Jan. geschl. – **27 Z** 85/150.

🏠 **Zur Alten Schmiede,** Südwall 2, ✉ 41515, 𝒫 36 79, Fax 64664 – 🛗 📺 ☎ 🅿. 🆎 ⓞ 🇪
𝘝𝘐𝘚𝘈
Menu *(Dienstag geschl.)* à la carte 38/58 – **8 Z** 98/218.

XXXXX ✿✿ **Zur Traube** mit Zim, Bahnstr. 47, ✉ 41515, 𝒫 6 87 67, Telex 8517193, Fax 61122 –
📺 🅿. 🆎 ⓞ 🇪 𝘝𝘐𝘚𝘈. ❀
29. März - 4. April, 19. Juli - 1. Aug. und 24. Dez.- 24. Jan. geschl. – **Menu** *(Sonntag-Montag
geschl.)* (Tischbestellung erforderlich, bemerkenswerte Weinkarte) 78 (mittags) und a la
carte 96/132 – **6 Z** 190/350
Spez. Gänselebertorte mit Traubenconfit, Langustinen in Limonen-Ingwersauce, Taubenbrüst-
chen im Spitzkohlblatt mit schwarzen Trüffeln.

XX Harlekin, Lilienthalstr. 16 (im Tennis-Center Heiderhof), ✉ 41515, 𝒫 6 35 34, Fax 64832, 🐜
– 🅿. ❀.

In Grevenbroich-Kapellen NO : 6 km :

XX **Zu den drei Königen,** Neusser Str. 49, ✉ 41516, 𝒫 (02182) 27 84, Fax 2784 – 🅿. 🆎 🇪
*Samstag nur Abendessen, Montag, nach Karneval 1 Woche und Juli-Aug. 3 Wochen
geschl.* – **Menu** à la carte 68/86.

Luftkurort - Thermalbad – ✪ 08532.
🏌18 🏌5 Lederbach, Sagmühle und Uttlau, 𝒫 (08532) 7 95.

🎿 Kurverwaltung, Stadtplatz 1 und Kurallee 6 (Kurzentrum), ✉ 94086, 𝒫 7 92 40, Fax 7614.

◆München 153 - Landshut 95 - Passau 41 - Salzburg 116.

🏨 **Columbia,** Passauer Str. 39a, ✉ 94086, 𝒫 30 90, Fax 309154, 🐜, ⚓ – 🛗 ⇔ Zim 📺
⟿ – 🔬 50. 🆎 🇪 𝘝𝘐𝘚𝘈
Menu à la carte 37/66 – **123 Z** 118/270 – ½ P 155/220.

🏨 **Schloßhotel,** Am Schloßberg 23, ✉ 94086, 𝒫 70 00, Fax 700132, 🐜, Biergarten, 🏊 –
🛗 📺 ☎ ⟿ 🅿. ❀ Rest
Dez. 2 Wochen geschl. – **Menu** *(Mittwoch geschl.)* à la carte 26/56 – **26 Z** 113/236, 7 Sui-
ten.

🏠 **Rottaler Hof** 🌳 garni, Kronberger Str. 11, ✉ 94086, 𝒫 9 60 40, Fax 960433, ≼,
« Garten », ⚓, 🌳 – ⟿ 🅿
15. Nov.- 25. Dez. geschl. – **19 Z** 40/110.

In Bad Griesbach S : 3 km :

🏨🏨 **Steigenberger Maximilian,** Kurallee 1, ✉ 94086, 𝒫 79 50, Fax 795150, 🐜, Massage,
♨, ⚓, 🏊 (geheizt), 🏊 – 🛗 ⇔ 🍽 Rest 📺 ♿ 🎾 ⟿ – 🔬 70. 🆎 ⓞ 🇪 𝘝𝘐𝘚𝘈. ❀
Menu à la carte 47/68 – *California (nur Abendessen)* **Menu** à la carte 57/71 – **231 Z**
175/350, 19 Suiten – ½ P 191/221.

🏨🏨 **Steigenberger-Hotel Bad Griesbach** 🌳, Am Kurwald 2, ✉ 94086, 𝒫 79 90, Fax 799799,
🐜, Massage, ♨, ⚓, 🏊 (Thermal), 🏊, 🌳, ❀ (Halle) – 🛗 ⇔ 📺 ⟿ – 🔬 140.
🆎 ⓞ 🇪 𝘝𝘐𝘚𝘈. ❀ Rest
Menu (abends Tischbestellung ratsam) à la carte 53/78 – **186 Z** 175/360 – ½ P 177/
217.

🏨🏨 **Fürstenhof** 🌳, Thermalbadstr. 28, ✉ 94086, 𝒫 98 10, Fax 981135, Massage, ♨, ⚓,
🏊 (geheizt), 🏊, 🌳 – 🛗 ⇔ 📺 ⟿. 🆎 ⓞ 🇪 𝘝𝘐𝘚𝘈. ❀ Rest
Menu nur für Hausgäste – *Fürstenstube* (überwiegend Fischgerichte) *(nur Abendessen,
Tischbestellung ratsam)* **Menu** à la carte 42/69 – **148 Z** 115/250, 8 Suiten – ½ P 147/177.

🏨🏨 **Parkhotel Bad Griesbach** 🌳, Am Kurwald 10, ✉ 94086, 𝒫 2 80, Fax 28204, Massage,
♨, ⚓, 🏊 (geheizt), 🏊, 🌳, ❀ (Halle) – Rest
Menu nur für Hausgäste – *Classico* (Italienische Küche) *(nur Abendessen, Tischbestellung
ratsam)* **Menu** à la carte 52/74 – **162 Z** (nur ½ P) 207/232, 5 Suiten.

🏨 **Drei Quellen Therme** ⑤, Thermalbadstr. 3, ⊠ 94086, ℰ 79 80, Fax 7547, Massage, ₊
≘s – 📳 �🆂 ☎ ⇜, 🆀 ⓘ 🅴 𝖵𝖨𝖲𝖠, ✘ Rest
Menu à la carte 34/63 – **109 Z** 109/250, 5 Suiten – ½ P 85/125.

🏨 **Konradshof** ⑤, Thermalbadstr. 30, ⊠ 94086, ℰ 70 20, Fax 702198, 🍴, Massage, ₊, ≘s
🍴 – 📳 �🆂 ☎ ⇜, ✘
Menu à la carte 27/50 – **71 Z** 81/166 – ½ P 105/119.

🏨 Griesbacher Hof ⑤, Thermalbadstr. 24, ⊠ 94086, ℰ 70 10, Fax 701500, 🍴, Massage, ≘s
🍴 – �🆂 ☎ ⇜, ✘ – **150 Appart.**.

🏨 **Glockenspiel** ⑤ garni, Thermalbadstr. 21, ⊠ 94086, ℰ 70 60, Fax 70653, Massage, ₊
direkter Zugang zur Therme, ⤡ (geheizt), 🍴 – 📳 ⇤ 🆂 ☎ ⇜, 🅴, ✘
52 Z 73/140.

In Griesbach-Schwaim S : 4 km :

🏨 **Venus-Hof**, ⊠ 94086, ℰ 5 74, Fax 3315, Biergarten, Massage, ≘s, 🍴 – 🆂 ☎ 🅿, ✘ Zim
15. Jan.- 15. Feb. geschl. – **Menu** à la carte 25/44 – **33 Z** 64/138 – ½ P 69/84.

✗✗ Gutshof Sagmühle, Schwaim 52, ⊠ 94086 Bad Griesbach, ℰ (08532) 20 36, Fax 3435, 🍴
– 🅿.

GRIESHEIM Hessen 🔢🔢 🔢🔢 I 17 – 21 400 Ew – Höhe 145 m – 🕿 06155.
♦Wiesbaden 43 – ♦Darmstadt 7 – ♦Frankfurt am Main 35.

🏨 **Prinz Heinrich** ⑤, Am Schwimmbad 12, ⊠ 64347, ℰ 6 00 90, Fax 6009288, 🍴
« Behaglich-rustikale Einrichtung », ≘s – 📳 ⇤ Zim 🆂 ☎ ⇜ 🅿 – 🔏 30. 🆀 𝖵𝖨𝖲𝖠 𝖩𝖢𝖡
24. Dez.- 1. Jan. geschl. – **Menu** à la carte 37/59 – **80 Z** 110/210.

🏨 **Café Nothnagel** garni, Wilhelm-Leuschner-Str. 67, ⊠ 64347, ℰ 8 37 00, Fax 4034, ≘s, 🍴
– 📳 🆂 ☎ 🅿 – 🔏 15. 🅴 𝖵𝖨𝖲𝖠 𝖩𝖢𝖡
31 Z 115/160.

GRILLENBURG Sachsen siehe Freital.

GRIMMA Sachsen 🔢🔢 K 12, 🔢🔢 ㉓ – 17 800 Ew – Höhe 155 m – 🕿 03437.
🛈 Fremdenverkehrsamt, Markt 23, ⊠ 04668, ℰ 91 98 53.
♦Dresden 84 – ♦Leipzig 29.

🏨 Goldenes Schiff, Leipziger Platz 6, ⊠ 04668, ℰ 9 88 00 – 🆂
11 Z.

✗ **Ratskeller,** Markt 27, ⊠ 04668, ℰ 91 13 26, Fax 918252, 🍴 – 🆀 🅴 𝖵𝖨𝖲𝖠
Menu à la carte 22/42 🍷.

In Höfgen SO : 6 km :

🏨 **Zur Schiffsmühle** ⑤, Zur Schiffsmühle 1, ⊠ 04668, ℰ (03437) 91 02 86, Fax 910287, ≤
🍴, ≘s – 🆂 ☎ 🅿, 🅴
Menu à la carte 22/48 🍷 – **31 Z** 85/200.

GRÖBERN Sachsen-Anhalt 🔢🔢 J 10, 🔢🔢 ⑲ – 750 Ew – Höhe 142 m – 🕿 034955.
Magdeburg 86 – Dessau 24 – Halle 52 – ♦Leipzig 52 – Wittenberg 27.

🏨 Gröberner Hof, Hauptstr. 5, ⊠ 06773, ℰ 2 03 73, Fax 20373, 🍴, ≘s – 🆂 ☎ 🅿
24 Z.

GRÖMITZ Schleswig-Holstein 🔢🔢 PQ 4, 🔢🔢 ⑥, 🔢🔢 ⑦ – 6 900 Ew – Höhe 10 m – Seeheilbad
– 🕿 04562.
🛈 Am Schoor 46, ℰ 39 90.
🛈 Kurverwaltung, Kurpromenade, ⊠ 23743, ℰ 6 92 55, Fax 69246.
♦Kiel 72 – Neustadt in Holstein 12 – Oldenburg in Holstein 21.

🏨 **Landhaus Langbehn,** Neustädter Str. 43, ⊠ 23743, ℰ 18 50, Fax 18599, ≘s, 🍴 – ⇤ Zim
🆂 ☎ 🅿 – 🔏 25. 🅴 𝖵𝖨𝖲𝖠.
(nur Abendessen für Hausgäste) – **40 Z** 165/250 – ½ P 95/180.

🏨 **Golf- und Sporthotel Grömitz** ⑤, Am Schoor 46, ⊠ 23743, ℰ 39 90, Fax 399245, 🍴,
≘s, 🍴, 🍴, ✘ (Halle), 🛈 – 📳 🆂 ☎ 🅿 – 🔏 45
Menu (nur Abendessen) à la carte 40/65 – **92 Z** 134/268 – ½ P 159.

🏨 **Villa am Meer** ⑤, Seeweg 6, ⊠ 23743, ℰ 25 50, Fax 255299, ≘s – 📳 🆂 ☎ 🅿, ✘ Rest
Ostern - Mitte Okt. – **Menu** à la carte 32/70 – **33 Z** 95/190, 3 Suiten.

🏨 **Strandidyll** ⑤, Uferstr. 26, ⊠ 23743, ℰ 18 90, Fax 18989, ≤ Ostsee, 🍴, ≘s, 🍴, 🍴
– 📳 🆂 ☎ 🅿
Mitte März - Anfang Nov. – **Menu** à la carte 38/76 – **31 Z** 176/227, 5 Suiten.

🏨 **Pinguin,** Christian-Westphal-Str. 52, ⊠ 23743, ℰ 98 27, Fax 1717, ≘s – 🆂 ☎ ⇜ 🅿
Mitte Jan.- 15. März geschl. – **La Marée** (nur Abendessen, Montag geschl.) **Menu** à la carte
62/89 – **20 Z** 85/210 – ½ P 120/145.

GRÖNENBACH Bayern 𝟜𝟙𝟛 N 23, 𝟡𝟠𝟟 ㊱, 𝟜𝟚𝟞 C 5 – 4 700 Ew – Höhe 680 m – Kneippkurort – ✪ 08334.

🛈 Kurverwaltung, Haus des Gastes, Marktplatz, ✉ 87730, 𝒫 77 11, Fax 6133.

◆München 128 – Kempten (Allgäu) 27 – Memmingen 15.

🏨 **Kurhotel Allgäuer Tor** ⑤, Sebastian-Kneipp-Allee 7, ✉ 87730, 𝒫 60 80, Fax 608199, Massage, ⚕, ≦s, 🔲, 🐎 – 🛗 📺 ⚙ – 🔬 60. 🖭 ⓞ 🖪 𝘝𝘐𝘚𝘈. 🛠
(Restaurant nur für Hausgäste) – **153 Z** 170/440 – ½ P 185/235.

🏨 **Landhotel Grönenbach** ⑤, Ziegelberger Str. 1, ✉ 87730, 𝒫 10 12, Fax 6275, 🍽, Massage, ⚕, ⚘, ≦s, 🐎 – ⇔ Zim 📺 ⚙ ⚙ – 🔬 25. 🖭 ⓞ 🖪 𝘝𝘐𝘚𝘈
(nur Abendessen für Hausgäste) – **27 Z** 115/195 – ½ P 125/150.

🍴🍴 **Badische Weinstube,** Marktplatz 8, ✉ 87730, 𝒫 5 05, Fax 6390, 🍽, « Gemütlich-rustikales Restaurant » – ⚙. ⓞ 🖪 𝘝𝘐𝘚𝘈
Menu à la carte 36/78.

GRONAU IN WESTFALEN Nordrhein-Westfalen 𝟜𝟙𝟙 𝟜𝟙𝟚 E 10, 𝟡𝟠𝟟 ⑭, 𝟜𝟘𝟠 M 5 – 41 000 Ew – Höhe 40 m – ✪ 02562.

🛈 Verkehrsverein, Konrad-Adenauer-Str. 45, ✉ 48599, 𝒫 14 87, Fax 25852.

◆Düsseldorf 133 – Enschede 10 – Münster (Westfalen) 54 – ◆Osnabrück 81.

🏨 Moorhof ⑤, Amtsvennweg 60b (W : 3 km), ✉ 48599, 𝒫 60 04, Fax 80200, 🍽, 🐎, 🛠 – 📺 ⚙ ⇔ ⚙ – 🔬 25
(wochentags nur Abendessen) – **19 Z**.

🏨 **Gronauer Sporthotel** ⑤, Jöbkesweg 5 (über Ochtruper Straße), ✉ 48599, 𝒫 70 40, Fax 70499, 🍽 – 📺 ⚙ ⚙ – 🔬 50. ⓞ 🖪 𝘝𝘐𝘚𝘈
(Restaurant nur für Hausgäste) – **35 Z** 69/175.

🏨 **Autorast Bergesbuer,** Ochtruper Str. 161 (B 54), ✉ 48599, 𝒫 43 23, Fax 80304, 🍽, 🐎 (Halle) – ⇔ Rest 📺 ⚙ ⇔ ⚙. 🖪
Menu à la carte 25/50 – **15 Z** 50/140.

🏨 **Zum Alten Fritz,** Enscheder Str. 59, ✉ 48599, 𝒫 33 02, Fax 23003, 🍽 – ⚙ ⇔ ⚙. 🖭 ⓞ 🖪 𝘝𝘐𝘚𝘈
Menu *(Donnerstag geschl.)* à la carte 31/53 – **15 Z** 42/120.

🍴🍴 **Driland** mit Zim, Gildehauser Str. 350 (NO : 4,5 km), ✉ 48599, 𝒫 36 00, Fax 4147, 🍽 – 📺 ⚙ – 🔬 100. 🖭 ⓞ 🖪 𝘝𝘐𝘚𝘈
Menu à la carte 33/60 – **4 Z** 60/120.

In Gronau-Epe S : 3,5 km – ✪ 02565 :

🏨 **Schepers,** Ahauser Str. 1, ✉ 48599, 𝒫 12 67, Fax 3751, 🍽 – 🛗 📺 ⚙ ⇔ ⚙. 🖭 🖪 𝘝𝘐𝘚𝘈
Menu *(Samstag nur Abendessen, Sonntag geschl.)* à la carte 37/63 – **23 Z** 85/170.

🏨 **Ammertmann,** Nienborger Str. 23, ✉ 48599, 𝒫 13 14, Fax 6103 – 📺 ⚙ ⇔ ⚙ – 🔬 30. 🖭 ⓞ 🖪 𝘝𝘐𝘚𝘈
Menu *(Sonntag nur Mittagessen, Montag nur Abendessen)* à la carte 29/57 – **23 Z** 70/150.

🍴🍴 **Heidehof,** Amtsvenn 1 (W : 4 km), ✉ 48599, 𝒫 13 30, Fax 3073, 🍽 – ⚙. 🖭 ⓞ 🖪 𝘝𝘐𝘚𝘈. 🛠
Montag und 15. Feb.- 5. März geschl., Samstag nur Abendessen – **Menu** à la carte 48/74.

GRONAU (LEINE) Niedersachsen 𝟜𝟙𝟙 𝟜𝟙𝟚 M 10 – 5 300 Ew – Höhe 78 m – ✪ 05182.

🏌₉ Rheden (S : 3 km), 𝒫 (05182) 26 80.

◆Hannover 39 – Hameln 40 – Hildesheim 18.

🏨 **Eichsfelder Hof** ⑤, Breitestr. 8, ✉ 31028, 𝒫 20 29, Fax 52549, 🍽 – 📺 ⚙ – 🔬 30. 🛠
Menu *(Montag geschl.)* à la carte 28/61 – **7 Z** 55/120.

GROSSALMERODE Hessen 𝟜𝟙𝟙 𝟜𝟙𝟚 M 13 – 8 000 Ew – Höhe 354 m – Erholungsort – ✪ 05604.

◆Wiesbaden 255 – Göttingen 39 – ◆Kassel 23.

🏨 **Pempel,** In den Steinen 2, ✉ 37247, 𝒫 70 57, Fax 8741 – 📺 ⚙. 🛠
Ende Dez.- Mitte Jan. geschl. – **Menu** à la carte 26/63 – **10 Z** 60/130.

GROSSBETTLINGEN Baden-Württemberg siehe Nürtingen.

GROSSBOTTWAR Baden-Württemberg 𝟜𝟙𝟛 KL 19, 20 – 7 500 Ew – Höhe 215 m – ✪ 07148.

◆Stuttgart 35 – Heilbronn 23 – Ludwigsburg 19.

🏨 **Pension Bruker** garni, Kleinaspacher Str. 18, ✉ 71723, 𝒫 80 63, Fax 6190, ≦s – 📺 ⚙ ⚙. 🖪 𝘝𝘐𝘚𝘈
12 Z 58/90.

🍴🍴 **Stadtschänke** mit Zim, Hauptstr. 36, ✉ 71723, 𝒫 80 24, Fax 4977, 🍽, « Historisches Fachwerkhaus a. d. 15. Jh. » – 📺 ⚙. 🖭 ⓞ 🖪 𝘝𝘐𝘚𝘈
Menu *(Mittwoch geschl.)* à la carte 40/65 – **4 Z** 70/120.

GROSS BRIESEN Brandenburg siehe Brandenburg.

GROSSEBERSDORF Thüringen siehe Gera.

GROSSEFEHN Niedersachsen 411 F 6 – 11 000 Ew – Höhe 6 m – © 04943.
♦Hannover 231 – Emden 31 – Oldenburg 66 – Wilhelmshaven 43.

In Großefehn-Mittegroßefehn :

🏠 **Landhaus Feyen,** Auricher Landstr. 28 (B 72), ✉ 26629, 𝒫 9 19 00, Fax 4407 – 📺 ☎ 🚗
  🅿 🆎 ⓪ 🅴 𝑉𝐼𝑆𝐴
  Menu à la carte 30/51 – **21 Z** 59/130.

GROSSENBRODE Schleswig-Holstein 411 Q 3, 987 ⑥ – 1 800 Ew – Höhe 5 m – Ostseeheilbac
– © 04367.
🛈 Kurverwaltung im Rathaus, Teichstr.12, ✉ 23775, 𝒫 80 01, Fax 8659.
♦Kiel 75 – Oldenburg 20 – Puttgarden 17.

🏠 **Ostsee-Hotel** 🦢 garni, Südstrand, ✉ 23775, 𝒫 71 90, Fax 71950, ≼ – 🔌 📺 ☎ 🅿
  24 Z 90/250.

GROSSENKNETEN Niedersachsen 411 H 8 – 11 500 Ew – Höhe 35 m – © 04435.
♦Hannover 170 – ♦Bremen 57 – ♦Oldenburg 27 – ♦Osnabrück 82.

In Großenkneten-Moorbek O : 5 km :

🏠 **Gut Moorbeck** 🦢, Amelhauser Str. 56, ✉ 26197, 𝒫 (04433) 2 55, Fax 1513, ≼
  ← « Gartenterrasse am See », 🚬, 🔄, 🌳 – ☎ 🅿 – 🔏 40. 🆎 ⓪ 🅴 𝑉𝐼𝑆𝐴. 🛏 Zim
  Menu *(Dienstag geschl.)* à la carte 23/54 – **14 Z** 80/160.

GROSSENLÜDER Hessen 412 413 L 15 – 7 700 Ew – Höhe 250 m – © 06648.
♦Wiesbaden 164 – Alsfeld 30 – Fulda 13.

🏠 **Zum Hirsch,** Lauterbacher Str. 16, ✉ 36137, 𝒫 73 07, Fax 7095 – 📺 ☎ 🅿. 🅴
  ← **Menu** *(Mittwoch geschl.)* à la carte 19/39 – **18 Z** 60/110.

🍴🍴 **Landhotel Kleine Mühle** mit Zim, St.-Georg-Str. 21, ✉ 36137, 𝒫 9 51 00, Fax 61123, �............
  – 📺 ☎ 🅿 – 🔏 30. 🆎 ⓪ 🅴 𝑉𝐼𝑆𝐴
  Menu à la carte 34/54 – **10 Z** 60/175.

In Großenlüder-Kleinlüder S : 7,5 km :

🏠 **Landgasthof Hessenmühle** 🦢, außerhalb (SO : 2,5 km), ✉ 36137, 𝒫 (06650) 9 88 00,
  Fax 98888, 🚬, 🌳 – 🖌 Zim 📺 ☎ 🅿 – 🔏 30. 🆎 🅴. 🛏 Rest
  Menu à la carte 25/63 – **60 Z** 68/140.

GROSSENSEEBACH Bayern siehe Weisendorf.

GROSSER TREPPELSEE Brandenburg siehe Eisenhüttenstadt.

GROSS-GERAU Hessen 412 413 I 17, 987 ㉟ – 14 500 Ew – Höhe 90 m – © 06152.
♦Wiesbaden 32 – Mainz 24 – ♦Darmstadt 14 – ♦Frankfurt am Main 31 – ♦Mannheim 58.

🏠 Adler, Frankfurter Str. 11, ✉ 64521, 𝒫 80 90, Fax 809503, 🚬, 🔄 – 🖌 📺 ☎ 🅿 – 🔏 200.
  🛏 – **80 Z**.

In Nauheim NW : 4 km :

🍴🍴 **Bassinger,** Am Schafsteg 1, ✉ 64569, 𝒫 6 13 88, Fax 63229 – 🅿. 🆎 ⓪ 🅴 𝑉𝐼𝑆𝐴
  Samstag nur Abendessen, Sonntag geschl. – **Menu** à la carte 34/60.

GROSSHEIRATH Bayern siehe Coburg.

GROSSHEUBACH Bayern 412 413 K 17 – 4 600 Ew – Höhe 125 m – Erholungsort – © 09371
(Miltenberg).
♦München 354 – Aschaffenburg 38 – Heidelberg 77 – Heilbronn 83 – ♦Würzburg 78.

🏠 **Rosenbusch,** Engelbergweg 6, ✉ 63920, 𝒫 81 42, Fax 69838, 🚬 – ☎ 🚗 🅿. 🛏
  20. Jan.- 1. März geschl. – **Menu** *(Donnerstag geschl.)* (nur Abendessen) à la carte 26/50
  🍷 – **18 Z** 60/155 – ½ P 76/96.

🍴🍴 **Zur Krone** mit Zim, Miltenberger Str. 1, ✉ 63920, 𝒫 26 63, Fax 65362, 🌳 – 📺 🅿.
  🅴
  Mitte Juli - Mitte Aug. geschl. – **Menu** *(Montag geschl.)* à la carte 34/64 – **8 Z** 60/105.

370

GROSSKARLBACH Rheinland-Pfalz siehe Dirmstein.

GROSS KREUTZ Brandenburg siehe Brandenburg.

GROSSKROTZENBURG Bayern siehe Kahl am Main.

GROßLIEBRINGEN Thüringen siehe Stadtilm.

GROSSMAISCHEID Rheinland-Pfalz siehe Dierdorf.

GROSS MECKELSEN Niedersachsen siehe Sittensen.

GROSSOSTHEIM Bayern 412 413 K 17 – 14 500 Ew – Höhe 137 m – ✪ 06026.
♦München 363 – ♦Darmstadt 39 – ♦Frankfurt am Main 44.

In Großostheim-Ringheim W : 4 km :

🏠 **Landhaus Hotel** ⟡, Ostring 8b, ⌂ 63762, ✆ 60 81, Fax 2212, ✿ – 📺 ☎ 🅟. 🆎 ⑩ ⋸
 🎴 ⋇
 Menu *(Sonntag und Aug.- Sept. 3 Wochen geschl.)* a la carte 33/53 – **Weinstube Zimmermann** *(nur Abendessen)* **Menu** à la carte 27/50 – **20 Z** 80/120.

GROSSSTEINBERG AM SEE Sachsen siehe Naunhof

GROSS-UMSTADT Hessen 412 413 J 17, 987 ㉕ – 19 500 Ew – Höhe 160 m – ✪ 06078.
♦ Wiesbaden 67 – ♦Darmstadt 22 – ♦Frankfurt am Main 37 – ♦Mannheim 75 – ♦Würzburg 108.

🏛 **Brüder - Grimm - Hotel** ⟡ garni, Krankenhausstr. 8, ⌂ 64823, ✆ 78 40, Fax 784444 –
 🍴 🎴 📺 ☎ & 🅟 – 🔬 50. 🆎 ⑩ ⋸ 🎴 🄙🄲🄱. ⋇
 51 Z 110/250.

🏠 **Gästehaus Jakob** ⟡ garni, Zimmerstr. 43, ⌂ 64823, ✆ 20 28, Fax 74156, ≼, 🖼 , 🌿 –
 🎴 📺 ☎ ⟺ 🅟. ⋇
 34 Z 78/125.

GROSS WITTENSEE Schleswig-Holstein siehe Eckernförde.

GRUBSCHÜTZ Sachsen siehe Bautzen.

GRÜNBERG Hessen 412 413 J 15, 987 ㉖ – 13 000 Ew – Höhe 273 m – Luftkurort – ✪ 06401.
🛈 Fremdenverkehrsamt, Rabegasse 1 (Marktplatz), ⌂ 35305, ✆ 8 04 54, Fax 80477.
♦Wiesbaden 102 – ♦Frankfurt am Main 73 – Gießen 22 – Bad Hersfeld 72.

🏛 **Sporthotel Sportschule** ⟡, Am Tannenkopf (O : 1,5 km), ⌂ 35305, ✆ 80 20, Fax 802166,
 ✿, « Park », ⋸s, 🖼 , 🌿, ⋇ – 🍴 📺 ☎ 🅟 – 🔬 100. 🎴 ⋇ Rest
 20.- 31. Dez. geschl. – **Menu** *(Sonntag nur Mittagessen)* à la carte 40/68 – **47 Z** 97/164.

An der Autobahn A 48 NW : 6 km :

🏠 **Raststätte Reinhardshain**, Nordseite, ⌂ 35305 Grünberg, ✆ (06401) 88 90, Fax 88911,
 ✿ – 🎴 Zim 📺 ☎ & ⟺ 🅟 – 🔬 35. 🆎 ⑩ ⋸ 🎴
 Menu à la carte 29/55 – **26 Z** 84/176.

GRÜNENPLAN Niedersachsen siehe Delligsen.

GRUENHEIDE Brandenburg 414 N 8 – 2 500 Ew – Höhe 43 m – ✪ 03362.
♦Potsdam 76 – ♦Berlin 31.

🏠 **Seegarten Grünheide** ⟡, Am Schlangenbuch 12, ⌂ 15537, ✆ 64 21, Fax 6129, ✿, ⋸s,
 🌿 – 📺 ☎ & 🅟 – 🔬 40. 🆎 ⋸ 🎴
 Menu à la carte 34/62 – **23 Z** 80/170.

GRÜNSTADT Rheinland-Pfalz 412 H 18, 987 ㉔ – 12 400 Ew – Höhe 165 m – ✪ 06359.
♦Mainz 59 – Kaiserslautern 36 – ♦Mannheim 29 – Neustadt an der Weinstraße 28.

In Grünstadt-Asselheim N : 2 km :

🏛 **Pfalzhotel Asselheim,** Holzweg 6, ⌂ 67269, ✆ 8 00 30, Fax 800399, ✿, ⋸s, 🖼 – 📺
 ☎ ⟺ 🅟 – 🔬 35. 🆎 ⑩ ⋸ 🎴
 Menu *(Montag nur Abendessen)* à la carte 39/70 – **32 Z** 98/200.

In Neuleiningen SW : 3 km :

🏛 **Alte Pfarrey,** Untergasse 54, ⌂ 67269, ✆ (06359) 8 60 66, Fax 86060, ✿,
 « Fachwerkhäuser mit individueller Einrichtung » – ☎ ⑩ ⋸ 🎴
 Feb. 1 Woche geschl. – **Menu** *(Montag geschl., Dienstag nur Abendessen)* à la carte 56/89
 – **10 Z** 110/190.

GRUND, BAD Niedersachsen █▊█ N 11, █▌█ ⑮ ⑯ – 3 100 Ew – Höhe 325 m – Moor-Heilbad
– 🏢 05327.

🛈 Kurverwaltung, Clausthaler Str. 38, ⊠ 37539, ☎ 20 21, Fax 2626.

◆Hannover 90 – ◆Braunschweig 77 – Göttingen 66 – Goslar 29.

🏠 **Jägerstieg** 🔊, von-Eichendorff-Str. 9, ⊠ 37539, ☎ 27 62, Fax 1774, ☎s, 🔍 , ☞ – 📶 📺
☎ ⇐ 🅿
(Restaurant nur für Hausgäste) – **15 Z** 65/130 – ½ P 79.

🏠 **Rolandseck** 🔊, von-Eichendorff-Str. 10, ⊠ 37539, ☎ 28 21, Fax 2453, ☎s, 🔍 , ☞ – 📺
☎ ⇐ 🅿
Nov.- Mitte Dez. geschl. – (Restaurant nur für Hausgäste) – **12 Z** 60/120 – ½ P 73.

GRUNDHOF Schleswig-Holstein █▊█ L 2 – 1 000 Ew – Höhe 35 m – 🏢 04636.

◆Kiel 88 – Flensburg 19 – Schleswig 47.

💥 **Grundhof Krug** mit Zim, Holnisser Weg 4, ⊠ 24977, ☎ 10 88, Fax 1089, ☞ – 📺 🅿 –
🔬 60. 🖭 ① 🖂 𝗩𝗜𝗦𝗔
Feb. und Okt. jeweils 2 Wochen geschl. – **Menu** *(Mittwoch geschl., Montag - Freitag nur
Abendessen)* à la carte 41/67 – **4 Z** 55/110.

GSCHWEND Baden-Württemberg █▊█ M 20 – 4 300 Ew – Höhe 475 m – Erholungsort –
🏢 07972.

◆Stuttgart 55 – Schwäbisch Gmünd 19 – Schwäbisch Hall 27.

💥💥 **Herrengass,** Welzheimer Str. 11, ⊠ 74417, ☎ 4 50, Fax 6434, ☞ – 🅿. 🖭 ①
𝗩𝗜𝗦𝗔
Montag, über Fasching und Juli - Aug. 2 Wochen geschl. – Menu à la carte 35/76 – **Bistro :**
Menu à la carte 26/46.

GSTADT AM CHIEMSEE Bayern █▊█ U 23, █▌█ ㊲, █▊█ J 5 – 1 000 Ew – Höhe 534 m –
Erholungsort – 🏢 08054.

Sehenswert : Chiemsee★.

🛈 Verkehrsbüro, Seeplatz, ☎ 3 39, Fax 7997.

◆München 94 – Rosenheim 27 – Traunstein 27.

🏠 **Gästehaus Grünäugl** garni, Seeplatz 7, ⊠ 83257, ☎ 5 35, Fax 7743, ≤ – ☎ ⇐. ⌖
Mitte Nov.- 25. Dez. geschl. – **17 Z** 85/125.

🏠 **Pension Jägerhof** garni, Breitbrunner Str. 5, ⊠ 83257, ☎ 2 42, Fax 7392, ☎s, ☞ – 🅿
⌖
15. Jan.- 15. März und 15. Okt.- 20. Dez. geschl. – **27 Z** 52/130.

🏠 **Gästehaus Heistracher** garni, Seeplatz 1, ⊠ 83257, ☎ 2 51, Fax 562, ≤ – ⇐ 🅿
23 Z 50/130.

GUBEN Brandenburg █▊█ Q 10. █▌█ ⑯. █▌█ ⑱ – 31 000 Ew – Höhe 58 m – 🏢 03561.

🛈 Fremdenverkehrsverein, Berliner Str. 26, ⊠ 03172, ☎ 38 67, Fax 3867.

Potsdam 164 – ◆Berlin 151 – Cottbus 40 – ◆Frankfurt an der Oder 52.

🏠 Waldow, Hinter der Bahn 20, ⊠ 03172, ☎ 40 60, Fax 2171, ☞, ☎s, 🔍 – 📺 ☎ 🅿 – 🔬 60
44 Z.

GÜGLINGEN Baden-Württemberg █▊█ █▊█ K 19 – 4 500 Ew – Höhe 220 m – 🏢 07135 (Brackenheim).

📍 Cleebronn, Schloßgut Neumagenheim (SO : 7 km), ☎ (07135) 40 34.

◆Stuttgart 48 – Heilbronn 20 – ◆Karlsruhe 54.

🏨 **Herzogskelter** (historisches Gebäude a.d. 16. Jh.), Deutscher Hof 1, ⊠ 74363, ☎ 17 70,
Fax 17777 – 📶 ⌖ Zim 📺 ☎ 🅿 – 🔬 40. 🖭 ① 🖂 𝗩𝗜𝗦𝗔
Aug. 2 Wochen geschl. – **Menu** à la carte 38/80 *(auch vegetarisches Menu)* – **33 Z** 95/
220.

In Güglingen-Frauenzimmer O : 2 km :

🏠 **Gästehaus Löwen,** Brackenheimer Str. 23, ⊠ 74363, ☎ 61 09, Fax 15431 – 📺 ☎
🅿
Weihnachten - Mitte Jan. geschl. – **Menu** *(im Gasthof Löwen, Samstag-Sonntag geschl.*
(nur Abendessen) à la carte 25/40 ⅃ – **14 Z** 75/125.

GÜLZOW Mecklenburg-Vorpommern siehe Güstrow.

GÜNZBURG Bayern **413** N 21, **987** ㊱ – 18 500 Ew – Höhe 448 m – ✿ 08221.

Schloß Klingenburg (SO : 19 km), *✐* (08225)30 30.

München 112 – ◆Augsburg 54 – ◆Nürnberg 147 – ◆Ulm (Donau) 29.

🏨 **Zettler,** Ichenhauser Str. 26a, ⊠ 89312, *✐* 3 00 08, Fax 6714, 😊, ⇔ – ▯ 🖸 ☎ 🅿 – 🏛 60.
🅰🅴 ⓪ 🅴 *VISA*. ❀ Rest
1.- 7. Jan. geschl. – **Menu** *(Sonn- und Feiertage nur Mittagessen)* à la carte 49/85 – **49 Z**
145/210.

🏨 **Bettina** garni, Augsburger Str. 68, ⊠ 89312, *✐* 3 19 80, Fax 21542 – 🖸 ☎ 🅿. ❀
24. Dez.- 7. Jan. geschl. – **11 Z** 79/122.

In Ichenhausen S : 11 km über B 16 :

🏠 **Zum Hirsch,** Heinrich-Sinz-Str. 1, ⊠ 89335, *✐* (08223) 20 33, Fax 2034, Biergarten – ☎ 🅿
– 🏛 70. 🅴 *VISA*
1.- 6. Jan. und 10.- 21. Aug. geschl. – **Menu** *(Sonntag nur Mittagessen)* à la carte 28/50
🍷 – **25 Z** 55/160.

GÜSTROW Mecklenburg-Vorpommern **411** T 5, **414** J 4, **987** ⑥ ⑦ – 36 000 Ew – Höhe 10 m
– ✿ 03843.

ehenswert : Renaisanceschloß★ – Dom★ (Renaissance-Grabmäler★, Apostelstatuen★) – Gertrudenkapelle : Ernst-Barlach-Gedenkstätte★ – Pfarrkirche St. Marien (Hochaltar★).

Güstrow-Information, Gleviner Str. 33, ⊠ 18273, *✐* 6 10 23, Fax 62079.

chwerin 62 – ◆Lübeck 129 – Neubrandenburg 87 – ◆Rostock 41.

🏨 **Stadt Güstrow,** Pferdemarkt 58, ⊠ 18273, *✐* 28 00, Fax 2800100, ⇔ – ▯ ❄ Zim 🖸
☎ ፊ 🅿 – 🏛 60. 🅴 *VISA*
Menu à la carte 30/52 – **71 Z** 155/210.

🏨 **Kurhaus am Inselsee,** Heidberg 1 (SO : 4 km), ⊠ 18273, *✐* 23 50, Fax 62370, 😊 – ▯
🖸 ☎ ፊ 🅿
Menu à la carte 26/47 – **50 Z** 120/225.

🏨 **Altstadt** garni, Baustr. 8, ⊠ 18273, *✐* 6 60 03, Fax 66106 – ▯ ❄ Zim 🖸 ☎ 🅿. 🅰🅴 ⓪
🅴 *VISA*
43 Z 95/165.

❌❌ **Barlach-Stuben,** Hageböcker Str. 109, ⊠ 18273, *✐* 6 48 81 – 🅴
Menu à la carte 29/54.

In Gülzow NW : 8 km :

🏠 **Am Krebssee** garni, Boldebucker Weg 5, ⊠ 18276, *✐* (03843) 76 00, Fax 681089 – 🖸 🅿.
❀ – **34 Z** 60/110.

In Vietgest O : 14 km :

🏠 **Schloß Vietgest** ❧ (Herrenhaus a.d.J.1792), An der B 104, ⊠ 18279, *✐* (038452)
2 04 25, Fax 20429, « Park, Terrasse » – 🖸 ☎ 🅿 – 🏛 60. 🅰🅴 ⓪ 🅴 *VISA*
Menu à la carte 25/55 – **24 Z** 90/180.

GÜTENBACH Baden-Württemberg **413** H 22 – 1 500 Ew – Höhe 860 m – Luftkurort – ✿ 07723
Furtwangen).

Verkehrsamt, Rathaus, ⊠ 78148, *✐* 93 06 11, Fax 930620.

Stuttgart 149 – Donaueschingen 37 – ◆Freiburg im Breisgau 41.

Auf dem Neueck O : 3 km – Höhe 984 m

🏠 **Neu-Eck,** Vordertalstr. 53, ⊠ 78148 Gütenbach, *✐* (07723) 20 83, Fax 5361, ≤, 😊, ☞ –
☎ ⇔ 🅿 – 🏛 50. 🅰🅴 🅴 *VISA*
März 1 Woche und Mitte Nov.- Mitte Dez. geschl. – **Menu** *(Nov.- April Dienstag geschl.)*
à la carte 30/63 – **72 Z** 90/150.

GÜTERSLOH Nordrhein-Westfalen **411** **412** I 11, **987** ⑭ – 90 000 Ew – Höhe 94 m – ✿ 05241.

Rietberg (③ : 8 km), *✐* (05244) 23 40.

Verkehrsverein, Rathaus, Berliner Str. 70, ⊠ 33330, *✐* 82 27 49, Fax 822139.

◆Düsseldorf 156 ④ – Bielefeld 17 ② – Münster (Westfalen) 57 ⑤ – Paderborn 45 ④.

Stadtplan siehe nächste Seite

🏨 **Parkhotel Gütersloh,** Kirchstr. 27, ⊠ 33330, *✐* 87 70, Telex 933641, Fax 877400, 😊,
« Geschmackvolle, elegante Einrichtung, Park », ⇔ – ▯ ❄ Zim 🖮 Rest 🖸 ፊ ⇔ –
🏛 160. 🅰🅴 ⓪ 🅴 *VISA*. ❀ Rest   BZ **n**
Menu *(27.- 30. Dez. geschl.)* à la carte 62/90 – **102 Z** 235/305, 5 Suiten.

🏨 **Stadt Gütersloh,** Kökerstr. 23, ⊠ 33330, *✐* 17 11, Fax 13497, 😊, « Elegant-rustikale
Einrichtung », ⇔ – ▯ 🖸 ⇔ – 🏛 50. 🅰🅴 ⓪ 🅴 *VISA*   BZ **e**
Schiffchen (nur Abendessen, Sonntag geschl.) **Menu** à la carte 48/78 – **55 Z** 149/235.

373

GÜTERSLOH

🏛 **Am Rathaus** garni, Friedrich-Ebert-Str. 62, ✉ 33330, ℘ 1 30 44, Fax 20035 – 📶 📺 ☎ 🅿
AE ① E VISA ⚘
BY **b**
18 Z 138/188.

🏠 **Appelbaum,** Neuenkirchener Str. 59, ✉ 33332, ℘ 9 55 10, Fax 955123 – 📺 ☎ 🅿
AE E
AZ **s**
Menu *(Sonn- und Feiertage geschl.)* (nur Abendessen) à la carte 28/46 – **19 Z** 80/155.

XX **Stadthalle,** Friedrichstr. 10, ✉ 33330, ℘ 86 42 69, Fax 864268, 🍽 – 🅿 – 🔬 140. AE ①
E VISA
AZ
Samstag nur Abendessen, Montag geschl. – **Menu** à la carte 36/77.

In Gütersloh-Spexard ③ : 2 km :

🏠 **Waldklause,** Spexarder Str. 205, ✉ 33334, ℘ 9 76 30, Fax 77185 – 📺 ☎ 🅿 – 🔬 80. AE
① E VISA
Juli-Aug. 3 Wochen geschl. – **Menu** *(Sonntag nur Mittagessen)* (wochentags nur Abendessen) à la carte 29/64 – **25 Z** 80/120.

In this guide,
*a symbol or a character, printed in red or **black**, in **bold** or light type,*
does not have the same meaning.
Please read the explanatory pages carefully.

Rheinland-Pfalz 🗾 G 17 – 2 600 Ew – Höhe 150 m – 🔆 06707.

ᴬⁱⁿˣ 44 – ◆Koblenz 67 – Bad Kreuznach 7.

XXX ✿✿ **Le Val d'Or** (Umzug nach Stromberg nach Redaktionsschluss 🕿 (06724) 9 31 00), Hauptstr. 3, 🖂 55452, 🕿 17 07, Fax 8489
Menu (Tischbestellung erforderlich, bemerkenswerte Weinkarte) 135/165 und à la carte 87/123
Spez. Variationen der Gänsestopfleber, Gefüllte Bresse-Taube mit Maisplätzchen , Dessert-Impressionen.

X **Der Kaiserhof** mit Zim, Hauptstr. 2, 🖂 55452, 🕿 87 46, Fax 1782
Menu (Dienstag geschl.) (abends Tischbestellung ratsam) à la carte 39/59 🍷 – **3 Z** 60/90.

Nordrhein-Westfalen 🗾 F 13, 🗾 ㉔ – 52 000 Ew – Höhe 250 m – 🔆 02261.

🏛 Verkehrsamt, Rathausplatz 1, 🖂 51643, 🕿 8 75 58, Fax 87600.

DAC, Moltkestr. 19, 🖂 51643, 🕿 (0221) 47 27 47, Fax 28497.

Düsseldorf 91 – ◆Köln 54 – Lüdenscheid 44 – Siegen 55.

In Gummersbach-Becke NO : 3 km :

🏨 **Stremme,** Beckestr. 55, 🖂 51647, 🕿 9 26 40, Fax 29521 – 📺 🕿 🅿 – 🔬 30. 🆎 ⓞ ᴱ
VISA
Menu (Freitag geschl.) à la carte 27/56 – **18 Z** 82/170.

In Gummersbach-Derschlag SO : 6 km :

🏠 **Huland,** Kölner Str. 26, 🖂 51645, 🕿 5 31 51, Fax 53153, 🌤 – 📺 🕿 🚗 🅿. 🆎 ⓞ ᴱ
VISA
Jan. 2 Wochen und Juli-Aug. 3 Wochen geschl. – **Menu** (Montag geschl.) à la carte 36/61
– **18 Z** 65/160.

🏠 **Haus Charlotte** garni, Kirchweg 3, 🖂 51645, 🕿 5 21 11, Fax 59218, 🚳 – 🕿 🚗 🅿. ⓞ
ᴱ *VISA*
22. Dez.- 8. Jan. geschl. – **12 Z** 60/130.

In Gummersbach-Dieringhausen S : 7 km :

XXX ✿ **Die Mühlenhelle** mit Zim, Hohler Str. 1, 🖂 51645, 🕿 7 50 97, Fax 72401, « Elegante Einrichtung » – 🍽 Rest 📺 🕿 🅿. 🆎 ᴱ. 🛇
Jan. 1 Woche und Aug.- Sept. 3 Wochen geschl. – **Menu** (Sonntag nur Mittagessen, Montag geschl.) (bemerkenswerte Weinkarte) 78/128 und à la carte 69/92 – **7 Z** 85/160
Spez. Praline von Wachtel und Gänsestopfleber auf Pumpernickel, Bretonischer Hummer mit dicken Bohnen (Mai-Okt.), Gefüllter Ochsenschwanz mit Zwiebelgemüse.

In Gummersbach-Hülsenbusch W : 7 km :

XX **Schwarzenberger Hof,** Schwarzenberger Str. 48, 🖂 51647, 🕿 2 21 75, Fax 21907, 🌤
– 🅿. ᴱ
31. Juli - 13. Aug., 24. Dez.- 8. Jan. und Montag geschl. – Menu à la carte 35/69.

In Gummersbach-Lieberhausen NO : 10 km :

🏠 **Landgasthof Reinhold** 🛇, Kirchplatz 2, 🖂 51647, 🕿 (02354) 52 73, Fax 5873 – 📺 🕿
🅿. 🆎 ⓞ ᴱ *VISA*
Menu (Donnerstag geschl.) à la carte 25/45 (auch vegetarische Gerichte) – **17 Z** 75/140.

In Gummersbach-Rospe S : 2 km :

🏠 **Tabbert,** Hardtstr. 28, 🖂 51643, 🕿 2 10 05, Fax 28565, 🚳 – 📺 🕿 🚗 🅿. ⓞ *VISA*
9.- 23. April geschl. – (nur Abendessen für Hausgäste) – **22 Z** 65/140.

In Gummersbach-Vollmerhausen S : 6 km :

🏠 **E.C.U.-Hotel,** Vollmerhauser Str. 8, 🖂 51645, 🕿 7 71 49, Fax 78036, 🌤, 🍸, 🏊 – 🕿 🅿
– 🔬 100
Menu à la carte 35/56 – **55 Z** 80/210.

In Gummersbach-Windhagen N : 1,5 km :

🏨 **Heedt,** Hückeswagener Str. 4 (B 256), 🖂 51647, 🕿 6 50 21, Fax 28161, « Park, gemütliche Restaurant-Stuben », 🍸, 🏊, 🚳, 🛇 – 📳 📺 🚗 🅿 – 🔬 120. 🆎 ⓞ ᴱ *VISA*. 🛇 Rest
Menu à la carte 52/87 – **120 Z** 105/290, 4 Suiten.

Baden-Württemberg 🗾 🗾 K 19, 🗾 ㉕ – 6 900 Ew – Höhe 154 m –
🔆 06269.

Ausflugsziel : Burg Guttenberg★ : Greifvogelschutzstation SW : 2 km.

◆Stuttgart 75 – Heidelberg 50 – Heilbronn 20.

🏠 **Zum Lamm,** Schloßstr. 25, 🖂 74831, 🕿 10 61, Fax 1760, 🌤 – 📺 🕿 🚗 🅿. 🆎 ᴱ
Menu (Donnerstag geschl.) à la carte 39/84 – **20 Z** 80/170.

GUNZENHAUSEN Bayern 🔢 P 19, 🔢 ㉖ – 16 000 Ew – Höhe 416 m – ✆ 09831.

🏛 Städt. Verkehrsamt, Marktplatz 25, ✉ 91710, ℰ 5 08 76, Fax 50879.

♦München 152 – Ansbach 28 – Ingolstadt 73 – ♦Nürnberg 53.

🏨 **Parkhotel,** Zum Schießwasen 15, ✉ 91710, ℰ 50 40, Fax 89422, 🏤, 🚗, 🔲 – 🛗 ↔ Zi
📺 🍴 🅿 – 🔬 330. 🖭 🗲 💳
Menu à la carte 37/58 – **67 Z** 125/240, 5 Suiten.

🏨 **Zur Post** (fränkischer Gasthof a.d. 17. Jh.), Bahnhofstr. 7, ✉ 91710, ℰ 70 61, Fax 9285, 🍴
– 📺 🍴 🍴 🅿 🖭 🗲 💳
20. Dez.- 6. Jan. geschl. – **Menu** (Sonntag-Montag geschl.) (nur Abendessen) à la car
32/55 – **26 Z** 85/210.

🏨 **Grauer Wolf,** Marktplatz 9, ✉ 91710, ℰ 90 58, 🏤 – 📺 ☎ ➊ 🗲 💳
Mitte Dez.- Anfang Jan. geschl. – **Menu** (Freitag-Samstag geschl.) à la carte 29/52 ⅊ – **15**
70/140.

🏨 **Krone,** Nürnberger Str. 7, ✉ 91710, ℰ 36 08, Fax 50127, 🏤 – 📺 ☎ 🍴 🅿 🖭 ➊
💳
Menu (Freitag geschl.) à la carte 28/59 – **16 Z** 75/110.

In Gunzenhausen-Streudorf NW : 8 km :

🏡 Frankenhof, ✉ 91710, ℰ 31 71 – 🅿 🛇 Zim
20 Z.

GUSTOW Mecklenburg-Vorpommern siehe Rügen (Insel).

GUTACH IM BREISGAU Baden-Württemberg 🔢 G 22, 🔢 ㉜ – 3 600 Ew – Höhe 290 m
✆ 07681 (Waldkirch).

🏌 Golfstraße, ℰ 2 12 43.

🏛 Verkehrsamt im Bahnhof Bleibach, ✉ 79261, ℰ (07685)2 44, Fax 237.

♦Stuttgart 208 – ♦Freiburg im Breisgau 21 – Offenburg 66.

In Gutach-Bleibach NO : 2 km – Erholungsort :

🏨 **Silberkönig** 🛇, Am Silberwald 24, ✉ 79261, ℰ (07685) 70 10, Fax 701100, ≼, 🏤, 🚗
🏤, 🛠 – 🛗 📺 ☎ ⚕ 🅿 – 🔬 60. 🖭 ➊ 🗲 💳
Menu à la carte 44/68 – **41 Z** 104/180, 3 Suiten – ½ P 124/138.

In Gutach-Siegelau NW : 3 km :

🏨 **Bären** 🛇, Talstr. 17, ✉ 79261, ℰ (07685) 2 74, 🏤 – 🅿 🛇 Zim
➡ März 3 Wochen geschl. – **Menu** (Dienstag geschl.) à la carte 24/32 ⅊ – **12 Z** 50/90.

In Gutach-Stollen NO : 1 km :

🏨 **Romantik-Hotel Stollen** 🛇, Elzacher Str. 2, ✉ 79261, ℰ (07685) 2 07, Fax 155(
« Behagliche Einrichtung » – 📺 ☎ 🍴 🅿 🖭 🗲 💳 🛇 Zim
10.- 25. Jan. geschl. – **Menu** (Dienstag geschl., Mittwoch nur Abendessen) à la carte 46/7
– **11 Z** 120/220.

GUTACH (SCHWARZWALDBAHN) Baden-Württemberg 🔢 H 22 – 2 300 Ew – Höhe 300
– Erholungsort – ✆ 07833 (Hornberg).

Sehenswert : Freilichtmuseum Vogtsbauernhof★★ (N : 2 km).

Ausflugsziel : Landwassereck ≼★ SW : 7 km.

♦Stuttgart 136 – ♦Freiburg im Breisgau 48 – Offenburg 41 – Villingen-Schwenningen 39.

🏡 **Linde** 🛇 (mit Gästehaus), Ramsbachweg 2, ✉ 77793, ℰ 3 08, Fax 8126, 🏤, 🚗, 🔲, 🍴
– 🛗 🅿 🖭 💳
11. Jan.- 7. Feb. geschl. – **Menu** à la carte 27/52 ⅊ – **24 Z** 45/130.

GUTENZELL-HÜRBEL Baden-Württemberg siehe Ochsenhausen.

GUTTENBERG (BURG) Baden-Württemberg siehe Hassmersheim.

GYHUM Niedersachsen siehe Zeven.

HAAN Nordrhein-Westfalen 🔢 🔢 E 13 – 28 000 Ew – Höhe 165 m – ✆ 02129.

♦Düsseldorf 19 – ♦Köln 40 – Wuppertal 14.

🏨 **Rema-Hotel Savoy** garni, Neuer Markt 23, ✉ 42781, ℰ 5 00 06, Telex 8515003, Fax 5496
🚗, 🔲 – 🛗 ↔ 📺 ⚕ 🍴 – 🔬 40. 🖭 ➊ 🗲 💳
86 Z 165/330.

🏨 **Schallbruch,** Schallbruch 15 (nahe der B 228, NO : 2 km), ✉ 42781, ℰ 3 10 41, Fax 3105
🚗, 🔲 – 🛗 ☎ 🅿 – 🔬 25. 🖭 ➊ 🗲 💳 🛇 Rest
Weihnachten - 2. Jan. geschl. – (nur Abendessen für Hausgäste) – **49 Z** 115/200.

🏠 **Friedrich Eugen Engels** 🦢, Hermann-Löns-Weg 14, ⌧ 42781, ℰ 3 20 10, Fax 32070, ⇔,
🔲, 🐴 – 🔟 ☎ ⇌ ❷
Juli - Aug. 4 Wochen und 24. Dez.- 6. Jan. geschl. – **Menu** *(Donnerstag geschl.)* à la carte
35/55 – **20 Z** 80/160.

🏠 **Jakobs** 🦢 garni, Neustr. 11, ⌧ 42781, ℰ 40 45, Fax 2432 – 🔟 ☎ ⇌. **E**
Weihnachten - Anfang Jan. geschl. – **14 Z** 95/150.

HAAR Bayern siehe München.

HACHENBURG Rheinland-Pfalz 🔲🔲🔲 G 15, 🔲🔲🔲 ㉔ – 5 000 Ew – Höhe 370 m – Luftkurort –
❸ 02662.
🎿 beim Dreifelder Weiher (S : 10 km), ℰ (02666) 82 20.
🔳 Städt. Verkehrsamt, Mittelstr. 2, (Rathaus), ⌧ 57627, ℰ 63 83.
Mainz 106 – ◆Koblenz 54 – ◆Köln 82 – Limburg an der Lahn 46 – Siegen 55.

In Limbach N : 6,5 km – Erholungsort :

🏠 **Waldesruh** 🦢, Hardtweg 5, ⌧ 57629, ℰ (02662) 71 06, 🌇, 🐴 – ❷. **E**. 🍴
15. Jan.- 10. Feb. und 8.- 20. Okt. geschl. – **Menu** *(Montag-Dienstag geschl.)* à la carte
46/69 *(auch vegetarische Gerichte)* – **14 Z** 40/110.

HACKENHEIM Rheinland-Pfalz siehe Kreuznach, Bad.

HADAMAR Hessen 🔲🔲🔲 H 15, 🔲🔲🔲 ㉔ – 11 000 Ew – Höhe 130 m – ❸ 06433.
◆Wiesbaden 60 – ◆Koblenz 57 – Limburg an der Lahn 8,5.

🏨 **Nassau-Oranien**, Borngasse 21, ⌧ 65589, ℰ 88 90, Fax 5914, ⇔, 🔲 – 🛗 🔟 ☎ ♿ ❷
– 🔨 60. 🔠 ⑩ **E** 𝘝𝘐𝘚𝘈
Menu à la carte 37/68 – **64 Z** 120/220.

In Hadamar-Niederhadamar :

🏕 **Zur Sonne**, Mainzer Landstr. 119, ⌧ 65589, ℰ 42 70 – 🔟 ☎ ❷. 🔠 ⑩ **E** 𝘝𝘐𝘚𝘈
Juli 2 Wochen geschl. – **Menu** *(Mittwoch geschl.)* à la carte 23/49 🍴 – **10 Z** 52/90.

In Hadamar-Oberzeuzheim :

🏕 **Waldhotel Hubertus** 🦢 garni, Waldstr. 12, ⌧ 65589, ℰ 33 00, ⇔, 🔲, 🐴 – ❷.
🍴
Nov.- 20. Dez. geschl. – **21 Z** 52/100.

HÄUSERN Baden-Württemberg 🔲🔲🔲 H 23, 🔲🔲🔲 I 2, 🔲🔲🔲 ⑥ – 1 300 Ew – Höhe 875 m – Luftkurort
– Wintersport : 850/1 200 m ⚡ 1 🎿 2 – ❸ 07672 (St. Blasien).
🔳 Kur- und Sporthaus, St.-Fridolin-Str. 5a, ⌧ 79837, ℰ 14 62, Fax 9420.
◆Stuttgart 186 – Basel 66 – Donaueschingen 60 – ◆Freiburg im Breisgau 58 – Waldshut-Tiengen 22.

🏨 ❀ **Adler**, St.-Fridolin-Str. 15, ⌧ 79837, ℰ 41 70, Fax 417150, 🌇, ⇔, 🔲, 🐴, 🍴 – 🛗 🔟
♿ ❷. 🔠 ⑩ **E** 𝘝𝘐𝘚𝘈
26. Nov.- 16. Dez. geschl. – **Menu** *(Montag-Dienstag und 5.- 25. Nov. geschl.)* 70/130 und
à la carte 58/86 – **44 Z** 85/266, 4 Suiten
Spez. Steinbutt mit Hummerravioli, Geschmorter Tafelspitz und Ochsenschwanz "Adlerwirt's Art",
Rehmedaillons in Holunder-Pfeffersauce.

🏨 **Albtalblick**, St. Blasier Str. 9 (W : 1 km), ⌧ 79837, ℰ 5 10, Fax 9580, ≤ Albtal mit Albsee,
🌇, Massage, ♨, 🔥, ⇔, 🐴 – 🛗 🔟 ☎ ⇌ ❷. 𝘝𝘐𝘚𝘈
Menu à la carte 33/55 – **34 Z** 62/170 – ½ P 84/104.

✗ **Chämi-Hüsle**, St.-Fridolin-Str. 1, ⌧ 79837, ℰ 41 70 (über Hotel Adler), 🌇 – ❷
Dienstag-Mittwoch und 6. Nov.- 15. Dez. geschl. – **Menu** (wochentags nur Abendessen)
à la carte 30/49.

HAGE Niedersachsen siehe Norden.

HAGEN Nordrhein-Westfalen 🔲🔲🔲 🔲🔲🔲 F 12, 🔲🔲🔲 ⑭ – 216 000 Ew – Höhe 105 m – ❸ 02331.
Sehenswert : Westf. Freilichtmuseum ★★ (SO : 4 km über Eilper Straße Z).
🎿 Hagen-Berchum (über Haldener Str. Y), ℰ (02334) 5 17 78.
🚗 ℰ 6 07 00.
🔳 Hagen-Information, Friedrich-Ebert-Platz (Rathaus), ⌧ 58095, ℰ 2 07 33 83.
ADAC, Körnerstr. 62, ⌧ 58095, ℰ 2 43 16, Fax 23519.
◆Düsseldorf 65 ① – Dortmund 27 ① – ◆Kassel 178 ①.

HAGEN

400 m

DORTMUND 27 km
AUTOBAHN
(E 37-A 1) 3 km

HERDECKE
6 km

- 🏨 **Queens Hotel,** Wasserloses Tal 4, ⊠ 58093, ℰ 39 10, Fax 391153, 🏤, ⇔s, 🖼 – 🛗
  ☼ Zim 🍽 Rest 📺 ☎ 🅿 – 🔏 250. 🆎 ⓞ ᴇ 𝘝𝘐𝘚𝘈   Z **b**
  Menu à la carte 54/78 – **148 Z** 179/300.

- 🏨 **Central-Hotel** garni, Dahlenkampstr. 2, ⊠ 58095, ℰ 1 63 02, Fax 29563 – 🛗 📺 ☎. 🕸
  Weihnachten - Neujahr geschl. – **25 Z** 90/130.   Z **n**

- 🏨 **Deutsches Haus** garni, Bahnhofstr. 35, ⊠ 58095, ℰ 2 10 51, Fax 21568 – 🛗 📺 ☎. 🆎
  ⓞ ᴇ 𝘝𝘐𝘚𝘈 – *Weihnachten - 2. Jan. geschl.* – **38 Z** 100/160.   Y **a**

- 🏨 **Lex** garni, Elberfelder Str. 71, ⊠ 58095, ℰ 3 20 30, Fax 27793 – 🛗 ☎ ⇔. 🕸   Y **e**
  38 Z 94/180.

  In Hagen-Ambrock ④ : 6 km :

- 🏨 **Kehrenkamp,** Delsterner Str. 172 (B 54), ⊠ 58091, ℰ 7 90 11, Fax 73384 – 📺 ☎ 🅿. 🆎
  ⓞ ᴇ 𝘝𝘐𝘚𝘈
  Menu *(Samstag geschl.)* (nur Abendessen) à la carte 44/71 – **19 Z** 78/180.

  In Hagen-Dahl ④ : 9 km :

- ✕✕ **Dahler Schweiz** 🕸 mit Zim, Am Hemker Bach 12, ⊠ 58091, ℰ (02337)10 84, Fax 1087,
  🏤 – 📺 ☎ ⇔ 🅿 – 🔏 40. 🆎 ⓞ ᴇ 𝘝𝘐𝘚𝘈
  Menu *(Donnerstag geschl.)* (italienische Küche) à la carte 45/73 – **15 Z** 95/145.

  In Hagen-Haspe ⑤ : 4 km :

- 🏨 **Union** garni, Kölner Str. 25, ⊠ 58135, ℰ 4 90 91, Fax 462361, « Renoviertes Jugendstil-
  haus, elegante Einrichtung » – 🛗 📺 ☎ 🅿 – 🔏 30. 🆎 ⓞ ᴇ 𝘝𝘐𝘚𝘈. 🕸
  21. Dez.- 1. Jan. geschl. – **40 Z** 125/220.

In Hagen-Hohenlimburg ③ : 8 km

🏠 **Bentheimer Hof,** Stennertstr. 20, ⊠ 58119, ℰ (02334) 48 26, Fax 43568 – 📺 ☎ ⇌ ❷.
⓪ **E** 𝘝𝘐𝘚𝘈 – **Menu** *(Sonntag geschl.)* à la carte 43/83 – **26 Z** 98/198.

🏠 **Reher Hof,** Alter Reher Weg 13 (Ortsteil Reh), ⊠ 58119, ℰ (02334) 5 11 83, Fax 51881 –
📺 ☎ ❷. 🅰🅴 ⓪ **E** 𝘝𝘐𝘚𝘈
Menu *(Sonn- und Feiertage geschl.)* (nur Abendessen) à la carte 35/63 – **17 Z** 110/180.

In Hagen-Rummenohl ④ : 13 km :

🏦 **Dresel,** Rummenohler Str. 31 (B 54), ⊠ 58091, ℰ (02337) 13 18, Fax 8981,
« Gartenterrasse » – 📺 ☎ ⇌ ❷ – 🔬 150. 🅰🅴 ⓪ **E** 𝘝𝘐𝘚𝘈
Juli geschl. – **Menu** *(Montag - Dienstag geschl.)* à la carte 40/77 – **19 Z** 69/168.

In Hagen-Selbecke SO : 4 km über Eilper Straße Z :

🏠 **Schmidt,** Selbecker Str. 220, ⊠ 58091, ℰ 97 83 00, Fax 978330, ⇌ – 📺 ☎ ⇌ ❷.
🛁 Zim
Menu *(Samstag und 22. Dez.- 6. Jan. geschl.)* (nur Abendessen) à la carte 32/61 – **27 Z**
85/160.

🏠 **Auf'm Kamp** 🔊, Selbecker Stieg 26, ⊠ 58091, ℰ 7 59 59, Fax 970136, ≤, 🌲 – 📺 ☎
❷. 🛁 Zim
Menu *(Montag-Freitag nur Abendessen)* à la carte 29/57 – **14 Z** 75/110.

HAGENOW Mecklenburg-Vorpommern 𝟰𝟭𝟭 Q 6, 𝟰𝟭𝟰 F 5, 𝟵𝟴𝟰 ⑪ – 14 000 Ew – Höhe 37 m
– ✪ 03883.

🛈 Hagenow-Information, Kirchenstr. 4, ⊠ 19230, ℰ 2 90 96.

Schwerin 30 – ◆Hamburg 90 – Stendal 133.

🍴🍴 **Zum Maiwirth** mit Zim, Teichstr. 7, ⊠ 19230, ℰ 2 91 02 – 📺 ☎. **E**
Menu à la carte 27/45 – **5 Z** 90/140.

In Moraas O : 11 km :

🏠 Heidehof, Hauptstr. 15, ⊠ 19230, ℰ (03883) 2 21 40, Fax 29118, « Gartenterrasse », ⇌
– 📺 ☎ ❷ – **11 Z**.

HAGNAU Baden-Württemberg 𝟰𝟭𝟯 K 23, 𝟰𝟮𝟳 LM 2, 𝟮𝟭𝟲 ⑩ – 1 400 Ew – Höhe 409 m – Erholungsort – ✪ 07532 (Meersburg).

🛈 Verkehrsverein, Seestr. 16, ⊠ 88709, ℰ 43 00 21, Fax 9641.

◆Stuttgart 196 – Bregenz 43 – Ravensburg 29.

🏠 **Erbguth's Landhaus** 🔊 (mit Gästehaus 🔊, ⇌, 🐾), Neugartenstr. 39, ⊠ 88709,
ℰ 4 31 30, Fax 6997, ≤, 🌲, ⇌ – 📺 ☎ ❷. 🅰🅴 ⓪ **E** 𝘝𝘐𝘚𝘈
5. Jan.- 1. März und 20.- 26. Dez. geschl. – **Kupferkanne** *(Sonntag nur Mittagessen, Montag
geschl.)* **Menu** à la carte 61/89 – **22 Z** 160/400.

🏦 **Der Löwen** (Fachwerkhaus a.d.J. 1696), Hansjakobstr. 2, ⊠ 88709, ℰ 62 41, Fax 9048, 🌲,
« Garten mit Teichanlage », 🐾, 🌲 – ⇌ ❷. 🛁
März - Okt. – **Menu** *(Mittwoch geschl.)* (wochentags nur Abendessen) à la carte 39/60 –
16 Z 70/180.

🏦 **Café Hansjakob** 🔊 garni, Hansjakobstr. 17, ⊠ 88709, ℰ 63 66, Fax 5135, ≤, 🌲, 🌲 – 📺
☎ ⇌ ❷. 🛁 – **21 Z**.

🏦 **Alpina,** Höhenweg 10, ⊠ 88709, ℰ 52 38, Fax 6532 – 📺 ☎ ⇌ ❷. 🅰🅴 ⓪ **E** 𝘝𝘐𝘚𝘈. 🛁
Mitte Dez.- Mitte Jan. geschl. – (nur Abendessen für Hausgäste) – **18 Z** 120/230.

🏠 **Landhaus Messmer** 🔊 garni, Meersburger Str. 12, ⊠ 88709, ℰ 62 27, Fax 6698, ≤, ⇌,
🐾, 🌲 – ☎ ❷. 🛁 – *März - Okt.* – **14 Z** 85/190.

🏠 **Strandhaus Dimmeler** garni, Seestr. 19, ⊠ 88709, ℰ 62 57, 🐾, 🌲 – 📺 ☎ ❷. 🛁
März - 5. Nov. – **16 Z** 60/160.

🏠 **Gästehaus Schmäh** garni, Kapellenstr. 7, ⊠ 88709, ℰ 62 10, 🌲 – 📺 ☎ ❷
April - Okt. – **17 Z** 73/135.

🏠 **Gästehaus Mohren** garni, Sonnenbühl 4, ⊠ 88709, ℰ 94 28, Fax 9426, ≤, 🌲 – ⇌ ❷. 🛁
🛁 – *März - Nov.* – **17 Z** 110/140.

HAIBACH Bayern siehe Aschaffenburg.

HAIDMÜHLE Bayern 𝟰𝟭𝟯 Y 20, 𝟰𝟮𝟲 N 2 – 1 700 Ew – Höhe 831 m – Erholungsort – Wintersport :
800/1 300 m ✄3 ✄6 – ✪ 08556 – **Ausflugsziel :** Dreisessel : Hochstein ☀★ SO : 11 km.

🛈 Verkehrsamt, Schulstr. 39, ⊠ 94145, ℰ 10 64, Fax 713.

◆München 241 – Freyung 25 – Passau 64.

🏠 **Café Hochwald,** Dreisesselstr. 97, ⊠ 94145, ℰ 3 01, Fax 332, 🌲, ⇌, 🌲 – ⇌ ❷
↠ *Nov.- Mitte Dez. geschl.* – **Menu** à la carte 24/40 – **25 Z** 40/76.

🏚 **Strohmaier** 🔊, Kirchbergstr. 25, ⊠ 94145, ℰ 4 90, Fax 1023, 🌲 – ❷. **E**
↠ *8. Nov.- 10. Dez. geschl.* – **Menu** *(außer Saison Dienstag geschl.)* à la carte 23/46 – **21 Z**
41/76.

In Haidmühle-Auersbergsreut NW : 3 km – Höhe 950 m

🏠 **Haus Auersperg** ⬙, ☒ 94145, 𝒸 3 53, Fax 1017, 🦐, 🍴, 🐎 – 🍴 Rest ☎ 🚗 **🅿**, **E**
→ *Ende Nov. 2 Wochen geschl.* – **Menu** à la carte 23/40 – **17 Z** 40/105 – ½ P 60/95.

In Haidmühle-Langreut NW : 7 km – Höhe 950 m

🏠 **Märchenwald** ⬙, Langreut 42, ☒ 94145, 𝒸 (08550) 2 25, Fax 648, 🦐, 🍴, 🐎 – 🚗
→ **🅿**. �%️ Zim
  20.-31. März, 24. April- 5. Mai und 6. Nov.- 15. Dez. geschl. – **Menu** *(Montag geschl.)*
  à la carte 21/34 🍴 – **18 Z** 53/120 – ½ P 58/73.

HAIGER Hessen 🔢🔢 H 14 – 20 000 Ew – Höhe 280 m – ☯ 02773.
♦Wiesbaden 130 – Gießen 50 – Siegen 25.

In Haiger-Flammersbach SW : 3 km :

🏨 **Tannenhof** ⬙, Am Schimberg 1, ☒ 35708, 𝒸 50 11, Fax 71317, 🍴, ☒ – 📶 🔂 ☎ **🅿**
  – 🔥 100. 🖭 ⓞ **E** 𝘝𝘐𝘚𝘈
  Menu à la carte 30/60 – **60 Z** 118/190.

HAIGERLOCH Baden-Württemberg 🔢🔢🔢 J 21, 🔢🔢🔢 ㉟ – 10 000 Ew – Höhe 425 m – ☯ 07474.
Sehenswert : Lage★★ – ◁★ von der Oberstadtstraße unterhalb der Wallfahrtskirche St. Anna.
🛈 Verkehrsamt, Oberstadtstraße (Rathaus), ☒ 72401, 𝒸 6 97 26, Fax 6068.
♦Stuttgart 70 – Freudenstadt 50 – Reutlingen 48 – Villingen-Schwenningen 59.

🏨 **Gastschloß Haigerloch** ⬙, Im Schloß (N : 2,5 km), ☒ 72401, 𝒸 69 30, Fax 69382, ◁,
  « Terrasse im Schloßhof ; ständige Ausstellung von Kunstobjekten und Gemälden » – 🔂
  ☎ – 🔥 40. 🖭 ⓞ **E** 𝘝𝘐𝘚𝘈 – *Jan. und Juli jeweils 2 Wochen geschl.* – **Menu** *(Sonntag geschl.)*
  à la carte 60/90 – **30 Z** 120/260.

XXX ☺ **Schwanen** mit Zim, Marktplatz 5, ☒ 72401, 𝒸 75 75, Fax 7576, 🦐, « Restauriertes
  Barockhaus a. d. 17. Jh. » – 🔂 ☎ 🚗. 🖭 **E** 𝘝𝘐𝘚𝘈. �%️
  Feb. 2 Wochen geschl. – **Menu** *(Montag geschl., Dienstag nur Abendessen)* à la carte
  69/120 – **10 Z** 120/220.
  Spez. Gebratene Seezunge mit Lachsravioli, Sauté vom Rinoler Filet mit Olivensauce, Karamel-
  mousse mit Bananeneis.

In Haigerloch-Bad Imnau NW : 5 km – Kurort :

♨ **Eyachperle**, Sonnenhalde 2, ☒ 72401, 𝒸 84 36, Fax 1695, 🍴, 🐎 – 🚗. **🅿**. �%️
→ *Mitte Jan.- Mitte Feb. geschl.* – **Menu** *(Montag geschl., Mittwoch nur Mittagessen)* à la carte
  24/53 🍴 – **13 Z** 55/100 – ½ P 58/65.

HAINBURG Hessen siehe Hanau am Main.

HALBERSTADT Sachsen-Anhalt 🔢🔢🔢 F 10, 🔢🔢🔢 ⑲, 🔢🔢🔢 ⑯ – 47 000 Ew – Höhe 125 m –
☯ 03941.
Sehenswert : Dom St. Stephanus★★ (Lettner★, Kreuzigungsgruppe★, Domschatz★★) – Lieb-
frauenkirche (Reliefs★).
🛈 Fremdenverkehrsbüro, Düsterngraben 3, ☒ 38820, 𝒸 55 18 15, Fax 551089.
ADAC, Richard-Wagner-Str. 57, ☒ 38820, 𝒸 2 61 39, Fax 600180.
Magdeburg 57 – Halle 90.

🏨 **Parkhotel Unter den Linden,** Klamrothstr. 2, ☒ 38820, 𝒸 2 71 03, Fax 25188, 🦐 – 📶
  🔂 – 🔥 30. 🖭 **E** 𝘝𝘐𝘚𝘈. �%️ Rest
  Menu à la carte 33/60 – **46 Z** 150/280.

🏨 **Halberstädter Hof,** Trillgasse 10, ☒ 38820, 𝒸 2 70 80, Fax 26189, 🦐 – 🔂 ☎ **🅿**. 🖭 **E**
  𝘝𝘐𝘚𝘈 – **Menu** à la carte 27/50 – **23 Z** 95/180.

HALBLECH Bayern 🔢🔢🔢 P 24, 🔢🔢🔢 E 6 – 3 000 Ew – Höhe 815 m – Erholungsort – Wintersport :
800/1 500 m ♨5 ♨6 – ☯ 08368.
🛈 Verkehrsamt, Bergstraße (Buching), ☒ 87642, 𝒸 2 85, Fax 7221.
♦München 106 – Füssen 13 – Schongau 23.

In Halblech-Buching

🏨 **Bannwaldsee**, Sesselbahnstr. 10, ☒ 87642, 𝒸 90 00, Fax 900150, ◁, 🦐, 🍴, ☒ – 📶
  �%️ Zim 🔂 ☎ **🅿** – 🔥 60. 🖭 ⓞ **E** 𝘝𝘐𝘚𝘈. �%️
  Ende Nov.- 22. Dez. geschl. – **Menu** à la carte 28/55 – **65 Z** 110/180 – ½ P 80/125.

🏠 **Geiselstein**, Füssener Str. 26 (B 17), ☒ 87642, 𝒸 2 60, 🦐, 🍴, 🐎 – 🚗 **🅿**
→ *15. Nov.- 15. Dez. geschl.* – **Menu** à la carte 24/42 🍴 – **17 Z** 50/100 – ½ P 55/75.

♨ **Schäder**, Romantische Str. 16, ☒ 87642, 𝒸 13 40, Fax 867, 🦐 – 🔂 **🅿**. 🖭 **E**. �%️ Zim
  Jan. 3 Wochen geschl. – **Menu** *(Nov.- April Montag geschl.)* à la carte 29/66 – **12 Z**
  (nur ½ P) 78/156.

In Halblech-Trauchgau

🏠 **Sonnenbichl** ⊗, Am Müllerbichl 1, ✉ 87642, ℘ 8 71, ≼ Allgäuer Alpen, 🍽, ≘s, 🔲,
🍴, 🎯 (Halle) – ☎ 🚗 🅿
5. Nov.- 21. Dez. geschl. – **Menu** *(Dienstag geschl.)* à la carte 25/50 – **24 Z** 70/140
– ½ P 83/110.

HALDENSLEBEN Sachsen-Anhalt 🄴🄸🄸 G 9, 🄷🄷🄷 ⑮, 🄷🄷🄷 ⑯ – 20 000 Ew – Höhe 70 m – ✪ 03904.
🄶 Haldensleben-Information, Stendaler Turm, ✉ 39340, ℘ 7 22 92.
Magdeburg 28 – Brandenburg 117 – Stendal 68.

🏠 **Altstadthotel**, Jacobstr. 8, ✉ 39340, ℘ 29 96, Fax 71297 – 📺 🅿. 🄰🄴 🄴 𝘝𝘐𝘚𝘈
➡ **Menu** à la carte 23/48 – **12 Z** 95/160.

🏡 **Roland** garni, Holzmarktstr. 5, ✉ 39340, ℘ 4 50 77, Fax 45088 – |🛗| 📺 ☎. 🄰🄴 🄴 𝘝𝘐𝘚𝘈
18 Z 80/150.

HALFING Bayern 🄴🄸🄸 T 23, 🄸🄺🄼 I 5 – 2 000 Ew – Höhe 602 m – ✪ 08055.
◆München 68 – Landshut 78 – Rosenheim 17 – Salzburg 76 – Wasserburg am Inn 14.

🏡 **Kern,** Kirchplatz 5, ✉ 83128, ℘ 87 11, Fax 8018, 🍽, ≘s, 🍴 – |🛗| 🅿. 🄴
Menu *(Montag geschl.)* à la carte 28/55 – **34 Z** 60/180.

HALLBERGMOOS Bayern siehe Freising.

HALLE Sachsen-Anhalt 🄴🄸🄸 H 11, 🄷🄷🄷 ⑲, 🄷🄷🄷 ⑰ – 300 000 Ew – Höhe 94 m – ✪ 0345.
Sehenswert : Händelhaus★ – Staatl. Galerie Moritzburg★★ – Marktplatz★ – Marktkirche★ (Aufsatz des Hochaltars★) – Moritzkirche (Werke★ von Conrad v. Einbeck).
Ausflugsziel : Merseburg : Dom★★ (Kanzel★, Bronze-Grabplatte★ König Rudolfs) S : 16 km.
🄶 Tourist-Information, Roter Turm, Marktplatz, ✉ 06108, ℘ 2 33 40, Fax 502798.
ADAC, Joliot-Curie-Platz 1a, ✉ 06108, ℘ 2 64 93, Fax 5125643.
Magdeburg 86 – Gera 74 – ◆Leipzig 34 – Nordhausen 91.

🏨 **Maritim,** Riebeckplatz 4, ✉ 06110, ℘ 5 10 10, Fax 5101777, 🍽, Massage, ≘s – |🛗| 🖄 Zim
▤ 📺 🅿 – 🛎 140. 🄰🄴 🄾 🄴 𝘝𝘐𝘚𝘈 𝘑𝘊𝘉
Menu à la carte 49/73 – **346 Z** 232/402.

🏨 **Europa,** Delitzscher Str. 17, ✉ 06112, ℘ 57 00 50, Fax 57005161 – |🛗| 📺 ☎ 🕭 🚗 🅿 –
🛎 30. 🄰🄴 🄾 🄴 𝘝𝘐𝘚𝘈
Menu à la carte 32/65 – **109 Z** 165/250.

🏨 **Schweizer Hof,** Waisenhausring 15, ✉ 06108, ℘ 50 30 68, Fax 30496 – |🛗| 🖄 Zim 📺
☎ – 🛎 40. 🄰🄴 🄾 🄴 𝘝𝘐𝘚𝘈
Menu *(Sonntag nur Mittagessen, Montag nur Abendessen)* à la carte 34/44 – **18 Z** 145/260.

🏨 **Am Steintor,** Krukenbergstr. 29, ✉ 06112, ℘ 50 09 60, Fax 5009613 – |🛗| 📺 ☎. 🄰🄴 🄴 𝘝𝘐𝘚𝘈
Menu à la carte 26/56 – **49 Z** 180/235.

🏨 **Martha-Haus** garni, Adam-Kuckhoff-Str. 5, ✉ 06108, ℘ 5 10 80, Fax 5108515, ≘s – |🛗| 📺
☎ 🕭. 🄾 🄴 𝘝𝘐𝘚𝘈. 🕱
24 Z 130/190.

🏨 **Am Wasserturm** garni, Lessingstr. 8, ✉ 06114, ℘ 5 12 65 42, Fax 5126543, ≘s – |🛗| 🖄
📺 ☎ – 🛎 35. 🄰🄴 🄾 🄴 𝘝𝘐𝘚𝘈
52 Z 99/180.

🏨 **Kastanienhof,** Beesener Str. 226, ✉ 06110, ℘ 4 27 90, Fax 48166, Biergarten – 📺 ☎. 🄰🄴
🄴 𝘝𝘐𝘚𝘈
Menu à la carte 26/44 – **18 Z** 145/190.

🏨 **Apart Hotel** garni, Kohlschütterstr. 5, ✉ 06114, ℘ 50 11 01, Fax 35005 – 📺 ☎. 🄰🄴 🄾
🄴 𝘝𝘐𝘚𝘈
27 Z 148/230.

🏠 **Rotes Ross,** Leipziger Str. 76, ✉ 06108, ℘ 3 72 71, Fax 2026331, 🍽 – |🛗| 📺 ☎ 🅿. 🄰🄴
🄾 🄴 𝘝𝘐𝘚𝘈
Menu à la carte 30/50 – **50 Z** 90/200.

🍽🍽 **Mönchshof,** Talamtstr. 6, ✉ 06108, ℘ 2 17 26 – 🄰🄴 🄴
Sonntag geschl. – **Menu** à la carte 25/50.

🍽🍽 **Köhlers Restaurant Am Leipziger Turm,** Waisenhausring 16 (1.Etage), ✉ 06108,
◆ ℘ 2 89 07 – 🄰🄴
Menu à la carte 24/44.

🍽🍽 **Goldene Rose** (Historischer Gasthof), Rannische Str. 19, ✉ 06108, ℘ 2 02 84 86,
Fax 2024462 – 🄰🄴 🄴 𝘝𝘐𝘚𝘈
Samstag-Sonntag und Juli 2 Wochen geschl. – **Menu** (nur Abendessen) à la carte 25/43.

In Peißen NO : 5 km :

🏨 **Hansa Hotel,** Hansaplatz 1, ⊠ 06188, 𝓟 (0345) 5 64 70, Fax 5647550, 🚉 – |劇| ⠟ Zim
📺 ☎ 🕭 🅿 – 🅐 450. 🆎 ⊙ 🝙 𝘝𝘐𝘚𝘈 – Menu à la carte 37/64 – **301 Z** 209/349.

🏨 **Alba Hotel zur Mühle,** An der Mühle (B 100), ⊠ 06188, 𝓟 (0345) 50 67 00, Fax 50671C
– ⠟ Zim 📺 ☎ 🅿 – 🅐 200. 🆎 ⊙ 🝙 𝘝𝘐𝘚𝘈 Jᴄʙ. ⠝ Rest
Menu à la carte 31/58 – **168 Z** 195/340.

HALLE IN WESTFALEN Nordrhein-Westfalen 411 412 I 10, 987 ⑭ – 18 500 Ew – Höhe 130 m
– ✪ 05201.

◆Düsseldorf 176 – Bielefeld 17 – Münster (Westfalen) 60 – ◆Osnabrück 38.

🏨 **Sportpark Hotel** ⠦, Weststr. 16, ⊠ 33790, 𝓟 89 90, Fax 899440, 🍽, Massage, 🚉, ⠝
(Halle) – |劇| ⠟ Zim 🕭 ⠦ 🅿 – 🅐 150.
Menu (italienische Küche) à la carte 40/71 – **103 Z** 155/220, 5 Suiten.

🏨 **Gästehaus Schmedtmann** garni, Bismarckstr. 2, ⊠ 33790, 𝓟 8 10 50, Fax 810526, 🚉
⠝ – 📺 ☎ ⠦ 🅿 – 🅐 40. 🆎 ⊙ 🝙 𝘝𝘐𝘚𝘈 – **12 Z** 115/170.

🏚 **St. Georg** ⠦ garni, Winnebrockstr. 2, ⊠ 33790, 𝓟 8 10 40, Fax 8104132 – ⠟ 📺 ☎ 🅿
🝙 𝘝𝘐𝘚𝘈 – *Mitte Dez.- Anfang Jan. geschl.* – **27 Z** 70/120.

🏚 **Hollmann,** Alleestr. 20, ⊠ 33790, 𝓟 8 11 80, Fax 811831 – 📺 ☎ 🅿. 🝙
Menu *(Samstag und 19. Juni - 11. Juli geschl.)* à la carte 31/59 – **20 Z** 74/120.

In Werther O : 6 km :

🏨 **Wöhrmann,** Alte Bielefelder Str. 24, ⊠ 33824, 𝓟 (05203) 9 70 90, Fax 5040 – 📺 ☎ 🅿
🆎 ⊙ 🝙 𝘝𝘐𝘚𝘈 – Menu *(Montag sowie Sonn- und Feiertage geschl.)* (nur Abendessen) à la
carte 53/90 – **16 Z** 160/280.

🏚 **Kipps Krug,** Engerstr. 61, ⊠ 33824, 𝓟 (05203) 9 71 80, Fax 268, Biergarten, ⠝ (Halle) –
📺 ☎ 🅿. ⊙ 𝘝𝘐𝘚𝘈
Menu *(Donnerstag nur Abendessen)* à la carte 30/65 – **12 Z** 55/150.

HALLENBERG Nordrhein-Westfalen 412 I 13, 987 ㉕ – 4 900 Ew – Höhe 385 m – Wintersport
⠶3 – ✪ 02984.
🇿 Verkehrsverein, Merklinghauser Str. 1, ⊠ 59969, 𝓟 82 03.

◆Düsseldorf 200 – ◆Kassel 86 – Korbach 32 – Marburg 45 – Siegen 85 – ◆Wiesbaden 165.

🏨 **Diedrich,** Nuhnestr. 2 (B 236), ⊠ 59969, 𝓟 80 12, Fax 2238, 🍽, 🚉 – |劇| 📺 ☎ 🅿 – 🅐 40
🝙 – Menu *(Dienstag geschl.)* à la carte 35/60 – **40 Z** 85/170.

🏚 **Sauerländer Hof,** Merklinghauser Str. 27 (B 236), ⊠ 59969, 𝓟 4 21, Fax 2556 – 📺 🅿
🝙 – Menu *(Mittwoch geschl.)* à la carte 26/63 – **15 Z** 60/120 – ½ P 63/70 -(Anbau mit
15 Z bis Frühjahr 1995).

In Hallenberg-Hesborn N : 6 km :

🏚 **Zum Hesborner Kuckuck** ⠦, Ölfestr. 22, ⊠ 59969, 𝓟 4 75, Fax 573, 🍽, 🚉, 🔲 – |劇|
📺 ☎ 🅿. ⠝ Rest
Nov.- Dez. 3 Wochen geschl. – Menu à la carte 35/60 – **53 Z** 79/159 – ½ P 87/98.

HALLSTADT Bayern siehe Bamberg.

HALSENBACH Rheinland-Pfalz siehe Emmelshausen.

HALTERN Nordrhein-Westfalen 411 412 E 11, 987 ⑭ – 34 100 Ew – Höhe 35 m – ✪ 02364
🇿 Städt. Verkehrsamt, Altes Rathaus, ⊠ 45721, 𝓟 93 33 66.

◆Düsseldorf 79 – Münster (Westfalen) 46 – Recklinghausen 15.

🏚 **Ratshotel,** Mühlenstr. 3, ⊠ 45721, 𝓟 34 65, Fax 16117 – 📺 ☎ ⠦ 🅿. 🆎 🝙 𝘝𝘐𝘚𝘈. ⠝ Zim
Menu *(Mittwoch und Juli - Aug. 3 Wochen geschl.)* à la carte 28/48 – **12 Z** 90/135.

In Haltern-Flaesheim SO : 5,5 km :

🏚 **Jägerhof zum Stift Flaesheim,** Flaesheimer Str. 360, ⊠ 45721, 𝓟 23 27 – 📺 ☎ ⠦
🅿 – 🅐 30
Juli - Aug. 3 Wochen geschl. – Menu *(Dienstag geschl.)* à la carte 43/69 – **11 Z** 70/140

In Haltern-Sythen N : 5 km :

🏚 **Pfeiffer,** Am Wehr 71, ⊠ 45721, 𝓟 6 90 66, Fax 69065, 🍽 – |劇| 📺 ☎ 🅿. 🆎 ⊙ 🝙 𝘝𝘐𝘚𝘈
⠝ Zim
3.- 28. Juli geschl. – Menu *(Donnerstag geschl.)* à la carte 28/62 – **11 Z** 60/130.

HALVER Nordrhein-Westfalen 411 412 F 13, 987 ㉔ – 15 800 Ew – Höhe 436 m – ✪ 02353
◆Düsseldorf 65 – Hagen 32 – Lüdenscheid 12 – Remscheid 26.

In Halver-Carthausen NO : 4 km :

🏨 **Frommann,** ⊠ 58553, 𝓟 6 11, Fax 5113, 🍽, 🚉, 🔲, ⠵ – 📺 ☎ ⠦ 🅿 – 🅐 30. 🆎
⊙ 🝙 𝘝𝘐𝘚𝘈 – Menu à la carte 40/74 – **22 Z** 99/146.

HAMBURG 🗻 Stadtstaat Hamburg 🔢 N 6, 🔢 ⑤ – 1 650 000 Ew – Höhe 10 m – 🔅 040.

Sehenswert : Jungfernstieg★ GY – Außenalster★★★ (Rundfahrt★★★) GHXY – Tierpark Hagenbeck★★ R – Fernsehturm★ (※★★) EX – Kunsthalle★★ HY **M1** – St. Michaelis★ (Turm ※★) EFZ – Stintfang (≤★) EZ – Hafen★★ EZ – Museum für Kunst und Gewerbe★ HY **M2** – Museum für Hamburgische Geschichte★ EYZ **M3** – Postmuseum★ FY **M4** – Park "Planten un Blomen"★ EFX – Hamburgisches Museum für Völkerkunde★ BT **M5.**

Ausflugsziele : Norddeutsches Landesmuseum★★ AT **M6** – Altonaer Balkon ≤★ AT **S** – Elbchaussee★ S.

🏌 Hamburg-Blankenese, In de Bargen 59 (W : 17 km), 🖉 81 21 77 ; 🏌 Ammersbek (15 km über die B 434 R), 🖉 (040) 6 05 13 37 ; 🏌, 🏌 Hamburg-Wendlohe (⑩ : 14 km), 🖉 5 50 50 14 ; 🏌 Wentorf, Golfstr. 2 (SO : 21 km über B 5 S), 🖉 (040) 7 20 26.

✈ Hamburg-Fuhlsbüttel (N : 15 km R), 🖉 50 80.

🚄 🖉 39 18 42 52.

Messegelände (EFX), 🖉 3 56 91, Telex 212609.

🛈 Tourismus-Zentrale Hamburg, Burchardstr. 14, ✉ 20095, 🖉 30 05 10, Telex 2163036, Fax 30051253.

🛈 Tourist-Information, Hafen, Landungsbrücke 4-5, ✉ 20459, 🖉 30 05 12 00.

🛈 Tourist-Information im Flughafen, Terminal 4 (Ebene 0), ✉ 22415, 🖉 30 05 12 40.

ADAC, Amsinckstr. 39, ✉ 20097, 🖉 2 39 90, Fax 2399271.

◆Berlin 289 ③ – ◆Bremen 120 ⑥ – ◆Hannover 151 ⑤.

Stadtpläne siehe nächste Seiten

Beim Hauptbahnhof, in St. Georg, östlich der Außenalster

🏨 **Atlantic Hotel Kempinski** 🐎, An der Alster 72, ✉ 20099, 🖉 2 88 80, Telex 2163297, Fax 247129, ≤ Außenalster, Massage, 🚭, 🔲 – 🛗 ⇔ Zim 📺 ⟺ – 🔬 250. 🅰 ⑩ 🗉 📼 🍷. 🞼 Rest   HY **a**
Menu à la carte 76/106 – *Atlantic-Mühle (nur Abendessen)* Menu à la carte 44/54 – **256 Z** 370/490, 13 Suiten.

🏨 **Holiday Inn Crowne Plaza,** Graumannsweg 10, ✉ 22087, 🖉 22 80 60, Telex 2165287, Fax 2208704, Massage, 🚭, 🔲 – 🛗 ⇔ Zim 🍽 📺 🕭 ⟺ – 🔬 120. 🅰 ⑩ 🗉 📼 🍷   DU **r**
Menu *(Sonntag und Montag nur Mittagessen)* à la carte 47/87 – **286 Z** 303/426.

🏨 **Maritim Hotel Reichshof,** Kirchenallee 34, ✉ 20099, 🖉 24 83 30, Fax 24833588, 🚭, 🔲 – 🛗 ⇔ Zim 📺 ⟺ – 🔬 200. 🅰 ⑩ 🗉 📼 📼. 🞼 Rest   HY **d**
Menu à la carte 45/86 – **303 Z** 245/448, 6 Suiten.

🏨 **Europäischer Hof,** Kirchenallee 45, ✉ 20099, 🖉 24 82 48, Telex 2162493, Fax 24824799, 🍴, Massage, 🔲 Squash – 🛗 🍽 Rest 📺 ⟺ – 🔬 120. 🅰 ⑩ 🗉 📼   HY **e**
Menu à la carte 42/74 – **320 Z** 180/420.

🏨 ❀ **Prem,** An der Alster 9, ✉ 20099, 🖉 24 17 26, Telex 2163115, Fax 2803851, « Einrichtung mit antiken Möbeln, Garten », 🚭, 🔲 📺 📦. 🅰 ⑩ 🗉 📼   HX **c**
La mer : **Menu** 98 und à la carte 73/106 – **56 Z** 220/454, 3 Suiten
Spez. Gänsestopfleberterrine mit Brioche, Hummer mit Tomaten-Basilikumrisotto, Soufflé glacé au Grand Marnier.

🏨 **Berlin,** Borgfelder Str. 1, ✉ 20537, 🖉 25 16 40, Telex 213939, Fax 25164413, 🍴 – 🛗 ⇔ Zim 🍽 Rest 📺 🕭 ⟺ 📦 – 🔬 30. 🅰 ⑩ 🗉 📼. 🞼 Rest   DU **a**
Menu 38 und à la carte 50/62 – **93 Z** 183/256.

🏨 **Senator,** Lange Reihe 18, ✉ 20099, 🖉 24 12 03, Fax 2803717 – 🛗 ⇔ Zim 📺 🕭 ⟺. 🅰 ⑩ 🗉 📼 📼. 🞼 Rest   HY **u**
(nur Abendessen für Hausgäste) – **56 Z** 185/285.

🏨 **St. Raphael,** Adenauerallee 41, ✉ 20097, 🖉 24 82 00, Telex 2174733, Fax 24820333, 🚭 – 🛗 ⇔ Zim 📺 📦 ⟺ – 🔬 40. 🅰 ⑩ 🗉 📼 📼. 🞼 Rest   DU **m**
Menu à la carte 41/69 – **130 Z** 180/300.

🏨 **Novotel City Süd,** Amsinckstr. 53, ✉ 20097, 🖉 23 63 80, Telex 211001, Fax 234230, 🚭 – 🛗 ⇔ Zim 📺 🕭 ⟺ – 🔬 50. 🅰 ⑩ 🗉 📼   DUV **c**
Menu à la carte 31/54 – **185 Z** 189/298.

🏨 **Bellevue,** An der Alster 14, ✉ 20099, 🖉 24 80 11, Telex 2162929, Fax 2803380 – 🛗 📺 🕭 ⟺ 📦 – 🔬 40. 🅰 ⑩ 🗉 📼 📼   HX **d**
Menu à la carte 43/70 – **78 Z** 170/280.

🏨 **Aussen Alster Hotel,** Schmilinskystr. 11, ✉ 20099, 🖉 24 15 57, Telex 211278, Fax 2803231, 🚭 – 🛗 📺 🕭. 🅰 ⑩ 🗉 📼   HX **e**
24.- 27. Dez. geschl. – **Menu** *(Samstag nur Abendessen, Sonntag geschl.)* à la carte 43/63 – **27 Z** 180/310.

🏨 **Ambassador,** Heidenkampsweg 34, ✉ 20097, 🖉 23 00 02, Telex 2166100, Fax 230009, 🚭, 🔲 – 🛗 📺 🕭 ⟺ 📦 – 🔬 120. 🅰 ⑩ 🗉 📼 📼. 🞼 Rest   DU **e**
Menu à la carte 39/80 – **122 Z** 135/290.

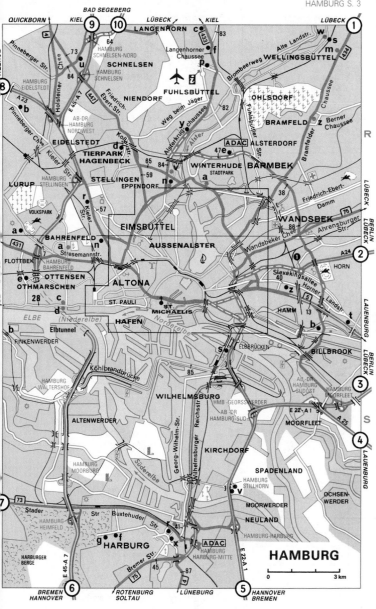

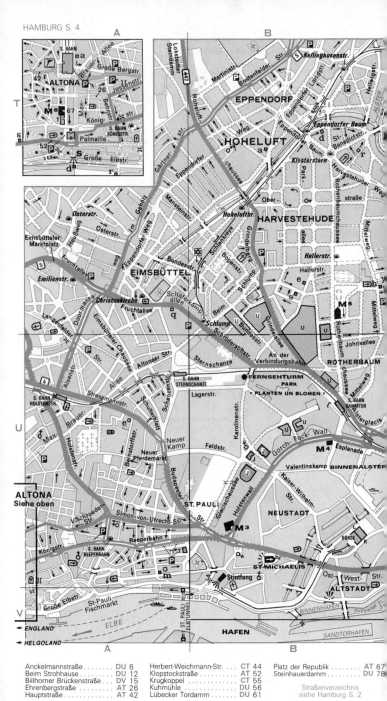

Straßenverzeichnis
siehe Hamburg S. 2

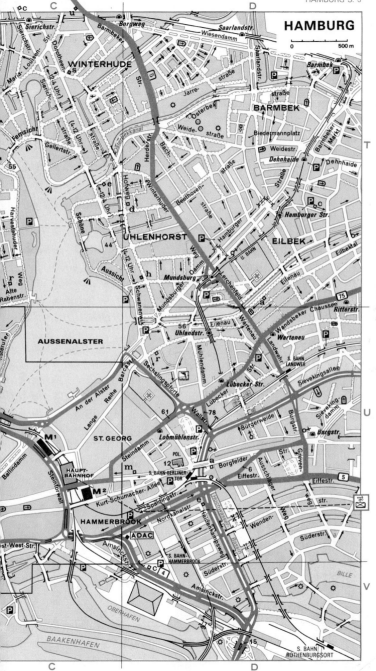

HAMBURG

0   500 m

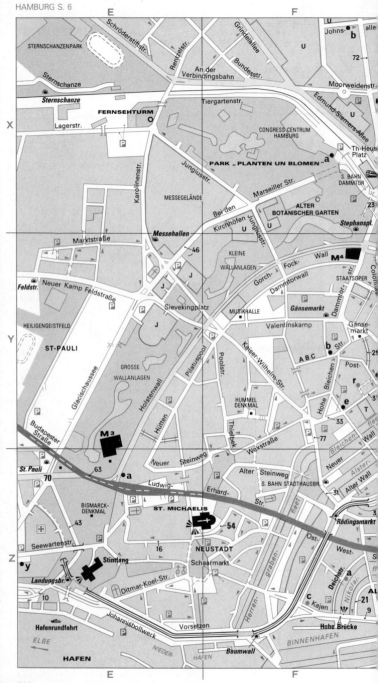

HAMBURG

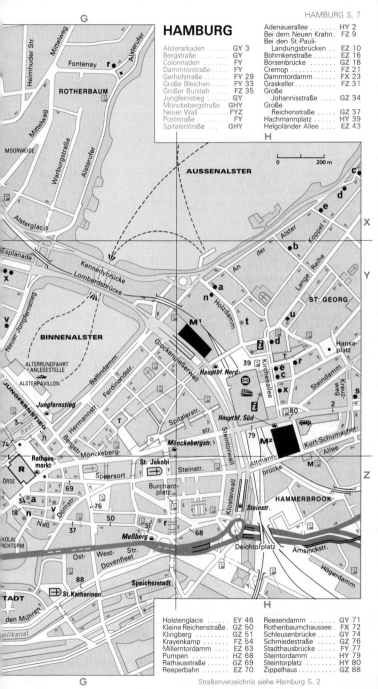

Straßenverzeichnis siehe Hamburg S. 2

🏠 **Wedina** garni, Gurlittstr. 23, ⊠ 20099, ℘ 24 30 11, Fax 2803894, ⇔s, 🗻 – 🖾 🖀. 🖭 ⓞ
E 𝘝𝘐𝘚𝘈   HY **b**
28 Z 135/240.

🏠 **Eden** garni, Ellmenreichstr. 20, ⊠ 20099, ℘ 24 84 80, Fax 241521 – 📶 🖾 🖀. 🖭 ⓞ E
𝘝𝘐𝘚𝘈   HY **r**
63 Z 125/200.

🏠 **Ibis Alster**, Holzdamm 4, ⊠ 20099, ℘ 24 82 90, Telex 211200, Fax 24829999 – 📶 ½⇐ Zim
🖾 🖀 📞 🖴 – 🏛 80. 🖭 ⓞ E 𝘝𝘐𝘚𝘈   HY **n**
Menu 24 (mittags nur Buffet) à la carte 27/48 – **165 Z** 169/213.

🏠 **Alte Wache** garni, Adenauerallee 25, ⊠ 20097, ℘ 24 12 91, Fax 2801754 – 📶 🖾 🖀 ℗
– 🏛 30. 🖭 ⓞ E 𝘝𝘐𝘚𝘈. ⌘   HY **s**
22. Dez.- 2. Jan. geschl. – **85 Z** 145/220.

🏠 **Fürst Bismarck** garni, Kirchenallee 49, ⊠ 20099, ℘ 2 80 10 91, Telex 2162980,
Fax 2801096 – 📶 🖾 🖀. 🖭 ⓞ E 𝘝𝘐𝘚𝘈 𝗝𝗖𝗕   HY **x**
59 Z 120/180.

🏠 **Kronprinz**, Kirchenallee 46, ⊠ 20099, ℘ 24 32 58(Hotel) 24 52 40 (Rest.), Telex 2161005,
Fax 2801097 – 📶 🖾 🖀. 🖭 ⓞ E 𝘝𝘐𝘚𝘈 𝗝𝗖𝗕   HY **c**
Schifferbörse : **Menu** à la carte 35/75 – **73 Z** 130/195.

XX **Peter Lembcke**, Holzdamm 49, ⊠ 20099, ℘ 24 32 90, Fax 2804123 – 🖭 ⓞ E 𝘝𝘐𝘚𝘈
Samstag nur Abendessen, Sonn- und Feiertage geschl. – **Menu** (Tischbestellung ratsam)
à la carte 58/111.   HY **t**

Binnenalster, Altstadt, Neustadt

🏨 **Vier Jahreszeiten,** Neuer Jungfernstieg 9, ⊠ 20354, ℘ 3 49 40, Telex 211629,
Fax 3494602, ≼ Binnenalster – 📶 ½⇐ Zim 🖾 ⇐ – 🏛 70. 🖭 ⓞ E 𝘝𝘐𝘚𝘈 𝗝𝗖𝗕. ⌘ GY **v**
Menu 58 (mittags)und à la carte 84/118 – **172 Z** 410/715, 12 Suiten.

🏨 **Steigenberger Hamburg,** Heiligengeistbrücke 4, ⊠ 20459, ℘ 36 80 60, Fax 36806777 –
📶 ½⇐ Zim 🖾 🖴 ⇐ – 🏛 200. 🖭 ⓞ E 𝘝𝘐𝘚𝘈 𝗝𝗖𝗕   FZ **s**
Calla **Menu** (Abendessen) *(Sonntag - Montag und Ende Juni - Anfang Aug. geschl.)* **Menu** à
la carte 49/79 – *Bistro am Fleet :* **Menu** à la carte 39/53 – **234 Z** 304/443, 6 Suiten.

🏨 **Hamburg Renaissance Hotel,** Große Bleichen, ⊠ 20354, ℘ 34 91 80, Fax 34918431,
Massage, ⇔s – 📶 ½⇐ Zim 🖾 🖾 ℗ – 🏛 130. 🖭 ⓞ E 𝘝𝘐𝘚𝘈. ⌘ Rest   FY **e**
Menu à la carte 62/92 – **211 Z** 303/510, 3 Suiten.

🏨 **Marriott Hotel,** ABC-Str. 52, ⊠ 20354, ℘ 3 50 50, Telex 2165871, Fax 35051777, ☂, Massage, 🖪, ⇔s, 🗗 – 📶 ½⇐ Zim 🖾 🖾 🖴 ⇐ – 🏛 160. 🖭 ⓞ E 𝘝𝘐𝘚𝘈 𝗝𝗖𝗕   FY **b**
Menu 25 Buffet (mittags) und à la carte 46/69 – **278 Z** 380/495, 4 Suiten.

🏨 **SAS Plaza Hotel,** Marseiller Str. 2, ⊠ 20355, ℘ 3 50 20, Telex 214400, Fax 35023530,
≼ Hamburg, ⇔s, 🗗 – 📶 ½⇐ Zim 🖾 🖾 🖴 ⇐ – 🏛 320. 🖭 ⓞ E 𝘝𝘐𝘚𝘈 𝗝𝗖𝗕. ⌘ Rest
Vierländer Stuben : **Menu** à la carte 44/66 – *Trader Vic's (nur Abendessen)* **Menu** à la carte
52/77 – **560 Z** 307/462, 7 Suiten.   FX **a**

🏠 **Am Holstenwall,** Holstenwall 19, ⊠ 20355, ℘ 31 12 75, Telex 2165004, Fax 316264 – 📶
🖾 🖀 ⇐. 🖭 ⓞ E 𝘝𝘐𝘚𝘈   EZ **a**
Menu (nur Abendessen) à la carte 54/86 – **50 Z** 196/340.

🏠 **Hafen Hamburg,** Seewartenstr. 9, ⊠ 20459, ℘ 31 11 30, Fax 3192736, ≼ – 📶 🖾 🖀 ⇐
℗ – 🏛 80. 🖭 ⓞ E 𝘝𝘐𝘚𝘈. ⌘ Rest   EZ **y**
Menu à la carte 45/80 – **250 Z** 166/206.

🏠 **Alster-Hof** garni, Esplanade 12, ⊠ 20354, ℘ 35 00 70, Fax 35007514 – 📶 🖾 🖀. 🖭 ⓞ
E 𝘝𝘐𝘚𝘈   GY **x**
22. Dez.- 4. Jan. geschl. – **118 Z** 140/320, 3 Suiten.

🏠 **Baseler Hof,** Esplanade 11, ⊠ 20354, ℘ 35 90 60, Fax 35906918 – 📶 🖾 🖀 – 🏛 40. 🖭
ⓞ E 𝘝𝘐𝘚𝘈. ⌘   GY **x**
Menu à la carte 43/56 – **143 Z** 130/200.

XXX **Zum alten Rathaus** (Neugotischer Bau a.d.J.1847), Börsenbrücke 10, ⊠ 20457,
℘ 36 75 70, Fax 373093 – 🏛 130. 🖭 ⓞ E 𝘝𝘐𝘚𝘈   GZ **n**
Sonn- und Feiertage sowie Juli-Aug. auch Samstag geschl. – **Menu** (Tischbestellung ratsam)
à la carte 49/90.

XXX ⊛ **Cölln's Austernstuben** (verschiedene Séparées), Brodschrangen 1, ⊠ 20457,
℘ 32 60 59, Fax 326059 – ½⇐. 🖭 ⓞ E 𝘝𝘐𝘚𝘈   GZ **v**
*Jan.-Aug. Samstag und Sonntag, Sept.-Dez. Sonn- und Feiertage geschl., Samstag nur
Abendessen* – **Menu** (vorwiegend Fischgerichte, Tischbestellung erforderlich) à la carte
76/116
Spez. Krusten- und Schalentiere, Feines vom Fischmarkt, Warme Schokoladentarte mit Marzipaneis.

XX **Deichgraf**, Deichstr. 23, ⊠ 20459, ℘ 36 42 08, Fax 373055 – 🖭 ⓞ E 𝘝𝘐𝘚𝘈   FZ **a**
Samstag nur Abendessen, Sonn- und Feiertage geschl. – **Menu** (Tischbestellung ratsam)
à la carte 52/109.

XX **il Ristorante,** Große Bleichen 16 (1. Etage), ⊠ 20354, ℘ 34 33 35, Fax 345748 – 🖭 ⓞ
E   FY **c**
Menu (italienische Küche) à la carte 66/88.

XX **Ratsweinkeller,** Große Johannisstr. 2, ✉ 20457, ✆ 36 41 53, Fax 372201, « Hanseatisches Restaurant a.d.J. 1896 » - 🏛 400. AE ⓓ E VISA GZ **R**
Sonn- und Feiertage geschl. – **Menu** à la carte 36/87.

XX **al Pincio,** Schauenburger Str. 59 (1. Etage, |‡|), ✉ 20095, ✆ 36 52 55 - AE ⓓ E VISA. ✂ GZ **a**
Samstag nur Abendessen, Sonn- und Feiertage sowie Juni-Juli 4 Wochen geschl. – **Menu** (Tischbestellung ratsam, italienische Küche) à la carte 43/71.

X **Mövenpick,** Große Bleichen 36 (Untergeschoß |‡|), ✉ 20354, ✆ 3 41 00 32, Fax 3410042 - AE ⓓ E VISA FY **r**
Menu à la carte 28/60.

X **Le Mouillage,** Depenau 3, ✉ 20095, ✆ 32 71 71 - AE ⓓ E VISA GZ **r**
Samstag nur Abendessen, Sonntag geschl. – **Menu** à la carte 45/64.

X **Fischküche** (Bistro), Kajen 12, ✉ 20459, ✆ 36 56 31, 🏖 - AE ⓓ E VISA FZ **c**
Samstag sowie Sonn- und Feiertage geschl. – **Menu** (Tischbestellung erforderlich) à la carte 53/80.

X **Le Bistro de Jaques Lemercier,** Dornbusch 4, ✉ 20095, ✆ 32 14 14, Fax 4105857 - AE ⓓ E VISA GZ **v**
Menu (Tischbestellung ratsam) à la carte 43/60.

In den Außenbezirken :

In Hamburg-Alsterdorf :

Alsterkrug-Hotel, Alsterkrugchaussee 277, ✉ 22297, ✆ 51 30 30, Fax 51303403, 🏖, ≘s - |‡| ⇎ Zim TV 🚗 P - 🏛 50. AE ⓓ E VISA JCB. ✂ R **y**
Menu *(Sonntag nur Abendessen)* à la carte 43/65 – **80 Z** 195/245.

In Hamburg-Altona :

Rema-Hotel Domicil garni, Stresemannstr. 62, ✉ 22769, ✆ 4 31 60 26, Telex 2164614, Fax 4397579 - |‡| ⇎ TV ☎ 🚗. AE ⓓ E VISA AU **e**
80 Z 180/380.

Raphael Hotel Altona, Präsident-Krahn-Str. 13, ✉ 22765, ✆ 38 02 40, Fax 38024444, ≘s - |‡| ⇎ Zim TV ☎ P. AE ⓓ E VISA. ✂ Rest AT **a**
23. Dez.- 2. Jan. geschl. – **Menu** *(Sonntag geschl.)* (nur Abendessen) à la carte 46/75 – **45 Z** 145/225.

XXXX ✿ **Landhaus Scherrer,** Elbchaussee 130, ✉ 22763, ✆ 8 80 13 25, Fax 8806260 - P. AE ⓓ E VISA S **c**
Sonn- und Feiertage geschl. – **Menu** (bemerkenswerte Weinkarte) à la carte 80/124 – ***Bistro-Restaurant*** *(nur Mittagessen)* **Menu** à la carte 60/85
Spez. Schellfisch mit Pommerysenfsauce, Gefüllter Ochsenschwanz in Barolosauce, Gratiniertes Punschparfait mit Früchten.

XXX ✿ **Le canard,** Elbchaussee 139, ✉ 22763, ✆ 8 80 50 57, Fax 472413, ≤, 🏖 - P. AE ⓓ E VISA. ✂ S **d**
Sonntag geschl. – **Menu** (Tischbestellung erforderlich, bemerkenswerte Weinkarte) 135/189 und à la carte 86/128
Spez. Seesaibling mit weißem Bohnenpüree und Ingwersauce, Crépinette vom Reh in Honigsauce (Mai-Dez.), Topfensoufflé mit Orangeneis.

XX **Fischereihafen-Restaurant Hamburg,** Große Elbstr. 143, ✉ 22767, ✆ 38 18 16, Fax 3893021, ≤ - P. AE ⓓ E VISA AT **d**
Menu (nur Fischgerichte) à la carte 62/111.

XX **Landhaus Dill,** Elbchaussee 94, ✉ 22763, ✆ 3 90 50 77, Fax 3900975, 🏖 - AE ⓓ E VISA JCB AT **s**
Montag ausser an Feiertagen geschl. – **Menu** à la carte 56/80.

X **Rive Bistro,** Van-der-Smissen-Str. 1 (Kreuzfahrt-Center), ✉ 22767, ✆ 3 80 59 19, Fax 3894775, ≤, 🏖 - AE AT **r**
Menu (Tischbestellung ratsam) à la carte 45/80.

In Hamburg-Bahrenfeld

Novotel Hamburg West, Albert-Einstein-Ring 2, ✉ 22761, ✆ 89 95 20, Fax 89952333, ≘s, 🏊 - |‡| ⇎ Zim TV ☎ ♿ 🚗 P - 🏛 70. AE ⓓ E VISA R **a**
Menu à la carte 30/52 – **137 Z** 184/203, 4 Suiten.

X ✿ **Tafelhaus,** Holstenkamp 71, ✉ 22525, ✆ 89 27 60, Fax 8993324, 🏖 - P S **a**
Samstag nur Abendessen, Sonntag - Montag, 22. Dez.- 19. Jan. und Juli 3 Wochen geschl. – **Menu** (Tischbestellung erforderlich) 58 (mittags) und à la carte 74/86
Spez. Warm geräucherte Taubenbrust mit Artischockensalat, Gebratener Steinbutt mit Essigzwiebeln, Schokoladenkuchen mit Orangen.

In Hamburg-Barmbek :

Rema-Hotel Meridian garni, Holsteinischer Kamp 59, ✉ 22081, ✆ 2 91 80 40, Fax 2983336, ≘s, 🏊 - |‡| ⇎ TV ☎ ♿ P - 🏛 30. AE ⓓ E VISA DT **c**
70 Z 180/380.

In Hamburg-Bergedorf ③ : 18 km über die B 5 S :

🏨 **Treff-Hotel,** Holzhude 2, ✉ 21029, ℘ 72 59 50, Fax 72595187, 斎, ≦s – |$| ✦ Zim 🔟 ☎ ᕗ, ⇐ – 🔬 400. 🕮 ⑩ 🗲 𝑽𝑰𝑺𝑨
Menu à la carte 57/73 – **204 Z** 185/300.

✗✗ **Laxy's Restaurant,** Bergedorfer Str. 138, ✉ 21029, ℘ 7 24 76 40 – 🗲 𝑽𝑰𝑺𝑨
Samstag und Montag nur Abendessen, Sonntag und Juli - Aug. 2 Wochen geschl. – **Menu** à la carte 58/79.

In Hamburg-Bergstedt NO : 17 km über die B 434 R :

✗✗ **Landhaus zum Lindenkrug** mit Zim, Bergstedter Chaussee 128 (B 434), ✉ 22395, ℘ 6 04 80 05, Fax 6046109, 斎 – 🔟 ☎ ᕗ. 🕮 ⑩ 🗲 𝑽𝑰𝑺𝑨
Menu à la carte 36/80 – **8 Z** 80/160.

✗ **Alte Mühle,** Alte Mühle 34, ✉ 22395, ℘ 6 04 91 71, Fax 6040378, 斎 – ᕗ
Montag - Dienstag geschl. – **Menu** à la carte 38/63.

In Hamburg-Billbrook

🏨🏨 **Böttcherhof,** Wöhlerstr. 2, ✉ 22113, ℘ 73 18 70, Fax 73187899, ≦s – |$| ✦ Zim 🔟 ᕤ ⇐ ᕗ – 🔬 140. 🕮 🗲 𝑽𝑰𝑺𝑨   S b
Menu à la carte 44/74 – **155 Z** 187/264, 6 Suiten.

In Hamburg-Billstedt :

🏨 **Panorama** garni, Billstedter Hauptstr. 44, ✉ 22111, ℘ 73 35 90, Fax 73359950, 🔍 – |$|
🔟 ☎ ⇐ ᕗ – 🔬 150. 🕮 ⑩ 🗲 𝑽𝑰𝑺𝑨 𝐉𝐂𝐁   S t
23.- 30. Dez. geschl. – **111 Z** 190/250, 7 Suiten.

In Hamburg-Blankenese W : 16 km über Elbchaussee S :

🏨 **Strandhotel** ⌂, Strandweg 13, ✉ 22587, ℘ 86 13 44, Fax 864936, <, 斎, « Ehem. Villa mit eleganter Einrichtung », ≦s – 🔟 ☎ ᕗ. 🕮 ⑩ 🗲 𝑽𝑰𝑺𝑨
Menu *(Sonntag geschl.)* (nur Abendessen, bemerkenswerte Weinkarte) à la carte 70/87 –
16 Z 168/376.

✗✗ **Strandhof,** Strandweg 27, ✉ 22587, ℘ 86 52 36, Fax 863353, <, 斎 – ᕗ. 🕮 ⑩ 🗲 𝑽𝑰𝑺𝑨
Montag - Dienstag geschl. – **Menu** à la carte 47/79.

In Hamburg-Bramfeld :

✗✗ **Don Camillo e Peppone** (modern-elegantes Restaurant), Im Soll 50, ✉ 22179, ℘ 6 42 90 21, 斎 – 🕮 ⑩ 🗲   R z
Montag geschl. – **Menu** (nur Abendessen, Tischbestellung ratsam, italienische Küche) à la carte 54/71.

In Hamburg-City Nord :

🏨🏨 **Queens Hotel,** Mexikoring 1, ✉ 22297, ℘ 63 29 40, Telex 2166503, Fax 6322472, 斎, ≦s – |$| ✦ Zim 🔟 ⇐ ᕗ – 🔬 150. 🕮 ⑩ 🗲 𝑽𝑰𝑺𝑨. ✻ Rest   R e
Menu à la carte 44/79 – **183 Z** 258/375.

In Hamburg-Duvenstedt über Alte Landstr. R :

🏨 **Alster-Au** garni, Duvenstedter Damm 3, ✉ 22397, ℘ 6 07 25 25, Fax 6072243, « Rustikale Einrichtung », ☞ – 🔟 ☎ ⇐ ᕗ. ✻ – **10 Z** 110/200.

✗✗✗ **Le Relais de France,** Poppenbütteler Chaussee 3, ✉ 22397, ℘ 6 07 07 50, Fax 6072673 – ᕗ. ✻
Sonntag - Montag geschl. – **Menu** (nur Abendessen, Tischbestellung ratsam) à la carte 66/89 – **Bistro** *(auch Mittagessen)* **Menu** à la carte 50/63.

In Hamburg-Eilbek :

🏨 **Helbing** garni, Eilenau 37, ✉ 22089, ℘ 25 20 83 – 🔟 ☎   DT a
17. Dez.- 3. Jan. geschl. – **16 Z** 88/160.

In Hamburg-Eimsbüttel :

🏨 **Norge,** Schäferkampsallee 49, ✉ 20357, ℘ 44 11 50, Fax 44115577, Massage, ≦s – |$| ✦ Zim 🍽 Rest 🔟 ☎ ᕗ – 🔬 75. 🕮 ⑩ 🗲 𝑽𝑰𝑺𝑨 𝐉𝐂𝐁. ✻ Rest   AT q
Menu à la carte 45/89 – **130 Z** 199/328.

In Hamburg-Eppendorf :

✗✗ ❀ **Anna e Sebastiano,** Lehmweg 30, ✉ 20251, ℘ 4 22 25 95, Fax 4208008 – 🕮 ⑩ 🗲 𝑽𝑰𝑺𝑨. ✻
Sonntag - Montag, 24. Dez.- 19. Jan. und Juni - Juli 3 Wochen geschl. – **Menu** (nur Abendessen, Tischbestellung erforderlich, italienische Küche) 110/125 und à la carte 84/92   BT a
Spez. Toskanische Fischsuppe, Kartoffelravioli mit weißen Alba-Trüffeln (Okt.-Dez.), Gegrillter Stör.

✗✗ **Il Gabbiano,** Eppendorfer Landstr. 145, ✉ 20251, ℘ 4 80 21 59, Fax 4807921 – 🕮 ⑩ 🗲 𝑽𝑰𝑺𝑨
Samstag nur Abendessen, Sonntag und Juli 3 Wochen geschl. – **Menu** (Tischbestellung ratsam, italienische Küche) à la carte 52/75.   R v

✗✗ **Sellmer,** Ludolfstr. 50, ✉ 20249, ℘ 47 30 57, Fax 4601569 – ᕗ. 🕮 ⑩ 🗲 𝑽𝑰𝑺𝑨   R n
Menu (überwiegend Fischgerichte) à la carte 50/104.

✗ **Österreich,** Martinistr. 11, ✉ 20251, ℘ 4 60 48 30, Fax 472413 – 🕮   R n
Sonntag - Montag geschl. – **Menu** à la carte 43/72.

In Hamburg-Finkenwerder :

XX **Finkenwerder Elbblick,** Focksweg 42, ⊠ 21129, ℰ 7 42 70 95, Fax 7434672, ≤ Elbe, 🌳
– 🅿. 🆎 ① 🗲 𝚅𝙸𝚂𝙰
S **b**
Menu à la carte 45/81.

In Hamburg-Fuhlsbüttel :

🏨 **Airport Hotel Hamburg,** Flughafenstr. 47, ⊠ 22415, ℰ 53 10 20, Telex 2166399,
Fax 53102222, 🚑, 🏊 – 🛗 ⥲ Zim 🍽 Rest 📺 ⇔ 🅿 – 🔬 170. 🆎 ① 🗲
𝚅𝙸𝚂𝙰
R **p**
Menu à la carte 41/76 – **158 Z** 250/385, 10 Suiten.

In Hamburg-Hamm :

🏨 **Hamburg International,** Hammer Landstr. 200, ⊠ 20537, ℰ 21 14 01, Telex 2164349,
Fax 211409 – 🛗 📺 ☎ ⇔ 🅿 – 🔬 25. 🆎 ① 🗲 𝚅𝙸𝚂𝙰. ✦ Rest
S **z**
Menu *(Sonntag geschl.)* à la carte 43/79 – **112 Z** 130/290.

In Hamburg-Harburg :

🏨 **Lindtner** ⑊, Heimfelder Str. 123, ⊠ 21075, ℰ 79 00 90, Fax 79009482, 🌳,
« Modern-elegante Einrichtung », 🚑 – ⥲ Zim 📺 🅿 – 🔬 600. 🆎 ① 🗲
𝚅𝙸𝚂𝙰
S **g**
Lilium : **Menu** à la carte 66/91 – *Hofgarten :* **Menu** à la carte 44/83 – **115 Z** 195/355,
6 Suiten.

🏨 **Panorama,** Harburger Ring 8, ⊠ 21073, ℰ 76 69 50, Fax 76695183 – 🛗 ⥲ Zim 📺 ⇔
– 🔬 110. 🆎 ① 🗲 𝚅𝙸𝚂𝙰
S **x**
Menu à la carte 35/59 – **98 Z** 195/270.

🏠 **Heimfeld** garni, Heimfelder Str. 91, ⊠ 21075, ℰ 7 90 56 78, Fax 7904896, 🌱 – 🛗 📺 ☎
🅿. 🆎
S **f**
50 Z 140/180.

🏠 **Süderelbe** garni, Großer Schippsee 29, ⊠ 21073, ℰ 77 32 14, Fax 773104 – 🛗 📺 ☎ ⇔.
🆎 ① 🗲 𝚅𝙸𝚂𝙰. ✦
S **r**
20. Dez.- 5. Jan. geschl. – **21 Z** 115/155.

XX **Marinas,** Schellerdamm, ⊠ 21079, ℰ 7 65 38 28, Fax 7651491, 🌳 – 🆎 🗲 𝚅𝙸𝚂𝙰 S **r**
Samstag und Sonntag nur Abendessen – **Menu** (abends Tischbestellung ratsam) 44 (mittags) und à la carte 57/82.

In Hamburg-Harvestehude westlich der Außenalster :

🏨 **Inter-Continental,** Fontenay 10, ⊠ 20354, ℰ 41 41 50, Telex 211099, Fax 41415186,
≤ Hamburg und Alster, 🌳, Massage, 🚑, 🏊 – 🛗 ⥲ Zim 🍽 📺 ⇔ 🅿 – 🔬 350. 🆎
① 🗲 𝚅𝙸𝚂𝙰 𝙹𝙲𝙱. ✦ Rest
GX **r**
Fontenay-Grill (nur Abendessen) **Menu** à la carte 85/109 – *Orangerie :* **Menu** 48 (Buffet)
und à la carte 63/72 – **270 Z** 275/510, 16 Suiten.

🏨 **Garden Hotels Pöseldorf** ⑊ garni, Magdalenenstr. 60, ⊠ 20148, ℰ 41 40 40,
Fax 4140420, « Modern-elegante Einrichtung » – 🛗 ⥲ 📺. 🆎 ① 🗲 𝚅𝙸𝚂𝙰
CT **r**
24. Dez.- 1. Jan. geschl. – **61 Z** 220/440.

🏨 **Abtei** ⑊, Abteistr. 14, ⊠ 20149, ℰ 44 95 95, Fax 449820, 🌱 – 📺 ☎ ⇔. 🆎 ① 🗲 𝚅𝙸𝚂𝙰.
✦ Rest
BT **r**
Menu *(Sonntag - Montag geschl.)* (nur Abendessen) à la carte 78/102 – **12 Z** 250/
450.

🏨 **Smolka,** Isestr. 98, ⊠ 20149, ℰ 47 50 57, Fax 473008 – 🛗 📺 ☎ ⇔. 🆎 ① 🗲 𝚅𝙸𝚂𝙰 𝙹𝙲𝙱.
✦ Rest
BT **d**
Menu *(Sonn- und Feiertage geschl.)* (nur Abendessen) à la carte 44/70 – **40 Z** 160/
319.

X **Daitokai,** Milchstr. 1, ⊠ 20148, ℰ 4 10 10 61, Fax 4102296 – 🍽. 🆎 ① 🗲 𝚅𝙸𝚂𝙰 𝙹𝙲𝙱.
✦
BT **h**
Menu (Tischbestellung ratsam, japanische Küche) 63/98 und à la carte 50/80.

In Hamburg-Hausbruch über ⑦ : 27 km :

🏠 **Berghotel Sennhütte** ⑊, Wulmsberg 12, ⊠ 21149, ℰ 7 97 00 10, Fax 797001198, 🌳,
🚑, 🏊 – 🅿 – 🔬 75. 🆎 🗲 𝚅𝙸𝚂𝙰 – **Menu** à la carte 43/69 – **97 Z** 86/178.

In Hamburg-Langenhorn :

🏨 **Dorint-Hotel - Airport,** Langenhorner Chaussee 183, ⊠ 22404, ℰ 53 20 90, Fax 53209600,
🚑, 🏊 – 🛗 ⥲ Zim 📺 & ⇔ – 🔬 90. 🆎 ① 🗲 𝚅𝙸𝚂𝙰. ✦ Rest
R **c**
Menu à la carte 40/68 – **147 Z** 215/390.

🏠 **Schümann** ⑊ garni, Langenhorner Chaussee 157, ⊠ 22415, ℰ 5 31 00 20, Fax 53100210
– 📺 ☎ ⇔ 🅿. 🆎 🗲 𝚅𝙸𝚂𝙰
R **f**
45 Z 129/195.

XX **Zum Wattkorn,** Tangstedter Landstr. 230, ⊠ 22417, ℰ 5 20 37 97, Fax 472413, 🌳 – 🅿
Menu *(Montag geschl.)* à la carte 54/80.   über Tangstedter Landstraße R

In Hamburg - Lemsahl-Mellingstedt über Alte Landstraße R :

🏰 **Treudelberg** ⚲, Lemsahler Landstr. 45, ⊠ 22397, 𝒫 60 82 20, Fax 60822444, ≼, ㊟, ♨
≦ᶊ, ⬜, ⚒, ⬛ – ▮ ⇔ Zim ❷ – ▵ 125. 🖭 ⓪ ⴹ 𝘝𝘐𝘚𝘈 ᴶᶜᴮ. ⚘ Rest
Szenario : Menu à la carte 50/75 – *Club Restaurant* : Menu à la carte 34/51 – **135 Z** 250/315

XXX **Ristorante Dante,** An der Alsterschleife 3, ⊠ 22399, 𝒫 6 02 00 43, Fax 6022826, ㊟ -
❷. 🖭 ⴹ – *Montag-Freitag nur Abendessen* – **Menu** (Tischbestellung ratsam, italienische
Küche) à la carte 55/77.

In Hamburg-Lohbrügge ③ : 15 km über die B 5 :

🏛 **Alt Lohbrügger Hof,** Leuschner Str. 76, ⊠ 21031, 𝒫 7 39 60 00, Fax 7390010, ㊟ -
⇔ Zim ⬚ ❷ – ▵ 120. 🖭 ⓪ ⴹ 𝘝𝘐𝘚𝘈 – **Menu** à la carte 43/76 – **67 Z** 150/190.

In Hamburg-Lokstedt :

🏛 **Engel,** Niendorfer Str. 59, ⊠ 22529, 𝒫 58 03 15, Fax 583485, ≦ᶊ – ⬚ ☎ ⇔ ❷. 🖭 ⓪
ⴹ 𝘝𝘐𝘚𝘈 ᴶᶜᴮ. ⚘ Rest – **Menu** à la carte 36/63 – **93 Z** 165/230.   R d

In Hamburg-Othmarschen :

🏠 Schmidt garni, Reventlowstr. 60, ⊠ 22605, 𝒫 88 28 31, Fax 8808881, ㊟ – ▮ ⬚ ☎ ❷
35 Z.   S e

In Hamburg-Poppenbüttel :

🏛 **Poppenbütteler Hof,** Poppenbütteler Weg 236, ⊠ 22399, 𝒫 6 02 10 72, Fax 6023130 –
▮ ⇔ Zim ⬚ ☎ ❷ – ▵ 60. 🖭 ⓪ ⴹ 𝘝𝘐𝘚𝘈   über Alte Landstraße   R
Menu *(Sonntag nur Mittagessen)* à la carte 44/70 – **32 Z** 195/335.

In Hamburg-Rotherbaum :

🏰 **Elysee** ⚲, Rothenbaumchaussee 10, ⊠ 20148, 𝒫 41 41 20, Telex 212455, Fax 41412733,
Massage, ≦ᶊ, ⬜ – ▮ ⇔ Zim ⬚ ₺ ⇔ – ▵ 350. 🖭 ⓪ ⴹ 𝘝𝘐𝘚𝘈   FX m
Piazza Romana : Menu à la carte 51/73 – *Brasserie* : Menu à la carte 39/50 – **305 Z** 270/450

🏛 **Vorbach** garni, Johnsallee 63, ⊠ 20146, 𝒫 44 18 20, Telex 213054, Fax 44182888 – ▮ ⬚
☎ ⇔. 🖭 ⴹ 𝘝𝘐𝘚𝘈 – **106 Z** 170/280.   FX b

XX **Ventana,** Grindelhof 77, ⊠ 20146, 𝒫 45 65 88, Fax 481719 – 🖭 ⓪   BT n
Samstag nur Abendessen, Sonntag geschl. – **Menu** (abends Tischbestellung ratsam, euro-
päisch-asiatische Küche) 38 (mittags) und à la carte 54/86.

XX ✿ **L'auberge française,** Rutschbahn 34, ⊠ 20146, 𝒫 4 10 25 32, Fax 4105857 – 🖭 ⓪ ⴹ
𝘝𝘐𝘚𝘈. ⚘ – *Samstag nur Abendessen, Sonntag Ruhetag, Juni - Aug. auch Samstag geschl.*
– **Menu** (Tischbestellung erforderlich, französische Küche) à la carte 62/105   BT s
Spez. Gebratene Gänsestopfleber in Trüffelsauce, Seeteufel mit Safransauce, Früchtegratin mit
Kirschsabayon.

In Hamburg-St. Pauli :

XX **Bavaria-Blick,** Bernhard-Nocht-Str. 99 (7. Etage, ▮), ⊠ 20359, 𝒫 31 16 31 16,
Fax 31163199, ≼ Hafen – ▬. 🖭 ⓪ ⴹ 𝘝𝘐𝘚𝘈 ᴶᶜᴮ. ⚘   AU m
Menu (Tischbestellung ratsam) à la carte 50/87.

In Hamburg-Sasel :

🏛 **Mellingburger Schleuse** ⚲ (250 Jahre altes niedersächsisches Bauernhaus), Melling-
burgredder 1, ⊠ 22395, 𝒫 6 02 40 01, Fax 6027912, ㊟, ⬜ – ⬚ ☎ ⇔ ❷ – ▵ 180
🖭 ⓪ ⴹ 𝘝𝘐𝘚𝘈 – **Menu** à la carte 41/71 – **47 Z** 180/275. über Saseler Chaussee   R

X **Saseler Dorfkrug - Gerresheim,** Saseler Chaussee 101, ⊠ 22393, 𝒫 60 01 70,
Fax 60017179 – ❷ – **Menu** (wochentags nur Abendessen) à la carte 35/60.   R m

In Hamburg-Schnelsen :

🏛 Novotel - Nord, Oldesloer Str. 166, ⊠ 22457, 𝒫 55 99 30, Telex 212923, Fax 5592020, ㊟,
⬚ (geheizt) – ▮ ⇔ Zim ⬚ ☎ ⇔ ❷ – ▵ 200. ⚘ Rest – **122 Z.**   R u

In Hamburg-Stellingen :

🏛 **Holiday Inn,** Kieler Str. 333, ⊠ 22525, 𝒫 54 74 00, Fax 54740100, ≦ᶊ – ▮ ⇔ Zim ⬚
☎ ⇔ ❷ – ▵ 25. 🖭 ⓪ ⴹ 𝘝𝘐𝘚𝘈 – **Menu** à la carte 45/62 – **98 Z** 219/270.   R r

🏛 **Helgoland,** Kieler Str. 177, ⊠ 22525, 𝒫 85 70 01, Fax 8511445 – ▮ ⇔ Zim ⬚ ☎ ⇔
❷ – ▵ 25. 🖭 ⓪ ⴹ 𝘝𝘐𝘚𝘈 ᴶᶜᴮ. ⚘ Rest   S n
Menu *(Freitag - Sonntag geschl.)* (nur Abendessen) à la carte 37/53 – **110 Z** 163/233.

In Hamburg-Stillhorn :

🏰 **Forte Crest Hamburg,** Stillhorner Weg 40, ⊠ 21109, 𝒫 7 52 50, Telex 217940,
Fax 7525444, ≦ᶊ, ⬜ – ▮ ⇔ Zim ▬ Rest ⬚ ₺ ❷ – ▵ 160. 🖭 ⓪ ⴹ 𝘝𝘐𝘚𝘈. ⚘ Rest
Menu à la carte 41/76 – **148 Z** 231/347.   S v

🏠 **BAB Raststätte und Motel Stillhorn,** an der A 1 (Ostseite), ⊠ 21109, 𝒫 75 01 70,
Fax 75017189, ㊟ – ⬚ ☎ ₺ ⇔ ❷ – ▵ 30. ⓪ ⴹ 𝘝𝘐𝘚𝘈   S v
Menu à la carte 28/40 – **46 Z** 90/160.

In Hamburg-Uhlenhorst :

🏨 **Parkhotel Alster-Ruh** ⊗ garni, Am Langenzug 6, ⊠ 22085, ℰ 22 45 77, Fax 2278966 – 📺 ☎ ⇔. 🖭 **E** – **24 Z** 159/392.
CT **e**

🏨 **Nippon** (Japanische Einrichtung und Küche), Hofweg 75, ⊠ 22085, ℰ 2 27 11 40, Fax 22711490 – 📳 📺 ☎ ⇔. 🖭 ⓞ **E** 𝘝𝘐𝘚𝘈. ⅍
Menu *(Montag geschl.)* (nur Abendessen) à la carte 42/71 – **42 Z** 189/302.
DT **d**

✗✗ **Ristorante Roma,** Hofweg 7, ⊠ 22085, ℰ 2 20 25 54, Fax 2279225, 🍴 – 🖭 ⓞ 𝘝𝘐𝘚𝘈
Samstag nur Abendessen, Sonntag geschl. – **Menu** (italienische Küche) à la carte 48/83.
DT **h**

In Hamburg-Veddel :

🏨 **Carat-Hotel,** Sieldeich 9, ⊠ 20539, ℰ 78 96 60, Fax 786196, ⇍ – 📳 ⅍ Zim 📺 ☎ ℗ – 🛎 30. 🖭 ⓞ **E** 𝘝𝘐𝘚𝘈 𝘑𝘊𝘉
S **s**
23.- 27. Dez. geschl. – **Menu** *(Sonntag nur Abendessen)* à la carte 34/56 – **91 Z** 190/250.

In Hamburg-Wellingsbüttel :

🏨 **Rosengarten** garni, Poppenbüttler Landstr. 10b, ⊠ 22391, ℰ 6 02 30 36, Fax 6065353, 🌳 – 📺 ☎ ⇔ ℗. 🖭 **E** 𝘝𝘐𝘚𝘈 – *24. Dez.- 2. Jan. geschl.* – **10 Z** 128/198.
R **s**

✗✗ **Randel,** Poppenbüttler Landstr. 1, ⊠ 22391, ℰ 6 02 47 66, Fax 6065298, 🍴, « Großer Park » – ℗. 🖭 ⓞ **E** 𝘝𝘐𝘚𝘈 – *Montag geschl.* – **Menu** à la carte 40/71.
R **w**

In Hamburg-Winterhude :

🏨 **Hanseatic** garni, Sierichstr. 150, ⊠ 22299, ℰ 48 57 72, Fax 485773, « Elegante, wohnliche Einrichtung » – 📺 ☎. ⅍
CT **c**
13 Z 225/460.

✗✗ **Borsalino,** Barmbeker Str. 165, ⊠ 22299, ℰ 47 60 30, Fax 470249 – 🖭 ⓞ **E** 𝘝𝘐𝘚𝘈 CT **u**
Samstag nur Abendessen – **Menu** (italienische Küche) à la carte 46/69.

✗✗ **Le Francien,** Grasweg 70, ⊠ 22303, ℰ 2 70 50 49 – 🖭 **E** 𝘝𝘐𝘚𝘈
R **a**
Samstag nur Abendessen, Sonntag geschl. – **Menu** à la carte 66/89.

✗ **Sale e Pepe,** Sierichstr. 94, ⊠ 22301, ℰ 27 38 80 – 🖭 ⓞ **E** 𝘝𝘐𝘚𝘈
CT **s**
Montag - Freitag nur Abendessen, Dienstag geschl. – **Menu** à la carte 56/79.

MICHELIN-REIFENWERKE KGaA. Niederlassung Meessen 8, ⊠ 22113 Oststeinbek, ℰ (040) 7 13 50 11, Fax 7128927.

HAMELN Niedersachsen 𝟜𝟙𝟙 𝟜𝟙𝟚 L 10, 𝟿𝟪𝟽 ⑮ – 60 000 Ew – Höhe 68 m – ✆ 05151.

Sehenswert : Rattenfängerhaus★ N – Hochzeitshaus★ B.

Ausflugsziel : Hämelschenburg★ ③ : 11 km.

🏌 Schloß Schwöbber, 3258 Aerzen 16, ℰ (05154) 20 04, Fax 2264.

🚩 Verkehrsverein, Deisterallee, ⊠ 31785, ℰ 20 26 17, Fax 202500.

ADAC, Ostertorwall 15 A, ⊠ 31785, ℰ 33 35, Fax 43191.

◆Hannover 45 ① – Bielefeld 80 ⑤ – Hildesheim 48 ② – Paderborn 67 ④ – ◆Osnabrück 110 ⑤.

Stadtplan siehe nächste Seite

🏨 **Stadt Hameln,** Münsterwall 2, ⊠ 31787, ℰ 9010, Fax 901333, « Innenhof, Terrasse mit ≼, Tagungsschiff », ⇍, 🖼 – 📳 ▤ Rest 📺 ⇔ ℗ – 🛎 100. 🖭 ⓞ **E** 𝘝𝘐𝘚𝘈
u
Menu à la carte 34/60 – **85 Z** 130/290.

🏨 **Dorint Hotel,** 164er Ring 3, ⊠ 31785, ℰ 79 20, Fax 792191, 🍴, ⇍, 🖼 – 📳 📺 ☎ – 🛎 60. 🖭 ⓞ **E** 𝘝𝘐𝘚𝘈
s
Menu à la carte 46/77 *(auch vegetarische Gerichte)* – **105 Z** 177/390.

🏨 **Jugendstil** garni, Wettorstr. 15, ⊠ 31785, ℰ 9 55 80, Fax 955866 – 📳 ⅍ 📺 ☎ ⅙ ⇔ ℗. 🖭 **E** 𝘝𝘐𝘚𝘈 – **18 Z** 135/170.
e

🏨 **Christinenhof** garni, Alte Marktstr. 18, ⊠ 31785, ℰ 9 50 80, Fax 43611, ⇍ – 📺 ☎ ⇔ ℗. 🖭 **E** 𝘝𝘐𝘚𝘈 – *22. Dez.- 4. Jan. geschl.* – **30 Z** 130/210.
c

🏨 **Zur Krone,** Osterstr.30, ⊠ 31785, ℰ 90 70, Fax 907217 – 📳 ▤ Zim 📺 ☎ ⇔ – 🛎 140. 🖭 ⓞ **E** 𝘝𝘐𝘚𝘈 – **Menu** à la carte 30/65 – **34 Z** 165/340.
r

🏨 **Zur Post** ⊗ garni, Am Posthof 6, ⊠ 31785, ℰ 76 30, Fax 7641 – 📳 📺 ☎ ⇔. 🖭 **E** 𝘝𝘐𝘚𝘈
35 Z 79/190.
v

🏨 **Bellevue** garni, Klütstr. 34, ⊠ 31787, ℰ 6 10 18, Fax 66179 – 📺 ☎ ⇔ ℗. 🖭 ⓞ **E** 𝘝𝘐𝘚𝘈
19 Z 75/145.
über Klütstraße

🏨 **Zur Börse,** Osterstr. 41a (Zufahrt über Kopmanshof), ⊠ 31785, ℰ 70 80 (Hotel) 2 25 75 (Rest.), Fax 25485 – 📳 📺 ☎ ⇔. 🖭 ⓞ 𝘝𝘐𝘚𝘈
a
Hotel über Weihnachten und Neujahr geschl. – **Menu** *(27. Dez.- 1. Jan. geschl.)* à la carte 25/48 ⅍ – **34 Z** 69/130.

✗✗ **Herzer's Restaurant,** Süntelstr.1, ⊠ 31785, ℰ 2 36 08 – 🖭 **E** 𝘝𝘐𝘚𝘈
x
Montag geschl. – **Menu** à la carte 53/86.

✗ **Rattenfängerhaus,** Osterstr. 28, ⊠ 31785, ℰ 38 88, Fax 26742, « Renaissancehaus a.d.J.1603 » – 🛎 40. 🖭 ⓞ **E** 𝘝𝘐𝘚𝘈 – **Menu** à la carte 32/62.
N

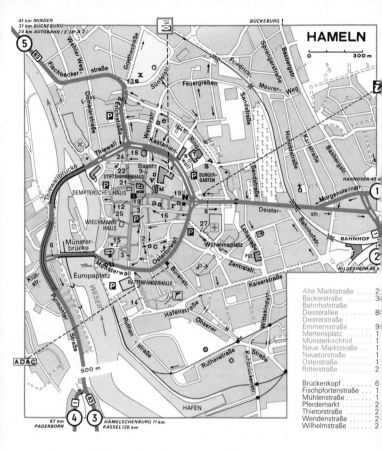

HAMELN

0   300 m

In Hameln-Klein Berkel ④ : 3 km :

🏠 **Klein Berkeler Warte,** an der B 1, ⊠ 31789, ✆ 99 00, Fax 990222, 🍴 – 📺 ☎ 🅿 – 🔬 100
   🅰🅴 Ɛ 𝘝𝘐𝘚𝘈 – *16.- 31. Jan. geschl.* – **Menu** à la carte 33/65 – **46 Z** 79/150.

🏠 **Ohrberg** ⑤ garni, Margeritenweg 1, ⊠ 31789, ✆ 6 50 55, Fax 65979, 🌳 – 📺 ☎ 🛬
   🅿. 🅰🅴 Ɛ 𝘝𝘐𝘚𝘈 – **18 Z** 85/150.

Auf dem Klütberg W : 7 km über ④ :

✗✗ **Klütturm,** ⊠ 31787 Hameln, ✆ (05151) 6 16 44, Fax 67327, ‹ Weser und Hameln, 🍴
   🅿. 🅰🅴 Ɛ 𝘝𝘐𝘚𝘈
   Dienstag und Mitte Jan.- 10. Feb. geschl. – **Menu** à la carte 52/89.

In Aerzen-Multhöpen ④ : 13 km über Königsförde :

🏠 **Landluft** ⑤, Buschweg 7, ⊠ 31855, ✆ (05154) 20 01, Fax 2003, ‹, 🍴, 🌳 – 📺 ☎ 🛬
   🅿. 🅰🅴 ⑩ Ɛ 𝘝𝘐𝘚𝘈
   Mitte Jan.- Mitte Feb. geschl. – **Menu** *(Dienstag geschl.)* (wochentags nur Abendessen)
   à la carte 35/57 – **16 Z** 60/130.

HAMFELDE KREIS HZGT. LAUENBURG Schleswig-Holstein 🟦🟦🟦 O 6 – 450 Ew – Höhe 27 m
– 🔆 04154.
◆Kiel 94 – ◆Hamburg 34 – Lauenburg 34 – ◆Lübeck 42.

🏠 **Pirsch-Mühle** garni, Möllner Str. 2, ⊠ 22929, ✆ 23 00, Fax 4203, 🍴, 🌳 – 📺 ☎ 🅿. 🅰
   Ɛ 𝘝𝘐𝘚𝘈. 🍴
   14 Z 98/128.

Make the most of this Guide, by reading the explanatory pages in the introduction.

HAMM
IN WESTFALEN

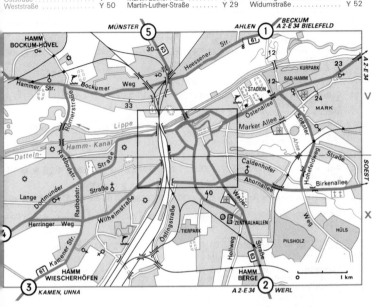

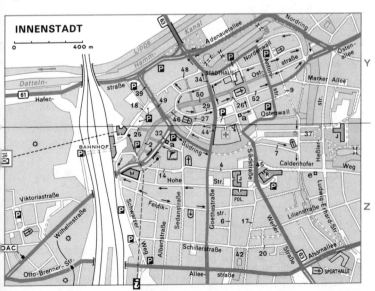

HAMM IN WESTFALEN Nordrhein-Westfalen 𝟜𝟙𝟙 𝟜𝟙𝟚 G 11, 𝟗𝟖𝟟 ⑭ – 186 000 Ew – Höhe 63 m – ☎ 02381.

🗓 Verkehrsverein, Bahnhofsvorplatz (im Kaufhaus Horten), ✉ 59065, ℘ 2 34 00, Fax 28348.

ADAC, Wilhelmstr. 50, ✉ 59067, ℘ 2 92 88, Fax 15776.

♦Düsseldorf 111 ③ – Bielefeld 76 ⑥ – Dortmund 44 ③ – Münster (Westfalen) 37 ⑥.

Stadtplan siehe vorhergehende Seite

🏨 **Queens Hotel Hamm,** Neue Bahnhofstr. 3, ✉ 59065, ℘ 9 19 20, Fax 9192833, Massage, ≦s, 🔲 – |‡| ⇔ Zim 🔲 🔲 & – 🔬 240. 𝔸𝔼 ⓪ 𝔼 𝘝𝘐𝘚𝘈
Menu à la carte 54/76 – **142 Z** 226/300.   Z a

🏨 **Stadt Hamm,** Südstr. 9, ✉ 59065, ℘ 2 90 91, Fax 15210 – |‡| 🔲 ☎ ⇔. 𝔸𝔼 ⓪ 𝔼 𝘝𝘐𝘚𝘈
❄
Menu (nur Abendessen) à la carte 38/65 – **31 Z** 150/210.   Y a

🏨 **Herzog** garni, Caldenhofer Weg 22, ✉ 59065, ℘ 2 00 59, Fax 13802 – 🔲 ☎ ⇔ 🄿. 𝔸𝔼 ⓪ 𝔼 𝘝𝘐𝘚𝘈
25 Z 98/160.   Z e

In Hamm-Pelkum ③ : 5 km über die B 61 :

🏨 **Selbachpark** ⬙, Kamener Straße (B 61, SO : 2 km), ✉ 59077, ℘ 4 09 44, Fax 405213 – 🔲 ☎ 🄿 – 🔬 70. ❄
Menu à la carte 25/55 – **25 Z** 90/150.

XXX **Wieland - Stuben,** Wielandstr. 84, ✉ 59077, ℘ 40 12 17, Fax 405659, 😊, « Elegante und rustikale Einrichtung » – 🄿. 𝔸𝔼 ⓪ 𝔼 𝘝𝘐𝘚𝘈
Samstag nur Abendessen – **Menu** à la carte 54/76.

In Hamm-Rhynern ② : 7 km :

🏨 **Grüner Baum,** Reginenstr. 3, ✉ 59069, ℘ (02385) 24 54, Fax 6353, 😊 – |‡| 🔲 ☎ 🄿. 𝔸𝔼 ⓪ 𝔼 𝘝𝘐𝘚𝘈 𝖩𝖢𝖡
Menu *(Samstag nur Abendessen)* à la carte 40/70 – **25 Z** 128/220.

XX **Haus Helm** mit Zim, Reginenstr. 5, ✉ 59069, ℘ (02385) 91 00 50, Fax 6710 – 🔲 ☎ 🄿. 𝔸𝔼 𝔼 𝘝𝘐𝘚𝘈
Menu *(Mittwoch-Freitag nur Abendessen, Montag-Dienstag und Juli-Aug. 4 Wochen geschl.)* à la carte 56/85 – **9 Z** 70/120.

HAMM (SIEG) Rheinland-Pfalz 𝟜𝟙𝟚 G 14 – 11 500 Ew – Höhe 208 m – ☎ 02682.

Mainz 124 – ♦Bonn 63 – Limburg an der Lahn 64 – Siegen 48.

🏨 **Romantik-Hotel Alte Vogtei** (Fachwerkhaus a.d.J. 1753), Lindenallee 3 (B 256), ✉ 57577, ℘ 2 59, Fax 8956, 😊, ≉ – 🔲 ☎ ⇔ – 🔬 16. 𝔸𝔼 ⓪ 𝔼 𝘝𝘐𝘚𝘈
Menu *(Donnerstag nur Abendessen, Mittwoch und 20. Juli - 10. Aug. geschl.)* à la carte 35/68 – **16 Z** 75/210.

An der B 256 W : 2,5 km :

🏨 **Auermühle,** ✉ 57577 Hamm, ℘ (02682) 2 51, Fax 8438, ≉ – ☎ ⇔ 🄿. 𝔸𝔼 ⓪ 𝔼 𝘝𝘐𝘚𝘈
← Menu *(Freitag, 2.- 22. Jan. und 17.- 23. Juli geschl., Samstag nur Abendessen)* à la carte 28/66 – **19 Z** 70/140.

In Marienthal S : 5 km :

🏨 **Waldhotel Imhäuser** ⬙, Hauptstr. 14, ✉ 57612, ℘ (02682) 2 71, Fax 4197, ≉ – ☎ ⇔ 🄿 – 🔬 40. 𝔸𝔼 ⓪ 𝘝𝘐𝘚𝘈
Menu *(Montag-Dienstag geschl.)* à la carte 30/54 – **14 Z** 55/140.

HAMMELBURG Bayern 𝟜𝟙𝟛 M 16, 𝟗𝟖𝟟 ㉕ – 12 800 Ew – Höhe 180 m – ☎ 09732.

🗓 Tourist-Information, Kirchgasse 4, ✉ 97762, ℘ 8 02 49, Fax 80279.

♦München 319 – ♦Bamberg 94 – Fulda 70 – ♦Würzburg 53.

🏨 **Schloß Saaleck** ⬙ (Schloß a.d.12.Jh.), Saaleckstr. 1 (W : 2 km), ✉ 97762, ℘ 20 20, ≤ Saaletal und Hammelburg – 🔲 ☎ 🄿
13 Z

🏨 **Kaiser,** An der Walkmühle 11, ✉ 97762, ℘ 40 38, 😊, ≉ – ☎ ⇔ 🄿. 𝔼
Menu *(Montag geschl.)* (wochentags nur Abendessen) à la carte 27/46 ⅙ – **11 Z** 53/95.

In Hammelburg-Morlesau W : 8 km über Hammelburg-Diebach :

🏨 **Nöth** ⬙, Morlesauer Str. 6, ✉ 97762, ℘ (09357) 5 34, Fax 1357, 😊, ⤵ (geheizt), ≉ – 🄿. 𝔸𝔼 ⓪ 𝔼 𝘝𝘐𝘚𝘈
Menu *(Nov.- Feb. Montag geschl.)* à la carte 28/56 – **16 Z** 63/116.

In Wartmannsroth NW : 10 km :

🏨 **Sepp Halbritter's Landgasthaus,** Hauptstr. 4, ✉ 97797, ℘ (09737) 8 90, Fax 8940, 😊, « Gartenterrasse », ≉ – 🔲 ☎ 🄿. 𝔸𝔼 𝔼 𝘝𝘐𝘚𝘈. ❄ Rest
Mitte Jan. - Mitte Feb. geschl. – **Gute Stube** (wochentags nur Abendessen, Montag - Dienstag geschl.) **Menu** à la carte 62/98 – **Wein-Stube** (auch Mittagessen, Dienstag geschl.)
Menu à la carte 30/62 – **11 Z** 125/200.

398

In Wartmannsroth-Neumühle W : 6 km über Hammelburg-Diebach :

🏠 **Neumühle** 🦌 (Fachwerkhäuser mit wertvoller antiker Einrichtung), ⊠ 97797, ☎ (09732) 80 30, Fax 80379, 🐎, 🏊, 🐎, 🍴 – 📺 ☎ 🅿 – 🔏 30. ⚠ Rest
Menu (Tischbestellung ratsam) à la carte 50/70 – **29 Z** 170/320.

HAMMINKELN Nordrhein-Westfalen siehe Wesel.

HANAU Hessen 🔢🔢🔢 J 16, 🔢🔢🔢 ㉕ – 90 000 Ew – Höhe 105 m – ✪ 06181.

🔢 Hanau-Wilhelmsbad (über ⑤), ☎ 8 20 71.

🇧 Verkehrsbüro, Am Markt 14, ⊠ 63450, ☎ 25 24 00, Fax 295602.

ADAC, Sternstraße (Parkhaus), ⊠ 63450, ☎ 2 45 11, Fax 20834.

♦Wiesbaden 59 ③ – ♦Frankfurt am Main 20 ④ – Fulda 89 ① – ♦Würzburg 104 ②.

HANAU

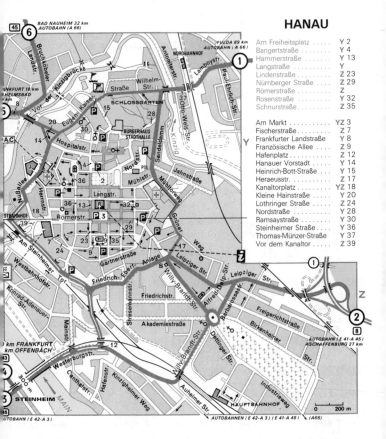

🏨 **Brüder-Grimm-Hotel,** Kurt-Blaum-Platz 6, ⊠ 63450, ☎ 30 60 (Hotel) 3 38 38 (Rest.), Fax 306512, Massage, 😩 – 🛗 📺 ☎ 🔥 🅿 – 🔏 70. ⚠ 🅞 🅴 𝒱𝐼𝑆𝐀 🗾 Z **s**
24.- 30. Dez. geschl. – **Menu** *(Sonntag geschl.)* à la carte 46/80 – **95 Z** 150/280, 10 Suiten.

🏨 **Zum Riesen** garni, Heumarkt 8, ⊠ 63450, ☎ 2 50 20, Fax 250259 – 🛗 ✂ 📺 ☎ – 🔏 25. ⚠ 🅴 𝒱𝐼𝑆𝐀 🗾 ✂ Y **c**
28 Z 135/180.

🏠 **Café Menges** garni, Hirschstr. 16, ⊠ 63450, ☎ 92 05 00, Fax 920550 – 📺 ☎ 🚗 🅿 ⚠ 🅞 🅴 𝒱𝐼𝑆𝐀 Y **r**
28 Z 80/160.

In Hanau-Mittelbuchen ⑥ : 7 km :

🏠 **Sonnenhof** garni, Alte Rathausstraße 6, ⊠ 63454, ℰ 7 10 99 – 📺 ☎ 🅿
21. Dez.- Anfang Jan. geschl. – **18 Z** 65/110.

In Hanau-Steinheim ③ : 4 km :

🏨 **Villa Stokkum,** Steinheimer Vorstadt 70, ⊠ 63456, ℰ 66 40, Fax 661580, ☞ – 📳 ⇄ Zim
▤ 📺 🅿 – 🔬 120. ⬛ ⓞ ⭐ 𝘝𝘐𝘚𝘈. ⋘ Rest
Menu à la carte 46/73 – **137 Z** 260/330.

🏠 **Birkenhof** (mit Gästehaus), von-Eiff-Str. 37, ⊠ 63456, ℰ 6 48 80, Fax 648839, ☞ – 📺 ☎
⬛ 🅿. ⬛ ⭐ 𝘝𝘐𝘚𝘈
20. Dez.- 4. Jan. geschl. – (nur Abendessen für Hausgäste) – **23 Z** 120/200.

🏨 **Zur Linde,** Steinheimer Vorstadt 31, ⊠ 63456, ℰ 65 90 71, Fax 659074, ☞ – 📺 ☎ 🅿.
⭐ 𝘝𝘐𝘚𝘈
Menu *(Donnerstag geschl., Samstag nur Abendessen)* à la carte 30/58 – **30 Z**
90/180.

In Hanau-Wilhelmsbad über ⑤ :

✗✗ **Golf-Club - Restaurant da Enzo** ⋙ mit Zim, Wilhelmsbader Allee 32, ⊠ 63454,
ℰ 8 32 19 (Hotel) 8 53 97 (Rest.), Fax 87722, ≤, ☞ 📠 – 📺 ☎ 🅿. ⋘ Zim
7 Z.

In Hainburg-Hainstadt ③ : 6 km :

🏨 **Hessischer Hof,** Hauptstr. 56, ⊠ 63512, ℰ (06182) 44 11, Fax 7547, ☞, ≋ – 📳 📺 ☎
🅿. ⬛ ⓞ ⭐ 𝘝𝘐𝘚𝘈
Menu *(Montag geschl.)* à la carte 32/70 – **13 Z** 110/170.

Die im Michelin-Führer
verwendeten Zeichen und Symbole haben -
fett *oder* dünn *gedruckt,* rot *oder* schwarz *-*
jeweils eine andere Bedeutung. Lesen Sie daher die Erklärungen aufmerksam durch.

HANDELOH Niedersachsen 🗐🗐 M 7 – 1 700 Ew – Höhe 38 m – 🕲 04188.
◆Hannover 124 – ◆Bremen 89 – ◆Hamburg 50 – Lüneburg 46.

🏠 **Fuchs,** Hauptstr. 35, ⊠ 21256, ℰ 4 14, Fax 7423, ☞, ≋, ☞, ⋘ – 📺 ☎ 🅿 – 🔬 40.
◆ ⭐
Feb.- März 3 Wochen geschl. – **Menu** à la carte 24/50 – **34 Z** 60/125.

🏠 **Zum Lindenheim** (mit Gästehaus), Hauptstr. 38, ⊠ 21256, ℰ 74 11, Fax 7561, ☞ – ☎
🅿. ⬛ ⓞ ⭐ 𝘝𝘐𝘚𝘈
Menu *(Jan.- Feb. 4 Wochen und im Winter Dienstag-Mittwoch geschl.)* à la carte 28/62
– **22 Z** 50/120.

HANERAU-HADEMARSCHEN Schleswig-Holstein 🗐🗐 L 4, 🗐🗐🗐 ⑤, 🗐🗐🗐 ⑥ – 3 000 Ew – Höhe
68 m – 🕲 04872.
◆Kiel 64 – Itzehoe 25 – Neumünster 48 – Rendsburg 33.

🏠 **Landgasthof Köhlbarg,** Kaiserstr. 33, ⊠ 25557, ℰ 91 11, Fax 9119, ☞ – 📺 ☎ 🕭 🕭
🅿. ⭐ 𝘝𝘐𝘚𝘈
Feb. 2 Wochen geschl. – **Menu** *(Montag - Freitag nur Abendessen, Dienstag geschl.)* à la
carte 30/50 – **13 Z** 75/120.

HANKENSBÜTTEL Niedersachsen 🗐🗐 O 8, 🗐🗐🗐 ⑯ – 4 200 Ew – Höhe 40 m – Luftkurort –
🕲 05832.
◆Hannover 83 – ◆Braunschweig 62 – Celle 40 – Lüneburg 65.

In Dedelstorf-Repke SW : 5 km :

🏠 **Dierks,** Celler Str. 6 (B 244), ⊠ 29386, ℰ (05832) 60 82, Fax 6084, ☞ – ☎ 🕭 🅿. ⬛ ⭐
𝘝𝘐𝘚𝘈
Menu *(Jan. nur Abendessen)* à la carte 28/54 – **17 Z** 58/109.

HANN. MÜNDEN Niedersachsen 🗐🗐 🗐🗐 L 12, 🗐🗐🗐 ⑮ – 28 000 Ew – Höhe 125 m – Erho-
lungsort – 🕲 05541.
Sehenswert : Fachwerkhäuser★★ Υ – Rathaus★ ΥR.
Ausflugsziel : Wesertal★ (von Hann. Münden bis Höxter).
🛈 Städtisches Verkehrsbüro, Rathaus, ⊠ 34346, ℰ 7 53 13.
◆Hannover 151 ① – ◆Braunschweig 138 ① – Göttingen 34 ① – ◆Kassel 23 ②.

HANN. MÜNDEN

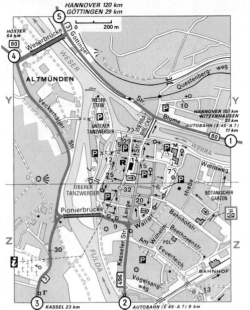

Si vous écrivez
à un hôtel à l'étranger
joignez à votre lettre
un coupon réponse
international
(disponible dans
les bureaux de poste).

🏠 **Schmucker Jäger,** Wilhelmshäuser Str. 45 (B 3), ⊠ 34346, 𝒫 9 81 00, Fax 2901 – 📺 ☎
🔶 – 🕭 60. 🖭 ⓞ 🗉 𝘝𝘐𝘚𝘈 .... Z r
2.- 14. Jan. geschl. – **Menu** (Sonntag nur Mittagessen, Montag nur Abendessen) à la carte
22/60 – **30 Z** 55/140.

🏠 **Jagdhaus Heede** ♤, Hermannshäger Str. 81, ⊠ 34346, 𝒫 23 95, Fax 5133, ☆, 🖼,
🔶 ☎ 🅿. 🖭 ⓞ 🗉 𝘝𝘐𝘚𝘈. ﹪ Zim .... über ①
Nov. geschl. – **Menu** (Montag geschl.) à la carte 23/50 – **18 Z** 60/110.

XX **Letzter Heller** mit Zim, Am letzten Heller (B 80, ① : 4 km), ⊠ 34346, 𝒫 64 46, Fax 6071
– 🔶 🅿. 🖭 ⓞ 🗉 𝘝𝘐𝘚𝘈 – **Menu** (Donnerstag geschl.) à la carte 35/60 – **12 Z** 50/100.

In Hann. Münden-Gimte N : 3 km über ⑤ :

🏨 **Freizeit Auefeld,** Hallenbadstr. 33 (nahe der B 3), ⊠ 34346, 𝒫 70 50 (Hotel), 10 09 (Rest.),
Fax 1010, 🖦, ⓢ, ﹪ (Halle) – 🛗 ﹩ Zim 📺 ☎ 🕭 🔶 🅿 – 🕭 60. 🖭 ⓞ 🗉
𝘝𝘐𝘚𝘈
Menu à la carte 36/75 – **48 Z** 110/220, 9 Suiten.

In Hann. Münden-Laubach ① : 6 km :

🏨 **Werratal Hotels,** Buschweg 41, ⊠ 34346, 𝒫 3 50 21, Fax 33425, ☆, ⓢ – ﹩ 📺 ☎
🅿. 🖭 ⓞ 🗉 𝘝𝘐𝘚𝘈. ﹪
Menu (Dienstag geschl.) à la carte 28/75 (auch vegetarische Gerichte) –
44 Z 105/165.

HANNOVER 🗺 Niedersachsen 𝟜𝟙𝟙 𝟜𝟙𝟚 LM 9, 𝟵𝟴𝟳 ⑮ – 510 000 Ew – Höhe 55 m – 🕔 0511.

🔹**ehenswert :** Herrenhäuser Gärten★★ (Großer Garten★★, Berggarten★) A – Kestner-
🔹useum★DY **M1** – Marktkirche (Schnitzaltar★★) DY – Niedersächsisches Landesmuseum★ EZ **M2**
Sprengel-Museum★ EZ.

🔹 Garbsen, Am Blauen See (⑧ : 14 km), 𝒫 (05137) 7 30 68 ; 🔹 Isernhagen FB, Gut Lohne,
𝒫 (05139) 29 98.

🔹 Hannover-Langenhagen (① : 11 km), 𝒫 7 30 51.

🔹 𝒫 1 94 19.

🔹essegelände (über ④ und die B 6), 𝒫 8 90, Telex 922728.

🔹 Hannover Information, Ernst-August-Platz 2, ⊠ 30159, 𝒫 30 14 22, Fax 301414.

🔹DAC, Hindenburgstr. 37, ⊠ 30175, 𝒫 8 50 00, Fax 8500333.

🔹Berlin 288 ② (über Helmstedt) – ◆Bremen 123 ① – ◆Hamburg 151 ①.

| **Messe-Preise :** siehe S. 8 | **Foires et salons :** voir p. 16 |
| **Fairs :** see p. 24 | **Fiere :** vedere p. 32 |

Kastens Hotel Luisenhof, Luisenstr. 1, ⊠ 30159, ℰ 3 04 40, Telex 922325, Fax 3044807 – ⫟ ⇄ Zim ▦ Rest 📺 ♿ ⇔ 🅿 – ⚿ 100. 🆎 ➀ E 💳 🇯🇨🇧. ⅍ Rest   EX **b**
Menu *(Juli - Aug. Sonntag geschl.)* à la carte 60/97 – **160 Z** 199/578, 5 Suiten.

Maritim Grand Hotel, Friedrichswall 11, ⊠ 30159, ℰ 3 67 70, Fax 325195 – ⫟ ⇄ Zim ▦ Rest 📺 – ⚿ 300. 🆎 ➀ E 💳 🇯🇨🇧 DY **a**
L'Adresse - Brasserie : Menu à la carte 50/96 – *Wilhelm-Busch-Stube :* Menu à la carte 30/42 – **285 Z** 281/598, 14 Suiten.

Maritim Stadthotel, Hildesheimer Str. 34, ⊠ 30169, ℰ 9 89 40, Fax 9894901, ⇌, 🖾 – ⫟ ⇄ Zim ▦ 📺 ♿ ⇔ 🅿 – ⚿ 380. 🆎 ➀ E 💳 🇯🇨🇧. ⅍ Rest   EZ **b**
Menu à la carte 60/102 – **293 Z** 251/588.

Schweizerhof, Hinüberstr. 6, ⊠ 30175, ℰ 3 49 50 (Hotel) 3 49 52 52 (Rest.), Telex 923359, Fax 3495123 – ⫟ ⇄ Zim ▦ Rest 📺 ⇔ – ⚿ 250. 🆎 ➀ E 💳 🇯🇨🇧   EX **d**
Menu *(Sonntag geschl.)* – *Gourmet's Buffet :* Menu à la carte 43/66 – **200 Z** 249/729, 3 Suiten.

Congress-Hotel am Stadtpark, Clausewitzstr. 6, ⊠ 30175, ℰ 2 80 50, Telex 921263, Fax 814652, ⇌, Massage, ⇌, 🖾 – ⫟ ⇄ Zim 📺 🅿 – ⚿ 1550. 🆎 ➀ E 💳   B **e**
Menu à la carte 43/70 *(auch Diät)* – **252 Z** 170/455, 4 Suiten.

Grand Hotel Mussmann garni, Ernst-August-Platz 7, ⊠ 30159, ℰ 32 79 71, Telex 922859, Fax 324325 – ⫟ ⇄ 📺 – ⚿ 50. 🆎 ➀ E 💳   EX **v**
102 Z 178/498.

Königshof garni, Königstr. 12, ⊠ 30175, ℰ 31 20 71, Fax 312079 – ⫟ 📺 ☎ ⇔ – ⚿ 30. 🆎 ➀ E 💳. ⅍   EX **c**
79 Z 178/440.

Plaza, Fernroder Str. 9, ⊠ 30161, ℰ 3 38 80, Fax 3388488, ⇌ – ⫟ ⇄ Zim ▦ 📺 ☎ – ⚿ 100. 🆎 ➀ E 💳   EX **e**
Menu à la carte 40/71 – **102 Z** 138/466.

Mercure, Am Maschpark 3, ⊠ 30169, ℰ 8 00 80, Telex 921575, Fax 8093704, ⇌ – ⫟ ⇄ Zim ▦ Rest 📺 ☎ ♿ ⇔ – ⚿ 130. 🆎 ➀ E 💳
Menu à la carte 34/53 – **144 Z** 209/435.   EZ **n**

Am Funkturm, Hallerstr. 34, ⊠ 30161, ℰ 3 39 80 (Hotel) 33 23 09 (Rest.), Fax 3398111 – ⫟ ⇄ Zim 📺 ☎ 🅿. 🆎 ➀ E 💳   EV **s**
Ristorante Milano : Menu à la carte 43/65 – **60 Z** 98/320.

Am Leineschloß garni, Am Markte 12, ⊠ 30159, ℰ 32 71 45, Fax 325502 – ⫟ ⇄ 📺 ☎ ⇔. 🆎 ➀ E 💳. ⅍   DY **z**
81 Z 196/380.

Intercity-Hotel, Ernst-August-Platz 1, ⊠ 30159, ℰ 32 74 61, Telex 921171, Fax 324119 – ⫟ ▦ Rest 📺 ☎ – ⚿ 100. 🆎 ➀ E 💳   EX **i**
Menu à la carte 23/54 – **57 Z** 185/360.

Loccumer Hof, Kurt-Schumacher-Str. 16, ⊠ 30159, ℰ 1 26 40, Fax 131192 – ⫟ 📺 ☎ ⇔ – ⚿ 40. 🆎 ➀ E 💳   DX **s**
Menu à la carte 44/74 *(auch vegetarische Gerichte)* – **87 Z** 145/340.

Körner, Körnerstr. 24, ⊠ 30159, ℰ 1 63 60, Telex 921313, Fax 18048, ⇌, 🖾 – ⫟ ⇄ Zim 📺 ☎ ⇔ – ⚿ 50. 🆎 ➀ E 💳   DX **e**
Weihnachten - Neujahr geschl. – Menu *(Sonntag geschl.)* 21 (mittags) und à la carte 45/65 – **75 Z** 140/220.

Am Rathaus, Friedrichswall 21, ⊠ 30159, ℰ 32 62 68, Fax 328868, ⇌ – ⫟ 📺 ☎. 🆎 ➀ E 💳. ⅍ Rest   EY **y**
Menu *(Samstag - Sonntag geschl.)* à la carte 36/54 – **46 Z** 160/340.

Vahrenwalder Hotel 181 garni, Vahrenwalder Str. 181, ⊠ 30165, ℰ 35 80 60, Fax 3505250, ⇌ – ⫟ 📺 ☎ 🅿. E 💳   B **a**
34 Z 130/210.

Adenauerallee . . . . . B 2
Altenauer Weg . . . . A 3
Bemeroder Straße . . B 4
Clausewitzstraße . . . B 5
Friedrichswall . . . . . B 6
Friedrich-Ebert-Str. . B 8
Goethestraße . . . . . B 9
Gustav-Bratke-Allee . B 10
Humboldtstraße . . . . B 13
Kirchröder Straße . . B 16
Lavesallee . . . . B 17
Leibnizufer . . . . B 18
Ritter-Brüning-Str. . . B 21
Schloßwender Str. . . B 22
Stöckener Straße . . . A 23
Stresemannallee . . . B 25

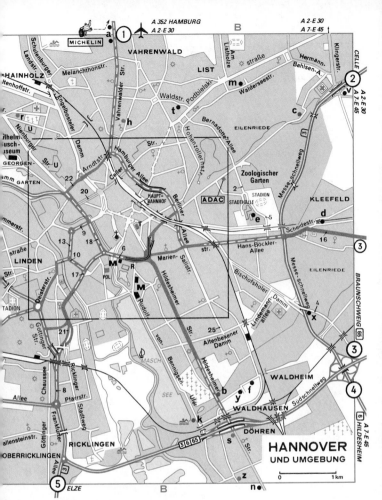

🏨 **Vahrenwald** garni, Vahrenwalder Str. 205, ☒ 30165, ℰ 63 30 77, Fax 673163 – 🛗 📺 ☎
②. **E** **VISA**
26 Z 130/190.
B a

🏨 **Atlanta** garni, Hinüberstr. 1, ☒ 30175, ℰ 3 38 60, Fax 345928 – 🛗 📺 ☎ 🚗. **E** **VISA**. 🛠
22. Dez.- 4. Jan. geschl. – **36 Z** 130/300.
EX t

🏨 **Alpha-Tirol** garni, Lange Laube 20, ☒ 30159, ℰ 13 10 66, Fax 341535 – 📺 ☎ 🚗. **AE**
① E **VISA**
35 Z 138/238.
DX f

🏨 **Thüringer Hof** garni, Osterstr. 37, ☒ 30159, ℰ 3 60 60, Fax 3606277 – 🛗 📺 ☎. **① E**
VISA. 🛠
23. Dez.- 2. Jan. geschl. – **49 Z** 145/300.
EY e

🏠 **Bischofshol,** Bemeroder Str. 2 (Nähe Messeschnellweg), ☒ 30559, ℰ 51 10 82,
Fax 522987, 🔾 – ☎ **②**
27. Dez.- 7. Jan. geschl. – **Menu** (Freitag geschl.) à la carte 29/54 – **12 Z** 85/160.
B x

XXX ✿ **Landhaus Ammann** mit Zim, Hildesheimer Str. 185, ☒ 30173, ℰ 83 08 18,
Fax 8437749, « Elegante Einrichtung, Innenhofterrasse », 🍽 – 🛗 📺 🕭 🚗 **②** – 🔏 50.
AE ① E **VISA**. 🛠 Rest
B b
Menu (bemerkenswerte Weinkarte) 125/165 und à la carte 80/112 – **15 Z** 245/420
Spez. Langustinen auf Tomatenschaum, Gebratener Steinbutt mit Zitronen-Makkaroni,
Rehnüßchen in Saint-Emilion.

403

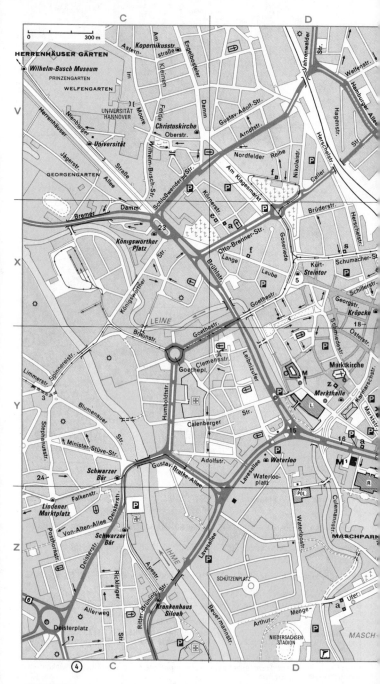

HERRENHÄUSER GÄRTEN
Wilhelm-Busch Museum
PRINZENGARTEN
WELFENGARTEN
UNIVERSITÄT HANNOVER
Christuskirche
Oberstr.
Universität
GEORGENGARTEN
Damm
Bremer
Königsworther Platz
LEINE
Braunstr.
Goethestr.
Goethepl.
Clemensstr.
Calenberger Str.
Adolfstr.
Gustav-Bratke-Allee
Schwarzer Bär
Lindener Marktplatz
Von-Alten-Allee
Schwarzer Bär
Krankenhaus Siloah
Deisterplatz

Kopernikusstr.
Am Engelbosteler Damm
Gustav-Adolf-Str.
Arndtstr.
Nordfelder Reihe
Am Klagesmarkt
Kornstr.
Otto-Brenner-Str.
Lange
Laube
Goethestr.
Brüderstr.
Kurt-Steintor
Schumacher-Str.
Georgstr.
Kröpcke
Marktkirche
Markthalle
Waterloo
Waterlooplatz
MASCHPARK
SCHÜTZENPLATZ
NIEDERSACHSEN STADION
MASCH-

Vahrenwalder Str.
Hamburger Allee
Welfenstr.
Hagenstr.
Herschelstr.
Celler Str.
Nikolaistr.

0   300 m

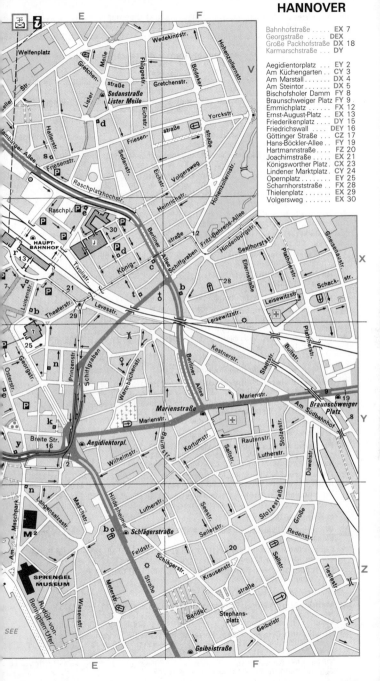

HANNOVER

XXX **Feuchter's Lila Kranz** mit Zim, Berliner Allee 33, ⊠ 30175, ℰ 85 89 21, Fax 854383, ⌂
– ⓘ **E** *VISA*   FX
Samstag und Sonntag nur Abendessen – **Menu** 42 (mittags) und à la carte 64/92 – **5** :
180/220.

XXX ⊛ **Romantik Hotel Georgenhof-Stern's Restaurant** ⊗ mit Zim, Herrenhäuse
Kirchweg 20, ⊠ 30167, ℰ 70 22 44, Fax 708559, « Niederdeutsches Landhaus
Gartenterrasse » – 🛏 ☎ 🅿. 🆎 ⓘ **E** *VISA* ᴶᶜᴮ   B
Menu (bemerkenswerte Weinkarte) 36 (mittags) und à la carte 87/120 – **14 Z** 150/420
Spez. Trüffel-Gerichte (Nov.-März), Hummer mit zwei Saucen, Heidschnucken-Rücken (Okt.-Dez.

XXX ⊛ **Bakkarat im Casino am Maschsee,** Arthur-Menge-Ufer 3 (1. Etage), ⊠ 30169
ℰ 88 40 57, Fax 887533, ≤, ⌂ – 🆎 ⓘ **E** *VISA* ᴶᶜᴮ   DZ
Sonntag - Montag und Jan.- Feb. 3 Wochen geschl. – **Menu** 49 (mittags) und à la carte
72/98.
Spez. Dorade rosée und Jakobsmuscheln im Zitronengrassud, Heidewachtel mit taubenbrus
gefüllt, Rote Grütze mit Trester-Sabayon.

XX **Seeterrassen im Maritim am Maschsee,** Arthur-Menge-Ufer 3, ⊠ 30169, ℰ 88 40 5:
Fax 887533, ≤, ⌂ – 🆎 ⓘ **E** *VISA* – **Menu** à la carte 30/73.   DZ

XX **Gattopardo,** Hainhölzer Str. 1 (Am Klagesmarkt), ⊠ 30159, ℰ 1 43 75, Fax 318283 – ◨
Menu (nur Abendessen, italienische Küche) à la carte 42/65.   DV

XX **Clichy,** Weißekreuzstr. 31, ⊠ 30161, ℰ 31 24 47, Fax 318283 – 🆎   EV
Samstag nur Abendessen, Sonntag geschl. – **Menu** à la carte 61/93.

XX **Das Körbchen,** Körnerstr. 3, ⊠ 30159, ℰ 1 31 82 96 – **E**. ⊗   DX
Sonn- und Feiertage geschl. – **Menu** (nur Abendessen) à la carte 60/82.

X **Wein-Wolf,** Rathenaustr. 2, ⊠ 30159, ℰ 32 07 88, Fax 321660 – 🆎 ⓘ **E** *VISA*   EY
Menu à la carte 43/83.

X Mandarin-Pavillon, Marktstr. 45 (Passage), ⊠ 30159, ℰ 30 66 30, Fax 9805590   DY
(chinesische Küche).

X **Rôtisserie Helvetia,** Georgsplatz 11, ⊠ 30159, ℰ 30 10 00, Fax 3010046, ⌂ – ⓘ **E** *VIS.*
Menu à la carte 33/62.   EY

In Hannover-Bemerode über Bischofsholer Damm B :

🏨 **Treff Hotel Europa,** Bergstr. 2, ⊠ 30539, ℰ 9 52 80, Telex 9230392, Fax 9528488, ⌂
⊜ – 🛗 ⋈ ☎ 🅿. 🆎 ⓘ **E** *VISA*. ⊗ Rest
Menu à la carte 43/75 – **183 Z** 180/535.

🏨 **Kronsberger Hof,** Wasseler Str. 1, ⊠ 30539, ℰ 51 10 21, Fax 525025, ⌂, ⋒ – 🛏 ☎
🅿 – ⚓ 100. 🆎 ⓘ **E** *VISA*
Menu *(Sonn- und Feiertage nur Mittagessen)* à la carte 38/68 – **25 Z** 125/210.

In Hannover-Bothfeld über Podbielskistr. B :

🏨 **Residenz Hotel Halberstadt** garni, Im Heidkampe 80, ⊠ 30659, ℰ 64 01 18
Fax 6478988, ⋒ – 🛏 ☎ 🅿. 🆎 **E** *VISA* – *20. Dez.- 3. Jan. geschl.* – **40 Z** 150/220.

XX **Steuerndieb** mit Zim, Steuerndieb 1 (im Stadtwald Eilenriede), ⊠ 30655, ℰ 90 99 6C
Fax 9099629, « Terrasse » – 🛏 ☎ 🅿. 🆎 ⓘ **E** *VISA* ᴶᶜᴮ   B
Menu *(Sonntag nur Mittagessen)* à la carte 43/79 – **9 Z** 119/228.

In Hannover-Buchholz über Podbielskistr. B :

🏨 **Pannonia Atrium Hotel,** Karl-Wiechert-Allee 68, ⊠ 30625, ℰ 5 40 70, Fax 572878, ⌂
⊜ – 🛗 ⋈ Zim 🛏 🅰 ⇔ 🅿 – ⚓ 150. 🆎 ⓘ **E** *VISA*   B
Menu à la carte 42/71 – **223 Z** 220/480, 7 Suiten.

XX **Gallo Nero,** Groß Buchholzer Kirchweg 72 B, ⊠ 30655, ℰ 5 46 34 34, Fax 322859 – 🅿
E *VISA* – *Sonntag, Jan. 1 Woche und Juli-Aug. 3 Wochen geschl.* – **Menu** à la carte 65/85

XX **Buchholzer Windmühle,** Pasteurallee 30, ⊠ 30655, ℰ 64 91 38, Fax 6478930, ⌂ – 🅿
⊗ – *Montag, Sonn- und Feiertage sowie 22. Dez.- 5. Jan. geschl.* – **Menu** à la carte 45/80

In Hannover-Döhren :

XXX **Wichmann,** Hildesheimer Str. 230, ⊠ 30519, ℰ 83 16 71, Fax 8379811, « Innenhof » –
Menu à la carte 73/106.   B

XX **Titus,** Wiehbergstr. 98, ⊠ 30519, ℰ 83 55 24, Fax 8386538, ⌂ – 🆎 ⓘ **E** *VISA*   B
Sonntag geschl. – **Menu** à la carte 58/80.

X **Die Insel,** Rudolf-von-Bennigsen-Ufer 81, ⊠ 30519, ℰ 83 12 14, Fax 831322, ≤, ⌂ – 🅿
E – **Menu** à la carte 34/65.   B

In Hannover-Flughafen ① : 11 km :

🏨 **Maritim Airport Hotel,** Flughafenstr. 5, ⊠ 30669, ℰ 9 73 70, Fax 9737590, ⊜, ◨ – 🛗
⋈ Zim 🛏 ⇔ – ⚓ 800. 🆎 ⓘ **E** *VISA* ᴶᶜᴮ. ⊗ Rest
Menu 45 Buffet (mittags) und à la carte 49/73 – **528 Z** 245/588, 31 Suiten.

🏨 **Holiday Inn Crowne Plaza,** Petzelstr. 60, ⊠ 30855 Langenhagen, ℰ (0511)7 70 70
Telex 924030, Fax 737781, ⌂, ⊜, ◨ – 🛗 ⋈ Zim 🍽 🛏 🅰 🅿 – ⚓ 150. 🆎 ⓘ **E** *VISA*
ᴶᶜᴮ – **Menu** à la carte 44/72 – **210 Z** 322/550.

X **Mövenpick-Restaurant,** Abflugebene, ⊠ 30662, ℰ 9 77 25 09, Fax 9772709 – 🍽
⚓ 300. 🆎 ⓘ **E** *VISA* – **Menu** à la carte 29/62.

In Hannover-Herrenhausen über Altenauer Weg A :

🏨 **Am Entenfang** garni, Eichsfelder Str. 4, ✉ 30419, ☎ 9 79 50, Fax 9795299, ⇌ – 📶 TV
☎ ᴕ ⇨ ❷
53 Z 110/292.

In Hannover-Isernhagen Süd N : 12 km über Podbielskistr. B :

🏨 **Parkhotel Welfenhof**, Prüssentrift 85, ✉ 30657, ☎ 6 54 06, Fax 651050, ⛱ – 📶 ⇔ Zim
TV ☎ ❷ – 🍴 100. ⒶⒺ ⓄⒹ Ⓔ VISA
Menu à la carte 38/69 – **115 Z** 135/300.

In Hannover-Kirchrode über ③ :

🏨🏨 **Queens Hotel Hannover** ⚡, Tiergartenstr. 117, ✉ 30559, ☎ 5 10 30, Telex 922748,
Fax 526924, ⛱, Ⓕᴐ, ⇌ – 📶 ⇔ Zim TV ᴕ ❷ – 🍴 200. ⒶⒺ ⓄⒹ Ⓔ VISA
Menu à la carte 52/82 – **176 Z** 235/500, 3 Suiten.

In Hannover-Kleefeld :

🏨 **Kleefelder Hof** garni, Kleestr. 3a, ✉ 30625, ☎ 5 30 80, Fax 5308333 – 📶 TV ☎ ᴕ ⇨
❷ ⒶⒺ ⓄⒹ Ⓔ VISA JCB   B d
86 Z 175/250.

In Hannover-Lahe über Podbielskistr. B

🏨 **Holiday Inn Garden Court**, Oldenburger Allee 1, ✉ 30659, ☎ 6 15 50, Fax 6155555 – 📶
⇔ Zim TV ☎ ᴕ ⇨ ❷ – 🍴 250. ⒶⒺ ⓄⒹ Ⓔ VISA
Menu à la carte 36/64 – **150 Z** 210/500.

🏨 **Föhrenhof**, Kirchhorster Str. 22, ✉ 30659, ☎ 6 15 40, Fax 619719, ⛱ – 📶 ⇔ Zim TV
☎ ❷ – 🍴 90. ⒶⒺ ⓄⒹ Ⓔ VISA
Menu *(27. Dez.- 2. Jan. geschl.)* 28 (mittags) und à la carte 42/70 – **78 Z** 145/270.

In Hannover-List :

🏨 **Waldersee** garni, Walderseestr. 39, ✉ 30177, ☎ 90 99 10, Fax 9099149, ⇌, ▧, ⛳ –
📶 TV ☎ ❷. ⒶⒺ ⓄⒹ Ⓔ VISA   B m
30 Z 120/330.

🏨 **Martens** garni, Waldstr. 38a, ✉ 30163, ☎ 66 20 33, Fax 393137 – 📶 TV ☎. ⒶⒺ ⓄⒹ Ⓔ VISA
30 Z 98/255.   B t

✕✕ **Le Chalet**, Isernhagener Str. 21, ✉ 30161, ☎ 31 95 88 – ⒶⒺ Ⓔ   B h
Montag und 12.- 31. Juli geschl. – **Menu** (nur Abendessen, Tischbestellung erforderlich)
à la carte 63/91.

In Hannover-Messe über ④ :

🏨🏨 **Parkhotel Kronsberg**, Laatzener Str. 18 (am Messegelände), ✉ 30539, ☎ 8 74 00,
Telex 923448, Fax 867112, ⛱, ⇌, ▧ – 📶 ▤ Rest TV ⇨ ❷ – 🍴 200. ⒶⒺ ⓄⒹ Ⓔ VISA
JCB
Menu *(27. Dez.- 2. Jan. geschl.)* à la carte 40/75 – **174 Z** 150/400.

In Hannover-Roderbruch ② : 7 km

🏨 **Novotel**, Feodor-Lynen-Str. 1, ✉ 30625, ☎ 9 56 60, Telex 923334, Fax 9566333, ⇌,
▨ (geheizt) – 📶 ⇔ Zim TV ☎ ᴕ ❷ – 🍴 70. ⒶⒺ ⓄⒹ Ⓔ VISA
Menu à la carte 31/60 – **112 Z** 174/193.

🏨 **Ibis**, Feodor-Lynen-Str. 1, ✉ 30625, ☎ 9 56 70, Telex 921205, Fax 576128 – 📶 ⇔ Zim TV
☎ ᴕ ❷ – 🍴 30. ⒶⒺ ⓄⒹ Ⓔ VISA
Menu à la carte 28/48 – **96 Z** 129/183.

In Hannover-Vahrenwald über ① :

🏨🏨 **Fora**, Großer Kolonnenweg 19, ✉ 30163, ☎ 6 70 60, Fax 6706111, ⛱, ⇌ – 📶 ⇔ Zim
▤ Rest TV ☎ ᴕ ⇨ – 🍴 120. ⒶⒺ ⓄⒹ Ⓔ VISA
Menu à la carte 45/66 – **104 Z** 225/278.

Hannover-Waldhausen :

🏨 **Hubertus** ⚡, Adolf-Ey-Str. 11, ✉ 30519, ☎ 98 49 70, Fax 830681, « Garten » – TV ☎. Ⓔ
(nur Abendessen für Hausgäste) – **20 Z** 95/170.   B f

🏨 **Eden** ⚡ garni (ehem. Villa), Waldhausenstr. 30, ✉ 30519, ☎ 83 04 30, Fax 833094 – ☎.
ⓄⒹ Ⓔ VISA   B y
23 Z 60/130.

In Hannover-Wülfel :

🏨 **Wiehbergers Hotel** garni, Wiehbergstr. 55 a, ✉ 30519, ☎ 87 99 90, Fax 8799999,
« Einrichtung mit Designermöbeln » – ⇔ TV ☎ ❷. ⒶⒺ Ⓔ VISA ✂
18 Z 195/240.   über Wiehbergerstraße   B

🏨 **Wülfeler Brauereigaststätten**, Hildesheimer Str. 380, ✉ 30519, ☎ 86 50 86, Fax 876009,
▤ – ☎ ❷ – 🍴 300. ⒶⒺ ⓄⒹ Ⓔ VISA JCB   B n
Menu à la carte 35/60 – **39 Z** 75/245.

In Hemmingen-Westerfeld ⑤ : 8 km :

🏠 **Berlin** garni, Berliner Str. 4, ✉ 30966, ℰ (0511) 42 30 14, Fax 232870, ⇌ – 🛗 ⇖ 📺 🕿 📯 ℗ 🆎 ⓞ Ɛ 𝘝𝘐𝘚𝘈
62 Z 125/370.

In Laatzen über ③ : 9 km : – 🟢 0511 :

🏩 **Copthorne,** Würzburger Str. 21, ✉ 30880, ℰ 9 83 60, Fax 9836666, ㊟, 𝑓ₐ, ⇌, ☐ –
🛗 ⇖ Zim 📺 ⚐ ⇔ ℗ – ⚗ 280. 🆎 ⓞ Ɛ 𝘝𝘐𝘚𝘈 𝘑𝘊𝘽. ⅙ Rest
Menu à la carte 35/64 – **222 Z** 240/370.

🏦 **Treff-Hotel Britannia Hannover,** Karlsruher Str. 26, ✉ 30880, ℰ 8 78 20, Telex 9230392, Fax 863466, ⇌, ⅙ (Halle) – 🛗 ⇖ Zim 📺 🕿 ⚐ ℗ – ⚗ 180. 🆎 ⓞ Ɛ 𝘝𝘐𝘚𝘈. ⅙ Rest
Menu à la carte 47/82 – **100 Z** 180/535.

🏦 **Am Kamp** garni, Am Kamp 12 (Ortsteil Grasdorf), ✉ 30880, ℰ 98 29 40, Fax 9829466 – 🛗 📺 🕿 ⚐ ℗. 🆎 Ɛ 𝘝𝘐𝘚𝘈
44 Z 169/445.

🏠 **Haase,** Am Thie 4 (Ortsteil Grasdorf), ✉ 30880, ℰ 82 10 41, Fax 828079 – 📺 🕿 ℗
Menu *(Montag-Dienstag geschl.)* à la carte 30/50 – **49 Z** 110/270.

In Langenhagen ① : 10 km :

🏦 **Grethe,** Walsroder Str. 151, ✉ 30853, ℰ (0511) 73 80 11, Fax 772418, ㊟, ⇌, ☐ – 🛗 📺 🕿 ℗ – ⚗ 40. 🆎 Ɛ 𝘝𝘐𝘚𝘈
Juli und 22. Dez.- 10. Jan. geschl. – **Menu** *(Samstag - Sonntag geschl.)* à la carte 34/64 – **51 Z** 110/190.

🏦 **Ambiente,** Walsroder Str. 70, ✉ 30853, ℰ 7 70 60, Fax 7706111 – 🛗 📺 🕿 ⇔ ℗ – ⚗ 20. 🆎 ⓞ Ɛ 𝘝𝘐𝘚𝘈
Menu *(nur Abendessen)* à la carte 43/67 – **67 Z** 135/170.

In Langenhagen-Krähenwinkel ① : 11 km :

🏦 Jägerhof, Walsroder Str. 251, ✉ 30855, ℰ (0511)7 79 60, Fax 7796111, ㊟, ⇌ – 📺 🕿 ℗ – ⚗ 70
77 Z.

In Ronnenberg-Benthe ⑦ : 10 km über die B 65 :

🏩 **Benther Berg** ✎, Vogelsangstr. 18, ✉ 30952, ℰ (05108) 6 40 60, Fax 640650, ㊟, ⇌, ☐, ㊟ – 🛗 ▤ Rest 📺 ℗ – ⚗ 60. 🆎 ⓞ Ɛ 𝘝𝘐𝘚𝘈. ⅙
Menu *(Sonn- und Feiertage nur Mittagessen)* à la carte 57/95 – **70 Z** 145/280.

In Seelze-Lohnde ⑥ : 12 km über die B 441 :

🏠 **Krumme Masch** garni, Krumme Masch 16, ✉ 30926, ℰ (05137) 9 26 57, Fax 91120 – 📺 🕿 ⇔ ℗. Ɛ. ⅙
12 Z 95/150.

In Isernhagen KB N : 14 km über Podbielskistraße B

%% **Hopfenspeicher,** Dorfstr. 16, ✉ 30916, ℰ (05139) 8 76 09, Fax 87609, ㊟ – ℗. Ɛ ⅙
Montag sowie Jan. und Juli jeweils 2 Wochen geschl. – **Menu** *(nur Abendessen)* à la carte 58/88.

In Garbsen-Havelse ⑧ : 12 km über die B 6 :

🏦 **Wildhage,** Hannoversche Str. 45, ✉ 30823, ℰ (05137) 7 50 33, Fax 75401, ⇌ – 📺 🕿 ⇔ ℗ – ⚗ 80. 🆎 ⓞ Ɛ 𝘝𝘐𝘚𝘈. ⅙ Rest
Menu *(Sonntag geschl.)* à la carte 35/66 – **25 Z** 108/236.

In Garbsen-Berenbostel ⑧ : 13 km über die B 6 :

🏦 **Landhaus am See** ✎, Seeweg 27, ✉ 30827, ℰ (05131) 4 68 60, Fax 468666, ≼, « Gartenterrasse », ⇌, ☐ (geheizt), ㊟, ⅙ – 📺 🕿 ℗ – ⚗ 30. 🆎 ⓞ Ɛ 𝘝𝘐𝘚𝘈
Menu *(Sonntag nur Mittagessen)* à la carte 41/65 – **39 Z** 95/270.

In Garbsen-Alt Garbsen ⑧ : 14,5 km über die B 6 :

🏦 **Waldhotel Garbsener Schweiz,** Alte Ricklinger Str. 66, ✉ 30823, ℰ (05137) 7 30 33, Fax 13620, ㊟, ⇌, ☐ – 📺 🕿 ℗ – ⚗ 80. 🆎 Ɛ 𝘝𝘐𝘚𝘈
23. Dez.- 5. Jan. geschl. – **Menu** à la carte 37/63 – **58 Z** 95/180.

In Garbsen-Frielingen ⑧ : 19 km über die B 6 :

🏦 **Bullerdieck,** Bgm.-Wehrmann-Str. 21, ✉ 30826, ℰ (05131)5 49 41, Fax 55626 – 📺 🕿 ℗ – ⚗ 25. 🆎 ⓞ Ɛ 𝘝𝘐𝘚𝘈
Menu à la carte 35/63 – **48 Z** 90/200.

An der Autobahn A 2 Richtung Köln ⑧ : 15 km :

🏠 **Autobahnrasthaus-Motel Garbsen-Nord,** ✉ 30823 Garbsen, ℰ (05137) 7 20 21, Fax 71819, ㊟ – 🛗 ⇖ Zim 📺 ⚐ ⇔ ℗ – ⚗ 35. 🆎 Ɛ 𝘝𝘐𝘚𝘈
Menu *(auch Self-service)* à la carte 31/62 – **39 Z** 95/265.

🛈 Verkehrsverein, Am Steinberg 2, ✉ 21271, 𝒫 5 25 ; Fax 7695.
◆Hannover 118 – ◆Hamburg 41 – Lüneburg 31.

🏨 **Sellhorn,** Winsener Str. 23, ✉ 21271, 𝒫 80 10, Fax 80185, « Gartenterrasse », 🐟, 🖻, 🛒 – 🛗 🌭 Zim 📺 ☎ 📵 – 🖲 – 🏄 30. 🝙 ◎ 🝙 𝘝𝘐𝘚𝘈 – **Menu** à la carte 39/77 – **45 Z** 123/194.

In Hanstedt-Nindorf S : 2,5 km :

🏨 **Zum braunen Hirsch,** Rotdornstr. 15, ✉ 21271, 𝒫 10 68, Fax 8202, 🍴, « Garten » – 📺 ☎ 📵 🝙 𝘝𝘐𝘚𝘈
2.- 16. Jan. geschl. – **Menu** *(Mittwoch geschl.)* à la carte 30/52 – **16 Z** 70/150 – ½ P 89.

In Hanstedt-Ollsen S : 4 km :

🏨 **Landgasthof Zur Eiche,** Am Naturschutzpark 3, ✉ 21271, 𝒫 2 16, Fax 580, 🍴, 🛒 – 📺 ☎ 📵 – 🏄 15. 🝙 ◎ 🝙 𝘝𝘐𝘚𝘈
Mitte Jan.- Ende Feb. geschl. – **Menu** *(Montag geschl.)* à la carte 27/61 – **19 Z** 80/180.

Sehenswert : Schloß (Sammlungen★).
◆München 111 – ◆Augsburg 53 – Ingolstadt 67 – ◆Nürnberg 102 – ◆Stuttgart 129.

🏨 **Zum Straußen,** Marktplatz 2, ✉ 86655, 𝒫 13 98, Fax 4324, 🍴, 🐟 – 🛗 🌭 Zim 📵 📵. 🍴 – **Menu** *(Montag geschl.)* à la carte 18/37 🍷 – **15 Z** 35/100.

◆Hannover 115 – ◆Braunschweig 102 – Göttingen 21.

🏨 **Illemann,** Lange Str. 32, ✉ 37181, 𝒫 9 45 40, Fax 945450 – ☎ 📵 – 🏄 40. 🝙 ◎ 🝙 𝘝𝘐𝘚𝘈
Nov. geschl. – **Menu** *(Freitag geschl.)* à la carte 24/45 – **16 Z** 65/120.

In Hardegsen-Gosplack SW : 5 km :

🏨 **Altes Forsthaus,** an der B 241, ✉ 37181, 𝒫 21 27, Fax 1361, 🍴, 🛒 – 🛗 📺 ☎ 📵 📵 – 🏄 40. 🝙 ◎ 🝙 𝘝𝘐𝘚𝘈 – Mitte Jan.- Anfang Feb. geschl. – **Menu** *(Dienstag geschl.)* à la carte 42/76 *(auch vegetarische Gerichte)* – **19 Z** 85/220, 3 Suiten.

◆Stuttgart 116 – Aschaffenburg 70 – Heilbronn 74 – ◆Würzburg 53.

In Hardheim-Schweinberg O : 4 km :

🏨 **Landgasthof Ross,** Königheimer Str. 23, ✉ 74736, 𝒫 10 51, Fax 50322 – 🛗 ☎ 📵
Feb. 1 Woche und Juli 2 Wochen geschl. – **Menu** *(Sonntag nur Mittagessen, Montag nur Abendessen)* à la carte 29/53 🍷 – **25 Z** 55/90.

◆Hannover 103 – ◆Bremen 31 – ◆Osnabrück 95.

🏨 **Zur Wasserburg** (mit Gästehaus), Amtsfreiheit 4, ✉ 27243, 𝒫 10 08, Fax 8094, 🍴, 🛒, 🍴 – 🌭 Zim 📺 ☎ 📵 📵 – 🏄 40. 🝙 ◎ 🝙 𝘝𝘐𝘚𝘈
2.- 18. Jan. geschl. – **Menu** à la carte 28/63 – **30 Z** 70/150.

◆Hannover 176 – ◆Bremen 82 – ◆Hamburg 55.

🏨 **Meyers Gasthof,** Marktstr. 17, ✉ 21698, 𝒫 40 51, Fax 3022 – 📺 ☎ 📵. ◎ 🝙 𝘝𝘐𝘚𝘈
Menu à la carte 24/53 – **14 Z** 83/180.

🏌 Marienfeld (SO : 4 km), 𝒫 (05247) 88 80 – ◆Düsseldorf 158 – Bielefeld 29 – Münster (Westfalen) 46.

🍴🍴🍴 ✿ **Poppenborg** mit Zim, Brockhägerstr. 9, ✉ 33428, 𝒫 22 41, Fax 1721, « Modern-elegantes Restaurant mit Art-Deco Elementen, Gartenrestaurant » – 🛗 📺 ☎ 📵 – 🏄 30. 🝙 ◎ 🝙 𝘝𝘐𝘚𝘈. 🍴 Zim
Menu *(Mittwoch sowie Jan., April und Okt. jeweils 1 Woche geschl.)* (bemerkenswerte Weinkarte) à la carte 65/89 – **18 Z** 60/140
Spez. Spaghettini mit Lachs und Kaviar, Taube mit Petersilienpüree, Grießtaler mit Quarkcrème und Beeren.

In Harsewinkel-Greffen W : 6 km :

🏨 **Zur Brücke,** Hauptstr. 38 (B 513), ✉ 33428, ✆ (02588) 8 90, Fax 8989, ⇔s, 🔲 – 📺 ☎
🅿 – 🅰 40. 🆎 ⓞ 🅔 *VISA*
Menu *(Sonntag nur Mittagessen)* à la carte 31/61 – **45 Z** 90/145.

In Marienfeld SO : 4 km :

🏨 **Klosterpforte,** Klosterhof 3, ✉ 33428, ✆ (05247) 70 80, Fax 80484 – |§| 📺 ☎ 🅿 – 🅰 40.
🆎 🅔 ⅗ Zim
Menu *(wochentags nur Abendessen, Dienstag und Aug. 3 Wochen geschl.)* à la carte 42/70
– **84 Z** 105/200.

HARTHA KURORT Sachsen siehe Freital.

HARTMANNSDORF Sachsen siehe Chemnitz.

HARZBURG, BAD Niedersachsen 🔢 O 11, 🔢 ⑯ – 26 000 Ew – Höhe 300 m – Heilbad –
Heilklimatischer Kurort – Wintersport : 480/800 m ⦂1 ⦂3 ⦂3 (Torfhaus) – ☉ 05322.
🔲 Am Breitenberg, ✆ 67 37.
🔢 Kurverwaltung im Haus des Kurgastes, Herzog-Wilhelm-Str. 86, ✉ 38667, ✆ 7 53 30, Fax 75333.
◆Hannover 100 – ◆Braunschweig 46 – Göttingen 90 – Goslar 10.

🏨 **Braunschweiger Hof,** Herzog-Wilhelm-Str. 54, ✉ 38667, ✆ 78 80, Fax 53349, 🏛, ⇔s,
🔲, 🐎 – |§| ⦂ Rest 📺 ⊸ 🅿 – 🅰 100. 🆎 ⓞ 🅔 *VISA*. ⅗ Rest
Menu à la carte 44/88 – **88 Z** 135/268, 4 Suiten.

🏨 **Seela,** Nordhäuser Str. 5 (B 4), ✉ 38667, ✆ 79 60, Fax 796199, 🏛, Massage, ⚗, 🛴, ⇔s,
🔲 – |§| 📺 ☎ ⊸ 🅿 – 🅰 80. ⓞ 🅔 *VISA*. ⅗ Rest
Menu à la carte 37/69 *(auch Diät u. vegetar. Gerichte)* – **120 Z** 118/350.

🏨 **Germania** ⅚ garni, Berliner Platz 2, ✉ 38667, ✆ 95 00, Fax 950195, ⇔s – |§| 📺 ☎ 🅿.
🆎 🅔 *VISA*
31 Z 120/210.

🏨 **Park Hotel** ⅚, Hindenburgring 12a, ✉ 38667, ✆ 78 60, Fax 786228, 🏛, 🦢, 🐎 – |§| 📺
☎ – 🅰 50. 🆎 *VISA*. ⅗ Rest
Menu à la carte 34/62 – **47 Z** 110/230 – ½ P 130/150.

🏨 **Am Eichenberg** ⅚, Fritz-König-Str. 17, ✉ 38667, ✆ 5 02 33, Fax 51931, 🏛, ⇔s, 🐎 –
📺 🅿. 🅔 *VISA*
Menu *(nur Abendessen)* à la carte 32/65 – **28 Z** 80/160 – ½ P 88/98.

🏨 **Harz-Autel,** Nordhäuser Str. 3 (B 4), ✉ 38667, ✆ 30 11, Fax 53545, ⇔s, 🔲, 🐎, ✂ – 📺
☎ ⊸ 🅿. 🆎 ⓞ 🅔 *VISA*
Menu *(Montag-Donnerstag nur Abendessen)* à la carte 27/77 – **35 Z** 90/190 – ½ P 95/125.

🏨 **Marxmeier-Dingel** ⅚ garni, Am Stadtpark 41, ✉ 38667, ✆ 23 67, ⇔s, 🔲 – 📺 ☎. 🅔
⅗
10. Nov.- 25. Dez. geschl. – **22 Z** 62/124.

🏨 Brauner Hirsch, Herzog-Julius-Str. 52, ✉ 38667, ✆ 22 60 – 📺 ☎ 🅿
11 Z.

HASEL Baden-Württemberg siehe Wehr.

HASELAU Schleswig-Holstein 🔢 L 6 – 950 Ew – Höhe 2 m – ☉ 04122 (Uetersen).
◆Kiel 96 – ◆Hamburg 34 – Itzehoe 47.

🏨 **Haselauer Landhaus** ⅚, Dorfstr. 10, ✉ 25489, ✆ 9 87 10, Fax 987197 – 📺 ☎ 🅿. 🆎
ⓞ 🅔 *VISA*
Menu *(Mittwoch geschl.)* à la carte 31/59 – **8 Z** 70/115.

HASELÜNNE Niedersachsen 🔢 F 8, 🔢 ⑭, 🔢 N 3 – 11 300 Ew – Höhe 25 m – ☉ 05961.
🔢 Verkehrsamt (Rathaus), Krummer Dreh 18, ✉ 49740, ✆ 5 09 32, Fax 50950.
◆Hannover 224 – ◆Bremen 113 – Enschede 69 – ◆Osnabrück 68.

🏨 Burg-Hotel garni (Stadtpalais a.d. 18. Jh.), Steintorstr. 7, ✉ 49740, ✆ 15 44, Fax 502268,
⇔s – 📺 ☎ 🅿 – 🅰 15
17 Z.

🍴 **Jagdhaus Wiedehage,** Steintorstr. 9, ✉ 49740, ✆ 79 22, 🏛 – 🅿
jeder 2. und 4. Sonntag im Monat geschl. – Menu à la carte 39/69.

In Haselünne-Eltern NO : 1,5 km :

🏨 **Bartels** garni, Löninger Str. 26 (B 213), ✉ 49740, ✆ 40 91, Fax 5290, 🐎 – ☎ ⊸ 🅿
2 1. Dez.- 5. Jan. geschl. – **13 Z** 40/80.

In Herzlake-Aselage O : 13 km :

🏠 **Zur alten Mühle** 🦢, ✉ 49770, 𝒫 (05962) 20 21, Fax 2026, 🍽, ⫨s, 🖾, 🚲, ✕ (Halle)
– ≣ 🛬 Zim 📺 🅿 – 🏛 90. ⓞ 🄴 𝗩𝗜𝗦𝗔
Menu à la carte 50/80 – **70 Z** 134/360.

HASLACH IM KINZIGTAL Baden-Württemberg 𝟦𝟣𝟥 H 22, 𝟫𝟪𝟩 ㉞, 𝟤𝟦𝟤 ㉘ – 6 000 Ew – Höhe
222 m – Erholungsort – 🔆 07832.
Sehenswert : Schwarzwälder Trachtenmuseum★.
🛈 Verkehrs- und Kulturamt, Klosterstr. 1, ✉ 77716, 𝒫 7 06 70, Fax 5909.
♦Stuttgart 174 – ♦Freiburg im Breisgau 46 – Freudenstadt 20 – Offenburg 28.

🏠 **Ochsen**, Mühlenstr. 39, ✉ 77716, 𝒫 24 46, 🚲 – 📺 ☎ 🅿. ✕ Zim
Menu *(Montag und Donnerstag nur Mittagessen, März und Sept. jeweils 2 Wochen geschl.)*
à la carte 38/58 ⅋ – **8 Z** 60/130.

In Haslach-Schnellingen N : 2 km :

🏠 **Zur Blume**, ✉ 77716, 𝒫 23 82, Fax 2382, 🍽, 🚲 – 🅿
Jan. 2 Wochen und Mitte Okt.- Mitte Nov. geschl. – **Menu** *(Montag geschl.)* à la carte 21/54
⅋ – **23 Z** 35/90 – ½ P 48/58.

HASSFURT Bayern 𝟦𝟣𝟥 O 16, 𝟫𝟪𝟩 ㉖ – 11 500 Ew – Höhe 225 m – 🔆 09521.
♦München 276 – ♦Bamberg 34 – Schweinfurt 20.

🏠 **Walfisch**, Obere Vorstadt 8, ✉ 97437, 𝒫 84 07 – 🚗
15. Juni - 10. Juli und 22. Dez.- 13. Jan. geschl. – **Menu** *(Freitag geschl.)* à la carte 23/45
⅋ – **18 Z** 48/90.

HASSLOCH Rheinland-Pfalz 𝟦𝟣𝟤 𝟦𝟣𝟥 H 18, 𝟤𝟦𝟤 ⑧, 𝟧𝟩 ⑩ – 20 000 Ew – Höhe 115 m – 🔆 06324.
Mainz 89 – ♦Mannheim 24 – Neustadt an der Weinstraße 9,5 – Speyer 16.

🏠 **Pfalz-Hotel** garni, Lindenstr. 50, ✉ 67454, 𝒫 40 47, Fax 82503, ⫨s, 🖾 – ≣ 🛬 📺 ☎
🅿. 🅰🄴 ⓞ 🄴 𝗩𝗜𝗦𝗔 – **38 Z** 86/180.

🏠 **Sägmühle** 🦢, Sägmühlenweg 140, ✉ 67454, 𝒫 10 31 (Hotel) 13 66 (Rest.), Fax 1034, 🍽,
🚲 – ≣ 🛬 Zim 📺 ☎ 🅿 – 🏛 20. 🅰🄴 🄴 𝗩𝗜𝗦𝗔
Menu *(1.-23. Jan. und Montag geschl., Dienstag nur Abendessen)* à la carte 34/63 ⅋ –
27 Z 85/165.

🏠 **Gasthaus am Rennplatz**, Rennbahnstr. 149, ✉ 67454, 𝒫 25 70, 🍽 – 📺 ☎ 🚗 🅿.
✕ Zim
Okt.- Nov. 4 Wochen geschl. – **Menu** *(Montag geschl.)* à la carte 23/44 ⅋ – **13 Z** 60/110.

✕✕ **Pälzer Buwe** mit Zim, Rathausplatz 2, ✉ 67454, 𝒫 30 61, Fax 4221, 🍽, « Rustikale
Einrichtung », ⫨s – ≣ 📺 ☎ 🅿. 🅰🄴 🄴. ✕ Zim
Menu *(Mittwoch geschl.)* à la carte 35/65 ⅋ – **10 Z** 80/147.

HASSMERSHEIM Baden-Württemberg 𝟦𝟣𝟤 𝟦𝟣𝟥 K 19 – 4 500 Ew – Höhe 152 m – 🔆 06266.
Ausflugsziel : Burg Guttenberg★ : Greifvogelschutzstation S : 5 km.
♦Stuttgart 78 – Heilbronn 27 – Mosbach 13.

Auf Burg Guttenberg S : 5 km – Höhe 279 m

✕ **Burgschenke**, ✉ 74855 Hassmersheim-Neckarmühlbach, 𝒫 (06266) 2 28, Fax 1697,
≼ Gundelsheim und Neckartal, 🍽 – 🅿. 🄴 𝗩𝗜𝗦𝗔
Mitte März - Mitte Nov. geöffnet, Montag-Dienstag geschl. – **Menu** à la carte 35/58.

HATTEN Niedersachsen 𝟦𝟣𝟣 I 7 – 11 000 Ew – Höhe 20 m – 🔆 04482.
♦Hannover 166 – Delmenhorst 25 – Oldenburg 15.

In Hatten-Streekermoor :

🏠 **Gasthof Ripken**, Bochersweg 150, ✉ 26209, 𝒫 (04481) 87 27, Fax 7874, 🍽 – 📺 ☎ 🚗
🅿. ⓞ 🄴 𝗩𝗜𝗦𝗔. ✕
Ende Juli - Anfang Aug. geschl. – **Menu** *(Mittwoch geschl.)* à la carte 22/43 – **17 Z** 60/90.

HATTERSHEIM Hessen 𝟦𝟣𝟤 𝟦𝟣𝟥 I 16 – 24 100 Ew – Höhe 100 m – 🔆 06190.
♦Wiesbaden 20 – ♦Frankfurt am Main 20 – Mainz 20.

🏠 **Parkhotel**, Am Markt 17, ✉ 65795, 𝒫 8 99 90, Fax 899999, 🍽, ⫨s – ≣ 🛬 Zim 📺 ☎
🅿 – 🏛 80. 🅰🄴 ⓞ 🄴 𝗩𝗜𝗦𝗔. ✕ Rest
Menu *(Sonntag und 19.- 30. Dez. geschl.)* (nur Abendessen) à la carte 34/58 – **58 Z**
185/370.

🏠 **Am Schwimmbad** garni, Staufenstr. 35, ✉ 65795, 𝒫 9 90 50, Fax 9905155 – 📺 ☎ 🅿.
✕
17 Z 95/180.

✕✕ Terrassen-Restaurant - Hattersheimer Kanne, Ladislaus-Winterstein-Ring 1a, ✉ 65795,
𝒫 24 34, Fax 74475, « Gartenterrasse » – 🅿 – (italienische Küche).

HATTGENSTEIN Rheinland-Pfalz 412 E 17 – 300 Ew – Höhe 550 m – Wintersport (am Erbeskopf) : 680/800 m ⁄4 ⁄2 – ☻ 06782.

Mainz 114 – Birkenfeld 8 – Morbach 15 – ◆Trier 60.

⌂ **Waldhotel Hattgenstein** ⊗, Kiefernweg 9, ⊠ 55767, ℰ 56 73, ≤, 帝 – ☻
→ **Menu** (Mittwoch geschl.) à la carte 21/49 – **15 Z** 60/120.

An der B 269 NW : 4 km :

⌂ **Gethmann's Hochwaldhotel**, ⊠ 55743 Hüttgeswasen, ℰ (06782) 8 88, Fax 880, 帝,
→ ⊜, □, 帝 – ⎟ ⫟ tv ☎ ⇌ ☻ – ⚿ 40. ▣ ⓞ ⋿ VISA
10.- 25. Dez. geschl. – **Menu** à la carte 22/56 – **26 Z** 100/150.

HATTINGEN Nordrhein-Westfalen 411 412 E 12, 987 ⑭ – 61 000 Ew – Höhe 80 m – ☻ 02324.

🛈 Verkehrsverein, Bahnhofstr. 5, ⊠ 45525, ℰ 20 12 28.

◆Düsseldorf 44 – Bochum 10 – Wuppertal 24.

⌂ **Avantgarde Hotel** ⊗ garni, Welperstr. 49, ⊠ 45525, ℰ 5 09 70, Fax 23827, ⊜ – ⎟ tv
☎ ☻ – ⚿ 60. ▣ ⓞ ⋿ VISA, ⫫
34 Z 95/160.

⌂ **Die Schulenburg** ⊗, Schützenplatz 1, ⊠ 45525, ℰ 2 10 33, Fax 26567, ≤,
« Gartenterrasse » – tv ☎ ☻ – ⚿ 35. ▣
Menu à la carte 35/59 – **15 Z** 105/200.

✕✕ **Zum Kühlen Grunde,** Am Büchsenschütz 15, ⊠ 45527, ℰ 6 07 72, Fax 67641, Biergarten
– ☻. ▣ ⋿ VISA
Donnerstag und Juli geschl. – **Menu** à la carte 46/71.

In Hattingen-Bredenscheid S : 5,5 km :

⌂ **Zum Hackstück** ⊗, Hackstückstr. 123 (Niederstüter, SO : 1 km), ⊠ 45527, ℰ 7 31 24,
Fax 73333, « Gartenterrasse » – tv ☎ ⇌ ☻ – ⚿ 30. ▣ ⋿ VISA JCB
Menu (12.- 30. Juli und Dienstag geschl.) à la carte 41/66 – **15 Z** 110/195.

⌂ **Landhaus Siebe** ⊗, Am Stuten 29, ⊠ 45529, ℰ 2 20 22, Fax 22024, 帝 ⫫ – tv ☎ ☻
– ⚿ 15. ▣ ⓞ ⋿ VISA
24.- 30. Dez. geschl. – **Menu** (Montag geschl.) à la carte 34/58 – **18 Z** 60/140.

In Hattingen-Niederelfringhausen SW : 7 km :

✕✕✕ **Landgasthaus Huxel,** Felderbachstr. 9, ⊠ 45529, ℰ (02052) 64 15, 帝, « Einrichtung mit
vielen Sammelstücken » – ☻. ▣ ⓞ ⋿ VISA
Montag-Dienstag und Jan.- Feb. 4 Wochen geschl. – **Menu** à la carte 50/87.

In Hattingen-Welper : NO : 2 km :

⌘ **Hüttenau,** Marxstr. 70, ⊠ 45527, ℰ 63 25, Fax 6327 – tv ☎ ⇌. ⓞ ⋿ VISA
Menu à la carte 28/45 – **15 Z** 65/120.

Hattingen-Oberelfringhausen siehe : *Wuppertal*

HATTORF AM HARZ Niedersachsen 411 412 N 12 – 4 400 Ew – Höhe 178 m – Erholungsort
– ☻ 05584.

◆Hannover 108 – ◆Braunschweig 95 – Göttingen 37.

⌂ **Harzer Landhaus** ⊗, Gerhart-Hauptmann-Weg 1, ⊠ 37197, ℰ 3 41, 帝 – ☎ ⅃ ☻
→ ⚿ 40. ▣ ⋿ VISA
Jan. 2 Wochen und Juli-Aug. 3 Wochen geschl. – **Menu** (Dienstag geschl.) à la carte 24/55
– **10 Z** 55/90 – ½ P 75.

HATTSTEDTER MARSCH Schleswig-Holstein siehe Husum.

HAUENSTEIN Rheinland-Pfalz 412 413 G 19, 242 ⑧ ⑫, 87 ① ② – 4 300 Ew – Höhe 249 m
– Luftkurort – ☻ 06392.

🛈 Verkehrsamt, im Rathaus, ⊠ 76846, ℰ 4 02 10, Fax 40260.

Mainz 124 – Landau in der Pfalz 26 – Pirmasens 23.

⌂ **Felsentor,** Bahnhofstr. 88, ⊠ 76846, ℰ 40 50, Fax 40545, 帝, ⊜, 帝 – tv ☎ ☻ – ⚿ 60.
▣ ⋿ VISA. ⫫ Rest
Jan. 2 Wochen geschl. – **Menu** (Montag geschl.) à la carte 29/69 – **21 Z** 75/196.

⌂ **Zum Ochsen,** Marktplatz 15, ⊠ 76846, ℰ 5 71, Fax 7235, 帝 – ⫟ Zim tv ☎ ☻ – ⚿ 50
Menu (Donnerstag geschl.) à la carte 27/60 ⅃ – **19 Z** 85/170.

In Schwanheim SO : 7,5 km :

✕ **Zum alten Nußbaum** mit Zim, Wasgaustr. 17, ⊠ 76848, ℰ (06392) 18 86, Fax 3631, 帝
– tv ☻. ⋿
Feb. 3 Wochen geschl. – **Menu** (Dienstag, Nov.- März auch Montag geschl.) à la carte 35/62
⅃ – **4 Z** 90/120.

HAUSACH Baden-Württemberg **413** H 22, **987** ㉞ – 5 700 Ew – Höhe 239 m – ☻ 07831.
🛈 Städt. Verkehrsamt, Rathaus, Hauptstr. 40, ✉ 77756, ℰ 79 75, Fax 7956.
♦Stuttgart 132 – ♦Freiburg im Breisgau 54 – Freudenstadt 40 – ♦Karlsruhe 110 – Strasbourg 62.

   🏨 **Zur Blume,** Eisenbahnstr. 26, ✉ 77756, ℰ 2 86, Fax 8933, � – 📺 ☎ 🚗 🅿, ⌶ 🄴 **VISA**
   Jan. 2 Wochen geschl. – **Menu** *(Nov.- Ostern Samstag geschl.)* à la carte 26/55 ⅃ – **17 Z**
   70/136.

HAUSEN OB VERENA Baden-Württemberg siehe Spaichingen.

HAUZENBERG Bayern **413** X 21, **426** MN 3 – 12 350 Ew – Höhe 545 m – Erholungsort –
Wintersport : 700/830 m ⚞2 ⚟2 – ☻ 08586.
🛈 Verkehrsamt im Rathaus, Schulstr. 2, ✉ 94051, ℰ 30 30, Fax 3058.
♦München 195 – Passau 18.

   In Hauzenberg-Freudensee NO : 1 km :

   🏨 **Seehof,** Freudensee 22, ✉ 94051, ℰ 12 28, Fax 6631, 🌞, 🐾, 🌲 – 🅿
   Aug.- Sept. 2 Wochen geschl. – **Menu** *(Montag geschl.)* à la carte 23/43 – **10 Z** 65/128.

   In Hauzenberg-Geiersberg NO : 5 km – Höhe 830 m

   🏨 Berggasthof Sonnenalm ॰, ✉ 94051, ℰ 47 94, ≤ Donauebene und Bayerischer Wald,
   🌞, 🍴 – 🅿
   10 Z.

   In Hauzenberg-Penzenstadl NO : 4 km :

   🏨 **Landhotel Rosenberger** ॰, Penzenstadl 31, ✉ 94051, ℰ 97 00, Fax 5563, ≤, Massage,
   🍴, 🌲, 🌞 – 📺 ☎ 🅿, ⌶ 🄴
   Anfang Nov.- 24. Dez. geschl. – **Menu** à la carte 24/41 – **50 Z** 62/144 – ½ P 67/77.

HAVELBERG Sachsen-Anhalt **414** I 7, **984** ⑪, **987** ⑰ – 7 500 Ew – Höhe 25 m – ☻ 039387.
🛈 Touristinformation, Salzmarkt 1, ✉ 39539, ℰ 2 24.
Magdeburg 107 – ♦Berlin 107 – Brandenburg 69 – Stendal 47 – Wittenberg 34.

   🏨 **Am Schmokenberg** ॰, Schönberger Weg 6, ✉ 39539, ℰ 4 44, Fax 444, 🍴 – 📺 ☎
   🚗 🅿 – ⚒ 60. 🄴 **VISA**
   Menu à la carte 16/33 – **24 Z** 75/130.

HAVERLAH Niedersachsen siehe Salzgitter.

HAVIXBECK Nordrhein-Westfalen **411** **412** F 11, **408** N 6 – 10 600 Ew – Höhe 100 m – ☻ 02507.
♦Düsseldorf 123 – Enschede 57 – Münster (Westfalen) 17.

   🏨 **Gasthof Kemper,** Altenberger Str. 14, ✉ 48329, ℰ 12 40, Fax 9262, 🌞 – 📺 ☎ 🅿, ⌶
   🄴 **VISA**
   Menu *(Dienstag geschl.)* à la carte 31/57 – **16 Z** 89/150.
   🏨 **Beumer,** Hauptstr. 46, ✉ 48329, ℰ 12 36, Fax 9181, 🌞, 🍴, 🍛 – 📺 ☎ 🅿 – ⚒ 50.
   ⌶ ① 🄴
   15.- 29. Dez. geschl. – **Menu** *(Montag geschl.)* à la carte 28/58 – **21 Z** 85/150.

   In Havixbeck-Tilbeck SO : 5 Km :

   ✗ Landgasthaus Scharlau, Tilbeck 3, ✉ 48329, ℰ 12 92, 🌞 – 🅿.

HAYINGEN Baden-Württemberg **413** L 22 – 2 200 Ew – Höhe 550 m – Luftkurort – ☻ 07386.
🛈 Verkehrsverein, Rathaus, Kirchstr. 15, ✉ 72534, ℰ 4 12.
♦Stuttgart 85 – Reutlingen 40 – ♦ Ulm (Donau) 49.

   In Hayingen-Indelhausen NO : 3 km :

   🏨 **Zum Hirsch** (mit 2 Gästehäusern), Wannenweg 2, ✉ 72534, ℰ 2 76, Fax 206, 🌞, 🍴,
   🌲 – ⚑ 🚗 🅿
   Mitte Nov.- Mitte Dez. geschl. – **Menu** *(Montag, Nov.- April auch Donnerstag geschl.)* à la
   carte 25/56 ⅃ – **33 Z** 49/114.

HEBERTSHAUSEN Bayern siehe Dachau.

HECHINGEN Baden-Württemberg **413** J 21, **987** ㉟ – 16 600 Ew – Höhe 530 m – ☻ 07471.
Ausflugsziel : Burg Hohenzollern★ (Lage★★★, ⚜★) S : 6 km.
🏌 Hagelwasen, ℰ 26 00.
🛈 Städt. Verkehrsamt, Rathaus, Marktplatz 1, ✉ 72379, ℰ 18 51 13, Fax 185144.
♦Stuttgart 67 – ♦Freiburg im Breisgau 131 – ♦Konstanz 131 – ♦Ulm (Donau) 119.

   🏨 **Café Klaiber,** Obertorplatz 11, ✉ 72379, ℰ 22 57, Fax 13918 – 📺 ☎ 🚗 🅿
   Menu *(bis 19 Uhr geöffnet, Samstag geschl.)* à la carte 27/48 – **28 Z** 75/140.

In Hechingen-Stetten SO : 1,5 km :

🏨 **Brielhof,** an der B 27, ⊠ 72379, 𝒫 40 97, Fax 16908, ☂, « Geschmackvolle, moderne Zimmereinrichtung » – 📺 ☎ ⇔ 🅟 – 🔬 40. 🆎 ⓞ 🄴 𝘝𝘐𝘚𝘈
22.- 30. Dez. geschl. – Menu à la carte 40/83 – **25 Z** 90/200.

In Bodelshausen N : 6,5 km :

🏨 **Zur Sonne** garni, Hechinger Str. 5, ⊠ 72411, 𝒫 (07471) 79 79, ☎ – 🅟
Weihnachten - Anfang Jan. geschl. – **15 Z** 53/105.

HEIDE Schleswig-Holstein 🄰🄸🄸 K 4, 🄰🄸🄷 ⑤, 🄰🄸🄸 ⑥ – 21 000 Ew – Höhe 14 m – ✪ 0481.
🗓 Fremdenverkehrsbüro, Rathaus, Postelweg 1, ⊠ 25746, 𝒫 69 91 17, Fax 65211.
◆Kiel 81 – Husum 40 – Itzehoe 51 – Rendsburg 45.

🏨 **Berlin** 🦢 garni, Österstr. 18, ⊠ 25746, 𝒫 8 54 50, Fax 8545300, ☎, ⇆ – ⅙ Zim 📺 ☎ ⇔ 🅟 – 🔬 30. 🆎 ⓞ 🄴 𝘝𝘐𝘚𝘈
44 Z 95/185.

🏨 Heider Hof, Markt 74, ⊠ 25746, 𝒫 25 05, Fax 1602 – 📺 ☎ 🅟
32 Z

🏨 **Kotthaus,** Rüsdorfer Str. 3, ⊠ 25746, 𝒫 80 11, Fax 8059 – 📺 ☎ ⇔ 🅟 – 🔬 40. 🆎 🄴 𝘝𝘐𝘚𝘈 ⅙ Zim
Menu *(Sonntag nur Mittagessen)* à la carte 40/70 – **12 Z** 85/191.

✕✕ **Berliner Hof,** Berliner Str. 46, ⊠ 25746, 𝒫 55 51, Fax 5551 – 🅟. 🄴
Montag und Mitte Jan.- Mitte Feb. geschl. – **Menu** (wochentags nur Abendessen) à la carte 40/73.

HEIDELBERG Baden-Württemberg 🄰🄸🄸 🄰🄸🄸 J 18, 🄰🄸🄷 ㉕ – 132 000 Ew – Höhe 114 m – ✪ 06221.
Sehenswert : Schloß★★★ Z (Rondell ≼★, Gärten★, Friedrichsbau★★, Großes Faß★, Deutsches Apothekenmuseum★ Z **M1**) – Universitätsbibliothek (Buchausstellung★) Z **A** – Kurpfälzisches Museum★ (Riemenschneider-Altar★★, Gemälde und Zeichnungen der Romantik★★) Z **M2** – Haus zum Ritter★ Z **N** – Alte Brücke ≼★★ Y.
📷 Lobbach-Lobenfeld (② : 20 km), 𝒫 (06226) 4 04 90.
🗓 Tourist-Information, Pavillon am Hauptbahnhof, ⊠ 69115, 𝒫 2 13 41, Fax 167318.
ADAC, Heidelberg-Kirchheim (über ④), Carl-Diem-Str. 2, ⊠ 69124, 𝒫 41 00 10, Fax 780978.
◆Stuttgart 122 ④ – ◆Darmstadt 59 ④ – ◆Karlsruhe 59 ④ – ◆Mannheim 20 ⑤.

Stadtplan siehe gegenüberliegende Seite

🏨🏨🏨🏨 **Der Europäische Hof - Hotel Europa,** Friedrich-Ebert-Anlage 1, ⊠ 69117, 𝒫 51 50, Telex 461132, Fax 515555, « Gartenanlage im Innenhof » – 📶 📺 ⇔ – 🔬 150. 🆎 ⓞ 🄴 𝘝𝘐𝘚𝘈   V u
Menu à la carte 68/116 – **135 Z** 348/554, 5 Suiten.

🏨🏨🏨 **Heidelberg Renaissance Hotel,** Vangerowstr. 16, ⊠ 69115, 𝒫 90 80, Telex 461363, Fax 22977, ≼, ☎, Massage, ☎, ▣ Bootssteg – 📶 ⅙ Zim ▦ 📺 ⅙ ⇔ – 🔬 240. 🆎 ⓞ 🄴 𝘝𝘐𝘚𝘈 ᴊᴄʙ, ⅙ Rest   V d
Menu à la carte 48/74 – **251 Z** 255/335, 3 Suiten.

🏨🏨🏨 **Holiday Inn Crowne Plaza,** Kurfürstenanlage 1, ⊠ 69115, 𝒫 91 70, Telex 461170, Fax 21007, Massage, ☎, ▣ – 📶 ⅙ Zim ▦ 📺 ⅙ ⇔ – 🔬 160. 🆎 ⓞ 🄴 𝘝𝘐𝘚𝘈   X s
Menu à la carte 48/76 – **232 Z** 302/394.

🏨🏨🏨 **Hirschgasse** 🦢 (historisches Gasthaus a.d.J. 1472), Hirschgasse 3, ⊠ 69120, 𝒫 45 40, Telex 461474, Fax 454111 – 📶 📺 🅟. 🆎 ⓞ 🄴 𝘝𝘐𝘚𝘈 ᴊᴄʙ.   Y s
Mitte Dez.- Jan. geschl. – **Menu** *(Sonn-und Feiertage geschl.)* (nur Abendessen) à la carte 62/90 – **20 Z** 270/694.

🏨🏨 **Rega-Hotel Heidelberg,** Bergheimer Str. 63, ⊠ 69115, 𝒫 50 80, Telex 461426, Fax 508500, ☂ – 📶 ⅙ Zim 📺 ⇔ – 🔬 60. 🆎 ⓞ 🄴 𝘝𝘐𝘚𝘈   VX r
Menu *(Samstag-Sonntag geschl.)* à la carte 39/65 – **124 Z** 240/290.

🏨🏨 **Acor** garni, Friedrich-Ebert-Anlage 55, ⊠ 69117, 𝒫 2 20 44, Fax 28609 – 📶 📺 ☎ 🅟. 🆎 ⓞ 🄴 𝘝𝘐𝘚𝘈   Z f
Mitte Dez.- Anfang Jan. geschl. – **18 Z** 160/235.

🏨🏨 **Am Schloss** garni, Zwingerstr. 20 (Parkhaus Kornmarkt), ⊠ 69117, 𝒫 1 41 70, Fax 141737 – 📶 📺 ☎. 🆎 ⓞ 🄴 𝘝𝘐𝘚𝘈   Z r
22. Dez.- 6. Jan. geschl. – **24 Z** 150/245.

🏨🏨 **Alt Heidelberg,** Rohrbacher Str. 29, ⊠ 69115, 𝒫 91 50, Telex 461897, Fax 164272, ☎ – 📶 📺 ☎ – 🔬 40. 🆎 ⓞ 🄴 𝘝𝘐𝘚𝘈 ᴊᴄʙ   X n
Menu *(Samstag nur Abendessen, Sonn- und Feiertage geschl.)* à la carte 42/78 – **80 Z** 195/250.

🏨🏨 **Schönberger Hof** garni (Haus a.d.J. 1772), Untere Neckarstr. 54, ⊠ 69117, 𝒫 1 40 60, Fax 140639 – 📺 ☎ ⇔. 🆎 ⓞ 🄴 𝘝𝘐𝘚𝘈   Y b
22. Dez.- 7. Jan. geschl. – **14 Z** 140/180.

HEIDELBERG

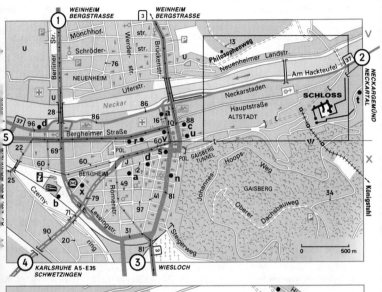

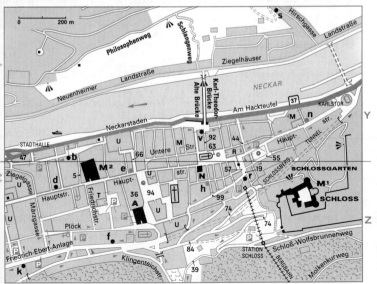

415

🏠 **Holländer Hof** garni, Neckarstaden 66, ⊠ 69117, 𝒫 1 20 91, Fax 22085, ≼ – |𝄞| 🆃🆅 ☎ ᴄ̱.
AE ① E *VISA*   Y **v**
40 Z 120/285.

🏠 **Perkeo** garni, Hauptstr. 75, ⊠ 69117, 𝒫 1 41 30, Fax 141337 – 🆃🆅 ☎. AE ① E *VISA*   Z **d**
23. Dez.- 6. Jan. geschl. – **25 Z** 130/190.

🏠 **Parkhotel Atlantic** ⚘ garni, Schloß-Wolfsbrunnenweg 23, ⊠ 69117, 𝒫 16 40 51,
Fax 164054, « Park » – 🆃🆅 ☎ 🅿. AE ① E *VISA*   V **t**
23 Z 150/230.

🏠 **Romantik-Hotel Zum Ritter St. Georg**, Hauptstr. 178, ⊠ 69117, 𝒫 2 42 72, Fax 12683,
« Renaissancehaus a.d.J. 1592 » – |𝄞| ⇆ Zim 🆃🆅 ☎. AE ① E *VISA* ᴊᴄʙ   Z **N**
Menu à la carte 43/82 – **40 Z** 145/325.

🏠 **Kurfürst** garni, Poststr. 46, ⊠ 69115, 𝒫 2 47 41, Fax 28392 – |𝄞| 🆃🆅 ☎ 🅿. AE ① E *VISA*
ᴊᴄʙ   VX **r**
61 Z 130/225.

🏠 **Krokodil**, Kleinschmidtstr. 12, ⊠ 69115, 𝒫 16 64 72, Fax 12221 – 🆃🆅 ☎. AE E *VISA*. ⚘ Zim
21. Dez.- 7. Jan. geschl. – **Menu** à la carte 30/58 – **16 Z** 130/210.   X **a**

🏠 **Nassauer Hof** garni, Plöck 1, ⊠ 69117, 𝒫 16 30 24, Fax 183893 – |𝄞| 🆃🆅 ☎ ⇌. AE E
VISA   V **c**
23. Dez.- 10. Jan. geschl. – **20 Z** 155/241.

🏠 **Intercity-Hotel Arcade**, Lessingstr. 3 (am Hbf.), ⊠ 69115, 𝒫 91 30, Telex 461466,
Fax 913300 – |𝄞| ⇆ Zim 🆃🆅 ☎ ᴄ̱ 🅿 – 🔬 50. AE ① E *VISA*   X **b**
Menu *(Sonntag und Mitte Dez.- Mitte Jan. geschl.)* (nur Abendessen) à la carte 36/47 –
170 Z 130/190.

🏠 **Central** garni, Kaiserstr. 75, ⊠ 69115, 𝒫 2 06 72, Fax 28392 – |𝄞| ☎ 🅿   X **x**
51 Z.

🏠 **Kohler** garni, Goethestr. 2, ⊠ 69115, 𝒫 16 60 88, Fax 167481 – |𝄞| ⇆ 🆃🆅 ☎. E *VISA*   X **d**
Mitte Dez.- Mitte Jan. geschl. – **41 Z** 105/174.

🏠 **Anlage** garni, Friedrich-Ebert-Anlage 32, ⊠ 69117, 𝒫 2 64 25, Fax 164426 – |𝄞| 🆃🆅 ☎ 🅿.
AE ① E *VISA*   Z **k**
20 Z 104/185.

🏠 **Bayrischer Hof** garni, Rohrbacher Str. 2, ⊠ 69115, 𝒫 18 40 45, Fax 184049 – |𝄞| 🆃🆅 ☎
ᴄ̱. AE ① E *VISA* ᴊᴄʙ   V **v**
43 Z 150/240.

🏠 **Neckar-Hotel** garni, Bismarckstr. 19, ⊠ 69115, 𝒫 1 08 14, Fax 23260 – |𝄞| 🆃🆅 ☎ 🅿. AE
E *VISA*   V **a**
23. Dez.- 2. Jan. geschl. – **35 Z** 140/250.

✗✗✗ **Zur Herrenmühle** (Haus a.d. 14. Jh.), Hauptstr. 239, ⊠ 69117, 𝒫 1 29 09, Fax 22033,
« Innenhofterrasse » – AE ① E *VISA*   Y **n**
Sonntag geschl. – **Menu** (nur Abendessen, Tischbestellung ratsam) à la carte 78/108.

✗✗ ❀ **Simplicissimus**, Ingrimstr. 16, ⊠ 69117, 𝒫 18 33 36, Fax 181980 – AE E *VISA*. ⚘ Z **h**
Dienstag, Feb. 1 Woche und Ende Juli - Mitte Aug. geschl. – **Menu** (nur Abendessen, Tischbestellung ratsam) 85/115 und à la carte 70/90
Spez. Salat von Kalbszunge und -bries in Trüffelöl, Räucheraalcrêpes mit Meerrettichsauce, Pic-
cata vom Kaninchen mit Tomaten und Artischocken.

✗✗ **Kurpfälzisches Museum**, Hauptstr. 97, ⊠ 69117, 𝒫 2 40 50, Fax 163719, 🍴 – AE ①
E *VISA*   Z **M2**
Menu à la carte 38/74.

✗✗ **Da Mario**, Rohrbacher Str. 3 (1. Etage), ⊠ 69115, 𝒫 18 35 91, Fax 182300 – AE ① E *VISA*
Menu (italienische Küche) à la carte 36/69 ᴄ̱.   V **v**

✗ **Kupferkanne**, Hauptstr. 127 (1. Etage), ⊠ 69117, 𝒫 2 17 90   Z **e**
Sonntag und Juli - Aug. 3 Wochen geschl. – **Menu** (nur Abendessen) à la carte 30/60.

In Heidelberg-Grenzhof NW : 8 km über die B 37 V :

🏠 **Gutsschänke Grenzhof** ⚘, ⊠ 69123, 𝒫 (06202) 94 30, Fax 943100, Biergarten – |𝄞|
⇆ Zim ☎ 🅿. AE E *VISA*
Menu *(Sonntag geschl.)* (nur Abendessen) à la carte 55/79 – **27 Z** 100/200.

In Heidelberg-Kirchheim ④ : 3 km :

🏠 **Queens Hotel**, Pleikartsförsterstr. 101, ⊠ 69124, 𝒫 78 80, Telex 461650, Fax 788499, 🍴
– |𝄞| ⇆ Zim 🍽 Rest 🆃🆅 ☎ ᴄ̱ 🅿 – 🔬 180. AE ① E *VISA*
Menu à la carte 53/84 – **169 Z** 208/336.

In Heidelberg-Pfaffengrund W : 3,5 km über Eppelheimer Straße X :

🏠 **Neu Heidelberg**, Kranichweg 15, ⊠ 69123, 𝒫 70 70 05 (Hotel) 7 42 22 (Rest.), Fax 700381,
🍴 – ⇆ Zim 🆃🆅 ☎ 🅿. ⚘
Weihnachten - Anfang Jan. geschl. – **Brunnenstube** *(nur Abendessen, Samstag geschl.)*
Menu à la carte 29/50 – **22 Z** 98/188.

In Heidelberg-Rohrbach über Rohrbacher Str. X :

✗✗ **Ristorante Italia**, Karlsruher Str. 82, ⊠ 69126, 𝒫 31 48 61, Fax 37198 – AE E *VISA*
Mittwoch geschl. – **Menu** à la carte 50/84.

In Heidelberg-Schlierbach ② : 4 km :

XX **Zum Wolfsbrunnen** (historisches Jagdhaus a.d. 16. Jh.), Wolfsbrunnensteige 15, ✉ 69118,
℘ 80 37 58, Fax 808459, ⌂ – ❶.

In Eppelheim W : 4 km über Eppelheimer Str. X :

🛏 **Lilienthal** garni, Lilienthalstr. 19, ✉ 69214, ℘ (06221) 7 91 20, Fax 767410 – ⇔ Zim 📺
☎ ⇦ ❶ ᴇ 𝘝𝘐𝘚𝘈. ⌘
21 Z 115/180.

🛏 Rhein-Neckar-Hotel, Seestr. 75, ✉ 69214, ℘ (06221) 76 20 01, Fax 762004 – 📺 ☎ ❶
(wochentags nur Abendessen) – **24 Z**.

HEIDENAU Niedersachsen 𝟦𝟷𝟷 LM 7 – 1 600 Ew – Höhe 35 m – ✪ 04182.
◆Hannover 126 – ◆Bremen 76 – ◆Hamburg 50.

🛏 **Heidenauer Hof** (mit Gästehaus, ⅏), Hauptstr. 23, ✉ 21258, ℘ 41 44, Fax 4744, ⌂, ⟿
– 📺 ☎ ❶ ᴇ 𝘝𝘐𝘚𝘈
Menu *(Dienstag geschl.)* à la carte 28/51 – **35 Z** 68/160.

> Europe
>
> If the name of the hotel
> is not in bold type,
> on arrival ask the hotelier his prices.

HEIDENHEIM AN DER BRENZ Baden-Württemberg 𝟦𝟷𝟹 N 20,21, 𝟿𝟪𝟽 ㊱ – 51 000 Ew – Höhe
491 m – ✪ 07321.
🛈 Städt. Verkehrsamt, Hauptstraße (Elmar-Doch-Haus), ✉ 89522, ℘ 32 73 40, Fax 327687.
◆Stuttgart 87 – ◆Nürnberg 132 – ◆Ulm (Donau) 46 – ◆Würzburg 177.

🛏🛏 **Senator Hotel Aquarena,** Friedrich-Pfennig-Str. 30, ✉ 89518, ℘ 98 00, Fax 980100, ⌂,
direkter Zugang zum Freizeitbad – ▐§▌ ⇔ Zim 📺 ☎ & ❶ – ▵ 180. ᴀᴇ ❶ ᴇ 𝘝𝘐𝘚𝘈
Menu à la carte 34/66 – **84 Z** 155/240.

🛏 **Linde,** St.-Pöltener-Str. 53, ✉ 89522, ℘ 9 59 20, Fax 959258 – 📺 ☎ ⇦ ❶
↞ *Aug. und 24. Dez.- 1. Jan. geschl.* – **Menu** *(Samstag geschl.)* à la carte 24/56 ⚖ – **34 Z**
80/150.

🛏 **Raben,** Erchenstr. 1, ✉ 89522, ℘ 2 18 39, Fax 25525 – ☎ ⇦. ᴀᴇ ᴇ 𝘝𝘐𝘚𝘈
23. Dez.- 6. Jan. geschl. – **Menu** à la carte 28/50 – **28 Z** 60/150.

XX **Weinstube zum Pfauen,** Schloßstr. 26, ✉ 89518, ℘ 4 52 95
*Montag und Samstag nur Abendessen, Sonn- und Feiertage sowie Jan. und Juli jeweils
2 Wochen geschl.* – **Menu** (abends Tischbestellung ratsam) à la carte 43/74 *(auch vegetarische Gerichte).*

In Heidenheim-Mergelstetten S : 2 km über die B 19 :

🛏🛏 **Hirsch** ⅏ garni, Buchhofsteige 3, ✉ 89522, ℘ 5 10 30, Fax 51001 – ▐§▌ 📺 ☎ ⇦ ❶. ᴀᴇ
❶ ᴇ 𝘝𝘐𝘚𝘈
22. Dez.- 6. Jan. geschl. – **40 Z** 95/160.

In Steinheim am Albuch W : 6 km :

🛏🛏 **Zum Kreuz,** Hauptstr. 26, ✉ 89555, ℘ (07329) 60 07, Fax 1253, ⌂, ≘ₛ – ▐§▌ ⇔ Zim 📺
☎ ❶ – ▵ 50. ᴀᴇ ❶ ᴇ 𝘝𝘐𝘚𝘈
Menu *(Mai-Sept. Sonn- und Feiertage sowie 24.-30. Dez. geschl.)* à la carte 37/72 *(auch
vegetarische Gerichte)* – **30 Z** 89/186.

In Steinheim-Sontheim i. St. W : 7 km :

🛏 **Sontheimer Wirtshäusle** (mit Gästehaus), an der B 466, ✉ 89555, ℘ (07329) 50 41,
Fax 1770, ⟿ – ⇔ Zim 📺 ☎ ⇦ ❶. ⌘
Juli-Aug. und Dez.-Jan. jeweils 2 Wochen geschl. – **Menu** *(Samstag geschl.)* à la carte 34/76
– **17 Z** 80/140.

HEIGENBRÜCKEN Bayern 𝟦𝟷𝟸 𝟦𝟷𝟹 L 16 – 2 600 Ew – Höhe 300 m – Luftkurort – ✪ 06020.
🛈 Kur- und Verkehrsamt, Rathaus, ✉ 63869, ℘ 3 81.
◆München 350 – Aschaffenburg 26 – ◆Würzburg 74.

⌂ **Zur frischen Quelle,** Hauptstr. 1, ✉ 63869, ℘ 4 62 – ❶. ⌘ Zim
↞ *Ende Okt.- Mitte Nov. geschl.* – **Menu** *(Okt.- Mai Dienstag geschl.)* à la carte 22/38 ⚖ –
13 Z 35/70 – ½ P 39/47.

HEILBRONN Baden-Württemberg 𝟦𝟷𝟸 𝟦𝟷𝟹 K 19, 𝟿𝟪𝟽 ㉕ – 126 000 Ew – Höhe 158 m – ✪ 07131.
🛈 Städtisches Verkehrsamt, Rathaus, ✉ 74072, ℘ 56 22 70, Fax 563140.
ADAC, Bahnhofstr. 19-23, ✉ 74072, ℘ 96 75 11, Fax 967533.
◆Stuttgart 53 ③ – Heidelberg 68 ① – ◆Karlsruhe 94 ① – ◆Würzburg 105 ①.

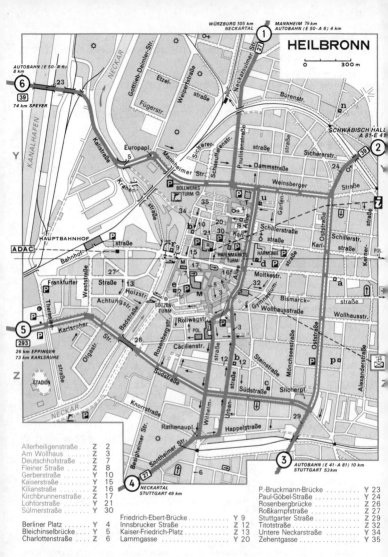

WÜRZBURG 105 km MANNHEIM 79 km
NECKARTAL AUTOBAHN (E 50-A 6) 4 km

HEILBRONN

0   300 m

AUTOBAHN (E 50-A 6)
8 km

39
74 km SPEYER

SCHWÄBISCH HALL
A 81-E 41

39

293
26 km EPPINGEN
73 km KARLSRUHE

NECKARTAL
STUTTGART 49 km

AUTOBAHN (E 41-A 81) 10 km
STUTTGART 53 km

🏨 **Insel-Hotel,** Friedrich-Ebert-Brücke, ☒ 74072, ℰ 63 00, Fax 626060, 🍴, ⬛s, ⬛, 🌳 –
🛗 ❄ Zim 📺 ⑂ ☚ 🅿 – 🔏 100. 🄰🄴 � 🄴 🆅🅸🆂🅰   Y **r**
Menu à la carte 43/87 – **120 Z** 148/268, 4 Suiten.

🏨 **Götz,** Moltkestr. 52, ☒ 74076, ℰ 98 90, Fax 989890, 🍴 – 🛗 📺 ☚ – 🔏 50. 🄰🄴 ⓞ 🄴
🆅🅸🆂🅰 🅹🄲🄱   Z **a**
Menu à la carte 37/63 – **86 Z** 130/196.

🏨 **Park-Villa** ⟋ garni (mit Gästehaus), Gutenbergstr. 30, ☒ 74074, ℰ 9 57 00, Fax 957020,
« Geschmackvolle Einrichtung, Park » – 📺 ☎ ☚. 🄰🄴 ⓞ 🄴 🆅🅸🆂🅰   Z **p**
Weihnachten - Anfang Jan. geschl. – **25 Z** 130/215.

🏨 **Burkhardt,** Lohtorstr. 7, ☒ 74072, ℰ 6 22 40, Fax 627828 – 🛗 📺 ☎ ⑂ ☚ – 🔏 100
83 Z.   Y **b**

🏨 **Nestor-Hotel** garni (moderne Einrichtung), Jakobgasse 9, ☒ 74072, ℰ 65 60, Fax 656113
– 🛗 ❄ Zim 📺 ☎ ☚ – 🔏 30. 🄰🄴 ⓞ 🄴 🆅🅸🆂🅰
42 Z 145/175.   Y **s**

🏨 **Urbanus,** Urbanstr. 13, ⊠ 74072, 𝒫 8 13 44(Hotel) 6 88 81(Rest.), Fax 178415 – 📺 ☎ – **Moustache** *(Samstag nur Abendessen, Sonntag geschl.)* **Menu** à la carte 42/84 – **30 Z** 95/129.
　　Z **b**

XX **Beichtstuhl,** Fischergasse 9, ⊠ 74072, 𝒫 8 95 86, Fax 627394, 斎 – ◫ 𝐄 𝑉𝐼𝑆𝐴　　Z **e**
　Samstag nur Abendessen, Sonn- und Feiertage geschl. – **Menu** (abends Tischbestellung ratsam) à la carte 60/75.

XX **Am Stadtgarten,** Allee 28, ⊠ 74072, 𝒫 18 79 54, Fax 166436, 斎 – 🅰 40. ◫ ⓞ 𝐄 𝑉𝐼𝑆𝐴
　Dienstag und Juli-Aug. 4 Wochen geschl. – **Menu** à la carte 29/58.　　　　　YZ **d**

XX **Heilbronner Winzerstüble,** Ludwig-Pfau-Str. 14, ⊠ 74072, 𝒫 8 40 42, Fax 962432,　Z **c**
　– ◫ 𝑉𝐼𝑆𝐴
　Samstag nur Abendessen, Sonn- und Feiertag geschl. – **Menu** à la carte 47/67.

XX **Stöber,** Wartbergstr. 46, ⊠ 74076, 𝒫 16 09 29, Fax 166162 – ◫ 𝐄　　　　　　　Y **n**
　Samstag und Juli-Aug. 3 Wochen geschl. – **Menu** à la carte 40/66.

X **Haus des Handwerks,** Allee 76, ⊠ 74072, 𝒫 8 44 68, Fax 85740 – 🅰 140. ◫ ⓞ 𝐄 𝑉𝐼𝑆𝐴
　𝐉𝐂𝐁　　　　　　　　　　　　　　　　　　　　　　　　　　　　　　　　　　　　Y **u**
　Menu à la carte 30/61 ⅋.

Im Jägerhauswald O : 4 km, Zufahrt über Bismarckstraße Z :

X **Waldgaststätte Jägerhaus,** ⊠ 74074 Heilbronn, 𝒫 (07131) 17 52 25, Fax 175375, 斎
　– ☻. 𝐄
　Montag und Jan.- Feb. 2 Wochen geschl. – **Menu** à la carte 34/64.

Auf dem Wartberg ② : 5 km – Höhe 303 m

XX **Höhenrestaurant Wartberg,** ⊠ 74076 Heilbronn, 𝒫 (07131) 17 32 74, Fax 165318,
　≤ Heilbronn und Weinberge, 斎 – ◒ ☻ – 🅰 50. ◫ ⓞ 𝐄 𝑉𝐼𝑆𝐴
　Dienstag und Jan.- Anfang Feb. geschl. – **Menu** à la carte 30/62.

In Heilbronn - Böckingen über : 2 km :

🏨 **Am Kastell,** Kastellstr. 64, ⊠ 74080, 𝒫 91 70, Fax 917299, ☎s – |💈| ⭑≉ Zim 📺 ☎ 🚗
　– 🅰 10. ◫ ⓞ 𝐄 𝑉𝐼𝑆𝐴
　Menu à la carte 28/61 ⅋ – **72 Z** 108/138.

In Flein S : 5,5 km über Charlottenstr. Z :

🏨 **Wo der Hahn kräht** ⅏, Altenbergweg 11, ⊠ 74223, 𝒫 (07131) 5 08 10, Fax 508166, ≤,
　斎 – 📺 ☎ ☻ – 🅰 40. 𝑉𝐼𝑆𝐴
　Menu à la carte 40/65 ⅋ – **50 Z** 115/180.

In Leingarten ⑤ : 7 km :

XX **Löwen,** Heilbronner Str. 43, ⊠ 74211, 𝒫 (07131) 40 36 78, Fax 900060, 斎 – ◫
　Samstag nur Abendessen, Montag, Mitte Jan.- Mitte Feb. und Juli-Aug. 2 Wochen geschl.
　– **Menu** (abends Tischbestellung ratsam) à la carte 62/82.

　HEILBRUNN, BAD Bayern ⁴¹³ R 23, ⁴²⁶ G 5 – 3 100 Ew – Höhe 682 m – Heilbad – ☻ 08046.
🛈 Kur- und Verkehrsamt, Haus des Gastes, Birkenallee 3, ⊠ 83670, 𝒫 3 23, Fax 8131.
◆München 63 – Mittenwald 48 – Bad Tölz 8.

🏨 **Gästehaus Oberland** ⅏, Wörnerweg 45, ⊠ 83670, 𝒫 2 38, Fax 8063, 斎, 🌲 – ☻
　20. Dez.- Jan. geschl. – **Menu** *(Mittwoch geschl.)* à la carte 29/44 – **21 Z** 44/114
　– ½ P 60/73.

　HEILIGENBERG Baden-Württemberg ⁴¹³ KL 23, ⁹⁸⁷ ㉟, ⁴²⁷ LM 2 – 2 700 Ew – Höhe 726 m
– Luftkurort – ☻ 07554.
Sehenswert : Schloßterrasse ≤★.
🛈 Kurverwaltung, Rathaus, ⊠ 88633, 𝒫 2 46, Fax 9260.
◆Stuttgart 139 – Bregenz 70 – Sigmaringen 38.

🏨 **Berghotel Baader,** Salemer Str. 5, ⊠ 88633, 𝒫 3 03, Fax 8192, 斎, ☎s, 🖾, 🌲 – 📺
　☎ ☻ – 🅰 25. ◫ ⓞ 𝐄 𝑉𝐼𝑆𝐴 % Rest
　Menu *(Dienstag geschl.)* (bemerkenswerte Weinkarte) à la carte 63/100 – **17 Z** 70/160
　– ½ P 105/130.

🏨 **Post** ⅏, Postplatz 3, ⊠ 88633, 𝒫 2 08, Fax 9664, ≤ Linzgau und Bodensee, 斎 – ☎ 🚗
　◆. 𝐄
　Mitte Dez.- Mitte Jan. geschl. – **Menu** *(Freitag geschl.)* à la carte 23/47 ⅋ – **12 Z** 52/110
　– ½ P 77/80.

X **Restaurant de Weiss im Hohenstein,** Postplatz 5, ⊠ 88633, 𝒫 7 65, 斎,
　« Gemälde-Galerie » – ☻. 𝐄
　Mitte Jan.- Mitte Feb. und Montag geschl. – **Menu** à la carte 42/76.

In Heiligenberg-Steigen :

🏨 **Hack** ⅏, Am Bühl 11, ⊠ 88633, 𝒫 86 86, Fax 8369, ≤ – ☻
　Jan.- Feb. 4 Wochen und Okt.- Nov. 2 Wochen geschl. – **Menu** *(Montag-Dienstag geschl.)*
　à la carte 28/53 ⅋ – **11 Z** 55/110 – ½ P 74.

HEILIGENDAMM Mecklenburg-Vorpommern siehe Doberan, Bad.

HEILIGENGRABE Brandenburg siehe Wittstock.

HEILIGENHAFEN Schleswig-Holstein 𝟒𝟏𝟏 P 3, 𝟗𝟖𝟕 ⑥ – 9 000 Ew – Höhe 3 m – Ostseeheilbad – ✆ 04362.
🛈 Kurverwaltung, Rathaus am Markt, ✉ 23774, ℘ 5 00 89, Fax 6748.
♦Kiel 67 – ♦Lübeck 67 – Puttgarden 24.

🏠 **Luise's Sporthotel** ♨ garni, Hermann-Löns-Str. 3, ✉ 23774, ℘ 70 10, Fax 5852, ≼, ⇌s, 🔲 ☎ ❷
Dez. 2 Wochen geschl. – **21 Z** 76/152.

✕✕ **Weberhaus,** Kirchenstr. 4, ✉ 23774, ℘ 28 40 – AE Ⓞ E VISA JCB
Montag und Feb. geschl. – **Menu** à la carte 47/71.

✕ **Zum alten Salzspeicher,** Hafenstr. 2, ✉ 23774, ℘ 28 28, Fax 6326, 🍴, « Haus a.d. 16. Jh. » – AE Ⓞ E VISA JCB
Dienstag und Feb.- März 6 Wochen geschl. – **Menu** à la carte 34/70.

HEILIGENHAUS Nordrhein-Westfalen 𝟒𝟏𝟏 𝟒𝟏𝟐 D 12,13 – 28 900 Ew – Höhe 174 m – ✆ 02056.
♦Düsseldorf 22 – ♦Essen 22 – Wuppertal 25.

🏨 **Waldhotel** ♨, Parkstr. 38, ✉ 42579, ℘ 59 70, Fax 597260, « Gartenterrasse », ⇌s – |⇵| ⇌ Zim 🔲 ⇔ ❷ – 🔏 50. AE E VISA. ✕ Rest
Menu *(Sonntag geschl.)* à la carte 50/80 – **69 Z** 152/324.

✕✕ **Kuhs - Deutscher Hof,** Velberter Str. 146 (O : 2 km), ✉ 42579, ℘ 65 28, Fax 68513 – ❷
Montag-Dienstag und Juli-Aug. 4 Wochen geschl. – **Menu** à la carte 33/62.

HEILIGENSTADT Bayern 𝟒𝟏𝟑 Q 17 – 3 700 Ew – Höhe 367 m – ✆ 09198.
♦München 231 – ♦Bamberg 24 – Bayreuth 36 – ♦Nürnberg 60.

🏤 **Heiligenstadter Hof,** Marktplatz 9, ✉ 91332, ℘ 7 81, Fax 8100, 🍴 – |⇵| ☎. E VISA
Menu *(Okt.- März Montag und Feb. 2 Wochen geschl.)* à la carte 24/47 🍺 – **24 Z** 65/120.

In Heiligenstadt-Veilbronn SO : 3 km – Erholungsort :

🕏 **Sponsel-Regus** ♨, ✉ 91332, ℘ 2 22, Fax 1483, 🍴 – ⇌ Rest 🔲 ⇔ ❷
Mitte Jan.- Mitte Feb. geschl. – **Menu** *(Nov.- April Dienstag geschl.)* à la carte 23/39 🍺 – **41 Z** 46/96 – ½ P 46/55.

HEILIGENSTADT Thüringen 𝟒𝟏𝟐 N 12, 𝟒𝟏𝟒 C 11, 𝟗𝟖𝟒 ㉒, 𝟗𝟖𝟕 ⑯ – 17 500 Ew – Höhe 250 m – Heilbad – ✆ 03606.
🛈 Tourist-Information, Wilhelmstr. 105, ✉ 37308, ℘ 20 63.
Erfurt 96 – ♦Berlin 315 – Bad Hersfeld 93 – Göttingen 38 – ♦Kassel 49.

🏨 **Stadthotel,** Dingelstädter Str. 43, ✉ 37308, ℘ 66 60, Fax 666222, 🍴, ⇌s – ⇌ Zim 🔲 ☎ ❷ – 🔏 25. AE E VISA
Menu à la carte 27/50 – **24 Z** 98/190.

🏠 **Eichsfelder Hof,** Wilhelmstr. 56, ✉ 37308, ℘ 6 60 30, Fax 660383 – |⇵| ⇌ Zim 🔲 ☎ ❷. ⓄE VISA
Menu à la carte 22/33 – **33 Z** 80/150.

🏠 Traube, Bahnhofstr. 2, ✉ 37308, ℘ 22 53, Fax 604509, 🍴, Biergarten – 🔲 ☎ ⇔ ❷
11 Z.

✕ **Haus des Handwerks,** Marktplatz 8, ✉ 37308, ℘ 30 51 – AE Ⓞ E VISA
Menu à la carte 24/40.

In Martinfeld S : 12 km :

🏠 Landhaus am Westerwald, Ershäuser Str. 119, ✉ 37308, ℘ (03606) 92 13, ⇌s, 🐎 – 🔲 ❷
10 Z.

HEILIGENSTEDTEN Schleswig-Holstein siehe Itzehoe.

HEILIGKREUZSTEINACH Baden-Württemberg 𝟒𝟏𝟐 𝟒𝟏𝟑 J 18 – 2 900 Ew – Höhe 280 m – Erholungsort – ✆ 06220.
♦Stuttgart 119 – Heidelberg 21 – ♦Mannheim 31.

In Heiligkreuzsteinach - Eiterbach N : 3 km :

✕✕ ❀ **Goldener Pflug,** Ortsstr. 40, ✉ 69253, ℘ 85 09, 🍴 – ❷. AE Ⓞ E VISA
Montag-Dienstag geschl., Mittwoch-Freitag nur Abendessen – **Menu** (Tischbestellung ratsam) 75/130 und à la carte
Spez. Törtchen von geräucherten Crevetten, Waller in Kümmelsauce mit Bayrisch Kraut, Rehrücken mit Trüffelkruste.

HEILSBRONN Bayern 413 P 18, 987 ㉖ – 7 400 Ew – Höhe 410 m – ۞ 09872.
Sehenswert : Ehemalige Klosterkirche (Nothelfer-Altar★).
◆München 189 – Ansbach 17 – ◆Nürnberg 25.

  🏠 **Goldener Stern** (mit Gästehaus), Ansbacher Str. 3, ⊠ 91560, ℘ 12 62, Fax 6925, ⌱ , 🚗
  ← – 📺 ❷, 🖭 ᴇ. ⨯
  Mai-Juni und Aug.- Sept. jeweils 2 Wochen sowie Weihnachten - Anfang Jan. geschl. –
  Menu *(Mittwoch-Freitag nur Abendessen, Samstag geschl.)* à la carte 18/46 ⅄ – **25 Z**
  50/130.

HEIMBACH Nordrhein-Westfalen 412 C 15 – 4 500 Ew – Höhe 241 m – Luftkurort – ۞ 02446.
🚹 Verkehrsamt, Seerandweg, ⊠ 52396, ℘ 5 27, Fax 1273.
◆Düsseldorf 91 – ◆Aachen 58 – Düren 26 – Euskirchen 26.

  🍴 **Meiser,** Hengebachstr. 99, ⊠ 52396, ℘ 2 27, Fax 227 – 📺. ᴇ 𝘝𝘐𝘚𝘈
  ← **Menu** *(Okt.- April Dienstag geschl.)* à la carte 24/49 – **10 Z** 50/90 – ½ P 56.

  In Heimbach-Hasenfeld W : 1,5 km :

  🏠 **Haus Diefenbach** ⑤, Brementhaler Str. 44, ⊠ 52396, ℘ 31 00, Fax 3825, ≤, 🖙, ⌱ ,
  🚗 – 📺 ❷ ❷. ⨯ Rest
  Mitte Nov.- 27. Dez. geschl. – (nur Abendessen für Hausgäste) – **14 Z** 57/108
  – ½ P 62/84.

  ❌❌ **Landhaus Weber** mit Zim, Schwammenaueler Str. 8, ⊠ 52396, ℘ 2 22, 🚗 – ❷
  Feb. 2 Wochen geschl. – **Menu** *(Dienstag-Mittwoch geschl.)* à la carte 45/72 – **8 Z**
  55/98 – ½ P 72/86.

HEIMBUCHENTHAL Bayern 412 413 K 17 – 2 100 Ew – Höhe 171 m – Erholungsort – ۞ 06092.
◆München 346 – Aschaffenburg 19 – ◆Würzburg 70.

  🏠 **Lamm** (mit Gästehäusern), St.-Martinus-Str. 1, ⊠ 63872, ℘ 94 40, Fax 944100, 🏛, 🖙,
  ⌱, 🚗 – 📶 📺 ❷ ⇐ ❷ – 🔬 70. ⨯ Zim
  Menu à la carte 29/64 – **50 Z** 73/150 – ½ P 80/90.

  🏠 **Panorama Hotel Heimbuchenthaler Hof** ⑤, Am Eichenberg 1, ⊠ 63872, ℘ 60 70,
  Fax 6802, ≤, 🏛, 🖙, ⌱, 🚗, ⨯ – 📶 📺 ❷ ⇐ ❷ – 🔬 40. ᴀᴇ ⑩ ᴇ 𝘝𝘐𝘚𝘈.
  ⨯ Zim
  Menu à la carte 25/54 – **35 Z** 83/150 – ½ P 99.

  In Heimbuchenthal-Heimathen SW : 1,5 km :

  🏠 **Heimathenhof** ⑤, ⊠ 63872, ℘ 2 42, Fax 5683, ≤, 🏛 – 📺 ❷ ❷
  ← *Jan. 3 Wochen geschl.* – **Menu** *(Montag geschl.)* à la carte 23/46 ⅄ – **10 Z** 60/116
  – ½ P 63/68.

HEINSBERG Nordrhein-Westfalen 412 B 13, 987 ㉓, 212 ② – 38 000 Ew – Höhe 45 m –
۞ 02452.
◆Düsseldorf 63 – ◆Aachen 36 – Mönchengladbach 33 – Roermond 20.

  🏠 **Corsten,** Hochstr. 160, ⊠ 52525, ℘ 18 60, Fax 186400, 🖙 – 📺 ❷ ❷ – 🔬 30. ᴀᴇ ⑩
  ᴇ 𝘝𝘐𝘚𝘈. ⨯ Rest
  Menu *(Freitag und 21. Dez.- 4. Jan. geschl., Samstag nur Abendessen)* à la carte 39/66
  – **36 Z** 65/140.

  In Heinsberg-Randerath SO : 8 km :

  ❌❌ **Burgstube,** Feldstr. 50, ⊠ 52525, ℘ (02453) 8 02, Fax 3526 – ❷. ᴀᴇ ⑩ ᴇ 𝘝𝘐𝘚𝘈
  Montag und Juni-Juli 3 Wochen geschl. – **Menu** *(Tischbestellung ratsam)* à la carte 57/80.

HEITERSHEIM Baden-Württemberg 413 FG 23, 427 GH 2, 242 ㊱ – 4 700 Ew – Höhe 254 m
– ۞ 07634.
◆Stuttgart 223 – Basel 48 – ◆Freiburg im Breisgau 22.

  🏠 **Krone,** Hauptstr. 7, ⊠ 79423, ℘ 28 11, Fax 4588, 🏛, « Historischer Gewölbekeller », 🚗
  – ⨯ Zim 📺 ❷ ⇐ ❷. 𝘝𝘐𝘚𝘈
  Menu *(Dienstag und Mittwoch nur Abendessen)* à la carte 38/79 ⅄ – **23 Z** 86/175.

  🏠 **Ochsen,** Ochsenplatz 1, ⊠ 79423, ℘ 22 18, Fax 3025 – 📺 ❷ ⇐ ❷, ᴇ
  22. Dez.- 23. Jan. geschl. – **Menu** *(Montag nur Abendessen, Freitag geschl.)* à la carte 34/68
  ⅄ – **30 Z** 90/170.

  🏠 **Kreuz,** Hauptstr. 59, ⊠ 79423, ℘ 20 23, Fax 510223 – 📺 ❷ ❷
  Menu *(Mittwoch geschl.)* à la carte 26/56 – **12 Z** 78/150.

  🏠 **Löwen,** Hauptstr. 58, ⊠ 79423, ℘ 22 84, Fax 1859 – 📺 ❷ ⇐ ❷, ᴀᴇ ⑩ ᴇ 𝘝𝘐𝘚𝘈
  Menu *(Freitag nur Abendessen, Sonntag nur Mittagessen, Montag, 16. Feb.- 7. März und
  Ende Okt.- Mitte Nov. geschl.)* à la carte 31/62 ⅄ – **22 Z** 70/125.

HELGOLAND (Insel) Schleswig-Holstein 411 G 4. 987 ④. 984 ⑤ – 1 700 Ew – Höhe 5 m – Seebad – Zollfreies Gebiet, Autos auf der Insel nicht zugelassen – ✪ 04725.

Sehenswert : Felseninsel★★ aus rotem Sandstein in der Nordsee.

⬏ 𝒫 3 55, Telex 232194.

⛴ von Cuxhaven, Bremerhaven, Wilhelmshaven, Bensersiel, Büsum und Ausflugsfahrten von den Ost- und Nordfriesischen Inseln.

🛈 Verkehrsverein, Landungsbrücke, ⊠ 27498, 𝒫 3 55, Fax 7225, Kurverwaltung, Rathaus, Lung Wai 28, ⊠ 27498, 𝒫 8 08 65, Fax 426.

Auskünfte über Schiffs- und Flugverbindungen, 𝒫 8 08 65.

Auf dem Unterland :

🏛 **Insulaner** ⍋, Am Südstrand 2, ⊠ 27498, 𝒫 8 14 10, Fax 814181, ≤, ⇌s, ☞ – ⤧ Zim
📺 ☎. ⁒ Rest
(nur Abendessen für Hausgäste, Nov.- März garni) – **22 Z** 95/220.

🏛 **Schwan - Seehotel** ⍋, Am Südstrand 17, ⊠ 27498, 𝒫 77 51, Fax 7756, ≤ – 📺 ☎.
⁒
(Restaurant nur für Pensionsgäste) – **35 Z** 95/200 – ½ P 120/125.

🏛 **Hanseat** ⍋ garni, Am Südstrand 21, ⊠ 27498, 𝒫 6 63, Fax 7404, ≤ – 📺 ☎. ⁒
15. Jan.- Feb. und Mitte Okt.- Mitte Dez. geschl. – **20 Z** 80/180.

🏛 **Haus Hilligenlei** ⍋ garni, Kurpromenade 36, ⊠ 27498, 𝒫 77 33, Fax 354, ≤ – 📺 ☎. ⁒
24 Z.

🏛 **Helgoland** ⍋, Am Südstrand 16, ⊠ 27498, 𝒫 2 20, Fax 7432, ≤ – 📺 ☎. ⁒ Rest
5. Jan.- März und 15. Okt.- 25. Dez. geschl. – *(nur Abendessen für Hausgäste)* – **14 Z** 80/
195.

✗ Weddig's Fischerstube, Friesenstr. 61, ⊠ 27498, 𝒫 72 35 – ⁒.

HELLENTHAL Nordrhein-Westfalen 412 C 15 – 8 200 Ew – Höhe 420 m – ✪ 02482.

🛈 Verkehrsamt, Rathausstr. 2, ⊠ 53940, 𝒫 8 51 15, Fax 85114.

◆Düsseldorf 109 – ◆Aachen 56 – Düren 44 – Euskirchen 36.

🏛 **Haus Lichtenhardt** ⍋, Lichtenhardt 26, ⊠ 53940, 𝒫 6 14, Fax 1868, ≤, ⇱, ☞ – ☎ 🅿
– 🔥 15. ⎇ ⓞ Ε 𝕍𝕀𝕊𝔸
18.- 26. Dez. geschl. – **Menu** à la carte 26/57 – **16 Z** 47/100.

🏛 **Pension Haus Berghof** ⍋, Bauesfeld 16, ⊠ 53940, 𝒫 71 54, ≤ – 🅿
(Restaurant nur für Pensionsgäste) – **12 Z** 52/84.

In Hellenthal-Hollerath SW : 5,5 km – Wintersport : 600/690 m ⤩1 ⤪1 :

🏛 **Hollerather Hof,** Luxemburger Str. 44 (B 265), ⊠ 53940, 𝒫 71 17, Fax 7834, ≤, ⇌s, ⌧ ,
➡ – 📺 ☎ ⬅ 🅿
Nov. 3 Wochen geschl. – **Menu** à la carte 23/49 – **11 Z** 50/120.

⍾ **St. Georg,** Luxemburger Str. 46 (B 265), ⊠ 53940, 𝒫 13 17, ≤ – 🅿
23. Dez.- 6. Jan. geschl. – **Menu** *(Dienstag geschl.)* à la carte 21/37 – **18 Z** 44/80.

HELLWEGE Niedersachsen siehe Rotenburg (Wümme).

HELMBRECHTS Bayern 413 S 16, 987 ㉗ – 10 800 Ew – Höhe 615 m – Wintersport : 620/725 m
⤪4 – ✪ 09252.

◆München 277 – Bayreuth 43 – Hof 18.

🏛 **Zeitler,** Kulmbacher Str. 13, ⊠ 95233, 𝒫 10 11, Fax 35160, ⇱ – 📺 ☎ ⬅ 🅿
Menu à la carte 33/61 – **24 Z** 78/145.

🏛 **Deutsches Haus,** Friedrichstr. 6, ⊠ 95233, 𝒫 10 68, Fax 6011, ☞ – 📺 ☎ 🅿. Ε
23. Dez.- 9. Jan. geschl. – **Menu** *(Sonntag geschl.)* (nur Abendessen) à la carte 31/50 ⌀
– **16 Z** 88/128.

HELMSTEDT Niedersachsen 411 PQ 10, 987 ⑯ – 28 600 Ew – Höhe 110 m – ✪ 05351.

🛅 Klostergut, Schöningen (S : 12 km), 𝒫 (05352) 16 97.

🛈 Fremdenverkehrsamt, Rathaus, Markt 1 (Eingang Holzberg), ⊠ 38350, 𝒫 1 73 33, Fax 17102.

◆Hannover 96 – ◆Berlin 192 – ◆Braunschweig 41 – Magdeburg 53 – Wolfsburg 30.

🏨 **Senator Hotel** garni, Chardst 2, ⊠ 38350, 𝒫 12 80, Fax 128128, ⇌s – 🛗 ⤧ 📺 ☎ ⏣
⬅ 🅿 – 🔥 40. ⎇ ⓞ Ε 𝕍𝕀𝕊𝔸
64 Z 130/245.

🏛 **Petzold,** Schöninger Str. 1, ⊠ 38350, 𝒫 60 01, Fax 41321 – 📺 ☎ ⬅ 🅿. Ε
Menu *(Samstag geschl.)* (nur Abendessen) à la carte 31/61 – **34 Z** 95/145.

🏛 **Schönitz,** Schöninger Str.4, ⊠ 38350, 𝒫 4 20 15, Fax 42017, ⇱ – 📺 ☎
Menu *(Donnerstag geschl.)* à la carte 30/47 – **14 Z** 95/140.

HEMDINGEN Schleswig-Holstein 411 M 5 – 1 300 Ew – Höhe 5 m – 🚫 04123 (Barmstedt).
◆Kiel 73 – ◆Hamburg 28 – ◆Hannover 197.

🏠 **Hemdinger Hof,** Barmstedter Str. 2, ✉ 25485, 𝒫 20 58, Fax 4684 – 📺 ☎ 🅿 – 🔏 40.
🖾 ⓞ ㄷ 𝘝𝘐𝘚𝘈
Menu *(Montag - Freitag nur Abendessen)* à la carte 30/62 – **29 Z** 85/135.

HEMER Nordrhein-Westfalen 411 412 G 12, 987 ⑭ – 33 300 Ew – Höhe 240 m – 🚫 02372.
◆Düsseldorf 86 – Arnsberg 35 – Hagen 23 – Soest 40.

In Hemer-Westig :

🏠 **Haus von der Heyde** ⑤, Lohstr. 6, ✉ 58675, 𝒫 23 15, Fax 75380 – ☎ 🅿. ㄷ. ⅏
Juli - Aug. 2 Wochen geschl. – **Menu** *(Sonntag geschl.)* (nur Abendessen) à la carte 26/50
– **10 Z** 80/105.

HEMMINGEN Niedersachsen siehe Hannover.

HEMSBACH Baden-Württemberg 412 413 I 18 – 13 000 Ew – Höhe 100 m – 🚫 06201.
◆Stuttgart 141 – ◆Darmstadt 40 – Heidelberg 25 – ◆Mannheim 21.

In Hemsbach-Balzenbach O : 3 km :

🏠 **Watzenhof** ⑤, ✉ 69502, 𝒫 (06201) 77 67, Fax 73777, 🍴 – 📺 ☎ ⇌ 🅿 – 🔏 40. 🖾
ㄷ 𝘝𝘐𝘚𝘈. ⅏ Zim
Anfang - Mitte Jan. geschl. – **Menu** *(Sonntag nur Mittagessen, Montag nur Abendessen)*
à la carte 44/80 – **13 Z** 125/165.

HENNEF (SIEG) Nordrhein-Westfalen 412 E 14, 987 ㉔ – 33 000 Ew – Höhe 70 m – 🚫 02242.
🔞 Haus Dürresbach, 𝒫 65 01.
◆Düsseldorf 75 – ◆Bonn 18 – Limburg an der Lahn 89 – Siegen 75.

🏨 **Euro Park Hotel,** Reutherstr. 1a, ✉ 53773, 𝒫 87 60, Fax 876199 – 🛗 📺 ☎ 🕭 🅿 – 🔏 50.
🖾 ⓞ ㄷ 𝘝𝘐𝘚𝘈
Menu à la carte 45/73 – **77 Z** 199/280.

🏠 **Schloßhotel Regina - Wasserburg,** Frankfurter Str. 124, ✉ 53773, 𝒫 50 24, Fax 2747
– 📺 ☎ 🅿. 🖾 ⓞ ㄷ 𝘝𝘐𝘚𝘈
Menu *(Samstag nur Abendessen, 20. Dez.- 6. Jan. geschl.)* à la carte 39/59 – **20 Z** 119/169.

🏠 **Marktterrassen** garni, Frankfurter Str. 98, ✉ 53773, 𝒫 50 48, Fax 83166 – 🛗 📺 ☎. 🖾
ⓞ ㄷ 𝘝𝘐𝘚𝘈
15 Z 92/180.

🏠 **Herting,** Wehrstr. 46, ✉ 53773, 𝒫 9 21 30, Fax 82840 – 📺 ☎ 🅿
21 Z.

🏠 **Johnel,** Frankfurter Str. 152, ✉ 53773, 𝒫 26 33, Fax 82280 – 🛗 📺 ☎ 🅿. 🖾 ⓞ ㄷ 𝘝𝘐𝘚𝘈.
◆ ⅏ Rest
Menu *(Freitag und Sonntag nur Mittagessen, Samstag sowie 16. Juli - 14. Aug. geschl.)*
à la carte 16/49 – **33 Z** 95/130.

XX **Haus Steinen,** Hanftalstr. 94, ✉ 53773, 𝒫 32 16, Fax 83209, 🍴 – 🅿. ㄷ
Jan. und Dienstag geschl., Samstag nur Abendessen – **Menu** à la carte 38/80.

XX **Rôtisserie Christine** mit Zim, Frankfurter Str. 55, ✉ 53773, 𝒫 29 07 – 📺 ☎. 🖾 ⓞ ㄷ
𝘝𝘐𝘚𝘈. ⅏
Menu *(Samstag nur Abendessen, Sonn- und Feiertage geschl.)* à la carte 55/85 – **6 Z**
95/150.

In Hennef-Stadt Blankenberg O : 7 km :

🏠 **Haus Sonnenschein** (mit Gästehaus Galerie-Hotel), Mechtildisstr. 16, ✉ 53773,
𝒫 (02248) 92 00, Fax 92017, 🍴 – 📺 ☎ – 🔏 60. 🖾 ⓞ ㄷ 𝘝𝘐𝘚𝘈
Menu à la carte 29/60 – **28 Z** 89/140.

An der Straße nach Winterscheid NO : 9 km :

🏨 **Winterscheider Mühle** ⑤, ✉ 53809 Ruppichteroth, 𝒫 (02247) 30 40, Fax 304100, 🍴,
« Wildgehege », ⬥s, 🔲, 🐎 – 🛗 ⇌ Zim 📺 ☎ ⇌ 🅿 – 🔏 100. 🖾 ⓞ ㄷ 𝘝𝘐𝘚𝘈
Menu à la carte 40/75 – **90 Z** 90/210.

HENNSTEDT KREIS STEINBURG Schleswig-Holstein 411 M 4 – 540 Ew – Höhe 30 m –
🚫 04877.
◆ Kiel 51 – ◆Hamburg 71 – Itzehoe 19.

🏠 **Seelust** ⑤, Seelust 6 (S : 1 km), ✉ 25581, 𝒫 6 77, Fax 766, ≤, 🍴, ⬥s, 🔲 – 📺 🅿. ㄷ
𝘝𝘐𝘚𝘈
Menu *(Dienstag und Feb.- März 3 Wochen geschl., Montag-Freitag nur Abendessen)* à la
carte 33/66 – **13 Z** 68/125.

HENSTEDT-ULZBURG Schleswig-Holstein **411** MN 5, **987** ⑤ – 21 500 Ew – Höhe 38 m – ❀ 04193.

ฬ Alveslohe (W : 6 km), ✗ (04193) 9 20 21.

◆Kiel 68 – ◆Hamburg 31 – ◆Hannover 187 – ◆Lübeck 56.

Im Stadtteil Henstedt :

🏠 **Scheelke,** Kisdorfer Str. 11, ✉ 24558, ✗ 22 07, Fax 95590 – **TV ☎ ☻**
Menu *(Mittwoch, 8.- 14. Jan. und Mitte Juli - Mitte Aug. geschl.)* à la carte 28/61 – **11 Z** 68/128.

Im Stadtteil Ulzburg :

🏠 **Wiking** garni, Hamburger Str. 81 (B 433), ✉ 24558, ✗ 90 80, Fax 92323, ⟺ – ▮ ⟿ ▥
☎ ☻ – ▨ 80. **AE E VISA**
22.- 31. Dez. geschl. – **69 Z** 85/180.

HEPPENHEIM AN DER BERGSTRASSE Hessen **412 413** H 18, **987** ㉕ – 25 000 Ew – Höhe 100 m – Luftkurort – ❀ 06252.

Sehenswert : Marktplatz★.

🛈 Verkehrsbüro, Großer Markt 3, ✉ 64646, ✗ 1 31 71, Fax 13123.

◆Wiesbaden 69 – ◆Darmstadt 33 – Heidelberg 32 – Mainz 62 – ◆Mannheim 29.

🏨 **Am Bruchsee** ⟿, Am Bruchsee 1, ✉ 64646, ✗ 7 30 56, Fax 75729, ⟚, ⟿ – ▮ ⟿ Zim
TV ☎ ⟺ ☻ – ▨ 130. **AE ① E VISA JCB**
Menu à la carte 46/72 – **72 Z** 130/210.

🏠 **Goldener Engel** ⟿ (Fachwerkhaus a.d.J. 1782), Großer Markt 2, ✉ 64646, ✗ 25 63 – ⟺
◆ **☻ ☻**
Anfang Dez.- Anfang Jan. geschl. – **Menu** *(Nov.- März Samstag geschl.)* à la carte 24/53
▯ – **32 Z** 75/120.

🏠 **Starkenburger Hof,** Kalterer Str. 7, ✉ 64646, ✗ 60 61, Fax 68183 – ▮ **TV ☎ ☻. AE ①**
◆ **E VISA**. ⟿
15. Dez.- 15. Jan. geschl. – **Menu** (wochentags nur Abendessen) à la carte 24/44 ▯ – **37 Z** 75/120.

🏠 **Halber Mond,** Ludwigstr. 5 (B 3), ✉ 64646, ✗ 50 21, Fax 4057, ⟚ – **TV ☎ – ▨** 250
Menu à la carte 33/73 – **11 Z** 85/150.

⟡ **Sickinger Hof,** Darmstädter Str. 18 (B 3), ✉ 64646, ✗ 7 66 02, Biergarten – **☻**. ⟿ Rest
◆ 20. Dez.- 15. Jan. geschl. – **Menu** *(Dienstag und 20. Juli - 20. Aug. geschl.)* (nur Abendessen) à la carte 23/42 ▯ – **12 Z** 64/100.

XX **Alchemia** (Fachwerkhaus a.d.18. Jh.), Großer Markt 5, ✉ 64646, ✗ 23 26 – **AE E**
Okt.- April Dienstag geschl. – **Menu** à la carte 34/71.

HERBORN IM DILLKREIS Hessen **412** H 14, **987** ㉔ – 22 000 Ew – Höhe 210 m – ❀ 02772.

🛈 Verkehrsamt, Rathaus, ✉ 35745, ✗ 70 82 23, Fax 708500.

◆Wiesbaden 118 – Gießen 38 – Limburg an der Lahn 49 – Siegen 39.

🏨 **Schloß-Hotel,** Schloßstr. 4, ✉ 35745, ✗ 70 60, Fax 706630, ⟚ – ▮ **TV ☎ ☻ – ▨** 100.
AE ① E VISA
Menu à la carte 48/79 – **70 Z** 135/235.

🏨 **Zum Löwen** (Historischer Gasthof a.d.16. Jh.), Turmstr. 2, ✉ 35745, ✗ 20 21, Fax 2221 –
TV ☎
14 Z.

XX **Das Landhaus,** Döringweg 1 (nahe BAB-Ausfahrt Herborn West), ✉ 35745, ✗ 31 31,
Fax 3388 – **☻**
(nur Abendessen, Tischbestellung ratsam).

In Herborn-Burg N : 2 km :

🏠 **Garni Engelbert,** Burger Hauptstr. 50, ✉ 35745, ✗ 35 62, Fax 3556, ⟺ – ⟺ **☻. E**
15 Z 62/95.

HERBRECHTINGEN Baden-Württemberg **413** N 21, **987** ㊱ – 12 000 Ew – Höhe 470 m – ❀ 07324.

◆Stuttgart 113 – Heidenheim an der Brenz 8 – ◆Ulm (Donau) 28.

🏠 **Grüner Baum,** Lange Str. 46 (B 19), ✉ 89542, ✗ 95 40, Fax 954400 – **TV ☎ ☻ – ▨** 30.
AE ① E VISA
Menu *(Sonntag und Juli-Aug. 3 Wochen geschl., Montag nur Abendessen)* à la carte 27/59
– **40 Z** 90/140.

HERBSTEIN Hessen **412 413** KL 15, **987** ㉕ – 2 000 Ew – Höhe 434 m – Luftkurort – ❀ 06643.

◆Wiesbaden 141 – Alsfeld 27 – Fulda 35.

🏠 **Café Weismüller,** Blücherstr. 4, ✉ 36358, ✗ 15 25, Fax 7518, ⟚, ⟺ – **TV ☎**
◆ **Menu** *(Dienstag geschl.)* à la carte 24/54 – **10 Z** 65/120.

424

Verkehrsamt, Stiftsplatz 1 (Rathaus), ⊠ 58313, ✆ 6 13 25.

Düsseldorf 62 – Dortmund 16 – Hagen 6.

🏨 **Zweibrücker Hof,** Zweibrücker-Hof-Str. 4, ⊠ 58313, ✆ 60 50, Fax 605555, ≤, ㈜, Ⅰ₅, ≘s, ⬜ – ⅷ Ⅳ ☎ ⓟ – 益 150. ⒶⒺ ⓞ Ⓔ 𝘝𝘐𝘚𝘈 – **Menu** à la carte 40/67 – **71 Z** 118/204.

🏨 **Landhotel Bonsmanns Hof,** Wittbräucker Str. 38 (B 54/234, NO : 4 km), ⊠ 58313, ✆ 7 07 62, Fax 71562, ㈜ – ⅣⅤ ☎ ⓟ. ⒶⒺ ⓞ Ⓔ 𝘝𝘐𝘚𝘈 – **Menu** à la carte 49/76 – **12 Z** 80/120.

HERFORD Nordrhein-Westfalen 411 412 J 10, 987 ⑭ – 64 000 Ew – Höhe 71 m – ✆ 05221.

Sehenswert : Johanniskirche (Geschnitzte Zunftemporen★) Y B.

🛈 Finnebachstr. 31 (östlich der A 2), ✆ (05228) 74 53.

🛈 Städtisches Verkehrsamt, Hämelinger Str. 4, ⊠ 32052, ✆ 5 00 07, Fax 189694.

ADAC, Berliner Str. 30, ⊠ 32052, ✆ 5 80 20, Fax 529608.

Düsseldorf 192 ④ – Bielefeld 16 ⑤ – ♦Hannover 91 ② – ♦Osnabrück 59 ⑥.

HERFORD

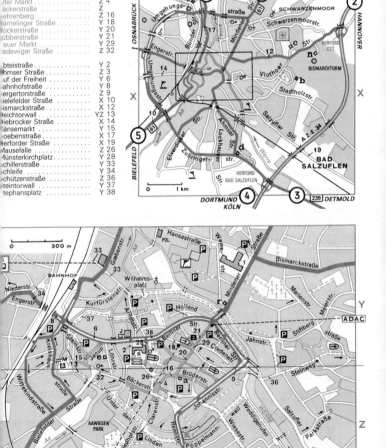

🏨 **Dohm-Hotel,** Löhrstr. 4, ⊠ 32052, ℘ 5 33 45, Fax 57134 – |�| 🆃🆅 ㊓ 📶 ⇔ ℗ – 🅰️ 80. 🅰️
① 🅴 *VISA*. 🕸 Rest
Y ●
Menu *(Samstag nur Abendessen)* à la carte 47/72 – **36 Z** 110/195.

🏨 **Winkelmann** garni, Mindener Str. 1, ⊠ 32049, ℘ 98 00, Fax 980162, ⊆s – |�| ⇔ 🆃🆅 ㊓
㊓ ℗ – 🅰️ 50. 🅰️ ① 🅴 *VISA*
Y ●
36 Z 105/170.

🏨 **Sporthotel** garni, Ahmser Str. 156, ⊠ 32052, ℘ 9 74 50, Fax 75895, ℐ₆, ⊆s, 🕸 (Halle
– |�| 🆃🆅 ☎ ℗. 🅰️ 🅴 *VISA*
X ●
21 Z 98/250.

🏠 **Hansa** garni, Brüderstr. 40, ⊠ 32052, ℘ 5 97 20, Fax 597259 – |�| 🆃🆅 ☎ ℗. 🅰️ 🅴. 🕸
11. Juli - 13. Aug. geschl. – **16 Z** 55/130.
Z ●

❌ **Waldrestaurant Steinmeyer,** Wüstener Weg 47, ⊠ 32049, ℘ 8 10 04, Fax 81009
≤ Herford, 🌳 – ℗. 🅰️ 🅴 Zim
X ●
Montag und Feb. 2 Wochen geschl. – **Menu** à la carte 42/64.

In Herford-Eickum W : 4,5 km über Diebrocker Straße X :

❌❌ **Tönsings Kohlenkrug,** Diebrocker Str. 316, ⊠ 32051, ℘ 3 28 36, Fax 33883, 🌳 – ℗
🅰️🅴
Samstag nur Abendessen, Dienstag geschl. – **Menu** (bemerkenswerte Weinkarte) à la carte
51/92.

In Herford-Schwarzenmoor :

🏨 **Waldesrand,** Zum Forst 4, ⊠ 32049, ℘ 2 60 26, Fax 27389, 🌳, 🎋 – 🆃🆅 ☎ ℗ – 🅰️ 30
🅰️ ① 🅴 *VISA*. 🕸 Zim
X ●
Menu *(Montag nur Abendessen, Nov. 2 Wochen geschl.)* à la carte 35/60 – **20 Z** 65/160.

🏠 **Schinkenkrug** 🍴, Paracelsusstr. 14, ⊠ 32049, ℘ 92 00, Fax 920200 – ☎ ⇔ ℗ – 🅰️ 70
🅰️ *VISA*
X ●
Menu à la carte 33/62 – **24 Z** 80/160.

In Hiddenhausen - Schweicheln-Bermbeck ⑥ : 6 km :

🏨 **Freihof,** Herforder Str. 118 (B 239), ⊠ 32120, ℘ (05221) 6 12 75, Fax 67643, 🌳, ⊆s, 🎋
– 🆃🆅 ☎ ⇔ ℗. 🅰️ ① 🅴 *VISA*. 🕸 Rest
Menu *(Sonntag geschl.)* (nur Abendessen) à la carte 26/48 – **20 Z** 65/120.

In Hiddenhausen-Sundern N : 2 km :

❌❌ **Am Felsenkeller,** Bünder Str. 38, ⊠ 32120, ℘ (05221) 6 22 24, Fax 690814 – ℗
🅰️🅴
X ●
Dienstag nur Mittagessen, Mittwoch und 30. Juli - 16. Aug. geschl. – **Menu** à la carte 44/72

HERGENSWEILER Bayern siehe Lindau im Bodensee.

HERINGSDORF Mecklenburg-Vorpommern siehe Usedom (Insel).

HERLESHAUSEN Hessen 🟦🟦🟦 N 13, 🟦🟦🟦 ㉕ ㉖ – 3 400 Ew – Höhe 225 m – ✿ 05654.
◆Wiesbaden 212 – Erfurt 78 – Bad Hersfeld 49 – ◆Kassel 73.

🍴 **Schneider,** Am Anger 7, ⊠ 37293, ℘ 64 28, Fax 1447 – ⇔ ℗
Feb. 2 Wochen geschl. – **Menu** *(Sonntag nur Mittagessen)* à la carte 21/37 – **18 Z** 45/90.

In Herleshausen-Holzhausen NW : 8 km über Nesselröden :

🏨 **Hohenhaus** 🍴 (moderner Hotelbau in einem Gutshof), ⊠ 37293, ℘ 6 80, Fax 1303, ≤,
🌳, « Park », ⊆s, 🔲, 🎋, 🕸 – |�| ⇔ 🆃🆅 ㊓ ⇔ ℗ – 🅰️ 40. 🅰️ 🅴 *VISA*. 🕸 Rest
Menu à la carte 75/106 – **26 Z** 225/450.

HERMANNSBURG Niedersachsen 🟦🟦🟦 N 8, 🟦🟦🟦 ⑮ – 8 000 Ew – Höhe 50 m – Erholungsort
– ✿ 05052.
🖪 Verkehrsverein, Harmsstr. 3 a, ⊠ 29320, ℘ 80 55, Fax 8423.
◆Hannover 75 – Celle 32 – Lüneburg 79.

🏨 **Heidehof,** Billingstr. 29, ⊠ 29320, ℘ 80 81, Fax 3332, 🌳, ⊆s, 🔲 – |�| 🆃🆅 ☎ ⇔ ℗ –
🅰️ 100. 🅰️ ① 🅴 *VISA*. 🕸 Rest
Menu à la carte 40/65 – **52 Z** 116/210.

🏠 **Völkers Hotel,** Billingstr. 7, ⊠ 29320, ℘ 80 97, Fax 3344, 🌳 – 🆃🆅 ☎ ⇔ ℗. 🅰️ ① 🅴
VISA
Menu à la carte 32/54 – **17 Z** 95/165.

In Hermannsburg-Baven N : 1,5 km :

🏠 Drei Linden, Billingstr. 102, ⊠ 29320, ℘ 80 71, Fax 3430 – 🆃🆅 ☎ ℗
15 Z.

In Hermannsburg-Oldendorf S : 4 km :

🏠 **Gutshof Im Oertzetal** ॐ, Escheder Str. 2, ⊠ 29320, ℘ 4 48, Fax 8559, Biergarten – 📺 ☎ 📵 – 🛢 20. 🆎 🗉
Menu *(15. Jan.- 15. März und Montag geschl., Dienstag-Donnerstag nur Abendessen)* à la carte 33/69 – **19 Z** 85/180.

🏠 Zur Alten Fuhrmanns-Schänke ॐ, Dehninghof 1 (O : 3,5 km), ⊠ 29320, ℘ (05054) 10 65, Fax 8095, 🏫, « Einrichtung im Bauernstil », 🐎 – 📺 ☎ 📵 – **18 Z**.

In Hermannsburg-Weesen O : 3 km :

🏠 **Reithof Südheide** ॐ, Postweg 2, ⊠ 29320, ℘ 20 88, Fax 2812, 🏫, 🐎, 🐎 (Halle) – 📺 ☎ ♿ – Menu *(Okt.-April Donnerstag geschl.)* à la carte 33/56 – **16 Z** 85/180.

HERMESKEIL Rheinland-Pfalz 🄌🄋 D 18, 🦵🦵 ㉔ – 6 000 Ew – Höhe 613 m – 🕓 06503.
📑 Tourist-Information, Langer Markt 17, ⊠ 54411, ℘ 80 92 90, Fax 809200.
Mainz 135 – ◆Bonn 160 – ◆Saarbrücken 57 – ◆Trier 38.

🏠 **Beyer,** Saarstr. 95, ⊠ 54411, ℘ 72 27, 🏫, 🐎 – 🛗 📺 ☎ 🚗 📵, 🆎 ⓞ 🗉 𝕍𝕀𝕊𝔸
Menu à la carte 26/50 – **12 Z** 60/160.

🏠 **Jakobs,** Saarstr. 25, ⊠ 54411, ℘ 10 38, Fax 6434, 🍴, 🐎 – ☎ 📵, ⓞ 🗉 𝕍𝕀𝕊𝔸. 🦆
Menu *(Donnerstag geschl.)* à la carte 28/53 – **18 Z** 60/90.

In Neuhütten SO : 8 km :

XX 🕓 **Le temple du gourmet,** Saarstr. 2, ⊠ 54422, ℘ (06503) 76 69 – 📵, 🗉. 🦆
Mittwoch und Jan. 3 Wochen geschl. – **Menu** (wochentags nur Abendessen) à la carte 54/66
Spez. Langustinenravioli in Estragon, Lammrücken mit Kräuterkruste und Rosmarinjus, Crème und Sorbet von der Passionsfrucht.

HERNE Nordrhein-Westfalen 🄌🄌 🄌🄋 E 12, 🦵🦵 ⑭ – 177 000 Ew – Höhe 59 m – 🕓 02323.
📑 Verkehrsverein, Kulturzentrum, Berliner Platz 11, ⊠ 44623, ℘ 16 28 44, Fax 162977.
Düsseldorf 51 – Bochum 6 – Dortmund 25 – ◆Essen 21 – Recklinghausen 12.

🏨 **Parkhotel** ॐ, Schaeferstr. 109, ⊠ 44623, ℘ 5 20 47 (Hotel) 5 50 71 (Rest.), Fax 18706, ≤, 🏫, Biergarten, 🍴 – 📺 ☎ 📵 – 🛢 30. 🆎 ⓞ 🗉 𝕍𝕀𝕊𝔸. 🦆 Zim
Parkhaus : **Menu** à la carte 44/76 – **40 Z** 90/160.

🏠 **Sicking** garni, Bahnhofstr. 26 / Ecke Glockenstraße, ⊠ 44623, ℘ 1 49 10, Fax 149191 –
📺 ☎ 🚗 📵, 🆎 ⓞ 🗉 𝕍𝕀𝕊𝔸 – *Ostern und Weihnachten - Neujahr geschl.* – **22 Z** 65/140.

HEROLDSBERG Bayern 🄌🄌🄌 Q 18, 🦵🦵 ㉖ – 7 400 Ew – Höhe 362 m – 🕓 0911 (Nürnberg).
München 177 – Bayreuth 82 – ◆Nürnberg 12.

🏠 **Rotes Roß,** Hauptstr. 10 (B 2), ⊠ 90562, ℘ 9 56 50, Fax 9565200, Biergarten, 🐎 – 📺 ☎ 🚗 📵 – 🛢 100. 🆎 ⓞ 🗉 𝕍𝕀𝕊𝔸
24. Dez.- 6. Jan. geschl. – **Menu** *(Freitag und Aug. 3 Wochen geschl.)* à la carte 27/65 –
45 Z 88/145.

🏠 **Landgasthof Gelber Löwe,** Hauptstr. 42 (B 2), ⊠ 90562, ℘ 56 00 65/5 18 00 65, Fax 5180068, 🏫, 🍴 – 🛗 📺 ☎ 🚗 📵 – 🛢 25. 🆎 ⓞ 🗉 𝕍𝕀𝕊𝔸. 🦆 Rest
Aug. 2 Wochen und Weihnachten - Anfang Jan. geschl. – **Menu** *(Sonn-und Feiertage geschl.)* à la carte 29/57 – **40 Z** 99/140.

HERRENALB, BAD Baden-Württemberg 🄌🄌🄌 I 20, 🦵🦵 ㉟ – 7 200 Ew – Höhe 365 m – Heilbad Heilklimatischer Kurort – Wintersport : 400/700 m ✠1 – 🕓 07083.
📑 Bernbacher Straße, ℘ 88 98 – 🖂 Städt. Kurverwaltung, Rathaus, ⊠ 76332, ℘ 79 33, Fax 8943.
Stuttgart 80 – Baden-Baden 22 – ◆Karlsruhe 28 – Pforzheim 30.

🏨 **Mönchs Posthotel,** Dobler Str. 2, ⊠ 76332, ℘ 74 40, Fax 744122, 🏫, « Park », 🌊 (geheizt) – 📺 📵 – 🛢 50. 🆎 ⓞ 🗉 𝕍𝕀𝕊𝔸. 🦆 Zim
Klosterschänke (Tischbestellung ratsam) **Menu** à la carte 58/108 – *Locanda (Montag-Dienstag und Nov.- Ostern geschl.)* **Menu** à la carte 47/65 – **35 Z** 195/520.

🏨 **Landhaus Marion** ॐ (mit Gästehäusern), Bleichweg 31, ⊠ 76332, ℘ 74 00, Fax 740600, 🏫, 🍴, 🌊, 🐎 – 🛗 🖕 Zim 📺 ☎ 🚗 📵 – 🛢 60. ⓞ 🗉 𝕍𝕀𝕊𝔸
Menu à la carte 34/65 *(auch vegetarisches Menu)* – **63 Z** 80/280.

🏨 **Lacher am Park,** Rehteichweg 2, ⊠ 76332, ℘ 74 90, Fax 749908, Massage, 🛁, 🍴, 🌊, 🐎 – 🛗 📺 ☎ 🚗 📵, 🗉 𝕍𝕀𝕊𝔸. 🦆
27. Nov.- 20. Dez. geschl. – (Restaurant nur für Hausgäste) – **64 Z** 89/202 – ½ P 104/117.

🏨 **Harzer,** Kurpromenade 1, ⊠ 76332, ℘ 30 21, Fax 8703, ≤, Massage, 🛁, 🦮, 🍴, 🌊 – 🛗 📺 ☎ 🚗, 🆎 🗉 𝕍𝕀𝕊𝔸
Ende Nov.- Mitte Dez. geschl. – (nur Abendessen für Hausgäste) – **27 Z** 100/190.

🏨 **Parkhotel Adrion** ॐ, Oswald-Zobel-Str. 11, ⊠ 76332, ℘ 92 90, Fax 2641, ≤, 🏫, Massage, 🛁, 🦮, 🌊, 🍴 – 📺 ☎ 🚗 📵 – 🆎 🗉 𝕍𝕀𝕊𝔸
Mitte Nov.- Mitte Dez. geschl. – **Menu** à la carte 30/68 – **60 Z** 79/180.

🏠 **Haus Felsenblick** garni, Ettlinger Str. 36, ⊠ 76332, ℰ 9 23 90, 🚗 – 📳 ☎ ❷
18 Z 65/118.

🏠 **Thoma,** Gaistalstr. 46, ⊠ 76332, ℰ 40 41, Fax 51423, ⇌s, 🚗 – 📳 📺 ☎ ❷. **E**. 🦌
Dez. 2 Wochen geschl. – (Restaurant nur für Hausgäste) – **20 Z** 51/122 – ½ P 63,
83.

In Bad Herrenalb-Gaistal S : 2 km :

🏠 **Schwarzwaldgasthof Linde** 🦌, Gaistalstr. 128, ⊠ 76332, ℰ 88 32, Fax 51831, � – ❷
Menu à la carte 31/62 – **17 Z** 60/112.

In Bad Herrenalb-Neusatz NO : 6,5 km :

🏠 **Waldcafé Schumacher** 🦌, Calwer Str. 27, ⊠ 76332, ℰ 39 44, ≤, �, ◳ – ☎ ❷
6.- 31. Jan. geschl. – **Menu** *(Freitag geschl.)* à la carte 32/52 🍺 – **18 Z** 52/116.

In Bad Herrenalb-Rotensol NO : 5 km :

🏨 **Lamm,** Mönchstr. 31, ⊠ 76332, ℰ 9 24 40, Fax 924444, � – ⇌ Zim 📺 ☎ 🚗 ❷
Menu *(Montag geschl.)* à la carte 39/70 🍺 – **26 Z** 65/150.

In Marxzell-Frauenalb N : 4,5 km :

🍴 **König von Preussen,** Klosterstr. 10, ⊠ 76359, ℰ (07248) 1617, Fax 4130, � – ❷. ᴀᴇ
E 𝒱𝐼𝑆𝐴
Menu à la carte 30/70.

HERRENBERG Baden-Württemberg 🗺️ J 21, 🗺️ ㉟ – 28 000 Ew – Höhe 460 m – ✪ 07032.
🅱 Rathaus, Marktplatz 5, ⊠ 71083, ℰ 1 42 24, Fax 14333.
♦Stuttgart 38 – Freudenstadt 53 – ♦Karlsruhe 96 – Reutlingen 33.

🏨🏨 **Residence,** Daimlerstr. 1 (Gewerbegebiet Schanzenwiesen), ⊠ 71083, ℰ 27 10
Fax 271100, �, ⇌s – 📳 ⇌ Zim 📺 ⅙ ❷ – 🔏 150
159 Z, 24 Suiten.

🏨 **Hasen,** Hasenplatz 6, ⊠ 71083, ℰ 20 40, Fax 204100, �, ⇌s – 📳 📺 ☎ ⅙ 🚗 ❷ –
🔏 120. ᴀᴇ ⓞ **E** 𝒱𝐼𝑆𝐴
Menu à la carte 35/64 – **68 Z** 128/165.

🍴🍴 **Alt Herrenberg,** Schuhgasse 23, ⊠ 71083, ℰ 2 33 44, Fax 28662, « Restaurant in einem
Gewölbekeller a.d.J. 1460 » – ᴀᴇ **E**
Sonn- und Feiertage, Jan. 1 Woche, über Fastnacht und Juli-Aug. 2 Wochen geschl. – **Menu**
(nur Abendessen, Tischbestellung ratsam) à la carte 59/74.

🍴🍴 **Auf der Höh,** Hildrizhauser Str. 83 (O : 1,5 km), ⊠ 71083, ℰ 51 53, Fax 5153,
≤ Schwäbische Alb, « Gartenterrasse » – ❷. **E**
Montag - Dienstag und über Fasching 1 Woche geschl. – **Menu** à la carte 34/
62.

In Herrenberg-Affstätt :

🍴🍴 **Linde,** Kuppinger Str. 14, ⊠ 71083, ℰ 3 16 70, Fax 32345, � – ⇌ ❷. **E** 𝒱𝐼𝑆𝐴
Dienstag-Mittwoch geschl. – **Menu** à la carte 33/70 *(auch vegetarische Gerichte)* 🍺.

In Herrenberg-Mönchberg SO : 4 km über die B 28 :

🏠 **Kaiser** 🦌, Kirchstr. 10, ⊠ 71083, ℰ 7 17 72, Fax 76475, ≤, ⇌s – 📺 ☎ ❷. ᴀᴇ ⓞ **E** 𝒱𝐼𝑆𝐴
🦌
Mitte Dez.- Mitte Jan. geschl. – **Menu** *(Freitag-Samstag geschl.)* (nur Abendessen) à la carte
32/70 – **28 Z** 115/165.

In Gäufelden-Nebringen SW : 5 km über die B 14 :

🏨 **Aramis,** Siedlerstr. 40 (im Gewerbegebiet), ⊠ 71126, ℰ (07032) 78 10, Fax 781555, �
🍺, ⇌s, 🦌 (Halle) – 📳 📺 ☎ ⅙ ❷ – 🔏 70. ᴀᴇ ⓞ **E** 𝒱𝐼𝑆𝐴
Menu à la carte 28/73 – **55 Z** 128/198.

HERRIEDEN Bayern 🗺️ O 19, 🗺️ ㉖ – 5 800 Ew – Höhe 420 m – ✪ 09825.
♦München 212 – Aalen 72 – Ansbach 11 – Schwäbisch Hall 73.

🍴 **Zur Sonne,** Vordere Gasse 5, ⊠ 91567, ℰ 2 46, Fax 4734 – 📺 🚗 – 🔏 50
Jan. 1 Woche und Aug. 2 Wochen geschl. – **Menu** *(Freitag geschl.)* à la carte 27/56 – **10 Z**
55/110.

🍴 **Gasthaus Limbacher,** Vordere Gasse 34, ⊠ 91567, ℰ 53 73
Montag, Jan.-Feb. 1 Woche und Juli-Aug. 3 Wochen geschl., Dienstag nur Abendessen –
Menu à la carte 42/59.

In Herrieden-Schernberg N : 1,5 km :

🏠 **Zum Bergwirt,** ⊠ 91567, ℰ 84 69, Fax 4925, �, ⇌s – ❷ – 🔏 120
Menu *(Mittwoch geschl.)* à la carte 19/30 – **28 Z** 65/95 – ½ P 72/78.

🛈 Kurverwaltung, Rathaus, ✉ 79737, ℰ 92 00 40, Fax 920049.

◆Stuttgart 210 – Basel 51 – Bad Säckingen 20 – Todtmoos 11.

🏠 **Zum Ochsen** (mit Gästehaus ⌂), Hauptstr. 14, ✉ 79737, ℰ 2 10, Fax 6626, 🚗 – ❷. 🔤
◆ ⓪ ⴹ 𝘝𝘐𝘚𝘈
Mitte Nov. - Anfang Dez. geschl. – **Menu** à la carte 23/67 – **26 Z** 45/100 – ½ P 58.

In Herrischried-Kleinherrischwand N : 3,5 km :

🏠 **Pension Waldheim,** ✉ 79737, ℰ 2 42, Fax 1329, 🚗 – 📺 ⬅️ ❷
Mitte Nov. - Mitte Dez. geschl. – (Restaurant nur für Hausgäste) – **15 Z** 52/120 – ½ P 62/80.

Sehenswert : Ammersee★.

Ausflugsziel : Klosterkirche Andechs★★ S : 6 km.

🛈 Verkehrsbüro, Bahnhofsplatz 2, ✉ 82211, ℰ 52 27.

◆München 39 – Garmisch-Partenkirchen 65 – Landsberg am Lech 35.

🏨 **Piushof** ⌂, Schönbichlstr. 18, ✉ 82211, ℰ 10 07, Fax 8328, 🌲, 🚗, ✵ – 📺 ☎ ❷ –
⛺ 30. 🔤 ⓪ ⴹ 𝘝𝘐𝘚𝘈
Menu *(Sonntag nur Mittagessen, Montag nur Abendessen)* à la carte 45/72 – **20 Z** 140/190.

🏨 **Alba Seehotel,** Seepromenade 32, ✉ 82211, ℰ 20 11, Fax 5374, ≼, 🌲, ≋s, ⛵s – |♯|
↭ Zim 📺 ☎ ❷ – ⛺ 60. ⓪ ⴹ 𝘝𝘐𝘚𝘈
Menu à la carte 42/60 – **40 Z** 145/260 – ½ P 130/155.

🏨 **Promenade,** Summerstr. 6 (Seepromenade), ✉ 82211, ℰ 10 88, Fax 5981, ≼, 🌲 – 📺
☎ ❷. ⓪ ⴹ 𝘝𝘐𝘚𝘈. ✵ Zim
20. Dez.- 25. Jan. geschl. – **Menu** *(Montag, Nov.- März auch Mittwoch geschl.)* à la carte
37/68 – **11 Z** 120/208.

In Andechs-Erling S : 4,5 km :

✕✕ **Klostergasthof,** ✉ 82346, ℰ (08152) 9 30 90, Fax 930911, Biergarten – ❷ – ⛺ 20
Kaminstube *(nur Abendessen)* **Menu** à la carte 47/71 – *Klosterstüble (auch Mittagessen)*
Menu à la carte 29/57.

🛈 Verkehrsbüro, Schloßplatz 4 a, ✉ 91217, ℰ 47 55, Fax 4473.

◆München 181 – Amberg 36 – Bayreuth 70 – ◆Nürnberg 35.

🏠 **Schwarzer Adler,** Martin-Luther-Str. 26, ✉ 91217, ℰ 22 31, Fax 2236 – ⬅️. ⓪ ⴹ 𝘝𝘐𝘚𝘈
◆ *Juni 2 Wochen geschl.* – **Menu** *(Donnerstag-Freitag geschl.)* à la carte 22/45 – **19 Z** 43/95
– ½ P 57/69.

🏠 **Buchenhof** ⌂, garni, Am Buch 15, ✉ 91217, ℰ 30 51, 🚗 – ☎ ❷
1.- 15. Jan. geschl. – **11 Z** 45/80.

✕ **Café Bauer** mit Zim, Martin-Luther-Str. 16, ✉ 91217, ℰ 28 16, Fax 70602 – 📺. ⓪ ⴹ 𝘝𝘐𝘚𝘈
3.- 12. Jan., 6.- 15. Juni und 14.- 30. Aug. geschl. – **Menu** *(Mittwoch geschl.)* à la carte
27/57 ⅋ – **9 Z** 48/125.

In Engelthal SW : 6 km :

✕ **Grüner Baum** mit Zim, Hauptstr. 9, ✉ 91238, ℰ (09158) 2 62, 🌲 – 📺 ❷. 🔤 ⴹ
◆ *Jan. und Juli jeweils 2 Wochen geschl.* – **Menu** *(Montag-Dienstag geschl.)* à la carte 28/57
– **5 Z** 45/90.

In Happurg-Kainsbach SO : 5,5 km – Luftkurort :

🏨 **Kainsbacher Mühle** ⌂, ✉ 91230, ℰ (09151) 72 80, Fax 728162, « Gartenterrasse »,
Massage, ≋s, ⬛, 🚗, ✵ – 📺 ❷ – ⛺ 20. 🔤 ⓪ ⴹ 𝘝𝘐𝘚𝘈
Menu à la carte 46/77 – **38 Z** 110/240 – ½ P 142/172.

In Kirchensittenbach-Hohenstein NW : 12 km – Höhe 550 m – Wintersport : 550/620 m
≰2 ⛷2 :

✕ **Hohensteiner Hof** ⌂, mit Zim, ✉ 91241, ℰ (09152) 5 33, Fax 1553, 🌲, 🚗 – 📺 ⬅️
◆ ❷
März-April und Okt.- Nov. jeweils 2 Wochen geschl. – **Menu** *(Montag-Dienstag geschl.)*
à la carte 24/48 – **9 Z** 53/120.

In Kirchensittenbach - Kleedorf N : 7 km :

🏨 **Zum alten Schloß** ⌂, ✉ 91241, ℰ (09151) 86 00, Fax 860146, 🌲, ≋s, 🚗 – |♯| 📺 ☎
◆ ⬅️ ❷ – ⛺ 70. 🔤 ⓪ ⴹ 𝘝𝘐𝘚𝘈
15.- 31. Jan. und 1.- 15. Aug. geschl. – **Menu** à la carte 23/57 – **57 Z** 85/160.

In Pommelsbrunn-Hubmersberg NO : 7,5 km :

🏡 **Lindenhof** ॐ, ⊠ 91224, ℘ (09154) 2 70, Fax 27370, 🌦, ≘s, 🔄 – 🖹 📺 ☎ ⇔ 🅿 –
🛦 30. 🝙 ⓪ 🄴 *VISA*, ✂ Zim
Menu *(Montag geschl.)* à la carte 28/77 – **37 Z** 85/220.

HERSCHEID Nordrhein-Westfalen 📜📖 G 13 – 7 250 Ew – Höhe 450 m – 🕲 02357.
◆Düsseldorf 105 – Lüdenscheid 11 – Plettenberg 12.

In Herscheid-Reblin S : 3 km :

🏠 **Jagdhaus Weber,** Reblin 11, ⊠ 58849, ℘ 9 09 00, Fax 909090, 🌦 – 📺 ☎ ⇔ 🅿 –
🛦 30. 🝙 🄴 🌦 Zim
über Weihnachten geschl. – **Menu** *(Dienstag geschl.)* à la carte 35/61 – **13 Z** 80/160.

In Herscheid-Wellin N : 5 km :

🏠 **Waldhotel Schröder** ॐ, ⊠ 58849, ℘ 41 88, Fax 1078, 🌦, 🍴 – 📺 ☎ ⇔ 🅿. 🝙 ⓪
🄴 *VISA*
Juli-Aug. 2 Wochen geschl. – **Menu** à la carte 30/53 – **16 Z** 75/140.

An der Straße nach Werdohl NW : 4,5 km über Lüdenscheider Straße :

🕈 **Herscheider Mühle** ॐ, ⊠ 58849 Herscheid, ℘ (02357) 23 25, Fax 2305, 🌦 – ☎ ⇔
🅿
Menu *(Freitag und Juni geschl.)* à la carte 29/64 – **11 Z** 80/130.

HERSFELD, BAD Hessen 📜📖 M 14, 📖📖 ㉕ – 30 000 Ew – Höhe 209 m – Heilbad – 🕲 06621.
Sehenswert : Ruine der Abteikirche ★ – Rathaus ⩘★.
🛈 Verkehrsbüro am Markt, ⊠ 36251, ℘ 20 12 74, Fax 201244.
ADAC, Benno-Schilde-Str. 11, ⊠ 36251, ℘ 7 67 77, Fax 64485.
◆Wiesbaden 167 – Erfurt 126 – Fulda 46 – Gießen 88 – ◆Kassel 69.

🏨 **Romantik-Hotel Zum Stern** ॐ (historisches Gebäude a.d. 15. Jh.), Linggplatz 11,
⊠ 36251, ℘ 18 90, Fax 189260, 🌦, 🔄 – 🖹 ⩘ Zim 📺 🅿 – 🛦 80. 🝙 ⓪ 🄴 *VISA*
Menu *(Freitag nur Abendessen, 1.- 21. Jan. geschl.)* à la carte 48/82 – **47 Z** 125/260
– ½ P 159/175.

🏨 **Hotel am Kurpark** ॐ, Am Kurpark 19, ⊠ 36251, ℘ 16 40, Fax 164710, 🌦, ≘s, 🔄 –
🖹 📺 🅿 – 🛦 250. 🝙 ⓪ 🄴 *VISA*
Menu à la carte 47/72 – **93 Z** 165/320.

🏠 **Haus am Park** ॐ garni, Am Hopfengarten 2, ⊠ 36251, ℘ 1 50 88, Fax 71626, ≘s – 📺
☎ 🅿 – 🛦 20. 🝙 🄴 *VISA*
15 Z 119/185.

🏠 **Parkhotel Rose,** Am Kurpark 9, ⊠ 36251, ℘ 1 44 54, Fax 15656, 🌦 – 🖹 📺 ☎ ⇔ 🅿.
🝙 ⓪ 🄴 *VISA*
Menu *(Sonntag geschl.)* à la carte 34/66 – **19 Z** 105/180.

🏠 **Wenzel,** Nachtigallenstr.3, ⊠ 36251, ℘ 9 22 00, Fax 51116, 🌦 – 🖹 ⩘ 📺 ☎ ⇔ 🅿
– 🛦 20. 🝙 ⓪ 🄴 *VISA*
Menu *(Sonntag geschl.)* à la carte 34/59 ♨ – **30 Z** 83/175.

🏠 **Schönewolf** ॐ, Brückenmüllerstr. 5, ⊠ 36251, ℘ 9 23 30, Fax 9233111, 🌦 – 📺 ☎ ⇔.
🝙 ⓪ 🄴 *VISA*
Menu *(Sonntag nur Mittagessen und Ende März - Anfang April geschl.)* à la carte 34/57
– **19 Z** 95/215.

🏠 **Tanneck** ॐ garni, Stresemannallee 4, ⊠ 36251, ℘ 6 10 41, Fax 61042, 🍴 – 📺 ☎. 🄴
VISA
19 Z 60/130.

Nahe der B 324 NW : 4 km :

🏠 **Waldhotel Glimmesmühle,** ⊠ 36251 Bad Hersfeld, ℘ (06621) 30 81, Fax 75574, 🍴 –
☎ ⇔ 🅿. 🝙 ⓪ 🄴 *VISA*
Menu *(Sonn- und Feiertage nur Mittagessen)* à la carte 26/45 – **20 Z** 80/140.

HERTEN Nordrhein-Westfalen 📜📖 E 12, 📖📖 ⑭ – 70 000 Ew – Höhe 60 m – 🕲 02366.
◆Düsseldorf 65 – Gelsenkirchen 12 – Recklinghausen 6.

🏨 **Hotel am Schlosspark,** Resser Weg 36, ⊠ 45699, ℘ 8 00 50, Fax 83496, 🌦 – ⩘ Zim
📺 ☎ 🅿. 🝙 ⓪ 🄴 *VISA*
Menu *(Sonntag nur Mittagessen)* à la carte 38/68 – **47 Z** 130/170.

🏠 **Lauer** garni, Gartenstr. 59, ⊠ 45699, ℘ 3 10 81, Fax 36913 – 📺 ☎ ⇔ 🅿. 🝙 ⓪ 🄴 *VISA*
19 Z 90/150.

In Herten-Westerholt W : 3 km :

🏨 **Schloß Westerholt** ॐ, Schloßstr. 1, ⊠ 45701, ℘ (0209) 96 19 80 (Hotel) 96 19 70 (Rest.),
Fax 96198222, 🄸 – ⩘ Zim 📺 ☎ 🅿. 🝙 ⓪ 🄴 *VISA* 🄲🄱
Menu à la carte 56/83 – **16 Z** 120/190, 3 Suiten.

HERXHEIM Rheinland-Pfalz ⁨412⁩ ⁨413⁩ H 19, ⁨242⁩ ⑫ – 9 000 Ew – Höhe 120 m – ✪ 07276.
Mainz 125 – ◆Karlsruhe 28 – ◆Landau in der Pfalz 10 – Speyer 31.

In Herxheim-Hayna SW : 2,5 km :

🏨 ✿ **Krone** ♨, Hauptstr. 62, ⌧ 76863, ℰ 50 80, Fax 50814, 🏤, ⍟, ⌧, ⍟ – 📳 ⍟ Zim
📺 ⟲ 🄿 – 🅰 50. **E** **VISA**. ⍟ Rest
*Hotel : Jan. 1 Woche und über Weihnachten geschl., Restaurant : Jan. und Juli-Aug. jeweils
3 Wochen geschl. –* **Menu** *(Montag-Dienstag geschl.)* (nur Abendessen, Tischbestellung
ratsam) 108/145 und à la carte 72/111 – *Pfälzer Stube (auch Mittagessen)* **Menu** à la carte
36/77 – **52 Z** 148/255
Spez. Warm geräuchertes Lachsfilet mit Artischocken und Sprossen, Pochierte Rehrückenroulade
mit Apfelrotkohl, Kirschsoufflé mit Sektschaum (2Pers.).

HERZBERG AM HARZ Niedersachsen ⁨411⁩ ⁨412⁩ O 12, ⁨987⁩ ⑯ – 18 000 Ew – Höhe 233 m –
✪ 05521.
🛈 Amt für Touristik und Kultur, Marktplatz 30, ⌧ 37412, ℰ 85 21 11, Fax 852120.
◆Hannover 105 – ◆Braunschweig 92 – Göttingen 38.

🏨 **Gasthof zum Schloß,** Osteroder Str. 7 (B 243), ⌧ 37412, ℰ 8 99 40, Fax 899438, 🏤 –
📺 ☎ 🄿. 🄰🄴 ⓄⒹ **E** **VISA**
Jan. 1 Woche und 3.- 24. Juli geschl. – **Menu** à la carte 36/69 – **20 Z** 80/160 – ½ P 78/100.

🏨 **Englischer Hof,** Vorstadt 10 (B 243/B 27), ⌧ 37412, ℰ 50 32, Fax 71839, 🐎 – 📺 ☎ ⬥
◆ 🄿. 🄰🄴 ⓄⒹ **E** **VISA**
Menu *(Sept.- Okt. 3 Wochen geschl.)* à la carte 24/68 – **34 Z** 76/152 – ½ P 85/98.

Nahe der B 243 NW : 3 km :

🏨 **Waldhotel Aschenhütte,** ⌧ 37412 Herzberg-Aschenhütte, ℰ (05521) 8 98 80,
Fax 898845, 🏤, 🐎 – 📺 ☎ ⟲ 🄿 – 🅰 100. 🄰🄴 **E** **VISA**
Menu à la carte 28/56 – **32 Z** 70/130.

An der Straße nach Sieber NO : 4,5 km :

🏨 **Zum Paradies,** Siebertal 2, ⌧ 37412 Herzberg am Harz, ℰ (05521) 24 83, 🏤, 🐎 – 🄿.
⍟ Zim
Menu *(Nov.- April Dienstag-Mittwoch geschl.)* à la carte 25/46 – **11 Z** 59/100.

In Herzberg-Scharzfeld SO : 4 km – Erholungsort :

🏨 **Harzer Hof,** Harzstr. 79, ⌧ 37412, ℰ 50 96, Fax 1854, 🏤, 🐎 – 📺 ☎ 🄿. 🄰🄴 **E** **VISA**
Menu *(Montag nur Abendessen)* à la carte 28/51 – **12 Z** 65/145 – ½ P 70/85.

In Herzberg-Sieber NO : 8 km – Luftkurort :

🏨 **Haus Iris** garni, An der Sieber 102 b, ⌧ 37412, ℰ (05585) 3 55, ⍟, 🐎 – 📺 ⟲ 🄿
Mitte Nov.- Mitte Dez. geschl. – **18 Z** 55/94.

HERZLAKE Niedersachsen siehe Haselünne.

HERZOGENAURACH Bayern ⁨413⁩ P 18, ⁨987⁩ ㉖ – 21 000 Ew – Höhe 295 m – ✪ 09132.
🏌 Herzo-Base, ℰ 8 36 28 ; 🏌 Puschendorf (SW : 8 km), ℰ (09101) 75 52.
◆München 195 – ◆Bamberg 52 – ◆Nürnberg 24 – ◆Würzburg 95.

🏨 **Herzogs Park** ♨, Beethovenstr. 6, ⌧ 91074, ℰ 77 80, Fax 40430, 🏤, 🄵ѕ, ⍟, ⌧, ⍟
– 📳 ⍟ Zim 📺 ⬥ ⟲ 🄿 – 🅰 200. 🄰🄴 ⓄⒹ **E** **VISA**
Mondial : **Menu** à la carte 63/88 – *Stüberl :* **Menu** à la carte 40/65 – **80 Z** 175/260, 3 Suiten.

🏨 **Auracher Hof,** Welkenbacher Kirchweg 2, ⌧ 91074, ℰ 20 80, Fax 40758, 🏤 – 📺 ☎ 🄿
– 🅰 30. 🄰🄴 ⓄⒹ **E** **VISA**
Dez.- Jan. 2 Wochen und Aug. 3 Wochen geschl. – **Menu** *(Freitag nur Mittagessen, Samstag
geschl.)* à la carte 26/45 – **13 Z** 89/125.

🍴🍴 **Gasthaus Glass** (mit Gästehaus), Marktplatz 10, ⌧ 91074, ℰ 32 72, Fax 75787, 🏤 –
☎. ⓄⒹ **E** **VISA**
Menu *(Samstag nur Abendessen, Montag, über Fasching und Aug.- Sept. 3 Wochen
geschl.)* 41/67 – **9 Z** 90/140.

HERZOGENRATH Nordrhein-Westfalen ⁨412⁩ B 14, ⁨408⁩ J 9, ⁨409⁩ L 3 – 43 000 Ew – Höhe 112 m
– ✪ 02406.
◆Düsseldorf 77 – ◆Aachen 12 – Düren 37 – Geilenkirchen 13.

🏨 **Stadthotel,** Rathausplatz 5, ⌧ 52134, ℰ 30 91, Fax 4189 – 📺 ☎. **E**
Menu à la carte 28/56 – **10 Z** 75/125.

In Herzogenrath-Kohlscheid SW : 4 km :

🍴🍴🍴 **Parkrestaurant Laurweg,** Kaiserstr. 101, ⌧ 52134, ℰ (02407) 35 71, Fax 59436, 🏤,
« Park » – 🄿 – 🅰 60. 🄰🄴 ⓄⒹ **E** **VISA**
Sonn- und Feiertage nur Mittagessen, Montag geschl. – **Menu** à la carte 48/72.

HESEL Niedersachsen 411 F 7, 987 ⑭ – 4 000 Ew – Höhe 10 m – ✪ 04950.

🛈 Verkehrsverein, Leeraner Str. 11, ✉ 26835, 𝓟 26 48.

♦Hannover 220 – ♦Bremen 98 – Groningen 84 – Wilhelmshaven 52.

　🏠 **Jagdhaus Kloster Barthe,** Stiekelkamper Str. 21, ✉ 26835, 𝓟 26 33, Fax 2635 – 📺 ☎ 🅿 – 🏄 25. 🖭 ① ᴇ 𝑉𝐼𝑆𝐴
　　Menu à la carte 28/57 – **35 Z** 64/110.

　🏠 **Alte Posthalterei,** Leeraner Str. 4, ✉ 26835, 𝓟 22 15, Fax 3509, 🤝, 🔲, 🛋 – 📺 ☎ 🅿.
　← 🖭 ᴇ
　　Menu *(Samstag geschl.)* à la carte 24/49 – **18 Z** 68/116.

　　In Holtland SW : 2,5 km :

　🏠 **Preyt - Gasthof zur Nücke** (mit Gästehaus), Leeraner Str. 15 (B 75), ✉ 26835, 𝓟 (04950) 22 11, Fax 3572 – 📺 ☎ 🚗 🅿 – 🏄 30. ① ᴇ 𝑉𝐼𝑆𝐴. 🞨 Rest
　　Menu à la carte 33/51 – **22 Z** 85/160.

HESSISCH OLDENDORF Niedersachsen 411 412 K 10, 987 ⑮ – 17 900 Ew – Höhe 62 m – ✪ 05152.

♦Hannover 54 – Hameln 12 – ♦Osnabrück 98.

　🏨 **Baxmann** garni, Segelhorster Str. 3, ✉ 31840, 𝓟 9 41 00, Fax 941099, 🤝 – ⇔ 📺 ☎ 🅿. 🖭 ᴇ 𝑉𝐼𝑆𝐴
　　29 Z 80/180.

　　In Hessisch Oldendorf-Fischbeck SO : 7,5 km :

　🏠 **Weißes Haus** 🦢, Waldhofstr. 100, ✉ 31840, 𝓟 85 22, Fax 61925, « Gartenterrasse, kleiner Park », 🛋 – 📺 ☎ 🚗 🅿 ① ᴇ 𝑉𝐼𝑆𝐴
　　Feb. geschl. – **Menu** *(Sonntag nur Mittagessen, Montag geschl.)* à la carte 36/65 – **12 Z** 75/150.

HETZDORF Sachsen siehe Freiberg.

HEUCHELHEIM-KLINGEN Rheinland-Pfalz siehe Billigheim - Ingenheim.

HEUSENSTAMM Hessen 412 413 J 16 – 19 000 Ew – Höhe 119 m – ✪ 06104.

♦Wiesbaden 46 – Aschaffenburg 31 – ♦Frankfurt am Main 13.

　🏨 **Rainbow-Hotel,** Seligenstädter Grund 15, ✉ 63150, 𝓟 93 30, Fax 933120, 🍴 – 📶 ⇔ Zim 📺 ☎ 🚗 🅿 – 🏄 60. 🖭 ① ᴇ 𝑉𝐼𝑆𝐴
　　Menu *(Samstag nur Abendessen)* à la carte 38/74 – **68 Z** 135/175.

　🏠 **Schloßhotel,** Frankfurter Str. 9, ✉ 63150, 𝓟 31 31, Fax 61532, 🍴 – 📶 📺 ☎ 🚗 🅿 – 🏄 20. 🖭 ① ᴇ 𝑉𝐼𝑆𝐴 𝐽𝐶𝐵
　　Menu à la carte 30/67 – **31 Z** 118/176.

HEUSWEILER Saarland 412 D 18, 242 ⑦ – 19 200 Ew – Höhe 233 m – ✪ 06806.

♦Saarbrücken 15 – Neunkirchen/Saar 25 – Saarlouis 21.

　　In Heusweiler-Eiweiler N : 2 km :

　✕✕ **Elsässische Stuben,** Lebacher Str. 73, ✉ 66265, 𝓟 68 44, « Villa mit privat-wohnlicher Atmosphäre, Garten » – 🅿. 🖭 ① ᴇ 𝑉𝐼𝑆𝐴
　　Samstag nur Abendessen, Sonntag nur Mittagessen – Menu à la carte 38/55.

HEUWEILER Baden-Württemberg siehe Glottertal.

HIDDENHAUSEN Nordrhein-Westfalen siehe Herford.

HILCHENBACH Nordrhein-Westfalen 412 H 14, 987 ㉔ – 17 000 Ew – Höhe 400 m – Wintersport (in Hilchenbach-Lützel) : 500/680 m ⟋2, ⟆ – ✪ 02733.

🛈 Verkehrsbüro, Markt 13, (Rathaus), ✉ 57271, 𝓟 2 88 77, Fax 28880.

♦Düsseldorf 130 – Olpe 28 – Siegen 21.

　🏠 **Haus am Sonnenhang** 🦢, Wilhelm-Münker-Str. 21, ✉ 57271, 𝓟 70 04, Fax 4260, ≼, 🍴, 🛋 – 📺 ☎ 🚗 🅿 – 🏄 20. 🖭 ① ᴇ 𝑉𝐼𝑆𝐴. 🞨 Rest
　　Menu *(Freitag geschl.)* (wochentags nur Abendessen) à la carte 31/54 – **22 Z** 90/180.

　　In Hilchenbach-Müsen W : 7 km :

　🏠 **Stahlberg,** Hauptstr. 85, ✉ 57271, 𝓟 62 97, Fax 60329, 🍴, 🛋 – ☎ 🚗 🅿. 🖭 ① ᴇ 𝑉𝐼𝑆𝐴
　　15.- 30. Jan. geschl. – **Menu** *(Montag geschl.)* à la carte 36/64 – **12 Z** 80/125.

In Hilchenbach-Vormwald SO : 2 km :

🏨 ❀ **Landhotel Siebelnhof - Restaurant Chesa,** Vormwalder Str. 54, ⊠ 57271, ℘ 8 94 30, Fax 7006, Biergarten, Massage, ♨, ♣, ⇌, 🔲, ☞ – ↹ Zim 📺 ☎ ⟜ 🅿. 🖭 ⓪ 🖃 𝒱𝒾𝒮𝒜
Juli-Aug. 2 Wochen geschl. – **Menu** *(nur Abendessen)* 85/148 und à la carte 53/98 –
Ginsburg Stuben *(auch Mittagessen)* **Menu** à la carte 42/80 – **20 Z** 115/250
Spez. Zander mit Kartoffel-Lauchsalat, Kalbsleberroulade mit Basilikumnudeln, Haselnußsoufflé mit Holunderschaum.

HILDBURGHAUSEN Thüringen 𝟦𝟣𝟥 P 15, 𝟦𝟣𝟦 E 14, 𝟫𝟪𝟩 ㉖ – 12 000 Ew – Höhe 372 m – ❀ 03685.
Erfurt 80 – Coburg 36.

In Gerhardtsgereuth N : 6 km :

🏨 **Am Schwanenteich** ⑳, Am Schwanenteich, ⊠ 98646, ℘ 70 07 44, Fax 700746, ㍿, ⇌, ☞ – ↹ 📺 ☎ 🅿 – 🔏 20. 🖭 ⓪ 🖃
Menu à la carte 29/45 – **26 Z** 105/130.

HILDEN Nordrhein-Westfalen 𝟦𝟣𝟤 D 13, 𝟫𝟪𝟩 ㉓ – 54 000 Ew – Höhe 46 m – ❀ 02103.
◆Düsseldorf 14 – ◆Köln 40 – Solingen 12 – Wuppertal 26.

🏨 **Am Stadtpark,** Klotzstr. 22, ⊠ 40721, ℘ 57 90, Fax 579102, ⇌, 🔲 – ↹ 📺 ⴵ ⟜ 🅿 – 🔏 40. 🖭 ⓪ 🖃 𝒱𝒾𝒮𝒜
Menu *(Samstag nur Abendessen)* à la carte 45/72 – **105 Z** 129/295.

🏨 **Rema-Hotel Forum** garni, Liebigstr. 19, ⊠ 40721, ℘ 5 60 32, Telex 8589438, Fax 52841, ⇌ – ↹ ↹ Zim 📺 ☎ ⟜ 🅿 – 🔏 30. 🖭 ⓪ 🖃 𝒱𝒾𝒮𝒜
60 Z 165/330.

🏨 **Bellevue,** Schwanenstr. 27 (Ecke Berliner Str.), ⊠ 40721, ℘ 50 30, Fax 503444 – ↹ ↹ Zim 📺 ☎ ⟜ 🅿 – 🔏 80. 🖭 ⓪ 🖃 𝒱𝒾𝒮𝒜 𝒿𝒸𝒷
Menu à la carte 39/74 – **93 Z** 165/344, 6 Suiten.

HILDERS Hessen 𝟦𝟣𝟤 𝟦𝟣𝟥 N 15, 𝟫𝟪𝟩 ㉖ – 5 000 Ew – Höhe 460 m – Luftkurort – Wintersport : 500/700 m ⚶1 ⚴3 – ❀ 06681.
🛈 Verkehrsamt im Rathaus, Schulstr. 2, ⊠ 36115, ℘ 76 12, Fax 7613.
◆Wiesbaden 200 – Fulda 29 – Bad Hersfeld 54.

🏨 **Engel,** Marktstr. 12, ⊠ 36115, ℘ 97 70, Fax 977300, ⇌ – ☎ ⟜ – 🔏 80. 🖭 ⓪ 🖃 𝒱𝒾𝒮𝒜
Menu *(Sonntag nur Mittagessen)* à la carte 34/54 – **27 Z** 68/140.

🏨 **Hohmann,** Obertor 2, ⊠ 36115, ℘ 2 96, Fax 7161, Biergarten – ☎
↤ *15. Nov.- 15. Dez. geschl.* – **Menu** *(Dez.- März Mittwoch geschl.)* à la carte 22/41 – **15 Z** 55/92.

🏨 **Rhön-Hotel** ⑳ garni, Battensteinstr. 17, ⊠ 36115, ℘ 13 88, ⇐, ☞ – 📺 🅿
Nov. 3 Wochen geschl. – **12 Z** 40/70.

HILDESHEIM Niedersachsen 𝟦𝟣𝟣 𝟦𝟣𝟤 M 10, 𝟫𝟪𝟩 ⑮ – 106 500 Ew – Höhe 89 m – ❀ 05121.
Sehenswert : Dom★ (Kunstwerke★, Kreuzgang★) Z – St. Michaelis-Kirche★ Y – Roemer-Pelizaeus-Museum★ Z **M1** – St. Andreas-Kirche (Fassade★) Z **B** – Antoniuskapelle (Lettner★) Z **A** – St. Godehardikirche★ Z.
🛈 Verkehrsverein, Am Ratsbauhof 1c, ⊠ 31134, ℘ 1 59 95, Fax 31704.
ADAC, Zingel 39, ⊠ 31134, ℘ 1 20 43, Fax 39970.
◆Hannover 31 ② – ◆Braunschweig 51 ④ – Göttingen 91 ④.

Stadtplan siehe nächste Seite

🏨 **Forte Crest,** Markt 4, ⊠ 31134, ℘ 30 00, Telex 927269, Fax 300444, ㍿, ⇌, 🔲 – ↹ ↹ Zim 📺 ⴵ – 🔏 120. 🖭 ⓪ 🖃 𝒱𝒾𝒮𝒜   Y **e**
Menu à la carte 42/75 – **109 Z** 200/485.

🏨 **Schweizer Hof** garni, Hindenburgplatz 6, ⊠ 31134, ℘ 3 90 81, Fax 38757 – ↹ ↹ 📺 ☎ 🅿. 🖭 ⓪ 🖃 𝒱𝒾𝒮𝒜 – **55 Z** 165/335.   Z **a**

🏨 **Gollart's-Hotel Deutsches Haus** garni, Bischof-Janssen-Str. 5, ⊠ 31134, ℘ 1 59 71, Fax 34064, ⇌, 🔲 – ↹ 📺 ☎ 🅿. 🖭 🖃 𝒱𝒾𝒮𝒜   Y **f**
47 Z 85/205.

🏨 **Bürgermeisterkapelle,** Rathausstr. 8, ⊠ 31134, ℘ 1 40 21, Fax 38813 – ↹ 📺 ☎ ⟜ – 🔏 30. 🖭 ⓪ 🖃 𝒱𝒾𝒮𝒜   Y **v**
Menu à la carte 31/55 – **40 Z** 100/200.

🏨 **Gästehaus Klocke** ⑳ garni, Humboldtstr. 11, ⊠ 31134, ℘ 3 70 61, Fax 37820 – 📺 ☎. 🖭 🖃 𝒱𝒾𝒮𝒜, ⚶ – **18 Z** 95/150.   Z **t**

✕✕ **Knochenhauer Amtshaus** (Rekonstruiertes Fachwerkhaus), Markt 7 (1. Etage), ⊠ 31134, ℘ 3 23 23, Fax 32323 – 🖭 ⓪ 🖃 𝒱𝒾𝒮𝒜   Y **c**
Dienstag geschl. – **Menu** à la carte 38/68.

✕✕ **Ratskeller,** Markt 2, ⊠ 31134, ℘ 1 44 41, Fax 12372 – 🔏 40. 🖭 🖃 𝒱𝒾𝒮𝒜   Y **R**
Montag geschl., Nov.- April Sonntag nur Mittagessen – **Menu** à la carte 33/68.

HILDESHEIM

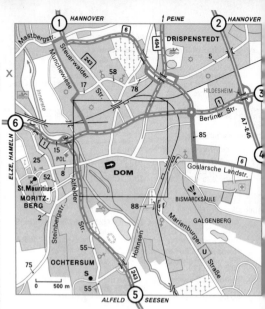

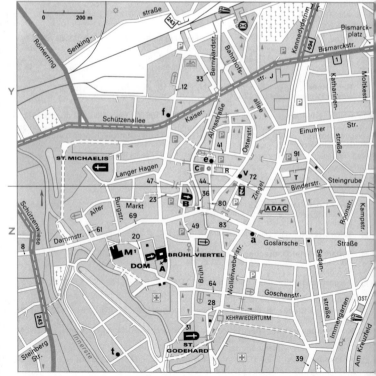

434

In Hildesheim-Ochtersum :

Am Steinberg garni, Adolf-Kolping-Str. 6, ✉ 31139, ☎ 26 11 42, Fax 267755 – TV ☎ P. AE ⓓ E VISA X s
15.- 31. Dez. geschl. – **28 Z** 85/140.

Im Steinberg-Wald SW : 5 km, über Kurt-Schumacher-Str. X, 1 km hinter Ochtersum rechts abbiegen :

XXX ✿ **Kupferschmiede,** Steinberg 6, ✉ 31139 HI-Ochtersum, ☎ (05121) 26 30 25, Fax 263070, ☂ – P – 🏛 25. AE ⓓ E VISA
Sonntag-Montag (außer Ostern, Pfingsten und Weihnachten) geschl. – **Menu** (bemerkenswerte Weinkarte) à la carte 46/93 *(auch vegetarisches Menu)*
Spez. Warm geräucherter Kabeljau auf Spinatsalat, Gefüllter Steinbutt mit Schalottensauce, Deichlammrücken auf Gemüsegratin.

In Diekholzen über Kurt-Schumacher-Str. X S : 9 km :

Gasthof Jörns, Marienburger Str.41, ✉ 31199, ☎ (05121) 26 21 46, Fax 262136 – TV ☎ P – 🏛 70. ✂ **Menu** *(Dienstag geschl.)* (wochentags nur Abendessen) à la carte 21/39 – **12 Z** 60/105.

In Giesen-Ahrbergen NW : 8 km über ① :

Ahrberger Hof, Hildesheimer Str. 1 (an der B 6), ✉ 31180, ☎ (05066) 30 34, Fax 64992, ☂ – TV ☎ P. AE E VISA
Menu *(Sonntag geschl.)* (nur Abendessen) à la carte 40/64 – **10 Z** 120/300.

HILLESHEIM Rheinland-Pfalz 412 D16 – 2 300 Ew – Höhe 485 m – ☎ 06593.

18, Kölner Straße, ☎ 12 41.
Verkehrsverein, im Rathaus, ✉ 54576, ☎ 8 01 16, Fax 80118.
Mainz 182 – Koblenz 91.

Golf- und Sporthotel Augustiner Kloster, Augustiner Str. 2, ✉ 54576, ☎ 98 10, Fax 981450, ☂, Massage, Fø, ≘s, ⛆ – 🛗 ⇔ Zim TV ♿ P – 🏛 40. AE ⓓ E VISA. ✂ Rest
Menu à la carte 45/80 – **53 Z** 115/260 – ½ P 145.

HILPOLTSTEIN Bayern 413 Q 19, 987 ㉖ – 11 500 Ew – Höhe 384 m – ☎ 09174.

Verkehrsamt, Haus des Gastes, Maria-Dorothea-Str. 8, ✉ 91161, ☎ 90 42, Fax 9044.
München 134 – Ansbach 54 – Ingolstadt 59 – Nürnberg 37.

Zur Post, Marktstr. 8, ✉ 91161, ☎ 30 58 (Hotel) 35 07 (Rest.), Fax 3050, Biergarten – ☎ P
Menu à la carte 21/43 – **20 Z** 55/97.

In Hilpoltstein-Sindersdorf SO : 6 km :

Sindersdorfer Hof, Sindersdorf 26, ✉ 91161, ☎ (09179) 62 56, Fax 6549, ☂ – P. AE ⓓ E VISA
Mai - Juni 2 Wochen und Mitte Nov.- Anfang Dez. geschl. – **Menu** *(Montag geschl.)* à la carte 23/44 – **25 Z** 58/115.

HIMMELPFORTEN Niedersachsen 411 K 6 – 2 500 Ew – Höhe 10 m – ☎ 04144.

Hannover 176 – Bremerhaven 68 – Bremervörde 40 – Stade 10.

XX **Kamphof,** Hauptstr. 28, ✉ 21709, ☎ 33 31, Fax 3331, ☂ – P
Montag geschl. – **Menu** à la carte 41/67.

HINDELANG Bayern 413 O 24, 987 ㊱, 426 D 6 – 5 000 Ew – Höhe 850 m – Kneippkurort – Heilklimatischer Kurort – Wintersport : 850/1600 m ≴16 ⛷12 – ☎ 08324.

Sehenswert : Lage★ des Ortes.
Ausflugsziel : Jochstraße★★ : Aussichtskanzel ≤★, NO : 8 km.
Kurverwaltung, Rathaus, Marktstr. 9, ✉ 87541, ☎ 89 20, Fax 8055.
München 161 – Kempten (Allgäu) 35 – Oberstdorf 22.

Bad-Hotel Sonne, Marktstr. 15, ✉ 87541, ☎ 89 70, Fax 897499, ☂, Massage, ♀, ⛹, ≘s, ⛆, ☂ – 🛗 TV ☎ ⇔ P. AE ⓓ E VISA. ✂
Menu à la carte 44/74 – **57 Z** 83/234 – ½ P 119/166.

Kur- und Sporthotel ⛰ (Appartement - Hotel), Zillenbachstr. 50, ✉ 87541, ☎ 8 40, Fax 84728, ≤, ☂, Massage, ♀, ⛹, ≘s, ⛆ – 🛗 TV ☎ ⇔ P. AE ⓓ E VISA
Menu à la carte 40/68 – **103 Z** 120/220 – ½ P 142/152.

Sonneck ⛰, Rosengasse 10, ✉ 87541, ☎ 80 98, Fax 8798, ≤, ☂, ⛆, ☂ – 🛗 TV ☎ P. ✂ Rest
15. Nov.- 20. Dez. geschl. – **Menu** *(Montag geschl.)* à la carte 32/64 – **23 Z** 85/270 – ½ P 105/145.

In Hindelang-Bad Oberdorf O : 1 km :

🏨 **Prinz-Luitpold-Bad** ⌖, ⊠ 87541, ℘ 8 90, Fax 890379, ≤ Allgäuer Alpen und Bad Oberdorf, Massage, ♨, ♠, ⇌s, ⊇ (geheizt), ⊠, ☞, ✵ – ⋿ ⟿ Rest 📺 ⟺ ⊕. ✵
Menu à la carte 44/67 – **110 Z** 135/330 – ½ P 145/190.

🏠 **Café Haus Helgard** ⌖ garni, Luitpoldstr. 20, ⊠ 87541, ℘ 20 64, Fax 1530, ≤, ☞ – ☎
⟺ ⊕
20. April - 6. Mai und Nov.- 20. Dez. geschl. – **18 Z** 57/170.

🏠 **Alte Schmiede**, Schmittenweg 14, ⊠ 87541, ℘ 25 52, Fax 1555, ☂ – ⊕
Ende Okt.- Mitte Dez. geschl. – **Menu** *(Mittwoch geschl.)* à la carte 36/53 *(auch vegetarische Gerichte)* – **12 Z** 80/110.

✕ **Alpengasthof Hirsch** mit Zim, Kurze Gasse 18, ⊠ 87541, ℘ 3 08 – ⊕
April-Mai 2 Wochen und Ende Okt.- Mitte Dez. geschl. – **Menu** *(Sonntag nur Mittagessen, Montag geschl.)* à la carte 26/50 – **10 Z** 40/90.

In Hindelang-Oberjoch NO : 7 km – Höhe 1 130 m :

🏨 **Alpenhotel** ⌖, Am Prinzenwald 3, ⊠ 87541, ℘ 70 90, Fax 709200, ≤ Allgäuer Alpen, ⇌s,
⊠ – ⋿ ⟿ 📺 ⊕. ⋿. ✵
Menu à la carte 44/65 – **73 Z** 138/296 – ½ P 143/223.

🏨 **Lanig** ⌖, Ornachstr. 11, ⊠ 87541, ℘ 70 80, Fax 708200, ≤ Allgäuer Alpen, ⇌s,
⊇ (geheizt), ⊠, ☞, ✵ – ⋿ ☎ ⊕
Mitte April - Mitte Mai und Mitte Nov.- Mitte Dez. geschl. – (Restaurant nur für Hausgäste)
– **39 Z** 110/330.

🏠 **Pension Sepp Heckelmiller** ⌖ garni, Ornachstr. 8, ⊠ 87541, ℘ 71 37, Fax 7537,
≤ Allgäuer Alpen, ⇌s, – ☎ ⊕. ✵
25. April - Mai und 30. Okt.- 20. Dez. geschl. – **20 Z** 64/144.

🏠 **Alpengasthof Löwen,** Paßstr. 17, ⊠ 87541, ℘ 97 30, Fax 7515, ☂ – ☎ ⟺ ⊕
nach Ostern - Anfang Mai und Anfang Nov.- 20. Dez. geschl. – **Menu** *(Mai-Nov. Montag geschl.)* à la carte 27/54 ⅃ – **24 Z** 62/106 – ½ P 76/97.

🏠 **Haus Schönblick,** Iselerstr. 2, ⊠ 87541, ℘ 77 44, Fax 7521, ≤, ⇌s, ☞ – 📺 ☎ ⊕
Menu *(Juli - Sept. Donnerstag geschl.)* à la carte 30/56 – **24 Z** 58/150.

In Hindelang-Unterjoch NO : 11 km :

🏠 **Edelsberg** ⌖, Am Edelsberg 10, ⊠ 87541, ℘ 98 00 00, Fax 980050, ≤, ♠, ⇌s, ⊠,
– ⋿ ☎ ⊕
nach Ostern 4 Wochen und Nov. - 25. Dez. geschl. – (nur Abendessen für Hausgäste) –
26 Z 89/218.

🏠 **Alpengasthof Krone** ⌖, Sorgschrofenstr. 2, ⊠ 87541, ℘ 76 04, Fax 7614, ☂, ⇌s,
✦ – ⋿ ⟺ ⊕. ⋿ ⓪ ⋿ 𝓥𝓘𝓢𝓐
Nov.- Mitte Dez. geschl. – **Menu** à la carte 24/56 *(auch vegetarische Gerichte) –* **37 Z** 63/16C
– ½ P 86/106.

✕ **Am Buchl** mit Zim, Obergschwend 10, ⊠ 87541, ℘ 71 66, Fax 7509, ≤, ☂, ☞ – ☎ ⊕
Nov.- 20. Dez. geschl. – **Menu** *(Dienstag geschl.)* à la carte 32/68 – **6 Z** 70/120.

HINTERZARTEN Baden-Württemberg ⓸⓵⓷ H 23, ⓸⓶⓻ I 2 – 2 200 Ew – Höhe 885 m – Heilklimatischer Kurort – Wintersport : 900/1 230 m ⅃3 ⅃10 – ⓪ 07652.

Ausflugsziel : Titisee★★ O : 5 km.

🚉 Tourist-Information, Freiburger Straße, ⊠ 79856, ℘ 12 06 42, Fax 120649.

♦Stuttgart 161 – Donaueschingen 38 – ♦Freiburg im Breisgau 26.

🏨 **Park-Hotel Adler** ⌖, Adlerplatz 3, ⊠ 79856, ℘ 12 70, Fax 127717, ☂, « Park mit
Wildgehege », Massage, ⇌s, ⊠, ✵ – ⋿ Zim 📺 ⟺ ⊕ – ⚏ 60. ⋿ ⓪ ⋿ 𝓥𝓘𝓢𝓐
Menu à la carte 54/96 – *Adler-Eck :* Menu à la carte 38/71 – **78 Z** 205/670, 12 Suiten.

🏨 **Reppert** ⌖, Adlerweg 21, ⊠ 79856, ℘ 1 20 80, Fax 120811, ⇌s, ⊠, ☞ – ⋿ ⟿ 📺 ☎
⟺ ⊕ – ⚏ 30. ⋿ ⓪ ⋿ 𝓥𝓘𝓢𝓐. ✵ Rest
(nur Abendessen für Hausgäste) – **35 Z** 130/440.

🏨 **Kesslermühle** ⌖, Erlenbrucker Str. 45, ⊠ 79856, ℘ 12 90, Fax 129159, ≤, ⇌s, ⊠, ☞
– ⋿ ⟿ Rest 📺 ☎ ⊕. ⋿ 𝓥𝓘𝓢𝓐. ✵
Anfang Nov.- Mitte Dez. geschl. – (Restaurant nur für Hausgäste) – **35 Z** 100/27C
– ½ P 110/158.

🏨 **Thomahof,** Erlenbrucker Str. 16, ⊠ 79856, ℘ 12 30, Fax 123239, ☂, ⇌s, ⊠, ☞ – ⋿
📺 ☎ ⊕. ⋿ 𝓥𝓘𝓢𝓐
Anfang - Mitte Dez. geschl. – **Menu** à la carte 43/74 – **48 Z** 109/300 – ½ P 120/180.

🏨 **Bergfried** ⌖, Sickinger Str. 28, ⊠ 79856, ℘ 12 80, Fax 12888, Massage, ⇌s, ⊠, ☞ –
⋿ 📺 ☎ ⟺ ⊕
25. Nov.- 17. Dez. geschl. – (nur Abendessen für Hausgäste) – **37 Z** 89/278 – ½ P 115/160

🏨 **Sonnenberg** ⌖ garni, Am Kesslerberg 9, ⊠ 79856, ℘ 1 20 70, ≤, ⊠ – ⋿ 📺 ☎ ⟺
⊕. ✵
April - Okt. – **20 Z** 88/210.

🏠 **Sassenhof** 🌿 garni, Adlerweg 17, ⌧ 79856, ℘ 15 15, Fax 484, ⇔, 🔲, 🚗 – 🛗 📺 ☎
ℙ
15. Nov.- 15. Dez. geschl. – **24 Z** 74/198.

🏠 **Schwarzwaldhof - Gästehaus Sonne,** Freiburger Str. 2, ⌧ 79856, ℘ 1 20 30,
Fax 120322, 🌇, ⇔ – 🛗 📺 ☎ 🚗 ℙ, 🗲 𝘝𝘐𝘚𝘈
April 2 Wochen und Mitte Nov.- Mitte Dez. geschl. – **Menu** *(Dienstag geschl.)* à la carte
28/68 🍷 – **39 Z** 85/170 – ½ P 88/123.

🏠 **Café Imbery** (mit Gästehaus, 🌿), Rathausstr. 14, ⌧ 79856, ℘ 9 10 30, Fax 1095, 🌇, ⇔,
🚗 – 🛗 🗲 Rest 📺 ☎ 🚗 ℙ, 🗲 𝘝𝘐𝘚𝘈
20. März - 10. April geschl. – **Menu** *(Donnerstag geschl.)* à la carte 32/59 🍷 – **27 Z** 50/174.

In Hinterzarten-Alpersbach W : 5 km :

🏠 **Esche** 🌿, Alpersbach 9, ⌧ 79856, ℘ 2 11, Fax 1720, ≤, ⇔, 🚗 – ☎ 🚗 ℙ 🍷
6. Nov.- 10. Dez. geschl. – **Menu** *(Dienstag-Mittwoch geschl.)* à la carte 28/51 🍷 – **14 Z**
65/164.

In Hinterzarten-Bruderhalde SO : 4 km :

🏠 **Alemannenhof** 🌿, Bruderhalde 21 (am Titisee), ⌧ 79856, ℘ 7 45, Fax 705, ≤ Titisee, 🌇,
⇔, 🔲, 🐾, 🚗 – 🛗 📺 ☎ 🕭 – 🍴 20. 🗚 ⓪ 🗲 𝘝𝘐𝘚𝘈 𝘑𝘊𝘉
Menu à la carte 46/78 – **22 Z** 155/264.

🏠 **Heizmannshof** 🌿, Bruderhalde 35, ⌧ 79856, ℘ 14 36, Fax 5468, ≤, 🌇, 🚗, 🎿 – 📺
☎ ℙ, 🗚 ⓪ 🗲 𝘝𝘐𝘚𝘈
Mitte Nov.- Mitte Dez. geschl. – **Menu** *(Dienstag geschl., Mittwoch nur Abendessen)* à la
carte 31/65 – **12 Z** 110/198 – ½ P 105/126.

Siehe auch : **Breitnau**

HIRSCHAID Bayern 𝟦𝟣𝟫 PQ 17 – 9 600 Ew – Höhe 250 m – ✪ 09543.
▸München 218 - ◆Bamberg 13 - ◆Nürnberg 47.

🏠 **Göller,** Nürnberger Str. 96, ⌧ 96114, ℘ 91 38, Fax 6098, 🌇, ⇔, 🔲, 🚗 – 🛗 📺 ☎ 🚗
◆ ℙ – 🍴 60. 🗚 ⓪ 🗲 𝘝𝘐𝘚𝘈
2.- 8. Jan. geschl. – **Menu** à la carte 24/58 – **63 Z** 70/150.

🏠 **Brauereigasthof Kraus,** Luitpoldstr. 11, ⌧ 96114, ℘ 91 82, Fax 6275, 🌇 – ☎
◆ *Sept.-Okt. 3 Wochen geschl.* – **Menu** *(Dienstag geschl.)* à la carte 18/34 – **15** 45/90.

In Buttenheim SO : 3,5 km :

🏠 **Landhotel Schloß Buttenheim** 🌿 garni, Schloßstr. 16, ⌧ 96155, ℘ (09545) 40 47,
Fax 5915 – 📺 ☎ ℙ, 🗲 𝘝𝘐𝘚𝘈
8 Z 75/125.

HIRSCHAU Bayern 𝟦𝟣𝟫 S 18, 𝟫𝟪𝟳 ㉗ – 6 500 Ew – Höhe 412 m – ✪ 09622.
▸München 70 - Amberg 18 - ◆Regensburg 80 - Weiden 22.

🏠 Schloß-Hotel, Hauptstr. 1, ⌧ 92242, ℘ 10 52, Fax 1054, Biergarten – 📺 ☎ ℙ
12 Z.

🏠 Josefshaus 🌿, Kolpingstr. 8, ⌧ 92242, ℘ 16 86, Fax 5029, 🌇, ⇔ – 📺 ☎ 🚗 ℙ
12 Z.

HIRSCHBACH Bayern siehe Königstein.

HIRSCHBACH Thüringen siehe Suhl.

HIRSCHBERG Baden-Württemberg 𝟦𝟣𝟤 𝟦𝟣𝟫 I 18 – 9 800 Ew – Höhe 110 m – ✪ 06201.
▸Stuttgart 131 - ◆Darmstadt 50 - Heidelberg 15 - ◆Mannheim 17.

In Hirschberg-Großsachsen :

🏠 **Krone,** Bergstr. 9 (B 3), ⌧ 69493, ℘ 50 50, Fax 505400, 🌇, ⇔, 🔲 – 🛗 📺 ☎ ℙ – 🍴 80.
🗚 ⓪ 🗲 𝘝𝘐𝘚𝘈
Menu à la carte 46/77 – **95 Z** 98/181.

🏠 **Haas'sche Mühle,** Talstr. 10, ⌧ 69493, ℘ 5 10 41, Fax 54961, 🌇, 🚗 – 🛗 ☎ ℙ – 🍴 30.
🗚 🗲 𝘝𝘐𝘚𝘈
Menu *(Dienstag, Jan. und Juli jeweils 2 Wochen geschl.)* à la carte 34/56 🍷 – **19 Z** 80/123.

In Hirschberg-Leutershausen :

🏠 **Astron,** Brandenburger Str. 30, ⌧ 69493, ℘ 50 20, Fax 57176, 🌇, ⇔, 🚗 – 🛗 📺 ☎ ℙ
– 🍴 70. 🗚 ⓪ 🗲 𝘝𝘐𝘚𝘈 𝘑𝘊𝘉
Menu à la carte 40/64 – **114 Z** 168/206.

🏠 **Hirschberg,** Goethestr. 2 (B 3), ⌧ 69493, ℘ 5 10 15, Fax 58137 – 📺 ☎ 🚗 ℙ, 🗚 🗲 𝘝𝘐𝘚𝘈
Mitte Dez.- Mitte Jan. geschl. – **Menu** *(Nov.- März Sonntag geschl.)* (nur Abendessen)
à la carte 27/54 – **32 Z** 75/140.

11   437

Österreich siehe Kleinwalsertal.

HIRSCHHORN AM NECKAR Hessen 412 413 J 18 – 4 100 Ew – Höhe 131 m – Luftkurort – ۞ 06272.
Sehenswert : Burg (Hotelterrasse ≤★).
🛈 Verkehrsamt, Haus des Gastes, Alleeweg 2, ⊠ 69434, ℘ 17 42.
♦Wiesbaden 120 – Heidelberg 23 – Heilbronn 63.

🏨 **Schloß-Hotel** ⤫, Auf Burg Hirschhorn, ⊠ 69434, ℘ 13 73, Fax 3267, ≤ Neckartal, 🍴 – ⌊⌋ 📺 ☎ 👈 – 🕍 20. 🆎 🗄 🗺. 🛠 Rest – *Mitte Dez.- Anfang Feb. geschl.* – **Menu** *(im Winter Montag geschl.)* à la carte 42/77 – **25 Z** 120/215.

🏠 **Haus Burgblick** ⤫ garni, Zur schönen Aussicht 3 (Hirschhorn-Ost), ⊠ 69434, ℘ 14 20 ≤ – 👈. 🛠 – *Dez.- Jan. geschl.* – **8 Z** 50/90.

In Hirschhorn-Langenthal NW : 5 km :

🏠 **Zur Linde,** Waldmichelbacher Str. 12, ⊠ 69434, ℘ 13 66, Fax 3429, 🍴, ⚘ – 👈
→ *Dez. - Jan. 3 Wochen geschl.* – **Menu** *(Montag geschl.)* à la carte 23/44 – **24 Z** 50/100.

🏠 Zur Krone, Waldmichelbacher Str. 29, ⊠ 69434, ℘ 25 10, Fax 2096, 🍴 – ☎ 👈 – **12 Z**

In Eberbach-Brombach NW : 6 km :

✕✕ **Talblick** (Fachwerkhaus a.d.J. 1832, Einrichtung in altbäuerlichem Stil), Gaisbergweg 5, ⊠ 69412, ℘ (06272) 14 51, Fax 3155 – 👈. 🛠 *Montag-Dienstag sowie Jan. und Juli jeweils 3 Wochen geschl.* – **Menu** (wochentags nur Abendessen, Tischbestellung ratsam) à la carte 43/82.

Siehe auch : *Rothenberg (Odenwaldkreis)*

HIRZENHAIN Hessen 412 413 K 15 – 3 000 Ew – Höhe 240 m – Erholungsort – ۞ 06045.
♦Wiesbaden 107 – ♦Frankfurt am Main 67 – Lauterbach 44.

🔼 Stolberger Hof, Nidderstr. 14 (B 275), ⊠ 63697, ℘ 50 66, Fax 4959, ≼s, 🔲 – 📺 ☎ 👈 **12 Z**.

HITZACKER Niedersachsen 411 Q 7, 987 ⑯ – 5 000 Ew – Höhe 25 m – Luftkurort – ۞ 05862.
🛈 Kurverwaltung, Weinbergsweg 2, ⊠ 29456, ℘ 80 22, Fax 7615.
♦Hannover 142 – ♦Braunschweig 58 – Lüneburg 48.

🏨 **Parkhotel** ⤫, Am Kurpark 3, ⊠ 29456, ℘ 80 81, Fax 8350, 🍴, ≼s, 🔲, ⚘ – ⌊⌋ ⤬ Zim 📺 ☎ ⅋ 👈 – 🕍 80. 🆎 ⑩ 🗺
Menu à la carte 33/63 – **79 Z** 85/198, 6 Suiten – ½ P 92/139.

🏠 **Scholz** ⤫, Prof.-Borchling-Str. 2, ⊠ 29456, ℘ 79 73, Fax 7972, 🍴, ≼s – ⌊⌋ ⤬ Zim 📺 ☎ ⅋ 👈 – 🕍 30. 🆎 🗄
Menu à la carte 34/63 – **32 Z** 73/174 – ½ P 85/107.

🏠 **Zur Linde,** Drawehnertorstr. 22, ⊠ 29456, ℘ 3 47, 🍴 – 📺 ☎ ⇦ 👈 *15. Jan.- 15. Feb. geschl.* – **Menu** *(Donnerstag geschl.)* à la carte 26/47 – **10 Z** 55/105 – ½ P 67/73.

HOCHHEIM AM MAIN Hessen 412 413 I 16 – 17 000 Ew – Höhe 129 m – ۞ 06146.
♦Wiesbaden 12 – ♦Darmstadt 32 – ♦Frankfurt am Main 33 – Mainz 7.

🏨 **Rheingauer Tor** ⤫ garni, Taunusstr. 9, ⊠ 65239, ℘ 8 26 20, Fax 4000 – ⌊⌋ 📺 ☎ 👈. 🆎 ⑩ 🗺 – *24. Dez.- 10. Jan. geschl.* – **25 Z** 95/140.

🏠 **Stadt Saaz,** Jahnstr. 19, ⊠ 65239, ℘ 97 76, Fax 6641 – 👈. 🛠 **Menu** *(Dienstag und Mitte Juli - Anfang Aug. geschl.)* (wochentags nur Abendessen) à la carte 30/59 ⅃ – **11 Z** 50/125.

✕✕ Hochheimer Hof, Mainzer Str. 22, ⊠ 65239, ℘ 20 89, Fax 61287, 🍴 – 🕍 130 *(Tischbestellung ratsam).*

✕ Hochheimer Riesling-Stuben (alte Weinstube), Wintergasse 9, ⊠ 65239, ℘ 79 25, Fax 2976 (nur Abendessen, Tischbestellung ratsam).

HOCKENHEIM Baden-Württemberg 412 413 I 19, 987 ㉕ – 17 000 Ew – Höhe 101 m – ۞ 06205.
♦Stuttgart 113 – Heidelberg 23 – ♦Karlsruhe 50 – ♦Mannheim 24 – Speyer 12.

🏨 **Motodrom,** Hockenheimring, ⊠ 68766, ℘ 29 80, Fax 298222, 🍴, ≼s – ⌊⌋ 🖥 📺 ☎ ⇦ 👈 – 🕍 250. 🆎 ⑩ 🗺 *Jan. geschl.* – **Menu** à la carte 40/74 – **56 Z** 129/250.

🏨 **Page-Hotel,** Heidelberger Str. 8, ⊠ 68766, ℘ 29 40, Fax 294150 – ⌊⌋ ⤬ 📺 ☎ ⅋ ⇦ – 🕍 800. 🆎 ⑩ 🗺
Menu à la carte 30/54 – **80 Z** 145/310.

🏨 **Kanne,** Karlsruher Str. 3, ⊠ 68766, ℘ 9 46 46, Fax 946444 – ⌊⌋ ⤬ Zim 📺 ☎ 👈. 🆎 🗄 🗺
Menu *(Sonntag nur Mittagessen, Freitag sowie Jan. und Nov. jeweils 2 Wochen geschl.)* (wochentags nur Abendessen) à la carte 25/54 – **28 Z** 93/149.

In Hockenheim-Talhaus NW : 1,5 km :

🏨 **Achat** garni, Gleisstr. 8(nahe der B 36), ⊠ 68766, ℰ 29 70, Fax 297999 – |≣| 💥 TV ☎ ℗
– 🛦 65. ⚎ E *VISA*
64 Z 120/160.

In Reilingen SO : 3 km :

🏨 **Walkershof,** Hockenheimer Str. 86, ⊠ 68799, ℰ (06205) 95 90, Fax 959550, 😭, Massage,
⇌s – |≣| 💥 Zim TV ⚓ ℗ – 🛦 25. ⚎ ⓪ E *VISA*. ﹪ Rest
25. Dez.- 8. Jan. geschl. – **Menu** *(nur Abendessen)* à la carte 40/79 – **118 Z** 236/340.

HOCKENSBÜLL Schleswig-Holstein siehe Husum.

HODENHAGEN Niedersachsen 🔢 L 8, 🔢 ⑮ – 2 000 Ew – Höhe 26 m – 🕲 05164.
♦Hannover 55 – Braunschweig 99 – ♦Bremen 70 – ♦Hamburg 106.

🏨 **Domicil Hotel Hudemühle,** Hudemühlen-Burg 18, ⊠ 29693, ℰ 80 90, Fax 809199, 😭,
⇌s, 🏊, 🛲 – 💥 Zim TV ☎ ℗ – 🛦 120. ⚎ ⓪ E *VISA*
Menu à la carte 41/74 – **128 Z** 150/280.

HÖCHBERG Bayern siehe Würzburg.

HÖCHENSCHWAND Baden-Württemberg 🔢 H 23, 🔢 I 2, 🔢 ⑥ – 2 100 Ew – Höhe 1 008 m
– Heilklimatischer Kurort – Wintersport : 920/1 015 m ⚡ 1 ⚡ 3 – 🕲 07672 (St. Blasien).
🛈 Kurverwaltung, Haus des Gastes, ⊠ 79862, ℰ 25 47, Fax 9489.
♦Stuttgart 186 – Donaueschingen 63 – ♦Freiburg im Breisgau 61 – Waldshut-Tiengen 19.

🏨 **Alpenblick,** St.-Georg-Str. 9, ⊠ 79862, ℰ 41 80, Fax 418444, 😭, 🛲 – |≣| TV ☎ 🚗 ℗
– 🛦 30. ⚎ E *VISA*
Anfang Nov.- Anfang Dez. geschl. – **Menu** *(Montag geschl., Dienstag nur Abendessen)*
à la carte 37/63 *(auch vegetarische Gerichte)* ⚏ – **26 Z** 85/195 – ½ P 120/135.

🏠 **Pension Nägele,** Schwimmbadstr. 11, ⊠ 79862, ℰ 14 64, Fax 1401, 😭, 🛲 – |≣| TV ☎
⇌ ℗
15. Nov.- 15. Dez. geschl. – **Menu** à la carte 24/56 – **28 Z** 54/120.

🏠 **Steffi** ⚏, Panoramastr. 22, ⊠ 79862, ℰ 8 55, Fax 9557, ≤, 🛲 – TV ☎ ℗
(nur Abendessen für Hausgäste) – **18 Z** 80/140.

XXX **Hubertusstuben,** Kurhausplatz 1 (Eingang St. Georgstraße), ⊠ 79862, ℰ 41 10,
Fax 411240, 😭 – ℗. ⚎ ⓪ E *VISA*. ﹪
Dienstag geschl. – **Menu** à la carte 45/75 ⚏.

HÖCHST IM ODENWALD Hessen 🔢 🔢 J 17, 🔢 ㉕ – 8 900 Ew – Höhe 175 m – Erho-
ungsort – 🕲 06163.
🛈 Verkehrsamt im Rathaus, Montmelianer Platz 4, ⊠ 64739, ℰ 7 08 23, Fax 70832.
♦Wiesbaden 78 – Aschaffenburg 37 – ♦Darmstadt 33 – Heidelberg 72.

🏨 **Burg Breuberg,** Aschaffenburger Str. 4, ⊠ 64739, ℰ 51 33, Fax 5138, 😭 – TV ☎ 🚗
℗. ⚎ E *VISA*. ﹪ Zim
Menu à la carte 26/55 ⚏ – **22 Z** 85/144.

In Höchst-Hetschbach NW : 2 km :

🏨 **Zur Krone,** Rondellstr. 20, ⊠ 64739, ℰ 22 78, ⇌s, 🛲 – TV ☎ ℗ – 🛦 25. ⚎ ⓪ E *VISA*.
﹪
Feb., Juli-Aug. und Nov. jeweils 2 Wochen geschl. – **Menu** *(Montag geschl.)* à la carte 40/68
– **19 Z** 65/125 – ½ P 100/115.

HÖCHSTADT AN DER AISCH Bayern 🔢 P 17, 🔢 ㉖ – 13 600 Ew – Höhe 272 m – 🕲 09193.
♦München 210 – ♦Bamberg 31 – ♦Nürnberg 39 – ♦Würzburg 71.

🏠 **Alte Schranne,** Hauptstr. 3, ⊠ 91315, ℰ 34 41, Fax 3441 – ℗. ﹪
(nur Abendessen für Hausgäste) – **17 Z** 75/130.

XX **Zur Alten Kutsche,** Kieferndorfer Weg 77, ⊠ 91315, ℰ 87 05, Fax 3333 – ℗. ⚎ ⓪ E
VISA
Mittwoch, Jan. 2 Wochen und Sept. 3 Wochen geschl. – **Menu** à la carte 22/60.

In Gremsdorf O : 3 km :

🏠 **Scheubel,** Hauptstr. 1 (B 470), ⊠ 91350, ℰ (09193) 34 44, Fax 2589, 😭 – TV ☎ 🚗 ℗
– 🛦 50. E
23.- 30. Dez. geschl. – **Menu** à la carte 24/46 ⚏ – **33 Z** 60/108.

In Adelsdorf O : 8 km über die B 470 :

🏠 **Drei Kronen,** Hauptstr. 8, ⊠ 91325, ℰ (09195) 92 00, Fax 920480, Biergarten, ⇌s, 🏊 –
|≣| 💥 Zim TV ☎ ℗ – 🛦 50. ⓪ E *VISA*
15.- 30. Nov. geschl. – **Menu** à la carte 24/45 – **46 Z** 85/160 – ½ P 55/68.

An der Autobahn A 3 NW : 12 km :

🏨 **Rasthaus-Motel Steigerwald,** Autobahn-Südseite, ⊠ 96193 Wachenroth, ℰ (09548) 4 33, Fax 435, 😷 – ⟲ Zim ▦ Rest ☎ ❶. ⅢE ❶ ⅤⅠⅤⅭ
Menu *(auch Self-Service)* à la carte 31/59 – **43 Z** 120/160.

▐ **HÖFEN AN DER ENZ** Baden-Württemberg ⓌⓁⒼ Ⅰ 20 – 1 900 Ew – Höhe 366 m – Luftkurort – ❸ 07081 (Wildbad).
▐ Verkehrsbüro, Rathaus, ⊠ 75339, ℰ 7 84 23, Fax 78450.
♦Stuttgart 68 – Baden-Baden 38 – Freudenstadt 48 – Pforzheim 18.

🏨 **Schwarzwaldhotel Hirsch,** Alte Str. 40, ⊠ 75339, ℰ 95 90, Fax 959159, 😷 – ⌷ ⅢⅤ ☎ ⟲ ❶ – 🅰 50. ⅢE ❶ ⅤⅠⅤⅭ
Menu *(Dienstag nur Mittagessen)* à la carte 29/65 *(auch vegetarische Gerichte)* – **20 Z** 98/170.

🏨 **Ochsen,** Bahnhofstr. 2, ⊠ 75339, ℰ 79 10, Fax 791100, 😷, 😄, 🔲, 🚗, – ⌷ ⅢⅤ ⟲ ⟲ ❶ – 🅰 40. ❶ ⅤⅠⅤⅭ
Menu à la carte 27/74 – **60 Z** 67/140, 3 Suiten – ½ P 92/107.

🏨 **Bussard** garni, Bahnhofstr. 24, ⊠ 75339, ℰ 52 68, Fax 7493, 🚗 – ⌷ ⅢⅤ ⟲ ❶
Nov. 2 Wochen geschl. – **27 Z** 55/110.

🏨 **Café Blaich** garni, Hindenburgstr. 55, ⊠ 75339, ℰ 9 53 90, Fax 953933 – ⅢⅤ ☎ ⟲ ❶
Mitte Jan.- Anfang Feb. geschl. – **9 Z** 65/95.

An der Straße nach Bad Herrenalb N : 2 km :

🏨 **Zur alten Mühle** 🚶, Im Gänsebrunnen, ⊠ 75305 Neuenbürg, ℰ (07082) 9 24 00, Fax 924099, 😷, 🚗 – ⌷ ⅢⅤ ☎ 👌 ❶ – 🅰 20. ⅢE ❶ ⅤⅠⅤⅭ
Menu (vorwiegend Fischgerichte) à la carte 38/68 – **26 Z** 89/144.

▐ **HÖFGEN** Sachsen siehe Grimma.

▐ **HÖGERSDORF** Schleswig-Holstein siehe Segeberg, Bad.

▐ **HÖHR-GRENZHAUSEN** Rheinland-Pfalz ⓌⓁⒷ G 15 – 9 100 Ew – Höhe 260 m – ❸ 02624.
Mainz 94 – ♦Koblenz 19 – Limburg an der Lahn 35.

🏨 **Heinz** 🚶, Bergstr. 77, ⊠ 56203, ℰ 30 33, Fax 5974, 😷, Massage, 🔧, 😄, 🔲, 🚗, 🎿 – ⌷ ⅢⅤ ☎ 👌 ❶ – 🅰 80. ⅢE ❶ ⅤⅠⅤⅭ
über Weihnachten geschl. – **Menu** à la carte 42/65 – **64 Z** 95/280.

Im Stadtteil Grenzau N : 1,5 km :

🏨 **Sporthotel Zugbrücke** 🚶, im Brexbachtal, ⊠ 56203, ℰ 10 50, Fax 105462, 😄, 🔲, 🚗 – ⌷ ⅢⅤ ☎ 👌 ❶ – 🅰 120. ⅢE ❶ ⅤⅠⅤⅭ ⟲ Rest
Menu à la carte 42/67 – **138 Z** 78/259.

▐ **HÖNNINGEN, BAD** Rheinland-Pfalz ⓌⓁⒷ E 15, ⑨⑧⑦ ㉔ – 6 000 Ew – Höhe 65 m – Heilbad – ❸ 02635.
▐ Verkehrsamt, Neustr. 2a, ⊠ 53557, ℰ 22 73, Fax 2736.
Mainz 125 – ♦Bonn 34 – ♦Koblenz 37.

🏨 **St. Pierre** garni, Hauptstr. 142, ⊠ 53557, ℰ 20 91, Fax 2093 – ⅢⅤ ☎ ⟲ ❶. ⅢE ❶ ⅤⅠⅤⅭ
20 Z 80/150.

▐ **HÖNOW** Brandenburg ⓌⓁⓆ M 8 – 3 000 Ew – Höhe 45 m – ❸ 030 (Berlin).
Potsdam 60 – ♦Berlin 28 – ♦Frankfurt a. d. Oder 82.

🏨 **Andersen** garni, Mahlsdorfer Str. 61a, ⊠ 15366, ℰ 99 23 20, Fax 99232300 – ⌷ ⟲ ⅢⅤ ☎. ⅢE ❶ ⅤⅠⅤⅭ
50 Z 165/180.

▐ **HÖRBRANZ** Österreich siehe Bregenz.

▐ **HÖRSTEL** Nordrhein-Westfalen ⓌⓁⓁ ⓌⓁⒷ F 10 – 17 000 Ew – Höhe 45 m – ❸ 05459.
♦Düsseldorf 178 – Münster (Westfalen) 44 – ♦Osnabrück 46 – Rheine 10.

In Hörstel-Bevergern SW : 3 km :

🏨 **Saltenhof** 🚶, Kreimershoek 71, ⊠ 48477, ℰ 40 51, Fax 1251, 😷 – ⅢⅤ ☎ ❶. ⅢE ❶ ⅤⅠⅤⅭ
3.- 22. Jan. geschl. – **Menu** *(Donnerstag nur Abendessen)* à la carte 45/66 *(auch vegetarische Gerichte)* – **12 Z** 85/180.

In Hörstel-Riesenbeck SO : 6 km :

🏨 **Schloßhotel Surenburg** ⅏, Surenburg 13 (SW : 1,5 km), ⊠ 48477, ℘ (05454) 70 92, Fax 7251, 舘, ⬅, ☒, 屛 – 🔟 ☎ 🅿 – 🛏 50. 🖭 ⓿ 🖪 𝑽𝑰𝑺𝑨
Menu à la carte 43/71 – **25 Z** 115/250.

🏨 **Stratmann,** Sünte-Rendel-Str. 5, ⊠ 48477, ℘ (05454) 70 83, Fax 7085, 舘, ☒ – 🔟 ☎
↔ ⬅ 🅿. 🖭 🖪 𝑽𝑰𝑺𝑨
Menu à la carte 22/48 – **24 Z** 60/100.

HÖSBACH Bayern siehe Aschaffenburg.

HÖVELHOF Nordrhein-Westfalen 𝟜𝟙𝟙 𝟜𝟙𝟚 I 11 – 12 000 Ew – Höhe 100 m – 🕲 05257.
◆Düsseldorf 189 – Detmold 30 – ◆Hannover 129 – Paderborn 14.

%% **Gasthof Brink** mit Zim, Allee 38, ⊠ 33161, ℘ 32 23 – 🔟 ☎ ⬅ 🅿. ⅏
Anfang - Mitte Jan. und Juli geschl. – **Menu** *(Montag geschl.)* (nur Abendessen, Tischbe-stellung erforderlich) à la carte 44/79 – **9 Z** 75/150.

HÖXTER Nordrhein-Westfalen 𝟜𝟙𝟙 𝟜𝟙𝟚 L 11, 𝟡𝟠𝟟 ⑮ – 35 000 Ew – Höhe 90 m – 🕲 05271.
Sehenswert : Kilianskirche (Kanzel★★).
Ausflugsziele : Wesertal★ (von Höxter bis Hann. Münden).
🛈 Verkehrsamt, Am Rathaus 7, ⊠ 37671, ℘ 6 34 31, Fax 63435.
◆Düsseldorf 225 – ◆Hannover 101 – ◆Kassel 70 – Paderborn 55.

🏨 **Niedersachsen,** Möllinger Str. 4, ⊠ 37671, ℘ 68 80, Fax 688444, ⬅, ☒ – 🔰 🔟 ☎ ⬅
– 🛏 30. 🖭 ⓿ 🖪 𝑽𝑰𝑺𝑨
Menu à la carte 37/69 – **67 Z** 95/196.

🏨 **Weserberghof,** Godelheimer Str. 16, ⊠ 37671, ℘ 9 70 80, Fax 970888, 舘 – 🔟 ☎ 🅿
– 🛏 30. 🖭 ⓿ 𝑽𝑰𝑺𝑨. ⅏
Entenfang (Montag geschl.) **Menu** à la carte 35/71 – **17 Z** 65/145.

In Höxter-Bödexen NW : 9 km – Erholungsort :

🏨 **Obermühle** ⅏, Joh.-Todt-Str. 2, ⊠ 37671, ℘ (05277) 9 89 80, Fax 1457, ≤, 舘, ⬅, ☒,
↔ 屛 – 🔰 ☎ 🅿 – 🛏 30. 🖭 🖪
Menu *(Montag und 8.- 31. Jan. geschl.)* à la carte 24/46 – **27 Z** 56/155.

In Höxter-Ovenhausen W : 7 km – Erholungsort :

🏨 **Haus Venken,** Hauptstr. 11, ⊠ 37671, ℘ (05278) 2 79, Fax 350, 舘, 屛 – 🔰 ☎ ⬅ 🅿.
↔ ⅏ Rest
Feb. geschl. – **Menu** *(Dienstag geschl.)* à la carte 23/45 ⚶ – **29 Z** 60/110.

In Höxter-Stahle NO : 9 km :

🏨 **Kiekenstein,** Heinser Str. 74 (B 83), ⊠ 37671, ℘ (05531) 40 08, Fax 3197, ≤, 舘 – 🅿. 🖭
⓿ 🖪 𝑽𝑰𝑺𝑨 – **Menu** à la carte 27/60 – **13 Z** 55/115.

HOF Bayern 𝟜𝟙𝟛 S 16, 𝟡𝟠𝟟 ㉗ – 53 300 Ew – Höhe 495 m – 🕲 09281.
🏌 Gattendorf-Haidt (über die B 173 Y), ℘ (09281) 4 37 49.
🛫 Hof-Pirk, SW : 5 km über Bayreuther Str. Z , ℘ (09292) 3 48.
🛈 Tourist-Information, Karolinenstr. 40, ⊠ 95028, ℘ 81 52 70, Fax 815499.
◆München 283 ② – Bayreuth 55 ② – ◆Nürnberg 133 ②.

Stadtplan siehe nächste Seite

🏨 **Central,** Kulmbacher Str. 4, ⊠ 95030, ℘ 60 50, Fax 62440, ⬅ – 🔰 🔟 🅿 – 🛏 500. 🖭
⓿ 🖪 𝑽𝑰𝑺𝑨 – **Menu** à la carte 37/67 – **104 Z** 159/250.　　　　　　　　Y **h**

🏨 **Strauß,** Bismarckstr. 31, ⊠ 95028, ℘ 20 66, Fax 84474, Biergarten – 🔰 🔟 ☎ ⬅ 🅿 –
🛏 50. 🖪 – **Menu** à la carte 31/60 – **58 Z** 82/170.　　　　　　　　　　　Z **u**

🏨 **Am Maxplatz** ⅏ garni, Maxplatz 7, ⊠ 95028, ℘ 17 39, Fax 87913 – 🔟 ☎ ⬅. 🖭 🖪
𝑽𝑰𝑺𝑨　　　　　　　　　　　　　　　　　　　　　　　　　　　　　　　Y **r**
18 Z 95/155.

🏨 **Deutsches Haus** garni, Marienstr. 33, ⊠ 95028, ℘ 10 48, Fax 191585, ⬅ – 🔰 🔟 ☎ ⬅.
🖭 ⓿ 🖪 𝑽𝑰𝑺𝑨 – *24. Dez.- 6. Jan. geschl.* – **16 Z** 100/150.　　　　　Z **n**

🏨 **Am Kuhbogen,** Marienstr. 88, ⊠ 95028, ℘ 17 08 (Hotel) 27 09 (Rest.), Fax 84723, ⬅ –
↔ 🔰 🔟 ☎ ⬅. 🖭 ⓿ 🖪 𝑽𝑰𝑺𝑨　　　　　　　　　　　　　　　　　Z **k**
Menu *(Sonntag geschl.)* (nur Abendessen) à la carte 24/41 – **45 Z** 78/150.

In Hof-Haidt NO : 3,5 km :

🏨 **Gut Haidt,** Plauener Str. 123 (B 173), ⊠ 95028, ℘ 73 10, Fax 731100, Biergarten, ⬅ – 🔰
🔟 ☎ ♿ ⬅ 🅿. 🖭 ⓿ 🖪 𝑽𝑰𝑺𝑨
Menu à la carte 33/59 – **48 Z** 150/190, 5 Suiten.

In Hof-Krötenbruck ① : 4 km, Abfahrt Flughafen :

☆ **Munzert,** Eppenreuther Str. 100, ⊠ 95032, 𝒫 99 91, Fax 95134 – 📺 ☎ 🅿. 🄰🄴 ① Ɛ 𝘝𝘐𝘚𝘈
↔ **Menu** *(Samstag, 28. Juli - 26. Aug. und 23. Dez.- 6. Jan. geschl.)* à la carte 20/53 – **50 Z** 75/160.

In Hof-Unterkotzau ③ : 3 km, über Hofecker Straße Richtung Hirschberg :

🏨 Brauereigasthof Falter, Hirschberger Str. 6, ⊠ 95030, 𝒫 68 44, Fax 61178, Biergarten – 📺
☎ 🅿. 🎠 – **26 Z**.

HOF Österreich siehe Salzburg.

HOFBIEBER Hessen 🄸🄸🄸 🄸🄸🄸 M 15 – 5 500 Ew – Höhe 400 m – Luftkurort – ✆ 06657.
🎫 Fremdenverkehrsbüro, im Haus des Gastes, Schulweg 5, ⊠ 36145, 𝒫 80 97, Fax 8794.
◆Wiesbaden 209 – Fulda 13 – Bad Hersfeld 40.

🏠 **Sondergeld,** Lindenplatz 4, ⊠ 36145, 𝒫 3 76, Fax 376 – 🅿
↔ **Menu** *(Mittwoch geschl.)* à la carte 24/48 – **14 Z** 55/90.

In Hofbieber-Fohlenweide SO : 5 km über Langenbieber :

🏨 **Fohlenweide** 🎣, ⊠ 36145, 𝒫 98 80, Fax 988100, 🍴, 🐎, 🎠 – 📺 ☎ 🏃 🅿 – 🔬 40.
🄰🄴 Ɛ 𝘝𝘐𝘚𝘈 – **Menu** à la carte 35/64 – **26 Z** 114/186.

HOFGEISMAR Hessen 411 412 L 12, 987 ⑮ – 15 000 Ew – Höhe 150 m – ✆ 05671.

🏛 Stadtverwaltung, Markt 1, ✉ 34369, 𝒫 8 88 30, Fax 88855.

◆Wiesbaden 245 – ◆Kassel 23 – Paderborn 63.

🏠 **Zum Alten Brauhaus,** Marktstr. 12, ✉ 34369, 𝒫 30 81, Fax 3083 – |≑| ☎ 🅟. 🆎 ⓞ ⋿
➜ 𝑉𝐼𝑆𝐴
26. Dez.- 10. Jan. geschl. – Menu (Sonntag nur Mittagessen, Dienstag geschl.) à la carte 24/44 ⅜ – **21 Z** 55/120 – ½ P 63/73.

🏠 **Müller,** Vor dem Schöneberger Tor 12, ✉ 34369, 𝒫 7 75, Fax 40744, Biergarten – ☎ 🅟.
➜ ⋿
Menu (Sonntag nur Mittagessen) à la carte 24/43 – **38 Z** 55/95 – ½ P 65.

In Hofgeismar-Sababurg NO : 14 km :

🏛 **Dornröschenschloß Sababurg** ⌂ (Burganlage a.d. 14. Jh. mit Trauzimmer und Standesamt), ✉ 34369, 𝒫 (05671) 80 80, Fax 808200, ≤, Tierpark mit Jagdmuseum, « Burgterrasse », 🛬 – 📺 ☎ 🅟 – ⚃ 30. 🆎 ⓞ ⋿ 𝑉𝐼𝑆𝐴
10. Jan.- 18. Feb. geschl. – Menu à la carte 60/74 – **18 Z** 170/325.

In Hofgeismar-Schöneberg NO : 4 km :

🏠 **Reitz,** Bremer Str. 17 (B 83), ✉ 34369, 𝒫 55 91, Fax 40699 – 📺 ☎ 🅟. ⋿
Menu (Montag geschl.) à la carte 27/50 – **9 Z** 49/95 – ½ P 68/78.

HOFHEIM AM TAUNUS Hessen 412 413 I 16 – 36 000 Ew – Höhe 150 m – ✆ 06192.

🏛 Kulturamt, Elisabethenstr. 3, ✉ 65719, 𝒫 20 22 57, Fax 7654.

◆Wiesbaden 20 – ◆Frankfurt am Main 21 – Limburg an der Lahn 54 – Mainz 20.

🏛 **Burkartsmühle** ⌂, Kurhausstr. 71, ✉ 65719, 𝒫 2 50 88, Fax 26869, 🌤, 🈁, ☷ (geheizt), 🛬, ❊ (Halle) – |≑| 📺 ☎ 🅟 – ⚃ 25. 🆎 ⓞ ⋿ 𝑉𝐼𝑆𝐴
Menu (Sonntag nur Mittagessen, Montag geschl.) (Tischbestellung ratsam) à la carte 63/86 – **28 Z** 185/300.

🏛 **Dreispitz,** In der Dreispitz 6 (an der B 519), ✉ 65719, 𝒫 50 99, Fax 26910, 🌤 – 📺 ☎
🅟
Juli-Aug. 4 Wochen geschl. – Menu (Donnerstag - Freitag geschl.) (wochentags nur Abendessen) à la carte 26/57 – **25 Z** 100/195.

✗✗ **Die Scheuer,** Burgstr. 12, ✉ 65719, 𝒫 2 77 74, Fax 1892, 🌤, « Gemütlich-rustikale Einrichtung » – 🆎 ⓞ ⋿ 𝑉𝐼𝑆𝐴
Sonntag nur Mittagessen, Montag geschl. – Menu (abends Tischbestellung erforderlich) 45 (mittags) und à la carte 55/91.

✗✗ **L' Opera,** Langgasse 3 (Kramer-Passage), ✉ 65719, 𝒫 55 80 – 🆎 ⓞ ⋿ 𝑉𝐼𝑆𝐴
Menu (italienische Küche) à la carte 43/70.

In Hofheim-Diedenbergen SW : 3 km :

🏛 **Hansa Hotel Rhein-Main,** Casteller Str. 106, ✉ 65719, 𝒫 95 00, Fax 3000, 🌤, 🈁 – |≑|
⇔ Zim ▤ Rest 📺 ☎ 🅟 – ⚃ 200. 🆎 ⓞ ⋿ 𝑉𝐼𝑆𝐴. ❊ Rest
Menu à la carte 46/70 – **158 Z** 190/295.

✗✗ **Völker's** mit Zim, Marxheimer Str. 4, ✉ 65719, 𝒫 30 65, Fax 39060, 🌤 – 📺 ☎ 🅟. 🆎
⋿ 𝑉𝐼𝑆𝐴. ❊ Rest
Menu (Mittwoch geschl., Samstag nur Abendessen) à la carte 69/102 – **12 Z** 90/180.

In Hofheim-Marxheim S : 2 km :

🏛 **Am Rosenberg** ⌂, Wielandstr. 24, ✉ 65719, 𝒫 29 20, Telex 4072178, Fax 28815, 🌤 –
|≑| 📺 ☎ 🅟 – ⚃ 70. 🆎 ⓞ ⋿ 𝑉𝐼𝑆𝐴
Menu à la carte 37/72 – **83 Z** 128/201.

🏛 **Löwenhof,** Schulstr. 5, ✉ 65719, 𝒫 9 93 00, Fax 993099 – 📺 ☎ 🅟 – ⚃ 20. 🆎 ⓞ ⋿
𝑉𝐼𝑆𝐴
Menu (Samstag - Sonntag geschl.) (nur Abendessen) à la carte 30/63 – **21 Z** 130/225.

In Hofheim-Wallau SW : 5 km :

🏠 **Wallauer Hof,** Nassaustr. 8 (Gewerbegebiet), ✉ 65719, 𝒫 (06122) 40 21, Fax 15108, 🌤
➜ – 📺 ☎ ⇔ 🅟
Menu (Montag und 24. Dez.- 3. Jan. geschl.) à la carte 23/52 ⅜ – **40 Z** 100/150.

In Hofheim-Wildsachsen NW : 9 km :

✗✗ **Alte Rose,** Altwildsachsen 37, ✉ 65719, 𝒫 (06198) 83 82, Fax (06083) 2989, « Innenhofterrasse » – 🆎 ⓞ ⋿ 𝑉𝐼𝑆𝐴
Menu (wochentags nur Abendessen) à la carte 59/75 (auch vegetarische Gerichte).

In Kriftel SO : 2 km :

🏛 **Mirabell** garni, Richard-Wagner-Str. 33, ✉ 65830, 𝒫 (06192) 4 20 88, Fax 45169, 🈁, ☐
– |≑| ⇔ Zim 📺 ☎ ⇔. ⋿ 𝑉𝐼𝑆𝐴. ❊
Weihnachten - Anfang Jan. geschl. – **45 Z** 135/240.

HOHEN NEUENDORF Brandenburg 414 L 7 – 9 000 Ew – Höhe 54 m – ✆ 03303.
Potsdam 47 – ♦Berlin 20.

🏨 **Am Lunik Park,** Stolper Str. 8, ⊠ 16540, ℰ 29 10, Fax 291444, 佘, Massage, ⇌s – |✿|
✙✕ Zim 📺 ☎ ໔ ❷ – 🔬 40. 🖭 ◑ 🗉 VISA JCB
Menu à la carte 31/54 – **58 Z** 165/195.

HOHENAU Bayern 413 X 20, 426 M 2 – 3 400 Ew – Höhe 806 m – ✆ 08558.
🛈 Rathaus, ⊠ 94545, ℰ 96 04 44, Fax 2489.
♦München 198 – Passau 41 – ♦Regensburg 135.

In Hohenau-Bierhütte SO : 3 km :

🏨 **Romantik-Hotel Bierhütte** ♨ (bäuerlicher Barockbau a.d. 16. Jh. mit 2 Gästehäusern),
Bierhütte 10, ⊠ 94545, ℰ 3 15, Fax 2387, « Terrasse mit ≼ », ⇌s, 舞 – 📺 ☎ ⟷ ❷ –
🔬 50. 🖭 ◑ 🗉 VISA
Menu à la carte 38/66 – **43 Z** 99/210, 4 Suiten – ½ P 107/137.

HOHENKIRCHEN Thüringen 414 E 13 – 700 Ew – Höhe 360 m – ✆ 036253.
Erfurt 38 – Gotha 14 – Ilmenau 27 – Suhl 30.

🏠 **Debes** garni, Hauptstr. 89, ⊠ 99887, ℰ 32 20, Fax 32216, 舞 – 📺 ☎ ❷. 🗉
11 Z 85/120.

HOHENRODA Hessen 412 M 14 – 4 000 Ew – Höhe 311 m – ✆ 06676.
♦Wiesbaden 185 – Fulda 39 – Bad Hersfeld 26.

In Hohenroda-Oberbreitzbach :

🏨 **Hessen-Hotelpark Hohenroda** ♨, Schwarzengrund 9, ⊠ 36284, ℰ 1 81, Fax 1487, ≼,
佘, ⇌s, 🖾, 舞, ✕, 🐎 (Halle) – |✿| 📺 ☎ ❷ – 🔬 300. 🖭 🗉 VISA
Menu à la carte 33/60 – **191 Z** 105/180 – ½ P 103/121.

HOHENROTH Bayern siehe Neustadt a.d. Saale, Bad.

HOHENSTEIN Hessen siehe Schwalbach, Bad.

HOHENWESTEDT Schleswig-Holstein 411 LM 4, 987 ⑤ – 4 400 Ew – Höhe 48 m – ✆ 04871.
♦Kiel 54 – ♦Hamburg 80 – ♦Lübeck 81 – Rendsburg 23.

🏠 **Landhaus,** Itzehoer Str. 39, ⊠ 24594, ℰ 9 44, Fax 4327, 佘, ✕ – 📺 ☎ ❷ – 🔬 40. 🖭
◑ 🗉 VISA – *27. Dez.- 10. Jan. geschl.* – **Menu** à la carte 41/76 – **25 Z** 90/210.

HOHNSTEIN Sachsen – 1 100 Ew – Höhe 335 m – ✆ 035975.
♦ Dresden 35 – Bad Schandau 10 – Pirna 16.

🏠 **Zur Aussicht** ♨, Am Bergborn 7, ⊠ 01848, ℰ 2 13, Fax 213, ≼ Sächsische Schweiz, 佘
– 📺 ☎ ❷. 🖭 🗉 VISA
Jan. 2 Wochen geschl. – **Menu** *(Montag geschl.)* à la carte 21/39 – **15 Z** 95/180.

✕✕ **Gasthof Rußigmühle** mit Zim, Polenztal 4 (N : 2 km), ⊠ 01848, ℰ 2 45, Fax 690, 佘 –
📺 ☎ ❷
Menu à la carte 28/51 – **8 Z** 80/120.

HOHWACHT Schleswig-Holstein 411 P 4 – 900 Ew – Höhe 15 m – Seeheilbad – ✆ 04381.
🖫 Hohwachter Bucht (SW : 4 km), ℰ 96 90.
🛈 Kurverwaltung, Berliner Platz 1, ⊠ 24321, ℰ 70 85, Fax 9676.
♦Kiel 41 – Oldenburg in Holstein 21 – Plön 27.

🏨 **Hohe Wacht** ♨, An der Steilküste, ⊠ 24321, ℰ 9 00 80, Fax 900888, 佘, ⇌s, 🖾, 舞,
✕ – |✿| ✙✕ Zim 📺 ❷ – 🔬 80. 🖭 ◑ 🗉 VISA
Menu à la carte 56/82 – **43 Z** 215/330, 10 Suiten.

🏨 **Haus am Meer** ♨, Dünenweg 1, ⊠ 24321, ℰ 4 07 40, Fax 407474, ≼, « Terrasse am
Strand », ⇌s, 🖾 – 📺 ☎ ❷ – 🔬 30
Menu *(Okt.- April Donnerstag und Nov.- Anfang Dez. geschl.)* à la carte 33/55 – **24 Z**
150/260.

🏠 **Hohwachter Hof** ♨, Strandstr. 6, ⊠ 24321, ℰ 4 02 80, Fax 6654, 佘 – 📺 ☎ ❷. ✕ Zim
Nov.- Mitte Dez. geschl. – **Menu** *(Dez.- März Dienstag geschl.)* à la carte 35/65 – **15 Z**
80/140.

🏠 **Seelust** ♨ garni, Strandstr. 8, ⊠ 24321, ℰ 4 07 90, Fax 4422 – 📺 ☎ ❷. 🖭 🗉
15. März - Okt. – **14 Z** 70/140.

🏠 **Strandhotel** ♨, Strandstr. 10, ⊠ 24321, ℰ 60 91, Fax 6093, 佘, ⇌s – 📺 ☎ ❷. ◑ 🗉 VISA
Menu à la carte 33/75 – **43 Z** 90/190 – ½ P 98/145.

✕✕ **Genueser Schiff** ♨ mit Zim, Seestr. 18, ⊠ 24321, ℰ 75 33, Fax 5802, ≼ Ostsee – ❷
Jan.- Feb. und Nov. geschl. – **Menu** *(Dienstag geschl.)* (nur Abendessen) à la carte 50/80
– **16 Z** 125/240.

HOLDORF Niedersachsen **411** H 9, **987** ⑭ – 5 000 Ew – Höhe 36 m – ✆ 05494.
Hannover 129 – ◆Bremen 85 – Oldenburg 65 – ◆Osnabrück 40.

🏠 **Zur Post,** Große Str. 11, ✉ 49451, ✆ 2 34, Fax 8270, � – 📺 ☎ 🅿. 🆎 ⓞ Ε 𝘝𝘐𝘚𝘈
↔ 26. Dez.- 5. Jan. geschl. – **Menu** (Mittwoch geschl.) à la carte 19/45 – **12 Z** 50/110.

HOLLENSTEDT Niedersachsen **411** M 6, **987** ⑮ – 1 900 Ew – Höhe 25 m – ✆ 04165.
Hannover 150 – ◆Bremen 78 – ◆Hamburg 43.

🏠 **Hollenstedter Hof,** Am Markt 1, ✉ 21279, ✆ 2 13 70, Fax 8382, 🌧 – 📺 ☎ 🅿 – 🔬 50.
🆎 ⓞ Ε 𝘝𝘐𝘚𝘈 𝙅𝘾𝘽
Menu à la carte 34/66 – **32 Z** 85/150 – ½ P 87/115.

HOLLFELD Bayern **413** QR 17, **987** ㉖ – 5 500 Ew – Höhe 402 m – Erholungsort – ✆ 09274.
Ausflugsziel : Felsengarten Sanspareil★ N : 7 km.
München 254 – ◆Bamberg 38 – Bayreuth 23.

🏠 **Wittelsbacher Hof,** Langgasse 8 (B 22), ✉ 96142, ✆ 6 11, Fax 80516, 🌧 – ☎ 🅿 – 🔬 40
↔ **Menu** (Montag geschl.) à la carte 22/51 – **7 Z** 59/120 – ½ P 85/105.

🏠 **Bettina** 🦢, Treppendorf 22 (SO : 1 km), ✉ 96142, ✆ 7 47, Fax 1408, 🌧, 🌳, ✗ – 📺
☎ 🅿 – 🔬 40. 🆎 Ε. ✗
Menu (Montag geschl.) à la carte 38/66 – **11 Z** 65/120 – ½ P 80/95.

HOLTLAND Niedersachsen siehe Hesel.

HOLZAPPEL Rheinland-Pfalz **412** G 15, **987** ㉔ – 1 100 Ew – Höhe 270 m – ✆ 06439.
Mainz 77 – ◆Koblenz 42 – Limburg an der Lahn 16.

🏠 **Herrenhaus zum Bären - Goethehaus** (Historisches Fachwerkhaus a.d.16. Jh.), Hauptstr. 15,
✉ 56379, ✆ 70 14, Fax 7012, 🌧, « Geschmackvolle, elegante Einrichtung » – 🛗 📺 ☎
🅿. ✗ Rest – **15 Z**.

In Laurenburg S : 3 km :

🏠 **Zum Schiff,** Hauptstr. 9, ✉ 56379, ✆ (06439) 3 56, Fax 1351, ≤ – ⇐🚗 🅿
↔ 10.- 24. Jan. und 30. Okt.- 24. Nov. geschl. – **Menu** (Montag-Freitag nur Abendessen,
Dienstag geschl.) à la carte 24/45 ⚖ – **15 Z** 60/120.

HOLZERATH Rheinland-Pfalz **412** D 17 – 380 Ew – Höhe 450 m – ✆ 06588.
Mainz 147 – ◆Saarbrücken 72 – ◆Trier 20.

🏠 **Berghotel Becker,** Römerstr. 34, ✉ 54316, ✆ 71 46, Fax 3486, 🌧, ≘s, 🌳 – ⇐🚗 🅿.
🆎
6. Jan.- 15. Feb. geschl. – **Menu** (Dienstag geschl.) à la carte 28/53 ⚖ – **14 Z** 45/90
– ½ P 52/57.

HOLZGERLINGEN Baden-Württemberg **413** K 21 – 11 000 Ew – Höhe 464 m – ✆ 07031.
◆Stuttgart 12 – Böblingen 6 – Herrenberg 12 – Nürtingen 31 – Tübingen 19.

🏠 **Bühleneck** 🦢 garni, Bühlenstr. 81, ✉ 71088, ✆ 7 47 50, Fax 605345, ≘s – 📺 ☎ 🅿. Ε
𝘝𝘐𝘚𝘈. ✗
15 Z 88/132.

HOLZHAU Sachsen **414** N 13 – 500 Ew – Höhe 620 m – Wintersport : 600/805m ✖3 ✖3
✆ 037327.
Fremdenverkehrsamt, Bergstr. 9, ✉ 09623, ✆ 5 04, Fax 619.
Dresden 50 – Zinnwald 20.

🏠 **Lindenhof** 🦢, Bergstr. 4, ✉ 09623, ✆ 73 92, Fax 457, 🌧, ≘s, 🌳 – 🛗 📺 ☎ 🅿 – 🔬 50.
🆎 Ε 𝘝𝘐𝘚𝘈
Menu à la carte 27/64 – **43 Z** 92/160.

🏠 **Berghotel Talblick** 🦢, Alte Str. 32, ✉ 09623, ✆ 74 16, Fax 7429, ≤, 🌧, ≘s, 🌳 – 📺
☎ 🅿 – 🔬 50. 🆎 Ε 𝘝𝘐𝘚𝘈
Menu à la carte 25/45 – **25 Z** 80/140.

HOLZHAUSEN Thüringen siehe Arnstadt.

HOLZKIRCHEN Bayern **413** S 23, **987** ㊲, **426** GH 5 – 11 500 Ew – Höhe 667 m – ✆ 08024.
München 34 – Rosenheim 41 – Bad Tölz 19.

🏠 **Alte Post,** Marktplatz 10a, ✉ 83607, ✆ 60 35, Fax 6039 – 🛗 📺 ☎ ⇐🚗 🅿 – 🔬 40. ✗
↔ Jan. 2 Wochen geschl. – **Menu** (Dienstag - Mittwoch geschl.) à la carte 24/54 – **44 Z**
115/195.

HOLZMINDEN Niedersachsen 🔢🔢 L 11. 🔢🔢🔢 ⑮ – 21 000 Ew – Höhe 99 m – ☎ 05531

🅱 Verkehrsamt, Obere Str. 30, ✉ 37603, ℰ 20 88, Fax 807303.

🅱 Kurverwaltung (Neuhaus im Solling), Lindenstr. 8 (Haus des Gastes), ✉ 37603, ℰ (05536) 10 11
Fax 1350.

◆Hannover 95 – Hameln 50 – ◆Kassel 80 – Paderborn 65.

🏠 **Parkhotel Interopa** ⑤ garni, Altendorfer Str. 19, ✉ 37603, ℰ 20 01, Fax 61266, 🐎 ·
📺 ☎ 🅿. 🆎 ⓪ 🅴 𝘝𝘐𝘚𝘈
38 Z 95/170.

🏠 **Buntrock,** Karlstr. 23, ✉ 37603, ℰ 20 77, Fax 120221 – 🛗 📺 ☎ 🅿 – 🔏 60. 🆎 ⓪ 🅴
𝘝𝘐𝘚𝘈
Menu *(Samstag und Juli-Aug. 2 Wochen geschl.)* à la carte 36/70 – **20 Z** 85/140.

🏠 **Schleifmühle** ⑤, Schleifmühle 3, ✉ 37603, ℰ 50 98, Fax 120660, 🍽, 🔲, 🐎 – 📺 🖭
🐎 🅿. ⌘
Menu *(Sonntag geschl.)* (nur Abendessen) à la carte 26/44 – **17 Z** 85/120 – ½ P 80/105

🏵🏵 ❀ **Hellers Krug,** Altendorfer Str. 19, ✉ 37603, ℰ 21 15, Fax 2115 – 🅿. 🆎 ⓪ 🅴 𝘝𝘐𝘚𝘈
Samstag nur Abendessen, Sonntag geschl. – **Menu** à la carte 56/89
Spez. Gratin von Edelfischen, Rehrücken im Mandelteig, Walnußparfait mit Mangosauce.

In Holzminden-Neuhaus im Solling SO : 12 km – Höhe 365 m – Heilklimatischer Kurort
– ☎ 05536 :

🏨 **Schatte** ⑤, Am Wildenkiel 15, ✉ 37603, ℰ 10 55, Fax 1560, 🍽, Massage, ≘s, 🔲, 🐎
– 🛗 ☎ 🅿. 🆎 ⓪ 🅴 𝘝𝘐𝘚𝘈
Jan. und Nov. jeweils 2 Wochen geschl. – **Menu** à la carte 27/55 – **50 Z** 68/154
– ½ P 88/97.

🏠 **Brauner Hirsch,** Am Langenberg 5, ✉ 37603, ℰ 10 33, Fax 289, « Caféterrasse » – 🛗 📺
🐎 20. ⓪ – 🔏 20. ⓪ 🅴 𝘝𝘐𝘚𝘈
Menu à la carte 35/65 – **27 Z** 70/150 – ½ P 95/100.

🏠 **Langenberg,** Am Langenberg 30, ✉ 37603, ℰ 10 44, ≤, 🍽, 🔲 – 🛗 ☎ 🅿 – 🔏 60. 🅴
⌘
Anfang Nov.- Mitte Dez. geschl. – **Menu** à la carte 25/61 – **25 Z** 55/98 – ½ P 75/85.

🏠 **Zur Linde,** Lindenstr. 4, ✉ 37603, ℰ 10 66, Fax 1089, « Gartenterrasse », ≘s – ☎ 🚗
🅿. ⓪ 🅴
Menu à la carte 26/53 – **22 Z** 62/136 – ½ P 75/81.

🏠 **Am Wildenkiel** ⑤ garni, Am Wildenkiel 18, ✉ 37603, ℰ 10 47, Fax 1286, ≘s, 🐎 – 📺
← ☎ 🚗 🅿. ⌘
Mitte Nov.- Mitte Dez. geschl. – **23 Z** 70/150.

In Holzminden-Silberborn SO : 12 km – Luftkurort :

🏠 **Sollingshöhe,** Dasseler Str. 15, ✉ 37603, ℰ (05536) 10 02, Fax 1422, 🍽, ≘s, 🔲, 🐎
– ☎ 🅿
Menu *(Jan.- März Dienstag geschl.)* à la carte 29/54 – **25 Z** 58/130 – ½ P 80/90.

HOMBERG (Efze) Hessen 🔢🔢 L 13. 🔢🔢🔢 ㉕ – 14 000 Ew – Höhe 274 m – ☎ 05681.

🅱 Verkehrsamt, Rathaus, Obertorstr. 4, ✉ 34576, ℰ 7 72 50, Fax 5170.

◆Wiesbaden 185 – Fulda 72 – Bad Hersfeld 32 – ◆Kassel 51 – Marburg 62.

🏠 Stadt Cassel, Westheimer Str. 25, ✉ 34576, ℰ 70 61, Fax 7064 – 📺 ☎ 🚗 🅿
12 Z.

🏠 Burghotel garni, Holzhäuserstr. 32, ✉ 34576, ℰ 8 93, Fax 7064 – 📺 ☎ 🅿
14 Z.

HOMBURG/SAAR Saarland 🔢🔢 F 19. 🔢🔢🔢 ㉔, 🔢🔢🔢 ⑦ – 44 000 Ew – Höhe 233 m – ☎ 06841

🅱 Kultur- und Verkehrsamt, Am Forum, ✉ 66424, ℰ 20 66, Fax 101555.

◆Saarbrücken 35 – Kaiserslautern 42 – Neunkirchen/Saar 15 – Zweibrücken 11.

🏨 **Schweizerstuben,** Kaiserstr. 72, ✉ 66424, ℰ 14 11, Fax 68038, 🍽, ≘s, 🔲 – 🛗 📺 🚗
🅿 – 🔏 40. 🆎 🅴 𝘝𝘐𝘚𝘈
Menu *(Samstag nur Abendessen, Sonntag geschl.)* (bemerkenswerte Weinkarte) à la carte
51/80 – **28 Z** 115/250, 3 Suiten.

🏨 Schlossberg Hotel ⑤, Schloßberg-Höhenstraße, ✉ 66424, ℰ 66 60, Fax 62018,
≤ Homburg, 🍽, ≘s, 🔲 – 🛗 📺 🅿 – 🔏 150
76 Z.

🏨 **Stadt Homburg,** Ringstr. 80, ✉ 66424, ℰ 13 31, Fax 64994, 🍽, ≘s, 🔲 – 🛗 📺 🚗
🅿 – 🔏 70. ⓪ 🅴 𝘝𝘐𝘚𝘈
Menu *(Freitag geschl., Samstag nur Abendessen)* à la carte 36/67 – **40 Z** 113/250.

🏠 **Euler,** Talstr. 40, ✉ 66424, ℰ 6 00 77, Fax 5530 – 📺 ☎ 🚗. 🆎 ⓪ 🅴 𝘝𝘐𝘚𝘈
Ende Dez.- Anfang Jan. geschl. – **Menu** *(Samstag und Ende Juli - Anfang Aug. geschl.)*
à la carte 28/51 – **50 Z** 85/130.

🏠 **Bürgerhof** garni, Eisenbahnstr. 60, ✉ 66424, ℰ 6 40 24, Fax 64025 – 📺 ☎ 🅿. 🆎 ⓪ 🅴
𝘝𝘐𝘚𝘈
31 Z 48/110.

In Homburg-Erbach N : 2 km :

Ruble, Dürerstr. 164, ⊠ 66424, ☎ 7 50 51, Fax 78972, ♨, ☎ s – 📺 ☎ 🅿. 🄰🄴 ⓄⒹ 🄴 *VISA*
Menu *(Samstag nur Abendessen)* à la carte 31/66 – **17 Z** 84/130.

MICHELIN-REIFENWERKE KGaA. ⊠ 66424 Homburg Berliner Straße 70, ☎ 7 70 Fax 704585.

HOMBURG VOR DER HÖHE, BAD Hessen 412 413 I 16, 987 ㉕ – 52 000 Ew – Höhe 197 m
Heilbad – 🕿 06172.

ehenswert : Kurpark★ Y.

usflugsziel : Saalburg (Rekonstruktion eines Römerkastells)★ 6 km über ④.

Saalburgchaussee 2a (über ④ und die B 456 Y), ☎ 3 88 08.

Verkehrsamt im Kurhaus, Louisenstr. 58, ⊠ 61348, ☎ 12 13 10, Fax 121327.

DAC, Louisenstr. 23, ⊠ 61348, ☎ 2 10 93, Fax 25711.

Wiesbaden 45 ② – ◆Frankfurt am Main 17 ② – Gießen 48 ① – Limburg an der Lahn 54 ③.

Steigenberger Bad Homburg (Modern-elegantes Hotel mit Einrichtung im Stil des Art Deco), Kaiser-Friedrich-Promenade 69, ⊠ 61348, ☎ 18 10, Telex 417470, Fax 181630, ♨,
☎ s – 🛗 ⇌ 🗏 📺 ☎ ⟷ – 🛎 180. 🄰🄴 ⓄⒹ 🄴 *VISA* JCB. ✕ Rest
Menu *(nur Abendessen)* à la carte 50/77 – *Charly's Bistro (nur Mittagessen)* **Menu** à la carte
45/69 – **170 Z** 290/430, 15 Suiten.

447

🏨 **Maritim Kurhaus - Hotel,** Ludwigstraße, ✉ 61348, ℘ 66 00, Fax 660100, 🍴, 🚭, ⬛
– 🗐 🛗 Zim 🍴 Rest 📺 ⬅ – 🔬 600. 🔤 ⓪ 🅴 ⱽⁱˢᵃ   Y **m**
Menu à la carte 40/69 – **148 Z** 247/492.

🏨 **Parkhotel** 🔱 garni, Kaiser-Friedrich-Promenade 53, ✉ 61348, ℘ 80 10, Telex 410400
Fax 801400, 🚭 – 🗐 🚦 📺 📺 🛗 🛗 ⬅ – 🔬 50. 🔤 ⓪ 🅴 ⱽⁱˢᵃ   Y **s**
120 Z 194/340, 9 Suiten.

🏨 **Hardtwald** 🔱, Philosophenweg 31, ✉ 61350, ℘ 8 10 26, Fax 82512, « Gartenterrasse »
– 📺 ☎ ⓟ. 🔤 ⓪ 🅴 ⱽⁱˢᵃ. 🍴   Y **z**
Menu *(Montag ausschl.)* à la carte 44/67 – **43 Z** 135/295.

🏨 **Villa am Kurpark** garni, Kaiser-Friedrich-Promenade 57, ✉ 61348, ℘ 2 60 47, Fax 22288
– 🗐 📺 ☎ ⓟ. 🔤 🅴 ⱽⁱˢᵃ   Y **s**
24 Z 130/260.

🏨 **Haus Daheim** garni, Elisabethenstr. 42, ✉ 61348, ℘ 2 00 98, Fax 25580 – 📺 ☎ ⬅. 🔤
⓪ 🅴 ⱽⁱˢᵃ ᴶᶜᴮ   Y **d**
19 Z 115/265.

🍽🍽🍽 ❀ **Sänger's Restaurant,** Kaiser-Friedrich-Promenade 85, ✉ 61348, ℘ 2 44 25, Fax 44284,
🍴 – 🔤 🅴   Z **t**
Montag und Samstag nur Abendessen, Sonntag geschl. – **Menu** 95/160 und à la carte
70/103
Spez. Kalbskopf und Hummer in Safransauce, Gefüllter Ochsenschwanz in zwei Gängen serviert
Karamelisierter Apfelkuchen.

🍽🍽 **Oberle's,** Obergasse 1, ✉ 61348, ℘ 2 46 62, Fax 24662, 🍴 – 🔤 🅴   Y **e**
Samstag nur Abendessen, Montag und Juli - Aug. 3 Wochen geschl. – **Menu** à la carte
72/90.

🍽🍽 **Assmann's Restaurant,** Kisseleffstr. 27, ✉ 61348, ℘ 2 47 10, Fax 29185, 🍴 – ⓟ   Y **b**

In Bad Homburg-Dornholzhausen über ④ und die B 456 :

🏨 **Sonne,** Landwehrweg 3, ✉ 61350, ℘ 9 65 20, Fax 965213 – 📺 ☎ ⬅ ⓟ. 🔤 ⓪ 🅴 ⱽⁱˢᵃ
Ende Dez.-Anfang Jan. geschl. – **Menu** *(Samstag-Sonntag geschl.)* (nur Abendessen) à la
carte 28/48 – **30 Z** 85/175.

In Bad Homburg-Ober-Erlenbach über Frankfurter Landstraße Z :

🏨 **Katharinenhof** 🔱 garni, Ober-Erlenbacher Str. 16, ✉ 61352, ℘ 40 00, Fax 400300 – 📺
☎ ⬅ ⓟ. 🔤 🅴 ⱽⁱˢᵃ. 🍴
Weihnachten - Mitte Jan. geschl. – **31 Z** 125/280.

HONNEF, BAD Nordrhein-Westfalen 🔢🔢 E 15, 🔢🔢🔢 ㉔ – 23 000 Ew – Höhe 72 m – ☎ 02224.

🔶 Windhagen-Rederscheid (SO : 10 km), ℘ (02645) 1 56 21.

🏢 Tourist-Information, Hauptstr. 28a, ✉ 53604, ℘ 18 41 70, Fax 79687.

◆Düsseldorf 86 – ◆Bonn 17 – ◆Koblenz 51.

🏨 **Seminaris,** Alexander-von-Humboldt-Str. 20, ✉ 53604, ℘ 77 10, Fax 771555, 🍴, (kleiner
Park), 🏋, 🚭, ⬛, 🌿 – 🗐 🚦 Zim 📺 ⬅ ⓟ – 🔬 280. 🔤 ⓪ 🅴 ⱽⁱˢᵃ. 🍴 Rest
Menu à la carte 35/65 *(auch vegetarische Gerichte)* – **213 Z** 178/290, 4 Suiten.

🍽🍽 **Das kleine Restaurant,** Hauptstr. 16a, ✉ 53604, ℘ 44 50, 🍴 – 🅴
Sonntag und Juli - Aug. 3 Wochen geschl. – **Menu** (nur Abendessen, Tischbestellung ratsam)
à la carte 64/81.

🍽🍽 **Franco,** Markt 3, ✉ 53604, ℘ 38 48, Fax 78648, 🍴 – 🔤 ⓪ 🅴 ⱽⁱˢᵃ
Mittwoch geschl. – **Menu** (italienische Küche) à la carte 31/62.

🍽 **Rhein-Café,** auf der Insel Grafenwerth, ✉ 53604, ℘ 7 15 35, Fax 5478, ≤, 🍴 – 🔤 🅴
Okt. - Dez. Montag und Jan. - Feb. geschl. – **Menu** à la carte 49/76.

An der Straße nach Asbach O : 2,5 km :

🍽🍽 **Jagdhaus im Schmelztal,** Schmelztalstr. 50, ✉ 53604 Bad Honnef, ℘ (02224) 26 26,
Fax 75443, 🍴 – ⓟ – 🔬 60. 🔤 ⓪ 🅴 ⱽⁱˢᵃ
Dienstag-Mittwoch geschl. – **Menu** à la carte 46/66.

In Bad Honnef-Rhöndorf N : 1,5 km :

🏨 **Bellevue - Die Rheinterrassen,** Karl-Broel-Str. 43, ✉ 53604, ℘ 30 11, Fax 3031, ≤ Rhein
und Drachenfels, 🍴 – 🗐 🚦 Zim 📺 ⓟ – 🔬 150. 🔤 🅴. 🍴 Rest
Menu à la carte 44/69 – **85 Z** 179/390.

🍽🍽 **Ristorante Caesareo,** Rhöndorfer Str. 39, ✉ 53604, ℘ 7 56 39, 🍴 – 🔤 ⓪ 🅴 ⱽⁱˢᵃ. 🍴
Montag geschl. – **Menu** (Tischbestellung ratsam) à la carte 50/80.

In Windhagen-Rederscheid SO : 10 km :

🏨 **Dorint Sporthotel Waldbrunnen** 🔱, Brunnenstr. 7, ✉ 53578, ℘ (02645) 1 50,
Telex 863020, Fax 15548, 🍴, Massage, 🚭, 🏊 (geheizt), ⬛, 🌿 (Halle), 🐎 (Halle
u.Schule) – 🗐 🚦 Zim 📺 🛗 ⬅ ⓟ – 🔬 120. 🔤 ⓪ 🅴 ⱽⁱˢᵃ. 🍴 Rest
Menu à la carte 41/76 – **115 Z** 198/305, 8 Suiten.

HOPSTEN Nordrhein-Westfalen **411 412** F 9 – 6 400 Ew – Höhe 43 m – ✆ 05458.
◆Düsseldorf 197 – Lingen 26 – ◆Osnabrück 39 – Rheine 16.

- 🏠 **Kiepenkerl,** Ibbenbürener Str. 2, ⊠ 48496, ℘ 9 31 10, Fax 931111 – 📳 🚗 **ⓟ**
- 🍽 **Menu** *(Dienstag geschl.)* à la carte 21/40 – **18 Z** 40/100 – ½ P 48/68.

- ✗ **Kerssen-Brons** mit Zim, Marktplatz 1, ⊠ 48496, ℘ 70 06, Fax 1395 – 🚗 **ⓟ**. ⅏ Zim
- 🍽 *Nov. 2 Wochen geschl.* – **Menu** *(Dienstag - Donnerstag nur Abendessen, Montag und Freitag geschl.)* à la carte 22/52 – **9 Z** 50/90.

HORB Baden-Württemberg **413** J 21, **987** ㉟ – 20 000 Ew – Höhe 423 m – ✆ 07451.
🛈 Verkehrsbüro, Marktplatz 12, ⊠ 72160, ℘ 36 11, Fax 901290.
◆Stuttgart 63 – Freudenstadt 24 – Tübingen 36.

- ✗ **Schillerstuben,** Schillerstr. 19, ⊠ 72160, ℘ 82 22, Fax 60108, � – 🖭 **ⓞ** 🛐 **VISA**
  Mitte Jan. - Mitte Feb. geschl. – **Menu** à la carte 32/62.

In Horb-Hohenberg N : 1 km :

- 🏠 **Steiglehof** (ehemaliger Gutshof), Steigle 35, ⊠ 72160, ℘ 24 18 – **ⓟ**
- 🍽 *Ende Dez.- Mitte Jan. geschl.* – **Menu** *(Samstag-Sonntag geschl.)* (nur Abendessen) à la carte 24/35 🍴 – **13 Z** 60/100.

In Horb-Isenburg S : 3 km :

- 🏩 **Waldeck,** Mühlsteige 33, ⊠ 72160, ℘ 38 80, Fax 4950, 🚗 – 📳 📺 ☎ 🚗 **ⓟ**. **ⓞ** 🛐 **VISA**
  15. Juli - 1. Aug. und 23. Dez.- 10. Jan. geschl. – **Menu** *(Montag geschl.)* à la carte 26/52 🍴 – **23 Z** 65/160.

Schloß Weitenburg siehe unter : **Starzach**

HORBEN Baden-Württemberg **413** G 23, **87** ⑧, **242** ㉟ – 850 Ew – Höhe 600 m – ✆ 0761
(Freiburg im Breisgau).
◆Stuttgart 216 – ◆Freiburg im Breisgau 10.

In Horben-Langackern :

- 🏨 **Luisenhöhe** ⅌, ⊠ 79289, ℘ 2 96 90, Fax 290448, ≤ Schauinsland und Schwarzwald, « Gartenterrasse », 🐎, 🚗, 🔲, 🌫, ✗ – 📳 📺 ☎ 🚗 **ⓟ** – 🔏 40. 🖭 **ⓞ** 🛐 **VISA**. ⅏ Rest
  Menu à la carte 41/80 – **47 Z** 145/260, 4 Suiten – ½ P 120/180.

- 🏠 **Engel** ⅌, ⊠ 79289, ℘ 2 91 11, Fax 290627, ≤, « Terrasse », 🌫 – 📺 ☎ 🚗 **ⓟ**
  Menu *(Montag geschl.)* à la carte 37/70 – **22 Z** 80/155 – ½ P 110/125.

HORBRUCH Rheinland-Pfalz siehe Morbach.

HORHAUSEN Rheinland-Pfalz **412** F 15 – 1 400 Ew – Höhe 365 m – ✆ 02687.
🛈 Verkehrsverein, Rheinstraße (Raiffeisenbank), ⊠ 56593, ℘ 20 27, Fax 2351.
◆Mainz 111 – ◆Bonn 52 – ◆Köln 68 – ◆Koblenz 37 – Limburg an der Lahn 52.

- 🏠 **Grenzbachmühle** ⅌, Grenzbachstr. 17 (O : 1,5 km), ⊠ 56593, ℘ 10 83, Fax 26 76, 🌫, Damwildgehege, 🌫 – **ⓟ**. **ⓞ** 🛐 **VISA**
  Menu *(Dienstag geschl.)* à la carte 40/73 – **15 Z** 48/100.

HORN-BAD MEINBERG Nordrhein-Westfalen **411 412** J 11, **987** ⑮ – 17 900 Ew – Höhe 220 m
– ✆ 05234.
Ausflugsziel : Externsteine★ (Flachrelief★★ a.d. 12. Jh.) SW : 2 km.
🛈 Städt. Verkehrsamt in Horn, Rathausplatz 2, ⊠ 32805, ℘ 20 12 62, Fax 201222.
🛈 Verkehrsbüro in Bad Meinberg, Parkstraße, ⊠ 32805, ℘ 9 89 03.
◆Düsseldorf 197 – Detmold 10 – ◆Hannover 85 – Paderborn 27.

Im Stadtteil Horn :

- 🏠 **Garre,** Bahnhofstr. 55 (B 1), ⊠ 32805, ℘ 8 49 40, Fax 849491 – 📺 **ⓟ**
  Juni 3 Wochen und 22. Dez.- 10. Jan. geschl. – **Menu** *(Samstag nur Abendessen, Sonntag geschl.)* à la carte 26/47 – **7 Z** 78/116.

Im Stadtteil Bad Meinberg – Heilbad :

- 🏩 **Kurhotel Parkblick** ⅌, Parkstr. 63, ⊠ 32805, ℘ 90 90, Fax 909150, Massage, ♨, 🐟, 🚗, 🔲 – 📳 📺 🔥 🚗 – 🔏 60. 🖭 **ⓞ** 🛐 **VISA**. ⅏
  Menu à la carte 37/61 – **78 Z** 107/180, 4 Suiten – ½ P 117/164.

- 🏠 **Kurhaus zum Stern** ⅌, Brunnenstr. 84, ⊠ 32805, ℘ 90 50, Fax 905300, direkter Zugang zum Kurmittelhaus, 🚗, 🔲 – 📳 🔥 Zim 📺 ☎ 🔥 **ⓟ** – 🔏 120. 🖭 **ⓞ** 🛐 **VISA**. ⅏ Rest
  Menu à la carte 42/73 – **130 Z** 125/210.

- 🏠 **Teutonia,** Allee 19, ⊠ 32805, ℘ 9 88 66, Fax 91453, 🚗 – 📳 📺 ☎. **ⓞ** 🛐 **VISA**
  Menu 20/27 (mittags) und à la carte 38/70 – **18 Z** 70/156 – ½ P 80/108.

- 🏠 **Gästehaus Mönnich** garni, Brunnenstr. 55, ⊠ 32805, ℘ 8 40 00, Fax 840040, « Galerie für Fotokunst und Keramik, Garten », 🌫 – 🔥 **ⓟ**. ⅏
  Dez.- Jan. geschl. – **11 Z** 68/140.

Im Stadtteil Billerbeck :

🏛 **Zur Linde,** Steinheimer Str. 219, ✉ 32805, ✍ (05233) 20 90, Fax 6404, 🍴, 🔲, 🐎 – 🛗
🔲 🕿 🅿 – 🛌 150. 🄴
3.- 20. Jan. geschl. – **Menu** *(Dienstag geschl.)* à la carte 25/53 – **54 Z** 75/145 – ½ P 90/100.

Im Stadtteil Holzhausen-Externsteine – Luftkurort :

🏛 **Kurhotel Bärenstein** ⬍, Am Bärenstein 44, ✉ 32805, ✍ 20 90, Fax 209269, Massage,
⇆, ⚘, ⩲, ⛳, ⚒ – 🛗 🔲 🕿 🅿 – 🛌 150. 🄴
25. Nov.- 26. Dez. geschl. – **Menu** *(Montag geschl.)* à la carte 23/50 – **74 Z** 65/164
– ½ P 72/102.

HORNBERG (Schwarzwaldbahn) Baden-Württemberg 🔢🔢🔢 H 22, 🔢🔢🔢 ㉟ – 4 800 Ew – Höhe
400 m – Erholungsort – 🕓 07833.

🅱 Städt. Verkehrsamt, Bahnhofstr. 3, ✉ 78132, ✍ 60 72, Fax 79324.
◆Stuttgart 132 – ◆Freiburg im Breisgau 50 – Offenburg 45 – Villingen-Schwenningen 34.

🏛 **Adler,** Hauptstr. 66, ✉ 78132, ✍ 3 67, Fax 548 – 🛗 🔲 🕿. 🄰🄴 *VISA*
Feb. geschl. – **Menu** *(Freitag geschl.)* à la carte 30/69 ⅛ – **19 Z** 65/140.

🏛 **Schloß Hornberg** ⬍, Auf dem Schloßberg 1, ✉ 78132, ✍ 68 41, Fax 7231, ≼ Hornberg
und Guachtal, 🍴 – 🔲 🕿 🅿 – 🛌 40. 🄰🄴 ⓞ 🄴 *VISA*
15. Dez.- Jan. geschl. – **Menu** *(Montag-Dienstag geschl.)* à la carte 37/58 – **39 Z** 65/180
– ½ P 84/114.

In Hornberg-Fohrenbühl NO : 8 km :

🏠 **Schwanen,** Haus 66, ✉ 78730, ✍ 3 17, Fax 8621, 🍴, 🍴 – 🎿 Zim 🔲 🕿 ⇆ 🅿. 🄰🄴
🄴. ⚒
Mitte Nov.- Mitte Dez. geschl. – **Menu** *(Dienstag geschl.)* à la carte 28/60 ⅛ – **15 Z** 55/120
– ½ P 73.

🏠 **Café Lauble** ⬍ garni, Haus 65, ✉ 78730, ✍ 9 36 60, Fax 936666, 🐎 – 🅿. ⚒
Mitte Nov.- 24. Dez. geschl. – **18 Z** 45/90.

Am Karlstein SW : 9 km, über Niederwasser – Höhe 969 m :

🏠 **Schöne Aussicht** ⬍, ✉ 78132 Hornberg, ✍ (07833) 14 90, Fax 1603, ≼ Schwarzwald,
🍴, 🍴, 🔲, 🐎, ⚒ – 🛗 🔲 🕿 ⇆ 🅿 – 🛌 80. 🄰🄴 ⓞ 🄴 *VISA*
Menu à la carte 29/65 – **24 Z** 72/160 – ½ P 92/97.

HOSENFELD Hessen 🔢🔢🔢 L 15 – 4 000 Ew – Höhe 374 m – 🕓 06650.
◆Wiesbaden 147 – Fulda 17.

An der Straße nach Fulda O : 3 km :

🏠 **Sieberzmühle** ⬍, ✉ 36154 Hosenfeld, ✍ (06650) 81 91, Fax 8193, 🍴 – 🔲 🕿 🅿. 🄰🄴 🄴
Menu *(Montag geschl.)* à la carte 24/46 – **20 Z** 58/100 – ½ P 65/73.

HOYA Niedersachsen 🔢🔢🔢 K 8, 🔢🔢🔢 ⑮ – 3 500 Ew – Höhe 18 m – 🕓 04251.
◆Hannover 76 – ◆Bremen 50 – Nienburg 23 – Verden 21.

🏛 **Graf von Hoya** garni, Von-Kronenfeld-Str. 13, ✉ 27318, ✍ 4 05, Fax 407 – 🔲 🕿 🅿 –
🛌 15. 🄰🄴 🄴 *VISA*. ⚒
26 Z 90/135.

HOYERSWERDA Sachsen 🔢🔢🔢 O 11, 🔢🔢🔢 ⑳, 🔢🔢🔢 ⑱ – 70 000 Ew – Höhe 130 m – 🕓 03571.
◆Dresden 62 – Cottbus 43 – Görlitz 80 – ◆Leipzig 166.

🏠 **Zum Gewölbe,** Dresdener Str. 36, ✉ 02977, ✍ 4 84 00, Fax 484029 – 🔲 🕿 🅿. 🄰🄴 🄴
Menu *(Montag nur Abendessen)* à la carte 21/46 – **10 Z** 90/130.

In Spohla S : 4 km :

🍴🍴 **Im Schweinekoben** ⬍ mit Zim (ehemaliger Bauernhof), Dorfstr. 12, ✉ 02979, ✍ 7 41 30,
Fax 70403, « Innenhofterrasse » – 🔲 🕿 🅿. 🄴 *VISA*. ⚒ Zim
Jan. 3 Wochen geschl. – **Menu** à la carte 44/66 – **5 Z** 110/170.

HUDE Niedersachsen 🔢🔢🔢 I 7, 🔢🔢🔢 ⑭ – 12 400 Ew – Höhe 15 m – Erholungsort – 🕓 04408.
◆Hannover 152 – ◆Bremen 36 – Oldenburg 20.

🍴🍴 **Klosterschänke** ⬍ mit Zim, Hurrler Str.3, ✉ 27798, ✍ 77 77, Fax 2211, 🍴 – 🔲 🕿 🅿
9 Z.

HÜCKELHOVEN Nordrhein-Westfalen 🔢🔢🔢 B 13 – 35 500 Ew – Höhe 84 m – 🕓 02433.
◆Düsseldorf 58 – ◆Aachen 38 – ◆Köln 75.

🏛 **Europa-Haus** garni, Dr.-Ruben-Straße, ✉ 41836, ✍ 83 70, Fax 837101, 🍴 – 🛗 🎿 Zim
🔲 🕿 – 🛌 50. 🄰🄴 ⓞ 🄴 *VISA*
35 Z 105/240.

In Hückelhoven-Ratheim W : 2,5 km :

🏠 **Ohof** garni, Burgstr. 48, ⊠ 41836, 𝒫 50 91, Fax 60543 – 📺 ☎ 🅿. ⒶⒺ Ⓔ 𝘝𝘐𝘚𝘈
35 Z 80/140.

HÜCKESWAGEN Nordrhein-Westfalen 𝟜𝟙𝟚 F 13, 𝟡𝟠𝟟 ㉔ – 15 000 Ew – Höhe 258 m – 🕸 02192.
Düsseldorf 61 – ◆Köln 44 – Lüdenscheid 27 – Remscheid 14.

In Hückeswagen-Kleineichen SO : 1 km :

✗ **Kleineichen,** Bevertalstr. 44, ⊠ 42499, 𝒫 43 75, 🏠 – 🅿
Montag und Ende März - Mitte April geschl., Dienstag nur Abendessen – **Menu** à la carte
35/67.

HÜFINGEN Baden-Württemberg 𝟜𝟙𝟛 I 23, 𝟡𝟠𝟟 ㉟, 𝟜𝟚𝟟 J 2 – 6 900 Ew – Höhe 686 m – 🕸 0771
Donaueschingen).
◆Stuttgart 126 – Donaueschingen 3 – ◆Freiburg im Breisgau 59 – Schaffhausen 38.

In Hüfingen-Behla SO : 5 km :

🏠 **Landgasthof Kranz** (mit Gästehaus), Römerstr. 18 (B 27), ⊠ 78183, 𝒫 6 10 66, Fax 63594
– 📺 ☎ 🅿. Ⓔ
Menu à la carte 26/44 ⅃ – **25 Z** 50/90 – ½ P 58/65.

In Hüfingen-Fürstenberg SO : 9,5 km :

🏠 **Gasthof Rössle,** Zähringer Str. 12, ⊠ 78183, 𝒫 6 19 22 – 🅿
➡ *1.- 29. Jan. geschl.* – **Menu** *(Mittwoch geschl.)* (Montag-Freitag nur Abendessen) à la carte
23/38 ⅃ – **14 Z** 50/90 – ½ P 58/63.

HÜGELSHEIM Baden-Württemberg 𝟜𝟙𝟛 H 20, 𝟚𝟜𝟚 ⑯, 𝟠𝟟 ③ – 1 800 Ew – Höhe 121 m –
🕸 07229.
◆Stuttgart 108 – Baden-Baden 14 – Rastatt 10 – Strasbourg 43.

🏠 **Hirsch,** Hauptstr. 28 (B 36), ⊠ 76549, 𝒫 22 55 (Hotel) 42 55 (Rest.), Fax 2229, 🤝, ⌧ , 🔲 ,
🐎 – 🛗 📺 ☎ 🅿 Ⓔ 𝘝𝘐𝘚𝘈
Menu *(Mittwoch und Juli 2 Wochen geschl.)* à la carte 35/75 – **22 Z** 80/180.

🏠 **Waldhaus** 🦌 garni, Am Hecklehamm 20, ⊠ 76549, 𝒫 3 04 30, Fax 304343, 🐎 – 📺 ☎
🅿. Ⓔ
Weihnachten - 6. Jan. geschl. – **14 Z** 99/170.

🏠 **Zum Schwan,** Hauptstr. 45 (B 36), ⊠ 76549, 𝒫 3 06 90, Fax 306969, 🐎 – 📺 ☎ ⇦ 🅿.
Ⓔ 𝘝𝘐𝘚𝘈
Menu *(Sonntag nur Mittagessen, Montag geschl.)* à la carte 48/75 – **19 Z** 68/105.

HÜLLHORST Niedersachsen siehe Lübbecke.

HÜNFELD Hessen 𝟜𝟙𝟚 M 14, 𝟡𝟠𝟟 ㉕ – 14 300 Ew – Höhe 279 m – 🕸 06652.
◆Wiesbaden 179 – Fulda 19 – Bad Hersfeld 27 – ◆Kassel 102.

In Hünfeld-Michelsrombach W : 7 km :

🏠 **Zum Stern,** Biebergasse 2, ⊠ 36088, 𝒫 25 75, Fax 72851 – ⇦ 🅿. Ⓔ
➡ **Menu** à la carte 20/36 – **19 Z** 45/74 – ½ P 50/55.

HÜNSTETTEN Hessen 𝟜𝟙𝟚 𝟜𝟙𝟛 H 16 – 8 350 Ew – Höhe 301 m – 🕸 06126 (Idstein).
◆Wiesbaden 29 – Limburg an der Lahn 20.

In Hünstetten-Bechtheim :

✗ **Rosi's Restaurant,** Am Birnbusch 17, ⊠ 65510, 𝒫 (06438) 21 26, Fax 72433, 🏠 – 🅿
Dienstag und Juli-Aug. 3 Wochen geschl., Mittwoch nur Abendessen – **Menu** à la carte
37/67.

HÜRTGENWALD Nordrhein-Westfalen 𝟜𝟙𝟚 C 14 – 7 500 Ew – Höhe 325 m – 🕸 02429.
🅸 Tourist-Information, Rathaus, Hürtgenwald-Kleinhau, ⊠ 52393, 𝒫 3 09 42, Fax 30970.
◆Düsseldorf 88 – ◆Aachen 41 – ◆Bonn 70 – Düren 8,5 – Monschau 35.

In Hürtgenwald-Simonskall :

🏠 **Landhaus Kallbach** 🦌, ⊠ 52393, 𝒫 12 74, Fax 2069, 🏠, 🤝, 🔲 , 🐎 – 🛗 ☎ 🅿 – 🏌 80.
ⒶⒺ ⓄⒹ Ⓔ 𝘝𝘐𝘚𝘈
Menu à la carte 35/73 – **36 Z** 90/160.

In Hürtgenwald-Vossenack :

🏠 **Zum alten Forsthaus,** Germeter Str. 49 (B 399), ⊠ 52393, 𝒫 78 22, Fax 2104, 🤝, 🔲 ,
🐎 – 📺 ☎ ⇦ 🅿 – 🏌 80. ⓄⒹ Ⓔ 𝘝𝘐𝘚𝘈
Menu à la carte 35/63 – **38 Z** 95/195.

HÜRTH Nordrhein-Westfalen 412 D 14, 413 D 14, 984 ㉑ – 51 000 Ew – Höhe 96 m – ✿ 02233.
◆Düsseldorf 51 – ◆Köln 8 – ◆Bonn 27.

🏨 **Hansa-Hotel,** Theresienhöhe, ✉ 50354, ℰ 9 44 00, Fax 9440150, 🍴, 🚗 – 🛗 ⇔ Zim
🔲 ☎ 🕭 🚗 🅿 – 🔏 230. 🖭 ⓞ 🅴 𝘝𝘐𝘚𝘈
Menu à la carte 43/73 – **163 Z** 195/429, 9 Suiten.

In Hürth-Fischenich :

🏠 Breitenbacher Hof, Raiffeisenstr. 64, ✉ 50354, ℰ 4 70 10, Fax 470111 – 🔲 ☎ 🅿
18 Z.

HUNGEN Hessen 412 413 J 15 – 12 000 Ew – Höhe 145 m – ✿ 06402.
◆Wiesbaden 90 – ◆Frankfurt am Main 63 – Gießen 22.

🏠 Zur Reichskrone, Obertorstr. 12, ✉ 35410, ℰ 72 04 – 🅿. 🍴 Zim
13 Z.

HUSUM Schleswig-Holstein 411 JK 3, 987 ⑤ – 20 000 Ew – Höhe 5 m – ✿ 04841.
Sehenswert : Nordfriesisches Museum★.
Ausflugsziel : Die Halligen★ (per Schiff).
🏌 Schwesing-Hohlacker, ℰ (04841) 7 22 38.
🖪 Touristinformation, Zingel 4, ✉ 25813, ℰ 6 69 91, Fax 66995.
◆Kiel 84 – Flensburg 42 – Heide 40 – Schleswig 34.

🏨 **Hotel am Schloßpark** 🔊 garni, Hinter der Neustadt 76, ✉ 25813, ℰ 20 22, Fax 62062,
🍴 – 🔲 ☎ 🚗 🅿. 🖭 🅴 𝘝𝘐𝘚𝘈
36 Z 75/180.

🏨 **Theodor-Storm-Hotel,** Neustadt 60, ✉ 25813, ℰ 8 96 60, Fax 81933, Biergarten, « Kleine
Brauerei im Restaurant » – 🛗 🔲 ☎ 🅿 – 🔏 100. 🖭 ⓞ 🅴 𝘝𝘐𝘚𝘈
Menu à la carte 38/63 – **56 Z** 98/190.

🏨 **Nordseehotel Husum** 🔊, Dockkoog 26, ✉ 25813, ℰ 50 22, Fax 63237, ◁ Wattenmeer,
🕭, 🔳 – 🛗 🔲 ☎ 🚗 🅿. 🖭 ⓞ 🅴 𝘝𝘐𝘚𝘈
Menu à la carte 31/60 – **23 Z** 85/170.

🏠 **Osterkrug,** Osterende 56, ✉ 25813, ℰ 28 85, Fax 2881 – 🔲 ☎ 🅿 – 🔏 40. 🅴
Menu à la carte 33/60 – **32 Z** 85/150.

🏠 **Windrose,** Hafenstr. 3, ✉ 25813, ℰ 20 41, Fax 2044 – 🛗 🔲 ☎ 🚗 🅿. 🅴 𝘝𝘐𝘚𝘈
Menu à la carte 30/55 – **16 Z** 80/140.

🏠 **Thomas-Hotel,** Am Zingel 9, ✉ 25813, ℰ 60 87, Fax 81510 – 🛗 🔲 ☎ 🅿 – 🔏 30. 🖭
ⓞ 🅴 𝘝𝘐𝘚𝘈
Menu à la carte 28/65 – **36 Z** 80/150.

🏠 **Rosenburg,** Schleswiger Chaussee 65 (B 201), ✉ 25813, ℰ 7 23 08, Fax 73893, 🍴, 🌳
– 🔲 ☎ 🅿. 🖭 ⓞ 🅴 𝘝𝘐𝘚𝘈
Menu à la carte 35/69 – **16 Z** 75/140.

🏠 **Zur grauen Stadt am Meer,** Schiffbrücke 9, ✉ 25813, ℰ 22 36, Fax 4019, 🍴 – 🔲 🔳
🚗. 🖭 ⓞ 🅴 𝘝𝘐𝘚𝘈 𝘑𝘊𝘉
5. - 28. Nov. geschl. – **Menu** *(Okt.- Mai Montag geschl.)* à la carte 31/53 – **15 Z** 78/155.

🍴 **Der Friesenkrog,** Kleikuhle 6, ✉ 25813, ℰ 8 11 59 – 🖭 🅴 𝘝𝘐𝘚𝘈
Menu à la carte 32/54.

In Hockensbüll NW : 3 km :

🍴🍴 **Zum Krug,** Alte Landstr. 2 a, ✉ 25875, ℰ 6 15 80, Fax 61540, « Historisches Gasthaus
a.d.J. 1707 » – 🅿. 🖭 ⓞ 🅴 𝘝𝘐𝘚𝘈
Montag und Jan.- Feb. 2 Wochen geschl. – **Menu** (wochentags nur Abendessen) à la carte
48/69.

In Simonsberger Koog SW : 7 km :

🏨 **Lundenbergsand** 🔊, Lundenbergweg 3, ✉ 25813, ℰ (04841) 43 57, Fax 62998, 🍴, 🌳
– 🔲 ☎ 🅿. 🖭 ⓞ 🅴 𝘝𝘐𝘚𝘈
Menu *(Nov.- Mai Dienstag geschl.)* à la carte 34/54 – **17 Z** 90/170.

In Witzwort-Adolfskoog SW : 10 km, über die B 5 :

🍴🍴 **Roter Haubarg,** ✉ 25889, ℰ (04864) 8 45, 🍴, « Renovierter nordfriesischer Bauernhof
a.d. 18. Jh. » – 🅿
Nov.- März Montag geschl. – **Menu** à la carte 28/57.

In Hattstedter Marsch NW : 12 km, 9 km über die B 5, dann links ab :

🏠 **Arlauschleuse** 🔊 (Urlaubshotel im Vogelschutzgebiet), ✉ 25856, ℰ (04846) 3 66,
Fax 1095, 🍴, 🌳 – ☎ 🅿. 🍴 Rest
15. Jan.- 20. Feb. geschl. – **Menu** *(Nov.- März Dienstag geschl.)* à la carte 37/60 – **29 Z**
80/140.

IBACH Baden-Württemberg siehe St. Blasien.

IBBENBÜREN Nordrhein-Westfalen 411 412 G 10, 987 ⑭ – 45 500 Ew – Höhe 79 m – ✪ 05451.
🛈 Tourist-Information, Pavillon am Bahnhof, ✉ 49477, ℰ 5 37 77.
◆Düsseldorf 173 – ◆Bremen 143 – ◆Osnabrück 30 – Rheine 22.

🏨 **Hubertushof,** Münsterstr. 222 (B 219, S : 2,5 km), ✉ 49479, ℰ 9 41 00, Fax 941090,
« Gartenterrasse » – 📺 ☎ 🚗 🅿. ⌶ 🕦 Ε 𝘝𝘐𝘚𝘈
Menu *(Dienstag und 4.- 25. Jan. geschl.)* à la carte 38/71 – **25 Z** 80/170.

🏠 **Brügge,** Münsterstr. 201 (B 219), ✉ 49479, ℰ 1 30 98, Fax 940532, 🍴 – 📺 ☎ 🅿. Ε 𝘝𝘐𝘚𝘈
Menu *(Montag und Juli - Aug. 4 Wochen geschl.)* à la carte 35/66 – **16 Z** 70/120.

IBURG, BAD Niedersachsen 411 412 H 10, 987 ⑭ – 10 600 Ew – Höhe 140 m – Kneippheilbad
– ✪ 05403.
🛈 Kurverwaltung, Philipp-Sigismund-Allee 4, ✉ 49186, ℰ 40 16 12, Fax 40433.
◆Hannover 147 – Bielefeld 43 – Münster (Westfalen) 43 – ◆Osnabrück 16.

🏨 **Hotel im Kurpark** 🔊, Philipp-Sigismund-Allee 4, ✉ 49186, ℰ 40 10, Fax 401444,
« Gartenterrasse », direkter Zugang zum Kurmittelhaus – 🛗 📺 ☎ 🅿 – 🔬 250. ⌶ 🕦 Ε 𝘝𝘐𝘚𝘈
Menu à la carte 33/55 – **43 Z** 98/170, 6 Suiten – ½ P 110/123.

🏨 **Waldhotel Felsenkeller,** Charlottenburger Ring 46 (B 51), ✉ 49186, ℰ 8 25, Fax 804,
« Gartenterrasse, Wildgehege » – 🛗 ☎ 🚗 🅿 – 🔬 80. ⌶ Ε
Mitte Jan.- Mitte Feb. geschl. – Menu *(Nov.- Ostern Freitag geschl.)* à la carte 29/50 – **30 Z**
65/115 – ½ P 75/90.

🏠 Altes Gasthaus Fischer-Eymann, Schloßstr. 1, ✉ 49186, ℰ 3 11, Fax 5231 – 📺 ☎ 🚗 🅿
– 🔬 25
14 Z.

🏠 **Zum Freden,** Zum Freden 41, ✉ 49186, ℰ 8 35, Fax 1706, 🍴, 🌳 – 📺 ☎ 🚗 🅿 – 🔬 30.
⌶ Ε
Menu *(Donnerstag und Jan. 3 Wochen geschl.)* à la carte 30/58 – **39 Z** 60/120
– ½ P 85/115.

ICHENHAUSEN Bayern siehe Günzburg.

ICHTERSHAUSEN Thüringen siehe Arnstadt.

IDAR-OBERSTEIN Rheinland-Pfalz 412 E 17, 987 ㉔ – 36 000 Ew – Höhe 260 m – ✪ 06781.
Sehenswert : Edelsteinmuseum★★.
Ausflugsziel : Felsenkirche★ 10 min zu Fuß (ab Marktplatz Oberstein).
🛈 Städt. Verkehrsamt, Hauptstr. 213, ✉ 55743, ℰ 6 44 21, Fax 64425.
ADAC, Mainzer Str. 79, ✉ 55743, ℰ 4 39 22, Fax 45119.
Mainz 92 - Bad Kreuznach 49 – ◆Saarbrücken 79 – ◆Trier 75.

Im Stadtteil Idar :

🏨 **Zum Schwan,** Hauptstr. 25, ✉ 55743, ℰ 4 30 81, Fax 41440 – 📺 ☎ 🚗. ⌶ 🕦 Ε 𝘝𝘐𝘚𝘈 𝗝𝗖𝗕
Menu *(Sonn- und Feiertage geschl.)* à la carte 44/72 – **16 Z** 95/160 – ½ P 110/140.

🏨 **Merian-Hotel** garni, Mainzer Str. 34, ✉ 55743, ℰ 40 10, Fax 401354, ≼ – 🛗 📺 ☎ – 🔬 60.
⌶ 🕦 Ε 𝘝𝘐𝘚𝘈 – **106 Z** 99/145, 14 Suiten.

Im Stadtteil Oberstein :

🏠 **City-Hotel** garni, Otto-Decker-Str. 15, ✉ 55743, ℰ 2 20 62, Fax 27337 – 📺 ☎. ⌶ Ε 𝘝𝘐𝘚𝘈
Weihnachten - Anfang Jan. geschl. – **15 Z** 90/130.

🏠 **Edelstein-Hotel** garni, Hauptstr. 302, ✉ 55743, ℰ 2 30 58, Fax 26441, ☎ – 📺 ☎ 🅿. 🕦
Ε 𝘝𝘐𝘚𝘈 – **16 Z** 85/130.

In Idar-Oberstein-Tiefenstein NW : 3,5 km ab Idar :

🏠 **Handelshof,** Tiefensteiner Str. 235 (B 422), ✉ 55743, ℰ 3 10 11, Fax 31057, 🍴 – 📺 ☎
🚗 🅿. ⌶ 🕦 Ε 𝘝𝘐𝘚𝘈
Menu *(Montag geschl.)* à la carte 44/63 🍷 – **15 Z** 75/130.

In Idar-Oberstein - Weierbach NO : 8,5 km :

🍴 **Hosser,** Weierbacher Str. 70, ✉ 55743, ℰ (06784) 22 21, Fax 9614, ☎ – 📺 🚗 🅿. ⌶
🕦 Ε 𝘝𝘐𝘚𝘈. 🦌
Menu *(Freitag geschl.)* à la carte 23/56 🍷 – **16 Z** 60/120 – ½ P 70/80.

In Kirschweiler NW : 7 km ab Idar :

🏠 Waldhotel, Mühlwiesenstr. 12, ✉ 55743, ℰ (06781) 3 38 62 – ☎ 🚗 🅿
(nur Abendessen für Hausgäste) – **20 Z.**

🍴🍴 **Kirschweiler Brücke,** Kirschweiler Brücke 2 (B 422), ✉ 55743, ℰ (06781) 3 33 83,
Fax 33308 – 🅿. 🦌
Mittwoch und Ende Dez.- Anfang Jan. geschl. – Menu à la carte 32/58.

In Allenbach NW : 13 km ab Idar :

🏛 **Steuer,** Hauptstr. 10, ⊠ 55758, ℰ (06786) 20 89, Fax 2551, 🍴, ⇔s, 🎿 – ℗. ⒶⒺ ⑩ Ɛ VISA
Menu à la carte 27/56 – **17 Z** 48/110 – ½ P 62/73.

In Veitsrodt N : 4 km ab Idar :

🏛 **Sonnenhof,** Hauptstr. 16a, ⊠ 55758, ℰ (06781) 3 10 38, Fax 33221, ⇔s, 🔲, 🎿 – |≴| 🕿
← ⇐ ℗. ⒶⒺ Ɛ VISA
Menu *(Mittwoch geschl.)* à la carte 24/55 ⅃ – **27 Z** 65/125.

IDSTEIN Hessen 412 413 H 16, 987 ㉔ – 21 000 Ew – Höhe 266 m – ✪ 06126.
🔟 Henriettenthal, Am Nassen Berg, ℰ 88 66.
🛈 Fremdenverkehrsamt, König-Adolf-Platz (Killingerhaus), ⊠ 65510, ℰ 7 82 15, Fax 78280.
◆Wiesbaden 21 – ◆Frankfurt am Main 50 – Limburg an der Lahn 28.

🏛 **Höerhof,** Obergasse 26, ⊠ 65510, ℰ 5 00 26, Fax 500226, « Renaissance Hofreite a.d.J.
1620, Innenhofterrasse » – ⇔ Zim 🔲 🕿 ℗ – 🔬 20. ⒶⒺ ⑩ Ɛ VISA JCB. ⅍
Bel-Etage (wochentags nur Abendessen, Sonntag nur Mittagessen, Montag geschl.) **Menu**
à la carte 78/106 – *Gutsstube :* **Menu** à la carte 44/64 – **14 Z** 240/440.

🏛 **Felsenkeller,** Schulgasse 1, ⊠ 65510, ℰ 33 51, Fax 53804 – ⇐. ⒶⒺ Ɛ
← *10.- 30. April geschl.* – **Menu** *(Freitag geschl.)* à la carte 23/40 – **16 Z** 55/130.

🍴 **Zur Peif,** Himmelsgasse 2, ⊠ 65510, ℰ 5 73 57 – Ɛ VISA
Mittwoch, Okt. 3 Wochen und Jan. 1 Woche geschl. – **Menu** (nur Abendessen) à la carte
34/60.

IFFELDORF Bayern 413 Q 23, 426 F 5 – 2 100 Ew – Höhe 603 m – ✪ 08856.
🔟 Iffeldorf-Eurach (NO : 2 km), ℰ (08801) 13 32 ; 🔟 Beuerberg, Gut Sterz (NO : 12 km),
ℰ (08179) 6 17 ; 🔟 Gut Rettenberg, ℰ (08856) 8 18 09.
🛈 Verkehrsverein, Hofmark 9, ⊠ 82393, ℰ 37 46.
◆ München 52 – Garmisch-Partenkirchen 42 – Weilheim 22.

🏛 **Landgasthof Osterseen,** Hofmark 9, ⊠ 82393, ℰ 10 11, Fax 9606, « Terrasse mit
≤ Osterseen », ⇔s – 🔲 🕿 ⇐ ℗ – 🔬 20. ⒶⒺ ⑩ Ɛ VISA
8.- 26. Jan. und 6.- 22. Juni geschl. – **Menu** *(Dienstag geschl.)* à la carte 39/60 – **24 Z**
108/210.

IGEL Rheinland-Pfalz siehe Trier.

IHRINGEN Baden-Württemberg 413 F 22, 242 ㉜, 87 ⑦ – 4 600 Ew – Höhe 225 m – ✪ 07668.
◆Stuttgart 204 – Colmar 29 – ◆Freiburg im Breisgau 21.

🏛 **Bräutigam's Weinstuben,** Bahnhofstr. 1, ⊠ 79241, ℰ 9 03 50, Fax 9360,
« Gartenterrasse » – 🔲 🕿 ℗ – 🔬 25. Ɛ VISA
Jan. 2 Wochen geschl. – **Menu** *(Mittwoch geschl.)* à la carte 33/80 ⅃ – **25 Z** 70/140.

🍴 **Goldener Engel** (mit 🏛 Gästehaus), Bachenstr. 27, ⊠ 79241, ℰ 50 28, Fax 94513, 🍴
– 🔲 🕿 ℗
Jan. 2 Wochen geschl. – **Menu** *(Montag geschl., Dienstag nur Abendessen)* à la carte 29/66
⅃ – **22 Z** 75/115 – ½ P 88.

🍴🍴 **Winzerstube** mit Zim, Wasenweiler Str. 36, ⊠ 79241, ℰ 50 51, Fax 9379, 🍴 – 🔲 🕿 ⇐
℗. ⒶⒺ Ɛ VISA
Jan. und Juli - Aug. jeweils 2 Wochen geschl. – **Menu** *(Dienstag geschl.)* à la carte 41/75
⅃ – **10 Z** 60/110.

ILFELD Thüringen 411 P12, 414 E 11 – 3 000 Ew – Höhe 220 m – ✪ 036331.
Erfurt 81 – ◆Berlin 260 – Bad Hersfeld 143 – Göttingen 68.

🍴 **Zur Tanne,** Ilgerstr. 8, ⊠ 99768, ℰ 64 77, Fax 6479, 🍴 – 🔲 🕿 ℗. ⑩ Ɛ VISA
← **Menu** *(Montag geschl.)* à la carte 19/39 – **16 Z** 60/90.

ILLERTISSEN Bayern 413 N 22, 987 ㊱, 426 C 4 – 13 100 Ew – Höhe 513 m – ✪ 07303.
🔟 Wain-Reischenhof (SW : 13 km), ℰ (07353) 17 32.
◆München 151 – Bregenz 106 – Kempten 66 – ◆Ulm (Donau) 27.

🏛 **Am Schloß** ⬙, Schloßallee 17, ⊠ 89257, ℰ 9 64 00, Fax 42268, 🍴, ⇔s, 🎿 – 🔲 🕿 ⇐
℗. Ɛ
23. Dez.- 7. Jan. geschl. – **Menu** *(Samstag geschl.)* (nur Abendessen) à la carte 34/62 ⅃
– **17 Z** 80/150.

🏛 **Bahnhof-Hotel Vogt,** Bahnhofstr. 11, ⊠ 89257, ℰ 60 01, Fax 42630 – 🔲 🕿 ⇐ ℗
Menu *(Samstag und Mitte Aug.- Anfang Sept. geschl.)* à la carte 27/50 ⅃ – **30 Z** 70/150.

🍴🍴 **Krone,** Auf der Spöck 2, ⊠ 89257, ℰ 34 01, Fax 42594, 🍴 – ℗ – 🔬 16. Ɛ
Mittwoch geschl. – *Kronenstube :* **Menu** à la carte 66/87 – *Vöhlinstube :* Menu à la carte
40/74.

In Illertissen-Dornweiler :

XX **Dornweiler Hof,** Dietenheimer Str. 91, ⊠ 89257, ℰ 27 81, Fax 7811, ⊕ – ℗. ᴁ 𝗘 𝘝𝘐𝘚𝘈
Dienstag und Jan. 3 Wochen geschl. – Menu 26/38 und à la carte 38/65.

ILLSCHWANG Bayern 𝟰𝟭𝟯 S 18 – 1 500 Ew – Höhe 500 m – ☻ 09666.
♦München 202 – Amberg 16 – ♦Nürnberg 49.

🏠 **Weißes Roß,** Am Kirchberg 1, ⊠ 92278, ℰ 2 23, Fax 284, 🐎 – |𝄞| ☎ ℗ – ᴀ̆ 50. ᴁ ①
➜ 𝗘 𝘝𝘐𝘚𝘈
Menu *(Montag geschl.)* à la carte 24/68 – **32 Z** 65/150.

ILMENAU Thüringen 𝟰𝟭𝟰 E 13, 𝟵𝟴𝟰 ㉓, 𝟵𝟴𝟳 ㉖ – 29 000 Ew – Höhe 540 m – ☻ 03677.
🛈 Ilmenau-Information, Lindenstr. 12, ⊠ 98693, ℰ 6 21 32, Fax 2502.
Erfurt 38 – ♦Berlin 302 – Coburg 67 – Eisenach 65 – Gera 105.

In Ilmenau-Unterpörlitz :

🏠 **Pörlitz** garni, Hohe Str. 2, ⊠ 98693, ℰ 6 32 25, Fax 63225 – 📺 ☎ ℗. ① 𝗘 𝘝𝘐𝘚𝘈
18 Z 90/150.

Nahe der Straße nach Neustadt SW : 4 km :

🏨 **Berg- und Jagdhotel Gabelbach** ⑂, Waldstr. 23a, ⊠ 98693 Ilmenau, ℰ (03677) 5 66,
Fax 3106, ≤, 🏤, ⇌s, 🏊, 🐎 – |𝄞| ⇌ Zim 📺 ☎ ⅄ ℗ – ᴀ̆ 150. 𝗘 𝘝𝘐𝘚𝘈
Menu à la carte 30/46 – **86 Z** 80/250.

In Manebach SW : 4 km :

🏨 **Moosbach,** Schmücker Str. 112, ⊠ 98693, ℰ (03677) 6 19 79, Fax 4272, 🏤, ⇌s, 🐎 –
|𝄞| 📺 ☎ ℗. ᴁ 𝗘
Menu à la carte 25/59 – **27 Z** 119/176.

ILSEDE Niedersachsen siehe Peine.

ILSFELD Baden-Württemberg 𝟰𝟭𝟮 𝟰𝟭𝟯 K 19, 𝟵𝟴𝟳 ㉕ – 7 400 Ew – Höhe 252 m – ☻ 07062
(Beilstein).
♦Stuttgart 40 – Heilbronn 12 – Schwäbisch Hall 45.

🏠 **Zum Lamm,** Auensteiner Str. 8, ⊠ 74360, ℰ 6 15 27, Fax 63802 – ⇌ Zim 📺 ℗ – ᴀ̆ 20.
➜ ⌇ Zim
Menu *(Freitag geschl., Samstag nur Abendessen)* à la carte 22/48 ⅃ – **23 Z** 75/130.

🏠 **Ochsen,** König-Wilhelm-Str. 31, ⊠ 74360, ℰ 68 01, Fax 64996 – |𝄞| ☎ ⇦ ℗ – ᴀ̆ 20
Jan. 2 Wochen geschl. – **Menu** *(Mittwoch nur Abendessen)* à la carte 26/42 ⅃ – **30 Z**
65/104.

ILSHOFEN Baden-Württemberg 𝟰𝟭𝟯 M 19 – 4 300 Ew – Höhe 441 m – ☻ 07904.
♦Stuttgart 87 – Crailsheim 13 – Schwäbisch Hall 19.

🏨 **Park-Hotel,** Parkstr. 2 (an der B 14), ⊠ 74530, ℰ 70 34 18, Fax 703222, 🏤, ⇌s, 🏊, ⅗
– |𝄞| ⇌ Zim 📺 ⇦ ℗ – ᴀ̆ 200. ᴁ ① 𝗘 𝘝𝘐𝘚𝘈. ⌇ Rest
Panorama-Restaurant : **Menu** à la carte 40/65 – *Kutscherstube :* **Menu** à la carte 30/55
– **70 Z** 125/225, 6 Suiten.

🏠 **Post,** Hauptstr. 5, ⊠ 74530, ℰ 7 03 55, Fax 703222 – ☎ ℗ – ᴀ̆ 40. ᴁ ① 𝗘 𝘝𝘐𝘚𝘈. ⌇
Juli-Aug. 2 Wochen geschl. – **Menu** *(Samstag geschl.)* à la carte 28/42 – **17 Z** 65/95.

IMMENDINGEN Baden-Württemberg 𝟰𝟭𝟯 J 23, 𝟰𝟮𝟳 K 2 – 5 500 Ew – Höhe 658 m – ☻ 07462.
♦Stuttgart 130 – Donaueschingen 20 – Singen (Hohentwiel) 32.

🏠 **Landgasthof Kreuz,** Donaustr. 1, ⊠ 78194, ℰ 62 75, Fax 1830 – 📺 ☎ ⇦ ℗. ① 𝗘
𝘝𝘐𝘚𝘈
Menu *(Montag und Ende Sept.- Mitte Okt. geschl.)* à la carte 27/57 ⅃ – **12 Z** 60/100.

IMMENSTAAD AM BODENSEE Baden-Württemberg 𝟰𝟭𝟯 KL 23, 24, 𝟵𝟴𝟳 ㉟, 𝟰𝟮𝟳 M 2,3 –
5 900 Ew – Höhe 407 m – Erholungsort – ☻ 07545.
🛈 Verkehrsamt, Rathaus, Dr.-Zimmermann-Str. 1, ⊠ 88090, ℰ 20 11 10, Fax 201208.
♦Stuttgart 199 – Bregenz 39 – ♦Freiburg im Breisgau 152 – Ravensburg 29.

🏨 **Strandcafé Heinzler** ⑂, Strandbadstr. 10, ⊠ 88090, ℰ 7 68/9 31 90, Fax 3261, ≤, Boots-
steg, « Gartenterrasse » – |𝄞| 📺 ☎ ℗
Jan. 2 Wochen geschl. – **Menu** *(Mitte Okt.- Mitte Mai Mittwoch geschl., Jan.- Feb. garni)*
à la carte 33/65 ⅃ – **28 Z** 100/280 – ½ P 110/190.

🏨 **Seehof** ⑂, Am Yachthafen, ⊠ 88090, ℰ 7 84, Fax 786, ≤, 🏤, 🐾, 🐎 – 📺 ☎ ℗. 𝗘
𝘝𝘐𝘚𝘈
Ende Dez.- Ende Jan. geschl. – **Menu** *(Nov.- März Montag geschl.)* à la carte 43/77 – **39 Z**
95/250.

🏠 **Hirschen,** Bachstr. 1, ⊠ 88090, ℘ 62 38, Fax 6583 – 📺 ⟷ **⊕**
Anf. Nov.- Mitte Jan. geschl. – **Menu** *(Montag geschl.)* à la carte 26/59 – **15 Z** 60/105.

🏠 **Adler,** Dr.-Zimmermann-Str. 2, ⊠ 88090, ℘ 14 70, Fax 1311, ⇌ – **⊕**. **E**
Jan. geschl. – **Menu** *(außer Saison Samstag geschl.)* à la carte 26/55 – **40 Z** 60/120.

🏠 **Krone** ⬙, Wattgraben 3, ⊠ 88090, ℘ 62 39, Fax 3942, ⇌ – **⊕**. ⬥ Zim
Ostern - Okt. – **Menu** *(Donnerstag geschl.)* à la carte 25/40 – **18 Z** 65/120 – ½ P 82/107.

In Immenstaad-Schloß Kirchberg W : 2 km :

⬥⬥ **Schloß Kirchberg** mit Zim, an der B 31, ⊠ 88090, ℘ 62 46, Fax 3527 – **⊕**
Menu à la carte 30/67 – **3 Z** 75/100.

IMMENSTADT IM ALLGÄU Bayern 🐴🐴🐴 N 24, 🐴🐴🐴 ㊱, 🐴🐴🐴 C 6 – 13 000 Ew – Höhe 732 m
– Erholungsort – Wintersport : 750/1 450 m ⟡8 ⟡12 – ⊛ 08323.

🅱 Gästeamt, Marienplatz 3, ⊠ 87509, ℘ 8 04 81, Fax 7846.

♦München 148 – Kempten (Allgäu) 23 – Oberstdorf 20.

🏠 **Hirsch,** Hirschstr. 11, ⊠ 87509, ℘ 62 18, Fax 80965 – |📱| 📺 ☎ ⟷ **⊕**
⟵ **Menu** à la carte 24/55 ⬙ – **28 Z** 63/144 – ½ P 75/80.

🏠 **Lamm,** Kirchplatz 2, ⊠ 87509, ℘ 61 92, Fax 51217 – ⟷ **⊕**. ⬥
(nur Abendessen für Hausgäste) – **26 Z** 50/140 – ½ P 65/85.

🏠 **Steineberg,** Edmund-Probst-Str. 1, ⊠ 87509, ℘ 70 51, Fax 51598 – |📱| 📺 ☎ ⟷ **⊕**
– *Steigbachstuben* (Montag und 1.- 28. Nov. geschl.) **Menu** à la carte 35/53 – **29 Z** 62/104.

✕ **Deutsches Haus,** Färberstr. 10, ⊠ 87509, ℘ 89 94, 🍴 – **⊕**. **E**
Mittwoch und 15.- 30. April geschl. – **Menu** à la carte 25/60 ⬙.

In Immenstadt - Bühl am Alpsee NW : 3 km – Luftkurort :

🏨 **Terrassenhotel Rothenfels,** Missener Str. 60, ⊠ 87509, ℘ 40 87, Fax 4080, ≼, 🍴, ⇌,
🔲, ⇌ – |📱| ☎ ⟷ **⊕**
Mitte Nov.- Mitte Dez. geschl. – **Menu** *(Okt.- Mai Freitag geschl.)* à la carte 26/59 – **34 Z**
80/204 – ½ P 103/125.

In Immenstadt-Eckarts NO : 7 km :

⬙ **Landgsthof zum Rößle** ⬙, Alte Dorfstr. 24, ⊠ 87509, ℘ (08379) 75 36, Fax 7399, ≼, 🍴
– **⊕**. ⬥ Zim
Nov. geschl. – **Menu** *(Montag geschl.)* à la carte 27/54 – **9 Z** 45/80 – ½ P 50/58.

In Immenstadt-Knottenried NW : 7 km :

🏠 **Bergstätter Hof** ⬙, ⊠ 87509, ℘ (08320) 2 87, Fax 1251, ≼, 🍴, Massage, ⇌, 🔲, ⇌
– 📺 ☎ **⊕**
Nov.- Mitte Dez. geschl. – **Menu** *(Montag geschl., Dienstag nur Abendessen)* à la carte
35/64 – **25 Z** 45/170 – ½ P 72/112.

In Immenstadt-Stein N : 3 km :

🏠 **Eß** ⬙ garni, Daumenweg 9, ⊠ 87509, ℘ 81 04, ≼, ⇌, ⇌ – 📺 **⊕**. ⬥
16 Z 52/120.

In Immenstadt-Thanners NO : 7 km :

⬙ **Zur Tanne,** an der B 19, ⊠ 87509, ℘ (08379) 8 29, Fax 7199, 🍴 – ☎ **⊕**. 🅰🅴 ⓞ **E** 🆅🅸🆂🅰
⟵ *März - April 2 Wochen und Anfang Nov. - Anfang Dez. geschl.* – **Menu** *(Montag geschl.)*
à la carte 24/42 – **26 Z** 55/110.

INGELFINGEN Baden-Württemberg 🐴🐴🐴 LM 19 – 5 500 Ew – Höhe 218 m – Erholungsort –
⊛ 07940 (Künzelsau).

🅱 Verkehrsamt, Schloßstr. 12 (Rathaus), ⊠ 74653, ℘ 1 30 90, Fax 6716.

♦Stuttgart 98 – Heilbronn 56 – Schwäbisch Hall 27 – ♦Würzburg 84.

🏨 **Schloß-Hotel** garni, Schloßstr. 14, ⊠ 74653, ℘ 60 77, Fax 57578 – 📺 ☎ – 🔬 70. 🅰🅴 ⓞ
E 🆅🅸🆂🅰. ⬥
Juli - Aug. 3 Wochen geschl. – **24 Z** 110/150.

🏠 **Haus Nicklass,** Mariannenstr. 47, ⊠ 74653, ℘ 9 10 10, Fax 910199, ⇌ – 📺 ☎ **⊕**. **E**
⟵ 🆅🅸🆂🅰
Menu *(Freitag und 27. Dez.- 15. Jan. geschl.)* à la carte 24/53 ⬙ – **31 Z** 60/98.

INGELHEIM AM RHEIN Rheinland-Pfalz 🐴🐴🐴 H 17 – 23 000 Ew – Höhe 120 m – ⊛ 06132.
Mainz 18 – Bingen 13 – Bad Kreuznach 25 – ♦Wiesbaden 23.

🏠 **Erholung** garni, Binger Str. 92, ⊠ 55218, ℘ 7 30 63, Fax 73159 – 📺 ☎ ⟷. 🅰🅴 **E** 🆅🅸🆂🅰
17. Dez.- 8. Jan. geschl. – **13 Z** 90/140.

🏠 **Multatuli,** Mainzer Str. 255 (O : 1,5 km), ⊠ 55218, ℘ 7 31 83, Fax 76363, ≼ – 📺 ☎ **⊕**
Menu à la carte 26/50 ⬙ – **18 Z** 90/140.

In Schwabenheim SO : 6 km :

🏠 **Pfaffenhofen** garni, Bubenheimer Str. 10, ⊠ 55270, ℘ (06130) 2 96, Fax 1468 – 📺 ☎ 🄿.
🄰🄴 🄴 𝘝𝘐𝘚𝘈
Weihnachten - Anfang Jan. geschl. – **18 Z** 85/125.

Restaurants avec Menu, ✿, ✿✿ ou ✿✿✿ : voir le chapitre explicatif.

INGOLSTADT Bayern 🐴🐴🐴 R 20, 🐴🐴🐴 ㉖ ㉗ – 108 000 Ew – Höhe 365 m – ✿ 0841.
Sehenswert : Maria-de-Victoria-Kirche★ A **A** – Liebfrauenmünster (Hochaltar★) A **B** – Bayerisches Armeemuseum★ B **M1.**

🏌 Gerolfinger Str. (über ④), ℘ 8 57 78.
🄸 Städtisches Verkehrsamt, Rathaus, Rathausplatz, ⊠ 85049, ℘ 30 54 17, Fax 305415.
ADAC, Milchstr. 23, ⊠ 85049, ℘ 9 32 32, Fax 33873.
◆München 80 ① – ◆Augsburg 86 ① – ◆Nürnberg 91 ① – ◆Regensburg 76 ①.

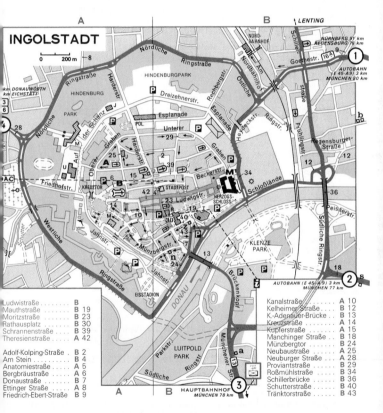

🏨🏨 **Queens-Hotel,** Goethestr. 153, ⊠ 85055, ℘ 50 30, Fax 5037, 🍴, ⇔s – 🛗 🔁 Zim 🍽 Rest
📺 & 🄿 – 🄐 100. 🄰🄴 🄾 🄴 𝘝𝘐𝘚𝘈. ℁ Rest   über ①
Menu à la carte 41/67 – **119 Z** 185/209.

🏨 **Rappensberger,** Harderstr. 3, ⊠ 85049, ℘ 31 40, Fax 314200, 🍴, ⇔s – 🛗 📺 ☎ 🚗
– 🄐 60. 🄰🄴 🄾 🄴 𝘝𝘐𝘚𝘈   A **r**
23. Dez.- 6. Jan. geschl. – **Menu** *(Sonntag nur Mittagessen, Samstag und 1.- 15. Aug. geschl.)* à la carte 28/64 – **88 Z** 120/195.

🏠 **Domizil** 🍴, Feldkirchner Str. 69, ⊠ 85055, ℘ 5 60 03, Fax 59211, 🍴, ⇔s – 📺 ☎ 🄿 –
🄐 15. 🄰🄴 🄾 🄴 𝘝𝘐𝘚𝘈   B **b**
Menu à la carte 26/57 – **39 Z** 98/130.

🏠 **Bavaria** ⑤ garni, Feldkirchener Str. 67, ⊠ 85055, ℰ 9 53 40, Fax 58802, ⇌s, ▧, ⋙
📶 🚬 ☎ ⬅ ⓟ. ⒶⒺ ⓞ Ε 𝘝𝘐𝘚𝘈 B
40 Z 65/130.

🏠 **Donau-Hotel,** Münchner Str. 10, ⊠ 85051, ℰ 6 20 55, Fax 68744 – 📶 📺 ☎ ⬅ ⓟ
🎱 70. ⒶⒺ ⓞ Ε 𝘝𝘐𝘚𝘈. ⋙ B
Menu *(Sonntag nur Mittagessen, Samstag und Aug. 3 Wochen geschl.)* à la carte 41/6
– **52 Z** 92/157.

🏠 **Bayerischer Hof,** Münzbergstr. 12, ⊠ 85049, ℰ 14 03, Fax 17702, ⇌s – 📶 📺 ☎ ⓟ. Ⓐ
━ ⓞ Ε 𝘝𝘐𝘚𝘈. ⋙ Zim B
Menu *(Sonntag geschl.)* à la carte 20/51 – **34 Z** 82/130.

🏠 **Ammerland** garni, Ziegeleistr. 64, ⊠ 85055, ℰ 5 60 54, Fax 26115 – 📺 ☎ & ⓟ. ⒶⒺ Ε
𝘝𝘐𝘚𝘈 über Friedrich-Ebert-Straße B
20. Dez.- 10. Jan. geschl. – **28 Z** 82/150.

🏠 **Pfeffermühle,** Manchinger Str. 68, ⊠ 85053, ℰ 96 50 20, Fax 66142, 🍴 – 📺 ☎ ⓟ. Ⓐ
ⓞ Ε 𝘝𝘐𝘚𝘈 B
Weihnachten - Anfang Jan. geschl. – **Menu** *(Sonntag geschl.)* (nur Abendessen) à la carte
29/46 – **18 Z** 98/130.

🏠 **Anker,** Tränktorstr. 1, ⊠ 85049, ℰ 3 00 50, Fax 300580 – 📺 ☎ ⓟ. Ε 𝘝𝘐𝘚𝘈 B
━ **Menu** à la carte 21/53 – **42 Z** 75/122.

XX **Restaurant im Turm** (2. Etage), Eriagstr. 24, ⊠ 85053, ℰ 6 10 01, Fax 940809, ← – 📶 ⬅
ⓟ. ⒶⒺ Ε 𝘝𝘐𝘚𝘈 über Manchinger Straße B
Sonn- und Feiertage geschl. – **Menu** à la carte 45/70.

XX **Im Stadttheater,** Schloßlände 1, ⊠ 85049, ℰ 93 51 50, Fax 1345, 🍴 – ▤ – 🎱 100. ⓞ
Ε 𝘝𝘐𝘚𝘈 B
Sonntag nur Mittagessen, Montag und Mitte Aug.- Anfang Sept. geschl. – **Menu** à la carte
38/68.

In Ingolstadt-Hagau SW : 10 km über ③ :

🏠 **Motel Meier** ⑤, Weiherstr. 13, ⊠ 85051, ℰ (08450) 80 31 – 📺 ☎ ⓟ. ⋙
22. Dez.- 6. Jan. geschl. – (nur Abendessen für Hausgäste) – **10 Z** 65/110.

In Ingolstadt-Spitalhof über ③ : 6 km :

🏠 **Widmann,** Hans-Denk-Str. 21, ⊠ 85051, ℰ (08450) 70 36, Fax 9532, 🍴, ⋙ – 📺 ☎ ⬅
ⓟ. ⒶⒺ ⓞ Ε 𝘝𝘐𝘚𝘈
Menu *(Montag geschl., Dienstag-Freitag nur Abendessen)* (Tischbestellung ratsam) à la
carte 46/71 – **11 Z** 85/140.

An der B 13 ④ : 4 km :

🏠 Parkhotel Heidehof, Ingolstädter Str. 121, ⊠ 85080 Gaimersheim, ℰ (08458) 6 40
Fax 64230, 🍴, ⇌s, ⑤ (geheizt), ▧, ⋙ – 📶 ↔ Zim 📺 & ⬅ ⓟ – 🎱 100
104 Z.

In Wettstetten N : 7 km :

XX **Provinz-Restaurant im Raffelwirt,** Kirchplatz 9 (1. Etage), ⊠ 85139, ℰ (0841) 3 81 73
Fax 992273 – ⋙
Sonntag-Montag sowie Jan. und Aug. jeweils 2 Wochen geschl. – **Menu** (nur Abendessen
à la carte 53/81 – **Bistro : Menu** à la carte 29/61.

INNING Bayern ④⑬ Q 22 – 3 200 Ew – Höhe 553 m – ✆ 08143.
♦ München 36 – Landsberg am Lech 23.

In Inning-Bachern SO : 1 km :

🏠 **Mutz,** Fischerstr. 4, ⊠ 82266, ℰ 80 31, Fax 8034, Biergarten, ⋙ – 📺 ☎ ⓟ. Ε
Menu *(Okt.- März Mittwoch geschl.)* à la carte 30/60 – **13 Z** 75/120.

INZELL Bayern ④⑬ V 23, ⑨⑧⑦ ㊳, ④②⑥ K 5 – 3 800 Ew – Höhe 693 m – Luftkurort – Wintersport
700/1 670 m ✆6 ✆5 – ✆ 08665.
🅱 Verkehrsverein im Haus des Gastes, Rathausplatz 5, ⊠ 83334, ℰ 8 62, Fax 864.
♦München 118 – Bad Reichenhall 15 – Traunstein 18.

🏠 **Sport-und Kurhotel Zur Post,** Reichenhaller Str. 2, ⊠ 83334, ℰ 60 11, Fax 7927, 🍴
Massage, ▴, ⇌s, ▧ – 📶 📺 ⬅ ⓟ – 🎱 70. ⓞ Ε 𝘝𝘐𝘚𝘈
Menu à la carte 30/64 – **45 Z** 85/200 – ½ P 115/125.

🏠 **Chiemgauer Hof,** Lärchenstr. 5, ⊠ 83334, ℰ 67 00, Fax 67070, 🍴 – 📶 📺 ☎ ⓟ – 🎱 40
𝘝𝘐𝘚𝘈
Menu à la carte 30/65 – **88 Z** 110/198.

In Inzell-Schmelz SW : 2,5 km :

🏠 **Gasthof Schmelz,** Schmelzer Str. 132, ⊠ 83334, ℰ 98 70, Fax 1718, 🍴, ⇌s, ▧, ⋙
━ 📶 ↔ Rest 📺 ☎ ⬅ ⓟ – 🎱 30
Mitte Nov.- Mitte Dez. geschl. – **Menu** *(Montag geschl.)* à la carte 24/50 – **29 Z** 70/170
– ½ P 90/108.

In Schneizlreuth-Weißbach a.d. Alpenstraße SO : 4 km :

🏠 **Alpenhotel Weißbach,** Berchtesgadener Str. 17, ✉ 83458, 𝄞 (08665) 9 88 60, Fax 6351,
➡ ☆, 🍴 – **🅿**
   Menu *(Sept.- Mai Donnerstag geschl.)* à la carte 24/42 – **23 Z** 55/100 – ½ P 60/
   65.

INZLINGEN Baden-Württemberg siehe Lörrach.

IPHOFEN Bayern 🔢 N 17, 🔢 ㉖ – 4 000 Ew – Höhe 252 m – 🟢 09323.
◆München 248 – Ansbach 67 – ◆Nürnberg 72 – ◆Würzburg 29.

🏠 **Romantik-Hotel Zehntkeller,** Bahnhofstr. 12, ✉ 97346, 𝄞 30 62, Fax 1519, ☆, 🍴 –
   📺 ☎ 🅿 – 🔏 30. ⅍ ① E 𝗩𝗜𝗦𝗔
   Jan. 3 Wochen geschl. – **Menu** (Tischbestellung ratsam) à la carte 43/76 – **43 Z** 120/
   230.

🏠 **Goldene Krone,** Marktplatz 2, ✉ 97346, 𝄞 33 30, Fax 6341 – ☎ 🚗 – 🔏 30. E
➡ *Aug. 2 Wochen und 21. Dez.- 15. Jan. geschl.* – **Menu** *(Dienstag geschl.)* à la carte 23/55
   🍷 – **24 Z** 75/130.

🏠 **Huhn** garni, Mainbernheimer Str. 10, ✉ 97346, 𝄞 12 46, 🍴 – 📺 ☎ 🅿
   8 Z 55/125.

✕✕ ❀ **Zur Iphöfer Kammer** (Einrichtung im fränkischen Biedermeier-Stil), Marktplatz 24,
   ✉ 97346, 𝄞 69 07
   Montag - Dienstag sowie Feb. und Juli - Aug. jeweils 2 Wochen geschl. – **Menu** (Tischbestellung erforderlich) 75/85 und à la carte 52/68
   Spez. Gebackener Kalbskopf mit Feldsalat, Lammrücken mit Kürbis-Ratatouille, Wallerfilet aus
   dem Wurzelsud mit Meerrettich.

✕ **Wirtshaus zum Kronsberg** 🐾 mit Zim, Schwanbergweg 14, ✉ 97346, 𝄞 35 40,
   Fax 5003, ☆ – 📺. ⅍ E 𝗩𝗜𝗦𝗔. 🍴 Zim
   16.- 24. Feb. geschl. – **Menu** *(Montag geschl.)* à la carte 30/62 🍷 – **8 Z** 70/110.

In Willanzheim SW : 3 km :

🏠 Schwarzer Adler, Marktplatz 7, ✉ 97348, 𝄞 (09323) 34 45 – 🅿
   10 Z.

In Mainbernheim NW : 3 km :

🏠 **Zum Bären** garni (Gasthof a.d. 16. Jh.), Herrnstr. 21, ✉ 97350, 𝄞 (09323) 52 90, Fax 5806
   – 📺 ☎ 🅿. ⅍ ① E 𝗩𝗜𝗦𝗔
   7 Z 68/105.

🏠 **Zum Falken,** Herrnstr. 27, ✉ 97350, 𝄞 (09323) 2 23, Fax 5009 – 🅿
   20. Feb.- 16. März und Ende Aug.- Mitte Sept. geschl. – **Menu** *(Dienstag geschl.)* à la carte
   30/53 🍷 – **14 Z** 55/105.

In Rödelsee NW : 3,5 km :

🏠 **Rödelseer Schwan,** Am Buck 1, ✉ 97348, 𝄞 (09323) 50 55, Fax 5463, ☆ – 📺 ☎ 🅿.
   E
   Menu *(Montag geschl.)* à la carte 30/58 – **25 Z** 60/140.

🏠 **Gasthof und Gästehaus Stegner** 🐾, Mainbernheimer Str. 26, ✉ 97348,
➡ 𝄞 (09323) 34 15, Fax 6335, ☆, 🍴 – ☎ 🚗
   22. Dez.- 16. Jan. geschl. – **Menu** *(Dienstag und Aug. 2 Wochen geschl.)* à la carte 24/48
   🍷 – **17 Z** 48/88.

IRREL Rheinland-Pfalz 🔢 C 17, 🔢 M 6, 🔢 ㉘ – 1 400 Ew – Höhe 178 m – Luftkurort –
🟢 06525.
🛈 Verkehrsamt, Talstraße (Gemeindeverwaltung), ✉ 54666, 𝄞 79 30.
Mainz 179 – Bitburg 15 – ◆Trier 25.

🏠 **Koch-Schilt,** Prümzurlayer Str. 1, ✉ 54666, 𝄞 8 60, Fax 1223, 🍴 – 📶 📺 ☎ 🚗 🅿
   Menu à la carte 29/55 – **40 Z** 75/120 – ½ P 80/95.

🏠 **Irreler Mühle,** Talstr. 17, ✉ 54666, 𝄞 8 26, ☆, 🍴 – 🚗 🅿. E 𝗩𝗜𝗦𝗔
   6. Jan.- Feb. geschl. – **Menu** *(Montag-Dienstag geschl.)* à la carte 29/66 🍷 – **8 Z** 45/
   90.

IRSCHENBERG Bayern 🔢 S 23, 🔢 ㉟, 🔢 H 5 – 2 600 Ew – Höhe 730 m – 🟢 08062
(Bruckmühl).
◆München 48 – Miesbach 8 – Rosenheim 23.

🏠 **Landhotel Irschenberg** 🐾, Loiderdingerstr. 12 ≤, ✉ 83737, 𝄞 86 00, Fax 8418, ☆ –
   📺 ☎ 🅿. E 𝗩𝗜𝗦𝗔
   Nov. geschl. – **Menu** *(Montag - Dienstag geschl.)* à la carte 30/55 – **28 Z** 100/170
   – ½ P 110/155.

An der Autobahn A 8 Richtung Salzburg SW : 1,5 km :

🏨 **Autobahn-Rasthaus Irschenberg,** ⊠ 83737 Irschenberg, ℰ (08025) 20 71, Fax 5250,
≤ Alpen, 🍴 – 🅿️ 🆎 ᴇ 𝗩𝗜𝗦𝗔
Menu à la carte 26/52 – **18 Z** 65/120.

IRSEE Bayern siehe Kaufbeuren.

ISENBURG Rheinland-Pfalz siehe Dierdorf.

☞ *Keine bezahlte Reklame im Michelin-Führer*

ISERLOHN Nordrhein-Westfalen 🐗🐗 G 12, 🐗🐗 ⑭ – 100 000 Ew – Höhe 247 m – 😊 02371.
🅱 Verkehrsbüro, Konrad-Adenauer-Ring 15, ⊠ 58636, ℰ 1 32 33, Fax 149232.
ADAC, Hans-Böckler-Str. 22, ⊠ 58638, ℰ 2 40 47, Fax 26533.
◆Düsseldorf 81 ④ – Dortmund 26 ⑤ – Hagen 18 ④ – Lüdenscheid 30 ③.

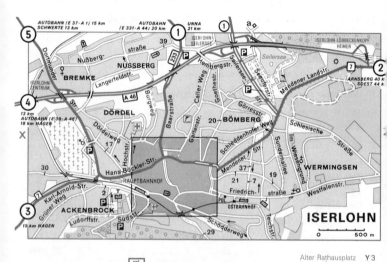

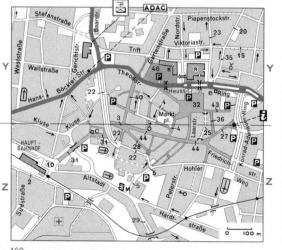

🏨 **Waldhotel Horn** 🦌, Seilerwaldstr. 10, ✉ 58636, 𝒫 48 71, Fax 40780, 🍴, ≋s, 🔲 – 🛗
📺 & 🅿 – 🛎 40. 🆎 ⓞ 🇪 𝘝𝘐𝘚𝘈 X **a**
22.- 30. Dez. geschl. – Menu (Juli - Aug. 3 Wochen geschl.) à la carte 45/76 – **42 Z** 94/204.

🏨 **An der Isenburg** garni, Theodor-Heuss-Ring 54, ✉ 58636, 𝒫 2 64 51, Fax 26454 – 🛗
↕ Zim 📺 ☎ & 🚗 – 🛎 30. 🆎 ⓞ 🇪 𝘝𝘐𝘚𝘈 Y **e**
36 Z 145/225.

🏨 **Engelbert** garni, Poth 4, ✉ 58638, 𝒫 1 23 45, Fax 22158, ≋s – 🛗 📺 ☎ – 🛎 20. 🆎 ⓞ
🇪 𝘝𝘐𝘚𝘈 Z **c**
Weihnachten - Anfang Jan. geschl. – **30 Z** 120/250.

🏨 **Korth**, In der Calle 4, ✉ 58636, 𝒫 4 04 10, Fax 44944, 🍴, Biergarten, ≋s, 🔲, 🌳 – 📺
☎ 🅿 – 🛎 20. 🆎 ⓞ 𝘝𝘐𝘚𝘈, 🍽 über Seilerseestr. und ① X
Puntino (italienische Küche) (Sonntag-Montag geschl.) Menu à la carte 48/76 – *Rôtisserie*
(Freitag geschl.) Menu à la carte 49/79 – **21 Z** 128/195.

🏨 **Franzosenhohl** 🦌, Danzweg 25, ✉ 58644, 𝒫 8 29 20, Fax 829298, 🍴, ≋s, 🍽 – 🛗 📺
☎ 🅿. 🆎 ⓞ 🇪 𝘝𝘐𝘚𝘈 über Obere Mühle X
Menu à la carte 36/74 – **22 Z** 108/148.

🍴🍴 **Waldhaus Graumann**, Danzweg 29, ✉ 58644, 𝒫 2 36 05, Fax 26561, 🍴 – 🅿. 🇪
Donnerstag und März geschl. – Menu à la carte 33/60. über Obere Mühle X

In Iserlohn-Dröschede W : 4 km über Oestricher Str. X :

🏨 **Peiler** garni, Oestricher Str. 145, ✉ 58644, 𝒫 (02374) 7 14 72, Fax 7071 – ☎ 🅿. 🆎 ⓞ
🇪 𝘝𝘐𝘚𝘈
15 Z 70/130.

In Iserlohn-Grüne ③ : 5 km :

🍴🍴 **Zur Dechenhöhle** mit Zim, Untergrüner Str. 8, ✉ 58644, 𝒫 (02374) 73 34, Fax 7336 – 📺
☎ 🅿. 🆎 ⓞ 🇪 𝘝𝘐𝘚𝘈
Juli - Aug. 2 Wochen geschl. – Menu (Sonntag geschl.) à la carte 34/74 – **11 Z** 80/150.

In Iserlohn-Kesbern S : 8 km über Obere Mühle X :

🏨 **Zur Mühle** 🦌, Grüner Talstr. 400 (Richtung Letmathe), ✉ 58644, 𝒫 (02352) 9 19 60,
Fax 21609, 🍴 – 📺 ☎ 🅿. 🆎 ⓞ 🇪 𝘝𝘐𝘚𝘈. 🍽 Zim
Menu (Montag geschl.) à la carte 36/59 – **15 Z** 75/160.

In Iserlohn-Lössel ③ : 6 km :

🍴🍴 **Neuhaus** (mit Gästehaus), Lösseler Str. 149, ✉ 58644, 𝒫 (02374) 72 55, Fax 7664, 🍴, ≋s
– 📺 ☎ 🚗 🅿. 🆎 ⓞ 🇪 𝘝𝘐𝘚𝘈
Menu (Dienstag geschl.) (wochentags nur Abendessen) à la carte 38/77 – **15 Z** 110/190.

ISERNHAGEN Niedersachsen siehe Hannover.

ISMANING Bayern 𝟰𝟭𝟯 S 22, 𝟵𝟴𝟳 ㊲, 𝟰𝟮𝟲 H 4 – 13 500 Ew – Höhe 490 m – ✿ 089 (München).
◆München 14 - Ingolstadt 69 - Landshut 58 - ◆Nürnberg 157.

🏨 **Am Schloßpark - Gasthof Neuwirt**, Schloßstr. 7, ✉ 85737, 𝒫 96 10 20, Fax 9612681,
Biergarten, ≋s – 🛗 📺 ☎ 🚗 🅿 – 🛎 120. 🆎 ⓞ 🇪 𝘝𝘐𝘚𝘈
Menu à la carte 27/59 – **73 Z** 110/250, 4 Suiten.

🏨 **Zur Mühle**, Kirchplatz 5, ✉ 85737, 𝒫 96 09 30, Fax 96093110, 🍴, Biergarten, 🔲
– 🛗 📺 ☎ 🅿 – 🛎 30. 🆎 ⓞ 🇪 𝘝𝘐𝘚𝘈
Menu à la carte 31/67 – **110 Z** 155/265.

🏨 **Frey** garni, Hauptstr. 15, ✉ 85737, 𝒫 96 30 33, Fax 967330, ≋s – 📺 ☎ 🅿. 🆎 ⓞ 🇪 𝘝𝘐𝘚𝘈
23 Z 130/200.

🏨 **Fischerwirt** garni, Schloßstr. 17, ✉ 85737, 𝒫 96 48 53, Fax 963583, 🌳 – 🛗 📺 ☎ 🅿.
🆎 ⓞ 🇪 𝘝𝘐𝘚𝘈. 🍽
22. Dez.- 6. Jan. geschl. – **44 Z** 90/255.

ISNY Baden-Württemberg 𝟰𝟭𝟯 N 23, 𝟵𝟴𝟳 ㊱, 𝟰𝟮𝟲 C 5 – 13 800 Ew – Höhe 720 m – Heilkli-
matischer Kurort – Wintersport : 700/1 120 m ⛷9 ⛷13 – ✿ 07562.
🏢 Kurverwaltung, Untere Grabenstr. 18, ✉ 88316, 𝒫 7 01 10, Fax 70172.
◆Stuttgart 189 - Bregenz 42 - Kempten (Allgäu) 25 - Ravensburg 41.

🏨 **Hohe Linde**, Lindauer Str. 75, ✉ 88316, 𝒫 40 46, Fax 4020, 🍴, 🔲, 🌳 – 📺 ☎ 🚗 🅿
– 🛎 20. 🆎 ⓞ 🇪 𝘝𝘐𝘚𝘈
Menu (Freitag geschl.) (nur Abendessen) à la carte 42/65 – **36 Z** 80/180.

🍴 **Krone** mit Zim, Bahnhofstr. 13, ✉ 88316, 𝒫 24 42, Fax 56117 – 🚗. ⓞ 🇪
Juli 3 Wochen geschl. – Menu (Donnerstag geschl., Sonntag nur Mittagessen) à la carte
32/75 – **6 Z** 70/140.

In Isny-Großholzleute O : 4 km an der B 12 :

🏨 **Adler** (Haus a.d. 14. Jh., mit Gästehaus), ✉ 88316, 𝒫 20 41, Fax 55299, « Gaststuben im
Bauernstil », Massage, ≋s, 🌳 – 📺 ☎ 🅿 – 🛎 30. 🆎 ⓞ 🇪 𝘝𝘐𝘚𝘈
Menu (Montag geschl.) à la carte 30/59 (auch vegetarische Gerichte) – **17 Z** 75/130.

In Isny-Neutrauchburg :

🏨 **Terrassenhotel Isnyland** 🐾, Dengeltshofer Hang 290 (W : 1,5 km), ✉ 88316, 𝒫 9 71 00, Fax 971060, ≤, 🎇, 🚑, 🚗 – 📺 ☎ ⟷ 🅿 – 🔏 20. 🖭 🗲 𝘝𝘐𝘚𝘈
Menu à la carte 42/69 – **25 Z** 85/193.

✗ **Schloßgasthof Sonne** mit Zim, Schloßstr. 7, ✉ 88316, 𝒫 32 73, Fax 5189, 🎇 – ☎ 🅿. ⓞ 🗲 𝘝𝘐𝘚𝘈
Menu *(Donnerstag geschl.)* à la carte 26/55 – **6 Z** 78/140.

An der Straße nach Maierhöfen S : 2 km :

🏠 **Gasthof zur Grenze,** Schanz 103, ✉ 88167 Maierhöfen, 𝒫 (07562) 36 45, Fax 55401, ≤, 🎇, 🚗 – 📺 ☎ ⟷ 🅿. 🕸 Zim
Nov. 3 Wochen geschl. – **Menu** *(Montag - Dienstag geschl.)* à la carte 28/50 – **16 Z** 75/150 – ½ P 88/108.

Außerhalb NW : 6,5 km über Neutrauchburg :

🏨 Berghotel Jägerhof 🐾, ✉ 88316 Isny, 𝒫 (07562) 7 70, Telex 7321511, Fax 77252, ≤ Allgäuer Alpen, 🎇, Massage, 🚑, 🔲, 🚗, ✾ 🏌 – 🛗 📺 🅿 – 🔏 80 – **69 Z**.

Siehe auch : *Argenbühl*

ISSELBURG Nordrhein-Westfalen 412 C 11, 408 K 6 – 10 000 Ew – Höhe 23 m – ✿ 02874.
Sehenswert : Wasserburg Anholt★.
🔟₈ Isselburg-Anholt, Am Schloß 3, 𝒫 34 44.
♦Düsseldorf 87 – Arnhem 46 – Bocholt 13.

🏠 **Nienhaus,** Minervastr. 26, ✉ 46419, 𝒫 7 70, Fax 45673 – 📺 ☎ ⟷. 🖭 ⓞ 🗲 𝘝𝘐𝘚𝘈. 🕸 Rest
Menu *(Donnerstag geschl.)* à la carte 35/52 – **12 Z** 65/140.

In Isselburg-Anholt NW : 3,5 km :

🏨 **Parkhotel Wasserburg Anholt** 🐾, Klever Straße, ✉ 46419, 𝒫 45 90, Fax 4035, ≤, 🎇, « Wasserburg a.d. 12. Jh., Park, Burg-Museum » – 🛗 🍽 Rest 📺 ⟷ 🅿 – 🔏 50. 🖭 ⓞ 🗲 𝘝𝘐𝘚𝘈. 🕸 Rest
2.- 24. Jan. geschl. – **Menu** *(Sonntag nur Mittagessen, Montag geschl.)* (wochentags nur Abendessen) à la carte 71/90 – **Treppchen** *(nur Mittagessen)* **Menu** à la carte 36/55 – **28 Z** 160/280.

✗✗ **Brüggenhütte** mit Zim, Hahnerfeld 23 (O : 3 km), ✉ 46419, 𝒫 18 81, Fax 45287, 🎇 – 📺 ☎ 🅿. 🖭 ⓞ 🗲 𝘝𝘐𝘚𝘈. 🕸 Rest
Jan. 3 Wochen geschl. – **Menu** *(Dienstag - Mittwoch geschl.)* à la carte 41/62 – **9 Z** 69/110.

✗✗ **Ratskeller,** Markt 14, ✉ 46419, 𝒫 32 37, 🎇. 🖭 ⓞ 🗲 𝘝𝘐𝘚𝘈
Montag geschl. – **Menu** à la carte 27/67.

ITZEHOE Schleswig-Holstein 411 L 5, 987 ⑤, 984 ⑥ – 32 600 Ew – Höhe 7 m – ✿ 04821.
♦Kiel 69 – Bremerhaven 97 – ♦Hamburg 57 – ♦Lübeck 87 – Rendsburg 44.

🏠 **Gästehaus Hinsch** 🐾 garni, Schillerstr. 27, ✉ 25524, 𝒫 7 40 51, Fax 71330, 🚗 – 📺 ☎ 🅿. 🗲
Weihnachten - Anfang Jan. geschl. – **15 Z** 80/160.

🏠 **Adler,** Lindenstr. 72, ✉ 25524, 𝒫 7 20 31, Fax 72033 – 📺 ☎ 🅿 – 🔏 40. 🖭 ⓞ 🗲 𝘝𝘐𝘚𝘈
Menu à la carte 28/60 – **10 Z** 90/135.

✗✗ **Prinzesshof,** Kirchenstr. 20, ✉ 25524, 𝒫 21 31, Fax 2131 – 🖭 ⓞ 🗲 𝘝𝘐𝘚𝘈
Menu à la carte 35/70.

In Heiligenstedten W : 2 km :

🏨 **Schloß Heiligenstedten** 🐾, Schloßstr. 13, ✉ 25524, 𝒫 (04821) 8 73 35, Fax 87338, 🎇 – 📺 🅿 – 🔏 50. 🖭 ⓞ 🗲 𝘝𝘐𝘚𝘈
Menu à la carte 46/76 – **19 Z** 140/220, 4 Suiten.

In Oelixdorf O : 3,5 km :

🏠 **Auerhahn** 🐾 garni, Horststr. 31a, ✉ 25524, 𝒫 (04821) 9 10 61 – 📺 ☎ 🅿
19 Z 80/130.

JAHNSBACH Sachsen siehe Thum.

JARMEN Mecklenburg-Vorpommern 414 M 4, 984 ⑦, 987 ⑦ – 3 500 Ew – Höhe 22 m – ✿ 039997.
Schwerin 157 – ♦Rostock 91.

🏠 Zum Brunnen, Demminer Str. 42, ✉ 17126, 𝒫 1 02 83, Fax 10235 – 📺 ☎ 🅿
(nur Abendessen) – **10 Z**.

JENA Thüringen 414 G 13, 984 ㉓, 987 ㉖ ㉗ – 101 000 Ew – Höhe 144 m – ☎ 03641.

Sehenswert : Planetarium★ – Optisches Museum★.

🅱 Jena-Information, Löbderstr. 9, ⊠ 07743, ℰ 2 46 71, Fax 23382.

ADAC, Teichgraben (Eulenhaus), ⊠ 07743, ℰ 5 56 30, Fax 55613.

Erfurt 33 – ◆Berlin 241 – Bayreuth 147 – Chemnitz 112.

🏨 **Schwarzer Bär,** Lutherplatz 2, ⊠ 07743, ℰ 2 25 43, Fax 23691 – 🛗 📺 ☎ 🔥 ⇔ 🅿 – 🛋 100. 🅰🅴 🗲 𝘝𝘐𝘚𝘈 𝙟𝙘𝙗 – **Menu** à la carte 25/44 – **66 Z** 95/280.

In Jena-Lichtenhain :

🏨 **Am Herrenberge** ⦶, Am Herrenberge 9, ⊠ 07745, ℰ 62 50, Fax 605554 – 🛗 ↻ Zim 📺 ☎ 🅿 – 🛋 30. 🅰🅴 ⓞ 🗲 𝘝𝘐𝘚𝘈. ⅍ Rest – **Menu** (nur Abendessen) à la carte 29/47 *(auch vegetarische Gerichte)* – **95 Z** 155/250, 3 Suiten.

In Jena-Lobeda-Ost S : 3,5 km :

🏨 Holiday Inn ⦶, Otto-Militzer-Str. 1-3, ⊠ 07747, ℰ 30 10, Fax 334575, 🖴 – 🛗 ↻ Zim 📺 🅿 – 🛋 80
(nur Abendessen) – **175 Z**, 11 Suiten.

In Jena - Lobeda-West S : 4 km :

🏨 **Steigenberger Maxx Hotel,** Stauffenbergstr. 59, ⊠ 07747, ℰ 30 00, Fax 300888, 🌣, Massage, 🕭, 🖴 – 🛗 ↻ Zim 📺 ☎ 🔥 ⇔ – 🛋 80. 🅰🅴 ⓞ 🗲 𝘝𝘐𝘚𝘈 𝙟𝙘𝙗. ⅍ Rest
Menu a la carte 32/59 *(auch vegetarische Gerichte)* – **246 Z** 170/340.

In Jena-Winzerla :

🏨 **Quality Hotel,** Rudolstädter Str. 82, ⊠ 07745, ℰ 6 60, Fax 661010 – 🛗 ↻ Zim 🖥 📺 ☎ 🔥 🅿 – 🛋 110. 🅰🅴 ⓞ 🗲 𝘝𝘐𝘚𝘈 𝙟𝙘𝙗 – **Menu** à la carte 30/64 – **295 Z** 179/229.

In Jena-Ziegenhain :

🏡 **Ziegenhainer Tal** ⦶, Ziegehainer Str. 107, ⊠ 07749, ℰ 5 26 03, Fax 52605, 🖴, 🌲 – 📺 ☎ 🅿. 🅰🅴 🗲 𝘝𝘐𝘚𝘈
(nur Abendessen für Hausgäste) – **19 Z** 90/140.

JESSERN Brandenburg 414 O 9 – 250 Ew – Höhe 50 m – ☎ 035478.

Potsdam 133 – Frankfurt/Oder 54.

🏡 **Haus Babenberg** ⦶, Am Babenberg 6, ⊠ 15913, ℰ 3 12, Fax 306, 🌣, 🖴, 🌲 – 📺 ☎ ➔ 🅿 – 🛋 140. 🅰🅴 🗲 𝘝𝘐𝘚𝘈
Menu à la carte 24/46 – **55 Z** 78/190.

JESTEBURG Niedersachsen 411 M 7 – 6 500 Ew – Höhe 25 m – Luftkurort – ☎ 04183.

◆Hannover 126 – ◆Hamburg 34 – Lüneburg 39.

🏨 **Niedersachsen,** Hauptstr. 60, ⊠ 21266, ℰ 9 30 30, Telex 2189783, Fax 930311, 🌣, 🖴, 🕭, 🌲 – 🛗 ↻ Zim 📺 ☎ 🅿 – 🛋 60. 🅰🅴 ⓞ 🗲 𝘝𝘐𝘚𝘈
Menu à la carte 32/76 – **43 Z** 99/182.

🏡 **Jesteburger Hof,** Kleckerwaldweg 1, ⊠ 21266, ℰ 20 08, Fax 3311, 🌣 – 📺 ☎ 🅿 – 🛋 35. 🅰🅴 ⓞ 🗲 𝘝𝘐𝘚𝘈. ⅍ Rest
Menu à la carte 26/50 – **21 Z** 75/125.

In Asendorf SO : 4,5 km :

🏨 **Zur Heidschnucke** ⦶, Im Auetal 14, ⊠ 21271, ℰ (04183) 97 60, Telex 2189781, Fax 4472, 🌣, 🖴, 🕭, 🌲 – 🛗 ↻ 📺 🔥 🅿 – 🛋 60. 🅰🅴 ⓞ 🗲 𝘝𝘐𝘚𝘈
Menu à la carte 38/73 – **50 Z** 111/194.

JESTETTEN Baden-Württemberg 413 I 24, 427 J 3, 216 ⑦ – 4 200 Ew – Höhe 438 m – Erholungsort – ☎ 07745.

◆Stuttgart 174 – Schaffhausen 8 – Waldshut-Tiengen 34 – Zürich 42.

🛐 **Zum Löwen** (Gasthof a.d. 18. Jh.), Hauptstr. 22, ⊠ 79798, ℰ 73 01, Fax 5302 – ⇔ 🅿 ➔ *Feb. und Aug. jeweils 2 Wochen geschl.* – **Menu** *(Freitag geschl., Sonntag nur Mittagessen)* à la carte 24/50 – **10 Z** 45/82.

JEVER Niedersachsen 411 G 6, 987 ④ – 13 000 Ew – Höhe 10 m – ☎ 04461.

🅱 Verkehrsbüro, Alter Markt 18, ⊠ 26441, ℰ 7 10 10, Fax 757534.

◆Hannover 229 – Emden 59 – Oldenburg 59 – Wilhelmshaven 18.

🏨 **Friesen-Hotel** ⦶, garni, Harlinger Weg 1, ⊠ 26441, ℰ 25 00, Fax 2606 – 📺 ☎ ⇔ 🅿. ⓞ 𝘝𝘐𝘚𝘈. ⅍ – **37 Z** 74/154.

🏡 **Stöber** ⦶, garni, Hohnholzstr. 10, ⊠ 26441, ℰ 55 80, Fax 74039, 🌲 – 📺 ☎ 🅿. ⅍ **10 Z** 52/96.

⅋⅋ Alte Apotheke, Apothekerstr. 1, ⊠ 26441, ℰ 40 88, Fax 73857, 🌣.

⅋ **Haus der Getreuen,** Schlachtstr. 1, ⊠ 26441, ℰ 30 10, 🌣 – 🅿. 🅰🅴 ⓞ 🗲 𝘝𝘐𝘚𝘈
Menu à la carte 33/61.

463

JOACHIMSTHAL Brandenburg 𝟜𝟙𝟜 N 7, 𝟿𝟠𝟜 ⑫, 𝟿𝟠𝟟 ⑰ ⑱ - 3 000 Ew - Höhe 100 m - ✪ 033361.

Potsdam 126 - ◆Berlin 69 - Brandenburg 142 - ◆Frankfurt/Oder 119.

🏠 Am Grimnitzsee ⤳, Angermünder Str. 18, ✉ 16247, ℘ 97 28, Fax 9728, �, ⇌, 🐾 - |≋| 📺 🅿 - 🏊 60 - **19 Z**.

Am Werbellinsee SW : 5 km :

🏠 **Am Werbellinsee** ⤳, Seerandstr. 10, ✉ 16247 Joachimsthal, ℘ (033361) 2 27, Fax 227, 🐾 - 🅿 - 🏊 60. 🅰🅴 🔳 *VISA* - **Menu** à la carte 27/53 - **44 Z** 60/130.

XX Jagdschloß Hubertusstock ⤳ mit Zim, an der B 198 (SW : 10 km), ✉ 16244 Eichhorst, ℘ (033363) 5 00, Fax 50255, �, ⇌ - 🔳 ☎ 🅿 - 🏊 30 - **10 Z**.

JÖHSTADT Sachsen 𝟜𝟙𝟜 L 14 - 1 800 Ew - Höhe 800 m - Wintersport : 750/899m ❄1 ☇2 - ✪ 037343.

🛈 Fremdenvekehrsamt, Markt 185, ✉ 09477, ℘ 26 12, Fax 2615 - ◆Dresden 107 - Chemnitz 43.

🏠 **Schlösselmühle,** Schlösselstr. 60, ✉ 09477, ℘ 26 66, Fax 2665, � - 📺 ☎ 🅿. 🅴. ⑳
◆ - **Menu** à la carte 16/33 - **12 Z** 52/84.

X **Berghof Jöhstadt** ⤳ mit Zim, Bärensteiner Str. 226 (SW : 3km), ✉ 09477, ℘ 22 89,
◆ - Fax 2254, � - 📺 ☎ 🅿
Nov. 3 Wochen geschl. - **Menu** *(Mittwoch geschl.)* à la carte 23/55 - **5 Z** 60/110.

JÖRNSDORF Mecklenburg-Vorpommern siehe Neubukow..

JOHANNESBERG Bayern siehe Aschaffenburg.

JOHANNGEORGENSTADT Sachsen 𝟜𝟙𝟜 K 14, 𝟿𝟠𝟜 ㉗, 𝟿𝟠𝟟 ㉗ - 8 400 Ew - Höhe 900 m -
Erholungsort - Wintersport : 700/1000 m ❄2 ☇20 - ✪ 03773.

🛈 Fremdenverkehrsamt, Eibenstocker Str. 52, ✉ 08349, ℘ 30 30, Fax 8280.

◆Dresden 144 - Chemnitz 67 - Chomutov 86 - Karlovy Vary 59 - Hof 97.

X **Am Wäldchen** mit Zim, Eibenstocker Str. 66, ✉ 08349, ℘ 22 57 - 📺 ☎ 🅿. 🔳 *VISA*. ⑳
◆ - **Menu** *(Sonntag nur Mittagessen)* à la carte 21/31 - **7 Z** 75/120.

In Johanngeorgenstadt-Steinbach NW : 2 km :

🏠 **Steinbach,** Steinbach 22, ✉ 08349, ℘ 22 28, Fax 2228, 🐾 - ☎ 🅿
◆ *Nov. 2 Wochen geschl.* - **Menu** *(Donnerstag geschl.)* à la carte 17/30 - **15 Z** 60/95.

JONSDORF Sachsen siehe Zittau.

JORK Niedersachsen 𝟜𝟙𝟙 LM 6 - 10 500 Ew - Höhe 1 m - ✪ 04162.

Sehenswert : Bauernhäuser ★ - ◆Hannover 167 - ◆Bremen 108 - ◆Hamburg 46.

🏡 **Zum Schützenhof,** Schützenhofstr. 16, ✉ 21635, ℘ 9 14 60, Fax 914691, � - 📺 ☎ 🅿
- 🏊 40. 🅰🅴 🔳 *VISA*
- *Ollanner Buurhuus (Donnerstag geschl.)* **Menu** à la carte 29/41 - **15 Z** 85/145.

XX **Herbstprinz,** Osterjork 76, ✉ 21635, ℘ 74 03, Fax 5729, �, « Ehem. Altländer Bauernhaus mit antiker Einrichtung » - 🅿 - *Montag geschl.* - **Menu** à la carte 47/60.

JÜBECK Schleswig-Holstein 𝟜𝟙𝟙 L 3 - 2 100 Ew - Höhe 14 m - ✪ 04625.

◆Kiel 66 - Flensburg 30 - Husum 30 - Schleswig 18 - Silberstedt 5.

🏠 **Goos,** Große Str. 92, ✉ 24855, ℘ 70 41, Fax 1084, � - 📺 ☎ ⇔ 🅿. 🔳 *VISA*
Menu *(Sonntag nur Mittagessen)* à la carte 28/43 - **19 Z** 65/110.

JÜLICH Nordrhein-Westfalen 𝟜𝟙𝟚 C 14, 𝟿𝟠𝟟 ㉓ - 31 100 Ew - Höhe 78 m - ✪ 02461.

◆Düsseldorf 55 - ◆Aachen 26 - ◆Köln 53.

🏡 **Kaiserhof,** Bahnhofstr. 5, ✉ 52428, ℘ 6 80 70, Fax 680777 - |≋| ⤿ Zim 📺 ☎ 🅿. 🅰🅴 ⑩
🔳 *VISA* 🅹🄲🄱 - **Menu** *(Sonntag nur Mittagessen, Montag nur Abendessen, Dez.- Jan. und
Juni-Juli jeweils 2 Wochen geschl.)* à la carte 45/78 - **43 Z** 115/190.

JÜTERBOG Brandenburg 𝟜𝟙𝟜 L 10, 𝟿𝟠𝟜 ⑮ ⑲, 𝟿𝟠𝟟 ⑰ - 12 000 Ew - Höhe 75 m - ✪ 03372.

🛈 Stadtinformation, Markt (Rathaus), ✉14913, ℘ 40 17 73, Fax 401708.

Potsdam 58 - ◆Berlin 86 - Cottbus 105 - Dessau 82 - Wittenberg 51.

🏡 **Picco,** Schloßstr. 87 (B 102), ✉ 14913, ℘ 46 60, Fax 466162, ⇌ - |≋| ⤿ Zim 📺 ☎ 🅿
- 🏊 100. 🅰🅴 🔳 *VISA* - **Menu** à la carte 27/52 - **74 Z** 125/210, 3 Suiten.

🏠 **Park Hotel** garni, Zinnaer Vorstadt 48, ✉ 14913, ℘ 40 17 76, Fax 401791 - 📺 ☎ 🅿. 🅰🅴
🔳 *VISA*. ⑳ - **24 Z** 85/150.

🏠 **Zum Goldenen Stern,** Markt 14, ✉ 14913, ℘ 40 14 76, Fax 401614 - 📺 ☎. 🔳 *VISA*. ⑳
◆ - **Menu** *(Freitag nur Abendessen)* à la carte 18/38 - **25 Z** 79/148.

JUIST (Insel) Niedersachsen 4⃣1⃣1⃣ DE 5, 9⃣8⃣4⃣ ⑨, 9⃣8⃣7⃣ ③ – 1 600 Ew - Insel der ostfriesischen Inselgruppe, Autos nicht zugelassen – Seeheilbad – ❄ 04935.

🚢 von Norddeich (ca. 1 h 15 min), 𝒫 5 87.

🔋 Kurverwaltung, Friesenstr. 18 (Altes Warmbad), ✉ 26571, 𝒫 80 90, Fax 809223.

◆Hannover 272 – Aurich/Ostfriesland 31 – Emden 35.

🏨 **Achterdiek** ☜, Wilhelmstr. 36, ✉ 26571, 𝒫 80 40, Fax 1754, 🏤, 🚬, 🔄, 🛋 – 🍴 Rest 📺 – 🎱 30. 🍽 – Nov.- Mitte Dez. geschl. – **Menu** (Montag und Ende Okt.- Ende März geschl.) à la carte 58/87 – **48 Z** 140/460 – ½ P 187/203.

🏨 **Pabst** ☜, Strandstr. 15, ✉ 26571, 𝒫 80 50, Fax 805155, Massage, ♨, 🚬, 🔄, 🛋 – 🛗 📺 🕾 ♿ 🅴 🆚. 🍽 Rest – Menu à la carte 38/69 – **60 Z** 160/440, 7 Suiten.

🏨 **Nordsee Hotel Freese** ☜, Wilhelmstr. 60, ✉ 26571, 𝒫 10 81, Fax 1803, 🚬, 🔄, 🛋 – 📺 🕾. 🍽 Rest – Mitte März - Okt. – **Menu** à la carte 34/58 – **85 Z** 158/310, 10 Suiten – ½ P 140/220.

🏨 **Friesenhof** ☜, Strandstr. 21, ✉ 26571, 𝒫 80 60, Fax 1812, 🛋 – 🍴 🕾. 🍽 6. Jan.- 30. März und 22. Okt.- 27. Dez. geschl. – **Menu** à la carte 36/66 (auch vegetarische Gerichte) – **78 Z** 125/250 – ½ P 105/173.

🏨 **Westfalenhof** ☜, Friesenstr. 24, ✉ 26571, 𝒫 10 09, Fax 574 – 📺 🕾. 🍽 Mitte März - Mitte Okt. – (Restaurant nur für Pensionsgäste) – **27 Z** (nur ½ P) 112/320.

JUNGHOLZ IN TIROL (über Wertach). 4⃣1⃣3⃣ O 24, 4⃣2⃣6⃣ D 6 – Österreichisches Hoheitsgebiet, wirtschaftlich der Bundesrepublik Deutschland angeschlossen. Deutsche Währung – 370 Ew – Höhe 1 058 m – Wintersport : 1 150/1 600 m ✘6 ✘3 – ❄ 08365 (Wertach).

🔋 Verkehrsamt, Rathaus, ✉ 87491, 𝒫 81 20, Fax 8287.

Füssen 31 – Kempten (Allgäu) 31 – Immenstadt im Allgäu 25.

🏨 **Kur- und Sporthotel Tirol** ☜, ✉ 87491, 𝒫 81 61, Fax 8210, ≤ Sorgschrofen und Allgäuer Berge, 🏤, Massage, ♨, ♨, 🚬, 🔄, 🛋 – 🍴 📺 ♿ ⟺ ♿ – 🎱 85. 🍽 Rest Anfang Nov.- Mitte Dez. geschl. – (Restaurant nur für Hausgäste) – **86 Z** 120/460 – ½ P 145/255.

🏨 **Sporthotel Adler** ☜, ✉ 87491, 𝒫 81 02, Fax 8163, ≤, 🏤, 🚬, 🔄, 🛋 – 🍴 🕾 ♿ Anfang Nov.- Mitte Dez. geschl. – **Menu** à la carte 31/53 – **53 Z** (nur ½ P) 105/230.

🏨 **Alpenhof** ☜, ✉ 87491, 𝒫 8 11 40, Fax 820150, ≤, 🏤, 🛋 – 📺 🕾 ⟺ ♿. 🅰🅴 ⓪ 🅴 Mitte April - Anfang Mai und Ende Okt.- Mitte Dez. geschl. – **Menu** à la carte 32/55 – **25 Z** 85/200.

In Jungholz-Langenschwand :

🏨 **Sporthotel Waldhorn** ☜, ✉ 87491, 𝒫 81 35, Fax 8265, ≤, 🏤, Massage, 🚬, 🔄, 🛋 – 📺 🕾 ⟺ ♿. ⓪. 🍽 Rest – Anfang Nov.- 15. Dez. geschl. – **Menu** à la carte 28/64 – **33 Z** 85/210 – ½ P 99/120.

KAARST Nordrhein-Westfalen siehe Neuss.

KÄMPFELBACH Baden-Württemberg 4⃣1⃣3⃣ I J 20 – 5 500 Ew – Höhe 196 m – ❄ 07232 (Königsbach-Stein) – ◆Stuttgart 63 – ◆Karlsruhe 25 – Pforzheim 10.

In Kämpfelbach-Bilfingen :

🏨 **Langer** ☜ (mit Gästehäusern), Talstr. 9, ✉ 75236, 𝒫 40 40, Fax 40420, 🏤 – 📺 🕾 ♿ ⟺ ♿ – 🎱 20. 🍽 Zim Menu (Jan. 1 Woche und Aug. 2 Wochen geschl.) à la carte 29/73 – **32 Z** 95/180.

KÄNDLER Sachsen siehe Chemnitz.

KAHL AM MAIN Bayern 4⃣1⃣2⃣ 4⃣1⃣3⃣ K 16 – 7 200 Ew – Höhe 107 m – ❄ 06188.
◆München 369 – Aschaffenburg 16 – ◆Frankfurt am Main 33.

🏨 **Zeller**, Aschaffenburger Str. 2 (B 8), ✉ 63796, 𝒫 8 12 22, Fax 81221, 🏤, 🚬 – 📺 🕾 ♿ – 🎱 25. 🅰🅴 🅴 🆚 – 22. Dez.- 6. Jan. geschl. – **Menu** (Samstag nur Abendessen, Sonntag geschl.) à la carte 31/65 – **60 Z** 110/165.

🏨 **Dörfler** ☜, Westring 10, ✉ 63796, 𝒫 9 10 10, Fax 910133 – 📺 🕾 ⟺ ♿. 🅰🅴 ⓪ 🅴 🆚 🄹🄲🄱. 🍽 Rest – Menu à la carte 33/58 – **18 Z** 100/160.

🏨 **Am Leinritt** ☜ garni, Leinrittstr. 2 (Gewerbegebiet Mainfeld), ✉ 63796, 𝒫 8 14 33, Fax 81455 🗄 – 📺 🕾 ♿. 🅰🅴 🅴 🆚 – **17 Z** 95/160.

🏨 **Mainlust** garni, Aschaffenburger Str. 12 (B 8), ✉ 63796, 𝒫 20 07, Fax 2008 – 📺 🕾 ♿ **23 Z** 84/124.

In Großkrotzenburg NW : 2 km :

🏨 **Post-Hotel** ☜ garni, Schulstr. 10, ✉ 63538, 𝒫 (06186) 9 18 00, Fax 918020 – 🍴 📺 🕾 ♿ – 23.- 31. Dez. geschl. – **22 Z** 71/99.

KAHLA Brandenburg siehe Elsterwerda.

KAISERSBACH Baden-Württemberg **413** LM 20 – 2 100 Ew – Höhe 565 m – Erholungsort –
🌀 07184 – ◆Stuttgart 48 – Heilbronn 53 – Schwäbisch Gmünd 50.

In Kaisersbach-Ebni SW : 3 km :

🏨 **Schassbergers Kur- und Sporthotel** ⍩, ✉ 73667, 𝒫 29 20, Fax 292204, 🏛, Massage,
🖸, ♨, ≋s, 🖫, 🚲, 🏓 (Halle) – 🛗 📺 🅿 – 🔬 30. 🆎 🎫 🚗 🅂🅱
Menu à la carte 49/94 – **49 Z** 165/360.

🏠 **Wirtshaus am Ebnisee,** Winnender Str. 2, ✉ 73667, 𝒫 29 22 39, Fax 292204, ≼, 🏛,
Biergarten – 🚗 – 🔬 50
Menu *(Montag und Jan.- Feb. 4 Wochen geschl.)* à la carte 27/50 – **18 Z** 73/135.

KAISERSESCH Rheinland-Pfalz **412** E 16 – 2 600 Ew – Höhe 455 m – 🌀 02653.
Mainz 134 – Cochem 14 – ◆Koblenz 43 – Mayen 18.

🏠 **Kurfürst** ⍩, Auf der Wacht 21, ✉ 56759, 𝒫 65 66, Fax 6091, 🚗 – ❄ Zim 🕿 🅿. 🛠
◆ **Menu** à la carte 23/48 🍴 – **14 Z** 65/95.

KAISERSLAUTERN Rheinland-Pfalz **412** **413** G 18, **987** ㉔, **242** ④ – 106 000 Ew – Höhe 235 m
– 🌀 0631 – 🇮 Verkehrs- und Informationsamt, Rathaus, ✉ 67657, 𝒫 3 65 23 17, Fax 3652723.
ADAC, Altstadt-Parkhaus, Salzstraße, ✉ 67657, 𝒫 6 30 81, Fax 60087.
Mainz 90 ① – ◆Karlsruhe 92 ② – ◆Mannheim 61 ① – ◆Saarbrücken 70 ③ – ◆Trier 115 ③.

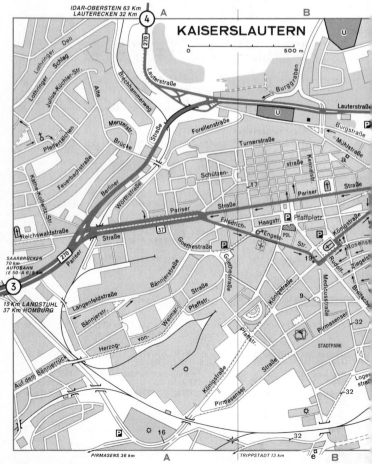

Dorint-Hotel, St.-Quentin-Ring 1, ⊠ 67663, ℰ 2 01 50, Fax 27640, 🍴, Massage, ⬧, 🔲, 🔲 – 🛗 ❄ Zim 📺 ⟸ 🅿 – 🔬 170. 🆎 ⓪ ⋹ 𝕍𝕀𝕊𝔸. ⬧ Rest über Kantstr. D
Menu à la carte 44/68 – **149 Z** 184/270, 3 Suiten.

Schulte garni (Appartementhaus), Malzstr. 7, ⊠ 67663, ℰ 20 16 90, Fax 2016919, « Elegante Einrichtung », ⬧ – 🛗 📺 ☎ ⅋ – 🔬 20. 🆎 ⓪ ⋹ 𝕍𝕀𝕊𝔸 C b
13 Suiten 170/480, 3 Z : 140/190.

Blechhammer ⬧, Am Hammerweiher 1, ⊠ 67659, ℰ 7 00 71, Fax 70075, 🍴 – 📺 ☎ 🅿 – 🔬 40. 🆎 ⓪ ⋹ 𝕍𝕀𝕊𝔸 𝙹𝙲𝙱 über Blechhammerweg A
Menu à la carte 32/65 ⅃ – **30 Z** 115/175.

City-Hotel garni, Rosenstr. 28, ⊠ 67655, ℰ 1 30 25, Fax 13341, ⬧, 🔲 – 🛗 📺 ☎ C t
18 Z 98/138.

Altstadt-Hotel garni, Steinstr. 51, ⊠ 67657, ℰ 3 64 30, Fax 3643100 – 📺 ☎. 🆎 ⋹ 𝕍𝕀𝕊𝔸
23 Z 78/140. D r

Schweizer Stuben, Königstr. 9, ⊠ 67655, ℰ 1 30 88 – 📺 ☎ ⟸. 🆎 ⋹ 𝕍𝕀𝕊𝔸
⬧ Zim C s
Menu (Sonntag nur Mittagessen, Juli - Aug. 2 Wochen geschl.) à la carte 32/69 – **11 Z** 85/125.

Lautertalerhof garni, Mühlstr. 31, ⊠ 67659, ℰ 7 30 31, Fax 73033 – 📺 ☎. 🆎 ⓪ ⋹ 𝕍𝕀𝕊𝔸 B a
23 Z 90/150.

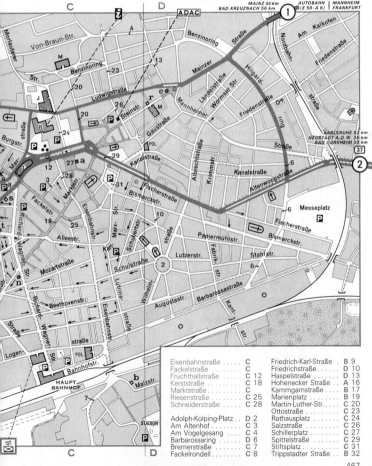

🏠 **Altes Zollamt** garni, Buchenlochstr. 1, ⊠ 67663, ℰ 1 60 16, Fax 16019 – 📺 ☎. 💳 ⓞ
   🗲 *VISA*   B e
   Aug. 2 Wochen geschl. – **12 Z** 115/165.

🏠 **Zepp** garni, Pariser Str. 4, ⊠ 67655, ℰ 7 36 60, Fax 97284 – 🅿. 💳 ⓞ 🗲 *VISA*   C x
   20. Dez.- 6. Jan. geschl. – **50 Z** 44/150.

XX ⊛ **Uwe's Tomate** (modernes Restaurant im Bistro-Stil), Schillerplatz 4, ⊠ 67655, ℰ 9 34 06,
   Fax 696187, 🎢 – 🗲. ⅀   C a
   Sonntag-Montag, über Ostern 1 Woche und Sept. 3 Wochen geschl. – **Menu** 85/100 und
   à la carte 51/92
   Spez. Ravioli und Spaghetti mit Trüffel, Knusprig gebratene Ente mit Balsamicojus, Apfel-
   Kaiserschmarren mit Vanilleeis.

XX **Alte Post,** Mainzer Tor 3, ⊠ 67655, ℰ 6 43 71 – 💳 ⓞ 🗲 *VISA*. ⅀   D e
   Samstag nur Abendessen, Sonntag, 1.- 6. Jan. und Juli - Aug. 2 Wochen geschl. – **Menu**
   à la carte 56/92.

X **BBK-Stammhaus,** Pirmasenser Str. 27, ⊠ 67655, ℰ 2 64 26   C n
   Sonntag geschl. – **Menu** à la carte 38/55 ⅃.

   In Kaiserslautern-Dansenberg SW : 6 km über Hohenecker Str. A :

🏠 **Fröhlich,** Dansenberger Str. 10, ⊠ 67661, ℰ 5 50 91, Fax 50250, 🎢, 🞉s – 📺 ☎ 🅿 –
   🕿 20. 💳 🗲 *VISA*. ⅀ Zim
   Menu *(Montag und 1.- 22. Jan. geschl.)* à la carte 32/65 ⅃ – **20 Z** 65/120.

XX **Landhaus Woll** mit Zim, Dansenberger Str. 64, ⊠ 67661, ℰ 5 16 02, Fax 91061, 🎢,
   « Elegant-rustikale Einrichtung » – 🅿. 💳 ⓞ 🗲 *VISA*
   Menu *(Dienstag geschl.)* à la carte 46/75 – **9 Z** 59/130.

   In Kaiserslautern-Hohenecken SW : 7 km über Hohenecker Str. A :

🏠 **Landgasthof Burgschänke,** Schloßstr. 1, ⊠ 67661, ℰ 5 60 41, Fax 56301, Biergarten –
   📺 ☎ 🅿. 💳 🗲 *VISA*
   Menu à la carte 28/58 – **14 Z** 85/120.

KAISHEIM Bayern siehe Donauwörth.

KALBACH Hessen siehe Neuhof.

KALBE (MILDE) Sachsen-Anhalt 🄸🄸🄸 G 8, 🄸🄸🄸 ⑮. 🄸🄸🄸 ⑯ – 3 600 Ew – Höhe 30 m – ✪ 039080.
🄱 Stadtinformation, Rathaus, Schulstr. 11, ⊠ 39624, ℰ 20 35.
Magdeburg 78 – Salzwedel 41 – Stendal 36 – Wittingen 52.

🏤 **Altmark-Hotel,** Ernst-Thälmann-Str. 96, ⊠ 39624, ℰ 30 77, Fax 2077 – 📶 📺 ☎ 🅿 – 🕿 50.
   💳 🗲
   Menu à la carte 25/41 – **43 Z** 85/165.

KALKAR Nordrhein-Westfalen 🄸🄸🄸 B 11, 🄸🄸🄸 ⑬ – 12 200 Ew – Höhe 18 m – ✪ 02824.
Sehenswert : Nikolaikirche (Ausstattung★★).
🞉 Kalkar-Niedermörmter (O : 5 km), ℰ 51 43.
🄱 Stadtinformation, Markt 20, ⊠ 47546, ℰ 1 31 20, Fax 13234.
♦Düsseldorf 83 – Nijmegen 35 – Wesel 35.

🏠 **Siekmann,** Kesselstr. 32, ⊠ 47546, ℰ 23 05, Fax 3105, 🎢, 🞉s, 🖾 – 📺 ☎ 🚗
   20.- 30. Dez. geschl. – **Menu** *(Mittwoch und März 2 Wochen geschl.)* (wochentags nur
   Abendessen) à la carte 32/57 – **18 Z** 50/140.

XXX **Ratskeller,** Markt 20, ⊠ 47546, ℰ 24 60, « Ziegelgewölbe a. d. 15. Jh. » – ⓞ *VISA*
   ⅀
   Montag und Mitte Juli - Anfang Aug. geschl. – **Menu** à la carte 45/63.

   In Kalkar-Kehrum SO : 6 km über die B 57 :

🏤 **Landhaus Beckmann,** Römerstr. 1, ⊠ 47546, ℰ 20 86, Fax 2392, 🎢, 🖛 – 📺 ☎ 🅿 –
   🕿 40. 💳 ⓞ 🗲 *VISA*
   Juli 2 Wochen geschl. – **Menu** *(Sonn- und Feiertage geschl.)* à la carte 29/54 – **22 Z** 85/
   160.

KALL Nordrhein-Westfalen 🄸🄸🄸 C 15 – 9 800 Ew – Höhe 377 m – ✪ 02441.
♦Düsseldorf 92 – ♦Aachen 62 – Euskirchen 23 – ♦Köln 54.

   In Kall-Sistig SW : 8 km :

🏠 **Haus West,** Schleidener Str. 24, ⊠ 53925, ℰ (02445) 72 45, Fax 5283, 🎢, 🖛 – 📺 🅿.
   💳 🗲
   Menu *(Dienstag geschl.)* à la carte 30/56 – **14 Z** 65/140.

KALLMÜNZ Bayern 413 S 19 – 3 000 Ew – Höhe 344 m – ✿ 09473.
Sehenswert : Burgruine : ≤★.
◆München 151 – Amberg 37 – ◆ Nürnberg 80 – ◆ Regensburg 28.

X **Zum Goldenen Löwen** (Gasthaus a.d. 17. Jh., originelle Einrichtung), Alte Regensburger
Str. 18, ✉ 93183, ℰ 3 80, « Hofterrasse » – ☒ ☒ ☒ . ⚘
Montag - Dienstag und 1.- 8. Jan. geschl., Mittwoch - Freitag nur Abendessen – Menu
(Tischbestellung erforderlich) à la carte 33/49.

KALLSTADT Rheinland-Pfalz 412 413 H 18, 242 ④, 57 ⑩ – 1 000 Ew – Höhe 196 m – ✿ 06322
Bad Dürkheim).
Mainz 69 – Kaiserslautern 37 – ◆Mannheim 26 – Neustadt an der Weinstraße 18.

XX **Weincastell zum Weißen Roß** mit Zim, Weinstr. 80, ✉ 67169, ℰ 50 33, Fax 8640 – ☒
☒ . ☒ ☒
Jan.- Feb. 4 Wochen geschl. – Menu *(Montag - Dienstag und Ende Juli - Anfang Aug.
geschl.)* (nur Eigenbauweine) à la carte 64/92 – **13 Z** 110/180.

X **Breivogel,** Neugasse 59 (1. Etage), ✉ 67169, ℰ 6 11 08, Fax 67379, ㎡ – ❻ . ☒ ☒ ☒
Donnerstag nur Abendessen – Menu à la carte 35/72 ⅃.

X **Gutsschänke Henninger,** Weinstr. 101, ✉ 67169, ℰ 6 34 69, ㎡, « Restaurant in einem
Gewölbekeller »
Dienstag geschl., Montag - Freitag nur Abendessen – Menu à la carte 40/69 ⅃.

KALTENBORN Rheinland-Pfalz siehe Adenau.

KALTENKIRCHEN Schleswig-Holstein 411 MN 5, 987 ⑤, 984 ⑥ – 14 000 Ew – Höhe 30 m
– ✿ 04191 – ⑱ Kisdorferwohld (O : 13 km), ℰ (04194) 3 83.
◆Kiel 61 – ◆Hamburg 39 – Itzehoe 40 – ◆Lübeck 63.

🏠 **Kaltenkirchener Hof,** Alvesloher Str. 2, ✉ 24568, ℰ 78 61, Fax 6910, ㎡ – ☒ ☎ ⇔
❻ – ⚖ 50. ☒ ☒
Menu *(Samstag, Sonn- und Feiertage geschl.)* (nur Abendessen) à la carte 29/54 – **28 Z**
90/130.

XX **Ratskeller,** Schulstr. 2, ✉ 24568, ℰ 8 56 50 – ☒ ☒ ☒
Samstag und Sonntag nur Abendessen, Mai - Aug. Sonntag geschl. – Menu à la carte 41/72.

X **Kleiner Markt** mit Zim, Königstr. 7, ✉ 24568, ℰ 9 99 20, Fax 89785, Biergarten – ☒ ☎
❻ . ☒ ☒ ☒ . ⚘
Menu *(Samstag und Mitte Jan.- Anfang Feb. geschl.)* à la carte 28/51 – **9 Z** 90/125.

KALTENNORDHEIM Thüringen 412 413 N 15, 414 C 14, 984 ㉖ – 2 100 Ew – Höhe 460 m
– ✿ 036966.
Erfurt 115 – Bad Hersfeld 74 – Fulda 62.

🏠 **Zum Löwen,** August-Bebel-Str. 1, ✉ 36452, ℰ 3 50, ㎡, Biergarten – ⅃ ❻ . ⚘ Rest
Menu *(Montag geschl.)* à la carte 21/35 – **15 Z** 45/120.

Auf dem Ellenbogen SW : 12 km – Höhe 800 m :

🏠 **Eisenacher Haus** ⟨S⟩, ✉ 98634 Erbenhausen, ℰ (036946) 3 02 31, Fax 30233, ≤, Biergarten, ⇔ – ☒ ☎ ❻ . ⚖ 50. ☒ ☒
Menu à la carte 33/54 – *Berggasthof :* Menu à la carte 20/38 – **44 Z** 55/140 – ½ P 63/88.

KAMEN Nordrhein-Westfalen 411 412 F 12, 987 ⑭ – 47 000 Ew – Höhe 62 m – ✿ 02307.
🛈 Heimat- und Verkehrsverein, Markt 1, ✉ 59174, ℰ 14 84 59.
◆Düsseldorf 91 – Dortmund 25 – Hamm in Westfalen 15 – Münster (Westfalen) 48.

🏠 **Stadt Kamen,** Markt 11, ✉ 59174, ℰ 77 02, Fax 71608 – ☒ ☎ . ☒ ☒ ☒ 📇 . ⚘ Zim
Menu *(Samstag nur Abendessen)* à la carte 28/58 – **35 Z** 109/180.

KAMENZ Sachsen 414 O 12, 984 ⑳, 987 ⑱ – 18 000 Ew – Höhe 200 m – ✿ 03578.
◆Dresden 37 – Bautzen 24.

🏠 **Goldner Hirsch,** Markt 10, ✉ 01917, ℰ 30 12 21, Fax 304497, ㎡ – ⅃ ☒ ❻ – ⚖ 30.
☒ ☒ ☒
Menu à la carte 38/65 – **20 Z** 225/350.

🏠 **Zur Westlausitz,** Nebelschützer Str. 11, ✉ 01917, ℰ 30 13 13, Fax 5301, ㎡, ⇔ – ⅃ ☒
☎ ❻ – ⚖ 60. ☒ ☒
Menu à la carte 25/47 – **35 Z** 110/180.

🏠 **Stadt Dresden,** Weststr. 10, ✉ 01917, ℰ 53 04, Fax 4073, Biergarten – ☒ ☎ ⅙ ❻ . ☒
☒ ☒
Menu à la carte 22/46 – **18 Z** 95/150.

XX **Lessingstuben,** Rosa-Luxemburg-Str. 9, ✉ 01917, ℰ 30 42 11, Fax 304101 – ⅙
Menu à la carte 31/50.

In Prietitz S : 4 km :

🏠 **Lindenhof,** Hauptstr. 2, ✉ 01920, 𝒫 (035793) 54 28, Biergarten, – 📺 ☎ 🅿. 🛇
➡ **Menu** *(Mittwoch geschl.)* à la carte 22/43 – **10 Z** 65/110.

KAMP-BORNHOFEN Rheinland-Pfalz 🗺🗺 F 16, 🗺🗺🗺 ㉔ – 2 000 Ew – Höhe 72 m – ✪ 06773.
Ausflugsziel : "Feindliche Brüder" Burg Sterrenberg und Burg Liebenstein ≼★★.
🛈 Verkehrsamt, Rheinuferstr. 34, ✉ 56341, 𝒫 3 60, Fax 7032.
Mainz 76 – ◆Koblenz 24 – Lorch 28.

🏠 **Rheinpavillon,** Rheinuferstr. 64a (B 42), ✉ 56341, 𝒫 3 37, Fax 331, ≤, 🍴 – 🅿. 🖭 🇪
➡ 🗺🗺
Nov.- März nur an Wochenenden geöffnet – **Menu** à la carte 23/40 ♨ – **8 Z** 55/120.

KAMPEN Schleswig-Holstein siehe Sylt (Insel).

KAMP-LINTFORT Nordrhein-Westfalen 🗺🗺 C 12, 🗺🗺🗺 ⑬ – 40 300 Ew – Höhe 28 m – ✪ 02842.
◆Düsseldorf 44 – Duisburg 24 – Krefeld 24.

🏨 **Parkhotel Niederrhein,** Neuendickstr. 96, ✉ 47475, 𝒫 21 04, Fax 2109, « Gartenterrasse an einem Teich », 🚏, ⌛ (geheizt), 🖳, 🦌 – 📳 📺 🚗 🅿 – 🔬 60. 🖭 🕦 🇪 🗺🗺, 🛇
Menu à la carte 46/96 – **43 Z** 140/250.

🏠 **Casino im Park,** Friedrich-Heinrich-Allee 54, ✉ 47475, 𝒫 9 63 40, Fax 60661, Biergarten – 📺 ☎ 🅿 – 🔬 40. 🖭 🕦 🇪 🗺🗺
Menu à la carte 45/71 – **24 Z** 100/160.

In Kamp-Lintfort - Hörstgen W : 6 km :

🍴🍴 **Zur Post** (mit Gästehaus ⌂), Haus Nr. 29, ✉ 47475, 𝒫 46 96, Fax 41509, 🌠 – 📺 ☎ 🅿.
🖭 🕦 🇪 🗺🗺
Menu à la carte 54/78 – **10 Z** 120/180.

An der B 58, nahe der BAB-Auffahrt Alpen NO : 9,5 km :

🍴🍴 **Haus Pötters,** Weseler Str. 362, ✉ 47475 Kamp-Lintfort, 𝒫 (02802) 40 29, Fax 80613 – 🅿.
🖭 🕦 🇪 🗺🗺
Montag, 1.- 8. Jan. und Juli - Aug. 4 Wochen geschl. – **Menu** *(nur Abendessen)* à la carte 45/63.

KANDEL Rheinland-Pfalz 🗺🗺 🗺🗺 H 19, 🗺🗺🗺 ㉔, 🗺🗺🗺 ⑫ – 8 400 Ew – Höhe 128 m – ✪ 07275.
Mainz 140 – ◆Karlsruhe 20 – Landau in der Pfalz 15 – Speyer 36 – Wissembourg 22.

🏨 **Zur Pfalz,** Marktstr. 57, ✉ 76870, 𝒫 50 21, Fax 8268, 🍴, 🚏 – 📳 📺 ☎ 🅿 – 🔬 30. 🖭
🕦 🇪 🗺🗺
Menu *(Montag nur Abendessen)* à la carte 26/64 ♨ – **44 Z** 98/160.

KANDERN Baden-Württemberg 🗺🗺🗺 FG 23, 🗺🗺🗺 ㉞, 🗺🗺🗺 H 2 – 6 500 Ew – Höhe 352 m –
✪ 07626.
🟦 Am Siedlungshof, 𝒫 86 90.
🛈 Städt. Verkehrsamt, Hauptstr. 18, ✉ 79400, 𝒫 8 99 60.
◆Stuttgart 252 – Basel 21 – ◆Freiburg im Breisgau 56 – Müllheim 15.

🏨 **Zur Weserei** (mit Gästehaus 📳). Hauptstr. 70, ✉ 79400, 𝒫 70 00, Fax 6581, 🍴, 🚏 –
📺 ☎ 🚗 🅿. 🖭 🇪
Menu *(Montag, Feb. und Nov. jeweils 2 Wochen geschl., Dienstag nur Abendessen)* à la carte 37/85 ♨ – **27 Z** 61/250.

An der Strasse nach Riedlingen W : 1 km :

🍴🍴🍴 **Villa Umbach** ⌂ mit Zim, ✉ 79400, 𝒫 88 00, Fax 8848, « Gartenterrasse » – 📺 ☎ 🅿
über Fastnacht 1 Woche geschl. – **Menu** *(Dienstag geschl., Mittwoch nur Abendessen)*
à la carte 57/89 – **5 Z** 65/190.

KAPPELN Schleswig-Holstein 🗺🗺 M 3, 🗺🗺🗺 ⑤ – 12 100 Ew – Höhe 15 m – ✪ 04642.
🛈 Touristinformation, Schleswiger Str. 1, ✉ 24376, 𝒫 40 27, Fax 5441.
◆Kiel 58 – Flensburg 48 – Schleswig 32.

🏠 **Thomsen's Motel** garni, Theodor-Storm-Str. 2, ✉ 24376, 𝒫 10 52, Fax 7154 – 📺 ☎ 🅿
🇪. 🛇
28 Z 80/150.

🏠 **Aurora** (mit Gästehaus), Rathausmarkt 6, ✉ 24376, 𝒫 40 88, Fax 5088 – 📺 ☎. 🖭 🇪
➡ 🗺🗺
Menu à la carte 24/48 – **23 Z** 140/200.

Baden-Württemberg **413** H 21, **242** ⑳ – 5 600 Ew – Höhe 219 m – Erholungsort – ✪ 07842.

🛈 Verkehrsamt, Hauptstr. 65 (Rathaus), ✉ 77876, ℘ 8 02 10, Fax 80275.

Stuttgart 132 – Baden-Baden 38 – Freudenstadt 40 – Offenburg 31.

🏨 **Zum Prinzen,** Hauptstr. 86, ✉ 77876, ℘ 20 88, Fax 8718, 佘 – 📳 📺 ☎ 🅿 – 🔬 30. 🖭 ① 🖪 _VISA_ – 9.- 26. Jan. geschl. – **Menu** (Montag und 27. Juni - 9. Juli geschl.) à la carte 38/62 🍴 – **14 Z** 78/120 – ½ P 84/110.

🏨 **Hirsch,** Grüner Winkel 24, ✉ 77876, ℘ 21 90, Fax 3690, 佘 – ☎ ⇦ 🅿. 🖪. ✳ Zim März 1 Woche und Mitte Nov.- Mitte Dez. geschl. – **Menu** (Montag geschl.) à la carte 28/57 🍴 – **19 Z** 57/120 – ½ P 79/80.

✗ **Zur Linde,** Marktplatz 112, ✉ 77876, ℘ 22 61 – 🅿 Dienstag und März 3 Wochen geschl. – **Menu** à la carte 27/53 🍴.

In Kappelrodeck-Waldulm SW : 2,5 km :

✗ **Zum Rebstock** mit Zim (Fachwerkhaus a.d.J. 1750), Kutzendorf 1, ✉ 77876, ℘ 36 85, Fax 30648, 佘 – 📺 ⇦ 🅿. ✳ Zim Feb. 2 Wochen, Juni und Nov. jeweils 1 Woche geschl. – **Menu** (Montag geschl.) à la carte 33/57 (auch vegetarische Gerichte) 🍴 – **9 Z** 49/110 – ½ P 71/84.

Hessen **412 413** J 16 – 20 000 Ew – Höhe 160 m – ✪ 06039.

Wiesbaden 54 – ◆Frankfurt am Main 20 – Gießen 47.

In Karben-Groß Karben :

🏨 **Quellenhof,** Brunnenstr. 7, ✉ 61184, ℘ 33 04, Fax 43272, 佘, ✵(Halle) – 📳 📺 ☎ 🅿 – 🔬 30 – **19 Z**.

🏨 **Stadt Karben,** St.-Egrève-Str. 25, ✉ 61184, ℘ 80 10, Fax 801222, 佘, Restaurant im Bistro-Stil – 📳 📺 ☎ ⇦ 🅿 – 🔬 20. 🖭 ① 🖪 _VISA_ 23.- 30. Dez. geschl. – **Menu** (Sonntag geschl.) à la carte 34/70 – **36 Z** 190/240.

✗ **Zuem Strissel,** Bahnhofstr. 10, ✉ 61184, ℘ 39 17 – 🅿. 🖭 ① 🖪 _VISA_ Samstag nur Abendessen, Montag, Feb. 2 Wochen und Juli - Aug. 3 Wochen geschl. – **Menu** (Tischbestellung ratsam, elsässische Küche) à la carte 48/70.

Baden-Württemberg siehe Bruchsal.

Bayern **413** R 22 – 14 500 Ew – Höhe 490 m – ✪ 08131.

◆München 14 – ◆Augsburg 50.

🏨 **Schwertfirm** garni, Adalbert-Stifter-Str. 5, ✉ 85757, ℘ 9 00 50, Fax 900570 – 📳 ↫ Zim ☎ 🅿 – 🔬 25. 🖭 🖪 _VISA_. ✳ – Weihnachten - 6. Jan. geschl. – **50 Z** 100/160.

In Karlsfeld-Rotschwaige NW : 2 km :

🏨 **Hubertus,** Münchner Str. 7, ✉ 85757, ℘ 9 80 01, Fax 97677, 佘, ⇔s, ⊠, 🐎 – 📳 📺 ☎ 🅿 – 🔬 120. 🖭 ① 🖪 _VISA_ _JCB_ **Menu** à la carte 34/61 – **76 Z** 52/160.

Hessen **411 412** L 12, **987** ⑮ – 4 300 Ew – Höhe 96 m – Soleheilbad – ✪ 05672.

Sehenswert : Hugenottenturm ≤★.

🛈 Kurverwaltung, Rathaus, ✉ 34385, ℘ 10 22.

◆Wiesbaden 276 – Göttingen 65 – Hameln 79 – ◆Kassel 47.

🏨 **Zum Schwan** 🕭 (Jagdschloß, um 1765 erbaut), Conradistr. 3, ✉ 34385, ℘ 10 44, Fax 1046, 佘, « Blumengarten, Rokoko-Zimmer », 🐎 – 📳 📺 ☎ ⇦ – 🔬 20. 🖭 ① 🖪 _VISA_ **Menu** à la carte 46/80 – **32 Z** 105/210.

🏨 **Am Kurpark,** Brückenstr. 1, ✉ 34385, ℘ 18 50, Fax 18510, ≤ – 📳 ☎ 🅿 ➜ Jan.- Feb. geschl. – **Menu** à la carte 24/59 – **39 Z** 78/144 – ½ P 90/95.

🏨 **Weserdampfschiff,** Weserstr. 25, ✉ 34385, ℘ 24 25, Fax 8119, ≤, 佘 – ⇦ 🅿 ➜ **Menu** (Montag geschl.) (Nov.-Feb. garni) à la carte 22/45 🍴 – **13 Z** 61/128.

Baden-Württemberg **412 413** I 19,20, **987** ㉕ – 268 500 Ew – Höhe 116 m – ✪ 0721.

Sehenswert : Staatliche Kunsthalle★ (Gemälde altdeutscher Meister★★, Hans-Thoma-Museum★) EX M1 – Schloß★ (Badisches Landesmuseum★) EX – Botanischer Garten (Pflanzenschauhäuser★) EX – Museum am Friedrichsplatz★ EY.

Karlsruher Kongreß- und Ausstellungszentrum (EY), Festplatz 3 (Ettlinger Straße), ℘ 3 72 00.

🛈 Verkehrsverein, Bahnhofplatz 6, ✉ 76137, ℘ 3 55 30, Fax 355343.

🛈 Stadt-Information, Karl-Friedrich-Str. 22, ✉ 76133, ℘ 33 55 20, Fax 335521.

ADAC, Steinhäuserstr. 22, ✉ 76135, ℘ 8 10 40, Fax 8104111.

◆Stuttgart 88 ④ – ◆Mannheim 71 ② – ◆Saarbrücken 143 ⑦ – Strasbourg 82 ⑤.

KARLSRUHE

472

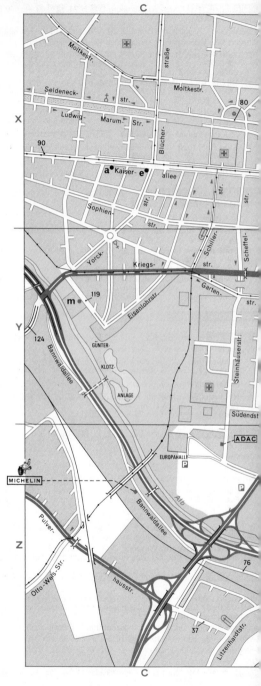

KARLSRUHE

🏨 **Karlsruhe Renaissance Hotel,** Mendelssohnplatz, ⊠ 76131, ℰ 3 71 70, Telex 7825699, Fax 377156 – |📲| ⇔ Zim 🗏 🖭 & ⟸ – 🛦 200. 🖭 ⑩ 🖿 ᴠɪsᴀ ᴊᴄʙ. ⅍ Rest   EY **a**
Menu à la carte 61/76 – **215 Z** 231/612.

🏨 **Queens Hotel Karlsruhe,** Ettlinger Str. 23, ⊠ 76137, ℰ 3 72 70, Telex 7825443, Fax 3727170 – |📲| ⇔ Zim 🗏 Rest 🖭 🅿 – 🛦 200. 🖭 ⑩ 🖿 ᴠɪsᴀ   EY **t**
Menu à la carte 46/83 – **147 Z** 247/390.

🏨 **Residenz,** Bahnhofplatz 14, ⊠ 76137, ℰ 3 71 50, Fax 3715113, 🏤 – |📲| ⇔ Zim 🗏 Rest 🖭 ☎ & ⟸ 🅿 – 🛦 100. 🖭 ⑩ 🖿 ᴠɪsᴀ   DZ **c**
Menu à la carte 43/73 – **106 Z** 175/260.

🏨 **Kübler** 🦢 garni, Bismarckstr. 39, ⊠ 76133, ℰ 14 40, Fax 22639, 🔏 – |📲| 🖭 ☎ ⟸ 🅿 – 🛦 50. 🖭 🖿 ᴠɪsᴀ   DX **s**
125 Z 128/240.

🏨 **Ambassador** garni (mit Gästehaus), Hirschstr. 34, ⊠ 76133, ℰ 1 80 20, Fax 1802170 – |📲| 🖭 ☎ ⟸. 🖭 🖿 ᴠɪsᴀ   DX **a**
72 Z 170/280.

🏨 **Rio,** Hans-Sachs-Str. 2, ⊠ 76133, ℰ 8 40 80, Fax 8408100 – |📲| 🖭 ☎ ⟸ 🅿. 🖭 ⑩ 🖿 ᴠɪsᴀ   DX **q**
Menu *(Freitag - Samstag geschl.)* (nur Abendessen) à la carte 36/52 – **125 Z** 149/215.

🏨 **Kaiserhof,** Karl-Friedrich-Str. 12, ⊠ 76133, ℰ 9 17 00, Fax 9170150 – |📲| 🖭 ☎ – 🛦 60. 🖭 ⑩ 🖿 ᴠɪsᴀ   EX **b**
Menu à la carte 40/74 – **41 Z** 140/205.

🏨 **Eden,** Bahnhofstr. 15, ⊠ 76137, ℰ 1 81 80, Fax 1818222, « Gartenterrasse » – |📲| 🖭 ☎ ⟸ – 🛦 40. 🖭 ⑩ 🖿 ᴠɪsᴀ   DY **d**
Menu à la carte 44/72 – **68 Z** 140/208.

🏨 **Alfa** garni, Bürgerstr. 4, ⊠ 76133, ℰ 2 99 26, Fax 29929 – |📲| 🖭 ☎ ⟸. 🖭 🖿 ᴠɪsᴀ DX **u**
38 Z 190/300.

🏨 **Bahnpost** garni, Am Stadtgarten 5, ⊠ 76137, ℰ 3 49 77, Fax 34979 – |📲| 🖭 ☎. 🖭 🖿 ᴠɪsᴀ
26 Z 160/260.   EZ **c**

🏨 **Allee Hotel,** Kaiserallee 91, ⊠ 76185, ℰ 98 56 10, Fax 9856111, 🏤 – |📲| ☎ 🖭 ⟸ 🛦 60. 🖭 🖿 ᴠɪsᴀ   CX **a**
Menu à la carte 35/55 – **27 Z** 160/330.

🏨 **Blankenburg Hotel Karlsruhe** garni, Kriegsstr. 90, ⊠ 76133, ℰ 6 09 50, Fax 609560, ⇆ – |📲| ⇔ 🖭 ☎ ⟸ 🅿. 🖭 ⑩ 🖿 ᴠɪsᴀ   EY **v**
23. Dez.- 6. Jan. geschl. – **49 Z** 140/240.

🏨 **Hasen,** Gerwigstr. 47, ⊠ 76131, ℰ 61 50 76, Fax 621101 – |📲| 🖭 ☎   BU **r**
Menu *(15. Juli - 25. Aug. und Samstag-Sonntag geschl.)* à la carte 63/90 – **37 Z** 95/210.

🏨 **Berliner Hof** garni, Douglasstr. 7, ⊠ 76133, ℰ 2 39 81, Fax 27218, ⇆ – |📲| 🖭 ☎ 🅿. 🖭 ⑩ 🖿 ᴠɪsᴀ   DX **e**
55 Z 125/160.

🏨 **Am Tiergarten** garni, Bahnhofplatz 6, ⊠ 76137, ℰ 38 61 51 – |📲| 🖭 ☎. ⅍   EZ **n**
18. Dez.- 6. Jan. geschl. – **20 Z** 120/190.

🏨 **Elite** garni, Sachsenstr. 17, ⊠ 76137, ℰ 81 73 63, Fax 816225 – 🖭 ☎. 🖭 ⑩ 🖿 ᴠɪsᴀ   DZ **a**
36 Z 90/180.

🏨 **Handelshof** garni, Reinhold-Frank-Str. 46a, ⊠ 76133, ℰ 91 29 90, Fax 9120988 – |📲| 🖭 ☎ ⟸. 🖭 🖿 ᴠɪsᴀ – **27 Z** 95/130.   DX **c**

🏨 **Am Markt** garni, Kaiserstr. 76, ⊠ 76133, ℰ 2 09 21, Fax 28066 – |📲| 🖭 ☎. 🖭 ⑩ 🖿 ᴠɪsᴀ   EX **a**
23. Dez.- 10. Jan. geschl. – **31 Z** 130/170.

🍴 **Unter den Linden** mit Zim, Kaiserallee 71, ⊠ 76185, ℰ 84 91 85, Fax 848945 – 🖭 ☎ ⟸ – 🛦 30. 🖭 ⑩ 🖿 ᴠɪsᴀ   CX **w**
Menu à la carte 65/86 – **14 Z** 138/190.

🍴 **O'Henry's Restaurant,** Breite Str. 24, ⊠ 76135, ℰ 38 55 51, Fax 387930 – 🅿. 🖭 ⑩ 🖿 ᴠɪsᴀ
Samstag nur Abendessen. Sonntag geschl. – **Menu** (Tischbestellung ratsam) à la carte 47/79.   DZ **b**

🍴 ⊛ **Oberländer Weinstube,** Akademiestr. 7, ⊠ 76133, ℰ 2 50 66, Fax 21157, « Innenhof » – 🖭 ⑩ 🖿 ᴠɪsᴀ   DX **t**
Sonntag geschl. – **Menu** (Tischbestellung ratsam, bemerkenswerte Weinkarte) 50 (mittags) und à la carte 69/99
Spez. Loup de mer auf Rotweinschalotten, Taube mit Barolosauce und Grießklößchen, Beerengratin mit Vanilleeis.

🍴 **Kühler Krug,** Wilhelm-Baur-Str. 3, ⊠ 76135, ℰ 85 54 86, Fax 856026, « Gartenterrasse » – 🅿 – 🛦 200. 🖿 ᴠɪsᴀ   CY **m**
Montag geschl. – **Menu** à la carte 38/78.

🍴 **Stadthallen-Restaurant,** Festplatz 4 (im Kongreß - Zentrum), ⊠ 76137, ℰ 37 77 77, Fax 379576 – 🗏 & – 🛦 150. 🖭 🖿   EY
13. Juli - 11. Aug. geschl. – **Menu** à la carte 45/70.

🍴 **Dudelsack,** Waldstr. 79, ⊠ 76133, ℰ 20 50 00, « Innenhofterrasse » – 🖭 ⑩ 🖿 ᴠɪsᴀ DY **f**
Sonntag geschl. – **Menu** (nur Abendessen, Tischbestellung ratsam) à la carte 49/75.

🍴 **La Gioconda,** Akademiestr. 26, ⊠ 76133, ℰ 2 55 40 – 🖭 ⑩ 🖿 ᴠɪsᴀ   DX **r**
Sonn- und Feiertage geschl. – **Menu** à la carte 47/82.

✗ **Hansjakob Stube,** Ständehausstr. 4, ✉ 76133, 𝒸 2 71 66   EX **s**
   Mittwoch geschl., Sonn- und Feiertage nur Mittagessen – Menu à la carte 34/54.

✗ **Zum Ritter** (Haus a.d.J. 1778), Hardtstr. 25, ✉ 76185, 𝒸 55 14 55 – 🗚 ⑩ 🖪   AU **c**
   Montag geschl. – **Menu** à la carte 29/65.

✗ **Goldenes Kreuz** (Brauerei-Gaststätte), Karlstr. 21a, ✉ 76133, 𝒸 2 20 54, Fax 22130, 🍴
   – ⑩ 🖪 𝗩𝗜𝗦𝗔   DX **z**
   Menu à la carte 27/54 ⅃.

✗ **Burghof** (Brauerei - Gaststätte), Haid- und Neu- Str. 18, ✉ 76131, 𝒸 61 57 35, Fax 621638,
   Biergarten – ⓟ. 🗚 ⑩ 🖪 𝗩𝗜𝗦𝗔   BU **z**
   Menu à la carte 25/50.

   In Karlsruhe-Daxlanden W : 5 km über Daxlander Straße AU :

🏨 **Steuermann,** Hansastr. 13 (Rheinhafen), ✉ 76189, 𝒸 50 32 01, Fax 574020 – ⇔ Zim ▦
   📺 ☎. 🗚 🖪 𝗩𝗜𝗦𝗔
   Menu *(Samstag nur Abendessen, Sonn- und Feiertage sowie Jan. 1 Woche geschl.)* à la
   carte 41/69 – **18 Z** 125/180.

✗✗ **Künstlerkneipe Zur Krone,** Pfarrstr. 18, ✉ 76189, 𝒸 57 22 47, 🍴, « Altbadische Weinstube, Bilder Karlsruher Künstler um 1900 » – 🗚 🖪
   Montag nur Abendessen, Sonntag und 23.- 27. Dez. geschl. – **Menu** (Tischbestellung ratsam) à la carte 61/93.

   In Karlsruhe-Durlach O : 7 km über Durlacher Allee BU :

🏛 **Große Linde,** Killisfeldstr. 18, ✉ 76227, 𝒸 4 22 95, Fax 494934 – ☎
   Menu *(Samstag - Sonntag geschl.)* à la carte 28/44 – **25 Z** 55/125.

✗✗✗ ❀ **Zum Ochsen** mit Zim, Pfinzstr. 64, ✉ 76227, 𝒸 94 38 60, Fax 9438643, « Restauriertes
   Gasthaus mit geschmackvoller Einrichtung » – 🗚 ⑩ 🖪 𝗩𝗜𝗦𝗔 ⅍ Zim
   Menu *(Montag geschl., Dienstag nur Abendessen)* (bemerkenswerte Weinkarte) 58/130
   und à la carte 67/105 – **6 Z** 250/420
   Spez. Hummersalat mit lauwarmer Orangenbutter, Lammrücken mit Artischocken-Barigoule, "Le
   Rouge et Le Noir" mit Rum-Rosinen-Sabayon.

✗ **Schützenhaus,** Jean-Rizert-Str. 8 (auf dem Turmberg), ✉ 76227, 𝒸 49 13 68, 🍴 – ⓟ.
   🖪
   Dienstag, Nov. - Ostern auch Montag, Feb. 2 Wochen und Nov. 3 Wochen geschl. – **Menu**
   à la carte 32/65.

   In Karlsruhe-Grünwinkel :

🏛 **Beim Schupi** garni, Durmersheimer Str. 6, ✉ 76185, 𝒸 5 59 40, Fax 559480, Biergarten,
   Volkstheater d'Badisch Bühn – 📺 ☎ ⓟ. 🗚 ⑩ 🖪 𝗩𝗜𝗦𝗔   AU **a**
   33 Z 120/180.

   In Karlsruhe-Knielingen :

🏛 **Burgau,** Neufeldstr. 10, ✉ 76187, 𝒸 56 30 34, Fax 563508, ⇔ – 📺 ☎ ⓟ. ⑩ 🖪 𝗩𝗜𝗦𝗔 ⅍
   23. Dez.- 7. Jan. geschl. – **Menu** *(Samstag, Sonn- und Feiertage geschl.)* à la carte 38/64
   ⅃ – **17 Z** 129/210.   AT **z**

   In Karlsruhe-Neureut :

✗✗ **Nagel's Kranz,** Neureuter Hauptstr. 210, ✉ 76149, 𝒸 70 57 42, 🍴 – ⓟ   AT **e**
   *Jan. 1 Woche, Juli - Aug. 3 Wochen sowie Sonn- und Feiertage geschl., Montag und Sams-
   tag nur Abendessen* – **Menu** (Tischbestellung ratsam) à la carte 56/85.

   An der Autobahn A 5 (Anschlußstelle Karlsruhe Süd) : Hotel Scandic Crown siehe unter
   Ettlingen

   Siehe auch : Eggenstein-Leopoldshafen und Pfinztal

MICHELIN-REIFENWERKE KGaA. 76185 Karlsruhe
Werk : Michelinstraße 4 AU 𝒸 (0721) 5 96 00, **Fax** 590831
Bereich Vertrieb : Bannwaldallee 60 CZ, 𝒸 (0721) 8 60 00, Telex 7825868 Fax 8600290.

KARLSTADT Bayern 𝟒𝟏𝟮 𝟒𝟏𝟯 M 17, 𝟗𝟖𝟳 ㉕ – 15 300 Ew – Höhe 163 m – ❀ 09353.
🏢 Tourist-Information, Hauptstr. 24, ✉ 97753, 𝒸 79 02 88.

◆München 304 – Aschaffenburg 52 – Bad Kissingen 45 – ◆Würzburg 24.

🏨 **Alte Brauerei,** Hauptstr. 58, ✉ 97753, 𝒸 5 69, Fax 4747 – ⫶ 📺 ☎ ⓟ. 🗚 🖪 𝗩𝗜𝗦𝗔
   Ende Dez.- Mitte Jan. geschl. – **Menu** *(Samstag nur Abendessen, Sonntag nur Mittagessen)*
   à la carte 34/58 – **20 Z** 110/160.

KARNIN Mecklenburg-Vorpommern siehe Barth.

KARSDORF Sachsen-Anhalt 𝟒𝟏𝟰 G 12, 𝟗𝟖𝟰 ㉓ – 3 000 Ew – Höhe 116 m – ❀ 034461.
Magdeburg 118 – Naumburg 31 – Sangerhausen 43 – Weimar 48.

🏨 **Trias,** Straße der Einheit 29, ✉ 06638, 𝒸 7 01 03, Fax 70104 – ⫶ 📺 ☎ ⓟ – 🔺 30
   Menu à la carte 25/40 – **53 Z** 78/140.

KASENDORF Bayern 413 R 16 – 2 400 Ew – Höhe 367 m – Wintersport : 400/500 m ≰1 ≰3 (in Zultenberg) – ✆ 09228 (Thurnau).

♦München 260 – ♦Bamberg 43 – Bayreuth 25 – Kulmbach 11.

🏠 **Goldener Anker,** Marktplatz 9, ⊠ 95359, ℘ 6 23, Fax 674, ⓢ, 🗊 – ☎ ⇦ 🅿
➡ **Menu** à la carte 20/45 – **59 Z** 50/140.

KASSEL Hessen 411 412 L 12,13, 987 ⑮ – 197 000 Ew – Höhe 163 m – ✆ 0561.

Sehenswert : Wilhelmshöhe★★ (Schloßpark★★ : Wasserkünste★, Herkules★, ≼★★) X – Schloß Wilhelmshöhe (Gemäldegalerie★★★, Antikensammlung★) X M – Neue Galerie★ Z M2 – Park Karlsaue★ Z – Hessisches Landesmuseum★ (Deutsches Tapetenmuseum★★, Astronomisch-Physikalisches Kabinett★★) Z M1.

Ausflugsziel : Schloß Wilhelmsthal★ N : 12 km.

🏌 Kassel-Wilhelmshöhe, Am Ehlener Kreuz (X), ℘ 3 35 09.

🚗 ℘ 78 68 88.

Ausstellungsgelände Messeplatz (Z), ℘ 1 49 23.

🛈 Tourist-Information im Intercity-Bahnhof Wilhelmshöhe, ⊠ 34131, ℘ 3 40 54, Fax 315216.

ADAC, Rudolf-Schwander-Str. 17, ⊠ 34117, ℘ 10 34 64, Fax 103768.

♦Wiesbaden 215 ④ – Dortmund 167 ⑤ – Erfurt 150 ③ – ♦Frankfurt am Main 187 ② – ♦Hannover 164 ②.

Stadtplan siehe nächste Seite

🏨 **Mövenpick,** Spohrstr. 4, ⊠ 34117, ℘ 7 28 50, Telex 992255, Fax 7285118 – ⧄ ⥮ Zim 📺 ⇦ – ⵚ 200. ⌂ ⓪ ⬧ VISA JCB   Y **b**
Menu à la carte 38/67 – **128 Z** 199/268.

🏨 **Dorint-Hotel Reiss,** Werner-Hilpert-Str. 24, ⊠ 34117, ℘ 7 88 30, Telex 99740, Fax 7883777 – ⧄ 📺 ☎ ⇦ 🅿 – ⵚ 350. ⌂ ⓪ ⬧ VISA. ⅔ Rest   Y **a**
Menu à la carte 41/60 – **100 Z** 170/215.

🏨 **Mercure - Hessenland** garni, Obere Königsstr. 2, ⊠ 34117, ℘ 9 18 10, Fax 9181160 – ⧄ ⥮ Zim 📺 ☎. ⌂ ⓪ ⬧ VISA   Z **e**
48 Z 159/199.

🏨 **Chassalla** garni, Wilhelmshöher Allee 99, ⊠ 34121, ℘ 9 27 90, Fax 9279101 – ⧄ 📺 ☎ ⇦ 🅿 – ⵚ 40   X **m**
44 Z

🏨 **City-Hotel** garni, Wilhelmshöher Allee 40, ⊠ 34119, ℘ 7 28 10, Fax 7281199, ⓢ – ⧄ 📺 ☎ ⌂ ⓪ ⬧ VISA   X **v**
43 Z 148/268.

🏨 **Excelsior** garni, Erzbergerstr. 2, ⊠ 34117, ℘ 10 29 84, Fax 15110 – ⧄ 📺 ☎ – ⵚ 40. ⌂ ⓪ ⬧ VISA   Y **v**
23.- 26. Dez. geschl. – **76 Z** 105/190.

🏨 **Westend** garni, Friedrich-Ebert-Str. 135, ⊠ 34119, ℘ 7 28 30, Fax 7283199 – ⧄ 📺 ☎. ⌂ VISA   X **s**
Weihnachten - Anfang Jan. geschl. – **40 Z** 128/298.

🏨 **Deutscher Hof,** Lutherstr. 3, ⊠ 34117, ℘ 9 18 00 (Hotel), 1 46 75 (Rest.), Fax 776666 – ⧄ 📺 ☎ ⇦ 🅿 – ⵚ 20. ⌂ ⓪ ⬧ VISA   Y **c**
24. Dez.- 1. Jan. geschl. – **Menu** (Sonntag geschl.) à la carte 25/49 – **56 Z** 95/160.

🏨 **Kö 78** garni, Kölnische Str. 78, ⊠ 34117, ℘ 7 16 14, Fax 17982 – 📺 ☎. ⌂ ⬧ VISA. ⅔   X **p**
23 Z 98/145.

ⵆ **Terremoto,** Fuldaaue 9, ⊠ 34123, ℘ 1 27 22, Fax 771539, ≼ 🅿. ⌂ ⓪ ⬧ VISA
Montag und Jan. 3 Wochen geschl. – **Menu** (Tischbestellung ratsam) à la carte 70/100.
                                                         über Damaschkestraße   X

In Kassel-Bettenhausen ② : 4 km, nahe BAB-Anschluß Kassel-Ost :

🏨 **Queens Hotel,** Heiligenröder Str. 61, ⊠ 34123, ℘ 5 20 50, Telex 99814, Fax 527400, ⓢ, 🗊 – ⧄ ⥮ Zim ☰ 📺 🅿 – ⵚ 120. ⌂ ⓪ ⬧ VISA
Menu à la carte 42/64 – **142 Z** 194/323.

🏨 **Am Eichwald** garni, Bunte Berna 6, ⊠ 34123, ℘ 95 20 60, Fax 9520666 – 📺 ☎. ⌂ ⓪ ⬧ VISA
14 Z 85/140.

In Kassel-Harleshausen NW : 7 km über Rasenallee X :

🏨 **Am Sonnenhang** ⅗, Aspenstr. 6, ⊠ 34128, ℘ 96 98 80, Fax 9698855, ⬭ – ⧄ 📺 ☎ ⇦ 🅿. ⬧
27. Dez.- 14. Jan. geschl. – **Menu** (Freitag geschl.) (wochentags nur Abendessen) à la carte 36/60 – **25 Z** 95/170.

In Kassel-Niederzwehren ⑤ : 3,5 km :

🏨 **Gude - Restaurant Pfeffermühle,** Frankfurter Str. 299, ⊠ 34134, ℘ 4 80 50, Fax 4805101, Massage, ⬥, ⓢ, 🗊 – ⧄ ⥮ Zim 📺 ⇦ 🅿 – ⵚ 80. ⌂ ⬧ VISA
Menu (Sonn- und Feiertage nur Mittagessen) à la carte 36/64 – **84 Z** 130/260.

KASSEL

In Kassel-Waldau :

🏠 **Froschkönig,** Nürnberger Str. 106, ⊠ 34123, ℰ 57 02 50, Fax 570251 – ¼⤬ Zim 📺 ☎
⟸ ❷ – ⚱ 40. 🗉 *VISA*. ℅⤬ Rest X f
Menu *(nur Abendessen)* à la carte 26/51 – **27 Z** 95/180.

In Kassel-Wilhelmshöhe :

🏨 **Schloßhotel Wilhelmshöhe** ⑁, Schloßpark 8, ⊠ 34131, ℰ 3 08 80, Fax 3088428, ≘s,
🔲 – 🛗 ¼⤬ Zim 📺 ❷ – ⚱ 70. ፚ ⑩ 🗉 *VISA* X b
Menu à la carte 41/73 – **92 Z** 175/230, 4 Suiten.

🏨 **Kurparkhotel,** Wilhelmshöher Allee 336, ⊠ 34131, ℰ 3 18 90, Fax 3189124, 🌣, ≘s, 🔲
– 🛗 ¼⤬ Zim 📺 ☎ ᕚ ❷ – ⚱ 30. ፚ 🗉 *VISA* X u
Menu *(Sonntag nur Mittagessen)* à la carte 38/68 – **87 Z** 160/300.

🏨 **Kurfürst Wilhelm I.** (Restaurant im Bistrostil), Wilhelmshöher Allee 257, ⊠ 34131,
ℰ 3 18 70, Fax 318777 – 🛗 📺 ❷ ⟸. ፚ ⑩ 🗉 *VISA* X x
Menu *(italienische Küche)* à la carte 45/66 – **42 Z** 180/300.

🏠 **Schweizer Hof** garni, Wilhelmshöher Allee 288, ⊠ 34131, ℰ 9 36 90, Fax 93699 – 🛗
¼⤬ Zim 📺 ☎ ❷. ፚ ⑩ 🗉 *VISA* X r
63 Z 140/200.

✗✗ **Calvados,** Im Druseltal 12 (1. Etage, 🛗), ⊠ 34131, ℰ 30 44 20, Fax 37794, 🌣 – ❷. ፚ
⑩ 🗉 *VISA* X z
Menu à la carte 44/67.

✗✗ **Haus Rothstein** mit Zim, Heinrich-Schütz-Allee 56, ⊠ 34131, ℰ 3 37 84, Fax 33784, 🌣
– 📺 ☎ ❷. ፚ ⑩ 🗉 *VISA* X e
Menu *(Montag geschl.)* à la carte 34/66 – **5 Z** 90/150.

Nördlich vom Hercules N : 2 km (Zufahrt für Hotelgäste ab unterem Parkplatz über
gesperrte Straße) :

🏨 **Elfbuchen** ⑁, im Habichtswald, ⊠ 34131 Kassel-Wilhelmshöhe, ℰ (0561) 6 20 41,
Fax 62043, 🌣, « Zimmereinrichtung im Landhausstil » – 🛗 📺 ☎ ⟸ ❷
Mitte Okt.- Mitte Nov. geschl. – **Menu** *(Freitag geschl.)* à la carte 32/56 – **11 Z** 150/280.

In Espenau-Schäferberg ⑦ : 10 km :

🏨 **Waldhotel Schäferberg,** Wilhelmsthaler Str. 14 (B 7), ⊠ 34125, ℰ (05673) 79 51,
Fax 7973, 🌣, ≘s – 🛗 ¼⤬ Zim 📺 ☎ ᕚ ❷ – ⚱ 100. ፚ ⑩ 🗉 *VISA*
Menu à la carte 40/69 – **98 Z** 140/230, 6 Suiten.

In Fuldatal-Simmershausen ① : 7 km Luftkurort :

♤ **Haus Schönewald,** Wilhelmstr. 17, ⊠ 34233, ℰ (0561) 81 17 08, Fax 818138, 🚗 – 📺
❷. ፚ ⑩ 🗉 *VISA*. ℅⤬
Menu *(Mittwoch und Juli geschl.)* (nur Abendessen) à la carte 29/46 – **26 Z** 60/120.

In Niestetal-Heiligenrode ② : 6 km, nahe BAB-Anschluß Kassel-Ost :

🏠 **Althans** ⑁ garni, Friedrich-Ebert-Str. 65, ⊠ 34266, ℰ (0561) 52 27 09 – ☎ ❷. 🗉. ℅⤬
21. Dez.- 6. Jan. geschl. – **21 Z** 70/170.

In Kaufungen-Niederkaufungen O : 9 km über ③ :

♤ **Gasthaus am Steinersee** ⑁, Am Steinertsee 1, ⊠ 34260, ℰ (05605) 30 02, Fax 70515,
➡ 🌣, ≘s – 📺 ☎ ❷. ፚ ⑩ 🗉 *VISA*
Menu *(Montag geschl.)* à la carte 23/49 – **10 Z** 82/140.

An der Autobahn A 7 Nähe Kasseler Kreuz ④ : 7 km :

🏠 **Welcome-Rasthaus Kassel,** ⊠ 34253 Lohfelden, ℰ (0561) 58 30 31, Fax 581917, ≤, 🌣
– 🛗 📺 ☎ ᕚ ⟸ ❷ – ⚱ 130. ፚ ⑩ 🗉 *VISA*
Menu (auch Self-Service) à la carte 28/58 – **84 Z** 54/182.

🔳**MICHELIN-REIFENWERKE KGaA. Niederlassung 34123 Kassel**
Osterholzstr. 50 über ③ ℰ (0561) 57 20 76 Fax 54596.

🔳 **KASTELLAUN** Rheinland-Pfalz ④①② F 16, ⑨⑧⑦ ㉔ – 4 200 Ew – Höhe 435 m – ✿ 06762.
🛄 Verkehrsamt, Rathaus, Kirchstr. 1, ℰ 56288, ℰ 4 03 20, Fax 40340.
Mainz 80 – ◆Koblenz 44 – ◆Trier 96.

🏠 **Zum Rehberg** ⑁ garni, Mühlenweg 1, ⊠ 56288, ℰ 13 31, Fax 2640, ≘s, 🚗 – 📺 ☎ ❷
– ⚱ 50
50 Z 75/200.

🔳 **KASTL** Bayern ④①③ S 18, ⑨⑧⑦ ㉗ – 2 800 Ew – Höhe 430 m – Erholungsort – ✿ 09625.
◆München 159 – Amberg 22.

🏠 **Forsthof,** Amberger Str. 2, ⊠ 92280, ℰ 2 68, Fax 1340 – 📺 ☎ ❷ – ⚱ 25. 🗉
➡ **Menu** *(Dienstag geschl.)* à la carte 21/40 – **18 Z** 65/110.

Rheinland-Pfalz 412 G 16 – 1 700 Ew – Höhe 300 m – ✪ 06486.
Mainz 51 – ◆Koblenz 50 – Limburg an der Lahn 21 – ◆Wiesbaden 46.

In Berghausen SO : 2,5 km :

🏖 **Berghof,** Bergstr. 3, ✉ 56368, ℰ (06486) 9 12 10, Fax 1837 – 📺 ☎ 🅿. ⅢⅤ ⅢⅤ
➔ **Menu** *(Montag geschl.)* à la carte 24/43 ⅃ – **31 Z** 49/92.

In Klingelbach NW : 1,5 km :

🏠 **Sonnenhof** 🦢, Kirchstr. 31, ✉ 56368, ℰ (06486) 70 86, Fax 1543, ≤, 🍴, 🚄, 🌳, ✗
– 📺 ☎ 🚗 🅿 – 🍴 40. ⅢⅤ ⅥⅤⅤ
Jan. 2 Wochen geschl. – **Menu** *(Dienstag geschl.)* à la carte 28/60 ⅃ – **17 Z** 63/118.

Rheinland-Pfalz 412 G 16, 987 ㉔ – 1 300 Ew – Höhe 79 m – ✪ 06774.
Sehenswert : Die Pfalz★ (Insel).
🛈 Verkehrsamt, im Rathaus, Metzgergasse 26, ✉ 56349, ℰ 2 22.
Mainz 54 – ◆Koblenz 45 – ◆Wiesbaden 51.

🍴 **Zum Rebstock** mit Zim, Blücherstr. 55a (NO : 1 km), ✉ 56349, ℰ 2 24, Fax 613, 🍴 – ☎
🅿 – **7 Z.**

🍴 **Deutsches Haus** mit Zim, Schulstr. 1, ✉ 56349, ℰ 2 66
➔ *13. Jan. - 6. Feb. geschl.* – **Menu** *(Montag geschl.)* à la carte 24/59 ⅃ – **10 Z** 40/100.

Bayern 413 O 23, 987 ㊱, 426 D 5 – 43 400 Ew – Höhe 680 m – Wintersport :
707/849 m ⏦8 – ✪ 08341.
🛈 Verkehrsverein, Kaiser-Max-Str. 1 (Rathaus), ✉ 87600, ℰ 4 04 05, Fax 437660.
ADAC, Kaiser-Max-Str. 3, ✉ 87600, ℰ 24 07, Fax 74604.
◆München 87 – Kempten (Allgäu) 35 – Landsberg am Lech 30 – Schongau 26.

🏨 **Goldener Hirsch,** Kaiser-Max-Str. 39, ✉ 87600, ℰ 4 30 30, Fax 430369, 🍴, 🚄 – 🛗 📺
🍴 🚗 – 🍴 150. ⅢⅤ ⅥⅤ Ⅵ ⅥⅤⅤ
Menu à la carte 31/65 – **43 Z** 88/245.

🏨 **Am Kamin,** Füssener Str. 62 (B 16), ✉ 87600, ℰ 93 50, Fax 935222 – 🛗 📺 ☎ 🅿. ⅢⅤ ⅢⅤ
ⅥⅤⅤ – **Menu** *(Montag geschl.)* à la carte 30/44 – **32 Z** 98/138.

🏠 **Am Turm** garni, Josef-Landes-Str. 1, ✉ 87600, ℰ 9 37 40, Fax 937460 – 📺 ☎ 🚗 🅿.
ⅢⅤ Ⅴ
29 Z 60/105.

🏠 **Leitner,** Neugablonzer Str. 68, ✉ 87600, ℰ 33 44 – 🅿
22 Z.

🍴 **Wärmflasch,** Am Hofanger 33, ✉ 87600, ℰ 35 69, 🍴 – 🅿
Donnerstag geschl. – **Menu** à la carte 40/65 ⅃.

In Irsee NW : 7 km :

🏨 **Irseer Klosterbräu** 🦢, Klosterring 1, ✉ 87660, ℰ (08341) 43 22 00, Fax 432269, 🍴,
Brauereimuseum – 📺 ☎ 🅿
9. Jan.- 10. Feb. geschl. – **Menu** à la carte 33/53 – **55 Z** 97/166.

In Pforzen-Hammerschmiede N : 6,5 km :

🍴 **Landgasthof Hammerschmiede,** Kemptener Str. 46 (B 16), ✉ 87666, ℰ (08346) 2 71,
Fax 245, 🍴 – 🅿. ⅢⅤ ⅥⅤⅤ – **Menu** à la carte 26/52.

Hessen siehe Kassel.

Schleswig-Holstein 411 N 5 – 1 000 Ew – Höhe 25 m – ✪ 040 (Hamburg).
◆Kiel 82 – ◆Hamburg 30 – ◆Lübeck 50 – Bad Segeberg 26.

🍴 **Alter Heidkrug,** Segeberger Str. 10 (B 432), ✉ 23863, ℰ 6 07 02 52, 🍴 – 🅿
Donnerstag und Aug. 3 Wochen geschl. – **Menu** à la carte 28/65.

Baden-Württemberg 413 G 21, 987 ㉞, 242 ㉔ – 31 000 Ew – Höhe 139 m – ✪ 07851.
🛈 Deutsch-franz. Verkehrsamt, Europabrücke, ✉ 77694, ℰ 21 40, Fax 2140.
ADAC, Grenzbüro, Europabrücke, ✉ 77694, ℰ 21 88, Fax 481547.
◆Stuttgart 149 – Baden-Baden 55 – ◆Freiburg im Breisgau 81 – ◆Karlsruhe 76 – Strasbourg 6.

🏨 **Europa-Hotel** garni, Straßburger Str. 9, ✉ 77694, ℰ 29 01, Fax 76440 – 🛗 ⤢ 📺 ☎ 🅿
– 🍴 100. ⅢⅤ Ⅴ Ⅵ ⅥⅤⅤ
– **57 Z** 108/195.

🏠 **Rebstock,** Hauptstr. 183, ✉ 77694, ℰ 24 70, Fax 78568, 🍴 – 📺 ☎ 🅿. ⅢⅤ ⅥⅤⅤ. 🍴 Rest
Menu *(Sonntag nur Mittagessen, Montag geschl.)* (wochentags nur Abendessen) à la carte
28/57 – **30 Z** 65/150.

🍴 **Milchkutsch,** Hauptstr. 147a, ✉ 77694, ℰ 7 61 61, 🍴 – 🅿. ⅢⅤ Ⅴ Ⅵ ⅥⅤⅤ
Sonntag geschl., Montag nur Abendessen – **Menu** (Tischbestellung ratsam) à la carte
50/77.

In Kehl-Kork SO : 4 km :

🏛 **Schwanen,** Landstr. 3, ✉ 77694, ℰ 79 60, Fax 796222 – 📺 ☎ 🅿. 🗲 *VISA*
➡ **Menu** *(Montag und Juli-Aug. 3 Wochen geschl.)* à la carte 23/56 ⅃ – **31 Z** 58/95.

🏛 Hirsch, Gerbereistr. 20, ✉ 77694, ℰ 36 00, Fax 73059, 🛱 – 🅿
(nur Abendessen) – **50 Z**.

In Kehl-Marlen S : 7 km :

✗ Wilder Mann (mit Gästehaus), Schlossergasse 28, ✉ 77694, ℰ (07854) 9 69 90, Fax 967777
– 🌿 Zim 📺 ☎ 🅿
6 Z.

KEITUM Schleswig-Holstein siehe Sylt (Insel).

KELBERG Rheinland-Pfalz 412 D 16, 987 ㉓ ㉔ – 1 700 Ew – Höhe 490 m – Luftkurort – ☼ 02692.
🔋 Tourist-Information, Rathaus, Dauner Str. 22, ✉ 53539, ℰ 8 72 18, Fax 87239.
Mainz 157 – ◆Aachen 115 – ◆Bonn 65 – ◆Koblenz 66 – ◆Trier 78.

🏠 **Eifeler Hof** garni, Am Markt (B 410), ✉ 53539, ℰ 3 20, Fax 8031, 🛲 – 🅿
8 Z 48/110.

KELBRA Sachsen-Anhalt 414 F 11, 984 ⑲, 987 ⑯ – 2 800 Ew – Höhe 98 m – ☼ 034651.
🔋 Stadtinformation, Lange Str. 10, ✉ 06537, ℰ 65 28.
Magdeburg 126 – Halle 74 – Nordhausen 20 – Weimar 61.

🏛 **Kaiserhof,** Frankenhäuser Str. 1, ✉ 06537, ℰ 65 31, Fax 6215, 🛱, 🖼 – 🛗 📺 ☎ ⅙ 🅿
➡ – 🏋 30. 🗲 *VISA*
Menu à la carte 23/43 – **40 Z** 80/190.

🏛 **Heinicke,** Jochstr., ✉ 06537, ℰ 61 83/61 89, Fax 6383, 🛱, 🗢 – 📺 ☎ 🅿. ⓞ 🗲 *VISA*
➡ **Menu** à la carte 23/45 – **16 Z** 95/140.

Am Stausee W : 2,5 km :

🏛 **Barbarossa** 🦢, ✉ 06537 Kelbra, ℰ (034651) 61 25, Fax 6501, ≼, 🛱, 🗢 – 📺 ☎ 🅿 –
🏋 20. 🗲. 🎇 Rest
22.- 28. Dez. geschl. – **Menu** à la carte 27/45 – **30 Z** 90/150.

KELHEIM Bayern 413 S 20, 987 ㉗ – 15 000 Ew – Höhe 354 m – ☼ 09441.
Ausflugsziele : Befreiungshalle★ W : 3 km – Weltenburg : Klosterkirche★ SW : 7 km – Schloß
Prunn : Lage★, W : 11 km.
🔋 Verkehrsbüro, Ludwigsplatz, ✉ 93309, ℰ 70 12 34, Fax 701229.
◆München 106 – Ingolstadt 56 – ◆Nürnberg 104 – ◆Regensburg 24.

🏛 **Stockhammer,** Am oberen Zweck 2, ✉ 93309, ℰ 32 54, 🛱 – 🅿. 🖽 ⓞ 🗲 *VISA*. 🎇 Zim
9.- 26. Aug. geschl. – **Ratskeller** *(Montag geschl.)* – **Menu** à la carte 30/68 – **16 Z** 60/150.

🏛 **Aukoferbräu,** Alleestr. 27, ✉ 93309, ℰ 20 20, Fax 21437 – 🛗 🗢 🅿 – 🏋 60
➡ **Menu** à la carte 19/36 – **64 Z** 49/124.

🏛 **Klosterbrauerei** 🦢, Klosterstr. 5, ✉ 93309, ℰ 5 01 50, Fax 501555, 🛱 – 🛗 ☎ 🗢 🅿
➡ *4.- 24. Jan. und 20.- 26. Dez. geschl. –* **Menu** *(Nov.- April Montag geschl.)* à la carte 21/44
– **36 Z** 92/135.

🏛 **Weißes Lamm,** Ludwigstr. 12, ✉ 93309, ℰ 2 00 90, Fax 21442, Biergarten – 🛗 📺 🅿.
➡ 🎇 Rest
10.- 29. April geschl. – **Menu** *(Nov.- Mai Samstag geschl.)* à la carte 23/45 ⅃ – **32 Z** 58/96.

In Essing W : 8 km :

🏛 **Weihermühle,** ✉ 93343, ℰ (09447) 3 55, Fax 683, Biergarten, 🗢, 🛋 (geheizt), 🛲 – 🛗
📺 ☎ 🗢 🅿. 🖽 ⓞ 🗲 *VISA*
4. Jan.- 13. Feb. und 15. Nov.- 18. Dez. geschl. – **Menu** *(Nov.- April Dienstag geschl.)*
à la carte 28/51 – **22 Z** 85/150 – ½ P 92/110.

✗ **Brauerei-Gasthof Schneider** mit Zim, Altmühlgasse 10, ✉ 93343, ℰ (09447) 9 18 00,
Fax 918020, 🛱 – 🗢 🅿. 🎇 Zim
Feb. 2 Wochen geschl. – **Menu** *(Montag geschl.)* à la carte 35/61 – **15 Z** 44/78.

KELKHEIM Hessen 412 413 I 16 – 27 000 Ew – Höhe 202 m – ☼ 06195.
🔋 Rathaus, Gagernring 6, ✉ 65779, ℰ 80 36 00, Fax 803133.
◆Wiesbaden 27 – ◆Frankfurt am Main 19 – Limburg an der Lahn 47.

🏨 **Arkaden Hotel,** Frankenallee 12, ✉ 65779, ℰ 20 88, Fax 2055, 🗢 – 🛗 📺 ☎ 🗢 – 🏋 25.
🖽 ⓞ 🗲 *VISA*
Menu à la carte 31/62 – **35 Z** 125/280.

🏛 **Post,** Breslauer Str. 42, ✉ 65779, ℰ 20 58, Fax 2055 – 🛗 📺 ☎ 🗢 🅿 – 🏋 25. 🖽 ⓞ
🗲 *VISA*
Menu *(Samstag nur Abendessen, Sonntag geschl.)* à la carte 51/84 – **18 Z** 125/280.

🏠 **Kelkheimer Hof** garni, Großer Haingraben 7, ☒ 65779, ℘ 40 28, Fax 4031 – 📺 ☎ 🅿.
AE ① E VISA
23 Z 115/220.

🏠 **Waldhotel** ⟳ garni, Unter den Birken 19, ☒ 65779, ℘ 9 90 40, Fax 990444, ⇌ – 📺 ☎
🅿 ① E VISA
19 Z 125/175.

In Kelkheim-Münster :

🏠 **Zum goldenen Löwen,** Alte Königsteiner Str. 1, ☒ 65779, ℘ 9 90 70, Fax 73917 – 📺 ☎
🅿 – 🏛 60. E
Juni - Juli 3 Wochen geschl. – **Menu** *(Donnerstag geschl.)* à la carte 31/55 – **26 Z** 88/138.

Außerhalb NW : 5 km über Fischbach und die B 455 Richtung Königstein :

🏨 **Schloßhotel Rettershof** ⟳ (Schlößchen mit modernem Hotelanbau),
☒ 65779 Kelkheim, ℘ (06174) 2 90 90, Fax 25352, 佘, Park, ⇌, ⚒, 🐎 (Halle) – 📺 ⟿
🅿 – 🏛 30. AE ① E VISA
Menu *(Sonntag - Montag geschl.)* à la carte 66/89 – **35 Z** 160/280.

🍴 **Zum fröhlichen Landmann,** ☒ 65779 Kelkheim, ℘ (06174) 2 15 41, 佘, Biergarten – 🅿
Dienstag - Mittwoch und Jan. 2 Wochen geschl. – **Menu** à la carte 33/53.

KELL AM SEE Rheinland-Pfalz 🔢🔢 D 18 – 1 900 Ew – Höhe 441 m – Luftkurort – ✪ 06589.
🛈 Tourist-Information, Brückenstraße (Alte Mühle), ☒ 54427, ℘ 10 44, Fax 17913..
Mainz 148 – Saarburg 27 – ♦Trier 37.

🏠 St. Michael, Kirchstr. 3, ☒ 54427, ℘ 10 68, Fax 1567, 佘, ⇌, 🚗 – 🔄 📺 ☎ 🕭 🅿 – 🏛 200
38 Z.

🏠 **Haus Doris** ⟳, Nagelstr. 8, ☒ 54427, ℘ 71 10, Fax 1416, ⇌, 🚗 – 🅿. 🎇
Menu *(Mittwoch geschl.)* à la carte 25/45 ⅃ – **16 Z** 50/90.

🏠 **Zur Post,** Hochwaldstr. 2, ☒ 54427, ℘ 16 00, Fax 2235, 佘 – 📺 ☎ ⟿ 🅿. AE ① E VISA.
← 🎇
Jan. und Okt.- Nov. jeweils 2 Wochen geschl. – **Menu** *(Samstag geschl.)* a la carte 24/50
– **9 Z** 68/120.

🍴 **Fronhof** mit Zim, am Stausee (N : 2 km), ☒ 54427, ℘ 16 41, Fax 2162, ≤, 佘, ⇌, 🚗,
← 🐎 – 📺 🅿
Menu *(Montag geschl.)* à la carte 23/50 – **6 Z** 60/100.

KELLENHUSEN Schleswig-Holstein 🔢🔢 Q 4 – 1 000 Ew – Höhe 10 m – Ostseeheilbad – ✪ 04364
(Dahme).
🛈 Kurverwaltung, Strandpromenade, ☒ 23746, ℘ 10 81, Fax 1864.
♦Kiel 83 – Grömitz 11 – Heiligenhafen 25.

🏠 **Erholung,** Am Ring 35, ☒ 23746, ℘ 2 36, Fax 1705 – 🔄 ☎ 🅿. 🎇 Zim
Menu à la carte 34/56 – **34 Z** 75/140.

🏠 **Vier Linden** ⟳, Lindenstr. 4, ☒ 23746, ℘ 49 50, Fax 495295, ⇌ – 🔄 ☎ 🅿. E. 🎇 Rest
März - Okt. – **Menu** à la carte 27/48 – **46 Z** 70/152.

KELSTERBACH Hessen 🔢🔢 🔢🔢🔢 I 16 – 15 000 Ew – Höhe 107 m – ✪ 06107.
♦Wiesbaden 26 – ♦Darmstadt 33 – ♦Frankfurt am Main 16 – Mainz 26.

🏨 **Astron Hotel Frankfurt-Airport,** Mörfelder Str. 113, ☒ 65451, ℘ 93 80, Fax 938100, ⇌
– 🔄 🎇 Zim 📺 🅿 ⟿ 🅿 – 🏛 30. AE ① E VISA JCB
Menu à la carte 38/75 – **154 Z** 230/370.

🏨 **Novotel Frankfurt Rhein-Main** ⟳, Am Weiher 20, ☒ 65451, ℘ 76 80, Telex 4170101,
Fax 8060, 佘, ⇌, 🏊 – 🔄 🎇 Zim 📺 📺 ☎ 🕭 🅿 – 🏛 250. AE ① E VISA
Menu à la carte 42/68 – **150 Z** 210/270.

🏠 **Tanne,** Tannenstr. 2, ☒ 65451, ℘ 93 40, Fax 5484 – 🎇 Zim 📺 ☎ ⟿ 🅿. AE ① E VISA
Menu *(Freitag - Sonntag geschl.)* (nur Abendessen) à la carte 32/55 – **36 Z** 116/232.

🍴🍴 **Alte Oberförsterei,** Staufenstr. 16 (beim Bürgerhaus), ☒ 65451, ℘ 6 16 73, Fax 64627,
佘 – 🅿. AE ① E VISA
Samstag nur Abendessen, Montag und Juni - Juli 3 Wochen geschl. – **Menu** (Tischbestellung ratsam) à la carte 47/78.

KELTERN Baden-Württemberg 🔢🔢🔢 I 20 – 7 850 Ew – Höhe 190 m – ✪ 07236.
♦Stuttgart 61 – ♦Karlsruhe 24 – Pforzheim 11.

In Keltern-Ellmendingen :

🏨 **Goldener Ochsen,** Durlacher Str. 8, ☒ 75210, ℘ 81 42, Fax 7108 – 📺 ☎ ⟿ 🅿
Feb.- März 2 Wochen und Juli - Aug. 3 Wochen geschl. – **Menu** *(Donnerstag geschl., Sonntag nur Mittagessen)* à la carte 41/71 – **12 Z** 75/160.

🍴 **Zum Löwen,** Durlacher Str. 10, ☒ 75210, ℘ 81 31 – 🅿 – 🏛 50
Jan. 2 Wochen und Aug. 3 Wochen geschl. – **Menu** *(Montag geschl.)* à la carte 27/51 –
12 Z 45/120.

KEMBERG Sachsen-Anhalt 414 J 10, 984 ⑲, 987 ⑰ – 3 000 Ew – Höhe 75 m – ✆ 034921.
Magdeburg 102 – ♦Leipzig 60.

In Ateritz-Lubast S : 2 km (an der B 2) :

🏨 **Heidehotel Lubast,** Leipziger Str. 1, ☒ 06901, ✆ (034921) 2 05 14, Fax 20514, ㍲, ≋
➜ – ⃖ ⤶ Zim 🆃🆅 ☎ ⇔ 🅿 – 🔬 80. 🆀 ⅇ 𝖵𝖨𝖲𝖠
Menu à la carte 24/46 – **51 Z** 80/170.

In Rotta-Ochsenkopf SW : 7,5 km :

🏨 **Landgut Ochsenkopf** 🔊, ☒ 06773, ✆ (034921) 2 02 38, Fax 20238, Biergarten – 🆃🆅 ☎
🅿 – 🔬 90. 🆀 ⓞ ⅇ 𝖵𝖨𝖲𝖠
Menu à la carte 25/61 – **25 Z** 98/148.

KEMMENAU Rheinland-Pfalz siehe Ems, Bad.

KEMPEN Nordrhein-Westfalen 412 C 12, 987 ⑬ – 34 100 Ew – Höhe 35 m – ✆ 02152.
♦Düsseldorf 37 – Geldern 21 – Krefeld 13 – Venlo 22.

🍴🍴 **Et Kemp'sche Huus** (restauriertes Fachwerkhaus a.d.J. 1725), Neustr. 31, ☒ 47906,
✆ 5 44 65 – 🆀 ⓞ ⅇ 𝖵𝖨𝖲𝖠
Samstag nur Abendessen, Montag geschl. – **Menu** (Tischbestellung ratsam) à la carte
55/73.

KEMPENICH Rheinland-Pfalz 412 E 15, 987 ㉔ – 1 500 Ew – Höhe 455 m – Erholungsort –
✆ 02655 (Weibern).
Mainz 144 – ♦Bonn 55 – ♦Koblenz 53 – ♦Trier 106.

🏨 **Eifelkrone,** In der Hardt 1 (nahe der B 412), ☒ 56746, ✆ 13 01, Fax 959040, ㍲, ㄥ –
➜ ☎ ⇔ 🅿
Nov.- 15. Dez. geschl. – **Menu** à la carte 24/48 – **15 Z** 55/100.

KEMPFELD Rheinland-Pfalz 412 E 17 – 950 Ew – Höhe 530 m – Erholungsort – ✆ 06786.
Mainz 111 – Bernkastel-Kues 23 – Idar-Oberstein 15 – ♦Trier 66.

🏨 **Hunsrücker Faß,** Hauptstr. 70, ☒ 55758, ✆ 70 01, Fax 7003, ㍲, ≋ – 🆃🆅 ☎ 🅿 – 🔬 30.
🆀 ⓞ ⅇ 𝖵𝖨𝖲𝖠
Le Gourmet (Dienstag und Jan. 3 Wochen geschl.) **Menu** à la carte 65/98 – **Hunsrück-
Stube** : **Menu** à la carte 29/68 – **12 Z** 130/187.

🏨 **Wildenburger Hof,** Wildenburger Str. 17, ☒ 55758, ✆ 70 33, Fax 7131, ㍲, ≋, ㄥ –
☎ 🅿
Menu à la carte 28/56 – **12 Z** 65/130.

In Asbacherhütte NO : 3 km :

🍴🍴 **Zur Scheune,** beim Feriendorf Harfenmühle, ☒ 55758, ✆ (06786) 13 04, Fax 1323, ㍲ –
🅿
Dienstag geschl. – **Menu** (nur Abendessen) à la carte 37/84.

KEMPTEN (ALLGÄU) Bayern 413 N 23, 987 ㊱, 426 C 5 – 61 000 Ew – Höhe 677 m – ✆ 0831.
🛈 Verkehrsamt, Rathausplatz 29, ☒ 87435, ✆ 2 52 52 37, Fax 427.
ADAC, Bahnhofstr. 55, ☒ 87435, ✆ 2 90 31, Fax 18799.
♦München 127 ② – ♦Augsburg 102 ② – Bregenz 73 ④ – ♦Konstanz 135 ④ – ♦Ulm (Donau) 89 ①.

Stadtplan siehe nächste Seite

🏨 **Fürstenhof,** Rathausplatz 8, ☒ 87435, ✆ 2 53 60, Fax 2536120, ㍲ – ⃖ 🆃🆅 ☎ ⇔ –
🔬 130. 🆀 ⓞ ⅇ 𝖵𝖨𝖲𝖠. ⅏ Rest   AY **v**
Menu à la carte 38/62 – **75 Z** 130/240, 3 Suiten.

🏨 **Bayerischer Hof** garni, Füssener Str. 96, ☒ 87437, ✆ 7 34 20, Fax 73708, ≋ – 🆃🆅 ☎ ⇔
🅿 🆀 ⓞ ⅇ 𝖵𝖨𝖲𝖠 𝖩𝖢𝖡   AY **s**
51 Z 98/185.

🏨 **Peterhof,** Salzstr. 1, ☒ 87435, ✆ 5 24 40, Telex 541535, Fax 5244200 – ⃖ 🆃🆅 ☎ ⇔ –
🔬 60. 🆀 ⓞ ⅇ 𝖵𝖨𝖲𝖠   AY **c**
Menu à la carte 29/49 – **51 Z** 120/170.

🏨 **Auf'm Lotterberg** 🔊 garni, Königsberger Str. 31, ☒ 87439, ✆ 9 77 53, Fax 94452, ≤ –
🆃🆅 ☎ ⇔ 🅿 🆀 ⓞ ⅇ 𝖵𝖨𝖲𝖠   über Lotterbergstr. BY
Anfang Dez.- Mitte Jan. geschl. – **26 Z** 83/156.

🏨 **Sonnenhang** 🔊, Mariaberger Str. 78, ☒ 87439, ✆ 9 37 56, Fax 97525, ≤, ㍲, ≋ – 🆃🆅
☎ 🅿 ⅇ 𝖵𝖨𝖲𝖠   über Äußere Rottach BY
Menu *(Donnerstag und Mai - Juni 2 Wochen geschl., Mittwoch nur Abendessen, Sonntag
nur Mittagessen)* à la carte 33/60 – **16 Z** 89/150.

🏨 **Bei den Birken** 🔊 garni, Goethestr. 25, ☒ 87435, ✆ 2 80 08, ≋ – 🆃🆅 ☎ 🅿 🆀 BZ **b**
20 Z 65/110.

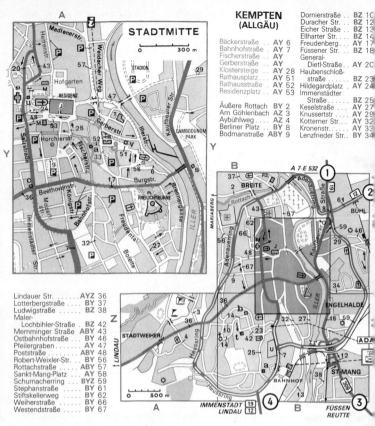

XX **Sir Alexander,** Haslacher Berg 2, ⊠ 87435, ℰ 2 83 22, Fax 10984   BZ **a**
    Sonntag - Montag geschl. – **Menu** (nur Abendessen) à la carte 58/80.

XX **Haubenschloß,** Haubenschloßstr. 37, ⊠ 87435, ℰ 2 35 10, Fax 16082, 斧 – ℗. 亜 ①
    ⋿ 𝘝𝘐𝘚𝘈 – *Montag geschl.* – **Menu** à la carte 28/67.   BZ **t**

X **Schalander,** Fischersteige 9, ⊠ 87435, ℰ 1 68 66, Fax 21087 – 亜 ① 𝘝𝘐𝘚𝘈   AY **a**
    Sonntag geschl. – **Menu** à la carte 28/63.

X **Zum Stift** (Brauerei-Gaststätte), Stiftsplatz 1, ⊠ 87439, ℰ 2 23 88, Fax 17089, Biergarten
➜ **Menu** à la carte 23/50.   AY **u**

In Sulzberg S : 7 km über Ludwigstraße BZ :

🏠 **Sulzberger Hof,** Sonthofener Str. 17, ⊠ 87477, ℰ (08376) 3 01, Fax 8660, ≤, 斧, ≘s, ⌇,
    ☞ – ⊡ ☎ ⟿ ℗. ⋘ Zim
    Menu (*Montag - Freitag nur Abendessen*) à la carte 35/59 – **23 Z** 85/196.

Siehe auch : *Buchenberg. Waltenhofen und Wiggensbach*

KENZINGEN Baden-Württemberg 𝟦𝟣𝟥 G 22, 𝟫𝟪𝟩 ㉞, 𝟤𝟦𝟤 ㉘ ㉜ – 7 200 Ew – Höhe 179 m –
✆ 07644.

Sehenswert : Rathaus★.

◆Stuttgart 182 – ◆Freiburg im Breisgau 28 – Offenburg 40.

🏠 **Sporthotel,** Breitenfeldstr. 51, ⊠ 79341, ℰ 80 90, Fax 80994, 斧, ≘s, ⌁ (geheizt), ☞
    ⋘ (Halle u. Schule) – ⧈ ⊡ ☎ ⟿ ℗ – 🛦 50. 亜 ⋿ 𝘝𝘐𝘚𝘈
    Menu à la carte 34/59 – **45 Z** 89/147.

🏠 **Schieble,** Offenburger Str. 6 (B 3), ⊠ 79341, ℰ 84 13, Fax 4330, ≘s – ☎ ℗. 亜 ① ⋿ 𝘝𝘐𝘚𝘈
    ⋘
    9.- 23. Feb. und 28. Okt.- 5. Nov. geschl. – **Menu** (*Montag geschl., Sonntag nur Mittag-
    essen*) à la carte 33/60 ⅛ – **24 Z** 75/115.

LE GUIDE MICHELIN DU PNEUMATIQUE

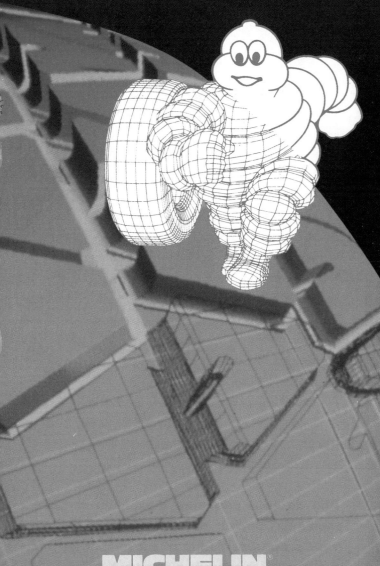

MICHELIN

QU'EST-CE QU'UN PNEU ?

Produit de haute technologie, le pneu constitue le seul point de liaison de la voiture avec le sol. Ce contact correspond, pour une roue, à une surface équivalente à celle d'une carte postale. Le pneu doit donc se contenter de ces quelques centimètres carrés de gomme au sol pour remplir un grand nombre de tâches souvent contradictoires:

Porter le véhicule à l'arrêt, mais aussi résister aux transferts de charge considérables à l'accélération et au freinage.

Transmettre la puissance utile du moteur, les efforts au freinage et en courbe.

Rouler régulièrement, plus sûrement, plus longtemps pour un plus grand plaisir de conduire.

Guider le véhicule avec précision, quels que soient l'état du sol et les conditions climatiques.

Amortir les irrégularités de la route, en assurant le confort du conducteur et des passagers ainsi que la longévité du véhicule.

Durer, c'est-à-dire, garder au meilleur niveau ses performances pendant des millions de tours de roue.

Afin de vous permettre d'exploiter au mieux toutes les qualités de vos pneumatiques, nous vous proposons de lire attentivement les informations et les conseils qui suivent.

Le pneu est le seul point de liaison de la voiture avec le sol.

Comment lit-on un pneu ?

(1) «Bib» repérant l'emplacement de l'indicateur d'usure.

(2) Marque enregistrée. **(3)** Largeur du pneu: ≃ 185 mm.

(4) Série du pneu H/S: 70. **(5)** Structure: R (radial).

(6) Diamètre intérieur: 14 pouces (correspondant à celui de la jante). **(7)** Pneu: MXV. **(8)** Indice de charge: 88 (560 kg).

(9) Code de vitesse: H (210 km/h).

(10) Pneu sans chambre: Tubeless. **(11)** Marque enregistrée.

Codes de vitesse maximum:

Q : 160 km/h

R : 170 km/h

S : 180 km/h

T : 190 km/h

H : 210 km/h

V : 240 km/h

W : 270 km/h

ZR : supérieure à 240 km/h.

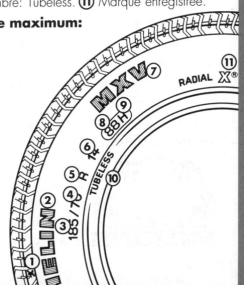

GONFLEZ VOS PNEUS, MAIS GONFLEZ-LES BIEN

POUR EXPLOITER AU MIEUX LEURS PERFORMANCES ET ASSURER VOTRE SECURITE.

Contrôlez la pression de vos pneus, sans oublier la roue de secours, dans de bonnes conditions:
Un pneu perd régulièrement de la pression. Les pneus doivent être contrôlés, une fois toutes les 2 semaines, à froid, c'est-à-dire une heure au moins après l'arrêt de la voiture ou après avoir parcouru 2 à 3 kilomètres à faible allure.

En roulage, la pression augmente; ne dégonflez donc jamais un pneu qui vient de rouler: considérez que, pour être correcte, sa pression doit être au moins supérieure de 0,3 bar à celle préconisée à froid.

Le surgonflage: si vous devez effectuer un long trajet à vitesse soutenue, ou si la charge de votre voiture est particulièrement importante, il est généralement conseillé de majorer la pression de vos pneus. Attention; l'écart de pression avant-arrière nécessaire à l'équilibre du véhicule doit être impérativement respecté. Consultez les tableaux de gonflage Michelin chez tous les professionnels de l'automobile et chez les spécialistes du pneu, et n'hésitez pas à leur demander conseil.

Le sous-gonflage: lorsque la pression de gonflage est

insuffisante, les flancs du pneu travaillent anormalement, ce qui entraîne une fatigue excessive de la carcasse, une élévation de température et une usure anormale.

Vérifiez la pression de vos pneus régulièrement et avant chaque voyage.

Le pneu subit alors des dommages irréversibles qui peuvent entraîner sa destruction immédiate ou future.

En cas de perte de pression, il est impératif de consulter un spécialiste qui en recherchera la cause et jugera de la réparation éventuelle à effectuer.

Le bouchon de valve: en apparence, il s'agit d'un détail; c'est pourtant un élément essentiel de l'étanchéité. Aussi, n'oubliez pas de le remettre en place après vérification de la pression, en vous assurant de sa parfaite propreté.

Voiture tractant caravane, bateau...

Dans ce cas particulier, il ne faut jamais oublier que le poids de la remorque accroît la charge du véhicule. Il est donc nécessaire d'augmenter la pression des pneus arrière de votre voiture, en vous conformant aux indications des tableaux de gonflage Michelin. Pour de plus amples renseignements, demandez conseil à votre revendeur de pneumatiques, c'est un véritable spécialiste.

POUR FAIRE DURER VOS PNEUS, GARDEZ UN OEIL SUR EUX.

Afin de préserver longtemps les qualités de vos pneus, il est impératif de les faire contrôler régulièrement, et avant chaque grand voyage. Il faut savoir que la durée de vie d'un pneu peut varier dans un rapport de 1 à 4, et parfois plus, selon son entretien, l'état du véhicule, le style de conduite et l'état des routes ! L'ensemble roue-pneumatique doit être parfaitement équilibré pour éviter les vibrations qui peuvent apparaître à partir d'une certaine vitesse. Pour supprimer ces vibrations et leurs désagréments, vous confierez l'équilibrage à un professionnel du pneumatique car cette opération nécessite un savoir-faire et un outillage très spécialisé.

Les facteurs qui influent sur l'usure et la durée de vie de vos pneumatiques:

les caractéristiques du véhicule (poids, puissance...), le profil des routes (rectilignes, sinueuses), le revêtement (granulométrie: sol lisse ou rugueux), l'état mécanique du véhicule (réglage des trains avant, arrière, état des suspensions et des freins...), le

Une conduite sportive réduit la durée de vie des pneus.

style de conduite (accélérations, freinages, vitesse de passage en courbe...), la vitesse (en ligne droite à 120 km/h un pneu s'use deux fois plus vite qu'à 70 km/h), la pression des pneumatiques (si elle est incorrecte, les pneus s'useront beaucoup plus vite et de manière irrégulière).

D'autres événements de nature accidentelle (chocs contre trottoirs, nids de poule...), en plus du risque de déréglage et

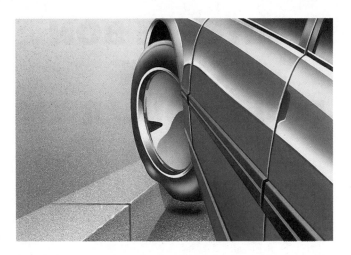

Les chocs contre les trottoirs, les nids de poule... peuvent endommager gravement vos pneus.

de détérioration de certains éléments du véhicule, peuvent provoquer des dommages internes au pneumatique dont les conséquences ne se manifesteront parfois que bien plus tard. Un contrôle régulier de vos pneus vous permettra donc de détecter puis de corriger rapidement les anomalies (usure anormale, perte de pression...). A la moindre alerte, adressez-vous immédiatement à un revendeur spécialiste qui interviendra pour préserver les qualités de vos pneus, votre confort et votre sécurité.

SURVEILLEZ L'USURE DE VOS PNEUMATIQUES:

Comment ? Tout simplement en observant la profondeur de la sculpture. C'est un facteur de sécurité, en particulier sur sol mouillé. Tous les pneus possèdent des indicateurs d'usure de 1,6 mm d'épaisseur. Ces indicateurs sont repérés par un Bibendum situé aux «épaules» des pneus Michelin. Un examen visuel suffit pour connaître le niveau d'usure de vos pneumatiques. Attention: même si vos pneus n'ont pas encore atteint la limite d'usure légale (en France, la profondeur restante de la sculpture doit être supérieure à 1,6 mm sur l'ensemble de la bande de roulement), leur capacité à évacuer l'eau aura naturellement diminué avec l'usure.

FAITES LE BON CHOIX POUR ROULER EN TOUTE TRANQUILLITE.

Le type de pneumatique qui équipe d'origine votre véhicule a été déterminé pour optimiser ses performances. Il vous est cependant possible d'effectuer un autre choix en fonction de votre style de conduite, des conditions climatiques, de la nature des routes et des trajets effectués.

Dans tous les cas, il est indispensable de consulter un spécialiste du pneumatique, car lui seul pourra vous aider à trouver la solution la mieux adaptée à votre utilisation.

Montage, démontage, équilibrage du pneu; c'est l'affaire d'un professionnel:

un mauvais montage ou démontage du pneu peut le détériorer et mettre en cause votre sécurité.

MICHELIN

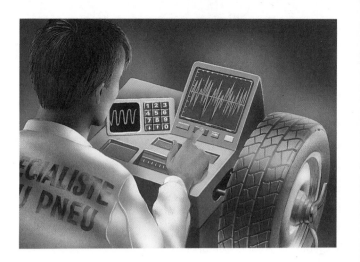

Sauf cas particulier et exception faite de l'utilisation provisoire de la roue de secours, les pneus montés sur un essieu donné doivent être identiques. Il est conseillé de monter les pneus neufs ou les moins usés à l'AR pour assurer la meilleure tenue de route en situation difficile (freinage d'urgence ou courbe serrée) principalement sur chaussée glissante.

En cas de crevaison, seul un professionnel du pneu saura effectuer les examens nécessaires et décider de son éventuelle réparation.

Il est recommandé de changer la valve ou la chambre à chaque intervention.

Il est déconseillé de monter une chambre à air dans un ensemble tubeless.

L'utilisation de pneus cloutés est strictement réglementée; il est important de s'informer avant de les faire monter.

Attention: la capacité de vitesse des pneumatiques Hiver «M+S» peut être inférieure à celle des pneus d'origine. Dans ce cas, la vitesse de roulage devra être adaptée à cette limite inférieure.

INNOVER POUR ALLER PLUS LOIN

En 1889, Edouard Michelin prend la direction de l'entreprise qui porte son nom. Peu de temps après, il dépose le brevet du pneumatique démontable pour bicyclette. Tous les efforts de l'entreprise se concentrent alors sur le développement de la technique du pneumatique. C'est ainsi qu'en 1895, pour la première fois au monde, un véhicule automobile baptisé «l'Eclair» roule sur pneumatiques. Testé sur ce véhicule lors de la course Paris-Bordeaux-Paris, le pneumatique démontre immédiatement sa supériorité sur le bandage plein.

Créé en 1898, le Bibendum symbolise l'entreprise qui, de recherche en innovation, du pneu vélocipède au pneu avion, impose le pneumatique à toutes les roues.

En 1946, c'est le dépôt du brevet du pneu radial ceinturé acier, l'une des découvertes majeures du monde du transport.

Cette recherche permanente de progrès a permis la mise au point de nouveaux produits. Ainsi, depuis 1991, le pneu dit "vert" ou "basse résistance au roulement", est devenu une réalité. Ce concept contribue à la protection de l'environnement, en permettant une diminution de la consommation de carburant du véhicule, et le rejet de gaz dans l'atmosphère.

Concevoir les pneus qui font tourner chaque jour 2 milliards de roues sur la terre, faire évoluer sans relâche plus de 3 500 types de pneus différents, c'est le combat permanent des 4 500 chercheurs Michelin.

Leurs outils : les meilleurs supercalculateurs, des laboratoires à la pointe de l'innovation scientifique, des centres de recherche et d'essais installés sur 6 000 hectares en France, en Espagne, aux Etats-Unis et au Japon. Et c'est ainsi que quotidiennement sont parcourus plus d'un million de kilomètres, soit 25 fois le Tour du Monde.

Leur volonté : écouter, observer puis optimiser chaque fonction du pneumatique, tester sans relâche, et recommencer.

C'est cette volonté permanente de battre demain le pneu d'aujourd'hui pour offrir le meilleur service à l'utilisateur, qui a permis à Michelin de devenir le leader mondial du pneumatique.

RENSEIGNEMENTS UTILES.

POUR PREPARER VOTRE VOYAGE

Pour vos itinéraires routiers en France et en Europe :

36 15 ou 36 16 MICHELIN

Vous trouverez : itinéraires détaillés, distances, péages, temps de parcours.
Mais aussi : hôtels-restaurants, curiosités touristiques, renseignements pneumatiques.

VOS PNEUMATIQUES :

Vous avez des observations, vous souhaitez des précisions concernant l'utilisation de vos pneumatiques Michelin,... écrivez-nous à :

Manufacture Française des Pneumatiques Michelin.
Boîte Postale Consommateurs
63040 Clermont-Ferrand Cedex.

ou téléphonez-nous à :

Agen 53 96 28 47	Clermont-Fd....... 73 91 29 31	Pau 59 32 56 33
Ajaccio 95 20 30 55	Dijon................... 80 67 35 38	Périgueux............... 53 03 98 13
Amiens............ 22 92 47 28	Grenoble 76 98 51 54	Perpignan 68 54 53 10
Angers............ 41 43 65 52	Le Havre 35 25 22 20	Reims 26 09 19 32
Angoulême....... 45 69 30 02	Lille 20 98 40 48	Rennes 99 50 72 00
Annecy 50 51 59 70	Limoges 55 05 18 18	Rodez..................... 65 42 17 88
Arras 21 71 12 08	Lorient............... 97 76 03 60	Rouen 35 73 63 73
Aurillac 71 64 90 33	Lyon.................... 78 69 49 48	St-Étienne.............. 77 74 22 88
Auxerre 86 46 98 66	Marseille 91 02 08 02	Strasbourg 88 39 39 40
Avignon 90 88 11 10	Montélimar 75 01 80 91	Toulouse.................. 61 41 11 54
Bayonne 59 55 13 73	Montpellier 67 79 50 79	Tours 47 28 60 59
Besançon 81 80 24 53	Nancy................. 83 21 83 21	Région parisienne
Bordeaux.......... 56 39 94 95	Nantes................ 40 92 15 44	Aubervilliers........... 48 33 07 58
Bourg 74 45 24 24	Nice.................... 93 31 66 09	Buc 39 56 10 66
Brest 98 02 21 08	Niort................... 49 33 00 42	Maisons-Alfort 48 99 55 60
Caen 31 26 68 19	Orléans 38 88 02 20	Nanterre 47 21 67 21

KERKEN Nordrhein-Westfalen 𝟦𝟣𝟤 C 12, 𝟫𝟠𝟩 ⑬ – 11 700 Ew – Höhe 35 m – 🌢 02833.
◆Düsseldorf 51 – ◆Duisburg 31 – Krefeld 17 – Venlo 22.

In Kerken-Aldekerk :

XX **Haus Thoeren** mit Zim, Marktstr. 14, ⊠ 47647, 𝒸 44 31, Fax 4987 – 📺 ☎. 🅴 𝑉𝐼𝑆𝐴.
℅ Zim
Menu *(Montag geschl.)* à la carte 35/62 *(auch vegetarische Gerichte)* – **12 Z** 95/150.

In Kerken-Nieukerk :

🏠 **Landgasthaus Wolters,** Sevelener Str. 15, ⊠ 47647, 𝒸 22 06, Fax 5154 – 📺 ☎ ⇐ 🅿.
🅰🅴 ⓞ 🅴 𝑉𝐼𝑆𝐴. ℅ Zim
Menu *(Samstag geschl.)* à la carte 32/57 – **11 Z** 80/160.

KERNEN IM REMSTAL Baden-Württemberg 𝟦𝟣𝟥 L 20 – 14 000 Ew – Höhe 265 m – 🌢 07151
(Waiblingen).
◆Stuttgart 19 – Esslingen am Neckar 9 – Schwäbisch Gmünd 43.

In Kernen-Stetten :

🏠 **Gästehaus Schlegel** garni, Tannenäckerstr. 13, ⊠ 71394, 𝒸 4 20 16, Fax 47205 – 📺 ☎
⇐ 🅿. 🅰🅴 ⓞ 🅴 𝑉𝐼𝑆𝐴
29 Z 90/170.

XX **Romantik-Restaurant Zum Ochsen** (ehem. Herberge a.d.J. 1763), Kirchstr. 15, ⊠ 71394,
𝒸 4 20 15, Fax 47103 – 🅿. 🅰🅴 ⓞ 🅴 𝑉𝐼𝑆𝐴
Mittwoch und Aug. 3 Wochen geschl. – **Menu** à la carte 43/94.

XX **Weinstube Idler - Zur Linde** mit Zim, Dinkelstr. 1, ⊠ 71394, 𝒸 4 20 18, 🍽 – 📺 ☎ ⇐
🅿
Menu *(Montag, Jan. und Aug.- Sept. jeweils 2 Wochen geschl., Dienstag nur Abendessen)*
à la carte 43/79 – **10 Z** 70/150.

X **Weinstube Bayer,** Gartenstr. 5, ⊠ 71394, 𝒸 4 52 52, Fax 43380
Montag und Juli - Aug. 2 Wochen geschl., Sonntag nur Mittagessen – **Menu** à la carte 49/80
(auch vegetarisches Menu).

KERPEN Nordrhein-Westfalen 𝟦𝟣𝟤 D 14, 𝟫𝟠𝟩 ㉓ – 56 000 Ew – Höhe 75 m – 🌢 02273.
◆Düsseldorf 60 – Düren 17 – ◆Köln 26.

In Kerpen-Blatzheim W : 5 km :

X **Neffelthal** mit Zim, Dürener Str. 365, ⊠ 50171, 𝒸 (02275) 71 95, Fax 5563 – 📺 ☎ 🅿. 🅴
𝑉𝐼𝑆𝐴
Menu *(Samstag nur Abendessen, Mittwoch und 2.- 24. Jan. geschl.)* à la carte 34/56 –
8 Z 70/140.

In Kerpen-Horrem N : 6 km :

🏠 **Rosenhof,** Hauptstr. 119, ⊠ 50169, 𝒸 (02273) 45 81, Fax 1044 – 📺 ☎ ⇐ 🅿. ℅
Aug. 3 Wochen geschl. – **Menu** *(Sonntag geschl.)* (nur Abendessen) à la carte 30/50 – **25 Z**
78/150.

In Kerpen-Sindorf NW : 4 km :

🏠 **Park-Hotel** garni, Kerpener Str. 183, ⊠ 50170, 𝒸 (02273) 57 00 94, Fax 54985 – 🛗 📺 ☎
⇐ 🅿. 🅰🅴 ⓞ 🅴 𝑉𝐼𝑆𝐴
25 Z 78/160.

Nahe der Straße von Kerpen nach Sindorf :

XXX **Schloß Loersfeld,** ⊠ 50171 Kerpen, 𝒸 (02273) 5 77 55, Fax 57466 – 🅿
Sonntag - Montag, Weihnachten - Mitte Jan. und Juli - Aug. 3 Wochen geschl. – **Menu**
(Tischbestellung ratsam) à la carte 75/93 *(bemerkenswerte Weinkarte).*

KESSELSDORF Sachsen siehe Freital.

KESTERT Rheinland-Pfalz 𝟦𝟣𝟤 F 16 – 900 Ew – Höhe 74 m – 🌢 06773.
Mainz 68 – ◆Koblenz 30 – Lorch 21.

🏠 **Krone,** Rheinstr. 37 (B 42), ⊠ 56348, 𝒸 71 42, Fax 7124, ≤, 🍽 – ☎ 🅿 – 🔏 60. 🅰🅴 ⓞ
🅴 𝑉𝐼𝑆𝐴
März geschl. – **Menu** *(Montag geschl.)* à la carte 29/56 ⚖ – **30 Z** 55/110.

🏠 **Goldener Stern,** Rheinstr. 38 (B 42), ⊠ 56348, 𝒸 71 02, Fax 7104, ≤, 🍽 – 🅰🅴 ⓞ 🅴 𝑉𝐼𝑆𝐴
10.- 30. Jan. geschl. – **Menu** *(Montag geschl.)* à la carte 31/50 ⚖ – **12 Z** 45/110
– ½ P 55/68.

KETSCH Baden-Württemberg siehe Schwetzingen.

KEVELAER Nordrhein-Westfalen 🔲 B 12, 🔲 ⑬, 🔲 J 7 – 24 000 Ew – Höhe 21 m – Wall-fahrtsort – ❊ 02832.

🖬 Verkehrsverein, im neuen Rathaus, ✉ 47623, ☎ 12 21 52, Fax 4387.

♦Düsseldorf 74 – Krefeld 41 – Nijmegen 42.

🏤 **Parkhotel,** Neustr. 3 (Luxemburger Galerie), ✉ 47623, ☎ 9 53 30, Fax 799379, 🍽, Mas-sage, ⊆s, 🔲 – 📳 🔆 🔟 ☎ ⟲ ⟸ 🄿 – 🔬 50. 🆔 ⓞ 🜂 𝖵𝖨𝖲𝖠
Menu à la carte 42/65 – **49 Z** 111/240.

🏤 **Am Bühnenhaus** 🗏 garni, Bury-St.Edmunds-Str. 13, ✉ 47623, ☎ 44 67, Fax 404239 – 🔟 ☎ ⟲ 🄿 – 🔬 15. 🜂 𝖵𝖨𝖲𝖠
23. Dez.- 2. Jan. geschl. – **28 Z** 68/135.

XX **Zur Brücke** mit Zim, Bahnstr. 44, ✉ 47623, ☎ 23 89, « Gartenterrasse » – 🔟 ☎ 🄿. 🆔 ⓞ 🜂 𝖵𝖨𝖲𝖠 🍽
Menu (Dienstag geschl.) à la carte 48/76 – **10 Z** 95/140.

In Kevelaer-Schravelen N : 1,5 km :

🏤 **Sporthotel Schravelsche Heide** 🗏, Grotendonker Str. 54, ✉ 47626, ☎ 8 05 51, Fax 80932, 🍽, ⊆s, 🔲, 🎾 (Halle), 🎿 (Halle) – 🔟 ☎ 🄿 – 🔬 30. 🆔 ⓞ 🜂 𝖵𝖨𝖲𝖠
Menu à la carte 38/70 – **33 Z** 96/165.

KIEDRICH Hessen 🔲 H 16 – 3 500 Ew – Höhe 165 m – Erholungsort – ❊ 06123.

Sehenswert : Pfarrkirche (Kirchengestühl★★, Madonna★).

Ausflugsziel : Kloster Eberbach : Sammlung alter Keltern★★, W : 4 km.

♦Wiesbaden 17 – Mainz 20.

🏠 **Nassauer Hof,** Bingerpfortenstr. 17, ✉ 65399, ☎ 24 76, Fax 62220, 🍽 – 🔟 ☎ 🄿 – 🔬 20. 🆔 ⓞ 🜂 𝖵𝖨𝖲𝖠 – Menu (Mittwoch geschl.) à la carte 36/73 🍷 – **27 Z** 80/160.

KIEFERSFELDEN Bayern 🔲 T 24, 🔲 ㉟, 🔲 I 6 – 6 000 Ew – Höhe 495 m – Luftkurort – Wintersport : 500/800 m ⟿2 ⟿3 – ❊ 08033.

🖬 Verkehrsamt, Rathausplatz 3, ✉ 83088, ☎ 6 93 94, Fax 7655.

♦München 86 – Innsbruck 78 – Rosenheim 31.

🏠 **Zur Post,** Bahnhofstr. 26, ✉ 83088, ☎ 70 51, Fax 8573, Biergarten, ⊆s, 🐴 – 📳 ☎ ⟸ 🄿, 🆔 ⓞ 🜂 𝖵𝖨𝖲𝖠
Menu à la carte 24/47 – **39 Z** 89/148.

🏠 **Gruberhof** 🗏, König-Otto-Str. 2, ✉ 83088, ☎ 70 40, Fax 7550, 🍽, ⊆s, 🔟 (geheizt), 🐴 – 🔟 ☎ 🄿, 🆔 ⓞ 🜂 𝖵𝖨𝖲𝖠 🍽
Mitte Nov.- Mitte Dez. geschl. – Menu a la carte 27/53 – **34 Z** 73/142.

🏠 **Schaupenwirt** 🗏, Kaiser-Franz-Josef-Allee 26, ✉ 83088, ☎ 82 15, Biergarten, 🐴 – 🄿
Mitte Okt.- Mitte Nov. geschl. – Menu (Dienstag geschl.) a la carte 21/40 – **10 Z** 40/80.

Siehe auch : Kufstein (Österreich)

KIEL 🕽 Schleswig-Holstein 🔲 N 4, 🔲 ⑤ – 250 000 Ew – Höhe 5 m – ❊ 0431.

Sehenswert : Hindenburgufer★★, ⩿★ R – Rathaus (Turm ⩿★) Y R.

Ausflugsziele : Freilichtmuseum★★ ③ : 6 km – Kieler Förde★★ R.

🏌 Heikendorf-Kitzeberg (① : 10 km), ☎ (0431) 2 34 04 ; 🏌 Gut Uhlenhorst (⑦ : 13 km), ☎ (04349) 5 39.

Ausstellungsgelände Ostseehalle (Y), ☎ 9 01 23 05, Telex 292511.

🖬 Touristinformation, Sophienblatt 30, ✉ 24103, ☎ 67 91 00, Fax 675439.

ADAC, Saarbrückenstr. 54, ✉ 24114, ☎ 6 60 20, Fax 6602111.

Flensburg 88 ⑤ – ♦Hamburg 96 ⑤ – ♦Lübeck 92 ③.

Stadtpläne siehe nächste Seiten

🏨 **Steigenberger Avance Conti-Hansa,** Schloßgarten 7, ✉ 24103, ☎ 5 11 50, Telex 292813, Fax 5115444, 🍽, ⊆s – 📳 🔆 Zim 🔟 ⟲ ⟸ – 🔬 120. 🆔 ⓞ 🜂 𝖵𝖨𝖲𝖠 𝖩𝖢𝖡. 🍽 Rest
Menu à la carte 46/65 – **167 Z** 215/310. X e

🏨 **Maritim-Bellevue** 🗏, Bismarckallee 2, ✉ 24105, ☎ 3 89 40, Fax 338490, ⩽ Kieler Förde, 🍽, ⊆s, 🔲 – 📳 🔆 Zim 🔟 ⟸ 🄿 – 🔬 250. 🆔 ⓞ 🜂 𝖵𝖨𝖲𝖠 🍽 Rest R e
Menu à la carte 45/89 – **89 Z** 207/452.

🏤 **Parkhotel Kieler Kaufmann** 🗏, Niemannsweg 102, ✉ 24105, ☎ 8 81 10, Fax 8811135, ⊆s, 🔲 – 🔟 ☎ 🄿 – 🔬 50. 🆔 ⓞ 🜂 𝖵𝖨𝖲𝖠 𝖩𝖢𝖡. 🍽 Rest R k
Menu à la carte 59/81 – **47 Z** 179/320.

🏤 **Kieler Yacht-Club,** Hindenburgufer 70, ✉ 24105, ☎ 8 50 55, Telex 292869, Fax 85039, ⩽ Kieler Förde, 🍽 – 📳 🔟 ☎ ⟸ 🄿 – 🔬 160. 🆔 ⓞ 🜂 𝖵𝖨𝖲𝖠 R m
Menu à la carte 55/75 – **61 Z** 172/320.

🏤 **Berliner Hof** garni, Ringstr. 6, ✉ 24103, ☎ 6 63 40, Fax 6634345 – 📳 🔆 Zim 🔟 ☎ ⟲ 🄿. 🆔 ⓞ 🜂 𝖵𝖨𝖲𝖠 – Weihnachten - Anfang Jan. geschl. – **85 Z** 95/180. Z d

KIEL
UND UMGEBUNG

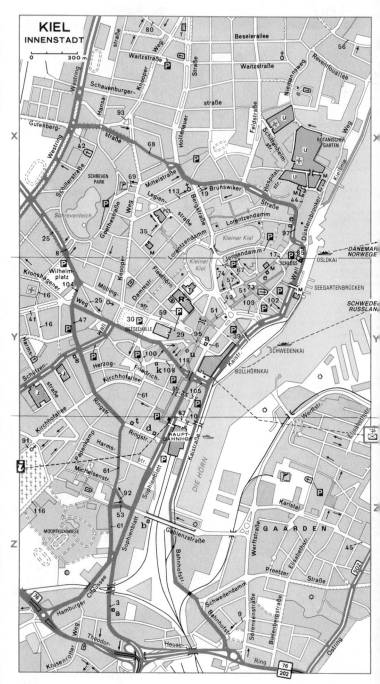

🏠 **Consul,** Walkerdamm 11, ✉ 24103, ℘ 6 30 15, Fax 63019 – 📺 ☎ ⇔. 🖭 ⊙ 🖻 𝖵𝖨𝖲𝖠 ᴊᴄв
Menu *(Samstag-Sonntag geschl.)* à la carte 35/75 – **40 Z** 120/220.   Y **k**

🏠 **Astor,** Holstenplatz 1, ✉ 24103, ℘ 9 30 17, Fax 96378, ≤ – 📳 📺 ☎ ⇔ – 🔬 60. 🖭 ⊙
🖻 𝖵𝖨𝖲𝖠 ᴊᴄв   Y **a**
Menu à la carte 31/65 – **50 Z** 115/170.

🏠 **Erkenhof** garni, Dänische Str. 12, ✉ 24114, ℘ 9 50 08, Fax 978965 – 📳 📺 ☎. 🖭 ⊙ 🖻
𝖵𝖨𝖲𝖠 – *20. Dez.- 4. Jan. geschl.* – **28 Z** 110/190.   Y **e**

🏠 **Muhl's Hotel,** Lange Reihe 5, ✉ 24103, ℘ 9 30 01, Fax 92048 – 📺 ☎. 🖭 ⊙ 🖻
𝖵𝖨𝖲𝖠   Y **u**
Menu *(Sonntag geschl.)* à la carte 29/59 *(auch vegetarische Gerichte)* – **40 Z** 99/190.

🏠 **Wiking** garni, Schützenwall 3, ✉ 24114, ℘ 67 30 51, Fax 673054, ⇔ – 📳 📺 ☎ ⇔ 🅿.
🖭 ⊙ 🖻 𝖵𝖨𝖲𝖠 ᴊᴄв   Y **s**
42 Z 110/195.

🏠 **An der Hörn,** Gablenzstr. 8, ✉ 24114, ℘ 66 30 30, Fax 6630390, ⇔ – 📺 ☎ ⇔   Z **b**
(nur Abendessen) – **34 Z**.

🏠 **Rabe's Hotel** garni, Ringstr. 30, ✉ 24103, ℘ 66 30 70, Fax 6630710 – 📺 ☎. 🖭 ⊙ 🖻 𝖵𝖨𝖲𝖠.
❀ – *über Weihnachten geschl.* – **27 Z** 80/210.   Z **t**

XXX **Restaurant im Schloß,** Wall 80, ✉ 24103, ℘ 9 11 55, Fax 91157, ≤ – ▤ – 🔬 120. 🖭
⊙ 🖻 𝖵𝖨𝖲𝖠   XY
Montag und Samstag nur Abendessen, Sonntag nur Mittagessen – Menu à la carte 52/90.

XX **September,** Alte Lübecker Chaussee 27 (1. Etage), ✉ 24113, ℘ 68 06 10, Fax 688830 –
❀ – *Sonn- und Feiertage sowie Juli-Aug. 4 Wochen geschl.* – **Menu** (nur Abendessen)
à la carte 61/74.   Z **s**

In Kiel-Holtenau :

🏠 **Zur Waffenschmiede,** Friedrich-Voss-Ufer 4, ✉ 24159, ℘ 36 96 90, Fax 363994, ≤,
« Gartenterrasse » – 📺 ☎ 🅿. 🖻 𝖵𝖨𝖲𝖠   R **r**
20. Dez.- 10. Jan. geschl. – **Menu** *(Donnerstag geschl.)* à la carte 38/64 – **12 Z** 95/195.

In Kiel-Mettenhof über Hasseldieksdammer Weg S :

🏨 **Birke** ⑤, Martenshofweg 8, ✉ 24109, ℘ 5 33 10 (Hotel) 52 00 01 (Rest.), Fax 5331333,
⇔ – 📳 📺 ☎ ⇔ 🅿 – 🔬 20. 🖭 🖻 𝖵𝖨𝖲𝖠
Waldesruh *(Samstag und Sonntag nur Abendessen)* **Menu** à la carte 41/71 – **64 Z** 135/290.

In Kiel-Schilksee ⑦ : 17 km :

XX **Restaurant am Olympiahafen,** Fliegender Holländer 45, ✉ 24159, ℘ 37 17 17,
Fax 372957, ≤, ╔ – 🅿. 🖭 🖻 – **Menu** à la carte 31/71.

In Molfsee SW : 6 km über die B 4 T :

X **Bärenkrug,** Hamburger Chausee 10 (B 4), ✉ 24113, ℘ (04347) 33 09 – 🅿
(auch vegetarische Gerichte).

In Achterwehr W : 10 km über Rendsburger Landstraße R :

XX **Beckmann's Gasthof** mit Zim, Dorfstr. 16 (B 202), ✉ 24239, ℘ (04340) 43 51, Fax 4383
– 📺 ☎ 🅿. 🖻
Menu *(Montag geschl.)* (wochentags nur Abendessen) à la carte 53/68 – **7 Z** 95/140.

In Raisdorf-Vogelsang ② : 10 km :

🏠 **Rosenheim,** Preetzer Str. 1, ✉ 24223, ℘ (04307) 50 11, Fax 6300, ⇝ – ⇷ Zim 📺 ☎
⇔ 🅿 – 🔬 60. 🖭 ⊙ 🖻 𝖵𝖨𝖲𝖠 ᴊᴄв. ❀ Zim – **Menu** à la carte 35/52 – **23 Z** 95/165.

KINDERBEUERN Rheinland-Pfalz siehe Ürzig.

KINDING Bayern 🔢🔢🔢 R 19,20 – 2 900 Ew – Höhe 374 m – ✿ 08467.
◆München 107 – Ingolstadt 34 – ◆Nürnberg 62 – ◆Regensburg 61.

🏠 **Zum Krebs,** Marktplatz 1, ✉ 85125, ℘ 3 39, Fax 207, ╔ – 🅿
→ *Mitte Nov.- Mitte Dez. geschl.* – **Menu** *(Nov.- April Mittwoch geschl.)* à la carte 19/42 –
40 Z 50/80.

↗ **Krone,** Marktplatz 14, ✉ 85125, ℘ 2 68, Fax 729 – 🅿. ❀ Rest
→ *Ende Okt.- Mitte Nov. geschl.* – **Menu** *(im Sommer Dienstag nur Abendessen, im Winter
Dienstag geschl.)* à la carte 15/33 – **28 Z** 47/90.

KINHEIM Rheinland-Pfalz 🔢🔢🔢 E 17 – 1 000 Ew – Höhe 105 m – Erholungsort – ✿ 06532 (Zeltingen).
⬥Mainz 127 – Bernkastel-Kues 14 – ◆Trier 52 – Wittlich 15.

🏠 **Pohl-Zum Rosenberg,** Moselweinstr. 3 (B 53), ✉ 54538, ℘ 21 96, Fax 1054, ≤, ╔, ⇔,
→ 🔲, ⇝ – 🅿
10. Jan.- 10. Feb. geschl. – **Menu** *(Nov.- April Donnerstag geschl.)* à la carte 24/53 ♨ –
30 Z 60/112.

KIPFENBERG Bayern 📐 R 20 – 5 100 Ew – Höhe 400 m – Erholungsort – 🕿 08465.
🛈 Fremdenverkehrsbüro, Marktplatz 2, ✉ 85110, 𝒫 1 74 30, Fax 17422.
◆München 102 – Ingolstadt 28 – ◆Nürnberg 69.

🏠 **Alter Peter**, Marktplatz 16, ✉ 85110, 𝒫 2 97, Fax 3663, ➺ – 🛗 ☎ – 🔏 20. 🖭 🗲 𝖵𝖨𝖲𝖠
➻ *Nov. 3 Wochen geschl.* – **Menu** *(Okt. - Mai Mittwoch geschl.)* à la carte 24/48 – **24 Z** 59/89.

In Kipfenberg-Arnsberg SW : 5 km :

🏠 **Landgasthof zum Raben**, Schloßleite 1, ✉ 85110, 𝒫 9 40 40, Fax 940420, 🍴, ➺ – ☎
➻ 🅿 – 🔏 25. 🕸 Rest
Dez. 2 Wochen geschl. – **Menu** à la carte 20/40 – **26 Z** 58/108.

🏠 **Schloß Arnsberg** ⅏ (Burganlage a. d. 11. Jh.), ✉ 85110, 𝒫 31 54, Fax 1015, ⟨ Altmühltal, 🍴 – 🅿 – 🔏 20 – 24. Dez. - 5. Jan. und Mitte Feb. - Mitte März geschl. – **Menu** *(Montag geschl.)* à la carte 26/59 – **20 Z** 74/134.

In Kipfenberg-Pfahldorf W : 6 km :

🏠 **Geyer** ⅏, Alte Hauptstr. 10, ✉ 85110, 𝒫 5 01, Fax 3396, ➺, ☞ – 🛗 🅿 🗲
➻ *1. - 30. Nov. geschl.* – **Menu** *(Donnerstag geschl.)* à la carte 22/40 – **45 Z** 55/88
– ½ P 58/64.

In Kipfenberg-Schambach SW : 7 km :

🏠 **Zur Linde** (mit Gästehaus), Bachweg 2, ✉ 85110, 𝒫 4 78, Fax 3692, ☞ – 📺 ☎ ⇔ 🅿
➻ *Nov. 3 Wochen geschl.* – **Menu** *(Mittwoch, Dez. - März Dienstag - Mittwoch geschl.)* à la carte 18/41 – **25 Z** 45/106.

KIRCHBERG IM WALD Bayern 📐 W 20 – 4 300 Ew – Höhe 736 m – Erholungsort – Wintersport : 750/800 m ⚓2 – 🕿 09927.
🛈 Verkehrsamt, Rathausplatz 1, ✉ 94259, 𝒫 10 15, Fax 1043.
◆München 165 – Passau 52 – Regen 8 – ◆Regensburg 100.

🏠 **Zum Amthof**, Amthofplatz 5, ✉ 94259, 𝒫 2 72, Fax 1796, 🍴, ➺, 🔲, ☞ – 📺 ☎ 🅿
➻ *Nov. geschl.* – **Menu** *(Mittwoch geschl.)* à la carte 19/44 – **24 Z** 49/130.

KIRCHBERG Sachsen 📐 J 17. 📐 ㉗, 📐 ㉓ – 10 000 Ew – Höhe 350 m – 🕿 037602.
◆Dresden 113 – Zwickau 13 – Plauen 59.

In Wolfersgrün W : 2 km :

🏠 **Auberge** ⅏ garni, Kirchberger Str. 28, ✉ 08107, 𝒫 (037802) 6 44 76, Fax 64476, ➺, ☞
– 📺 ☎ 🅿 – 🔏 15. 🖭 🗲 – **17 Z** 70/110.

KIRCHEN (SIEG) Rheinland-Pfalz siehe Betzdorf.

KIRCHENSITTENBACH Bayern siehe Hersbruck.

KIRCHHAM Bayern 📐 W 21 – 2 300 Ew – Höhe 335 m – 🕿 08533.
🛈 Verkehrsamt, Rathaus, Kirchplatz 3, ✉ 94148, 𝒫 28 29, Fax 7146.
◆München 145 – Passau 34 – Salzburg 107.

🏠 **Haslinger Hof** ⅏, Ed 1 (NO : 1,5 km), ✉ 94148, 𝒫 (08531) 29 50, Fax 295200, 🍴, Biergarten, Massage, ➺, ☞ – 📺 ☎ ⇔ 🅿 – **Menu** à la carte 20/43 – **44 Z** 57/120.

KIRCHHEIM Hessen 📐 L 14. 📐 ㉕ – 4 000 Ew – Höhe 245 m – Luftkurort – 🕿 06625.
◆Wiesbaden 156 – Fulda 42 – Gießen 76 – ◆Kassel 67.

🏠 **Hattenberg** garni, Am Hattenberg 1, ✉ 36275, 𝒫 80 01, Fax 8311 – ⇜ Zim 📺 ☎ ⅙ 🅿.
🗲 𝖵𝖨𝖲𝖠 – **45 Z** 108/159.

🏠 **Eydt**, Hauptstr. 19, ✉ 36275, 𝒫 70 01, Fax 5333 – 🛗 ⇜ Zim 📺 ☎ 🅿 – 🔏 80. 🗲 𝖵𝖨𝖲𝖠
Menu à la carte 31/52 – **60 Z** 78/129.

An der Autobahnausfahrt S : 1,5 km :

🏠 **Motel-Center Kirchheim**, ✉ 36275 Kirchheim, 𝒫 (06625) 10 80, Fax 8656, ⟨, 🍴, ➺,
🔲, ☞ – ⇜ Zim 📺 ☎ ⅙ 🅿 – 🔏 70. 🖭 ⓪ 🗲 𝖵𝖨𝖲𝖠
Menu à la carte 43/65 – **140 Z** 110/185.

KIRCHHEIM AM RIES Baden-Württemberg siehe Bopfingen.

KIRCHHEIM BEI MÜNCHEN Bayern 📐 S 22 – 11 700 Ew – Höhe 524 m – 🕿 089 (München).
◆München 17 – Landshut 86 – Rosenheim 74.

In Kirchheim-Heimstetten :

🏠 **Räter-Park-Hotel**, Räterstr. 9, ✉ 85551, 𝒫 90 50 40, Fax 9044642, ➺ – 🛗 ⇜ Zim 📺
☎ ⇔ 🅿 – 🔏 100. 🖭 ⓪ 🗲 𝖵𝖨𝖲𝖠 𝖩𝖢𝖡
Räter Stuben *(Samstag geschl.)* **Menu** à la carte 32/63 – **152 Z** 145/255.

KIRCHHEIM UNTER TECK Baden-Württemberg **413** L 21, **987** ㉟ – 37 500 Ew – Höhe 311 m – ✆ 07021.

🛈 Verkehrsamt, Max-Eyth-Str. 15, ✉ 73230, ℰ 30 27, Fax 480538.

Stuttgart 35 – Göppingen 19 – Reutlingen 30 – ◆Ulm (Donau) 59.

Zum Fuchsen, Schlierbacher Str. 28, ✉ 73230, ℰ 57 80, Fax 578444, ⇌ – 📶 ❄ Zim
📺 ❶ – 🔬 40. 🆎 ⓞ ☲ 𝘝𝘐𝘚𝘈. ⅋ Rest
Menu *(Sonntag geschl.)* à la carte 39/71 – **80 Z** 135/240.

Park-Hotel, Eichendorffstr. 99, ✉ 73230, ℰ 8 00 80, Fax 800888 – 📶 📺 ☎ ⇌ ❶ – 🔬 40.
🆎 ⓞ ☲ 𝘝𝘐𝘚𝘈
Menu *(Sonntag nur Mittagessen)* à la carte 34/59 – **68 Z** 135/220.

Waldhorn, Am Marktplatz 8, ✉ 73230, ℰ 9 22 40, Fax 922450, ㄍ – 📶 ❄ Zim 📺 ☎.
🆎 ⓞ ☲ 𝘝𝘐𝘚𝘈
Menu *(Freitag geschl.)* à la carte 31/60 – **15 Z** 115/180.

Schwarzer Adler, Alleenstr. 108, ✉ 73230, ℰ 4 63 53, Fax 71985 – 📶 📺 ☎ ⇌ ❶
Menu *(Samstag-Sonntag geschl.)* à la carte 30/63 – **36 Z** 99/170.

Altes Haus (Fachwerkhaus a.d.J. 1422), Alleenstr. 52, ✉ 73230, ℰ 4 72 91, Fax 47291,
« Restaurant in einem Natursteingewölbekeller » – ☲
Dienstag geschl. – **Menu** (nur Abendessen) à la carte 47/85.

In Kirchheim-Nabern SO : 6 km :

Rössle (mit Gästehaus), Weilheimer Str. 1, ✉ 73230, ℰ 5 59 25, ⇌, 🔲 – 📶 ☎ ❶. ⅋
23. Dez.- 6. Jan. geschl. – **Menu** *(Samstag geschl.)* (wochentags nur Abendessen) à la carte
27/51 – **26 Z** 65/125.

In Ohmden O : 6 km :

Landgasthof am Königsweg mit Zim, Hauptstr. 58, ✉ 73275, ℰ (07023) 20 41, Fax 8266,
« Renoviertes Fachwerkhaus mit moderner Einrichtung » – 📺 ☎. 🆎 ☲
über Fasching und Ende Aug.- Anfang Sept. geschl. – **Menu** *(Montag geschl., Dienstag und
Samstag nur Abendessen)* à la carte 54/91 – **7 Z** 110/220.

KIRCHHEIMBOLANDEN Rheinland-Pfalz **412** H 18, **987** ㉔ – 7 100 Ew – Höhe 285 m – Erholungsort – ✆ 06352.

🛈 Verkehrsbüro, Uhlandstr. 2, ✉ 67292, ℰ 17 12.

Mainz 50 – Kaiserslautern 36 – Bad Kreuznach 42 – Worms 33.

Schillerhain 🌲, Schillerhain 1, ✉ 67292, ℰ 41 41, Fax 6521, ㄍ, « Park », 🌳 – 📶 📺
☎ ⇌ ❶ – 🔬 50
Jan. 3 Wochen geschl. – **Menu** à la carte 28/49 ⅃ – **22 Z** 70/140 – ½ P 75/95.

Braun garni, Uhlandstr. 1, ✉ 67292, ℰ 23 43, Fax 6228, ⇌ – 📶 📺 ☎ ⇌ ❶ – 🔬 25.
🆎 ⓞ ☲ 𝘝𝘐𝘚𝘈
41 Z 74/124.

In Dannenfels-Bastenhaus SW : 9 km – Erholungsort :

Bastenhaus, ✉ 67814, ℰ (06357) 50 21, Fax 1051, ≤, ㄍ, ⇌, 🌳 – 📺 ☎ ⇌ ❶ – 🔬 40.
🆎 ☲ 𝘝𝘐𝘚𝘈
13. Feb.- 5. März und 14.- 27. Aug. geschl. – **Menu** à la carte 33/59 ⅃ – **22 Z** 65/110
– ½ P 70/75.

KIRCHHUNDEM Nordrhein-Westfalen **412** H 13, **987** ㉔ – 12 700 Ew – Höhe 308 m – ✆ 02723.

🛈 Verkehrsamt, Gemeindeverwaltung, ✉ 57399, ℰ 40 90.

◆Düsseldorf 136 – Meschede 51 – Olpe 22 – Siegen 35.

In Kirchhundem-Heinsberg S : 8 km :

Schwermer 🌲, Talstr. 60, ✉ 57399, ℰ 76 38, Fax 73300, 🌳 – 📺 ❶ – 🔬 35. ☲ 𝘝𝘐𝘚𝘈
Menu à la carte 24/62 – **25 Z** 52/164.

In Kirchhundem-Selbecke O : 4 km :

Zur Post 🌲, Selbecke 21, ✉ 57399, ℰ 7 27 44, 🌳 – ⇌ ❶
Nov. geschl. – **Menu** *(Donnerstag geschl.)* à la carte 24/43 – **12 Z** 40/90.

Am Panorama-Park Sauerland SO : 12 km, Richtung Erndtebrück :

Pano's Hotel 🌲, ✉ 57399 Kirchhundem, ℰ (02723) 76 88, Fax 72140, ≤, ㄍ, ⇌, ⅋ –
📺 ☎ ❶ – 🔬 25. ⅋ Zim
12 Z.

KIRCHLINTELN Niedersachsen **411** KL 8 – 8 000 Ew – Höhe 40 m – ✆ 04237.

◆Hannover 87 – ◆Bremen 40 – Rotenburg (Wümme) 28.

In Kirchlinteln-Schafwinkel O : 10 km :

Landhaus Badenhoop 🌲, Zum Keenmoor 13, ✉ 27308, ℰ 8 88, Fax 539, ㄍ, ⇌, 🔲 ,
🌳 – 📶 📺 ☎ ❶ – 🔬 60
Menu à la carte 28/61 – **18 Z** 80/150.

KIRCHZARTEN Baden-Württemberg 🔟🔟🔟 G 23, 🔟🔟🔟 H 2, 🔟🔟🔟 ㊱ – 9 000 Ew – Höhe 392 m – Luftkurort – 🔾 07661.

Ausflugsziel : Hirschsprung★ SO : 10 km (im Höllental).

🔟 Krüttweg, 𝒫 55 69.

🔟 Verkehrsamt, Hauptstr. 24, ✉ 79199, 𝒫 39 39, Fax 39345.

◆Stuttgart 177 – Donaueschingen 54 – ◆Freiburg im Breisgau 9,5.

🏨 **Sonne,** Hauptstr. 28, ✉ 79199, 𝒫 6 20 15, Fax 7535, ⛲ – 📺 ☎ 🅿. 🅰🅴 ① 🅴 𝘝𝘐𝘚𝘈
Ende Okt.- Mitte Nov. geschl. – **Menu** *(Freitag geschl., Samstag nur Abendessen)* à la carte 34/57 ⅃ – **24 Z** 69/125.

🏨 **Fortuna,** Hauptstr. 7, ✉ 79199, 𝒫 39 80, Fax 398100, ⛲ – 🛗 ☎ 🅿. 🅰🅴 🅴 𝘝𝘐𝘚𝘈. ⌘ Rest
Menu *(Jan. geschl.)* à la carte 29/60 – **38 Z** 80/120.

🏨 **Haus Hubertus** ⤳ garni, Dr.-Gremmelsbacher-Str. 10, ✉ 79199, 𝒫 41 01, Fax 4601, ⇔s – 📺 ☎ ⇔ 🅿. ⌘
16 Z 55/110.

🏨 **Zur Krone,** Hauptstr. 44, ✉ 79199, 𝒫 42 15, Fax 2457, ⇔s – ☎ 🅿. ⌘ Zim
Mitte Jan.- Mitte Feb. geschl. – **Menu** *(Mittwoch geschl., Donnerstag nur Abendessen)* à la carte 25/51 ⅃ – **11 Z** 60/110.

🍴 **Zum Rössle** ⤳ mit Zim (Gasthof a.d.J. 1750), Dietenbach 1 (S : 1 km), ✉ 79199, 𝒫 22 40, ⛲ – 📺 ☎ 🅿. 🅰🅴 ① 🅴
Menu *(Mittwoch geschl.)* à la carte 36/57 – **6 Z** 65/125.

In Kirchzarten-Burg-Höfen O : 1 km :

🏨 **Gasthaus Schlegelhof** ⤳, Höfener Str. 92, ✉ 79199, 𝒫 50 51, Fax 62312, ⇚ – 📺 ☎ 🅿
Juni und Nov. jeweils 2 Wochen geschl. – **Menu** *(Mittwoch geschl.)* (wochentags nur Abendessen) à la carte 28/59 ⅃ – **10 Z** 80/170.

In Buchenbach O : 3,5 km :

🏨 **Gasthaus Zum Himmelreich** (Hofgut a.d.J. 1518), Himmelreich 37 (B 31), ✉ 79256, 𝒫 (07661) 41 25, ⛲ – 🅿
25. Nov.- 18. Dez. geschl. – **Menu** *(Nov.- April Montag geschl.)* à la carte 25/52 ⅃ – **14 Z** 65/130.

In Stegen-Eschbach N : 4 km :

🍴🍴 **Landgasthof Reckenberg** ⤳ mit Zim, Reckenbergstr. 2, ✉ 79252, 𝒫 (07661) 6 11 12, Fax 61112, ⛲ – ☎ ⇔ 🅿. 🅴. ⌘
Feb. und Juli jeweils 2 Wochen geschl. – **Menu** *(Dienstag geschl., Mittwoch nur Abendessen)* à la carte 64/91 ⅃ – **9 Z** 75/180.

KIRKEL Saarland 🔟🔟🔟 E 19, 🔟🔟🔟 ⑦ – 9 100 Ew – Höhe 240 m – 🔾 06849.
◆Saarbrücken 25 – Homburg/Saar 10 – Kaiserslautern 48.

In Kirkel-Neuhäusel :

🍴🍴 **Ressmann's Restaurant** mit Zim, Kaiserstr. 87, ✉ 66459, 𝒫 2 72, Fax 6160 – 🅿. 🅴 𝘝𝘐𝘚𝘈
Dienstag und Feb.- März 2 Wochen geschl., Samstag nur Abendessen – **Menu** à la carte 56/82 – **5 Z** 58/106.

🍴🍴 **Rützelerie Geiß,** Brunnenstraße, ✉ 66459, 𝒫 13 81, Fax 1381 – 🅴
Sonntag - Montag geschl. – **Menu** (nur Abendessen) à la carte 53/76.

KIRN Rheinland-Pfalz 🔟🔟🔟 F 17, 🔟🔟🔟 ㉔ – 9 500 Ew – Höhe 200 m – 🔾 06752.
Ausflugsziel : Schloß Dhaun (Lage★) NO : 5 km.

🔟 Verkehrsamt, Am Bahnhof, ✉ 55606, 𝒫 40 06, Fax 8921.

Mainz 76 – Idar-Oberstein 16 – Bad Kreuznach 33.

🏨 **Parkhotel,** Kallenfelser Str. 40, ✉ 55606, 𝒫 36 66, Fax 3667, ⛲, ⛺ – 📺 ☎ ⇔ 🅿. 🅰🅴 🅴. ⌘ Rest
5.- 28. Feb. geschl. – **Menu** à la carte 30/73 – **18 Z** 55/125.

🏨 **Nahe-Hotel Spielmann,** an der B 41 (S : 2 km), ✉ 55606, 𝒫 9 30 10, Fax 930140, ⛲, ⛺ ◆ – 📺 ☎ ⇔ 🅿. 🅰🅴 ① 🅴 𝘝𝘐𝘚𝘈
21. Dez.- 10. Jan. geschl. – **Menu** à la carte 23/51 – **20 Z** 60/100.

🍴🍴 Kyrburg, bei der Burgruine, ✉ 55606, 𝒫 65 44, Fax 5934, « Gartenterrasse mit ≤ Kirn und Nahetal » – 🅿.

In Bruschied-Rudolfshaus NW : 9 km :

🏨 **Forellenhof Reinhartsmühle** ⤳, ✉ 55606, 𝒫 (06544) 3 73, Fax 1080, « Terrasse am Teich », ⛺ – ⇔ Zim 📺 ☎ ⇔ 🅿. 🅰🅴 ① 🅴 𝘝𝘐𝘚𝘈. ⌘
Jan.- Feb. geschl. – **Menu** *(Montag geschl.)* à la carte 43/75 *(auch vegetarische Gerichte)* – **30 Z** 90/170.

KLEINWALSERTAL 413 N 24,25, 987 36, 426 C 6 – Österreichisches Hoheitsgebiet, wirtschaftlich der Bundesrepublik Deutschland angeschlossen. – 5 500 Ew – Deutsche Währung, Grenzübertritt mit Personalausweis – Wintersport : 1 100/2 000 m ⸌2 ⸌34 ⸌8 – ✆ 08329 (Riezlern).

Sehenswert : Tal★.

Hotels und Restaurants : Außerhalb der Saison variable Schließungszeiten.

🛈 Verkehrsamt, Hirschegg, im Walserhaus, ⊠ 87568, ℰ 5 11 40, Fax 511421.

🛈 Verkehrsamt, Mittelberg, Walserstr. 89, ⊠ 87569, ℰ 51 14 19.

🛈 Verkehrsamt, Riezlern, Walserstr. 54, ⊠ 87567, ℰ 51 14 18.

In Riezlern – Höhe 1 100 m :

🏨 **Almhof Rupp** ⏍, Walserstr. 83, ⊠ 87567, ℰ 50 04, Fax 3273, ≤, ≘s, ⤢ – ⮕ 📺 ☎ ℗. ⅍ Rest
Mitte April - Mitte Mai und Anfang Nov. - Mitte Dez. geschl. – **Menu** *(Montag geschl.)* (nur Abendessen, Tischbestellung erforderlich) à la carte 38/69 – **30 Z** 145/290 – ½ P 175/195.

🏨 **Jagdhof,** Walserstr. 27, ⊠ 87567, ℰ 56 03, Fax 3348, ㎡, ≘s, ⤢, ⤢, ㎡ – ⮕ 📺 ☎ ⮐ ℗. ⅍ Rest
Menu à la carte 36/69 – **50 Z** (nur ½ P)118/376.

🏨 Riezler Hof, Walserstr. 57, ⊠ 87567, ℰ 5 37 70, Fax 537750, ≘s – ⮕ 📺 ☎ ℗
27 Z.

🏨 **Stern,** Walserstr. 61, ⊠ 87567, ℰ 52 08, Fax 5765, ≘s – ⮕ 📺 ☎ ℗. ⅍ Rest
Menu à la carte 25/52 – **34 Z** 123/336.

🏨 Traube, Walserstr. 56, ⊠ 87567, ℰ 52 07, Fax 6126 – ⮕ 📺 ☎ ℗. ⅍
(nur Abendessen) – **23 Z**.

🏨 **Wagner,** Walserstr. 1, ⊠ 87567, ℰ 52 48, Fax 3266, ≤, ≘s, ⤢, ㎡, ⅋ – 📺 ☎ ⮐ ℗. ⅍ Rest
Ende April - Ende Mai und 3. Nov.- 10. Dez. geschl. – (nur Abendessen für Hausgäste) – **20 Z** (nur ½ P) 95/220.

🏨 **Haus Böhringer** ⏍ garni, Westeggweg 6, ⊠ 87567, ℰ 53 38, Fax 3475, ≤, ≘s, ⤢ – 📺 ☎ ℗. ⅍
Mitte April - Mitte Mai und Mitte Okt.- Mitte Dez. geschl. – **16 Z** 62/162.

🏨 **Post,** Walserstr. 48, ⊠ 87567, ℰ 5 21 50, Fax 521525, ㎡, ⅋ – 📺 ☎ ⮐ ℗. AE ⓞ VISA
Menu à la carte 27/64 – **30 Z** 105/250.

XX **Alpenhof Kirsch** ⏍ mit Zim, Zwerwaldstr. 28, ⊠ 87567, ℰ 52 76, ㎡, ㎡ – 📺 ☎ ℗. AE ⓞ ⅇ VISA
18. April - 6. Mai, 19. Juni - 8. Juli und 23. Okt.- 21. Dez. geschl. – **Menu** *(Mittwoch geschl., Donnerstag nur Abendessen)* à la carte 36/70 – **6 Z** 71/202.

In Riezlern-Egg W : 1 km :

🏨 **Erlebach** ⏍, Eggstr. 21, ⊠ 87567, ℰ 53 69, Fax 3444, ≤, ㎡, ≘s, ⤢ – ⮕ 📺 ☎ ⮐ ℗
Mitte April - Ende Mai und Mitte Nov. - Anfang Dez. geschl. – **Menu** *(Montag - Freitag nur Abendessen)* à la carte 30/63 – **48 Z** (nur ½ P) 121/300.

In Hirschegg – Höhe 1 125 m :

🏨 **Ifen-Hotel** ⏍, Oberseitestr. 6, ⊠ 87568, ℰ 5 07 10, Fax 3475, ≤, ㎡, Massage, ⬚, ≘s, ⤢, ㎡ – ⮕ 📺 ⮐ ℗ – 🔬 80. AE ⓞ ⅇ VISA. ⅍ Rest
Mitte April - Mitte Juni geschl. – **Menu** (nur Abendessen) à la carte 66/86 – **61 Z** (nur ½ P) 164/465, 9 Suiten.

🏨 **Walserhof,** Walserstr. 11, ⊠ 87568, ℰ 56 84, Fax 5938, ≤, ㎡, ≘s, ⤢, ㎡, ⅋ – ⮕ 📺 ☎ ℗. AE. ⅍ Rest
8. Nov.- 20. Dez. geschl. – **Menu** à la carte 28/68 – **38 Z** (nur ½ P) 120/356, 3 Suiten.

🏨 **Gemma** ⏍, Schwarzwassertalstr. 21, ⊠ 87568, ℰ 53 60, Fax 6861, ≤, Massage, ≘s, ⤢, ㎡ – ⮕ 📺 ☎ ⮐ ℗. ⅇ. ⅍ Rest
Anfang Nov.- Mitte Dez. geschl. – (nur Abendessen für Hausgäste) – **26 Z** (nur ½ P) 156/386.

🏨 **Pension Sonnenberg** ⏍ (Bauernhaus a. d. 16. Jh.), Am Berg 26, ⊠ 87568, ℰ 54 33, Fax 543333, ≤ Kleinwalsertal, « Gartenanlage », ≘s, ⤢, ㎡ – 📺 ☎ ℗. ⅍ Rest
Mitte April - Mitte Mai und Ende Okt.- Mitte Dez. geschl. – (nur Abendessen für Hausgäste) – **16 Z** (nur ½ P) 106/280.

🏨 **Adler** (mit Gästehaus), Walserstr. 51, ⊠ 87568, ℰ 5 42 40, Fax 3621, ≤, ㎡, ≘s – 📺 ☎ ⮐ ℗
23. April - 20. Mai und 2. Nov.- 16. Dez. geschl. – **Menu** *(Mittwoch geschl.)* (nur Abendessen) a la carte 30/63 – **20 Z** 89/230.

🏨 **Haus Tanneneck,** Walserstr. 25, ⊠ 87568, ℰ 57 67, ≤, ⤢, ㎡ – 📺 ☎ ℗. ⅍
Mitte April - Mitte Mai und Nov.- 15. Dez. geschl. – (nur Abendessen für Hausgäste) – **16 Z** (nur ½ P) 95/240.

In Mittelberg – Höhe 1 220 m

🏨 **Reinhard Leitner** ⚜️, Walserstr. 55, ⊠ 87569, ℘ 5 78 80, Fax 641639, ≼, ⇌, 🗔, 🐎
– ☎ ℗. 🍽 Rest
23. April - 25. Mai und 3. Nov.- 15. Dez. geschl. – (nur Abendessen für Hausgäste) – **30 Z**
115/250.

🏨 Rosenhof ⚜️ (mit Gästehäusern), An der Halde 15, ⊠ 87569, ℘ 51 94, Fax 658540, ≼,
Massage, ⇌, 🗔, 🐎 – ⥯ Zim 📺 ☎ ℗
(nur Abendessen für Pensionsgäste) – **36 Z**.

🍴 **Schwendle,** Schwendlestr. 5, ⊠ 87569, ℘ 59 88, Fax 59884, ≼ Kleinwalsertal, 🌴 – ℗
Dienstag nur Abendessen, Montag, 20. April - 23. Mai und 20. Okt.- 20. Dez. geschl. –
Menu à la carte 22/45 ⚘.

In Mittelberg-Höfle S : 2 km, Zufahrt über die Straße nach Baad :

🏨 **IFA-Hotel Alpenhof Wildental** ⚜️, Höfle 8, ⊠ 87569, ℘ 6 54 40, Fax 65448, ≼, 🌴, ⇌,
🗔, 🐎 – ⥯ 📺 ⟺ ℗. 🍽
Mitte April - Mitte Mai und Ende Okt.- Mitte Dez. geschl. – **Menu** (Abendessen nur für
Hausgäste) à la carte 31/49 – **57 Z** (nur ½ P) 145/386.

In Mittelberg-Baad SW : 4 km – Höhe 1 250 m

🏠 **Haus Hoeft** ⚜️ garni, Starzelstr. 18, ⊠ 87569, ℘ 50 36, ≼, ⇌, 🗔, 🐎 – 📺 ℗. 🍽
Mitte Okt.- Mitte Dez. und Mitte April - Mitte Mai geschl. – **18 Z** 55/110.

Les prix	Pour toutes précisions sur les prix indiqués dans ce guide, reportez-vous aux pages de l'introduction.

KLETTGAU Baden-Württemberg 🗺🔢🔢 I 24, 🔢🔢🔢 ⑦ – 6 500 Ew – Höhe 345 m – ✆ 07742.
♦Stuttgart 170 – Donaueschingen 56 – Freiburg im Breisgau 91 – Schaffhausen 23 – Waldshut-Tiengen 13.

In Klettgau-Griesen :

🍴🍴 **Landgasthof Mange,** Kirchstr. 2, ⊠ 79771, ℘ 54 17, 🌴. 🏧 ⓪ 🅴 𝑉𝐼𝑆𝐴
Montag - Dienstag geschl.) Menu à la carte 34/64.

KLEVE Nordrhein-Westfalen 🔢🔢🔢 B 11, 🔢🔢🔢 ⑬, 🔢🔢🔢 J 6 – 47 200 Ew – Höhe 46 m – ✆ 02821.
🏌 Bedburg-Hau/Moyland (SO : 8 km), ℘ (02824) 47 49.
ADAC, Großer Markt 19, ⊠ 47533, ℘ (0221) 47 27 47, Fax 14374.
♦Düsseldorf 95 – Emmerich 11 – Nijmegen 23 – Wesel 43.

🏨 **Cleve,** Tichelstr. 11, ⊠ 47533, ℘ 71 70, Fax 717100, ⇌, 🗔 – ⥯ ⥯ Zim 🍽 Zim 📺 ⚘
⟺ ℗ – ⚒ 130. 🏧 ⓪ 🅴 𝑉𝐼𝑆𝐴
– **Lohengrin** *(nur Abendessen, Sonntag geschl., Tischbestellung ratsam)* **Menu** à la carte
57/86 – **Bistro :** **Menu** à la carte 47/78 – **118 Z** 145/190, 8 Suiten.

🏨 **Parkhotel Schweizerhaus,** Materborner Allee 3, ⊠ 47533, ℘ 80 70, Fax 807100, 🌴 –
⥯ ⥯ Zim ☎ ℗ – ⚒ 130. 🏧 ⓪ 🅴 𝑉𝐼𝑆𝐴
Menu à la carte 40/71 – **136 Z** 100/165.

🏠 **Heek** garni, Lindenallee 37, ⊠ 47533, ℘ 2 50 84, Fax 12198, 🗔 – ⥯ 📺 ☎ ℗. 🏧 🅴 𝑉𝐼𝑆𝐴
33 Z 102/160.

🍴🍴 **Cordes** (Restaurant in einer Villa aus der Zeit der Jahrhundertwende), Tiergartenstr.
50 (Ecke Klever Ring), ⊠ 47533, ℘ 1 76 40, 🌴 – ℗. 🍽
Montag - Dienstag geschl. – **Menu** (wochentags nur Abendessen, Tischbestellung ratsam)
à la carte 55/76.

KLEVE KREIS STEINBURG Schleswig-Holstein 🔢🔢🔢 L 5 – 600 Ew – Höhe 20 m – ✆ 04823.
♦Kiel 96 – ♦Hamburg 66 – Itzehoe 11.

🏠 **Gut Kleve,** Hauptstr. 34 (B 431), ⊠ 25554, ℘ 86 85, Fax 6848, « Park », ⟂ (geheizt), 🐎,
🦌 (Halle) – 📺 ☎ ℗. 🏧
15. Jan.- 15. Feb. geschl. – **Menu** *(Montag - Dienstag geschl., Mittwoch - Freitag nur Abendessen)* à la carte 47/80 – **10 Z** 45/120.

KLIEKEN Sachsen-Anhalt 🔢🔢🔢 J 10 – 1 000 Ew – Höhe 75 m – ✆ 034903 (Coswig).
Magdeburg 68 – ♦Berlin 101.

🏨 **Waldschlößchen,** Hauptstr. 10, ⊠ 06869, ℘ 6 84 80, Fax 62502, 🌴, ⇌ – 📺 ☎ ℗ –
⚒ 60. 🏧 🅴 𝑉𝐼𝑆𝐴
Menu à la carte 26/38 – **35 Z** 95/145.

KLINGELBACH Rheinland-Pfalz siehe Katzenelnbogen.

KLINGENBERG AM MAIN Bayern 412 413 K 17 – 6 000 Ew – Höhe 141 m – Erholungsort – ☏ 09372.

🛈 Kultur- und Verkehrsamt, Bahnhofstr. 3, ✉ 63911, 𝒫 1 33 11, Fax 13338.

München 354 – Amorbach 18 – Aschaffenburg 29 – ◆Würzburg 78.

🏠 **Schöne Aussicht,** Bahnhofstr. 18 (am linken Mainufer), ✉ 63911, 𝒫 30 07, Fax 3012, ≤, 🕾 – 🛗 🖭 ☎ 🚗 🅿 – 🔏 40. 🖭 🖻 🛠 Zim
22. Dez.- 20. Jan. geschl. – **Menu** (Donnerstag geschl.) à la carte 39/62 🍷 – **28 Z** 80/150.

🏠 **Fränkischer Hof,** Lindenstr. 13, ✉ 63911, 𝒫 23 55, Fax 12647 – 🖭 ☎ – **17 Z**.

🕱🕱 ✸ **Winzerstübchen** mit Zim, Bergwerkstr. 8, ✉ 63911, 𝒫 26 50, Fax 2977 – 🖭 🖻 🛠
Aug. 3 Wochen geschl. – **Menu** (Montag - Dienstag geschl., Mittwoch - Freitag nur Abendessen) à la carte 81/97 – **7 Z** 32/76
Spez. Crépinette vom Baby-Steinbutt, Sauerbraten vom Angusfilet mit Apfelknödeln, Gratin vom weißen Pfirsich.

In Klingenberg-Röllfeld S : 2 km :

🏠 **Paradeismühle** ॐ, Paradeismühle 1 (O : 2 km), ✉ 63911, 𝒫 99 10 , Fax 1587, 🕾, Wildgehege, 🛋, 🏊, 🏌 – 🖭 ☎ 🚗 🅿 – 🔏 50. 🖭 🕦 🖻 𝒱𝒾𝒮𝒜
Menu à la carte 37/76 (auch vegetarische Gerichte) – **37 Z** 72/170.

KLINGENTHAL Sachsen 414 J 14, 984 ㉗, 987 ㉗ – 12 000 Ew – Höhe 540 m – ☏ 037467.

🛈 Fremdenverkehrsamt, Kirchstr. 6, ✉ 08248, 𝒫 2 24 94, Fax 22494.

◆Dresden 169 – Plauen 43.

🏠 **Zum Döhlerwald,** Markneukirchner Str. 80, ✉ 08248, 𝒫 2 21 09, 🕾 – 🖭 🅿
➡ **Menu** (Mittwoch geschl.) à la carte 20/32 – **12 Z** 56/80.

In Zwota SW : 2,5 km :

🛆 **Gasthof Zwota,** Klingenthaler Str. 56, ✉ 08267, 𝒫 (037467) 2 32 58, Fax 23258, 🕾 – 🖭 ☎ 🅿
➡ **Menu** à la carte 22/36 – **12 Z** 51/82.

KLINK Mecklenburg-Vorpommern siehe Waren.

KLIPPENECK Baden-Württemberg siehe Denkingen.

KLOETZE Sachsen-Anhalt 411 Q 9, 414 F 8, 987 ⑯ – 7 000 Ew – Höhe 60 m – ☏ 03909.

Magdeburg 76 – Salzwedel 30.

🏠 **Alte Schmiede,** Neustädter Str. 37, ✉ 38486, 𝒫 21 71, Fax 42488 – 🖭 ☎ – 🔏 30. 🖭
➡ 🖻 𝒱𝒾𝒮𝒜
Menu à la carte 21/40 – **16 Z** 75/135.

KLOSTERLAUSNITZ, BAD Thüringen 414 H 13 – 3 000 Ew – Höhe 350 m – ☏ 036601.

Erfurt 68 – Gera 22.

🏠 **Lausnitzer Hof,** Bahnhofstr. 6, ✉ 07639, 𝒫 4 45 50, Fax 44549 – 🖭 ☎ 🅿
➡ **Menu** à la carte 21/36 – **21 Z** 95/150.

KLÜTZ Mecklenburg-Vorpommern 411 Q 5, 414 F 4, 987 ⑥ – 3 500 Ew – Höhe 9 m – ☏ 038825.

🛈 Fremdenverkehrs- und Informationsbüro, Im Thurow 6, ✉ 23948, 𝒫 5 69.

Schwerin 54 – ◆Lübeck 40 – ◆Rostock 77.

🕱 **Klützer Mühle,** An der Mühle, ✉ 23948, 𝒫 5 53, Fax 553, ≤, 🕾 – 🅿. 🖭 🕦 🖻 𝒱𝒾𝒮𝒜
Menu à la carte 30/57.

In Wohlenberg SO : 7 km :

🏠 **Landhaus Wohlenberg,** ✉ 23948, 𝒫 (038825) 3 26, Fax 326, 🛋 – 🖭 🅿 – 🔏 60. 🖭
🖻 🛠 Rest
Menu (nur Abendessen) à la carte 26/52 – **30 Z** 70/140.

KNIEBIS Baden-Württemberg siehe Schwarzwaldhochstraße.

KNITTLINGEN Baden-Württemberg 412 413 J 19 – 6 500 Ew – Höhe 195 m – ☏ 07043.

◆Stuttgart 49 – Heilbronn 50 – ◆Karlsruhe 32 – Pforzheim 23.

🏠 **Postillion** garni, Stuttgarter Str. 27, ✉ 75438, 𝒫 3 18 58, Fax 33288 – 🖭 ☎ 🚗. 🖭 🖻
7 Z 75/140.

♦ Wiesbaden 180 – Bad Hersfeld 27 – Fulda 59 – ♦Kassel 52 – Marburg 75.

In Knüllwald-Rengshausen – Luftkurort :

🏠 **Sonneck** 🔍, Zu den einzelnen Bäumen, ☒ 34593, ℰ 7 43, Fax 1692, ≼, Massage, 🔱, ⇄,
🔲, 🛳 – 📳 📺 ☎ & 🚗 🅿 – 🔏 40. 🖭 ⓘ 🗲 𝘝𝘐𝘚𝘈
(Restaurant nur für Hausgäste) – **52 Z** 60/140.

KOBERN-GONDORF Rheinland-Pfalz 四12 F 16. 987 ㉔ – 3 300 Ew – Höhe 70 m – ✆ 02607.
Mainz 100 – Cochem 33 – ♦Koblenz 16.

🏨 **Simonis,** Marktplatz 4 (Kobern), ☒ 56330, ℰ 2 03, Fax 204 – 📺 ☎. ⅏ Rest
2.- 30. Jan. geschl. – **Menu** *(Montag geschl.)* à la carte 33/65 – **18 Z** 88/190.

🍴🍴 **Marais,** Auf der Ruine Oberburg (N : 2km), ☒ 56330, ℰ 86 11, Fax 8647, ≼ Moseltal – 🅿.
🖭 🗲
Montag - Dienstag und Mitte Jan.- Mitte Feb. geschl. – **Menu** (nur Abendessen, Tischbestellung erforderlich) à la carte 56/87.

KOBLENZ Rheinland-Pfalz 四12 F 15. 987 ㉔ – 108 000 Ew – Höhe 60 m – ✆ 0261.
Sehenswert : Deutsches Eck★ ≼★ X.
Ausflugsziele :Festung Ehrenbreitstein★ (Terrasse ≼★) X– Rheintal★★★ (von Koblenz bis Bingen)
– Moseltal★★★ (von Koblenz bis Trier) – Schloß Stolzenfels (Einrichtung★) S : 6 km.
🅕 Fremdenverkehrsamt, Pavillon gegenüber dem Hauptbahnhof, ☒ 56068, ℰ 3 13 04, Fax 1293800.
ADAC, Hohenzollernstr. 34, ☒ 56068, ℰ 1 30 30, Fax 130375.
Mainz 100 ⑤ – ♦Bonn 63 ① – ♦Wiesbaden 102 ⑤.

Stadtplan siehe gegenüberliegende Seite

🏨🏨 **Scandic Crown Hotel,** Julius-Wegeler-Str. 6, ☒ 56068, ℰ 13 60, Telex 862338,
Fax 1361199, ≼, 🌤, ⇄ – 📳 ⅄ Zim 🔳 📺 & 🚗 – 🔏 100. 🖭 ⓘ 🗲 𝘝𝘐𝘚𝘈. ⅏ Rest
Menu à la carte 42/65 – **168 Z** 230/355.   Y **c**

🏨 **Kleiner Riesen** 🔍 garni, Kaiserin-Augusta-Anlagen 18, ☒ 56068, ℰ 3 20 77, Fax 160725,
≼ – 📳 ☎ 🚗. 🖭 ⓘ 🗲 𝘝𝘐𝘚𝘈   Y **a**
28 Z 120/220.

🏨 **Brenner** garni, Rizzastr. 20, ☒ 56068, ℰ 3 20 60, Fax 36278, « Garten » – 📳 ⅄ 📺 🔲
🚗. 🖭 ⓘ 🗲 𝘝𝘐𝘚𝘈 𝘫𝘤𝘣   Y **d**
Nov. 1 Woche und Mitte Dez.- Anfang Jan. geschl. – **25 Z** 103/240.

🏨 **Continental-Pfälzer Hof** garni, Bahnhofsplatz 1, ☒ 56068, ℰ 3 30 73, Fax 12390, ⇄ –
📳 📺 ☎ 🚗 – 🔏 30. 🖭 ⓘ 🗲 𝘝𝘐𝘚𝘈 𝘫𝘤𝘣   Y **n**
20. Dez.- 20. Jan. geschl. – **30 Z** 110/350.

🏨 **Hohenstaufen** garni, Emil-Schüller-Str. 41, ☒ 56068, ℰ 3 70 81, Fax 32303 – 📳 📺 ☎. 🖭
ⓘ 🗲 𝘝𝘐𝘚𝘈   Y **s**
52 Z 110/230.

🏠 **Höhmann** garni, Bahnhofsplatz 5, ☒ 56068, ℰ 3 50 11, Fax 18723 – 📳 📺 ☎ 🅿. 🖭 ⓘ
🗲 𝘝𝘐𝘚𝘈   Y **e**
41 Z 98/180.

🏠 **Hamm** garni, St.-Josef-Str. 32, ☒ 56068, ℰ 3 45 46, Fax 160972 – 📳 📺 ☎. 🖭 ⓘ 🗲 𝘝𝘐𝘚𝘈
𝘫𝘤𝘣   Y **u**
29 Z 75/180.

🏠 **Reinhard** garni, Bahnhofstr. 60, ☒ 56068, ℰ 3 48 35, Fax 160338 – 📳 ☎. 🖭 ⓘ 🗲 𝘝𝘐𝘚𝘈.
⅏   Y **n**
Jan.- Feb. 3 Wochen geschl. – **21 Z** 85/140.

🏠 **Victoria** garni, Stegemannstr. 25, ☒ 56068, ℰ 1 85 95, Fax 18564 – 📳 📺 ☎ 🚗. 🖭 🗲 𝘝𝘐𝘚𝘈
18. Dez.- 6. Jan. geschl. – **26 Z** 95/180.   Y **k**

🏠 **Kornpforte** garni, Kornpfortstr. 11, ☒ 56068, ℰ 3 11 74   X **s**
22. Dez.- 8. Jan. geschl. – **20 Z** 60/130.

🍴 **Bistro Stresemann,** Rheinzollstr. 8, ☒ 56068, ℰ 1 54 64, Fax 160553, ≼, 🌤 🖭 ⓘ 🗲 𝘝𝘐𝘚𝘈
Okt. - Ostern Montag - Dienstag geschl. – **Menu** à la carte 42/68.   X **t**

In Koblenz-Ehrenbreitstein :

🏨🏨 **Diehls Hotel,** Am Pfaffendorfer Tor 10 (B 42), ☒ 56077, ℰ 7 20 10, Fax 72021, ≼ Rhein,
⇄, 🔲 – 📳 📺 🅿 – 🔏 80. ⓘ 🗲 𝘝𝘐𝘚𝘈 𝘫𝘤𝘣   Y **z**
Menu à la carte 49/78 – **68 Z** 118/480.

🏠 **Hoegg,** Hofstr. 282 (B 42), ☒ 56077, ℰ 7 36 29, Fax 77961 – 🔏 20. 🖭 🗲 𝘝𝘐𝘚𝘈
Ferrari (Donnerstag geschl.) **Menu** à la carte 41/73 – **25 Z** 75/140.   X **e**

In Koblenz-Güls über ⑧ :

🏠 **Gülser Weinstube** garni, In der Laach 5 (B 416), ☒ 56072, ℰ 40 15 88, Fax 42732 – 📺
☎ 🅿. 🖭 🗲 𝘝𝘐𝘚𝘈 – **14 Z** 75/140.

🏠 **Weinhaus Kreuter,** Stauseestr. 31, ☒ 56072, ℰ 4 40 88, Fax 48327, 🌤 – 📺 ☎ 🅿. 🖭
🗲 𝘝𝘐𝘚𝘈 – **Menu** *(Freitag, Sept.- Okt. Donnerstag und 18. Dez.- 20. Jan. geschl.)* à la carte
26/50 – **34 Z** 65/145.

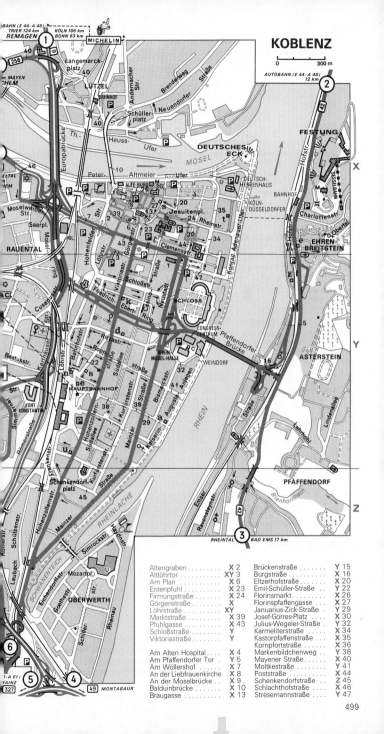

KOBLENZ

0   300 m

In Koblenz-Metternich über ⑧ :

🏨 **Fährhaus am Stausee** ⤳, An der Fähre 3, ✉ 56072, ℘ 20 93, Fax 25912, ≤, ☆ – 📺 ☎ 🅿 – 🔏 50. 🝙 ⓞ 🔳 *VISA* 🄽🄱
22.- 30. Dez. geschl. – **Menu** *(Montag geschl.)* à la carte 32/70 – **20 Z** 85/180.

In Koblenz-Moselweiß über Moselweißer Str. X :

🏨 **Oronto** garni, Ferd.-Sauerbruch-Str. 27, ✉ 56073, ℘ 4 80 81, Fax 403192 – 📳 📺 ☎ ⟵
🝙 🔳 *VISA*
22. Dez.- 9. Jan. geschl. – **40 Z** 95/160.

🏠 **Haus Bastian** ⤳, Maigesetzweg 12, ✉ 56073, ℘ 5 10 11 (Hotel) 5 14 75 (Rest.)
Fax 57467, ≤, ☆ – 📺 ☎ 🅿. 🝙 ⓞ 🔳 *VISA*. ℀ Zim
Menu *(Mittwoch geschl.)* à la carte 33/59 – **26 Z** 80/140.

🏠 **Zum schwarzen Bären,** Koblenzer Str. 35, ✉ 56073, ℘ 4 60 27 00, Fax 4602713, ☆ –
📺 ☎ 🅿. 🝙 🔳 *VISA*
2.- 15. Jan. und 18. Juli - 10. Aug. geschl. – **Menu** *(Montag geschl., Sonntag nur Mit tagessen)* à la carte 36/79 – **20 Z** 82/150.

In Koblenz-Rauental :

🏠 **Scholz,** Moselweißer Str. 121, ✉ 56073, ℘ 40 80 21, Fax 408026 – 📳 📺 ☎ 🅿 – 🔏 40.
🝙 ⓞ 🔳 *VISA*.   X **c**
20. Dez.- 7. Jan. geschl. – **Menu** *(Samstag - Sonntag geschl.)* à la carte 28/50 – **62 Z** 88/145.

MICHELIN-REIFENWERKE KGaA. Niederlassung 56218 Mülheim-Kärlich, Urmitzer Str. 9
℘ (02630) 98 64 64 Fax 986498.

KOCHEL AM SEE Bayern **413** R 24, **987** ㊲. **426** G 6 – 4 000 Ew – Höhe 605 m – Luftkurort
– Wintersport : 610/1 760 m ✂5 ✂3 – ❄ 08851.
Ausflugsziele : Walchensee★ (S : 9 km) – Herzogstand Gipfel 🌫★★ (SW : 13,5 km, mit Sessellift ab Walchensee).
🛈 Verkehrsamt, Kalmbachstr. 11, ✉ 82431, ℘ 3 38, Fax 5588.
♦München 70 – Garmisch-Partenkirchen 36 – Bad Tölz 23.

🏨 **Alpenhof-Postillion** garni, Kalmbachstr. 1, ✉ 82431, ℘ 18 20, Fax 182161, ≘, 🖳 – 📳
📺 ☎ ⟵ 🅿 – 🔏 50. 🝙 🔳 *VISA*
34 Z 80/220.

🏨 **Zur Post,** Schmied-von-Kochel-Platz 6, ✉ 82431, ℘ 15 26, Fax 1513, ☆, Biergarten – 📳
📺 ☎ ⟵ 🅿. 🝙 🔳
Menu *(Jan. 2 Wochen geschl.)* à la carte 28/59 – **20 Z** 77/180 – ½ P 98/107.

🏠 **Seehotel Grauer Bär,** Mittenwalder Str. 82 (B 11, SW : 2 km), ✉ 82431, ℘ 8 61, Fax 1607,
≤ Kochelsee, « Terrasse am See », 🐾 – ☎ ⟵ 🅿. 🝙 ⓞ 🔳 *VISA*
Jan. geschl. – **Menu** *(Mittwoch geschl.)* à la carte 27/60 – **26 Z** 70/170 – ½ P 100/120.

🏠 **Waltraud,** Bahnhofstr. 20, ✉ 82431, ℘ 3 33, Fax 5219, ☆ – 🅿
8.- 21 Nov. geschl. – **Menu** *(Dienstag geschl.)* à la carte 25/50 – **28 Z** 75/170.

🏠 **Herzogstand,** Herzogstandweg 3, ✉ 82431, ℘ 3 24, Fax 1066, ☆, 🞋 – ⟵ 🅿
➔ Mitte März - Okt. – **Menu** *(Dienstag geschl.)* (nur Abendessen) à la carte 21/34 – **14 Z** 56/130.

In Kochel-Ried NO : 5 km :

🏠 **Rabenkopf,** Kocheler Str. 23 (B 11), ✉ 82431, ℘ (08857) 82 85, Fax 9167, ☆ – 📺 ☎ 🅿.
🝙 ⓞ 🔳 *VISA*
Mitte Jan. - Mitte Feb. und Okt.- Nov. 2 Wochen geschl. – **Menu** *(Donnerstag geschl.)* (böhmische Küche) à la carte 34/57 – **18 Z** 58/136.

In Kochel-Walchensee SW : 14 km – Höhe 800 m

🏠 Zum Schwaigerhof, Seestr. 42, ✉ 82432, ℘ (08858) 2 32, Fax 447, ≤, ☆, ≘, 🞋 – ☎
🅿 – 🔏 40 – **24 Z**.

KÖFERING Bayern siehe Regensburg.

MICHELIN-STRASSENKARTEN für Deutschland :

Nr. **984** im Maßstab 1:750 000

Nr. **987** im Maßstab 1:1 000 000

Nr. **411** im Maßstab 1:400 000 (Schleswig-Holstein, Niedersachsen)

Nr. **412** im Maßstab 1:400 000 (Nordrhein-Westfalen, Rheinland-Pfalz, Hessen, Saarland)

Nr. **413** im Maßstab 1:400 000 (Bayern und Baden-Württemberg)

Nr. **414** im Maßstab 1:400 000 (Mecklenburg-Vorpommern, Thüringen, Brandenburg, Sachsen, Sachsen-Anhalt)

KÖLN Nordrhein-Westfalen 🔟🔟🔟 D 14. 🔟🔟🔟 ㉓ ㉔ – 992 000 Ew – Höhe 65 m – ✪ 0221.

Sehenswert : Dom★★★ (Dreikönigsschrein★★★, gotische Fenster★ im linken Seitenschiff, Gerokreuz★, Marienkapelle : Altarbild★★★, Chorgestühl★, Domschatzkammer★) GY – Römisch-Germanisches Museum★★ (Dionysosmosaik) GY **M1** – Wallraf-Richartz-Museum und Museum Ludwig★★★ (Agfa-Foto-Historama) GY **M2** – Diözesan-Museum★ GY **M3** – Schnütgen-Museum★★ GZ **M4** – Museum für Ostasiatische Kunst★★ S **M5** – Museum für Angewandte Kunst★ GYZ **M6** – St. Maria Lyskirchen (Fresken★★) FX – St. Severin (Innenraum★) FX – St. Pantaleon (Lettner★) EX – St. Aposteln (Chorabschluß★) EV K – St. Ursula (Goldene Kammer★) FU – St. Kunibert (Chorfenster★) FU – St. Maria-Königin (Glasfenster★) T **D** – Altes Rathaus★ GZ – Botanischer Garten Flora★ S **B.**

🔟 Köln-Marienburg, Schillingsrotter Weg (T), 𝒫 38 40 53 ; 🔟 Bergisch Gladbach-Refrath (③) : 17 km), 𝒫 (02204) 6 31 14.

🔟 Köln-Bonn in Wahn (⑤ : 17 km), 𝒫 (02203) 4 01.

🔟 𝒫 1 41 26 66.

Messe- und Ausstellungsgelände (S), 𝒫 82 11, Telex 8873426.

🔟 Verkehrsamt, Am Dom, ⊠ 50667, 𝒫 2 21 33 40, Telex 8883421, Fax 2213320.

ADAC, Luxemburger Str.169, ⊠ 50939, 𝒫 47 27 47, Fax 4727452.

◆Düsseldorf 40 – ◆Aachen 69 ⑨ – ◆Bonn 28 ⑥ – ◆Essen 68.

Messe-Preise : siehe S. 8	Foires et salons : voir p. 16
Fairs : see p. 24	Fiere : vedere p. 32

Stadtpläne siehe nächste Seiten

🏨 **Excelsior Hotel Ernst,** Trankgasse 1, ⊠ 50667, 𝒫 27 01, Telex 8882645, Fax 135150 – 🔟 📺 – 🔏 80. 🔟 ⓪ 🔟 🔟. 🔟 Rest **GY a** Menu à la carte 69/109 – **160 Z** 340/625, 20 Suiten.

🏨 **Maritim,** Heumarkt 20, ⊠ 50667, 𝒫 2 02 70, Fax 2027826, Massage, ≘s, 🔟 – 🔟 🔟 Zim 🔟 📺 ₺ – 🔏 1300. 🔟 ⓪ 🔟 🔟 🔟. **GZ m** – **La Galérie** 🔟 (nur Abendessen, Sonntag - Montag und Juli - Aug. geschl.) **Menu** à la carte 56/76 – **Bellevue** 🔟 « Terrasse mit ≤ Köln » (Sonntag nur Abendessen) **Menu** à la carte 66/90 – **Rotisserie :** Menu 49 (nur Lunchbuffet) – **450 Z** 247/498, 28 Suiten.

🏨 **Hotel im Wasserturm** 🔟 (ehem. Wasserturm a.d. 19. Jh. mit modern-eleganter Einrichtung), Kaygasse 2, ⊠ 50676, 𝒫 2 00 80, Telex 8881109, Fax 2008888, 🔟, Dachgartenterrasse mit ≤ Köln, ≘s – 🔟 🔟 Zim 🔟 Rest 📺 ⇔ – 🔏 20. 🔟 ⓪ 🔟 🔟 🔟. 🔟 Rest **FX c** Menu à la carte 69/96 – **90 Z** 399/538, 42 Suiten.

🏨 **Dom-Hotel** 🔟, Domkloster 2a, ⊠ 50667, 𝒫 2 02 40, Telex 8882919, Fax 2024444, « Terrasse mit ≤ » – 🔟 🔟 Zim 📺 – 🔏 60. 🔟 ⓪ 🔟 🔟 🔟 **GY d** Menu à la carte 62/92 – **126 Z** 374/768.

🏨 **Köln Renaissance Hotel,** Magnusstr. 20, ⊠ 50672, 𝒫 2 03 40, Fax 2034777, 🔟, Massage, ≘s, 🔟 – 🔟 🔟 Zim 🔟 📺 ₺ ⇔ – 🔏 200. 🔟 ⓪ 🔟 🔟 🔟. 🔟 Rest **EV b** Menu à la carte 60/85 – **240 Z** 278/646.

🏨 **Holiday Inn Crowne Plaza,** Habsburger Ring 9, ⊠ 50674, 𝒫 2 09 50, Telex 8886618, Fax 251206, Massage, ≘s, 🔟 – 🔟 🔟 Zim 🔟 📺 ₺ ⇔ – 🔏 250. 🔟 ⓪ 🔟 🔟 🔟 **S j** Menu à la carte 47/80 – **300 Z** 323/656.

🏨 **Dorint Kongress-Hotel,** Helenenstr. 14, ⊠ 50667, 𝒫 22 80, Telex 8882162, Fax 2281301, Massage, ≘s, 🔟 – 🔟 🔟 Zim 🔟 📺 ⇔ – 🔏 500. 🔟 ⓪ 🔟 🔟 🔟. 🔟 Rest **EV p** Menu à la carte 66/92 – **290 Z** 303/596, 10 Suiten.

🏨 **Consul,** Belfortstr. 9, ⊠ 50668, 𝒫 7 72 10, Massage, ≘s, 🔟 – 🔟 📺 ₺ ⇔ ❹ – 🔏 160. 🔟 ⓪ 🔟 🔟. 🔟 Rest **FU v** Menu à la carte 46/78 – **120 Z** 210/390.

🏨 **Pullman Hotel Mondial,** Kurt-Hackenberg-Platz 1, ⊠ 50667, 𝒫 2 06 30, Telex 8881932, Fax 2063522, 🔟 🔟 Zim 📺 ⇔ – 🔏 180. 🔟 ⓪ 🔟 🔟. 🔟 Rest **GY f** Menu à la carte 47/83 – **204 Z** 215/399.

🏨 **Haus Lyskirchen,** Filzengraben 28, ⊠ 50676, 𝒫 2 09 70, Fax 2097718, ≘s, 🔟 – 🔟 🔟 Zim 🔟 Rest 📺 ⇔ – 🔏 60. 🔟 ⓪ 🔟 🔟 🔟. 🔟 **FX u** 23. Dez.- 2. Jan. geschl. – **Menu** (Samstag nur Abendessen, Sonn- und Feiertage geschl.) à la carte 48/70 – **94 Z** 180/340.

🏨 **Senats Hotel** garni, Unter Goldschmied 9, ⊠ 50667, 𝒫 2 06 20, Fax 2062200 – 🔟 📺 🔟 – 🔏 200. 🔟 🔟 🔟 **GZ b** 20. Dez.- 6. Jan. geschl. – **60 Z** 246/391.

🏨 **Euro Plaza Cologne,** Breslauer Platz 2, ⊠ 50668, 𝒫 1 65 10, Telex 8885123, Fax 1651333 – 🔟 🔟 Zim 🔟 🔟 – 🔏 20. 🔟 ⓪ 🔟 🔟 **GY c** Menu (nur Abendessen) à la carte 43/65 – **116 Z** 218/316, 6 Suiten.

🏨 **Dorint Hotel,** Friesenstr. 44, ⊠ 50670, 𝒫 1 61 40, Fax 1614100, 🔟 – 🔟 🔟 Zim 🔟 🔟 ₺ – 🔏 100. 🔟 ⓪ 🔟 🔟. 🔟 **EV n** Menu à la carte 46/78 – **103 Z** 260/630.

🏨 **Mercure Hotel Severinshof,** Severinstr. 199, ⊠ 50676, 𝒫 2 01 30, Telex 8881852, Fax 2013666, 🔟, ≘s – 🔟 🔟 Zim 📺 🔟 – 🔏 120. 🔟 ⓪ 🔟 🔟 🔟 **FX a** Menu à la carte 44/71 – **253 Z** 215/395, 11 Suiten.

501

🏨 **Viktoria** garni, Worringer Str. 23, ⊠ 50668, 𝒫 72 04 76, Fax 727067 – 🛗 📺 ☎ 🅿. 🄰🄴 ⓪
Ɛ 𝘝𝘐𝘚𝘈 𝙅𝙘𝙗, ⋘ Zim
   24. Dez.- 1. Jan. geschl. – **47 Z** 175/420.　　　　　　　　　　　　　　　　　S **t**

🏨 **Savoy** garni, Turiner Str. 9, ⊠ 50668, 𝒫 1 62 30, Fax 1623200, ⇌ – 🛗 ⋙ 📺 ☎ 🅿 –
🔟 70. 🄰🄴 ⓪ Ɛ 𝘝𝘐𝘚𝘈 – **100 Z** 175/475.　　　　　　　　　　　　　　　　　　　FU **s**

🏨 **Ascot-Hotel** garni, Hohenzollernring 95, ⊠ 50672, 𝒫 52 10 76, Fax 521070, 🕯, ⇌ – 🛗
⋙ Zim 📺 ☎ ⌂, 🄰🄴 ⓪ Ɛ 𝘝𝘐𝘚𝘈
   23. Dez.- 2. Jan. geschl. – **46 Z** 171/411.　　　　　　　　　　　　　　　　　　EV **a**

🏨 **Rema-Hotel Europa am Dom** garni, Am Hof 38, ⊠ 50667, 𝒫 2 05 80, Telex 8881728,
Fax 2582032 – 🛗 ⋙ Zim 📺 ☎. 🄰🄴 ⓪ Ɛ 𝘝𝘐𝘚𝘈
92 Z 230/390.　　　　　　　　　　　　　　　　　　　　　　　　　　　　　　GYZ **z**

🏨 **Coellner Hof,** Hansaring 100, ⊠ 50670, 𝒫 12 20 75, Fax 135235 – 🛗 ⋙ Zim 📺 ☎ ⌂
– 🔟 30. 🄰🄴 ⓪ Ɛ 𝘝𝘐𝘚𝘈
Menu *(Freitag - Samstag geschl.)* à la carte 41/69 – **70 Z** 140/330.　　　　　　FU **k**

🏨 **Euro Garden Cologne,** Domstr. 10, ⊠ 50668, 𝒫 1 64 90, Fax 1649333, ⇌ – 🛗 ⋙ Zim
📺 ☎ ⌂ – 🔟 30. 🄰🄴 ⓪ Ɛ 𝘝𝘐𝘚𝘈
Menu à la carte 39/65 – **85 Z** 218/316.　　　　　　　　　　　　　　　　　　FU **a**

🏨 **Königshof** garni, Richartzstr.14, ⊠ 50667, 𝒫 2 57 87 71, Telex 8881318, Fax 2578762 –
🛗 📺 ☎. 🄰🄴 ⓪ Ɛ 𝘝𝘐𝘚𝘈 – **82 Z** 155/395.　　　　　　　　　　　　　　　　GY **n**

🏨 **Kommerzhotel** garni, Breslauer Platz, ⊠ 50668, 𝒫 1 61 00, Fax 1610122, ⇌ – 🛗 📺 ☎.
🄰🄴 ⓪ Ɛ 𝘝𝘐𝘚𝘈
77 Z 225/330.　　　　　　　　　　　　　　　　　　　　　　　　　　　　　　GY **r**

🏨 **Antik Hotel Bristol** garni (antike Zimmereinrichtung), Kaiser-Wilhelm-Ring 48, ⊠ 50672,
𝒫 12 01 95, Fax 131495 – 🛗 📺 ☎. 🄰🄴 ⓪ Ɛ 𝘝𝘐𝘚𝘈 𝙅𝙘𝙗
   22. Dez.- 2. Jan. geschl. – **44 Z** 165/320.　　　　　　　　　　　　　　　　　EU **m**

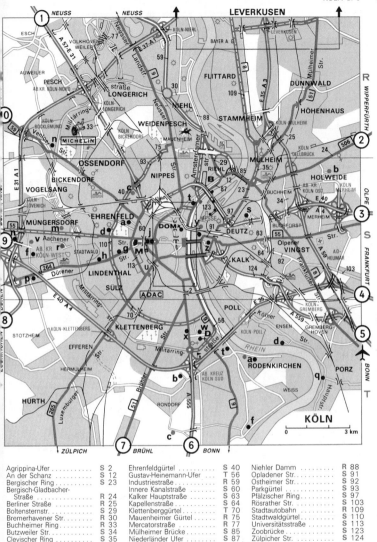

🏠 **Rema-Hotel Residence** garni, Alter Markt 55, ⊠ 50667, 𝒫 2 57 69 91, Telex 8885344, Fax 2577659 – 🛗 ⇌ 📺 ☎ – 🕍 15. 🆎 ⓞ 🅴 𝘝𝘐𝘚𝘈   GZ **c**
60 Z 240/340.

🏠 **Esplanade** garni, Hohenstaufenring 56, ⊠ 50674, 𝒫 21 03 11, Fax 216822 – 🛗 📺 ☎. 🆎 ⓞ 🅴 𝘝𝘐𝘚𝘈 – *24. Dez.- 2. Jan. geschl.* – **33 Z** 190/385.   EX **a**

🏠 **Eden-Hotel** garni, Am Hof 18, ⊠ 50667, 𝒫 2 58 04 91, Telex 8882889, Fax 2580495 – 🛗 📺 ☎. 🆎 ⓞ 🅴 𝘝𝘐𝘚𝘈   GY **w**
24. Dez.- 2. Jan. geschl. – **33 Z** 195/390.

🏠 **Astor** garni, Friesenwall 68, ⊠ 50672, 𝒫 25 31 01, Fax 253106 – 🛗 ⇌ 📺 ☎ 🅿. 🆎 ⓞ 🅴 𝘝𝘐𝘚𝘈. ⚉ – **51 Z** 164/334.   EV **y**

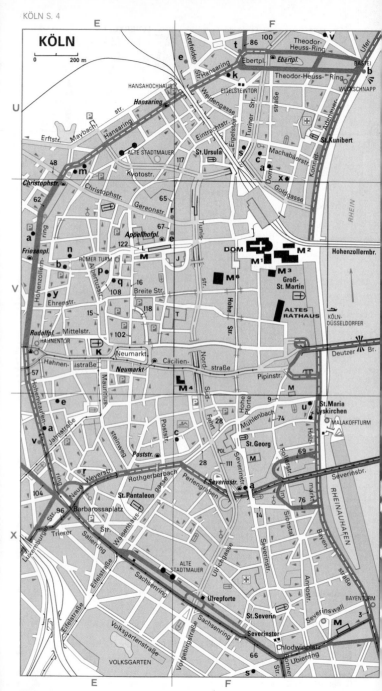

KÖLN

0 ⎯⎯⎯ 200 m

KÖLN

🏠 **Metropol** garni, Hansaring 14, ⊠ 50670, ℘ 13 33 77, Fax 138307 – ⧉ 📺 ☎ – 🛦 25. 🖭 ⓪ Ɛ 𝚅𝙸𝚂𝙰 𝙹𝙲𝙱
EU **m**
22. Dez.- 2. Jan. geschl. – **25 Z** 145/320.

🏠 **Merian-Hotel** garni, Allerheiligenstr. 1, ⊠ 50668, ℘ 1 66 50, Fax 1665200 – ⧉ 📺 ☎ ⇦
FU **c**
22. Dez. - 4. Jan. geschl. – **32 Z** 110/350.

🏠 **Leonet** garni, Rubensstr. 33, ⊠ 50676, ℘ 23 60 16, Telex 8883506, Fax 210893, ≦s, 🖾 – ⧉ 📺 ☎ 🄿 🖭 ⓪ Ɛ 𝚅𝙸𝚂𝙰
EX **e**
20. Dez.- 5. Jan. geschl. – **78 Z** 130/270.

🏠 **Kolpinghaus International,** St.-Apern-Str. 32, ⊠ 50667, ℘ 2 09 30, Fax 2578081 – ⧉ 📺 ☎ 🄿 – 🛦 110. 🖭 ⓪ Ɛ 𝚅𝙸𝚂𝙰
EV **q**
Menu à la carte 28/62 – **55 Z** 110/165.

🏠 **Ludwig** garni, Brandenburger Str. 24, ⊠ 50668, ℘ 16 05 40, Fax 16054444 – ⧉ 📺 ☎ ⇦ 🖭 ⓪ Ɛ 𝚅𝙸𝚂𝙰 𝙹𝙲𝙱
FU **x**
24. Dez.- 3. Jan. geschl. – **61 Z** 125/320.

🏠 **Altstadt Hotel** garni, Salzgasse 7, ⊠ 50667, ℘ 2 57 78 51, Fax 2577853, ≦s – ⧉ 📺 ☎ 🖭 ⓪ Ɛ 𝚅𝙸𝚂𝙰
GZ **p**
20. Dez.- 6. Jan. geschl. – **28 Z** 95/180.

🏠 **Conti** garni, Brüsseler Str. 40, ⊠ 50674, ℘ 25 20 62, Telex 8881644, Fax 252107 – ⧉ 📺 ☎ ⇦. 🖭 Ɛ 𝚅𝙸𝚂𝙰
S **j**
44 Z 125/260.

🏠 **Hotel am Chlodwigplatz** garni, Merowinger Str. 33, ⊠ 50677, ℘ 31 40 31, Fax 331484 – 📺 ☎ ⇦. 🖭 ⓪ Ɛ 𝚅𝙸𝚂𝙰
FX **s**
20. Dez.- 10. Jan. geschl. – **23 Z** 97/190.

XXXX ⚬ **Rino Casati,** Ebertplatz 3, ⊠ 50668, ℘ 72 11 08, Fax 728097 – 🆎 ⓪ 🖃 𝘝𝘐𝘚𝘈.
%%
FU **t**
Sonntag geschl. (außer Messen) – **Menu** (Tischbestellung ratsam) 48 (mittags) und à la carte
75/107
Spez. Venezianische Fischsuppe, Fettuccine in Zitronensauce mit Kaviar, Steinbutt mit Rotwein-
schaum.

XXX **Börsen-Restaurant Maître,** Unter Sachsenhausen 10, ⊠ 50667, ℘ 13 30 21, Fax 133040
– 🗐. 🆎 ⓪ 🖃 𝘝𝘐𝘚𝘈. %%
EV **r**
Sonn- und Feiertage sowie Juli-Aug. 4 Wochen geschl. – **Menu** à la carte 69/95 –
Börsenstube : **Menu** à la carte 50/82.

XXX **Die Bastei,** Konrad-Adenauer-Ufer 80, ⊠ 50668, ℘ 12 28 25, Fax 1390187, ≼ Rhein – 🆎
⓪ 🖃 𝘝𝘐𝘚𝘈. %%
FU **b**
Samstag nur Abendessen – **Menu** à la carte 62/115.

XX **Ambiance am Dom im Excelsior Hotel Ernst,** Trankgasse 1, ⊠ 50667, ℘ 1 39 19 12
– 🆎 ⓪ 🖃 𝘝𝘐𝘚𝘈. %%
GY **a**
Samstag, Sonn- und Feiertage sowie Aug. 3 Wochen geschl. – **Menu** à la carte 79/97.

XX **Em Krützche,** Am Frankenturm 1, ⊠ 50667, ℘ 2 58 08 39, Fax 253417, 🏤 – ⓪ 🖃 𝘝𝘐𝘚𝘈
Montag geschl. – **Menu** (Tischbestellung ratsam) à la carte 55/85.
GY **x**

XX **Weinhaus im Walfisch** (Fachwerkhaus a.d. 17. Jh.), Salzgasse 13, ⊠ 50667,
℘ 2 57 78 79, Fax 2580861 – 🆎 ⓪ 🖃 𝘝𝘐𝘚𝘈
GZ **p**
Samstag nur Abendessen, Sonn- und Feiertage sowie 22. Dez.- 6. Jan. geschl. – **Menu**
à la carte 64/96.

XX **Ratskeller,** Rathausplatz 1 (Eingang Alter Markt), ⊠ 50667, ℘ 2 57 69 29, Fax 2576946,
« Innenhofterrasse » – 🗐 ⴵ – 🏔 80. 🆎 ⓪ 🖃 𝘝𝘐𝘚𝘈
GZ **u**
Menu à la carte 40/78.

XX **Daitokai,** Kattenbug 2, ⊠ 50667, ℘ 12 00 48, Fax 137503 – 🗐. 🆎 ⓪ 🖃 𝘝𝘐𝘚𝘈 𝘑𝘊𝘉. %%
Menu (japanische Küche) à la carte 45/75.
EV **e**

XX **Grande Milano,** Hohenstaufenring 37, ⊠ 50674, ℘ 24 21 21, Fax 244846 – 🆎 ⓪ 🖃
𝘝𝘐𝘚𝘈
EX **v**
Sonntag und Juli - Aug. 3 Wochen geschl. – **Menu** (italienische Küche) à la carte 57/81.

X **Ristorante Pan e vin,** Heumarkt 75, ⊠ 50667, ℘ 2 58 11 63 – 🆎 🖃. %%
GZ **e**
Montag geschl. (außer Messen) – **Menu** à la carte 54/82.

X **Le Moissonnier** (Typisches franz. Bistro), Krefelder Str. 25, ⊠ 50670, ℘ 72 94 79,
Fax 7325461
FU **e**
Sonntag - Montag geschl., an Feiertagen nur Abendessen – **Menu** à la carte 50/69.

Kölsche Wirtschaften :

X **Alt Köln Am Dom,** Trankgasse 7, ⊠ 50667, ℘ 13 74 71, Fax 136885 – 🆎 ⓪ 🖃 𝘝𝘐𝘚𝘈 𝘑𝘊𝘉
Menu à la carte 28/55.
GY **a**

X **Brauhaus Sion,** Unter Taschenmacher 5, ⊠ 50667, ℘ 2 57 85 40, Fax 2081750, 🏤
Menu à la carte 30/47.
GZ **r**

X **Gaffel-Haus,** Alter Markt 20, ⊠ 50667, ℘ 2 57 76 92, Fax 253879, 🏤 – 🆎 🖃 𝘝𝘐𝘚𝘈
Menu à la carte 34/55.
GZ **a**

X **Früh am Dom,** Am Hof 12, ⊠ 50667, ℘ 2 58 03 97, Fax 256326, Biergarten GY **w**
✦ **Menu** à la carte 24/50.

X **Haus Töller,** Weyerstr. 96, ⊠ 50676, ℘ 21 40 86
EX **r**
Sonn- und Feiertage geschl. – **Menu** (nur Abendessen) à la carte 35/52.

In Köln-Braunsfeld :

🏨 **Regent** garni, Melatengürtel 15, ⊠ 50933, ℘ 5 49 90, Telex 8881824, Fax 5499998, ⇌ –
📳 ⇌ 📺 🅿 – 🏔 80. 🆎 ⓪ 🖃 𝘝𝘐𝘚𝘈 (Köln S. 3) S **d**
– **168 Z** 215/491, 3 Suiten.

In Köln-Brück über Olpener Str. S :

🏨 **Silencium** garni, Olpener Str. 1031, ⊠ 51109, ℘ 89 90 40, Fax 8990489 – 📳 📺 ☎ 🅿 –
🏔 30. 🆎 ⓪ 🖃 𝘝𝘐𝘚𝘈
über Ostern und 23. Dez.- 2. Jan. geschl. – **65 Z** 160/250.

In Köln-Buchforst :

🏨 **Kosmos,** Waldecker Str. 11, ⊠ 51065, ℘ 6 70 90, Telex 887706, Fax 6709321, ⇌, 🔲 –
📳 ⇌ Zim 🗐 Rest 📺 ☎ ⴵ 🅿 – 🏔 120. 🆎 ⓪ 🖃 𝘝𝘐𝘚𝘈 𝘑𝘊𝘉 (Köln S. 3) S **s**
Menu *(Mitte Juli - Mitte Aug. geschl.)* (nur Abendessen) à la carte 39/71 – **161 Z** 148/440.

In Köln-Deutz :

🏨 **Hyatt Regency,** Kennedy-Ufer 2a, ⊠ 50679, ℘ 8 28 12 34, Telex 887525, Fax 8281370,
≼, Biergarten, Massage, 🛌, ⇌, 🔲 – 📳 ⇌ Zim 🗐 📺 ⴵ ⇦ 🅿 – 🏔 400. 🆎 ⓪ 🖃
𝘝𝘐𝘚𝘈 𝘑𝘊𝘉. %% Rest (Köln S. 3) S **y**
Graugans *(Samstag und Sonntag nur Abendessen)* **Menu** 56 (mittags) und à la carte 72/87
– **Glashaus :** **Menu** à la carte 55/74 – **307 Z** 321/757, 18 Suiten.

Ilbertz garni, Mindener Str. 6, ⊠ 50679, 𝒫 88 20 49, Fax 883484, 😩 – |🛗| 📺 ☎ ⟵. 🄰🄴 🄴 𝚅𝙸𝚂𝙰 (Köln S. 3) S **z**
30 Z 140/300.

Der Messeturm, Kennedy-Ufer (18. Etage, |🛗|), ⊠ 50679, 𝒫 88 10 08, Fax 818575, ≤ Köln – 🍽 – 🔬 25. 🄰🄴 🅾 🄴 𝚅𝙸𝚂𝙰. 🛇 (Köln S. 3) S **y**
Samstag nur Abendessen – Menu à la carte 65/95.

In Köln-Ehrenfeld :

Imperial, Barthelstr. 93, ⊠ 50823, 𝒫 51 70 57, Telex 8883452, Fax 520993, 😩 – |🛗| 🍽 Rest 📺 ☎ 🕭 ⟵. 🄰🄴 🅾 🄴 𝚅𝙸𝚂𝙰 (Köln S. 3) S **a**
Menu (nur Abendessen) à la carte 38/64 – **35 Z** 180/340.

Zum offenen Kamin, Eichendorffstr. 25, ⊠ 50823, 𝒫 55 68 78, Fax 5502425 – 🄰🄴 🅾 🄴 𝚅𝙸𝚂𝙰 (Köln S. 3) S **c**
Montag sowie Sonn- und Feiertage geschl. (außer Messen) – Menu 48 (mittags) und à la carte 73/92 *(auch vegetarisches Menu)* – **Kaminchen :** Menu à la carte 48/61.

In Köln-Holweide :

Rema-Hotel Bergischer Hof garni, Bergisch Gladbacher Str. 406 (B 506), ⊠ 51067, 𝒫 96 37 90, Telex 8873746, Fax 639085 – |🛗| 🔆 📺 ☎ ⟵. 🄿. 🄰🄴 🅾 🄴 𝚅𝙸𝚂𝙰 𝙹𝙲𝙱 *23. Dez.- 2. Jan. geschl.* – **56 Z** 160/350. (Köln S. 3) S **u**

Isenburg, Johann-Bensberg-Str. 49, ⊠ 51067, 𝒫 69 59 09, Fax 698703, « Gartenterrasse » – 🄿. 🄰🄴 🅾 🄴 𝚅𝙸𝚂𝙰 (Köln S. 3) S **b**
Samstag nur Abendessen, Sonntag - Montag, Mitte Juli - Mitte Aug. sowie über Weih-nachten und Karneval geschl. – Menu (Tischbestellung ratsam) à la carte 64/89.

In Köln-Immendorf :

Bitzerhof mit Zim (Gutshof a.d.J. 1821), Immendorfer Hauptstr. 21, ⊠ 50997, 𝒫 (02236) 6 51 27, Fax 62987, « Rustikale Einrichtung, Innenhofterrasse » – 📺 ☎ 🄿. 🄰🄴 🄴. 🛇 Zim (Köln S. 3) T **c**
Menu à la carte 56/79 – **3 Z** 130/175.

In Köln-Junkersdorf :

Brenner'scher Hof 🍃, Wilhelm-v.-Capitaine-Str. 15, ⊠ 50858, 𝒫 9 48 60 00, Fax 94860010, 😩, Biergarten, « Einrichtung im Landhausstil » – |🛗| 📺 ☎ ⟵ – 🔬 50. 🄰🄴 🅾 🄴 𝚅𝙸𝚂𝙰. 🛇 S **f**
Menu *(Montag geschl.)* (nur Abendessen) à la carte 50/88 – **40 Z** 190/420, 7 Suiten.

Vogelsanger Stübchen, Vogelsanger Weg 28, ⊠ 50858, 𝒫 48 14 78 (Köln S. 3) S **v**
Sonntag - Montag sowie März und Aug. jeweils 2 Wochen geschl. – Menu (Tischbestellung ratsam) à la carte 56/79.

In Köln-Lindenthal :

Queens Hotel, Dürener Str. 287, ⊠ 50935, 𝒫 4 67 60, Telex 8882516, Fax 433765, « Gartenterrasse » – |🛗| 🔆 Zim 🍽 Rest 📺 ☎ 🕭 ⟵ 🄿 – 🔬 350. 🄰🄴 🅾 🄴 𝚅𝙸𝚂𝙰. 🛇 Rest
Menu à la carte 52/88 – **147 Z** 199/550. (Köln S. 3) S **h**

Bremer, Dürener Str. 225, ⊠ 50931, 𝒫 40 50 13, Fax 402034, 😩, 🎨 – |🛗| 📺 ☎ ⟵. 🄰🄴 🅾 🄴 𝚅𝙸𝚂𝙰 (Köln S. 3) S **g**
13.- 17. April und 22. Dez.- 2. Jan. geschl. – (Mahlzeiten im Königs-Pub) – **69 Z** 140/220.

In Köln-Marienburg :

Marienburger Bonotel, Bonner Str. 478, ⊠ 50968, 𝒫 3 70 20, Telex 8881515, Fax 3702132, 🛠, 😩 – |🛗| 📺 ☎ ⟵ 🄿 – 🔬 70. 🄰🄴 🅾 🄴 𝚅𝙸𝚂𝙰. 🛇 Rest
Menu à la carte 44/82 – **93 Z** 180/395, 4 Suiten. (Köln S. 3) T **x**

Haus Marienburg 🍃 garni, Robert-Heuser-Str. 3, ⊠ 50968, 𝒫 38 84 97, Fax 344099 – 📺 ☎ ⟵. 🄴. 🛇 (Köln S. 3) T **w**
13 Z 95/180.

In Köln-Marsdorf :

Novotel Köln-West, Horbeller Str. 1, ⊠ 50858, 𝒫 (02234) 51 40, Telex 8886355, Fax 514016, 🎨, 😩, 🏊 (geheizt), 🔲 – |🛗| 🔆 Zim 🍽 Rest 📺 ☎ & 🄿 – 🔬 100. 🄰🄴 🅾 🄴 𝚅𝙸𝚂𝙰 (Köln S. 3) S **p**
Menu à la carte 41/62 – **199 Z** 185/239.

In Köln-Müngersdorf :

Landhaus Kuckuck, Olympiaweg 2, ⊠ 50933, 𝒫 49 23 23, Fax 4972847, 🎨 – 🔬 120. 🄰🄴 🅾 🄴 𝚅𝙸𝚂𝙰 (Köln S. 3) S **r**
20. Feb.- 2. März und Montag geschl. – Menu (Tischbestellung ratsam) à la carte 62/85.

Remise, Wendelinstr. 48, ⊠ 50933, 𝒫 49 18 81, Fax 491881, « Historisches Gutsgebäude » – 🄿. 🅾 🄴 𝚅𝙸𝚂𝙰 (Köln S. 3) S **m**
Samstag nur Abendessen, Sonntag geschl. – Menu (Tischbestellung ratsam) à la carte 62/96.

In Köln-Porz :

🏨 **Domicil** garni, Hauptstr. 369, ⊠ 51143, 𝒫 (02203) 5 50 36, Fax 55931 – 🛗 ⇔ 📺 ☎ 🚗 – 🅰 60. 🆎 ⓞ 🗲 𝘝𝘐𝘚𝘈 (Köln S. 3) T **q**
24. Dez.- 2. Jan. geschl. – **59 Z** 169/209.

In Köln-Porz-Grengel ⑤ : 15 km über die A 59 :

🏨 **Holiday Inn**, Waldstr. 255, ⊠ 51147, 𝒫 (02203) 56 10, Telex 8874665, Fax 5619, 🏤, 🖈 – 🛗 ⇔ Zim 🗐 📺 ⅙ ❺ – 🅰 90. 🆎 ⓞ 🗲 𝘝𝘐𝘚𝘈
Menu à la carte 50/84 *(auch vegetarische Gerichte)* – **177 Z** 310/550.

🏨 **Spiegel**, Hermann-Löns-Str. 122, ⊠ 51147, 𝒫 (02203) 6 10 46, Fax 695653, 🏤 – 📺 ☎ ❺. 🆎 🗲. 🛠 Rest
Menu *(Samstag nur Abendessen, Freitag und Juli 3 Wochen geschl.)* à la carte 46/84 – **27 Z** 110/300.

In Köln - Porz-Langel S : 17 km über Hauptstr. T :

🍴 **Zur Tant**, Rheinbergstr. 49, ⊠ 51143, 𝒫 (02203) 8 18 83, Fax 87327, ≤, 🏤 – ❺. 🆎 ⓞ
Donnerstag und über Karneval 2 Wochen geschl. – **Menu** à la carte 68/106 – ***Hütter's Piccolo :*** Menu à la carte 34/60.

In Köln - Porz-Wahn ⑤ : 17 km über die A 59 :

🏨 **Geisler** garni, Frankfurter Str. 172, ⊠ 51147, 𝒫 (02203) 6 10 20, Fax 61597, 🖈 – 🛗 📺 ☎ ❺. 🆎 ⓞ 🗲 𝘝𝘐𝘚𝘈
52 Z 120/200.

In Köln - Porz-Wahnheide ⑤ : 17 km über die A 59 - 🕲 02203 :

🏨 **Quelle** garni, Heidestr. 246, ⊠ 51147, 𝒫 9 64 70, Fax 9647317 – 🛗 📺 ☎ 🚗 ❺. 𝘝𝘐𝘚𝘈
95 Z 90/160.

🏨 **Karsten** garni, Linder Weg 4, ⊠ 51147, 𝒫 96 61 90, Fax 62229 – 📺 ☎ 🚗 ❺. 🆎 ⓞ 🗲 𝘝𝘐𝘚𝘈
24 Z 95/275.

In Köln - Porz-Westhoven :

🏨 **Ambiente** garni, Oberstr. 53, ⊠ 51149, 𝒫 (02203) 1 40 97, Fax 14099 – 🛗 📺 ☎ ❺ – 🅰 30. 🆎 ⓞ 🗲 𝘝𝘐𝘚𝘈. 🛠 (Köln S. 3) T **d**
24. Dez.- 6. Jan. geschl. – **27 Z** 115/220.

In Köln-Rheinkassel N : 15 km über Neusser Landstr. R :

🏨 **Rheinkasseler Hof**, Amandusstr. 8, ⊠ 50769, 𝒫 70 92 70, Fax 701073, ≘s – 🛗 📺 ☎ ❺ – 🅰 40. 🆎 🗲 𝘝𝘐𝘚𝘈
Menu *(Freitag geschl.)* (nur Abendessen) à la carte 34/64 – ***Schänke :*** Menu à la carte 28/51 – **41 Z** 150/298.

In Köln-Rodenkirchen :

🏨 **Atrium-Rheinhotel** ⑊ garni, Karlstr. 2, ⊠ 50996, 𝒫 39 30 45, Fax 394054, ≘s – 🛗 ⇔ Zim 📺 🚗 ❺. 🆎 ⓞ 🗲 𝘝𝘐𝘚𝘈 (Köln S. 3) T **t**
66 Z 128/358.

🏨 **Rheinblick** ⑊ garni, Uferstr. 20, ⊠ 50996, 𝒫 39 12 82, Fax 392139, ≤, ≘s, 🖂 – 📺 ☎ 🚗. 🗲 𝘝𝘐𝘚𝘈 (Köln S. 3) T **a**
28 Z 110/170.

🏨 **Schmitte**, Großrotter Weg 1 (Hochkirchen), ⊠ 50997, 𝒫 (02233) 92 10 00, Fax 23961, 🏤, 🛠(Halle) – 📺 ☎ ❺. 🆎 ⓞ 🗲 𝘝𝘐𝘚𝘈. 🛠 Zim (Köln S. 3) T **b**
Menu à la carte 33/56 – **18 Z** 118/220.

🍴 **Ufer-Galerie**, Uferstr. 16, ⊠ 50996, 𝒫 39 38 63, ≤, « Wechselnde Bilderausstellung ; Terrasse » (Köln S. 3) T **a**
Montag geschl., Samstag nur Abendessen – **Menu** (Tischbestellung ratsam) 55.

In Köln-Sürth :

🏨 **Falderhof** ⑊ garni, Falderstr. 29, ⊠ 50999, 𝒫 (02236) 6 80 08, Fax 68000, « Ehem. Gutshof mit geschmackvoller Einrichtung » – ⇔ 📺 ☎ ❺ – 🅰 100. 🆎 ⓞ 🗲 𝘝𝘐𝘚𝘈 (Köln S. 3) T **f**
34 Z 150/285.

In Köln-Weiden :

🏨 **Garten-Hotel** ⑊ garni, Königsberger Str. 5, ⊠ 50858, 𝒫 (02234) 4 08 70, Fax 408787, 🖈 – 🛗 📺 ☎ 🚗. 🆎 🗲 𝘝𝘐𝘚𝘈 (Köln S. 3) S **n**
23.- 31. Dez. geschl. – **33 Z** 95/170.

In Köln-Worringen N : 18 km über die B 9 R :

🏨 **Matheisen**, In der Lohn 45, ⊠ 50769, 𝒫 9 78 00 20, Fax 9780026 – 📺 ☎ ❺. 🆎 ⓞ 🗲 𝘝𝘐𝘚𝘈
Menu *(Mittwoch geschl.)* à la carte 25/60 – **13 Z** 78/168.

MICHELIN-REIFENWERKE KGaA. Niederlassung 50827 Köln-Ossendorf, Bleriotstr. 9 (Köln S. 3 R), 𝒫 59 20 11 Fax 592559.

◆Stuttgart 26 – Reutlingen 28 – ◆Ulm (Donau) 67.

🏨 **Schwanen,** Schwanenstr. 1, ✉ 73257, ℘ 88 64, Fax 83607 – ⧉ 📺 ☎ 🅟 – 🛋 60. 🖭 ⓪
 🖸 ᴠᴵˢᴬ. ⌾
 24. Dez.- 6. Jan. geschl. – **Menu** *(Sonntag - Montag geschl.)* à la carte 37/65 – **45 Z** 95/165.

🏠 **Neckartal,** Bahnhofstr. 19, ✉ 73257, ℘ 88 41, Fax 83652, ☆ – ⧉ 📺 ☎ 🅟. 🖭 ⓪ 🖸 ᴠᴵˢᴬ
 Menu *(Freitag geschl.)* à la carte 32/61 – **40 Z** 67/145.

KÖNGERNHEIM Rheinland-Pfalz siehe Nierstein.

KÖNIG, BAD Hessen 𝟜𝟙𝟚 𝟜𝟙𝟛 K 17, 𝟿𝟾𝟽 ㉕ – 8 500 Ew – Höhe 183 m – Heilbad – ✪ 06063.
🗐 Verkehrsbüro, Elisabethenstr. 13, ✉ 64732, ℘ 15 65, Fax 5517.
◆Wiesbaden 85 – Aschaffenburg 44 – ◆Darmstadt 40 – Heidelberg 65.

🏨 **Büchner Haus Ursula** ⌕ garni, Frankfurter Str. 6 (Eingang Schwimmbadstr.), ✉ 64732,
 ℘ 7 29, Fax 57101, ⇌, 🔲, ☞ – ☎ 🅟 – 🛋 25. ⌾
 20. Nov.- 20. Dez. geschl. – **25 Z** 76/170.

🏠 **Haus Stefan** garni, Friedr.-Ebert-Str. 4, ✉ 64732, ℘ 25 04, Fax 3504, ☞ – 🅟
 15. Dez.- 20. Jan. geschl. – **9 Z** 45/90.

✕✕ **Büchner** mit Zim, Frankfurter Str. 6, ✉ 64732, ℘ 6 05, Fax 5444 – ⇥ Rest. 🖭 ⓪ 🖸 ᴠᴵˢᴬ.
 ⌾ Zim
 Jan. geschl. – **Menu** *(Dienstag geschl.)* à la carte 33/64 *(auch vegetarische Gerichte)* – **8 Z**
 55/108.

 In Bad König-Momart SO : 2 km über Weyprechtstraße :

🏠 **Zur Post** ⌕, Hauswiesenweg 16, ✉ 64732, ℘ 15 10, Fax 3785, <, ☆, ☞ – 📺 ⇔ 🅟
↝ **Menu** *(Montag geschl.)* à la carte 23/42 ⅃ – **11 Z** 49/88.

 In Bad König-Zell S : 2 km :

♧ **Zur Krone,** Königer Str. 1, ✉ 64732, ℘ 18 13, Fax 3655, ☞ – ⧉ ⇔ 🅟
↝ *Nov. geschl.* – **Menu** *(Montag geschl.)* à la carte 24/40 – **31 Z** 45/96.

KÖNIGHEIM Baden-Württemberg siehe Tauberbischofsheim.

KÖNIGSBACH-STEIN Baden-Württemberg 𝟜𝟙𝟛 I 20 – 8 200 Ew – Höhe 192 m – ✪ 07232.
◆Stuttgart 65 – ◆Karlsruhe 23 – Pforzheim 16.

 Im Ortsteil Königsbach :

🏨 **Europäischer Hof,** Steiner Str. 100, ✉ 75203, ℘ 10 05, Fax 4697 – 📺 ☎ ⇔ 🅟 – 🛋 30.
 🖭 ⓪ 🖸 ᴠᴵˢᴬ
 Feb. 2 Wochen und Juli - Aug. 3 Wochen geschl. – **Menu** *(Montag geschl., Samstag nur
 Abendessen, Sonntag nur Mittagessen)* (abends Tischbestellung ratsam) à la carte 47/77
 – **20 Z** 95/160.

 Im Ortsteil Stein :

🏨 **Landgasthof Krone,** Königsbacher Str. 2, ✉ 75203, ℘ 3 04 20, Fax 304242 – 📺 ☎ 🅟.
 🖸 ᴠᴵˢᴬ. ⌾ Rest
 Menu *(Montag geschl.)* à la carte 37/64 – **20 Z** 85/150.

✕ **Zum goldenen Lamm,** Marktplatz 2, ✉ 75203, ℘ 17 76 – 🅟
 Dienstag sowie Feb.- März und Aug.- Sept. je 2 Wochen geschl. – **Menu** à la carte 29/65.

KÖNIGSBERG IN BAYERN Bayern 𝟜𝟙𝟛 O 16 – 4 100 Ew – Höhe 276 m – ✪ 09525.
🗐 Fremdenverkehrsamt, Rathaus, Marktplatz 7, ✉ 97486, ℘ 5 12.
◆München 267 – Schweinfurt 31 – Bamberg 35.

🏨 **Goldner Stern,** Marktplatz 6, ✉ 97486, ℘ 9 22 10, Fax 922133, ☆ – 📺 ☎ – 🛋 25. 🖭
 ⓪ 🖸 ᴠᴵˢᴬ. ⌾ Rest
 Menu à la carte 42/61 – **15 Z** 110/260 – ½ P 125/170.

KÖNIGSBRONN Baden-Württemberg 𝟜𝟙𝟛 N 20 – 7 800 Ew – Höhe 500 m – Erholungsort –
Wintersport : ⚡1 – ✪ 07328.
◆Stuttgart 89 – Aalen 14 – Heidenheim an der Brenz 9.

♧ **Brauereigasthof Weißes Rößle** (Haus a.d. 16. Jh.), Zanger Str. 1, ✉ 89551, ℘ 62 82,
 Biergarten – 🅟. 🖭 ⓪ 🖸 ᴠᴵˢᴬ
 April 3 Wochen geschl. – **Menu** *(Montag geschl., Sonn- und Feiertage nur Mittagessen)*
 à la carte 27/55 – **15 Z** 50/95.

 In Königsbronn-Zang SW : 6 km :

✕✕ **Löwen** mit Zim, Struthstr. 17, ✉ 89551, ℘ 62 92, Fax 7537, ☆, ⌾ – 📺 ☎ 🅟
 Aug. 2 Wochen geschl. – **Menu** *(Dienstag geschl., Mittwoch nur Abendessen)* à la carte
 35/65 – **8 Z** 70/120.

KÖNIGSBRUNN Bayern 🄰🄱🄳 P 22. 🄰🄱🄷 ㊱ – 20 500 Ew – Höhe 520 m – ☎ 08231.
🛆 Föllstr. 32a, 🖉 3 26 37 ; 🛆 Benzstr. 25, 🖉 3 27 72.
◆München 66 – ◆Augsburg 12 – ◆Ulm (Donau) 94.

🏨 **Arkadenhof** garni, Hauptstr. 72, ⊠ 86343, 🖉 8 60 27, Fax 86020 – 🛗 📺 ☎ 🚗 🄿. 🄰
　 🄾 🄔 𝐕𝐈𝐒𝐀
　 24.- 31. Dez. geschl. – **39 Z** 98/160.

🏨 **Zeller,** Hauptstr. 78, ⊠ 86343, 🖉 99 60, Fax 996222 – 🛗 📺 ☎ 🄿 – 🕍 180. 🄰🄴 🄾 🄔 𝐕𝐈𝐒𝐀
　 Menu à la carte 32/55 – **80 Z** 104/170.

🏚 **Krone,** Hauptstr. 44, ⊠ 86343, 🖉 8 60 60, Fax 86197, 🍴 – ☎ 🚗 🄿. 🄰🄴 🄔 𝐕𝐈𝐒𝐀
➡ 16. Aug. - 6. Sept. geschl. – **Menu** (Montag geschl.) à la carte 21/43 🍴 – **25 Z** 60/10⬛

KÖNIGSDORF Bayern 🄰🄱🄳 R 23, 🄰🄲🄶 G 5 – 2 100 Ew – Höhe 625 m – ☎ 08179.
🛆 Beuerberg, Gut Sterz (W : 5 km), 🖉 (08179) 6 17.
◆München 45 – Bad Tölz 11 – Weilheim 29.

🏨 **Posthotel Hofherr,** Hauptstr. 31 (B 11), ⊠ 82549, 🖉 50 90, Fax 659, Biergarten, 🔥s – 🛗
　 📺 ☎ 🄿 – 🕍 30. 🄰🄴 🄾 🄔 𝐕𝐈𝐒𝐀. 🍽 Rest
　 Menu à la carte 29/65 – **49 Z** 110/170.

KÖNIGSEE Thüringen 🄰🄱🄴 F 14, 🄰🄷🄴 ㉓ ㉗, 🄰🄱🄷 ㉘ – 5 800 Ew – Höhe 360 m – ☎ 03673⬛
Erfurt 54 – Coburg 83 – Eisenach 83 – Gera 92.

🍴 **Altdeutsche Bauernstube,** Wilhelm-Pieck-Str. 5, ⊠ 07426, 🖉 4 23 53
➡ Montag geschl. – **Menu** à la carte 16/31.

　 In Pennewitz W : 4 km :

🏚 **Zur Sorge,** Arnstädter Str. 2, ⊠ 98708, 🖉 (036783) 8 03 50, Fax 80444, Biergarten – 📺
➡ ☎ 🄿. 🄰🄴 🄔
　 Menu à la carte 16/34 – **14 Z** 68/108.

KÖNIGSFELD IM SCHWARZWALD Baden-Württemberg 🄰🄱🄳 I 22, 🄰🄱🄷 ㊱ – 6 000 Ew – Höh⬛
761 m – Heilklimatischer Kurort – Kneippkurort – Wintersport : 🎿5 – ☎ 07725.
🛆 Angelmoos 20, 🖉 24 77.
🄱 Kurverwaltung, Friedrichstr. 5, ⊠ 78126, 🖉 80 09 45, Fax 800922.
◆Stuttgart 126 – Schramberg 12 – Triberg 19 – Villingen-Schwenningen 13.

🏨 **Fewotel Schwarzwaldtreff** 🦢 (mit Gästehäusern), Im Klimapark, ⊠ 78126, 🖉 80 8⬛
　 Fax 808808, 🍴, Massage, 👣, 🔥, 🔲, 🌳, 🎾(Halle) – 🛗 📺 ☎ 🏃 🄿 – 🕍 120. 🄰
　 🄾 🄔 𝐕𝐈𝐒𝐀. 🍽 Rest
　 Menu à la carte 36/70 – **130 Z** 130/266.

🏚 **Kurpension Gebauer-Trumpf** 🦢, Bismarckstr. 10, ⊠ 78126, 🖉 76 07, Fax 2533, Mas
　 sage, 👣, 🔥, 🔥s, 🌳 – 📺 ☎ 🚗 🄿. 🍽 Rest
　 5. Nov.- 26. Dez. geschl. – (Restaurant nur für Hausgäste) – **22 Z** 85/220 – ½ P 108/14⬛

KÖNIGSHOFEN, BAD Bayern 🄰🄱🄳 O 16, 🄰🄱🄷 ㉙ – 6 500 Ew – Höhe 277 m – Heilbad – ☎ 0976⬛
🄱 Kurverwaltung, im Kurzentrum, ⊠ 97631, 🖉 8 27, Fax 2005.
◆München 296 – ◆Bamberg 61 – Coburg 49 – Fulda 82.

🍴 **Schlundhaus** mit Zim (historisches Gasthaus a.d. 17. Jh.), Marktplatz 25, ⊠ 97631
➡ 🖉 15 62 – 📺 ☎ 🄰🄴 🄾 🄔 𝐕𝐈𝐒𝐀
　 6.- 20. Juni und 23. Aug. - 6. Sept. geschl. – **Menu** (Dienstag geschl.) à la carte 23/52 🍴
　 – **6 Z** 75/140.

KÖNIGSLUTTER AM ELM Niedersachsen 🄰🄱🄱 P, 10, 🄰🄱🄷 ⑯ – 16 500 Ew – Höhe 125 m ◆
☎ 05353.
Sehenswert : Ehemalige Abteikirche★ (Plastik der Hauptapsis★★, Nördlicher Kreuzgangflügel★⬛
🄱 Fremdenverkehrsamt, Rathaus, Am Markt 1, ⊠ 38154, 🖉 50 11 29, Fax 501155.
◆Hannover 85 – ◆Braunschweig 22 – Magdeburg 67 – Wolfsburg 23.

🏨 **Königshof,** Braunschweiger Str. 21a (B 1), ⊠ 38154, 🖉 50 30, Fax 503244, 🍴, 🔥s, 🔲,
　 🎾(Halle) – 🛗 📺 ☎ 🄿 – 🕍 250. 🄰🄴 🄾 🄔 𝐕𝐈𝐒𝐀
　 Menu siehe Rest. *La Trevise* separat erwähnt **Grillstuben-Benjamin :** **Menu** à la carte 34/6⬛
　 – **198 Z** 120/250.

🏚 **Kärntner Stub'n,** Fallersleber Str. 23, ⊠ 38154, 🖉 23 04, Fax 2311 – 📺 ☎ 🄿. 🄰🄴 🄔 𝐕𝐈𝐒𝐀
　 26. Dez. - 6. Jan. geschl. – **Menu** à la carte 27/46 – **27** 65/120.

🏚 **Parkhotel** 🦢, Poststr. 5, ⊠ 38154, 🖉 9 50 90, Fax 950929, 🍴 – 📺 ☎ 🚗. 🄰🄴 🄾 🄔 𝐕𝐈𝐒𝐀
　 Menu (Sonntag geschl.) (nur Abendessen) à la carte 34/71 – **15 Z** 90/130.

🍴🍴🍴 ☺ **La Trevise** - Hotel Königshof, Braunschweiger Str. 21a (B 1), ⊠ 38154, 🖉 50 30⬛
　 Fax 503244 – 🄿. 🄰🄴 🄾 🄔 𝐕𝐈𝐒𝐀. 🍽
　 (Sonntag - Montag geschl.) – **Menu** (nur Abendessen) à la carte 72/94
　 Spez. Périgord-Trüffel mit Koriander-Möhren, Steinbutt in Champagner-Senfsauce, Himbeergrati⬛
　 mit Mandeleis.

510

In Königslutter-Bornum W : 5 km über die B 1 :

🏠 **Lindenhof,** Im Winkel 23, ⊠ 38154, 𝒫 10 01, Fax 4648 – 📺 ☎ ⬅ ❷. 🇪 𝘝𝘐𝘚𝘈
   Menu *(Juni - Juli 3 Wochen geschl.)* à la carte 26/41 – **18 Z** 75/135.

KÖNIGSSEE Bayern siehe Schönau am Königssee.

KÖNIGSTEIN Bayern 🔢🔢🔢 R 18 – 1 600 Ew – Höhe 500 m – Erholungsort – ✪ 09665.

🛈 Fremdenverkehrsverein, Oberer Markt 2, ⊠ 92281, 𝒫 17 64, Fax 219.

◆München 202 – Amberg 29 – Bayreuth 52 – Nürnberg 56.

🏠 **Königsteiner Hof,** Marktplatz 10, ⊠ 92281, 𝒫 7 42, Fax 8177, ☎ – 💈 ❷
➡ *15. Nov.- 15. Dez. geschl.* – **Menu** à la carte 19/34 🍺 – **20 Z** 45/85.

🏠 **Reif,** Oberer Markt 5, ⊠ 92281, 𝒫 2 52, Fax 8672, ☎, 🐎, ⚒ – ⬅
➡ *10. Nov.- 15. Dez. geschl.* – **Menu** à la carte 19/38 🍺 – **18 Z** 37/80 – ½ P 40/47.

🏠 **Wilder Mann,** Oberer Markt 1, ⊠ 92281, 𝒫 2 37, Fax 647, ☎, 🐎 – 💈 ☎ ⬅
➡ **Menu** *(9. Nov.- 14. Dez. geschl.)* à la carte 22/42 🍺 – **22 Z** 44/100.

🏛 **Post,** Marktplatz 2, ⊠ 92281, 𝒫 7 41, Fax 8238, 🌳
➡ *5.- 30. Jan. geschl.* – **Menu** à la carte 15/35 – **15 Z** 30/70.

In Edelsfeld SO : 7,5 km :

🏨 **Goldener Greif,** Sulzbacher Str. 5, ⊠ 92265, 𝒫 (09665) 2 83, Fax 8123, ☎, 🔲 – 💈 📺 ☎ ❷
➡ **Menu** *(Dienstag geschl.)* à la carte 18/42 – **24 Z** 45/95.

In Hirschbach SW : 10 km :

🏠 **Goldener Hirsch,** Dorfplatz 12, ⊠ 92275, 𝒫 (09152) 85 07, 🌳, 🐎 – 📺 ⬅ ❷ 🅾
➡ *16. Jan.- 3. März geschl.* – **Menu** *(Montag geschl.)* à la carte 15/27 🍺 – **16 Z** 22/72.

KÖNIGSTEIN Sachsen 🔢🔢🔢 O 13, 🔢🔢🔢 ㉔, 🔢🔢🔢 ⑱ – 300 Ew – Höhe 120 m – ✪ 035021.

🛈 Fremdenverkehrsbüro, Dresdner Str. 1, ⊠ 01824, 𝒫 6 82 61.

◆Dresden 31 – Chemnitz 101 – Görlitz 87.

🏨 Lindenhof, Gohrischer Str. 2, ⊠ 01824, 𝒫 6 82 43, Fax 68243, ≼, 🌳 – 📺 ☎ ❷ – 🔺 30
   32 Z.

KÖNIGSTEIN IM TAUNUS Hessen 🔢🔢🔢 🔢🔢🔢 I 16, 🔢🔢🔢 ㉔ ㉕ – 16 500 Ew – Höhe 362 m – Heilklimatischer Kurort – ✪ 06174.

Sehenswert : Burgruine★.

🛈 Kurbüro, Hauptstr. 21a, ⊠ 61462, 𝒫 20 22 51, Fax 202284.

◆Wiesbaden 27 – ◆Frankfurt am Main 23 – Bad Homburg vor der Höhe 14 – Limburg an der Lahn 40.

🏰 **Sonnenhof** ⌂, Falkensteiner Str. 9, ⊠ 61462, 𝒫 2 90 80, Telex 410636, Fax 290875, ≼, 🌳, Park, ☎, 🔲, ⛳ – ❷ – 🔺 40. 🅰🅴 🅾 🇪 𝘝𝘐𝘚𝘈. ⚒
   Menu (bemerkenswerte Weinkarte) à la carte 49/87 – **44 Z** 150/290.

🏠 **Königshof** garni, Wiesbadener Str. 30, ⊠ 61462, 𝒫 2 90 70, Fax 290752, ☎ – 📺 ☎ ❷
   – 🔺 50. 🅰🅴 🇪 𝘝𝘐𝘚𝘈
   21. Dez.- 5. Jan. und 25. Juli - 8. Aug. geschl. – **26 Z** 130/230.

🏠 **Zum Hirsch** ⌂ garni, Burgweg 2, ⊠ 61462, 𝒫 50 34, Fax 5019 – ☎
   28 Z 75/180.

🍴 **Weinstube Leimeister,** Hauptstr. 27, ⊠ 61462, 𝒫 2 18 37 – 🅰🅴 🅾 🇪 𝘝𝘐𝘚𝘈
   Samstag nur Abendessen, Sonntag geschl. – **Menu** 35 (mittags) und à la carte 44/86.

KÖNIGSWARTHA Sachsen 🔢🔢🔢 O 12 – 5 000 Ew – Höhe 122 m – ✪ 035931.

◆Dresden 69 – Bautzen 16.

🏠 **Heidehof,** Hermsdorfer Str. 32, ⊠ 02699, 𝒫 2 03 60, Fax 20363, 🌳 – 📺 ☎ ❷
➡ **Menu** (nur Abendessen) à la carte 19/30 – **18 Z** 87/149.

KÖNIGSWINTER Nordrhein-Westfalen 🔢🔢🔢 ㉔, 🔢🔢🔢 E 14 – 38 000 Ew – Höhe 60 m – ✪ 02223.

Ausflugsziel : Siebengebirge★ : Burgruine Drachenfels★ (nur zu Fuß, mit Zahnradbahn oder Kutsche erreichbar) ⚒ ★★.

🛈 Städtisches Verkehrsamt, Drachenfelsstr. 11, ⊠ 53639, 𝒫 (02244) 88 93 25.

◆Düsseldorf 83 – ◆Bonn 11 – ◆Koblenz 57 – Siegburg 20.

🏰 **Maritim,** Rheinallee 3, ⊠ 53639, 𝒫 70 70, Fax 707811, ≼, 🌳, ☎, 🔲 – 💈 ⚒ Zim 🔳
   📺 ⬅ ❷ – 🔺 400. 🅰🅴 🅾 🇪 𝘝𝘐𝘚𝘈 🅹🅲🅱. ⚒ Rest
   Menu à la carte 61/91 – **250 Z** 215/488, 32 Suiten.

🏠 **Loreley,** Rheinallee 12, ⊠ 53639, 𝒫 92 50, Fax 925100, ≼, 🌳 – 💈 ⚒ Zim 📺 ☎ ❷ –
   🔺 60. 🅰🅴 🅾 🇪 𝘝𝘐𝘚𝘈
   Menu à la carte 33/68 *(auch vegetarische Gerichte)* – **55 Z** 140/220.

🏠 **Günnewig Rheinhotel,** Rheinallee 9, ⊠ 53639, 𝒫 2 40 51, Telex 885264, Fax 26694, 🌳, ☎, 🔲 – 💈 📺 ☎ ⬅ – 🔺 30. 🅰🅴 🅾 🇪 𝘝𝘐𝘚𝘈 – **Menu** à la carte 33/72 – **50 Z** 185/195.

Auf dem Petersberg NO : 3 km :

🏨🏨 **Gästehaus Petersberg** ⟋ (mit Gästehaus der Bundesregierung), ✉ 53639 Königswinter
    𝓟 (02223) 7 40 (Hotel) 7 43 80 (Rest.), Fax 74443, ≤ Rheintal, 🏤, « Im Naturpark
Siebengebirge », 🖘, 🔲 – 🛗 📺 ⟷ 🅿 – 🔬 200. 🝙 ⓞ ᴇ 𝗩𝗜𝗦𝗔 ᴊᴄʙ. ⋘ Rest
Menu (abends Tischbestellung ratsam) à la carte 82/96 – **49 Z** 325/500, 5 Suiten.

In Königswinter-Ittenbach O : 6 km :

🏠 **Im Hagen** ⟋, Oelberggringweg 45, ✉ 53639, 𝓟 2 30 72, Fax 23073, ≤, 🏤 – 📺 ☎ 🅿
🝙 ⓞ ᴇ
Menu *(Freitag geschl.)* à la carte 36/70 – **20 Z** 95/160.

In Königswinter-Margarethenhöhe O : 5 km :

XX **Berghof** ⟋ mit Zim, Löwenburger Str. 23, ✉ 53639, 𝓟 2 30 70, Fax 21112
≤ Siebengebirge, 🏤, 🚗 – 📺 ☎ 🅿
Jan. geschl. – **Menu** à la carte 37/69 – **8 Z** 108/220.

In Königswinter-Oberdollendorf N : 2,5 km :

XX **Weinhaus zur Mühle,** Lindenstr. 7, ✉ 53639, 𝓟 2 18 13, Fax 22566, « Gemütliche
Einrichtung » – 🅿. 🝙 ⓞ ᴇ 𝗩𝗜𝗦𝗔
Donnerstag geschl. – **Menu** à la carte 33/62.

X **Bauernschenke,** Heisterbacher Str. 123, ✉ 53639, 𝓟 2 12 82, Fax 21282 – 🝙 ⓞ ᴇ 𝗩𝗜𝗦𝗔
Menu à la carte 27/58.

In Königswinter-Stieldorf N : 8 km :

XX **Sutorius,** Oelinghovener Str. 7, ✉ 53639, 𝓟 (02244) 47 49, Fax 4749, 🏤 – 🅿. 🝙 ᴇ. ⋘
Montag, Mitte - Ende Jan. und Sept. geschl. – **Menu** (nur Abendessen, Tischbestellung
ratsam) à la carte 65/84.

KÖNIGS WUSTERHAUSEN Brandenburg 𝟜𝟙𝟜 M 9, 𝟫𝟠𝟜 ⑯, 𝟫𝟠𝟟 ⑱ – 18 000 Ew – Höhe 51 m
– 🕲 03375.

🔁 Fremdenverkehrsverband Dahmeland, Am Nottekanal, ✉ 15711, 𝓟 29 12 69, Fax 262308.

Potsdam 57 – ◆Berlin 36 – Cottbus 107 – ◆Frankfurt an der Oder 70.

🏨🏨 **Sophienhof,** Kirchplatz 3, ✉ 15711, 𝓟 29 05 00, Fax 290699, 🖘 – 📺 ☎ 🐧 🅿 – 🔬 40.
🝙 ⓞ ᴇ 𝗩𝗜𝗦𝗔
Menu à la carte 25/54 – **60 Z** 170/240.

🏨🏨 **Brandenburg** garni, Karl-Liebknecht-Str. 10, ✉ 15711, 𝓟 67 60, Fax 67666 – 🛗 📺 ☎ ⟷
– 🔬 15. 🝙 ⓞ ᴇ 𝗩𝗜𝗦𝗔
Weihnachten - Neujahr geschl. – **33 Z** 140/175.

In Zeesen S : 2 km :

X **Zeesener Hof** mit Zim, Karl-Liebknecht-Str. 106 (B179), ✉ 15711, 𝓟 (03375) 90 03 62
Fax 900362, 🏤 – 📺 ☎ 🅿. 🝙 ⓞ ᴇ 𝗩𝗜𝗦𝗔. ⋘
Menu à la carte 27/36 – **9 Z** 145.

KÖNNERN Sachsen-Anhalt 𝟜𝟙𝟜 H 10, 𝟫𝟠𝟜 ⑲, 𝟫𝟠𝟟 ⑯ ⑰ – 3 600 Ew – Höhe 104 m – 🕲 034691

Magdeburg 59 – Halle 27.

🏨🏨 **Henning Hof,** Große Freiheit 78, ✉ 06420, 𝓟 29 00, Fax 290310, 🏤, 🖘 – 🛗 📺 ☎ ⟷
🅿 – 🔬 40. 🝙 ᴇ 𝗩𝗜𝗦𝗔. ⋘ Zim
Menu à la carte 29/60 – **45 Z** 120/190.

KÖSEN, BAD Sachsen-Anhalt 𝟜𝟙𝟜 H 12, 𝟫𝟠𝟜 ㉓, 𝟫𝟠𝟟 ⑰ – 7 000 Ew – Höhe 115 m – 🕲 034463

🔁 Kurverwaltung, Loreleypromenade, ✉ 06628, 𝓟 82 89, Fax 8280.

Magdeburg 144 – Gera 62 – ◆Leipzig 63 – Weimar 42.

🏨🏨 **Villa Ilske** ⟋, Ilskeweg 2, ✉ 06628, 𝓟 3 63, Fax 363, ≤ Bad Kösen und Saale, 🏤 – 📺
◆ ☎ 🅿
Menu *(Montag - Freitag nur Abendessen)* à la carte 24/36 – **16 Z** 80/180.

🏠 **Berghotel Wilhelmsburg** ⟋, Eckartsbergaer Str. 20 (NW : 2,5 km), ✉ 06628, 𝓟 6 79
◆ Fax 347, ≤ Bad Kösen und Saale, « Innenhofterrasse », 🖘, 🔲 – 📺 ☎ 🅿 – 🔬 40. ⋘
Menu à la carte 24/34 – **39 Z** 80/150.

🏠 **Kurgarten am Walde** ⟋, Eckartsbergaer Str. 4, ✉ 06628, 𝓟 3 34, Fax 467, ≤, 🏤 – 📺
☎ 🅿 – 🔬 40. ⋘
Menu à la carte 25/36 – **11 Z** 80/140.

🏠 **Zum Wehrdamm,** Loreleypromenade 3, ✉ 06628, 𝓟 84 05, Fax 8405, 🏤 – 📺 ☎
◆ **Menu** à la carte 22/33 – **8 Z** 75/130.

Die Preise	Einzelheiten über die in diesem Führer angegebenen Preise finden Sie in der Einleitung.

KÖSSEN Österreich 413 U 23, 426 J 5 - 3 400 Ew - Höhe 591 m - Wintersport : 600/1 700 m ⛷7 ⛷10 - ☎ 05375 (innerhalb Österreich).

18, Mühlau 1, ☎ 21 22.

Verkehrsbüro, Dorf 15, ✉ A-6345, ☎ 62 87, Fax 6989.

Wien 358 - Kitzbühel 29 - ♦München 111.

Die Preise sind in der Landeswährung (Ö.S.) angegeben

Auf dem Moserberg O : 6 km, Richtung Reit im Winkl, dann links ab :

Peternhof ⛰, Moserbergweg 60, ✉ A-6345 Kössen, ☎ (05375) 62 85, Fax 6944, ≤ Reit im Winkl, Kaisergebirge und Unterberg, 🏖, ≘s, 🏊, 🌳, 🎾(Halle), 🐎 - 🛗 🚗 🅿 - 🛏 30
3. Nov.- 20. Dez. geschl. - **Menu** à la carte 185/450 - **76 Z** 544/1340.

In Kössen-Kranzach W : 6 km :

Seehof und Panorama, Kranzach 20, ✉ A-6344 Walchsee, ☎ (05374) 56 61, Fax 5665, ≤, 🏖, Massage, ≘s, 🏊 (geheizt), 🏊, 🌳, 🎾(Halle), 🐎 - 🛗 📺 ☎ 🚗 🅿 - 🛏 35
Nov.- 18. Dez. geschl. - **Menu** à la carte 210/410 - **142 Z** 760/1778.

Seehotel Brunner, Kranzach 50, ✉ A-6344 Walchsee, ☎ (05374) 53 20, Fax 5320350, ≤, 🏖, ≘s, ⛳, 🌳 - 🛗 📺 ☎ 🅿. ✕ Rest
2. April - 6. Mai und 29. Okt. - 20. Dez. geschl. - **Menu** *(außer Juli - Aug. Mittwoch geschl.)* à la carte 214/336 - **63 Z** 550/1240 - ½ P 672/756.

In Walchsee W : 7 km :

Schick, Johannesstr. 1, ✉ A-6344, ☎ (05374) 53 31, Fax 5334550, Massage, ≘s, 🏊, 🌳, 🎾(Halle) - 🛗 📺 ☎ 🚗 🅿 - 🛏 60. ⓓ E VISA. ✕ Zim
Ende Okt.- Anfang Dez. und Mitte März - Anfang April geschl. - (Restaurant nur für Hausgäste) - **101 Z** 875/2450, 3 Suiten - ½ P 910/1380.

KÖTHEN Sachsen-Anhalt 414 H 10, 984 ⑲, 987 ⑰ - 33 000 Ew - Höhe 75 m - ☎ 03496.

Magdeburg 42 - Dessau 20 - Halle 38.

Anhalt, Ludwigstr. 53, ✉ 06366, ☎ 55 00 11, Fax 550010, ≘s - 🛗 📺 ☎ 🅿 - 🛏 40. AE E VISA. ✕ Rest
Menu à la carte 30/57 - **68 Z** 120/185.

KÖTZTING Bayern 413 V 19, 987 ㉗ - 7 000 Ew - Höhe 408 m - Luftkurort - ☎ 09941.

Verkehrsamt, Herrenstr. 10, ✉ 93444, ☎ 60 21 50, Fax 602155.

♦München 189 - Cham 23 - Deggendorf 46.

Amberger Hof, Torstr. 2, ✉ 93444, ☎ 95 00, Fax 950110 - 🛗 ☎ ♿ 🚗 🅿. E
Menu *(Samstag geschl.)* à la carte 20/33 🍷 - **34 Z** 64/113 - ½ P 68.

In Kötzting-Bonried SO : 7 km :

Gut Ulmenhof ⛰, ✉ 93444, ☎ (09945) 6 32, « Park », ≘s, 🏊, 🌳 - 🚗 🅿. ✕
(nur Abendessen für Hausgäste) - **18 Z** 58/120 - ½ P 75/81.

In Blaibach SW : 4 km :

Blaibacher Hof ⛰, Kammleiten 6b, ✉ 93476, ☎ (09941) 85 88, Fax 7277, ≤, 🏖, ≘s, 🌳 - 🅿
Nov.- 20. Dez. geschl. - **Menu** *(Dienstag nur Abendessen)* à la carte 23/48 - **18 Z** 40/90 - ½ P 48/57.

KOHLBERG Baden-Württemberg siehe Metzingen.

KOHLGRUB, BAD Bayern 413 Q 23, 426 F 5,6 - 2 000 Ew - Höhe 815 m - Moorheilbad - Wintersport : 820/1 406 m ⛷4 ⛷ - ☎ 08845.

Kurverwaltung im Haus der Kurgäste, ✉ 82433, ☎ 90 21, Fax 75136.

♦München 83 - Garmisch-Partenkirchen 31 - Landsberg am Lech 51.

Kurhotel Der Schillingshof ⛰, Fallerstr. 11, ✉ 82433, ☎ 70 10, Fax 8349, ≤, 🏖, Massage, ⚕, ≘s, 🏊, 🌳 - 🛗 ⇔ Rest 📺 ☎ ♿ 🚗 🅿 - 🛏 50. ✕ Rest
131 Z.

Pfeffermühle ⛰, Trillerweg 10, ✉ 82433, ☎ 6 68, Fax 1047 - ☎ 🅿. ✕ Zim
Okt. - Mitte Dez. und Anfang Jan. - Feb. geschl. - **Menu** *(Donnerstag geschl.)* (nur Abendessen) à la carte 36/57 *(auch vegetarische Gerichte)* - **9 Z** 70/140.

KOHREN-SAHLIS Sachsen 414 J 12 - 2 200 Ew - Höhe 255 m - ☎ 034344.

♦Dresden 117 - Altenburg 21 - Chemnitz 37 - ♦Leipzig 43 - Zwickau 54.

In Kohren-Sahlis-Terpitz O : 2 km :

Elisenhof ⛰, ✉ 04655, ☎ 6 14 39, Fax 62815, 🏖, (modernisierter ehemaliger Bauernhof) - 📺 ☎ 🅿. AE E
Menu à la carte 17/36 🍷 - **10 Z** 120/160.

◆München 63 – Rosenheim 5.

🏠 **Heider** garni, Rosenheimer Str. 35, ⊠ 83059, 𝒫 9 60 76, Fax 91410 – 📳 📺 🕿 🅿. E. 🎬
Mitte Dez.- Jan. geschl. – **39 Z** 69/149.

🏠 **Landhaus Alpenblick** 🐾 garni, Königsseestr. 41, ⊠ 83059, 𝒫 9 18 48, Fax 98058, ⇌
– 📺 🕿 🅿. E
7 Z 80/140.

KOLKWITZ Brandenburg siehe Cottbus.

KOLLNBURG Bayern 🔲 V 19 – 2 800 Ew – Höhe 670 m – Erholungsort – Wintersport :
600/1 000 m ≰2 ≰2 – 🕿 09942.
🟦 Verkehrsamt, Schulstr. 1, ⊠ 94262 𝒫 50 91, Fax 5600.
◆München 177 – Cham 30 – Deggendorf 34.

🏠 **Zum Bräu**, Viechtacher Str. 6, ⊠ 94262, 𝒫 50 71, Fax 5074, 🍴, ⇌ – 📳 🕿 🅿. E. 🎬 Zim
→ *Nov. geschl.* – **Menu** à la carte 19/43 ⅃ – **46 Z** 40/78 – ½ P 47/55.

🏠 **Burggasthof** (mit Gästehaus), Burgstr. 11, ⊠ 94262, 𝒫 86 86, Fax 7146, ≤, 🍴, ⇌, 🚲
→ – 🅿
April 1 Woche und Nov. 3 Wochen geschl. – **Menu** *(Dienstag nur Mittagessen)* à la carte
18/35 ⅃ – **20 Z** 37/80 – ½ P 45/55.

KONKEN Rheinland-Pfalz siehe Kusel.

KONSTANZ Baden-Württemberg 🔲 K 23, 24, 🔲 ㉟, 🔲 L 2,3 – 75 000 Ew – Höhe 407 m
– 🕿 07531.
Sehenswert : Lage★ – Seeufer★ – Münster★ (Türflügel★) Y.
Ausflugsziel : Insel Mainau★★ ② : 7 km.
🖎 Allensbach-Langenrain (NW : 15 km), 𝒫 (07533) 51 24.
🟦 Tourist-Information, Bahnhofplatz 13, ⊠ 78467, 𝒫 28 43 76, Fax 284364.
ADAC, Wollmatinger Str. 6, ⊠ 78467, 𝒫 5 46 60, Fax 67761.
◆Stuttgart 180 ① – Bregenz 62 ③ – ◆Ulm (Donau) 146 ① – Zürich 76 ④.

Stadtplan siehe gegenüberliegende Seite

🏨 **Steigenberger Inselhotel**, Auf der Insel 1, ⊠ 78462, 𝒫 12 50, Telex 733276, Fax 26402,
≤ Bodensee, « Kreuzgang des ehem. Klosters, Seeterrasse », 🔥, 🚲 – 📳 🎬 Zim 📺 🕿
– 🏋 70. 🆎 ① E 𝕍𝕀𝕊𝔸 ⌨   Y h
– **Seerestaurant** : **Menu** à la carte 54/80 – **Dominikanerstube** : **Menu** à la carte 46/67 –
100 Z 235/500.

🏨 **Parkhotel am See** 🐾, Seestr. 25a, ⊠ 78464, 𝒫 89 90, Fax 899400, ≤, 🍴, ⇌ – 📳 📺
🍴 – 🏋 50. 🆎 ① E 𝕍𝕀𝕊𝔸   über ②
Menu *(Nov.- März Montag geschl.)* à la carte 42/64 *(auch vegetarische Gerichte)* – **39 Z**
150/450, 6 Suiten.

🏨 **Seeblick** 🐾, Neuhauser Str. 14, ⊠ 78462, 𝒫 81 30, Fax 813222, 🍴, 🔲, 🚲, 🍴 – 📳
📺 🕿 🍴 🅿 – 🏋 50. 🆎 ① E 𝕍𝕀𝕊𝔸   über ②
Menu *(Sonntag - Montag und Jan. 3 Wochen geschl.)* (nur Abendessen) à la carte 47/69
– **85 Z** 95/220.

🏨 **Stadthotel** garni, Bruderturmgasse 2, ⊠ 78462, 𝒫 2 40 72, Fax 29064 – 📳 📺 🕿. 🆎 ①
E 𝕍𝕀𝕊𝔸   Z u
20. Dez.- 7. Jan. geschl. – **24 Z** 95/210.

🏨 **Buchner Hof** garni, Buchnerstr.6, ⊠ 78464, 𝒫 8 10 20, Fax 810240, ⇌ – 📺 🕿 🍴 🅿.
🆎 ① E 𝕍𝕀𝕊𝔸   über ②
23. Dez.- 7. Jan. geschl. – **13 Z** 110/220.

🏨 **Mago-Hotel** garni, Bahnhofplatz 4, ⊠ 78462, 𝒫 2 70 01, Fax 27003 – 📳 📺 🕿 🍴 🅿.
🆎 E 𝕍𝕀𝕊𝔸   Z c
31 Z 120/190.

🏨 **Bayrischer Hof** garni, Rosgartenstr. 30, ⊠ 78462, 𝒫 2 20 75, Fax 16931 – 📳 🎬 📺 🕿.
🆎 ① E 𝕍𝕀𝕊𝔸. 🎬   Z x
23. Dez.- 7. Jan. geschl. – **25 Z** 110/185.

🏠 **Petershof** garni, St. Gebhard-Str. 14, ⊠ 78467, 𝒫 6 53 67, Fax 53562 – 🎬 📺 🕿. E
37 Z 85/170.   über ①

🏠 **Barbarossa**, Obermarkt 8, ⊠ 78462, 𝒫 2 20 21, Fax 27630 – 📳 📺 🕿. 🆎 ① E 𝕍𝕀𝕊𝔸
Menu à la carte 41/69 – **50 Z** 80/165.   Z w

🏠 **Hirschen** garni, Bodanplatz 9, ⊠ 78462, 𝒫 2 22 38, Fax 22120 – 📺 🕿. E 𝕍𝕀𝕊𝔸. 🎬 Z m
33 Z 105/200.

🏠 **Goldener Sternen**, Bodanplatz 1, ⊠ 78462, 𝒫 2 52 28, Fax 21673 – 🍴. 🆎 ① E
𝕍𝕀𝕊𝔸   Z r
Menu à la carte 28/69 – **20 Z** 92/164.

KONSTANZ

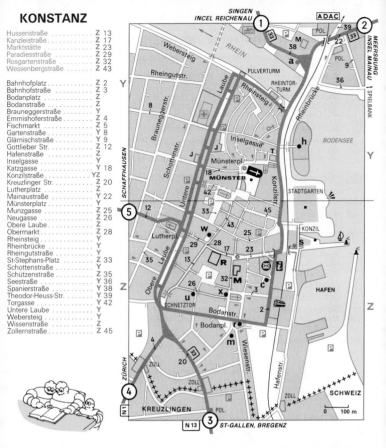

XXXX ⚙ 🕸 **Seehotel Siber** 🍴 mit Zim, Seestr. 25, ⊠ 78464, 𝒫 6 30 44, Fax 64813, ≤, « Modernisierte Jugendstilvilla, elegante Einrichtung, Terrasse » – 📺 ☎ 🚗 🅿 über ②
Feb. 2 Wochen geschl. – **Menu** (bemerkenswerte Weinkarte) 65 (mittags) und à la carte 94/140 – **12 Z** 270/590.
Spez. Bouillabaisse von Bodenseefischen, Gefüllter Babysteinbutt mit Thymiankruste und Champagnersauce, Barbarie-Ente mit Beaujolaissauce (2 Pers.).

XXX **Casino-Restaurant,** Seestr. 21, ⊠ 78464, 𝒫 6 36 15, Fax 67628, Terrasse mit ≤ – 🅿. 🆔 ⓞ E 🆅🆂🅰 – **Menu** (nur Abendessen, Tischbestellung ratsam) à la carte 43/83. über ②

XX **Zum Nicolai-Torkel** 🍴 mit Zim, Eichhornstr. 83, ⊠ 78464, 𝒫 6 48 02, Fax 68759, 🍽 – 📺 ☎. ⌖ über ②
Feb. geschl. – **Menu** (Montag geschl., Dienstag nur Abendessen, Sonntag nur Mittagessen) à la carte 40/73 – **6 Z** 95/160.

XX **Das Kleine Restaurant,** Hofhalde 7, ⊠ 78462, 𝒫 2 49 33, Fax 24933 YZ e
(nur Abendessen).

XX **Neptun,** Spanierstr. 1 (Zufahrt über Seestraße), ⊠ 78467, 𝒫 5 32 33, ≤, 🍽 – 🅿. 🆔 ⓞ E 🆅🆂🅰 – *Freitag und Jan. 2 Wochen geschl., Donnerstag nur Mittagessen, Samstag nur Abendessen* – **Menu** à la carte 47/76. Y a

X **Konzil-Gaststätten,** Hafenstr. 2, ⊠ 78462, 𝒫 2 12 21, Fax 17467, Terrasse mit ≤ Bodensee und Hafen – 🏛 240 Z s
Nov.- März Montag nur Mittagessen, Dienstag geschl., April - Okt. Montag und Dienstag nur Mittagessen, 23. Dez.- Jan. geschl. – **Menu** à la carte 33/63.

In Konstanz-Dettingen NW : 10 km über ① - Erholungsort :

🏠 **Landhotel Traube,** Kapitän-Romer-Str. 9b, ⊠ 78465, 𝒫 (07533) 30 33, Fax 4565 – 🛗 📺 ☎ 🚗 🅿 – 🏛 30
Menu *(Montag - Dienstag geschl.)* (nur Abendessen) à la carte 28/45 – **20 Z** 65/130.

In Konstanz-Staad ② : 4 km :

🏨 **Schiff am See,** William-Graf-Platz 2, ✉ 78464, ℘ 3 10 41, Fax 31981, ≤, 🏤 – |≡| 📺 🖭 🖸. 🏧 ⓞ Ε *VISA*
Jan. 3. Wochen geschl. – **Menu** *(Montag - Dienstag geschl.)* à la carte 41/66 – **29 Z** 98/190
5 Suiten.

🏠 **Schönblick** garni, Schiffstr. 12, ✉ 78464, ℘ 3 25 70 – ☎ ⇐ 🖸
20. Dez.- 20. Jan. geschl. – **23 Z** 85/120.

XX **Staader Fährhaus,** Fischerstr. 30, ✉ 78464, ℘ 3 31 18, 🏤 – 🏧 ⓞ Ε *VISA*
Mittwoch nur Abendessen, Dienstag, über Fasching, 3.- 13. Juni, 26. Sept.- 10. Okt. und
23. Dez.- 2. Jan. geschl. – **Menu** à la carte 49/80.

In Konstanz-Wollmatingen NW : 5 km über ① :

🏠 **Tweer - Goldener Adler,** Fürstenbergstr. 70, ✉ 78467, ℘ 9 75 00, Fax 975090, 🚗 – |≡|
📺 ☎ ⇐. 🏧 ⓞ Ε *VISA*. 🞉 Zim
Menu *(Sonntag geschl.)* (nur Abendessen) à la carte 29/64 – **49 Z** 110/240.

KONZ Rheinland-Pfalz 🔢🔢 C 17, 🔢🔢 ㉓, 🔢🔢 M 6 – 15 700 Ew – Höhe 137 m – 🞉 06501.
🖪 Fremdenverkehrsgemeinschaft Obermosel - Saar, Granastr. 24, ✉ 54329, ℘ 77 90, Fax 4718.
Mainz 171 – Luxembourg 42 – Merzig 40 – ◆Trier 9.

🏠 **Alt Conz** 🞉, Gartenstr. 8, ✉ 54329, ℘ 9 36 70, Fax 7775 – ☎ 🖸. 🏧 Ε *VISA*
Menu *(Montag nur Abendessen)* à la carte 27/60 – **14 Z** 75/130.

🏠 **Römerstuben,** Wiltinger Str. 25, ✉ 54329, ℘ 20 75, Fax 2117 – 📺 ☎ 🖸
27 Z.

🏠 **Park Hotel,** Granastr. 26, ✉ 54329, ℘ 21 57, Fax 7882, 🏤 – ☎ 🖸. 🏧 Ε *VISA*
Menu *(Nov.- April Donnerstag geschl.)* à la carte 27/57 – **23 Z** 65/120.

X **Ratskeller,** Am Markt 11, ✉ 54329, ℘ 22 58, 🏤 – ⓞ Ε *VISA*
Dienstag und 19. Juli - 2. Aug. geschl. – **Menu** à la carte 30/65 🞉.

In Konz-Karthaus :

🞉 **Schons,** Merzlicher Str. 8, ✉ 54329, ℘ 20 41, Fax 2834, 🞉 – 🖸
➜ **Menu** *(Sonntag nur Mittagessen, Montag nur Abendessen)* (im Winter nur Abendessen)
à la carte 21/43 – **34 Z** 48/110.

In Wasserliesch W : 2,5 km :

XX 🞉 **Scheid** 🞉 mit Zim, Reinigerstr. 48, ✉ 54332, ℘ (06501) 1 39 58, Fax 13959 – 🖸. 🏧 ⓞ
Ε *VISA*. 🞉
11.- 21. Jan. geschl. – **Menu** *(Montag geschl.)* (wochentags nur Abendessen, bemerkenswerte Weinkarte) 98/120 und à la carte 69/100 – **13 Z** 55/120
Spez. Gänseleber mariniert in Eiswein, Steinbutt mit Sauce Hollandaise, Rehrücken in Rotweinsauce.

KORB Baden-Württemberg siehe Waiblingen.

KORBACH Hessen 🔢🔢 J 13, 🔢🔢 ⑮ – 23 000 Ew – Höhe 379 m – 🞉 05631.
🖪 Verkehrsamt, Rathaus, ✉ 34497, ℘ 5 32 31.
◆Wiesbaden 187 – ◆Kassel 60 – Marburg 67 – Paderborn 73.

🏨 **Touric,** Medebacher Landstr. 10, ✉ 34497, ℘ 80 61, Fax 65288, direkter Zugang zum städt.
🞉 – |≡| 📺 ☎ – 🞉 40. ⓞ Ε *VISA*
Menu à la carte 30/59 – **39 Z** 85/140.

🏠 **Zum Rathaus,** Stechbahn 8, ✉ 34497, ℘ 5 00 90, Fax 500959, 🞉 – |≡| 📺 ☎ 🖸 – 🞉 30.
🏧 ⓞ Ε *VISA* – **Menu** *(Sonntag geschl.)* à la carte 38/60 – **41 Z** 75/145.

In Korbach-Meineringhausen SO : 6 km :

🞉 **Kalhöfer,** Sachsenhäuser Str. 35 (an der B 251), ✉ 34497, ℘ 34 25 – 🖸. 🞉
➜ **Menu** *(Freitag nur Abendessen)* à la carte 20/39 – **13 Z** 38/82.

KORDEL Rheinland-Pfalz 🔢🔢 C 17, 🔢🔢 M 6 – 2 500 Ew – Höhe 145 m – 🞉 06505.
Mainz 167 – Bitburg 21 – ◆Trier 15 – Wittlich 39.

🏠 **Raach,** Am Kreuzfeld 1, ✉ 54306, ℘ 5 99, Fax 509 – |≡| ☎ 🖸. 🏧
1.- 12. März und 12. Nov. geschl. – **Menu** *(Montag nur Abendessen, Donnerstag geschl.)*
à la carte 26/67 🞉 – **15 Z** 56/118.

In Zemmer-Daufenbach N : 5 km :

XX 🞉 **Landhaus Mühlenberg,** Mühlenberg 2, ✉ 54313, ℘ (06505) 87 79, ≤, 🏤 – 🖸. ⓞ Ε
VISA. 🞉
Montag - Dienstag sowie Jan. und Juni jeweils 2 Wochen und Sept. 1 Woche geschl. – **Menu**
(wochentags nur Abendessen, Tischbestellung erforderlich) 85/110 und à la carte 69/92
Spez. Wachtel, Taubenbrust und Gänsestopfleber an karamelisierten Schalotten, Kalbszunge und
Langustinen mit Kartoffelsalat und grüner Sauce, Gegrillte Dorade auf weißen Bohnen.

KORNWESTHEIM Baden-Württemberg 𝟜𝟙𝟛 K 20, 𝟡𝟠𝟟 ㉟ – 28 000 Ew – Höhe 297 m – ✆ 07154.

☒ Aldinger Straße (O : 1 km), 𝒫 (07141) 87 13 19.

🚗 𝒫 2 80 47.

◆Stuttgart 11 – Heilbronn 41 – Ludwigsburg 5 – Pforzheim 47.

🏨 **Domizil** garni, Stuttgarter Str. 1, ☒ 70806, 𝒫 80 90, Fax 809200 – |╪| ⇔ Zim 📺 ☎ ⟷ – ⚿ 60. ⅀ ⓞ ⋸ 𝘝𝘐𝘚𝘈 𝐣𝐜𝐛
50 Z 145/175.

🏨 **Stuttgarter Hof** garni, Stuttgarter Str. 130, ☒ 70806, 𝒫 81 38 00, Fax 813870 – 📺 ☎ ℗
22 Z 75/115.

🏨 **Zum Hasen,** Christofstr. 22, ☒ 70806, 𝒫 81 35 00, Fax 813870 – 📺 ☎ ℗
Menu (Montag, Dez.- Jan. 2 Wochen und Juli - Aug. 3 Wochen geschl.) à la carte 30/57
ⓦ – **22 Z** 75/105.

🏨 **Gästehaus Im Kirchle** ⧖ garni, Zügelstr. 1, ☒ 70806, 𝒫 8 20 70, Fax 820730, ⥱ – 📺
☎ ⟷
10 Z 75/125.

🏨 **Gästehaus Bäuerle** garni, Wilhelmstr. 5, ☒ 70806, 𝒫 81 60 30, Fax 29553 – 📺 ☎. ⋸
12 Z 80/145.

KORSCHENBROICH Nordrhein-Westfalen siehe Mönchengladbach.

KRÄHBERG Hessen siehe Beerfelden.

Europe	Wenn der Name eines Hotels dünn gedruckt ist, dann hat uns der Hotelier Preise und Öffnungszeiten nicht oder nicht vollständig angegeben.

KRAIBURG AM INN Bayern 𝟜𝟙𝟛 U 22, 𝟜𝟚𝟞 J 4 – 3 300 Ew – Höhe 450 m – ✆ 08638.

◆ München 78 – Altötting 30 – Landshut 67 – Rosenheim 53 – Salzburg 92.

✗✗ **Hardthaus,** Marktplatz 31, ☒ 84559, 𝒫 7 30 67, Fax 73068
Dienstag geschl. – **Menu** à la carte 37/58.

KRANZBERG Bayern 𝟜𝟙𝟛 R 21 – 3 200 Ew – Höhe 486 m – ✆ 08166.

◆München 50 – Ingolstadt 46 – Landshut 50.

✍ Metzgerwirt, Obere Dorfstr. 11, ☒ 85402, 𝒫 97 61, Fax 5261 – 📺 ℗
48 Z.

KRAUCHENWIES Baden-Württemberg 𝟜𝟙𝟛 K 22, 𝟡𝟠𝟟 ㉟ – 4 200 Ew – Höhe 583 m – ✆ 07576.

◆Stuttgart 123 – ◆Freiburg im Breisgau 131 – Ravensburg 46 – ◆Ulm (Donau) 78.

In Krauchenwies-Göggingen W : 4,5 km :

🏨 **Löwen,** Mengener Str. 3 (B 311), ☒ 72505, 𝒫 8 12, Fax 813 – ☎ ℗. ⋸
Feb.- März 2 Wochen geschl. – **Menu** *(Donnerstag geschl.)* à la carte 32/58 – **13 Z**
48/85.

KREFELD Nordrhein-Westfalen 𝟜𝟙𝟙 𝟜𝟙𝟚 C 13, 𝟡𝟠𝟟 ⑬ – 242 000 Ew – Höhe 40 m – ✆ 02151.

☒ Krefeld-Linn (Y), 𝒫 57 00 71 ; ☒ Krefeld-Bockum, Stadtwald (Y), 𝒫 59 02 43.

🇧 Verkehrsverein, im Seidenweberhaus, ☒ 47798, 𝒫 2 92 90.

ADAC, Friedrichsplatz 14, ☒ 47798, 𝒫 (0221) 47 27 47, Fax 608103.

◆Düsseldorf 25 ④ – Eindhoven 86 ⑦ – ◆Essen 38 ②.

Stadtplan siehe nächste Seite

🏨 **Parkhotel Krefelder Hof** ⧖, Uerdinger Str. 245, ☒ 47800, 𝒫 58 40, Telex 853748,
Fax 58435, « Gartenterrassen, Park », ⥱, 𝄃 – |╪| ⇔ Zim 📺 ⟷ ℗ – ⚿ 450. ⅀ ⓞ
⋸ 𝘝𝘐𝘚𝘈 𝐣𝐜𝐛
Y a
Menu à la carte 55/85 – **150 Z** 190/360, 10 Suiten.

🏨 **Hansa Hotel,** Am Hauptbahnhof 2, ☒ 47798, 𝒫 82 90, Fax 829150, ⥱ – |╪| ⇔ Zim 📺
ⓦ ⟷ – ⚿ 150. ⅀ ⓞ ⋸ 𝘝𝘐𝘚𝘈
Z c
Menu *(Samstag geschl.)* (nur Abendessen) à la carte 38/67 – **107 Z** 195/349.

🏨 **City-Hotel,** Philadelphiastr. 63, ☒ 47799, 𝒫 62 60, Fax 626100 – |╪| ⇔ Zim 📺 ☎ ⟷.
⅀ ⓞ ⋸ 𝘝𝘐𝘚𝘈
Z x
Menu *(Samstag-Sonntag geschl.)* (nur Abendessen) à la carte 38/68 – **72 Z** 155/360.

🏨 **Zentral-Hotel-Poststuben,** Dampfmühlenweg 58, ☒ 47799, 𝒫 2 46 56, Fax 802888, ⥱
📺 ☎ ⟷. ⅀ ⓞ ⋸ 𝘝𝘐𝘚𝘈
Z v
Menu *(Sonntag geschl.)* (nur Abendessen) à la carte 31/57 – **31 Z** 60/160.

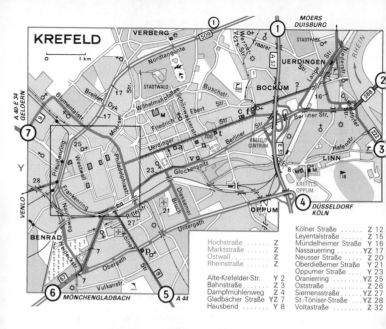

KREFELD

0   1 km

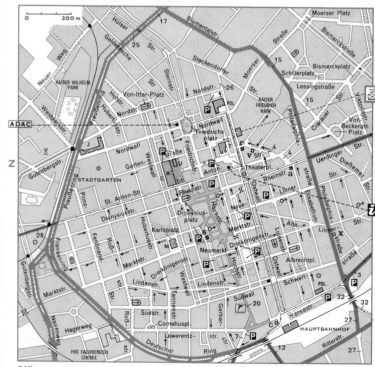

0   300 m

518

❧ **Koperpot,** Rheinstr. 30, ✉ 47799, ₿ 61 48 14, 🏯 – ￭ **E**   Z **a**
Montag geschl. – **Menu** à la carte 63/87
Spez. Maultaschen mit Waldpilzen, Wolfsbarsch auf italienische Art, Das Beste vom Lamm
"provenzalisch".

❧❧ **Villa Medici** mit Zim, Schönwasserstr. 73, ✉ 47800, ₿ 5 06 60, Fax 506650, « Restaurierte
Villa, Gartenterrasse » – 📺 ☎ 🚒 🏠. ￭ Ⓢ **E** VISA̲   Y **n**
Juli - Aug. 3 Wochen geschl. – **Menu** *(Samstag geschl.)* (italienische Küche) à la carte 39/80
– **9 Z** 100/150.

❧❧ **Gasthof Korff,** Kölner Str. 256, ✉ 47807, ₿ 31 17 89, Fax 394424, 🏯 – 💰. ￭ Ⓢ **E** VISA̲
Samstag nur Abendessen, Sonntag geschl. – **Menu** 45/108 und à la carte 49/79.   Y **p**

❧❧ **Aquilon,** Ostwall 199, ✉ 47798, ₿ 80 02 07, Fax 800207 – ￭   Z **r**
Samstag und Feiertage nur Abendessen, Sonntag sowie Juni-Juli 2 Wochen geschl. – **Menu**
à la carte 59/71.

❧ Et Bröckske (Brauerei-Gaststätte), Marktstr. 41, ✉ 47798, ₿ 2 97 40, Fax 20279, 🏯 –   Z **s**

In Krefeld-Bockum :

🏨 **Benger,** Uerdinger Str. 620, ✉ 47800, ₿ 9 55 40, Fax 955444 – 📺 ☎ 🚒. ￭ Ⓢ **E** VISA̲
24. Dez.- 3. Jan. geschl. – **Menu** *(Samstag geschl.)* (nur Abendessen) à la carte 36/65 –
20 Z 95/160.   Y **f**

🏨 **Alte Post** garni, Uerdinger Str. 550a, ✉ 47800, ₿ 5 88 40, Fax 500888 – 🚿 📺 ☎ 🚒 💰.
￭ Ⓢ VISA̲ – *24. Dez.- 2. Jan. geschl.* – **33 Z** 100/190.   Y **c**

❧❧ **La Capannina,** Uerdinger Str. 552, ✉ 47800, ₿ 59 14 61, 🏯 – 💰. ￭ Ⓢ **E** VISA̲   Y **c**
Samstag nur Abendessen, Sonntag geschl. – **Menu** (italienische Küche) à la carte 44/79.

❧❧ Sonnenhof, Uerdinger Str. 421, ✉ 47800, ₿ 59 35 40, Fax 505165, 🏯 –   Y **t**

In Krefeld-Traar über die B 509 Y :

🏭🏭 **Dorint Sport- und Country-Hotel** 🚶, Elfrather Weg 5, ✉ 47802, ₿ 95 60, Fax 956100,
🏯, 🛎, 🚹, 🛒 – 🛎 🥁 Zim 📺 ♿ 🚒 💰 – 🛡 130. ￭ Ⓢ **E** VISA̲. ⋈ Rest
Menu à la carte 41/68 – **158 Z** 230/350, 4 Suiten.

In Krefeld-Verberg :

❧ **Gut Heyenbaum,** Zwingenbergstr. 2, ✉ 47802, ₿ 56 47 66, Fax 563978, 🏯,
« Ehemaliger Gutshof, bäuerliche Einrichtung » – 💰. ￭ Ⓢ **E** VISA̲   Y **e**
Samstag und Weihnachten - Neujahr geschl. – **Menu** (wochentags nur Abendessen) à la
carte 43/72.

KREISCHA Sachsen siehe Dresden.

KRESSBRONN AM BODENSEE Baden-Württemberg 𝏐𝏉 L 24, 𝏑𝏗 M 3, 𝏑𝏒𝏖 A 6 – 7 400 Ew
– Höhe 410 m – Erholungsort – ☎ 07543.
‡ Tourist-Information, Seestr. 20, ✉ 88079, ₿ 6 02 92, Fax 60239.
▶ Stuttgart 170 – Bregenz 19 – Ravensburg 23.

🏨 **Strandhotel** 🚶, Uferweg 5, ✉ 88079, ₿ 68 41, Fax 7002, ≤, « Terrasse am Seeufer »,
📚, 🛒 – 🚿 📺 🚒 🚒 💰
10. Jan.- 10. März geschl. – **Menu** à la carte 31/66 – **30 Z** 100/180.

🏨 **Seehof,** Seestr. 25, ✉ 88079, ₿ 64 80, Fax 54126, 🛒 – 📺 ☎ 💰
März - 15. Nov. – (nur Abendessen für Hausgäste) – **18 Z** 80/142.

🏨 **Krone,** Hauptstr. 41, ✉ 88079, ₿ 9 60 80, Fax 960815, Biergarten, 📚, 🛒 – 📺 ☎ 💰. ￭
Ⓢ **E** VISA̲
25. Okt.- 10. Nov. und 20. Dez.- 5. Jan. geschl. – **Menu** *(Mittwoch geschl.)* à la carte 22/57
♭ – **26 Z** 55/160.

❦ **Engel,** Lindauer Str. 2, ✉ 88079, ₿ 65 42 – 💰
Jan. geschl. – **Menu** *(Montag geschl.)* à la carte 20/33 ♭ – **18 Z** 40/100.

In Kressbronn-Gohren S : 2,5 km :

☗ **Bürgerstüble** 🚶, Tunauer Weg 6, ✉ 88079, ₿ 86 45, 🏯 – 📺 💰
8.- 16. März, 18. Okt.- 17. Nov. und 24.- 30. Dez. geschl. – **Menu** *(Dienstag geschl.)* à la
carte 23/37 ♭ – **15 Z** 65/100.

KREUTH Bayern 𝏐𝏉 S 24, 𝏗𝏘𝏗 Ⓞ, 𝏑𝏒𝏖 H 6 – 3 300 Ew – Höhe 786 m – Heilklimatischer Kurort
Wintersport : 800/1 600 m 🚿 8 🛸 5 – ☎ 08029.
‡ Kurverwaltung, Nördl. Hauptstr. 3, ✉ 83708, ₿ 18 19, Fax 1828.
▶ München 63 – Miesbach 28 – Bad Tölz 29.

🏨 **Zur Post,** Nördl. Hauptstr. 5, ✉ 83708, ₿ 10 21, Fax 322, Biergarten, 🛎, 🛒 – 🚿 📺 ☎
🚹 🚒 💰 – 🛡 90. ￭ **E**
Menu à la carte 30/58 – **53 Z** 115/190 – ½ P 120/140.

KREUZAU Nordrhein-Westfalen siehe Düren.

Sehenswert : Römerhalle★ (Fußboden-Mosaiken★★) Y **M**.

🖼 Kurverwaltung, Kurhausstr. 23 (Bäderkolonnade), ✉ 55543, ✆ 8 36 00 50, Fax 8360080.

ADAC, Kreuzstr. 15, ✉ 55543, ✆ 22 33, Fax 42275.

Mainz 45 ② – Idar-Oberstein 50 ⑤ – Kaiserslautern 56 ④ – ◆Koblenz 81 ② – Worms 55 ②.

BAD KREUZNACH

Hochstraße	Y	Gerbergasse	Y	5
Kreuzstraße	Y 10	Holzmarkt	Y	7
Mannheimer Str.	YZ	Hospitalgasse	Y	8
Römerstraße	Y 14	Kornmarkt	Y	9
Salinenstraße	YZ	Nahestraße	Y	12
Wilhelmstraße	Y	Poststraße	Y	13
		Stromberger		
Am Römerkastell	Y 2	Straße	Y	16
Baumstraße	Z 3	Wilhelmsbrücke	Y	17
Eiermarkt	Y 4	Wormser Str.	Y	18

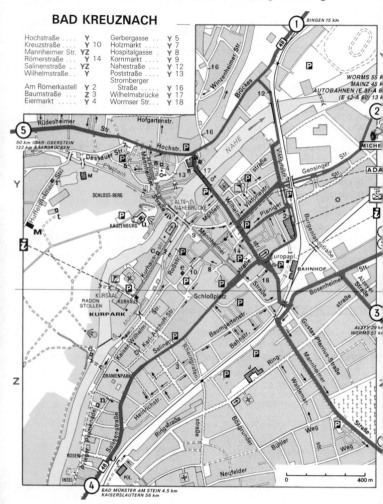

BINGEN 15 km

WORMS 55
MAINZ 45
AUTOBAHNEN (E 31-A 6
E 42-A 60) 13

50 km IDAR-OBERSTEIN
122 km SAARBRÜCKEN

BAD MÜNSTER AM STEIN 4,5 km
KAISERSLAUTERN 56 km

0   400 m

🏨 **Steigenberger Avance Kurhaus** 🦢, Kurhausstr. 28, ✉ 55543, ✆ 20 61, Fax 35477, 🍴,
Massage, ☎s direkter Zugang zum Thermal-Sole-Bad – 🛗 ✦ Zim 📺 🚗 ☎ – 🔬 400.
🖭 ⑩ 🇪 VISA JCB   Z
Menu à la carte 54/87 – **108 Z** 189/340, 6 Suiten – ½ P 183/202.

🏨 **Landhotel Kauzenberg** 🦢, Auf dem Kauzenberg, ✉ 55545, ✆ 2 54 61, Fax 25465, ☎s,
☎ – 📺 ☎ ☎ – 🔬 30. ⑩ 🇪 VISA   Y t
Menu siehe Rest. *Die Kauzenburg* separat erwähnt – **45 Z** 144/234.

🏨 **Insel-Hotel** 🦢, Kurhausstr. 10, ✉ 55543, ✆ 83 79 90, Fax 8379955, 🍴 – 🛗 ✦ Zim 📺
☎ ☎ – 🔬 30. 🖭 ⑩ 🇪 VISA. ✦ Rest   Y c
Menu à la carte 31/69 – **23 Z** 112/190.

🏛 **Der Quellenhof** ⤴, Nachtigallenweg 2, ⌗ 55543, ℘ 83 83 30, Fax 35218, ≤, ㈘, Massage,, ⬄, ⬚, ⌸ – ☎ ⬅ ℗. ⬤ 💳 *VISA*. ℅ Zim   Z **e**
Menu à la carte 42/65 ⅄ – **45 Z** 110/240 – ½ P 122/132.

🏛 **Engel im Salinental** garni, Heinrich-Held-Str. 10, ⌗ 55543, ℘ 38 10, Fax 43805, ⬄ – ⬛
⬜ ☎ ℗ – ⚐ 40. ⬤ ⬤ 💳 *VISA* ⬚. ℅   über ④
29 Z 105/190.

🏛 **Michel Mort** garni, Eiermarkt 9, ⌗ 55545, ℘ 83 93 30, Fax 8393310 – ⬜ ☎. ⬤ ⬤ 💳
VISA   Y **s**
17 Z 90/150.

🏠 **Oranienhof** ⤴, Priegerpromenade 5, ⌗ 55543, ℘ 83 82 20, Fax 36472, ㈘ – ⬛ ⬜ ☎
– ⚐ 30   Z **n**
Jan. geschl. – **Menu** à la carte 28/56 ⅄ – **24 Z** 67/175.

%% **Im Gütchen** (modernes Restaurant in einem ehem. Hofgut), Hüffelsheimer Str. 1, ⌗ 55545,
℘ 4 26 26, Fax 42626 – ℗. ⬤ 💳   Y **r**
Dienstag geschl. – **Menu** *(Juli - Mitte August nur Abendessen)* a la carte 64/86.

%% **Die Kauzenburg** (modernes Restaurant in einer Burgruine), Auf dem Kauzenberg,
⌗ 55545, ℘ 2 54 61, Fax 25465, ≤ Bad Kreuznach, « Rittersaal in einem 800 J. alten
Gewölbe, Aussichtsterrassen » – ℗ – ⚐ 90. ⬤ 💳 *VISA*   Y **u**
Menu à la carte 41/69 *(auch vegetarische Gerichte)*.

% Im Kleinen Klapdohr, Kreuzstr. 72, ⌗ 55545, ℘ 3 23 60   Y **e**

% **Historisches Dr.-Faust-Haus** (Fachwerkhaus a.d.J. 1492), Magister-Faust-Gasse 47,
➤ ⌗ 55545, ℘ 2 87 58, ㈘ –   Y **a**
Montag - Freitag nur Abendessen, Dienstag sowie Feb. und Juli jeweils 2 Wochen geschl.
– **Menu** (bemerkenswertes Angebot regionaler Weine) à la carte 23/41 ⅄.

In Hackenheim SO : 2 km über Mannheimer Straße Z :

%% ✿ **Metzlers Gasthof,** Hauptstr. 69, ⌗ 55546, ℘ (0671) 6 53 12, ㈘ – ℗. ⬤ 💳
Montag und Juli - Aug. 3 Wochen geschl., Sonntag nur Mittagessen – **Menu** (wochentags
nur Abendessen) à la carte 63/81
Spez. St. Petersfisch mit Briochekruste, Täubchen und Entenleber in Blätterteig, Lammrücken mit
Kartoffel-Olivenpüree.

◀**MICHELIN-REIFENWERKE KGaA.** 55543 Bad Kreuznach, Michelinstraße (über ②), ℘ 85 50
~~Fax~~ 74467.

⬛ **KREUZTAL** Nordrhein-Westfalen 📖 G 14, 📖 ㉔ – 30 100 Ew – Höhe 310 m – ✿ 02732.
◆Düsseldorf 120 – Hagen 78 – ◆Köln 83 – Siegen 11.

🏛 **Keller,** Siegener Str. 33, ⌗ 57223, ℘ 40 05, Biergarten, ㈘ – ⬜ ☎ ⬅ ℗. ⬤ ⬤ 💳 *VISA*
Menu *(Samstag nur Abendessen)* à la carte 42/71 – **14 Z** 94/170.

⬛ **KREUZWERTHEIM** Bayern siehe Wertheim.

⬛ **KRIFTEL** Hessen siehe Hofheim am Taunus.

⬛ **KRÖV** Rheinland-Pfalz 📖 E 17 – 2 500 Ew – Höhe 105 m – Erholungsort – ✿ 06541 (Traben-
~~Trarbach).~~
🏛 Verkehrsbüro, Robert-Schuman-Str. 63, ⌗ 54536, ℘ 94 86, Fax 6799.
~~Mainz~~ 131 – Bernkastel-Kues 18 – ◆Trier 56 – Wittlich 19.

🏠 **Ratskeller** (mit Gästehaus), Robert-Schuman-Str. 49, ⌗ 54536, ℘ 99 97, Fax 3202 – ⬛ ⬅
℗. 💳 *VISA*
10. Jan.- 10. Feb. geschl. – **Menu** *(Dienstag geschl.)* à la carte 27/52 ⅄ – **27 Z** 60/160.

⬛ **KRONACH** Bayern 📖 QR 16, 📖 ㉖ – 18 900 Ew – Höhe 325 m – ✿ 09261.
~~Sehenswert :~~ Festung Rosenberg (Fränkische Galerie).
🏛 Städt. Fremdenverkehrsbüro, Rathaus, Marktplatz 5, ⌗ 96317, ℘ 9 72 36, Fax 97289.
◆München 279 – ◆Bamberg 58 – Bayreuth 44 – Coburg 32.

🏛 **Bauer,** Kulmbacher Str. 7, ⌗ 96317, ℘ 9 40 58, Fax 52298 – ⬜ ☎ ℗. ⬤ ⬤ 💳 *VISA*. ℅
Menu *(Sonntag nur Mittagessen, 1.- 16. Jan. und 8.- 21. Aug. geschl.)* à la carte 31/65
– **27 Z** 83/140.

🏠 **Sonne,** Bahnhofstr. 2, ⌗ 96317, ℘ 34 34, Fax 53365 – ⬜ ☎. ⬤ ⬤ 💳 *VISA*. ℅ Rest
23. Dez.- 10. Jan. geschl. – **Menu** à la carte 26/64 – **24 Z** 75/150, 4 Suiten.

🏠 **Försterhof,** Paul-Keller-Str. 3, ⌗ 96317, ℘ 10 41, Fax 92459 – ⬜ ☎ ℗. ⬤ ⬤ 💳 *VISA*.
℅ Zim
Menu *(Sonntag und August geschl.)* (nur Abendessen) à la carte 36/60 – **22 Z** 70/100.

% **Kath. Vereinshaus,** Adolf-Kolping-Str. 14, ⌗ 96317, ℘ 31 84 – 💳
➤ *Montag, nach Fasching 2 Wochen und Aug. geschl.* – **Menu** à la carte 21/38 ⅄.

KRONBERG IM TAUNUS Hessen 412 413 I 16 – 18 000 Ew – Höhe 257 m – Luftkurort – ✿ 06173.

🔒 Schloß Friedrichshof, ℘ 14 26.

🚩 Verkehrsverein, Rathaus, Katharinenstr. 7, ✉ 61476, ℘ 70 32 23, Fax 703246.

♦Wiesbaden 28 – ♦Frankfurt am Main 17 – Bad Homburg vor der Höhe 13 – Limburg an der Lahn 43.

🏨🏨 **Schloßhotel** ♨, Hainstr. 25, ✉ 61476, ℘ 7 01 01, Telex 415424, Fax 701267 – ≼ Schloßpark, ⇪, « Einrichtung mit wertvollen Antiquitäten » – 📶 📺 ☎ – 🛗 60. 🖭 ⓪ ⬛ 𝗩𝗜𝗦𝗔 𝗝𝗖𝗕. ⋘
   Menu 60 (mittags) und à la carte 78/107 – **58 Z** 363/696, 7 Suiten.

🏨 **Viktoria** ♨ garni, Viktoriastr. 7, ✉ 61476, ℘ 40 74, Fax 2863, ⇆s, ⇗ – 📶 ⬍ Zim 📺 ☎ ⇐⇒ ☎ – 🛗 20. 🖭 ⓪ ⬛ 𝗩𝗜𝗦𝗔 – **42 Z** 188/335, 3 Suiten.

🏠 **Frankfurter Hof,** Frankfurter Str. 1, ✉ 61476, ℘ 7 95 96, Fax 5776 – ☎ ⇐⇒ ☎. ⬛
   Menu *(Freitag und Juni - Juli 3 Wochen geschl.)* (wochentags nur Abendessen) a la carte 26/63 – **11 Z** 80/170.

✗✗ **Kronberger Hof** mit Zim, Bleichstr. 12, ✉ 61476, ℘ 7 90 71, Fax 5905, ⇪, ⇆s – 📺 ☎ ☎. 🖭 ⬛
   Menu *(Samstag geschl.)* à la carte 34/65 – **10 Z** 90/200, 3 Suiten.

KROPP Schleswig-Holstein 411 L 3. 987 ⑤ – 5 400 Ew – Höhe 15 m – ✿ 04624.

♦Kiel 52 – Rendsburg 21 – Schleswig 16.

🏨 **Wikingerhof,** Tetenhusener Chaussee 1, ✉ 24848, ℘ 7 00, Fax 2613, ⇪, ⇆s, ⇗ – 📺 ☎ ⅙ ☎ – 🛗 60. 🖭 ⓪ ⬛ 𝗩𝗜𝗦𝗔
   Menu a la carte 33/56 – **56 Z** 100/170.

KROZINGEN, BAD Baden-Württemberg 413 G 23, 987 ㉞, 427 ④ – 13 000 Ew – Höhe 233 m – Heilbad – ✿ 07633.

🚩 Kurverwaltung, Herbert-Hellmann-Allee 12, ✉ 79189, ℘ 40 08 63, Fax 150105.

♦Stuttgart 217 – Basel 53 – ♦Freiburg im Breisgau 15.

🏨 **Litschgi-Haus** (Patrizierhaus a.d.J. 1564), Basler Str. 10 (B 3), ✉ 79189, ℘ 1 40 33 (Hotel) 1 58 78 (Rest.), Fax 13231 – 📶 📺 ☎ ⅙ ⇐⇒ – 🛗 30. 🖭 ⓪ ⬛ 𝗩𝗜𝗦𝗔
   Menu *(Sonntag nur Mittagessen, Montag geschl.)* 40/108 und à la carte 52/83 – **26 Z** 95/250.

🏨 **Appartement-Hotel Amselhof** ♨, Kemsstr. 21, ✉ 79189, ℘ 20 77, Fax 150187, ⇪, 📞 – 📶 📺 ☎ ⇐⇒ ☎ – 🛗 40. ⓪ ⬛ Rest
   Menu *(Dienstag geschl., Samstag nur Abendessen)* à la carte 31/68 – **30 Z** 85/186.

🏠 **Rössle** garni, Basler Str. 18, ✉ 79189, ℘ 31 03, Fax 2123 – 📺 ☎ ⇐⇒. 🖭 ⓪ ⬛ 𝗩𝗜𝗦𝗔
   Ende Dez.- Mitte Jan. geschl. – **12 Z** 70/130.

🏠 **Biedermeier** ♨ garni, In den Mühlenmatten 1, ✉ 79189, ℘ 91 03 00, Fax 91 03 40, ⇆s, ⇗ – 📺 ☎ ☎ – **25 Z** 55/150.

🏠 **Bären** ♨ garni, In den Mühlenmatten 3, ✉ 79189, ℘ 9 11 00, Fax 150812 – 📺 ☎ ⇐⇒ ☎. ⬛
   20 Z 67/140.

🏠 **Hofmann** ♨ garni, Litschgistr. 6, ✉ 79189, ℘ 31 40, Fax 2123, ⇆s, ⇗ – ⇐⇒ ☎. 🖭 ⓪ ⬛ 𝗩𝗜𝗦𝗔. ⋘
   Mitte Jan.- Ende Feb. geschl. – **14 Z** 70/130.

✗✗ **Batzenberger Hof** mit Zim, Freiburger Str. 2 (B 3), ✉ 79189, ℘ 41 50, Fax 150253 – ☎ ☎. 𝗩𝗜𝗦𝗔
   Menu *(Sonntag - Montag geschl.)* à la carte 37/72 ⅄ – **13 Z** 68/140.

Im Kurgebiet :

🏨 **Haus Pallotti** ♨, Thürachstr. 3, ✉ 79189, ℘ 4 00 60, Fax 400610, ⇪, ⇗ – 📶 📺 ☎ ☎ – 🛗 30. ⋘ Rest
   Menu *(Montag und Dez.- Jan. geschl., Sonntag nur Mittagessen)* à la carte 33/49 ⅄ – **61 Z** 65/160.

🏨 **Barthel's Hotellerie an den Thermen** ♨, Thürachstr. 1, ✉ 79189, ℘ 1 00 50, Fax 100550, ⇪, ⇗ – 📶 ⬍ Zim 📺 ☎ ☎ – 🛗 30. 🖭 ⓪ ⬛ 𝗩𝗜𝗦𝗔
   Menu à la carte 37/70 – **35 Z** 105/215.

🏠 **Vier Jahreszeiten** ♨, Herbert-Hellmann-Allee 24, ✉ 79189, ℘ 31 86, Fax 14438, ⇪, ⇗ – 📺 ☎ ⇐⇒ ☎. ⋘ Rest
   Dez.- 25. Jan. geschl. – **Menu** *(Donnerstag geschl.)* à la carte 25/40 ⅄ – **19 Z** 70/175.

✗✗ **Kurhaus Restaurant,** Kurhausstraße, ✉ 79189, ℘ 40 08 70, Fax 400869, ≼, ⇪ – ☎ – 🛗 200. 🖭 ⓪ ⬛ 𝗩𝗜𝗦𝗔. ⋘
   Jan. 2 Wochen geschl. – **Menu** à la carte 32/53 *(auch Diät und vegetar. Gerichte)* ⅄.

In Bad Krozingen-Biengen NW : 4 km :

🏠 **Gästehaus Hellstern** garni, Hauptstr. 34, ✉ 79189, ℘ 38 14, ⇗ – 📶 ☎ ⇐⇒ ☎. ⋘
   8.- 26. Jan. geschl. – **16 Z** 92/84.

✗✗ **Krone,** Hauptstr. 18, ✉ 79189, ℘ 39 66, Fax 101177, ⇪ ☎. 🖭 ⬛ 𝗩𝗜𝗦𝗔. ⋘
   Sonntag - Montag geschl. – **Menu** à la carte 44/84.

In Bad Krozingen-Schmidhofen S : 3,5 km :

❌ **Storchen,** Felix- und Nabor-Str. 2, ✉ 79189, ℰ 53 29 – 🅿
Montag sowie Jan. und Juli jeweils 2 Wochen geschl., Dienstag nur Abendessen – **Menu**
à la carte 43/71 ♨.

KRÜN Bayern 🔢 Q 24, 🔢㊲, 🔢 F 6 – 1 700 Ew – Höhe 875 m – Erholungsort – Wintersport :
)0/1 200 m ✔2 ✔4 – 🕓 08825.

Verkehrsamt, Schöttlkarspitzstr. 15, ✉ 82494, ℰ 10 94, Fax 2244.

München 96 – Garmisch-Partenkirchen 18 – Mittenwald 8.

🏠 **Alpenhof** ♨, Edelweißstr. 11, ✉ 82494, ℰ 10 14, Fax 1016, ≤ Karwendel- und Wettersteinmassiv, ☎s, 🔳, 🏤 – ☎ 🍴 🅿. ✼
  25. März - 5. Mai und 22. Okt.- 17. Dez. geschl. – (Restaurant nur für Hausgäste) –
• **41 Z** 68/136 – ½ P 76/85.

🏠 **Schönblick** ♨ garni, Soiernstr. 1, ✉ 82494, ℰ 9 22 20, Fax 922298, ≤ Karwendel- und
Wetersteinmassiv, 🏤 – 🍴 🅿. ✼
  2. April - 2. Mai und 22. Okt.- 17. Dez. geschl. – **19 Z** 45/90.

In Krün-Barmsee W : 2 km :

🏠 **Alpengasthof Barmsee** ♨, Am Barmsee 4, ✉ 82494, ℰ 20 34, Fax 879, ≤ Karwendel-
und Wetersteinmassiv, 🏤, ☎s, 🐾, 🏤 ✔ – 📺 ☎ 🍴 🅿
  April 2 Wochen und 24. Okt.- 18. Dez. geschl. – **Menu** *(Mittwoch geschl.)* à la carte 27/58
  – **23 Z** 50/124 – ½ P 64/76.

In Krün-Klais SW : 4 km :

🏠 **Post,** Bahnhofstr. 7, ✉ 82493, ℰ (08823) 22 19, Fax 94055, 🏤, Biergarten – 🍴 🅿
  24. April - 12. Mai und 6. Nov.- 22. Dez. geschl. – **Menu** *(Montag geschl.)* à la carte 25/58
  – **11 Z** 50/140 – ½ P 57/82.

🏠 **Gästehaus Ingeborg** garni, An der Kirchleiten 7, ✉ 82493, ℰ (08823) 81 68, ≤, 🏤 – 🅿.
  ✼ – *Nov.- Mitte Dez. geschl. –* **11 Z** 40/80.

KRUGSDORF Mecklenburg-Vorpommern siehe Pasewalk.

KRUMBACH Bayern 🔢 O 22, 🔢㊱, 🔢 CD 4 – 11 600 Ew – Höhe 512 m – 🕓 08282.

München 124 – ◆Augsburg 48 – Memmingen 38 – ◆Ulm (Donau) 41.

🏠 **Traubenbräu,** Marktplatz 14, ✉ 86381, ℰ 20 93, Fax 5873 – 📺 🍴 🅿. 🆎 🇪 𝑽𝑰𝑺𝑨
  Menu *(Samstag und Aug. 2 Wochen geschl.)* à la carte 26/52 – **10 Z** 58/108.

🏠 **Diem,** Kirchenstr. 5, ✉ 86381, ℰ 30 60, Fax 2754 – 📺 ☎ 🅿. 🇪
➔ **Menu** à la carte 20/43 *(auch vegetarische Gerichte)* ♨ – **29 Z** 50/110.

🏠 **Falk,** Heinrich-Sinz-Str. 4, ✉ 86381, ℰ 20 11, Fax 2024, Biergarten, 🏤 – 📺 ☎ 🍴 🅿.
➔ 🆎 🇪
  Menu *(Samstag nur Mittagessen)* à la carte 24/42 ♨ – **18 Z** 60/108.

🏠 Brauerei-Gasthof Munding, Augsburger Str. 40 (B 300), ✉ 86381, ℰ 44 62, Fax 4463, Biergarten – 📺 🍴 🅿 – 🔒 60 – **17 Z**.

KRUMMHÖRN Niedersachsen 🔢 E 6 – 15 000 Ew – Höhe 5 m – 🕓 04923.

Verkehrsbüro, Zur Hauener Hooge 15 (in Greetsiel), ✉ 26736, ℰ (04926) 9 18 80, Fax 2029.

Hannover 265 – Emden 31 – Groningen 112.

In Krummhörn-Greetsiel – Erholungsort :

🏠🏠 **Landhaus Steinfeld** ♨, ✉ 26736, ℰ (04926) 20 61, Fax 2039, 🏤, ☎s, 🔳, 🏤 – 📺 ☎
🅿 – 🔒 40. 🆎 ⓞ 🇪 𝑽𝑰𝑺𝑨
  15.- 31. Jan. geschl. – **Menu** à la carte 43/75 – **28 Z** 160/290.

🏠🏠 **Witthus** ♨, Kattrepel 7, ✉ 26736, ℰ (04926) 5 40, Fax 1471, « Ständig Kunstausstel-
lungen, Gartenterrasse » – ✔ 📺 ☎ 🅿. 🇪 𝑽𝑰𝑺𝑨. ✼
  Mitte Nov. - Mitte Dez. geschl. – **Menu** à la carte 36/69 – **14 Z** 115/210.

KÜHLUNGSBORN Mecklenburg-Vorpommern 🔢 H 3, 🔢 S 4, 🔢⑦, 🔢⑥ – 7 500 Ew –
Höhe 2 m – Seebad – 🕓 038293.

Kurverwaltung, Poststr. 20, ✉ 18225, ℰ 62 01.

chwerin 70 – ◆Rostock 33 – Wismar 39.

🏠🏠 **Schweriner Hof** garni, Straße des Friedens 46, ✉ 18225, ℰ 66 96, Fax 6696 – 📳 📺 ☎
🅿 – 🔒 20. 🆎 🇪 𝑽𝑰𝑺𝑨
27 Z 115/195.

🏠🏠 **Arendsee,** Straße des Friedens 30, ✉ 18225, ℰ 4 46, Telex 31280, Fax 6645, 🏤, ☎s –
📳 ✔ Zim 📺 ☎ 🅿 – 🔒 25. 🆎 ⓞ 🇪 𝑽𝑰𝑺𝑨
Menu à la carte 33/64 – **66 Z** 150/190, 6 Suiten.

🏠 **Rosenhof,** Poststr. 18, ⊠ 18225, 𝒫 7 86, « elegante, individuelle Zimmereinrichtung »
📺 ☎ ⇔ 🅿. ⅏ Rest
Menu *(Montag - Freitag nur Abendessen)* à la carte 27/44 – **16 Z** 95/150.

🏠 **Residenz Waldkrone,** Tannenstr. 4, ⊠ 18225, 𝒫 5 96, Fax 6187, 🏤 – 📺 ☎ 🅿. ⅍ ⅀
VISA
Menu à la carte 32/60 – **23 Z** 165/275.

🏠 **Am Strand,** Straße des Friedens 16, ⊠ 18225, 𝒫 66 11, Fax 571, 🏤, ⇌ – 🛗 📺 ☎ 🅿
⅍ ⓪ ⅀ _VISA_. ⅏ Zim
Menu à la carte 27/62 – **40 Z** 140/190.

🏠 **Nordischer Hof** garni, Straße des Friedens 25, ⊠ 18225, 𝒫 76 00, Fax 7604, ⇌ – 🛗 📺
☎ 🕭 🅿. ⅍ ⓪ ⅀ _VISA_
38 Z 100/160.

🏠 **Poseidon,** Hermannstr. 6, ⊠ 18225, 𝒫 71 82 – 📺 ☎ 🅿. ⅍ ⓪ ⅀ _VISA_. ⅏
Menu à la carte 26/48 – **23 Z** 95/150.

🏠 **Polarstern,** Straße des Friedens 24, ⊠ 18225, 𝒫 2 02, Fax 7688, « renovierte
Jugendstil-Villa » – 📺 ☎ 🅿 – 🕭 15. ⅍ ⓪ ⅀
Menu *(Okt. - Mai Dienstag geschl.)* à la carte 26/48 – **25 Z** 100/160.

🏠 **Schloß am Meer** 🕭 garni, Tannenstr. 8, ⊠ 18225, 𝒫 72 26, Fax 7226, ≤ – 📺 🅿. ⅍
⅀ _VISA_
März - Nov. – **27 Z** 90/170.

🗙 **Brunshöver Möhl,** An der Mühle 3, ⊠ 18225, 𝒫 9 37 – 🅿. ⅍ ⓪ ⅀ _VISA_. ⅏
Sonntag nur Mittagessen, Okt.- April Montag geschl. – **Menu** *(außer Saison wochentags*
nur Abendessen) à la carte 29/47.

KÜMMERSBRUCK Bayern 🔢🔢🔢 S 18 – 7 900 Ew – Höhe 370 m – 🕾 09621.
◆München 186 – Bayreuth 82 – ◆Nürnberg 68 – ◆Regensburg 62.

In Kümmersbruck-Haselmühl :

🏠 **Zur Post,** Vilstalstr. 82, ⊠ 92245, 𝒫 77 50, Fax 74730, Biergarten, ⅏ – 📺 ☎ ⇔ 🅿
⬤ *1.- 20. Aug. und 20. Dez. - 4. Jan. geschl.* – **Menu** *(Donnerstag und Sonntag geschl.*
à la carte 24/54 – **29 Z** 85/160.

KÜNZELL Hessen siehe Fulda.

KÜNZELSAU Baden-Württemberg 🔢🔢🔢 LM 19, 🔢🔢🔢 ㉕ ㉖ – 11 600 Ew – Höhe 218 m – 🕾 07940
◆Stuttgart 94 – Heilbronn 52 – Schwäbisch Hall 23 – ◆Würzburg 84.

🍴 **Comburgstuben,** Komburgstr. 12, ⊠ 74653, 𝒫 35 70, 🏤 – 📺 ☎ ⇔
Juli-Aug. 2 Wochen und 23. Dez.- 6. Jan. geschl. – **Menu** *(Freitag nur Mittagessen, Samstag*
geschl.) à la carte 29/39 🕭 – **14 Z** 50/120.

🍴 **Frankenbach,** Bahnhofstr. 10, ⊠ 74653, 𝒫 23 33 – ⇔ 🅿
Juli - Aug. 3. Wochen geschl. – **Menu** *(Sonn- und Feiertage nur Mittagessen, Dienstag*
geschl.) à la carte 26/43 🕭 – **11 Z** 40/110.

KÜPS Bayern 🔢🔢🔢 Q 16 – 7 100 Ew – Höhe 299 m – 🕾 09264.
◆München 278 – ◆Bamberg 52 – Bayreuth 50 – Hof 59.

In Küps-Oberlangenstadt :

🏠 **Hubertus,** Hubertusstr. 7, ⊠ 96328, 𝒫 96 00, Fax 96055, ≤, 🏤, ⇌, ◪, 🐎 – ⅏ Zim
📺 ☎ 🅿 – 🕭 40. ⅀
2.- 10. Jan. geschl. – **Menu** à la carte 40/65 – **24 Z** 78/125.

KÜRNBACH Baden-Württemberg 🔢🔢🔢 🔢🔢🔢 J 19 – 2 600 Ew – Höhe 203 m – 🕾 07258.
◆Stuttgart 67 – Heilbronn 37 – ◆Karlsruhe 42.

🗙 **Weiss,** Austr. 63, ⊠ 75057, 𝒫 65 60 – ⅀. ⅏
Dienstag sowie Jan. und Juli - Aug. jeweils 2 Wochen geschl. – **Menu** (wochentags nur
Abendessen, Tischbestellung ratsam) 58 und à la carte 35/53 🕭.

KÜRTEN Nordrhein-Westfalen 🔢🔢🔢 E 13 – 17 000 Ew – Höhe 250 m – Luftkurort – 🕾 02268
◆Düsseldorf 82 – ◆Köln 35 – Lüdenscheid 47.

In Kürten-Hungenbach SW : 2 km :

🏠 **Gut Hungenbach,** ⊠ 51515, 𝒫 60 71, Fax 6073, 🏤, « Historische Fachwerkhäuser a.d
17. und 18. Jh. » – 📺 ☎ ⇔ 🅿 – 🕭 40
Menu à la carte 45/78 – **32 Z** 105/200.

KÜSTEN Niedersachsen siehe Lüchow.

KUFSTEIN Österreich 🔢 T 24, 🔢 ㊲, 🔢 I 6 – 14 800 Ew – Höhe 500 m – Wintersport : 515/1 600 m ✻2 ✻4 – 🔴 05372 (innerhalb Österreich).

Sehenswert : Festung : Lage★, ≤★, Kaiserturm★.

Ausflugsziel : Ursprungspaß-Straße★ (von Kufstein nach Bayrischzell).

🔲 Tourismusverband, Münchner Str. 2, ⊠A-6330, 𝒫 6 22 07, Fax 61455.

Wien 401 – Innsbruck 72 – ◆München 90 – Salzburg 106.

Die Preise sind in der Landeswährung (ö. S.) angegeben.

🏨 **Trend Hotel Kufstein** garni, Arkadenplatz 1, ⊠ A-6330, 𝒫 6 94 40, Fax 694450, ≘s – 🕴 ❄ 🆃🆅 ☎ – 🛗 70. 🝙 ⓪ 🝙 𝚅𝙸𝚂𝙰
91 Z 720/1310.

🏨 **Alpenrose** 🦢, Weißachstr. 47, ⊠ A-6330, 𝒫 6 21 22, Fax 621227, 🌴 – 🕴 🆃🆅 ☎ ⟵ 🅿 – 🛗 30. 🝙 🝙
Menu *(über Ostern geschl.)* à la carte 280/500 – **22 Z** 630/1240.

🏨 **Andreas Hofer,** Georg-Pirmoser-Str. 8, ⊠ A-6330, 𝒫 69 80, Fax 698090, 🌴 – 🕴 🆃🆅 ☎ ⟵ 🅿 – 🛗 200. 🝙 ⓪ 🝙 𝚅𝙸𝚂𝙰
Menu à la carte 215/380 – **95 Z** 680/1260.

🏨 **Zum Bären,** Salurner Str. 36, ⊠ A-6330, 𝒫 6 22 29, Fax 622294, 🌴, Massage, ≘s – 🕴 🆃🆅 ☎ ⟵ 🅿. ⓪
Mitte Nov.- Anfang Dez. geschl. – Menu *(Sonntag geschl.)* à la carte 170/415 – **33 Z** 510/1070.

🏠 **Goldener Löwe,** Oberer Stadtplatz 14, ⊠ A-6330, 𝒫 6 21 81, Fax 621818 – 🕴 🆃🆅 ☎. 🝙 ⓪ 🝙 𝚅𝙸𝚂𝙰
Menu à la carte 190/320 – **40 Z** 525/872.

🏠 **Auracher Löchl,** Römerhofgasse 3, ⊠ A-6330, 𝒫 6 21 38, Fax 6493951, « Terrasse am Inn » – 🕴 ☎ 🅿 – 🛗 25. 🝙 ⓪ 🝙 𝚅𝙸𝚂𝙰
Menu à la carte 165/355 – **32 Z** 560/950.

🏠 **Tiroler Hof,** Am Rain 16, ⊠ A-6330, 𝒫 6 23 31, Fax 61909, 🌴 – 🆃🆅 ☎ ⟵ 🅿. 🝙 𝚅𝙸𝚂𝙰 🝙𝙲𝙱
16. März - 6. April und 9.- 30. Nov. geschl. – Menu *(Montag geschl.)* à la carte 180/430 – **11 Z** 400/735 – ½ P 445/550.

GRÜNE REISEFÜHRER
Landschaften, Sehenswürdigkeiten
Schöne Strecken, Ausflüge
Besichtigungen
Stadt- und Gebäudepläne.

KULMBACH Bayern 🔢 R 16. 🔢 ㉖ – 28 700 Ew – Höhe 306 m – 🔴 09221.

Sehenswert : Plassenburg★ (Schöner Hof★★, Zinnfigurenmuseum★) YZ.

🔲 Fremdenverkehrs- und Veranstaltungsbetrieb, Sutte 2 (Stadthalle) ⊠ 95326, 𝒫 8 40 81, Fax 84083.

◆München 257 ② – ◆Bamberg 60 ② – Bayreuth 22 ② – Coburg 50 ④ – Hof 49 ①.

Stadtplan siehe nächste Seite

🏨 **Senator Parkhotel,** Luitpoldstr. 2, ⊠ 95326, 𝒫 60 30, Fax 603100, Massage, ♨, ≘s – 🕴 ❄ Zim 🆃🆅 🝙 🛗 150. 🝙 ⓪ 🝙   Z **b**
Menu à la carte 42/69 – **103 Z** 169/395.

🏨 **Hansa-Hotel,** Weltrichstr. 2a, ⊠ 95326, 𝒫 79 95, Fax 66887, « Einrichtung in modernem Design » – 🕴 🆃🆅 ☎ ⟵. 🝙 ⓪ 🝙 𝚅𝙸𝚂𝙰. ✂ Rest   Z **a**
20. Dez.- Mitte Jan. geschl. – Menu *(Samstag sowie Sonn- und Feiertage geschl.)* (nur Abendessen) à la carte 43/74 – **30 Z** 105/225.

🏠 **Café Kronprinz** garni, Fischergasse 4, ⊠ 95326, 𝒫 8 40 31, Fax 1585 – 🆃🆅 ☎. 🝙 ⓪ 🝙 𝚅𝙸𝚂𝙰   Y **n**
19 Z 95/160.

🏠 **Purucker,** Melkendorfer Str. 4, ⊠ 95326, 𝒫 77 57, Fax 66949, ≘s – 🕴 🆃🆅 ☎ ⟵ 🅿. 🝙 ⓪ 🝙 𝚅𝙸𝚂𝙰   Z **r**
19. Aug. - 10. Sept. geschl. – Menu *(Samstag-Sonntag geschl.)* à la carte 33/55 – **23 Z** 85/160.

🏠 **Christl** garni, Bayreuther Str. 7 (B 85), ⊠ 95326, 𝒫 79 55, Fax 66402 – 🆃🆅 ☎ ⟵ 🅿. 🝙 🝙 𝚅𝙸𝚂𝙰   Z **k**
28 Z 70/135.

✗✗ **Kupferpfanne,** Klostergasse 7, ⊠ 95326, 𝒫 57 88 – 🝙   YZ **e**
Montag und Feb. 2 Wochen geschl., Sonntag nur Mittagessen – Menu à la carte 32/62.

In Kulmbach-Höferänger ⑤ : 4 km :

🏨 **Dobrachtal,** Höferänger 10, ⊠ 95326, 𝒫 94 20, Fax 942355, ≘s, 🔲, 🎣 – 🕴 🆃🆅 ☎ ⟵ 🅿. 🝙 ⓪ 🝙 𝚅𝙸𝚂𝙰. ✂ Rest
21. Dez.- 5. Jan. geschl. – Menu *(Montag - Donnerstag nur Abendessen, Freitag geschl.)* à la carte 32/60 – **58 Z** 85/170.

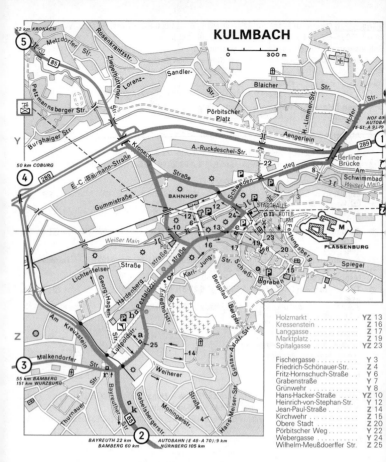

KULMBACH

Holzmarkt	**YZ** 13
Kressenstein	**Z** 16
Langgasse	**Z** 17
Marktplatz	**Z** 19
Spitalgasse	**YZ** 23

Fischergasse	**Y** 3
Friedrich-Schönauer-Str.	**Z** 4
Fritz-Hornschuch-Straße	**Y** 6
Grabenstraße	**Y** 7
Grünwehr	**Y** 8
Hans-Hacker-Straße	**YZ** 10
Heinrich-von-Stephan-Str.	**Y** 12
Jean-Paul-Straße	**Z** 14
Kirchwehr	**Z** 15
Obere Stadt	**Z** 20
Pörbitscher Weg	**Y** 22
Webergasse	**Y** 24
Wilhelm-Meußdoerffer Str.	**Z** 25

☞ *Benutzen Sie für weite Fahrten in Europa die Michelin-Länderkarten :*

970 Europa, **980** Griechenland, **984** Deutschland, **985** Skandinavien-Finnland, **986** Großbritannien-Irland, **987** Deutschland-Österreich-Benelux, **988** Italien, **989** Frankreich, **990** Spanien-Portugal.

KUNREUTH-REGENSBERG Bayern siehe Forchheim.

KUPFERZELL Baden-Württemberg **413** M 19, **987** ㉕ – 4 600 Ew – Höhe 345 m – ✆ 07944.
◆Stuttgart 86 – Heilbronn 46 – Schwäbisch Hall 17 – ◆Würzburg 91.

In Kupferzell-Eschental SO : 6 km :

🏠 **Landgasthof Krone,** Hauptstr. 40, ⊠ 74635, ℰ 6 70, Fax 6767, 🌳 – 🛗 📺 ☎ 🅿 – 🔬 40.
➜ 🅴
   Feb. und Juli-Aug. jeweils 2 Wochen geschl. – **Menu** *(Dienstag geschl.)* à la carte 21/50
   (auch vegetarisches Menu) ⅃ – **32 Z** 55/150.

KUPPENHEIM Baden-Württemberg **413** H 20 – 6 200 Ew – Höhe 126 m – ✆ 07222 (Rastatt).
◆Stuttgart 98 – Baden-Baden 12 – ◆Karlsruhe 24 – Rastatt 5,5.

🏠 **Blume,** Rheinstr. 7, ⊠ 76456, ℰ 9 47 80, Fax 947880 – 🅿
   Juli - Aug. 3 Wochen und Weihnachten - Anfang Jan. geschl. – **Menu** *(Montag geschl.)*
   à la carte 27/55 – **15 Z** 65/130.

🍴🍴 **Ochsen,** Friedrichstr. 53, ⊠ 76456, ℰ 4 15 30, Fax 48750 – 🅿. ⬤ 🅴 *VISA*. 🛇
   1.- 15. März, 29. Juli - 22. Aug. und Sonntag - Montag geschl. – **Menu** à la carte 31/54.

In Kuppenheim-Oberndorf SO : 2 km :

XXX ❀ **Raub's Restaurant** (modern-elegantes Restaurant), Hauptstr. 41, ✉ 76456, ℘ (07225) 7 56 23, Fax 79378 – ❺
Sonntag - Montag und Aug.- Sept. 2 Wochen geschl. – **Menu** (bemerkenswerte Weinkarte) 85/163 und à la carte 86/114 – ***Kreuz-Stübl*** (badische Küche, 🍴) **Menu** à la carte 38/68
Spez. Gänsestopfleber mit süß-sauren Zwetschgen, St. Petersfisch auf asiatische Art, Pochierter Lammrücken im Basilikumsud.

KUSEL Rheinland-Pfalz 🔲🔲🔲 F 18, 🔲🔲🔲 ㉔, 🔲🔲🔲 ③ – 5 800 Ew – Höhe 240 m – ❀ 06381.
Mainz 107 – Kaiserslautern 40 – ◆Saarbrücken 50.

☆ **Rosengarten,** Bahnhofstr. 38, ✉ 66869, ℘ 29 33, Fax 8133 – ⬅ ❺
1.- 16. Jan. geschl. – **Menu** *(Sonntag nur Mittagessen)* à la carte 27/43 ᗑ – **27 Z** 40/100.

In Blaubach NO : 2 km :

🏠 **Reweschnier** ⬡, Kuseler Str. 5, ✉ 66869, ℘ (06381) 50 46, Fax 40976, 🍴, ⬟, ⬟ – 📺 ☎ ❺ – ♨ 30. ⓪ ᗐ ᗐ 🎀
Menu à la carte 29/58 ᗑ – **29 Z** 74/139 – ½ P 84/96.

In Thallichtenberg NW : 5 km :

🏠 **Burgblick** ⬡, Ringstr. 6, ✉ 66871, ℘ (06381) 15 26, Fax 47440, ≤, ⬟ – ☎ ❺
→ **Menu** *(Dienstag - Freitag nur Abendessen, Montag geschl.)* à la carte 24/53 ᗑ – **17 Z** 60/110.

In Konken SW : 6 km :

☆ **Haus Gerlach,** Hauptstr. 39 (B 420), ✉ 66871, ℘ (06384) 3 27 – ❺
→ **Menu** *(Montag geschl.)* à la carte 19/42 ᗑ – **8 Z** 40/80 – ½ P 50/55.

KYRITZ Brandenburg 🔲🔲🔲 J 7, 🔲🔲🔲 ⑪, 🔲🔲🔲 ⑰ – 10 000 Ew – Höhe 34 m – ❀ 033971.
🅱 Kyritz-Information, Bahnhofstr. 5, ✉ 16866, ℘ 23 31.
Potsdam 85 – Schwerin 96.

🏠 **Landhaus Muth,** Pritzwalker Str. 40, ✉ 16866, ℘ 7 15 12, Fax 71513, 🍴 – 📺 ☎ ❺ – → ♨ 20. ⒶⒺ ⓪ ᗐ ᗐ
Menu *(Montag nur Abendessen)* à la carte 23/48 ᗑ – **19 Z** 100/130.

In Bantikow O : 12 km über Wusterhausen :

🏠 **Am Untersee** ⬡, Dorfstr. 48, ✉ 16868, ℘ (033979) 5 90, Fax 590, 🍴, ⬟⬟ – 📺 ☎ ❺ → – ♨ 25. ᗐ
Menu à la carte 22/46 – **36 Z** 80/120.

LAABER Bayern 🔲🔲🔲 S 19 – 4 600 Ew – Höhe 438 m – ❀ 09498.
◆München 138 – ◆Nürnberg 83 – ◆Regensburg 22.

In Frauenberg NO : 2 km :

🏠 **Frauenberg,** Marienplatz 7, ✉ 93164, ℘ (09498) 87 49, 🍴, 🌳 – ❺
→ *Aug. 3 Wochen und 21. Dez.- 7. Jan. geschl.* – **Menu** *(Freitag geschl., Sonntag nur Mittagessen)* à la carte 21/34 – **37 Z** 60/90.

LAASPHE, BAD Nordrhein-Westfalen 🔲🔲🔲 I 14, 🔲🔲🔲 ㉔ – 16 000 Ew – Höhe 335 m – Kneippheilbad – ❀ 02752.
🅱 Kurverwaltung, Haus des Gastes, ✉ 57334, ℘ 8 98, Fax 7789.
◆Düsseldorf 174 – ◆Kassel 108 – Marburg 43 – Siegen 44.

🏠 **Panorama-Hotel Lahnblick** ⬡, Höhenweg 10, ✉ 57334, ℘ 10 80, Fax 108113, ≤, 🍴, Massage, ♨, ♨, ⬟, 🏊, 🌳 – 🛗 📺 ☎ ❺ – ♨ 35. ⒶⒺ ⓪ ᗐ ᗐ 🎀 Rest
Menu à la carte 31/59 – **41 Z** 85/160 – ½ P 96/111.

🏠 **Wittgensteiner Hof,** Wilhelmsplatz 1 (B 62), ✉ 57334, ℘ 8 29, ⬟ – ☎ ⬅ ❺. 🎀
Menu à la carte 27/59 – **31 Z** 42/120 – ½ P 65/75.

In Bad Laasphe-Feudingen W : 9 km – ❀ 02754 :

🏠🏠 **Doerr,** Sieg-Lahn-Str. 8, ✉ 57334, ℘ 30 81, Fax 3084, ⬟, 🏊 – 🛗 📺 ❺ – ♨ 60. ⒶⒺ ⓪ ᗐ ᗐ 🎀 Rest
Menu à la carte 43/76 – **35 Z** 103/310.

🏠 **Lahntal-Hotel,** Sieg-Lahn-Str. 23, ✉ 57334, ℘ 12 85, Fax 1286, ⬟ – 🛗 📺 ☎ ❺ – ♨ 100. ⒶⒺ ᗐ ᗐ 🎀 Zim
Menu *(Dienstag geschl.)* à la carte 32/73 – **22 Z** 115/360.

🏠 **Im Auerbachtal** ⬡, Wiesenweg 5, ✉ 57334, ℘ 5 88, Fax 8198, ⬟, 🏊, 🌳 – ☎ ❺. 🎀
Dez.- Jan. geschl. – (Restaurant nur für Hausgäste) – **16 Z** 68/124 – ½ P 80/86.

In Bad Laasphe-Glashütte W : 14 km über Bad Laasphe-Volkholz :

🏨 **Jagdhof Glashütte** ⊗, Glashütter Str. 20, ⊠ 57334, ℘ (02754) 39 90, Fax 399222, 佘,
« Einrichtung im alpenländischen Stil », 会, 🔟, ☞ – |創| 🔟 **@** – 🔬 70
Menu à la carte 42/94 – *Kaminrestaurant (nur Abendessen)* **Menu** 98/148 – **29 Z** 188/510.

In Bad Laasphe-Hesselbach SW : 10 km :

XXX ❀❀ **L'école,** Hesselbacher Str. 23, ⊠ 57334, ℘ 53 42, « Elegante Einrichtung » – **@.** AE
E VISA
Jan. und Montag-Dienstag geschl., Samstag nur Abendessen – **Menu** (Tischbestellung
ratsam) 110/140 und à la carte 70/95
Spez. Gebratene Gänseleber mit glacierten Apfelspalten in Trüffeljus, Rotbarbenfilets mit
Tintenfisch im Currysud, Gefüllter Kalbsschwanz auf Trüffelnudeln.

LAATZEN Niedersachsen siehe Hannover.

LABOE Schleswig-Holstein **411** N 3, **987** ⑤ – 4 500 Ew – Höhe 5 m – Seebad – ❀ 04343.
Sehenswert : Marine-Ehrenmal★ (Turm ≤★★).
🛈 Kurverwaltung, im Meerwasserbad, ⊠ 24235, ℘ 73 53, Fax 1781.
◆Kiel 18 – Schönberg 13.

🏨 **Seeterrassen,** Strandstr. 86, ⊠ 24235, ℘ 60 70, Fax 60770, ≤, 佘, 会 – |創| 🔟 ☎ **@.**
AE E VISA. ⚘
Dez. - Jan. geschl. – **Menu** à la carte 28/52 – **40 Z** 69/140.

In Stein NO : 4 km :

🏨 **Bruhn's Deichhotel** ⊗, Dorfring 36, ⊠ 24235, ℘ (04343) 49 50, Fax 495299, ≤ Kieler
Förde, 佘 – ☎ **@**
Menu *(Feb. 3 Wochen, Okt.-Nov. 2 Wochen und Sept.- Ostern Montag geschl., Dienstag
nur Abendessen)* à la carte 35/67 – *Harry's Fischerstube :* **Menu** à la carte 30/62 – **30 Z**
140/220.

LACHENDORF Niedersachsen **411** N 9 – 4 400 Ew – Höhe 45 m – ❀ 05145.
◆Hannover 55 – ◆Braunschweig 54 – Celle 12 – Lüneburg 84.

In Beedenbostel N : 4 km :

X **Schulz** mit Zim, Ahnsbecker Str. 6, ⊠ 29355, ℘ (05145) 64 99, Fax 8212 – 🔟 ☎ ⇔ **@.**
⚘ Zim
Menu *(Montag geschl., Sonn-und Feiertage nur Mittagessen)* (wochentags nur Abendes-
sen) à la carte 36/57 – **7 Z** 68/100.

LADBERGEN Nordrhein-Westfalen **411** **412** G 10, **987** ⑭ – 6 450 Ew – Höhe 50 m – ❀ 05485.
◆Düsseldorf 149 – Enschede 66 – Münster (Westfalen) 28 – ◆Osnabrück 33.

🏨 **Zur Post,** Dorfstr. 11, ⊠ 49549, ℘ 9 39 30, Fax 939392, 佘, « Gasthaus a.d. 17. Jh. », ☞
– 🔟 ☎ ⇔ **@** – 🔬 25. AE ① E VISA
Menu à la carte 33/63 – **26 Z** 60/160.

XX **Rolinck's Alte Mühle,** Mühlenstr. 17, ⊠ 49549, ℘ 14 84, 佘, « Rustikale Einrichtung »
– **@**
Dienstag und Anfang - Mitte Jan. geschl. – **Menu** (wochentags nur Abendessen, Tischbestellung ratsam) à la carte 66/87.

XX **Waldhaus an de Miälkwellen** mit Zim, Grevener Str. 43, ⊠ 49549, ℘ 12 22, Fax 3355,
佘 – 🔟 ☎ **@.** AE ① E VISA. ⚘ Zim
Menu *(Mittwoch geschl.)* à la carte 26/55 – **7 Z** 85/135.

LADENBURG Baden-Württemberg **412** **413** I 18 – 11 500 Ew – Höhe 98 m – ❀ 06203.
🛈 Stadtinformation, Hauptstr. 7, ⊠ 68526, ℘ 50 25, Fax 16218.
◆Stuttgart 130 – Heidelberg 13 – Mainz 82 – ◆Mannheim 13.

🏨 **Nestor Hotel Ladenburg,** Benzstr. 21, ⊠ 68526, ℘ 93 90, Fax 939113, 佘, 会 – |創|
✿ Zim 🗏 🔟 ☎ ⇔ **@** – 🔬 150. AE ① E VISA
Menu à la carte 32/60 – **128 Z** 162/230.

🏨 **Cronberger Hof** ⊗, garni, Cronbergergasse, ⊠ 68526, ℘ 9 26 10, Fax 926150 – 🔟 ☎
⇔. AE ① E VISA – **18 Z** 130/180.

🏨 **Altes Kloster** ⊗, garni, Zehntstr. 2, ⊠ 68526, ℘ 92 72 00, Fax 16565 – 🔟 ☎. E VISA JCB
Weihnachten - Anfang Jan. geschl. – **26 Z** 120/230.

🏨 **Im Lustgarten,** Kirchenstr. 6, ⊠ 68526, ℘ 59 74, Fax 2037, 佘 – 🔟 ☎ **@.** AE ① E VISA. ⚘
Dez.- Jan. und Juli-Aug. jeweils 3 Wochen geschl. – **Menu** *(Freitag sowie Sonn- und Feiertage geschl.)* (nur Abendessen) à la carte 36/61 – **19 Z** 70/145.

X **Zur Sackpfeife,** Kirchenstr. 45, ⊠ 68526, ℘ 31 45, « Fachwerkhaus a.d.J. 1598, histo-
rische Weinstube, Innenhof »
Samstag nur Abendessen, Sonn- und Feiertage sowie 22. Dez.- 10. Jan. geschl. – **Menu**
(Tischbestellung ratsam) à la carte 42/72.

LAER, BAD Niedersachsen 📶 📶 H 10 – 7 300 Ew – Höhe 79 m – Heilbad – ✆ 05424.

🖪 Kurverwaltung, Glandorfer Str. 5, ✉ 49196, ☏ 8 09 33, Fax 80932.

◆Hannover 141 – Bielefeld 37 – Münster (Westfalen) 39 – Bad Rothenfelde 5,5.

🏠 **Haus Große Kettler,** Bahnhofstr. 11 (am Kurpark), ✉ 49196, ☏ 80 70, Fax 80777, ≼s, 🖵, 🚗 – 🛗 📺 ☎ 🅿 – 🔬 50. 🆎 E 𝓥𝓘𝓢𝓐. ✼ Rest
20. Dez.- 5. Jan. geschl. – (Restaurant nur für Hausgäste) – **32 Z** 74/136 – ½ P 70/93.

🏠 **Storck,** Paulbrink 4, ✉ 49196, ☏ 90 08, Fax 7944, ≼s, 🖵 – 🛗 📺 ☎ 🅿. ✼
Menu (Montag geschl.) à la carte 26/57 – **14 Z** 66/132 – ½ P 51/66.

In Bad Laer-Winkelsetten :

🏠 **Lindenhof** ≫, Winkelsettener Ring 9, ✉ 49196, ☏ 29 30, Fax 7996, 🍴, ≼s, 🚗, ✻ – 🛗 ☎ 🚗 🅿 – 🔬 30. 🆎 ⓸ E
9. Jan.- 9. Feb. geschl. – **Menu** (Dienstag geschl.) à la carte 30/60 – **22 Z** 72/154 – ½ P 77/92.

LAGE (LIPPE) Nordrhein-Westfalen 📶 📶 J 11. 📗 ⑮ – 33 500 Ew – Höhe 103 m – ✆ 05232.

📏 Ottenhauser Str. 100, ☏ 6 68 29.

🖪 Verkehrsamt in Lage-Hörste, Freibadstr. 3, ✉ 32791, ☏ 81 93.

◆Düsseldorf 189 – Bielefeld 20 – Detmold 9 – ◆Hannover 106.

✗✗ Brinkmann'sches Haus, Heidensche Str. 1, ✉ 32791, ☏ 6 64 80, 🍴 –.

In Lage-Heßloh O : 3 km :

🏠 **Jägerhof,** Heßloher Str. 139, ✉ 32791, ☏ 39 95, Fax 18559, 🍴 – 📺 ☎ 🚗 🅿 – 🔬 25
Menu (wochentags nur Abendessen) à la carte 29/51 – **10 Z** 70/140.

In Lage-Stapelage SW : 7 km – Luftkurort :

🏠 **Haus Berkenkamp** ≫, Im Heßkamp 50 (über Billinghauser Straße), ✉ 32791, ☏ 7 11 78, « Garten », ≼s – 🅿. ✼
(Restaurant nur für Hausgäste) – **17 Z** 54/116 – ½ P 50/64.

LAHNAU Hessen siehe Wetzlar.

LAHNSTEIN Rheinland-Pfalz 📶 F 16. 📗 ㉔ – 19 500 Ew – Höhe 70 m – ✆ 02621.

🖪 Städt. Verkehrsamt, Stadthalle (Passage), ✉ 56112, ☏ 17 52 41, Fax 175340.

Mainz 102 – Bad Ems 13 – ◆Koblenz 8.

🏨 **Dorint Hotel Rhein Lahn** ≫, im Kurzentrum (SO : 4,5 km), ✉ 56112, ☏ 91 20, Fax 912101, Panorama-Café und Restaurant (15. Etage) mit ≼ Rhein und Lahntal, Massage, ♣, ≼s, 🛆 (geheizt), 🖵, 🚗, ✻ (Halle) – 🛗 ✎ Zim 📺 ♿ 🚗 🅿 – 🔬 300. 🆎 ⓸ E 𝓥𝓘𝓢𝓐 𝒥𝒸ℬ. ✼ Rest
Menu à la carte 45/75 – **210 Z** 160/270, 4 Suiten.

🏠 **Straßburger Hof,** Koblenzer Str. 2, ✉ 56112, ☏ 70 70, Fax 8484, 🍴 – ☎ 🅿
Menu (außer Saison Samstag geschl.) à la carte 28/65 ⅃ – **28 Z** 60//130.

🏠 **Kaiserhof,** Hochstr. 9, ✉ 56112, ☏ 9 20 00, Fax 920030
← 20.- 30. Dez. geschl. – **Menu** (Mittwoch geschl.) à la carte 21/42 – **18 Z** 50/140.

✗✗ ✿ **Hist. Wirtshaus an der Lahn,** Lahnstr. 8, ✉ 56112, ☏ 72 70 – 🅿. 🆎 E
Montag, über Fasching 1 Woche und Aug. 2 Wochen geschl. – **Menu** (wochentags nur Abendessen, Tischbestellung ratsam) 69/98 und à la carte 53/69
Spez. Ballotine von Ente und Perlhuhn, Gefüllte Kaninchenkeule mit Steinpilzmousse in Estragonrahm, Geschmälzte Mascaroneklößchen in Pfirsichschaum.

LAHR/SCHWARZWALD Baden-Württemberg 📶 G 21. 📗 ㉞. 📗 ⑥ – 34 000 Ew – Höhe 168 m – ✆ 07821.

Ausflugsziel : Ettenheimmünster★, SO : 18 km.

📏 Lahr-Reichenbach (O : 4 km), ☏ 7 72 27.

🖪 Städt. Verkehrsbüro, Neues Rathaus, Rathausplatz 4, ✉ 77933, ☏ 28 22 16, Fax 282460.

◆Stuttgart 168 – ◆Freiburg im Breisgau 54 – Offenburg 26.

🏨 **Schulz,** Alte Bahnhofstr. 6, ✉ 77933, ☏ 2 60 97, Fax 22674 – 🛗 📺 ☎ 🚗 🅿. 🆎 ⓸ E 𝓥𝓘𝓢𝓐 𝒥𝒸ℬ
Menu (Samstag nur Abendessen, Sonntag geschl.) à la carte 34/72 – **42 Z** 98/175.

🏨 **Schwanen,** Gärtnerstr. 1, ✉ 77933, ☏ 2 10 74, Fax 37617, 🍴 – 🛗 ✎ Zim 📺 ☎ 🅿. 🆎 ⓸ E 𝓥𝓘𝓢𝓐 𝒥𝒸ℬ
Menu (Sonntag geschl.) (nur Abendessen) à la carte 45/64 – **60 Z** 90/160.

🏠 **Zum Löwen** (Fachwerkhaus a.d. 18. Jh.), Obertorstr. 5, ✉ 77933, ☏ 2 30 22, Fax 1514 – 📺 ☎ 🚗 🅿 – 🔬 50. 🆎 ⓸ E 𝓥𝓘𝓢𝓐
24. Dez.- 7. Jan. geschl. – **Menu** (Sonntag und Juli-Aug. 2 Wochen geschl.) à la carte 29/68 – **30 Z** 95/140.

🏠 **Am Westend,** Schwarzwaldstr. 97, ✉ 77933, ☏ 4 30 86, Fax 51709 – 🛗 📺 ☎ 🚗 🅿. ✼ Rest
Menu à la carte 32/50 – **36 Z** 89/165.

In Lahr-Langenhard SO : 5 km :

🏠 **Berggasthof Schöne Aussicht** ⌂, ☒ 77933, 𝄐 73 66, Fax 76761, ≤, 🌧, 🚗 – **Ⓟ**. 🛏 Zim
Menu *(Dez.- März Montag und Donnerstag, April - Nov. Donnerstag geschl.)* (nur Abend-essen) à la carte 28/57 ⅃ – **14 Z** 65/160.

In Lahr-Reichenbach O : 3,5 km – Erholungsort :

🏤 ⚘ **Adler**, Reichenbacher Hauptstr. 18 (B 415), ☒ 77933, 𝄐 70 35, Fax 7033, 🌧 – 📺 ☎
🚗 **Ⓟ** – 🏛 20. 𝖵𝖨𝖲𝖠
Menu *(Dienstag und 22. Feb.- 7. März geschl.)* à la carte 46/92 – **21 Z** 100/155
Spez. Fischsuppe mit Blätterteighaube, Gefüllte Seezungenröllchen mit Orangennudeln, Rehrücken mit Pfifferlingtörtchen.

An der Straße nach Sulz S : 2 km :

🏠 **Dammenmühle** ⌂, (mit 3 Gästehäusern), ☒ 77933 Lahr-Sulz, 𝄐 (07821) 9 39 30, Fax 939393, « Gartenterrasse », ⌁ (geheizt), 🚗 – 📺 ☎ **Ⓟ**. E 𝖵𝖨𝖲𝖠
Menu *(Montag, Jan.- Feb. 3 Wochen und Sept.- Okt. 2 Wochen geschl.)* à la carte 35/62 *(auch vegetarische Gerichte)* – **17 Z** 80/240, 3 Suiten.

Wenn Sie ein ruhiges Hotel suchen,
benutzen Sie zuerst die Übersichtskarte in der Einleitung
oder wählen Sie im Text ein Hotel mit dem Zeichen ⌂ bzw. ⌂.

LAICHINGEN Baden-Württemberg 𝟜𝟙𝟛 LM 21, 𝟡𝟠𝟟 ㉟ – 9 100 Ew – Höhe 756 m – Wintersport : 750/810m, ⚞ 2, ⚲ 2 – ✆ 07333.
♦Stuttgart 75 – Reutlingen 46 – ♦Ulm (Donau) 33.

🏠 **Krehl**, Radstr. 7, ☒ 89150, 𝄐 40 21, Fax 4020, 🌧, ⇔ – ▐ 📺 ☎ **Ⓟ** – 🏛 25. ❶ E 𝖵𝖨𝖲𝖠
Menu *(Samstag-Sonntag geschl.)* (nur Abendessen) à la carte 32/50 – **30 Z** 86/120.

LALLING Bayern 𝟜𝟙𝟛 W 20 – 1 500 Ew – Höhe 446 m – Wintersport : ⚲5 – ✆ 09904.
🎫 Verkehrsamt, Gemeindehaus, Hauptstr. 28, 𝄐 94551, 𝄐 3 74, Fax 7279.
♦München 167 – Deggendorf 24 – Passau 51.

Außerhalb N : 2,5 km Richtung Zell :

🏠 **Thula Sporthotel** ⌂, ☒ 94551 Lalling, 𝄐 (09904) 3 23, ≤ Donauebene, 🌧, ⇔, 🔲, 🚗, 🛠 – 🚗 **Ⓟ**. 🛏
Nov.- 20. Dez. geschl. – (nur Abendessen für Hausgäste) – **15 Z** 49/130 – ½ P 60.

LAM Bayern 𝟜𝟙𝟛 W 19, 𝟡𝟠𝟟 ㉘ – 3 000 Ew – Höhe 576 m – Luftkurort – Wintersport : 520/620 m, ⚞ 1 ⚲ 3 – ✆ 09943.
🎫 Kurverwaltung, Marktplatz 1, ☒ 93462, 𝄐 7 77, Fax 8177.
♦München 196 – Cham 39 – Deggendorf 53.

🏤 **Steigenberger Avance Sonnenhof** ⌂, Himmelreich 13, ☒ 93462, 𝄐 3 70, Fax 8191, ≤, 🌧, Massage, 𝑓ô, ⚕, ⇔, ⌁ (geheizt), 🔲, 🚗, ✵(Halle) – ▐ ⇄ Zim 📺 ⚒ 🚗 **Ⓟ** – 🏛 80. 🄰🄴 ❶ E 𝖵𝖨𝖲𝖠 𝖩𝖢𝖡. 🛏 Rest
Menu à la carte 41/68 *(auch vegetarisches Menu)* – **173 Z** 115/260, 4 Suiten – ½ P 138/176.

🏦 **Ferienhotel Bayerwald**, Arberstr. 73, ☒ 93462, 𝄐 7 12, Fax 8366, 🌧, Massage, ⇔, 🔲, 🛠 – 🚗 – 📺 ☎ 🚗 **Ⓟ** 🄰🄴 ❶ E
Ende Nov.- Mitte Dez. geschl. – **Menu** *(Sonntag nur Mittagessen)* à la carte 22/55 – **57 Z** 44/130 – ½ P 62/88.

🏦 **Sonnbichl** ⌂, Lambacher Str. 31, ☒ 93462, 𝄐 7 33, Fax 8249, ≤, 🌧, ⇔, 🛠 – ▐ ☎ 🚗 **Ⓟ**. 🛏 Rest
8. Nov.- 18. Dez. geschl. – **Menu** *(Montag geschl.)* à la carte 20/43 – **31 Z** 60/100 – ½ P 60/70.

🏠 **Café Wendl**, Marktplatz 16, ☒ 93462, 𝄐 5 12, Fax 3510, ⇔ – 📺 **Ⓟ**. 🛏 Rest
20. Nov.- 23. Dez. geschl. – (nur Abendessen für Pensionsgäste) – **21 Z** 45/80.

🏠 **Post**, Marktplatz 6, ☒ 93462, 𝄐 12 15, Fax 3940, ⇔ – ▐ ☎ **Ⓟ**
🚗 *Nov. geschl.* – **Menu** *(Okt.- Mai Mittwoch geschl.)* à la carte 19/37 ⅃ – **22 Z** 45/84 – ½ P 57/60.

LAMBRECHT Rheinland-Pfalz 𝟜𝟙𝟚 𝟜𝟙𝟛 H 18, 𝟡𝟠𝟟 ㉔, 𝟤𝟜𝟤 ⑧ – 4 300 Ew – Höhe 176 m – ✆ 06325.
Mainz 101 – Kaiserslautern 30 – Neustadt an der Weinstraße 6,5.

In Lindenberg NO : 3 km – Erholungsort :

🏠 Hirsch, Hauptstr. 84, ☒ 67473, 𝄐 (06325) 24 69, Fax 2559, 🌧, 🚗 – 🚗 – **17 Z**.

LAMPERTHEIM Hessen 412 413 I 18, 987 ㉔ ㉕ – 31 000 Ew – Höhe 96 m – ✆ 06206.

♦Wiesbaden 78 – ♦Darmstadt 42 – ♦Mannheim 16 – Worms 11.

🏨 **Page-Hotel** garni, Andreasstr. 4 (B 44), ⌧ 68623, ℘ 5 20 97, Fax 52097 – |⋇| ⋙ 📺 ☎ ⇔ – 🔬 25. ஊ ⓞ Ⅎ Ⅵ匢
   67 Z 140/200.

🏨 **Deutsches Haus,** Kaiserstr. 47, ⌧ 68623, ℘ 93 60, Fax 2024, 🍴 – |⋇| 📺 ☎ 🄿. ஊ ⓞ Ⅎ Ⅵ匢
   27. Dez.- 10. Jan. geschl. – **Menu** (Freitag geschl., Samstag nur Abendessen) à la carte 29/58 – **30 Z** 85/145.

🏨 **Kaiserhof,** Bürstädter Str. 2, ⌧ 68623, ℘ 26 93, Fax 12343 – 📺 ☎. ஊ ⓞ Ⅎ Ⅵ匢
   Juli geschl. – **Menu** (Samstag nur Abendessen, Sonntag nur Mittagessen) à la carte 32/72 – **10 Z** 70/110.

XXX ✿ **Waldschlöss'l,** Luisenstr. 2a, ⌧ 68623, ℘ 5 12 21, Fax 12630, « Ständig wechselnde Bilderausstellung, Terrasse » – ▤ 🔥 🄿. ஊ ⓞ Ⅵ匢. ⋇
   Feb. 2 Wochen und Sonntag-Montag geschl., Samstag nur Abendessen – **Menu** (Tischbestellung ratsam) à la carte 70/110 – **Geo's Stube** (Samstag nur Abendessen, Montag geschl.) **Menu** à la carte 46/79
   Spez. Gänsestopfleber mit Brioche und Traminergelee, Warm geräucherte Rotbarbe mit Limonenschaum und Sevruga-Kaviar, Ente aus dem Ofen in zwei Gängen serviert (2 Pers.).

   In Lampertheim-Hüttenfeld O : 9,5 km :

🏨 **Kurpfalz,** Lampertheimer Str. 26, ⌧ 68623, ℘ (06256) 3 42, Fax 342, Biergarten, ≦s – 📺 ⇔ 🄿 Ⅎ
   Ende Dez.- Mitte Jan. und Aug. 3 Wochen geschl. – **Menu** (Freitag nur Mittagessen, Dienstag geschl.) à la carte 28/56 ⅋ – **12 Z** 60/95.

LANDAU AN DER ISAR Bayern 413 V 20, 987 ㉗ – 11 500 Ew – Höhe 390 m – ✆ 09951.

♦München 115 – Deggendorf 31 – Landshut 46 – Straubing 28.

🏨 **Gästehaus Numberger** ⋙ garni (ehemalige Villa), Dr.-Aicher-Str. 2, ⌧ 94405, ℘ 9 80 20, Fax 9802200, 🌳 – 📺 ☎ ⇔ 🄿
   18 Z 60/120.

   In Landau-Unterframmering O : 4 km :

🏨 Schloß Tanegg ⋙, ⌧ 94405, ℘ 20 40, Fax 2040, 🍴, 🌳 – 📺 ☎ ⇔ 🄿 – 🔬 30
   12 Z.

   In Eichendorf-Exing SO : 9 km :

🏨 **Zum Alten Brauhaus,** Haus-Nr. 7, ⌧ 94428, ℘ (09956) 3 50, Fax 371, Biergarten – 📺 ☎ ⇔ 🄿
   Menu (Mittwoch geschl.) à la carte 19/35 ⅋ – **16 Z** 48/89.

LANDAU IN DER PFALZ Rheinland-Pfalz 412 413 H 19, 987 ㉔, 242 ⑧ – 38 500 Ew – Höhe 188 m – ✆ 06341.

Sehenswert : Stiftskirche★ – Ringstraßen★.

🛈 Büro für Tourismus, Neues Rathaus, Marktstr. 50, ⌧ 76829, ℘ 1 31 80, Fax 13195.

ADAC, Waffenstr. 14, ⌧ 76829, ℘ 8 44 01, Fax 80863.

Mainz 109 – ♦Karlsruhe 35 – ♦Mannheim 50 – Pirmasens 45 – Wissembourg 25.

🏨 **Parkhotel,** Mahlastr. 1 (an der Festhalle), ⌧ 76829, ℘ 14 50, Fax 145444, 🍴, ≦s, ▨ – |⋇| ⋙ Zim 📺 🔥 ⇔ – 🔬 80. ஊ Ⅎ Ⅵ匢
   Menu à la carte 37/65 – **78 Z** 145/220.

🏨 **Kurpfalz,** Horstschanze 8, ⌧ 76829, ℘ 45 23, Fax 85724 – 📺 ☎ ⇔ 🄿 – 🔬 25. Ⅎ Ⅵ匢
   31. Dez.- 15. Jan. geschl. – **Menu** (Sonntag und Aug. 2 Wochen geschl.) (wochentags nur Abendessen) à la carte 34/53 ⅋ – **19 Z** 80/140.

🏨 **Brenner,** Linienstr. 16, ⌧ 76829, ℘ 2 00 39, Fax 84091 – 📺 ☎ ⇔ 🄿. Ⅎ Ⅵ匢
   Juli-Aug. 3 Wochen geschl. – **Menu** (Freitag geschl.) (nur Abendessen) à la carte 30/48 ⅋ – **25 Z** 85/160.

X **Augustiner,** Königstr. 26, ⌧ 76829, ℘ 44 05 – ஊ ⓞ Ⅎ
   Mittwoch und 9.- 31. Juli geschl. – **Menu** à la carte 35/62 ⅋.

   In Landau-Dammheim NO : 3 km :

🏨 **Zum Schwanen,** Speyerer Str. 26, ⌧ 76829, ℘ 9 56 70, Fax 54786, 🍴 – 📺 ☎ 🄿
   Jan. 2 Wochen und Juli - Aug. 3 Wochen geschl. – **Menu** (Montag geschl., Dienstag - Freitag nur Abendessen) à la carte 20/53 ⅋ – **17 Z** 60/120.

   In Landau-Godramstein W : 4 km :

XX **Keller,** Bahnhofstr. 28, ⌧ 76829, ℘ 6 03 33, Fax 62792 – 🄿. ⋇
   Mittwoch-Donnerstag, Juli-Aug 3 Wochen und 21. Dez.- 10. Jan. geschl. – **Menu** (Tischbestellung ratsam) 24/65 und à la carte 34/63 ⅋.

In Landau-Nußdorf NW : 3 km :

☆ **Zur Pfalz,** Geisselgasse 15, ✉ 76829, ℰ 6 04 51, Fax 63917 – 🚗 **④**. **E**
Feb. geschl. – **Menu** *(Sonntag nur Mittagessen, Montag geschl.)* à la carte 29/55 ⅃ – **9 Z** 48/130.

In Landau-Queichheim O : 2 km :

XX **Provencal,** Hauptstr. 136, ✉ 76829, ℰ 5 05 57, Fax 50711 – **④**. **AE ④ E** **VISA**. ⅏
Montag und Juli-Aug. 3 Wochen geschl. – **Menu** (Tischbestellung ratsam) à la carte 47/80.

In Bornheim NO : 5,5 km :

🏠 **Zur Weinlaube** ⅏ garni, Wiesenstr. 31, ✉ 76879, ℰ (06348) 15 84, Fax 5153, 🚃, ⇗
22 Z 60/110.

MICHELIN-REIFENWERKE KGaA. Regionales Vertriebszentrum Landau-Mörlheim, Land-kommissärstraße, ✉ 76829, ℰ (06341) 59 51 10, Fax 595101.

LANDSBERG AM LECH Bayern **413** P 22. **987** ㊱, **426** E 4 – 22 000 Ew – Höhe 580 m –
④ 08191.
Sehenswert : Lage★ – Marktplatz★.
Ⓕⓝ Igling (NW : 7 km), ℰ (08248) 10 03.
🄱 Verkehrsamt, Rathaus, Hauptplatz, ✉ 86899, ℰ 12 82 46, Fax 128160.
♦München 57 – ♦Augsburg 38 – Garmisch-Partenkirchen 78 – Kempten (Allgäu) 67.

🏠 **Goggl,** Herkomer Str. 19, ✉ 86899, ℰ 32 40, Fax 324100, 🚃 – |🛏| 📺 ☎ 🚗. **AE ④ E**
VISA
Menu *(Sonntag nur Mittagessen, Montag geschl.)* à la carte 36/70 – **70 Z** 95/250.

🏠 **Landsberger Hof,** Weilheimer Str. 5, ✉ 86899, ℰ 3 20 20, Fax 3202100, ⇗ – ☎ **④**. **AE**
④ E **VISA**
Menu *(wegen Umbau bis Mitte 1995 geschl.)* – **35 Z** 50/170.

X **Alt Landtsperg,** Alte Bergstr. 435, ✉ 86899, ℰ 58 38 –
Samstag nur Abendessen, Mittwoch, Mitte - Ende Feb. und Aug. geschl. – **Menu** à la carte
34/70.

LANDSCHEID Rheinland-Pfalz **412** D 17 – 2 300 Ew – Höhe 250 m – **④** 06575.
Mainz 141 – Bitburg 24 – ♦Trier 35 – Wittlich 12.

In Landscheid-Burg NO : 3 km :

🏠 **Waldhotel Viktoria** ⅏, Burger Mühle, ✉ 54526, ℰ 6 41, Fax 8944, Damwildgehege, 🚃
🔲, 🚗 – 📺 ☎ 🚗 **④** – 🔏 50. **AE ④ E** **VISA**. ⅏ Rest
Jan. geschl. – **Menu** à la carte 31/63 – **58 Z** 70/150.

In Landscheid-Niederkail SW : 2 km :

🏠 **Lamberty,** Brückenstr. 8, ✉ 54526, ℰ 42 86, Fax 1586, 🌸, ⇗ – ☎ **④**. **AE**. ⅏
↤ *Feb. geschl.* – **Menu** *(Montag geschl.)* à la carte 22/54 – **21 Z** 50/110.

LANDSHUT Bayern **413** T 21. **987** ㊲ – 59 000 Ew – Höhe 393 m – **④** 0871.
Sehenswert : St. Martinskirche★ (Turm★★) Z – ''Altstadt''★ Z.
🄱 Verkehrsverein, Altstadt 315, ✉ 84028, ℰ 92 20 50, Fax 89275.
ADAC, Kirchgasse 250, ✉ 84028, ℰ 2 68 36, Fax 24039.
♦München 72 ⑤ – Ingolstadt 83 ① – ♦Regensburg 60 ② – Salzburg 128 ③.

Stadtplan siehe gegenüberliegende Seite

🏨 **Romantik-Hotel Fürstenhof,** Stethaimer Str. 3, ✉ 84034, ℰ 8 20 25/9 25 50, Fax 89042
« Restaurants Herzogstüberl und Fürstenzimmer », 🚃 – ⇞ Zim 📺 ☎ 🚗 **④**. **AE ④**
E **VISA**   Y ●
Menu *(Sonntag geschl.)* à la carte 64/84 – **22 Z** 130/260, 3 Suiten.

🏨 **Lindner Hotel Kaiserhof,** Papiererstr. 2, ✉ 84034, ℰ 68 70, Telex 58440, Fax 687403, 🌸
– |🛏| ⇞ Zim 📺 ☎ 🚗 – 🔏 140. **AE ④ E** **VISA** **JCB**. ⅏ Rest   Z ●
Menu à la carte 45/72 – **144 Z** 223/386.

🏨 **Goldene Sonne,** Neustadt 520, ✉ 84028, ℰ 2 30 87, Fax 24069, 🌸, Biergarten – |🛏| 📺
☎ **④** – 🔏 30. **AE ④ E** **VISA**   Z ●
Menu *(Freitag nur Mittagessen)* à la carte 33/62 – **55 Z** 120/180.

XX **Stegfellner,** Altstadt 71 (1. Etage), ✉ 84028, ℰ 2 64 15, Fax 26797 – ⅏   Z ▮
Sonntag geschl. – **Menu** (nur Mittagessen) à la carte 34/55.

X **Ochsenwirt** mit Zim, Kalcherstr. 30, ✉ 84036, ℰ 2 34 39, Fax 274614, Biergarten – 📺
↤ **④**   Z ●
Mitte Aug.- Mitte Sept. und 27. Dez.- 10. Jan. geschl. – **Menu** *(Dienstag geschl.)* à la carte
23/48 ⅃ – **9 Z** 78/130.

LANDSHUT

0   400 m

In Landshut-Löschenbrand W : 2,5 km über Rennweg Y :

🏠 Landshuter Hof, Löschenbrandstr. 23, ⌧ 84032, 𝒸 6 50 48 – 📺 ☎ ⇔ 🅿. ⚶ *(nur Abendessen)* – **32 Z**.

In Ergolding-Piflas NO : 2 km über Alte Regensburger Straße Y :

🏡 Ulrich Meyer ⚲, Dekan-Simbürger-Str. 22, ⌧ 84030, 𝒸 (0871) 7 34 07, Biergarten – 🛗 🅿 *(nur Abendessen für Hausgäste)* – **32 Z**.

In Altdorf ① : 5 km :

🏠 **Gästehaus Elisabeth,** Bernsteinstr. 40, ⌧ 84032, 𝒸 (0871) 3 20 49, Fax 34609, ⇌s, ⚶ – 🛗 ⇔ Zim 📺 ☎ ⇔ 🅿 – 🔬 100. 🆎 Ɛ 𝑉𝐼𝑆𝐴. ⚶ Rest
Menu *(Sonntag nur Mittagessen)* (wochentags nur Abendessen) à la carte 32/52 – **32 Z** 65/170.

🏠 **Wadenspanner,** Kirchgasse 2 (B 299), ⌧ 84032, 𝒸 (0871)93 21 30, Fax 9321370 – 📺 ☎ 🅿. 🆎 ① Ɛ 𝑉𝐼𝑆𝐴
Anfang Jan. 1 Woche geschl. – **Menu** à la carte 29/57 ⚖ – **23 Z** 79/160.

13

In Niederaichbach NO : 15 km über Niedermayerstraße Y :

XXX ❀ **Krausler,** Georg-Baumeister-Str. 25, ✉ 84100, ✆ (08702) 22 85, Fax 3530, ⩽, 🏠 – **℗**. **E** *VISA* .※
Montag - Dienstag geschl. – **Menu** 98/125 und à la carte 67/94
Spez. Hummergratin, Ente mit Honig-Koriandersauce (2 Pers.), Topfenknödel mit Zwetschgen-suppe.

LANDSTUHL Rheinland-Pfalz 412 413 F 18, 987 ㉔, 57 ⑧ – 9 000 Ew – Höhe 248 m – Erho-lungsort – ✿ 06371.

Mainz 100 – Kaiserslautern 17 – ◆Saarbrücken 56.

🏨 **Moorbad** ⌇ garni, Hauptstr.39, ✉ 66849, ✆ 1 40 66, Fax 17990, 🏠 – 📶 📺 ☎ ℗. 🆎
⓪ **E** *VISA*
24 Z 120/170.

🏠 **Christine** garni, Kaiserstr. 3, ✉ 66849, ✆ 30 44, Fax 63941 – 📺 ☎ ℗. 🆎 ⓪ **E** *VISA*
41 Z 80/130.

LANGDORF Bayern 413 W 19 – 1 950 Ew – Höhe 675 m – Erholungsort – Wintersport : 650/700 m ⤪5 – ✿ 09921 (Regen).

🅿 Verkehrsamt, Rathaus, ✉ 94264, ✆ 46 41, Fax 7587.

◆München 175 – Cham 55 – Deggendorf 32 – Passau 66.

🏠 **Eichenbühl** ⌇, Zum Eichenbühl 10, ✉ 94264, ✆ 95 20, Fax 952150, 🏠, 🖙, 📐 – 📺
➡ ☎ ℗
Mitte Nov.- Mitte Dez. geschl. – **Menu** à la carte 21/39 – **54 Z** 90/180.

🏠 **Wenzl** ⌇, Degenbergstr. 18, ✉ 94264, ✆ 23 91, 🖙, 📐, 🖛 – ⇔ ℗. ※
➡ *Nov.- 20. Dez. geschl. –* **Menu** *(Sonntag nur Abendessen)* à la carte 18/36 ⅛ – **24 Z** 61/112.

LANGELSHEIM Niedersachsen 411 NO 11, 987 ⑯ – 14 700 Ew – Höhe 212 m – ✿ 05326.

🅿 Kurverwaltung, in Wolfshagen, Heinrich-Steinweg-Str. 8, ✉ 38685, ✆ 40 88, Fax 7041.

◆Hannover 80 – ◆Braunschweig 41 – Göttingen 71 – Goslar 9.

XX **La Casserole,** Mühlenstr. 15, ✉ 38685, ✆ 14 60, 🏠 – ℗. ※
Samstag nur Abendessen, Sonn- und Feiertage geschl. – **Menu** (Tischbestellung ratsam)
à la carte 54/78.

In Langelsheim-Wolfshagen S : 4 km – Höhe 300 m – Erholungsort :

🏨 **Wolfshof** ⌇, Kreuzallee 22, ✉ 38685, ✆ 79 90, Fax 799119, ⩽, 🏠, Massage, 🖙, 📐,
🖛, 🐎 (Halle) – 📶 📺 ☎ ℗ – 🔺 25. 🆎 **E** *VISA*. ※ Rest
Menu à la carte 46/73 – **47 Z** 105/260 – ½ P 115/170.

🏠 **Berg-Hotel** ⌇ (mit Gästehaus), Heimbergstr. 1, ✉ 38685, ✆ 40 62, Fax 4432, 🏠, 🖙 –
📶 ☎ ℗. **E**
Menu à la carte 30/60 – **51 Z** 85/150.

🏠 **Graber** ⌇, Spanntalstr. 15, ✉ 38685, ✆ 41 40, Fax 7028, 🏠, 🖙, 📐, 🖛 – 📶 📺 ☎ ℗
Menu à la carte 28/48 – **27 Z** 70/130 – ½ P 80/108.

In Langelsheim-Herzog Juliushütte SO : 6 km :

🏠 **Granetalsperre** ⌇, Zur Granetalsperre 9, ✉ 38685, ✆ 8 50 05, Fax 8173, 🏠 – ☎ ℗
Menu *(Sonntag nur Mittagessen, Montag und Nov. geschl.)* à la carte 26/47 ⅛ –
13 Z 60/120 – ½ P 65.

LANGEN Hessen 412 413 J 17, 987 ㉕ – 33 000 Ew – Höhe 142 m – ✿ 06103.

🅿 Städt. Information, Südliche Ringstr. 80, ✉ 63225, ✆ 20 31 45, Fax 26302.

◆Wiesbaden 42 – ◆Darmstadt 14 – ◆Frankfurt am Main 16 – Mainz 36.

🏨 **Steigenberger Maxx Hotel,** Robert-Bosch-Str. 26 (Industriegebiet), ✉ 63225, ✆ 97 20,
Fax 972555, 🖙 – 📶 ❄ Zim 📺 ☎ ⇔ – 🔺 70. 🆎 ⓪ **E** *VISA* *JCB*
Menu *(Samstag geschl., Sonntag nur Abendessen)* à la carte 38/56 – **208 Z** 185/245.

🏨 **Holiday Inn Garden Court** garni, Rheinstr. 25, ✉ 63225, ✆ 50 50, Fax 505100, 🖙 – 📶
❄ Zim 📺 ☎ ✔ ⇔. 🆎 ⓪ **E** *VISA* *JCB*
90 Z 200/320.

🏨 **Achat,** Robert-Bosch-Str. 58 (Industriegebiet), ✉ 63225, ✆ 75 60, Fax 756999 – 📶 ❄ Zim
📺 ☎ ⇔ ℗. 🆎 **E** *VISA*
Weihnachten - Anfang Jan. geschl. – **Menu** *(Samstag geschl.)* à la carte 28/67 –
180 Z 160/230.

🏠 **Deutsches Haus,** Darmstädter Str. 23 (B 3), ✉ 63225, ✆ 2 20 51 (Hotel) 2 77 07 (Rest.),
Fax 54295 – 📶 📺 ☎ ⇔ ℗ – 🔺 25. 🆎 ⓪ **E** ※ Rest
22. Dez.- 7. Jan. geschl. – **Menu** *(Freitag geschl.)* (nur Abendessen) à la carte 35/75 –
40 Z 110/180.

🏠 **Dreieich,** Frankfurter Str. 49 (B 3), ✉ 63225, ✆ 2 10 01, Fax 52030, 🏠 – ❄ Zim 📺
℗. 🆎 ⓪ **E** *VISA*
Menu *(Samstag-Sonntag geschl.)* (nur Abendessen) à la carte 34/60 – **60 Z** 75/140.

Nahe der Straße nach Dieburg O : 2 km :

XX **Merzenmühle**, Außerhalb 12, ⊠ 63225, ℰ 5 35 33, Fax 53655, 🍴 – 🅿. ⓓ ⓔ 🅴 𝗝𝗖𝗕
Menu à la carte 49/82.

LANGEN. BRÜTZ Mecklenburg-Vorpommern siehe Schwerin.

LANGENARGEN Baden-Württemberg 🔢 L 24, 🔢 ㉟, 🔢 M 3 – 7 000 Ew – Höhe 398 m
– Erholungsort – ✆ 07543.

🛈 Verkehrsamt, Obere Seestr. 2/2, ⊠ 88085, ℰ 3 02 92, Fax 4696.

♦Stuttgart 175 – Bregenz 24 – Ravensburg 27 – ♦Ulm (Donau) 116.

🏨 **Engel**, Marktplatz 3, ⊠ 88085, ℰ 24 36, Fax 4201, « Terrasse am See », 🐾, 🍴 – 🛗 📺
📞 🚗, ⓓ ⓔ 🅴, ❀
23. Dez.- 20. März geschl. – **Menu** *(Mittwoch geschl., Donnerstag nur Abendessen)* à la
carte 30/62 – **35 Z** 80/200 – ½ P 107/127.

🏨 **Löwen**, Obere Seestr. 4, ⊠ 88085, ℰ 30 10 (Hotel) 3 01 30 (Rest.), Fax 30151, ≤, 🍴 –
🛗 📺 📞 🚗 🅿. ❀ Zim
3. Jan.- 1. März geschl. – **Menu** *(Dienstag, Nov.- Jan. auch Montag geschl.)* à la carte 32/58
– **27 Z** 125/240.

🏨 **Schiff**, Marktplatz 1, ⊠ 88085, ℰ 24 07, Fax 4546, ≤, 🍴, 🚬 – 🛗 📺 📞. ⓓ 🅴.
❀
März - Okt. – **Menu** à la carte 28/59 – **50 Z** 110/280 – ½ P 110/160.

🏨 **Seeterrasse** 🐾, Obere Seestr. 52, ⊠ 88085, ℰ 20 98, Fax 3804, ≤, « Terrasse am See »,
🏊 (geheizt), 🍴 – 🛗 📺 📞 🚗 🅿. ⓔ. ❀ Rest
April - Okt. – (Restaurant nur für Hausgäste) – **48 Z** 110/280 – ½ P 105/165.

🏨 **Strand-Café** 🐾 garni (mit Gästehaus Charlotte), Obere Seestr. 32, ⊠ 88085, ℰ 24 34,
Fax 49426, ≤, 🍴 – 📺 📞 🚗 🅿. ⓓ ⓔ 🅴
Jan. geschl. – **16 Z** 75/160.

🏨 **Litz** garni, Obere Seestr. 11, ⊠ 88085, ℰ 45 01, Fax 3232, ≤ – 🛗 🔄 📺 📞 🚗 🅿. ⓔ.
❀
März - Okt. – **39 Z** 75/220.

🏨 **Klett**, Obere Seestr. 15, ⊠ 88085, ℰ 22 10, Fax 2210, ≤, 🍴 – 📺. ❀
6. Jan.- Feb. geschl. – **Menu** *(Montag geschl.)* (nur Abendessen) à la carte 28/53 – **18 Z**
100/170.

XXX ❀ **Adler** mit Zim, Oberdorfer Str. 11, ⊠ 88085, ℰ 30 90, Fax 30950, 🍴 – 📺 📞 🅿. 🅰🅴
ⓓ ⓔ 🅴
Jan.- Feb. 2 Wochen geschl. – **Menu** *(Montag geschl., Sonntag nur Mittagessen, Dienstag
nur Abendessen)* à la carte 69/92 – **15 Z** 90/200 – ½ P 100/125
Spez. Bouillabaisse von Bodenseefischen, Gebratenes Zanderfilet mit Kerbel-Thymiansauce, Terrine von dreierlei Schokoladen mit weissem Kaffee-Eis.

In Langenargen-Oberdorf NO : 3 km :

🏨 **Hirsch** 🐾, Ortsstr. 1, ⊠ 88085, ℰ 9 30 30, Fax 1620, 🍴 – 📺 📞 🚗 🅿. ⓓ ⓔ 🅴. ❀
2.-15. Nov. und 20. Dez.- 15. Jan. geschl. – **Menu** *(Freitag geschl.)* (wochentags nur Abendessen) à la carte 28/58 – **25 Z** 65/140 – ½ P 74/94.

In Langenargen-Schwedi NW : 2 km :

🏨 **Schwedi** 🐾, Schwedi 1, ⊠ 88085, ℰ 21 42, Fax 4667, ≤, « Gartenterrasse am See », 🚬,
🏊, 🍴 – 🛗 📺 📞 🅿. ⓔ
Feb.- Okt. – **Menu** *(Dienstag geschl.)* à la carte 29/61 – **29 Z** 85/190 – ½ P 98/121.

LANGENAU Baden-Württemberg 🔢 N 21, 🔢 ㊱ – 11 600 Ew – Höhe 467 m – ✆ 07345.
♦Stuttgart 99 – ♦Augsburg 69 – Heidenheim an der Brenz 32 – ♦Ulm (Donau) 18.

🏨 **Lobinger Hotel Weisses Ross**, Hindenburgstr. 29, ⊠ 89129, ℰ 80 10, Fax 80151, 🍴
– 🛗 📺 📞 🚗 🅿 – 🔺 80. 🅰🅴 ⓔ 🅴
Menu à la carte 26/48 – **75 Z** 95/175.

🏨 **Zum Bad**, Burghof 11, ⊠ 89129, ℰ 9 60 00, Fax 960050 – 📺 📞 🅿. ❀
Juli-Aug. 2 Wochen und 24. Dez.- 1. Jan. geschl. – **Menu** *(Montag geschl.)* à la carte 25/43
🍴 – **16 Z** 67/105.

🏨 **Pflug** garni, Hindenburgstr.56, ⊠ 89129, ℰ 95 00, Fax 950150 – 🛗 📺 📞. ⓓ ⓔ 🅴
24. Dez.- 6. Jan. geschl. – **29 Z** 60/105.

In Rammingen NO : 4 km :

🏨 **Romantik-Hotel Landgasthof Adler** 🐾, Riegestr. 15, ⊠ 89192, ℰ (07345) 9 64 10,
Fax 964110 – 📺 📞 🚗 🅿. 🅰🅴 ⓓ ⓔ 🅴
10.- 24. Jan. und 1.- 22. Aug. geschl. – **Menu** *(Montag geschl., Dienstag nur Abendessen)*
à la carte 40/67 – **16 Z** 85/220.

LANGENFELD Nordrhein-Westfalen 🔢🔢🔢 D 13, 🔢🔢🔢 ㉓ ㉔ – 56 000 Ew – Höhe 45 m – ✿ 02173.
♦Düsseldorf 23 – ♦Köln 26 – Solingen 13.

🏨 **Romantik-Hotel Gravenberg,** Elberfelder Str. 45 (B 229, NO : 4 km), ✉ 40764, 🕿 9 22 00, Fax 22777, 🍴, ⬛, 🐎, ⇔ – 📺 🕿 ⇔ 🅿 – 🕍 30. 🖭 ⓪ ⋿ 𝘝𝘐𝘚𝘈. 🎿 Zim 23. Dez.- 6. Jan. geschl. – **Menu** (Sonntag nur Mittagessen, Montag und Mitte Juli - Mitte Aug. geschl.) à la carte 47/75 – **43 Z** 140/270.

🏨 **Rema-Hotel Mondial** garni, Solinger Str. 188 (B 229), ✉ 40764, 🕿 2 30 33, Fax 22297, ⇔s, ⬛ – 🛗 🌐 📺 🕿 🅿 – 🕍 30. 🖭 ⓪ ⋿ 𝘝𝘐𝘚𝘈
62 Z 185/340, 6 Suiten.

In Langenfeld-Reusrath S : 4 km :

🏨 **Landhotel Lohmann,** Opladener Str. 19 (B 8), ✉ 40764, 🕿 9 16 10, Fax 14543, 🍴 – 📺 🕿 🅿 – 🕍 50. 🖭 ⓪ ⋿ 𝘝𝘐𝘚𝘈
Menu (Dienstag nur Mittagessen, Mittwoch und 15. Feb.- 3. März geschl.) à la carte 37/65 – **25 Z** 135/205.

LANGENHAGEN Niedersachsen siehe Hannover.

LANGENSALZA, BAD Thüringen 🔢🔢🔢 D 12, 🔢🔢🔢 ㉓, 🔢🔢🔢 ⑯ ㉖ – 22 000 Ew – Höhe 209 m – ✿ 03603.
🚹 Langensalza-Information, Neumarkt 5, ✉ 99947, 🕿 25 68.
Erfurt 43 – Nordhausen 58 – Göttingen 82.

🏨 **Alpha-Hotel,** Kurpromenade 1, ✉ 99947, 🕿 8 58 00, Fax 815692, Biergarten – 🛗 📺 🕿 & 🅿 – 🕍 50. 🖭 ⓪ ⋿ 𝘝𝘐𝘚𝘈
Menu à la carte 25/50 – **73 Z** 120/220.

✕✕ **Kultur- und Kongresszentrum,** An der alten Post 2, ✉ 99947, 🕿 64 23, 🍴 – 🕍 180. ⋿
Menu à la carte 26/52.

In Bad Langensalza - Eckardtsleben SO : 5 km :

🏠 **Eichenhof,** Schulgasse 42, ✉ 99958, 🕿 (03603) 81 30 25, Fax 813026, 🍴, ⇔s – 📺 🕿 ⇔ 🅿. 🖭 ⋿ 𝘝𝘐𝘚𝘈. 🎿
Menu (nur Abendessen) à la carte 18/29 – **10 Z** 70/95.

In Bad Langensalza - Aschara SO : 6 km :

🏠 **Ortris** 🍴, Hauptstr. 50, ✉ 99958, 🕿 (03603) 4 85 14, Fax 48583 – 📺 🕿 🅿. 🖭 ⓪ ⋿ 𝘝𝘐𝘚𝘈 ⇔ 🎿 Rest
Menu à la carte 22/32 – **12 Z** 78/118.

LANGEOOG (Insel) Niedersachsen 🔢🔢🔢 F 5, 🔢🔢🔢 ④ – 2 100 Ew – Seeheilbad – Insel der ostfriesischen Inselgruppe. Autos nicht zugelassen – ✿ 04972.
⇔ von Esens-Bensersiel (ca. 45 min), 🕿 (04972) 69 30.
🚹 Kurverwaltung, Hauptstr. 28, ✉ 26465, 🕿 69 30.
♦Hannover 266 – Aurich/Ostfriesland 28 – Wilhelmshaven 54.

🏨 **Flörke** 🍴, Hauptstr. 17, ✉ 26465, 🕿 60 97, Fax 1690, ⇔s, 🌳 – 🛗 📺 🕿. 🎿 Rest
Mitte März - Anfang Nov. – (nur Abendessen für Hausgäste) – **50 Z** 100/220 – ½ P 125/160.

🏨 **La Villa** 🍴, Vormann-Otten-Weg 12, ✉ 26465, 🕿 7 77, Fax 1390, 🍴, ⇔s, 🌳 – 📺 🕿 – 🕍 15
Dez.- Jan. geschl. – (nur Abendessen für Hausgäste) – **10 Z** 155/260 – ½ P 150/205.

🏨 **Strandeck** 🍴, Kavalierspad 2, ✉ 26465, 🕿 68 80, Fax 688222, ⇔s, ⬛, 🌳 – 🛗 📺 🕿. 🎿 Rest
Dez.- Mitte Feb. geschl., Okt.- März Garni – **Menu** (Dienstag geschl.) (nur Abendessen, Tischbestellung erforderlich) 45/125 – **36 Z** 127/310 – ½ P 167/300.

🏨 **Upstalsboom** 🍴, Hauptstr. 38, ✉ 26465, 🕿 68 60, Fax 878, 🍴, ⇔s, 🌳 – 📺 🕿. 🖭 ⓪ ⋿ 𝘝𝘐𝘚𝘈
Menu (Nov.- Feb. Dienstag-Mittwoch geschl.) à la carte 37/63 (auch vegetarische Gerichte) – **36 Z** 105/240 – ½ P 134/159.

🏠 **Haus Westfalen** 🍴, Abke-Jansen-Weg 6, ✉ 26465, 🕿 2 65, Fax 525 – 🕿 – 🕍 40. 🎿
Mitte Jan.- Feb. und Nov.- 26. Dez. geschl. – **Menu** à la carte 31/60 – **30 Z** 95/230.

LANGERRINGEN Bayern siehe Schwabmünchen.

LANKE Brandenburg siehe Bernau.

LATHEN Niedersachsen 🔢🔢🔢 EF 8, 🔢🔢🔢 ⑭ – 4 000 Ew – Höhe 30 m – ✿ 05933.
♦Hannover 235 – Cloppenburg 57 – Groningen 86 – Lingen 37.

🏨 **Pingel Anton,** Sögeler Str. 2, ✉ 49762, 🕿 9 33 30, Fax 933393 – 📺 🕿 ⇔ 🅿 – 🕍 25. 🖭 ⓪ ⋿ 𝘝𝘐𝘚𝘈. 🎿 Rest
Jan. 2 Wochen geschl. – **Menu** (Montag geschl.) à la carte 28/59 – **25 Z** 75/150.

LAUBACH Hessen 412 413 JK 15 – 10 300 Ew – Höhe 250 m – Luftkurort – ✆ 06405.
🛈 Kurverwaltung, Friedrichstr. 11 (Rathaus), ✉ 35321, ℰ 92 10, Fax 921313.
Wiesbaden 101 – ◆Frankfurt am Main 73 – Gießen 28.

🏨 **Waldhaus** ⌂, An der Ringelshöhe 7 (B 276, O : 2 km), ✉ 35321, ℰ 2 52, Fax 1041, 斎,
 ⌂s, ◻, 潘, ❀ – 劇 ⊞ ☎ ❸ – 諮 20. 凪. ❀ Rest
 Menu *(Sonntag nur Mittagessen)* à la carte 28/65 – **31 Z** 85/145.

 In Laubach-Gonterskirchen SO : 4 km :

🍴🍴 **Tannenhof** ⌂ mit Zim, Am Giebel 1, ✉ 35321, ℰ 17 32, Fax 3931, ≤, 斎, 潘 – ⊞ ☎
 → ❸. ❀
 Menu *(Montag geschl.)* à la carte 23/64 – **9 Z** 78/138.

 In Laubach-Münster W : 5,5 km :

🏠 **Zum Hirsch,** Licher Str. 32, ✉ 35321, ℰ 14 56, Fax 7467, 潘 – ☎ ❸ – 諮 20. 凪 ᴇ
 → 23. Jan.- 6. Feb. und 10.- 27. Juli geschl. – **Menu** *(Montag geschl.)* à la carte 21/40 ⌂ –
 18 Z 45/95 – ½ P 60/70.

LAUBENHEIM Rheinland-Pfalz siehe Bingen.

LAUCHHAMMER Brandenburg 414 N 11. 984 ⑳, 987 ⑱ – 22 000 Ew – Höhe 107 m – ✆ 03574.
Potsdam 137 – ◆Dresden 60.

 In Lauchhammer-West :

🏠 **Mückenberger Hof** ⌂, Senftenberger Str. 2, ✉ 01979, ℰ 70 73, Fax 7337, ⌂s – ⊞ ☎
 → ❸. 凪 ◑ ᴇ ₥
 Menu *(nur Abendessen)* à la carte 20/35 – **33 Z** 110/150.

LAUCHRINGEN Baden-Württemberg siehe Waldshut-Tiengen.

LAUDA-KÖNIGSHOFEN Baden-Württemberg 413 M 18 – 14 700 Ew – Höhe 192 m – ✆ 09343.
◆Stuttgart 120 – Bad Mergentheim 12 – ◆Würzburg 40.

🍴🍴 **Ratskeller** mit Zim, Josef-Schmitt-Str. 17 (Lauda), ✉ 97922, ℰ 6 20 70, Fax 2820, 斎 –
 ⊞ ☎ ⇦ ❸. 凪 ᴇ. ❀ Zim
 Juli 2 Wochen und 21.- 25. Dez. geschl. – **Menu** *(Sonntag nur Mittagessen, Montag nur
 Abendessen)* à la carte 39/64 ⌂ – **11 Z** 68/130.

🍴🍴 **Gemmrig's Landhaus** mit Zim, Hauptstr. 68 (Königshofen), ✉ 97922, ℰ 70 51, Fax 7053,
 ⌂s – ⊞ ☎ ❸
 23.- 30. Jan. und 18.- 30. Juni geschl. – **Menu** *(Sonntag nur Mittagessen, Montag geschl.)*
 à la carte 26/52 *(auch vegetarische Gerichte)* ⌂ – **5 Z** 50/95.

 In Lauda-Königshofen - Beckstein SW : 2 km ab Königshofen :

🏨 **Adler,** Weinstr. 24, ✉ 97922, ℰ 20 71, Fax 8907, 斎 – ⊞ ☎ ❸
 Menu à la carte 27/61 ⌂ – **28 Z** 65/105.

🏠 **Gästehaus Birgit** ⌂ garni (siehe auch Weinstuben Beckstein), Am Nonnenberg 12,
 ✉ 97922, ℰ 9 98, Fax 990, ≤, 潘 – ⊞ ☎ ⇦ ❸
 Jan. geschl. – **16 Z** 50/105.

🍴 **Weinstuben Beckstein,** Weinstr. 32, ✉ 97922, ℰ 82 00, Fax 5640, 斎 – ❸. ᴇ
 Jan. und Mittwoch geschl. – **Menu** à la carte 26/56 ⌂.

LAUDENBACH Bayern 412 413 K 17 – 1 200 Ew – Höhe 129 m – ✆ 09372.
◆München 358 – Amorbach 14 – Aschaffenburg 32 – ◆Würzburg 82.

🏨 **Romantik-Hotel Zur Krone** (Gasthof a.d.J. 1726), Obernburger Str. 4, ✉ 63925, ℰ 24 82,
 Fax 10112, « Hübsches bäuerliches Restaurant, Gartenterrasse » – 劇 ⊞ ☎ ❸. 凪 ◑ ᴇ
 ₥ ᴊᴄʙ
 Menu *(20. Feb.- 14. März, 27. Juli - 19. Aug. und Donnerstag geschl., Freitag nur Abendessen)* à la carte 41/80 – **16 Z** 95/190, 11 Suiten.

🏠 **Goldner Engel,** Miltenberger Str. 5, ✉ 63925, ℰ 30 03, Fax 3005 – ☎ ❸
 Jan. und Aug. jeweils 3 Wochen geschl. – **Menu** *(Mittwoch geschl.)* à la carte 30/80 ⌂ –
 12 Z 60/105.

LAUENBURG AN DER ELBE Schleswig-Holstein 411 O 6. 987 ⑥ ⑯ – 11 500 Ew – Höhe 45 m
 – ✆ 04153 – 🛈 Fremdenverkehrsamt, im Schloß, ✉ 21481, ℰ 59 09 81, Fax 52890.
Kiel 121 – ◆Hannover 149 – ◆Hamburg 44 – Lüneburg 25.

🏠 **Möller** ⌂, Elbstr. 50 (Unterstadt), ✉ 21481, ℰ 20 11, Fax 53759, ≤, 斎 – ⊞ ☎ – 諮 30.
 凪 ◑ ᴇ ₥
 Menu à la carte 30/61 – **36 Z** 85/180.

LAUF AN DER PEGNITZ Bayern 🔢 Q 18, 🔢 ㉖ – 25 000 Ew – Höhe 310 m – ✿ 09123.
🗂 Fremdenverkehrsamt, Urlasstr. 22, ✉ 91207, ✆ 18 40, Fax 184184.
◆München 173 – Bayreuth 62 – ◆Nürnberg 17.

🏨 **Gasthof Wilder Mann** garni, Marktplatz 21, ✉ 91207, ✆ 50 05, Fax 5005, « Altfränkische Hofanlage » – ☎ ⟚ ℗
22. Dez.- 10. Jan. geschl. – **24 Z** 40/120.

🍴 **Weinstube Schwarzer Bär,** Marktplatz 6, ✉ 91207, ✆ 27 89, Fax 2799
Aug. geschl. – **Menu** (Samstag-Sonntag geschl.) (nur Abendessen) à la carte 21/38 – **13 Z** 65/95.

🍽 **Altes Rathaus,** Marktplatz 1, ✉ 91207, ✆ 27 00 – 🅴.
Montag geschl. – **Menu** à la carte 27/60.

In Lauf-Bullach N : 8 km :

🏨 **Grüner Baum** 🍴, Untere Eisenstr. 3, ✉ 91207, ✆ (09126) 97 29, Fax 8030, 🍴 – 🛗 📺
☎ ⟚ ℗. 🅴 VISA. 🎾
24. Dez.- 10. Jan. geschl. – **Menu** (Montag geschl.) à la carte 20/37 🍷 – **21 Z** 70/100.

An der Straße nach Altdorf S : 2,5 km :

🏨 **Waldgasthof Am Letten,** Letten 13, ✉ 91207 Lauf an der Pegnitz, ✆ (09123) 20 61, Fax 2064, 🍴, Biergarten, 🛎 – 🛗 📺 ☎ ℗ – 🔱 60. 🎾 Zim
23. Dez.- 11. Jan. geschl. – **Menu** (Sonn- und Feiertage geschl.) à la carte 36/63 – **52 Z** 110/150.

LAUFELD Rheinland-Pfalz siehe Manderscheid.

LAUFENBURG (BADEN) Baden-Württemberg 🔢 H 24, 🔢 ㉞ ㉟, 🔢 I 3 – 7 500 Ew – Höhe 337 m – ✿ 07763.
◆Stuttgart 195 – Basel 39 – Waldshut-Tiengen 15.

In Laufenburg-Luttingen O : 2,5 km :

🏨 **Kranz,** Luttinger Str. 22 (B 34), ✉ 79725, ✆ 38 33, Fax 8588 – 🎾 Zim 📺 ⟚ ℗. 🅰🅴 ⓞ
🅴 VISA. 🎾 Zim
über Fastnacht 2 Wochen und Juli 3 Wochen geschl. – **Menu** (Dienstag nur Mittagessen, Mittwoch geschl.) à la carte 27/56 🍷 – **13 Z** 45/100.

LAUFFEN AM NECKAR Baden-Württemberg 🔢 K 19, 🔢 ㉕ – 9 000 Ew – Höhe 172 m – ✿ 07133 ◆Stuttgart 49 – Heilbronn 10 – Ludwigsburg 33.

🏨 **Elefanten,** Bahnhofstr. 12, ✉ 74348, ✆ 1 41 35, Fax 17817 – 🛗 📺 ☎ ℗. 🅰🅴 ⓞ 🅴 VISA
1.- 20. Jan. geschl. – **Menu** (Freitag geschl.) à la carte 39/72 – **13 Z** 105/180.

LAUINGEN AN DER DONAU Bayern 🔢 O 21, 🔢 ㊱ – 9 400 Ew – Höhe 439 m – ✿ 09072.
◆München 113 – ◆Augsburg 53 – Donauwörth 31 – ◆Ulm (Donau) 48.

🏨 **Reiser,** Bahnhofstr. 4, ✉ 89415, ✆ 30 96 – ☎ ℗ – 🔱 40. 🅴. 🎾 Rest
Aug. 3 Wochen geschl. – **Menu** (Sonn- und Feiertage nur Mittagessen, Samstag geschl.) à la carte 29/56 🍷 – **26 Z** 65/130 – ½ P 85/115.

LAUPHEIM Baden-Württemberg 🔢 M 22, 🔢 ㊱, 🔢 B 4 – 15 500 Ew – Höhe 515 m – ✿ 07392.
◆Stuttgart 118 – Ravensburg 62 – ◆Ulm (Donau) 26.

🏨 **Krone,** Marktplatz 15, ✉ 88471, ✆ 1 80 88, Fax 17144, 🍴 – 🛗 📺 ☎. 🅰🅴 ⓞ 🅴 VISA
Menu (Jan. 2 Wochen geschl., Samstag nur Abendessen) à la carte 33/56 – **15 Z** 95/175

🍽 **Schildwirtschaft zum Rothen Ochsen** mit Zim (restauriertes Haus a.d.J. 1808), Kapellenstr. 23, ✉ 88471, ✆ 60 41, Fax 16765, 🍴 – 📺 ☎
Menu (Samstag nur Abendessen, Dienstag, 1.- 7. Jan. und Juli - Aug. 4 Wochen geschl.) (abends Tischbestellung ratsam) à la carte 43/69 🍷 – **7 Z** 80/130.

LAURENBURG Rheinland-Pfalz siehe Holzappel.

LAUTENBACH (ORTENAUKREIS) Baden-Württemberg 🔢 H 21, 🔢 ㉔ – 1 900 Ew – Höhe 210 m – Luftkurort – ✿ 07802 (Oberkirch).
Sehenswert : Wallfahrtskirche Mariä Himmelfahrt (Hochaltar★).
🗂 Verkehrsamt, Hauptstr. 48, ✉ 77794, ✆ 23 13.
◆Stuttgart 143 – Freudenstadt 39 – Offenburg 19 – Strasbourg 33.

🏨 **Sonne** (mit Gästehaus Sonnenhof), Hauptstr. 51 (B 28), ✉ 77794, ✆ 9 27 60, Fax 927662 🍴, 🚲 – 🛗 ☎ ℗
Menu (Mittwoch geschl.) à la carte 25/59 🍷 – **25 Z** 61/140 – ½ P 91/107.

🏨 **Sternen,** Hauptstr. 47 (B 28), ✉ 77794, ✆ 35 38, Fax 700161, 🍴 – 🛗 ℗ ⓞ 🅴 VISA
Mitte Nov.- Mitte Dez. geschl. – **Menu** (Montag geschl.) à la carte 29/61 – **36 Z** 53/122

Auf dem Sohlberg NO : 6 km – Höhe 780 m

🏠 **Berggasthaus Wandersruh** 🌲, Sohlbergstr. 34, ✉ 77794 Lautenbach, 𝒫 (07802) 24 73, Fax 50915, ⩽ Schwarzwald und Rheinebene, 🍴, 🔲, 🐎 – 🅿 – 🔒 40
10. Jan.- Feb. geschl. – **Menu** *(Dienstag geschl.)* à la carte 23/41 🍴 – **21 Z** 38/88 – ½ P 47/72.

LAUTERBACH Baden-Württemberg 🔢 I 22 – 3 500 Ew – Höhe 575 m – Luftkurort – Wintersport : 800/900 m ⟨1 ⟨2 – ⭐ 07422 (Schramberg).

🛈 Kurverwaltung, Rathaus, Schramberger Str. 5, ✉ 78730, 𝒫 43 70, Fax 22017.

Stuttgart 122 – ◆Freiburg im Breisgau 60 – Freudenstadt 41 – Offenburg 55 – Schramberg 4.

🏠 **Tannenhof,** Schramberger Str. 61, ✉ 78730, 𝒫 30 81, Fax 3775, ⩽ – 📶 📺 ☎ 🚗 🅿. ⚫ ⑩ 🄴 𝘃𝘪𝘴𝘢. 🛇 Zim
Juli – Aug. 3 Wochen geschl. – **Menu** *(Freitag geschl., Sonntag nur Mittagessen)* (wochentags nur Abendessen) à la carte 32/60 🍴 – **40 Z** 75/130.

LAUTERBACH Hessen 🔢 L 15, 🔢 ㉕ – 14 400 Ew – Höhe 296 m – Luftkurort – ⭐ 06641.

🛈 Verkehrsverein, Rathaus, Marktplatz 14, ✉ 36341, 𝒫 1 84 12.

Wiesbaden 151 – Fulda 25 – Gießen 68 – ◆Kassel 110.

🏠 **Schubert,** Kanalstr. 12, ✉ 36341, 𝒫 9 60 70, Fax 5171 – 📺 ☎ 🅿 – 🔒 30. ⚫ ⑩ 🄴 𝘃𝘪𝘴𝘢. 🛇 Rest
Juli 2 Wochen geschl. – **Menu** *(Sonntag-Montag geschl.)* à la carte 36/66 – **29 Z** 79/200 – ½ P 114/164.

In Lauterbach-Maar NW : 3 km :

🏠 **Jägerhof,** Hauptstr. 9, ✉ 36341, 𝒫 40 55, Fax 62132 – ☎ 🅿 – 🔒 60. ⚫ 🄴 𝘃𝘪𝘴𝘢. 🛇
Jan. 2 Wochen geschl. – **Menu** à la carte 42/58 – **29 Z** 70/100 – ½ P 85/95.

LAUTERBERG, BAD Niedersachsen 🔢 🔢 O 12, 🔢 ⑯ – 13 000 Ew – Höhe 300 m – Kneippheilbad und Schrothkurort – ⭐ 05524.

🛈 Kurverwaltung, im Haus des Kurgastes, ✉ 37431, 𝒫 40 21, Fax 5506.

Hannover 116 – ◆Braunschweig 87 – Göttingen 49.

🏨 Revita, Promenade 56 (Am Kurpark), ✉ 37431, 𝒫 8 31, Fax 80412, 🍴, Massage, 🌊, 👣, 🏊, ⩽, 🔲, 🛇(Halle) – 📶 🔛 📺 🔥 🚗 🅿 – 🔒 500. 🛇 Rest
276 Z, 5 Suiten.

🏠 **Kneipp-Kurhotel St. Hubertusklause** 🌲, Wiesenbek 16, ✉ 37431, 𝒫 86 90, Fax 86950, 🍴, Massage, 🌊, 🏊, ⩽, 🐎 – 📶 📺 ☎ 🚗 🅿. ⚫ ⑩ 🄴 𝘃𝘪𝘴𝘢. 🛇 Zim
Menu à la carte 28/49 – **31 Z** 70/160.

🏠 Am Kurpark, Promenade 4, ✉ 37431, 𝒫 29 23, Fax 80939, 🍴, ⩽ – 📺 ☎ 🚗 🅿
20 Z.

LAUTERECKEN Rheinland-Pfalz 🔢 F 18, 🔢 ㉔ – 2 300 Ew – Höhe 165 m – ⭐ 06382.

Mainz 83 – Bad Kreuznach 38 – Kaiserslautern 32 – ◆Saarbrücken 85.

🏠 **Pfälzer Hof,** Hauptstr. 12, ✉ 67742, 𝒫 73 38, Fax 6652, ⩽ – 🚗 🅿. 🛇
Juli – Aug. 3 Wochen geschl. – **Menu** *(Sonntag nur Mittagessen, Nov.- März Freitag geschl.)*
à la carte 23/54 🍴 – **15 Z** 58/95 – ½ P 65/83.

LAUTERSEE Bayern siehe Mittenwald.

LAUTERSTEIN Baden-Württemberg 🔢 M 20 – 3 000 Ew – Höhe 542 m – ⭐ 07332.
◆Stuttgart 60 – Göppingen 20 – Heidenheim an der Brenz 20 – ◆Ulm (Donau) 51.

In Lauterstein-Weissenstein :

🏠 **Silberdistel** garni, Kreuzbergstr. 32, ✉ 73111, 𝒫 37 32, Fax 3736 – 📺 ☎ 🚗 🅿. 🛇
12 Z 65/115.

🍴 **Linde,** Im Städtle 17, ✉ 73111, 𝒫 53 69, Fax 3951 – 🅿
Montag, Jan.- Feb. 2 Wochen und Nov. 1 Woche geschl. – **Menu** à la carte 30/58 🍴.

LECK Schleswig-Holstein 🔢 J 2, 🔢 ④ ⑤ – 7 700 Ew – Höhe 6 m – ⭐ 04662.
◆Kiel 110 – Flensburg 33 – Husum 36 – Niebüll 11.

🏠 **Thorsten** garni, Hauptstr. 31, ✉ 25917, 𝒫 9 63, Fax 964 – 📺 ☎ 🅿. ⚫ 🄴 𝘃𝘪𝘴𝘢
18 Z 68/120.

🏠 Deutsches Haus (mit Gästehaus), Hauptstr. 8, ✉ 25917, 𝒫 8 71 10, Fax 7341 – 📺 ☎ 🅿
26 Z.

LEER Niedersachsen 🔢 F 7, 🔢 ⑭ – 31 000 Ew – Höhe 7 m – ✆ 0491.

🅱 Verkehrsbüro, Mühlenstraße (am Denkmal), ✉ 26789, ✆ 6 60 06, Fax 5628.

◆Hannover 234 – Emden 31 – Groningen 69 – Oldenburg 63 – Wilhelmshaven 66.

🏨 **Ostfriesen Hof,** Groninger Str. 109, ✉ 26789, ✆ 6 09 10, Fax 6091199, 🍴, 🚬, 🔲 – 📶
🚫 Zim 📺 ☎ 🔥 🅿 – 🔏 160. 🆎 ⓞ ⓔ 𝗩𝗜𝗦𝗔. 🍴
Menu à la carte 38/69 *(auch vegetarische Gerichte)* – **60 Z** 98/200.

🟤🟤 **Zur Waage und Börse,** Neue Str. 1, ✉ 26789, ✆ 6 22 44, Fax 4665, 🍴 – ⓔ
Montag-Dienstag und Nov. 2 Wochen geschl. – Menu à la carte 43/63.

Nahe der B 70, Richtung Papenburg SO : 4,5 km :

🏨 **Lange,** Zum Schöpfwerk 1, ✉ 26789, ✆ (0491) 1 20 11, Fax 12016, ≤, 🍴, 🚬, 🔲, 🌳
– 📶 📺 ☎ ⟵ 🅿 – 🔏 40. 🆎 ⓞ ⓔ 𝗩𝗜𝗦𝗔
Menu *(Sonntag geschl.)* à la carte 30/61 – **51 Z** 95/240.

Nahe der B 75, Richtung Hesel NO : 5 km :

🏨 **Park-Hotel Waldkur** garni, Zoostr. 14, ✉ 26789 Leer-Logabirum, ✆ (0491) 9 79 60,
Fax 72181 – 📺 ☎ 🅿 – 🔏 20. 🆎 ⓞ ⓔ 𝗩𝗜𝗦𝗔
40 Z 105/155.

LEEZEN Schleswig-Holstein siehe Segeberg, Bad.

LEGDEN Nordrhein-Westfalen 🔢 🔢 E 10 – 5 500 Ew – Höhe 71 m – ✆ 02566.

◆Düsseldorf 113 – Münster (Westfalen) 49.

🏠 **Hermannshöhe** (mit Gästehaus, 📶), Haulingort 30 (B 474, SO : 1 km), ✉ 48739, ✆ 9 30 00,
⟵ Fax 930060, 🍴 – 📺 ☎ 🅿. ⓔ. 🍴 Zim
Menu *(Mittwoch geschl.)* à la carte 23/45 – **39 Z** 45/120.

LEHNIN Brandenburg 🔢 K 9, 🔢 ⑰, 🔢 ⑮ – 3 500 Ew – Höhe 52 m – ✆ 03382.
Potsdam 26 – Brandenburg 23.

🏨 **Markgraf,** Friedensstr. 13, ✉ 14797, ✆ 70 06 04, Fax 700430 – 📺 ☎ 🅿 – 🔏 15. 🆎 ⓔ
𝗩𝗜𝗦𝗔
Menu à la carte 33/46 – **16 Z** 100/210.

LEHRTE Niedersachsen 🔢 🔢 MN 9, 🔢 ⑮ – 41 500 Ew – Höhe 66 m – ✆ 05132.

◆Hannover 20 – ◆Braunschweig 47 – Celle 33.

🏠 **Alte Post,** Poststr.8, ✉ 31275, ✆ 40 01, Fax 40 04, 🚬 – 📺 ☎ 🅿 – 🔏 50. 🆎 ⓞ ⓔ 𝗩𝗜𝗦𝗔
🍴 Zim
Menu *(Samstag nur Abendessen, Sonntag geschl.)* à la carte 35/55 – **40 Z** 95/280.

In Lehrte-Ahlten SW : 4 km :

🏠 **Trend Hotel** garni, Raiffeisenstr. 8, ✉ 31275, ✆ 8 69 10, Fax 869170, 🚬 – 📶 📺 ☎ 🅿
ⓔ 𝗩𝗜𝗦𝗔. 🍴
46 Z 110/240.

🏠 **Zum Dorfkrug,** Hannoversche Str. 29, ✉ 31275, ✆ 60 03, Fax 7833, 🚬, 🔲 (Gebühr), 🌳
– 🚫 Zim 📺 ☎ 🅿. 🆎 ⓞ ⓔ 𝗩𝗜𝗦𝗔
10. Juli - 5. Aug. und 17. Dez.- 5. Jan. geschl. – **Menu** *(Sonntag geschl.)* (nur Abendessen)
à la carte 29/51 – **36 Z** 105/160.

LEICHLINGEN Nordrhein-Westfalen 🔢 E 13 – 27 000 Ew – Höhe 60 m – ✆ 02175.

◆Düsseldorf 29 – ◆Köln 23 – Solingen 11.

🏠 **Am Stadtpark,** Am Büscherhof 1a, ✉ 42799, ✆ 10 18, Fax 72510, 🍴, 🚬 – 📶 📺 ☎ ⟵
– 🔏 80
35 Z.

In Leichlingen-Witzhelden O : 8,5 km :

🟤🟤 **Landhaus Lorenzet,** Neuenhof 1, ✉ 42799, ✆ (02174) 3 86 86, Fax 39518, 🍴 – 🅿. 🆎
ⓞ ⓔ 𝗩𝗜𝗦𝗔
Menu à la carte 48/94.

LEIDERSBACH Bayern 🔢 🔢 K 17 – 4 600 Ew – Höhe 196 m – ✆ 06092.

◆München 351 – Aschaffenburg 14 – ◆Frankfurt am Main 51 – ◆Würzburg 75.

In Leidersbach-Volkersbrunn SO : 3 km :

🏠 **Zur Rose,** Volkersbrunner Str. 11, ✉ 63849, ✆ 2 02, Fax 7017, 🍴, 🚬, 🌳 – ☎ 🅿
⟵ *1.- 11. Jan. und 16. Aug.- 2. Sept. geschl.* – **Menu** *(Donnerstag geschl.)* à la carte 23/51
– **7 Z** 45/110.

LEIMEN Baden-Württemberg 412 413 J 18 – 20 000 Ew – Höhe 120 m – 🕿 06224.

🖪 Städt. Verkehrsamt, Kurpfalz-Centrum, ⊠ 69181, 𝒫 70 42 14, Fax 704280.

◆Stuttgart 109 – Bruchsal 28 – Heidelberg 7.

🏠 **Engelhorn** garni, Ernst-Naujoks-Str. 2, ⊠ 69181, 𝒫 70 70, Fax 707200 – 🛗 📺 ☎ ⇔ 🅿
36 Z.

🏠 **Kurpfalz-Residenz und Markgrafen,** Markgrafenstr. 2, ⊠ 69181, 𝒫 70 80 (Hotel) 7 23 54 (Rest.), Fax 708114, 🌦, 🖛 – 🛗 ⬦ Zim 📺 ☎ 🔥 🅿 – 🔬 50
Menu *(Samstag nur Abendessen)* à la carte 36/62 ⅙ – **84 Z** 138/186, 3 Suiten.

🏠 **Zum Bären,** Rathausstr. 20, ⊠ 69181, 𝒫 98 10, Fax 981222, 🌦 – 🛗 📺 ☎ 🅿 – 🔬 20.
🖭 🕮 ᴠᴵꜱᴬ ⅍
23. Dez.- 1. Jan. geschl. – **Menu** *(Feiertage, Montag sowie 1.- 6. Jan. und Aug. 3 Wochen geschl.)* à la carte 47/83 – **26 Z** 105/180.

🏠 **Seipel** garni, Bürgermeister-Weidemaier-Str. 26 (Am Sportpark), ⊠ 69181, 𝒫 7 10 89, Fax 71080, 🖛 – 🛗 📺 ☎ 🅿. 🖭 🕮 🕑 ᴠᴵꜱᴬ
22. Dez.- 7. Jan. geschl. – **24 Z** 130/180.

🏠 **Herrenberg** garni, Bremer Str. 7, ⊠ 69181, 𝒫 9 70 60, Fax 74289 – 📺 ☎ 🅿. 🖭 🕮 ᴠᴵꜱᴬ
13 Z 95/140.

🏠 Traube, St.-Ilgener-Str. 9, ⊠ 69181, 𝒫 7 60 86, Fax 75824 – 📺 ☎ 🅿
40 Z.

✗ **Seeger's Weinstube,** J.-Reidel-Str. 2, ⊠ 69181, 𝒫 7 14 96, Fax 72400 – 🖭 🕑 🕮 ᴠᴵꜱᴬ
Dienstag und Mitte Juli - Mitte Aug. geschl. – **Menu** à la carte 36/66.

✗ **Weingut Jägerlust,** Rohrbacher Str. 101, ⊠ 69181, 𝒫 7 72 07, Fax 78363, 🌦 – 🅿
Samstag-Montag, 24. Dez.- 10. Jan. und Juli-Aug. 3 Wochen geschl. – **Menu** (nur Abendessen, Tischbestellung erforderlich) à la carte 38/69.

In Leimen-Gauangelloch SO : 8 km :

✗✗ **Zum Schwanen** mit Zim, Hauptstr. 38, ⊠ 69181, 𝒫 (06226) 32 19, Fax 6919, 🌦, « Geschmackvolle Einrichtung », 🖛 – 📺 ☎ 🅿. 🖭 🕮 🕑 🖭 ᴠᴵꜱᴬ. ⅍
Menu *(Donnerstag geschl.)* (wochentags nur Abendessen) à la carte 78/111 *(auch vegetarisches Menü)* – **5 Z** 135/185.

In Leimen-Lingental O : 3 km :

🏠 **Lingentaler Hof,** Kastanienweg 2, ⊠ 69181, 𝒫 9 70 10, Fax 970119, 🌦 – 🛗 📺 ☎ 🔥 🅿. ⅍ Zim
Jan. 2 Wochen und Juli geschl. – **Menu** *(Sonntag nur Mittagessen, Montag geschl.)* à la carte 38/68 – **14 Z** 90/160.

LEINFELDEN-ECHTERDINGEN Baden-Württemberg siehe Stuttgart.

LEINGARTEN Baden-Württemberg siehe Heilbronn.

LEINSWEILER Rheinland-Pfalz 412 413 H 19, 242 ⑧, 87 ① – 450 Ew – Höhe 260 m – 🕿 06345.

🖪 Büro für Tourismus, Rathaus, ⊠ 76829, 𝒫 35 31.

Mainz 122 – Landau in der Pfalz 9 – Pirmasens 46 – Wissembourg 20.

🏠 **Leinsweiler Hof** ⑤, An der Straße nach Eschbach (S : 1 km), ⊠ 76829, 𝒫 40 90, Fax 3614, ≤ Weinberge und Rheinebene, « Gartenterrasse », 🖙, 🏊, 🌦 – 📺 ☎ 🅿 – 🔬 40. 🖭 🕑 🖭 ᴠᴵꜱᴬ. ⅍ Rest
Jan. 3 Wochen geschl. – **Menu** *(Sonntag nur Mittagessen, Montag geschl.)* à la carte 36/68 ⅙ – **77 Z** 90/260.

🏠 **Castell,** Hauptstr. 24a, ⊠ 76829, 𝒫 70 03, Fax 7004, 🌦 – 📺 ☎ 🅿
Jan.- Feb. 3 Wochen geschl. – **Menu** *(Dienstag und Juli - Aug. 1 Woche geschl.)* à la carte 36/65 – **16 Z** 95/155.

🏠 **Rebmann,** Weinstr. 8, ⊠ 76829, 𝒫 25 30, Fax 7728, 🌦 – 📺 ☎. 🖭
Jan.- Feb. 4 Wochen geschl. – **Menu** *(Mittwoch geschl.)* à la carte 30/62 ⅙ – **11 Z** 70/145.

LEIPE Brandenburg siehe Burg/Spreewald.

LEIPHEIM Bayern 413 N 21, 987 ㉟ – 5 800 Ew – Höhe 470 m – 🕿 08221 (Günzburg).

◆München 117 – ◆Augsburg 59 – Günzburg 5 – ◆Ulm (Donau) 24.

🏠 **Zur Post,** Bahnhofstr. 6, ⊠ 89340, 𝒫 27 70, Fax 277200, 🌦 – 🛗 📺 ☎ ⇔ 🅿 – 🔬 60.
🖭 🕑 🖭 ᴠᴵꜱᴬ
Menu à la carte 23/48 ⅙ – **56 Z** 68/140.

An der Autobahn A 8 Richtung Augsburg :

🏠 **Rasthaus und Motel Leipheim,** ⊠ 89340 Leipheim, 𝒫 (08221) 7 20 37, Fax 71414, 🌦 – 🔥 🅿. 🖭 🖭 ᴠᴵꜱᴬ
Menu à la carte 28/53 *(auch vegetarische Gerichte)* – **27 Z** 56/131.

Sehenswert : Altes Rathaus★ BY – Alte Börse★ (Naschmarkt) BY – Museum der bildenden Künste★★ ABZ.

✈ Leipzig-Schkeuditz (⑨ : 15 km), ℘ 39 13 65.

Messegelände, Prager Str. 200, ⊠ 04103, ℘ 22 30, Telex 312055, Fax 2232184.

🛈 Touristen Information, Sachsenplatz 1, ⊠ 04109, ℘ 7 95 90, Fax 281854.

ADAC, Augustusplatz 6, ⊠ 04109, ℘ 2 11 05 51, Fax 2110540.

◆Dresden 109 ④ – ◆Berlin 165 ⑨ – Erfurt 126 ⑨.

LEIPZIG

Baalsdorfer Straße	V 44	
Berliner Straße	V 45	
Breite Straße	V 47	
Chemnitzer Straße	V 48	
Eisenbahnstraße	V 50	
Engelsdorfer Straße	V 51	
Erich-Zeigner-Allee	V 52	
Hauptstraße	V 53	
Kieler Straße	U 55	
Liebertwolkwitzer Straße	V 56	
Lindenthaler Straße	U 58	
Philipp-Rosenthal-Str.	V 59	
Windorfer Straße	V 62	
Zweinaundorfer Straße	V 63	

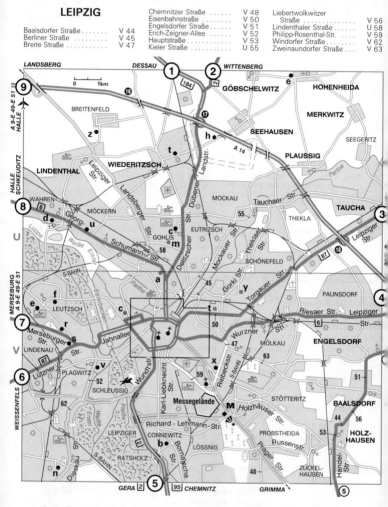

🏨 **Inter-Continental,** Gerberstr. 15, ⊠ 04105, ℘ 98 80, Telex 311245, Fax 9881229, 🔭, Massage, ⩳, 🔲 – 📳 ⩛ Zim 🔲 📺 ৬ – 🔏 600. 🆎 ⑩ 🅴 𝗩𝗜𝗦𝗔 𝗝𝗖𝗕. ⩘ Rest BY **a**
Menu à la carte 35/72 – **447 Z** 319/498, 3 Suiten.

🏨 **Deutschland,** Augustusplatz 5, ⊠ 04109, ℘ 2 14 60, Fax 289165 – 📳 📺 ☎ – 🔏 120.
🆎 ⑩ 🅴 𝗩𝗜𝗦𝗔 𝗝𝗖𝗕 – **Menu** à la carte 35/64 – **283 Z** 190/345, 10 Suiten. CZ **f**

🏨 **Corum,** Rudolf-Breitscheid-Str. 3, ⊠ 04105, ℘ 12 51 00, Fax 12510100, ⩳ – 📳 ⩛ Zim 🔲 📺 ☎. 🆎 ⑩ 🅴 𝗩𝗜𝗦𝗔. ⩘ Rest CY **g**
Menu à la carte 33/56 – **120 Z** 205/290, 6 Suiten.

🏛 **Leipziger Hof,** Hedwigstr. 3, ⊠ 04315, ℰ 6 97 40, Fax 2615043, ⇌ – ⧉ ⇔ Zim 📺 ☎.
ΔΞ ⑩ Ε 𝘝𝘐𝘚𝘈
V t
Menu *(Samstag-Sonntag geschl.)* (nur Abendessen) à la carte 26/43 – **69 Z** 155/265.

🏛 **Deutscher Hof,** Waldstr. 31, ⊠ 04105, ℰ 2 11 60 05, Fax 286076 – ⧉ 📺 ☎. ΔΞ ⑩ Ε
𝘝𝘐𝘚𝘈
V c
Menu à la carte 29/60 – **38 Z** 150/240.

🏠 **Adagio** garni, Seeburgstr. 96, ⊠ 04103, ℰ 21 66 99, Fax 295757 – ⧉ ⇔ Zim 📺 ☎. ΔΞ
⑩ Ε 𝘝𝘐𝘚𝘈 𝘑𝘊𝘉. ⚘ Rest
DZ a
30 Z 190/350.

🏠 **Leipziger Vereinshaus,** Seeburgstr. 5, ⊠ 04103, ℰ 2 17 01 00, Fax 2170222 – 📺 ☎ –
⚒ 350. ΔΞ Ε 𝘝𝘐𝘚𝘈. ⚘
CZ d
Menu *(Sonntag geschl.)* à la carte 25/37 – **34 Z** 150/210.

ХХ **Stadtpfeiffer,** Augustusplatz 8 (Neues Gewandhaus), ⊠ 04109, ℰ 28 64 94, Fax 2113594,
⛱ – ΔΞ Ε 𝘝𝘐𝘚𝘈
CZ
Sonntag geschl. – **Menu** (bemerkenswerte Weinkarte) à la carte 38/67.

ХХ **Apels Garten,** Kolonnadenstr. 2, ⊠ 04109, ℰ 28 50 93, Fax 285093, ⛱ – ⬥. ΔΞ Ε 𝘝𝘐𝘚𝘈
◆ *Sonn- und Feiertage nur Mittagessen* – **Menu** à la carte 24/53.
AZ q

ХХ **Auerbachs Keller** (historische Weinschenke a.d. 16. Jh.), Grimmaische Str. 2 (Mädler-
Passage), ⊠ 04109, ℰ 21 61 00, Fax 2161049 – ΔΞ ⑩ Ε 𝘝𝘐𝘚𝘈 𝘑𝘊𝘉
BYZ
Menu à la carte 28/50.

Х **Mövenpick,** Naschmarkt 1, ⊠ 04109, ℰ 2 11 77 22, Fax 2114810, ⛱ – ⇔. ΔΞ ⑩ Ε 𝘝𝘐𝘚𝘈
Menu à la carte 28/58.
BY r

Х **Paulaner-Palais,** Klostergasse 3, ⊠ 04109, ℰ 2 11 31 15, Fax 2117289, ⛱ – ⚒ 100. ΔΞ
Ε 𝘝𝘐𝘚𝘈 𝘑𝘊𝘉
BY s
Menu à la carte 32/57.

Х **al Capone,** Ehrensteinstr. 49, ⊠ 04105, ℰ 5 64 10 44, Fax 4011217 – ΔΞ ⑩ Ε 𝘝𝘐𝘚𝘈 𝘑𝘊𝘉
UV A
Menu (italienische Küche) à la carte 35/55.

In Leipzig-Connewitz :

🏠 Schilling, Meusdorfer Str. 47a, ⊠ 04277, ℰ 31 23 64, Fax 312364, ⇌ – ⧉ 📺 ☎ 🅿. ⚘
33 Z.
V b

In Leipzig-Eutritzsch

🏛 **Prodomo** ☙, Gräfestr. 15a, ⊠ 04129, ℰ 5 96 30, Fax 5963113 – ⧉ ⇔ Zim 📺 ☎ ⇌
🅿 – ⚒ 40. ΔΞ ⑩ Ε 𝘝𝘐𝘚𝘈
U c
Menu (nur Abendessen) à la carte 32/47 – **81 Z** 160/235.

In Leipzig-Gohlis

Х **Schaarschmidt's,** Coppistr. 32, ⊠ 04157, ℰ 58 48 28, ⛱
U m
Sonntag geschl. – **Menu** (nur Abendessen) à la carte 27/61 ⬥.

In Leipzig-Grosszschocher :

🏛 **Windorf,** Gerhard-Ellrodt-Str. 21, ⊠ 04249, ℰ 4 77 23 54, Fax 4793832 – ⧉ ⇔ Zim 📺
☎ 🅿 – ⚒ 20. ΔΞ Ε 𝘝𝘐𝘚𝘈
V n
Menu (nur Abendessen) à la carte 30/46 – **103 Z** 130/165.

In Leipzig-Leutzsch :

🏛 **Lindner Hotel Leipzig,** Hans-Driesch-Str. 27, ⊠ 04179, ℰ 4 47 80, Fax 4478478, ⛱, 𝗙ᵟ,
⇌ – ⧉ ⇔ Zim 📺 ☎ ⇌ – ⚒ 120. ΔΞ ⑩ Ε 𝘝𝘐𝘚𝘈 𝘑𝘊𝘉
V f
Menu à la carte 42/72 – **200 Z** 275/500, 22 Suiten.

🏠 **Solitaire** garni, Hans-Driesch-Str. 52, ⊠ 04179, ℰ 4 48 40, Fax 4484100 – ⧉ 📺 ☎ V e
43 Z 140/158.

In Leipzig-Lindenau :

🏛 **Lindenau,** Georg-Schwarz-Str. 33, ⊠ 04177, ℰ 4 48 03 10, Fax 4480300, ⇌ – ⧉ ⇔ Zim
📺 ☎ 🅿. ΔΞ ⑩ Ε 𝘝𝘐𝘚𝘈 𝘑𝘊𝘉
V r
Menu *(Samstag-Sonntag geschl.)* (nur Abendessen) à la carte 31/57 – **28 Z** 160/345.

🏠 **Merseburger Hof,** Hebelstr. 24, ⊠ 04177, ℰ 4 77 44 62, Fax 4774413, Biergarten – ⧉ ⇔
📺 ☎ ⬥ 🅿. ΔΞ ⑩ Ε 𝘝𝘐𝘚𝘈. ⚘ Rest
V s
Menu à la carte 27/48 – **50 Z** 148/248.

In Leipzig-Möckern :

🏛 **Silencium** garni, Georg-Schumann-Str. 268, ⊠ 04159, ℰ 9 01 29 90, Fax 9012991 – ⧉ 📺
☎ – ⚒ 15. ΔΞ ⑩ Ε 𝘝𝘐𝘚𝘈
U u
24. Dez.- 6. Jan. geschl. – **34 Z** 120/195.

In Leipzig-Plagwitz :

🏠 **Ratskeller Plagwitz,** Weißenfelser Str. 10, ⊠ 04229, ℰ 4 79 60 35, Fax 4796055 – ⧉ 📺
☎ – ⚒ 40. ΔΞ Ε 𝘝𝘐𝘚𝘈
V v
Menu à la carte 28/45 – **28 Z** 138/226.

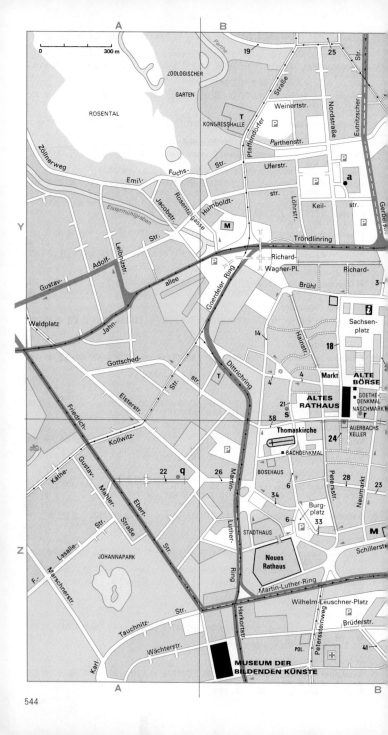

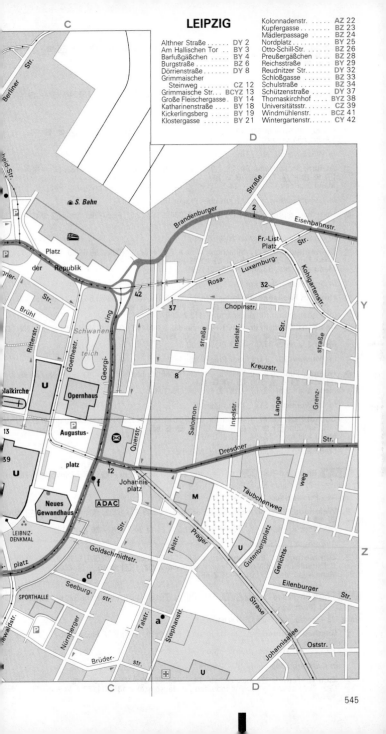

LEIPZIG

In Leipzig-Reudnitz

Berlin garni, Riebeckstr. 30, ✉ 04317, ✆ 2 67 30 00, Fax 2673280 – |♣| TV ☎ – 🏃 10. AE ① E VISA JCB V x
51 Z 170/199.

In Leipzig-Schönefeld :

Stottmeister mit Zim, Kohlweg 45, ✉ 04347, ✆ 2 31 10 67, Fax 232346, 🍴 – P V y
3 Z.

In Leipzig-Wahren :

Garni, Stahmelner Str. 30, ✉ 04159, ✆ 4 61 18 52, Fax 4611852 – TV ☎. E. ✂ U d
Weihnachten-Neujahr geschl. – **20 Z** 110/190.

In Wiederitzsch N : 7 km :

Atrium, Seehausener Str. 29, ✉ 04448, ✆ (0341) 5 24 00, Fax 5240133, 🍴 – |♣| ✂ Zim TV ☎ P – 🏃 120. AE ① E VISA U t
Menu à la carte 30/47 – **24 Z** 190/250 (Anbau mit 36 Z bis Frühjahr 1995).

In Liebertwolkwitz SO : 8 km über Prager Straße V :

Liebethal, Leipziger Str. 44, ✉ 04445, ✆ (034297) 4 22 61, Fax 42261, 🍴 – TV ☎ P – 🏃 20
11 Z.

In Lindenthal-Breitenfeld NW : 8 km :

Breitenfelder Hof ⛺, Mitschurin Allee 8, ✉ 04466, ✆ (0341) 58 56 50, Fax 5856533, 🍴 – ✂ Zim TV ☎ P – 🏃 20. AE ① E VISA. ✂ Rest U z
Menu à la carte 33/45 – **73 Z** 175/225.

In Seehausen N : 8 km :

Hotel im Sachsenpark, Im Sachsenpark 1, ✉ 04448, ✆ (0341) 5 25 20, Fax 5252528, ≘s – |♣| ✂ Zim ▤ Zim TV ☎ ♿ P – 🏃 20. AE ① E VISA U h
(nur Abendessen für Hausgäste) – **112 Z** 199/298.

Residenz, Residenzstr. 43 (OT Hohenheida), ✉ 04448, ✆ (034298) 4 50, Fax 450, 🍴, ≘s – |♣| ✂ Zim TV ☎ 🚗 P – 🏃 100. AE E VISA U e
Menu à la carte 37/55 – **53 Z** 150/280.

In Wachau SO : 8 km, über Prager Straße V :

Atlanta, Südring 21, ✉ 04445, ✆ (0341) 8 66 90, Fax 8669999, ≘s – |♣| ✂ Zim ▤ Zim TV ☎ ♿ P – 🏃 220. AE ① E VISA
Menu à la carte 39/57 – **197 Z** 195/245, 6 Suiten.

In Markranstädt SW : 13 km über ⑥ :

Consul Park Hotel, Krakauer Str. 49, ✉ 04420, ✆ (034205) 8 74 88, Fax 87479, 🍴, ≘s – |♣| ✂ Zim TV ☎ ♿ P – 🏃 40. AE ① E VISA
Menu à la carte 32/54 – **57 Z** 155/225.

Siehe auch : Delitzsch, Eilenburg, Naunhof

LEIWEN

Rheinland-Pfalz 412 D 17 – 1 700 Ew – Höhe 114 m – ☎ 06507 (Neumagen-Dhron).

ℹ Heimat- und Verkehrsverein, Römerstr. 1, ✉ 54340, ✆ 31 00.

Mainz 142 – Bernkastel-Kues 29 – ♦Trier 33.

Weinhaus Weis, Römerstr. 10, ✉ 54340, ✆ 30 48, Fax 8232, 🍴, ≘s, 🌳 – |♣| TV ☎ P. AE ① E VISA. ✂ Rest
Feb. geschl. – **Menu** *(Mittwoch geschl.)* à la carte 24/57 🍷 – **20 Z** 60/120.

Außerhalb O : 2,5 km :

Zummethof ⛺, Panoramaweg 1, ✉ 54340 Leiwen, ✆ (06507) 9 35 50, Fax 935544, ≤ Trittenheim und Moselschleife, « Terrasse », ≘s – TV ☎ P – 🏃 80. E
Menu à la carte 28/60 🍷 – **24 Z** 58/120.

LEMBERG

Rheinland-Pfalz 412 413 F 19, 242 ⑫, 87 ② – 4 000 Ew – Höhe 320 m – Erholungsort – ☎ 06331 (Pirmasens).

Mainz 129 – Landau in der Pfalz 42 – Pirmasens 5,5.

Gasthaus Neupert mit Zim, Hauptstr. 2, ✉ 66969, ✆ 4 09 12, Fax 40936, 🍴 – TV ☎ P. AE ① E VISA
Jan.- Feb. 3 Wochen geschl. – **Menu** *(Mittwoch geschl.)* à la carte 27/48 🍷 – **7 Z** 58/92.

In Lemberg-Langmühle SO : 2,5 km :

Zum Grafenfels ⛺, Salzbachstr. 33, ✉ 66969, ✆ 4 92 41 – 🚗 P
Dez.- Feb. geschl. – (nur Abendessen für Hausgäste) – **18 Z** 34/72 – ½ P 46/50.

EMBRUCH Niedersachsen **411** I 9 – 900 Ew – Höhe 40 m – Erholungsort – ✆ 05447.
Hannover 119 – ◆Bremen 77 – ◆Osnabrück 42.

🏨 **Seeschlößchen,** Große Str. 154, ✉ 49459, ℘ 9 94 40, Fax 1796, 🌳, ⇌ – 📺 ☎ ⭐ 🚗
   🅿 – 🔏 100. 🆎 ⑩ 🅴 VISA
   Menu à la carte 29/65 – **20 Z** 105/160 – ½ P 104/129.

🏨 **Seeblick** 🦢, Birkenallee, ✉ 49459, ℘ 9 95 80, Fax 1441, ≤, 🌳, ⇌, 🔲 – 📺 ☎ 🚗
   🅿 ⑩ 🅴 VISA. ⬥ Zim
   Menu (Nov.- April Freitag geschl.) à la carte 39/65 – **18 Z** 65/168 – ½ P 95.

🏨 **Strandlust** 🦢, Seestr. 1, ✉ 49459, ℘ 9 93 30, Fax 993344, ≤, 🌳, 🚁 – 📺 ☎ 🅿. 🆎 ⑩
   🅴 VISA. ⬥ Zim
   Nov.- Dez. 2 Wochen geschl. – **Menu** (Okt.- April Dienstag geschl.) à la carte 33/63 – **12 Z**
   80/180 – ½ P 90/135.

XXX ❀ **Landhaus Götker,** Tiemanns Hof 1, ✉ 49459, ℘ 12 57, Fax 1257, 🌳 – 🅿. 🆎 ⑩ VISA
   Montag, 2.- 18. Jan. und Okt. 2 Wochen geschl., Dienstag nur Abendessen – **Menu** (bemerkenswerte Weinkarte) 60/145 und à la carte 74/97
   Spez. Terrine von Dümmerhecht und zweierlei Aal, Wildentenbrust in der Haselnußkruste, Stipp-
   milch mit frischen Beeren.

EMFÖRDE Niedersachsen **411** **412** I 9. **987** ⑭ – 2 100 Ew – Höhe 44 m – ✆ 05443.
Hannover 126 – ◆Bremen 84 – ◆Osnabrück 36.

In Lemförde-Stemshorn SW : 2,5 km :

🏨 **Tiemann's Hotel,** An der Brücke 26, ✉ 49448, ℘ 5 38, Fax 2809, « Kleiner Garten,
   Terrasse » – 📺 ☎ 🚗 🅿 – 🔏 40. 🆎 ⑩ 🅴 VISA. ⬥
   Menu (Samstag nur Abendessen. Sonntag nur Mittagessen) à la carte 39/62 – **28 Z** 80/150.

LEMGO Nordrhein-Westfalen **411** **412** J 10. **987** ⑮ – 41 000 Ew – Höhe 98 m – ✆ 05261.
Sehenswert : Altstadt★ (Rathaus★★, Junkerhaus★).
Verkehrsamt, Papenstr. 7, ✉ 32657, ℘ 21 33 47.
Düsseldorf 198 – Bielefeld 29 – Detmold 12 – ◆Hannover 88.

🏨 **Lemgoer Hof,** Detmolder Weg 14 (B 238), ✉ 32657, ℘ 9 76 70, Fax 976720 – ☎ 🅿. 🆎
   ⑩ 🅴 VISA
   Weihnachten-Neujahr geschl. – **Menu** (Sonntag geschl.) (nur Abendessen) à la carte 31/48
   – **15 Z** 95/160.

XX **In der Neustadt,** Breite Str. 40, ✉ 32657, ℘ 52 19 – 🆎 ⑩ 🅴 VISA
   Donnerstag und Juli-Aug. 3 Wochen geschl. – **Menu** à la carte 33/58.

In Lemgo-Kirchheide N : 8 km :

🏨 **Im Borke,** Salzufler Str. 132, ✉ 32657, ℘ (05266) 16 91, Fax 1231, « Garten », ⇌, 🚁 –
   📳 📺 ☎ 🅿 – 🔏 80. 🅴. ⬥ Zim
   Menu (Mittwoch und Aug. 2 Wochen geschl.) à la carte 31/59 – **36 Z** 75/130.

In Lemgo-Matorf N : 5,5 km :

🏨 **Gasthof Hartmann - Hotel An der Ilse,** Vlothoer Str. 77, ✉ 32657, ℘ (05266) 80 90,
   Fax 1071, ⇌, 🔲, 🚁 🚗 🅿 – 🔏 50
   Menu (Feb. 2 Wochen geschl.) à la carte 29/63 – **48 Z** 65/105.

LENGENFELD (Vogtland) Sachsen **414** J 14, **984** ㉓, **987** ㉗ – 6 700 Ew – Höhe 387 m –
✆ 037606.
Fremdenverkehrsamt, Hauptstr. 1, ✉ 08485, ℘ 4 36 – ◆Dresden 126 – Plauen 26.

🏨 **Lengenfelder Hof,** Auerbacher Str.2, ✉ 08485, ℘ 8 70, Fax 2243, 🌳, ⇌ 📳 📺 ☎ 🅿
   – 🔏 120. 🆎 ⑩ 🅴 VISA
   Menu à la carte 21/42 – **51 Z** 95/250.

LENGERICH Nordrhein-Westfalen **411** **412** G 10. **987** ⑭ – 22 000 Ew – Höhe 80 m – ✆ 05481.
Städt. Verkehrsamt, Rathausplatz 1, ✉ 49525, ℘ 3 38 35.
Düsseldorf 173 – Bielefeld 57 – Münster (Westfalen) 39 – ◆Osnabrück 17.

🏨 **Zur Mühle,** Tecklenburger Str. 29, ✉ 49525, ℘ 63 15, Fax 1672 – 📺 ☎ 🚗 🅿. 🆎 ⑩
   🅴 VISA
   Menu à la carte 34/64 – **16 Z** 50/140.

🏠 **Heckmann,** Lienener Str. 35, ✉ 49525, ℘ 40 88, Fax 4088 – ☎ 🚗 🅿. 🅴
   15. Juli - 6. Aug. geschl. – **Menu** (Samstag, Sonn- und Feiertage geschl.) à la carte 27/54
   – **10 Z** 55/120.

XX **Römer,** Rathausplatz 5 (1. Etage), ✉ 49525, ℘ 3 78 50, 🌳 – 🆎 ⑩ 🅴 VISA. ⬥
   Samstag geschl. – **Menu** à la carte 23/58.

LENGGRIES Bayern **413** R 23, **987** ③, **426** G 5 – 8 600 Ew – Höhe 679 m – Luftkurort – Wintersport : 680/1 700 m ≰1 ≰19 ≰4 – ✪ 08042.

🖪 Verkehrsamt, Rathausplatz 1, ✉ 83661, 𝒫 50 08 20, Fax 500850.

♦München 60 – Bad Tölz 9 – Innsbruck 88.

🏨 **Arabella Brauneck-Hotel,** Münchner Str. 25, ✉ 83661, 𝒫 50 20, Fax 4224, ≤, Biergarten, ≦s – |≢| 📺 ☎ ⇔ 🅿 ☱ 🄴 🄰🄴 ⓞ 🄴 **VISA**. ⅋ Rest
Menu à la carte 36/57 – **105 Z** 139/199, 7 Suiten – ½ P 135/190.

🏠 **Alpenrose** garni, Brauneckstr. 1, ✉ 83661, 𝒫 80 61, Fax 5200, ≦s, ⅍ – ☎ 🅿. ⓞ 🄴
21 Z 66/120.

🏠 **Altwirt,** Marktstr. 13, ✉ 83661, 𝒫 80 85, Fax 5357, 🏤, ≦s – 📺 ☎ ⇔ 🅿
12. Nov.- 20. Dez. geschl. – Menu *(Montag - Dienstag geschl.)* à la carte 25/55 ⅃ – **21 Z** 55/110 – ½ P 62/77.

In Lenggries-Fleck S : 4 km :

🏠 **Alpengasthof Papyrer,** Fleck 5, ✉ 83661, 𝒫 24 67, Fax 4563, 🏤, ≦s, ⅍ – 📺 ☎ 🅿
– 🔬 15. 🄰🄴 ⓞ 🄴 **VISA**
Menu à la carte 28/52 – **20 Z** 78/128.

In Lenggries-Schlegeldorf NW : 5 km :

✕ **Schweizer Wirt,** (ehemaliger Bauernhof) ✉ 83661, 𝒫 89 02, Fax 3483, 🏤 – 🅿. 🄰🄴 ⓞ 🄴 **VISA**
Montag geschl., Dienstag nur Abendessen – Menu à la carte 33/74.

LENNESTADT Nordrhein-Westfalen **412** H 13, **987** ㉔ – 28 000 Ew – Höhe 285 m – ✪ 02723

🖪 Verkehrsamt, Rathaus, Helmut-Kumpf-Str. 25 (Altenhundem), ✉ 57368, 𝒫 60 88 01, Fax 608119.

♦Düsseldorf 130 – Meschede 48 – Olpe 19.

In Lennestadt-Altenhundem :

✕✕ **Cordial,** Hundemstr. 93 (B 236), ✉ 57368, 𝒫 56 33, 🏤 – 🅿. 🄴
Sonntag geschl. – Menu à la carte 33/62.

In Lennestadt-Bilstein SW : 6 km ab Altenhundem :

🏨 **Faerber-Luig,** Freiheit 42 (B 55), ✉ 57368, 𝒫 (02721) 8 00 08, Fax 82025, ≦s, 🔲 – |≢| 📺
🅿 – 🔬 80. ⓞ 🄴 **VISA**
Juli 2 Wochen geschl. – Menu à la carte 43/75 – **75 Z** 95/250 – ½ P 115/155.

In Lennestadt-Bonzel W : 9 km ab Altenhundem :

🏠 **Haus Kramer,** Bonzeler Str. 7, ✉ 57368, 𝒫 (02721) 9 84 20, Fax 984220, ≦s, 🔲, ⅍ –
⟵ ☎ 🅿. 🄰🄴 🄴. ⅋ Rest
23. Jan.- 6. Feb. geschl. – Menu *(Montag geschl.)* à la carte 24/47 – **27 Z** 60/114 – ½ P 73/76.

In Lennestadt-Gleierbrück O : 6 km ab Altenhundem :

🏠 **Pieper,** Gleierstr. 2, ✉ 57368, 𝒫 82 11, Fax 80217, ≦s, 🔲, ⅍ – |≢| 📺 ☎ 🅿. 🄰🄴 ⓞ 🄴
VISA. ⅋
Nov.- Dez. 3 Wochen geschl. – Menu *(Sonntag nur Mittagessen)* à la carte 29/55 – **21 Z** 65/150 – ½ P 83/93.

In Lennestadt-Kirchveischede SW : 7 km ab Altenhundem :

🏨 **Landhotel Laarmann,** Westfälische Str. 52 (B 55), ✉ 57368, 𝒫 (02721) 8 13 30,
Fax 81499, ≦s – 📺 ☎ 🅿 – 🔬 40. 🄰🄴 ⓞ 🄴 **VISA**
Menu à la carte 47/82 – **20 Z** 68/146.

In Lennestadt-Oedingen NO : 11 km ab Altenhundem :

🏠 **Haus Buckmann,** Rosenweg 10, ✉ 57368, 𝒫 (02725) 2 51, Fax 7340, 🏤, ≦s, ⅍ – 📺
☎ ⇔ 🅿. 🄰🄴 🄴 **VISA**. ⅋ Rest
Menu *(Mittwoch geschl.)* à la carte 37/74 – **12 Z** 62/130 – ½ P 85/90.

In Lennestadt-Saalhausen O : 8 km ab Altenhundem – Luftkurort :

🏨 **Haus Hilmeke** ⌂, Störmecke (O : 2 km), ✉ 57368, 𝒫 9 14 10, Fax 80016, ≤, 🏤, ≦s
🔲, ⅍ – |≢| 📺 ☎ ⇔ 🅿. ⅋ Zim
6. Nov.- 25. Dez. geschl. – Menu (Abendessen nur für Hausgäste) à la carte 34/59 – **27 Z** 88/172 – ½ P 75/125.

🏨 **Voss,** Winterberger Str. 36 (B 236), ✉ 57368, 𝒫 81 14, Fax 8287, ≦s, 🔲, ⅍ – |≢| 📺 🅿
⇔ 🅿. ⅋ Zim
Ende Nov.- 25. Dez. geschl. – Menu *(Mittwoch nur Mittagessen)* à la carte 33/63 – **19 Z** 70/175 – ½ P 95/113.

🏠 **Haus Rameil,** Winterberger Str. 49 (B 236), ✉ 57368, 𝒫 81 09, Fax 80104, 🏤, ≦s,
– |≢| ☎ 🅿. ⓞ 🄴 **VISA**
Okt.- Nov. 3 Wochen geschl. – Menu *(Montag geschl.)* à la carte 28/67 – **18 Z** 52/118 – ½ P 69/75.

548

LENNINGEN Baden-Württemberg **413** L 21 – 9 400 Ew – Höhe 530 m – Wintersport : 700/870 m ⚐3 – ✆ 07026.
•Stuttgart 44 – Reutlingen 27 – ◆Ulm (Donau) 66.

In Lenningen-Schopfloch :

✗ **Sommerberg,** Kreislerstr. 2, ⊠ 73252, ✆ 21 07, Fax 2388, ≤, 霜 – **Ɵ**. **E** **VISA**
Donnerstag-Freitag geschl. – **Menu** à la carte 30/58.

In Lenningen-Unterlenningen :

✗ **Lindenhof,** Kirchheimer Str. 29, ⊠ 73252, ✆ 29 30 – **Ɵ**
Montag nur Mittagessen, Dienstag sowie Feb.- März und Aug.- Sept. jeweils 3 Wochen geschl. – **Menu** à la carte 36/65 ⅄.

Dans ce guide
un même symbole, un même mot,
imprimé en noir ou en rouge, en maigre ou en gras,
n'ont pas tout à fait la même signification.
Lisez attentivement les pages explicatives.

LENZKIRCH Baden-Württemberg **413** H 23, **987** ㉟, **427** I 2 – 4 800 Ew – Höhe 810 m – Heilklimatischer Kurort – Wintersport : 800/1 192 m ⚐5 ⚐8 – ✆ 07653.
🛈 Kurverwaltung, Kurhaus am Kurpark, ⊠ 79853, ✆ 6 84 39, Fax 68420, in Saig : Rathaus, ⊠ 79853, ✆ 7 86, in Kappel : Rathaus, ⊠ 79853, ✆ 309.
•Stuttgart 158 – Donaueschingen 35 – ◆Freiburg im Breisgau 40 – Schaffhausen 50.

🏨 **Schwarzwaldhotel und Ferienpark Ruhbühl** 🌳 (O : 3 km, Richtung Bonndorf), ⊠ 79853, ✆ 68 60, Fax 686555, ≤, 霜, 全s, ◻, 燎, ✗ – ‖ 🔲 ☎ ⅙ ⇔ **Ɵ**. **ᴁ E** **VISA**
Ende Nov.- Mitte Dez. geschl. – **Menu** à la carte 32/63 – **35 Z** 120/260 – ½ P 135/155.

In Lenzkirch-Kappel NO : 3 km – Luftkurort :

🏨 **Zum Pfauen,** Mühlhaldenweg 1, ⊠ 79853, ✆ 7 88, Fax 6257, ≤, 霜, 全s, 燎 – ‖ 🔲 ☎
Ɵ ① **E**
Mitte Nov.- Mitte Dez. geschl. – **Menu** *(Montag geschl.)* à la carte 25/52 ⅄ – **25 Z** 50/105 – ½ P 63/85.

🏨 **Straub** (mit Gästehaus 全s), Neustädter Str. 3, ⊠ 79853, ✆ 2 22, Fax 9429, ≤, 燎 – ‖ ⅙
← ⇔ **Ɵ**
Mitte Nov.- Mitte Dez. geschl. – **Menu** *(Samstag geschl.)* à la carte 24/49 ⅄ – **35 Z** 44/140 – ½ P 67/90.

In Lenzkirch-Raitenbuch W : 4 km :

🏨 **Grüner Baum** 🌳, Raitenbucher Str. 17, ⊠ 79853, ✆ 2 63, Fax 466, ≤, 燎 – ← **Ɵ**
18. April - 1. Mai und Nov.- 18. Dez. geschl. – **Menu** *(Montag geschl.)* à la carte 28/53 ⅄ – **15 Z** 55/110 – ½ P 60/76.

In Lenzkirch-Saig NW : 7 km – Heilklimatischer Kurort :

🏨🏨 **Kur- und Sporthotel Saigerhöh** 🌳, ⊠ 79853, ✆ 68 50, Fax 741, ≤, 霜, Massage, ♨, ᵬ, 全s, ◻, 燎, ✗ (Halle) – ‖ ⅄ Zim 🔲 ⚎ ⇔ **Ɵ** – ▵ 90. **ᴁ ① E** **VISA** ✗ Rest
Menu à la carte 43/80 *(auch vegetarische Gerichte)* – **105 Z** 90/310, 16 Suiten – ½ P 125/200.

🏨🏨 **Ochsen** (Schwarzwaldgasthof a.d. 17. Jh.), Dorfplatz 1, ⊠ 79853, ✆ 7 35, Fax 6091, 全s, ◻, 燎, ✗ – ‖ ☎ ⇔ **Ɵ** **E** **VISA**
7. Nov.- 18. Dez. geschl. – **Menu** *(Dienstag geschl., Mittwoch nur Abendessen)* à la carte 28/61 – **35 Z** 76/194 – ½ P 89/122.

🏨🏨 **Hochfirst,** Dorfplatz 5, ⊠ 79853, ✆ 7 51, Fax 505, « Gartenterrasse », 全s, ◻, 燎 – 🔲 ☎ ⇔ **Ɵ**
24. April - 13. Mai und 2. Nov.- 20. Dez. geschl. – **Menu** *(Mittwoch nur Mittagessen, Donnerstag geschl.)* à la carte 30/60 ⅄ – **25 Z** 79/180 – ½ P 82/125.

🏨 **Sporthotel Sonnhalde** 🌳, Hochfirstweg 24, ⊠ 79853, ✆ 8 08, Fax 9511, ≤, 全s, ◻, 燎 – ☎ **Ɵ** – ▵ 60 – **35 Z**.

LEONBERG Baden-Württemberg **413** JK 20, **987** ㉟ – 45 000 Ew – Höhe 385 m – ✆ 07152.
🛈 Verkehrsverein, Römerstr. 110 (Stadthalle), ⊠ 71229, ✆ 7 30 22, Fax 204492.
◆Stuttgart 20 – Heilbronn 55 – Pforzheim 33 – Tübingen 43.

In Leonberg-Eltingen :

🏨🏨 **Hirsch** (mit Gästehäusern), Hindenburgstr. 1, ⊠ 71229, ✆ 4 30 71, Telex 7245714, Fax 73590, « Weinstube mit Innenhof », 全s – ‖ 🔲 ☎ **Ɵ** – ▵ 30. **ᴁ ① E** **VISA**
Menu à la carte 35/73 *(auch vegetarische Gerichte)* – **60 Z** 105/180.

🏨 **Kirchner,** Leonberger Str. 14, ⊠ 71229, ✆ 6 06 30, Fax 606360 – ‖ 🔲 ☎ **Ɵ** – ▵ 40.
ᴁ E **VISA**
Menu *(Samstag und Aug. - Sept. 3 Wochen geschl.)* à la carte 41/61 ⅄ – **37 Z** 105/175.

In Leonberg-Höfingen N : 4 km :

XX ❄ **Schloß Höfingen** mit Zim (Schloß a.d. 11. Jh.), Am Schloßberg 17, ⊠ 71229, ℘ 2 10 49
Fax 28141 – 📺 ☎ 🅿. 🆎 ⓪ 🅴 𝑉𝐼𝑆𝐴
Aug. 2 Wochen geschl. – Menu (Sonntag-Montag und Feiertage geschl.) à la carte 67/96
– **9 Z** 95/140
Spez. Langustinen im Strudelteig, Seeteufelmedaillons in Paprikasauce, Rinderbäckchen im Kar
toffelmantel mit Rotwein-Schalottensauce.

In Leonberg-Ramtel :

🏠 **Eiss,** Neue Ramtelstr. 28, ⊠ 71229, ℘ 2 00 41, Fax 42134, 🍽, 🍸 – ♦ ⇔ Zim 📺 ☎
⇔ 🅿 – 🔏 150. 🆎 ⓪ 🅴 𝑉𝐼𝑆𝐴 𝐽𝐶𝐵
Menu *(2.- 9. Jan. geschl.)* à la carte 39/76 – **83 Z** 160/280, 3 Suiten.

In Leonberg-Warmbronn SW : 6 km, über die B 295 :

X Grüner Baum, Büsnauer Str. 2, ⊠ 71229, ℘ 4 31 36 – 🅿.

In Renningen SW : 6,5 km :

🏠 **Walker,** Rutesheimer Str. 62, ⊠ 71272, ℘ (07159) 60 45, Fax 7455 – ♦ 📺 ☎ ⇔ – 🔏 35
🆎 ⓪ 🅴 𝑉𝐼𝑆𝐴. 🍽 Rest
Menu à la carte 41/74 – **23 Z** 145/215.

🏠 **Gästehaus am Kirchplatz** 🐾 garni, Kleine Gasse 6, ⊠ 71272, ℘ (07159) 60 78 – 📺 ☎
🅿. 🆎 🅴 𝑉𝐼𝑆𝐴
*Weihnachten - Anfang Jan. geschl. - **8 Z** 90/140.*

LEPPIN Sachsen-Anhalt siehe Arendsee.

LEUTERSHAUSEN Bayern 413 O 19. 987 ㉖ – 5 200 Ew – Höhe 420 m – ❄ 09823.
♦München 199 - Ansbach 12 - Rothenburg ob der Tauber 20 - ♦Würzburg 85.

🏕 **Neue Post,** Mühlweg 1, ⊠ 91578, ℘ 89 11, Fax 8268 – 🅿
↔ **Menu** *(Montag geschl.)* à la carte 19/49 👗 – **14 Z** 45/80.

LEUTKIRCH Baden-Württemberg 413 N 23. 987 ㊱, 426 C 5 – 20 000 Ew – Höhe 655 m –
❄ 07561.
🅱 Gästeamt, Gänsbühl 6, ⊠ 88299, ℘ 8 71 54, Fax 87186.
♦Stuttgart 171 - Bregenz 50 - Kempten (Allgäu) 31 - ♦Ulm (Donau) 79.

🏠 **Zum Rad,** Obere Vorstadtstr. 5, ⊠ 88299, ℘ 20 66, Fax 2067 – ☎ ⇔ 🅿
*Feb.- März 2 Wochen geschl. - **Menu** (Freitag geschl.)* à la carte 26/49 – **23 Z** 68/140.

In Leutkirch-Wuchzenhofen SO : 4,5 km :

X **Zur Rose,** Luttolsbergerstr. 7, ⊠ 88299, ℘ 25 41, Fax 70961, 🍽 – 🅿
*Mittwoch geschl., Montag - Freitag nur Abendessen – **Menu** à la carte 28/48.*

LEVERKUSEN Nordrhein-Westfalen 412 D 13. 987 ㉔ – 165 000 Ew – Höhe 45 m – ❄ 0214
🅱 Touristinformation im Stadthaus, Friedrich-Ebert-Platz 3, ⊠ 51373, ℘ 3 52 83 16.
ADAC, Dönhoffstr. 40, ⊠ 51373, ℘ (0221) 47 27 47, Fax 43724.
♦Düsseldorf 33 ① – ♦Köln 16 ⑥ – Wuppertal 41 ①.

Stadtplan siehe gegenüberliegende Seite

🏰 **Ramada,** Am Büchelter Hof 11, ⊠ 51373, ℘ 38 30, Telex 8510238, Fax 383800, 🍽, 🍸
🔲 – ♦ ⇔ Zim 🍽 📺 🅿 – 🔏 130. 🆎 ⓪ 🅴 𝑉𝐼𝑆𝐴. 🍽 Rest   AZ h
Menu à la carte 46/75 – **202 Z** 230/530.

🏠 **City Hotel** garni, Wiesdorfer Platz 8, ⊠ 51373, ℘ 4 20 46, Fax 43025 – ♦ ⇔ Zim 📺 ☎
– 🔏 20. 🆎 ⓪ 🅴 𝑉𝐼𝑆𝐴   AZ e
*23. Dez.- 3. Jan. geschl. - **71 Z** 170/315.*

XX **La Concorde,** Hardenbergstr. 71, ⊠ 51373, ℘ 6 39 38 – 🆎 ⓪ 🅴 𝑉𝐼𝑆𝐴   AY s
*Sonntag und Juli - Aug. 3 Wochen geschl., Samstag nur Abendessen – **Menu** à la carte
50/74.*

In Leverkusen-Fettehenne über ④ :

🏠 **Fettehenne** garni, Berliner Str. 40 (B 51), ⊠ 51377, ℘ 9 10 43, Fax 91045, 🔲, 🍴 – 📺
☎ ⇔ 🅿. 🅴 🍽
39 Z 80/160.

In Leverkusen-Küppersteg :

🏠 **Haus Janes** garni, Bismarckstr. 71, ⊠ 51373, ℘ 6 40 43, Fax 69642 – 📺 ☎ 🅿   AY a
31 Z 85/160.

XX **Haus am Park,** Bismarckstr. 186, ⊠ 51373, ℘ 4 63 70, Fax 49788 – 🅿. 🆎 ⓪ 🅴 𝑉𝐼𝑆𝐴
Menu à la carte 37/65 *(auch vegetarische Gerichte).*   AY u

LEVERKUSEN

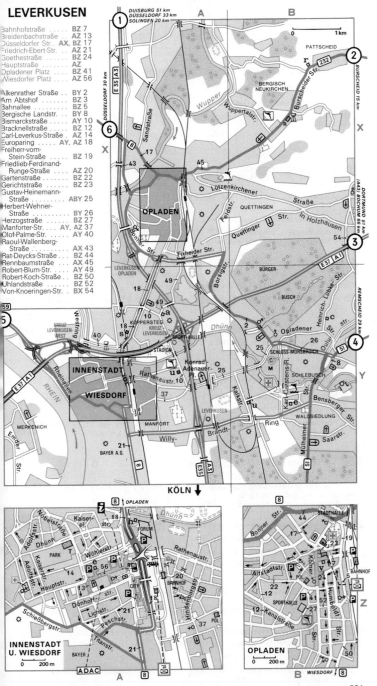

In Leverkusen-Manfort :

🏠 **Fück,** Kalkstr. 127, ✉ 51377, 𝄢 87 60 90, Fax 8760930 – 📺 ☎ ⇐⇒ ⊕. 🆎 **E** 𝗩𝗜𝗦𝗔 BY **u**
Menu *(Sonntag geschl.)* à la carte 31/60 – **20 Z** 90/160.

In Leverkusen-Opladen :

🏠 **Astor** garni, Bahnhofstr. 16, ✉ 51379, 𝄢 (02171) 71 20, Fax 71255 – 📺 ☎ ⇐⇒. 🆎 ⓪
E 𝗩𝗜𝗦𝗔   BZ **v**
17 Z 95/260.

In Leverkusen-Pattscheid :

🏠 **May-Hof,** Burscheider Str. 285 (B 232), ✉ 51381, 𝄢 (02171) 3 09 39, Fax 33872 – 📺 ☎
⊕. ⓪ **E** 𝗩𝗜𝗦𝗔   BX **r**
Juli-Aug. 2 Wochen und Ende Dez.- Anfang Jan. geschl. – **Menu** *(Montag geschl.)* à la carte
27/63 – **15 Z** 70/140.

In Leverkusen-Schlebusch :

🏠 **Rema-Hotel Atrium** garni (mit Gästehaus), Heinrich-Lübke-Str. 40, ✉ 51375, 𝄢 5 60 10,
Fax 56011, ⇔s – 📺 ☎ ⊕ – 🛦 35. 🆎 ⓪ **E** 𝗩𝗜𝗦𝗔   BY **c**
51 Z 150/300.

🏠 **Alscher** garni, Bogenstr. 1, ✉ 51375, 𝄢 5 59 11, Fax 505985 – 📺 ☎ ⊕   BY **e**
19 Z 70/160.

In Leverkusen-Steinbüchel über ④ :

✗ **Angerhausen,** Berliner Str. 270 (B 51), ✉ 51377, 𝄢 9 12 09, Fax 91918 – ⊕. 🆎 ⓪ **E** 𝗩𝗜𝗦𝗔
Montag geschl. – **Menu** à la carte 30/62.

LICH Hessen 412 413 J 15, 987 ㉕ – 12 500 Ew – Höhe 170 m – Erholungsort – ✆ 06404.
Ausflugsziel : Ehemaliges Kloster Arnsburg★ : Ruine der Kirche★ SW : 4 km.
♦Wiesbaden 87 – ♦Frankfurt am Main 59 – Gießen 13 – Bad Hersfeld 90.

🏠 **Café Bergfried** 🗻 garni, Kreuzweg 25, ✉ 35423, 𝄢 9 11 70, Fax 911755, ⇔s, 🌱 – ⟿
📺 ☎ ⊕. 🆎 **E** 𝗩𝗜𝗦𝗔
24 Z 85/150.

In Lich-Arnsburg SW : 4 km :

🏠 **Alte Klostermühle** 🗻, ✉ 35423, 𝄢 20 29, Fax 4867, 🌼, 🌱 – ⟿ Rest 📺 ☎ ⊕ – 🛦 30.
🆎 ⓪ 𝗩𝗜𝗦𝗔 ✂ Rest
Menu *(Montag geschl., Dienstag nur Abendessen)* à la carte 42/72 *(auch vegetarische
Gerichte)* – **25 Z** 89/220.

🏠 **Landhaus Klosterwald,** an der B 488, ✉ 35423, 𝄢 9 10 10, Fax 910134, 🌼, ⇔s – 🚪 📺
☎ 🛦 ⊕ – 🛦 80. 🆎 **E** 𝗩𝗜𝗦𝗔
Menu *(Montag geschl.)* à la carte 35/80 – **18 Z** 115/180.

In Lich-Eberstadt SW : 6 km :

🏠 **Pfaffenhof,** Butzbacher Str. 25, ✉ 35423, 𝄢 (06004) 6 29, Fax 530 – 📺 ☎ ⊕. **E**
Ende Dez.- Anfang Jan. geschl. – **Menu** *(Sonntag nur Mittagessen)* à la carte 28/56 – **17 Z**
45/130.

LICHTE Thüringen 414 F 14, 987 ㉖ – 2 300 Ew – Höhe 630 m – ✆ 036701.
Erfurt 88 – Coburg 48 – Suhl 43.

🏠 **Gasthof am Kleeberg,** Saalfelder Str. 115 (B 281), ✉ 98739, 𝄢 6 28 74, Fax 62828, Bier-
⟵ garten – 📺 ☎ ⇐⇒ ⊕. **E**
Menu à la carte 16/31 – **9 Z** 50/80.

LICHTENAU Baden-Württemberg 413 G 20, 242 ⑳ – 4 300 Ew – Höhe 129 m – ✆ 07227.
♦Stuttgart 122 – Baden-Baden 28 – Strasbourg 31.

In Lichtenau-Scherzheim S : 2,5 km :

🏠 **Zum Rössel** 🗻, Rösselstr. 6, ✉ 77839, 𝄢 9 59 50, Fax 959550, 🌼, 🌱 – 🚪 📺 ☎ ⊕.
🆎 **E** 𝗩𝗜𝗦𝗔
Menu *(Dienstag und Juli - Aug. 2 Wochen geschl.)* à la carte 31/63 🍷 – **15 Z** 74/120.

🏠 **Gasthaus Blume,** Landstr. 18 (B 36), ✉ 77839, 𝄢 83 42, Fax 8302, 🌼 – ⇐⇒ ⊕. 🆎 ⓪
⟵ **E** 𝗩𝗜𝗦𝗔
Jan. 3 Wochen geschl. – **Menu** *(Mittwoch geschl.)* à la carte 24/57 🍷 – **26 Z** 60/100.

LICHTENAU Nordrhein-Westfalen 411 412 J 12 – 9 200 Ew – Höhe 308 m – ✆ 05295.
♦Düsseldorf 186 – ♦Kassel 70 – Marburg 118 – Paderborn 17.

In Lichtenau-Atteln SW : 9 km :

🏠 Birkenhof, Zum Sauertal 36 (NO : 1 km), ✉ 33165, 𝄢 (05292) 5 70, 🌱 – ⊕
10 Z.

In Lichtenau-Herbram-Wald NO : 9 km :

🏨 **Hubertushof** ॐ, Hubertusweg 5, ⊠ 33165, ℰ (05259) 8 00 90, Fax 800999, 斎, ≦s, ⊠,
⋙ – ⊡ ☎ ❷ – 🔬 30. ⬛ ⊙ ⬛ ⬛
Menu à la carte 33/58 – **52 Z** 90/150.

🏨 **Waldpension Küchmeister** ॐ, Eggering 10, ⊠ 33165, ℰ (05259) 2 31, Fax 8330, ⋙
– ❷. ⋙ Rest
(Restaurant nur für Hausgäste) – **16 Z** 50/100.

In Lichtenau-Kleinenberg SO : 7 km :

XX **Landgasthof zur Niedermühle** ॐ mit Zim, Niedermühlenweg 7, ⊠ 33165,
ℰ (05647) 2 52, 斎 – ❷
Juli 2 Wochen geschl. – **Menu** *(Donnerstag geschl., Samstag nur Abendessen)* à la carte
33/68 – **5 Z** 50/145.

LICHTENBERG Bayern siehe Steben, Bad.

LICHTENBERG Sachsen siehe Pulsnitz.

LICHTENFELS Bayern ⬛⬛⬛ Q 16, ⬛⬛⬛ ㉖ – 21 000 Ew – Höhe 272 m – ✪ 09571.
Ausflugsziel : Wallfahrtskirche Vierzehnheiligen★★ (Nothelfer-Altar★★) S : 5 km.
🅱 Städt. Verkehrsamt, Marktplatz 1, ⊠ 96215, ℰ 79 52 21, Fax 795190.
◆München 268 – ◆Bamberg 33 – Bayreuth 53 – Coburg 19.

🏨 **Krone**, Robert-Koch-Str. 11, ⊠ 96215, ℰ 7 00 50, Fax 70065, 斎, ≦s – 🛗 ▤ Rest ⊡ ☎
🕭 ❷ – 🔬 70. ⬛ ⬛ ⬛
Menu à la carte 29/56 – **67 Z** 110/150 – ½ P 96/131.

🏨 **Preussischer Hof,** Bamberger Str. 30, ⊠ 96215, ℰ 50 15, Fax 2802, ≦s – 🛗 ⋙ Zim ⊡
☎ ❷ – 🔬 20. ⬛ ⬛ ⬛ ⬛. ⋙
24.- 30. Dez. geschl. – **Menu** *(Freitag und Juli 2 Wochen geschl.)* à la carte 22/56 🍸 – **40 Z**
76/124.

In Lichtenfels-Reundorf SW : 5 km :

🏨 **Müller** ॐ, Kloster-Banz-Str. 4, ⊠ 96215, ℰ 60 21, Fax 70947, ≦s, ⋙ – ☎ ❷.
⋙ Zim
Ende Okt.- Mitte Nov. geschl. – **Menu** *(Mittwoch-Donnerstag geschl.)* à la carte 21/35 🍸
– **45 Z** 47/84.

In Lichtenfels-Schney N : 2 km :

🏨 **Mainlust,** Lichtenfelser Weg 26, ⊠ 96215, ℰ 22 98, Fax 2298, ≤, 斎 – ⋙ ⊡ ❷.
⋙
Menu à la carte 23/40 – **13 Z** 65/160.

In Michelau NO : 5 km :

🏨 **Spitzenpfeil** ॐ, Alte Post 4 (beim Hallenbad), ⊠ 96247, ℰ (09571) 8 80 81, Fax 83630
– ⋙ ❷
Mitte - Ende Aug. und 24. Dez.- 6. Jan. geschl. – **Menu** *(Montag geschl.)* à la carte 19/34
🍸 – **21 Z** 48/106.

In Marktzeuln NO : 9 km :

🏨 **Mainblick** ॐ, Schwürbitzer Str. 25, ⊠ 96275, ℰ (09574) 30 33, Fax 4005, ≤, 斎, ≦s, ⋙
– ☎ ⋙ ❷
Menu à la carte 45/68 – **17 Z** 60/110.

LICHTENFELS Hessen ⬛⬛⬛ J 13 – 4 400 Ew – Höhe 420 m – Erholungsort – ✪ 05636.
◆Wiesbaden 175 – ◆Kassel 76 – Marburg 55.

In Lichtenfels-Fürstenberg :

🏨 **Zur Igelstadt,** Mittelstr. 2, ⊠ 35104, ℰ 12 76, Fax 8018, ≦s, ⊠, ⋙ – 🛗 ☎ ❷. ⬛ ⊙
⬛ ⬛
Menu *(Montag geschl.)* à la carte 20/36 – **31 Z** 75/100.

LICHTENSTEIN Baden-Württemberg 4⃞1⃞3⃞ K 21 – 8 200 Ew – Höhe 565 m – Wintersport : 700/820 m ≰4 ⤓3 – 🕙 07129.

♦Stuttgart 57 – Reutlingen 16 – Sigmaringen 48.

In Lichtenstein-Honau :

🏨 **Adler** (mit Gästehaus Herzog Ulrich [🍴]), Heerstr. 26 (B 312), ✉ 72805, ℘ 40 41, Fax 60220, 🍴, ⇌, – [🛗] ✦ 📺 ☎ 🅿 – 🦽 100 – **Menu** à la carte 34/67 🍴 – **56 Z** 85/200.

🏚 **Forellenhof Rössle,** Heerstr. 20 (B 312), ✉ 72805, ℘ 9 29 70, Fax 929750, 🍴 – ✦ Zim 📺 ☎ ⇌ 🅿
17.- 31. Jan. geschl. – **Menu** à la carte 34/60 – **13 Z** 60/130 – ½ P 80/85.

LIEBENZELL, BAD Baden-Württemberg 4⃞1⃞3⃞ IJ 20, 9⃞8⃞7⃞ ㉟ – 9 100 Ew – Höhe 321 m – Heilbad und Luftkurort – 🕙 07052.

🔒 Bad Liebenzell-Monakam, ℘ 15 74.

🅱 Kurverwaltung, Kurhausdamm 4, ✉ 75378, ℘ 40 80, Fax 408108.

♦Stuttgart 46 – Calw 7,5 – Pforzheim 19.

🏩 **Kronen-Hotel** 🕙, Badweg 7, ✉ 75378, ℘ 40 90, Fax 409420, 🍴, Massage, ⇌, 🔲, 🐎 – [🛗] 📺 🅿 – 🦽 40. 🍽
Menu 29/48 (mittags) und à la carte 54/90 – **43 Z** 117/276 – ½ P 137/175.

🏩 **Waldhotel-Post** 🕙, Hölderlinstr. 1, ✉ 75378, ℘ 40 70, Fax 40790, ≤, ⇌, 🔲 – [🛗] 📺 ⇌ 🅿 – 🦽 25. 🍽
8.- 29. Jan. geschl. – **Menu** à la carte 63/92 – **43 Z** 106/252 – ½ P 118/159.

🏨 **Ochsen,** Karlstr. 12, ✉ 75378, ℘ 20 74, Fax 2076, 🍴, ⇌, 🔲, 🐎 – [🛗] ✦ Rest 📺 ☎ 🅿 – 🦽 60. 🅰🅴 ⓞ 🅴 *VISA*
Menu à la carte 38/73 – **44 Z** 115/220 – ½ P 145/175.

🏚 **Am Bad-Wald** 🕙 garni, Reuchlinweg 19, ✉ 75378, ℘ 30 11, Fax 3014, ≤, ⇌, 🔲 – [🛗] ☎ ⇌ 🅴
35 Z 49/116.

🏚 **Schwarzwaldhotel Emendörfer** garni, Neuer Schulweg 4, ✉ 75378, ℘ 23 23, Fax 2076, ⇌, 🔲, 🐎 – [🛗] ☎ 🅿 – 🦽 20
Nov.- Dez. 2 Wochen geschl. – **20 Z** 55/170.

🏚 **Gästehaus Koch** garni, Sonnenweg 3, ✉ 75378, ℘ 13 06, Fax 3345, ⇌, 🐎 – ☎. 🍽
17 Z 50/95.

LIEBERTWOLKWITZ Sachsen siehe Leipzig.

LIEBSTADT Sachsen 4⃞1⃞4⃞ N 13 – 900 Ew – Höhe 365 m – 🕙 035025.

♦Dresden 30 – Chemnitz 100 – Bautzen 83.

🍴 **Stadtschänke** mit Zim, Pirnaer Str. 7, ✉ 01825, ℘ 5 02 54, 🍴 📺. 🍽 Zim
✦ **Menu** *(Montag geschl.)* à la carte 15/34 🍴 – **4 Z** 69/95.

LIEDERBACH AM TAUNUS Hessen 4⃞1⃞2⃞ 4⃞1⃞3⃞ I 16 – 7 300 Ew – Höhe 120 m – 🕙 069 (Frankfurt am Main).

♦Wiesbaden 23 – ♦Frankfurt am Main 15 – Limburg an der Lahn 51.

🏚 **Liederbacher Hof** garni, Höchster Str. 9 (Eingang Taunusstr.), ✉ 65835, ℘ 31 00 74, Fax 310075 – 📺 ☎ 🅿. ⓞ 🅴 *VISA*
20. Dez.- 6. Jan. geschl. – **20 Z** 120/260.

LIESER Rheinland-Pfalz 4⃞1⃞2⃞ E 17 – 1 400 Ew – Höhe 107 m – 🕙 06531 (Bernkastel-Kues).

Mainz 117 – Bernkastel-Kues 4 – ♦Trier 40 – Wittlich 14.

🏚 **Mehn zum Niederberg,** Moselstr. 2, ✉ 54470, ℘ 95 70, Fax 7926, ⇌ – 📺 ☎ 🅿. ⓞ 🅴 *VISA*
Mitte Dez. - Mitte Feb. geschl. – (Restaurant nur für Hausgäste) – **27 Z** 55/140, 9 Suiten.

In Maring-Noviand NW : 2 km :

🏚 **Weinhaus Liesertal,** Moselstr. 39 (Maring), ✉ 54484, ℘ (06535) 8 48, Fax 1245, 🍴, 🐎 – 📺 ☎ 🅿. 🅴 *VISA*
3. Jan.- 10. Feb. geschl. – **Menu** *(Nov.- März Montag - Dienstag geschl.)* à la carte 32/58 – **26 Z** 70/150.

LIETZOW Mecklenburg-Vorpommern siehe Rügen (Insel).

LILIENTHAL Niedersachsen siehe Bremen.

Baden-Württemberg 412 413 K 18 – 4 400 Ew – Höhe 385 m – Luftkurort – ✪ 06287.

◆Stuttgart 101 – Amorbach 22 – Heidelberg 57 – Heilbronn 47.

🏠 **Volk** ⌚, Baumgarten 3, ✉ 74838, ℘ 18 11, Fax 1488, 🍴, ⌂s, 🖂, 🚗 – 📺 ☎ 🅿 – 🔬 50. 🅰🅴 ⓞ 🅴 𝐕𝐈𝐒𝐀. ✄ Zim
Menu à la carte 36/64 ⌚ – **24 Z** 90/135.

In Limbach-Krumbach SW : 2 km :

🏡 **Engel**, Engelstr. 19, ✉ 74838, ℘ 7 01, Fax 704, 🍴, ⌂s, 🖂, 🚗 – 🅿. 🅴
⌚ – *Zur alten Scheune (wochentags nur Abendessen, Montag geschl.)* **Menu** à la carte 24/54 – **22 Z** 65/120.

Rheinland-Pfalz siehe Hachenburg.

Brandenburg siehe Cottbus.

Hessen 412 H 15, 987 ㉔ – 31 100 Ew – Höhe 118 m – ✪ 06431.
Sehenswert : Dom★ (Lage★★) A – Friedhofterrasse ≤★ – Diözesanmuseum★ A **M1.**
Ausflugsziel : Burg Runkel★ (Lage★★) O : 7 km.
🄸 Städt. Verkehrsamt, Hospitalstr. 2, ✉ 65549, ℘ 61 66, Fax 3293.
◆Wiesbaden 52 ② – ◆Frankfurt am Main 74 ② – Gießen 56 ① – ◆Koblenz 50 ④ – Siegen 70 ①.

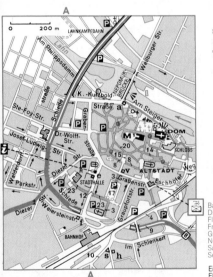

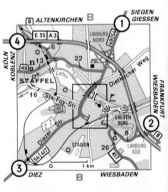

LIMBURG AN DER LAHN

Bahnhofstraße	A 3	Holzheimer Str. A 10
Diezer Straße	A	Hospitalstraße A 12
Fleischgasse	A 8	Koblenzer Str. B 13
Frankfurter Str.	AB 9	Kolpingstraße A 14
Grabenstraße	A	Kornmarkt A 15
Neumarkt	A 17	Limburger Weg B 16
Salzgasse	A 20	Verbindungsstr. B 22
Schiede	A	Werner-
		Senger-Straße A 23
Eisenbahnstr.	A 4	Wiesbadener
Elzer Straße	B 6	Straße B 26

🏨 **Romantik-Hotel Zimmermann**, Blumenröder Str. 1, ✉ 65549, ℘ 46 11, Fax 41314 – ✄ Zim 📺 ☎ 🅿. 🅰🅴 ⓞ 🅴 𝐕𝐈𝐒𝐀. ✄   A **h**
20. Dez.- 3. Jan. geschl. – (nur Abendessen für Hausgäste) – **30 Z** 135/295.

🏨 **Nassauer Hof**, Brückengasse 1, ✉ 65549, ℘ 2 50 50, Fax 25059, 🚲 – 📳 📺 ☎ 🕭 🅿 – 🔬 30. 🅰🅴 🅴 𝐕𝐈𝐒𝐀   A **a**
Menu à la carte 39/65 – **37 Z** 135/275.

🏨 **Dom-Hotel**, Grabenstr. 57, ✉ 65549, ℘ 2 40 77, Fax 6856 – 📳 ✄ Zim 📺 ☎ 🅿 – 🔬 40. 🅰🅴 ⓞ 🅴 𝐕𝐈𝐒𝐀. ✄ Rest   A **v**
Weihnachten - Anfang Jan. geschl. – **Menu** *(Sonntag nur Mittagessen)* à la carte 35/64 – **48 Z** 110/250.

🏠 **Martin** garni, Holzheimer Str. 2, ✉ 65549, ℘ 4 10 01, Fax 43185 – 📳 📺 ☎ 🚙 🅿. 🅰🅴 ⓞ 𝐕𝐈𝐒𝐀   A **s**
29 Z 86/150.

🏠 **Huss** garni, Bahnhofsplatz 3, ✉ 65549, ℘ 9 33 50, Fax 25136 – 📳 ☎ 🚙 🅿. 🅰🅴 ⓞ 🅴 𝐕𝐈𝐒𝐀   A **f**
32 Z 100/160.

✕ **St. Georgsstube**, Hospitalstr. 4 (Stadthalle), ✉ 65549, ℘ 2 60 27, Fax 22902 – ⌂ – 🔬 400   A **e**

In Limburg-Staffel NW : 3 km :

🏠 **Alt-Staffel,** Koblenzer Str. 56, ✉ 65556, ℘ 9 19 10, Fax 919191 – 📺 ☎ 🅿 🖭 🆔 🄴
VISA   B **n**
Menu *(Weihnachten - Anfang Jan. und Sonntag geschl., Montag nur Abendessen)* à la carte
25/52 🍴 – **16 Z** 75/145.

LINDAU IM BODENSEE Bayern 413 LM 24, 987 ③⑤ ③⑥, 427 AB 6 – 25 000 Ew – Höhe 400 m
– ✪ 08382.

Sehenswert : Hafen mit Römerschanze ⩽★ Z.

Ausflugsziel : Deutsche Alpenstraße★★★ (von Lindau bis Berchtesgaden).

⛳ Am Schönbühl 5 (über ①), ℘ 7 80 90 ; ⛳ Weißensberg (NO : 7 km über ①), ℘ (08389) 8 91 90.
🚗 ℘ 40 00.

🛈 Tourist-Information, am Hauptbahnhof, ✉ 88131, ℘ 2 60 00, Fax 260026.

◆München 180 ① – Bregenz 10 ② – Ravensburg 33 ③ – ◆Ulm (Donau) 123 ①.

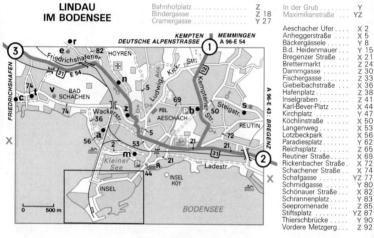

LINDAU
IM BODENSEE

Bahnhofplatz	Z
Bindergasse	Z 18
Cramergasse	Y 27

In der Grub	Y
Maximilianstraße	YZ

Aeschacher Ufer	X 2
Anheggerstraße	X 5
Bäckergässele	Y 8
B.d. Heidenmauer	Y 15
Bregenzer Straße	X 21
Brettermarkt	Z 24
Dammgasse	Z 30
Fischergasse	Z 33
Giebelbachstraße	X 36
Hafenplatz	Z 38
Inselgraben	Z 41
Karl-Bever-Platz	X 44
Kirchplatz	Y 47
Köchlinstraße	X 50
Langenweg	X 53
Lotzbeckpark	X 56
Paradiesplatz	Y 62
Reichsplatz	Z 65
Reutiner Straße	X 69
Rickenbacher Straße	X 72
Schachener Straße	X 74
Schafgasse	YZ 77
Schmidgasse	Y 80
Schönauer Straße	X 82
Schrannenplatz	Y 83
Seepromenade	Z 85
Stiftsplatz	YZ 87
Thierschbrücke	Y 90
Vordere Metzgerg	Z 92

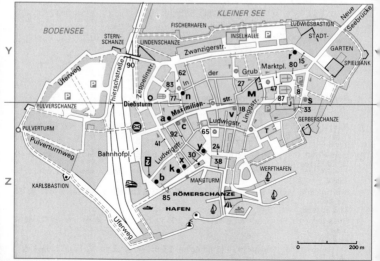

Auf der Insel :

🏨 **Bayerischer Hof,** Seepromenade, ⊠ 88131, 𝒫 50 55, Fax 5054, 🛱 (geheizt), 🐎 – |⊉| 📺
⇦ 🅟 – 🏛 300. ◑ 🖻 𝗩𝗜𝗦𝗔. ⅌   Z b
Ostern - Mitte Nov. – **Menu** à la carte 60/81 – **104 Z** 140/490.

🏨 **Reutemann - Seegarten** 🦢, Seepromenade, ⊠ 88131, 𝒫 50 55, Fax 5054,
« Terrasse mit ≤ », 🛱 (geheizt), 🐎 – |⊉| 📺 ⇦ 🅟 – 🏛 50. ◑ 🖻 𝗩𝗜𝗦𝗔   Z k
Menu à la carte 46/79 – **64 Z** 120/330.

🏨 **Lindauer Hof,** Seepromenade, ⊠ 88131, 𝒫 40 64, Fax 24203, ≤, 🍽 – |⊉| 📺 ⅙. 🖭 🖻
𝗩𝗜𝗦𝗔 – **Menu** à la carte 31/72 – **25 Z** 148/320 – ½ P 137/198.   Z y

🏨 **Helvetia** 🦢, Seepromenade, ⊠ 88131, 𝒫 40 02, Fax 4004, « Terrasse mit ≤ », ⇔s, 🔲
– |⊉| ⅙⅔ Zim 📺 ☎. 🖭 ◑ 🖻 𝗩𝗜𝗦𝗔   Z x
Mitte März - Mitte Okt. – **Menu** à la carte 36/56 – **42 Z** 140/340.

🏠 **Insel-Hotel** 🦢, garni, Maximilianstr. 42, ⊠ 88131, 𝒫 50 17, Fax 6756 – |⊉| ⅙⅔ 📺 ☎ ⇦.
🖭 ◑ 🖻 𝗩𝗜𝗦𝗔 – **28 Z** 98/178.   Z a

🏠 **Peterhof** garni, Schafgasse 10, ⊠ 88131, 𝒫 9 32 20, Fax 932219 – |⊉| 📺 ☎. 🖭 ◑ 🖻
𝗩𝗜𝗦𝗔   Y n
April - Okt. – **20 Z** 90/260.

🏠 **Brugger** garni, Bei der Heidenmauer 11, ⊠ 88131, 𝒫 60 86, Fax 4133 – 📺 ☎. 🖭 ◑ 🖻
𝗩𝗜𝗦𝗔. ⅌ – **21 Z** 75/170.   Y r

🍴 **Weinstube Frey** (Gasthaus a.d.J. 1560), Maximilianstr. 15 (1. Etage), ⊠ 88131, 𝒫 52 78,
Fax 4718, 🍽 – 🖻   Z c
Sonntag geschl. – **Menu** à la carte 32/60.

🍴 **Alte Post** mit Zim, Fischergasse 3, ⊠ 88131, 𝒫 62 95, Fax 23787 – 📺 ☎   Y s
Menu à la carte 27/52 *(auch vegetarische Gerichte)* – **12 Z** 80/150.

🍴 **Zum Sünfzen,** Maximilianstr. 1, ⊠ 88131, 𝒫 58 65, Fax 4951, 🍽 – 🖭 🖻 𝗩𝗜𝗦𝗔   Z v
17. Jan.- Feb. geschl. – **Menu** à la carte 29/66.

In Lindau-Aeschach :

🏠 **Garni,** Friedrichshafener Str. 19, ⊠ 88131, 𝒫 9 30 70, Fax 930740 – 📺 ☎ ⇦ 🅟. 🖭 ◑
🖻 𝗩𝗜𝗦𝗔. ⅌ – **18 Z** 85/185.   X z

🏠 **Am Holdereggenpark,** Giebelbachstr. 1, ⊠ 88131, 𝒫 60 66, Fax 5679 – 📺 ☎ ⇦ 🅟. 🖻
Mai - Mitte Okt. – (nur Abendessen für Hausgäste) – **29 Z** 88/168.   X a

🏠 **Toscana** garni, Am Aeschacher Ufer 14, ⊠ 88131, 𝒫 31 31, 🐎 – ☎ ⇦ 🅟   X m
Jan.- Feb. geschl. – **22 Z** 78/140.

In Lindau - Hoyren :

🏨 **Villino** 🦢, Hoyerberg 34, ⊠ 88131, 𝒫 50 22, Fax 64 40, « Gartenterrasse », 🐎 – 📺 ☎
🅟. ⇦ 🅟 – 🖻   X r
Jan. 3 Wochen geschl. – **Menu** *(Montag geschl.)* (nur Abendessen, Tischbestellung ratsam)
à la carte 76/91 – **12 Z** 140/320.

🏠 **Schöngarten** garni, Schöngartenstr. 15, ⊠ 88131, 𝒫 2 50 30, Fax 6971, ⇔s, 🐎 – |⊉| 📺
☎ ⅙. ⇦ 🅟. ◑ 🖻 𝗩𝗜𝗦𝗔 – **12 Z** 85/150.   X n

🍴🍴 ✿ **Hoyerberg Schlössle,** Hoyerbergstr. 64 (auf dem Hoyerberg), ⊠ 88131, 𝒫 2 52 95,
Fax 1837, « Terrasse mit ≤ Bodensee und Alpen » – 🅟. ◑ 🖻 𝗩𝗜𝗦𝗔   X e
Dienstag nur Abendessen, Montag und Feb. geschl. – **Menu** (Tischbestellung ratsam,
bemerkenswerte Weinkarte) 98/158 und à la carte 75/104
Spez. Hummermedaillons mit Gemüsevinaigrette, Zanderfilet mit Weißbrotkruste und Chablis-
sauce, Rehrücken mit Pfifferlingen.

In Lindau-Reutin :

🏨 **Reulein** 🦢 garni, Steigstr. 28, ⊠ 88131, 𝒫 7 90 99, Fax 75262, ≤, 🐎 – |⊉| 📺 ☎ 🅟. 🖭
◑ 🖻 𝗩𝗜𝗦𝗔   X s
23. Dez.- Jan. geschl. – **26 Z** 110/230.

🏠 **Köchlin** (ehemaliges Zollhaus), Kemptener Str. 41, ⊠ 88131, 𝒫 7 90 37, Fax 75367, Biergarten – ⅙⅔ Rest 📺 ☎ 🅟. 🖭 ◑ 🖻 𝗩𝗜𝗦𝗔   X b
Nov. und März jeweils 2 Wochen geschl. – **Menu** *(Montag geschl.)* à la carte 30/53 ⅛ –
21 Z 65/126.

🍴 **Brauereigasthof Steig** mit Zim, Steigstr. 31, ⊠ 88131, 𝒫 7 80 66, Fax 78066, Biergarten
– ☎ 🅟 – **Menu** *(Donnerstag geschl.)* à la carte 33/70 – **10 Z** 70/140.   X s

In Lindau-Bad Schachen :

🏠 **Lindenhof** 🦢, Dennenmoosstr. 3, ⊠ 88131, 𝒫 40 75, Fax 4077, ⇔s, 🔲, 🐎 – 📺 ☎ 🅟. ⅌
Ende März - Anfang Nov. – (nur Abendessen für Hausgäste) – **18 Z** 92/220.   X c

🏠 **Parkhotel Eden** 🦢 garni, Schachener Str. 143, ⊠ 88131, 𝒫 58 16, Fax 23730 – |⊉| 📺
☎ 🅟. 🖭 ◑ 🖻 𝗩𝗜𝗦𝗔   X t
Mitte März - Okt. – **26 Z** 90/180.

🍴🍴 **Schachener Hof** 🦢 mit Zim, Schachener Str. 76, ⊠ 88131, 𝒫 31 16, Fax 5495, 🍽 – 📺
🅟. 🖻   X v
Jan.- Mitte Feb. und Nov. 1 Woche geschl. – **Menu** *(Dienstag - Mittwoch geschl.)* (wochen-
tags nur Abendessen) à la carte 53/83 – **6 Z** 100/180.

In Hergensweiler - Stockenweiler NO : 12 km über ① :

ＸＸ ✿ **Stockenweiler,** an der B 12, ✉ 88138, ℰ (08388) 2 43 – **ℙ**. 凰 ⓄＤ Ｅ
Mittwoch - Donnerstag, 15.- 31. Jan. und 16.- 30. Juni geschl. – **Menu** *(nur Abendessen,*
Tischbestellung ratsam) 90/95 und à la carte 74/86
Spez. Kalbskopf mit frischen Kapern und Kartoffelsalat, Allgäuer Krebse mit Hechtklößchen und
Basilikumbutter, Gefülltes Rehmedaillon mit Kohlrabigemüse.

Siehe auch : *Bregenz* (Österreich)

LINDBERG Bayern siehe Zwiesel.

LINDENBERG Rheinland-Pfalz siehe Lambrecht.

LINDENBERG IM ALLGÄU Bayern 4⎮1⎮3 M 24, 9⎮8⎮7 ③⑥, 4⎮2⎮7 N 3 – 11 000 Ew – Höhe 800 m
– Höhenluftkurort – ✿ 08381.

🛈 Städt. Verkehrsamt, im Rathaus, Stadtplatz 1, ✉ 88161, ℰ 8 03 24, Fax 80388.
♦München 174 – Bregenz 24 – Kempten (Allgäu) 56 – Ravensburg 36.

An der Deutschen Alpenstraße O : 2 km :

🏠 **Alpengasthof Bavaria,** Manzen 8, ✉ 88161 Lindenberg, ℰ 13 26, Fax 84317, ≤ Allgäuer
Berge, 🐝, 🔟 (geheizt), 🌳 – 📺 ☎ 🚗 **ℙ**
27. Jan.- 25. Feb. geschl. – **Menu** *(Freitag geschl.)* à la carte 25/44 – **17 Z** 60/110.

LINDENFELS Hessen 4⎮1⎮2 4⎮1⎮3 J 17 – 5 500 Ew – Höhe 364 m – Heilklimatischer Kurort –
✿ 06255.

🛈 Kurverwaltung im Rathaus, Burgstr. 39, ✉ 64678, ℰ 24 25, Fax 2780.
♦Wiesbaden 86 – ♦Darmstadt 46 – ♦Mannheim 42.

🏠 **Waldschlösschen,** Nibelungenstr. 102, ✉ 64678, ℰ 24 60, Fax 2016, 🐝 – ☎ 🚗 **ℙ**
Feb. 3 Wochen und Nov. geschl. – **Menu** *(Montag geschl.)* à la carte 37/67 – **13 Z** 63/120
– ½ P 65/74.

🏠 **Hessisches Haus** 🐌, Burgstr. 32, ✉ 64678, ℰ 24 05, Fax 3667, 🐝 – |❖| **ℙ** – 🅰️ 50. 凰
Ｅ 𝘝𝘐𝘚𝘈
Nov. geschl. – **Menu** *(Jan.- April Samstag und Mai - Dez. Mittwoch geschl.)* à la carte 31/57
– **24 Z** 65/105.

🍴 **Altes Rauch'sches Haus** 🐌, Burgstr. 31, ✉ 64678, ℰ 5 21, 🐝 – 🚗
Mitte Jan.- Ende Feb. geschl. – **Menu** *(Dienstag geschl.)* à la carte 23/49 – **14 Z** 44/94 – ½
P 57/62.

In Lindenfels-Kolmbach NW : 4 km :

🏠 **Buchenhof,** Winterkastener Weg 10, ✉ 64678, ℰ (06254) 8 33, Fax 836, ≤, 🌳 – 📺 ☎
ℙ. Ｅ
Mitte Jan. - Mitte Feb. geschl. – **Menu** *(Montag geschl.)* à la carte 28/73 – **14 Z** 75/120.

In Lindenfels-Winkel NW : 3 km :

🏠 **Wiesengrund** 🐌, Talstr. 3, ✉ 64678, ℰ 28 77, Fax 3469, 🐝, 🐝, 🖾, 🌳 – 📺 ☎ 🚗
🍴 **ℙ** – 🅰️ 50. ⓄＤ Ｅ 𝘝𝘐𝘚𝘈
Mitte Jan.- Anfang Feb. geschl. – **Menu** *(Montag geschl.)* à la carte 22/51 🍴 – **39 Z** 65/130.

In Lindenfels-Winterkasten N : 6 km :

🏠 **Landhaus Sonne** 🐌 garni, Bismarckturmstr. 24, ✉ 64678, ℰ 25 23, ≤, 🐝, 🖾, 🌳 –
. 📺 ☎ **ℙ**. Ｅ
10 Z 64/160.

LINDENTHAL-BREITENFELD Sachsen siehe Leipzig.

LINDLAR Nordrhein-Westfalen 4⎮1⎮2 F 13 – 20 300 Ew – Höhe 246 m – ✿ 02266.
🐝 Schloß Georghausen (SW : 8 km), ℰ (02207) 49 38.
🛈 Verkehrsamt, Borromäusstr. 1 (Rathaus), ✉ 51789, ℰ 9 64 07, Fax 8867.
♦Düsseldorf 78 – Gummersbach 25 – ♦Köln 41 – Wipperfürth 13.

🏠 **Zum Holländer,** Kölner Str. 6, ✉ 51789, ℰ 66 05, Fax 44388 – 📺 ☎ **ℙ** – 🅰️ 30. Ｅ 𝘝𝘐𝘚𝘈
ＪＣＢ
Juli-Aug. 3 Wochen geschl. – **Menu** *(Sonntag nur Mittagessen)* à la carte 30/62 – **12 Z**
90/140.

🏠 **Lintlo** garni, Hauptstr. 5, ✉ 51789, ℰ 62 40, Fax 44566 – ☎ 🚗 **ℙ**. Ｅ. 🛇
15 Z 80/110.

In Lindlar-Kapellensüng N : 5 km :

🍴 **Landhotel Schulte** 🐌, Anton-Esser-Str. 41, ✉ 51789, ℰ 65 65, Fax 45450, 🌳 – **ℙ**. 🛇
Ende Juli - Mitte Aug. geschl. – **Menu** *(Donnerstag geschl.)* à la carte 27/48 – **11 Z** 60/110.

LINDOW Brandenburg 🔲 K 7, 🔲 ⑪, 🔲 ⑰ – 2 700 Ew – Höhe 48 m – ✿ 033933.
Potsdam 110 – ◆Berlin 77 – Eberswalde 76.

🏠 **Am Wutzsee,** Straße des Friedens 33, ⊠ 16835, ℰ 7 02 20, Fax 70220, 🏤 – 📺 ☎ 🅿.
◆ 🆎 🅴 𝘝𝘐𝘚𝘈 – **Menu** à la carte 20/38 – **19 Z** 94/162.

✗ **Krone** mit Zim, Straße des Friedens 11, ⊠ 16835, ℰ 7 05 38, Fax 70313, 🏤 – 📺 ☎ 🅿.
◆ 🆎 🅴 𝘝𝘐𝘚𝘈. ✦
Menu à la carte 24/45 – **6 Z** 70/150.

LINGEN Niedersachsen 🔲 E 9, 🔲 ⑭, 🔲 M 4 – 52 000 Ew – Höhe 33 m – ✿ 0591.
🇫 Altenlingen, Gut Beversundern, ℰ (0591) 6 38 37.
🇧 Städt. Verkehrsbüro, Rathaus, Elisabethstr. 14, ⊠ 49808, ℰ 8 23 35.
◆Hannover 204 – ◆Bremen 135 – Enschede 47 – ◆Osnabrück 65.

🏨 **Parkhotel,** Marienstr. 29, ⊠ 49808, ℰ 91 21 60, Fax 54455, 🏤, 🆒 – 🛗 📺 ☎ 🅿 – 🔺 100.
🆎 🅾 🅴 𝘝𝘐𝘚𝘈
Menu à la carte 38/80 – **31 Z** 100/180.

🏨 Altes Landhaus, Lindenstr. 45, ⊠ 49808, ℰ 80 40 90, Fax 59134 – 📺 ☎ 🅿 – **23 Z**.

🏨 **Van Olfen** garni, Frerener Str. 4, ⊠ 49809, ℰ 41 94, Fax 59052 – 📺 ☎ 🚗 🅿. 🆎 🅾
🅴 𝘝𝘐𝘚𝘈
Weihnachten - Anfang Jan. geschl. – **21 Z** 74/128.

✗✗✗ ⚙ **Altes Forsthaus Beck,** Georgstr. 22, ⊠ 49809, ℰ 37 98, « Ständige
Kunstausstellung » – 🅿. 🆎 🅴. ✦
Montag geschl. – **Menu** (nur Abendessen, Feiertage auch Mittagessen) 60/143 (auch vege-
tarisches Menu)
Spez. Meeresfrüchte mit Zitronenmelisse, Emsländer Entenbrust mit Essig-Holundersauce, Mas-
carpone-Parfait mit Waldbeeren.

In Lingen-Darme S : 4,5 km :

🏠 **Am Wasserfall** 🍃, Hanekenfähr, ⊠ 49808, ℰ 80 90, Fax 2278, ≤, 🏤 – 🛗 📺 ☎ 🅿 –
🔺 150. 🆎 🅾 🅴 𝘝𝘐𝘚𝘈
Menu à la carte 47/71 – **62 Z** 74/150.

In Lingen-Schepsdorf SW : 3 km :

🏠 **Hubertushof,** Nordhorner Str. 18, ⊠ 49808, ℰ 9 12 92, Fax 9129290, 🏤, 🌳 – 📺 ☎ 🚗
🅿 – 🔺 40. 🅾 🅴 𝘝𝘐𝘚𝘈. ✦
Menu à la carte 32/65 – **39 Z** 80/160.

LINKENHEIM-HOCHSTETTEN Baden-Württemberg 🔲 🔲 I 19 – 10 000 Ew – Höhe 109 m
– ✿ 07247.
◆Stuttgart 102 – Karlsruhe 15.

Im Ortsteil Linkenheim :

♙ **Löwen,** Karlsruher Str. 17, ⊠ 76351, ℰ 56 81 – 🅿. 🅴
Menu (Samstag geschl., Sonntag nur Mittagessen) à la carte 26/55 ⅛ – **14 Z** 52/90.

LINNICH Nordrhein-Westfalen 🔲 B 14, 🔲 L 3 – 13 000 Ew – Höhe 67 m – ✿ 02462.
◆Düsseldorf 59 – ◆Aachen 27 – ◆Köln 76.

✗✗ **Rheinischer Hof,** Rurstr. 21, ⊠ 52441, ℰ 10 32, Fax 7137 – 🅾 🅴 𝘝𝘐𝘚𝘈
Montag-Dienstag und Juli-Aug. 3 Wochen geschl. – **Menu** à la carte 43/68.

✗✗ **Waldrestraurant Ivenhain,** Ivenhain 1 (O : 1 km), ⊠ 52441, ℰ 63 19, Fax 6419 – 🅿. 🅾
🅴 𝘝𝘐𝘚𝘈. ✦
Donnerstag, Aug. 3 Wochen und 24.- 31. Dez. geschl. – **Menu** à la carte 37/72.

LINSENGERICHT Hessen siehe Gelnhausen.

LINZ AM RHEIN Rheinland-Pfalz 🔲 E 15 – 6 000 Ew – Höhe 60 m – ✿ 02644.
🇧 Verkehrsamt, Rathaus, Marktplatz, ⊠ 53545, ℰ 25 26, Fax 5801.
Mainz 131 – ◆Bonn 28 – ◆Koblenz 40.

🏠 Haus Bucheneck, Linzhausenstr. 1, ⊠ 53545, ℰ 94 20, Fax 942155, 🏤 – 📺 ☎ – **18 Z**.

🏠 **Café Weiß** garni, Mittelstr. 7, ⊠ 53545, ℰ 70 81, Fax 5134 – 🛗 📺 ☎
8 Z 100/150.

LIPPETAL Nordrhein-Westfalen 🔲 🔲 H 11 – 11 000 Ew – Höhe 64 m – ✿ 02923.
◆Düsseldorf 131 – Dortmund 62 – Paderborn 47 – Soest 16.

In Lippetal-Lippborg :

✗ **Gasthof Willenbrink** mit Zim, Hauptstr. 10, ⊠ 59510, ℰ (02527) 2 08 – 📺 ☎ 🅿. 🅴.
✦ Zim
Mitte Juli - Mitte Aug. und 23. Dez.- 8. Jan. geschl. – **Menu** (Montag und Feiertage geschl.)
(nur Abendessen) à la carte 39/62 – **6 Z** 75/120.

LIPPSPRINGE, BAD Nordrhein-Westfalen 411 412 J 11, 987 ⑮ – 13 000 Ew – Höhe 123 m – Heilbad – Heilklimatischer Kurort – ✆ 05252.

🛼 🛼 Sennelager, ✆ 33 74.

🛈 Verkehrsbüro, Friedrich-Wilhelm-Weber-Platz 33, ✉ 33175, ✆ 5 03 03.

◆Düsseldorf 179 – Detmold 18 – ◆Hannover 103 – Paderborn 9.

🏨 **Parkhotel** ⚭, Peter-Hartmann-Allee 4, ✉ 33175, ✆ 20 10, Fax 201111, ☎, ☒ – 🛗
↳ Zim 🆃 🅿 – 🛡 120. 🌐 ⓞ ⋵ 𝒱𝐼𝒮𝒜. ✻ Rest
Menu à la carte 43/72 – **100 Z** 167/252.

🏨 **Gästehaus Scherf** ⚭ garni, Arminiusstr. 23, ✉ 33175, ✆ 20 40, Fax 20488, ☎, ☒, ⇌
– 🛗 🆃 ☎ 🅿. 🌐 ⋵
28 Z 70/170.

🏩 **Zimmermann** garni, Detmolder Str. 180, ✉ 33175, ✆ 5 00 61, Fax 930727 – 🛗 ☎ ⟷
🅿. ✻
22. Dez.- 10. Jan. geschl. – **23 Z** 65/125.

LIPPSTADT Nordrhein-Westfalen 411 412 HI 11, 987 ⑭ – 64 000 Ew – Höhe 77 m – ✆ 02941.
⋙ bei Büren-Ahden, SO : 17 km über Geseke, ✆ (02955) 7 70.

🛈 Stadtinformation, Rathaus, Lange Str. 14, ✉ 59555, ✆ 5 85 15, Fax 79717.

🛈 Kurverwaltung, Bad Waldliesborn, Quellenstr. 60, ✉ 59559, ✆ 80 00.

◆Düsseldorf 142 – Bielefeld 52 – Meschede 43 – Paderborn 31.

🏨 **Lippischer Hof**, Cappelstr. 3, ✉ 59555, ✆ 9 72 20, Fax 9722499 – 🛗 🆃 ☎ ⅙ ⟷ – 🛡 80.
🌐 ⓞ ⋵ 𝒱𝐼𝒮𝒜
Menu *(Samstag - Sonntag geschl.)* (nur Abendessen) à la carte 29/52 – **49 Z** 130/145.

✗✗ **Drei Kronen** mit Zim, Marktstr. 2, ✉ 59555, ✆ 31 18, Fax 59557 – 🆃 ☎ 🅿 – 🛡 50. 🌐
ⓞ ⋵ 𝒱𝐼𝒮𝒜
Menu *(Montag geschl.)* à la carte 46/73 – **9 Z** 98/185.

In Lippstadt-Bad Waldliesborn N : 5 km :

🏨 **Kurhotel Provinzial**, Im Eichholz 1, ✉ 59556, ✆ 95 50, Fax 955455, ㊂, ☎ – 🛗 🆃 ☎
🅿 – 🛡 60. 🌐 ⋵
Menu à la carte 36/75 – **69 Z** 110/195 – ½ P 110/145.

🏨 **Jonathan**, Parkstr. 13, ✉ 59556, ✆ 88 80, Fax 82310, ㊂ – 🆃 ☎ 🅿 – 🛡 60. 🌐 ⓞ ⋵ 𝒱𝐼𝒮𝒜
Menu *(Montag nur Abendessen)* à la carte 32/55 – **45** 98/170.

🏨 **Klusenhof**, Klusestr. 1, ✉ 59556, ✆ 9 40 50, Fax 940522, ㊂ – 🛗 ↳ Zim 🆃 ☎ ⅙ ⟷
🅿. ⋵. ✻ Rest
Menu à la carte 32/50 – **15 Z** 95/250.

🏩 **Parkhotel Ortkemper** ⚭, Im Kreuzkamp 10, ✉ 59556, ✆ 88 20, Fax 88240 – 🛗 ☎ ⅙
🅿 – 🛡 30
Menu *(Sonntag nur Mittagessen)* à la carte 29/51 – **40 Z** 70/130.

🏩 **Hubertushof**, Holzstr. 8, ✉ 59556, ✆ 85 40, Fax 82585 – ⟷ 🅿. ✻ Zim
20. Dez.- 15. Jan. geschl. – **Menu** *(Sonntag nur Mittagessen, Montag geschl.)* à la carte
28/56 – **14 Z** 80/150.

LIST Schleswig-Holstein siehe Sylt (Insel).

LOBENSTEIN Thüringen 413 R 15, 414 G 14, 984 ㉗, 987 ㉖ ㉗ – 7 500 Ew – Höhe 560 m
– ✆ 036651.

🛈 Fremdenverkehrsamt, Graben 18, ✉ 07356, ✆ 25 43, Fax 2543.

Erfurt 143 – Hof 33 – Plauen 55.

🏩' **Oberland**, Topfmarkt 2, ✉ 07356, ✆ 24 94, Fax 2577, ㊂, ☎ – 🛗 ↳ Zim 🆃 ☎ ⅙. 🌐
◆ ⓞ ⋵ 𝒱𝐼𝒮𝒜. ✻ Rest
Menu à la carte 23/49 – **19 Z** 80/160.

🏩 **Markt-Stuben**, Markt 24, ✉ 07356, ✆ 24 88, Fax 30025 – 🆃 ☎ – 🛡 40. 🌐 ⓞ ⋵ 𝒱𝐼𝒮𝒜
◆ **Menu** à la carte 20/38 ⅊ – **10 Z** 75/150.

In Ebersdorf N : 3 km :

🏠 **Zur Krone**, Krankenhausstr. 2, ✉ 07368, ✆ (036651) 8 70 41, Fax 87041, Biergarten, ☎,
◆ ☒ – ☎ ⟷. 🌐 ⓞ ⋵ 𝒱𝐼𝒮𝒜. ✻ Zim
Menu à la carte 17/30 ⅊ – **17 Z** 55/90.

LOCHAU Österreich siehe Bregenz.

LÖBAU Sachsen 414 Q 12, 984 ⑳, 987 ⑱ – 18 000 Ew – Höhe 260 m – ✆ 03585.

◆Dresden 84 – Bautzen 21 – Görlitz 24.

🏨 Kaiserhof, Breitscheidstr. 2, ✉ 02708, ✆ 37 02 (Hotel) 8 25 31 (Rest.), Fax 3705 – 🆃 ☎
🅿 – **23 Z**.

🏩 **Stadt Löbau**, Elisenstr. 1, ✉ 02708, ✆ 36 21, Fax 3622 – 🆃 ☎
◆ **Menu** à la carte 22/39 – **35 Z** 95/150.

In Friedersdorf SW : 12 km :

🏛 **Am Wacheberg,** Hauptstr. 29 (B 96), ⊠ 02742, ℘ (035872) 21 35, Fax 2137, 🛋, 🍴s –
➡ 📺 ☎ 🅿 – 🔥 30. 🅰🅴 🄴
Menu à la carte 15/35 – **16 Z** 80/160.

In Eibau S : 13 km :

🏛 **Landgasthof zum Hirsch,** Haupstr. 118 (B 96), ⊠ 02739, ℘ (03586) 70 23 92, Fax 702392
➡ – 📺 ☎ 🅿. 🅰🅴 🄴 VISA. 🍴 Zim
Menu à la carte 18/43 🍷 – **13 Z** 85/140.

LÖF Rheinland-Pfalz **4 12** F 16 – 2 100 Ew – Höhe 85 m – 😊 02605.
Mainz 94 – Cochem 26 – ◆Koblenz 23.

🏨 Krähennest, Auf der Kräh 2, ⊠ 56332, ℘ 80 80, Fax 808180, <, 🛋, Biergarten, 🍴s, 🏓
– 📺 ☎ 🅿 – 🔥 70. 🍴 – **70 Z**.

In Löf-Kattenes :

🏡 **Langen,** Oberdorfstr. 6, ⊠ 56332, ℘ 45 75, Fax 4348, 🛋, 🌳 – 🅿. 🍴 Zim
➡ *Weihnachten - Neujahr und März geschl.* – **Menu** *(Okt.- Mai Dienstag-Mittwoch geschl.)*
à la carte 19/46 – **29 Z** 45/80 – ½ P 50/53.

🍴🍴 **Weinhaus Gries** mit Zim, Moselufer 14, ⊠ 56332, ℘ 6 46, Fax 1643, 🛋 – ☎ 🚗 🅿.
🅰🅴 🄴
12. Jan.- 3. Feb. geschl. – **Menu** (Nov.- April Montag-Freitag nur Abendessen) à la carte
50/75 – **8 Z** 75/128.

LÖFFINGEN Baden-Württemberg **4 13** HI 23, **9 87** ㉟, **4 27** J 2 – 6 500 Ew – Höhe 802 m –
Erholungsort – Wintersport : 800/900 m ✜1 ✜3 – 😊 07654.
🅱 Kurverwaltung, Rathausplatz 14, ⊠ 79843, ℘ 4 00, Fax 80265.
◆Stuttgart 139 – Donaueschingen 16 – ◆Freiburg im Breisgau 46 – Schaffhausen 51.

🏛 **Schwarzwaldparkhotel** 🦌, am Wildpark (NW : 2 km), ⊠ 79843, ℘ 2 39, Fax 77325, 🛋,
🏊, 🌳, 🍴 – ☎ 🚗 🅿 – 🔥 20. 🄴
Okt.- Nov. 2 Wochen geschl. – **Menu** *(Dienstag geschl.)* à la carte 30/70 🍷 – **22 Z** 78/160.

In Löffingen-Reiselfingen S : 3,5 km :

🏛 **Sternen** 🦌, Mühlezielstr. 5, ⊠ 79843, ℘ 3 41, Fax 7363, 🌳 – 🚗 🅿
März geschl. – **Menu** *(Mittwoch geschl.)* à la carte 33/54 – **10 Z** 50/100 – ½ P 63/70.

LÖHNBERG Hessen siehe Weilburg.

LÖHNE Nordrhein-Westfalen **4 11** **4 12** J 10, **9 87** ⑮ – 39 000 Ew – Höhe 60 m – 😊 05732.
🖥 Löhne-Wittel, Auf dem Stickdorn 65, ℘ (05228) 70 50.
◆Düsseldorf 208 – ◆Hannover 85 – Herford 12 – ◆Osnabrück 53.

In Löhne-Ort :

🏛 **Schewe** 🦌, Dickendorner Weg 48, ⊠ 32584, ℘ 9 80 30, Fax 980399 – 🍴 Zim 📺 ☎ 🅿
– 🔥 25. 🄴 VISA. 🍴 Rest
22.- 30. Dez. geschl. – **Menu** *(Freitag und Samstag nur Abendessen, Sonntag geschl.)*
à la carte 41/68 – **30 Z** 75/150.

LÖRRACH Baden-Württemberg **4 13** G 24, **9 87** ㉞, **4 27** GH 3 – 43 000 Ew – Höhe 294 m –
😊 07621.
Ausflugsziel : Burg Rötteln★ N : 3 km.
🚗 ℘ 15 11 17.
🅱 Verkehrsbüro, Bahnhofsplatz 6, ⊠ 79539, ℘ 41 56 20, Fax 2117.
ADAC, Am Bahnhofsplatz 2-3, ⊠ 79539, ℘ 1 06 27, Fax 13574 und Grenzbüro, Lörrach-Stetten,
℘ 17 22 50, Fax 172295.
◆Stuttgart 265 – Basel 9 – Donaueschingen 96 – ◆Freiburg im Breisgau 69 – Zürich 83.

🏨 **Villa Elben** 🦌 garni, Hünerbergweg 26, ⊠ 79539, ℘ 20 66, Fax 43280, <, « Park », 🌳
– 📱 📺 ☎ 🚗 🅿. 🅰🅴 🄾 🄴 VISA – **34 Z** 98/160.
🏨 **Stadt-Hotel** garni, Weinbrennerstr. 2a, ⊠ 79539, ℘ 4 00 90, Fax 400966 – 📱 🍴 📺 ☎
🚗. 🅰🅴 🄾 🄴 VISA – **28 Z** 115/210.
🍴🍴 **Zum Kranz** mit Zim, Basler Str. 90, ⊠ 79540, ℘ 8 90 83, Fax 14843, 🛋 – 📺 ☎ 🅿. 🅰🅴
🄾 🄴 VISA
Menu *(Sonntag - Montag geschl.)* (Tischbestellung ratsam) à la carte 45/77 – **9 Z** 75/160.

An der B 316 SO : 4 km :

🍴🍴 **Landgasthaus Waidhof,** ⊠ 79594 Inzlingen, ℘ (07621) 26 29 – 🅿
Sonntag nur Mittagessen, Montag sowie Feb. und Juli jeweils 2 Wochen geschl. – **Menu**
à la carte 55/87.

In Inzlingen SO : 6 km :

XXX ❀ **Inzlinger Wasserschloß** (Wasserschloß a.d.15.Jh., mit Gästehaus ☙), Riehenstr. 5, ✉ 79594, ℘ (07621) 4 70 57, Fax 13555 – 📺 ☎ ❶. **E**
Menu *(Dienstag-Mittwoch und Juli-Aug. 2 Wochen geschl.)* (Tischbestellung ratsam) 59 (mittags), 92/145 (abends) – **12 Z** 130/180
Spez. Hummer-Ravioli in eigener Sauce, Steinbutt in Limonencrème mit Kaviar, Milchlammcarré in der Kräutersenfkruste.

LÖWENSTEIN Baden-Württemberg 🗺️🗺️ L 19 – 2 500 Ew – Höhe 384 m – ❀ 07130.
♦Stuttgart 49 – Heilbronn 18 – Schwäbisch Hall 30.

🏠 **Lamm,** Maybachstr. 43, ✉ 74245, ℘ 5 42, Fax 514 – 📺 ☎ ❶. ❀ Zim
Jan. und Juli - Aug. jeweils 2 Wochen geschl. – **Menu** *(Montag geschl.)* à la carte 32/61 ♨ – **8 Z** 70/120.

In Löwenstein-Hösslinsülz NW : 3,5 km :

🏠 **Roger,** Heiligenfeldstr. 56 (nahe der B 39), ✉ 74245, ℘ 2 30, Fax 6033, ☆, ☞ – 🔴 📺 ☎ ❶ ⇔ – 🅰️ 30. **E** *VISA*
Menu à la carte 30/52 ♨ – **43 Z** 88/140.

LOHBERG Bayern 🗺️ W 19, 🗺️🗺️ ㉘ – 2 000 Ew – Höhe 650 m – Erholungsort – Wintersport : 550/850 ⚡6 – ❀ 09943 (Lam).
🅱️ Verkehrsamt, Haus des Gastes, Rathausweg 1, ✉ 93470, ℘ 34 60, Fax 8369.
♦München 205 – Cham 44 – Deggendorf 62 – Passau 90.

🏡 **Landhaus Baumann** ☙ garni, Ringstr. 7, ✉ 93470, ℘ 6 47, Fax 647, ⇔, ☞ – ❶. ❀
Mitte Okt. - Mitte Dez. geschl. – **10 Z** 55/74.

In Lohberg-Altlohberghütte O : 3 km – Höhe 900 m

🏠 **Berghotel Kapitän Goltz** ☙, ✉ 93470, ℘ 13 87, Fax 2236, ≤, ☆, 🔥, ⇔, ☞ – ☎ ❶. 🅰️ ❶ **E** *VISA*
Ende Nov.- Mitte Dez. geschl. – **Menu** à la carte 27/50 *(auch vegetarische Gerichte)* – **13 Z** 43/86.

In Lohberg-Lohberghütte SW : 2,5 km :

🏠 **Pension Grüne Wiese** ☙, Sommerauer Str. 10, ✉ 93470, ℘ 12 08, Fax 8110, Wildgehege, ⇔, 🔲, ☞ – ❶. ❀
Nov.- 24. Dez. geschl. – (nur Abendessen für Hausgäste) – **26 Z** 53/96 – ½ P 55/61.

In Lohberg-Silbersbach NW : 6 km :

🏢 **Osserhotel** ☙, ✉ 93470, ℘ 7 41, Fax 2881, ≤, ☆, Wildgehege, « Restaurant mit Ziegelgewölbe », ☞ – ☎ ❶. ❀
Mitte Nov.- Mitte Dez. geschl. – **Menu** *(Mittwoch geschl.)* à la carte 25/38 ♨ – **45 Z** 70/130.

LOHMAR Nordrhein-Westfalen 🗺️ E 14 – 26 800 Ew – Höhe 75 m – ❀ 02246.
♦Düsseldorf 63 – ♦Köln 23 – Siegburg 5.

In Lohmar-Donrath :

🏠 **Donrather Hof,** Steinackerstr. 38 (an der B 484), ✉ 53797, ℘ 50 72, Fax 5073, ☆ – 🔴 📺 ☎ ❶
15 Z.

XX **Meigermühle,** an der Straße nach Rösrath (NW : 2 km), ✉ 53797, ℘ 50 00, Fax 18375, ☆ – ❶. 🅰️ ❶ **E** *VISA*
Dienstag geschl., Montag nur Mittagessen – **Menu** à la carte 39/71.

In Lohmar-Honrath N : 9 km :

XX **Haus am Berg** ☙ mit Zim, Zum Kammerberg 22, ✉ 53797, ℘ (02206) 22 38, Fax 1786, ≤, « Terrasse » – 📺 ☎ ❶ – 🅰️ 20. *VISA*. ❀
Juli - Aug. 3 Wochen geschl. – **Menu** *(Sonn-und Feiertage geschl., Samstag nur Abendessen)* à la carte 59/82 – **14 Z** 85/200.

In Lohmar-Wahlscheid NO : 4 km – ❀ 02206 :

🏢 **Landhotel Naafs - Häuschen,** an der B 484 (NO : 3 km), ✉ 53797, ℘ 8 00 81, Fax 82165, ☆, ⇔ – 📺 ☎ ⇔ ❶ – 🅰️ 50. ❶ **E** *VISA*. ❀ Zim
Menu à la carte 40/75 – **44 Z** 138/185.

🏢 **Schloß Auel,** an der B 484 (NO : 1 km), ✉ 53797, ℘ 6 00 30, Fax 6003222, ☆, « Park, Schloßkapelle », ☞, ❀ – 📺 ☎ ❶ – 🅰️ 80. 🅰️ ❶ **E** *VISA*. ❀ Rest
20.- 24. Dez. geschl. – **Menu** à la carte 52/83 – **21 Z** 165/350.

🏢 **Aggertal-Hotel Zur alten Linde** ☙, Bartholomäusstr. 8, ✉ 53797, ℘ 9 59 30, Fax 959345, ☆, ⇔ – 📺 ☎ ❶ – 🅰️ 35. ❶ *VISA*. ❀
Juli - Aug. 3 Wochen geschl. – **Menu** *(Montag nur Abendessen, Sonn- und Feiertage und Weihnachten - Anfang Jan. geschl.)* à la carte 48/81 – **27 Z** 160/290.

In Lossburg-Rodt :

🏠 **Café Schröder** ⤵, Pflegersäcker 5, ⊠ 72290, 𝒷 5 74, Fax 2051, 🏤, 🚗 – ⧉ 📺 ☎ ⓟ.
🖭 ⓪ 🄴 🌇 – **Menu** à la carte 25/48 – **35 Z** 79/130 – ½ P 72/81.

LUCKENWALDE Brandenburg 🄶🄸🄴 L 9, 🄷🄴🄸 ⑮, 🄷🄴🄷 ⑰ – 26 000 Ew – Höhe 42 m – 😊 03371.
🚩 Tourist- und Stadtinformation, Rudolf-Breitscheid-Str. 6, ⊠ 14943, 𝒷 21 12, Fax 2112.
Potsdam 45 – ◆Berlin 59 – Brandenburg 74 – Cottbus 108 – Dessau 96.

🏠 **Märkischer Hof** garni, Poststr. 8, ⊠ 14943, 𝒷 60 40, Fax 604444 – ⧉ 🕸 📺 ☎ ⚕ ⓟ
– 🔬 40. 🖭 ⓪ 🄴 🌇
51 Z 90/160.

🏠 **Luckenwalder Hof,** Dahmer Str. 34, ⊠ 14943, 𝒷 61 01 45, Fax 610146 – 🕸 Zim 📺 ☎
◆ ⓟ. 🖭 ⓪ 🄴 🌇. 🍽
Menu à la carte 24/51 – **19 Z** 94/180.

🏠 **Pelikan** garni, Puschkinstr. 27 (Eingang Goethestraße), ⊠ 14943, 𝒷 61 29 96, Fax 612996
– 📺 ☎ ⓟ – 🔬 20
19 Z 85/150.

LUDWIGSBURG Baden-Württemberg 🄶🄸🄳 K 20, 🄷🄴🄸 ㉕ ㉟ – 86 000 Ew – Höhe 292 m –
😊 07141.
Sehenswert : Blühendes Barock : Schloß★, Park★ (Märchengarten★★) Y.
🏌 Beim Schloß Monrepos 𝒷 (07141) 6 44 64, Fax 65905.
🚩 Ludwigsburg-Information, Wilhelmstr. 10, ⊠ 71638, 𝒷 91 02 52, Fax 910 774.
◆Stuttgart 16 ③ – Heilbronn 36 ⑥ – ◆Karlsruhe 86 ④.

Stadtplan siehe nächste Seite

🏠 **Favorit** garni, Gartenstr. 18, ⊠ 71638, 𝒷 9 00 51, Fax 902991, 🛎 – ⧉ 🕸 📺 ☎ ⚕ 🚗
– 🔬 20. 🖭 ⓪ 🄴 🌇. 🍽   Y **r**
92 Z 130/200.

🏠 **Acora** garni, Schillerstr. 19, ⊠ 71638, 𝒷 9 41 00, Fax 902259 – ⧉ 📺 ☎. 🖭 ⓪ 🄴 🌇
45 Z 135/160.   Z **a**

🏠 **Westend,** Friedrich-List-Str. 26, ⊠ 71636, 𝒷 4 23 12, Fax 43167 – 📺 ☎. 🖭 🄴.
🍽 Zim   Z **d**
Juli-Aug. 3 Wochen geschl. – **Menu** *(Samstag geschl., Sonntag nur Mittagessen)* à la carte
34/55 – **15 Z** 95/150.

XXX **Le Carat,** Schwieberdinger Str. 60, ⊠ 71636, 𝒷 4 25 15, Fax 476060 – ⧉ ⓟ – 🔬 15
Juli 2 Wochen geschl. – **Menu** à la carte 62/87.   Z **s**

XX **Alte Sonne,** Bei der kath. Kirche 3, ⊠ 71634, 𝒷 92 52 31, Fax 902635 – 🕸 ⚕ – 🔬 40.
🖭 🌇   Y **n**
Dienstag geschl. – **Menu** à la carte 45/80.

XX **Zum Postillion,** Asperger Str. 12, ⊠ 71634, 𝒷 92 47 77 – 🖭 ⓪ 🄴 🌇   Y **c**
Samstag nur Abendessen, Sonntag nur Mittagessen, Feiertage und Juli-Aug. 3 Wochen
geschl. – **Menu** à la carte 40/60.

XX **Württemberger Hof,** Bismarckstr. 24, ⊠ 71634, 𝒷 90 16 02, Fax 901568, 🏤 – 🔬 70.
🖭 ⓪ 🄴 🌇   Y **s**
Samstag nur Mittagessen, Dienstag geschl. – **Menu** à la carte 36/59 *(auch vegetarische*
Gerichte).

XX **Post-Cantz,** Eberhardstr. 6, ⊠ 71634, 𝒷 92 35 63, Fax 923563 – 🖭 ⓪ 🄴 🌇   Y **e**
Mittwoch-Donnerstag geschl. – **Menu** à la carte 36/72.

In Ludwigsburg-Hoheneck :

🏠 **Krauthof,** Beihinger Str. 27, ⊠ 71642, 𝒷 5 08 80, Fax 50 88 77, 🏤, 🛎 – ⧉ 🕸 Zim 📺
☎ ⚕ ⓟ – 🔬 80. 🖭 ⓪ 🄴 🌇   V **t**
Menu à la carte 30/59 🍷 – **48 Z** 130/200.

🏠 **Hoheneck,** Uferstraße (beim Heilbad), ⊠ 71642, 𝒷 5 11 33, 🏤 – 📺 ☎ ⓟ.
🄴   V **s**
20. Dez.- 7. Jan. und Juli - Aug. 3 Wochen geschl. – **Menu** *(Sonn- und Feiertage geschl.)*
à la carte 32/63 – **15 Z** 105/180.

In Ludwigsburg-Pflugfelden :

🏠 **Stahl,** Dorfstr. 4, ⊠ 71636, 𝒷 4 07 40, Fax 407442 – ⧉ 📺 ☎ 🚗. 🖭 ⓪ 🄴 🌇   X **e**
Zum goldenen Pflug *(Samstag nur Abendessen, Sonn- und Feiertage geschl.)* **Menu** à la
carte 42/70 – **24 Z** 120/190.

Beim Schloß Monrepos :

🏠 **Schloßhotel Monrepos** ⤵, ⊠ 71634, 𝒷 30 20, Fax 302200, « Gartenterrasse », 🛎, 🏊,
🚗 – ⧉ 🕸 Zim 📺 ⓟ – 🔬 80. 🖭 ⓪ 🄴 🌇   V **r**
24. Dez.- 9. Jan. geschl. – **Bugatti** (🍽, italienische Küche) *(nur Abendessen, Sonn- und*
Feiertage geschl.) **Menu** à la carte 60/95 – **Gutsschenke : Menu** à la carte 38/70 – **81 Z**
230/340.

LUDWIGSBURG

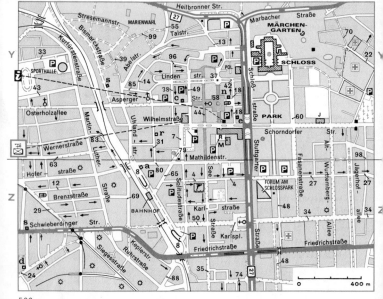

In Freiberg N : 4 km – ✪ 07141 :

🏠 **Am Wasen** garni, Wasenstr. 7, ✉ 71691, ℰ 2 74 70, Fax 274767 – ❌ 🆃🆅 ☎ ⬅ 🅿 –
🚹 15. 🆀🅴 ⓪ 🅴 *VISA*
25 Z 104/170.

🏠 **Rössle,** Benninger Str. 11, ✉ 71691, ℰ 2 74 90, Fax 270739 – 🆃🆅 ☎ ⬅ 🅿. 🅴
↔ **Menu** *(Dienstag - Mittwoch und Juli - Aug. 3 Wochen geschl.)* à la carte 24/48 ⅃ – **25 Z**
68/145.

🏠 **Gästehaus Baumann,** Ruitstr. 67 (Gewerbegebiet Ried), ✉ 71691, ℰ 7 30 57 – 🆃🆅 ☎ ⬅
🅿. ❊
(nur Abendessen für Hausgäste) – **18 Z** 68/128.

✗✗ **Schwabenstuben,** Marktplatz 5, ✉ 71691, ℰ 7 50 37, Fax 75038, 🍴 – 🆀🅴 ⓪ 🅴
VISA
Montag, Jan.- Feb. 2 Wochen und Juli - Aug. 3 Wochen geschl., Samstag nur Abendessen
– **Menu** à la carte 43/70.

✗✗ Spitznagel, Ludwigsburger Str. 58 (Beihingen), ✉ 71691, ℰ 7 25 80, Fax 470046, 🍴 – 🅿.

Si vous devez faire une étape dans une station
ou dans un hôtel isolé,
prévenez par téléphone, surtout en saison.

If you intend staying in a resort or hotel
off the beaten track, telephone in advance.
especially during the season.

LUDWIGSDORF Sachsen siehe Görlitz.

LUDWIGSHAFEN AM RHEIN Rheinland-Pfalz 412 413 I 18, 987 ㉔ ㉕ – 165 000 Ew – Höhe
92 m – ✪ 0621.

Siehe auch Mannheim-Ludwigshafen (Übersichtsplan).

🛈 Verkehrsverein, Informationspavillon am Hauptbahnhof, ✉ 67059, ℰ 51 20 35, Fax 624295.

ADAC, Theaterplatz 10, ✉ 67059, ℰ 51 93 61, Fax 521661.

Mainz 82 – Kaiserslautern 55 – ◆Mannheim 3 – Speyer 22.

Stadtplan siehe nächste Seite

🏨 **Ramada,** Pasadena-Allee 4, ✉ 67059, ℰ 5 95 10, Telex 464545, Fax 511913, 🈴, 🔲 – 🛗
❌ Zim 🍽 🆃🆅 ⬅ 🅿 – 🚹 130. 🆀🅴 ⓪ 🅴 *VISA*. ❊ Rest   Z **v**
Menu *(Samstag geschl., Sonntag nur Mittagessen)* à la carte 57/84 – **192 Z** 195/230,
3 Suiten.

🏨 **Europa Hotel,** Am Ludwigsplatz 5, ✉ 67059, ℰ 5 98 70, Telex 464701, Fax 5987122, 🈴,
🔲 – 🛗 ❌ Zim 🍽 🆃🆅 ⬅ – 🚹 280. 🆀🅴 ⓪ 🅴 *VISA*   Y **a**
Menu *(Samstag geschl., Sonntag nur Mittagessen)* à la carte 47/79 – **113 Z** 195/288.

🏨 **Excelsior,** Lorientallee 16, ✉ 67059, ℰ 5 98 50, Telex 464540, Fax 5985500, 🈴, 🔲 – 🛗
❌ Zim 🆃🆅 ☎ ⬅ 🅿 – 🚹. 🆀🅴 ⓪ 🅴 *VISA* JCB. ❊ Rest   Z **c**
Menu *(Samstag nur Abendessen, Sonntag geschl.)* à la carte 44/70 – **160 Z** 145/240.

🏠 **Regina** garni, Bismarckstr. 40, ✉ 67059, ℰ 51 90 26 – 🛗 🆃🆅 ☎   Y **c**
34 Z 85/120.

Folgende Häuser finden Sie auf dem Stadtplan Mannheim-Ludwigshafen :

In Ludwigshafen-Friesenheim :

🏠 **Ebert Park Hotel** garni, Kopernikusstr. 67, ✉ 67063, ℰ 6 90 60, Fax 6906601 – 🛗 🆃🆅 ☎
🅿. 🆀🅴 ⓪ 🅴 *VISA*. ❊   BV **a**
23. Dez.- 2. Jan. geschl. – **91 Z** 125/160.

🏠 **Karpp,** Rheinfeldstr. 56, ✉ 67063, ℰ 69 10 78, Fax 632413, 🍴 – 🛗 🆃🆅 ☎. 🆀🅴 ⓪ 🅴
VISA   BV **e**
20.Dez.- Mitte Jan. geschl. – **Menu** *(Samstag - Sonntag geschl.)* (nur Abendessen) à la carte
27/43 – **20 Z** 85/150.

In Ludwigshafen-Gartenstadt :

🏠 **Gartenstadt,** Maudacher Str. 188, ✉ 67065, ℰ 55 10 51, Fax 551054, 🈴, 🔲, ❊ (Halle)
– 🛗 ❌ Zim 🆃🆅 ☎ 🅿. 🆀🅴 ⓪ 🅴 *VISA*. ❊ Rest   BV **h**
(nur Abendessen für Hausgäste) – **48 Z** 110/200.

In Altrip SO : 10 km über Rheingönheim und Hoher Weg BCV :

🏠 **Strandhotel Darstein** ❊, Zum Strandhotel 10, ✉ 67122, ℰ (06236) 20 73, Fax 39323,
❤, 🍴, 🞍 – 🆃🆅 ☎ ⬅ 🅿 – 🚹 30. 🆀🅴 ⓪ 🅴 *VISA*
Jan. 2 Wochen geschl. – **Menu** *(Montag geschl., Dienstag nur Abendessen, Okt. - Feb.*
Sonntag nur Mittagessen) à la carte 34/65 ⅃ – **17 Z** 88/192.

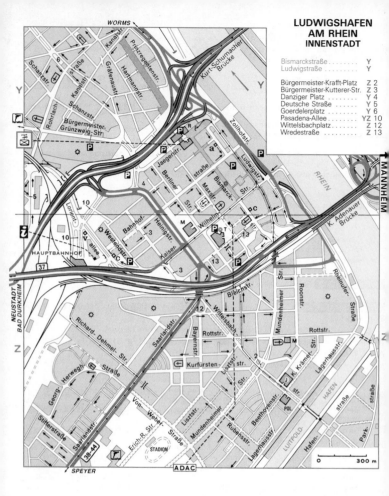

LUDWIGSHAFEN
AM RHEIN
INNENSTADT

Bismarckstraße . . . . Y
Ludwigstraße . . . . Y

Bürgermeister-Krafft-Platz . . Z 2
Bürgermeister-Kutterer-Str. . Z 3
Danziger Platz . . . . Y 4
Deutsche Straße . . . . Y 5
Goerdelerplatz . . . . Y 6
Pasadena-Allee . . . . YZ 10
Wittelsbachplatz . . . . Z 12
Wredestraße . . . . Z 13

LUDWIGSLUST Mecklenburg-Vorpommern 𝟒𝟏𝟏 R 7, 𝟒𝟏𝟒 G 6, 𝟗𝟖𝟕 ⑥ – 13 500 Ew – Höhe 36 m – ✆ 03874.

Sehenswert : Schloß★ (Goldener Saal★) – Stadtkirche★ – Schloßpark★.

🔖 Ludwigslust-Information, Schloßfreiheit 8, ⊠ 19288, ℰ 2 90 76.

Schwerin 36 – Güstrow 98 – ♦Hamburg 118.

🏨 **Landhotel de Weimar,** Schloßstr. 15, ⊠ 19288, ℰ 41 80, Fax 418190 – 🛗 ᪲✕ Zim 📺 ☎ 👌 👩 – 🔏 60. 🄴 𝘝𝘐𝘚𝘈. ✕ Rest
    Menu *(Sonntag nur Mittagessen)* à la carte 42/66 – **Kutscherstuben :** Menu à la carte 25/34 – **52 Z** 150/285.

🏨 **Erbprinz,** Schweriner Str. 38, ⊠ 19288, ℰ 4 71 74, Fax 29160 – 🛗 ᪲✕ Zim 📺 ☎ 👌 – 🔏 40. 🄰🄴 🄴 𝘝𝘐𝘚𝘈
    Menu à la carte 34/53 – **36 Z** 135/230, 4 Suiten.

🏨 **Stadt Hamburg,** Letzte Str. 4, ⊠ 19288, ℰ 41 50, Fax 23057 – 📺 ☎ 👌 – 🔏 20
← **Menu** à la carte 20/41 🍴 – **33 Z** 85/140.

🏨 **Park-Hotel,** Kanalstr. 19, ⊠ 19288, ℰ 2 20 15, Fax 20156, 🌤 – 📺 ☎ – 🔏 100. 🄰🄴 🄴
← 𝘝𝘐𝘚𝘈
    Menu à la carte 24/46 – **19 Z** 85/120.

568

LUDWIGSSTADT Bayern 413 QR 15, 987 ㉖ – 4 100 Ew – Höhe 444 m – Erholungsort – Wintersport : 500/700 m ≰3 ≴6 – ✿ 09263.
München 310 – ◆Bamberg 89 – Bayreuth 75 – Coburg 58.

In Ludwigsstadt-Lauenstein N : 3 km :

🏨 **Posthotel Lauenstein,** Orlamünder Str. 2, ⊠ 96337, ℘ 5 05, Fax 7167, ≼, 龠, Massage, ♨, 龠s, 🔲 – 🛗 🔲 ☎ ⇔ ❷ – 益 20. ❶ 🗲 🚾 – **Menu** à la carte 31/56 – **26 Z** 70/140.

🏨 **Burghotel Lauenstein** ⑤, Burgstr. 4, ⊠ 96337, ℘ 94 30, Fax 7167, ≼, 龠 – ⇐ ❷. ❶
◆ 🗲 🚾 – **Menu** à la carte 24/53 – **20 Z** 50/130.

Siehe auch : *Steinbach am Wald*

LÜBBECKE Nordrhein-Westfalen 411 412 I 10, 987 ⑭ – 25 000 Ew – Höhe 110 m – ✿ 05741.
Düsseldorf 215 – ◆Bremen 105 – ◆Hannover 95 – ◆Osnabrück 45.

🏨 **Quellenhof** ⑤, Obernfelder Allee 1, ⊠ 32312, ℘ 3 40 60, Fax 340659, « Gartenterrasse », 龠 – 🛗 🔲 ☎ ❷ – 益 25. ❶ 🗲 🚾. ❀ Zim
Menu *(Freitag geschl., Samstag nur Abendessen)* à la carte 38/70 – **24 Z** 90/190.

Im Industriegebiet N : 2 km :

🏨 Borchard, Langekamp 26, ⊠ 32312 Lübbecke, ℘ (05741) 10 45, Fax 1038 – 🔲 ☎ ⇔ ❷
– 益 30. ❀ Zim – **27 Z**.

In Hüllhorst-Niedringhausen S : 4 km :

🏨 **Berghotel,** Buchenweg 1 (nahe der B 239), ⊠ 32609, ℘ (05741) 9 03 03, Fax 90501, 龠s, 🔲 – 🔲 ☎ ❷. 🖭 ❶ 🗲 🚾
Menu *(Freitag und Mitte-Ende Juli geschl.)* à la carte 26/66 – **14 Z** 70/150.

LÜBBEN Brandenburg 414 N 10, 984 ⑯, 987 ⑱ – 15 500 Ew – Höhe 53 m – ✿ 03546.
🛈 Fremdenverkehrsverband, Lindenstr. 14, ⊠ 15907, ℘ 30 90, Fax 2543.
Potsdam 99 – ◆Berlin 81 – Cottbus 46.

🏨 **Spreeufer** garni, Hinter der Mauer 4, ⊠ 15907, ℘ 80 03, Fax 8069 – 🔲 ☎ ❷. ❀
20. Dez.- Mitte Jan. geschl. – **25 Z** 120/160.

🏨 **Spreeblick,** Gubener Str. 53, ⊠ 15907, ℘ 83 12, Fax 3278, 龠, 龠s – 🔲 🔲
◆ **Menu** *(Sonntag nur Mittagessen, Jan. 2 Wochen geschl.)* à la carte 23/38 – **15 Z** 80/100.

XX **Historischer Weinkeller,** E.-von-Houwald-Damm 14, ⊠ 15907, ℘ 40 78 – 🖭 🗲 🚾. ❀
April - Sept. Montag, Okt.- März Sonntag geschl. – **Menu** *(Okt.- März nur Abendessen)*
à la carte 24/55.

In Niewitz-Rickshausen W : 8 km :

🏩 **Spreewaldhotel Jorbandt** ⑤, ⊠ 15910, ℘ (035474) 2 70, Fax 27444, 龠, 龠s – 🛗
❄ Zim 🔲 ♿ ❷ – 益 240. 🖭 ❶ 🗲 🚾 ᴊᴄʙ
Menu à la carte 29/52 – **100 Z** 140/240, 6 Suiten.

LÜBBENAU Brandenburg 414 N 10, 984 ⑳, 987 ⑱ – 24 000 Ew – Höhe 54 m – ✿ 03542.
🛈 Fremdenverkehrsverein, Ehm-Welk-Str. 15, ⊠ 03222, ℘ 36 68, Fax 3668.
Potsdam 113 – ◆Berlin 95 – Cottbus 32.

🏨 **Schloß Lübbenau** ⑤, Schloßbezirk 6, ⊠ 03222, ℘ 87 30, Fax 873666, 龠 – 🔲 ☎ ❷
– 益 60. 🖭 🗲 🚾 – **Menu** à la carte 37/64 – **52 Z** 150/270, 4 Suiten.

🏨 **Spreewaldeck,** Dammstr. 31, ⊠ 03222, ℘ 8 90 10, Fax 890110 🛗 🔲 ☎ ♿ ❷ – 益 40.
◆ 🖭 🗲 🚾 – **Menu** à la carte 19/51 – **27 Z** 110/190.

In Lübbenau-Boblitz SO : 3 km :

🏨 **Motel 5** garni, An der B 115, ⊠ 03222, ℘ 4 32 12, Fax 43214 – 🔲 ☎ ❷. 🖭 ❶ 🗲 🚾.
30 Z 130/150.

In Raddusch SO : 9 km über die B 115 :

🏨 Landhaus im Spreewald ⑤, Dorfstr. 24, ⊠ 03226, ℘ (035433) 24 58, Fax 2223, 龠 – 🔲
☎ ❷ – **27 Z**.

LÜBECK Schleswig-Holstein 411 P 5, 987 ⑥ – 215 000 Ew – Höhe 15 m – ✿ 0451.
Sehenswert : Altstadt★★★ – Holstentor★★ Y – Marienkirche★★ Y – Haus der
Schiffergesellschaft★ (Innenausstattung★★) X E – Rathaus★ Y R – Heiligen-Geist-Hospital★ X –
St.-Annen-Museum★ Z M1 – Burgtor★ X – Füchtingshof★ Y S – Jakobikirche★ (Orgel★★) X K –
Katharinenkirche★ (Figurenreihe★ von Barlach) Y – Petrikirche (Turm ≼★) Y A.
ᕽ Lübeck-Travemünde (über Kaiserallee C), ℘ (04502) 7 40 18.
🛈 Touristbüro, Markt, ⊠ 23552, ℘ 1 22 81 06.
🛈 Touristbüro, Beckergrube 95, ⊠ 23552, ℘ 1 22 81 09, Fax 1228190.
🛈 Tourist-Information im Hauptbahnhof, ⊠ 23558, ℘ 86 46 75, Fax 863024.
ADAC, Katharinenstr. 11, ⊠ 23554, ℘ 4 39 39, Fax 477405.
◆Kiel 92 ⑥ – ◆Hamburg 66 ⑤ – Neumünster 58 ⑥.

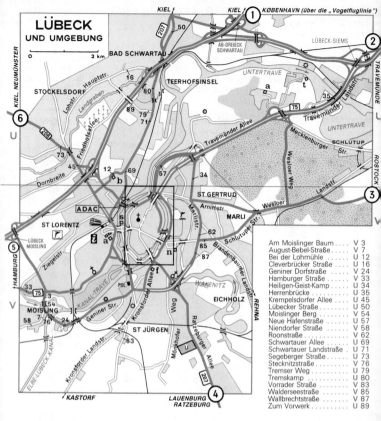

🏨 **Senator Hotel Lübeck,** Willy-Brandt-Allee 6, ⊠ 23554, ℰ 14 20, Telex 26648, Fax 1422222, 🍴, Massage, 🆓, 🔲 – 📶 ⇄ Zim 🔳 📺 🕭 ☎ ℗ – ⚿ 240. 🆎 ⑩ 🅴
🆅🅸🆂🅰
Menu à la carte 48/85 – **225 Z** 175/285.
V s

🏨 Scandic Crown Hotel, Travemünder Allee 3, ⊠ 23568, ℰ 3 70 60, Telex 26643, Fax 3706666, 🍴, 🎰, 🆓, 🔲 – 📶 ⇄ 🔳 📺 🕭 ☎ ℗ – ⚿ 200. 🎰 Rest
160 Z, 3 Suiten.
X a

🏨 **Kaiserhof** garni (mit 2 Gästehäusern), Kronsforder Allee 13, ⊠ 23560, ℰ 79 10 11, Telex 26603, Fax 795083, « Restaurierte Patrizierhäuser mit geschmackvoller Einrichtung » 🆓, 🔲, 🍴 – 📶 📺 ℗ – ⚿ 20. 🆎 ⑩ 🅴 🆅🅸🆂🅰 🎰
65 Z 135/225, 5 Suiten.
V f

🏨 **Mövenpick Hotel,** Auf der Wallhalbinsel 3, ⊠ 23554, ℰ 1 50 40, Telex 26707, Fax 1504111, 🍴 – 📶 ⇄ Zim 🔳 Rest 📺 ☎ 🕭 ℗ – ⚿ 350. 🆎 ⑩ 🅴 🆅🅸🆂🅰
Menu à la carte 40/75 – **197 Z** 181/332, 3 Suiten.
V s

🏨 **Excelsior** garni, Hansestr. 3, ⊠ 23558, ℰ 8 80 90, Fax 880999 – 📶 ⇄ 📺 🚗 ☎ ℗ – ⚿ 60. 🆎 ⑩ 🅴 🆅🅸🆂🅰 🎰
64 Z 130/190.
V a

🏨 **Lindenhof** garni, Lindenstr. 1a, ⊠ 23558, ℰ 8 40 15, Fax 864023 – 📶 📺 ☎ 🚗 🆎 ⑩ 🅴 🆅🅸🆂🅰
62 Z 110/190.
V o

🏨 **Jensen,** Obertrave 4, ⊠ 23552, ℰ 7 16 46, Fax 73386 – 📶 📺 ☎ 🆎 ⑩ 🅴 🆅🅸🆂🅰 🅹🅲🅱 Y k
Menu à la carte 34/75 – **42 Z** 115/195.

🏨 **Park Hotel** garni, Lindenplatz 2, ⊠ 23554, ℰ 8 46 44, Fax 863840 – 📺 ☎ 🆎 ⑩ 🅴 🆅🅸🆂🅰
22. Dez.- 14. Jan. geschl. – **18 Z** 110/195.
V a

🏨 **Wakenitzblick,** Augustenstr. 30, ⊠ 23564, ℰ 79 12 96, Fax 792645, ≤, 🍴 – 📺 ☎ 🚗 🆎 ⑩ 🅴 🆅🅸🆂🅰
Menu à la carte 35/54 – **23 Z** 90/155.
V n

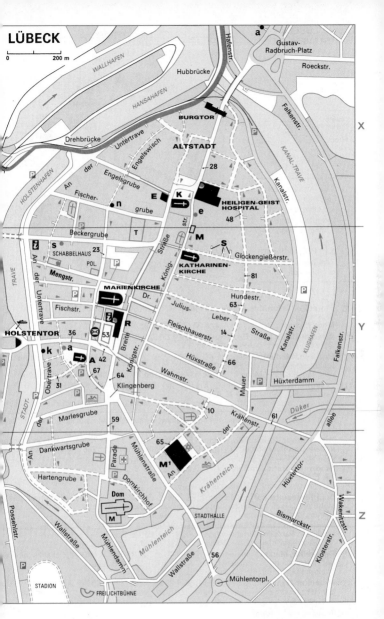

LÜBECK

0   200 m

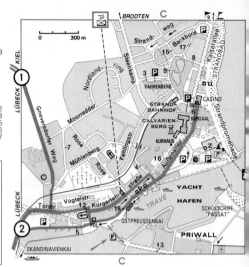

Die Hotelbesitzer
sind gegenüber den Lesern
dieses Führers
Verpflichtungen
eingegangen.
Zeigen Sie deshalb
dem Hotelier Ihren
Michelin-Führer
des laufenden Jahres.

Motel Zur Lohmühle, Bei der Lohmühle 54, ⊠ 23554, ℰ 47 33 81, Fax 471717, 🏤 – 📺
🕿 ⇌ 🅿 – 🔬 30. 🖭 ⓸ 🗲 𝐕𝐈𝐒𝐀   U **b**
Menu *(Sonntag geschl.)* à la carte 35/78 – **32 Z** 95/155.

Altstadt-Hotel garni, Fischergrube 52, ⊠ 23552, ℰ 7 20 83, Fax 73778 – 📺 🕿   X **n**
22. Dez.- 20. Jan. geschl. – **28 Z** 95/150.

Das Schabbelhaus, Mengstr. 48, ⊠ 23552, ℰ 7 20 11, Fax 75051, 🏤, « Historisches
Kaufmannshaus » – 🖭 ⓸ 🗲 𝐕𝐈𝐒𝐀   Y
Sonntag geschl. – Menu à la carte 52/81 – *Bistro Kontor :* Menu à la carte 41/54.

❀ **Wullenwever** (Patrizierhaus a.d. 16. Jh.), Beckergrube 71, ⊠ 23552, ℰ 70 43 33,
Fax 7063607, 🏤 – 🖭 ⓸ 🗲 𝐕𝐈𝐒𝐀   Y **s**
Sonntag-Montag und Okt. 2 Wochen geschl. – Menu (nur Abendessen, Tischbestellung
ratsam) 78/125 und à la carte 64/84
Spez. Wachtelterrine, Gegrillter Steinbutt mit Ingwer-Limonenbutter, Haselnuß-Schokoladensouf-
flé.

Historischer Weinkeller, Koberg 6, ⊠ 23552, ℰ 7 62 34, Fax 75344, « Restauranträume
in dem Gewölbekeller des Heiligen-Geist-Hospitals, erbaut i.J. 1286 » – 🖭 🗲 𝐕𝐈𝐒𝐀   X
Sonntag und Dienstag geschl. – Menu à la carte 43/75.

Stadtrestaurant, Am Bahnhof 2 (1. Etage), ⊠ 23558, ℰ 8 40 44, Fax 862436 – 🔬 80. 🖭
⓸ 🗲 𝐕𝐈𝐒𝐀   V
Donnerstag geschl. – Menu à la carte 35/74.

Schiffergesellschaft, Breite Str. 2, ⊠ 23552, ℰ 7 67 76, Fax 73279, « Historische Gaststätte a.d.J. 1535 mit zahlreichen Andenken an Lübecker Seefahrer » – 🔬 100   X **E**
Montag geschl. – Menu (Tischbestellung ratsam) à la carte 37/75.

Buddenbrook in der Gemeinnützigen, Königstr. 5, ⊠ 23552, ℰ 7 38 12, Fax 7063022,
« Stilvolle Festsäle, Gartenterrasse » – 🔬 100. 🖭 ⓸ 🗲 𝐕𝐈𝐒𝐀   X **e**
Sonntag nur Mittagessen – Menu à la carte 33/60.

Ratskeller, Markt 13 (im Rathaus), ⊠ 23552, ℰ 7 20 44, Fax 74746, 🏤, Schänke mit eigener Hausbrauerei, « Kreuzgewölbe a.d.J. 1235 » – 🖭 ⓸ 🗲 𝐕𝐈𝐒𝐀   Y **R**
Menu à la carte 39/65.

Lübecker Hanse, Kolk 3, ⊠ 23552, ℰ 7 80 54, Fax 71326 – 🖭 ⓸ 🗲 𝐕𝐈𝐒𝐀   Y **a**
Samstag, Sonn- und Feiertage sowie 1.- 6. Jan. geschl. – Menu (Tischbestellung ratsam)
à la carte 43/80.

In Lübeck-Gothmund :

Fischerklause 🍴 mit Zim, Fischerweg 21, ⊠ 23568, ℰ 39 32 83, Fax 25865, 🏤 – 📺
🕿 🅿 🖭 ⓸ 🗲 𝐕𝐈𝐒𝐀   U **t**
Menu *(Montag geschl.)* à la carte 33/65 – **6 Z** 95/160.

In Lübeck-Israelsdorf :

Waldhotel Twiehaus 🍴, Waldstr. 41, ⊠ 23568, ℰ 39 87 40, Fax 3987430, 🏤 – ⤬ Zim
📺 🕿 🅿 ⤫ Zim   U **a**
Menu *(Montag, Dienstag, 8.- 25. Juli und 26. Dez.- Mitte Feb. geschl.)* à la carte 29/55
– **10 Z** 95/185.

In Lübeck-Travemünde ② : 19 km – Seeheilbad – 🕭 04502.

🏛 Kurverwaltung, Strandpromenade 1b, ✉ 23570, 𝒫 8 04 30, Fax 80460

🏨🏨 **Maritim** ⌧, Trelleborgallee 2, ✉ 23570, 𝒫 8 90, Fax 74439, ≤ Lübecker Bucht und Travemündung, 🍴, 🔲 – 🛗 🌡 Zim 🛏 Rest ⟷ 🅿 – 🔬 1200. 🔢 ⓞ 🄴 𝒱𝒮𝒜.
🛇 Rest   C z
Über den Wolken (11. Etage, 🛗) *(nur Abendessen, Sonntag - Montag und Jan. 3 Wochen geschl.)* **Menu** 79/132 und à la carte – *Ostseerestaurant :* Menu à la carte 49/85 – **240 Z** 223/428, 10 Suiten.

🏛 **Strand-Schlößchen** ⌧, Strandpromenade 7, ✉ 23570, 𝒫 7 50 35, Fax 75822, ≤, 🌤 –
📺 ☎ 🅿. 🄴 𝒱𝒮𝒜   C u
Menu à la carte 34/70 – **34 Z** 90/240 – ½ P 115/155.

🏛 **Deutscher Kaiser,** Vorderreihe 52, ✉ 23570, 𝒫 84 20, Fax 842199, 🌤, 🅹 – 🛗 📺 ☎.
🔢 ⓞ 🄴 𝒱𝒮𝒜   C v
Menu à la carte 30/63 – **47 Z** 115/265.

✕✕✕ **Casino - Restaurant,** Kaiserallee 2, ✉ 23570, 𝒫 84 11 26, Fax 841102, ≤, 🌤 – 🅿. ⓞ
🄴 𝒱𝒮𝒜. 🛇   C
Menu (nur Abendessen) à la carte 57/100.

✕ **Lord Nelson** (Restaurant im Pub-Stil), Vorderreihe 56 (Passage), ✉ 23570, 𝒫 63 69 – 🔢
ⓞ 🄴 𝒱𝒮𝒜   C v
Menu à la carte 30/62.

LÜCHOW Niedersachsen 🔢🔢 Q 8, 🔢🔢 ⑯ – 10 000 Ew – Höhe 18 m – 🕭 05841.

🏛 Gästeinformation im Amtshaus, Theodor-Körner-Str. 4, ✉ 29439, 𝒫 12 62 49.
◆Hannover 138 – ◆Braunschweig 125 – Lüneburg 66.

🏛 **Ratskeller,** Lange Str. 56, ✉ 29439, 𝒫 55 10, Fax 5518 – 📺 🅿
Menu *(Montag nur Mittagessen, Samstag geschl.)* à la carte 29/56 – **12 Z** 50/120.

In Küsten-Lübeln W : 4,5 km :

🏛 **Avoeßel** ⌧ (Restauriertes Fachwerkhaus a.d.J. 1874), ✉ 29482, 𝒫 (05841) 50 75, Fax 5195 – 🌡 Zim ☎ 🅿. 🔢 ⓞ 🄴 𝒱𝒮𝒜
Menu *(9. Jan.- 3. Feb. und Montag geschl.)* (außer Saison nur Abendessen) à la carte 44/58
– **24 Z** 85/180.

🏛 **Kartoffel-Hotel** (Restauriertes Fachwerkhaus a.d.J. 1805), ✉ 29482, 𝒫 (05841) 13 60, Fax 1688, 🌤, 🍴, 🍃 – 📺 ☎ 🅿
Menu à la carte 30/55 – **17 Z** 85/170.

LÜCKENDORF Sachsen siehe Zittau.

LÜDENSCHEID Nordrhein-Westfalen 🔢🔢 🔢🔢 F 13, 🔢🔢 ⑭ – 80 000 Ew – Höhe 420 m –
🕭 02351.

🔖 Schalksmühle-Gelstern (N : 5 km), 𝒫 (02351) 5 64 60.

ADAC, Knapper Str. 26, ✉ 58507, 𝒫 2 66 87, Fax 38591.
◆Düsseldorf 97 – Hagen 30 – Dortmund 47 – Siegen 59.

🏨🏨 **Queens Hotel Lüdenscheid,** Parkstr. 66, ✉ 58509, 𝒫 15 60, Telex 826644, Fax 39157,
🌤, Massage, 🍴, 🔲 – 🛗 🌡 Zim 📺 🅿 – 🔬 200. 🔢 ⓞ 🄴 𝒱𝒮𝒜. 🛇 Rest
Menu à la carte 53/80 – **165 Z** 190/290, 6 Suiten.

🏛 **Stadt Lüdenscheid** garni, Honseler Str. 7, ✉ 58511, 𝒫 88 57, Fax 82117 – 🛗 📺 ☎ 🅿.
🔢 ⓞ 🄴 𝒱𝒮𝒜
15 Z 80/130.

✕✕✕ ❀ **Petersilie,** Loher Str. 19, ✉ 58511, 𝒫 8 32 31, Fax 861873, « Villa a.d.J. 1884 » – 🌡
🅿. 🄴. 🛇
Sonntag-Montag und Jan. 2 Wochen geschl. – **Menu** (nur Abendessen) 84/146 – *Tafel-stübchen (nur Mittagessen)* **Menu** à la carte 35/54
Spez. Ochsenschwanz in Balsamicogelee mit Trüffelöl-Vinaigrette, Chartreuse vom Kalbsbug in Chambertin, Zwetschgenterrine mit Lorbeereis (Juli-Sept.).

✕✕ **Stadtgarten-Restaurant,** Freiherr-vom-Stein-Str. 9 (Kulturhaus), ✉ 58511, 𝒫 2 74 30,
Fax 27420 – 🅿 – 🔬 450. 🔢 ⓞ 🄴 𝒱𝒮𝒜
Menu à la carte 42/60.

✕ Heerwiese, Heedfelder Str. 136, ✉ 58509, 𝒫 69 04, Fax 54521, 🌤 – 🅿.

In Lüdenscheid-Oberrahmede N : 4 km Richtung Altena :

🏛 **Zum Markgrafen,** Altenaer Str. 209, ✉ 58513, 𝒫 59 04, Fax 54521 – 📺 ☎ ⟷ 🅿. 🔢
🄴 𝒱𝒮𝒜
Menu *(Sonntag geschl.)* à la carte 39/68 – **14 Z** 90/160.

Siehe auch : *Altena-Großendrescheid* (N : 8 km)

LÜDINGHAUSEN Nordrhein-Westfalen **411 412** F 11, **987** ⑭ – 20 000 Ew – Höhe 50 m – ✪ 02591.

Ausflugsziel : Wasserburg Vischering ★ (N : 1 km).

◆Düsseldorf 97 – Dortmund 37 – Münster (Westfalen) 28.

🏠 **Borgmann,** Münsterstr. 17, ⌧ 59348, 𝄞 9 18 10, Fax 918130, Biergarten, « Restaurant mit altdeutscher Einrichtung » – 📺 ☎ 🅿. 🆎 ⓞ 🅴 𝘝𝘐𝘚𝘈
Menu *(Sonntag geschl.)* (nur Abendessen) à la carte 31/52 – **7 Z** 80/140.

In Lüdinghausen-Seppenrade W : 4 km :

✗✗ **Schulzenhof** mit Zim, Alter Berg 2, ⌧ 59348, 𝄞 81 61, Fax 88082, 🍽 – 📺 ☎ 🚗 🅿 – 🔏 30. 🆎 ⓞ 🅴 𝘝𝘐𝘚𝘈
Menu *(Dienstag nur Mittagessen, Mittwoch geschl.)* à la carte 35/65 – **10 Z** 70/140.

LÜGDE Nordrhein-Westfalen **411 412** K 11, **987** ⑮ – 11 700 Ew – Höhe 106 m – ✪ 05281 (Bad Pyrmont).

🛢 Auf dem Winzenberg 2, 𝄞 81 96.

◆Düsseldorf 219 – Detmold 32 – ◆Hannover 68 – Paderborn 49.

🏠 **Stadt Lügde,** Vordere Str. 35, ⌧ 32676, 𝄞 7 80 71, Fax 7411, 🍽 – 📳 📺 ☎ 🅿. 🆎 ⓞ 🅴 𝘝𝘐𝘚𝘈 – **Menu** à la carte 27/49 – **18 Z** 70/140.

🏠 **Berggasthaus Kempenhof** 🖋, Am Golfplatz (W : 1,5 km), ⌧ 32676, 𝄞 86 47, Fax 5637, ◆ ≼, 🍽, ⛱, – 📺 ☎ 🚗 🅿 – **Menu** à la carte 24/48 – **12 Z** 65/120.

🏠 **Sonnenhof,** Zum Golfplatz 2, ⌧ 32676, 𝄞 74 71, Fax 7173, ≼, 🍽, 🌳 – ☎ 🚗 🅿. 🅴
◆ *Feb. 2 Wochen geschl.* à la carte 24/52 – **26 Z** 55/110.

In Lügde-Elbrinxen S : 6,5 km :

🏠 **Landhotel Lippischer Hof,** Untere Dorfstr. 3, ⌧ 32676, 𝄞 (05283) 98 70, Fax 987189, 🅴𝘀 – 📺 ☎ 🅿 – 🔏 80. 🅴 𝘝𝘐𝘚𝘈. 🈺 Zim
Menu *(Montag geschl., Dienstag - Freitag nur Abendessen)* à la carte 28/47 – **36 Z** 75/135.

In Lügde-Hummersen SO : 16 km :

🏠 **Lippische Rose,** Detmolder Str. 35, ⌧ 32676, 𝄞 (05283) 70 90, Fax 709155, 🅴𝘀, 🅭, 🌳, ✗✗ – 📳 📺 ☎ 🅿 – 🔏 100 – **Menu** à la carte 28/60 – **70 Z** 75/180.

LÜNEBURG Niedersachsen **411** NO 7, **987** ⑮ – 65 000 Ew – Höhe 17 m – Sole- und Moorkurbetrieb – ✪ 04131.

Sehenswert : Rathaus★★ (Große Ratsstube★★) Υ R – "Am Sande"★ (Stadtplatz) Z – Wasserviertel : ehemaliges Brauhaus★ Υ F.

🛢 Lüneburg (NO : 16 km über ②), 𝄞 (04153) 61 12 ; 🛢 St. Dionys (N : 11 km über ②), 𝄞 (04133) 62 77.

🖪 Verkehrsverein, Am Markt, ⌧ 21335, 𝄞 3 22 00, Fax 309598.

ADAC, Egersdorffstr. 1, ⌧ 21335, 𝄞 3 20 20, Fax 32031.

◆Braunschweig 116 ③ – ◆Bremen 132 ① – ◆Hamburg 55 ①.

Stadtplan siehe gegenüberliegende Seite

🏨 **Bargenturm,** Lambertiplatz, ⌧ 21335, 𝄞 72 90, Fax 729499, 🍽 – 📳 📺 🚗 – 🔏 40.
🆎 ⓞ 🅴 𝘝𝘐𝘚𝘈   Z **b**
Menu à la carte 43/64 – **40 Z** 151/249.

🏨 **Seminaris,** Soltauer Str. 3, ⌧ 21335, 𝄞 71 30, Fax 713128, direkter Zugang zum Kurzentrum – 📳 🈺 Zim 🍽 Rest 📺 🚗 – 🔏 250. 🆎 ⓞ 🅴 𝘝𝘐𝘚𝘈. 🈺 Rest   Z **e**
Menu à la carte 34/60 *(auch vegetarische Gerichte)* – **185 Z** 135/215, 7 Suiten.

🏨 **Bergström,** Bei der Lüner Mühle, ⌧ 21335, 𝄞 30 80, Fax 308499, ≼, 🍽, 🅴𝘀 – 📳 🈺 Zim
📺 ⏃ 🚗 🅿 – 🔏 40. 🆎 ⓞ 🅴 𝘝𝘐𝘚𝘈   Υ **t**
Menu à la carte 45/67 – **68 Z** 176/233.

🏩 **Residenz,** Munstermannskamp 10, ⌧ 21335, 𝄞 4 50 47, Fax 401637, 🍽 – 📳 📺 ☎ 🚗
🅿. 🆎 ⓞ 🅴 𝘝𝘐𝘚𝘈 𝖩𝖢𝖡   über Uelzener Str.   Z
Menu à la carte 48/81 – **35 Z** 115/210.

🏩 **Bremer Hof** 🖋, Lüner Str. 13, ⌧ 21335, 𝄞 3 60 77, Fax 38304 – 📳 📺 ☎ 🅿. 🆎 ⓞ 🅴
𝘝𝘐𝘚𝘈   Υ **v**
Menu à la carte 30/58 – **56 Z** 103/205.

🏠 **Heiderose,** Uelzener Str. 29, ⌧ 21335, 𝄞 4 44 10, Fax 48357 – 📺 ☎ 🅿. 🈺
◆ **Menu** *(Samstag geschl.)* à la carte 23/41 – **22 Z** 68/130. über Uelzener Straße   Z

✗✗ **Zum Heidkrug** mit Zim, Am Berge 5, ⌧ 21335, 𝄞 3 12 49, Fax 37688, 🍽, « Gotischer Backsteinbau a.d. 15. Jh. » – 📺 ☎ 🚗. 🆎 ⓞ 🅴 𝘝𝘐𝘚𝘈   Υ **s**
Menu *(Donnerstag geschl.)* à la carte 44/70 – **7 Z** 90/145.

✗✗ **Ratskeller,** Am Markt 1, ⌧ 21335, 𝄞 3 17 57, Fax 34526 – 🆎 🅴 𝘝𝘐𝘚𝘈   Υ **R**
Mittwoch und 8.- 22. Jan. geschl. – **Menu** à la carte 31/68.

✗ **Kronen-Brauhaus** (Brauerei-Gaststätte mit Museum), Heiligengeiststr. 39, ⌧ 21335, 𝄞 71 32 00, Fax 41861, Biergarten – 🆎 ⓞ 🅴 𝘝𝘐𝘚𝘈   Z **u**
Menu à la carte 33/63.

574

LÜNEBURG

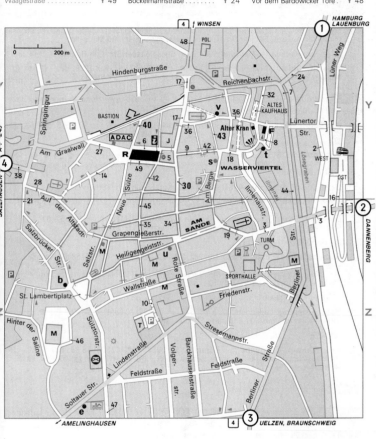

An der B 4 ① : 4 km :

🏠 **Motel Landwehr,** Hamburger Str. 37, ✉ 21339 Lüneburg, ✆ (04131) 12 10 24, Fax 121576, 🏤, 🏊 (geheizt), 🌳 – 📺 ☎ 🕭 🚗 🅿 ⑩ 🇪 *VISA* 🛇
23. Dez.- Jan. geschl. – **Menu** *(Sonn- und Feiertage geschl.)* (nur Abendessen) à la carte 36/59 – **34 Z** 79/230.

In Brietlingen ① : 10 km :

🏠 **Landhotel Franck,** an der B 209, ✉ 21382, ✆ (04133) 4 00 90, Fax 400933, 🏤, 🏊, 🌳, 🍽 – 📺 ☎ 🚗 🅿 – 🕿 120. 🇦🇪 ⑩ 🇪 *VISA*
Menu à la carte 31/63 – **33 Z** 75/200.

In Deutsch-Evern ③ : 7 km :

🟢 **Niedersachsen,** Bahnhofstr. 1, ✉ 21407, ✆ (04131) 7 93 74, Fax 79726, « Gartenterrasse » – 🅿 – 🕿 60. ⑩ 🇪 *VISA*
Donnerstag geschl. – **Menu** à la carte 35/58.

In Embsen SW : 10 km über Soltauer Str. Z :

⚘ **Stumpf** (mit Gästehaus), Ringstr.6, ✉ 21409, ℘ (04134) 2 15, Fax 8343, ⌂, « Historische Sammlungen », 🖙 – ⟨⟩ ⓟ. 🍽 Zim
Menu *(Montag nur Abendessen)* à la carte 24/42 – **17 Z** 55/120.

In Reinstorf ② : 13 km :

🏨 ❀ **Hof Reinstorf** 🍃 (restaurierte Hofanlage a.d. 19. Jh. mit modernem Hotelbau), Alte Schulstr. 6, ✉ 21400, ℘ (04137) 80 90, Fax 809100, ⌂, Massage, 🖙, 🖙, 🛁 – 🛎 🍽 Zim
📺 ⟨⟩ ⓟ – 🛎 300. 🖭 ⓞ ⓔ 𝓥𝓘𝓢𝓐. 🍽 Rest
Vitus (wochentags nur Abendessen, Montag - Dienstag geschl.) **Menu** à la carte 62/77 – **81 Z** 138/216.
Spez. Steinbutt mit Krabben und Schnittlauchsauce, Rehbockrücken in der Schwarzbrotkruste mit Balsamessigjus, Gefüllte Schokoladen blätter mit Beeren und Minzsahne.

In Südergellersen-Heiligenthal SW : 6 km über Soltauer Str. Z, in Rettmer rechts ab :

✗ **Wassermühle** (mit Gästehaus), ✉ 21394, ℘ (04135) 71 57, Fax 7028, ⌂ – 📺 ☎ ⓟ
Menu *(Dienstag geschl.)* (wochentags nur Abendessen) à la carte 33/59 – **11 Z** 85/129.

LÜNEN Nordrhein-Westfalen 🗺️ 🗺️ F 12, 🗺️ ⑭ – 90 000 Ew – Höhe 45 m – ❀ 02306.
◆Düsseldorf 94 – Dortmund 15 – Münster (Westfalen) 50.

🏨 **Am Stadtpark,** Kurt-Schumacher-Str. 43, ✉ 44532, ℘ 2 01 00, Fax 2010555, ⌂, 🛁, 🖙, 🖙 – 🛎 🍽 Zim 📺 ☎ ⟨⟩ ⓟ – 🛎 300. 🖭 ⓞ ⓔ 𝓥𝓘𝓢𝓐 𝓙𝓒𝓑
Menu à la carte 39/69 – **70 Z** 149/198, 5 Suiten.

🏨 **Zur Persiluhr,** Münsterstr. 25, ✉ 44534, ℘ 6 19 31, Fax 5810, ⌂ – 🛎 📺 ☎ ⓟ. 🍽
20. Dez.- 10. Jan. geschl. – **Menu** *(Samstag, Sonn- und Feiertage geschl.)* à la carte 30/45 – **20 Z** 101/155.

Beim Schloß Schwansbell SO : 2 km über Kurt-Schumacher-Straße :

✗✗ ❀ **Schwansbell,** Schwansbeller Weg 32, ✉ 44532 Lünen, ℘ (02306) 20 68 10, Fax 23454, ⌂ – ⓟ
Samstag - Sonntag nur Abendessen, Montag geschl. – **Menu** à la carte 57/81
Spez. Gemüeseterrinen, Lachsstroganoff, Variation von Lamm, Ente und Kalb.

An der B 236 NW : 4 km :

🏨 **Siebenpfennigsknapp,** Borker Str. 281, ✉ 44534 Lünen, ℘ (02306) 58 68, Fax 5851, ⌂ – ☎ ⟨⟩ ⓟ. 🖭 ⓔ
Juli - Aug. 3 Wochen geschl. – **Menu** *(Freitag geschl.)* (Montag - Donnerstag nur Abendessen) à la carte 22/53 – **23 Z** 55/125.

In Selm NW : 12 km :

🏨 **Haus Knipping,** Ludgeristr. 32, ✉ 59379, ℘ (02592) 30 09, Fax 24752 – 📺 ☎ ⓟ
Menu *(Mittwoch geschl.)* à la carte 36/55 – **18 Z** 75/130.

In Selm-Cappenberg N : 5 km :

🏨 **Kreutzkamp,** Cappenberger Damm 3, ✉ 59379, ℘ (02306) 58 89, Fax 5880, ⌂, « Historisches Restaurant in altdeutschem Stil » – 📺 ☎ ⟨⟩ ⓟ – 🛎 100. 🖭 ⓞ ⓔ
Menu *(Montag geschl.)* à la carte 35/74 – **15 Z** 120/160.

LÜSSE Brandenburg siehe Belzig.

LÜTJENBURG Schleswig-Holstein 🗺️ O 4, 🗺️ ⑤ ⑥ – 6 000 Ew – Höhe 25 m – Luftkurort – ❀ 04381 – 🛈 Verkehrsamt, Markt 12, ✉ 24321, ℘ 91 49, Fax 9124.
◆Kiel 34 – ◆Lübeck 75 – Neumünster 56 – Oldenburg in Holstein 21.

🏨 **Ostseeblick** 🍃 garni, Am Bismarckturm, ✉ 24321, ℘ 66 88, Fax 7240, ≤, 🖙, 🖙 – 🍽 Zim ☎ ⓟ – *Anfang Jan.- Mitte Feb. geschl.* – **26 Z** 95/165.

✗ **Bismarckturm,** Vogelberg 3, ✉ 24321, ℘ 79 21, ≤, ⌂ – ⓟ. 🖭 ⓞ ⓔ 𝓥𝓘𝓢𝓐
Jan. nur am Wochenende geöffnet, Feb.- März Montag geschl. – **Menu** à la carte 35/58.

In Panker N : 4,5 km :

✗ **Ole Liese** 🍃 mit Zim, ✉ 24321, ℘ (04381) 43 74, ⌂, « Historischer Gasthof a.d.J. 1797 » – ⓟ
Jan.- Feb. geschl. – **Menu** *(Montag geschl.)* à la carte 39/61 – **5 Z** 80/150.

✗ ❀ **Forsthaus Hessenstein,** beim Hessenstein (W : 3 km), ✉ 24321, ℘ (04381) 94 16, ⌂ – ⓟ
Jan.- Feb. nur Freitag - Sonntag geöffnet ; Montag, Okt.- Mai auch Dienstag sowie Nov. 3 Wochen geschl. – **Menu** (wochentags nur Abendessen) 80/140
Spez. Bachsaibling auf Pistazienbutter, Rehrücken mit Pumpernickelkruste, Melonenkaltschale mit Beaumes de Venise.

Schleswig-Holstein **411** O 6 – 2 500 Ew – Höhe 50 m – ✆ 04154 (Trittau).

🏌 Hoisdorf-Hof Bornbek (W : 2 km), ℘ (04107) 78 31 ; 🏌 Großensee (S : 5 km), ℘ (04154) 64 73.

◆Kiel 85 – ◆Hamburg 30 – ◆Lübeck 43.

🏠 **Fischerklause** ◇, Am See 1, ⊠ 22952, ℘ 71 65, Fax 75185, ≤ Lütjensee, « Terrasse am See » – 📺 ☎ 🅿. 🗲
Jan. geschl. – **Menu** *(Donnerstag geschl.)* à la carte 48/76 – **15 Z** 95/160.

XX **Forsthaus Seebergen** ◇ mit Zim (und Gästehäusern), ⊠ 22952, ℘ 7 92 90, Fax 70645, ≤, « Terrasse am See » – 📺 ☎ 🅿. 🝆 ① 🗲
Menu *(Montag geschl.)* à la carte 50/85 – **12 Z** 65/185.

XX **Seehof** ◇ (mit Gästehaus), Seeredder 22, ⊠ 22952, ℘ 71 00, Fax 7101, Damwildgehege, « Gartenterrasse am See mit ≤ », 🐎 – 📺 ☎ 🅿. 🗲
1.- 25. Feb. geschl. – **Menu** à la carte 35/79 – **6 Z** 95/190.

Bayern siehe Wunsiedel.

Thüringen **414** E 13 – 1 600 Ew – Höhe 420 m – ✆ 036257.

🛈 Fremdenverkehrsbüro, Friedrich-Engels-Str. 80, ⊠ 99885, ℘ 3 22.

Erfurt 49 – Bad Hersfeld 115 – Coburg 78.

🏠 **Der Berghof** ◇, Langenburgstr. 18, ⊠ 99885, ℘ 37 70, Fax 377444, ≊ – 🛗 🎇 Zim 📺 ☎ 🕭 🅿 – 🛦 65. 🝆 ① 🗲 🝛
Menu à la carte 29/59 – **105 Z** 100/240.

🏠 **Libelle**, Karl-Marx-Str. 44, ⊠ 99885, ℘ 2 18, Fax 218 – 📺 🅿
➜ **Menu** *(Freitag geschl.)* à la carte 18/33 – **15 Z** 45/70.

Niedersachsen **411** N 11 – 2 800 Ew – Höhe 165 m – ✆ 05383.

◆Hannover 70 – ◆Braunschweig 40 – Goslar 21.

🏠 **Kammerkrug** (mit Gästehaus Barenberger Hof), Frankfurter Str. 1, ⊠ 38729, ℘ 2 51 – 📺 🅿
Menu à la carte 26/51 – **16 Z** 45/80.

Schleswig-Holstein **411** MN 2 – 600 Ew – Höhe 5 m – ✆ 04642.

◆Kiel 71 – Flensburg 36 – Schleswig 68.

🏠 **Martensen - Maasholm** ◇, Hauptstr. 38, ⊠ 24404, ℘ 60 42, Fax 69137 – 📺 ☎ 🅿. 🝆 ① 🗲 🝛
Jan.- Feb. 4 Wochen geschl. – **Menu** *(Nov.- Ostern Montag geschl.)* à la carte 27/59 – **16 Z** 90/120.

🛄 Sachsen-Anhalt **414** G 9, **984** ⑮, **987** ⑯ – 289 000 Ew – Höhe 55 m – ✆ 0391.
Sehenswert : Dom✱✱✱ (Jungfrauen-Portal : Statuen✱✱, Statue✱ des Hl. Mauritius, Bronze-Grabplatten✱✱, Thronendes Herrscherpaar✱, Deckplatte✱ der Tumba des Erzbischofs Ernst) Z – Kloster Unser Lieben Frauen✱✱ (Kreuzgang✱) Z.

🛈 Magdeburg-Information, Alter Markt 12, ⊠ 39104, ℘ 5 41 47 04, Fax 5414830.

ADAC, Walther-Rathenau-Str. 30, ⊠ 39106, ℘ 5 61 66 44, Fax 5616646.

◆Berlin 145 ② – ◆Braunschweig 89 ⑤ – Dessau 63 ②.

Stadtpläne siehe nächste Seiten

🏨 **Herrenkrug** ◇, Herrenkrugstr. 194, ⊠ 39114, ℘ 8 50 80, Fax 8508501, 🎇, ≊ – 🛗 🎇 Zim 📺 🕭 🅿 – 🛦 300. 🝆 ① 🗲 🝛   über Herrenkrugstraße   R
Menu à la carte 32/62 – **158 Z** 225/570.

🏨 **Upstalsboom Hotel Ratswaage**, Ratswaageplatz 1, ⊠ 39104, ℘ 5 92 60, Fax 5619615, ≊, 🖾, 🖳 – 🛗 🎇 Zim 📺 🕭 – 🛦 270. 🝆 ① 🗲 🝛. 🎇 Rest   Y a
Menu à la carte 31/61 – **174 Z** 238/346, 7 Suiten.

🏠 **Plaza Hotel**, Halberstädter Str. 146, ⊠ 39112, ℘ 6 05 10, Fax 601469, ≊ – 🛗 🎇 Zim 📺 ☎ 🖘 🅿 – 🛦 100. 🝆 ① 🗲 🝛   S e
Menu à la carte 29/56 – **104 Z** 150/250.

🏠 **InterCity Hotel**, Bahnhofstr. 69, ⊠ 39104, ℘ 5 96 20, Fax 5962499 – 🛗 🎇 📺 ☎ 🅿 – 🛦 80. 🝆 ① 🗲 🝛   Y d
Menu à la carte 31/52 – **175 Z** 180/226.

🏠 **Residenz Joop** ◇ garni, Jean-Burger-Str. 16, ⊠ 39112, ℘ 6 26 20, Fax 6262100, « Ehemalige Villa mit geschmackvoller Einrichtung » – 🛗 🎇 📺 ☎ 🖘. 🝆 🗲 🝛 S x
Ende Dez.- Anfang Jan. geschl. – **25 Z** 165/270.

🏠 **Goethestrasse**, Goethestr. 49, ⊠ 39108, ℘ 34 47 77, Fax 33577, Biergarten – 📺 ☎ – 🛦 45. 🎇 Rest
30 Z, 4 Suiten.   S t

MAGDEBURG

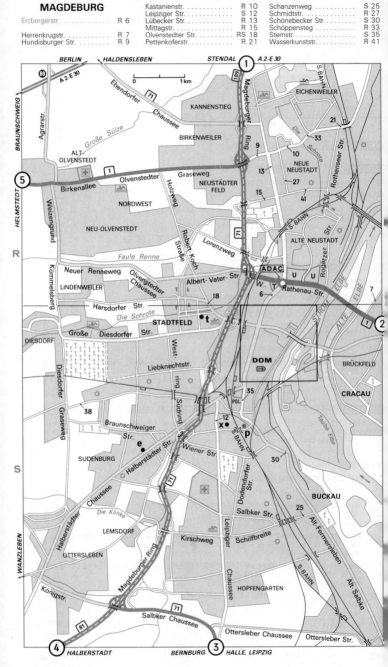

Die Stadtpläne sind eingenordet (Norden = oben).

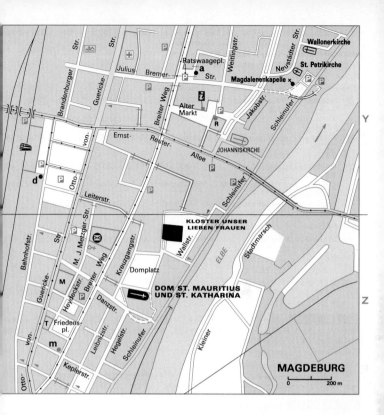

XX **La Fortuna,** Erich-Weinert-Str. 27, ⊠ 39104, ℘ 3 19 91, Fax 684850, 🛱 – 🅿. 🖭 ⊙ E
VISA
S p
Menu (italienische Küche) à la carte 33/62.

XX **Savarin,** Breiter Weg 226, ⊠ 39104, ℘ 34 47 10, Fax 30187 – ⥲. 🖭 E VISA. ⅍   Z m
Sonntag geschl. – **Menu** (Tischbestellung ratsam) à la carte 34/65.

XX **Ratskeller,** Alter Markt, ⊠ 39104, ℘ 5 68 23 23, Fax 5682399 – 🖭 ⊙ E VISA   Y R
Menu à la carte 31/47.

In Biederitz-Heyrothsberge ② : 5 km :

🏠 **Zwei Eichen** garni, Königsborner Str. 17a, ⊠ 39175, ℘ (039292) 2 78 82, Fax 27882 – 📺
🕾 🅿. 🖭 E VISA
20 Z 130/205.

In Beyendorf ③ : 8 km :

🏠 **Classik Hotel,** Leipziger Chaussee 13, ⊠ 39171, ℘ 6 29 00, Fax 6290519, ⥱ – 🛗 ⥲ Zim
📺 🕾 🕹 ⥤ 🅿 – 🔬 60. 🖭 ⊙ E VISA. ⅍ Rest
Menu à la carte 34/63 – **109 Z** 190/250.

MAHLBERG Baden-Württemberg 413 G 22, 242 ㉘ – 3 300 Ew – Höhe 170 m – 🕓 07825.
◆Stuttgart 173 – ◆Freiburg im Breisgau 40 – ◆Karlsruhe 98 – Strasbourg 51.

🏠 **Löwen,** Karl-Kromer-Str. 8, ⊠ 77972, ℘ 10 06, Fax 2830, 🛱 – 📺 🕾 ⥤ 🅿 – 🔬 30. 🖭
⊙ E VISA
Menu *(Samstag nur Abendessen)* à la carte 51/82 ⅃ – **27 Z** 85/200.

MAHLOW Brandenburg – 4 900 Ew – Höhe 60 m – 🕓 03379.
ʹotsdam 48 – Berlin 17.

🏠 **Mahlow** garni, Bahnhofstr. 3, ⊠ 15831, ℘ 33 60, Fax 336400 – 🛗 📺 🕾. 🖭 ⊙ E
VISA
105 Z 150/180.

579

MAIKAMMER Rheinland-Pfalz 💠 💠 H 19, 💠 ⑧, 💠 ① – 3 700 Ew – Höhe 180 m – Erholungsort – ☎ 06321 (Neustadt an der Weinstraße).

Sehenswert : Alsterweilerer Kapelle (Flügelaltar★).

Ausflugsziel : Kalmit★ ☀★ NW : 6 km.

🗓 Verkehrsamt, Marktstr. 1, ⌧ 67487, ✆ 58 99 17, Fax 58999.

Mainz 101 – Landau in der Pfalz 15 – Neustadt an der Weinstraße 6.

🏠 **Immenhof,** Immengartenstr. 26, ⌧ 67487, ✆ 5 80 01, Fax 58004, 🍴, 🍸 – 📺 ☎ 🕭 🅿
– 🔬 30. 🝙 ⓞ 🝗 🝥
   Menu *(Montag und Mitte Dez.- Mitte Jan. geschl., Sonntag nur Mittagessen)* à la carte
   27/54 🍷 – **35 Z** 85/124.

🏠 **Motel am Immengarten** garni, Marktstr. 71, ⌧ 67487, ✆ 55 18, Fax 5510, 🍴 – ☎ 🅿
   ⓞ 🝥 ☄
   24. Dez.- 10. Jan. geschl. – **13 Z** 74/109.

🏠 **Goldener Ochsen,** Marktstr. 4, ⌧ 67487, ✆ 5 81 01, Fax 58673 – 🛗 📺 🅿 – 🔬 25. ⓞ
   🝥
   20. Dez.- Jan. geschl. – **Menu** *(Donnerstag geschl., Freitag nur Abendessen)* à la carte
   29/61 🍷 – **24 Z** 65/120.

🏠 **Gästehaus Mandelhöhe** 🦢 garni, Maxburgstr. 9, ⌧ 67487, ✆ 5 99 82 – 🅿
   April - Nov. – **10 Z** 38/80.

Außerhalb W : 2,5 km :

🏠 **Waldhaus Wilhelm** 🦢, Kalmithöhenstr. 6, ⌧ 67487, ✆ (06321) 5 80 44, Fax 58564, 🍴,
   🍴 – 📺 ☎ 🅿. 🝙 ⓞ 🝗 🝥 ☄ Zim
   Menu *(Montag geschl.)* à la carte 37/70 🍷 – **26 Z** 65/150.

In Kirrweiler O : 2,5 km :

🏠 **Zum Schwanen,** Hauptstr. 3, ⌧ 67489, ✆ (06321) 5 80 68 – 📺 🅿
   Ende Jan.- Mitte Feb. geschl. – **Menu** *(Mittwoch geschl., Donnerstag nur Abendessen)*
   à la carte 27/59 🍷 – **17 Z** 50/90.

MAINAU (Insel) Baden-Württemberg 💠 K 23, 💠 L 2, 💠 ⑩ – Insel im Bodensee (tagsüber für PKW gesperrt, Eintrittspreis bis 18 Uhr 11 DM, ab 18 Uhr Zufahrt mit PKW möglich) – Höhe 426 m – ☎ 07531 (Konstanz).

Sehenswert : ''Blumeninsel''★★.

◆Stuttgart 191 – ◆Konstanz 7 – Singen (Hohentwiel) 34.

🍴 **Schwedenschenke,** ⌧ 78465, ✆ 30 31 56, Fax 303167, 🍴 – 🝙 ⓞ 🝗 🝥
   Nov.- März Sonntag nur Mittagessen – **Menu** à la carte 39/65.

MAINBERNHEIM Bayern siehe Iphofen.

MAINBURG Bayern 💠 S 21, 💠 ㉟ – 11 800 Ew – Höhe 456 m – ☎ 08751.

🏌 🏌 Rudelzhausen-Weihern (S : 8 km), ✆ (08756) 15 61.

◆München 69 – Ingolstadt 44 – Landshut 34 – ◆Regensburg 53.

🍴 **Espert-Klause,** Espertstr. 7, ⌧ 84048, ✆ 13 42 – ☄
→ Montag und Mitte Aug.- Mitte Sept. geschl. – **Menu** à la carte 24/43 🍷.

MAINHARDT Baden-Württemberg 💠 L 19 – 4 700 Ew – Höhe 500 m – Luftkurort – ☎ 07903.

🗓 Rathaus, Hauptstraße, ⌧ 74535, ✆ 91 50 26.

◆Stuttgart 53 – Heilbronn 35 – Schwäbisch Hall 16.

In Mainhardt-Ammertsweiler NW : 4 km :

🏡 **Zum Ochsen,** Löwensteiner Str. 15 (B 39), ⌧ 74535, ✆ 23 91, Fax 7618, 🍸, 🍴 – 🚗 🅿
→ Jan. 3 Wochen geschl. – **Menu** *(Montag geschl.)* à la carte 21/46 🍷 – **23 Z** 40/140.

In Mainhardt-Stock O : 2,5 km :

🏠 **Löwen,** an der B 14, ⌧ 74535, ✆ 93 10, Fax 1498, 🍴, 🍸, 🔲, 🍴 – 🛗 📺 ☎ 🚗 🅿
→ – 🔬 120 – **Menu** à la carte 23/45 🍷 – **40 Z** 85/138.

MAINTAL Hessen 💠 💠 J 16 – 40 000 Ew – Höhe 95 m – ☎ 06181.

◆Wiesbaden 53 – ◆Frankfurt am Main 13.

In Maintal-Bischofsheim :

🏠 **Hübsch** 🦢, Griesterweg 12, ⌧ 63477, ✆ (06109) 6 40 06, Fax 64009 – ▤ 📺 ☎ 🅿 – 🔬 30.
   🝙 ⓞ 🝗 🝥
   24. Dez.- 2. Jan. geschl. – **Menu** *(Juli 2 Wochen und außer Messen Samstag geschl.,
   Sonntag nur Mittagessen)* 43/108 und à la carte 55/84 – **80 Z** 138/300.

🍴🍴 **Ratsstuben,** Dörnigheimer Weg 21 (Bürgerhaus), ⌧ 63477, ✆ (06109) 6 36 84, Fax 68680,
   🍴 – 🅿 – 🔬 300. 🝙 🝗
   Sonntag nur Mittagessen, Montag und Juni-Juli 2 Wochen geschl. – **Menu** à la carte 46/78.

In Maintal-Dörnigheim :

🏨 **Doorm Hotel,** Westendstr. 77, ☒ 63477, ℰ (06181) 94 80, Fax 948277, Massage, Bade-
landschaft, 🛌 – 📶 ⧗ Zim 📺 🕿 🖭 ⧫ 🅿 – 🔬 90. ☒ ⓞ ⋿ 🆅🆂🅰
Menu à la carte 30/64 – **140 Z** 180/490.

🏠 **Zum Schiffchen** ⧫, Untergasse 21, ☒ 63477, ℰ (06181) 9 40 60, Fax 940616, ≤, ⧢ –
📺 🕿 🅿
26. Dez.- 11. Jan. geschl. – **Menu** *(Sonntag nur Mittagessen, Samstag und Juli 3 Wochen
geschl.)* (wochentags nur Abendessen) à la carte 39/74 – **29 Z** 80/135.

XXX ⊛ **Hessler** mit Zim, Am Bootshafen 4, ☒ 63477, ℰ (06181) 4 30 30, Fax 430333 – 📺 🕿
🖭. ☒ ⋿ 🆅🆂🅰. ⧫ Rest
Juli 3 Wochen geschl. – **Menu** *(Sonntag - Montag geschl.)* (Tischbestellung ratsam, bemer-
kenswerte Weinkarte) 62 (mittags) und à la carte 88/129 – **7 Z** 180/380
Spez. Gebratene Langustinen mit Lauchgemüse und Ingwersauce, Taube im Strudelteig mit zwei-
erlei Saucen, Lammrücken auf Linsen mit Kreuzkümmeljus.

MAINZ 🅻 Rheinland-Pfalz 🔢 🔢 H 17. 🔢 ㉔ – 186 000 Ew – Höhe 82 m – ✪ 06131.

Sehenswert : Gutenberg-Museum★★ (Gutenberg-Bibel★★★) Z **M1** – Leichhof ≤★★ auf den Dom
Z – Dom★ (Grabdenkmäler der Erzbischöfe★, Kreuzgang★) – Mittelrheinisches Landesmuseum★
Z **M3** – Römisch-Germanisches Museum★ BV **M2** – Ignazkirche (Kreuzigungsgruppe★) BY –
Stefanskirche (Chagall-Fenster★★ Kreuzgang★) ABY.

Ausstellungsgelände Stadtpark BY, ℰ 8 10 44.

🛈 Verkehrsverein, Bahnhofstr. 15, ☒ 55116, ℰ 28 62 10, Fax 2862155.

ADAC, Große Langgasse 3a, ☒ 55116, ℰ 23 46 01, Fax 237314.

♦Frankfurt am Main 42 ② – ♦Mannheim 82 ⑤ – ♦Wiesbaden 13 ⑧.

Stadtplan siehe nächste Seite

🏨🏨 **Hilton International** (mit Rheingoldhalle), Rheinstr. 68, ☒ 55116, ℰ 24 50, Telex 4187570,
Fax 245589, ≤, ⧢, Massage, 🛌 – 📶 🔲 📺 ⅄ ⬅ 🅿 – 🔬 1500. ☒ ⓞ ⋿ 🆅🆂🅰
🅹🅲🅱 Z **k**
– *Rheingrill (wochentags nur Abendessen, Montag-Dienstag geschl.)* **Menu** à la carte
58/71 – **Römische Weinstube :** **Menu** à la carte 30/58 – **435 Z** 288/566, 3 Suiten.

🏨🏨 **Mainz City Hilton,** Münsterstr. 11, ☒ 55116, ℰ 27 80, Fax 278567, ⧢ – 📶 ⧗ Zim 🔲
📺 ⬅ – 🔬 20. ☒ ⓞ ⋿ 🆅🆂🅰 🅹🅲🅱 Z **v**
Menu à la carte 41/76 – **126 Z** 230/360.

🏨 **Favorite Parkhotel,** Karl-Weiser-Str. 1, ☒ 55131, ℰ 8 01 50, Fax 8015420, ≤ – 📶 📺 🕿
⬅ 🅿 – 🔬 150. ☒ ⓞ ⋿ 🆅🆂🅰 BY **k**
Menu *(Samstag geschl.)* à la carte 37/72 – **46 Z** 198/265.

🏨 **Mainzer Hof** garni, Kaiserstr. 98, ☒ 55116, ℰ 28 89 90, Fax 228255, 🛌 – 📶 📺 🕿 – 🔬 35.
☒ ⓞ ⋿ 🆅🆂🅰 AV **e**
99 Z 149/290.

🏨 **Europahotel,** Kaiserstr. 7, ☒ 55116, ℰ 97 50, Fax 975555 – 📶 ⧗ Zim 🔲 Rest 📺 🕿 –
🔬 120. ☒ ⓞ ⋿ 🆅🆂🅰 🅹🅲🅱 AX **r**
Menu à la carte 51/72 – **89 Z** 197/370, 3 Suiten.

🏨 **Hammer** ⧫ garni, Bahnhofsplatz 6, ☒ 55116, ℰ 61 10 61, Fax 611065, 🛌 – 📶 📺 🕿
⬅ – 🔬 30. ☒ ⓞ ⋿ 🆅🆂🅰 AX **z**
23. Dez.- 1. Jan. geschl. – **40 Z** 150/200.

🏨 **Central-Hotel Eden,** Bahnhofsplatz 8, ☒ 55116, ℰ 67 40 01, Fax 672806 – 📶 📺 🕿. ☒
ⓞ ⋿ 🆅🆂🅰 🅹🅲🅱 AX **h**
23. Dez.- 3. Jan. geschl. – **Menu** siehe Rest. *L'échalote* separat erwähnt – **60 Z** 150/270.

🏨 **Ibis,** Holzhofstr. 2 /Ecke Rheinstraße (B 9), ☒ 55116, ℰ 24 70, Fax 234126 – 📶 ⧗ Zim
📺 ⅄ ⬅ – 🔬 70. ☒ ⓞ ⋿ 🆅🆂🅰 BY **b**
Menu à la carte 32/56 – **144 Z** 134/178.

🏠 **Moguntia** ⧫ garni, Nackstr. 48, ☒ 55118, ℰ 67 10 41, Fax 671058 – 📶 📺 🕿 ⬅. ☒
ⓞ ⋿ 🆅🆂🅰 AV **a**
18 Z 112/155.

🏠 **Stiftswingert** garni, Am Stiftswingert 4, ☒ 55131, ℰ 8 24 41, Fax 832478 – 📺 🕿 🅿. ☒
ⓞ ⋿ 🆅🆂🅰 BY **w**
über Weihnachten geschl. – **30 Z** 138/240.

🏠 City-Hotel Neubrunnenhof garni, Große Bleiche 26, ☒ 55116, ℰ 23 22 37, Fax 232240 – 📶
📺 🕿 🅿 Z **q**
42 Z

🏠 **Schottenhof** garni, Schottstr. 6, ☒ 55116, ℰ 23 29 68, Fax 221970 – 📶 📺 🕿. ☒ ⓞ ⋿
🆅🆂🅰 AX **s**
38 Z 118/179.

🏠 **Stadt Mainz** garni, Frauenlobstr. 14, ☒ 55118, ℰ 67 40 84, Fax 677230, 🛌 – 📶 📺 🕿.
☒ ⓞ ⋿ 🆅🆂🅰 AX **e**
20. Dez.- 6. Jan. geschl. – **45 Z** 125/190.

14

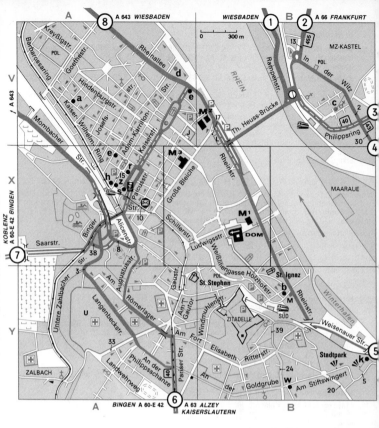

MAINZ

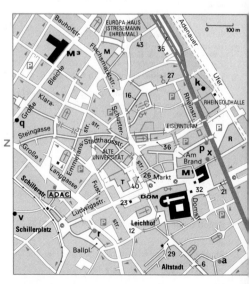

XXX **Drei Lilien,** Ballplatz 2, ⌧ 55116, ✆ 22 50 68, Fax 237723 – 💳 ⓪ 🅴 💳   Z **r**
Sonntag-Montag geschl. – **Menu** (Tischbestellung ratsam) à la carte 66/88.

XXX **L'échalote** - Central-Hotel Eden, Bahnhofsplatz 8, ⌧ 55116, ✆ 61 43 31, Fax 672806 – 💳
⓪ 🅴 💳 🆓   AX **h**
Sonntag und 26. Dez.- 10. Jan. geschl. – **Menu** (nur Abendessen) à la carte 75/98.

XX **Meißner's Restaurant im Leininger Hof,** Weintorstr.6 (Eingang Kappelhofgasse),
⌧ 55116, ✆ 22 84 84, Fax 234541, « Restaurant in einem Gewölbekeller »   Z **a**
Sonn- und Feiertage sowie über Fastnacht 1 Woche geschl. – **Menu** (nur Abendessen,
Tischbestellung ratsam) à la carte 68/85.

XX **Rats- und Zunftstuben Heilig Geist,** Rentengasse 2, ⌧ 55116, ✆ 22 57 57, Fax 236143,
🍴, « Kreuzrippengewölbe a.d. 13. Jh. » – 💳 ⓪ 🅴 💳   Z **x**
Sonntag nur Mittagessen, Montag geschl. – **Menu** à la carte 36/65 ☖.

XX **Geberts Weinstuben,** Frauenlobstr. 94, ⌧ 55118, ✆ 61 16 19, Fax 611662 – 💳 ⓪ 🅴 💳
Nur Abendessen, Samstag und Juli 3 Wochen geschl. – **Menu** à la carte 41/73
☖.   AV **d**

X **Man-Wah,** Am Brand 42, ⌧ 55116, ✆ 23 16 69, Fax 220903, 🍴 – 💳 ⓪ 🅴 💳   Z **p**
Menu (chinesische Küche) à la carte 27/59.

In Mainz-Bretzenheim ⑥ : 3 km

🏨 **Novotel,** Essenheimer Str. 200, ⌧ 55128, ✆ 93 42 40, Telex 4187236, Fax 366755, 🍴, ⛴
– 📶 🍴 Zim 📺 ☎ ☖ ☻ – 🏛 250. 💳 ⓪ 🅴 💳
Menu à la carte 33/65 – **121 Z** 160/199.

🏨 **Römerstein** ☖ garni, Draiser Str. 136 f, ⌧ 55128, ✆ 93 66 60, Fax 9355335 – 📺 ☎ ☻.
💳 ⓪ 🅴 💳
15 Z 88/166.

In Mainz-Finthen ⑦ : 7 km :

🏨 **Atrium Hotel Kurmainz,** Flugplatzstr. 44, ⌧ 55126, ✆ 49 10, Fax 491128,
« Gartenterrasse », Massage, 🈺, ⛱, 🎾 – 📶 🍴 Zim 📺 ☻ ☻ – 🏛 60. 💳 ⓪ 🅴 💳.
🍴 Rest
22. Dez.- 8. Jan. geschl. – **Menu** *(Sonntag geschl.)* (nur Abendessen) à la carte 43/73 –
79 Z 160/290.

XX **Stein's Traube,** Poststr. 4, ⌧ 55126, ✆ 4 02 49 – 🅴 💳
Montag, 10. Feb.-5. März und Ende Juli - Anfang Aug. geschl. – **Menu** à la carte 28/65
☖.

X **Gänsthaler's Kuchlmasterei,** Kurmainzstr. 35, ⌧ 55126, ✆ 47 42 75, 🍴 – 🅴
Sonntag und Juli-Aug. 3 Wochen geschl. – **Menu** à la carte 45/73.

In Mainz-Gonsenheim ⑦ : 5 km :

XX Zum Löwen, Mainzer Str. 2, ⌧ 55124, ✆ 4 36 05
(abends Tischbestellung ratsam).

In Mainz-Hechtsheim S : 5 km über Hechtsheimer Straße BY :

🏨 **Hechtsheimer Hof** garni, Alte Mainzer Str. 31, ⌧ 55129, ✆ 50 90 16, Fax 509257 – 📺
☎ ☻ 💳 🅴 💳
Weihnachten - Neujahr geschl. – **24 Z** 105/175.

🏨 Am Hechenberg garni (mit Gästehaus), Am Schinnergraben 82, ⌧ 55129, ✆ 50 70 01,
Fax 507003, 🈺 – 📺 ☎ ☻
68 Z.

In Mainz-Kastel :

🏨 **Alina** garni, Wiesbadener Str. 124 (B 42), ⌧ 55252, ✆ (06134) 6 10 45, Fax 69312 – 📶 📺
☎ ☻ ☻. 💳 🅴 💳   über ①
Weihnachten - Anfang Jan. geschl. – **35 Z** 125/159.

XX Restaurant im Palais Rosella, Frankfurter Str. 16, ⌧ 55129, ✆ (06134) 66 66   BV **c**
(nur Abendessen, Tischbestellung erforderlich).

In Mainz-Weisenau SO : 3 km über Göttelmannstraße BY :

🏨 **Bristol Hotel Mainz** ☖, Friedrich-Ebert-Str. 20, ⌧ 55130, ✆ 80 60, Fax 806100, 🈺, ⛱
– 📶 🍴 Zim 🍽 Rest 📺 ☎ ☻ – 🏛 80. 💳 ⓪ 🅴 💳
Menu à la carte 35/69 – **72 Z** 175/280.

In Ginsheim-Gustavsburg ④ : 9 km :

🏨 **Rheinischer Hof** ☖, Hauptstr. 51 (Ginsheim), ⌧ 65462, ✆ (06144) 21 48, Fax 31765 – 📺
☎ ☻
Menu *(Sonntag nur Mittagessen, Montag und Aug. geschl.)* à la carte 34/62 – **25 Z** 100/180.

🏨 Alte Post garni, Dr.-Hermann-Str. 28 (Gustavsburg), ⌧ 65462, ✆ (06134) 7 55 50,
Fax 52645, 🈺, ⛱, 📺 ☎ ☻. 💳 🅴 💳. 🍴
24. Dez.- 4. Jan. geschl. – **38 Z** 80/180.

In Bodenheim ⑤ : 9 km :

🏛 **Landhotel Battenheimer Hof,** Rheinstr. 2, ✉ 55294, ℘ (06135) 70 90, Fax 70950, ☆ –
📞 – 🏖 35
Menu *(Montag geschl.)* (nur Abendessen) à la carte 25/45 ⅛ – **22 Z** 85/140.

🏛 **Gutsausschank Kapellenhof,** Kirchbergstr. 22, ✉ 55294, ℘ (06135) 22 57, Fax 1621 –
📺 ☎ 📞. ⚘
über Weihnachten und Neujahr geschl. – **Menu** *(Montag-Dienstag geschl.)* (nur Abendessen) à la carte 22/34 ⅛ – **14 Z** 60/110.

In Gau-Bischofsheim ⑥ : 10 km :

XXX **Weingut Nack,** Pfarrstr. 13, ✉ 55296, ℘ (06135) 30 43, Fax 8382, « Restaurant mit
geschmackvoller Einrichtung in einem ehem. Weinguts-Keller » – 📞. 🆎 ◑ ⊑ 💳
Dienstag geschl. – **Menu** (wochentags nur Abendessen) à la carte 60/88.

In Nieder-Olm ⑥ : 10 km :

🏨 **Dietrich** garni, Maler-Metten-Weg 20, ✉ 55268, ℘ (06136) 50 85, Fax 3887, ☎, ⬛ – ▮
📺 ☎ 🚗 📞 – 🏖 20. 🆎 ◑ ⊑ 💳. ⚘
29 Z 160/220.

🏛 **CB-Hotel** ⬗ garni, Backhausstr. 12, ✉ 55268, ℘ (06136) 75 55, Fax 7500 – 📺 ☎ 📞. 🆎
⊑ 💳 – **12 Z** 120/220.

In Stadecken-Elsheim ⑦ : 13 km :

🏛 **Christian** ⬗ garni, Christian-Reichert-Str. 3 (Stadecken), ✉ 55271, ℘ 36 11, Fax 6419, ☎,
⬛, 🌲 – 📺 ☎ 🚗 📞. ⊑ 💳
14 Z 98/189.

━━ **MAISACH** Bayern 🗺 Q 22, 🗺 ㊱ ㊲, 🗺 F 4 – 10 000 Ew – Höhe 516 m – ✪ 08141 (Fürstenfeldbruck).
♦München 29 – ♦Augsburg 46 – Landsberg am Lech 44.

🏕 **Strobel** garni, Josef-Sedlmayr-Str. 6, ✉ 82216, ℘ 9 05 31 – 📞
18. Dez.- 10. Jan. geschl. – **22 Z** 80/120.

━━ **MALCHIN** Mecklenburg-Vorpommern 🗺 K 4, 🗺 ⑦ – 9 800 Ew – Höhe 40 m – ✪ 03994.
🅱 Stadt-Information, Am Markt 1 (Rathaus) ✉ 17139, ℘ 64 05 55,.
Schwerin 108 – ♦Rostock 62.

🏛 **Marcus,** Am Markt 13, ✉ 17139, ℘ 63 26 85 – 📺 ☎ 📞
Menu à la carte 22/36 – **17 Z** 60/95.

An der Strasse nach Waren S : 3 km :

🏛 **Jägerhof** ⬗, Jägerhof 1, ✉ 17139, ℘ 2 05 30, Fax 210168, ☆ 📺 ☎ 📞. ⊑
Menu *(Montag - Freitag nur Abendessen)* à la carte 24/45 – **18 Z** 85/110.

━━ **MALCHOW** Mecklenburg-Vorpommern 🗺 J 5, 🗺 ⑪, 🗺 ⑦ – 8 000 Ew – Höhe 88 m –
✪ 039932.
🅱 Touristinformation, An der Drehbrücke, ✉ 17213, ℘ 8 31 86.
Schwerin 91 – Neubrandenburg 74 – ♦Rostock 79.

🏛 **Am Fleesensee** ⬗, Strandstr. 4a, ✉ 17213, ℘ 16 30, Fax 16310, ☆, 🌲 – 📺 ☎ 📞. ⊑
💳
2. - 22. Jan. Wochen geschl. – **Menu** *(Nov. - März Montag - Dienstag geschl.)* à la carte
24/42 – **11 Z** 80/140.

In Göhren-Lebbin O : 7 km :

🏨 **Schloß Blücher** ⬗, ✉ 17213, ℘ (039932) 1 75, Fax 17999, ☆, ☎, 🌲 – 📺 📞 – 🏖 120.
🆎 ⊑ 💳
Menu à la carte 45/80 – **50 Z** 160/290.

In Roez SO : 7 km :

🏛 **Zur Schmiede,** Malchower Str. 6a (B 192), ✉ 17213, ℘ (039932) 1 33 15, Fax 13319 –
⚘ Zim 📺 ☎ 📞. 🆎 ⊑ 💳
Menu à la carte 24/36 – **22 Z** 80/130.

Pleasant hotels or restaurants
are shown in the Guide by a red sign.   🏛🏛🏛 ... 🏛

Please send us the names
of any where you have enjoyed your stay.   XXXXX ... X

Your Michelin Guide will be even better.

MALENTE-GREMSMÜHLEN Schleswig-Holstein 411 O 4, 987 ⑤ ⑥ – 11 500 Ew – Höhe 35 m
– Kneippheilbad – Luftkurort – ✆ 04523.

🛈 Verkehrsverein, Pavillon am Bahnhof, ⊠ 23714, ✆ 30 96, Fax 3099.

◆Kiel 41 – ◆Lübeck 47 – Oldenburg in Holstein 36.

🏤 **Dieksee** ⑤, Diekseepromenade 13, ⊠ 23714, ✆ 99 50, Fax 995200, ≤,
« Gartenterrasse », 🐖 – 📳 📺 ⇔ 🅿 – 🔬 30
6. Jan.- 10. März geschl. – **Menu** à la carte 46/80 – **70 Z** 97/190.

🏤 **Weißer Hof,** Voßstr. 45, ⊠ 23714, ✆ 9 9250, Fax 6899, « Garten, Terrasse », ⇌, 🔲 –
📳 📺 ☎ 🅿. ❄ Rest
3.- 30. Nov. geschl. – **Menu** *(Dienstag geschl.)* à la carte 43/75 – **18 Z** 120/260, 3 Suiten
– ½ P 130/205.

🏤 **See-Villa** garni, Frahmsallee 11, ⊠ 23714, ✆ 18 71, Fax 7777, « Garten », ⇌ – 📺 ☎ 🅿
12 Z 110/190, 3 Suiten.

🏠 **Admiralsholm** ⑤, Schweizer Str. 60 (NO : 2,5 km), ⊠ 23714, ✆ 4 00 30, Fax 400331, ≤,
🏤, « Lage am See, Park », Massage, ⇌, 🔲, 🐎, 🐖 – ⇥ Zim 📺 ☎ 🅿 – 🔬 25.
❄ Rest
(auch vegetarische Gerichte) **– 20 Z**.

🏠 **Deutsches Haus,** Bahnhofstr. 71, ⊠ 23714, ✆ 14 05, Fax 6244, 🐖 – 🅿. ⪢ 🝙 𝑉𝐼𝑆𝐴
März und Nov. jeweils 3 Wochen geschl. – **Menu** à la carte 31/54 – **28 Z** 60/150 – ½
P 85/100.

🏠 **Raven** ⑤, Janusallee 16, ⊠ 23714, ✆ 33 56, Fax 1059, 🐖 – ⇔ 🅿. ❄
Mitte Jan.- Feb. geschl. – *(nur Abendessen für Hausgäste)* – **21 Z** 73/130 – ½ P 79/87.

☞ *When in a hurry use the Michelin Main Road Maps :*

970 Europe, 980 Greece, 984 Germany, 985 Scandinavia-Finland,
986 Great Britain and Ireland, 987 Germany-Austria-Benelux, 988 Italy,
989 France and 990 Spain-Portugal.

MALLERSDORF-PFAFFENBERG Bayern 413 T 20, 987 ㉗ – 6 000 Ew – Höhe 411 m – ✆ 08772.

◆München 100 – Landshut 31 – ◆Regensburg 38 – Straubing 28.

Im Ortsteil Steinrain :

🏠 **Steinrain,** ⊠ 84066, ✆ 3 66, 🏤 – 📺 ☎ ⇔ 🅿. 🝙
28. Dez.- 6. Jan. und Aug. 2 Wochen geschl. – **Menu** *(Samstag geschl.)* à la carte 18/32
🍴 – **11 Z** 48/110.

MALSCH Baden-Württemberg 413 HI 20 – 12 000 Ew – Höhe 147 m – ✆ 07246.

◆Stuttgart 90 – ◆Karlsruhe 18 – Rastatt 13.

In Malsch-Waldprechtsweier S : 3 km :

🏠 **Waldhotel Standke** ⑤, Talstr. 45, ⊠ 76316, ✆ 9 20 10, Fax 920155, 🏤, ⇌, 🔲, 🐖
– ☎ ⇔ 🅿 – 🔬 40. ⓞ 🝙 𝑉𝐼𝑆𝐴
23. Dez.- 10. Jan. geschl. – **Menu** *(Sonntag nur Mittagessen, Dienstag geschl.)* à la carte
32/65 – **28 Z** 75/156.

MALSFELD Hessen siehe Melsungen.

MALTERDINGEN Baden-Württemberg siehe Riegel.

MANDERSCHEID Rheinland-Pfalz 412 D 16, 987 ㉓ – 1 200 Ew – Höhe 388 m – Heilklimatischer
Kurort und Kneippkurort – ✆ 06572.

Sehenswert : ≤★★ (vom Pavillon Kaisertempel) – Niederburg★, ≤★.

🛈 Kurverwaltung, im Kurhaus, Grafenstraße, ⊠ 54531, ✆ 89 49.

Mainz 168 – ◆Bonn 98 – ◆Koblenz 78 – ◆Trier 57.

🏠 **Zens,** Kurfürstenstr. 35, ⊠ 54531, ✆ 7 68, Fax 1365, 🏤, « Garten », ⇌, 🔲 – 📺 ☎ ⇔
🅿. ❄ Rest
31 Z

🏠 **Kaiser's Parkhotel** ⑤, Talblick, ⊠ 54531, ✆ 7 14, Fax 1376, ≤, 🏤, ⇌, 🐖 – 📺 ☎
🅿. ⪢ 🝙. ❄ Rest
Jan. 2 Wochen geschl. – **Menu** *(Mittwoch geschl.)* à la carte 32/52 – **10 Z** 75/160
– ½ P 85/105.

🏠 **Heidsmühle** ⑤, Mosenbergstr. 22 (W : 1,5 km), ⊠ 54531, ✆ 7 47, Fax 530,
« Gartenterrasse » – 📺 🅿. ⪢ 🝙 𝑉𝐼𝑆𝐴
4. März - 20. Nov. – **Menu** *(Dienstag geschl.)* à la carte 27/58 – **9 Z** 56/104.

🏠 **Haus Burgblick** ⑤, Klosterstr. 18, ⊠ 54531, ✆ 7 84, ≤, 🐖 – 🅿. 🝙. ❄ Rest
Mitte März - Mitte Nov. – *(Restaurant nur für Hausgäste)* – **21 Z** 38/86.

In Laufeld SO : 9 km – Erholungsort :

Laufelder Hof, Hauptstr. 7, ✉ 54533, ✆ (06572) 9 21 30, Fax 763, ☂, ≘s, ⛶, ☗ – ☎ ⓟ – 🏔 30. AE E VISA
2.- 29. Jan. geschl. – **Menu** à la carte 36/65 – **25 Z** 65/130 – ½ P 60/90.

MANEBACH Thüringen siehe Ilmenau.

MANNHEIM Baden-Württemberg 412 413 I 18, 987 ㉕ – 310 000 Ew – Höhe 95 m – ☎ 0621.
Sehenswert : Städtische Kunsthalle★★ DZ **M1** – Landesmuseum für Technik und Arbeit★ CV – Städtisches Reiß-Museum★ (im Zeughaus) CY **M2** – Museum für Archäologie und Völkerkunde★ CY **M3.**

Viernheim, Alte Mannheimer Str. 3 (DU), ✆ (06204) 7 87 37.

Ausstellungsgelände (CV), ✆ 42 50 90, Fax 4250934.

Touristinformation, Kaiserring 10, ✉ 68161, ✆ 10 10 11, Fax 24141.

ADAC, Am Friedensplatz 6, ✉ 68165, ✆ 41 00 10, Fax 4100111.

♦Stuttgart 133 ④ – ♦Frankfurt am Main 79 ② – Strasbourg 145 ④.

Stadtpläne siehe nächste Seiten

MANNHEIM

Heidelberger Str.	DZ
Kaiserring	DZ
Kurpfalzstraße	CDYZ
Planken	CDYZ

Bahnhofplatz	DZ	7
Bismarckplatz	DZ	10
Dalbergstraße	CY	15
Freherstraße	CY	20
Friedrichsplatz	DZ	23
Goethestraße	DY	25
Konrad-Adenauer-Brücke	CZ	30
Kurpfalzbrücke	DY	31
Moltkestraße	DZ	38
Reichskanzler-Müller-Str.	DZ	49
Schanzestraße	CY	53
Schloßgartenstraße	CZ	56
Seilerstraße	CY	61
Spatzenbrücke	CY	62

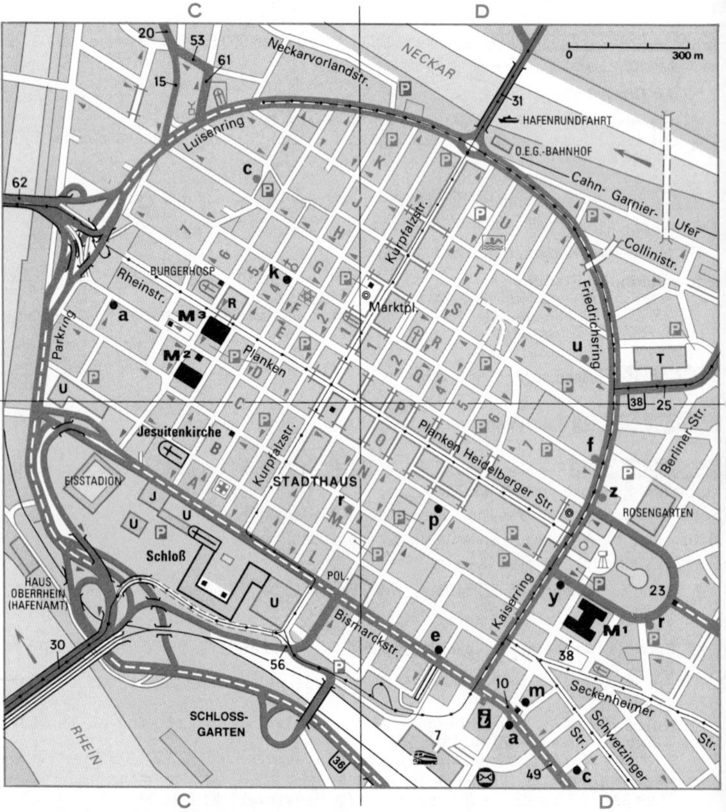

Maritim Parkhotel, Friedrichsplatz 2, ⊠ 68165, ℰ 1 58 80, Fax 1588800, Massage, ≘s, ☒ – ☒ ☆ Zim ☰ ☑ ⇔. ☒ ⓪ ᠍E ᠍VISA. ☆ Rest
Menu à la carte 53/77 – **187 Z** 215/448, 3 Suiten.
DZ **y**

Holiday Inn, N 6, ⊠ 68161, ℰ 1 07 10, Telex 462264, Fax 1071167, 斧, ≘s, ☒ – ☒ ☆ Zim ☰ ☑ ♣ – ▵ 120. ☒ ⓪ ᠍E VISA
Menu (Sonntag nur Mittagessen) à la carte 48/80 – **146 Z** 288/430.
DZ **p**

Delta Parkhotel, Keplerstr. 24, ⊠ 68165, ℰ 4 45 10, Fax 4451888, 斧 – ☒ ☆ Zim ☑ ☎ ⇔ – ▵ 100. ☒ ⓪ ᠍E VISA JCB. ☆ Zim
Menu (Samstag-Sonntag nur Abendessen) à la carte 38/67 – **130 Z** 212/360, 5 Suiten.
DZ **c**

Augusta-Hotel, Augusta-Anlage 43, ⊠ 68165, ℰ 4 20 70, Fax 4207199 – ☒ ☑ – ▵ 40. ☒ ⓪ ᠍E VISA
Menu (Samstag, Sonn- und Feiertage geschl.) à la carte 40/68 – **105 Z** 162/203.
CV **c**

Wartburg, F 4, 4 - 11, ⊠ 68159, ℰ 2 89 91, Telex 463571, Fax 101337 – ☒ ☆ Zim ☑ ☎ ⇔ – ▵ 300. ☒ ⓪ ᠍E VISA JCB
Menu (Sonntag nur Mittagessen) 24/34 und à la carte 46/67 – **140 Z** 145/240.
CY **k**

Novotel, Am Friedensplatz 1, ⊠ 68165, ℰ 4 23 40, Telex 463694, Fax 417343, 斧, ☒ – ☒ ☆ Zim ☰ Rest ☑ ☎ ♣ ☻ – ▵ 200. ☒ ⓪ ᠍E VISA
Menu à la carte 35/59 – **180 Z** 184/223.
CV **t**

Page-Hotel garni (mit Gästehaus), L 12, 15 - 16, ⊠ 68161, ℰ 1 00 37, Fax 10038 – ☒ ☆ Zim ☑ ☎ ⇔ – ▵ 20. ☒ ⓪ ᠍E VISA – **80 Z** 155/230.
DZ **e**

Acora Aparthotel, C 7, 9 - 11, ⊠ 68159, ℰ 1 59 20, Fax 22248, 斧 – ☒ ☆ Zim ☑ ☎ ⇔ – ▵ 15. ☒ ⓪ ᠍E VISA – Menu à la carte 28/55 – **163 Z** 170/200.
CY **a**

Intercity-Hotel, im Hauptbahnhof, ⊠ 68161, ℰ 1 59 50, Fax 1595450 – ☒ ☑ ☎ – ▵ 40. ☒ ⓪ ᠍E VISA – Menu à la carte 31/57 ᠍& – **48 Z** 135/180.
DZ

Am Bismarck garni, Bismarckplatz 9, ⊠ 68165, ℰ 40 30 96, Fax 444605 – ☒ ☑ ☎ ⇔. ☒ ⓪ VISA. ☆
24. Dez.- 1. Jan. geschl. – **48 Z** 130/185.
DZ **m**

Wegener garni, Tattersallstr. 16, ⊠ 68165, ℰ 44 40 71, Fax 406948 – ☒ ☑ ☎. VISA
24. Dez.- 1. Jan. geschl. – **54 Z** 106/150.
DZ **a**

XXX ☺☺ **Da Gianni** (elegantes italienisches Restaurant), R 7,34, ⊠ 68161, ℰ 2 03 26 – ☒ ᠍E
Montag, Feiertage und Juli 3 Wochen geschl. – Menu (Tischbestellung erforderlich) à la carte 90/119
DZ **f**
Spez. Variation von Vorspeisen, Steinbutt und Jakobsmuschel mit Teigtäschchen im Minestronesud, Ente mit Kürbis und Trüffel.

XXX **Blass,** Friedrichsplatz 12, ⊠ 68165, ℰ 44 80 04, Fax 404999 – ☒ ᠍E VISA
Samstag nur Abendessen, Sonntag und Mitte Juli - Anfang Aug. geschl. – Menu à la carte 70/93.
DZ **r**

XX **Kopenhagen,** Friedrichsring 2a, ⊠ 68161, ℰ 1 48 70 – ☰. ☒ ⓪ ᠍E VISA
Sonn- und Feiertage geschl. – Menu (Tischbestellung ratsam) à la carte 74/108.
DZ **z**

XX **Doblers Restaurant L'Epi d'or,** H 7, 3, ⊠ 68159, ℰ 1 43 97, Fax 20513 – ☒ ⓪ ᠍E VISA
Samstag und Montag nur Abendessen, Sonntag und Juli - Aug. 2 Wochen geschl. – Menu 38 (mittags) und à la carte 68/108.
CY **c**

XX Grissini, M 3,6, ⊠ 68161, ℰ 1 56 57 24
CZ **r**

XX **Martin,** Lange Rötterstr. 53, ⊠ 68167, ℰ 33 38 14, Fax 335242, 斧 – ☒ ⓪ ᠍E VISA. ☆ Mittwoch und 1.- 20. Sept. geschl., Samstag nur Abendessen – Menu (überwiegend Fischgerichte) à la carte 44/96 (auch vegetarisches Menu).
CV **a**

X **Henninger's Gutsschänke** (Pfälzer Weinstube), T 6,28, ⊠ 68161, ℰ 1 49 12 – ☒ ᠍E VISA
Menu (nur Abendessen) à la carte 33/56 ᠍&.
DY **u**

In Mannheim-Feudenheim :

XX **Zum Ochsen** mit Zim (Gasthof a.d.J. 1632), Hauptstr. 70, ⊠ 68259, ℰ 79 95 50, Fax 7995533, 斧 – ☑ ☎ ☻ ☒ ⓪ ᠍E VISA JCB
Menu (abends Tischbestellung ratsam) à la carte 36/72 – **12 Z** 115/180.
DV **x**

In Mannheim-Neckarau :

🏠 **Axt** garni, Adlerstr. 23, ⊠ 68199, ℰ 85 14 77, Fax 8620715 – ☑
Juli-Aug. 3 Wochen geschl. – **14 Z** 64/98.
CV **d**

XX **Jägerlust,** Friedrichstr. 90, ⊠ 68199, ℰ 85 22 35, Fax 856411, 斧 – ☒ ⓪ ᠍E VISA. ☆ Samstag nur Abendessen, Sonntag - Montag und Aug.- Sept. 3 Wochen geschl. – Menu (Tischbestellung ratsam) à la carte 68/98.
CV **u**

In Mannheim-Sandhofen :

🏠 **Weber-Hotel,** Frankenthaler Str. 85 (B 44), ⊠ 68307, ℰ 7 70 10, Fax 7701113, ≘s – ☒ ☑ ☎ ☻ – ▵ 50. ☒ ⓪ ᠍E VISA
Menu siehe Rest. Schwarzwaldstube separat erwähnt – **100 Z** 118/275.
BU **r**

XX **Schwarzwaldstube** - Weber-Hotel, Frankenthaler Str. 85 (B 44), ⊠ 68307, ℰ 77 22 00, 斧 – ☻. ☒ ᠍E VISA
Samstag und Weihnachten - 6. Jan. geschl. – Menu à la carte 39/62.
BU **r**

587

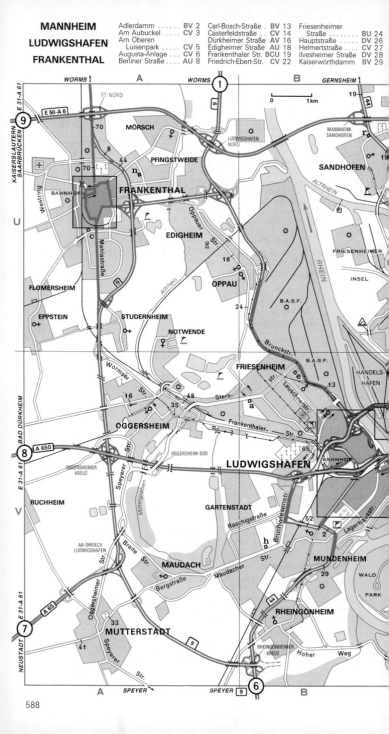

MANNHEIM
LUDWIGSHAFEN
FRANKENTHAL

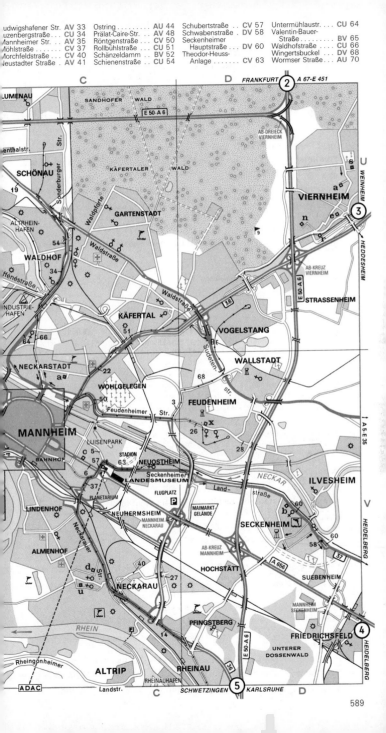

In Mannheim-Seckenheim :

🏨 **Löwen,** Hauptstr. 159 (B 37), ⊠ 68239, ℘ 4 80 80 (Hotel) 4 80 81 50 (Rest.), Fax 4814154, � – 📶 📺 ☎ ⅙ 🅿. 🔤 🎫   DV **b**
22. Dez.- 6. Jan. geschl. – **Menu** *(Samstag nur Abendessen, Sonn- und Feiertage sowie Juli-Aug. 3 Wochen geschl.)* à la carte 46/74 – **67 Z** 105/200.

Siehe auch : *Ludwigshafen am Rhein* (auf der linken Rheinseite)

MARBACH AM NECKAR Baden-Württemberg 413 K 20, 987 ㉕ – 13 000 Ew – Höhe 229 m – ⊙ 07144.

🛈 Stadtverwaltung, Rathaus, ⊠ 71672, ℘ 10 22 45.

♦Stuttgart 32 – Heilbronn 32 – Ludwigsburg 8,5.

🏨 **Parkhotel** 🦢 garni, Schillerhöhe 14, ⊠ 71672, ℘ 90 50, Fax 90588 – 📶 ⇌ 📺 ☎ ⅙ ⇔ 🅿. 🔤 🎫
43 Z 115/200.

🍴 **Goldener Löwe,** Niklastorstr. 39, ⊠ 71672, ℘ 66 63, 🌫, « Historisches Fachwerkhaus a.d 17. Jh. mit gemütlicher Einrichtung »
Sonntag nur Mittagessen, Montag und Juli-Aug. 3 Wochen geschl. – **Menu** (wochentags nur Abendessen) à la carte 47/59.

In Benningen NW : 2 km :

🏨 **Mühle** 🦢 garni, Ostlandstr. 2 (Zufahrt über Neckargasse), ⊠ 71726, ℘ (07144) 50 21, Fax 4166 – 📺 ☎ 🅿. 🎫 🎫
20 Z 85/150.

☞ *Keine Aufnahme in den Michelin-Führer durch*

– *Beziehungen oder*

– *Bezahlung*

MARBURG Hessen 412 J 14, 987 ㉕ – 75 000 Ew – Höhe 180 m – ⊙ 06421.
Sehenswert : Elisabethkirche★★ (Kunstwerke★★★ : Elisabethschrein★★) BY – Marktplatz★ AY – Schloß★ AY – Museum für Kulturgeschichte★ (im Schloß) AY.
Ausflugsziel : Spiegelslustturm ≤★, O : 9 km.
🇫 Cölbe-Bernsdorf (① : 8 km), ℘ (06427) 85 58.
🛈 Verkehrsamt, Neue Kasseler Str. 1 (am Hauptbahnhof), ⊠ 35039, ℘ 20 12 49, Fax 681526.
ADAC, Bahnhofstr. 6b, ⊠ 35037, ℘ 6 70 67, Fax 681432.
♦Wiesbaden 121 ② – Gießen 30 ② – ♦Kassel 93 ① – Paderborn 140 ① – Siegen 81 ②.

Stadtplan siehe gegenüberliegende Seite

🏨 **Europäischer Hof,** Elisabethstr. 12, ⊠ 35037, ℘ 69 60 (Hotel) 6 22 55 (Rest.), Fax 66404 – 📶 📺 ☎ ⇔ 🅿 – 🔺 25. 🎫 ⓞ 🎫 🎫   BY **a**
über Weihnachten geschl. – **Atelier** *(Aug. 3 Wochen geschl.)* **Menu** à la carte 38/65 – **100 Z** 85/275.

🏨 **Waldecker Hof** garni, Bahnhofstr. 23, ⊠ 35037, ℘ 6 00 90, Fax 600959, ⇌, 🔲 – 📶 ⇌ Zim 📺 ☎ ⇔. 🎫 ⓞ 🎫 🎫   BY **d**
41 Z 135/260.

🍴🍴 **Das kleine Restaurant,** Barfüßertor 25 (Am Wilhelmsplatz), ⊠ 35037, ℘ 2 22 93, Fax 51495 – 🎫 ⓞ 🎫 🎫   über Barfüßertor BZ
Menu à la carte 45/63.

🍴 **Milano,** Biegenstr. 19, ⊠ 35037, ℘ 2 24 88 – 🎫 ⓞ 🎫 🎫   BZ **e**
Dienstag und Juli geschl. – **Menu** (italienische Küche) à la carte 41/64.

In Marburg-Gisselberg ② : 5 km :

🏨 **Fasanerie** 🦢, Zur Fasanerie 13, ⊠ 35043, ℘ 70 39, Fax 77491, ≤, 🌫, ⇌, 🖛 – 📺 ☎ ⇔ 🅿. 🎫 🎫
20. Dez.- 10. Jan. geschl. – **Menu** *(Sonntag nur Mittagessen, Freitag geschl.)* (wochentags nur Abendessen) à la carte 33/56 – **39 Z** 85/220.

In Marburg-Michelbach NW : 7 km über Ketzerbach BY *:*

🏨 **Stümpelstal** 🦢, Stümpelstal 2, ⊠ 35041, ℘ (06420) 90 70, Fax 514, 🌫, 🖛 – 📺 ☎ ⇔ 🅿 – 🔺 80. 🎫 🎫. 🍴 Rest
20. Dez.- 10. Jan. geschl. – **Menu** *(Donnerstag und Sonntag geschl.)* (nur Abendessen) à la carte 33/60 – **50 Z** 85/180.

In Marburg - Wehrshausen-Dammühle W : 5 km über Barfüßertor BZ *:*

🏨 **Dammühle** 🦢, Dammühlenstr. 1, ⊠ 35041, ℘ 3 10 07, Fax 36118, 🌫, 🖛 – 📺 ☎ 🅿. 🎫 🎫 🎫
Menu *(Freitag und 24.- 31. Dez. geschl.)* à la carte 26/60 – **21 Z** 85/170.

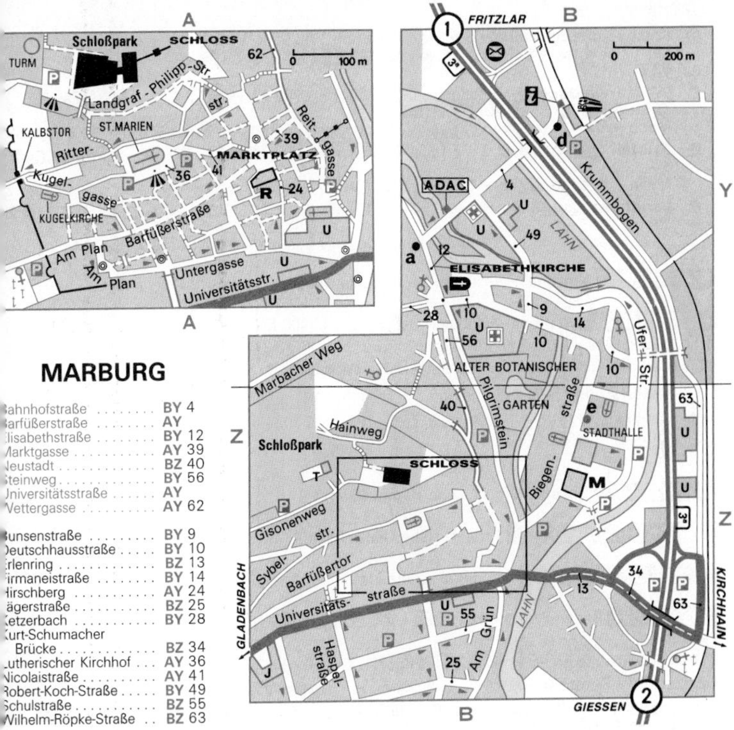

MARBURG

In Ebsdorfergrund-Frauenberg SO : 8 km über Erlenring und Cappeler Straße BZ :

Zur Burgruine, Cappeler Str. 10, ✉ 35085, ✆ (06424) 13 79, Fax 4472, Biergarten, – – 50
Feb. geschl. – **Menu** *(Montag geschl.)* à la carte 32/62 – **18 Z** 70/160.

Seebode (Fachwerkhaus a.d. Zeit der Jahrhundertwende), Burgweg 2, ✉ 35085, ✆ (06424) 68 96, Fax 4097, , – . AE E VISA JCB.
Menu *(Dienstag, 21. Feb.- 18. März und 3.- 10. Nov. geschl.)* à la carte 33/66 – **12 Z** 75/115.

In Weimar-Wolfshausen ② : 10 km :

Bellevue, Hauptstr. 35 (an der B 3), ✉ 35096, ✆ (06421) 7 90 90, Fax 790915, , , , – – 30. AE E VISA
Menu à la carte 34/77 – **56 Z** 75/200.

MARGETSHÖCHHEIM Bayern siehe Würzburg.

MARIA BUCHEN Bayern siehe Lohr am Main.

MARIA LAACH Rheinland-Pfalz – Höhe 285 m – Benediktiner-Abtei – 02652 (Mendig).
Sehenswert : Abteikirche★.
Mainz 121 – ◆Bonn 55 – ◆Koblenz 31 – Mayen 13.

Seehotel Maria Laach, ✉ 56653, ✆ 58 40, Fax 584522, , , , – – 100. AE E VISA
Menu à la carte 51/82 – **61 Z** 135/270.

MARIENBERG, BAD Rheinland-Pfalz 412 G 15 – 5 800 Ew – Höhe 500 m – Kneippheilbad – Luftkurort – Wintersport : 500/572 m 1 2 – 02661.
Kurverwaltung, Wilhelmstr. 10, ✉ 56470, ✆ 70 31, Fax 61565.
Mainz 102 – Limburg an der Lahn 43 – Siegen 43.

🏨 Kneipp-Kurhotel Wildpark ⑤, Kurallee (am Wildpark, W : 1 km), ✉ 56470, 𝒫 62 20, Fax 622404, ≼, 𝄐, Massage, ♨, ♠, ⇌s, 🔍, 🖛 – 🛗 📺 ☎ ⇐⇒ 📵 – ⚒ 70
52 Z.

🏨 **Westerwälder Hof,** Wilhelmstr. 21, ✉ 56470, 𝒫 12 23 (Hotel) 6 42 04 (Rest.), Fax 63833, 𝄐 – 🛗 📺 ☎ 📵 – ⚒ 40. ◑ 🄴 𝘝𝘐𝘚𝘈
Menu *(Nov. - März Montag geschl.)* (italienische Küche) à la carte 32/55 – **16 Z** 78/168.

🏨 **Kristall** ⑤, Goethestr. 21, ✉ 56470, 𝒫 6 30 99, Fax 3860, ≼, 𝄐, 🖛 – 🛗 📺 ☎ 📵. 🄴.
✑
Menu à la carte 32/58 – **20 Z** 65/140.

🏨 **Landhaus Kogge** ⑤, Rauscheidstr. 2, ✉ 56470, 𝒫 51 32, 𝄐, 🖛 – 📺 ☎ 📵. 🄰🄴 ◑ 🄴
⬥ 𝘝𝘐𝘚𝘈
2.- 31. Jan. geschl. – **Menu** *(Dienstag geschl.)* à la carte 21/41 – **10 Z** 55/104.

MARIENFELD Nordrhein-Westfalen siehe Harsewinkel.

MARIENHEIDE Nordrhein-Westfalen 𝟜𝟙𝟚 F 13 – 13 400 Ew – Höhe 317 m – ✿ 02264.
🇭 Reise- und Verkehrsbüro, Landwehrstr. 2, ✉ 51709, 𝒫 70 21.
◆Düsseldorf 80 – Gummersbach 10 – Lüdenscheid 31 – Wipperfürth 12.

In Marienheide-Rodt SO : 3 km :

🏨 Landhaus Wirth ⑤, Friesenstr.8, ✉ 51709, 𝒫 2 70, Fax 2788, 𝄐, ⇌s, 🔍, 🖛 – 📺 ☎
📵 – ⚒ 60. ✑ Zim
50 Z.

MARIENTHAL Rheinland-Pfalz siehe Hamm (Sieg).

MARIENTHAL, KLOSTER Hessen siehe Geisenheim.

MARING-NOVIAND Rheinland-Pfalz siehe Lieser.

MARKDORF Baden-Württemberg 𝟜𝟙𝟛 L 23, 𝟿𝟠𝟟 ㉟, 𝟜𝟚𝟟 M 2 – 11 400 Ew – Höhe 453 m –
✿ 07544.
🇭 Fremdenverkehrsverein, Marktstr. 1, ✉ 88677, 𝒫 50 02 90.
◆Stuttgart 167 – Bregenz 45 – ◆Freiburg im Breisgau 154 – Ravensburg 20.

🏨 **Bischofschloß,** Schloßweg 2, ✉ 88677, 𝒫 81 41, Fax 72313, 𝄐, ⇌s – 🛗 📺 ⇐⇒ – ⚒ 60.
🄰🄴 ◑ 🄴 𝘝𝘐𝘚𝘈. ✑ Rest
23. Dez.- Mitte Jan. geschl. – **Menu** à la carte 32/67 – **43 Z** 125/320.

🏨 **Landhaus Traube,** Steibensteg 7 (B 33, O : 1 km), ✉ 88677, 𝒫 81 33, Fax 73122, 𝄐, 🖛
– 📺 ☎ ⇐⇒ 📵. 🄰🄴 ◑ 🄴 𝘝𝘐𝘚𝘈
15. Jan.- 10. Feb. geschl. – **Menu** *(Montag, Freitag und Samstag nur Abendessen)* à la carte
42/70 – **16 Z** 85/160.

MARKGRÖNINGEN Baden-Württemberg 𝟜𝟙𝟛 K 20, 𝟿𝟠𝟟 ㉕ ㉟ – 12 350 Ew – Höhe 286 m –
✿ 07145.
Sehenswert : Rathaus★.
◆Stuttgart 19 – Heilbronn 42 – Pforzheim 34.

🏨 **Schwäbischer Hof,** Bahnhofstr. 39, ✉ 71706, 𝒫 53 83, Fax 3280, 𝄐 – 📺 ☎ ⇐⇒ 📵.
🄰🄴 ◑ 🄴 𝘝𝘐𝘚𝘈
Menu *(Montag geschl.)* à la carte 29/53 – **11 Z** 85/130.

MARKLOHE Niedersachsen siehe Nienburg (Weser).

MARKRANSTÄDT Sachsen siehe Leipzig.

MARKTBREIT Bayern 𝟜𝟙𝟛 N 17, 18, 𝟿𝟠𝟟 ㉖ – 4 000 Ew – Höhe 191 m – ✿ 09332.
Sehenswert : Maintor und Rathaus★.
◆München 272 – Ansbach 58 – ◆Bamberg 89 – ◆Würzburg 25.

🏨 **Löwen** (Gasthof a.d.J. 1450 mit Anbau und Gästehaus), Marktstr. 8, ✉ 97340, 𝒫 30 85,
Fax 9438 – ☎ ⇐⇒. 🄰🄴 ◑ 🄴 𝘝𝘐𝘚𝘈. ✑ Rest
Menu à la carte 29/50 ♨ – **26 Z** 80/130.

MARKT ERLBACH Bayern 𝟜𝟙𝟛 O 18, 𝟿𝟠𝟟 ㉖ – 4 000 Ew – Höhe 382 m – ✿ 09106.
◆München 208 – ◆Bamberg 70 – ◆Nürnberg 33 – ◆Würzburg 80.

In Markt Erlbach-Linden W : 6 km :

🏨 **Zum Stern,** Hauptstr. 60, ✉ 91459, 𝒫 8 91, Fax 6666, 𝄐, 🖛, 🐎 – 📺 📵
⬥ *Feb. geschl.* – **Menu** *(Mittwoch geschl.)* à la carte 19/36 ♨ – **15 Z** 48/93.

MARKTHEIDENFELD Bayern 412 413 L 17, 987 ㉕ – 10 300 Ew – Höhe 153 m – ✆ 09391.

🄸 Fremdenverkehrsverein, Marktplatz 24 (Altes Rathaus), ✉ 97828, ℘ 50 04 41.

◆München 322 – Aschaffenburg 46 – ◆Würzburg 29.

🏨 **Anker** garni (siehe auch Weinhaus Anker), Obertorstr. 6, ✉ 97828, ℘ 6 00 40, Fax 600477 – 🛗 📺 ☎ 🛗 ⇔ 🅿 – 🔬 60. 🖭 🖪 𝘝𝘐𝘚𝘈
38 Z 115/295.

🏠 **Zum Löwen,** Marktplatz 3, ✉ 97828, ℘ 15 71, Fax 1721 – ⇔. 🖪 𝘝𝘐𝘚𝘈
Menu *(Mittwoch und Nov. 2 Wochen geschl.)* à la carte 30/63 🍴 – **30 Z** 65/125.

🏠 **Mainblick,** Mainkai 11, ✉ 97828, ℘ 30 21, Fax 81311 – 📺 ☎
Menu *(Montag geschl.)* à la carte 28/51 🍴 – **11 Z** 70/110.

🏠 **Schöne Aussicht,** Brückenstr. 8, ✉ 97828, ℘ 30 55, Fax 3722 – 🛗 📺 ☎ ⇔ 🅿 – 🔬 80
Menu à la carte 27/58 – **48 Z** 75/140.

XXX ❀ **Weinhaus Anker,** Obertorstr. 13, ✉ 97828, ℘ 17 36, Fax 1742 – 🖭 ⓪ 🖪
Montag geschl., Dienstag nur Abendessen – **Menu** (Tischbestellung ratsam, bemerkenswerte Weinkarte) 45/120 und à la carte 73/95 – **Weinstube :** Menu à la carte 40/62
Spez. Kalbskopf in Ahornvinaigrette, Soufflierter Zander mit Waldpilzgratin (April-Nov.), Gefülltes Täubchen mit gebratener Gänsestopfleber.

In Marktheidenfeld-Altfeld W : 5 km :

🏨 **Spessarttor** garni, Michelriether Str. 38, ✉ 97828, ℘ 6 00 30, Fax 600399, 🕿 – 🛗 📺 ☎ ⇔ 🅿. 🖭 ⓪ 🖪 𝘝𝘐𝘚𝘈
20 Z 110/200.

🏠 **Löwensteiner Haus,** Wertheimer Str. 2, ✉ 97828, ℘ 9 80 20, Fax 980222, 🕿 – 📺 ☎ 🅿. 🖭 ⓪ 🖪 𝘝𝘐𝘚𝘈
Menu (Italienische Küche) à la carte 34/65 – **16 Z** 75/140.

MARKTLEUGAST Bayern 413 R 16 – 4 100 Ew – Höhe 555 m – ✆ 09255.

◆München 261 – Bayreuth 33 – Hof 32 – Kulmbach 19.

In Marktleugast-Hermes SW : 4 km :

🍴 **Landgasthof Haueis** ⑤, Hermes 1, ✉ 95352, ℘ 2 45, Fax 7263, 🕿, 🐴 – ⇔ 🅿. 🖭 ⓪ 🖪 𝘝𝘐𝘚𝘈
10. Jan.- 10. März geschl. – **Menu** à la carte 24/44 – **36 Z** 45/120.

MARKTOBERDORF Bayern 413 O 23, 987 ㊱, 426 DE 5 – 18 000 Ew – Höhe 758 m – Erholungsort – ✆ 08342.

◆München 99 – Füssen 20 – Kaufbeuren 13 – Kempten (Allgäu) 28.

🏨 **Sepp,** Bahnhofstr. 13, ✉ 87616, ℘ 70 90, Fax 709100, 🕿 – 🛗 📺 ☎ ⇔ 🅿 – 🔬 50. 🖪
Menu à la carte 27/57 – **60 Z** 80/150.

MARKTREDWITZ Bayern 413 T 16, 17, 987 ㉗ – 20 000 Ew – Höhe 539 m – ✆ 09231.

◆München 288 – Bayreuth 54 – Hof 48.

🏠 **Marktredwitzer Hof,** Scherdelstr. 7 (am Bahnhof), ✉ 95615, ℘ 95 60, Fax 956150, Biergarten – 🛗 📺 ☎ 🅿. 🖭 ⓪ 🖪 𝘝𝘐𝘚𝘈
Menu à la carte 28/58 – **50 Z** 88/178.

MARKTSCHELLENBERG Bayern 413 W 23 – 1 800 Ew – Höhe 480 m – Heilklimatischer Kurort – Wintersport : 800/1 000 m ⠘1 ⠙1 – ✆ 08650.

🄸 Verkehrsamt, Rathaus, ✉ 83487, ℘ 3 52.

◆München 144 – Berchtesgaden 10 – Salzburg 13.

Am Eingang der Almbachklamm S : 3 km über die B 305 :

X **Zur Kugelmühle** ⑤ mit Zim, ✉ 83487 Marktschellenberg, ℘ (08650) 4 61, ⩤, « Gartenterrasse, Sammlung von Versteinerungen », 🐴 – 🅿. ⅏ Zim
10. Jan.- 1. März und 25. Okt.- 25. Dez. geschl. – **Menu** *(März - April Samstag geschl.)* à la carte 23/43 – **10 Z** 50/120.

MARKT SCHWABEN Bayern 413 S 22 – 9 700 Ew – Höhe 509 m – ✆ 08121.

◆München 26 – Erding 13.

🏨 **Georgenhof,** Bahnhofstr. 39, ✉ 85570, ℘ 92 00, Fax 92060, Biergarten – 🛗 ⅏ Zim 📺 ☎ 🅿. 🖭 ⓪ 🖪 𝘝𝘐𝘚𝘈
über Weihnachten geschl. – **Menu** à la carte 29/54 – **34 Z** 95/250.

MARKTZEULN Bayern siehe Lichtenfels.

MARL Nordrhein-Westfalen 411 412 E 12. 987 ⑭ – 92 000 Ew – Höhe 62 m – ✪ 02365.

♦ Düsseldorf 66 – Gelsenkirchen 17 – Gladbeck 12 – Münster (Westfalen) 62 – Recklinghausen 10.

  🏨 **Novotel**, Eduard-Weitsch-Weg 2, ⊠ 45768, 𝒫 10 20, Telex 829916, Fax 14454, 😒, ⇔s,
    ⤓ (geheizt) – 📳 ⇝ Zim 📺 ☎ & 🅿 – 🔬 240. 🕮 ⓞ 🄴 𝚅𝙸𝚂𝙰
    Menu à la carte 26/58 – **93 Z** 141/182.

  🏠 **Haus Witt** garni, Breddenkampstr. 126, ⊠ 45770, 𝒫 4 30 85, Fax 413263 – 📺 ☎. ⁒
    Weihnachten - Mitte Jan. und Juli-Aug. 3 Wochen geschl. – **12 Z** 80/130.

    In Marl-Hüls :

  🏨 **Loemühle** ⤳, Loemühlenweg 221, ⊠ 45770, 𝒫 4 40 15, Fax 44256, 😒, « Park,
    Gartenterrasse », Massage, ⇔s, ⤓ (geheizt), 🔲, 🐎 – 📺 ☎ 🅿 – 🔬 40. 🕮 ⓞ 🄴 𝚅𝙸𝚂𝙰
    Menu à la carte 44/83 – **55 Z** 105/235.

MARLOFFSTEIN Bayern siehe Erlangen.

MARNE Schleswig-Holstein 411 K 5, 987 ⑤ – 5 600 Ew – Höhe 3 m – ✪ 04851.
♦ Kiel 110 – Flensburg 111 – ♦ Hamburg 95 – Neumünster 77.

  🏖 **Gerson**, Königstr. 45 (B 5), ⊠ 25709, 𝒫 5 34, Fax 2011 – ☎ 🅿. 🕮 ⓞ 🄴 𝚅𝙸𝚂𝙰. ⁒ Zim
  ↞ *24. Dez.- 6. Jan. geschl.* – **Menu** *(Sonntag geschl.)* à la carte 24/41 ⅄ – **10 Z** 75/120.

MARQUARTSTEIN Bayern 413 U 23, 987 ㊲, 426 J 5 – 3 000 Ew – Höhe 545 m – Luftkurort
– Wintersport : 600/1 200 m ⟲3 ⟲2 – ✪ 08641 (Grassau).

🛈 Verkehrsamt, Bahnhofstr. 3, ⊠ 83250, 𝒫 82 36, Fax 61701.

♦ München 96 – Rosenheim 37 – Salzburg 55 – Traunstein 23.

  🏠 **Gästehaus am Schnappen** ⤳, Freiweidacher Str. 32, ⊠ 83250, 𝒫 82 29, Fax 8421, ≼,
    ⤓ (geheizt), 🐎 – 🅿. ⁒
    Nov.- 20. Dez. geschl. – (nur Abendessen für Hausgäste) – **14 Z** 48/100.

  🏖 **Prinzregent**, Loitshauser Str. 5, ⊠ 83250, 𝒫 82 56, Fax 8710, 😒, 🐎 – 📺 ☎ 🅿. 🄴
  ↞ **Menu** *(Montag-Dienstag nur Mittagessen)* à la carte 24/44 – **14 Z** 60/110.

    In Marquartstein-Pettendorf N : 2 km :

  🏠 **Weßnerhof**, Pettendorfer Str. 11, ⊠ 83250, 𝒫 9 78 40, Fax 61962, Biergarten, 🐎 – 📳 ☎
  ↞ ⇔ 🅿
    Nov.- 10. Dez. geschl. – **Menu** *(Mittwoch geschl.)* à la carte 19/61 – **30 Z** 57/118.

MARSBERG Nordrhein-Westfalen 411 412 J 12. 987 ⑮ – 22 500 Ew – Höhe 255 m – ✪ 02992.

🛈 Verkehrsbüro, Bülbergstr. 2, ⊠ 34431, 𝒫 33 88.

♦ Düsseldorf 185 – Brilon 22 – ♦ Kassel 67 – Paderborn 44.

  🏠 **Kurhaus Karp**, Schildstr. 4, ⊠ 34431, 𝒫 7 39, Fax 8841, Massage, ♨, 🔥, ⇔s, 🔲 – 📳
  ↞ 📺 ☎ 🅿 – **Menu** *(Mittwoch geschl.)* à la carte 23/43 – **16 Z** 65/110.

    In Marsberg-Bredelar SW : 7 km :

  🏠 **Haus Nolte**, Mester-Everts-Weg 1, ⊠ 34431, 𝒫 (02991) 3 29, 😒 – ☎ 🅿. ⁒ Rest
    Menu *(Montag geschl.)* à la carte 34/57 – **9 Z** 60/130.

    In Marsberg-Helminghausen SW : 14 km, an der Diemeltalsperre :

  🏠 **Waldschänke**, Am See 3, ⊠ 34431, 𝒫 (02991) 63 79, Fax 78247, ≼, 😒, ⇔s – 🅿
  ↞ **Menu** à la carte 23/41 – **28 Z** 50/100.

MARTINFELD Thüringen siehe Heiligenstadt.

MASELHEIM Baden-Württemberg siehe Biberach an der Riss..

MASSWEILER Rheinland-Pfalz 412 F 19 – 1 100 Ew – Höhe 340 m – ✪ 06334.
Mainz 138 – Kaiserslautern 48 – Pirmasens 15 – Zweibrücken 23.

  ✕✕ **Borst** mit Zim, Luitpoldstr. 4, ⊠ 66506, 𝒫 14 31 – ⁒
    Jan.-Feb. 3 Wochen und Juli-Aug. 1 Woche geschl. – **Menu** (wochentags nur Abendessen,
    Tischbestellung ratsam) 40/98 und à la carte – **5 Z** 55/110.

MAULBRONN Baden-Württemberg 413 J 19,20, 987 ㉟ – 6 200 Ew – Höhe 250 m – ✪ 07043.
Sehenswert : Ehemaliges Zisterzienserkloster✱✱ (Kreuzgang✱✱, Brunnenkapelle✱✱,
Klosterräume✱✱, Klosterkirche✱).

♦ Stuttgart 45 – Heilbronn 55 – ♦ Karlsruhe 37 – Pforzheim 20.

  🏨 **Klosterpost**, Frankfurter Str. 2, ⊠ 75433, 𝒫 10 80, Fax 108299, 😒 – 📳 📺 ☎ & ⇔ –
    🔬 30. ⓞ 🄴 𝚅𝙸𝚂𝙰
    Menu à la carte 30/80 *(auch vegetarische Gerichte)* – **40 Z** 117/215.

  🏠 **Birkenhof**, Bahnhofstr. 1, ⊠ 75433, 𝒫 67 63, Fax 7726, 🐎 – 📺 ☎ ⇔ 🅿
    Feb. 2 Wochen geschl. – **Menu** *(Dienstag geschl.)* à la carte 27/59 ⅄ – **19 Z** 75/140.

MAULBURG Baden-Württemberg siehe Schopfheim.

MAUTH Bayern 413 X 20, 426 M 2 – 2 800 Ew – Höhe 820 m – Erholungsort – Wintersport : 820/1 341 m ⚡1 ⚡8 – ۞ 08557.

🚩 Verkehrsamt, Rathaus, ☒ 94151, ℘ 96 00 85, Fax 960015.
◆München 211 – Grafenau 21 – Passau 43.

🏠 **Gasthof Fuchs,** Am Goldenen Steig 16, ☒ 94151, ℘ 2 70, Biergarten, ⌂s – 🔟 ☎ ⬅
 ⓟ
 Nov. 3 Wochen geschl. – **Menu** à la carte 18/39 – **13 Z** 42/70 – ½ P 53.

 In Mauth-Finsterau N : 7 km – Höhe 998 m :

🏠 **Bärnriegel** ⌂, ☒ 94151, ℘ 7 01, ≤, 🏕, ⌂s, 🐎 – ☎ ⓟ. ⚙ Zim
 11. Nov.- 9. Dez. geschl. – **Menu** à la carte 24/50 ⓝ – **12 Z** 59/100.

MAYEN Rheinland-Pfalz 987 ㉔, 412 E 15 – 19 500 Ew – Höhe 240 m – ۞ 02651.
Ausflugsziel : Schloß Bürresheim★ NW : 5 km.
🚩 Städtisches Verkehrsamt, im alten Rathaus, Markt, ☒ 56727, ℘ 8 82 60, Fax 88366.
Mainz 126 – ◆Bonn 63 – ◆Koblenz 35 – ◆Trier 99.

🏠 **Maifelder Hof,** Polcher Str. 74, ☒ 56727, ℘ 7 30 66, Fax 76558, Biergarten – 🔟 ☎ ⬅
 ⓟ. ⚙ ⓞ ⋵ 𝚅𝙸𝚂𝙰
 Menu *(Samstag und 23. Dez.- 3. Jan. geschl.)* à la carte 27/63 ⓝ – **13 Z** 82/155.

🏠 **Katzenberg** garni, Koblenzer Str. 174, ☒ 56727, ℘ 4 35 85, Fax 48855, 🐎 – ⬴ Zim 🔟
 ☎ ⬅ ⓟ. ⚙ ⓞ ⋵ 𝚅𝙸𝚂𝙰
 26 Z 95/140.

🏠 **Zur Traube** garni, Bäckerstr. 6, ☒ 56727, ℘ 30 18, Fax 72187 – 🔟 ☎ ⬅. ⚙ ⓞ ⋵ 𝚅𝙸𝚂𝙰
 22 Z 65/100.

🏠 **Zum Alten Fritz,** Koblenzer Str. 56, ☒ 56727, ℘ 4 32 72, Fax 41629 – ☎ ⬅ ⓟ. ⚙ ⓞ
 ⋵ 𝚅𝙸𝚂𝙰
 Menu *(Dienstag und 9. Juli - 2. Aug. geschl.)* à la carte 30/55 ⓝ – **19 Z** 50/100.

 In Mayen-Kürrenberg NW : 7 km – Höhe 525 m – Erholungsort :

🏠 **Wasserspiel,** Im Weiherhölzchen 7, ☒ 56727, ℘ 30 81, Fax 5233, ≤, 🐎 – ⓟ. ⚙ ⓞ ⋵
 𝚅𝙸𝚂𝙰
 Menu à la carte 41/67 ⓝ – **20 Z** 58/106.

 Im Nettetal NW : 8 km :

🏠 **Parkhotel am Schloss** ⌂, ☒ 56729 Ettringen, ℘ (02651) 80 84 04, Fax 808400, 🏕 –
 🔟 ☎ ⓟ – ⚖ 20. ⚙ ⋵ 𝚅𝙸𝚂𝙰
 Menu *(Montag geschl.)* à la carte 43/71 – **16 Z** 125/354.

MAYSCHOSS Rheinland-Pfalz 412 E 15 – 1 100 Ew – Höhe 141 m – ۞ 02643 (Altenahr).
Mainz 158 – Adenau 22 – ◆Bonn 34.

🏠 **Zur Saffenburg,** Bundesstr. 43 (B 267), ☒ 53508, ℘ 83 92, Fax 8100, 🏕 – ⬅ ⓟ. ⚙ Rest
 Dez.- 20. Jan. geschl. – **Menu** *(Montag geschl.)* à la carte 34/65 – **19 Z** 60/120.

 In Mayschoß-Laach :

🏨 **Lochmühle,** an der B 267, ☒ 53508, ℘ 80 80, Fax 808445, ≤, 𝑓₆, ⌂s, 🔲 – 🛗 🔟 ⬅
 ⓟ – ⚖ 150. ⚙ ⋵ 𝚅𝙸𝚂𝙰 𝙹𝙲𝙱
 Menu à la carte 52/81 – **103 Z** 139/214.

MECHERNICH Nordrhein-Westfalen 412 C 15 – 22 300 Ew – Höhe 298 m – ۞ 02443.
🚩 Fremdenverkehrsverein (Kommern), Altes Rathaus, ☒ 53894, ℘ 52 96.
◆Düsseldorf 94 – ◆Bonn 43 – Düren 33 – ◆Köln 52.

 In Mechernich-Kommern NW : 4 km :

🏨 **Sporthotel Kommern am See,** an der B 266/477, ☒ 53894, ℘ 50 95, Fax 6841, ⌂s, 🔲,
 🐎, ⚙ (Halle) – 🔟 ☎ ⓟ – ⚖ 35. ⚙ ⓞ ⋵ 𝚅𝙸𝚂𝙰
 Menu à la carte 49/87 – **30 Z** 75/200.

MECKENBEUREN Baden-Württemberg 413 L 23, 987 ㉟, 216 ⑪ – 9 900 Ew – Höhe 417 m
– ۞ 07542 (Tettnang).
◆Stuttgart 158 – Bregenz 32 – Ravensburg 11.

🏠 Zum Löwen, Hauptstr. 136 (B 30), ☒ 88074, ℘ 9 40 20, Fax 940280, 🏕, ⌂s – 🛗 🔟 ☎
 ⓟ – ⚖ 30
 45 Z.

 In Meckenbeuren-Liebenau NO : 4,5 km :

🏨 **Amselhof** ⌂ garni, Berger Halde 50, ☒ 88074, ℘ 9 40 10, Fax 3546, ⌂s, 🔲 (geheizt), 🐎,
 ⚙ (Halle) – 🔟 ☎ ⓟ. ⚙ ⓞ ⋵ 𝚅𝙸𝚂𝙰
 20 Z 85/140.

In Meckenbeuren-Madenreute NO : 5 km über Liebenau :

🏨 **Jägerhaus** ॐ, ✉ 88074, 🖉 37 39 (Hotel) 46 32 (Rest.), Fax 3895, �, ⟐ – 劇 🆃🆅 ☎ 🅿
Menu *(im Gasthaus, Montag-Freitag nur Abendessen, Mittwoch und Feb.- März 2 Wochen geschl.)* à la carte 28/52 – **40 Z** 90/160.

In Meckenbeuren-Reute SW : 2 km :

🏠 **Haus Martha** garni, Hügelstr. 21, ✉ 88074, 🖉 26 66, ⟐ – 🆅 🚗 🅿
14 Z 60/110.

MECKENHEIM Nordrhein-Westfalen 412 E 15 – 24 200 Ew – Höhe 160 m – ✪ 02225.
♦Düsseldorf 94 – ♦Bonn 16 – ♦Koblenz 65.

🏨 **City-Hotel** (mit Gästehaus, 劇), Bonner Str. 25, ✉ 53340, 🖉 60 95, Fax 17720 – 🆅 ☎ 🅿
– 🔒 120. 🆎 ⑩ ⧵ 🆅🆂🅰
Menu à la carte 33/64 – **95 Z** 130/190.

🏨 **Zwei Linden** garni, Merler Str. 1, ✉ 53340, 🖉 60 22, Fax 12892 – 🆅 ☎ ⬥ 🅿. 🆎 ⑩ ⧵
🆅🆂🅰 – **18 Z** 100/160.

MECKLENBURGISCHE SEENPLATTE Mecklenburg-Vorpommern 984 ⑦ ⑪.
Sehenswert : Seenplatte★★★ zwischen Elbe-Lübeck-Kanal und der Uckermark mit über 1000 Seen – Müritz-Nationalpark★.

MEDEBACH Nordrhein-Westfalen 412 J 13, 987 ⑮ ㉕ – 7 900 Ew – Höhe 411 m – ✪ 02982.
♦Düsseldorf 195 – ♦Kassel 76 – Marburg 61 – Paderborn 89 – Siegen 101.

🏠 **Brombach,** Oberstr. 6, ✉ 59964, 🖉 8570, Fax 3452, � – 劇 🅿. 🆎 ⑩ ⧵ 🆅🆂🅰
Menu *(Mittwoch geschl.)* à la carte 25/62 🍴 – **9 Z** 50/126.

In Medebach-Küstelberg NW : 8,5 km :

🏠 **Schloßberghotel** ॐ, Im Siepen 1, ✉ 59964, 🖉 (02981) 20 01, Fax 2004, ⟨, �, ⟐, 🔲,
🐎 – 劇 🅿. 🛎
15. Nov.- 15. Dez. geschl. – **Menu** *(Mittwoch geschl.)* à la carte 26/61 – **17 Z** 77/154.

MEERANE Sachsen 414 J 13, 984 ㉓, 987 ㉗ – 22 000 Ew – Höhe 320 m – ✪ 03764.
♦Dresden 114 – ♦Leipzig 67 – Zwickau 18.

🏨🏨 **Meerane,** An der Hohen Str. 3 (Gewerbegebiet), ✉ 08393, 🖉 59 10, Fax 591591, �, ⨍ⓢ,
Massage, ⟐ – 劇 ⇌ Zim 🆅 ⬥ 🚗 🅿 – 🔒 140. 🆎 ⑩ ⧵ 🆅🆂🅰. 🛎 Rest
Menu 28 Buffet und à la carte 26/32 – *Ambiente* *(Sonntag geschl.)* **Menu** à la carte 35/56
– **149 Z** 185/235, 20 Suiten.

🏨 **Parkhotel Meerane** ॐ, Martinstr. 54, ✉ 08393, 🖉 67 33, Fax 47277, � – 劇 🆅 ☎ 🅿
– 🔒 40. 🆎 ⑩ ⧵ 🆅🆂🅰
Menu à la carte 27/53 – **41 Z** 115/135.

🏨 **Schwanefeld,** Schwanefelder Str. 22 (an der B 93), ✉ 08393, 🖉 24 15, Fax 4367, �, ⟐
– 劇 🆅 ☎ 🅿 – 🔒 200. 🆎 ⑩ ⧵ 🆅🆂🅰
Menu à la carte 27/61 – **49 Z** 95/155.

🏠 **Annet** garni, Pestalozzistr. 16, ✉ 08393, 🖉 21 21 – 🆅 ☎. 🆎 ⑩ ⧵ 🆅🆂🅰
13 Z 80/110.

MEERBUSCH Nordrhein-Westfalen siehe Düsseldorf.

MEERSBURG Baden-Württemberg 413 K 23, 987 ㉟, 216 ⑩ – 5 000 Ew – Höhe 444 m –
Erholungsort – ✪ 07532.
Sehenswert : Oberstadt (Marktplatz★ B, Steigstraße★ A) – Neues Schloß (Terrasse ⟨★) AB.
🅱 Kur- und Verkehrsamt, Kirchstr. 4, ✉ 88709, 🖉 8 23 83, Fax 82333.
♦Stuttgart 191 ① – Bregenz 48 ① – ♦Freiburg im Breisgau 143 ① – Ravensburg 31 ①.

Stadtplan siehe gegenüberliegende Seite

🏨 **3 Stuben,** Kirchstr. 7, ✉ 88709, 🖉 8 00 90 (Hotel) 60 19 (Rest.), Fax 1367, « Restauriertes
Fachwerkhaus mit moderner Einrichtung » – 劇 🆅 ☎ 🅿. 🆎 ⧵ 🆅🆂🅰. 🛎 Rest   B **v**
Jan.- Feb. geschl. (nur Hotel) – **Menu** *(Dienstag geschl.)* *(Wochentags nur Abendessen)*
à la carte 69/88 – **25 Z** 130/250.

🏨 **Strandhotel Wilder Mann,** Bismarckplatz 2, ✉ 88709, 🖉 90 11, Fax 9014, ⟨,
« Gartenterrasse, Rosengarten », 🚗, 🐎 – 🆅 ☎ 🚗. 🛎   A **a**
Menu *(15. Okt.- März geschl.)* à la carte 35/70 – **33 Z** 140/250.

🏨 **Kurallee** garni, Kurallee 2, ✉ 88709, 🖉 10 05, Fax 361, 🐎 – 🆅 ☎ 🚗 🅿. 🆎 ⧵. 🛎
14 Z 130/192.   über Daisendorfer Str.   A

🏨 **Villa Bellevue** ॐ garni, Am Rosenhag 5, ✉ 88709, 🖉 97 70, Fax 1367, ⟨, 🐎 – 🆅 ☎
🅿. 🆎 ⧵ 🆅🆂🅰. 🛎
Ostern - Oktober – **12 Z** 130/230.   über Stefan-Lochner-Str.   B

MEERSBURG

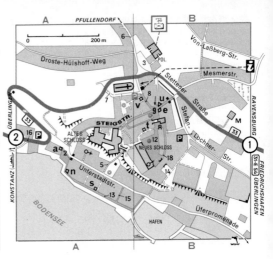

Pour les grands voyages
d'affaires ou de tourisme
Guide MICHELIN rouge :
Main Cities EUROPE.

🏨 **Terrassenhotel Weißhaar** ⟍, Stefan-Lochner-Str. 24, ⊠ 88709, ℘ 90 06, Fax 9191,
≤ Bodensee, « Gartenterrasse » – ☎ ⇦ 🅿. ⓔ 𝖵𝖨𝖲𝖠   über Stefan-Lochner-Str.   B
Menu *(Nov.- Mitte März geschl.)* à la carte 41/66 – **26 Z** 120/220.

🏨 **Löwen** (Gasthof a.d. 15. Jh.), Marktplatz 2, ⊠ 88709, ℘ 4 30 40, Fax 430410 – ⇥ Zim 📺
☎ ⓐ ⓔ 𝖵𝖨𝖲𝖠 𝖩𝖢𝖡   B e
Menu *(Nov.- April Mittwoch geschl.)* à la carte 44/70 – **21 Z** 80/190.

🏠 **Bären** (Historischer Gasthof a.d. 17. Jh.), Marktplatz 11, ⊠ 88709, ℘ 4 32 20, Fax 432244
– 📺 ⇦   B u
Mitte März - Mitte Nov. – **Menu** *(Montag und März - Juni auch Dienstag geschl.)* à la carte
30/58 *(auch vegetarische Gerichte)* – **16 Z** 75/140.

🏠 **Zum Schiff**, Bismarckplatz 5, ⊠ 88709, ℘ 60 25, Fax 1537, ≤, 🍴 – 📺 ☎ 🅿. ⒶⒺ ⓞ ⓔ
𝖵𝖨𝖲𝖠   A n
Ostern - Mitte Okt. – **Menu** à la carte 28/58 – **35 Z** 75/170.

🏠 **Café Off** ⟍, Uferpromenade 51, ⊠ 88709, ℘ 3 33, Fax 5805, ≤, 🍴 – 📺 ☎ 🅿. ⓞ ⓔ
𝖵𝖨𝖲𝖠   über Uferpromenade   B
Nov. 2 Wochen geschl. – **Menu** à la carte 36/63 – **16 Z** 98/200.

🏠 **Gästehaus Seegarten** ⟍ garni, Uferpromenade 47, ⊠ 88709, ℘ 64 00, Fax 6953, ≤, ⇆
– 🛗 📺 ☎ ⇦ 🅿   über Uferpromenade   B
März - Mitte Nov. – **16 Z** 120/240.

🏠 **Seehotel zur Münz** ⟍ garni, Seestr. 7, ⊠ 88709, ℘ 90 90, Fax 7785, ≤ – 🛗 ☎ ⇦. ⓔ
März - Okt. – **14 Z** 87/172.   A s

✗✗ **Winzerstube zum Becher**, Höllgasse 4, ⊠ 88709, ℘ 90 09, Fax 1699 – ⒶⒺ ⓞ 𝖵𝖨𝖲𝖠
Montag und Mitte Dez.- Mitte Jan. geschl., Dienstag nur Abendessen – **Menu** (Tischbestellung ratsam) à la carte 41/79.   B t

---

MEHRING Rheinland-Pfalz 𝟜𝟙𝟚 D 17 – 2 000 Ew – Höhe 122 m – ✪ 06502 (Schweich).

🐓 Ensch-Birkenheck (N : 7 km), ℘ (06507) 43 74.

🖂 Heimat- und Verkehrsverein, Bachstr. 47, ⊠ 54346, ℘ 14 13.

Mainz 153 – Bernkastel-Kues 40 – ◆Trier 19.

🏠 **Weinhaus Molitor** ⟍ garni (mit Wein- und Bierstube), Maximinstr. 9, ⊠ 54346, ℘ 27 88,
🍴 – 📺 ⇦ 🅿. ⓔ – **11 Z** 55/120.

In Pölich O : 3 km :

🏡 **Pölicher Held,** Hauptstr. 5 (B 53), ⊠ 54340, ℘ (06507) 33 17, ≤, 🍴 – ⇦ 🅿. ⚘
◆ *22. Dez.- 10. Jan. geschl.* – **Menu** *(Donnerstag geschl.)* à la carte 23/43 ⌀ – **9 Z** 45/85.

MEHRSTETTEN Baden-Württemberg siehe Münsingen.

> We have established for your use a classification
> of certain restaurants by awarding them the mention
> Menu, ✿, ✿✿ or ✿✿✿.

⌐ Kierspe-Varmert, an der B 237 (W : 9 km), ✆ (02269) 72 99.

🛈 Verkehrsamt, Bahnhofstr. 11, ✉ 58540, ✆ 7 71 32.

◆Düsseldorf 86 – Lüdenscheid 19 – Olpe 21 – Siegen 47.

🏠 **Wirth** garni, Hauptstr. 19, ✉ 58540, ✆ 60 58, Fax 6050 – |≢| 📺 ☎ ⇔. 🖭 ⓪ ⋵ 𝚅𝙸𝚂𝙰
22. Dez.- 2. Jan. geschl. – **20 Z** 60/180.

✗ **La Provence,** Kirchstr. 11, ✉ 58540, ✆ 1 21 06, 🏛 – ⓟ. 🖭 ⓪ ⋵ 𝚅𝙸𝚂𝙰
Montag, ab Ostern 1 Woche und Juli-Aug. 2 Wochen geschl. – **Menu** à la carte 37/53.

In Meinerzhagen-Windebruch, an der Listertalsperre O : 16 km :

🏠 **Fischerheim,** Seeuferstr. 1, ✉ 58540, ✆ (02358) 2 70, Fax 8633, <, 🏛, 🐎 – ⇔ ⓟ.
⅏ Zim
4. Jan.- 10. Feb. geschl. – **Menu** (Donnerstag geschl.) à la carte 29/53 – **12 Z** 53/93.

MEINHARD Hessen siehe Eschwege.

🛈 Tourist-Information, Bernhardstr. 6, ✉ 98617, ✆ 27 70.

Erfurt 75 – Coburg 69 – Fulda 27.

🏨 **Sächsischer Hof,** Georgstr. 1, ✉ 98617, ✆ 45 70, Fax 2820 – |≢| 📺 ☎ ⅙ ⓟ – 🕍 20.
🖭 ⋵
Menu à la carte 42/66 – **Schänke :** Menu à la carte 23/47 – **40 Z** 130/260.

🏨 **Hotel im Kaiserpark** garni, Günther-Raphael-Str. 9, ✉ 98617, ✆ 47 18 16, Fax 471820 –
|≢| ⅍ 📺 ☎ ⇔ ⓟ – 🕍 80. ⋵
37 Z 90/145.

🏨 **Schloß Landsberg** ⅋, Landsberger Straße 150 (NW : 4 km), ✉ 98617, ✆ 23 52, Fax 2353,
<, 🏛, « Gotische Holztäfelung im Restaurant » – 📺 ☎ ⓟ. 🖭 ⋵ 𝚅𝙸𝚂𝙰 𝙹𝙲𝙱
Menu (Sonntag nur Mittagessen, Montag nur Abendessen) à la carte 34/58 – **21 Z** 170/450.

🏠 **An der Kapelle** garni, Anton-Ulrich-Str. 19, ✉ 98617, ✆ 47 00 21, Fax 470174 – ☎. ⋵
16 Z 80/120.

🏠 **Wolke 7** garni, Goethestr. 18, ✉ 98617, ✆ 4 13 50, Fax 3820 – 📺 ☎. 🖭 ⋵ 𝚅𝙸𝚂𝙰
14 Z 75/120.

In Dillstädt O : 12 km :

🏠 **Der Distelhof,** Dorfstr. 3, ✉ 98530, ✆ (036846) 6 05 47, Fax 332 – 📺 ☎ ⓟ. 🖭 ⓪ ⋵ 𝚅𝙸𝚂𝙰
Menu à la carte 25/47 – **12 Z** 95/139.

🛈 Fremdenverkehrsverein, Hauptstr. 202, ✆ 82 00.

Magdeburg 52 – Quedlinburg 19.

🏰 **Parkhotel Schloß Meisdorf,** Allee 5, ✉ 06436, ✆ 81 26, Fax 8278, 🏛, « Park », ⇌s,
🏊, ⅍ – 📺 ☎ ⓟ – 🕍 80. 🖭 ⓪ ⋵ 𝚅𝙸𝚂𝙰
Menu à la carte 26/38 – **Château Neuf** (nur Abendessen) Menu à la carte 31/67 – **42 Z**
138/226.

🏨 **Forsthaus Meisdorf** ⅋, Allee 4, ✉ 06463, ✆ 81 38, Fax 8231, 🏛, ⇌s, 🏊 – 📺 ☎ ⓟ.
🖭 ⋵ 𝚅𝙸𝚂𝙰
Menu (Montag - Freitag nur Abendessen) à la carte 37/59 – **12 Z** 138/226.

Sehenswert : Staatliche Porzellanmanufaktur★ – Albrechtsburg★ – Dom★ (Grabplatten★ in der
Fürstenkapelle, Laienaltar★, Stifterfiguren★★).

🛈 Tourist-Information, An der Frauenkirche 3, ✉ 01662, ✆ 45 44 70, Fax 458240.

◆Dresden 23 – ◆Berlin 175 – Chemnitz 61 – ◆Leipzig 85.

🏰 **Parkhotel Pannonia Meissen,** Hafenstr. 27, ✉ 01662, ✆ 7 22 50, Fax 722904, 🏛,
« Terrasse mit < », Massage, ⇌s – |≢| ⅍ Zim 📺 ☎ ⇔ ⓟ – 🕍 50. 🖭 ⓪ ⋵ 𝚅𝙸𝚂𝙰 ⅍ Rest
Menu à la carte 38/60 – **97 Z** 150/285, 4 Suiten.

🏠 **Ross,** Grossenhainer Str. 9, ✉ 01662, ✆ 75 10, Fax 751999, 🏛 – |≢| ⅍ Zim 📺 ☎ ⓟ
– 🕍 45. 🖭 ⋵
Menu à la carte 28/47 – **32 Z** 130/240.

🏠 **Feder,** Siebeneichener Str. 44 (B 6), ✉ 01662, ✆ 4 70 50, Fax 470510, 🐎 – 📺 ☎ ⓟ. 🖭
⋵ 𝚅𝙸𝚂𝙰 – (Restaurant nur für Hausgäste) – **9 Z** 120/180.

✗ **Romantik-Restaurant Vincenz Richter,** An der Frauenkirche 12, ✉ 01662, ✆ 45 32 85,
Fax 453763, « Weinstube in einem historischen Gebäude a.d.J. 1523, Innenhofterrasse »
🖭 ⓪ ⋵ 𝚅𝙸𝚂𝙰. ⅍
Sonntag-Montag und Jan. geschl. – **Menu** (nur Abendessen) à la carte 33/54.

An der Straße nach Moritzburg O : 5 km :

☆ **Landhaus Nassau,** Nassauweg 1, ✉ 01662 Meissen, ℘ (03521) 73 81 60, Fax 738169,
🍽 – 📺 ☎ 🅿. ❀
Menu *(Montag nur Abendessen)* à la carte 17/30 – **11 Z** 95/130.

In Ockrilla N : 4 km :

🏠 Panicke, An der B 101, ✉ 01665, ℘ (03521) 73 35 09, Fax 3509 – 📺 ☎ 🅿. ❀
14 Z.

In Riemsdorf S : 7 km :

🏠 **Motel Exklusiv bei Meissen,** ✉ 01665, ℘ (03521) 45 24 56, Fax 457477, Biergarten, –
📺 ☎ 🅿. ❀ Rest
Menu *(Freitag - Sonntag geschl.)* (nur Abendessen) à la carte 28/37 – **16 Z** 110/160.

In Weinböhla NO : 11 km :

🏨 **Waldhotel** ❀, Forststr. 66, ✉ 01689, ℘ (035243) 3 20 51, Fax 32840, 🍽, ≲s, ❀(Halle)
– 🛗 ❀ Zim 📺 ☎ 🅿 – 🔬 120. ⚠ ⓞ 🅔 𝘝𝘐𝘚𝘈
Menu à la carte 34/50 – **114 Z** 145/245.

❀❀ **Laubenhöhe,** Köhlerstr. 77, ✉ 01689, ℘ (035243) 3 61 83, 🍽 – ⚠ 🅔 𝘝𝘐𝘚𝘈. ❀
Montag und Feb. 2 Wochen geschl. – Menu à la carte 37/63.

MELDORF Schleswig-Holstein 𝟜𝟙𝟙 K 4, 𝟿𝟾𝟽 ⑤ – 7 200 Ew – Höhe 6 m – ✆ 04832.
🔖 Fremdenverkehrsverein, Nordermarkt 10, ✉ 25704, ℘ 70 45.
♦Kiel 93 – Flensburg 94 – ♦Hamburg 95 – Neumünster 72.

🏠 **Zur Linde** (mit Gästehaus), Südermarkt 1, ✉ 25704, ℘ 9 59 50, Fax 43 12, 🍽 – 📺 ☎ –
🔬 100. ⚠ ⓞ 🅔 𝘝𝘐𝘚𝘈
Menu à la carte 39/61 – **17 Z** 85/135.

🏠 **Stadt Hamburg,** Nordermarkt 2, ✉ 25704, ℘ 14 61, Fax 4053, ≲s – 📺 ☎ 🅿. ⚠ ⓞ 𝘝𝘐𝘚𝘈
Menu à la carte 29/65 ⅄ – **10 Z** 80/140.

Am alten Meldorfer Hafen W : 2 km :

❀❀ Dithmarscher Bucht mit Zim (restauriertes Gasthaus mit geschmackvoller Einrichtung), Hel-
golandstr. 2, ✉ 25704 Meldorf, ℘ (04832) 71 23, 🍽, « Historische Spielzeugsammlung »,
🍽 – 🅿
(auch vegetarische Gerichte) – **12 Z**.

MELLE Niedersachsen 𝟜𝟙𝟙 𝟜𝟙𝟚 I 10, 𝟿𝟾𝟽 ⑭ – 42 000 Ew – Höhe 80 m – Kurort (Solbad) –
✆ 05422.
🔖 Fremdenverkehrsamt, Rathaus, Am Markt, ✉ 49324, ℘ 10 33 12.
♦Hannover 115 – Bielefeld 36 – Münster (Westfalen) 80 – ♦Osnabrück 26.

🏨 **Berghotel,** Walther-Sudfeldt-Weg 6, ✉ 49324, ℘ 9 49 40, Fax 949494, « Terrasse mit ≤ »,
≲s, 🔲 – 🛗 ☎ 🅿 – 🔬 150. ⚠ ⓞ 🅔 𝘝𝘐𝘚𝘈
Menu à la carte 29/59 – **31 Z** 85/170.

🏠 **Bayrischer Hof,** Bahnhofstr. 14, ✉ 49324, ℘ 55 66, Fax 5557, Biergarten – 📺 ☎ 🅿. 🅔
Menu *(Montag und Samstag nur Abendessen)* à la carte 26/52 – **20 Z** 63/120.

🏠 **Lumme,** Haferstr. 7, ✉ 49324, ℘ 33 64, Fax 45402 – ☎ ⇔ 🅿. ❀ Zim
24. Dez.- 5. Jan. geschl. – **Menu** *(Juli und Montag geschl.)* (nur Abendessen) à la carte 28/49
– **11 Z** 60/130.

In Melle-Riemsloh SO : 7 km :

🏠 **Alt Riemsloh,** Alt-Riemsloh 51, ✉ 49328, ℘ (05226) 55 44, 🍽 – 📺 ☎ ⇔ 🅿. 🅔. ❀
Menu *(Samstag geschl.)* à la carte 30/53 – **11 Z** 60/105.

MELLINGHAUSEN Niedersachsen siehe Sulingen.

MELLRICHSTADT Bayern 𝟜𝟙𝟚 𝟜𝟙𝟹 N 15, 𝟿𝟾𝟽 ㉖ – 6 300 Ew – Höhe 270 m – ✆ 09776.
🔖 Fremdenverkehrsbüro, Altes Rathaus, Marktplatz 2, ✉ 97638, ℘ 92 41.
♦München 359 – ♦Bamberg 89 – Fulda 72 – ♦Würzburg 91.

🏨 **Sturm,** Ignaz-Reder-Str. 3, ✉ 97638, ℘ 4 70, Fax 5709, 🍽, ≲s, 🌲 – 🛗 📺 ☎ 🅿 – 🔬 50.
❀ Rest
2.- 23. Januar geschl. – **Menu** *(Sonntag nur Mittagessen)* à la carte 37/56 – **54 Z** 75/140.

In Oberstreu-Mittelstreu SW : 4 km :

🏨 **Gästehaus Zum wilden Mann** garni, Hauptstr. 18, ✉ 97640, ℘ (09773) 50 17 – 📺 ☎
13 Z 60/90.

MELSUNGEN Hessen 🔢🔢🔢 L 13, 🔢🔢🔢 ㉕ – 14 300 Ew – Höhe 182 m – Luftkurort – ❀ 05661.
Sehenswert : Rathaus★ – Fachwerkhäuser★.
🅱 Verkehrsbüro im Rathaus, am Markt, ✉ 34212, ✆ 7 81 09, Fax 78119.
◆Wiesbaden 198 – Bad Hersfeld 45 – ◆Kassel 34.

🏠 **Sonnenhof,** Franz-Gleim-Str. 11, ✉ 34212, ✆ 73 89 99, Fax 73 89 98 – 📶 📺 ☎ 🅿
Menu *(Sonntag und 20. Dez.- 10. Jan. geschl.)* (nur Abendessen) à la carte 40/62 – **23 Z** 90/185.

🏠 **Hessischer Hof** 🐾, Rotenburger Str. 22, ✉ 34212, ✆ 60 94, Fax 6093, 🚗 – 📺 ☎ 🚙
🅿 – 🔧 20. 🆎 ⓪ 🇪 𝕍𝕀𝕊𝔸 – **Menu** à la carte 41/61 – **28 Z** 110/165.

✕✕ Frank Schicker - Alte Apotheke, Brückenstr. 5, ✉ 34212, ✆ 7 38 10, Fax 738112, 🍴.

In Malsfeld-Beiseförth S : 7 km :

🏠 **Park-Hotel,** Bahnhofstr. 19, ✉ 34323, ✆ (05664) 4 66, Fax 6781, 🍴, ⭐s – 📺 ☎ 🅿 –
🔧 30. 🆎 ⓪ 🇪 𝕍𝕀𝕊𝔸. – **Menu** à la carte 31/54 – **14 Z** 82/120.

Auf dem Heiligenberg W : 7 km, über die B 253, nach der Autobahn rechts ab :

🏠 **Burg Heiligenberg** 🐾, ✉ 34587 Felsberg-Gensungen, ✆ (05662) 8 31, Fax 2550, ≤ Eder-
tal, 🍴 – ☎ 🚙 🅿, 🎿
28. Dez.- Jan. geschl. – **Menu** à la carte 28/64 – **30 Z** 85/140.

MEMMELSDORF Bayern 🔢🔢🔢 PQ 17 – 8 100 Ew – Höhe 285 m – ❀ 0951.
◆München 240 – ◆Bamberg 7 – Coburg 45.

🏠 **Brauerei-Gasthof Drei Kronen,** Hauptstr. 19, ✉ 96117, ✆ 94 43 30, Fax 9443366 – 📺
☎ 🅿, 🆎 🇪 𝕍𝕀𝕊𝔸
Menu *(Sonntag nur Mittagessen, Montag nur Abendessen)* à la carte 27/43 – **26 Z** 80/125.

🏠 **Brauerei-Gasthof Höhn,** Hauptstr. 11, ✉ 96117, ✆ 4 10 65, Fax 420380, 🚗 – 📺 🚙 🅿.
← 🎿 Zim – **Menu** *(Dienstag und Ende Juli - Mitte Aug. geschl.)* à la carte 20/49 – **28 Z** 80/130.

MEMMINGEN Bayern 🔢🔢🔢 N 23, 🔢🔢🔢 ㊱, 🔢🔢🔢 C 4 – 38 000 Ew – Höhe 595 m – ❀ 08331.
Sehenswert : Pfarrkirche St. Martin (Chorgestühl★) Y **A.**
🅱 Städt. Verkehrsamt, Ulmer Str. 9 (Parishaus), ✉ 87700, ✆ 85 01 72.
ADAC, Sankt-Josefs-Kirchplatz 8, ✉ 87700, ✆ 7 13 03.
◆München 114 ② – Bregenz 74 ④ – Kempten (Allgäu) 35 ③ – ◆Ulm (Donau) 55 ⑤.

MEMMINGEN

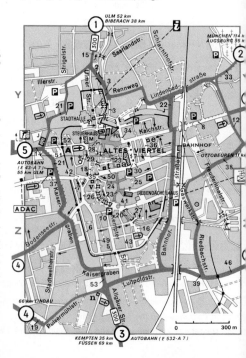

🏨 **Park-Hotel an der Stadthalle,** Ulmer Str. 7, ⌂ 87700, 𝒫 93 20, Fax 48439, Biergarten,
🔲 – 📱 ✤ Zim 📺 ☎ – 🛁 400. 🄰🄴 🄴 𝚅𝙸𝚂𝙰   Y **r**
– *Schwarzer Ochsen :* Menu à la carte 44/69 – **85 Z** 147/224.

🏨 **Falken** garni, Roßmarkt 3, ⌂ 87700, 𝒫 4 70 81, Fax 47086 – 📱 ✤ 📺 ☎ ᵫ ᶜ, 🄰🄴 ⓪
🄴 𝚅𝙸𝚂𝙰   Z **v**
Aug. und 20. Dez.- 8. Jan. geschl. – **40 Z** 95/170.

🏨 Adler, Maximilianstr. 3, ⌂ 87700, 𝒫 8 70 15, Fax 48540 – 📱 📺 ☎ ᶜ   Z **a**
54 Z.

🏨 **Weißes Ross,** Kalchstr. 16, ⌂ 87700, 𝒫 20 20, Fax 84057 – 📱 📺 ☎ ᶜ. ⓪ 🄴 𝚅𝙸𝚂𝙰.
✗ Rest   Y **e**
Menu à la carte 27/60 – **40 Z** 77/160.

🏨 **Garni am Südring,** Pulvermühlstr. 1, ⌂ 87700, 𝒫 31 37, Fax 495149 – 📱 ☎ ᶜ ℗
24. Dez.- 6. Jan. geschl. – **40 Z** 38/98.   Z **n**

✗ Weinhaus Knöringer, Weinmarkt 6, ⌂ 87700, 𝒫 27 15, Fax 84201   Z **t**

In Memmingen-Amendingen ① : 2 km :

🏨 **Hiemer,** Obere Str. 24, ⌂ 87700, 𝒫 8 79 51, Fax 87954 – 📱 ☎ ℗ – 🛁 100. 🄰🄴 ⓪ 🄴 𝚅𝙸𝚂𝙰
Menu à la carte 27/55 – **32 Z** 80/155.

In Buxheim ⑤ : 4,5 km :

🏨 **Weiherhaus** ⬧, Am Weiherhaus 13, ⌂ 87740, 𝒫 (08331) 7 21 23, Fax 73935, 🏠 – ☎
↔ ℗. 🄰🄴 🄴 – Menu à la carte 23/60 – **8 Z** 78/122.

MENDEN Nordrhein-Westfalen 🟨🟨🟨 🟨🟨🟨 G 12. 🟨🟨🟨 ⑭ – 56 900 Ew – Höhe 145 m – 🟢 02373.
♦Düsseldorf 92 – Dortmund 34 – Iserlohn 12.

🏨 **Central** garni, Unnaer Str. 33, ⌂ 58706, 𝒫 50 45, Fax 5531 – 📱 📺 ☎ ᶜ. 🄰🄴 ⓪ 🄴 𝚅𝙸𝚂𝙰
über Ostern und Weihnachten - Neujahr geschl. – **16 Z** 90/130.

🏨 **Haus Slamic,** Unnaer Landstr. 2 (an der B 515, NW : 1,5 km), ⌂ 58708, 𝒫 9 69 80,
Fax 969820 – 📺 ☎ ℗. 🄰🄴 ⓪ 🄴 𝚅𝙸𝚂𝙰. ✗
Menu *(Samstag nur Abendessen)* à la carte 27/64 – **14 Z** 75/125.

MENDIG Rheinland-Pfalz 🟨🟨🟨 E 15 – 7 900 Ew – Höhe 200 m – 🟢 02652.
Mainz 120 – ♦Bonn 56 – ♦Koblenz 29 – Mayen 8.

Im Ortsteil Niedermendig :

🏨 **Hansa,** Laacher-See-Str. 11, ⌂ 56743, 𝒫 44 10, Fax 2316, 🏠, 🌳 – ᶜ ᶜ ℗. 🄰🄴 ⓪ 🄴
↔ 𝚅𝙸𝚂𝙰. ✗ Zim
Mitte Dez.- Feb. geschl. – Menu *(Donnerstag geschl.)* à la carte 24/55 – **24 Z** 50/110.

Siehe auch : *Maria Laach*

MENGEN Baden-Württemberg 🟨🟨🟨 KL 22. 🟨🟨🟨 ㉟. 🟨🟨🟨 M 1 – 9 500 Ew – Höhe 560 m –
🟢 07572.
♦Stuttgart 116 – Bregenz 89 – ♦Freiburg im Breisgau 138 – ♦Ulm (Donau) 72.

🏨 **Rebstock,** Hauptstr. 93 (B 311), ⌂ 88512, 𝒫 34 11, Fax 78110, 🏠 – 📺 ☎ ℗. ⓪ 🄴 𝚅𝙸𝚂𝙰
24. Dez.- 6. Jan. und Ende Juli - Anfang Aug. geschl. – Menu *(Freitag geschl., Samstag
nur Abendessen)* à la carte 38/71 – **13 Z** 85/140.

🏨 **Roter Ochsen,** Hauptstr. 92 (B 311), ⌂ 88512, 𝒫 29 83, Fax 3669 – 📺 ☎ ᶜ
Menu *(Montag geschl.)* (nur Abendessen) à la carte 30/47 – **17 Z** 80/150.

🏨 **Baier,** Hauptstr. 10 (B 311), ⌂ 88512, 𝒫 35 01, Fax 1361 – ☎ ᶜ ℗. 🄰🄴 ⓪ 🄴 𝚅𝙸𝚂𝙰
Menu *(Samstag und Juli-Aug. 3 Wochen geschl.)* à la carte 25/48 – **29 Z** 68/140.

MENGERSKIRCHEN Hessen siehe Weilburg.

MEPPEN Niedersachsen 🟨🟨🟨 EF 8, 🟨🟨🟨 ⑭, 🟨🟨🟨 ⑭ – 32 000 Ew – Höhe 20 m – 🟢 05931.
🅱 Verkehrsverein, Rathaus, Markt 43, ⌂ 49716, 𝒫 15 31 06, Fax 153253.
♦Hannover 240 – ♦Bremen 129 – Groningen 96 – ♦Osnabrück 85.

🏨 **Pöker,** Herzog-Arenbergstr. 15a, ⌂ 49716, 𝒫 49 10, Fax 491100, 🏠, 🌳 – 📱 📺 ☎ ℗
– 🛁 60. 🄰🄴 ⓪ 🄴 𝚅𝙸𝚂𝙰 – Menu à la carte 26/56 – **52 Z** 60/150.

🏨 **Hülsmann am Bahnhof,** Hüttenstr. 2, ⌂ 49716, 𝒫 22 21, Fax 5205 – 📱 📺 ☎ ℗. 🄴
Menu *(Samstag nur Abendessen)* à la carte 25/65 – **25 Z** 70/135.

🏨 **Parkhotel** ⬧, Lilienstr. 21 (nahe der Freilichtbühne), ⌂ 49716, 𝒫 1 80 11, Fax 89494, 🏠
– 📱 📺 ☎ ℗. 🄰🄴 🄴 𝚅𝙸𝚂𝙰
Menu à la carte 31/60 – **30 Z** 80/180.

🏨 **Altstadt Hotel** garni, Nikolaus-Augustin-Str. 3, ⌂ 49716, 𝒫 1 71 68, Fax 87214 – 📱 📺
☎. 🄴 – **15 Z** 70/140.

🏨 **Schmidt** ⬧, Markt 17, ⌂ 49716, 𝒫 9 81 00, Fax 981010 – 📱 ☎ ᶜ. ⓪ 🄴 𝚅𝙸𝚂𝙰
Menu *(Freitag nur Mittagessen)* à la carte 26/68 – **20 Z** 70/150.

MERCHWEILER Saarland 🔢 E 18, 🔢 ⑦, 🔢 ⑥ – 12 500 Ew – Höhe 359 m – ✪ 06825.
♦Saarbrücken 18 – Homburg (Saar) 28 – Saarlouis 25.

XX **Römerhof,** Hauptstr. 112, ✉ 66589, ℰ 53 73 – ☻
　 Samstag nur Abendessen, Dienstag und Ende Juli - Mitte Aug. geschl. – **Menu** à la carte
　 48/70.

MERGENTHEIM, BAD Baden-Württemberg 🔢 M 18, 🔢 ㉕ – 21 000 Ew – Höhe 210 m –
Heilbad – ✪ 07931.
Ausflugsziel : Stuppach : Pfarrkirche (Stuppacher Madonna★★ von Grünewald) S : 6 km.
🔓 Erlenbachtal, ℰ 75 79.
🔒 Kultur- und Verkehrsamt, Marktplatz 3, ✉ 97980, ℰ 5 71 35, Fax 57300.
♦Stuttgart 117 – Ansbach 78 – Heilbronn 75 – ♦Würzburg 53.

🏛 ✿ **Victoria,** Poststr. 2, ✉ 97980, ℰ 59 30, Telex 74224, Fax 593500, « Gartenterrasse », 🏊
　 – |🛗| 😣 Zim �📺 ⇔ ☻ – 🔼 150. ⬛ ⓄⒹ Ⅽ 🆅🆂🅰 🄹🄲🄱. ⅍ Rest
　 Zirbelstuben (Sonntag - Montag, Feiertage, Jan. 2 Wochen und Aug. geschl.) **Menu** à la
　 carte 56/83 – **Weinstube : Menu** à la carte 33/51 – **73 Z** 160/315, 3 Suiten – ½ P 205/241
　 Spez. Langustinencrème mit Ingwer und Estragon, Gefüllter Ochsenschwanz in Trüffelsauce,
　 Mohnravioli in Marzipansauce mit weißem Schokoladeneis.

🏛 **Maritim Parkhotel** ≶, Lothar-Daiker-Str. 6 (im Kurpark), ✉ 97980, ℰ 53 90, Fax 539100,
　 😤, Massage, ♨, 🏊, ☐, 🖋 – |🛗| 😣 Zim �📺 ⚙ ☻ – 🔼 120. ⬛ ⓄⒹ Ⅽ 🆅🆂🅰 🄹🄲🄱. ⅍ Rest
　 Menu à la carte 44/78 – **116 Z** 165/328.

🏛 **Bundschu,** Cronbergstr. 15, ✉ 97980, ℰ 93 30, Fax 933633, 😤, « Gartenterrasse », 🖋
　 – �📺 ☎ ☻ – 🔼 20. ⬛ ⓄⒹ Ⅽ 🆅🆂🅰
　 Menu *(Montag geschl.)* à la carte 42/69 – **50 Z** 130/190 – ½ P 150/180.

🏛 **Alte Münze** garni, Münzgasse 12, ✉ 97980, ℰ 56 60, Fax 52371 – |🛗| �📺 ☎ ⚙ ⇔. ⬛
　 Ⅽ 🆅🆂🅰
　 28 Z 78/140.

🏛 **Kurhotel Stefanie** ≶, Erlenbachweg 11, ✉ 97980, ℰ 5 31 80, Fax 531888, Massage, ♨,
　 🏊, 🖋 – |🛗| 😣 Zim ☎ ☻. ⅍
　 Mitte Dez.- Anfang Jan. geschl. – (Restaurant nur für Hausgäste) – **30 Z** 75/180.

🕎 **Zum Wilden Mann,** Reichengässle 6, ✉ 97980, ℰ 76 38 – ☻
　 1.- 28. Jan. geschl. – **Menu** à la carte 22/45 – **14 Z** 32/100 – ½ P 50/68.

　 In Bad Mergentheim - Löffelstelzen NO : 4 km :

🕎 **Hirschen,** Alte Würzburger Str. 29, ✉ 97980, ℰ 74 94, 🖋 – ⇔ ☻. ⅍ Zim
　 19. Dez.- 27. Jan. geschl. – **Menu** *(Donnerstag geschl.)* à la carte 20/39 ↟ – **12 Z** 32/64.

　 In Bad Mergentheim - Markelsheim SO : 6 km :

🏛 **Weinstube Lochner,** Hauptstr. 39, ✉ 97980, ℰ 20 81, Fax 2080, 😤, 🏊, ☐ – |🛗| �📺
　 ☎ ⇔ ☻ – 🔼 60. Ⅽ
　 Menu *(Montag geschl.)* à la carte 30/54 – **55 Z** 85/180 – ½ P 105/120.

　 In Bad Mergentheim - Neunkirchen S : 2 km :

🕎 **Landgasthof Rummler** (mit Gästehaus ≶), Althäuser Str. 18, ✉ 97980, ℰ 4 50 25,
　 Fax 45029, Biergarten, 🖋 – �📺 ☎ ⇔ ☻. Ⅽ. ⅍ Zim
　 22. Dez.- 13. Jan. und Aug.- Sept. 2 Wochen geschl. – **Menu** *(Montag geschl., Dienstag
　 nur Abendessen)* à la carte 28/56 ↟ – **9 Z** 72/130.

MERING Bayern 🔢 PQ 22, 🔢 ㊱, 🔢 EF 4 – 9 100 Ew – Höhe 526 m – ✪ 08233.
♦München 53 – ♦Augsburg 15 – Landsberg am Lech 29.

🏛 **Schlosserwirt,** Münchner Str. 29, ✉ 86415, ℰ 95 04 – ☻
　 20. Juli - 15. Aug. geschl. – **Menu** *(Samstag-Sonntag geschl.)* à la carte 23/37 – **20 Z** 60/
　 120.

MERKLINGEN Baden-Württemberg 🔢 M 21 – 1 600 Ew – Höhe 699 m – ✪ 07337 (Nellingen).
♦Stuttgart 68 – Reutlingen 53 – ♦Ulm (Donau) 26.

🏛 **Ochsen,** Hauptstr. 12, ✉ 89188, ℰ 2 83, Fax 200, 🖋 – �📺 ☎ ⇔ ☻. ⬛ Ⅽ 🆅🆂🅰
　 Mai und Nov. jeweils 2 Wochen geschl. – **Menu** *(Sonntag geschl.)* (nur Abendessen) à la
　 carte 27/54 ↟ – **19 Z** 95/140.

　 In Berghülen S : 8 km :

🕎 **Ochsen,** Blaubeurer Straße 14, ✉ 89180, ℰ (07344) 63 18, Fax 21672 – |🛗| ⇔ ☻. Ⅽ
　 Juli - Aug. 3 Wochen geschl. – **Menu** *(Montag geschl.)* à la carte 21/41 ↟ – **27 Z** 35/100.

MERTESDORF Rheinland-Pfalz siehe Trier.

MERZENICH Nordrhein-Westfalen 🔢 C 14 – 6 000 Ew – Höhe 54 m – ✪ 02421.
♦Köln 46 – Düren 4 – Aachen 36.

XX **Schöne Aussicht,** Kölner Landstr. 16 (B 264), ✉ 52399, ✆ 7 36 35, Fax 75689,
« Gartenterrasse » – 🅿
Dienstag sowie Jan. 2 Wochen und Juli - Aug. 3 Wochen geschl. – **Menu** (wochentags nur
Abendessen, Tischbestellung ratsam) à la carte 45/69.

MERZIG Saarland 🔢 C 18, 🔢 ㉓, 🔢 M 7 – 32 000 Ew – Höhe 174 m – ✪ 06861.
🛈 Tourist-Information (Fremdenverkehrsverband), Schankstr. 1, ✉ 66663, ✆ 7 38 74, Fax 73875.
♦Saarbrücken 46 – Luxembourg 56 – Saarlouis 21 – ♦Trier 49.

🏠 **Merll-Rieff,** Schankstr. 27, ✉ 66663, ✆ 25 65, Fax 77988 – ☎ 🅿. 🆎 ⓪ ℇ 𝗩𝗜𝗦𝗔
Juli 2 Wochen geschl. – **Menu** (Sonntag nur Mittagessen, Mittwoch geschl.) à la carte
28/60 ⅃ – **12 Z** 60/130.

In Beckingen-Honzrath SO : 7 km :

🏠 **Sporthotel Honzrath,** beim Sportzentrum Hellwies, ✉ 66701, ✆ (06835) 40 41, Fax 4042,
✗(Halle) – 📺 🅿. 🆎 ℇ 𝗩𝗜𝗦𝗔
30. Dez.- 15. Jan. geschl. – **Menu** (Mittwoch geschl.) à la carte 26/65 ⅃ – **14 Z** 50/120.

MESCHEDE Nordrhein-Westfalen 🔢 🔢 H 12, 🔢 ⑭ – 33 000 Ew – Höhe 262 m – ✪ 0291.
🛈 Verkehrsamt, Pavillon am Rathaus, Ruhrstr. 25, ✉ 59853, ✆ 20 52 77, Fax 205526.
ADAC, Ruhrplatz 2, ✉ 59872, ✆ 14 13, Fax 52504.
♦Düsseldorf 150 – Brilon 22 – Lippstadt 43 – Siegen 97.

XX **Von Korff** mit Zim, Le-Puy-Str. 19, ✉ 59853, ✆ 9 91 40, Fax 991424 – 📺 ☎ ⇐ 🅿. 🆎
⓪ ℇ 𝗩𝗜𝗦𝗔. ✗ Zim
Menu à la carte 36/74 – **11 Z** 90/230.

In Meschede-Freienohl NW : 10 km :

🏠 **Haus Luckai,** Christine-Koch-Str. 11, ✉ 59872, ✆ (02903) 77 52, Fax 8369, 🚗 – 📺 ☎ ⇐
🅿. 🆎 ℇ
Menu (Mittwoch geschl.) à la carte 25/50 – **12 Z** 60/120.

In Meschede-Grevenstein SW : 13,5 km – Wintersport : 450/600 m ⅃1 – ✪ 02934 :

🏠 **Gasthof Becker,** Burgstr. 9, ✉ 59872, ✆ 9 60 10, Fax 1606 – ☎ 🅿. 🆎 ⓪ ℇ 𝗩𝗜𝗦𝗔
Menu (Donnerstag geschl.) à la carte 38/73 – **10 Z** 85/160.

🏠 **Holländer Hof,** Ohlstr. 4, ✉ 59872, ✆ 2 60, Fax 1630 – ☎ 🅿
Mitte Feb.- Anfang März geschl. – **Menu** (Montag geschl.) à la carte 25/52 – **17 Z** 53/110.

In Meschede-Olpe W : 9 km :

🏠 **Landgasthof Hütter,** Freienohler Str. 31, ✉ 59872, ✆ (02903) 96 00, Fax 960111, 🚗 –
⇐ 🅿. ✗
Menu (Freitag geschl.) à la carte 33/55 – **15 Z** 50/130.

MESEKENHAGEN Mecklenburg-Vorpommern siehe Greifswald.

MESPELBRUNN Bayern 🔢 🔢 K 17, 🔢 ㉕ – 2 200 Ew – Höhe 269 m – Erholungsort –
✪ 06092 (Heimbuchenthal).
🛈 Verkehrsverein, Hauptstr. 158, ✉63875, ✆ 3 19.
♦München 342 – Aschaffenburg 16 – ♦Würzburg 66.

🏠 **Schloß-Hotel** ⊗, Schloßallee 25, ✉ 63875, ✆ 60 80, Fax 608100, 🍴, ⇐s – 🔱 📺 ☎ 🅿
⤙ – 🔏 35. 🆎 ⓪ ℇ 𝗩𝗜𝗦𝗔 𝗝𝗖𝗕. ✗ Zim
Jan.- Feb. 1 Woche geschl. – **Menu** à la carte 24/53 – **40 Z** 85/235.

🏠 **Zum Engel,** Hauptstr. 268, ✉ 63875, ✆ 3 13, Fax 313, 🍴, « Zirbelstube », 🚗 – ☎ ⇐
⤙ 🅿
5. Nov.- 25. Dez. geschl. – **Menu** (Jan.- April Montag - Dienstag geschl.) à la carte 23/48
– **15 Z** 55/100.

In Mespelbrunn-Hessenthal N : 4 km :

🏠 **Hobelspan,** Hauptstr. 49, ✉ 63875, ✆ 70 71, Fax 7073, 🍴, 🚗 – 🔱 ☎ 🅿
⤙ *Anfang Jan.- Mitte Feb. geschl.* – **Menu** (Dienstag geschl.) à la carte 23/50 – **29 Z** 54/115.

MESSKIRCH Baden-Württemberg 🔢 K 23, 🔢 L 1,2 – 8 000 Ew – Höhe 605 m – ✪ 07575.
🛈 Städt. Verkehrsamt, Schloßstr. 1, ✉ 88605, ✆ 2 06 46, Fax 4732.
♦Stuttgart 118 – ♦Freiburg im Breisgau 119 – ♦Konstanz 59 – ♦Ulm (Donau) 91.

🏠 **Adler-Alte Post,** Adlerplatz 5, ✉ 88605, ✆ 8 22, Fax 827 – 📺 ☎ 🅿 – 🔏 30
19 Z.

In Messkirch-Menningen NO : 5 km :

ⓧⓧ **Zum Adler Leitishofen** mit Zim, Leitishofen 35 (B 311), ⊠ 88605, ℰ 31 57, Fax 4756, 🍴
- ☎ ⇔ ℗. E
Ende Jan.- Anfang Feb. geschl. – Menu *(Dienstag geschl.)* à la carte 36/52 – **15 Z** 62/116.

METELEN Nordrhein-Westfalen 411 412 E 10, 408 M 5 – 5 800 Ew – Höhe 58 m – ✿ 02556.
◆Düsseldorf 136 – Enschede 30 – Münster (Westfalen) 42 – ◆Osnabrück 69.

🏠 **Haus Herdering-Hülso** garni, Neutor 13, ⊠ 48629, ℰ 70 48, ⇔ – ℗. 🅰E E
23. Dez.- 2. Jan. geschl. – **10 Z** 60/98.

ⓧⓧ **Pfefferkörnchen,** Viehtor 2, ⊠ 48629, ℰ 13 99 – ℗. E
Samstag nur Abendessen, Dienstag und Feb.-März 3 Wochen geschl. – Menu (Tischbestellung ratsam) à la carte 50/82.

METTINGEN Nordrhein-Westfalen 411 412 G 10, 987 ⑭ – 10 000 Ew – Höhe 90 m – ✿ 05452.
◆Düsseldorf 185 – ◆Bremen 132 – Enschede 75 – ◆Osnabrück 21.

🏠 **Romantik-Hotel Telsemeyer,** Markt 6, ⊠ 49497, ℰ 91 10, Fax 911121, 🍴, 🖼 – |📱| 📺
☎ ⇔ ℗ – 🛠 60. 🅰E ⓞ E 𝓥𝓘𝓢𝓐. ⅍
Menu à la carte 41/76 *(auch vegetarische Gerichte)* – **55 Z** 90/220.

METTLACH Saarland 412 C 18, 987 ㉓, 409 M 7 – 12 400 Ew – Höhe 165 m – ✿ 06864.
Ausflugsziel : Cloef ≤★★, W : 7 km.
🛈 Tourist-Information, Freiherr-vom-Stein-Str. 64, ⊠ 66693, ℰ 83 34, Fax 8329.
◆Saarbrücken 54 – Saarlouis 29 – ◆Trier 41.

🏠 **Zum Schwan,** Freiherr-vom-Stein-Str. 34, ⊠ 66693, ℰ 72 79, Fax 7277, 🍴 – |📱| 📺 ☎ ℗.
ⓞ E 𝓥𝓘𝓢𝓐
Menu à la carte 32/61 ⅛ – **17 Z** 85/156.

🏠 **Haus Schons** garni, von-Boch-Liebig-Str. 1, ⊠ 66693, ℰ 12 14, Fax 7557 – ☎ ℗
9 Z 55/90.

In Mettlach-Orscholz NW : 6 km :

🏠 **Zur Saarschleife** (mit Gästehaus), Cloefstr. 44, ⊠ 66693, ℰ (06865) 17 90, Fax 17930, 🍴,
⇔, 🖼, 🐟, ⅍ – |📱| 🔆 Zim 📺 ☎ ⇔ ℗ – 🛠 40. 🅰E ⓞ E 𝓥𝓘𝓢𝓐
4.- 18. Jan. geschl. – Menu à la carte 41/76 – **55 Z** 85/190.

🎣 **Zum Orkelsfels,** Cloefstr. 97, ⊠ 66693, ℰ (06865) 3 17, Fax 18424 – ℗. ⅍ Zim
↞ *Ende Feb.- Mitte März geschl.* – Menu *(Donnerstag geschl.)* à la carte 23/44 ⅛ – **12 Z** 55/90.

METTMANN Nordrhein-Westfalen 411 412 D 13, 987 ㉔ – 40 000 Ew – Höhe 131 m – ✿ 02104.
◆Düsseldorf 16 – ◆Essen 33 – Wuppertal 16.

🏠 **Hansa Hotel,** Peckhauser Str. 5, ⊠ 40822, ℰ 98 60, Fax 986150, 🍴, 🛁, ⇔ – |📱| 🔆 Zim
📺 ☎ 🕭 ⇔ ℗ – 🛠 200. 🅰E ⓞ E 𝓥𝓘𝓢𝓐
Menu à la carte 47/69 – **180 Z** 195/349.

In Mettmann-Metzkausen NW : 3 km :

🏠 **Luisenhof** garni, Florastr. 82, ⊠ 40822, ℰ 5 30 31, Fax 54050, ⇔ – 📺 ☎ ℗. 🅰E ⓞ E
𝓥𝓘𝓢𝓐
32 Z 140/290.

An der B 7 W : 3 km :

🏠 **Gut Höhne** ≫, Düsseldorfer Str. 253, ⊠ 40822 Mettmann, ℰ (02104) 77 80, Fax 75625,
🍴, « Rustikale Hotelanlage in einem ehemaligen Landgut », ⇔, 🏊 (geheizt), 🖼, 🐟, ⅍
– 📺 ☎ ℗ – 🛠 60. 🅰E E 𝓥𝓘𝓢𝓐
Menu à la carte 39/78 – **80 Z** 150/390, 5 Suiten.

METTNAU (Halbinsel) Baden-Württemberg siehe Radolfzell.

METZINGEN Baden-Württemberg 413 K 21, 987 ㉟ – 20 000 Ew – Höhe 350 m – ✿ 07123.
◆Stuttgart 35 – Reutlingen 8 – ◆Ulm (Donau) 79.

🏠 **Schwanen,** Bei der Martinskirche 10, ⊠ 72555, ℰ 13 16, Fax 6827, 🍴, « Individuelle,
moderne Zimmereinrichtung », ⇔ – 📺 ☎ ℗ – 🛠 60. 🅰E ⓞ E 𝓥𝓘𝓢𝓐
Menu à la carte 39/75 – **36 Z** 110/250.

In Metzingen-Glems S : 4 km :

🏠 **Stausee-Hotel** ≫, Unterer Hof 3 (am Stausee, W : 1,5 km), ⊠ 72555, ℰ 9 23 60,
Fax 923663, ≤ Stausee und Schwäbische Alb – 📺 ☎ ℗ – 🛠 40. 🅰E ⓞ E 𝓥𝓘𝓢𝓐 ᴶᶜᴮ
Menu *(Sonntag nur Mittagessen, Montag geschl.)* à la carte 37/77 – **20 Z** 98/140.

🎣 **Waldhorn,** Neuhauser Str. 32, ⊠ 72555, ℰ 1 51 67 – ⇔ ℗. ⅍ Zim
Mitte Jan. - Mitte Feb. und Aug. 2 Wochen geschl. – Menu *(Dienstag geschl.)* à la carte
33/64 ⅛ – **11 Z** 65/140.

In Riederich N : 3 km :

🏨 **Alb Hotel** 🦢, Hegwiesenstr. 20, ⊠ 72585, 𝒫 3 80 30, Fax 35544, 🏤, ⇌s – |≢| ⅙⇔ Zim 📺 **❶** – 🛦 20. 🖭 **⓪** 🔚 _VISA_
Menu à la carte 35/74 – **52 Z** 125/190.

In Kohlberg NO : 5 km :

XX **Beim Schultes,** Neuffener Str. 1, ⊠ 72664, 𝒫 (07025) 24 27, Fax 4546, « Ehem. Rathaus a.d.J. 1665 » – 🖭 **⓪** 🔚 _VISA_ ⚘
Samstag nur Abendessen, Montag, Jan. 1 Woche und Mitte Juli - Anfang Aug. geschl. –
Menu à la carte 42/63.

MEUSELBACH-SCHWARZMÜHLE Thüringen 🆘🆘 Q 15, 🆘🆘🆘 F 14 – 1 800 Ew – Höhe 550 m
– ✪ 036705 (Oberweißbach).
Erfurt 114 – Coburg 55 – Suhl 61.

Im Ortsteil Schwarzmühle :

🏨 **Waldfrieden,** Mellenbacher Str. 2, ⊠ 98746, 𝒫 6 10 00, Fax 61013, 🏤, ⇌s, 🎠 – 📺 **☎**
❶ – 🛦 30. 🔚 _VISA_
Menu à la carte 25/42 – **20 Z** 79/142.

MEUSELWITZ Thüringen 🆘🆘🆘 I 12, 🆘🆘🆘 ㉓, 🆘🆘🆘 ⑰ – 9 400 Ew – Höhe 197 m – ✪ 03448.
Erfurt 96 – Zwickau 46.

🏠 **Zur Börse,** Friedrich-Naumann-Str. 1, ⊠ 04610, 𝒫 80 31 – 📺
⬥ **Menu** *(Montag und Samstag nur Abendessen)* à la carte 20/32 – **10 Z** 80/140.

MICHELAU Bayern siehe Lichtenfels.

MICHELSTADT Hessen 🆘🆘 🆘🆘🆘 K 17, 🆘🆘🆘 ㉕ – 16 000 Ew – Höhe 208 m – ✪ 06061.
Sehenswert : Rathaus★.
Ausflugsziel : Jagdschloß Eulbach : Park★ O : 9 km.
🆘 Michelstadt-Vielbrunn (NO : 13,5 km), 𝒫 (06066) 2 58.
🆙 Verkehrsamt, Marktplatz 1, ⊠ 64720, 𝒫 7 41 46, Fax 74130.
◆Wiesbaden 92 – Aschaffenburg 51 – ◆Darmstadt 47 – ◆Mannheim 62 – ◆Würzburg 99.

🏨 **Drei Hasen** (Sandsteinbau a.d.J. 1813), Braunstr. 5, ⊠ 64720, 𝒫 7 10 17, Fax 72596, Biergarten – 📺 **☎** **❶**. 🖭 **⓪** 🔚 _VISA_ 🇯🇨🇧. ⚘ Zim
1.- 24. Jan. und 20.- 27. Juli geschl. – **Menu** *(Montag geschl.)* à la carte 33/59 – **21 Z** 85/150.

🏨 **City Hotel - Mark Michelstadt** garni, Friedrich-Ebert-Str. 85, ⊠ 64720, 𝒫 7 00 40,
Fax 12269 – |≢| ⅙⇔ Zim 📺 **☎** **❶**. 🖭 **⓪** 🔚 _VISA_
51 Z 99/210.

XX **Grüner Baum** mit Zim (Fachwerkhaus a.d.J. 1685), Große Gasse 17, ⊠ 64720, 𝒫 24 09,
Fax 73281, 🏤 – 📺 **❶**. 🔚 _VISA_
Menu à la carte 26/60 🍴 – **4 Z** 45/90.

In Michelstadt-Vielbrunn NO : 13,5 km – Luftkurort – ✪ 06066 :

🏠 **Weyrich,** Limesstr. 5, ⊠ 64720, 𝒫 2 71, Fax 1017, 🖫, 🎠 – 📺 **❶**. 🖭 🔚
Menu à la carte 27/48 – **29 Z** 61/130.

🏠 **Talblick** garni, Ohrnbachtalstr. 61, ⊠ 64720, 𝒫 2 15, Fax 1673, 🎠 – **❶**
13 Z.

XX **Geiersmühle** 🦢 mit Zim (ehem.Getreidemühle), Im Ohrnbachtal (O : 2 km), ⊠ 64720,
𝒫 7 21, Fax 721, 🏤, ⇌s – **❶**
Menu *(Montag-Dienstag geschl.)* à la carte 46/74 – **8 Z** 80/140.

In Michelstadt - Weiten-Gesäß NO : 6 km – Luftkurort :

🏠 **Berghof,** Dorfstr. 106, ⊠ 64720, 𝒫 37 01, Fax 73508, ≤, 🏤, 🎠 – 📺 **☎** ⬅ **❶** – 🛦 30.
🖭 **⓪** 🔚 _VISA_
Mitte Feb. - Mitte März und 20.- 24. Dez. geschl. – **Menu** *(Dienstag geschl.)* à la carte 32/64
(auch vegetarische Gerichte) 🍴 – **16 Z** 70/120.

MIESBACH Bayern 🆘🆘🆘 S 23. 🆘🆘🆘 ㊲, 🆘🆘🆘 H 5 – 10 300 Ew – Höhe 686 m – ✪ 08025.
◆München 54 – Rosenheim 29 – Salzburg 101 – Bad Tölz 23.

🏨 **Bayerischer Hof,** Oskar-von-Miller-Str. 2, ⊠ 83714, 𝒫 28 80, Fax 288288, 🏤 – |≢| ⅙⇔ Zim
📺 **❶** – 🛦 300. 🖭 **⓪** 🔚 _VISA_ 🇯🇨🇧
Menu à la carte 41/75 – **134 Z** 160/300.

🏡 **Gästehaus Wendelstein** garni, Bayrischzeller Str. 19 (B 472), ⊠ 83714, 𝒫 78 02,
Fax 8668, 🎠 – ⬅
Okt.- Nov. 2 Wochen geschl. – **10 Z** 70/100.

Auf dem Harzberg :

⚡ **Sonnenhof** 🦌, Heckenweg 8, ✉ 83714 Miesbach, ℰ (08025) 42 48, Fax 4248, ≤, 🏤, 🏛
→ – 🏨 ⟶ 📵 📧 ☰
Mitte Nov.- Mitte Dez. geschl. – **Menu** *(Donnerstag geschl.)* a la carte 20/41 – **28 Z** 70/110.

MIESITZ Thüringen siehe Triptis.

MILTENBERG Bayern 🔢🔢 K 17, 🔢🔢 ㉟ – 9 500 Ew – Höhe 127 m – ✪ 09371.
Sehenswert : Marktplatz★.
🗓 Tourist Information, Rathaus, Engelplatz 69, ✉ 63897, ℰ 40 01 19, Fax 67081.
♦München 347 – Aschaffenburg 44 – Heidelberg 78 – Heilbronn 84 – ♦Würzburg 71.

🏨 **Brauerei Keller,** Hauptstr. 66, ✉ 63897, ℰ 50 80, Fax 508100 – 🛗 📺 ☎ ⟵ – 🅰 60.
🖭 ⓞ 📧 𝖵𝖨𝖲𝖠
Menu *(Montag und 7.- 28. Jan. geschl.)* à la carte 33/60 *(auch vegetarische Gerichte)* –
32 Z 82/152.

🏨 **Jagd-Hotel Rose** (Haus a. d. 17. Jh.), Hauptstr. 280, ✉ 63897, ℰ 4 00 60, Fax 400617, 🏤
– 📺 ☎ 📵 – 🅰 50. 🖭 ⓞ 📧 𝖵𝖨𝖲𝖠
Menu *(Sonntag nur Mittagessen)* à la carte 47/68 – **23 Z** 118/180.

🏨 **Riesen** garni, Hauptstr. 97, ✉ 63897, ℰ 36 44, Fax 67176, « Fachwerkhaus a.d.J. 1590 mit
stilvoller Einrichtung » – 🛗 ☎. ⓞ 📧 𝖵𝖨𝖲𝖠
Anfang Dez.- Mitte März geschl. – **14 Z** 68/178.

🏨 **Altes Bannhaus,** Hauptstr. 211, ✉ 63897, ℰ 30 61, Fax 68754, « Restaurant in
einem historischen Gewölbekeller » – 🛗 📺 ☎. 🖭 ⓞ 📧 𝖵𝖨𝖲𝖠. ✂ Zim
Jan. 3 Wochen geschl. – **Menu** *(Donnerstag geschl.)* à la carte 53/78 – **10 Z** 82/174.

🏠 **Weinhaus am Alten Markt** 🦌 garni (Fachwerkhaus a.d.J. 1508), Marktplatz 185,
✉ 63897, ℰ 55 00, Fax 65511, (Weinstube, ab 17 Uhr geöffnet) – 📺 ☎. ✂
Feb. geschl. – **9 Z** 59/152.

🏠 **Hopfengarten,** Ankergasse 16, ✉ 63897, ℰ 9 73 70, Fax 69758, 🏤 – 📺 ☎ ⟵. 📧 𝖵𝖨𝖲𝖠
Menu *(Mittwoch nur Abendessen, Dienstag, Jan. und Nov. jeweils 2 Wochen geschl.)*
à la carte 32/50 🦪 – **14 Z** 60/140.

🏠 **Anker,** Hauptstr. 31, ✉ 63897, ℰ 24 24, Fax 69853 – 📺 ☎ ⟵
→ *Nov. 1 Woche und Mitte Dez.- Mitte Jan. geschl.* – **Menu** *(Freitag geschl.)* à la carte 24/37
🦪 – **15 Z** 55/110.

🏠 **Mildenburg,** Mainstr. 77, ✉ 63897, ℰ 27 33, Fax 80227, ≤, 🏤 – 📺. 🖭 ⓞ 📧 𝖵𝖨𝖲𝖠
Feb. geschl. – **Menu** *(Montag geschl.)* à la carte 25/57 *(auch vegetarische Gerichte)* 🦪 –
15 Z 45/120.

🏠 **Fränkische Weinstube,** Hauptstr. 111, ✉ 63897, ℰ 21 66, Fax 69821 – 📺. 🖭 ⓞ 📧 𝖵𝖨𝖲𝖠.
✂ Zim
10. Jan.- 11. Feb. geschl. – **Menu** *(Dienstag nur Mittagessen, Mittwoch geschl.)* à la carte
27/50 🦪 – **8 Z** 50/92.

Teilen Sie uns Ihre Meinung
über die von uns empfohlenen Hotels und Restaurants
sowie über ihre Spezialitäten mit.

MINDELHEIM Bayern 🔢🔢 O 22, 🔢🔢 ㊱, 🔢🔢 D 4 – 12 500 Ew – Höhe 600 m – ✪ 08261.
🗓 Verkehrsbüro, Lautenstr. 2, ✉ 87719, ℰ 99 15 69.
♦München 86 – ♦Augsburg 55 – Memmingen 28 – ♦Ulm (Donau) 66.

🏠 **Stern,** Frundsbergstr. 17, ✉ 87719, ℰ 50 55, Fax 1803, 🏤 – 📺 ☎ ⟵ 📵 – 🅰 80
→ **Menu** *(Samstag nur Mittagessen, Sonntag geschl.)* à la carte 24/44 – **46 Z** 70/130.

✕✕ **Weberhaus,** Mühlgasse 1 (1. Etage), ✉ 87719, ℰ 36 35, Fax 21534, 🏤
Mittwoch geschl. – **Menu** (Tischbestellung ratsam, bemerkenswerte Weinkarte) à la carte
47/61.

An der Straße nach Bad Wörishofen SO : 5 km :

⚡ **Jägersruh,** ✉ 87719 Mindelheim-Mindelau, ℰ (08261) 17 86, Fax 6591, 🏤 – ☎ 📵
→ **Menu** *(Montag geschl.)* à la carte 22/45 – **16 Z** 50/90.

MINDEN Nordrhein-Westfalen 🔢🔢 J 10, 🔢🔢 ⑮ – 82 000 Ew – Höhe 46 m – ✪ 0571.
Sehenswert : Dom★ (Westwerk★★, Domschatzkammer★ mit Bronze-Kruzifix★★) Y A –
Schachtschleuse★★ Y – Kanalbrücke★ Y.
🗓 Verkehrs- und Werbeamt, Großer Domhof 3, ✉ 32423, ℰ 8 93 85, Fax 89401.
ADAC, Königstr. 105, ✉ 32427, ℰ 2 31 56, Fax 87501.
♦Düsseldorf 220 ③ – ♦Bremen 100 ① – ♦Hannover 72 ② – ♦Osnabrück 81 ④.

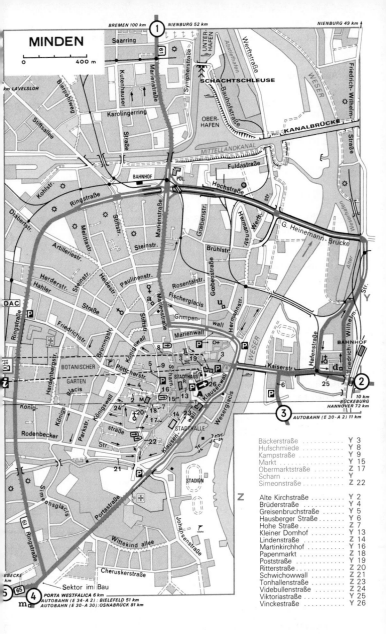

MINDEN

BREMEN 100 km — NIENBURG 52 km — NIENBURG 49 km

km LAVELSLOH

Saarring

Schachtschleuse
Ober-Hafen
Kanalbrücke
Mittellandkanal
G. Heinemann-Brücke
Bahnhof
Botanischer Garten
Stadthaus
Stadthalle
Stadion
km BRECKE
Porta Westfalica 6 km
Sektor im Bau
AUTOBAHN (E 34-A 2): BIELEFELD 51 km
AUTOBAHN (E 30-A 30):OSNABRÜCK 81 km

0 — 400 m

10 km
BÜCKEBURG
HANNOVER 72 km
AUTOBAHN (E 30-A 2) 11 km

Bad Minden, Portastr. 36, ⊠ 32429, ℘ 5 10 48, Fax 58953, Massage, ≉, ≘s – ⇜ Zim
📺 ☎ 🅿 – 🔏 120. 🅰🅴 ① 🄴 𝘝𝘐𝘚𝘈 𝒥𝒞𝘉, ✠ Zim   Z **m**
Menu *(Samstag nur Abendessen)* à la carte 31/66 – **30 Z** 120/238.

Exquisit (mit Gästehaus), In den Bärenkämpen 2a, ⊠ 32425, ℘ 94 60 60, Fax 9460699, ≘s,
▨ – 📠 ⇜ Zim 📺 ☎ 🚗 ⊜ 🅿 – 🔏 35. 🅰🅴 ① 🄴 𝘝𝘐𝘚𝘈
(nur Abendessen für Hausgäste) – **45 Z** 106/190. über Hahler Str. und Sandtrift   Y

🏨 **Kronprinz,** Friedrich-Wilhelm-Str. 1, ✉ 32423, ℰ 3 10 05, Fax 35162 – |≑| 📺 ☎ ⇦ –
🛤 35. 🖭 ⓪ ᴇ 𝘝𝘐𝘚𝘈   Y d
über Weihnachten geschl. – **Menu** *(Sonntag geschl.)* (nur Abendessen) à la carte 29/48
– **32 Z** 105/190.

🏨 **Apartmenthotel Marienhöhe** garni, Marienglacis 45, ✉ 32427, ℰ 83 79 50, Fax 22854
– 📺 ☎ ⇦. 🖭 ⓪ ᴇ 𝘝𝘐𝘚𝘈   Y a
17 Z 150/190.

🏨 **Silke** ⤏ garni, Fischerglacis 21, ✉ 32423, ℰ 2 37 36, Fax 84302, ⇌, 🔲, 🖛 – 📺 ☎
⇦ 🅿   Y u
21 Z 116/200.

🏠 **Altes Gasthaus Grotehof,** Wettinerallee 14, ✉ 32429, ℰ 5 04 50, Fax 5045150, ⇌, 🖛
– |≑| 📺 ☎ 🅿. ⓪ ᴇ 𝘝𝘐𝘚𝘈. ℅ Zim   über Rodenbecker Str.   Z
Menu (nur Abendessen) à la carte 37/68 – **34 Z** 95/210.

MITTELBACH Sachsen siehe Chemnitz.

MITTELBERG Österreich siehe Kleinwalsertal.

MITTELZELL Baden-Württemberg siehe Reichenau (Insel).

MITTENAAR Hessen 𝟦𝟙𝟚 I 14 – 5 000 Ew – Höhe 230 m – ✪ 02772.
♦Wiesbaden 126 – Gießen 47 – Limburg an der Lahn 58 – Siegen 41.

In Mittenaar-Ballersbach :

🏠 **Berghof** ⤏, Bergstr. 4, ✉ 35756, ℰ 6 20 55, Fax 64186, ⇌ – 📺 ☎ ⇦ 🅿. ᴇ. ℅ Rest
(Restaurant nur für Hausgäste) – **15 Z** 60/140.

In Mittenaar-Bicken :

🏠 **Thielmann,** Wiesenstr. 5, ✉ 35756, ℰ 6 20 11, Fax 63720, ㋱ – 📺 ☎ ⇦ 🅿 – 🛤 25.
🖭 ⓪ ᴇ 𝘝𝘐𝘚𝘈
Anfang - Mitte Jan. und Juli - Aug. 3 Wochen geschl. – **Menu** *(Freitag geschl., Samstag
nur Abendessen)* à la carte 35/63 – **19 Z** 75/190.

MITTENWALD Bayern 𝟦𝟙𝟹 Q 24, 𝟫𝟪𝟩 ㊲, 𝟦𝟚𝟞 F 6 – 8 300 Ew – Höhe 920 m – Luftkurort –
Wintersport : 920/2 244 m ✯1 ✯7 ✯1 – ✪ 08823.
Sehenswert : Häuser am Obermarkt mit Freskenmalerei★★.
Ausflugsziel : Karwendel, Höhe 2 244 m, 10 Min. mit ✯, ≤ ★★.
🛈 Kurverwaltung und Verkehrsamt, Dammkarstr. 3, ✉ 82481, ℰ 3 39 81, Fax 2701.
♦München 103 – Garmisch-Partenkirchen 18 – Innsbruck 37.

🏨 **Post,** Obermarkt 9, ✉ 82481, ℰ 10 94, Fax 1096, ㋱, ⇌, 🔲, 🖛 – |≑| 📺 ☎ ⇦ 🅿 –
↤ 🛤 80
Menu *(22.Nov.- 17.Dez. geschl.)* à la carte 24/58 – **87 Z** 75/240, 6 Suiten – ½ P 95/135.

🏨 **Bichlerhof** ⤏ garni, Adolf-Baader-Str. 5, ✉ 82481, ℰ 91 90, Fax 4584, ⇌, 🔲, 🖛 – 📺
☎ ⇦ 🅿. 🖭 ᴇ 𝘝𝘐𝘚𝘈 – **26 Z** 95/210.

🏨 **Berghotel Latscheneck** ⤏, Kaffeefeld 1 (Höhe 1 100 m), ✉ 82481, ℰ 14 19, Fax 1058,
≤ Mittenwald und Karwendel, 🖛 – 📺 ☎ 🅿. ℅
April - 18. Mai und Nov.- 25. Dez. geschl. – (Restaurant nur für Pensionsgäste) – **12 Z** 95/200.

🏨 Rieger, Dekan-Karl-Platz 28, ✉ 82481, ℰ 50 71, Fax 5662, ≤, ㋱, ⇌, 🔲, 🖛 – 📺 ☎ ⇦
45 Z.

🏨 **Alpenrose,** Obermarkt 1, ✉ 82481, ℰ 50 55, Fax 3720, ⇌ – 📺 ☎ ⇦ 🅿. 🖭 ⓪ ᴇ 𝘝𝘐𝘚𝘈 𝘑𝘊𝘉
Menu à la carte 27/56 – **17 Z** 80/162 – ½ P 78/97.

🏨 **Alpengasthof Gröblalm** ⤏, Gröblalm (N : 2 km), ✉ 82481, ℰ 50 33, Fax 2921,
≤ Mittenwald und Karwendel, ㋱, ⇌, 🖛 – |≑| ☎ ⇦ 🅿
Menu à la carte 30/52 – **27 Z** 90/155.

🏠 **Gästehaus Sonnenbichl** ⤏ garni, Klausnerweg 32, ✉ 82481, ℰ 9 22 30, Fax 5814,
≤ Mittenwald und Karwendel, ⇌, 🖛 – |≑| 📺 ☎ 🅿. ℅
Nov.- 15. Dez. geschl. – **20 Z** 73/142.

🏠 **Mühlhauser,** Partenkirchner Str. 53, ✉ 82481, ℰ 15 90, Fax 2732, 🖛 – |≑| 🅿
Mitte Nov.- Mitte Dez. geschl. – (nur Abendessen für Hausgäste) – **19 Z** 60/140 – ½ P 75/85.

🏠 **Pension Hofmann** garni, Partenkirchner Str. 25, ✉ 82481, ℰ 13 18, Fax 4686, 🖛 – 📺
☎ ⇦ 🅿. ℅
Nov.- 20. Dez. geschl. – **22 Z** 63/135.

✕✕ **Arnspitze,** Innsbrucker Str. 68, ✉ 82481, ℰ 24 25, ㋱ – 🅿. 🖭
nach Ostern 3 Wochen, 25. Okt.- 19. Dez. und Dienstag geschl., Mittwoch nur Abendessen
– **Menu** 40/80 und à la carte.

✕ **Postkeller** (Brauerei-Gaststätte), Innsbrucker Str. 13, ✉ 82481, ℰ 17 29, Fax 2185 – 🅿
↤ *8. Nov.- 6. Dez. und Montag geschl.* – **Menu** à la carte 24/50.

Am Lautersee SW : 3 km (Zufahrt nur für Hotelgäste mit schriftlicher Zimmerreservierung oder Ausnahmegenehmigung der Stadtverwaltung(DM 2.00)

X **Lautersee** ⌂ mit Zim, ⌂ 82481 Mittenwald, ℰ (08823) 10 17, Fax 5246, ≼ See und Karwendel, « Gartenterrasse am See », 🐾, 🌳 – ☎ 🅿
Mitte April - Anfang Mai und Anfang Nov.- Mitte Dez. geschl. – **Menu** à la carte 30/60 – **6 Z** 90/170.

Außerhalb N : 4 km, Richtung Klais bis zum Schmalensee, dann rechts ab – Höhe 1 007 m

🏠 **Tonihof** ⌂, Brunnenthal 3, ⌂ 82481 Mittenwald, ℰ (08823) 50 31, Fax 3927, ≼ Karwendel und Wettersteinmassiv, 🌤, ≘s, 🏊, 🌳 – 📺 ☎ ⇔ 🅿
Mitte April - Anfang Mai und Ende Okt.- 22. Dez. geschl. – **Menu** *(Mittwoch geschl.)* à la carte 31/59 – **18 Z** 92/194.

MITTWEIDA Sachsen 🄸🄸🄸 K 13, 🄸🄸🄸 ㉙, 🄸🄸🄸 ⑰ – 17 000 Ew – Höhe 250 m – ✆ 03727.
🛈 Mittweida-Information, Rochlitzer Str. 58, ⌂ 09648, ℰ 22 41, Fax 22 41.
♦Dresden 67 – Chemnitz 24.

🏠 Europäischer Hof garni, Technikumplatz 1, ⌂ 09648, ℰ 9 42 10 – 🛗 📺 ☎ 🅿 – 🔏 40 **37 Z**.

🏠 Deutsches Haus, Rochlitzer Str. 5, ⌂ 09648, ℰ 20 36 – 📺 ☎ 🅿 – **23 Z**.

MITWITZ Bayern 🄸🄸🄸 Q 16 – 3 000 Ew – Höhe 313 m – ✆ 09266.
♦München 285 – ♦Bamberg 57 – Bayreuth 47 – Coburg 23 – Hof 65.

In Mitwitz-Bächlein NO : 4 km :

🏠 **Waldhotel** ⌂, ⌂ 96268, ℰ 96 00, Fax 96060, 🌤, ≘s, 🏊, 🌳 – 📺 🅿 – 🔏 30. 🄰🄴 🅴 𝘝𝘐𝘚𝘈
Menu à la carte 29/66 – **71 Z** 65/160.

MODAUTAL Hessen 🄸🄸🄸 🄸🄸🄸 J 17 – 4 800 Ew – Höhe 405 m – ✆ 06254 (Gadernheim).
♦Wiesbaden 62 – ♦Darmstadt 13 – ♦Mannheim 60.

In Modautal-Lützelbach :

🏠 Zur Neunkircher Höhe, Brandauer Str. 3, ⌂ 64397, ℰ 8 51, 🌤, 🌳 – ☎ ⇔ 🅿
10 Z.

MÖCKMÜHL Baden-Württemberg 🄸🄸🄸 🄸🄸🄸 L 19, 🄸🄸🄸 ㉕ – 7 000 Ew – Höhe 179 m – ✆ 06298.
♦Stuttgart 77 – Heilbronn 35 – ♦Würzburg 86.

🏠 **Württemberger Hof**, Bahnhofstr. 11, ⌂ 74219, ℰ 50 02, Fax 7779 – ☎ ⇔ 🅿 🄰🄴 ⓞ 🅴 𝘝𝘐𝘚𝘈
Mitte Dez.- Anfang Jan. geschl. – **Menu** *(Samstag geschl., Sonntag nur Mittagessen)* à la carte 27/57 🍴 – **16 Z** 48/102.

In Möckmühl-Korb NO : 6 km :

🏠 **Krone**, Widderner Str. 2, ⌂ 74219, ℰ 16 35, Fax 4573 – ☎ 🅿
Menu *(Mittwoch geschl.)* à la carte 23/42 🍴 – **12 Z** 52/82.

In Roigheim N : 6 km :

X **Hägele**, Gartenstr. 6, ⌂ 74255, ℰ (06298) 52 05, Fax 5535 – 🅿, 🅴, 🚿
Montag geschl. – **Menu** à la carte 30/65 🍴.

MÖGLINGEN Baden-Württemberg 🄸🄸🄸 K 20 – 11 000 Ew – Höhe 270 m – ✆ 07141.
♦Stuttgart 17 – Heilbronn 38 – ♦Karlsruhe 70 – Pforzheim 38.

🏠 **Zur Traube** ⌂, Rathausplatz 5, ⌂ 71696, ℰ 4 80 50, Fax 484879 – 🛗 📺 ☎ ⇔ 🄰🄴 ⓞ 🅴 𝘝𝘐𝘚𝘈
(nur Abendessen für Hausgäste) – **18 Z** 120/150.

MÖHNESEE Nordrhein-Westfalen 🄸🄸🄸 🄸🄸🄸 H 12 – 9 200 Ew – Höhe 244 m – ✆ 02924.
Sehenswert : 10 km langer Stausee★ zwischen Haarstrang und Arnsberger Wald.
🛈 Tourist-Information (in Möhnesee-Körbecke), Küerbiker Str. 1 (Haus des Gastes), ⌂ 59519, ℰ 4 97, Fax 2394.
♦Düsseldorf 122 – Arnsberg 13 – Soest 10.

In Möhnesee-Delecke :

🏨 **Haus Delecke**, Linkstr. 12, ⌂ 59519, ℰ 80 90, Fax 80967, ≼, 🌤, « Park », 🌳, 🚿(Halle) – 🛗 📺 ⇔ 🅿 – 🔏 50. 🄰🄴 🅴 𝘝𝘐𝘚𝘈 🚿 Rest
2.- 31. Jan. geschl. – **Menu** à la carte 60/94 – *Remise (wochentags nur Abendessen)* **Menu** à la carte 29/42 – **35 Z** 120/290.

XX **Torhaus** ⌂ mit Zim, Arnsberger Str. 4 (S : 3 km), ⌂ 59519, ℰ 6 81, Fax 5192, 🌤 – 📺 ☎ 🅿 🄰🄴 ⓞ 🅴 𝘝𝘐𝘚𝘈
Menu à la carte 35/75 – **9 Z** 85/160.

In Möhnesee-Günne :

XX **Der Seehof,** Möhnestr. 10, ⊠ 59519, ℰ 3 76, Fax 1768, ≤, 🏤 – **🅿**. ➀ **E**
Menu à la carte 36/69.

In Möhnesee-Körbecke :

🏠 **Haus Griese,** Seestr. 5 (am Freizeitpark), ⊠ 59519, ℰ 98 20, Fax 2365, ≤, 🏤, 🔲 – **🅿**
– 🏛 130. **E**
Mitte Feb.- Mitte März geschl. – **Menu** *(Donnerstag geschl.)* à la carte 44/68 – **30 Z** 89/240.

MÖHRENDORF Bayern siehe Erlangen.

MÖLLN Schleswig-Holstein 🗺️🗺️ OP 6, 🗺️🗺️🗺️ ⑥ – 16 000 Ew – Höhe 19 m – Kneippkurort –
✦ 04542.

Sehenswert : Seenlandschaft (Schmalsee★).

🗺️ Grambek, Schloßstr. 21 (S : 7 km), ℰ (04542) 46 27.

🛈 Städt. Kurverwaltung, im Kurzentrum, ⊠ 23879, ℰ 70 90, Fax 88656.

◆Kiel 112 – ◆Hamburg 55 – ◆Lübeck 29.

🏨 **Schwanenhof** ⤸, am Schulsee, ⊠ 23879, ℰ 50 15, Fax 87833, ≤, 🏤, ≘s, 🐾, 🎣 –
|🛏| 📺 ☎ **🅿** – 🏛 30. 🖭 ➀ **E** 𝓥𝓘𝓢𝓐
Menu à la carte 33/66 – **31 Z** 100/250.

🏠 **Quellenhof,** Hindenburgstr. 16, ⊠ 23879, ℰ 30 28, Fax 7226, 🏤 – 📺 ☎ ⟵ **🅿** – 🏛 200.
🖭 ➀ **E** 𝓥𝓘𝓢𝓐
Menu à la carte 34/65 – **18 Z** 90/160.

🏠 **Beim Wasserkrüger** garni, Wasserkrüger Weg 115, ⊠ 23879, ℰ 70 91, Fax 1811, ≘s –
↝ 📺 ☎ ⟵ **🅿**
21 Z 95/140.

🏠 **Park-Hotel** ⤸ garni, Am Kurgarten, ⊠ 23879, ℰ 39 30, Fax 87245, 🐾 – 📺 ☎ ⟵ **🅿**
37 Z.

🏠 **Haus Hubertus** ⤸ garni, Villenstr. 15, ⊠ 23879, ℰ 35 93, Fax 2732, ≘s, 🐾 – 📺 ☎ **🅿**
35 Z 95/150.

X Paradies am See, Doktorhofweg 16, ⊠ 23879, ℰ 41 80, ≤, « Terrasse am See » – **🅿**.

MÖMBRIS Bayern 🗺️🗺️ 🗺️🗺️ K 16 – 11 500 Ew – Höhe 175 m – ✦ 06029.

◆München 356 – Aschaffenburg 12 – ◆Frankfurt am Main 46.

🏨 ✿ **Ölmühle,** Markthof 2, ⊠ 63776, ℰ 80 01, Fax 8012, 🏤 – |🛏| 📺 ☎ ⟵ – 🏛 35. 🖭 **E**.
⤸
über Fasching und Aug. 3 Wochen geschl. – **Menu** *(Sonntag geschl., Montag nur Abendessen)* à la carte 53/96 – **26 Z** 85/180
Spez. Seeteufel mit Artischockensauce, Gefüllte Wachtel mit Majoranjus, Krokant-Crêpe mit Mas-
carpone-Crème.

MÖNCHBERG Bayern 🗺️🗺️ 🗺️🗺️ K 17 – 2 200 Ew – Höhe 252 m – Luftkurort – ✦ 09374 (Eschau).

◆München 351 – Aschaffenburg 32 – Miltenberg 13 – ◆Würzburg 75.

🏨 **Schmitt** ⤸, Urbanusstr. 12, ⊠ 63933, ℰ 20 90, Fax 209250, ≤, 🏤, « Gartenanlage mit
Teich », ≘s, 🔲, 🎾 – |🛏| ☎ **🅿** – 🏛 30. **E** 𝓥𝓘𝓢𝓐. ⤸ Zim
3.- 31. Jan. und 17.- 25. Dez. geschl. – **Menu** *(Feb.- März Samstag geschl.)* à la carte 33/61
– **40 Z** 68/144 – ½ P 69/80.

♨ **Krone,** Mühlweg 7, ⊠ 63933, ℰ 5 39, 🐾 – **🅿**. ⤸ Zim
März geschl. – (Restaurant nur für Hausgäste) – **28 Z** 42/88.

MÖNCHENGLADBACH Nordrhein-Westfalen 🗺️🗺️ C 13, 🗺️🗺️🗺️ ㉓ – 260 000 Ew – Höhe 50 m –
✦ 02161.

Sehenswert : Städt. Museum Abteiberg★ Y M.

🗺️ Korschenbroich, Schloß Myllendonk (② : 5 km), ℰ (02161) 64 10 49.

🛈 Verkehrsverein, Bismarckstr. 23-27, ⊠ 41061, ℰ 2 20 01, Fax 274222.

ADAC, Bismarckstr. 17, ⊠ 41061, ℰ (0221) 47 27 47, Fax 12663.

◆Düsseldorf 31 ① – ◆Aachen 64 ⑤ – Duisburg 50 ① – Eindhoven 88 ⑧ – ◆Köln 63 ⑤ – Maastricht 81 ⑦.

Stadtpläne siehe nächste Seiten

🏨 **Dorint-Hotel,** Hohenzollernstr. 5, ⊠ 41061, ℰ 89 30, Fax 87231, ≘s, 🔲 – |🛏| ↝ Zim 📺
🕭 ⟵ **🅿** – 🏛 150. 🖭 ➀ **E** 𝓥𝓘𝓢𝓐
Menu à la carte 41/65 – **Duca Enrico** (italienische Küche) *(nur Abendessen, Sonntag-
Montag geschl.)* **Menu** à la carte 46/69 – **163 Z** 235/355.   Y **a**

🏨 **Queens Hotel,** Speicker Str. 49, ⊠ 41061, ℰ 93 80, Telex 852363, Fax 938807, ≘s, 🔲
– |🛏| ↝ Zim 📺 🕭 **🅿** – 🏛 120. 🖭 ➀ **E** 𝓥𝓘𝓢𝓐. ⤸ Rest
Menu à la carte 39/59 – **127 Z** 212/378.   Y **b**

MÖNCHEN-GLADBACH

Benachrichtigen Sie
sofort das Hotel,
wenn Sie
ein bestelltes Zimmer
nicht belegen können

Prévenez immédiatement
l'hôtelier si vous
ne pouvez pas occuper
la chambre
que vous avez retenue.

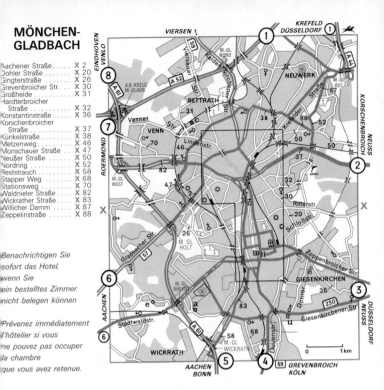

🏦 **Dahmen** garni, Aachener Str. 120, ⊠ 41061, 𝒫 30 60, Fax 306140 – 📳 ⇜ Zim 📺 ☎ ⇐ 🄿 – 🛗 120. 🄰🄴 ⓞ 🄴 𝘝𝘐𝘚𝘈 – **98 Z** 170/330.   Y **h**

🏦 **Burgund,** Kaiserstr. 85, ⊠ 41061, 𝒫 2 01 55, Fax 13607 – 📳 📺 ☎. 🄰🄴 ⓞ 🄴 𝘝𝘐𝘚𝘈   Y **e**
Ende Juli - Mitte Aug. und 24. Dez.- 12. Jan. geschl. – **Menu** *(Sonntag geschl.)* (nur Abendessen) à la carte 47/69 – **14 Z** 95/160.

XX **Michelangelo,** Lüpertzender Str. 133, ⊠ 41061, 𝒫 20 85 83 – 🄰🄴 ⓞ 🄴 𝘝𝘐𝘚𝘈   Y **c**
Dienstag geschl. – **Menu** (italienische Küche) à la carte 39/64.

X **Haus Baues,** Bleichgrabenstr. 23, ⊠ 41063, 𝒫 8 73 73, Fax 896321 – 🄿 – 🛗 180. 🄰🄴 ⓞ 🄴
𝘝𝘐𝘚𝘈   X **c**
Dienstag und Anfang - Mitte Aug. geschl. – **Menu** à la carte 36/63.

In Mönchengladbach-Genhülsen :

🏦 **Haus Heinen** ⏦, Genhülsen 112, ⊠ 41179, 𝒫 5 86 00, Fax 584443, ⌓, 🏖, 🌳 – 📺 ☎ 🄿 –
🛗 30. 🄰🄴 ⓞ 🄴 𝘝𝘐𝘚𝘈 – **Menu** *(Dienstag geschl.)* à la carte 25/56 – **28 Z** 105/180.   X **e**

In Mönchengladbach-Hardt über ⑦ :

🏠 **Lindenhof,** Vorster Str. 535, ⊠ 41169, 𝒫 55 93 40, Fax 551122 – 📺 ☎ ⇐ 🄿
Menu *(Donnerstag-Freitag, Anfang - Mitte Jan. und Juli-Aug. 2 Wochen geschl.)* (wochentags nur Abendessen) à la carte 41/78 – **10 Z** 74/138.

XX **Haus Herrentann** ⏦ mit Zim, Ungermannsweg 19 (Richtung Rheindahlen), ⊠ 41169,
𝒫 55 93 36, Fax 556249, « Park, Gartenterrasse » – 📺 ☎ 🄿. 🄰🄴 ⓞ 🄴 𝘝𝘐𝘚𝘈
Menu *(Montag geschl.)* à la carte 50/88 – **7 Z** 85/170.

In Mönchengladbach-Rheydt : – 🕓 02166 :

🏨 **Coenen,** Giesenkirchener Str. 41 (B 230), ⊠ 41238, 𝒫 1 60 06, Fax 186795, 🌫, « Garten »
– 📳 ⇜ Zim 📺 ⇐ 🄿 – 🛗 80. 🄰🄴 ⓞ 🄴 𝘝𝘐𝘚𝘈   X **u**
Menu *(Mittwoch geschl.)* (wochentags nur Abendessen) à la carte 53/77 – **50 Z** 165/270.

🏦 **Besch-Parkhotel Rheydt,** Hugo-Junkers-Str. 2, ⊠ 41236, 𝒫 62 10, Fax 40857, ⌓ – 📳
📺 ☎ ⇐ 🄿 – 🛗 60. 🄰🄴 ⓞ 🄴 𝘝𝘐𝘚𝘈 𝘑𝘊𝘉   Z **r**
Menu *(Sonntag geschl.)* à la carte 53/84 – **68 Z** 170/250.

🏦 Rheydter Residenz, Lehwald-Str. 27, ⊠ 41236, 𝒫 4 70 47, Fax 47025, ⌓ – 📳 📺 ☎ ⇐
– 🛗 40   Z **s**
(nur Abendessen) – **23 Z**.

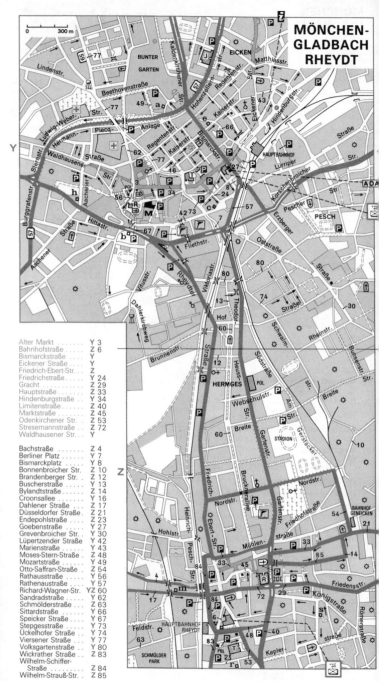

MÖNCHEN-GLADBACH RHEYDT

0 — 300 m

🏨 **Elisenhof** 🦐, Klusenstr. 97, ✉ 41239, 𝒫 93 30, Fax 933400, 🌄, 🔲, 🚶 – |🛗| 🔲 ☎ 🚗
🅿 – 🏛 40. 🖭 ⓞ E   X   **a**
Menu à la carte 30/70 – **60 Z** 100/200.

🏨 **Spickhofen**, Dahlener Str. 88, ✉ 41239, 𝒫 4 30 71, Fax 42234 – |🛗| 🔲 ☎ 🅿. 🖭 ⓞ E
VISA   Z   **m**
Menu à la carte 25/56 – **42 Z** 99/150.

🏠 **Zur Post** garni, Bahnhofstr. 41, ✉ 41236, 𝒫 4 70 23, Fax 49193 – 🔲 ☎ 🅿. 🖭 ⓞ E **VISA**
24 Z 85/179.   Z   **v**

In Korschenbroich ② : 5 km :

✗ **Alt Herrenshoff,** Schaffenbergstr. 13, ✉ 41352, 𝒫 (02161) 64 10 80, Fax 371386, 🌄 –
🅿
Menu à la carte 44/72.

In Korschenbroich-Kleinenbroich ② : 7 km :

🏠 **Gästehaus Bienefeld** 🦐 garni, Im Kamp 5, ✉ 41352, 𝒫 (02161) 6 74 79, Fax 672744 –
☎ 🚗 🅿. 🖭 ⓞ E **VISA**. 🦅
Juli-Aug. 2 Wochen geschl. – **16 Z** 90/170.

✗ **Zur Traube,** Haus-Randerath-Str. 15, ✉ 41352, 𝒫 (02161) 67 04 04, Fax 670010, 🌄 – 🅿.
🖭 ⓞ E **VISA**
Mittwoch und Jan. 3 Wochen geschl. – **Menu** à la carte 32/73.

<hr>

MÖNCHSDEGGINGEN Bayern siehe Nördlingen.

<hr>

MÖRFELDEN-WALLDORF Hessen 412 413 I 17 – 29 800 Ew – Höhe 95 m – 😊 06105.
Wiesbaden 35 – ◆Darmstadt 19 – ◆Frankfurt am Main 17.

Im Stadtteil Walldorf :

🏨 **Feger** garni, Am Zollstock 10, ✉ 64546, 𝒫 70 50, Fax 70580 – |🛗| 🔲 ☎ 🅿 – 🏛 50. 🖭
ⓞ E **VISA**
40 Z 150/200.

🏨 **Walldorf** garni, Nordenstr. 42, ✉ 64546, 𝒫 9 60 10, Fax 5033 – |🛗| 🔲 ☎ 🅿. 🖭 ⓞ E
VISA
60 Z 95/160.

🏠 **Zum Löwen** garni, Langstr. 68, ✉ 64546, 𝒫 94 90, Fax 949144, ⊜s, 🔲 – |🛗| 🔲 ☎ 🅿
– 🏛 90. 🖭 ⓞ E **VISA**
50 Z 95/180.

✗✗ **La Fattoria,** Jourdanallee 4, ✉ 64546, 𝒫 7 41 01, 🌄 – 🅿. 🖭 ⓞ E **VISA**
Montag geschl. – **Menu** (italienische Küche) à la carte 56/94.

<hr>

MÖRLENBACH Hessen 412 413 J 18 – 9 200 Ew – Höhe 160 m – 😊 06209.
◆Wiesbaden 81 – ◆Darmstadt 45 – Heidelberg 28 – ◆Mannheim 25.

In Mörlenbach-Juhöhe NW : 5 km – Erholungsort :

🏠 **Waldschenke Fuhr** 🦐, Auf der Juhöhe 25, ✉ 69509, 𝒫 (06252) 49 67, ≤, 🌄, 🐗 – |🛗|
☎ 🚭 🅿
Menu *(Montag-Dienstag geschl.)* à la carte 31/56 ♨ – **18 Z** 70/130.

<hr>

MÖRNSHEIM Bayern 413 Q 20 – 2 000 Ew – Höhe 420 m – 😊 09145.
◆München 127 – Ingolstadt 47 – ◆Nürnberg 86.

🏨 **Lindenhof** (mit Gästehaus), Marktstr. 25, ✉ 91804, 𝒫 4 41, Fax 7159, 🌄 – 🔲 ☎ 🚗
🅿. 🖭 ⓞ E **VISA**
Jan. 3 Wochen geschl. – **Menu** *(Dienstag geschl., Okt.- April Montag nur Mittagessen)*
à la carte 37/64 – **15 Z** 65/130.

🏠 **Zum Brunnen,** Brunnenplatz 1, ✉ 91804, 𝒫 71 27 – E
◆ *Nov. 3 Wochen geschl.* – **Menu** *(Mittwoch geschl.)* à la carte 22/36 – **9 Z** 50/75.

<hr>

MOERS Nordrhein-Westfalen 411 412 C 12, 987 ⑬ – 104 600 Ew – Höhe 29 m – 😊 02841.
🛈 Stadtinformation, Unterwallstr. 9, ✉ 47441, 𝒫 2 22 21, Fax 201779.
◆Düsseldorf 40 – Duisburg 12 – Krefeld 17.

✗✗ **Kurlbaum,** Burgstr. 7 (1. Etage), ✉ 47441, 𝒫 2 72 00
Samstag und Sonntag nur Abendessen, Dienstag und Anfang Jan. 1 Woche geschl. – **Menu**
(Tischbestellung ratsam) à la carte 65/86.

Nahe der Autobahn A 2 - Ausfahrt Moers-West SW : 2 km :

🏨 **Motel Moers,** Krefelder Str. 169, ✉ 47447 Moers, 𝒫 (02841) 14 60, Fax 146239, 🌄 – 🔲
☎ 🚭 🅿 – 🏛 500. 🖭 E **VISA**
Menu à la carte 30/59 – **127 Z** 95/210.

In Moers-Repelen N : 3,5 km :

🏨 **Zur Linde,** An der Linde 2, ⊠ 47445, ℰ 7 30 61, Fax 71259, Biergarten, ⬄ – |⃦ 🅣🆅 ☎
ぱ ⟜ **Ⓟ** – 🔏 70. 🆀 ⓞ Ɛ *VISA*. ℀ Zim
Wildente *(Samstag nur Abendessen, Sonntag nur Mittagessen)* **Menu** à la carte 52/78 –
Grafschafter : **Menu** à la carte 38/59 – **30 Z** 114/250.

In Moers-Schwafheim S : 4 km :

🏠 **Schwarzer Adler,** Düsseldorfer Str. 309 (B 57), ⊠ 47447, ℰ 38 21, Fax 3 46 30 – |⃦ 🆅
☎ ⟜ **Ⓟ**. Ɛ *VISA*
Menu à la carte 35/70 – **20 Z** 96/140.

<hr>

MÖSSINGEN Baden-Württemberg 🔢 K 21, 🔢 ㉟ – 15 500 Ew – Höhe 475 m – ✪ 07473.
🛈 Reise- und Verkehrsbüro, Rathaus, Freiherr-vom-Stein-Str. 20, ⊠ 72116, ℰ 40 64, Fax 4065.
♦Stuttgart 60 – Tübingen 14 – ♦Ulm (Donau) 112 – Villingen-Schwenningen 65.

🏠 **Brauhaus Mössingen** garni, Auf der Lehr 30, ⊠ 72116, ℰ 60 23, Fax 26673 – |⃦ ☎
Ⓟ
30 Z 70/120.

🟶🟶 **Lamm,** Lange Str. 1, ⊠ 72116, ℰ 62 63 – **Ⓟ**. Ɛ. ℀ Rest
Montag und Aug. 2 Wochen geschl. – **Menu** à la carte 38/87.

🟶🟶 Ochsen, Falltorstr. 73, ⊠ 72116, ℰ 62 48, Fax 6396 – **Ⓟ**.

<hr>

MOLBERGEN Niedersachsen 🔢 G 8 – 5 000 Ew – Höhe 32 m – ✪ 04475.
♦ Hannover 189 – ♦ Bremen 76 – ♦ Osnabrück 87.

🏠 **Thole - Vorwerk,** Cloppenburger Str. 4, ⊠ 49696, ℰ 3 31, Fax 1746 – **Ⓟ**. 🆀 ⓞ Ɛ
VISA
Menu *(Montag und Samstag nur Abendessen)* (bemerkenswerte Weinkarte) à la carte
26/54 – **12 Z** 48/94.

In Molbergen-Stedingsmühlen NO : 2 km :

🟶🟶 **Gut Stedingsmühlen,** ⊠ 49696, ℰ 3 60, 🍴 – **Ⓟ**
Montag - Dienstag und Feb. geschl. – **Menu** (wochentags nur Abendessen) à la carte 34/58

<hr>

MOLFSEE Schleswig-Holstein siehe Kiel.

<hr>

MOMMENHEIM Rheinland-Pfalz siehe Nierstein.

<hr>

MONDSEE Österreich siehe Salzburg.

<hr>

MONHEIM Nordrhein-Westfalen 🔢 D 13 – 44 000 Ew – Höhe 40 m – ✪ 02173.
♦Düsseldorf 25 – ♦Köln 28 – Solingen 19.

🏠 **Climat,** An der alten Ziegelei 4, ⊠ 40789, ℰ 5 80 11, Fax 30076 – 🆅 ☎ ぱ **Ⓟ** – 🔏 50
🆀 ⓞ Ɛ *VISA*
Menu à la carte 25/43 – **45 Z** 119/229.

In Monheim-Baumberg N : 3 km :

🏨 **Sport-Hotel,** Sandstr. 84, ⊠ 40789, ℰ 68 80, Fax 688110 – 🆅 ☎ **Ⓟ**. 🆀 ⓞ Ɛ *VISA* 🅹🅲🅱
24. Dez.- 1. Jan. geschl. – **Menu** (wochentags nur Abendessen) à la carte 37/68 – **38 Z**
110/180.

🏠 **Lehmann** garni (mit Gästehaus), Thomasstr. 24, ⊠ 40789, ℰ 9 66 10, Fax 966111, ⬄, 🐎
– 🆅 ☎ **Ⓟ**
24 Z 89/120.

<hr>

MONREPOS (Schloß) Baden-Württemberg siehe Ludwigsburg.

<hr>

MONSCHAU Nordrhein-Westfalen 🔢 B 15, 🔢 ㉓, 🔢 L 4 – 12 000 Ew – Höhe 405 m –
✪ 02472.
Sehenswert : Fachwerkhäuser★★ – Rotes Haus (Innenausstattung★) – Friedhofkapelle ≤★.
Ausflugsziel : ≤★★ vom oberen Aussichtsplatz an der B 258, NW : 2 km.
🛈 Tourist-Information, Stadtstr. 1, ⊠ 52156, ℰ 33 00.
♦Düsseldorf 110 – ♦Aachen 34 – Düren 43 – Euskirchen 53.

🏨 **Carat,** Laufenstr. 82, ⊠ 52156, ℰ 8 60, Fax 7784, ⬄, 🔲 – |⃦ 🆅 ☎ ぱ **Ⓟ** – 🔏 150. 🅰
ⓞ Ɛ *VISA* 🅹🅲🅱
Menu à la carte 39/60 – **100 Z** 155/195.

🏠 **Royal** garni, Stadtstr. 6, ⊠ 52156, ℰ 20 33, Fax 4752 – |⃦ 🆅 ☎
Anfang Jan.- Mitte Feb. geschl. – **10 Z** 65/120.

🏠 **Burgau** garni, St. Vither Str. 16, ⊠ 52156, ℰ 21 20, Fax 4962, 🐎 – 🆅. ℀
Mitte März - Anfang April geschl. – **9 Z** 60/135.

XX Alte Herrlichkeit, Stadtstr. 7, ⊠ 52156, 𝄞 22 84, Fax 4962.

X **Hubertusklause** ⒮ mit Zim, Bergstr. 45, ⊠ 52156, 𝄞 50 36, Fax 5662, ≼, 🍽 – 📺 **P**. **AE E**
Juli - Aug. 3 Wochen geschl. – **Menu** *(Dienstag geschl.)* à la carte 29/53 – **4 Z** 65/110.

In Monschau-Höfen S : 4 km – Wintersport : ⚡3 :

🏠 **Aquarium** ⒮, Heidgen 34, ⊠ 52156, 𝄞 16 93, Fax 4193, ≘s, ☒ (geheizt), 🐎 – 📺 ☎ **P**. 🕏 Rest
(nur Abendessen für Hausgäste) – **13 Z** 75/126.

MONTABAUR Rheinland-Pfalz 𝟜𝟙𝟚 G 15, 𝟿𝟠𝟩 ㉔ – 12 000 Ew – Höhe 230 m – 🕲 02602.
🛈 Tourist-Information, Kirchstr. 48a, ⊠ 56410, 𝄞 30 01, Fax 5245.
Mainz 71 – ◆Bonn 80 – ◆Koblenz 32 – Limburg an der Lahn 22.

🏠 **Am Peterstor** garni, Peterstorstr. 1, ⊠ 56410, 𝄞 16 07 20, Fax 160710 – |≱| 📺 ☎ ⇔ **P** – 🛦 40. **E** **VISA**
16 Z 110/170.

⌂ **Zur Post,** Bahnhofstr. 30, ⊠ 56410, 𝄞 33 61, Fax 90498 – |≱| ☎ ⇔. **AE ① E** **VISA**
Menu *(Donnerstag geschl.)* à la carte 30/52 – **19 Z** 73/115.

⌂ Schlemmer - Zur Goldenen Krone garni (Gasthof seit 1673), Kirchstr. 18, ⊠ 56410, 𝄞 57 88, Fax 18930 – ⇔ – **26 Z**.

Im Gelbachtal SO : 3,5 km :

🏠 Stock ⒮, ⊠ 56410 Montabaur, 𝄞 (02602) 40 13, 🍽 – 📺 ☎ **P** – **13 Z**.

An der Autobahn A 3 NO : 4,5 km, Richtung Frankfurt :

🏠 **Hotel Heiligenroth,** ⊠ 56412 Heiligenroth, 𝄞 (02602) 10 30, Fax 103450, 🍽 – |≱| 📺 ☎ ও ⇔ **P** – 🛦 45. **AE ① E** **VISA**
Menu à la carte 33/67 – **30 Z** 110/210.

In Wirges NW : 5 km :

🏠 **Paffhausen,** Bahnhofstr. 100, ⊠ 56422, 𝄞 (02602) 7 00 62, Fax 70065, 🐎 – 📺 ☎ ও **P** – 🛦 120. **AE E** **VISA**
Menu *(Samstag nur Abendessen, Sonntag nur Mittagessen)* à la carte 42/65 – **32 Z** 108/218.

MOOS Baden-Württemberg siehe Radolfzell.

MOOSBEUREN Baden-Württemberg siehe Oberstadion.

MORAAS Mecklenburg-Vorpommern siehe Hagenow.

MORBACH/Hunsrück Rheinland-Pfalz 𝟜𝟙𝟚 E 17, 𝟿𝟠𝟩 ㉔ – 11 000 Ew – Höhe 450 m – Luftkurort – 🕲 06533.
Ausflugsziel : Hunsrück-Höhenstraße★.
🛈 Verkehrsamt, Unterer Markt 1, ⊠ 55483, 𝄞 71 50, Fax 7177.
Mainz 107 – Bernkastel-Kues 17 – Birkenfeld 21 – ◆Trier 63.

🏠 **St. Michael,** Bernkasteler Str. 3, ⊠ 54497, 𝄞 30 25, Fax 1211, 🍽, ≘s – |≱| 📺 ☎ ⇔ **P** – 🛦 80. **AE ① E** **VISA**
Menu à la carte 31/60 ⅊ – **41 Z** 70/130.

🏠 **Hochwaldcafé** garni, Unterer Markt 4, ⊠ 54497, 𝄞 33 78 – ☎ ⇔
13 Z 65/110.

In Horbruch NO : 12 km über die B 327 :

🏠 **Historische Schloßmühle** ⒮ (ehem. Mühle a.d. 17. Jh.), ⊠ 55483, 𝄞 (06543) 40 41, Fax 3178, 🍽, – ☎ **P**. **AE E** **VISA** **JCB**. 🕏
Menu *(Montag geschl.)* (wochentags nur Abendessen) à la carte 62/79 *(auch vegetarisches Menu)* ⅊ – **10 Z** 150/260.

X **Alter Posthof** mit Zim, Oberdorf 2, ⊠ 55483, 𝄞 (06543) 40 60, Fax 6848 – 📺 ☎ **P**. **AE ① E** **VISA**. 🕏 Zim
Mitte Jan.- Anfang Feb. geschl. – **Menu** *(Dienstag geschl.)* à la carte 30/62 *(auch vegetarische Gerichte)* ⅊ – **4 Z** 70/140.

MORINGEN Niedersachsen 𝟜𝟙𝟙 𝟜𝟙𝟚 M 11 – 7 600 Ew – Höhe 147 m – 🕲 05554.
◆Hannover 106 – ◆Braunschweig 91 – Göttingen 27 – Hardegsen 8,5.

An der Straße nach Einbeck N : 2 km :

🏠 **Stennebergsmühle** ⒮, ⊠ 37186 Moringen, 𝄞 (05554) 80 02, Fax 2268, 🍽, ≘s, 🐎 – 📺 ☎ ⇔ **P** – 🛦 40. **AE ① E** **VISA**
Menu *(Sonntag nur Mittagessen)* à la carte 33/72 – **30 Z** 85/155.

MORITZBURG Sachsen 414 N 12, 984 ㉔, 987 ⑱ – 2 500 Ew – Höhe 200 m – ✆ 035207.
Sehenswert : Schloß Moritzburg★.
◆Dresden 13 – Cottbus 85 – Meißen 16.

🏡 **Waldschaenke** ⤜, Fasanenstraße, ✉ 01468, 𝄐 4 89, Fax 388, 🍴, 🞖 – 📺 ☎ ⇔ 🅿.
🆎 ⓪ 🅴 𝗩𝗜𝗦𝗔 – **Menu** à la carte 34/58 – **20 Z** 170/250.

🏡 Landhaus, Schloßallee 37, ✉ 01468, 𝄐 6 02, Fax 604, 🍴, 🞕s, 🞖 – 📺 ☎ 🅿 – 🖼 25
(nur Abendessen) – **17 Z**.

🏠 **Eisenberger Hof,** Kötzschenbroaer Str. 8, ✉ 01468, 𝄐 6 73, Fax 684, 🍴, 🞕s – 📺 📺
🅿 – 🖼 25. 🆎 🅴 𝗩𝗜𝗦𝗔
Menu à la carte 26/45 – **21 Z** 110/180.

🏠 **Pension Schlossallee,** Schloßallee 35, ✉ 01468, 𝄐 (Hotel) 6 90 (Rest.) 7 83, 🍴, 🞕s –
📺 ☎ 🅿. 🆎 ⓪ 🅴 𝗩𝗜𝗦𝗔
Menu *(Montag geschl.)* à la carte 29/43 – **8 Z** 90/150.

MORSBACH Nordrhein-Westfalen 412 G 14, 987 ㉔ – 10 500 Ew – Höhe 250 m – ✆ 02294.
Ausflugsziel : Wasserschloß Crottorf★ NO : 10 km.
◆Düsseldorf 107 – ◆Köln 70 – Siegen 33.

🏡 **Goldener Acker** ⤜, Zum goldenen Acker 44, ✉ 51597, 𝄐 80 24, Fax 7375, 🍴, 🞕s, 🞖
– ☎ 🅿 – 🖼 45. ⓪ 𝗩𝗜𝗦𝗔
2.- 15. Jan. und 17. Juli - 7. Aug. geschl. – **Menu** *(Sonntag nur Mittagessen, Montag geschl.)*
à la carte 41/66 – **32 Z** 75/142.

MORSUM Schleswig-Holstein siehe Sylt (Insel).

MOSBACH Baden-Württemberg 412 413 K 18, 987 ㉕ – 25 000 Ew – Höhe 151 m – ✆ 06261.
🛈 Städtisches Verkehrsamt, Am Marktplatz, ✉ 74821, 𝄐 8 22 36, Fax 82249.
◆Stuttgart 87 – Heidelberg 45 – Heilbronn 33.

🏠 **Lamm** (Fachwerkhaus a.d. 18. Jh.), Hauptstr. 59, ✉ 74821, 𝄐 8 90 20, Fax 890291 – ⫯ 📺
☎. 🆎 ⓪ 🅴 𝗩𝗜𝗦𝗔
Menu à la carte 27/49 ⅃ – **52 Z** 69/134.

✗ **Gärkammer,** Hauptstr. 12, ✉ 74821, 𝄐 1 69 14, 🍴 – 🅴 𝗩𝗜𝗦𝗔
Montag und Juli 3 Wochen geschl. – **Menu** (italienische Küche) à la carte 35/54.

✗ **Gasthaus zum Amtsstüble,** Lohrtalweg 1, ✉ 74821, 𝄐 23 06, Fax 18553 – 🅿
Montag geschl. – **Menu** à la carte 27/58.

In Mosbach-Neckarelz SW : 4 km :

🏠 **Lindenhof,** Martin-Luther-Str. 3, ✉ 74821, 𝄐 6 00 66 – 📺 ☎ ⇔ 🅿. 🅴
Juli-Aug. 2 Wochen geschl. – **Menu** *(Mittwoch geschl.)* à la carte 25/54 ⅃ – **20 Z** 60/98.

In Mosbach-Nüstenbach NW : 4 km :

🏠 **Gästehaus Haaß** ⤜ garni, Im Weiler 8, ✉ 74821, 𝄐 9 20 60, 🞖 – 📺 ☎ 🅿. 🞘
11 Z 50/100.

In Elztal-Dallau NO : 5,5 km :

✗ **Zur Pfalz** mit Zim, Hauptstr. 5 (B 27), ✉ 74834, 𝄐 (06261) 22 93, Fax 37293, 🍴 – ⇔
🅿. 🆎
Jan. und Mitte - Ende Aug. geschl. – **Menu** *(Montag geschl.)* à la carte 28/58 ⅃ – **13 Z** 45/90.

MOSELKERN Rheinland-Pfalz 412 F 16 – 600 Ew – Höhe 83 m – ✆ 02672 (Treis-Karden).
Ausflugsziel : Burg Eltz★★, Lage★★ NW : 1 km und 30 min zu Fuß.
Mainz 106 – Cochem 17 – ◆Koblenz 32.

🏠 **Anker-Pitt,** Moselstr. 15, ✉ 56254, 𝄐 13 03, Fax 8944, ≤, 🞕s – ⫯ 📺 🅿
🞕 *Jan. geschl.* – **Menu** *(Montag geschl.)* à la carte 22/52 – **25 Z** 63/110.

MOSELTAL Rheinland-Pfalz 412 D 17 - F 16, 987 ㉓ ㉔.
Sehenswert : Tal★★ von Trier bis Koblenz (Details siehe unter den erwähnten Mosel-Orten).

MOSSAUTAL Hessen 412 413 J 18 – 2 500 Ew – Höhe 390 m – Erholungsort – ✆ 06062 (Erbach
im Odenwald).
◆Wiesbaden 99 – Beerfelden 12 – ◆Darmstadt 59 – ◆Mannheim 50.

In Mossautal-Güttersbach :

🏠 **Zentlinde** ⤜, Hüttenthaler Str. 37, ✉ 64756, 𝄐 20 80, Fax 5900, 🞕s, 🔲 , 🞖 – ⫯ 📺 📺
🞕 🅿 – 🖼 40. 🆎 🞘
Jan. 3 Wochen geschl. – **Menu** *(Montag geschl.)* à la carte 23/43 ⅃ – **36 Z** 80/150.

🏠 **Haus Schönblick** ⤜ (mit Gästehaus), Hüttenthaler Str. 30, ✉ 64756, 𝄐 53 80, Fax 61242.
🞕 🍴, 🞖 – 🅿 – 🖼 35
Jan. 2 Wochen geschl. – **Menu** *(Dienstag geschl.)* à la carte 22/34 ⅃ – **36 Z** 40/110.

In Mossautal-Obermossau :

🏨 **Brauerei-Gasthof Schmucker,** Hauptstr. 91, ⊠ 64756, 𝒸 (06061) 7 10 01, Fax 2861, Biergarten, ⌇ (geheizt), 🦌, ⚒ – ⊡ ☎ 𝓟 – 🔏 30. ⅍ ☰ 𝘝𝘐𝘚𝘈
16.- 31. Jan. geschl. – **Menu** *(Montag geschl.)* à la carte 21/54 – **25 Z** 82/140.

MOTTEN Bayern 𝟜𝟙𝟚 𝟜𝟙𝟛 M 15 – 1 800 Ew – Höhe 450 m – 🕓 09748.
München 358 – Fulda 20 – ♦Würzburg 93.

In Motten-Speicherz S : 7 km :

🏨 **Zum Biber,** Hauptstr. 15 (B 27), ⊠ 97786, 𝒸 9 12 20, Fax 912266, 🦌 – ⟅⟆ 𝓟. ⅍ ⓪
☰ 𝘝𝘐𝘚𝘈
Mitte Jan.- Anfang Feb. und Nov. 2 Wochen geschl. – **Menu** à la carte 22/39 – **41 Z** 40/84.

MOTZEN Brandenburg siehe Teupitz

MUCH Nordrhein-Westfalen 𝟜𝟙𝟚 F 14 – 12 500 Ew – Höhe 195 m – 🕓 02245.
🏌 Burg Overbach, 𝒸 (02245) 55 50.
♦Düsseldorf 77 – ♦Bonn 33 – ♦Köln 40.

In Much-Bövingen NW : 3 km :

🏨 **Activotel,** Bövingen 129 (Gewerbegebiet), ⊠ 53804, 𝒸 60 80, Fax 608100, ≤, �, 𝑓ᵟ, ≘s,
⬛, 🎾 (Halle) – ⧘ ⇥ Zim ⊡ 𝓟 – 🔏 60. ⅍ ⓪ ☰ 𝘝𝘐𝘚𝘈
Menu à la carte 47/72 – **57 Z** 184/314.

In Much-Sommerhausen SW : 3 km :

👑👑👑 **Landhaus Salzmann** ⟆ mit Zim, Sommerhausener Weg 97, ⊠ 53804, 𝒸 14 26,
Fax 6965, ≤, � – ⊡ ☎ 𝓟. ⅍ ⓪ 𝘝𝘐𝘚𝘈
Menu *(Montag geschl.)* à la carte 39/68 – **2 Z** 85/125.

MÜCKE Hessen 𝟜𝟙𝟚 K 15 – 9 500 Ew – Höhe 300 m – 🕓 06400.
♦Wiesbaden 107 – Alsfeld 31 – Gießen 28.

In Mücke-Atzenhain :

🏚 **Zur Linde,** Lehnheimer Str. 2, ⊠ 35325, 𝒸 (06401) 64 65, ≘s, 🦌 – ⟅⟆ 𝓟
Menu à la carte 22/36 ⓰ – **23 Z** 50/100.

In Mücke-Flensungen :

🏚 **Landhotel Gärtner,** Bahnhofstr. 116, ⊠ 35325, 𝒸 81 91, Fax 6360, Biergarten – ⊡ ☎ ⟅⟆
𝓟. ☰ 𝘝𝘐𝘚𝘈
Menu *(Montag nur Mittagessen)* à la carte 28/60 ⓰ – **15 Z** 68/145.

MÜDEN Rheinland-Pfalz siehe Treis-Karden.

MÜHLBERG AN DER ELBE Brandenburg 𝟜𝟙𝟜 L 11, 𝟡𝟠𝟜 ⑳, 𝟡𝟠𝟟 ⑰ – 3 500 Ew – Höhe 94 m
– 🕓 035342.
♦Potsdam 155 – ♦Dresden 62.

🏨 Pension Wendland, Am Viertelfeld 2, ⊠ 04931, 𝒸 7 00 24, Fax 70025, �, ≘s, 🦌 – ⊡
☎ 𝓟 – 8 Z.
🏨 **Hamburger Hof,** Herrenstr. 23, ⊠ 04931, 𝒸 4 31, Fax 485 – ⊡ ☎. ⅍ ☰ 𝘝𝘐𝘚𝘈. ⌾ Zim
Menu *(Mittwoch geschl.)* à la carte 19/35 – **7 Z** 75/140.

MÜHLDORF AM INN Bayern 𝟜𝟙𝟛 U 22, 𝟡𝟠𝟟 ㊲, 𝟜𝟚𝟞 J 4 – 16 000 Ew – Höhe 383 m – 🕓 08631.
♦München 80 – Landshut 57 – Passau 95 – Salzburg 77.

🏨 **Altöttinger Tor,** Stadtplatz 85, ⊠ 84453, 𝒸 40 88, Fax 161219 – ⧘ ⊡ ☎ – 🔏 25. ⅍
⓪ ☰ 𝘝𝘐𝘚𝘈
Menu à la carte 27/54 – **11 Z** 90/120.
🏨 **Bastei,** Münchener Str. 69, ⊠ 84453, 𝒸 58 02, Fax 15158 – ⧘ ⊡ ☎ 🏃 𝓟. ⅍ ☰ 𝘝𝘐𝘚𝘈
Menu à la carte 24/50 – **25 Z** 70/110.
🏨 **Wetzel's Jägerhof** garni, Stadtplatz 36, ⊠ 84453, 𝒸 73 36, Fax 5893 – ⧘ ☎ ⟅⟆. ⅍ ⓪
☰ 𝘝𝘐𝘚𝘈
20 Z 85/120.

MÜHLENBACH Baden-Württemberg 𝟜𝟙𝟛 H 22 – 1 500 Ew – Höhe 260 m – Erholungsort –
🕓 07832 (Haslach im Kinzigtal).
♦Stuttgart 178 – ♦Freiburg im Breisgau 42 – Freudenstadt 54 – Offenburg 32.

🏚 **Kaiserhof,** Fanis 10 (B 294, S : 2,5 km), ⊠ 77796, 𝒸 23 93, Fax 6550, �, ≘s, ⬛, 🦌
– 𝓟. ☰
Nov. 3 Wochen geschl. – **Menu** *(Donnerstag geschl.)* à la carte 25/39 ⓰ – **11 Z** 49/88.

MÜHLHAUSEN IM TÄLE Baden-Württemberg siehe Wiesensteig.

MÜHLHAUSEN Thüringen 🗺️ O 13, 🗺️ D 12, 🗺️ ㉓, 🗺️ ⑯ – 41 000 Ew – Höhe 253 m – ✪ 03601.

Sehenswert : Altstadt★ (Stadtmauer★, Kirche St. Marien★).

🛈 Fremdenverkehrsamt, Ratsstr. 20, ⊠ 99974, 🌮 45 23 35, Fax 452316.

Erfurt 58 – Eisenach 32 – ◆Kassel 103.

🏨 **Sport-Hotel,** Kasseler Straße, ⊠ 99974, 🌮 49 80, Fax 498250, 🏋️, 🚶, ⚽ (Halle) – ⟲ Zim
— 📺 ☎ 🅿 – 🔬 50. 🆎 ⑩ 🛒 𝕍𝕀𝕊𝔸
   Menu (nur Abendessen) à la carte 23/52 – **56 Z** 110/150.

🏨 Stadt Mühlhausen, Untermarkt 18, ⊠ 99974, 🌮 45 50, Fax 455709 – |🛗| 📺 ☎ 🅿
   48 Z.

🏠 **An der Stadtmauer** 🍴 garni, Breitenstr. 15, ⊠ 99974, 🌮 4 65 00, Fax 465050 – 📺 ☎
   🆎 ⑩ 🛒 𝕍𝕀𝕊𝔸
   19 Z 95/150.

🏠 **Brauhaus Zum Löwen** 🍴, Kornmarkt 3, ⊠ 99974, 🌮 56 32, Fax 440759 – 📺 ☎ 🅿. 🆎
— ⑩ 🛒 𝕍𝕀𝕊𝔸
   Menu à la carte 23/44 – **18 Z** 85/160.

🍴 **Zum Nachbarn,** Steinweg 65, ⊠ 99974, 🌮 25 13 – 🆎 ⑩ 🛒 𝕍𝕀𝕊𝔸
— **Menu** à la carte 23/42.

   In Struth W : 12 km :

🏠 **Zur grünen Linde,** Lange Str. 93, ⊠ 99976, 🌮 (036026) 2 04 – 📺 ☎. 🧹
— **Menu** *(Freitag geschl.)* à la carte 23/28 – **10 Z** 50/80.

MÜHLHAUSEN (VOGTLAND) Sachsen siehe Elster, Bad.

MÜHLHEIM AM MAIN Hessen 🗺️ 🗺️ J 16 – 24 500 Ew – Höhe 105 m – ✪ 06108.
◆Wiesbaden 51 – ◆Frankfurt am Main 14 – Hanau am Main 8.

🏠 **Main-Park** garni, Dieselstr. 16, ⊠ 63165, 🌮 6 09 78, Fax 75597 – |🛗| 📺 ☎ 🅿
   28 Z 105/165.

🏠 Adam garni, Albertstr. 7, ⊠ 63165, 🌮 6 09 11, Fax 67665 – 📺 ☎ 🅿
   21 Z.

   In Mühlheim-Lämmerspiel SO : 5 km :

🏨 **Landhaus Waitz,** Bischof-Ketteler-Str. 26, ⊠ 63165, 🌮 60 60, Fax 606488
   « Gartenterrasse » – |🛗| 📺 🍴 🅿 – 🔬 80. 🆎 ⑩ 🛒 𝕍𝕀𝕊𝔸
   22. Dez.- 8. Jan. geschl., Restaurant Weihnachten geöffnet – **Menu** *(Samstag nur Abendessen, Sonntag nur Mittagessen)* à la carte 52/85 – **76 Z** 165/380.

MÜHLTAL Hessen siehe Darmstadt.

MÜLHEIM AN DER RUHR Nordrhein-Westfalen 🗺️ 🗺️ D 12, 🗺️ ⑬ ⑭ – 177 000 Ew –
Höhe 40 m – ✪ 0208. – 🛈 Verkehrsverein, Viktoriastr. 17, ⊠ 45468, 🌮 4 55 99 02.

ADAC, Löhstr. 3, ⊠ 45468, 🌮 (0221) 47 27 47, Fax 479187.
◆Düsseldorf 26 ① – Duisburg 9 ② – ◆Essen 10 – Oberhausen 5,5.

Stadtplan siehe gegenüberliegende Seite

🏨 **Noy,** Schloßstr. 28, ⊠ 45468, 🌮 4 50 50, Fax 4505300 – |🛗| 📺 ☎ – 🔬 50. 🆎 ⑩ 🛒 𝕍𝕀𝕊𝔸
   🧹   Y a
   Menu *(Sonntag geschl.)* à la carte 44/78 – **60 Z** 160/340.

🏨 **Gartenhotel Luisental** garni, Troostr. 2, ⊠ 45468, 🌮 99 21 40, Fax 9921440, 🌳 – |🛗|
   📺 ☎ 🚗. 🆎 🛒 𝕍𝕀𝕊𝔸   Z a
   20 Z 120/240.

🏨 **Friederike** garni (ehemalige Villa), Friedrichstr. 32, ⊠ 45468, 🌮 99 21 50, Fax 383215
   « Garten » – 📺 ☎. 🆎 ⑩ 🛒 𝕍𝕀𝕊𝔸   Z ◆
   28 Z 110/220.

🏠 **Am Ruhrufer,** Dohne 74, ⊠ 45468, 🌮 99 18 50, Fax 9918599, ≤, 🌳 – |🛗| 📺 ☎ 🅿 – 🔬 40
   🆎 ⑩ 🛒 𝕍𝕀𝕊𝔸   Z c
   Menu à la carte 40/66 – **37 Z** 115/254.

🏠 Am Schloß Broich garni, Am Schloß Broich 27, ⊠ 45479, 🌮 99 30 80, Fax 9930850, 🚗
   – |🛗| 📺 ☎ 🚗   Y v
   27 Z.

🏠 **Hopfen-Sack,** Kalkstr. 23, ⊠ 45468, 🌮 38 36 36, Fax 382746 – 📺 ☎ 🚗. 🆎 ⑩ 🛒 𝕍𝕀𝕊𝔸
   Menu à la carte 33/51 – **24 Z** 105/190.   Y d

🍴🍴 **Am Kamin** (Fachwerkhaus a.d.J. 1732), Striepensweg 62, ⊠ 45473, 🌮 76 00 36
   Fax 760769, « Gartenterrasse mit offenem Kamin » – 🅿. 🆎 ⑩ 🛒 𝕍𝕀𝕊𝔸   X s
   Samstag nur Abendessen – **Menu** à la carte 64/81.

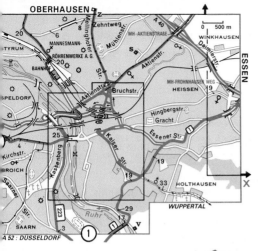

MÜLHEIM
AN DER RUHR

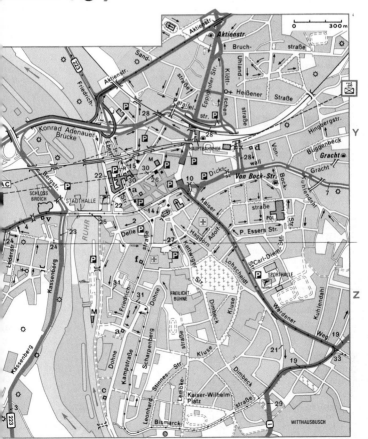

In Mülheim-Dümpten :

🏨 **Kuhn,** Mellinghofer Str. 277, ☒ 45475, 𝒫 79 00 10, Fax 7900168, 🚙, 🔟 – 🛗 📺 ☎ ⟸
Ⓟ
X
Menu *(Sonntag und Juli - Aug. 4 Wochen geschl.)* (nur Abendessen) à la carte 33/74
61 Z 98/180.

In Mülheim-Menden :

XX **Müller-Menden,** Mendener Str. 109, ☒ 45470, 𝒫 37 40 15, Fax 37933, � – Ⓟ. 🆎 █
VISA
X
Menu à la carte 39/65.

In Mülheim-Mintard über Mendener Brücke X :

🏨 **Mintarder Wasserbahnhof,** August-Thyssen-Str. 129, ☒ 45481, 𝒫 (02054) 72 72
Fax 84790, « Terrasse mit ≤ » – 📺 ☎ ⟸ Ⓟ. 🆎 ⓪ 🄴 *VISA*
Menu *(Donnerstag - Freitag geschl.)* (Abendessen nur für Hausgäste) à la carte 35/62
33 Z 84/185.

In Mülheim-Saarn über Mendener Brücke X :

X **Dicken am Damm,** Mintarder Str. 139, ☒ 45481, 𝒫 48 01 15, Fax 482264, Biergarten
« Terrasse mit ≤ » – Ⓟ. 🆎 ⓪ 🄴 *VISA*
Menu à la carte 41/74.

In Mülheim-Speldorf :

XX ✿ **Altes Zollhaus,** Duisburger Str. 228, ☒ 45478, 𝒫 5 03 49, Fax 50349   X
Samstag nur Abendessen, Montag und Anfang Jan. 1 Woche geschl. – **Menu** à la carte
50/72
Spez. Tagliatelle mit Steinpilzen und gebratenem Seeteufel, Rehrücken mit Printensauce und
Schupfnudeln, Topfenmousse mit Mango.

Dans ce guide
un même symbole, un même mot,
imprimé en noir *ou en* rouge, *en maigre ou en* **gras,**
n'ont pas tout à fait la même signifaction.
Lisez attentivement les pages explicatives.

MÜLHEIM - KÄRLICH Rheinland-Pfalz 𝟜𝟙𝟚 F 15 – 9 700 Ew – Höhe 80 m – ✆ 02630.
Mainz 109 – ◆Koblenz 9.

In Mülheim :

🏨 Grüters, Ringstr. 1, ☒ 56218, 𝒫 38 76, Fax 49467 – 🛗 📺 ☎ Ⓟ. ✖
(nur Abendessen) – **39 Z.**

XX **Zur Linde,** Bachstr. 12, ☒ 56218, 𝒫 41 30, 🌫 – 🄴
Feb. 1 Woche und Juli - Aug. 2 Wochen geschl. – **Menu** *(Samstag nur Abendessen, Diens
tag geschl.)* à la carte 38/73.

MÜLHEIM (MOSEL) Rheinland-Pfalz 𝟜𝟙𝟚 E 17 – 900 Ew – Höhe 110 m – ✆ 06534.
Mainz 119 – Bernkastel-Kues 6 – ◆Trier 40 – Wittlich 14.

🏨 **Landhaus Schiffmann** garni, Veldenzer Str. 49a, ☒ 54486, 𝒫 1 82 00, Fax 18201, ≤, 🚙
🍴 – ✖ 📺 Ⓟ. ✖
Jan.- Mitte Feb. geschl. – **14 Z** 85/135.

🏨 **Zur Post,** Hauptstr. 65, ☒ 54486, 𝒫 13 21, Fax 8254, 🌫, 🍴 – ☎ Ⓟ
Anfang Jan.- Fastnacht geschl. – **Menu** *(Dienstag geschl.)* (nur Abendessen) à la carte 32/6
– **10 Z** 65/96.

🏠 **Moselhaus Selzer,** Moselstr. 7 (B 53), ☒ 54486, 𝒫 7 07, Fax 18141, ≤, 🌫, 🍴 – ⟸
Ⓟ
Jan. - Mitte Feb. geschl. – **Menu** *(Montag geschl.)* à la carte 27/51 🍺 – **14 Z** 60,
110.

MÜLLHEIM Baden-Württemberg 𝟜𝟙𝟛 F 23. 𝟡𝟠𝟟 ㉞. 𝟜𝟚𝟟 G 2 – 16 000 Ew – Höhe 230 m
✆ 07631.

🖪 Städtisches Verkehrsamt, Werderstr. 48, ☒ 79379, 𝒫 40 70, Fax 16654.
◆Stuttgart 238 – Basel 41 – ◆Freiburg im Breisgau 42 – Mulhouse 26.

🏨 **Alte Post,** an der B 3, ☒ 79379, 𝒫 55 22, Fax 15524, « Gartenterrasse » – ✖ Zim 📺
☎ ⟸ Ⓟ – 🕍 60. 🆎 ⓪ 🄴 *VISA*
Menu *(Sonntag geschl., Montag nur Abendessen)* 35/52 (mittags) und à la carte 48/85
– **50 Z** 95/260.

🏠 **Gästehaus im Weingarten** ॐ (Appartementhotel), Kochmatt 8, ⊠ 79379, ℘ 3 69 40, Fax 369425, ≼, 🖎, 🚗 – 📺 ☎ 🕭 🚗 🅿
(Restaurant nur für Hausgäste) – **9 Z** 80/180.

🏠 **Bauer,** Eisenbahnstr. 2, ⊠ 79379, ℘ 24 62, Fax 4073, 🍽, 🚗 – ╡ ☎ 🚗 🅿. 🖪
Mitte Dez.- Mitte Jan. geschl. – **Menu** *(Sonntag geschl.)* à la carte 28/59 ⅋ – **59 Z** 60/150.

✗ **Parkrestaurant im Bürgerhaus,** Hauptstr. 122, ⊠ 79379, ℘ 60 39, Fax 15428, « Gartenterrasse » – ⅋ 🅿 – 🖾 600
Dienstag geschl. – **Menu** à la carte 28/63 *(auch vegetarische Gerichte)* ⅋.

In Müllheim-Britzingen NO : 5 km – Erholungsort :

✗ **Krone** mit Zim, Markgräfler Str. 32, ⊠ 79379, ℘ 20 46 – 🅿
Jan. geschl. – **Menu** *(Mittwoch nur Mittagessen, Donnerstag geschl.)* à la carte 32/53 ⅋ – **7 Z** 55/80.

In Müllheim-Feldberg SO : 6 km :

✗ **Ochsen** mit Zim (Landgasthof a.d.J. 1763), Bürgelnstr. 32, ⊠ 79379, ℘ 35 03, Fax 10935, 🍽, 🕿, 🚗 – 🅿. 🛇 Zim
8. Jan.- 10. Feb. und 3.- 17. Juli geschl. – **Menu** *(Donnerstag geschl., Freitag nur Abendessen)* à la carte 38/70 ⅋ – **8 Z** 70/125.

In Müllheim-Niederweiler O : 1,5 km – Erholungsort :

🏠 **Pension Weilertal** garni, Weilertalstr. 15, ⊠ 79379, ℘ 57 94, Fax 14826, 🚗 – 📺 ☎. 🖪
VISA
Mitte Jan.- Feb. und Ende Nov.- Mitte Dez. geschl. – **10 Z** 60/140.

MÜNCHBERG Bayern 🖽🖾🖾 S 16, 🖾🖾🖾 ㉗ – 11 800 Ew – Höhe 553 m – ❀ 09251.
◆München 266 – Bayreuth 37 – Hof 20.

🏨 **Seehotel Hintere Höhe** ॐ, Hintere Höhe 7 (S : 2 km), ⊠ 95213, ℘ 9 46 10, Fax 3976, ≼, 🍽, 🕿, 🚗 – 📺 ☎ 🕭 🅿 – 🖾 60. 🖾 🕦 🖪 **VISA**. 🛇 Rest
Menu *(Freitag geschl., Samstag nur Abendessen)* à la carte 36/59 – **32 Z** 130/190.

🏠 **Braunschweiger Hof,** Bahnhofstr. 13, ⊠ 95213, ℘ 81 81, Fax 6404 – ☎ 🕭 🅿. 🕦 🖪
VISA
Feb.- März 2 Wochen geschl. – **Menu** à la carte 25/59 – **27 Z** 70/150.

In Sparneck SO : 6 km :

🏨 **Waldhotel Heimatliebe** ॐ, ⊠ 95234, ℘ (09251) 81 13, Fax 7598, « Gartenterrasse », 🕿, 🚗 – 📺 ☎ 🕭 🅿 – 🖾 40. 🕦 🖪 **VISA**. 🛇 Rest
Menu *(Montag und Freitag nur Abendessen, 9.- 22. Jan. geschl.)* à la carte 41/89 – **Vier Jahreszeiten** *(wochentags nur Abendessen, 7.- 27. Jan. geschl.)* **Menu** à la carte 58/80 – **25 Z** 110/200.

In Zell am Waldstein S : 7 km :

⬥ **Zum Waldstein,** Marktplatz 16, ⊠ 95239, ℘ (09257) 2 61, Fax 7179, 🍽. 🖾
Nov. 2 Wochen geschl. – **Menu** *(Mittwoch geschl.)* à la carte 19/36 – **17 Z** 45/75.

MÜNCHEBERG Brandenburg 🖽🖽🖾 O 8, 🖾🖾🖾 ⑭. 🖾🖾🖾 ⑱ – 5 000 Ew – Höhe 120 m – ❀ 033432.
Potsdam 79 – ◆Berlin 51 – Eberswalde 60 – Frankfurt a. d. Oder 36.

🏠 **Mönchsberg** ॐ, Florastr. 25, ⊠ 15374, ℘ 3 67, Fax 505, 🍽 – 📺 ☎ 🕭 🅿
20. Dez.- 2. Jan. geschl. – **Menu** (nur Abendessen) à la carte 26/46 – **12 Z** 98/155.

In Wulkow bei Seelow NO : 13 km :

🏨 **Parkhotel Schloß Wulkow,** Hauptstr. 24, ⊠ 15320, ℘ 5 80, Fax 58444, 🕿 – ╡ 📺 ☎ 🅿 – 🖾 150
Menu à la carte 33/50 – **34 Z** 118/198.

LE GUIDE VERT MICHELIN ALLEMAGNE

Paysages, monuments

Routes touristiques

Géographie

Histoire, Art

Itinéraires de visite

Plans de villes et de monuments.

MÜNCHEN ⓘ Bayern 4️⃣1️⃣3️⃣ R 22, 9️⃣8️⃣7️⃣ ㊲, 4️⃣2️⃣6️⃣ G 4 – 1 300 000 Ew – Höhe 520 m – ✪ 089

Sehenswert : Marienplatz★ KZ – Frauenkirche★ (Turm ※★) KZ – Alte Pinakothek★★★ KY – Deu᷈ sches Museum★★★ LZ – Residenz★ (Schatzkammer★★, Altes Residenztheater★) KY – Asamkirche★ KZ – Nymphenburg★★ (Schloß★, Park★, Amalienburg★★, Botanischer Garten★★ Marstallmuseum und Porzellansammlung★) BS – Neue Pinakothek★ KY – Münchne᷈ Stadtmuseum★ (Moriskentänzer★★) KZ M7 – Städt. Galerie im Lenbachhaus (Porträts Lenbachs★ JY M4 – Staatliche Antikensammlungen★ JY M3 – Glyptothek★ JY M2 – Deutsches Jagdmuseum★ KZ M1 – Olympia-Park (Olympia-Turm ※★★★) CR – Tierpark Hellabrunn★ CT – Englischer Garten★ (Blick vom Monopteros★) LY.

🏌 Straßlach, Tölzer Straße (S : 17 km), ℘ (08170) 4 50 ; 🏌 München-Thalkirchen, Zentralländst᷈ 40 (CT), ℘ 7 23 13 04 ; 🏌 Eichenried (NO : 24 km), Münchener Str. 55, ℘ (08123)10 05.

✈ München (② : NO 29 km) ℘ 9 75 00, Fax 97557906. City Air Terminal, Arnulfstraße (Haup᷈ bahnhof, Nordseite).

🚗 ℘ 12 88 44 27.

Messegelände (EX), ℘ 5 10 70, Telex 5212086, Fax 5107506.

🛈 Verkehrsamt im Hauptbahnhof (gegenüber Gleis 11), ⊠ 80335, ℘ 2 39 12 56.

🛈 Verkehrsamt im Flughafen München, ℘ 97 59 28 15, Fax 975292813.

ADAC, Sendlinger-Tor-Platz 9, ⊠ 80336, ℘ 5 40 19 44 56, Fax 5504449.

DTC, Amalienburgstr. 23 BS, ⊠ 81247, ℘ 8 11 10 48, Fax 8116288.

Innsbruck 162 ⑤ – ♦Nürnberg 165 ② – Salzburg 140 ⑤ – ♦Stuttgart 222 ⑨.

Messe-Preise : siehe S. 8	**Foires et salons : voir p. 16**
Fairs : see p. 24	**Fiere : vedere p. 32**

Stadtpläne siehe nächste Seiten

🏨 **Vier Jahreszeiten Kempinski** 🐾, Maximilianstr. 17, ⊠ 80539, ℘ 23 03 90 Telex 523859, Fax 23039693, Massage, ≘s, 🔲 – 🛗 ℅ Zim 🛏 📺 🅫 🚗 – 🏛 350. 🅰 ⑩ 🇪 𝓥𝓘𝓢𝓐 🇯🇨🇧 🛠 Rest LZ
Menu *(Aug. geschl.)* à la carte 65/106 – *Bistro-Eck (auch vegetarische Gerichte)* **Men᷈** à la carte 42/75 – **322 Z** 395/761, 45 Suiten.

🏨 **Rafael,** Neuturmstr. 1, ⊠ 80331, ℘ 29 09 80, Telex 5213666, Fax 222539, « Dachterrass᷈ mit 🏊 » – 🛗 ℅ Zim 📺 🅫 🚗 – 🏛 40. 🅰 ⑩ 🇪 𝓥𝓘𝓢𝓐 🛠 Rest KZ
Menu 45 (mittags) und à la carte 64/98 – **74 Z** 420/950, 7 Suiten.

🏨 **Bayerischer Hof - Palais Montgelas,** Promenadeplatz 6, ⊠ 80333, ℘ 2 12 00 Telex 523409, Fax 2120906, 🏧, Massage, ≘s, 🔲 – 🛗 ℅ Zim 📺 🅫 🚗 – 🏛 150⓪ 🅰 🇪 𝓥𝓘𝓢𝓐 🇯🇨🇧 KY
Garden-Restaurant (Tischbestellung ratsam) **Menu** à la carte 72/105 – *Trader Vic's (nu᷈ Abendessen)* **Menu** à la carte 67/87 – *Palais Keller :* **Menu** à la carte 37/57 – **428 Z** 310/57⓪ 45 Suiten.

🏨 **Königshof,** Karlsplatz 25, ⊠ 80335, ℘ 55 13 60, Telex 523616, Fax 55136113 – 🛗 🍴 📺 🚗 – 🏛 100. 🅰 ⑩ 🇪 𝓥𝓘𝓢𝓐 🇯🇨🇧 🛠 Rest JY
Menu (Tischbestellung ratsam, bemerkenswerte Weinkarte) à la carte 76/120 – **103 ᝬ** 323/451, 9 Suiten.

🏨 **Park Hilton,** Am Tucherpark 7, ⊠ 80538, ℘ 3 84 50, Telex 5215740, Fax 38451845, Bie᷈ garten, Massage, ≘s, 🔲 – 🛗 ℅ Zim 📺 🅫 🚗 – 🏛 900. 🅰 ⑩ 🇪 𝓥𝓘𝓢𝓐 🇯🇨🇧 HU
Menu siehe Rest. *Hilton Grill* separat erwähnt – *Tse Yang* (chinesische Küche) *(Monta᷈ geschl.)* **Menu** à la carte 47/88 – *Isar Terrassen :* **Menu** à la carte 51/79 – **477 Z** 328/58᷈ 21 Suiten.

🏨 **Excelsior,** Schützenstr. 11, ⊠ 80335, ℘ 55 13 70, Telex 522419, Fax 55137121 – 🍴 ℅᷈ 📺 🚗 – 🏛 30. 🅰 ⑩ 🇪 𝓥𝓘𝓢𝓐 🇯🇨🇧 🛠 Rest JY
Hubertus (Aug. geschl.) **Menu** à la carte 64/90 – *Vinothek (Sonn- und Feiertage geschl.* **Menu** à la carte 44/57 – **113 Z** 245/375, 4 Suiten.

🏨 **Maritim,** Goethestr. 7, ⊠ 80336, ℘ 55 23 50, Fax 55235900, 🏧, ≘s, 🔲 – 🍴 ℅ Zim ᷈ 📺 🚗 – 🏛 300. 🅰 ⑩ 🇪 𝓥𝓘𝓢𝓐 🇯🇨🇧 🛠 Rest JZ
Menu à la carte 50/84 – **352 Z** 258/488, 5 Suiten.

🏨 **Arabella-Westpark-Hotel,** Garmischer Str. 2, ⊠ 80339, ℘ 5 19 60, Telex 52386⓪ Fax 5196100, ≘s, 🔲 – 🛗 ℅ Zim 📺 🍴 Rest 📺 🚗 – 🏛 80. 🅰 ⑩ 🇪 𝓥𝓘𝓢𝓐 🇯🇨🇧 CS
Weihnachten - Anfang Jan. geschl. – **Menu** 42 Buffet (mittags) und à la carte 41/64 – **258 ᝬ** 248/438, 6 Suiten.

🏨 **Trustee Parkhotel** garni, Parkstr. 31 (Zufahrt Gollierstraße), ⊠ 80339, ℘ 51 99 5⓪ Fax 51995420 – 🍴 📺 🚗 – 🏛 25. 🅰 ⑩ 🇪 𝓥𝓘𝓢𝓐 EX
23. - 28. Dez. geschl. – **35 Z** 233/476, 6 Suiten.

🏨 **King's Hotel** garni, Dachauer Str. 13, ⊠ 80335, ℘ 55 18 70, Fax 55187300 – 🍴 ℅᷈ – 🏛 30. 🅰 ⑩ 🇪 𝓥𝓘𝓢𝓐 🇯🇨🇧 JY
23. Dez.- 6. Jan. geschl. – **96 Z** 195/265.

🏨 **Eden-Hotel-Wolff,** Arnulfstr. 4, ⊠ 80335, ℘ 55 11 50, Telex 523564, Fax 55115555 – 🍴᷈ ℅ Zim 📺 🚗 – 🏛 250 JY
209 Z, 4 Suiten.

Exquisit garni, Pettenkoferstr. 3, ⊠ 80336, 𝒫 5 51 99 00, Telex 529863, Fax 55199499, Massage, ⩳ – |≋| ✶ 🖻 ₰ ⟵⟶ – 🔬 30. 🆎 ⓪ 🅴 𝘝𝘐𝘚𝘈   JZ **s**
50 Z 195/280, 5 Suiten.

Drei Löwen garni, Schillerstr. 8, ⊠ 80336, 𝒫 55 10 40, Telex 523867, Fax 55104905 – |≋| ✶ 🖻 ⟵⟶ – 🔬 30. 🆎 ⓪ 🅴 𝘝𝘐𝘚𝘈 ᴶᶜᴮ   JZ **m**
130 Z 182/250.

Platzl, Platzl 1 (Eingang Sparkassenstraße), ⊠ 80331, 𝒫 23 70 30, Telex 522910, Fax 23703800, ⩳ – |≋| ✶ Zim 🖻 ☎ ₰ ⟵⟶ – 🔬 70. 🆎 ⓪ 🅴 𝘝𝘐𝘚𝘈   KZ **z**
Pfistermühle (Sonntag und Mitte Juli - Mitte Aug. geschl.) **Menu** 35 (mittags) und à la carte 43/75 – **167 Z** 210/398.

Krone garni, Theresienhöhe 8, ⊠ 80339, 𝒫 50 40 52, Fax 506706 – |≋| 🖻 ☎. ⓪ 🅴 𝘝𝘐𝘚𝘈   EX **a**
30 Z 150/290.

Arabella-Central-Hotel garni, Schwanthalerstr. 111, ⊠ 80339, 𝒫 51 08 30, Telex 5216031, Fax 51083249, ⩳ – |≋| ✶ 🖻 ☎ ⟵⟶ – 🔬 30. 🆎 ⓪ 🅴 𝘝𝘐𝘚𝘈   EX **s**
22. Dez. - 8. Jan. geschl. – **103 Z** 215/405.

Erzgießerei-Europe, Erzgießereistr. 15, ⊠ 80335, 𝒫 12 68 20, Fax 1236198 – |≋| ✶ Zim 🖻 ☎ ₰ ⟵⟶ – 🔬 70. 🆎 ⓪ 🅴 𝘝𝘐𝘚𝘈   JY **a**
Menu *(Samstag geschl., Sonntag nur Abendessen)* à la carte 34/61 – **106 Z** 165/290.

Domus garni, St.-Anna-Str. 31, ⊠ 80538, 𝒫 22 17 04, Fax 2285359 – |≋| ✶ ☎ ⟵⟶. 🆎 ⓪ 🅴   LY **b**
23.- 28. Dez. geschl. – **45 Z** 190/300.

Austrotel München garni, Arnulfstr. 2, ⊠ 80335, 𝒫 5 45 30, Telex 522650, Fax 54532255 – |≋| 🖻 ☎ ⟵⟶ – 🔬 150. 🆎 ⓪ 🅴 𝘝𝘐𝘚𝘈   JY **r**
174 Z 205/370.

Intercity-Hotel, Bayerstr. 10, ⊠ 80335, 𝒫 54 55 60, Telex 523174, Fax 54556610 – |≋| ✶ 🖻 ☎ – 🔬 100. 🆎 ⓪ 🅴 𝘝𝘐𝘚𝘈 ᴶᶜᴮ   JY **u**
Menu à la carte 42/62 – **203 Z** 195/398, 4 Suiten.

Admiral garni, Kohlstr. 9, ⊠ 80469, 𝒫 22 66 41, Fax 293674 – |≋| 🖻 ☎ ⟵⟶. 🆎 ⓪ 🅴 𝘝𝘐𝘚𝘈 ᴶᶜᴮ   LZ **r**
33 Z 210/320.

Torbräu garni, Tal 41, ⊠ 80331, 𝒫 22 50 16, Fax 225019 – |≋| 🖻 ☎ ⟵⟶ 🅿. 🆎 🅴 𝘝𝘐𝘚𝘈   LZ **g**
86 Z 170/300, 3 Suiten.

Mercure City garni, Senefelder Str. 9, ⊠ 80336, 𝒫 55 13 20, Telex 5218428, Fax 596444 – |≋| ✶ 🖻 ₰ ⟵⟶ – 🔬 50. 🆎 ⓪ 🅴 𝘝𝘐𝘚𝘈 ᴶᶜᴮ   JZ **v**
167 Z 195/290.

Kraft garni, Schillerstr. 49, ⊠ 80336, 𝒫 59 48 23, Fax 5503856 – |≋| 🖻 ☎. 🆎 ⓪ 🅴 𝘝𝘐𝘚𝘈   JZ **y**
23.- 26. Dez. geschl. – **40 Z** 145/215.

Hungar-Hotel, Paul-Heyse-Str. 24, ⊠ 80336, 𝒫 51 49 00, Telex 522395, Fax 51490701, 🏠 – |≋| ✶ Zim 🖻 ☎ ₰ ⟵⟶ – 🔬 35. 🆎 ⓪ 🅴 𝘝𝘐𝘚𝘈   JZ **c**
Menu à la carte 35/66 – **182 Z** 199/410.

Budapest, Schwanthalerstr. 36, ⊠ 80336, 𝒫 55 11 10, Telex 529213, Fax 55111992 – |≋| ✶ Zim 🍽 Rest 🖻 ☎ ⟵⟶ – 🔬 70. 🆎 ⓪ 🅴 𝘝𝘐𝘚𝘈. ⊁ Rest   JZ **h**
Menu à la carte 32/45 – **100 Z** 199/410.

Atrium garni, Landwehrstr. 59, ⊠ 80336, 𝒫 51 41 90, Telex 5212162, Fax 598491, ⩳ – |≋| ✶ 🖻 ☎ ⟵⟶ – 🔬 40. 🆎 ⓪ 🅴 𝘝𝘐𝘚𝘈 ᴶᶜᴮ   JZ **d**
162 Z 216/306.

Splendid garni, Maximilianstr. 54, ⊠ 80538, 𝒫 29 66 06, Fax 2913176 – |≋| 🖻 ☎. 🆎 ⓪ 🅴 𝘝𝘐𝘚𝘈   LZ **b**
40 Z 145/375.

Germania garni, Schwanthalerstr. 28, ⊠ 80336, 𝒫 59 04 60, Fax 591171, ⩳ – |≋| ✶ 🖻 ☎ ⟵⟶. 🆎 ⓪ 🅴 𝘝𝘐𝘚𝘈   JZ **a**
90 Z 153/251.

An der Oper, Falkenturmstr. 10, ⊠ 80331, 𝒫 2 90 02 70, Fax 29002729 – |≋| ☎. 🆎 🅴 𝘝𝘐𝘚𝘈   KZ **h**
Menu siehe Rest. *Hunsinger's Bouillabaisse* separat erwähnt – **55 Z** 130/265.

Deutsches Theater garni, Schwanthaler Str. 15, ⊠ 80336, 𝒫 5 52 24 90, Fax 552249614 – |≋| ✶ 🖻 ☎ ⟵⟶ – 🔬 15. 🅴 𝘝𝘐𝘚𝘈 ᴶᶜᴮ   JZ **y**
25 Z 160/290.

Apollo garni, Mittererstr. 7, ⊠ 80336, 𝒫 53 95 31, Telex 5212981, Fax 534033 – |≋| 🖻 ☎ ⟵⟶. 🆎 ⓪ 🅴 𝘝𝘐𝘚𝘈   JZ **r**
74 Z 130/265.

Reinbold garni, Adolf-Kolping-Str. 11, ⊠ 80336, 𝒫 59 79 45, Fax 596272 – |≋| 🍽 🖻 ☎ ⟵⟶. 🆎 ⓪ 🅴 𝘝𝘐𝘚𝘈   JZ **t**
63 Z 92/274.

Königswache garni, Steinheilstr. 7, ⊠ 80333, 𝒫 52 20 01, Fax 5232114 – |≋| 🖻 ☎ ⟵⟶. 🆎 ⓪ 🅴 𝘝𝘐𝘚𝘈   JY **h**
39 Z 140/290.

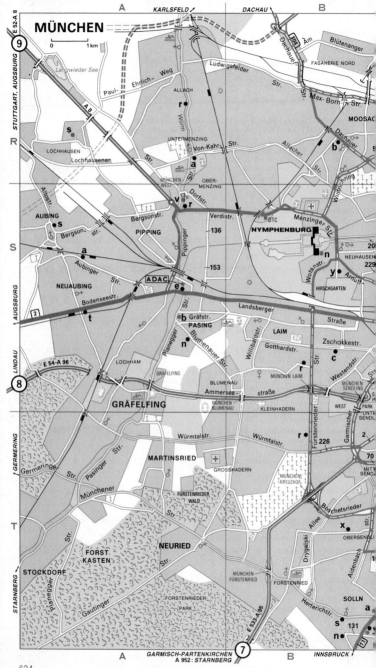

MÜNCHEN

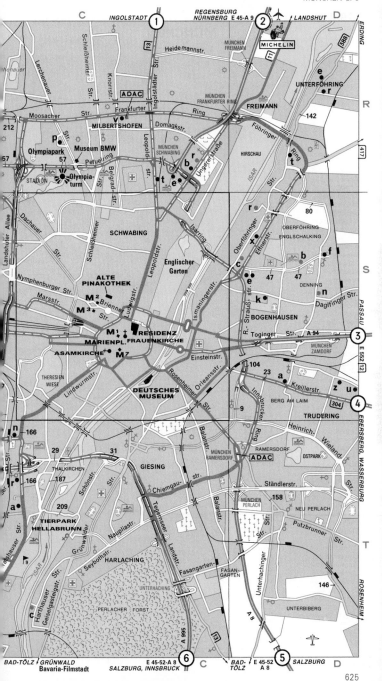

STRASSENVERZEICHNIS

Fortsetzung
siehe München S. 6-7 und 8

MÜNCHEN

0   500 m

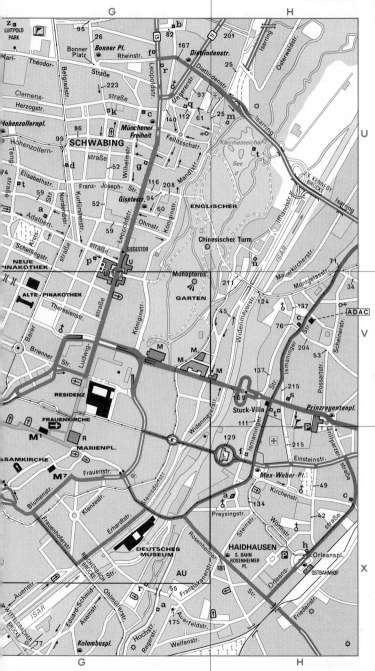

627

STRASSENVERZEICHNIS

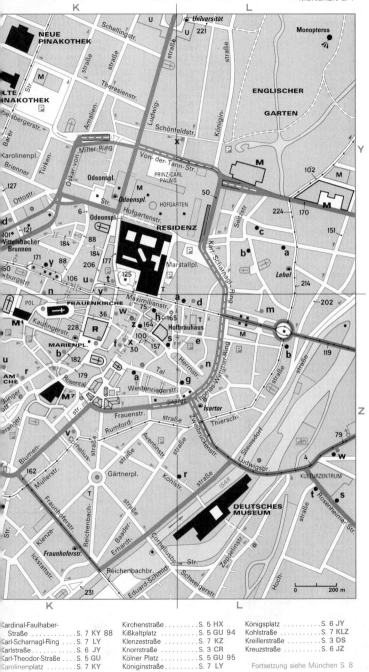

Fortsetzung siehe München S. 8

15

629

Michelin Straßenkarten für Deutschland :

Nr. 984 im Maßstab 1:750 000

Nr. 987 im Maßstab 1:1 000 000

Nr. 411 im Maßstab 1:400 000 (Schleswig-Holstein, Niedersachsen)

Nr. 412 im Maßstab 1:400 000 (Nordrhein-Westfalen, Rheinland-Pfalz, Hessen, Saarland)

Nr. 413 im Maßstab 1:400 000 (Bayern und Baden-Württemberg)

🏠 **Brack** garni, Lindwurmstr. 153, ⊠ 80337, ℰ 77 10 52, Fax 7250615 – |‡| 🆃🆅 ☎ 🚗. 🅰🅴 ⓪
🗲 𝑽𝑰𝑺𝑨 𝐉𝐂𝐁   EX **b**
50 Z 135/230.

🏠 **Europäischer Hof** garni, Bayerstr. 31, ⊠ 80335, ℰ 55 15 10, Fax 55151222 – |‡| ⇔ 🆃🆅
☎ 🚗 🅿 – 🔥 20. 🅰🅴 ⓪ 🗲 𝑽𝑰𝑺𝑨 𝐉𝐂𝐁   JZ **b**
160 Z 140/280, 7 Suiten.

🏠 **Olympic** garni, Hans-Sachs-Str. 4, ⊠ 80469, ℰ 23 18 90, Fax 23189199 – 🆃🆅 ☎ 🚗. 🅰🅴
⓪ 🗲 𝑽𝑰𝑺𝑨   KZ **c**
32 Z 155/280.

🏠 **Schlicker** garni, Tal 8, ⊠ 80331, ℰ 22 79 41, Fax 296059 – |‡| 🆃🆅 ☎ 🅿. 🅰🅴 ⓪ 🗲 𝑽𝑰𝑺𝑨
20. Dez.- 7. Jan. geschl. – **70 Z** 130/250.   KZ **a**

🏠 **Acanthus** garni, Blumenstr. 40, ⊠ 80331, ℰ 23 18 80, Fax 2607364 – |‡| 🆃🆅 ☎ 🚗. 🅰🅴
🗲 𝑽𝑰𝑺𝑨   JZ **n**
36 Z 125/190.

🏠 **Daniel** garni, Sonnenstr. 5, ⊠ 80331, ℰ 55 49 45, Fax 553420 – |‡| ⇔ 🆃🆅 ☎. 🅰🅴 ⓪ 🗲
𝑽𝑰𝑺𝑨   JZ **q**
22. - 27. Dez. geschl. – **76 Z** 119/231.

🏠 **Adria** garni, Liebigstr. 8 a, ⊠ 80538, ℰ 29 30 81, Fax 227015 – |‡| 🆃🆅 ☎. 🅰🅴 ⓪ 🗲 𝑽𝑰𝑺𝑨 𝐉𝐂𝐁
23. Dez.- 3. Jan. geschl. – **47 Z** 120/210.   LY **a**

🏠 **Andi** garni, Landwehrstr. 33, ⊠ 80336, ℰ 5 52 55 60, Fax 55255666 – |‡| 🆃🆅 ☎ 🅿. 🅰🅴 ⓪
🗲 𝑽𝑰𝑺𝑨   JZ **u**
23. Dez.- 4. Jan. geschl. – **30 Z** 115/240.

🏠 **Amba** garni, Arnulfstr. 20, ⊠ 80335, ℰ 54 51 40, Fax 54514555 – |‡| 🆃🆅 ☎ 🚗 🅿. 🅰🅴 ⓪
🗲 𝑽𝑰𝑺𝑨 𝐉𝐂𝐁   JY **d**
86 Z 140/220.

🏠 **Ariston** garni, Unsöldstr. 10, ⊠ 80538, ℰ 22 26 91, Telex 522437, Fax 2913595 – |‡| 🆃🆅
☎ 🚗 🅿. 🅰🅴 ⓪ 🗲 𝑽𝑰𝑺𝑨   LY **c**
Weihnachten - Anfang Jan. geschl. – **58 Z** 160/220.

🏠 **Müller** garni, Fliegenstr. 4, ⊠ 80337, ℰ 26 60 63, Fax 268624 – |‡| 🆃🆅 ☎ 🅿. 🅰🅴 ⓪ 🗲 𝑽𝑰𝑺𝑨
23. Dez.- 6. Jan. geschl. – **44 Z** 115/225.   JZ **p**

🏠 **Luitpold** garni, Schützenstr. 14 (Eingang Luitpoldstr.), ⊠ 80335, ℰ 59 44 61, Fax 554520
– |‡| 🆃🆅 ☎. 🅰🅴 ⓪ 🗲 𝑽𝑰𝑺𝑨   JY **x**
48 Z 120/280.

🏠 **Jedermann** garni, Bayerstr. 95, ⊠ 80335, ℰ 53 36 39, Fax 536506 – |‡| 🆃🆅 ☎ 🚗. 𝑽𝑰𝑺𝑨
55 Z 95/200.   EVX **c**

🏠 **Uhland** garni, Uhlandstr. 1, ⊠ 80336, ℰ 53 92 77, Fax 531114, (ehemalige Villa) – |‡|
☎ 🅿. 🅰🅴 ⓪ 🗲 𝑽𝑰𝑺𝑨 𝐉𝐂𝐁   JZ **x**
27 Z 110/250.

🏠 **Mark** garni, Senefelderstr. 12, ⊠ 80336, ℰ 55 98 20, Fax 55982333 – |‡| 🆃🆅 ☎ 🚗 🅿 –
🔥 25. 🅰🅴 ⓪ 🗲 𝑽𝑰𝑺𝑨 – **91 Z** 135/210.   JZ **v**

🏠 **Stachus** garni, Bayerstr. 7, ⊠ 80335, ℰ 59 28 81, Telex 523696, Fax 5503833 – |‡| 🆃🆅 ☎.
🅰🅴 ⓪ 🗲 𝑽𝑰𝑺𝑨 – **65 Z** 115/225.   JZ **g**

XXXX ⊛ **Le Gourmet,** Hartmannstr. 8 (1. Etage), ⊠ 80333, ℰ 2 12 09 58, Fax 2904172 – 🅰🅴 ⓪
🗲 𝑽𝑰𝑺𝑨   KYZ **n**
Sonntag - Montag geschl. – **Menu** (Tischbestellung erforderlich, bemerkenswerte Wein-
karte) 158/196 und à la carte 79/130
Spez. Rindermark "Le Gourmet", Kartoffelchartreuse mit Ochsenschwanzfüllung, Weißwurst von
Meeresfrüchten mit Senfsauce.

XXXX ⊛ **Hilton-Grill** - Hotel Park Hilton, Am Tucherpark 7, ⊠ 80538, ℰ 3 84 52 61, Fax 38451845
– 🍽 🚗. 🅰🅴 ⓪ 🗲 𝑽𝑰𝑺𝑨 𝐉𝐂𝐁. ⚘   HU **n**
Samstag nur Abendessen, Montag, Jan. 2 Wochen und Ende Juli - Mitte Aug. geschl. –
Menu 52 (mittags) und à la carte 70/98
Spez. Ravioli von Wachtel und Gänseleber mit Artischocken, Knurrhahn mit Muscheltatar und
Currysauce, Schokoladenblätterteig mit Rummousse und Nougatschaum.

XXX ⊛ **Aubergine,** Maximiliansplatz 5, ⊠ 80333, ℰ 59 81 71, Fax 5504353 – 🍽. 🅰🅴 ⓪ 🗲
𝑽𝑰𝑺𝑨   KY **d**
Sonntag - Montag geschl. – **Menu** (Tischbestellung erforderlich) 138/198 und à la carte
74/144
Spez. Sauté vom bretonischen Hummer mit Artischocken und Rotweinbutter, Gebratene Bresse-
Taube mit Linsen und Speck, Pralinenparfait mit glasierten Babybananen.

XXX **Weinhaus Schwarzwälder** (altes Münchener Weinrestaurant mit Vinothek und Bistro),
Hartmannstr. 8, ⊠ 80333, ℰ 2 12 09 79, Fax 2904172 – 🅰🅴 ⓪ 🗲 𝑽𝑰𝑺𝑨   KYZ **n**
Sonntag geschl. – **Menu** à la carte 38/72.

XXX **El Toula,** Sparkassenstr. 5, ⊠ 80331, ℰ 29 28 69, Fax 298043 – 🍽. 🅰🅴 ⓪ 🗲 𝑽𝑰𝑺𝑨 𝐉𝐂𝐁
Sonntag - Montag und Juli - Aug. 3 Wochen geschl. – **Menu** (abends Tischbestellung ratsam)
à la carte 66/78.   KZ **f**

XXX **Hunsinger's Bouillabaisse** - Hotel An der Oper, Falkenturmstr. 10, ⊠ 80331, ℰ 29 79 09,
Fax 36101514 – 🅰🅴 🗲 𝑽𝑰𝑺𝑨   KZ **e**
Sonntag geschl., Montag nur Abendessen – **Menu** (vorwiegend Fischgerichte) à la carte
53/93.

XX ✿ **Boettner** (kleines Alt-Münchener Restaurant), Theatinerstr. 8, ✉ 80333, ℰ 22 12 10,
Fax 221210, 🍽 – 🆄🅴 ⓪ 🅴 𝐕𝐈𝐒𝐀   KY **u**
Samstag nur Mittagessen, Sonn- und Feiertage geschl. – **Menu** (Tischbestellung ratsam)
à la carte 73/142
Spez. Hechtsoufflé mit Sauce Nantua, Hummereintopf "Hartung", Rote Grütze.

XX **Zum Bürgerhaus,** Pettenkoferstr. 1, ✉ 80336, ℰ 59 79 09, Fax 595657, « Bäuerliche Einrichtung, Innenhofterrasse » –   JZ **s**
(Tischbestellung erforderlich).

XX ✿ **Gasthaus Glockenbach** (ehemalige altbayerische Bierstube), Kapuzinerstr. 29,
✉ 80337, ℰ 53 40 43, Fax 534043 – 🅴 𝐕𝐈𝐒𝐀   FX **e**
Sonntag - Montag und Feiertage geschl. – **Menu** (Tischbestellung erforderlich) à la carte
78/98
Spez. Gekochte Angusschulter mit Lauch und Brösel überbacken, Kalbskotelette mit Zitronensauce, Tannenhonigparfait mit Aprikosenkompott.

XX **Halali,** Schönfeldstr. 22, ✉ 80539, ℰ 28 59 09, Fax 282786 – 🆄🅴 🅴   LY **x**
Sonn- und Feiertage sowie Aug. 2 Wochen geschl. – **Menu** (Tischbestellung ratsam) à la
carte 51/73.

XX **Weinhaus Neuner** (Weinhaus a.d.J. 1852), Herzogspitalstr. 8, ✉ 80331, ℰ 2 60 39 54 –
🆄🅴 🅴   JZ **e**
Sonn- und Feiertage sowie Aug. 2 Wochen geschl. – **Menu** à la carte 42/61.

XX **Chesa,** Wurzerstr. 18, ✉ 80539, ℰ 29 71 14, Fax 2285698, 🍽 – 🅴 𝐕𝐈𝐒𝐀   LZ **d**
Sonn- und Feiertage geschl. – **Menu** (Tischbestellung ratsam) à la carte 47/81.

XX **Galleria,** Sparkassenstr., Ecke Ledererstr. 2, ✉ 80331, ℰ 29 79 95, Fax 2913653 – 🆄🅴 ⓪
🅴 𝐕𝐈𝐒𝐀 ✂   KZ **x**
Sonntag und 1.- 15. Aug. geschl. – **Menu** (Tischbestellung ratsam, italienische Küche) à la
carte 62/75.

XX **Nymphenburger Hof,** Nymphenburger Straße 24, ✉ 80335, ℰ 1 23 38 30, Fax 1233830,
🍽 – 🅴. ✂   EV **a**
Samstag nur Abendessen, Sonn- und Feiertage geschl. – **Menu** à la carte 48/71.

XX **Austernkeller,** Stollbergstr. 11, ✉ 80539, ℰ 29 87 87, Fax 223166 – 🆄🅴 ⓪ 🅴 𝐕𝐈𝐒𝐀 🅹🅲🅱
Montag und 23.- 26. Dez. geschl. – **Menu** (nur Abendessen, Tischbestellung erforderlich)
à la carte 49/74.   LZ **e**

XX **Dallmayr,** Dienerstr. 14 (1. Etage, ▮), ✉ 80331, ℰ 2 13 51 00, Fax 2135167 – 🆄🅴 ⓪ 🅴 𝐕𝐈𝐒𝐀
🅹🅲🅱   KZ **w**
nur Mittagessen, Donnerstag auch Abendessen, Sonn- und Feiertage geschl. – **Menu** à la
carte 49/79.

X **Mövenpick** (1. Etage), Lenbachplatz 8, ✉ 80333, ℰ 55 78 65, Fax 5504438, 🍽 – 🔔 180.
🆄🅴 ⓪ 🅴 𝐕𝐈𝐒𝐀   JY **e**
Menu à la carte 38/71.

X **Kinner's Restaurant** (kleines Restaurant im Bistro-Stil), Stollbergstr. 2, ✉ 80539,
ℰ 29 84 84, 🍽 – 🅴   LZ **n**
Sonn- und Feiertage geschl. – **Menu** (Tischbestellung ratsam) à la carte 42/58.

X **Hundskugel** (Gasthaus a.d. Jahre 1440), Hotterstraße 18, ✉ 80331, ℰ 26 42 72,
« Rustikale Einrichtung » –   KZ **u**
Menu (abends Tischbestellung ratsam) à la carte 37/62.

X **Ratskeller,** Marienplatz 8, ✉ 80331, ℰ 22 03 13, Fax 229195, 🍽   KZ **R**

X **Zum Klösterl,** St.-Anna-Str. 2, ✉ 80538, ℰ 22 50 86, Fax 29161864   LZ **m**
Sonn- und Feiertage geschl. – **Menu** (nur Abendessen, Tischbestellung ratsam) à la carte
29/59.

X **Straubinger Hof** (bayerisches Wirtshaus), Blumenstr. 5, ✉ 80331, ℰ 2 60 84 44,
Fax 2608917, Biergarten – 🆄🅴 🅴 𝐕𝐈𝐒𝐀 ✂   KZ **v**
Samstag nur Mittagessen, Sonn- und Feiertage geschl. – **Menu** à la carte 27/48.

Brauerei-Gaststätten :

X **Spatenhaus-Bräustuben,** Residenzstr. 12, ✉ 80333, ℰ 2 90 70 60, Fax 2913054, 🍽
« Einrichtung im alpenländischen Stil » – 🆄🅴 ⓪ 🅴 𝐕𝐈𝐒𝐀   KY **1**
Menu à la carte 37/70.

X **Augustiner Gaststätten,** Neuhauser Str. 27, ✉ 80331, ℰ 55 19 92 57, Fax 2605379,
« Biergarten » – 🆄🅴 ⓪ 🅴 𝐕𝐈𝐒𝐀   JZ **w**
Menu à la carte 33/59.

X **Altes Hackerhaus,** Sendlinger Str. 14, ✉ 80331, ℰ 2 60 50 26, Fax 2605027, 🍽 – 🆄🅴 ⓪
🅴 𝐕𝐈𝐒𝐀 🅹🅲🅱 – **Menu** à la carte 30/66.   KZ **r**

X **Franziskaner Fuchsenstuben,** Perusastr. 5, ✉ 80333, ℰ 2 31 81 20, Fax 23181244, 🍽
– 🆄🅴 ⓪ 🅴 𝐕𝐈𝐒𝐀   KY **v**
Menu à la carte 32/60.

X **Zum Spöckmeier,** Rosenstr. 9, ✉ 80331, ℰ 26 80 88, Fax 2605509, 🍽 – 🆄🅴 ⓪ 🅴 𝐕𝐈𝐒𝐀
Menu à la carte 30/60.   KZ **b**

X **Löwenbräukeller,** Nymphenburger Str. 2, ✉ 80335, ℰ 52 60 21, Fax 528933, Biergarten
JY **y**

In München-Allach :

🏠 **Lutter** garni, Eversbuschstr. 109, ⊠ 80999, ℰ 8 12 70 04, Fax 8129584 – 📺 ☎ 🅿. 🖃 VISA. ✄
AR **r**
20. Dez.- 6. Jan. geschl. – **26 Z** 95/170.

In München-Au :

🏠 **Prinz**, Hochstr. 45, ⊠ 81541, ℰ 4 80 29 81, Fax 484137, 佘 – 🛗 📺 ☎ ⇦. 🖃 ① 🖃 VISA. ✄
GX **a**
Menu *(Samstag nur Abendessen)* (italienische Küche) à la carte 43/56 – **40 Z** 230/360.

🏠 **Altmünchen** garni, Mariahilfplatz 4, ⊠ 81541, ℰ 45 84 40, Fax 45844400 – 🛗 📺 ☎ ⇦.
🖃 ① 🖃 VISA JCB
GX **r**
31 Z 173/246.

In München-Aubing :

🏠 **Pollinger** garni, Aubinger Str. 162, ⊠ 81243, ℰ 8 71 40 44, Fax 8712203, 🛏 – 🛗 📺 ☎ ⇦
– 🔬 35
AS **a**
50 Z.

🏠 **Grünwald** garni, Altostr. 38, ⊠ 81245, ℰ 86 30 10, Fax 8632329 – 📺 ☎ ⇦ 🅿. 🖃
VISA
AS **s**
24. Dez.- 11. Jan. und Aug. 2 Wochen geschl. – **37 Z** 95/160.

In München-Berg am Laim :

🏠 **Eisenreich** garni, Baumkirchner Str. 17, ⊠ 81673, ℰ 43 40 21, Fax 4312924 – 🛗 📺 ☎ 🅿.
🖃 ① 🖃 VISA. ✄
DS **a**
Weihnachten - Mitte Jan. geschl. – **36 Z** 98/150.

In München-Bogenhausen :

🏨 **Sheraton**, Arabellastr. 6, ⊠ 81925, ℰ 9 26 40, Telex 523754, Fax 916877, ≤ München, Biergarten, Massage, ⌂, 🏊 – 🛗 ⇔ Zim 🗐 📺 ⅆ ⇦ – 🔬 650. 🖃 ① 🖃 VISA.
✄ Rest
DS **e**
Menu à la carte 44/91 – **637 Z** 287/664, 16 Suiten.

🏨 **Palace**, Trogerstr. 21, ⊠ 81675, ℰ 4 70 50 91, Fax 4705090, « Elegante Einrichtung mit Stilmöbeln », ⌂, 🌱 – 🛗 ⇔ Zim 📺 ☎ – 🔬 40. 🖃 ① 🖃 VISA JCB
HV **t**
(nur Abendessen für Hausgäste) – **70 Z** 254/568, 6 Suiten.

🏨 **Arabella-Hotel**, Arabellastr. 5, ⊠ 81925, ℰ 9 23 20, Telex 529987, Fax 92324449, ≤, 佘, Massage, ⌂, ⌂, 🌱 – 🛗 ⇔ Zim 🗐 Rest 📺 ⅆ ⇦ 🅿 – 🔬 320. 🖃 ① 🖃 VISA
JCB
DS **e**
Menu à la carte 43/72 – **467 Z** 238/476, 47 Suiten.

🏨 **Prinzregent** garni, Ismaninger Str. 42, ⊠ 81675, ℰ 41 60 50, Fax 41605466, ⌂ – 🛗 ⇔
📺 ⇦ – 🔬 40. 🖃 ① 🖃 VISA
HV **t**
24. Dez.- 11. Jan. geschl. – **66 Z** 280/450.

🏨 **Rothof** garni, Denninger Str. 114, ⊠ 81925, ℰ 91 50 61, Fax 915066, 🛏 – 🛗 📺 ⇦. 🖃
🖃 VISA
DS **k**
24. Dez.- 9. Jan. geschl. – **37 Z** 198/360.

🏠 **Queens Hotel München**, Effnerstr. 99, ⊠ 81925, ℰ 92 79 80, Telex 524757, Fax 983813
– 🛗 ⇔ Zim 🗐 Rest 📺 ☎ ⇦ 🅿 – 🔬 200. 🖃 ① 🖃 VISA
DS **x**
Menu à la carte 46/72 – **152 Z** 269/434.

XXX **Bogenhauser Hof** (ehemaliges Jagdhaus a.d.J. 1825), Ismaninger Str. 85, ⊠ 81675,
ℰ 98 55 86, Fax 9810221, « Gartenterrasse » – 🖃 ① 🖃 VISA
HV **c**
Sonn- und Feiertage sowie Weihnachten - 6. Jan. geschl. – **Menu** (Tischbestellung erforderlich) à la carte 67/106.

XX **Käfer Schänke**, Schumannstr. 1, ⊠ 81679, ℰ 4 16 82 47, Fax 4168623, 佘, « Mehrere Stuben mit rustikaler und Stil-Einrichtung » – 🖃 ① 🖃 VISA. ✄
HV **s**
Sonn- und Feiertage geschl. – **Menu** (Tischbestellung erforderlich) à la carte 57/113.

XX **Prielhof**, Oberföhringer Str. 44, ⊠ 81925, ℰ 98 53 53, Fax 9827289, 佘 – 🖃
DS **c**
Samstag nur Abendessen, Sonn- und Feiertage sowie 23. Dez.- 6. Jan. geschl. – **Menu** (Tischbestellung ratsam) à la carte 46/78.

In München-Denning :

XXX **Casale**, Ostpreußenstr. 42, ⊠ 81927, ℰ 93 62 68, Fax 9306722, 佘 – 🖃 ① 🖃 VISA
Menu (italienische Küche) à la carte 45/73.
DS **n**

In München-Englschalking :

🏠 **Kent** garni, Englschalkinger Str. 245, ⊠ 81927, ℰ 93 50 73, Fax 935072, ⌂ – 🛗 📺 ☎
– 🔬 25. 🖃 ① 🖃 VISA
DS **f**
49 Z 160/280.

XX ❀ **La Vigna**, Wilhelm-Dieß-Weg 2, ⊠ 81927, ℰ 93 14 16, 佘 – 🖃 🖃 VISA
DS **b**
Samstag, Anfang - Mitte Jan. und über Pfingsten 1 Woche geschl. – **Menu** (italienische Küche) à la carte 47/72
Spez. Seeteufelmedaillons mit Auberginenpüree, Bollito von Rinderschulter und Kalbskopf mit Salsa Verde, Beeren mit Zabaione und Prosecco gratiniert (2 Pers.).

In München-Haidhausen :

🏨🏨 **City Hilton,** Rosenheimer Str. 15, ✉ 81667, ℰ 4 80 40, Telex 529437, Fax 48044804, ☂
– 📳 ✻ Zim 🔲 📺 ♿ 🚗 – 🛄 180. 🖭 ⓞ 🗲 𝘝𝘐𝘚𝘈 𝘑𝘊𝘉   LZ **s**
Menu 50/55 (Buffet) und à la carte 61/96 – **479 Z** 320/620, 4 Suiten.

🏨🏨 **Preysing,** Preysingstr. 1, ✉ 81667, ℰ 48 10 11, Fax 4470998, ☎, 🔲 – 📳 🔲 📺 🚗 –
🛄 50. 🖭 ⓞ 𝘝𝘐𝘚𝘈   LZ **v**
23. Dez.- 6. Jan. geschl. – **Menu** siehe Rest. *Preysing-Keller* separat erwähnt – **76 Z** 160/298
5 Suiten.

🏨🏨 **München Penta Hotel,** Hochstr. 3, ✉ 81669, ℰ 4 80 30, Telex 529046, Fax 4488277
Massage, ☎, 🔲 – 📳 ✻ Zim 🔲 📺 🅿 🚗 – 🛄 360. 🖭 ⓞ 🗲 𝘝𝘐𝘚𝘈 𝘑𝘊𝘉   LZ **1**
Menu à la carte 51/83 – **582 Z** 298/411, 6 Suiten.

🏠 **Habis,** Maria-Theresia-Str. 2a, ✉ 81675, ℰ 4 70 50 71, Fax 4705101 – 📺 ☎. 🖭 ⓞ 🗲 𝘝𝘐𝘚𝘈
🛇   HX **1**
Menu *(Aug. geschl.)* (nur Abendessen) à la carte 31/54 – **25 Z** 135/220.

🏠 **Stadt Rosenheim** garni, Orleansplatz 6a, ✉ 81667, ℰ 4 48 24 24, Fax 485987 – 📳 📺 ☎
🖭 ⓞ 🗲 𝘝𝘐𝘚𝘈 𝘑𝘊𝘉   HX **h**
58 Z 114/194.

XXX ✿ **Preysing-Keller** - Hotel Preysing, Innere-Wiener-Str. 6, ✉ 81667, ℰ 48 10 15,
Fax 4470998 – 🔲. 🖭 ⓞ 𝘝𝘐𝘚𝘈   LZ **w**
23. Dez.- Jan. sowie Sonn- und Feiertage geschl. – **Menu** (nur Abendessen, bemerkenswerte Weinkarte) 89/125 und à la carte 52/87
Spez. Räucherfischsülze mit Kartoffelstrudel, Mit Pesto gefüllter Seeteufel, Bananen-Nougatparfait
mit Mangosauce.

XX **Gallo Nero,** Grillparzerstr. 1, ✉ 81675, ℰ 4 70 54 72, Fax 4701321, ☂ – 🖭 🗲   HX **o**
Samstag nur Abendessen, Sonntag geschl. – **Menu** à la carte 45/64.

X **Rue Des Halles** (Restaurant im Bistro-Stil), Steinstr. 18, ✉ 81667, ℰ 48 56 75, Fax 485675
– 🗲   HX **a**
Menu (nur Abendessen, Tischbestellung ratsam) à la carte 52/82.

In München-Harlaching :

X Gutshof Menterschwaige, Menterschwaigstr. 4, ✉ 81545, ℰ 64 07 32, Fax 6422971, ☂,
Biergarten – 🅿 – 🛄 50   CT **c**

In München-Laim :

🏨 **Transmar-Park-Hotel** garni, Zschokkestr. 55, ✉ 80686, ℰ 57 93 60, Fax 57936100, ☎
– 📳 📺 ☎ 🚗 – 🛄 30. 🖭 ⓞ 🗲 𝘝𝘐𝘚𝘈   BS **c**
68 Z 180/260.

🏠 **Petri** garni, Aindorferstr. 82, ✉ 80689, ℰ 58 10 99, Fax 5808630, 🔲 – 📳 📺 ☎ 🚗. 🖭
ⓞ 🗲 𝘝𝘐𝘚𝘈   BS **r**
24. Dez.- 2. Jan. geschl. – **44 Z** 130/200.

In München-Langwied :

XX ✿ **Das kleine Restaurant im Gasthof Böswirth,** Waidachanger 9, ✉ 81249,
ℰ 8 64 41 63, Fax 8643857, ☂ – 🅿. 🖭   AR **s**
Sonntag, Montag, Feiertage sowie Jan. 3 Wochen und über Pfingsten 1 Woche geschl.
– **Menu** (nur Abendessen, bemerkenswerte Weinkarte) 85/125 – **Gaststube** *(auch Mittag-
essen, Montag geschl.)* **Menu** à la carte 44/65
Spez. Kalbsbeuscherl mit Serviettenknödel, Ochsenlende im Pfifferlingsud, Topfenknödel mit Prei-
selbeersahne.

In München-Milbertshofen :

🏨 **Königstein** garni, Frankfurter Ring 28, ✉ 80807, ℰ 3 59 60 11, Fax 3597880 – 📳 ✻ 📺
☎ 🚗. ⓞ 🗲 𝘝𝘐𝘚𝘈. 🛇   CR **v**
22. Dez.- 7. Jan. geschl. – **42 Z** 160/265.

In München-Moosach :

🏠 **Mayerhof** garni, Dachauer Str. 421, ✉ 80992, ℰ 1 41 36 60, Fax 1402417 – 📳 📺 ☎ 🚗
– 🛄 20. 🖭 ⓞ 🗲 𝘝𝘐𝘚𝘈   BR **b**
69 Z 155/245.

In München-Neuhausen :

🏨 **Königin Elisabeth,** Leonrodstr. 79, ✉ 80636, ℰ 12 68 60, Fax 12686459, 🛆, ☎ – 📳 📺
☎. 🖭 ⓞ 🗲 𝘝𝘐𝘚𝘈   EU **c**
Menu à la carte 38/65 – **79 Z** 170/260.

In München-Neu Perlach :

🏨🏨 **Mercure,** Karl-Marx-Ring 87, ✉ 81735, ℰ 6 32 70, Telex 5213357, Fax 6327407, ☂, ☎,
🔲 – 📳 ✻ Zim 🔲 Rest 📺 🚗 🅿 – 🛄 100. 🖭 ⓞ 🗲 𝘝𝘐𝘚𝘈 𝘑𝘊𝘉 über Ständlerstr.   DT
Menu 39 Buffet (mittags) und à la carte 42/72 – **185 Z** 166/245, 4 Suiten.

🏨 **Villa Waldperlach** garni, Putzbrunner Str. 250(Waldperlach), ✉ 81739, ℰ 6 60 03 00,
Fax 66003066 – 📳 ✻ 📺 ☎ 🚗. 🖭 ⓞ 🗲 𝘝𝘐𝘚𝘈   über Putzbrunner Str.   DT
21 Z 144/250.

In München-Nymphenburg :

🏠 **Kriemhild** garni, Guntherstr. 16, ⌧ 80639, ℰ 17 00 77, Fax 177478 – 📺 ☎ 🅿. 🖭 **E** 𝖵𝖨𝖲𝖠
17 Z 98/180.　　　　　　　　　　　　　　　　　　　　　　　　　　　　　　　　　BS **y**

✗✗ **Schloßwirtschaft zur Schwaige,** Schloß Nymphenburg Eingang 30, ⌧ 80638,
ℰ 17 44 21, Fax 1784101, Biergarten – 🅿. **E**　　　　　　　　　　　　　　　　BS **n**
Menu à la carte 31/68.

In München-Oberföhring :

✗ **Wirtshaus im Grün Tal,** Grüntal 15, ⌧ 81925, ℰ 98 09 84, Fax 981867, ☂, Biergarten
– 🅿. 🖭 ⓞ **E** 𝖵𝖨𝖲𝖠　　　　　　　　　　　　　　　　　　　　　　　　　　　　　DS **r**
Menu à la carte 34/70.

In München-Obermenzing :

🏠 **Blutenburg** garni, Verdistr. 130, ⌧ 81247, ℰ 8 11 20 35, Fax 8111925 – 📺 ☎ ⟺ 🅿. 🖭
ⓞ **E** 𝖵𝖨𝖲𝖠. ✼　　　　　　　　　　　　　　　　　　　　　　　　　　　　　　　　AS **r**
19 Z 120/180.

✗ **Weichandhof,** Betzenweg 81, ⌧ 81247, ℰ 8 91 16 00, Fax 89116012, « Hübscher bayr.
Landgasthof, Gartenterrasse » – 🅿. 🖭 **E** 𝖵𝖨𝖲𝖠　　　　　　　　　　　　　　　AS **v**
Samstag geschl. – **Menu** (Tischbestellung ratsam) à la carte 38/76.

In München-Pasing :

🏠 **Zur Post,** Bodenseestr. 4, ⌧ 81241, ℰ 89 69 50, Fax 837319, Biergarten – 📳 ✸ Zim 📺
☎ ⟺ 🅿 – 🔬 200. 🖭 ⓞ **E** 𝖵𝖨𝖲𝖠　　　　　　　　　　　　　　　　　　　　　AS **e**
Menu à la carte 28/59 – **96 Z** 130/230.

🏠 **Econtel** garni, Bodenseestr. 227, ⌧ 81243, ℰ 87 18 90, Fax 87189400 – 📳 ✸ ▤ Zim 📺
☎ ⟺ 🅿 – 🔬 70. **E** 𝖵𝖨𝖲𝖠　　　　　　　　　　　　　　　　　　　　　　　　　AS **t**
69 Z 145/230.

✗✗ **Zur Goldenen Gans,** Planegger Str. 31, ⌧ 81241, ℰ 83 70 33, Fax 8204680, ☂, « Bayer.
Gasthaus mit gemütlicher Einrichtung » – 🅿. ⓞ **E** 𝖵𝖨𝖲𝖠　　　　　　　　　AS **b**
Sonn- und Feiertage geschl. – **Menu** à la carte 43/71.

In München-Riem über ③ und die A 94 DS :

🏠 **Landhotel Martinshof,** Martin-Empl-Ring 8, ⌧ 81829, ℰ 92 20 80, Fax 92208400, ☂,
« Gemütlich-rustikale Einrichtung » – 📺 ☎ ⟺ 🅿. 🖭 ⓞ **E** 𝖵𝖨𝖲𝖠
L'oca d'oro (italienische Küche) *(Samstag nur Abendessen)* **Menu** à la carte 38/69 – **15 Z**
135/250.

In München-Schwabing :

🏨 **Marriott-Hotel,** Berliner Str. 93, ⌧ 80805, ℰ 36 00 20, Telex 5216641, Fax 36002200, 🏋,
🚗, – 📳 ✸ Zim 📺 ঌ ⟺ – 🔬 320. 🖭 ⓞ **E** 𝖵𝖨𝖲𝖠 𝖩𝖢𝖡. ✼ Rest　　　　CR **e**
Menu à la carte 44/84 – **350 Z** 253/541, 14 Suiten.

🏨 **Ramada Parkhotel,** Theodor-Dombart-Str. 4 (Ecke Berliner Straße), ⌧ 80805, ℰ 36 09 90,
Telex 5218720, Fax 36099684, ☂, Massage, 🚗 – 📳 ✸ Zim 📺 ⟺ – 🔬 45. 🖭 ⓞ **E**
𝖵𝖨𝖲𝖠 𝖩𝖢𝖡　　　　　　　　　　　　　　　　　　　　　　　　　　　　　　　　CR **e**
Menu à la carte 44/72 – **260 Z** 248/506, 80 Suiten.

🏨 **Holiday Inn Crowne Plaza,** Leopoldstr. 194, ⌧ 80804, ℰ 38 17 90, Telex 5215439,
Fax 38179888, ☂, Massage, 🚗, ◲ – 📳 ✸ Zim 📺 ⟺ – 🔬 320. 🖭 ⓞ **E** 𝖵𝖨𝖲𝖠 𝖩𝖢𝖡
Menu à la carte 43/78 – **365 Z** 324/508, 3 Suiten.　　　　　　　　　　　CR **t**

🏠 **Vitalis,** Kathi-Kobus-Str. 24, ⌧ 80797, ℰ 12 00 80, Telex 5215161, Fax 1298382, 🛁 – 📳
✸ Zim 📺 ☎ ⟺ 🅿 – 🔬 60. 🖭 ⓞ **E** 𝖵𝖨𝖲𝖠. ✼ Rest　　　　　　　　　　FU **b**
Menu *(Samstag, Sonn- und Feiertage geschl.)* à la carte 38/65 – **100 Z** 195/295.

🏠 **König Ludwig** garni, Hohenzollernstr. 3, ⌧ 80801, ℰ 33 59 95, Fax 394658 – 📳 📺 ☎ ⟺.
🖭 ⓞ **E** 𝖵𝖨𝖲𝖠　　　　　　　　　　　　　　　　　　　　　　　　　　　　　　GU **g**
49 Z 215/280.

🏠 **Arabella-Olympiapark-Hotel,** Helene-Mayer-Ring 12, ⌧ 80809, ℰ 3 51 60 71,
Fax 3543730, ☂ – 📳 ✸ Zim 📺 ☎ 🅿 – 🔬 30. 🖭 ⓞ **E** 𝖵𝖨𝖲𝖠　　　　　　CR **p**
23. Dez.- 8. Jan. geschl. – **Menu** à la carte 39/77 – **105 Z** 225/335.

🏠 **Residence,** Artur-Kutscher-Platz 4, ⌧ 80802, ℰ 38 17 80, Telex 529788, Fax 38178951,
☂, ◲ – 📳 ✸ Zim 📺 ☎ ⟺ 🅿 – 🔬 60. 🖭 ⓞ **E** 𝖵𝖨𝖲𝖠. ✼ Rest　　　　GU **q**
Menu *(Samstag-Sonntag geschl.)* à la carte 40/63 – **165 Z** 182/370.

🏠 **Mercure** garni, Leopoldstr. 120, ⌧ 80802, ℰ 39 05 50, Fax 349344 – 📳 📺 ☎ ⟺. 🖭 ⓞ
E 𝖵𝖨𝖲𝖠 𝖩𝖢𝖡　　　　　　　　　　　　　　　　　　　　　　　　　　　　　　GU **r**
65 Z 166/290.

🏠 **Leopold,** Leopoldstr. 119, ⌧ 80804, ℰ 36 70 61, Fax 367061, ☂ – 📳 📺 ☎ ⟺ 🅿. 🖭
ⓞ **E** 𝖵𝖨𝖲𝖠 𝖩𝖢𝖡　　　　　　　　　　　　　　　　　　　　　　　　　　　　GU **f**
23. Dez.- 1. Jan. geschl. – **Menu** *(Samstag und 2.- 10. Jan. geschl.)* à la carte 41/67 – **75 Z**
155/245.

🏠 **Consul** garni, Viktoriastr. 10, ⌧ 80803, ℰ 33 40 35, Fax 399266 – 📳 📺 ☎ ⟺ 🅿. 🖭 **E**
𝖵𝖨𝖲𝖠　　　　　　　　　　　　　　　　　　　　　　　　　　　　　　　　　　GU **k**
31 Z 130/220.

🏨 **Ibis München Nord,** Ungererstr. 139, ⊠ 80805, 🖉 36 08 30, Fax 363793, 🏤 – |💈| 🙌 📺
☎ 👍 🚗 – 🔬 45. 🖭 ⑩ 🗲 𝘝𝘐𝘚𝘈   CR **b**
Menu à la carte 34/50 – **138 Z** 145/199.

🏨 **Biederstein** ॐ garni, Keferstr. 18, ⊠ 80802, 🖉 39 50 72, Fax 348511, 🐖 – |💈| 📺 ☎ 🚗.
🖭 🗲   HU **m**
31 Z 150/265.

🎖🎖🎖🎖 ✿✿ **Tantris,** Johann-Fichte-Str. 7, ⊠ 80805, 🖉 36 20 61, Fax 3618469, 🏤 – 🍽 ⑰ 🖭 ⑩
🗲 𝘝𝘐𝘚𝘈. 🛠   GU **b**
Sonntag - Montag und Feiertage sowie Jan. 1 Woche geschl. – **Menu** (Tischbestellung
ratsam) 188/212 und à la carte 87/140
Spez. Gemüseterrine mit sautiertem Hummer, Gebratene Gänseleber auf Apfel-Rotweinpüree.
Gepökelte Ente mit krosser Haut auf Spitzkraut.

🎖🎖 **Savoy,** Tengstr. 20, ⊠ 80798, 🖉 2 71 14 45 – 🖭 ⑩ 🗲 𝘝𝘐𝘚𝘈   GU **t**
Samstag geschl. – **Menu** (abends Tischbestellung ratsam, italienische Küche) à la carte
44/73.

🎖🎖 **Spago,** Neureutherstr. 15, ⊠ 80799, 🖉 2 71 24 06, Fax 2780442, 🏤 – 🖭 🗲   GU **a**
Samstag, Sonn- und Feiertage nur Abendessen – **Menu** (italienische Küche) à la carte 49/79.

🎖🎖 **Bistro Terrine,** Amalienstr. 89 (Amalien-Passage), ⊠ 80799, 🖉 28 17 80, 🏤 – 🖭 🗲 𝘝𝘐𝘚𝘈
Sonn- und Feiertage geschl., Montag und Samstag nur Abendessen – **Menu** (abends Tischbestellung ratsam) 43 (mittags) und à la carte 59/80.   GU **p**

🎖🎖 **Seehaus,** Kleinhesselohe 3, ⊠ 80802, 🖉 3 81 61 30, Fax 341803, <, « Terrasse am See »
– ⑰. 🖭 ⑩ 🗲 𝘝𝘐𝘚𝘈   HU **t**
Menu à la carte 41/74.

🎖🎖 **Romagna Antica,** Elisabethstr. 52, ⊠ 80796, 🖉 2 71 63 55, Fax 2711364, 🏤 – 🖭 ⑩ 🗲
𝘝𝘐𝘚𝘈. 🛠   FU **a**
Sonn- und Feiertage geschl. – **Menu** (abends Tischbestellung ratsam, italienische Küche)
à la carte 51/74.

🎖🎖 **Locanda Picolit,** Siegfriedstr.11, ⊠ 80803, 🖉 39 64 47, Fax 346653, 🏤 – 🖭 🗲.
🛠   GU **c**
Montag geschl., Samstag nur Abendessen – **Menu** (italienische Küche) à la carte 49/80.

🎖🎖 Daitokai, Nordendstr. 64 (Eingang Kurfürstenstr.), ⊠ 80801, 🖉 2 71 14 21, Fax 2718392 –
🍽. 🛠   GU **d**
(Tischbestellung ratsam, japanische Küche).

🎖 **Bamberger Haus,** Brunnerstr. 2 (im Luitpoldpark), ⊠ 80804, 🖉 3 08 89 66, Fax 3003304,
« Ehem. Bürgerpalais a.d. 18.Jh., Terrasse, Hausbrauerei » – ⑰. 🖭 🗲 𝘝𝘐𝘚𝘈   GU **z**
Okt.- Mai Montag geschl. – **Menu** à la carte 36/69.

🎖 **Bei Grazia,** Ungererstr. 161, ⊠ 80805, 🖉 36 69 31 – 🖭 🗲   CR **r**
Samstag - Sonntag geschl. – **Menu** (Tischbestellung ratsam, italienische Küche) à la carte
47/64.

In München-Sendling :

🏨 **Holiday Inn München-Süd,** Kistlerhofstr. 142, ⊠ 81379, 🖉 78 00 20, Fax 78002672, Bier-
garten, Massage, 🚘, 🔲 – |💈| 🙌 Zim 🍽 👍 🚗 – 🔬 90. 🖭 ⑩ 🗲 𝘝𝘐𝘚𝘈 𝙅𝘾𝘽 BT **x**
Menu à la carte 42/78 – **320 Z** 278/511, 8 Suiten.

🏨 **Ambassador Parkhotel,** Plinganserstr. 102, ⊠ 81369, 🖉 72 48 90, Fax 72489100, Bier-
garten – |💈| 📺 ☎ 🚗. 🖭 ⑩ 🗲 𝘝𝘐𝘚𝘈   CT **r**
23. Dez.- 7. Jan. geschl. – **Menu** *(Samstag nur Abendessen, Montag geschl.)* (italienische
Küche) à la carte 38/67 – **42 Z** 175/275.

🏨 **K+K Hotel am Harras,** Albert-Rosshaupter-Str. 4, ⊠ 81369, 🖉 77 00 51, Telex 5213167,
Fax 7212820 – |💈| 📺 ☎ 🚗. 🖭 ⑩ 🗲 𝘝𝘐𝘚𝘈   CT **n**
(nur Abendessen für Hausgäste) – **129 Z** 199/305.

🏨 **Villa West** garni, Fürstenrieder Str. 250, ⊠ 81377, 🖉 71 05 40, Fax 7105460 – |💈| ☎
🚗 – 🔬 20. 🖭 ⑩ 🗲 𝘝𝘐𝘚𝘈   BT **r**
– **23 Z** 147/204.

In München-Solln :

🏨 **Pegasus** garni, Wolfratshauser Str. 211, ⊠ 81479, 🖉 7 90 00 25, Fax 7912970, 🚘 – 📺
☎ 🚗. 🖭 🗲 𝘝𝘐𝘚𝘈   BT **y**
22 Z 118/180.

🏨 **Sollner Hof,** Herterichstr. 63, ⊠ 81479, 🖉 79 20 90, Fax 7900394, Biergarten – 📺 ☎ 🚗.
⑰   BT **s**
Menu *(Dienstag, Samstag, Aug. 3 Wochen und Weihnachten - Anfang Jan. geschl.)* à la
carte 27/58 – **29 Z** 108/198.

🏨 Villa Solln garni, Wilh.-Leibl-Str. 16, ⊠ 81479, 🖉 79 20 91, Fax 7900428, 🚘, 🐖 – 📺 ☎
🚗. 🛠   BT **n**
18 Z

🎖🎖 **Al Pino,** Franz-Hals-Str. 3, ⊠ 81479, 🖉 79 98 85, Fax 799872, 🏤 – ⑰. 🖭 🗲   BT **a**
Samstag nur Abendessen, Jan.- Okt. Montag geschl. – **Menu** (italienische Küche) à la carte
44/75.

🎖🎖 Da Vinci, Wolfratshauser Str. 211, ⊠ 81479, 🖉 7 91 33 33, Fax 7901229, 🏤 – ⑰ BT **y**
(italienische Küche).

In München-Trudering :

🏡 **Am Moosfeld** (mit Gästehäuser), Am Moosfeld 35, ⊠ 81829, 𝒫 42 91 90, Fax 424662, ℸ𝄽,
    ≦s, ◻ – 🛗 ※ Zim 📺 ☎ ⇔ 🅿 – 🔬 30. 🆎 ① 🗲 𝘝𝘐𝘚𝘈   über ④
    22. Dez.- 1. Jan. geschl. – **Menu** *(nur Abendessen)* à la carte 29/55 – **111 Z** 169/248.

🏡 **Wasserburg** garni, Wasserburger Landstr. 145, ⊠ 81827, 𝒫 4 30 10 53, Fax 4305594 –
    🛗 📺 ☎ ⇔ 🅿. 🆎 ① 🗲 𝘝𝘐𝘚𝘈   über ④
    Weihnachten - 10. Jan. geschl. – **25 Z** 149/210.

🏡 **Am Schatzbogen** garni, Truderinger Str. 198, ⊠ 81825, 𝒫 42 92 79, Fax 429930 – 📺 ☎
    ⇔ 🅿. 🆎 ① 🗲 𝘝𝘐𝘚𝘈   DS **z**
    24. Dez.- 6. Jan. geschl. – **20 Z** 120/260.

🏠 **Obermaier** garni, Truderinger Str. 304b, ⊠ 81825, 𝒫 42 90 21, Fax 426400 – 🛗 📺 ☎ 🅿.
    🆎 ① 🗲 𝘝𝘐𝘚𝘈   DS **u**
    35 Z 125/175.

In München-Untermenzing :

🏨 **Romantik-Hotel Insel Mühle**, Von-Kahr-Str. 87, ⊠ 80999, 𝒫 8 10 10, Fax 8120571, 🍽,
    Biergarten, « Restaurierte Mühle a.d. 16. Jh. » – 📺 ⅋ ⇔ 🅿 – 🔬 40. ① 🗲 𝘝𝘐𝘚𝘈 AR **a**
    Menu *(Sonn- und Feiertage geschl.)* à la carte 49/80 – **37 Z** 150/420.

In München-Untersendling :

🏨 **Carmen** garni, Hansastr. 146, ⊠ 81373, 𝒫 7 60 10 99, Fax 7605843 – 🛗 📺 ☎ 🅿 – 🔬 30.
    🆎 ① 🗲 𝘝𝘐𝘚𝘈 𝘫𝘤𝘣   CT **d**
    63 Z 169/209.

In Unterföhring – 🕾 089 :

🏨 **Feringapark**, Feringastr. 2, ⊠ 85774, 𝒫 95 71 60, Telex 5218885, Fax 95716111, Massage,
    ≦s – 🛗 ※ Zim 📺 ☎ ⅋ ⇔ 🅿 – 🔬 80. 🆎 ① 🗲 𝘝𝘐𝘚𝘈   DR **t**
    Menu *(Freitag nur Mittagessen, Samstag geschl.)* à la carte 32/62 – **110 Z** 195/240.

🏨 **Lechnerhof** garni, Eichenweg 4, ⊠ 85774, 𝒫 95 82 80, Fax 95828140, ≦s, 🌱 – 🛗 ※ Zim
    📺 ☎ ⇔ 🅿 – 🔬 30. 🆎 ① 🗲 𝘝𝘐𝘚𝘈 𝘫𝘤𝘣   DR **e**
    24. Dez.- 2. Jan. geschl. – **51 Z** 165/280.

🏨 **Tele-Hotel**, Bahnhofstr. 15, ⊠ 85774, 𝒫 95 01 46, Fax 9506652, 🍽 – 🛗 📺 ☎ ⇔ 🅿.
    🆎 ① 🗲 𝘝𝘐𝘚𝘈   DR **r**
    Menu *(Samstag und 23. Dez.- 2. Jan. geschl.)* à la carte 27/66 – **59 Z** 130/200.

In Unterhaching S : 10 km über Tegernseer Landstraße und B 13 CT – 🕾 089 :

🏨 **Schrenkhof** garni, Leonhardsweg 6, ⊠ 82008, 𝒫 6 10 09 10, Fax 61009150, « Einrichtung
    im alpenländischen Stil », ≦s – 🛗 📺 📺 – 🔬 40. 🆎 ① 🗲 𝘝𝘐𝘚𝘈
    20. Dez.- 8. Jan. geschl. – **25 Z** 210/300.

🏨 **Erlenhof**, Inselkammer Str. 7, ⊠ 82008, 𝒫 66 69 10, Fax 66691600, Biergarten, ℸ𝄽, ≦s –
    🛗 ※ Zim 📺 ⅋ ⇔ – 🔬 260. 🆎 ① 🗲 𝘝𝘐𝘚𝘈. ❊ Rest
    Menu à la carte 44/72 – **130 Z** 175/280, 18 Suiten.

🏨 **Astron Suite-Hotel**, Leipziger Str.1, ⊠ 82008, 𝒫 66 55 20, Fax 66552200, ≦s – 🛗 ※ Zim
    📺 ☎ ⇔ 🅿 – 🔬 15. 🆎 ① 🗲 𝘝𝘐𝘚𝘈
    (Restaurant nur für Hausgäste) – **80 Suiten** 180/280.

🏨 **Residenz Beckenlehner** 🌲 garni, Korbinianstr.8, ⊠ 82008, 𝒫 66 51 10, Fax 66511444
    – 🛗 📺 ☎ ⇔ 🅿. 🆎 🗲 𝘝𝘐𝘚𝘈
    Weihnachten - Anfang Jan. geschl. – **36 Z** 120/220.

🏠 **Huber** garni, Kirchfeldstr. 8, ⊠ 82008, 𝒫 61 04 00, Fax 6113842, ≦s, ◻, 🌱, ❊ – 🛗 📺
    ☎ 🅿 – 🔬 40. 🆎 ① 🗲 𝘝𝘐𝘚𝘈. ❊
    20. Dez.- 10. Jan. geschl. – **74 Z** 120/210, 3 Suiten.

❌❌ **Schrenkhof**, Leonhardsweg 2, ⊠ 82008, 𝒫 6 11 62 36, Fax 6116200, 🍽 – 🅿. 🆎 🗲 𝘝𝘐𝘚𝘈
    Menu à la carte 41/65 *(auch vegetarische Gerichte).*

In Haar SO : 12 km über ④ – 🕾 089 :

🏠 **Wiesbacher**, Waldluststr. 25, ⊠ 85540, 𝒫 4 56 04 40, Fax 45604460, 🍽, Zugang zum
    öffentlichen 🏊 – 🛗 📺 ☎ 🅿. 🆎 🗲 𝘝𝘐𝘚𝘈
    26. Dez.- 6. Jan. geschl. – **Menu** *(Mittwoch geschl.)* à la carte 37/62 – **32 Z** 135/208.

❌ **Kreitmair** (bayerischer Landgasthof), Keferloh 2 (S : 1 km), ⊠ 85630 Keferloh, 𝒫 46 46 57,
    Fax 4603768, Biergarten – 🅿. ① 🗲 𝘝𝘐𝘚𝘈
    Montag geschl. – **Menu** *(Tischbestellung ratsam)* à la carte 39/66.

In Ottobrunn SO : 12 km über Neubiberger Str. DT – 🕾 089 :

🏨 **Aigner** garni, Rosenheimer Landstr. 118, ⊠ 85521, 𝒫 60 81 70, Fax 6083213 – 🛗 📺 ☎
    ⇔ 🅿. 🆎 ① 🗲 𝘝𝘐𝘚𝘈. ❊
    23. Dez.- 2. Jan. geschl. – **70 Z** 145/260.

❌❌ **Bistro Cassolette**, Nauplia-Allee 6 (Eingang Margreider Platz), ⊠ 85521, 𝒫 6 09 86 83,
    Fax 6098083, 🍽 – 🆎 🗲 𝘝𝘐𝘚𝘈
    Samstag nur Abendessen, Sonn- und Feiertage geschl. – **Menu** *(abends Tischbestellung
    ratsam)* à la carte 50/83.

In Aschheim ③ : 13 km über Riem :

🏛 **Schreiberhof,** Erdinger Str. 2, ✉ 85609, ℰ (089) 90 00 60, Fax 90006459, ╔═, Massa▮
ਿ਼, ⬛ – ▮ ᅥ Zim ▥ ⬡ ⬅ ❷ – ▦ 90. ℿ ⓪ Ε 𝘝𝘐𝘚𝘈 ᴶᴄᴮ
– *Alte Gaststube :* Menu à la carte 41/74 – **87 Z** 195/265.

🏠 **Zur Post,** Ismaninger Str. 11 (B 471), ✉ 85609, ℰ (089) 9 03 20 27, Fax 9044669, ╔═ –
▥ ☎ ⬅ ❷. Ε 𝘝𝘐𝘚𝘈
Menu à la carte 29/56 – **55 Z** 90/180.

In Grünwald S : 13 km über Geiselgasteigstr. CT – ✪ 089 :

🏛 **Tannenhof** garni, Marktplatz 3, ✉ 82031, ℰ 6 41 89 60, Fax 6415608, « Modernisier▮
Jugendstilhaus » – ▥ ☎ ❷. ℿ ⓪ Ε 𝘝𝘐𝘚𝘈. ❀
20. Dez.- 6. Jan. geschl. – **21 Z** 150/240, 3 Suiten.

🏠 **Alter Wirt,** Marktplatz 1, ✉ 82031, ℰ 6 41 78 55, Fax 6414266, ╔═, « Bayerisch▮
Landgasthof » – ▮ ▥ ☎ ⬅ ❷ – ▦ 70. ℿ Ε 𝘝𝘐𝘚𝘈
Menu à la carte 31/68 – **49 Z** 120/220.

✗ **Forsthaus Wörnbrunn,** Im Grünwalder Forst (O : 2,5, km), ✉ 82031, ℰ 6 41 82 8▮
Fax 6413968, Biergarten – ❷ – ▦ 40. ℿ ⓪ Ε 𝘝𝘐𝘚𝘈
Menu à la carte 34/80.

In Grünwald-Geiselgasteig S : 12 km über Geiselgasteigstr. CT :

🏛 **Ritterhof** garni, Nördliche Münchner Str. 6, ✉ 82031, ℰ (089) 6 41 83 30, Fax 64930▮
❀, ❁ – ▥ ☎ ⬅ ❷. ℿ Ε 𝘝𝘐𝘚𝘈 – **12 Z** 120/200.

In Oberhaching S : 14 km über ⑥ :

🏛 **Hachinger Hof** ❀, Pfarrer-Socher-Str. 39, ✉ 82041, ℰ (089) 6 13 50 91, Fax 6131492, ▮
– ▮ ▥ ☎ ⬅ ❷. ℿ ⓪ Ε 𝘝𝘐𝘚𝘈
24. Dez.- 9. Jan. geschl. – **Menu** *(Samstag - Sonntag geschl.)* (nur Abendessen) à la car▮
27/58 – **48 Z** 130/190.

München-Flughafen *siehe unter Freising*

MICHELIN-REIFENWERKE KGaA. Regionales Vertriebszentrum 85748 Garching (über ▮
und die A 9), Gutenbergstr.4, ℰ (089) 3 20 20 41 Fax 3202047.

Si vous écrivez à un hôtel à l'étranger,
joignez à votre lettre un coupon réponse international
(disponible dans les bureaux de poste).

MÜNDER AM DEISTER, BAD Niedersachsen ▮▮▮ ▮▮▮ L 10, ▮▮▮ ⑮ – 19 000 Ew – Höhe 120
– Heilbad – ✪ 05042.

🛈 Kurverwaltung, im Haus des Kurgastes, ✉ 31848, ℰ 6 04 54, Fax 60450.
✦Hannover 33 – Hameln 16 – Hildesheim 38.

🏛 **Kastanienhof** ❀, Am Stadtbahnhof 11 (am Süntel), ✉ 31848, ℰ 30 63, Fax 3885, ╔═
⬛, ▦, ❁ – ▮ ▥ ☎ ⬡ ⬅ ❷ – ▦ 30. Ε 𝘝𝘐𝘚𝘈
Menu à la carte 43/72 – **40 Z** 125/250.

🏠 **Wiesengrund,** Lange Str. 70, ✉ 31848, ℰ 94 40, Fax 3823, ❁ – ▮ ▥ ☎ ❷. ℿ ⓪ Ε 𝘝𝘐𝘚𝘈
Nov.- 15. Dez. geschl. – (Restaurant nur für Hausgäste) – **40 Z** 100/300 – ½ P 120/20▮

🏠 **Terrassen-Café** ❀, Querlandweg 2, ✉ 31848, ℰ 60 70, Fax 6303, ╔═, ⬛ – ▮ ▥ ▮
❷. ▦ 30. ℿ Ε 𝘝𝘐𝘚𝘈
Menu à la carte 33/55 – **25 Z** 105/180 – ½ P 115/145.

In Bad Münder-Klein Süntel SW : 9 km :

🏛 **Landhaus Zur schönen Aussicht** ❀, Klein-Sünteler-Str. 6, ✉ 31848, ℰ 5 10 3▮
Fax 51033, ❁, « Gartenterrasse », ❁ – ▥ ☎ ❷. Ε 𝘝𝘐𝘚𝘈. ❀ Zim
Nov. 2 Wochen geschl. – **Menu** *(Dienstag geschl.)* à la carte 29/66 – **17 Z** 85/15▮
– ½ P 86/90.

MÜNNERSTADT Bayern ▮▮▮ N 16, ▮▮▮ ㉖ – 8 100 Ew – Höhe 234 m – ✪ 09733.
Sehenswert : Stadtpfarrkirche (Werke★ von Veit Stoss und Riemenschneider).
🛈 Tourist-Information, Marktplatz 1, ✉ 97702, ℰ 81 05 28, Fax 810545.
✦München 331 – ✦Bamberg 86 – Fulda 76 – Schweinfurt 29.

🏠 **Bayerischer Hof** (Fachwerkhaus a.d. 17. Jh.), Marktplatz 9, ✉ 97702, ℰ 2 25, Fax 22 ▮
╔═, ⬛ – ▥ ☎ – ▦. ℿ ⓪ Ε 𝘝𝘐𝘚𝘈
Menu (bemerkenswerte Weinkarte) à la carte 41/68 – **23 Z** 84/130.

🏠 **Café Tilman** garni, Riemenschneiderstr. 42, ✉ 97702, ℰ 40 41, Fax 3843 – ▥ ☎ ❷. Ε 𝘝𝘐𝘚𝘈
21 Z 55/110.

🏠 **Gasthof Hellmig,** Meiningerstr. 1, ✉ 97702, ℰ 30 72 – ☎
➤ **Menu** *(Dienstag geschl.)* à la carte 21/38 – **9 Z** 45/90.

MÜNSING Bayern 413 R 23, 426 G 5 – 3 600 Ew – Höhe 666 m – ☎ 08177.
München 37 – Garmisch-Partenkirchen 57 – Bad Tölz 23 – Weilheim 40.

※ **Limm - Zum Neuwirt,** Hauptstr. 29, ⊠ 82541, ℰ 4 11, Fax 8868 – ❷
Sonntag nur Mittagessen, Mittwoch, Juni 3 Wochen und Weihnachten - Neujahr geschl.
– Menu à la carte 29/69.

MÜNSINGEN Baden-Württemberg 413 L 21. 987 ㉟ – 11 200 Ew – Höhe 707 m – Wintersport :
00/850 m ⟨4 ⟨7 – ☎ 07381.
⬛ Fremdenverkehrsamt, Rathaus, Bachwiesenstr. 7, ⊠ 72525, ℰ 18 21 45.
Stuttgart 61 – Reutlingen 32 – ◆Ulm (Donau) 51.

🏠 **Herrmann** (mit Gästehäusern), Ernst-Bezler-Str. 1, ⊠ 72525, ℰ 22 02, Fax 6282, ☎ – |≢|
🔳 ☎ ❷. ⓪ ⒠ 𝘝𝘐𝘚𝘈
Menu (Freitag geschl.) à la carte 33/53 – 30 Z 73/144.

In Münsingen-Gundelfingen S : 13 km :

🏠 **Wittstaig,** Wittstaig 10, ⊠ 72525, ℰ (07383) 12 72, Fax 1024, ㈜, ☎, 🔳, 🐴 – |≢| ❷.
→ ⚘ Zim
Anfang Jan.- Anfang Feb. geschl. – Menu (Dienstag geschl.) à la carte 23/45 – 28 Z 50/100.

In Mehrstetten SO : 9 km :

🏠 **Hirsch im Grünen** ⚘, Süssweg 12, ⊠ 72537, ℰ (07381) 24 79, Fax 1009, ≤, ㈜, 🐴 –
❷ – ⚔ 20. ⒠
Mitte Nov.- Mitte Dez. geschl. – Menu (Montag geschl.) à la carte 31/59 ⅃ – 11 Z 70/100.

MÜNSTER AM STEIN - EBERNBURG, BAD Rheinland-Pfalz 412 G 17. 987 ㉔ – 4 500 Ew –
Höhe 120 m – Heilbad – Heilklimatischer Kurort – ☎ 06708.
Sehenswert : Rheingrafenstein★★, ≤★ – Kurpark★.
⬛ Drei Buchen (SW : 2 km), ℰ (06708) 21 45.
⬛ Verkehrsverein, Berliner Str. 60, ⊠ 55583, ℰ 39 93, Fax 3999.
Mainz 51 – Kaiserslautern 52 – Bad Kreuznach 4,5.

🏨 **Hotel am Kurpark** ⚘, Kurhausstr.10, ⊠ 55583, ℰ 12 92, Fax 4648, Massage, ☎, 🐴
– 🔳 ☎ ❷. ⚘
6. Jan.- 15. März und 5. Nov.- 22. Dez. geschl. – (nur Abendessen für Hausgäste) – 30 Z
75/190, 4 Suiten.

🏨 **Kurhotel Krone,** Berliner Str. 73, ⊠ 55583, ℰ 8 40, Fax 84189, ☎, 🔳 – |≢| 🔳 ☎ ❷ –
⚔ 50. 🄰 ⓪ ⒠ 𝘝𝘐𝘚𝘈. ⚘ Rest
Menu à la carte 39/59 ⅃ – 66 Z 115/185 – ½ P 115/145.

🏠 **Haus Lorenz** ⚘, Kapitän-Lorenz-Ufer 18, ⊠ 55583, ℰ 18 41, ≤, ㈜, 🐴 – ✠ Rest ⬦. ⚘
Mitte Dez.- Mitte Feb. geschl. – Menu (Montag geschl., Donnerstag nur Mittagessen) à la
carte 31/54 ⅃ – 16 Z 58/108 – ½ P 70/79.

🏠 **Weinhotel Schneider** ⚘, Gartenweg 2a (Ebernburg), ⊠ 55583, ℰ 20 43, ㈜ – ☎ ❷
Anfang Jan.- Mitte Feb. geschl. – Menu (Dienstag geschl.) (nur Abendessen) à la carte 26/42
⅃ – 9 Z 58/102 – ½ P 79/84.

🏠 **Kaiserhof,** Berliner Str. 35, ⊠ 55583, ℰ 39 50, 🛋, ☎ – 🔳 ☎ ⬅ ❷
(Restaurant nur für Hausgäste) – 32 Z 79/149 – ½ P 82/121.

🏠 **Post garni,** Berliner Str. 33, ⊠ 55583, ℰ 6 36 30, Fax 3026, ☎ – |≢| 🔳 ☎ ❷ – ⚔ 40
28 Z

🏠 **Gästehaus Weingut Rapp** ⚘ garni, Schloßgartenstraße (Ebernburg), ⊠ 55583,
ℰ 23 12, Fax 3074, 🐴 – ❷. ⚘
11 Z 55/88.

🏠 **Haus in der Sonne** ⚘, Bismarckstr. 24, ⊠ 55583, ℰ 6 31 10, Fax 631127, ≤ – ☎ ❷. ⒠. ⚘
März - Nov. – (nur Abendessen für Hausgäste) – 11 Z 63/120 – ½ P 71/81.

MÜNSTER (WESTFALEN) Nordrhein-Westfalen 411 412 FG 11, 987 ⑭ – 278 000 Ew – Höhe
62 m – ☎ 0251.
Sehenswert : Prinzipalmarkt★ YZ – Dom★ (Domkammer★★, astronomische Uhr★,
Sakramentskapelle★) Y M2 – Rathaus (Friedenssaal★) YZ – Residenz-Schloß★ Y – Landesmuseum
für Kunst und Kulturgeschichte★ (Altarbilder★★) YZ M1 – Lambertikirche (Turm★) Y – Westfäli-
sches Museum für Naturkunde★ (größter Ammonit★, Planetarium★) X M3.
Ausflugsziel : Wasserschloß Hülshoff★ (W : 9 km, über Albert-Schweitzer-Str. E).
⬛ Steinfurter Str. 448 (X), ℰ 21 12 01.
⬥ bei Greven, N : 31 km über ⑤ und die A 1, ℰ (02571) 50 30.
🚗 ℰ 69 13 26.
Ausstellungsgelände Halle Münsterland (X), ℰ 6 60 00, Telex 892681.
⬛ Stadtwerbung und Touristik, Berliner Platz 22, ⊠ 48143, ℰ 51 01 80, Fax 5101830.
ADAC, Ludgeriplatz 11, ⊠ 48151, ℰ 53 10 72, Fax 527824.
◆Düsseldorf 124 ④ – Bielefeld 87 ② – Dortmund 70 ④ – Enschede 64 ⑤ – ◆Essen 86 ④.

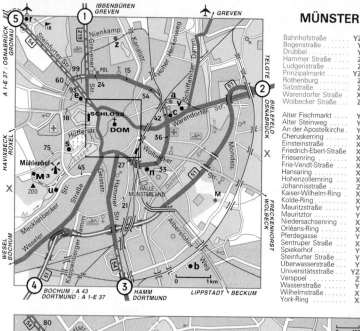

MÜNSTER

640

🔝 **Schloß Wilkinghege** (Wasserschloß a.d. 16. Jh. in ländlicher Parklandschaft), Steinfurter Str. 374 (B 54), ✉ 48159, 𝄞 21 30 45, Fax 212898, 😋, ✗, 🎱 – 📺 🅿 – 🔏 50. 🆎 ⓸ 🅴
 𝘝𝘐𝘚𝘈, 😋
 X **r**
 Menu à la carte 75/96 – **34 Z** 170/420, 11 Suiten.

🔝 **Mövenpick Hotel,** Kardinal-von-Galen-Ring 65, ✉ 48149, 𝄞 8 90 20, Telex 891411,
 Fax 8902616, 😋 – 🛗 ⇔ Zim 📺 🕭 ⇐ 🅿 – 🔏 260. 🆎 ⓸ 🅴 𝘝𝘐𝘚𝘈 𝘫𝘤𝘣 X **s**
 Menu à la carte 38/68 – *Rössli :* Menu à la carte 51/77 – **222 Z** 260/370, 9 Suiten.

🔝 **Dorint Hotel Münster,** Engelstr. 39, ✉ 48143, 𝄞 4 17 10, Fax 4171100, ⇔s – 🛗 ⇔ Zim
 📺 🕭 ⇐ 🅿 – 🔏 170. 🆎 ⓸ 🅴 𝘝𝘐𝘚𝘈, 😋 Rest
 Z **v**
 Menu à la carte 41/72 – **156 Z** 260/350.

🏛 **Central** garni, Aegidiistr. 1, ✉ 48143, 𝄞 51 01 50, Fax 5101550 – 🛗 ⇔ 📺 ☎ ⇐, 🆎
 ⓸ 🅴 𝘝𝘐𝘚𝘈, 😋
 Z **n**
 15.- 30. Aug. und 22.- 31. Dez. geschl. – **25 Z** 155/225, 4 Suiten.

🏛 **Europa** garni, Kaiser-Wilhelm-Ring 26, ✉ 48145, 𝄞 3 70 62, Fax 394339 – 🛗 📺 ☎ 🅿 –
 🔏 40. 🆎 ⓸ 🅴 𝘝𝘐𝘚𝘈
 X **c**
 50 Z 189/298.

🏛 **Windsor,** Warendorfer Str. 177, ✉ 48145, 𝄞 13 13 30 (Hotel) 39 20 45 (Rest.), Fax 391610
 – 🛗 📺 ⓸ 🅴 𝘝𝘐𝘚𝘈
 X **v**
 Menu (italienische Küche) à la carte 37/69 🍴 – **30 Z** 128/220.

🏛 **Kolping,** Aegidiistr. 21, ✉ 48143, 𝄞 4 81 20, Fax 4812123 – 🛗 ⇔ Zim 📺 ☎ 🕭 ⇐ –
 🔏 180. 🆎 ⓸ 🅴 𝘝𝘐𝘚𝘈, 😋 Rest
 Z **x**
 Menu à la carte 28/56 – **107 Z** 142/178.

🏛 **Am Schloßpark** garni, Schmale Str. 2, ✉ 48149, 𝄞 2 05 41, Fax 22977 – 🛗 📺 ☎ 🅿. 🆎
 ⓸ 🅴 𝘝𝘐𝘚𝘈
 X **e**
 Juli-Aug. 3 Wochen und Weihnachten - Neujahr geschl. – **28 Z** 135/235, 3 Suiten.

🏛 **Mauritzhof** garni, Eisenbahnstr. 15, ✉ 48143, 𝄞 4 17 20, Fax 46686 – 🛗 📺 ☎ – 🔏 40.
 🆎 ⓸ 🅴 𝘝𝘐𝘚𝘈
 Z **s**
 39 Z 185/350.

🏛 **Überwasserhof** garni, Überwasserstr. 3, ✉ 48143, 𝄞 4 17 70, Fax 4177100 – 🛗 📺 ☎ 🅿.
 🆎 ⓸ 🅴 𝘝𝘐𝘚𝘈
 Y **k**
 Weihnachten - Anfang Jan. geschl. – **62 Z** 140/210.

🏛 **Pleistermühle** 😋, Pleistermühlenweg 196, ✉ 48157, 𝄞 31 10 72, Fax 311476, 😋 – 📺
 ☎ 🕭 🅿, 🅴 𝘝𝘐𝘚𝘈
 über ②
 Menu (Montag geschl.) à la carte 40/71 – **14 Z** 100/160.

🏛 **Kaiserhof** garni, Bahnhofstr. 14, ✉ 48143, 𝄞 4 17 80, Telex 892141, Fax 4178666 – 🛗 ⇔
 📺 ☎ 🅿 – 🔏 60. 🆎 ⓸ 🅴 𝘝𝘐𝘚𝘈
 Z **b**
 109 Z 149/252.

🏛 **Steinburg,** Mecklenbecker Str. 80, ✉ 48151, 𝄞 7 71 79, Fax 72267, ≤, 😋 – 📺 ☎ 🅿 –
 🔏 35. 🆎 ⓸ 🅴 𝘝𝘐𝘚𝘈, 😋
 X **u**
 23. Dez.- 6. Jan. geschl. – Menu (Sonntag nur Mittagessen, Montag und Juli - Aug.
 2 Wochen geschl.) à la carte 33/61 – **17 Z** 100/165.

🏠 **Feldmann,** An der Clemenskirche 14, ✉ 48143, 𝄞 4 33 09, Fax 43318 – 🛗 📺 ☎ – 🔏 30.
 🆎 🅴 𝘝𝘐𝘚𝘈
 Z **m**
 Menu (Sonn- und Feiertage sowie 1.- 15. Aug. geschl.) à la carte 45/74 – **29 Z** 125/
 215.

🏠 Conti garni, Berliner Platz 2a, ✉ 48143, 𝄞 4 04 44, Telex 892113, Fax 51711 – 🛗 📺 ☎ 🕭
 🅿
 Z **r**
 60 Z.

🏠 **Windthorst** garni, Windthorststr. 19, ✉ 48143, 𝄞 48 45 90, Fax 40837 – 🛗 📺 ☎. 🆎 ⓸
 🅴 𝘝𝘐𝘚𝘈
 Z **a**
 20 Z 145/195.

🏠 **Martinihof** garni, Hörster Str. 25, ✉ 48143, 𝄞 41 86 20, Fax 54743 – 🛗 📺 ☎ 🅿. ⓸ 🅴
 𝘝𝘐𝘚𝘈, 😋
 Y **z**
 15. Juli - 15. Aug. und 22. Dez.- 8. Jan. geschl. – **54 Z** 62/153.

🏠 **Hansa-Haus** garni, Albersloher Weg 1, ✉ 48155, 𝄞 6 43 24, Fax 67665, ⇔s – 📺 ☎ 🅿.
 🆎 ⓸ 🅴 𝘝𝘐𝘚𝘈 𝘫𝘤𝘣
 X **n**
 20. Dez.- 6. Jan. geschl. – **11 Z** 110/160.

XX **Villa Medici,** Ostmarkstr. 15, ✉ 48145, 𝄞 3 42 18, Fax 393094 – 🆎 X **a**
 Sonntag - Montag sowie Feb. und Aug. jeweils 2 Wochen und über Weihnachten geschl.
 – Menu (nur Abendessen, italienische Küche) à la carte 64/74.

XX **Kleines Restaurant im Oer'schen Hof,** Königsstr. 42, ✉ 48143, 𝄞 4 20 61 – Z **c**
 Sonntag - Montag, Feb. 2 Wochen und Aug. 3 Wochen geschl. – Menu à la carte 60/
 82.

XX **Ratskeller,** Prinzipalmarkt 8, ✉ 48143, 𝄞 4 42 26, Fax 57240 – 🕭. 🆎 ⓸ 🅴
 𝘝𝘐𝘚𝘈
 YZ **R**
 Menu à la carte 38/72.

X **Wienburg** 😋 mit Zim, Kanalstr. 237, ✉ 48147, 𝄞 29 33 54, Fax 294001, Biergarten,
 « Gartenterrasse » – 📺 ☎ 🅿 – 🔏 40. 🆎 ⓸ 🅴 𝘝𝘐𝘚𝘈
 X **z**
 Menu (Montag geschl.) à la carte 40/65 – **7 Z** 89/150.

Brauerei-Gaststätten :

X **Altes Gasthaus Leve,** Alter Steinweg 37, ⊠ 48143, 𝒫 4 55 95, Fax 57837, « Gemütliche altdeutsche Bierstuben »
Montag geschl. – **Menu** à la carte 24/45 🍴. Z

X **Restaurant Wielers - Kleiner Kiepenkerl,** Spiekerhof 47, ⊠ 48143, 𝒫 4 34 16
Fax 43417, 🏤 – 🖭 ⓪ ᴇ 𝘝𝘐𝘚𝘈
Montag geschl. – **Menu** à la carte 29/68. Y

X **Pinkus Müller** (Traditionelles Studentenlokal), Kreuzstr. 4, ⊠ 48143, 𝒫 4 51 51, Fax 5713
Sonn- und Feiertage geschl. – **Menu** (westfälische und münstersche Spezialitäten) à la carte 32/65. Y

In Münster-Amelsbüren ③ : 11 km :

XXX ❀ **Davert Jagdhaus,** Wiemannstr. 4, ⊠ 48163, 𝒫 (02501) 5 80 58, « Gartenterrasse » ℗ 🖭 ⓪ ᴇ 𝘝𝘐𝘚𝘈
Montag - Dienstag, Juli - Aug. 4 Wochen und Weihnachten - Neujahr geschl. – **Menu** à la carte 64/95
Spez. Spaghettini mit Seeteufel, Matelote von Steinbutt und Meeresfrüchten, Rehrücken in Mo chelsauce (Juni-Dez.).

In Münster-Gremmendorf :

🏠 **Münnich** 🦢 (mit Gästehaus, |≢|), Heeremansweg 11, ⊠ 48167, 𝒫 6 18 70 (Hotel
6 18 74 90 (Rest.), Fax 6187199, 🏤 – 🖭 🕿 ℗ – 🕍 50 X
Menu à la carte 31/50 – **70 Z** 95/149.

In Münster-Handorf ② : 7 km :

🏨 **Romantik-Hotel Hof zur Linde** 🦢 (westfälischer Bauernhof mit Gästehaus), Handorfe Werseufer 1, ⊠ 48157, 𝒫 3 27 50, Fax 328209, 🖙 – |≢| 🍽 Zim 🖭 🕿 ℗ – 🕍 45. 🖭 ⓪ ᴇ 𝘝𝘐𝘚𝘈 🍴
Menu à la carte 52/92 – **49 Z** 135/320, 3 Suiten.

🏨 **Haus Eggert** 🦢, Zur Haskenau 81 (N : 5 km über Dorbaumstr.), ⊠ 48157, 𝒫 32 80 40
Fax 3280459, 🏤, 🖙, 🖛 – 🖭 🕿 ℗ – 🕍 45. 🖭 ⓪ ᴇ 𝘝𝘐𝘚𝘈
Menu à la carte 41/68 – **35 Z** 115/220.

🏠 **Deutscher Vater,** Petronillaplatz 9, ⊠ 48157, 𝒫 93 20 90, Fax 9320944, 🖙 – |≢| 🖭 🕿 ℗ – 🕍 40. 🖭 ⓪ ᴇ 𝘝𝘐𝘚𝘈 🍴 Zim
Menu *(Freitag geschl.)* à la carte 41/69 – **24 Z** 90/160.

🏠 **Parkhotel Haus Vennemann** 🦢, Vennemannstr. 6, ⊠ 48157, 𝒫 32 90 71, Fax 327339 « Gartenterrasse », 🖛 – |≢| 🖭 🕿 🖘 ℗ – 🕍 150. 🖭 ⓪ ᴇ 𝘝𝘐𝘚𝘈 𝗃𝖼𝖻
Menu *(Sonn- und Feiertage nur Mittagessen)* à la carte 30/58 – **23 Z** 110/160.

🏠 **Handorfer Hof,** Handorfer Str. 22, ⊠ 48157, 𝒫 93 20 50, Fax 9320555, 🏤 – 🖭 🕿 ℗ ᴇ 𝘝𝘐𝘚𝘈 🍴 Zim
Menu *(Montag geschl.)* à la carte 29/54 – **15 Z** 90/150.

In Münster-Hiltrup ③ : 6 km - ❀ 02501 :

🏨 **Waldhotel Krautkrämer** 🦢, Am Hiltruper See 173 (SO : 2,5 km), ⊠ 48165, 𝒫 80 50
Fax 805104, ≤, 🏤, 🖙, ▤, 🖛 – |≢| 🖭 ℗ – 🕍 100. 🖭 ⓪ ᴇ 𝘝𝘐𝘚𝘈 🍴 Rest
23.- 26. Dez. geschl. – **Menu** (bemerkenswerte Weinkarte) à la carte 70/99 – *Bistro (nur Abendessen, Sonntag-Montag geschl.)* **Menu** à la carte 46/72 – **70 Z** 245/380, 4 Suiten.

🏠 **Zur Prinzenbrücke,** Osttor 16, ⊠ 48165, 𝒫 4 49 70 (Hotel), 1 69 14 (Rest.), Fax 449797, 🏤 – |≢| 🖭 🕿 ℗ – 🕍 40. 🖭 ᴇ 𝘝𝘐𝘚𝘈
– *Ristorante Bella Italia* (italienische Küche) **Menu** à la carte 36/69 – **23** 139/179.

🏠 **Gästehaus Landgraf** 🦢, Thierstr. 26, ⊠ 48165, 𝒫 12 36, Fax 3473, 🏤 – 🖭 🕿 ℗. 🖭 ⓪ ᴇ 𝘝𝘐𝘚𝘈 🍴 Rest
Menu *(Montag sowie Feb. und Juli - Aug. jeweils 2 Wochen geschl.)* à la carte 44/74 – **10 Z** 100/140.

🏠 **Hiltruper Gästehaus** garni, Marktallee 44, ⊠ 48165, 𝒫 40 16, Fax 13066 – |≢| 🖭 🕿 ℗ 🖭 ⓪ ᴇ 𝘝𝘐𝘚𝘈 🍴 – **21 Z** 118/160.

In Münster-Mecklenbeck SW : 4 km über Weseler Straße X :

XX **Monasteria** mit Zim, Untietheide 2 (an der B 51), ⊠ 48163, 𝒫 97 10 30, Fax 9710325, 🏤 – 🖭 🕿 ℗. 🖭 ⓪ ᴇ 𝘝𝘐𝘚𝘈
Menu à la carte 41/75 – **7 Z** 110/160.

In Münster-Roxel W : 6,5 km über Einsteinstraße X, vor der Autobahn links ab :

🏨 **Parkhotel Schloß Hohenfeld** 🦢, Dingbänger Weg 400, ⊠ 48161, 𝒫 (02534) 80 80, Fax 7114, « Gartenterrasse », 🖙, ▤, 🖛 – |≢| 🍽 Zim 🖭 🕿 🕭 ℗ – 🕍 120. 🖭 ⓪ ᴇ 𝘝𝘐𝘚𝘈 🍴 Rest – **Menu** à la carte 46/76 – **90 Z** 170/230.

In Münster-Wolbeck SO : 9 km über Wolbecker Straße X :

🏨 **Thier-Hülsmann** (westfälisches Bauernhaus a. d. J. 1676), Münsterstr. 33, ⊠ 48167, 𝒫 (02506) 20 66, Fax 3403, 🖛 – 🍽 🖭 🕿 🖘 ℗ – 🕍 40. 🖭 ⓪ ᴇ 𝘝𝘐𝘚𝘈 🍴
Menu *(Samstag - Sonntag und Juli - Aug. 2 Wochen geschl.)* à la carte 43/73 – **37 Z** 119/269.

MÜNSTEREIFEL, BAD Nordrhein-Westfalen 412 D 15, 987 ② – 17 000 Ew – Höhe 290 m – Kneippheilbad – ✆ 02253.

Sehenswert : Ehemalige Stadtbefestigung★.

🛱 Kurverwaltung, Langenhecke 2, ⊠ 53902, ℰ 50 51 82.

◆Düsseldorf 91 – ◆Bonn 39 – ◆Köln 50.

- 🏦 **Städt. Kneipp-Kurhaus,** Nöthener Str. 10, ⊠ 53902, ℰ 5 40 00, Fax 6408, 🌄, Massage, ⌶, ⚕, ≘s, 🔲 – 🛊 📺 ☎ ⇔ 🅿 – 🔬 250. 🖭 ⓞ 🖛 𝗩𝗜𝗦𝗔. 🛠
  Menu à la carte 40/63 – **41 Z** 108/208.

- 🏦 **Park-Hotel,** Im Schleidtal 4, ⊠ 53902, ℰ 31 40, Fax 31480, 🌄, ≘s, 🔲 – 📺 ☎ 🅿 – 🔬 60. 🖭 ⓞ 🖛
  Menu à la carte 34/64 – **45 Z** 119/203.

- 🏠 **Jungmühle** 🌤 garni, Unnaustr. 14, ⊠ 53902, ℰ 51 55, Fax 8805, Massage, ⌶, ⚕, ≘s – ☎ 🅿. 🛠 – **18 Z**

- 🏠 **Waldhotel Brezing,** Am Quecken, ⊠ 53902, ℰ 45 06, Fax 4581, ≘s, 🚗 – 📺 ☎ 🅿. 🖭 🖛
  15. Dez.- 10. Jan. geschl. – (Restaurant nur für Hausgäste) – **18 Z** 80/160.

- 🏠 **Grunwald's Hotel** garni, Kettengasse 4, ⊠ 53902, ℰ 81 50, ≘s – 📺 ☎ ⇔. 🖭 ⓞ 🖛 𝗩𝗜𝗦𝗔
  13 Z 55/110.

In Bad Münstereifel - Eicherscheid S : 3 km :

- 🏠 **Café Oberfollmühle,** Ahrweiler Str. 41, ⊠ 53902, ℰ 79 04, 🌄, 🚗 – ⇔ 🅿. 🛠 Rest
  10.- 27. Dez. geschl. – Menu *(Nov.- März Mittwoch geschl.)* à la carte 30/47 – **10 Z** 65/150.

MÜNSTER-SARMSHEIM Rheinland-Pfalz siehe Bingen.

MÜNSTERTAL Baden-Württemberg 413 G 23, 987 ③④, 427 H 2 – 5 000 Ew – Höhe 400 m – Luftkurort – Wintersport : 800/1 300 m ✦5 ✦5 – ✆ 07636.

Sehenswert : St. Trudpert (Kirchenschiff★, Kanzel★).

Ausflugsziel : Belchen ✳***★★★ S : 18 km.

🛱 Kurverwaltung, Untermünstertal, ⊠ 79244, ℰ 7 07 30, Fax 70748.

◆Stuttgart 229 – Basel 65 – ◆Freiburg im Breisgau 27.

In Untermünstertal :

- 🏦 **Adler-Stube,** Münster 59, ⊠ 79244, ℰ 2 34, Fax 7390, 🌄, ≘s, 🚗 – 📺 ☎ 🅿. 🖭 🖛 𝗩𝗜𝗦𝗔
  5. Nov.- 20. Dez. geschl. – Menu *(Dienstag - Mittwoch geschl.)* à la carte 34/64 – **19 Z** 84/186.

- 🏦 **Langeck** 🌤, Langeck 6, ⊠ 79244, ℰ 2 09, Fax 7565, ≤, 🌄, ≘s, 🔲 – 🛊 📺 ☎ 🅿. 🖭 🖛 𝗩𝗜𝗦𝗔
  Menu *(Mittwoch geschl., Donnerstag nur Abendessen)* à la carte 39/75 – **18 Z** 72/198.

- 🏠 **Münstertäler Hof,** Hofstr. 49, ⊠ 79244, ℰ 2 28, 🌄 – 🅿. 🖛 𝗩𝗜𝗦𝗔
  Mitte Feb.- Mitte März geschl. – Menu *(Mittwoch - Donnerstag geschl.)* à la carte 33/62 – **8 Z** 52/100.

- ✕✕ **Schmidt's Gasthof zum Löwen,** Wasen 54, ⊠ 79244, ℰ 5 42, Fax 77919, « Gartenterrasse » – 🅿
  15. Jan.- 25. Feb. und Dienstag - Mittwoch geschl. – Menu à la carte 49/96.

In Obermünstertal :

- 🏨🏨 ✿ **Romantik-Hotel Spielweg** 🌤 (Schwarzwaldgasthof mit 2 Gästehäusern), Spielweg 61, ⊠ 79244, ℰ 7 09 77, Fax 70966, 🌄, ≘s, 🔲 (geheizt), 🔲, 🚗, ✕ – 🛊 📺 ⇔ 🅿. 🖭 ⓞ 🖛 𝗩𝗜𝗦𝗔
  Menu *(Montag - Dienstag geschl.)* (Tischbestellung ratsam) 79/98 und à la carte 58/105 – **42 Z** 150/380, 5 Suiten
  Spez. Marinierter Kalbskopf mit Entenleber und Kernöl, Kroß gebratener Zander mit Gnocchi, Münstertäler Rehbäckle mit Waldpilzen.

- 🏠 **Landgasthaus zur Linde** (historischer Gasthof a.d. 17. Jh.), Krumlinden 13, ⊠ 79244, ℰ 4 47, Fax 1632, 🌄, « gemütliche, individuelle Einrichtung » – 📺 ☎ 🅿. 🛠 Rest
  Menu *(Montag geschl.)* à la carte 35/56 🌡 – **12 Z** 65/196.

MÜSCHEN Brandenburg siehe Burg/Spreewald.

MUNKMARSCH Schleswig-Holstein siehe Sylt (Insel).

MUNSTER Niedersachsen 411 N 8, 987 ⑮ – 17 000 Ew – Höhe 73 m – ✆ 05192.

🛱 Munster-Kohlenbissen (SO : 6 km), ℰ 21 08.

◆Hannover 92 – ◆Bremen 106 – ◆Hamburg 82 – Lüneburg 48.

- 🏠 **Kaiserhof,** Breloher Str. 50, ⊠ 29633, ℰ 50 22, Fax 7079 – 📺 ☎ ⇔ 🅿 – 🔬 80. 🖭 ⓞ 🖛 𝗩𝗜𝗦𝗔
  Menu *(Montag geschl.)* à la carte 24/50 – **20 Z** 70/140.

- 🏠 **Lüneburger Hof,** Fr.-Heinrich-Platz 32, ⊠ 29633, ℰ 31 23, Fax 7534 – 📺 ☎ 🅿. 🖭 ⓞ 🖛 𝗩𝗜𝗦𝗔 – Menu à la carte 22/49 – **17 Z** 50/115.

MURNAU Bayern **[413]** Q 23,24, **[987]** ㊲, **[426]** F 5 – 11 000 Ew – Höhe 700 m – Luftkurort – ✆ 08841.

🛈 Verkehrsamt, Kohlgruber Str. 1, ✉ 82418, 𝒫 20 74, Fax 3491.

◆München 70 – Garmisch-Partenkirchen 24 – Weilheim 20.

🏨 **Alpenhof Murnau** ⬙, Ramsachstr. 8, ✉ 82418, 𝒫 49 10, Fax 5438, ⩽ Ammergauer Alpen und Estergebirge, « Gartenterrasse », ⌧ (geheizt), ⚚ – 📺 ☎ 🅿 – 🔬 40. 🝙 **E** 𝐕𝐈𝐒𝐀. ⅏ Rest
Menu (bemerkenswerte Weinkarte) à la carte 72/102 – **44 Z** 155/425.

🏨 **Seidlpark** ⬙, Seidlpark 2, ✉ 82418, 𝒫 49 40, Fax 494333, ⩽, 🏤, 🚡, ⌧, ⚚ – 🛗 ⅍ Zim 📺 ☎ 🅿 – 🔬 100. 🝙 ⓞ **E** 𝐕𝐈𝐒𝐀 𝐉𝐂𝐁
Menu à la carte 32/60 – **62 Z** 158/228 – ½ P 183/188.

🏠 **Klausenhof**, Burggraben 10, ✉ 82418, 𝒫 6 11 60, Fax 5043, 🏤, 🚡 – 🛗 📺 ☎ 🚗 – 🔬 30. **E** 𝐕𝐈𝐒𝐀. ⅏ Zim
Menu à la carte 28/60 – **18 Z** 82/180 – ½ P 100/130.

🏠 **Gästehaus Steigenberger** ⬙ garni, Ramsachstr. 10, ✉ 82418, 𝒫 22 69, Fax 90218, ⩽, 🚡 – 📺 ☎ 🚗 🅿
14 Z 70/130.

🏠 **Post** garni, Obermarkt 1, ✉ 82418, 𝒫 18 61, Fax 99411 – ☎ 🚗. **E** 𝐕𝐈𝐒𝐀. ⅏
7. Nov.- 7. Dez. geschl. – **20 Z** 80/150.

🍴 **Griesbräu,** Obermarkt 37, ✉ 82418, 𝒫 14 22 – 🛗 ☎ 🅿
15. Jan.- 15. Feb. geschl. – **Menu** (Donnerstag geschl.) à la carte 24/45 – **14 Z** 65/98.

In Riegsee-Aidling NO : 6 km :

🍴 **Post** ⬙, Dorfstr. 26, ✉ 82418, 𝒫 (08847) 62 25, ⩽ Wettersteingebirge, 🏤 – 🅿
Menu *(Mittwoch geschl., Donnerstag nur Abendessen)* à la carte 23/44 ⅊ – **13 Z** 55/90.

Check-in :
Nicht schriftlich reservierte Zimmer werden in den meisten Hotels
nur bis 18 Uhr freigehalten.
Bei späterer Anreise ist daher der ausdrückliche Hinweis
auf die Ankunftzeit oder - besser noch - schriftliche Zimmerreservierung ratsam.

MURR AN DER MURR Baden-Württemberg **[413]** K 20 – 4 800 Ew – Höhe 202 m – ✆ 07144.
◆Stuttgart 34 – Heilbronn 32 – Ludwigsburg 11.

🍴🍴 **Trollinger,** Dorfplatz 2, ✉ 71711, 𝒫 20 84 76, Fax 281836, 🏤 – 🝙 **E** 𝐕𝐈𝐒𝐀
Samstag nur Abendessen, Mittwoch und Ende Juni - Mitte Juli geschl. – **Menu** à la carte 36/69.

MURRHARDT Baden-Württemberg **[413]** L 20, **[987]** ㉕ – 14 000 Ew – Höhe 291 m – Erholungsort – ✆ 07192.

Sehenswert : Stadtkirche (Walterichskapelle★).

🛈 Verkehrsamt, Marktplatz 10, ✉ 71540, 𝒫 21 31 24, Fax 5283.

◆Stuttgart 48 – Heilbronn 41 – Schwäbisch Gmünd 34 – Schwäbisch Hall 34.

In Murrhardt-Fornsbach O : 6 km :

🏠 **Landgasthof Krone,** Rathausplatz 3, ✉ 71540, 𝒫 54 01, Fax 20761 – 📺 ☎ 🅿
20. Feb.- 7. März und 30. Okt.- 7. Nov. geschl. – **Menu** (Montag - Dienstag geschl.) à la carte 23/55 ⅊ – **7 Z** 58/106.

MUTTERSTADT Rheinland-Pfalz **[412] [413]** I 18, **[987]** ㉔㉕ – 12 800 Ew – Höhe 95 m – ✆ 06234.
Mainz 77 – Kaiserslautern 58 – ◆Mannheim 12 – Speyer 22.

🏠 **Jägerhof,** An der Fohlenweide 29 (Gewerbegebiet-Süd), ✉ 67112, 𝒫 9 45 00, Fax 945094, 🏤 – 📺 ☎ 🚗 🅿. **E** 𝐕𝐈𝐒𝐀. ⅏ Zim
Juli 3 Wochen geschl. – **Menu** (Freitag geschl.) (wochentags nur Abendessen) à la carte 30/50 ⅊ – **27 Z** 70/150.

🏠 **Ebnet,** Neustadter Str. 53, ✉ 67112, 𝒫 9 46 00, Fax 946060 – ☎ 🅿. 🝙 **E** 𝐕𝐈𝐒𝐀. ⅏
Menu (Freitag-Sonntag und 22. Dez.- 6. Jan. geschl.) (nur Abendessen) à la carte 24/40 ⅊ – **22 Z** 55/120.

🍴🍴 **Ristorante Roma,** Neustädter Str. 11, ✉ 67112, 𝒫 36 50, 🏤. 🝙 **E** 𝐕𝐈𝐒𝐀
Montag geschl. – **Menu** à la carte 40/71 ⅊.

NABBURG Bayern **[413]** T 18, **[987]** ㉗ – 6 500 Ew – Höhe 385 m – ✆ 09433.
◆München 184 – ◆Nürnberg 92 – ◆Regensburg 62 – Weiden in der Oberpfalz 29.

🏠 **Pension Ruhland** garni, Am Kastanienbaum 1, ✉ 92507, 𝒫 5 34, ⩽, ⚚ – ☎ 🅿
15 Z 38/70.

644

NAGOLD Baden-Württemberg 📖 J 21, 📖 ㉟ – 22 300 Ew – Höhe 411 m – ✆ 07452.
🚇 Rathaus, Marktstr. 27, ✉ 72207, ℘ 68 10, Fax 681122.
♦Stuttgart 52 – Freudenstadt 39 – Tübingen 34.

🏠 **Gästehaus Post** garni, Bahnhofstr. 3, ✉ 72202, ℘ 40 48, Fax 4040 – 📶 📺 ☎ 🅿. 🆎 ⓪
   🗲 _VISA_
   20. Dez.- 8. Jan. geschl. – **23 Z** 92/180.

🏠 **Schiff,** Unterm Wehr 19, ✉ 72202, ℘ 26 05, Fax 3880, 🍴 – 📶 📺 ☎ 🅿. 🆎 ⓪ 🗲 _VISA_.
   ✼ Rest
   Menu _(Samstag und Juli-Aug. 3 Wochen geschl.)_ à la carte 29/59 – **23 Z** 75/140.

XXX **Alte Post,** Bahnhofstr. 2, ✉ 72202, ℘ 42 21, Fax 67118, « Fachwerkhaus a.d.J. 1697 » –
   🅿. 🆎 ⓪ 🗲 _VISA_
   Feb. und Aug. jeweils 2 Wochen sowie Freitag geschl. – **Menu** (bemerkenswerte Weinkarte)
   à la carte 50/89.

XX **Eles Restaurant,** Neuwiesenweg 44, ✉ 72202, ℘ 54 85, 🍴 – 🅿
   Sonntag geschl. – **Menu** (nur Abendessen, Tischbestellung ratsam) à la carte 48/72.

XX **Zur Burg,** Burgstr. 2, ✉ 72202, ℘ 37 35, Fax 66291 – 🅿
   Montag nur Mittagessen, Dienstag, über Fasching 2 Wochen und Juli-Aug. 3 Wochen
   geschl. – **Menu** à la carte 37/64.

In Nagold-Pfrondorf N : 4,5 km :

🏠 **Pfrondorfer Mühle,** an der B 463, ✉ 72202, ℘ 8 40 00, Fax 66469, 🍴, 🌳, ✖ – 📺 ☎
   ⇔ 🅿. 🆎 ⓪ 🗲 _VISA_
   Menu à la carte 31/74 – **21 Z** 94/180.

NAILA Bayern 📖 S 16, 📖 ㉗ – 9 000 Ew – Höhe 511 m – Wintersport : 500/600 m 🗲1 🏂1
– ✆ 09282 – 🚇 Fremdenverkehrsamt, Peunthgasse 5, ✉ 95119, ℘ 68 29, Fax 8637.
♦München 288 – Bayreuth 59 – Hof 18.

🏠 **Grüner Baum,** Marktplatz 5, ✉ 95119, ℘ 70 61, Fax 7356 – 📺 ☎ 🅿. 🗲
← **Menu** _(Donnerstag und Aug.- Sept. 3 Wochen geschl.)_ à la carte 22/36 🗲 – **29 Z** 65/115.

In Naila-Culmitz SW : 5 km :

🏠 **Zur Mühle** 🗲, Zur Mühle 6, ✉ 95119, ℘ 63 61, Fax 6384, 🍴, 🌳 – ☎ ⇔ 🅿. 🗲
← **Menu** _(Montag und Mitte Okt.- Anfang Nov. geschl.)_ à la carte 21/32 – **16 Z** 49/98.

In Naila-Hölle N : 6 km – Luftkurort :

🏠 **König David,** Humboldtstr. 27, ✉ 95119, ℘ (09288) 10 08, Fax 5445, 🍴 – ☎ ⇔ 🅿. ⓪
   🗲 _VISA_
   Nov.- Dez. 3 Wochen geschl. – **Menu** à la carte 29/55 – **33 Z** 70/110.

NAKENSDORF Mecklenburg-Vorpommern siehe Neukloster.

NASSAU Rheinland-Pfalz 📖 G 16, 📖 ㉔ – 5 300 Ew – Höhe 80 m – Luftkurort – ✆ 02604.
🚇 Verkehrsamt, Rathaus, ✉ 56377, ℘ 7 02 30, Fax 70258.
Mainz 57 – ♦Koblenz 26 – Limburg an der Lahn 49 – ♦Wiesbaden 52.

🏠 **Rüttgers** garni, Dr.-Haupt-Weg 4, ✉ 56377, ℘ 41 22, Fax 6116 – 📺 ☎ 🅿. 🆎 🗲
   15 Z 60/110.

In Weinähr NO : 6 km :

🏠 **Weinhaus Treis,** Hauptstr. 1, ✉ 56377, ℘ (02604) 50 15, Fax 4543, 🍴, 🗲, 🏊 (geheizt),
   🌳, ✖ – 📺 ☎ 🅿 – 🔬 50. 🆎 ⓪ 🗲 _VISA_
   Menu à la carte 31/52 – **50 Z** 60/138.

NASSAU IM ERZGEBIRGE Sachsen 📖 M 13 – 1 000 Ew – Höhe 640 m – Wintersport 🏂3
– ✆ 037327.
♦Dresden 44.

🏠 **Conrad** 🗲, Dorfstr. 116, ✉ 09623, ℘ 71 25, Fax 7125, 🍴, 🌳 – 📺 ☎ ⇔ 🅿 – 🔬 20.
   🗲 _VISA_
   Menu à la carte 25/45 – **15 Z** 80/120.

NASTÄTTEN Rheinland-Pfalz 📖 G 16 – 3 300 Ew – Höhe 250 m – ✆ 06772.
Mainz 46 – ♦Koblenz 45 – Limburg an der Lahn 34 – ♦Wiesbaden 41.

🏠 **Oranien** 🗲, Oranienstr. 10, ✉ 56355, ℘ 10 35, Fax 2962, 🍴, 🌳, ✖ – 📺 ☎ ⇔ 🅿.
   🆎 🗲
   Juli 2 Wochen geschl. – **Menu** _(Montag geschl.)_ à la carte 30/59 – **16 Z** 50/180.

NAUHEIM Hessen siehe Gross-Gerau.

NAUHEIM, BAD Hessen 412 413 IJ 15, 987 ㉕ – 28 000 Ew – Höhe 145 m – Heilbad – ✆ 06032.
Ausflugsziel : Burg Münzenberg★, N : 13 km – ⌐ Am Golfplatz, 🏌 21 53.
🛈 Verkehrsverein, Neue Kurkolonnade, ✉ 61231, 🏌 21 20, Fax 35142.
♦Wiesbaden 64 – ♦Frankfurt am Main 36 – Gießen 31.

🏨 **Parkhotel am Kurhaus** 🏊, Nördlicher Park 16, ✉ 61231, 🏌 30 30, Telex 415514,
Fax 303419, ≼, 🍴, ≘s, ⎯ – 🛗 🏧 Zim 🆃🆅 ⅋ ⟸ 🅟 – 🔒 300. 🆎 ⓞ ⋹ 𝘝𝘐𝘚𝘈
Menu à la carte 47/75 *(auch Diät und vegetar. Gerichte)* – **99 Z** 176/320, 8 Suiten
– ½ P 194/210.

🏨 **Rosenau,** Steinfurther Str. 1, ✉ 61231, 🏌 8 60 61, Fax 83417, Biergarten, ≘s, ⎯ – 🛗 🏧
🅟 – 🔒 60. 🆎 ⓞ ⋹ 𝘝𝘐𝘚𝘈
27. Dez.- 9. Jan. geschl. – **Menu** *(Montag geschl.)* à la carte 46/72 – **54 Z** 147/248
– ½ P 145/218.

🏨 **Hotel im Sportpark,** In der Au, ✉ 61231, 🏌 40 04, Fax 71201, Massage, ≘s, 🎾 (Halle)
Ⅰ₅ – 🛗 🆃🆅 ☎ 🅟 – 🔒 50. 🆎 ⓞ ⋹ 𝘝𝘐𝘚𝘈
Menu à la carte 33/65 – **25 Z** 154/208 – ½ P 178.

🏨 **Brunnenhof** garni, Ludwigstr. 13, ✉ 61231, 🏌 20 17, Fax 5408 – 🛗 ☎ 🅟 – 🆎 𝘝𝘐𝘚𝘈
22. Dez.- 1. Jan. geschl. – **28 Z** 98/180.

🏠 **Rex,** Reinhardstr. 2, ✉ 61231, 🏌 20 47, Fax 2050 – 🛗 🆃🆅 🅟 ⟸. 🆎 ⓞ ⋹ 𝘝𝘐𝘚𝘈
(nur Abendessen für Hausgäste) – **24 Z** 110/175.

✕✕ **La Toscana,** Friedrichstr. 8, ✉ 61231, 🏌 51 21 – 🆎 ⋹
Menu (italienische Küche, abends Tischbestellung erforderlich) à la carte 29/64.

In Bad Nauheim - Steinfurth N : 3 km :

🏨 **Herrenhaus von Löw** (mit Gästehäusern), Steinfurther Hauptstr.36, ✉ 61231, 🏌 9 69 50,
Fax 969550, 🍴, « Restauriertes Herrenhaus a.d. 19. Jh. mit geschmackvoller Einrichtung,
Restaurant in hist. Gewölbekeller », ≘s – ⥅ Zim 🆃🆅 ☎ 🅟 – 🔒 14. 🆎
Menu (nur Abendessen) à la carte 36/75 – **21 Z** 180/230.

NAUMBURG Hessen 411 412 K 13 – 5 000 Ew – Höhe 280 m – Luftkurort – ✆ 05625.
🛈 Kurverwaltung im Haus des Gastes, Hattenhäuser Weg 10, ✉ 34311, 🏌 79 09 15, Fax 790950.
♦Wiesbaden 218 – ♦Kassel 36 – Korbach 27 – Fritzlar 17.

🏠 **Weinrich,** Bahnhofstr. 7, ✉ 34311, 🏌 2 23, Fax 7321, 🍴 – ☎ ⟸ 🅟. 🆎 ⓞ ⋹ 𝘝𝘐𝘚𝘈. ⥅ Zim
Nov. geschl. – **Menu** à la carte 28/48 – **19 Z** 60/120 – ½ P 75/90.

In Naumburg-Heimarshausen SO : 9 km :

🏠 **Ferienhof Schneider** 🏊, Kirschhäuserstr. 7, ✉ 34311, 🏌 (05622) 17 98, Fax 70940, 🍴,
≘s, 🍴, 🎾, 🐎 (Reitplatz) – 🅟. ⥅ Zim
10.- 31. Jan. geschl. – **Menu** à la carte 28/52 – **32 Z** 57/118 – ½ P 62/76.

NAUMBURG Sachsen-Anhalt 414 H 12. 984 ㉓. 987 ⑰ – 31 000 Ew – Höhe 108 m – ✆ 03445.
🛈 Fremdenverkehrsamt, Markt 6, ✉ 06618, 🏌 20 16 14, Fax 201614.
Magdeburg 135 – Weimar 49.

🏨 **Stadt Aachen,** Markt 11, ✉ 06618, 🏌 24 70, Fax 247130, 🍴 – 🛗 🆃🆅 ☎. 🆎 ⓞ ⋹ 𝘝𝘐𝘚𝘈
Menu à la carte 26/61 – **38 Z** 115/250.

🏠 **Zur Alten Schmiede,** Lindenring 36, ✉ 06618, 🏌 81 61, Fax 8616 – 🛗 🆃🆅 ☎. 🆎 ⋹ 𝘝𝘐𝘚𝘈
Menu *(Sonntag geschl.)* (nur Abendessen) à la carte 28/46 – **30 Z** 115/160.

✕✕ **Ratskeller,** Markt 1, ✉ 06618, 🏌 20 20 63, Fax 202063 – 🆎 ⋹ 𝘝𝘐𝘚𝘈
← Sonntag nur Mittagessen – **Menu** à la carte 24/52.

✕ **Domklause,** Herrenstr. 8, ✉ 06618, 🏌 20 25 74, Fax 6730, 🍴 – ⥅. 🆎 ⓞ ⋹ 𝘝𝘐𝘚𝘈
← **Menu** à la carte 19/33.

NAUNHOF Sachsen 414 J 12. 984 ⑲ ㉓. 987 ⑰ – 5 000 Ew – Höhe 130 m – ✆ 034293.
♦Dresden 95 – ♦Leipzig 22.

🏨 **Estrela,** Mühlgasse 2, ✉ 04683, 🏌 3 20 45, Fax 32049, 🍴, 🍴 – 🆃🆅 ☎ 🅟 – 🔒 20
(nur Abendessen) – **36 Z**

🏠 **Rosengarten,** Nordstr. 22, ✉ 04683, 🏌 2 93 95, Fax 29179, 🍴, ≘s – 🆃🆅 ☎ 🅟
(nur Abendessen) – **29 Z**

🏠 **Carolinenhof,** Bahnhofstr. 32, ✉ 04683, 🏌 2 98 35, Fax 30835, 🍴, ≘s – 🛗 🆃🆅 🅟 – 🔒 25.
🆎 ⋹
Menu *(Montag nur Abendessen)* à la carte 26/50 – **35 Z** 110/195.

In Großsteinberg am See O : 2 km :

🏠 **Haus am See** 🏊, ✉ 04668, 🏌 (034293) 2 93 83, Fax 29383, ≼, ≘s, 🍴 – 🆃🆅 ☎. 🆎 ⋹
(nur Abendessen für Hausgäste) – **15 Z** 130/160.

NAURATH / WALD Rheinland-Pfalz siehe Trittenheim.

Schleswig-Holstein siehe Amrum (Insel).

NEBRA Sachsen-Anhalt 🔲🔲🔲 G 12, 🔲🔲🔲 ㉓ – 3 400 Ew – Höhe 240 m – ☎ 034461.
Magdeburg 117 – Naumburg 37 – Sangerhausen 39 – Weimar 48.

🏠 **Schlosshotel**, Schloßgasse 1, ⌧ 06642, ℰ 2 27 50, Fax 22750 – 📺 ☎ ⇌ 🅿 – 🔬 50.
🖭 ⓞ ∈ 𝑉𝐼𝑆𝐴 – **Menu** à la carte 26/45 – **21 Z** 90/140.

NECKARGEMÜND Baden-Württemberg 🔲🔲 🔲🔲🔲 J 18, 🔲🔲🔲 ㉕ – 15 000 Ew – Höhe 124 m –
☎ 06223.
Ausflugsziel : Dilsberg : Burg (Turm ⚹★) NO : 5 km.
🛈 Verkehrsamt, Hauptstr. 25, ⌧ 69151, ℰ 35 53.
◆Stuttgart 107 – Heidelberg 10 – Heilbronn 53.

🏠 **Zum Ritter** (Haus a. d. 16. Jh.), Neckarstr. 40, ⌧ 69151, ℰ 70 35, Fax 73339, ≼ – 📺 ☎
– 🔬 40. 🖭 ∈ 𝑉𝐼𝑆𝐴 𝐽𝐶𝐵 – **Menu** à la carte 44/81 – **39 Z** 95/210.

In Neckargemünd-Dilsberg NO : 4,5 km :

XX **Sonne**, Obere Str. 14, ⌧ 69151, ℰ 22 10, Fax 6452 – 🖭 ⓞ ∈ 𝑉𝐼𝑆𝐴
Donnerstag, 2.- 16. Feb. und 10.- 24. Aug. geschl. – **Menu** à la carte 33/70.

In Neckargemünd-Kleingemünd N : 1 km :

🏠 **Zum Schwanen** ⑤, Uferstr. 16, ⌧ 69151, ℰ 70 70, Fax 2413, ≼, 🏡 – 📺 ☎ 🅿 – 🔬 40.
🖭 ⓞ ∈ 𝑉𝐼𝑆𝐴 𝐽𝐶𝐵 – **Menu** à la carte 47/80 – **24 Z** 150/230.

In Neckargemünd-Rainbach O : 2 km :

XX **Landgasthof Die Rainbach**, Ortsstr. 9, ⌧ 69151, ℰ 24 55, Fax 71491, Biergarten,
« Terrasse mit ≼ » – 🅿. ∈
Montag und Mitte Jan.- Mitte Feb. geschl. – **Menu** à la carte 39/76.

In Neckargemünd-Waldhilsbach SW : 5 km :

XX **Zum Rössl** mit Zim, Heidelberger Str. 15, ⌧ 69151, ℰ 26 65, Fax 6859, 🏡 – ⇌ 🅿. 🖭 ∈ 𝑉𝐼𝑆𝐴
Feb. und Juli jeweils 2 Wochen geschl. – **Menu** *(Montag - Dienstag geschl.)* à la carte 32/63
⅋ – **15 Z** 60/110.

NECKARSTEINACH Hessen 🔲🔲 🔲🔲🔲 J 18, 🔲🔲🔲 ㉕ – 3 900 Ew – Höhe 127 m – ☎ 06229.
◆Wiesbaden 111 – Heidelberg 14 – Heilbronn 57.

🏠 **Vierburgeneck**, Heiterswiesenweg 11 (B 37), ⌧ 69239, ℰ 5 42, Fax 396, ≼, 🏡, 🛤 – 🅿. ⚹
20. Dez.- 5. Feb. geschl. – **Menu** *(Dienstag und 20. Aug.- 5. Sept. geschl.)* *(nur Abendessen)*
à la carte 26/65 – **15 Z** 68/130.

NECKARSULM Baden-Württemberg 🔲🔲 🔲🔲🔲 K 19, 🔲🔲🔲 ㉕ – 22 000 Ew – Höhe 150 m –
☎ 07132.
◆Stuttgart 58 – Heilbronn 5,5 – ◆Mannheim 78 – ◆Würzburg 106.

🏠 **Astron**, Sulmstr. 2, ⌧ 74172, ℰ 38 80, Fax 388113, 🏡, 🖙 – 🛗 🍴 Zim 🍽 Rest 📺 ☎
⅋ ⇌ 🅿 – 🔬 120. 🖭 ⓞ ∈ 𝑉𝐼𝑆𝐴 𝐽𝐶𝐵
Menu à la carte 40/65 – **84 Z** 148/190.

🏠 **Linde**, Stuttgarter Str. 11, ⌧ 74172, ℰ 9 86 60, Fax 9866222, 🏡 – 📺 ☎ 🅿
Menu *(Sonntag nur Mittagessen, Samstag und 1.- 7. Jan. geschl.)* à la carte 43/65 ⅋ –
28 Z 95/175.

🏠 **Post**, Neckarstr. 8, ⌧ 74172, ℰ 50 81, Fax 17514 – 📺 ☎ 🅿 – 🔬 25. ⓞ 𝑉𝐼𝑆𝐴
1.- 15. Aug. und 24. Dez.- 10. Jan. geschl. – **Menu** *(Samstag geschl.)* à la carte 33/70 ⅋
– **41 Z** 95/200.

🏠 **Villa Sulmana** ⑤ garni, Ganzhornstr. 21, ⌧ 74172, ℰ 50 24, Fax 6891 – 🛗 📺 ☎ 🅿. ⚹
29 Z 98/160.

NECKARTENZLINGEN Baden-Württemberg 🔲🔲🔲 K 21 – 5 000 Ew – Höhe 292 m – ☎ 07127.
◆Stuttgart 32 – Reutlingen 15 – Tübingen 18 – ◆Ulm (Donau) 80.

X **Krone-Knöll** mit Zim, Marktplatz 1, ⌧ 72564, ℰ 9 29 40, Fax 929499, 🏡 – 📺 ☎ 🅿. 🖭
∈ 𝑉𝐼𝑆𝐴. ⚹ – **Menu** *(Dienstag geschl.)* à la carte 38/62 – **9 Z** 105/180.

NECKARWESTHEIM Baden-Württemberg 🔲🔲 🔲🔲🔲 K 19 – 2 700 Ew – Höhe 266 m – ☎ 07133
(Lauffen am Neckar).
🏌 Schloß Liebenstein, ℰ 1 60 19.
◆Stuttgart 41 – Heilbronn 13 – Ludwigsburg 25.

🏠 **Schloßhotel Liebenstein** ⑤ (mit Renaissancekapelle a.d.J. 1600), S : 2 km, ⌧ 74382,
ℰ 60 41, Fax 6045, ≼ – 🛗 📺 ☎ 🅿 – 🔬 100
(wochenends nur Abendessen) – **24 Z**

🏠 **Am Markt** garni, Marktplatz 2, ⌧ 74382, ℰ 9 81 00, Fax 14423 – 🛗 📺 ☎ ⇌. 🖭 ∈
14 Z 80/130.

NECKARZIMMERN Baden-Württemberg 𝟜𝟙𝟚 𝟜𝟙𝟛 K 19 – 1 650 Ew – Höhe 151 m – ✆ 06261 (Mosbach).

Sehenswert : Burg Hornberg (Turm ≤ ★).

◆Stuttgart 80 – Heilbronn 25 – Mosbach 8.

🏨 **Burg Hornberg** ⟩ (Burg Götz von Berlichingens), ☒ 74865, ℘ 40 64, Fax 18864, ≤ Neckartal – 📺 ☎ Ⓟ – 🅰 45. ◪ 𝐕𝐈𝐒𝐀
20. Dez.- Feb. geschl. – **Menu** à la carte 47/79 – **24 Z** 120/280.

NEHREN Baden-Württemberg 𝟜𝟙𝟛 K 21 – 3 500 Ew – Höhe 430 m – ✆ 07473.

◆Stuttgart 56 – Tübingen 10 – Villingen-Schwenningen 69.

🏠 **Nehrener Hof,** Bahnhofstr. 57, ☒ 72147, ℘ 80 61, Fax 25833 – 📺 ☎ Ⓟ
Menu à la carte 34/58 – **17 Z** 68/122.

NEHREN Rheinland-Pfalz 𝟜𝟙𝟚 E 16 – 100 Ew – Höhe 90 m – ✆ 02673.

Mainz 120 – Koblenz 63 – ◆Trier 74.

🏨 **Quartier Andre,** Moselstr. 2, ☒ 56820, ℘ 40 15, Fax 4168, 😃, 🦢 – 📺 ☎ 🔥 Ⓟ. ◪ ⓪ ◪ 𝐕𝐈𝐒𝐀. ⅏ Rest
Jan.- 15. März und 15. Nov.- 22. Dez. geschl. – **Menu** (Dienstag geschl.) à la carte 25/47 🍴 – **13 Z** 65/120.

NEIDENSTEIN Baden-Württemberg 𝟜𝟙𝟚 𝟜𝟙𝟛 J 19 – 1 600 Ew – Höhe 167 m – ✆ 07263.

◆Stuttgart 98 – Heidelberg 27.

🍴 **Zur Sonne** (ehemaliger Bauernhof a. d. J. 1791), Bahnhofstr. 6, ☒ 74933, ℘ 12 16, Fax 3882, 😃 – Ⓟ
Donnerstag geschl. – **Menu** (wochentags nur Abendessen) à la carte 25/48.

NELLINGEN Baden-Württemberg 𝟜𝟙𝟛 M 21 – 1 600 Ew – Höhe 680 m – ✆ 07337.

◆Stuttgart 72 – Göppingen 41 – ◆Ulm 28.

🏠 **Landgasthof Krone,** Aicher Str. 7, ☒ 89191, ℘ 9 69 60, Fax 969696, 🦢 – 📶 📺 ☎ Ⓟ – 🅰 30. ⅏ Rest
24. Dez. - Mitte Jan. geschl. – **Menu** (Sonn- und Feiertage geschl.) à la carte 26/50 – **40 Z** 65/120.

*Benutzen Sie immer die neuesten Ausgaben
der Michelin-Straßenkarten und - Reiseführer.*

NENNDORF, BAD Niedersachsen 𝟜𝟙𝟙 𝟜𝟙𝟚 KL 9. 𝟡𝟠𝟟 ⑮ – 10 000 Ew – Höhe 70 m – Heilbad – ✆ 05723.

🛈 Kur- und Verkehrsverein, Kurhausstr. 4, ☒ 31542, ℘ 34 49, Fax 1435.

◆Hannover 32 – Bielefeld 85 – ◆Osnabrück 115.

🏨 **Hannover** ⟩, Buchenallee 1, ☒ 31542, ℘ 79 20, Fax 792300, 😃, ≘s – 📶 ✤ Zim 📺 ☎ ⟸ Ⓟ – 🅰 150. ◪ ◪ 𝐕𝐈𝐒𝐀
Menu à la carte 35/74 – **72 Z** 115/400.

🏨 **Harms** ⟩, Gartenstr. 5, ☒ 31542, ℘ 70 31, Fax 703280, Massage, ≘s, 🦢 – 📶 📺 ☎ Ⓟ
20. Dez.- 5. Jan. geschl. – (Restaurant nur für Hausgäste) – **50 Z** 80/190.

🏠 **Schaumburg-Diana** (mit Gästehäusern), Rodenberger Allee 28, ☒ 31542, ℘ 50 94, Fax 3585, 🦢 – 📺 ☎ Ⓟ. ◪ ⓪ ◪ 𝐕𝐈𝐒𝐀. ⅏ Rest
23. Dez.- 2. Jan. geschl. – (Restaurant nur für Hausgäste) – **44 Z** 100/363.

🍴🍴 **Tallymann,** Hauptstr. 59, ☒ 31542, ℘ 61 67, Fax 707164, 😃 – Ⓟ. ◪ ⓪ ◪ 𝐕𝐈𝐒𝐀
Menu à la carte 34/66.

In Bad Nenndorf-Riepen NW : 4,5 km über die B 65 :

🍴🍴🍴 ❀ **Schmiedegasthaus - Restaurant La forge** ⟩ mit Zim, Riepener Str. 21, ☒ 31542, ℘ (05725) 50 55, Fax 7282 – 📺 ☎ ⟸ Ⓟ – 🅰 100. ◪ ⓪ ◪ 𝐕𝐈𝐒𝐀. ⅏ Rest
Juli - Aug. 3 Wochen geschl. – **Menu** (Montag - Dienstag, Jan. 2 Wochen und Juli - Aug. 3 Wochen geschl.) (nur Abendessen) à la carte 85/116 – **Schmiederestaurant** (auch Mittagessen, Montag geschl.) **Menu** à la carte 30/62 – **19 Z** 65/295
Spez. Pfannkuchentorte mit geräuchertem Kaninchenstrudel und Salbeisauce, Schaumburger Milchzicklein (März-April), Geeiste Welfenspeise im Baumkuchenmantel.

In Bad Nenndorf-Waltringhausen NO : 1,5 km :

🏠 **Deisterblick** garni, Finkenweg 1, ☒ 31542, ℘ 30 36, Fax 4686 – 📺 ☎ ⟸ Ⓟ
20. Dez.- 5. Jan. geschl. – **16 Z** 85/126.

NENTERSHAUSEN Hessen siehe Sontra.

Baden-Württemberg 🄳🄹🄸 NO 20, 🄸🄸🄸 ㉟ – 8 000 Ew – Höhe 500 m – Erholungsort
– 🕿 07326.

Sehenswert : Klosterkirche★.

🚩 Hofgut Hochstadt (S : 3 km), 𝒫 (07326) 79 79.

🖪 Verkehrsamt, Hauptstr. 21, ✉ 73450, 𝒫 81 49, Fax 8146.

◆Stuttgart 101 – Aalen 26 – Heidenheim an der Brenz 21 – ◆Nürnberg 111.

In Neresheim-Ohmenheim N : 3 km :

🏠 **Landhotel Zur Kanne,** Brühlstr. 2, ✉ 73450, 𝒫 80 80, Fax 80880, 🕿, ℅ – 🛗 📺 🕿 🅿
– 🔬 35. 🄰🄴 ⓞ 🄴 𝐕𝐈𝐒𝐀
Menu à la carte 25/58 🍴 – **56 Z** 82/150.

Niedersachsen 🄰🄹🄹 F 6 – 1 500 Ew – Höhe 5 m – 🕿 04933.

⛴ von Nesse-Neßmersiel nach Baltrum 𝒫 (04939) 2 35.

◆Hannover 266 – Emden 50 – Oldenburg 95 – Wilhelmshaven 58.

In Nesse-Neßmersiel NW : 4 km :

🏠 **Fährhaus,** Dorfstr. 35, ✉ 26553, 𝒫 3 03, Fax 2390, 🏠 – 📺 🅿
Ende Okt.- 24. Dez. und Anfang Jan.- Mitte März geschl. – **Menu** à la carte 32/57 – **17 Z**
50/120.

Bayern 🄳🄹🄸 O 24, 🄸🄸🄸 ㉟, 🄸🄸🄸 D 6 – 3 500 Ew – Höhe 865 m – Luftkurort –
Wintersport : 900/1 600 m ⭧6 ⭦4 – 🕿 08361.

🖪 Verkehrsamt, Rathaus, Hauptstr. 18, ✉ 87484, 𝒫 7 50, Fax 3788.

◆München 120 – Füssen 17 – Kempten (Allgäu) 24.

🏩 **Post,** Hauptstr. 25, ✉ 87484, 𝒫 3 09 10, Fax 30973, Brauereimuseum – 📺 🕿 🚗 🅿. 🄴
𝐕𝐈𝐒𝐀
Menu à la carte 28/60 🍴 – **23 Z** 85/150 – ½ P 103/113.

🏩 **Gisela** ⌂, Falkensteinstr. 9, ✉ 87484, 𝒫 2 17, Fax 3889, 🏠, 🕿, 🐎 – 📺 🕿 🅿. ℅
24. April - 18. Mai und 23. Okt.- Nov. geschl. – **Menu** *(Montag - Freitag nur Abendessen,*
Mittwoch geschl.) a la carte 30/59 – **15 Z** 70/135.

🏠 **Alpenhotel Martin** ⌂, An der Riese 18, ✉ 87484, 𝒫 14 24, Fax 1890, 🏠, 🕿 – 🚗
◆ 🅿
15. Nov.- 15. Dez. geschl. – **Menu** à la carte 24/50 🍴 – **20 Z** 60/120.

🏠 **Marianne,** Römerstr. 11, ✉ 87484, 𝒫 32 18, Fax 1091, 🏠, 🐎 – 🅿. ℅
22. März - 1. April und Nov.- 18. Dez. geschl. – **Menu** (nur Abendessen) à la carte 29/53
– **30 Z** 55/130.

In Nesselwang-Lachen NO : 2 km :

🏠 Löwen, an der Straße nach Marktoberdorf, ✉ 87484, 𝒫 6 40, Fax 1752, 🏠, 🕿, 🔲, 🐎
– 🛗 🅿
27 Z.

Nordrhein-Westfalen 🄰🄹🄸 H 14 – 24 000 Ew – Höhe 250 m – 🕿 02738.

🖪 Verkehrsverein, Neumarkt 18, ✉ 57250, 𝒫 60 30.

◆Düsseldorf 138 – Siegen 8.

In Netphen-Sohlbach NO : 8 km :

🏠 **Waldhaus** ⌂, Vorm Breitenberg 29, ✉ 57250, 𝒫 12 84, Fax 8050, ≤, Biergarten, 🕿, 🔲,
🐎 – 📺 🕿 🅿. 🄰🄴 🄴. ℅
1.- 15. März und 20. Nov.- 10. Dez. geschl. – **Menu** *(Mittwoch geschl.)* (wochentags nur
Abendessen) à la carte 27/62 – **9 Z** 63/130.

Bei der Lahnquelle SO : 17,5 km über Netphen-Deuz – Höhe 610 m

🏠 **Forsthaus Lahnquelle** ⌂, Lahnhof 1, ✉ 57250 Netphen, 𝒫 (02737) 34 03, Fax 243, ≤,
🏠, 🕿 – 📺 🕿 🅿
Menu à la carte 34/72 – **14 Z** 75/140.

Nordrhein-Westfalen 🄰🄹🄸 B 13, 🄸🄸🄸 ⑬ ㉙ – 40 000 Ew – Höhe 46 m – 🕿 02153.

◆Düsseldorf 47 – Krefeld 24 – Mönchengladbach 24 – Venlo 15.

In Nettetal-Breyell :

🏩 **Hermitage,** Lobbericher Str. 51, ✉ 41334, 𝒫 97 80, Fax 978178 – ≒⊳ Zim 📺 🕿 🅿 –
🔬 50. 🄰🄴 ⓞ 🄴 𝐕𝐈𝐒𝐀
Menu *(Samstag - Sonntag nur Abendessen)* à la carte 39/70 – **34 Z** 120/190.

℅℅ **Hoeg's Bistro-Restaurant,** Lindenallee 2, ✉ 41334, 𝒫 7 04 22, Fax 70995 – 🄰🄴 🄴 𝐕𝐈𝐒𝐀
Samstag - Sonntag nur Abendessen, Montag geschl. – **Menu** a la carte 50/81.

In Nettetal-Hinsbeck – Erholungsort :

🏨 **Haus Josten,** Wankumer Str. 3, ⊠ 41334, ℰ 20 36, Fax 13188 – 📺 ☎ 🚗 🅿 – 🔬 70 🖭 ⓞ 🄴 𝘝𝘐𝘚𝘈
Juli geschl. – **Menu** *(Mittwoch geschl.)* (wochentags nur Abendessen) à la carte 35/62 –
18 Z 85/150.

🏩 **Zum Mühlenberg** 🦢 garni, Büschen 14, ⊠ 41334, ℰ 9 18 80, Fax 918833 – 📺 ☎ 🕭
🅿
15 Z 60/110.

In Nettetal-Leuth – Erholungsort :

🏨 **Leuther Mühle,** Hinsbecker Str. 34 (B 509), ⊠ 41334, ℰ (02157) 13 20 61, Fax 132527,
🌧, 🌳 – 📺 ☎ 🅿 – 🔬 20. 🖭 🄴 𝘝𝘐𝘚𝘈 𝗝𝗖𝗕. ✁
Menu à la carte 43/76 – **26 Z** 105/165.

In Nettetal-Lobberich :

🏩 **Haus am Rieth,** Reinersstr. 5, ⊠ 41334, ℰ 6 00 41, Fax 13492, 🕭, 🖳 – 🛏 Zim 📺 ☎
🚗 🅿 – 🔬 15. 🖭 ⓞ 🄴 𝘝𝘐𝘚𝘈. ✁
(nur Abendessen für Hausgäste) – **21 Z** 75/120.

🏩 **Zum Schänzchen,** Am Schänzchen 5 (südlich der BAB-Ausfahrt), ⊠ 41334, ℰ 24 65,
Fax 89618 – 📺 ☎ 🅿. 🖭 🄴 𝘝𝘐𝘚𝘈
Menu *(Montag und Juli-Aug. 3 Wochen geschl.)* à la carte 32/60 – **21 Z** 70/150.

NETZEN Brandenburg siehe Brandenburg.

NEU GOLM Brandenburg siehe Saarow-Pieskow, Bad.

NEUALBENREUTH Bayern 𝟜𝟙𝟛 U 17 – 1 450 Ew – Höhe 549 m – 🌀 09638.
🅕 Schloß Ernestgrün (S : 1 km), ℰ 12 71.
♦München 254 – Bayreuth 83 – ♦Nürnberg 171.

🏨 **Schloßhotel Ernestgrün** 🦢, Rothmühle 15 (S : 1,5 km), ⊠ 95698, ℰ 8 00, Fax 80400,
« Gartenterrasse », 🕭, 🖳, 🌳, ✗ – 🛌 🛏 Zim 📺 ☎ 🅿 – 🔬 40. 🖭 ⓞ 🄴 𝘝𝘐𝘚𝘈
Menu à la carte 30/60 – **76 Z** 95/180.

NEUBERG Hessen siehe Erlensee.

NEUBEUERN Bayern 𝟜𝟙𝟛 T 23, 𝟜𝟚𝟞 I 5 – 4 000 Ew – Höhe 478 m – Erholungsort – 🌀 08035
(Raubling).
♦München 69 – Miesbach 31 – Rosenheim 12.

🏩 **Burghotel - Burgdacherl** 🦢, Marktplatz 23, ⊠ 83115, ℰ 24 56, Fax 1312, ≤ Riesenkopf
und Kaisergebirge, 🌧, Massage, 🕭 – 🛌 📺 ☎ 🚗 🅿. 🖭 ⓞ 🄴 𝘝𝘐𝘚𝘈. ✁
15.- 28. Feb. geschl. – **Menu** *(Montag geschl.)* à la carte 30/50 – **13 Z** 63/136.

🞐 **Hofwirt,** Marktplatz 5, ⊠ 83115, ℰ 23 40, Fax 8315, Biergarten – ☎. ✁ Zim
Menu *(Montag geschl.)* à la carte 20/40 🍷 – **16 Z** 60/100.

NEUBRANDENBURG Mecklenburg-Vorpommern 𝟜𝟙𝟜 L 5, 𝟿𝟪𝟜 ⑦, 𝟿𝟪𝟟 ⑦ – 88 000 Ew –
Höhe 19 m – 🌀 0395.
Sehenswert : Stadtbefestigung★★.
Ausflugsziele : Feldberger Seenlandschaft★ – Neustrelitz (Schloßpark★, Orangerie-Malereien★).
🛈 Tourist-Information, Turmstr. 11, ⊠ 17033, ℰ 5 82 22 67.
ADAC, Demminer Str. 10, ⊠ 17034, ℰ 4 22 65 07, Fax 4226507.
Schwerin 149 – ♦Rostock 103 – Stralsund 99 – Szczecin 99.

🏨 **Vier Tore,** Treptower Str. 1, ⊠ 17033, ℰ 5 58 60, Fax 5586625 – 🛌 🛏 Zim 🍽 Zim 📺
☎ 🕭 🅿 – 🔬 100. 🖭 ⓞ 🄴 𝘝𝘐𝘚𝘈. ✁ Rest
Menu à la carte 35/62 – **190 Z** 195/300, 7 Suiten.

🏨 **CTK-Hotel,** Friedrich-Engels-Ring 52, ⊠ 17033, ℰ 55 60, Fax 5562682, 🕭 – 🛌 🛏 Zim
📺 ☎ 🅿. 🖭 ⓞ 🄴 𝘝𝘐𝘚𝘈. ✁ Rest
Menu (nur Abendessen) à la carte 24/48 – **177 Z** 140/185, 3 Suiten.

🏩 **Borchert,** Friedrich-Engels-Ring 40, ⊠ 17033, ℰ 5 82 26 07, Fax 5442004 – 📺 ☎ 🅿. 🄴
✁
Menu (nur Abendessen) à la carte 30/62 – **30 Z** 112/152.

🞿🞿 **Bonjour,** Kleiststr. 9, ⊠ 17033, ℰ 5 66 64 91, Fax 5666492 – 🖭 ⓞ 🄴 𝘝𝘐𝘚𝘈
Sonntag nur Mittagessen – **Menu** à la carte 33/63.

🞿 **Fritz Reuter,** Friedländer Str. 2, ⊠ 17033, ℰ 5 82 31 55, Fax 5823155
(Sonntag nur Mittagessen) – **Menu** à la carte 24/45.

In Podewall N : 8 km :

🏛 **Landsgasthof Podewall** ॐ, Fuchsberg 1, ⊠ 17039, ℘ 42 96 40, Fax 4296454 – 📺 ☎ 🅿
– 🏦 20. 🖻 *VISA*
Menu à la carte 27/63 – **13 Z** 140/240.

Außerhalb nahe der B 96, S : 13 km :

🏛 **Bornmühle** ॐ, ⊠ 17094 Groß Nemerow, ℘ (039605) 3 61, Fax 360, 淦, ☎, ☞ – |≢| 📺
☎ ₺, ⇦ 🅿 – 🏦 60. 🖭 ⑩ 🖻 *VISA*
Menu à la carte 33/67 – **42 Z** 155/245.

NEUBRUNN Bayern 𝟜𝟙𝟚 𝟜𝟙𝟛 M 17 – 2 200 Ew – Höhe 290 m – ✪ 09307.
▶München 300 – Wertheim 14 – ◆Würzburg 21.

In Neubrunn-Böttigheim SW : 5 km :

🏠 **Berghof** ॐ, Neubrunner Weg 15, ⊠ 97277, ℘ (09349) 12 48, Fax 1469, ≼, 淦, ☞ – 📺
◆ ☎ 🅿
Jan.- Feb. 4 Wochen geschl. – **Menu** *(Montag geschl.)* à la carte 24/45 ₺ – **13 Z** 52/110.

NEUBUKOW Mecklenburg-Vorpommern 𝟜𝟙𝟙 R 4, 𝟜𝟙𝟜 H 3, 𝟡𝟠𝟟 ⑥ – 4 700 Ew – Höhe 50 m
– ✪ 038294.
Schwerin 54 – Neukloster 25 – ◆Rostock 31 – Wismar 23.

In Jörnsdorf NO : 3 km :

🏠 **Störtebeker,** an der B 105, ⊠ 18233, ℘ (038294) 1 20 22 – 📺 ☎ 🅿. 🖭 ⑩ 🖻 *VISA*
Menu à la carte 26/50 – **33 Z** 45/200.

NEUBULACH Baden-Württemberg 𝟜𝟙𝟛 J 20,21 – 3 800 Ew – Höhe 584 m – Luftkurort –
✪ 07053.
🖪 Kurverwaltung, Rathaus, ⊠ 75387, ℘ 9 69 50, Fax 6416.
◆Stuttgart 57 – Calw 10 – Freudenstadt 41.

🏠 **Hirsch,** Calwer Str. 5, ⊠ 75387, ℘ 96 97 00, Fax 3473, ☞ – 📺 ⇦ 🅿. ❀ Zim
Jan. 2 Wochen geschl. – **Menu** *(Mittwoch geschl.)* à la carte 25/54 ₺ – **14 Z** 53/146.

In Neubulach-Martinsmoos SW : 5 km :

🏠 **Schwarzwaldhof,** Wildbader Str. 28, ⊠ 75387, ℘ (07055) 73 55, Fax 2233, 淦, ☞ – 📺
◆ 🅿. ❀
15. Feb.- 5. März und 5. Nov.- 5. Dez. geschl. – **Menu** *(Dienstag geschl.)* à la carte 24/46
₺ – **16 Z** 50/110.

In Neubulach-Oberhaugstett SW : 1 km :

🏠 **Löwen,** Hauptstr. 21, ⊠ 75387, ℘ 60 24, 淦, ☞ – 📺 ☎ ⇦ 🅿
Feb. 3 Wochen geschl. – **Menu** *(Dienstag nur Mittagessen)* à la carte 26/52 ₺ – **17 Z**
48/100.

NEUBURG AN DER DONAU Bayern 𝟜𝟙𝟛 Q 20, 𝟡𝟠𝟟 ㊱ – 26 000 Ew – Höhe 403 m – ✪ 08431.
Sehenswert : Hofkirche (Stuckdecke★, Barockaltar★).
🖫 Gut Rohrenfeld (O : 7 km), ℘ (08431) 4 41 18.
🖪 Städt. Fremdenverkehrsbüro, Amalienstr. A 51, ⊠ 86633, ℘ 5 52 40, Fax 55329.
◆München 95 – ◆Augsburg 53 – Ingolstadt 22 – ◆Ulm (Donau) 124.

🏠 **Bergbauer,** Fünfzehnerstr. 11, ⊠ 86633, ℘ 4 70 95, Fax 47090, 淦, ☎ – 📺 ☎ ⇦. 🖻
VISA
Menu *(Freitag geschl., Samstag nur Abendessen)* à la carte 29/63 *(auch vegetarische
Gerichte)* – **22 Z** 85/150.

🏠 **Garni,** Schrannenplatz C 153, ⊠ 86633, ℘ 6 72 10, Fax 41799 – ☎. 🖻
24. Dez.- 8. Jan. geschl. – **13 Z** 46/79.

🌳 **Kieferlbräu,** Eybstr. B 239, ⊠ 86633, ℘ 20 14 – 🅿
◆ **Menu** *(Sonn- und Feiertage nur Mittagessen, Donnerstag und Ende Juli - Mitte Aug. geschl.)*
à la carte 20/41 – **26 Z** 45/98.

In Neuburg-Bergen NW : 8 km :

🏠 **Zum Klosterbräu,** Kirchplatz 1, ⊠ 86633, ℘ 30 78, Fax 41120, 淦, « Altbayrische
◆ Gaststuben », ☎, ❀, 🌳 ☎ ₺, ⇦ 🅿. 🖻 *VISA*
Sept. 1 Woche und 24. Dez.- Mitte Jan. geschl. – **Menu** *(Sonntag nur Mittagessen, Montag
geschl.)* à la carte 21/52 – **27 Z** 72/150.

In Neuburg-Bittenbrunn NW : 2 km :

🏠 **Zum Kirchbauer** (traditioneller Landgasthof), Monheimer Str. 119, ⊠ 86633, ℘ 25 32,
Fax 41122, « Gartenterrasse », 🌳 – 📺 ☎ ⇦ 🅿
26. Dez.- 6. Jan. geschl. – **Menu** à la carte 29/59 – **35 Z** 60/150.

NEUDROSSENFELD Bayern **413** R 16 – 3 000 Ew – Höhe 340 m – **✆** 09203.
◆München 241 – ◆Bamberg 55 – Bayreuth 10.

Im Ortsteil Altdrossenfeld S : 1 km :

🏚 **Brauerei-Gasthof Schnupp,** ✉ 95512, ℘ 99 20, Fax 99250, 🏤 – 📳 📺 ☎ 🚗 **ℙ** – 🅰 5
   Menu *(Freitag und Mitte Nov.- Anfang Dez. geschl.)* à la carte 25/49 – **27 Z** 78/175.

NEUENAHR-AHRWEILER, BAD Rheinland-Pfalz **412** E 15, **987** ㉔ – 27 000 Ew – Höhe 92 r
– Heilbad – **✆** 02641.

Sehenswert : Ahrweiler : Altstadt★.

🛆, Köhlerhof (über ③), ℘ (02641) 23 25.

🅱 Kur- und Verkehrsverein Bad Neuenahr, Pavillon am Bahnhof ✉ 53474 und Verkehrsverein Ah
weiler, Marktplatz, ✉ 53474, ℘ 22 78, Fax 29758.

Mainz 147 ③ – ◆Bonn 30 ② – ◆Koblenz 56 ③.

Stadtplan siehe gegenüberliegende Seite

Im Stadtteil Bad Neuenahr :

🏨 **Steigenberger Hotel,** Kurgartenstr. 1, ✉ 53474, ℘ 94 10, Fax 70 01, 🏤, direkter Zugang
   zum Bäderhaus, 🚗 – 📳 ⇄ Zim 📺 🕭 **ℙ** – 🅰 300. 🆎 ⓞ **ε** **VISA**. 🛠 Rest   CZ
   Menu à la carte 52/82 *(auch Diät)* – **Kurhaus-Restaurant** *(Montag - Dienstag geschl.)* **Men**
   à la carte 30/50 – **171 Z** 180/320, 12 Suiten.

🏨 **Dorint-Hotel** 🌲, Am Dahliengarten, ✉ 53474, ℘ 89 50, Fax 895834, « Terrasse mit ≼ »
   Massage, 🔱, 🚗, 🔲 – 📳 ⇄ Zim 📺 🕭 🚗 **ℙ** – 🅰 250. 🆎 ⓞ **ε** **VISA**. 🛠 Rest   BY
   Menu à la carte 50/88 *(auch Diät und vegetar. Gerichte)* – **180 Z** 198/280, 7 Suiten.

🏨 **Giffels Goldener Anker** 🌲, Mittelstr. 14, ✉ 53474, ℘ 80 40, Fax 804192, 🏤, « Garten »
   Massage, 🔱, 🚗, 🔲, 🎇 – 📳 🍽 Rest 📺 ☎ 🕭 **ℙ** – 🅰 200. 🆎 ⓞ **ε** **VISA**. 🛠 Rest
   Menu à la carte 45/95 *(auch Diät)* – **80 Z** 119/285 – ½ P 140/175.   CZ v

🏨 **Seta Hotel,** Landgrafenstr. 41, ✉ 53474, ℘ 80 30, Fax 803399, Biergarten, 🚗 – 📳 ⇄ Zim
   📺 ☎ **ℙ** – 🅰 120. 🆎 ⓞ **ε** **VISA**   CZ
   Menu à la carte 32/70 – **107 Z** 128/260.

🏨 **Villa Aurora** 🌲, Georg-Kreuzberg-Str. 8, ✉ 53474, ℘ 94 30, Fax 943200, 🚗, 🔲 – 📳 📺
   ☎ **ℙ**. 🆎 ⓞ **ε** **VISA**   CZ
   15. Nov.- 14. Dez. geschl. – (Restaurant nur für Hausgäste) – **52 Z** 99/325 – ½ P 126/190

🏨 **Elisabeth** 🌲, Georg-Kreuzberg-Str. 11, ✉ 53474, ℘ 2 60 74, Fax 24068, 🏤, 🚗, 🔲
   📳 📺 ☎ **ℙ** – 🅰 40. 🛠 Rest   CZ z
   März - Nov. – **Menu** à la carte 30/55 *(auch Diät)* – **64 Z** 94/238 – ½ P 120/160.

🏚 **Krupp,** Poststr. 4, ✉ 53474, ℘ 94 40, Fax 79316, 🏤 – 📳 📺 ☎ **ℙ** – 🅰 80. **ε**. 🛠
   Menu à la carte 31/53 – **35 Z** 89/175 – ½ P 113/145.   CZ

🏚 **Central** 🌲 garni, Lindenstr. 2, ✉ 53474, ℘ 9 48 90, Fax 948917 – 📳 ☎ **ℙ**. 🛠   CZ k
   22 Z 85/170.

🏚 **Kurpension Haus Ernsing,** Telegrafenstr. 30 (1. Etage), ✉ 53474, ℘ 22 21 – 📳 ☎
◆ 🛠 Rest   CZ n
   Anfang Nov.- 19. Dez. geschl. – **Menu** à la carte 20/40 – **24 Z** 67/124 – ½ P 71/81.

🍴🍴 **Restauration Idille,** Am Johannisberg 101, ✉ 53474, ℘ 2 84 29, Fax 25009, ≼, 🏤 – **ℙ**
   Montag - Dienstag geschl. – **Menu** (nur Abendessen) à la carte 47/65 *(auch vegetarische*
   Gerichte).

🍴 **Milano da Gianni,** Kreuzstr. 8c, ✉ 53474, ℘ 2 43 75 – 🆎 ⓞ **ε** **VISA**   CZ p
   Juli - Aug. 4 Wochen geschl. – **Menu** (italienische Küche) à la carte 38/68.

Im Stadtteil Ahrweiler :

🏨 **Hohenzollern an der Ahr** 🌲, Silberbergstr. 50, ✉ 53474, ℘ 42 68, Fax 5997, ≼ Ahrtal
   « Gartenterrasse » – 📺 ☎ **ℙ**. 🆎 ⓞ **ε** **VISA**   über ⑤
   Jan.- Mitte Feb. geschl. – **Menu** à la carte 45/87 – **17 Z** 90/230 – ½ P 113/168.

🏨 **Rodderhof,** Oberhutstr. 48, ✉ 53474, ℘ 39 90, Fax 399333, 🚗 – 📳 📺 ☎ 🚗 – 🅰 20
   🆎 ⓞ **ε** **VISA**   CY o
   (Restaurant nur für Hausgäste) – **51 Z** 125/250 – ½ P 145/165.

🏚 **Avenida** garni, Schützenstr. 136, ✉ 53474, ℘ 33 66, Fax 36068, 🎇 – 📺 ☎ **ℙ**. 🆎 **ε** **VISA**
   Weihnachten - Neujahr geschl. – **27 Z** 78/170.   AY t

🏚 **Zum Ännchen,** Niederhutstr. 10, ✉ 53474, ℘ 9 77 70 (Hotel) 40 82 (Rest.), Fax 977799
   – 📳 ☎ **ℙ**. 🆎 ⓞ **ε** **VISA**   CY b
   Menu *(Donnerstag und 25. Jan.- 15. Feb. geschl.)* à la carte 30/52 – **23 Z** 75/120.

🏚 **Schützenhof** garni, Schützenstr. 1, ✉ 53474, ℘ 3 43 77, Fax 3370 – ☎ **ℙ**. **ε**. 🛠 Zim
   11 Z 70/115.   CY a

🏚 **Zum Römer** 🌲 garni, Schülzchenstr. 11, ✉ 53474, ℘ 3 61 01 – **ℙ**. 🛠   AY n
   10 Z 60/110.

🍴🍴 **Ahrweinstuben Alte Post,** Markt 12, ✉ 53474, ℘ 47 57, Fax 5504 – 🆎 ⓞ **ε** **VISA**
   Menu (bemerkenswertes Angebot regionaler Weine) à la carte 40/70.   CY r

🍴🍴 **Altes Zunfthaus,** Oberhutstr. 34, ✉ 53474, ℘ 47 51, Fax 37642 – 🆎 ⓞ **ε** **VISA** CY u
   Montag und Juli - Aug. 2 Wochen geschl. – **Menu** à la carte 39/62.

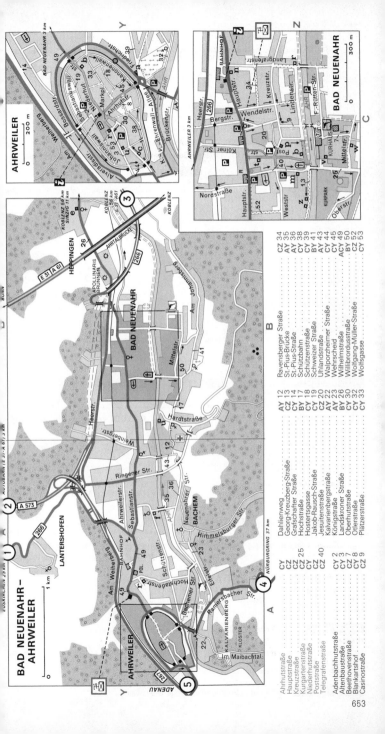

BAD NEUENAHR – AHRWEILER

AHRWEILER

BAD NEUENAHR

653

Im Stadtteil Heppingen :

XXX ✿ **Steinheuer's Restaurant - Zur Alten Post** mit Zim, Landskroner Str. 110 (Eingang Konsumgasse), ⊠ 53474, ℘ 70 11, Fax 7013, ⌂ – 🖵 ☎ 🅿. 🝙 E 𝘝𝘐𝘚𝘈, ⅏ Zim BY e
Menu *(Mittwoch nur Abendessen, Dienstag und Juli - Aug. 2 Wochen geschl.)* 105/145
und à la carte 85/117 – **Poststuben** *(Dienstag geschl.)* Menu à la carte 40/66 – **6 Z** 150/250
Spez. Kalbskopfravioli mit Krebsen, Gegrillter St. Pierre mit Artischocken, Eifeler Reh im Stein-
pilzcrêpe.

Im Stadtteil Lohrsdorf über Landskroner Straße B :

XX **Kaiser's Restaurant,** Sinziger Str. 11, ⊠ 53474, ℘ 2 10 98 – 🅿. 🝙 🕦 E 𝘝𝘐𝘚𝘈
Montag sowie Feb. und Aug. jeweils 2 Wochen geschl. – Menu à la carte 42/75.

Im Stadtteil Walporzheim ⑤ : 1 km ab Ahrweiler :

XXX ✿ **Romantik-Restaurant Brogsitter's Sanct Peter** (Historisches Gebäude, Gasthaus seit
1246), Walporzheimer Str. 134 (B 267), ⊠ 53474, ℘ 9 77 50, Fax 977525,
« Innenhofterrasse » – 🅿. 🝙 🕦 E 𝘝𝘐𝘚𝘈 𝚓𝚌𝚋
Menu 70/119 und à la carte 52/97
Spez. Überbackener Zander auf Rahmsauerkraut, Waller im Rieslingsud, Rehrücken mit Wald-
pilzen und Wacholderrahmsauce.

LES GUIDES VERTS MICHELIN
Paysages, monuments
Routes touristiques
Géographie,
Histoire, Art
Itinéraires de visite
Plans de villes et de monuments.

NEUENBÜRG Baden-Württemberg 🖪🖪🖪 I 20. 🖫🖫🖫 ㉟ – 7 200 Ew – Höhe 325 m – 😊 07082.
♦Stuttgart 62 – Baden-Baden 40 – Pforzheim 12.

🏠 **Zum Grünen Baum,** Flößerstr. 7, ⊠ 75305, ℘ 29 55, Fax 1000, ⌂ – ☎. 🕦. ⅏ Zim
Okt.- Nov. 4 Wochen geschl. – Menu *(Freitag nur Mittagessen, Samstag geschl.)* à la carte
25/58 – **10 Z** 45/80.

Siehe auch : *Höfen an der Enz*

NEUENBURG Baden-Württemberg 🖪🖪🖪 F 23. 🖪㉗ G 2, 🖪🖪🖪 ㊱ ㊵ – 8 200 Ew – Höhe 231 m
– 😊 07631 (Müllheim).
♦Stuttgart 232 – Basel 35 – ♦Freiburg im Breisgau 36 – Mulhouse 20.

🏠 **Am Stadthaus** garni, Stadthausplatz 1, ⊠ 79395, ℘ 7 90 00, Fax 7837 – 🛗 🖵 ☎ ₷ 🅿.
🝙 E 𝘝𝘐𝘚𝘈. ⅏
20. Dez.- 10. Jan. geschl. – **24 Z** 94/148.

🏠 **Zur Krone,** Breisacher Str. 1, ⊠ 79395, ℘ 78 04, Fax 7803, ⌂ – 🛗 🖵 ☎ ₷ 🅿. 🕦
E 𝘝𝘐𝘚𝘈
Nov. 2 Wochen geschl. – Menu *(Mittwoch und Mitte Okt.- Anfang Nov. geschl.)* à la carte
29/60 ⅃ – **29 Z** 80/130.

X **Ratskeller,** Bahnhofstr. 1, ⊠ 79395, ℘ 7 26 11, Fax 749567, ⌂ – 🅿. 🝙 🕦 E 𝘝𝘐𝘚𝘈
Montag und Nov. 3 Wochen geschl., Dienstag nur Abendessen – Menu à la carte 28/60
⅃.

NEUENDETTELSAU Bayern 🖪🖪🖪 P 19 – 7 000 Ew – Höhe 440 m – 😊 09874.
♦München 187 – Ansbach 19 – ♦Nürnberg 41.

🏠 **Sonne,** Hauptstr. 43, ⊠ 91564, ℘ 50 80, Fax 50818 – 🛗 ☎ 🅿 – 🔬 30. E 𝘝𝘐𝘚𝘈
Jan. 2 Wochen und Juli - Aug. 3 Wochen geschl. – Menu *(Montag geschl.)* à la carte 25/55
⅃ – **38 Z** 55/130.

In Petersaurach-Gleizendorf NW : 7 km :

🎋 **Scherzer** ₷, Gleizendorf 9, ⊠ 91580, ℘ (09872) 73 09, ⌂ – ₷ 🅿. ⅏ Zim
← *Ende Jan.- Ende Feb. geschl.* – Menu *(Montag nur Abendessen, Dienstag geschl.)* à la carte
22/35 – **7 Z** 43/76.

NEUENHAUS Niedersachsen 🖪🖩 DE 9, 🖪🖩🖩 LM 4 – 8 000 Ew – Höhe 22 m – 😊 05941.
♦Hannover 235 – ♦Bremen 166 – Groningen 101 – Münster (Westfalen) 84.

XX **Haus Brünemann** mit Zim, Kirchstr. 11, ⊠ 49828, ℘ 50 25, Fax 4595, ⌂ – 🖵 ☎ 🅿. 🝙
🕦 E 𝘝𝘐𝘚𝘈
Menu *(Montag geschl.)* à la carte 41/71 – **5 Z** 85/150.

NEUENKIRCHEN Mecklenburg-Vorpommern siehe Greifswald.

5 000 Ew – Höhe 68 m – Luftkurort – ✿ 05195.

🛃 Verkehrsverein, Kirchstr. 9, ✉ 29643, 🖉 17 18.

◆Hannover 90 – ◆Bremen 71 – ◆Hamburg 88 – Lüneburg 62.

🏠 **Tödter,** Hauptstr. 2, ✉ 29643, 🖉 12 47, Fax 1298, 🍴 – 📺 🕿 📵 – 🔏 40. 🛠 Rest
20. Dez.- 5. Jan. geschl. – **Menu** *(Montag - Freitag nur Abendessen)* à la carte 25/49 –
16 Z 55/110.

In Neuenkirchen-Tewel NW : 6 km :

🍴 **Landhaus Tewel** mit Zim, Dorfstr. 17 (B 71), ✉ 29643, 🖉 18 57, Fax 2746 – 📺 🕿 📵. 🖭
① 🗲 **VISA**. 🛠
Feb. geschl. – **Menu** *(Nov.- Juni Montag geschl.)* à la carte 30/58 – **7 Z** 65/100.

64 m – ✿ 05973.

◆Düsseldorf 180 – Enschede 37 – Münster (Westfalen) 43 – ◆Osnabrück 54.

🏨 **Wilminks Parkhotel,** Wettringer Str. 46 (B 70), ✉ 48485, 🖉 8 58, Fax 1817, 🍴,
« Stilvolle, rustikale Räume », 🕿, 🐎, 🛠 – ⇔ Zim 📺 🕿 ⇦ 📵 – 🔏 60. 🖭 ① 🗲 **VISA**
1.- 7. Jan. geschl. – **Menu** *(Sonntag nur Mittagessen)* à la carte 32/80 *(auch Diät und
vegetar. Gerichte)* – **30 Z** 105/170.

◆Düsseldorf 103 – Iserlohn 22 – Werdohl 6.

🍴🍴 **Kaisergarten** 🕱 mit Zim, Hinterm Wall 15, ✉ 58809, 🖉 6 10 15, Fax 61052 – 📺 🕿 ⇦
📵 – 🔏 300. 🖭 ① 🗲 **VISA**
Menu *(Dienstag nur Abendessen)* à la carte 37/73 – **9 Z** 88/129.

◆Stuttgart 74 – Heilbronn 34 – ◆Nürnberg 132 – ◆Würzburg 93.

🏠 **Am Schloß,** Hintere Str. 18, ✉ 74632, 🖉 20 95, Fax 4084 – 📺 🕿 📵. 🖭 ① 🗲 **VISA** **JCB**
Menu *(Samstag geschl., Sonntag nur Mittagessen)* à la carte 38/60 – **11 Z** 83/125.

◆Wiesbaden 166 – Fulda 53 – Bad Hersfeld 11 – ◆Kassel 58.

In Neuenstein-Aua :

🏨 **Landgasthof Hess,** Geistalstr. 8, ✉ 36286, 🖉 4 43, Fax 1322, 🕿, 🐎 – 🛗 📺 🕿 ⇦
📵 – 🔏 60. 🖭 ① 🗲 **VISA**
Menu à la carte 30/60 – **37 Z** 85/150.

Erholungsort – Wintersport : 800/1 414 m ⚡2 ⚡1 – ✿ 07673 (Schönau im Schwarzwald).

◆Stuttgart 259 – Basel 49 – ◆Freiburg im Breisgau 49 – Müllheim 21.

🕱 **Belchenstüble,** Schönauer Str. 63, ✉ 79691, 🖉 72 05, Fax 1202, 🐎 – 🕿 📵. 🛠
Mitte März - Mitte April geschl. – **Menu** *(Mai - Okt. Donnerstag, Nov.- April Mittwoch und
Donnerstag geschl.)* à la carte 26/57 – **11 Z** 28/106 – ½ P 44/71.

In Neuenweg-Hinterheubronn NW : 5 km :

🕱 **Haldenhof** 🕱, ✉ 79691, 🖉 2 84, ≤, 🍴, 🐎 – ⇦ 📵
15. Nov.-Dez. geschl. – **Menu** *(Dienstag geschl.)* à la carte 24/56 🐓 – **14 Z** 52/80.

In Bürchau S : 3 km – Wintersport : ⚡1 – Erholungsort :

🏠 **Berggasthof Sonnhalde** 🕱 (mit Gästehaus), Untere Sonnhalde 37, ✉ 79683,
🖉 (07629) 2 60, Fax 1737, ≤, 🍴, 🕱, 🐎 🍴 – ⇦ 📵
15. Nov.- 20. Dez. geschl. – **Menu** *(Montag - Dienstag geschl.)* à la carte 26/61 🐓 – **21 Z**
45/110 – ½ P 56/76.

In Elbenschwand-Holl S : 8 km :

🍴 **Hirschen** mit Zim, Holl 5, ✉ 79692, 🖉 (07629) 2 57 – 📵
Menu *(Mittwoch nur Mittagessen, Donnerstag geschl.)* à la carte 37/65 – **2 Z** 50/100.

– ✿ 06564.

🛃 Tourist-Information, Herrenstr. 2, ✉ 54673, 🖉 26 73.

Mainz 189 – Bitburg 23 – Prüm 33 – Vianden 19.

🕱 **Zur Stadt Neuerburg,** Poststr. 10, ✉ 54673, 🖉 21 26, Fax 4695 – 📵. 🛠 Zim
20 Z.

NEUFAHRN BEI FREISING Bayern 413 R 22 – 14 500 Ew – Höhe 463 m – ☎ 08165.

◆München 18 – Landshut 55 – ◆Regensburg 109.

Gumberger, Echinger Str. 1, ✉ 85375, ☎ 30 42, Fax 62848 – |‡| TV ☎ ⇐ Ⓟ – 🏔 90. AE ⦿ E VISA
Aug. 3 Wochen und Weihnachten - Anfang Jan. geschl. – **Menu** à la carte 27/53 – **55 Z** 130/170.

Maisberger garni, Bahnhofstr. 54 (am S-Bahnhof), ✉ 85375, ☎ 6 20 03, Fax 61190, ≘s – |‡| TV ☎ Ⓟ – 🏔 20. AE ⦿ E VISA
39 Z 120/200.

Amadeus, Dietersheimer Str. 58, ✉ 85375, ☎ 63 00, Fax 630100, ≘s – |‡| ⇆ Zim TV ☎ ♿ ⇐ – 🏔 30. AE ⦿ E VISA JCB
(Restaurant nur für Hausgäste) – **168 Z** 178/248.

NEUFAHRN in Niederbayern Bayern 413 T 20, 987 ㉗ – 3 300 Ew – Höhe 404 m – ☎ 08773.

◆München 94 – Ingolstadt 74 – Landshut 22 – ◆Regensburg 38.

Schloßhotel Neufahrn, Schloßweg 2, ✉ 84088, ☎ 70 90, Fax 1559, 🌳, « Innenhof » ≘s, 🌳 – TV ☎ Ⓟ – 🏔 100. AE ⦿ E VISA JCB
Menu *(Sonntag nur Mittagessen)* à la carte 42/77 – **60 Z** 110/220.

NEUFELD Schleswig-Holstein siehe Brunsbüttel.

NEUFFEN Baden-Württemberg 413 L 21, 987 ㉟ – 5 000 Ew – Höhe 405 m – ☎ 07025.

Ausflugsziel: Hohenneuffen : Burgruine★ (✻★), O : 12 km.

◆Stuttgart 41 – Reutlingen 17 – ◆Ulm (Donau) 70.

Traube mit Zim, Hauptstr. 24, ✉ 72639, ☎ 28 94, Fax 5121, ≘s – TV ☎ ⇐ Ⓟ. AE E VISA
Juli - Aug. 3 Wochen geschl. – **Menu** *(Freitag nur Mittagessen, Samstag geschl.)* à la carte 35/72 – **11 Z** 90/160.

NEUHARLINGERSIEL Niedersachsen 411 G 5 – 1 500 Ew – Höhe 2 m – Seebad – ☎ 04974.

ℹ Kurverwaltung, Hafenzufahrt-West 1, ✉ 26427, ☎ 18 80, Fax 788.

◆Hannover 257 – Emden 59 – Oldenburg 87 – Wilhelmshaven 46.

Mingers, Am Hafen - Westseite 1, ✉ 26427, ☎ 3 17, Fax 1480, ≤ – TV ☎ ⇐ Ⓟ. ✻
Mitte März - Mitte Nov. – **Menu** *(Mittwoch geschl.)* à la carte 33/70 – **28 Z** 85/200.

Janssen's Hotel, Am Hafen - Westseite 7, ✉ 26427, ☎ 2 24, Fax 702, ≤ – TV ☎ Ⓟ. AE ⦿ E. ✻
(nur Abendessen für Hausgäste) – **22 Z** 85/148.

Rodenbäck, Am Hafen - Ostseite 2, ✉ 26427, ☎ 2 25, Fax 833, ≤ – TV ☎. ✻ Zim
5. Nov.- 26. Dez. geschl. – **Menu** *(Montag geschl.)* à la carte 26/54 – **14 Z** 65/140.

Poggenstool mit Zim, Addenhausen 1, ✉ 26427, ☎ 9 19 10, Fax 919120, 🌳 – TV ☎ Ⓟ
Menu *(Montag nur Mittagessen, Dienstag geschl.)* à la carte 34/78 – **5 Z** 95/206.

In Neuharlingersiel-Groß Holum SW : 3 km :

Kissmann's Hotel garni, Ost 4, ✉ 26427, ☎ 2 44 – Ⓟ. ✻
12 Z.

NEUHAUS AM INN Bayern 413 X 21 – 3 000 Ew – Höhe 312 m – ☎ 08503.

◆München 162 – Linz 96 – Passau 18 – Regensburg 142.

Alte Innbrücke ⛰, Finkenweg 7, ✉ 94152, ☎ 80 01, Fax 8323, ≤, 🌳 – |‡| Ⓟ. E
Menu *(Montag und nach Fasching 2 Wochen geschl.)* à la carte 20/37 – **40 Z** 48/90.

NEUHAUS AM RENNWEG Thüringen 414 F 14, 984 ㉗, 987 ㉖ – 7 800 Ew – Höhe 835 m – Erholungsort – Wintersport : ⛷2 ⛷ – ☎ 03679.

ℹ Städt. Fremdenverkehrsamt, am Marktplatz, ✉ 98724, ☎ 20 61, Fax 2407.

Erfurt 109 – Coburg 46 – Fulda 168.

An der alten Porzelline, Eisfelder Str. 16, ✉ 98724, ☎ 5 10 41, Fax 51044 – TV ☎ Ⓟ. AE E VISA
Menu à la carte 21/40 – **19 Z** 80/130.

Am Rennsteig ⛰, Schmalenbuchener Str. 2, ✉ 98724, ☎ 25 29, Fax 2529, 🌳, ≘s, 🌳 – Ⓟ. AE E
Menu *(Sonntag geschl.)* (nur Abendessen) à la carte 20/28 – **21 Z** 56/120.

Bayern **413** R 18 – 3 300 Ew – Höhe 400 m – ✪ 09156.

Sehenswert : Lage★.

◆München 199 – Amberg 38 – Bayreuth 47 – ◆Nürnberg 53.

🏠 **Burg Veldenstein** ⌂, Burgstr. 88, ☒ 91284, ℘ 6 33, Fax 1749, ㍿, ≋s, 屛 – ❷. ◭ ⑩
  ❿ *VISA*
  3. Jan.- 1. Feb. geschl. – **Menu** *(Montag geschl.)* à la carte 26/40 – **19 Z** 50/120.

🏠 **Bayerischer Hof,** Unterer Markt 9, ☒ 91284, ℘ 6 71, Fax 8614, ㍿, 屛 – ⇐ ❷. ⅍ Zim
◆ *1.- 28. Nov. geschl.* – **Menu** *(Montag geschl.)* à la carte 21/45 ⅃ – **13 Z** 48/100.

Mecklenburg-Vorpommern **411** P 7, **414** E 6, **987** ⑯ – 2 000 Ew – Höhe 10 m
– ✪ 038841.

Schwerin 64 – ◆Hamburg 73.

🏠 **Hannover,** Parkstr. 1, ☒ 19273, ℘ 70 78, Fax 278 – ⚏ ☎ ❷. ◭
◆ **Menu** à la carte 19/40 – **8 Z** 80/160.

Baden-Württemberg **413** K 20 – 10 300 Ew – Höhe 280 m
– ✪ 07158.

◆Stuttgart 25 – Esslingen 10 – Göppingen 36 – Reutlingen 27 – Tübingen 36.

✗ **Ochsen,** Kirchstr. 12, ☒ 73765, ℘ 6 70 16, ㍿, Restauriertes Fachwerkhaus a.d. 17.Jh. mit
  modernem Bistro-Restaurant
  Montag - Dienstag und Jan. 3 Wochen geschl. – **Menu** à la carte 36/81.

Hessen **412 413** L 15 – 10 500 Ew – Höhe 275 m – ✪ 06655.

◆Wiesbaden 133 – ◆Frankfurt am Main 89 – Fulda 15.

  In Kalbach-Grashof S : 8 km über Kalbach - Mittelkalbach :

🏠 **Landhotel Grashof** ⌂, ☒ 36148, ℘ (06655) 97 70, Fax 97755, ≤, ㍿, 屛 – ⚏ ☎ ❷
  – 🔔 40. ❿
  Jan. 2 Wochen geschl. – **Menu** *(Montag geschl.)* à la carte 30/63 – **21 Z** 68/145.

Bayern **413** O 18 – 2 000 Ew – Höhe 335 m – ✪ 09107.

◆München 198 – ◆Nürnberg 34 – ◆Würzburg 81.

🏠 **Riesengebirge,** Marktplatz 14, ☒ 90616, ℘ 13 71, Fax 1376, « Innenhofterrasse », ≋s – ▯
  ⚏ ☎ ❷ – 🔔 70
  57 Z.

Rheinland-Pfalz siehe Hermeskeil.

Hessen siehe Frankfurt am Main.

Sachsen **414** O 12, **984** ⑳ ㉔, **987** ⑱ – 6 250 Ew – Höhe 350 m –
✪ 035951.

◆Dresden 47 – Chemnitz 123 – Görlitz 53 – ◆Leipzig 159.

🏠 **Hofgericht** garni, Hauptstr. 64, ☒ 01904, ℘ 38 80, Fax 38888 – ▯ ⚏ ☎ ❷. ◭ ⑩ ❿ *VISA*
  JCB
  34 Z 80/120.

Sachsen siehe Chemnitz.

Bayern **413** VW 19 – 4 200 Ew – Höhe 490 m – Wintersport :
670/1 050 m ⅏3 ⅏4 – ✪ 09947.

🛈 Verkehrsamt, Marktplatz 2, ☒ 93453, ℘ 24 21, Fax 2444.

◆München 208 – Cham 30 – Zwiesel 46.

🏠 **Zum Bach,** Marktstr. 1, ☒ 93453, ℘ 12 18, 屛 – ⚏ ⇐ ❷. ❿. ⅍ Zim
◆ *10. Nov.- 5. Dez. geschl.* – **Menu** *(außer Saison Montag geschl.)* à la carte 19/36 ⅃ – **16 Z**
  37/68 – ½ P 44/46.

  In Neukirchen b.Hl.Blut-Mais S : 3 km :

🏩 **Burghotel Am Hohen Bogen** ⌂, ☒ 93453, ℘ 20 10, Fax 201293, ≤, « Dachterrasse »,
  Massage, ♨, ≋s, ⊼, ⊠, 屛, ✗ – ▯ ⅍ Zim ⚏ ⇐ ❷ – 🔔 110. ◭ ⑩ ❿ *VISA*
  ⅍ Rest
  Menu à la carte 48/67 – **126 Z** 170/410.

NEUKIRCHEN (Knüllgebirge) Hessen 𝟒𝟏𝟐 L 14 – 7 400 Ew – Höhe 260 m – Kneipp- und Luftkurort – 🌀 06694.

🔿 Kurverwaltung, im Rathaus, Kurhessenstraße, ⊠ 34626, 𝒫 8 08 12, Fax 80840.

◆Wiesbaden 148 – Bad Hersfeld 33 – ◆Kassel 80 – Marburg 52.

  🏠 **Landgasthof Combecher,** Kurhessenstr. 32 (B 454), ⊠ 34626, 𝒫 60 48, Fax 6116, 🍴,
    ☎, 🐎 – 📺 ☎ ⇐ 🅿 🄰🄴 ⓪ 🄴 𝘝𝘐𝘚𝘈
    Jan. 2 Wochen geschl. – **Menu** à la carte 35/64 ♨ – **40 Z** 70/150 – ½ P 77/95.

  🏠 **Stadt Cassel,** Kurhessenstr. 56, ⊠ 34626, 𝒫 60 41, Biergarten – 📺 ☎ 🅿
    Menu *(Feb. 2 Wochen geschl.)* à la carte 26/53 – **14 Z** 58/110.

NEUKIRCHEN KREIS NORDFRIESLAND Schleswig-Holstein 𝟒𝟏𝟏 J 2, 𝟗𝟖𝟕 ④ – 1 300 Ew – Höhe 2 m – 🌀 04664.

Ausflugsziel : Hof Seebüll : Nolde-Museum★ N : 5 km.

◆Kiel 133 – Flensburg 56 – Niebüll 14.

  ♔ **Fegetasch** (mit Gästehaus), Osterdeich 65, ⊠ 25927, 𝒫 2 02, 🐎 – 📺 🅿. 🛇 Rest
    20. Dez.- 6. Jan. geschl. – **Menu** *(Okt.- Ostern Sonntag geschl.)* à la carte 25/45 – **22 Z**
    55/90.

NEUKIRCHEN VORM WALD Bayern 𝟒𝟏𝟑 X 20 – 2 400 Ew – Höhe 464 m – 🌀 08504.

🔿 Verkehrsamt, Kirchenweg 2, ⊠ 94154, 𝒫 17 63.

◆München 191 – Passau 15 – ◆Regensburg 113 – Salzburg 150.

  In Neukirchen-Feuerschwendt O : 6 km :

  🏨 **Gut Giesel** ☍, ⊠ 94154, 𝒫 (08505)7 87, Fax 4149, ⩽, 🍴, ☎, 🖼 , 🐎, ✕, 🐎 – ☎ ♿
    🛌 ⇐ 🅿. 🛇 Rest
    Anfang Nov.- Mitte Dez. geschl. – (Restaurant nur für Hausgäste) – **39 Z** nur – ½P 82/150,
    11 Suiten.

NEUKLOSTER Mecklenburg-Vorpommern 𝟒𝟏𝟏 RS 5, 𝟒𝟏𝟒 H 4, 𝟗𝟖𝟒 ⑦, 𝟗𝟖𝟕 ⑥ – 5 000 Ew – Höhe 30 m – 🌀 038422.

Schwerin 41 – ◆Hamburg 148 – ◆Lübeck 77 – ◆Rostock 56 – Sternberg 27.

  In Nakensdorf S : 2,5 km :

  🏠 **Seehotel** ☍, Seestr. 1, ⊠ 23992, 𝒫 54 45, Fax 5445, 🍴, « Schöne Lage am See », ☎,
    🛌, 🐎 Bootssteg – 📺 ☎ 🅿 – 🛶 35
    (nur Abendessen für Hausgäste) – **13 Z** 85/140 – ½ P 115/125.

NEULEININGEN Rheinland-Pfalz siehe Grünstadt.

NEULINGEN Baden-Württemberg siehe Pforzheim.

NEUMAGEN-DHRON Rheinland-Pfalz 𝟒𝟏𝟐 D 17 – 3 000 Ew – Höhe 120 m – 🌀 06507.

🔿 Tourist-Information, Hinterburg 8, ⊠54347, 𝒫 65 55, Fax 5636.

Mainz 133 – Bernkastel-Kues 20 – ◆Trier 39.

  🏨 **Gutshotel** ☍, Balduinstr. 1, ⊠ 54347, 𝒫 20 35, Fax 5644, ⩽, 🍴, « Ehemaliges
    Weingut », ☎, 🖼, 🐎, ✕ – ☎ 🅿. 🄰🄴 𝘝𝘐𝘚𝘈 🄹🄲🄱
    10. Jan. - 11. Feb. geschl. – **Menu** *(Montag geschl., Dienstag - Freitag nur Abendessen)*
    à la carte 46/80 – **18 Z** 130/260.

  🏠 **Zur Post** garni (mit Gästehaus), Römerstr. 79, ⊠ 54347, 𝒫 21 14 – ⇐ 🅿. 🛇
    16 Z 45/90.

NEUMARKT IN DER OBERPFALZ Bayern 𝟒𝟏𝟑 R 19, 𝟗𝟖𝟕 ㉖ ㉗ – 38 000 Ew – Höhe 429 m – 🌀 09181.

🅛 Lauterhofen (NO : 17 km), 𝒫 (09186) 15 74.

◆München 138 – Amberg 40 – ◆Nürnberg 40 – ◆Regensburg 72.

  🏨 **Lehmeier,** Obere Marktstr. 12, ⊠ 92318, 𝒫 17 22, Fax 296102, 🍴 – 📺 ☎ ⇐. 🄰🄴 ⓪
    🄴 𝘝𝘐𝘚𝘈
    Anfang - Mitte März geschl. – **Menu** *(Dienstag nur Abendessen)* à la carte 28/55 – **15 Z**
    95/140.

  🏠 **Nürnberger Hof,** Nürnberger Str. 28a, ⊠ 92318, 𝒫 3 24 28, Fax 44467 – 📺 ⇐ 🅿
    24. Dez.- 10. Jan. geschl. – **Menu** *(Sonntag geschl.)* (nur Abendessen) à la carte 26/44 –
    59 Z 75/130.

  🏠 **Gasthof Ostbahn,** Bahnhofstr. 4, ⊠ 92318, 𝒫 50 41, Fax 6515 – 📱 📺 ☎ ⇐ 🅿. 🄰🄴 ⓪
  ➜ 🄴 𝘝𝘐𝘚𝘈. 🛇 Zim
    1.- 17. Jan. geschl. – **Menu** *(Dienstag geschl.)* à la carte 22/50 – **20 Z** 85/165.

🏠 **Mehl** ⬙, Kirchengasse 3, ⊠ 92318, ℰ 57 16, Fax 6296 – 📺 ☎ ⟵⟶. 🝙 ⓪ 🄴 𝘝𝘐𝘚𝘈. ⨯ Rest
➡ 20. Dez.- 12. Jan. geschl. – **Menu** *(Sonntag geschl.)* (nur Abendessen) à la carte 23/41 ⬙
– **19 Z** 85/140.

🏠 **Stern,** Oberer Markt 32, ⊠ 92318, ℰ 25 30, Fax 253200 – ▮ 📺 ☎ ⟵⟶ ℗. 🝙 ⓪
➡ 𝘝𝘐𝘚𝘈
15. Feb.- 15. März geschl. – **Menu** *(Freitag geschl.)* à la carte 24/54 – **28 Z** 80/140.

NEUMARKT-ST. VEIT Bayern **⑬** U 21, **⑨⑧⑦** ㉫ – 5 000 Ew – Höhe 448 m – ✆ 08639.
◆München 98 – Landshut 39 – Passau 93 – Salzburg 89.

🏡 **Peterhof,** Bahnhofstr. 31, ⊠ 84494, ℰ 3 09 – 📺 ☎ ⟵⟶ ℗. 🄴 𝘝𝘐𝘚𝘈. ⨯
➡ **Menu** *(Samstag geschl.)* à la carte 20/35 – **19 Z** 35/90.

In Niedertaufkirchen SO : 8 km :

⨯ **Söll** mit Zim, Hundhamer Str. 2, ⊠ 84494, ℰ (08639) 2 27, 🏠 – 📺 ⟵⟶ ℗
➡ 29. Aug.- 14. Sept. geschl. – **Menu** *(Mittwoch geschl.)* à la carte 23/40 ⬙ – **9 Z** 42/80.

NEUMÜNSTER Schleswig-Holstein **⑪⑪** MN 4, **⑨⑧⑦** ⑤ – 80 000 Ew – Höhe 22 m – ✆ 04321.
🅸 Tourist-Information, Großflecken (Verkehrspavillon), ⊠ 24534, ℰ 4 32 80, Fax 202399.
ᴬDAC, Großflecken 71, ⊠ 24534, ℰ 9 27 00, Fax 927015.
◆Kiel 34 ⑥ – Flensburg 100 ⑥ – ◆Hamburg 66 ⑤ – ◆Lübeck 58 ③.

NEUMÜNSTER

Benutzen Sie
auf Ihren Reisen in Europa
die Michelin-Länderkarten
1:400 000 bis 1:1 000 000

Pour parcourir l'Europe,
utilisez les cartes Michelin
Grandes Routes
1/400 000 à 1/1 000 000.

🏨 **Prisma,** Max-Johannsen-Brücke 1, ⊠ 24537, ℰ 90 40, Fax 904444, ⟵⟶ – ▮ ⨯ 📺 ☎ ⬙
℗ – 🕎 140. 🝙 ⓪ 🄴 𝘝𝘐𝘚𝘈   Y b
– *Bistro :* **Menu** à la carte 34/56 – **97 Z** 125/240.

🏨 **Parkhotel** garni, Parkstr. 29, ⊠ 24534, ℰ 4 30 27, Fax 43020 – ▮ 📺 ☎ ⬙ ⟵⟶ ℗. 🝙
⓪ 🄴 𝘝𝘐𝘚𝘈 𝐉𝐂𝐁   Y r
53 Z 125/185.

🏠 **Firzlaff's Hotel** garni, Rendsburger Str. 183 (B 205), ⊠ 24537, ℰ 9 07 80, Fax 54248 – 📺
☎ ℗. 🄴   Y x
18 Z 75/135.

XX **Am Kamin,** Probstenstr. 13, ✉ 24534, ℰ 4 28 53, Fax 42919 – 🝢 **E**   Z
Sonn- und Feiertage sowie Juli - Aug. 2 Wochen geschl. – **Menu** à la carte 58/82.

XX **Pressekeller,** Gänsemarkt 1, ✉ 24534, ℰ 4 23 93, Fax 48141, 🌣 – 🅐 100. 🝢 ⓸ **E** 🎟
Menu à la carte 34/81.   YZ

X **Holsteiner Bürgerhaus** mit Zim, Brachenfelder Str. 58, ✉ 24534, ℰ 2 32 84 – **E**   Z
Menu *(Sonntag geschl.)* à la carte 36/63 – **5 Z** 70/100.

In Neumünster-Einfeld ① : 3 km :

🏨 **Tannhof,** Kieler Str. 452 (B 4), ✉ 24536, ℰ 52 91 97, Fax 529190, 🖫 – 🔟 🕿 🕭 🄿
🅐 100. 🝢 **E** 🎟. 🛠
Menu 25/41 (mittags) und à la carte 36/65 – **33 Z** 93/276.

XX **Zur Alten Schanze,** Einfelder Schanze 96 (B 4), ✉ 24536, ℰ 52 00 55, Fax 528891
« Terrasse » – 🄿. 🝢 ⓸ **E** 🎟
Menu à la carte 40/72.

In Neumünster-Gadeland ③ : 3,5 km :

🏠 **Kühl** (mit Gästehaus), Segeberger Str. 74 (B 205), ✉ 24539, ℰ 70 80, Fax 70880 – 🔟 🕿
🍽 🄿
Menu *(Sonn- und Feiertage geschl.)* (nur Abendessen) à la carte 28/50 – **34 Z** 75/120.

In Brokenlande ④ : 8 km :

🏨 **Rosengarten** garni, Hamburger Chaussee 16, ✉ 24623, ℰ (04327) 9 97 90, Fax 99793
🍽 🔟 🕿 🕭 🄿. 🝢 ⓸ **E** 🎟 🗫. 🛠
15 Z 135/215.

NEUNBURG VORM WALD Bayern 🔢🔢🔢 U 18, 🔢🔢🔢 ③ – 7 300 Ew – Höhe 398 m – Erholungso
– 🕿 09672.
◆München 185 – ◆Regensburg 57.

XX Gregor von Scherr (im Brauerei-Gasthof), Vorstadt 10, ✉ 92431, ℰ 8 53

NEUNDORF Sachsen siehe Plauen.

NEUNKIRCHEN Baden-Württemberg 🔢🔢🔢 🔢🔢🔢 K 18 – 1 500 Ew – Höhe 350 m – 🕿 06262.
◆Stuttgart 92 – Heidelberg 34 – Heilbronn 40 – Mosbach 15.

🏨 **Park- und Sporthotel Stumpf** 🏕, Zeilweg 16, ✉ 74867, ℰ 8 98, Fax 4498, ≤, 🌣
« Garten », 🛋, 🖫, 🞉 – 🗐 🔟 🕿 🄿 – 🅐 25. 🝢 ⓸ **E** 🎟
Menu à la carte 38/64 *(auch vegetarische Gerichte)* – **50 Z** 92/280.

NEUNKIRCHEN AM BRAND Bayern 🔢🔢🔢 Q 18 – 7 000 Ew – Höhe 317 m – 🕿 09134.
◆München 190 – ◆Bamberg 40 – ◆Nürnberg 26.

🏠 **Landhotel Selau** 🏕, In der Selau 5, ✉ 91077, ℰ 70 10, Fax 70187, 🌣, 🛋, 🖫, 🞉, 🞉
(Halle) – 🗐 🔟 🕿 🄿 – 🅐 100. 🝢 **E** 🎟 🗫
Menu à la carte 26/54 – **62 Z** 130/160.

XX **Historisches Gasthaus Klosterhof** (Gebäude a.d. 17. Jh., rustikale Einrichtung), Innere
Markt 7, ✉ 91077, ℰ 15 85, 🌣 – 🝢 ⓸ **E** 🎟
Sonntag nur Mittagessen, Montag, Feb. 1 Woche und Mitte Aug.- Anfang Sept. geschl.
– **Menu** (abends Tischbestellung ratsam, bemerkenswerte Weinkarte) à la carte 49/80.

NEUNKIRCHEN/SAAR Saarland 🔢🔢🔢 E 18, 🔢🔢🔢 ㉔, 🔢🔢🔢 ⑦ – 52 000 Ew – Höhe 255 m
🕿 06821.
◆Saarbrücken 22 – Homburg/Saar 15 – Idar-Oberstein 60 – Kaiserslautern 51.

🏠 **Am Zoo** 🏕 garni, Zoostr. 29, ✉ 66538, ℰ 2 70 74, Fax 25272 – 🗐 🍽 🔟 🕿 🄿 – 🅐 60
🝢 **E** 🎟
37 Z 90/140.

XX **L'Olivier,** Zoostr. 27, ✉ 66538, ℰ 1 76 06, Fax 17606 – 🄿. 🝢 **E** 🎟
Montag, Feb. 2 Wochen und Juli - Aug. 3 Wochen geschl., Samstag nur Abendessen –
Menu à la carte 47/79.

In Neunkirchen-Kohlhof SO : 5 km :

XXX ❀ **Hostellerie Bacher** mit Zim, Limbacher Str. 2, ✉ 66539, ℰ 3 13 14, 🌣 – 🔟 🕿 🄿
🝢 ⓸ **E** 🎟
Juli - Aug. 3 Wochen geschl. – **Menu** *(Sonntag-Montag geschl.)* (Tischbestellung ratsam
bemerkenswerte Weinkarte) à la carte 63/113 – **4 Z** 90/160
Spez. Kalbskopf in Meerrettichsauce mit Pflaumen und Kapern, Gebratene Scampi mit Kicher
erbsen und Thymiansauce, Gefüllte Wachtel in Portweinsauce mit Trüffel.

Nordrhein-Westfalen 412 F 14 – 17 000 Ew – Höhe 180 m – ☎ 02247.
Düsseldorf 81 – ◆Bonn 24 – ◆Köln 40.

Im Ortsteil Neunkirchen :

🏠 **Kurfürst,** Hauptstr. 13, ☒ 53819, ℰ 30 80, Fax 8884, 🍽, 🐎 – 📺 ☎ 🅿 – 🔬 80. 🆑 ⑩ 🗲 VISA
Menu à la carte 30/60 – **22 Z** 85/150.

NEUPOTZ Rheinland-Pfalz 412 413 H 19 – 1 600 Ew – Höhe 110 m – ☎ 07272.
Mainz 123 – ◆Karlsruhe 23 – Landau 23 – ◆Mannheim 52.

🏠 **Zum Lamm,** Hauptstr. 7, ☒ 76777, ℰ 28 09, Fax 77230 – 🅿
⟵ **Menu** *(Sonntag nur Mittagessen, Dienstag, Jan.- Feb. 2 Wochen und Juli - Aug. 3 Wochen geschl.)* à la carte 23/65 🍷 – **8 Z** 45/100.

NEURIED Baden-Württemberg 413 G 21, 242 ㉔ – 7 700 Ew – Höhe 148 m – ☎ 07807.
Stuttgart 156 – ◆Freiburg im Breisgau 59 – Lahr 21 – Offenburg 11 – Strasbourg 19.

In Neuried-Altenheim :

🏠 **Ratsstüble,** Kirchstr. 38, ☒ 77743, ℰ 9 28 60, Fax 928650, 🍽, 🐎 – 📺 ☎ 🅿
Menu *(Sonntag, März und Juli - Aug. jeweils 2 Wochen geschl.)* (nur Abendessen) à la carte 28/50 🍷 – **33 Z** 50/100.

NEURUPPIN Brandenburg 414 K 7, 984 ⑪, 987 ⑰ – 35 000 Ew – Höhe 47 m – ☎ 03391.
◨ Fremdenverkehrsamt, Aug.-Bebel-Str. 15, ☒ 16816, ℰ 23 45, Fax 2345.
Potsdam 75 – ◆Berlin 74 – Brandenburg 90.

🏨 **Altes Kasino - Am See,** Seeufer 11, ☒ 16816, ℰ 30 59, Fax 358684, ≤, 🍽 – 📺 ☎ 🅿
⟵ 🗲 VISA
Menu à la carte 24/44 – **16 Z** 90/195.

🏨 **Märkischer Hof,** Karl-Marx-Str. 51, ☒ 16816, ℰ 28 01, Fax 2566, 🍸 – 📺 ☎ 🅿. 🆑 ⑩
🗲 VISA
Menu à la carte 26/51 – **19 Z** 117/160.

🏠 **Zum alten Siechenhospital** garni, Siechenstr. 4, ☒ 16816, ℰ 39 88 44, Fax 398844 – 📺
☎ 🅿
10 Z 75/120.

🍴 Schinkel-Stube, Fischbänkenstr. 10, ☒ 16816, ℰ 35 90 65.

In Alt Ruppin NO : 4,5 km :

🏨 **Zum weissen Rössel** garni, Schloßstr. 1, ☒ 16827, ℰ (03391) 7 81 70, Fax 781722 – 📺
☎ 🅿. 🗲 VISA
16 Z 90/130.

🏠 **Am Alten Rhin,** Friedrich-Engels-Str. 12, ☒ 16827, ℰ (03391) 7 55 55, Fax 75556, 🍽, 🐎
– 📺 ☎ 🅿. 🆑 ⑩ 🗲 VISA
Menu à la carte 25/50 – **18 Z** 85/150.

NEUSÄSS Bayern 413 P 21 – 20 000 Ew – Höhe 525 m – ☎ 0821 (Augsburg).
◆München 75 – ◆Augsburg 7 – ◆Ulm (Donau) 89.

🏠 **Neusässer Hof,** Hauptstr. 7a, ☒ 86356, ℰ 20 79 10, Fax 467910, Biergarten – 🛗 ☎ 🚗
⟵ 🅿
23. Dez.- 8. Jan. geschl. – **Menu** *(im Gasthof Schuster, Dienstag geschl.)* à la carte 23/54 – **50 Z** 55/125.

In Neusäß-Steppach S : 2 km :

🏠 **Brauereigasthof Fuchs,** Alte Reichsstr. 10, ☒ 86356, ℰ 48 10 57, Fax 485845, Biergarten
– 📺 ☎ 🅿
24. Dez.- 18. Jan. geschl. – **Menu** *(Montag geschl.)* à la carte 27/58 – **32 Z** 90/150.

NEUSCHÖNAU Bayern siehe Grafenau.

NEUSS Nordrhein-Westfalen 411 412 D 13, 987 ㉓ – 149 000 Ew – Höhe 40 m – ☎ 02131.
Sehenswert : St. Quirinus-Münster★ Y.
Ausflugsziel : Schloß Dyck★ SW : 9 km über ④.
◨ Tourist-Info (Neusser Reisebüro) Markt 4, ☒ 41460, ℰ 27 32 42, Fax 222559.
◮DAC, Im Haus Horten, Oberstr. 91, ☒ 41460, ℰ (0221) 47 27 47, Fax 278830.
Düsseldorf 10 – ◆Köln 38 ② – Krefeld 20 ① – Mönchengladbach 21 ⑤.

NEUSS

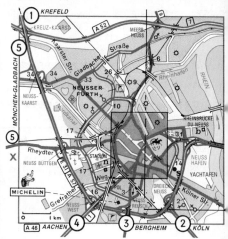

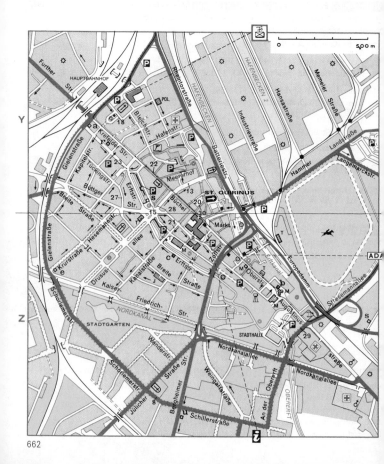

🏨 **Swissotel Düsseldorf-Neuss** ⌖, Rheinallee 1, ☒ 41460, ℰ 15 30, Telex 8517521, Fax 153666, ⇐, ⇔, 🔳 – 🛗 ⇔ Zim 🗏 📺 ⇔ 🅿 – 🔬 1200. 🆀 ⓪ 🄴 𝗩𝗜𝗦𝗔 𝗝𝗖𝗕. ⅍ Rest
Menu à la carte 55/75 – **250 Z** 273/586, 6 Suiten.   X **b**

🏨 **Rema-Hotel Mirage** garni, Krefelder Str. 1, ☒ 41460, ℰ 27 80 01, Fax 278243, ⇔, 🔳
– 🛗 ⇔ 📺 ☎ ⇔ – 🔬 30. 🆀 ⓪ 🄴 𝗩𝗜𝗦𝗔   Y **a**
75 Z 240/340.

🏨 **Balance-Hotel,** Anton-Kux-Str. 1, ☒ 41460, ℰ 18 40, Fax 184184, 🍴, ⇔ – 🛗 ⇔ Zim
📺 ☎ ⅋ ⇔ – 🔬 120. 🆀 ⓪ 🄴 𝗩𝗜𝗦𝗔 𝗝𝗖𝗕   X **s**
Menu à la carte 35/62 – **220 Z** 180/270, 47 Suiten.

🏨 **Viktoria** garni, Kaiser-Friedrich-Str. 2, ☒ 41460, ℰ 2 39 90, Fax 2399100 – 🛗 ⇔ 📺 ☎
⇔. 🆀 ⓪ 🄴 𝗩𝗜𝗦𝗔 𝗝𝗖𝗕   Z **e**
74 Z 164/278.

🏨 **Page-City-Hotel** garni, Adolf-Flecken-Str. 18, ☒ 41460, ℰ 22 70, Fax 227111 – 🛗 ⇔ Zim
📺 ☎ ⇔. 🆀 ⓪ 🄴 𝗩𝗜𝗦𝗔   Y **r**
50 Z 180/320.

🏨 **Climat** garni, Hellersbergstr. 16, ☒ 41460, ℰ 10 40, Fax 130201 – 🛗 📺 ☎ ⅋ 🅿 – 🔬 60.
🆀 🄴 𝗩𝗜𝗦𝗔   Z **s**
49 Z 134/239.

🏨 **Hamtor-Hotel** (Restaurant im Bistro-Stil), Hamtorwall 17, ☒ 41460, ℰ 22 20 02,
Fax 277694, 🍴, ⇔ – 🛗 📺 ☎ 🅿. 🆀 ⓪ 🄴 𝗩𝗜𝗦𝗔   Y **s**
Menu (nur Abendessen) à la carte 30/48 – **36 Z** 95/165.

🏨 **Haus Hahn** garni, Bergheimer Str. 125 (B 477), ☒ 41464, ℰ 9 41 80, Fax 43908 – 📺 ☎
🅿. ⓪ 🄴 𝗩𝗜𝗦𝗔   Z **u**
Juli 3 Wochen und Ende Dez.- Anfang Jan. geschl. – **15 Z** 105/230.

✕✕ **Herzog von Burgund,** Erftstr. 88, ☒ 41460, ℰ 2 35 52, Fax 23552, 🍴 – 🆀 🄴   Z **c**
*Donnerstag sowie Feb. und Sept. jeweils 2 Wochen geschl., Samstag - Sonntag nur Abend-
essen* – **Menu** (Tischbestellung erforderlich) à la carte 65/87.

✕✕ **An de Poz** (Restaurant in einem alten Kellergewölbe), Oberstr. 7, ☒ 41460, ℰ 27 27 77,
Fax 277104 – 🆀 ⓪ 🄴 𝗩𝗜𝗦𝗔   Z **b**
*Samstag nur Abendessen, Sonn- und Feiertage, über Ostern 1 Woche, Juli - Aug. 3 Wochen
und 24.- 31. Dez. geschl.* – **Menu** (Tischbestellung ratsam) à la carte 66/83.

✕✕ Mayer's Restaurant Zum Stübchen, Preussenstr. 73, ☒ 41464, ℰ 8 22 16, Fax 82325,
🍴   X **n**
(Tischbestellung ratsam).

In Neuss-Erfttal SO : 5 km über ②

🏨 **Novotel Neuss,** Am Derikumer Hof 1, ☒ 41469, ℰ 13 80, Telex 8517634, Fax 120687, 🍴,
🔳, 🍃 – 🛗 ⇔ Zim 🗏 Rest 📺 ☎ ⇔ 🅿 – 🔬 80. 🆀 ⓪ 🄴 𝗩𝗜𝗦𝗔
Menu à la carte 36/62 – **110 Z** 165/207.

In Neuss-Grimlinghausen SO : 6 km über Kölner Str. X :

🏨 **Landhaus Hotel,** Hüsenstr. 17, ☒ 41468, ℰ 3 10 10, Fax 310151, Biergarten – 🛗 📺 ☎
⅋ 🅿 – 🔬 40. 🆀 🄴 𝗩𝗜𝗦𝗔
Menu à la carte 53/77 – **30 Z** 155/380.

In Kaarst NW : 6 km über Viersener Straße X – ✆ 02131 :

🏨 **Antana,** Königsberger Str. 20, ☒ 41564, ℰ 96 90, Fax 969444, 🍴, ⇔, 🔳 – 🛗 ⇔ Zim
🗏 📺 ⅋ ⇔ 🅿 – 🔬 350. 🆀 ⓪ 🄴 𝗩𝗜𝗦𝗔
Menu à la carte 49/78 – **193 Z** 229/426, 8 Suiten.

🏨 **Classic Hotel** garni, Friedensstr. 12, ☒ 41564, ℰ 66 80 91, Fax 601833 – 🛗 ⇔ Zim 📺
☎ ⇔ 🅿. 🆀 ⓪ 🄴 𝗩𝗜𝗦𝗔. ⅍
22 Z 160/275.

🏨 **Landhaus Michels** garni, Kaiser-Karl-Str. 10, ☒ 41564, ℰ 60 40 04, Fax 605339 – 📺 ☎
⇔ 🅿. 🆀 ⓪ 🄴 𝗩𝗜𝗦𝗔. ⅍
22. Dez.- 8. Jan. geschl. – **20 Z** 95/150.

In Kaarst-Büttgen W : 6 km über Rheydter Str. X :

🏨 **Jan van Werth,** Rathausplatz 20, ☒ 41564, ℰ (02131) 51 41 60, Fax 511433, 🍴 – 🛗 📺
☎ 🅿. ⓪ 🄴 𝗩𝗜𝗦𝗔
Dez.- Jan. 2 Wochen geschl. – **Menu** *(Samstag geschl.)* à la carte 30/50 – **28 Z** 85/175.

🏨 Gästehaus Alt Büttgen garni, Kölner Str. 30, ☒ 41564, ℰ (02131) 51 80 66, Fax 516195 –
📺 ☎ 🅿
16 Z.

In Kaarst-Holzbüttgen NW : 7 km über Viersener Str. X :

🏨 **Hotel im Open-Air-Tennispark,** August-Thyssen-Str. 13, ☒ 41564, ℰ (02131) 66 20
(Hotel) 66 25 05 (Rest.), Fax 662522, 🔳, ⇔, ⅍ (Halle) – 🛗 ⇔ Zim 📺 ☎ ⇔ 🅿 – 🔬 80.
🆀 ⓪ 🄴
Menu à la carte 36/70 – **35 Z** 133/260.

NEUSTADT (HARZ) Thüringen 🔢 P12 – 1 100 Ew – Höhe 350 m – Erholungsort – ☻ 036331
Erfurt 86 – Blankenburg 37 – Göttingen 77 – Halle 100 – Nordhausen 10.

🏛 **Neustädter Hof** 🦫, Burgstr. 17, ✉ 99762, 𝒫 3 09 12, Fax 30916, 🍴, Massage, ⇌, 🚗
– 🛗 ↯ Zim 📺 ☎ 🚗 🅿 – 🔬 60. 🆎 ⓞ 🗜
Menu à la carte 27/57 – **47 Z** 98/185, 4 Suiten.

NEUSTADT AN DER AISCH Bayern 🔢 O 18. 🔢 ㉘ – 12 000 Ew – Höhe 292 m – ☻ 09161
🚩 Verkehrsamt, Rathaus, Marktplatz, ✉ 91413, 𝒫 6 66 14, Fax 60793.
♦München 217 – ♦Bamberg 53 – ♦Nürnberg 41 – ♦Würzburg 67.

🏛 **Römerhof,** Richard-Wagner-Str. 15, ✉ 91413, 𝒫 30 11 (Hotel) 30 13 (Rest.), Fax 2498 – ☎
🅿. 🍴 Rest
20. Dez.- 10. Jan. geschl. – **Ristorante Forum** (italienische Küche) (Donnerstag und Aug.
geschl.) **Menu** à la carte 25/49 ⬧ – **20 Z** 60/150.

🍴 **Neustadt-Stuben,** Ansbacher Str. 20c, ✉ 91413, 𝒫 56 22 – 🅿. 🆎 ⓞ 🗜 𝚅𝙸𝚂𝙰
Samstag nur Abendessen, Dienstag geschl. – **Menu** à la carte 46/65.

In Dietersheim SW : 6,5 km :

🏛 **Frankenland** 🦫, Schützenstr. 15, ✉ 91463, 𝒫 (09161) 28 76, Fax 7476, 🍴 – 📺 ☎ 🚗
🅿
März 3 Wochen geschl. – **Menu** (Sonntag nur Mittagessen, Montag geschl.) à la carte
26/50 – **10 Z** 60/100.

In Dietersheim-Oberroßbach S : 6 km :

🏛 **Fiedler** 🦫, Oberroßbach 28, ✉ 91463, 𝒫 (09161) 24 25, Fax 61259, 🍴, ⇌, 🚗 – 📺 ☎
➕ 🅿
Feb. 2 Wochen geschl. – **Menu** (Sonntag nur Mittagessen, Mittwoch geschl.) à la carte
22/41 ⬧ – **15 Z** 65/100.

NEUSTADT AN DER DONAU Bayern 🔢 S 20, 🔢 ㉗ – 10 000 Ew – Höhe 355 m – ☻ 09445.
🚩 Kurverwaltung, Heiligenstädter Straße (Bad Gögging), ✉ 93333, 𝒫 80 66, Fax 8609.
♦München 90 – Ingolstadt 33 – Landshut 48 – ♦Regensburg 43.

🏛 **Gigl,** Herzog-Ludwig-Str. 6, ✉ 93333, 𝒫 70 97, Fax 7098 – 📺 ☎ 🚗 🅿. 🗜
➕ 1.- 6. Jan. geschl. – **Menu** (Freitag - Samstag, 27. Dez.- 23. Jan. und 11.- 26. Aug. geschl.)
à la carte 17/37 ⬧ – **22 Z** 37/78.

In Neustadt-Bad Gögging NO : 4 km – Heilbad :

🏛 **Eisvogel** 🦫, An der Abens 20, ✉ 93333, 𝒫 80 75, Fax 8475, 🍴, Massage, ≈, ⇌, 🚗
– 🛗 📺 ☎ 🅿 – 🔬 30. 🆎 ⓞ 🗜
Menu (Montag, Jan. und Sept. 1 Woche geschl.) à la carte 28/68 – **34 Z** 73/200.

🏛 **Kurhotel Centurio,** Am Brunnenforum 6, ✉ 93333, 𝒫 20 50, Fax 205420, 🍴, Massage,
➕ ≈, 🚗 direkter Zugang zur Limestherme – 🛗 📺 ☎ 🚗 🅿 – 🔬 35. 🆎 ⓞ 🗜 𝚅𝙸𝚂𝙰
🍴 Rest
Menu à la carte 24/52 – **67 Z** 95/210.

NEUSTADT AN DER ORLA Thüringen 🔢 H 13, 🔢 ㉓, 🔢 ㉗ – 10 000 Ew – Höhe 300 m
– ☻ 036481.
Erfurt 97 – Jena 30 – Triptis 8.

🏛 **Schloßberg,** Ernst-Thälmann-Str. 62, ✉ 07806, 𝒫 2 35 15, Fax 23514 – 🛗 📺 ☎ 🅿 –
🔬 50. 🆎 ⓞ 🗜 𝚅𝙸𝚂𝙰
Menu à la carte 26/54 – **32 Z** 99/180.

NEUSTADT AN DER SAALE, BAD Bayern 🔢 N 16, 🔢 ㉖ – 14 500 Ew – Höhe 243 m –
Heilbad – ☻ 09771.
🚩 Kurverwaltung, Löhriether Str. 2, ✉ 97616, 𝒫 9 09 83, Fax 991158.
♦München 344 – ♦Bamberg 86 – Fulda 59 – ♦Würzburg 76.

🏛 **Kur- und Schloßhotel** 🦫, Kurhausstr. 37, ✉ 97616, 𝒫 6 16 10, Fax 2533, « Terrasse am
Schloßpark » – 📺 ☎ 🅿 – 🔬 40. 🆎 ⓞ 🗜 𝚅𝙸𝚂𝙰
Menu à la carte 37/69 – **14 Z** 140/250, 4 Suiten.

🏛 **Residenz,** An der Stadthalle 5, ✉ 97616, 𝒫 90 10, Fax 901120 – 📺 ☎ 🚗 🅿 – 🔬 40.
🆎 ⓞ 🗜 𝚅𝙸𝚂𝙰
Menu (Sonntag geschl.) (Mittagessen nur für Hausgäste) à la carte 31/60 – **30 Z**
95/260.

🏛 **Schwan und Post** (Gasthof a.d.J. 1772), Hohnstr. 35, ✉ 97616, 𝒫 9 10 70, Fax 910767,
🍴, ≈ – 📺 ☎ 🚗 🅿 – 🔬 120. 🗜 𝚅𝙸𝚂𝙰. 🍴 Rest
Menu (Sonntag geschl.) à la carte 39/73 – **32 Z** 95/240.

🏛 **Da Rosario,** Schweinfurter Str. 4, ✉ 97616, 𝒫 22 31, Fax 991180, Biergarten – 📺 ☎ 🚗
🅿. 🆎 🗜 𝚅𝙸𝚂𝙰
Menu à la carte 25/54 – **23 Z** 85/195.

🏠 **Zum goldenen Löwen,** Hohnstr. 26, ✉ 97616, 🖉 80 22/6 13 00, Fax 2245 – ☎ **℗**. **E**
Menu *(Mittwoch geschl.)* à la carte 29/55 – **28 Z** 70/130.

🏠 **Fränkischer Hof** (renoviertes Fachwerkhaus a.d. 16. Jh.), Spörleinstr. 3, ✉ 97616,
🖉 6 10 70, Fax 994452, « Innenhofterrasse » – 📺 ☎. **ℿ E** **VISA**. ⅏ Zim
Menu *(Okt.- März Mittwoch geschl.)* à la carte 25/45 – **11 Z** 79/158.

🏠 **Stadthotel Geis** garni, An der Stadthalle 4, ✉ 97616, 🖉 9 19 80, Fax 919850 – 📺 ☎ **℗**
– 🛦 40. **ℿ ① E** **VISA**
38 Z 75/130.

In Hohenroth-Querbachshof NW : 4 km :

✗ **Zur Sonne** 🦢 mit Zim (restauriertes Fachwerkhaus a.d. 17. Jh.), Querbachshof 4, ✉ 97618,
🖉 (09771) 50 76, Fax 5077, Biergarten – 📺 ☎ **℗**
Menu *(Montag geschl., Dienstag - Freitag nur Abendessen)* à la carte 29/49 – **7 Z** 74/122.

NEUSTADT AN DER WALDNAAB Bayern 🔠🔠🔠 T 17. 🔢🔢🔢 ㉗ – 5 800 Ew – Höhe 408 m –
🟫 09602.

München 210 – Bayreuth 60 – ◆Nürnberg 105 – ◆Regensburg 87.

🏠 **Grader,** Freyung 39, ✉ 92660, 🖉 70 85, Fax 7087 – |≢| 📺 ☎ **℗** – 🛦 25. **ℿ E**
Menu *(Sonntag nur Mittagessen)* (wochentags nur Abendessen) à la carte 32/54 🍴 – **46 Z**
65/100.

🏠 **Am Hofgarten,** Knorrstr. 18, ✉ 92660, 🖉 12 18, Fax 8548, ⓢ – |≢| ⅏ Zim 📺 ☎ ⅚ ⇦
℗ – 🛦 20. **ℿ ① E** **VISA**
Menu *(Freitag - Sonntag geschl.)* (nur Abendessen) à la carte 27/42 – **27 Z** 71/110.

NEUSTADT AN DER WEINSTRASSE Rheinland-Pfalz 🔠🔠 🔠🔠 H 18. 🔢🔢🔢 ㉔. 🔢🔢🔢 ⑧ –
·0 000 Ew – Höhe 140 m – ✿ 06321.

Sehenswert : Altstadt★ – Marktplatz★ – Stiftskirche★.

🏌 Neustadt-Geinsheim (SO : 10 km), 🖉 (06327) 29 73.

🚊 Tourist-Information, Exterstr. 2, ✉ 67433, 🖉 85 53 29, Fax 81986.

ℽDAC, Martin-Luther-Str. 69, ✉ 67433, 🖉 8 90 50, Telex 454849, Fax 890527.

Mainz 94 – Kaiserslautern 36 – ◆Karlsruhe 56 – ◆Mannheim 29 – Wissembourg 46.

🏠 **Page-Hotel** garni, Exterstr. 2/ Ecke Landauer Straße, ✉ 67433, 🖉 89 80, Fax 898150, ⓢ
– |≢| ⅏ Zim 📺 ☎ ⅚ ⇦ – 🛦 110. **ℿ ① E** **VISA** **JCB**
123 Z 160/269, 6 Suiten.

🏠 **Festwiese,** Festplatzstr. 6, ✉ 67433, 🖉 8 20 81, Fax 31006 – |≢| ⅏ Zim 📺 ☎ ⇦ **℗**
– 🛦 60. **ℿ E** **VISA**
Menu *(Sonn- und Feiertage nur Mittagessen)* à la carte 48/67 🍴 – **32 Z** 95/230.

🏠 **Kurfürst** garni, Mussbacher Landstr. 2, ✉ 67433, 🖉 74 41, Fax 32151 – |≢| 📺 ☎ ⇦ **℗**
– 🛦 30. **ℿ E** **VISA**
40 Z 100/160, 4 Suiten.

In Neustadt-Gimmeldingen N : 3 km – Erholungsort :

✗ **Kurpfalzterrassen** 🦢 mit Zim, Kurpfalzstr. 162, ✉ 67435, 🖉 62 68, ≼, 🍴 – **℗** – 🛦 40
Jan.- Feb. und Juni - Juli jeweils 3 Wochen geschl. – **Menu** *(Montag - Dienstag geschl.)*
à la carte 38/64 🍴 – **3 Z** 55/90.

✗ **Mugler's Kutscherhaus,** Peter-Koch-Str. 47, ✉ 67435, 🖉 6 63 62, « Winzerhaus a.d.J.
1773 »
Montag, über Fasching 3 Wochen und Aug. 2 Wochen geschl. – **Menu** (nur Abendessen)
à la carte 30/49 🍴.

In Neustadt-Haardt N : 2 km – Erholungsort :

🏠 **Tenner** 🦢 garni, Mandelring 216, ✉ 67433, 🖉 96 60, Fax 966100, « Park », ⓢ, 🔲 , 🎋
– 📺 ☎ ⇦ **℗** – 🛦 30. **ℿ ① E** **VISA**
20.- 30. Dez. geschl. – **38 Z** 105/170.

🏠 **Haardter Herzel** 🦢, Eichkehle 58, ✉ 67433, 🖉 64 21, ≼, 🍴, 🎋 – **℗**
Menu à la carte 20/36 🍴 – **9 Z** 65/95.

✗✗ **Wirtshaus im Mandelhof** mit Zim, Mandelring 11, ✉ 67433, 🖉 8 82 20, Fax 33342 – 📺
☎. **ℿ E**
Juli 3 Wochen geschl. – **Menu** *(Mittwoch geschl.)* (wochentags nur Abendessen) à la carte
47/63 – **6 Z** 90/140.

In Neustadt-Hambach SW : 3 km :

✗ **Rittersberg** 🦢 mit Zim, beim Hambacher Schloß, ✉ 67434, 🖉 8 62 50, Fax 32799,
≼ Rheinebene, 🍴 – **℗** – 🛦 30. ⅏
Jan. 3 Wochen und Juli - Aug. 2 Wochen geschl. – **Menu** *(Donnerstag geschl.)* à la carte
30/59 🍴 – **5 Z** 100/120.

NEUSTADT AN DER WIED Rheinland-Pfalz 四12 F 15 – 5 600 Ew – Höhe 165 m – ✆ 02683 (Asbach).

🛈 Verkehrsbüro, im Bürgerhaus, ✉ 53577, ✆ 3 24 24.

Mainz 123 – ◆Koblenz 49 – ◆Köln 65 – Limburg an der Lahn 64.

In Neustadt-Fernthal SO : 4 km :

🏛 **Dreischläger Hof,** Dreischläger Str. 23, ✉ 53577, ✆ 37 81, Fax 2383 – ℗
↠ April 3 Wochen und Mitte - Ende Okt. geschl. – **Menu** *(Dienstag geschl.)* à la carte 24/38 – **14 Z** 38/110.

An der Autobahn A 3 S : 4,5 km :

🏛 **Autobahn-Motel Fernthal,** ✉ 53577 Neustadt-Fernthal, ✆ (02683) 35 34, Fax 2109, ≼ ◆
☎ ℗. 歴 ⑩ Ε 函
Menu à la carte 28/56 – **17 Z** 72/154.

NEUSTADT BEI COBURG Bayern 四13 Q 15, 16. 四87 ㉖ – 17 000 Ew – Höhe 344 m – ✆ 09568
◆München 296 – ◆Bamberg 61 – Bayreuth 68 – Coburg 14.

In Neustadt-Fürth am Berg SO : 7 km :

🏛 **Grenzgasthof** ⟍, Allee 37, ✉ 96465, ✆ 30 96, Fax 7595, 🐀, 🌳 – 🛗 ℗. Ε 函
↠ **Menu** *(Aug. 2 Wochen geschl.)* à la carte 19/44 – **70 Z** 70/150.

In Neustadt-Wellmersdorf S : 5 km :

🏛 **Heidehof** ⟍, Wellmersdorfer Str. 50, ✉ 96465, ✆ 21 55, Fax 4042, 🌳 – 📺 ☎ ⟨⟩ ℗
↠ 🎿 Zim
Ende Juli - Anfang Aug. geschl. – **Menu** à la carte 24/40 – **38 Z** 62/120.

NEUSTADT IN HOLSTEIN Schleswig-Holstein 四11 P 4, 四87 ⑥ – 14 500 Ew – Höhe 4 m ◆
Seebad – ✆ 04561.

🏌 Gut Beusloe, Baumallee 14 (NO : 3 km), ✆ (04561) 81 40.

🛈 Kurverwaltung, Strandallee (in Pelzerhaken), ✉ 23730, ✆ 70 11, Fax 7013.

◆Kiel 60 – ◆Lübeck 34 – Oldenburg in Holstein 21.

🏛 **Hamburger Hof** garni, Lienaustr. 26a, ✉ 23730, ✆ 62 40, Fax 17916 – 📺 ⟨⟩ ℗. Ε 函
🎿
13 Z 70/140.

✗ **Ratskeller,** Am Markt 1, ✉ 23730, ✆ 80 11, Fax 3097, 💺 – 歴 Ε 函
Nov.- April Montag und Okt. 3 Wochen geschl. – **Menu** à la carte 29/63.

In Neustadt-Pelzerhaken O : 5 km :

🏛 **Eos,** Pelzerhakener Str. 43, ✉ 23730, ✆ 72 16, Fax 7971, 💺, 🐀, 🌳 – 📺 ☎ ℗
März - Okt. – **Menu** à la carte 27/60 – **18 Z** 70/160.

✗✗ **Eichenhain** ⟍ mit Zim, Eichenhain 3, ✉ 23730, ✆ 5 37 30, Fax 7833, ≼, 💺, 🌳 – 📺
☎ ℗
8. Jan.- 1. Feb. und Nov. geschl. – **Menu** *(Jan.- Feb. Montag - Dienstag geschl.)* à la carte
40/80 – **10 Z** 125/190.

NEUSTRELITZ Mecklenburg-Vorpommern 四14 L 5. 四84 ⑪. 四87 ⑦ – 25 000 Ew – Höhe 76 m
– ✆ 03981.

🛈 Stadt-Information, Markt 1 (Rathaus), ✉ 17235, ✆ 25 31 19, Fax 3443.

Schwerin 177 – ◆Berlin 107 – Neubrandenburg 28.

🏨 **Park Hotel,** Karbe-Wagner-Str. 59, ✉ 17235, ✆ 44 36 00, Fax 443553 – 🛗 🎿 Zim 📺 ☎
℗ – 🔬 70. ⑩ Ε 函. 🎿 Rest
Menu à la carte 32/51 – **69 Z** 135/187.

🏛 **Pinus** garni, Ernst-Moritz-Arndt-Str. 55, ✉ 17235, ✆ 44 53 50, Fax 445352 – 🛗 📺 ☎. 歴
⑩ Ε 函
23 Z 80/120.

🏛 **Haegert,** Zierker Str. 44, ✉ 17235, ✆ 20 03 05, Fax 203157 – 📺 ☎ ⟨⟩ ℗
Menu *(Freitag geschl.)* (nur Abendessen) à la carte 25/39 – **23 Z** 52/120.

✗✗ **Orangerie,** An der Promenade 22, ✉ 17235, ✆ 32 86, 💺, « Historisches Gebäude a.d
18. Jh. in einer Parkanlage » – 歴 Ε 函 ⱼᴄᴮ
Menu à la carte 29/42.

NEUTRAUBLING Bayern siehe Regensburg.

NEU-ULM Bayern 四13 N 21. 四87 ㉖ – 50 000 Ew – Höhe 468 m – ✆ 0731 (Ulm/Donau).
Stadtplan siehe Ulm (Donau).

🛈 Tourist-Information, Ulm, Münsterplatz, ✉ 89073, ✆ 1 61 28 30.

ADAC, Ulm, Neue Str. 40, ✉ 89073, ✆ 6 66 66.

🏔 **Mövenpick-Hotel** ⟨S⟩, Silcherstr. 40 (Edwin-Scharff-Haus), ⊠ 89231, ℘ 8 01 10, Fax 85967, ≼, 🏝, 🔲 – |🛗| ⇆ Zim 📺 ⏦ ⏁ – 🏛 40. 🖭 ⓪ 🅴 𝓥𝓲𝓼𝓪 🅹🅲🅱 X e
Menu à la carte 33/65 – **135 Z** 200/358.

🏢 **Römer Villa,** Parkstr. 1, ⊠ 89231, ℘ 80 00 40, Fax 8000450, ⇔ – 📺 ☎ ⇐ ⏁ – 🏛 35
22 Z.

🏢 **City-Hotel** garni, Ludwigstr. 27, ⊠ 89231, ℘ 97 45 20, Fax 9745299 – |🛗| 📺 ☎. 🖭 ⓪ 🅴
𝓥𝓲𝓼𝓪. ⁒⁒ X r
23. Dez.- 6. Jan. geschl. – **20 Z** 110/165.

🏠 **Deckert,** Karlstr. 11, ⊠ 89231, ℘ 7 60 81 – ☎ ⇐ X s
22. Dez.- 8. Jan. geschl. – (nur Abendessen für Hausgäste) – **19 Z** 70/135.

XX **Glacis** (ehem. Villa mit Wintergarten), Schützenstr. 72, ⊠ 89231, ℘ 8 68 43, Fax 86844,
⛾ – ⏁. 🖭 ⓪ 🅴 𝓥𝓲𝓼𝓪 X u
Sonntag nur Mittagessen, Montag geschl. – **Menu** à la carte 33/73.

In Neu-Ulm-Finningen O : 7 km über Reuttier Str. X und Europastraße :

🏢 **Landgasthof Hirsch,** Dorfstr. 4, ⊠ 89233, ℘ 7 01 71, Fax 724131, ⛾ – |🛗| ⇆ Zim 📺
☎ ⇐ ⏁ – 🏛 35. 🖭 ⓪ 🅴 𝓥𝓲𝓼𝓪
Menu à la carte 37/64 – **22 Z** 138/190.

In Neu-Ulm-Pfuhl ② : 3 km :

🏠 **Sonnenkeller** garni, Leipheimer Str. 97 (B 10), ⊠ 89233, ℘ 7 17 70, Fax 717760 – |🛗| 📺
⇐ ⏁. 🖭 🅴 𝓥𝓲𝓼𝓪
42 Z 85/150.

In Neu-Ulm - Reutti SO : 6,5 km über Reuttier Str. X :

🏢 **Landhof Meinl,** Marbacher Str. 4, ⊠ 89233, ℘ 7 05 20, Fax 7052222, Massage, ⇔ – |🛗|
📺 ☎ ⏁ – 🏛 16. 🖭 ⓪ 🅴 𝓥𝓲𝓼𝓪. ⁒⁒
23. Dez.- 6. Jan. geschl. – (nur Abendessen für Hausgäste) – **30 Z** 132/165.

In Neu-Ulm - Schwaighofen über Reuttier Str. X :

🏢 **Zur Post,** Reuttier Str. 172, ⊠ 89233, ℘ 9 76 70, Fax 9767100, ⛾ – |🛗| ⇆ Zim 📺 ☎
⇐ ⏁ – 🏛 35. 🖭 𝓥𝓲𝓼𝓪
Jan. und Aug. jeweils 2 Wochen geschl. – **Menu** *(Montag geschl.)* à la carte 28/65 – **28 Z**
140/180.

NEUWEILER Baden-Württemberg 📗📗📗 I 21 – 2 500 Ew – Höhe 640 m – Wintersport : ⛷4 –
✪ 07055.
◆Stuttgart 66 – Freudenstadt 36 – Pforzheim 41.

In Neuweiler-Oberkollwangen NO : 3 km :

🏠 **Talblick** ⟨S⟩, Breitenberger Str. 15, ⊠ 75389, ℘ 70 32, Fax 7248, ⇔, 🔲, 🌬 – ⏁. ⁒⁒ Zim
◆ *10. Nov.- 10. Dez. geschl.* – **Menu** *(Montag geschl.)* à la carte 22/43 – **18 Z** 55/110 – ½ P 65.

NEUWIED Rheinland-Pfalz 📗📗📗 F 15, 📙📙📙 ㉔ – 65 000 Ew – Höhe 62 m – ✪ 02631.
🛈 Städt. Verkehrsamt, Kirchstr. 52, ⊠ 56564, ℘ 80 22 60.
◆Mainz 114 – ◆Bonn 54 – ◆Koblenz 15.

🏠 **Stadt-Hotel** garni, Pfarrstr. 1a, ⊠ 56564, ℘ 2 21 95, Fax 21335 – |🛗| 📺 ☎ ⇐. 🖭 ⓪ 🅴
𝓥𝓲𝓼𝓪 – **16 Z** 115/160.

🏠 **Stadtpark-Hotel** garni, Heddesdorfer Str. 84, ⊠ 56564, ℘ 3 23 33 – 📺 ☎. 🖭 ⓪ 🅴 𝓥𝓲𝓼𝓪
20. Dez.- 8. Jan. geschl. – **10 Z** 100/150.

In Neuwied-Engers O : 7 km :

🏠 **Euro-Hotel Fink,** Werner-Egk-Str. 2, ⊠ 56566, ℘ (02622) 92 80 (Hotel) 58 57 (Rest.),
Fax 83678 – |🛗| ⏁
15. Juli - 10. Aug. geschl. – **Menu** *(Freitag geschl.)* (wochentags nur Abendessen) à la carte
25/51 – **62 Z** 45/120.

In Neuwied-Oberbieber NO : 6 km :

🏠 **Waldhaus Wingertsberg** ⟨S⟩, Wingertsbergstr. 48, ⊠ 56566, ℘ 4 90 21, Fax 46808, ≼,
⛾ – ☎ ⇐ ⏁. 🖭 ⓪ 🅴 𝓥𝓲𝓼𝓪
Menu à la carte 38/70 – **30 Z** 85/130.

In Neuwied-Segendorf N : 5,5 km :

XX **Fischer** mit Zim, Austr. 2, ⊠ 56567, ℘ 5 35 24, ⛾, 🌬 – ☎ ⏁. 🖭 🅴
Menu *(Donnerstag nur Mittagessen, Freitag geschl.)* à la carte 28/65 – **8 Z** 55/110.

NEU WULMSTORF Niedersachsen 📗📗📗 M 6 – 15 000 Ew – Höhe 10 m – ✪ 040 (Hamburg).
◆Hannover 151 – ◆Bremen 94 – Cuxhaven 97 – ◆Hamburg 28.

🏢 **Residenz** garni, Bahnhofstr. 18, ⊠ 21629, ℘ 7 00 40 40, Fax 70040470 – |🛗| 📺 ☎ ⏁ –
🏛 15. 🖭 ⓪ 🅴 𝓥𝓲𝓼𝓪
34 Z 105/150.

NIDDA Hessen 412 413 K 15 – 16 200 Ew – Höhe 150 m – © 06043.

🔟 Kurverwaltung, Quellenstr. 2 (Bad Salzhausen), ✉ 63667, 𝒫 5 61, Fax 564.

◆Wiesbaden 88 – ◆Frankfurt am Main 56 – Gießen 43.

In Nidda-Bad Salzhausen – Heilbad :

🏨 **Jäger** ⚲, Kurstr. 9, ✉ 63667, 𝒫 40 20, Fax 402100, « Geschmackvolle, elegante Einrichtung », ⇌ – 📶 📺 🅰 ⇨ 🅿 – 🔬 40. 🖭 ⓞ 🄴 💳
Menu 39 (mittags) und à la carte 59/91 – **29 Z** 150/280.

🏨 **Kurhaus-Hotel** ⚲, Kurstr. 2, ✉ 63667, 𝒫 4 09 17, Fax 6010, ☞, direkter Zugang zum Kurmittelhaus, 🛌 – 📶 📺 ☎ ⇨ 🅿 – 🔬 300. 🖭 ⓞ 🄴 💳
Menu à la carte 38/62 ⅃ – **56 Z** 105/190.

NIDDERAU Hessen 412 413 J 16, 987 ㉕ – 15 000 Ew – Höhe 182 m – © 06187.

◆Wiesbaden 60 – ◆Frankfurt am Main 22 – Gießen 52.

In Nidderau-Heldenbergen

🏠 **Zum Adler** (mit Gästehaus), Windecker Str. 2, ✉ 61130, 𝒫 92 70, Fax 927223 – 📺 ☎ ⇨ 🅿. 🄴
27. Dez.- 10. Jan. geschl. – **Menu** *(Freitag geschl.)* à la carte 29/64 ⅃ – **33 Z** 65/140.

NIDEGGEN Nordrhein-Westfalen 987 ㉓, 412 C 14 – 9 000 Ew – Höhe 325 m – Luftkurort – © 02427.

Sehenswert : Burg ≤★.

🔟 Städt. Verkehrsamt, Rathaus, Zülpicher Str. 1, ✉ 52385, 𝒫 80 90, Fax 80947.

◆Düsseldorf 91 – Düren 14 – Euskirchen 25 – Monschau 30.

🍽🍽 **Burg Nideggen,** Kirchgasse 10, ✉ 52385, 𝒫 12 52, Fax 6979, ≤, ☞ – 🅿. 🖭 🄴
Montag geschl. – **Menu** à la carte 40/69.

In Nideggen-Rath N : 2 km :

🏨 **Forsthaus Rath,** Rather Str. 126, ✉ 52385, 𝒫 9 40 20, Fax 940280, ≤, ☞ – ☎ 🅿 – 🔬 25. 🖭 🄴
Menu à la carte 36/56 – **20 Z** 75/120.

In Nideggen-Schmidt SW : 9 km – Höhe 430 m :

🏠 **Roeb - Zum alten Fritz,** Monschauer Str. 1, ✉ 52385, 𝒫 (02474) 4 77, Fax 400, ⇌, 📺
◆ – 📶 ⇨ 🅿 – 🔬 30
2.- 28. Jan. geschl. – **Menu** *(Dienstag geschl.)* à la carte 24/52 ⅃ – **25 Z** 57/106.

🏠 **Bauernstube,** Heimbacher Str. 53, ✉ 52385, 𝒫 (02474) 4 49, Fax 1711, 🛌 – ☎ 🅿. ⚄
◆ *24. Nov.- 27. Dez. geschl.* – **Menu** *(Montag geschl.)* à la carte 22/45 – **9 Z** 46/100.

NIEBLUM Schleswig-Holstein siehe Föhr (Insel).

NIEDERAICHBACH Bayern siehe Landshut.

NIEDERAULA Hessen 412 L 14, 987 ㉕ – 5 500 Ew – Höhe 210 m – © 06625.

◆Wiesbaden 158 – Bad Hersfeld 11 – Fulda 35 – ◆Kassel 70.

🍽🍽 **Schlitzer Hof** mit Zim, Hauptstr. 1, ✉ 36272, 𝒫 33 41, Fax 3355 – ☎ ⇨ 🅿. 🄴
2.- 31. Jan. geschl. – **Menu** *(Montag geschl.)* à la carte 43/69 – **9 Z** 68/145.

NIEDERDORFELDEN Hessen siehe Vilbel, Bad.

NIEDERFINOW Brandenburg siehe Eberswalde-Finow.

NIEDERFISCHBACH Rheinland-Pfalz 412 G 14 – 4 700 Ew – Höhe 270 m – © 02734.

Mainz 169 – Olpe 29 – Siegen 13.

🏠 **Fuchshof,** Siegener Str. 22, ✉ 57572, 𝒫 54 77, Fax 60948, ⇌, 📺 – 📺 ☎ 🅿. 🄴
23.- 29. Dez. geschl. – **Menu** *(Sonntag nur Mittagessen, Juli 3 Wochen geschl.)* à la carte 25/60 – **17 Z** 58/180.

In Niederfischbach-Fischbacherhütte SW : 2 km :

🏨 **Landhotel Bähner** ⚲, Konrad-Adenauer-Str. 26, ✉ 57572, 𝒫 65 46, Fax 55271, ≤, ☞, ⇌, 📺, 🛌 – 📺 ☎ ⇨ 🅿 – 🔬 70. 🖭 ⓞ 🄴 💳. ⚄ Rest
Menu à la carte 33/70 – **37 Z** 131/236.

NIEDERGURIG Sachsen siehe Bautzen.

NIEDERKASSEL Nordrhein-Westfalen **412** E 14 – 28 000 Ew – Höhe 50 m – ✪ 02208.
◆Düsseldorf 67 – ◆Bonn 20 – ◆Köln 23.

In Niederkassel-Ranzel N : 2,5 km :

♣ **Zur Krone,** Kronenweg 1, ✉ 53859, ✆ 35 01 – ❷
27. Juli - 16. Aug. geschl. – **Menu** *(Mittwoch geschl.)* (nur Abendessen) à la carte 18/33
– **13 Z** 42/78.

NIEDERMÜLSEN Sachsen siehe Glauchau.

NIEDERNHALL Baden-Württemberg **413** L 19 – 3 600 Ew – Höhe 202 m – ✪ 07940.
◆Stuttgart 89 – Heilbronn 58 – Schwäbisch Hall 30 – ◆Würzburg 71.

🏠 **Rössle** (Fachwerkhaus a.d.18.Jh.), Hauptstr. 12, ✉ 74676, ✆ 22 33, Fax 8333 – 📺 ☎. 🖭
⓿ 🗲 ⓥⓈⒶ
über Fasching 2 Wochen und Juli - Aug. 3 Wochen geschl. – **Menu** *(Samstag nur Abendessen, Sonntag geschl.)* à la carte 36/60 – **14 Z** 90/140.

NIEDERNHAUSEN Hessen **412** **413** H 16 – 13 500 Ew – Höhe 259 m – ✪ 06127.
◆Wiesbaden 14 – ◆Frankfurt am Main 43 – Limburg an der Lahn 41.

🏠 **Garni,** Am Schäfersberg 2, ✉ 65527, ✆ 10 82, Fax 1770 – 📺 ☎. 🖭 🗲 ⓥⓈⒶ
Ende Dez. - Mitte Jan. geschl. – **10 Z** 90/120.

In Niedernhausen-Engenhahn NW : 6 km :

🏨 **Wildpark-Hotel** 🐾, Trompeterstr. 21, ✉ 65527, ✆ (06128) 7 10 33, Fax 73874, 🌧, 🚠
– 📺 ☎ ❷ – 🔏 50. 🖭 ⓿ 🗲 ⓥⓈⒶ
Juli - Aug. 4 Wochen geschl. – **Menu** *(Samstag - Sonntag geschl.)* à la carte 38/73 – **40 Z**
90/240.

Nahe der Autobahn S : 2 km :

🏨 **Micador,** Zum grauen Stein 1, ✉ 65527, ✆ 90 10, Fax 901641, 🚠 – 🛗 🔄 Zim 📺 ☎
🔥 ❷ – 🔏 350. 🖭 ⓿ 🗲 ⓥⓈⒶ
Menu à la carte 40/65 – **187 Z** 210/350.

NIEDERNWÖHREN Niedersachsen siehe Stadthagen.

NIEDER-OLM Rheinland-Pfalz siehe Mainz.

NIEDERSTETTEN Baden-Württemberg **413** M 18, **987** ㉕ ㉖ – 3 000 Ew – Höhe 307 m –
✪ 07932.
◆Stuttgart 127 – Crailsheim 37 – Bad Mergentheim 21 – ◆Würzburg 52.

🏨 **Krone,** Marktplatz 3, ✉ 97996, ✆ 89 90, Fax 89960, 🌧 – 📺 ☎ ❷ – 🔏 40. 🖭 ⓿ 🗲
ⓥⓈⒶ
Menu à la carte 32/62 🍴 – **32 Z** 90/140.

NIEDERSTOTZINGEN Baden-Württemberg **413** N 21, **987** ㊱ – 4 200 Ew – Höhe 450 m –
✪ 07325.
◆Stuttgart 117 – ◆Augsburg 65 – Heidenheim an der Brenz 30 – ◆Ulm (Donau) 38.

In Niederstotzingen-Oberstotzingen :

🏨🏨 **Schloßhotel Oberstotzingen** 🐾, Stettener Str. 37, ✉ 89168, ✆ 10 30, Fax 10370, 🌧,
🚠, 🎾 – 📺 ❷ – 🔏 65. 🖭 ⓿ 🗲 ⓥⓈⒶ. 🎇 Rest
9. - 31. Jan. geschl. – **Vogelherd** *(Montag geschl., wochentags nur Abendessen)* **Menu**
à la carte 77/99 – **Schenke** *(Mittwoch geschl.)* **Menu** à la carte 33/53 – **17 Z** 205/390.

NIEDERTAUFKIRCHEN Bayern siehe Neumarkt-St. Veit.

NIEDERWINKLING Bayern siehe Bogen.

NIEFERN-ÖSCHELBRONN Baden-Württemberg **413** J 20 – 9 700 Ew – Höhe 228 m – ✪ 07233.
🔩 Mönsheim (SO : 14 km), ✆ (07044) 69 09.
◆Stuttgart 47 – ◆Karlsruhe 42 – Pforzheim 7.

Im Ortsteil Niefern :

🏨 **Queens Hotel Niefern,** Pforzheimer Str. 52 (W : 2 km), ✉ 75223, ✆ 7 09 90, Telex 783905,
Fax 5365, 🌧 – 🛗 🔄 Zim 📺 ☎ 🔥 ❷ – 🔏 50. 🖭 ⓿ 🗲 ⓥⓈⒶ
Menu à la carte 37/68 – **67 Z** 119/270.

🏨 **Krone,** Schloßstr. 1, ✉ 75223, ✆ 70 70, Fax 70799, 🌧 – 🛗 📺 ☎ 🚗 ❷ – 🔏 40. 🖭
⓿ 🗲 ⓥⓈⒶ. 🎇 Rest
27. Dez.- Anfang Jan. geschl. – **Menu** *(Samstag geschl., Sonntag nur Mittagessen)* à la carte
30/65 – **60 Z** 112/190.

🏠 **Goll** garni, Hebelstr. 6, ✉ 75223, 🖉 9 61 20, Fax 961250 – |‡| 🔲 ☎ 🅿. 🖃
17 Z 70/135.

🏠 **Kirnbachtal,** Hauptstr. 123, ✉ 75223, 🖉 31 11, Fax 4846 – 🔲 ☎ ⇦ 🅿. 🖃 _VISA_
Fasching 2 Wochen und Anfang - Mitte Aug. geschl. – **Menu** *(Freitag geschl., Samstag nur*
Abendessen) à la carte 29/60 ⅋ – **20 Z** 90/129.

NIEHEIM Nordrhein-Westfalen 🔢🔢 K 11 – 6 900 Ew – Höhe 183 m – ⚙ 05274.
♦Düsseldorf 203 - Detmold 29 - Hameln 48 - ♦Kassel 90.

🏠 **Berghof** 🔊, Piepenborn 17, ✉ 33039, 🖉 3 42, Fax 1242, ≤, 🏛, 🛋 – 🔲 ☎ 🅿. 🅰🅴 ⓞ
↔ 🖃 _VISA_. 🕸 Zim
Mitte Okt.- Mitte Nov. geschl. – **Menu** *(Montag geschl.)* à la carte 22/45 – **12 Z** 50/114

NIENBURG (WESER) Niedersachsen 🔢🔢 K 9, 🔢🔢🔢 ⑮ – 30 000 Ew – Höhe 25 m – ⚙ 05021
🇮 Stadtkontor-Touristbüro, Lange Str. 18, ✉ 31582, 🖉 8 73 55, Fax 87301.
♦Hannover 48 - Bielefeld 103 - ♦Bremen 63.

🏛 **Weserschlößchen,** Mühlenstr. 20, ✉ 31582, 🖉 6 20 81, Fax 63257, ≤, 🏛, ⇆s – |‡|
🕸 Zim 🔲 ☎ 🅿 – 🔬 280. 🅰🅴 ⓞ 🖃 _VISA_
Menu à la carte 42/69 – **36 Z** 146/192.

🏛 **Nienburger Hof,** Hafenstr. 3, ✉ 31582, 🖉 1 30 48, Fax 13508 – |‡| 🔲 ☎ 🅿 – 🔬 40. 🅰🅴
ⓞ 🖃 _VISA_
Menu *(Montag geschl.)* à la carte 28/61 – **20 Z** 115/210.

🏠 **Zum Kanzler,** Lange Str. 63, ✉ 31582, 🖉 9 79 20, Fax 979230 – 🔲 ☎ ⇦. 🖃. 🕸
Menu à la carte 26/59 – **16 Z** 85/165.

🏠 Am Posthof garni, Poststr. 2 / Ecke Kirchstr., ✉ 31582, 🖉 1 58 39, Fax 65884 – 🔲 ☎ ⇦
14 Z.

In Marklohe-Neulohe NW : 9 km :

XX **Neuloher Hof** mit Zim, Bremer Str. 26 (B 6), ✉ 31608, 🖉 (05022) 3 82, Fax 1600 – 🔲 ☎
🅿 – 🔬 60. 🖃
Menu *(Donnerstag geschl.)* à la carte 25/59 – **4 Z** 65/95.

NIENHAGEN Mecklenburg-Vorpommern 🔢🔢 S 4, 🔢🔢 I 3 – 700 Ew – Höhe 15 m – ⚙ 038203
(Bad Doberan).
Schwerin 79 - ♦Rostock 19.

🏠 **Villa Aranka,** Strandstr. 7, ✉ 18211, 🖉 8 11 25, ⇆s – 🔲 ☎ 🅿. 🅰🅴 ⓞ 🖃 _VISA_
Menu (nur Abendessen) à la carte 28/52 – **9 Z** 100/160.

🏠 **Pension am Teich** 🔊 garni, Strandstr. 14, ✉ 18211, 🖉 8 11 82, Fax 81183, 🛋 – 🕸 Zim
🔲 🅿. 🖃 _VISA_
9 Z 85/130.

NIENSTÄDT Niedersachsen siehe Stadthagen.

NIERSTEIN Rheinland-Pfalz 🔢🔢 🔢🔢 I 17, 🔢🔢🔢 ㉔ – 6 500 Ew – Höhe 85 m – ⚙ 06133 (Oppen
heim).
🇮 Verkehrsverein, Rathaus, Bildstockstr. 10, ✉ 55283, 🖉 51 11, Fax 5181.
Mainz 20 - ♦Darmstadt 23 - Bad Kreuznach 39 - Worms 28.

🏛 **Rheinhotel,** Mainzer Str. 16, ✉ 55283, 🖉 9 79 70, Fax 979797, ≤, 🏛 – 🔲 ☎ ⇦ 🅿
🅰🅴 ⓞ 🖃 _VISA_ _JCB_
10. Dez.- 9. Jan. geschl. – **Menu** *(Mitte Nov.- Mitte März Samstag - Sonntag geschl.)* (Wein
karte mit über 250 rheinhessischen Weinen) à la carte 38/90 – **15 Z** 139/380.

🏛 **Villa Spiegelberg** 🔊 garni, Hinter Saal 21, ✉ 55283, 🖉 51 45, Fax 57432, ≤, « Garten »
– 🔲 ☎ 🅿 – 🔬 25. 🕸
Ostern und Weihnachten geschl. – **12 Z** 130/250.

In Mommenheim NW : 8 km :

🏠 **Zum Storchennest,** Wiesgartenstr. 3, ✉ 55278, 🖉 (06138) 12 33, 🏛, 🛋 – ⇦ 🅿
↔ 🕸 Rest
Jan. und Juli-Aug. jeweils 2 Wochen geschl. – **Menu** *(Montag geschl., Dienstag nur Abend
essen)* à la carte 22/45 – **25 Z** 60/90.

In Köngernheim SW : 9 km :

XX Untermühle 🔊 mit Zim, Außerhalb 1, ✉ 55278, 🖉 (06737) 10 63, Fax 9747, 🏛 – 🔲 ☎
🅿 – 🔬 30. 🕸
18 Z.

NIESTETAL Hessen siehe Kassel.

NIEWITZ Brandenburg siehe Lübben.

Mainz 187 – Luxembourg 32 – Saarburg 20 – ◆Trier 25.

🏠 **Zum Mühlengarten,** Uferstr. 5 (B 419), ✉ 54453, ☎ 3 87, Fax 837, 🌳, 🍴, 🚗 – ☎. 🏧
　　💶 VISA
　　15. Jan.- 15. Feb. geschl. – **Menu** *(Montag geschl.)* à la carte 26/51 ⅓ – **24 Z** 65/100.

NITTENAU Bayern 🔢 T 19, 🔢 ㉗ – 7 800 Ew – Höhe 350 m – ☎ 09436.
🚹 Verkehrsamt, Hauptstr. 14, ✉ 93149, ☎ 3 09 24, Fax 2680.
◆München 158 – Amberg 49 – Cham 36 – ◆Regensburg 36.

🏠 **Aumüller,** Brucker Str. 7, ✉ 93149, ☎ 5 34, Fax 2433, 🌳, 🚗 – ☆ Zim 📺 ☎ ☎ – 🔨 100.
　　🏧 ⓪ 💶 VISA 🍴 Rest
　　Menu à la carte 59/82 – *Stüberl :* **Menu** à la carte 30/60 – **40 Z** 80/170.

🍴 **Pirzer,** Brauhausstr. 3, ✉ 93149, ☎ 82 26, Fax 1564, Biergarten, 🚗 – ☎
◆　　*Nov. geschl.* – **Menu** *(Okt.- April Freitag geschl.)* à la carte 23/35 – **39 Z** 49/110.

Die Michelin-Kartenserie mit rotem Deckblatt : Nr. 🔢🔢🔢-🔢🔢🔢
empfehlenswert für Ihre Fahrten durch die Länder Europas.

NÖRDLINGEN Bayern 🔢 O 20, 🔢 ㉖ ㊱ – 19 700 Ew – Höhe 430 m – ☎ 09081.
Sehenswert : St.-Georg-Kirche★ (Magdalenen-Statue★) – Stadtmauer★ – Stadtmuseum★ M1 – Rieskrater-Museum★.
🚹 Verkehrsamt, Marktplatz 2, ✉ 86720, ☎ 43 80, Fax 84102.
◆München 128 ② – ◆Nürnberg 92 ① – ◆Stuttgart 112 ④ – ◆Ulm (Donau) 82 ③.

NÖRDLINGEN

Michelin hängt keine Schilder
an die empfohlenen
Hotels und Restaurants.

🏨 **Flamberg Hotel Klösterle,** Beim Klösterle 1, ✉ 86720, ☎ 8 80 54, Fax 22740, 🌳, 🔧,
　　☎ – 🛗 ☆ Zim 📺 ☎ ☎ – 🔨 300. 🏧 ⓪ 💶 VISA 🍴 Rest　　　　　　　　　　　　　**v**
　　Menu à la carte 36/62 – **98 Z** 163/246.

🏠 **Am Ring,** Bürgermeister-Reiger-Str. 14, ✉ 86720, ☎ 40 28, Fax 23170 – 🛗 📺 ☎ ☎ ☎　**e**
　　– 🔨 20. 🏧 ⓪ 💶 VISA
　　Anfang Jan. 1 Woche geschl. – **Menu** *(Sonntag nur Mittagessen)* à la carte 31/64 – **39 Z**
　　87/160.

🏠 **Sonne,** Marktplatz 3, ✉ 86720, ☎ 50 67, Fax 23999 – 📺 ☎ ☎ – 🔨 30. 🏧 💶 VISA　**n**
　　Menu à la carte 40/60 – **40 Z** 110/230.

🕊 **Zum Engel,** Wemdinger Str. 4, ☒ 86720, 𝒫 31 67, Fax 5735, Biergarten – 📺 ⟸ 🅿. 🗚
E 𝘝𝘐𝘚𝘈
18. Okt.- 8. Nov. geschl. – **Menu** *(Samstag geschl.)* à la carte 27/47 – **9 Z** 48/105.

XX **Meyers-Keller,** Marienhöhe 8, ☒ 86720, 𝒫 44 93, Fax 24931, Biergarten – 🅿. 🗚 E 𝘝𝘐𝘚𝘈
über Oskar-Mayer-Str
Dienstag nur Abendessen, Montag und Jan. 2 Wochen geschl. – **Menu** 39/119 und à la
carte.

In Mönchsdeggingen ② : 14 km über die B 25 :

X **Martinsklause** 🕭 mit Zim, im Klosterhof, ☒ 86751, 𝒫 (09088) 2 28, Fax 1300, 🌳 –
🅿
Mitte Jan.- Mitte Feb. geschl. – **Menu** *(Montag geschl., Dienstag nur Abendessen)* à la carte
27/48 – **10 Z** 35/70.

NÖRTEN-HARDENBERG Niedersachsen 𝟜𝟙𝟙 𝟜𝟙𝟚 M 12, 𝟡𝟠𝟟 ⑮ – 8 800 Ew – Höhe 140 m –
❀ 05503.

♦Hannover 109 – ♦Braunschweig 96 – Göttingen 11 – ♦Kassel 57.

🏩 **Burghotel Hardenberg** 🕭, Im Hinterhaus 11 a, ☒ 37176, 𝒫 10 47, Fax 1650, 🌳, ⟸s,
🐾 – 🛗 📺 🕭 ⟸ 🅿 – 🖄 60. 🗚 ⓪ E 𝘝𝘐𝘚𝘈 🛠 Rest
Weihnachten geschl. – **Menu** *(Sonntag geschl.)* à la carte 58/83 – **45 Z** 145/300.

Im Rodetal O : 3 km, an der B 446 :

🏠 **Rodetal,** Rodetal 1, ☒ 37120 Bovenden, 𝒫 (05594) 6 33, Fax 8158, 🌳 – 📺 🕿 ⟸ 🅿
🗚 ⓪ E 𝘝𝘐𝘚𝘈
Feb. geschl. – **Menu** à la carte 30/54 – **9 Z** 85/130.

NOHFELDEN Saarland 𝟜𝟙𝟚 E 18, 𝟡𝟠𝟟 ㉔, 𝟚𝟜𝟚 ③ – 11 200 Ew – Höhe 350 m – ❀ 06852.
🛈 Fremdenverkehrsamt, Rathaus, ☒ 66625, 𝒫 88 50, Fax 885125.
♦ Saarbrücken 57 – Kaiserslautern 59 – ♦Trier 55 – ♦Wiesbaden 117.

In Nohfelden-Bosen W : 8,5 km :

🏩 **Seehotel Weingärtner** 🕭, Bostalstr. 12, ☒ 66625, 𝒫 88 90, Fax 81651, 🌳, ⟸s, 🖃,
🐎, 🛠 – 🛗 📺 🕿 🕭 🅿 – 🖄 80. 🗚 ⓪ E 𝘝𝘐𝘚𝘈
Menu à la carte 43/79 – **99 Z** 98/260.

In Nohfelden-Neunkirchen/Nahe SW : 7,5 km :

🏠 **Landhaus Mörsdorf,** Nahestr. 27, ☒ 66625, 𝒫 9 01 20, Fax 901290, 🌳 – 📺 🕿 🅿 –
🖄 30. 🗚 ⓪ E 𝘝𝘐𝘚𝘈
Menu à la carte 29/58 – **17 Z** 69/99.

NONNENHORN Bayern 𝟜𝟙𝟛 L 24 – 1 500 Ew – Höhe 406 m – Luftkurort – ❀ 08382 (Lindau
im Bodensee).
🛈 Verkehrsamt, Seehalde 2, ☒ 88149, 𝒫 82 50, Fax 89076.
♦München 187 – Bregenz 17 – Ravensburg 25.

🏩 **Seewirt,** Seestr. 15, ☒ 88149, 𝒫 8 91 42, Fax 89333, « Caféterrasse am See mit ≤ », ⟸s,
🌳, 🛠 – 🛗 📺 🕿 ⟸ 🅿
Dez.- 19. Feb. geschl. – **Menu** *(Okt.- März Montag - Dienstag geschl.)* à la carte 31/62 –
30 Z 75/220.

🏠 **Zur Kapelle,** Kapellenplatz 3, ☒ 88149, 𝒫 82 74, 🌳 – 📺 🕿 🅿
10. Jan. - Feb. und Nov. - 20. Dez. geschl. – **Menu** *(Donnerstag geschl.)* à la carte 27/60
– **17 Z** 72/170.

🏠 **Haus am See** 🕭, Uferstr. 23, ☒ 88149, 𝒫 82 69, Fax 887607, ≤, 🐾, 🐎 – 📺 🕿 🅿
🛠 Rest
März - Okt. – (Restaurant nur für Hausgäste) – **26 Z** 77/188.

🏠 **Zum Torkel,** Seehalde 14, ☒ 88149, 𝒫 84 12, Fax 887329, 🌳, 🐎 – 📺 🕿 🅿
15. Dez.- Jan. geschl. – **Menu** *(Mittwoch geschl.)* à la carte 28/60 – **22 Z** 65/150.

XX **Altdeutsche Weinstube Fürst,** Kapellenplatz 2, ☒ 88149, 𝒫 82 03 – 🅿
Dienstag, März 2 Wochen und Ende Okt.- Mitte Nov. geschl. – **Menu** à la carte 30/52.

NONNWEILER Saarland 𝟜𝟙𝟚 D 18 – 9 200 Ew – Höhe 375 m – Heilklimatischer Kurort –
❀ 06873.
♦Saarbrücken 50 – Kaiserslautern 75 – ♦Trier 42.

🏠 Parkschenke, Auensbach 68, ☒ 66620, 𝒫 60 44, Fax 6055 – 🕿 🅿 – 🖄 40
17 Z.

NORDDORF Schleswig-Holstein siehe Amrum (Insel).

Niedersachsen **411** E 6, **984** ⑨. **408** M 1 – 25 500 Ew – Höhe 3 m – ✿ 04931.

🚢 von Norden-Norddeich nach Norderney (Autofähre) und ⚓ nach Juist, ✆ 1 80 20, Fax 8520.

🛈 Kurverwaltung-Verkehrsamt, Dörper Weg 22, (Norddeich) ⊠ 26506, ✆ 17 22 00, Fax 172290.

◆Hannover 268 – Emden 31 – Oldenburg 97 – Wilhelmshaven 78.

🏨 **Reichshof,** Neuer Weg 53, ⊠ 26506, ✆ 17 50, Fax 17575, 🏤 – 🛗 🗹 ☎ ⇐ 🅿 – 🕍 150. 🖭 ⓪ 🖃 VISA
Menu à la carte 31/63 *(auch vegetarische Gerichte)* – **35 Z** 65/170 – ½ P 82/105.

🏨 **Deutsches Haus,** Neuer Weg 26, ⊠ 26506, ✆ 1 89 10, Fax 189130 – 🛗 🗹 ☎ ⇐ 🅿 – 🕍 250. ⓪ 🖃 VISA
Menu à la carte 33/70 – **41 Z** 75/180.

In Norden-Norddeich NW : 4,5 km – Seebad :

🏨 **Regina Maris** 📎, Badestr. 7c, ⊠ 26506, ✆ 1 89 30, Fax 189375, 🏤, ⇌s, 🔲 – 🛗 🗹 ☎ 🅿. 🕸
Anfang Jan.- Mitte Feb. geschl. – **Menu** à la carte 33/64 – **55 Z** 95/240.

🏨 **Fährhaus,** Hafenstr. 1, ⊠ 26506, ✆ 80 27, Fax 8030, ≼ – 🗹 ☎ ⇐ 🅿. 🖭 ⓪ 🖃 VISA
Anfang Nov.- Mitte Dez. geschl. – **Menu** 25/40 (mittags) und à la carte 39/75 – **35 Z** 98/180.

🏨 **Deichkrone** 📎, Muschelweg 21, ⊠ 26506, ✆ 80 31, Fax 189379, ⇌s, 🔲, 🌳 – 🗹 ☎ 🅿. 🕸
15. Nov.- 15. Dez. geschl. – **Menu** (nur Abendessen) à la carte 33/64 – **30 Z** 90/200 – ½ P 93/143.

🏨 **Reinders Hotel** 📎 garni, Deichstr. 16, ⊠ 26506, ✆ 80 92, Fax 81666, 🌳 – 🗹 🅿. 🖭 ⓪ 🖃 VISA
25 Z 70/160.

In Hage-Lütetsburg O : 3 km :

🏨 **Landhaus Spittdiek,** Landstr. 67, ⊠ 26524, ✆ (04931) 34 13, Fax 14537, 🏤, 🌳 – 🗹 ☎ ⇐ 🅿
2.- 6. Jan. geschl. – **Menu** *(Montag und Nov.- Feb. geschl.)* à la carte 30/72 – **10 Z** 70/150 – ½ P 79/84.

Niedersachsen **411** I 6, **987** ④ – 30 000 Ew – Höhe 2 m – ✿ 04731.

◆Hannover 200 – ◆Bremen 81 – Bremerhaven 7 – Oldenburg 54.

🏨 **Am Markt,** Marktplatz, ⊠ 26954, ✆ 50 94, Fax 5098, ⇌s – 🛗 🗹 ☎ ⇐ – 🕍 60. 🖭 ⓪ 🖃 VISA
Menu *(Sonntag nur Mittagessen)* à la carte 30/58 – **35 Z** 115/150.

🏨 **Aits** garni, Bahnhofstr. 120, ⊠ 26954, ✆ 8 00 44 – 🗹 ☎ ⇐ 🅿. 🖭 ⓪ 🖃 VISA
20 Z 70/110.

In Nordenham-Abbehausen SW : 4,5 km :

🏨 **Butjadinger Tor,** Butjadinger Str. 67, ⊠ 26954, ✆ 9 38 80, Fax 938888, 🏤 – 🗹 ☎ 🅿. 🖭 ⓪ 🖃 VISA
Menu à la carte 30/61 – **17 Z** 78/110.

In Nordenham-Tettens N : 10 km :

XX **Landhaus Tettens** (Bauernhaus a.d.J. 1737), Am Dorfbrunnen 17, ⊠ 26954, ✆ 3 94 24, Fax 31740, 🏤 – 🅿
Montag, 6.- 17. März und 26. Juni - 7. Juli geschl. – **Menu** à la carte 38/65.

Niedersachsen **411** E 5, **984** ⑨. **987** ③ 04 – 6 500 Ew – Seeheilbad – Insel der ostfriesischen Inselgruppe, eingeschränkter Kfz-Verkehr – ✿ 04932.

⛳ Karl-Rieger-Weg (O : 5 km), ✆ 6 80.

✈ am Leuchtturm, ✆ 24 55.

🚢 von Norddeich (ca. 1h), ✆ 1 80 20, Fax 8520.

🛈 Verkehrsbüro, Bülowallee 5, ⊠ 26548, ✆ 9 18 50, Fax 82494.

◆Hannover 272 – Aurich/Ostfriesland 31 – Emden 35.

🏨 **Kurhotel,** Weststrandstr. 4 (Am Kurgarten), ⊠ 26548, ✆ 88 30 00, Fax 883333 – 🛗 🗹 🅿. 🕸
Ende März - Anfang Nov. – **Menu** à la carte 42/73 – **19 Z** 150/300, 4 Suiten.

🏨 **Golf-Hotel** 📎, Am Golfplatz 1 (O : 5 km), ⊠ 26548, ✆ 89 60, Fax 89666, ≼, 🏤, ⇌s, 🔲, 🌳, 🎾 – 🗹 ☎ ⇐ 🅿
Mitte Nov.- Mitte Dez. geschl. – **Menu** à la carte 39/78 – **35 Z** 150/316, 3 Suiten – ½ P 164/214.

🏨 **Inselhotel König,** Bülowallee 8, ⊠ 26548, ✆ 80 10, Fax 801125, 🏤, ⇌s – 🛗 🗹 ☎. 🖭 ⓪ 🖃 VISA
Menu à la carte 33/62 – **49 Z** 148/256 – ½ P 163/183.

🏨 **Inselhotel Vier Jahreszeiten,** Herrenpfad 25, ⊠ 26548, ✆ 89 40, Fax 1460, Massage, ♨, ⇌s, 🔲 – 🛗 🗹 ☎. 🖭 ⓪ 🖃 VISA
Menu à la carte 38/63 – **93 Z** 148/256, 3 Suiten – ½ P 163/183.

🏨 **Haus am Meer - Rodehuus und Wittehuus** 🦢 garni, Kaiserstr. 3, ⊠ 26548, 🖉 89 30
Fax 3673, ≤, ≘s, 🔲 – 📳 🔟 ☎ ⇦ 🅿. ⚘
43 Z 120/330, 4 Suiten.

🏨 **Nordstern** 🦢, Luisenstr. 14, ⊠ 26548, 🖉 80 40, Fax 804666, ≘s, 🔲 – 📳 🔟 ☎. ⚘ Res
Menu à la carte 54/85 – **50 Z** 106/228 – ½ P 126/154.

🏨 **Ennen** 🦢, Luisenstr. 16, ⊠ 26548, 🖉 26 78, Fax 82110, Massage, 🎄, ≘s – 📳 🔟 ☎
⚘ Zim
Menu à la carte 30/64 – **45 Z** 100/250 – ½ P 115/145.

🏨 **Inselhotel Bruns** garni, Lange Str. 7, ⊠ 26548, 🖉 87 50, Fax 875600, ≘s – 📳 🔟 ☎ 🧖
ᴀᴇ ⓞ ⴹ 𝘝𝘐𝘚𝘈
80 Z 135/210.

🏨 **Strandhotel Pique** 🦢, Am Weststrand 4, ⊠ 26548, 🖉 7 53, Fax 83511, ≤, 🏡, ≘s, 🔲
– 📳 🔟 ☎ 🅿. ᴀᴇ ⴹ. ⚘
Anfang Jan.- Mitte Feb. und Anfang Nov.- Weihnachten geschl. – **Menu** *(Dienstag geschl.*
à la carte 46/69 – **23 Z** 110/255, 4 Suiten – ½ P 145/158.

🏩 **Friese** (mit Gästehaus), Friedrichstr. 34, ⊠ 26548, 🖉 80 20, Fax 80234, ≘s – 📳 🔟 ☎
⚘ Zim
Menu *(Mittwoch geschl.)* à la carte 32/57 – **62 Z** 93/312 – ½ P 127/156.

🏩 Am Rathaus garni, Friedrichstr. 10, ⊠ 26548, 🖉 31 18, Fax 685, ≘s – 🔟 ☎
15 Z.

🏩 **Haus Waterkant** 🦢 garni, Kaiserstr. 9, ⊠ 26548, 🖉 80 01 00, Fax 800200, ≤, Massage
🎄, ≘s, 🔲 – 📳 🔟 ☎. ⚘
Jan. und Dez. geschl. – **49 Z** 102/216.

XX **Lenz,** Benekestr. 3, ⊠ 26548, 🖉 22 03 – ⴹ
Montag und Jan.- Feb. geschl., Dienstag nur Abendessen – **Menu** (Tischbestellung ratsam
à la carte 48/71.

NORDERSTEDT Schleswig-Holstein ④⓫ N 5, ⑨⑧⑦ ⑤ – 70 500 Ew – Höhe 26 m – ✿ 040 (Ham
burg).

ADAC, Ochsenzollerstr. 142a, ⊠ 22848, 🖉 5 23 38 00, Fax 5282406.

◆Kiel 79 – ◆Hamburg 19 – Itzehoe 58 – ◆Lübeck 69.

🏨 **Park-Hotel** garni, Buckhörner Moor 100, ⊠ 22846, 🖉 52 65 60, Fax 52656400, ≘s – 📳 ↳
🔟 ⇦ 🅿. ᴀᴇ ⓞ ⴹ 𝘝𝘐𝘚𝘈
78 Z 155/220.

🏩 **Nordic** garni, Ulzburger Str. 387, ⊠ 22846, 🖉 5 26 85 80, Fax 5266708 – 🔟 ☎ 🅿. ᴀᴇ ⓞ
ⴹ 𝘝𝘐𝘚𝘈
27 Z 115/160.

XX **Kupferpfanne am Park,** Rathausallee 35, ⊠ 22846, 🖉 5 22 45 43, Fax 5266756, 🏡 – ᴀ
ⓞ ⴹ 𝘝𝘐𝘚𝘈
Menu (nur Abendessen) à la carte 48/73.

In Norderstedt-Garstedt :

🏨 **Wilhelm Busch,** Wilhelm-Busch-Platz (B 432), ⊠ 22850, 🖉 5 29 90 00, Fax 52990019
« Gartenterrasse », ≘s – 📳 ↳ Zim 🔟 ☎ ᴋ ⇦ 🅿. ᴀᴇ ⓞ ⴹ 𝘝𝘐𝘚𝘈
Menu à la carte 48/77 – **75 Z** 160/200.

🏨 **Heuberg** garni, Kahlenkamp 2/Ecke Niendorfer Straße, ⊠ 22848, 🖉 52 80 70, Fax 523806
– 📳 🔟 ☎ ⇦ 🅿. ᴀᴇ ⓞ ⴹ 𝘝𝘐𝘚𝘈. ⚘
48 Z 98/195.

🏩 **Maromme** garni, Marommer Str. 58, ⊠ 22850, 🖉 52 10 90, Fax 5210930 – 🔟 ☎ 🅿. ᴀ
ⓞ ⴹ 𝘝𝘐𝘚𝘈
18 Z 90/155.

In Norderstedt-Glashütte :

🏨 **Norderstedter Hof,** Mittelstr. 54, ⊠ 22851, 🖉 5 24 00 46, Fax 5248366, 🏡, ≘s – 📳 🔟
☎ 🅿. ᴀᴇ ⓞ ⴹ 𝘝𝘐𝘚𝘈
22. Dez.- 1. Jan. geschl. – **Menu** *(Samstag, Sonn- und Feiertage geschl.)* (nur Abendessen
à la carte 39/72 – **90 Z** 115/160.

🏨 **Am Stadtrand** garni, Tangstedter Landstr. 508, ⊠ 22851, 🖉 52 99 90, Fax 52999299 – 📳
↳ 🔟 ☎ ᴋ ⇦. ᴀᴇ ⓞ ⴹ 𝘝𝘐𝘚𝘈 – **25 Z** 115/185.

🏩 **Zur Glashütte,** Segeberger Chaussee 309 (B 432), ⊠ 22851, 🖉 5 29 86 60, Fax 52986635
🔲 – 🔟 ☎ ⇦ 🅿. ⴹ
Menu *(Montag - Freitag nur Abendessen, Mittwoch, 26. Dez.- Anfang Jan. und Juli - Aug
4 Wochen geschl.)* à la carte 30/45 – **16 Z** 75/120.

In Norderstedt-Harksheide :

🏨 **Schmöker Hof,** Oststr. 18, ⊠ 22844, 🖉 52 60 70, Fax 5262231, Biergarten, ≘s – 📳
↳ Zim 🔟 ᴋ ⇦ 🅿 – 🛎 120. ᴀᴇ ⓞ ⴹ 𝘝𝘐𝘚𝘈. ⚘ Rest
Menu à la carte 48/74 – **123 Z** 150/225, 5 Suiten.

NORDHAUSEN Thüringen 🔢 P 12, 🔢 E 11, 🔢 ⑯ – 47 000 Ew – Höhe 247 m – ☎ 03631.

🛈 Tourist-Information, Markt 15, ✉ 99734, ℰ 69 65 40, Fax 696525.

ADAC, Kranichstr. 8. ✉ 99734, ℰ 6 43 04, Fax 80688.

Erfurt 77 – Göttingen 86 – Halle 91.

🏨 City-Hotel, Wolfstr. 11, ✉ 99734, ℰ 8 06 95, Fax 80481 – 🛗 📺 ☎ – 🕍 25
45 Z, 3 Suiten.

🏨 **Acore** garni, Hallesche Str. 13 (B 80), ✉ 99734, ℰ 60 20 60, Fax 602006 – 📺 ☎ 🅿 – 🕍 15.
🆎 ⋿ 𝖵𝖨𝖲𝖠
46 Z 85/150.

🏨 Zur Sonne, Hallesche Str. 8, ✉ 99734, ℰ 4 89 38, Fax 48937, Biergarten – 🛗 📺 ☎ 🅿
39 Z

🍴 **Ratskeller,** Markt 15, ✉ 99734, ℰ 25 18, Fax 2518 – 🆎 ⓪ ⋿ 𝖵𝖨𝖲𝖠
Menu à la carte 24/44 🍷.

In Werther SW : 3,5 km :

🏨 **Zur Hoffnung,** an der B 80, ✉ 99735, ℰ (03631) 60 12 16, Fax 600826 – 🛗 📺 ☎ 🚷 ⋘
🅿. ⋿. 🚫
Menu à la carte 18/34 – **51 Z** 80/135.

In Bielen SO : 4 km :

🏨 **Zur Goldenen Aue,** Nordhäuser Str. 135 (B 80), ✉ 99735, ℰ (03631) 60 30 21, Fax 603023
– 🚫 Zim 📺 ☎ ⋘ 🅿 – 🕍 30
Menu à la carte 27/42 – **36 Z** 73/160.

In Sundhausen S : 4 km :

🏨 Zur Helme, Sondershauser Str. 24, ✉ 99735, ℰ (03631) 60 09 15, Fax 600915, 🏡 – 📺 ☎
🅿 – 🕍 90. 🚫 Rest – **37 Z**.

NORDHEIM Bayern siehe Volkach.

NORDHOLZ Niedersachsen siehe Bücken.

NORDHORN Niedersachsen 🔢 🔢 E 9, 🔢 ⑭, 🔢 M 4 – 50 000 Ew – Höhe 22 m – ☎ 05921.

🛈 Verkehrs- und Veranstaltungsverein, Firnhaberstr. 17, ✉ 48529, ℰ 3 40 30, Fax 32283.

ADAC, Firnhaberstr. 17, ✉ 48529, ℰ 3 63 83, Fax 39231.

◆Hannover 224 – ◆Bremen 155 – Groningen 113 – Münster (Westfalen) 73.

🏨 **Eichentor,** Bernhard-Niehues-Str. 12, ✉ 48529, ℰ 60 21, Fax 77948, 🚄, 🖾 – 🛗 📺 ☎
🅿 – 🕍 100. 🆎 ⓪ ⋿ 𝖵𝖨𝖲𝖠
Menu *(Samstag nur Abendessen, Sonntag nur Mittagessen)* à la carte 33/70 – **47 Z** 80/160.

🏨 **Am Stadtring,** Am Stadtring 31, ✉ 48527, ℰ 1 40 54, Fax 75391 – 📺 ☎ ⋘ 🅿 – 🕍 40.
🆎 ⓪ ⋿ 𝖵𝖨𝖲𝖠
Menu à la carte 34/60 – **22 Z** 80/130.

🏨 **Mexin,** Neuenhauser Str. 10, ✉ 48529, ℰ 3 80 40, Fax 38314 – 📺 ☎ ⋘ 🅿. 🆎 ⓪ ⋿
𝖵𝖨𝖲𝖠
Menu *(Dienstag geschl.)* à la carte 28/56 – **16 Z** 70/130.

🏨 **Euregio,** Denekamper Str. 43, ✉ 48529, ℰ 50 77, Fax 74131, 🏡 – ☎ 🅿 – 🕍 30. 🆎 ⓪
⋿ 𝖵𝖨𝖲𝖠. 🚫 Rest
Menu *(nur Abendessen)* à la carte 30/48 – **26 Z** 65/105.

🍴 **Möllers,** Lingener Str. 52, ✉ 48531, ℰ 3 54 14 – ⋘ 🅿. 🆎 ⋿. 🚫 Zim
Menu *(Sonntag nur Mittagessen)* à la carte 25/45 – **20 Z** 45/100.

NORDKIRCHEN Nordrhein-Westfalen 🔢 🔢 F 11 – 8 800 Ew – Höhe 65 m – ☎ 02596.

◆Düsseldorf 89 – Münster (Westfalen) 36 – Recklinghausen 26.

🍴🍴 **Schloß-Keller** (Wasserschloß a.d. 18. Jh.), im Schloß, ✉ 59394, ℰ 31 67, Fax 3770 – 🅿.
🆎 ⓪ ⋿ 𝖵𝖨𝖲𝖠
Sonn- und Feiertage nur Mittagessen, Montag geschl. – **Menu** à la carte 37/68.

NORDRACH Baden-Württemberg 🔢 H 21, 🔢 ㉔ – 1 900 Ew – Höhe 300 m – Luftkurort –
☎ 07838.

◆Stuttgart 130 – Freudenstadt 39 – Lahr 23 – Offenburg 28.

🏨 **Stube,** Im Dorf 28, ✉ 77787, ℰ 2 02, 🏡 – 🅿
Jan.- Feb. 3 Wochen geschl. – **Menu** *(Dienstag nur Mittagessen, Mittwoch geschl.)* à la
carte 27/60 🍷 – **13 Z** 45/90 – ½ P 65.

NORDSTRAND Schleswig-Holstein 🔟🔟 J 3, 🔟🔟🔟 ④ – 2 400 Ew – Höhe 1 m – Seeheilbad – 🌀 04842.

Ausflugsziele : Die Halligen★ (per Schiff).

🅱 Kurverwaltung, Schulweg 4 (Herrendeich), ✉ 25845, 𝒫 4 54, Fax 8102.

◆Kiel 103 – Flensburg 61 – Husum 19 – Schleswig 53.

    In Nordstrand-Herrendeich :

🍴 **Landgasthof Kelting,** Herrendeich 6, ✉ 25845, 𝒫 3 35, Fax 8355, 🍸 – 📺 🅿. 🆎 ⓪
    🇪 𝘝𝘐𝘚𝘈. 🎿 Rest
    Jan. 3 Wochen geschl. – **Menu** *(Montag geschl.)* à la carte 29/43 – **19 Z** 75/130.

    In Nordstrand-Süden :

🏠 **Christiansen** garni, Am Ehrenmal 10, ✉ 25843, 𝒫 82 12, Fax 1349 – 📺 ☎ 🅿. 🇪
    14 Z 81/153.

NORTHEIM Niedersachsen 🔟🔟 🔟🔟🔟 MN 11, 🔟🔟🔟 ⑮ – 33 000 Ew – Höhe 121 m – 🌀 05551.

🏰 Schloß Levershausen (S : 6 km), 𝒫 6 19 15.

🅱 Fremdenverkehrsbüro, Am Münster 30 (1. Etage), ✉ 37154, 𝒫 6 36 50, Fax 3696.

◆Hannover 98 – ◆Braunschweig 85 – Göttingen 27 – ◆Kassel 69.

🏨 **Schere,** Breite Str. 24, ✉ 37154, 𝒫 96 90, Fax 969196 – 📶 📺 ☎ 🚗 – 🔺 20. 🆎 ⓪
    🇪 𝘝𝘐𝘚𝘈 𝙅𝘾𝘽
    Menu *(Sonntag nur Mittagessen, Montag nur Abendessen)* à la carte 27/52 – **23 Z** 110/210.

🏠 **Leineturm,** an der B 241 (W : 1,5 km), ✉ 37154, 𝒫 35 76, Fax 978522, 🍽 – 📺 ☎ 🚗 🅿
    – 🔺 50
    8 Z.

🏠 **Deutsche Eiche,** Bahnhofstr. 16, ✉ 37154, 𝒫 22 93, Fax 2591 – 📺 ☎ 🚗 🅿. 🆎 ⓪
    🇪 𝘝𝘐𝘚𝘈
    20. Dez.- 4. Jan. geschl. – **Menu** *(Sonn- und Feiertage geschl.)* à la carte 30/51 – **27 Z**
    55/140.

🏠 **Sonne** garni, Breite Str. 59, ✉ 37154, 𝒫 9 77 20, Fax 977239, ⛴ – 📶 📺 ☎ 🚗. 🆎 🇪
    𝘝𝘐𝘚𝘈
    24 Z 85/135.

    Bei der Freilichtbühne O : 3 km über die B 241 :

🏠 **Waldhotel Gesundbrunnen** 🌲, ✉ 37154 Northeim, 𝒫 (05551) 60 70, Fax 607200, 🍸,
    ⛴, 🍽 – 📶 📺 ☎ 🚗 🅿 – 🔺 120. 🆎 ⓪ 🇪 𝘝𝘐𝘚𝘈
    Menu à la carte 35/66 – **72 Z** 110/165.

NORTORF Schleswig-Holstein 🔟🔟 M 4, 🔟🔟🔟 ⑤ – 6 000 Ew – Höhe 30 m – 🌀 04392.

◆Kiel 29 – Flensburg 81 – ◆Hamburg 78 – Neumünster 16.

🏨 **Kirchspiels Gasthaus,** Große Mühlenstr. 9, ✉ 24589, 𝒫 49 22, Fax 3454 – 📺 ☎ 🚗
    🅿 – 🔺 50. 🆎 ⓪ 🇪 𝘝𝘐𝘚𝘈. 🎿
    Menu à la carte 38/75 – **14 Z** 75/165.

🏠 **Alter Landkrug,** Große Mühlenstr. 13, ✉ 24589, 𝒫 44 14, Fax 8302 – 🅿
    Menu à la carte 29/59 – **16 Z** 50/105.

NOTHWEILER Rheinland-Pfalz siehe Rumbach.

NOTSCHREI Baden-Württemberg siehe Todtnau.

NOTTULN Nordrhein-Westfalen 🔟🔟 🔟🔟🔟 EF 11 – 16 000 Ew – Höhe 95 m – 🌀 02502.

◆Düsseldorf 107 – Enschede 65 – Münster (Westfalen) 19.

🏨 **Steverburg,** Baumberge 6 (NO : 3 km), ✉ 48301, 𝒫 94 30, Fax 9876, 🍸,
    « geschmackvolle Einrichtung » – 📺 ☎ 🅿 – 🔺 20. ⓪ 🇪 𝘝𝘐𝘚𝘈
    Menu *(Donnerstag geschl.)* à la carte 35/72 – **17 Z** 95/160.

    In Nottuln-Schapdetten O : 5 Km :

🏠 **Zur alten Post** 🌲, Roxeler Str. 5, ✉ 48301, 𝒫 (02509) 13 91, Fax 1274, Biergarten – 📺
    ☎ 🅿. 🆎 🇪
    Menu *(Dienstag geschl.)* à la carte 26/49 – **27 Z** 60/130.

    In Nottuln-Stevern NO : 2 km :

🍴🍴 **Gasthaus Stevertal** mit Zim, Stevern 35, ✉ 48301, 𝒫 9 40 10, Fax 940149, 🍸 – 🅿 –
    🔺 100
    Menu (bemerkenswerte Weinkarte) à la carte 32/61 – **7 Z** 80/140.

NÜMBRECHT Nordrhein-Westfalen 412 F 14 – 14 500 Ew – Höhe 280 m – Heilklimatischer Kurort – ☎ 02293.

Kur- und Fremdenverkehrs-Zentrale, Lindchenweg, ✉ 51588, ☎ 5 18, Fax 510.

♦Düsseldorf 91 – ♦Köln 53 – Waldbröl 8.

Park-Hotel, Parkstraße, ✉ 51588, ☎ 30 30, Fax 303365, Massage, (Halle) – Zim – 220. AE E VISA
1.- 5. Jan. geschl. – **Menu** à la carte 46/74 – **89 Z** 145/248 – ½ P 135/186.

Derichsweiler Hof, Jacob-Engels-Str. 22, ✉ 51588, ☎ 60 61, Fax 4222, – – 70. – **58 Z**.

In Nümbrecht-Marienberghausen NW : 8 km :

Zur alten Post, Humperdinckstr. 6, ✉ 51588, ☎ 71 73, Fax 4332 – – 25. AE E
Juli - Aug. 3 Wochen geschl. – **Menu** *(Montag geschl.)* à la carte 25/55 – **15 Z** 85/130.

NÜRBURG Rheinland-Pfalz 412 D 15, 987 ㉔ – 200 Ew – Höhe 610 m – Luftkurort – ☎ 02691 (Adenau).

Sehenswert: Burg ✻★.

Ausflugsziel: Nürburgring★ (Rennsport-Museum★).

Mainz 152 – ♦Bonn 56 – Mayen 26 – Wittlich 57.

Dorint, Am Nürburg-Ring, ✉ 53520, ☎ 30 90, Fax 309460, ≤, Massage, – – 130. AE E VISA
Menu à la carte 43/70 – **141 Z** 210/540, 3 Suiten.

Zur Burg (mit Gästehaus), Burgstr. 4, ✉ 53520, ☎ 75 75, Fax 7711, – – 25. AE E VISA
20. Nov.- 25. Dez. geschl. – **Menu** à la carte 27/49 – **38 Z** 70/160.

Döttinger Höhe, an der B 258 (NO : 2 km), ✉ 53520, ☎ 73 21, Fax 7323 – . AE E VISA
15. März - 15. Dez. – **Menu** *(Mittwoch geschl.)* à la carte 27/57 – **14 Z** 135/210.

NÜRNBERG Bayern 413 Q 18, 987 ㉖ – 498 000 Ew – Höhe 300 m – ☎ 0911.

Sehenswert: Germanisches Nationalmuseum★★★ JZ – St.-Sebalduskirche★ (Kunstwerke★★) JY – Stadtbefestigung★ – Dürerhaus★ JY – Schöner Brunnen★ JY **C** – St.-Lorenz-Kirche★ (Engelsgruß★★, Gotischer Kelch★★) JZ – Kaiserburg (Sinwellturm ≤★) JY – Frauenkirche★ JY **E** – Verkehrsmuseum (Eisenbahnabteilung★) JZ **M4**.

18 N-Kraftshof (über Kraftshofer Hauptstr. BS), ☎ 30 57 30.

Nürnberg BS, ☎ 37 54 40.

Messezentrum (BT), ☎ 8 60 60, Fax 8606228.

Tourist-Information, im Hauptbahnhof (Mittelhalle), ☎ 2 33 61 32.

ADAC, Äußere Sulzbacher Str. 98, ✉ 90491, ☎ 9 59 50, Fax 9595280.

♦München 165 ⑦ – ♦Frankfurt am Main 226 ① – ♦Leipzig 276 ⑤ – ♦Stuttgart 205 ⑧ – ♦Würzburg 110 ①.

Stadtpläne siehe nächste Seiten

Grand-Hotel, Bahnhofstr. 1, ✉ 90402, ☎ 2 32 20, Telex 622010, Fax 2322444, – Zim – 140. AE E VISA JCB. Rest KZ **d**
Menu à la carte 49/78 – **185 Z** 260/500, 3 Suiten.

Maritim, Frauentorgraben 11, ✉ 90443, ☎ 2 36 30, Fax 2363836, – Zim – 600. AE E VISA JCB JZ **e**
– ***Die Auster*** *(nur Abendessen, Sonn- und Feiertage sowie Aug. geschl.)* **Menu** à la carte 68/105 – ***Nürnberger Stuben*** : **Menu** 39/Buffet (mittags) und à la carte 50/91 – **316 Z** 236/480, 3 Suiten.

Altea Hotel Carlton, Eilgutstr. 13, ✉ 90443, ☎ 2 00 30, Telex 622329, Fax 2003532, – Zim – 150. AE E VISA JCB JZ **f**
Menu à la carte 48/71 – **130 Z** 165/355, 3 Suiten.

Atrium-Hotel, Münchener Str. 25, ✉ 90478, ☎ 4 74 80, Telex 626167, Fax 4748420, – Rest – 150. AE E VISA. Rest GX **g**
Menu *(25. Dez.- 8. Jan. geschl.)* à la carte 58/76 – **200 Z** 199/398.

Queens Hotel Nürnberg, Münchener Str. 283, ✉ 90471, ☎ 9 46 50, Telex 622930, Fax 468865, – Zim – 200. AE E VISA BT **y**
Menu à la carte 41/74 – **141 Z** 252/344.

Loew's Hotel Merkur, Pillenreuther Str. 1, ✉ 90459, ☎ 44 02 91, Telex 622428, Fax 459037, – Zim – 80. AE E VISA JCB FX **a**
Menu à la carte 30/67 – **170 Z** 140/360.

Wöhrdersee Hotel Mercure, Dürrenhofstr. 8, ✉ 90402, ☎ 9 94 90, Telex 622137, Fax 9949444, – Zim – 120. AE E VISA GV **a**
Menu à la carte 44/68 *(auch vegetarische Gerichte)* – **145 Z** 175/345.

Austrotel garni, Kaulbachstr. 1, ✉ 90408, ☎ 3 65 70, Telex 622726, Fax 3657488, – . AE E VISA EU **b**
121 Z 199/320, 5 Suiten.

NÜRNBERG

Le piante topografiche sono
orientate col Nord in alto.

🏠 **Drei Linden,** Äußere Sulzbacher Str. 1, ⊠ 90489, 𝒫 53 32 33, Fax 554047 – 📺 ☎ 🚗
  📌 ᴀᴇ E   GU
  Menu à la carte 38/64 – **28 Z** 130/190.

🏠 **Dürer-Hotel** garni, Neutormauer 32, ⊠ 90403, 𝒫 20 80 91, Telex 623567, Fax 223458, ⇐
  – 🛗 ↔ 📺 ☎ 🕭 🚗 – 🔬 30. ᴀᴇ ① E 𝗩𝗜𝗦𝗔 𝖩𝖢𝖡   JY
  105 Z 175/275.

🏠 **Avenue** garni, Josephsplatz 10, ⊠ 90403, 𝒫 24 40 00, Fax 243600 – 🛗 📺 ☎ – 🔬 25
  ᴀᴇ ① E 𝗩𝗜𝗦𝗔 𝖩𝖢𝖡   JZ
  Ende Dez.- Anfang Jan. geschl. – **41 Z** 135/230.

🏠 **Intercity Hotel,** Eilgutstr. 8, ⊠ 90443, 𝒫 2 47 80, Fax 2478999 – 🛗 ↔ Zim 📺 ☎ 🕭 📌
  – 🔬 60. ᴀᴇ ① E 𝗩𝗜𝗦𝗔   JZ
  Menu à la carte 31/50 – **158 Z** 170/270.

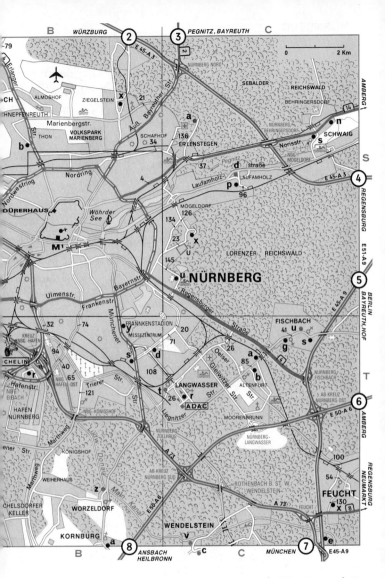

🏠 **Viva-Hotel,** Sandstr. 4, ⌂ 90443, ℰ 21 20, Fax 2122999, ⇔ – 📲 ⸬ 📺 ☎ 🕭 ⇌ – 🔬 40. AS
🆔 🅴 *VISA*   HZ **n**
Menu (italienische Küche) à la carte 39/65 – **105 Z** 135/180.

🏠 **Tassilo,** Tassilostr. 21, ⌂ 90429, ℰ 3 26 66, Fax 3266799, ⇔ – 📲 ⸬ Zim 📺 ☎ 🕭 ⇌.
🆔 🅾 🅴 *VISA* 🄹🄲🄱   AS **v**
23. Dez. - 10. Jan. geschl. – **Menu** *(Freitag - Samstag geschl.)* (nur Abendessen) à la carte
33/45 – **84 Z** 165/225.

🏠 **Advantage** garni, Dallingerstr. 5, ⌂ 90459, ℰ 9 45 50, Fax 9455200, ⇔ – 📲 📺 ☎ 🅿.
🆔 🅾 🅴 *VISA*   FX **n**
50 Z 179/249.

🏠 **Avantgarde,** Allersberger Str. 34, ⌂ 90461, ℰ 9 44 40, Fax 9444444 – 📲 ⸬ Zim 📺 ☎
🅿 – 🔬 40. 🆔 🅾 🅴 *VISA*   FX **x**
Menu à la carte 34/54 – **59 Z** 159/238.

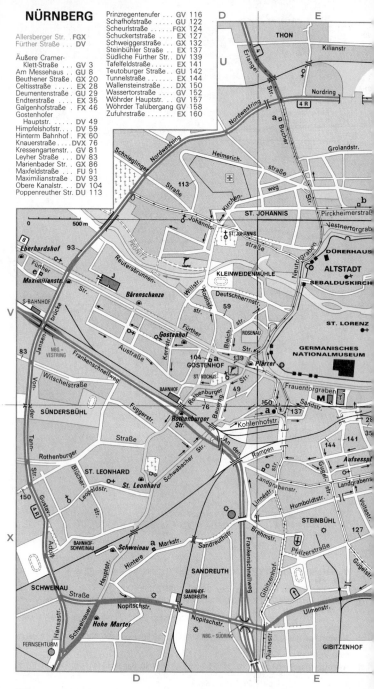

NÜRNBERG

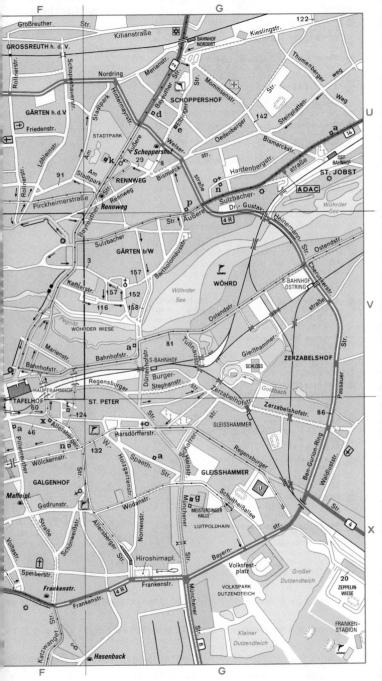

NÜRNBERG

🏨 **Prinzregent** garni, Prinzregentenufer 11, ⊠ 90489, ℘ 53 31 07, Fax 556236 – 🛗 ⇔ 📺 ☎. 🆎 ⓪ Ɛ 𝖵𝖨𝖲𝖠 𝖩𝖢𝖡
KZ **a**
24. Dez.- 6. Jan. geschl. – **35 Z** 140/240.

🏨 **Victoria** garni, Königstr. 80, ⊠ 90402, ℘ 2 40 50, Fax 227432 – 🛗 📺 ☎. 🆎 ⓪ Ɛ 𝖵𝖨𝖲𝖠
KZ **x**
23. Dez.- 2. Jan. geschl. – **65 Z** 110/160.

🏨 **Am Jakobsmarkt** garni, Schottengasse 5, ⊠ 90402, ℘ 24 14 37, Fax 22874, ⇌s – 🛗 📺 ☎. ⇐ ⓟ. 🆎 ⓪ Ɛ 𝖵𝖨𝖲𝖠 𝖩𝖢𝖡
HZ **h**
24. Dez.- 6. Jan. geschl. – **77 Z** 138/204, 4 Suiten.

🏨 **Deutscher Hof**, Frauentorgraben 29, ⊠ 90443, ℘ 2 49 40, Telex 622992, Fax 227634 – 🛗 🍴 Rest 📺 ☎ – 🕍 400. 🆎 ⓪ Ɛ 𝖵𝖨𝖲𝖠 𝖩𝖢𝖡. ⅀ Rest
JZ **p**
Menu à la carte 33/54 – *Weinstube Bocksbeutelkeller* « Rustikale Einrichtung » *(nur Abendessen)* **Menu** à la carte 32/54 – **50 Z** 140/250.

🏨 **Weinhaus Steichele**, Knorrstr. 2, ⊠ 90402, ℘ 20 43 78, Fax 221914 – 🛗 📺 ☎ ⓟ
HZ **x**
Menu *(Sonn- und Feiertage geschl.)* à la carte 26/58 – **56 Z** 115/170.

🏨 **Romantik Hotel Am Josephsplatz** garni, Josephsplatz· 30, ⊠ 90403, ℘ 24 11 56, Fax 243165, ⇌s – 🛗 📺 ☎. 🆎 Ɛ 𝖵𝖨𝖲𝖠 𝖩𝖢𝖡 JZ **k**
24. Dez.- 6. Jan. geschl. – **36 Z** 140/250, 4 Suiten.

🏨 **Maximilian** garni (Appartement-Hotel), Obere Kanalstr. 11, ⊠ 90429, ℘ 9 29 50, Fax 9295610, ⇌s – 🛗 📺 ☎ ⇐
DV **a**
287 Z.

🏨 **Senator** garni, Landgrabenstr. 25, ⊠ 90443, ℘ 4 18 09 71, Fax 4180978, ⇌s – 🛗 📺 ☎ ⇐ ⓟ. 🆎 ⓪ Ɛ 𝖵𝖨𝖲𝖠
EX **c**
72 Z 185/280.

🏨 **Novotel Nürnberg-Süd,** Münchener Str. 340, ⊠ 90471, ℘ 8 12 60, Telex 626449, Fax 8126137, 🍽, ⇌s, ⌇ (geheizt), 🌳 – 🛗 ⇔ Zim 🍴 📺 ☎ ♿ ⓟ – 🕍 200. 🆎 ⓪ Ɛ 𝖵𝖨𝖲𝖠
BT **s**
Menu à la carte 34/60 – **117 Z** 185/240.

🏨 **Bayerischer Hof** garni, Gleißbühlstr. 15, ⊠ 90402, ℘ 2 32 10, Fax 2321511 – 🛗 ⇔ 📺 ☎ ⇐. 🆎 ⓪ Ɛ 𝖵𝖨𝖲𝖠
KZ **u**
80 Z 119/180.

🏨 **Marienbad** garni, Eilgutstr. 5, ⊠ 90443, ℘ 20 31 47, Fax 204260 – 🛗 📺 ☎ ⇐ ⓟ. 🆎 Ɛ 𝖵𝖨𝖲𝖠
JZ **y**
54 Z 115/180.

🏨 **Garden-Hotel** garni, Vordere Ledergasse 12, ⊠ 90403, ℘ 20 50 60, Fax 2050660 – 🛗 📺 ☎. 🆎 ⓪ Ɛ 𝖵𝖨𝖲𝖠 𝖩𝖢𝖡
HZ **v**
33 Z 135/225.

🏨 **Hamburg** garni, Hasstr. 3, ⊠ 90431, ℘ 32 72 18, Fax 312589 – 🛗 📺 ☎. 🆎 ⓪ Ɛ 𝖵𝖨𝖲𝖠. ⅀
DV **e**
24. Dez.- 6. Jan. geschl. – **25 Z** 105/230.

🏨 **Burghotel-Großes Haus** garni, Lammsgasse 3, ⊠ 90403, ℘ 20 44 14, Fax 223882, ⇌s, ⌇ – 🛗 📺 ☎. 🆎 ⓪ Ɛ 𝖵𝖨𝖲𝖠
JY **k**
46 Z 125/250.

🏨 **Lux Inn** garni, Zufuhrstr. 22, ⊠ 90443, ℘ 2 77 60, Fax 2776100, ⇌s – 🛗 ⇔ 📺 ☎ ♿ ⓟ – 🕍 30. 🆎 ⓪ Ɛ 𝖵𝖨𝖲𝖠
EX **a**
103 Z 115/190.

🏨 **Cristal** garni, Willibaldstr. 7, ⊠ 90491, ℘ 56 40 04, Fax 564006, ⇌s – 🛗 📺 ☎ ⓟ. 🆎 ⓪ Ɛ 𝖵𝖨𝖲𝖠
GU **d**
42 Z 105/140.

🏨 **Astoria** garni, Weidenkellerstr. 4, ⊠ 90443, ℘ 20 85 05, Fax 243670 – 🛗 📺 ☎ ⓟ. 🆎 ⓪ Ɛ 𝖵𝖨𝖲𝖠
JZ **r**
32 Z 140/220.

🏨 **Merian**, Unschlittplatz 7, ⊠ 90403, ℘ 20 41 94 (Hotel) 22 71 96 (Rest.), Fax 221274 – 📺 ☎. 🆎 ⓪ Ɛ 𝖵𝖨𝖲𝖠
JY **x**
– *Opatija* : **Menu** à la carte 36/83 – **21 Z** 130/190.

H

0 ——— 200 m

Burgschmietstr.

Johannis-

straße

PEGNITZ

Kontumazgarten

Westtorgr.

Spittlertorgraben

STADTBEFESTIGUNG

TURM

POL

125

125

Ludwigstr.

Weiße
Turm

Jakobsplatz

Spittlertor

Plärrer

Sandstr.

95

69

148

H

Y

Z

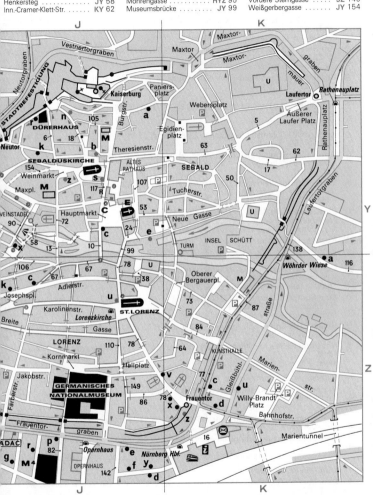

🏠 **Drei Raben** garni, Königstr. 63, ✉ 90402, ☎ 20 45 83, Fax 232611 – 🛗 ⇔ Zim 📺 ☎. AE ⓞ E 𝚅𝙸𝚂𝙰 JCB
32 Z 120/190.
JKZ **v**

🏠 **Fackelmann** garni, Essenweinstr. 10, ✉ 90443, ☎ 20 41 21, Fax 241604, ⛄ – 🛗 📺 ☎. E 𝚅𝙸𝚂𝙰
JZ **g**
24. Dez.- 3. Jan. geschl. – **34 Z** 98/180.

🏠 **Ibis - Marientor** garni, Königstorgraben 9, ✉ 90402, ☎ 2 40 90, Fax 2409413 – 🛗 ⇔ 📺 ☎ ⬩ ⬩ AE ⓞ E 𝚅𝙸𝚂𝙰
KZ **c**
152 Z 134/248.

683

🏠 **Ibis - Am Plärrer,** Steinbühler Str. 2, ⊠ 90443, ℘ 2 37 10, Telex 626884, Fax 223319 –
|§| 📺 ☎ & ⇔ – 🕹 80. 🕮 ⊙ 🖹 𝑉𝐼𝑆𝐴
HZ **s**
Menu à la carte 30/49 – **155 Z** 124/178.

🏠 **Ibis - Königstor** garni, Königstr. 74, ⊠ 90402, ℘ 23 20 00, Fax 209684 – |§| ⇝ 📺 ☎. 🕮
⊙ 🖹 𝑉𝐼𝑆𝐴
KZ **x**
53 Z 134/188.

🏠 **Petzengarten** 🦢, Wilhelm-Spaeth-Str. 47, ⊠ 90461, ℘ 4 95 81, Fax 472836, Biergarten
⬅ – |§| 📺 ☎ ⇔. 🕮 ⊙ 🖹 𝑉𝐼𝑆𝐴
GX **a**
25.- 30. Dez. geschl. – **Menu** *(Sonntag nur Mittagessen)* à la carte 23/54 – **32 Z** 135/190.

🏠 **Klughardt** 🦢 garni, Tauroggenstr. 40, ⊠ 90491, ℘ 59 70 17, Fax 595989 – 📺 ☎ 🅟.
⊙ 🖹 𝑉𝐼𝑆𝐴
GU **n**
24. Dez.- 6. Jan. geschl. – **31 Z** 80/155.

🏠 **Am Heideloffplatz** garni, Heideloffplatz 9, ⊠ 90478, ℘ 44 94 51, Fax 4469661 – |§| 📺 ☎
🅟. 🕮 ⊙ 🖹 𝑉𝐼𝑆𝐴
FX **t**
24. Dez.- Anfang Jan. geschl. – **50 Z** 102/195.

🏠 **Burghotel-Kleines Haus** garni, Schildgasse 14, ⊠ 90403, ℘ 20 30 40, Fax 226503 – |§|
📺 ☎. 🕮 ⊙ 🖹 𝑉𝐼𝑆𝐴
JY **a**
22 Z 90/195.

🏠 **Westend** garni, Karl-Martell-Str. 42, ⊠ 90431, ℘ 93 98 60, Fax 3263601 – 📺 ☎ 🅟. 🕮
🖹 𝑉𝐼𝑆𝐴
AS **e**
30 Z 79/138.

🏠 **Kröll** garni, Hauptmarkt 6 (4. Etage), ⊠ 90403, ℘ 22 71 13, Fax 2419608 – |§| 📺 ☎JY **c**
32 Z 85/155.

XX **Quo vadis,** Elbinger Str. 28, ⊠ 90491, ℘ 51 55 53, Fax 5109033, 🌧 – 🕮 🖹 GU **e**
Mittwoch und Aug. geschl. – **Menu** (Tischbestellung ratsam, italienische Küche) à la carte
41/75.

XX **Essigbrätlein,** Weinmarkt 3, ⊠ 90403, ℘ 22 51 31 – 🕮 ⊙ 🖹 𝑉𝐼𝑆𝐴
JY **z**
Samstag nur Abendessen, Sonntag - Montag sowie Jan. und Aug. jeweils 2 Wochen geschl.
– **Menu** (Tischbestellung ratsam) 78/120.

XX **Parkrestaurant Meistersingerhalle,** Münchener Str. 21, ⊠ 90478, ℘ 47 48 49,
Fax 4748420, 🌧 – 🅟 – 🕹 200. 🕮 ⊙ 🖹 𝑉𝐼𝑆𝐴
GX **g**
Aug. geschl. – **Menu** à la carte 37/69.

XX **Stadtpark-Restaurant,** Berliner Platz 9, ⊠ 90409, ℘ 55 21 02, Fax 552895,
« Parkterrasse » – 🅟 – 🕹 200. 🕮 ⊙ 🖹 𝑉𝐼𝑆𝐴 𝐽𝐶𝐵
GU **k**
Menu à la carte 29/51.

XX **Goldenes Posthorn,** Glöckleinsgasse 2, ⊠ 90403, ℘ 22 51 53, Fax 2418283, 🌧,
« Historische Weinstuben a.d.J. 1498 » – 🕮 ⊙ 🖹 𝑉𝐼𝑆𝐴
JY **b**
Sonntag geschl. – **Menu** à la carte 33/56.

X **Zum Sudhaus,** Bergstr. 20, ⊠ 90403, ℘ 20 43 14, Fax 2418373, 🌧, « Hübsche, rustikale
Einrichtung » – 🕮 ⊙ 🖹 𝑉𝐼𝑆𝐴
JY **n**
Sonntag geschl. – **Menu** à la carte 42/71.

X **Heilig-Geist-Spital,** Spitalgasse 16, ⊠ 90403, ℘ 22 17 61, Fax 208655 – 🕮 ⊙ 🖹 𝑉𝐼𝑆𝐴 𝐽𝐶𝐵
Menu à la carte 27/63.
JY **e**

X **Nassauer Keller,** Karolinenstr. 2, ⊠ 90402, ℘ 22 59 67, « Kellergewölbe a.d.13.Jh. » – 🕮
⊙ 🖹
JZ **u**
Menu à la carte 34/62.

Nürnberger Bratwurst-Lokale :

X **Historische Bratwurstküche von 1419,** Zirkelschmiedsgasse 26, ⊠ 90402, ℘ 22 22 97,
⬅ Fax 227695
HZ **h**
Sonn- und Feiertage geschl. – **Menu** à la carte 17/30.

X **Bratwurst-Häusle,** Rathausplatz 1, ⊠ 90403, ℘ 22 76 95, Fax 227695, 🌧
JY **s**
⬅ *Sonn- und Feiertage geschl.* – **Menu** à la carte 17/30.

X **Das Bratwurstglöcklein,** im Handwerkerhof, ⊠ 90402, ℘ 22 76 25, Fax 227695,
⬅ 🌧
KZ **z**
Sonn- und Feiertage sowie Weihnachten - Mitte März geschl. – **Menu** à la carte 17/30.

In Nürnberg-Altenfurt :

🏠 **Daucher** (mit Gästehaus), Habsburgerstr. 9, ⊠ 90475, ℘ 83 56 99, Fax 836053, 🌦 – 📺
☎ 🅟. 🕮 ⊙ 🖹 𝑉𝐼𝑆𝐴
CT **b**
23. Dez.- 7. Jan. geschl. – **Menu** *(Freitag - Samstag nur Abendessen, Sonntag und Aug.*
geschl.) à la carte 34/57 – **50 Z** 80/140.

🏠 **Nürnberger Trichter** garni, Löwenberger Str. 147, ⊠ 90475, ℘ 83 43 07, Fax 835880 –
📺 ☎ ⇔ 🅟 🕮 ⊙ 🖹 𝑉𝐼𝑆𝐴
CT **a**
Weihnachten - 6. Jan. geschl. – **35 Z** 90/160.

In Nürnberg-Boxdorf über Erlanger Str. (BS) : 9 km :

🏠 **Landhotel Schindlerhof** (mit Gästehaus), Steinacher Str. 8, ⊠ 90427, ℘ 9 30 20,
Fax 9302620, « Ehem. Bauernhof mit rustikaler Einrichtung, Innenhof mit Grill », 🌦 – ⇝
📺 ☎ ⇔ 🅟 – 🕹 40. 🕮 ⊙ 🖹 𝑉𝐼𝑆𝐴
Menu à la carte 46/75 – **71 Z** 205/260.

In Nürnberg-Buch :

XX ® **Gasthof Bammes,** Bucher Hauptstr. 63, ⊠ 90427, ℰ 38 13 03, Fax 346313, 佘,
« Fränkischer Gasthof » – ❷ – 🏛 80. 🝆 ⓞ 🄴 𝗩𝗜𝗦𝗔   BS a
Montag, Sonn- und Feiertage geschl. – **Menu** (Tischbestellung ratsam) 52 (mittags) und
à la carte 76/95
Spez. Sülze von Tafelspitz und Gänsestopfleber, Wirsing-Cannelloni mit Hummer, Crépinette vom
Rehrücken.

In Nürnberg-Eibach :

🏨 **Arotel,** Eibacher Hauptstr. 135, ⊠ 90451, ℰ 9 62 90, Telex 622128, Fax 6493052, 佘, Biergarten, Massage, 🛋 – 🛗 🍽 Rest 🝆 🚗 ❷ – 🏛 100. 🝆 ⓞ 🄴 𝗩𝗜𝗦𝗔   AT a
Menu à la carte 48/67 – **71 Z** 165/270.

🏨 **Am Hafen** garni, Isarstr. 37 (Gewerbegebiet Eibach), ⊠ 90451, ℰ 6 49 30 78, Fax 644778,
🛋 – 🛴 Zim 🝆 ☎ ❷. 🝆 ⓞ 🄴 𝗩𝗜𝗦𝗔 𝗝𝗖𝗕   BT r
27 Z 105/170.

In Nürnberg-Erlenstegen :

🏨 **Erlenstegen** garni, Äußere Sulzbacher Str. 157, ⊠ 90491, ℰ 59 10 33, Fax 591036 – 🛗
🝆 ☎ ❷. 🝆 🄴 𝗩𝗜𝗦𝗔   GU a
24. Dez.- 6. Jan. geschl. – **40 Z** 125/225.

XX ® **Entenstub'n im Schießhaus,** Günthersbühler Str. 145, ⊠ 90491, ℰ 5 98 04 13,
Fax 5980559, 佘 – ❷. 🝆 🄴   CS a
Sonntag - Montag, 1.- 10. Jan. und Aug. 1 Woche geschl. – **Menu** (Tischbestellung ratsam)
à la carte 68/94
Spez. Garnelen in asiatischem Nudelteig, Gefüllte Entenroulade, Pinienkern-Soufflé mit Nougateis.

In Nürnberg-Fischbach :

🏠 **Silberhorn,** Fischbacher Hauptstr. 112, ⊠ 90475, ℰ 9 83 50, Fax 832316, 佘, 🛋, 🔲,
🎱 (Halle) – 🛗 🝆 ☎ ❷ – 🏛 90. 🝆 ⓞ 🄴 𝗩𝗜𝗦𝗔   CT g
Menu à la carte 31/56 – **65 Z** 110/200.

🏠 **Fischbacher Stuben** garni, Hutbergstr. 2, ⊠ 90475, ℰ 83 10 11, Fax 832473 🝆 ☎ ❷.
🝆 ⓞ 🄴 𝗩𝗜𝗦𝗔. 🎱 – **12 Z** 100/170.   CT s

XXX **Schelhorn,** Am Schloßpark 2, ⊠ 90475, ℰ 83 24 24, 佘, « Wechselnde
Bilderausstellung » – ❷. 🝆 🄴 𝗩𝗜𝗦𝗔   CT u
Menu (bemerkenswerte Weinkarte) à la carte 46/62.

In Nürnberg-Großreuth bei Schweinau :

XX **Gasthaus Rottner,** Winterstr. 15, ⊠ 90431, ℰ 61 20 32, Fax 613759, « Gartenterrasse,
Grill-Garten » – ❷ – 🏛 25. 🝆 ⓞ 🄴 𝗩𝗜𝗦𝗔   AS r
Samstag nur Abendessen, Sonn- und Feiertage sowie 27. Dez.- 10. Jan. geschl. – **Menu**
(Tischbestellung ratsam) à la carte 57/86.

In Nürnberg-Kornburg :

🏠 **Weißes Lamm** (mit Gästehaus), Flockenstr. 2, ⊠ 90455, ℰ (09129) 80 40, Fax 4394 – 🝆
❷. 🄴   BT a
2.- 12. Jan. und Juli - Aug. 3 Wochen geschl. – **Menu** *(Freitag geschl.)* à la carte 23/40
– **30 Z** 48/100.

In Nürnberg-Kraftshof N : 7 km über Erlanger Str. und Kraftshofer Hauptstr. BS :

XXX ® **Schwarzer Adler,** Kraftshofer Hauptstr. 166, ⊠ 90427, ℰ 30 58 58, Fax 305867, 佘,
« Historisches fränkisches Gasthaus a.d. 18. Jh., elegant-rustikale Einrichtung » – 🝆 ⓞ 🄴
𝗩𝗜𝗦𝗔
22. Dez.- 6. Jan. geschl. – **Menu** (Tischbestellung ratsam) 49 (mittags) und à la carte 76/93
Spez. Torte von Lachs und Jakobsmuscheln, Rehkotelett mit Waldpilzen, Schokoladenblätter mit
Mangocreme.

XX **Alte Post,** Kraftshofer Hauptstr. 164, ⊠ 90427, ℰ 30 58 63, Fax 305654, 佘 – 🝆 ⓞ 🄴
𝗩𝗜𝗦𝗔 – **Menu** à la carte 31/70.

In Nürnberg-Langwasser :

🏨 **Arvena Park,** Görlitzer Str. 51, ⊠ 90473, ℰ 8 92 20, Fax 8922115, 佘, 🛋 – 🛗 🛴 Zim
🍽 Rest 🝆 🕹 ❷ – 🏛 400. 🝆 ⓞ 🄴 𝗩𝗜𝗦𝗔 𝗝𝗖𝗕   CT r
24. Dez.- Anfang Jan. geschl. – **Arve** *(Aug. sowie Sonn- und Feiertage geschl., Samstag
nur Abendessen)* **Menu** à la carte 45/84 – **244 Z** 165/419, 5 Suiten.

🏨 **Arvena Messe** garni, Bertolt-Brecht-Str. 2, ⊠ 90471, ℰ 8 12 30, Fax 868671, 🛋 – 🛗 🛴
🝆 ☎ 🚗 ❷ – 🏛 40. 🝆 ⓞ 🄴 𝗩𝗜𝗦𝗔   BT d
Ende Dez.- Anfang Jan. geschl. – **101 Z** 189/345.

XXX ® **Funk,** Breslauer Str. 350 (2. Etage, 🛗), ⊠ 90471, ℰ 80 48 08, Fax 898659 – ❷. 🝆 ⓞ
🄴 𝗩𝗜𝗦𝗔. 🎱   CT t
Sonntag, Montag, Feiertage, 24. Dez.- 6. Jan. und Aug.- Sept. 4 Wochen geschl. – **Menu**
(Tischbestellung ratsam) 79/138 und à la carte
Spez. Hummer auf Pilzfumet mit Anis und Kartoffelmaultaschen, Délice aus Rehbock und Gän-
sestopfleber, Krokantblätterteig mit Ananas und Feigeneis.

In Nürnberg-Laufamholz :

🏛 **Park-Hotel** ⊗ garni, Brandstr. 64, ⌧ 90482, 𝒫 50 10 57, Fax 503510 – 📺 ☎ ❷. 🟦
VISA CS
Ende Dez.- Anfang Jan. geschl. – **21 Z** 108/148.

XX **Krone,** Moritzbergstr. 29, ⌧ 90482, 𝒫 50 25 28, Fax 502528, 🌤 – ❷. 🟦 ⓪ 🅴 **VISA** CS
Menu (böhmische Küche) à la carte 35/60.

In Nürnberg-Mögeldorf :

🏛 **Tiergarten** ⊗, Am Tiergarten 8, ⌧ 90480, 𝒫 54 70 71, Telex 626005, Fax 5441866, 🌤
– 📳 📺 ☎ 🚗 ❷ – 🔏 400. 🟦 ⓪ 🅴 **VISA** CS
Menu à la carte 26/63 – **63 Z** 105/350.

In Nürnberg-Reutles über Erlanger Str. BS : 11 km :

🏛 **Höfler** ⊗ (mit Gästehaus), Reutleser Str. 61, ⌧ 90427, 𝒫 30 50 73, Fax 306621, ☎s, 🚗
✦ – 📺 ☎ 🚗 ❷ – 🔏 25. 🟦 ⓪ 🅴 **VISA**
Menu *(Samstag - Sonntag, 10.- 20. Aug. und 24. Dez.- 6. Jan. geschl.)* à la carte 26/6
– **35 Z** 135/200.

🏛 **Käferstein** ⊗ garni, Reutleser Str. 67, ⌧ 90427, 𝒫 30 69 05, Fax 306900, ☎s, 🔲, 🚗
– 📺 ☎ 🚗 ❷ – 🔏 30. 🟦 ⓪ 🅴 **VISA** – **48 Z** 130/230.

In Nürnberg-Schweinau :

X **Dal Gatto Rosso,** Hintere Marktstr. 48, ⌧ 90441, 𝒫 66 68 78, 🌤 – 🟦 🅴 **VISA** DX
Sonntag geschl. – **Menu** (italienische Küche) à la carte 42/70.

In Nürnberg-Thon :

🏛 **Nestor-Hotel,** Bucher Str. 125, ⌧ 90419, 𝒫 3 47 60, Fax 3476113, ☎s – 📳 ⅔ Zim 📺
☎ 🚗 – 🔏 30. 🟦 ⓪ 🅴 **VISA** EU
Menu à la carte 39/57 – **74 Z** 171/243.

🏡 **Kreuzeck** (mit 🏛 Anbau), Schnepfenreuther Weg 1, ⌧ 90425, 𝒫 3 49 61, Fax 38330
✦ 🌤 – 📺 ☎ ❷. 🟦 ⓪ 🅴 **VISA**. ⅙ Zim BS
Menu à la carte 22/34 – **30 Z** 85/160.

In Nürnberg-Worzeldorf :

XX ✿ **Zirbelstube** mit Zim, Fr.-Overbeck-Str. 1, ⌧ 90455, 𝒫 99 88 20, Fax 9988220, 🌤
« Modernisiertes fränkisches Gasthaus » – 📺 ☎ ❷ BT
Feb. 2 Wochen und Juli - Aug. 3 Wochen geschl. – **Menu** *(Sonntag - Montag geschl.)* (nu
Abendessen, Tischbestellung erforderlich) 92/115 und à la carte – **8 Z** 130/200
Spez. Loup de mer mit Olivensauce, Ente in Ingwersauce, Rücken vom Salzwiesenlamm m
Rosmarinsauce.

In Nürnberg-Zerzabelshof :

🏨 **Scandic Crown Hotel,** Valznerweiherstr. 200, ⌧ 90480, 𝒫 4 02 90, Telex 623503
Fax 404067, 🌤, ⅙, ☎s, 🔲, ⅍(Halle) Sportpark – 📳 ⅔ Zim 🍴 📺 ⅙ ❷ – 🔏 200. 🟦
⓪ 🅴 **VISA**. ⅙ Rest CS
Menu 46 mittags (Buffet) und à la carte 51/75 – **152 Z** 240/415.

In Nürnberg-Ziegelstein :

🏛 **Alpha** garni, Ziegelsteinstr. 197, ⌧ 90411, 𝒫 95 24 50, Fax 9524545 – 📳 📺 ☎ 🚗 ❷
🟦 🅴 **VISA** BS
24 Z 110/170.

MICHELIN-REIFENWERKE KGaA. Niederlassung Lechstr.29, (Gewerbegebiet Maiach), BT
⌧ 90451, 𝒫 6 49 30 53, Fax 6493413.

NÜRTINGEN Baden-Württemberg 🔢 KL 21, 🔢 ㊱ – 36 700 Ew – Höhe 291 m – ✿ 07022
◆Stuttgart 33 – Reutlingen 21 – ◆Ulm (Donau) 66.

🏨 **Am Schloßberg,** Europastr. 13, ⌧ 72622, 𝒫 70 40, Telex 7267355, Fax 704343, 🌤, ⅙
☎s, 🔲 – 📳 ⅔ Zim 🍴 📺 🚗 – 🔏 450. 🟦 ⓪ 🅴 **VISA**
Menu à la carte 41/80 – **170 Z** 190/295.

🏛 **Vetter** ⊗, Marienstr. 59, ⌧ 72622, 𝒫 3 30 11, Fax 32617 – 📳 📺 ☎ ❷ – 🔏 20. 🟦 ⓪
🅴 **VISA**
Ende Dez.- Anfang Jan. geschl. – (nur Abendessen für Hausgäste) – **39 Z** 90/150.

🏛 **Pflum,** Steingrabenstr. 6, ⌧ 72622, 𝒫 92 80, Fax 928150 – 📺 ☎ ❷
Anfang - Mitte Jan. und Ende Juli - Mitte Aug. geschl. – **Menu** *(Samstag geschl.)* à la cart
37/75 – **25 Z** 95/160.

In Nürtingen-Hardt NW : 3 km :

XXX ✿ **Ulrichshöhe,** Herzog-Ulrich-Str. 14, ⌧ 72622, 𝒫 5 23 36, Fax 54940, « Terrasse mit ≤ »
– ❷. ⓪ **VISA**
Sonntag - Montag, Jan. 3 Wochen und Juli - Aug. 2 Wochen geschl. – **Menu** (abends
Tischbestellung ratsam) à la carte 86/118
Spez. Steinbutt auf Rote Bete mit Meerrettichhülle, Rücken vom Salzwiesenlamm mi
Olivenkruste, Quarksoufflé mit Datteleis und Blutorangensalat.

In Nürtingen-Neckarhausen W : 3 km :

🏠 **Falter** garni, Neckartailfinger Str. 26/1, ⊠ 72622, ℘ 95 35 30, Fax 9535332 – 📺 ☎ 🅿
20 Z.

In Wolfschlugen NW : 4,5 km :

🏠 **Reinhardtshof** ⚘ garni, Reinhardtstr. 13, ⊠ 72649, ℘ (07022) 5 67 31, Fax 54153 – 📺
☎ 🅿. 🖭 ⑩ 🗲 𝘝𝘐𝘚𝘈. ⚘
Juli - Aug. 3 Wochen und Weihnachten - Anfang Jan. geschl. – **14 Z** 105/150.

In Großbettlingen SW : 5 km :

🏠 **Café Bauer**, Nürtinger Straße 41, ⊠ 72663, ℘ (07022) 9 44 10, Fax 45729, � – 📺 ☎
🅿
Menu *(Freitag geschl., Sonntag nur Mittagessen)* (wochentags nur Abendessen) à la carte
26/45 – **15 Z** 85/130.

🏠 **U-NO 1** garni, Nürtinger Str. 92, ⊠ 72663, ℘ (07022) 94 32 10, Fax 9432144 – ⧫ ↔ 📺
☎ ⮕ 🅿. 🖭 🗲 𝘝𝘐𝘚𝘈
51 Z 98/158.

NUSSDORF AM INN Bayern 🞄🞄🞄 T 23, 🞄🞄🞄 I 5 – 2 200 Ew – Höhe 486 m – Erholungsort –
☻ 08034.
🛈 Verkehrsamt, Brannenburger Str. 10, ⊠ 83131, ℘ 23 87, Fax 1272.
•München 75 – Innsbruck 96 – Passau 188 – Rosenheim 18 – Salzburg 89.

🞂 **Café Heuberg** ⚘ (mit Gästehaus), Mühltalweg 12, ⊠ 83131, ℘ 23 35, Fax 4943, 🌤, 🌳
⟵ – 🅿
Jan. 2 Wochen geschl. – **Menu** *(Mittwoch geschl., Nov. - März nur Abendessen)* à la carte
24/55 – **17 Z** 55/180 – ½ P 60/85.

%% **Nußdorfer Hof** mit Zim, Hauptstr. 4, ⊠ 83131, ℘ 75 66, Fax 1532, 🌤 – 📺 ☎ 🅿 – 🔬 30.
🖭 ⑩ 🗲 𝘝𝘐𝘚𝘈
Menu *(Dienstag geschl.)* à la carte 44/76 – **13 Z** 80/190.

OBERAMMERGAU Bayern 🞄🞄🞄 Q 24, 🞄🞄🞄 ㊱, 🞄🞄🞄 F 6 – 5 400 Ew – Höhe 834 m – Luftkurort
– Wintersport : 850/1 700 m ✲1 ✲11 ✲4 – ☻ 08822.
Ausflugsziel : Schloß Linderhof★★, (Schloßpark★★), SW : 10 km.
🛈 Verkehrsbüro, Eugen-Pabst-Str. 9a, ⊠ 82487, ℘ 10 21, Fax 7325.
•München 92 – Garmisch-Partenkirchen 19 – Landsberg am Lech 59.

🏠 **Wittelsbach,** Dorfstr. 21, ⊠ 82487, ℘ 10 11, Fax 6688 – ⧫ 📺 ☎. 🖭 ⑩ 🗲 𝘝𝘐𝘚𝘈
7. Nov.- 20. Dez. geschl. – **Menu** *(Dienstag geschl.)* à la carte 29/57 – **46 Z** 85/180
– ½ P 90/120.

🏠 **Böld,** König-Ludwig-Str. 10, ⊠ 82487, ℘ 91 20, Fax 7102, 🌤, 🈺, 🌳 – 📺 ☎ 🅿 – 🔬 80.
🖭 ⑩ 𝘝𝘐𝘚𝘈 𝘑𝘊𝘉
Menu à la carte 37/79 – **57 Z** 144/238 – ½ P 135/165.

🏠 **Parkhotel Sonnenhof,** König-Ludwig-Str. 12, ⊠ 82487, ℘ 91 30, Telex 592426, Fax 3047,
🌤, 🈺, ⯃ – ⧫ 📺 ☎ ⮕ 🅿 – 🔬 35. 🖭 ⑩ 🗲 𝘝𝘐𝘚𝘈
10.- 20. Dez. geschl. – **Menu** à la carte 36/72 – **72 Z** 120/280 – ½ P 120/160.

🏠 Alte Post, Dorfstr. 19, ⊠ 82487, ℘ 91 00, Fax 910100, 🌤 – 📺 ☎ ⮕ 🅿
32 Z

🏠 **Turmwirt,** Ettaler Str. 2, ⊠ 82487, ℘ 30 91, Fax 1437 – 📺 ☎ 🅿. 🖭 ⑩ 🗲 𝘝𝘐𝘚𝘈
26. Okt.- 1. Dez. geschl. – **Menu** à la carte 35/65 – **22 Z** 95/180 – ½ P 95/105.

🏠 **Wolf,** Dorfstr. 1, ⊠ 82487, ℘ 30 71, Fax 1096, 🌤, 🌳 – ⧫ 📺 ☎ 🅿. 🖭 ⑩ 🗲 𝘝𝘐𝘚𝘈
Menu à la carte 33/60 – **32 Z** 90/180 – ½ P 80/118.

🏠 **Antonia** ⚘ garni, Freikorpsstr. 5, ⊠ 82487, ℘ 9 20 10, Fax 3053, 🈺 – 📺 ☎ 🅿. 🖭 ⑩
🗲 𝘝𝘐𝘚𝘈. ⚘
12 Z 65/140.

🏠 **Feldmeier,** Ettaler Str. 29, ⊠ 82487, ℘ 30 11, Fax 6631, 🈺, 🌳 – 📺 ☎ ⮕ 🅿. 🗲 𝘝𝘐𝘚𝘈.
⚘
Nov.- Mitte Dez. geschl. – (nur Abendessen für Hausgäste) – **22 Z** 85/170 – ½ P 103/123.

🏠 **Friedenshöhe** ⚘, König-Ludwig-Str. 31, ⊠ 82487, ℘ 35 98, Fax 4345, ≤, 🌤, 🌳 – ☎
🅿. 🖭 ⑩ 🗲 𝘝𝘐𝘚𝘈 𝘑𝘊𝘉
20.- 31. März und 23. Okt.- 15. Dez. geschl. – **Menu** *(Donnerstag geschl.)* (wochentags
nur Abendessen) à la carte 26/58 – **14 Z** 90/160.

🏠 **Schilcherhof** garni, Bahnhofstr. 17, ⊠ 82487, ℘ 47 40, Fax 3793, 🌳 – ⮕ 🅿. 🖭 🗲 𝘝𝘐𝘚𝘈.
⚘
Mitte Nov.- 25. Dez. geschl. – **26 Z** 55/114.

🏠 Enzianhof garni, Ettaler Str. 33, ⊠ 82487, ℘ 2 15 – 🅿
16 Z

🏠 **Zur Rose,** Dedlerstr. 9, ⊠ 82487, ℘ 47 06, Fax 6753 – 🅿. 🖭 ⑩ 🗲 𝘝𝘐𝘚𝘈 𝘑𝘊𝘉. ⚘ Rest
⟵ *2. Nov.- Mitte Dez. geschl.* – **Menu** *(Montag geschl.)* à la carte 23/52 – **24 Z** 55/110
– ½ P 70/80.

OBERASBACH Bayern 🔲🔢🔢 P 18 – 15 300 Ew – Höhe 295 m – 🔴 0911 (Nürnberg).

Siehe Nürnberg (Umgebungsplan).

◆München 174 – ◆Nürnberg 10 – ◆Würzburg 108.

🏠 **Jesch** garni, Am Rathaus 5, ✉ 90522, ℰ 96 98 60, Fax 9698699 – 📶 📺 ☎ 🚗 🅿. 💷
⑩ 🅴 *VISA*
35 Z 84/149.

AS

OBERAUDORF Bayern 🔲🔢🔢 T 24, 🔲🔢🔢 ⑰, 🔲🔢🔢 I 6 – 5 000 Ew – Höhe 482 m – Luftkurort – Wintersport : 500/1 300 m ≤20 ≤6 – 🔴 08033.

🇮 Kur- und Verkehrsamt, Kufsteiner Str. 6, ✉ 83080, ℰ 3 01 20, Fax 30129.

◆München 81 – Innsbruck 82 – Rosenheim 28.

🏠 **Suppenmoser,** Marienplatz 2, ✉ 83080, ℰ 10 04, Fax 4251, 🌳 – 📺 ☎ 🚗 🅿. 🅰🅴 💷
VISA
Menu *(Montag geschl.)* (italienische Küche) à la carte 29/57 – **16 Z** 68/116.

🏠 **Ochsenwirt** 🐾, Carl-Hagen-Str. 14, ✉ 83080, ℰ 40 21, Fax 4023, Biergarten, 🐴 – 📺 ☎
← 🅿. 🅰🅴 ⑩ 🅴 *VISA*
Nov. geschl. – **Menu** *(Mitte Sept.- Mitte Mai Dienstag geschl.)* à la carte 22/60 – **24 Z** 64/120.

🏠 **Am Rathaus - Ratskeller,** Kufsteiner Str. 4, ✉ 83080, ℰ 14 70, Fax 4456, 🌳 – 📺
☎
25. Nov.- 15. Dez. geschl. – **Menu** *(Mittwoch geschl.)* à la carte 26/52 – **11 Z** 75/110.

🏠 **Bayerischer Hof** 🐾, Sudelfeldstr. 12, ✉ 83080, ℰ 10 84, Fax 4391, 🌳, 🐎 – ☎
← 🅿
Nov. geschl. – **Menu** *(Dienstag geschl.)* à la carte 23/54 – **14 Z** 60/120.

🏠 **Lambacher** garni, Rosenheimer Str. 4, ✉ 83080, ℰ 10 46, Fax 3948 – 📶 📺 ☎ 🅿. 🅰🅴 ⑩
🅴 *VISA*
– **22 Z** 65/110.

🍴 Alpenrose, Rosenheimer Str. 3, ✉ 83080, ℰ 32 41, Fax 4623, Biergarten – 🅿.

Im Ortsteil Niederaudorf N : 2 km :

🏠 **Alpenhof,** Rosenheimer Str. 97, ✉ 83080, ℰ 10 36, Fax 4424, ≤, 🌳, 🐎 – 📺 ☎ 🚗
← 🅿. 🅰🅴 ⑩ 🅴 *VISA*
20. Nov.- 20. Dez. geschl. – **Menu** *(Donnerstag geschl.)* à la carte 24/50 ⚘ – **16 Z** 60/12
– ½ P 72/78.

An der Straße nach Bayrischzell NW : 10 km :

🏨 **Alpengasthof Feuriger Tatzlwurm** 🐾 (mit Gästehäusern), ✉ 83080 Oberaudorf
ℰ (08034) 3 00 80, Fax 7170, « Terrasse mit ≤ Kaisergebirge », 🐴, 🐎 – 📺 ☎ 🅿 – 🅰 25
🅰🅴 ⑩ 🅴 *VISA*. 🍽 Rest
Mitte - Ende Nov. geschl. – **Menu** à la carte 27/60 – **30 Z** 85/180 – ½ P 85/110.

OBERAULA Hessen 🔲🔢🔢 L 14 – 3 700 Ew – Höhe 320 m – Luftkurort – 🔴 06628.

🇮🔢 Am Golfplatz, ℰ 15 73.

◆Wiesbaden 165 – Fulda 50 – Bad Hersfeld 22 – ◆Kassel 69.

🏨 **Zum Stern,** Hersfelder Str. 1 (B 454), ✉ 36280, ℰ 9 20 20, Fax 920235, Biergarten
« Garten mit Teich und Grill-Pavillon », 🐴, 🔲, 🐎, 🍽 (Halle) – 📺 ☎ 🚾 🅿 – 🅰 50. 🅰
🅴 *VISA*. 🍽
Menu à la carte 28/60 ⚘ – **53 Z** 68/155 – ½ P 75/100.

Benutzen Sie auf Ihren Reisen in EUROPA :

die Michelin-Länderkarten (1:400 000 bis 1:1 000 000) ;

die Michelin-Abschnittskarten (1:200 000) ;

die Roten Michelin-Führer (Hotels und Restaurants) :

**Benelux, España Portugal, France, Great Britain and Ireland, Italia, Schweiz,
Main Cities Europe**

die Grünen Michelin-Führer (Sehenswürdigkeiten und interessante Reisegebiete) :

Deutschland, Frankreich, Italien, Österreich, Schweiz, Spanien

die Grünen Regionalführer von Frankreich
(Sehenswürdigkeiten und interessante Reisegebiete) :

Paris, Atlantikküste, Bretagne, Burgund Jura, Côte d'Azur (Französische Riviera)
Elsaß Vogesen Champagne,
Korsika, Provence, Schlösser an der Loire, Oberrhein

Bayern siehe Eltmann.

OBERBOIHINGEN Baden-Württemberg **413** L 21 – 4 500 Ew – Höhe 285 m – ✪ 07022 (Nürtingen).

◆Stuttgart 32 – Göppingen 26 – Reutlingen 25 – ◆Ulm (Donau) 70.

※ **Traube** mit Zim, Steigstr. 45, ⊠ 72644, ℘ 6 68 46 – **TV** ☎ **Ⓟ**
Juli-Aug. 3 Wochen geschl. – **Menu** *(Montag geschl.)* à la carte 36/62 – **6 Z** 82/125.

※ **Zur Linde,** Nürtinger Str. 24, ⊠ 72644, ℘ 6 11 68, Fax 61768 – **Ⓟ**
Montag geschl. – **Menu** à la carte 30/80.

OBERDING Bayern siehe Freising.

OBERELSBACH Bayern **412 413** N 15 – 3 000 Ew – Höhe 420 m – Wintersport : ⚐3 – ✪ 09774.

🛈 Verkehrsamt, Rathaus, ⊠ 97656, ℘ 2 12.

◆ München 325 – Bamberg 99 – ◆Frankfurt am Main 134 – Fulda 48 – ◆Würzburg 90.

In Oberelsbach-Unterelsbach SO : 2,5 km :

🏠 **Hubertus-Diana** ⑤, Röderweg 9, ⊠ 97656, ℘ 4 32, Fax 1793, 🍴, Massage, ⚕, ≘s, 🔲 , 🐎, ※(Halle) – **TV** ☎ **Ⓟ**
Menu *(Mittwoch geschl.)* (wochentags nur Abendessen) à la carte 28/56 – **14 Z** 75/140, 3 Suiten – ½ P 85/95.

OBERHACHING Bayern siehe München.

OBERHARMERSBACH Baden-Württemberg **413** H 21 – 2 500 Ew – Höhe 300 m – Luftkurort – ✪ 07837.

🛈 Verkehrsverein, Reichshalle, ⊠ 77784, ℘ 2 77, Fax 678.

◆Stuttgart 126 – ◆Freiburg im Breisgau 63 – Freudenstadt 35 – Offenburg 30.

🏠 **Schwarzwald-Idyll** ⑤, Obertal 50 (N : 4 km), ⊠ 77784, ℘ 9 29 90, Fax 929915, 🍴 – 🛗
Ⓟ **AE** **①** **E** **VISA** ※ Zim
11.- 24. Jan. und 20. Nov.- 20 Dez. geschl. – **Menu** *(Dienstag geschl.)* à la carte 29/60
⅊ – **25 Z** 39/120.

🏠 **Hubertus,** Dorf 2, ⊠ 77784, ℘ 8 31, 🍴, 🐎 – 🛗 ⟷ **Ⓟ**. ※
◆ *Mitte Nov.- Mitte Dez. geschl.* – **Menu** *(Okt.- März Dienstag geschl.)* à la carte 22/43 ⅊ –
28 Z 48/90 – ½ P 55/58.

🏠 **Sonne,** Obertal 12, ⊠ 77784, ℘ 2 01, 🐎 – 🛗 ⟷ **Ⓟ**
◆ *Mitte Jan.- Mitte Feb. und Mitte Nov.- Anfang Dez. geschl.* – **Menu** *(Mittwoch geschl.)*
à la carte 24/48 ⅊ – **20 Z** 42/110 – ½ P 56/70.

OBERHAUSEN Nordrhein-Westfalen **411 412** D 12, **987** ⑬ ⑭ – 225 000 Ew – Höhe 45 m – ✪ 0208.

🛈 Verkehrsverein, Willy-Brandt-Platz 4, ⊠ 46045, ℘ 80 50 51, Telex 856934, Fax 21748.

ADAC, Lessingstr. 2 (Buschhausen), ⊠ 46149, ℘ (0221) 47 27 47, Fax 652641.

◆Düsseldorf 33 – ◆Duisburg 10 – ◆Essen 12 – Mülheim an der Ruhr 6.

Stadtplan siehe nächste Seite

🏠 **Hagemann,** Buschhausener Str. 84, ⊠ 46049, ℘ 8 57 50, Fax 8575199 – **TV** ☎ **Ⓟ**. **AE** **①**
E **VISA** **JCB**   X **c**
24. Dez.- 3. Jan. geschl. – **Menu** *(Sonntag und Juli - Aug. 3 Wochen geschl.)* (nur Abendessen) à la carte 25/51 – **10 Z** 95/230.

In Oberhausen-Osterfeld :

🏠 **Parkhotel Oberhausen,** Teutoburger Str. 156, ⊠ 46119, ℘ 6 90 20, Fax 6902158, ≘s –
🛗 ⇌ Zim **TV** ⟷ **Ⓟ** – 🛓 80. **AE** **①** **E** **VISA**   V **s**
22. Dez.- 2. Jan. geschl. – **Menu** à la carte 59/77 – **85 Z** 134/318.

In Oberhausen-Schmachtendorf NW : 11 km über Weseler Str. V :

🏠 **Gerlach-Thiemann,** Buchenweg 14, ⊠ 46147, ℘ 68 00 81, Fax 680084, ≘s – 🛗 **TV** ☎
Ⓟ – 🛓 30. **AE** **①** **E** **VISA**. ※ Rest
Menu à la carte 37/72 – **21 Z** 140/210.

MICHELIN-REIFENWERKE KGaA. Regionales Vertriebszentrum Max-Eyth-Str. 2 (V),
⊠ 46149, ℘ 65 93 20, Fax 659329.

OBERHAUSEN

690

OBERHOF Thüringen 414 E 13, 984 ㉓, 987 ㉖ – 2 400 Ew – Höhe 835 m – Wintersport : 700/880 ⚞ 2, ⚟ – ✪ 036842.

🛈 Kurverwaltung, Crawinkler Str. 2, ⊠ 98559, ℰ 51 43, Fax 332.

Erfurt 52 – Bamberg 106 – ◆Berlin 316 – Eisenach 53.

🏨 **Panorama** ⍋, Theodor-Neubauer-Str. 29, ⊠ 98559, ℰ 5 00, Telex 338321, Fax 5554, ≼, 🍴, ⚲, 🆇 – ▯ 🆅 ☎ ⇦ 🅿 – 🔬 150. ⬛Ⓔ ⓪ Ⅎ 🆅🆂🅰 ⅏ Rest
Menu à la carte 28/45 – **400 Z** 125/195, 3 Suiten.

🏨 **Zum Gründle**, Breitscheidstr. 8, ⊠ 98559, ℰ 2 10 12, Fax 21013, ⚲, ✿ – 🆅 ⇦ 🅿.
⬛Ⓔ 🆅🆂🅰
Menu (nur Abendessen) à la carte 25/35 – **35 Z** 80/115, 4 Suiten.

🏨 **Sporthotel** ⍋, Am Harzwald 1, ⊠ 98559, ℰ 2 10 33, Fax 22595, ⚲, ⅏ – ☎ 🅿 – 🔬 30.
→ ⬛Ⓔ ⅏ Rest
Menu à la carte 22/35 – **49 Z** 70/110.

🍴🍴 **Luisensitz** mit Zim, Theodor-Neubauer-Str. 25, ⊠ 98559, ℰ 51 96, 🍴 – 🆅 🅿
4 Z.

In Oberschönau W : 11 km :

🏨 **Berghotel Simon** ⍋, Am Hermannsberg 13, ⊠ 98587, ℰ (036847)3 03 28, Fax 33625,
→ ⚲, ✿ – 🆅 ☎ 🅿 – 🔬 15. ⬛Ⓔ
Menu à la carte 21/42 – **27 Z** 68/120 – ½ P 65/78.

OBERKIRCH Baden-Württemberg 413 H 21, 987 ㉞, 242 ㉔ – 17 500 Ew – Höhe 194 m – Erholungsort – ✪ 07802.

🛈 Städt. Verkehrsamt, Eisenbahnstr. 1, ⊠ 77704, ℰ 8 22 41, Fax 82179.

◆Stuttgart 140 – Freudenstadt 42 – Offenburg 16 – Strasbourg 30.

🏨 **Romantik-Hotel Zur Oberen Linde**, Hauptstr. 25, ⊠ 77704, ℰ 80 20, Fax 3030, 🍴,
« Geschmackvolle, gemütliche Einrichtung », ✿, ⅏ – ▯ 🆅 ☎ 🅿 – 🔬 100. ⬛Ⓔ ⓪ Ⅎ
🆅🆂🅰
Menu à la carte 49/84 – **37 Z** 130/350 – ½ P 143/235.

🏨 **Lamm** ⍋, Gaisbach 1, ⊠ 77704, ℰ 9 27 80, Fax 5966, 🍴, ✿ – ▯ ⇔ Zim 🆅 ☎ 🅿 –
🔬 60. ⬛Ⓔ ⓪ Ⅎ 🆅🆂🅰 ⅏ Zim
Menu *(Dienstag geschl.)* à la carte 37/72 *(auch vegetarisches Menu)* 🍷 – **17 Z** 85/150
– ½ P 111/130.

🏨 **Pflug**, Fernacher Platz 1, ⊠ 77704, ℰ 40 81, Fax 50322, 🍴 – ▯ 🆅 ☎ 🅿 – 🔬 40. ⬛Ⓔ
Ⅎ 🆅🆂🅰
Jan. 3 Wochen und Nov. 1 Woche geschl. – **Menu** *(Mittwoch geschl.)* à la carte 31/57
🍷 – **36 Z** 82/150 – ½ P 102/112.

🏨 **Pfauen**, Josef-Geldreich-Str. 18, ⊠ 77704, ℰ 30 77, Fax 4529, 🍴 – 🆅 ☎ ⇦ 🅿 – 🔬 20.
⬛Ⓔ ⓪ Ⅎ 🆅🆂🅰
15. Feb.- 10. März geschl. – **Menu** *(Mittwoch geschl.)* à la carte 31/67 🍷 – **11 Z** 60/
120.

🍴🍴 **Haus am Berg** ⍋ mit Zim, Am Rebhof 5 (Zufahrt über Privatweg), ⊠ 77704, ℰ 47 01,
Fax 2953, ≼ Oberkirch und Renchtal, « Lage in den Weinbergen, große Freiterrasse », ✿
– 🅿
Feb. und Nov. jeweils 2 Wochen geschl. – **Menu** *(Dienstag, Nov.- März auch Montag
geschl.)* 34/98 und à la carte 47/75 – **Badische Stube :** Menu à la carte 26/50 – **9 Z** 65/160.

🍴🍴 **Schwanen**, Eisenbahnstr. 3, ⊠ 77704, ℰ 22 20, Fax 91252, 🍴 – 🅿. Ⅎ 🆅🆂🅰
Mitte Nov.- Anfang Dez. und Montag geschl. – **Menu** à la carte 29/61.

In Oberkirch-Nußbach W : 6 km :

🏨 **Rose** ⍋, Herztal 48 (im Ortsteil Herztal), ⊠ 77704, ℰ (07805) 9 55 50, Fax 955559, 🍴,
✿ – 🆅 🅿. Ⅎ
Jan.- März 4 Wochen geschl. – **Menu** *(Montag nur Abendessen, Dienstag und Aug.
2 Wochen geschl.)* à la carte 27/63 🍷 – **16 Z** 53/128.

In Oberkirch-Ödsbach S : 3 km :

🏨 **Waldhotel Grüner Baum** ⍋, Alm 33, ⊠ 77704, ℰ 80 90, Fax 80988, 🍴, Massage, ⚲,
🆇, ✿, ⅏ – ▯ 🆅 ⇦ 🅿 – 🔬 50. ⬛Ⓔ ⓪ Ⅎ 🆅🆂🅰 ⅏ Rest
Menu à la carte 42/77 – **59 Z** 90/260.

OBERKOCHEN Baden-Württemberg 413 N 20, 987 ㊱ – 8 000 Ew – Höhe 495 m – ✪ 07364.

◆Stuttgart 80 – Aalen 9 – ◆Ulm/Donau 66.

🏨 **Am Rathaus** ⍋, Eugen-Bolz-Platz 2, ⊠ 73447, ℰ 3 95, Fax 5955, 🍴 – ▯ 🆅 ☎ ⇦ 🅿
– 🔬 35. ⬛Ⓔ ⓪ Ⅎ 🆅🆂🅰
Juli - Aug. 2 Wochen geschl. – **Menu** *(Freitag geschl., Samstag nur Abendessen)* à la carte
41/62 – **40 Z** 85/160.

🍴🍴 **Lamm**, Heidenheimer Str. 2, ⊠ 73447, ℰ 64 70, ⬛Ⓔ ⓪ Ⅎ 🆅🆂🅰
Sonntag nur Mittagessen, Montag und Juli - Aug. 3 Wochen geschl. – **Menu** à la carte
30/58.

OBERLAHR Rheinland-Pfalz siehe Döttesfeld.

OBERLEICHTERSBACH Bayern siehe Brückenau, Bad.

OBERMAISELSTEIN Bayern siehe Fischen im Allgäu.

OBER-MÖRLEN Hessen 412 413 IJ 15 – 6 000 Ew – Höhe 190 m – ✿ 06002.
♦Wiesbaden 69 – ♦Frankfurt am Main 41 – Gießen 22.

In Ober-Mörlen-Ziegenberg SW : 6 km :

🏛 **Landhaus Lindenhof Möckel**, an der B 275, ✉ 61239, 𝒫 17 11, Fax 7888, 🏫, 🐎 – |🚻|
📺 ☎ 🅿 – 🛎 80. 🆎 🗲 𝘝𝘐𝘚𝘈. 🛠
Menu à la carte 39/70 – **21 Z** 100/160.

OBERMOSCHEL Rheinland-Pfalz 412 G 17 – 1 150 Ew – Höhe 187 m – ✿ 06362 (Alsenz).
Mainz 63 – Kaiserslautern 46 – Bad Kreuznach 18.

🏠 **Burg-Hotel** 🌨, ✉ 67823, 𝒫 34 70, ⬳ Obermoschel, 🚡, 🆑, 🐎 – ☎ 🚗 🅿
22. Dez.- 22. Jan. geschl. – **Menu** à la carte 28/48 ♨ – **18 Z** 62/108.

OBERNBURG Bayern 412 413 K 17, 987 ㉟ – 8 000 Ew – Höhe 127 m – ✿ 06022.
♦München 356 – Aschaffenburg 20 – ♦Darmstadt 47 – ♦Würzburg 80.

🏠 **Karpfen** (Fachwerkhaus a.d. 17. Jh. mit Gästehaus), Mainstr. 8, ✉ 63785, 𝒫 86 45, Fax 5276
– |🚻| 📺 ☎ 🅿. 🛠 Zim – **29 Z**.

🏠 **Anker** (Fachwerkhaus a.d. 16. Jh.), Mainstr. 3, ✉ 63785, 𝒫 86 47, Fax 7545, 🏫 – 🍴 Zim
📺 ☎ 🅿 – 🛎 25. 🆎 ⓞ 🗲 𝘝𝘐𝘚𝘈
Menu *(Sonntag nur Mittagessen)* à la carte 41/71 – **33 Z** 98/145.

*Nos guides hôteliers, nos guides touristiques et nos cartes routières
sont complémentaires. Utilisez-les ensemble.*

OBERNDORF Baden-Württemberg 413 I 22, 987 ㉟ – 13 800 Ew – Höhe 506 m – ✿ 07423.
♦Stuttgart 80 – Freudenstadt 36 – Rottweil 18.

🏠 **Wasserfall** (mit Gästehaus), Lindenstr. 60, ✉ 78727, 𝒫 92 80, Fax 928113, 🚡 – |🚻| 📺
🔶 ☎ 🅿. ⓞ 🗲 𝘝𝘐𝘚𝘈
23. April - 3. Mai und 30. Juli - 18. Aug. geschl. – **Menu** *(Freitag geschl., Samstag nur
Abendessen)* à la carte 26/59 ♨ – **35 Z** 60/140.

In Oberndorf-Lindenhof W : 3 km :

🏠 **Bergcafé Link** 🌨, Mörikeweg 1, ✉ 78727, 𝒫 34 91, Fax 6691, 🏫, 🐎 – 📺 ☎ 🚗 🅿.
🗲 𝘝𝘐𝘚𝘈
(nur Abendessen für Hausgäste) – **16 Z** 55/110.

OBERNZELL Bayern 413 X 21, 987 ㉘ ㉟, 426 M 3 – 3 500 Ew – Höhe 294 m – Erholungsort
– ✿ 08591.
🛈 Verkehrsamt, Marktplatz 42, 𝒫 94130, 𝒫 18 77.
♦München 193 – Passau 16.

🏠 **Zur Post,** Marktplatz 1, ✉ 94130, 𝒫 10 30 (Hotel) 25 60 (Rest.), Fax 2576, 🏫 – 📺 ☎
🔶 **Menu** *(Montag geschl.)* à la carte 24/50 – **15 Z** 85/160.

In Obernzell-Erlau NW : 6 km :

🏠 **Zum Edlhof,** Edlhofstr. 10 (nahe der B 388), ✉ 94130, 𝒫 4 66, Biergarten, 🐎 – 🅿
🔶 6.- 31. Jan. geschl. – **Menu** *(Dienstag geschl.)* à la carte 21/43 – **30 Z** 50/95.

OBERNZENN Bayern 413 O 18 – 2 600 Ew – Höhe 376 m – ✿ 09107.
♦München 228 – Ansbach 26 – ♦Nürnberg 59 – ♦Würzburg 72.

In Obernzenn-Hechelbach NO : 6,5 km :

🏠 **Grüne Au** 🌨, Hechelbach 1, ✉ 91619, 𝒫 2 77, Fax 1653, 🆑, 🐎 – 🅿
🔶 Feb. - März 2 Wochen und Anfang - Mitte Juli geschl. – **Menu** *(Montag geschl.)* à la carte
20/39 – **15 Z** 50/90.

OBERPFRAMMERN Bayern 413 S 22, 426 H 4 – 1 500 Ew – Höhe 613 m – ✿ 08093.
♦München 25 – Salzburg 119.

🏠 **Bockmaier** garni, Münchner Str. 3, ✉ 85667, 𝒫 57 80, Fax 57850 – 📺 ☎ 🅿. 🗲 𝘝𝘐𝘚𝘈
🛠
30 Z 90/110.

Hessen 412 413 J 17 – 15 000 Ew – Höhe 200 m – ✆ 06154.

◆Wiesbaden 58 – ◆Darmstadt 8,5 – ◆Mannheim 56.

🏨 **Hessischer Hof** (ehemalige Zehntscheune a.d. 17. Jh.), Schulstr. 14, ⊠ 64372, ℰ 6 34 70, Fax 634750, 🏤 – 🔟 ☎ 🚗 🅟 – 🔬 50. 🖭 ⑩ Ɛ 𝒱𝐼𝒮𝐴
25. Juli - 15. Aug. und 27. Dez.- 5. Jan. geschl. – Menu *(Freitag geschl., Samstag nur Abendessen)* à la carte 34/64 – **19 Z** 60/140.

In Ober-Ramstadt - Modau S : 3 km :

🏨 **Zur Krone,** Kirchstr. 39, ⊠ 64372, ℰ 30 87, Fax 52859, 🏤, �])📶 – �(🔟 ☎ 🅟 – 🔬 35. 🖭 ⑩ Ɛ 𝒱𝐼𝒮𝐴
Menu *(Samstag, Sonn- und Feiertage geschl.)* à la carte 44/73 – **35 Z** 85/160.

Baden-Württemberg 413 IJ 20 – 2 200 Ew – Höhe 600 m – Wintersport : ⭤5 – ✆ 07051 (Calw).

◆Stuttgart 52 – Freudenstadt 40 – Pforzheim 30 – Tübingen 46.

In Oberreichenbach - Würzbach SW : 5 km :

🏠 **Cafe Talblick** ⬎, Panoramaweg 1, ⊠ 75394, ℰ (07053) 87 53, 🚏, 🚾 – 🚗 🅟 – 🔬 20. 🍴 Rest
Mitte Nov.- Mitte Dez. geschl. – (Restaurant nur für Hausgäste) – **25 Z** 45/100 – ½ P 60/80.

Baden-Württemberg 413 G 23, 87 ⑧ – 2 500 Ew – Höhe 455 m – Erholungsort – Wintersport : 650/1 300 m ⭤8 ⭤4 – ✆ 07661.

Ausflugsziel : Schauinsland ≤★.

🚩 Verkehrsbüro, Rathaus, ⊠ 79254, ℰ 79 93, Fax 7831.

◆Stuttgart 182 – Basel 67 – Donaueschingen 59 – ◆Freiburg im Breisgau 13.

🏨 **Zum Hirschen,** Hauptstr. 5, ⊠ 79254, ℰ 70 14, Fax 7016, 🚾 – ☎ 🅟. Ɛ 𝒱𝐼𝒮𝐴
→ Nov. 3 Wochen geschl. – Menu *(Donnerstag geschl., Freitag nur Abendessen)* à la carte 22/55 – **14 Z** 70/110.

In Oberried-Weilersbach NO : 1 km :

🏨 **Zum Schützen** ⬎, Weilersbacher Str. 7, ⊠ 79254, ℰ 70 11, Fax 7013, 🏤, 🚾 – ☎ 🕹
🅟. 🖭 Ɛ 𝒱𝐼𝒮𝐴
Mitte Jan.- Mitte Feb. geschl. – Menu *(Dienstag geschl., Mittwoch nur Abendessen)* à la carte 28/55 🍴 – **16 Z** 65/110.

Am Notschrei (S : 11,5 km) siehe *Todtnau*

Bayern 413 R 22, 426 G 4 – 11 000 Ew – Höhe 477 m – ✆ 089 (München).

Sehenswert : Schloß Schleißheim★.

◆München 14 – ◆Augsburg 64 – Ingolstadt 67 – Landshut 62.

🏠 **Blauer Karpfen** garni, Dachauer Str. 1, ⊠ 85764, ℰ 31 57 15 00, Fax 31571550 – �(🔟
☎ 🚗 🅟. 🖭 Ɛ 𝒱𝐼𝒮𝐴
35 Z 110/160.

In Oberschleißheim-Lustheim O : 1 km :

🏨 **Kurfürst,** Kapellenweg 5, ⊠ 85764, ℰ 31 57 90, Fax 31579400, 🏤, 🚏, 🔲 – �(🔟 ☎
🚗 🅟 – 🔬 60. 🖭 ⑩ Ɛ 𝒱𝐼𝒮𝐴. 🍴 Rest
Menu *(1.-15. Jan. und 1.-15. Aug. geschl.)* à la carte 35/76 – **80 Z** 110/195.

Thüringen siehe Oberhof.

Baden-Württemberg 413 M 22 – 1 200 Ew – Höhe 527 m – ✆ 07357.

◆Stuttgart 113 – Ulm (Donau) 38.

In Moosbeuren O : 3 km :

🏠 **Brauerei-Gasthof Adler,** Biberacher Str. 17, ⊠ 89613, ℰ (07357) 20 41, Fax 2051 – ☎
→ 🚗 🅟
Menu *(Freitag und jedes 3. Wochenende im Monat geschl.)* à la carte 22/51 – **16 Z** 35/95.

Bayern 413 MN 24, 987 ㊱, 426 BC 6 – 7 500 Ew – Höhe 792 m – Schrothheilbad – Heilklimatischer Kurort – Wintersport : 740/1 800 m ⭤1 ⭤36 ⭤12 – ✆ 08386.

🏌 Oberstaufen-Steibis, ℰ 85 29.

🚩 Kurverwaltung, Schloßstr. 8, ⊠ 87534, ℰ 9 30 00, Fax 930020.

◆München 161 – Bregenz 43 – Kempten (Allgäu) 37 – Ravensburg 53.

🏨 **Lindner Parkhotel,** Argenstr. 1, ✉ 87534, 𝒫 70 30, Fax 703704, « Rustikal-elegante Einrichtung im alpenländischen Stil », Massage, ♨, ℩♨, ≘, ⤢, ☂, – 📶 ⇆ Zim 📺 ⟷ 🅿 ⑩ ⚒
(Restaurant nur für Hausgäste) – **91 Z** 219/416, 5 Suiten.

🏨 **Löwen,** Kirchplatz 8, ✉ 87534, 𝒫 49 40, Fax 494222, ⭐, Massage, ≘, ⤢, ☂ – 📶 📺 ⟷ 🅿 ⚞ 🆎 ⑩ 𝗩𝗜𝗦𝗔
Mitte Nov.- Mitte Dez. geschl. – **Menu** *(Mittwoch geschl.)* à la carte 56/90 – *Café am Markt* *(Mittwoch geschl., auch vegetarische Gerichte)* **Menu** à la carte 28/58 – **30 Z** 155/310 – ½ P 195/205.

🏨 **Concordia,** In Pfalzen 8, ✉ 87534, 𝒫 48 40, Fax 484130, Massage, ♨, ≘, ⤢, ☂ – 📶 ⇆ Zim 📺 ☎ ⟷ ⚒ Rest
(Restaurant nur für Hausgäste) – **59 Z** 155/390, 4 Suiten – ½ P 165/245.

🏨 **Bayrischer Hof,** Hochgratstr. 2, ✉ 87534, 𝒫 49 50, Fax 495414, Massage, ♨, ≘, ⤢, ☂ – 📶 📺 ⟷ ⚒ Rest
Menu à la carte 35/55 – **61 Z** 120/390, 6 Suiten – ½ P 150/225.

🏨 **Allgäu Sonne** ⬗ (mit Gästehäusern), Am Stießberg 1, ✉ 87534, 𝒫 70 20, Fax 7826, ≤ Weißachtal, Steibis und Hochgrat, ⭐, Massage, ♨, ℩♨, ≘, ⤢, ☂ – 📶 🅿 ⑩ ⎀ 𝗩𝗜𝗦𝗔 ⚒
Menu à la carte 54/85 – **169 Z** 140/340.

🏨 **Kurhotel Allgäuer Rosen Alp** ⬗ garni, Am Lohacker 5, ✉ 87534, 𝒫 70 60, Fax 706435, Massage, ♨, ℩♨, ♨, ≘, ☑ (geheizt), ⤢, ☂ – 📶 ⇆ 📺 ⟷ 🅿 – 🛗 20. ⚒
Mitte Nov.- 26. Dez. geschl. – **82 Z** 140/340, 5 Suiten.

🏠 Kurhotel Hirsch garni, Kalzhofer Str. 4, ✉ 87534, 𝒫 49 10, Fax 49144, Massage, ≘, ⤢, ☂ – 📶 📺 ☎ ⟷ – **36 Z**

🏠 **Adler** (mit Gästehaus), Kirchplatz 6, ✉ 87534, 𝒫 9 32 10, Fax 4763, ⭐, ☂ – 📺 ☎ 🅿 🆎
15. Nov.- 20. Dez. geschl. – **Menu** *(Dienstag geschl.)* à la carte 37/64 *(auch vegetarische Gerichte)* – **26 Z** 85/170.

🏠 **Kurhotel Hochbühl** ⬗ garni, Auf der Höh 12, ✉ 87534, 𝒫 6 44, Fax 7619, Massage, ≘, ⤢, ☂ – 📺 ☎ 🅿 ⚒
21 Z 95/200.

🏠 **Kurhotel Alpenhof** garni, Gottfried-Resl-Weg 8a, ✉ 87534, 𝒫 48 50, Fax 2251, Massage, ℩♨, ≘, ☂ – 📺 ☎ 🅿 🆎 ⎀ 𝗩𝗜𝗦𝗔 ⚒
33 Z 80/230.

🏠 **Kurhotel Pelz** garni, Bürgermeister-Hertlein-Str. 1, ✉ 87534, 𝒫 9 30 90, Fax 4736, Massage, ≘, ⤢, ☂ – 📶 📺 ☎ ⟷ 🅿 ⎀ ⚒
15. Nov.- 25. Dez. geschl. – **33 Z** 75/146.

In Oberstaufen-Bad Rain O : 1,5 km :

🏠 **Alpengasthof Bad Rain** ⬗ (mit Gästehaus), ✉ 87534, 𝒫 9 32 40, Fax 7110, ⭐, Massage, ≘, ⤢, ☂ – ⇆ Rest 📺 ☎ ⟷ 🅿 ⚒ Zim
Mitte Nov.- Mitte Dez. geschl. – **Menu** *(Montag geschl.)* à la carte 29/58 *(auch Diät)* – **24 Z** 80/230 – ½ P 105/130.

In Oberstaufen-Buflings N : 1,5 km :

🏨 **Kurhotel Engel,** ✉ 87534, 𝒫 70 90, Fax 70982, ≤, ⭐, Massage, ♨, ♨, ≘, ⤢, ☂ – 📶 📺 ☎ ⟷ 🅿 ⚒ Zim
Mitte Nov.- 24. Dez. geschl. – **Menu** *(Montag und 24. April - 5. Mai geschl.)* à la carte 27/55 – **63 Z** 96/310.

In Oberstaufen-Steibis S : 5 km – Höhe 860 m

🏨 Kurhotel Burtscher, Im Dorf 29, ✉ 87534, 𝒫 89 10, Fax 891317, ≤, Massage, ♨, ♨, ≘, ☑, ⤢, ⚒ – 📶 📺 🅿 ⚒
(Restaurant nur für Hausgäste) – **75 Z**, 6 Suiten.

In Oberstaufen-Thalkirchdorf O : 6 km – Erholungsort :

🏠 **Traube** ⬗ (Altes Fachwerkhaus mit rustikaler Einrichtung), ✉ 87534, 𝒫 (08325) 92 00, Fax 92039, ⭐, Massage, ≘, ⤢, ☂ – 📺 ☎ ⟷ 🅿 🆎 ⑩ ⎀ 𝗩𝗜𝗦𝗔
Anfang Nov.- Mitte Dez. geschl. – **Menu** *(Montag - Dienstag geschl.)* à la carte 30/61 – **29 Z** 90/184 – ½ P 97/147.

In Oberstaufen-Weißach S : 2 km :

🏨 **Königshof,** Mühlenstr. 16, ✉ 87534, 𝒫 49 30, Fax 493125, Massage, ♨, ♨, ≘, ⤢, ☂ – 📶 ⇆ 📺 ☎ ⟷ 🅿 🆎 ⑩ ⎀ 𝗩𝗜𝗦𝗔 ⚒
4.- 17. Dez. geschl. – (Restaurant nur für Hausgäste) – **62 Z** 140/320.

🏠 **Kurhotel Mühlenhof** ⬗ garni, Mühlenstr. 13, ✉ 87534, 𝒫 9 32 60, Fax 4331, Massage, ≘, ⤢, ☂ – 📺 ☎ 🅿
Dez. 3 Wochen geschl. – **22 Z** 90/190.

In Oberstaufen-Wiedemannsdorf O : 6 km :

✕✕ Zur Alten Salzstraße, Salzstr. 36, ✉ 87534, 𝒫 (08325) 6 68, Fax 1349, ⭐ – 🅿.

OBERSTDORF Bayern 🔲🔲🔲 N 24, 🔲🔲🔲 ㊱, 🔲🔲🔲 C 6 – 11 000 Ew – Höhe 815 m – Heilklimatischer Kurort – Kneippkurort – Wintersport : 843/2 200 m ⛷3 ⛷26 ⛷13 – ☎ 08322.

Ausflugsziele : Nebelhorn ⛷★★ 30 min mit ⛷ und Sessellift – Breitachklamm★★ SW : 7 km.

⛷ Oberstdorf-Gruben (S : 2 km), 𝒫 28 95.

🚉 Kurverwaltung und Verkehrsamt, Marktplatz 7, ⌧ 87561, 𝒫 70 00, Fax 700236.

◆München 165 – Kempten (Allgäu) 39 – Immenstadt im Allgäu 20.

🏨 **Parkhotel Frank** ⟋, Sachsenweg 11, ⌧ 87561, 𝒫 70 60, Fax 706286, ≤, 🍴, Massage, 🌊, ♨, ≘s, 🔲, 🐎 – 🛗 🔺 🐎 🐕 🐕 ⚡ 🔲
(nur Abendessen) – **68 Z**, 5 Suiten.

🏨 **Kurhotel Filser** ⟋, Freibergstr. 15, ⌧ 87561, 𝒫 70 80, Fax 708530, Massage, ♨, 🌊, ≘s, 🔲, 🐎 – 🛗 🔲 🐕 🐕 ⚡ 🐕 ⚡ Rest
Mitte Nov.- Mitte Dez. geschl. – (Restaurant nur für Hausgäste) – **97 Z** 106/306 – ½ P 136/183.

🏨 **Kur- und Sporthotel Exquisit** ⟋, Prinzenstr. 17, ⌧ 87561, 𝒫 9 63 30, Fax 963360, ≤, Massage, ♨, 🌊, ≘s, 🔲, 🐎 – 🛗 🔲 ⚡ ℳ ⓪ 𝚅𝙸𝚂𝙰 🐕 Rest
2. Nov.- 19. Dez. geschl. – (nur Abendessen für Hausgäste) – **42 Z** 126/432.

🏨 **Sporthotel Menning** ⟋ garni, Oeschlesweg 18, ⌧ 87561, 𝒫 9 60 90, Fax 8532, ≘s, 🔲, 🐎 – 🛗 🔲 🐕 🐕 ⚡ ℳ 🐕
22 Z 80/200.

🏨 **Wittelsbacher Hof** ⟋, Prinzenstr. 24, ⌧ 87561, 𝒫 60 50, Fax 605300, ≤, 🍴, Massage, 🌊 (geheizt), 🔲, 🐎 – 🐎 🐎 🐕 – 🔺 50. ℳ ⓪ 𝚅𝙸𝚂𝙰
5. April - 13. Mai und Nov.- 16. Dez. geschl. – **Menu** à la carte 44/73 – **86 Z** 88/230, 10 Suiten – ½ P 105/160.

🏨 **Adler**, Fuggerstr. 1, ⌧ 87561, 𝒫 9 61 00, Fax 8187, 🍴 – 🐎 🐕 ⚡
Mitte April - Anfang Mai und Anfang Nov.- Mitte Dez. geschl. – **Menu** *(Dienstag geschl.)* à la carte 33/65 – **33 Z** 88/220 – ½ P 115/150.

🏨 **Hölting** ⟋ garni, Lorettostr. 23, ⌧ 87561, 𝒫 40 99, ≘s, 🐎 – 🔲 🐎 🐕 ⚡ 🐕
13 Z.

🏨 **Haus Wiese** ⟋ garni, Stillachstr. 4a, ⌧ 87561, 𝒫 30 30, Fax 3135, ≤, « Einrichtung in bäuerlichem Stil », 🔲 – 🔲 🐎 ⚡
13 Z 105/210.

🏨 **Landhaus Thomas** ⟋ garni, Weststr. 49, ⌧ 87561, 𝒫 42 47, Fax 8601, ≘s, 🐎 – 🐎 🐕
🐕
13 Z 69/170.

🏨 **Waldesruhe** ⟋, Alte Walserstr. 20, ⌧ 87561, 𝒫 40 61, Fax 8327, ≤ Allgäuer Alpen, 🍴, ≘s, 🔲 – 🛗 🔲 🐎 ⚡ 🐕 Rest
23. Okt.- 17. Dez. geschl. – **Menu** *(Dienstag geschl.)* à la carte 28/60 – **38 Z** 95/230 – ½ P 102/145.

🏨 **Kurparkhotel** ⟋ garni, Prinzenstr. 1, ⌧ 87561, 𝒫 30 34, Fax 8544, ≤, ≘s – 🔲 🐎 ⚡
🐕
25. April - 10. Mai und 4. Nov.- 20. Dez. geschl. – **22 Z** 79/178.

🏨 **Luitpold** garni, Ludwigstr. 18, ⌧ 87561, 𝒫 60 30, Fax 60377, Massage, ♨, 🌊, 🐎 – 🐎
⚡ 🐕
Nov.- 15. Dez. geschl. – **34 Z** 88/188.

🏨 **Kappelerhaus** ⟋ garni, Am Seeler 2, ⌧ 87561, 𝒫 10 07, ≤, 🌊 (geheizt), 🐎 – 🛗 🐎 🐕
⚡ ℳ ⓪ 🄴 𝚅𝙸𝚂𝙰 🐕
59 Z 60/155.

🏨 **Rex** ⟋ garni, Clemens-Wenzeslaus-Str. 3, ⌧ 87561, 𝒫 30 17, Fax 8841, ≘s, 🐎 – 🐎 ⚡
Nov.- 15. Dez. geschl. – **39 Z** 84/160.

🍴 **Grüns Restaurant,** Nebelhornstr. 49, ⌧ 87561, 𝒫 24 24, 🍴
Montag, Juni 3 Wochen und Dez. 1 Woche geschl., Dienstag nur Abendessen – **Menu** (abends Tischbestellung ratsam) à la carte 55/94.

🍴 **Maximilians,** Freibergstr. 21, ⌧ 87561, 𝒫 8 05 15 – ⚡
Ende April - Anfang Mai und Mitte - Ende Nov. geschl. – **Menu** (wochentags nur Abendessen) à la carte 45/80.

🍴 **Chez Mohamed,** Prinzenstr. 27, ⌧ 87561, 𝒫 52 86, 🍴 – ⚡
Mitte Nov.- Mitte Dez. und außer Saison Sonntag geschl. – **Menu** (nur Abendessen) à la carte 41/61.

🍴 **Bacchus-Stuben,** Freibergstr. 4, ⌧ 87561, 𝒫 47 87, 🍴 – ⚡
Mitte April - 9. Mai, Mitte Okt.- 19. Dez. und Montag geschl., im Sommer Sonntag nur Mittagessen – **Menu** à la carte 29/50 ⬧.

In Oberstdorf-Jauchen W : 1,5 km – Höhe 900 m :

🏨 **Kurhotel Adula** ⟋, In der Leite 6, ⌧ 87561, 𝒫 70 90, Fax 709403, ≤ Oberstdorf und Allgäuer Alpen, 🍴, Massage, ♨, 🌊, ≘s, 🔲, 🐎 – 🛗 🐕 Zim 🔲 🐕 🐎 ⚡ – 🔺 80.
ℳ ⓪ 🄴 𝚅𝙸𝚂𝙰 🐕 Rest
Menu à la carte 49/83 *(auch Diät und vegetar. Gerichte)* – **80 Z** 168/348, 5 Suiten – ½ P 213/267.

In Oberstdorf-Reute W : 2 km – Höhe 950 m :

🏠 **Panorama,** ⊠ 87561, ℰ 30 74, Fax 3075, ≤ Oberstdorf und Allgäuer Alpen, 佘, 氣 – ⊺ⱽ
☎ ⇦ ℗
10. April - 10. Mai und Mitte Okt.- 20. Dez. geschl. – **Menu** à la carte 26/48 – **11 Z** 75/170.

In Oberstdorf-Tiefenbach NW : 6 km – Höhe 900 m :

🏦 **Alpenkurhof Vollmann** ⑤, Falkenstr. 15, ⊠ 87561, ℰ 70 20, Fax 702222, ≤, 佘, Massage, ⭭, ⅃ᵇ, ⇆, ☐, 氣 – ⅃⃗ ⊺ⱽ ☎ ⇦ ℗ – 🏛 30. 🆎 ⓘ 🅴 𝗩𝘐𝘚𝘈
Anfang Nov.- Mitte Dez. geschl. – **Menu** *(Montag geschl.)* (wochentags nur Abendessen)
à la carte 34/63 – **69 Z** 72/286, 6 Suiten – ½ P 97/168.

🏦 **Bergruh** ⑤, Im Ebnat 2, ⊠ 87561, ℰ 40 11, Fax 4656, ≤, 佘, ⇆, 氣 – ⊺ⱽ ☎ ℗. 🆎
ⓘ 🅴 𝗩𝘐𝘚𝘈. 𝒮
10. Nov.- 20. Dez. geschl. – **Menu** à la carte 36/67 – **29 Z** 80/196 – ½ P 98.

OBERSTENFELD Baden-Württemberg 𝟜𝟙𝟚 𝟜𝟙𝟛 K 19 – 7 400 Ew – Höhe 227 m – ✸ 07062
(Beilstein).
♦Stuttgart 39 – Heilbronn 18 – Schwäbisch Hall 49.

🏦 **Zum Ochsen,** Großbottwarer Str. 31, ⊠ 71720, ℰ 93 90, Fax 939444, 佘, ⇆ – ⅃⃗ ⊺ⱽ ☎
⇦ ℗ – 🏛 30. 🆎 ⓘ 🅴 𝗩𝘐𝘚𝘈
Menu *(1.- 21. Jan. und Dienstag geschl.)* à la carte 37/82 ⅊ – **35 Z** 99/190.

OBERSTREU Bayern siehe Mellrichstadt.

OBERSULM Baden-Württemberg siehe Weinsberg.

OBERTEURINGEN Baden-Württemberg 𝟜𝟙𝟛 L23, 𝟜𝟚𝟟 M2 – 4 000 Ew – Höhe 449 m – Erholungsort – ✸ 07546.
🛈 Verkehrsamt, St.-Martin-Platz 9, ⊠ 88094, ℰ 29 90, Fax 29988.
♦Stuttgart 174 – Friedrichshafen 11.

In Oberteuringen-Bitzenhofen NW : 2 km :

🏠 Am Obstgarten ⑤ garni, Gehrenbergstr. 16, ⊠ 88094, ℰ 92 20, Fax 92288, ≤, ⅃ geheizt,
氣, 氣 – ⅃⃗ ☎ ℗. 𝒮
23 Z.

OBERTHAL Saarland 𝟜𝟙𝟚 E 18, 𝟚𝟜𝟚 ③ – 6 300 Ew – Höhe 300 m – ✸ 06852.
♦Saarbrücken 50 – Idar Oberstein 39 – St.Wendel 9.

In Oberthal - Steinberg-Deckenhardt NO : 5 km :

XX **Zum Blauen Fuchs,** Walhausener Str. 1, ⊠ 66649, ℰ 67 40, Fax 81303 – ℗. 🅴. 𝒮
Dienstag sowie Feb. und Juli - Aug. jeweils 1 Woche geschl. – **Menu** (wochentags nur
Abendessen, Tischbestellung ratsam) à la carte 67/83.

OBERTHULBA Bayern 𝟜𝟙𝟛 M 16 – 4 400 Ew – Höhe 270 m – ✸ 09736.
♦München 327 – Fulda 58 – Bad Kissingen 9,5 – ♦Würzburg 59.

🏦 **Rhöner Land,** Zum Weißen Kreuz 20, ⊠ 97723, ℰ 40 88, Fax 4087, 佘, ⇆ – ⊺ⱽ ☎ ⅙
℗ – 🏛 60. 🆎 🅴 𝗩𝘐𝘚𝘈. 𝒮 Rest
Menu à la carte 30/60 – **27 Z** 89/150.

🏠 Zum grünen Kranz, Obere Torstr. 11, ⊠ 97723, ℰ 40 14, Fax 333 – ⊺ⱽ ☎ ℗
9 Z.

OBERTRAUBLING Bayern siehe Regensburg.

OBERTRUBACH Bayern 𝟜𝟙𝟛 R 17 – 2 100 Ew – Höhe 420 m – Erholungsort – ✸ 09245.
🛈 Verkehrsamt, Teichstr. 5 (Rathaus), ⊠ 91286, ℰ 7 11, Fax 778.
♦München 206 – Bayreuth 44 – Forchheim 28 – ♦Nürnberg 41.

🏠 **Fränkische Schweiz,** Bergstr. 1, ⊠ 91286, ℰ 2 18, Fax 238, 佘, 氣 – ⅃⃗ ℗. 🅴. 𝒮
15.- 30. Nov. geschl. – **Menu** *Okt.- März Donnerstag geschl., April - Sept. Donnerstag nur
Mittagessen)* à la carte 19/30 – **26 Z** 45/80.

🏠 **Treiber** ⑤, Reichelsmühle 5 (SW : 1,5 km), ⊠ 91286, ℰ 4 89, Fax 489, 佘, ⇆, 氣 – ℗.
𝒮
Menu *(Freitag geschl.)* à la carte 20/36 – **15 Z** 40/90.

In Obertrubach-Bärnfels N : 2,5 km :

🏠 **Drei Linden,** ⊠ 91286, ℰ 3 25, Fax 409 – ⇦ ℗. 𝒮 Rest
Menu à la carte 22/40 – **39 Z** 50/90.

Hessen 412 413 J 16 – 24 000 Ew – Höhe 100 m – ✪ 06104 (Heusenstamm).
◆Wiesbaden 59 – Aschaffenburg 30 – ◆Frankfurt am Main 19.

🏠 **Park-Hotel,** Münchener Str. 12, ⊠ 63179, ℘ 47 63, Fax 44163 – 📺 ☎ 🅿 – 🔏 50. 🖭 ⓘ 🗲 𝘝𝘐𝘚𝘈
Menu à la carte 35/73 – **39 Z** 120/210.

🏠 **Haus Dornheim** garni, Bieberer Str. 141, ⊠ 63179, ℘ 9 50 50, Fax 45022 – 📺 ☎ 🅿. 🖭 ⓘ 🗲 𝘝𝘐𝘚𝘈
18 Z 95/220.

In Obertshausen-Hausen NO : 2 km :

🏠 **Kroko-Hotel** garni, Egerländer Platz 17, ⊠ 63179, ℘ 9 80 50, Fax 79161 – 🛗 📺 ☎ 🚗 🅿. 🖭 ⓘ 🗲 𝘝𝘐𝘚𝘈
20. Dez.- 7. Jan. und 4.- 15. Aug. geschl. – **28 Z** 90/150.

Hessen 412 413 I 16, 987 ㉕ – 44 000 Ew – Höhe 225 m – ✪ 06171.
◆Wiesbaden 47 – ◆Frankfurt am Main 19 – Bad Homburg vor der Höhe 4.

🏠 **Parkhotel Waldlust,** Hohemarkstr. 168, ⊠ 61440, ℘ 92 00, Fax 26627, 🏤, « Park » –
🛗 📺 ☎ 🅿 – 🔏 100. 🖭 ⓘ 🗲 𝘝𝘐𝘚𝘈
Menu *(Sonn- und Feiertage geschl.)* à la carte 41/70 – **109 Z** 138/260.

✕✕ **Rôtisserie Le Cognac,** Liebfrauenstr. 6, ⊠ 61440, ℘ 5 19 23 – 🅿. 🖭 ⓘ 🗲 𝘝𝘐𝘚𝘈
Montag, 15.- 31. Mai und 1.- 15. Sept. geschl. – **Menu** (nur Abendessen) à la carte 48/87
(auch vegetarisches Menu).

In Oberursel-Oberstedten :

🏠 **Sonnenhof** garni, Weinbergstr. 94, ⊠ 61440, ℘ (06172) 3 10 72, Fax 301272, 🌲 – 📺 ☎
🅿. 🎇
15 Z 110/160.

Rheinland-Pfalz 412 G 16, 987 ㉔ – 4 600 Ew – Höhe 70 m – ✪ 06744.
Sehenswert : Liebfrauenkirche★.
Ausflugsziel : Burg Schönburg★ S : 2 km.
🚩 Verkehrsamt, Rathausstr. 3, ⊠ 55430, ℘ 15 21, Fax 1540.
Mainz 56 – Bingen 21 – ◆Koblenz 42.

🏠 **Burghotel Auf Schönburg** (Hotel in einer 1000-jährigen Burganlage), Schönburg (S : 2 km)
– Höhe 300 m, ⊠ 55430, ℘ 70 27, Fax 1613, ≤, 🏤 – 🛗 📺 ☎ 🅿. 🖭 ⓘ 🗲 𝘝𝘐𝘚𝘈
Jan.- Mitte März geschl. – **Menu** *(Montag geschl.)* à la carte 59/90 – **22 Z** 115/295.

🏠 **Weinhaus Weiler,** Marktplatz 4, ⊠ 55430, ℘ 70 03, Fax 7303, 🏤 – 📺 ☎. 🖭 🗲 𝘝𝘐𝘚𝘈
Dez.- Feb. geschl. – **Menu** *(Donnerstag geschl.)* à la carte 33/63 ♨ – **10 Z** 65/120.

✕✕ **Römerkrug** mit Zim, Marktplatz 1, ⊠ 55430, ℘ 70 91, Fax 1677, 🏤 – 📺 ☎. 🖭 🗲 𝘝𝘐𝘚𝘈
Jan.- 20. Feb. geschl. – **Menu** *(Mittwoch geschl.)* à la carte 34/69 ♨ – **7 Z** 80/200.

In Oberwesel-Dellhofen SW : 2,5 km :

♙ **Gasthaus Stahl** ⚘, Am Talblick 6, ⊠ 55430, ℘ 4 16, 🌲 – 🅿. 🗲
← *Dez.- Jan. geschl.* – **Menu** *(Mittwoch geschl.)* (Abendessen nur für Hausgäste) à la carte
22/52 ♨ – **19 Z** 45/130.

Sachsen 414 K 14, 984 ㉗ ㉘, 987 ㉗ – 3 600 Ew – Höhe 914 m – Kurort
– Wintersport : 914/1214 m ≦2 ≰5 ≥5 – ✪ 037348.
Ausflugsziele : Annaberg-Buchholz (St. Annen-Kirche★★ : Schöne Pforte★★, Kanzel★, Bergaltar★)
N : 24 km – Fichtelberg★ (1214 m) ☀★ (mit Sessellift oder zu Fuß erreichbar) N : 3 km – Schwarzenberg : Pfarrkirche St. Georg★ NW : 26 km.
🚩 Kurverwaltung, Rathaus, Markt 8, ⊠ 09484, ℘ 6 14, Fax 7798.
◆Dresden 125 – Chemnitz 55 – Plauen 110.

🏠 **Panorama** ⚘, Vierenstr. 11, ⊠ 09484, ℘ 71 90, Fax 7198, ≤, 🏤, Massage, ♣, 🏊, 🔲,
🌲 – 🛗 📺 ☎ & 🅿 – 🔏 100. 🖭 ⓘ 🗲 𝘝𝘐𝘚𝘈
Menu à la carte 35/76 – **101 Z** 130/175, 23 Suiten – ½ P 115/157.

🏠 **Birkenhof** ⚘, Vierenstr. 18, ⊠ 09484, ℘ 4 81, Fax 485, 🏤, 𝑓♨, 🏊 – 🛗 �️ Zim 📺
☎ & 🅿 – 🔏 120. 🖭 ⓘ 🗲 𝘝𝘐𝘚𝘈. 🎇 Rest
Menu à la carte 27/55 – **185 Z** 110/195, 7 Suiten – ½ P 105/150.

🏠 **Hotel Am Kirchberg,** Annaberger Str. 9, ⊠ 09484, ℘ 71 32, Fax 486 – 🚷 Zim 📺 ☎
← 🅿 – 🔏 20. 🖭 🗲
Menu à la carte 24/52 – **25 Z** 85/195 – ½ P 104/134.

🏠 **Ferienhotel Bergfrieden** ⚘, Vierenstr. 14, ⊠ 09484, ℘ 73 97, Fax 350, 🏤, 🏊 – 📺
← ☎ 🅿
Nov. geschl. – **Menu** *(Donnerstag geschl.)* à la carte 20/44 – **16 Z** 75/100.

697

Baden-Württemberg 📖 H 22 – 2 700 Ew – Höhe 280 m – Luftkurort – ☺ 07834 (Wolfach).

◆Stuttgart 139 – ◆Freiburg im Breisgau 60 – Freudenstadt 40 – Offenburg 42.

In Oberwolfach-Kirche :

🏨 **Drei Könige,** Wolftalstr. 28, ⊠ 77709, ℰ 2 60, Fax 285, ㈜, 🐴 – 🛗 ☎ ♿ ♉ – 🔬 40 🝇 ⓪ Ⓔ 𝘝𝘐𝘚𝘈
Jan. 2 Wochen geschl. – **Menu** *(Donnerstag geschl.)* à la carte 26/56 ⅍ – **39 Z** 76/124 – ½ P 82/96.

In Oberwolfach-Walke :

🏨 **Hirschen,** Schwarzwaldstr. 2, ⊠ 77709, ℰ 49 62, Fax 6775, 😑, 🐴 – 🛗 📺 ☎ ♉ – 🔬 2Ⓒ 🝇 ⓪ Ⓔ 𝘝𝘐𝘚𝘈
9.- 31. Jan. geschl. – **Menu** *(Montag geschl.)* à la carte 35/64 ⅍ – **43 Z** 65/16Ⓒ – ½ P 76/112.

Baden-Württemberg siehe Reichenau (Insel).

Bayern 📖 U 22,23, 📖 ㉛, 📖 J 4,5 – 3 500 Ew – Höhe 564 m – ☺ 08624.

◆München 72 – Passau 123 – Rosenheim 31 – Salzburg 70.

🏨 **Oberwirt,** Kienberger Str. 14, ⊠ 83119, ℰ 42 96, Fax 2979, ㈜, Biergarten, 😑, 🐴, 🐴, 🝇 – 🛗 📺 ☎ ⇦ ♉ – 🔬 30. Ⓔ 𝘝𝘐𝘚𝘈. 🝇 Zim
Menu *(Mittwoch und 10.- 31. Okt. geschl.)* à la carte 30/64 – **42 Z** 65/110 – ½ P 64/71

In Obing-Großbergham SO : 2,5 km :

🏚 **Pension Griessee** 🌊, ⊠ 83119, ℰ 22 80, Fax 2900, ㈜, 🐴, 🐴 – ⇦ ♉
✦ *10. Jan.- Feb. geschl.* – **Menu** *(Nov.- März Montag geschl.)* à la carte 23/42 ⅍ – **26 Z** 40/8 🝇 – ½ P 43/56.

Baden-Württemberg 📖 📖 K 18 – 5 100 Ew – Höhe 134 m – ☺ 06261 (Mosbach).

◆Stuttgart 85 – Eberbach am Neckar 24 – Heidelberg 39 – Heilbronn 31 – Mosbach 6.

🏨 **Schloß Neuburg** 🌊, ⊠ 74847, ℰ 70 01, Fax 7747, ≤ Neckartal und Neckarelz, ㈜ – 📺 ☎ ♉ – 🔬 20. ⓪ Ⓔ 𝘝𝘐𝘚𝘈
1.- 8. Jan. und Aug. 2 Wochen geschl. – **Menu** *(Sonntag nur Mittagessen, Montag nur Abendessen)* à la carte 45/79 – **14 Z** 105/245 – ½ P 140/170.

🏚 **Wilder Mann,** Hauptstr. 22, ⊠ 74847, ℰ 6 20 91, Fax 7803, 😑, 🔲 – 📺 ☎ ⇦
✦ ♉
20. Dez.- 7. Jan. geschl. – **Menu** *(Samstag geschl.)* à la carte 24/45 ⅍ – **28 Z** 75/130.

During the season, particularly in resorts, it is wise to book in advance.

Bayern 📖 N 17,18, 📖 ㉖ – 11 400 Ew – Höhe 187 m – ☺ 09331.
Sehenswert : Ehemalige Stadtbefestigung★ mit Toren und Anlagen.
🛈 Verkehrsbüro, Hauptstr. 39, ⊠ 97199, ℰ 58 55.
◆München 278 – Ansbach 59 – ◆Bamberg 95 – ◆Würzburg 19.

🏚 **Zum Schmied,** Hauptstr. 26, ⊠ 97199, ℰ 24 38, Fax 20203
Menu *(Mittwoch geschl.)* à la carte 25/52 ⅍ – **23 Z** 70/120.

In Ochsenfurt-Goßmannsdorf NW : 3 km :

🏚 **Weißes Roß,** Rechte Bachgasse 5, ⊠ 97199, ℰ 71 14, Fax 7115 – 🔬 50
✦ *24. Dez.- 6. Jan. geschl.* – **Menu** *(Montag geschl.)* à la carte 24/42 ⅍ – **30 Z** 55/110.

Nahe der Straße nach Marktbreit O : 2,5 km :

🏨 **Wald- und Sporthotel Polisina,** Marktbreiter Str. 265, ⊠ 97199 Ochsenfurt, ℰ (09331) 30 81, Fax 7603, ㈜, 😑, 🔲, 🐴, 🝇 – 🛗 📺 ♉ – 🔬 40. 🝇 ⓪ Ⓔ 𝘝𝘐𝘚𝘈
Menu à la carte 41/72 – **33 Z** 135/240.

In Sommerhausen NW : 6 km über die B 13 – ☺ 09333 :

🏨 **Ritter Jörg,** Maingasse 14, ⊠ 97286, ℰ 12 21, Fax 1883 – 📺 ☎ ♉
Jan. geschl. – **Menu** *(Montag geschl., Dienstag - Freitag nur Abendessen)* à la carte 27/60 ⅍ – **22 Z** 75/140.

🏚 **Zum Weinkrug** garni, Steingraben 5, ⊠ 97286, ℰ 2 92, Fax 281 – 📺 ☎ ⇦ ♉.
🝇
Mitte Dez.- Mitte Jan. geschl. – **14 Z** 80/150.

XX **Restaurant von Dungern,** Hauptstr. 12, ⊠ 97286, ℰ 14 06, Fax 1406
22. Dez.- 15. Jan., Aug. und Montag - Mittwoch geschl. – **Menu** *(nur Abendessen, Tischbestellung erforderlich)* à la carte 58/70.

Baden-Württemberg **413** MN 22, **987** ㊱, **426** B 4 – 7 000 Ew – Höhe 609 m
- Erholungsort – ✪ 07352.

◆Stuttgart 139 – Memmingen 22 – Ravensburg 55 – ◆Ulm (Donau) 47.

🏨 **Mohren,** Grenzenstr. 4, ⊠ 88416, ℰ 32 86, Fax 1707, Massage, ≘s – ⧉ 📺 ☎ ❷ – 🕰 80.
   🖭 ❶ 🖻 𝗩𝗜𝗦𝗔
   Menu à la carte 38/83 – **28 Z** 85/195.

🏨 **Adler,** Schloßstr. 7, ⊠ 88416, ℰ 15 03, Fax 4857, 🏠 – 📺 ☎ ❷
   Menu *(Sonntag nur Mittagessen, Montag und Ende Juni - Anfang Juli geschl.)* à la carte
   35/60 – **8 Z** 72/144.

🏨 **Zum Bohrturm,** Poststr. 41 (B 312), ⊠ 88416, ℰ 32 22, Fax 1418 – ⇌
   24.- 27. Dez. geschl. – **Menu** *(Mittwoch und Aug. 2 Wochen geschl.)* à la carte 28/58 –
   20 Z 43/155.

   In Gutenzell-Hürbel NO : 6 km :

🏨 **Klosterhof** ⤴, Schloßbezirk 2 (Gutenzell), ⊠ 88484, ℰ (07352) 30 21, Fax 7779 – 📺 ☎
   ❷
   23.- 30. Dez. geschl. – **Menu** *(Freitag geschl.)* à la carte 30/72 ⅃ – **18 Z** 40/115.

Rheinland-Pfalz **412** F 15 – 4 200 Ew – Höhe 190 m – ✪ 02625.

Mainz 110 – ◆Koblenz 20 – Mayen 13.

🍴🍴 **Gutshof Arosa** mit Zim, Koblenzer Str. 2 (B 258), ⊠ 56299, ℰ 44 71, Fax 5261,
   « Innenhofterrasse » – 📺 ☎ ⇌ ❷. 🖭 🖻. 🛇
   Juli - Aug. 2 Wochen geschl. – **Menu** *(Montag geschl.)* à la carte 40/75 – **11 Z** 65/120.

Nordrhein-Westfalen **411 412** E 10, **987** ⑭, **408** M 5 – 17 200 Ew – Höhe 65 m –
✪ 02553.

◆Düsseldorf 139 – Enschede 21 – Münster (Westfalen) 43 – ◆Osnabrück 70.

🏨 **Münsterländer Hof,** Bahnhofstr. 7, ⊠ 48607, ℰ 92 10, Fax 921100 – 📺 ☎ ⇌ ❷. 🖭
   ❶ 🖻 𝗩𝗜𝗦𝗔
   Menu *(Freitag und Samstag nur Abendessen, Sonntag geschl.)* à la carte 34/64 – **24 Z**
   100/180.

   An der B 54 SO : 4,5 km :

🍴 **Alter Posthof,** Bökerhook 4, ⊠ 48607 Ochtrup-Welbergen, ℰ (02553) 34 87, Fax 80787,
   🏠, « Historischer Münsterländer Gasthof » – ❷. ❶ 🖻 𝗩𝗜𝗦𝗔
   Ende Dez.- Mitte Jan. und Montag - Dienstag geschl. – **Menu** à la carte 32/50.

Rheinland-Pfalz **412** C 18 – 600 Ew – Höhe 160 m – ✪ 06581 (Saarburg).

Mainz 173 – Saarburg 5 – ◆Trier 24.

🏨 **Klostermühle,** Hauptstr. 1, ⊠ 54441, ℰ 30 91, Fax 6760, 🏠, ≘s – ⅃ ⇌ ❷ – 🕰 40
◆ Jan. geschl. – **Menu** *(Dienstag geschl.)* à la carte 22/48 ⅃ – **22 Z** 60/110 – ½ P 68/
   72.

Schleswig-Holstein siehe Bredstedt.

Sachsen siehe Meissen.

Bayern **413** Q 22, **987** ㊱ ㊲ – 3 000 Ew – Höhe 507 m – ✪ 08134.

📷 Gut Todtenried, ℰ 16 18.

◆München 37 – Augsburg 33 – Donauwörth 65 – Ingolstadt 77.

🏨 **Staffler** garni, Hauptstr. 3, ⊠ 85235, ℰ 60 06, Fax 7737 – 📺 ☎ ❷
   20. Dez.- 20. Jan. und Pfingsten geschl. – **28 Z** 70/105.

🏨 **Schloßhotel-Schloßbräustüberl,** Am Schloßberg 3, ⊠ 85235, ℰ 65 98 (Hotel),
   66 06 (Rest.), Fax 5193, 🏠, ≘s, 🖂 – 📺 ☎ ❷
   Menu *(Samstag und Jan. 3 Wochen geschl.)* à la carte 28/55 – **15 Z** 125/200.

Nordrhein-Westfalen **412** E 13, **987** ㉔ – 13 500 Ew – Höhe 80 m – ✪ 02202 (Bergisch Gladbach).

Ausflugsziel : Odenthal-Altenberg : Altenberger Dom (Buntglasfenster★) N : 3 km.

◆Düsseldorf 43 – ◆Köln 18.

🍴 **Zur Post,** Altenberger Domstr. 23, ⊠ 51519, ℰ 7 81 24, Fax 71732, « Gasthof im bergischen Stil » – ❷. 🖭 ❶ 🖻 𝗩𝗜𝗦𝗔
   Donnerstag und Feb.- März 3 Wochen geschl. – **Menu** à la carte 48/76.

In Odenthal-Altenberg N : 2,5 km :

🏨 **Altenberger Hof** ⤸, Eugen-Heinen-Platz 7, ✉ 51519, 𝒫 (02174) 49 70, Fax 41608, 🏫
– |🛗| ⤱ 🆀 ☎ 🅟 – 🅰 80. 🖭 ⓪ 🖸 🆅🆂🅰
Menu 35 (mittags) und à la carte 59/95 – **38 Z** 160/260.

In Odenthal-Eikamp SO : 7 km :

🏠 **Eikamper Höhe** garni, Schallemicher Str. 11, ✉ 51519, 𝒫 (02207) 23 21, Fax 4740, ⇐🛋
– ☎ 🅟 ⓪ 🆅🆂🅰
22 Z 60/140.

OEDERAN Sachsen siehe Flöha.

ÖHNINGEN Baden-Württemberg 🔢🔢🔢 J 24, 🔢🔢🔢 K 3, 🔢🔢🔢 ⑨ – 3 500 Ew – Höhe 440 m – Erholungsort – 🕲 07735.

🛈 Verkehrsbüro, Rathaus, ✉ 78337, 𝒫 8 19 20, Fax 81930.
♦Stuttgart 168 – Schaffhausen 22 – Singen (Hohentwiel) 16 – Zürich 61.

🏠 **Adler,** Oberdorfstr. 14, ✉ 78337, 𝒫 4 50, Fax 2851, 🐾, 🌲 – ⇐🛋 🅟. ⤱
Ende Feb.- 15. Feb. geschl. – **Menu** *(Dienstag geschl., Mittwoch nur Abendessen, Nov.-
März Montag - Dienstag geschl.)* à la carte 30/56 ⅃ – **20 Z** 60/140 – ½ P 80/90.

In Öhningen-Wangen O : 3 km :

🏨 **Residenz am See** ⤸, Seeweg 2, ✉ 78337, 𝒫 9 30 00, Fax 930020, ≤, 🏫, ⇐🛋, 🐾, 🌲
– 🆀 ☎ 🅟 – 🅰 20. 🖭 🖸 🆅🆂🅰
März - Okt. – **Menu** *(Montag geschl.)* à la carte 52/78 – **11 Z** 95/200.

🏠 **Adler,** Kirchplatz 6, ✉ 78337, 𝒫 7 24, Fax 8759, 🏫, 🐾, 🌲 – 🅟. 🖭 🖸 🆅🆂🅰
Nov. 3 Wochen geschl. – **Menu** *(Donnerstag geschl.)* à la carte 33/55 ⅃ – **23 Z** 70/140.

ÖHRINGEN Baden-Württemberg 🔢🔢🔢 L 19, 🔢🔢🔢 ㉕ – 20 000 Ew – Höhe 230 m – 🕲 07941.
Sehenswert : Ehemalige Stiftskirche★ (Margarethen-Altar★).

🏌 Friedrichsruhe (N : 6 km), 𝒫 (07941) 6 28 01.
🛈 Tourist-Information, Rathaus, Marktplatz 15, ✉ 74613, 𝒫 6 81 18, Fax 68188.
♦Stuttgart 68 – Heilbronn 28 – Schwäbisch Hall 29.

✕ **Krone,** Marktstr. 24, ✉ 74613, 𝒫 72 78
Samstag und Jan. 2 Wochen geschl. – **Menu** à la carte 28/57 ⅃.

✕ **Münzstube,** Münzstr. 49, ✉ 74613, 𝒫 3 75 49 – 🅟
➡ *Juli - Aug. 3 Wochen und Dienstag geschl.* – **Menu** à la carte 24/46 ⅃.

In Öhringen-Cappel O : 2 km :

⟡ **Gästehaus Schmidt,** Haller Str. 128, ✉ 74613, 𝒫 88 80, 🌲 – 🆀 ☎ ⇐🛋 🅟
Juli - Aug. 2 Wochen geschl. – (nur Abendessen für Hausgäste) – **10 Z** 60/98.

In Friedrichsruhe N : 6 km :

🏰 ✿✿ **Wald- und Schloßhotel Friedrichsruhe** ⤸, ✉ 74639 Zweiflingen, 𝒫 (07941)
6 08 70, Telex 74498, Fax 61468, 🏫, « Garten, Park », ⇐🛋, ⅃, 🔲, ⤱, 🏌 – |🛗| ⇐🛋 🅟
– 🅰 60. 🖭 ⓪ 🖸 🆅🆂🅰
Menu (bemerkenswerte Weinkarte) 135/200 und à la carte 82/130 – *Jägerstube :* **Menu**
à la carte 50/74 – **51 Z** 165/395, 12 Suiten
Spez. Lauwarmer Salat vom Stubenküken mit Erbsenschoten und Gänseelebergrieben, Mit Koriander marinierter Seeteufel auf Grünkern-Risotto, Geschmortes vom Reh in Thymianglace mit Kohlrabi und Quark-Knödel.

OELDE Nordrhein-Westfalen 🔢🔢🔢 🔢🔢🔢 H 11, 🔢🔢🔢 ⑭ – 27 500 Ew – Höhe 98 m – 🕲 02522.
♦Düsseldorf 137 – Beckum 13 – Gütersloh 23 – Lippstadt 29.

🏨 **Mühlenkamp,** Geiststr. 36, ✉ 59302, 𝒫 21 71, Fax 2171 – |🛗| 🆀 ☎ ⇐🛋 🅟. 🖭 ⓪ 🖸 🆅🆂🅰
23. Dez.- 3. Jan. geschl. – **Menu** *(Samstag und Juli - Aug. 3 Wochen geschl.)* à la carte
39/66 – **30 Z** 104/138.

🏨 **Engbert,** Lange Str. 24, ✉ 59302, 𝒫 10 94, Fax 3378 – |🛗| 🆀 ☎ ⇐🛋 🅟
(nur Abendessen für Hausgäste) – **35 Z.**

✕✕ **Altes Gasthaus Kreft,** Eickhoff 25, ✉ 59302, 𝒫 44 22, Fax 81634, « Restaurierte Scheune
a.d.J. 1740 » – 🖭 🖸 🆅🆂🅰
Sonntag geschl. – **Menu** (nur Abendessen) à la carte 44/70.

In Oelde-Lette N : 6,5 km :

🏠 **Westermann,** Clarholzer Str. 26, ✉ 59302, 𝒫 (05245) 53 09, Fax 5402 – 🆀 ☎ 🅟 – 🅰 50.
🖭 🖸 🆅🆂🅰. ⤱
Menu *(1.- 15. Jan. geschl.)* (nur Abendessen) à la carte 27/55 – **29 Z** 75/130.

🏠 **Hartmann,** Hauptstr. 40, ✉ 59302, 𝒫 (05245) 51 65, Fax 7857 – 🆀 ☎ ⇐🛋 🅟 – 🅰 250.
⤱ Rest
(wochentags nur Abendessen) – **49 Z.**

In Oelde-Stromberg SO : 5 km – Erholungsort :

🏠 **Zur Post,** Münsterstr. 16, ✉ 59302, 𝒫 (02529) 2 46, Fax 7162, 🚗 – 🚐 🅿 **E** 🛥
➔ *1.- 15. Aug. geschl.* – **Menu** *(Montag geschl.)* (wochentags nur Abendessen) à la carte 23/45 – **16 Z** 45/100.

OELIXDORF. Schleswig-Holstein siehe Itzehoe.

OELSNITZ (VOGTLAND) Sachsen 🔢 I 14, 🔢 ㉗, 🔢 ㉗ – 12 400 Ew – Höhe 409 m – ✪ 037421.
♦Dresden 154 – Plauen 11 – Hof 24.

🏠 **Garni Höhle,** Dr.-Friedrich-Str. 23, ✉ 08606, 𝒫 2 22 48, Fax 27664 – 🛗 📺 ☎ 🅿 **E** **21 Z** 80/150.

OER-ERKENSCHWICK Nordrhein-Westfalen 🔢 🔢 E 12 – 28 000 Ew – Höhe 85 m – ✪ 02368.
♦Düsseldorf 76 – Dortmund 29 – Münster (Westfalen) 64 – Recklinghausen 5.

🏠 **Stimbergpark** 📎, Am Stimbergpark 78, ✉ 45739, 𝒫 10 67, Fax 58206, ≤, 🌳 – 📺 ☎ 🕭 🅿 – 🏋 70. 🖭 ⓪ **E** 𝓥𝓘𝓢𝓐
   Menu à la carte 32/59 – **103 Z** 98/160.

🏠 Giebelhof, Friedrichstr. 5, ✉ 45739, 𝒫 98 40, Fax 984999, 🍴 – 🛗 ⛄ Zim 📺 ☎ 🅿 – 🏋 40 **32 Z**.

OERLINGHAUSEN Nordrhein-Westfalen 🔢 🔢 I 11 – 16 200 Ew – Höhe 250 m – ✪ 05202.
♦Düsseldorf 182 – Bielefeld 13 – Detmold 19 – Paderborn 32.

🏠 **Am Tönsberg** 📎, Piperweg 17, ✉ 33813, 𝒫 65 01, Fax 4235, 🍴 – 📺 ☎ 🅿
   (nur Abendessen für Hausgäste) – **14 Z**.

🍴🍴 **Altes Gasthaus Nagel** mit Zim (Fachwerkhaus a.d.J. 1721), Hauptstr. 43, ✉ 33813, 𝒫 56 55, Fax 15105 – 📺 ☎. 🖭 ⓪ **E** 𝓥𝓘𝓢𝓐
   Menu *(Donnerstag und Juni - Juli 3 Wochen geschl.)* (nur Abendessen) à la carte 28/59 – **7 Z** 69/115.

OESTRICH-WINKEL Hessen 🔢 GH 16 – 12 200 Ew – Höhe 90 m – ✪ 06723.
🛈 Verkehrsamt, Rheinallee 5 (Oestrich), ✉ 65375, 𝒫 80 98 17.
♦Wiesbaden 21 – ♦Koblenz 74 – Mainz 24.

Im Stadtteil Oestrich :

🏠 **Schwan,** Rheinallee 5, ✉ 65375, 𝒫 80 90, Fax 7820, ≤, « Gartenterrasse » – 📺 ☎ 🅿 – 🏋 60. 🖭 ⓪ **E** 𝓥𝓘𝓢𝓐
   Menu *(Ende Nov.- Mitte Feb. geschl.)* à la carte 50/78 – **45 Z** 136/310.

Im Stadtteil Winkel :

🏠 **Nägler am Rhein,** Hauptstr. 1, ✉ 65375, 𝒫 50 51, Fax 5054, ≤ Rhein und Ingelheim, 🌳, 🍴 – 🛗 📺 ☎ 🕭 🅿 – 🏋 100. 🖭 ⓪ **E** 𝓥𝓘𝓢𝓐
   Menu à la carte 49/78 – **45 Z** 135/260.

🏠 **Gästehaus Weingut Carl Strieth** garni, Hauptstr. 128, ✉ 65375, 𝒫 74 29, Fax 7086, 🚗 – ☎ 🅿. 🖭 **E** 𝓥𝓘𝓢𝓐
   18 Z 80/140.

🍴🍴🍴 ✿ **Graues Haus,** Graugasse 10 (an der B 42), ✉ 65375, 𝒫 26 19, Fax 1848, 🌳, « Modernes Restaurant in einem historischen Steinhaus » – 🅿. 🖭 ⓪ **E** 𝓥𝓘𝓢𝓐. 🛥
   Dienstag, Nov.- April auch Montag und 1.- 27. Feb. geschl. – **Menu** (wochentags nur Abendessen, Tischbestellung ratsam) à la carte 80/119
   Spez. Gebratene Gänsestopfleber mit Honigschalotten, Gratiniertes Rotbarbenfilet mit Erbspüree, Geschmortes Lamm mit Auberginengratin.

🍴 **Gutsrestaurant Schloß Vollrads,** (N : 2 km), ✉ 65375, 𝒫 52 70, Fax 1848, « Gartenterrasse » – 🅿
   Nov.- April Mittwoch und Donnerstag Ruhetag, Jan. geschl. – **Menu** à la carte 41/66.

Im Stadtteil Hallgarten :

🏠 **Zum Rebhang** 📎, Rebhangstr. 53, ✉ 65375, 𝒫 21 66, Fax 1813, ≤ Rheintal, 🌳, 🚗 – ☎ 🅿
   Menu *(Donnerstag und Anfang Jan.- Anfang Feb. geschl.)* à la carte 31/63 – **14 Z** 85/150.

ÖSTRINGEN Baden-Württemberg 🔢 🔢 J 19 – 10 500 Ew – Höhe 165 m – ✪ 07253.
♦Stuttgart 97 – Heilbronn 45 – ♦Karlsruhe 41 – ♦Mannheim 44.

🏠 **Östringer Hof,** Hauptstr. 113, ✉ 76684, 𝒫 2 10 87, Fax 2 10 80 – 📺 ☎ 🅿. 🖭 ⓪ **E** 𝓥𝓘𝓢𝓐
   Menu *(Sonn- und Feiertage geschl.)* (nur Abendessen) à la carte 37/68 – **19 Z** 95/150.

ÖTISHEIM Baden-Württemberg 🔲🔲🔲 J 20 – 4 600 Ew – Höhe 247 m – ✪ 07041.
◆Stuttgart 43 – Heilbronn 69 – Karlsruhe 51.

🏠 **Zur Krone,** Maulbronner Str. 11, ✉ 75443, ℘ 28 07, Fax 861521, 🍽 – 📺 🅿. 🎸 Zim
→ *Jan. 2 Wochen und Juli - Aug. 3 Wochen geschl. –* **Menu** *(Montag geschl.)* à la carte 24/46
⚱ – **17 Z** 65/95.

✗ **Sternenschanz,** Gottlob-Linck-Str. 1, ✉ 75443, ℘ 66 67, Fax 862155 – 🅿
Montag nur Mittagessen, Dienstag und Ende Jan.- Anfang Feb. geschl. – Menu à la carte
28/58 ⚱.

OETTINGEN Bayern 🔲🔲🔲 O 20. 🔲🔲🔲 ㉖ – 4 800 Ew – Höhe 421 m – Erholungsort – ✪ 09082.
🛈 Verkehrsamt, Schloßstr. 36, ✉ 86732, ℘ 7 09 51, Fax 70988.
München 155 – Ansbach 46 – Nördlingen 15 – ◆Nürnberg 73.

🏠 **Krone,** Schloßstr. 34, ✉ 86732, ℘ 20 97, Fax 2099, 🍽 – ☎ 🅿 – 🔏 30. **E**
Nov. 1 Woche geschl. – **Menu** *(Sonntag nur Mittagessen)* à la carte 25/56 *(auch vege-*
tarische Gerichte) ⚱ – **23 Z** 62/102.

OEVERSEE Schleswig-Holstein siehe Flensburg.

OEYNHAUSEN, BAD Nordrhein-Westfalen 🔲🔲🔲 🔲🔲🔲 J 10, 🔲🔲🔲 ⑭ ⑮ – 48 000 Ew – Höhe 71 m
– Heilbad – ✪ 05731.
🖫 Löhne-Wittel, ℘ (05228) 70 50.
🛈 Kurverwaltung, Ostkorso 12, ✉ 32545, ℘ 2 04 30.
◆Düsseldorf 211 – ◆Bremen 116 – ◆Hannover 79 – ◆Osnabrück 62.

🏠🏠 Wittekind 🦢, Am Kurpark 10, ✉ 32545, ℘ 2 10 96, Fax 3182 – 🛗 📺 ☎ 🔥. 🎸
(Restaurant nur für Hausgäste) – **22 Z**.

🏠 **Stickdorn,** Wilhelmstr. 17, ✉ 32545, ℘ 2 11 41, Fax 21142, 🍽 – 📺 ☎ 🔥 🚗 🅿. 🏧
E 📠
Menu (nur Abendessen) à la carte 35/62 – **29 Z** 95/168 – ½ P 125/165.

🏠 **Bosse** garni, Herforder Str. 40, ✉ 32545, ℘ 2 80 61, Fax 28063 – 📺 ☎. **E** 📠. 🎸
32 Z 85/180.

✗✗ **Sonntag** mit Zim, Schützenstr. 2, ✉ 32545, ℘ 2 13 40, Fax 213429, « Gartenterrasse » –
📺 ☎ 🅿. 🏧 ⓪ **E** 📠
Menu *(Montag geschl.)* à la carte 38/62 – **8 Z** 100/170.

Nahe der B 61 NO : 2,5 km :

🏠🏠 **Hahnenkamp,** Alte Reichsstr. 4, ✉ 32549 Bad Oeynhausen, ℘ (05731) 7 57 40,
Fax 757475, 🍽 – 📺 ☎ 🅿 – 🔏 100. 🏧 ⓪ **E** 📠
Menu à la carte 38/64 – **27 Z** 109/189 – ½ P 125/165.

In Bad Oeynhausen-Bergkirchen N : 9,5 km :

✗✗ **Buchenhof,** Knicksiek 9, ✉ 32549, ℘ (05734) 38 78, 🍽 – 🅿. 🏧
Montag - Dienstag geschl. – **Menu** (nur Abendessen) à la carte 68/86.

In Bad Oeynhausen-Lohe S : 2 km :

🏠 **Trollinger Hof,** Detmolder Str. 89, ✉ 32545, ℘ (05731) 90 91, Fax 980286, 🍽 – 🌤 Zim
📺 ☎ 🅿. 🏧 ⓪ **E** 📠
Menu *(Freitag geschl., Samstag nur Abendessen)* à la carte 38/60 – **20 Z** 98/165.

Siehe auch : *Löhne*

OFFENBACH Hessen 🔲🔲🔲 🔲🔲🔲 J 16, 🔲🔲🔲 ㉕ – 113 000 Ew – Höhe 100 m – ✪ 069 (Frankfurt
am Main).
Sehenswert : Deutsches Ledermuseum★★ Z **M1**.
Messehalle (Z), ℘ 81 70 91, Telex 411298.
🛈 Offenbach - Information, Stadthof 17 (Pavillon), ✉ 63065, ℘ 80 65 20 52, Fax 80653199.
ADAC, Frankfurter Str. 74, ✉ 63067, ℘ 8 01 61, Fax 8004089.
◆Wiesbaden 44 – ◆Darmstadt 28 – ◆Frankfurt am Main 6 – ◆Würzburg 116.

Stadtplan siehe gegenüberliegende Seite

🏠🏠 **Scandic Crown Hotel,** Kaiserleistr. 45, ✉ 63067, ℘ 8 06 10, Telex 416839, Fax 8004797,
Massage, 🗜, 🔲 – 🛗 🌤 Zim 📺 🔥 🚗 – 🔏 130. 🏧 ⓪ **E** 📠. 🎸 Rest   X **s**
Menu à la carte 42/68 – **250 Z** 250/375.

🏠 **Offenbacher Hof,** Ludwigstr. 33, ✉ 63067, ℘ 82 98 20, Fax 82982333, 🗜 – 🛗 🌤 📺
☎ 🅿 – 🔏 140. 🏧 ⓪ **E** 📠   Z **t**
(Restaurant nur für Hausgäste) – **65 Z** 140/320, 7 Suiten.

🏠 **Novotel,** Strahlenberger Str. 12, ✉ 63067, ℘ 82 00 40, Telex 413047, Fax 82004126,
🛏 (geheizt), 🍽 – 🛗 🌤 Zim 🟰 Rest 📺 ☎ 🅿 – 🔏 150. 🏧 ⓪ **E** 📠   X **u**
Menu à la carte 39/66 – **122 Z** 185/235.

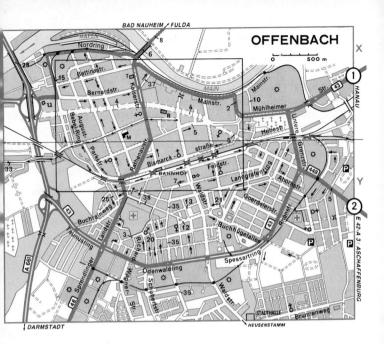

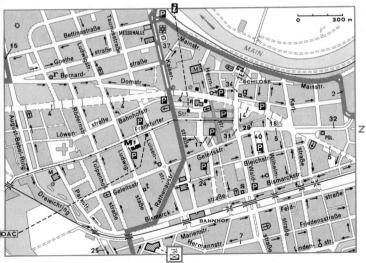

🏨 **Bismarckhof** garni, Bismarckstr. 99, ✉ 63065, ℰ 8 00 25 80, Fax 8002540 – |☆| 📺 ☎ ⇦ – 🛬 20 – **51 Z**. Z s

🏨 **Graf** garni, Ziegelstr. 4, ✉ 63065, ℰ 81 17 02, Fax 887937 – 📺 ☎ ⇦. 🆎 ⓪ 🇪 𝗩𝗜𝗦𝗔
Weihnachten - Anfang Jan. geschl. – **32 Z** 95/220. Z g

🏨 **Hansa** garni, Bernardstr. 101, ✉ 63067, ℰ 82 98 50, Fax 823218 – |☆| 📺 ☎ ᴪ Z r
28 Z 80/190.

In Offenbach-Bürgel NO : 2 km über Mainstraße X :

🏨 **Mainbogen,** Altkönigstr. 4, ✉ 63075, ℰ 8 60 80, Fax 8608686 – |☆| 📺 ☎ 🅿. 🆎 ⓪ 🇪 𝗩𝗜𝗦𝗔
⚘ Zim
Menu (nur Abendessen) à la carte 31/63 – **80 Z** 119/179.

🏨 **Lindenhof** ⚘, Mecklenburger Str. 10, ✉ 63075, ℰ 86 14 58, Fax 866196 – |☆| 📺 ☎ 🅿
– 🛬 30. 🆎 🇪 𝗩𝗜𝗦𝗔
Menu (wochentags nur Abendessen) à la carte 36/66 – **36 Z** 110/160.

XX **Zur Post** mit Zim, Offenbacher Str. 33, ✉ 63075, ℰ 86 13 37, Fax 864198, �╔ – 📺 ☎
⇦ 🅿. ⚘
Menu *(Sonntag nur Mittagessen, Samstag nur Abendessen, Montag und Juli - Aug.
2 Wochen geschl.)* à la carte 34/67 – **8 Z** 90/200.

OFFENBURG Baden-Württemberg 🔢 GH 21, 🔢 ㉞, 🔢 ㉔ – 53 000 Ew – Höhe 165 m –
⊙ 0781.

Sehenswert : Hl.-Kreuz-Kirche★.

Messegelände Oberrheinhalle, Messeplatz, ℰ 9 22 60, Fax 922677.

🇧 Städt. Verkehrsamt, Gärtnerstr. 6, ✉ 77652, ℰ 8 22 53, Fax 82582.

ADAC, Gerberstr. 2, ✉ 77652, ℰ 13 35, Fax 71275.

◆Stuttgart 148 – Baden-Baden 54 – ◆Freiburg im Breisgau 64 – Freudenstadt 58 – Strasbourg 26.

🏨 **Dorint-Hotel,** Messeplatz (bei der Oberrheinhalle), ✉ 77656, ℰ 50 50, Fax 505513, ⇦s,
⛀ – |☆| ⅍ Zim 🍴 Rest 📺 ☎ ᴪ 🅿 – 🛬 250. 🆎 ⓪ 🇪 𝗩𝗜𝗦𝗔
Menu à la carte 46/76 – **130 Z** 205/250, 4 Suiten.

🏨 **Senator-Hotel Palmengarten** ⚘ (mit Gästehaus), Okenstr. 15, ✉ 77652, ℰ 20 80,
Fax 208100, ⇦s – |☆| ⅍ Zim 📺 ☎ 🅿 – 🛬 65. 🆎 ⓪ 🇪 𝗩𝗜𝗦𝗔. ⚘ Rest
Menu (nur Abendessen) à la carte 35/62 – **79 Z** 145/225.

🏨 **Central-Hotel** garni, Poststr. 5, ✉ 77652, ℰ 7 20 04, Fax 74093 – 📺 ☎ 🅿. 🆎 ⓪ 🇪 𝗩𝗜𝗦𝗔
20 Z 110/170.

🏨 **Union** garni, Hauptstr. 19, ✉ 77652, ℰ 7 40 91, Fax 74093 – |☆| 📺 ☎ ⇦. 🇪 𝗩𝗜𝗦𝗔
35 Z 110/170.

In Offenburg - Albersbösch :

🏨 **Hubertus,** Kolpingstr. 4, ✉ 77656, ℰ 6 55 15, Fax 59490, �╔ – |☆| 📺 ☎ 🅿. 🆎 ⓪ 🇪 𝗩𝗜𝗦𝗔
Menu à la carte 37/75 – **26 Z** 95/195.

In Offenburg-Rammersweier NO : 3 km - Erholungsort :

XX **Blume** mit Zim (Fachwerkhaus a.d.18.Jh.), Weinstr. 160, ✉ 77654, ℰ 3 36 66, Fax 440603,
�╔ – ☎ 🅿. 🇪 𝗩𝗜𝗦𝗔. ⚘ Zim
Aug. 2 Wochen geschl. – **Menu** *(Montag geschl., Sonntag nur Mittagessen)* à la carte 39/73
– **6 Z** 74/105.

In Offenburg - Zell-Weierbach O : 3,5 km :

🏨 **Gasthaus Riedle-Rebenhof** ⚘, Talweg 43, ✉ 77654, ℰ 3 30 73, Fax 41154, �╔, ⇦s,
⛀, 🚗 – 📺 ☎ 🅿 – 🛬 50. 🆎 🇪 𝗩𝗜𝗦𝗔
Menu *(Montag und Juni 2 Wochen geschl.)* à la carte 27/51 ⚘ – **30 Z** 85/150.

X **Gasthaus Sonne** mit Zim, Obertal 1, ✉ 77654, ℰ 9 38 80, Fax 938899, �╔ – ⅍ Zim 📺
☎ ⇦ 🅿 – 🛬 100. ⚘ Zim
über Fastnacht 1 Woche und Juli-Aug. 2 Wochen geschl. – **Menu** *(Mittwoch geschl.)* à la
carte 26/72 ⚘ – **6 Z** 75/120.

In Ortenberg S : 4 km - Erholungsort :

🏨 **Glattfelder,** Kinzigtalstr. 20, ✉ 77799, ℰ (0781) 3 12 19, Fax 36520, �╔ – ☎ 🅿. 🆎 ⓪
🇪 𝗩𝗜𝗦𝗔
Über Fastnacht 2 Wochen geschl. – **Menu** *(Sonntag nur Mittagessen)* à la carte 35/79 –
14 Z 65/95.

OFTERDINGEN Baden-Württemberg 🔢 K 21 – 4 500 Ew – Höhe 424 m – ⊙ 07473.

◆Stuttgart 56 – Hechingen 9 – Reutlingen 20 – Tübingen 15.

XX **Krone** mit Zim (Fachwerkhaus a.d.J. 1715), Tübinger Str. 10 (B 27), ✉ 72131, ℰ 63 91,
Fax 25596, �╔ – 📺 ☎ ⇦ 🅿. 🇪
über Fasching 2 Wochen geschl. – **Menu** *(Donnerstag geschl.)* à la carte 33/70 – **11 Z**
70/160.

OFTERSHEIM Baden-Württemberg 👤👤👤 I 18 – 10 600 Ew – Höhe 102 m – 🕿 06202.
🏌 an der B 291 (SO : 2 km), 🖉 (06202) 5 37 67.
◆Stuttgart 119 – Heidelberg 11 – ◆Mannheim 18 – Speyer 17.

In Oftersheim-Hardtwaldsiedlung S : 1 km über die B 291 :

XX **Landhof,** Am Fuhrmannsweg 1, ⌧ 68723, 🖉 5 13 76, 🍴
Dienstag und Aug. geschl. – **Menu** (wochentags nur Abendessen, Tischbestellung ratsam)
à la carte 45/75.

OHMDEN Baden-Württemberg siehe Kirchheim unter Teck.

OHRDRUF Thüringen 👤👤👤 E 13, 👤👤👤 ㉓, 👤👤👤 ㉖ – 6 200 Ew – Höhe 360 m – 🕿 03624.
Erfurt 40 – Gotha 15 – Weimar 59.

🏠 **Zur Hunarth,** Crawinkler Str. 11 (SO : 2 km), ⌧ 99885, 🖉 3 72 70, Fax 372777, Biergarten
◆ – 🛏 Zim 📺 🕿 🅿. 🕮 **VISA**
Menu à la carte 22/43 – **18 Z** 65/108.

🏠 **Beutler,** Goethestr. 5, ⌧ 99885, 🖉 31 27 22, Fax 312723 – 📳 📺 🕿 ዿ
Menu *(Sonntag geschl.)* à la carte 26/43 – **10 Z** 100/140.

OLCHING Bayern 👤👤👤 QR 22, 👤👤👤 F 4 – 20 400 Ew – Höhe 503 m – 🕿 08142.
🏌 Feursstr. 89, 🖉 32 40.
◆München 27 – ◆Augsburg 51 – Dachau 13.

🏠 **Schiller,** Nöscherstr. 20, ⌧ 82140, 🖉 28 40(Hotel), 4 98 47(Rest.), Fax 28499, 🍴, 🚬, 🔲
 – 📳 🛏 Zim 📺 🕿 🚗 🅿 – 🔬 25/60. 🕮 ⓪ **E VISA**
23. Dez.- 1. Jan. geschl. – **Menu** *(Sonntag nur Mittagessen, Montag nur Abendessen)*
à la carte 38/63 – **60 Z** 85/150.

🏠 **Am Krone-Center** garni, Kemeter Str. 55 (Neu-Esting), ⌧ 82140, 🖉 29 20, Fax 18706 –
📺 🕿 🅿 – 🔬 20. 🕮 ⓪ **E VISA**
37 Z 79/135.

🏠 **Am Mühlbach,** H.-Nicolaus-Str. 19, ⌧ 82140, 🖉 28 20 (Hotel) 4 56 16 (Rest.), Fax 28260,
🍴, 🚬 – 📳 📺 🕿 🚗 🅿. 🕮 ⓪ **E VISA**. 🦺 Zim
Menu à la carte 27/56 – **43 Z** 100/160.

OLDENBURG Niedersachsen 👤👤👤 H 7, 👤👤👤 ⑭ – 147 000 Ew – Höhe 7 m – 🕿 0441.
Sehenswert : Schloßgarten★ Y – Stadtmuseum★ X **M1.**
🚩 Verkehrsverein, Wallstr. 14, ⌧ 26122, 🖉 1 57 44, Fax 2489202.
ADAC, Julius-Mosen-Platz 2, ⌧ 26122, 🖉 1 45 45, Fax 25691.
◆Hannover 171 ② – ◆Bremen 49 ② – Bremerhaven 58 ① – Groningen 132 ④ – ◆Osnabrück 105 ③.

Stadtplan siehe nächste Seite

🏠 **City-Club-Hotel,** Europaplatz 4, ⌧ 26123, 🖉 80 80, Fax 808100, 🍴, 🚬, 🔲 – 📳 🛏 Zim
📺 🕿 ዿ 🅿 – 🔬 50. 🦺   X **c**
88 Z.

🏠 **Heide,** Melkbrink 49, ⌧ 26121, 🖉 80 40, Telex 25604, Fax 884060, 🍴, 🚬, 🔲 – 📳 🛏 Zim
📺 🕿 🚗 🅿 – 🔬 120. 🦺 Rest   X **b**
93 Z, 3 Suiten.

🏠 **Antares Hotel** garni, Staugraben 8, ⌧ 26122, 🖉 9 22 50, Fax 9225100, 🚬 – 📳 🛏 Zim
📺 🕿 ዿ 🅿. 🦺   Z **r**
51 Z, 6 Suiten.

🏠 **Alexander,** Alexanderstr. 107, ⌧ 26121, 🖉 9 80 20, Fax 82000, 🍴, 🚬 – 📳 🛏 Zim 📺
🕿 🚗 🅿 – 🔬 40. 🕮 ⓪ **E VISA**   X **a**
Menu *(Sonntag geschl.)* à la carte 33/62 – **50 Z** 115/170.

🏠 **Wieting,** Damm 29, ⌧ 26135, 🖉 2 72 14, Fax 26149 – 📳 📺 🕿 🅿. 🕮 ⓪ **E**
◆ **VISA**   Y **z**
Menu *(Freitag - Sonntag geschl.)* (nur Abendessen) à la carte 32/39 – **69 Z** 110/210.

🏠 **Posthalter,** Mottenstr. 13, ⌧ 26122, 🖉 2 51 94, Fax 2489287 – 📳 📺 🕿. 🕮 ⓪ **E**
VISA   Z **u**
Menu *(Sonntag geschl.)* à la carte 29/57 – **40 Z** 89/180.

🏠 **Park-Hotel,** Cloppenburger Str. 418, ⌧ 26133, 🖉 4 80 40, Fax 44811 – 📺 🕿 🚗 🅿 –
🔬 15. ⓪ **E VISA**   über ③
Menu à la carte 33/49 – **28 Z** 89/148.

X **Le Journal** (Bistro), Wallstr. 13, ⌧ 26122, 🖉 1 31 28, Fax 885654 – 🕮 ⓪ **E VISA**. 🦺
Sonntag geschl. – **Menu** (abends Tischbestellung erforderlich) à la carte 50/81.   Z **a**

X **Seewolf,** Alexanderstr. 41, ⌧ 26121, 🖉 8 65 60   X **d**
Montag geschl. – **Menu** (wochentags nur Abendessen, überwiegend Fischgerichte) à la
carte 43/68.

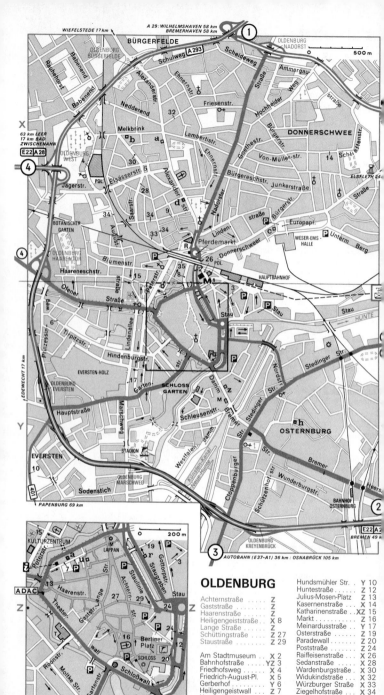

OLDENBURG

706

✗ **Harmonie** mit Zim, Dragonerstr. 59, ✉ 26135, ℘ 2 77 04, Fax 27706 – **℗** – 🏬 350. **◍**
VISA   Y **h**
Menu à la carte 29/44 – **9 Z** 42/76.

✗ Elsäßer Restaurant, Edewechter Landstr. 90, ✉ 26131, ℘ 50 24 17 –
(wochentags nur Abendessen) *(auch vegetarisches Menu).*   über Hauptstraße   Y

An der Straße nach Rastede N : 6 km über Nadorster Straße X :

✗✗ **Der Patentkrug,** Wilhelmshavener Heerstr. 359, ✉ 26125 Oldenburg, ℘ (0441) 3 94 71,
Fax 391038, � – **℗** – 🏬 100. **◍ ◉ E** *VISA*. ✷
Montag geschl. – **Menu** à la carte 37/63.

Siehe auch : *Rastede*

OLDENBURG IN HOLSTEIN Schleswig-Holstein **❹❶❶** P 4, **❾❽❼** ⑥ – 9 800 Ew – Höhe 4 m –
➌ 04361.
Kiel 55 – ♦Lübeck 55 – Neustadt in Holstein 21.

🏠 **Zur Eule** garni, Hopfenmarkt 1, ✉ 23758, ℘ 24 85, Fax 2008 – **☎ ℗**. **◍ ◉ E**
VISA
20. Dez.- 10. Jan. geschl. – **24 Z** 95/150.

OLDESLOE, BAD Schleswig-Holstein **❹❶❶** O 5, **❾❽❼** ⑤ – 22 000 Ew – Höhe 10 m – ➌ 04531.
ᴀDAC, Sehmsdorfer Str. 56 (beim Verkehrsübungsplatz), ✉ 23843, ℘ 8 16 66, Fax 84861.
Kiel 66 – ♦Hamburg 48 – ♦Lübeck 28 – Neumünster 45.

🏨 **Intermar,** Sandkamp 12, ✉ 23843, ℘ 50 60, Fax 506100, 🍴 – 🖇 ⇆ Zim 📺 ☎ ♿ **℗**
– 🏬 60. **◍ ◉ E** *VISA*
Menu à la carte 49/84 – **142 Z** 150/200.

🏠 **Wigger's Gasthof,** Bahnhofstr. 33, ✉ 23843, ℘ 8 79 50, Fax 87918 – 📺 ☎ **℗**. **◍ ◉**
E *VISA*
Okt. 2 Wochen geschl. – **Menu** à la carte 31/64 *(auch vegetarische Gerichte)* – **26 Z** 85/115.

OLFEN Nordrhein-Westfalen **❹❶❷ ❹❶❷** F 11 – 9 700 Ew – Höhe 40 m – ➌ 02595.
♦Düsseldorf 88 – Münster (Westfalen) 37 – Recklinghausen 19.

In Olfen-Kökelsum NW : 2 km :

✗✗ **Füchtelner Mühle,** Kökelsum 66, ✉ 59399, ℘ 4 30, Fax 430, 🌳 – **℗**. ✷
Montag - Dienstag und Ende Jan.- Anfang März geschl. – **Menu** *(Mittwoch - Freitag nur
Abendessen)* à la carte 49/75.

OLPE / BIGGESEE Nordrhein-Westfalen **❹❶❷** G 13 – 25 000 Ew – Höhe 350 m – ➌ 02761.
🅘 Tourist-Information, Rathaus, Franziskanerstr. 6, ✉ 57462, ℘ 8 32 29, Fax 83330.
♦Düsseldorf 114 – Hagen 62 – ♦Köln 75 – Meschede 63 – Siegen 34.

🏨 **Koch's Hotel - Restaurant Altes Olpe,** Bruchstr. 16, ✉ 57462, ℘ 51 71, Fax 40460 –
📺 ☎ ⇆ **℗** – 🏬 80. **◍ ◉ E** *VISA*. ✷ Rest
Menu *(Sonntag und Juli-Aug. 3 Wochen geschl.)* à la carte 44/72 – **26 Z** 98/228.

🏠 **Zum Schwanen,** Westfälische Str. 26, ✉ 57462, ℘ 20 11, Fax 2013 – 📺 ☎ **℗**. **◍ ◉**
E *VISA*. ✷ Zim
Menu *(Sonntag geschl.)* à la carte 30/60 – **24 Z** 85/180.

✗✗ **Biggeschlößchen** mit Zim (Jugendstilvilla a.d.J. 1905), In der Wüste 72, ✉ 57462,
℘ 6 20 62, Fax 62061, 🌳 – 📺 ☎ **℗**. **◍ ◉ E** *VISA*. ✷ Zim
Jan. 2 Wochen geschl. – **Menu** *(Montag geschl.)* à la carte 47/83 – **10 Z** 95/195.

In Olpe-Oberveischede NO : 10 km :

🏨 **Haus Sangermann,** Oberveischeder Str. 13 (nahe der B 55), ✉ 57462, ℘ (02722) 81 65,
Fax 89100 – **☎** ⇆ **℗** – 🏬 50. **E**
Menu à la carte 28/67 – **16 Z** 79/145.

Erkunden Sie die Gebiete am Rhein
mit den neuen **Grünen Reiseführern** :

– **OBERRHEIN**
  Elsaß, Südpfalz, Schwarzwald, Basel und Umgebung

– **PAYS RHÉNANS** « Rhin Supérieur »
  Alsace, Palatinat du Sud, Forêt Noire, Bâle et sa région

OLSBERG Nordrhein-Westfalen 411 412 I 12, 987 ⑭ ⑮ – 15 000 Ew – Höhe 333 m – Kneip kurort – Wintersport : 480/780 m ≰3 ≰9 – ✪ 02962.

🛈 Kurverwaltung, Bigger Platz 6, ⊠ 59939, ℘ 80 22 00.

◆Düsseldorf 167 – ◆Kassel 99 – Marburg 81 – Paderborn 58.

🏨 **Parkhotel**, Stehestr. 23, ⊠ 59939, ℘ 80 40, Fax 5889, 佘, direkter Zugang zum Kurm telhaus, ≤s, ◻ – 🛗 🔟 ☎ 🅿 – 🔬 120. 🖭 ⓪ 🗲 𝚅𝙸𝚂𝘼
Menu à la carte 35/72 – **114 Z** 120/200.

In Olsberg-Bigge W : 2 km :

XX **Schettel** mit Zim, Hauptstr. 52, ⊠ 59939, ℘ 18 32, Fax 6721, 佘 – 🔟 ☎ 🅿. 🖭 🗲
Juni - Juli 3 Wochen geschl. – **Menu** *(Dienstag geschl., Samstag nur Abendessen)* à la car 34/63 **11 Z** 65/150.

In Olsberg-Elleringhausen SO : 5,5 km :

🏨 **Haus Keuthen,** Elleringhauser Str. 57, ⊠ 59939, ℘ 24 51, Fax 84283, ≤s – 🔟 ☎ ⇐ 🅿. ⅍ Rest
Menu *(Montag geschl.)* à la carte 36/75 – **21 Z** 65/150 – ½ P 75/95.

In Olsberg-Gevelinghausen W : 4 km :

🏨 **Stratmann**, Kreisstr. 2, ⊠ 59939, ℘ (02904) 22 79, Fax 2279, 佘, ≤s – 🅿. 🗲
◆ *Nov. geschl.* – **Menu** *(Dienstag geschl, Mittwoch nur Abendessen)* à la carte 23/51 – **16** 48/92.

OLZHEIM Rheinland-Pfalz 412 C 16 – 380 Ew – Höhe 550 m – ✪ 06552.
Mainz 204 – ◆Bonn 89 – ◆Trier 67.

🏨 **Haus Feldmaus** ⤳, Knaufspescher Str. 14, ⊠ 54597, ℘ 78 14, Fax 7125, « Individuell Einrichtung, Galerie », ≤s, ☞ – ☎
Menu *(Sonntag nur Mittagessen)* (Tischbestellung erforderlich) à la carte 32/50 *(vegeta rische Gerichte)* – **9 Z** 94/210.

OPPENAU Baden-Württemberg 413 H 21, 987 ㉞, 242 ㉔ – 5 400 Ew – Höhe 270 m – Luftkuro – ✪ 07804. – 🛈 Städt. Verkehrsamt, Allmendplatz 3, ⊠ 77728, ℘ 48 37, Fax 2428.

◆Stuttgart 150 – Freudenstadt 32 – Offenburg 26 – Strasbourg 40.

🏨 Linde (Gasthof a.d. 17. Jh.), Straßburger Str. 72 (B 28), ⊠ 77728, ℘ 14 15 – 🔟 ☎ 🅿
8 Z

⌂ **Rebstock,** Straßburger Str. 13 (B 28), ⊠ 77728, ℘ 7 28, ☞ – ☎ 🅿. ⅍ Zim
Nov. geschl. – **Menu** *(Dienstag geschl.)* à la carte 25/58 ⌾ – **14 Z** 55/120.

⌂ Krone, Hauptstr. 32, ⊠ 77728, ℘ 20 23, Fax 3627 – ⇐ 🅿 – **20 Z**.

X Badischer Hof, Hauptstr. 61, ⊠ 77728, ℘ 6 81, Fax 1685
(Tischbestellung ratsam).

In Oppenau-Kalikutt W : 5 km über Ramsbach – Höhe 600 m :

🏨 **Höhenhotel Kalikutt** ⤳, ⊠ 77728, ℘ 4 50, Fax 45222, ≤ Schwarzwald, 佘, ≤s, ☞ 🛗 🔟 ☎ ⇐ 🅿 – 🔬 25. ⅍ Rest
Dez. 1 Woche geschl. – **Menu** à la carte 29/63 – **31 Z** 60/170 – ½ P 80/98.

In Oppenau-Lierbach NO : 3,5 km :

🏨 **Blume** ⤳, Rotenbachstr. 1, ⊠ 77728, ℘ 30 04, Fax 3017, ≤s, ☞ – 🔟 ☎ ⇐ 🅿. 🖭 ⓪ 🗲 𝚅𝙸𝚂𝘼
Mitte Feb.- Mitte März geschl. – **Menu** *(Donnerstag geschl.)* à la carte 25/70 ⌾ – **10** 60/150 – ½ P 84/95.

In Oppenau-Löcherberg S : 5 km :

🏨 **Erdrichshof**, Schwarzwaldstr. 57 (B 28), ⊠ 77728, ℘ 9 79 80, Fax 979898, 佘, « Typische Schwarzwaldgasthof », ≤s, ◻, ☞ – 🔟 ☎ ⇐ 🅿. 🖭 ⓪ 🗲 𝚅𝙸𝚂𝘼. ⅍
Menu à la carte 35/70 ⌾ – **13 Z** 75/170 – ½ P 98/110.

OPPENHEIM Rheinland-Pfalz 412 413 I 17, 987 ㉔ ㉕ – 7 000 Ew – Höhe 100 m – ✪ 06133
Sehenswert : Katharinenkirche★.

🛈 Verkehrsamt, Rathaus, Marktplatz, ⊠ 55276, ℘ 24 44, Fax 2450.
Mainz 23 – ◆Darmstadt 23 – Bad Kreuznach 41 – Worms 26.

🏨 **Rondo** garni, Sant'Ambrogio-Ring, ⊠ 55276, ℘ 7 00 01, Fax 2034 – 🛗 ⇥ Zim 🔟 ☎ 🛗 🅿 – 🔬 40. 🖭 ⓪ 🗲 𝚅𝙸𝚂𝘼
19. Dez.- 8. Jan. geschl. – **39 Z** 116/162.

🏨 **Oppenheimer Hof**, Friedrich-Ebert-Str. 84, ⊠ 55276, ℘ 20 32, Fax 4270 – 🔟 ☎ 🅿 – 🔬 45. 🖭 ⓪ 🗲 𝚅𝙸𝚂𝘼
Menu *(Sonn- und Feiertage sowie 22. Dez.- 7. Jan. geschl.)* à la carte 38/64 ⌾ – **25 Z** 98/175

🏨 **Kurpfalz** garni, Wormser Str. 2, ⊠ 55276, ℘ 9 49 40, Fax 949494 – 🔟 ☎ ⇐ 🖭 ⓪ 🗲 𝚅𝙸𝚂𝘼
18. Dez.- 20. Jan. geschl. – **17 Z** 85/205.

ORANIENBURG Brandenburg 414 L 7, 987 ⑰ – 29 000 Ew – Höhe 36 m – ✪ 03301.
Potsdam 57 – ◆Berlin 37 – Frankfurt a. d. Oder 112.

🏨 **Oranienburger Hof,** Bernauer Str. 48, ⊠ 16515, ℰ 80 20 72(Hotel), 80 20 75(Rest.), Fax 802076, 🏤 – 📺 ☎ 🅿
Menu (italienische Küche) à la carte 27/65 – **40 Z** 110/180.

ORB, BAD Hessen 412 413 L 16, 987 ㉕ – 8 300 Ew – Höhe 170 m – Heilbad – ✪ 06052.
Verkehrsverein, Untertorplatz, ⊠ 63619, ℰ 10 16, Fax 3155.
Wiesbaden 99 – ◆Frankfurt am Main 55 – Fulda 57 – ◆Würzburg 80.

🏨 **Steigenberger Kurhaus-Hotel** ⟫, Horststr. 1, ⊠ 63619, ℰ 8 80, Telex 4184013, Fax 88135, 🏤, direkter Zugang zum Leopold-Koch-Bad – |≑| ↦ Zim 📺 ⟺ 🅿 – 🛆 200.
🅰🅴 ⓞ 🅴 🆅🅸🆂🅰 🅹🅲🅱. ⁉ Rest
Menu à la carte 33/64 – **103 Z** 130/304, 8 Suiten.

🏨 **Orbtal** ⟫, Haberstalstr. 1, ⊠ 63619, ℰ 8 10, Fax 81444, « Park », Massage, 🅇 , 🎬 – |≑|
📺 ☎ 🅿 – 🛆 30. ⓞ 🆅🅸🆂🅰. ⁉ Rest
(Restaurant nur für Hausgäste) – **40 Z** 85/206.

🏨 **Madstein** ⟫, Am Orbgrund 1, ⊠ 63619, ℰ 20 28, Fax 6213, 🏤, direkter Zugang ⚕ und
🅇 des Hotel Elisabethpark – |≑| 📺 ☎ ⟺ 🅿 – 🛆 30. 🅰🅴 🅴. ⁉ Rest
Menu (Mittwoch nur Mittagessen) à la carte 39/64 – **37 Z** 110/250 – ½ P 120/150.

🏨 **Elisabethpark** ⟫ garni, Rotahornallee 5, ⊠ 33619, ℰ 30 51, Fax 6213, Massage, ⚕, ♨,
⇌s, 🅇 – |≑| 📺 ☎ 🅿. 🅴 🆅🅸🆂🅰
25 Z 95/190.

🏨 **Rheinland,** Lindenallee 36, ⊠ 63619, ℰ 8 50/9 14 90, Fax 8588/914988, Massage, ⇌s –
|≑| 📺 ☎ 🅿 – 🛆 25. 🅰🅴 🅴 🆅🅸🆂🅰. ⁉ Rest
Mitte Jan.- Mitte Feb. geschl. – (Restaurant nur für Hausgäste) – **38 Z** 80/170 – ½ P 95/105.

🏨 **Fernblick** ⟫, Sälzerstr. 51, ⊠ 63619, ℰ 10 81, Fax 1082, ≤, Massage, ⇌s – ☎ ⟺ 🅿
– 🛆 25. 🅴 🆅🅸🆂🅰. ⁉ Rest
8. Jan.- 12. Feb. geschl. – (Restaurant nur für Hausgäste) – **25 Z** 60/130 – ½ P 80/110.

ORNBAU Bayern 413 OP 19 – 1 500 Ew – Höhe 418 m – ✪ 09826.
München 160 – Ansbach 17 – Dinkelsbühl 34 – Gunzenhausen 11 – ◆Nürnberg 54.

🏨 Zum Hirschen, Altstadt 13, ⊠ 91737, ℰ 3 56, Fax 222 – ☎ 🅿
12 Z.

ORSINGEN-NENZINGEN Baden-Württemberg 413 J 23, 216 ⑨ – 2 400 Ew – Höhe 450 m –
✪ 07771 (Stockach).
Stuttgart 155 – ◆Freiburg im Breisgau 107 – ◆Konstanz 40 – ◆Ulm (Donau) 117.

🏨 Landgasthof Ritter, Stockacher Str. 69 (B 31, Nenzingen), ⊠ 78359, ℰ 21 14, Fax 5769 –
|≑| ☎ 🅿 – 🛆 40
21 Z.

ORTENBERG Baden-Württemberg siehe Offenburg.

ORTENBURG Bayern 413 W 21, 426 L 3 – 7 000 Ew – Höhe 350 m – Erholungsort – ✪ 08542.
Verkehrsamt, Marktplatz 11, ⊠ 94496, ℰ 73 21.
München 166 – Passau 24 – ◆Regensburg 127 – Salzburg 129.

In Ortenburg-Vorderhainberg O : 2 km :

🏨 **Zum Koch** ⟫, ⊠ 94496, ℰ 16 70, Fax 167440, 🏤, ⇌s, 🅇 , 🎬 – |≑| ☎ ⟺ 🅿 – 🛆 50.
🅰🅴
18. Dez.- 19. Jan. geschl. – **Menu** à la carte 25/44 ⅃ – **105 Z** 39/68 – ½ P 53.

OSANN-MONZEL Rheinland-Pfalz 412 D 17 – 1 500 Ew – Höhe 140 m – ✪ 06535.
Mainz 124 – Bernkastel-Kues 11 – ◆Trier 32 – Wittlich 12.

🏨 **Rosenberg** (mit Gästehaus), Steinrausch 3 (Osann), ⊠ 54518, ℰ 8 41, Fax 844, ⇌s, 🅇
⟼ – ☎ 🅿
14.- 28. März geschl. – **Menu** (Nov.- April Sonntag nur Mittagessen) à la carte 23/66 ⅃
– **35 Z** 70/180.

OSCHERSLEBEN Sachsen-Anhalt 414 F 9, 984 ⑲ – 17 200 Ew – Höhe 85 m – ✪ 03949.
Magdeburg 35 – Bernburg 48 – Halberstadt 22 – Wolfenbüttel 57.

In Oschersleben-Jakobsberg NW : 4 km :

🏨 Jakobsberger Hof, Jakobsberg 6, ⊠ 39387, ℰ 22 44, Fax 96533 – 📺 ☎ ♿ 🅿 – 🛆 30
29 Z.

OSNABRÜCK Niedersachsen 411 412 H 10, 987 ⑭ – 160 000 Ew – Höhe 65 m – ❁ 054

Sehenswert : Rathaus (Friedenssaal★) Y **R** – Marienkirche (Passionsaltar★) Y **B**.

☞ Lotte (W : 11 km über ⑤), ℰ (05404) 52 96.

✈ bei Greven, SW : 34 km über ⑤, die A 30 und A 1, ℰ (02571) 50 30.

🛈 Städt. Verkehrsamt, Markt 22, ✉ 49074, ℰ 3 23 22 02, Fax 3234213.

ADAC, Dielinger Str. 40, ✉ 49074, ℰ 2 24 88, Fax 22222.

◆Hannover 141 ② – Bielefeld 55 ③ – ◆Bremen 121 ⑥ – Enschede 91 ⑤ – Münster (Westfalen) 57 ⑤.

Stadtplan siehe gegenüberliegende Seite

🏨 **Hohenzollern,** Heinrich-Heine-Str. 17, ✉ 49074, ℰ 3 31 70, Fax 3317351, ➱s, 🔲 – 🛗
❶ – 🛏 350. 🖭 ⓪ ㅌ 🆅🆂🅰
Menu à la carte 45/84 – **98 Z** 145/260.

🏨 **Parkhotel** ⑤, Edinghausen 1 (am Hegerholz), ✉ 49076, ℰ 9 41 40, Fax 9414200, ☞, ➱
🔲, 🏊 – 🛗 🔲 🕾 🚗 ❶ – 🛏 100. 🖭 ⓪ ㅌ 🆅🆂🅰
Menu à la carte 36/76 – **90 Z** 85/180.

🏨 **Residenz** garni, Johannisstr. 138, ✉ 49074, ℰ 58 63 58, Fax 571847, « Elegante, beha
liche Einrichtung » – 🛗 🔲 🕾 🚗 ❶. 🖭 ㅌ 🆅🆂🅰
22 Z 100/180.

🏨 **Walhalla** (Renoviertes Fachwerkhaus a.d. 17. Jh.), Bierstr. 24, ✉ 49074, ℰ 3 49 1
Fax 3491144, ➱s – 🛗 🔲 🕾 🚗 🖭 ⓪ ㅌ 🆅🆂🅰
Menu à la carte 32/64 – **66 Z** 95/250.

🏨 **Nikolai** garni, Kamp 1, ✉ 49074, ℰ 33 13 00, Fax 3313088 – 🛗 🔲 🕾 🕭. 🖭 ⓪ ㅌ 🆅🆅
31 Z 115/192.

🏨 **Kulmbacher Hof,** Schloßwall 67, ✉ 49074, ℰ 2 78 44, Fax 27848 – 🛗 🔲 🕾 ❶ – 🛏 🅱
🖭 ⓪ ㅌ 🆅🆂🅰
Menu *(Sonntag geschl.)* (nur Abendessen) à la carte 27/64 – **39 Z** 130/180.

🏨 **Ibis,** Blumenhaller Weg 152, ✉ 49078, ℰ 4 04 90, Fax 41945 – 🛗 ⇆ Zim 🔲 🕾 🕭
– 🛏 150. 🖭 ⓪ ㅌ 🆅🆂🅰
Menu à la carte 30/53 – **96 Z** 119/133.

🏨 **Klute,** Lotter Str. 30, ✉ 49078, ℰ 4 50 01, Fax 45302 – 🔲 🕾 🚗 ❶. 🖭 ⓪ ㅌ 🆅🆂🅰. 🍽 Z
Menu *(Sonntag und Juli-Aug. 2 Wochen geschl.)* à la carte 33/56 – **20 Z** 92/160. Y

🏨 **Welp,** Natruper Str. 227, ✉ 49090, ℰ 12 33 07, Fax 128937, ☞ – 🛗 🔲 🕾 🚗 ❶.
⓪ ㅌ 🆅🆂🅰
Menu *(Samstag geschl.)* à la carte 32/55 – **21 Z** 80/150.

🏨 **Intourhotel** ⑤, garni, Maschstr. 10, ✉ 49078, ℰ 4 66 43, Fax 434239 – 🕾 🚗. 🖭 🅲
ㅌ 🆅🆂🅰
29 Z 49/125.

🏨 **Dom-Hotel,** Kleine Domsfreiheit 5, ✉ 49074, ℰ 2 15 54, Fax 201739 – 🔲 🕾 ❶. 🖭 🅲
◆ ㅌ 🆅🆂🅰
Menu *(Samstag - Sonntag geschl.)* (nur Abendessen) à la carte 24/45 – **22 Z** 75/140.

🍴🍴 ❁ **La Vie,** Rheiner Landstr. 163, ✉ 49078, ℰ 43 02 20, Fax 432615 – 🖭 ⓪ ㅌ 🆅🆂🅰 X
Dienstag, April 2 Wochen und Juli - Aug. 3 Wochen geschl. – **Menu** 75/145 und à la car
Spez. Gratin von Hummer und Langustinen, Roulade vom Rehrücken mit Steinpilzen, Apfelta
mit Calvadosbutter.

In Osnabrück-Atter :

🍴🍴 **Gensch,** Zum Flugplatz 85, ✉ 49076, ℰ 12 68 81, ≼, ☞ – ❶. 🖭 ⓪ ㅌ 🆅🆂🅰. 🍽 X
*Donnerstag nur Mittagessen, Samstag nur Abendessen, Montag sowie Jan.- Feb.
Wochen und Juni - Juli 3 Wochen geschl.* – **Menu** 29/49 (mittags) und à la carte 45/7

In Osnabrück-Gretesch :

🏨 **Gretescher Hof** garni, Sandforter Str. 1, ✉ 49086, ℰ 3 74 17, Fax 385732 – 🔲 🕾 ❶. 🅱
ㅌ 🆅🆂🅰
21 Z 80/150. X

In Osnabrück-Nahne :

🏨 **Himmelreich** garni, Zum Himmelreich 11, ✉ 49082, ℰ 5 17 00, Fax 53010, 🔲 , ☞ – 🅱
🕾 🚗 ❶. 🖭 ⓪ ㅌ 🆅🆂🅰
40 Z 80/140. X

In Osnabrück-Schinkel :

🍴 **Niedersachsenhof,** Nordstraße 109, ✉ 49084, ℰ 7 75 35, Fax 75950, ☞, « Bauernha
a.d. 18. Jh. mit rustikaler Einrichtung » – ❶. 🖭 ⓪ ㅌ 🆅🆂🅰 X
Montag - Dienstag und Feb. geschl. – **Menu** à la carte 36/59.

In Osnabrück-Voxtrup :

🏨 **Haus Rahenkamp,** Meller Landstr. 106, ✉ 49086, ℰ 38 69 71, Fax 388116 – 🚗 ❶
◆ 🛏 300 X
Menu *(Freitag geschl.)* (nur Abendessen) à la carte 24/36 – **16 Z** 60/110.

OSNABRÜCK

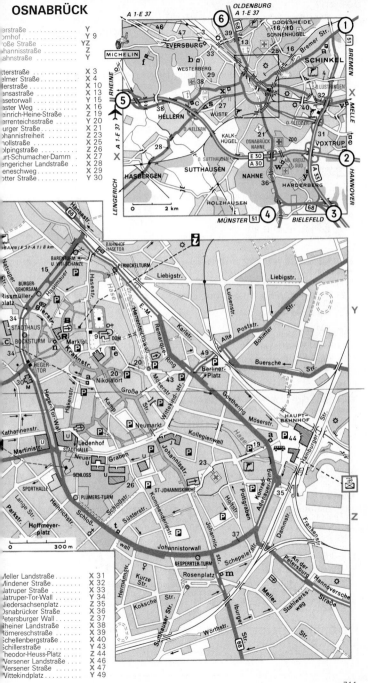

Außerhalb, Nähe Franziskus-Hospital :

🐆 **Haus Waldesruh,** ✉ 49124 Georgsmarienhütte, ℰ (0541) 5 43 23, Fax 54376, 斎 - [
➡ ☎ 🚗 🅿 - 🛄 30. 🕮 ⓪ 🄴 *VISA*
Menu *(Freitag geschl.)* à la carte 20/51 - **28 Z** 55/114.

In Wallenhorst ⑥ : 10 km :

🏨 **Bitter,** Große Str. 26, ✉ 49134, ℰ (05407) 88 10, Fax 881100 - |≢| 📺 ☎ 🚗 🅿 - 🛄 18
🕮 🄴 *VISA*
Menu à la carte 39/66 - **48 Z** 105/190.

In Belm-Vehrte ① : 12 km :

🏨 **Kortlüke,** Venner Str. 5, ✉ 49191, ℰ (05406) 20 01, Fax 3192, 斎, ⅍ - |≢| 📺 ☎ 🅿
➡ **Menu** *(Dienstag geschl.)* à la carte 22/48 - **20 Z** 85/130.

MICHELIN-REIFENWERKE KGaA. Niederlassung 49078 Osnabrück-Atterfeld, Im Felde 4 (x
ℰ (0541) 91 20 20, Fax 128728.

OSTBEVERN Nordrhein-Westfalen siehe Telgte.

OSTEN Niedersachsen 🗐🗐 K 5 - 1 900 Ew - Höhe 2 m - Erholungsort - 🕲 04771.
♦Hannover 206 - Bremerhaven 56 - Cuxhaven 47 - ♦Hamburg 85 - Stade 28.

🏨 **Fährkrug** 🦫, Deichstr. 1, ✉ 21756, ℰ 39 22, Fax 2338, ≼, 斎, Bootssteg - 📺 ☎ 🚗
🅿 - 🛄 25. 🕮 🄴 *VISA*
Menu à la carte 25/65 🍴 - **14 Z** 65/125.

OSTERBURKEN Baden-Württemberg 🗐🗐🗐 L 18, 🗐🗐🗐 ㉕ - 5 000 Ew - Höhe 247 m - 🕲 0629
(Adelsheim).
♦Stuttgart 91 - Heilbronn 49 - ♦Würzburg 68.

🏨 **Römerhof,** Wannestr.1, ✉ 74706, ℰ 99 19, Fax 41221, 斎, ⇌ - 📺 ☎ 🚗 🅿 - 🛄 2
🕮 🄴 *VISA* *JCB*
Menu *(Okt.- April nur Abendessen)* à la carte 26/52 - **15 Z** 65/130.

OSTERFELD Sachsen-Anhalt 🗐🗐🗐 H 12. 🗐🗐🗐 ㉓, 🗐🗐🗐 ⑰ - 1 700 Ew - Höhe 220 m - 🕲 03442
Magdeburg 125 - ♦Leipzig 61.

🏨 **Amadeus,** Pretzscher Str. 20, ✉ 06721, ℰ 2 12 72, Fax 21284, ⇌ - |≢| ⇔ Zim 📺 ☎ ⌀
🅿 - 🛄 60. 🕮 ⓪ 🄴 *VISA*
Menu à la carte 29/61 - **170 Z** 178/208.

OSTERHOFEN Bayern 🗐🗐🗐 W 20, 🗐🗐🗐 ㉘, 🗐🗐🗐 L 2 - 11 000 Ew - Höhe 320 m - 🕲 09932
Ausflugsziel : Klosterkirche★ in Osterhofen - Altenmarkt (SW : 1 km).
♦München 152 - Deggendorf 27 - Passau 38 - Straubing 41.

🏨 **Café Pirkl,** Altstadt 1, ✉ 94486, ℰ 12 76, Fax 4900 - 📺 🚗 🅿. 🄴 *VISA*
➡ *24. Dez.- 7. Jan. und 7.- 24. Aug. geschl.* - **Menu** *(Montag geschl.)* à la carte 23/40 🍴
18 Z 45/90 - ½ P 57.

OSTERHOLZ-SCHARMBECK Niedersachsen 🗐🗐🗐 J 7. 🗐🗐🗐 ⑭ ⑮ - 29 000 Ew - Höhe 20 m
🕲 04791.
♦Hannover 144 - ♦Bremen 28 - Bremerhaven 45.

🏨 **Zum alten Torfkahn** 🦫, Am Deich 9, ✉ 27711, ℰ 76 08, Fax 59606, 斎, « Fachwerkhau
a.d.18.Jh., Restaurant mit rustikaler Einrichtung » - 📺 ☎ 🅿. 🄴
Menu à la carte 65/85 - **11 Z** 95/170.

🏨 **Tivoli,** Beckstr. 2, ✉ 27711, ℰ 80 50, Fax 80560 - |≢| 📺 ☎ ♿ 🅿 - 🛄 120. ⓪ 🄴. ⅍ Zir
➡ *26. Dez.- 15. Jan. geschl.* - **Menu** *(Sonntag geschl.)* (nur Abendessen) a la carte 24/50
54 Z 65/120.

An der Straße nach Worpswede SO : 3 km :

💥💥 Tietjen's Hütte 🦫 mit Zim, An der Hamme 1, ✉ 27711 Osterholz-Scharmbeck
ℰ (04791) 24 15, Fax 13547, Bootssteg, « Landhaus mit gemütlich-rustikaler Einrichtung
Gartenterrasse » - 📺 ☎ 🚗 🅿. ⅍ Rest
8 Z.

Gute Küchen
haben wir durch
Menu, 🕄, 🕄🕄 oder 🕄🕄🕄 kenntlich gemacht.

◀ Verkehrs- und Reisebüro, Dörgestr. 40 (Stadthalle), ✉ 37520, ✆ 68 55, Fax 75491.
Hannover 94 – ◆Braunschweig 81 – Göttingen 48 – Goslar 30.

🏠 Harzer Hof, Bahnhofstr. 26, ✉ 37520, ✆ 7 40 74, Fax 74073, 🍴 – 📺 ☎ 🚗 🅿
(nur Abendessen) – **30 Z**.

🏠 **Tiroler Stuben,** Scheerenberger Str. 45 (B 498), ✉ 37520, ✆ 20 22, Fax 75343, 🍴 – 📺
☎ 🅿 – 🛗 60. 🖭 ⓞ 🗲 𝓥𝓘𝓢𝓐
Menu *(Mittwoch geschl.)* à la carte 28/55 – **12 Z** 70/100.

🏠 **Zum Röddenberg,** Steiler Ackerweg 6, ✉ 37520, ✆ 40 84, Fax 3501 – 📺 ☎ 🚗 🅿. 🖭
ⓞ 🗲 𝓥𝓘𝓢𝓐
Menu *(Sonntag nur Mittagessen)* (wochentags nur Abendessen) à la carte 28/50 – **28 Z**
80/125.

🏠 Grüner Jäger, Obere Neustadt 11, ✉ 37520, ✆ 33 67, Fax 3368 – 📺 ☎
(nur Abendessen) – **12 Z**.

✕ **Ratskeller,** Martin-Luther-Platz 2, ✉ 37520, ✆ 64 44, Fax 75617 🖭 ⓞ 🗲 𝓥𝓘𝓢𝓐
Dienstag geschl. – **Menu** à la carte 30/64.

In Osterode-Freiheit NO : 4 km :

✕ **Zur Alten Harzstraße,** Hengstrücken 148 (an der B 241), ✉ 37520, ✆ 29 15, Fax 76350,
🍴 – 🅿
Montag geschl. – **Menu** à la carte 25/67.

In Osterode-Lerbach NO : 5 km :

🏠 **Sauerbrey,** Friedrich-Ebert-Str. 129, ✉ 37520, ✆ 5 09 30, Fax 509350, 🍴, 🌊, 🔲, 🌳
– 🛗 📺 ☎ 🅿 – 🛗 35. 🖭 ⓞ 🗲 𝓥𝓘𝓢𝓐
Menu à la carte 40/70 *(auch vegetarische Gerichte)* – **31 Z** 98/210.

In Osterode-Riefensbeek NO : 12 km – Erholungsort :

🏠 Landhaus Meyer, Sösetalstr. 23 (B 498), ✉ 37520, ✆ 38 37, Fax 76060, 🍴, 🌳 – 🅿
10 Z.

✪ 039421.
Magdeburg 84 – Goslar 32.

Außerhalb N : 1,5 km :

✕✕ **Waldhaus** 🌲 mit Zim, Im Fallstein 1, ✉ 38835, ✆ 7 22 32, Fax 551, « Gartenterrasse »
– 📺 ☎ 🅿. 🗲
Menu à la carte 28/50 – **7 Z** 98/168.

◆Stuttgart 22 – Göppingen 39 – Reutlingen 35 – ◆Ulm (Donau) 76.

In Ostfildern-Kemnat :

🏠 **Am Brunnen** garni, Heumadener Str. 19, ✉ 73760, ✆ 16 77 70, Fax 1677799 – 🛗 📺 ☎
🚗. 🖭 ⓞ 🗲 𝓥𝓘𝓢𝓐. 🍸
22 Z 140/180.

🏠 **Kemnater Hof,** Sillenbucher Str. 1, ✉ 73760, ✆ 45 50 48, Fax 4569516, 🍴 – 🛗 📺 ☎
🅿 – 🛗 25. 🖭 🗲 𝓥𝓘𝓢𝓐
22. Dez.- 8. Jan. geschl. – **Menu** *(Sonntag nur Mittagessen, Montag nur Abendessen)*
à la carte 42/60 – **28 Z** 115/180.

In Ostfildern-Nellingen :

🏠 **Filderhotel** 🌲, In den Anlagen 1, ✉ 73760, ✆ 3 41 20 91, Fax 3412001, 🍴 – 🛗 🛏 Zim
🍽 Rest 📺 ☎ 🔥 🚗 🅿. 🖭 ⓞ 🗲 𝓥𝓘𝓢𝓐. 🍸 Zim
Menu *(Freitag - Samstag, Jan. 2 Wochen und Juli - Aug. 4 Wochen geschl.)* à la carte 35/73
– **45 Z** 110/225.

🏠 **Germania** garni (mit Gästehäusern), Esslinger Str. 3, ✉ 73760, ✆ 3 41 13 93, Fax 3430478
– 📺 ☎ 🅿. 🍸
Aug. 3 Wochen geschl. – **32 Z** 60/150.

🏠 **Adler** garni, Rinnenbachstr. 4, ✉ 73760, ✆ 3 41 14 24, Fax 3412767 – 📺 ☎ 🅿. 🖭 ⓞ 🗲
𝓥𝓘𝓢𝓐. 🍸
Juli - Aug. 3 Wochen geschl. – **25 Z** 105/150.

✕ **Stadthalle - Pavillon,** In den Anlagen 6, ✉ 73760, ✆ 3 41 20 94, Fax 3412001 – 🅿 –
🛗 90. 🖭 ⓞ 🗲 𝓥𝓘𝓢𝓐
Samstag nur Abendessen, Sonn- und Feiertage nur Mittagessen – **Menu** à la carte 28/58.

In Ostfildern-Ruit :

🏠 **Hirsch Hotel Gehrung,** Stuttgarter Str. 7, ✉ 73760, ✆ 44 20 88, Fax 4411824 – 🛗 📺 ☎
🚗 🅿 – 🛗 60. 🖭 ⓞ 🗲 𝓥𝓘𝓢𝓐. 🍸 Rest
Menu *(Sonntag geschl.)* à la carte 44/78 – **54 Z** 118/228.

In Ostfildern-Scharnhausen :

🏚 **Lamm,** Plieninger Str. 3, ⊠ 73760, ℰ (07158) 1 70 60, Fax 170644, 佘, 🚓 – 🛊 📺 ☎ (
⟱ 🄿 – 🔏 30. 🄰🄴 🄾 🄴 *VISA*
23. Dez.- 6. Jan. geschl. – **Menu** *(Samstag - Sonntag geschl.)* à la carte 38/58 – **35**
115/190.

Bayern 🔢🔢 🔢🔢 N 15, 🔢🔢🔢 ㉖ – 3 900 Ew – Höhe 306 m – Luf
kurort – 🟐 09777.

🅱 Verkehrsbüro, Kirchstr. 1, ⊠ 97645, ℰ 18 50, Fax 1643.
♦München 367 – Fulda 58.

🏚 **Landhotel Thüringer Hof** 🍃, Kleiner Burgweg 3, ⊠ 97645, ℰ 20 31, Fax 1700 – ⤬ Zir
📺 ☎ 🕭 🄿 – 🔏 30. 🄴 *VISA*
Menu à la carte 26/50 – **60 Z** 69/130 – ½ P 63/82.

🟉🟉 **Henneberg-Stuben,** Ostlandstr. 11, ⊠ 97645, ℰ 7 44, Fax 1706, 佘
Montag, Jan.- Feb. 2 Wochen und Anfang - Mitte Nov. geschl., Dienstag nur Abendesse
– **Menu** à la carte 28/61.

Baden-Württemberg 🔢🔢🔢 L 23, 🔢🔢🔢 ㉟, 🔢🔢🔢 M 2 – 5 200 Ew – Höhe 620 m
🟐 07585.

♦Stuttgart 128 – ♦Freiburg im Breisgau 144 – Ravensburg 33 – ♦Ulm (Donau) 83.

🏚 **Gasthof zum Hirsch,** Hauptstr. 27, ⊠ 88356, ℰ 6 01, Fax 3159, 🛲 – 🛊 📺 ☎ 🕭 🄿
🄰🄴 🄴 *VISA*
26. Okt.- 5. Nov. und 1.- 8. Jan. geschl. – Menu *(Freitag geschl.)* à la carte 29/64 – **16**
72/130.

Sachsen 🔢🔢🔢 N 12 – 7 000 Ew – Höhe 204 m – 🟐 035205.

♦Dresden 20 – Bautzen 47 – Hoyerswerda 45.

🏚 **Gasthof zum Goldenen Ring,** Königsbrucker Str. 38 (B 97), ⊠ 01458, ℰ 5 44 17
⟵ Fax 54417 – 📺 ☎ 🄿
Mai - Juni 2 Wochen und Sept. 1 Woche geschl. – **Menu** *(Sonntag nur Mittagessen, Diens*
tag geschl.) à la carte 17/30 – **7 Z** 90/120.

Baden-Württemberg 🔢🔢🔢 H 21 – 3 500 Ew – Höhe 311 m
– Luftkurort – 🟐 07842 (Kappelrodeck).
Ausflugsziel : Allerheiligen : Lage★ - Wasserfälle★ SO : 7 km.

🅱 Kurverwaltung, Allerheiligenstr. 2, ⊠ 77883, ℰ 8 04 40, Fax 80445.
♦Stuttgart 137 – Baden-Baden 43 – Freudenstadt 35.

🏚 **Pflug,** Allerheiligenstr. 1, ⊠ 77883, ℰ 20 58, Fax 2846, 佘, 🄳 – 🛊 📺 ☎ 🄿 – 🔏 5
10.- 24. Jan. geschl. – **Menu** à la carte 28/61 🔥 – **44 Z** 60/150 – ½ P 75/105.

🏚 **Pension Breig** garni, Zieselmatt 10, ⊠ 77883, ℰ 25 65, Fax 3974, 🚓 – 📺 ☎ 🄿. 🧹
9 Z 56/120.

Niedersachsen 🔢🔢🔢 J 5, 🔢🔢🔢 ④ ⑤ – 6 300 Ew – Höhe 5 m – Erholungsort
🟐 04751.

🅱 Tourist-Information, Rathausplatz, ⊠ 21762, ℰ 91 91 31, Fax 919103.
♦Hannover 217 – Bremerhaven 40 – Cuxhaven 17 – ♦Hamburg 113.

🏚 Eibsens's Hotel, Marktstr. 33, ⊠ 21762, ℰ 27 73, Fax 4179 – 🄿
(nur Abendessen) – **11 Z**.

🟉🟉 Ratskeller, Rathausplatz 1, ⊠ 21762, ℰ 38 11 – 🧹.

🟉 **Elb-Terrassen,** An der Schleuse 18 (NW : 2 km), ⊠ 21762, ℰ 22 13, Fax 6206, ≤, 佘
🄿. 🧹
Montag geschl. – **Menu** à la carte 28/58.

Bayern 🔢🔢🔢 N 23, 🔢🔢🔢 ㊲, 🔢🔢🔢 C 5 – 8 000 Ew – Höhe 660 m – Kneippkuror
– 🟐 08332.
Sehenswert : Klosterkirche★★★ (Vierung★★★, Chor★★, Chorgestühl★★, Chororgel★★).

🇮🇸 Hofgut Boschach (S : 3 km), ℰ (08332) 13 10.
🅱 Kurverwaltung und Verkehrsamt, Marktplatz 14, ⊠ 87724, ℰ 68 17, Fax 6838.
♦München 110 – Bregenz 85 – Kempten (Allgäu) 29 – ♦Ulm (Donau) 66.

🏚 **Hirsch,** Marktplatz 12, ⊠ 87724, ℰ 79 90, Fax 799103, 🚓, 🄳 – 🛊 📺 ☎ 🕭 – 🔏 100
🄴. 🧹 Rest
Menu à la carte 28/52 – **70 Z** 55/160.

🏚 **Gästehaus am Mühlbach** garni, Luitpoldstr. 57, ⊠ 87724, ℰ 70 72, Fax 8595 – 📺 ☎
🚓. 🄴 *VISA*. 🧹
3.- 31. Jan. geschl. – **20 Z** 75/145.

OTTOBRUNN Bayern siehe München.

OTTWEILER Saarland 402 E 18, 987 ⑳, 242 ⑦ – 10 600 Ew – Höhe 246 m – ✆ 06824.
Saarbrücken 31 – Kaiserslautern 63 – ◆Trier 80.

🏠 **Prinz-Heinrich** garni, Wilhelm-Heinrich-Str. 39, ⊠ 66564, ℘ 40 52, Fax 7864 – 🛗 📺 ☎
〰️, 🆎 🇪
10 Z 85/125.

XX **Eisel** (ehemalige Mühle), Mühlstr. 15a, ⊠ 66564, ℘ 75 77, Fax 8214 – 🅿. 🆎 🇪 *VISA*
Dienstag und Samstag nur Abendessen, Sonntag nur Mittagessen, Montag geschl. – **Menu**
à la carte 70/92.

OVERATH Nordrhein-Westfalen 402 E 14, 987 ⑳ – 24 300 Ew – Höhe 92 m – ✆ 02206.
◆Düsseldorf 62 – ◆Bonn 30 – ◆Köln 25.

In Overath-Brombach NW : 10 km :

🏠 **Zur Eiche,** Dorfstr. 1, ⊠ 51491, ℘ (02207) 75 80, Fax 5303, 🌂, 🚲 – ☎ 〰️ 🅿. 🎇 Zim
24. Dez.- Mitte Jan. geschl. – **Menu** *(Donnerstag geschl.)* à la carte 27/60 – **10 Z** 80/160.

In Overath-Immekeppel NW : 7 km :

XXX **Sülztaler Hof** mit Zim, Lindlarer Str. 83, ⊠ 51491, ℘ (02204) 77 46, Fax 74520, 🌂 – 📺
☎. 🆎 🇴 🇪. 🎇 Zim
Jan. 1 Woche und Juni 3 Wochen geschl. – **Menu** *(Dienstag geschl., Mittwoch nur Abend-
essen)* à la carte 62/93 – **4 Z** 110/210.

In Overath-Klef NO : 2 km :

🏠 **Lüdenbach,** Klef 99 (B 55), ⊠ 51491, ℘ 21 53, Fax 81602, 🌂, 🚲 – 📺 ☎ 〰️ 🅿. 🎇 Zim
Mitte Juli - Mitte Aug. geschl. – **Menu** *(Montag geschl., Dienstag - Freitag nur Abendessen)*
à la carte 34/66 – **22 Z** 85/135.

An der Straße nach Much SO : 8 km :

XX **Fischermühle** mit Zim, ⊠ 51491 Overath, ℘ (02206) 35 10, Fax 82598, 🌂 – 📺 ☎ 🅿.
🇪. 🎇
Menu *(Dienstag geschl.)* à la carte 42/70 – **7 Z** 90/160.

OWSCHLAG Schleswig-Holstein 401 L 3 – 2 300 Ew – Höhe 15 m – ✆ 04336.
◆Kiel 48 – Rendsburg 18 – Schleswig 21.

🏠 **Förster-Haus** 🌂, Beeckstr. 41, ⊠ 24811, ℘ 9 97 70, Fax 997799, ≤, 🌂, Miniaturenpark,
🚲, 🏊 (geheizt), 🌳, 🎾 – 📺 ☎ 🅿 – 🔬 100. 🆎 🇴 🇪 *VISA*
Menu à la carte 32/57 – **67 Z** 90/170.

OY-MITTELBERG Bayern 413 O 24, 987 ㊱, 426 D 6 – 4 250 Ew – Höhe 960 m – Luft- und
Kneippkurort – Wintersport : 950/1 200 m ✂2 ✂6 – ✆ 08366.
🛈 Kur- und Verkehrsamt, Oy, Wertacher Str. 11, ⊠ 87466, ℘ 2 07, Fax 1427.
◆München 124 – Füssen 22 – Kempten (Allgäu) 19.

Im Ortsteil Oy :

🏠 Kurhotel Tannenhof 🌂, Tannenhofstr. 19, ⊠ 87466, ℘ 5 52, Fax 894, ≤, 🌂, Massage,
🔱, 🔥, 🚲, 🔲, 🌳 – 🛗 🍽️ Rest 📺 ☎ 〰️ 🅿. 🎇 Rest
30 Z.

🏠 **Löwen,** Hauptstr. 12, ⊠ 87466, ℘ 2 12, Fax 9116, 🌳 – 📺 〰️ 🅿. 🆎 🇴 🇪
Menu *(Mittwoch geschl.)* à la carte 27/56 – **17 Z** 60/100 – ½ P 60/70.

Im Ortsteil Mittelberg :

🏠 **Kur- und Sporthotel Mittelburg** 🌂, ⊠ 87466, ℘ 1 80, Fax 1835, ≤, Massage, 🔱, 🔥,
🚲, 🔲, 🌳 – 📺 ☎ 🅿
10. Nov.- 15. Dez. geschl. – (nur Abendessen für Hausgäste) – **27 Z** 90/300 – ½ P 105/190.

🏠 **Gasthof Rose** 🌂, Dorfbrunnenstr. 10, ⊠ 87466, ℘ 8 76, Fax 880, 🌂 Biergarten – 🅿.
🇪
Mitte März - Anfang April und Anfang Nov.- Mitte Dez. geschl. – **Menu** *(Montag geschl.,
Dienstag nur Abendessen)* à la carte 27/59 – **19 Z** 60/130 – ½ P 60/65.

Im Ortsteil Maria Rain O : 5 km :

🏠 **Sonnenhof** 🌂, Kirchweg 3, ⊠ 87466, ℘ (08361) 39 17, Fax 3973, ≤ Allgäuer Berge – 📺
☎ 🅿
Nov.- 18. Dez. geschl. – **Menu** à la carte 25/58 🍴 – **20 Z** 45/136 – ½ P 53/78.

OYBIN Sachsen siehe Zittau.

OYTEN Niedersachsen siehe Bremen.

Sehenswert : Dom★ Z **A** – Diözesanmuseum (Imadmadonna★) Z **M1**.

🛧 🛧 Paderborn-Sennelager (über ⑥), ℘ (05252) 33 74.

✈ bei Büren-Ahden, SW : 20 km über ⑤, ℘ (02955) 7 70.

🛈 Verkehrsverein, Marienplatz 2a, ✉ 33098, ℘ 2 64 61, Fax 22884.

ADAC, Kamp 9, ✉ 33098, ℘ 2 77 76, Fax 281708.

♦Düsseldorf 167 ⑤ – Bielefeld 45 ⑥ – Dortmund 101 ⑤ – ♦Hannover 143 ⑥ – ♦Kassel 92 ④.

Kamp	Z
Königstraße	YZ
Rosenstraße	Z 19
Schildern	Z 21
Westernstraße	Z
Am Abdinghof	Z 2
Am Bogen	Z 3
Am Rothoborn	Y 4
Am Westerntor	Z 5
Domplatz	Z 7
Le-Mans-Wall	Z 12
Marienstraße	Z 13
Michaelstraße	Y 15
Mühlenstraße	Y 16
Warburger Straße	Z 23

🏨 **Arosa,** Westernmauer 38, ✉ 33098, ℘ 12 80, Fax 128806, ☎, 🔲 – 🛗 ⇌ Zim 🍽 Rest
🆃🆅 🅿 – 🔏 140. 🆎 ⓪ 🅴 𝐕𝐈𝐒𝐀, 🦐 Rest   Z **s**
Menu à la carte 47/75 – **112 Z** 150/320.

🏨 **Ibis,** Paderwall 3, ✉ 33102, ℘ 12 45, Fax 124888 – 🛗 ⇌ Zim 🆃🆅 ☎ 🚗 🅿 – 🔏 40.
🆎 ⓪ 🅴 𝐕𝐈𝐒𝐀 – **Menu** à la carte 31/48 – **90 Z** 125/139.   Y **u**

🍴🍴 **Zu den Fischteichen,** Dubelohstr. 92, ✉ 33102, ℘ 3 32 36, Fax 37366, 🌲 – 🅿 – 🔏 120.
🆎 ⓪ 🅴 𝐕𝐈𝐒𝐀, 🦐   über Fürstenweg Y
Donnerstag und Okt. geschl. – **Menu** à la carte 33/65.

In Paderborn-Elsen ⑥ : 4,5 km :

🏨 **Kaiserpfalz,** von-Ketteler-Str. 20, ✉ 33106, ℘ (05254) 55 11, Fax 69657, ☎ – 🆃🆅 ☎. 🆎
⓪ 🅴 𝐕𝐈𝐒𝐀, 🦐 Rest
Juli - Aug. 3 Wochen und 23.- 30. Dez. geschl. – **Menu** *(Samstag geschl.)* (nur Abendessen)
à la carte 32/53 – **24 Z** 98/150.

🏨 **Zur Heide,** Sander Str. 37, ✉ 33106, ℘ (05254) 6 50 11, Fax 5792, 🌳 – 🆃🆅 ☎ 🅿
Menu *(Mittwoch geschl.)* (wochentags nur Abendessen) à la carte 25/48 – **16 Z** 70/130.

In Borchen-Nordborchen ④ : 6 km :

🏨 **Pfeffermühle,** Paderborner Str. 66 (B 480), ✉ 33178, ℘ (05251) 3 94 97, Fax 399130, 🌲
♦ 🍴 – 🛗 🆃🆅 ☎ 🅿. 🆎 ⓪ 🅴 𝐕𝐈𝐒𝐀
Weihnachten - Anfang Jan. geschl. – **Menu** *(Sonn- und Feiertage geschl.)* à la carte 22/48
– **31 Z** 80/160.

Schleswig-Holstein siehe Lütjenburg.

PAPENBURG Niedersachsen 411 F 7. 987 ⑭ – 30 000 Ew – Höhe 5 m – ✆ 04961.

🔧 Papenburg-Aschendorf, ℘ 7 48 11.

🎟 Verkehrsverein, Rathaus, Hauptkanal rechts, ✉ 26871, ℘ 8 22 21, Fax 82330.

▸Hannover 240 – Groningen 67 – Lingen 68 – ◆Oldenburg 69.

🏨 **Stadt Papenburg,** Am Stadtpark 25, ✉ 26871, ℘ 9 18 20 (Hotel), 63 45 (Rest.), Fax 3471, 佘, 全 – 🛗 ⅓＝ Zim 🅃🎦 ☎ ⓟ – 🛦 40. 🕮 ⓞ ᴇ 𝗩𝗜𝗦𝗔
Menu à la carte 42/77 – **50 Z** 92/155, 5 Suiten.

🏨 Am Stadtpark, Deverweg 27, ✉ 26871, ℘ 41 45, Fax 6881 – 🛗 🅃🎦 ☎ ⓟ
(nur Abendessen) – **32 Z**.

🏨 **Altes Gasthaus Kuhr,** Hauptkanal rechts 62, ✉ 26871, ℘ 27 91, Fax 67789 – 🛗 🅃🎦 ☎.
🕮 ⓞ ᴇ 𝗩𝗜𝗦𝗔
März - April 2 Wochen geschl. – **Menu** (Samstag geschl.) à la carte 29/50 – **16 Z** 79/135.

🏨 **Engeln,** Mittelkanal rechts 97, ✉ 26871, ℘ 89 90, Fax 899109, 佘 – 🅃🎦 ☎ ⓟ – 🛦 60.
🕮 ⓞ ᴇ 𝗩𝗜𝗦𝗔. ⅍
Menu (Sonntag nur Mittagessen) à la carte 25/62 – **73 Z** 60/140.

🏨 **Graf Luckner,** Hummlinger Weg 2, ✉ 26871, ℘ 7 60 57, Fax 76059, 全 – 🅃🎦 ☎ ⇦ ⓟ.
🕮 ⓞ ᴇ 𝗩𝗜𝗦𝗔. ⅍ Zim
Menu (Sonntag geschl.) (nur Abendessen) à la carte 29/45 – **28 Z** 78/128.

PAPPENHEIM Bayern 413 PQ 20, 987 ㉖ – 4 500 Ew – Höhe 410 m – Luftkurort – ✆ 09143.

🎟 Fremdenverkehrsbüro, Kirchengasse 1 (Haus des Gastes), ℘ 91788, ℘ 62 66.

▸München 134 – ◆Augsburg 76 – ◆Nürnberg 72 – ◆Ulm (Donau) 113.

🏨 **Sonne,** Deisinger Str. 20, ✉ 91788, ℘ 5 44 – ☎
Jan.- Feb. 3 Wochen geschl. – **Menu** (Sonntag nur Mittagessen, Montag geschl.) à la carte 25/52 – **12 Z** 52/90.

🏨 **Pension Hirschen** garni, Marktplatz 4, ✉ 91788, ℘ 4 34 – ⅍
10 Z 48/96.

🏠 **Gästehaus Dengler** garni, Deisinger Str. 32, ✉ 91788, ℘ 63 52, Fax 1678, 🚗 – ⇦.
9 Z 38/78.

PARCHIM Mecklenburg-Vorpommern 414 H 5, 984 ⑪, 987 ⑥ – 23 100 Ew – Höhe 46 m – ✆ 03871.

🎟 Stadtinformation, Lindenstr. 38, ✉ 19370, ℘ 21 28 43.

Schwerin 50 – ◆Berlin 169 – Güstrow 75.

🏨 Stadtkrug, Apothekenstr. 12, ✉ 19370, ℘ 26 44 44, Fax 64446 – 🅃🎦 ☎
26 Z.

🏨 **Stadt Hamburg,** Lange Str. 87, ✉ 19370, ℘ 6 20 40, Fax 620413 – 🅃🎦 ☎ ⓟ. ᴇ 𝗩𝗜𝗦𝗔.
➔ ⅍ Rest
Menu à la carte 17/36 – **16 Z** 80/135.

✗ Gambrinus, Bauhofstr. 13, ✉ 19370, ℘ 21 25 80, Fax 2680, 佘.

In Slate S : 3 km :

🏨 **Zum Fährhaus** ⑤, Zur Fähre 2, ✉ 19370, ℘ (03871) 4 41 41, Fax 44144, 佘 – 🅃🎦 ☎ 㔾
➔ ⓟ. ⓞ ᴇ 𝗩𝗜𝗦𝗔
Menu à la carte 23/48 – **11 Z** 120/135.

PARSBERG Bayern 413 S 19, 987 ㉗ – 5 800 Ew – Höhe 550 m – ✆ 09492.

▸München 137 – Ingolstadt 63 – ◆Nürnberg 64 – ◆Regensburg 42.

🏨 **Zum Hirschen,** Dr.-Schrettenbrunner-Str. 1, ✉ 92331, ℘ 60 60, Fax 606222, 佘, 全, 🚗
– 🛗 🅃🎦 ☎ ⓟ – 🛦 50. ᴇ 𝗩𝗜𝗦𝗔
2.- 8. Jan. und 23.- 27. Dez. geschl. – **Menu** (Sonntag nur Mittagessen) à la carte 33/56
– **73 Z** 85/140.

PASEWALK Mecklenburg-Vorpommern 414 N 5, 984 ⑧, 987 ⑧ – 14 800 Ew – Höhe 12 m – ✆ 039743.

Schwerin 208 – Neubrandenburg 59 – Szczecin 40.

In Krugsdorf O : 6,5 km :

🏨 Schloßpark Hotel ⑤ garni, Zerrenthiner Str. 3, ✉ 17309, ℘ (039743) 3 22, Fax 237, 🚗,
⅍ – 🛗 🅃🎦 ☎ ⓟ – 🛦 50 – **39 Z**.

🏨 **Schloßhotel** ⑤, Zerrenthiner Str. 2, ✉ 17309, ℘ (039743) 2 54, Fax 254, 🚗 – 🅃🎦 ☎ ⓟ.
➔ 🕮 ᴇ
Menu à la carte 23/37 – **12 Z** 80/150.

PASSAU Bayern 413 X 21, 987 ㉘ ㊳, 426 M 3 – 50 000 Ew – Höhe 290 m – ✆ 0851.

Sehenswert : Lage★★ am Zusammenfluß von Inn, Donau und Ilz (Dreiflußeck★) B – Dor (Apsis★★) B – Glasmuseum★ B **M2.**

Ausflugziele : Veste Oberhaus (B) ≤★★ auf die Stadt – Bayerische Ostmarkstraße ★ (bis Weide in der Oberpfalz).

🇬 Thyrnau-Raßbach (NO : 9 km über ②), ✆ (08501) 13 13.

🛈 Fremdenverkehrsverein, Rathausplatz 3, ⊠ 94032, ✆ 3 34 21, Fax 35107.

ADAC, Brunngasse 5, ⊠ 94032, ✆ 3 04 01, Fax 37317.

◆München 192 ⑦ – Landshut 119 ⑤ – Linz 110 ④ – ◆Regensburg 118 ⑦ – Salzburg 142 ⑤.

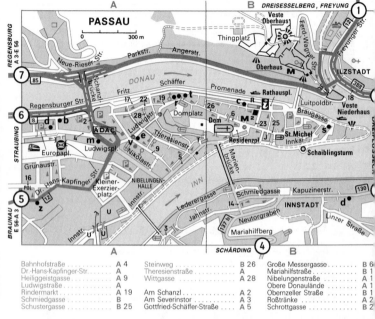

Bahnhofstraße . . . . A 4	Steinweg . . . . B 26	Große Messergasse . . . . B 6
Dr.-Hans-Kapfinger-Str. . . . . A	Theresienstraße . . . . A	Mariahilfstraße . . . . B 1
Heiliggeistgasse . . . . A 9	Wittgasse . . . . A 28	Nibelungenstraße . . . . A 1
Ludwigstraße . . . . A		Obere Donaulände . . . . A 1
Rindermarkt . . . . A 19	Am Schanzl . . . . A 2	Oberzeller Straße . . . . B 1
Schmiedgasse . . . . B	Am Severinstor . . . . A 3	Roßtränke . . . . A 2
Schustergasse . . . . B 25	Gottfried-Schäffer-Straße . . A 5	Schrottgasse . . . . A 2

🏨🏨 **Holiday Inn,** Bahnhofstr. 24, ⊠ 94032, ✆ 5 90 00, Fax 5900514, ≤, 🍽, ≘s, 🟥 – 🗊 ⇚ Zim ▤ 🆃🆅 ᕦ ⇦ – 🔏 200. 🆎 ⓸ 🄴 𝗩𝗜𝗦𝗔. 🛠 Rest A
Menu à la carte 33/69 – **129 Z** 205/340.

🏨 **Passauer Wolf,** Rindermarkt 6, ⊠ 94032, ✆ 3 40 46, Fax 36757, ≤ – 🛗 🆃🆅 🕿 ⇦ – 🔏 4⓪ 🆎 ⓸ 🄴 𝗩𝗜𝗦𝗔 – Menu(Sonntag nur Mittagessen)à la carte 44/70 – **40 Z** 130/260. A

🏨 **König** garni, Untere Donaulände 1, ⊠ 94032, ✆ 38 50, Fax 385460, ≤, ≘s – 🛗 🆃🆅 🕿 ᗡ ⇦ – 🔏 30. 🆎 ⓸ 🄴 𝗩𝗜𝗦𝗔 – **39 Z** 95/180. A

🏨 **Wilder Mann,** Rathausplatz, ⊠ 94032, ✆ 3 50 71 (Hotel), 3 50 75 (Rest.), Telex 57954 Fax 31712, 🍽, « Restauriertes Patrizierhaus, Glasmuseum » – 🛗 🆃🆅 🕿 – 🔏 70. 🆎 ⓸ 🄴 𝗩𝗜𝗦 **Menu** 89/119 und à la carte 44/85 – **53 Z** 75/190. B**M**

🏨 **Residenz** garni, Fritz-Schäffer-Promenade, ⊠ 94032, ✆ 3 50 05, Fax 35008, ≤ – 🛗 🆃🆅 🕿 🆎 ⓸ 🄴 𝗩𝗜𝗦𝗔 B
April - Okt. – **50 Z** 105/215.

🏨 **Weisser Hase,** Ludwigstr. 23, ⊠ 94032, ✆ 9 21 10, Fax 9211100, ≘s – 🛗 🆃🆅 🕿 ᕦ ⇦ – 🔏 160. 🆎 ⓸ 🄴 𝗩𝗜𝗦𝗔 A
6.- 31. Jan. geschl. – **Menu** (nur Abendessen) à la carte 35/60 ᗷ – **108 Z** 115/220.

🏨 **Altstadt-Hotel** ⟨S⟩, Brägasse 27 (am Dreiflußeck), ⊠ 94032, ✆ 33 70, Fax 337100, ≤, 🍽 – 🛗 🆃🆅 🕿 ⇦ – 🔏 80. 🆎 ⓸ 🄴 𝗩𝗜𝗦𝗔. 🛠 Rest B
Menu à la carte 37/66 – **56 Z** 100/220.

🏨 **Tourist Hotel,** Kapuziner Str. 32, ⊠ 94032, ✆ 38 64 01, Fax 386404, ≘s – 🛗 ⇚ Zim 🆃🆅 🕿 ⇦ ℗. 🆎 ⓸ 🄴 𝗩𝗜𝗦𝗔. 🛠 Rest B
Menu (Nov.- März Sonntag geschl.) à la carte 25/52 – **160 Z** 94/160.

🏨 **Spitzberg** garni, Neuburger Str. 29, ⊠ 94032, ✆ 95 54 80, Fax 9554848, ≘s – 🆃🆅 🕿 ⇦ 🆎 ⓸ 🄴 𝗩𝗜𝗦𝗔 A
29 Z 80/160.

718

Herdegen garni, Bahnhofstr. 5, ✉ 94032, ✆ 95 51 60, Fax 54178 – 🛗 ⇔ Zim 📺 ☎ 🅟 A m
37 Z.

Donaulände garni, Badhausgasse 1, ✉ 94032, ✆ 60 63, Fax 73674 – 🛗 📺 ☎ 🚗. AE ⓓ E VISA A b
24 Z 95/140.

Zum König, Rindermarkt 2, ✉ 94032, ✆ 3 40 98, Fax 34097, ≤, 🏖 – 🛗 📺 ☎ 🚗. AE ⓓ E VISA A r
Menu à la carte 25/47 – **16 Z** 75/130.

Haidenhof 🐦 garni, Brixener Str. 7, ✉ 94036, ✆ 95 98 70, Fax 9598795 – 📺 ☎ 🅟. AE ⓓ E VISA über ⑤
Mitte Nov. - Dez. geschl. – **14 Z** 70/120.

Heilig-Geist-Stift-Schenke, Heiliggeistgasse 4, ✉ 94032, ✆ 26 07, Fax 35387, « Gaststätte a.d.J. 1358, Stiftskeller, Wachauer Garten » AE ⓓ E VISA A v
Mittwoch und 7.- 31. Jan. geschl. – **Menu** à la carte 28/59.

In Passau-Grubweg ② : 4 km :

Firmiangut 🐦 garni, Firmiangut 12a, ✉ 94034, ✆ 4 19 55, Fax 49860 – 📺 ☎ 🅟 – 🎪 25. AE E VISA – **26 Z** 63/130.

In Passau-Kastenreuth ① : 4 km :

Burgwald 🐦, Salzweger Str. 9, ✉ 94034, ✆ 4 34 39, Fax 41030, Biergarten, 🌳 – 📺 ☎ 🅟. AE E. ✗ – **Menu** à la carte 21/44 – **24 Z** 58/102.

In Passau-Kohlbruck ⑤ : 3 km :

Dreiflüssehof, Danziger Str. 42, ✉ 94036, ✆ 7 20 40, Fax 72478, 🏖 – 🛗 📺 ☎ 🚗 🅟 – 🎪 50. AE ⓓ E VISA
Menu *(Sonntag geschl., Montag nur Abendessen)* à la carte 26/50 – **67 Z** 80/150.

Albrecht, Kohlbruck 18, ✉ 94036, ✆ 95 99 60, Fax 9599640, 🏖 – ⇔ Zim 📺 ☎ 🚗 🅟. AE ⓓ E VISA. ✗
20. Dez.- 6. Jan. geschl. – **Menu** *(Freitag geschl.)* à la carte 22/42 – **40 Z** 80/140.

Außerhalb SW : 5 km über Innstraße A , nach dem Kraftwerk rechts ab :

Abrahamhof 🐦, Abraham 1, ✉ 94036 Passau, ✆ (0851) 67 88, ≤, 🏖, 🌳 – ☎ 🅟 – **28 Z.**

PATTENSEN
Niedersachsen 411 412 M 10 – 14 000 Ew – Höhe 75 m – ☎ 05101.

Hannover 13 – Hameln 36 – Hildesheim 23.

Leine-Hotel, Schöneberger Str. 43, ✉ 30982, ✆ 91 80, Fax 13367, ≘s – 🛗 ⇔ Zim 📺 ☎ ♿ 🅟 – 🎪 80. AE ⓓ E VISA. ✗ Rest
Menu à la carte 42/62 – **80 Z** 128/388.

Zur Linde, Göttinger Str. 14 (B 3), ✉ 30982, ✆ 1 23 22, Fax 12332, 🏖 – 📺 ☎ 🅟 – 🎪 90. AE ⓓ E VISA – **Menu** à la carte 39/78 – **40 Z** 100/165.

PEGNITZ
Bayern 413 R 17, 987 ㉗ – 14 000 Ew – Höhe 424 m – Erholungsort – ☎ 09241.

ℹ Stadtverwaltung, Hauptstr. 37, ✉ 91257, ✆ 72 30.

München 206 – ♦Bamberg 67 – Bayreuth 27 – ♦Nürnberg 60 – Weiden in der Oberpfalz 55.

Pflaums Posthotel, Nürnberger Str. 14, ✉ 91257, ✆ 72 50, Telex 642433, Fax 80404, 🏖, Fö, ≘s, 🏊, 🌳 – 🛗 ⇔ Zim 📺 🚗 🅟 – 🎪 60. AE ⓓ E VISA
Menu (Tischbestellung ratsam) 125/175 – ***Posthalter-Stube :*** **Menu** 59 – **50 Z** 193/690, 25 Suiten.

In Pegnitz-Hollenberg NW : 6 km :

Landgasthof Schatz 🐦, Hollenberg 1, ✉ 91257, ✆ 21 49, 🏖, ≘s – 📺 ☎ 🚗 🅟. ✗ Zim
Nov. geschl. – **Menu** *(Montag geschl.)* à la carte 18/29 – **16 Z** 65/130.

PEINE
Niedersachsen 411 N 10, 987 ⑮ ⑯ – 47 000 Ew – Höhe 67 m – ☎ 05171.

ℹ Verkehrsverein, Glockenstr.6, ✉ 31224, ✆ 4 82 00.

Hannover 39 – ♦Braunschweig 28 – Hildesheim 32.

Quality Hotel, Ammerweg 1 (nahe BAB-Abfahrt Peine), ✉ 31228, ✆ 99 59, Fax 995288 – 🛗 ⇔ Zim ▤ 📺 ☎ ♿ 🅟 – 🎪 50. AE ⓓ E VISA JCB
(nur Abendessen für Hausgäste) – **98 Z** 150/180.

Madz, Schwarzer Weg 70, ✉ 31224, ✆ 99 60, Fax 99666 – 🛗 📺 ☎ 🚗 🅟 – 🎪 40. AE ⓓ E VISA
Weihnachten - Anfang Jan. geschl. – **Menu** *(Sonntag nur Mittagessen)* (wochentags nur Abendessen) à la carte 29/53 – **64 Z** 95/180.

Am Herzberg 🐦 garni, Am Herzberg 18, ✉ 31224, ✆ 69 90, Fax 48448 – ⇔ 📺 ☎ 🚗 🅟. ✗ – **22 Z** 95/160.

Peiner Hof 🐦 garni, Am Silberkamp 23, ✉ 31224, ✆ 1 50 92, Fax 15094 – 📺 ☎ 🚗 🅟. E – **16 Z** 80/160.

In Peine-Stederdorf N : 3 km :

🏨 **Schönau,** Peiner Str. 17 (B 444), ✉ 31228, ℰ 99 80, Fax 998166 – 📺 ☎ 🅿 – 🔬 200. 🕕
E 𝚅𝙸𝚂𝙰
Weihnachten - Anfang Jan. und 1.- 20. Aug. geschl. – **Menu** *(Samstag geschl., Sonnta*
nur Mittagessen) à la carte 32/66 – **38 Z** 120/180.

In Ilsede-Groß Bülten S : 10 km :

✗✗ **Schuhmann - Gästehaus Ilsede** mit Zim, Triftweg 2, ✉ 31241, ℰ (05172) 96 02 1
Fax 960240 – 📺 ☎ ⟵ 🅿 – 🔬 40. 🔼 ◑ E 𝚅𝙸𝚂𝙰. ✼
Juni - Juli 3 Wochen geschl. – **Menu** *(Samstag nur Abendessen, Montag geschl.)* à la car
37/65 – **12 Z** 65/160.

In Wendeburg-Rüper NO : 9 km :

🏨 **Zum Jägerheim,** Meerdorfer Str. 40, ✉ 38176, ℰ (05303) 20 26, Fax 2056, ☎s, 🔲 –
☎ ♿ ⟵ 🅿 – 🔬 100. ◑ E 𝚅𝙸𝚂𝙰. ✼ Zim
28. Dez.- 16. Jan. geschl. – **Menu** *(Montag geschl.)* à la carte 28/58 ⚱ – **38 Z** 90/15C

PEISSEN Sachsen-Anhalt siehe Halle.

PEITING Bayern 𝟜𝟙𝟛 P 23, 𝟿𝟾𝟽 ㊱, 𝟜𝟚𝟼 E 5 – 11 000 Ew – Höhe 718 m – Erholungsort – ✿ 0886
🛈 Verkehrsverein, Hauptplatz 1, ✉ 86971, ℰ 65 35, Fax 59140.
◆München 87 – Füssen 33 – Landsberg am Lech 30.

🏨 **Dragoner,** Ammergauer Str. 11 (B 23), ✉ 86971, ℰ 60 51, Fax 67758, 🍴, ☎s – ⟦♿⟧ 📺
← 🅿 – 🔬 40. 🔼 ◑ E 𝚅𝙸𝚂𝙰
Menu à la carte 24/51 – **51 Z** 65/150 – ½ P 85/100.

🏨 **Alpenhotel Pfaffenwinkel,** Hauptplatz 10, ✉ 86971, ℰ 2 52 60, Fax 252627 – 📺 ☎ ⟵
🅿. E 𝚅𝙸𝚂𝙰. ✼ Rest
(nur Abendessen für Hausgäste) – **15 Z** 70/120 – ½ P 76/86.

PENNEWITZ Thüringen siehe Königsee.

PENTLING Bayern siehe Regensburg.

PENZBERG Bayern 𝟜𝟙𝟛 R 23, 𝟿𝟾𝟽 ㊲, 𝟜𝟚𝟼 G 5 – 14 000 Ew – Höhe 596 m – ✿ 08856.
◆München 53 – Garmisch-Partenkirchen 43 – Bad Tölz 19 – Weilheim 25.

🏨 **Stadthotel Berggeist,** Bahnhofstr. 47, ✉ 82377, ℰ 80 10 (Hotel), 78 99 (Rest.), Fax 8191;
🍴, ☎s – ⟦♿⟧ 📺 ☎ 🅿 – 🔬 40. 🔼 E 𝚅𝙸𝚂𝙰
Menu à la carte 32/52 – **45 Z** 95/145.

PERL Saarland 𝟜𝟙𝟚 C 18, 𝟜𝟶𝟿 M 7, 𝟤𝟺𝟤 ② – 6 500 Ew – Höhe 254 m – ✿ 06867.
Ausflugsziel : Nennig : Römische Villa (Mosaikfußboden ★★) N : 9 km.
◆Saarbrücken 72 – ◆Luxembourg 32 – Saarlouis 47 – ◆Trier 46.

🏨 **Hammes,** Hubertus-von-Nell-Str. 15, ✉ 66706, ℰ 2 35, Fax 1240 – 🅿. 🔼 E 𝚅𝙸𝚂𝙰
1.- 8. Jan. und 20. März - 6. April geschl. – **Menu** *(Mittwoch geschl.)* à la carte 29/51
15 Z 50/95.

🏨 **Winandy,** Biringerstr. 2, ✉ 66706, ℰ 3 64, Fax 1501, 🍴 – ⟵ 🅿. 🔼 E 𝚅𝙸𝚂𝙰
Ende Feb.- März geschl. – **Menu** *(Montag geschl.)* à la carte 26/49 ⚱ – **10 Z** 48/9(

In Perl-Nennig N : 9 km :

🏰 ✿ **Schloß Berg** �ⓢ, Schloßhof 7, ✉ 66706, ℰ (06866) 7 90, Fax 79100, ≤, 🍴
« Restauriertes Wasserschloß a.d. 12. Jh. mit modern-eleganter Einrichtung » – ⟦♿⟧ 📺 (
– 🔬 20. 🔼 E 𝚅𝙸𝚂𝙰
Menu *(Dienstag geschl.)* 85/136 und à la carte 70/102 – **17 Z** 220/430
Spez. Lotte mit Hummer und Kohlrabi, Gefüllte Kalbsröllchen, Lammrücken mit Olive
Polentakruste.

✗ Die Scheune, Schloßstr. 12, ✉ 66706, ℰ (06866) 7 91 80 – 🅿.

CARTE STRADALI MICHELIN per la Germania :

n° 𝟿𝟾𝟺 in scala 1/750 000

n° 𝟿𝟾𝟽 in scala 1/1 000 000

n° 𝟜𝟙𝟙 in scala 1/400 000 (Schleswig-Holstein, Bassa Sassonia)

n° 𝟜𝟙𝟚 in scala 1/400 000 (Renania-Vestfalia, Renania-Palatinato, Assia, Saarland)

n° 𝟜𝟙𝟛 in scala 1/400 000 (Baviera e Bade Wurtemberg)

n° 𝟜𝟙𝟺 in scala 1/400 000 (Est)

PERLEBERG Brandenburg 𝟜𝟙𝟜 H 6, 𝟡𝟠𝟜 ⑪, 𝟡𝟠𝟟 ⑯ – 14 500 Ew – Höhe 31 m – ✆ 03876.
🛈 Stadtinformation, Großer Markt 1, ✉ 19348, ✆ 22 59, Fax 2417.
⁀Potsdam 126 – ✦Berlin 134 – Schwerin 74.

🏨 Deutscher Kaiser, Bäckerstr. 18, ✉ 19348, ✆ 24 10, Fax 4641, 🌤 – 📺 ☎ 🚗 – 🔬 30
   25 Z.

🏠 **Forstgasthaus Hubertus,** Wilsnacker Chaussee (beim Heimat-Tierpark), ✉ 19348,
✦ ✆ 37 33, Fax 789304, 🌤 – 📺 ☎ 🅿 🖭 ⓪ Ⓔ 𝐕𝐈𝐒𝐀
   Menu à la carte 23/38 – **11 Z** 80/110.

✗ Stadt Magdeburg mit Zim, Wittenberger Str. 67, ✉ 19348, ✆ 28 61 – 📺
   4 Z.

   In Garlin NW : 18 km :

🏨 Landhaus Toft ॐ, Karstädter Straße, ✉ 19357, ✆ (038797) 78 27, Fax 7836, 🌤, 🖚 – 📺
   ☎ 🅿 – 🔬 100
   41 Z.

PESTERWITZ Sachsen siehe Dresden.

PETERSAURACH Bayern siehe Neuendettelsau.

PETERSBERG Hessen 𝟜𝟙𝟚 𝟜𝟙𝟛 M 15 – 13 000 Ew – Höhe 350 m – ✆ 0661 (Fulda).
Sehenswert : Kirche auf dem Petersberg (romanische Steinreliefs★★, Lage★, ≼★).
✦Wiesbaden 147 – ✦Frankfurt am Main 107 – Fulda 6 – ✦Würzburg 114.

🏠 **Hotel am Rathaus** garni, Am neuen Garten 1, ✉ 36100, ✆ 6 90 03, Fax 63257 – 📺 ☎ 🚗
   20 Z 78/110.

   In Petersberg-Almendorf NO : 2,5 km :

🏨 **Berghof,** Almendorfer Str. 1, ✉ 36100, ✆ 6 60 03, Fax 63257, 🌤, 🖚, 🖾 – 🛗 📺 ☎ 🅿
   – 🔬 50
   Menu à la carte 25/50 – **54 Z** 88/126.

   In Petersberg-Horwieden O : 2 km :

🏠 **Horwieden,** Tannenküppel 2, ✉ 36100, ✆ 6 50 01, Fax 65043, 🌤, Biergarten, 🖚, 🖾,
✦ ✗(Halle) – ☎ 🚗 🅿. ✗ Rest
   24. Dez.- 20. Jan. geschl. – **Menu** *(Sonntag geschl., Montag nur Abendessen)* à la carte
   24/48 – **24 Z** 50/100.

PETERSHAGEN Nordrhein-Westfalen 𝟜𝟙𝟙 𝟜𝟙𝟚 J 9, 𝟡𝟠𝟟 ⑮ – 26 000 Ew – Höhe 45 m – ✆ 05707.
✦Düsseldorf 230 – ✦Bremen 90 – ✦Hannover 82 – ✦Osnabrück 78.

✗✗✗ **Schloß Petershagen** ॐ mit Zim, Schloßstr. 5, ✉ 32469, ✆ 3 46, Fax 2373, ≼, 🌤,
« Fürstbischöfliche Residenz a.d. 14. Jh. ; stilvolle Einrichtung », ◥ (geheizt), 🖛, ✗ – 📺
🅿 – 🔬 80. 🖭 ⓪ Ⓔ 𝐕𝐈𝐒𝐀
   Menu à la carte 50/80 *(auch vegetarische Gerichte)* – **12 Z** 120/250 – ½ P 160.

   In Petershagen-Heisterholz S : 2 km :

🏠 **Waldhotel Morhoff,** Forststr. 1, ✉ 32469, ✆ 4 68, Fax 2207, 🌤 – 📺 ☎ 🚗 🅿
   Menu *(Montag geschl.)* à la carte 35/60 – **20 Z** 75/150.

PETERSTAL-GRIESBACH, BAD Baden-Württemberg 𝟜𝟙𝟛 H 21, 𝟡𝟠𝟟 ㉞ ㉟ – 3 400 Ew – Höhe
400 m – Heilbad – Kneippkurort – Wintersport : 700/800 m ≤1 ⳦2 – ✆ 07806.
🛈 Kurverwaltung, Bad Peterstal, Schwarzwaldstr. 11, ✉ 77740, ✆ 79 33, Fax 1040.
✦Stuttgart 115 – Freudenstadt 24 – Offenburg 34 – Strasbourg 48.

   Im Ortsteil Bad Peterstal :

🏠 **Bärenwirtshof,** Schwimmbadstr. 4, ✉ 77740, ✆ 10 74, « Gartenterrasse », Massage, ≞,
   🐟, 🖚 – 🛗 ☎ 🅿
   Mitte Nov.- Anfang Dez. geschl. – **Menu** *(Dienstag geschl.)* à la carte 33/57 – **24 Z** 60/140.

🏠 **Schauinsland** ॐ, Forsthausstr. 21, ✉ 77740, ✆ 9 87 80, Fax 1532, ≼ Bad Peterstal, 🖾,
   🖛 – 🛗 📺 ☎ 🅿. ✗ Rest
   15. Nov.- 8. Dez. geschl. – (Restaurant nur für Hausgäste) – **27 Z** 71/172.

🏠 **Kurhotel Faißt,** Am Eckenacker 5, ✉ 77740, ✆ 5 22, Fax 590, Massage, ≞, 🐟, 🖚, 🖾
   – 🛗 ☎ 🚗 🅿 – 🔬 15
   Menu *(Montag und Nov.- Mitte Dez. geschl.)* à la carte 30/70 – **22 Z** 65/170 – ½ P 80/100.

🏠 **Hubertus** garni, Insel 3, ✉ 77740, ✆ 5 95, 🖚, 🖾, 🖛 – ☎ 🚗 🅿
   16 Z.

✿ **Schützen,** Renchtalstr. 21 (B 28), ✉ 77740, ✆ 2 41, 🌤 – ✗ Zim
   10. Jan.- 15. Feb. geschl. – **Menu** *(Donnerstag geschl.)* à la carte 27/50 🍷 – **10 Z** 54/102
   – ½ P 66.

Im Ortsteil Bad Griesbach :

🏨 **Kur- und Sporthotel Dollenberg** ॐ, Dollenberg 3, ⊠ 77740, ℰ 7 80, Fax 1272, ≤, Mas
sage, ♨, Ⅰ₅, ♨, ≘s, 🔲, 🚗, ✕ – 🛗 🔟 🗪 🅿 – 🕍 30
Menu à la carte 38/92 – **59 Z** 109/320 – ½ P 119/187.

🏠 Adlerbad (mit Gästehaus), Kniebisstr. 55, ⊠ 77740, ℰ 10 71, Fax 8421, 🏤, Massage, ♨
♨, ≘s – 🛗 🔟 ☎ 🗪 🅿
30 Z.

🏠 **Döttelbacher Mühle**, Kniebisstr. 8, ⊠ 77740, ℰ 10 37, Fax 1319, 🏤 – 🔟 ☎ 🅿
13. Nov.- 11. Dez. geschl. – **Menu** *(Dienstag geschl.)* à la carte 35/50 – **13 Z** 63/12
– ½ P 70/80.

🏠 **Hoferer** ॐ, Wilde Rench 29, ⊠ 77740, ℰ 85 66, Fax 1283, 🏤 – 🛗 🅿
Mitte Nov.- Mitte Dez. geschl. – **Menu** *(Sonntag nur Mittagessen, Montag geschl.)* à la cart
27/54 – **14 Z** 45/96 – ½ P 60/68.

🏠 **Café Kimmig**, Kniebisstr. 57, ⊠ 77740, ℰ 10 55, Fax 1059 – 🛗 🔟 ☎ 🗪 🅿 🆎 ⓘ 🗎
VISA
März geschl. – **Menu** *(Donnerstag geschl.)* à la carte 29/63 ⅜ – **10 Z** 60/140 – ½ P 70/9(

Außerhalb SO : 5 km über die Straße nach Wolfach :

🏠 **Palmspring** ॐ, Palmstraße 1, ⊠ 77740 Bad Peterstal-Griesbach, ℰ (07806) 3 0₁
Fax 1282, ≤, 🏤, ≘s, 🚗, ✕ – 🔟 ☎ 🅿 🆎 🗲 **VISA**
9. Jan.- 3. Feb. geschl. – **Menu** *(Dienstag geschl.)* à la carte 30/56 – **17 Z** 82/15₄
– ½ P 89/114.

PETTENDORF Bayern siehe Regensburg.

PFAFFENWEILER Baden-Württemberg **413** G 23, **242** ㊱ – 2 650 Ew – Höhe 252 m – 😊 07664
◆Stuttgart 213 – Basel 66 – ◆Freiburg im Breisgau 9.

XXX **Gasthaus zur Stube** (ehemaliges Rathaus a.d.J. 1575), Weinstr. 39, ⊠ 79292, ℰ 62 2₅
Fax 61624 – 🅿. 🗲
Sonntag - Montag geschl. – **Menu** à la carte 76/97.

PFALZGRAFENWEILER Baden-Württemberg **413** I 21, **987** ㉟ – 5 400 Ew – Höhe 635 m
Luftkurort – 😊 07445.
🈂 Kurverwaltung, im Haus des Gastes, Marktplatz, ⊠ 72285, ℰ 1 82 40.
◆Stuttgart 76 – Freudenstadt 16 – Tübingen 57.

🏠 **Schwanen**, Marktplatz 1, ⊠ 72285, ℰ 20 44, Fax 6821, ≘s, 🚗 – 🛗 🔟 ☎ 🅿 – 🕍 3(
🗲
Jan. und Juli jeweils 2 Wochen geschl. – **Menu** *(Samstag geschl.)* à la carte 31/60 *(auc₄
vegetarische Gerichte)* – **37 Z** 78/150 – ½ P 92/100.

In Pfalzgrafenweiler - Herzogsweiler SW : 4 km :

🏠 **Sonnenschein** (mit Gästehaus), Birkenbuschweg 11, ⊠ 72285, ℰ 22 10, Fax 1780, 🚗
🅿. 🗲
Anfang Nov.- Mitte Dez. geschl. – (Restaurant nur für Hausgäste) – **31 Z** 50/10₄
– ½ P 61/68.

🏠 **Hirsch,** Alte Poststr. 20, ⊠ 72285, ℰ 22 91, 🚗 – 🔟 🗪 🅿
6. Jan.- 2. Feb. geschl. – **Menu** *(Donnerstag geschl.)* à la carte 24/50 ⅜ – **32 Z** 51/10
– ½ P 69.

In Pfalzgrafenweiler - Kälberbronn W : 7 km :

🏨 **Schwanen** ॐ, Große Tannenstr. 10, ⊠ 72285, ℰ 18 80, Fax 18899, 🏤, Massage, ♨, ≘s
🔲, 🚗 – 🛗 ✳ Zim 🔟 ⅙ 🅿 – 🕍 50. ✳ Rest
Mitte Nov.- Mitte Dez. geschl. – **Menu** à la carte 34/72 *(auch vegetarische Gerichte)* – **55**
115/230 – ½ P 139.

🏠 **Waldsägmühle** ॐ, an der Straße nach Durrweiler (SO : 2 km), ⊠ 72285, ℰ 8 51 5(
Fax 6750, 🏤, ≘s, 🔲, – 🛗 🔟 🅿 – 🕍 60. ⓘ 🗲 **VISA**
10. Jan.- 10. Feb. und Juli - Aug. 2 Wochen geschl. – Menu *(Sonntag nur Mittagessen*
Montag geschl.) à la carte 39/83 – **38 Z** 95/175 – ½ P 103/129.

In Pfalzgrafenweiler - Neu-Nuifra SO : 5 km :

🏠 **Schwarzwaldblick,** Vörbacher Str. 3, ⊠ 72285, ℰ (07445) 24 79, 🚗 – 🅿
Okt. - Nov. 4 Wochen geschl. – Menu *(Montag geschl.)* à la carte 22/36 ⅜ – **15 Z** 45/10(

PFARRKIRCHEN Bayern **413** V 21, **987** ㊲, **426** K 3 – 10 300 Ew – Höhe 380 m – 😊 0856₁
🔝 beim Bahnhof Kaismühle (W : 2 km), ℰ (08561) 59 69.
◆München 135 – Landshut 70 – Passau 58.

🏠 **Ederhof,** Zieglstadl 1a, ⊠ 84347, ℰ 17 50, Fax 6402, 🏤 – 🛗 ☎ 🅿 🆎 ⓘ 🗲 **VISA**
Menu *(Samstag - Sonntag geschl.)* (nur Abendessen) à la carte 24/42 – **18 Z** 72/115.

PFARRWEISACH Bayern siehe Ebern.

PFEDELBACH Baden-Württemberg 413 L 19 – 7 100 Ew – Höhe 237 m – ☎ 07941 (Öhringen).
♦Stuttgart 72 – Heilbronn 32 – Schwäbisch Hall 33.

In Pfedelbach-Untersteinbach SO : 8 km – Erholungsort :

Gästehaus Frank, In der Heid 3, ✉ 74629, ☎ (07949) 6 70, Fax 670, – TV P. E
(nur Abendessen für Hausgäste) – **12 Z** 55/120.

PFEFFENHAUSEN Bayern 413 S 20,21, 987 ㊲ – 4 200 Ew – Höhe 434 m – ☎ 08782.
♦München 85 – Landshut 24 – ♦Regensburg 61.

Brauerei-Gasthof Pöllinger, Moosburger Str. 23, ✉ 84076, ☎ 16 70, Fax 8380, – TV ☎ P. AE ⓓ E VISA
Menu à la carte 20/45 – **28 Z** 55/100.

PFINZTAL Baden-Württemberg 413 I 20 – 16 200 Ew – Höhe 160 m – ☎ 07240.
♦Stuttgart 65 – Karlsruhe 13 – Pforzheim 21.

In Pfinztal-Berghausen :

Zur Linde mit Zim, An der Jöhlinger Straße (B 293), ✉ 76327, ☎ (0721) 4 61 18, Fax 463630 – TV ☎. Zim
Menu *(Dienstag nur Mittagessen, Samstag nur Abendessen)* à la carte 34/66 – **12 Z** 90/150.

In Pfinztal-Söllingen :

Villa Hammerschmiede, Hauptstr. 162 (B 10), ✉ 76327, ☎ 60 10, Fax 60160, « Elegantes Hotel in ehem. Villa ; Park », – Zim TV P – 40. AE ⓓ E VISA
Menu à la carte 68/111 – **26 Z** 148/298.

Am Rathausplatz garni, Hauptstr. 74 (B 10), ✉ 76327, ☎ 64 02 – TV ☎ P.
13 Z.

PFORZEN Bayern siehe Kaufbeuren.

PFORZHEIM Baden-Württemberg 413 J 20, 987 ㉟ – 115 000 Ew – Höhe 280 m – ☎ 07231.
18 Ölbronn-Dürrn (NO : 9 km), Karlshäuser Hof, ☎ (07237) 91 00.
Stadtinformation, Marktplatz 1, ✉ 75175, ☎ 39 21 90, Fax 33172.
ADAC, Julius-Moser-Str. 1, (Gewerbegebiet, über ⑤), ✉ 75179, ☎ 1 50 91.
♦Stuttgart 53 ② – Heilbronn 82 ② – ♦Karlsruhe 36 ⑤.

Stadtplan siehe nächste Seite

Parkhotel, Deimlingstr. 36, ✉ 75175, ☎ 16 10, Fax 161690, – Zim TV – 150. AE ⓓ E VISA BY **e**
Menu à la carte 42/66 – **144 Z** 160/250.

Maritim Hotel Goldene Pforte, Hohenstaufenstr. 6, ✉ 75177, ☎ 3 79 20, Fax 3792144, – Zim TV – 170 BX **s**
148 Z.

Royal - Ristorante Santa Lucia, Wilferdinger Str. 64, ✉ 75179, ☎ 16 40 (Hotel), 35 91 94 (Rest.), Fax 106708 – Zim TV ☎ P – 40. AE ⓓ E VISA über ⑤
Menu à la carte 62/104 – **43 Z** 130/180.

Gute Hoffnung garni, Dillsteiner Str. 9, ✉ 75173, ☎ 2 20 11, Fax 25024 – TV ☎. E VISA AY **v**
22 Z 98/138.

Hasenmayer, Heinrich-Wieland-Allee 105 (B 294), ✉ 75177, ☎ 31 10, Fax 311345 – Zim TV ☎ P über ①
Menu à la carte 28/48 – **44 Z** 78/135.

Goldener Bock, Ebersteinstr. 1, ✉ 75177, ☎ 10 51 23 – AE ⓓ E VISA AX **b**
Freitag nur Abendessen, Donnerstag, Juli - Aug. 3 Wochen und 27. Dez.- 10. Jan. geschl. – **Menu** (abends Tischbestellung ratsam) à la carte 40/66.

In Pforzheim-Brötzingen über ④ :

Silberburg, Dietlinger Str. 27, ✉ 75179, ☎ 4 11 59, Fax 41159 – AE ⓓ E VISA
Dienstag nur Abendessen, Montag und Juli - Aug. 3 Wochen geschl. – **Menu** à la carte 58/83.

In Pforzheim-Büchenbronn SW : 5 km über Kaiser-Friedrich-Str. AY :

Adler, Lerchenstr. 21, ✉ 75180, ☎ 7 12 25, – P. E
Feiertage nur Mittagessen, Montag - Dienstag, Anfang Jan. 1 Woche, über Fasching und Mitte Juli - Mitte Aug. geschl. – **Menu** à la carte 35/62.

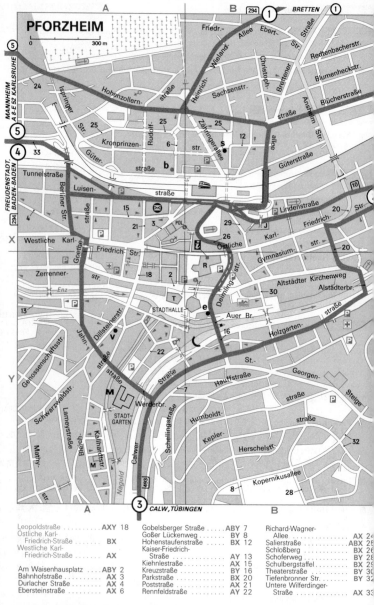

PFORZHEIM

0   300 m

An der Straße nach Huchenfeld ③ : 4 km :

XX **Hoheneck,** Huchenfelder Str. 70, ⊠ 75180 Pforzheim, ℘ (07231) 7 16 33, Fax 767941, ☞ – **℗.** Œ ⓘ Ⓔ VISA – **Menu** à la carte 32/75.

In Birkenfeld ④ : 6,5 km :

XX **Zur Sonne** mit Zim, Dietlinger Str. 134, ⊠ 75217, ℘ (07231) 4 78 24, « Gemütliche Einrichtung » – ⊺ ☎ ℗. ❀ – Mitte Juli - Anfang Aug. geschl. – **Menu** *(Mittwoch nu Mittagessen, Donnerstag geschl.)* à la carte 47/71 – **5 Z** 90/150.

In Neulingen-Bauschlott ① : 10 km :

🏠 **Goldener Ochsen,** Brettener Str. 1, ☒ 75245, ℘ (07237) 2 25, Fax 1898, Biergarten – 📺
🅿
Juli - Aug. 3 Wochen geschl. – **Menu** *(Montag nur Abendessen, Dienstag geschl.)* à la carte
30/57 *(auch vegetarische Gerichte)* ⅃ – **15 Z** 60/100.

In Wimsheim SO : 12 km über St.-Georgens-Steige BY :

✕✕ **Widmann,** Austr. 48, ☒ 71299, ℘ (07044) 4 13 23, 🌫 – 🅿. ⒶⒺ Ⓔ
Montag, Jan. 1 Woche und Aug. 3 Wochen geschl. – **Menu** à la carte 36/69 – *Le Gourmet :*
Menu à la carte 59/78.

Siehe auch : *Niefern-Öschelbronn*

PFRONTEN Bayern 🅘🅘🅘 O 24, 🅘🅘🅘 ㊱, 🅘🅘🅘 D 6 – 7 500 Ew – Höhe 850 m – Luftkurort – Win-
tersport : 840/1 840 m ⚡2 ⚡15 ⚡7 – ✪ 08363.
Hotels und Restaurants : Außerhalb der Saison variable Schließungszeiten.
🅘 Verkehrsamt, Haus des Gastes, Pfronten-Ried, Vilstalstraße, ☒ 87459, ℘ 6 98 88, Fax 69866.
◆München 131 – Füssen 12 – Kempten (Allgäu) 29.

In Pfronten-Dorf :

🏨 **Bavaria** 🏡, Kienbergstr. 62, ☒ 87459, ℘ 90 20, Fax 6815, ≤, 🌫, Massage, ♨, ≘s,
⅃ (geheizt), 🏊, 🎿 – 🛗 📺 🗪 🅿 – 🖄 25. ⒶⒺ Ⓔ 🎿 Rest
Nov. geschl. – **Menu** à la carte 47/74 – **40 Z** 110/230, 3 Suiten – ½ P 140/180.

🏨 ✿ **Gasthaus Krone,** Tiroler Str. 29, ☒ 87459, ℘ 60 76, Fax 6164, 🌫 – 🛗 ✜ Zim 📺 🗪
🅿 – 🖄 25. ⒶⒺ Ⓞ Ⓔ 🆅🆂🅰 🎿 Rest
Sankt Magnus Zimmer (Sonntag-Montag und 1.- 21. Aug. geschl.) (nur Abendessen) **Menu**
109/128 und à la carte 58/88 – *Gaststube (auch Mittagessen)* Menu 40/45 und à la carte
38/65 – **32 Z** 115/200 – ½ P 127/152
Spez. Warm geräucherte Seezungenroulade mit Safranschaum, Roulade von der Taubenbrust,
Quark-Vanillesoufflé mit Beeren.

🏠 **Haus Achtal** 🏡 garni, Brentenjochstr. 4, ☒ 87459, ≤, ≘s, 🏊, 🎿, 🎿% – 🕿 🅿
4. Nov.- 18. Dez. geschl. – **15 Z** 60/110.

In Pfronten-Halden :

🏠 **Zugspitzblick** 🏡 garni, Edelsbergweg 71, ☒ 87459, ℘ 9 10 10, Fax 910199,
≤ Tannheimer Gruppe und Pfronten, ≘s, ⅃ (geheizt), 🏊, 🎿 – 📺 🕿 🗪
26. Okt.- 18. Dez. geschl. – **49 Z** 51/110.

In Pfronten-Heitlern :

🏠 **Café am Kurpark** 🏡, Schlickestr. 11, ☒ 87459, ℘ 81 12, Fax 73298, ≘s, 🎿 – 🗪 🅿.
🎿
7. April - 5. Mai und 29. Okt.- 17. Dez. geschl. – (nur Abendessen für Hausgäste) – **11 Z**
55/122.

In Pfronten-Meilingen :

🏠 **Berghof** 🏡, Falkensteinweg 13, ☒ 87459, ℘ 50 17, Fax 6817, ≤ Pfronten mit Kienberg und
Breitenberg, 🌫, ≘s – 📺 🕿 🗪 🅿
29 Z.

🏠 **In der Sonne** 🏡, Neuer Weg 14, ☒ 87459, ℘ 50 19, Fax 6839, 🌫, ≘s, 🎿 – 📺 🕿 🗪
🅿
5. Nov.- 15. Dez. geschl. – **Menu** *(Dienstag geschl.)* à la carte 26/47 ⅃ – **20 Z** 65/124
– ½ P 77/90.

In Pfronten-Obermeilingen :

🏨 **Berghotel Schloßanger-Alp** 🏡, Am Schloßanger 1 – Höhe 1 130 m, ☒ 87459, ℘ 60 86,
Fax 6667, ≤ Tiroler Berge, 🌫, ≘s, 🏊, 🎿 – 📺 🗪 🅿. ⒶⒺ Ⓞ Ⓔ 🆅🆂🅰
Mitte Jan.- Mitte Feb. und Anfang - Mitte Dez. geschl. – **Menu** *(Nov.- Juni Dienstag geschl.)*
à la carte 31/65 – **30 Z** 115/220 – ½ P 110/151.

🏨 **Burghotel auf dem Falkenstein** 🏡, Falkenstein 1 – Höhe 1 277 m, ☒ 87459, ℘ 3 09,
Fax 73390, ≤ Alpen, 🌫, ≘s, 🎿 – 📺 🕿 🅿. ⒶⒺ Ⓞ Ⓔ 🆅🆂🅰
Anfang Nov.- Anfang Dez. geschl. – **Menu** *(Jan.- Mai Donnerstag geschl.)* à la carte 28/63
– **9 Z** 122/180.

In Pfronten-Ried :

✕ **Kutschers Einkehr,** Allgäuer Str. 37 (1. Etage), ☒ 87459, ℘ 82 29, 🌫
Dienstag sowie April und Dez. jeweils 2 Wochen geschl. – **Menu** à la carte 30/52.

In Pfronten-Röfleuten :

🏠 **Am Rißbach** 🏡, Zerlachweg 1, ☒ 87459, ℘ 6 90 70, Fax 690737, ≤, ≘s, 🏊, 🎿 – 🛗
🅿
7.- 20. April und Anfang Nov.- Mitte Dez. geschl. – **Menu** *(Montag geschl.)* (nur Abendessen)
à la carte 26/58 ⅃ – **34 Z** 76/151 – ½ P 82/111.

In Pfronten-Steinach :

🏠 **Chesa Bader** ♨ garni, Enzianstr. 12, ☒ 87459, 𝒫 83 96, Fax 7547, « Chalet mit rustikal-behaglicher Einrichtung », ⇌s, 🔲, 🚗 – 📺 ☎ 🚗 🅿. 🦌
15. Nov.- 20. Dez. geschl. – **13 Z** 75/150.

🏠 **Pfrontener Hof,** Tiroler Str. 174, ☒ 87459, 𝒫 60 14, Fax 6842, 🍴, 🚗 – ☎ 🚗 🅿
Anfang Nov.- Mitte Dez. geschl. – **Menu** *(Mittwoch geschl.)* à la carte 26/52 ♨ – **19 Z** 60/106.

In Pfronten-Weißbach :

🏠 **Post** (mit Gästehaus), Kemptener Str. 14, ☒ 87459, 𝒫 50 32, Fax 5035, ⇌s – 📺 ☎ 🚗 🅿. 🆎 ⓪ Ɛ 𝘝𝘐𝘚𝘈
Anfang Nov.- Mitte Dez. geschl. – **Menu** *(Montag geschl.)* à la carte 26/59 – **23 Z** 75/140 – ½ P 88.

🏠 **Bergpanorama** ♨, Röfleuter Weg 14, ☒ 87459, 𝒫 9 11 90, Fax 911911, ≤, 🍴, Massage, ⇌s, 🔲, 🚗 – 🛗 📺 ☎ 🅿. Ɛ 𝘝𝘐𝘚𝘈. 🦌 Rest
Mitte Nov.- Mitte Dez. geschl. – **Menu** *(Mittwoch geschl.)* à la carte 23/54 – **47 Z** 75/140 – ½ P 92/97.

PFULLENDORF Baden-Württemberg 𝟒𝟏𝟑 K 23, 𝟗𝟖𝟕 ㉟, 𝟒𝟐𝟕 L 2 – 10 500 Ew – Höhe 650 m – 🕓 07552.

🛈 Kultur- und Verkehrsamt, Marktplatz (Rathaus), ☒ 88630, 𝒫 2 51 60, Fax 4156.

♦Stuttgart 123 – ♦Freiburg im Breisgau 137 – ♦Konstanz 62 – ♦Ulm (Donau) 92.

🏠 **Adler,** Heiligenberger Str. 20, ☒ 88630, 𝒫 9 20 90, Fax 5005 – 🛗 📺 ☎ 🅿 – 🅰 80
(wochentags nur Abendessen) – **28 Z**.

🏠 **Krone** (Fachwerkhaus a.d.17.Jh.), Hauptstr. 18, ☒ 88630, 𝒫 9 21 70, Fax 92170 – 📺 ☎ 🚗. 🆎 ⓪ Ɛ 𝘝𝘐𝘚𝘈
22. Dez.- 10. Jan. geschl. – **Menu** à la carte 34/64 – **32 Z** 70/170.

🏠 **Stadtblick** garni, Am Pfarrösche 2/1, ☒ 88630, 𝒫 60 03 – 📺 ☎ 🅿. 🦌
über Fastnacht 2 Wochen geschl. – **14 Z** 87/158.

PFULLINGEN Baden-Württemberg 𝟒𝟏𝟑 K 21, 𝟗𝟖𝟕 ㉟ – 16 000 Ew – Höhe 426 m – 🕓 07121 (Reutlingen).

♦Stuttgart 53 – Reutlingen 4 – ♦Ulm (Donau) 78.

🏠 **Engelhardt** ♨ garni, Hauffstr. 111, ☒ 72793, 𝒫 7 70 38, Fax 790287, ⇌s – 🛗 📺 ☎ 🅿 – 🅰 30. 🆎 ⓪ Ɛ 𝘝𝘐𝘚𝘈
58 Z 98/150.

PFUNGSTADT Hessen 𝟒𝟏𝟐 𝟒𝟏𝟑 I 17, 𝟗𝟖𝟕 ㉕ – 24 000 Ew – Höhe 103 m – 🕓 06157.

♦Wiesbaden 52 – ♦Darmstadt 10 – Mainz 45 – ♦Mannheim 45.

🏠 **Weingärtner** ♨ garni, Sandstr. 26, ☒ 64319, 𝒫 29 58, Fax 81890 – ☎ 🅿. 🆎 ⓪ Ɛ 𝘝𝘐𝘚𝘈
39 Z 48/118.

🍴🍴 **Kirchmühle,** Kirchstr. 31, ☒ 64319, 𝒫 68 20, Fax 86444, 🍴, « Originelle Einrichtung aus Teilen einer alten Mühle » – 🆎 Ɛ
Samstag nur Abendessen, Jan. 1 Woche und Sonntag geschl. – **Menu** (Tischbestellung ratsam) à la carte 46/82.

🍴 **Restaurant VM** (kleines Restaurant im Bistrostil), Borngasse 16 (Zentrum am Rathaus), ☒ 64319, 𝒫 8 54 40, Fax 537220
Samstag und Montag nur Abendessen, Sonntag sowie 2 Wochen nach Ostern und Mitte - Ende Sept. geschl. – **Menu** (Tischbestellung ratsam) à la carte 45/75 *(auch vegetarisches Menu).*

An der Autobahn A 67 :

🏠 **Raststätte und Motel** (Ostseite), ☒ 64319 Pfungstadt, 𝒫 (06157) 30 31, Fax 2426, 🍴 – 🛗 🦌 Zim ☎ 🚗 🅿
Menu (auch self-service) à la carte 34/50 – **56 Z** 69/146.

PHILIPPSREUT Bayern 𝟒𝟏𝟑 X 20, 𝟒𝟐𝟔 ⑦ – 850 Ew – Höhe 978 m – 🕓 08550.

🛈 Verkehrsamt, Hauptstr. 11, ☒ 94158, 𝒫 2 65.

♦München 221 – Grafenau 30 – Passau 49.

🍴 **Hubertus Stuben** mit Zim, Obermoldauer Str. 1, ☒ 94158, 𝒫 7 81, Fax 422, 🍴, 🎿, ⇌s, 🚗 – 🦌 📺 ☎ 🅿. 🦌
7 Z.

In Philippsreut-Mitterfirmiansreut NW : 5 km – Erholungsort – Wintersport 940/1140 m
⚡5 ⚡2 :

🏠 Almberg, Schmelzler Str. 27, ✉ 94158, 𝒫 (08557)3 61, Fax 1013, ≤, 🍴, ⬛s, 🔲, – 📺 ☎
🅿
40 Z

PHILIPPSTHAL Hessen 412 N 14 – 5 400 Ew – Höhe 226 m – Erholungsort – ✪ 06620.
♦Wiesbaden 190 – Fulda 77 – Bad Hersfeld 26.

In Philippsthal-Röhrigshof W : 2,5 km :

XX La Saline mit Zim, Hattorfer Str. 60, ✉ 36269, 𝒫 4 30, Fax 8341, 🍴 – 📺 ☎ 🅿 – 🔺 25
6 Z.

PIDING Bayern 413 V 23, 426 K 5 – 4 500 Ew – Höhe 457 m – Luftkurort – ✪ 08651 (Bad
Reichenhall).
🛈 Verkehrsamt, Thomastr. 2 (Rathaus), ✉ 83451, 𝒫 38 60.
♦München 128 – Bad Reichenhall 9 – Salzburg 13.

In Piding - Högl N : 4 km :

🏠 Berg- und Sporthotel Neubichler Alm ⬂, Kleinhögl 87 – Höhe 800 m, ✉ 83451,
𝒫 (08656) 7 00 90, Fax 1233, ≤ Salzburg und Berchtesgadener Land, 🍴, ⬛s, 🔲, 🐴, ✕
🏊 – 📶 ⬌ Zim 📺 ☎ 🛁 🅿 – 🔺 75
55 Z.

In Piding-Mauthausen :

🏠 **Pension Alpenblick** ⬂, Gaisbergstr. 9, ✉ 83451, 𝒫 9 88 70, Fax 988735, ⬛s, 🐴 – 📺
☎ 🅿. ✕
Nov.- Mitte Dez. geschl. – (nur Abendessen für Hausgäste) – **17 Z** 67/114 – ½ P 69/81.

PIESPORT Rheinland-Pfalz 412 D 17 – 2 100 Ew – Höhe 130 m – ✪ 06507.
Mainz 135 – Bernkastel-Kues 18 – ♦Trier 43 – Wittlich 26.

🏠 **Winzerhof** garni, Bahnhofstr. 8a, ✉ 54498, 𝒫 9 25 20, Fax 925252 – 📺 ☎ 🅿. AE ⓞ E
VISA
Mitte Jan.- Mitte Feb. geschl. – **12 Z** 90/158.

PINNEBERG Schleswig-Holstein 411 M 6, 987 ⑤ – 38 200 Ew – Höhe 11 m – ✪ 04101.
ADAC, Elmshorner Str. 73, ✉ 25421, 𝒫 7 29 39, Fax 72809.
♦Kiel 89 – ♦Bremen 128 – Hamburg 18 – ♦Hannover 173.

🏠 **Cap Polonio** ⬂, Fahltskamp 48, ✉ 25421, 𝒫 2 24 02, Fax 513330, 🍴, « Festsaal
mit Original-Einrichtung des Dampfers Cap Polonio » – 📶 📺 ☎ 🛁 🅿 – 🔺 120. AE
E
Menu à la carte 38/75 – **64 Z** 100/190.

XX **Zur Landdrostei**, Dingstätte 23, ✉ 25421, 𝒫 20 77 72, 🍴 – AE ⓞ E VISA
Montag geschl. – **Menu** à la carte 44/73.

PIRMASENS Rheinland-Pfalz 412 413 F 19, 987 ㉔, 57 ⑧ – 51 000 Ew – Höhe 368 m –
✪ 06331.
Messegelände Wasgauhalle, 𝒫 6 40 41, Fax 65758.
🛈 Kultur- und Verkehrsamt, Messehaus, Dankelsbachstr. 19, ✉ 66953, 𝒫84 23 55, Fax 99409.
ADAC, Schloßstr. 6, ✉ 66953, 𝒫 6 44 40, Fax 92563.
Mainz 122 ① – Kaiserslautern 36 ① – Landau in der Pfalz 46 ② – ♦Saarbrücken 63 ①.

Stadtplan siehe nächste Seite

🏠 **Hans-Sachs-Hof**, Schloßstr. 59, ✉ 66953, 𝒫 26 70, Fax 44582, 🍴 – 📶 ▤ Rest 📺 ☎
🅿 – 🔺 100. AE ⓞ E VISA **e**
Menu *(Sonntag und Juli 3 Wochen geschl.)* à la carte 34/62 🍴 – **70 Z** 75/220.

🏠 **Wasgauland** garni, Bahnhofstr. 35, ✉ 66953, 𝒫 53 10, Fax 531144 – 📶 ☎ ⬅ 🅿. E
VISA **r**
44 Z 65/108.

In Pirmasens-Winzeln W : 4 km über Winzler Str. oder Arnulfstr. :

🏠 **Kunz**, Bottenbacher Str. 74, ✉ 66954, 𝒫 87 50, Fax 875100, 🍴, ⬛s, 🔲 – 📺 ☎ ⬅
🅿 – 🔺 100. AE ⓞ E VISA
21. Dez.- 3. Jan. geschl. – **Menu** *(Samstag nur Abendessen, Freitag und 7.- 23. Juli geschl.)*
à la carte 35/67 🍴 – **48 Z** 60/140.

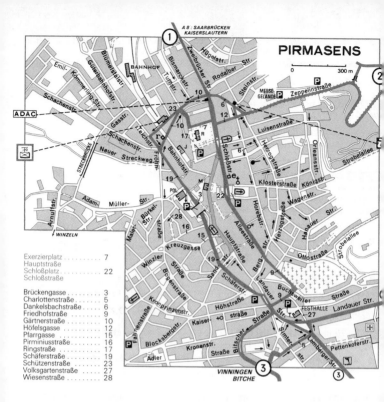

Check-in :
Nicht schriftlich reservierte Zimmer werden in den meisten Hotels
nur bis 18 Uhr freigehalten.
Bei späterer Anreise ist daher der ausdrückliche Hinweis
auf die Ankunftzeit oder - besser noch - schriftliche Zimmerreservierung ratsam.

PIRNA Sachsen 414 N 13, 984 ㉔, 987 ⑱ – 41 000 Ew – Höhe 120 m – ✆ 03501.
🛈 Fremdenverkehrsbüro, Dohnaische Str. 31, ✉ 01796, ✆ 28 97.
♦Dresden 21 – Chemnitz 91 – Görlitz 97.

🏨 **Romantik-Hotel Deutsches Haus** ⌂, Niedere Burgstr. 1, ✉ 01796, ✆ 44 34 40,
Fax 528104 – 🛗 ⇔ Zim 📺 ☎. 🆎 🅴 𝖵𝖨𝖲𝖠. ⛝ Rest
Menu (nur Abendessen) à la carte 25/44 – **40 Z** 110/175.

🏨 **Pirna'scher Hof,** Am Markt 4, ✉ 01796, ✆ 4 43 80, Fax 44380, Ständig wechselnde Bilderausstellung – 📺 ☎. 🆎 🅴 𝖵𝖨𝖲𝖠
Menu à la carte 28/55 – **23 Z** 95/180.

🏨 **Sächsischer Hof,** Gartenstr. 21, ✉ 01796, ✆ 44 75 51, Fax 447554, 🏤, 🖨s – 📺 ☎
← 🅿
Menu à la carte 23/45 – **28 Z** 95/142.

🏨 **Zur Post,** Liebstädter Str. 30 (SW : 2 km), ✉ 01796, ✆ 55 00, Fax 527712, 🏤, 🖨s, 🔲
← – 🛗 📺 ☎ & 🅿 – 🔏 80
Menu à la carte 20/33 – **63 Z** 86/180.

PLAIDT Rheinland-Pfalz 412 F 15 – 5 500 Ew – Höhe 110 m – ✆ 02632 (Andernach).
Mainz 109 – ♦Bonn 63 – ♦Koblenz 19.

🏨 **Geromont,** Römerstr. 3a, ✉ 56637, ✆ 60 55, Fax 6066 – ☎ ⇔ 🅿. 🆎 ⓞ 🅴 𝖵𝖨𝖲𝖠
← ⛝ Rest
23. Dez.- 5. Jan. geschl. – **Menu** (Sonntag geschl.) (nur Abendessen) à la carte 23/45 –
28 Z 75/105.

PLANEGG Bayern siehe Gräfelfing.

PLATTLING Bayern 🔢🔢🔢 V 20, 🔢🔢🔢 ㉘ – 11 500 Ew – Höhe 320 m – 🔴 09931.
▶München 134 – Deggendorf 12 – Landshut 65 – Passau 53 – ◆Regensburg 71.

🏨 **Zur Grünen Isar,** Passauer Str. 2, ✉ 94447, 𝓟 95 20, Fax 952222, Biergarten – |韋| 📺 ☎.
◆ 🆎 ① 🇪 𝘝𝘐𝘚𝘈. ℅ Rest
Menu à la carte 21/44 – **53 Z** 65/150.

🏨 **Bahnhof-Hotel Liebl,** Bahnhofsplatz 3, ✉ 94447, 𝓟 24 12, Fax 6709, 🍴 – ☎ ⇦ 🅿.
◆ 🆎 ① 🇪 𝘝𝘐𝘚𝘈
Ende Dez.- Anfang Jan. geschl. – **Menu** (Freitag geschl.) à la carte 22/58 – **32 Z** 49/130.

🏨 **Preysinghof,** Preysingplatz 19, ✉ 94447, 𝓟 9 17 00 – ☎ ⇦
◆ **Menu** (Mittwoch geschl.) à la carte 23/49 – **13 Z** 55/120.

In Plattling-Altholz NO : 7 km :

🍴🍴 **Reiter Stuben Hutter,** ✉ 94447, 𝓟 (0991) 73 20, Fax 382887, 🍴 – 🅿 – 🔺 50. 🆎 🇪
Sonn- und Feiertage geschl. – **Menu** à la carte 34/64.

🔹 Pour voyager rapidement, utilisez les cartes Michelin "Grandes Routes" :

🔢🔢🔢 Europe, 🔢🔢🔢 Grèce, 🔢🔢🔢 Allemagne, 🔢🔢🔢 Scandinavie-Finlande,
🔢🔢🔢 Grande-Bretagne-Irlande, 🔢🔢🔢 Allemagne-Autriche-Benelux, 🔢🔢🔢 Italie,
🔢🔢🔢 France, 🔢🔢🔢 Espagne-Portugal.

PLAU am See Mecklenburg-Vorpommern 🔢🔢🔢 I 5, 🔢🔢🔢 ⑪, 🔢🔢🔢 ⑦ – 6 900 Ew – Höhe 75 m – 🔴 038735.
🛈 Touristinformation, Marktstr. 22, ✉ 19395, 𝓟 23 45.
▶Schwerin 73 – ◆Berlin 150 – ◆Rostock 84 – Stendal 123.

🏨 **Parkhotel Klüschenberg** ⬁, Am Klüschenberg 14, ✉ 19395, 𝓟 3 79, Fax 371, 🍴 – |韋|
◆ 📺 🅿 – 🔺 100. 🆎 𝘝𝘐𝘚𝘈
Menu à la carte 28/54 – **50 Z** 120/190.

🏨 **Reke,** Dammstr. 2a, ✉ 19395, 𝓟 20 55, Fax 2231 – |韋| 📺 ☎ 🅿. 🇪 𝘝𝘐𝘚𝘈
◆ Menu à la carte 24/40 – **26 Z** 89/150.

Am Plauer See S : 4 km :

🏨 **Seehotel Plau am See** ⬁ (mit Gästehaus), Hermann-Niemann-Str. 6, ✉ 19395 Plau am
◆ See, 𝓟 (038735) 5 68, Fax 2279, ≤, 🍴, ≋, 🔲, 🐎 – 📺 ☎ 🅿 – 🔺 50. 🆎 ① 🇪 𝘝𝘐𝘚𝘈. ℅
Menu à la carte 24/55 – **71 Z** 119/178.

🏨 **Pension Gesundbrunn** ⬁, Hermann-Niemann-Str. 11, ✉ 19395 Plau am see,
◆ 𝓟 (038735) 7 38 38, Fax 73838 – 📺 ☎ 🅿. 🆎 🇪
Menu à la carte 22/47 – **20 Z** 90/160.

In Plau-Heidenholz NO : 1,5 km :

🏨 **Kiek In - Pension Marianne,** Quetziner Str. 77, ✉ 19395, 𝓟 5 75, Fax 73141, 🍴 – 📺
◆ ☎ 🅿. 🆎 🇪 𝘝𝘐𝘚𝘈
Menu (überwiegend Wildgerichte) à la carte 24/45 – **18 Z** 80/120.

In Plau-Quetzin N : 4 km :

🏨 **Rosenhof** ⬁, August-Bebel-Str. 10, ✉ 19359, 𝓟 731 23 , Fax 520, 🍴, �︎ – 📺 ☎ 🅿.
◆ 🆎 ① 🇪 𝘝𝘐𝘚𝘈
Menu à la carte 25/40 – **31 Z** 109/169.

PLAUE Thüringen 🔢🔢🔢 J 8 – 1 800 Ew – Höhe 330 m – 🔴 036207.
▶Erfurt 28 – Gotha 33.

🏨 **Plauescher Grund** ⬁, Bahnhofstr. 18, ✉ 99338, 𝓟 5 50 91, Fax 55095, 🍴 – ⇴ Zim
◆ 📺 ☎ 🅿 – 🔺 200. 🆎 ① 🇪 𝘝𝘐𝘚𝘈
Menu à la carte 22/52 – **24 Z** 115/231.

PLAUEN Sachsen 🔢🔢🔢 I 14, 🔢🔢🔢 ㉗, 🔢🔢🔢 ㉗ – 71 000 Ew – Höhe 350 m – 🔴 03741.
🛈 Tourist-Information, Rädelstr. 2, ✉ 08523, 𝓟 22 49 45.
ADAC, Stöckigter Str. 33, ✉ 08527, 𝓟 22 27 77, Fax 222777 (Umzug in 1995 vorgesehen).
▶Dresden 151 – ◆Berlin 300 – Bayreuth 105 – Chemnitz 80 – Erfurt 144.

🏨🏨 **Alexandra,** Bahnhofstr. 17, ✉ 08523, 𝓟 22 67 47, Fax 226747, 🍴, Massage, 🏋, ≋ –
◆ |韋| 📺 ⅍ 🅿 – 🔺 80. 🆎 ① 🇪 𝘝𝘐𝘚𝘈
Menu à la carte 27/62 – **72 Z** 140/240.

🏨 **Parkhotel** (ehem. Villa), Rädelstr. 18, ✉ 08523, 𝓟 2 00 60, Fax 200660, Biergarten – 📺
◆ ☎ 🅿 – 🔺 25. 🇪 𝘝𝘐𝘚𝘈
Menu à la carte 31/42 – **17 Z** 98/186.

🏨 **Café Heinz,** Jößnitzer Str. 112, ✉ 08525, 𝓟 5 47 70, Fax 525822, 🍴 – 📺 ☎
◆ Menu à la carte 20/30 – **12 Z** 98/156.

In Plauen-Reusa O : 2 km :

※※ Reusaer Eck mit Zim, Reusaer Str. 84, ⊠ 08529, ℰ 44 56 80, Fax 445681, Biergarten – 🖵
☎ 🅿 – 🔬 30
9 Z.

In Neundorf SO : 4,5 km :

🏠 **Ambiente** 🦢, Schulstr. 23b, ⊠ 08527, ℰ (03741) 3 41 02, Fax 34168, 🍴 – 🖵 ☎ 🅿 🖵
➡ 𝘝𝘐𝘚𝘈
Menu à la carte 20/49 – **20 Z** 80/130.

PLECH Bayern ⁴¹³ R 18 – 1 200 Ew – Höhe 461 m – Erholungsort – 🕲 09244 (Betzen
stein).
♦München 192 – Bayreuth 40 – ♦Nürnberg 46.

In Plech-Bernheck NO : 2,5 km :

🏨 **Veldensteiner Forst** 🦢, ⊠ 91287, ℰ 98 11 11, Fax 981189, 🍴, ⇍s, 🔲, 🎣 – 🛗 🖵
☎ ⇍ 🅿 – 🔬 50. 🖭 🗲 𝘝𝘐𝘚𝘈. 🛠 Zim
Mitte Feb.- Mitte März geschl. – **Menu** *(Montag geschl.)* à la carte 25/54 🐟 – **39 Z** 70/
140.

PLEINFELD Bayern ⁴¹³ PQ 19 – 6 000 Ew – Höhe 371 m – 🕲 09144.
🛃 Verkehrs- und Reisebüro, Marktplatz 11, ⊠ 91785, ℰ 67 77.
♦München 140 – Donauwörth 49 – Ingolstadt 60 – ♦Nürnberg 46.

🏨 Landhotel Der Sonnenhof 🦢, Badstr. 11, ⊠ 91785, ℰ 5 41, Fax 6463, 🍴, ⇍s – 🛗 🖵 ☎
🅿 – 🔬 100
54 Z.

🍴 **Zum Blauen Bock,** Brückenstr. 5, ⊠ 91785, ℰ 18 51, Fax 8277 – ⇍ 🅿
➡ 🛠 Zim
Menu *(Mittwoch geschl.)* (wochentags nur Abendessen) à la carte 17/26 – **14 Z** 40/
80.

※※ **Landgasthof Siebenkäs** mit Zim, Kirchenstr. 1, ⊠ 91785, ℰ 82 82, Fax 8307, 🍴 – ☎
🛠 Zim
Jan. und Aug. jeweils 2 Wochen geschl. – **Menu** *(Sonntag nur Mittagessen, Montag geschl.*
à la carte 37/66 – **3 Z** 65/115.

PLEISWEILER-OBERHOFEN Rheinland-Pfalz siehe Bergzabern, Bad.

PLETTENBERG Nordrhein-Westfalen ⁴¹¹ ⁴¹² G 13, ⁹⁸⁷ ㉔ – 30 000 Ew – Höhe 210 m –
🕲 02391.
♦Düsseldorf 117 – Arnsberg 43 – Hagen 50 – Lüdenscheid 23 – Olpe 29.

🏠 **Zum Freibad,** Landemerter Weg 1, ⊠ 58840, ℰ 9 28 70, Fax 2747, 🍴 – ☎ ⇍ 🅿 –
🔬 25. 🗲 𝘝𝘐𝘚𝘈
Menu *(Montag nur Abendessen)* à la carte 26/58 – **20 Z** 75/120.

※※ **Berghaus Tanneneck,** Brachtweg 61, ⊠ 58840, ℰ 33 66, ≤ Plettenberg und Ebbegebirge
– 🅿
Montag nur Mittagessen, Dienstag und Aug. 2 Wochen geschl. – **Menu** à la carte 38/
60.

PLEYSTEIN Bayern ⁴¹³ U 18 – 2 500 Ew – Höhe 549 m – Erholungsort – Wintersport
600/800 m ⚡1 ⚡4 – 🕲 09654.
🛃 Rathaus, Neuenhammer Str. 1, ⊠ 92714, ℰ 15 15.
♦München 216 – ♦Nürnberg 116 – ♦Regensburg 94 – Weiden in der Oberpfalz 23.

🍴 Zottbachhaus 🦢, Gut Peugenhammer (N : 2 km), ⊠ 92714, ℰ 2 62, 🍴, 🎣 – ⇍ 🅿
🛠
14 Z.

🍴 **Weißes Lamm,** Neuenhammer Str. 11, ⊠ 92714, ℰ 2 73, 🎣 – ⇍ 🅿. 🛠
➡ *Nov. geschl.* – **Menu** *(Dez.- Feb. Freitag geschl.)* à la carte 20/42 – **25 Z** 42/72.

Donnez-nous votre avis
sur les restaurants que nous recommandons,
sur leurs spécialités.

PLIEZHAUSEN Baden-Württemberg 🔲🔲🔲 K 21 – 6 700 Ew – Höhe 350 m – ✪ 07127.
Stuttgart 32 – Reutlingen 8,5 – ♦Ulm (Donau) 80.

🏤 **Schönbuch-Hotel** ⤵, Lichtensteinstr. 45, ⊠ 72124, 𝒫 72 86, Fax 7710, ≤ Schwäbische Alb, ⇌, 🔲, 🐖 – ⬛ 📺 ☎ & ⇦ 🅟 – 🔏 100. 🖭 ⓞ 🗲 𝑉𝐼𝑆𝐴
Juli - Aug. 2 Wochen geschl. – **Menu** à la carte 45/90 – **31 Z** 140/250.

PLOCHINGEN Baden-Württemberg 🔲🔲🔲 L 20, 🔲🔲🔲 ㉟ – 12 100 Ew – Höhe 276 m – ✪ 07153.
Stuttgart 25 – Göppingen 20 – Reutlingen 36 – ♦Ulm (Donau) 70.

🏤 **Princess** (Restaurant im Bistrostil), Widdumstr. 3, ⊠ 73207, 𝒫 2 10 67, Fax 72044 – ⬛ 📺 ☎ ⇦ – 🔏 25. 🧺 Rest
1.- 10. Jan. geschl. – **Menu** *(Samstag geschl.)* (nur Abendessen) à la carte 34/48 – **45 Z** 105/205.

🏠 **Schurwaldhotel** ⤵ garni, Marktstr. 13, ⊠ 73207, 𝒫 20 64, Fax 72675 – ⬛ 📺 ☎ ⇦. 🖭 ⓞ 🗲 𝑉𝐼𝑆𝐴
27 Z 104/160.

In Plochingen-Stumpenhof N : 3 km Richtung Schorndorf :

🍴🍴 **Stumpenhof**, Stumpenhof 1, ⊠ 73207, 𝒫 2 24 25 – 🅟
Montag - Dienstag, nach Fasching 1 Woche und Juli geschl. – **Menu** à la carte 34/70.

In Altbach NW : 3 km :

🏠 **Altbacher Hof** (mit 2 Gästehäusern), Kirchstr. 11, ⊠ 73776, 𝒫 (07153) 70 70, Fax 25072 – ⬛ 📺 ☎ ⇦ 🅟
Menu *(Freitag nur Mittagessen, Samstag und Juli 2 Wochen geschl.)* à la carte 28/56 – **93 Z** 75/160.

In Deizisau W : 3 km :

🍴 **Ochsen,** Sirnauer Str. 1, ⊠ 73779, 𝒫 (07153) 2 79 45 – 🅟
Sonntag nur Mittagessen, Montag, Juli 3 Wochen und 24. Dez.- 9. Jan. geschl. – **Menu** à la carte 29/58.

PLÖN Schleswig-Holstein 🔲🔲🔲 O 4, 🔲🔲🔲 ⑤ – 10 000 Ew – Höhe 22 m – Luftkurort – ✪ 04522.
Sehenswert : Großer Plöner See : Schloßterrasse ≤*.
🛈 Kurverwaltung, Lübecker Straße (Schwentinehaus), ⊠ 24306, 𝒫 27 17, Fax 2229.
Kiel 29 – ♦Lübeck 55 – Neumünster 36 – Oldenburg in Holstein 41.

🏤 **A. C. Kurhotel Plön,** Ölmühlenallee 1a, ⊠ 24306, 𝒫 80 90, Fax 809160, ⇧, direkter Zugang zum städt. 🔲, Massage, ♨, ⬚, ⇌, 🐖 – ⬛ 📺 ☎ 🅟 – 🔏 300. 🖭 ⓞ 🗲 𝑉𝐼𝑆𝐴. 🧺 Rest
Menu à la carte 42/78 – **53 Z** 110/300.

🏠 **Touristic** garni, August-Thienemann-Str. 1 (nahe der B 76), ⊠ 24306, 𝒫 81 32, Fax 8932, 🐖 – 📺 🅟
15 Z 78/130.

POCKING Bayern 🔲🔲🔲 WX 21, 🔲🔲🔲 ㊳, 🔲🔲🔲 L 3 – 12 000 Ew – Höhe 323 m – ✪ 08531.
♦München 149 – Landshut 102 – Passau 27 – Salzburg 112.

🏠 **Pockinger Hof,** Klosterstr. 13, ⊠ 94060, 𝒫 90 70, Fax 8881, 🌤 – ⬛ 📺 ☎ 🅟
← **Menu** à la carte 23/49 ♨ – **45 Z** 55/90.

PODEWALL Mecklenburg-Vorpommern siehe Neubrandenburg..

PÖCKING Bayern 🔲🔲🔲 Q 23, 🔲🔲🔲 F 5 – 5 200 Ew – Höhe 672 m – ✪ 08157.
♦München 32 – ♦Augsburg 71 – Garmisch-Partenkirchen 65.

🏠 **Kefer** garni, Hindenburgstr : 12, ⊠ 82343, 𝒫 12 47, Fax 4575, 🐖 – 📺 ☎ 🅟. 🖭 🗲
20 Z 68/130.

In Pöcking-Possenhofen SO : 1,5 km :

🏤 **Forsthaus am See** ⤵, Am See 1, ⊠ 82340, 𝒫 9 30 10, Fax 4292, ≤, « Terrasse am See » Bootssteg – ⬛ 📺 ☎ ⇦ 🅟 – 🔏 20. 🖭 🗲
Menu à la carte 36/80 – **21 Z** 185/270.

PÖLICH Rheinland-Pfalz siehe Mehring.

PÖRNBACH Bayern 🔲🔲🔲 R 21, 🔲🔲🔲 ㊲ – 2 000 Ew – Höhe 397 m – ✪ 08446.
♦München 58 – Ingolstadt 19.

🏠 **Bogenrieder,** Ingolstädter Str. 15 (B 15), ⊠ 85309, 𝒫 13 04 – ☎ ⇦ 🅟
15 Z.

PÖTTMES Bayern 🔲🔲🔲 Q 21, 🔲🔲🔲 ㊱ – 4 200 Ew – Höhe 406 m – ✆ 08253.
◆München 87 – ◆Augsburg 33 – Ingolstadt 42 – ◆Ulm (Donau) 104.

🏠 **Krone,** Kirchplatz 1, ✉ 86554, ✆ 3 30 – 🚗. **E**. ✎ Zim
🛏 *20. Juli - 30. Aug. geschl.* – **Menu** *(Montag geschl.)* à la carte 23/42 ⅊ – **17 Z** 35
70.

POHLHEIM Hessen siehe Gießen.

POLLE Niedersachsen 🔲🔲🔲 🔲🔲🔲 L 11, 🔲🔲🔲 ⑮ – 1 300 Ew – Höhe 100 m – Erholungsort
✆ 05535.
🔲 Weißenfelder Mühle, ✆ 2 70.
🔲 Verkehrsverein, Haus des Gastes, Amtsstr. 4a, ✉ 37647, ✆ 4 11.
◆Hannover 83 – Detmold 44 – Hameln 38 – ◆Kassel 88.

🏠 **Zur Burg,** Amtsstr. 10, ✉ 37647, ✆ 2 06, Fax 8671, 🌳 – 🚗 **Ⓟ**. 🆎 ⓞ **E** **VISA**
🛏 *2.- 16. Jan. geschl.* – **Menu** *(Montag geschl.)* à la carte 28/59 – **12 Z** 50/100 – ½ P 65
85.

🍴 Graf Everstein, Amtsstr. 6, ✉ 37647, ✆ 2 78, Fax 8980, ≤, 🌳 – **Ⓟ**.

POMMELSBRUNN Bayern siehe Hersbruck.

POMMERSFELDEN Bayern 🔲🔲🔲 P 17, 🔲🔲🔲 ㊱ – 2 400 Ew – Höhe 269 m – ✆ 09548.
Sehenswert : Schloß★ : Treppenhaus★.
◆München 216 – ◆Bamberg 21 – ◆Nürnberg 45 – ◆Würzburg 74.

🏨 **Schloßhotel** ⬡, im Schloß Weißenstein, ✉ 96178, ✆ 6 80, Fax 68100, 🌳
🛏 « Schloßpark », 🍸, 🔲, 🌳, 🎾 – 🚷 ✎ Zim 📺 ☎ **Ⓟ** – 🔬 140
Menu à la carte 23/54 – **85 Z** 80/200, 4 Suiten.

In Pommersfelden-Limbach S : 1,5 km :

🏠 **Volland,** ✉ 96178, ✆ 2 81 – **Ⓟ**
🛏 *15. Mai - 14. Juni geschl.* – **Menu** *(Montag - Dienstag geschl.)* à la carte 16/31 ⅊ – **13**
40/65.

POPPENHAUSEN/WASSERKUPPE Hessen 🔲🔲🔲 🔲🔲🔲 M 15 – 2 700 Ew – Höhe 446 m – Luft
kurort – ✆ 06658.
◆Wiesbaden 201 – Fulda 18 – Gersfeld 7,5.

🏨 **Hof Wasserkuppe** garni, Pferdskopfstr. 3, ✉ 36163, ✆ 5 33, Fax 1635, 🍸, 🔲, 🌳 – 🄫
Ⓟ
17 Z 55/140.

In Poppenhausen-Schwarzerden O : 4 km :

🏨 **Rhön-Hotel Sonnenwinkel** ⬡, beim Guckaisee, ✉ 36163, ✆ 8 80, Fax 796, 🌳, 🍸, 🔲
🌳 – 🚷 📺 **Ⓟ** – 🔬 50. 🆎 ⓞ **E** **VISA**. ✎ Rest
Menu à la carte 44/74 – **54 Z** 120/265.

PORTA WESTFALICA Nordrhein-Westfalen 🔲🔲🔲 🔲🔲🔲 J 10, 🔲🔲🔲 ⑮ – 35 000 Ew – Höhe 50 r
– ✆ 0571 (Minden).
🔲 Haus des Gastes, Porta Westfalica-Hausberge, Kempstr. 4a, ✉ 32457, ✆ 79 12 80
Fax 791279.
◆Düsseldorf 214 – ◆Bremen 106 – ◆Hannover 71 – ◆Osnabrück 75.

Im Ortsteil Barkhausen linkes Weserufer – Luftkurort :

🏨 **Der Kaiserhof,** Freiherr-vom-Stein-Str. 1 (B 61), ✉ 32457, ✆ 97 53 30, Fax 9753388, 🌳
– 📺 ☎ **Ⓟ** – 🔬 100. 🆎 ⓞ **E** **VISA**
Menu à la carte 35/68 – **41 Z** 125/220.

🏠 **Friedenstal,** Alte Poststr. 4, ✉ 32457, ✆ 7 01 47, Fax 710923, 🌳 – 📺 ☎ 🚗 **Ⓟ**. ⓞ
E **VISA**
3.- 31. Jan. geschl. – **Menu** *(Freitag geschl.)* à la carte 35/62 – **20 Z** 70/170.

Im Ortsteil Hausberge – Kneipp-Kurort :

🏨 **Porta Berghotel,** Hauptstr. 1, ✉ 32457, ✆ 7 90 90, Fax 7909789, ≤, 🌳, 🍸, 🔲 – 🄫
✎ Zim 📺 🚗 **Ⓟ** – 🔬 180. 🆎 ⓞ **E** **VISA**. ✎ Rest
Menu à la carte 45/70 – **121 Z** 137/292.

🏠 Landhaus Waldeslust ⬡, Heerweg 16, ✉ 32457, ✆ 7 11 09, Fax 795980, 🌳 – 📺 ☎ **Ⓟ**
30 Z.

732

Im Ortsteil Lerbeck :

🏨 Haus Hubertus, Zur Porta 14, ✉ 32457, 𝒫 73 27, Fax 70667, ≘s – 📺 ☎ 🚗 🅿 – 🔏 220
42 Z.

POSTBAUER-HENG Bayern 🔢 QR 19 – 5 700 Ew – Höhe 490 m – 🕄 09188.
♦München 152 – ♦Nürnberg 28 – ♦Regensburg 82.

In Postbauer-Heng - Dillberg O : 3 km, über die B 8 :

🏨 **Berghof** 🦢, ✉ 92353, 𝒫 6 31, Fax 641, ≤, �_, 🎇 – 📳 📺 ☎ 🅿 – 🔏 80. ⓞ 🇪
VISA
3.- 23. Aug. geschl. – **Menu** à la carte 37/60 – **36 Z** 78/152.

POTSDAM 🔲 Brandenburg 🔢 L 8, 🔢 ⑮, 🔢 ⑰ – 140 000 Ew – Höhe 40 m – 🕄 0331.
Sehenswert : Schloß und Park Sanssouci★★★AX (Neues Palais★★, Chinesisches Teehaus★★, Orangerie★, Schloß Charlottenhof★) – Schloß Cecilienhof★BX – Neuer Garten★ – Nikolaikirche★★BY – Marstall★BY – Wasserpumpwerk★AY – Holländisches Viertel★BX.
🛈 Potsdam-Information, Friedrich-Ebert-Str. 5, ✉ 14467, 𝒫 2 11 00, Fax 23012.
ADAC, Heinrich-Mann-Allee 105b, ✉ 14473, 𝒫 8 68 60, Fax 334348.
♦Berlin 24 ① – Brandenburg 38 ④ – ♦Frankfurt/Oder 114 ③ – ♦Leipzig 141 ③.

Stadtpläne siehe nächste Seiten

🏨 **Schloßhotel Cecilienhof** 🦢 (ehem. Hohenzollernschloß im englischen Landhaus-Stil), Im
Neuen Garten, ✉ 14469, 𝒫 3 70 50, Fax 292498, ≘s – 📺 ☎ 🅿 – 🔏 25. ⒶⒺ 🅾 🇪
VISA   BX
Menu à la carte 44/72 – **43 Z** 150/500.

🏨 **Mercure,** Lange Brücke, ✉ 14467, 𝒫 46 31, Telex 361204, Fax 293496 – 📳 ↯ Zim 📺
☎ 🅿 – 🔏 200. ⒶⒺ 🅾 🇪 *VISA*   BY **a**
Menu à la carte 39/68 – **211 Z** 195/225, 3 Suiten.

🏨 **Bayrisches Haus** 🦢, Im Wildpark 1, ✉ 14471, 𝒫 97 31 92, Fax 972329, ≘s, 🌺, 🎇 – 📺
☎ 🚗 🅿 – 🔏 40   über ④
Menu à la carte 33/50 – **24 Z** 100/195, 4 Suiten.

🏨 **Reinhold,** Dortustr. 10, ✉ 14467, 𝒫 28 49 90, Fax 2849930, 🌺 – 📺 ☎   AX **c**
Menu à la carte 28/45 – **11 Z** 170/220.

🏨 **Residence Hotel,** Saarmunder Str. 60, ✉ 14478, 𝒫 8 83 00, Telex 361292, Fax 872006
– 📳 ↯ Zim 📺 ☎ 🅿 – 🔏 550. ⒶⒺ 🅾 🇪 *VISA*   über Heinrich-Mann-Allee BY
Menu à la carte 34/56 – **248 Z** 150/250, 9 Suiten.

🏨 **Mark Brandenburg** garni, Heinrich-Mann-Allee 71, ✉ 14478, 𝒫 88 82 30, Fax 8882344 –
📺 ☎ 🅿. 🇪 *VISA*. ↯   über Heinrich-Mann-Allee BY
17 Z 85/170.

🍴🍴 **Pegasus,** Schloßstr. 14, ✉ 14467, 𝒫 29 15 06, Fax 291506 – 🇪 *VISA*   BY **e**
Sonntag nur Mittagessen – **Menu** à la carte 24/41.

🍴 **Minsk,** Max-Planck-Str. 10, ✉ 14473, 𝒫 29 36 36, Fax 293597, ≤, 🌺 – 🅿. ⒶⒺ 🇪
VISA   BY **n**
Menu à la carte 26/49.

🍴 **Börse,** Brandenburger Str. 35, ✉ 14467, 𝒫 29 25 05, Fax 293703, 🌺 – ⒶⒺ 🅾 🇪
VISA   BX **r**
Menu à la carte 22/50.

🍴 **Villa Kellermann,** Mangerstr. 34, ✉ 14467, 𝒫 29 15 72. ⒶⒺ   CX **s**
Montag geschl. – **Menu** (italienische Küche) à la carte 43/59.

In Potsdam-Nedlitz über Pappelallee AX :

🏨 **Kranich** 🦢, Kirschallee 57, ✉ 14469, 𝒫 2 80 50 78, Fax 2805080, 🌺 – 📺 ☎
🅿
(wochentags nur Abendessen) – **15 Z**.

In Geltow SW : 6 km über ④ :

🏨 **Landhaus Geliti** 🦢, Wentorfstr. 2, ✉ 14542, 𝒫 (03327)59 70, Fax 597100 – 📺 ☎ 🅿 –
🔏 30. ⒶⒺ 🅾 🇪 *VISA*
Menu à la carte 24/43 ♨ – **37 Z** 135/190.

In Saarmund SO : 9 km :

🏨 **Garni** garni, Alleestr. 14, ✉ 14552, 𝒫 (033200) 81 80, Fax 81877, ≘s – 📺 ☎ 🚻 🅿 – 🔏 30.
ⒶⒺ 🅾 🇪 *VISA*
40 Z 130/210, 3 Suiten.

In Ferch SW : 12 km über Leipziger Str.BY und Templiner Str. :

🏨 **Haus am See** 🦢, Neue Scheune 19, ✉ 14548, 𝒫 (033209) 7 09 55, Fax 70496, 🌺 – 📺
☎ 🅿. ↯
Menu *(Montag geschl.)* à la carte 26/51 – **21 Z** 120/170.

733

POTSDAM

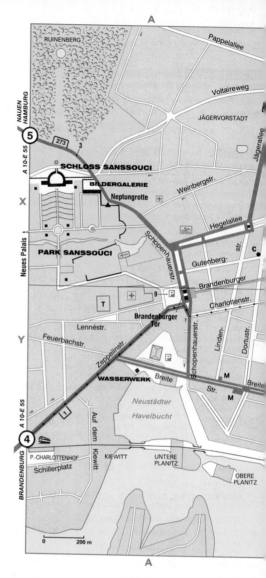

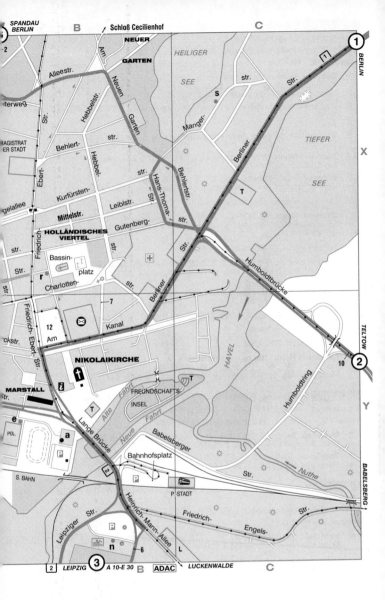

SPANDAU
BERLIN

B   Schloß Cecilienhof   C

① BERLIN

NEUER

GARTEN   HEILIGER

SEE

s   Manger-   str.   Str.

iterweg   Alleestr.   Neuen   Garten   TIEFER   X

Hebbelstr.   str.   Behlerstr.   SEE

MAGISTRAT
ER STADT   Behlert-   str.

Ebert-   Hebbel-

gelallee   Kurfürsten-   Str.   Hans-Thoma-   T

Mittelstr.   Leiblstr.

HOLLÄNDISCHES   Gutenberg-   str.   Str.
VIERTEL

str.   Friedrich-   Str.   Berliner   Str.   Humboldtbrücke

Str.   Bassin-   platz   str.

r   Charlotten-   Berliner

7   str.   HAVEL

12   Am   Kanal   TELTOW

Am   ✉   10 ②

NIKOLAIKIRCHE   Humboldtring

MARSTALL   ✝   Humboldtring   Y
str.   i
T   FREUNDSCHAFTS-   T   BABELSBERG

e   Alte   Fahrt   INSEL   Fahrt

POL.   a   Lange Brücke   Neue   Babelsberger

P   Bahnhofsplatz   Str.   Nuthe

S. BAHN   P   P.STADT

2   Friedrich-

Leipziger   Str.   Heinrich-Mann-Allee   Engels-   Str.

P   n   6   L

② LEIPZIG ③ A 10-E 30   B   ADAC   LUCKENWALDE   C

Erkunden Sie die Gebiete am Rhein
mit den neuen **Grünen Reiseführern** :

– OBERRHEIN
  Elsaß, Südpfalz, Schwarzwald, Basel und Umgebung

– PAYS RHÉNANS « Rhin Supérieur »
  Alsace, Palatinat du Sud, Forêt Noire, Bâle et sa région

POTTENSTEIN Bayern 🗺️ R 17 – 5 300 Ew – Höhe 368 m – Luftkurort – 🕿 09243.

Ausflugsziel : Fränkische Schweiz★★.

🛈 Städtisches Verkehrsbüro, Rathaus, ⊠ 91278, 𝒫 8 33, Fax 1071.

◆München 212 – ◆Bamberg 51 – Bayreuth 40 – ◆Nürnberg 66.

🏨 **Schwan** 🦢 garni, Am Kurzentrum 6, ⊠ 91278, 𝒫 98 10, Fax 7351, direkter Zugang zum
   Kurhaus – 🛗 🕿 🅿 – 🔬 30. 🖭 🗲. ✷
   Mitte Jan.- Mitte Feb. geschl. – **26 Z** 75/136.

🏠 Goldene Krone - Gästehaus Reussenmühle, Marktplatz 2, ⊠ 91278, 𝒫 2 40, Fax 7306 – 📺
   🕿 🅿
   28 Z.

🏠 **Steigmühle** 🦢 garni, Franz-Wittmann-Gasse 24, ⊠ 91278, 𝒫 3 38, ≼ – 🅿. ✷
   18 Z 35/90.

🏠 **Tucher Stuben** garni, Hauptstr. 44, ⊠ 91278, 𝒫 3 39 – 🚗 🅿
   März - Okt. – **13 Z** 45/100.

✗ **Wagner-Bräu**, Hauptstr. 1, ⊠ 91278, 𝒫 2 05 – 🅿
➼ *Donnerstag und Jan. 3 Wochen geschl.* – **Menu** à la carte 24/53.

   In Pottenstein-Kirchenbirkig S : 4 km :

🏠 **Bauernschmitt,** ⊠ 91278, 𝒫 98 90, Fax 98945, 🏡, 🐎 – 📺 🕿 🚗 🅿. 🖭 🗲
➼ *Mitte Nov.- Mitte Dez. geschl.* – **Menu** *(Dez.- März Donnerstag geschl.)* à la carte 17/40
   🍸 – **25 Z** 46/90.

   In Pottenstein-Tüchersfeld NW : 4 km :

🏠 **Zur Einkehr** 🦢, ⊠ 91278, 𝒫 (09242) 8 09 – 🚗 🅿. 🖭 🗲. ✷
   Nov. geschl. – (Restaurant nur für Hausgäste) – **10 Z** 35/70 – ½ P 50.

PRACHT Rheinland-Pfalz siehe Hamm (Sieg).

PREETZ Schleswig-Holstein 🗺️ N 4, 🗺️ ⑤ – 15 600 Ew – Höhe 34 m – Luftkurort – 🕿 04342.
◆Kiel 16 – ◆Lübeck 68 – Puttgarden 82.

   In Schellhorn SO : 1,5 km :

🏨 **Landhaus Hahn - Restaurant Harmonie** 🦢, Am Berg 12, ⊠ 24211, 𝒫 (04342) 8 60 01,
   Fax 82791, 🏡, 🐎 – 📺 🕿 🅿 – 🔬 100. 🗲 VISA
   Menu *(Montag und Samstag nur Abendessen)* à la carte 47/70 – **29 Z** 90/140.

PRENZLAU Brandenburg 🗺️ N 6, 🗺️ ⑫. 🗺️ ⑧ – 23 000 Ew – Höhe 20 m – 🕿 03984.
🛈 Fremdenverkehrsbüro, Marktberg 19, ⊠ 17291, 𝒫 27 91.
Potsdam 147 – ◆Berlin 115 – Neubrandenburg 54 – Szczecin 83.

🏠 **Overdiek,** Baustr. 33, ⊠ 17291, 𝒫 85 66 00, Fax 856666 – 🛗 📺 🕿 🅿 – 🔬 20. 🖭 🗲 VISA
➼ **Menu** à la carte 23/33 – **27 Z** 75/180.

🏠 **Parkhotel,** Grabowstr. 14, ⊠ 17291, 𝒫 30 21, Fax 854131 – 📺 🕿 🅿. ⓞ 🗲 VISA
➼ **Menu** à la carte 22/42 – **33 Z** 90/180.

PREROW Mecklenburg-Vorpommern 🗺️ J 2, 🗺️ ③. 🗺️ ⑦ – 1 800 Ew – Höhe 3 m – Seebad
– 🕿 038233.
🛈 Kurverwaltung, Gemeindeplatz 1, ⊠ 18375, 𝒫 5 51.
Schwerin 150 – ◆Rostock 61.

🏨 **Bernstein** 🦢, Buchenstr. 42, ⊠ 18375, 𝒫 5 91, Fax 329, 🚢 – 🛗 📺 🕿 🅿. 🖭 ⓞ 🗲 VISA
   Menu à la carte 27/56 – **165 Z** 130/218.

PRETZSCH Sachsen-Anhalt 🗺️ K 10, 🗺️ ⑲. 🗺️ ⑰ – 2 700 Ew – Höhe 90 m – 🕿 034926.
Magdeburg 12 – Leipzig 60 – Wittenberg 25.

🏠 Parkhotel, Goetheallee 3, ⊠ 06909, 𝒫 3 08, Fax 332, Biergarten – ↝ Zim 📺 🕿 🅿 – 🔬 30
   42 Z.

PREUSSISCH OLDENDORF Nordrhein-Westfalen 🗺️ 🗺️ I 10 – 11 000 Ew – Höhe 72 m –
Luftkurort – 🕿 05742.
🛈 Verkehrsamt, Rathausstr. 3, ⊠ 32361, 𝒫 8 07 30.
◆Düsseldorf 225 – ◆Bremen 110 – ◆Hannover 105 – ◆Osnabrück 35.

   In Preußisch Oldendorf - Börninghausen SO : 7 km :

✗ Waidmanns Ruh mit Zim, Bünder Str. 15, ⊠ 32361, 𝒫 22 80, 🏡 – 📺 🕿 🚗 🅿 – **9 Z**.

In Büscherheide S : 4 km :

🏠 **Lindenhof,** ⊠ 32361, 𝒫 (05742) 42 86, 🐎 – 📺 ⇔ 🅿. 🛇 Zim
Menu *(Mittwoch geschl.)* à la carte 29/49 – **11 Z** 60/110.

PRICHSENSTADT Bayern 🗾 O 17 – 2 800 Ew – Höhe 278 m – ✪ 09383 (Abtswind).

ehenswert : Hauptstraße ★ mit Fachwerkhäusern.

München 254 – ♦Bamberg 49 – ♦Nürnberg 82 – Schweinfurt 32 – ♦Würzburg 45.

🏠 **Zum Storch** (Gasthof a.d.J. 1658), Luitpoldstr. 7, ⊠ 97357, 𝒫 65 87, Fax 6717, 🍴 –
♦ *Jan. geschl.* – **Menu** *(Nov.- März Montag und Dienstag geschl.)* à la carte 22/48 – **10 Z**
50/90.

In Prichsenstadt-Neuses am Sand N : 3 km :

🏠 **Steiner's Gästehaus Neuses,** ⊠ 97357, 𝒫 71 55, Fax 6556, 🍴 – 🅿. 🖭 Ε
Weihnachten - Anfang Jan. geschl.– **Gourmetstube** *(Dienstag - Mittwoch geschl.)* Menu
à la carte 41/70 – **Gaststuben** *(Dienstag geschl.)* **Menu** à la carte 27/50 – **10 Z** 80/160.

PRIEN AM CHIEMSEE Bayern 🗾 U 23, 🗾 ㊲, 🗾 J 5 – 9 700 Ew – Höhe 531 m – Luftkurort
Kneippkurort – ✪ 08051.

ehenswert : Chiemsee★ (Überfahrt zu Herren- und Fraueninsel) – Schloß Herrenchiemsee★★.

· Prien-Bauernberg, 𝒫 48 20.

🛈 Kurverwaltung, Alte Rathausstr. 11, ⊠ 83209, 𝒫 6 90 50, Fax 690540.

München 85 – Rosenheim 23 – Salzburg 64 – Wasserburg am Inn 27.

🏨 **Yachthotel Chiemsee** ⑤, Harrasser Str. 49, ⊠ 83209, 𝒫 69 60, Telex 525482, Fax 5171,
< Chiemsee und Herrenchiemsee, « Gartenterrasse am See », Massage. ⚓, ⚒, ⇌s, 🔲,
🐎, 🚢 Yachthafen – 🛗 📺 🅿 – 🔬 200. 🖭 ⓞ Ε 🗷🗷
Menu à la carte 62/99 – **102 Z** 225/300, 4 Suiten.

🏨 **Reinhart** ⑤, Seepromenade, ⊠ 83209, 𝒫 69 40, Fax 694100, <, 🍴, 🐎 – ⇆ Zim 📺
🕿 🅿. 🖭 Ε 🗷🗷. 🛇 Rest
Jan.- Ostern und 20. Okt.- 10. Dez. geschl. – **Menu** *(Donnerstag geschl.)* à la carte 34/64
– **24 Z** 110/200.

🏨 **Sport- und Golf-Hotel** ⑤ garni, Erlenweg 16, ⊠ 83209, 𝒫 69 40, Fax 694100, ⇌s, 🔲,
🐎 – 🛗 📺 🕿 🅿. 🖭 ⓞ Ε 🗷🗷
Ostern - Okt. – **39 Z** 110/280, 4 Suiten.

🏨 **Luitpold am See,** Seestr. 110, ⊠ 83209, 𝒫 60 91 00, Fax 609175, <, « Terrasse am
Hafen », 🐎 – 🛗 📺 🕿 ⅃ 🅿 – 🔬 60
Menu *(Nov.- März Montag und Anfang Jan.- Anfang Feb. geschl.)* à la carte 31/53 – **56 Z**
88/180 – ½ P 110/130.

🏨 **Bayerischer Hof,** Bernauer Str. 3, ⊠ 83209, 𝒫 60 30, Fax 62917, 🍴 – 🛗 📺 🕿 ⇔ 🅿.
🖭 Ε 🗷🗷
20.- 31. Jan. und Nov. geschl. – **Menu** *(Montag geschl.)* à la carte 35/60 – **48 Z** 90/160
– ½ P 105/115.

🏠 Seehotel Feldhütter, Seestr. 101, ⊠ 83209, 𝒫 43 21, Fax 2542, 🍴, Biergarten – 🅿
27 Z.

🕱🕱 ✿ **Le Petit,** Bernauer Str. 40, ⊠ 83209, 𝒫 37 96, Fax 62920 – 🅿. Ε. 🛇
Mittwoch nur Abendessen, Dienstag und Juni 2 Wochen geschl. – **Menu** (Tischbestellung
ratsam) 90/120 und à la carte 70/95
Spez. Wallerkrusteln mit Schnittlauchsauce, Lammrücken in Oliven-Tomatensauce, Blätterteig-
Quarktasche mit Vanilleschaum.

In Prien-Harras SO : 4 km :

☼ Fischer am See ⑤, Harrasser Str. 145, ⊠ 83209, 𝒫 10 08, Fax 62940, <, « Terrasse am
See », 🚢 Bootssteg – 📺 🕿 🅿 – **13 Z**.

PRIETITZ Sachsen siehe Kamenz.

PRITZWALK Brandenburg 🗾 I 6, 🗾 ⑪, 🗾 ⑰ – 12 000 Ew – Höhe 85 m – ✪ 03395.

·otsdam 115 – ♦Rostock 120.

🏠 **Pritzwalker Hof,** Havelberger Str. 59, ⊠ 16928, 𝒫 20 04, Fax 2003 – 📺 🕿 – 🔬 120.
Ε 🗷🗷
Menu à la carte 24/38 – **9 Z** 95/125.

🕱 **Forsthaus Hainholz** ⑤ mit Zim, Hainholz 2 (NO : 1,5 km), ⊠ 16928, 𝒫 27 95, 🍴 – 📺
🅿. Ε
Menu à la carte 25/37 – **9 Z** 90/155.

In Falkenhagen N : 8,5 km :

🏨 **Falkenhagen,** Rapshagener Straße, ⊠ 16928, 𝒫 (033986)8 21 23, Fax 82125, 🍴 – 📺
🕿 🅿 – 🔬 50. 🖭 ⓞ Ε 🗷🗷
Menu à la carte 27/46 – **46 Z** 90/130.

PROBSTEIERHAGEN Schleswig-Holstein 🔲🔲🔲 N 3 – 1 700 Ew – Höhe 40 m – ✪ 04348.
◆Kiel 15 – ◆Hamburg 111 – ◆Lübeck 107.

XX **Waldklause,** Hagener Moor 4 (SW : 1,5 km), ⊠ 24253, ℘ 3 85, Fax 382,
« Gartenterrasse » – 🕭 ⑫. �
Dienstag und Feb. geschl. – **Menu** à la carte 31/71.

PRONSTORF Schleswig-Holstein siehe Segeberg, Bad.

PRÜM Rheinland-Pfalz 🔲🔲🔲 C 16, 🔲🔲🔲 ② – 6 000 Ew – Höhe 442 m – Luftkurort – ✪ 06551
🅱 Verkehrsamt, Rathaus, Hahnplatz, ⊠ 54595, ℘ 5 05.
Mainz 196 – ◆Köln 104 – Liège 104 – ◆Trier 64.

🏛 **Tannenhof,** Am Kurpark 2, ⊠ 54595, ℘ 24 06, Fax 854, ≘s, 🔲, 🖛 – ☎ ⑫. ⓞ 🖪 𝓥𝓘𝓢𝓐
◆ ✗
Menu *(Sonntag nur Mittagessen, Montag nur Abendessen)* à la carte 23/55 – **26 Z** 55/
110.

🏛 **Haus am Kurpark** garni, Teichstr. 27, ⊠ 54595, ℘ 9 50 20, Fax 6097, ≘s, 🔲 – 📺 ☎
⑫. 🖪
12 Z 65/110.

🏛 **Wenzelbach,** Kreuzweg 30, ⊠ 54595, ℘ 5 57, Fax 3602, 🍴 – 📺 ☎ ⑫. 🆎 🖪 𝓥𝓘𝓢𝓐
✗ Rest
Ende Okt.- Mitte Nov. geschl. – **Menu** *(Donnerstag geschl.)* à la carte 26/52 – **17 Z** 60/
134.

🏛 **Zum Goldenen Stern** garni, Hahnplatz 29, ⊠ 54595, ℘ 9 51 70, Fax 7157 – ☎ ⑫. 🆎 ⓞ
🖪 𝓥𝓘𝓢𝓐
50 Z 51/108.

In Prüm-Held S : 1,5 km :

🏛 **Zur Held,** an der B 51, ⊠ 54595, ℘ 30 16, 🍴, ≘s, 🖛 – ⑫. 🖪
März 1 Woche nur geschl. – **Menu** *(Sonntag nur Mittagessen, Montag geschl.)* à la
carte 33/55 – **10 Z** 65/130.

An der B 410 O : 5 km :

🏛 **Schoos,** ⊠ 54597 Fleringen, ℘ (06558) 5 48, Fax 8542, 🍴, Damwildgehege, ≘s, 🔲, 🖛
– 📢 ☎ ⑫. 🆎 ⓞ 🖪 𝓥𝓘𝓢𝓐
Menu *(Montag geschl.)* à la carte 28/56 🛇 – **29 Z** 90/160.

In Bleialf NW : 14 km :

🏛 Waldblick, Oberbergstr. 2, ⊠ 54608, ℘ (06555) 84 69, Fax 786, 🍴 – ⑫
11 Z.

PUCHHEIM Bayern siehe Germering.

PÜNDERICH Rheinland-Pfalz 🔲🔲🔲 E 16 – 1 000 Ew – Höhe 108 m – Erholungsort – ✪ 06542
(Zell a.d. Mosel).
Mainz 108 – Bernkastel-Kues 36 – Cochem 45.

🏛 **Weinhaus Lenz,** Hauptstr. 31, ⊠ 56862, ℘ 23 50, Fax 2546 – ⑫. 🖪
◆ *März geschl.* – **Menu** *(Mittwoch - Donnerstag geschl., Freitag nur Abendessen)* à la carte
23/46 🛇 – **17 Z** 52/150 – ½ P 58/88.

PULHEIM Nordrhein-Westfalen 🔲🔲🔲 D 13 – 49 000 Ew – Höhe 45 m – ✪ 02238.
◆Düsseldorf 30 – ◆Köln 13 – Mönchengladbach 43.

In Pulheim-Brauweiler S : 5 km :

🏨 **Abtei-Park-Hotel** garni, Bernhardstr. 50, ⊠ 50259, ℘ (02234) 8 10 58, Fax 89232 – 📢 📺
☎. 🆎 ⓞ 🖪 𝓥𝓘𝓢𝓐
41 Z 115/200.

In Pulheim-Stommeln NW : 4 km :

🏛 In der Gaffel, Hauptstr. 45, ⊠ 50259, ℘ 20 15, Fax 3844 – 📺 ☎ ⑫. ✗ Zim
15 Z.

PULLENREUTH Bayern 🔲🔲🔲 S 17 – 1 900 Ew – Höhe 460 m – ✪ 09234.
◆München 276 – Bayreuth 40 – Hof 60.

In Pullenreuth-Trevesenhammer S : 6 km :

🏛🏛 **Schloß Trevesenhammer** (modernisiertes Schloß a.d. 14. Jh.), ⊠ 95704, ℘ 80 90,
Fax 809125, 🍴, Biergarten – 📢 📺 🕭 ⑫. 🆎 ⓞ 🖪 𝓥𝓘𝓢𝓐
Menu à la carte 26/72 – **14 Z** 100/220.

PULSNITZ Sachsen 414 O 12, 984 ⑳, 987 ⑱ – 7 000 Ew – Höhe 230 m – ✆ 035955.

Fremdenverkehrsamt, Robert-Koch-Str. 21, ⊠ 01896, 𝒫 4 94 90, Fax 49494.

Dresden 27 – Bautzen 33 – Cottbus 82.

- 🏠 **Schützenhaus**, Wettinplatz 1, ⊠ 01896, 𝒫 4 52 41, Fax 45242, Biergarten, – 📺 ☎ 🅿 – ⚗ 30 – **16 Z**.
- 🍴 **Ratskeller** mit Zim, Am Markt 2, ⊠ 01896, 𝒫 22 28, Fax 2228 – 📺 ☎ – ⚗ 40. 🄰🄴 E. ⅏ **Menu** (italienische Küche) à la carte 25/56 – **5 Z** 60/180.

  In Friedersdorf NW : 3 km :

- 🏠 **Waldblick**, Königsbrucker Str. 19, ⊠ 01936, 𝒫 (035955)4 52 27, Fax 44770, �, 🛋 – 📺 ☞ ☎ 🅿 – **Menu** à la carte 22/39 – **28 Z** 60/165.

  In Lichtenberg SW : 3 km :

- 🏠 **Tor des Ostens** ⌖, Hauptstr. 69, ⊠ 01896, 𝒫 (035955) 4 41 15, Fax 45230 – 📺 ☎ 🅿. ☞ 🄰🄴 E 𝑽𝑰𝑺𝑨 **Menu** à la carte 21/37 – **33 Z** 100/130.

PUTBUS Mecklenburg-Vorpommern siehe Rügen (Insel).

PYRMONT, BAD Niedersachsen 411 412 K 11, 987 ⑮ – 23 000 Ew – Höhe 114 m – Heilbad ✆ 05281.

Sehenswert : Kurpark★.

ₜ (2 Plätze), Schloß Schwöbber (N : 16 km) 𝒫 (05154) 20 04.

Kur- und Verkehrsverein, Arkaden 14, ⊠ 31812, 𝒫 46 27, Fax 609947.

Hannover 67 – Bielefeld 58 – Hildesheim 70 – Paderborn 54.

- 🏨🏨 **Steigenberger Bad Pyrmont** ⌖, Heiligenangerstr. 2, ⊠ 31812, 𝒫 15 02, Fax 152020, Massage, ♨, ⊑s, ◻, 🌴 – 🛗 ⇆ Zim 📺 ⅋ ⟺ – ⚗ 80. 🄰🄴 ⓪ E 𝑽𝑰𝑺𝑨 ⓙ⒞⒝. ⅏ Rest **Menu** à la carte 55/82 – **151 Z** 180/302, 6 Suiten – ½ P 200/270.
- 🏨 **Bergkurpark** ⌖, Ockelstr. 11, ⊠ 31812, 𝒫 40 01, Fax 4004, « Gartenterrasse », Massage, ♨, ⊑s, ◻, 🌴 – 🛗 📺 ☎ 🅿 – ⚗ 100. 🄰🄴 E 𝑽𝑰𝑺𝑨 **Menu** à la carte 41/72 – **54 Z** 97/380.
- 🏨 **Park-Hotel Rasmussen**, Hauptallee 8, ⊠ 31812, 𝒫 9 30 60, Fax 606872 – 🛗 📺 ☎ (Restaurant nur für Hausgäste) – **12 Z**.
- 🏨 **Bad Pyrmonter Hof**, Brunnenstr. 32, ⊠ 31812, 𝒫 94 10, Fax 941200 – 🛗 📺 ☎ ⟺ (Restaurant nur für Hausgäste) – **45 Z**.
- 🏠 **Quellenhof**, Rathausstr. 22, ⊠ 31812, 𝒫 20 62, Fax 3068, 🌴 – 🛗 ☎ 🅿 – ⚗ 100. ⓪ E 𝑽𝑰𝑺𝑨 **Menu** à la carte 30/53 – **40 Z** 99/190.
- 🏠 **Schloßblick** garni, Kirchstr. 23, ⊠ 31812, 𝒫 37 23, Fax 3695 – 📺 ☎ 🅿. 🄰🄴 E *März - Okt.* – **20 Z** 66/142.
- 🏠 **Schaumburg** garni, Annenstr. 1, ⊠ 31812, 𝒫 25 54, Fax 2595 – 🛗 📺 ☎ ⟺ 🅿 *5. Jan.- 20. Feb. geschl.* – **17 Z** 75/150.
- 🍴 **Erker Stuben**, Brunnenstr. 41a, ⊠ 31812, 𝒫 45 63. 🄰🄴 E. ⅏ *Donnerstag geschl.* – **Menu** à la carte 36/61.

QUAKENBRÜCK Niedersachsen 411 G 8, 987 ⑭ – 12 000 Ew – Höhe 40 m – ✆ 05431.

Verkehrsamt, Rathaus, Markt 1, ⊠ 49610, 𝒫 18 20, Fax 18259.

Hannover 144 – ◆Bremen 90 – Nordhorn 84 – ◆Osnabrück 50.

- 🏠 **Niedersachsen**, St. Antoniort 2, ⊠ 49610, 𝒫 22 22, Fax 5368 – 📺 ☎ 🅿. 🄰🄴 ⓪ E 𝑽𝑰𝑺𝑨 ⅏ **Menu** *(Samstag - Sonntag geschl.)* (nur Abendessen) à la carte 33/55 – **17 Z** 82/143.

QUEDLINBURG Sachsen-Anhalt 414 F 10, 984 ⑲, 987 ⑯ – 27 000 Ew – Höhe 122 m – ✆ 03946.

Sehenswert : Markt★ – Altstadt★ (Fachwerkhäuser) – Schloßberg★ – Stiftskirche St.Servatius★★ Kapitelle★, Krypta★★ mit Fresken★, Domschatz★★) – Schloßmuseum★.

Ausflugsziele : Gernrode : Stiftskirche St. Cyriak★ (Skulptur "Heiliges Grab"★) S : 7 km – Halberstadt : St. Stephan-Dom★★ (Lettner★, Triumphkreuzgruppe★, Domschatz★★) NW : 14 km – Bodetal★★ (Roßtrappe★★, <★★★) SW : 9 km.

Quedlinburg-Information, Markt 2, ⊠ 06484, 𝒫 28 66.

Magdeburg 71 – ◆Berlin 219 – Erfurt 133 – Halle 76.

- 🏠 **Am Brühl** garni, Billungstr. 11, ⊠ 06484, 𝒫 39 51, Fax 3952, ⊑s – 🛗 📺 ☎ ⟺ 🅿 ⅏ **24 Z** 110/180.
- 🏠 **Zur goldenen Sonne**, Steinweg 11, ⊠ 06484, 𝒫 70 51 63, Fax 705165 – 📺 ☎ – ⚗ 30. 🄰🄴 E **Menu** à la carte 25/45 – **18 Z** 95/160.

🏨 **Theophano** garni, Markt 14, ✉ 06484, 𝒫 9 63 00, Fax 963036, « Stilvolle Einrichung » ✕ ☎ 匨 E 𝘝𝘐𝘚𝘈
16 Z 140/200.

🏠 Quedlinburger Hof, Harzweg 1, ✉ 06484, 𝒫 22 76, Fax 2276 – 📺 ☎ 🅿
30 Z.

✕ Zum Roland, Breite Str. 2, ✉ 06484, 𝒫 45 32.

✕ Ratskeller, Markt 1, ✉ 06484, 𝒫 27 68, Fax 2768. ✕.

QUICKBORN Schleswig-Holstein 411 M 5, 987 ⑤ – 18 500 Ew – Höhe 25 m – 🕿 04106.
🚠 Quickborn-Renzel (SW : 2 km), 𝒫 8 18 00.
◆Kiel 76 – ◆Hamburg 23 – Itzehoe 45.

🏨 **Romantik-Hotel Jagdhaus Waldfrieden,** Kieler Straße (B 4, N : 3 km), ✉ 25451
𝒫 37 71, Fax 69196, ☆, « Ehem. Villa, Park » – 📺 ☎ 🅿 – 🔬 30. 匨 ⓞ E 𝘝𝘐𝘚𝘈
Menu (Montag nur Abendessen) à la carte 64/86 – **23 Z** 135/235.

🏨 **Sporthotel Quickborn**, Harksheider Weg 258, ✉ 25451, 𝒫 40 91, Fax 67195, ☆, ➾
– 📺 ☎ 🅿 – 🔬 30. 匨 ⓞ E 𝘝𝘐𝘚𝘈
27.- 30. Dez. geschl. – **Menu** à la carte 53/98 – **27 Z** 125/165.

In Quickborn-Heide NO : 5 km :

✕✕ **Landhaus Quickborner Heide** (mit Gästehaus), Ulzburger Landstr. 447, ✉ 25451
𝒫 7 76 60, Fax 74969, ☆ – 📺 ☎ ♿ 🅿. 匨 ⓞ E 𝘝𝘐𝘚𝘈
Menu à la carte 45/77 – **15 Z** 125/175.

QUIERSCHIED Saarland 412 E 19, 242 ⑦, 87 ⑪ – 16 800 Ew – Höhe 215 m – 🕿 06897.
◆Saarbrücken 13 – Neunkirchen/Saar 12 – Saarlouis 24.

✕✕ **Da Nico,** Am Schwimmbad 1 (beim Freibad), ✉ 66287, 𝒫 6 28 31 – 🅿. 匨 E 𝘝𝘐𝘚𝘈. ✕
Juli - Aug. 3 Wochen geschl. – **Menu** (italienische Küche) à la carte 46/69.

RABEN STEINFELD Mecklenburg-Vorpommern siehe Schwerin.

RABENAU Sachsen siehe Freital.

RACKWITZ Sachsen siehe Delitzsch.

RADDUSCH Brandenburg siehe Lübbenau.

RADEBEUL Sachsen siehe Dresden.

RADEBURG Sachsen 414 N 12, 984 ⑳, 987 ⑱ – 5 000 Ew – Höhe 121 m – 🕿 035208.
◆Dresden 29 – Meißen 18.

🏠 **Radeburger Hof** garni, Großenhainer Str. 39, ✉ 01471, 𝒫 48 68, Fax 4873, ➾ – 📺 ☎
🅿 – 🔬 40. 匨 ⓞ E 𝘝𝘐𝘚𝘈
43 Z 110/160.

RADEVORMWALD Nordrhein-Westfalen 411 412 F 13, 987 ㉔ – 23 800 Ew – Höhe 367 m –
🕿 02195.
◆Düsseldorf 51 – Hagen 27 – Lüdenscheid 22 – Remscheid 13.

Außerhalb NO : 3 km an der B 483, Richtung Schwelm :

🏨 **Zur Hufschmiede** ⌂, Neuenhof 1, ✉ 42477 Radevormwald, 𝒫 (02195) 82 38, Fax 8742
☆, ➾, ♨ – ✕ Zim 📺 ☎ ➾ 🅿. ✕ Zim
Menu (Freitag nur Mittagessen, Samstag nur Abendessen, Donnerstag und Juni-Jul.
3 Wochen geschl.) à la carte 38/65 – **20 Z** 110/175.

RADOLFZELL Baden-Württemberg 413 J 23, 987 ㉟, 427 KL 2 – 27 700 Ew – Höhe 400 m –
Kneippkurort – 🕿 07732.
🅱 Städt. Verkehrsamt, Rathaus, Marktplatz 2, ✉ 78315, 𝒫 38 00, Fax 57087.
◆Stuttgart 163 – ◆Konstanz 21 – Singen (Hohentwiel) 11 – Zürich 91.

🏠 **Am Stadtgarten** garni, Höllturmpassage Haus 2, ✉ 78315, 𝒫 40 11, Fax 57612 – 📲 📺
☎ ➾. 匨 ⓞ E 𝘝𝘐𝘚𝘈
31 Z 110/160.

🏠 **Zur Schmiede** garni, Friedrich-Werber-Str. 22, ✉ 78315, 𝒫 40 51, Fax 56134 – 📲 📺 ☎
➾. 匨 ⓞ 𝘝𝘐𝘚𝘈. ✕
Anfang Dez.- Anfang Jan. geschl. – **32 Z** 89/160.

🏠 **Kreuz** garni, Obertorstr. 3, ✉ 78315, ✆ 40 66, Fax 57612 – 📺 ☎. 🆎 ⑩ 🧲 🆅🆂🅰
24 Z 85/150.

🏠 **Krone am Obertor,** Obertorstr. 2, ✉ 78315, ✆ 48 04, Fax 57936 – 📺 ☎. 🆎 ⑩ 🧲 🆅🆂🅰
Menu *(Donnerstag geschl.)* à la carte 39/60 – **12 Z** 80/160.

%% **Basilikum,** Löwengasse 30, ✉ 78315, ✆ 5 67 76, Fax 52686 – 🧲
Samstag nur Abendessen, Sonntag und Jan. 3 Wochen geschl. – **Menu** à la carte 42/70.

Auf der Halbinsel Mettnau :

🏠 **Café Schmid** 🛏 garni, St.-Wolfgang-Str. 2, ✉ 78315, ✆ 9 49 80, Fax 10162, 🍴 – 📺 ☎
🅿
18. Dez.- 13. Jan. geschl. – **20 Z** 98/200.

🏠 **Iris am See** 🛏 garni, Rebsteig 2, ✉ 78315, ✆ 9 47 00, Fax 947030 – 📺 ☎ 🅿. ✳
15. Dez.- 15. Jan. geschl. – **17 Z** 90/184.

In Radolfzell-Güttingen N : 4,5 km :

🏠 **Adler - Gästehaus Sonnhalde** 🛏, Schloßbergstr. 1, ✉ 78315, ✆ 1 50 20, Fax 150250,
◆ ≤, 🍴, ≘s, 🍴, ✳ – 🛗 📺 ☎ 🚗 🅿 ✳ Zim
Jan. geschl. – **Menu** *(Dienstag geschl.)* a la carte 24/51 – **30 Z** 60/150 – ½ P 69/94.

In Moos SW : 4 km :

🏠 **Gottfried,** Böhringer Str. 1, ✉ 78345, ✆ (07732) 41 61, Fax 52502, 🍴, ≘s, 🍴, 🍴, ✳
– 📺 ☎ 🚗 🅿. 🆎 ⑩ 🧲 🆅🆂🅰
Jan. 3 Wochen geschl. – **Menu** *(Donnerstag geschl., Freitag nur Abendessen)* à la carte
39/78 – **18 Z** 95/250, 3 Suiten.

RAESFELD Nordrhein-Westfalen 🇩🇪🇩🇪 D 11, 🔢 ⑬ – 9 200 Ew – Höhe 50 m – ✆ 02865.
◆Düsseldorf 77 – Borken 9 – Dorsten 16 – Wesel 23.

🏠 **Landhaus Krebber,** Weseler Str. 71, ✉ 46348, ✆ 6 00 00, Fax 600050, 🍴 – 📺 ☎ 🅿
– 🛎 70. 🆎 ⑩ 🧲 🆅🆂🅰
Menu a la carte 40/68 – **21 Z** 110/170.

🏠 **Epping,** Weseler Str. 5, ✉ 46348, ✆ 70 21, Fax 1723, 🍴 – 📺 ☎ 🚗 🅿. 🆎 ⑩ 🧲 🆅🆂🅰
Feb. 3 Wochen geschl. – **Menu** a la carte 27/56 – **11 Z** 60/100.

%% Schloß Raesfeld, Freiheit 27, ✉ 46348, ✆ 80 18, Fax 8020, 🍴 – 🅿.

RAHDEN Nordrhein-Westfalen 🇩🇪🇩🇪 I 9, 🔢 ⑭ – 14 000 Ew – Höhe 43 m – ✆ 05771.
◆Düsseldorf 231 – ◆Bremen 91 – ◆Hannover 101 – ◆Osnabrück 88.

🏠 Westfalen Hof, Rudolf-Diesel-Str. 13, ✉ 32369, ✆ 8 38, Fax 5539, 🍴, ≘s, ✳ (Halle) – 📺
☎ 🅿 – 🛎 100
29 Z.

RAISDORF Schleswig-Holstein siehe Kiel.

RAMBERG Rheinland-Pfalz 🇩🇪🇩🇪 H 19 – 1 000 Ew – Höhe 270 m – ✆ 06345.
Mainz 121 – Kaiserslautern 51 – ◆Karlsruhe 50 – Pirmasens 43.

🏠 Gästehaus Eyer 🛏, Im Harzofen 4, ✉ 76857, ✆ 83 18, 🍴 – 🅿
14 Z.

RAMMENAU Sachsen siehe Bischofswerda.

RAMMINGEN Baden-Württemberg siehe Langenau.

RAMSAU Bayern 🇩🇪 V 24, 🔢 ㊳, 🇩🇪 K 6 – 1 700 Ew – Höhe 669 m – Heilklimatischer Kurort
– Wintersport : 670/1 400 m ✂6 ✂2 – ✆ 08657.
Ausflugsziele : Schwarzbachwachtstraße : ≤★★, N : 7 km – Hintersee★ W : 5 km.
🅱 Kurverwaltung, Im Tal 2, ✉ 83486, ✆ 12 13, Fax 772.
◆München 138 – Berchtesgaden 11 – Bad Reichenhall 17.

🏠 **Rehlegg** 🛏, Holzengasse 16, ✉ 83486, ✆ 12 14, Fax 501, ≤, 🍴, ≘s, 🍴 (geheizt), 🍴,
🍴, ✳ – 🛗 📺 🅿 – 🛎 40. 🆎 ⑩ 🧲 🆅🆂🅰 🇯🇨🇧
Menu à la carte 43/70 – **60 Z** 122/266 – ½ P 128/173.

🏠 **Oberwirt,** Im Tal 86, ✉ 83486, ✆ 2 25, Fax 1381, Biergarten, 🍴 – 🛗 📺 🅿
◆ *Nov.- 20. Dez. geschl.* – **Menu** *(Jan.- Juni Montag geschl.)* à la carte 24/38 – **26 Z** 70/110.

Am Eingang der Wimbachklamm O : 2 km über die B 305 :

🏠 **Wimbachklamm,** Rotheben 1, ✉ 83486 Ramsau, ✆ (08657) 12 25, Fax 1225, 🍴, ≘s, 🍴
◆ – 🛗 📺 🅿
15. Jan.- 10. Feb. und Nov.- 15. Dez. geschl., Dez.- April garni – **Menu** *(Dienstag geschl.)*
à la carte 22/47 – **26 Z** 58/134.

An der Alpenstraße N : 5 km :

X **Hindenburglinde** mit Zim, Alpenstr. 66 – Höhe 850 m, ⊠ 83486 Ramsau, ℰ (08657) 5 50
Fax 1347, ≤ Hochkalter, Watzmann, Reiter-Alpe, 😊 – 🔟 ❷. 🕮 🗲 𝖵𝖨𝖲𝖠
März-April 4 Wochen und Nov.- Mitte Dez. geschl. – **Menu** *(Dienstag nur Mittagessen
Mittwoch geschl.)* à la carte 26/54 ⅋ – **10 Z** 50/110 – ½ P 70/80.

An der Straße nach Loipl N : 6 km :

🏨 **Nutzkaser** �, Am Gseng 10 – Höhe 1 100 m, ⊠ 83486 Ramsau, ℰ (08657) 3 88, Fax 659
≤ Watzmann und Hochkalter, 😊, 🖘, 🛋 – 🔌 🔟 ❷ ❷. 🕮 🗲 𝖵𝖨𝖲𝖠
Mitte Nov.- Anfang Dez. geschl. – **Menu** à la carte 31/58 – **23 Z** 103/216 – ½ P 96/134

In Ramsau-Hintersee W : 5 km – Höhe 790 m :

🏨 **Seehotel Gamsbock** ⍆, Am See 75, ⊠ 83486, ℰ 2 79, Fax 748, ≤ See mit Hochkalter
😊, 🖘 – ❷ ❷
Nov.- 25. Dez. geschl. – **Menu** à la carte 28/55 – **21 Z** 64/121 – ½ P 66/86.

� **Alpenhof** ⍆, Am See 27, ⊠ 83486, ℰ 2 53, Fax 418, ≤, 😊, 🛋 – ❷. ⌗ Zim
➡ *März - Okt.* – **Menu** *(Donnerstag geschl.)* à la carte 21/42 – **18 Z** 49/110 – ½ P 58/75

RAMSTEIN-MIESENBACH Rheinland-Pfalz 𝟜𝟙𝟚 𝟜𝟙𝟛 F 18, 𝟡𝟠𝟩 ㉔, 𝟚𝟜𝟚 ③, 𝟝𝟙 ⑧ – 8 700 Ew
– Höhe 262 m – ✆ 06371 (Landstuhl).

Mainz 100 – Kaiserslautern 19 – ◆Saarbrücken 57.

🏨 **Ramsteiner Hof,** Miesenbacher Str. 26 (Ramstein), ⊠ 66877, ℰ 54 27, Fax 57600 – 🔟
❷ ❷. 🕮 🕮 🗲 𝖵𝖨𝖲𝖠 ⌗
Menu *(Samstag geschl.)* à la carte 26/62 – **22 Z** 90/140.

🏨 **Landgasthof Pirsch,** Auf der Pirsch 12 (Ramstein), ⊠ 66877, ℰ 59 30, Fax 593199 – 🔌
🔟 ❷ ❷. 🕮 🕮 🗲 𝖵𝖨𝖲𝖠 ⌗
Menu *(Sonntag und Juli 3 Wochen geschl.)* (nur Abendessen) à la carte 27/55 ⅋ – **36 Z**
90/160.

In Steinwenden NW : 3 km :

🏨 **Raisch,** Moorstr. 40, ⊠ 66879, ℰ (06371) 5 06 70, Fax 58384 – 🔟 ❷. 🕮 🕮 🗲 𝖵𝖨𝖲𝖠
Menu *(Sonn- und Feiertage nur Mittagessen, Jan. 2 Wochen geschl.)* (wochentags nu
Abendessen) à la carte 35/88 – **14 Z** 69/140.

RANDERSACKER Bayern 𝟜𝟙𝟛 M 17 – 3 700 Ew – Höhe 178 m – ✆ 0931 (Würzburg).
◆München 278 – Ansbach 71 – ◆Würzburg 7.

🏨 **Bären** (mit Gästehaus), Würzburger Str. 6, ⊠ 97236, ℰ 70 60 75, Fax 706415 – ❷ ❷. 🗲 𝖵𝖨𝖲𝖠
Menu à la carte 30/58 ⅋ – **33 Z** 77/152.

RANSBACH-BAUMBACH Rheinland-Pfalz 𝟜𝟙𝟚 G 15 – 7 000 Ew – Höhe 300 m – ✆ 02623.
Mainz 92 – ◆Bonn 72 – ◆Koblenz 24 – Limburg an der Lahn 31.

🏨 **Sporthotel** ⍆, Zur Fuchshohl (beim Tennisplatz), ⊠ 56235, ℰ 30 51, Fax 80339, 🖘, ⌗
(Halle) – 🔟 ❷ ❷. 🕮 🕮 🗲 𝖵𝖨𝖲𝖠
Menu à la carte 34/53 – **23 Z** 84/198.

🏨 **Eisbach,** Schulstr. 2, ⊠ 56235, ℰ 23 76, 😊 – 🚗 ❷. 🕮 🗲
➡ **Menu** *(Samstag geschl.)* à la carte 22/41 – **11 Z** 85/130.

XX **Gala,** Rheinstr. 103 (Stadthalle), ⊠ 56235, ℰ 45 41, Fax 4481 – ❷ – 🔏 300. 🕮 🕮 🗲
𝖵𝖨𝖲𝖠
Montag und Juli - Aug. 3 Wochen geschl. – **Menu** à la carte 41/71.

RANTUM Schleswig-Holstein siehe Sylt (Insel).

RAPPENAU, BAD Baden-Württemberg 𝟜𝟙𝟚 𝟜𝟙𝟛 K 19, 𝟡𝟠𝟩 ㉕ – 15 600 Ew – Höhe 265 m – Sole
heilbad – ✆ 07264.
🅱 Kur- und Verkehrsamt, Salinenstr. 20, ⊠ 74906, ℰ 8 61 23, Fax 86182.
◆Stuttgart 74 – Heilbronn 22 – ◆Mannheim 71 – ◆Würzburg 122.

🏨 **Häffner Bräu** ⍆, Salinenstr. 24, ⊠ 74906, ℰ 80 50, Fax 805119, 😊, 🖘 – 🔌 🔟 ❷ 🚗
❷ – 🔏 25. 🕮 🕮 🗲 𝖵𝖨𝖲𝖠 ⌗ Zim
22. Dez.- 20. Jan. geschl. – **Menu** *(Freitag geschl.)* à la carte 31/62 – **62 Z** 89/190
– ½ P 114/143.

🏨 **Salinen-Hotel,** Salinenstr. 7, ⊠ 74906, ℰ 10 93, Fax 5724 – 🔌 🔟 ❷ ❷ – 🔏 35. 🗲
Menu à la carte 43/69 *(auch vegetarische Gerichte)* – **34 Z** 87/210 – ½ P 115/138.

In Bad Rappenau-Heinsheim NO : 6 km :

🏨 **Schloß Heinsheim** ⍆ (Herrensitz a.d.J. 1730), ⊠ 74906, ℰ 10 45, Fax 4208, 😊, « Park,
Schloßkapelle », 🏊, 🛋 – 🔌 🔟 ❷ ❷ – 🔏 100. 🕮 🕮 🗲 𝖵𝖨𝖲𝖠
20. Dez.- Jan. geschl. – **Menu** à la carte 49/73 – **41 Z** 120/260 – ½ P 175/185.

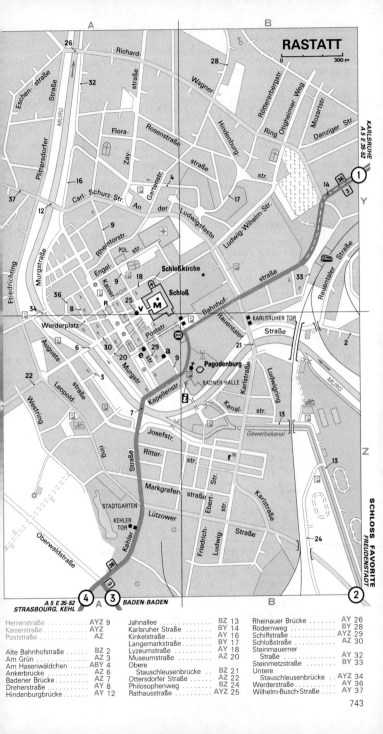

RASTATT

0   300 m

RASTATT Baden-Württemberg ▦▦ H 20, ▦▦▦ ㉞, ▦▦▦ ⑯ – 40 000 Ew – Höhe 123 m – ☻ 07222.

Sehenswert : Schloßkirche★ AY.

Ausflugsziel : Schloß Favorite★★ (Innenausstattung★★★), ② : 5 km.

🛈 Stadtinformation, Kapellenstr. 20 (Badner-Halle), ✉ 76437, 𝄞 97 24 62, Fax 34271.

♦Stuttgart 97 ① – Baden-Baden 13 ③ – ♦Karlsruhe 24 ① – Strasbourg 61 ④.

Stadtplan siehe vorhergehende Seite

🏨 **Holiday Inn Garden Court,** Karlsruher Str. 29, ✉ 76437, 𝄞 92 40, Fax 924115, ╒s – ▯
  ⸬╳ Zim 🍴 Rest 📺 ☎ ⅋ ❶ – 🛦 150. 🖭 ⓞ 🔳 𝗩𝗜𝗦𝗔   über ①
  Menu à la carte 40/64 – **125 Z** 170/390.

🏨 **Schwert** (im Barockstil erbautes Haus mit modernem Interieur), Herrenstr. 3a, ✉ 76437,
  𝄞 76 80, Fax 768120 – ▯ 📺 ☎ – 🛦 50. 🖭 🔳 𝗩𝗜𝗦𝗔   AZ **a**
  Sigi's Restaurant (Sonntag nur Abendessen, Montag geschl.) **Menu** à la carte 42/69 – **50 Z**
  155/230.

🏠 **Zum Schiff** garni, Poststr. 2, ✉ 76437, 𝄞 77 20, Fax 772127, ╒s – ▯ 📺 ☎. ⓞ 🔳 𝗩𝗜𝗦𝗔
  22 Z 85/130.   AZ **e**

🏠 **Hotel am Schloß** garni, Schloßstr. 15, ✉ 76437, 𝄞 9 71 70, Fax 971771 – 📺 ☎ ❶. 🔳 𝗩𝗜𝗦𝗔
  17 Z 85/140.   AYZ **v**

🏠 **Phönix** garni, Dr.-Schleyer-Str. 12, ✉ 76437, 𝄞 6 99 80, Fax 69980, 🚗 – 📺 ☎. 🔳. ⸙
  15 Z 80/120.   über Wilhelm-Busch-Straße   AY

XXX **Maximilian,** Lochfeldstr. 30 (Gewerbepark), ✉ 76437, 𝄞 98 97 69, Fax 989848 – ❶. 🖭
  🔳 𝗩𝗜𝗦𝗔   über Alte Bahnhofstraße   BZ
  Menu *(Samstag nur Abendessen, Sonntag geschl.)* à la carte 42/97.

XX **Zum Storchennest,** Karlstr. 24, ✉ 76437, 𝄞 3 22 60, 🍴 – 🔳   BZ **r**
  Donnerstag und Ende Mai - Mitte Juni geschl. – **Menu** à la carte 35/62.

RASTEDE Niedersachsen ▦▦▦ H 7, ▦▦▦ ⑭ – 19 500 Ew – Höhe 20 m – Luftkurort – ☻ 04402.

▦ Wemkendorf (NW : 3 km), 𝄞 (04402) 72 40.

🛈 Fremdenverkehrsbüro, Oldenburger Str. 244, ✉ 26180, 𝄞 88 33, Fax 2591.

♦Hannover 181 – ♦Oldenburg 11 – Wilhelmshaven 44.

🏨 **Petershof** ⸙, Peterstr. 14, ✉ 26180, 𝄞 8 10 64, Fax 81126, 🍴 – ⸬╳ Zim 📺 ☎ ❶ –
  🛦 25. 🖭 ⓞ 🔳 𝗩𝗜𝗦𝗔
  Menu *(Sonntag nur Mittagessen)* à la carte 27/45 – **28 Z** 75/140.

🏠 Hof von Oldenburg, Oldenburger Str. 199, ✉ 26180, 𝄞 10 31, Fax 83545, 🍴 – 📺 ☎ ❶
  – 🛦 35 – **28 Z**.

XXX **Die Klostermühle - Abtei,** Im Kühlen Grunde, ✉ 26180, 𝄞 8 10 14, Fax 83264, 🍴 – ❶
  Montag - Dienstag, März - April und Okt. jeweils 2 Wochen geschl. – **Menu** (nur Abendessen) à la carte 56/67 – *Klostermühle (auch Mittagessen)* **Menu** à la carte 34/62.

XX **Das weiße Haus,** Südender Str. 1, ✉ 26180, 𝄞 32 43, « Gartenterrasse » – ❶
  Donnerstag sowie Feb. und Aug. - Sept. jeweils 2 Wochen geschl. – **Menu** (Tischbestellung
  ratsam) à la carte 46/71.

  In Rastede-Kleibrok NW : 2 km :

🏠 **Zum Zollhaus,** Kleibroker Str. 139, ✉ 26180, 𝄞 8 48 44, Fax 84847, ╒s – 📺 ☎ ⸬ ❶
  – 🛦 40. 🖭 ⓞ 🔳 𝗩𝗜𝗦𝗔
  Menu à la carte 33/61 – **18 Z** 65/125.

RATHEN, KURORT Sachsen ▦▦▦ O 13 – 700 Ew – Höhe 120 m – ☻ 035034.

♦Dresden 32 – Pirna 18.

🏨 **Erbgericht** ⸙, ✉ 01824, 𝄞 4 54, Fax 427, ≼, « Terrasse über der Elbe », ╒s, 🔳 – 📺
  ❶ – 🛦 80. 🖭 🔳 𝗩𝗜𝗦𝗔
  Menu à la carte 26/50 – **37 Z** 85/160 – ½ P 89/104.

RATINGEN Nordrhein-Westfalen ▦▦▦ ▦▦▦ D 13, ▦▦▦ ⑬ – 91 000 Ew – Höhe 70 m – ☻ 02102.

▦ Rittergut Rommeljans, 𝄞 8 10 92.

🛈 Kultur- und Verkehrsamt, Minoritenstr. 3, ✉ 40876, 𝄞 2 05 24 31, Fax 20540.

♦Düsseldorf 9,5 – ♦Duisburg 19 – ♦Essen 22.

🏨 Quality Inn garni, Stadionring 1, ✉ 40878, 𝄞 1 00 20, Fax 1002140 – ▯ ⸬╳ 📺 ☎ ⅋ ⸬
  ❶ – 🛦 50 – **68 Z**.

🏨 **Haus Kronenthal,** Brachter Str. 85, ✉ 40882, 𝄞 8 50 80, Fax 850850, 🍴 – ▯ 📺 ☎ ⅋
  ⸬ ❶ – 🛦 60. 🖭 ⓞ 🔳 𝗩𝗜𝗦𝗔
  Menu *(Montag und Juli-Aug. 2 Wochen geschl.)* à la carte 37/70 – **30 Z** 145/290.

🏨 **Altenkamp,** Marktplatz 17, ✉ 40878, 𝄞 9 90 20, Fax 21217 – ▯ 📺 ☎ ⸬ – 🛦 30. 🖭
  ⓞ 🔳 𝗩𝗜𝗦𝗔
  (Restaurant nur für Hausgäste) – **25 Z** 160/270.

🏨 **Astoria** garni, Mülheimer Str. 72, ✉ 40878, 𝄞 8 20 05, Fax 845868 – ▯ 📺 ☎ ❶. 🖭 ⓞ
  🔳 𝗩𝗜𝗦𝗔. ⸙
  20. Dez.- 7. Jan. geschl. – **27 Z** 147/290.

🏠 **Allgäuer Hof,** Beethovenstr. 24, ✉ 40878, 𝒫 2 50 08, Fax 23940 – |≢| 📺 ☎ 🚗 🅿 – 🏛 20.
🔤 ⓪ 🄴 𝘝𝘐𝘚𝘈
Menu *(Samstag, Juli 2 Wochen und 27. Dez.- 10. Jan. geschl.)* à la carte 46/69 – **15 Z**
115/220.

🏠 **Am Düsseldorfer Platz** garni, Düsseldorfer Platz 1, ✉ 40878, 𝒫 2 01 80, Fax 201850 –
|≢| 📺 ☎ 🔤 🄴 𝘝𝘐𝘚𝘈
22. Dez.- 7. Jan. geschl. – **49 Z** 130/220.

🏠 **Anger,** Angerstr. 20, ✉ 40878, 𝒫 8 20 11, Fax 870482 – |≢| 📺 ☎. 🔤 ⓪ 🄴 𝘝𝘐𝘚𝘈
22. Dez.- 4. Jan. geschl. – **Menu** (wochentags nur Abendessen) à la carte 26/64 – **27 Z**
125/250.

XX **Haus zum Haus,** Mühlenkämpchen, ✉ 40878, 𝒫 2 25 86, Fax 22586, « Wasserburg a.d.
13. Jh. » – 🅿. 🔤 ⓪ 🄴 𝘝𝘐𝘚𝘈
Samstag und Weihnachten - Anfang Jan. geschl. – **Menu** à la carte 31/66.

XX **Auermühle,** Auermühle 1 (O : 2 km), ✉ 40882, 𝒫 8 10 64, Fax 871335, 🍴 – 🅿. 🔤 ⓪
🄴 𝘝𝘐𝘚𝘈
Montag, Jan.- März auch Dienstag geschl. – **Menu** à la carte 45/69.

XX **La Taverna,** Bahnstr. 7, ✉ 40878, 𝒫 2 82 19, Fax 24223, 🍴 – 🅿. 🔤 ⓪ 🄴 𝘝𝘐𝘚𝘈
Sonntag geschl., Samstag nur Abendessen – **Menu** (italienische Küche) à la carte 65/82.

XX **L'auberge fleurie - Chez René,** Mülheimer Str. 61, ✉ 40878, 𝒫 87 06 26, 🍴 – 🅿. 🔤
⓪ 🄴 𝘝𝘐𝘚𝘈
Samstag und Aug. geschl. – **Menu** à la carte 35/61.

XX **Ratinger Stube,** Marktplatz 11, ✉ 40878, 𝒫 2 48 00 – 🄴 𝘝𝘐𝘚𝘈
Samstag-Sonntag und Juni-Juli 2 Wochen geschl. – **Menu** à la carte 44/75.

In Ratingen-West :

🏨 **Relexa Hotel,** Berliner Str. 95, ✉ 40880, 𝒫 45 80, Telex 8589108, Fax 458599, ≋ – |≢|
⇔ Zim 🍴 Rest 📺 ⅙ 🚗 🅿 – 🏛 120. 🔤 ⓪ 🄴 𝘝𝘐𝘚𝘈. 🎶 Rest
Menu à la carte 47/69 – **167 Z** 250/440, 8 Suiten.

🏨 **Holiday Inn,** Broichhofstr. 3, ✉ 40882, 𝒫 45 60, Telex 8585235, Fax 456444, ≋,
🏊 (geheizt), 🔳, 🍴 – ⇔ Zim 🍴 📺 ⅙ 🅿 – 🏛 160. 🔤 ⓪ 🄴 𝘝𝘐𝘚𝘈 𝙅𝘾𝘉
Menu à la carte 39/79 – **199 Z** 239/470.

Beim Autobahnkreuz Breitscheid N : 5 km, Ausfahrt Mülheim :

🏨 **Novotel Düsseldorf Nord,** Lintorfer Weg 75, ✉ 40885 Ratingen-Breitscheid, 𝒫 18 70,
Telex 8585272, Fax 18418, 🍴, ≋, 🏊 (geheizt), 🌳, 🍴 – |≢| ⇔ Zim 🍴 📺 ☎ ⅙ 🅿 –
🏛 180. 🔤 ⓪ 🄴 𝘝𝘐𝘚𝘈
Menu à la carte 33/56 – **118 Z** 174/213.

In Ratingen-Lintorf N : 4 km :

🏨 **Am Hallenbad** garni, Jahnstr. 41, ✉ 40885, 𝒫 3 41 79, Fax 37303, ≋ – 📺 ☎. 🔤 ⓪
🄴 𝘝𝘐𝘚𝘈
Weihnachten - Anfang Jan. geschl. – **11 Z** 150/190.

🏠 **Angerland** garni, Lintorfer Markt 10, ✉ 40885, 𝒫 3 50 33, Fax 36415 – 📺 ☎. 🄴
14 Z 100/195.

RATTENBERG Bayern 𝟺𝟷𝟹 V 19 – 1 800 Ew – Höhe 570 m – Erholungsort – 🕿 09963.
🚩 Verkehrsamt, Gemeindeverwaltung, ✉ 94371, 𝒫 7 03, Fax 2385.
◆München 153 - Cham 25 - Deggendorf 43 - Straubing 33.

🏨 **Zur Post,** Dorfplatz 2, ✉ 94371, 𝒫 10 00, Fax 1025, 🍴, ≋, 🔳, 🌳 – |≢| 📺 ☎ 🅿 – 🏛 50.
◆ 𝘝𝘐𝘚𝘈
Menu à la carte 22/49 ⅊ – **52 Z** 60/150 – ½ P 73/125.

RATZEBURG Schleswig-Holstein 𝟺𝟷𝟷 P 5, 𝟿𝟾𝟽 ⑥ – 12 000 Ew – Höhe 16 m – Luftkurort –
🕿 04541.
Sehenswert : Ratzeburger See* (Aussichtsturm am Ostufer ≤*) – Dom* (Hochaltarbild*).
🚩 Verkehrsamt, Alte Wache, Am Markt 9, ✉ 23909, 𝒫 80 00 81, Fax 84253.
◆Kiel 107 - ◆Hamburg 68 - ◆Lübeck 24.

🏨 **Der Seehof** (mit 🏠 Gästehaus Hubertus), Lüneburger Damm 3, ✉ 23909, 𝒫 20 55,
Fax 7861, ≤, « Terrasse am See », ≋, 🌳 Bootssteg – |≢| ⇔ Zim 📺 ⅙ 🅿 – 🏛 90. 🔤
⓪ 🄴 𝘝𝘐𝘚𝘈
Menu à la carte 45/74 – **64 Z** 84/249 – ½ P 119/240.

🏨 **Hansa-Hotel,** Schrangenstr. 25, ✉ 23909, 𝒫 20 94, Fax 6437 – |≢| 📺 ☎ 🚗 🅿. 🄴
Menu *(Montag geschl.)* à la carte 33/73 – **29 Z** 100/180 – ½ P 115/120.

🏨 **Wittlers Hotel - Gästehaus Cäcilie,** Große Kreuzstr. 11, ✉ 23909, 𝒫 32 04, Fax 3815
– |≢| 📺 ☎ 🅿 – 🏛 60
Ende Dez.- Mitte Jan. geschl. – **Menu** *(Okt.- März Sonntag geschl.)* à la carte 29/60 – **42 Z**
90/210 – ½ P 108/148.

In Fredeburg SW : 5,5 km :

🏠 **Fredenkrug,** Lübecker Str. 5 (B 207), ⊠ 23909, ℘ (04541) 35 55, Fax 4555, 😤, 🚗 – TV
☎ 🚗 🅿. **E** 𝘝𝘐𝘚𝘈
Menu à la carte 26/54 – **15 Z** 65/130 – ½ P 85/100.

RAUBLING Bayern **413** T 23, **987** ㊲, **426** I 5 – 8 900 Ew – Höhe 459 m – ✪ 08035.
♦München 65 – Rosenheim 7 – Salzburg 81.

In Raubling-Kirchdorf S : 1,5 km :

X **Gasthof Lichtnecker,** Kufsteiner Str. 50, ⊠ 83064, ℘ 84 31, 😤 – 🅿. 🍴
Mittwoch und 30. Okt.- 15. Nov. geschl., Donnerstag nur Abendessen – **Menu** à la carte
31/53.

RAUENBERG Baden-Württemberg **412 413** J 19 – 6 100 Ew – Höhe 130 m – ✪ 06222 (Wies-loch).
♦Stuttgart 99 – Heidelberg 22 – Heilbronn 47 – ♦Karlsruhe 45 – ♦Mannheim 35.

🏨 **Winzerhof** 🐾, Bahnhofstr. 6, ⊠ 69231, ℘ 95 20, Fax 952350, 😤, 🖴, 🔲 – 🛗 🔜 Zim
TV ☎ 🅿 – 🔏 80. **AE** ⓪ **E** 𝘝𝘐𝘚𝘈
Menu à la carte 44/78 🍷 – *Martins Gute Stube* (nur Abendessen, Tischbestellung ratsam)
(Sonntag-Montag, Jan. und Juli-Aug. 4 Wochen geschl.) **Menu** à la carte 75/125 – **70 Z**
109/202.

🏨 **Kraski,** Hohenaspen 58 (Gewerbegebiet), ⊠ 69231, ℘ 6 15 70, Fax 615755, 😤, 🖴 – TV
☎ 🅿 – 🔏 20. **E**. 🍴 Rest
21. Dez.- 10. Jan. geschl. – **Menu** *(Sonntag und Ende Juli - Anfang Aug. geschl.)* (nur
Abendessen) à la carte 37/64 – **27 Z** 110/170.

🕌 **Café Laier,** Wieslocher Str. 36, ⊠ 69231, ℘ 6 27 95, Fax 62289 – ☎ 🅿
Mitte Mai - Mitte Juni geschl. – **Menu** *(Samstag nur Abendessen, Dienstag geschl.)* à la
carte 22/38 🍷 – **13 Z** 48/120.

RAUNHEIM Hessen siehe Rüsselsheim.

RAUSCHENBERG Hessen **412** J 14 – 4 500 Ew – Höhe 282 m – Luftkurort – ✪ 06425.
♦Wiesbaden 140 – ♦Kassel 78 – Marburg 20.

🏠 **Schöne Aussicht,** an der B 3 (NW : 3,5 km), ⊠ 35282, ℘ 7 17, Fax 2925, 🖴, 🔲, 🚗
– TV ☎ 🔜 🅿 – 🔏 50. **AE** ⓪ **E** 𝘝𝘐𝘚𝘈. 🍴 Rest
Juli - Aug. 3 Wochen geschl. – **Menu** *(Montag geschl.)* à la carte 27/51 – **17 Z** 65/150.

RAVENSBURG Baden-Württemberg **413** LM 23, **987** ㉟ ㊱, **427** MN 2 – 46 000 Ew – Höhe
430 m – ✪ 0751.
Sehenswert : Liebfrauenkirche (Kopie der "Ravensburger Schutzmantelmadonna"★★).
🅱 Städt. Kultur- u. Verkehrsamt, Kirchstr. 16, ⊠ 88212, ℘ 8 23 24, Fax 82466.
ADAC, Jahnstr. 26, ⊠ 88214, ℘ 2 37 08, Fax 15352.
♦Stuttgart 147 – Bregenz 41 – ♦München 183 – ♦Ulm (Donau) 86.

🏩 ✿ **Waldhorn,** Marienplatz 15, ⊠ 88212, ℘ 3 61 20, Fax 3612100, 😤 – 🛗 TV 🔜 – 🔏 60.
AE ⓪ **E** 𝘝𝘐𝘚𝘈
Menu *(Sonntag - Montag und über Weihnachten geschl.)* (Tischbestellung ratsam, bemer-
kenswerte Weinkarte) 54 (mittags) und a la carte 82/114 – *Weinstube Rebleutehaus (nur
Abendessen)* **Menu** a la carte 45/62 – **38 Z** 115/272
Spez. Hors d'oeuvre von Meeresfrüchten und Krustentieren in drei Gängen, Lauwarmes
Kalbsbries in Orangensafran mit Auberginenmus, Tafelspitz vom Kalb mit Kerbelrahm.

🏠 **Residenz** (mit Weinstube zum Muke), Herrenstr. 16, ⊠ 88212, ℘ 3 69 80, Fax 369850 –
🛗 TV ☎ 🔜. **E** 𝘝𝘐𝘚𝘈
Menu à la carte 30/62 – **19 Z** 98/198.

🏠 **Obertor,** Marktstr. 67, ⊠ 88212, ℘ 3 20 81, Fax 25584, 😤, 🖴 – TV ☎ 🔜 🅿. **AE** ⓪
E 𝘝𝘐𝘚𝘈
Menu *(Sonntag und 23. Dez.- 2. Jan. geschl.)* (nur Abendessen) à la carte 32/58 – **30 Z**
80/170.

🏠 **Sennerbad** 🐾 garni, Am Sennerbad 24 (Weststadt), ⊠ 88212, ℘ 20 83, Fax 33345, 🚗
– 🛗 TV ☎ 🅿. ⓪ **E** 𝘝𝘐𝘚𝘈
21. Dez.- 12. Jan. geschl. – **24 Z** 42/120.

XX **Waldgasthof am Flappachweiher,** Strietach 4 (SO : 5 km über die B 32), ⊠ 88212,
℘ 6 14 40, Fax 61440, 😤 – 🅿. **E**
Menu à la carte 33/61.

X **Ristorante La Gondola,** Gartenstr. 75 (B 32), ⊠ 88212, ℘ 2 39 40, 😤 – 🅿. ⓪ **E** 𝘝𝘐𝘚𝘈
Sonntag und Ende Juli - Mitte Aug. geschl. – **Menu** (italienische Küche) a la carte 46/65.

In Ravensburg-Dürnast SW : 9,5 km :

🔱 **Landvogtei** (Haus a.d.J. 1470 mit Gästehaus), an der B 33, ⊠ 88213, ℰ (07546) 9 23 10,
→ Fax 1578, 😊 – 🕿 ⇔ 🅿. ⓞ 🖪 𝘝𝘐𝘚𝘈. ⅋ Zim
27. Dez. - 20. Jan. geschl. – **Menu** *(Freitag geschl.)* à la carte 21/36 ⅃ – **26 Z** 45/110.

In Berg N : 4 km :

🏠 **Haus Hubertus** ♨, Maierhofer Halde 9, ⊠ 88276, ℰ (0751) 5 07 40, Fax 507460, ≤, 😊,
Wildgehege – 🕇🕚 🕿 🅿 – ⚐ 20. 🆎 🖪 𝘝𝘐𝘚𝘈
1.- 7. Jan. geschl. – **Menu** *(Sonntag nur Mittagessen, Montag nur Abendessen, 1.- 14. Aug.
geschl.)* à la carte 28/50 – **30 Z** 88/170.

In Schlier O : 5 km :

💥💥💥 🌼 **Krone**, Eibeschstr. 2, ⊠ 88281, ℰ (07529) 12 92, Fax 3113, 😊 – 🕭 🅿. 🆎 ⓞ 🖪
𝘝𝘐𝘚𝘈
Dienstag-Mittwoch geschl. – **Menu** à la carte 54/89
Spez. Kalbskopfsülze mit Schnittlauchvinaigrette, Lachsforelle im Lauchmantel, Weißes und dunk-
les Schokoladenparfait.

RAVENSBURG (Burg) Baden-Württemberg siehe Sulzfeld.

RECHTENBACH Bayern 𝟜𝟙𝟚 𝟜𝟙𝟛 L 17 – 1 100 Ew – Höhe 335 m – ✪ 09352.
♦München 327 – Aschaffenburg 29 – ♦Würzburg 47.

🔱 **Krone**, Hauptstr. 52, ⊠ 97848, ℰ 22 38, 😊 – ⇔ 🅿. 🖪
→ *Jan.- Feb. 2 Wochen geschl.* – **Menu** *(Freitag geschl.)* à la carte 18/33 ⅃ – **15 Z** 32/84.

An der B 26 W : 3,5 km :

💥💥 **Bischborner Hof** mit Zim, ⊠ 97843 Neuhütten, ℰ (09352) 8 71 90, 😊 – 🕿 🅿. 🆎 ⓞ
🖪 𝘝𝘐𝘚𝘈
Menu à la carte 28/67 – **5 Z** 75/95.

*Halten Sie beim Betreten des Hotels oder des Restaurants
den Führer in der Hand.
Sie zeigen damit, daß Sie aufgrund dieser Empfehlung gekommen sind.*

RECKE Nordrhein-Westfalen 𝟜𝟙𝟙 𝟜𝟙𝟚 G 9. 𝟡𝟠𝟟 ⑭ – 10 000 Ew – Höhe 60 m – ✪ 05453.
♦Düsseldorf 183 – ♦Bremen 140 – Enschede 70 – ♦Osnabrück 40.

🏠 **Altes Gasthaus Greve** ♨, Markt 1, ⊠ 49509, ℰ 30 99, Fax 3689, 😊 – 🕇🕚 🕿 ⇔
🅿
Menu *(Montag nur Abendessen)* à la carte 31/60 – **20 Z** 60/120.

RECKLINGHAUSEN Nordrhein-Westfalen 𝟜𝟙𝟙 𝟜𝟙𝟚 E 12. 𝟡𝟠𝟟 ⑭ – 126 000 Ew – Höhe 76 m –
✪ 02361.
Sehenswert : Ikonenmuseum★★ × M1.
🏌 Bockholter Str. 475 (über ⑥), ℰ 2 65 20.
ADAC, Martinistr. 11, ⊠ 45657, ℰ 1 54 20, Fax 184827.
♦Düsseldorf 71 ④ – Bochum 17 ④ – Dortmund 28 ③ – Gelsenkirchen 20 ④ – Münster (Westfalen) 63 ⑦.

Stadtplan siehe nächste Seite

🏨 **Barbarossa-Hotel** garni, Löhrhof 8, ⊠ 45657, ℰ 2 50 71, Fax 57051 – |🛗| ⅋ Zim 🕇🕚 🕿
– ⚐ 40. 🆎 ⓞ 🖪 𝘝𝘐𝘚𝘈   X **a**
22. Dez.- 1. Jan. geschl. – **66 Z** 117/182.

🏨 **Sporthotel Quellberg-Park**, Holunderweg 9, ⊠ 45665, ℰ 4 80 50, Fax 480550, 🖅, ≋,
😊, ⅋ (Halle) – 🕇🕚 🕿 🅿 – ⚐ 30. 🆎 ⓞ 🖪 𝘝𝘐𝘚𝘈   über Castroper Straße   Z
Menu *(Samstag - Sonntag geschl.)* (nur Abendessen) a la carte 31/56 – **60 Z** 105/150.

💥💥 **Landhaus Scherrer**, Bockholter Str. 385, ⊠ 45659, ℰ 2 27 20, Fax 21904, 😊 – 🅿. 🆎
ⓞ 🖪 𝘝𝘐𝘚𝘈   über Bockholter Str.   YZ
Samstag nur Abendessen, Sonntag nur Mittagessen, Montag geschl. – **Menu** à la carte
45/81.

💥💥 **Altes Brauhaus**, Dortmunder Str. 16, ⊠ 45665, ℰ 4 63 23, Fax 36579 – 🆎 🖪   Z **b**
Samstag und Dienstag nur Abendessen, Montag und Juli-Aug. 3 Wochen geschl. – **Menu**
à la carte 33/73.

💥💥 **Die weiße Brust**, Münsterstr. 4, ⊠ 45657, ℰ 2 99 04, 😊   X **u**

In Recklinghausen-Süd über ③ : 7 km :

🏠 **Bergedick**, Hochlarmarkstr. 66, ⊠ 45661, ℰ 6 22 27, Fax 61266 – 🕇🕚 🕿 🅿 – ⚐ 20.
⅋
40 Z, 3 Suiten.

RECKLINGHAUSEN

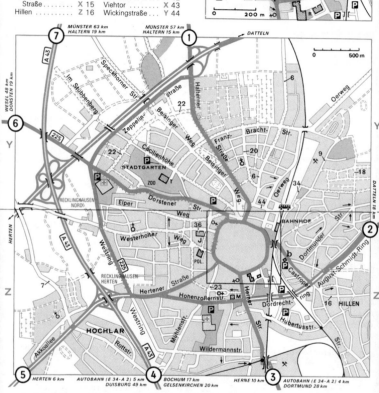

L'EUROPA su un solo foglio Carta Michelin n° 970.

REDNITZHEMBACH Bayern 413 Q 19 – 6 100 Ew – Höhe 315 m – ✪ 09122 (Schwabach).
◆München 154 – Ansbach 41 – Donauwörth 74 – ◆Nürnberg 22.

In Rednitzhembach-Plöckendorf :

🏠 **Hembacher Hof,** Untermainbacher Weg 21, ⌂ 91126, ℰ 70 91, Fax 61630 – ☎ ℗ –
⇌ 🍴 250. ⌹ ☰
Menu *(Sonn- und Feiertage nur Mittagessen)* à la carte 24/53 – **22 Z** 85/125.

🏠 **Kuhrscher Keller** ⌘, Bahnhofstr. 5, ⌂ 91126, ℰ 70 71, Fax 7072, 🌳 – ☎ ℗
⇌ **Menu** *(Freitag geschl.)* *(wochentags nur Abendessen)* à la carte 24/36 – **14 Z** 80/125.

748

In Schwanstetten-Schwand O : 3 km :

🏠 **Erbschänke Zum Schwan** (Fachwerkhaus a.d. 14. Jh.), Marktplatz 7, ✉ 90596, ℰ (09170) 10 52, Fax 2377, Biergarten – 📺 ☎ 🅿 – **20 Z**.

REDWITZ AN DER RODACH Bayern 🗺️ Q 16 – 2 500 Ew – Höhe 293 m – 🕿 09574.

◆München 258 – Bamberg 47 – Coburg 32.

🏠 **Rösch,** Gries 19, ✉ 96257, ℰ 30 44, Fax 3046, 🐗 – 📺 ☎ 🅿 🖭 ⓪ 🗲 𝘝𝘐𝘚𝘈, ⅍
23. Dez.- 1. Jan. geschl. – **Menu** *(Sonntag und 2.- 8. Jan. geschl.)* (nur Abendessen) à la carte 30/59 – **17 Z** 69/140.

REES Nordrhein-Westfalen 🗺️ C 11, 🗺️ ⑬ – 19 600 Ew – Höhe 20 m – 🕿 02851.

◆Düsseldorf 87 – Arnhem 49 – Wesel 24.

🏨 **Rheinhotel Dresen,** Markt 6, ✉ 46459, ℰ 12 55, Fax 2838, ≼ Rheinschiffahrt, 🏛️ – 📺 ☎
Menu a la carte 37/60 – **12 Z** 75/140.

XXX **Op de Poort,** Vor dem Rheintor 5, ✉ 46459, ℰ 74 22, ≼ Rheinschiffahrt, 🏛️ – 🅿. ⅍
Montag - Dienstag und 23. Dez.- 14. Feb. geschl. – **Menu** (Tischbestellung ratsam) à la carte 40/77.

In Rees-Grietherort NW : 8 km :

XX **Inselgasthof Nass** ⍟ mit Zim, ✉ 46459, ℰ 63 24, ≼, 🏛️ – 📺 🅿. ⅍
Menu *(Montag geschl.)* (überwiegend Fischgerichte) à la carte 38/69 – **6 Z** 60/120.

REGEN Bayern 🗺️ W 20, 🗺️ ㉘ – 11 000 Ew – Höhe 536 m – Erholungsort – Wintersport :
⚡3 – 🕿 09921.

🎫 Verkehrsamt, Haus des Gastes, Schulgasse 2, ✉ 94209, ℰ 29 29, Fax 60432.

◆München 169 – Cham 49 – Landshut 100 – Passau 60.

🏠 **Brauerei-Gasthof Falter,** Am Sand 15, ✉ 94209, ℰ 43 13, Fax 8655 – ☎ 🅿. 🖭 ⓪ 🗲
⬆ 𝘝𝘐𝘚𝘈
März 1 Woche und Ende Okt.- Mitte Nov. geschl. – **Menu** *(Sonntag nur Mittagessen, Montag nur Abendessen)* à la carte 23/50 – **17 Z** 65/130 – ½ P 64/74.

🏠 **Pension Panorama** ⍟ garni, Johannesfeldstr. 27, ✉ 94209, ℰ 23 56, Fax 6955, ≼, 🔲,
🏛️ – 📺 🅿
17 Z 45/130.

X **Regener Platzl,** Am Platzl 5, ✉ 94209, ℰ 2284, Fax 7776 – 🖭 ⓪ 🗲 𝘝𝘐𝘚𝘈
Sonntag - Montag und Nov. 2 Wochen geschl. – **Menu** à la carte 39/56.

In Regen-March W : 6,5 km :

🏠 **Zur alten Post** (mit Gästehaus, 🛗), Hauptstr. 37, ✉ 94209, ℰ 23 93, Fax 8131, ☎s – ☎ 🅿
44 Z.

🏠 **Landhaus Maria** garni, St.-Wolfgang-Str. 18c, ✉ 94209, ℰ 46 03, ≼, 🐗 – 🅿
15 Z 50/86.

In Regen-Weißenstein SO : 3 km :

🏠 **Burggasthof Weißenstein** ⍟, ✉ 94209, ℰ 22 59, Fax 8759, ≼, 🏛️, 🐗 – 🚗 🅿
⬆ 5. Nov.- 15. Dez. geschl. – **Menu** *(Dienstag geschl.)* à la carte 22/43 ⅍ – **15 Z** 50/96
– ½P 63.

REGENSBURG Bayern 🗺️ T 19, 🗺️ ㉗ – 137 000 Ew – Höhe 339 m – 🕿 0941.

Sehenswert : Dom★ (Glasgemälde★★) E – Alter Kornmarkt★ E – Alte Kapelle★ E – Städt.
Museum★ E **M1** – St. Emmeram★ (Grabmal★ der Königin Hemma) D – Diözesanmuseum★ E –
St. Jakobskirche (romanisches Portal★) A – Steinerne Brücke (≼★) E – Haidplatz★ D – Altes
Rathaus★ D.

Ausflugsziel : Walhalla★ O : 11 km über Walhalla-Allee B.

🏌️ Donaustauf, Jagdschloß Thiergarten (② : 13 km), ℰ (09403) 5 05 ; 🏌️ Sinzing (SW : 6 km über
Kirchmeierstraße Y), ℰ (0941) 3 25 04.

🎫 Tourist-Information, Altes Rathaus, ✉ 93047, ℰ 5 07 44 10, Fax 5074419.

ADAC, Luitpoldstr. 2, ✉ 93047, ℰ 5 56 73, Fax 561665.

◆München 122 ④ – ◆Nürnberg 100 ④ – Passau 115 ③.

Stadtpläne siehe nächste Seiten

🏨 **Ramada,** Bamberger Str. 28, ✉ 93059, ℰ 8 10 10, Telex 65188, Fax 84047, Biergarten, ☎s
– 🛗 ⅍ Zim 🍴 📺 🅿 – 🔺 180. 🖭 ⓪ 🗲 𝘝𝘐𝘚𝘈   über ⑤
Menu à la carte 47/69 – **125 Z** 196/267, 4 Suiten.

🏨 **Avia-Hotel,** Frankenstr. 1, ✉ 93059, ℰ 4 09 80, Telex 65703, Fax 42093, 🏛️ – 🛗 ⅍ Zim
📺 🚗 🅿 – 🔺 60. 🖭 ⓪ 🗲 𝘝𝘐𝘚𝘈   B c
Menu *(27. Dez.- 7. Jan. geschl.)* à la carte 40/64 – **81 Z** 135/217.

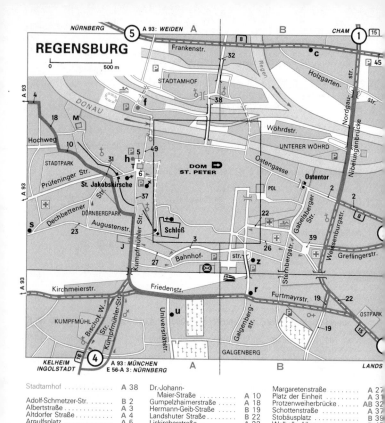

REGENSBURG

NÜRNBERG ⑤ A 93: WEIDEN · A · B · CHAM ①
0 500 m

🏨 **Altstadthotel Arch** 🦢 garni, Am Haidplatz 4, ⊠ 93047, ℰ 50 20 60, Fax 50206168, « Modernisiertes Patrizierhaus a.d. 18. Jh. » – 🛗 ↔ 📺 🆎 ① 🅴 ₩₩₩ D n **68 Z** 135/280.

🏨 **Parkhotel Maximilian** garni, Maximilianstr. 28, ⊠ 93047, ℰ 5 68 53 00, Telex 65181, Fax 52942 – 🛗 ↔ 📺 ⟷ – 🔏 100. 🆎 ① 🅴 ₩₩₩ – **52 Z** 218/288. E

🏨 **Am Sportpark,** Gewerbepark D 90, ⊠ 93059, ℰ 4 02 80, Fax 49172 – 🛗 ↔ Zim 📺 🕿 ⟷ 🅿 – 🔏 200. 🆎 ① 🅴 ₩₩₩ über ① **Menu** à la carte 31/47 – **96 Z** 145/220.

🏨 **St. Georg,** Karl-Stieler-Str. 8, ⊠ 93051, ℰ 9 10 90, Fax 948174, 🍴, 🕿 – 🛗 ↔ Zim 📺 🕿 ⟷ 🅿 – 🔏 80. 🆎 ① 🅴 ₩₩₩ über ④ **Menu** (Sonntag geschl.) a la carte 37/69 – **62 Z** 139/200.

🏨 **Bischofshof am Dom,** Krauterermarkt 3, ⊠ 93047, ℰ 5 90 86, Fax 53508, Biergarten – 🛗 📺 🕿 🅿 – 🔏 50. **Menu** à la carte 26/75 – **54 Z** 110/295. E r

🏨 **Karmeliten,** Dachauplatz 1, ⊠ 93047, ℰ 5 43 08 (Hotel) 5 49 10 (Rest.), Fax 561751 – 🛗 📺 🕿 🅿 – 🔏 50. 🆎 ① 🅴 ₩₩₩ E a 1.- 20. Jan. geschl. – **Taverne** (nur Abendessen, Sonntag geschl., spanische Küche) **Menu** à la carte 33/56 – **74 Z** 80/220.

🏨 **Ibis,** Furtmayrstr. 1, ⊠ 93053, ℰ 7 80 40, Fax 7804509 – 🛗 ↔ Zim 📺 🕿 ⓺ ⟷ 🅿 – 🔏 60. 🆎 ① 🅴 ₩₩₩ B r **Menu** à la carte 33/50 – **114 Z** 114/228.

🏨 **Kaiserhof am Dom,** Kramgasse 10, ⊠ 93047, ℰ 58 53 50, Fax 5853595, 🍴 – 🛗 🕿. 🆎 ① 🅴 ₩₩₩ E x Jan. 1 Woche geschl. – **Menu** à la carte 24/54 – **32 Z** 115/145.

🏨 **Münchner Hof** 🦢, Tändlergasse 9, ⊠ 93047, ℰ 5 84 40, Fax 561709 – 🛗 📺 🕿 D d **Menu** à la carte 29/51 – **53 Z** 90/170.

REGENSBURG

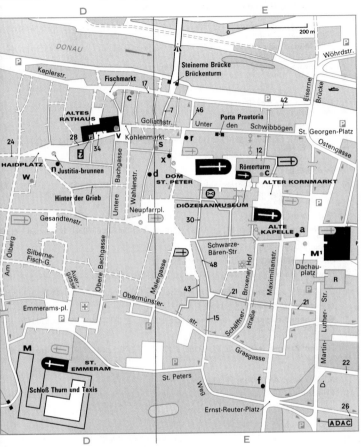

🏨 **Bischofshof Braustuben,** Dechbettener Str. 50, ⊠ 93049, ℰ 2 14 73, Fax 22224, Biergarten – 📺 ℗ 🆎 ⓓ ℰ 𝘝𝘐𝘚𝘈   A **s**
Menu à la carte 24/54 – **12 Z** 68/125.

🏨 **Ibis Castra Regina** garni, Bahnhofstr. 22, ⊠ 93047, ℰ 5 69 30, Telex 65736, Fax 5693505
– 📳 📺 ☎ ♿ – 🔬 50. 🆎 ⓓ ℰ 𝘝𝘐𝘚𝘈   B **z**
119 Z 114/128.

🏨 **Wiendl,** Universitätsstr. 9, ⊠ 93053, ℰ 92 02 70, Fax 9202728, ☎ – 📳 ℗, 🆎 ⓓ ℰ 𝘝𝘐𝘚𝘈   A **u**
Menu *(Samstag und Weihnachten - Anfang Jan. geschl.)* à la carte 24/57 ⅃ – **35 Z** 60/145.

XXXX ❀ **Historisches Eck** (restauriertes Stadthaus a.d. 13. Jh.), Watmarkt 6, ⊠ 93047, ℰ 5 89 20,
Fax 562969, « Historisches Kreuzgewölbe einer ehem. Hauskapelle » – 🆎 ⓓ ℰ 𝘝𝘐𝘚𝘈   E **s**
Sonntag - Montag, 6.- 12. Jan. und 23. Aug.- 6. Sept. geschl. – **Menu** (Tischbestellung
ratsam) 52 (mittags) und à la carte 73/88
Spez. Artischockensalat mit warm geräuchertem Waller, Gedämpfte Kaninchenkeule mit Ros-
marin, Limonen-Eisparfait.

XXX **Zum Krebs** (kleines Restaurant in einem renovierten Altstadthaus), Krebsgasse 6, ⊠ 93047,
ℰ 5 58 03 – (Tischbestellung ratsam) *Bistro.*   D **w**

XX **Kreutzer,** Badstr. 54, ⊠ 93059, ℰ 8 87 11, Fax 88848, 🍴 – 🖭 ⑩ Ε 𝘝𝘐𝘚𝘈   A
Dienstag geschl. – **Menu** à la carte 55/77.

X **Hermann's Bürgerstuben,** Augsburger Str. 69, ⊠ 93051, ℰ 99 75 61, Fax 949269, 🍴
– ⓟ. 🖭 Ε   über ④
Sonn- und Feiertage nur Mittagessen, Jan. 1 Woche geschl. – **Menu** à la carte 28/60.

X Le Marmiton, Alter Kornmarkt 1 (1. Etage), ⊠ 93047, ℰ 5 19 62   E
(nur Abendessen).

X **Ratskeller,** Rathausplatz 1, ⊠ 93047, ℰ 5 17 77, 🍴, Historischer Saal – ⑩ Ε 𝘝𝘐𝘚𝘈 D
Sonntag nur Mittagessen, Montag geschl. – **Menu** à la carte 25/47.

X **Alte Münz,** Fischmarkt 7, ⊠ 93047, ℰ 5 48 86, Fax 560397, 🍴, « Rustikale Einrichtung »
– ⑩ Ε 𝘝𝘐𝘚𝘈 – **Menu** à la carte 30/79.   D

X **Brauerei Kneitinger** (Brauereigaststätte), Arnulfsplatz 3, ⊠ 93047, ℰ 5 24 55, Fax 563989
← *Mitte Mai - Mitte Sept. Sonntag geschl.* – **Menu** à la carte 17/34.   A   h

In Regensburg-Dechbetten SW : 4 km über Kirchmeierstr. A :

🛉 **Dechbettener Hof,** Dechbetten 11, ⊠ 93051, ℰ 3 52 83, Fax 32227, 🍴 – ⓟ
← **Menu** *(Montag geschl.)* à la carte 24/51 – **12 Z** 42/95.

In Regensburg-Irl ② : 7 km :

🏠 **Held,** Irl 11, ⊠ 93055, ℰ (09401) 10 41, Fax 7682, 🍴, ⇌s, 🔲 – 🕴 📺 ☎ ⓟ – 🏛 20
← 🖭 ⑩ Ε 𝘝𝘐𝘚𝘈
22.- 30. Dez. geschl. – **Menu** à la carte 23/52 ⅊ – **80 Z** 95/170.

In Pentling ④ : 5 km :

🏨 **Vier Jahreszeiten - Schrammel,** An der Steinernen Bank 10, ⊠ 93080, ℰ (09405) 3 30,
Fax 33410, Biergarten, ⇌s, ⅍ (Halle) – 🕴 ⇆ Zim 📺 ☎ ⇆ ⓟ – 🏛 500. 🖭 ⑩ Ε 𝘝𝘐𝘚𝘈 ᴊᴄʙ
Menu à la carte 36/65 – **112 Z** 135/370.

In Zeitlarn ① : 5 km :

🏠 **Bartholomäus,** Hauptstr. 81, ⊠ 93197, ℰ (0941) 6 96 00, Fax 6960360, Biergarten – 🕴 📺
☎ ⓟ – 🏛 80. 🖭 ⑩ Ε 𝘝𝘐𝘚𝘈
Menu à la carte 28/47 – **43 Z** 115/220.

In Tegernheim NO : 7 km, Richtung Walhalla B :

🏠 **Minigolf-Hotel** 📭, Bergweg 2, ⊠ 93105, ℰ (09403) 16 44, Fax 4122, 🍴, ⇌s – ☎ ⇆
← ⓟ – 🏛 40. 🖭
27. Dez.- 9. Jan. geschl. – **Menu** *(Freitag geschl.)* à la carte 21/44 ⅊ – **44 Z** 55/118.

In Pettendorf-Mariaort ⑤ : 7 km :

🏠 **Gästehaus Krieger** garni, Heerbergstr. 3, ⊠ 93186, ℰ (0941) 8 10 80, Fax 8108180, ≼ –
🕴 📺 ☎ ⇆ ⓟ. Ε
24. Dez.- 5. Jan. geschl. – **27 Z** 82/140.

X **Gasthof Krieger,** Naabstr. 20, ⊠ 93186, ℰ (0941) 8 42 78, Fax 892124, ≼, Biergarten – ⓟ
← *Mittwoch, Ende Aug.- Anfang Sept. und Ende Dez.- Anfang Jan. geschl.* – **Menu** à la carte
21/58.

In Pettendorf-Adlersberg ⑤ : 8 km :

🛉 **Prösslbräu** 📭 (Brauereigasthof in einer ehem. Klosteranlage a.d. 13. Jh.), Dominikane-
← rinnenstr. 2, ⊠ 93186, ℰ (09404) 18 22, Fax 5233, Biergarten – ⇆ ⓟ. ⅍
20. Dez.- 21. Jan. geschl. – **Menu** *(Montag geschl.)* à la carte 21/35 – **14 Z** 55/90.

In Obertraubling ③ : 8 km :

🏠 **Stocker,** St.-Georg-Str. 2, ⊠ 93083, ℰ (09401)5 00 45, Fax 6273 – ☎ ⓟ. ⅍ Rest
← *Weihnachten - Anfang Jan. geschl.* – **Menu** *(Samstag geschl.)* à la carte 19/40 – **38 Z** 60/90.

In Donaustauf O : 9 km, Richtung Walhalla B :

🏨 **Kupferpfanne** 📭, Lessingstr. 48, ⊠ 93093, ℰ (09403) 9 50 40, Fax 4396, 🍴, ⇌s – 📺
☎ ⓟ. 🖭 ⑩ Ε 𝘝𝘐𝘚𝘈. ⅍ Rest.
22. Dez.- 5. Jan. geschl. – **Menu** *(Sonntag nur Mittagessen, Montag nur Abendessen)*
à la carte 38/66 – **20 Z** 75/140.

🏠 **Walhalla** 📭 garni, Ludwigstr. 37, ⊠ 93093, ℰ (09403) 9 50 60, Fax 950613, ≼, 🌬 – 🕴
📺 ☎ ⇆ ⓟ. Ε 𝘝𝘐𝘚𝘈
22 Z 65/98.

In Neutraubling SO : 10 km über ② :

🛉 **Groitl,** St. Michaelsplatz 2, ⊠ 93073, ℰ (09401) 10 02, Fax 1002 – ⓟ. Ε
← *22. Dez.- 2. Jan. geschl.* – **Menu** *(Sonn- und Feiertage sowie 3.- 10. Jan. geschl.)* (nur
Abendessen) à la carte 22/44 – **26 Z** 50/98.

In Köfering SO : 13 km über ③ :

X **Zur Post,** Hauptstr. 1 (B 15), ⊠ 93096, ℰ (09406) 29 34, Biergarten – ⓟ
← *Sonn- und Feiertage nur Mittagessen, Mittwoch geschl.* – **Menu** à la carte 28/50.

REGENSTAUF Bayern **413** T 19, **987** ⑳ – 14 000 Ew – Höhe 346 m – ✪ 09402.
🛈 Verkehrsamt, Rathaus, Bahnhofstr. 15, ✉ 93128, 𝒫 50 90, Fax 50950.
◆München 136 – ◆Nürnberg 110 – ◆ Regensburg 14.

In Regenstauf-Heilinghausen NO : 8 km :

XX **Landgasthof Heilinghausen,** Alte Regenstr. 5, ✉ 93128, 𝒫 42 38, Biergarten – **📍**. **AE** **E**
Dienstag geschl. – **Menu** à la carte 36/60.

REHAU Bayern **413** T 16, **987** ⑳ – 10 400 Ew – Höhe 540 m – ✪ 09283.
◆München 287 – Bayreuth 58 – Hof 14.

🏠 **Fränkischer Hof,** Sofienstr. 19, ✉ 95111, 𝒫 85 30, Fax 853100, Biergarten – **📺** **☎** **&** **⟷**
📍 – **🔬** 50. **AE** **①** **E** **VISA** – **Menu** à la carte 32/64 – **34 Z** 95/160.

REHBURG-LOCCUM Niedersachsen **411** **412** K 9, **987** ⑮ – 9 800 Ew – Höhe 60 m – ✪ 05037.
◆Hannover 44 – ◆Bremen 89 – Minden 28.

🏠 **Rodes Hotel,** Marktstr. 22 (Loccum), ✉ 31547, 𝒫 (05766) 2 38, Fax 7132 – **📺** **☎** **⟷** **📍**
20. Dez.- 10. Jan. geschl. – **Menu** *(Freitag geschl.)* à la carte 27/60 – **22 Z** 68/135.

REHLINGEN-SIERSBURG Saarland **412** D 18, **242** ⑥, **57** ⑤ – 10 000 Ew – Höhe 180 m –
✪ 06833.
◆Saarbrücken 35 – Luxembourg 66 – ◆Trier 63.

In Rehlingen-Niedaltdorf SW : 8 km :

XX **Rôtisserie,** Neunkircher Str. 10 (an der Tropfsteinhöhle), ✉ 66780, 𝒫 3 77, Fax 377 – **📍**.
AE **E** **VISA**. **🍴**
Montag und 1.- 15. Jan. geschl., Mittwoch nur Mittagessen – **Menu** à la carte 26/66.

REICHELSHEIM Hessen **412** **413** J 17 – 8 500 Ew – Höhe 216 m – Luftkurort – ✪ 06164.
🛈 Fremdenverkehrsamt, Rathaus, ✉ 64385, 𝒫 5 08 26, Fax 50833.
◆Wiesbaden 84 – ◆Darmstadt 36 – ◆Mannheim 44.

XX **Restaurant Treusch im Schwanen,** Rathausplatz 2, ✉ 64385, 𝒫 22 26, Fax 809, **🌳** –
📍 – **🔬** 25. **AE** **①** **E** **VISA**
Feb. 3 Wochen, Sept. 2 Wochen und Donnerstag geschl., Freitag nur Abendessen – **Menu**
(bemerkenswerte Weinkarte) à la carte 45/85 *(auch vegetarisches Menu)*.

In Reichelsheim-Eberbach NW : 1,5 km :

🏠 **Landhaus Lortz** **🍴**, Ortstraße 3, ✉ 64385, 𝒫 49 69, Fax 55528, ≤, **🌳**, **☎**, **🔲**, **🌳** –
◆ **☎** **📍**. **🍴** – Jan. und Mitte Nov.- 24. Dez. geschl. – **Menu** (Montag - Dienstag geschl.)
(Abendessen nur für Hausgäste) à la carte 24/48 – **18 Z** 62/130.

In Reichelsheim-Erzbach SO : 6,5 km :

🏠 **Berghof,** Forststr. 44, ✉ 64385, 𝒫 20 95, Fax 55298, **☎**, **🔲**, **🌳**, **🐎** – **🛗** **☎** **📍**. **🍴**
◆ 5. Jan.- 1. Feb. geschl. – **Menu** (Montag und Feb.- 28. März geschl.) à la carte 22/45 –
28 Z 64/130 – ½ P 65/70.

In Reichelsheim-Gumpen SW : 2,5 km :

🏕 **Schützenhof,** Kriemhildstr. 73 (B 47), ✉ 64385, 𝒫 22 60, **🌳**, **🌳** – **📺** **📍**. **AE** **E**. **🍴** Rest
Menu (Dienstag und Juli 2 Wochen geschl.) à la carte 29/46 **♨** – **8 Z** 45/90.

REICHENAU (Insel) Baden-Württemberg **413** K 23, **427** L 2 – 4 800 Ew – Höhe 398 m – Erho-
lungsort – ✪ 07534.
Sehenswert: In Oberzell : Stiftskirche St. Georg (Wandgemälde★★) – In Mittelzell : Münster★
(Münsterschatz★) – 🛈 Verkehrsbüro, Mittelzell, Ergat 5, ✉ 78479, 𝒫 2 76.
◆Stuttgart 181 – ◆Konstanz 10 – Singen (Hohentwiel) 29.

Im Ortsteil Mittelzell :

🏨 **Seeschau** **🍴**, An der Schiffslände 8, ✉ 78479, 𝒫 2 57, Fax 7264, ≤, « Terrasse am See »
– **🛗** **📺** **📍**. **AE** **①** **E** **VISA**
Jan.- Feb. geschl. – **Menu** à la carte 54/85 – **23 Z** 140/350.

🏠 **Mohren,** Pirminstr. 141, ✉ 78479, 𝒫 4 85, Fax 1326, **🌳** – **🛗** **📺** **☎** **📍** – **🔬** 40. **AE** **①** **E** **VISA**
22. Dez.- Mitte Jan. geschl. – **Menu** (Sonntag und 10.- 16. Feb. geschl.) a la carte 36/66
– **36 Z** 90/190.

🏠 **Strandhotel Löchnerhaus** **🍴**, An der Schiffslände 12, ✉ 78479, 𝒫 80 30, Fax 5 82, ≤,
🌳, **🐟**, **🌳** Bootssteg – **🛗** **📺** **☎** **⟷** **📍** – **🔬** 80. **AE** **①** **E** **VISA**. **🍴**
Dez.- 15. Jan. geschl. – **Menu** a la carte 46/66 – **44 Z** 105/210 – ½ P 143/178.

Im Ortsteil Oberzell :

🏠 **Kreuz,** Zelleleweg 4, ✉ 78479, 𝒫 3 32, Fax 1460, **🌳** – **📺** **📍**
über Fasching 2 Wochen, Mitte Okt.- Anfang Nov. und 24.- 31.Dez. geschl. – **Menu** (Montag
und Donnerstag geschl.) à la carte 32/49 – **11 Z** 75/140.

REICHENBACH Sachsen 414 Q 12, 984 ⑳, 987 ⑱ – 3 500 Ew – Höhe 258 m – ✆ 035828
◆Dresden 96 – Görlitz 12 – Zittau 32.

🏠 Reichenbacher Hof, Oberreichenbach 8a (B 6), ✉ 02892, ✆ 2 34, Fax 235, 🏠, 🔥, 😩
🖴 📺 ☎ 🅿 – 🔬 240
62 Z.

Außerhalb SW : 7 km über die B 6 Richtung Löbau, in Dolgowitz links ab :

🏡 Berghotel Rotstein ⟨⟩, ✉ 02708, ✆ 3 68, Fax 368, ≤, 🏠, 🐎 – 📺 🅿 – 🔬 60
16 Z.

REICHENBACH (VOGTLAND) Sachsen 414 J 14, 984 ㉓, 987 ㉗ – 25 000 Ew – Höhe 377 m
– ✆ 03765.
◆Dresden 118 – Plauen 26.

🏠 **Adler,** Bahnhofstr. 101, ✉ 08468, ✆ 1 31 12, Fax 63116, 🏠 – ☎ 🅿. ❄ Zim
➡ **Menu** à la carte 17/29 – **15 Z** 90/120.

REICHENHALL, BAD Bayern 413 V 23, 987 ㊳, 426 K 5 – 18 500 Ew – Höhe 470 m – Heilba
– Wintersport : 470/1 600 m ⟨⟩1 ⟨⟩3 ⟨⟩3 – ✆ 08651.
🎫 Kur- und Verkehrsverein im Kurgastzentrum, Wittelsbacherstr. 15, ✉ 83435, ✆ 30 03, Fax 2427
◆München 136 ① – Berchtesgaden 18 ② – Salzburg 19 ①.

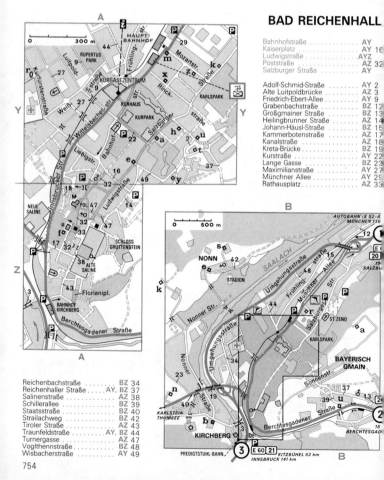

BAD REICHENHALL

Steigenberger Axelmannstein ॐ, Salzburger Str. 4, ⊠ 83435, ℰ 77 70, Telex 56112, Fax 5932, ㎡, « Park », Massage, ₶, ₤₅, ≘ₛ, ⬜, ⚗, ℀ – ㈚ ⇌ Zim ⬜ ⇐ ➋ – ⚐ 120. ⬛ ⑩ ⑤ ▨.
AY **a**
Parkrestaurant : Menu à la carte 62/82 – *Axel-Stüberl* (regionale Küche) *(Donnerstag geschl.)* **Menu** à la carte 28/48 – **151 Z** 205/490, 8 Suiten – ½ P 260/300.

Kurhotel Luisenbad ॐ, Ludwigstr. 33, ⊠ 83435, ℰ 60 40, Fax 62928, ㎡, « Garten », Massage, ₶, ≘ₛ, ⬜, ⚗ – ㈚ ⇌ Zim ⬜ ⇐ ➋ – ⚐ 120. ⬛ ⑩ ⑤ ▨.
℀ Rest
AY **e**
15. Jan. - 1. März geschl. – **Menu** à la carte 38/77 – **83 Z** 144/330, 4 Suiten – ½ P 159/207.

Sonnenbichl ॐ, Adolf-Schmid-Str. 2, ⊠ 83435, ℰ 7 80 80, Fax 780859, ≘ₛ, ⚗ – ㈚ ⬜ ☎ ⇐ ➋. ⬛ ⑩ ⑤ ▨. ℀
AY **h**
15. Nov.- Jan. geschl. – (Restaurant nur für Hausgäste) – **40 Z** 80/160 – ½ P 105/115.

Kurhotel Alpina ॐ, Adolf-Schmid-Str. 5, ⊠ 83435, ℰ 20 38, Fax 65393, ≼, Massage ₶, ⚗ – ㈚ ⬜ ☎ ➋. ℀
AY **t**
Feb.- Okt. – (Restaurant nur für Hausgäste) – **65 Z** 85/200 – ½ P 95/110.

Hofwirt, Salzburger Str. 21, ⊠ 83435, ℰ 9 83 80, Fax 983836, ㎡, ⚗ – ㈚ ☎ ➋ AY **k**
15. Jan.- 15. Feb. geschl. – **Menu** *(Montag geschl.)* à la carte 28/56 – **20 Z** 80/140 – ½P 95.

Bayerischer Hof, Bahnhofsplatz 14, ⊠ 83435, ℰ 60 90, Fax 609111, ㎡, Massage ₶, ≘ₛ, ⬜ – ㈚ ☎ ♿ ⇐. ⬛ ⑩ ⑤ ▨
AY **m**
6. Jan.- 11. Feb. geschl. – **Menu** à la carte 30/64 – **64 Z** 93/218 – ½ P 95/148.

Brauerei-Gasthof Bürgerbräu, Waaggasse 2, ⊠ 83435, ℰ 60 89, Fax 608504, ㎡ – ㈚ ⬜ ☎. ⬛ ⑩ ⑤ ▨
AZ **f**
Menu à la carte 26/52 – **32 Z** 92/180 – ½ P 118/145.

Tivoli ॐ garni, Tivolistr. 2, ⊠ 83435, ℰ 50 03, Fax 780859, ≼, ⚗ – ㈚ ⬜ ☎ ⇐ ➋. ⬛ ⑩ ⑤ ▨
AY **y**
April - 15. Nov. – **20 Z** 70/150.

Kurhotel Mozart garni, Mozartstr. 8, ⊠ 83435, ℰ 7 80 30, Fax 62415, ⚗ – ㈚ ⇌ ⬜ ☎ ⇐ ➋. ℀
AY **z**
Mitte Feb.- Okt. – **26 Z** 53/150.

Erika ॐ, Adolf-Schmid-Str. 3, ⊠ 83435, ℰ 30 93, Fax 3096, ≼, « Garten » – ㈚ ⬜ ☎ ⇐ ➋. ⬛ ⑤ ▨. ℀ Rest
AY **u**
März - Anfang Nov. – (Restaurant nur für Hausgäste) – **36 Z** 75/170 – ½ P 90/105.

Hansi ॐ, Rinckstr. 3, ⊠ 83435, ℰ 9 83 10, Fax 983111 – ㈚ ⇌ ☎ ➋. ⑤. ℀ RestAY **x**
Dez.- 7. Jan. geschl. – **Menu** *(Sonntag geschl.)* 19/25 ♨ – **18 Z** 59/128 – ½ P 75/91.

Kurfürst ॐ, Kurfürstenstr. 11, ⊠ 83435, ℰ 27 10, Fax 2411, ⚗ – ☎. ⬛ ⑩ ⑤ ▨
15. Dez.- 15. Jan. geschl. – (nur Abendessen für Hausgäste) – **12 Z** 51/140 – ½ P 69/85.
AY **r**

Kraller garni, Zenostr. 7, ⊠ 83435, ℰ 9 83 40 – ㈚ ☎ ➋. ℀
BZ **r**
Mitte Nov.- Mitte Dez. geschl. – **24 Z** 63/112.

In Bad Reichenhall-Karlstein :

Karlsteiner Stuben ॐ, Staufenstr. 18, ⊠ 83435, ℰ 13 89, Fax 61250, ㎡, ⚗ – ☎ ➋
BZ **n**
10. Jan.- 8. März und 28. Okt.- 17. Dez. geschl. – **Menu** *(Dienstag geschl.)* à la carte 28/44 – **48 Z** 63/110 – ½ P 68/75.

In Bad Reichenhall-Kirchberg :

XXX ❀ **Kirchberg-Schlößl**, Thumseestr. 11, ⊠ 83435, ℰ 27 60, ㎡ – ➋. ⬛ ⑩ ⑤ ▨ BZ **b**
Mittwoch, März - April 2 Wochen und Juni 1 Woche geschl. – **Menu** à la carte 51/79
Spez. Zanderfilet mit Kartoffelschuppen, Roulade vom Landhendl mit Kräuterrahmsauce, Zwetschgenkücherl mit Rahmeis.

In Bad Reichenhall-Nonn :

Neu-Meran ॐ, ⊠ 83435, ℰ 40 78, Fax 78520, ≼ Untersberg und Predigtstuhl, ㎡, ≘ₛ, ⬜, ⚗ – ⬜ ☎ ➋
BZ **k**
Mitte Jan.- Mitte Feb. und Mitte Nov.- Mitte Dez. geschl. – **Menu** *(Dienstag-Mittwoch geschl.)* (bemerkenswerte Weinkarte) à la carte 34/61 ♨ – **17 Z** 90/240 – ½ P 115/155.

Landhotel Sonnleiten ॐ, ⊠ 83435, ℰ 6 10 09, Fax 68585, ≼, ⚗ – ⬜ ☎ ➋ BZ **e**
(nur Abendessen für Hausgäste) – **8 Z** 75/170.

Alpenhotel Fuchs ॐ, ⊠ 83435, ℰ 6 10 48, Fax 64034, ≼ Untersberg und Predigtstuhl, « Gartenterrasse », ⚗, ⚘ – ㈚ ☎ ⇐ ➋. ⬛ ⑩ ⑤ ▨
BZ **s**
3. Nov.- 19. Dez. geschl. – **Menu** *(Montag geschl.)* à la carte 27/55 – **36 Z** 60/168 – ½P 74/104.

Am Thumsee W : 5 km über Staatsstraße BZ :

Haus Seeblick ॐ, ⊠ 83435 Bad Reichenhall, ℰ (08651) 9 86 30, Fax 986388, ≼ Thumsee und Ristfeucht-Horn, Massage, ≘ₛ, ⬜, ⚗, ℀, ⚘ – ㈚ ⬜ ☎ ⇐ ➋. ⑤. ℀ Rest
2. Nov.- 18. Dez. geschl. – (Restaurant nur für Hausgäste) – **54 Z** 60/180 – ½ P 85/118.

In Bayerisch Gmain – 🕿 08651 (Bad Reichenhall)

🏨 **Klosterhof** 🕭, Steilhofweg 19, ✉ 83457, 🖉 40 84, Fax 66211, ≼, 🍴, 🖙, 🚗 – 📺 🕿
🕿, Ɛ, ⚡ Zim
BZ **a**
Jan. 3 Wochen und Nov. 2 Wochen geschl. – **Menu** *(Montag geschl., Dienstag nur Abendessen)* à la carte 36/66 – **14 Z** 100/210 – ½ P 120/140.

🏠 **Rupertus** garni, Rupertistr. 3, ✉ 83457, 🖉 9 78 20, Fax 68151, ≼, 🕿, 🔲 – 📺 🕿 🕿 ⚡
17 Z
über ②

🏠 **Amberger,** Schillerallee 5, ✉ 83457, 🖉 9 86 50, Fax 5065, 🕿, 🔲, 🚗 – 📺 🕿 🚗 ⚡
Ɛ
BZ **u**
Nov. - Jan. geschl. – (nur Abendessen für Hausgäste) – **16 Z** 59/128 – ½ P 80/101.

REICHSHOF Nordrhein-Westfalen **412** G 14 – 17 300 Ew – Höhe 300 m – 🕿 02265.
🏠 Hassel, 🖉 (02297) 71 31.
🖪 Verkehrsamt, Reichshof-Eckenhagen, Barbarossastr. 5, ✉ 51580, 🖉 4 70, Fax 356.
♦Düsseldorf 100 – ♦Köln 63 – Olpe 22 – Siegen 38.

In Reichshof-Eckenhagen – Heilklimatischer Kurort – Wintersport : 400/500 m ⚡2 ⚡6 :

🏨 **Berghotel Haus Leyer** 🕭, Am Aggerberg 33, ✉ 51580, 🖉 90 21, Fax 8406, ≼, 🍴, 🕿,
🔲, 🚗 – 📺 🕿 ⚡ 🅰 ⑩ Ɛ 𝖵𝖨𝖲𝖠
Menu à la carte 29/52 – **16 Z** 88/175 – ½ P 101/121.

🏠 **Aggerberg** 🕭, Am Aggerberg 20, ✉ 51580, 🖉 90 87, Fax 8756, ≼, 🚗 – 📺 🕿 ⚡
11 Z.

🏠 **Zur Post,** Hauptstr. 30, ✉ 51580, 🖉 2 15, Fax 9115, 🖙 – 🕿 ⚡ – 🏌 25 – **12 Z**.

In Reichshof-Wildbergerhütte :

🏠 **Landhaus Wuttke,** Crottorfer Str. 57, ✉ 51580, 🖉 (02297) 13 30, Fax 7828 – 🕿 ⚡ –
🏌 30. ⚡
Aug. 3 Wochen geschl. – **Menu** à la carte 26/52 – **19 Z** 70/130 – ½ P 85.

REIL Rheinland-Pfalz **412** E 16 – 1 600 Ew – Höhe 110 m – 🕿 06542 (Zell a.d. Mosel).
Mainz 110 – Bernkastel-Kues 34 – Cochem 47.

🏠 **Reiler Hof,** Moselstr. 27, ✉ 56861, 🖉 26 29, Fax 1490, ≼, 🖙 – 🚗 ⚡ 🅰 Ɛ
Dez.- Jan. geschl. – **Menu** *(Nov. Dienstag geschl.)* à la carte 26/51 🍷 – **23 Z** 50/120.

REILINGEN Baden-Württemberg siehe Hockenheim.

REINBEK Schleswig-Holstein **411** N 6, **987** ⑤ – 24 600 Ew – Höhe 22 m – 🕿 040 (Hamburg).
♦Kiel 113 – ♦Hamburg 17 – ♦Lübeck 56.

🏨 **Sachsenwald-Congress-Hotel,** Hamburger Str. 4, ✉ 21465, 🖉 72 76 10, Fax 72761215,
🖙, 🕿 – 🛗 ⚡ Zim 📺 🕿 🕭 🚗 – 🏌 220. 🅰 ⑩ Ɛ 𝖵𝖨𝖲𝖠
Menu à la carte 39/74 – **66 Z** 184/260.

REINBERG Mecklenburg-Vorpommern **414** L 3, **984** ⑦, **987** ⑦ – 1 200 Ew – Höhe 5 m –
🕿 038328 (Miltzow).
Schwerin 174 – Greifswald 16 – Stralsund 16.

Nahe der B 96 NW : 1,5 km :

🏠 **Borgwarthof,** ✉ 18519 Oberhinrichshagen, 🖉 (038328) 86 50, Fax 86536, 🖙 – 📺 🕿 ⚡.
🅰 Ɛ 𝖵𝖨𝖲𝖠
Menu à la carte 23/51 – **26 Z** 60/160.

REINFELD Schleswig-Holstein **411** O 5, **987** ⑤ – 7 300 Ew – Höhe 17 m – 🕿 04533.
♦Kiel 66 – ♦Hamburg 55 – ♦Lübeck 17.

🏠 **Seeblick** garni, Ahrensböker Str. 4, ✉ 23858, 🖉 14 23, Fax 5610, 🕿, 🚗 – 📺 🕿 🚗
⚡. ⚡ – **19 Z** 58/100.

🍴 **Holsteinischer Hof** mit Zim, Paul-von-Schönaich-Str. 50, ✉ 23858, 🖉 23 41 – 📺. Ɛ 𝖵𝖨𝖲𝖠
Menu *(Montag und 1.- 28. März geschl.)* à la carte 36/60 – **8 Z** 55/110.

REINHARDSBRUNN Thüringen siehe Friedrichroda.

REINHARDSHAGEN Hessen **411 412** L 12 – 5 100 Ew – Höhe 114 m – Luftkurort – 🕿 05544.
🖪 Verkehrsamt in Reinhardshagen-Vaake, Mündener Str. 44, ✉ 34359, 🖉 7 92 33, Fax 79240.
♦Wiesbaden 246 – Hann. Münden 11 – Höxter 53.

In Reinhardshagen-Veckerhagen :

🏠 **Peter,** Untere Weserstr. 2, ✉ 34359, 🖉 10 38, ≼, 🍴, 🚗 – ⚡. ⑩ Ɛ 𝖵𝖨𝖲𝖠
2.- 21. Jan. geschl. – **Menu** *(Donnerstag geschl.)* à la carte 22/48 – **15 Z** 58/135.

Niedersachsen siehe Lüneburg.

REISBACH / VILS Bayern 四三 UV 21, 四六 J 3 – 5 700 Ew – Höhe 405 m – ✪ 08734.
🚄 Reisbach-Grünbach, 🅿 70 35.
◆München 112 – Landshut 40 – ◆Regensburg 88.

🏠 **Schlappinger Hof,** Marktplatz 40, ⌧ 94419, 🅿 9 21 10, Fax 921192, Biergarten – 📺 ☎
◆ 🅿. 🕮 **E**. 🛠
Mitte Dez.- Mitte Jan. geschl. – **Menu** (Mittwoch geschl.) à la carte 24/58 – **26 Z** 60/125.

REIT IM WINKL Bayern 四三 U 23, 四八七 ㊲, 四二六 J 5 – 3 500 Ew – Höhe 700 m – Luftkurort
– Wintersport : 700/1 800 m ✠21 ✠8 – ✪ 08640.
Sehenswert : Oberbayrische Häuser★ – 🇬 Reit im Winkl-Birnbach, 🅿 82 16.
🇮 Verkehrsamt, Rathaus, ⌧ 83242, 🅿 8 00 20, Fax 80029.
◆München 111 – Kitzbühel 35 – Rosenheim 52.

🏰 **Unterwirt,** Kirchplatz 2, ⌧ 83242, 🅿 80 10, Fax 801150, 😗, « Garten », 🈸, 🏊 , 🐎 –
🈴 📺 ⟿ 🅿 – 🔬 35
Menu à la carte 30/70 – **83 Z** 115/362.

🏠 **Steinbacher Hof** 🍃, Steinbachweg 10, ⌧ 83242, 🅿 80 70, Fax 807100, ≤, 😗, Massage,
🈸, 🏊 , 🐎 – 📺 ☎ ⟿ 🅿 – 🔬 60. 🕮 **E**. 🛠 Rest
Menu à la carte 35/67 – **63 Z** 80/260 – ½ P 100/162.

🏠 **Artmann's Sonnhof** 🍃 garni, Gartenstr. 3, ⌧ 83242, 🅿 82 66, Fax 1667, ≤, 🈸, 🐎, 🛠
– 📺 ☎ ♿ ✠✠ ⟿ 🅿
Nov.- geschl. – **21 Z** 95/218, 9 Suiten.

🏠 **Gästehaus am Hauchen** garni, Am Hauchen 5, ⌧ 83242, 🅿 87 74, Fax 410, 🈸, 🏊 –
📺 ☎ 🅿. 🛠
Nov.- 15. Dez. geschl. – **26 Z** 75/170.

🏠 Altenburger Hof, Frühlingstr. 3, ⌧ 83242, 🅿 9 88 20, Fax 988227, 🈸, 🏊 – 📺 ☎ 🅿. 🛠
(nur Abendessen für Hausgäste) – **13 Z**.

🏠 **Sonnleiten,** Holunderweg 1 (Ortsteil Entfelden), ⌧ 83242, 🅿 88 82, Fax 301, ≤, 😗, 🈸,
🐎 – 📺 ☎ 🅿. ⓐ **E** 🚾
Mitte April - Mitte Mai und Mitte Okt.- Mitte Dez. geschl. – **Menu** (Mittwoch geschl.) (nur
Abendessen) à la carte 27/56 – **25 Z** 68/150 – ½ P 90/100.

🏠 **Zum Löwen,** Tiroler Str. 1, ⌧ 83242, 🅿 89 01, Fax 8903 – 🈴 📺 ☎ 🅿
◆ 15. April - 15. Mai und 20. Okt.- 15. Dez. geschl. – **Menu** (Montag geschl.) à la carte 23/44
– **33 Z** 59/118.

❌❌ **Zirbelstube,** Am Hauchen 10, ⌧ 83242, 🅿 82 85, Fax 5371, « Gartenterrasse » – 🅿
◆ 18. April - 18. Mai und 23. Okt.- 7. Nov. geschl. – **Menu** à la carte 21/60.

Auf der Winklmoosalm SO : 10,5 km, Auffahrt im Sommer 6 DM Gebühr, im Winter nur
mit Bus – Höhe 1 160 m

🏠 **Alpengasthof Winklmoosalm** 🍃, Dürrnbachhornweg 6, ⌧ 83242 Reit im Winkl,
🅿 (08640) 10 97, Fax 267, ≤, 😗, 🈸, 🐎 – 📺 ☎ 🅿
18. April - 5. Mai und 23. Okt.- 22. Dez. geschl. – **Menu** (Mai - Okt. Freitag geschl.) (Abendessen nur für Hausgäste) à la carte 27/41 – **18 Z** 48/198 – ½ P 60/116.

Siehe auch : *Kössen (Österreich)*

REKEN Nordrhein-Westfalen 四一一 四一二 E 11, 四八七 ⑭ – 12 100 Ew – Höhe 65 m – ✪ 02864.
◆Düsseldorf 83 - Bocholt 33 - Dorsten 22 - Münster (Westfalen) 53.

In Reken-Groß-Reken :

🏠 Schmelting, Velener Str. 3, ⌧ 48734, 🅿 3 11, Fax 1395, 😗, Damwildgehege – 📺 ☎ ⟿ 🅿
23 Z.

🏠 **Hartmann's - Höhe** 🍃, Werenzostr. 17, ⌧ 48734, 🅿 13 17, Fax 6463, ≤, 😗, 🐎 – ☎
🅿. **E**. 🛠 Zim
17. Jan.- 10. Feb. geschl. – **Menu** (Donnerstag geschl.) à la carte 28/47 – **11 Z** 50/100.

RELLINGEN Schleswig-Holstein 四一一 M 6 – 14 000 Ew – Höhe 12 m – ✪ 04101.
◆Kiel 92 – ◆Bremen 124 – ◆Hamburg 17 – ◆Hannover 168.

🏠 **Rellinger Hof** (mit Gästehäusern), Hauptstr. 31, ⌧ 25462, 🅿 2 80 71, Fax 512121 – 📺 ☎ 🅿
Menu à la carte 31/55 – **44 Z** 95/195.

In Rellingen-Krupunder SO : 5 km :

🏠 **Fuchsbau,** Altonaer Str. 357, ⌧ 25462, 🅿 3 10 31, Fax 33952, « Gartenterrasse » – 📺 ☎
🅿 – 🔬 30. 🕮 ⓐ **E** 🚾 – **Menu** (Sonn- und Feiertage geschl.) (nur Abendessen) à la carte
38/63 – **42 Z** 125/180.

🏠 **Krupunder Park** (mit Gästehaus), Altonaer Str. 325, ⌧ 25462, 🅿 3 12 85, Fax 35040, 😗
– 📺 ☎ 🅿
Menu (Sonntag geschl.) à la carte 42/50 – **22 Z** 70/150.

REMAGEN Rheinland-Pfalz 987 ㉔ 412 E 15 – 15 300 Ew – Höhe 65 m – ✆ 02642.
🅱 Touristinformation, Kirchstr. 6, ⊠ 53424, ℰ 2 25 72, Fax 20127.
Mainz 142 – ◆Bonn 23 – ◆Koblenz 38.

In Remagen-Kripp SO : 3,5 km :

🏠 **Rhein-Ahr,** Quellenstr. 67, ⊠ 53424, ℰ 4 41 12, Fax 46319, ≘s, 🖼 – 📺 ☎ 🅿. 🖭 ⓞ
E VISA
23. Dez.- 15. Jan. geschl. – **Menu** *(Montag geschl.)* à la carte 23/44 👪 – **14 Z** 70/120.

In Remagen-Rolandseck N : 6 km :

✕ **Bellevuechen,** Bonner Str. 68 (B 9), ⊠ 53424, ℰ (02228) 79 09, ≤, 🏤 – 🅿. 🖭 ⓞ E VISA
Montag - Dienstag, über Ostern und Okt. jeweils 2 Wochen sowie Ende Dez.- Anfang Jan.
geschl. – **Menu** (abends Tischbestellung ratsam) a la carte 56/75.

REMCHINGEN Baden-Württemberg 413 I 20 – 10 000 Ew – Höhe 162 m – ✆ 07232.
◆Stuttgart 54 – Karlsruhe 24 – Pforzheim 14.

In Remchingen-Wilferdingen :

🏠 **Zum Hirsch,** Hauptstr. 23, ⊠ 75196, ℰ 7 96 36, Fax 79638, 🏤, 🚿 – 📺 ☎ 🅿. 🖭 E VISA
🚿 Rest
Menu *(Freitag geschl.)* (wochentags nur Abendessen) à la carte 35/45 👪 – **21 Z** 75/120

REMSCHEID Nordrhein-Westfalen 411 412 E 13, 987 ㉔ – 126 000 Ew – Höhe 366 m –
✆ 02191.
🅱 Wirtschaftsförderung Remscheid GmbH, Elberfelder Str. 41, ⊠ 42853, ℰ 9 23 20, Fax 923250.
ADAC, Fastenrathstr. 1. ⊠ 42853, ℰ (0221) 47 27 47, Fax 294674.
◆Düsseldorf 39 ③ – ◆Köln 43 ② – Lüdenscheid 35 ② – Solingen 12 ③ – Wuppertal 12 ④.

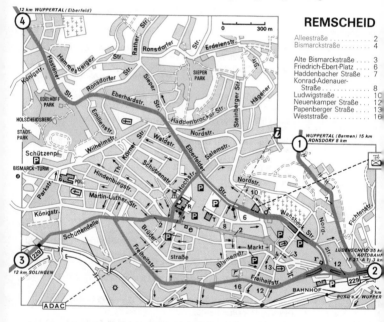

REMSCHEID

🏨 **Remscheider Hof,** Bismarckstr. 39, ⊠ 42853, ℰ 43 20, Telex 8513516, Fax 432158 – 📳
🚫 Zim 🍽 Rest 📺 ⟷ 🅿 – 🔬 120. 🖭 ⓞ E VISA
Menu *(Samstag nur Abendessen, Sonntag und Juli - Aug. 3 Wochen geschl.)* 35 (mittags)
und à la carte 48/78 – **106 Z** 204/408.

🏨 **Café Noll,** Alleestr. 85, ⊠ 42853, ℰ 4 70 00, Fax 470013 – 📳 📺 ☎ ⟷. 🖭 ⓞ E VISA
Menu *(bis 19 Uhr geöffnet, Sonn- und Feiertage geschl.)* 19/26 (mittags) – **24 Z** 95/180.

✕ **Ratskeller,** Theodor-Heuss-Platz 2 (im Rathaus), ⊠ 42853, ℰ 2 65 60, Fax 26387 – 🖭
E
Menu à la carte 31/57.

Nahe der Autobahn SO : 5 km an der Zufahrt zur Talsperre :

X **In der Mebusmühle,** ⊠ 42859 Remscheid, ℰ (02191) 3 25 34, 🍴, « Werkzeuge der heimischen Industrie als Wandschmuck » – ❷
Montag - Dienstag geschl. – **Menu** à la carte 28/51.

An der Autobahn A 1 Ostseite, SO : 6 km :

🏨 **Bundesautobahn-Hotel Remscheid-Ost,** ⊠ 42859 Remscheid, ℰ (02191) 90 30, Fax 903333, 🍴 – 🛗 📺 ☎ ❷ – 🔏 150. 🖭 ⓪ 🗲 𝘝𝘐𝘚𝘈
Menu à la carte 31/66 *(auch vegetarische Gerichte)* – **44 Z** 126/220.

In Remscheid-Lennep ② : 6 km :

🏠 **Berliner Hof** garni, Mollplatz 1, ⊠ 42897, ℰ 6 01 51, Fax 60451 – ☎. 🖭 ⓪ 🗲 𝘝𝘐𝘚𝘈
31 Z 75/195.

In Remscheid-Lüttringhausen ① : 6 km :

🏠 **Fischer,** Lüttringhauser Str. 131 (B 51), ⊠ 42899, ℰ 9 56 30, Fax 956399, 🇸 – 🛗 ᖴ Zim 📺 ☎ ❷ – 🔏 20. 🖭 ⓪ 🗲 𝘝𝘐𝘚𝘈. 🦌 Zim
Menu *(Dienstag geschl.)* à la carte 32/64 – **48 Z** 95/190.

🏠 **Kromberg,** Kreuzbergstr. 24, ⊠ 42899, ℰ 59 00 31, Fax 51869 – 📺 ☎ ⇔. 🖭 ⓪ 🗲 𝘝𝘐𝘚𝘈
Weihnachten - Anfang Jan. geschl. – **Menu** *(Freitag - Samstag nur Abendessen)* à la carte 27/52 – **19 Z** 95/140.

REMSECK AM NECKAR Baden-Württemberg 𝟜𝟙𝟛 K 20 – 16 300 Ew – Höhe 212 m – ✪ 07146.
◆Stuttgart 12 – Heilbronn 44 – ◆Nürnberg 198.

In Remseck-Aldingen :

XX **Schiff,** Neckarstr. 1, ⊠ 71686, ℰ 9 05 40, Fax 91616 – ❷. 🗲
Mittwoch - Donnerstag und Ende Aug.- Anfang Sept. geschl. – Menu à la carte 40/80 *(auch vegetarische Gerichte).*

In Remseck-Hochberg :

XX **Gengenbach's Adler,** Am Schloß 2, ⊠ 71686, ℰ 57 49, 🍴 – ❷
Montag und Mitte Juli - Mitte Aug. geschl. – Menu à la carte 41/66.

REMSHALDEN Baden-Württemberg 𝟜𝟙𝟛 L 20 – 13 000 Ew – Höhe 267 m – ✪ 07151 (Waiblingen).
◆Stuttgart 21 – Schwäbisch Gmünd 34 – Schwäbisch Hall 58.

In Remshalden-Geradstetten :

XX **Krone** mit Zim, Obere Hauptstr. 2, ⊠ 73630, ℰ 7 14 85, Fax 79458 – 📺. 🖭 ⓪ 🗲 𝘝𝘐𝘚𝘈
Menu (Samstag nur Abendessen, Dienstag geschl.) à la carte 46/74 – **7 Z** 65/130.

In Remshalden-Grunbach :

🏠 **Hirsch** (Fachwerkhaus a.d.J. 1610), Reinhold-Maier-Str. 12, ⊠ 73630, ℰ 9 79 77 00, Fax 9797716, 🍴, 🇸, 🔲 – 🛗 ☎ ❷ – 🔏 60. 🖭 ⓪ 🗲 𝘝𝘐𝘚𝘈
2.- 20. Jan. geschl. – **Menu** *(Freitag geschl.)* à la carte 31/55 ⅃ – **33 Z** 70/140.

In Remshalden-Hebsack :

🏨 **Zum Lamm** (Gasthaus a.d.J. 1792), Winterbacher Str. 1, ⊠ 73630, ℰ (07181) 4 50 61, Fax 45410 – 🛗 📺 ☎ ❷ – 🔏 30. 🖭 ⓪ 🗲 𝘝𝘐𝘚𝘈
Menu *(Samstag nur Abendessen, Sonntag nur Mittagessen, Montag und Juli - Aug. 3 Wochen geschl.)* à la carte 42/65 *(auch vegetarische Gerichte)* – **23 Z** 98/200.

RENCHEN Baden-Württemberg 𝟜𝟙𝟛 GH 21, 𝟿𝟪𝟽 ㉞, 𝟤𝟜𝟤 ⑳ – 6 000 Ew – Höhe 144 m – ✪ 07843.
◆Stuttgart 132 – Baden-Baden 38 – Offenburg 15 – Strasbourg 29.

🏠 **Hanauer Hof,** Poststr. 30, ⊠ 77871, ℰ 3 27, Fax 84304 – 📺 ☎ ⇔ ❷. ⓪ 🗲 𝘝𝘐𝘚𝘈
Menu *(Sonntag nur Mittagessen, Montag geschl.)* à la carte 26/57 – **17 Z** 69/150.

🏠 **Ratsstube,** Hauptstr. 69 (B 3), ⊠ 77871, ℰ 26 60, Fax 8318, 🍴 – 📺 ☎ ⇔ ❷. 🖭 ⓪
🗲 𝘝𝘐𝘚𝘈. 🦌
Menu a la carte 35/68 ⅃ – **11 Z** 75/135.

RENDSBURG Schleswig-Holstein 𝟜𝟙𝟙 LM 4, 𝟿𝟪𝟽 ⑤ – 31 000 Ew – Höhe 7 m – ✪ 04331.
Sehenswert : Eisenbahnhochbrücke★ B.
🛇 Sorgbrück (NW : 8 km über ⑤), ℰ (04336) 33 33.
🛈 Verkehrsverein, Altes Rathaus, ⊠ 24768, ℰ 2 11 20, Fax 23369.
◆Kiel 36 ② – Neumünster 38 ③ – Schleswig 30 ⑤.

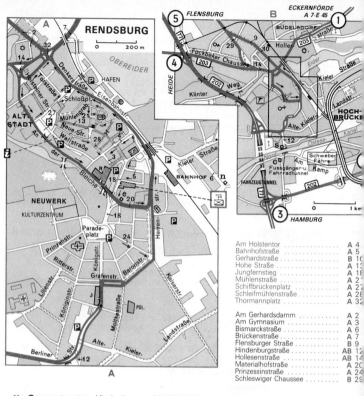

Am Holstentor	A 4
Bahnhofstraße	A 5
Gerhardstraße	B 10
Hohe Straße	A 13
Jungfernstieg	A 18
Mühlenstraße	A 21
Schiffbrückenplatz	A 27
Schleifmühlenstraße	A 28
Thormannplatz	A 32

Am Gerhardsdamm	A 2
Am Gymnasium	A 3
Bismarckstraße	A 6
Brückenstraße	A 7
Flensburger Straße	B 9
Hindenburgstraße	AB 12
Hollesenstraße	AB 14
Materialhofstraße	A 20
Prinzessinstraße	A 24
Schleswiger Chaussee	B 29

🏛 **Conventgarten,** Hindenburgstr. 38, ⊠ 24768, ℰ 5 90 50, Fax 590565, ≤, 🏤 – 📳 ⊬ Zim
📺 ☎ ⇦ 🅿 – 🔏 350. 🝰 ⓪ 🝊 𝘝𝘐𝘚𝘈. ⬚
Menu à la carte 35/61 – **56 Z** 105/165.
B s

🏛 **Pelli-Hof** (historisches Gebäude a.d.J. 1720), Materialhofstr. 1, ⊠ 24768, ℰ 2 22 16
Fax 23837, 🏤 – 📺 ☎ 🅿 – 🔏 100. 🝰 ⓪ 🝊 𝘝𝘐𝘚𝘈
Menu à la carte 41/63 – **29 Z** 95/250.
A e

🏠 **Tüxen Hotel,** Lancasterstr. 44, ⊠ 24768, ℰ 2 70 99, Fax 27090 – 📺 ☎ 🅿. 🝰 ⓪ 🝊
𝘝𝘐𝘚𝘈   über Alte Kieler Landstraße B
Menu *(Samstag geschl.)* (nur Abendessen) à la carte 33/55 – **20 Z** 95/150.

🏠 **Hansen,** Bismarckstr. 29, ⊠ 24768, ℰ 2 29 10, Fax 21647 – 📺 ☎ ⇦ 🅿 – 🔏 30. 🝰
⓪ 🝊 𝘝𝘐𝘚𝘈   A n
Menu *(Sonntag geschl., Ende Juli - Anfang Aug. nur Abendessen)* à la carte 36/58 – **26 Z**
90/150.

🏠 **Schützenheim,** Itzehoer Chaussee 2 (Am Südufer des Kanals), ⊠ 24784 Westerrönfeld,
ℰ 8 90 41, Fax 87526 – 📺 ☎ 🅿. 🝰 ⓪ 🝊 𝘝𝘐𝘚𝘈   B c
Menu à la carte 28/56 – **16 Z** 70/125.

Am Bistensee ① : 13 km über Büdelsdorf-Holzbunge :

🏰 **Töpferhaus** ⑤ (mit Gästehaus), ⊠ 24791 Alt-Duvenstedt, ℰ (04338) 4 02, Fax 551, ≤
Bistensee, 🏤, ≈s, 🐎, 🚣, 🛳 – 📺 & 🅿 – 🔏 60. 🝰 ⓪ 🝊 𝘝𝘐𝘚𝘈 𝙅𝘾𝘽
Menu 50 (mittags) und à la carte 68/86 – **46 Z** 120/260.

RENGSDORF Rheinland-Pfalz 412 F 15, 987 ㉔ – 2 500 Ew – Höhe 300 m – Heilklimatischer

Kurort – 🟢 02634. – 🛈 Kurverwaltung, Westerwaldstr. 32 a, ⊠ 56579, ℰ 23 41.

Mainz 118 – ◆Bonn 57 – ◆Koblenz 31.

🏛 **Obere Mühle** ⑤, an der Straße nach Hardert (N : 1 km), ⊠ 56579, ℰ 22 29, Fax 7577,
🏤, « Park », ≈s, 🔲 – 📺 ☎ 🅿 – 🔏 25. ⬚ Zim
15. Nov.- 25. Dez. geschl. – **Menu** *(Dienstag geschl.)* à la carte 31/62 – **15 Z** 70/160.

🏛 **Zur Linde,** Westerwaldstr. 35, ⊠ 56579, ℰ 65 70, Fax 65777, 🏤, ≈s – 📳 📺 ☎ 🅿 – 🔏 80.
🝰 ⓪ 🝊 𝘝𝘐𝘚𝘈 – **Menu** à la carte 29/68 – **56 Z** 90/280 – ½ P 95/160.

🏠 **Schmitz und Gästehaus Tanneneck,** Friedrich-Ebert-Str. 8, ✉ 56579, ℰ 22 85, ☞ – **E**
➡ *Nov. 3 Wochen geschl.* – **Menu** à la carte 20/40 – **30 Z** 60/150.

🏠 **Rengsdorfer Hof,** Westerwaldstr. 26, ✉ 56579, ℰ 22 13, Fax 8896, ☞
17 Z.

🟆 **Am Wellenbad** ⌂ mit Zim, Buchenweg 18, ✉ 56579, ℰ 14 22, Fax 8822, 🕿 – 📺 ⟺
🅿 🔚 ⓞ **E** 𝒱𝒮𝒜. ⌂ Zim
4.- 31. Jan. geschl. – **Menu** *(Dienstag geschl.)* à la carte 29/55 – **8 Z** 45/130 – ½ P 60/80.

In Hardert NO : 3 km :

🏠 **Zur Post** ⌂, Mittelstr. 13, ✉ 56579, ℰ (02634) 27 27, « Garten » – ⟺ 🅿
20.Dez.-Jan. geschl. – **Menu** *(Okt.- März Mittwoch geschl.)* à la carte 27/53 – **13 Z** 42/94
– ½ P 54/59.

🟆🟆 **Forst** ⌂ mit Zim, Mittelstr. 5, ✉ 56579, ℰ (02634) 23 23, Fax 3316, 🕿, « Garten » – 📺
🅿 🅿 🔚
23. Feb.- 10. März geschl. – **Menu** *(Dienstag geschl.)* à la carte 49/74 – **7 Z** 60/110.

Rheinland-Pfalz 🔲🔳 H 15, 🔲🔳🔳 ㉔ – 3 800 Ew – Höhe 450 m – 🟒 02664.
Mainz 87 – Limburg an der Lahn 28 – Siegen 42.

🏠 🟒 **Röttger** (mit Gästehaus ⌂, 🔳, 🔚, ☞), Hauptstr. 50, ✉ 56477, ℰ 10 75, Fax 90453
– 📺 🕿 ⟺ 🅿 🔚 **E** 𝒱𝒮𝒜
Juli - Aug. 3 Wochen geschl. – **Menu** *(Sonntag nur Mittagessen, Montag geschl.)* à la carte
33/75 – **17 Z** 70/160
Spez. Pot au feu von Meeresfrüchten, Damhirschrücken in Walnußkruste, Apfeltarte mit Vanilleeis.

🟆 **Ratsstuben** (mit Gästehaus), Hauptstr. 54 (1. Etage, 📶), ✉ 56477, ℰ 66 35, Fax 90156 –
➡ 📺 🕿 🅿. 🍴
Menu *(Samstag geschl., Sonntag nur Mittagessen)* a la carte 21/50 – **5 Z** 80/130.

Baden-Württemberg siehe Leonberg.

Mecklenburg-Vorpommern 🔲🔳 J 3 – 300 Ew – Höhe 48 m – 🟒 038209 (Sanitz).
chwerin 109 – ◆Rostock 20.

In Reppelin-Neu Wendorf N : 3 km:

🏠 **Gutshaus Neu Wendorf** ⌂, ✉ 18190, ℰ 3 40, Fax 340 – 📺 🕿 🅿
22. - 28. Dez. geschl. – *(nur Abendessen für Hausgäste)* – **9 Z** 70/150.

Niedersachsen siehe Cloppenburg.

Baden-Württemberg 🔲🔳🔳 K 21, 🔲🔳🔳 ㉟ – 106 500 Ew – Höhe 382 m – 🟒 07121.
🏴 Fremdenverkehrsamt, Listplatz 1, ✉ 72764, ℰ 3 03 26 22, Fax 339590.
ADAC, Lederstr. 102, ✉ 72764, ℰ 34 00 00, Fax 320856.
◆Stuttgart 41 ① – Pforzheim 77 ① – ◆Ulm (Donau) 75 ①.

Stadtplan siehe nächste Seite

🏨 **Fürstenhof** garni, Kaiserpassage 5, ✉ 72764, ℰ 31 80, Fax 318318, 🔚, 🔳 – 📶 ⤫ 📺
⌂ – ⚒ 50. 🔚 ⓞ **E** 𝒱𝒮𝒜   Y **c**
98 Z 130/350.

🏨 **Fora-Hotel,** Am Echazufer, ✉ 72764, ℰ 92 40, Fax 924444, 🔚 – 📶 ⤫ Zim 📺 🕿 ⌂ ⟺
🅿 – ⚒ 180. 🔚 ⓞ **E** 𝒱𝒮𝒜   Z **a**
Menu à la carte 45/79 – **140 Z** 166/196.

🏨 **Württemberger Hof,** Kaiserstr. 3, ✉ 72764, ℰ 1 70 56, Fax 44385 – 📶 📺 🕿 🅿. 🔚 ⓞ
E 𝒱𝒮𝒜   Y **r**
Menu *(Freitag - Sonntag geschl.)* (nur Abendessen) à la carte 37/60 – **50 Z** 83/160.

🟆🟆 **Stadt Reutlingen,** Karlstr. 55, ✉ 72764, ℰ 4 23 91 – 🅿. 🔚 ⓞ **E** 𝒱𝒮𝒜   Y **a**
Samstag geschl. – **Menu** à la carte 48/79 *(auch vegetarische Gerichte)*.

🟆 **Ratskeller,** Marktplatz 22, ✉ 72764, ℰ 33 84 90, Fax 339375, 🕿 – ⚒ 80. 🔚 ⓞ **E** 𝒱𝒮𝒜
Montag geschl. – **Menu** à la carte 29/51.   Z **R**

Auf der Achalm O : 4,5 km, Zufahrt über Königssträßle Y – Höhe 707 m

🏠 Achalm ⌂, ✉ 72766 Reutlingen, ℰ (07121) 48 20, Fax 482100, ≤ Reutlingen und Schwäbische Alb, ☞ – 📺 🕿 🅿 – ⚒ 100
46 Z.

🟆🟆 Höhenrestaurant Achalm, ✉ 72766 Reutlingen, ℰ (07121) 48 23 33, ≤ Reutlingen und
Schwäbische Alb, 🕿 – 🅿.

In Reutlingen-Betzingen über ③ : 4 km :

🏨 **Fortuna,** Carl-Zeiss-Str. 75 (nahe der B 28), ✉ 72770, ℰ 58 40 (Hotel), 58 41 77 (Rest.),
Fax 584113, 🕿, 🔚 – 📶 ⤫ Zim 📺 🕿 🅿 – ⚒ 200. 🔚 ⓞ **E** 𝒱𝒮𝒜 𝒥𝒞𝒷. 🍴 Rest
Menu *(Sonn- und Feiertage geschl.)* à la carte 30/66 – **100 Z** 108/190.

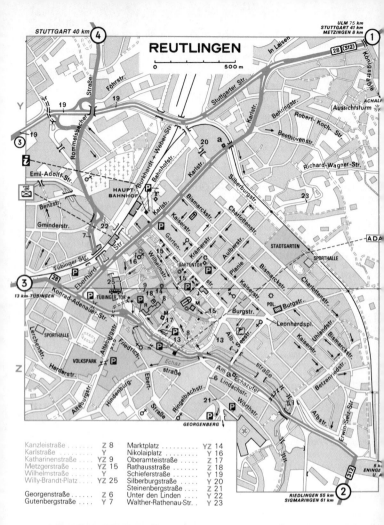

REUTLINGEN

0   500 m

In Reutlingen-Mittelstadt ① : 10 km :

🏠 **Klostermühle,** Neckartenzlinger Str. 90, ⌧ 72766, 𝒫 (07127) 72 92, Fax 71279 – 📺 ☎
⟐ 🅿 – 🏛 80. 🆎 ⓞ 🇪 𝐕𝐈𝐒𝐀, 🦌 Rest
Juli-Aug. 2 Wochen geschl. – **Menu** *(Dienstag geschl.)* à la carte 32/60 – **14 Z** 80/140.

In Eningen unter Achalm O : 5 km Z :

🏠 **Eninger Hof,** Am Kappelbach 24, ⌧ 72800, 𝒫 (07121) 8 29 09, Fax 83549, 🚁 – 📺 ☎
🅿. 🆎 ⓞ 🇪 𝐕𝐈𝐒𝐀
Juli 2 Wochen geschl. – **Menu** *(Freitag geschl.)* à la carte 30/51 – **16 Z** 72/130.

RHEDA-WIEDENBRÜCK Nordrhein-Westfalen 🟦🟦🟦 🟦🟦🟦 H 11, 🟦🟦🟦 ⑭ – 38 000 Ew – Höhe 73 m
– 🕲 05242.

◆Düsseldorf 151 – Bielefeld 33 – Münster (Westfalen) 54 – Paderborn 36.

Im Stadtteil Rheda :

🏨 **Reuter,** Bleichstr. 3, ⌧ 33378, 𝒫 4 20 52, Fax 42788 – 🛗 📺 ☎ 🅿. 🆎 ⓞ 🇪 𝐕𝐈𝐒𝐀
23. Dez.- 1. Jan. geschl. – **Menu** *(Freitag nur Mittagessen, Samstag, 1.- 5. Jan. und Juli-Aug.
3 Wochen geschl.)* à la carte 38/79 – **35 Z** 85/145.

Im Stadtteil Wiedenbrück :

🏨 **Romantik-Hotel Ratskeller,** Markt 11 (Eingang auch Langestraße), ✉ 33378, 𝒫 70 51, Fax 7256, « Historische Gasträume mit rustikaler Einrichtung », ⇔ – 📶 📺 ☎ ⇐ – 🏛 20. ⒜Ⓔ ⑩ ⒠ 𝗩𝗜𝗦𝗔
Menu *(23.- 25. Dez. geschl.)* à la carte 52/89 – **35 Z** 112/245.

Im Stadtteil Lintel ○ : 4 km :

🏨 **Landhotel Pöppelbaum,** Am Postdamm 28, ✉ 33378, 𝒫 76 92, Fax 54029, ☂ – ☎ ⇐ ℗ – 🏛 30. ⒠
Menu *(Montag geschl.)* à la carte 28/51 – **15 Z** 65/110.

RHEINAU Baden-Württemberg ⒋⒔ H 20, 21, ⒉⒋⒉ ⑳ – 10 400 Ew – Höhe 132 m – ✆ 07844.
Stuttgart 134 – Offenburg 34 – Strasbourg 23.

In Rheinau-Diersheim :

🏨 **La Provence** garni, Hanauer Str. 1, ✉ 77866, 𝒫 4 70 15, Fax 47663 – 📺 ☎ ℗
20. Dez.- 10. Jan. geschl. – **12 Z** 69/119.

In Rheinau-Linx :

✕ **Grüner Baum,** Tullastr. 30 (B 36), ✉ 77866, 𝒫 (07853) 3 58, Fax 17458, ☂ – ℗. ⒜Ⓔ ⑩ ⒠ 𝗩𝗜𝗦𝗔
Sonntag nur Mittagessen, Montag, über Fastnacht und Ende Juli - Anfang Aug. geschl. –
Menu à la carte 33/71.

In Rheinau-Rheinbischofsheim :

🏨 **Napoleon,** Hauptstr. 210 (B 36), ✉ 77866, 𝒫 9 19 10, Fax 919141, ☂ – 📺 ☎ ℗. ⒜Ⓔ ⒠ 𝗩𝗜𝗦𝗔
über Fastnacht 2 Wochen geschl. – **Menu** *(Mittwoch geschl.)* à la carte 30/68 ⅃ – **13 Z** 75/180.

Si vous cherchez un hôtel tranquille,
consultez d'abord les cartes thématiques de l'introduction
ou repérez dans le texte les établissements indiqués avec le signe ⑳ ou ⑳

RHEINBERG Nordrhein-Westfalen ⒋⒒⒈ ⒋⒈⒉ C 12, ⒐⒏⒎ ⑬ – 26 700 Ew – Höhe 25 m – ✆ 02843.
Düsseldorf 51 – ♦Duisburg 25 – Krefeld 29 – Wesel 17.

🏨 **Rheintor,** Rheinstr. 63, ✉ 47495, 𝒫 30 31, Fax 16321 – 📺 ☎ ⇐ ℗
24.- 31. Dez. geschl. – **Menu** *(Samstag geschl.)* à la carte 40/67 – **14 Z** 80/150.

RHEINBREITBACH Rheinland-Pfalz ⒋⒈⒉ E 15 – 4 000 Ew – Höhe 80 m – ✆ 02224 (Bad Honnef).
Mainz 140 – ♦Bonn 20 – ♦Koblenz 49.

🏨 **Haus Bergblick** ⑳, Gebr.-Grimm-Str. 11, ✉ 53614, 𝒫 56 01, Fax 71050, ☂ – ⇐ ℗. ⑳
Menu *(Mittwoch geschl.)* (wochentags nur Abendessen) à la carte 27/51 – **15 Z** 65/115.

RHEINBROHL Rheinland-Pfalz ⒋⒈⒉ F 15 – 4 000 Ew – Höhe 65 m – ✆ 02635.
Mainz 124 – ♦Bonn 37 – ♦Koblenz 35.

✕ **Klauke's Krug** mit Zim, Kirchstr. 11, ✉ 56598, 𝒫 24 14, Biergarten – ⒜Ⓔ ⑩ ⒠ 𝗩𝗜𝗦𝗔
März geschl. – **Menu** *(Dienstag geschl.)* à la carte 44/65 – **6 Z** 45/100.

RHEINE Nordrhein-Westfalen ⒋⒒⒈ ⒋⒈⒉ F 10, ⒐⒏⒎ ⑭ – 74 000 Ew – Höhe 45 m – ✆ 05971.
◼ Verkehrsverein-Tourist Information, Bahnhofstr. 14, ✉ 48431, 𝒫 5 40 55, Fax 52988.
ADAC, Tiefe Str. 32, ✉ 48431, 𝒫 5 71 11, 57156.
Düsseldorf 166 – Enschede 45 – Münster (Westfalen) 45 – ♦Osnabrück 46.

🏨 **City-Club-Hotel** garni, Humboldtplatz 8, ✉ 48429, 𝒫 8 80 04, Fax 87500 – 📶 📺 ☎ ℗. ⒜Ⓔ ⑩ ⒠ 𝗩𝗜𝗦𝗔
58 Z 130/180.

🏨 **Lücke,** Heilig-Geist-Platz 1, ✉ 48431, 𝒫 5 40 64, Fax 2008, ⇔ – 📶 📺 ☎ ⇐ ℗ – 🏛 60. ⒜Ⓔ ⑩ ⒠ 𝗩𝗜𝗦𝗔
Menu *(Sonntag geschl.)* à la carte 39/68 – **39 Z** 115/185.

🏨 **Zum Alten Brunnen,** Dreierwalder Str. 25, ✉ 48429, 𝒫 8 80 61, Fax 87802, « Gartenrestaurant » – 📺 ☎ ⇐ ℗. ⒠
24. Dez.- 1. Jan. geschl. – **Menu** (nur Abendessen) à la carte 39/67 – **14 Z** 95/210.

🏨 **Freye** ⑳ garni, Emsstr. 1, ✉ 48431, 𝒫 20 69, Fax 53568 – ☎. ⒜Ⓔ ⒠ 𝗩𝗜𝗦𝗔
Weihnachten - Anfang Jan. geschl. – **21 Z** 50/155.

In Rheine-Elte SO : 7,5 km :

X **Zum Splenterkotten** mit Zim (Münsterländer Bauernhaus a.d.J. 1764), Ludgerusring 4
⊠ 48432, ℰ (05975) 2 85, Fax 3947, Biergarten – 📺 ☎ 🅿
22. Feb.- 12. März geschl. – **Menu** *(Montag - Dienstag geschl.)* à la carte 38/60 – **5**
65/140.

X Zum Hellhügel 🐾 mit Zim, Roßweg 1, ⊠ 48432, ℰ (05975) 81 48 – 🅿 – **9 Z**.

In Rheine-Mesum SO : 7 km :

XX **Altes Gasthaus Borcharding** mit Zim, Alte Bahnhofstr. 13, ⊠ 48432, ℰ (05975) 12 7
Fax 3507, « Stilvolle, rustikale Einrichtung, Innenhofterrasse » – 📺 ☎ 🚗 🅿 – 🏛 60. ⏶
E 𝖵𝖨𝖲𝖠. 🎆
März - April 2 Wochen geschl. – **Menu** *(Donnerstag geschl., Freitag nur Abendesse*
(bemerkenswerte Weinkarte) a la carte 41/71 – **9 Z** 70/170.

XX **Mesumer Landhaus,** Emsdettener Damm 151 (B 481), ⊠ 48432, ℰ (05975) 2 4
Fax 3625, � – 🅿 ⒶⒺ ⓞ E 𝖵𝖨𝖲𝖠
Montag und Feb. 2 Wochen geschl. – **Menu** à la carte 34/64.

RHEINFELDEN Baden-Württemberg 𝟦𝟣𝟥 G 24, 𝟫𝟪𝟩 ㉞, 𝟦𝟤𝟩 H 3 – 28 000 Ew – Höhe 283
– ☯ 07623.

♦Stuttgart 284 – Basel 19 – Bad Säckingen 15.

🏨 **Oberrhein** garni, Werderstr. 13, ⊠ 79618, ℰ 7 21 10 – 🛗 📺 ☎ 🚗. ⒶⒺ E. 🎆
Samstag - Sonntag geschl. – **21 Z** 91/130.

In Rheinfelden-Eichsel N : 6 km :

XX **Café Elke,** Saaleweg 8, ⊠ 79618, ℰ 44 37, Fax 40550, « Gartenterrasse mit ≤ » – 🅿
Montag - Dienstag geschl. – **Menu** à la carte 33/61 *(auch vegetarische Gerichte)* 🍷.

In Rheinfelden-Karsau NO : 4 km :

🏠 **Landhaus Kupferdächle** 🐾 (mit Gästehaus), Rütte 16, ⊠ 79618, ℰ 5 99 90, Fax 59993
�, 🍴, 🖾 – 📺 ☎ 🅿 ⒶⒺ E 𝖵𝖨𝖲𝖠
über Fastnacht geschl. – **Menu** *(Sonntag nur Mittagessen)* à la carte 34/68 🍷 – **31 Z** 90/16

In Rheinfelden-Riedmatt NO : 5 km :

🏨 **Storchen,** Brombachstr. 3 (an der B 34), ⊠ 79618, ℰ 51 94, Fax 5198, � – 🛗 🍴 Zi
📺 ☎ 🚗 🅿 ⒶⒺ ⓞ E 𝖵𝖨𝖲𝖠
1.- 6. Jan. geschl. – **Menu** *(Samstag nur Abendessen, Freitag und 6.- 15. Jan. gesch*
à la carte 34/73 – **30 Z** 90/145.

RHEINSBERG Brandenburg 𝟦𝟣𝟦 K 6, 𝟫𝟪𝟦 ⑪. 𝟫𝟪𝟩 ⑰ – 5 500 Ew – Höhe 56 m – ☯ 03393
Sehenswert : Schloß Rheinsberg★.

🛈 Touristinformation, Markt (Kavalierhaus), ⊠ 16831, ℰ 20 59.

Potsdam 125 – ♦Berlin 97 – Neubrandenburg 65.

🏨 **Deutsches Haus,** Seestr. 13, ⊠ 16831, ℰ 3 90 59, Fax 39063, � – 🛗 📺 ☎
Menu (bemerkenswerte Weinkarte) à la carte 29/53 – **28 Z** 90/160.

X **Ratskeller,** Markt 1, ⊠ 16831, ℰ 22 64, Fax 38058, � – ⒶⒺ E 𝖵𝖨𝖲𝖠
Menu à la carte 25/48.

RHEINSTETTEN Baden-Württemberg 𝟦𝟣𝟥 HI 20 – 18 500 Ew – Höhe 116 m – ☯ 07242.
♦Stuttgart 88 – ♦Karlsruhe 10 – Rastatt 14.

In Rheinstetten-Neuburgweier :

XX **Zum Karpfen,** Markgrafenstr. 2, ⊠ 76287, ℰ 18 73, Biergarten – E
Montag und Mitte Feb.- Anfang März geschl., Dienstag nur Abendessen – **Menu** à la cart
34/60.

RHEINTAL Rheinland-Pfalz 𝟦𝟣𝟤 G 16, 𝟫𝟪𝟩 ㉔.
Sehenswert : Tal★★★ von Bingen bis Koblenz (Details siehe unter den erwähnten Rhein-Orten

---

RHENS Rheinland-Pfalz 𝟦𝟣𝟤 F 16 – 3 000 Ew – Höhe 66 m – ☯ 02628.
🛈 Verkehrsamt, Rathaus, ⊠ 56321, ℰ 7 51.

Mainz 95 – Boppard 12 – ♦Koblenz 9.

XX **Königstuhl** mit Zim, Am Rhein 1, ⊠ 56321, ℰ 22 44, ≤, �, « Haus a.d.J. 1573 mit a
deutscher Einrichtung » – 🚗 🅿 ⒶⒺ ⓞ E 𝖵𝖨𝖲𝖠
Jan. geschl. – **Menu** *(Montag geschl.)* a la carte 35/77 – **11 Z** 95/140.

RIBNITZ-DAMGARTEN Mecklenburg-Vorpommern 🔲🔲🔲 J 3, 🔲🔲🔲 ⑦, 🔲🔲🔲 ⑥ – 16 400 Ew – Höhe 8 m – ✪ 03821.

🇧 Stadtinformation, Rathaus, Marktplatz 1, ⊠ 18311, ℘ 57 01.

Schwerin 115 – ◆Rostock 26.

🏨 Perle am Bodden, Fritz-Reuter-Str. 14, ⊠ 18311, ℘ 81 31 71, Fax 813191, 😤, ⇔s – 📺 ☎ ℗ – 🔏 30
14 Z.

RIEDEN Bayern siehe Füssen.

RIEDENBURG Bayern 🔲🔲🔲 RS 20, 🔲🔲🔲 ㉗ – 5 300 Ew – Höhe 354 m – Luftkurort – ✪ 09442.

🇧 Haus des Gastes, Marktplatz, ⊠ 93339, ℘ 25 40.

◆München 132 – Ingolstadt 59 – ◆Nürnberg 108 – ◆Regensburg 40.

🏨 **Rabenstein,** An der Altmühl 1, ⊠ 93339, ℘ 8 12, Fax 3284, 😤, (moderne Einrichtung), ⇔s – 📺 ☎ ℗ – 🔏 30. 🄰🄴 ⓪ 🄴 𝘃𝘪𝘴𝘢
Menu à la carte 28/60 – **11 Z** 85/150.

In Riedenburg-Buch SO : 4 km :

🏨 Schneider ॐ, Buch 5, ⊠ 93339, ℘ 16 59, Fax 3384 – ℗
26 Z.

RIEDERICH Baden-Württemberg siehe Metzingen.

RIEDLINGEN Baden-Württemberg 🔲🔲🔲 L 22, 🔲🔲🔲 ㉟ – 8 500 Ew – Höhe 540 m – ✪ 07371.

◆Stuttgart 96 – ◆Freiburg im Breisgau 159 – Ravensburg 51 – ◆Ulm (Donau) 53.

🏨 **Brücke,** Hindenburgstr. 4, ⊠ 88499, ℘ 1 22 66, Fax 13015, 😤, ⇔s – 📺 ☎ ℗ – 🔏 60
Menu à la carte 30/53 – **35 Z** 69/135.

🏠 **Mohren,** Marktplatz 7, ⊠ 88499, ℘ 73 20, Fax 13119 – ▐◀ ⬛, 🛇 Zim
1.- 12. Jan. und Ende Juli - Mitte Aug. geschl. – **Menu** *(Montag geschl.)* à la carte 25/49 ⓪ – **33 Z** 48/130.

RIEDSTADT Hessen 🔲🔲🔲 🔲🔲🔲 I 17 – 23 000 Ew – Höhe 140 m – ✪ 06158.

◆Wiesbaden 43 – Darmstadt 14.

In Riedstadt-Goddelau :

🏨 **Riedstern** garni, Stahlbaustr. 17, ⊠ 64560, ℘ 10 71, Fax 5304 – 📺 ☎ ℗. 🄰🄴 ⓪ 🄴 𝘃𝘪𝘴𝘢
Weihnachten-Anfang Jan. geschl. – **30 Z** 99/150.

In Riedstadt-Wolfskehlen :

🏨 **Hammann,** Ernst-Ludwig-Str. 11, ⊠ 64560, ℘ 7 10 52, Fax 74145 – 📺 ☎ ⬛ ℗ – 🔏 20. 🄰🄴 🄴 𝘃𝘪𝘴𝘢
über Weihnachten und Juli-Aug. 1 Woche geschl. – **Menu** *(Samstag geschl.)* à la carte 26/51 – **22 Z** 80/170.

RIEGEL Baden-Württemberg 🔲🔲🔲 G 22, 🔲🔲🔲 ㉞, 🔲🔲🔲 ㉜ – 2 700 Ew – Höhe 183 m – ✪ 07642 (Endingen).

◆Stuttgart 187 – ◆Freiburg im Breisgau 25 – Offenburg 45.

🏨 **Riegeler Hof,** Hauptstr. 69, ⊠ 79359, ℘ 14 68, Fax 3653 – ⇔ Zim 📺 ☎ ℗. 🄰🄴 ⓪ 🄴 𝘃𝘪𝘴𝘢
Menu *(Sonntag nur Mittagessen, Montag und Mitte Nov.- Mitte Dez. geschl.)* à la carte 37/57 ⓪ – **50 Z** 78/145.

In Malterdingen O : 2 km :

🏨 **Landhaus Keller** ॐ, Gartenstr. 21, ⊠ 79364, ℘ (07644) 13 88, Fax 4146, 😤, « Geschmackvolle Zimmereinrichtung » – ⇔ Zim 📺 ☎ ℗ – 🔏 30. 🄰🄴 🄴 𝘃𝘪𝘴𝘢 🛇 Zim
Juli-Aug. 3 Wochen geschl. – **Menu** *(Samstag nur Abendessen)* à la carte 51/78 – **14 Z** 110/190.

🏨 **Zum Rebstock,** Hauptstr. 45, ⊠ 79364, ℘ (07644) 61 66, Fax 1716 – 📺 ⬛ ℗. 🄰🄴 ⓪ 🄴 𝘃𝘪𝘴𝘢
Menu à la carte 26/57 ⓪ – **24 Z** 65/90.

RIEGELSBERG Saarland 🔲🔲🔲 D 19 – Höhe 373 m – ✪ 06806.

◆Saarbrücken 8 – Homburg (Saar) 35.

🍴 **Auberge Delices,** Hixberger Str. 42, ⊠ 66292, ℘ 36 86 – ℗. 🄴 𝘃𝘪𝘴𝘢
Donnerstag geschl. – **Menu** (wochentags nur Abendessen) à la carte 58/80.

RIEGSEE Bayern siehe Murnau.

RIELASINGEN-WORBLINGEN Baden-Württemberg siehe Singen (Hohentwiel).

RIENECK Bayern 412 413 L 16 – 2 200 Ew – Höhe 170 m – Erholungsort – ✪ 09354.
♦München 325 – Fulda 72 – ♦Würzburg 45.

🏠 **Gut Dürnhof,** Burgsinner Str. 3 (N : 1 km), ✉ 97794, ✆ 10 01, Fax 1512, « Gartenterrasse mit ≤ », 🔲, ☞, 🐎 (Halle) – ☆☆ Zim 📺 ☎ 🅿 – 🔬 40. 🆎 ⓪ 🈸 VISA
Menu à la carte 37/55 – **30 Z** 95/180 – ½ P 94/118.

RIESA AN DER ELBE Sachsen 414 L 12, 984 ⑳, 987 ⑰ ⑱ – 48 000 Ew – Höhe 120 m – ✪ 03525.
♦Dresden 43 – ♦Leipzig 62 – Meißen 27.

🏠 **Wettiner Hof,** Hohe Str. 4, ✉ 01587, ✆ 71 80, Fax 718222, 🏤 – |🛗| ☆☆ Zim 📺 ☎ 🚗
🅿 – 🔬 40. 🆎 🈸 VISA 🏤
Menu à la carte 29/45 – **44 Z** 110/160.

🏠 Doorm Hotel am Bahnhof, Bahnhofstr. 31, ✉ 01587, ✆ 71 83 00, Fax 718333 – 📺 ☎ 🅿
– 🔬 30
43 Z.

🏠 **Park-Hotel,** Bahnhofstr. 40, ✉ 01587, ✆ 70 90, Fax 733530 – |🛗| 📺 ☎ 🕭 🅿 – 🔬 80. 🆎
⓪ 🈸 VISA 🏤
Menu à la carte 29/51 – **112 Z** 130/195, 4 Suiten.

🏠 Am Sächsischen Zollhaus, Leipziger Str. 20, ✉ 01589, ✆ 7 26 30, Fax 726315, Biergarten
– 📺 ☎ 🅿. 🏤 Zim – **18 Z**.

🏠 **Sachsenhof,** Hauptstr. 65, ✉ 01587, ✆ 73 36 29, Fax 730167, 🏤 – 📺 ☎ 🅿. 🆎 🈸
Menu *(Montag nur Abendessen)* à la carte 21/45 – **14 Z** 90/120.

🏠 **Zur Mühle** garni, Alexander-Puschkin-Platz 7, ✉ 01587, ✆ 70 51 13, Fax 705113 – 📺 ☎
🅿. 🆎 🈸 VISA 🏤
32 Z 79/179.

RIESSERSEE Bayern siehe Garmisch-Partenkirchen.

RIETBERG Nordrhein-Westfalen 411 412 I 11, 987 ⑭ – 23 500 Ew – Höhe 83 m – ✪ 05244.
🏌 Gütersloher Str. 127, ✆ 23 40.
♦Düsseldorf 160 – Bielefeld 35 – Münster (Westfalen) 63 – Paderborn 27.

In Rietberg-Mastholte SW : 7 km :

🍴🍴 ✪ **Domschenke,** Lippstädter Str. 1, ✉ 33397, ✆ (02944) 3 18, Fax 6931 – 🅿
Samstag nur Abendessen, Dienstag, Jan. sowie März - April 1 Woche, Juli - Aug. 3 Wochen und Ende Okt.- Anfang Nov. geschl. – **Menu** (abends Tischbestellung ratsam) 36/46 (mittags) und à la carte 68/96
Spez. Langustinenkrapfen, Steinbutt mit Zwiebelravioli, Grießsoufflé mit Rübenkraut-Rahmeis.

RIEZLERN Österreich siehe Kleinwalsertal.

RIMBACH Bayern 413 V 19 – 2 000 Ew – Höhe 560 m – Erholungsort – ✪ 09941 (Kötzting).
🅱 Verkehrsamt, Hohenbogenstr. 10, ✉ 93485, ✆ 89 31.
♦München 202 – Cham 20 – Deggendorf 53.

🏠 **Bayerischer Hof,** Dorfstr. 32, ✉ 93485, ✆ 23 14, Fax 2315, 🏤, 🏊s, 🔲, ☞ – |🛗| 📺 🅿.
🆎 🈸 🏤
Nov. 2 Wochen geschl. – **Menu** à la carte 21/39 – **100 Z** 60/140 – ½ P 75/95.

RIMBACH Hessen siehe Fürth im Odenwald.

RIMPAR Bayern 413 M 17 – 7 000 Ew – Höhe 224 m – ✪ 09365.
♦München 285 – ♦Nürnberg 90 – Schweinfurt 35 – ♦Würzburg 9,5.

🍴 **Schloßgaststätte,** im Schloß Grumbach, ✉ 97222, ✆ 38 44, Fax 4193, 🏤, « Ehemaliges Jagdschloß a.d.J. 1603 » – 🅿
Mittwoch und Mai - Juni 4 Wochen geschl. – **Menu** à la carte 26/50 🍷.

RIMSTING Bayern 413 U 23 – 3 100 Ew – Höhe 563 m – Luftkurort – ✪ 08051 (Prien am Chiemsee).
Sehenswert : Chiemsee★.
🅱 Verkehrsamt, Rathaus, Schulstr. 4, ✉ 83253, ✆ 44 61, Fax 61694.
♦München 87 – Rosenheim 20 – Wasserburg am Inn 24.

In Rimsting-Greimharting SW : 4 km – Höhe 668 m

🌲 **Der Weingarten** 🏔, Ratzingerhöhe, ✉ 83253, ✆ 17 75, Fax 63517,
≤ Voralpenlandschaft, Chiemsee und Alpen, 🏤, ☞ – 🚗 🅿
Menu *(Freitag geschl.)* à la carte 27/48 – **15 Z** 55/95.

In Rimsting-Schafwaschen NO : 1 km, am Chiemsee :

♠ **Seehof** ⌖, ⌧ 83253, ℰ 16 97, ≤, ㊗, ㊗, ㊗ – ⌁ ❷
♣ *März 2 Wochen und Okt.- Nov. 3 Wochen geschl. –* **Menu** *(Dienstag, im Winter Montag-Dienstag geschl.)* a la carte 22/48 ⅄ – **18 Z** 44/106 – ½ P 57/66.

RINGELAI Bayern 413 X 20, 426 M 2 – 960 Ew – Höhe 410 m – Erholungsort – ❸ 08555 (Perlesreut).

♦München 209 – Passau 33 – ♦Regensburg 138.

🏠 **Wolfsteiner Ohe** ⌖, Perlesreuter Str. 5, ⌧ 94160, ℰ 9 70 00, Fax 97050, ㊗, ㊗, ㊗ ,
♣ ㊗ – ❷ ❷
7. Nov.- 8. Dez. geschl. – **Menu** *(im Winter Montag geschl.)* a la carte 20/32 ⅄ – **26 Z** 49/82
– ½ P 53/56.

RINGGAU Hessen 412 N 13 – 3 600 Ew – Höhe 300 m – ❸ 05659.

♦Wiesbaden 211 – Göttingen 65 – Bad Hersfeld 47 – ♦Kassel 37.

In Ringgau-Datterode NW : 6 km :

🏠 **Danica** ⌖, Lohgasse 23, ⌧ 37296, ℰ (05658) 10 47, Fax 1637, ㊗, ㊗, ㊗ , ㊗ – ㊉ ❷
❷ – ㊗ 40
35 Z

🏠 **Fasanenhof** ⌖, Hasselbachstr. 28, ⌧ 37296, ℰ (05658) 13 14, ㊗, ㊗ – ㊉ ❷ ❷. ㊐
♣ ❶ ㊕ ㊸
Menu à la carte 23/49 – **12 Z** 60/125.

Jährlich eine neue Ausgabe,
aktuellste Informationen,
jährlich für Sie !

RINGSHEIM Baden-Württemberg 413 G 22, 242 ㉘, 62 ㉠ – 2 000 Ew – Höhe 166 m – ❸ 07822.

♦Stuttgart 175 – ♦Freiburg im Breisgau 35 – Offenburg 33.

🏠 **Heckenrose,** an der B 3, ⌧ 77975, ℰ 14 84, Fax 3764 – ㊉ ㊉ ❷ ❷ – ㊗ 40. ㊐ ❶ ㊕
㊸
Menu *(Samstag und Montag nur Abendessen, Jan. und Nov. jeweils 2 Wochen geschl.)*
à la carte 29/57 ⅄ – **27 Z** 70/140.

RINTELN Niedersachsen 411 412 K 10, 987 ⑮ – 28 500 Ew – Höhe 55 m – ❸ 05751.

🛈 Fremdenverkehrsbüro, Klosterstr. 20, ⌧ 31737, ℰ 40 30.

♦Hannover 60 – Bielefeld 61 – Hameln 27 – ♦Osnabrück 91.

🏠 **Der Waldkater** ⌖, Waldkaterallee 27, ⌧ 31737, ℰ 1 79 80, Fax 179883, ㊗, (eigene
Hausbrauerei), ㊉ – ㊉ ㊉ ❷ ㊗ ❷ – ㊗ 80. ㊐ ❶ ㊕ ㊸
Menu à la carte 36/70 – **31 Z** 145/260.

🏠 **Zum Brückentor** garni, Weserstr. 1, ⌧ 31737, ℰ 4 20 95, Fax 44762 – ㊉ ㊉ ❷. ㊐ ❶
㊕ ㊸ ㊸
22 Z 90/140.

In Rinteln-Todenmann NW : 3 km – Erholungsort :

🏠 **Altes Zollhaus,** Hauptstr. 5, ⌧ 31737, ℰ 7 40 57, Fax 7761, ≤, ㊗, ㊉ – ㊉ ❷ ❷ – ㊗ 50.
㊐ ❶ ㊕ ㊸
Menu à la carte 34/67 – **21 Z** 80/190.

RIPPOLDSAU-SCHAPBACH, BAD Baden-Württemberg 413 H 21, 987 ㉟ – 2 500 Ew – Höhe
564 m – Heilbad – Luftkurort – ❸ 07440.

🛈 Kurverwaltung, Kurhaus (Bad Rippoldsau), ⌧ 77776, ℰ 7 22, Fax 529.

♦Stuttgart 106 – Freudenstadt 15 – Offenburg 55.

Im Ortsteil Bad Rippoldsau :

🏠 **Kranz,** Reichenbachstr. 2, ⌧ 77776, ℰ 7 25, Fax 511, ㊗, ㊉, ㊗ , ㊗, ㊸ – ㊉ ❷ ㊗
❷ – ㊗ 20
Menu à la carte 36/80 – **31 Z** 95/190 – ½ P 108/123.

🏠 **Landhotel Rosengarten,** Fürstenbergstr. 46, ⌧ 77776, ℰ 2 36, Fax 586, ㊗ – ㊉ ㊉ ❷
㊗ ❷
Menu à la carte 33/55 – **12 Z** 65/150 – ½ P 75/100.

🏠 **Zum letzten G'stehr,** Wolfstalstr. 17, ⌧ 77776, ℰ 7 14, Fax 514, ㊗ – ㊉ ㊉ ❷ ❷
Jan. 2 Wochen und Mitte Nov.- 20. Dez. geschl. – **Menu** *(Dienstag geschl.)* a la carte 24/60
– **18 Z** 60/148 – ½ P 74/92.

♠ **Klösterle Hof,** Klösterleweg 2, ⌧ 77776, ℰ 2 15, Fax 623, ㊗ – ⌁ ❷
20. Nov.- 25. Dez. geschl. – **Menu** *(Dienstag geschl.)* à la carte 29/61 – **10 Z** 49/94
– ½ P 55/59.

Im Ortsteil Schapbach S : 10 km – ☻ 07839 :

🏠 **Ochsenwirtshof,** Wolfacher Str. 21, ✉ 77776, 𝒸 2 23, Fax 1268, 🔲, 🚗, 🦌 – 🚙
℗
7.- 31. Jan. geschl. – **Menu** *(Donnerstag geschl.)* à la carte 28/60 ⚓ – **19 Z** 57/120
– ½P 72/87.

🏠 **Sonne,** Dorfstr. 31, ✉ 77776, 𝒸 2 22, Fax 1265, 🚗 – **℗**
1.- 15. März geschl. – **Menu** *(Montag geschl.)* à la carte 29/60 – **13 Z** 50/106 – ½ P 67/74.

🎿 **Adler,** Dorfstr. 6, ✉ 77776, 𝒸 2 15, Fax 1385, 🚗 – 🚙 **℗**
Ende Okt.- Mitte Dez. geschl. – **Menu** *(Donnerstag geschl.)* a la carte 24/40 ⚓ – **9 Z** 44/128
– ½ P 56/60.

Im Ortsteil Bad Rippoldsau-Wildschapbach NW : 3 km ab Schapbach :

🏠 **Grüner Baum,** Wildschapbachstr. 15, ✉ 77776, 𝒸 (07839) 2 18, 🍴 – **℗**
🎿 Zim
10.- 31. Jan. geschl. – **Menu** *(Dienstag geschl.)* à la carte 29/50 ⚓ – **7 Z** 35/70
– ½ P 46.

RITTERSDORF Rheinland-Pfalz siehe Bitburg.

RIVERIS Rheinland-Pfalz siehe Waldrach.

ROCKENHAUSEN Rheinland-Pfalz 412 G 18 – 5 800 Ew – Höhe 203 m – ☻ 06361.
Mainz 63 – Kaiserslautern 36 – Bad Kreuznach 30.

🏠 **Pfälzer Hof,** Kreuznacher Str. 30, ✉ 67806, 𝒸 79 68, Fax 3733, 🍴, 🚗, 🦌 – 📺 ☎ 🚙
℗
23. Dez.- 10. Jan. geschl. – **Menu** *(Montag geschl., Dienstag nur Abendessen)* à la carte
25/44 ⚓ – **14 Z** 70/120 – ½ P 75/90.

RODACH Bayern 413 P 15, 987 ㉖ – 6 100 Ew – Höhe 320 m – Erholungsort mit Heilquel
lenkurbetrieb – ☻ 09564.
🛈 Kurverwaltung, Markt 1 (Rathaus), ✉ 96476, 𝒸 15 50, Fax 680.
♦München 300 – Coburg 18.

🏨 **Kurhotel am Thermalbad** 🦢, Kurring 2, ✉ 96476, 𝒸 2 07, Fax 206, ≤, 🍴, 🚗 – 📱 🖼
℗ – 🛁 60. 🅴 💳 🦶 Zim
Menu *(Jan. 2 Wochen geschl.)* à la carte 30/56 – **50 Z** 77/140 – ½ P 95/105.

In Rodach-Gauerstadt SO : 4,5 km :

🎿 **Gasthof Wacker,** Billmuthäuser Str. 1, ✉ 96476, 𝒸 2 25, Fax 3211, 🚗 – ☎ **℗**
7.- 24. Jan. und Aug. 2 Wochen geschl. – **Menu** *(Mittwoch geschl., Donnerstag nur Abend
essen)* à la carte 22/45 – **17 Z** 48/90 – ½ P 56/66.

In Rodach-Heldritt NO : 3 km :

🏠 **Pension Tannleite** 🦢, Obere Tannleite 4, ✉ 96476, 𝒸 7 44, 🍴 – ☎ **℗**
Mitte Nov.- Mitte Dez. geschl. – **Menu** *(Mittwoch geschl.)* (nur Abendessen) à la carte 20/30
– **13 Z** 40/78.

RODALBEN Rheinland-Pfalz 412 413 F 19, 242 ⑧, 87 ① – 7 800 Ew – Höhe 260 m – ☻ 0633
(Pirmasens).
🛈 Verkehrsverein, Hauptstr. 110, ✉ 66976, 𝒸 1 70 22.
Mainz 119 – Kaiserslautern 32 – Pirmasens 6.

🏠 **Zum Grünen Kranz - Villa Bruderfels,** Pirmasenser Str. 2, ✉ 66976, 𝒸 2 31 70
Fax 231730, 🍴 – 📺 ☎ **℗**. 🅰🅴 ⓞ 🦶 💳
Menu *(Samstag nur Abendessen, Donnerstag und Aug. 2 Wochen geschl.)* a la carte 43/8
⚓ – **28 Z** 52/110.

🍽 **Pfälzer Hof** mit Zim, Hauptstr. 108, ✉ 66976, 𝒸 1 63 79, Fax 16389 – 📺 ☎ 🚙 **℗**
🛁 60. 🅰🅴 ⓞ 🦶 💳 🦶
Juli 3 Wochen geschl. – **Menu** *(Montag geschl., Sonntag nur Mittagessen)* à la carte 24/49
⚓ – **8 Z** 60/110.

RODEWISCH Sachsen 414 J 14, 984 ㉓, 987 ㉗ – 8 000 Ew – Höhe 550 m – ☻ 03744 (Aue
bach).
♦Dresden 142 – Chemnitz 66 – Zwickau 32.

🏠 **Vogtland** garni, Dr.-Geordeler-Str. 4, ✉ 08228, 𝒸 3 48 84, Fax 34887 – 📺 ☎. 🦶
12 Z 90/120.

In Rodewisch-Rebesbrunn O : 2 km :

☆ **Landgasthof Rebesbrunn** 🦢, ✉ 08228, 𝒸 3 33 81, Biergarten – 📺 𝕻. 🍽 Zim
➡ **Menu** *(Mittwoch geschl.)* à la carte 18/35 🍴 – **7 Z** 85/110.

RODGAU Hessen 🔢🔢 J 16 – 41 000 Ew – Höhe 128 m – 🔵 06106.
•Wiesbaden 54 – Aschaffenburg 27 – ◆Frankfurt am Main 21.

Im Stadtteil Dudenhofen :

🏛 **Garni,** Im Lichtbühl 2, ✉ 63110, 𝒸 8 20 60, Fax 820620 – 𝕻
20. Dez.- 10. Jan. geschl. – **14 Z** 56/96.

Im Stadtteil Nieder-Roden :

🏛 **Holiday Inn Garden Court** garni, Kopernikusstr. 1, ✉ 63110, 𝒸 82 40, Fax 824555, 🖀,
🍽 (Halle) – 📳 🍽 📺 ☎ 👍 ⟵ 𝕻 – 🔺 230. 🖭 ⓪ 🅴 𝖵𝖨𝖲𝖠
115 Z 198/276.

🏛 **Weiland,** Borsigstr. 15 (Industriegebiet Süd), ✉ 63110, 𝒸 8 71 70, Fax 871750 – 📳 📺 ☎
𝕻. 🅴 𝖵𝖨𝖲𝖠. 🍽
Menu *(Freitag geschl.)* (wochentags nur Abendessen) à la carte 31/64 – **30 Z** 115/180.

Im Stadtteil Jügesheim :

🏛 **Haingraben** garni, Haingrabenstraße, ✉ 63110, 𝒸 6 99 90, Fax 61960 – 📺 ☎ 👍 ⟵. 🖭
🅴 𝖵𝖨𝖲𝖠
22 Z 150/200.

🏛 **Zur Wolfsschlucht,** Am Wasserturm, ✉ 63110, 𝒸 32 54, Fax 14662, 🌾 – 📺 ☎ 𝕻 –
🔺 25. 🖭 ⓪ 🅴 𝖵𝖨𝖲𝖠
Menu *(Montag geschl.)* (wochentags nur Abendessen) à la carte 29/52 – **11 Z** 90/150.

An der Autobahn A 3 NO : 5 km :

🏛 Motel Weiskirchen garni, Autobahn Nordseite, ✉ 63110 Rodgau, 𝒸 (06182) 78 90,
Fax 789299 – 📳 📺 ☎ 𝕻
30 Z.

RODING Bayern 🔢 U 19, 🔢 ㉗ – 10 400 Ew – Höhe 370 m – 🔵 09461.
🔳 Verkehrsamt, Rathaus, Schultr. 12, ✉ 93426, 𝒸 10 66, Fax 669.
•München 163 – Amberg 62 – Cham 15 – ◆Regensburg 41 – Straubing 39.

🏛 **Blümelhuber,** Blümelhubergasse 15, ✉ 93426, 𝒸 25 83, Biergarten, 🖀 – 𝕻
➡ *Jan. 2 Wochen geschl.* – **Menu** *(Donnerstag geschl.)* à la carte 20/30 – **21 Z** 45/70.

🏛 **Brauereigasthof Brantl,** Schultr. 1, ✉ 93426, 𝒸 6 75, 🌾 – 𝕻
➡ **Menu** *(Mittwoch und 25. Juni - 6. Juli geschl.)* à la carte 15/30 🍴 – **16 Z** 45/70.

In Roding-Mitterdorf NW : 1 km :

☆ **Hecht,** Hauptstr. 7, ✉ 93426, 𝒸 22 94, Fax 7225, 🌿 – ⟵ 𝕻. 🍽 Rest
➡ *Ende Feb. - Mitte März geschl.* – **Menu** *(Donnerstag nur Mittagessen)* à la carte 18/36 –
24 Z 45/75.

In Roding-Neubäu NW : 9 km :

🏛 **Am See** 🦢, Seestr. 1, ✉ 93426, 𝒸 (09469) 3 41, Fax 403, ≤, 🌾, 🖀, 🔲, 🌿 – ⟵ 𝕻
➡ – 🔺 80. 🍽 Zim
Menu à la carte 20/41 – **57 Z** 50/100.

RÖBEL (Müritz) Mecklenburg-Vorpommern 🔢 J 5,🔢 ⑪, 🔢 ⑦ – 6 500 Ew – Höhe 85 m
🔵 039931.
🔳 Touristinformation, Marktplatz 10, ✉ 17207, 𝒸 5 06 51.
•chwerin 105 – ◆Berlin 140.

🏛 **Seelust** 🦢, Seebadstr. 33a, ✉ 17207, 𝒸 58 30, Fax 58343, « Terrasse am See » – 📺 ☎
➡ 𝕻
Menu à la carte 24/44 – **24 Z** 120/180.

🏛 **Seestern** 🦢, Müritzpromenade, ✉ 17207, 𝒸 5 92 94, Fax 59295, « Terrasse am See » –
📺 ☎ 𝕻. 🖭 🅴 𝖵𝖨𝖲𝖠
Menu à la carte 31/45 – **14 Z** 85/130.

🏛 **Müritzterrasse,** Strasse der deutschen Einheit 27, ✉ 17207, 𝒸 27 38, Fax 50164,
➡ « Terrasse am See » – 📺 ☎ 𝕻. 🖭 🅴 𝖵𝖨𝖲𝖠
Menu à la carte 23/44 **12 Z** 90/140.

RÖDELSEE Bayern siehe Iphofen.

RÖDENTAL Bayern siehe Coburg.

Hessen 412 413 J 17, 987 ㉕ – 27 000 Ew – Höhe 141 m – ✆ 06074.
♦Wiesbaden 54 – Aschaffenburg 30 – ♦Darmstadt 25 – ♦Frankfurt am Main 23.

In Rödermark - Ober-Roden :

🏨 **Atlantis Parkhotel,** Niederröder Str. 24 (NO : 1,5 km), ✉ 63322, ℘ (06106) 7 09 20
Telex 413555, Fax 7092282, « Gartenterrasse », ≘s, 🖼 – 🛗 ⇌ Zim 📺 ⇌ Ⓟ – 🔬 250
🆎 ⓪ Ε VISA. 🍽 Rest
Weihnachten - Anfang Jan. geschl. – **Menu** à la carte 55/81 – **127 Z** 209/279.

🏨 **Eichenhof** ♨, Carl-Zeiss-Str. 30 (Industriegebiet), ✉ 63322, ℘ 9 40 41, Fax 94044, 🌳
Biergarten, ≘s – 🛗 📺 ☎ Ⓟ – 🔬 50. 🆎 ⓪ Ε VISA. 🍽 Rest
Ende Dez.- Anfang Jan. geschl. – **Menu** *(Freitag geschl.)* à la carte 38/71 – **36 Z** 130/218

In Rödermark-Bulau :

🏨 **Odenwaldblick,** Bulauweg 27, ✉ 63322, ℘ 8 74 40, Fax 68999 – 📺 ☎ Ⓟ. 🆎 ⓪ Ε VISA
🍽 Rest
Menu *(Montag - Freitag nur Abendessen, Dienstag geschl.)* à la carte 25/42 – **29 Z** 108/185

In Rödermark-Urberach :

🏠 **Jägerhof,** Mühlengrund 18, ✉ 63322, ℘ 6 15 02, Fax 67948, ≘s – ☎ Ⓟ. 🆎 Ε VISA
Menu *(Samstag nur Abendessen, 1.- 14. Aug. geschl.)* a la carte 32/59 – **24 Z** 75/160

Bayern 413 X 20 – 4 500 Ew – Höhe 436 m – Erholungsort – ✆ 08582.
🛈 Verkehrsamt, Rathausplatz 1, ✉ 94133, ℘ 14 71, Fax 8278.
♦München 203 – Freyung 13 – Passau 26.

🏨 Jagdhof ♨, Marktplatz 11, ✉ 94133, ℘ 2 68, Fax 8634, 🌳, ≘s, 🏊 (geheizt), 🖼, 🚲
🛗 ⇌ Ⓟ – **70 Z**.

Sachsen siehe Chemnitz bzw. Dresden.

Rheinland-Pfalz siehe Speyer.

Thüringen 413 O 15, 414 D 14, 984 ㉗ – 2 100 Ew – Höhe 305 m – ✆ 036948.
Erfurt 93 – Coburg 48.

In Römhild-Waldhaus O : 4 km :

🏠 **Waldhaus,** Am Sandbrunnen 10, ✉ 98631, ℘ 8 01 47, Fax 80148, Biergarten – ☎ ⇌
→ Ⓟ. Ε – **Menu** à la carte 23/37 – **16 Z** 60/130.

🏠 **Villa Steinsburg** ♨, garni, Waldhaus 21, ✉ 98631, ℘ 8 02 34 – 📺 Ⓟ
8 Z 70/130.

Nordrhein-Westfalen 412 E 14 – 22 000 Ew – Höhe 72 m – ✆ 02205.
♦Düsseldorf 56 – ♦Köln 16 – Siegburg 12.

%% **Klostermühle,** Zum Eulenbroicher Auel 15, ✉ 51503, ℘ 47 58, 🌳, « Rustikal
Einrichtung » – Ⓟ. ⓪ Ε VISA
Montag - Dienstag, Jan. 2 Wochen und Juli - Aug. 4 Wochen geschl. – **Menu** (bemer
kenswerte Weinkarte) à la carte 63/88.

In Rösrath-Forsbach N : 4 km :

🏠 Forsbacher Mühle ♨, Mühlenweg 43, ✉ 51503, ℘ 42 41, Fax 4943 – 📺 ☎ Ⓟ – **25**

Nordrhein-Westfalen 412 B 15, 409 L 4 – 7 100 Ew – Höhe 420 m – ✆ 02471.
🛈 Verkehrsverein, Rathaus, Hauptstr. 55, ✉ 52159, ℘ 18 20.
♦Düsseldorf 96 – ♦Aachen 18 – Liège 59 – Monschau 15 – ♦Köln 85.

🏠 **Marienbildchen,** an der B 258 (N : 2 km), ✉ 52159, ℘ 25 23, 🌳 – 📺 ☎ Ⓟ. 🆎 Ε. 🍽 Zim
15. Juli - 15. Aug. geschl. – **Menu** *(Sonntag geschl.)* à la carte 45/85 – **9 Z** 65/165.

%% **Zum genagelten Stein** mit Zim, Bundesstr. 2 (B 258), ✉ 52159, ℘ 22 78, Fax 4535, 🌳
– 📺 ☎ Ⓟ. 🆎 ⓪ Ε VISA
Juni-Juli 3 Wochen und Ende Okt.- Anfang Nov. geschl. – **Menu** *(Donnerstag geschl.)* à
carte 63/90 – **5 Z** 90/160.

An der Straße nach Monschau SO : 4 km :

%% **Fringshaus,** an der B 258, ✉ 52159 Roetgen, ℘ (02471) 31 13, Fax 624 – Ⓟ. 🆎 Ε VISA
Mittwoch, Ende Juni - Mitte Juli und Mitte Dez.- Mitte Jan. geschl. – **Menu** à la carte 30/7

Bayern 413 M 18 – 1 900 Ew – Höhe 243 m – ✆ 09338.
♦München 363 – Ansbach 73 – Heilbronn 93 – ♦Würzburg 35.

%% **Rebstöckle** mit Zim, Rothenburger Str. 2, ✉ 97285, ℘ 5 31, Fax 8376, 🌳 – 📺 ☎ Ⓟ
→ 🆎 Ε
Menu *(Dienstag und Nov. geschl.)* à la carte 24/46 ♧ – **7 Z** 72/116.

RÖTZ Bayern 413 U 18, 987 ⑳ – 3 400 Ew – Höhe 453 m – ✆ 09976.
München 204 – Amberg 56 – Cham 25 – Weiden in der Oberpfalz 56.

In Rötz-Bauhof NW : 3 km :

🏠 **Pension Bergfried** ⑤, ✉ 92444, ℰ 9 40 00, ≤ Bayerischer Wald, ≤s, 🏕 – ☎ ☜ ❷.
← AE ⓿ E VISA
Menu *(Nov.- März Samstag geschl.)* à la carte 21/37 – **25 Z** 45/84.

In Rötz-Grassersdorf N : 3 km :

🏠 **Alte Taverne** ⑤, ✉ 92444, ℰ 14 13, 🏠, 🏕 – 📺 ☎ ☜ ❷. ⛛ Rest
← **Menu** à la carte 16/28 ⅜ – **16 Z** 45/90.

In Rötz-Hillstett W : 4 km :

🏨 **Die Wutzschleife** ⑤, ✉ 92444, ℰ 1 80, Fax 18180, ≤, 🏠, Massage, ≤s, 🗍, 🏕,
⛛(Halle) – ⓖ 📺 ❷ – 🕿 30. AE ⓿ E VISA. ⛛ Rest
Menu a la carte 32/68 – **76 Z** 105/312.

In Winklarn-Muschenried N : 10 km :

🏠 **Seeschmied** ⑤, Lettenstr. 6, ✉ 92559, ℰ (09676) 2 41, Fax 1240, 🏕 – ❷. ⛛
23. Dez.- 14. Feb. geschl. – **Menu** *(Montag geschl.)* à la carte 25/57 – **15 Z** 48/112.

ROEZ Mecklenburg-Vorpommern siehe Malchow.

ROGGOSEN Brandenburg siehe Cottbus.

ROHLSTORF-WARDER Schleswig-Holstein siehe Bad Segeberg.

ROHRDORF Bayern 413 T 23, 426 I 5 – 4 100 Ew – Höhe 472 m – ✆ 08032.
München 69 – Innsbruck 110 – Passau 178 – Rosenheim 10 – Salzburg 73.

🏠 **Zur Post** (mit 2 Gästehäusern), Dorfplatz 14, ✉ 83101, ℰ 18 30, Fax 5844, 🏠 – ⓖ 📺
← ☎ ᵫ ☜ ❷ – 🕿 100. AE ⓿ E VISA
Menu à la carte 24/52 – **130 Z** 65/100.

ROIGHEIM Baden-Württemberg siehe Möckmühl.

ROMANTISCHE STRASSE Baden-Württemberg und Bayern 413 M 17 bis P 24, 987 ㉕ ㉖ ㊱.
⟶henswert : Strecke ★★ von Würzburg bis Füssen (Details siehe unter den erwähnten Orten
⟶tlang der Strecke).

ROMROD Hessen siehe Alsfeld.

RONNENBERG Niedersachsen siehe Hannover.

RONSHAUSEN Hessen 412 M 14 – 2 600 Ew – Höhe 210 m – Luftkurort – ✆ 06622 (Bebra).
Verkehrsamt, Haus des Gastes, ✉ 36217, ℰ 30 45, Fax 2145.
Wiesbaden 189 – Bad Hersfeld 26 – ✦Kassel 73.

🏠 **Waldhotel Marbach** ⑤, Berliner Str. 7, ✉ 36217, ℰ 29 78, Fax 2333, 🏠, ≤s, 🗍, 🏕
– ⓖ 📺 ❷. ⛛
15.- 31. Okt. geschl. – **Menu** (wochentags nur Abendessen) à la carte 25/42 – **31 Z** 80/130.

ROSBACH Hessen siehe Friedberg Hessen.

ROSENBERG Baden-Württemberg 413 N 19 – 2 400 Ew – Höhe 520 m – ✆ 07967 (Jagstzell).
Stuttgart 105 – Aalen 30 – Ansbach 64 – Schwäbisch Hall 28.

🏠 ⟳ **Landgasthof Adler,** Ellwanger Str. 15, ✉ 73494, ℰ 5 13, 🏕 – ☎ ☜ ❷. ⛛
Juli - Aug. 2 Wochen und Jan. geschl. – **Menu** *(Donnerstag - Freitag geschl.)* (Tischbestellung ratsam) à la carte 45/93 – **16 Z** 75/140
Spez. Geröstete Kutteln mit Gemüse-Graupensalat, Gebratenes Zanderfilet auf Krautspätzle, Gratinierte Grießschnitte mit Sauerrahmeis.

ROSENDAHL Nordrhein-Westfalen 411 412 E 10 – 9 500 Ew – Höhe 112 m – ✆ 02547.
Düsseldorf 120 – Münster (Westfalen) 53.

In Rosendahl-Osterwick :

🏠 **Zur Post,** Fabianus-Kirchplatz 1, ✉ 48720, ℰ 9 30 30, Fax 560, 🏠 – 📺 ☎ ☜ ❷. E VISA
← **Menu** *(Sonn- und Feiertage nur Mittagessen)* à la carte 20/60 – **14 Z** 50/128.

771

ROSENGARTEN Niedersachsen **411** M 6 – 11 000 Ew – Höhe 85 m – ✦ 04108.
✦Hannover 140 – ✦Bremen 90 – Buchholz in der Nordheide 8 – ✦Hamburg 27.

In Rosengarten-Nenndorf :

🏠 **Rosenhof** ⤳, Rußweg 6, ⊠ 21224, ℰ 71 81, Fax 7512, ㄈ – 📺 ☎ 🅿. 🆀 ⓞ 🗉 𝘝𝘐𝘚
    Menu *(Sonntag geschl.)* (nur Abendessen) à la carte 38/58 – **10 Z** 80/135.

🏠 **Böttcher's Gasthaus,** Bremer Str. 44, ⊠ 21224, ℰ 71 47, Fax 7151, ㄈ – 📺 🅿 – ⚐ 1⅝
    Menu à la carte 30/55 – **21 Z** 50/130.

In Rosengarten-Sieversen :

🏠🏠 **Holst,** Hauptstr. 31, ⊠ 21224, ℰ 59 10, Fax 7879, ㄈ, 🛋, 🔲, ⚞ – 🛏 ⤬ Zim 📺 📶
    🅿 – ⚐ 45. 🆀 ⓞ 🗉 𝘝𝘐𝘚𝘈
    Menu à la carte 42/67 – **70 Z** 115/249.

In Rosengarten-Sottorf :

🖤 **Cordes am Rosengarten** (mit 🏠🏠 Gästehaus), Sottorfer Dorfstr. 2, ⊠ 21224, ℰ 80 3
    Fax 6176, ㄈ – 🛏 ⤬ Zim 📺 ☎ 🅿 – ⚐ 80. 🆀 ⓞ 🗉 𝘝𝘐𝘚𝘈
    Menu à la carte 31/52 – **51 Z** 55/160.

In Rosengarten-Tötensen :

🏠🏠 **Rosengarten,** Woxdorfer Weg 2, ⊠ 21224, ℰ 59 50, Fax 1877, ⚞ – 📺 ☎ 🅿. 🆀 ⓞ 📶
    𝘝𝘐𝘚𝘈
    Menu à la carte 38/57 – **30 Z** 120/180.

ROSENHEIM Bayern **413** T 23, **987** ㊲, **426** I 5 – 57 000 Ew – Höhe 451 m – ✦ 08031.
🅱 Verkehrsbüro, Münchener Str. (am Salinengarten), ⊠ 83022, ℰ 30 01 10, Fax 300165.
ADAC, Salinstr. 12, ⊠ 83022, ℰ 3 10 18, Fax 12465.
✦München 69 – Innsbruck 108 – Landshut 89 – Salzburg 82.

🏠🏠 **Parkhotel Crombach,** Kufsteiner Str. 2, ⊠ 83022, ℰ 1 20 82, Fax 3372
    « Gartenterrasse » – 🛏 📺 ☎ ⟿ 🅿 – ⚐ 80. 🆀 ⓞ 🗉 𝘝𝘐𝘚𝘈
    Menu *(Sonn- und Feiertage sowie 2.- 7. Jan. geschl.)* à la carte 34/67 – **63 Z** 108/188

🏠 **Wendelstein,** Bahnhofstr. 4, ⊠ 83022, ℰ 3 30 23, Fax 33024, Biergarten, ⚞ – 🛏 📺 📶
◆   ⟿ 🅿
    23. Dez.- 1. Jan. geschl. – **Menu** *(Sonntag geschl.)* à la carte 24/56 – **34 Z** 105/170.

🏠 **Congress-Hotel Amadeus** garni, Brixstr. 3, ⊠ 83022, ℰ 30 60, Telex 525366, Fax 30641
    – 🛏 📺 ☎ 🔥 – ⚐ 70. 🆀 ⓞ
    89 Z 148/188.

🍴🍴 **Maximilian's Restaurant,** Hofmillerstr. 9, ⊠ 83024, ℰ 8 61 97, ㄈ – 🅿. 🗉
    Donnerstag, Feb. 1 Woche und Sept. 2 Wochen geschl. – **Menu** (wochentags nur Aben
    essen) à la carte 49/64.

🍴 **Weinhaus zur historischen Weinlände,** Weinstr. 2, ⊠ 83022, ℰ 1 27 75 – 🆀 ⓞ 🗉 𝘝
    Sonn- und Feiertage sowie 18. Aug.- 10. Sept. geschl. – **Menu** à la carte 28/59.

In Rosenheim-Heilig Blut S : 3 km über die B 15 Richtung Autobahn :

🏠 **Fortuna,** Hochplattenstr. 42, ⊠ 83026, ℰ 6 20 85 (Hotel) 6 67 23 (Rest.), Fax 68821, ⚞
    – 📺 ☎ ⟿ 🅿. 🆀 ⓞ 🗉 𝘝𝘐𝘚𝘈
    Menu *(Dienstag und 25. Aug.- 15. Sept. geschl.)* (italienische Küche) à la carte 37/58
    17 Z 75/135.

ROSSAU Sachsen **414** L 12 – 1 900 Ew – Höhe 350 m – ✦ 03727.
✦Dresden 58 – Chemnitz 31 – ✦Leipzig 70.

🏠 **Rossau,** Hauptstr.131, ⊠ 09661, ℰ 21 14, Fax 2050, ㄈ, ⚞ – ⤬ Zim 📺 ☎ 🅿 – ⚐ 7
    ⓞ 🗉 𝘝𝘐𝘚𝘈. 🛠 Rest
    Menu à la carte 26/49 – **36 Z** 95/178.

ROSSBACH Rheinland-Pfalz **412** F 15 – 1 400 Ew – Höhe 113 m – Luftkurort – ✦ 02638 (Wa∎
breitbach).
Mainz 132 – ✦Bonn 41 – ✦Koblenz 42.

🏠 **Strand-Café,** Neustadter Str. 9, ⊠ 53547, ℰ 51 15, Fax 6241, ㄈ, 🥀 – ☎ 🅿
    10. Jan.- 8. Feb. und 21. Nov.- 13. Dez. geschl. – **Menu** *(Nov.- Ostern Montag gesch∎
    à la carte 26/51 *(auch vegetarische Gerichte)* – **21 Z** 57/106.

🏠 **Zur Post,** Wiedtalstr. 55, ⊠ 53547, ℰ 2 80, ㄈ, 🥀 – 🅿. 🛠 Zim
◆   6. Jan.- 15. Feb. und Nov.- 15. Dez. geschl. – **Menu** *(Feb.- Ostern Mittwoch - Donnersta*
    geschl.) à la carte 20/48 – **14 Z** 45/86.

🏠 **Haus Tanneck** ⤳, Waldstr. 1, ⊠ 53547, ℰ 52 15, ≼, ㄈ, 🥀 – ☎ 🅿. 🛠 Zim
◆   10. Jan.- 15. März und 6. Nov.- 18. Dez. geschl. – **Menu** à la carte 20/43 – **21 Z** 44/9

ROSSDORF Sachsen-Anhalt siehe Genthin.

ROSSFELD-RINGSTRASSE Bayern siehe Berchtesgaden.

Bayern 413 P 24, 987 ㊱, 426 E 6 – 1 800 Ew – Höhe 816 m – Wintersport : 800/1 000 m ⚡2 ⚡2 – ✿ 08367.

🛈 Verkehrsamt, Hauptstr. 10, ✉ 87672, ℰ 3 64, Fax 1267.

•München 118 – Füssen 11 – Marktoberdorf 18.

🏠 **Kaufmann** ⑁, Füssener Str. 44, ✉ 87672, ℰ 8 23, Fax 1223, ≤, 🍽, – ☎ ⇦ ℗. 🖭 ⋿
➤ *Mitte Jan.- Mitte Feb. geschl.* – **Menu** *(Nov.- Mai Montag geschl.)* à la carte 21/60 – **20 Z**
57/160.

In Roßhaupten-Vordersulzberg W : 4 km :

🏠 **Haflinger Hof** ⑁, Vordersulzberg 1, ✉ 87672, ℰ (08364) 14 02, Fax 8420, ≤, 🍽,
➤ « Gemütlich-rustikale Einrichtung », 🌳, 🐎 – ☎ ℗. 🛠
Nov. geschl. – **Menu** *(Dienstag geschl.)* à la carte 22/52 🍴 – **9 Z** 60/100.

Sachsen-Anhalt 414 J 10, 984 ⑲, 987 ⑰ – 17 000 Ew – Höhe 66 m – ✿ 034901.
Magdeburg 57 – Dessau 15.

🏠 **Waldhorn,** Berliner Str. 1 (B 187), ✉ 06862, ℰ 8 41 35, Fax 84136, Biergarten – 📺 ☎ ⇦
➤ ℗. 🖭 ⋿ 𝚅𝙸𝚂𝙰
Menu à la carte 22/37 – **14 Z** 100/150.

Mecklenburg-Vorpommern 411 ST 4, 414 J 3, 987 ⑥ – 240 000 Ew – Höhe 14 m
– ✿ 0381.

Sehenswert : Marienkirche★★ (Astronomische Uhr★★, Bronzetaufkessel★, Turm 🔆★) CX –
Schiffahrtsmuseum★ CX **M1** – Kulturhistorisches Museum★ BX **M2** (Dreikönigs-Altar★).

Ausflugsziele : Bad Doberan ⑤ : 17 km, Münster★★ (Altar★, Triumphkreuz★, Sakramentshaus★)
– Fischland-Darß und Zingst★ ① : 60km.

🛈 Rostock-Information, Schnickmannstr. 13, ✉ 18055, ℰ 4 59 08 60, Fax 4934602.

ADAC, St. Petersburger Str. 60 (Lütten-Klein) ✉ 18107, ℰ 72 31 90, Fax 714106.

Schwerin 89 ⑤ – ◆Berlin 192 ③ – ◆Lübeck 117 ⑤ – Stralsund 69 ①.

Stadtpläne siehe nächste Seiten

🏨 **Warnow,** Lange Str. 40, ✉ 18055, ℰ 4 59 70, Telex 398496, Fax 4597800 – 🛗 ⇔ Zim
📺 ⇦ ℗ – 🕍 80. 🖭 ⓞ ⋿ 𝚅𝙸𝚂𝙰 ᴊᴄʙ   BX **a**
Menu à la carte 36/55 – **345 Z** 195/270, 7 Suiten.

🏨 **Nordland,** Steinstr. 7, ✉ 18055, ℰ 4 92 22 85, Fax 4923706, ⇔ – 🛗 📺 ☎ – 🕍 30. 🖭
ⓞ ⋿ 𝚅𝙸𝚂𝙰. 🛠 – **Menu** à la carte 32/58 – **38 Z** 169/219.   CX **t**

🏨 **Intercity Hotel,** Herweghstraße 51 (am Hauptbahnhof), ✉ 18055, ℰ 4 95 00, Fax 4950999
🛗 ⇔ Zim 📺 ☎ ⟵ – 🕍 70. 🖭 ⓞ ⋿ 𝚅𝙸𝚂𝙰. 🛠 Rest   AU **b**
Menu à la carte 31/49 – **177 Z** 170/230.

🏠 **Hotel am Bahnhof,** Konrad-Adenauer-Platz 1, ✉ 18055, ℰ 3 63 31, Fax 4934679 – 🛗 📺
➤ ☎. 🖭 ⓞ ⋿ 𝚅𝙸𝚂𝙰   AU **b**
Menu à la carte 23/44 – **73 Z** 125/285.

XX **Lord Nelson,** Am Kabutzenhof (Portcenter, 5. Etage, Lift), ✉ 18057, ℰ 45 56 42,
Fax 455643, 🍽 – ℗. 🖭 ⓞ ⋿ 𝚅𝙸𝚂𝙰   AU **r**
Menu (überwiegend Fischgerichte) à la carte 34/64.

X **Fünf Giebel Haus - Restaurant 8 Glasen,** Breitestr. 2 (1. Etage), ✉ 18055, ℰ 4 92 26 60,
Fax 4922162 – 🖭 ⓞ ⋿ 𝚅𝙸𝚂𝙰   BX **f**
Menu à la carte 30/58.

X **Ratskeller,** Neuer Markt 22, ✉ 18055, ℰ 4 92 35 77, Fax 4548599 – 🖭 ⓞ ⋿ 𝚅𝙸𝚂𝙰 CX **d**
Jan.- Feb. geschl. – **Menu** à la carte 25/46.

X **Zur Kogge** (historische Seemannskneipe), Wokrenter Str. 27, ✉ 18055, ℰ 4 93 44 93,
Fax 4934493 – 🖭 ⓞ ⋿ 𝚅𝙸𝚂𝙰   BX **e**
im Winter Montag nur Abendessen – **Menu** à la carte 26/48.

In Rostock-Brinkmannsdorf O : 2,5 km :

🏨 **Trihotel - Am Schweizer Wald,** Tessiner Str. 103, ✉ 18055, ℰ 6 59 70, Fax 6597600, 🍽,
Kleinkunstbühne "Spot", ⇔, 🏊 (Gebühr) – 🛗 ⇔ Zim 📺 ☎ ⚅ ⟵ ℗ – 🕍 80. 🖭 ⋿ 𝚅𝙸𝚂𝙰
Menu à la carte 25/57 – **120 Z** 159/288.   AU **c**

In Rostock-Reutershagen

🏨 **elbotel** garni, Fritz-Triddelfitz-Weg 2, ✉ 18069, ℰ 8 08 80, Fax 8088708, ⇔ – 🛗 ⇔ 📺
☎ ℗. 🖭 ⓞ ⋿ 𝚅𝙸𝚂𝙰 – **98 Z** 145/230.   AU **a**

In Rostock-Warnemünde NW AT : 11 km – Seebad.

🚢 Fährlinie Warnemünde-Gedser, Fährhafen, ℰ (03 81) 5 14 06, Fax 51409.

🛈 Gäste-Service, Heinrich-Heine-Str. 17, ✉ 18119, ℰ 5 11 42

🏨 **Neptun,** Seestraße 19, ✉ 18119, ℰ 77 70, Telex 389445, Fax 54023, ≤, Massage, 🎿, ⇔,
🔲 – 🛗 ⇔ Zim 📺 ℗ – 🕍 300. 🖭 ⓞ ⋿ 𝚅𝙸𝚂𝙰 ᴊᴄʙ. 🛠 Rest   DY **h**
Menu à la carte 40/70 – **350 Z** 258/438.

🏠 **Hanse Hotel** ⑁ garni, Parkstr. 51, ✉ 18119, ℰ 54 50, Fax 5453006 – ⇔ 📺 ☎ ℗. 🖭
ⓞ ⋿ 𝚅𝙸𝚂𝙰 – **74 Z** 150/240.   AT **k**

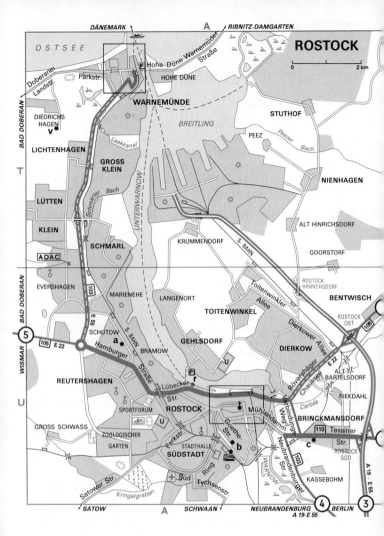

ROSTOCK

OSTSEE

DÄNEMARK — A — RIBNITZ-DAMGARTEN

0   2 km

Hohe Düne Warnemüder Straße

Parkstr.
HOHE DÜNE
WARNEMÜNDE

BAD DOBERAN
Doberaner Landstr.

DIEDRICHS HAGEN
V

LICHTENHAGEN

BREITLING

STUTHOF

PEEZ   Peezer Bach

GROSS KLEIN

NIENHAGEN

LÜTTEN

Schmarler Bach

KLEIN

ALT HINRICHSDORF

SCHMARL

KRUMMENDORF

GOORSTORF

ADAC

EVERSHAGEN

MARIENEHE

LANGENORT

S. BAHN

ROSTOCK HINRICHSDORF

BENTWISCH

Toitenwinkler Allee

ROSTOCK OST

BAD DOBERAN

E 55

SCHUTOW

a

TOITENWINKEL

Dierkower Allee

Rövershager Chaussee

ALT BARTELSDORF

WISMAR

5   105 E 22

Hamburger

BRAMOW

GEHLSDORF

DIERKOW

RIEKDAHL

Straße

Str.

U

Carbäk

REUTERSHAGEN

Lübecker

BRINCKMANSDORF

SPORTFORUM

ROSTOCK

Mühlendamm

Verbindungsweg

110 Tessiner

GROSS SCHWASS

Str.

Parkstr.

ZOOLOGISCHER GARTEN

STADTHALLE

Goethe Str.

b

Neubrandenburger Weg

ROSTOCK SÜD

c

SÜDSTADT

A 19 - E 55

KASSEBOHM

Süd

Ring

Tychsenstr.

Satower Str.

WARNOW

Kringelgraben

SATOW — A — SCHWAAN — NEUBRANDENBURG   4   3   BERLIN
A 19-E 55

🏨 **Warnemünde** garni, Am Kirchplatz, ⌷ 18119, ℘ 5 12 16, Fax 52054 – 📺 ☎ – 🔏 20.   DY
⓪ 🇪 💳 ✀
20 Z 130/190.

🏨 **Landhaus Frommke** 🍃 garni, Stoltaaer Weg 3 (in Diedrichshagen, W : 2 km), ⌷ 18119   AT
℘ 5 19 19 04, Fax 5191905, ⌷s, 🏊, 🌤 – 🅿 🇪 💳
9 Z 120/200.

🍴🍴 La mer, Seestr. 9, ⌷ 18119, ℘ 5 29 68   DY
(Okt. - März nur Abendessen).

In Sievershagen ⑤ : 8 km :

🏨 **Atrium Hotel Krüger** garni, An der B 105 (Ostsee Park), ⌷ 18069, ℘ 8 00 23 43
Fax 8002342 – 🛗 📺 ☎ 🕭 🅿 – 🔏 40. 🆎 ⓪ 🇪 💳
59 Z 95/190.

🏨 **Ziegenkrug,** Hauptstraße (B 105), ⌷ 18069, ℘ (0381) 7 69 91 35, Fax 4897393 – 🚲 Zir
📺 ☎ 🕭 🅿 🆎 🇪 💳
Menu à la carte 28/41 – **63 Z** 125/180.

ROSTOCK

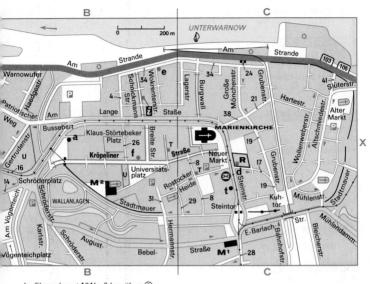

In Elmenhorst NW : 9 km über ⑤ :

🏨 **Elrowa,** Hauptstr. 26, ⊠ 18107, ℰ (0381) 77 63 40, Fax 7763463 – 📺 ☎ 🅿 – 🔬 20. 🖭
→ ① 🇪 𝗩𝘐𝘚𝘈 – **Menu** a la carte 24/35 – **33 Z** 100/150.

WARNEMÜNDE

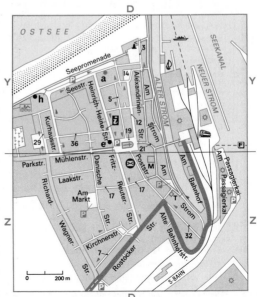

ROT AM SEE Baden-Württemberg **413** N 19 – 4 200 Ew – Höhe 419 m – ☎ 07955.
◆Stuttgart 132 – Crailsheim 18 – ◆Nürnberg 110.

🏠 **Landhaus Hohenlohe** 🐦, Erlenweg 24, ✉ 74585, 𝒫 23 54, Fax 1292, 🔲 – 📺 ☎ ⟵
☐ – 🔏 50. ⓞ ⓔ 𝗩𝗜𝗦𝗔
Menu à la carte 28/57 ⅃ – **Casalinga** (nur Abendessen, Montag - Dienstag geschl.) **Mer**
à la carte 53/73 – **28 Z** 70/125.

🏠 **Gasthof Lamm,** Kirchgasse 18, ✉ 74585, 𝒫 23 44, Fax 2384 – ☎ ⟵ ☐ ⓞ ⓔ 𝗩𝗜𝗦𝗔
◆ Mitte Okt.- Mitte Nov. geschl. – **Menu** (Donnerstag geschl.) à la carte 23/48 ⅃ – **12 Z** 55/9

ROT AN DER ROT Baden-Württemberg **413** MN 22, **426** C 4 – 3 800 Ew – Höhe 604 m
☎ 08395.
◆Stuttgart 149 – Memmingen 17 – Ravensburg 46 – ◆Ulm (Donau) 58.

🏠 **Landhotel Seefelder,** Theodor-Her-Str. 11, ✉ 88430, 𝒫 9 40 00, Fax 940050, �, ⟵, ◀
– 📺 ☎ ☐ – 🔏 60. ⓐⓔ ⓞ ⓔ 𝗩𝗜𝗦𝗔
Menu (Dienstag geschl.) à la carte 27/64 – **21 Z** 79/160.

ROTENBURG/FULDA Hessen **412** M 14, **987** ㉕ – 14 800 Ew – Höhe 198 m – Luftkurort
☎ 06623.
🅱 Verkehrs- und Kulturamt, Marktplatz 15 (altes Rathaus), ✉ 36199, 𝒫 55 55.
◆Wiesbaden 187 – Bad Hersfeld 20 – ◆Kassel 59.

🏨 **Rodenberg** 🐦, Panoramastr. 98, ✉ 36199, 𝒫 88 11 00, Fax 888410, ≤, �, Massage, ⟲
🔏 (geheizt), 🔲, 🎾 (Halle) – 🛗 🔁 Zim 📺 🕹 ⟵ ☐ – 🔏 180. ⓐⓔ ⓞ ⓔ 𝗩𝗜𝗦𝗔
Menu à la carte 46/70 – **98 Z** 155/265, 10 Suiten.

🏨 **Haus Pergola** 🐦 garni, Panoramastr. 96, ✉ 36199, 𝒫 88 83 00, Fax 888403, ≤, direkt
Zugang zum Felsen-Erlebnisbad und Hotel Rodenberg – 🛗 🔁 Zim 📺 ☎ ☐ – 🔏 60. ▮
ⓞ ⓔ 𝗩𝗜𝗦𝗔
87 Z 135/220.

🏠 **Silbertanne** 🐦, Am Wäldchen 2, ✉ 36199, 𝒫 20 83, Fax 2084, 🌫 – 📺 ☎ ☐. ⓐⓔ ⓒ
ⓔ 𝗩𝗜𝗦𝗔
Menu (Dienstag geschl.) à la carte 35/65 – **11 Z** 75/160 – ½ P 100/115.

ROTENBURG (WÜMME) Niedersachsen **411** L 7, **987** ⑮ – 20 000 Ew – Höhe 28 m – ☎ 0426
🚵 Hof Emmen Westerholz (N : 5 km), 𝒫 (04263) 33 52.
🅱 Fremdenverkehrsamt im Rathaus, Große Str. 1, ✉ 27356, 𝒫 7 11 00, Fax 71145.
◆Hannover 107 – ◆Bremen 46 – ◆Hamburg 80.

🏨 **Wachtelhof,** Gerberstr. 6, ✉ 27356, 𝒫 85 30, Fax 853200, « Gartenterrasse », Massag
⟵, 🔲 – 🛗 📺 ⟵ ☐ – 🔏 150. ⓐⓔ ⓞ ⓔ 𝗩𝗜𝗦𝗔 𝗝𝗖𝗕. ⅙ Rest
Menu à la carte 78/106 (bemerkenswerte Weinkarte) – **38 Z** 235/550.

In Rotenburg-Waffensen W : 6 km :

🍴 **Lerchenkrug,** an der B 75, ✉ 27356, 𝒫 (04268) 3 43, Fax 1546, � – ☐. ⓐⓔ ⓞ ⓔ 𝗩𝗜
Dienstag, 1.- 12. Jan. und Juli - Aug. 3 Wochen geschl. – **Menu** à la carte 41/67.

In Ahausen-Eversen SW : 10 km :

🏠 **Gasthaus Dönz** 🐦, Dorfstr. 10, ✉ 27367, 𝒫 (04269) 52 53, Fax 6161, 🌫, « Ehemalig
Bauernhof » – 📺 ☐
Menu (im Winter Montag geschl.) à la carte 30/54 – **13 Z** 45/98 – ½ P 65/80.

In Bothel SO : 8 km :

🍴 ❀ **Botheler Landhaus,** Hemsbünder Str. 10, ✉ 27386, 𝒫 (04266) 15 17, Fax 1517, 🌫
☐. ⓐⓔ ⓞ ⓔ 𝗩𝗜𝗦𝗔
Sonntag-Montag und Ende Feb.- Anfang März geschl. – **Menu** (nur Abendessen, Tisc
bestellung ratsam) à la carte 64/85
Spez. Lachs mit seinem Kaviar auf Rieslingsauce, Deichlammrücken mit Kräuterkruste, Topfe
gratin mit Pflaumen.

In Hellwege SW : 15 km :

🏨 **Prüser's Gasthof,** Dorfstr. 5, ✉ 27367, 𝒫 (04264) 99 90, Fax 99945, ⟵, 🔲, 🎾 – 🛗 ▮
◆ ☎ ☐. ⓞ ⓔ 𝗩𝗜𝗦𝗔. ⅙ Zim
Menu (Dienstag geschl.) à la carte 23/51 – **30 Z** 64/105.

ROTH KREIS ROTH Bayern **413** Q 19, **987** ㉖ – 24 000 Ew – Höhe 340 m – ☎ 09171.
🚵 Abenberg (W : 11 km), 𝒫 (09178) 55 41.
◆München 149 – Ansbach 52 – Donauwörth 67 – ◆Nürnberg 28.

In Roth-Pfaffenhofen N : 2,5 km :

🏠 **Jägerhof,** Äußere Nürnberger Str. 40, ✉ 91154, 𝒫 20 38, Fax 2402 – 🛗 📺 ☎ ☐ – 🔏 6
ⓐⓔ ⓞ ⓔ 𝗩𝗜𝗦𝗔
Menu (Sonntag nur Mittagessen) à la carte 25/58 – **24 Z** 80/130 – ½ P 85/100.

◆Wiesbaden 118 – ◆Frankfurt am Main 87 – Heidelberg 31 – Heilbronn 74 – ◆Mannheim 49.

🏠 **Zum Hirsch,** Schulstr. 3, 🖂 64757, 𝒫 2 63, Fax 263 – 🅿
Jan. geschl. – **Menu** *(Montag geschl.)* à la carte 25/45 ♨ – **26 Z** 56/98.

Die Michelin-Kartenserie mit rotem Deckblatt : Nr. 980-991
empfehlenswert für Ihre Fahrten durch die Länder Europas.

Sehenswert : Mittelalterliches Stadtbild★★★ – Rathaus★ (Turm ≼★) Y **R** – Kalkturm ≼★ Z – St.-
Jakobskirche (Hl.-Blut-Altar★★) Y – Spital★ Z – Spitaltor★ Z – Stadtmauer★ YZ.

Ausflugsziel : Detwang : Kirche (Kreuzaltar★) 2 km über ④.

🖪 Städt. Verkehrsamt, Rathaus, 🖂 91541, 𝒫 4 04 92, Telex 61379, Fax 86807.

◆München 236 ② – Ansbach 35 ② – ◆Stuttgart 134 ② – ◆Würzburg 62 ①.

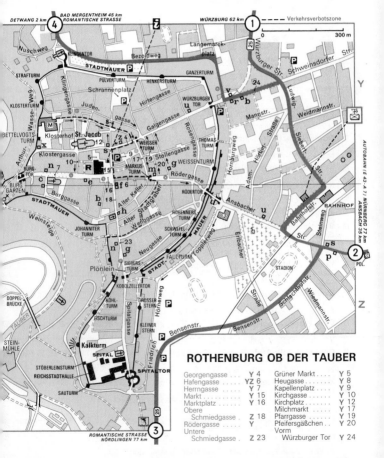

ROTHENBURG OB DER TAUBER

Georgengasse	Y 4	Grüner Markt		Y 5
Hafengasse	YZ 6	Heugasse		Y 8
Herrngasse	Y 7	Kapellenplatz		Y 9
Markt	Y 15	Kirchgasse		Y 10
Marktplatz	Y 16	Kirchplatz		Y 12
Obere		Milchmarkt		Y 17
Schmiedgasse	Z 18	Pfarrgasse		Y 19
Rödergasse	Y	Pfeifersgäßchen		Y 20
Untere		Vorm		
Schmiedgasse	Z 23	Würzburger Tor	Y 24

🏰 **Eisenhut** (mit Gästehaus), Herrngasse 3, 🖂 91541, 𝒫 70 50, Fax 70545, « Histo-
risches Patrizierhaus a.d. 15. Jh ; Gartenterrasse » – 📳 📺 🚗 – 🔬 80. 🆎 ⓞ 🗲 🆅🆂🅰 🅹🅲🅱.
🍴 Rest   Y **e**
Menu *(3.-31. Jan. geschl.)* à la carte 59/98 – **80 Z** 155/380, 4 Suiten.

777

🏨 **Bären** 🦢 (mit Gästehaus), Hofbronnengasse 9, ⌧ 91541, ℰ 9 44 10, Telex 61380
Fax 94460, « Geschmackvolle Einrichtung » – 📺 ☎ ⇦ E 𝗩𝗜𝗦𝗔   Z ⯑
4. Jan.- 20. März und Nov. geschl. – **Menu** *(Montag-Dienstag geschl., Mittwoch - Freitag
nur Abendessen)* à la carte 81/102 – **30 Z** 195/350.

🏨 **Romantic-Hotel Markusturm,** Rödergasse 1, ⌧ 91541, ℰ 20 98, Fax 2692
« Geschmackvolle Einrichtung », 🔁 – 📺 ☎ ⇦ 🅿. 🄰🄴 🄾 E 𝗩𝗜𝗦𝗔.   Y ⯑
Menu *(Mitte Jan.- Mitte Feb. geschl.)* à la carte 37/89 – **24 Z** 130/350.

🏨 **Goldener Hirsch,** Untere Schmiedgasse 16, ⌧ 91541, ℰ 70 80, Telex 61372, Fax 708100
« Restaurant Blaue Terrasse mit ⩽ Taubertal » – 🛗 ☎ 🅿 – 🔏 80. 🄰🄴 🄾 E 𝗩𝗜𝗦𝗔. 🕸 Rest
19. Dez.- 10. Jan. geschl. – **Menu** à la carte 57/90 – **72 Z** 140/320.   Z ⯑

🏨 **Tilman Riemenschneider,** Georgengasse 11, ⌧ 91541, ℰ 20 86, Telex 61384, Fax 2979
🍴, 🔁 – 🛗 📺 ☎ 🔏 ⇦ 🄰🄴 🄾 E 𝗩𝗜𝗦𝗔 𝗝𝗖𝗕   Y ⯑
Menu à la carte 40/70 – **65 Z** 140/330.

🏨 **Glocke,** Am Plönlein 1, ⌧ 91541, ℰ 30 25, Fax 86711 – 📺 ☎ ⇦ – 🔏 60. 🄰🄴 🄾 E 𝗩𝗜𝗦𝗔
𝗝𝗖𝗕. 🕸 Rest   Z ⯑
24. Dez.- 6. Jan. geschl. – **Menu** *(Sonntag nur Mittagessen)* à la carte 31/66 🍷 – **25 Z**
95/178.

🏨 **Burg-Hotel** 🦢 garni, Klostergasse 1, ⌧ 91541, ℰ 50 37, Fax 1487, ⩽ Taubertal – 📺 ☎
⇦. 🄰🄴 🄾 𝗩𝗜𝗦𝗔   Y ⯑
15 Z 160/300.

🏨 **Reichs-Küchenmeister** (mit Gästehaus, 🛗), Kirchplatz 8, ⌧ 91541, ℰ 97 00, Fax 86965
🍴, 🔁 – 📺 ☎ 🔏 🅿. 🄰🄴 🄾 𝗩𝗜𝗦𝗔 𝗝𝗖𝗕   Y ⯑
Menu à la carte 34/69 – **50 Z** 95/190, 3 Suiten.

🏨 **Merian** garni, Ansbacher Str. 42, ⌧ 91541, ℰ 30 96, Telex 61357, Fax 86787 – 🛗 📺 ☎
🅿. 🄰🄴 🄾 E 𝗩𝗜𝗦𝗔 𝗝𝗖𝗕   Z ⯑
31. März - 19. Dez. – **32 Z** 130/240.

🏨 **Meistertrunk,** Herrngasse 26, ⌧ 91541, ℰ 60 77, Fax 1253, 🌿 – 🛗 📺 ☎. 🄰🄴 🄾 E 𝗩𝗜𝗦𝗔
Menu *(Dienstag geschl.)* à la carte 38/61 – **15 Z** 85/260.   Y ⯑

🏩 **Zum Rappen** (mit Gasthof, Vorm Würzburger Tor 6, ⌧ 91541, ℰ 60 71, Telex 61319
Fax 6076 – 🛗 📺 ☎ 🅿 – 🔏 300. 🄰🄴 🄾 E 𝗩𝗜𝗦𝗔 𝗝𝗖𝗕. 🕸 Rest   Y ⯑
3. Jan.- 7. Feb. geschl. – **Menu** *(Montag geschl.)* à la carte 27/63 – **71 Z** 70/240.

🏩 **Roter Hahn,** Obere Schmiedgasse 21, ⌧ 91541, ℰ 50 88, Fax 5140 – 🛗 📺 ☎. 🄰🄴 🄾 E
𝗩𝗜𝗦𝗔 𝗝𝗖𝗕. 🕸 Rest   Z ⯑
Menu *(Jan. - April Dienstag - Mittwoch geschl.)* à la carte 30/59 – **27 Z** 95/200.

🏩 **Mittermeier,** Vorm Würzburger Tor 9, ⌧ 91541, ℰ 50 41, Fax 5040, 🔁, 🔲 – 🛗 📺 📺
⇦ 🅿   Y ⯑
Menu *(Sonntag - Montag und Jan. geschl.)* à la carte 33/72 – **25 Z** 95/230.

🏩 **Spitzweg** garni (Haus a.d.J. 1536 mit rustikaler Einrichtung), Paradeisgasse 2, ⌧ 91541
ℰ 60 61, Fax 2692 – ☎ 🅿. 🄾 E 𝗩𝗜𝗦𝗔 𝗝𝗖𝗕   Y ⯑
9 Z 95/180.

🏩 **Bayerischer Hof,** Ansbacher Str. 21, ⌧ 91541, ℰ 34 57, Fax 86561 – 📺 ☎ 🅿. 🄰🄴 🄾
E 𝗩𝗜𝗦𝗔   Z ⯑
18. Dez. - Ende Jan., sowie März und Nov. jeweils 1 Woche geschl. – **Menu** *(Sonntag nur
Mittagessen, Montag geschl.)* a la carte 27/58 – **9 Z** 65/130.

🏩 **Klosterstüble** 🦢, Heringsbronnengasse 5, ⌧ 91541, ℰ 67 74, Fax 6474, 🌿 – 📺. 𝗩𝗜𝗦𝗔
Menu *(Sonntag und Montag nur Mittagessen, Dienstag sowie 24. Dez.- Feb. geschl.)* à la
carte 30/45 – **13 Z** 76/156.   YZ ⯑

🏩 **Linde,** Vorm Würzburger Tor 12, ⌧ 91541, ℰ 74 44, Fax 6038 – 📺 ☎ 🅿. 🄰🄴 🄾 E 𝗩𝗜𝗦𝗔
𝗝𝗖𝗕   Y ⯑
Feb. geschl. – **Menu** *(Dienstag geschl.)* à la carte 28/49 – **27 Z** 70/140.

🏩 **Café Frei** garni, Galgengasse 39, ⌧ 91541, ℰ 50 06, Fax 87999 – 📺 ☎ ⇦ 🅿. 🄰🄴 🄾
E 𝗩𝗜𝗦𝗔   Y ⯑
13. Aug.- 5. Sept. geschl. – **15 Z** 75/120.

🏩 **Goldenes Faß,** Ansbacher Str. 39, ⌧ 91541, ℰ 9 45 00, Fax 8371 – 🅿. 🄰🄴 E 𝗩𝗜𝗦𝗔 𝗝𝗖𝗕
Menu *(Montag-Dienstag nur Abendessen, 6. Jan.- Feb. und 5.- 26. Nov. geschl.)* à la carte
26/58 – **30 Z** 85/140 – ½ P 95/110.   Z ⯑

🛖 **Zum Greifen,** Obere Schmiedgasse 5, ⌧ 91541, ℰ 22 81, Fax 86374, 🌿 – 🍴 Rest 🅿
🄰🄴 E 𝗩𝗜𝗦𝗔 𝗝𝗖𝗕   YZ ⯑
22. Aug.- 2. Sept. und 19. Dez.- 2. Feb. geschl. – **Menu** *(Sonntag - Montag geschl.)* à la
carte 23/54 🍷 – **20 Z** 42/112.

🍴 **Baumeisterhaus,** Obere Schmiedgasse 3, ⌧ 91541, ℰ 9 47 00, Fax 86871, « Patrizierhof
a.d. 16. Jh. » – 🄰🄴 🄾 E 𝗩𝗜𝗦𝗔 𝗝𝗖𝗕   YZ ⯑
Menu à la carte 38/57.

In Windelsbach-Linden NO : 7 km über Schweinsdorfer Str. Y :

🛖 **Gasthof Linden - Gästehaus Keitel** 🦢, ⌧ 91635, ℰ (09861) 9 43 30, Fax 943333, 🌿
🍴 – ⇦ 🅿.
Anfang Jan.- Anfang Feb. geschl. – **Menu** *(Montag geschl.)* a la carte 24/38 🍷 – **19 Z** 38/76
– ½ P 53/60.

In Steinsfeld-Bettwar ④ : 5 km :

X **Alte Schreinerei** mit Zim, ⊠ 91628, ℰ (09861) 15 41, Fax 86710, 🏡, 🌿 – ❷
⬥ *20. Dez.- Jan. geschl.* – Menu *(Donnerstag geschl.)* à la carte 20/45 – **12 Z** 40/90.

In Steinsfeld-Reichelshofen ① : 8 km :

🏨 **Landwehrbräu,** an der B 25, ⊠ 91628, ℰ (09865) 98 90, Fax 989686, 🏡 – |⧄| 📺 ☎ ᐦ
◁▷ ❷ – 🔏 30. ⑩ ᴇ 𝓥𝓘𝓢𝓐
Jan. geschl. – Menu à la carte 30/58 – **30 Z** 85/145.

In Windelsbach NO : 9 km über Schweinsdorfer Str. Y :

XX **Landgasthof Lebert** 🐾 mit Zim, Schloßstr. 8, ⊠ 91635, ℰ (09867) 6 71, Fax 753, 🏡 –
❷
Anfang-Mitte Feb. und Aug. 2 Wochen geschl. – Menu *(Montag nur Abendessen, Donnerstag geschl.)* à la carte 40/68 – **5 Z** 45/87.

ROTHENFELDE, BAD Niedersachsen 🔢🔢 H 10. 🔢🔢 ⑭ – 6 900 Ew – Höhe 112 m – Heilbad
– 🟢 05424.

▪ Kur- und Verkehrsverein, Salinenstr. 2, ⊠ 49214, ℰ 18 75, Fax 69351.
•Hannover 135 – Bielefeld 32 – Münster (Westfalen) 45 – •Osnabrück 25.

🏨 **Haus Deutsch Krone** 🐾, Sonnenhang 15, ⊠ 49214, ℰ 6 11, Fax 1459, Massage, ♨, 🈂️,
🔲, 🌿 – |⧄| 📺 ☎ ᐦ ❷ – 🔏 150
95 Z.

🏨 **Zur Post,** Frankfurter Str. 2, ⊠ 49214, ℰ 10 66, Fax 69540, « Restaurant Alte Küche », 🈂️,
🔲, 🌿 – |⧄| 📺 ☎ ❷ – 🔏 30. 🄰🄴 ⑩ ᴇ 𝓥𝓘𝓢𝓐
Menu à la carte 33/59 – **40 Z** 95/180 – ½ P 100/110.

🏨 **Dreyer** garni, Salinenstr. 7, ⊠ 49214, ℰ 2 19 00, Fax 219032 – 📺 ☎. ⅏
16 Z 70/108.

🏨 **Drei Birken,** Birkenstr. 3, ⊠ 49214, ℰ 64 20, Fax 64289, Massage, ♨, 🈂️, 🔲, 🌿 – |⧄|
📺 ☎ ᐦ ◁▷ ❷. 🄰🄴 ⑩ ᴇ 𝓥𝓘𝓢𝓐. ⅏
Menu *(Dienstag geschl.)* à la carte 29/58 – **45 Z** 85/150 – ½ P 91/111.

🏠 **Parkhotel Gätje** 🐾 (kleiner Park), Parkstr. 10, ⊠ 49214, ℰ 22 20, Fax 222222, 🏡, 🈂️,
🌿 – |⧄| ⅍ Rest 📺 ☎ ❷. 🄰🄴 ⑩ ᴇ 𝓥𝓘𝓢𝓐
Menu à la carte 36/68 – **35 Z** 70/180.

ROTT Rheinland-Pfalz siehe Flammersfeld.

ROTTA Sachsen-Anhalt siehe Kemberg.

ROTTACH-EGERN Bayern 🔢🔢 S 23, 🔢🔢 ㊲, 🔢🔢 H 5 – 6 900 Ew – Höhe 731 m – Heilklimatischer Kurort – Wintersport : 740/1 700 m ✤1 ✤3 ✤2 – 🟢 08022 (Tegernsee).
🄱 Kuramt, Nördliche Hauptstr. 9 (Rathaus), ⊠ 83700, ℰ 67 13 41, Fax 671347.
•München 56 – Miesbach 21 – Bad Tölz 22.

🏨🏨 **Bachmair am See** 🐾, Seestr. 47, ⊠ 83700, ℰ 27 20, Telex 526920, Fax 272790, ≼,
« Park », Massage, ♨, 🛁, 🛀, 🈂️, 🔲 (geheizt), 🔲, 🌿, ⅏ – |⧄| 📺 ☂▸ ◁▷ ❷ – 🔏 120.
🄰🄴 ⑩. ⅏ Rest
Menu à la carte 45/65 – **285 Z** (nur ½ P) 265/500, 68 Suiten.

🏨🏨 **Park-Hotel Egerner Hof** 🐾, Aribostr. 19, ⊠ 83700, ℰ 66 60, Fax 666200, ≼, 🏡, Massage, 🛁, 🈂️, 🔲, 🌿 – |⧄| 📺 ᐦ ◁▷ ❷ – 🔏 90. 🄰🄴 ⑩ ᴇ 𝓥𝓘𝓢𝓐. ⅏ Rest
Dichter Stube (nur Abendessen) **Menu** à la carte 72/92 – **Hubertusstüberl :** Menu à la carte
48/72 – **86 Z** 185/350, 16 Suiten – ½ P 215/220.

🏨 **Walter's Hof im Malerwinkel** 🐾, Seestr. 77, ⊠ 83700, ℰ 27 70, Fax 27754, ≼, 🏡,
Massage, 🈂️, 🔲, 🌿 – |⧄| 📺 ◁▷ ❷. 🄰🄴 ᴇ 𝓥𝓘𝓢𝓐. ⅏ Rest
Egerer Stadl : Menu à la carte 34/57 – **36 Z** 220/500, 3 Suiten – ½ P 240/290.

🏨 **Gästehaus Maier zum Kirschner** garni, Seestr. 23, ⊠ 83700, ℰ 6 71 10, Fax 671137,
Massage, 🈂️, 🌿 – |⧄| 📺 ☎ ❷
25. Nov.- 15. Dez. geschl. – **33 Z** 100/170.

🏨 **Gästehaus Haltmair** garni, Seestr. 35, ⊠ 83700, ℰ 27 50, Fax 27564, ≼, 🌿 – |⧄| 📺 ☎
❷. ⅏
30 Z 70/190.

🏨 **Franzen-Restaurant Pfeffermühle,** Karl-Theodor-Str. 2a, ⊠ 83700, ℰ 60 87, Fax 5619,
🏡, 🌿 – 📺 ☎ ❷. ᴇ
3.- 28. April und 23. Nov.- 12. Dez. geschl. – **Menu** a la carte 44/68 – **14 Z** 125/240.

🏠 **Reuther** 🐾 garni, Salitererweg 6, ⊠ 83700, ℰ 2 40 24, Fax 24026, 🌿 – 📺 ☎ ❷. 🄰🄴 ⑩
ᴇ 𝓥𝓘𝓢𝓐. ⅏
26 Z 60/160.

🏠 **Seerose** 🐾 garni, Stielerstr. 13, ⊠ 83700, ℰ 92 43 00, Fax 24846, 🌿 – |⧄| 📺 ☎ ❷
April 2 Wochen und Nov.- 20. Dez. geschl. – **19 Z** 93/152.

🏠 **Zur Post,** Nördliche Hauptstr. 19, ✉ 83700, ✆ 6 67 80, Fax 6678162, Biergarten – 📺 📹
🅿. 🇪 𝚅𝙸𝚂𝙰 – **Menu** à la carte 32/66 – **45 Z** 110/195.

🏠 **Café Sonnenhof** 🍴 garni, Sonnenmoosstr. 20, ✉ 83700, ✆ 58 12, Fax 5477, ⪦
« Garten » – ☎ 🚗 🅿 – *Nov.- 20. Dez. geschl.* – **14 Z** 65/130.

An der Talstation der Wallbergbahn S : 3 km :

🍽 **Alpenwildpark,** Am Höhenrain 1, ✉ 83700 Rottach-Egern, ✆ (08022) 58 32, « Terrasse
mit ⪦ » – 🅿
Mittwoch-Donnerstag, 28.März - 13. April und 31. Okt.- 15. Dez. geschl. – **Menu** à la carte
28/47.

ROTTENBUCH Bayern 🔢🔢🔢 PQ 23, 🔢🔢🔢 EF 5 – 1 600 Ew – Höhe 763 m – Erholungsort – ✆ 08867
Sehenswert : Mariä-Geburts-Kirche★.
Ausflugsziele : Wies (Kirche★★) SW : 12 km – Echelsbacher Brücke★ S : 3 km.
🎟 Verkehrsverein im Rathaus, Klosterhof 36, ✉ 82401 ✆ 14 64, Fax 1858.
◆München 96 – Füssen 30 – Landsberg am Lech 40.

🏠 **Café am Tor** garni, Klosterhof 1, ✉ 82401, ✆ 2 55, Fax 8355 – 🅿. 🇪. 🍴
Mitte Nov.- Mitte Dez. geschl. – **11 Z** 60/100.

In Rottenbuch-Moos NW : 2 km :

🏠 **Moosbeck-Alm** 🍴, Moos 38, ✉ 82401, ✆ 13 47, Fax 8420, « Gartenterrasse »,
🔥 (geheizt), 🌳, 🍴 – 📺 🚗 🅿. 🇪
Menu *(Dienstag und 5. Jan.- 18. Feb geschl.)* a la carte 26/50 🍷 – **15 Z** 60/115 – ½ P 68/100

ROTTENBURG AM NECKAR Baden-Württemberg 🔢🔢🔢 J 21, 🔢🔢🔢 ㉟ – 35 000 Ew – Höhe 349 m
– ✆ 07472. – 🎟 Fremdenverkehrsamt, Marktplatz 18 (Rathaus), ✉ 72108, ✆ 16 53 75, Fax 165369
◆Stuttgart 52 – Freudenstadt 47 – Reutlingen 26 – Villingen-Schwenningen 76.

🏨 **Martinshof,** Eugen-Bolz-Platz 5, ✉ 72108, ✆ 2 10 21, Fax 24691 – ♿ 📺 ☎ 🚗 – 🎿 120
🆎 ⓪ 🇪 𝚅𝙸𝚂𝙰
Aug. geschl. – **Menu** *(Sonntag nur Mittagessen, Montag geschl.)* à la carte 35/62 – **34 Z**
85/140.

Schloß Weitenburg siehe unter : *Starzach*

ROTTENDORF Bayern siehe Würzburg.

ROTTHALMÜNSTER Bayern 🔢🔢🔢 W 21, 🔢🔢🔢 L 3 – 4 400 Ew – Höhe 359 m – ✆ 08533.
◆München 148 – Passau 37 – Salzburg 110.

In Rotthalmünster-Asbach NW : 4 km :

🏠 **Klosterhof St. Benedikt** 🍴, ✉ 94094, ✆ 20 40 (Hotel) 18 59 (Rest.), Fax 20444 – ☎ –
📬 🎿 65. 🍴 Rest – *Jan. geschl.* – **Menu** *(Montag geschl.)* à la carte 20/36 – **26 Z** 60/105.

ROTTWEIL Baden-Württemberg 🔢🔢🔢 IJ 22, 🔢🔢🔢 ㉟ – 24 000 Ew – Höhe 600 m – ✆ 0741.
Sehenswert : Hauptstraße ⪦★ – Heiligkreuzmünster (Retabel★) – Dominikanermuseum
(Orpheus-Mosaik★, Sammlung Schwäbischer Plastiken★) – Kapellenturm (Turm★).
Ausflugsziel : Dreifaltigkeitskirche★ (🌲★) SO : 20 km.
🎟 Städt. Verkehrsbüro, Rathaus, Rathausgasse, ✉ 78628, ✆ 49 42 80, Fax 494355.
◆Stuttgart 98 – Donaueschingen 33 – Offenburg 83 – Tübingen 59.

🏨 **Johanniterbad** 🍴, Johannsergasse 12, ✉ 78628, ✆ 53 07 00, Fax 41273 – ♿ 📺 ☎ 🅿
– 🎿 45. 🆎 ⓪ 🇪 𝚅𝙸𝚂𝙰
2.- 17. Jan. geschl. – **Menu** *(Sonntag nur Mittagessen)* à la carte 39/65 – **27 Z** 79/190

🏨 **Romantik-Hotel Haus zum Sternen** (Haus a.d. 14. Jh.), Hauptstr. 60, ✉ 78628, ✆ 70 06
Fax 7008, 🌳, « Stilvolle Einrichtung » – 🔄 Zim 📺 ☎ 🚗 – 🎿 30. 🆎 🇪 𝚅𝙸𝚂𝙰
Menu à la carte 55/84 *(auch vegetarisches Menu)* – **12 Z** 98/250.

🏨 **Lamm,** Hauptstr. 45, ✉ 78628, ✆ 4 50 15, Fax 44273 – ♿ 📺 ☎ 🚗. 🆎 🇪 𝚅𝙸𝚂𝙰
Menu *(Montag und Juli-Aug. 3 Wochen geschl.)* à la carte 36/71 – **11 Z** 85/150.

🏠 **Bären,** Hochmaurenstr. 1, ✉ 78628, ✆ 2 20 46, Fax 13016, 🌳 – ♿ 📺 ☎ 🚗 🅿. 🇪
23. Dez.- 13. Jan. geschl. – **Menu** *(Samstag geschl., Sonntag nur Mittagessen)* à la carte
34/63 🍷 – **31 Z** 70/196.

🏠 **Park-Hotel,** Königstr. 21, ✉ 78628, ✆ 60 64, Fax 8695, 🌳 – 📺 ☎. 🍴
23. Dez.- 6. Jan. und Sept. 2 Wochen geschl. – **Menu** *(Samstag geschl., Sonn- und Feiertage
nur Mittagessen)* à la carte 39/63 🍷 – **15 Z** 92/180.

🍴🍴🍴 **Villa Duttenhofer - Restaurant L'Etoile,** Königstr. 1, ✉ 78628, ✆ 4 31 05, Fax 41595 –
🅿. ⓪ 🇪 𝚅𝙸𝚂𝙰
Sonntag nur Mittagessen, Montag und Feb.- März 2 Wochen geschl. – **Menu** (wochentags
nur Abendessen) à la carte 58/94.

RUDERSBERG Baden-Württemberg 🗺️ L 20 – 9 600 Ew – Höhe 278 m – 🔲 07183.
Stuttgart 36 – Heilbronn 47 – Göppingen 37.

In Rudersberg-Schlechtbach S : 1 km :

🏠 **Sonne,** Heilbronner Str. 70, ⊠ 73635, ℘ 61 88, Fax 1500, 🛋️, 🔲 – 📶 ⟷ Zim 📺 ☎ 🅿️
  – 🔒 50. 🍽️ Rest
  Jan. 2 Wochen geschl. – **Menu** *(Freitag geschl.)* à la carte 23/64 – **60 Z** 75/160.

🍴 **Zum Stern,** Heilbronner Str. 16, ⊠ 73635, ℘ 83 77, Fax 3677, 🌳 – 🅿️. ◍
  Montag - Dienstag, Jan. 1 Woche und Juni 3 Wochen geschl. – **Menu** à la carte 41/76.

RUDOLSTADT Thüringen 🗺️ G 13, 🗺️ ㉓, 🗺️ ㉖ – 30 000 Ew – Höhe 209 m – 🔲 03672.
Sehenswert : Schloß Heidecksburg★ (Säle im Rocaille-Stil★★).
🅱️ Tourist-Information, Marktstr. 57, ⊠ 07407, ℘ 2 45 43, Fax 24543.
furt 62 – ◆Berlin 263 – Coburg 79 – Suhl 65.

🏠 **Thüringer Hof,** Bahnhofsgasse 3, ⊠ 07407, ℘ 41 24 22, Fax 412423 – 📺 ☎. ◍ ◍ 🅴
  🗺️
  Menu à la carte 20/35 ♨ – **15 Z** 100/165.

🍴🍴 **Grey-Käseglocke,** Schloßstr. 40, ⊠ 07407, ℘ 2 27 55, ⟜ Rudolstadt und Schloss, 🌳 –
  🅴
  Montag geschl. – **Menu** à la carte 23/48.

In Rudolstadt-Mörla :

🏠 **Hodes** 🐾, Mörla 1, ⊠ 07407, ℘ 2 75 60, Fax 24568, Biergarten – ☎ 🅿️ – 🔒 50. ◍ ◍
  🅴 🗺️
  Menu à la carte 19/31 – **17 Z** 65/98.

RÜCKERSDORF Bayern 🗺️ Q 18 – 4 000 Ew – Höhe 326 m – 🔲 0911 (Nürnberg).
◆München 174 – Bayreuth 65 – ◆Nürnberg 14.

🏠 **Wilder Mann,** Hauptstr. 37 (B 14), ⊠ 90607, ℘ 57 01 11, Fax 570116, 🌳 – 📶 📺 ☎ ⟷
  🅿️ – 🔒 45. ◍ ◍ 🅴 🗺️
  24. Dez.- 6. Jan. geschl. – **Menu** *(Sonn- und Feiertage nur Mittagessen)* à la carte 26/61
  – **51 Z** 99/195.

RÜCKHOLZ Bayern siehe Seeg.

RÜDESHEIM AM RHEIN Hessen 🗺️ G 17, 🗺️ ㉔ – 9 600 Ew – Höhe 85 m – 🔲 06722.
Ausflugsziel : Kloster Eberbach★★ (Weinkeltern★★).
🅱️ Städt. Verkehrsamt, Rheinstr. 16, ⊠ 65385, ℘ 29 62, Telex 42171, Fax 3485.
◆Wiesbaden 31 – ◆Koblenz 65 – Mainz 34.

🏠 **Rüdesheimer Schloss,** Steingasse 10, ⊠ 65385, ℘ 9 05 00, Fax 47960, 🌳, « Gasthaus
  a.d.J. 1729, Einrichtung mit Designermöbeln » – 📶 📺 ☎ 👍 🅿️ – 🔒 20. ◍ ◍ 🅴 🗺️ 🗺️
  Menu *(3.- 31. Jan. geschl.)* (bemerkenswertes Angebot Rheingauer Weine) à la carte 30/55
  – **21 Z** 140/300 – ½ P 125/165.

🏠 **Central-Hotel,** Kirchstr. 6, ⊠ 65385, ℘ 30 36, Fax 2807 – 📶 📺 ☎ ⟷ 🅿️. ◍ ◍ 🅴 🗺️
  20. Dez. - Feb. geschl. – **Menu** à la carte 34/64 – **53 Z** 99/206 – ½ P 111/136.

🏠 **Traube-Aumüller,** Rheinstr. 6, ⊠ 65385, ℘ 30 38, Fax 1573, 🌳, 🛋️, 🔲 – 📶 ⟷ Zim
  📺 ☎ ⟷ – 🔒 35. ◍ ◍ 🅴 🗺️ 🗺️. 🍽️ Rest
  10. März - 20. Nov. geschl. – **Menu** à la carte 31/69 – **123 Z** 110/300.

🏠 **Felsenkeller,** Oberstr. 39, ⊠ 65385, ℘ 20 94, Fax 47202 – 📶 📺 ☎ 🅿️. ◍ ◍ 🅴 🗺️. 🍽️
  März - Nov. – **Menu** (nur Abendessen) à la carte 30/62 *(auch vegetarische Gerichte)* – **60 Z**
  95/212.

🏠 **Trapp,** Kirchstr. 7, ⊠ 65385, ℘ 10 41, Fax 44745 – 📶 📺 ☎ 🅿️. ◍ ◍ 🅴 🗺️ 🗺️
  Mitte März - Mitte Nov. – **Menu** (nur Abendessen) à la carte 31/63 – **32 Z** 115/230
  – ½P 98/148.

🏠 **Rüdesheimer Hof,** Geisenheimer Str. 1, ⊠ 65385, ℘ 20 11, Fax 48194, 🌳 – 📶 ☎ 🅿️.
  ◍ ◍ 🅴 🗺️
  Mitte Feb.- Mitte Nov. – **Menu** à la carte 27/62 ♨ – **42 Z** 85/160.

🏠 **Zum Bären,** Schmidtstr. 24, ⊠ 65385, ℘ 10 91, Fax 1094, 🛋️ – 📺 ☎. ◍ ◍ 🅴 🗺️ 🗺️
  Menu *(Nov.- Mai Montag geschl., Sonntag nur Mittagessen)* à la carte 24/61 ♨ – **26 Z**
  85/210.

🏠 **Haus Dries** garni, Kaiserstr. 1, ⊠ 65385, ℘ 24 20, Fax 2663, 🛋️, 🔲 – ⟷ 🅿️. ◍ 🅴 🗺️.
  🍽️
  Mitte April - Anfang Nov. – **48 Z** 85/130.

Außerhalb NW : 5 km über die Straße zum Niederwald-Denkmal :

🏠 **Jagdschloß Niederwald** 🐾, ⊠ 65385 Rüdesheim, ℘ (06722) 10 04, Fax 47970,
  « Gartenterrasse », 🛋️, 🔲, 🌳, 🍴 – 📶 📺 ☎ ⟷ 🅿️ – 🔒 60. ◍ ◍ 🅴 🗺️ 🗺️. 🍽️ Rest
  Jan.- 14. Feb. geschl. – **Menu** à la carte 52/96 – **52 Z** 185/360 – ½ P 168/228.

In Rüdesheim-Assmannshausen NW : 5 km :

🏨 **Krone Assmannshausen,** Rheinuferstr. 10, ⊠ 65385, ℰ 40 30, Fax 3049, ≤
« Historisches Hotel a.d. 16. Jh., Laubenterrasse », ⌁ (geheizt), 🐎 – 🛗 ⇟⇞ Zim 📺 ⇦
🅿 – 🍴 60. 🆑 ⓪ 🝗 𝓥𝓘𝓢𝓐 ᴊᴄʙ
3. Jan.- 25. Feb. geschl. – **Menu** (bemerkenswerte Weinkarte) à la carte 64/110 – **65**
160/390, 9 Suiten.

🏨 **Alte Bauernschänke - Nassauer Hof** (Fachwerkhaus a.d.J. 1408), Niederwaldstr. 2
⊠ 65385, ℰ 23 32, Fax 47912, 🍽 – 🛗 📺 ☎ – 🍴 30. 🆑 🝗 𝓥𝓘𝓢𝓐
März - Nov. – **Menu** à la carte 31/61 – **50 Z** 95/180.

🏨 **Unter den Linden,** Rheinallee 1, ⊠ 65385, ℰ 22 88, Fax 47201, ≤, « Laubenterrasse
– 📺 🅿. ⓪🝗 𝓥𝓘𝓢𝓐
April - Mitte Nov. – **Menu** à la carte 43/74 – **28 Z** 65/160.

🏠 **Lamm,** Rheinuferstr. 6, ⊠ 65385, ℰ 9 04 50, Fax 904590, ≤, 🍽 – 🛗 📺 ☎. 🝗 𝓥𝓘𝓢𝓐
März - Nov. – **Menu** à la carte 28/58 – **40 Z** 85/200.

🏠 **Schön,** Rheinuferstr. 3, ⊠ 65385, ℰ 22 25, Fax 2190, ≤, 🍽 – 📺 ☎ 🅿. 🝗 𝓥𝓘𝓢𝓐
April - Nov. – **Menu** à la carte 45/70 – **25 Z** 85/185 – ½ P 110/130.

🏠 **Ewige Lampe und Haus Resi,** Niederwaldstr. 14, ⊠ 65385, ℰ 24 17, Fax 48459 – ⇦
9. Jan.- 23. Feb. geschl. – **Menu** *(Dienstag geschl.)* à la carte 27/64 – **23 Z** 75/160.

🏠 **Café Post,** Rheinuferstr. 2a, ⊠ 65385, ℰ 23 26, Fax 48249, ≤, 🍽 – 🆑 ⓪ 🝗 𝓥𝓘𝓢𝓐 ᴊᴄʙ
März - Nov. – **Menu** à la carte 30/59 – **14 Z** 90/180.

✗ **Altes Haus** (mit Zim. und Gästehaus), Lorcher Str. 8, ⊠ 65385, ℰ 20 51, Fax 2053, (Fachwerkhaus a.d.J. 1578) – 📺 ☎ ⇦. 🝗. ✻ Zim
6. Jan.- Feb. geschl. – **Menu** *(Dienstag - Donnerstag nur Abendessen, Nov.- April Diensta-
- Mittwoch geschl.)* à la carte 29/55 – **28 Z** 80/160.

In Rüdesheim-Presberg N : 13 km :

🏠 **Haus Grolochblick** ⑊, Schulstr. 8, ⊠ 65385, ℰ (06726) 7 38, ≤, 🐎 – 🅿
Mitte Feb.- Mitte Nov. – (Restaurant nur für Hausgäste) – **20 Z** 40/75.

RÜGEN (Insel) Mecklenburg-Vorpommern 🔢🔢 L, M2, 🔢🔢 ③, 🔢🔢 ⑦ – Seebad – Größte Insel
Deutschlands, durch einen 2,5 km langen Damm mit Stralsund verbunden.

Sehenswert : Gesamtbild★ der Insel mit Badeorten★ Binz, Sellin, Babe und Göhren – Putbus★
(Circus★, Theater★, Schloßpark★) – Jagdschloß Granitz★ (≤★★) – Kap Arkona★ (≤★★) –
Stubbenkammer★★ (Kreidefelsen Königstuhl).

🚢 Fährlinie Saßnitz-Trelleborg, ℰ (038392) 6 70.

ab Saßnitz : Schwerin 209 – Greifswald 83 – Stralsund 51.

Baabe – 770 Ew – Höhe 25 m – Seebad – 🕾 038303.
🚩 Kurverwaltung, Göhrener Weg 1, ⊠ 18586, ℰ 4 53, Fax 344.
Saßnitz 21 km.

🏨 **Villa Granitz** garni, Birkenallee 17, ⊠ 18586, ℰ 2 52 16, Fax 25216 – 📺 ☎ ♿ 🅿
Mitte Nov. - Mitte Dez. geschl. – **44 Z** 90/150.

🏠 **Villa Fröhlich,** Göhrener Weg 2, ⊠ 18586, ℰ 8 61 91, 🍽 – 📺 ☎ 🅿
Nov. geschl. – **Menu** à la carte 25/41 – **15 Z** 80/160.

Binz – 7 000 Ew – Höhe 5 m – Seebad – 🕾 038393.
🚩 Kurverwaltung, Heinrich-Heine Str. 7, ⊠ 18609, ℰ 51 91, Fax 2083.
Saßnitz 18 km.

🏨 **Rugard,** Strandpromenade 59, ⊠ 18609, ℰ 3 60, Fax 2054, (Restaurant in der 5. Etage mit
≤ Ostsee) – 🛗 📺 ☎ 🅿 – 🍴 20. ✻ Rest
Menu à la carte 32/55 – **209 Z** 155/300 – ½ P 100/180.

🏨 **Vier Jahreszeiten,** Zeppelinstr. 8, ⊠ 18609, ℰ 5 00, Fax 50430, 🎣, ⇔ – 🛗 📺 ☎ 🅿
🆑 ⓪ 🝗 𝓥𝓘𝓢𝓐
Menu à la carte 39/62 – **58 Z** 110/190, 3 Suiten – ½ P 120/140.

🏨 **Vineta,** Hauptstr. 20, ⊠ 18609, ℰ 3 90, Fax 39444, 🍽, ⇔ – 🛗 📺 ☎ ♿ 🅿. 🆑 🝗
𝓥𝓘𝓢𝓐
Menu à la carte 29/60 – **38 Z** 110/280, 4 Suiten.

🏨 **Central-Hotel,** Haupstr. 13, ⊠ 18609, ℰ 3 47, Fax 346401, ⇔ – 🛗 📺 ☎ ♿ 🅿. 🆑 🝗
✻
Menu à la carte 27/50 – **53 Z** 105/170, 3 Suiten.

🏨 **Binzer Hof,** Lottumstr. 15, ⊠ 18609, ℰ 23 26, Fax 2382 – 📺 ☎ – 🍴 35. 🆑 🝗
𝓥𝓘𝓢𝓐
Menu à la carte 30/46 – **50 Z** 120/190 – ½ P 115/140.

🏨 **Villa Salve,** Strandpromenade 41, ⊠ 18609, ℰ 22 23, Fax 32653, 🍽, « Individuelle, elegante Zimmer einrichtung » – 📺 ☎ 🅿. 🆑 🝗 𝓥𝓘𝓢𝓐. ✻ Zim
Menu à la carte 29/60 – **13 Z** 150/270 – ½ P 160/180.

🏠 **Haus Schwanebeck,** Margarethenstr. 18, ☒ 18609, ℰ 20 13, Fax 31734 – 📺 ☎ 🅿
Nov. 2 Wochen geschl. – **Menu** à la carte 31/60 – **18 Z** 90/170 – ½ P 95/105.

🏠 **Pension Granitz,** Bahnhofstr. 2, ☒ 18609, ℰ 26 78, Fax 32403, 🍽 – 📺 🅿
Menu à la carte 27/49 – **14 Z** 80/180 – ½ P 95/105.

🏠 **Am Strand** ⑤, Strandpromenade 17, ☒ 18609, ℰ 3 50, Fax 2387, ⇌s, ▲s – 📺 ☎ 🅿
Menu à la carte 32/50 – **45 Z** 80/240.

XX **Poseidon,** Lottumstr. 1, ☒ 18609, ℰ 26 69, Fax 2669, 🍽 – 🜂 🛡 𝘝𝘐𝘚𝘈
Menu (Tischbestellung ratsam) à la carte 34/62.

Buschvitz – 200 Ew – Höhe 20 m – ✆ 03838.
Saßnitz 28.

🏠 **Sonnenhaken** ⑤, Grüner Weg 9, ☒ 18528, ℰ 25 15 25, Fax 251525, ≤, 🍽, « Moderne
Einrichtung », ≉ – ⇥ Zim 📺 ☎ 🅿, 🜂 ⓞ 🛡 𝘝𝘐𝘚𝘈
Menu à la carte 45/60 – **29 Z** 135/280.

Glowe – 1 400 Ew – Höhe 10 m – Seebad – ✆ 038302.
Saßnitz 17.

🏠 **Meeresblick,** Hauptstr. 128, ☒ 18551, ℰ 52 46, Fax 5246, 🍽 – 📺 ☎ 🅿. 🜂 🛡 𝘝𝘐𝘚𝘈
Menu à la carte 25/34 – **31 Z** 110/190.

🏠 **Alt Glowe,** Hauptstr. 37a, ☒ 18551, ℰ 5 30 59, Fax 53067 – 📺 ☎ 🅿 – ⚑ 25. 🦱
Menu à la carte 25/47 – **17 Z** 80/150.

X **Fischerhus,** Hauptstr. 53, ☒ 18551, ℰ 52 35 – 🅿
Menu (überwiegend Fischgerichte) à la carte 31/48.

Göhren – 1 600 Ew – Höhe 40 m – Seebad – ✆ 038308.
🛈 Kurverwaltung, Schulstr. 8, ☒ 18586, ℰ 21 50.
Saßnitz 35 km.

🏠 **Nordperd** ⑤, Nordperdstr. 11, ☒ 18586, ℰ 70, Fax 7160, ≤, 🍽, Massage, ⇌s – 🜉 📺
☎ 🅿. 🜂 ⓞ 🛡 𝘝𝘐𝘚𝘈
Menu à la carte 30/62 – **70 Z** 150/250, 3 Suiten – ½ P 115/175.

🏠 **Waldhotel** garni, Waldstr. 7, ☒ 18586, ℰ 2 53 87, Fax 25380 – 📺 ☎ 🅿. 🜂 🛡 𝘝𝘐𝘚𝘈
20 Z 155/180.

🏠 **Albatros** ⑤, Ulmenallee 5, ☒ 18586, ℰ 54 30, Fax 54370, 🍽, ⇌s – 📺 ☎ 🄴. 🦱
20. Nov. -10. Dez. geschl. – **Menu** à la carte 27/44 – **17 Z** 130/160 – ½ P 105.

🏠 **Lobber Hof,** Dorfstr. 27 (Lobbe S : 3 km), ☒ 18586, ℰ 22 70, Fax 25022, ⇌s – 📺 ☎ 🕊 🅿
Nov. - 24. Dez. geschl. – **Menu** (Montag - Freitag nur Abendessen) à la carte 27/37 🦱 –
20 Z 100/180.

🏠 Waldperle, Carlstr. 6, ☒ 18586, ℰ 54 00, Fax 54010 – 📺 ☎ – **27 Z**.

Gustow – 650 Ew – Höhe 5 m – ✆ 038307.
Saßnitz 46.

🏠 **Gutshaus Kajahn** ⑤ garni, Prosnitz 1 (SO 2,5 km), ☒ 18574, ℰ (03838) 25 12 06 – ⇥
📺 ☎ 🅿
23 Z 95/160.

Lietzow – 850 Ew – ✆ 038302.
Saßnitz 13 km.

🏠 Motel Lietzow ⑤ garni, Waldstraße, ☒ 18528, ℰ 24 38 – 📺 ☎ 🅿 – **24 Z**.

Putbus 𝟜𝟙𝟜 M 2, 𝟡𝟠𝟜 ⑭ ⑮, 𝟡𝟠𝟟 ⑭ ⑮ – 5 200 Ew – Höhe 23 m – ✆ 038301.
🛈 Kurverwaltung, Alleestr. 7, ☒ 18581, ℰ 4 31.
Saßnitz 35.

🏠 **Wreecher Hof** ⑤, Kastanienallee 1 (Wreechen SW : 2,5 km), ☒ 18581, ℰ 8 50, Fax 85100,
🍽, « Hotelanlage mit mehreren Landhäusern », ⇌s, ▦, ≉ – ⇥ Zim 📺 🅿 – ⚑ 20.
🜂 🛡 𝘝𝘐𝘚𝘈
Menu à la carte 30/62 – **38 Z** 195/230, 18 Suiten.

Sassnitz – 14 000 Ew – Höhe 30 m – Seebad – ✆ 038392.
🛈 Fremdenverkehrsamt, Hauptstr. 70, ☒ 18546, ℰ 3 20 37, Fax 22350.

🏠 **Kurhotel Sassnitz,** Hauptstr. 1, ☒ 18546, ℰ 2 24 66, Fax 22264, Massage, ♨, ⇌s – 🜉
⇥ Zim 📺 🕊 🅿 – ⚑ 30. ⓞ 🛡 𝘝𝘐𝘚𝘈
Menu à la carte 28/52 – **83 Z** 100/240.

🏠 **Villa Aegir** ⑤ (mit Gästehaus), Mittelstr. 5, ☒ 18546, ℰ 3 30 02, Fax 33046, ≤, 🍽, ⇌s
– 📺 ☎ 🅿. 🜂 ⓞ 🛡 𝘝𝘐𝘚𝘈. 🦱 Rest
Menu à la carte 27/50 🦱 – **36 Z** 92/185.

X Köpi-Eck, Hauptstr. 22, ☒ 18546, ℰ 2 22 87, Fax 22287.

Sellin – 3 000 Ew – Höhe 20 m – Seebad – 🌣 038303.

🖪 Kurverwaltung, Warmbadstr. 4, ✉ 18586, 𝒫 2 93, Fax 205.

Saßnitz 30 km.

🏫 **Cliff Hotel** ≫, Siedlung am Wald, ✉ 18586, 𝒫 84 84, Fax 8495, ≤, �*, ≘s, 🔟, 🐜
🚗, ✵ – 🛗 🔟 🅿 – 🔬 100. 🕮 ⓞ 🇪 𝑽𝑰𝑺𝑨
Menu à la carte 40/57 – **240 Z** 170/345, 6 Suiten – ½ P 140/205.

🏨 **Bernstein** ≫, Hochuferpromenade, ✉ 18586, 𝒫 3 15, Fax 86013, ≤, 🚷, ≘s – 🛗 🔟 📶
↔ 🅿. 🕮 🇪 𝑽𝑰𝑺𝑨
Menu à la carte 22/45 – **36 Z** 190/280.

🏠 **Comfort Hotel** garni, Ostbahnstr. 20, ✉ 18586, 𝒫 8 60 03, Fax 918 – 🛗 🔟 ☎ 🅿. 🕮 📶
𝑽𝑰𝑺𝑨. ✵ – **50 Z** 140/190.

Trent – 860 Ew – Höhe 5 m – 🌣 038309.

Saßnitz 40.

🏫 **Seidler Residenz Rügen** ≫, Vaschvitz 17 (NW : 5 km), ✉ 18569, 𝒫 2 20, Fax 22900, 🚷
Massage, ≘s, 🔽 (geheizt), 🔟, 🚗, ✵, 🐎 – 🛗 ↔ Zim 🔟 🕻 🗐 🅿 – 🔬 150. 🕮 ⓞ
🇪 𝑽𝑰𝑺𝑨
La grande dame (nur Abendessen, Tischbestellung ratsam) **Menu** 48/90 – **Cockiy** (vo
wiegend Fischgerichte) **Menu** à la carte 54/82 – **Bistro :** **Menu** à la carte 45/67 – **150**
180/460, 3 Suiten.

RÜLZHEIM Rheinland-Pfalz 🔢🔢 H 19 – 8 000 Ew – Höhe 112 m – 🌣 07272.

Mainz 117 – ◆Karlsruhe 27 – Landau in der Pfalz 16 – Speyer 25.

🏠 **Südpfalz** garni, Schubertring 48, ✉ 76761, 𝒫 80 61, Fax 75796 – ☎ 🅿. 🕮 ⓞ 🇪 𝑽𝑰𝑺𝑨
20. Dez.- 3. Jan. geschl. – **23 Z** 73/108.

RÜSSELSHEIM Hessen 🔢🔢 I 17, 🔢🔢 ㉔ ㉕ – 60 000 Ew – Höhe 88 m – 🌣 06142.

🖪 Presseamt, Mainstr. 7, ✉ 65428, 𝒫 60 02 13, Fax 13696.

ADAC, Marktplatz 8, ✉ 65428, 𝒫 6 30 27, Fax 13696.

◆Wiesbaden 19 – ◆Darmstadt 27 – ◆Frankfurt am Main 24 – Mainz 12.

🏫 **Columbia,** Stahlstr. 2, ✉ 65428, 𝒫 87 60, Telex 4064305, Fax 876805, 🚷, ≘s, 🔟 – 🛗
↔ Zim 📠 🔟 🕻 🗐 🅿 – 🔬 150. 🕮 ⓞ 🇪 𝑽𝑰𝑺𝑨
Menu à la carte 45/70 – **151 Z** 220/318, 10 Suiten.

🏫 **Dorint-Hotel,** Eisenstr. 54, ✉ 65428, 𝒫 60 70, Fax 607510, 🚷, ≘s – 🛗 ↔ Zim 🔟 📶
– 🔬 120. 🕮 ⓞ 🇪 𝑽𝑰𝑺𝑨 🅹🅲🅱
Menu à la carte 36/69 – **126 Z** 198/395.

🏨 **City-Hotel,** Marktstr. 2, ✉ 65428, 𝒫 6 50 51, Telex 4182187, Fax 61180, ≘s – 🛗 ↔ Zim
🔟 ☎ – 🔬 25. 🕮 ⓞ 🇪 𝑽𝑰𝑺𝑨 🅹🅲🅱
23. Dez.- 2. Jan. geschl. – **Menu** (Samstag-Sonntag geschl.) à la carte 36/65 – **84 Z** 159/230

🏨 **Travellers Inn,** Eisenstr. 28, ✉ 65428, 𝒫 85 80, Fax 858444 – 🛗 ↔ Zim 🔟 ☎ 🕻 🅿 –
🔬 30. 🕮 ⓞ 🇪 𝑽𝑰𝑺𝑨 🅹🅲🅱
Weihnachten - Anfang Jan. geschl. – **Menu** (nur Mittagessen) 30 (Buffet) – **107 Z** 235/285

✗✗ **Marina,** Berliner Str. 52, ✉ 65428, 𝒫 4 14 11, Fax 998036, 🚷 – 🅿. 🕮 ⓞ 🇪 𝑽𝑰𝑺𝑨
Samstag und Feb. 2 Wochen geschl. – **Menu** (italienische Küche) à la carte 29/67.

In Rüsselsheim-Bauschheim SW : 5 km :

🏨 **Rüsselsheimer Residenz,** Am Weinfaß 133, ✉ 65428, 𝒫 9 74 10, Fax 72770, ≘s – 🛗
🔟 ☎ 🗐 🅿. 🕮 🇪 𝑽𝑰𝑺𝑨
Menu (Sonn-und Feiertage geschl.) à la carte 50/77 – **24 Z** 170/260.

In Raunheim NO : 4 km :

🏨 **City Hotel** garni, Ringstr. 107 (Stadtzentrum), ✉ 65479, 𝒫 (06142) 4 40 66, Fax 21138 –
🔟 ☎ 🅿 – 🔬 40. 🕮 ⓞ 🇪 𝑽𝑰𝑺𝑨 🅹🅲🅱 – **27 Z** 100/185.

RÜTHEN Nordrhein-Westfalen siehe Warstein.

RUHPOLDING Bayern 🔢 U 23, 🔢🔢 �37 �38, 🔢🔢 J 5 – 6 400 Ew – Höhe 655 m – Luftkuror
– Wintersport : 740/1 636 m ✂1 ⚡16 ⚡4 – 🌣 08663.

🖪 Kurverwaltung, Hauptstr. 60, ✉ 83324, 𝒫 12 68, Fax 9687.

◆München 115 – Bad Reichenhall 23 – Salzburg 43 – Traunstein 14.

🏫 **Steinbach-Hotel,** Maiergschwendter Str. 10, ✉ 83324, 𝒫 54 40, Fax 370, 🚷, Massage,
≘s, 🔟 – 🔟 🗐 🅿 – 🔬 30. ✵ Rest
Ende Okt.- 25. Dez. geschl. – **Menu** (Sonntag geschl.) (nur Abendessen) à la carte 39/65
– **77 Z** 95/220, 8 Suiten – ½ P 105/140.

🏫 **Zur Post,** Hauptstr. 35, ✉ 83324, 𝒫 54 30, Fax 1483, 🚷, ≘s, 🔟, 🚗 – 🛗 🔟 🗐 🅿
🇪. ✵ Zim – **Menu** (Mittwoch geschl.) à la carte 27/56 – **56 Z** 85/175.

🏨 **Sonnenhof,** Hauptstr. 70, ⊠ 83324, 𝒫 54 10, Fax 54160, 🍽, ⊜s, 🎵 – |🛎| 📺 ☎ ⇔ 🅿.
🖭 ⓪ 🗲 𝘃𝘐𝘚𝘈
15. Nov.- 15. Dez. geschl. – **Menu** *(Montag geschl.)* à la carte 33/61 – **40 Z** 75/190
– ½P 101/131.

🏨 **Maiergschwendt** ⑤, Maiergschwendt 1 (SW : 1,5 km), ⊠ 83324, 𝒫 90 33, Fax 9498, ≼,
🍽, Massage, ⊜s – 🛞 ⇔ 🅿 ⇔ 🅿
20. Nov.- 20. Dez. geschl. – **Menu** à la carte 32/53 *(auch vegetarische Gerichte)* – **27 Z**
(nur ½ P) 75/190.

🏨 **Sporthotel am Westernberg,** Am Wundergraben 4, ⊠ 83324, 𝒫 16 74, Fax 638, ≼, ⊜s,
🖂, 🍽, 🎾, 🐎 (Halle) – 📺 ☎ 🅿. 🖭 ⓪ 🗲 𝘃𝘐𝘚𝘈. 🛠 Rest
5. Nov.- 17. Dez. geschl. – **Menu** (nur Abendessen) à la carte 37/65 – **30 Z** 95/228
– ½ P 105/197.

🏨 **Europa** ⑤, Obergschwendter Str. 17, ⊠ 83324, 𝒫 93 68, Fax 9892, 🍽, ⊜s, 🖂, 🍽 –
📺 ☎ 🅿. 🛠 Rest
April - 10. Mai und 15. Nov.- 15. Dez. geschl. – **Menu** *(Montag - Dienstag geschl.)* (nur
Abendessen) à la carte 32/55 – **25 Z** 95/260 – ½ P 105/165.

🏨 **Ortner Hof,** Ort 6, ⊠ 83324, 𝒫 90 11, Fax 9699, 🍽, ⊜s, 🍽 – 📺 ☎ 🅿. 🛠 Rest
Ende Okt.- Anfang Dez. geschl. – **Menu** *(Dienstag geschl., Donnerstag nur Abendessen)*
à la carte 31/58 – **20 Z** 67/176 – ½ P 75/93.

🏨 **Ruhpoldinger Hof,** Hauptstr. 30, ⊠ 83324, 𝒫 12 12, Fax 5777, 🍽, Biergarten, 🖂 – |🛎|
📺 ☎ 🅿. 🖭 ⓪ 🗲 𝘃𝘐𝘚𝘈
Nov.- Mitte Dez. geschl. – **Menu** *(Dienstag geschl.)* à la carte 28/64 – **44 Z** 65/160, 3 Suiten
– ½ P 105/135.

🏨 **Haus Flora** garni, Zellerstr. 13, ⊠ 83324, 𝒫 3 21, ⊜s, 🖂, 🍽 – ☎ ⇔ 🅿
Nov.- 15. Dez. geschl. – **28 Z** 75/145.

🏨 **Sonnenbichl,** Brandstätter Str. 48, ⊠ 83324, 𝒫 12 33, Fax 5840, ⊜s – 📺 ☎ 🅿
22.- 29 April und Nov.- 15. Dez. geschl. – **Menu** *(Montag geschl.)* à la carte 25/57 ♨ –
17 Z 55/140.

🏨 **Almhof** garni, Maiergschwendter Str. 5, ⊠ 83324, 𝒫 14 52, Fax 5098, 🍽 – 🅿. 🛠
Mitte Okt.- 20. Dez. geschl. – **19 Z** 55/130.

🏨 Haus Hahn ⑤, Niederfeldstr. 16, ⊠ 83324, 𝒫 93 90, Fax 5964, ⊜s, 🍽 – 🅿
(nur Abendessen für Hausgäste) – **14 Z**.

🏨 **Alpina** ⑤, Niederfeldstr. 11, ⊠ 83324, 𝒫 99 05, Fax 5085, ⊜s, 🍽 – 📺 ☎ 🅿
Nov.- Mitte Dez. geschl. – (nur Abendessen für Hausgäste) – **16 Z** 65/130.

🏨 **Diana,** Kurhausstr. 1, ⊠ 83324, 𝒫 97 05, Fax 5859 – ☎ 🅿
Nov.- 15. Dez. geschl. – **Menu** à la carte 27/57 – **24 Z** 65/160 – ½ P 62/87.

🏨 **Vier Jahreszeiten** garni, Brandstätter Str. 41, ⊠ 83324, 𝒫 17 49, ≼, 🍽 – ⇔ 🅿
15 Z 41/84.

🏨 **Fischerwirt** ⑤, Rauschbergstr. 1 (Zell, SO : 2 km), ⊠ 83324, 𝒫 17 05, ≼, 🍽, 🍽 – 📺
⇔ 🅿. 🛠 Zim
11. April - 5. Mai und 17. Okt.- 19. Dez. geschl. – **Menu** *(Montag und Donnerstag geschl.)*
à la carte 24/46 – **13 Z** 60/89.

🍽 **Berggasthof Weingarten** ⑤ mit Zim, Weingarten 1 (SW : 3 km), ⊠ 83324, 𝒫 92 19,
Fax 5783, ≼ Ruhpolding und Trauntal, 🍽 – 🅿. 🛠 Zim
18. April - 1. Mai und Nov.- 25. Dez. geschl. – **Menu** *(Montag geschl.)* à la carte 22/36
– **6 Z** 45/76 – ½ P 48/56.

RUHSTORF Bayern **413** WX 21, **426** L 3 – 6 200 Ew – Höhe 318 m – ✪ 08531.
◆München 155 – Passau 24 – Salzburg 118.

🏨 **Antoniushof,** Ernst-Hatz-Str. 2, ⊠ 94099, 𝒫 30 44, Fax 31318, 🍽, « Garten », ♨, ⊜s,
🖂, 🍽 – |🛎| 📺 ☎ ⇔ 🅿 – 🔬 40. 🖭 ⓪ 🗲 𝘃𝘐𝘚𝘈. 🛠 Rest
Menu *(Montag geschl.)* à la carte 34/64 – **31 Z** 99/280 – ½ P 125/170.

🏨 **Mathäser,** Hauptstr. 19, ⊠ 94099, 𝒫 9 31 40, Fax 9314500, 🍽 – |🛎| 📺 ☎ ⇔ 🅿 – 🔬 20.
🖭 🗲
Menu *(Freitag geschl.)* à la carte 22/58 ♨ – **30 Z** 62/129.

RUHWINKEL Schleswig-Holstein siehe Bornhöved.

RUMBACH Rheinland-Pfalz **412** **413** G 19, **242** ⑫, **87** ② – 500 Ew – Höhe 230 m – ✪ 06394.
Mainz 150 – Landau in der Pfalz 38 – Pirmasens 31 – Wissembourg 19.

🏨 **Haus Waldeck** ⑤, Im Langenthal 75, ⊠ 76891, 𝒫 4 94, 🍽, 🍽 – 🍴 Zim ⇔ 🅿. 🛠 Zim
Ende Nov.- Anfang Dez. geschl. – **Menu** (wochentags nur Abendessen) à la carte 27/42
♨ – **15 Z** 48/84.

In Nothweiler S : 3,5 km – Erholungsort :

🏨 **Landgasthaus Wegelnburg** (mit Pension Kraft ⑤), Hauptstr. 15, ⊠ 76891,
𝒫 (06394) 2 84, Fax 5049, 🍽 – 🍴 Rest ☎ 🅿
15. Jan.- 5. Feb. und 15. Nov.- 5. Dez. geschl. – **Menu** *(Montag - Dienstag geschl.)* à la
carte 28/46 ♨ – **16 Z** 70/120.

RUST Baden-Württemberg 👁️👁️👁️ G 22. 👁️👁️ ㉘ – 2 650 Ew – Höhe 164 m – 🌀 07822.
Sehenswert : Europa-Park★.
◆Stuttgart 185 – ◆Freiburg 39 – Offenburg 37.

🏠 **Rebstock,** Klarastr. 14, ✉️ 77977, ✆ 76 80, Fax 76106 – 🛗 📺 ☎ 🅿️. 🆎 ⑩ 🇪 𝑽𝑰𝑺𝑨. ⌖ Res
   Menu (Nov.- März nur Abendessen) à la carte 31/52 – **42 Z** 90/150.

🍴 **Ricci,** Karl-Friedrich-Str. 59, ✉️ 77977, ✆ 64 88, Fax 7562 – 🅿️. 🆎 🇪 𝑽𝑰𝑺𝑨. ⌖
   20. Dez.- 10. Jan. und Ende Okt.- Anfang Nov. geschl. – (nur Abendessen für Hausgäste
   – **13 Z** 72/120.

RUSTOW Mecklenburg-Vorpommern siehe Demmin.

SAALFELD Thüringen 👁️👁️👁️ G 14. 👁️👁️👁️ ㉓. 👁️👁️👁️ ㉖ – 34 000 Ew – Höhe 240 m – 🌀 03671.
Ausflugsziel : Feengrotten★, SO : 1 km.
🎫 Tourist-Information, Blankenburger Str. 4, ✉️ 07318, ✆ 3 39 50, Fax 33950.
Erfurt 78 – ◆Berlin 269 – Coburg 73 – Suhl 65.

🏠 **Tanne** garni, Saalstr. 35, ✉️ 07318, ✆ 51 32 16, Fax 2670, 😐 – 🛗 ⌖ 📺 ☎ ⌫
   65 Z.

🏠 **Am Saaleufer** ⌖ garni, Dorfanger 1 (Ortsteil Remschütz, N : 2,5 km), ✉️ 07318, ✆ 5 72 60
   Fax 572650 – 📺 ☎ 🅿️. 🇪 𝑽𝑰𝑺𝑨
   27 Z 65/150.

🏠 **Obstgut Gehlen** ⌖, Hohe Str. 1 (SW : 3 km), ✉️ 07318, ✆ 20 27, Fax 516016, ≤, 🌳, 🐴
   – 📺 ☎ 🅿️. 🆎 ⑩ 🇪 𝑽𝑰𝑺𝑨
   Menu à la carte 27/54 – **13 Z** 95/125.

🏠 **Pension Müller** ⌖ garni, Lachenstr. 52, ✉️ 07318, ✆ 51 26 32, Fax 512641 – 🛗 📺 ☎
   ♨️ ⌫. 🆎 🇪
   30 Z 90/120.

🏠 **Am Hohen Schwarm** ⌖, Schwarmgasse 18, ✉️ 07318, ✆ 28 84, Fax 510185 – 📺 ☎ 🅿️
   ✈️ 🆎 🇪
   Menu (Sonntag geschl.) (nur Abendessen) à la carte 22/39 – **16 Z** 70/150.

SAARBRÜCKEN 🅻 Saarland 👁️👁️👁️ E 19. 👁️👁️👁️ ㉔. 👁️👁️ ⑦ – 200 000 Ew – Höhe 191 m – 🌀 0681
Sehenswert : Museum für Vor- und Frühgeschichte (keltisches Fürstinnengrab★★)AZ – Ludwigs
platz und Ludwigskirche★★AZ – St. Johannermarkt★BZ – Basilika St.Johann★BZ – Moderne Gale
rie (Gemälde des deutschen Expressionismus★)BZ.
🛬 Saarbrücken-Ensheim (SO : 12 km, über Saarbrücker Straße X), ✆ (06893) 8 31.
🚐 ✆ 3 08 55 79.
Messegelände (X), ✆ 95 40 20, Fax 9540230.
🎫 Tourist-Information, im Hauptbahnhof, ✉️ 66111, ✆ 3 51 97.
🎫 Verkehrsverein, Rathaus, Großherzog-Friedrich-Str. 1, ✉️ 66111, ✆ 3 69 01, Fax 390353.
ADAC, Am Staden 9. ✉️ 66121, ✆ 68 70 00, Fax 6870077.
◆Bonn 212 ⑦ – Luxembourg 93 ⑥ – ◆Mannheim 128 ③ – Metz 67 ⑤ – Strasbourg 124 ④ – ◆Wiesbaden 162
③.

Stadtpläne siehe gegenüberliegende Seite

🏨 **Bauer Hotel Rodenhof,** Kalmanstr. 47-51, ✉️ 66113, ✆ 4 10 20, Fax 43785, 🌳, Massage,
   😐, 🔲 – 🛗 📺 ⌖ Zim 📺 ⌫ – 🅰️ 50. 🆎 ⑩ 🇪 𝑽𝑰𝑺𝑨 🈸
   Menu à la carte 52/77 (auch vegetarische Gerichte) – **100 Z** 209/269, 12 Suiten.   X e

🏨 **La Résidence** garni, Faktoreistr. 2, ✉️ 66111, ✆ 3 88 20, Fax 35570, 😐 – 🛗 ⌖ Zim 📺
   ⌫ – 🅰️ 100. 🆎 ⑩ 🇪 𝑽𝑰𝑺𝑨
   130 Z 160/250, 7 Suiten.   AY x

🏨 **Mercure Kongreß Hotel,** Hafenstr. 8, ✉️ 66111, ✆ 3 89 00, Telex 4428942, Fax 372266
   – 🛗 ⌖ Zim 📺 ⌫ 🅿️ – 🅰️ 80. 🆎 ⑩ 🇪 𝑽𝑰𝑺𝑨. ⌖ Rest   AY x
   Menu à la carte 42/70 – **150 Z** 145/230, 5 Suiten.

🏩 **Am Triller** ⌖, Trillerweg 57, ✉️ 66117, ✆ 58 00 00, Fax 58000303, ≤, 😐, 🔲, 🌳 – 🛗
   ⌖ Zim 📺 ☎ ⌫ 🅿️ – 🅰️ 90. 🆎 ⑩ 🇪 𝑽𝑰𝑺𝑨   AZ z
   Weihnachten - 1. Jan. geschl. – **Menu** à la carte 43/79 – **133 Z** 165/230.

🏩 **Domicil Leidinger** (mit Gästehaus), Mainzer Str. 10, ✉️ 66111, ✆ 3 80 11, Fax 38013 – 🛗
   ⌖ Zim 📺 ☎ ⌫ 🅿️ – 🅰️ 25. 🆎 🇪   BZ n
   Bistro (im Gästehaus) (Sonn- und Feiertage geschl.) **Menu** à la carte 40/72 – **62 Z** 145/200,
   4 Suiten.

🏩 **Christine,** Gersweiler Str. 39, ✉️ 66117, ✆ 5 88 90 (Hotel) 5 88 93 33 (Rest.), Fax 55086,
   😐, 🔲 – 🛗 📺 ☎ ♨️ ⌫ 🅿️ – 🅰️ 65. ⑩ 🇪 𝑽𝑰𝑺𝑨   X a
   über Weihnachten geschl. – **Restaurant II Gabbiano :** Menu à la carte 48/85 – **70 Z** 110/
   190.

SAARBRÜCKEN

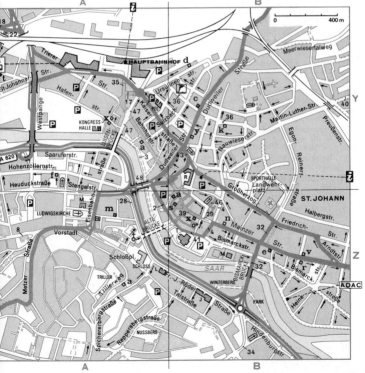

🏨 **Novotel,** Zinzinger Str. 9, ⊠ 66117, ℰ 5 86 30, Telex 4428836, Fax 582242, 🍴, 🛋, 🐎
– |💲| 🔆 Zim 🗐 📺 🕿 🕭 🅿 – 🔬 250. 🕮 ① 🗲 𝑽𝑰𝑺𝑨. 🛠 Rest
X
Menu à la carte 32/64 – **99 Z** 153/186.

🏨 **Bauer Hotel Windsor** garni, Hohenzollernstr. 41, ⊠ 66117, ℰ 5 60 52, Fax 57105 – |💲| 📺
🕿. 🕮 ① 🗲 𝑽𝑰𝑺𝑨 🗲🖪
AY
23. Dez. - 3. Jan. geschl. – **38 Z** 119/169.

🏨 **Park-Hotel** garni, Deutschmühlental 4, ⊠ 66117, ℰ 5 88 30, Fax 53060, 🍴 – |💲| 📺 🕿
🅿 – 🔬 60. 🕮 ① 🗲 𝑽𝑰𝑺𝑨
X
42 Z 95/160.

🏨 **Haus Kiwit** 🗟 garni, Theodor-Heuss-Straße, ⊠ 66119, ℰ 85 20 77, Fax 852078, ≤, 🚆
– 📺 🕿 🅿 – 🔬 20. 🗲
X
19 Z 105/200.

🏨 **City-Hotel** garni, Richard-Wagner-Str. 67, ⊠ 66111, ℰ 3 40 88, Fax 32035 – |💲| 📺 🕿 🖘
🕮 ① 🗲 𝑽𝑰𝑺𝑨
BY
37 Z 110/220.

🏨 **Kirchberg-Hotel** garni, St. Josef-Str. 18, ⊠ 66115, ℰ 4 77 83, Fax 499106, 🚆, 🔲 – |💲|
📺 🕿 🖘. 🕮 ① 🗲 𝑽𝑰𝑺𝑨
X
Weihnachten - Neujahr geschl. – **33 Z** 99/145.

🏨 **Meran** garni, Mainzer Str. 69, ⊠ 66121, ℰ 6 53 81, Fax 61520, 🚆, 🔲 – |💲| 📺 🕿. 🕮 ①
🗲 𝑽𝑰𝑺𝑨
BZ
51 Z 75/150.

🏨 **Römerhof** garni, Am Kieselhumes 4, ⊠ 66121, ℰ 6 17 07, Fax 635981 – 📺 🕿 🅿. 🗲 𝑽𝑰𝑺𝑨
20. Dez.- 6. Jan. geschl. – **22 Z** 90/150.
X

🏨 **Stadt Hamburg** garni, Bahnhofstr. 71, ⊠ 66111, ℰ 3 46 92, Fax 374330 – |💲| 📺 🕿. 🕮
① 🗲 𝑽𝑰𝑺𝑨
AY
28 Z 58/130.

🏨 **Saarbrücken Continental** garni, Dudweiler Str. 35, ⊠ 66111, ℰ 3 96 52, Fax 3905373 –
|💲| 📺 🕿. 🕮 ① 🗲 𝑽𝑰𝑺𝑨
BY
48 Z 90/150.

🏨 **Kaiserhof,** Mainzer Str. 78, ⊠ 66121, ℰ 6 64 26, Fax 64120 – |💲| 📺 🕿 🖘. 🕮 🗲 𝑽𝑰𝑺𝑨
(nur Abendessen für Hausgäste) – **23 Z** 89/140.
BZ

🏨 **Atlantic** garni, Ursulinenstr. 59, ⊠ 66111, ℰ 3 10 18, Fax 374503 – |💲| 🕿. 🕮 ① 🗲 𝑽𝑰𝑺𝑨
20 Z 68/145.
BY

𝖷𝖷𝖷 **La Touraine,** Am alten Hafen (Kongreßhalle, 1. Etage), ⊠ 66111, ℰ 4 93 33, Fax 49003
🍴 – 🅿. 🕮 ① 🗲 𝑽𝑰𝑺𝑨
AY
Juli - Aug. Samstag - Sonntag geschl. – **Menu** à la carte 54/88.

𝖷𝖷𝖷 **Kuntze's Handelshof,** Wilhelm-Heinrich-Str. 17, ⊠ 66117, ℰ 5 69 20, Fax 5847707 – 🕮
① 🗲 𝑽𝑰𝑺𝑨
AZ m
Samstag nur Abendessen, Sonntag nur Mittagessen, Montag und Juli - Aug. 2 Wochen
geschl. – **Menu** à la carte 62/103.

𝖷𝖷 **Bitburger Residenz,** Dudweiler Str. 56, ⊠ 66111, ℰ 37 23 12, Fax 374985 – 🅿. 🕮 🗲
Samstag nur Abendessen, Sonn- und Feiertage sowie Feb. 2 Wochen geschl. – **Menu**
à la carte 40/65.
BY c

𝖷𝖷 **Fröschengasse,** Fröschengasse 18, (1. Etage), ⊠ 66111, ℰ 37 17 15, Fax 373423 – 🕮 ①
🗲 𝑽𝑰𝑺𝑨 🗲🖪
BZ a
Samstag nur Abendessen, Sonn- und Feiertage geschl. – **Menu** à la carte 43/90.

𝖷𝖷 **Rebstock,** St. Johanner Markt 43, ⊠ 66111, ℰ 3 68 95, Fax 36895 – 🕮 ① 🗲 𝑽𝑰𝑺𝑨 BZ x
Jan. 2 Wochen und Juli-Aug. 3 Wochen geschl. – **Menu** à la carte 51/74.

𝖷𝖷 **Ristorante Roma,** Klausener Str. 25, ⊠ 66115, ℰ 4 54 70, Fax 4170105, 🍴 – 🕮 ① 🗲
𝑽𝑰𝑺𝑨
AY
Menu (italienische Küche) à la carte 49/86.

𝖷 **Yang Tsao,** Mainzer Str. 49a, ⊠ 66121, ℰ 6 81 40 – 🕮 ① 🗲 𝑽𝑰𝑺𝑨 🗲🖪
BZ e
Donnerstag geschl. – **Menu** (chinesische Küche) à la carte 27/64.

𝖷 **Gasthaus zum Stiefel** (Brauereigaststätte a.d.J 1718 mit Hausbrauerei Stiefelbräu), Am
Stiefel 2, ⊠ 66111, ℰ 9 36 45 16, Fax 37018, 🍴 – 🕮 ① 🗲 𝑽𝑰𝑺𝑨
BZ s
Sonntag geschl. – **Menu** à la carte 31/59.

𝖷 **Jörg's Restaurant,** Breite Str. 47, ⊠ 66115, ℰ 4 29 80 – ① 🗲 𝑽𝑰𝑺𝑨
X s
Samstag nur Abendessen, Montag nur Mittagessen, Sonntag und Juli - Aug. 4 Wochen
geschl. – **Menu** à la carte 44/67.

Auf dem Halberg SO : 4 km :

𝖷𝖷𝖷 **Schloß Halberg,** ⊠ 66121 Saarbrücken, ℰ (0681) 6 31 81, Fax 638655, 🍴 – 🗐 🅿
🔬 120. 🕮 ① 🗲 𝑽𝑰𝑺𝑨 🗲🖪
X z
Menu à la carte 52/84 – *Bistro :* **Menu** à la carte 37/46.

In Saarbrücken-Altenkessel ⑥ : 8 km :

🏨 **Wahlster,** Gerhardstr. 12, ⊠ 66126, ℰ (06898) 9 82 20, Fax 982250 – 📺 🕿
Menu (Sonn- und Feiertage sowie Juli - Aug. 2 Wochen geschl.) (nur Abendessen) à la carte
30/53 – **26 Z** 70/110.

In Saarbrücken - Brebach-Fechingen SO : 8 km über Saarbrücker Str. X :

🏠 **Budapest,** Bliesransbacher Str. 74, ⌧ 66130, ℰ (06893) 20 23, Fax 1698, 🕿 – 📺 ☎ ⇔
ⓟ. Ε 𝗩𝗜𝗦𝗔
Menu (nur Abendessen) à la carte 25/42 – **22 Z** 75/125.

In Saarbrücken - Dudweiler NO : 6,5 km über Meerwiesertalweg X :

🏠 **Burkhart,** Kantstr. 58, ⌧ 66125, ℰ (06897) 70 17, Fax 7019, « Gartenterrasse » – 📺 ☎
ⓟ. ⊞ Ε 𝗩𝗜𝗦𝗔
Menu (Sonntag geschl.) à la carte 41/75 – **14 Z** 105/150.

In Kleinblittersdorf SO : 13 km über die B 51 X :

🏠 **Zum Dom,** Elsässer Str. 51, ⌧ 66271, ℰ (06805) 10 35 (Hotel) 12 78 (Rest.), Fax 8659 –
📺 ☎ ⓟ. Ε 𝗩𝗜𝗦𝗔. ⌘
Menu (Mittwoch geschl.) à la carte 41/55 – **12 Z** 85/160.

✕ **Roter Hahn,** Saarbrücker Str. 20, ⌧ 66271, ℰ (06805) 30 55, Fax 22389 – 🎿 60. Ε 𝗩𝗜𝗦𝗔
Montag nur Mittagessen, Dienstag und Feb. 2 Wochen geschl. – **Menu** à la carte 35/57.

SAARBURG Rheinland-Pfalz 𝟦𝟣𝟤 C 18, 𝟫𝟪𝟩 ㉓, 𝟦𝟢𝟫 M 7 – 6 500 Ew – Höhe 148 m – Erho-
ungsort – ✿ 06581.

🅱 Verkehrsamt, Graf-Siegfried-Str. 32, ⌧ 54439, ℰ 8 12 15, Fax 81290.
Mainz 176 – ✦Saarbrücken 71 – Thionville 44 – ✦Trier 24.

🏠 **Zunftstube,** Am Markt 11, ⌧ 54439, ℰ 36 96 – ☎. ⊞ ⓞ Ε 𝗩𝗜𝗦𝗔
Feb. 3 Wochen geschl. – **Menu** (Donnerstag geschl.) à la carte 28/54 ⅋ – **7 Z** 52/92.

✕✕ **Burg-Restaurant,** Auf dem Burgberg 1 (in der Burg), ⌧ 54439, ℰ 26 22, Fax 6695,
« Terrasse mit ≤ » – ⓟ. ⊞ ⓞ Ε 𝗩𝗜𝗦𝗔
Montag-Dienstag und Jan. geschl. – **Menu** à la carte 41/65.

✕✕ **Saarburger Hof** mit Zim, Graf-Siegfried-Str. 37, ⌧ 54439, ℰ 23 58, Fax 2194, 🍽 – 📺
☎ ⇔ ⓟ. ⊞ ⓞ Ε 𝗩𝗜𝗦𝗔
2 7. Dez.- Jan. geschl. – **Menu** (Montag geschl., Dienstag nur Abendessen) à la carte 39/69
⅋ – **12 Z** 85/140.

✕ **Brizin - Restaurant Chez Claude** ⌘ mit Zim, Kruterberg 14 (S : 1 km), ⌧ 54439,
ℰ 21 33, ≤, ⓟ. ⊞ ⓞ Ε 𝗩𝗜𝗦𝗔
ab Rosenmontag 2 Wochen geschl. – **Menu** (Dienstag geschl.) à la carte 39/67 – **8 Z** 45/80.

In Trassem SW : 4,5 km :

🏠 **St. Erasmus,** Kirchstr. 6a, ⌧ 54441, ℰ (06581) 26 84, Fax 1234, 🍽, 🌳 – 📺 ☎ ⓟ – 🎿 25.
⊞ ⓞ Ε 𝗩𝗜𝗦𝗔
Menu (Mittwoch geschl., Donnerstag nur Abendessen) à la carte 30/60 ⅋ – **23 Z** 60/105.

SAARLOUIS Saarland 𝟫𝟪𝟩 ㉓ ㉔, 𝟦𝟣𝟤 D 19, 𝟤𝟦𝟤 ⑥ – 38 000 Ew – Höhe 185 m – ✿ 06831.
🅱 Wallerfangen - Gisingen (W : 10 km), ℰ (06837) 4 01.
🅱 Stadt-Info, Großer Markt, ⌧ 66740, ℰ 44 32 63.
✦Saarbrücken 28 ② – Luxembourg 75 ⑤ – Metz 57 ④ – ✦Trier 70 ⑤.

Stadtplan siehe nächste Seite

🏠 **City-Hotel Park** garni, Ludwigstr. 23, ⌧ 66740, ℰ 20 40, Fax 2983 – ✖ 📺 ☎ ⇔ ⓟ
– 🎿 40. ⊞ ⓞ Ε 𝗩𝗜𝗦𝗔 𝗝𝗖𝗕. ⌘   B **c**
35 Z 120/240.

🏠 **City-Hotel Posthof,** Postgäßchen 5 (Passage), ⌧ 66740, ℰ 4 90 14, Fax 46758 – 📳
✖ Zim 📺 ☎. ⊞ ⓞ Ε 𝗩𝗜𝗦𝗔. ⌘   B **a**
Menu (Jan. 2 Wochen geschl.) à la carte 33/61 – **43 Z** 100/240.

🏠 **Ratskeller** garni, Kleiner Markt 7, ⌧ 66740, ℰ 20 90, Fax 48347 – 📺 ☎. ⊞ ⓞ Ε 𝗩𝗜𝗦𝗔
29 Z 90/140.   B **d**

✕✕ **Le Clochard,** Postgäßchen 6, ⌧ 66740, ℰ 4 03 40 – ⊞ ⓞ Ε 𝗩𝗜𝗦𝗔   B **r**
Menu à la carte 42/83.

✕✕ **Restaurant Müller - Via Veneto,** In den Kasematten, ⌧ 66740, ℰ 4 25 74, 🍽 – ⊞ ⓞ
Ε 𝗩𝗜𝗦𝗔. ⌘   B **s**
Montag und Juli 2 Wochen geschl. – **Menu** à la carte 40/60.

In Saarlouis-Beaumarais W : 3 km über Wallerfanger Straße A :

🏠 **Altes Pfarrhaus Beaumarais** (ehem. Sommer-Residenz a.d.J. 1762), Hauptstr. 2,
⌧ 66740, ℰ 63 83, Fax 62898, 🍽 – 📺 ☎ ⅋ ⓟ – 🎿 60. ⊞ ⓞ Ε 𝗩𝗜𝗦𝗔
Menu (Samstag nur Abendessen, Sonntag geschl.) à la carte 62/85 – **35 Z** 130/240.

In Saarlouis-Fraulautern :

🏠 **Hennrich,** Rodener Str. 56, ⌧ 66740, ℰ 9 81 30 – 📺 ☎ ⇔ ⓟ. Ε 𝗩𝗜𝗦𝗔   A **e**
– *Le Jardin :* **Menu** à la carte 35/60 – **20 Z** 79/120.

✕✕ **Carat,** Saarbrücker Str. 5, ⌧ 66740, ℰ 8 83 11, 🍽 – ⓟ. ⊞ Ε 𝗩𝗜𝗦𝗔. ⌘   A **v**
*Samstag nur Abendessen, Sonntag nur Mittagessen, Montag und Juli-Aug. 2 Wochen
geschl.* – **Menu** à la carte 32/60.

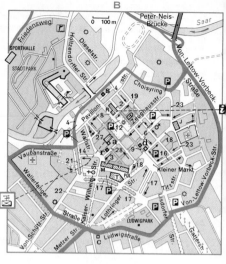

SAARLOUIS

In Saarlouis-Picard ④ : 4 km :

🏨 **Taffing's Mühle** ⬧, Am Taffingsweiher, ✉ 66740, ✆ 9 44 00, Fax 944040, ☂ – 📺 ☎ 🅿 –
🔺 35. 🆎 ① 🇪 𝑽𝑰𝑺𝑨 – **Menu** (Nov.- April nur Abendessen) à la carte 37/65 – **12 Z** 60/125.

In Saarlouis-Roden :

🏨🏨 **Pannonia,** Bahnhofsallee 4, ✉ 66740, ✆ 98 00, Fax 980603, Massage, 𝑰ₛ, ☎ₛ – 📳 ↔ Zim
📺 ☎ 🕭 ⟸ – 🔺 100. 🆎 ① 🇪 𝑽𝑰𝑺𝑨
Menu à la carte 37/68 – **116 Z** 165/230.   A **c**

🏨 **Reiter - Zur Saarmühle,** Zur Saarmühle 1 (B 51), ✉ 66740, ✆ 9 89 40, Fax 85987 – 📺
↞ ☎ ⟸ 🅿. ① 🇪 𝑽𝑰𝑺𝑨   A **1**
Menu (nur Abendessen) à la carte 23/58 – **23 Z** 70/145.

In Wallerfangen W : 4 km über Wallerfanger Straße A :

XXX ✿ **Villa Fayence** mit Zim, Hauptstr. 12, ✉ 66798, ✆ (06831) 6 20 66, Fax 62068, ☂, « Villa
a.d.J. 1835 in einem großen Park » – 📺 ☎ 🅿. 🆎 ① 🇪 𝑽𝑰𝑺𝑨
Menu *(Samstag nur Abendessen, Montag geschl.)* à la carte 53/96 – *Bistro :* **Menu** à la
carte 40/68 – **4 Z** 155/240
Spez. Kaninchensülze im Lauchmantel, Rücken vom Salzwiesenlamm mit Pestokruste, Mille-
feuille mit Beeren und zweierlei Schokoladensaucen.

In Wallerfangen-Kerlingen W : 9 km über Wallerfanger Straße A :

🏨 **Haus Scheidberg** ⬧, ✉ 66798, ✆ (06837) 7 50, Fax 7530, ≤, ☂, ☎ₛ – 📳 ↔ Zim 📺
☎ 🅿 – 🔺 150. 🆎 ① 🇪 𝑽𝑰𝑺𝑨 ⅏ Rest – **Menu** à la carte 32/62 – **49 Z** 79/159.

In Wallerfangen-Oberlimberg NW : 12 km über Wallerfanger Straße A und Gisingen :

🏨 **Hotellerie Waldesruh** ⬧, Siersburger Str. 8, ✉ 66798, ✆ (06831) 6 11 52, Fax 68459,
☂, Biergarten – 📺 ☎ ⟸ 🅿. 🆎 🇪 𝑽𝑰𝑺𝑨
Menu *(Dienstag geschl.)* à la carte 27/59 – **12 Z** 90/180.

In Überherrn-Altforweiler ③ : 8 km :

🏨 **Häsfeld,** Comotorstr. 9 (Industriegebiet), ✉ 66802, ✆ (06836) 44 44, Fax 6444 – 📺 ☎ 🅿. 🇪
Jan. 3 Wochen geschl. – **Menu** *(Montag - Freitag nur Abendessen, Mittwoch geschl.)*
à la carte 26/51 – **14 Z** 65/110.

In Überherrn-Berus ③ : 9,5 km :

🏨🏨 **Margaretenhof** ⬧, Orannastraße, ✉ 66802, ✆ (06836) 20 10, Fax 5662, ≤, ☂, ☎ₛ, ☒,
☞ – 📺 ☎ ⟸ 🅿. 🆎 🇪 𝑽𝑰𝑺𝑨
Menu (nur Abendessen) à la carte 30/60 – **14 Z** 90/120.

SAARMUND Brandenburg siehe Potsdam.

SAAROW-PIESKOW, BAD Brandenburg 🗺️🗺️🗺️ O 9, 🗺️🗺️🗺️ ⑯, 🗺️🗺️🗺️ ⑱ – 4 000 Ew – Höhe 65 m – 🔹 033631.
🔹 Kur- und Fremdenverkehrsverein, Seestr. 5a, ✉️ 15526, 𝒫 21 42.
📍otsdam 88 – Brandenburg 118 – ◆Frankfurt/Oder 36.

🏠 **Pieskow** ⌂, Schwarzer Weg 6, ✉️ 15526, 𝒫 24 28, Fax 3566, 🍴 – 📺 ☎ 🅿 – **10 Z**

🏠 **Landhaus Alte Eichen** ⌂, Alte Eichen 21, ✉️ 15526, 𝒫 41 15, Fax 2058, 🍴 – 📺 ☎ 🅿.
🅰🅴 **E** 𝘝𝘐𝘚𝘈
Menu à la carte 32/44 – **24 Z** 120/175.

✗ **Pechhütte**, Seestr. 4, ✉️ 15526, 𝒫 26 93, Fax 2693, 🍴 – 🅿. 🅰🅴 **E** 𝘝𝘐𝘚𝘈
Menu à la carte 23/41.

In Neu Golm NO : 2,5 km :

🏠 **Landhaus Neu Golm,** Dorfstr. 4, ✉️ 15526, 𝒫 (033631) 20 77, Fax 2069, 🍴 – 📺 ☎ ⌂
🅿. 🅰🅴 **E** 𝘝𝘐𝘚𝘈
Menu *(Montag - Freitag nur Abendessen, 23.-29.Dez. geschl.)* à la carte 23/40 – **13 Z**
85/140.

SAARWELLINGEN Saarland 🗺️🗺️🗺️ D 18, 🗺️🗺️🗺️ ⑥, 🗺️🗺️ ⑥ – 14 200 Ew – Höhe 200 m – 🔹 06838.
◆Saarbrücken 25 – Lebach 14 – Saarlouis 4,5.

🏠 **Maurer,** Schloßstr. 58, ✉️ 66793, 𝒫 27 35 – ⌂ 🅿
Menu *(Sonntag nur Mittagessen, Freitag und 9.-25.Juli geschl.)* à la carte 30/65 – **29 Z**
60/110.

In Saarwellingen-Reisbach O : 6 km :

✗✗ **Landhaus Kuntz** mit Zim, Kirchplatz 3, ✉️ 66793, 𝒫 5 05, Fax 504, « Hübsche
Inneneinrichtung » – 📺 ☎ 🅿. ① 𝘝𝘐𝘚𝘈
Menu *(Samstag und Montag nur Abendessen)* (Tischbestellung ratsam, bemerkenswerte
Weinkarte) à la carte 43/82 – **7 Z** 85/160.

SACHSA, BAD Niedersachsen 🗺️🗺️🗺️ O 12, 🗺️🗺️🗺️ ⑯ – 9 000 Ew – Höhe 360 m – Heilklimatischer
Kurort – Wintersport : 500/650 m ⭐4 ⭐1 – 🔹 05523.
🔹 Kurverwaltung, Am Kurpark 6, ✉️ 37441, 𝒫 3 00 90, Fax 300949.
◆Hannover 129 – ◆Braunschweig 95 – Göttingen 62.

🏨 **Harzhotel Romantischer Winkel** ⌂, Bismarckstr. 23, ✉️ 37441, 𝒫 30 40, Fax 304122,
🍴, Massage, 🔹 🔹, ⌂, 🏊, 🍴 – 🕴 ⌂ Zim 📺 ⌂ 🅿 – 🔹 25. 🅰🅴 **E** 𝘝𝘐𝘚𝘈. 🔹 Rest
Mitte Nov.- Mitte Dez. geschl. – Menu à la carte 39/80 – **83 Z** 105/290.

SACHSDORF Sachsen siehe Wilsdruff.

SÄCKINGEN, BAD Baden-Württemberg 🗺️🗺️🗺️ GH 24, 🗺️🗺️🗺️ ㉞, 🗺️🗺️🗺️ H 3 – 16 800 Ew – Höhe 290 m
– Heilbad – 🔹 07761.
Sehenswert : Fridolinsmünster★ – Überdachte Rheinbrücke★.
🔹 Kurverwaltung, Waldshuter Str. 20, ✉️ 79713, 𝒫 5 13 16, Fax 51330.
◆Stuttgart 205 – Basel 31 – Donaueschingen 82 – Schaffhausen 67 – Zürich 58.

🏠 **Goldener Knopf,** Rathausplatz 9, ✉️ 79713, 𝒫 56 50, Fax 565444, ≼, 🍴 – 🕴 ⌂ Zim
📺 ☎ 🅿 – 🔹 40. 🅰🅴 ① **E** 𝘝𝘐𝘚𝘈
Menu *(Samstag geschl.)* à la carte 36/66 – **52 Z** 115/185.

🏠 **Zur Flüh** ⌂, Weihermatten 38, ✉️ 79713, 𝒫 30 96, Fax 58677, 🍴, ⌂, 🏊 – 📺 ☎ 🅿.
🅰🅴 ① **E** 𝘝𝘐𝘚𝘈
Menu *(Sonntag nur Mittagessen)* à la carte 44/80 – **40 Z** 95/170.

✗✗ **Fuchshöhle** (Haus a.d. 17. Jh.), Rheinbrückstr. 7, ✉️ 79713, 𝒫 73 13 – ① **E** 𝘝𝘐𝘚𝘈
Sonntag - Montag, über Fastnacht und Juli jeweils 2 Wochen geschl. – Menu à la carte
50/80.

✗ **Margarethen-Schlößle,** Balther Platz 1, ✉️ 79713, 𝒫 15 25, 🍴
Montag und Dienstag nur Mittagessen, Mittwoch und 1.-15. Feb. geschl. – Menu à la carte
30/61.

SALACH Baden-Württemberg 🗺️🗺️🗺️ M 20 – 7 000 Ew – Höhe 365 m – 🔹 07162 (Süßen).
◆Stuttgart 52 – Göppingen 8 – ◆Ulm (Donau) 43.

🏠 **Bernhardus,** Weberstr. 15, ✉️ 73084, 𝒫 80 61, Fax 8066 – 🕴 📺 ☎ 🅿 – 🔹 35. 🅰🅴 ①
E 𝘝𝘐𝘚𝘈
Menu à la carte 34/61 – **25 Z** 100/190.

🏠 **Klaus,** Hauptstr. 87 b, ✉️ 73084, 𝒫 80 36, Fax 41215, 🍴, 🏊, 🍴 – 🕴 📺 ☎ 🅿. 🅰🅴 **E**
𝘝𝘐𝘚𝘈
Menu *(Sonntag geschl.)* à la carte 45/70 – **18 Z** 119/200.

Bei der Ruine Staufeneck O : 3 km :

XX ❀ **Burgrestaurant Staufeneck** ⌂ mit Zim, ⌧ 73084 Salach, ℰ (07162) 50 28, Fax 44300
⇐ Gingen und Filstal, 🍴 – 📱 ☎ ❷ – ⚿ 80. 🖭 ⓞ 🄴 𝗩𝗜𝗦𝗔
Menu *(Montag und Juli - Aug. 2 Wochen geschl.)* à la carte 57/93 – **4 Z** 60/120
Spez. Salat vom Kalbskopf mit glaciertem Bries und Hirnstrudel, Zander mit Wurzelgemüse und
Meerrettichfond, Lammcarré mit Petersilienkruste.

SALEM Baden-Württemberg 𝟰𝟭𝟯 K 23, 𝟵𝟴𝟳 ㉟, 𝟰𝟮𝟳 L 2 – 9 000 Ew – Höhe 445 m
– ❀ 07553.

Sehenswert : Ehemaliges Kloster★ (Klosterkirche★) – Schloß★.

🄱 Reisebüro Salem, Schloßseeallee 20 (Mimmenhausen), ⌧ 88682, ℰ 70 11, Fax 8452.

♦Stuttgart 149 – Bregenz 62 – Sigmaringen 47.

🏠 **Schwanen,** beim Schloß, ⌧ 88682, ℰ 2 83, Fax 6418, 🍴 – 📺 ☎ ❷
Jan.- 14. März geschl. – **Menu** *(Donnerstag geschl.)* à la carte 39/61 – **16 Z** 89/148.

🏠 **Salmannsweiler Hof** ⌂, Salmannsweiler Weg 5, ⌧ 88682, ℰ 70 46, Fax 7047, 🍴 – 📺
☎ ❷
Mitte - Ende März und Mitte Okt.- Anfang Nov. geschl. – **Menu** *(Donnerstag nur Mittagessen, Freitag geschl.)* à la carte 29/62 – **10 Z** 76/130.

⌂ **Lindenbaum - Gästehaus Jehle,** Neufracher Str. 1, ⌧ 88682, ℰ 2 11, Fax 60515 – 🚗
◆ ❷
25. Okt.- 20. Nov. geschl. – **Menu** *(Sonntag nur Mittagessen, Montag geschl.)* à la carte
23/41 – **8 Z** 40/80.

In Salem-Mimmenhausen S : 2 km :

⌂ **Hirschen,** Bodenseestr. 135, ⌧ 88682, ℰ 3 76, 🍴 – ❷. 🖭
Feb.- März 2 Wochen geschl. – **Menu** *(Mittwoch geschl.)* à la carte 26/53 – **8 Z** 60/100

SALZBURG A-5020. 🅻 Österreich 𝟰𝟭𝟯 W 23, 𝟵𝟴𝟳 ㊳, 𝟰𝟮𝟲 K 5 – 140 000 Ew – Höhe 425 m
– ❀ 0662 (innerhalb Österreich).

Sehenswert : ⩽★★ auf die Stadt (vom Mönchsberg) X und ⩽★★ (von der Hettwer-Bastei) Y –
Hohensalzburg★★ X, Z : ⩽★★ (von der Kuenburgbastei), ☀★★ (vom Reckturm), Burgmuseum★
– Petersfriedhof★★ Z – Stiftskirche St. Peter★★ Z – Residenz★★ Z – Haus der Natur★★ Y **M2** –
Franziskanerkirche★Z **A** – Getreidegasse★ Y – Mirabellgarten★ V (Monumentaltreppe★★ des
Schloßes) – Barockmuseum★ V **M3** – Dom★ Z.

Ausflugsziele : Gaisbergstraße★★ (⩽★) über ① – Untersberg★ über ② : 10 km (mit ⚡) – Schloß
Hellbrunn★ über Nonntaler Hauptstraße X.

🛫 Salzburg-Wals, Schloß Klessheim, ℰ 85 08 51 ; 🛫 in Hof (① : 20 km), ℰ (06229) 23 90 ; 🛫 in
St. Lorenz (① : 29 km), ℰ (06232) 38 35.

Festspiel-Preise : siehe S. 8

Prix pendant le festival : voir p. 16

Prices during tourist events : see p. 24

Prezzi duranti i festival : vedere p. 32.

🚆 Innsbrucker Bundesstr. 95 (über ③), ℰ 85 12 23 - City Air Terminal (Autobusbahnhof), Süd-
tirolerplatz V.

🚢 ℰ 71 54 14 22.

Salzburger Messegelände, Linke Glanzeile 65, ℰ 3 45 66.

🄱 Tourist-Information, Mozartplatz 5, ℰ 84 75 68, Fax 8898732.

ÖAMTC, Alpenstr. 102, (über ②), ℰ 2 05 01, Fax 2050145.

Wien 292 ① – Innsbruck 177 ③ – ♦München 140 ③.

Die Preise sind in der Landeswährung (ö. S.) angegeben.

Stadtpläne siehe nächste Seiten

🏨 **Österreichischer Hof,** Schwarzstr. 5, ℰ 8 89 77, Telex 633590, Fax 8897714, « Terrassen
an der Salzach mit ⩽ Altstadt und Festung » – 📱 ⇆ Zim 🖥 📺 ⅙ 🚗 – ⚿ 70. 🖭 ⓞ
🄴 𝗩𝗜𝗦𝗔 𝗝𝗖𝗕   Y **b**
– *Zirbelzimmer :* Menu à la carte 460/650 – *Salzach Grill :* Menu à la carte 250/530 – **119 Z**
2050/5400, 7 Suiten.

🏨 **Salzburg Sheraton Hotel,** Auerspergstr. 4, ℰ 88 99 90, Telex 632518, Fax 881776,
« Terrasse im Kurpark », direkter Zugang zum Kurmittelhaus – 📱 ⇆ Zim 🖥 📺 ⅙ 🚗
– ⚿ 120. 🖭 ⓞ 🄴 𝗩𝗜𝗦𝗔 𝗝𝗖𝗕. ⅞ Rest   V **s**
Mirabell (Sonntag nur Mittagessen, Montag und 6.-28.Feb. geschl.) **Menu** à la carte
450/730 – *Bistro :* Menu à la carte 180/450 – **144 Z** 2450/5400, 9 Suiten.

🏨 **Radisson Hotel Altstadt,** Judengasse 15, ℰ 8 48 57 10, Fax 8485716, « Modernisiertes
Haus a.d.J. 1377 mit teils antiker Einrichtung » – 📱 ⇆ Zim 📺 – ⚿ 35. 🖭 ⓞ 🄴 𝗩𝗜𝗦𝗔 𝗝𝗖𝗕.
⅞ Rest   Y **s**
Menu à la carte 350/500 – **60 Z** 2700/6400, 16 Suiten.

Bürglsteinstraße .... X 5
Erzabt-Klotz-Str. .... X 9
Gstättengasse .... X 12
Kaiserschützenstr. .... V 20
Nonntaler Hauptstr. .... X 29
Späthgasse .... X 37

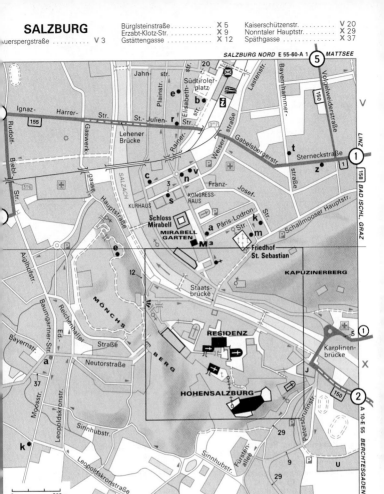

Bristol, Makartplatz 4, ℰ 87 35 57, Telex 633337, Fax 8735576 – ⧉ ⇔ Zim ▤ 🆃🆅 – 🛁 70.
🆎 ℰ 𝘝𝘐𝘚𝘈 JCB. ⁘ Rest
Ende März -Anfang Nov. **–** **Menu** *(Sonntag-Montag geschl.)* à la carte 370/700 – **70 Z**
1800/5600, 10 Suiten.

Holiday Inn Crowne Plaza, Rainerstr. 6, ℰ 8 89 78, Telex 633532, Fax 878893, ⇪, ⇗s,
🔲 – ⧉ ⇔ Zim ▤ 🆃🆅 – 🛁 160. 🆎 ⬤ ℰ 𝘝𝘐𝘚𝘈 JCB. ⁘
Rainerstube (nur Abendessen, Montag geschl.) **Menu** à la carte 400/680 – *Auersberg :*
Menu à la carte 270/450 – **196 Z** 2220/3410, 7 Suiten.

Ramada Hotel Salzburg, Fanny-von-Lehnert-Str. 7, ℰ 4 68 80, Telex 632695, Fax 4688298,
⇪, Massage, ⇗s, 🔲 – ⧉ ⇔ Zim ▤ 🆃🆅 ⬥ ⟷ – 🛁 810. 🆎 ⬤ ℰ 𝘝𝘐𝘚𝘈 JCB. ⁘ Rest
Menu à la carte 330/470 – **257 Z** 1250/3700.   über Kaiserschützenstraße

Goldener Hirsch, Getreidegasse 37, ℰ 84 85 11, Telex 632967, Fax 848511845,
« Patrizierhaus a.d.J. 1407 mit stilvoller Einrichtung » – ⧉ ⇔ Zim ▤ 🆃🆅 – 🛁 30. 🆎 ⬤
ℰ 𝘝𝘐𝘚𝘈
Menu à la carte 505/650 – **73 Z** 2400/5350, 3 Suiten.

Schloß Mönchstein ⑤, Mönchsberg Park 26, ℰ 8 48 55 50, Fax 848559, ≤ Salzburg und
Umgebung, ⇪, « Schlößchen mit eleganter, stilvoller Einrichtung, Hochzeitskapelle,
Park », ⇗, ⁘ – ⧉ 🆃🆅 ⟷ 🅿 – 🛁 30. 🆎 ⬤ ℰ. ⁘ Rest
Menu à la carte 490/900 – **17 Z** 2260/5860.

SALZBURG

0   200 m

🏰🏰 **Rosenberger,** Bessarabierstr. 94, ℰ 4 35 54 60, Telex 3622405, Fax 43951095, ≘ – ⫯
⫯ Zim 📺 🕭 🖘 ℗ – 🔏 360. 📶 🕏 ☰ 🌥.   über ④
Menu à la carte 210/380 ⬕ – **120 Z** 1410/2300.

🏰🏰 **Mercure,** Bayerhamerstr. 14, ℰ 8 81 43 80, Telex 632341, Fax 871111411, 🏤 – ⫯ ⫯ Zim
📺 🕭 🖘 ℗ – 🔏 90. 📶 🕏 ☰ 🌥 ⱼcв.   V **t**
Menu à la carte 280/470 – **121 Z** 1200/2360.

🏰🏰 **Dorint - Hotel,** Sterneckstr. 20, ℰ 88 20 31, Telex 631075, Fax 8820319, ≘ – ⫯ 🖿 Rest
📺 🕭 🖘 – 🔏 200. 📶 🕏 ☰ 🌥.   V **z**
Menu à la carte 240/420 – **140 Z** 1010/1900.

🏰 **Carlton,** Markus-Sittikus-Str. 3, ℰ 88 21 91, Fax 87478447, ≘ – ⫯ ⫯ 📺 ☎ 🖘 ℗.
🌤 Rest   V **c**
40 Z 13 Suiten.

🏰 **Austrotel,** Mirabellplatz 8, ℰ 88 16 88, Telex 632361, Fax 881687 – ⫯ ⫯ Zim 📺 ☎ –
🔏 45. 📶 🕏 ☰ 🌥 ⱼcв.   V **a**
Menu *(Sonntag geschl.)* à la carte 260/420 – **74 Z** 1330/2580.

🏰 **Novotel Salzburg City** garni, Franz-Josef-Str. 26, ℰ 88 20 41, Telex 632886, Fax 874240,
≘ – ⫯ ⫯ 📺 ☎ 🕭 🖘 ℗ – 🔏 110. 📶 🕏 ☰ 🌥.   V **k**
140 Z 1310/2220.

🏰 **Europa** garni, Rainerstr. 31, ℰ 88 99 30, Telex 633424, Fax 889938 – ⫯ ⫯ 📺 ☎ ℗ – 🔏 80.
📶 🕏 ☰ 🌥 ⱼcв.   V **b**
104 Z 1350/2160.

🏰 **Schaffenrath,** Alpenstr. 115, ℰ 63 90 00, Telex 633207, Fax 639005, 🏤, Massage, ≘ –
⫯ ⫯ Zim 📺 ☎ ℗ – 🔏 70. 📶 🕏 ☰ 🌥 ⱼcв. 🌤 Rest   über ②
Menu à la carte 185/440 – **50 Z** 1160/2000.

🏰 **Kasererhof** garni, Alpenstr. 6, ℰ 6 39 65, Telex 633477, Fax 6396550, 🌥 – ⫯ ⫯ 📺 ☎
℗. 📶 🕏 ☰ 🌥 ⱼcв.   über ②
Feb. geschl. – **53 Z** 1020/3800.

🏠 **Zum Hirschen,** St.-Julien-Str. 21, 𝄞 88 90 30, Telex 632691, Fax 8890358, ☰, Massage,
➡ ☎ – 🛗 📺 ☎ 🅿. 🖭 ⑩ 🗲 *VISA* ᴊᴄʙ   V   **r**
Nov. geschl. – **Menu** à la carte 170/490 – **66 Z** 595/1600, 5 Suiten.

🏠 **Hohenstauffen** garni, Elisabethstr. 19, 𝄞 8 77 66 90, Fax 87219351 – 🛗 📺 ☎ ⟷. 🖭
⑩ 🗲 *VISA* ᴊᴄʙ   V   **e**
27 Z 800/1800.

🏠 **Fuggerhof** garni, Eberhard-Fugger-Str. 9, 𝄞 6 41 29 00, Fax 6412904, ≤, ☰, ⤓, ♨ – 🛗
📺 ☎ ⅙, ⟷ 🅿. ⌘   über Bürglsteinstr.   X
20. Dez.- 20. Jan. geschl. – **20 Z** 980/2400.

🏠 **Elefant** ⤓, Sigmund-Haffner-Gasse 4, 𝄞 84 33 97, Fax 84010928 – 🛗 📺 ☎. 🖭 ⑩ 🗲 *VISA* ᴊᴄʙ
Menu *(außer im Aug. Dienstag geschl.)* à la carte 200/390 – **36 Z** 890/1850.   Y   **f**

🏠 **Am Nußdorferhof** garni, Moosstr. 36, 𝄞 82 48 38, Fax 8249379, ☰, ⤓ (geheizt), ♨, ♨
– 🛗 📺 ☎ ⟷ 🅿. 🗲 ᴊᴄʙ   X   **k**
Nov. geschl. – **35 Z** 680/1480.

🏠 **Gablerbräu,** Linzer Gasse 9, 𝄞 8 89 65, Telex 631067, Fax 8896555, ☰ – 🛗 ☎ – ⚓ 30.
🖭 ⑩ 🗲 *VISA* ᴊᴄʙ   Y   **d**
Menu à la carte 180/430 – **52 Z** 1130/1860.

🏠 **Wolf-Dietrich,** Wolf-Dietrich-Str. 7, 𝄞 87 12 75, Telex 633877, Fax 882320, ☰, ⤓ – 🛗
📺 ☎ ⟷ 🅿. 🖭 ⑩ 🗲 *VISA* ᴊᴄʙ   V   **m**
Anfang Feb.- Ende März geschl. – **Menu** *(Sonntag geschl.)* (nur Abendessen) à la carte
240/360 – **30 Z** 920/2175.

🏠 **Weiße Taube** ⤓ garni, Kaigasse 9, 𝄞 84 24 04, Fax 841783 – 🛗 ☎. 🖭 ⑩ 🗲 *VISA* ᴊᴄʙ.
⌘   Z   **r**
33 Z 850/1950.

🏠 **Markus Sittikus** garni, Markus-Sittikus-Str. 20, 𝄞 8 71 12 10, Fax 87112158 – 🛗 📺 ☎.
🖭 ⑩ 🗲 *VISA* – **41 Z** 800/1485.   V   **v**

✕✕ **Mozart,** Getreidegasse 22 (1. Etage, 🛗), 𝄞 84 37 46, Fax 846852 – 🛗 🖭 ⑩ 🗲 *VISA*   Y   **t**
Mittwoch-Donnerstag und Mai-Juni geschl. – **Menu** (Tischbestellung ratsam) à la carte
420/570.

✕✕ **K+K Restaurant am Waagplatz,** Waagplatz 2 (1. Etage), 𝄞 84 21 56, Fax 84215633, ☰,
« Mittelalterliches Essen mit Theateraufführung im Freysauff-Keller (auf Vorbestellung) » –
(Tischbestellung ratsam).   Z   **h**

✕✕ **Zum Mohren,** Judengasse 9, 𝄞 84 23 87, Fax 50179 – 🖭 🗲 *VISA*   Y   **g**
Sonn- und Feiertage sowie Mitte Juni - Mitte Juli geschl. – **Menu** (Tischbestellung ratsam)
à la carte 260/410.

✕✕ **Riedenburg,** Neutorstr. 31, ✉, 𝄞 83 08 15, Fax 5217743, ☰ – 🅿. 🖭 ⑩ 🗲 *VISA*   X   **a**
Sonntag und Juni 2 Wochen geschl., Montag nur Abendessen – **Menu** à la carte 345/480.

In Salzburg-Aigen A-5026 über Bürglsteinstr. X :

🏠 **Doktorwirt,** Glaser Str. 9, 𝄞 62 29 73, Fax 62897524, ☰, ☰, ⤓ (geheizt), ♨ – 📺 ☎
🅿. 🖭 ⑩ 🗲 *VISA* ᴊᴄʙ. ⌘ Rest
9.- 25. Feb. und Mitte Okt.- Nov. geschl. – **Menu** *(Montag geschl.)* à la carte 200/400 ⅛
– **39 Z** 850/1950.

✕✕ **Gasthof Schloß Aigen,** Schwarzenbergpromenade 37, 𝄞 62 12 84, Fax 621284, ☰ – 🅿.
🖭 ⑩ 🗲 *VISA*
Mittwoch, Anfang Jan.- Anfang Feb. und 2.- 8. Sept. geschl., Donnerstag nur Abendessen
– **Menu** à la carte 300/520 ⅛.

In Salzburg-Hellbrunn A-5020 über Nonntaler Hauptstraße X :

🏠 **Maria-Theresien-Schlößl** ⤓ (mit Gästehaus), Morzger Str. 87, 𝄞 82 01 91, Fax 82019113,
« Park, Gartenterrasse » – 📺 ☎ 🅿. 🖭 🗲 *VISA*
Anfang Jan.- Feb. geschl. – **Menu** *(Montag geschl., außer Festspielzeiten)* à la carte 280/520
– **14 Z** 1200/2400.

In Salzburg-Liefering A-5020 über ④ :

🏠 **Brandstätter,** Münchner Bundesstr. 69, 𝄞 43 45 35, Fax 43453590, ☰, ☰, ⤓, ♨ – 🛗
📺 ☎ 🅿 – ⚓ 40
22.- 27. Dez. geschl. – **Menu** *(2.- 16. Jan. geschl.)* (Tischbestellung ratsam) à la carte
290/570 – **36 Z** 1120/2300.

In Salzburg-Maria Plain A-5101 über Plainstr. V :

🏠 **Maria Plain** ⤓ (Landgasthof aus dem 17. Jh.), Plainbergweg 41, 𝄞 5 07 01, Telex 632801,
Fax 5070119, « Gastgarten mit ≤ » – 🛗 📺 ☎ ⟷ 🅿 – ⚓ 40. ⑩
Feb. 2 Wochen geschl. – **Menu** *(Dienstag - Mittwoch geschl.)* à la carte 260/380 – **30 Z**
840/1200, 5 Suiten.

In Salzburg-Nonntal A-5020 :

✕✕ **Purzelbaum** (Restaurant im Bistro-Stil), Zugallistr. 7, 𝄞 84 88 43, Fax 5217743, ☰ – 🖭
⑩ 🗲 *VISA*. ⌘   Z   **e**
Sonntag und Juli 2 Wochen geschl., Montag nur Abendessen – **Menu** (abends Tischbestellung ratsam) à la carte 420/550.

In Salzburg-Parsch A-5020 über Bürglsteinstr. X :

🏠 **Villa Pace** 🦢, Sonnleitenweg 9, ℰ 64 15 01, Fax 6415015, ≤ Salzburg und Festung, 🍴 ⛄, 🍸 (geheizt), 🌳 – 🔆 Zim 📺 ☎ 🚗 🅿. 🟰 ⓘ 🇪 𝖵𝖨𝖲𝖠 𝖩𝖢𝖡. 🍽 Rest
März - Okt. – **Menu** *(Sonntag geschl.)* (Tischbestellung ratsam) à la carte 490/740 – **13 Z**
2160/5200, 5 Suiten.

Auf dem Heuberg NO : 3 km über ① – Höhe 565 m

🏠 **Schöne Aussicht** 🦢, Heuberg 3, ✉ A-5023 Salzburg, ℰ (0662) 64 06 08, Fax 6406082,
« Gartenterrasse mit ≤ Salzburg und Alpen », ⛄, 🍸, 🌳, 🍽 – 📺 ☎ 🅿 – 🔏 30. 🟰 ⓘ
🇪 𝖵𝖨𝖲𝖠
April - Okt. – **Menu** (nur Abendessen) à la carte 250/470 – **28 Z** 830/1880.

Auf dem Gaisberg über ① :

🏨 **Kobenzl** 🦢, Gaisberg 11 – Höhe 750 m, ✉ A-5020 Salzburg, ℰ (0662) 64 15 10,
Telex 633833, Fax 642238, 🍴, « Schöne Panorama-Lage mit ≤ Salzburg und Alpen », Mas-
sage, ⛄, 🍸, 🌳, 🍽 – 📺 🚗 🅿 – 🔏 40. 🟰 ⓘ 🇪 𝖵𝖨𝖲𝖠. 🍽 Rest
Mitte März - Mitte Nov. – **Menu** à la carte 360/600 – **38 Z** 1650/5600, 4 Suiten.

🏠 **Romantik Hotel Gersberg Alm** 🦢, Gersberg 37 – Höhe 800 m,
✉ A-5023 Salzburg-Gnigl, ℰ (0662) 64 12 57, Fax 64125780, 🍴, ⛄, 🍸, 🌳, 🍽 –
🅿 – 🔏 55. 🟰 ⓘ 🇪 𝖵𝖨𝖲𝖠
5.- 19. Feb. geschl. – **Menu** à la carte 300/470 – **36 Z** 1350/3740.

🏠 **Berghotel Zistel-Alm** 🦢, Gaisberg 16 – Höhe 1 001 m, ✉ A-5026 Salzburg-Aigen,
ℰ (0662) 64 10 67, Fax 642618, ≤ Alpen, 🍴, 🍸, – ☎ 🚗 🅿. 🟰 ⓘ 🇪 𝖵𝖨𝖲𝖠 𝖩𝖢𝖡
Ende Okt.- Mitte Dez. geschl. – **Menu** *(Montag geschl.)* à la carte 220/425 – **24 Z** 490/1600.

Beim Flughafen über ③ :

🏨 **Airporthotel**, Loigstr. 20a, ✉ A-5020 Salzburg-Loig, ℰ (0662) 85 00 20, Telex 633634,
Fax 85002044, ⛄ – 🔆 Zim 📺 ☎ 🅿 – 🔏 25. 🟰 ⓘ 🇪 𝖵𝖨𝖲𝖠 𝖩𝖢𝖡
(nur Abendessen für Hausgäste) – **36 Z** 1200/2600.

In Anif A-5081 ② : 7 km – ✿ 06246 :

🏨 **Friesacher**, ℰ 89 77, Fax 897749, 🍴, ⛄, 🌳 – 🛗 📺 ☎ 🅿 – 🔏 25
2.- 22. Jan. geschl. – **Menu** *(Mittwoch geschl.)* à la carte 180/400 ♨ – **52 Z** 700/1610.

🏨 Point Hotel, Berchtesgadener Str. 364, ℰ 72 96 20, Telex 631003, Fax 4256443, 🍴, Massage, 🍸 (geheizt), 🌳, 🍽 (Halle) – 🛗 📺 ☎ 🅿 – 🔏 100
62 Z.

🏨 Hubertushof, Neu Anif 4 (nahe der Autobahnausfahrt Salzburg Süd), ✉, ℰ 89 70,
Fax 897068, 🍴 – 🛗 📺 ☎ 🅿 – 🔏 60. 🍽
68 Z.

🏨 **Romantik-Hotel Schloßwirt** (Gasthof a. d. 17.Jh. mit Biedermeier-Einrichtung), Halleiner
Bundesstr. 22, ℰ 7 21 75, Fax 7217580, 🍴, 🌳 – 🛗 📺 ☎ 🚗 🅿 – 🔏 20. 🟰 ⓘ 🇪 𝖵𝖨𝖲𝖠
Feb. geschl. – **Menu** *((Dienstag geschl.)* à la carte 280/450 – **29 Z** 855/1904.

In Bergheim-Lengfelden N : 7 km über ⑤ :

🏠 **Gasthof Bräuwirt**, ✉ A-5101, ℰ (0662) 5 21 63, Fax 5216353, 🍴 – 🛗 📺 ☎ ♿ 🚗 🅿
↤ – 🔏 80. 🇪 𝖵𝖨𝖲𝖠
über Weihnachten geschl. – **Menu** *(Montag, Juli und Nov.jeweils 2 Wochen geschl., Sonn-*
tag nur Mittagessen, Dienstag nur Abendessen) à la carte 170/350 – **39 Z** 630/1200.

In Elixhausen A-5161 N : 8 km über ⑤ :

🏨 **Romantik-Hotel Gmachl** (mit Gästehaus, 🛗), Dorfstr. 14, ℰ (0662) 48 02 12,
Fax 48057272, 🍴, 🍸, 🌳, 🍽 (Halle) – 🐎 (Halle) – 📺 ☎ 🅿 – 🔏 40
2.-16. Juli geschl. – **Menu** *(Sonntag geschl., Montag nur Abendessen)* à la carte 230/470
– **34 Z** 1050/1760, 3 Suiten.

In Hof A-5322 über ① : 20 km :

🏰 **Schloß Fuschl** 🦢 (ehem. Jagdschloß a.d. 15 Jh. mit 3 Gästehäusern), ℰ (06229) 2 25 30,
Telex 633454, Fax 2253531, ≤, 🍴, Massage, ⛄, 🍸, 🐎, 🍽, 🎱 – 🛗 📺 🚗 🅿 – 🔏 100.
🟰 ⓘ 🇪 𝖵𝖨𝖲𝖠. 🍽 Rest
Menu à la carte 450/720 – **84 Z** 3800/5900, 12 Suiten.

🏨 **Jagdhof am Fuschlsee** (ehemaliges Bauernhaus a.d.J. 1783, mit Gästehaus),
ℰ (06229) 2 37 20, Telex 633454, Fax 2372413, ≤, 🍴, « Jagdmuseum », ⛄, 🍸, 🌳 –
📺 ☎ 🅿 – 🔏 180. 🟰 ⓘ 🇪 𝖵𝖨𝖲𝖠 𝖩𝖢𝖡
Menu à la carte 250/425 – **50 Z** 950/1800 – ½ P 970/1120.

In Fuschl am See A-5330 über ① : 26 km :

🏨 **Parkhotel Waldhof** 🦢, Seepromenade, ℰ (06226) 2 64, Fax 644, ≤, 🍴, Massage, ⛄,
🍸, 🐎, 🌳, 🍽 – 🅿. 🍽 Rest
März-April 3 Wochen und Nov.- 20. Dez. geschl. – **Menu** (Tischbestellung ratsam) à la carte
270/500 – **68 Z** 875/2450 – ½ P 874/1540.

🍽🍽 **Brunnwirt**, ℰ (06226) 2 36, 🍴 – 🅿. 🟰 ⓘ 🇪 𝖵𝖨𝖲𝖠. 🍽
außerhalb der Festspielzeit nur Abendessen, Sonntag und 7.- 31. Jan. geschl. – **Menu**
(Tischbestellung erforderlich) à la carte 380/545.

Am Mondsee A-5310 ⑤ : 28 km (über Autobahn A 1) - 🕾 06232 :

🏠 **Seehof** 🐾, (SO : 7 km), ⊠ A-5311 Loibichl, 𝒫 50 31, Fax 503151, ≼, « Gartenterrasse », Massage, ⇌ , 🏊 , 🐾 , ℀ – 📺 ⇌ 🅿 – 🕍 15
Mitte Mai - Mitte Sept. – **Menu** à la carte 380/620 – **35 Z** 3500/5600, 4 Suiten – ½ P 2290/3990.

🎇 ✿ **Landhaus Eschlböck-Plomberg** mit Zim, (S : 5 km), ⊠ A-5310 St. Lorenz-Plomberg, 𝒫 35 72, Fax 316620, ≼, 🌤 , ⇌s , 🏊 , 🚣 Bootssteg – 🍴 Rest 📺 ☎ ⇌ 🅿 . 🕮 ⓞ E 𝚅𝙸𝚂𝙰 𝙹𝙲𝙱
Menu *(Sept.- Mai Dienstag-Mittwoch geschl.)* (Tischbestellung ratsam) à la carte 440/700 – **12 Z** 880/3030
Spez. Eierschwammerlgulyás mit Briocheknöderl (Juni-Aug.), Fische aus dem Mondsee mit Velt-linersauce, Topfennockerl auf Marillenröster.

🎇 ✿ **Weißes Kreuz - Restaurant Cantagallo,** Herzog-Odilo-Str. 25, ⊠ A-5310 Mondsee, 𝒫 22 54, Fax 3406, 🌤 – 🅿 . 🕮
Montag geschl., Sonntag nur Mittagessen – **Menu** (Tischbestellung ratsam, italienische Küche, bemerkenswerte Weinkarte) à la carte 350/700
Spez. Kuttelsalat mit Steinpilzen, Ligurischer Fischertopf, Schokoladenblätter mit Cappuccino-mousse.

SALZDETFURTH, BAD Niedersachsen 𝟦𝟷𝟷 𝟦𝟷𝟸 N 10, 𝟫𝟪𝟽 ⑮ – 15 000 Ew – Höhe 155 m – Heilbad – 🕾 05063.

🝙 Bad Salzdetfurth-Wesseln, 𝒫 15 16.

♦Hannover 47 – ♦Braunschweig 52 – Göttingen 81 – Hildesheim 16.

🏠 **Relexa-Hotel,** An der Peesel 1 (in Detfurth), ⊠ 31162, 𝒫 2 90, Telex 927444, Fax 29113, 🌤 , ⇌s , 🏊 , 🐾 – 🛗 🍴 Zim 📺 🅿 – 🕍 250. 🕮 ⓞ E 𝚅𝙸𝚂𝙰
Menu à la carte 43/68 – **132 Z** 180/440, 12 Suiten.

SALZGITTER Niedersachsen 𝟦𝟷𝟷 O 10, 𝟫𝟪𝟽 ⑯ – 118 000 Ew – Höhe 80 m – 🕾 05341.

🝙 Salzgitter - Bad, Mahner Berg, 𝒫 3 73 76.

🛈 Tourist-Information, Vorsalzerstr. 11, in Salzgitter-Bad, ⊠ 38259, 𝒫 39 37 38, Fax 391816.

♦Hannover 64 – ♦Braunschweig 28 – Göttingen 79 – Hildesheim 33.

In Salzgitter-Bad – Heilbad :

🏠 **Golfhotel am Gittertor** garni, Gittertor 5, ⊠ 38259, 𝒫 3 50 35, Fax 394341 – 🛗 🍴 📺 ☎ 🅿 . 🕮 ⓞ E 𝚅𝙸𝚂𝙰
24 Z 90/148.

🏠 **Ratskeller** 🐾, Marktplatz 10, ⊠ 38259, 𝒫 3 70 25, Fax 35020, 🌤 – 🛗 📺 ☎ 🕭 ⇌ 🅿 – 🕍 175. 🕮 ⓞ E 𝚅𝙸𝚂𝙰
Menu à la carte 38/64 *(auch Diät)* – **44 Z** 90/148.

🏠 **Kniestedter Hof** garni, Breslauer Str. 20, ⊠ 38259, 𝒫 3 60 15, Fax 390400, ⇌s – 🛗 📺 ☎ ⇌ 🅿 . 🕮 E 𝚅𝙸𝚂𝙰
23 Z 89/138.

🏠 **Harß - Hof,** Braunschweiger Str. 128 (B 248), ⊠ 38259, 𝒫 39 05 90, Fax 34084 – 📺 ☎ 🅿 . E 𝚅𝙸𝚂𝙰
(nur Abendessen für Hausgäste) – **20 Z** 102/173.

🏠 **Haus Liebenhall** 🐾, Bismarckstr. 9, ⊠ 38259, 𝒫 3 40 91, Fax 31092 – 📺 ☎ 🅿 . ℀
(nur Abendessen für Hausgäste) – **13 Z** 89/124 – ½ P 103/109.

In Salzgitter-Lebenstedt :

🏠 **Gästehaus** 🐾, Kampstr. 37, ⊠ 38226, 𝒫 18 90, Fax 18989, 🌤 – 🛗 📺 ☎ ⇌ 🅿 – 🕍 200. E 𝚅𝙸𝚂𝙰
Menu *(Sonntag nur Mittagessen)* à la carte 31/65 – **47 Z** 96/231.

In Salzgitter-Lichtenberg :

🏠 **Waldhotel Burgberg,** Burgbergstr. 147, ⊠ 38228, 𝒫 5 30 22 (Hotel) 5 83 63 (Rest.), Fax 53546, 🌤 , ⇌s – 📺 ☎ 🅿 . E 𝚅𝙸𝚂𝙰
Menu *(Dienstag geschl.)* à la carte 33/65 – **13 Z** 125/220.

In Haverlah-Steinlah NW : 6 km ab Salzgitter-Bad :

🏠 **Gutshof** 🐾 (ehem. Gutshof a.d. 18. Jh.), Lindenstr. 5, ⊠ 38275, 𝒫 (05341) 33 84 41, Fax 338442, 🌤 , « Geschmackvolle Einrichtung in unterschiedlichen Stilarten » – 📺 ☎ ⇌ 🅿 – 🕍 40. 🕮 ⓞ E 𝚅𝙸𝚂𝙰
Menu *(Sonntag geschl.)* (nur Abendessen) à la carte 31/61 – **16 Z** 98/178.

Gute Küchen
haben wir durch
Menu, ✿, ✿✿ oder ✿✿✿ kenntlich gemacht.

◆Hannover 117 – ◆Hamburg 45 – Lüneburg 18.

🏨 **Romantik-Hotel Josthof**, Am Lindenberg 1, ⊠ 21376, 🖉 9 09 80, Fax 6225, 🛱, « Alter Niedersächsischer Bauernhof » – 📺 🕿 🅿. 🝙 ⑩ 🗲 ₩₩
2. - 29. Jan. geschl. – **Menu** (bemerkenswerte Weinkarte) à la carte 44/77 – **16 Z** 110/230.

🏨 **Rüter's Gasthaus**, Hauptstr. 1, ⊠ 21376, 🖉 66 17, Fax 6610, 🛱, 🚗s, 🔄 – 📺 🕿 ⟵
🅿 – 🔬 80. 🝙 ⑩ 🗲 ₩₩
Menu à la carte 32/56 – **21 Z** 85/150 – ½ P 89/100.

In Garlstorf am Walde W : 5 km :

🏨 **Hohe Geest**, Egestorfer Landstr. 10, ⊠ 21376, 🖉 (04172) 71 35, Fax 14 80, 🛱 – 📺 🕿
🅿. 🝙 ⑩ 🗲 ₩₩. ✦
23. Dez.- 10. Jan. geschl. – **Menu** (Okt.- März Sonntag und Montag geschl.) (nur Abendessen) à la carte 40/67 – **15 Z** 95/180.

🏠 **Niemeyer's Heidehof**, Winsener Landstr. 4, ⊠ 21376, 🖉 (04172) 71 27, Fax 7931, 🛱 –
📺 🕿 🅿. ⑩ 🗲 ₩₩. ✦
Menu (Donnerstag geschl.) à la carte 40/68 (auch vegetarische Gerichte) – **12 Z** 85/138.

In Gödenstorf W : 3 km :

🏠 **Gasthof Isernhagen**, Hauptstr. 11, ⊠ 21376, 🖉 (04172) 3 13, Fax 8715, 🛱, 🚿 – ✦ Zim
📺 🕿 ⟵ 🅿. 🝙 ⑩ 🗲 ₩₩
20. März - 12. April geschl. – **Menu** (Dienstag geschl.) à la carte 26/44 – **10 Z** 74/156
– ½ P 78/88.

In Gödenstorf-Lübberstedt SW : 6 km :

🍴 **Gellersen's Gasthaus**, Lübberstedter Str. 20, ⊠ 21376, 🖉 (04175) 4 94, Fax 8287, 🛱 –
🅿 🗲 ₩₩
Feb. geschl. – **Menu** (Montag geschl.) à la carte 26/49 – **11 Z** 50/90 – ½ P 63/68.

🛈 Fremdenverkehrsamt, Hauptstr. 33, ⊠ 31020, 🖉 8 08 80, Fax 80845.

◆Hannover 49 – Hameln 23 – Hildesheim 31.

🏨 **Ith-Saale Hotel** 🕭, Alleestr. 7, ⊠ 31020, 🖉 80 60, Fax 80670, 🛱 – 🛗 📺 🕿 ㅎ 🅿 –
🔬 100. 🝙 ⑩ 🗲 ₩₩
Menu (wochentags nur Abendessen) à la carte 32/60 – **33 Z** 105/185.

In Salzhemmendorf-Oldendorf NO : 4,5 Km :

🏠 **Catharinenhof**, Im Hohen Feld 48 (B 1), ⊠ 31020, 🖉 93 80, Fax 5839 – 📺 🕿 🅿. 🝙 ⑩
🗲 ₩₩
Aug. geschl. – (nur Abendessen für Hausgäste) – **17 Z** 97/175 – ½ P 120/135.

🏌 Salzkotten-Thüle, Glockenpohl, 🖉 64 98.

🛈 Verkehrsamt, Rathaus, Marktstr. 8, ⊠ 33154, 🖉 50 71 18, Fax 50727.

◆Düsseldorf 157 – Lippstadt 19 – Paderborn 12.

🏨 **Walz**, Paderborner Str. 21 (B 1), ⊠ 33154, 🖉 98 80, Fax 4849, 🚗s – 📺 🕿 🅿. 🝙 ⑩ 🗲
₩₩
Menu à la carte 27/61 – **30 Z** 90/130.

🏠 **Sälzerhof** 🕭, Am Stadtgraben 26, ⊠ 33154, 🖉 9 86 30, Fax 986325, 🛱 – 🕿 🅿. 🝙 ⑩
🗲
20. Dez.- 10. Jan. geschl. – **Menu** (Freitag geschl.) à la carte 28/50 – **16 Z** 70/140.

🛈 Kur- und Verkehrsamt, Bahnhofstr. 22, ⊠ 36364, 🖉 22 66, Fax 2368.

◆Wiesbaden 161 – Fulda 18 – Gießen 81 – Bad Hersfeld 36.

🏨 **Kurhotel Badehof** 🕭 (mit Gästehäusern), Lindenstr. 2 (im Kurpark), ⊠ 36364, 🖉 1 81 84,
Fax 18179, « Terrasse mit ≤ », Massage, ♨, 🔄, 🚿 direkter Zugang zum Moorbadehaus
– 🛗 🕿 🅿 – 🔬 100. 🝙 ⑩ 🗲 ₩₩. ✦
Menu à la carte 35/65 (auch vegetarische Gerichte) – **109 Z** 103/216 – ½ P 125/140.

🏨 **Parkhotel** garni (Jugendstilhaus mit moderner Einrichtung), Bahnhofstr. 12, ⊠ 36364,
🖉 30 81, Fax 3262, 🚗s – 🛗 📺 🕿. 🝙 ⑩ 🗲 ₩₩. ✦
23 Z 65/130.

🏠 **Schober**, Bahnhofstr. 16, ⊠ 36364, 🖉 25 23, Fax 3541, 🚗s, 🔄, 🚿 – 🛗 🅿
(Restaurant nur für Hausgäste) – **48 Z** 63/130 – ½ P 80/85.

🏠 **Söderberg** 🕭, Bonifatiusstr. 6, ⊠ 36364, 🖉 94 20, Fax 942211, « Gartenterrasse », 🚿
– 🔬 30. 🝙 🗲 ₩₩
Jan. geschl. – **Menu** (Montag geschl.) à la carte 36/60 – **28 Z** 55/155, 3 Suiten – ½ P 75/85.

SALZUFLEN, BAD Nordrhein-Westfalen 411 412 J 10, 987 ⑮ – 53 000 Ew – Höhe 80 m – Heilbad – ☎ 05222 – Schwaghof (N : 3 km), ☎ 1 07 73.

Kurverwaltung, Parkstr. 20, ✉ 32105, ☎ 18 30, Fax 17154.

♦Düsseldorf 191 – Bielefeld 22 – ♦Hannover 89.

Maritim ⚘, Parkstr. 53, ✉ 32105, ☎ 18 10, Fax 15953, Massage, – Zim Rest – 180. Rest
Menu à la carte 46/75 – ***Die Trüffel*** *(nur Abendessen, Sonntag-Montag geschl.)* **Menu** à la carte 64/92 – **206 Z** 198/360, 9 Suiten.

Arminius (modernisierte Häuser a.d. 16.Jh.), Ritterstr. 2, ✉ 32105, ☎ 5 30 70, Fax 530799, Massage, – Zim – 60.
Menu à la carte 43/75 – **48 Z** 140/300, 11 Suiten.

Lippischer Hof, Mauerstr. 1a, ✉ 32105, ☎ 53 40, Fax 50571, Massage, – Zim – 80. Rest
Menu à la carte 45/88 – **75 Z** 102/255.

Schwaghof ⚘, Schwaghof (N : 3 km), ✉ 32108, ☎ 39 60, Fax 396555, – – 120. Rest
Menu 32 und à la carte 45/89 – **86 Z** 145/260, 3 Suiten – ½ P 165/190.

Stadt Hamburg, Asenburgstr. 1, ✉ 32105, ☎ 66 55, Fax 1449, – – 20.
Menu *(Donnerstag geschl.)* à la carte 33/72 – **35 Z** 98/180.

Kurpark-Hotel ⚘, Parkstr. 1, ✉ 32105, ☎ 39 90, Fax 399462, – – **Menu** à la carte 36/68 – **74 Z** 106/292 – ½ P 128/223.

Haus Otto, Friedenstr. 2, ✉ 32105, ☎ 5 00 61, Fax 58464 – *Ende Nov.- Ende Jan. geschl.* – (Restaurant nur für Hausgäste) – **22 Z** 80/160 – ½ P 100/110.

Eichenhof garni, Friedenstr. 1, ✉ 32105, ☎ 5 05 15, Fax 580709 – **21 Z** 85/140.

Café Bauer ⚘, An der Hellrüsche 41, ✉ 32105, ☎ 9 14 40, Fax 16781, –
Menu *(Montag geschl.)* à la carte 33/59 – **11 Z** 80/150.

Römerbad, Wenkenstr. 30, ✉ 32105, ☎ 9 15 00, Fax 915061, –
Menu *(Dienstag nur Mittagessen)* à la carte 27/46 – **45 Z** 85/196.

Restaurant Leopold (im Kurhaus), Parkstr. 26, ✉ 32105, ☎ 91 39 16, Fax 913912, – – 300.
Nov.- März Montag geschl. – **Menu** à la carte 34/75.

In Bad Salzuflen-Sylbach S : 5 km :

Zum Löwen, Sylbacher Str. 223, ✉ 32107, ☎ (05232) 9 56 50, Fax 956565, (geheizt) –
Menu *(Montag geschl.)* (wochentags nur Abendessen) à la carte 33/65 – **32 Z** 90/180.

SALZUNGEN, BAD Thüringen 412 N 14, 414 C 13, 987 ㉖ – 24 000 Ew – Höhe 238 m – Solebad – ☎ 03695. – Verkehrsbüro, Bahnhofstr. 23, ✉ 36433, ☎ 25 09.

Erfurt 95 – Bad Hersfeld 43.

Salzunger Hof, Bahnhofstr. 41, ✉ 36433, ☎ 67 20, Fax 601700, – – 200.
Menu à la carte 25/50 – **72 Z** 145/185.

SALZWEDEL Sachsen-Anhalt 414 F 7, 984 ⑮, 987 ⑯ – 23 000 Ew – Höhe 51 m – ☎ 03901.

Salzwedel-Information, Neuperver Str. 32, ✉ 29410, ☎ 2 24 38, Fax 31077.

Magdeburg 103 – ♦Berlin 177 – Schwerin 145.

Union, Goethestr. 11, ✉ 29410, ☎ 2 20 97, Fax 22136, – – 60.
Menu à la carte 27/54 – **33 Z** 90/145.

Siebeneichen, Kastanienweg 3, ✉ 29410, ☎ 2 31 13, Fax 23367, –
Menu à la carte 30/44 – **12 Z** 85/120.

SAMERBERG Bayern 413 T 23 – 2 600 Ew – Höhe 700 m – Erholungsort – Wintersport : 700/1 569 m 1 1 10 – ☎ 08032.

Verkehrsverein, Samerberg-Törwang, Gemeindeamt, ✉ 83122, ☎ 86 06, Fax 8887.

♦München 76 – Rosenheim 16 – Traunstein 44.

In Samerberg-Törwang :

Post, Dorfplatz 4, ✉ 83122, ☎ 86 13, Fax 8929, – – – 20.
Mitte Nov.- 25. Dez. geschl. – **Menu** *(Dienstag geschl.)* à la carte 21/44 – **30 Z** 50/85.

In Samerberg-Duft S : 6 km ab Törwang – Höhe 800 m

🏖 **Berggasthof Duftbräu** ⅌, ⊠ 83122, ℘ 82 26, Fax 8366, ≤, 佘 – ⇐⇛ ⓟ
✦ *20. Nov.- 15. Dez. geschl.* – **Menu** *(Jan.- April Donnerstag geschl.)* à la carte 22/43 – **16 Z** 46/120 – ½ P 59/70.

SANDE Niedersachsen 🔲🔲🔲 H 6, 🔢🔢🔢 ⑭ – 9 500 Ew – 🖏 04422.
✦Hannover 217 – Oldenburg 47 – Wilhelmshaven 9.

🏨 **Landhaus Tapken,** Bahnhofstr. 46, ⊠ 26452, ℘ 9 58 60, Fax 958699 – 📺 ☎ 🕭 ⓟ, ஊ
 ⓞ Ɛ 𝘝𝘐𝘚𝘈 – ⚚ 120
 23.- 26. Dez. geschl. – **Menu** *(Samstag nur Abendessen)* à la carte 25/45 – **20 Z** 85/136.

🏠 **Auerhahn,** Hauptstr.105, ⊠ 26452, ℘ 89 90, Fax 899299, 佘, 🖙, 🖳 – 📺 ☎ ⓟ – ⚚ 35.
 ஊ ⓞ Ɛ 𝘝𝘐𝘚𝘈 ᴊᴄʙ
 Menu à la carte 30/60 – **48 Z** 65/145.

SANDSTEDT Niedersachsen 🔲🔲🔲 I 6 – 1 800 Ew – Höhe 15 m – 🖏 04702.
✦Hannover 163 – ✦Bremen 44 – Bremerhaven 23.

🏠 **Deutsches Haus,** Osterstader Str. 23, ⊠ 27628, ℘ 10 26 – ⓟ, ஊ Ɛ
 Menu à la carte 30/60 – **13 Z** 55/92 – ½ P 65/72.

ST. ANDREASBERG Niedersachsen 🔲🔲🔲 O 11, 🔢🔢🔢 ⑯ – 2 600 Ew – Höhe 630 m – Heilklimatischer Kurort – Wintersport : 600/894 m ≴9 ⚐8 – 🖏 05582.
Sehenswert : Silberbergwerk Samson★.
🛈 Kur- und Verkehrsamt, Am Glockenberg 12 (Stadtbahnhof), ⊠ 37444, ℘ 8 03 36, Fax 80339.
✦Hannover 126 – ✦Braunschweig 72 – Göttingen 58.

🏠 **Tannhäuser,** Clausthaler Str. 2a, ⊠ 37444, ℘ 9 18 80, Fax 918850, 🖙, 🖛 – ☎ ⓟ, ஊ
 ⓞ Ɛ 𝘝𝘐𝘚𝘈, ⚜
 Menu *(außer Saison Mittwoch geschl.)* à la carte 33/60 – **23 Z** 61/145.

🏠 **Fernblick** ⅌ garni, St.Andreasweg 3, ⊠ 37444, ℘ 2 27, ≤, 🖛 – ⇐⇛ ⓟ, ⚜
 13 Z 40/80.

ST. AUGUSTIN. Nordrhein-Westfalen 🔲🔲🔲 E 14 – 56 500 Ew – Höhe 50 m – 🖏 02241.
✦Düsseldorf 71 – ✦Bonn 7 – Siegburg 4.

🏨 **Regina,** Markt 81, ⊠ 53757, ℘ 2 80 51, Telex 889796, Fax 28385, 佘, 🖙 – 🕼 📺 ⇐⇛
 – ⚚ 150. ஊ ⓞ Ɛ 𝘝𝘐𝘚𝘈 – **Menu** à la carte 38/61 – **59 Z** 115/345.

In St. Augustin-Hangelar :

🏠 **Hangelar,** Lindenstr. 21, ⊠ 53757, ℘ 9 28 60, Fax 928613, 🖙, 🖳, 🖛 – 📺 ☎ 🕭 ⇐⇛
 ⓟ – ⚚ 35. Ɛ 𝘝𝘐𝘚𝘈
 Weihnachten - Anfang Jan. geschl. – *(nur Abendessen für Hausgäste)* – **31 Z** 95/140.

ST. BLASIEN Baden-Württemberg 🔲🔲🔲 H 23, 🔢🔢🔢 ㉞ ㉟, 🔢🔢🔢 I 2 – 4 200 Ew – Höhe 762 m – Heilklimatischer Kneippkurort – 🖏 07672.
Sehenswert : Dom★★.
🛈 Städt. Kurverwaltung, Haus des Gastes, am Kurgarten, ⊠ 79837, ℘ 4 14 30, Fax 41438.
🛈 Kurverwaltung im Rathaus Menzenschwand, ⊠ 79837, ℘ (07675) 8 76, Fax 1709.
✦Stuttgart 187 – Basel 62 – Donaueschingen 64 – ✦Freiburg im Breisgau 62 – Zürich 71.

🏠 **Dom Hotel,** Hauptstr. 4, ⊠ 79837, ℘ 3 71, Fax 4655 – ☎ Ɛ
 Ende Nov. - Mitte Dez. geschl. – **Menu** *(Mittwoch geschl.)* à la carte 35/65 ⅃ – **11 Z** 60/160 – ½ P 85/95.

In St. Blasien-Kutterau S : 5 km über die Straße nach Albbruck :

🏠 **Vogelbacher** ⅌, ⊠ 79837, ℘ 28 25, 佘, 🖙, 🖛 – ⓟ
✦ *Nov. - Mitte Dez. geschl.* – **Menu** *(Mittwoch geschl.)* à la carte 24/52 ⅃ – **15 Z** 52/84 – ½ P 59/71.

In St. Blasien-Menzenschwand NW : 9 km – Luftkurort :

🏠 **Sonnenhof,** Vorderdorfstr. 58, ⊠ 79837, ℘ (07675) 5 01, Fax 504, ≤, 佘, Massage, ♨,
 ♠, 🖙, 🖳, 🖛 – ☎ ⓟ
 Anfang Nov. - Mitte Dez.geschl. – **Menu** *(außer Saison Dienstag geschl.)* à la carte 33/55 – **28 Z** 75/190 – ½ P 75/115.

🏠 **Waldeck,** Vorderdorfstr. 74, ⊠ 79837, ℘ (07675) 2 72, Fax 1476, 佘, 🖙 – 📺 ☎ ⓟ, Ɛ
 Mitte Nov.- Mitte Dez. geschl. – **Menu** *(Montag geschl.)* à la carte 29/52 *(auch vegetarische Gerichte)* ⅃ – **19 Z** 58/110 – ½ P 55/80.

In Ibach - Mutterslehen – Höhe 1 000 m – Erholungsort :

🏠 **Schwarzwaldgasthof Hirschen,** Hauptstraße, ⊠ 79837, ℘ (07672) 8 66, Fax 9412, ≤,
 佘, 🖙, 🖛 – 📺 ☎ ⇐⇛ ⓟ
 Menu *(Dienstag geschl.)* à la carte 29/62 – **15 Z** 80/140 – ½ P 90/95.

ST. ENGLMAR Bayern 🔲🔲🔲 V 19,20 – 1 400 Ew – Höhe 850 m – Luftkurort – Wintersport : 800/1055 m ⚡14 ✗6 – ❸ 09965.

🏢 Verkehrsamt, Rathaus, ⊠ 94379, ℘ 2 21, Fax 1463.

◆München 151 – Cham 37 – Deggendorf 30 – Straubing 31.

🏨 **Angerhof** ⊗, Am Anger 38, ⊠ 94379, ℘ 18 60, Fax 18619, ≤, 🍽, 🛋s, 🔲, 🖇 – 🛗 🔲 ☎ ❶
Menu à la carte 39/65 – **42 Z** 95/220 – ½ P 98/138.

In St. Englmar-Grün

🏨 **Reinerhof**, ⊠ 94379, ℘ 5 88, Fax 1315, ≤, 🛋s, 🔲, 🖇 – 🛗 🔲 ☎ 🔄 ❶. ✗ Rest
(nur Abendessen für Hausgäste) – **35 Z** 60/120.

🏨 **Gasthof Reiner,** ⊠ 94379, ℘ 5 96, Fax 1540, 🍽, 🖇 – 🛗 ❶
◆ *Nov.- Mitte Dez. geschl.* – **Menu** à la carte 19/32 ⚘ – **28 Z** 40/92 – ½ P 54/60.

In St. Englmar-Kolmberg

🏨 **Bernhardshöhe** ⊗, Kolmberg 5, ⊠ 94379, ℘ 2 58, Fax 258, ≤, 🍽, 🔲, 🖇, ✗ ⚡ – 🔲
◆ ❶. ✗ Rest
Nov.- Mitte Dez. geschl. – **Menu** *(Freitag geschl.)* (Abendessen nur für Hausgäste) à la carte 22/37 – **20 Z** 50/80 – ½ P 46/53.

In St. Englmar-Maibrunn

🏨 **Beim Simmerl** ⊗ (mit Gästehaus), ⊠ 94379, ℘ 5 90, Fax 1529, ≤, 🍽, 🛋s, 🖇, 🐎 –
◆ 🔲 ☎ ❶
Nov. - Dez. geschl. – **Menu** *(Montag geschl.)* à la carte 19/36 – **28 Z** 35/70 – ½ P 49/54.

In St. Englmar-Rettenbach

🏨 **Gut Schmelmerhof** ⊗, ⊠ 94379, ℘ 18 90, Fax 189140, 🍽, « Rustikales Restaurant mit Ziegelgewölbe, Garten », Massage, ✚, 🛋s, 🔲 (geheizt), 🔲, 🖇 – 🛗 ✗ Zim 🔲 🔄 ❶
– 🔏 25. ᴬᴱ. ✗
Menu à la carte 45/70 – **44 Z** 83/156, 7 Suiten.

ST. GEORGEN Baden-Württemberg 🔲🔲🔲 HI 22, 🔲🔲🔲 ㉟ – 14 500 Ew – Höhe 810 m – Erholungsort – Wintersport : 800/1 000 m ⚡5 ✗3 – ❸ 07724.

🏢 Städt. Verkehrsamt, Rathaus, ⊠ 78112, ℘ 87 94, Fax 8739.

◆Stuttgart 127 – Offenburg 65 – Schramberg 18 – Villingen-Schwenningen 14.

🏨 **Café Kammerer** ⊗ garni, Hauptstr. 23, ⊠ 78112, ℘ 9 39 20, Fax 3180 – 🛗 🔲 ☎ 🔄.
ᴬᴱ ᴇ ᴠᴵˢᴬ ᴶᶜᴮ
18 Z 76/116.

ST. GOAR Rheinland-Pfalz 🔲🔲🔲 G 16, 🔲🔲🔲 ㉔ – 3 500 Ew – Höhe 70 m – ❸ 06741.

Sehenswert : Burg Rheinfels★★.

Ausflugsziel : Loreley ★★★ ≤★★, SO : 4 km.

🏢 Verkehrsamt, Heerstr. 86, ⊠ 56329, ℘ 3 83, Fax 7209.

Mainz 63 – Bingen 28 – ◆Koblenz 35.

🏨 **Schloßhotel auf Burg Rheinfels** ⊗, Schloßberg 47, ⊠ 56329, ℘ 80 20, Fax 7652, ≤
Rheintal, 🍽, 🛋s, 🔲, – 🛗 🔲 ☎ ❶ – 🔏 70. ᴬᴱ ① ᴇ ᴠᴵˢᴬ ᴶᶜᴮ
Menu à la carte 52/79 – **58 Z** 130/240.

In St. Goar-Fellen NW : 3 km :

🏨 **Landsknecht,** an der Rheinufer-Straße (B 9), ⊠ 56329, ℘ 20 11, Fax 7499, ≤, « Terrasse am Rhein », 🖇 – 🔲 ☎ 🔄 ❶ ᴇ ᴠᴵˢᴬ. ✗
Jan.- Feb. geschl. – **Menu** à la carte 38/65 – **15 Z** 95/240.

ST. INGBERT Saarland 🔲🔲🔲 E 19, 🔲🔲🔲 ㉘, 🔲🔲🔲 ⑦ – 41 000 Ew – Höhe 229 m – ❸ 06894.

◆Saarbrücken 13 – Kaiserslautern 55 – Zweibrücken 25.

🏨 **Goldener Stern,** Ludwigstr. 37, ⊠ 66386, ℘ 30 17, Fax 35623 – 🔲 ☎ ❶. ᴬᴱ ① ᴇ
ᴠᴵˢᴬ
Menu *(Samstag nur Abendessen)* à la carte 28/59 – **33 Z** 92/170.

In St. Ingbert-Rohrbach O : 3 km :

🏨 **Zum Mühlehannes,** Obere Kaiserstr. 97, ⊠ 66386, ℘ 5 20 61, Fax 52064 – 🔲 ☎ ❶. ᴬᴱ
◆ ① ᴇ ᴠᴵˢᴬ
Menu *(Samstag nur Abendessen)* à la carte 23/59 – **15 Z** 55/150.

In St. Ingbert-Schüren N : 3 km :

🏨 **Waldhof** ⊗, Schüren 22, ⊠ 66386, ℘ 40 11, Fax 4013, 🍽, 🛋s, 🔲 (geheizt), 🖇, ✗ –
🔲 ☎ 🔄 ❶ – 🔏 40. ᴬᴱ ① ᴇ ᴠᴵˢᴬ
26. Dez.- 11. Jan. geschl. – **Menu** *(Freitag geschl.)* (wochentags nur Abendessen) à la carte 39/70 – **29 Z** 98/200.

In St. Ingbert-Sengscheid SW : 4 km :

🏨 **Alfa-Hotel,** Zum Ensheimer Gelösch 2, ⊠ 66386, 𝒫 70 90(Hotel) 8 71 96(Rest.), Fax 870146
– 📺 ☎ ⇔ 🅿 – 🔏 30. 🖭 🖭 📧 𝑉𝐼𝑆𝐴
Ende Dez. 1 Woche geschl. – **Le jardin** *(Sonntag nur Mittagessen, Montag geschl.)* **Menu**
à la carte 65/90 – **26 Z** 99/249.

🏨 **Sengscheider Hof** (mit Gästehaus), Zum Ensheimer Gelösch 30, ⊠ 66386, 𝒫 98 20,
Fax 982200, 🈸 – 📺 ☎ ⇔ 🅿. 🖭 🖭 📧 𝑉𝐼𝑆𝐴. 🛠
Menu *(Samstag geschl.)* à la carte 45/85 🔥 – **25 Z** 70/205.

ST. JOHANN Baden-Württemberg 𝟜𝟙𝟛 L 21 – 4 600 Ew – Höhe 750 m – Erholungsort – Wintersport : 750/800 m ≰2 ≰2 – ✪ 07122.

🚹 Verkehrsverein, Rathaus, Schulstr. 1 (Würtingen), ⊠ 72813, 𝒫 90 71, Fax 9475.

♦Stuttgart 57 – Reutlingen 17 – ♦Ulm (Donau) 65.

In St. Johann-Lonsingen :

🏨 **Grüner Baum** (mit Gasthof), Albstr. 4, ⊠ 72813, 𝒫 1 70, Fax 17217, 🈸, 🐎 – 📳 ⨯ Zim
📺 ⇔ 🅿 – 🔏 50
Menu *(Montag und Nov.- Dez. 2 Wochen geschl.)* à la carte 22/57 🔥 – **81 Z** 50/130.

In St. Johann-Ohnastetten :

🏠 **Nußbaum Hof,** Würtinger Str. 13, ⊠ 72813, 𝒫 34 09, 🈸 – 📺 ⇔ 🅿
Mitte Juli - Anfang Aug. und Nov.- Dez. 2 Wochen geschl. – **Menu** *(Sonntag geschl.)* (nur
Abendessen) à la carte 23/47 🔥 – **11 Z** 55/85.

In St. Johann-Würtingen :

🏠 **Hirsch,** Hirschstr. 4, ⊠ 72813, 𝒫 8 29 80, Fax 829845, 🈸 – 📳 📺 ☎ 🔥 ⇔ 🅿 –
🔏 25
über Fasching und Juli-Aug. 2 Wochen geschl. – **Menu** *(Montag geschl.)* à la carte 28/55
– **29 Z** 50/140 – ½ P 63/88.

ST. MÄRGEN Baden-Württemberg 𝟜𝟙𝟛 H 22,23. 𝟡𝟠𝟟 ㉞, 𝟚𝟜𝟚 ㉜ – 1 800 Ew – Höhe 898 m
– Luftkurort – Wintersport : 900/1 100 m ≰2 – ✪ 07669.

🚹 Kurverwaltung, Rathaus, ⊠ 79274, 𝒫 10 66, Fax 1323.

♦Stuttgart 230 – ♦Freiburg im Breisgau 24 – Donaueschingen 51.

🏨 **Hirschen,** Feldbergstr. 9, ⊠ 79274, 𝒫 7 87, Fax 1303, 🈸, 🈸, 🐎 – 📳 📺 ☎ ⇔ 🅿 –
🔏 60. 🖭 🖭 📧 𝑉𝐼𝑆𝐴
Anfang - Mitte Dez. geschl. – **Menu** *(Mitte Okt.- Juli Mittwoch geschl.)* à la carte 32/62 –
44 Z 68/164 – ½ P 92/110.

🏠 **Rössle,** Wagensteigstr. 7, ⊠ 79274, 𝒫 2 13, Fax 1352, 🈸 – 📳 🅿
Ende Okt.-Anfang Dez. geschl. – **Menu** *(Donnerstag geschl.)* à la carte 24/52 🔥 – **19 Z** 38/80
– ½ P 44/54.

An der Straße nach Hinterzarten :

🏠 **Neuhäusle,** Erlenbach 1 (S : 4 km), ⊠ 79274 St. Märgen, 𝒫 (07669) 2 71, Fax 1408,
≤ Schwarzwald, 🈸, 🈸, 🐎 – 📳 📺 ⇔ 🅿
Nov.- Dez. 3 Wochen geschl. – **Menu** *(Montag geschl.)* à la carte 25/55 – **18 Z** 57/110
– ½ P 74/78.

ST. MARTIN Rheinland-Pfalz 𝟜𝟙𝟚 𝟜𝟙𝟛 H 19, 𝟚𝟜𝟚 ⑧ – 2 000 Ew – Höhe 240 m – Luftkurort –
✪ 06323. – 🚹 Verkehrsamt, Haus des Gastes, ⊠ 67487, 𝒫 53 00.

Mainz 102 – Kaiserslautern 46 – ♦Karlsruhe 51 – ♦Mannheim 42.

🏨 **St. Martiner Castell,** Maikammerer Str. 2, ⊠ 67487, 𝒫 95 10, Fax 2098, 🈸 – 📳 📺 ☎
– 🔏 40
Feb.- Mitte März geschl. – **Menu** *(Dienstag geschl.)* à la carte 44/70 🔥 – **26 Z** 90/142.

🏨 **Albert Val. Schneider,** Maikammerer Str. 44, ⊠ 67487, 𝒫 80 40, Fax 804426, 🈸, 🈸
– 📳 📺 ☎ 🅿 – 🔏 40. 🛠
Jan. geschl. – **Menu** *(Sonn-und Feiertage nur Mittagessen)* à la carte 36/61 🔥 – **39 Z** 115/178.

🏨 **Winzerhof,** Maikammerer Str. 22, ⊠ 67487, 𝒫 9 44 40, Fax 944455, 🈸 – 📺 ☎ 🅿 –
🔏 40
Mitte Dez.- Mitte Jan. geschl. – **Menu** *(Donnerstag geschl.)* à la carte 39/65 🔥 – **17 Z** 75/154
– ½ P 107/112.

🏠 **Haus am Rebenhang** ⟨⟩, Einlaubstr. 66, ⊠ 67487, 𝒫 44 19, Fax 7017, ≤ St. Martin und
Rheinebene, 🈸 – 📺 ☎ 🅿. 📧
Anfang Jan. - Anfang Feb. geschl. – **Menu** *(Montag geschl., Dienstag nur Abendessen)*
à la carte 33/59 🔥 – **19 Z** 90/150 – ½ P 88/107.

XX **Grafenstube,** Edenkobener Str. 38, ⊠ 67487, 𝒫 27 98, Fax 81164
Anfang Jan.- Feb. und außer an Feiertagen Montag-Dienstag geschl. – **Menu** à la carte
30/62 *(auch vegetarische Gerichte)* 🔥.

🚹 Verkehrsamt, Klosterallee 4 (St. Oswald), ⊠ 94568, 🖉 46 66, Fax 4858.

◆München 188 – Passau 45 – ◆ Regensburg 115.

Im Ortsteil St. Oswald :

🏠 **Pausnhof** 🌳, Goldener Steig 7, ⊠ 94568, 🖉 17 17, Fax 5213, 🏕, 🚬, 🚗 – 📺 ☎ 🅿.
➡ 🍴 Zim
15. Nov.- 15. Dez. geschl. – **Menu** *(Dienstag geschl.)* à la carte 22/45 – **29 Z** 54/99.

Im Ortsteil Riedlhütte

🏠 **Berghotel Wieshof** 🌳, Anton-Hiltz-Str. 8, ⊠ 94566, 🖉 (08553) 4 77, Fax 6838, ≤, 🏕.
➡ 🚬 – 🅿
Anfang Nov.- Mitte Dez. geschl. – **Menu** à la carte 22/41 🍷 – **15 Z** 47/90 – ½ P 47/52.

Sehenswert: Barockkirche (Bibliothek★).

Ausflugsziel : ≤★★ von der Straße nach St. Märgen.

🚹 Kurverwaltung, Rathaus, ⊠ 79271, 🖉 2 74.

◆Stuttgart 224 – ◆Freiburg im Breisgau 18 – Waldkirch 20.

🏠 ❀ **Zur Sonne,** Zähringerstr. 2, ⊠ 79271, 🖉 2 03, Fax 766, 🏕 – ☎ 🚗 🅿 ⓪ 🅴 𝗩𝗜𝗦𝗔
Feb.- März 4 Wochen geschl. – **Menu** *(Montag-Dienstag geschl.)* 48/130 und à la carte 50/92 – **14 Z** 70/140
Spez. Preßkopf von Gänsestopfleber und Kalbskopf, Geschmortes Täubchen im Trüffelsud, Rehrücken in Wacholderrahm (2 Pers.).

🏠 **Zum Hirschen,** Bertholdsplatz 1, ⊠ 79271, 🖉 2 04, Fax 1557, 🏕 – 📺 🅿
Mitte - Ende März und Mitte Nov.- Mitte Dez. geschl. – **Menu** *(Donnerstag geschl., Freitag nur Abendessen)* à la carte 30/64 – **21 Z** 75/140.

Die im Michelin-Führer

verwendeten Zeichen und Symbole haben -

fett oder dünn gedruckt, rot oder schwarz -

jeweils eine andere Bedeutung. Lesen Sie daher die Erklärungen aufmerksam durch.

Ausflugsziel : Eidersperrwerk★ SO : 16 km.

🛫 St. Peter-Böhl, 🖉 35 45.

🚹 Kurverwaltung, St. Peter-Bad, Im Bad 27, ⊠ 25826, 🖉 8 39, Fax 8337.

◆Kiel 125 – Heide 40 – Husum 50.

Im Ortsteil St. Peter-Bad :

🏨 **Ambassador** 🌳, Im Bad 26, ⊠ 25826, 🖉 70 90, Fax 2666, ≤, 🏕, 🚬, 🔲 – 🛗 🍴 Zim
📺 ☎ 🚗 🅿 – 🔺 250. 🅰🅴 ⓪ 🅴 𝗩𝗜𝗦𝗔 🅹🅲🅱. 🍴 Rest
Menu à la carte 51/74 – **90 Z** 230/310 – ½ P 195/290.

🏨 **Vier Jahreszeiten** 🌳, Friedrich-Hebbel-Str. 2, ⊠ 25826, 🖉 70 10, Fax 2689, 🏕, Massage,
🚬, 🔲, 🚗, 🍴 (Halle) – 🛗 🍴 Zim 📺 ☎ 🚗 🅿
Menu à la carte 45/76 – **59 Z** 190/280, 7 Suiten – ½ P 140/185.

🏨 **Bambushütte** 🌳 (mit Gästehaus), Rungholtstieg 7, ⊠ 25826, 🖉 8 92 00, Fax 89400, 🚬
– 🛗 📺 ☎ 🅿 🅴 𝗩𝗜𝗦𝗔
(nur Abendessen für Hausgäste) – **54 Z** 130/300, 3 Suiten.

🏠 **Dünenhotel Eulenhof** 🌳 garni, Im Bad 93, ⊠ 25826, 🖉 10 92, Fax 7217, 🚬, 🔲, 🚗
– 📺 ☎ 🅿 🅴
Ende Nov.- Ende Feb. geschl. – **28 Z** 85/195.

🏠 **Tannenhof** garni, Im Bad 59, ⊠ 25826, 🖉 70 40, Fax 70413, 🚬, 🚗 – 📺 ☎ 🅿 🅴
🍴
33 Z 85/188.

🏠 **Fernsicht** 🌳, Am Kurbad 17, ⊠ 25823, 🖉 20 22, Fax 2020, ≤, 🏕 – 🍴 Rest 📺 ☎ 🚗
🅿 🅰🅴 ⓪ 🅴 𝗩𝗜𝗦𝗔
Menu *(6. Jan.- Feb. geschl.)* à la carte 35/55 – **23 Z** 80/180 – ½ P 100/130.

🍴 **Rungholt Stuben** 🌳 mit Zim, Im Bad 61, ⊠ 25826, 🖉 15 55, Fax 1577, 🏕 – 📺 ☎
🅿
21. Nov. - 16. Dez. geschl. – **Menu** *(Okt. - Juni Mittwoch geschl.)* à la carte 39/59 – **4 Z** 130/200.

Im Ortsteil Ording :

🏨 **Kölfhamm** ॐ, Kölfhamm 6, ☒ 25826, ℰ 99 50, Fax 99545, 霜, 鄅 – ❄ Zim 📺 ☎ 歳
⟳ 🅟 – 🛗 25 – **Menu** *(Mittwoch geschl.)* à la carte 37/58 – **23 Z** 150/240.

🏨 **Ordinger Hof** ॐ, Am Deich 31, ☒ 25826, ℰ 90 80, Fax 90849, 霜, 鄅 – ☎ 🅟. 🄴. ❄ Zim
23. Dez. - Anfang Feb. geschl. – **Menu** *(Dienstag geschl.)* à la carte 32/53 – **12 Z** 86/172
– ½ P 111.

🏨 **Kurpension Eickstädt** ॐ, Waldstr. 19, ☒ 25826, ℰ 20 58, Fax 2735, 鄅 – 📺 ☎ 🅟.
❄ Rest – (nur Abendessen für Hausgäste) – **35 Z** 100/200 – ½ P 155.

XX **Gambrinus,** Strandweg 4, ☒ 25826, ℰ 29 77, Fax 1053, 霜 – 🅟
Montag und 10. Jan.- 2. Feb. geschl., Nov.- Feb. Dienstag-Freitag nur Abendessen – **Menu**
à la carte 47/72.

ST. WENDEL Saarland 412 E 18, 987 ㉔, 242 ③ – 28 000 Ew – Höhe 286 m – ✪ 06851.
🛈 Verkehrsamt, Rathaus, Schloßstr. 7, ☒ 66606, ℰ 80 91 32, Fax 809102.
♦Saarbrücken 41 – Idar-Oberstein 43 – Neunkirchen/Saar 19.

🏨 **Posthof,** Brühlstr. 18, ☒ 66606, ℰ 40 28, Fax 83212 – 📺 ☎ 🅟. 🄴 VISA
Menu à la carte 30/60 – **19 Z** 80/120 – ½ P 95/105.

In St. Wendel-Bliesen NW : 5,5 km :

XX **Kunz,** Kirchstr. 22, ☒ 66606, ℰ (06854) 81 45, Fax 7254 – 🅟. 🄰🄴 ⑩ 🄴 VISA
Montag-Dienstag und Juli-Aug. 3 Wochen geschl., Samstag nur Abendessen – **Menu** à la
carte 62/91.

SARSTEDT Niedersachsen 411 412 M 10, 987 ⑮, 984 ⑱ – 17 500 Ew – Höhe 64 m – ✪ 05066.
♦Hannover 22 – Hameln 52 – Hildesheim 13 – Springe 33.

🏨 **Residencia** (Boarding House), Ziegelbrennerstr.8, ☒ 31157, ℰ 7 00 00, Fax 700084, 霜, ⓢ
– 📶 ❄ 📺 ☎ 歳 🅟 – 🛗 90 – **29 Z**, 4 Suiten.

SASBACHWALDEN Baden-Württemberg 413 H 21, 242 ⑳ – 2 200 Ew – Höhe 260 m – Luft-
kurort – Kneippkurort – ✪ 07841 (Achern).
🛈 Kurverwaltung, im Kurhaus "Zum Alde Gott", ☒ 77887, ℰ 10 35, Fax 23682.
♦Stuttgart 131 – Baden-Baden 37 – Freudenstadt 45 – Offenburg 30.

🏨 ✿ **Talmühle,** Talstr. 36, ☒ 77887, ℰ 10 01, Fax 5404, « Gartenterrasse », 鄅 – 📶 ❄ Zim
📺 ☎ ⟳ 🅟 – 🛗 25. 🄰🄴 ⑩ 🄴 VISA ❄ Zim
Mitte Jan.- Mitte Feb. geschl. – **Menu** à la carte 55/101 – **30 Z** 109/226
Spez. Kutteln im Rieslingsud, Steinbutt mit Champagnersauce, Geschmortes Rinderbugblatt in
Spätburgunder.

🏨 **Tannenhof** ॐ, Murberg 6, ☒ 77887, ℰ 6 80 10, Fax 680180, ≤, 霜, Massage, ♣ ↾♨, ⓢ,
🔲 – 📺 ☎ 🅟. 🄴
Ende Nov.- Mitte Dez. geschl. – **Menu** (wochentags nur Abendessen) à la carte 36/70 –
18 Z 94/198 – ½ P 114/159.

🏨 **Engel,** Talstr. 14, ☒ 77887, ℰ 30 00, Fax 26394 – 📺 ☎ 🅟 – 🛗 25
Jan. 3 Wochen geschl. – **Menu** *(Montag geschl.)* à la carte 36/77 – **14 Z** 70/155.

🏨 **Landhaus Hiller** ॐ garni, Auf der Golz 6, ☒ 77887, ℰ 2 04 70, Fax 24884, ≤ – 📺 ☎ 🅟
13 Z 60/120.

XX **Zum Alde Gott,** Talstr. 51, ☒ 77887, ℰ 2 05 60, Fax 205620, 霜 – 📶 🅟 – 🛗 300
Montag geschl. – **Menu** à la carte 34/60 ॐ.

In Sasbachwalden-Brandmatt SO : 5 km – Höhe 722 m

🏨 Forsthof ॐ, Brandrüttel 26, ☒ 77887, ℰ 64 40, Fax 644269, 霜, ⓢ, 🔲 – 📶 ❄ Zim 📺
☎ ⟳ – 🛗 160 – **138 Z**, 3 Suiten.

SASSENDORF, BAD Nordrhein-Westfalen 411 412 H 12 – 9 400 Ew – Höhe 90 m – Heilbad
– ✪ 02921 (Soest). – 🛈 Kurverwaltung, Kaiserstr. 14, ☒ 59505, ℰ 50 10, Fax 501599.
♦Düsseldorf 123 – Beckum 27 – Lippstadt 20 – Soest 5.

🏨🏨 **Maritim-Hotel Schnitterhof** ॐ, Salzstr. 5, ☒ 59505, ℰ 95 20, Fax 952499, 霜, ⓢ, 🔲,
鄅 – 📶 ❄ Zim 📺 🅟 – 🛗 120. 🄰🄴 ⑩ 🄴 VISA
Menu à la carte 49/81 – **142 Z** 195/358 – ½ P 191/287.

🏨 **Gästehaus Hof Hueck** ॐ garni, Wiesenstr. 12, ☒ 59505, ℰ 9 61 40, Fax 961450 – 📺
☎ 歳 🅟. 🄰🄴 ⑩ 🄴 VISA ❄ – **29 Z** 120/180.

🏨 **Gästehaus Brink's** ॐ garni, Bismarckstr. 25, ☒ 59505, ℰ 9 61 60, Fax 52257 – ❄ 📺
☎ 🅟. 🄰🄴 ⑩ 🄴 VISA ❄ – **14 Z** 90/170.

🏨 **Wulff** ॐ garni, Berliner Str. 31, ☒ 59505, ℰ 9 60 30, Fax 55235, ⓢ, 🔲, 鄅 – 📺 ☎ 🅟.
🄴. ❄ – **31 Z** 65/200, 4 Suiten.

XX **Hof Hueck** ॐ mit Zim, Im Kurpark, ☒ 59505, ℰ 9 61 30, Fax 961350, 霜, « Restauriertes
westfälisches Bauernhaus a.d. 17.Jh. » – 📺 ☎ 🅟. 🄰🄴 ⑩ 🄴 VISA ❄
Menu *(Montag geschl.)* à la carte 44/85 – **12 Z** 110/200 – ½ P 138/158.

Mecklenburg-Vorpommern siehe Rügen (Insel).

SATOW Mecklenburg-Vorpommern 🔲 S 5, 🔲 H 4, 🔲 ⑥ – 2 075 Ew – Höhe 62 m – ☎ 038295.
chwerin 76 – ◆Rostock 28.

🏦 **Weide,** Hauptstr. 52, ☒ 18239, 𝒫 (038295) 5 33, Fax 5 18, �´ – 📺 ☎ 🅿 – 🔏 50. 🆎 ⓞ
E 𝘝𝘐𝘚𝘈 ✄
Menu à la carte 28/60 – **40 Z** 90/180.

SAUENSIEK Niedersachsen 🔲 L 6 – 1 700 Ew – Höhe 20 m – ☎ 04169.
◆Hannover 162 – ◆Bremen 74 – ◆Hamburg 49.

🏠 **Klindworth's Gasthof,** Hauptstr. 1, ☒ 21644, 𝒫 3 16, Fax 1450, �´ – ☎ 🅿. 🆎 E 𝘝𝘐𝘚𝘈
◆ **Menu** *(Montag geschl.)* à la carte 22/44 – **15 Z** 48/89.

✕✕ **Hüsselhus** (ehem. Bauernhaus), Hauptstr. 12, ☒ 21644, 𝒫 15 15, �´ – 🅿. 🆎 E 𝘝𝘐𝘚𝘈
Montag geschl. – **Menu** *(wochentags nur Abendessen)* à la carte 48/72.

SAUERLACH Bayern 🔲 R 23, 🔲 ㉟, 🔲 G 5 – 5 200 Ew – Höhe 619 m – ☎ 08104.
◆München 22 – Innsbruck 144 – Salzburg 122.

🏦 **Sauerlacher Post,** Tegernseer Landstr. 2, ☒ 82054, 𝒫 8 30, Telex 5218117, Fax 8383,
Biergarten – 📳 ↤ Zim 📺 ☎ 🅿 – 🔏 70. 🆎 ⓞ E 𝘝𝘐𝘚𝘈
Menu à la carte 37/66 – **51 Z** 148/220.

SAULGAU Baden-Württemberg 🔲 L 22, 🔲 ㉟, 🔲 M 1 – 16 000 Ew – Höhe 593 m – Kurort
– ☎ 07581.
🔾 Verkehrsamt, im Thermalbad, Rathaus, Oberamteistr. 11, ☒ 88348, 𝒫 42 68.
◆Stuttgart 114 – Bregenz 73 – Reutlingen 74 – ◆Ulm (Donau) 69.

🏦 **Kleber-Post,** Hauptstr. 100, ☒ 88348, 𝒫 30 51, Fax 4437, �´ – ↤ Zim 📺 ☎ 🅿 – 🔏 40.
🆎 ⓞ E 𝘝𝘐𝘚𝘈
Menu à la carte 48/89 – **30 Z** 88/240 (Anbau mit 51 Z bis Sommer 1995).

🏠 **Ochsen,** Paradiesstr. 6, ☒ 88348, 𝒫 76 96, Fax 4968 – 📳 📺 ☎ 🅿
18 Z.

🏠 **Bären,** Hauptstr. 93, ☒ 88348, 𝒫 87 78, Fax 51403 – ☎ ⇦ 🅿
Juli - Aug. 2 Wochen und über Weihnachten 1 Woche geschl. – **Menu** *(Samstag geschl.)*
(wochentags nur Abendessen) à la carte 27/43 – **20 Z** 42/120.

SAULHEIM Rheinland-Pfalz 🔲 H 17 – 5 800 Ew – Höhe 90 m – ☎ 06732.
Mainz 16 – Alzey 20 – Bad Kreuznach 27.

🏠 **Lehn,** Neupforte 19, ☒ 55291, 𝒫 9 41 00, Fax 941010, �´, ☎s – ↤ Zim 📺 ☎ 🅿. 🆎
ⓞ E 𝘝𝘐𝘚𝘈
Menu *(Montag-Dienstag geschl.)* (nur Abendessen) à la carte 27/42 – **14 Z** 95/42.

SCHÄFTLARN Bayern 🔲 R 23 – 5 000 Ew – Höhe 693 m – ☎ 08178.
◆München 19 – ◆Augsburg 84 – Garmisch-Partenkirchen 69.

In Schäftlarn-Ebenhausen :

🏦 **Gut Schwaige** ⌂ garni, Rodelweg 7, ☒ 82067, 𝒫 40 51, Fax 4054 – 📺 ☎ 🅿. 🆎 ⓞ
E 𝘝𝘐𝘚𝘈
19 Z 95/175.

✕✕ **Hubertus,** Wolfratshauser Str. 53, ☒ 82067, 𝒫 48 51, Fax 3318, �´ – 🅿. 🆎
März-April 2 Wochen und Montag geschl., Sonntag nur Mittagessen – **Menu** (wochentags
nur Abendessen) à la carte 45/68.

SCHAFFLUND Schleswig-Holstein 🔲 K 2 – 1 600 Ew – Höhe 15 m – ☎ 04639.
◆Kiel 104 – Flensburg 18 – Niebüll 27.

🏠 **Utspann,** Hauptstr. 47 (B 199), ☒ 24980, 𝒫 12 02, Fax 7384, �´ – 📺 ☎ 🅿 – 🔏 60. 🆎
E 𝘝𝘐𝘚𝘈
Menu à la carte 33/62 – **11 Z** 65/120 – ½ P 75.

Rheinland-Pfalz siehe Daun.

Baden-Württemberg siehe Binzen.

SCHALLSTADT Baden-Württemberg 🔲 G 23, 🔲 ㊱, 🔲 ⑳ – 5 000 Ew – Höhe 233 m –
☎ 07664.
◆Stuttgart 213 – Basel 66 – ◆Freiburg im Breisgau 8,5 – Strasbourg 90.

✕ **Rössle,** Winzerstr. 4, ☒ 79227, 𝒫 71 40, Fax 7061, �´
Montag geschl., Samstag nur Abendessen – **Menu** à la carte 29/72 🍷.

In Schallstadt-Wolfenweiler :

XX **Zum Schwarzen Ritter,** Basler Str. 54, ✉ 79227, ℘ 6 01 36, Fax 6833, �
« Kellergewölbe » – **ℙ**. 🅰🅴 🅴 𝘝𝘐𝘚𝘈
Sonntag-Montag geschl. – **Menu** à la carte 33/60.

SCHANDAU, BAD Sachsen 414 O 13, 984 ㉔, 987 ⑱ – 3 400 Ew – Höhe 125 m – Erholungsor
– ☎ 035022.

🛈 Kurverwaltung, Markt 8, ✉ 01814, ℘ 24 12, Fax 31 84.
◆Dresden 40 – Chemnitz 110 – Görlitz 78.

🏨 **Parkhotel,** Rudolf-Sendig-Str. 12, ✉ 01814, ℘ 25 05, Fax 2505, �, Massage,, ⇌ – ▮
➡ 📺 ☎ 🕭 ℙ – 🔬 40. 🅰🅴 🅴
Jan. 3 Wochen geschl. – **Menu** à la carte 20/41 – **32 Z** 145/190, 4 Suiten – ½ P 115/165

🏨 **Lindenhof,** Rudolf-Sendig-Str. 11, ✉ 01814, ℘ 23 24, Fax 3350, 🌉 – ▮ 📺 ☎ – 🔬 25
➡ 🅰🅴 🅴
Menu à la carte 23/35 – **41 Z** 90/160.

🏠 **Elbhotel,** An der Elbe 2, ✉ 01814, ℘ 25 06, Fax 3000, 🌉 – 📺 ☎. 🅰🅴 🅾 𝘝𝘐𝘚𝘈
Menu à la carte 27/40 – **57 Z** 157/172.

🏠 **Zum Roten Haus,** Marktstr. 10, ✉ 01814, ℘ 23 43 – 📺
➡ *3.- 30. Jan. und 20.- 25. Dez. geschl.* – **Menu** à la carte 23/41 – **10 Z** 60/120.

🏠 Elbterrasse, Markt 11, ✉ 01814, ℘ 23 97, Fax 2397, 🌉 – 📺 ℙ – 🔬 30 – **34 Z**.

🏠 **Elbgarten** garni, Dresdner Str. 9, ✉ 01814, ℘ 27 75 – 📺 ℙ – **10 Z** 80/100.

SCHARBEUTZ Schleswig-Holstein 411 P 4, 987 ⑥ – 13 100 Ew – Seeheilbad – ☎ 04503.
🛈 Kurbetrieb, Strandallee 134, ✉ 23683, ℘ 77 09 45, Fax 72122.
◆Kiel 59 – ◆Lübeck 26 – Neustadt in Holstein 12.

🏨 **Martensen - Die Barke,** Strandallee 123, ✉ 23683, ℘ 71 17, Fax 73540, ≤, ⇌, 🖼 –
▮ 📺 ☎ ℙ. 🅰🅴 🅾 🅴 𝘝𝘐𝘚𝘈. 🍽
März - Okt. – **Menu** à la carte 38/63 – **32 Z** 120/290.

🏨 **Göttsche** 🐾, Am Hang 8, ✉ 23684, ℘ 7 20 76, Fax 74234, ≤, 🌉, 🐎 – 📺 ☎ ℙ. 🍽
Nov. 3 Wochen geschl. – **Menu** *(Montag und Nov.- Mitte Dez. geschl., Jan.- Mitte März
nur Freitag-Sonntag geöffnet) (nur Abendessen)* à la carte 42/65 – **12 Z** 160/190.

🏠 **Villa Scharbeutz** garni, Seestr. 26, ✉ 23683, ℘ 7 20 08, 🐎 – 📺 ☎ ℙ
10 Z 77/154.

🏠 **Petersen's Landhaus** garni, Seestr. 56a, ✉ 23683, ℘ 7 30 01, Fax 73332, 🖼 – ☎ ℙ. 🅴
8.Jan.- 18. Feb. und 12. Nov.- 22. Dez. geschl. – **14 Z** 128/179.

In Scharbeutz-Haffkrug :

🏠 Maris, Strandallee 10, ✉ 23683, ℘ (04563) 4 27 20, Fax 427272, ≤, 🌉, ⇌ – ▮ 📺 ☎ ⟵
ℙ. 🅰🅴 🅾 🅴 𝘝𝘐𝘚𝘈
Menu *(Okt.- Mai Montag und Ende Nov.- 24. Dez. geschl., Jan.- Feb. nur an Wochenendew
geöffnet)* à la carte 33/60 – **13 Z** 125/186.

SCHAUENBURG Hessen 411 412 L 13 – 9 700 Ew – 320 m – ☎ 05601.
◆Wiesbaden 215 – ◆Kassel 7.

In Schauenburg-Elmshagen :

🏠 **Tannenhof,** Jacobstr. 1, ✉ 34270, ℘ 93 30, Fax 933200, ⇌, 🖼 – ⇠ Zim 📺 ☎ ℙ –
🔬 80. 🅰🅴 🅾 𝘝𝘐𝘚𝘈
Menu à la carte 29/55 – **140 Z** 68/180.

SCHEER Baden-Württemberg siehe Sigmaringen.

SCHEIBE-ALSBACH Thüringen 413 Q 15, 414 F 14 – 760 Ew – Höhe 750 m – ☎ 036704
(Steinheid).
Erfurt 102 – Coburg 39 – Suhl 49.

🏨 **Zum Mohren,** Hauptstr. 100, ✉ 98749, ℘ 7 16, Fax 716, 🌉, ⇌ – 📺 ☎ ℙ – 🔬 40.
🅰🅴 🅴
Menu à la carte 28/52 – **19 Z** 65/150.

🏨 Schwarzquelle, Hauptstr. 98, ✉ 98749, ℘ 7 32, Fax 732 – 📺 ☎ ℙ
23 Z.

SCHEIBENBERG (ERZGEBIRGE) Sachsen – 2 800 Ew – Höhe 520 m – ☎ 037349.
◆Dresden 109 – Annaberg-Buchholz 15 – Chemnitz 28.

🏨 **Sächsischer Hof,** Markt 6, ✉ 09481, ℘ 83 02, Fax 8302, « Stadthaus aus dem 16. Jh. mit
modern-eleganter Einrichtung » – ⇠ Zim 📺 ☎ – 🔬 20. 🅴
Menu à la carte 25/55 – **23 Z** 70/190.

SCHEIBENHARDT Rheinland-Pfalz 𝟜𝟙𝟚 𝟜𝟙𝟛 H 20, 𝟚𝟜𝟚 ⑫, 𝟠𝟟 ② – 740 Ew – Höhe 120 m – ✆ 06340.

Mainz 168 – ♦Karlsruhe 26 – Landau in der Pfalz 32 – Wissembourg 16.

In Scheibenhardt-Bienwaldmühle NW : 5,5 km :

χ **Bienwaldmühle,** ⊠ 76779, ℰ 2 76, Fax 264, 🕿 – ❷
Montag - Dienstag, Weihnachten - Anfang Feb. und Juli-Aug. 2 Wochen geschl. – **Menu** à la carte 35/59 🦪.

SCHEIDEGG Bayern 𝟜𝟙𝟛 M 24, 𝟜𝟚𝟞 B 6, 𝟜𝟚𝟟 N 3 – 4 000 Ew – Höhe 804 m – Heilklimatischer Kurort – Kneippkurort – Wintersport : 804/1024 m ✝5 ✝2 – ✆ 08381.

🏢 Kurverwaltung, Rathausplatz 4, ⊠ 88175, ℰ 8 95 55, Fax 82841.

♦München 177 – Bregenz 22 – Ravensburg 40.

🏠 **Gästehaus Allgäu** ⌂, Am Brunnenbühl 11, ⊠ 88175, ℰ 52 50, Fax 82164, ≤, 🚌, 🚡
– ❄ 📺 🕿 🔥 🚗 ❷
28. Nov.- 18. Dez. geschl. – (nur Abendessen für Hausgäste) – **14 Z** 56/108.

🏠 **Haus Birkenmoor** ⌂, Am Brunnenbühl 10, ⊠ 88175, ℰ 9 20 00, Fax 920030, ≤, 🔲, 🚡
– 🕿 🚗 ❷. 🦪
Ende Okt. - Mitte Dez. geschl. – (nur Abendessen für Hausgäste) – **16 Z** 54/118.

🏠 **Gästehaus Bergblick** ⌂ garni, Am Brunnenbühl 12, ⊠ 88175, ℰ 72 91, ≤, 🚡 – ❄ 🚗
❷. 🦪
10. Nov.- 1. Dez. geschl. – **14 Z** 55/110.

🏠 **Gästehaus Montfort** ⌂ garni, Höhenweg 4, ⊠ 88175, ℰ 14 50, Fax 82841, ≤, 🔲, 🚡,
🦪 – ❷. 🦪
12 Z 65/108.

In Scheidegg-Lindenau S : 4 km :

🏠 **Antoniushof,** Lindenau 48, ⊠ 88175, ℰ (08387) 5 84, Fax 1534, 🕿, 🚡 – 📺
❷
Menu *(Dienstag geschl.)* (nur Abendessen) à la carte 25/46 – **10 Z** 63/106 – ½ P 68.

SCHEINFELD Bayern 𝟜𝟙𝟛 O 17,18, 𝟡𝟠𝟟 ㉖ – 4 700 Ew – Höhe 306 m – ✆ 09162.

♦München 244 – ♦Bamberg 62 – ♦Nürnberg 57 – ♦Würzburg 54.

🏠 **Weinstube Posthorn,** Adi-Dassler-Str. 4, ⊠ 91443, ℰ 9 29 40, Fax 929430 – 📺 🕿
❷
Jan. geschl. – **Menu** *(Dienstag geschl.)* (im Winter wochentags nur Abendessen) à la carte 27/51 – **10 Z** 70/120.

χ **Zur Schrotmühle** mit Zim, Würzburger Str. 19, ⊠ 91443, ℰ 4 41, Fax 6957, 🕿 – 📺 🕿
❷
Menu *(Montag geschl.)* à la carte 29/56 – **7 Z** 48/85.

SCHELLHORN Schleswig-Holstein siehe Preetz.

SCHENKENBERG Sachsen siehe Delitzsch.

SCHENKENZELL Baden-Württemberg 𝟜𝟙𝟛 HI 22 – 2 000 Ew – Höhe 365 m – Luftkurort – ✆ 07836 (Schiltach).

🏢 Kurverwaltung, Landstr.2 (B 294), ⊠ 77773, ℰ 93 97 21, Fax 939720.

♦Stuttgart 104 – Freudenstadt 23 – Villingen-Schwenningen 46.

🏠 **Sonne,** Reinerzaustr. 13, ⊠ 77773, ℰ 10 41, Fax 10 49, 🕿, 🚌, 🚡 – 📺 🕿 ❷ – 🔒 50.
🆎 ① 🆎 𝐕𝐈𝐒𝐀
6.- 11. Jan. geschl. – **Menu** à la carte 30/75 – **38 Z** 80/180 – ½ P 82/102.

🏠 **Café Winterhaldenhof** ⌂, Winterhalde 8, ⊠ 77773, ℰ 72 48, Fax 7649, ≤, 🕿 – 📶 📺
🕿 🚗 ❷. 🦪 Rest
2. Nov.- 20. Dez. geschl. – **Menu** *(Donnerstag geschl.)* à la carte 28/64 – **18 Z** 99/160
– ½ P 71/104.

🏠 **Waldblick,** Schulstr. 12, ⊠ 77773, ℰ 9 39 60, Fax 939699, 🕿 – 📺 🕿 ❷. 🆎 ① 🅴
𝐕𝐈𝐒𝐀
Menu *(Nov.- April Dienstag geschl.)* à la carte 31/57 🦪 – **9 Z** 79/158 – ½ P 80/90.

SCHENKLENGSFELD Hessen 𝟜𝟙𝟚 M 14 – 4 800 Ew – Höhe 310 m – ✆ 06629.

♦Wiesbaden 178 – Fulda 38 – Bad Hersfeld 13.

χ **Steinhauer,** Hersfelder Str. 8, ⊠ 36277, ℰ 2 22, Fax 7233 – 🚗 ❷
Menu *(Sonntag nur Mittagessen)* à la carte 24/49 – **9 Z** 45/90.

SCHERMBECK Nordrhein-Westfalen 🔢🔢 D 11, 🔢🔢 ⑬ – 12 900 Ew – Höhe 34 m – 😊 02853.

🔟 Steenbecksweg 12, ✆ (02856) 16 00.

♦Düsseldorf 69 – Dorsten 10 – Wesel 19.

🏠 **Haus Hecheltjen,** Weseler Str. 24, ⊠ 46514, ✆ 22 14, Fax 1300, 🍴 – 📺 🚗 😊 🖭 🗄
➡ 22. Dez.- 6. Jan. geschl. – **Menu** *(Dienstag und 19.- 31. Juli geschl.)* à la carte 24/51 –
14 Z 60/100.

In Schermbeck-Gahlen S : 4 km :

🏠 **Op den Hövel,** Kirchstr. 71, ⊠ 46514, ✆ 9 14 00, Fax 914050, 🍴, 🕺, 🗄 – 📺 🚗
😊
Menu *(Freitag geschl.)* à la carte 27/56 – **36 Z** 60/100.

In Schermbeck-Gahlen-Besten S : 7,5 km :

XX **Landhaus Spickermann,** Kirchhellener Str. 1, ⊠ 46514, ✆ (02362) 4 11 32, Fax 4145
– 😊. 🖭 🗄
Montag geschl. – **Menu** à la carte 44/85.

In Schermbeck-Voshövel NW : 13 km :

🏨 **Landhotel Voshövel,** Am Voshövel 1, ⊠ 46514, ✆ (02856) 9 14 00, Fax 744, 🍴, 🕺 ◄
📺 ☎ 🚗 😊 – 🏌 200. 🖭 ⓞ 🗄 💳
Menu *(Montag geschl.)* à la carte 43/78 – **32 Z** 99/193.

SCHESSLITZ Bayern 🔢🔢 Q 17, 🔢🔢 ㉘ – 6 800 Ew – Höhe 309 m – 😊 09542.

♦München 252 – ♦Bamberg 14 – Bayreuth 47 – ♦Nürnberg 70.

In Scheßlitz-Würgau O : 5 km :

🏠 **Brauerei-Gasthof Hartmann,** Fränkische-Schweiz-Str.26 (B 22), ⊠ 96110, ✆ 5 37 –
Fax 7132, Biergarten – 😊
Menu *(24.- 30. Dez. und Dienstag geschl.)* à la carte 21/61 – **9 Z** 50/90 – ½ P 68/73.

🏠 **Sonne,** Fränkische-Schweiz-Str.1 (B 22), ⊠ 96110, ✆ 3 12, Fax 8662, 🍴, 🕺 – 🛏 🚗
➡
Aug.- Sept. 3 Wochen und Dez.- Jan. 2 Wochen geschl. – **Menu** *(Montag geschl.)* à la carte
22/43 – **34 Z** 43/78 – ½ P 59.

SCHIEDER-SCHWALENBERG Nordrhein-Westfalen 🔢🔢 K 11, 🔢🔢 ⑮ – 9 000 Ew – Höhe
150 m – 😊 05282.

🎫 Kurverwaltung (Schieder), im Kurpark, ⊠ 32816, ✆ 6 01 71, Fax 60173.

♦Düsseldorf 209 – Detmold 22 – ♦Hannover 80 – Paderborn 39.

Im Ortsteil Schieder – Kneippkurort :

🏨 **Landhaus Schieder,** Domäne 1, ⊠ 32816, ✆ 80 10, Fax 1646, 🍴 – 🛏 ✕ Rest 📺 ☎
😊 – 🏌 30. 🖭 🗄 💳 🞰
Menu *(Montag geschl.)* à la carte 33/60 – **12 Z** 95/160 – ½ P 90/120.

🏠 **Skidrioburg,** Pyrmonter Str. 4, ⊠ 32816, ✆ 2 16, Fax 6321, 🍴, 🕺, 🗄, 🌳 – 📺 ☎ 😊
🖭 🗄 💳 🞰 Rest
Menu *(Mittwoch geschl.)* à la carte 31/63 – **16 Z** 85/150.

🏠 **Nessenberg,** Nessenberg 1 (an der B 239, W : 2 km), ⊠ 32816, ✆ 2 45, Fax 8337, 🍴 –
📺 🚗 😊 🖭 ⓞ 🗄 💳
Jan. geschl. – **Menu** *(Freitag geschl.)* à la carte 26/59 – **14 Z** 65/130 – ½ P 80.

Im Ortsteil Schwalenberg :

🏠 Schwalenberger Malkasten, Neue-Tor-Str. 1, ⊠ 32816, ✆ (05284) 52 78, Fax 5108, 🕺 –
😊. 🞰 Zim
45 Z

🏠 **Burg Schwalenberg** 🕰, ⊠ 32816, ✆ (05284) 51 67 (Hotel), 53 67 (Rest.), Fax 5567,
◄ Schwalenberg und Umgebung – 📺 ☎ 😊 – 🏌 50. 🖭 ⓞ 🗄 💳 💳
Menu à la carte 37/74 *(auch vegetarische Gerichte)* – **18 Z** 115/230.

In Schieder-Glashütte NO : 5 km – Kneippkurort :

🏠 **Herlingsburg,** Bergstr. 29, ⊠ 32816, ✆ 2 24, ◄, 🍴, Massage, ♨, 🏌, 🌳 – 🛏 😊
5. Jan.- 15. März geschl. – **Menu** à la carte 33/68 – **42 Z** 70/125 – ½ P 85.

An der Straße nach Bad Pyrmont NO : 5 km ab Schieder

🏠 **Fischanger,** Fischanger 25, ⊠ 32816 Schieder-Schwalenberg 1, ✆ (05282) 2 37, Fax 6211,
🍴, 🕺, 🚗 😊, 🗄
Mitte Jan.- Mitte Feb. geschl. – **Menu** *(Dienstag geschl.)* à la carte 26/46 – **18 Z** 50/130
– ½ P 60/68.

SCHIERKE Sachsen-Anhalt 📟 O 11, 📟 D 10 – 1 200 Ew – Höhe 600 m – 🕲 039455.
🛈 Kurverwaltung, Brockenstr. 10, ✉ 38879, 𝄐 3 10, Fax 403.
Magdeburg 101 – Braunlage 10 – Halberstadt 45.

🏠 **Waldfrieden,** Brockenstr. 51, ✉ 38879, 𝄐 3 01, Fax 308, 🏤, ⬛ – 📺 ☎ 🅿 – 🔬 40.
🖭 ⑩ 🗲 𝚅𝙸𝚂𝙰 𝙹𝙲𝙱
Menu à la carte 26/52 – **56 Z** 83/126.

In Elend-Mandelholz SO : 5,5 km :

🏠 **Grüne Tanne,** an der B 27, ✉ 38875, 𝄐 (039454) 31 50, Fax 3185, 🏤 – 📺 ☎ 🅿 – 🔬 15
Nov. 2 Wochen geschl. – Menu *(Montag geschl.)* à la carte 27/46 – **17 Z** 60/110.

SCHIFFERSTADT Rheinland-Pfalz 📟 📟 I 18, 📟 ㉔ ㉕ – 18 000 Ew – Höhe 102 m –
🕲 06235.
Mainz 83 – ◆Mannheim 16 – Speyer 9,5.

🏠 **Kaufmann,** Bahnhofstr. 81, ✉ 67105, 𝄐 49 60, Fax 496299, 🏤 – 📺 ☎ 🅿 – 🔬 25. 🖭
⑩ 🗲 𝚅𝙸𝚂𝙰
27. Dez.- 6. Jan. geschl. – Menu *(Samstag-Sonntag geschl.)* (nur Abendessen) à la carte
42/74 – **34 Z** 125/200.

🏠 **Zur Kanne,** Kirchstr. 9, ✉ 67105, 𝄐 49 00, Fax 490066, 🏤 – 📺 ☎ 🅿. 🖭 🗲 𝚅𝙸𝚂𝙰.
⪜ Rest
Menu *(Dienstag geschl., Mittwoch nur Abendessen)* à la carte 28/57 ⅄ – **38 Z** 85/130.

🏠 **Palatia,** Am Sportzentrum 4, ✉ 67105, 𝄐 9 56 20, Fax 956262, 🏤 – 📺 ☎ 🅿. 🖭
Menu *(Montag geschl.)* à la carte 25/57 – **10 Z** 70/120.

XX **Am Museum,** Kirchstr. 13, ✉ 67105, 𝄐 51 69, « Innenhofterrasse »
Montag und Juli-Aug. 4 Wochen geschl. – Menu (italienische Küche) à la carte 44/82.

	Se il nome di un albergo è stampato
Europe	in carattere magro, chiedete al vostro arrivo
	le condizioni che vi saranno praticate.

SCHILLINGSFÜRST Bayern 📟 N 19 – 2 200 Ew – Höhe 515 m – Erholungsort – Wintersport :
🎿3 – 🕲 09868.
◆München 188 – Ansbach 28 – Heilbronn 121 – ◆Nürnberg 86.

🏠 **Die Post,** Rothenburger Str. 1, ✉ 91583, 𝄐 4 73, Fax 5876, ≤, 🚗 – 📺 ☎ ⬛ 🅿. ⑩
← 🗲 𝚅𝙸𝚂𝙰
Menu *(Montag nur Abendessen)* à la carte 22/55 ⅄ – **13 Z** 70/150.

🏠 **Zapf,** Dombühler Str. 9, ✉ 91583, 𝄐 50 29, Fax 5464, 🏤, ⬛, 🚗 – 📺 ☎ 🅿. 🖭 ⑩ 🗲
← 𝚅𝙸𝚂𝙰
Jan. 2 Wochen geschl. – Menu *(Jan. - März Samstag geschl.)* à la carte 24/50 ⅄ –
28 Z 65/120 – ½ P 70/85.

SCHILTACH Baden-Württemberg 📟 HI 22. 📟 ㉟ – 3 800 Ew – Höhe 325 m – Luftkurort
– 🕲 07836.
🛈 Städt. Verkehrsamt, Hauptstr. 5, ✉ 77761, 𝄐 6 48, Fax 5858.
◆Stuttgart 126 – Freudenstadt 27 – Offenburg 51 – Villingen-Schwenningen 42.

🏠 **Sonne,** Marktplatz 2, ✉ 77761, 𝄐 20 02, Fax 7905, 🏤 – 📺 ☎. 🖭 🗲 𝚅𝙸𝚂𝙰
Nov. geschl. – Menu *(Donnerstag geschl.)* à la carte 28/49 – **8 Z** 60/120 – ½ P 75.

XX **Zum weyßen Rössle** mit Zim, Schenkenzeller Str. 42, ✉ 77761, 𝄐 3 87, Fax 7952 – 📺
☎ ← 🅿
Menu *(Sonntag nur Mittagessen, Montag geschl.)* (Tischbestellung ratsam) à la carte 29/65
⅄ – **8 Z** 75/140 – ½ P 95.

SCHLANGENBAD Hessen 📟 H 16, 📟 ㉔ – 6 700 Ew – Höhe 318 m – Heilbad – 🕲 06129.
🛈 Verkehrsbüro, Rheingauer Str. 20, ✉ 65388, 𝄐 88 21.
◆Wiesbaden 16 – ◆Koblenz 63 – Limburg an der Lahn 43 – Mainz 21.

🏠 **Parkhotel Schlangenbad** ⪜, Rheingauer Str. 47, ✉ 65388, 𝄐 4 20, Telex 4186468,
Fax 41420, direkter Zugang zum Thermalbewegungsbad – 📶 📺 ♿ ← 🅿 – 🔬 120. 🖭
⑩ 🗲 𝚅𝙸𝚂𝙰. ⪜ Rest
Menu à la carte 56/79 – **88 Z** 165/310, 3 Suiten.

🏠 **Schlangenbader Hof,** Rheingauer Str. 7, ✉ 65388, 𝄐 20 33, Fax 2205, ⬛ – 📶 📺 ☎
🅿 – 🔬 100. 🖭 ⑩ 🗲 𝚅𝙸𝚂𝙰
Menu à la carte 45/65 – **60 Z** 110/192.

🏠 **Russischer Hof,** Rheingauer Str. 37, ✉ 65388, 𝄐 20 05, Fax 4076, 🚗 – 📺 ☎. 🗲
Jan. geschl. – (nur Abendessen für Hausgäste) – **21 Z** 70/160.

ⓜ **Sonnenhof** 🦢, Mühlstr. 17, ✉ 65388, ℰ 20 71, Fax 2072 – ⓘ �📺 ⓔ 𝕍𝕀𝕊𝔸. ⚜
(Restaurant nur für Hausgäste) – **17 Z** 75/180.

ⓜ **Grüner Wald,** Rheingauer Str. 33, ✉ 65388, ℰ 20 61, Fax 2092, ⇌, 🌼 – 📺. ▮
𝕍𝕀𝕊𝔸
Menu à la carte 26/51 – **20 Z** 60/140.

SCHLECHING Bayern 𝟜𝟙𝟛 U 23, 𝟡𝟠𝟟 ㊲, 𝟜𝟚𝟞 J 5 – 1 750 Ew – Höhe 570 m – Luftkurort
Wintersport : 600/1 400 m ✖3 ✖5 – ✿ 08649.
🗓 Verkehrsamt, Haus des Gastes, Schulstr. 4, ✉ 83259, ℰ 2 20, Fax 1330.
◆München 104 – Rosenheim 45 – Traunstein 34.

🏨 **Zur Post,** Kirchplatz 7, ✉ 83259, ℰ 12 14, Fax 1332, ≼, �& ⇌ – ☎ ⓟ – 🔏 25
– 10.- 31. Jan. geschl. – **Menu** *(Montag geschl.)* à la carte 23/50 – **27 Z** 65/132 – ½ P 67/8◀

✗ **Zum Geigelstein** mit Zim, Hauptstr. 5, ✉ 83259, ℰ 2 81, Fax 654, 🌼 – ⓟ
20. April - 15. Mai und 15. Nov.- 25. Dez. geschl. – **Menu** *(Dienstag geschl.)* à la carte 29/6
– **8 Z** 60/100 – ½ P 65/70.

In Schleching-Ettenhausen SW : 2 km :

🏨 **Steinweidenhof** 🦢, Steinweiden 8, ✉ 83259, ℰ 5 11, Fax 1422, ≼, « Einrichtung ir
alpenländischen Stil », ⇌, 🌼 – 📺 ☎ ⓟ
Nov.- 20. Dez. geschl. – (nur Abendessen für Hausgäste) – **9 Z** 100/180.

SCHLEIDEN Nordrhein-Westfalen 𝟜𝟙𝟚 C 15, 𝟡𝟠𝟟 ㉓ – 13 500 Ew – Höhe 348 m – ✿ 0244❺
🗓 Kurverwaltung (Schleiden-Gemünd), Kurhausstr. 6, ✉ 53937, ℰ (02444) 20 11, Fax 1641.
◆Düsseldorf 103 – ◆Aachen 57 – Düren 38 – Euskirchen 30.

In Schleiden-Gemünd NO : 6 km – Kneippkurort – ✿ 02444 :

🏨 **Katharinenhof** 🦢 garni, Am Kurpark 5, ✉ 53937, ℰ 86 90, Fax 1615, ⇌ – 📺 ☎ & ⓟ
🅰🅔 ⓞ ⓔ 𝕍𝕀𝕊𝔸
44 Z 75/130.

ⓜ **Friedrichs,** Alte Bahnhofstr. 16, ✉ 53937, ℰ 6 00/95 09 50, Fax 3108/950940, 🌼, ⇌
ⓘ 📺 ☎ ⟷ ⓟ – 🔏 40. 🅰🅔 ⓞ ⓔ 𝕍𝕀𝕊𝔸
Menu *(Dienstag geschl.)* à la carte 36/67 – **21 Z** 85/150.

ⓜ **Kurpark Hotel** 🦢 garni, Parkallee 1, ✉ 53937, ℰ 17 29, Fax 8771, ⇌ – 📺 ☎. ⚜
20 Z 60/115.

ⓜ **Haus Salzberg** 🦢, Am Lieberg 31, ✉ 53937, ℰ 4 94, Fax 3455, ⇌, 🌼 – 📺 ☎ ⓟ. 🅰
ⓔ 𝕍𝕀𝕊𝔸
Menu à la carte 34/60 – **12 Z** 68/114.

✗✗ **Kettner's Parkrestaurant,** Kurhausstr. 5, ✉ 53937, ℰ 27 76, Fax 8901
« Gartenterrasse » – & – 🔏 500
Montag geschl. – **Menu** à la carte 28/61.

SCHLESWIG Schleswig-Holstein 𝟜𝟙𝟙 L 3, 𝟡𝟠𝟟 ⑤ – 27 000 Ew – Höhe 14 m – ✿ 04621.
Sehenswert : Nydam-Boot★★★ Y – Schloß Gottorf : Landesmuseum für Kunst- une
Kulturgeschichte ★★, Kapelle★★, Archäologisches Landesmuseum★ Y – Dom★ (Bordesholme
Altar★★) Z – ≼★ vom Parkplatz an der B 76 Y – Fischerviertel "Holm" (Friedhofsplatz★) Z.
Ausflugsziel : Wikinger-Museum Haithabu (Schiffshalle★), S : 2 km.
🗓 Städt. Touristinformation, Plessenstr. 7, ✉ 24837, ℰ 81 42 26, Fax 814400.
◆Kiel 53 ② – Flensburg 33 ⑤ – Neumünster 65 ③.

Stadtplan siehe gegenüberliegende Seite

🏨 **Strandhalle** 🦢, Strandweg 2 (am Yachthafen), ✉ 24837, ℰ 90 90, Fax 909100, ≼, 🌼
« Garten », 🖼, 🌼 – 📺 ☎ ⟷ ⓟ – 🔏 120   Y ▮
26 Z.

ⓜ **Stadt Hamburg** (mit Gästehaus), Lollfuß 108, ✉ 24837, ℰ 90 40, Fax 21222 – ☎ ⓟ –
🔏 70   Y ⬝
58 Z.

ⓜ **Waldhotel** 🦢, Stampfmühle 1 (am Schloß Gottorf), ✉ 24837, ℰ 2 32 88, Fax 23289, 🌼
– ☎ ⟷ ⓟ – 🔏 100. 🅰🅔 ⓔ   X ▮
Menu *(Mitte Okt.- Mitte März Donnerstag geschl.)* à la carte 30/52 – **9 Z** 85/150.

✗✗ **Olschewski's** mit Zim, Hafenstr. 40, ✉ 24837, ℰ 2 55 77, Fax 22141, 🌼 – 📺 ☎. 🅰🅔
ⓔ   Z ▮
Mitte Jan.- Ende Feb. geschl. – **Menu** *(Dienstag geschl. und Nov.- März Montag nur Mit-
tagessen)* à la carte 40/67 – **7 Z** 70/150.

In Schleswig-Pulverholz SW : 1,5 km, Zufahrt über Brockdorff-Rantzau-Straße Y :

🏨 **Waldschlößchen** 🦢, Kolonnenweg 152, ✉ 24837, ℰ 38 32 83, Fax 383105, ⇌, 🖼, 🌼
– ⓘ 📺 & ⟷ ⓟ – 🔏 280. 🅰🅔 ⓞ 𝕍𝕀𝕊𝔸. ⚜
Menu à la carte 32/62 – **80 Z** 81/170.

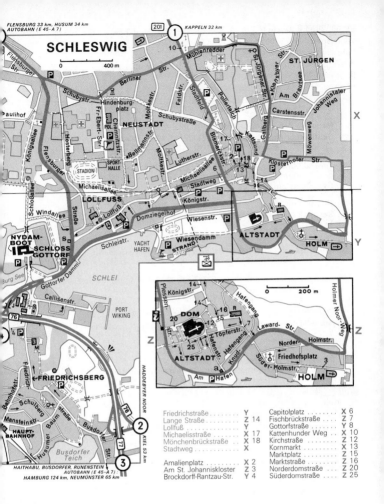

In questa guida
uno stesso simbolo, uno stesso carattere
stampati in rosso o in nero, in magro o in grassetto,
hanno un significato diverso.
Leggete attentamente le pagine esplicative.

SCHLIENGEN Baden-Württemberg 4️⃣1️⃣3️⃣ F 23, 4️⃣2️⃣7️⃣ G 2, 2️⃣4️⃣2️⃣ ④⓪ – 4 000 Ew – Höhe 251 m –
😊 07635.
◆Stuttgart 243 – Basel 28 – Müllheim 9.

In Schliengen-Obereggenen O : 7 km :

🏠 **Landgasthof Graf** ⑆, Kreuzweg 6, ✉ 79418, ☎ 12 64, Fax 9555, 🍴, 🌾 – 🚗
📞
Menu *(Mittwoch geschl., Donnerstag nur Abendessen)* à la carte 35/60 ⑂ – **15 Z** 70/136.

🏠 **Zum Rebstock,** Kanderner Str. 4, ✉ 79418, ☎ 12 89, Fax 8844, 🍴, 🌾 – 📞
Ende Juni - Anfang Juli und Mitte Nov.- Mitte Dez. geschl. – **Menu** *(Dienstag geschl.)* (nur
Abendessen) à la carte 41/58 ⑂ – **12 Z** 51/126.

SCHLIER Baden-Württemberg siehe Ravensburg.

SCHLIERSEE Bayern 413 S 23, 987 ⑰, 426 H 5 – 6 700 Ew – Höhe 800 m – Luftkurort – Wintersport : 790/1 700 m ⭢2 ⭢16 ⭢6 – ☺ 08026.

Sehenswert : Pfarrkirche★.

Ausflugsziel : Spitzingsattel : Aussichtspunkt ⩽★, S : 9 km.

🎫 Kurverwaltung, Am Bahnhof, ⊠ 83727, ℘ 40 69, Fax 2325.

◆München 62 – Rosenheim 36 – Bad Tölz 25.

🏨🏨 **Arabella Schliersee Hotel** ⑊ (mit Appartementanlage), Kirchbichlweg 18, ⊠ 83727, ℘ 60 80, Fax 608811, ☎, Massage, ⮴, 🏊, 🌳 – 🛗 ⮹ Zim 📺 🔥 🏃 ⮫ 🅿 – 🔬 80. ⌶ ⓪ 🄴 🗸🗸. 🍴 Rest
Menu à la carte 32/69 – **105 Z** 168/260 – ½ P 159/169.

🏨 **Schlierseer Hof**, Seestr. 21, ⊠ 83727, ℘ 40 71, Fax 4953, ⩽, « Gartenterrasse », ⮴ 🏊 (geheizt), ⮵, 🌳 – 🛗 📺 ☎ 🅿 – 🔬 25. ⌶ ⓪ 🄴 🗸🗸
Menu à la carte 33/69 – **46 Z** 135/290, 3 Suiten.

🏨 **Terofal**, Xaver-Terofal-Platz 2, ⊠ 83727, ℘ 40 45, Fax 2676, ☎ – ☎ 🅿
8.- 31. Jan. geschl. – Menu (Montag geschl.) à la carte 32/59 – **23 Z** 75/165 – ½ P 98/135

🏨 **Gästehaus am Kurpark** ⑊ garni, Gartenstr. 7, ⊠ 83727, ℘ 40 41, Fax 2743, 🌳 – ☎ ⮫ 🅿
25 Z 80/160.

🏨 **Seeblick** garni, Carl-Schwarz-Str. 1, ⊠ 83727, ℘ 40 31, Fax 4033, ⮴, 🌳 – ☎ 🅿
18 Z 80/140.

In Schliersee-Neuhaus S : 4 km :

🏨 **Hubertus** garni (siehe auch Restaurant Sachs), Bayrischzeller Str. 8, ⊠ 83727, ℘ 7 10 35 Fax 71958, ⮴, 🌳 – ☎ ⮫ 🅿
19 Z 85/140.

🍴🍴 **Sachs**, Neuhauser Str. 12, ⊠ 83727, ℘ 72 38, Fax 71958, ☎, « Einrichtung im alpen ländischen Stil » – 🅿. ⌶ 🄴
Montag geschl. – Menu à la carte 36/73.

In Schliersee-Spitzingsee S : 10 km – Höhe 1 085 m

🏨🏨 **Arabella Alpenhotel am Spitzingsee** ⑊, Spitzingstr. 5, ⊠ 83727, ℘ 79 80, Fax 798879 ⩽, ☎, Massage, ⮴, 🏊, ⮵, 🌳, ⮱ – 🛗 ⮹ 📺 🔥 ⮫ 🅿 – 🔬 120. ⌶ ⓪ 🄴 🗸🗸
🍴 Rest
Menu à la carte 45/70 – **125 Z** (nur ½ P) 245/415, 8 Suiten.

🏨 **Postgasthof St. Bernhard** ⑊, Seeweg 1, ⊠ 83727, ℘ 7 10 11, ⩽, ☎, ⮵ – 📺 ☎ 🅿
15. Nov.- 15. Dez. geschl. – Menu (Donnerstag geschl.) à la carte 24/43 – **10 Z** 81/138

SCHLITZ Hessen 412 L 14, 987 ㉕ – 10 700 Ew – Höhe 240 m – Erholungsort – ☺ 06642.

🎫 Verkehrsamt, Rathaus, An der Kirche, ⊠ 36110, ℘ 8 05 60, Fax 80525.

◆Wiesbaden 165 – Fulda 20 – Bad Hersfeld 28 – ◆Kassel 91.

🏨 **Guntrum**, Otto-Zinßer-Str. 5, ⊠ 36110, ℘ 50 93, Fax 5092 – ☎ ⮫ 🅿 – 🔬 25. ⌶ ⓪
🄴 🗸🗸
Menu (Montag geschl.) à la carte 26/55 – **25 Z** 55/115.

SCHLOSSBÖCKELHEIM Rheinland-Pfalz 412 G 17 – 400 Ew – Höhe 150 m – ☺ 06758.

Mainz 56 – Idar-Oberstein 40 – Bad Kreuznach 12.

An der Nahe SO : 1,5 km :

🏨🏨 **Weinhotel Niederthäler Hof**, ⊠ 55596 Schlossböckelheim, ℘ (06758) 69 96, Fax 6999 ☎, ⮴ – 📺 ☎ 🅿 – 🔬 30. ⌶ ⓪ 🄴 🗸🗸. 🍴 Rest
Jan.- Feb. geschl. – Menu (Sonntag nur Mittagessen, Montag geschl.) à la carte 38/63 (auch vegetarische Gerichte) ⮵ – **25 Z** 80/180 – ½ P 115/125.

SCHLUCHSEE Baden-Württemberg 413 H 23, 987 ㉞ ㉟, 427 I 2 – 2 700 Ew – Höhe 951 m – Heilklimatischer Kurort – Wintersport : 1 000/1 130 m ⭢3 ⭢6 – ☺ 07656.

Sehenswert : See★.

🎫 Kurverwaltung, Haus des Gastes, ⊠ 79859, ℘ 77 32, Fax 7759.

◆Stuttgart 172 – Donaueschingen 49 – ◆Freiburg im Breisgau 47 – Waldshut-Tiengen 33.

🏨🏨🏨 Hetzel-Hotel Hochschwarzwald ⑊, Am Riesenbühl 4, ⊠ 79859, ℘ 7 03 26, Fax 70323, ⩽, ☎, Massage, ⮴, ⮴, 🏊 (geheizt), 🏊, 🌳, ⮱ (Halle) – 🛗 ⮹ Rest 📺 🔥 🏃 ⮫ 🅿 – 🔬 150. 🍴 Rest
214 Z.

🏨🏨 **Hegers Parkhotel Flora** ⑊, Sonnhalde 22, ⊠ 79859, ℘ 4 52, Fax 1433, ⩽, ⮴, 🏊, 🌳 – 📺 ☎ ⮫ 🅿. ⌶ ⓪ 🄴 🗸🗸
Mitte Nov.- 22. Dez. geschl. – (Restaurant nur für Hausgäste) – **34 Z** 110/198.

🏨🏨 **Mutzel**, Im Wiesengrund 3, ⊠ 79859, ℘ 5 56, Fax 9175, ⮴, 🌳 – 🛗 📺 ☎ 🔥 ⮫ 🅿.
⌶ 🄴 🗸🗸
Menu (Mittwoch nur Abendessen) à la carte 29/64 – **22 Z** 75/160.

🏠 **Sternen,** Dresselbacher Str. 1, ✉ 79859, 𝒫 2 51, Fax 1798, 🍴, 🐎 – |📶| 🕭 ⟷ 🅿. 🎴
⋿ VISA JCB
Nov.- 20. Dez.geschl. – **Menu** *(Donnerstag geschl.)* à la carte 32/65 – **36 Z** 75/160.

🏠 **Schiff,** Kirchplatz 7, ✉ 79859, 𝒫 2 52, Fax 1252, ≼, 🍴, ⬲ – |📶| 📺 ☎ 🅿
Ende Feb.- Ende März und Anfang Nov.- Mitte Dez. geschl. – **Menu** *(Okt.- Mai Montag -*
Dienstag, Juni und Sept. Montag geschl.) à la carte 29/62 – **29 Z** 60/150 – ½ P 73/95.

🏠🏠 **Schwarzwaldstube,** Lindenstraße (im Kurhaus), ✉ 79859, 𝒫 12 00, Fax 1769, ≼, 🍴 –
|📶| 🕭 🎴 ⓞ ⋿ VISA
Sept.- Juni Montag und Anfang Nov.- Mitte Dez. geschl. – **Menu** à la carte 34/66 *(auch*
vegetarische Gerichte).

In Schluchsee-Aha NW 4 : km :

🏠 **Auerhahn,** Vorderaha 4 (an der B 500), ✉ 79859, 𝒫 5 42, Fax 9270, ≼, 🍴, ⬲ – |📶| ⤨ Zim
📺 ☎ 🚸 🅿 – 🍽 20
Menu à la carte 32/58 – **25 Z** 80/140 – ½ P 75/115.

In Schluchsee-Fischbach NW : 5 km :

🏠 **Hirschen** (mit Gästehaus), Schluchseestr. 9, ✉ 79859, 𝒫 2 78, Fax 1278, ⬲, ⬲ ⚲ – |📶|
☎ 🕭 🅿
Mitte Nov.- Mitte Dez. geschl. – **Menu** *(Sept.- Juni Donnerstag geschl.)* à la carte 27/51
(auch vegetarische Gerichte) – **41 Z** 49/110.

In Schluchsee-Seebrugg SO : 2 km :

🏠 **Seehotel Hubertus** (mit Gästehaus), ✉ 79859, 𝒫 5 24, Fax 261, ≼, « Ehem. Jagdschloß
a.d.J. 1897, Terrasse über dem See », 🚣 – 📺 ☎ 🅿. VISA
Menu *(Dienstag geschl.)* à la carte 41/70 – **16 Z** 89/158.

SCHLÜCHTERN Hessen 412 413 L 15, 987 ㉕ – 15 000 Ew – Höhe 208 m – ✪ 06661.

◆Wiesbaden 117 – Fulda 32 – ◆Frankfurt/Main 76 – Gießen 113.

🏠 **Pension Elisa** 🦢 garni, Zur Lieserhöhe 14, ✉ 36381, 𝒫 80 94, Fax 8096 – 📺 ☎ 🅿. ⋿
Mitte Dez.- Anfang Jan. geschl. – **11 Z** 65/128.

SCHLÜSSELFELD Bayern 413 O 17, 987 ㉖ – 5 400 Ew – Höhe 299 m – ✪ 09552.

◆München 227 – ◆Bamberg 44 – ◆Nürnberg 56 – ◆Würzburg 57.

🏠 **Zum Storch,** Marktplatz 20, ✉ 96132, 𝒫 10 16, Fax 1006 – |📶| 📺 ☎ ⟷. 🎴 ⓞ ⋿ VISA
Nov. 2 Wochen geschl. – **Menu** à la carte 27/44 ⚶ – **37 Z** 57/97.

In Schlüsselfeld-Attelsdorf SO : 2 km :

🏠 **Herderich,** nahe der BAB - Ausfahrt Schlüsselfeld, ✉ 96132, 𝒫 4 19, Fax 6547 – ⟷ 🅿.
🎴 ⓞ ⋿ VISA
Menu *(Sonn- und Feiertage nur Mittagessen)* à la carte 23/39 – **23 Z** 35/80.

SCHMALKALDEN Thüringen 412 O 14, 414 D 13, 987 ㉖ – 20 000 Ew – Höhe 296 m – ✪ 03683.

🛈 Schmalkalden-Information, Mohrengasse 2, ✉ 98574, 𝒫 31 82.

Erfurt 81 – ◆Berlin 345 – Bad Hersfeld 65 – Coburg 80.

🏠 **Henneberger Haus** 🦢, Notstraße (S : 3 km), ✉ 98574, 𝒫 60 40 41, Fax 604046, 🍴,
Massage, 🎴, ⬲, ⚒ – |📶| ⤨ Zim 📺 ☎ 🅿 – 🍽 50. 🎴 ⓞ ⋿ VISA
Menu à la carte 36/56 – **49 Z** 120/240.

🏠🏠 **Stadthotel Patrizier,** Weidebrunner Gasse 9, ✉ 98574, 𝒫 60 45 14, Fax 604518, 🍴 –
📺 ☎ 🅿. 🎴 ⓞ ⋿ VISA
Menu à la carte 28/59 – **15 Z** 95/160.

🏠🏠 **Pension Noblesse** garni, Rötweg 8, ✉ 98574, 𝒫 8 83 01, Fax 88302, ⬲ – 📺 ☎ 🅿. ⋿
11 Z 80/140.

🏠 **Jägerklause,** Pfaffenbach 45, ✉ 98574, 𝒫 60 01 43, Biergarten – |📶| ☎ 🕭 🅿
Menu à la carte 17/39 – **32 Z** 75/130.

🏠 **Ratskeller,** Altmarkt 2, ✉ 98574, 𝒫 27 42, Fax 2742, 🍴 – 🎴 ⓞ ⋿ VISA
Menu à la carte 21/35 ⚶.

Im Ehrental NW : 4 km :

🏠 Waldhotel Ehrental 🦢, ✉ 98574, 𝒫 (03683) 8 82 94, Fax 88296, 🍴, ⬲, ⬲ – 📺 ☎ 🅿
– 🍽 50 – **40 Z.**

In Struth-Helmershof NO : 5 km :

🏠 **Helmerser Wirtshaus,** Hauptstr. 94, ✉ 98593, 𝒫 (03683) 78 86 34, Biergarten – ☎ 🅿.
⚅ Zim
Menu *(Dienstag geschl.)* à la carte 18/30 – **10 Z** 45/100.

🏌 Schmallenberg-Winkhausen (O : 6 km), ✆ (02975) 5 11.

🚩 Verkehrsamt, Weststr. 32, ⊠ 57392, ✆ 77 55, Fax 2699.

◆Düsseldorf 168 – Meschede 35 – Olpe 38.

🏨 **Störmann**, Weststr. 58, ⊠ 57392, ✆ 40 55, Fax 2945, 🌳, « Behagliches Restaurant, Garten », ≘s, 🔲 – 📶 🇹🇻 ☎ ⇔ 🄿 – 🛃 30. 🄰🄴 ① 🄴 VISA. 🛠 Rest
19. März - 6. April und 19.- 26. Dez. geschl. – Menu *(Sonntag nur Mittagessen)* à la carte 42/78 *(auch vegetarisches Menu)* – **39 Z** 75/240 – ½ P 100/145.

In Schmallenberg-Bödefeld NO : 17 km :

🏠 **Albers**, Graf-Gottfried-Str. 2, ⊠ 57392, ✆ (02977) 2 13, Fax 1426, ≘s, 🔲, 🛋 ≰ – ☎ 🄿 ① 🄴 VISA. 🛠 Rest
25. Nov.- 25. Dez. geschl. – Menu *(Mittwoch geschl.)* à la carte 32/62 – **50 Z** 60/160.

In Schmallenberg-Fleckenberg SW : 2 km :

🏨 **Hubertus** 🌳, Latroper Str. 24, ⊠ 57392, ✆ 50 77, Fax 1731, 🌳, ≘s, 🛋 – 📶 ⇔ ☎ 🄿.
🛠
5.- 25. Dez. geschl. – Menu à la carte 30/65 – **27 Z** 79/290 – ½ P 98/160.

In Schmallenberg-Fredeburg NO : 7 km – Kneippkurort – ⚙ 02974 :

🏨 **Kleins Wiese** 🌳, (NO : 2,5 km), ⊠ 57392, ✆ 3 76, Fax 5115, 🌳, ≘s, 🛋 – ☎ 🄿.
🛠
25. Nov.- 27. Dez. geschl. – Menu à la carte 38/72 – **20 Z** 75/240 – ½ P 90/135.

🍴🍴 Potthucke, Am Kurhaus 4 (im Kurhaus), ⊠ 57392, ✆ 13 74, 🌳
(wochentags nur Abendessen).

🍴🍴 **Haus Waltraud** mit Zim, Gartenstr. 20, ⊠ 57392, ✆ 2 87, Fax 1369, 🛋 – 🇹🇻 ☎. ① 🄴
VISA. 🛠 Zim
Mitte Nov.- Mitte Dez. geschl. – Menu *(Donnerstag geschl.)* à la carte 34/64 – **9 Z** 66/128 – ½ P 84/90.

In Schmallenberg-Grafschaft SO : 4,5 km – Luftkurort :

🏨 **Maritim Hotel Grafschaft** 🌳, An der Almert 11, ⊠ 57392, ✆ 30 30, Fax 303168, 🌳, ≘s, 🔲, 🛠, 🐎 – 📶 🇹🇻 ☎ ⇔ 🄿 – 🛃 120. 🄰🄴 ① 🄴 VISA. 🛠 Rest
Menu à la carte 41/77 – **116 Z** 157/338, 5 Suiten.

🏠 **Gasthof Heimes**, Hauptstr. 1, ⊠ 57392, ✆ 10 52, ≘s – 📶 ⇔ Rest 🇹🇻 ☎ ⇔ 🄿. 🛠 Rest
Mitte Nov.- Mitte Dez. geschl. – Menu *(Dienstag geschl.)* à la carte 26/42 ⚒ – **18 Z** 46/108 – ½ P 62/82.

In Schmallenberg-Jagdhaus S : 7 km :

🏨 **Jagdhaus Wiese** 🌳, ⊠ 57392, ✆ 30 60, Fax 306288, « Park », Massage, ≘s, 🔲, 🛠 – 📶 ⇔ 🄿. 🛠 Zim
27. Nov.- 27. Dez. geschl. – Menu (Abendessen nur für Hausgäste) à la carte 36/67 – **66 Z** 96/297, 12 Suiten – ½ P 134/218.

🏠 **Gasthaus Tröster** 🌳, ⊠ 57392, ✆ 63 00, Fax 4658, 🌳, 🛋, 🛠 – 📶 ☎ 🄿. 🛠 Zim
20. Nov.- 27. Dez. geschl. – Menu *(Abendessen nur für Hausgäste)* à la carte 29/42 – **18 Z** 65/184 – ½ P 78/107.

In Schmallenberg-Latrop SO : 8 km :

🏨 **Hanses Bräutigam** 🌳, ⊠ 57392, ✆ 50 37, Fax 4908, ≘s, 🔲, 🛋 – 📶 🇹🇻 ☎ ⇔ 🄿.
🄰🄴 ① 🄴 VISA. 🛠 Rest
16. Nov.- 16. Dez. geschl. – Menu à la carte 37/68 – **23 Z** 90/240 – ½ P 115/145.

🏠 **Zum Grubental** 🌳, ⊠ 57392, ✆ 63 27, 🌳, ≘s, 🛋, 🛠 – 🇹🇻 ☎ ⇔
20. Nov.- 26. Dez. geschl. – Menu *(Montag geschl.)* à la carte 30/55 – **16 Z** 60/140 – ½ P 80/84.

In Schmallenberg-Nordenau NO : 13 km – Luftkurort – ⚙ 02975 :

🏨 **Kur- und Sporthotel Gnacke** 🌳, Astenstr. 6, ⊠ 57392, ✆ 8 30, Fax 8370, « Caféterrasse mit ≼ », Massage, ♨, 🛋, ≘s, 🔲, 🛋 – 📶 🇹🇻 ⇔ 🄿 – 🛃 30
20. Nov.- 26. Dez. geschl. – Menu à la carte 47/72 – **54 Z** 115/284.

🏠 **Tommes** 🌳, Talweg 14, ⊠ 57392, ✆ 2 20, Fax 8827, ≘s, 🔲, 🛋, 🛠 – 🇹🇻 ☎ ⇔ 🄿.
🄰🄴 ① 🄴
20. Nov.- 20. Dez. geschl. – Menu à la carte 29/67 – **32 Z** 75/210 – ½ P 95/130.

In Schmallenberg-Oberkirchen O : 8 km :

🏨 **Schütte**, Eggeweg 2 (B 236), ⊠ 57392, ✆ (02975) 8 25 01, Fax 82522, 🌳, « Behagliches Restaurant, Garten », ≘s, 🛋 (geheizt), 🔲, 🐎 (Halle) – 📶 🇹🇻 ⇔ 🄿 – 🛃 25. 🄰🄴 ① 🄴
VISA
27. Nov.- 26. Dez. geschl. – Menu à la carte 45/80 – **59 Z** 100/350, 4 Suiten.

🏠 **Schauerte**, Alte Poststr. 13 (B 236), ⊠ 57392, ✆ (02975) 3 75, Fax 337, 🛋 – ⇔ 🄿
16. Nov.- 26. Dez. geschl. – Menu *(Montag geschl.)* à la carte 32/58 – **13 Z** 55/135 – ½ P 64/74.

In Schmallenberg-Ohlenbach O : 15 km :

🏨 **Waldhaus Ohlenbach** ♨, Ohlenbach 10, ✉ 57392, ℰ (02975) 8 40, Fax 8448, ≤ Rothaargebirge, 佘, ⇌s, ◻, 嚴, ✗ – TV ☎ ⓑ ♿, ⇐ ⓟ. 🆔 ⓪ Ɛ VISA JCB. ✗
Mitte Nov.- 20. Dez. geschl. – **Menu** à la carte 55/90 – **50 Z** 100/260 – ½ P 130/160.

In Schmallenberg-Rimberg NO : 13 km :

🏨 **Knoche** ♨, Rimberg 1 – Höhe 713 m, ✉ 57392, ℰ (02974) 77 70, Fax 77790, ≤, 佘, ⇌s, ◻, 嚴, 🐎 ⚡ – ᐀ TV ☎ ⇐ ⓟ – 🔬 40. ✗
10.- 26. Dez. geschl. – **Menu** à la carte 36/76 – **54 Z** 70/276 – ½ P 90/158.

In Schmallenberg-Sellinghausen N : 14 km :

🏨 **Stockhausen** ♨, ✉ 57392, ℰ (02971) 31 20, Fax 312102, 佘, ⇌s, ☷ (geheizt), ◻, 嚴, ✗, 🐎, ⚡ 🐎 – ᐀ TV 🪮 ⓟ – 🔬 60. ✗ Rest
20.- 25. Dez. geschl. – **Menu** à la carte 37/70 – **64 Z** 97/252 – ½ P 112/147.

In Schmallenberg-Vorwald O : 13 km :

🏨 **Gut Vorwald** ♨ (ehem. Gutshof a.d.J. 1797), ✉ 57392, ℰ (02975) 3 73, Fax 1388, ≤, 佘, ← 嚴, ✗, ♨ – ☎ ⇐ ⓟ
20. Nov.- 26. Dez. geschl. – **Menu** à la carte 23/45 – **20 Z** 49/120 – ½ P 58/74.

In Schmallenberg-Westernbödefeld NO : 15 km :

🏨 **Zur Schmitte**, Am Roh 2, ✉ 57392, ℰ (02977) 2 68, ⇌s, 嚴, ✗ – ᐀ ☎ ⇐ ⓟ. ✗
← *14. Nov.- 14. Dez. geschl.* – **Menu** *(Montag geschl.)* à la carte 24/42 ♨ – **17 Z** 45/100 – ½ P 55/63.

In Schmallenberg-Westfeld O : 12 km :

🏨 **Berghotel Hoher Knochen** ♨, am Hohen Knochen (O : 2 km) – Höhe 650 m, ✉ 57392, ℰ (02975) 8 50, Fax 421, 佘, Massage, ⇌s, ◻, 嚴, ✗ – ᐀ TV ☎ ⇐ ⓟ – 🔬 60. 🆔 ⓪ Ɛ VISA. ✗ Rest
26. Nov.- 21. Dez. geschl. – **Menu** à la carte 43/68 – **59 Z** 95/250, 4 Suiten – ½ P 119/159.

🏨 **Bischof** ♨, Am Birkenstück 3, ✉ 57392, ℰ (02975) 9 66 00, Fax 966070, 佘, ⇌s – ☎ ⇐ ⓟ – **18 Z**.

In Schmallenberg-Winkhausen O : 6 km :

🏨 **Deimann zum Wilzenberg**, an der B 236, ✉ 57392, ℰ (02975) 8 10, Fax 81289, 佘, Massage, ♨, ⚓, ⇌s, ◻, 嚴, ✗ – ᐀ TV ⇐ ⓟ
20.- 25. Dez. geschl. – **Menu** à la carte 37/74 – **40 Z** 110/300.

◾ **SCHMELZ** Saarland 🗺 D 18, 🗺 ②, 🗺 ⑥ – 17 400 Ew – Höhe 300 m – ✿ 06887.
◆Saarbrücken 30 – Dillingen/Saar 17 – Saarlouis 20 – ◆Trier 52.

✗ **Staudt** mit Zim, Trierer Str. 17, ✉ 66839, ℰ 21 45 – ⓟ. 🆔 ⓪ Ɛ VISA. ✗ Zim
← *Juli - Aug. 3 Wochen geschl.* – **Menu** *(Freitag geschl.)* à la carte 23/50 ♨ – **4 Z** 35/70.

In Schmelz-Hüttersdorf S : 3 km :

✗✗ Wilhelm, Kanalstr. 3a, ✉ 66839, ℰ 25 84 – (Tischbestellung ratsam) – *Bistro*.

◾ **SCHMIEDEBERG, BAD** Sachsen-Anhalt 🗺 K 10, 🗺 ⑲, 🗺 ⑰ – 4 500 Ew – Höhe 90 m – ✿ 034925.
Magdeburg 117 – ◆Leipzig 52.

🏨 **Bad Schmiedeberger Hof,** Leipziger Str. 30, ✉ 06905, ℰ 7 00 93, Fax 70017 – TV ☎ ⓟ – 🔬 80. 🆔 Ɛ VISA – **Menu** à la carte 23/43 – **34 Z** 99/135.

◾ **SCHMIEDEFELD** Thüringen 🗺 F 14 – 2 500 Ew – Höhe 750 m – ✿ 036782.
🛈 Fremdenverkehrsamt, Suhler Str. 4, ✉ 98711, ℰ 3 24, Fax 284.
Erfurt 48 – Suhl 13.

🏨 **Rennsteighotel Grüner Baum,** Suhler Str. 3, ✉ 98711, ℰ 2 77, Fax 749 – TV ☎ ⓟ. 🆔 Ɛ – **Menu** à la carte 26/46 – **11 Z** 75/120.

In Vesser SW : 2 km :

🏨 **Berghotel Stutenhaus** ♨, (W : 1,5 km), ✉ 98711, ℰ (036782) 4 09, Fax 60046, ← ≤ Thüringer Wald, 佘, ⇌s – ☎ ⓟ – 🔬 35. 🆔 ⓪ Ɛ VISA. ✗ Rest
Nov.- 10. Dez. geschl. – **Menu** à la carte 23/46 – **35 Z** 65/120.

◾ **SCHMITTEN IM TAUNUS** Hessen 🗺 🗺 I 16 – 7 800 Ew – Höhe 534 m – Luftkurort – Wintersport : 534/880 m ⚡4 ⚡2 – ✿ 06084.
Ausflugsziel: Großer Feldberg : ✳★★ S : 8 km.
🛈 Verkehrsamt, Parkstr. 2 (Rathaus), ✉ 61389, ℰ 4 60, Fax 4646.
◆Wiesbaden 37 – ◆Frankfurt am Main 37 – Gießen 55 – Limburg an der Lahn 39.

🏨 **Kurhaus Ochs,** Kanonenstr. 6, ✉ 61389, ℰ 4 80, Fax 4880, 佘, ⇌s, ◻, 嚴 ♨ – TV ☎ ⇐ ⓟ – 🔬 55. 🆔 Ɛ VISA. ✗ Zim – **Menu** 28 (mittags) und à la carte 41/73 – **38 Z** 105/240.

815

In Schmitten-Oberreifenberg SW : 4 km – Höhe 650 m – ✪ 06082 :

🏨 **Waldhotel** ≫, Tannenwaldstr. 12 (O : 1 km), ☒ 61389, ℘ 6 42, Fax 3469, 🏡 – 🖭 ☎ ⬡
  🅿 – 🔏 20. 🆎 ⓞ Ⓔ 𝗩𝗜𝗦𝗔
  Menu à la carte 31/68 – **15 Z** 85/168.

🏠 **Haus Burgfried** ≫ garni, Arnoldshainer Weg 4, ☒ 61389, ℘ 21 31, Fax 39326 – 🖭 ☎
  ⬡ – **12 Z** 50/100.

🏠 **Haus Reifenberg** ≫, Vorstadt 5, ☒ 61389, ℘ 9 21 00, Fax 921092, 🏡, 🐴 – 🖭 ☎ ⬡
  🅿 – 🔏 40. ✀ Zim
  Menu *(Dienstag und 15. Nov.- 24. Dez. geschl.)* à la carte 28/62 – **25 Z** 48/150 – ½ P 62/90.

SCHMÖLLN Thüringen 𝟦𝟣𝟦 J 13, 𝟫𝟪𝟦 ㉓, 𝟫𝟪𝟩 ㉗ – 12 000 Ew – Höhe 211 m – ✪ 034491.
Erfurt 114 – Gera 22.

🏠 Reussischer Hof, Gößnitzer Str. 14, ☒ 04626, ℘ 31 08, Fax 7758 – |≢| 🖭 ☎
  17 Z (Erweiterung auf 35 Z bis Frühjahr 1995).

🏠 **Cafe Baum,** Brückenplatz 18, ☒ 04626, ℘ 8 06 06, Fax 80606 – 🖭 ☎ 🅿. 🆎 𝗩𝗜𝗦𝗔
  ➡ **Menu** à la carte 24/42 – **9 Z** 95/150.

SCHNAITTACH Bayern 𝟦𝟣𝟥 R 18 – 6 900 Ew – Höhe 352 m – ✪ 09153.
◆München 178 – Amberg 49 – Bayreuth 55 – ◆Nürnberg 32.

🏠 **Kampfer,** Fröschau 1, ☒ 91220, ℘ 6 71, Fax 4572, 🏡, 🐴 – ☎ ⬡. ⓞ Ⓔ 𝗩𝗜𝗦𝗔
  ➡ *Mitte Dez.- Mitte Jan. geschl.* – **Menu** *(Freitag geschl., Sonntag nur Mittagessen)* à la carte
  22/44 – **30 Z** 60/110.

In Schnaittach-Osternohe N : 5 km – Höhe 596 m – Erholungsort – Wintersport : 480/620 m
  ✦ 1 :

🏠 **Igelwirt** ≫, Igelweg 6, ☒ 91220, ℘ 2 97, Fax 4620, ≤, 🏡 – 🖭 ☎ 🅿 – 🔏 40
  ➡ *Aug. 2 Wochen geschl.* – **Menu** *(Montag geschl.)* à la carte 23/45 🍷 – **27 Z** 55/96.

🏠 **Goldener Stern,** An der Osternohe 2, ☒ 91220, ℘ 75 86, Fax 5877, 🏡, 🐴 – 🅿. Ⓔ
  ➡ ✀ Rest
  6. Nov.- 8. Dez. geschl. – **Menu** *(Donnerstag geschl.)* à la carte 21/34 🍷 – **18 Z** 48/90.

Nördlich der Autobahnausfahrt Hormersdorf NO : 11 km :

🏠 **Schermshöhe** (mit Gästehaus ≫ 🖼 ⇔), ☒ 91282 Betzenstein, ℘ (09244) 4 66,
  ➡ Fax 1644, 🏡, 🐴 – ☎ ⬡ 🅿 – 🔏 50. 🆎 Ⓔ
  28. Okt.- 5. Dez. geschl. – **Menu** à la carte 24/50 🍷 – **49 Z** 70/130.

SCHNEIZLREUTH Bayern siehe Inzell.

SCHNELLDORF Bayern 𝟦𝟣𝟥 N 19 – 3 000 Ew – Höhe 530 m – ✪ 07950.
◆München 174 – ◆Nürnberg 83 – ◆Würzburg 90.

🏨 **Kellermann,** Am Birkenberg 1 (nahe BAB-Ausfahrt), ☒ 91625, ℘ 20 55, Fax 24 80, 🏡 –
  |≢| 🖭 ☎ ⬡ 🅿 – 🔏 50
  Menu à la carte 30/66 *(auch vegetarische Gerichte)* – **31 Z** 77/148.

An der A 7 - Ausfahrt Feuchtwangen :

🏨 **Transmar-Residenz-Hotel** garni, Rudolf-Diesel-Str. 3, ☒ 91625, ℘ (07950) 97 00,
  Fax 970100, ⇔ – |≢| ✄ 🖭 ☎ ⬡ – 🔏 25. 🆎 ⓞ Ⓔ 𝗩𝗜𝗦𝗔 𝗝𝗖𝗕
  96 Z 91/133.

SCHNEVERDINGEN Niedersachsen 𝟦𝟣𝟣 M 7, 𝟫𝟪𝟩 ⑮ – 16 800 Ew – Höhe 90 m – Luftkurort
– ✪ 05193.
🛈 Verkehrsamt, Schulstr. 6a, ☒ 29640, ℘ 8 31 80, Fax 83184.
◆Hannover 97 – ◆Bremen 74 – ◆Hamburg 63.

🏩 **Landhaus Höpen** ≫, Höpener Weg 13, ☒ 29640, ℘ 8 20, Fax 8213, ≤, ⇔, 🖼, 🐴 –
  🖭 🅿 – 🔏 80. Ⓔ
  Menu à la carte 56/92 – **42 Z** 154/323.

🏨 **Der Heide Treff,** Osterwaldweg 55, ☒ 29640, ℘ 80 80, Fax 808404, 🏡, 🖼, ⇔, ✾(Halle)
  – |≢| ✄ Zim 🖭 ☎ ⬇ ⬡ – 🔏 120. 🆎 ⓞ Ⓔ 𝗩𝗜𝗦𝗔 𝗝𝗖𝗕. ✀ Rest
  Menu à la carte 34/59 – **135 Z** 137/196.

In Schneverdingen-Barrl NO : 10 km :

🏠 **Hof Barrl,** an der B 3, ☒ 29640, ℘ (05198) 3 51, Fax 605, 🏡, 🐴 – 🖭 ⬡ 🅿
  ➡ *Mitte Jan.- Mitte Feb. geschl.* – **Menu** *(Montag nur Mittagessen, Dienstag geschl.)* à la carte
  24/51 – **10 Z** 55/98.

In Schneverdingen-Heber-Tütsberg SO : 12 km :

🏠 **Hof Tütsberg** ≫ (Niedersächsischer Bauernhof a.d. 16.Jh.), im Naturschutzpark,
  ☒ 29640, ℘ (05199) 9 00, Fax 9050, 🏡, 🐴, 🐎 ⬡ 🅿 – 🔏 25. ⓞ Ⓔ 𝗩𝗜𝗦𝗔
  Menu à la carte 39/64 – **28 Z** 79/140, 3 Suiten – ½ P 99.

Baden-Württemberg **413** I 20 – 8 800 Ew – Höhe 633 m – Heilklimatischer Kurort und Kneippkurort – Wintersport : 500/700 m, ⚡ 1, ⚡ 1 – ☎ 07084.

🏢 Kurverwaltung, Rathaus, ⊠ 75328, ⚡ 1 44 44, Fax 14100.

◆Stuttgart 74 – Calw 15 – Pforzheim 24.

🏨 **Mönch's Lamm,** Hugo-Römpler-Str. 21, ⊠ 75328, ⚡ 64 12, Fax 5272, 🏤 – ⧉ 🆃🆅 ☎ 🅿
– 🛁 30. 🆎 ⓘ 🅴 *VISA*
15.- 21. Nov. geschl. – **Menu** à la carte 36/47 – **40 Z** 81/192 – ½ P 104/118.

🏨 **Krone,** Liebenzeller Str. 15, ⊠ 75328, ⚡ 70 77, Fax 6641 – ⧉ ⤫ Zim 🆃🆅 ☎ ⇔ 🅿 –
🛁 30. 🆎 ⓘ 🅴 *VISA*
Menu à la carte 37/64 – **40 Z** 55/150 – ½ P 85/105.

In Schömberg-Langenbrand NW : 2 km – Luftkurort :

🏨 **Schwarzwald-Sonnenhof,** Salmbacher Str. 35, ⊠ 75328, ⚡ 75 88, Fax 5443, 🏤 – 🆃🆅
☎ 🅿 – 🛁 30
Menu à la carte 33/64 *(auch vegetarische Gerichte)* – **17 Z** 48/138.

🏠 **Ehrich,** Schömberger Str. 26, ⊠ 75328, ⚡ 70 74, Fax 5376, ⇌, 🏤 – 🆃🆅 ☎ 🅿 – 🛁 40
3. Nov.- 3. Dez. geschl. – **Menu** *(Montag geschl.)* à la carte 34/63 – **33 Z** 75/160
– ½ P 80/95.

🛏 **Hirsch,** Forststr. 4, ⊠ 75328, ⚡ 75 27, 🏤 – 🅿 🅴
Nov. geschl. – **Menu** *(Donnerstag geschl.)* à la carte 25/46 – **15 Z** 55/96 – ½ P 48/58.

In Schömberg-Oberlengenhardt SO : 3 km – Erholungsort :

🏠 **Ochsen** 🦢, Burgweg 3, ⊠ 75328, ⚡ 70 65, Fax 1713, 🏤, 🏤 – 🆃🆅 ☎ 🅿 🅴 *VISA*
Menu *(Dienstag geschl.)* à la carte 30/62 – **11 Z** 68/130.

Baden-Württemberg siehe Böblingen.

Bayern **413** N 15 – 1 400 Ew – Höhe 310 m – Erholungsort – ☎ 09775.

◆München 356 – ◆Bamberg 95 – Fulda 47 – ◆Würzburg 88.

🏨 **Im Krummbachtal** 🦢, Krummbachstraße 24, ⊠ 97659, ⚡ 9 19 10, Fax 919191, 🏤, Biergarten, ⇌, 🔲, 🏤 – 🆃🆅 ☎ 🅿 – 🛁 50. 🆎 ⓘ 🅴 *VISA*
Menu à la carte 32/60 – **27 Z** 90/240.

Bayern **413** V 24 – 5 200 Ew – Höhe 620 m – Heilklimatischer Kurort – Wintersport : 560/1 800 m ⚡ 1 ⚡ 6 ⚡ 3 – ☎ 08652 (Berchtesgaden).

Ausflugsziele : Königssee★★ S : 2 km – St. Bartholomä : Lage★ (nur mit Schiff ab Königssee erreichbar).

🏢 Verkehrsamt, im Haus des Gastes, Rathausplatz 1, ⊠ 83471, ⚡ 17 60, Fax 64526.

◆München 159 – Berchtesgaden 5 – Bad Reichenhall 23 – Salzburg 28.

Im Ortsteil Faselsberg :

🏨 **Alpenhof** 🦢, Richard-Voss-Str. 30, ⊠ 83471, ⚡ 60 20, Fax 64399, ≤, 🏤, ⇌, 🔲, 🏤,
🍴 – ⧉ 🆃🆅 🅿
Mitte Jan.- Mitte Feb. und Anfang Nov.- Mitte Dez. geschl. – (Restaurant nur für Hausgäste)
– **55 Z** 115/320 – ½ P 122/200.

Im Ortsteil Königssee **987** ㊳ :

🏨 **Bergheimat** 🦢, Brandnerstr. 16, ⊠ 83471, ⚡ 60 80, Fax 608300, ≤, 🏤, ⇌ – ⧉ 🆃🆅 ☎
🅿
Nov. geschl. – **Menu** *(Mitte Jan.- Mitte Mai Mittwoch geschl.)* à la carte 29/57 –
40 Z 150/196.

🏠 **Zur Seeklause,** Seestr. 6, ⊠ 83471, ⚡ 25 16, Fax 5667, 🏤, ⇌ – 🆃🆅 ☎ 🅿. 🆎 ⓘ 🅴
⤝ *VISA*
Nov.- 25. Dez. geschl. – **Menu** *(Jan.- April Montag geschl.)* à la carte 24/57 – **14 Z** 90/190.

Im Ortsteil Oberschönau :

🏨 **Zechmeisterlehen** 🦢, Wahlstr. 35, ⊠ 83471, ⚡ 6 20 81, Fax 62084, ≤ Grünstein, Kehlstein, Hohes Brett, Hoher Göll, ⇌, 🔲, 🏤 – ⧉ ⤫ Rest 🆃🆅 ☎ 🅿
Anfang Nov.- 24. Dez. geschl. – (nur Abendessen für Hausgäste) – **39 Z** 93/306
– ½ P 133/181.

🏨 **Stoll's Hotel Alpina** 🦢, Ulmenweg 14, ⊠ 83471, ⚡ 6 50 90, Fax 61608, ≤ Kehlstein,
Hoher Göll, Watzmann und Hochkalter, 🏤, « Garten », Massage, ⚕, ⇌, ☲ (geheizt), 🔲,
🏤 – 🆃🆅 ☎ 🅿. 🆎 ⓘ 🅴 *VISA*
Anfang Nov.- Mitte Dez. geschl. – **Menu** (Okt.-Juni nur Abendessen, Tischbestellung ratsam)
à la carte 33/56 – **50 Z** 85/220, 4 Suiten – ½ P 86/136.

🏨 **Georgenhof** 🦢, Modereggweg 21, ⊠ 83471, ⚡ 6 20 66, Fax 62067, ≤ Hoher Göll, Watzmann und Hochkalter, ⇌, 🏤 – 🆃🆅 ☎ 🅿. 🍴
Nov.- 15. Dez. geschl. – (nur Abendessen für Hausgäste) – **23 Z** 65/187 – ½ P 78/111.

Im Ortsteil Unterschönau :

🏨 **Brunneck,** Im Weiherer Moos 1, ⊠ 83471, 𝒫 9 63 10, Fax 66363, ≤, 🍴, ≘s, 🛌 – 📺 ☎ 🅿
Anfang Nov.- Mitte Dez. geschl. – **Menu** *(Dienstag geschl.)* à la carte 30/66 – **13 Z** 95/140.

🏨 **Köppeleck** ⌂, Am Köppelwald 15, ⊠ 83471, 𝒫 6 10 66, ≤ Kehlstein, Jenner und Watzmann, 🍴, 🛌 – 📺 ☎ 🅿
Mai - Okt. und über Weihnachten geöffnet – **Menu** à la carte 30/50 – **28 Z** 65/130 – ½ P 75/85.

SCHÖNAU IM SCHWARZWALD Baden-Württemberg 🗺️🈁 G 23. 🈴🈁 ㉞, 🈁🈁 ㊱ ㊵ – 2 500 Ew – Höhe 542 m – Luftkurort – Wintersport : 800/1 414 m ⚡3 ⚡4 – ✪ 07673.

Ausflugsziel : Belchen ✳ ★★★, NW : 14 km.

🛈 Kurverwaltung, Haus des Gastes, Gentnerstr. 2, ⊠ 79677, 𝒫 4 08, Fax 7795.

♦Stuttgart 186 – Basel 42 – Donaueschingen 63 – ♦Freiburg im Breisgau 38.

🏨 **Adler,** Talstr. 7, ⊠ 79677, 𝒫 6 11, Fax 604, 🍴 – 📺 🅿. 🖃 💳. 🎾 Rest
Feb. 2 Wochen geschl. – **Menu** *(Sonntag nur Mittagessen, Montag geschl.)* à la carte 26/52 🍺 – **10 Z** 60/120 – ½ P 83.

🏨 **Kirchbühl** ⌂, Kirchbühlstr. 6, ⊠ 79677, 𝒫 2 40, Fax 249, 🍴 – ☎ 🅿. ⊙ 🖃 💳. 🎾 Zim
Mitte Nov.- Anfang Dez. geschl. – **Menu** *(Dienstag geschl., Mittwoch nur Abendessen)* à la carte 31/72 🍺 – **10 Z** 68/110 – ½ P 74/76.

In Tunau SO : 3 km :

🏠 **Zur Tanne** ⌂ (Schwarzwaldgasthof), Alter Weg 4, ⊠ 79677, 𝒫 (07673) 3 10, ≤, ≘s, 🗌, 🛌, 🎾 – 🅿
Mitte Nov.- Mitte Dez. geschl. – **Menu** *(Montag nur Mittagessen, Dienstag geschl.)* à la carte 32/54 🍺 – **14 Z** 71/148.

In Aitern-Multen NW : 10 km :

🏠 **Jägerstüble** ⌂, an der Straße zum Belchen (Höhe 1 100 m), ⊠ 79677, 𝒫 (07673) 72 55, Fax 7884, 🍴 – 🅿
April - Mai 3 Wochen geschl. – **Menu** à la carte 30/51 🍺 – **14 Z** 50/100.

SCHÖNAU (RHEIN-NECKAR-KREIS) Baden-Württemberg 🈁🈁 🈁🈁 J 18 – 4 600 Ew – Höhe 175 m – ✪ 06228.

♦Stuttgart 115 – Heidelberg 18 – Mosbach 43.

✗✗ **Pfälzer Hof** mit Zim, Ringmauerweg 1, ⊠ 69250, 𝒫 82 88, Fax 2271 – 🅿. 🖃 💳
Menu *(Montag-Dienstag und Juli-Aug. 3 Wochen geschl.)* à la carte 40/105 – **13 Z** 65/150 – ½ P 90.

In Schönau-Altneudorf N : 3 km :

✗ **Zum Pflug,** Altneudorfer Str. 16, ⊠ 69250, 𝒫 82 07, Fax 8207 – 🅿. 💳
Montag-Dienstag geschl. – **Menu** à la carte 36/60.

SCHÖNBERG Bayern 🈁🈁 X 20, 🈴🈁 ㉘, 🈁🈁 LM 2 – 3 500 Ew – Höhe 565 m – Luftkurort – Wintersport : 650/700 m ⚡1 ⚡1 – ✪ 08554.

🛈 Verkehrsamt, Rathaus, ⊠ 94513, 𝒫 8 21, Fax 2610.

♦München 181 – Cham 74 – Deggendorf 38 – Passau 34.

🏨 **Antoniushof,** Unterer Markt 12, ⊠ 94513, 𝒫 97 00, Fax 970100, 🍴, Massage, ≘s, 🗌 – ⇥ 📺 ☎ 🅿 – 🔬 30. 🖃 ⊙ 💳
Menu à la carte 23/50 – **55 Z** 90/170 – ½ P 98/113.

🏨 **Zur Post,** Marktplatz 19, ⊠ 94513, 𝒫 14 12, Fax 2259, 🍴 – ☎ 🚗 🅿. 🖃 💳
12. Nov.- 4. Dez. geschl. – **Menu** *(außer Saison Samstag geschl.)* à la carte 23/47 🍺 – **29 Z** 56/90 – ½ P 53/56.

In Schönberg-Maukenreuth S : 3 km, über Mitternach :

🏨 **Landhaus zur Ohe** ⌂, ⊠ 94513, 𝒫 8 34, Fax 556, ≤, 🍴, Massage, ≘s, 🗌, 🛌, 🐎 – ⇥ 📺 ☎ 🅿
Nov. - 15. Dez. geschl. – **Menu** à la carte 24/47 – **52 Z** 68/166 – ½ P 80/95.

SCHÖNBERG Mecklenburg-Vorpommern 🈁🈁 P 5, 🈁🈁 E 4, 🈴🈁 ⑥ – 4 100 Ew – Höhe 10 m – ✪ 038828.

Schwerin 45 – Lübeck 22 – Ratzeburg 21.

🏨 **Stadt Lübeck,** Lübecker Str. 10, ⊠ 23923, 𝒫 2 13 60, Fax 24126 – 📺. 🖃 💳
Menu à la carte 25/42 – **9 Z** 85/130.

🏨 **Paetau,** Am Markt 14, ⊠ 23923, 𝒫 2 13 10 – 📺 🅿
Menu à la carte 24/47 – **20 Z** 90/120.

SCHÖNBERG Schleswig-Holstein 411 O 3. 987 ⑤ – 5 000 Ew – Höhe 18 m – Erholungsort –
☼ 04344.
🯅 Kurverwaltung, OT Kalifornien, An der Kuhbrücksau 2, ✉ 24217, ℘ 44 08, Fax 4605.
◆Kiel 26 – Lütjenburg 22 – Preetz 19.

🏠 **Stadt Kiel,** Am Markt 8, ✉ 24217, ℘ 13 54, Fax 1873, 🍽, 🚬s – 📺 ☎ 🅿. 🆎 ⓸ ⅇ 𝗩𝗜𝗦𝗔
Menu *(Dienstag geschl.)* à la carte 34/60 – **18 Z** 90/200.

🏠 **Ruser's Hotel** (mit Gästehaus), Albert-Koch-Str. 4, ✉ 24217, ℘ 20 13, Fax 1775, 🍽, 🚬s
– ⃒🛗 📺 ☎ ⬅ 🅿
Menu à la carte 25/40 – **44 Z** 60/120.

In Schönberg-Kalifornien N : 5 km :

🏠 **Kalifornien** 🦢, Deichweg 3, ✉ 24217, ℘ 13 88, Fax 4421, 🍽 – 📺 ☎ ⬅ 🅿. 🆎 ⓸
ⅇ 𝗩𝗜𝗦𝗔. 🍴 Zim
Menu *(Okt.- März Montag geschl.)* à la carte 26/47 – **30 Z** 50/180.

SCHÖNBORN, BAD Baden-Württemberg 412 413 I 19. 987 ㉕ – 10 000 Ew – Höhe 110 m –
Heilbad – ☼ 07253.
🯅 Kurverwaltung im Haus des Gastes, Kraichgaustr. 10, (in Mingolsheim), ✉ 76669, ℘ 40 46,
Fax 32571.
◆Stuttgart 79 – Heidelberg 25 – Heilbronn 51 – ◆Karlsruhe 37.

In Bad Schönborn-Langenbrücken :

🏠 **Zu den Drei Königen,** Huttenstr. 2, ✉ 76669, ℘ 60 14, Fax 1838, 🍽 – 📺 ☎ 🅿. 🆎 ⓸
ⅇ 𝗩𝗜𝗦𝗔
Menu *(Freitag sowie Feb. und Aug. jeweils 2 Wochen geschl., Samstag nur Abendessen)*
à la carte 29/56 🍷 – **15 Z** 80/110.

🏠 **Monica** garni, Kirchbrändelring 42, ✉ 76669, ℘ 40 16, 🍴 – 📺 ☎ 🅿. 🍴
13 Z 95/110.

In Bad Schönborn-Mingolsheim :

🏠 **Waldparkstube,** Waldparkstr. 1, ✉ 76669, ℘ 97 10, Fax 97150, 🚬s – 📺 ☎ 🅿. 🍴 Zim
22. Dez.- 7. Jan. geschl. – **Menu** *(Freitag nur Mittagessen, Samstag geschl.)* à la carte 33/66
– **30 Z** 108/195 – ½ P 95/115.

🏠 **Gästehaus Prestel** 🦢 garni, Beethovenstr. 20, ✉ 76669, ℘ 41 07, Fax 5322, 🍴 – ⃒🛗 🍴
📺 ☎ 🅿. ⅇ. 🍴
23. Dez.- 7. Jan. geschl. – **33 Z** 75/120.

SCHOENECK Hessen 413 J 16 – 11 000 Ew – Höhe 141 m – ☼ 06187.
◆Frankfurt 20 – Hanau 11 – Giessen 70.

In Schöneck - Kilianstädten :

❌❌ **Stier's Restaurant,** Frankfurter Str. 2 a, ✉ 61137, ℘ 9 15 34, Fax 910813, 🍽 – 🆎 ⅇ
Montag geschl. – **Menu** *(Wochentags nur Abendessen)* à la carte 42/63.

SCHÖNECKEN Rheinland-Pfalz 412 C 16. 987 ㉓. 409 M 5 – 1 900 Ew – Höhe 400 m – ☼ 06553.
Mainz 199 – Euskirchen 76 – Prüm 7,5 – ◆Trier 56.

🏠 **Burgfrieden** 🦢, Rammenfeld 6, ✉ 54614, ℘ 22 09, ≤, 🍽 – 🅿. 🆎 ⓸ ⅇ 𝗩𝗜𝗦𝗔 𝗝𝗖𝗕. 🍴 Rest
Menu *(Montag nur Abendessen)* à la carte 38/75 🍷 – **15 Z** 60/110.

SCHÖNERSTÄDT Sachsen siehe Gersdorf.

SCHÖNFELD Brandenburg siehe Bernau.

SCHÖNFELD Sachsen siehe Annaberg Buchholz.

SCHÖNFELS Sachsen siehe Zwickau.

SCHOENHEIDE Sachsen 414 J 14 – 6 200 Ew – Höhe 650 m – ☼ 037755.
◆Dresden 151 – Chemnitz 71 – Zwickau 30.

🏠 **Zur Post,** Hauptstr. 101, ✉ 08304, ℘ 30 12, Fax 3113 – 📺 ☎ 🅿 – ⚠ 25. 🆎 ⓸ ⅇ 𝗩𝗜𝗦𝗔
➡ **Menu** *(Freitag geschl.)* à la carte 23/36 – **13 Z** 75/120.

🏠 **Zum Forstmeister** 🦢, Auerbacher Str. 15, ✉ 08304, ℘ 22 81, Fax 2065, 🍽, 🚬s, 🍴,
➡ 🍴 – 📺 ☎ 🅿 – ⚠ 20. ⓸ ⅇ 𝗩𝗜𝗦𝗔
Menu à la carte 23/42 🍷 – **51 Z** 70/140.

🏠 **Carola,** Hauptstr. 183, ✉ 08304, ℘ 43 30, Fax 4340, Biergarten – 📺 ☎ 🅿 – ⚠ 25. ⅇ
➡ 𝗩𝗜𝗦𝗔
Menu à la carte 22/38 – **16 Z** 70/135.

Bayern 🔢 U 18, 🔢 ㉗ – 2 700 Ew – Höhe 656 m – Erholungsort – Wintersport : 550/900 m ✖5, ✖10, Sommerrodelbahn – ✿ 09674.

🛈 Verkehrsamt, Rathaus, ✉ 92539, 𝄐 4 18, Fax 318.

◆München 235 – Cham 56 – ◆Nürnberg 136 – Weiden in der Oberpfalz 51.

🏨 **St. Hubertus** ⑤, Hubertusweg 1, ✉ 92539, 𝄐 4 14, Fax 252, ≤, 🏤, « Jagdmuseum », Massage, ♨, ≘s, ▣, 🐎, 🏊 (Halle) – 🛗 📺 ☎ ⇔ 🅿 – 🔬 70. 🖭 ⓞ 🔁 𝘝𝘐𝘚𝘈. 🏤 Zim
Mitte Feb.- Mitte März geschl. – **Menu** à la carte 28/60 (auch vegetarisches Menu) –
75 Z 105/180, 3 Suiten – ½ P 115/145.

🛏 Haberl, Hauptstr. 9, ✉ 92539, 𝄐 2 14 – 🅿. 🏤 Zim
15 Z.

In Schönsee-Gaisthal SW : 6 km :

🏨 Gaisthaler Hof, Schönseer Str. 16, ✉ 92539, 𝄐 2 38, Fax 8611, 🏤, ≘s, ▣, 🐎, 🐎 (Reit-schule) – 📺 ☎ 🅿. 🏤 Zim
32 Z.

Baden-Württemberg 🔢 L 19 – 5 700 Ew – Höhe 210 m – ✿ 07943.
Sehenswert : Ehemalige Klosterkirche★ (Alabasteraltäre★★) – Klosterbauten (Ordenssaal★).
◆Stuttgart 86 – Heilbronn 44 – ◆Würzburg 67.

In Kloster Schöntal :

🏨 **Pension Zeller** ⑤ garni, Honigsteige 21, ✉ 74214, 𝄐 6 00, Fax 600, 🐎 – ⇔ 🅿. 🏤
20. Dez.- Mitte Jan. geschl. – **17 Z** 50/82.

Baden-Württemberg 🔢 H 22, 🔢 ㉞ ㉟ – 2 500 Ew – Höhe 988 m – Heil-klimatischer Kurort – Wintersport : 950/1 150 m ✖4 ✖5 – ✿ 07722 (Triberg).
🛈 Kurverwaltung, Rathaus, ✉ 78141, 𝄐 86 08 31, Fax 860834.
◆Stuttgart 146 – Donaueschingen 37 – ◆Freiburg im Breisgau 56 – Offenburg 63.

🏨 **Zum Ochsen**, Ludwig-Uhland-Str. 18, ✉ 78141, 𝄐 10 45, Fax 3018, ≤, 🏤, ≘s, ▣, 🐎, 🏊 – ⇔ Zim 📺 ☎ ⇔ 🅿 – 🔬 35. 🖭 ⓞ 🔁 𝘝𝘐𝘚𝘈 𝘑𝘊𝘉. 🏤 Rest
Menu (Dienstag-Mittwoch und 5. Nov.- 12. Dez. geschl.) à la carte 48/85 – **45 Z** 98/210, 3 Suiten.

🏨 **Dorer** ⑤, Franz-Schubert-Str. 20, ✉ 78141, 𝄐 9 50 50, Fax 950530, ▣, 🐎, 🏊 – 📺 ☎ ⇔ 🅿. 🖭 ⓞ 🔁 𝘝𝘐𝘚𝘈. 🏤 Rest
(Restaurant nur für Hausgäste) – **19 Z** 85/170, 4 Suiten.

🏨 **Pension Silke** ⑤, Feldbergstr. 8, ✉ 78141, 𝄐 95 40, Fax 7840, ≤, ≘s, ▣, 🐎 – ☎ 🅿. 🖭 🔁 𝘝𝘐𝘚𝘈
5. Nov.- 24. Dez. geschl. – **Menu** (nur Abendessen) à la carte 28/56 – **38 Z** 52/122 – ½ P 75/84.

🏨 **Café Adlerschanze** ⑤, Goethestr. 8, ✉ 78141, 𝄐 9 50 10, Fax 950130, ≤, ≘s, 🐎 – 📺 ☎. 🏤 Rest
(nur Abendessen für Hausgäste) – **12 Z** 79/196.

🏨 **Landgasthof Falken,** Hauptstr. 5, ✉ 78141, 𝄐 43 12, Fax 3233, ≘s – 📺 ☎ ⇔ 🅿. 🖭 ⓞ 🔁 𝘝𝘐𝘚𝘈 𝘑𝘊𝘉
15. Nov.- 15. Dez. geschl. – **Menu** (Donnerstag geschl., Freitag nur Abendessen) à la carte 33/70 – **14 Z** 68/170 – ½ P 98/105.

🏨 **Kaltenbach** ⑤, Oberort 3 (SO : 2 km), ✉ 78141, 𝄐 41 33, Fax 7508, ≘s, ▣, 🐎 – 📺 ☎ ⇔ 🅿. 🏤 Rest
Mitte Nov.- Mitte Dez. geschl. – (Restaurant nur für Hausgäste) – **15 Z** 57/128.

🏨 **Löwen,** Furtwanger Str. 8 (Escheck S : 2 km), ✉ 78141, 𝄐 41 14, Fax 1891, ≤, 🐎 – ⇔ 🅿. 🏤
20. Nov.- 24. Dez. geschl. – **Menu** (Mittwoch nur Mittagessen, Donnerstag geschl.) à la carte 26/51 🍴 – **11 Z** 60/116.

Brandenburg 🔢 M 7 – 1 200 Ew – Höhe 60 m – ✿ 033056.
Potsdam 65 – ◆Berlin 23 – Bernau 12 – Oranienburg 24.

✕✕ Schloß Dammsmühle ⑤ mit Zim, ✉ 16352, 𝄐 (033056) 8 25 02, Fax 81505, 🏤, ≘s – 📺 ☎ 🅿 – 🔬 30
15 Z, 6 Suiten.

Schleswig-Holstein 🔢 P 4, 🔢 ⑥ – 2 300 Ew – Höhe 100 m – Erholungsort – ✿ 04528.
◆Kiel 53 – ◆Lübeck 44 – Neustadt in Holstein 11 – Oldenburg in Holstein 17.

✕✕ **Altes Amt,** Eutiner Str. 39, ✉ 23744, 𝄐 7 75 – 🅿. 🏤
Dienstag sowie Feb. und Nov. jeweils 2 Wochen geschl. – **Menu** (Tischbestellung erfor-derlich) à la carte 43/74.

Nordrhein-Westfalen **411** **412** E 10 – 6 500 Ew – Höhe 94 m – ✪ 02555.
Düsseldorf 133 – Enschede 31 – Münster (Westfalen) 33 – ◆Osnabrück 74.

🏠 **Zum Rathaus** (mit Gästehaus), Hauptstr. 52, ☒ 48624, ℰ 10 56, Fax 8380, ⭣ – 📺 ☎
 🅿 . 🄰🄴 ⓞ Ɛ 𝗩𝗜𝗦𝗔
 Menu *(Dienstag geschl.)* à la carte 29/60 – **28 Z** 65/150.

🏠 **Zur alten Post**, Hauptstr. 82, ☒ 48624, ℰ 10 16, Fax 1020, ⭣ – 📺 ☎ 🚗 🅿 . 🄰🄴 ⓞ
◄─ Ɛ 𝗩𝗜𝗦𝗔 . ⅏
 Juli-Aug. 3 Wochen geschl. – Menu *(Mittwoch geschl.)* à la carte 23/62 – **21 Z** 55/180.

 In Schöppingen-Eggerode S : 4 km :

🏠 **Winter,** Gildestr. 3, ☒ 48624, ℰ (02545) 2 55, Fax 8021, 🌳 – ☎ 🚗 🅿
 Menu *(Montag geschl.)* à la carte 25/48 – **15 Z** 60/100.

XX **Haus Tegeler** mit Zim, Vechtestr. 24, ☒ 48624, ℰ (02545) 6 97, Fax 697 – ☎ 🅿 . 🄰🄴 ⓞ
 Ɛ 𝗩𝗜𝗦𝗔 . ⅏ Zim
 15. Jan.- 15. Feb. geschl. – Menu *(Donnerstag geschl.)* à la carte 30/61 – **9 Z** 55/120.

Bayern **412** **413** L 17 – 800 Ew – Höhe 412 m – Erholungsort – ✪ 09394.
München 325 – Aschaffenburg 34 – Wertheim 11 – ◆Würzburg 49.

🏠 **Zur Sonne,** Brunnenstr.1, ☒ 97852, ℰ 3 44, Fax 8340, 🍴 – 🚗 🅿 – 🚧 50
◄─ Jan. 3 Wochen geschl. – Menu *(Dienstag geschl.)* à la carte 21/41 ⅃ – **43 Z** 65/110
 – ½ P 50/65.

Baden-Württemberg **413** H 22 – 4 400 Ew – Höhe 885 m – Luftkurort – Winter-
port : 900/1 152 m ⅟⅃3 ⅃4 – ✪ 07722 (Triberg).
▌ Kurverwaltung, Haus des Gastes, Hauptstraße, ☒ 78136, ℰ 60 33, Fax 2548.
Stuttgart 143 – Offenburg 60 – Triberg 4 – Villingen-Schwenningen 30.

🏠 **Rebstock,** Sommerbergstr. 10, ☒ 78136, ℰ 9 61 60, Fax 961656, ≼, 🌳, ⭣, 🔲 – 🚿 📺
 🚗 🅿 . 🄰🄴 ⓞ Ɛ 𝗩𝗜𝗦𝗔 𝗝𝗖𝗕
 Ende März-Mitte April und Nov.-Dez.geschl. – Menu *(Montag nur Mittagessen, Dienstag
 geschl.)* à la carte 30/62 ⅃ – **24 Z** 79/138 – ½ P 94/104.

🏠 **Schwanen** (Schwarzwaldgasthof a.d. 18. Jh.), Hauptstr. 18, ☒ 78136, ℰ 52 96, Fax 1450,
 ≼, 🌳 – 📺 ☎ 🚗 🅿 . 🄰🄴 ⓞ Ɛ 𝗩𝗜𝗦𝗔 . ⅏ Rest
 20. Okt.- Ende Nov. geschl. – Menu *(Montag geschl.)* à la carte 29/60 – **20 Z** 58/170
 – ½ P 70/108.

XX **Michel's Restaurant,** Triberger Str. 42, ☒ 78136, ℰ 55 16 – 🅿
 Montag-Dienstag geschl. – Menu à la carte 42/75 *(auch vegetarische Gerichte).*

 Siehe auch : *Hornberg (Schwarzwaldbahn)*

Bayern **413** P 23, **987** ㊱, **426** E 5 – 11 000 Ew – Höhe 710 m – Erholungsort –
✪ 08861.
▌ Verkehrsamt, Münzstr. 5, ☒ 86956, ℰ 72 16, Fax 2626.
◆München 83 – Füssen 36 – Garmisch-Partenkirchen 50 – Landsberg am Lech 27.

🏰 **Holl** ⬒, Altenstädter Str. 39, ☒ 86956, ℰ 40 51, Fax 8943, ≼ – 📺 ☎ 🚗 🅿 – 🚧 25.
 🄰🄴 ⓞ Ɛ 𝗩𝗜𝗦𝗔
 Menu *(Samstag - Sonntag, Feiertage und 20. Dez.- Mitte Jan. geschl.)* (nur Abendessen)
 à la carte 32/60 – **22 Z** 75/150.

🏠 **Rössle** garni, Christophstr. 49, ☒ 86956, ℰ 2 30 50, Fax 2648 – 🚿 📺 ☎ 🚗 🅿 . 🄰🄴 ⓞ
 Ɛ 𝗩𝗜𝗦𝗔
 17 Z 85/140.

🏠 **Alte Post,** Marienplatz 19, ☒ 86956, ℰ 2 32 00, Fax 232080 – 📺 ☎
◄─ 24. Dez.- Mitte Jan. geschl. – Menu *(Samstag sowie Sonn- und Feiertage geschl.)* à la carte
 23/48 ⅃ – **34 Z** 60/170.

🏠 **Blaue Traube,** Münzstr. 10, ☒ 86956, ℰ 30 60, Fax 3071, 🌳 – 📺 ☎ 🅿 – 🚧 30. Ɛ
 Menu *(Nov. 2 Wochen geschl.)* à la carte 32/55 – **13 Z** 85/140 – ½ P 90.

Baden-Württemberg **413** G 24, **987** ㉞, **427** H 3 – 16 000 Ew – Höhe 374 m
– ✪ 07622.
▌ Verkehrsamt, Hauptstr. 31 (Rathaus), ☒ 79650, ℰ 39 61 16, Fax 396178.
◆Stuttgart 275 – Basel 23 – ◆Freiburg im Breisgau 79 – Zürich 77.

🏡 **Adler,** Hauptstr. 100, ☒ 79650, ℰ 27 30, Fax 4569, 🌳 – ☎ 🚗 🅿
 17 Z

XXX **Alte Stadtmühle,** Entegaststr. 9, ☒ 79650, ℰ 24 46, Fax 2403
 Montag - Dienstag, über Fastnacht 2 Wochen und Okt. 3 Wochen geschl. – Menu (Tischbestellung erforderlich) 60/150 *(nur vegetarische Küche).*

X **Glöggler,** Austr. 5, ☒ 79650, ℰ 21 67, Fax 2167, 🌳
 Sonntag - Montag sowie Aug. 2 Wochen geschl. – Menu à la carte 35/66 ⅃.

In Schopfheim-Gersbach NO : 16 km – Erholungsort – Wintersport : 870/970 m ⚡2 :

🏠 **Mühle zu Gersbach** ⬞, Zum Bühl 4, ⊠ 79650, ℘ (07620) 2 25, Fax 371, 🌧, 🛋 – 📺
🕿 ❶. ⋿
Ende Okt. 1 Woche und Jan. geschl. – Menu *(Dienstag geschl., Mittwoch nur Abendessen*
à la carte 30/86 ⚘ – **16 Z** 79/188 – ½ P 92/128.

In Schopfheim-Gündenhausen W : 2 km :

🏠 **Löwen,** Gündenhausen 16 (B 317), ⊠ 79650, ℘ 80 12, Fax 5796, 🌧, 🛋 – 📺 🕿 ⬛ ❶
← ㏂ ⋿
Jan. und Juni - Juli jeweils 3 Wochen geschl. – Menu *(Sonntag nur Mittagessen)* à la car
23/56 ⚘ – **23 Z** 45/130 – ½ P 60/90.

In Schopfheim-Schlechtbach NO : 12 km :

☼ **Auerhahn** ⬞, Hauptstr. 5, ⊠ 79650, ℘ (07620) 2 28, 🌧, 🛋 – ❶
März geschl. – Menu *(Mittwoch nur Mittagessen, Donnerstag geschl.)* à la carte 28/72
– **10 Z** 36/80.

In Schopfheim-Wiechs SW : 3 km :

🏠 **Krone - Landhaus Brunhilde** ⬞, Am Rain 6, ⊠ 79650, ℘ 3 99 40, Fax 399420, ≤, 🌧
⬛, 🛋 – 📺 🕿 ⚷ ❶, ⬞ Zim
Jan. und Juli jeweils 2 Wochen geschl. – Menu *(Freitag geschl., Montag nur Abendessen*
à la carte 25/60 ⚘ – **48 Z** 83/150 – ½ P 85/90.

In Maulburg W : 3 km :

🏠 **Murperch** garni, Hotzenwaldstr. 1, ⊠ 79689, ℘ (07622) 80 44, Fax 62084, 🛋 – 📺 🕿 ❶
㏂ ⬛ ⋿ ▨▨
14 Z 75/145.

SCHORNDORF Baden-Württemberg 🔢🔢 L 20, 🔢🔢 ㉟ – 37 000 Ew – Höhe 256 m – ✪ 0718
Sehenswert : Oberer Marktplatz★.

♦Stuttgart 29 – Göppingen 20 – Schwäbisch Gmünd 23.

╳╳ **Erlenhof,** Mittlere Uferstr 70 (Erlensiedlung), ⊠ 73614, ℘ 7 56 54, 🌧 – ❶
Sonntag nur Mittagessen, Montag geschl. – Menu à la carte 38/65.

╳ **Zum Pfauen,** Höllgasse 9, ⊠ 73614, ℘ 6 25 83
(auch vegetarische Gerichte).

In Winterbach W : 4 km :

🏠 **Remsland,** Fabrikstr. 6 (nahe der B 29), ⊠ 73650, ℘ (07181) 7 09 00, Fax 7090190 –
⬚ Zim 📺 🕿 ❶ – ⬚ 40. ⬛ ❶ ⋿ ▨▨. ⬞ Rest
Menu à la carte 36/61 – **63 Z** 149/188.

🏠 **Am Engelberg,** Ostlandstr. 2 (nahe der B 29), ⊠ 73650, ℘ (07181) 70 09 60, Fax 70096
⬚, ⬛, – ⬚ 📺 🕿 ⚷ ❶ – ⬚ 20. ㏂ ❶ ⋿ ▨▨
Ende Juli - Mitte Aug. geschl. – (nur Abendessen für Hausgäste) – **36 Z** 98/145.

SCHOTTEN Hessen 🔢🔢 🔢🔢 K 15, 🔢🔢 ㉟ – 11 500 Ew – Höhe 274 m – Luftkurort – Wi
tersport : 600/773 m ⚡5 ⚡4 – ✪ 06044.

🎿 Lindenstr. 5, (OT Eschenrod) SO : 5 km, ℘ 13 75.
🅱 Stadtverwaltung, Vogelsbergstr. 184, ℘ 63679, ℘ 66 51, Fax 6669.
♦Wiesbaden 100 – ♦Frankfurt am Main 72 – Fulda 52 – Gießen 41.

🏠 **Parkhotel,** Parkstr. 9, ⊠ 63679, ℘ 97 00, Fax 970100, ⬚ – ⬚ ⬚ Zim 📺 🕿 ❶ – ⬚ 4
㏂ ❶ ⋿ ▨▨
Menu *(Samstag nur Abendessen)* à la carte 46/72 – **40 Z** 83/148.

🏠 **Haus Sonnenberg** ⬞, Laubacher Str. 25, ⊠ 63679, ℘ 7 71, Fax 8624, ≤, 🌧, ⬚, ⬛
🛋 – ⬚ 📺 🕿 ❶ – ⬚ 80. ㏂ ⋿ ▨▨
über Weihnachten geschl. – **Menu** à la carte 29/60 – **50 Z** 60/130.

╳╳ **Zur Linde,** Schloßgasse 3, ⊠ 63679, ℘ 15 36 – ㏂ ❶ ⋿ ▨▨
Montag-Dienstag geschl. – Menu (wochentags nur Abendessen) à la carte 51/72.

In Schotten-Betzenrod NO : 2,5 km :

🏠 **Landhaus Appel** ⬞, Altenhainer Str. 38, ⊠ 63679, ℘ 7 05, Fax 4651, ≤, ⬚ – 🕿 ❶
⬚ 30. ㏂ ❶ ⋿ ▨▨, ⬞
Jan. 1 Woche und Juli-Aug. 2 Wochen geschl. – **Menu** à la carte 27/58 *(auch vegetarisch*
Gerichte) ⚘ – **29 Z** 50/100.

Auf dem Hoherodskopf O : 8 km – Höhe 767 m

╳╳ **Taufsteinhütte,** ⊠ 63679 Schotten-Breungeshain, ℘ (06044) 23 81, Fax 4059 – ❶
Montag geschl., Dienstag - Donnerstag nur Abendessen – **Menu** à la carte 28/54.

Baden-Württemberg 🔢 HI 22, 🔢 ㉟ – 19 500 Ew – Höhe 420 m – Erholungsort – ✪ 07422.

🛈 Stadt- und Bürgerinformation, Hauptstr. 25, ✉ 78713, ℘ 2 92 15, Fax 29209.

◆Stuttgart 118 – ◆Freiburg im Breisgau 64 – Freudenstadt 37 – Villingen-Schwenningen 32.

🏡 **Parkhotel** ⬧ (ehem. Villa), Im Stadtpark, ✉ 78713, ℘ 2 08 18, Fax 21191, ☕ – 📺 ☎ ⇔ 🅿. 🖭 ⑩ 🗈 *VISA*
Juli geschl. – **Menu** *(Sonntag nur Mittagessen, Montag geschl.)* à la carte 33/63 *(auch vegetarische Gerichte)* – **12 Z** 65/148.

XXX **Hirsch** mit Zim, Hauptstr. 11, ✉ 78713, ℘ 2 05 30, Fax 25446 – ⇌ 📺 ☎. 🖭 🗈 *VISA*
Menu *(Montag geschl., Dienstag nur Abendessen)* (Tischbestellung ratsam) à la carte 55/94 – **5 Z** 95/260.

X **Schilteckhof** ⬧ mit Zim, Schilteck 1, ✉ 78713, ℘ 36 78, ≤, ☕, ☞ – 🅿
Ende Feb.- Mitte März und Mitte Okt.- Mitte Nov. geschl. – **Menu** *(Montag-Dienstag geschl.)* à la carte 36/51 ⅃ – **4 Z** 35/70.

Außerhalb W : 4,5 km über Lauterbacher Straße :

X **Burgstüble** ⬧ mit Zim, Hohenschramberg 1, ✉ 78713 Schramberg, ℘ (07422) 77 73, Fax 22813, ≤ Schramberg und Schwarzwaldhöhen – 🅿. 🖭 ⑩. ⅍ Zim
7. - 31. Jan. und 2. - 20. Nov. geschl. – **Menu** *(Mittwoch-Donnerstag geschl.)* à la carte 33/61 ⅃ – **6 Z** 60/130 – ½ P 67/82.

In Schramberg-Sulgen O : 5 km :

🏨 **Drei Könige** ⬧, Birkenhofweg 10, ✉ 78713, ℘ 5 40 91, Fax 53612, ≤, ☕ – 🛗 📺 ☎ 🅿. 🗈 *VISA*. ⅍ Zim
Menu *(Freitag geschl.)* (nur Abendessen) à la carte 35/64 – **17 Z** 85/140.

XX **Waldeslust** ⬧ mit Zim, Lienberg 59 (N : 3 km über Aichhalder Straße), ✉ 78713, ℘ 84 44, ☕ – 📺 ☎ 🅿
Feb. geschl. – **Menu** *(Montag-Dienstag geschl.)* à la carte 37/70 – **5 Z** 85/130.

Baden-Württemberg 🔢 🔢 I 18 – 13 300 Ew – Höhe 120 m – ✪ 06203.

◆Stuttgart 130 – ◆Darmstadt 53 – Heidelberg 8 – ◆Mannheim 18.

🏨 **Neues Ludwigstal,** Strahlenberger Str. 2, ✉ 69198, ℘ 6 10 28, Fax 61208 – 🛗 📺 ☎ ⇔ 🅿
Menu *(Montag - Freitag nur Abendessen)* à la carte 26/55 ⅃ – **39 Z** 62/115.

🏨 Gästehaus Weinstuben Hauser, Steinachstr. 12, ✉ 69198, ℘ 6 14 45 – 🅿
(nur Abendessen) – **24 Z**.

XXX Strahlenberger Hof (ehem. Gutshof a.d.J. 1240), Kirchstr. 2, ✉ 69198, ℘ 6 30 76, Fax 68590, « Wertvolle Einrichtung mit Kunstobjekten, Innenhof mit Terrasse »
(nur Abendessen).

XX **Strahlenburg,** Auf der Strahlenburg (O : 3 km), ✉ 69198, ℘ 6 12 32, Fax 68685, « Terrasse mit ≤ Schriesheim » – 🅿. 🖭 ⑩ 🗈 *VISA*
Montag - Freitag nur Abendessen, April - Sept. Dienstag, Okt.- März Montag - Dienstag und Jan.- Mitte Feb. geschl. – **Menu** à la carte 42/96.

In Schriesheim-Altenbach O : 7,5 km :

🔼 **Bellevue** ⬧, Röschbachstr. 1, ✉ 69198, ℘ (06220) 15 20, Fax 7213, ☕, ☞ – 🅿. ⅍
Menu à la carte 24/53 ⅃ – **30 Z** 85/130.

Bayern 🔢 Q 21, 🔢 ㊱ – 14 300 Ew – Höhe 414 m – ✪ 08252.

◆München 74 – ◆Augsburg 42 – Ingolstadt 37 – ◆Ulm (Donau) 113.

🏨 **Grieser,** Bahnhofstr. 36, ✉ 86529, ℘ 20 04, Fax 2007, Biergarten – 📺 ☎ ⇔ 🅿 – ⚠ 35. 🖭 ⑩ 🗈 *VISA*. ⅍
10.- 30. Aug. geschl. – **Menu** *(Montag-Freitag nur Abendessen)* à la carte 35/60 – **25 Z** 62/118.

🏨 **Zur Post** garni, Lenbachplatz 9, ✉ 86529, ℘ 70 84, Fax 6751 – 📺 ☎ ⇔. 🖭 🗈 *VISA*
24 Z 78/105.

In Schrobenhausen-Hörzhausen SW : 5 km :

🏨 **Gästehaus Eder** ⬧, Bernbacher Str. 3, ✉ 86529, ℘ 24 15, Fax 5005, ☕, ≘, 🔲, ☞ – 📺 ☎ ⇔ 🅿. ⑩ 🗈 *VISA*
1.- 16. Jan. und 20. Aug.- 14. Sept. geschl. – **Menu** *(Sonntag-Montag geschl.)* (nur Abendessen, überwiegend Steak-Gerichte) à la carte 30/45 – **14 Z** 60/100.

Niedersachsen 🔢 🔢 E 10, 🔢 ⑭, 🔢 M 5 – 13 600 Ew – Höhe 32 m – ✪ 05923.

◆Hannover 201 – Enschede 35 – Nordhorn 23 – ◆Osnabrück 63.

🏨 **Nickisch,** Nordhorner Str. 71, ✉ 48465, ℘ 9 66 00, Fax 966066, ☕, ≘ – 🛗 📺 ☎ ♿ 🅿 – ⚠ 50. 🖭 🗈 *VISA* – **Menu** à la carte 30/63 – **22 Z** 95/160.

🏨 **Löhr,** Pagenstr. 1, ✉ 48465, ℘ 9 64 30, Fax 964366 – 🅿
Menu *(Montag geschl.)* (nur Abendessen) à la carte 26/53 – **12 Z** 50/95.

In Schüttorf-Suddendorf SW : 3 km :

🏛 **Stähle** ⤴, Postweg 43, ✉ 48465, ℰ 96 70, Fax 5078, « Gartenterrasse », ⇌, ▨, 🌳 –
📺 ☎ ⇌ 🄿, 🄰🄴 🄾 🄴 𝚅𝙸𝚂𝙰 𝙹𝙲𝙱
Menu à la carte 28/62 – **20 Z** 80/190.

SCHULD Rheinland-Pfalz 🄘🄙🄚 D 15 – 800 Ew – Höhe 270 m – ✪ 02695 (Insul).
Mainz 176 – Adenau 11 – ♦Bonn 46.

☝ **Schäfer**, Schulstr. 2, ✉ 53520, ℰ 3 40, Fax 1671, « Caféterrasse mit ⩽ » – 🄿
Jan. - Feb. geschl. – **Menu** *(April - Okt. Donnerstag nur Mittagessen, Nov. - März Donnerstag geschl.)* à la carte 25/57 – **11 Z** 50/120.

SCHUSSENRIED, BAD Baden-Württemberg 🄘🄙🄚 LM 22, 🄘🄙🄚 ㉟ ㊱, 🄘🄙🄚 A 4 – 8 000 Ew – Höhe
580 m – Heilbad – ✪ 07583.
Sehenswert : Ehemaliges Kloster (Bibliothek ★).
Ausflugsziel : Bad Schussenried-Steinhausen : Wallfahrtskirche ★ NO : 4,5 km.
🄱 Städtische Kurverwaltung, Georg-Kaess-Str. 10, ✉ 88427, ℰ 4 01 34.
♦ Stuttgart 180 – Ravensburg 35 – ♦Ulm (Donau) 61.

🏠 **Barbara** garni, Georg-Kaess-Str. 2, ✉ 88427, ℰ 26 50, Fax 4133 – ☎ – 🛗 25. 🄾 🄴 𝚅𝙸𝚂𝙰
21 Z 87/125.

In Steinhausen NO : 5 km :

🍴🍴 **Zur Barockkirche**, Dorfstr. 6, ✉ 88427, ℰ 39 30, Fax 3285, ♨ – 🄿. 🄴. ⅏
Okt.-April Donnerstag geschl. – **Menu** à la carte 34/78.

SCHUTTERTAL Baden-Württemberg 🄘🄙🄚 G 22, 🄘🄙🄚 ㉘ – 3 400 Ew – Höhe 421 m – Erholungsort
– ✪ 07823 (Seelbach).
🄱 Verkehrsamt, Rathaus, Hauptstr. 5 (Dörlinbach), ✉ 77978, ℰ (07826) 2 38, Fax 1445.
♦Stuttgart 180 – ♦Freiburg im Breisgau 50 – Offenburg 38.

🏠 **Adler**, Talstr. 5, ✉ 77978, ℰ 22 76, Fax 5409, ♨, ⌇ (geheizt), 🌳, 🐎 – ☎ ⇌ 🄿 – 🛗 35.
🄰🄴 🄾 🄴 𝚅𝙸𝚂𝙰
Feb.- März 3 Wochen geschl. – **Menu** *(Montag geschl.)* à la carte 27/65 ⚭ – **22 Z** 52/130
– ½ P 55/65.

In Schuttertal-Dörlinbach S : 2,5 km :

☝ Löwen, Hauptstr. 4, ✉ 77978, ℰ (07826) 3 24, Fax 590, ⇌, 🌳 – 🄿
15 Z.

SCHWABACH Bayern 🄘🄙🄚 PQ 18,19, 🄘🄙🄚 ㉖ – 35 500 Ew – Höhe 328 m – ✪ 09122.
♦München 167 – Ansbach 36 – ♦Nürnberg 15.

🏠 **Raab - Inspektorsgarten**, Äußere Rittersbacher Str. 14 (Forsthof), ✉ 91126, ℰ 9 38 80,
Fax 85053, ♨ – 📺 ☎ 🄿 – 🛗 30
Menu *(Dienstag geschl.)* à la carte 21/46 – **31 Z** 90/150.

🏠 **Löwenhof**, Rosenberger Str. 11, ✉ 91126, ℰ 20 47, Fax 12625 – 📺 ☎ ⇌. 🄰🄴 🄾 🄴 𝚅𝙸𝚂𝙰
23. Dez.- 9. Jan. geschl. – **Menu** *(Sonntag geschl.)* (nur Abendessen) à la carte 23/38 –
20 Z 95/160.

🍴 **Goldener Stern**, Königsplatz 12, ✉ 91126, ℰ 23 35, Fax 5116, ♨
Montag und 1. - 10 Jan. geschl. – **Menu** à la carte 22/46.

In Schwabach-Wolkersdorf N : 4 km – siehe Nürnberg (Umgebungsplan) :

🏠 **Adam Drexler**, Wolkersdorfer Hauptstr. 42, ✉ 91126, ℰ (0911) 63 00 99, Fax 635030, ♨
– 📺 ☎ 🄿. 🄰🄴 🄴. ⅏ Zim   AT **e**
Aug. geschl. – **Menu** *(Freitag nur Mittagessen, Samstag-Sonntag geschl.)* à la carte 23/46
⚭ – **37 Z** 60/110.

SCHWABENHEIM Rheinland-Pfalz siehe Ingelheim.

SCHWABMÜNCHEN Bayern 🄘🄙🄚 P 22, 🄘🄙🄚 ㊱, 🄘🄙🄚 E 4 – 11 000 Ew – Höhe 557 m – ✪ 08232.
♦München 75 – ♦Augsburg 25 – Kempten (Allgäu) 77 – Memmingen 58.

🏠 **Deutschenbaur**, Fuggerstr. 11, ✉ 86830, ℰ 40 31, Fax 4034 – ☎ ⇌ 🄿 – 🛗 25. 🄴. ⅏
Menu *(Freitag-Samstag, 29. Juli - 15. Aug. und 23. Dez.- 8. Jan. geschl.)* à la carte 30/60
– **24 Z** 75/115.

In Langerringen-Schwabmühlhausen S : 9 km :

🏛 **Untere Mühle** ⤴, ✉ 86853, ℰ (08248) 12 10, Fax 7279, ♨, ▨, 🌳, 🎾 – 🛗 📺 ☎ 🄿
– 🛗 50. 🄰🄴 🄾 🄴 𝚅𝙸𝚂𝙰
Menu à la carte 31/62 – **39 Z** 70/160.

SCHWÄBISCH GMÜND Baden-Württemberg 413 M 20, 987 ㉟ ㊱ – 60 000 Ew – Höhe 321 m – Wintersport : 400/781 m ⛷6 ⛷3 – ☎ 07171.

Sehenswert : Heiligkreuzmünster★ Z **A.**

ℹ Verkehrsamt und Fremdenverkehrsverein, Im Kornhaus, ✉ 73525, ☎ 60 34 55, Fax 603459.

♦Stuttgart 53 ⑤ – ♦Nürnberg 151 ② – ♦Ulm (Donau) 68 ③.

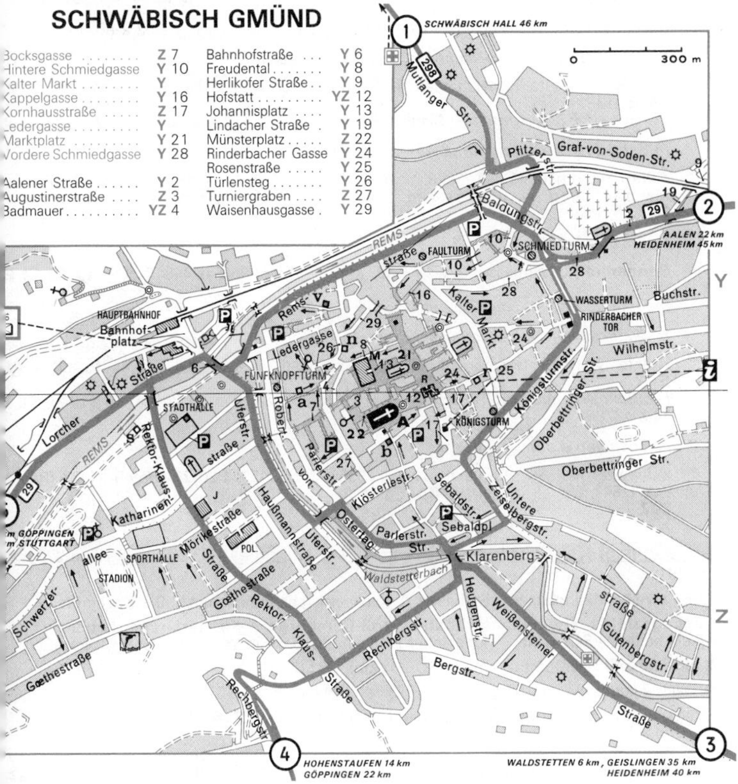
SCHWÄBISCH GMÜND
Bocksgasse Z 7
Hintere Schmiedgasse Y 10
Kalter Markt Y
Kappelgasse Y 16
Kornhausstraße Z 17
Ledergasse Y
Marktplatz Y 21
Vordere Schmiedgasse Y 28
Aalener Straße Y 2
Augustinerstraße Z 3
Badmauer YZ 4
Bahnhofstraße Y 6
Freudental Y 8
Herlikofer Straße Y 9
Hofstatt YZ 12
Johannisplatz Y 13
Lindacher Straße Y 19
Münsterplatz Z 22
Rinderbacher Gasse Y 24
Rosenstraße Y 25
Türlensteg Y 26
Turniergraben Z 27
Waisenhausgasse Y 29
SCHWÄBISCH HALL 46 km
0 300 m
AALEN 22 km
HEIDENHEIM 45 km
HOHENSTAUFEN 14 km
GÖPPINGEN 22 km
WALDSTETTEN 6 km, GEISLINGEN 35 km
HEIDENHEIM 40 km
GÖPPINGEN
STUTTGART

🏨 **Das Pelikan** garni, Türlensteg 9, ✉ 73525, ☎ 35 90, Fax 359359 – 🛗 📺 ♿ 🚗 🅿 – 🏛 80. AE ⓓ E VISA — Y **n**
64 Z 150/185.

🏨 **Fortuna** garni, Hauberweg 4, ✉ 73525, ☎ 10 90, Fax 109113, ≘s – 🛗 📺 ♿ 🅿 – 🏛 25. AE ⓓ E VISA JCB — Z **s**
75 Z 104/165.

🏨 **Staufen** 🐎 garni, Pfeifergäßle 16, ✉ 73525, ☎ 6 20 85, Fax 64517 – 🛗 📺 ☎ 🚗 🅿. AE ⓓ E VISA — YZ **a**
17 Z 105/150.

🏨 **Einhorn,** Rinderbacher Gasse 10, ✉ 73525, ☎ 6 30 23, Fax 61680 – 🛗 📺 ☎ ♿. AE ⓓ E VISA — Y **r**
Menu *(Sonntag geschl.)* (nur Abendessen) à la carte 29/55 🍷 – **18 Z** 105/150.

XXX **Fuggerei** (restauriertes Fachwerkhaus a.d. 14. Jh.), Münstergasse 2, ✉ 73525, ☎ 3 00 03, Fax 38382, 🌳 – ♿. AE ⓓ E VISA — Z **b**
Samstag nur Abendessen, Dienstag und Jan. 2 Wochen geschl. – **Menu** à la carte 42/81.

XX **Stadtgarten-Restaurant** (Stadthalle), Rektor-Klaus-Str. 9, ✉ 73525, ☎ 6 90 24, Fax 68261, 🌳 – 🅿 – 🏛 600. AE ⓓ E VISA JCB — Z
Montag geschl. – **Menu** à la carte 41/62.

X **Brauerei-Gaststätte Kübele,** Engelgasse 2, ✉ 73525, ☎ 6 15 94 – E — Y **v**
Sonntag nur Mittagessen, Montag und Juli-Aug. 3 Wochen geschl. – **Menu** à la carte 23/50 🍷.

In Schwäbisch Gmünd-Degenfeld ③ : 14 km :

⚑ **Zum Pflug** ⊗, Kalte-Feld-Str. 3, ⊠ 73529, ℰ (07332) 53 42, Fax 3176 – ❷
8 Z.

In Schwäbisch Gmünd-Hussenhofen ② : 4,5 km :

🏨 **Gelbes Haus,** Hauptstr. 83, ⊠ 73527, ℰ 8 23 97, Fax 88368 – ▮⧫▮ 🆃🆅 ☎ ⇔ ❷ – ▵ 5C
🕮 ⓞ ⏚ *VISA*
Menu *(Samstag und Aug. 3 Wochen geschl.)* à la carte 33/61 ⅃ – **32 Z** 80/145.

In Schwäbisch Gmünd-Rechberg ④ : 8 km – Luftkurort :

✗ **Zum Rad** mit Zim, Hohenstaufenstr. 1, ⊠ 73529, ℰ 4 28 20, Fax 49115 – ☎ ⇔ ❷. ▯
ⓞ ⏚ *VISA*
20. Feb.- 13. März geschl. – **Menu** *(Montag geschl.)* à la carte 26/50 – **5 Z** 50/80.

In Schwäbisch Gmünd-Straßdorf ④ : 4 km :

🏠 **Adler,** Einhornstr. 31, ⊠ 73529, ℰ 4 10 41, Fax 42678, 🕱 – ☎ ⇔ ❷. ⏚. ⋇ Zim
Menu *(Montag nur Mittagessen, Juli-Aug. 3 Wochen geschl.)* à la carte 27/61 –
26 Z 68/150.

In Waldstetten S : 6 km :

✗✗ **Sonnenhof,** Lauchgasse 19, ⊠ 73550, ℰ (07171) 4 23 09, Fax 44843, 🕱 – ❷. 🕮 ⓞ ⏚
VISA
Montag geschl. – **Menu** à la carte 43/75.

In Waldstetten-Weilerstoffel S : 8 km :

⚑ **Hölzle** ⊗, Waldstettener Str. 19, ⊠ 73550, ℰ (07171) 4 21 84, Fax 44715, 🕱 – ❷
⏚
Feb. und Aug. jeweils 2 Wochen geschl. – **Menu** *(Dienstag geschl.)* à la carte 29/56 –
12 Z 43/86.

In Böbingen a.d.R. ② : 10 km :

🏠 **Schweizer Hof** ⊗, Bürglestr. 11, ⊠ 73560, ℰ (07173) 1 20 27 (Hotel) 31 33 (Rest.)▮
Fax 12841, 🕱, ⌇ (geheizt), 🐎 – 🆃🆅 ☎ ❷
28 Z.

Sehenswert : Marktplatz★★ : Rathaus★ R, Michaelskirche (Innenraum★) D – Kocherufer ≤★ F
Ausflugsziele : Ehemaliges Kloster Groß-Comburg★ : Klosterkirche (Leuchter★★★
Antependium★) SO : 3 km – Hohenloher Freilandmuseum★ in Wackershofen, ④ : 5 km.

🝒 Schwäbisch Hall-Dörrenzimmern (SO : 12 km), ℰ 5 19 94.

🗷 Tourist-Information, Am Markt 9, ⊠ 74523, ℰ 75 12 46, Fax 751375.

✦Stuttgart 68 ④ – Heilbronn 53 ① – ✦Nürnberg 138 ② – ✦Würzburg 107 ①.

Stadtplan siehe gegenüberliegende Seite

🏛 **Hohenlohe,** Im Weilertor 14, ⊠ 74523, ℰ 7 58 70, Fax 758784, ≤, 🕱, Massage, ≘s
⌇ (geheizt), 🖳 – ▮⧫▮ ⥬✗ Zim 🆃🆅 ⏚ ❷ – ▵ 80. 🕮 ⓞ ⏚ *VISA*. ⋇ Rest
Menu à la carte 44/80 *(auch vegetarisches Menu)* – **103 Z** 137/268.

🏛 **Der Adelshof,** Am Markt 12, ⊠ 74523, ℰ 7 58 90, Fax 6036, ≘s – ▮⧫▮ 🆃🆅 ❷ – ▵ 80. 🕮
ⓞ ⏚ *VISA* 🃏🃏
Menu *(Montag geschl.)* à la carte 43/71 *(auch vegetarische Gerichte)* – **46 Z** 145/230.

🏨 **Romantik-Hotel Goldener Adler,** Am Markt 11, ⊠ 74523, ℰ 61 68, Fax 7315, 🕱 – 🆃🆅
☎ ⇔ – ▵ 40. 🕮 ⓞ ⏚ *VISA*
Menu *(Mittwoch geschl., im Winter Sonntag nur Mittagessen)* à la carte 44/70 *(auch vegetarische Gerichte)* – **20 Z** 98/230.

🏨 **Scholl** garni, Klosterstr. 3, ⊠ 74523, ℰ 7 10 46, Fax 855064 – ▮⧫▮ 🆃🆅 ☎
31 Z 98/160.

In Schwäbisch Hall-Hessental ② : 3 km :

🏨 **Krone** (Haus a.d.J. 1754 mit modernem Anbau), Schmiedsgasse 1, ⊠ 74523, ℰ 21 28▮
Fax 3131, « Barocksaal », ≘s – ▮⧫▮ ⥬✗ Zim 🆃🆅 ☎ & ❷ – ▵ 150. 🕮 ⓞ ⏚ *VISA*
Menu à la carte 34/68 *(auch vegetarisches Menu)* – **40 Z** 107/188.

🏨 **Wolf,** Karl-Kurz-Str. 2, ⊠ 74523, ℰ 21 12, Fax 42236 – ▮⧫▮ 🆃🆅 ☎ ❷ – ▵ 40. 🕮 ⓞ ⏚
VISA
25. Feb.- 5. März geschl. – **Eisenbahn** *(Montag und Aug. 3 Wochen geschl.)* Menu à la carte
40/80 – **28 Z** 90/165.

🏠 Haller Hof, Schmiedsgasse 7, ⊠ 74523, ℰ 4 07 20, Fax 4072200 – 🆃🆅 ☎ ⇔ ❷ – ▵ 40
(nur Abendessen) – **45 Z**.

SCHWÄBISCH HALL

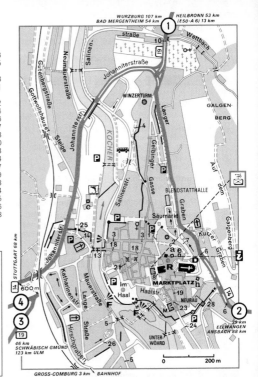

Benutzen Sie
auf Ihren Reisen in Europa
die Michelin-Länderkarten
1:400 000 bis 1:1 000 000.

Pour parcourir l'Europe,
utilisez les cartes Michelin
Grandes Routes
1/400 000 à 1/1 000 000.

Restaurants with the mention Menu, ۞, ۞۞ *or* ۞۞۞ : *see maps in the introduction.*

SCHWAIG Bayern **413** Q 18 – 8 200 Ew – Höhe 325 m – ۞ 0911 (Nürnberg).
Siehe Stadtplan Nürnberg (Umgebungsplan).
♦München 171 – Lauf 6,5 – ♦Nürnberg 11.

In Schwaig-Behringersdorf :

🏠 **Weißes Ross,** Schwaiger Str. 2, ⌧ 90571, ℰ 5 07 49 71, Fax 5075900, 🏡 – 📺 ☎ 🅿.
AE ⓞ ℇ *VISA*   CS **e**
Menu *(Sonntag nur Mittagessen, Montag, 1.- 12. Jan., 24.-31. Mai und 16. Aug.- 7. Sept.
geschl.)* à la carte 23/50 ⅊ – **18 Z** 78/120.

🏠 **Auer** garni, Laufer Str. 28, ⌧ 90571, ℰ 5 07 40 08, Fax 5075865 – 📺 ☎ 🚗 🅿. AE ⓞ
ℇ *VISA*   CS **n**
Weihnachten - Anfang Jan. geschl. – **16 Z** 70/115.

SCHWAIGERN Baden-Württemberg **412 413** K 19, **987** ㉕ – 10 000 Ew – Höhe 185 m –
۞ 07138.
🏌 Schwaigern-Stetten, Pfullinger Hof 1, ℰ 6 74 42.
♦Stuttgart 69 – Heilbronn 15 – ♦Karlsruhe 61.

🍴🍴 **Zum Alten Rentamt** mit Zim, Schloßstr. 6, ⌧ 74193, ℰ 52 58, Fax 1325, 🏡,
« *Historisches Fachwerkhaus mit stilvoller Einrichtung* » – 📺 ☎ 🅿 – 🛎 15. ⁣✥
Menu à la carte 45/75 – **13 Z** 90/200.

SCHWALBACH Saarland **412** D 19, **242** ⑥ – 19 200 Ew – Höhe 160 m – ۞ 06834.
♦Saarbrücken 25 – Kaiserslautern 84 – Saarlouis 6.

In Schwalbach-Elm SO : 2 km :

🏠 **Zum Mühlenthal,** Bachtalstr. 214, ⌧ 66773, ℰ 50 17 (Hotel) 5 21 17 (Rest.), Fax 568511
– 📺 ☎ 🚗 🅿. ⁣✥ Rest
Menu *(Sonntag geschl.)* (nur Abendessen) à la carte 28/47 – **25 Z** 72/130.

In Schwalbach-Hülzweiler N : 3 km :

🏠 **Strauß,** Fraulauterner Str. 50, ⊠ 66773, 𝒫 (06831) 5 26 31, Fax 52911, 🛏 – 📺 ☎ 🅿 – ⟵ 🏨 35
Menu *(Montag geschl.)* à la carte 24/58 – **12 Z** 79/140.

SCHWALBACH, BAD Hessen 412 H 16, 987 ㉔ – 10 000 Ew – Höhe 330 m – Heilbad – ✪ 06124.

🛈 Verkehrsbüro in der Kurverwaltung, Am Kurpark, ⊠ 65307, 𝒫 50 20, Fax 502464.

♦Wiesbaden 18 – ♦Koblenz 60 – Limburg an der Lahn 36 – Lorch am Rhein 32 – Mainz 27.

🏨 **Eden-Parc** ⊗, Goetheplatz 1, ⊠ 65307, 𝒫 51 60, Telex 4064230, Fax 516331, « Ständig wechselnde Bilderausstellung », 🕿 – 🛗 🏋 Zim 📺 ⅃ 🅿 – 🏨 150. 🆑 ⓞ 🇪 𝗩𝗜𝗦𝗔. ⅍ Rest
Menu à la carte 40/80 – **82 Z** 178/488, 4 Suiten.

🏠 **Café Lutz** ⊗, Parkstr. 2, ⊠ 65307, 𝒫 1 20 71, Fax 8620, 🈺 – 📺 ☎ 🅿. 🇪
Menu *(Dienstag geschl.)* à la carte 25/46 – **23 Z** 60/150.

✕ **Moorgrube,** im Kurhaus, ⊠ 65307, 𝒫 50 24 59, Fax 502464, 🈺 – 🅿. 🆑 ⓞ 🇪 𝗩𝗜𝗦𝗔
Menu à la carte 34/67.

In Hohenstein (Oberdorf) N : 7 km, 5 km über die B 54 dann links ab :

✕✕ **Waffenschmiede** ⊗ mit Zim, Burgstr. 12 (in der Burg Hohenstein), ⊠ 65329, 𝒫 (06120) 33 57, Fax 6330, ≤, 🈺 – 📺 ☎ 🅿. ⓞ 🇪 𝗩𝗜𝗦𝗔 𝗝𝗖𝗕. ⅍ Zim
Jan.- 15. Feb. und Ende Juli 1 Woche geschl. – **Menu** *(Montag - Dienstag geschl.)* à la carte 56/94 – **8 Z** 110/200.

SCHWALMSTADT Hessen 412 K 14, 987 ㉕ – 18 000 Ew – Höhe 220 m – ✪ 06691.

🛈 Verkehrsbüro der Schwalm, Paradeplatz (Ziegenhain), ⊠ 34613, 𝒫 7 12 12, Fax 5776.

♦Wiesbaden 154 – Bad Hersfeld 41 – ♦Kassel 70 – Marburg 43.

In Schwalmstadt-Ziegenhain :

🏠 **Rosengarten** (Fachwerkhaus a.d.J. 1620 mit Hotelanbau), Muhlystr. 3 (an der B 254), ⊠ 34613, 𝒫 9 47 00, Fax 947030, 🛏 – 📺 ☎ 🅿 – 🏨 120. 🆑 ⓞ 🇪 𝗩𝗜𝗦𝗔
Menu à la carte 32/59 – **15 Z** 45/99.

✕✕ Schäfer (kleines Restaurant im ehemaligen Südbahnhof), Ascheröder Str. 1, ⊠ 34613, 𝒫 58 61 – 🅿

SCHWANAU Baden-Württemberg 413 G 21, 242 ㉔, 87 ⑤ – 5 000 Ew – Höhe 150 m – ✪ 07824.

♦Stuttgart 164 – ♦Freiburg im Breisgau 50 – ♦Karlsruhe 93 – Strasbourg 44.

In Schwanau-Ottenheim :

🏠 **Erbprinzen** (Badischer Landgasthof a.d. 17. Jh.), Schwarzwaldstr. 5, ⊠ 77963, 𝒫 24 42, Fax 4529 – 🏋 Rest ⟸ 🅿. 🆑 ⓞ 🇪 𝗩𝗜𝗦𝗔
Feb. 1 Woche und Nov. 3 Wochen geschl. – **Menu** *(Montag und jeden 1. Sonntag im Monat geschl., Mittwoch nur Abendessen)* à la carte 33/68 *(auch vegetarische Gerichte)* – **16 Z** 46/129.

SCHWANDORF Bayern 413 T 18, 19, 987 ㉗ – 20 000 Ew – Höhe 365 m – ✪ 09431.

♦München 167 – ♦Nürnberg 83 – ♦Regensburg 41 – Weiden in der Oberpfalz 46.

🏠 **Zur Schwefelquelle,** An der Schwefelquelle 12, ⊠ 92421, 𝒫 2 05 69, Fax 42260, 🈺 – ⟵ 📺 ☎ ⅃ ⟸ 🅿. 🆑 ⓞ 🇪 𝗩𝗜𝗦𝗔
Menu *(Dienstag und 3.- 17. Aug. geschl.)* à la carte 19/45 – **23 Z** 62/120.

SCHWANEWEDE Niedersachsen 411 I 7, 987 ⑭ – 17 200 Ew – Höhe 12 m – ✪ 04209.

♦Hannover 145 – ♦Bremen 28 – Bremerhaven 40.

In Schwanewede-Löhnhorst SO : 4 km :

🏨 **Waldhotel Köster,** Hauptstr. 9, ⊠ 28790, 𝒫 (0421) 62 10 71, Fax 621073, 🈺 – 📺 ☎ 🅿 – 🏨 50. 🆑 ⓞ 🇪 𝗩𝗜𝗦𝗔. ⅍ Zim
Menu *(wochentags nur Abendessen)* à la carte 31/64 – **12 Z** 99/150.

SCHWANGAU Bayern 413 P 24, 426 E 6 – 3 300 Ew – Höhe 800 m – Heilklimatischer Kurort – Wintersport : 830/1 720 m ⟍⟍1 ⟍5 ⟍4 – ✪ 08362 (Füssen).

Ausflugsziele : Schloß Neuschwanstein★★ ≤★★★, S : 3 km – Schloß Hohenschwangau★ S : 4 km – Alpsee★ : Pindarplatz ≤★, S : 4 km.

🛈 Kurverwaltung, Rathaus, ⊠ 87645, 𝒫 8 19 80, Fax 819825.

♦München 116 – Füssen 3 – Kempten (Allgäu) 44 – Landsberg am Lech 60.

🏨 **König Ludwig,** Kreuzweg 11, ⌧ 87645, ℘ 88 90, Fax 81779, ♣, Massage, 🔥, ⊞s, ▨,
🚗, ✂ – ⊡ 🐕 ⇔ 🅿 – ▲ 100. ✿
Menu à la carte 38/60 – **138 Z** 145/240, 10 Suiten – ½ P 115/155.

🏨 **Weinbauer,** Füssener Str. 3, ⌧ 87645, ℘ 8 10 15, Fax 81606 – ▮⯑ ⊡ 🐕 🔥 🅿, ▣ 🄴 ▨◈
7. Jan.- 8. Feb. geschl. – **Menu** (Mittwoch, Nov.- April auch Donnerstag geschl.) à la carte
26/58 🕭 – **42 Z** 52/130 – ½ P 72/97.

🏠 **Schwanstein,** Kröb 2, ⌧ 87645, ℘ 8 10 99, Fax 81736, Biergarten, ⊞s – ⊡ 🐕 🅿. ▣ ◍
→ 🄴 ▨ – **Menu** à la carte 24/55 – **31 Z** 80/180 – ½ P 90/135.

🏠 **Hanselewirt,** Mitteldorf 13, ⌧ 87645, ℘ 82 37 – 🅿
März - April 2 Wochen und Nov. geschl. – **Menu** (Mittwoch geschl.) à la carte 25/46 – **12 Z**
53/96.

🏠 **Post,** Münchener Str. 5, ⌧ 87645, ℘ 9 82 18, Fax 982155 – 🐕 🅿. ▣ ◍ 🄴 ▨ ᴊᴄʙ
→ 20. Nov.- 15. Dez. geschl. – **Menu** (Montag, Okt.- Ostern auch Dienstag geschl.) à la carte
24/50 – **40 Z** 70/160.

In Schwangau-Alterschrofen :

🏠 **Waldmann,** Parkstr. 5, ⌧ 87645, ℘ 84 26, Fax 8699, 🚗 – ⇔ 🅿. ▣ 🄴 ▨. ✎
→ 28. Okt.- 1. Nov. geschl. – **Menu** (Mittwoch geschl.) à la carte 23/47 🕭 – **22 Z** 50/130
– ½ P 75/85.

In Schwangau-Brunnen :

🏠 **Martini** ॐ garni, Seestr. 65, ⌧ 87645, ℘ 82 57, Fax 88177, ≼ – ⊡ ⇔ 🅿
März - April 2 Wochen und Nov.- Mitte Dez. geschl. 🕭 – **16 Z** 55/120.

In Schwangau-Hohenschwangau :

🏨 **Müller** ॐ, Alpseestr. 16, ⌧ 87645, ℘ 8 19 90, Fax 819913, « Terrasse mit ≼ » – ▮⯑ ⊡
🅿. ▣ ◍ 🄴 ▨ ᴊᴄʙ – **Menu** (bemerkenswerte Weinkarte) à la carte 45/75 – **45 Z** 120/240,
3 Suiten – ½ P 105/155.

🏨 **Lisl und Jägerhaus** ॐ, Neuschwansteinstr. 1, ⌧ 87645, ℘ 88 70, Telex 541332,
Fax 81107, ≼, 🕬 – ▮⯑ 🐕 ⇔ 🅿. ▨ – **Menu** à la carte 38/71 – **56 Z** 150/280 – ½ P 145/195.
Anfang Jan.- Mitte März geschl.

✕✕ **Meier,** Schwangauer Str. 37, ⌧ 87645, ℘ 8 11 52, 🕬 – 🅿. ▣
Dienstag und 7. Jan.- 5. Feb. geschl. – **Menu** à la carte 30/56.

In Schwangau-Horn :

🏨 **Rübezahl** ॐ, Am Ehberg 31, ⌧ 87645, ℘ 83 27, Fax 81701, ≼, 🕬, « Gemütlich-rustikale
Einrichtung », ⊞s – ▮⯑ ⊡ 🐕 🅿. ▨
Mitte Nov.- Mitte Dez. geschl. – **Menu** (Mittwoch geschl.) à la carte 39/65 – **32 Z** 84/165
– ½ P 99/115.

🏨 **Helmerhof** ॐ, Frauenbergstr. 9, ⌧ 87645, ℘ 80 69, Fax 8437, ≼, 🕬, ⊞s, 🚗 – ⊡ 🐕
→ 🅿
9. Jan.- 10. Feb. und 20.-28.April geschl. – **Menu** (Donnerstag geschl.) à la carte 24/43
– **18 Z** 67/140.

In Schwangau-Waltenhofen :

🏨 **Gasthof am See** ॐ, Forggenseestr. 81, ⌧ 87645, ℘ 83 93, Fax 88140, ≼, 🕬, ⊞s, 🚗
→ – ▮⯑ 🅿
Mitte Nov.- Mitte Dez. geschl. – **Menu** (Dienstag geschl.) à la carte 24/50 🕭 – **20 Z** 58/116
– ½ P 65/78.

🏨 **Café Gerlinde** ॐ garni, Forggenseestr. 85, ⌧ 87645, ℘ 82 33, Fax 8486, ⊞s, 🚗 – 🅿
20. März- 7. April und 6. Nov.- 20. Dez. geschl. – **17 Z** 65/130.

🏨 Kur- und Ferienhotel Waltenhofen ॐ, Marienstr. 16, ⌧ 87645, ℘ 8 10 39, Fax 81719, Massage, ♣, 🔥, ⊞s – ▮⯑ ⊡ 🐕 🔥 🅿. ✎
(Restaurant nur für Hausgäste) – **30 Z**, 3 Suiten.

🏠 **Haus Kristall** ॐ garni, Kreuzweg 24, ⌧ 87645, ℘ 85 94, Fax 88126, 🚗 – 🐕 🅿. ✎
5. Nov.- 15. Dez. geschl. – **11 Z** 47/99.

SCHWANHEIM Rheinland-Pfalz siehe Hauenstein.

SCHWANSTETTEN Bayern siehe Rednitzhembach.

SCHWARMSTEDT Niedersachsen ▦▦▦ L 8, ▨▨▨ ⑮ – 4 300 Ew – Höhe 30 m – ✿ 05071.
Hannover 42 – ◆Bremen 88 – Celle 33 – ◆Hamburg 118.

🏨 **Bertram,** Moorstr. 1, ⌧ 29690, ℘ 80 80, Fax 80845, 🕬 – ▮⯑ ⊡ 🐕 🅿 – ▲ 80. ▣ ◍
🄴 ▨ – **Menu** à la carte 36/72 – **41 Z** 105/200.

An der Straße nach Ostenholz NO : 8 km :

🏨 **Heide-Kröpke** ॐ, Esseler Damm 1, ⌧ 29690 Essel, ℘ (05167) 2 88, Fax 291, ⊞s, ▨, 🚗,
✎ – ▮⯑ ⇟ Zim ⊡ 🔥 🅿 – ▲ 50. ◍ 🄴 ▨. ✎
Menu à la carte 48/78 (auch vegetarisches Menu) – **62 Z** 150/230, 5 Suiten.

SCHWARTAU, BAD Schleswig-Holstein **411** OP 5, **987** ⑤ ⑥ – 20 000 Ew – Höhe 10 m
Heilbad – ☎ 0451 (Lübeck).
◆Kiel 72 – ◆Lübeck 8 – Oldenburg in Holstein 50.

  🏨 **Waldhotel Riesebusch** ⤸, Sonnenweg 1, ✉ 23611, ℘ 2 10 21, Fax 283646, �############ – [
    ⟡ 🅿 🕮 Ɛ 𝘝𝘐𝘚𝘈, ⚞
    24.- 31. Dez. geschl. – **Menu** *(Donnerstag geschl.)* à la carte 38/70 – **25 Z** 90/160.

  🏨 **Elisabeth** ⤸, Elisabethstr. 4, ✉ 23611, ℘ 2 17 81, Fax 283850, 🌺 – 📺 ☎ – 🔬 40. ▮
    ← Ɛ 𝘝𝘐𝘚𝘈
    Menu 14 (mittags) und à la carte 35/51 – **23 Z** 95/155.

  ✕ **Olive,** Am Kurpark 3 (in der Holstein-Therme), ✉ 23611, ℘ 28 36 82, Fax 284897, 🌅
    Juni 2 Wochen geschl., Montag nur Abendessen – **Menu** à la carte 41/67.

SCHWARZACH Bayern **413** N 17 – 3 100 Ew – Höhe 200 m – ☎ 09324.
◆München 255 – ◆Bamberg 47 – Gerolzhofen 9 – Schweinfurt 35 – ◆Würzburg 33.

  Im Ortsteil Münsterschwarzach :

  🏨 **Zum Benediktiner** ⤸ garni, Weideweg 7, ✉ 97359, ℘ 8 51, Fax 3315, 🌺 – 📺 ☎ ⬤
    ⟡ 🅿 Ɛ 𝘝𝘐𝘚𝘈
    – **32 Z** 95/150.

  ✕ **Gasthaus zum Benediktiner,** Schweinfurter Str. 31, ✉ 97359, ℘ 37 05, Fax 752, 🌅
    🅿 ⓞ Ɛ 𝘝𝘐𝘚𝘈
    Menu à la carte 29/59.

SCHWARZENBACH AM WALD Bayern **413** R 16 – 6 500 Ew – Höhe 667 m – Wintersport
⚞3 – ☎ 09289.
Ausflugsziel : Döbraberg : Aussichtsturm ☀★, SO : 4 km und 25 min. zu Fuß.
◆München 283 – Bayreuth 54 – Coburg 64 – Hof 24.

  In Schwarzenbach-Gottsmannsgrün SW : 3 km :

  🏨 **Zum Zegasttal,** ✉ 95131, ℘ 14 06, Fax 6807, 🌅 – ☎ 🅿 Ɛ
    Menu *(Mittwoch geschl.)* à la carte 26/51 – **13 Z** 50/100 – ½ P 57/67.

  In Schwarzenbach - Schübelhammer SW : 7 km :

  🏨 **Zur Mühle,** an der B 173, ✉ 95131, ℘ 4 24, Fax 6717, ⇌s, 🔲 – ☎ ⟡ 🅿
    23. Nov.- 12. Dez. geschl. – **Menu** *(Dienstag geschl.)* à la carte 26/52 ⚖ – **19 Z** 45/11(

  In Schwarzenbach - Schwarzenstein SW : 2 km :

  ⚘ **Rodachtal,** Alte Bundesstr. 173, ✉ 95131, ℘ 2 39, Fax 203, 🌅, 🌺 – ⟡ 🅿
    ← *Mitte Okt.- Mitte Nov. geschl.* – **Menu** *(Montag geschl.)* à la carte 22/45 ⚖ – **26 Z** 45/12(
    – ½ P 58/80.

SCHWARZENBACH AN DER SAALE Bayern **413** ST 16, **987** ⑳ – 8 000 Ew – Höhe 504 r
– ☎ 09284.
◆München 278 – Bayreuth 50 – Hof 16 – ◆Nürnberg 131.

  🏨 **Jean-Paul Hotel - Restaurant zur Sonne,** Ludwigstr. 13, ✉ 95126, ℘ 80 70, Fax 8077
    🌅 – 📳 ⤪ Zim 📺 ☎ 🅿 – 🔬 80. 🕮 Ɛ 𝘝𝘐𝘚𝘈
    Menu à la carte 37/64 – **62 Z** 109/160 – ½ P 134/154.

SCHWARZENBERG Sachsen **414** K 14, **987** ⑳, **984** ㉓ – 20 000 Ew – Höhe 427 m – ☎ 03774
🖪 Schwarzenberg-Information, Oberes Tor 5, ✉ 08340, ℘ 2 25 40. Fax 22540.
◆Dresden 125 – Chemnitz 48 – Chomutov 76 – Kalovy Vary 60 – Zwickau 36.

  🏨 **Parkhotel Schwarzenberg** ⤸, Klempnerweg 3, ✉ 08340, ℘ 2 57 08, Fax 25618, ≤, 🌅
    ← 🔺 – 📺 ☎ 🅿 – 🔬 35. 🕮 Ɛ 𝘝𝘐𝘚𝘈
    Menu à la carte 18/37 ⚖ – **20 Z** 90/140.

  In Bermsgrün S : 4 km :

  🏨 **Am Hohen Hahn** ⤸, Gemeindestr. 92, ✉ 08340, ℘ 2 53 07, Fax 23033, 🌅, ⇌s, ⚒, ⚹
    – 📺 ☎ & 🅿 – 🔬 20. 🕮 Ɛ 𝘝𝘐𝘚𝘈
    Menu à la carte 32/53 – **34 Z** 95/210.

SCHWARZENFELD Bayern **413** T 18, **987** ⑳ – 6 000 Ew – Höhe 363 m – ☎ 09435.
🖥 Kemnath bei Fuhrn (SO : 9 km), ℘ (09438) 4 66.
◆München 175 – ◆Nürnberg 82 – ◆Regensburg 53 – Weiden in der Oberpfalz 38.

  In Fensterbach - Wolfringmühle W : 7,5 km :

  🏨 **Wolfringmühle** ⤸, ✉ 92269, ℘ (09438) 16 51, Fax 1070, Biergarten, ⇌s, 🔲, 🌺, ⚹
    ← 📺 ☎ 🅿 – 🔬 100
    Menu à la carte 23/41 – **30 Z** 65/130 – ½ P 65«68.

SCHWARZWALDHOCHSTRASSE

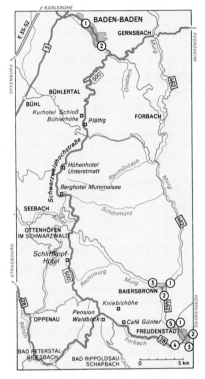

☐ *Plättig* . . . . .Einsam gelegenes Hotel
■ . . . . .Einsam gelegenes Restaurant
○ FORBACH . . . . .Ort mit Unterkunftsmöglichkeiten

☐ *Plättig* . . . . .Hôtel isolé
■ . . . . .Restaurant isolé
○ FORBACH . . . . . . .Localité à ressources hôtelières

☐ *Plättig* .Isolated hotel
■ . . . . .Isolated restaurant
○ FORBACH . . . . . .Town with hotels or restaurants

☐ *Plättig* .Albergo isolato
■ . . . . .Ristorante isolato
○ FORBACH . . . . . . .Localitá con risorse alberghiere

Halten Sie beim Betreten
des Hotels oder des Restaurants
den Führer in der Hand.
Sie zeigen damit, daß Sie aufgrund
dieser Empfehlung gekommen sind.

Die Hotels sind in der Reihenfolge
von Baden-Baden
nach Freudenstadt angegeben

Les hôtels sont indiqués suivant l'itinéraire
Baden-Baden à Freudenstadt

The hotels are listed as they are found
on the route from Baden-Baden
to Freudenstadt

Gli alberghi sono indicati seguendo
l'itinerario : Baden-Baden - Freudenstadt

🏨 ❀ **Schloßhotel Bühlerhöhe** ⓢ – Höhe 800 m, ⌧ 77815 Bühl, ℰ (07226) 5 50, Fax 55777, ≤ Schwarzwald und Rheinebene, 🏖, « Park », Massage, ⚗, ♨, ⩲, 🔲, 🞄, ✕ (Halle) – 🛗 🗄 Rest 📺 ⇔ 🅿 – 🛆 120. 🅰🅴 ⓞ ⋶ 𝘝𝘐𝘚𝘈. ✕ Rest
Imperial, ℰ (07226) 5 51 00, *(Mittwoch - Donnerstag und 9. Jan.- 2. Feb. geschl.)* – **Menu** (wochentags nur Abendessen, bemerkenswerte Weinkarte) 108/165 und à la carte 82/135 – *Schloßrestaurant :* **Menu** à la carte 68/105 – **90 Z** 290/690, 7 Suiten.
Spez. Wachtelbrüstchen und Gänseleber im Strudelblatt an Trüffelsauce, Gebratenes Stein-buttfilet im Hummermantel auf Sojasprossen, Geeistes Tiramisu auf Feigen.

🏨 **Plättig** – Höhe 800 m, ⌧ 77815 Bühl, ℰ (07226) 5 53 00, Fax 55444, ≤, 🏖, ⩲, 🔲, 🞄 – 🛗 📺 ☎ 🅿 – 🛆 100. 🅰🅴 ⓞ ⋶ 𝘝𝘐𝘚𝘈
Menu à la carte 45/63 – **57 Z** 110/220.

🏨 **Höhenhotel Unterstmatt** – Höhe 930 m, ⌧ 77815 Bühl, ℰ (07226) 9 19 90, Fax 919999, 🏖, – 🛗 📺 ☎ 🅿 ⋶ 𝘝𝘐𝘚𝘈
April und Nov.- Mitte Dez. geschl. – **Menu** *(Montag geschl.)* à la carte 27/63 – **15 Z** 65/150.

🏨 **Berghotel Mummelsee** – Höhe 1 036 m, ⌧ 77889 Seebach, ℰ (07842)10 88, Fax 30266, ≤, 🏖 – 🛗 📺 ☎ 🅿 🅰🅴 ⋶ 𝘝𝘐𝘚𝘈 𝙅𝘾𝘉. ✕ Rest
Nov.- Mitte Dez. geschl. – **Menu** à la carte 28/50 – **28 Z** 70/130.

🏨 **Schliffkopf-Hotel** – Höhe 1025 m, ⌧ 72270 Baiersbronn, ℰ (07449) 92 00, Fax 920199, ≤ Schwarzwald, 🏖, ⩲, 🔲, 🞄 – 🛗 ⇌ Zim 📺 ☎ ⇔ 🅿 – 🛆 45. 🅰🅴 ⋶ 𝘝𝘐𝘚𝘈. ✕ Rest
Menu à la carte 33/75 – **50 Z** 80/260 – ½ P 105/165.

Auf dem Kniebis – Höhe 935 m

🏨 **Waldblick** ⓢ, Eichelbachstr. 47, ⌧ 72250 Freudenstadt-Kniebis, ℰ (07442) 20 02, Fax 3011, 🔲, ⩲ 📺 ☎ 🅿 🅰🅴 ⋶ 𝘝𝘐𝘚𝘈 ☎ ⇔ 🅿 – 🛆 50
April - Mai 2 Wochen und Anfang Nov.- Mitte Dez. geschl. – **Menu** *(Dienstag geschl.)* à la carte 38/64 *(auch vegetarische Gerichte)* – **32 Z** 84/222.

In Freudenstadt-Kniebis – Höhe 920 m – Luftkurort :

🛈 Kurverwaltung, Baiersbronner Str. 23, ⊠72250, ℘ 75 70, Fax 50632

🏠 **Kniebishöhe** 🦌, Alter Weg 42, ⊠ 72250, ℘ (07442) 23 97, Fax 50276, ⇌ – |≜| ☎ 🅿
10.- 29. April und 10. Nov.- 18. Dez. geschl. – **Menu** *(Dienstag geschl.)* à la carte 25/52
♨ – **14 Z** 54/124.

🏠 **Café Günter,** Baiersbronner Str. 26, ⊠ 72250, ℘ (07442) 8 41 30, Fax 4252, 😊 – |≜| 📺
☎ ⇌ 🅿. 🗲
15.- 30. April und 2. Nov.- 15. Dez. geschl. – **Menu** *(Montag geschl.)* à la carte 27/50 ♨
– **17 Z** 45/120 – ½ P 65/80.

SCHWEDT Brandenburg 🟦🟦🟦 O 6. 🟦🟦🟦 ⑫, 🟦🟦🟦 ⑧ ⑱ – 49 000 Ew – Höhe 15 m – ✪ 03332
Potsdam 136 – ♦Berlin 104 – Neubrandenburg 99 – Szczecin 87.

🏩 **Andersen** garni, Gartenstr. 11, ⊠ 16303, ℘ 52 47 48, Fax 524750 – |≜| 📺 ☎ ⇌ 🅿 –
🛡 30. 🆎 ⓞ 🗲 *VISA*
32 Z 120/155.

In Zützen SW : 4 km :

🏠 **Iatel,** Apfelallee (an der B 2), ⊠ 16306, ℘ (03332) 51 63 97, Fax 516400, 😊 – 📺 ☎ 🅿
🆎 ⓞ 🗲 *VISA*. 🦌
Menu à la carte 26/44 – **30 Z** 120/150.

SCHWEICH Rheinland-Pfalz 🟦🟦🟦 D 17. 🟦🟦🟦 ㉓ – 6 200 Ew – Höhe 125 m – ✪ 06502.
🛈 Verkehrsamt, Brückenstr. 26 (Rathaus), ⊠ 54338, ℘ 40 71 17, Fax 407180.
Mainz 149 – Bernkastel-Kues 35 – ♦Trier 13 – Wittlich 24.

🏠 **Zur Moselbrücke,** Brückenstr. 1, ⊠ 54338, ℘ 10 68, Fax 7680, 😊, 🌳 – ☎ ⇌ 🅿 –
🛡 25. 🆎 ⓞ 🗲 *VISA*
Jan. geschl. – **Menu** *(Nov.- April Donnerstag geschl.)* à la carte 30/58 ♨ – **24 Z** 65/140.

🏠 **Haus Grefen,** Brückenstr. 31, ⊠ 54338, ℘ 30 81, Fax 3083, 🌳 – ☎ ⇌ 🅿. 🆎 ⓞ 🗲
VISA
18. Feb.- 12. März geschl. – **Menu** *(Sonn- und Feiertage nur Mittagessen)* à la carte 25/45 ♨ – **24 Z** 50/160.

Nahe der Autobahnausfahrt N : 1,5 km :

🏠 Leinenhof, ⊠ 54338 Schweich, ℘ (06502) 10 51, Fax 7931, 😊, 🌳 – ☎ ⇌ 🅿
29 Z.

SCHWEIGEN-RECHTENBACH Rheinland-Pfalz 🟦🟦🟦 🟦🟦🟦 G 19. 🟦🟦🟦 ⑫, 🟦🟦 ② – 1 300 Ew – Höhe
220 m – ✪ 06342.
Mainz 162 – ♦Karlsruhe 46 – Landau in der Pfalz 21 – Pirmasens 47 – Wissembourg 4.

🏠 **Schweigener Hof,** Hauptstr. 2 (B 38, Schweigen), ⊠ 76889, ℘ 92 50, Fax 7690, 😊 – |≜|
← ☎ 🅿 – 🛡 120. 🗲 *VISA*
Jan. 3 Wochen geschl. – **Menu** *(Montag geschl.)* à la carte 23/45 *(auch vegetarische Gerichte)* ♨ – **35 Z** 55/138.

🏠 **Am deutschen Weintor** garni, Bacchusstr. 1 (B 38, Rechtenbach), ⊠ 76889, ℘ 73 35 –
🅿
17 Z 60/120.

SCHWEINFURT Bayern 🟦🟦🟦 N 16, 🟦🟦🟦 ㉖ – 53 000 Ew – Höhe 226 m – ✪ 09721.
🛈 Schweinfurt-Information, Brückenstr. 14, Rathaus, ⊠ 97421, ℘ 5 14 98, Fax 51605.
ADAC, Rückertstr. 17, ⊠ 97421, ℘ 2 22 62, Fax 21596.
♦München 287 ② – ♦Bamberg 57 ① – Erfurt 156 ⑤ – Fulda 85 ④ – ♦Würzburg 44 ③.

Stadtplan siehe gegenüberliegende Seite

🏩 **Roß - Restaurant Roß-Stuben,** Postplatz 9, ⊠ 97421, ℘ 2 00 10, Fax 200113, 😊, ⇌,
🔲 – |≜| 🦌 Zim 📺 ☎ ⇌ – 🛡 35. 🗲 *VISA*   Z r
21. Dez.- 10. Jan. geschl. – **Menu** *(Montag nur Abendessen, Sonn- und Feiertage geschl.)*
à la carte 35/61 – **50 Z** 95/200.

🏩 **Luitpold** garni, Luitpoldstr. 45, ⊠ 97421, ℘ 8 80 25, Fax 803607 – 📺 ☎ 🅿. 🆎 ⓞ 🗲 *VISA*
21. Dez.- 7. Jan. geschl. – **46 Z** 70/170.   Z n

🏩 **Panorama** garni, Am Oberen Marienbach 1, ⊠ 97421, ℘ 20 40, Fax 186391 – |≜| 🦌 📺
☎ – 🛡 20. 🆎 ⓞ 🗲   Y a
23.- 29. Dez. geschl. – **84 Z** 119/220.

🏠 **Zum Grafen Zeppelin,** Cramerstr. 7, ⊠ 97421, ℘ 2 21 73, Fax 25472 – 📺 ☎. 🆎 ⓞ 🗲
VISA   Z u
Menu *(Sonntag nur Mittagessen)* à la carte 25/56 ♨ – **25 Z** 61/140.

🏠 **Resthotel Primevère,** Friedrich-Rätzer-Str. 11, ⊠ 97424, ℘ 77 90, Fax 779200, 😊 – |≜|
🦌 Zim 📺 ☎ ♿ 🅿 – 🛡 70. 🆎 ⓞ 🗲 *VISA*. 🦌 Zim   über ③
La Primula (italienische Küche) **Menu** à la carte 34/55 – **63 Z** 125/138.

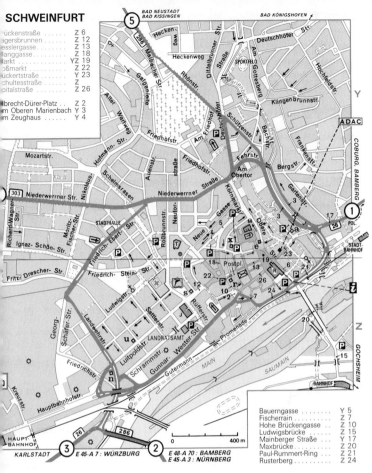

SCHWEINFURT

🏨 **Parkhotel** garni, Hirtengasse 6a, ✉ 97421, ☎ 12 77, Fax 27332 – 📶 📺 ☎ 🚗. 🅰🅴 🅴 *VISA*
23. Dez.- 9. Jan. geschl. – **38 Z** 95/150.   Z **s**

🏨 **Central-Hotel** garni, Zehntstr. 20, ✉ 97421, ☎ 2 00 90, Fax 200950 – 📶 📺 ☎. 🅰🅴 *VISA*
35 Z 86/128.   Y **x**

In Schweinfurt-Bergl über Hauptbahnhofstraße Z :

🏨 **Am Bergl** garni, Berliner Platz 1, ✉ 97424, ☎ 93 60, Fax 93699 – 📶 📺 ☎ 🅿. 🅰🅴 🅴
42 Z 100/170.

In Bergrheinfeld ③ : 5 km :

🏨 **Weißes Roß,** Hauptstr. 65 (B 26), ✉ 97493, ☎ (09721) 9 00 84, Fax 90089, 🌳 – 🅿
44 Z.

🏨 **Astoria,** Schweinfurter Str. 117 (B 26), ✉ 97493, ☎ (09721) 9 00 51, Fax 97132 – 📺 ☎
🚗 🅿. 🅰🅴 🅴 *VISA*
17. April - 4. Mai und 22. Dez.- 7. Jan. geschl. – **Menu** (Samstag nur Abendessen, Sonn-
und Feiertage geschl.) à la carte 25/43 🍴 – **70 Z** 35/95.

SCHWEITENKIRCHEN Bayern 🄘🄘🄘 R 21 – 4 300 Ew – Höhe 537 m – 🕐 08444.
München 46 - ♦Augsburg 70 - Landshut 60.

In Schweitenkirchen-Aufham S : 5 km :

🍴 **Landgasthof Weiß** (mit Zim. und Gästehaus), Otterbachstr. 42, ✉ 85301, ☎ 8 04 – 🅿
➡ Sept. 3 Wochen geschl. – **Menu** (Dienstag geschl.) à la carte 21/32 – **13 Z** 45/75.

♦Düsseldorf 50 – Hagen 16 – Wuppertal 9.

🏨 **Wilzbach**, Obermauerstr. 11, 🖂 58332, 𝄢 9 19 00, Fax 919099, « Bistro-Restaurant ir Jugendstil » – 🛗 ↔ Zim 📺 🅿 – 🔏 25. 🆎 ⓞ ⧠ 𝖵𝖨𝖲𝖠, 🕏 Rest
Menu *(Sonntag geschl.)* à la carte 47/72 – **37 Z** 145/270.

🏨 **Haus Wünsche** ⬙ garni, Göckinghofstr. 47, 🖂 58332, 𝄢 8 20 30, Fax 82126, ≤, 🈂, ⬙ – 📺 ☎ ⟸ 🅿 – 🔏 40. ⓞ ⧠ 𝖵𝖨𝖲𝖠, 🕏
Juli - Aug. 3 Wochen geschl. – **20 Z** 100/160.

♦Stuttgart 127 – Memmingen 36 – Ravensburg 67 – ♦Ulm (Donau) 35.

🍴 **Zum Stern**, Hauptstr. 32, 🖂 88477, 𝄢 29 41, Fax 2718 – 🅿
23.- 30. Dez. geschl. – **Menu** *(Freitag geschl.)* à la carte 26/59 🍷 – **14 Z** 35/100.

Sehenswert : Schloß-Insel★★ (Schloß★ mit Thronsaal★, Schloßkapelle★, Schloßgarten★) Dom★ – Staatliches Museum★.

Ausflugsziel : Ludwigslust : Schloß und Park★ S : 36 km.

🛈 Schwerin-Information, Am Markt 11, 🖂 19055, 𝄢 81 23 14, Fax 864509.

ADAC, Wittenburger Str. 15, 🖂 19053, 𝄢 51 24 23, Fax 5574656.

♦Berlin 207 – ♦Lübeck 67 – ♦Rostock 89.

🏨 **An den Linden** garni, Franz-Mehring-Str. 26, 🖂 19053, 𝄢 51 20 84, Fax 512281, 🈂 – 🛗 📺 ☎ 🅿
12 Z 175/230.

🏨 **Hospiz am Pfaffenteich** garni, Gaußstr. 19, 🖂 19055, 𝄢 8 33 21, Fax 569613 – 📺 ☎
12 Z.

🍴🍴🍴 **Weinhaus Uhle**, Schusterstr. 15, 🖂 19055, 𝄢 86 44 55, Fax 5574093, « Weinhaus m Gewölbe a.d. 18. Jh. » – 🆎 ⓞ ⧠ 𝖵𝖨𝖲𝖠, 🕏
Sonntag nur Mittagessen – **Menu** à la carte 38/73.

🍴🍴 **Jagdhaus**, Güstrower Str. 109 (B 104), 🖂 19055, 𝄢 56 12 16, Fax 561216, 🍽 – 🅿. 🆎 ⓞ ⧠ 𝖵𝖨𝖲𝖠
Menu à la carte 25/56.

🍴 **Zum goldenen Reiter**, Puschkinstr. 44, 🖂 19055, 𝄢 56 50 36, Fax 565036 – 🆎 ⧠
Menu à la carte 34/55.

In Schwerin-Görries :

🏨 **Am Heidberg** garni, Rogahner Str. 20, 🖂 19061, 𝄢 61 11 36, Fax 611120 – 📺 ☎ 🅿
10 Z 100/146.

In Schwerin-Großer Dreesch SO : 4 km :

🏨 **Plaza**, Am Grünen Tal/Hamburger Allee, 🖂 19063, 𝄢 3 48 20, Fax 341053, 🈂 – ↔ Zim 📺 🅿 – 🔏 90. 🆎 ⓞ ⧠ 𝖵𝖨𝖲𝖠 𝖩𝖢𝖡, 🕏 Rest
Menu à la carte 35/56 – **80 Z** 240/310.

In Schwerin-Krebsförden S : 4 km :

🏨 **Arte**, Dorfstr. 6, 🖂 19061, 𝄢 6 34 50, Fax 6345100, 🍽, 🈂 – 🛗 📺 ☎ ♿ 🅿 – 🔏 30. 🆎 ⧠ 𝖵𝖨𝖲𝖠
Menu à la carte 35/57 – **40 Z** 185/260.

In Schwerin-Mueß SO : 7 km :

🏨 **Mueßer Bucht**, Mueßer Bucht 1, 🖂 19063, 𝄢 64 45 00, Fax 6445044, Biergarten – 📺 ☎ 🅿. 🆎 ⓞ ⧠ 𝖵𝖨𝖲𝖠
Menu à la carte 23/40 – **20 Z** 90/150.

In Schwerin-Neumühle W : 2,5 km

🏨 **Neumühler Hof** garni, Neumühler Str. 45, 🖂 19057, 𝄢 73 41 63, Fax 719361, 🍽 – 📺 ☎ ♿ 🅿
14 Z 120/140.

In Schwerin - Raben Steinfeld SO : 9 km :

🏨 **Dobler** garni, Peckateler Str. 5, 🖂 19065, 𝄢 (03860) 80 11, Fax 8006 – 🛗 📺 🅿. ⧠ 𝖵𝖨𝖲𝖠
31 Z 140/190.

In Schwerin-Süd SW : 7 km über die B 32 :

🏨🏨 **Europa,** Werkstr. 209, ✉ 19061, ℘ 6 34 00, Fax 6340666, ⬆️ – 🛗 ⬅️ Zim 📺 – 🔥 35.
🖭 ① 🕩 *VISA*
Menu à la carte 39/57 – **80 Z** 167/324.

In Schwerin-Wickendorf N : 9 km, über die B 106 :

🏨 **Seehotel Frankenhorst** ⑤, Frankenhorst 5, ✉ 19055, ℘ 55 50 71, Fax 555073, ≤, 🍴,
« Park », ⬆️, 🐾 – 📺 ☎ 🅟 – 🔥 45. 🖭 ① 🕩 *VISA*
Menu à la carte 34/53 – **28 Z** 125/180.

In Cambs NO : 10 km, über die B 104 :

🏨 **Christinenhof** ⑤, Schweriner Str. 9, ✉ 19067, ℘ (03866) 6 60, Fax 6655, 🍴, ⬆️ 🚲
– 📺 ☎ & 🅟 – 🔥 45. ①
Menu à la carte 26/50 – **27 Z** 140/180.

In Langen Brütz NO : 14 km, über die B104, in Rampe rechts ab :

🏨 **Landhaus Bondzio** ⑤ garni, Hauptstr. 21 a, ✉ 19067, ℘ (03866) 8 13 51, Fax 745, ⬆️,
🚲 – 📺 ☎ 🅟
17 Z 69/102.

In Banzkow SO : 16 km :

🍴 Lewitzmühle (Holländer Galeriemühle a.d.J. 1874), ✉ 19079, ℘ (03861) 71 11, Fax 7113,
🍴 – 🅟.

In Banzkow-Mirow SO : 17 km :

🏨 **Unter den Linden** ⑤, Unter den Linden 4a, ✉ 19079, ℘ (03861) 79 16, Fax 7918 – 📺
➡️ ☎ 🅟 – 🔥 25. 🕩
Menu à la carte 20/38 – **19 Z** 99/139.

SCHWERTE Nordrhein-Westfalen 411 412 F 12, 987 ⑭ – 52 000 Ew – Höhe 127 m – ✪ 02304.
◆Düsseldorf 75 – Dortmund 13 – Hagen 19 – Hamm in Westfalen 40.

In Schwerte-Geisecke O : 5,5 km :

🏨 **Gutshof Wellenbad,** Zum Wellenbad 7, ✉ 58239, ℘ 48 79, Fax 45979, 🍴 – 📺 ☎ 🅟.
🖭 ① 🕩 *VISA* 🍽️
Jan. 2 Wochen geschl. – **Menu** *(Montag geschl.)* à la carte 56/94 – **12 Z** 125/200.

SCHWETZINGEN Baden-Württemberg 412 413 I 18, 987 ㉕ – 19 000 Ew – Höhe 102 m –
✪ 06202.
Sehenswert : Schloßgarten★★.
🗓 Verkehrsverein, Schloßplatz (Palais Hirsch), ✉ 68723, ℘ 49 33.
◆Stuttgart 118 – Heidelberg 10 – ◆Mannheim 16 – Speyer 16.

🏨 **Adler-Post,** Schloßstr. 3, ✉ 68723, ℘ 1 00 36, Fax 21442, 🍴, ⬆️ – ⬅️ Zim 📺 ☎ &
⬅️ – 🔥 50. 🖭 ① 🕩 *VISA*
1.- 6. Jan. geschl. – **Menu** *(Sonntag nur Mittagessen, Montag sowie 7.- 11. Jan. und 26.
Juli - 17. Aug. geschl.)* à la carte 50/87 – **29 Z** 127/300.

🏨 **Am Schloßgarten,** Zähringer Str. 61, ✉ 68723, ℘ 20 60, Fax 206333, ⬆️ – 🛗 ⬅️ Zim
📺 ☎ 🅟 – 🔥 50. 🖭 ① 🕩 *VISA*
Menu *(Aug. und Sonntag geschl.)* (nur Abendessen) à la carte 28/49 ⑤ – **69 Z** 148/198.

🏨 **Romantik-Hotel Löwe,** Schloßstr. 4, ✉ 68723, ℘ 2 60 66, Fax 10726, 🍴 – 📺 ☎. 🖭 ①
🕩 *VISA*
Menu *(Freitag nur Abendessen, Sonntag nur Mittagessen, Montag geschl.)* à la carte 46/89
– **20 Z** 155/300, 3 Suiten.

🏨 **Zum Erbprinzen,** Karlsruher Str. 1, ✉ 68723, ℘ 9 32 70, Fax 932793, 🍴 – ⬅️ Zim 📺
☎. 🖭 🕩 *VISA*
Café Journal : **Menu** à la carte 39/59 – **25 Z** 129/298.

🏨 **Villa Guggolz** garni, Zähringer Str. 51, ✉ 68723, ℘ 2 50 47, Fax 25049 – ⬅️ 📺 ☎ 🅟.
🖭 🕩 *VISA*
Mitte Dez.- Anfang Jan. geschl. – **10 Z** 98/165.

In Ketsch SW : 5 km :

🏨 **See-Hotel** ⑤, Kreuzwiesenweg 5, ✉ 68775, ℘ (06202) 69 70, Fax 697199, 🍴 – ⬅️ Zim
📺 ☎ 🅟 – 🔥 45. 🖭 🕩 *VISA* 🍽️ Rest
1.- 9. Jan. geschl. – **Menu** *(Samstag nur Abendessen, Sonn- und Feiertage geschl.)* à la carte
52/81 – **42 Z** 125/225.

🍴🍴 **Hirsch,** Hockenheimer Str. 47, ✉ 68775, ℘ (06202) 6 14 39 – 🖭 🕩
Dienstag und 1.- 21. Aug. geschl. – **Menu** à la carte 34/65 ⑤.

♦Stuttgart 16 – Heilbronn 42 – ♦Karlsruhe 66 – Pforzheim 35.

🏠 **Ambrosino** garni, Markgröninger Str. 57 (Industriegebiet), ✉ 71701, ℰ 3 00 40, Fax 300499 – 📳 📺 ☎ 🄿 ⬛ E 🗚 🗚
54 Z 135/180.

🏠 **Schloßhof,** Bahnhofstr. 4, ✉ 71701, ℰ 3 32 03, Fax 31756 – 📳 📺 ☎ 🄿 ⬛ E 🗚 ⛝ Zim *Juli - Aug. 3 Wochen geschl.* – **Menu** *(Samstag geschl.)* à la carte 28/53 – **21 Z** 70/120.

SCHWINDEGG Bayern 413 T 22 – 3 100 Ew – Höhe 426 m – ✪ 08082.
♦München 57 – Landshut 45.

🏠 **Am Rathaus** garni, Mühldorfer Str. 58, ✉ 84419, ℰ 81 58, Fax 8361 – 📺 ☎ 🄿 E 🗚
10 Z 65/100.

SCHWÖRSTADT Baden-Württemberg 413 G 24 – 2 400 Ew – Höhe 296 m – ✪ 07762.
♦Stuttgart 214 – Basel 29 – Lörrach 13 – Bad Säckingen 5 – Todtmoos 26.

🏛 **Schloßmatt,** Lettenbündte 5, ✉ 79739, ℰ 99 15, Fax 4379 – ⛝ Zim 📺 ☎ 🄿 ⬛ E 🗚
Menu *(Sonntag - Montag geschl.)* (nur Abendessen) à la carte 44/76 – **26 Z** 95/160.

SCHWÜLPER Niedersachsen siehe Braunschweig.

SEEBACH Baden-Württemberg 413 H 21, 242 ⑳ – 1 500 Ew – Höhe 406 m – Luftkurort – ✪ 07842 (Kappelrodeck).
🄳 Verkehrsbüro, Rathaus, Ruhesteinstr. 21, ✉ 77889, ℰ 3 08 96, Fax 3270.
♦Stuttgart 142 – Baden-Baden 48 – Freudenstadt 30.

🏠 **Zum Adler,** Ruhesteinstr. 62 (O : 2 km), ✉ 77889, ℰ 3 00 77, Fax 30427, 🍸, 🐴, ⛝ – ⛝ Zim 📺 ☎ 🄿 E 🗚 ⛝ Rest
März 3 Wochen geschl. – **Menu** *(Dienstag geschl.)* à la carte 30/56 👍 – **9 Z** 85/130.

SEEDORF Schleswig-Holstein 411 P 6 – 500 Ew – Höhe 18 m – ✪ 04545.
♦Kiel 113 – ♦Hamburg 62 – ♦Lübeck 33 – Ratzeburg 10 – Schwerin 57.

🏠 **Schaalsee-Hotel** 🌳, Schloßstr. 9, ✉ 23883, ℰ 2 82, Fax 1422, ≤, 🍸, « Lage am See », ⇆, 🔲, 🐴 – 📺 ☎ 🄿 ⛝ Rest
Menu à la carte 30/60 – **17 Z** 70/126.

SEEFELD Bayern 413 Q 22 – 8 100 Ew – Höhe 570 m – ✪ 08152.
♦München 30 – Starnberg 13.

In Seefeld-Hechendorf W : 2,5 km :

✕✕ **Alter Wirt** mit Zim, Hauptstr. 49, ✉ 82229, ℰ 77 35, Fax 79031, 🍸 – 📺 ☎ 🄿 E
Menu à la carte 30/62 – **14 Z** 110/180.

SEEG Bayern 413 O 24, 426 D 6 – 2 600 Ew – Höhe 854 m – Luftkurort – ✪ 08364.
🄳 Verkehrsamt, Hauptstr. 26, ✉ 87637, ℰ 6 42, Fax 8484.
♦München 142 – Kempten (Allgäu) 34 – Pfronten 11.

🏠 **Pension Heim** 🌳, Aufmberg 8, ✉ 87637, ℰ 2 58, Fax 1051, ≤ Voralpenlandschaft, ⇆, 🐴 – ☎ 🄿 ⛝
Nov.- 25. Dez. geschl. – (nur Abendessen für Pensionsgäste) – **16 Z** 70/130.

In Rückholz-Seeleuten SW : 2 km :

🏠 **Café Panorama** 🌳, Seeleuten 62, ✉ 87494, ℰ (08364) 2 48, ≤ Voralpenlandschaft, 🐴 – 🏠 🄿
Nov.- 25. Dez. geschl. – (Restaurant nur für Hausgäste) – **15 Z** 50/120.

SEEHAUSEN Sachsen siehe Leipzig.

SEEHEIM-JUGENHEIM Hessen 412 413 I 17, 987 ㉕ – 16 600 Ew – Höhe 140 m – Luftkurort – ✪ 06257.
♦Wiesbaden 56 – ♦Darmstadt 13 – Heidelberg 47 – Mainz 48 – ♦Mannheim 44.

Im Ortsteil Jugenheim :

🏛 **Jugenheim** 🌳 garni, Hauptstr. 54, ✉ 64342, ℰ 20 05 – 📺 ☎ 🄿 ⬛ ⬤ E 🗚 ⛝
20. Dez.- 5. Jan. geschl. – **18 Z** 95/150.

🏠 **Brandhof** 🌳, Im Stettbacher Tal 61 (O : 1,5 km), ✉ 64342, ℰ 26 89, Fax 3523, 🍸, ⇆ – 📺 ☎ 🄿 – 🔏 40. ⬛ E
Menu à la carte 27/52 *(auch vegetarische Gerichte)* – **45 Z** 80/150.

Im Ortsteil Malchen :

🏠 **Malchen** ⚘ garni, Im Grund 21, ⊠ 64342, 𝒫 (06151) 5 50 31, Fax 55032 – 📺 ☎ 🕭 ⟷ 🅿. 🆎 ⑩ 🅴 𝘝𝘐𝘚𝘈 ᴊᴄʙ – **21 Z** 80/160.

───

SEELBACH Baden-Württemberg 𝟒𝟏𝟑 G 22, 𝟐𝟒𝟐 ㉘, 𝟖𝟕 ⑥ – 4 500 Ew – Höhe 217 m – Luftkurort – ✪ 07823.

🇮 Verkehrsbüro, Rathaus, ⊠ 77960, 𝒫 52 52, Fax 5251.

◆Stuttgart 175 – ◆Freiburg im Breisgau 61 – Offenburg 33.

🏠 **Ochsen,** Hauptstr. 100, ⊠ 77960, 𝒫 20 34, Fax 2036, 🏤 – ⟷ 🅿 – 🔬 35. 𝘝𝘐𝘚𝘈. ⨯ Zim *Feb. - März 3 Wochen geschl. –* **Menu** *(Sonntag nur Mittagessen, Mittwoch geschl.)* à la carte 25/54 🍴 – **30 Z** 66/112.

In Seelbach-Schönberg NO : 6 km – Höhe 480 m

🏠 **Geroldseck** garni, ⊠ 77960, 𝒫 20 44, Fax 5500, ≤, ☎s, 🖼, 🌫 – 📺 ☎ ⟷ 🅿 – 🔬 25. 🆎 ⑩ 🅴 𝘝𝘐𝘚𝘈 – **26 Z** 79/195.

⨯ **Löwen** (Gasthof a.d.J. 1370), an der B 415, ⊠ 77960, 𝒫 20 44, Fax 5500, 🏤 – 🅿. 🆎 ⑩ 🅴 𝘝𝘐𝘚𝘈 *Montag und 8.- 24. Feb. geschl. –* **Menu** à la carte 35/72.

In Seelbach-Wittelbach SO : 2,5 km :

⨯ **Ochsen** mit Zim, Schuttertalstr. 5, ⊠ 77960, 𝒫 22 57, Fax 5631, 🌫 – 🅿. 🅴 *Mai 2 Wochen, Jan. und Nov. jeweils 1 Woche geschl. –* **Menu** *(Dienstag geschl.)* à la carte 26/51 🍴 – **11 Z** 47/90.

───

SEELOW Brandenburg 𝟒𝟏𝟒 P 8, 𝟗𝟖𝟒 ⑯, 𝟗𝟖𝟕 ⑱ – 5 600 Ew – Höhe 20 m – ✪ 03346.

Potsdam 96 – ◆Berlin 68 – Frankfurt a. d. Oder 28.

🏠 **Brandenburger Hof,** Apfelstr. 1, ⊠ 15306, 𝒫 8 89 40, Fax 88942, 🏤, ☎s, 🌫 – ⥝ Zim 📺 ☎ 🅿 – 🔬 50. 🆎 🅴 𝘝𝘐𝘚𝘈 – **Menu** à la carte 26/48 – **39 Z** 90/160.

───

SEELZE Niedersachsen siehe Hannover.

───

SEEON-SEEBRUCK Bayern 𝟒𝟏𝟑 U 23 – 4 950 Ew – Höhe 540 m – Erholungsort – ✪ 08624 (Seeon) und 08667(Seebruck).

Sehenswert : Chiemsee★.

🇮 Verkehrsamt Seebruck, Am Anger 1, ⊠ 83358, 𝒫 71 39, Fax 7415.

◆München 80 – Rosenheim 39 – Wasserburg am Inn 26.

Im Ortsteil Seebruck 𝟗𝟖𝟕 ㊲, 𝟒𝟐𝟔 J 5 – Luftkurort – ✪ 08667

🏠🏠 **Wassermann,** Ludwig-Thoma-Str.1, ⊠ 83358, 𝒫 87 10, Fax 871498, ≤, 🏤, ☎s, 🖼 – ⥝ 📺 ☎ 🅿 – 🔬 40. ⑩ 🅴 𝘝𝘐𝘚𝘈. ⨯ Zim **Menu** à la carte 35/67 – **41 Z** 105/198 – ½ P 103/131.

🏠 **Post,** Ludwig-Thoma-Str. 8, ⊠ 83358, 𝒫 88 70, Fax 13 43, Biergarten – ☎ ⟷ 🅿. 🆎 ⑩ 🅴 𝘝𝘐𝘚𝘈 *21. Nov.- 19. Dez. geschl. –* **Menu** *(Okt.- April Mittwoch geschl.)* à la carte 25/53 – **40 Z** 70/135 – ½ P 80/95.

⨯⨯ **Segelhafen,** Im Yachthafen 7, ⊠ 83358, 𝒫 6 11, Fax 7094, ≤, 🏤 – 🅿. ⑩ 🅴 𝘝𝘐𝘚𝘈 *Montag und Nov.- Anfang Dez. geschl. –* **Menu** à la carte 35/69.

Im Ortsteil Seebruck-Lambach SW : 3 km ab Seebruck :

🏠 **Malerwinkel,** ⊠ 83358, 𝒫 (08667) 4 88, Fax 1408, Terrasse mit ≤ Chiemsee und Alpen, ☎s, 🐎, 🌫 – 📺 ☎ 🅿 **Menu** (Tischbestellung ratsam) à la carte 39/77 – **20 Z** 100/200.

Im Ortsteil Seeon :

🏠 **Scheitzenberg** ⚘, Scheitzenberg 1 (W : 1 km), ⊠ 83370, 𝒫 (08624) 8 78 90, Fax 4305, ≤, « Gartenterrasse », 🌫 – 📺 ☎ 🅿 – 🔬 30. 🅴 **Menu** à la carte 30/59 – **20 Z** 95/135.

───

SEESEN Niedersachsen 𝟒𝟏𝟏 N 11, 𝟗𝟖𝟕 ⑮ ⑯ – 22 500 Ew – Höhe 250 m – ✪ 05381.

🇮 Städt. Verkehrsamt, Marktstr. 1, ⊠ 38723, 𝒫 7 52 43, Fax 75261.

◆Hannover 77 – ◆Braunschweig 62 – Göttingen 53 – Goslar 26.

🏠🏠 **Goldener Löwe** (mit Gästehaus), Jacobsonstr. 20, ⊠ 38723, 𝒫 93 30, Fax 933444 – ⥝ ⨯ Zim 📺 ⟷ 🅿 – 🔬 70. 🆎 ⑩ 🅴 𝘝𝘐𝘚𝘈 **Menu** *(Samstag nur Abendessen)* à la carte 45/78 – **43 Z** 114/210.

🏠 **Alter Fritz,** Frankfurter Str. 2, ⊠ 38723, 𝒫 18 11, Fax 3338, ☎s – ⥝ 📺 ☎ 🕭 🅿. 🆎 ⑩ 🅴 𝘝𝘐𝘚𝘈 – **Menu** à la carte 33/57 – **25 Z** 70/110.

🏠 **Wilhelmsbad,** Frankfurter Str. 10, ⊠ 38723, 𝒫 10 35, Fax 47590 – 📺 ☎ ⟷ 🅿. 🆎 ⑩ 🅴 𝘝𝘐𝘚𝘈 – **Menu** *(Sonntag geschl.)* à la carte 26/55 – **19 Z** 70/140.

SEESHAUPT Bayern **413** Q 23 – 2 800 Ew – Höhe 600 m – ✿ 08801.
♦München 48 – Starnberg 26 – Weilheim 14.

🏠 **Sterff** garni, Penzberger Str. 6, ✉ 82402, ℰ 17 11, Fax 2598, ☞ – 📺 ☎ 🅿. Ε VISA. ✀
20. Dez.- 6. Jan. geschl. – **22 Z** 85/135.

SEESTERMÜHE Schleswig-Holstein **411** L 5 – 800 Ew – Höhe 3 m – ✿ 04125.
♦Kiel 99 – Cuxhaven 77 – ♦Hamburg 43 – Itzehoe 34.

XX **To'n Vossbau,** Am Altenfeldsdeich 3, ✉ 25371, ℰ 3 13, Fax 262 – 🅿
Dienstag, Jan.- März auch Montag geschl. – **Menu** (Montag - Freitag nur Abendessen)
à la carte 42/73.

SEEVETAL Niedersachsen **411** N 6. **987** ⑤ ⑮ – 38 000 Ew – Höhe 25 m – ✿ 04105.
🖫 Am Golfplatz 24, ℰ 23 31.
♦Hannover 130 – ♦Bremen 101 – ♦Hamburg 22 – Lüneburg 33.

In Seevetal-Hittfeld :

🏛 **Zur Linde,** Lindhorster Str. 3, ✉ 21218, ℰ 20 23, Fax 53031, « Gartenterrasse » – ✁ Zim
📺 ☎ 🅿
Jan. 2 Wochen geschl. – **Menu** à la carte 30/57 – **36 Z** 84/152.

🏛 **Meyer's Hotel** garni, Hittfelder Twiete 1, ✉ 21218, ℰ 28 27, Fax 52655 – 📺 ☎ 🅿. ⅍ Ε
16 Z 110/170.

🏛 **Krohwinkel,** Kirchstr. 15, ✉ 21218, ℰ 25 07, Fax 53799, Spielbank im Hause – 📺 ☎ 🅿
– 🔥 25. ⅍ ⓞ Ε VISA JCB
Menu à la carte 32/59 – **16 Z** 98/165.

In Seevetal-Maschen :

🏛 Maack, Hamburger Str. 6, ✉ 21220, ℰ 81 70, Fax 817777, ☎ – 🛗 📺 ☎ 🅿 – 🔥 60 – **86 Z**.

SEEWALD Baden-Württemberg **413** I 21 – 2 400 Ew – Höhe 750 m – Luftkurort – Wintersport :
700/900 m ✆1 ✆2 – ✿ 07448.
🗂 Rathaus in Besenfeld, Freudenstädter Str. 12, ✉ 72297, ℰ (07447) 9 46 00, Fax 1634.
♦Stuttgart 76 – Altensteig 13 – Freudenstadt 23.

In Seewald-Besenfeld – ✿ 07447 :

🏛 **Oberwiesenhof,** Freudenstädter Str. 60 (B 294), ✉ 72297, ℰ 28 00, Fax 280333, ☞, ☎,
🔲, ☞, ✀ – 🛗 📺 ☎ ☜ 🅿 – 🔥 60. ⅍ ⓞ Ε VISA. ✀ Rest
7.- 26. Jan. geschl. – **Menu** à la carte 43/72 – **53 Z** 84/190, 7 Suiten – ½ P 107/119.

🏠 Café Konradshof ☜ garni, Freudenstädter Str. 65 (B 294), ✉ 72297, ℰ 12 22, Fax 1222,
☞ – 🛗 📺 ☎ ☜ 🅿. ✀ – **14 Z**

🏠 **Sonnenblick,** Freudenstädter Str. 40 (B 294), ✉ 72297, ℰ 3 19, Fax 738, 🔲, ☞ – 🛗 📺
☜ 🅿. ✀ Rest
Mitte Nov.- Mitte Dez. geschl. – **Menu** (Dienstag geschl.) à la carte 30/59 – **26 Z** 53/120
– ½ P 70/80.

🏠 **Pferdekoppel-Unterwiesenhof** ☜, Kniebisstr. 65, ✉ 72297, ℰ 3 64, Fax 1627, ≤, ☞,
✦ ☞, ✖ (Halle, Schule) – 📺 ☎ 🅿
Okt. - Nov. 4 Wochen geschl. – **Menu** (Montag geschl.) à la carte 23/46 – **13 Z** 50/110
– ½ P 59/63.

An der Straße Göttelfingen-Altensteig SO : 4 km ab Göttelfingen :

⚘ **Kropfmühle** ☜, ✉ 72297 Seewald-Omersbach, ℰ (07448) 2 44, Fax 1054, ☞, ☞ – ☜
🅿. Ε
Mitte Jan.- Mitte Feb. geschl. – **Menu** (Montag geschl.) à la carte 28/55 ⅌ – **9 Z** 42/84
– ½ P 60.

Per viaggiare in EUROPA, utilizzate :

le carte Michelin scala 1/400 000 a 1/1 000 000 **Le Grandi Strade** ;

Le carte Michelin dettagliate ;

Le **guide Rosse** Michelin (alberghi e ristoranti) :

**Benelux, España Portugal, France, Great Britain and Ireland, Italia,
Svizzera, main cities Europe**

Le **guide Verdi** Michelin :

(descrizione delle curiosità, itinerari regionali, luoghi di soggiorno).

Schleswig-Holstein 🗺️ NO 5, 🗺️ ⑤ – 15 100 Ew – Höhe 45 m – Luftkurort – 🅰 04551.

🛈 Tourist-Information, Oldesloer Str. 20, ✉️ 23795, 𝒞 5 72 33, Fax 57221.

◆Kiel 47 – ◆Hamburg 63 – ◆Lübeck 31 – Neumünster 26.

In Bad Segeberg-Schackendorf NW : 5 km :

XX **Immenhof,** Neukoppel 1, ✉️ 23795, 𝒞 32 44, Fax 4765, 🌳 – 🅿. 🆎 ⓞ Ε 𝑉𝐼𝑆𝐴
Menu à la carte 35/65 *(auch vegetarische Gerichte).*

In Högersdorf SW : 3,5 km :

XX **Holsteiner Stuben** 🐾 mit Zim, Dorfstr. 19, ✉️ 23795, 𝒞 (04551) 40 41, Fax 1576, 🌳, 🐎 – 📺 ☎ 🅿. 🆎 ⓞ Ε 𝑉𝐼𝑆𝐴, 🍴 Zim
Menu *(Mittwoch geschl.)* à la carte 28/66 – **6 Z** 80/125.

In Rohlstorf-Warder NO : 8 km :

🏨 **Gasthof am See** 🐾 (mit Gästehaus), Seestr. 25, ✉️ 23821, 𝒞 (04559) 18 90, Fax 720, <, « Gartenterrasse », 🛥️, 🐎 – 📶 🍴 Zim 📺 ☎ 🅿. 🆎 ⓞ Ε 𝑉𝐼𝑆𝐴
Menu à la carte 37/69 – **40 Z** 95/185.

In Leezen SW : 10 km :

🏨 **Teegen,** Heiderfelder Str. 5 (B 432), ✉️ 23816, 𝒞 (04552) 91 73, Fax 9169, 🌳, 🛥️, 🔲 (Gebühr), 🐎 – 📺 ☎ 🚗 🅿. 🆎 ⓞ Ε 𝑉𝐼𝑆𝐴
Juni - Juli 3 Wochen geschl. – Menu *(Montag geschl.)* à la carte 27/52 – **15 Z** 60/110.

In Bark-Bockhorn W : 12 km :

🏨 **Schäfer,** Bockhorner Landstr. 10a (B 206), ✉️ 23826, 𝒞 (04558) 10 66, Fax 268 – 📺 ☎ 🅿. ⬅ 🆎 Ε 𝑉𝐼𝑆𝐴
Menu à la carte 24/54 – **21 Z** 89/175.

In Pronstorf O : 15 km :

🏨 **Pronstorfer Krug** 🐾 (mit Gästehaus), ✉️ 23820, 𝒞 (04553) 9 97 90, Fax 336, « Gartenterrasse », 🛥️, 🐎 – 🍴 Zim 📺 ☎ 🅿. 🆎 ⓞ Ε 𝑉𝐼𝑆𝐴. 🍴 Rest
Menu à la carte 31/62 – **27 Z** 65/150.

Niedersachsen 🗺️ 🗺️ M 10, 🗺️ ⑮ – 18 500 Ew – Höhe 64 m – 🅰 05138.

◆Hannover 17 – ◆Braunschweig 48 – Hildesheim 38.

In Sehnde-Bilm NW : 5 km :

🏨 **Parkhotel Bilm** 🐾, Behmerothsfeld 6, ✉️ 31319, 𝒞 20 47, Fax 2359, 🛥️, 🔲, 🐎 – 📶 📺 ☎ 🅿. 🆎 ⓞ Ε 𝑉𝐼𝑆𝐴
23. Dez. - 2. Jan. geschl. – (nur Abendessen für Hausgäste) – **52 Z** nur ½ P 119/464.

Bayern 🗺️ T 16, 🗺️ ㉗ – 19 500 Ew – Höhe 555 m – 🅰 09287.

🛈 Verkehrsverband für Nordostbayern, Friedrich-Ebert-Str. 7, ✉️ 95100, 𝒞 27 59, Fax 4870.

◆München 291 – Bayreuth 62 – Hof 27.

🏨 **Rosenthal-Casino** 🐾, Kasinostr. 3, ✉️ 95100, 𝒞 80 50, Fax 80548, « Zimmer mit moderner Einrichtung und Dekor verschiedener Künstler » – 📺 ☎ 🅿. 🆎 ⓞ Ε 𝑉𝐼𝑆𝐴
10.- 15. Aug. geschl. – Menu *(Samstag nur Abendessen, Sonntag geschl.)* à la carte 30/55 – **20 Z** 100/160.

🏨 **Parkhotel,** Franz-Heinrich-Str. 29, ✉️ 95100, 𝒞 7 89 91, Fax 3222, 🛥️ – 📶 📺 ☎ 🅿 – 🔩 20. 🆎 Ε
22. Dez.- 6. Jan. geschl. – Menu *(Samstag und 30. Juli - Aug. geschl.)* (nur Abendessen) à la carte 26/50 – **40 Z** 95/155.

XX **Altselber-Stuben** mit Zim, Martin-Luther-Platz 5, ✉️ 95100, 𝒞 22 00, Fax 2276, 🌳 – 📺 ☎. 🆎 ⓞ Ε 𝑉𝐼𝑆𝐴
Menu *(18. Aug.- 10. Sept. und Freitag geschl., Samstag nur Abendessen)* à la carte 28/65 – **11 Z** 85/125.

Im Wellertal S : 6 km Richtung Schirnding :

XX **Gut Blumenthal** 🐾 mit Zim (ehem. Gutshof mit Hutschenreuther-Museum), Blumenthal 2, ✉️ 95100 Selb, 𝒞 (09235) 5 28, Fax 529, 🌳 – 📺 ☎ 🅿
Jan.- Feb. geschl. – Menu *(Nov.- März Sonntag geschl., April - Okt. Sonntag nur Abendessen)* (italienische Küche) à la carte 35/65 – **7 Z** 80/120.

Bayern 🗺️ S 16 – 5 000 Ew – Höhe 525 m – 🅰 09280.

◆München 285 – Bayreuth 56 – Hof 15.

In Selbitz-Stegenwaldhaus O : 4 km über die B 173, in Sellanger rechts ab :

🍴 **Leupold** 🐾, ✉️ 95152, 𝒞 2 72, Fax 8164, 🌳 – 🚗 🅿
Menu *(Sonntag nur Mittagessen, Montag nur Abendessen)* à la carte 27/41 – **13 Z** 52/94.

SELIGENSTADT Hessen 🔲🔲 J 16, 🔲🔲 ㉕ – 18 500 Ew – Höhe 108 m – 🟤 06182.

🅱 Verkehrsbüro, Aschaffenburger Str. 1, ⊠ 63500, ℘ 8 71 77, Fax 29477.

◆Wiesbaden 58 – Aschaffenburg 17 – ◆Frankfurt am Main 25.

🏨 **Mainterrasse,** Kleine Maingasse 18, ⊠ 63500, ℘ 9 27 60, Fax 927677, ≤, 🍽 – 📺 ☎.
AE E VISA
Menu (italienische Küche) à la carte 46/72 – **26 Z** 105/185.

🏨 **Zum Ritter,** Würzburger Str. 31, ⊠ 63500, ℘ 2 60 34, Fax 3933 – 📺 ☎ ⟲ 🅿
21. Dez.- 6. Jan. geschl. – **Menu** (Sonntag nur Mittagessen) (wochentags nur Abendessen)
à la carte 29/64 – **20 Z** 95/140.

🏨 Zur Krone, Freihofplatz 4, ⊠ 63500, ℘ 2 60 96, Fax 20809, 🍽 – 📺 ☎ – **14 Z**.

🏨 **Elysée** garni, Ellenseestr. 45, ⊠ 63500, ℘ 2 28 35, Fax 20280 – ↝ 📺 ☎ ⟲ 🅿. AE ①
E VISA ⌇⌇
23. Dez.- 9. Jan. geschl. – **20 Z** 90/140.

🏨 **Landgasthof Neubauer,** Westring 3a, ⊠ 63500, ℘ 30 97, Fax 3099, 🍽 – 📺 ☎ 🅿
◆ ⌇⌇
Feb. und Okt. jeweils 2 Wochen geschl. – **Menu** (Montag geschl.) (wochentags nur Abendessen) à la carte 24/47 – **13 Z** 95/140.

🍴🍴 **Klosterstuben,** Freihofplatz 7, ⊠ 63500, ℘ 35 71 – AE E
Samstag nur Abendessen, Sonntag nur Mittagessen, Montag und Juli - Aug. 3 Wochen
geschl. – **Menu** (Tischbestellung ratsam) à la carte 50/79.

🍴🍴 **Römischer Kaiser,** Frankfurter Str. 9, ⊠ 63500, ℘ 2 22 96, Fax 29227, 🍽 – 🅿
Donnerstag geschl. – **Menu** à la carte 36/74.

In Seligenstadt-Froschhausen NW : 3 km :

🍴 **Zum Lamm,** Seligenstädter Str. 36, ⊠ 63500, ℘ 70 64, Fax 67482 – ☎ 🅿
◆ 20. Dez.- 6. Jan. geschl. – **Menu** (Juli und Freitag - Samstag geschl.) à la carte 24/39 🍸
– **27 Z** 70/130.

SELLIN Mecklenburg-Vorpommern siehe Rügen (Insel).

SELM Nordrhein-Westfalen siehe Lünen.

Erfahrungsgemäß werden bei größeren Veranstaltungen,
Messen und Ausstellungen in vielen Städten und deren Umgebung
erhöhte Preise verlangt.

SELTERS Rheinland-Pfalz 🔲🔲 G 15 – 2 200 Ew – Höhe 246 m – 🟤 02626.
Mainz 94 – ◆Bonn 70 – ◆Koblenz 35 – Limburg an der Lahn 35.

🏨 **Adler,** Rheinstr. 24, ⊠ 56242, ℘ 7 00 44, Fax 78888 – 📺 ☎ ⟲. AE ① E VISA ⌇⌇
Menu (Samstag geschl.) à la carte 27/54 – **15 Z** 80/130.

SELTERS (TAUNUS) Hessen 🔲🔲 H 15 – 6 600 Ew – Höhe 140 m – 🟤 06483.
◆Wiesbaden 49 – ◆Frankfurt am Main 62 – Limburg an der Lahn 18.

In Selters-Münster – Erholungsort :

🍴🍴 **Stahlmühle** 🦢 mit Zim, Bezirksstr. 34 (NO : 1,5 km), ⊠ 65618, ℘ 56 90, Fax 5690, 🍽
– 📺 ☎ 🅿. AE
Menu (Nov.- April Mittwoch geschl., Donnerstag nur Abendessen) à la carte 68/95 –
3 Z 129/173.

SEMBZIN Mecklenburg-Vorpommern siehe Waren (Müritz).

SENDEN Bayern 🔲🔲 N 22 – 19 000 Ew – Höhe 470 m – 🟤 07307.
◆München 143 – Memmingen 48 – ◆Ulm (Donau) 11.

🏨 **Feyrer,** Bahnhofstr. 18, ⊠ 89250, ℘ 40 87, Fax 34253, 🍽 – 🛗 📺 ☎ 🅿 – 🔬 50. AE E
VISA
1.- 7. Jan. geschl. – **Menu** (Sonntag nur Mittagessen) à la carte 32/62 – **36 Z** 110/160.

SENDEN Nordrhein-Westfalen 🔲🔲 🔲🔲 F 11, 🔲🔲 N 6 – 16 500 Ew – Höhe 60 m – 🟤 02597.
◆Düsseldorf 129 – Lüdinghausen 10 – Münster (Westfalen) 18.

In Senden-Ottmarsbocholt SO : 4 km :

🍴🍴🍴 ⚜ **Averbeck's Giebelhof,** Kirchstr. 12, ⊠ 48308, ℘ (02598) 3 93, Fax 779, 🍽, « Elegante
Einrichtung » – 🅿. ⌇⌇
Montag - Freitag nur Abendessen, Dienstag geschl. – **Menu** (bemerkenswerte Weinkarte)
125/180 und à la carte 100/126 – **Grüner Zeisig** : Menu à la carte 38/63
Spez. Tellersülze vom Hummer, Kaninchen mit Auberginenpüree, Rehrücken in Burgunder
pochiert.

SENDENHORST Nordrhein-Westfalen 411 412 G 11 – 10 600 Ew – Höhe 53 m – ✪ 02526.

📍 Everswinkel-Alverskirchen (NW : 7 km), 𝓅 (02582) 2 27.

◆Düsseldorf 136 – Beckum 19 – Münster (Westfalen) 22.

　💥 **Zurmühlen** mit Zim, Osttor 38, ⊠ 48324, 𝓅 13 74, Fax 4189 – 📺 🆎 ⓪ 🇪 𝗩𝗜𝗦𝗔. ❄
　Menu (Freitag geschl.) à la carte 23/50 – **9 Z** 75/130.

　💥 **Elmenhorst,** Westtor 3, ⊠ 48324, 𝓅 32 38, Fax 3238, 🏠 – 🅿 🇪.
　Dienstag geschl. – **Menu** à la carte 29/60.

　　In Sendenhorst-Hardt SO : 2 km :

　💥💥 **Waldmutter,** an der Straße nach Beckum, ⊠ 48324, 𝓅 12 72, Fax 1079,
　« Gartenterrasse » – 🅿 – 🔬 150
　Feb. und Montag geschl. – **Menu** à la carte 30/64.

SENFTENBERG Brandenburg 414 N 11, 984 ⑳, 987 ⑱ – 29 500 Ew – Höhe 102 m – ✪ 03573.

🖪 Fremdenverkehrsbüro, Kirchplatz 18, ⊠ 01968, 𝓅 21 70, Fax 2170.

ADAC, Schulstr. 2, ⊠ 01968, 𝓅 8 68 60, Fax 2304.

Potsdam 152 – Cottbus 36 – ◆Dresden 75.

　🏠 Kronprinz, Ernst-Thälmann-Str. 44, ⊠ 01968, 𝓅 21 53, Fax 791758 – 📺 ☎ 🅿 – **15 Z**.

　🏠 **Parkhotel,** Steindamm 20, ⊠ 01968, 𝓅 7 38 61, Fax 2074 – 📺 ☎ 🅿. 🆎 ⓪ 🇪 𝗩𝗜𝗦𝗔
　Menu à la carte 19/32 – **14 Z** 95/160.

SENHEIM Rheinland-Pfalz 412 E 16 – 700 Ew – Höhe 90 m – ✪ 02673 (Ellenz-Poltersdorf).

Mainz 104 – Cochem 16 – ◆Trier 75.

　🏠 **Schützen** 🕭, Brunnenstr. 92, ⊠ 56820, 𝓅 43 06, Fax 4316 – 🚗 🅿. 🆎 🇪 𝗩𝗜𝗦𝗔. ❄
　April - Nov. – **Menu** (Montag geschl., Dienstag - Freitag nur Abendessen) à la carte 26/53
　🍴 – **12 Z** 54/100.

SESSLACH Bayern 413 P 16 – 3 800 Ew – Höhe 271 m – ✪ 09569.

◆München 275 – ◆Bamberg 40 – Coburg 16.

　💥💥 **Mally** 🕭, mit Zim, Dr.-Josef-Otto-Kolb-Str.7, ⊠ 96145, 𝓅 2 28, Fax 1483, 🏠, « Moderne,
　elegante Einrichtung »
　Jan. und Aug. geschl. – **Menu** (Montag geschl.) (nur Abendessen, Tischbestellung ratsam)
　à la carte 60/78 – **7 Z** 80/100.

SEWEKOW Brandenburg siehe Wittstock.

SIEBELDINGEN Rheinland-Pfalz 412 413 H 19 – 1 000 Ew – Höhe 170 m – ✪ 06345.

Mainz 115 – Karlsruhe 41 – Mannheim 56.

　💥💥 **Sonnenhof** mit Zim, Mühlweg 2, ⊠ 76833, 𝓅 33 11, Fax 5316, 🏠 – 📺 ☎ 🅿. 🆎 🇪.
　❄ Zim
　Menu (Donnerstag und Jan.- Feb. 2 Wochen geschl.) à la carte 38/63 🍴 – **13 Z** 75/135.

SIEBENLEHN Sachsen 414 L 12. 984 ㉔. 987 ⑱ – 2 400 Ew – Höhe 315 m – ✪ 035242.

◆Dresden 36 – Chemnitz 42 – Freiberg 15 – ◆Leipzig 82 – Teplice 90.

　🏠 **Schwarzes Roß,** Freiberger Str. 9 (B 101), ⊠ 09634, 𝓅 6 77 76, Fax 67777, Biergarten –
　📺 ☎ 🅿 – 🔬 250. 🆎 🇪 𝗩𝗜𝗦𝗔. ❄ Zim
　Menu à la carte 30/54 – **16 Z** 120/190.

SIEGBURG Nordrhein-Westfalen 412 E 14, 987 ㉔ – 37 000 Ew – Höhe 61 m – ✪ 02241.

🖪 Verkehrsamt, Markt 46, ⊠ 53721, 𝓅 10 23 83, Fax 102293.

ADAC, Humperdinckstr. 64, ⊠ 53721, 𝓅 (0221) 47 27 47, Fax 67596.

◆Düsseldorf 67 – ◆Bonn 11 – ◆Koblenz 87 – ◆Köln 27.

　🏨 **Kranz - Parkhotel,** Mühlenstr. 32, ⊠ 53721, 𝓅 54 70, Fax 547444, 🚄 – 🛗 ❄ Zim 📺
　🕭 🚗 – 🔬 65. 🆎 ⓪ 🇪 𝗩𝗜𝗦𝗔. ❄ Rest
　Menu à la carte 43/68 – **70 Z** 203/295.

　🏠 **Kaspar** garni, Elisabethstr. 11 (am Rathaus), ⊠ 53721, 𝓅 5 98 30, Fax 598344 – 🛗 📺 ☎.
　🆎 ⓪ 🇪 𝗩𝗜𝗦𝗔 – 22. Dez.- 5. Jan. geschl. – **25 Z** 100/200.

　🏠 Zum Stern garni, Markt 14, ⊠ 53721, 𝓅 6 00 21, Fax 51707 – 🛗 📺 ☎ – **54 Z**.

　🏠 **Kaiserhof,** Kaiserstr. 80, ⊠ 53721, 𝓅 5 00 71, Fax 68294 – 🛗 📺 ☎ 🚗. 🆎 ⓪ 🇪 𝗩𝗜𝗦𝗔
　Menu à la carte 39/68 – **32 Z** 106/160.

　🏠 **Siegblick,** Nachtigallenweg 1, ⊠ 53721, 𝓅 6 00 77, Fax 60079, 🏠 – ☎ 🚗 🅿. 🇪 𝗩𝗜𝗦𝗔
　Menu (1.- 15. Jan., 14. Juli - 6. Aug. und Freitag geschl.) à la carte 34/62 – **20 Z** 80/150.

🛈 Tourist-Information, Pavillon am Hauptbahnhof, ⊠ 57072, ℘ 5 77 75, Fax 335006.
ADAC, Leimbachstr.189, ⊠ 57074, ℘ 33 50 44, Fax 335006.
◆Düsseldorf 130 ⑤ – ◆Bonn 99 ⑤ – Gießen 73 ③ – Hagen 88 ⑤ – ◆Köln 93 ⑤.

SIEGEN

Alte Poststraße	YZ 2
Bahnhofstraße	Y 4
Brüder-Busch-Straße	Y 6
Hindenburgstraße	Y 18
Koblenzer Straße	Z
Kölner Straße	Y 20
Kölner Tor	Y 21
Löhrstraße	Z 25
Marburger Straße	Y 28
Marburger Tor	Y 29
Markt	Y 31
Badstraße	Z 3
Berliner Straße	YZ 5
Burgstraße	Y 7
Eiserfelder Straße	Z 8
Fischbacherbergstraße	Y 9
Freudenberger Straße	Y 10

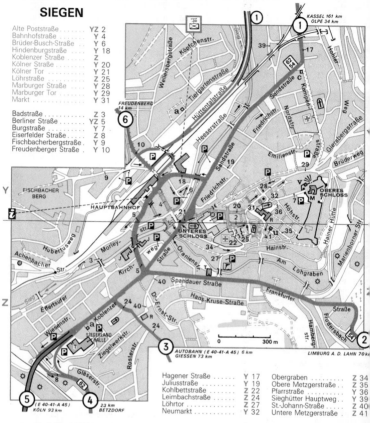

Hagener Straße	Y 17
Juliusstraße	Y 19
Kohlbettstraße	Z 22
Leimbachstraße	Z 24
Löhrtor	Z 27
Neumarkt	Y 32
Obergraben	Z 34
Obere Metzgerstraße	Z 35
Pfarrstraße	Z 36
Sieghütter Hauptweg	Y 39
St.-Johann-Straße	Z 40
Untere Metzgerstraße	Z 41

🏨🏨 **Park Hotel Siegen,** Koblenzer Str. 135, ⊠ 57072, ℘ 3 38 10, Fax 3381450, ☎, Massage, ♨, ≦s – ◫ ﹀ Zim 📺 ☎ ❷ – 🔬 20. ◭ ⓞ Ε 🆅🆂🅰
Menu à la carte 47/68 – **91 Z** 198/282, 3 Suiten.   Z **a**

🏨🏨 Queens Hotel am Kaisergarten, Kampenstr. 83, ⊠ 57072, ℘ 5 01 10, Fax 5011150, Massage, ≦s, 🔲 – ◫ ﹀ Zim 📺 ⟺ ❷ – 🔬 90. 🦋 Rest – **94 Z.**   Y **c**

🏨 **Berghotel Johanneshöhe,** Wallhausenstr. 1, ⊠ 57072, ℘ 31 00 08, Fax 315039 – ﹀ Zim 📺 ☎ ⟺ ❷. ◭ ⓞ Ε 🆅🆂🅰. 🦋 Rest   über Achenbacher Straße Z
Menu *(Sonntag nur Mittagessen)* (wochentags nur Abendessen) à la carte 34/76 – **25 Z** 89/200.

🏠 **Bürger** garni, Marienborner Str. 134, ⊠ 57074, ℘ 6 25 51, Fax 63555 – ◫ 📺 ☎ ⟺ ❷. ◭ ⓞ Ε 🆅🆂🅰 – **30 Z** 75/135.   über Marienborner Straße YZ

🏠 **Jakob** garni, Tiergartenstr. 61, ⊠ 57072, ℘ 5 23 75, Fax 24541 – ☎ ❷ – **10 Z** 70/120.   Y **a**

XX Schloß-Stuben, Im Oberen Schloß, ⊠ 57072, ℘ 5 65 66, Fax 22247, ≤ Siegen, « Terrasse im Schloßhof »   Y **v**

XX **Schwarzbrenner,** Untere Metzgerstr. 29, ⊠ 57072, ℘ 5 12 21, « Haus a.d. 18. Jh. mit gemütlicher Atmosphäre » – Ε   Z **u**
Montag und Juli - Aug. 3 Wochen geschl. – **Menu** (nur Abendessen, Tischbestellung ratsam) à la carte 53/79.

XX **Siegerlandhalle,** Koblenzer Str. 151, ⊠ 57072, ℘ 33 10 00, Fax 3381120, ☎ – 🔬 ❷ – 🔬 660. ◭ Ε   Z **T**
Sonn- und Feiertage geschl. – **Menu** à la carte 38/72.

In Siegen-Eiserfeld ④ : 5 km :

🏠 **Siegboot,** Eiserfelder Str. 230, ✉ 57080, 𝒫 35 90 30, Fax 3590355 – |≱| 📺 ☎ ⟳ 🅟
Menu *(Dienstag geschl.)* (wochentags nur Abendessen) à la carte 29/68 – **29 Z** 95/140.

🏠 **Haus Hennche,** Eiserntalstr. 71, ✉ 57080, 𝒫 38 16 45, Fax 385240 – ☎ ⟳ 🅟. 🎇 Zim
Juni - Juli 3 Wochen geschl. – **Menu** *(Samstag nur Mittagessen, Sonntag geschl.)* à la carte
26/52 – **21 Z** 40/120.

In Siegen-Geisweid ① : 6 km :

🏠 **Römer** garni, Rijnsburger Str. 4, ✉ 57078, 𝒫 8 10 45, Fax 870140 – |≱| ☎ ⟳
16 Z.

✕✕ **Ratskeller,** Lindenplatz 7 (im Rathaus), ✉ 57078, 𝒫 8 43 33, 🍸 – 🆎 ⓞ 🅴 𝘝𝘐𝘚𝘈
Samstag nur Abendessen, Sonntag und Juli 3 Wochen geschl. – **Menu** à la carte 33/69.

In Siegen - Kaan-Marienborn O : 4 km über Marienborner Str. YZ :

✕ **Weißtalhalle,** Blumertsfeld 2, ✉ 57074, 𝒫 6 40 74, Fax 681157 – 🚻 🅟 – 🔝 200. 🅴
Sonntag nur Mittagessen, Montag geschl. – **Menu** à la carte 28/70.

In Siegen-Sohlbach ① : 7 km :

🏠 **Kümmel,** Gutenbergstr. 7, ✉ 57078, 𝒫 8 30 69, Fax 83368 – 📺 ☎ ⟳ 🅟. 🆎 🅴 𝘝𝘐𝘚𝘈.
🎇
Menu *(Freitag geschl.)* à la carte 28/50 – **10 Z** 75/110.

In Siegen-Weidenau ① : 4 km :

🏠 **Oderbein,** Weidenauer Str. 187 (am Bahnhof), ✉ 57076, 𝒫 4 50 27, Fax 46139, 🍸 – |≱|
🎇 Zim 📺 ☎ ⟳ 🅟
37 Z.

In Wilnsdorf-Rödgen ② : 6 km :

✕✕✕ **Haus Rödgen** mit Zim, Rödgener Str. 100 (B 54), ✉ 57234, 𝒫 (0271) 39 33 10,
Fax 3933122, ≼ – 📺 ☎ ⟳ 🅟 – 🔝 40. 🆎 ⓞ 🅴 𝘝𝘐𝘚𝘈
Menu 39 (mittags) und à la carte 54/75 – *Bistro :* **Menu** à la carte 36/61 – **7 Z** 120/180.

In Wilnsdorf-Wilgersdorf ② : 14 km :

🏠 **Gästehaus Wilgersdorf** 🦢, Am Kalkhain 9, ✉ 57234, 𝒫 (02739) 8 96 90, Fax 896960,
🍸, 🈁, 🔲, 🎋 – 📺 ☎ ⟳ 🅟 – 🔝 50
Juli - Aug. 3 Wochen geschl. – **Menu** *(Freitag nur Mittagessen)* à la carte 28/54 –
40 Z 75/200.

SIEGENBURG Bayern siehe Abensberg.

SIEGSDORF Bayern 🔢 U 23, 🔢 ㉟ ㊳, 🔢 J 5 – 7 200 Ew – Höhe 615 m – Luftkurort –
✪ 08662.

🈂 Verkehrsamt, Rathausplatz 2, ✉ 83313, 𝒫 79 93, Fax 9126.

✦München 105 – Bad Reichenhall 32 – Rosenheim 48 – Salzburg 36 – Traunstein 7.

🏠 **Rehwinkel,** Dr.-Liegl-Str. 33, ✉ 83313, 𝒫 73 61, Fax 7025, ≼, « Park », 🈁, 🎋 – 📺 ☎
🅟. 🅴
15. Feb.- 15. März und 28. Nov.- 8. Dez. geschl. – **Menu** *(Montag geschl.)* (Tischbestellung
ratsam) à la carte 26/54 🍷 – **13 Z** 69/140 – ½ P 89/95.

🏠 **Alte Post** (Gasthof a.d.15.Jh.), Traunsteiner Str. 7, ✉ 83313, 𝒫 71 39, Fax 12526, 🍸 –
➥ 📺 ☎ 🅟
20. Okt.- 20. Nov. geschl. – **Menu** *(Donnerstag geschl.)* à la carte 24/54 – **22 Z** 70/120
– ½ P 75/85.

🏠 **Forelle,** Traunsteiner Str. 1, ✉ 83313, 𝒫 70 93, Fax 12386, 🍸 – ☎ 🅟. 🆎 𝘝𝘐𝘚𝘈
Menu *(Montag geschl.)* à la carte 25/54 – **22 Z** 60/120 – ½ P 70.

🏠 **Edelweiß,** Hauptstr. 21, ✉ 83313, 𝒫 92 96, Fax 12722, 🍸 – ⟳ 🅟. 🆎 🅴 𝘝𝘐𝘚𝘈
➥ *Okt. geschl. –* **Menu** *(Donnerstag geschl.)* à la carte 24/43 – **12 Z** 40/90 – ½ P 50/65.

In Siegsdorf-Hammer SO : 6 km :

🏠 **Hörterer,** Schmiedstr. 1 (B 306), ✉ 83313, 𝒫 93 21, Fax 7146, 🍸, 🎋 – 📺 ☎ 🅟. 🆎 ⓞ
🅴 𝘝𝘐𝘚𝘈
Anfang Nov.- Mitte Dez. geschl. – **Menu** *(Mittwoch geschl.)* à la carte 29/58 – **25 Z** 75/150.

SIEK Schleswig-Holstein siehe Ahrensburg.

Le ottime tavole

Per voi abbiamo contraddistinto alcuni ristoranti con

Menu, ✿, ✿✿ o ✿✿✿.

SIERKSDORF Schleswig-Holstein 🖽 P 4 – 1 300 Ew – Höhe 15 m – Seebad – ✆ 04563.
🚹 Kurverwaltung, Vogelsang 1, ✉ 23730, ☎ 70 23, Fax 7699.
◆Kiel 57 – ◆Lübeck 28 – Neustadt in Holstein 8,5.

🏨 **Seehof** ⬧ (mit Gästehäusern), Gartenweg 30, ✉ 23730, ☎ 70 31 (Hotel), 82 40 (Rest.)
Fax 7485, ≤ Ostsee, 佘, « Park », 🐎 – 🆃🆅 ☎ ⇐ 🅿. 🆎 ⓞ 🇪 𝘝𝘐𝘚𝘈
Jan.- Mitte Feb. geschl. – **Menu** (Okt.- April Montag geschl.) à la carte 41/78 – **12 Z** 105/190

🍴 **Ostseestrand**, Am Strande 2, ✉ 23730, ☎ 81 15, Fax 7733, ≤, 佘 – 🆃🆅 ☎ ⇐ 🅿. 🆎
🇪 𝘝𝘐𝘚𝘈
Nov.- 10. Dez. geschl. – **Menu** (Okt.- März Dienstag - Mittwoch geschl.) à la carte 29/57
– **12 Z** 75/150.

In Sierksdorf-Wintershagen NO : 3 km :

✗ **Gutshof Restaurant,** an der Straße nach Neustadt, ✉ 23730 Gut Wintershagen
☎ (04561) 20 70, Fax 17709, 佘 – 🅿
Feb. 2 Wochen und Okt.- Feb. Dienstag geschl. – Menu à la carte 38/65.

SIEVERSHAGEN Mecklenburg-Vorpommern siehe Rostock.

SIGMARINGEN Baden-Württemberg 🖽 K 22, 🖽 ㉟ – 16 000 Ew – Höhe 570 m – ✆ 07571
🚹 Verkehrsamt, Schwabstr. 1, ✉ 72488, ☎ 10 62 23.
◆Stuttgart 101 – ◆Freiburg im Breisgau 136 – ◆Konstanz 76 – ◆Ulm (Donau) 85.

🏨 **Jägerhof** garni, Wentelstr. 4, ✉ 72488, ☎ 20 21, Fax 50476, 🐎 – ↹ 🆃🆅 ☎ ⇐ 🅿. 🆎
ⓞ 🇪 𝘝𝘐𝘚𝘈
18 Z 70/105.

🏠 **Gästehaus Schmautz** ⬧ garni, Im Mucketäle 33, ✉ 72488, ☎ 5 15 54, Fax 2701, ≤ –
⇐ 🅿
15 Z 60/95.

In Scheer SO : 10 km :

🏠 **Donaublick,** Bahnhofstr. 21, ✉ 72516, ☎ (07572) 67 67 (Hotel) 22 93 (Rest.), Fax 6769, 佘
※ – 🆃🆅 ☎. 🆎 ⓞ 🇪 𝘝𝘐𝘚𝘈
Menu (Donnerstag nur Mittagessen, Freitag geschl.) à la carte 30/56 – **13 Z** 65/140.

✗✗ **Brunnenstube,** Mengener Str. 4, ✉ 72516, ☎ (07572) 36 92, 佘 – 🅿
Samstag nur Abendessen, Sonntag nur Mittagessen, Montag geschl. – Menu à la carte
47/68.

SILBERSTEDT Schleswig-Holstein 🖽 L 3 – 1 500 Ew – Höhe 20 m – ✆ 04626.
◆Kiel 66 – Flensburg 44 – ◆Hamburg 133 – Schleswig 15.

🏨 **Schimmelreiter,** Hauptstr. 58 (B 201), ✉ 24887, ☎ 18 00, Fax 180100 – 🆃🆅 ☎ ⇐ 🅿 –
♨ 150
29 Z.

SIMBACH AM INN Bayern 🖽 VW 22, 🖽 ㊳, 🖽 KL 4 – 9 000 Ew – Höhe 345 m – ✆ 08571
◆München 122 – Landshut 89 – Passau 54 – Salzburg 85.

In Stubenberg-Prienbach NO : 4,5 km :

🏨 **Zur Post,** Poststr. 1 (an der B 12), ✉ 94166, ☎ (08571) 60 00, Fax 600230, 佘, ⇌, ※
– 🆃🆅 ☎ ⇐ 🅿
Menu (Sonntag geschl., Montag nur Abendessen) à la carte 27/69 – **32 Z** 77/150.

SIMMERATH Nordrhein-Westfalen 🖽 B 15, 🖽 ㉓, 🖽 L 4 – 14 000 Ew – Höhe 540 m –
✆ 02473.
Ausflugsziel : Rurtalsperre★ O : 10 km.
🚹 Verkehrsamt, Rathaus, ✉ 52152, ☎ 60 71 39.
🚹 Verkehrsverein Monschauer Land, Rathaus, ✉52152, ☎ 60 71 31.
◆Düsseldorf 107 – ◆Aachen 30 – Düren 34 – Euskirchen 45 – Monschau 10.

In Simmerath-Erkensruhr SO : 12 km – Erholungsort :

🏠 **Tal - Café** ⬧, ✉ 52152, ☎ (02485) 4 14, Fax 1274, 佘, ⇌, ◳, 🐎 – 🛗 🆃🆅 ☎ 🅿 – ♨ 40.
🆎 ⓞ 🇪
1.- 18. Dez. geschl. – **Menu** à la carte 39/86 – **30 Z** 90/200.

In Simmerath-Lammersdorf NW : 3 km :

🏠 **Lammersdorfer Hof,** Kirchstr. 50, ✉ 52152, ☎ 80 41 – 🆃🆅 ☎ 🅿. 🆎 🇪 𝘝𝘐𝘚𝘈 ※ Zim
Juli - Aug. 2 Wochen geschl. – **Menu** (Dienstag geschl.) à la carte 25/50 – **9 Z** 60/95.

In Simmerath-Rurberg NO : 8,5 km :

✗ **Ziegler** ⬧ mit Zim, Dorfstr. 24, ✉ 52152, ☎ 23 10, 佘, 🐎 – 🅿
3. Jan.- 17. Feb. geschl. – **Menu** (Donnerstag geschl.) à la carte 27/55 – **5 Z** 40/110.

SIMMERN Rheinland-Pfalz 412 F 17, 987 ㉔ – 7 000 Ew – Höhe 330 m – ✪ 06761.

🛈 Fremdenverkehrsamt, Rathaus, ✉ 55469, ℘ 8 37 56, Fax 83764.

Mainz 67 – ♦Koblenz 61 – Bad Kreuznach 48 – ♦Trier 97.

🏠 **Bergschlößchen**, Nannhauser Straße, ✉ 55469, ℘ 90 00, Fax 900100, 🏤 – |💺| 📺 ☎ 🚗
🄿 – 🏛 25. 🄰🄴 ⓞ 🄴 VISA
Feb.- Mitte März geschl. – **Menu** à la carte 36/57 ⅄ – **22 Z** 75/140.

🏠 **Haus Vogelsang** garni, Am Vogelsang 1, ✉ 55469, ℘ 21 62, 🚗 – 📺 🄿
12.- 24. April geschl. – **9 Z** 55/88.

XX **Schwarzer Adler**, Koblenzer Str. 3, ✉ 55469, ℘ 1 36 11, Fax 960108 – 🄴
Dienstag sowie Jan. und Aug. jeweils 2 Wochen geschl. – **Menu** à la carte 44/70.

Nahe der Straße nach Oberwesel NO : 5 km :

🏠 Jagdschloß 🐾, ✉ 55469 Pleizenhausen, ℘ (06761) 22 84, Fax 12975, 🏤, 🚗 – 📺 🄿 –
🏛 30
28 Z

An der Straße nach Laubach N : 6 km :

🏠 **Birkenhof** 🐾, ✉ 55469 Klosterkumbd, ℘ (06761) 50 05, Fax 5176, 🏤, 🚄, 🚗 – |💺| 📺
☎ 🄿 – 🏛 15. 🄰🄴 ⓞ 🄴 VISA, 🍴
23. Dez.- Ende Jan. geschl. – **Menu** *(Dienstag geschl.)* à la carte 34/64 ⅄ – **22 Z** 78/160.

SIMMERTAL Rheinland-Pfalz 412 F 17 – 1 750 Ew – Höhe 182 m – Erholungsort – ✪ 06754.
Mainz 69 – Idar-Oberstein 26 – Bad Kreuznach 27.

🏠 **Landhaus Felsengarten**, Banzel-Auf der Lay 2, ✉ 55618, ℘ 91 90, Fax 91935, 🚄 – 📺
➡ ☎ 🄿 – 🄰🄴 🄴 VISA
Menu *(Mittwoch und Mitte Nov. - Mitte Dez. geschl.)* à la carte 23/45 – **20 Z** 65/125.

SIMONSBERGER KOOG Schleswig-Holstein siehe Husum.

SIMONSWALD Baden-Württemberg 413 H 22, 987 ㉞ ㉟, 242 ㉜ – 3 000 Ew – Höhe 330 m
– ✪ 07683.

🛈 Verkehrsamt, Talstr. 14a, ✉ 79263, ℘ 2 55, Fax 1432.

♦Stuttgart 215 – Donaueschingen 49 – ♦Freiburg im Breisgau 28 – Offenburg 73.

🏠 **Tannenhof**, Talstr. 13, ✉ 79263, ℘ 3 25, Fax 1466, 🚄, 🖼, 🚗 – |💺| 📺 🄿 – 🏛 40. 🍴
(Restaurant nur für Hausgäste) – **34 Z**

🏠 **Engel** (mit Gästehaus), Obertalstr. 44 (SO : 5 km), ✉ 79263, ℘ 2 71, Fax 1336, 🏤, 🚄,
➡ 🚗 – 🚗 🄿 – 🏛 35. ⓞ 🄴 VISA
18. Feb.- 7. März und 24. Okt.- 21. Nov. geschl. – **Menu** *(Montag - Dienstag geschl.)* à la
carte 24/58 ⅄ – **35 Z** 70/120.

🏠 **Hirschen**, Talstr. 11, ✉ 79263, ℘ 2 60, Fax 1711, 🏤, 🚄 – 🄿
25 Z.

SINDELFINGEN Baden-Württemberg 413 JK 20, 987 ㉟ – 56 000 Ew – Höhe 449 m – ✪ 07031
(Böblingen).

Siehe auch Böblingen (Umgebungsplan).

Messehalle, Mahdentalstr. 116 (BS), ℘ 8 58 61.

🛈 Galerie, Marktplatz 1, ✉ 71063, ℘ 94 3 25, Fax 94786.

ADAC, Tilsiter Str. 15 (Breuningerland), ✉ 71065, ℘ 81 30 77, Fax 878183.

♦Stuttgart 19 – ♦Karlsruhe 80 – Reutlingen 34 ① – ♦Ulm (Donau) 97.

Stadtplan siehe nächste Seite

🏨 **Ramada** 🐾, Mahdentalstr. 68, ✉ 71065, ℘ 69 60, Telex 7265385, Fax 696880, Massage,
➡, 🖼 – |💺| 😺 Zim 🍽 📺 ⅄ 🚗 – 🏛 300
260 Z, 4 Suiten.   BS **a**

🏨 **Holiday Inn**, Schwertstr. 65 (O : 2 km), ✉ 71065, ℘ 6 19 60, Telex 7265569, Fax 814990,
➡, 🖼 – |💺| 😺 Zim 🍽 📺 ⅄ 🄿 – 🏛 100. 🄰🄴 ⓞ 🄴 VISA JCB   BS **d**
Menu à la carte 50/70 – **185 Z** 240/380.

🏨 **Erikson-Hotel** garni, Hanns-Martin-Schleyer-Str. 8, ✉ 71063, ℘ 93 50, Fax 935555, ➡ –
|💺| 😺 🍽 📺 🚗 🄿 – 🏛 20. 🄰🄴 ⓞ 🄴 VISA   CX **e**
62 Z 215/260.

🏠 **Queens Hotel**, Wilh.-Haspel-Str. 101 (O : 2 km), ✉ 71065, ℘ 61 50, Telex 7265778,
Fax 874981, ➡ – |💺| 😺 Zim 🍽 Rest 📺 ☎ 🄿 – 🏛 150. 🄰🄴 ⓞ 🄴 VISA   BS **e**
Menu à la carte 47/85 – **137 Z** 230/405.

🏠 **Berlin - Restaurant Adlon** garni, Berliner-Platz 1, ✉ 71065, ℘ 86 55, Fax 865600, ➡, 🖼 –
|💺| 😺 Zim 🍽 Rest 📺 ☎ ⅄ 🚗 🄿 – 🏛 80. 🄰🄴 ⓞ 🄴 VISA, 🍴 Rest   BT **c**
Menu *(Samstag - Sonntag geschl.)* à la carte 39/55 – **100 Z** 198/264, 3 Suiten.

🏠 **Residence** garni, Calwer Str. 16, ☒ 71063, ℰ 93 30, Fax 933100 – 🕴 🖾 📺 ☎ 🚗. 🖭
① ☰ 𝑉𝐼𝑆𝐴   CX **c**
138 Z 180/280.

🏠 **Rega Hotel** garni, Waldenbucher Str. 84, ☒ 71065, ℰ 86 50, Fax 865400 – 🕴 🖾 📺 ☎
🚗. 🖭 ① ☰ 𝑉𝐼𝑆𝐴   BT **s**
75 Z 145/230.

🏠 **Knote,** Vaihinger Str. 14, ☒ 71063, ℰ 61 10, Fax 813302, 🍴 – 📺 ☎ 🅿. 🖭 ① ☰ 𝑉𝐼𝑆𝐴
Menu à la carte 42/83 – **40 Z** 155/220.   DX **k**

🏠 Senator garni, Riedmühlestr. 18, ☒ 71063, ℰ 69 80, Fax 698600, ☎ – 🕴 🖾 📺 ☎ 🚗
🅿 – 🛝 20 – **103 Z**.   CX **b**

🏠 **Am Klostersee** garni (Weinstube im Hause), Burghaldenstr. 6, ☒ 71065, ℰ 81 50 81,
Fax 873398 – 🕴 🖾 📺 ☎ ♿ 🅿. 🖭 ① ☰ 𝑉𝐼𝑆𝐴 𝐽𝐶𝐵   DV **g**
71 Z 145/215.

🏠 **Omega-Hotel** garni, Vaihinger Str. 38, ☒ 71063, ℰ 7 90 00, Fax 790010 – 🕴 🖾 📺 ☎
🚗. 🖭 ① ☰ 𝑉𝐼𝑆𝐴   DX **r**
30 Z 145/235.

🏠 **Carle** garni, Bahnhofstr. 37, ☒ 71063, ℰ 81 48 35, Fax 814427 – 🕴 📺 ☎ 🅿. 🖭 ① ☰
𝑉𝐼𝑆𝐴   DX **s**
14 Z 110/160.

🏠 **Linde,** Marktplatz, ☒ 71063, ℰ 7 99 00, Fax 799099 – ☎. 🖭 ☰ 𝑉𝐼𝑆𝐴   DX **h**
24. Dez.- 7. Jan. geschl. – **Menu** (Freitag-Samstag und Aug. 3 Wochen geschl.) (nur Abendessen) à la carte 32/74 – **25 Z** 80/180.

✗ Parkrestaurant-Stadthalle, Schillerstr. 23, ☒ 71065, ℰ 81 24 09, Fax 873385 – 🅿 –
🛝 120   DV

In Sindelfingen-Hinterweil

🏠 Lenau, Nikolaus-Lenau-Platz 13, ☒ 71067, ℰ 7 36 90, Fax 736999 – 🕴 🖾 Zim 📺 ☎ 🚗
🅿   AS **e**
(wochentags nur Abendessen) – **47 Z**.

In Sindelfingen-Maichingen NW : 5 km :

🏨 **Abacon Hotel,** Stuttgarter Str. 49, ⊠ 71069, ℰ 38 10 61, Fax 381060, 🖙 – 🛗 ✂ Zim
📺 ☎ ❷ – 🔬 70. 🖭 ⓪ 🗈 *VISA*. ✗ Rest   AS **n**
   Menu à la carte 41/66 – **81 Z** 185/270.

✗ **Alte Pfarrei,** Sindelfinger Str. 49, ⊠ 71069, ℰ 38 13 40, Fax 385723 – 🖭 🗈 *VISA*   AS **b**
   Samstag und Jan. 2 Wochen geschl. – Menu à la carte 33/73.

SINGEN (HOHENTWIEL) Baden-Württemberg 📙 J 23, 📗 ㉟, 📙 K 2 – 44 000 Ew – Höhe
428 m – 🕲 07731.

🛈 Verkehrsamt, August-Ruf-Str. 7, ⊠ 78224, ℰ 8 54 73, Fax 69154.
ADAC, Schwarzwaldstr. 40, ⊠ 78224, ℰ 6 65 63, Fax 65651.
♦Stuttgart 154 ⑤ – ♦Freiburg im Breisgau 106 ⑤ – ♦Konstanz 32 ① – Zürich 79 ③.

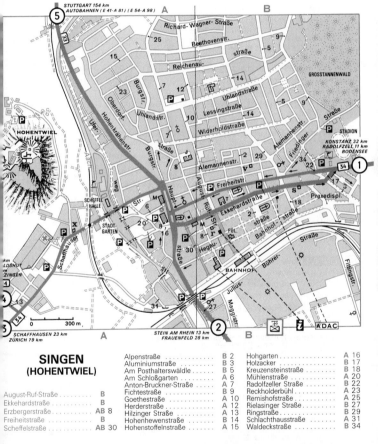

SINGEN
(HOHENTWIEL)

August-Ruf-Straße	B	Alpenstraße	B 2	Hohgarten .... A 16
Ekkehardstraße	B	Aluminiumstraße	B 3	Holzacker .... B 17
Erzbergerstraße	AB 8	Am Posthalterswäldle	B 5	Kreuzensteinstraße .. B 18
Freiheitstraße	B	Am Schloßgarten	A 6	Mühlenstraße ...... A 20
Scheffelstraße	AB 30	Anton-Bruckner-Straße	A 7	Radolfzeller Straße .. B 22
		Fichtestraße	B 9	Reckholderbühl .... A 23
		Goethestraße	A 10	Remishofstraße .... A 25
		Herderstraße	B 12	Rielasinger Straße .. B 27
		Hilzinger Straße	A 13	Ringstraße .... B 29
		Hohenhewenstraße	B 14	Schlachthausstraße . A 31
		Hohenstoffelnstraße	A 15	Waldeckstraße ..... B 34

🏨 **Jägerhaus,** Ekkehardstr. 86, ⊠ 78224, ℰ 6 50 97, Fax 63338 – 🛗 📺 ☎ – 🔬 40. 🖭 ⓪
   🗈 *VISA*   B **s**
   Menu *(Dienstag und Juli - Aug. 3 Wochen geschl., Sonntag nur Mittagessen)* à la carte
   36/72 – **28 Z** 90/160.

🏨 **Lamm,** Alemannenstr. 42, ⊠ 78224, ℰ 40 20, Fax 402200 – 🛗 ✂ Zim 📺 ☎ 👍 ❷ –
   🔬 120. ⓪ 🗈 *VISA*   B **v**
   18. Dez.- 14. Jan. geschl. – Menu à la carte 31/56 – **79 Z** 89/249.

🏠 **Widerhold,** Schaffhauser Str.58 (B 34), ✉ 78224, ℰ 8 80 70, Fax 880755 – 📺 ☎ 🚗 **℗.**
◑ **E** VISA   A   **x**
20. Dez.- 8. Jan. geschl. – **Menu** *(Freitag geschl., Samstag nur Abendessen, Sonntag nur Mittagessen)* à la carte 34/57 – **35 Z** 60/140.

🍴 **Sternen,** Schwarzwaldstr. 6, ✉ 78224, ℰ 6 22 79, Fax 69796 – 📺 ℗   B   **r**
Menu *(Mittwoch nur Mittagessen, Freitag und Juli - Aug. 3 Wochen geschl.)* à la carte 29/47
⌘ – **26 Z** 40/122.

In Rielasingen-Worblingen ② : 4 km :

🏨 **Krone,** Hauptstr. 3 (Rielasingen), ✉ 78239, ℰ (07731) 20 46, Fax 2050, ⪪ – 📺 ☎ 🚗
℗ – 🛗 60. ◑ **E** VISA
Juli 2 Wochen und 26. Dez.- 5. Jan. geschl. – **Menu** *(Sonntag nur Mittagessen, Montag geschl.)* à la carte 33/64 ⌘ – **25 Z** 80/155.

🍴🍴 **Salzburger Stub'n,** Hardstr. 29 (Worblingen), ✉ 78239, ℰ (07731) 2 73 49, Fax 27349, ⪫
– ℗. 🆎 **E** VISA
Donnerstag geschl. – Menu à la carte 41/67.

In Überlingen am Ried ① : 5 km :

🍴🍴 ✿ **Flohr's** mit Zim, Brunnenstr. 11, ✉ 78224, ℰ (07731) 9 32 30, Fax 932323 – ℗. 🆎 **E** VISA
Menu *(Montag geschl., Samstag nur Abendessen)* à la carte 63/91 – **8 Z** 95/195
Spez. Tortellini von Kalbskopf und Pfifferlingen, Legierte Fenchelcrème mit Safranfäden und Egli-filet, Sauté von Kalbsbries und -niere mit Steinpilzen.

SINSHEIM Baden-Württemberg 412 413 J 19. 987 ㉕ – 28 000 Ew – Höhe 159 m – 🕿 07261.
Sehenswert : Auto- und Technikmuseum★.
◆Stuttgart 87 – Heilbronn 35 – ◆Mannheim 50 – ◆Würzburg 135.

🏨 **Bär** garni, Hauptstr. 131, ✉ 74889, ℰ 15 80, Fax 158100, ⪪ – 📲 📺 ☎ ℗ – 🛗 50. 🆎
◑ **E** VISA
50 Z 120/180.

🍴🍴 **Poststuben,** Friedrichstr. 16 (am Bahnhof), ✉ 74889, ℰ 20 21 – ℗
Donnerstag nur Mittagessen, Samstag nur Abendessen, Freitag, April 2 Wochen und Juli-Aug. 4 Wochen geschl. – **Menu** à la carte 33/71.

SINZIG Rheinland-Pfalz 412 E 15. 987 ㉔ – 15 000 Ew – Höhe 65 m – 🕿 02642 (Remagen).
🛃 Verkehrsamt, Bad Bodendorf, Pavillon am Kurgarten, ✉ 53489, ℰ 4 26 01.
Mainz 135 – ◆Bonn 27 – ◆Koblenz 36.

In Sinzig-Bad Bodendorf NW : 3 km – Thermalheilbad :

🏨 **Spitznagel** ⪫, Weinbergstr. 29, ✉ 53489, ℰ 4 20 91, Fax 43544, « Gartenterrasse », Mas-sage, ♒, ♨, ⪪, 🗐, 🛌 – 📲 🎦 Rest 📺 ☎ 🚗 ℗ – 🛗 25. 🆎 ◑ **E** VISA. 🎇 Rest
Menu à la carte 34/55 – **36 Z** 85/220.

SIPPLINGEN Baden-Württemberg 413 K 23. 427 L 2 – 2 200 Ew – Höhe 401 m – Erholungsort
– 🕿 07551 (Überlingen).
🛃 Verkehrsbüro, Haus des Gastes (ehem. Bahnhof), an der B 31, ✉ 78354, ℰ 80 96 29, Fax 3570.
◆Stuttgart 168 – ◆Freiburg im Breisgau 123 – ◆Konstanz 40 – Ravensburg 53 – ◆Ulm (Donau) 142.

🏨 **Seeblick** ⪫, Prielstr. 4, ✉ 78354, ℰ 6 12 27, Fax 67157, ≤, ⪪, 🗐 – 📺 ☎ ℗. 🆎 **E**
VISA
Dez.- Jan. geschl. – (nur Abendessen für Hausgäste) – **11 Z** 120/220 – ½ P 118/148.

🏠 **Sternen** ⪫, Burkhard-von-Hohenfels-Str. 20, ✉ 78354, ℰ 6 36 09, Fax 3169, ≤ Bodensee
und Alpen, ⪫, 🛌 – 📺 ☎ 🚗 ℗
8. Jan.- 10. März geschl. – **Menu** *(Dienstag geschl.)* à la carte 34/51 – **16 Z** 66/159
– ½ P 71/81.

SITTENSEN Niedersachsen 411 L 7. 987 ⑮ – 4 700 Ew – Höhe 20 m – 🕿 04282.
◆Hannover 130 – ◆Bremen 63 – ◆Hamburg 58.

🏨 **Zur Mühle,** Bahnhofstr. 25, ✉ 27419, ℰ 32 32, Fax 3257, ⪪ – 📺 ☎ ℗
(nur Abendessen für Hausgäste) – **11 Z** 85/130.

🏠 **Niedersachsenhof,** Scheeßeler Str. 2, ✉ 27419, ℰ 9 30 90, Fax 930940, ⪫, ⪪ – 📺
☎ ℗ – 🛗 25. 🆎 ◑ **E** VISA. 🎇 Zim
Menu à la carte 34/69 – **24 Z** 85/165.

🏠 Landhaus de Bur, Bahnhofstr. 3, ✉ 27419, ℰ 20 82, Fax 4142 – 📺 ☎ ℗
11 Z.

In Groß Meckelsen W : 5 km :

🏨 **Schröder,** Am Kuhbach 1, ✉ 27419, ℰ (04282) 35 33, Fax 3535, ⪪, ⪫ – 🎦 Zim 📺
◆ ℗ – 🛗 80. 🆎 ◑ **E** VISA. 🎇 Rest
Menu *(Dienstag geschl.)* à la carte 23/52 – **39 Z** 76/125.

In Stemmen SO : 12 km :

🏠 **Stemmer Landkrug**, Große Str. 12, ⊠ 27389, ℰ (04267) 3 25, Fax 1785, 🍴 – 📺 ☎ 🅿.
　 ⓘ 𝘝𝘐𝘚𝘈
　 Juli - Aug. 3 Wochen geschl. – **Menu** *(Montag geschl.)* à la carte 25/48 – **12 Z** 65/105.

SLATE Mecklenburg-Vorpommern siehe Parchim.

SOBERNHEIM Rheinland-Pfalz 𝟜𝟙𝟚 F 17 – 7 000 Ew – Höhe 150 m – Heilbad – ✪ 06751.
🚩 Kur- und Verkehrsamt, am Bahnhof, Haus des Gastes, ⊠ 55566, ℰ 8 12 41, Fax 81266.
Mainz 64 – Idar-Oberstein 31 – Bad Kreuznach 19.

🏠 **Kurhaus am Maasberg** 🦢, am Maasberg (N : 2 km), ⊠ 55566, ℰ 87 60, Fax 876201, 🍴,
　 Massage, 🛁 ₭₅, ⅏, ⇔, 🔲, 🞀, ✂ – 🛗 ⅍ 📺 ☎ 🅿 – 🔏 80. ⅗ Rest
　 2. - 21. Jan. und 5.- 17. Dez. geschl. – **Menu** à la carte 37/60 *(auch vegetarische Gerichte)*
　 ⅋ – **97 Z** 114/216 – ½ P 131.
　 Siehe auch : *Schloßböckelheim* O : 6 km

SODEN AM TAUNUS, BAD Hessen 𝟜𝟙𝟚 𝟜𝟙𝟛 I 16, 𝟡𝟠𝟟 ㉔ ㉕ – 18 300 Ew – Höhe 200 m –
Heilbad – ✪ 06196.
🚩 Kur- und Verkehrsbüro im Thermalbad, Kronberger Str. 5, ⊠ 65812, ℰ 20 82 80, Fax 208290.
♦Wiesbaden 31 – ♦Frankfurt am Main 17 – Limburg an der Lahn 45.

🏨 **Parkhotel**, Königsteiner Str. 88, ⊠ 65812, ℰ 20 00, Fax 200153, 🍴, ⇔ – 🛗 ⅍ Zim 📺
　 🛁 🅿 – 🔏 450. 🖭 ⓘ 🄴 𝘝𝘐𝘚𝘈 ᴊᴄʙ
　 Menu à la carte 50/75 – **130 Z** 205/375.

🏠 **Salina Hotel** 🦢, Bismarckstr. 20, ⊠ 65812, ℰ 6 20 88, Telex 4072597, Fax 28927, ⇔,
　 🔲, 🞀 – 🛗 📺 ☎ 🅿 – 🔏 40. 🄴 𝘝𝘐𝘚𝘈
　 24. Dez.- 3. Jan. geschl. – (Restaurant nur für Hausgäste) – **47 Z** 150/280 – ½ P 177.

🏠 **Concorde**, Am Bahnhof 2, ⊠ 65812, ℰ 20 90, Fax 27075 – 🛗 📺 ☎ 🚗 – 🔏 30
　 (nur Abendessen) – **120 Z**.

🏠 **Rheinischer Hof**, Am Bahnhof 3, ⊠ 65812, ℰ 56 20, Fax 562222 – 🛗 📺 ☎ 🚗 – 🔏 45.
　 🖭 🄴 𝘝𝘐𝘚𝘈
　 (Restaurant nur für Hausgäste) – **62 Z** 135/290.

🏠 **Waldfrieden** 🦢 garni, Seb.-Kneipp-Str. 1, ⊠ 65812, ℰ 2 50 14, Fax 62439, ⇔, 🞀 – 📺
　 ☎ 🚗. 🖭 ⓘ 🄴 𝘝𝘐𝘚𝘈
　 22. Dez.- 2. Jan. geschl. – **35 Z** 112/182.

🏠 **Rohrwiese** 🦢 garni (mit Gästehäusern), Rohrwiesenweg 11, ⊠ 65812, ℰ 5 02 90,
　 Fax 63887, 🞀 – 📺 ☎ 🅿. 🖭 🄴
　 60 Z 100/195.

SODEN-SALMÜNSTER, BAD Hessen 𝟜𝟙𝟚 𝟜𝟙𝟛 L 16, 𝟡𝟠𝟟 ㉕ – 13 500 Ew – Höhe 150 m –
Heilbad – ✪ 06056.
🏌 Alsberg (O : 5 km), ℰ (06056) 35 94.
🚩 Städt. Verkehrsamt, Badestr. 8, ⊠ 63628, ℰ 14 33, Fax 5983.
♦Wiesbaden 105 – ♦Frankfurt am Main 61 – Fulda 47.

Im Ortsteil Bad Soden :

🏨 **Kress**, Sprudelallee 16c, ⊠ 63628, ℰ 7 30 60, Fax 730666 – 🛗 ⅍ Zim 📺 ☎ 🅿 – 🔏 100.
　 🖭 🄴 𝘝𝘐𝘚𝘈. ⅗ Rest
　 24. Dez.- 3. Jan. geschl. – **Menu** *(Samstag nur Abendessen)* à la carte 39/66 – **42 Z** 108/195
　 – ½ P 92.

🏠 **Zum Heller** garni, Gerhard-Radke-Str. 1, ⊠ 63628, ℰ 73 50, Fax 73513, 🔲, – 📺 ☎ 🅿
　 24 Z 56/108.

🏠 **Pension Sehn** 🦢 garni, Brüder-Grimm-Str. 11, ⊠ 63628, ℰ 16 09, ≤, 🞀 – 📺 ☎ 🅿. 🄴
　 ⅖
　 15. Nov.- 15. Feb. geschl. – **13 Z** 59/104.

In Brachttal-Udenhain NW : 10 km :

🏠 **Zum Bäcker**, Hauptstr. 1, ⊠ 63636, ℰ (06054) 55 58, Fax 6021, Biergarten, ⇔, 🞀 – 📺
　 ☎ 🚗 🅿 – 🔏 35
　 Jan. und Juli - Aug. 2 Wochen geschl. – **Menu** *(Montag - Dienstag geschl.)* à la carte 26/55
　 – **20 Z** 60/110.

SÖGEL Niedersachsen 𝟜𝟙𝟙 F 8, 𝟡𝟠𝟟 ⑭ – 5 000 Ew – Höhe 50 m – ✪ 05952.
♦Hannover 220 – Cloppenburg 42 – Meppen 26 – Papenburg 37.

🏠 **Jansen's Clemenswerther Hof** (mit Gästehaus), Clemens-August-Str. 33, ⊠ 49751,
　 → ℰ 12 30, Fax 1268 – 🛗 📺 ☎ 🅿 – 🔏 30. 🖭 ⓘ 🄴 𝘝𝘐𝘚𝘈
　 Menu *(Montag geschl.)* à la carte 19/41 – **38 Z** 53/110.

SÖMMERDA Thüringen 414 F 12, 984 ㉓, 987 ⑯ – 25 000 Ew – Höhe 150 m – ☎ 03634.
Erfurt 39 – Nordhausen 58 – Weimar 37.

Erfurter Tor, Kölledaer Str. 33, ✉ 99610, ☎ 33 20, Fax 332299, 🍽 – |♦| ⇄ Zim 📺 ☎ 🅿 – 🏃 60. AE ① E VISA. ✗ Rest
Menu *(wochentags nur Abendessen)* à la carte 28/42 – **41 Z** 110/135.

Zur Lohnmühle, Adolf-Barth-Str. 26, ✉ 99610, ☎ 2 21 40 – AE ① E VISA
Montag geschl. – **Menu** à la carte 24/38.

SOEST Nordrhein-Westfalen 411 412 H 12, 987 ⑭ – 43 000 Ew – Höhe 98 m – ☎ 02921.
Sehenswert : St. Patroklidom★ (Westwerk★★ und Westturm★★) Z – Wiesenkirche★ (Aldegrevers-Altar★) Y – Nikolaikapelle (Nikolai-Altar★) Z **D.**
ℹ Städt. Kultur- und Verkehrsamt, Am Seel 5, ✉ 59494, ☎ 10 33 23, Fax 103354.
ADAC, Arnsberger Str. 7, ✉ 59494, ☎ 41 16, Fax 12392.
♦Düsseldorf 118 ③ – Dortmund 52 ④ – ♦Kassel 121 ③ – Paderborn 49 ②.

SOEST

Brüderstraße	Y
Grandweg	Z
Markt	Y
Marktstraße	Z 24
Rathausstraße	YZ 32
Am Großen Teich	Y 2
Am Kützelbach	Z 3
Am Loerbach	Y 4
Am Soestbach	Y 5
Am Vreithof	YZ 6
Bischofstraße	Z 7
Brüdertor	Y 8
Damm	YZ 10
Dominikanerstraße	Y 12
Düsterpoth	Y 13
Grandwegertor	Z 14
Hospitalgasse	Z 15
Katzengasse	Y 18
Kolkstraße	Z 20
Kungelmarkt	Z 21
Lentzestraße	Y 22
Magazingasse	Y 23
Nöttentor	Y 25
Oestinghauser Str.	Y 26
Ostenhellweg	Z 27
Petrikirchhof	Z 28
Petristraße	Z 29
Propst-Nübel-Str.	Z 30
Puppenstraße	Z 31
Ritterstraße	Y 33
Sandwelle	Y 34
Teichmühlengasse	Y 35
Waisenhausstraße	Y 38
Walburgerstraße	Y 39
Walburgertor	Y 40
Westenhellweg	Z 41
Widumgasse	Y 42
Wiesenstraße	Y 43
Wildemannsgasse	YZ 45

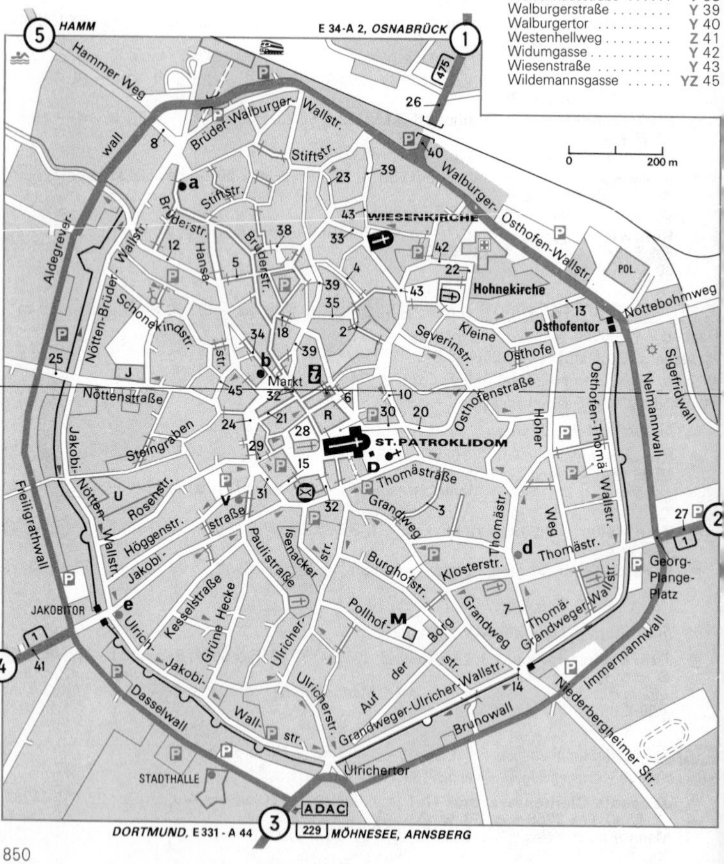

🏨 **Hanse,** Siegmund-Schultze-Weg 100, ✉ 59494, ℘ 7 70 22, Fax 76270 – 📺 ☎ ⟸ 🅿 –
🏌 40. 🆎 ⓪ Ε 𝚅𝙸𝚂𝙰   über ③ und Arnsberger Str.
Menu à la carte 31/72 – **45 Z** 90/180.

🏨 **Stadt Soest** garni, Brüderstr. 50, ✉ 59494, ℘ 18 11, Fax 362227 – 📺 ☎ ⟸. 🆎 ⓪ Ε
𝚅𝙸𝚂𝙰   Y **a**
20 Z 75/160.

🏨 **Im wilden Mann,** Am Markt 11, ✉ 59494, ℘ 1 50 71, Fax 14078 – 📺 ☎ – 🏌 80. 🆎 ⓪
Ε 𝚅𝙸𝚂𝙰 𝙹𝙲𝙱   Y **b**
Menu à la carte 26/57 – **12 Z** 95/160.

XX **Biermann's Restaurant** (modern-elegante Einrichtung), Thomästr. 47, ✉ 59494,
℘ 1 33 10, Fax 13234 – 🅿. 🆎 ⓪ Ε 𝚅𝙸𝚂𝙰. ⚘   Z **d**
Montag geschl. – **Menu** (abends Tischbestellung ratsam) à la carte 69/92 – *Bistro :* **Menu**
à la carte 55/76.

XX **Restaurant am Kattenturm,** Dasselwall 1 (Stadthalle), ✉ 59494, ℘ 1 39 62, Fax 13492,
🍴, Biergarten – ⅙ 🅿 – 🏌 400. 🆎 ⓪ Ε 𝚅𝙸𝚂𝙰   Z
Menu à la carte 38/63.

XX **Pilgrim-Haus** mit Zim, Jakobistr. 75, ✉ 59494, ℘ 18 28, Fax 12131, « Gasthaus a.d.
14. Jh. » – 📺 ☎ ⟸. 🆎 Ε 𝚅𝙸𝚂𝙰   Z **e**
24. Dez.- 2. Jan. geschl. – **Menu** *(Montag - Freitag nur Abendessen, Dienstag geschl.)*
à la carte 39/58 – **9 Z** 115/170.

X **Altes Gasthaus im Zuckerberg** (restauriertes Fachwerkhaus, rustikale Einrichtung),
Höggenstr. 1, ✉ 59494, ℘ 28 68, 🍴 – 🆎 Ε   Z **v**
Donnerstag und Feb. 3 Wochen geschl. – **Menu** à la carte 29/56.

SOLINGEN Nordrhein-Westfalen 📖📖 Ε 13, 📖📖 ㉔ – 163 000 Ew – Höhe 225 m – ⊙ 0212.

Ausflugsziel : Solingen-Gräfrath : Deutsches Klingenmuseum★ 4 km über ①.

🏢 Stadtinformation, Potsdamer Str. 41, ✉ 42651, ℘ 2 90 23 33, Fax 2902209.

ADAC, Schützenstr. 21, ✉ 42659, ℘ (0221) 47 27 47, Fax 46906.

◆Düsseldorf 27 ⑤ – ◆Essen 35 ① – ◆Köln 36 ④ – Wuppertal 16 ②.

Stadtplan siehe nächste Seite

🏨 **Turmhotel** garni, Kölner Str. 99, ✉ 42651, ℘ 1 30 50, Fax 13244, ≤ – 🛗 ⧉ 📺 ☎ ⟸.
🆎 ⓪ Ε 𝚅𝙸𝚂𝙰 𝙹𝙲𝙱   Z **v**
23. Dez.- 3. Jan. geschl. – **42 Z** 138/260.

🏨 **Goldener Löwe,** Heinestr. 2, ✉ 42651, ℘ 1 20 30, Fax 202158 – 🛗 📺 ☎. 🆎 ⓪ Ε 𝚅𝙸𝚂𝙰.
⚘ Zim   Z **a**
Menu *(Dienstag und Juli-Aug. 4 Wochen geschl.)* (nur Abendessen) à la carte 25/52 –
15 Z 90/180.

🏨 **Atlantic-Hotel** garni, Goerdeler Str. 9, ✉ 42651, ℘ 1 60 01, Fax 16004 – 🛗 📺 ☎ 🅿. 🆎
⓪ Ε 𝚅𝙸𝚂𝙰   Z **r**
20. Dez.- 6. Jan. geschl. – **21 Z** 90/180.

🏨 **Zum Roten Ochsen** garni, Konrad-Adenauer-Str. 20, ✉ 42651, ℘ 1 00 03, Fax 10003 –
🛗 ☎. 🆎 ⓪ Ε 𝚅𝙸𝚂𝙰. ⚘   Y **e**
Juli-Aug. 3 Wochen und Weihnachten - Anfang Jan. geschl. – **19 Z** 100/160.

XX Landhaus Schmalzgrube mit Zim, Mangenberger Str. 356, ✉ 42655, ℘ 1 80 03, Fax 18005,
Biergarten – ☎ 🅿   über Mangenberger Straße   YZ
9 Z

In Solingen-Burg ③ : 8 km :

🏨 **Haus in der Straßen** (Gasthof a.d. 17. Jh.), Wermelskirchener Str. 12, ✉ 42659, ℘ 4 40 11,
Fax 47549, « Zinn- und historische Hausratsammlung » – 📺 ☎ 🅿 – 🏌 80. 🆎
Menu à la carte 55/85 – **28 Z** 135/225.

🏨 **Haus Niggemann,** Wermelskirchener Str. 22, ✉ 42659, ℘ 4 10 21, Fax 49175, 🍴 – 🛗
📺 ☎ 🅿 – 🏌 60. 🆎 ⓪ Ε 𝚅𝙸𝚂𝙰 – **Menu** à la carte 40/63 – **30 Z** 120/200.
Ende Dez.- Mitte Jan. geschl.

🏨 **Laber,** Wermelskirchener Str. 19, ✉ 42659, ℘ 4 16 23, Fax 41856, ⟿ – 📺 ☎ 🅿.
⚘ Zim
Weihnachten - Anfang Jan. geschl. – **Menu** *(Montag geschl.)* à la carte 24/51 – **10 Z** 90/130.

XX Schloß-Restaurant, Schloßplatz 1, ✉ 42659, ℘ 4 30 50, Fax 42380, « Terrasse mit ≤ ».

XX **Haus Striepen - Burger Hof** mit Zim, Eschbachstr. 13, ✉ 42659, ℘ 4 24 61, Fax 49563
– 📺 ☎ 🅿. ⓪ Ε 𝚅𝙸𝚂𝙰
Menu à la carte 35/75 – **7 Z** 75/150.

In Solingen-Gräfrath ① : 6,5 km :

XX **Zur Post** mit Zim (historischer Bergischer Gasthof), Gräfrather Markt 1, ✉ 42653,
℘ 5 97 11, Fax 592751 – 📺 ☎ 🅿. ⓪ Ε 𝚅𝙸𝚂𝙰
Juli-Aug. 4 Wochen geschl. – **Menu** *(Donnerstag geschl.)* à la carte 45/72 – **13 Z** 148/245.

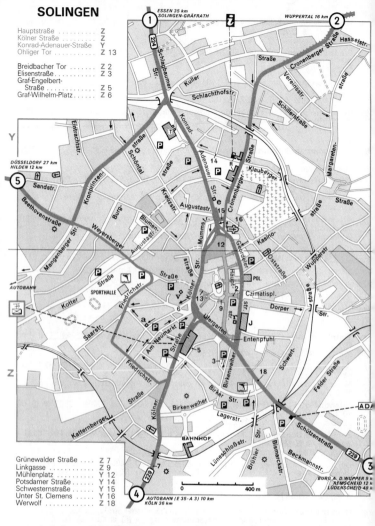

SOLINGEN

Hauptstraße . . . . Z
Kölner Straße . . . . Z
Konrad-Adenauer-Straße . . Y
Ohliger Tor . . . . Z 13

Breidbacher Tor . . . . Z 2
Elisenstraße . . . . Z 3
Graf-Engelbert-
Straße . . . . Z 5
Graf-Wilhelm-Platz . . . . . . Z 6

ESSEN 35 km
SOLINGEN-GRÄFRATH

WUPPERTAL 16 km

DÜSSELDORF 27 km
HILDEN 12 km

AUTOBAHN

SPORTHALLE

BAHNHOF

Grünewalder Straße . . . . Z 7
Linkgasse . . . . Z 9
Mühlenplatz . . . . Y 12
Potsdamer Straße . . . . . . Y 14
Schwesternstraße . . . . . . Y 15
Unter St. Clemens . . . . . . Y 16
Werwolf . . . . Z 18

0   400 m

BURG A. D. WUPPER 9 k
REMSCHEID 12 k
LÜDENSCHEID 48 k

AUTOBAHN (E 35 - A 3) 10 km
KÖLN 36 km

852

In Solingen-Ohligs ⑤ : 7 km :

🏨 **Seidler Parkhotel Solingen,** Hackhauser Str. 62, ⊠ 42697, ℰ 7 06 00, Fax 74662, ☎
🛎 – 📳 ↔ Zim 📺 🅿 – 🔬 100. 🆎 ⓞ 🗲 𝘝𝘐𝘚𝘈. 🦶 Rest
Menu *(Samstag nur Abendessen)* à la carte 50/84 – **63 Z** 200/360.

In Solingen-Wald ① : 6 km :

🏨 Schwerthof, Focher Str. 82, ⊠ 42719, ℰ 5 70 13, Fax 56284 – 📺 ☎ 🅿
(nur Abendessen) – **26 Z**.

🍴🍴 **Parkrestaurant Ittertal,** Ittertalstr. 50, ⊠ 42719, ℰ 31 47 45, Fax 319440 – 🅿. 🆎
🗲
Samstag nur Abendessen, Montag - Dienstag und Juli - Aug. 4 Wochen geschl. – **Menu**
à la carte 47/83.

In Solingen-Widdert über Brühler Straße Z :

🍴 **Gaststätte Daniel Meis,** Börsenstr. 109, ⊠ 42657, ℰ 81 23 12, Fax 814719, Biergarten
– 🅿
Donnerstag geschl. – **Menu** à la carte 33/63.

SOLNHOFEN Bayern 🆔🅱 P 20 – 1 900 Ew – Höhe 409 m – 🕲 09145.
München 138 – Donauwörth 35 – Ingolstadt 52.

🏨 **Adler,** Pappenheimer Str. 5, ✉ 91807, 🞋 8 31 10, Fax 831133, 🌧 – 🕿 🚗 🅿
Menu *(Dienstag geschl.)* à la carte 26/56 – **16 Z** 65/100.

SOLTAU Niedersachsen 🆔🅱 M 8, 🅹🅱🅹 ⑮ – 20 000 Ew – Höhe 64 m – Erholungsort – 🕲 05191.
🏌 Hof Loh, Soltau-Tetendorf (S : 3 km), 🞋 1 40 77.
Verkehrsbüro, Bornemannstr. 7, ✉ 29614, 🞋 24 74, Fax 8424.
Hannover 79 – ◆Bremen 92 – ◆Hamburg 77 – Lüneburg 51.

🏨 **Meyn,** Poststr. 19, ✉ 29614, 🞋 20 01, Fax 17575 – 🔟 🕿 🚗 🅿 – 🔬 100. 🅰🅴 ⓞ 🇪 𝖵𝖨𝖲𝖠
20.- 26. Dez. geschl. – **Menu** à la carte 32/64 – **42 Z** 95/180.

🏨 **Heidland,** Winsener Str. 109, ✉ 29614, 🞋 1 70 33, Fax 4263, 🍴, 🛋, 🌧 – 🔄 Zim 🔟
🕿 ⭐ 🅿 – 🔬 140. 🅰🅴 🇪 𝖵𝖨𝖲𝖠 – **Menu** à la carte 40/62 – **47 Z** 99/233.

🏠 Heide-Paradies garni, Lüneburger Str. 6, ✉ 29614, 🞋 30 86, Fax 18332 – 🔟 🕿 🅿. 🛇
16 Z.

🏠 Heidehotel Anna, Saarlandstr. 2, ✉ 29614, 🞋 1 50 26, Fax 15401, 🛋 – 🔟 🕿 🅿. 🛇 Rest
18 Z.

In Soltau-Friedrichseck NO : 4,5 km, Richtung Bispingen :

🏠 **Haus Waldfrieden** 🛋, ✉ 29614, 🞋 40 82, Fax 18393, 🛋, 🔲, 🌧 – 🔟 🅿. 🛇
Nov.- Dez. geschl. – (nur Abendessen für Hausgäste) – **21 Z** 70/165.

SOMMERACH Bayern 🆔🅱 N 17 – 1 400 Ew – Höhe 200 m – 🕲 09381 (Volkach).
München 263 – ◆Bamberg 62 – ◆Nürnberg 93 – Schweinfurt 30 – ◆Würzburg 30.

🏠 **Zum weißen Lamm,** Hauptstr. 2, ✉ 97334, 🞋 93 77 – 🔟 🕿. 🛇
Jan. 3 Wochen geschl. – **Menu** *(Dienstag geschl.)* à la carte 27/49 ⅄ – **14 Z** 42/170.

🏠 **Bocksbeutelherberge** garni, Weinstr. 22, ✉ 97334, 🞋 14 65, Fax 3764 – 🔟 🕿 🅿. 🛇
8 Z 58/89.

SOMMERHAUSEN Bayern siehe Ochsenfurt.

SONDERSHAUSEN Thüringen 🆔🅱 P 12, 🅼🅱🅽 E 11, 🅹🅱🅹 ⑯ – 23 000 Ew – Höhe 200 m –
🕲 03632.
Sondershausen-Information, Alte Wache, Markt 8, ✉ 99706, 🞋 62 20.
Erfurt 59 – ◆Berlin 246 – Halle 91 – Nordhausen 18.

🏨 **Thüringer Hof,** Hauptstr. 30, ✉ 99706, 🞋 65 60, Fax 65611 – 🎮 🔄 Zim 🔟 🕿 – 🔬 40.
🡒 🅰🅴 ⓞ 🇪 𝖵𝖨𝖲𝖠 – **Menu** à la carte 24/50 – **49 Z** 90/160.

🍴 **Ratskeller,** Markt 7, ✉ 99706, 🞋 24 76, Fax 2476, 🍴, (Restaurant im Gewölbekeller) –
🡒 🅰🅴 ⓞ 🇪 𝖵𝖨𝖲𝖠 – **Menu** à la carte 21/66.

SONDHEIM VOR DER RHÖN Bayern 🆔🅱🆔🅱 N 15 – 1 100 Ew – Höhe 365 m –
🕲 09779 (Nordheim v.d.R.).
München 373 – Bad Neustadt a.d.S. 28.

In Sondheim-Stetten NW : 3 km :

🍴🍴 **Zur Linde,** Obertor 3, ✉ 97647, 🞋 12 16, 🍴
14.- 30. Okt. und Dienstag geschl., Montag nur Mittagessen – **Menu** à la carte 36/79.

SONNEBERG Thüringen 🆔🅱 Q 15, 🅼🅱🅽 F 14, 🅹🅱🅼 ㉗ – 27 200 Ew – Höhe 350 m – 🕲 03675.
Erfurt 107 – Coburg 20.

🏨 **Parkhotel Sonne,** Dammstr. 3, ✉ 96515, 🞋 82 30, Fax 823333, 🍴 – 🎮 🔄 Zim 🔟 🕿
🅿 – 🔬 40. 🅰🅴 🇪 𝖵𝖨𝖲𝖠. 🛇 Rest
Menu à la carte 27/44 – **38 Z** 90/150.

SONNENBÜHL Baden-Württemberg 🆔🅱 K 21 – 5 800 Ew – Höhe 720 m – Wintersport :
20/880 m ⚡3 ⚡4 – 🕲 07128 – 🏌 Sonnenbühl-Undingen, 🞋 20 18.
Fremdenverkehrsverein, Rathaus, (Erpfingen), ✉ 72820, 🞋 6 96.
Stuttgart 67 – ◆Konstanz 120 – Reutlingen 26.

In Sonnenbühl-Erpfingen – Luftkurort :

🍴🍴 ⚙ **Hirsch** mit Zim, Im Dorf 12, ✉ 72820, 🞋 9 29 10, Fax 3121, 🍴, « Garten » – 🎮 🔟 🕿
🅿. 🛇
Feb. 1 Woche und Nov. 2 Wochen geschl. – **Menu** *(Dienstag geschl., Mittwoch nur Abendessen)* à la carte 36/88 – **11 Z** 85/160
Spez. Lauwarmer Kalbskopf auf marinierten Radieschen, Warm geräucherte Roulade von Lachsforelle und Zander mit Orangensauce, Geeistes Holunderparfait mit Früchten und Sauerrahm-
mousse.

853

SONSBECK Nordrhein-Westfalen 🔲🔲🔲 C 12, 🔲🔲🔲 ⑬ – 7 250 Ew – Höhe 22 m – ✪ 02838.
♦Düsseldorf 72 – Krefeld 52 – Nijmegen 58.

   ❌ **Waldrestaurant Höfer,** Graf-Haeseler-Weg 7 (S : 2 km), ✉ 47665, 𝒫 24 42, 🍽 – ⓟ.
   Montag geschl. – **Menu** à la carte 30/78.

SONTHOFEN Bayern 🔲🔲🔲 NO 24, 🔲🔲🔲 ㊱, 🔲🔲🔲 C 6 – 20 500 Ew – Höhe 742 m – Luftkurort
Wintersport : 750/1 050 m ⭤3 ⭤12 – ✪ 08321.
🚡 Ofterschwang (SW : 4 km), 𝒫 (08321) 72 76.
🚗 𝒫 24 11.
🅱 Verkehrsamt, Rathausplatz 1, ✉ 87527, 𝒫 7 62 91, Fax 76327.
♦München 152 – Kempten (Allgäu) 27 – Oberstdorf 13.

   🏨 **Allgäu Stern Hotel** ⬙, Buchfinkenweg 2, ✉ 87527, 𝒫 27 90, Telex 54402, Fax 27944
   ⭠ Allgäuer Berge, Massage, ♨, 🛁, 🔥, ⓢ, ⬛, ⬜, 🍽 – 📶 📺 ⭲ 🚗 ⓟ – 🔼 25🔼
   🅰🅴 ⓞ 🅴 𝓥𝓘𝓢𝓐. 🍽
   Menu à la carte 39/70 *(auch Diät)* – **450 Z** 189/318, 60 Suiten.

   🏨 Zum Ratsherrn, Hermann-von-Barth-Str. 4, ✉ 87527, 𝒫 29 29, Fax 26503, 🍽, ⓢ – ☎ 🛗
   (wochentags nur Abendessen) – **12 Z**.

   ❌❌ **Alte Post,** Promenadestr. 5, ✉ 87527, 𝒫 25 08 – 🅰🅴 🅴
   Samstag nur Abendessen, Freitag, Jan. 1 Woche und Juni 2 Wochen geschl. – **Men**
   à la carte 29/60.

   In Sonthofen-Rieden NW : 1 km :

   🏨 **Bauer,** Hans-Böckler-Str. 86, ✉ 87527, 𝒫 70 91, Fax 87727, 🍽 – 📺 ☎ 🚗 ⓟ. 🅰🅴 🛗
   🍽 Rest
   Menu à la carte 26/57 – **14 Z** 77/145.

   In Blaichach-Ettensberg NW : 4 km :

   🏨 **Wolf** ⬙ garni, Schwandener Str. 21, ✉ 87544, 𝒫 (08321) 44 95, Fax 87451, ⬛, 🍽 – 🛗
   ☎ 🚗 ⓟ. 🅰🅴 🅴
   15. Nov.- 25. Dez. geschl. – **15 Z** 45/120.

   In Ofterschwang-Schweineberg SW : 4 km :

   🏨🏨 **Sport- und Kurhotel Sonnenalp** ⬙, ✉ 87527, 𝒫 (08321) 27 20, Fax 272242,
   « Außenanlagen mit Terrassen », Massage, ♨, 🛁, ♨, ⓢ, ⬛ (geheizt), ⬜,
   🍽 (Halle), 🚡 ⭤8, 🏌, Sportzentrum – 📶 ⭲ Rest 📺 ⭲ 🚗 ⓟ – 🔼 100. 🍽
   (Restaurant nur für Hausgäste) – **225 Z** (nur ½ P) 308/694, 13 Suiten.

   🏨 **Dora** ⬙, ✉ 87527, 𝒫 (08321) 35 09, Fax 84244, ⭠, ⓢ, ⬛, 🍽 – ☎ 🚗 ⓟ. 🍽 Res
   (nur Abendessen für Hausgäste) – **18 Z** 87/204.

   In Ofterschwang-Tiefenberg S : 3 km :

   🏨 **Gästehaus Gisela,** ✉ 87527, 𝒫 (08321) 8 90 72, Fax 82695, ⭠, ⓢ, ⬛, 🍽 – ☎ 🚗 ⓟ
   🍽
   Nov.- 16. Dez. geschl. – (nur Abendessen für Hausgäste) – **14 Z** 53/110 – ½ P 58/68.

   Auf der Alpe Eck W : 8,5 km Richtung Gunzesried, Zufahrt über Privatstraße, Gebühr 6 DN
   Hausgäste frei :

   🏨🏨 **Allgäuer Berghof** ⬙ – Höhe 1 260 m, ✉ 87544 Blaichach-Gunzesried, 𝒫 (08321) 80 6
   Fax 806219, ⭠ Allgäuer Alpen, 🍽, « Park », Massage, ⓢ, ⬛, 🍽, 🍽 Skischule, 🏌, 🏂
   – 📶 ⭲ Rest ☎ ⭲ ⓟ – 🔼 40. 🍽
   Mitte Nov.- Mitte Dez. geschl. – **Menu** à la carte 31/69 – **68 Z** 135/478 – ½ P 136/26🔲

SONTRA Hessen 🔲🔲🔲 M 13, 🔲🔲🔲 ㉕ – 8 900 Ew – Höhe 242 m – Luftkurort – ✪ 05653.
♦Wiesbaden 201 – Göttingen 62 – Bad Hersfeld 34 – ♦Kassel 56.

   🏨 **Link,** Bahnhofstr. 17, ✉ 36205, 𝒫 6 83, Fax 8123, 🍽 – 📶 ⓟ
   ⭢ **Menu** à la carte 19/37 – **37 Z** 48/85.

   In Nentershausen-Weißenhasel S : 5 km :

   🏨 **Johanneshof,** Kupferstr. 24, ✉ 36214, 𝒫 (06627) 9 20 00, Fax 920099, 🍽, 🍽 – 📺 ☎
   ⓟ – 🔼 45. 🅰🅴 ⓞ 🅴 𝓥𝓘𝓢𝓐
   Menu (nur Abendessen) à la carte 30/53 ♨ – **22 Z** 72/165.

SOODEN - ALLENDORF, BAD Hessen 🔲🔲🔲 M 13, 🔲🔲🔲 ⑮ ⑯ – 10 000 Ew – Höhe 160 m
Heilbad – ✪ 05652.
Sehenswert : Allendorf : Fachwerkhäuser★ (Bürgersches Haus★, Kirchstr. 29, Eschstruthsche
Haus★★, Kirchstr. 59).
🅱 Gäste-Informationsdienst in Bad Sooden, am Kurpark, ✉ 37242, 𝒫 5 01 66, Fax 50171.
♦Wiesbaden 231 – Göttingen 36 – Bad Hersfeld 68 – ♦Kassel 36.

Im Ortsteil Bad Sooden :

🏨 **Waldhotel Soodener Hof** ⟂, Hardtstr. 7, ⊠ 37242, ℰ 95 60, Fax 956222, ≼, ⇔s, ▨,
🍴 – ▮ ▥ ☎ 🅿 – 🔬 35. 🆎 ⓪ 🔳 𝗩𝗜𝗦𝗔
Menu à la carte 30/59 – **47 Z** 95/175 – ½ P 94/117.

🏨 **Martina** ⟂, Westerburgstr. 1, ⊠ 37242, ℰ 20 88, Fax 2732, 🍴 – ▮ ☎ 🅿. 🆎 ⓪ 🔳 𝗩𝗜𝗦𝗔
❄ Rest
Menu à la carte 29/57 – **67 Z** 65/165 – ½ P 70/113.

🏨 **Central** ⟂, (mit Gästehaus - Kurhotel Kneipp), Am Haintor 3, ⊠ 37242, ℰ 25 84, Fax 6739,
Massage, 🛁, 🏃, ⇔s, ▨, 🍴 – ☎. 🆎 🔳
Menu à la carte 27/47 – **50 Z** 50/136 – ½ P 65/95.

Im Ortsteil Allendorf :

🏨 **Werratal,** Kirchstr. 62, ⊠ 37242, ℰ 20 57, Fax 4064, ⇔s – ▮ ⇆ Zim ☎ ⇗. 🆎 🔳 𝗩𝗜𝗦𝗔
20. Dez.- 20. Jan. geschl. – **Menu** à la carte 25/60 – **30 Z** 55/140 – ½ P 70/85.

Im Ortsteil Ahrenberg NW : 6 km über Ellershausen :

🏨 **Berggasthof Ahrenberg** ⟂, ⊠ 37242, ℰ 20 03, Fax 1854, ≼ Werratal, 🍴, 🍴 – ▥ ☎
🅿. 🆎 ⓪ 🔳 𝗩𝗜𝗦𝗔
6. Jan.- 6. Feb. geschl. – **Menu** à la carte 28/64 – **17 Z** 60/170.

SORA Sachsen siehe Wilsdruff.

SPAICHINGEN Baden-Württemberg 🆘🆘🆘 J 22, 🆘🆘🆘 ㉟ – 9 500 Ew – Höhe 670 m – ✆ 07424.

usflugsziel : Dreifaltigkeitsberg★ : Wallfahrtskirche ❊★ NO : 6 km.

•Stuttgart 112 – Rottweil 14 – Tuttlingen 14.

In Hausen ob Verena SW : 6 km :

🏨 **Hofgut Hohenkarpfen** ⟂, am Hohenkarpfen – Höhe 850 m, ⊠ 78595, ℰ (07424) 30 31,
Fax 5995, ≼, 🍴, « Renovierter Bauernhof mit moderner Einrichtung » – ▥ ☎ 🅿 – 🔬 50.
🆎 ⓪ 🔳 𝗩𝗜𝗦𝗔
Menu *(Montag geschl.)* à la carte 47/68 – **21 Z** 100/200.

SPALT Bayern 🆘🆘🆘 P 19 – 5 000 Ew – Höhe 357 m – ✆ 09175.

▯ Fremdenverkehrsamt, Rathaus, Herrengasse 10, ⊠ 91174, ℰ 6 01, Fax 9297.

•München 149 – Ansbach 35 – Ingolstadt 70 – •Nürnberg 45.

🏨 **Krone,** Hauptstr. 23, ⊠ 91174, ℰ 3 70 – ⇖ 🅿. ❄ Zim
⇐ *Juni 2 Wochen geschl.* – **Menu** *(Dienstag geschl.)* à la carte 20/38 ♨ – **13 Z** 50/85.

In Spalt-Enderndorf S : 4,5 km :

✕ **Zum Hochreiter,** Enderndorf 42, ⊠ 91174, ℰ 97 49, ≼, 🍴 – 🅿. 🔳
Montag und über Weihnachten geschl., Nov. - Feb. nur an Wochenenden geöffnet – **Menu**
à la carte 26/45.

In Spalt-Stiegelmühle NW : 5 km :

✕ **Gasthof Blumenthal,** ⊠ 91174, ℰ (09873) 3 32, Fax 1375, 🍴 – 🅿
Montag-Dienstag und Ende Jan.- Mitte Feb. geschl. – **Menu** à la carte 31/54.

SPANGENBERG Hessen 🆘🆘🆘 L 13, 🆘🆘🆘 ㉕ – 7 000 Ew – Höhe 265 m – Luftkurort – ✆ 05663.

▯ Verkehrsamt, Kirchplatz 4, ⊠ 34286, ℰ 72 97, Fax 509026.

•Wiesbaden 209 – Bad Hersfeld 50 – •Kassel 36.

🏨 **Schloß Spangenberg** ⟂, (Burganlage a.d. 13. Jh.), ⊠ 34286, ℰ 8 66, Fax 7567,
≼ Spangenberg, 🍴 – ⇆ Zim ▥ ☎ 🅿 – 🔬 30. 🆎 ⓪ 🔳 𝗩𝗜𝗦𝗔. ❄
Jan. 1 Woche geschl. – **Menu** *(Sonntag nur Mittagessen)* à la carte 57/81 – **23 Z** 95/280.

✕✕ **Ratskeller,** Markt 1, ⊠ 34286, ℰ 3 41
Sonntag nur Mittagessen, Montag geschl. – **Menu** (Tischbestellung ratsam) à la carte
42/78.

SPARNECK Bayern siehe Münchberg.

SPEYER Rheinland-Pfalz 🆘🆘🆘 🆘🆘🆘 I 19, 🆘🆘🆘 ㉕ – 46 000 Ew – Höhe 104 m – ✆ 06232.

Sehenswert : Dom★★ (Krypta★★★, Querschiff★★) B – ≼★★ vom Fuß des Heidentürmchens auf
den Dom B E – Judenbad★ B A – Dreifaltigkeitskirche (Barock-Interieur★) B B – Historisches
Museum der Pfalz (Goldener Hut★ aus Schifferstadt, Weinmuseum★) B M1.

▯ Verkehrsamt, Maximilianstr. 11, ⊠ 67346, ℰ 1 43 95.

Mainz 93 ① – Heidelberg 21 ② – •Karlsruhe 57 ② – •Mannheim 22 ① – Pirmasens 73 ④.

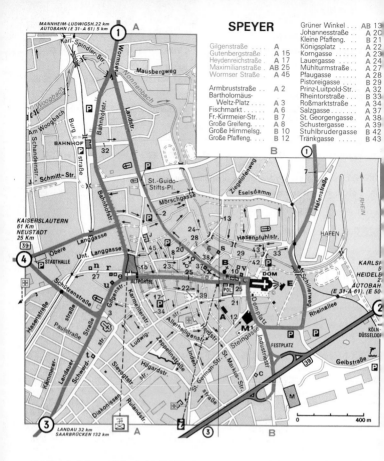

SPEYER

🏨 **Domhof** 🦢 garni, Bauhof 3, ✉ 67346, 𝒫 1 32 90, Fax 132990 – 🛗 ⇔ 📺 ☎ 🔌 ⇐ 🅿
– 🖿 80. 🆎 ⑩ 🗲 𝑽𝑰𝑺𝑨   B **v**
49 Z 160/230.

🏨 **Goldener Engel,** Mühlturmstr. 1a, ✉ 67346, 𝒫 1 32 60, Fax 132695, « Individuelle
Einrichtung » – 🛗 📺 ☎ 🔌 🅿 🆎 ⑩ 🗲 𝑽𝑰𝑺𝑨   A **e**
23. Dez.- 2. Jan. geschl. – **Menu** (siehe Wirtschaft zum Alten Engel) – **44 Z** 93/190.

🏨 **Graf's Hotel Löwengarten,** Schwerdtr. 14, ✉ 67346, 𝒫 62 70 (Hotel), 62 72 00 (Rest.),
Fax 26452 – 🛗 📺 ☎ ⇐⇒ 🅿 – 🖿 40. 🆎 ⑩ 🗲 𝑽𝑰𝑺𝑨   A **1**
Menu (Sonntag und 1.- 15. Jan. geschl.) (nur Abendessen) à la carte 35/59 – **42 Z** 129/195.

🏨 **Kurpfalz** garni, Mühlturmstr. 5, ✉ 67346, 𝒫 2 41 68 – ☎ 🅿 🆎 ⑩ 🗲 𝑽𝑰𝑺𝑨 ⅍   A **n**
10 Z 110/180.

🏩 **Steigenberger Esprix Hotel,** Karl-Leiling-Allee 6, ✉ 67346, 𝒫 20 80, Fax 208333 – 🛗
⇔ Zim 📺 ☎ 🔌 🅿 – 🖿 30. 🆎 ⑩ 🗲 𝑽𝑰𝑺𝑨   B **c**
Menu (im Sommer Sonntag nur Mittagessen, Montag geschl.) à la carte 27/39 –
87 Z 110/140.

🏩 **Am Wartturm** garni, Landwehrstr. 28, ✉ 67346, 𝒫 6 43 30, Fax 643321 – ☎ 🅿 ⅍
17 Z 80/160.   über Wormser Landstr.   A

🍴🍴 **Rôtisserie Weißes Roß,** Johannesstr. 2, ✉ 67346, 𝒫 2 83 80 – ⅍   A **x**
Sonntag nur Mittagessen, Montag und Aug. 3 Wochen geschl. – **Menu** à la carte 29/70.
&

🍴🍴 **Kutscherhaus,** Am Fischmarkt 5a, ✉ 67346, 𝒫 7 05 92, Fax 620922, Biergarten – 🆎 🗲
𝑽𝑰𝑺𝑨   AB **s**
Mittwoch geschl. – **Menu** (Tischbestellung ratsam) à la carte 36/66 (auch vegetarische
Gerichte) &

✗ **Gasthaus Zum Domnapf,** Domplatz 1, ✉ 67346, ℰ 7 54 54, Fax 78099, 🍽   B **v**

✗ **Pfalzgraf,** Gilgenstr. 26 b, ✉ 67346, ℰ 7 47 55, Fax 75596 – 🆎 **E**   A **u**
Mittwoch nur Mittagessen, Donnerstag und 25. Feb.- 10. März geschl. – **Menu** à la carte 32/58 🍷.

✗ **Wirtschaft zum Alten Engel,** Mühlturmstr. 1a, ✉ 67346, ℰ 7 09 14, « Altes Backsteingewölbe, antikes Mobiliar » – 🆎 **⓪ E** 𝘝𝘐𝘚𝘈   A **r**
Sonntag geschl. – **Menu** *(nur Abendessen)* à la carte 31/55 🍷.

An der Rheinbrücke rechtes Ufer :

🏨 **Rheinhotel Luxhof,** ✉ 68776 Hockenheim, ℰ (06205) 30 30, Fax 30325, 🍽, ⇌s – 📺
☎ 🚗 🅿 – 🛎 80. 🆎 **⓪ E** 𝘝𝘐𝘚𝘈   über ②
Menu à la carte 33/62 – **45 Z** 75/160.

In Dudenhofen ④ : 3 km :

🏨 **Zum Goldenen Lamm,** Landauer Str. 2, ✉ 67373, ℰ (06232) 9 43 82, Fax 98502 – ☎ 🅿
24 Z.

In Römerberg-Berghausen ③ : 3 km :

🏨 **Morgenstern,** Germersheimer Str. 2b, ✉ 67354, ℰ (06232) 80 01, Fax 8028, 🍽 – 📺 ☎
🚗 🅿 – 🛎 15. 🆎 **E**. ✗
Menu *(Dienstag, Jan.- Feb. und Aug. jeweils 2 Wochen geschl.)* à la carte 36/59 – **Schlem-
merstübchen** *(nur Abendessen)* **Menu** à la carte 54/70 – **21 Z** 78/135.

In Römerberg-Mechtersheim ③ : 7 km :

🏨 **Pfälzer Hof,** Schwegenheimer Str. 11, ✉ 67354, ℰ (06232) 81 70, Fax 817160, 🍽, ⇌s
– 📱 📺 ☎ 🅿 – 🛎 80. **E** 𝘝𝘐𝘚𝘈
Menu *(Montag und Juli-Aug. 2 Wochen geschl.)* à la carte 27/56 🍷 – **49 Z** 70/140.

SPIEGELAU Bayern 🔢🔢🔢 X 20, 🔢🔢🔢 M 2 – 4 050 Ew – Höhe 730 m – Erholungsort – Wintersport :
80/830 m ✗2 ✗4 – ✆ 08553.

🛈 Verkehrsamt, Rathaus, Hauptstr. 30, ✉ 94518, ℰ 4 19, Fax 6424.

▸München 193 – Deggendorf 50 – Passau 45.

🏨 **Gasthof Genosko,** Hauptstr. 11, ✉ 94518, ℰ 5 22, Fax 591 – 📺 ☎ 🅿. ✗ Zim
← *Nov. - 15. Dez. geschl. –* **Menu** à la carte 19/38 – **22 Z** 52/130.

🏨 **Tannenhof** ✗, Auf der List 27, ✉ 94518, ℰ 60 54, Fax 6369, « Terrasse mit ≤ », ⇌s, 🔲,
🌳 – 🚗 🅿. ✗
Nov.- 20. Dez. geschl. – **Menu** à la carte 28/42 – **35 Z** 62/132 – ½ P 72/76.

🏨 **Waldfrieden** ✗, Waldschmidtstr. 10, ✉ 94518, ℰ 12 47, Fax 6631, Massage, ⇌s, 🔲,
🌳 – 🅿
Nov.- 15. Dez. geschl. – (nur Abendessen für Hausgäste) – **24 Z** 60/110.

SPIEKEROOG (Insel) Niedersachsen 🔢🔢🔢 G 5, 🔢🔢🔢 ④ – 700 Ew – Seeheilbad – Insel der Ostfriesischen Inselgruppe. Autos nicht zugelassen – ✆ 04976.

⛴ von Neuharlingersiel (40 min.), ℰ (04976) 1 70.

🛈 Kurverwaltung, Noorderpad 25, ✉ 26474, ℰ 1 70, Fax 1747.

▸Hannover 258 – Aurich (Ostfriesland) 33 – Wilhelmshaven 46.

🏨 **Inselfriede** ✗, Süderloog 12, ✉ 26474, ℰ 9 19 20, Fax 617, ⇌s, 🔲, 🌳 – ✗✗ Zim 📺
☎. 🅿. ✗ Zim
10. Jan.- 15. März geschl. – **Menu** à la carte 36/69 – **21 Z** 90/190 – ½ P 114/123.

🏨 **Upstalsboom** ✗, Pollerdiek 4, ✉ 26474, ℰ 3 64, Fax 1567, ⇌s – 📺 ☎. 🆎 **⓪ E**
𝘝𝘐𝘚𝘈
(nur Abendessen für Hausgäste) – **36 Z** 111/188 – ½ P 121/152.

🏨 **Zur Linde** ✗, Noorderloog 5, ✉ 26474, ℰ 2 34, Fax 646, 🌳 – 📺 ☎
Anfang Jan.-Ende Feb.geschl. – **Menu** *(außer Saison Dienstag geschl.)* à la carte 41/69
(auch vegetarische Gerichte) – **22 Z** 75/170.

SPITZINGSEE Bayern siehe Schliersee.

SPOHLA Sachsen siehe Hoyerswerda.

SPREENHAGEN Brandenburg 🔢🔢🔢 N 8 – 1 600 Ew – Höhe 40 m – ✆ 033633.

Potsdam 76 – ◆Berlin 62 – Frankfurt a. d. Oder 51.

🏨 **Gasthaus Paesch,** Hauptstr. 27, ✉ 15528, ℰ 2 16, Fax 216, 🍽 – 📺 ☎ 🅿 – 🛎 50
← *Jan. 1 Woche geschl. –* **Menu** à la carte 23/46 – **10 Z** 90/110.

Brandenburg ▨▨▨ P 11, ▨▨▨ ⑳, ▨▨▨ ⑱ – 24 000 Ew – Höhe 115 m – ❀ 03563
Potsdam 148 – ◆Dresden 72.

🏠 Zur Börse, Karl-Marx-Str. 4, ☒ 03130, ✆ 9 02 31, Fax 90232, 🏡 – 📺 ☎
24 Z.

🏠 Hotel am Berg, Bergstr. 30, ☒ 03130, ✆ 28 39, Fax 94837, 🌭 – 📺 ☎. 🅰🅴 ⓞ 🅴 VISA
🛁 Zim
(nur Abendessen für Hausgäste) – 16 Z 75/140.

In Bühlow N : 7 km :

🛖 Seeblick am Storchennest, Hauptstr. 9, ☒ 03130, ✆ (03563) 9 11 86, Fax 91185, 🏡 – 📺
☎ ❂
16 Z.

Niedersachsen ▨▨▨ ▨▨▨ L 10, ▨▨▨ ⑮ – 30 000 Ew – Höhe 113 m –
Erholungsort – ❀ 05041.

🛈 Fremdenverkehrsamt, Am Markt/Ecke Burgstraße (Haus Peters), ☒ 31832, ✆ 7 32 73.
◆Hannover 26 – Hameln 20 – Hildesheim 33.

🏠 Zum Grafen Hallermunt garni, Zum Niederntor 1, ☒ 31832, ✆ 40 18, Fax 4099 – 📺 ☎ ⓟ
13 Z.

🏠 Garni, Zum Oberntor 9, ☒ 31832, ✆ 40 11, Fax 62242 – 📺 ☎. 🅴 VISA
24. Dez.- 2. Jan. geschl. – 17 Z 70/100.

Nordrhein-Westfalen ▨▨▨ ▨▨▨ E 12 – 25 000 Ew – Höhe 203 m – ❀ 02324
◆Düsseldorf 44 – Bochum 18 – Wuppertal 16.

In Sprockhövel-Haßlinghausen :

✗ Die Villa mit Zim, Mittelstr. 47, ☒ 45549, ✆ (02339) 60 18, Fax 6019, 🏡 – ☎. 🛁
Aug. 2 Wochen geschl. – Menu *(Montag geschl.)* à la carte 31/63 – 7 Z 100/160.

In Sprockhövel-Niedersprockhövel :

🏠 Westfälischer Hof, Bochumer Str. 15, ☒ 45549, ✆ 7 34 72, Fax 77633, 🏡 – ☎ ⓟ
Menu *(Samstag nur Abendessen, Juli-Aug. 2 Wochen geschl.)* à la carte 35/64 – 8 Z 85/14C

✗✗✗ ❀ Rôtisserie Landhaus Leick 🦢 mit Zim, Bochumer Str. 67, ☒ 45549, ✆ 9 73 30
Fax 77120, 🏡, « Park », 🍴 – 📺 ☎ ⓟ. 🅰🅴 ⓞ 🅴 VISA
Menu *(Montag und Jan. 3 Wochen geschl.)* (wochentags nur Abendessen) à la carte
76/107 – 12 Z 158/276, 4 Suiten
Spez. Hausgemachte Nudeln mit Pilzen, Steinbuttsoufflé mit Basilikumbutter und Safranrisotto
Ente in drei Gängen serviert (2 Pers.).

✗ Tante Anna, Hauptstr. 58, ☒ 45549, ✆ 7 96 12 – 🅰🅴 ⓞ 🅴 VISA
Montag geschl. – Menu (nur Abendessen) à la carte 46/72.

Niedersachsen ▨▨▨ L 6, ▨▨▨ ⑤ – 47 000 Ew – Höhe 7 m – ❀ 04141.
Sehenswert : Schwedenspeicher-Museum Stade★ (Bronze-Räder★).
Ausflugsziel : Das Alte Land★.

🛈 Fremdenverkehrsamt, Bahnhofstr. 3, ☒ 21682, ✆ 37 38, Fax 401457.
ADAC, Hinterm Teich 1, ☒ 21680, ✆ 6 32 22, Fax 609795.
◆Hannover 178 – Bremerhaven 76 – ◆Hamburg 57.

🏨 Herzog Widukind garni, Große Schmiedestr. 14, ☒ 21682, ✆ 4 60 96, Fax 3603 – 📳 🛎
📺 ☎ ♿ 🚗. 🅰🅴 ⓞ 🅴 VISA
45 Z 145/180.

🏨 Parkhotel Stader Hof, Schiffertorstr. 8 (Stadeum), ☒ 21682, ✆ 49 90 (Hotel) 40 91 99
(Rest.), Fax 499100, 🏡, 🍴 – 📳 📺 ☎ ♿ 🚗 ⓟ – 🔏 750. 🅰🅴 ⓞ 🅴 VISA JCB
Contrescarpe : Menu à la carte 43/77 – 100 Z 115/165, 6 Suiten.

🏨 Vier Linden 🦢, Schölischer Str. 63, ☒ 21682, ✆ 9 27 02, Fax 2865, 🏡, 🍴 – 📺 ☎ ⓟ
– 🔏 50. 🅰🅴 ⓞ 🅴 VISA
Menu *(Sonntag geschl.)* (nur Abendessen) à la carte 35/65 🍷 – 46 Z 95/190.

🏠 Zur Einkehr, Freiburger Str. 82, ☒ 21682, ✆ 23 25, Fax 2455, 🏡, 🍴 – 🛎 Zim 📺 ☎
🚗 ⓟ – 🔏 30. 🅰🅴 ⓞ 🅴 VISA JCB
Menu à la carte 35/60 🍷 – 38 Z 90/145.

🏠 Zur Hanse garni (mit Gästehäusern), am Burggraben, ☒ 21680, ✆ 4 44 41, Fax 4594C
– 📺 ☎ 🚗 ⓟ. 🅰🅴 ⓞ 🅴 VISA
28 Z 65/150.

✗✗ Alte Schleuse, Hansestr. 14, ☒ 21682, ✆ 30 63, Fax 47781 ⓟ – 🅴
Dienstag geschl. – Menu à la carte 43/68.

✗ Ratskeller, Hökerstr. 10, ☒ 21682, ✆ 4 42 55, 🏡, « Gotisches Kreuzgewölbe a.d
13. Jh. » – 🅴
Montag geschl. – Menu à la carte 36/57.

✗ Insel-Restaurant, Auf der Insel 1, ☒ 21680, ✆ 20 31, Fax 47869, 🏡 – ♿ ⓟ – 🔏 40
Menu à la carte 35/65.

Rheinland-Pfalz siehe Mainz.

STADLAND Niedersachsen 🔟🔟 I 6 – 7 700 Ew – Höhe 2 m – ✪ 04732.
◆Hannover 187 – ◆Bremen 68 – Oldenburg 40.

In Stadland-Rodenkirchen :

🏠 **Friesenhof** garni, Friesenstr. 13 (B 212), ✉ 26935, *℘* 6 48, Fax 88940, 🛲 – 📺 ☎ 🚗
🅿 🗲
15 Z 70/135.

STADTALLENDORF Hessen 🔟🔟 K 14 – 21 000 Ew – Höhe 255 m – ✪ 06428.
◆Wiesbaden 141 – Alsfeld 27 – Marburg 21 – Neustadt Kreis Marburg 8.

🏨 **Parkhotel,** Schillerstr. 1, ✉ 35260, *℘* 70 80, Fax 708259, 🏤, 🛲, 🛠 – ⍦ Zim 📺 🚗
🅿 – 🛄 50. 🆎 ⑩ 🗲 🆅🆂🅰. 🛠 Rest
Menu à la carte 38/75 – *Bistro-Spezial (nur Abendessen)* **Menu** à la carte 32/59 –
50 Z 104/398.

In Stadtallendorf-Niederklein S : 4,5 km :

🏠 **Germania,** Obergasse 1, ✉ 35260, *℘* 3 42, Fax 7090 – 📺 ☎ 🚗 🅿. 🗲
◆ *1.- 10. Jan. geschl. –* **Menu** *(Dienstag geschl.)* à la carte 21/38 – **21 Z** 65/100.

STADTBERGEN Bayern 🔟🔟 P 21 – 13 000 Ew – Höhe 491 m – ✪ 0821 (Augsburg).
◆München 88 – ◆Augsburg 6 – ◆Ulm (Donau) 74.

🏠 **Café Weinberger** garni, Bismarckstr. 55, ✉ 86391, *℘* 24 39 10, Fax 438831 – ⧅ ☎ 🅿.
🛠
Aug. 2 Wochen geschl. – **27 Z** 45/110.

STADTHAGEN Niedersachsen 🔟🔟 🔟🔟 K 10, 🔟🔟🔟 ⑮ – 23 100 Ew – Höhe 67 m – ✪ 05721.
🕤 Obernkirchen (SW : 4 km), *℘* (05724) 46 70.
◆Hannover 44 – Bielefeld 76 – ◆Osnabrück 106.

🏠 **Haus Niedersachsen** garni, Echternstr. 14, ✉ 31655, *℘* 22 84 – ⧅ 📺 ☎ 🅿. 🆎 ⑩ 🗲
🆅🆂🅰 90/165.

🏠 **Parkhotel** 🍃 garni, Büschingstr. 10, ✉ 31655, *℘* 9 72 70, Fax 5559 – ⍦ 📺 ☎ 🚗 🅿.
🆎 ⑩ 🗲 🆅🆂🅰
15 Z 98/198.

In Stadthagen-Obernwöhren SO : 5 km :

🏠 **Oelkrug** 🍃, Waldstr. 2, ✉ 31655, *℘* 7 60 51, Fax 76052 – ⧅ ☎ 🅿. 🛠 Rest
12. Jan.- 3. Feb. und 5. Juli - 3. Aug. geschl. – **Menu** *(Montag geschl., Dienstag-Donnerstag
nur Abendessen)* à la carte 31/66 – **18 Z** 79/185.

In Nienstädt-Sülbeck SW : 6 km :

XX ✿ **Sülbecker Krug** mit Zim, Mindener Str. 6 (B 65), ✉ 31688, *℘* (05724) 60 31, Fax 3780,
🏤 – 📺 ☎ 🅿 🆎 ⑩ 🗲 🆅🆂🅰
Menu *(Freitag geschl., Samstag nur Abendessen)* à la carte 49/71 – **12 Z** 85/130
Spez. Terrine von Hecht und Rauchaal, Gefüllter Ochsenschwanz mit Rahmwirsing, Buttermilchmousse mit Aprikosensauce.

In Niedernwöhren NW : 6 km :

XX **Landhaus Heine,** Brunnenstr. 17, ✉ 31712, *℘* (05721) 21 21 – 🅿. 🆎 ⑩ 🗲 🆅🆂🅰
Dienstag, Jan. sowie Juni - Juli jeweils 2 Wochen geschl. – **Menu** (bemerkenswerte Weinkarte) à la carte 39/62.

STADTILM Thüringen 🔟🔟 F 13, 🔟🔟🔟 ㉓, 🔟🔟🔟 ㉖ – 5 000 Ew – Höhe 365 m – ✪ 03629.
Erfurt 24 – Jena 53 – Rudolstadt 22 – Suhl 43.

In Großliebringen SO : 7 km :

🏠 **Burghotel Edelhof** 🍃, Hauptstr. 59, ✉ 99326, *℘* (03629) 39 36, Fax 4967, 🏤 – ⧅ 📺
☎ 🅿 – 🛄 70. 🆎 ⑩ 🗲 🆅🆂🅰
Menu *(Montag-Freitag nur Abendessen)* à la carte 27/58 – **21 Z** 90/220.

STADTKYLL Rheinland-Pfalz 🔟🔟 C 15, 🔟🔟🔟 ㉓ – 1 200 Ew – Höhe 460 m – Luftkurort – ✪ 06597.
🖪 Verkehrsbüro, Kyllplatz 1, ✉ 54589, *℘* 28 78.
Mainz 190 – Euskirchen 48 – Mayen 64.

🏨 **Am Park,** Kurallee 1, ✉ 54589, *℘* 1 50, Fax 15250 – ⧅ 📺 ☎ 🅿 – 🛄 120. 🆎 ⑩ 🗲 🆅🆂🅰.
🛠 Rest
Menu à la carte 42/68 – **93 Z** 145/260.

STADTLOHN Nordrhein-Westfalen 411 412 D 11, 987 ⑬ ⑭, 408 L 5 – 18 100 Ew – Höhe 40 m – ✿ 02563.

🛈 Verkehrsverein, Dufkampstr. 11, ✉ 48703, ✆ 87 48, Fax 2662.

◆Düsseldorf 105 – Bocholt 31 – Enschede 38 – Münster (Westfalen) 56.

🏠 **Tenbrock,** Pfeifenofen 2, ✉ 48703, ✆ 41 90, Fax 41988, Biergarten, ⇌, ◻ – 📺 ☎ 🅿 – 🔬 35. 🆎 ⓪ 🄴 𝘝𝘐𝘚𝘈. ❄
   Weihnachten - Anfang Jan. geschl. – **Menu** *(Samstag nur Abendessen, Juli-Aug. 3 Wochen geschl.)* à la carte 46/72 – **30 Z** 75/160.

STADTOLDENDORF Niedersachsen 411 412 L 11 – 6 000 Ew – Höhe 227 m – ✿ 05532.

◆Hannover 64 – Göttingen 71 – Hildesheim 51.

🏡 **Villa Mosler,** Hoopstr. 2, ✉ 37627, ✆ 50 60, Fax 506400, �, ⇌ – ⊪ ✚ Zim 📺 🔥 🅿 – 🔬 100. 🆎 ⓪ 🄴 𝘝𝘐𝘚𝘈
   Menu *(Montag-Freitag nur Abendessen, Dienstag geschl.)* à la carte 39/77 – **61 Z** 169/292, 6 Suiten.

STADT WEHLEN Sachsen 414 O 13, 984 ㉔, 987 ⑱ – 1 700 Ew – Höhe 110 m – Erholungsort – ✿ 035024.

🛈 Gästeamt, Markt 5, ✉ 01829, ✆ 4 13, Fax 434.

◆Dresden 32 – Pirna 11.

🏠 **Strandhotel** ⤢, Markt 9, ✉ 01829, ✆ 4 24, Fax 610, ⬳ – ⊪ 📺 ☎ – 🔬 50
   Menu à la carte 26/45 – **30 Z** 100/250.

🏠 **Sächsische Schweiz** ⤢, Markt 1, ✉ 01829, ✆ 7 04 32, Fax 70637, � – 📺 ☎. 🆎 🄴
   𝘝𝘐𝘚𝘈
   Menu à la carte 25/39 ⅊ – **18 Z** 95/160.

   In Bastei O : 8 km :

🏠 **Berghotel Bastei** ⤢, ✉ 01847, ✆ 4 06, Fax 481, ⬳Sächsische Schweiz und Elbe, �, ⇌ – ⊪ 📺 ☎ 🅿 – 🔬 40. 🆎 ⓪ 🄴 𝘝𝘐𝘚𝘈
   Menu à la carte 42/69 – **64 Z** 160/460.

STAFFELSTEIN Bayern 413 PQ 16, 987 ㉖ – 10 500 Ew – Höhe 272 m – ✿ 09573.
Ausflugsziele : Ehemaliges Kloster Banz : Terrasse ⬳★, N : 5 km – Wallfahrtskirche Vierzehnheiligen★★(Nothelfer-Altar★★), NO : 5 km.

🛈 Städt. Verkehrsamt, Alte Darre am Stadtturm, ✉ 96231, ✆ 41 92.

◆München 261 – ◆Bamberg 26 – Coburg 26.

🏠 **Kurhotel** ⤢, Oberauer Str. 2, ✉ 96231, ✆ 33 30, Fax 333299, �, Massage, ♨ 𝘧𝘰, ⇌ – ⊪ 📺 ☎ ⬅ – 🔬 30. 🆎 ⓪ 🄴 𝘝𝘐𝘚𝘈. ❄ Rest
   Menu à la carte 30/49 – **113 Z** 110/160.

🏠 **Rödiger,** Zur Herrgottsmühle 2, ✉ 96231, ✆ 8 95, Fax 1339, �, ⇌, ◻ – ⊪ 📺 ☎ 🅿 – 🔬 50. 🆎 ⓪ 🄴 𝘝𝘐𝘚𝘈
   Menu *(Freitag und Aug. geschl.)* à la carte 28/61 – **51 Z** 80/115.

🏠 **Vierjahreszeiten** garni, Annaberger Str. 1, ✉ 96231, ✆ 68 38, ⬅ – 🅿. ❄
   18 Z 69/108.

   In Staffelstein-Grundfeld NO : 4 km :

🏠 **Maintal,** ✉ 96231, ✆ (09571) 31 66, ⬅ – ✚ Rest ☎ 🅿. 🄴. ❄
   22. Dez.- 22. Jan. geschl. – **Menu** *(Sonntag nur Mittagessen, Freitag geschl.)* à la carte 19/47 – **20 Z** 60/100.

   In Staffelstein-Romansthal O : 3 km :

🏠 **Zur schönen Schnitterin** ⤢, ✉ 96231, ✆ 43 73, ⬳ – ⬅ 🅿
   30. Nov.- 26. Dez. geschl. – **Menu** *(Montag geschl.)* à la carte 20/45 ⅊ – **15 Z** 45/95.

STAMSRIED Bayern 413 U 19 – 2 000 Ew – Höhe 450 m – ✿ 09466.

◆München 172 – ◆ Nürnberg 131 – Passau 124 – ◆ Regensburg 50.

🏠 Pusl, Marktplatz 6, ✉ 93491, ✆ 3 26, Fax 1099, ⇌, ◻, ⬅ – ⊪ 📺 ☎ ⬅. ❄
   40 Z.

STAPELFELD Schleswig-Holstein 411 N 6 – 1 500 Ew – Höhe 20 m – ✿ 040 (Hamburg).

◆Kiel 91 – ◆Hamburg 22 – ◆Lübeck 47.

🏠 **Zur Windmühle,** Hauptstr. 99, ✉ 22145, ✆ 67 50 70, Fax 67507299, � – 📺 ☎ 🅿 – 🔬 30. 🆎 ⓪ 🄴 𝘝𝘐𝘚𝘈
   Menu à la carte 34/75 – **49 Z** 115/175.

Bayern 🗺️⑬ R 22, 🗺️⑨⑧⑦ ㉗, 🗺️⑫⑥ F 4 – 20 300 Ew – Höhe 587 m – ☎ 08151.

☖ Starnberg-Hadorf, ℰ 1 21 57 ; ☖ Gut Rieden, ℰ 88 11.

🮟 Fremdenverkehrsverband, Kirchplatz 3, ✉ 82319, ℰ 1 30 08, Fax 13289.

►München 27 – ◆Augsburg 95 – Garmisch-Partenkirchen 70.

🏩 **Seehof**, Bahnhofsplatz 4, ✉ 82319, ℰ 60 01 (Hotel) 22 21 (Rest.), Fax 28136, ≤, ⭐ – 🛗
📺 ☎ ⬅ 🅿. ⒶⒺ ⓞ Ⓔ 𝘝𝘐𝘚𝘈
Menu (italienische Küche) à la carte 38/63 – **38 Z** 120/200.

🏠 **Pension Happach** garni, Achheimstr. 2, ✉ 82319, ℰ 1 25 37 – ⬅. ⚘
23. Dez.- 16. Jan. geschl. – **11 Z** 57/100.

🍴🍴 **Isola d'Elba**, Theresienstr. 9, ✉ 82319, ℰ 1 67 80, ⭐ – 🅿. ⒶⒺ ⓞ Ⓔ
Dienstag geschl. – **Menu** (italienische Küche) à la carte 41/63.

🍴 **Illguth's Gasthaus - Starnberger Alm**, Schloßbergstr. 24, ✉ 82319, ℰ 1 55 77,
◆ Fax 15577, « Sammlung alter handwerklicher Geräte » – 🅿. ⒶⒺ ⓞ Ⓔ 𝘝𝘐𝘚𝘈
Sonntag-Montag, Weihnachten - Anfang Jan. und Aug. 3 Wochen geschl. – **Menu** (nur
Abendessen, bemerkenswertes Angebot württembergischer Weine) à la carte 23/42.

Baden-Württemberg 🗺️⑬ J 21 – 3 000 Ew – Höhe 400 m – ☎ 07457.

☖ Schloß Weitenburg, ℰ (07472) 80 61.

►Stuttgart 66 – Freudenstadt 29.

In Starzach-Bierlingen :

🏠 **Rössle**, Bahnhofstr.2, ✉ 72181, ℰ (07483) 10 97, Fax 8045, ⭐ – 📺 ☎
Menu (Montag geschl.) à la carte 28/53 – **9 Z** 50/98.

In Starzach-Börstingen N : 7 km :

🏨 **Schloß Weitenburg** 🦢, ✉ 72181, ℰ 93 30, Fax 933100, ≤, ⭐, « Schloß a.d.J. 1585,
Park, Schloßkapelle », ⭐, 🏊, 🐎 (Halle) – 🛗 📺 ☎ 🅿 – 🔬 120. ⒶⒺ ⓞ Ⓔ 𝘝𝘐𝘚𝘈 ᴶᶜᴮ
18.- 25. Dez. geschl. – **Menu** à la carte 48/86 – **35 Z** 135/210 – ½ P 142/162.

Bayern 🗺️⑬ U 23 – 1 100 Ew – Höhe 600 m – ☎ 08641 (Grassau).

🮟 Verkehrsbüro, Marquartsteiner Str. 3, ✉ 83224, ℰ 25 60, Fax 1808.

►München 91 – Rosenheim 34 – Traunstein 20.

Im Ortsteil Staudach :

🍴 **Mühlwinkl** 🦢, Mühlwinkl 14, ✉ 83224, ℰ 24 14, ⭐, ⭐ – 🅿 – **Menu** (Dienstag geschl.,
◆ Okt.- Mai Mittwoch nur Abendessen) à la carte 22/43 – **17 Z** 45/90 – ½ P 58/60.

Im Ortsteil Egerndach :

🍴 **Gasthof Ott** 🦢, ✉ 83224, ℰ 21 83, Fax 1764, Biergarten, ⭐ – ⬅ 🅿
◆ **Menu** à la carte 21/40 🍷 – **28 Z** 40/100 – ½ P 45/55.

Baden-Württemberg 🗺️⑬ G 23, 🗺️⑫⑦ H 2, 🗺️⑫⑫ ㊱ – 7 000 Ew – Höhe 290 m – Erho-
ungsort – ☎ 07633 – Sehenswert : Staufenburg : Lage★.

🮟 Verkehrsamt, Rathaus, ✉ 79219, ℰ 8 05 36, Fax 50593.

►Stuttgart 222 – Basel 58 – ◆Freiburg im Breisgau 20.

🏠 **Die Krone** 🦢, (Gasthaus a.d. 18. Jh. mit modernem Hotelanbau), Hauptstr. 30, ✉ 79219,
ℰ 58 40, Fax 82903 – 📺 ☎ 🅿. ⒶⒺ Ⓔ 𝘝𝘐𝘚𝘈
Menu (Freitag - Samstag und Juli - Aug. 2 Wochen geschl.) à la carte 32/79 – **9 Z** 80/120.

🏠 **Hirschen** 🦢, Hauptstr. 19, ✉ 79219, ℰ 52 97, Fax 5295, ⭐ – 🛗 📺 🅿. ⚘ Zim
Menu (Montag - Dienstag, Mai 2 Wochen und Nov. geschl.) à la carte 36/64 🍷 –
12 Z 70/120.

Hessen 🗺️⑫ J 15 – 7 600 Ew – Höhe 163 m – ☎ 06406.

►Wiesbaden 102 – ◆Frankfurt am Main 73 – Gießen 11 – ◆Kassel 116.

🏨 **Burghotel Staufenberg** 🦢, (Burg a.d. 12. Jh. mit Hotelanbau), Burggasse 10, ✉ 35460,
ℰ 30 12, Fax 72492 – 📺 ☎ 🅿 – 🔬 50. ⒶⒺ ⓞ Ⓔ 𝘝𝘐𝘚𝘈
Menu à la carte 33/75 – **26 Z** 118/220.

Mecklenburg-Vorpommern 🗺️⑭ K 4, 🗺️⑨⑧⑭ ⑦, 🗺️⑨⑧⑦ ⑦ – 9 000 Ew – Höhe 46 m
– ☎ 039954 – Schwerin 119 – Neubrandenburg 30 – Stralsund 83.

🏨 Rainbow-Hotel Reutereiche, Werdohler Str. 10, ✉ 17153, ℰ 3 40, Fax 34113 🛗 ⭐ Zim
📺 ☎ 🅿 – 🔬 40 – **73 Z**, 6 Suiten.

🏠 Kutzbach, Am Markt, ✉ 17153, ℰ 2 10 96 – 📺 ☎ 🅿. ⚘ – **17 Z**.

In Jürgenstorf S : 5 km : – ☎ 039955

🏠 **Unkel Bräsig**, Warener Str. 1a, ✉ 17153, ℰ 3 80, Fax 38222 📺 ☎ ⬅ 🅿 – 🔬 80. ⒶⒺ
◆ ⓞ Ⓔ 𝘝𝘐𝘚𝘈 – **Menu** à la carte 21/40 – **18 Z** 85/125.

Bayern 𝟜𝟙𝟛 R 15 – 3 700 Ew – Höhe 580 m – Heilbad – Wintersport : 585/650 m
⚐1 ⚐5 – ✪ 09288.
🏢 Kurverein, ✉ 95138, ℘ 2 88.
🏢 Staatl. Kurverwaltung, Badstr. 31, ✉ 95138, ℘ 10 93.
♦München 295 – Bayreuth 66 – Hof 25.

🏨 **Relexa Hotel** ⚜, Badstr. 26, ✉ 95138, ℘ 7 20, Telex 643423, Fax 72113, 🌲, Massage
⊹ ℔, ⚘, 🍽, 🈺 – 🛗 ⇄ Zim 📺 🄿 – 🕍 300. 🅰🄴 🕕 🄴 𝗩𝗜𝗦𝗔, ⚒ Rest
Menu à la carte 41/70 *(auch Diät)* – **123 Z** 150/270, 6 Suiten.

🏠 **Promenade** ⚜, Badstr. 16, ✉ 95138, ℘ 10 21, ⇄ – 🛗 📺 ☎ 🄿
Menu à la carte 26/45 – **63 Z** 70/160 – ½ P 93/118.

In Bad Steben-Bobengrün S : 3 km :

✗ **Spitzberg** mit Zim, Hauptstr. 43, ✉ 95138, ℘ 3 13, Fax 55325, Biergarten, 🍴 – ☎ ⇦
🄿
30. Okt.- 21. Nov. geschl. – **Menu** *(Dienstag geschl.)* à la carte 25/54 – **7 Z** 60/90.

In Lichtenberg NO : 3 km :

🏨 Burghotel ⚜, Schloßberg 1, ✉ 95192, ℘ (09288) 51 51, Fax 5459, ≼, Biergarten – 🛗 📺
☎ 🄿 – 🕍 20
25 Z.

✗ **Burgrestaurant Harmonie,** Schloßberg 2, ✉ 95192, ℘ (09288) 2 46, « Gemütliche
Gasträume » – 🄴
Dienstag nur Mittagessen, Mittwoch geschl. – **Menu** à la carte 35/69.

Schleswig-Holstein 𝟜𝟙𝟙 J 2 – 750 Ew – Höhe 2 m – ✪ 04662.
♦Kiel 114 – Flensburg 34 – Husum 36 – Niebüll 11.

🏠 **Stedesander Hof** garni, Mühlenweg 1 (B 5), ✉ 25920, ℘ 30 91, Fax 5310, 🍴 – 📺 ☎
🄿. ⚒
März - Okt. – **32 Z** 70/130.

Baden-Württemberg siehe Kirchzarten.

Schleswig-Holstein siehe Laboe.

Baden-Württemberg 𝟜𝟙𝟛 H 22, 𝟤𝟜𝟤 ㉘ – 3 600 Ew – Höhe 205 m – ✪ 07832 (Haslach im Kinzigtal).
♦Stuttgart 170 – ♦Freiburg im Breisgau 50 – Offenburg 24.

🏠 Gästehaus Alte Bauernschänke garni, Kirchgasse 9, ✉ 77790, ℘ 23 44, Fax 8261 – 📺 ☎
🄿 – 🕍 80
17 Z.

✗ **Alte Bauernschänke,** Kirchgasse 8, ✉ 77790, ℘ 6 78 19, 🌲, « Restaurant im Schwarzwälder Bauernstil » – 🄿. 🅰🄴 🄴 𝗩𝗜𝗦𝗔
Dienstag und Feb. geschl. – **Menu** à la carte 37/62.

Hessen 𝟜𝟙𝟤 𝟜𝟙𝟛 L 16 – 10 000 Ew – Höhe 173 m – ✪ 06663.
♦Wiesbaden 110 – Fulda 39 – ♦Frankfurt am Main 69 – Gießen 106 – ♦Würzburg 114.

In Steinau-Hintersteinau N : 14 km :

✗✗ **Pfanne,** Rhönstr. 7, ✉ 36396, ℘ (06666) 2 35 – 🄿. 🅰🄴
Dienstag und Ende Jan.- Mitte Feb. geschl. – **Menu** à la carte 40/60.

Bayern 𝟜𝟙𝟛 QR 15 – 3 700 Ew – Höhe 600 m – Wintersport :
600/720 m ⚐1, ⚐3 – ✪ 09263.
♦München 300 – ♦Bamberg 83 – Bayreuth 69.

🏠 **Pietz,** Otto-Wiegand-Str. 4, ✉ 96361, ℘ 3 74, Fax 8316, ⇄, 🍴 – 📺 ☎ 🄿. 🄴
↔ **Menu** *(Dienstag geschl.)* à la carte 19/48 – **30 Z** 42/100 – ½ P 45/75.

✗✗ **Steinbacher Hof** mit Zim, Kronacher Str. 3 (B 85), ✉ 96361, ℘ 4 86, Fax 8383 – 🄿. 🅰
🕕 🄴 𝗩𝗜𝗦𝗔
Feb. 1 Woche und Aug. 3 Wochen geschl. – **Karl der IV** *(nur Abendessen, Mittwoch geschl.)*
Menu à la carte 54/74 – **Steinbacher Stube** *(Mittwoch geschl.)* **Menu** à la carte 25/40 –
8 Z 55/85.

Baden-Württemberg 𝟜𝟙𝟛 G 24, 𝟜𝟤𝟟 H 3, 𝟤𝟙𝟨 ⑤ – 4 600 Ew – Höhe 335 m – ✪ 07627.
♦Stuttgart 269 – Basel 17 – ♦Freiburg im Breisgau 73 – Schopfheim 7.

🏠 **Gästehaus Pflüger** garni, Lörracher Str. 15, ✉ 79585, ℘ 14 18, 🍴 – ☎ ⇦ 🄿
15 Z 62/102.

STEINENBRONN Baden-Württemberg **413** K 21 – 4 700 Ew – Höhe 430 m – 🕾 07157.

◆Stuttgart 20 – Reutlingen 33 – ◆Ulm (Donau) 92.

🏠 **Krone,** Stuttgarter Str. 47, ✉ 71144, ℰ 73 30, Fax 73377, 🚔, 🔲 – ▮ 📺 ☎ 🚗 🅿 –
🔏 30. 🖭 ◑ 🖾 🎦
20. Dez.- 10. Jan. geschl. – **Menu** *(Sonntag-Montag geschl.)* à la carte 44/77 – **45 Z** 123/185
– ½ P 150.

🏠 **Löwen** garni, Stuttgarter Str. 3, ✉ 71144, ℰ 70 27, Fax 20395, 🚔 – ▮ 📺 ☎ 🚗 🅿. 🖭
◑ 🖾 🎦
23 Z 85/165.

🏠 **Siebenmühlen** garni, Lerchenstr. 14 (Gewerbegebiet Ost), ✉ 71144, ℰ 73 60, Fax 3074
– ▮ ⇔ 📺 ☎ 🚗 🅿. 🖭 ◑ 🖾 🎦
186 Z 99/150.

🏠 **Weinstube Maier,** Tübinger Str. 21, ✉ 71144, ℰ 40 41, Fax 20589 – ☎ 🚗 🅿. 🖭 ◑
◆ 🖾 🎦
Menu *(Freitag - Sonntag und Aug. 3 Wochen geschl.)* (nur Abendessen) à la carte 24/45
🍺 – **23 Z** 65/106.

STEINFELD Niedersachsen **411** H 9, **987** ⑭ – 6 600 Ew – Höhe 49 m – 🕾 05492.

◆Hannover 122 – ◆Bremen 90 – Oldenburg 121 – ◆Osnabrück 45.

🏠 **Schemder Bergmark** 🦌, Erholungszentrum Dammer Berge (W : 3 km), ✉ 49439,
ℰ 8 90, Fax 8959, 🌳, 🚔, 🔲, 🐎, ⚽ (Halle) – 📺 ☎ 🅿 – 🔏 70. 🖭 ◑ 🖾 🎦. ✗ Rest
Menu à la carte 32/62 – **40 Z** 80/169.

STEINFURT Nordrhein-Westfalen **411** **412** EF 10, **987** ⑭ – 33 000 Ew – Höhe 70 m – 🕾 02551.

🛁 Steinfurt-Bagno, ℰ 51 78.

🛈 Verkehrsverein Steinfurt - Burgsteinfurt, Markt 2, ✉ 48565, ℰ 13 83, Fax 7326.

◆Düsseldorf 162 – Enschede 39 – Münster (Westfalen) 25 – ◆Osnabrück 58.

In Steinfurt-Borghorst :

🏠 **Schünemann,** Altenberger Str. 109, ✉ 48565, ℰ (02552) 39 82, Fax 61728 – 📺 ☎ 🅿. 🖭
◑ 🖾 🎦
Menu *(Montag nur Abendessen)* à la carte 37/79 – **32 Z** 109/160.

🏠 **Posthotel Riehemann,** Münsterstr. 8, ✉ 48565, ℰ (02552) 40 59, Fax 62484, 🌳 – 📺
☎ 🚗 🅿 – 🔏 30. 🖭 ◑ 🖾 🎦. ✗ Rest
Menu à la carte 33/68 – **17 Z** 70/140.

In Steinfurt-Burgsteinfurt :

🏠 **Zur Lindenwirtin,** Ochtruper Str. 38, ✉ 48565, ℰ 20 15, Fax 4728, 🚔 – 🅿. 🖭 ◑ 🖾 🎦.
✗
16. Juli - 7. Aug. geschl. – **Menu** *(Sonntag nur Mittagessen)* (wochentags nur Abendessen)
à la carte 25/49 – **18 Z** 58/110.

STEINGADEN Bayern **413** P 23, **987** ㊱, **426** E 5 – 2 600 Ew – Höhe 763 m – Erholungsort
– 🕾 08862.

Sehenswert : Klosterkirche★.

Ausflugsziel : Wies : Kirche★★ SO : 5 km.

◆München 103 – Füssen 21 – Weilheim 34.

In Steingaden-Wies SO : 5 km :

✗ **Moser,** Wies 1, ✉ 86989, ℰ 5 03, 🌳 – 🅿
Mittwoch und Mitte Jan.-Mitte Feb. geschl. – **Menu** (nur Mittagessen) à la carte 26/42 🍺.

STEINHAGEN Nordrhein-Westfalen **411** **412** I 10 – 18 600 Ew – Höhe 101 m – 🕾 05204.

◆Düsseldorf 166 – Bielefeld 9 – Münster (Westfalen) 67 – ◆Osnabrück 47.

✗✗ **Alte Schmiede** (ehemalige Schmiede a.d.J.1843), Kirchplatz 22, ✉ 33803, ℰ 70 01,
Fax 89129, 🌳 – 🅿. 🖭 ◑ 🖾 🎦
Menu (nur Abendessen, Tischbestellung ratsam, bemerkenswerte Weinkarte) à la carte
53/72.

STEINHAUSEN Baden-Württemberg siehe Schussenried, Bad.

STEINHEIM Nordrhein-Westfalen **411** **412** K 11, **987** ⑮ – 12 100 Ew – Höhe 144 m – 🕾 05233.

◆Düsseldorf 208 – Detmold 21 – ◆Hannover 85 – Paderborn 38.

In Steinheim-Sandebeck SW : 12 km :

🏠 **Germanenhof,** Teutoburger-Wald-Str. 29, ✉ 32839, ℰ (05238) 14 33, Fax 1331 – 📺 ☎
🚗 🅿 – 🔏 20. 🖭 ◑ 🖾 🎦 🎴
Menu *(Dienstag geschl.)* (Tischbestellung ratsam) à la carte 42/67 *(auch vegetarische
Gerichte)* – **16 Z** 75/180.

Baden-Württemberg siehe Heidenheim an der Brenz.

STEINHEIM AN DER MURR Baden-Württemberg 👥 K 20 – 10 800 Ew – Höhe 202 m – ۞ 07144 (Marbach am Neckar).
♦Stuttgart 32 – Heilbronn 28 – Ludwigsburg 16.

🏨 **Mühlenscheuer** ⚘ garni (mit Gästehaus), Mühlweg 5, ☒ 71711, ℰ 2 90 49, Fax 207012 – 📺 ☎ 🅿. 🆔 🗲 𝘝𝘐𝘚𝘈 – **23 Z** 89/149.

🍴 **Zum Lamm**, Marktstr. 32, ☒ 71711, ℰ 2 93 90, Fax 208798 – 📺 ☎ ⇐ 🅿. 🗲 𝘝𝘐𝘚𝘈
Menu *(Montag nur Abendessen)* à la carte 25/49 ⅋ – **24 Z** 65/118.

STEINPLEIS Sachsen siehe Werdau.

STEINSFELD Bayern siehe Rothenburg o.d.T.

STEINWENDEN Rheinland-Pfalz siehe Ramstein-Miesenbach.

STEISSLINGEN Baden-Württemberg 👥 J 23, 👥 K 2, 👥 ⑨ – 3 500 Ew – Höhe 465 m –
Erholungsort – ۞ 07738 – 🖪 Verkehrsbüro, Schulstraße (Rathaus), ☒ 78256, ℰ 4 27.
♦Stuttgart 152 – ♦Konstanz 29 – Singen (Hohentwiel) 9.

🏨 **Café Sättele** ⚘, Schillerstr. 9, ☒ 78256, ℰ 9 29 00, Fax 929059, ≤, 🏡, 🖈 – 📺 ☎ ⇐
🅿. 🗲 𝘝𝘐𝘚𝘈
Ende Okt.-Mitte Nov. geschl. – Menu *(Donnerstag geschl., Sonntag nur Mittagessen)* à la carte 31/62 – **16 Z** 80/140.

STEMMEN Niedersachsen siehe Sittensen.

STEMWEDE Nordrhein-Westfalen 👥 👥 I 9 – 12 500 Ew – Höhe 65 m – ۞ 05745.
♦Düsseldorf 227 – Minden 36 – ♦Osnabrück 33.

In Stemwede-Haldem NW : 8,5 km ab Levern :

🏨 **Berggasthof Wilhelmshöhe** ⚘, ☒ 32351, ℰ (05474) 10 10, Fax 1371, 🏡, « Garten »
– 📺 ☎ ⇐ 🅿. 🆔 ⓞ 🗲 𝘝𝘐𝘚𝘈. 🦐 Zim
6.- 18. Feb. geschl. – Menu *(Dienstag geschl.)* à la carte 30/61 – **14 Z** 65/140.

STENDAL Sachsen-Anhalt 👥 H 8, 👥 ⑮, 👥 ⑯ ⑰ – 48 500 Ew – Höhe 33 m – ۞ 03931.
Sehenswert : Dom St. Nikolai★ (Glasfenster★) – Uenglinger Tor★.
Ausflugsziele : Tangermünde★ (Rathaus★, Neustädter Tor★), SO : 10 km – Havelberg (Dom St. Marien★, Skulpturen★★ an Lettner und Chorschranken), N : 46 km (über Tangermünde).
🖪 Stendal-Information, Kornmarkt 8, ☒ 39576, ℰ 21 61 86.
ADAC, Rathenower Str. 16a, ☒ 39576, ℰ 21 23 86, Fax 212981.
Magdeburg 60 – ♦Berlin 125 – Dessau 133 – Schwerin 135.

🏨 **Altstadthotel**, Breite Str. 60, ☒ 39576, ℰ 6 98 90, Fax 6989300 – 🍴 📺 🅿. 🆔 ⓞ 🗲 𝘝𝘐𝘚𝘈
Menu à la carte 26/36 – **18 Z** 85/150.

🏨 **Hotel am Bahnhof**, Bahnhofstr. 30, ☒ 39576, ℰ 21 32 00, Fax 715535, 🏡 – 🛗 📺 ☎
⇐ 🅿 – ⚖ 50. 🆔 ⓞ 🗲 𝘝𝘐𝘚𝘈 𝘑𝘊𝘉
Menu à la carte 22/41 – **29 Z** 95/150.

Siehe auch : *Vinzelberg*

STERDEBÜLL Schleswig-Holstein siehe Bredstedt.

STERNBERG Mecklenburg-Vorpommern 👥 H 4, 👥 ⑥ – 5 100 Ew – Höhe 65 m – ۞ 03847.
🖪 Fremdenverkehrsamt, Mühlenstr. 14, ☒19406, ℰ 45 10 12.
Schwerin 36 – Güstrow 27.

In Witzin NO : 6 km :

🏨 **Gulbis** garni, Güstrower Chaussee 4 (B 104), ☒ 19406, ℰ (038481) 2 02 02 – 📺 ☎ 🅿
14 Z.

STIMPFACH Baden-Württemberg 👥 N 19 – 2 700 Ew – Höhe 465 m – ۞ 07967.
♦Stuttgart 107 – ♦Nürnberg 110 – ♦Würzburg 111.

In Stimpfach-Rechenberg SO : 4 km :

🏨 **Landgasthof Rössle**, Ortsstr. 22, ☒ 74597, ℰ 9 00 40, Fax 1387, Biergarten, 🖘, 🍴
⇐ 📺 ☎ 🅿 – ⚖ 100. 🦐 Rest
Menu *(Montag geschl.)* à la carte 24/58 ⅋ – **65 Z** 78/168.

Baden-Württemberg **413** JK 23, **987** ㉟, **216** ⑨ – 15 200 Ew – Höhe 491 m –
☎ 07771.

Ausflugsziel: Haldenhof ≤★★, SO : 13 km.

◆Stuttgart 157 – ◆Freiburg im Breisgau 112 – ◆Konstanz 36 – ◆Ulm (Donau) 114.

🏨 **Goldener Ochsen,** Zoznegger Str. 2, ⊠ 78333, ℰ 20 31, Fax 2034, 🏤 – |閤| 📺 ☎ 🅿 –
🏛 35. 🆎 ◑ 🗲 *VISA*
Menu à la carte 35/67 – **38 Z** 85/190.

🏠 **Zur Linde,** Goethestr. 23, ⊠ 78333, ℰ 6 10 66, Fax 61220, 🏤 – |閤| 📺 ☎ 🅿 – 🏛 50. 🆎
◑ 🗲 *VISA*
Mitte Feb. - Mitte März geschl. – **Menu** (Freitag geschl.) à la carte 30/55 – **28 Z** 65/165.

🏠 **Paradies,** Radolfzeller Str. 36 (B 31), ⊠ 78333, ℰ 35 20, Fax 62178, 🏤 – 🅿
15. Dez.- 15. Jan. geschl. – **Menu** (Freitag geschl.) à la carte 29/52 🅙 – **36 Z** 42/110.

Bayern **412 413** K 17 – 8 000 Ew – Höhe 110 m – ☎ 06027.

◆München 361 – ◆Darmstadt 36 – ◆Frankfurt am Main 35.

🏨 **Brößler,** Obernburger Str. 2, ⊠ 63811, ℰ 42 20, Fax 422100, Biergarten – 📺 ☎ 🚗 🅿.
🆎 ◑ 🗲 *VISA*
Anfang Jan. 1 Woche geschl. – **Menu** (Samstag geschl.) à la carte 25/58 – **34 Z** 90/150.

Sachsen-Anhalt **411** P 12, **414** E 11, **987** ⑯ – 1 600 Ew – Höhe 330 m –
☎ 034654.

🛈 Fremdenverkehrsamt, Markt 2, ⊠ 06547, ℰ 4 54, Fax 298.

Magdeburg 110 – Göttingen 88.

🏨 Weißes Roß, Rittergasse 1, ⊠ 06547, ℰ 4 03 – 📺 ☎ 🅿 – 🏛 40
(italienische Küche) – **10 Z**

🏨 **Zum Kanzler,** Markt 8, ⊠ 06547, ℰ 2 05, Fax 315 – 📺 ☎ 🅿 – 🏛 20. **E**. 🛠 Zim
 Menu à la carte 24/43 – **21 Z** 70/120 – ½ P 75/100.

🏠 **Zum Bürgergarten,** Thyrastr. 1, ⊠ 06547, ℰ 4 01, Fax 575 – 📺 ☎ 🅿. 🆎 ◑ 🗲 *VISA*
 Menu (Montag - Dienstag nur Abendessen) à la carte 24/61 – **25 Z** 70/140.

Außerhalb NO : 7 km :

🏨 **Harzhotel,** Schindelbruch 1, ⊠ 06547, ℰ 2 07, Fax 537, Biergarten, ≘s – |閤| 📺 ☎ 🅿 –
🏛 100. 🗲 *VISA*
Menu à la carte 32/60 – **41 Z** 110/180.

Nordrhein-Westfalen **412** B 14, **987** ㉓, **409** L 3 – 56 400 Ew – Höhe 180 m –
☎ 02402.

◆Düsseldorf 80 – ◆Aachen 11 – Düren 23 – Monschau 36.

🏨 **Parkhotel am Hammerberg** 🦢 garni, Hammerberg 11, ⊠ 52222, ℰ 1 23 40, Fax 123480,
≘s, 🔲, 🛲 – 📺 ☎ 🅿 – 🏛 25. 🆎 ◑ 🗲 *VISA*
23.- 26. Dez. geschl. – **28 Z** 98/225.

🏠 **Stadthalle** garni, Rathausstr. 71, ⊠ 52222, ℰ 2 30 56, Fax 84211 – |閤| 📺 ☎ 🅿. 🆎 ◑
🗲 *VISA*
19 Z 86/140.

XXX **Romantik-Hotel Burgkeller** 🦢 mit Zim, Klatterstr. 10, ⊠ 52222, ℰ 2 72 72, Fax 123480,
🏤 – 📺 ☎ 🅿. 🆎 ◑ 🗲 *VISA*. 🛠
Anfang Jan. und über Fasching geschl. – **Menu** (Samstag nur Abendessen) à la carte 48/84
– **5 Z** 140/240.

In Stolberg-Zweifall SO : 6,5 km :

🏨 **Sporthotel Zum Walde,** Klosterstr. 4, ⊠ 52224, ℰ 76 90, Fax 76910, Massage, 𝐿δ, ≘s,
🔲, 🛲 – |閤| 📺 ☎ 🚗 🅿 – 🏛 25. 🆎 ◑ 🗲 *VISA*
Rochuskeller (wochentags nur Abendessen) **Menu** à la carte 44/61 – **61 Z** 98/220.

In Stolberg-Vicht SO : 4 km :

🏠 **Vichter Landhaus,** Münsterau 140, ⊠ 52224, ℰ 9 89 10, Fax 989192, 🏤 – 📺 ☎ 🚗
🅿 – 🏛 25. 🆎 🗲 *VISA*. 🛠 Zim
Menu à la carte 29/64 – **30 Z** 86/150.

Brandenburg siehe Angermünde.

Niedersachsen **411 412** K 9, **987** ⑮, **984** ⑭ – 6 300 Ew – Höhe 28 m – ☎ 05761.

◆Hannover 55 – Nienburg 22 – Petershagen 20 – Uchte 13.

🏠 Zur Post, Am Markt 10, ⊠ 31592, ℰ 8 92, Fax 2363 – ☎ 🅿 – **10 Z**.

STORKOW Brandenburg 414 N 9, 984 ⑯, 987 ⑱ – 6 200 Ew – Höhe 40 m – ✆ 033678.
Potsdam 80 – ◆Berlin 66 – Cottbus 80 – ◆Frankfurt a. d. Oder 55.

  🏠 Karlslust ⑲, Karlsluster Str. 3, ✉ 15859, ℰ 29 05, Fax 3471, �, 🅰⬡, 🚗 – 🚫 Zim 📺
    ☎ ⓟ – **22 Z**.

STRAELEN Nordrhein-Westfalen 412 B 12, 987 ⑬ – 13 800 Ew – Höhe 46 m – ✆ 02834.
◆Düsseldorf 69 – Venlo 11 – Wesel 38.

  🏠 Straelener Hof, Annastr. 68, ✉ 47638, ℰ 9 14 10, Fax 914147, 🌳 – 📺 ☎ ⓟ – 🔺 80
    26 Z.

STRALSUND Mecklenburg-Vorpommern 414 L 3, 984 ③, 987 ⑦ – 70 000 Ew – Höhe 5 m
  – ✆ 03831.
Sehenswert : Rathaus★ (Nordfassade★★) – Meereskundliches Museum und Aquarium★ ·
Nikolaikirche★ – Marienkirche★.
🅱 Stadt-Information, Ossenreyerstr. 2, ✉ 18408, ℰ 25 22 51.
ADAC, Dänholmstr. 7c, ✉ 18439, ℰ 29 73 51, Fax 297340.
Schwerin 160 – Greifswald 32 – ◆Rostock 71.

  🏠 **Hotel am Bahnhof,** Tribseer Damm 4, ✉ 18437, ℰ 29 52 68, Fax 292650, ⇌ – |🛗 🚫 Zim
  ◆ 📺 ☎ ⓟ – 🔺 25. ⅋ Ε 𝘝𝘐𝘚𝘈
    Menu à la carte 22/64 – **60 Z** 155/185.

  🏠 **An den Bleichen** ⑲ garni, An den Bleichen 45, ✉ 18435, ℰ 39 06 75, Fax 392153, ⇌
    🌳 – 📺 ☎ ⓟ. Ε
    23 Z 115/155.

  🏠 Stralsund, Heinrich-Heine-Ring 105, ✉ 18435, ℰ 36 70, Fax 367111 – |🛗 📺 ☎ ⓟ – 🔺 25
    Herwig's Restaurant – **74 Z**.

  🏠 Süß ⑲, Hainholzstr. 42, ✉ 18435, ℰ 39 01 24, Fax 390125 – 📺 ☎ ⬅ ⓟ – **9 Z**.

  🏠 **Norddeutscher Hof,** Neuer Markt 22, ✉ 18439, ℰ 29 31 61, Fax 293161 – 📺 ☎ ⓟ. ⅋
    Ε 𝘝𝘐𝘚𝘈. 🚫 Zim
    Menu à la carte 30/53 – **13 Z** 110/200.

  ✗✗ Scheelehaus, Fährstr. 23, ✉ 18439, ℰ 29 29 87, « Restauriertes Giebelhaus
    a.d.J.1350 ».

  In Stralsund-Grünhufe W : 2 km :

  🏠 **Parkhotel,** Lindenallee 61, ✉ 18437, ℰ 47 40, Fax 474860, ⇌ – |🛗 🚫 Zim 📺 ☎ ⓟ
    🔺 35. ⅋ ⬤ Ε 𝘝𝘐𝘚𝘈
    Menu à la carte 33/52 – **120 Z** 155/225, 4 Suiten.

  🏠 **Unter den Linden,** Lindenalle 41, ✉ 18437, ℰ 49 40 91, Fax 494699, ⇌ – 🚫 Zim 📺
    ☎ ⓟ. Ε
    Menu à la carte 25/39 – **38 Z** 105/195.

  In Altenpleen-Hohendorf NW : 11 km :

  🏠 **Schloßpark-Hotel Hohendorf** ⑲, ✉ 18445, ℰ (038323) 8 06 38, Fax 81412, « Park »
    – 📺 ☎ ⅋ ⓟ. ⅋ ⬤ Ε 𝘝𝘐𝘚𝘈. 🚫 Rest
    Menu à la carte 30/44 – **45 Z** 148/250.

STRANDE Schleswig-Holstein 411 N 3 – 1 700 Ew – Höhe 5 m – Seebad – ✆ 04349 (Dänischenhagen).
🅱 Verkehrsbüro, Strandstr. 12, ✉ 24229, ℰ 2 90.
◆Kiel 17 – Eckernförde 26.

  🏠 Strandhotel, Strandstr. 21, ✉ 24229, ℰ 9 17 90, 🌳, ⇌ – 📺 ☎ ⓟ – 🔺 50 – **16 Z**.

  🏠 **Haus am Meer** ⑲ garni, Bülker Weg 47, ✉ 24229, ℰ 12 34, Fax 1544, ≤ Außenförde und
    Ostsee – 📺 ☎ ⓟ. ⅋ Ε
    10 Z 75/120.

  🏠 **Petersen's Hotel** garni, Dorfstr. 9, ✉ 24229, ℰ 14 64, Fax 1414 – 📺 ☎ ⓟ. Ε
    20 Z 95/160.

  ✗✗ Jever-Stuben, Strandstr. 15, ✉ 24229, ℰ 81 19, Fax 9314, ≤, 🌳 – ⓟ. ⅋ Ε 𝘝𝘐𝘚𝘈
    Menu à la carte 34/68.

STRAUBENHARDT Baden-Württemberg 413 I 20 – 10 000 Ew – Höhe 416 m – ✆ 07082 (Neuenbürg).
🅱 Verkehrsamt, Rathaus Conweiler, ✉ 75334, ℰ 79 12 22, Fax 791223.
◆Stuttgart 67 – Baden-Baden 38 – ◆Karlsruhe 25 – Pforzheim 17.

  In Straubenhardt-Schwann :

  🏠 **Adlerhof** ⑲, Mönchstr. 14 (Schwanner Warte), ✉ 75334, ℰ 9 23 40, Fax 60161, ≤, 🌳
    🌳 – 📺 ☎ ⓟ – 🔺 15. 🚫 Zim
    6. Jan.- 16. Feb. geschl. – **Menu** *(Montag geschl., Dienstag nur Abendessen)* à la carte
    34/62 ⅋ – **25 Z** 72/144 – ½ P 83/103.

866

Im Holzbachtal SW : 6 km :

🏠 **Waldhotel Bergschmiede** ⌕, ✉ 75334 Straubenhardt, ℘ (07248) 10 51, Fax 1008, « Hirschgehege, Gartenterrasse », ⇌, 🄵, 🐎 – 🆃🆅 ☎ ⇔ 🅿 – 🔏 30. 🅴 𝗩𝗜𝗦𝗔
2. Jan.- 9. Feb. geschl. – Menu *(Dienstag geschl.)* à la carte 35/67 – **23 Z** 68/128.

STRAUBING Bayern �413 U 20, 987 ㉗ – 43 000 Ew – Höhe 330 m – 🕙 09421.

Sehenswert : Stadtplatz★.

🅱 Städt. Verkehrsamt, Theresienplatz 20, ✉ 94315, ℘ 1 63 07, Fax 16245.
ADAC, Am Stadtgraben 44a, ✉ 94315, ℘ 9 93 00, Fax 82547.

◆München 120 – Landshut 51 – Passau 79 – ◆Regensburg 48.

🏨 **Theresientor,** Theresienplatz 41, ✉ 94315, ℘ 84 90 (Hotel) 2 32 21 (Rest.), Fax 849100, ⌂ – 🛗 🆃🆅 ☎ 🕭 ⇔
Menu *(Montag und Samstag nur Abendessen, Sonntag geschl.)* à la carte 37/53 –
33 Z 105/240.

🏨 Heimer, Schlesische Str. 131, ✉ 94315, ℘ 98 10, Fax 60794, ⇌ – 🛗 🆃🆅 ☎ ⇔ 🅿 – 🔏 430.
🍴 Rest
36 Z

🏨 Villa, Bahnhofsplatz 2, ✉ 94315, ℘ 2 30 94, Fax 82482, ⌂ – 🆃🆅 ☎ 🅿
15 Z

🏨 **Seethaler** ⌕, Theresienplatz 25, ✉ 94315, ℘ 1 20 22, Fax 23390, ⌂ – 🆃🆅 ☎ 🅿
Menu *(Sonntag - Montag geschl.)* à la carte 30/56 – **21 Z** 95/160.

🏠 **Wenisch,** Innere Passauer Str. 59, ✉ 94315, ℘ 2 20 66, Fax 85273 – 🆃🆅 ☎ ⇔ 🅿. 🅰🅴
➡ ⓘ 🅴 𝗩𝗜𝗦𝗔
Menu *(Samstag nur Mittagessen, Sonntag geschl.)* à la carte 24/45 – **34 Z** 50/135.

🏠 Römerhof, Ittlinger Str. 136, ✉ 94315, ℘ 6 12 45, Fax 60697, ⌂ – 🆃🆅 ☎ ⇔ 🅿.
🍴 Rest
(nur Abendessen) – **20 Z**

🏠 **Wittelsbach,** Stadtgraben 25, ✉ 94315, ℘ 94 30, Fax 81641 – 🛗 🆃🆅 ☎ 🅿. 🅰🅴 ⓘ 🅴 𝗩𝗜𝗦𝗔.
➡ 🍴 Rest
Menu *(Sonntag nur Mittagessen, Montag nur Abendessen)* à la carte 24/57 – **36 Z** 80/140.

✗✗ **Dillan,** Kolbstr. 3, ✉ 94315, ℘ 2 11 24, ⌂ – 🅿. 🅰🅴 ⓘ 🅴 𝗩𝗜𝗦𝗔
Juni - Aug. Sonntag-Montag geschl. – Menu à la carte 52/79.

In Aiterhofen SO : 6 km :

🏠 **Murrerhof,** Passauer Str. 1, ✉ 94330, ℘ (09421) 3 27 40, Fax 42441, ⌂ – ⇔ 🅿. 🍴 Rest
24. Dez.- 7. Jan. und Ende Mai - Anfang Juni geschl. – Menu *(Freitag - Samstag geschl.)*
à la carte 27/61 – **25 Z** 50/115.

In this guide,
a symbol or a character, printed in red or **black**, *in* **bold** *or light type,*
does not have the same meaning.
Please read the explanatory pages carefully.

STREHLA Sachsen �414 L 11, 984 ⑳ – 4 100 Ew – Höhe 104 m – 🕙 035264.
◆Dresden 49 – ◆Leipzig 89.

🏠 **Ambiente** garni, Torgauer Str. 20, ✉ 01616, ℘ 2 24, Fax 224, ⇌ – ⌣ 🆃🆅 ☎ 🅿. 🅴 𝗩𝗜𝗦𝗔
16 Z 85/180.

STROMBERG KREIS KREUZNACH Rheinland-Pfalz �412 G 17, 987 ㉔ – 3 000 Ew – Höhe 235 m
– 🕙 06724.
🎅 Am Südhang 1a, ℘ 10 35.
Mainz 45 – ◆Koblenz 59 – Bad Kreuznach 18.

🏨 **Golfhotel Park Village** ⌕, Buchenring, ✉ 55442, ℘ 60 00, Fax 600433, ⌂, Massage,
⇌, ✗(Halle), 🏓 – 🛗 ⌣ Zim 🍴 Rest 🆃🆅 🅿 – 🔏 250. 🅰🅴 🅴 𝗩𝗜𝗦𝗔. 🍴 Rest
Menu à la carte 42/74 – **119 Z** 155/220 – ½ P 185/255.

Le Val d'Or in Lafer's Stromburg ⌕ (Umzug von Guldental nach Redaktionsschluß),
Schloßberg (O : 1,5 km), ✉ 55442, ℘ 9 31 00, Fax 931090, ≤, ⌂ – 🆃🆅 ☎ 🅿 – 🔏 180.
ⓘ 🅴
Menu *(Mittwoch - Freitag nur Abendessen, Montag - Dienstag und Jan 3 Wochen geschl.)*
135/165 und à la carte 87/118 – **14 Z** 210/360.

🏠 **Goldenfels,** August-Gerlach-Str. 2a, ✉ 55442, ℘ 36 05, Fax 7260, ⌂ – 🅿
Menu *(Sonntag nur Mittagessen, Montag geschl.)* (wochentags nur Abendessen) à la carte
28/43 ⅃ – **20 Z** 60/110.

STRUTH Thüringen siehe Mühlhausen bzw. Schmalkalden.

STUBENBERG Bayern siehe Simbach am Inn.

STÜHLINGEN Baden-Württemberg 413 I 23, 987 ㉟, 427 J 2 – 5 000 Ew – Höhe 501 m – Luftkurort – ☎ 07744.

♦Stuttgart 156 – Donaueschingen 30 – ♦Freiburg im Breisgau 73 – Schaffhausen 21 – Waldshut-Tiengen 27.

Rebstock (mit Gästehaus), Schloßstr. 10, ✉ 79780, ☎ 3 75, Fax 6813, – P
15. Nov.- 16. Dez. geschl. – **Menu** *(Donnerstag geschl.)* à la carte 25/46 – **29 Z** 50/120.

Krone, Stadtweg 2, ✉ 79780, ☎ 3 21, Fax 6866, – ☎ P. E VISA
Menu *(Montag geschl.)* à la carte 22/46 – **20 Z** 53/96.

In Stühlingen-Weizen-Bahnhof NO : 3 km :

Sonne, Ehrenbachstr. 10, ✉ 79780, ☎ 8 04, Fax 6940, – Zim TV ☎ P. AE E VISA
24. Dez.- 6. Jan. geschl. – **Menu** *(Samstag geschl., Sonntag nur Mittagessen)* à la carte 36/70 – **20 Z** 93/168.

In Stühlingen-Weizen NO : 4 km :

Zum Kreuz, Ehrenbachstr. 70 (B 315), ✉ 79780, ☎ 3 35, Fax 1347, – P. E
Mitte Okt.- Mitte Nov. geschl. – **Menu** *(Montag - Dienstag geschl.)* à la carte 25/51 – **17 Z** 45/90.

STUHR Niedersachsen 411 J 7 – 28 000 Ew – Höhe 4 m – ☎ 0421 (Bremen).

♦Hannover 125 – ♦Bremen 9,5 – Wildeshausen 29.

In Stuhr-Brinkum SO : 4 km 987 ⑮ :

Bremer Tor, Syker Str. 4 (B 6), ✉ 28816, ☎ 89 57 03, Fax 891423 – Rest TV ☎
P – 120. AE E VISA
Menu à la carte 36/66 – **38 Z** 104/176.

In Stuhr-Brinkum-Nord O : 4 km :

Zum Wiesengrund, Bremer Str. 116a (B 6), ✉ 28816, ☎ 87 50 50, Fax 876714, –
TV ☎ P
17 Z.

In Stuhr-Moordeich W : 2 km :

XX **Nobel,** Neuer Weg 13, ✉ 28816, ☎ 5 68 08, Fax 563648, – P. AE E VISA
Dienstag und 27.- 30. Dez. geschl. – **Menu** à la carte 30/68.

Si vous cherchez un hôtel tranquille,
consultez d'abord les cartes thématiques de l'introduction
ou repérez dans le texte les établissements indiqués avec le signe ou .

STUTTGART L Baden-Württemberg 413 KL 20, 987 ㉟ – 559 000 Ew – Höhe 245 m – ☎ 0711.

Sehenswert : Linden-Museum★★ KY **M1** – Wilhelma★ HT und Höhenpark Killesberg★ GT – Fernsehturm (★) HX – Galerie der Stadt Stuttgart (Otto-Dix-Sammlung★) LY **M4** – Schwäb. Brauereimuseum★ BS **M7** – Altes Schloß (Renaissance-Hof★, Württembergisches Landesmuseum★ mit der Abteilung religiöse Bildhauerei★★) LY **M3** – Staatsgalerie★ (Alte Meister★★) LY **M2** – Stifts-Kirche (Grafenstandbilder★) KY **A** – Staatl. Museum für Naturkunde (Museum am Löwentor★) HT **M5** – Daimler-Benz-Museum★ JV **M6** – Porsche-Museum★ CP – Schloß Solitude★ BR.

Ausflugsziel : Bad Cannstatt : Kurpark★ O : 4 km JT.

18 Kornwestheim, Aldinger Straße (N : 11 km), ☎ (07141) 87 13 19 ; 18 Mönsheim (NW : 30 km über die A 8 AR), ☎ (07044)69 09.

Stuttgart-Echterdingen (DS), ☎ 94 80, City-Air-Terminal, Lautenschlagerstr. 14 (LY), ☎ 20 12 68.

siehe Kornwestheim.

Messegelände Killesberg (GT), ☎ 2 58 91, Telex 722584, Fax 2589440.

Tourist-Info, Königstr. 1a, ✉ 70173, ☎ 2 22 82 40, Fax 2228253.

ADAC, Am Neckartor 2, ✉ 70190, ☎ 2 80 00, Fax 2800167.

♦Frankfurt am Main 204 ② – ♦Karlsruhe 88 ⑧ – ♦München 222 ⑥ – Strasbourg 156 ⑧.

Messe-Preise : siehe S. 8 **Foires et salons :** voir p. 16
Fairs : see p. 24 **Fiere :** vedere p. 32
Stadtpläne siehe nächste Seiten

Maritim, Forststr. 2, ✉ 70174, ☎ 94 20, Fax 9421000, Massage, , , – Zim
TV – 800. AE E VISA JCB FV r
Menu à la carte 50/75 – **555 Z** 259/484, 50 Suiten.

Inter-Continental, Willy-Brandt-Str. 30, ✉ 70173, ☎ 2 02 00, Telex 721996, Fax 202012, Massage, , , – Zim TV – 250. AE E VISA JCB. Rest
Les Continents *(nur Abendessen)* **Menu** à la carte 75/100 – ***Neckarstube :*** **Menu** à la carte 38/60 – **277 Z** 361/552, 24 Suiten HV t

Am Schloßgarten, Schillerstr. 23, ☑ 70173, ℰ 2 02 60, Telex 722936, Fax 2026888, « Terrasse mit ≤ » – ⧉ ⤢ Zim 📺 ⟷ – 🏛 100. 🖭 ⓞ 💳 💳 ❤️ Rest   LY **u**
Menu 49 (mittags) und à la carte 67/104 – **121 Z** 255/490.

Steigenberger Graf Zeppelin ⟨, Arnulf-Klett-Platz 7, ☑ 70173, ℰ 2 04 80, Telex 722418, Fax 2048542, Massage, ⌂, 🔲, – 🏛 Zim 📺 🍴 – 🏛 300. 🖭 ⓞ 💳 💳 🅹🅲🅱 ❤️ Rest
Menu 49 Buffet (mittags) und à la carte 33/60 – **240 Z** 275/505, 17 Suiten.   LY **s**

Royal, Sophienstr. 35, ☑ 70178, ℰ 62 50 50, Telex 722449, Fax 628809 – ⧉ ⤢ Zim
🍴 Rest ⟷ ❤️ – 🏛 70. 🖭 ⓞ 💳 💳 🅹🅲🅱
Menu (Sonn- und Feiertage geschl.) à la carte 45/70 – **94 Z** 208/420, 3 Suiten.   KZ **b**

Parkhotel, Villastr. 21, ☑ 70190, ℰ 2 80 10, Telex 723405, Fax 2864353 – ⧉ 📺 ⟷ –
🏛 80. 🖭 ⓞ 💳 💳 🅹🅲🅱   HU **r**
Menu à la carte 55/79 – **72 Z** 180/300.

Ruff, Friedhofstr. 21, ☑ 70191, ℰ 2 58 70, Fax 2587404, ⌂, 🔲 – ⧉ 📺 ☎ ⟷ 🅿. 🖭
ⓞ 💳 💳   GU **a**
22. Dez.- 2. Jan. und 13.- 17. April geschl. – **Menu** (Sonntag nur Abendessen, Samstag
und 12.- 27. Aug. geschl.) à la carte 31/61 – **81 Z** 145/208.

Rega Hotel, Ludwigstr. 18, ☑ 70176, ℰ 61 93 40, Fax 6193477 – ⧉ 📺 ☎ ⟷ – 🏛 25.
🖭 ⓞ 💳 💳   FV **a**
Menu à la carte 30/59 – **60 Z** 175/235.

Intercity-Hotel garni, Arnulf-Klett-Platz 2, ☑ 70173, ℰ 2 25 00, Fax 2250499 – ⧉ ⤢ 📺
☎ – 🏛 30. 🖭 ⓞ 💳 💳   LY **p**
112 Z 190/230.

Unger garni, Kronenstr. 17, ☑ 70173, ℰ 2 09 90, Telex 723995, Fax 2099100 – ⧉ ⤢ 📺
☎ ⟷ – 🏛 20. 🖭 ⓞ 💳 💳 🅹🅲🅱   LY **a**
100 Z 169/300.

Bergmeister garni, Rotenbergstr. 16, ☑ 70190, ℰ 28 33 63, Fax 283719, ⌂ – ⧉ ⤢ 📺
☎ ⟷. 🖭 ⓞ 💳 💳   HV **r**
46 Z 128/330.

Kronen-Hotel garni, Kronenstr. 48, ☑ 70174, ℰ 2 25 10, Fax 2251404, ⌂ – ⧉ 📺 ☎ ⟷
– 🏛 20. 🖭 ⓞ 💳 💳   KY **m**
22. Dez.- 7. Jan. geschl. – **85 Z** 160/320.

Wörtz zur Weinsteige, Hohenheimer Str. 30, ☑ 70184, ℰ 2 36 70 01, Telex 723821,
Fax 2367007, « Gartenterrasse » – ⤢ Zim 📺 ☎ 🅿. 🖭 ⓞ 💳 💳 🅹🅲🅱   LZ **p**
20. Juli- 2. Aug. geschl. – **Menu** (Montag sowie Sonn- und Feiertage geschl.) à la carte
29/82 – **25 Z** 140/280.

Azenberg ⟨, Seestr. 114, ☑ 70174, ℰ 22 10 51, Fax 297426, ⌂, 🔲 – ⧉ ⤢ Zim 📺
☎ ⟷ 🅿. 🖭 ⓞ 💳 💳   FU **e**
(nur Abendessen für Hausgäste) – **55 Z** 140/250.

Wartburg, Lange Str. 49, ☑ 70174, ℰ 2 04 50, Fax 2045450 – ⧉ 🍴 Rest 📺 ☎ 🅿 – 🏛 45.
🖭 ⓞ 💳 💳 🅹🅲🅱   KY **g**
über Ostern und 21. Dez.- 2. Jan. geschl. – **Menu** (Sonn- und Feiertage geschl.) à la carte
35/55 – **80 Z** 145/250.

Ketterer, Marienstr. 3, ☑ 70178, ℰ 2 03 90, Telex 722340, Fax 2039600 – ⧉ ⤢ Zim 📺
☎ ⟷. 🖭 ⓞ 💳 💳   KZ **y**
21. Dez.- 9. Jan. geschl. – **Menu** (Freitag - Samstag und 15. Juli - 15. Aug. geschl.) à la
carte 37/67 – **100 Z** 152/268.

Rieker garni, Friedrichstr. 3, ☑ 70174, ℰ 22 13 11, Fax 293894 – ⧉ 📺 ☎. 🖭 💳 💳
63 Z 160/210.   LY **d**

Rema-Hotel Astoria garni, Hospitalstr. 29, ☑ 70174, ℰ 29 93 01, Telex 722783,
Fax 299307 – ⧉ ⤢ 📺 ☎ 🅿. 🖭 ⓞ 💳 💳   KY **r**
50 Z 170/330.

City-Hotel garni, Uhlandstr. 18, ☑ 70182, ℰ 21 08 10, Fax 2369772 – 📺 ☎ 🅿. 🖭 ⓞ 💳
💳. ❤️   LZ **a**
31 Z 140/200.

Am Feuersee, Johannesstr. 2, ☑ 70176, ℰ 62 61 03, Fax 627804 – ⧉ 📺 ☎. 🖭 ⓞ 💳
💳   FV **t**
24. Dez.- 2. Jan. geschl. – **Menu** (Freitag - Sonntag und Feiertage geschl.) (nur Abendessen)
à la carte 32/55 – **38 Z** 125/180.

Haus von Lippe garni, Rotenwaldstr. 68, ☑ 70197, ℰ 63 60 60, Fax 6360678 – ⧉ ☎ ⟷
🅿. 💳 💳   FV **s**
36 Z 120/190.

Bellevue, Schurwaldstr. 45, ☑ 70186, ℰ 48 10 10, Fax 487506 – 📺 ☎ ⟷. 🖭 ⓞ 💳 💳.
❤️ Zim   JV **p**
Menu (Dienstag - Mittwoch geschl.) 22 und à la carte 32/60 👶 – **13 Z** 90/150.

Mack und Pflieger garni, Kriegerstr. 7, ☑ 70191, ℰ 29 29 42, Fax 293489 – ⧉ 📺 ☎ 🅿.
🖭 ⓞ 💳 💳   LY **h**
85 Z 85/210.

Alter Fritz, Feuerbacher Weg 101, ☑ 70192, ℰ 13 56 50, Fax 1356565, 🍴 – 📺 ☎. ❤️
Dez.- Jan. und Aug. jeweils 2 Wochen geschl. – **Menu** (Montag und Feiertage geschl.)
(nur Abendessen) à la carte 54/75 – **10 Z** 130/200.   FU **c**

STUTTGART

0   2 Km

PFORZHEIM 10

MÜNCHINGEN

HIRSCHLANDEN

DITZINGEN

HÖFINGEN

Calwer Str.

Glems

STUTTGART FEUERBACH

Feuerbacher Str.

GIEBEL

GERLINGEN

LEONBERG

BERGHEIM

SCHLOSS SOLITUDE

Stuttgarter Str.

RAMTEL

Glemseckstr.

Glems

Wildpark

AB-DREIECK STUTTGART LEONBERG

LEONBERG

Mahdental

Magstadter Str.

Büsnauer Str.

Magstadter Str.

BÜSNAU

STUTTGART VAIHINGEN

AB-KREUZ STUTTGART

Hauptstr.

VAIHINGEN

ROHR

PFORZHEIM, KARLSRUHE

CALW, 295

BÖBLINGEN, SINDELFINGEN

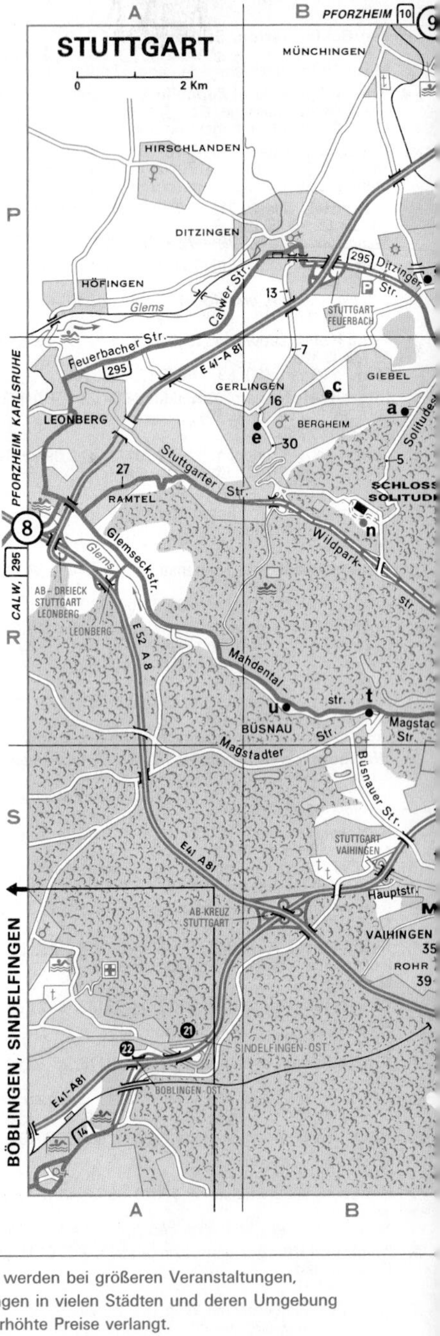

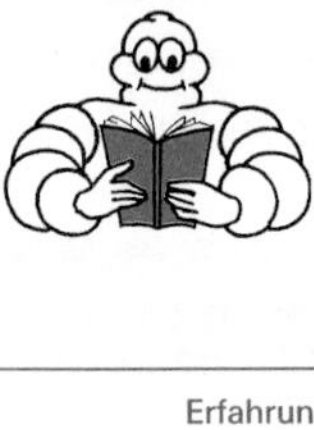

AB-KREUZ STUTTGART

SINDELFINGEN-OST

BÖBLINGEN-OST

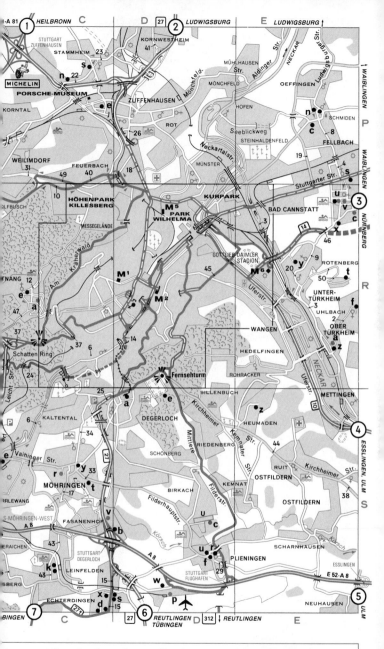

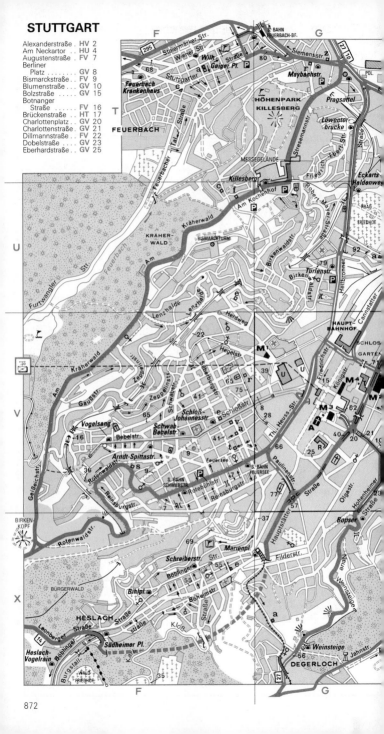

STUTTGART

872

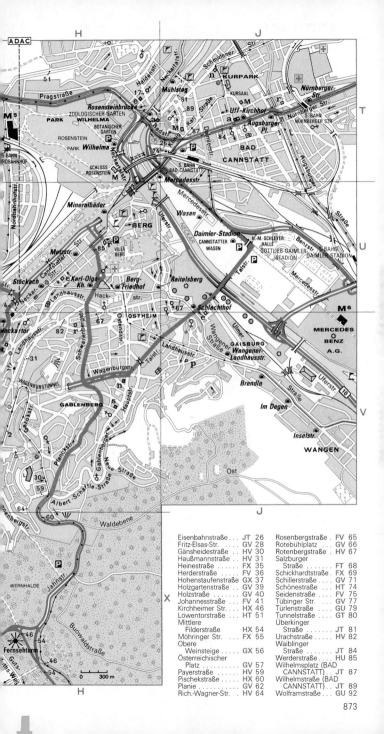

STUTTGART

🏠 **Münchner Hof** garni, Neckarstr. 170, ✉ 70190, ☎ 92 57 00, Fax 2626170 – 💺 📺 ☎
22 Z. HU **e**

🏠 **Stadthotel am Wasen** garni, Schlachthofstr. 19, ✉ 70188, ☎ 16 85 70, Fax 1685757 –
💺 📺 ☎ 🚗 🅿. 🝐 ⑩ 🝐 𝖵𝖨𝖲𝖠 – **31 Z** 80/170. JUV **e**

🏠 **Killesberg** garni, Am Kochenhof 60, ✉ 70192, ☎ 16 54 50, Fax 1654533 – 📺 ☎ FU **f**
12 Z 135/220.

🏠 **Sautter**, Johannesstr. 28, ✉ 70176, ☎ 6 14 30, Fax 611639, 🍴 – 💺 📺 ☎. 🝐 ⑩ 🝐 𝖵𝖨𝖲𝖠
23. Dez.- 2. Jan. geschl. – **Menu** à la carte 30/61 – **62 Z** 115/180. FV **e**

🏠 **Hansa** garni, Silberburgstr. 114, ✉ 70176, ☎ 62 50 83, Fax 617349 – 💺 📺 ☎. 🝐 ⑩ 🝐 𝖵𝖨𝖲𝖠
20. Dez.- 6. Jan. geschl. – **80 Z** 115/165. FV **v**

🏵 **Alte Post**, Friedrichstr. 43, ✉ 70174, ☎ 29 30 79, Fax 2260757 – 🝐 ⑩ 🝐 𝖵𝖨𝖲𝖠 KY **e**
Samstag und Montag nur Abendessen, Sonntag geschl. – **Menu** (Tischbestellung ratsam)
47 (mittags) und à la carte 67/118
Spez. Gebeizte Gänsestopfleber mit Portweingelee, Lasagne vom Zander mit Linsencurry, Gla-
cierter Lammrücken auf grünen Bohnenkernen.

🏵🏵 **Da Franco**, Calwer Str. 23, ✉ 70173, ☎ 29 15 81, Fax 294549 – 🍽. 🝐 ⑩ 🝐 𝖵𝖨𝖲𝖠 KYZ **c**
Montag geschl. – **Menu** (italienische Küche) à la carte 47/76.

🏵🏵 **La Nuova Trattoria da Franco**, Calwer Str. 32 (1. Etage), ✉ 70173, ☎ 29 47 44,
Fax 294549 – 🝐 ⑩ 🝐 𝖵𝖨𝖲𝖠 KYZ **c**
Sonntag geschl. – **Menu** à la carte 40/71.

🏵🏵 **Delice**, Hauptstätter Str. 61, ✉ 70178, ☎ 6 40 32 22 – ✂ KZ **a**
Samstag, Sonn- und Feiertage sowie 2.- 20 Juni geschl. – **Menu** (nur Abendessen, Tischbestellung erforderlich, bemerkenswerte Weinkarte) à la carte 92/110.

🏵🏵 **Der Goldene Adler**, Böheimstr. 38, ✉ 70178, ☎ 6 40 17 62, Fax 6492405 – 🅿. 🝐 𝖵𝖨𝖲𝖠
Montag und Aug. geschl. – **Menu** à la carte 46/84. FX **e**

🏵🏵 **La Scala**, Friedrichstr. 41 (1.Etage, 💺), ✉ 70174, ☎ 29 06 07, Fax 2991640 – 🍽. 🝐 🝐 𝖵𝖨𝖲𝖠
April - Mitte Sept. Sonntag und Juli - Aug. 2 Wochen geschl. – **Menu** (italienische Küche)
40/65 und à la carte. KY **d**

🏵🏵 **Intercity-Restaurant**, Arnulf-Klett-Platz 2, ✉ 70173, ☎ 1 87 20, Fax 1872113 – 🝐 🝐 𝖵𝖨𝖲𝖠
Menu à la carte 27/50. LY **v**

🏵🏵 **Krämer's Bürgerstuben**, Gablenberger Hauptstr. 4, ✉ 70186, ☎ 46 54 81, Fax 486508
– 🝐 ⑩ 🝐 HV **n**
Sonntag nur Mittagessen, Montag und Juli - Aug. 3 Wochen geschl. – **Menu** (Tischbestellung ratsam) à la carte 51/76.

Schwäbische Weinstuben (kleines Speisenangebot) :

🍴 **Kachelofen**, Eberhardstr. 10 (Eingang Töpferstraße), ✉ 70173, ☎ 24 23 78, 🍴 KZ **x**
Sonn- und Feiertage sowie 22. Dez.- 2. Jan. geschl. – **Menu** (ab 17 Uhr geöffnet) à la carte
39/49.

🍴 **Weinstube Schellenturm**, Weberstr. 72, ✉ 70182, ☎ 2 36 48 88, Fax 2262699, 🍴 – 🝐.
✂ LZ **u**
Sonn- und Feiertage geschl. – **Menu** (nur Abendessen) à la carte 32/63.

🍴 **Weinstube Träuble**, Gablenberger Hauptstr. 66, ✉ 70186, ☎ 46 54 28, 🍴 – ✂ HV **s**
Sonn- und Feiertage, April 1 Woche und Ende Aug.- Mitte Sept. geschl. – **Menu** (nur Abendessen) à la carte 20/35.

🍴 **Weinstube Klösterle** (historisches Klostergebäude a.d.J. 1463), Marktstr. 71 (Bad Cannstatt), ✉ 70372, ☎ 56 89 62, 🍴 – 🝐 𝖵𝖨𝖲𝖠 HT **a**
Sonn- und Feiertage geschl. – **Menu** (ab 16 Uhr geöffnet) à la carte 35/61.

🍴 **Bäcka-Metzger**, Aachener Str. 20 (Bad Cannstatt), ✉ 70376, ☎ 54 41 08, Fax 557655
Sonntag - Montag, Feiertage und Aug. geschl. – **Menu** (nur Abendessen) à la carte
35/50. HT **e**

🍴 **Weinhaus Stetter**, Rosenstr. 32, ✉ 70182, ☎ 24 01 63, 🍴 LZ **e**
Montag - Freitag ab 15 Uhr, Samstag bis 14 Uhr geöffnet, 24. Dez.- 8. Jan. sowie Sonn-
und Feiertage geschl. – **Menu** (nur Vesperkarte, bemerkenswerte Weinkarte) 15/20 🍷.

In Stuttgart-Botnang :

🏨 **Hirsch**, Eltinger Str. 2, ✉ 70195, ☎ 69 29 17, Fax 6990788, Biergarten – 💺 📺 ☎ 🚗 🅿
– 🔬 140. 🝐 ⑩ 🝐 𝖵𝖨𝖲𝖠 CR **e**
Menu (Sonntag nur Mittagessen, Montag geschl.) à la carte 36/70 – **44 Z** 96/150.

🏵🏵 **La Fenice**, Beethovenstr. 9, ✉ 70195, ☎ 6 99 07 03, Fax 6990703, 🍴 – 🝐 🝐 CR **a**
Montag geschl., Dienstag nur Abendessen – **Menu** (abends Tischbestellung ratsam) à la
carte 66/88.

In Stuttgart-Büsnau :

🏨 **Relexa Waldhotel Schatten**, Am Solitudering, ✉ 70569, ☎ 6 86 70, Fax 6867999, 🍴,
🚗 – 💺 ✂ Zim 🛏 🚗 🅿 – 🔬 80. 🝐 ⑩ 🝐 𝖵𝖨𝖲𝖠 ✂ Rest BR **t**
La Fenêtre (nur Abendessen, Sonntag - Montag und Juli - Aug. 3 Wochen geschl.) **Menu**
à la carte 73/94 – *Kaminrestaurant :* **Menu** à la carte 48/78 – **132 Z** 255/390, 7 Suiten.

🏠 **Waldgasthaus Glemstal**, Mahdentalstr. 1, ✉ 70569, ☎ 68 16 18, Fax 682822, 🍴 – ☎
🚗 🅿. 🝐 BR **u**
27. Dez.- 5. Jan. geschl. – **Menu** (Dienstag geschl.) à la carte 35/79 – **20 Z** 90/170.

In Stuttgart-Bad Cannstatt :

🏨 **Pannonia Hotel Stuttgart,** Teinacher Str. 20, ✉ 70372, 𝒫 9 54 00, Fax 9540630, 🖤, 🚗
– 📶 🙌 Zim 📺 ☎ ⟷ – 🛎 110. ⅍ ⊙ ᴇ 𝓥𝓘𝓢𝓐. ⅍ Rest   JT
Menu à la carte 46/72 – **156 Z** 165/250, 6 Suiten.

🏨 **Spahr** garni, Waiblinger Str. 63 (B 14), ✉ 70372, 𝒫 55 39 30, Telex 7254608, Fax 5539333
– 📶 📺 ☎ ⟷ 🅿. ⅍ ⊙ ᴇ 𝓥𝓘𝓢𝓐 – **62 Z** 155/230.   JT

🏨 **Krehl's Linde,** Obere Waiblinger Str. 113, ✉ 70374, 𝒫 52 75 67, Fax 5286370, 🖤 – 📺
☎ ⟷
Menu *(Sonntag - Montag geschl.)* à la carte 41/84 – **18 Z** 100/230.   JT

✕✕ **Pfund,** Waiblinger Str. 61A, ✉ 70372, 𝒫 56 63 63, 🖤 – 🅿. ⅍ ⊙ ᴇ 𝓥𝓘𝓢𝓐   JT
Samstag nur Abendessen, Sonn- und Feiertage sowie 23. Dez.- 6. Jan. geschl. – **Men**
à la carte 56/92.

In Stuttgart-Degerloch :

🏨 **Waldhotel Degerloch** ⟡, Guts-Muths-Weg 18, ✉ 70597, 𝒫 76 50 17, Fax 7653762, 🖤
🚗, ⅍ – 📶 📺 ☎ ⅍ 🅿 – 🛎 100. ⅍ ⊙ ᴇ 𝓥𝓘𝓢𝓐   DS
Menu à la carte 42/73 – **50 Z** 195/290.

✕✕✕✕ ⚙ **Wielandshöhe,** Alte Weinsteige 71, ✉ 70597, 𝒫 6 40 88 48, Fax 6409408, ≼ Stuttgart
🖤 – ⅍ ⊙ ᴇ 𝓥𝓘𝓢𝓐   GX
Montag sowie Sonn- und Feiertage geschl. – **Menu** (Tischbestellung ratsam) 98/158 und
à la carte 82/130
Spez. Salat von Kalbskopf mit Bohnen, Gänseleber en cocotte, Hummer mit Basilikum
Kartoffelsalat.

✕✕✕ **Skyline-Restaurant** (im Fernsehturm auf 144 m Höhe), Jahnstr. 120, ✉ 70597
𝒫 24 61 04, Fax 2360633, ⅍ Stuttgart und Umgebung, (📶, für Restaurantgäste kostenlos
– ⅍ ⊙ ᴇ 𝓥𝓘𝓢𝓐   HX
Montag geschl. – **Menu** (abends Tischbestellung ratsam) à la carte 65/95.

✕✕ **Das Fässle,** Löwenstr. 51, ✉ 70597, 𝒫 76 01 00, Fax 764432, 🖤 – ⅍ ⊙ ᴇ 𝓥𝓘𝓢𝓐   DS
Sonntag und Juli 1 Woche geschl. – Menu à la carte 48/75.

✕✕ **Landhaus am Turm,** Jahnstr. 120 (am Fuß des Fernsehturms), ✉ 70597, 𝒫 24 61 04
Fax 2360633, 🖤 – 🅿. ⅍ ⊙ ᴇ 𝓥𝓘𝓢𝓐   HX
Menu à la carte 33/65.

In Stuttgart-Fasanenhof :

🏨 **Mercure,** Eichwiesenring 1, ✉ 70567, 𝒫 7 26 60, Telex 7255500, Fax 7266444, 🖤, 🚗
– 📶 🙌 Zim 📺 ⅍ ⟷ 🅿 – 🛎 150. ⅍ ⊙ ᴇ 𝓥𝓘𝓢𝓐   CS
Menu à la carte 42/75 – **148 Z** 195/235.

🏨 **Fora Hotel,** Vor dem Lauch 20 (Businesspark), ✉ 70567, 𝒫 7 25 50, Fax 7255666, 🖤, 🚗
– 📶 🙌 Zim 📺 Rest 📺 ☎ ⟷ – 🛎 80. ⅍ ⊙ ᴇ 𝓥𝓘𝓢𝓐 ᴊᴄʙ. ⅍ Rest   DS
Menu à la carte 42/75 – **101 Z** 165/195.

In Stuttgart-Feuerbach :

🏨 **Messehotel Europe** garni, Siemensstr. 33, ✉ 70469, 𝒫 81 48 30, Telex 7252132
Fax 8148348 – 📶 🙌 📺 📺 ⟷. ⅍ ⊙ ᴇ 𝓥𝓘𝓢𝓐   GT
114 Z 210/280.

🏨 **Kongresshotel Europe,** Siemensstr. 26, ✉ 70469, 𝒫 81 00 40, Telex 723650, Fax 854082
🚗 – 📶 🙌 Zim 📺 ⟷ – 🛎 130. ⅍ ⊙ ᴇ 𝓥𝓘𝓢𝓐. ⅍ Rest   GT
Menu à la carte 53/90 – **150 Z** 150/280.

🏨 **Weinsberg** (Restaurant im Bistrostil), Grazer Str. 32, ✉ 70469, 𝒫 13 54 60, Fax 135466
– 📶 🙌 Zim 📺 ☎ ⟷ – 🛎 30. ⅍ ⊙ ᴇ 𝓥𝓘𝓢𝓐   FT
Menu à la carte 30/75 – **37 Z** 165/245.

🏨 **Feuerbach** garni, Feuerbacher Talstr. 4, ✉ 70469, 𝒫 98 17 90, Fax 9817959 – 📶 📺 ☎
⟷. ⊙ ᴇ 𝓥𝓘𝓢𝓐   FT
35 Z 130/180.

✕ **Anker,** Grazer Str. 42, ✉ 70469, 𝒫 85 44 19, Fax 818498   FT
Samstag, Sonn- und Feiertage, 23. Dez.- 6. Jan. und Aug. 3 Wochen geschl. – **Menu** à la
carte 36/61 *(auch vegetarische Gerichte).*

In Stuttgart-Flughafen :

🏨 **Airport Mövenpick-Hotel,** Randstr. 7, ✉ 70629, 𝒫 7 90 70, Telex 7245677, Fax 793585
🖤, 🚗 – 📶 🙌 Zim 📺 Rest 📺 ⅍ 🅿 – 🛎 45. ⅍ ⊙ ᴇ 𝓥𝓘𝓢𝓐 ᴊᴄʙ   DS
Menu à la carte 46/80 – **230 Z** 270/377.

✕✕✕ ⚙ **Top Air,** im Flughafen, Terminal 1, ✉ 70621, 𝒫 9 48 21 37, Fax 7979210 – ☰ – 🛎 170
⅍ ⊙ ᴇ 𝓥𝓘𝓢𝓐   DS
Samstag nur Abendessen – **Menu** 48 (mittags) und à la carte 62/100
Spez. Charlotte von Meeresfrüchten, Kalbskopf mit Hummersaiten auf Linsen, Krautwickel von
Lammrücken mit Nebbiolosauce.

In Stuttgart-Heumaden :

🏨 **Seyboldt** ⟡ garni, Fenchelstr. 11, ✉ 70619, 𝒫 44 53 54, Fax 447863 – ☎ 🅿. ⅍ ᴇ 𝓥𝓘𝓢𝓐
17 Z 90/140.   ES

In Stuttgart-Hohenheim :

XXXX **Speisemeisterei,** Am Schloß Hohenheim, ⊠ 70599, ℰ 4 56 00 37, Fax 4560038, 😅 – 🅿
1.- 15. Jan. und Montag geschl., Sonntag nur Mittagessen – **Menu** (wochentags nur Abendessen, Tischbestellung ratsam) à la carte 65/95.   DS **c**

In Stuttgart-Möhringen :

🏠 **Gloria - Restaurant Möhringer Hexle,** Sigmaringer Str. 59, ⊠ 70567, ℰ 7 18 50 (Hotel)
7 18 51 17 (Rest.), Fax 7185121, 😅, 😓 – 📶 📺 ☎ ⇔ 🅿 – 🛦 50. 🆎 VISA   CS **y**
Menu à la carte 28/66 – **70 Z** 129/194.

🏠 **A.C. Hotel** garni, Plieninger Str. 50, ⊠ 70567, ℰ 72 81 00, Fax 7281099 – 📺 ☎ ⇔.🆎
🔳 VISA. ⅍ – **16 Z** 160/210.   CS **t**

XX **Hirsch-Weinstuben,** Maierstr. 3, ⊠ 70567, ℰ 71 13 75, Fax 7170620, 😅 – 🅿. 🆎 ⓪ 🔳
VISA. ⅍   CS **r**
*Montag und Samstag nur Abendessen, Sonn- und Feiertage sowie über Ostern 1 Woche
geschl.* – **Menu** (Tischbestellung ratsam, bemerkenswerte Weinkarte) à la carte 45/95.

In Stuttgart-Obertürkheim :

🏠 **Brita Hotel - Restaurant Post,** Augsburger Str. 671, ⊠ 70329, ℰ 32 02 30, Fax 324440
– 📶 ⅍ Zim 🍽 Rest 📺 ☎ ⇔ – 🛦 80. 🆎 ⓪ 🔳 VISA. ⅍ Rest   ER **z**
24. Dez.- 1. Jan. geschl. – **Menu** *(Samstag, Sonn- und Feiertage geschl.)* à la carte 34/63
– **70 Z** 135/316.

X **Wirt am Berg,** Uhlbacher Str. 14, ⊠ 70329, ℰ 32 12 26 – 🆎 🔳   ER **z**
*Samstag nur Abendessen, Aug. 4 Wochen, Sonn- und Feiertage sowie jeden 1. Samstag
im Monat geschl.* – **Menu** à la carte 34/72 *(auch vegetarische Gerichte).*

In Stuttgart-Plieningen :

🏠 **Fissler-Post,** Schoellstr. 4, ⊠ 70599, ℰ 4 58 40, Fax 4584333, 😅 – 📶 ⅍ Zim 📺 ☎ ⇔
🅿 – 🛦 80. 🆎 ⓪ 🔳 VISA JCB   DS **f**
Menu *(Sonntag nur Mittagessen)* (Tischbestellung ratsam) à la carte 45/74 *(auch vegetarisches Menu)* – **50 Z** 95/210.

🏠 **Traube,** Brabandtgasse 2, ⊠ 70599, ℰ 45 89 20, Fax 4589220, 😅 – ☎ 🅿. 🔳   DS **u**
23. Dez.- 3. Jan. geschl. – **Menu** *(Samstag - Sonntag geschl.)* (Tischbestellung ratsam)
à la carte 44/95 – **23 Z** 140/250.

🏠 **Apart-Hotel** garni, Scharnhauser Str. 4, ⊠ 70599, ℰ 4 50 10, Fax 4501100 – 📶 📺 ⇔.
🆎 🔳 VISA   DS **r**
⅍ – **56 Z** 155/245.

XX **Recknagel's Nagelschmiede,** Brabandtgasse 1, ⊠ 70599, ℰ 4 58 92 50 – 🅿   DS **u**
Montag - Freitag nur Abendessen, Sonntag geschl. – **Menu** à la carte 38/75.

In Stuttgart-Rotenberg :

🏠 **Rotenberg-Hotel** ⅍ garni, Stettener Str. 87, ⊠ 70327, ℰ 33 12 93, Fax 330232,
⅍ Stuttgart, 😓 – 📺 ☎ ⇔ 🅿. 🆎 ⓪ 🔳 VISA   ER **t**
20. Dez.- 20. Jan. geschl. – **20 Z** 115/185.

In Stuttgart-Stammheim :

🏠 **Novotel-Nord,** Korntaler Str. 207, ⊠ 70439, ℰ 98 06 20, Fax 803673, 😓, 🏊 (geheizt) –
📶 ⅍ Zim 📺 ☎ ⅍ 🅿 – 🛦 150. 🆎 ⓪ 🔳 VISA   CP **n**
Menu à la carte 30/57 – **117 Z** 155/243.

🏠 **Strobel,** Korntaler Str. 35a, ⊠ 70439, ℰ 80 15 32, Fax 807133 – 📺 🅿 – **34 Z.**   CP **s**

In Stuttgart-Uhlbach :

🏠 **Gästehaus Münzmay** ⅍ garni, Rührbrunnenweg 19, ⊠ 70329, ℰ 32 40 28, Fax 329586,
😓 – 📶 📺 ☎ ⇔ 🅿. 🔳 VISA – *20. Dez.- 15. Jan. geschl.* – **15 Z** 130/175.   ER **f**

X **Zum Hasenwirt,** Innsbrucker Str. 5, ⊠ 70329, ℰ 32 20 70, 😅 – 🅿   ER **f**
Sonntag nur Mittagessen, Montag, Feiertage und 10.- 31. Juli geschl. – **Menu** à la carte
40/78.

In Stuttgart-Untertürkheim :

🏠 **Petershof,** Klabundeweg 10 (Zufahrt über Sattelstraße), ⊠ 70327, ℰ 33 23 45,
Fax 331455 – 📶 📺 ☎ ⇔. 🆎 🔳 VISA JCB   ER **y**
23. Dez.- 2. Jan. geschl. – (nur Abendessen für Hausgäste) – **30 Z** 115/180.

In Stuttgart-Vaihingen :

🏠🏠 **Fontana Stuttgart,** Vollmöllerstr. 5, ⊠ 70563, ℰ 73 00, Telex 7255763, Fax 7302525, Mas-
sage, ⅍, 🛁, 😓, 🏊, – 📶 ⅍ Zim 🍽 🛦 ⅍ ⇔ – 🛦 250. 🆎 ⓪ 🔳 VISA. ⅍ Rest
Fontana (Samstag nur Abendessen, Juli - Aug. 4 Wochen geschl.) **Menu** à la carte 65/95
– **Bräustube :** Menu à la carte 40/72 – **250 Z** 250/440, 5 Suiten.   CS **c**

🏠 **Fremd-Gambrinus,** Möhringer Landstr. 26, ⊠ 70563, ℰ 90 15 80, Fax 9015860 – 📺 ☎
⇔ 🅿. 🆎 🔳 VISA. ⅍   CS **e**
22. Dez.- 6. Jan. geschl. – **Menu** *(Dienstag und Juli-Aug. 3 Wochen geschl.)* à la carte 30/60
– **17 Z** 125/160.

X **Zum Ochsen** (Brauerei-Gaststätte), Hauptstr. 26, ⊠ 70563, ℰ 73 19 38, Fax 734130 – 🅿.
🆎 ⓪ 🔳 VISA – **Menu** à la carte 36/61.   BS **t**

In Stuttgart-Weilimdorf :

🏨 **Holiday Inn Garden Court,** Mittlerer Pfad 27, ✉ 70499, 𝒞 98 88 80, Fax 98888100, 🌦
 ⇌ - 🛗 ⇔ Zim 📺 ☎ ⅙ ⇦ 🄿 - 🍴 250. 🄰🄴 ⓞ 🄴 𝘝𝘐𝘚𝘈 ᴊᴄʙ BP s
 Menu à la carte 38/66 - **202 Z** 178/256, 7 Suiten.

🏠 **Zum Muckestüble,** Solitudestr. 25 (in Bergheim), ✉ 70499, 𝒞 86 51 22, Fax 865502
 « Gartenterrasse » - 🛗 ☎ ⇔ 🄿 BR a
 Juli geschl. - **Menu** *(Dienstag geschl., Samstag und Sonntag nur Mittagessen)* à la carte
 25/51 🍷 - **25 Z** 85/140.

Beim Schloß Solitude :

💥💥 Solitude, ✉ 70197 Stuttgart, 𝒞 (0711) 6 99 07 45, Fax 6990771, 🌦 - 🄿 - 🍴 20 BR n
 (nur Abendessen) *Bistro.*

In Stuttgart-Zuffenhausen :

🏨 **Fora Hotel Residence,** Schützenbühlstr. 16, ✉ 70435, 𝒞 8 20 01 00, Fax 8200101, 🌦
 - 🛗 ⇔ Zim 🍽 Rest 📺 ☎ ⅙ ⇔ - 🍴 40. 🄰🄴 ⓞ 🄴 𝘝𝘐𝘚𝘈 CP e
 Menu à la carte 39/65 - **120 Z** 175/200.

In Fellbach - 🕭 0711 :

🏨🏨 **Classic Congress Hotel,** Tainer Str. 7, ✉ 70734, 𝒞 5 85 90, Telex 7254900, Fax 5859304,
 ⇌ - 🛗 ⇔ Zim 📺 ⇔ 🄿 - 🍴 60. 🄰🄴 ⓞ 🄴 𝘝𝘐𝘚𝘈 ᴊᴄʙ ER u
 23. Dez.- 6. Jan. geschl. - **Menu** siehe Rest. *Alt Württemberg* - **148 Z** 195/350.

🏠 **City-Hotel** garni, Bruckstr. 3, ✉ 70734, 𝒞 58 80 14, Fax 582627 - 📺 ☎ 🄿. 🄰🄴 ⓞ 🄴 𝘝𝘐𝘚𝘈
 ⧣ EPR s
 Juli 2 Wochen geschl. - **26 Z** 85/145.

🏠 **Alte Kelter,** Kelterweg 7, ✉ 70734, 𝒞 58 90 74, Fax 582941, 🌦 - 📺 ☎ ⇔ 🄿. 🄰🄴 🄴
 𝘝𝘐𝘚𝘈 ER x
 Menu *(Freitag geschl.)* à la carte 36/62 - **20 Z** 105/160.

💥💥 **Alt Württemberg,** Tainer Str. 7 (Schwabenlandhalle), ✉ 70734, 𝒞 58 00 88, Fax 581927
 - 🍽 🄰🄴 ⓞ 🄴 𝘝𝘐𝘚𝘈 - **Menu** à la carte 43/83. ER u

💥 **Aldinger's Weinstube Germania** mit Zim, Schmerstr. 6, ✉ 70734, 𝒞 58 20 37,
 Fax 582077, 🌦 - 📺 ☎. ⧣ ER v
 Juli - Aug. 3 Wochen geschl. und Feb.- März 2 Wochen geschl. - **Menu** *(Sonn- und Feiertage sowie
 Montag geschl.)* à la carte 38/69 - **8 Z** 75/140.

💥 Weinkeller Häussermann (Gewölbekeller a.d.J. 1732), Kappelbergstr. 1, ✉ 70734,
 𝒞 58 77 75 - 🍴 ER c

In Fellbach-Schmiden - 🕭 0711 :

🏨 **Hirsch,** Fellbacher Str. 2, ✉ 70736, 𝒞 9 51 30, Fax 5181065, ⇌, 🔲 - 🛗 📺 ☎ ⇔ 🄿
 - 🍴 25. 🄰🄴 ⓞ 🄴 𝘝𝘐𝘚𝘈 EP n
 Menu *(Freitag, Sonntag und Juli - Aug. 2 Wochen geschl.)* à la carte 40/65 - **114 Z** 98/180.

🏠 **Schmidener Eintracht,** Brunnenstr. 4, ✉ 70736, 𝒞 51 20 35, Fax 519915 - 📺 ☎ 🄿. 🄴
 𝘝𝘐𝘚𝘈 EP n
 1.- 11. Jan. geschl. - **Menu** *(Samstag geschl.)* à la carte 42/69 - **26 Z** 98/130.

🏠 **Grüner Baum,** Gotthilf-Bayh-Str. 9/1, ✉ 70736, 𝒞 51 50 01, Fax 515004 - 📺 ☎ ⇔ 🄿.
 🄴 - **Menu** à la carte 37/59 - **19 Z** 98/160. EP c

In Gerlingen - 🕭 07156 :

🏨 **Ramada** garni, Dieselstr. 2, ✉ 70839, 𝒞 43 13 00, Fax 431343 - 🛗 ⇔ 📺 ☎ ⅙ ⇔ 🄿
 - 🍴 100. 🄰🄴 ⓞ 🄴 𝘝𝘐𝘚𝘈 BR c
 96 Z 150/195.

🏨 **Krone,** Hauptstr. 28, ✉ 70839, 𝒞 4 31 10, Fax 21009 - 🛗 ⇔ Zim 📺 ☎ ⇔ 🄿 - 🍴 60.
 🄰🄴 ⓞ 🄴 𝘝𝘐𝘚𝘈 BR e
 Menu *(Montag, Sonn- und Feiertage, über Ostern und Weihnachten sowie Juli - Aug. 2
 Wochen geschl.)* (Tischbestellung ratsam) à la carte 45/89 *(auch vegetarische Gerichte)*
 - **56 Z** 132/248.

In Korntal-Münchingen nahe der Autobahn-Ausfahrt S-Zuffenhausen :

🏨🏨 **Mercure,** Siemensstr. 50, ✉ 70825, 𝒞 (07150) 1 30, Telex 723589, Fax 13266, Biergarten,
 ⇌, 🔲 - 🛗 ⇔ Zim 🍽 📺 ⅙ 🄿 - 🍴 160. 🄰🄴 ⓞ 🄴 𝘝𝘐𝘚𝘈 CP c
 Menu à la carte 49/78 - **208 Z** 185/275.

In Leinfelden-Echterdingen - 🕭 0711 :

🏨 **Filderland** garni, Tübinger Str. 16 (Echterdingen), ✉ 70771, 𝒞 9 49 46, Fax 9494888 - 🛗
 ⇔ Zim 📺 ☎ ⇔ - 🍴 20. 🄰🄴 ⓞ 🄴 𝘝𝘐𝘚𝘈 CS d
 24. Dez.- 2. Jan. geschl. - **48 Z** 140/220.

🏠 **Drei Morgen** garni, Bahnhofstr. 39 (Leinfelden), ✉ 70771, 𝒞 16 05 60, Fax 1605646 - 🛗
 📺 ☎ ⇔ 🄿. 🄰🄴 ⓞ 🄴 𝘝𝘐𝘚𝘈 CS k
 27 Z 100/150.

🏠 Stadt Leinfelden garni, Lessingstr. 4 (Leinfelden), ✉ 70771, 𝒞 75 25 10, Fax 755649 - ☎
 🄿 CS k
 20 Z.

🏠 **Lamm,** Hauptstr. 98 (Echterdingen), ⊠ 70771, 𝒫 79 90 65, Fax 795275 – 📺 ☎ 🅿
26 Z.
CDS **s**

🏠 **Adler** garni, Obergasse 18 (Echterdingen), ⊠ 70771, 𝒫 94 75 50, Fax 7977476, 🔄, 🖥
– |💲| 📺 ☎ 🅿 – 🔬 20. 🅰🅴 ① 🅴 𝘝𝘐𝘚𝘈
CS **x**
24. Dez.- 6. Jan. geschl. – **18 Z** 100/170.

🏠 **Sonne** garni, Hauptstr. 86 (Echterdingen), ⊠ 70771, 𝒫 94 96 50, Fax 9496540 – 📺 ☎ 🅿.
🅰🅴 🅴 𝘝𝘐𝘚𝘈
CDS **s**
24 Z 110/150.

🏠 **Martins Klause** garni, Martin-Luther-Str. 1 (Echterdingen), ⊠ 70771, 𝒫 94 95 90,
Fax 9495959 – |💲| 📺 ☎ 🅿. 🅰🅴 🅴 𝘝𝘐𝘚𝘈
CS **d**
18 Z 100/140.

In Leinfelden-Echterdingen - Stetten über die B 27 DS *, Ausfahrt Stetten :*

🏠 **Nödingerhof,** Unterer Kasparswald 22, ⊠ 70771, 𝒫 (0711) 79 90 67, Fax 7979224, ≤, 🌳
– |💲| 📺 ☎ ⇦ 🅿 – 🔬 35. 🅰🅴 ① 🅴 𝘝𝘐𝘚𝘈
Menu à la carte 35/76 – **54 Z** 120/190.

MICHELIN-REIFENWERKE KGaA. Niederlassung Korntal-Münchingen, Siemensstr. 62 (BCP),
⊠ 70825, 𝒫 (07150) 20 31 Fax 8933.

SÜDERENDE Schleswig-Holstein siehe Föhr (Insel).

SÜDERGELLERSEN Niedersachsen siehe Lüneburg.

SÜDLOHN Nordrhein-Westfalen 411 412 D 11 – 7 700 Ew – Höhe 40 m – 🕙 02862.
◆Düsseldorf 98 – Bocholt 24 – Münster (Westfalen) 64 – Winterswijk 12.

🏠 **Haus Lövelt,** Eschstr. 1, ⊠ 46354, 𝒫 72 76, Fax 7729 – 📺 ☎ ⇦ 🅿. 🅰🅴 🅴
Menu à la carte 25/48 – **15 Z** 52/110.

SÜSSEN Baden-Württemberg 413 M 20, 987 ㉟ ㊱ – 8 600 Ew – Höhe 364 m – 🕙 07162.
◆Stuttgart 53 – Göppingen 9 – Heidenheim an der Brenz 34 – ◆Ulm (Donau) 41.

🏠 **Löwen,** Hauptstr. 3 (B 10), ⊠ 73079, 𝒫 50 88, Fax 8363 – |💲| 📺 ☎ ♿ 🅿 – 🔬 50. 🅰🅴 🅴
𝘝𝘐𝘚𝘈
23. Dez.- 6. Jan. geschl. – **Menu** *(Montag geschl.)* à la carte 28/52 ♨ – **50 Z** 56/138.

SUHL Thüringen 413 OP 15, 414 E 14, 987 ㉖ – 54 000 Ew – Höhe 430 m –
Wintersport 650/700 m 🎿 1 – 🕙 03681.

🛈 Tourist-Information, Gothaer Str. 1, ⊠ 98527, 𝒫 2 00 52, Fax 27524.

ADAC, Rimbachstr. 12, ⊠ 98527, 𝒫 2 44 98, Fax 28205.

◆Erfurt 78 – Bamberg 94 – ◆Berlin 328.

🏨 **Thüringen,** Platz der Deutschen Einheit 2, ⊠ 98527, 𝒫 30 38 90, Fax 24379, 🔄 – |💲| 📺
☎ 🅿 – 🔬 75. 🕉 Rest
124 Z

🏠 **Zur Alten Schmiede,** Schwarzwasserweg 40, ⊠ 98527, 𝒫 30 48 95, Fax 304867, 🌳, 🔄
– 📺 ☎ 🅿 – 🔬 30
(nur Abendessen) (auch vegetarische Gerichte) – **14 Z.**

🏠 **Simson-Villa,** Dombergweg 7, ⊠ 98527, 𝒫 2 24 83, Fax 28073, ≤, 🌳 – 📺 ☎ 🅿. 🅰🅴 🅴
𝘝𝘐𝘚𝘈
Menu *(Sonntag nur Mittagessen)* à la carte 23/37 – **16 Z** 60/160.

✗✗ **Lauterer Wirtshaus** (historischer Gasthof a.d.J. 1519), Lauter 7, ⊠ 98527, 𝒫 2 33 49,
Fax 23349 – 🅰🅴 🅴
Menu à la carte 24/39.

In Suhl-Heinrichs :

🏠 **Pension Am Rathaus** garni, Meininger Str. 136, ⊠ 98529, 𝒫 3 94 60 – 📺 ☎ 🅿. 🅰🅴 🅴
𝘝𝘐𝘚𝘈
10 Z 60/90.

✗ **Ratskeller,** Meininger Str. 89, ⊠ 98529, 𝒫 2 27 09, « Fachwerkhaus a.d. 16. Jh. » – 🅰🅴
🅴 𝘝𝘐𝘚𝘈
Sonntag nur Mittagessen – **Menu** à la carte 20/40.

In Hirschbach S *: 6,5 km :*

🏨 Zum Goldenen Hirsch, Hauptstr. 33, ⊠ 98553, 𝒫 (03681) 2 00 37, Fax 303509, 🔄 – 📺
☎ 🅿
30 Z.

SUHLENDORF Niedersachsen **411** P 8 – 2 650 Ew – Höhe 66 m – 🕲 05820.
♦Hannover 111 – Uelzen 15.

In Suhlendorf-Kölau S : 2 km :

🏨 **Brunnenhof** ⬧, ✉ 29562, 🍴 8 80, Fax 1777, 🏠, « Ehemaliges Bauernhaus », 🎐, 🖼
– 🛏, 🦌, (Halle) – 🗓 🕿 🅿 – 🕍 120. 🛠 Rest
Menu à la carte 25/53 – **35 Z** 75/180, 5 Suiten.

SULINGEN Niedersachsen **411** J 8, **987** ⑭ ⑮ – 12 000 Ew – Höhe 30 m – 🕲 04271.
♦Hannover 77 – Bielefeld 100 – ♦Bremen 51 – ♦Osnabrück 84.

🏨 **Zur Börse,** Langestr. 50, ✉ 27232, 🍴 9 30 00, Fax 5780 – 🍽 Zim 🗓 🕿 🚗 🅿 – 🕍 60
🅰🅴 ⓞ 🅴 🆅🅸🆂🅰
Menu *(Freitag nur Mittagessen, Samstag und Sonntag nur Abendessen, Ende Dez.- Anfang
Jan. geschl.)* à la carte 31/61 – **28 Z** 85/170.

In Mellinghausen NO : 8 km über die B 214 :

🏠 **Gesellschaftshaus Märtens** ⬧, (mit Gästehäusern), ✉ 27249, 🍴 (04272) 9 30 00,
◀ Fax 930028, 🌳 – 🗓 🕿 ᐸ 🅿 – 🕍 25. 🅰🅴 🅴. 🛠 Zim
Juni-Juli 3 Wochen geschl. – **Menu** *(Montag geschl.)* à la carte 24/49 – **24 Z** 70/120.

SULZ AM NECKAR Baden-Württemberg **413** I 21, **987** ㉟ – 11 300 Ew – Höhe 430 m – Erho◀
lungsort – 🕲 07454.
🅱 Rathaus, Obere Hauptstr. 2, ✉ 72172, 🍴 7 60, Fax 7612.
♦Stuttgart 76 – Horb 16 – Rottweil 30.

In Sulz-Glatt N : 4 km :

🏨 **Kaiser,** Oberamtstr. 23, ✉ 72172, 🍴 (07482) 92 20, Fax 922222, 🎐, 🖼, 🌳 – 🗓 🕿 🅿
– 🕍 30 – **Menu** à la carte 27/69 – **33 Z** 90/180.

🏠 **Zur Freystatt** ⬧ (mit Gästehaus), Schloßplatz 11, ✉ 72172, 🍴 (07482) 9 29 90, Fax 929933,
🎐 – 🗓 🅿 – 🕍 40. 🛠 Zim – **28 Z**

SULZBACH AN DER MURR Baden-Württemberg **413** L 19, **987** ㉕ – 4 900 Ew – Höhe 467 m◀
– Erholungsort – 🕲 07193.
♦Stuttgart 41 – Heilbronn 34 – Schwäbisch Gmünd 41 – Schwäbisch Hall 27.

🍴 **Krone** mit Zim, Haller Str. 1, ✉ 71560, 🍴 2 87, (Gasthof a.d.J. 1590) – 🚗 🅿 🅴 🆅🅸🆂🅰
Juli-Aug. 3 Wochen geschl. – **Menu** *(Dienstag geschl., Donnerstag nur Mittagessen)* à la
carte 27/55 *(auch vegetarische Gerichte)* 🍷 – **11 Z** 52/105.

SULZBACH-LAUFEN Baden-Württemberg **413** M 20 – 2 300 Ew – Höhe 335 m – Wintersport :
🎿3 – 🕲 07976.
♦Stuttgart 82 – Aalen 35 – Schwäbisch Gmünd 29 – ♦Würzburg 149.

🏨 **Krone,** Hauptstr. 44 (Sulzbach), ✉ 74429, 🍴 9 85 20, Fax 1388, 🏠, 🎐 – 🗓 🕿 🚗 🅿
– 🕍 30. 🅰🅴 ⓞ 🅴 🆅🅸🆂🅰. 🛠
Menu *(Sonntag nur Mittagessen, Juli-Aug. 2 Wochen geschl.)* à la carte 28/57 –
16 Z 85/150.

SULZBACH-ROSENBERG Bayern **413** S 18, **987** ㉗ – 19 500 Ew – Höhe 450 m – 🕲 09661.
🅱 Verkehrsamt, Bühlgasse 5, ✉ 92237, 🍴 51 01 10, Fax 4333.
♦München 205 – Bayreuth 67 – ♦Nürnberg 59 – ♦Regensburg 77.

🍴 **Sperber-Bräu,** Rosenberger Str. 14, ✉ 92237, 🍴 8 70 90, Fax 870977 – 🛠 Zim
◀ **Menu** *(Montag geschl.)* à la carte 24/35 – **24 Z** 65/95.

In Sulzbach-Rosenberg-Feuerhof N : 1,5 km über die B 14 :

🏠 **Zum Bartl,** Glückaufstr. 2, ✉ 92237, 🍴 5 39 51, Fax 51461, ᐸ, 🏠 – 🗓 🕿 🚗 🅿
◀ *6.- 28. Juni geschl.* – **Menu** *(Montag geschl., Freitag nur Mittagessen)* à la carte 15/32 🍷
– **25 Z** 40/100.

In Sulzbach-Rosenberg - Forsthof NW : 6 km über die B 85 :

🍴 Heldrich - Am Forsthof ⬧, Forsthof 8, ✉ 92237, 🍴 48 29, 🛷, 🌳, 🛠 – 🅿 – **17 Z**.

SULZBACH/SAAR Saarland **412** E 19, **987** ㉔, **242** ⑦ – 19 900 Ew – Höhe 215 m – 🕲 06897.
♦Saarbrücken 11 – Kaiserslautern 61 – Saarlouis 33.

🏨 **L'Auberge** garni, Lazarettstr. 2, ✉ 66280, 🍴 57 20, Fax 572200 – 🛗 🍽 🗓 🕿 ᐸ 🅿. 🅰🅴
🅴 🆅🅸🆂🅰 – **55 Z** 95/195.

In Sulzbach-Neuweiler S : 2 km :

🏠 **Paul,** Sternplatz 1, ✉ 66280, 🍴 20 01, Fax 2293, 🏠 – 🗓 🕿. 🅰🅴 ⓞ 🅴 🆅🅸🆂🅰
Menu *(Samstag, Sonn- und Feiertage sowie 24. Dez.- 3. Jan. geschl.)* à la carte 31/63 🍷
– **27 Z** 85/160.

SULZBACH/TAUNUS Hessen 412 413 I 16 – 8 200 Ew – Höhe 190 m – 🅐 06196 (Bad Soden).

Wiesbaden 28 – ◆Frankfurt am Main 15 – Mainz 28.

🏨 Holiday Inn, Am Main-Taunus-Zentrum 1 (S : 1 km), ⊠ 65843, 𝒫 76 30, Telex 4072536, Fax 72996, 🌧, Biergarten, 🚇, 🔲, 🐎 – 🛗 ⇄ Zim 🔲 📺 🔥 🅟 – 🔬 180. 🆎 ⓞ 🅴 𝑉𝐼𝑆𝐴 🇯🇨🇧. 🎇 Rest
Menu à la carte 40/79 – **289 Z** 270/550.

🏨 Sulzbacher Hof 🦢 garni, Mühlstr. 11, ⊠ 65843, 𝒫 5 05 10, Fax 505113 – 📺 🕿 🅟. 🅴 🎇 – **22 Z** 90/145.

SULZBERG Bayern siehe Kempten (Allgäu).

SULZBURG Baden-Württemberg 413 G 23, 427 H 2, 242 ㊱ – 2 700 Ew – Höhe 474 m – Luftkurort – 🅐 07634.

Verkehrsamt, Rathaus, ⊠ 78295, 𝒫 56 00 40, Fax 560050.

Stuttgart 229 – Basel 51 – ◆Freiburg im Breisgau 28.

🏨 Waldhotel Bad Sulzburg 🦢, Badstr. 67 (SO : 4 km), ⊠ 79295, 𝒫 82 70, Fax 8212, « Gartenterrasse », 🚇, 🔲, 🐎, 🎇 – 🛗 🅟 – 🔬 40. ⓞ 🅴 𝑉𝐼𝑆𝐴
7. Jan.- 15. Feb. geschl. – Menu (Tischbestellung ratsam) à la carte 44/74 – **35 Z** 88/182.

XXX ✧ Hirschen mit Zim (Gasthof a.d. 18. Jh.), Hauptstr. 69, ⊠ 79295, 𝒫 82 08, Fax 6717, « Einrichtung mit Antiquitäten und Stilmöbeln »
9.- 26. Jan. und 24. Juli - 10. Aug. geschl. – Menu (Montag - Dienstag geschl.) (Tischbestellung ratsam, bemerkenswerte Weinkarte) 50 (mittags) und à la carte 96/130 – **7 Z** 160/220
Spez. Salat von Krebsen mit Brunnenkresse-Charlotte, Gefüllter Zander im Schweinenetz, Chausson von Rehrücken und Trüffel.

In Sulzburg-Laufen W : 2 km :

XXX ✧ La Vigna (kleines Restaurant in einem Hofgebäude a.d.J. 1837), Weinstr. 7, ⊠ 79295, 𝒫 80 14, Fax 69252 – 🎇
Sonntag - Montag, Juli - Aug. 3 Wochen und 24. Dez.- 2. Jan. geschl. – Menu (Tischbestellung erforderlich, bemerkenswerte ital. Wein-und Grappaauswahl) 46 (mittags) und à la carte 73/92
Spez. Risotto con crostacei, Agnolotti di pollame con tartufi, Delizia di limone.

In Ballrechten-Dottingen NW : 2 km :

🏨 Winzerstube (mit Gästehaus), Neue Kirchstr. 30 (Dottingen), ⊠ 79282, 𝒫 (07634) 6 97 05, Fax 6381, 🐎 – 📺 ⇌ 🅟
Anfang Jan.- Anfang Feb. geschl. – Menu (Donnerstag und Juli 1 Woche geschl., Freitag nur Abendessen) à la carte 30/65 👍 – **8 Z** 50/95.

SULZFELD Baden-Württemberg 412 413 J 19 – 3 500 Ew – Höhe 192 m – 🅐 07269.

Stuttgart 68 – Heilbronn 33 – ◆Karlsruhe 44.

Auf der Burg Ravensburg SO : 2 km – Höhe 286 m

X Burgschenke, ⊠ 75056 Sulzfeld, 𝒫 (07269) 2 31, Fax 275, ≤, 🌧 – 🅟. 🆎 🅴
Montag und Dez.- Feb. geschl. – Menu (nur Eigenbauweine) à la carte 39/65 👍.

SULZHEIM Bayern 413 O 17 – 800 Ew – Höhe 235 m – 🅐 09382 (Gerolzhofen).

München 214 – ◆Bamberg 55 – ◆Nürnberg 96 – Schweinfurt 15 – ◆Würzburg 44.

🏠 Landgasthof Goldener Adler, Otto-Drescher-Str. 12, ⊠ 97529, 𝒫 70 38, Fax 7039 – 🕿 🅟. 🅴
24. Dez.- 9. Jan. geschl. – Menu (Freitag und Aug. 2 Wochen geschl.) à la carte 21/42 👍 – **42 Z** 34/120.

In Sulzheim-Alitzheim :

🏨 Grob, Dorfplatz 1, ⊠ 97529, 𝒫 2 85, Fax 287 – 🕿 ⇌ 🅟 – 🔬 50. 🅴 𝑉𝐼𝑆𝐴
Menu (Sonntag geschl.) à la carte 22/43 👍 – **32 Z** 50/115.

SUNDERN Nordrhein-Westfalen 411 412 GH 13, 987 ⑭ – 31 600 Ew – Höhe 250 m – 🅐 02933.

Fremdenverkehrsamt (Rathaus), Mescheder Str. 20, ⊠ 59846, 𝒫 8 12 51, Fax 81111.

Düsseldorf 111 – Arnsberg 12 – Lüdenscheid 48.

In Sundern-Allendorf SW : 6,5 km :

🏨 Clute-Simon, Allendorfer Str. 85, ⊠ 59846, 𝒫 (02393) 9 18 00, Fax 918028, 🚇, 🐎, 🎇 – 📺 🕿 ⇌ 🅟 – 🔬 50. 🆎 ⓞ 🅴 𝑉𝐼𝑆𝐴
März 3 Wochen geschl. – Menu à la carte 31/70 – **14 Z** 65/116.

In Sundern-Altenhellefeld SO : 7,5 km – Erholungsort :

🏛 **Doorm Hotel Gut Funkenhof** ⟨⟩, Altenhellefelder Str. 10, ⊠ 59846, ℰ (02934) 7 9C
Fax 1474, �, ≘s, 🔲, – 🎬 Zim 🔟 ☎ 🅿 – 🔏 60. 🝙 ⓪ 🝙 🝙 VISA. 🛠 Rest
Menu à la carte 44/72 – **71 Z** 135/258.

In Sundern-Dörnholthausen SW : 6 km :

🏛 **Klöckener**, Stockumer Str. 44, ⊠ 59846, ℰ 9 71 50, Fax 78133, �, 🔲 – 🅿 – 🔏 2E
🝙 VISA
März 3 Wochen geschl. – **Menu** *(Dienstag geschl.)* à la carte 29/59 – **18 Z** 68/12C
– ½ P 79/82.

In Sundern-Langscheid NW : 4 km – Luftkurort – 🕓 02935 :

🏛 **Seegarten**, Zum Sorpedamm 21, ⊠ 59846, ℰ 15 79, Fax 7192, �, 🔲 – 🔟 ☎ 🅿 – 🔏 3C
🅿
24 Z

🏛 **Landhaus Pichel**, Langscheider Str. 70, ⊠ 59846, ℰ 20 33, Fax 4943, ≼, �, 🌿 – 🔟 🝙
🅿
10 Z

🏛 **Haus Volmert**, Langscheider Str. 46, ⊠ 59846, ℰ 25 00, Fax 7647, ≼, � – 🔟 🝙 🅿
Nov. 2 Wochen geschl. – **Menu** *(Mittwoch geschl.)* (Okt.- April nur Abendessen) à la carte
30/51 – **11 Z** 45/90 – ½ P 67/77.

🍴 **Deutsches Haus,** Langscheider Str. 41, ⊠ 59846, ℰ 6 15, ≼, � – 🅿
Dienstag geschl. – **Menu** à la carte 28/50.

SUNDHAUSEN Thüringen siehe Nordhausen.

SWISTTAL Nordrhein-Westfalen 🔢 D 14 – 10 000 Ew – Höhe 130 m – 🕓 02254 (Weilerswist)
♦Düsseldorf 73 – ♦Bonn 20 – Düren 43 – ♦Köln 35.

In Swisttal-Heimerzheim :

🏛 **Weidenbrück** ⟨⟩, Nachtigallenweg 27, ⊠ 53913, ℰ 60 30, Fax 603408 – 🛗 🔟 ☎ 🅿
Menu *(Mitte - Ende Dez. geschl.)* à la carte 25/55 – **41 Z** 55/140.

SYKE Niedersachsen 🔢 J 8, 🔢 ⑮ – 19 100 Ew – Höhe 40 m – 🕓 04242.
🏌 Syke-Okel (NO : 6 km), ℰ 82 30.
♦Hannover 89 – ♦Bremen 22 – ♦Osnabrück 106.

🏛 **Vollmer's Gasthaus**, Hauptstr.60, ⊠ 28857, ℰ 5 02 60, Fax 60280, ≘s – 🔟 ☎ 🅿 – 🔏 6C
10 Z

In Syke-Steimke SO : 2,5 km :

🏛 **Steimker Hof**, Nienburger Str. 68 (B 6), ⊠ 28857, ℰ 22 20, Fax 3795, � – 🛗 🔟 ☎ 🅿
🝙 ⓪ 🝙 VISA
Menu à la carte 30/49 – **11 Z** 70/110.

SYLT (Insel) Schleswig-Holstein 🔢 HI 1,2, 🔢 ④, 🔢 ② – Seebad – Größte Insel der Nord
friesischen Inselgruppe mit 36 km Strand, durch den 12 km langen Hindenburgdamm (nur Eisen
bahn, ca. 30 min) mit dem Festland verbunden.
Sehenswert : Gesamtbild★★ der Insel – Keitumer Kliff★.
🏌 Kampen-Wenningstedt, ℰ (04651) 4 53 11 ; 🏌 Westerland, ℰ (04651) 70 37 ; 🏌 Sylt-Ost, Mor
sum, ℰ (04654)3 87.
🛫 Westerland, ℰ (04651) 53 55.
🚗 ℰ (04651) 2 40 57, Autoverladung in Niebüll.

Kampen – 600 Ew – 🕓 04651.
🆔 Kurverwaltung, im Kamp-Hüs, ⊠ 25999, ℰ 4 69 80, Fax 469840.
Nach Westerland 6 km.

🏛 **Rungholt** ⟨⟩, Kurhausstr. 35, ⊠ 25999, ℰ 44 80, Fax 44840, ≼, Massage, ≘s, 🌿 – 🔟
🅿. 🛠 Rest
Mitte März - Okt. – (nur Abendessen für Hausgäste) – **60 Z** 170/430, 10 Suiter
– ½ P 205/270.

🏛 **Walter's Hof** ⟨⟩, Kurhausstr. 23, ⊠ 25999, ℰ 44 90, Fax 45590, ≼, �, Massage, ≘s
🔲 – 🔟 🅿. 🛠 Rest
Menu *(nur Abendessen)* à la carte 65/102 – **34 Z** 280/440, 5 Suiten.

🏛 **Hamburger Hof** ⟨⟩ garni, Kurhausstr. 3, ⊠ 25999, ℰ 9 46 00, Fax 43975, ≘s, 🌿 – 🔟
☎ 🅿. 🛠
15 Z 255/440.

🏛 **Golf- und Landhaus** ⟨⟩ garni, Braderuper Weg 12, ⊠ 25999, ℰ 4 69 10, Fax 469111, ≘s
🔲, 🔲 – 🔟 ☎ 🅿. 🝙 VISA. 🛠
9 Z 270/410, 4 Suiten.

🏠 Kamphörn garni, Norderheide 2, ✉ 25999, ℘ 98 45 10, Fax 42019, 🚗 – 📺 ☎ 🅿
13 Z.

🏠 **Ahnenhof** 🐾 garni, Kurhausstr. 8, ✉ 25999, ℘ 4 26 45, Fax 44016, ≤, 🚗 – 📺 ☎ 🅿.
AE
26. Nov. - 21. Dez. geschl. – **13 Z** 125/280.

XX **Tappe's Restaurant,** Strönwai 1, ✉ 25999, ℘ 4 42 22, 🏡 – 🅿. AE
Mitte Jan.- Mitte März und Mitte Nov.- Mitte Dez. geschl. – **Menu** à la carte 50/107.

X **Manne Pahl,** Zur Uwe Düne 2, ✉ 25999, ℘ 4 25 10, Fax 44410, 🏡 – 🅿. AE ① E VISA
Menu à la carte 48/78.

An der Straße nach List N : 2 km :

XX **Vogelkoje,** ✉ 25999 Kampen, ℘ (04652) 10 35, Fax 259, « Gartenterrasse » – 🅿. AE E
VISA
Menu (abends Tischbestellung ratsam) à la carte 71/83.

List – 2 400 Ew – 🌀 04652.
🅱 Kurhaus, Listlandstr. ✉ 25992, ℘ 10 14, Fax 1398.
Nach Westerland 18 km.

XX **Alte Backstube,** Süderhörn 2, ✉ 25992, ℘ 5 12, Fax 512, « Gartenterrasse » – 🅿. AE ①
E VISA. ✺
Mittwoch, 6. Jan.- 15. Feb. und 2. Nov.- 24. Dez. geschl. – **Menu** (nur Abendessen) à la
carte 60/85.

XX **Über 100 Jahre Alter Gasthof,** Alte Dorfstr. 5, ✉ 25992, ℘ 72 44, Fax 1400, 🏡, « Haus
a.d.J. 1804 mit rustikal-friesischer Einrichtung » – 🅿. AE E
*außer Saison Dienstag nur Abendessen, Montag und Mitte Nov. - Weihnachten sowie
Anfang Jan. - Mitte Feb. geschl.* – **Menu** (überwiegend Fischgerichte) à la carte 54/83.

Sylt Ost – 6 100 Ew – 🌀 04651.
🅱 Kurverwaltung, im Ortsteil Keitum, Am Tipkenhoog 5, ✉ 25980, ℘ 33 70, Fax 33737.
Nach Westerland 5 km.

Im Ortsteil Keitum – Luftkurort :

🏚 **Benen Diken Hof** 🐾 garni, Süderstraße, ✉ 25980, ℘ 3 10 35, Fax 35835, 🈁, 🗔 , 🚗
– 📺 🅿. AE ① E VISA JCB. ✺
38 Z 140/380, 9 Suiten.

🏠 **Aarnhoog** garni, Gaat 13, ✉ 25980, ℘ 39 90, Fax 39999, 🈁, 🗔 , 🚗 – 📺 ☎ 👶 🅿. AE
E
14 Z 290/580.

🏠 **Seiler Hof** (modernisiertes Friesenhaus a.d.J. 1761), Gurtstig 7, ✉ 25980, ℘ 9 33 40,
Fax 35370, « Garten », 🈁 – 📺 ☎ 🅿. ✺
(nur Abendessen für Hausgäste) – **11 Z** 150/315, 4 Suiten.

🏠 **Groot's Hotel** garni, Gaat 5, ✉ 25980, ℘ 9 33 90, Fax 32953, 🚗 – 📺 ☎ 🅿. ✺
1.- 15. Dez. geschl. – **11 Z** 160/320.

🏠 **Wolfshof** 🐾 garni, Osterweg 2, ✉ 25980, ℘ 34 45, Fax 31139, 🈁, 🗔 , 🚗 – 📺 ☎ 🅿.
AE ① E VISA
8. Jan.- 10. März und 6. Nov.- 22. Dez. geschl. – **13 Z** 170/290.

XX **Fisch-Fiete,** Weidemannweg 3, ✉ 25980, ℘ 3 21 50, Fax 32591, « Gartenterrasse » – 🅿
März - Anfang Nov. – **Menu** (Tischbestellung erforderlich) à la carte 48/92.

Im Ortsteil Morsum :

XXX ❀ **Landhaus Nösse** 🐾 mit Zim, Nösistig 13, ✉ 25980, ℘ (04654) 15 55, Fax 1658, 🏡,
« Schöne Lage am Morsum Kliff mit ≤ », 🚗 – 📺 ☎ 🅿. AE E. ✺ Zim
Ende Nov.- Mitte Dez. geschl. – **Menu** *(außer Saison Montag geschl.)* (Tischbestellung rat-
sam) à la carte 83/115 – **Bistro : Menu** à la carte 50/69 – **9 Z** 265/420
Spez. Getrüffelte Gänseleberterrine mit Sauternesgelee, Deichlammrücken mit dicken Bohnen,
Geeister Friesentee mit Minzschaum.

Im Ortsteil Munkmarsch :

XX **Moby Dick,** Munkhoog 14, ✉ 25980, ℘ (04651) 3 21 20, ≤, 🏡 – 🅿. AE E
Donnerstag nur Abendessen, Mittwoch und Nov. - 24. Dez. geschl. – **Menu** (Tischbestellung
ratsam) à la carte 49/76.

Im Ortsteil Tinnum :

XXX ❀ **Landhaus Stricker,** Boy-Nielsen-Str. 10, ✉ 25980, ℘ (04651) 3 16 72, Fax 35455, 🏡,
« rustikal-elegante Einrichtung » – 🅿. AE E
Dienstag nur Abendessen, Montag und Ende Okt. - Anfang März geschl.) – **Menu** (Tischbestellung ratsam, bemerkenswerte Weinkarte) 36/44 (mittags) und à la carte 85/110
(Anbau mit 10 Z bis Frühjahr 1995)
Spez. Getrüffeltes Gänseleberparfait mit Portweingelee, Bouillabaisse von Nordseefischen, Knurrhahn mit Steinpilzen und Zwiebelsauce.

Rantum – 500 Ew – ✪ 04651.

🛈 Kurverwaltung, Strandstr. 7, ✉ 25980, ✆ 8 07 77, Fax 80766.

Nach Westerland 7 km.

🏨 **Watthof** ⑤ garni, Alte Dorfstr. 40, ✉ 25980, ✆ 80 20, Fax 80222, « Friesenhaus m
moderner Einrichtung », ⬛, ⬛ – 📺 ☎ 🅿. 🅰🅴 Ⓔ 𝗩𝗜𝗦𝗔
32 Z 250/550.

Wenningstedt – 2 500 Ew – Seeheilbad – ✪ 04651.

🛈 Verkehrsverein, Westerlandstr. 1, ✉ 25996, ✆ 4 32 10, Fax 45772.

Nach Westerland 4 km.

🏨 **Windrose** ⑤, Strandstr. 21, ✉ 25996, ✆ 94 00, Fax 41071, ⬛, ⬛ – ⬛ 📺 ☎ 🅿. 🅰
⓪ Ⓔ 𝗩𝗜𝗦𝗔
Menu à la carte 42/70 – **101 Z** 180/320, 18 Suiten – ½ P 205/225.

🏨 **Strandhörn** ⑤, Dünenstr. 1, ✉ 25996, ✆ 9 45 00, Fax 45777, 🌤, Massage, 🔽, ⬛, ⬛
– 📺 ☎ 🅿. ⚘ Zim
20. Nov.- 20. Dez. und 15. Jan.- 15. Feb. geschl. – *Lässig* (Tischbestellung ratsam) *(nu*
Abendessen, Mittwoch geschl.) **Menu** à la carte 57/75 – **22 Z** 170/340, 11 Suiten.

🏨 **Friesenhof,** Hauptstr. 16, ✉ 25996, ✆ 4 10 31, Fax 45526, ⬛, ⬛ – 📺 ☎ 🅿. ⚘
April - Okt. – (nur Abendessen für Hausgäste) – **14 Z** 105/256.

Westerland – 9 000 Ew – Seeheilbad – ✪ 04651.

🛈 Fremdenverkehrszentrale, am Bundesbahnhof, ✉ 25980, ✆ 2 40 01, Fax 24060.

◆Kiel 136 – Flensburg 55 – Husum 53.

🏨 **Stadt Hamburg,** Strandstr. 2, ✉ 25980, ✆ 85 80, Fax 858220 – ⬛ 📺 🚗 – 🔼 50. 🅰
Ⓔ 𝗩𝗜𝗦𝗔. ⚘ Rest
Menu à la carte 60/100 – *Bistro :* **Menu** à la carte 41/67 – **72 Z** 205/476, 22 Suiten.

🏨 **Dorint-Hotel Sylt** ⑤, Schützenstr. 22, ✉ 25980, ✆ 85 00, Fax 850150, 🌤, ⬛, ⬛ – ⬛
📺 🏋 🅿. 🅰🅴 Ⓔ 𝗩𝗜𝗦𝗔. ⚘ Rest
Menu à la carte 50/90 – **71 Z** 375/680, 5 Suiten.

🏨 **Miramar** ⑤, Friedrichstr. 43, ✉ 25980, ✆ 85 50, Fax 855222, ≤, 🌤, Massage, ⬛, ⬛
– ⬛ 📺 🅿 – 🔼 30. 🅰🅴 Ⓔ 𝗩𝗜𝗦𝗔. ⚘ Rest
15. Nov.- 15. Dez. geschl. – **Menu** à la carte 40/86 *(auch vegetarische Gerichte)* –
94 Z 235/590, 11 Suiten – ½ P 285/385.

🏨 **Vier Jahreszeiten** ⑤ garni, Johann-Möller-Str. 40, ✉ 25980, ✆ 9 86 70, Fax 986777 – ⬛
📺 ☎ 🅿. 🅰🅴 Ⓔ 𝗩𝗜𝗦𝗔
19 Z 220/480, 8 Suiten.

🏨 **Sylter Seewolf** ⑤ (mit Gästehaus), Bötticherstr. 13, ✉ 25980, ✆ 80 10, Fax 80199, Mas
sage, ⬛, ⬛, 🌳 – 📺 ☎ 🏋 🅿. ⚘ Rest
Menu (nur Abendessen) à la carte 54/70 – **64 Z** 198/420, 5 Suiten.

🏨 **Sylter Hof,** Norderstr. 9, ✉ 25980, ✆ 85 70, Fax 85755, ⬛, ⬛ – ⬛ 📺 ☎ 🅿. 🅰🅴 ⓪ Ⓔ
𝗩𝗜𝗦𝗔
Menu *(außer Saison Montag geschl.)* (nur Abendessen) à la carte 51/78 – **24 Z** 197/
480.

🏨 **Wünschmann,** Andreas-Dirks-Str. 4, ✉ 25980, ✆ 50 25, Fax 5028 – ⬛ 📺 ☎ 🚗. 🅰🅴
⚘
6. Nov.- 24. Dez. geschl. – (nur Abendessen für Hausgäste) – **35 Z** 160/420.

🏨 Atlantic, Johann-Möller-Str. 30, ✉ 25980, ✆ 60 46, Fax 28313, 🌤, ⬛, ⬛ – 📺 ☎ 🅿
(nur Abendessen) – **27 Z**.

🏨 **Monbijou** garni, Andreas-Dirks-Str. 6, ✉ 25980, ✆ 99 10, Fax 27870 – ⬛ 📺 ☎ 🚗
🅿
30 Z 130/400.

🏨 **Berliner Hof** ⑤ garni, Boysenstr. 17, ✉ 25980, ✆ 2 30 41, Fax 29325, ⬛, ⬛ – 📺 ☎
🅿. 🅰🅴 ⓪ Ⓔ 𝗩𝗜𝗦𝗔. ⚘
3. Jan.- 17. Feb. und 5. Nov.- 25. Dez. geschl. – **30 Z** 145/290.

🏨 Marin Hotel garni, Elisabethstr. 1, ✉ 25980, ✆ 9 28 00, Fax 28694 – 📺 ☎
32 Z

🏨 **Windhuk** garni, Brandenburger Str. 6, ✉ 25980, ✆ 99 20, Fax 29379 – 🚳 📺 ☎ 🅿. 🅰🅴
Ⓔ
34 Z 130/280.

🏨 **Dünenburg** ⑤ garni, Elisabethstr. 9, ✉ 25980, ✆ 60 06, Fax 24310, Massage – ⬛ 📺 ☎
🅿. ⚘
35 Z 160/280.

🏨 **Gästehaus Hellner** garni, Maybachstr. 8, ✉ 25980, ✆ 69 45, Fax 28226, ⬛ – ⬛ 📺 ☎
🅿
18 Z 120/280.

չչչ ❀ **Restaurant Jörg Müller** mit Zim, Süderstr. 8, ⊠ 25980, ℰ 2 77 88, Fax 201471, « Modern-elegantes Restaurant in einem Friesenhaus » – 📺 ☎ **🅿**. 🖭 ⓞ **E** 𝗩𝗜𝗦𝗔. ⬡
20. Nov.- 25. Dez. geschl. – **Menu** *(Dienstag geschl., Mittwoch nur Abendessen, außer Saison Dienstag und Mittwoch Ruhetag)* (Tischbestellung erforderlich, bemerkenswerte Weinkarte) à la carte 85/132 – *Pesel :* **Menu** à la carte 55/86 – **3 Z** 180/320
Spez. Getrüffeltes Taubencarpaccio mit Zuckerschoten, Langustinenkrapfen auf Kalbskopfragout, Deichlammcarré in zwei Gängen serviert (2 Pers.).

XX **Webchristel,** Süderstr. 11, ⊠ 25980, ℰ 2 29 00 – **🅿**
Donnerstag geschl. – **Menu** (nur Abendessen, Tischbestellung ratsam) à la carte 49/88.

XX **Das kleine Restaurant,** Bötticherstr. 2, ⊠ 25980, ℰ 2 29 70 – 🖭 ⓞ **E** 𝗩𝗜𝗦𝗔
Montag, 22. Feb.- 21. März und 26. Nov.- 12. Dez. geschl. – **Menu** (wochentags nur Abendessen) à la carte 62/94.

XX **See-Garten,** Andreas-Dirks-Str. 10 (Kurpromenade), ⊠ 25980, ℰ 2 36 58, Fax 6872, ≤, 🌧
– ⴺ. 🖭 ⓞ **E** 𝗩𝗜𝗦𝗔
Mitte Nov.- Anfang Dez. und außer Saison Dienstag geschl. – **Menu** à la carte 39/68.

XX **Alte Friesenstube,** Gaadt 4, ⊠ 25980, ℰ 12 28, Fax 26319, « Haus a.d.J. 1648 mit rustikal-friesischer Einrichtung » – 🖭
Montag und Anfang Jan. - Anfang Feb. geschl. – **Menu** (nur Abendessen, Tischbestellung ratsam) à la carte 45/71.

TABARZ Thüringen 🔢🔢 D 13 – 4 500 Ew – Höhe 420 m – Erholungsort – Wintersport 800/916 m ⤬ 1 ⤢ 4 – ✪ 036259.
🔁 Kurverwaltung, Zimmerbergstr. 4, ⊠ 99891, ℰ 22 18, Fax 2050.
.rfurt 63 – ✦Berlin 427 – Bad Hersfeld 92 – Coburg 102.

🏠 **Waldhütte** ⬡ (mit Gästehaus Kleines Palais), Lauchagrundstr. 44, ⊠ 99891, ℰ 23 34, Fax 2356, 🌧, ☞ – 📺 ☎ ⟵ – 🔬 30. 🖭 ⓞ **E** 𝗩𝗜𝗦𝗔
Menu (nur Abendessen) à la carte 32/49 – **24 Z** 90/200, 5 Suiten.

🏠 **Landhotel Germania** ⬡, Friedrichrodaer Str. 11, ⊠ 99891, ℰ 5 50, Fax 55100, 🌧, Massage, ≦s, 🔲, ☞ – 📺 ☎ ⟵ **🅿** – 🔬 40. 🖭 ⓞ **E** 𝗩𝗜𝗦𝗔
Menu à la carte 26/43 ⅄ – **42 Z** 80/130, 7 Suiten.

🏠 **Am Zimmerberg,** Zimmerbergstr. 14, ⊠ 99891, ℰ 22 96, Fax 2022 – 📺 **🅿**. ⬡
Dez. 2 Wochen geschl. – **Menu** *(Dienstag geschl.)* à la carte 26/45 – **13 Z** 87/125.

TACHERTING Bayern 🔢🔢 U 22, 🔢🔢 J 4 – 4 300 Ew – Höhe 473 m – ✪ 08621 (Trostberg).
✦München 92 – Altötting 22 – Rosenheim 52 – Salzburg 70.

In Engelsberg-Wiesmühl N : 3 km :

✿ **Post,** Altöttinger Str. 9 (B 299), ⊠ 84549, ℰ (08634) 15 14, 🌧 – ⟵ **🅿**
21. Aug.- 14. Sept. geschl. – **Menu** *(Freitag geschl.)* à la carte 23/45 – **15 Z** 35/80.

TALHEIM Baden-Württemberg 🔢🔢 🔢🔢 K 19 – 3 500 Ew – Höhe 195 m – ✪ 07133.
✦Stuttgart 48 – Heilbronn 9 – Ludwigsburg 32.

🏠 **Sonne** ⬡, Sonnenstr. 44, ⊠ 74388, ℰ 42 97, Fax 5538, 🌧 – 🛗 📺 ☎ – 🔬 40
1.- 6. Jan. geschl. – **Menu** *(Sonntag nur Mittagessen, Montag sowie Jan. und Aug. jeweils 2 Wochen geschl.)* (wochentags nur Abendessen) à la carte 32/55 ⅄ – **27 Z** 60/115.

TAMBACH-DIETHARZ Thüringen 🔢🔢 D 13 – 5 000 Ew – Höhe 450 m – Erholungsort – Wintersport 650/886 m ⤢ – ✪ 036252.
🔁 Verkehrsamt, Burgstallstr. 31a (Haus des Gastes), ⊠ 99897, ℰ 63 20, Fax 6390.
.rfurt 41 – Gotha 20.

🏠 Waldhotel ⬡, Waldstr. 30, ⊠ 99897, ℰ 62 28, Fax 2174, 🌧 – 📺 ☎ **🅿** – 🔬 30 – **23 Z**.

An der Straße nach Georgenthal NO : 3 km :

🏠 **Rodebachmühle,** ⊠ 99887 Georgenthal, ℰ (036253) 3 40, Fax 340, 🌧, ≦s – 📺 ☎ **🅿**
– 🔬 30. 🖭 **E** 𝗩𝗜𝗦𝗔
Menu à la carte 26/47 – **61 Z** 115/205.

TAMM Baden-Württemberg siehe Asperg.

TANGERMÜNDE Sachsen-Anhalt 🔢🔢 H 8, 🔢🔢 ⑮, 🔢🔢 ⑯ – 11 000 Ew – Höhe 45 m – ✪ 039322.
.Magdeburg 56 – Brandenburg 64.

🏠 **Schwarzer Adler,** Lange Str. 52, ⊠ 39590, ℰ 23 91, Fax 3642 – 📺 ☎ **🅿** – 🔬 60. 🖭 ⓞ **E** 𝗩𝗜𝗦𝗔
(nur Abendessen für Hausgäste) – **35 Z** 60/160.

🏠 **Genschmar,** Luisenstr. 38, ⊠ 39590, ℰ 33 48, 🌧 – 📺 ☎
Menu à la carte 20/32 – **7 Z** 95/145.

TANKUMSEE Niedersachsen siehe Gifhorn.

TANN (RHÖN) Hessen **412** N 15, **987** ㉖ – 5 300 Ew – Höhe 390 m – Luftkurort – ☎ 06682
🛈 Verkehrsamt, Am Kalkofen (Rhönhalle), ✉ 36142, 𝒫 80 14.
◆Wiesbaden 226 – Fulda 39 – Bad Hersfeld 52.

In Tann-Lahrbach S : 3 km :

🏠 **Gasthof Kehl** (mit Gästehaus), Eisenacher Str. 15, ✉ 36142, 𝒫 3 87, Fax 1435, ☜ₛ, 🚗
♦ – 🚗 **❷** – 🏄 40. ⸙ Zim
9.- 30. Okt. geschl. – **Menu** *(Dienstag geschl.)* à la carte 22/42 ⬧ – **26 Z** 45/84.

TAPFHEIM Bayern siehe Donauwörth.

TARP Schleswig-Holstein **411** L 2,3 – 5 000 Ew – Höhe 22 m – ☎ 04638.
◆Kiel 76 – Flensburg 17 – Schleswig 25.

🛆 **Landgasthof Tarp,** Bahnhofstr. 1, ✉ 24963, 𝒫 9 92, Fax 8110 – ☎ **❷** – 🏄 80. ⚑ ⓞ
♦ **☴** 🆅🆂🅰
Menu *(Okt.- April Freitag nur Abendessen)* à la carte 24/52 – **52 Z** 35/99.

TAUBERBISCHOFSHEIM Baden-Württemberg **413** LM 18, **987** ㉕ – 13 000 Ew – Höhe 181 m
– ☎ 09341.
🛈 Verkehrsamt, Marktplatz 8 (Rathaus), ✉ 97941, 𝒫 8 03 13, Fax 80389.
ADAC, Sonnenplatz 5, ✉ 97941, 𝒫 22 55, Fax 61148.
◆Stuttgart 117 – Heilbronn 75 – ◆Würzburg 37.

🏨 **Am Brenner** ⬲, Goethestr. 10, ✉ 97941, 𝒫 9 21 30, Fax 921334, ≪, 🍴, ☜ₛ – 📺 ☎ **❷**
– 🏄 35. ⚑ ⓞ ☴ 🆅🆂🅰. ⸙ Rest
Menu *(Freitag geschl.)* à la carte 32/72 ⬧ – **31 Z** 85/140.

🏠 **Badischer Hof,** Hauptstr. 70, ✉ 97941, 𝒫 98 80, Fax 988200 – 📺 ☎ 🚗 **❷**
♦ 15. Dez.- 15. Jan. geschl. – **Menu** *(15. Juli - 15. Aug. und Freitag geschl.)* à la carte 24/47
⬧ – **26 Z** 65/120.

🏠 **Adlerhof,** Bahnhofstr. 18, ✉ 97941, 𝒫 16 81, Fax 2143 – 📺 ☎ 🚗 – 🏄 60. ☴ 🆅🆂🅰
20. Dez.- 15. Jan. geschl. – **Menu** *(Montag geschl.)* (wochentags nur Abendessen) à la carte
27/52 ⬧ – **18 Z** 75/145.

In Königheim W : 7 km :

🏠 **Schwan,** Hardheimer Str. 6, ✉ 97953, 𝒫 (09341) 38 99, 🍴, 🚗 – 📺 ☎ 🚗 **❷**
Jan. geschl. – **Menu** *(Freitag geschl.)* à la carte 26/40 ⬧ – **12 Z** 38/78.

TAUBERRETTERSHEIM Bayern siehe Weikersheim.

TAUFKIRCHEN Bayern **413** T 21, **987** ㉗ – 8 600 Ew – Höhe 456 m – ☎ 08084.
◆München 53 – Landshut 26 – Passau 129 – Rosenheim 66 – Salzburg 126.

🏠 **Am Hof** garni, Hierlhof 2, ✉ 84416, 𝒫 9 30 00, Fax 8268 – 📺 ☎ 🚗. ⚑ ☴ 🆅🆂🅰
16 Z 88/140.

In Taufkirchen-Hörgersdorf SW : 6 km :

🍴 **Landgasthof Forster,** Hörgersdorf 23, ✉ 84416, 𝒫 23 57 – **❷**
Mittwoch - Freitag nur Abendessen, Montag - Dienstag sowie Feb. und Sept. je 1 Woche
geschl. – **Menu** à la carte 43/68 *(auch vegetarische Gerichte).*

TAUFKIRCHEN KREIS MÜNCHEN Bayern **413** R 22 – 16 800 Ew – Höhe 567 m – ☎ 089
(München).
◆ München 58 – Garmisch-Partenkirchen 147 – Bad Tölz 98 – Rosenheim 69.

🏨 **Limmerhof,** Münchener Str. 43, ✉ 82024, 𝒫 61 43 20, Fax 61432333, 🍴, ☜ₛ – 🛗 ⸙ Zim
📺 ☎ 🚗 **❷** – 🏄 70. ⚑ ⓞ ☴ 🆅🆂🅰
Menu à la carte 42/69 – **80 Z** 165/265.

TAUNUSSTEIN Hessen **412** H 16 – 24 700 Ew – Höhe 343 m – ☎ 06128.
◆Wiesbaden 12 – Limburg an der Lahn 38 – Bad Schwalbach 10.

In Taunusstein-Neuhof :

🏠 **Zur Burg,** Limburger Str. 47 (B 417/275), ✉ 65232, 𝒫 7 10 01, Fax 75160 – 📺 ☎ **❷** –
🏄 40. ⚑ ☴ 🆅🆂🅰
Ende Dez.- Anfang Jan. geschl. – **Menu** *(Samstag geschl.)* à la carte 26/60 ⬧ – **24 Z** 105/200.

Nordrhein-Westfalen 〖411〗 〖412〗 G 10, 〖987〗 ⑭ – 9 000 Ew – Höhe 235 m – Luftkurort – ✿ 05482.

⌦ Westerkappeln-Velpe (NO : 9 km), ✆ (05456) 4 19 ; ┌ Wallen-Lienen (W : 3 km), ✆ (05455) 10 35.

◀ Verkehrsbüro, Haus des Gastes, Markt 7, ✉ 49545, ✆ 4 94.

Düsseldorf 160 – Münster (Westfalen) 39 – ◆Osnabrück 28.

🏨 **Parkhotel Burggraf** ⋟, Meesenhof 7, ✉ 49545, ✆ 4 25, Fax 6125, ≤ Münsterland, 🌤,
⥮, 🗌, 🐎, – 🛗 🖻 🅿 – 🔬 50. 🖭 ⓪ 🗉 🖼, 🛠 Rest
Menu à la carte 55/84 – **44 Z** 120/198.

🏠 **Landhaus Frische** ⋟, Sundernstr. 52 (am Waldfreibad), ✉ 49545, ✆ 74 10, ≤, 🌤 – ☎
🅿, 🛠 Zim
(nur Abendessen) – **8 Z**.

🏠 **Bismarckhöhe,** Am Weingarten 43, ✉ 49545, ✆ 2 33, Fax 5988, ≤ Münsterland, 🌤,
Biergarten – ☎ 🅿. 🗉
15. Dez.- 15. Jan. geschl. – **Menu** *(Montag geschl.)* à la carte 30/54 – **11 Z** 57/130.

In Tecklenburg - Brochterbeck W : 6,5 km :

🏨 **Teutoburger Wald,** Im Bocketal 2, ✉ 49545, ✆ (05455) 9 30 00, Fax 219, 🌤, ⥮, 🗌,
🐎 – 🖻 ☎ ⇐ 🅿 – 🔬 30. 🖭 🗉 🖼
2.- 25. Dez. geschl. – (Restaurant nur für Hausgäste) – **28 Z** 85/160.

In Tecklenburg - Leeden O : 8 km :

🍴 **Altes Backhaus,** Am Ritterkamp 27, ✉ 49545, ✆ (05481) 65 33, Fax 83102, 🌤 – 🅿. ⓪
🗉 🖼
Dienstag, Mitte Jan.- Anfang Feb. und Juli - Aug. 3 Wochen geschl. – **Menu** à la carte 42/69.

An der Autobahn A 1 NO : 7 km :

🏠 **Raststätte Tecklenburger Land (West),** ✉ 49545 Tecklenburg-Leeden, ✆ (05456) 5 66,
Fax 568, 🌤 – ☎ ⇐ 🅿. 🖭 ⓪ 🗉 🖼 – **Menu** à la carte 30/70 – **24 Z** 100/155.

Bayern siehe Regensburg.

Bayern 〖413〗 S 23, 〖987〗 ㊲, 〖426〗 H 5 – 4 500 Ew – Höhe 732 m – Heilklimatischer
Kurort – Wintersport : 730/900 m ≰1 – ✿ 08022.

◀ Kuramt, im Haus des Gastes, Hauptstr. 2, ✉ 83684, ✆ 18 01 40, Fax 3758.

◆München 53 – Miesbach 18 – Bad Tölz 19.

🏨 **Bayern** ⋟, Neureuthstr. 23, ✉ 83684, ✆ 18 20, Fax 3775, ≤ Tegernsee und Berge, 🌤,
Massage, ♨, ⥮, 🗌, 🐎, 🐎 – 🛗 🖻 ☎ ⇐ 🅿 – 🔬 80. 🗉. 🛠 Rest
Menu à la carte 43/70 – **92 Z** 131/311.

🏠 **Gästehaus Fackler** ⋟ (mit Appartmenthaus), Karl-Stieler-Str. 14, ✉ 83684, ✆ 39 45,
Fax 1730, ≤, ⥮, 🗌, 🐎 – 🖻 ☎ 🅿
(nur Abendessen für Hausgäste) – **24 Z** 85/215.

🏠 **Bastenhaus** garni, Hauptstr. 71, ✉ 83684, ✆ 30 80, ≤, ⥮, 🗌, 🐎, 🐎 – ⥮ 🖻 ☎ 🅿
20 Z 85/150.

🍴 **Fischerstüberl am See,** Seestr. 51, ✉ 83684, ✆ 46 72, Fax 1324, ≤, 🌤, ♨ – ☎ 🅿
Mitte Jan.- Mitte Feb. und 15. Nov.- 24. Dez. geschl. – **Menu** *(Okt.- Mai Mittwoch geschl.)*
à la carte 25/50 – **20 Z** 52/180.

🍴 **Der Leeberghof** ⋟ mit Zim, Ellingerstr. 10, ✉ 83684, ✆ 39 66, Fax 1720, ≤ Tegernsee
und Berge, « Gartenterrasse » – 🖻 ☎ 🅿. 🖭 🗉 🖼
Mitte Jan.- Mitte Feb. geschl. – **Menu** *(Montag und außer Saison auch Dienstag geschl.)*
à la carte 61/83 – **4 Z** 180/240.

Baden-Württemberg 〖413〗 I J 20 – 2 700 Ew – Höhe 392 m – Heilbad – ✿ 07053.

◀ Kurverwaltung, Otto-Neidhart-Allee 6, (Bad Teinach), ✉ 75385, ✆ 84 44, Fax 2154.

◆Stuttgart 56 – Calw 9 – Pforzheim 37.

Im Stadtteil Bad Teinach :

🏨 **Bad-Hotel** ⋟, Otto-Neidhart-Allee 5, ✉ 75385, ✆ 2 90, Fax 29177, (freier Zugang zum
Kurhaus mit 🗌, ⥮), 🛠 – 🛗 🖻 ☎ ⇐ 🅿 – 🔬 80. 🖭 ⓪ 🗉 🖼
Menu à la carte 46/75 *(auch vegetarische Gerichte)* – **Brunnen-Schenke : Menu** à la carte
26/49 – **56 Z** 120/250, 3 Suiten – ½ P 155/185.

🏠 **Schloßberg** ⋟, Burgstr. 2, ✉ 75385, ✆ 12 18, Fax 1515, ≤, 🌤 – 🖻 ☎ ⇐ 🅿. 🛠
1.- 26. Dez. geschl. – **Menu** *(Montag geschl.)* à la carte 25/49 ♨ – **14 Z** 55/120 – ½ P 75/86.

🏠 **Mühle** garni, Otto-Neidhart-Allee 2, ✉ 75385, ✆ 88 17 – 🛗 🅿. 🛠
Nov.- 15. Dez. geschl. – **19 Z** 55/120.

🏠 **Lamm,** Badstr. 17, ✉ 75385, ✆ 12 22, Fax 1235 – 🛗 ⥮ Rest ☎ 🅿. 🗉. 🛠 Zim
Jan. 3 Wochen geschl. – **Menu** *(Dienstag geschl.)* à la carte 27/43 ♨ – **21 Z** 55/130.

🍴 Waldhorn, Hintere Talstr. 9, ✉ 75385, ✆ 88 21, Fax 1658 – 🛠 Zim – **16 Z**.

TEINACH-ZAVELSTEIN, BAD

Im Stadtteil Zavelstein – Luftkurort :

🏠 **Lamm,** Marktplatz 3, ☒ 75385, ℰ 84 14, Fax 1528, 🏠 – 📺 ☎ 🅿. ⚘ Zim
Weihnachten - Mitte Jan. geschl. – **Menu** *(Donnerstag geschl.)* à la carte 27/50 –
10 Z 55/120.

TEISENDORF Bayern 🔢 V 23, 🔢 ㊳, 🔢 K 5 – 8 000 Ew – Höhe 504 m – Erholungsort –
✪ 08666.
🛈 Verkehrsverein, Am Markt, ☒ 83317, ℰ 295.
◆München 120 – Bad Reichenhall 22 – Rosenheim 61 – Salzburg 22.

In Teisendorf-Achthal SW : 5 km :

🍴 **Reiter** mit Zim, Teisendorfer Str. 80, ☒ 83317, ℰ 3 27, Fax 6696, 🏠, ⬛ – ⬛ 🅿
März - April und Nov. jeweils 3 Wochen geschl. – **Menu** *(Donnerstag geschl.)* à la carte
22/39 – **9 Z** 42/84.

In Teisendorf-Holzhausen N : 2 km :

🏨 Kurhaus Seidl ⬛, ☒ 83317, ℰ 80 10, Fax 801102, ≤, 🏠, Massage, ♨, ♨, ⬛, ⬛
⚘(Halle) – ⬛ ⬛ Rest 📺 ☎ ⬛ 🅿 – 🔺 30. ⚘ Zim
66 Z.

In Teisendorf-Neukirchen SW : 8 km :

🏠 **Gasthof Schneck** ⬛, Pfarrhofweg 20, ☒ 83364, ℰ 3 56, Fax 6802, ≤, 🏠 – 🅿
Jan. 3 Wochen und 2. Nov.- 24. Dez. geschl. – **Menu** *(Donnerstag geschl.)* à la carte 23/48
– **13 Z** 55/100.

TEISING Bayern siehe Altötting.

TEISNACH Bayern 🔢 VW 19 – 2 800 Ew – Höhe 467 m – ✪ 09923.
🛈 Verkehrsamt, Rathaus, ☒ 94244, ℰ 5 62, Fax 3607.
◆München 168 – Cham 40 – Deggendorf 24 – Passau 75.

In Teisnach-Kaikenried SO : 4 km :

🏠 **Oswald,** Am Platzl 2, ☒ 94244, ℰ 5 74, Fax 584, 🏠, ⬛ – 📺 ☎ 🅿. ⬛ ⓘ ⬛ 💳 💳
Nov. 2 Wochen geschl. – **Menu** *(Mittwoch geschl.)* à la carte 22/51 – **14 Z** 67/120.

TELGTE Nordrhein-Westfalen 🔢 🔢 G 11, 🔢 ⑭ – 18 400 Ew – Höhe 49 m – ✪ 02504.
Sehenswert : Heimathaus Münsterland (Hungertuch★).
🛈 Verkehrsamt, Markt 1, ☒ 48291, ℰ 1 33 27.
◆Düsseldorf 149 – Bielefeld 62 – Münster (Westfalen) 12 – ◆Osnabrück 47.

🏨 **Heidehotel Waldhütte** ⬛, Im Klatenberg 19 (NO : 3 km, über die B 51), ☒ 48291,
ℰ 92 00, Fax 920140, « Waldpark, Gartenterrasse », ⬛, 🚲 – 📺 ☎ ⬛ 🅿 – 🔺 50. ⬛
ⓘ ⬛ 💳
Menu à la carte 47/76 – **28 Z** 125/195.

🏨 **Marienlinde,** Münstertor 1, ☒ 48291, ℰ 50 57, Fax 931350 – ⬛ Zim 📺 ☎ 🅿. ⓘ ⬛
💳. ⚘ Rest
(nur Abendessen für Hausgäste) – **18 Z** 88/140.

🏠 **Telgter Hof,** Münsterstr. 29, ☒ 48291, ℰ 9 31 70, Fax 931770 – ⬛ 📺 ☎. ⬛ ⓘ ⬛ 💳
über Ostern 2 Wochen geschl. – **Menu** *(Montag geschl.)* à la carte 26/53 – **12 Z** 65/120.

In Ostbevern NO : 7 km :

🍴 **Beverhof,** Hauptstr. 35, ☒ 48346, ℰ (02532) 51 62 – 📺 ☎ ⬛ 🅿
Menu *(Donnerstag nur Abendessen)* à la carte 18/38 – **13 Z** 45/120.

TEMPLIN Brandenburg 🔢 M 6, 🔢 ⑪, 🔢 ⑰ – 12 000 Ew – Höhe 60 m – ✪ 03987.
🛈 Fremdenverkehrsverein, Am Markt 12, ☒ 17268, ℰ 26 31.
Potsdam 127 – Neuruppin 75.

🏨 **Fährkrug,** Fährkrug 1, ☒ 17268, ℰ 4 80, Fax 48111, 🏠 – ⬛ ⬛ Zim 📺 ⬛ 🅿 – 🔺 25.
⬛ 💳
Menu à la carte 38/71 – **40 Z** 175/250.

TENNENBRONN Baden-Württemberg 🔢 HI 22 – 3 700 Ew – Höhe 662 m – Luftkurort –
✪ 07729.
🛈 Verkehrsamt, Rathaus, Hauptstr. 23, ☒ 78144, ℰ 92 60 28, Fax 926050.
◆Stuttgart 116 – ◆Freiburg im Breisgau 86 – Freudenstadt 44 – Villingen-Schwenningen 24.

🏠 **Adler,** Hauptstr. 60, ☒ 78144, ℰ 2 12 – 🅿
Mitte Nov.- Mitte Dez. geschl. – **Menu** *(Mittwoch geschl.)* à la carte 24/46 – **15 Z** 40/100
– ½ P 54/60.

TENNSTEDT, BAD Thüringen 🔳🔳🔳 E 12, 🔳🔳🔳 ㉓, 🔳🔳🔳 ⑯ – 3 400 Ew – Höhe 144 m – Heilbad – 🔴 036041.

Erfurt 40 – Halle 113 – Mühlhausen 36 – Nordhausen 58.

🏠 **Am Kurpark** garni, Am Osthöfer Tor 1, ✉ 99955, ℘ 37 00 – 📺 ☎ ❷
14 Z 55/90.

TETTNANG Baden-Württemberg 🔳🔳🔳 L 23, 🔳🔳🔳 ㉟ ㊱, 🔳🔳🔳 M 2 – 16 500 Ew – Höhe 466 m – 🔴 07542.

🛈 Verkehrs- und Heimatverein, Montfortplatz 7, ✉ 88069, ℘ 51 00, Fax 510275.

◆Stuttgart 160 – Bregenz 28 – Kempten (Allgäu) 65 – Ravensburg 13.

🏠 **Rad,** Lindauer Str. 2, ✉ 88069, ℘ 54 00, Fax 53636, 🚲 – 🔁 🔁 Rest 📺 ☎ ❷ – 🛎 120.
🔤 🔘 🇪 𝘝𝘐𝘚𝘈
   Jan. 3 Wochen geschl. – **Menu** à la carte 29/75 – **72 Z** 99/200.

🏠 **Ritter,** Karlstr. 2, ✉ 88069, ℘ 5 20 51, Fax 5797, 🔁 – 🔁 📺 ☎ 🚗 ❷. 🔤 🔘 🇪 𝘝𝘐𝘚𝘈
   Jan. und Nov. jeweils 2 Wochen geschl. – **Menu** *(Freitag und Samstag nur Abendessen, im Winter Freitag geschl.)* à la carte 30/63 – **24 Z** 80/160.

🏠 **Torstuben** (mit Gästehaus, 🔁), Bärenplatz 8, ✉ 88069, ℘ 5 20 91, Fax 52094 – 📺 ☎ 🚗
   19 Z.

🏠 **Panorama** garni, Weinstr. 5, ✉ 88069, ℘ 80 73, Fax 6252 – 📺 ☎ 🚗. 🇪
   15. Dez.- Jan. geschl. – **19 Z** 70/130.

🏠 **Bären,** Bärenplatz 1, ✉ 88069, ℘ 69 45, Fax 55618 – 🔁 Zim ☎ 🚗 ❷. 🔤 🇪 𝘝𝘐𝘚𝘈
   1. - 15. Jan. geschl. – **Menu** *(Freitag geschl.)* à la carte 27/52 – **27 Z** 70/120.

   In Tettnang-Laimnau SO : 8 km :

✕✕ Landgasthof Ritter, Ritterstr. 5, ✉ 88069, ℘ (07543) 55 30 – ❷. 🌿
   (nur Abendessen, Tischbestellung ratsam).

TEUPITZ Brandenburg 🔳🔳🔳 M 9, 🔳🔳🔳 ⑯, 🔳🔳🔳 ⑰ ⑱ – 1 700 Ew – Höhe 40 m – 🔴 033766.

Ausflugsziel : Spreewald★★ (Kahnfahrt ab Lübbenau, Freilandmuseum Lehde★).

Potsdam 70 – Cottbus 81 – ◆Dresden 137 – ◆Frankfurt/Oder 70.

🏨 **Schloßhotel Teupitz** 🌿, Kirchstr. 8, ✉ 15755, ℘ (033762) 4 76 00, Fax 47655, ⬅, 🔁,
   🔁, 🔁, 🐎 – 🔁 Zim 📺 ☎ ❷ – 🛎 30. 🔤 🔘 🇪 𝘝𝘐𝘚𝘈
   21. Dez. - 14. Jan. geschl. – **Menu** à la carte 39/61 – **38 Z** 145/235, 12 Suiten.

✕ **Schenk von Landsberg** mit Zim, Lindenstr. 5, ✉ 15755, ℘ (033762) 4 22 10, Fax 42212,
   🔁 ☎ ❷ – 🛎 25
   Feb. geschl. – **Menu** à la carte 21/52 – **6 Z** 80/110.

   In Klein Köris NO : 8,5 km :

🏨 **Lindengarten,** Chausseestr. 57, ✉ 15746, ℘ (033762) 4 20 63, Fax 42062, 🔁 – 🔁 📺 ☎
   ❷ – 🛎 80
   Menu à la carte 25/45 – **33 Z** 100/165.

   In Motzen N : 11 km :

🏨 **Residenz am Motzener See,** Töpchiner Str. 4, ✉ 15741, ℘ (033769) 8 50, Fax 85100,
   ⬅, 🔁, 🔁, 🐎 – 🔁 📺 ☎ ❷. 🔤 🔘 🇪 𝘝𝘐𝘚𝘈
   Menu à la carte 46/73 – **31 Z** 190/280.

THALE Sachsen-Anhalt 🔳🔳🔳 F 10, 🔳🔳🔳 ⑲, 🔳🔳🔳 ⑯ – 16 000 Ew – Höhe 170 m – 🔴 03947.

Sehenswert : Bodetal ★★ (Roßtrappe ★★, ⬅ ★★★).

🛈 Thale-Information, Am Bahnhof, ✉ 06502, ℘ 25 97.

Magdeburg 75 – Halberstadt 21 – Nordhausen 48.

   Auf dem Hexentanzplatz SW : 5 km - Höhe 450 m :

🏠 **Berghotel Hexentanzplatz,** Hexentanzplatz 1, ✉ 06502, ℘ 22 12, Fax 2212, ⬅ Harz, 🔁
   – 📺 ☎ ❷. 🔤 🇪 𝘝𝘐𝘚𝘈
   Menu à la carte 23/48 – **16 Z** 100/180.

THALFANG Rheinland-Pfalz 🔳🔳🔳 D 17, 🔳🔳🔳 ㉔ – 1 700 Ew – Höhe 440 m – Erholungsort – Wintersport : 500/818 m ⤧4 🎿3 (am Erbeskopf) – 🔴 06504.

Ausflugsziel : Hunsrück-Höhenstraße★.

🛈 Verkehrsamt, Saarstr. 3, ✉ 54424, ℘ 91 40 50, Fax 8773.

Mainz 121 – Bernkastel-Kues 31 – Birkenfeld 20 – ◆Trier 49.

🏠 **Haus Vogelsang** 🌿, Im Vogelsang 7, ✉ 54424, ℘ 10 88, Fax 2332, 🔁, 🐎 – 📺 ☎ ❷.
   🌿
   Menu *(Mittwoch geschl., Donnerstag nur Abendessen)* à la carte 24/50 🍴 – **11 Z** 48/98
   – ½ P 62/67.

THALLICHTENBERG Rheinland-Pfalz siehe Kusel.

Bayern 🔢🔢🔢 O 22, 🔢🔢🔢 ㊱ – 5 200 Ew – Höhe 498 m – 🔴 08281.

♦München 113 – ♦Augsburg 37 – ♦Ulm (Donau) 59.

 🔝 **Sonnenhof,** Messerschmittstr. 1 (an der B 300), ✉ 86470, 𝒫 20 14, Fax 5813, 🌤 – 📺
 ☎ 🅿. 🅰🅴 🅴
 Aug. 2 Wochen geschl. – **Menu** *(Montag - Mittwoch nur Abendessen)* à la carte 26/40 –
 16 Z 48/100.

Sachsen siehe Freital.

Niedersachsen siehe Achim.

Saarland 🔢🔢🔢 E 18, 🔢🔢🔢 ㉔, 🔢🔢🔢 ③ – 12 800 Ew – Höhe 370 m – Erholungsort –
🔴 06853.

🅱 Verkehrs- und Kulturamt, Rathaus, ✉ 66636, 𝒫 5 08 45, Fax 30178.

♦Saarbrücken 37 – Birkenfeld 25 – ♦Trier 58.

 XXX 🌼 **Hotellerie Hubertus** mit Zim, Metzer Str. 1, ✉ 66636, 𝒫 9 10 30, Fax 30601 – 📺 ☎.
 🅰🅴 ① VISA. ⬛
 Menu *(Donnerstag nur Abendessen, Sonntag nur Mittagessen, Montag und Juli - Aug. 2*
 Wochen geschl.) (Tischbestellung ratsam) à la carte 75/105 – **Marktstube :** **Menu** à la carte
 33/56 – **10 Z** 60/170
 Spez. Variation von der Wachtel, Gebratener Seeteufel mit Langustinen, Gefüllter Kalbsschwanz
 auf glacierten Schalotten.

 Im Ortsteil Theley N : 2 km :

 🏠 **Bard,** Primstalstr. 22, ✉ 66636, 𝒫 20 73, Fax 30473 – 📺 ☎ ⇔ 🅿. 🅰🅴 ① 🅴 VISA
 Menu *(Samstag nur Abendessen, Sonntag nur Mittagessen, Montag geschl.)* à la carte
 29/65 *(auch vegetarische Gerichte)* – **9 Z** 60/100.

Sachsen 🔢🔢🔢 K 13, 🔢🔢🔢 ㉗, 🔢🔢🔢 ㉓ ㉔ – 4 800 Ew – Höhe 530 m – 🔴 037297.

♦Dresden 93 – Chemnitz 18 – Chomutov 67 – Kalovy Vary 65 – Zwickau 49.

 🏠 **Erzgebirgischer Hof,** Annaberger Str. 6 (B 95), ✉ 09419, 𝒫 41 04, Fax 2462 – 📺 ☎ 🅿
 – 🔺 80. 🅰🅴 ① 🅴 VISA
 Menu à la carte 23/42 – **16 Z** 85/120 – ½ P 100/140.

 In Jahnsbach SW : 2 km :

 🏠 **Zur Linde,** Straße der Freundschaft 95, ✉ 09419, 𝒫 22 49, Fax 4179 – 📺 🅿 – 🔺 40.
 🅰🅴 ① VISA
 Menu *(Freitag nur Abendessen)* à la carte 21/44 – **20 Z** 73/155.

Schleswig-Holstein 🔢🔢🔢 M 3 – 550 Ew – Höhe 2 m – 🔴 04352.

♦Kiel 46 – Flensburg 61 – Schleswig 34.

 In Thumby-Sieseby NW : 3 km :

 XX **Schlie-Krog** ⬟ mit Zim, Dorfstr. 19, ✉ 24351, 𝒫 (04352) 25 31, Fax 1580, 🌤 – 📺 ☎
 🅿. ⬛
 Mitte Jan.- Feb. geschl. – **Menu** *(Montag, Okt.- März auch Dienstag geschl.)* (Tischbestellung
 ratsam) à la carte 52/79 – **2 Z** 250.

Bayern siehe Reichenhall, Bad.

Bayern 🔢🔢🔢 W 20, 🔢🔢🔢 LM 2 – 2 800 Ew – Höhe 503 m – Erholungsort –
Wintersport : 490/800 m ≰2 ≴8 – 🔴 08504.

🅱 Verkehrsamt, Schulstr. 5, ✉ 94169, 𝒫 16 42, Fax 5643.

♦München 171 – Deggendorf 38 – Passau 26.

 🏠 **Waldhotel Burgenblick** ⬟, Auf der Rast 12, ✉ 94169, 𝒫 83 83, Fax 2611, ≤, 🌤, 🛋,
 ⬛, 🐎, ✕ – 📺 ☎ 🅿
 6. Jan.- März und Nov.- 20. Dez. geschl. – **Menu** à la carte 23/47 – **70 Z** 63/139 – ½ P 65/
 78.

 In Thurmansbang-Traxenberg W : 1,5 km :

 🏠 Landgut Traxenberg ⬟, Traxenberg 2, ✉ 94169, 𝒫 (09907) 9 12, Fax 1229, ≤, 🌤, 🛋,
 ⬛, 🐎, ✕, 🐕 – 📺 ☎ 🅿 – 🔺 20. ⬛ Rest
 37 Z.

Bayern siehe Waldmünchen.

■ **TIEFENBRONN** Baden-Württemberg **413** J 20, **987** ③ – 4 600 Ew – Höhe 432 m – ✆ 07234.

Sehenswert : Pfarrkirche (Lukas-Moser-Altar★★).

◆Stuttgart 39 – Heilbronn 73 – Pforzheim 15 – Tübingen 59.

🏛 **Ochsen-Post** (renoviertes Fachwerkhaus a.d. 17. Jh.), Franz-Josef-Gall-Str. 13, ⊠ 75233, ℘ 80 30, Fax 5554 – 📺 ☎ ❶. 🎴 ⑩ 🗲 *VISA*
Menu *(Sonntag - Montag geschl.)* à la carte 53/93 – **19 Z** 89/160.

✗ **Bauernstuben,** Franz-Josef-Gall-Str. 13, ⊠ 75233, ℘ 85 35, 🍴 – ❶
Dienstag und über Fasching 2 Wochen geschl. – **Menu** (nur Abendessen) à la carte 33/72.

In Tiefenbronn-Mühlhausen SO : 4 km :

🏛 **Adler** (mit Gästehaus), Tiefenbronner Str. 20, ⊠ 75233, ℘ 80 08, Fax 4256 – 🛗 📺 ☎ ⇔
❶ – 🔬 40. 🎴 ⑩ 🗲 *VISA*
Jan. 2 Wochen geschl. – **Menu** à la carte 38/68 – **22 Z** 91/158

Im Würmtal W : 4 km :

✗✗ **Häckermühle** (mit Gästehaus), Im Würmtal 5, ⊠ 75233 Tiefenbronn, ℘ (07234) 61 11, Fax 5769, 🍴, ⇔ – 📺 ☎ ❶ – 🔬 15. 🎴 ⑩ 🗲 *VISA*. ℅
4.- 18. Jan. geschl. – **Menu** *(Montag - Dienstag nur Abendessen)* (Tischbestellung ratsam) à la carte 46/90 – **15 Z** 78/184.

■ **TIETZOW** Brandenburg **414** K 7 – 300 Ew – Höhe 36 m – ✆ 033230.

Potsdam 44 – ◆Berlin 51 – Wittstock 51.

🏛 **Helenenhof,** Dorfstr. 66, ⊠ 14641, ℘ 3 17, Fax 290, 🍴 – 📺 ☎ ❶ – 🔬 50. 🎴 🗲 *VISA*
Menu à la carte 28/51 – **18 Z** 130/180.

A l'occasion de certaines manifestations commerciales ou touristiques,
les prix demandés par les hôteliers risquent d'être sensiblement majorés
dans certaines villes et leurs alentours même éloignés.

■ **TIMMENDORFER STRAND** Schleswig-Holstein **411** P 4, **987** ⑥ – 7 900 Ew – Höhe 10 m –
Seeheilbad – ✆ 04503.

🏌 (2 Plätze) Am Golfplatz 3, ℘ 51 52.

🛈 Kurverwaltung, im Kongresshaus, ⊠ 23669, ℘ 60 09 87, Fax 600988.

◆Kiel 64 – ◆Lübeck 21 – Lübeck-Travemünde 9.

🏛 **Seeschlößchen** ⌂ (mit Gästehäusern), Strandallee 141, ⊠ 23669, ℘ 60 11, Fax 601333,
≤, 🍴, Massage, ♨, 🔥, ⇔, 🔲 (geheizt), 🔲, 🚗 – 🛗 ↔ Rest 📺 ⇔ ❶ – 🔬 60. 🗲.
℅ Rest
Mitte Jan.- Mitte Feb. geschl. – **Menu** à la carte 48/85 – **138 Z** 170/350, 9 Suiten
– ½ P 169/239.

🏛 **Maritim Golf- und Sporthotel** ⌂, An der Waldkapelle 26, ⊠ 23669, ℘ 60 70, Fax 2996,
≤ Ostsee, Massage, ♨, ⇔, 🔲 (geheizt), 🔲, 🚗, ℅ (Halle), 🏌 – 🛗 ↔ Zim 📺 🏃 ⇔
❶ – 🔬 150. 🎴 ⑩ 🗲 *VISA* 🇯🇵 ℅ Zim
Menu à la carte 55/80 – **200 Z** 215/408 – ½ P 163/337.

🏛 **Maritim Seehotel** ⌂, Strandallee 73b, ⊠ 23669, ℘ 60 50, Fax 2932, ≤, 🍴, Massage,
♨, ⇔, 🔲 (geheizt), 🔲, 🏌 – 🛗 📺 🏃 ⇔ ❶ – 🔬 600. 🎴 ⑩ 🗲 *VISA*. ℅
Menu siehe Rest. *Orangerie* separat erwähnt *Seeterrassen :* **Menu** à la carte 63/88 –
241 Z 223/438, 4 Suiten.

🏛 **Landhaus Carstens,** Strandallee 73, ⊠ 23669, ℘ 60 80, Fax 60860, « Gartenterrasse »,
⇔ – 📺 ☎ ❶. 🎴 🗲 *VISA*
Menu à la carte 51/85 – **27 Z** 195/450.

🏛 **Park-Hotel** garni, Am Kurpark 4, ⊠ 23669, ℘ 6 00 60, Fax 600650, ⇔ – 🛗 📺 ☎ ❶. 🗲
Nov. geschl. – **25 Z** 110/210.

🏛 **Royal** ⌂ garni, Kurpromenade 2, ⊠ 23669, ℘ 50 01, Fax 6820, ⇔, 🔲 – 🛗 📺 ☎ ⇔.
℅
Jan. geschl. – **40 Z** 135/290.

🏛 **Bellevue** garni, Strandallee 139 a, ⊠ 23669, ℘ 6 00 30, Fax 600360, ≤, ⇔, 🔲 – 🛗 📺
☎ ❶
März - Okt. – **45 Z** 170/280, 5 Suiten.

🏛 **Holsteiner Hof,** Strandallee 92, ⊠ 23669, ℘ 20 22, Fax 6914, 🍴 – 📺 ☎ ⇔ ❶ – 🔬 15.
🗲
Menu à la carte 41/83 – **26 Z** 120/240, 6 Suiten.

🏛 **Gorch Fock,** Strandallee 152, ⊠ 23669, ℘ 89 90, Fax 899111, 🍴, ⇔ – 📺 ☎ ❶. 🎴 🗲
VISA
Menu à la carte 39/65 *(auch Diät)* – **32 Z** 80/190 – ½ P.107/127.

🏛 **Dryade,** Schmilinskystr. 2, ⊠ 23669, ℘ 40 51, Fax 86560, 🍴, ⇔, 🔲, 🚗 – 🛗 📺 ☎ ⇔
❶. ℅ Rest
55 Z.

🏠 **Villa Gropius und Villa Röhl,** Strandallee 50, ✉ 23669, ℰ 22 44, Fax 8353, 🌣, 🌿 –
📺 ☎ 📵. ⚞ Rest
Menu *(Mittwoch geschl.)* (nur Abendessen) à la carte 36/65 – **26 Z** 115/240.

🏠 **Ancora** garni, Strandallee 58, ✉ 23669, ℰ 20 16, Fax 2018, ⚌, 🔲 – 🛗 📺 ☎ 🚗 📵
24 Z 125/190.

🏠 **Ostsee-Hotel,** Poststr. 56, ✉ 23669, ℰ 24 07, Fax 87320, 🔲, 🌿 – 📺 ☎ 📵
März - Okt. – (nur Abendessen für Hausgäste) – **18 Z** 75/170.

🏠 **Brigitte** garni, Poststr. 91, ✉ 23669, ℰ 42 91, Fax 86661, ⚌ – 📺 ☎ 📵
Jan.- Feb. und Nov. geschl. – **13 Z** 80/160.

🏠 **Fontana** garni, Strandallee 49, ✉ 23669, ℰ 8 70 40, Fax 4819 – 📺 ☎ 📵
Nov.- Jan. geschl. – **10 Z** 85/170.

🏠 **Seestern** garni, Strandallee 124, ✉ 23669, ℰ 26 51, Fax 86165 – 📺 🚗 📵
15. März - 15. Okt. – **16 Z** 55/150.

XXX ⚙ **Kleines Landhaus,** Strandallee 73, ✉ 23669, ℰ 6 08 59, Fax 60860, 🌣 – 🖭 ⓐ ⓞ ∈ 𝘝𝘐𝘚𝘈.
⚞
Dienstag - Freitag nur Abendessen, Montag und Jan. geschl. – **Menu** 128 und à la carte
78/115
Spez. Ochsenschwanzravioli im Basilikumfond, Holsteiner Entenbrust mit Spitzkohl und Kartoffelstrudel, Lammcarré mit Senfkruste und Champagner-Schalotten.

XXX ⚙ **Orangerie** - Maritim Seehotel, Strandallee 73b, ✉ 23669, ℰ 60 55 55 – 📵. ⓐ ⓞ ∈
𝘝𝘐𝘚𝘈. ⚞
April - Aug. Montag, Sept.- März Montag - Dienstag und Feb. geschl. – **Menu** (wochentags
nur Abendessen) 104/140 und à la carte 65/105
Spez. Lammzunge mit Koriander und Radieschen, Dorade mit Krebsen in Tomatenbutter, Nou-
gatcrème mit Ananas und Mandeleis.

In Timmendorfer Strand-Hemmelsdorf S : 3 km :

XX **Zum Zander** mit Zim, Seestr. 16, ✉ 23669, ℰ 58 50, Fax 86483, 🌣, 🌿 – 📺 📵. ⚞
Menu *(Mittwoch geschl., Donnerstag nur Abendessen)* à la carte 39/69 – **5 Z** 110/140.

In Timmendorfer Strand-Niendorf O : 1,5 km :

🏨 **Yachtclub Timmendorfer Strand,** Strandstr. 94, ✉ 23669, ℰ 80 60, Fax 806110, ⚌, 🔲
– 🛗 ⚟ Zim 📺 📵 – 🔏 60. ⓐ ⓞ ∈ 𝘝𝘐𝘚𝘈. ⚞ Rest
4.- 16. Jan. geschl. – **Menu** à la carte 57/80 – **55 Z** 170/350, 7 Suiten.

🏦 Strandhotel Meridian, Strandstr. 59, ✉ 23669, ℰ 80 10, Fax 801111, < – 🛗 📺 ☎ 📵 – 🔏 25
36 Z, 3 Suiten.

🏦 Strandhotel Niendorf garni, Strandstr. 123, ✉ 23669, ℰ 6 00 50, Fax 1885, <, ⚌ – 🛗 📺
☎ ♿ 🚗 📵
48 Z.

🏠 **Friedrichsruh,** Strandstr. 65, ✉ 23669, ℰ 89 50, Fax 895110, <, 🌣, ⚌, 🔲 – 🛗 ☎ 📵.
ⓐ ∈ 𝘝𝘐𝘚𝘈
Menu *(Jan. - Feb. nur Freitag - Sonntag geöffnet)* à la carte 29/65 – **40 Z** 105/260
– ½ P 110/150.

TINNUM Schleswig-Holstein siehe Sylt (Insel).

TIRSCHENREUTH Bayern 𝟦𝟣𝟥 U 17, 𝟫𝟠𝟩 ㉗ – 10 000 Ew – Höhe 503 m – ✪ 09631.
◆München 283 – Bayreuth 63 – ◆Nürnberg 131.

🏠 **Haus Elfi** ⚲ garni, Theresienstr. 23, ✉ 95643, ℰ 28 02, Fax 6420 – 📺 ☎ 🚗 📵. ⚞
13 Z 55/85.

TITISEE-NEUSTADT Baden-Württemberg 𝟦𝟣𝟥 H 23, 𝟫𝟠𝟩 ㉞ ㉟ – 12 000 Ew – Höhe 849 m –
Heilklimatischer Kurort – Wintersport : 820/1 200 m ≴3 ≵10 – ✪ 07651.
Sehenswert : See★★.

🛈 Kurverwaltung Titisee, im Kurhaus, ✉ 79822, ℰ 81 01, Fax 88101.

🛈 Kurverwaltung Neustadt, Sebastian-Kneipp-Anlage, ✉ 79822, ℰ 2 06 68, Fax 4436.

◆Stuttgart 160 ② – Basel 74 ③ – Donaueschingen 32 ② – ◆Freiburg im Breisgau 30 ④ – Zürich 95 ③.

Stadtplan siehe gegenüberliegende Seite

Im Ortsteil Titisee :

🏨 **Treschers Schwarzwald-Hotel** ⚲, Seestr. 12, ✉ 79822, ℰ 81 11, Telex 7722341,
Fax 8116, <, 🌣, Massage, ♨, 🕤, ⚌, 🔲, ⚓, 🌿, ✗ – 🛗 📺 🚗 📵 – 🔏 150. ⓐ
ⓞ ∈ 𝘝𝘐𝘚𝘈. ⚞ Rest   BZ **x**
5. Nov.- 22. Dez. geschl. – **Menu** à la carte 64/90 – **86 Z** 180/330 – ½ P 165/266.

🏨 **Maritim Titisee-Hotel** ⚲, Seestr. 16, ✉ 79822, ℰ 80 80, Fax 808603, <, 🌣, ⚌, 🔲,
⚓, 🌿 – 🛗 ⚟ Zim 📺 🚗 📵 – 🔏 100. ⓐ ⓞ ∈ 𝘝𝘐𝘚𝘈. ⚞ Rest   BZ **e**
Menu à la carte 42/85 – **132 Z** 185/420 – ½ P 150/175.

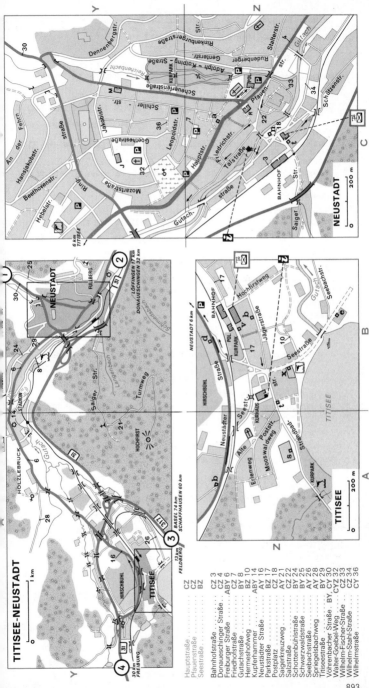

TITISEE-NEUSTADT

BASEL 74 km
SCHAFFHAUSEN 60 km

13 km
FELDBERG

30 km
FREIBURG

NEUSTADT

0   200 m

TITISEE

0   200 m

LÖFFINGEN 17 km
DONAUESCHINGEN 32 km

NEUSTADT 6 km

6 km
TITISEE

893

🏨 **Kurhotel Brugger am See** ⑤, Strandbadstr. 14, ☒ 79822, ℰ 80 10, Fax 8238, ≤
« Gartenterrasse », Massage, 🛁, ♨, ⊆s, ☒, 🔥, 🛥, 🎾 – 🛗 📺 🕿 🕭 ⟺ 🅿 – 🔏 50
🖭 ① Ε 𝘝𝘐𝘚𝘈 ᴊᴄʙ – **Menu** à la carte 40/75 – **67 Z** 110/320.
AZ

🏨 **Seehotel Wiesler** ⑤, Strandbadstr. 5, ☒ 79822, ℰ 83 30, Fax 88168, ≤, 🍽, ⊆s, ☒
🔥, 🛤 – 🛗 📺 🕿 ⟺ 🅿 Ε 𝘝𝘐𝘚𝘈
BZ
Anfang Nov.- Mitte Dez. geschl. – **Menu** à la carte 40/65 – **32 Z** 137/195 – ½ P 116/126

🏨 **Parkhotel Waldeck,** Parkstr. 6, ☒ 79822, ℰ 80 90, Fax 80999, 🍽, ⊆s, ☒, 🛤 – ⊱☀ Zin
📺 🕿 ⟺ 🅿 – 🔏 40. 🖭 ① Ε 𝘝𝘐𝘚𝘈, ⁂
BZ
Menu à la carte 35/68 – **45 Z** 95/210 – ½ P 85/125.

🏠 **Bären,** Neustädter Str. 35, ☒ 79822, ℰ 80 60, Fax 806604, ⊆s, ☒, – 🛗 📺 🕿 🅿 🖭 ①
Ε 𝘝𝘐𝘚𝘈
BZ
4. Nov.- 20. Dez. geschl. – **Menu** *(Montag - Dienstag geschl.)* (nur Abendessen) à la carte
30/62 ♨ – **61 Z** 78/180 – ½ P 89/114.

🏠 **Rauchfang,** Bärenhofweg 2, ☒ 79822, ℰ 82 55, Fax 88186, ⊆s, ☒, 🛤 – ⊱☀ 📺 🕿 ⟺
🅿. ① Ε 𝘝𝘐𝘚𝘈 ⁂ Rest
AZ
Menu (nur Abendessen) à la carte 35/58 – **18 Z** 90/189 – ½ P 110/120.

🏠 **Rheingold** ⑤, garni, Jägerstr. 25, ☒ 79822, ℰ 84 74, Fax 88004, ⊆s – 📺 🕿 🅿 BZ
15 Z 75/170.

Siehe auch : *Hinterzarten-Bruderhalde*

Im Ortsteil Neustadt – Kneippkurort :

🏠 **Romantik-Hotel Adler Post,** Hauptstr. 16, ☒ 79822, ℰ 50 66, Fax 3729, ⊆s, ☒, – 📺
🕿 ⟺ 🅿. 🖭 ① Ε 𝘝𝘐𝘚𝘈
CZ
20. März - 6. April geschl. – **Menu** *(Dienstag nur Abendessen)* à la carte 36/80 – **30 Z** 98/218
– ½ P 115/155.

🏠 **Neustädter Hof,** Am Postplatz 5, ☒ 79822, ℰ 50 25, Fax 4065, ⊆s – 🕿 ⟺ 🅿 – 🔏 100
① Ε – **Menu** (nur Abendessen) à la carte 31/55 – **27 Z** 90/135.
CZ

🏠 **Jägerhaus,** Postplatz 1, ☒ 79822, ℰ 50 55, Fax 5052 – 🛗 🕿 ⟺ 🅿
CZ
Nov. geschl. – **Menu** *(Montag geschl.)* à la carte 25/50 ♨ – **27 Z** 80/180.

Im Jostal NW : 6 km ab Neustadt :

🏨 **Josen** ⑤, Jostalstr. 90, ☒ 79822 Titisee-Neustadt, ℰ (07651) 56 50, Fax 5504, 🍽, ⊆s
☒, 🛤 – 🛗 📺 🕿 🅿 – 🔏 40. 🖭 ① Ε 𝘝𝘐𝘚𝘈
Mitte Nov.- Mitte Dez. geschl. – **Menu** *(Donnerstag geschl., Freitag nur Abendessen)* à la
carte 49/85 ♨ – **29 Z** 102/194.

🏠 **Jostalstüble,** ☒ 79822 Titisee-Neustadt, ℰ (07651) 12 90, Fax 2203, 🍽, ⊆s – 📺 🕿 ⟺
🅿. ① Ε 𝘝𝘐𝘚𝘈
Ende Okt.- Mitte Nov. und März 2 Wochen geschl. – **Menu** *(Montag geschl., Dienstag nur
Abendessen)* à la carte 27/55 ♨ – **13 Z** 75/132 – ½ P 100.

Im Ortsteil Langenordnach N : 5 km über Titiseestr. BY :

🏠 **Zum Löwen "Unteres Wirtshaus"** ⑤ (mit Gästehaus), ☒ 79822, ℰ 10 64, Fax 3853
– 🛤 – ⟺ 🅿
20. März - 1. April und 27. Nov.- 16. Dez. geschl. – **Menu** *(Montag und Samstag geschl.)*
à la carte 22/60 ♨ – **25 Z** 47/160 – ½ P 56/97.

Im Ortsteil Waldau N : 10 km über Titiseestr. BY :

🏠 **Sonne-Post** ⑤, Landstr. 13, ☒ 79822, ℰ (07669) 9 10 20, Fax 1418, 🍽, 🛤 – 🛗 🕿 🅿
– 🔏 20. ⁂ Zim
Mitte April - Anfang Mai und Mitte Nov.- Mitte Dez. geschl. – **Menu** *(Montag geschl.)* à la
carte 23/53 – **19 Z** 53/124 – ½ P 70/76.

☆ **Traube** ⑤, Sommerbergweg 1, ☒ 79822, ℰ (07669) 7 55, Fax 1350, ≤, 🍽, ⊆s, 🛤 – 🕿
⟺ 🅿. ⁂ Rest
März - April 2 Wochen und Nov.- Dez. 3 Wochen geschl. – **Menu** *(Dienstag geschl., Mitt-
woch nur Abendessen)* à la carte 25/58 ♨ – **29 Z** 72/134 – ½ P 87/92.

TITTING Bayern 🔢 Q 20 – 2 500 Ew – Höhe 447 m – ✪ 08423.
🛈 Verkehrsverein, Rathausplatz 1, ☒ 85135, ℰ 6 21, Fax 1387.
◆München 119 – Ingolstadt 42 – ◆Nürnberg 73 – Weißenburg in Bayern 22.

In Titting-Emsing O : 4,5 km :

🏨 **Dirsch** ⑤, Hauptstr. 13, ☒ 85135, ℰ 18 90, Fax 1370, 🛤 – 🛗 📺 🕿 🅿 – 🔏 70. Ε
20.- 28. Dez. geschl. – **Menu** à la carte 25/54 – **108 Z** 80/120.

TITTLING Bayern 🔢 X 20, 🔢 M 2 – 4 200 Ew – Höhe 528 m – Erholungsort – ✪ 08504
🛈 Verkehrsamt im Grafenschlößle, Marktplatz 10, ☒ 94104, ℰ 4 01 14, Fax 40120.
◆München 197 – Passau 20.

🏠 Habereder, Marktplatz 14, ☒ 94104, ℰ 17 14, Fax 4309, 🍽 – ⟺ 🅿 – **34 Z**.

✗✗ Bergparadies, Herrenstraße 26, ☒ 94104, ℰ 30 31, 🍽.

In Tittling-Rothau NW : 2,5 km :

Ⴟ **Landgasthof Schmalhofer** mit Zim, Dorfstr. 9, ⊠ 94104, ℘ 16 27, 🍽 – 📺 🅿. 🅴
➤ *12.- 25. Nov. geschl.* – **Menu** *(Nov.- Feb. Montag geschl.)* à la carte 20/30 – **8 Z** 30/60.

Am Dreiburgensee NW : 3,5 km :

🏨 **Ferienhotel Dreiburgensee** 🦢 (mit Gästehaus, 🦢, ≤, « Restauriertes Bauernhaus mit
rustikaler Einrichtung »), beim Museumsdorf, ⊠ 94104 Tittling, ℘ (08504) 20 92,
Telex 57785, Fax 4926, 🍽, ⇔s, 🔲, 🐾, 🐎 – 🛗 📺 ☎ 🅿 – 🛴 200. 🛇
März - Okt. – **Menu** à la carte 27/45 ⅓ – **200 Z** 47/130 – ½ P 59/80.

🏠 **Seehof Tauer** 🦢, Seestr. 20, ⊠ 94104 Tittling, ℘ 7 60, Fax 2065, 🍽, ⇔s, 🐎 – 🚗 🅿.
➤ 🅴
Nov.- Mitte Dez. geschl. – **Menu** *(Jan.- Feb. nur Samstag - Sonntag geöffnet)* à la carte 19/34
– **27 Z** 50/100.

TODTMOOS Baden-Württemberg 🔢🔢🔢 GH 23, 🔢🔢🔢 ㉞, 🔢🔢🔢 HI 2 – 2 300 Ew – Höhe 821 m –
Heilklimatischer Kurort – Wintersport : 800/1 263 m ⚡4 ✦4 – 🌀 07674.

Ausflugsziel : Hochkopf (Aussichtsturm ≤★★) NW : 5 km und 1/2 Std. zu Fuß.

🛈 Kurverwaltung-Tourist-Information, Wehratalstraße 19, ⊠ 79682, ℘ 5 34, Fax 1054.

◆Stuttgart 201 – Basel 48 – Donaueschingen 78 – ◆Freiburg im Breisgau 76.

🏨 **Löwen**, Hauptstr. 23, ⊠ 79682, ℘ 5 05, Fax 507, 🍽, ⇔s, 🔲, 🐎 – 🛗 📺 ☎ 🅿. 🆎 ⓞ
🅴 *VISA*. 🛇 Rest
Nov.- 18. Dez. geschl. – **Menu** à la carte 25/56 – **39 Z** 70/150 – ½ P 80/90.

🏨 **Wehrahof** garni, Hohwehraweg 1, ⊠ 79682, ℘ 3 57, Fax 88 23, 🐎 – 🛗 📺 ☎ 🅿. 🅴. 🛇
19 Z 65/140.

In Todtmoos-Strick NW : 2 km :

🏨 **Rößle** 🦢 (Schwarzwaldgasthof a.d.J. 1670 mit Gästehaus), Kapellenweg 2, ⊠ 79682,
℘ 9 06 60, Fax 8838, ≤, « Gartenterrasse », ⇔s, 🐎, 🛖 🚵 – 🛗 🔄 Rest 📺 ☎ 🅿. 🅴 *VISA*
2. Nov.- 18. Dez. geschl. – **Menu** *(Dienstag geschl.)* à la carte 34/58 ⅓ – **28 Z** 82/175.

In Todtmoos-Weg NW : 3 km :

🏠 Gersbacher Hof, Hochkopfstr. 8, ⊠ 79682, ℘ 4 44, Fax 1040, 🐎 – 🚗 🅿
13 Z.

🏠 **Schwarzwald-Hotel** 🦢, Alte Dorfstr. 29, ⊠ 79682, ℘ 2 73, Fax 8395, ⇔s, 🐎 – 📺 ☎
🚗 🅿. 🅴 *VISA*
24. Okt.- 4. Dez. geschl. – **Menu** *(Montag geschl.; Dienstag nur Abendessen)* à la carte
56/80 ⅓ – **10 Z** 70/150.

TODTNAU Baden-Württemberg 🔢🔢🔢 G 23, 🔢🔢🔢 ㉞, 🔢🔢🔢 ㊱ – 5 200 Ew – Höhe 661 m – Luftkurort
– Wintersport : 660/1 388 m ⚡21 ✦7 – 🌀 07671.

Sehenswert : Wasserfall★.

Ausflugsziel : Todtnauberg★ (N : 6 km).

🛈 Kurverwaltung, Haus des Gastes, Meinrad-Thoma-Str. 21, ⊠ 79674, ℘ 3 75.

🛈 Kurverwaltung Todtnauberg, Kurhaus, Kurhausstr. 16, ⊠ 79674, ℘ 6 49, Fax 9220.

◆Stuttgart 179 – Basel 49 – Donaueschingen 56 – ◆Freiburg im Breisgau 31.

🏠 **Waldeck,** Poche 6 (nahe der B 317, O : 1,5 km), ⊠ 79674, ℘ 2 16, Fax 747, 🍽 – 🅿. 🅴
VISA
18.- 30. April und Nov.- 15. Dez. geschl. – **Menu** *(Dienstag geschl., Mittwoch nur Abendessen)* à la carte 30/57 ⅓ – **14 Z** 75/110.

In Todtnau-Aftersteg NW : 3 km – Höhe 780 m – Erholungsort :

Ⴟ Mühle 🦢 mit Zim, Talstr. 14, ⊠ 79674, ℘ 2 13, 🍽, « Gemütliche Einrichtung » – 📺 🅿
8 Z.

In Todtnau-Brandenberg NO : 3,5 km – Höhe 800 m

🏠 **Zum Hirschen,** Kapellenstr. 1 (B 317), ⊠ 79674, ℘ 18 44, Fax 8773, 🍽 – 🅿
10. April - 5. Mai und 10. Nov.- 10. Dez. geschl. – **Menu** *(Montag nur Mittagessen, Dienstag
geschl.)* à la carte 34/51 ⅓ – **10 Z** 48/90.

Ⴟ Landgasthaus Kurz mit Zim, Passtr. 38 (B 317), ⊠ 79674, ℘ 5 22, Fax 9230, 🍽 – 🅿
10 Z.

In Todtnau-Fahl NO : 4,5 km – Höhe 900 m

🏠 **Lawine,** an der B 317, ⊠ 79674, ℘ (07676) 3 55, Fax 366, ⇔s, 🐎 – ☎ 🚗 🅿. 🆎 ⓞ
🅴 *VISA*
20. April - 7. Mai und 17. Nov.- 22. Dez. geschl. – **Menu** *(Donnerstag geschl.)* à la carte
29/58 ⅓ – **18 Z** 65/120.

In Todtnau-Herrenschwand S : 14 km – Höhe 1 018 m

🏠 **Waldfrieden** ⤵, Dorfstr. 8, ⊠ 79674, 𝒫 (07674) 2 32, Fax 1070, 🍴, 🌳 – 🚗 🅿
20. März - 1. April und 6 Nov. - 16. Dez. geschl. – **Menu** *(Montag nur Mittagessen, Dienstag geschl.)* à la carte 31/58 ⌀ – **15 Z** 45//110 – ½ P 65/75.

Am Notschrei N : 2,5 km ab Muggenbrunn – Höhe 1 121 m

🏨 **Waldhotel am Notschrei,** ⊠ 79254 Oberried 2, 𝒫 (07602) 2 19, Fax 751, 🍴, 🚭, 🔲,
🌳 – ▧ 📺 ☎ 🚻 🚗 🅿 – 🔺 45. ☎ ◑ 🗲 𝚅𝙸𝚂𝙰
Menu à la carte 36/58 – **32 Z** 70/190 – ½ P 105/110.

In Todtnau-Präg SO : 7 km :

🏠 **Landhaus Sonnenhof** ⤵, Hochkopfstr. 1, ⊠ 79674, 𝒫 5 38, Fax 1765, 🍴, 🌳 – 🅿
🏊 Zim
März 3 Wochen und Mitte Nov.- Mitte Dez. geschl. – **Menu** *(Montag geschl.)* à la carte 31/58 – **20 Z** 72/120 – ½ P 83/90.

In Todtnau-Todtnauberg N : 6 km – Höhe 1 021 m – Luftkurort :

🏨 **Kur- und Sporthotel Mangler** ⤵, Ennerbachstr. 28, ⊠ 79674, 𝒫 6 39, Fax 8693, ≤, 🍴,
Massage, ♨, 🔺, 🚭, 🔲, 🌳 – ▧ 📺 ☎ 🅿. 🏊
1.- 18. Dez. geschl. – **Menu** à la carte 38/62 ⌀ – **32 Z** 125/240.

🏨 **Engel,** Kurhausstr.3, ⊠ 79674, 𝒫 2 06, Fax 8014, 🍴, 🚭, 🔲, 🌳 – ▧ 📺 ☎ 🚗 🅿. ☎
🗲 𝚅𝙸𝚂𝙰
April 2 Wochen und Anfang Nov.- Anfang Dez. geschl. – **Menu** à la carte 29/60 –
50 Z 80/180.

🏨 **Sonnenalm** ⤵, Hornweg 21, ⊠ 79674, 𝒫 18 00, Fax 9212, ≤ Schwarzwald und Berner
Oberland, 🚭, 🔲, 🌳 – 📺 ☎ 🅿. 🏊
5. Nov.- 15. Dez. geschl. – *(nur Abendessen für Hausgäste)* – **13 Z** 80/155 – ½ P 85/102.

🏠 **Arnica** ⤵, Hornweg 26, ⊠ 79674, 𝒫 3 74, Fax 374, ≤ Schwarzwald und Berner Oberland,
🚭, 🔲, 🌳 – 📺 🅿. 🏊
Mitte April - Anfang Mai und Nov.- Mitte Dez. geschl. – *(nur Abendessen für Hausgäste)*
– **13 Z** 70/160 – ½ P 85/105.

🏠 **Herrihof** ⤵, Kurhausstr. 21, ⊠ 79674, 𝒫 2 82, Fax 8288, ≤, 🚭, 🔲, 🌳 – 🅿
April 2 Wochen und Mitte Nov.- Mitte Dez. geschl. – **Menu** *(Mittwoch geschl.)* à la carte
33/55 ⌀ – **20 Z** 65/170 – ½ P 85/105.

TÖGING AM INN Bayern **413** U 22, **426** J 4 – 8 200 Ew – Höhe 397 m – 🕓 08631.
◆München 86 – Landshut 59 – Passau 90 – Salzburg 82.

✗✗ **Schossböck,** Dortmunder Str. 2, ⊠ 84513, 𝒫 9 94 29, Fax 95268, 🍴 – ☎ ◑ 🗲 𝚅𝙸𝚂𝙰
Dienstag und Juni 3 Wochen geschl. – **Menu** à la carte 39/69.

TÖLZ, BAD Bayern **413** R 23. **987** ㊲. **426** G 5 – 16 000 Ew – Höhe 657 m – Heilbad – Heilklimatischer Kurort – Wintersport : 670/1 250 m ≰8 ⸚11 – 🕓 08041.
Sehenswert : Marktstraße★.

🏌 Wackersberg, Straß 124 (W : 2 km), 𝒫 (08041) 99 94.

🟢 Städt. Kurverwaltung, Ludwigstr. 11, ⊠ 83646, 𝒫 7 00 71, Fax 70075.
◆München 53 – Garmisch-Partenkirchen 65 – Innsbruck 97 – Rosenheim 52.

Rechts der Isar :

🏠 Zum Oberbräu, Marktstr. 39, ⊠ 83646, 𝒫 7 20 26, 🍴 – 📺 ☎
10 Z.

🏠 **Terrassenhotel Kolbergarten-Rest. Ladurner,** Fröhlichgasse 5, ⊠ 83646,
𝒫 90 67 (Hotel) 7 46 70 (Rest.), Fax 9069, Biergarten, 🌳 – 📺 ☎ 🅿. 🔲 30.
Menu *(Dienstag geschl.)* à la carte 38/63 – **15 Z** 80/150.

🏠 **Posthotel Kolberbräu,** Marktstr. 29, ⊠ 83646, 𝒫 7 68 80, Fax 9069 – ▧ 📺 ☎ 🅿 – 🔺 30.
☎ ◑ 🗲 𝚅𝙸𝚂𝙰
Menu à la carte 28/52 – **43 Z** 70/160 – ½ P 83/93.

🏠 **Am Wald,** Austr. 39, ⊠ 83646, 𝒫 90 14, Fax 72643, 🍴, Massage, ♨, 🚭, 🔲, 🌳 – ▧
☎ 🅿. ☎ 🗲 𝚅𝙸𝚂𝙰. 🏊 Zim
7. Nov.- 20. Dez. geschl. – **Menu** *(Dienstag geschl.)* à la carte 28/51 ⌀ – **34 Z** 63/104
– ½ P 67/80.

✗✗ ❀ **Altes Fährhaus** ⤵ mit Zim, An der Isarlust 1, ⊠ 83646, 𝒫 60 30, Fax 72270, ≤, 🍴
– 📺 ☎ 🅿. 🏊 Zim
Menu *(Montag - Dienstag geschl.)* 85/130 und à la carte 65/92 – **5 Z** 130/180
Spez. Lasagne von Meeresfischen, Zanderfilet mit Petersilienkruste und Weißbiersauce.
Milchlammrücken mit Kräuterkruste.

✗ **Weinstube Schwaighofer,** Marktstr. 17, ⊠ 83646, 𝒫 27 62. – 🗲
Mittwoch, Juli - Aug. 2 Wochen und 1.- 8. Nov. geschl. – **Menu** à la carte 41/63.

Links der Isar :

🏨 **Jodquellenhof** ⟋, Ludwigstr. 15, ⊠ 83646, ℘ 50 90, Telex 526242, Fax 509441, 😊, direkter Zugang zum Kurmittelhaus und Alpamare-Badezentrum – 🛗 📺 🅿 – 🔬 60. ⒶⒺ ⓄⒹ Ⓔ 𝘝𝘐𝘚𝘈, 🛇 Rest
Menu à la carte 56/72 – **81 Z** 155/440 – ½ P 185/220.

🏨 Kurhotel Eberl ⟋, Buchener Str. 17, ⊠ 83646, ℘ 40 50, Fax 41796, Massage, ♨, 🔥, ⇌s, 🔲, 🐎 – 🛗 📺 ☎ 🅿. 🛇
(nur Abendessen für Hausgäste) – **32 Z**, 3 Suiten.

🏨 **Bellaria** ⟋ garni, Ludwigstr. 22, ⊠ 83646, ℘ 8 00 80, Fax 800844, Massage, ♨, ⇌s, 🐎 – 🛗 📺 ☎ 🅿. ⒶⒺ ⓄⒹ Ⓔ 𝘝𝘐𝘚𝘈
27 Z 115/180.

🏨 **Alpenhof** ⟋ garni, Buchener Str. 14, ⊠ 83646, ℘ 40 31, Fax 72383, ⇌s, 🔲, 🐎 – 🛗 ⋇ Zim 📺 ☎ ⟺ 🅿. 🛇
28 Z 115/190.

🏨 **Tölzer Hof** ⟋, Rieschstr. 21, ⊠ 83646, ℘ 80 60, Fax 806333, 😊, ⇌s, 🐎 – 🛗 ⋇ Zim 📺 ☎ ⅙ ⟺ 🅿 – 🔬 30. Ⓔ 𝘝𝘐𝘚𝘈, 🛇 Rest
Menu à la carte 34/61 – **86 Z** 120/196, 4 Suiten – ½ P 123/145.

🏨 **Alexandra,** Kyreinstr. 13, ⊠ 83646, ℘ 91 12, Fax 72373, ⇌s, 🐎 – 📺 ☎ ⟺ 🅿. Ⓔ. 🛇
(nur Abendessen für Hausgäste) – **23 Z** 98/170.

🏨 **Haus an der Sonne,** Ludwigstr. 12, ⊠ 83646, ℘ 61 21, Fax 2609, ⇌s – 🛗 ☎ 🅿. ⒶⒺ ⓄⒹ Ⓔ 𝘝𝘐𝘚𝘈
(Restaurant nur für Hausgäste) – **22 Z** 78/210.

In Gaißach SO : 3 km :

🍴 **Landgasthof zum Zachschuster,** Lenggrieserstr. 48, ⊠ 83674, ℘ 92 11, Fax 3217, Biergarten – 🅿. Ⓔ
Dienstag geschl., Mitte Jan. - Ende April Mittwoch nur Abendessen – **Menu** (Tischbestellung ratsam) à la carte 40/66.

TOPPENSTEDT Niedersachsen 𝟜𝟙𝟙 N 7 – 1 100 Ew – Höhe 50 m – ✪ 04173.
♦Hannover 117 – ♦Hamburg 43 – Lüneburg 27.

In Toppenstedt-Tangendorf N : 4 km :

🏨 **Gasthof Voßbur,** Wulfsener Str. 4, ⊠ 21442, ℘ 3 12, Fax 81 81, 😊 – 📺 ☎ ⟺ 🅿 – 🔬 30. Ⓔ 𝘝𝘐𝘚𝘈
27. Dez.- 8. Jan. geschl. – **Menu** *(Donnerstag geschl.)* à la carte 31/55 – **19 Z** 77/145.

TORGAU Sachsen 𝟜𝟙𝟜 L 11, 𝟿𝟪𝟜 ⑲, 𝟿𝟪𝟽 ⑰ – 21 400 Ew – Höhe 85 m – ✪ 03421.
🛈 Torgau-Information, Schloßstr. 11, ⊠ 04860, ℘ 71 25 71.
♦Dresden 83 – ♦Leipzig 51 – Wittenberg 49.

🏨 **Central-Hotel,** Friedrichplatz 8, ⊠ 04860, ℘ 71 00 26, Fax 710027 – 🛗 📺 ☎ 🅿. ⒶⒺ Ⓔ 𝘝𝘐𝘚𝘈 🄹🄲🄱
Menu *(Sonntag geschl.)* (nur Abendessen) à la carte 22/47 ⅙ – **38 Z** 100/260.

TORNESCH Schleswig-Holstein 𝟜𝟙𝟙 M 5 – 9 000 Ew – Höhe 11 m – ✪ 04122 (Uetersen).
♦Kiel 104 – ♦Hamburg 29 – Itzehoe 35.

🏨 **Esinger Hof** garni, Denkmalstr. 7 (Esingen), ⊠ 25436, ℘ 5 10 71, Fax 51073 – 📺 ☎ ⅙ 🅿
23 Z 70/110.

TRABEN-TRARBACH Rheinland-Pfalz 𝟜𝟙𝟚 E 17, 𝟿𝟪𝟽 ㉔ – 6 500 Ew – Höhe 120 m – Luftkurort – ✪ 06541.
🛈 Kurverwaltung und Verkehrsamt in Traben, Bahnstr. 22, ⊠ 56841, ℘ 90 11, Fax 2918.
Mainz 104 – Bernkastel-Kues 24 – Cochem 55 – ♦Trier 60.

Im Ortsteil Traben :

🏨 **Appartementhotel Moselschlößchen,** Neue Rathausstr. 12, ⊠ 56841, ℘ 83 20, Fax 832255, 😊, ⇌s – 🛗 ⋇ Zim 📺 ☎ ⟺ – 🔬 125. ⒶⒺ ⓄⒹ Ⓔ 𝘝𝘐𝘚𝘈
Menu à la carte 37/70 ⅙ – **69 Z** 178/261 – ½ P 201/284.

🏨 **Rema-Hotel Bellevue** ⟋, Am Moselufer, ⊠ 56841, ℘ 70 30, Fax 703400, ≤, 😊, « Um 1900 erbautes Jugendstil-Haus mit modernem Anbau », ⇌s, 🔲 – 🛗 📺 ☎ – 🔬 30. ⒶⒺ ⓄⒹ Ⓔ 𝘝𝘐𝘚𝘈
Menu à la carte 46/70 ⅙ – **50 Z** 105/280 – ½ P 125/185.

🏨 **Krone** ⟋, An der Mosel 93, ⊠ 56841, ℘ 60 04, Fax 4237, ≤, 😊, 🐎 – 📺 ☎ 🅿 – 🔬 40. ⓄⒹ Ⓔ 𝘝𝘐𝘚𝘈, 🛇 Rest
Menu *(Montag geschl., Dienstag - Freitag nur Abendessen)* à la carte 38/58 ⅙ – **22 Z** 84/175.

ⓜ **Bisenius** 🦢 garni, An der Mosel 56, ⊠ 56841, ℰ 68 10, Fax 6805, ≼, ⤶s, 🚗 – 📺 ℗.
ΔΞ ⓞ Ε 𝘝𝘐𝘚𝘈
12 Z 75/150.

ⓜ **Central-Hotel,** Bahnstr. 43, ⊠ 56841, ℰ 62 38, Fax 5555, 🚗 – 🛗 ℗
Jan. geschl. – **Menu** à la carte 25/42 ⚬ – **37 Z** 52/115 – ½ P 65/78.

ⓜ **Sonnenhof** garni, Köveniger Str. 36, ⊠ 56841, ℰ 64 51, 🚗 – ℗
20. Dez.- 5. Jan. geschl. – **13 Z** 40/78.

ⓜ **Trabener Hof** garni, Bahnstr. 25, ⊠ 56841, ℰ 94 00, Fax 5430
Feb. geschl. – **18 Z** 60/130.

Im Ortsteil Trarbach :

🏨 **Moseltor,** Moselstr. 1, ⊠ 56841, ℰ 65 51, Fax 4922, 🍽 – 📺 ☎ ⇔, ΔΞ ⓞ Ε 𝘝𝘐𝘚𝘈 JCB
※ Rest
Feb. geschl. – **Menu** *(Montag - Donnerstag nur Abendessen, Dienstag geschl.)* à la carte
45/70 – **11 Z** 85/165 – ½ P 98/118.

ⓜ Zur Goldenen Traube, Am Markt 8, ⊠ 56841, ℰ 60 11, Fax 6013 – ☎
15 Z.

TRAITSCHING Bayern 𝟰𝟭𝟯 U 19 – 3 900 Ew – Höhe 400 m – ✿ 09974.
◆München 179 – Cham 7,5 – ◆ Regensburg 57 – Straubing 44.

In Traitsching-Sattelbogen SW : 6 km :

ⓜ **Sattelbogener Hof - Gästehaus Birkenhof,** Im Wiesental 2, ⊠ 93455, ℰ 8 12, Fax 814,
← ≼, 🍽, ⤶s, 🖻, 🚗 – 🛗 📺 ⚹ ℗ – 🏛 80
Mitte Jan. - Mitte Feb. geschl. – **Menu** à la carte 19/45 ⚬ – **80 Z** 50/140.

TRASSEM Rheinland-Pfalz siehe Saarburg.

TRAUNREUT Bayern 𝟰𝟭𝟯 U 23, 𝟵𝟴𝟳 ㊲ ㊳, 𝟰𝟮𝟲 J 5 – 20 300 Ew – Höhe 553 m – ✿ 08669.
🚩 Verkehrsverein, Rathaus, ⊠ 83301, ℰ 3 23 80.
◆München 126 – Traunstein 14 – Wasserburg am Inn 34.

🏨 **Mozart** garni, Kantstr. 15, ⊠ 83301, ℰ 3 41 40, Fax 341499, 🍽 – 🛗 📺 ☎ ⇔ – 🏛 20.
ΔΞ ⓞ Ε 𝘝𝘐𝘚𝘈
45 Z 100/160.

TRAUNSTEIN Bayern 𝟰𝟭𝟯 UV 23, 𝟵𝟴𝟳 ㊲ ㊳, 𝟰𝟮𝟲 J 5 – 19 000 Ew – Höhe 600 m – Wintersport :
🎿 4 – ✿ 0861.
🚩 Städt. Verkehrsamt, im Stadtpark (Kulturzentrum), ⊠ 83278, ℰ 6 52 73, Fax 65294.
ADAC, Ludwigstr. 12c, ⊠ 83278, ℰ 98 99 68, Fax 15191.
◆München 112 – Bad Reichenhall 32 – Rosenheim 53 – Salzburg 41.

🏨 **Park-Hotel Traunsteiner Hof,** Bahnhofstr. 11, ⊠ 83278, ℰ 6 90 41, Fax 8512, Biergarten
– 🛗 📺 ☎ ⇔ ℗ – 🏛 30. ΔΞ ⓞ Ε 𝘝𝘐𝘚𝘈
Menu *(Freitag nur Mittagessen, Samstag, Mitte - Ende Okt. und 27. Dez.- 7.Jan. geschl.)*
à la carte 35/56 – **60 Z** 85/170.

✗ **Brauerei Schnitzlbaumer,** Stadtplatz 13, ⊠ 83278, ℰ 45 34, Fax 4203
Mitte - Ende Jan. und Sonntag geschl. – **Menu** à la carte 26/58.

In Traunstein-Hochberg SO : 5 km – Höhe 775 m

🏡 **Alpengasthof Hochberg** 🦢, ⊠ 83278, ℰ 42 02, Fax 4202, ≼, Biergarten – ⇔ ℗
← *Anfang Nov.- Anfang Dez. geschl.* – **Menu** *(Dienstag geschl., Mittwoch nur Abendessen)*
à la carte 24/40 ⚬ – **15 Z** 40/90.

TREBUR Hessen 𝟰𝟭𝟮 𝟰𝟭𝟯 I 17 – 11 000 Ew – Höhe 86 m – ✿ 06147.
◆Wiesbaden 25 – ◆Darmstadt 21 – ◆Frankfurt am Main 37 – Mainz 19.

ⓜ **Zum Erker,** Hauptstr. 1, ⊠ 65468, ℰ 9 14 80, Fax 914840, 🍽 – 📺 ☎ ℗. ΔΞ Ε 𝘝𝘐𝘚𝘈
Menu *(Sonntag nur Mittagessen, Montag geschl.)* à la carte 32/64 ⚬ – **13 Z** 95/155 (Erweiterung auf 26 Z bis Frühjahr 1995).

TREFFELSTEIN-KRITZENTHAL Bayern siehe Waldmünchen.

TREIA Schleswig-Holstein 𝟰𝟭𝟭 K 3, 𝟵𝟴𝟳 ⑤ – 1 500 Ew – Höhe 20 m – ✿ 04626.
◆Kiel 70 – Flensburg 45 – ◆Hamburg 137 – Schleswig 19.

✗✗ **Osterkrug** mit Zim, Treenestr. 30 (B 201), ⊠ 24896, ℰ 5 50, Fax 1502, 🍽,
« Gemütlich-rustikaler Gasthof a.d. 18. Jh. », ⤶s – 📺 ☎ ℗. ΔΞ ⓞ Ε 𝘝𝘐𝘚𝘈
Menu à la carte 38/70 – **8 Z** 110/160.

TREIS-KARDEN Rheinland-Pfalz 412 E 16 – 2 600 Ew – Höhe 85 m – 🕓 02672.

🛃 Verkehrsamt, Marktplatz (Treis), ✉ 56253, 𝒫 61 37, Fax 6157.

Mainz 100 – Cochem 12 – ♦Koblenz 41.

Im Ortsteil Karden :

🏨 **Schloß-Hotel Petry,** St. Castor Str. 80, ✉ 56253, 𝒫 93 40, Fax 8423, 🍴 – 📳 📺 ☎ ⴠ
   🅟 – ⵝ 50. ⁤⁤ⴵ ⴻ **VISA**
   Menu à la carte 25/60 – **54 Z** 60/140 – ½ P 80/90.

🏠 **Brauer,** Moselstr. 26, ✉ 56253, 𝒫 12 11, Fax 8910, ≤, 🍴 – 🚗 🅟. ⴳ⽫
   Mitte Dez. - Mitte Feb. geschl. – **Menu** à la carte 26/68 – **33 Z** 48/110.

In Treis-Karden - Lützbach O : 4 km :

🏨 Ostermann, an der B 49, ✉ 56253, 𝒫 12 38, Fax 7789, ≤, 🍴, ⌸s, 🔲, 🌅 – 📺 ☎ 🚗
   🅟 – ⵝ 60
   26 Z.

In Müden O : 4 km :

🏠 **Sewenig,** Moselstr. 82, ✉ 56254, 𝒫 (02672) 13 34, Fax 1730, ≤, 🍴, Ⅰ⻛, ⌸s – 📳 📺 🅟.
   ⟵ ⁤ⴵ ⴻ **VISA**. ⴳ⽫ Rest
   Jan. geschl. – **Menu** *(Nov.- Feb. Dienstag geschl.)* à la carte 24/53 ⵁ – **32 Z** 65/130.

TRENDELBURG Hessen 411 412 L 12, 987 ⑮ – 6 100 Ew – Höhe 190 m – Luftkurort – 🕓 05675.

🛃 Verkehrsamt, Marktplatz, Rathaus, ✉ 34388, 𝒫 10 24, Fax 5112.

♦Wiesbaden 257 – Göttingen 77 – Hameln 91 – ♦Kassel 35.

🏰 Burghotel ⌘ (Burganlage a.d. 14.Jh.), ✉ 34388, 𝒫 90 90, Fax 9362, ≤, 🍴 – 📺 ☎ 🅟 –
   ⵝ 40
   25 Z.

TRENT Mecklenburg-Vorpommern siehe Rügen (Insel).

TREUCHTLINGEN Bayern 413 P 20, 987 ㉖ – 13 000 Ew – Höhe 414 m – Erholungsort –
🕓 09142.

🛃 Verkehrsbüro, Haus des Gastes (Schloß), ✉ 91757, 𝒫 31 21, Fax 3120.

♦München 131 – ♦Augsburg 73 – ♦Nürnberg 66 – ♦Ulm (Donau) 110.

🏨 **Schlosshotel** ⌘, Heinrich-Aurnhammer-Str. 5, ✉ 91757, 𝒫 10 51, Fax 3489, 🍴, Massage, ♨, ⌸s – 📳 📺 🅟 – ⵝ 60. ⁤ⴵ ⴻ **VISA** ᴶᶜᴮ
   Menu à la carte 38/58 – **22 Z** 115/240.

🏨 **Gästehaus Stuterei Stadthof** garni, Luitpoldstr. 27, ✉ 91757, 𝒫 9 69 60, Fax 969696,
   🌅 – 📺 ☎ ⴠ 🅟 – ⵝ 25. ⴳ⽫
   22. Dez.- 6. Jan. geschl. – **33 Z** 79/139.

TREUEN Sachsen 414 J 14, 984 ㉓ ㉗, 987 ㉗ – 7 200 Ew – Höhe 470 m – 🕓 037468.

♦Dresden 143 – Plauen 10.

🏠 **Wettin,** Bahnhofstraße, ✉ 08233, 𝒫 26 90, Fax 4752 – 📺 ☎ 🅟 – ⵝ 50. ⁤ⴵ ⴻ **VISA**
   ⟵ **Menu** à la carte 20/45 – **16 Z** 95/150.

TREUENBRIETZEN Brandenburg 414 K 9, 987 ⑰, 984 ⑮ – 6 300 Ew – Höhe 58 m – 🕓 033748.

Potsdam 38 – Wittenberg 30.

🏠 Zur Eisenbahn, Leipziger Str. 22 (B 2), ✉ 14929, 𝒫 3 49, Fax 349 – 📺 🅟 – **12 Z**.

TRIBERG Baden-Württemberg 413 H 22, 987 ㉞ ㉟ – 6 000 Ew – Höhe 700 m – Heilklimatischer
Kurort – Wintersport : 800/1 000 m ⵉ1 ⵚ2 – 🕓 07722.

Sehenswert : Wasserfall★ – Wallfahrtskirche "Maria in der Tanne" (Ausstattung★).

🛃 Kurverwaltung, Kurhaus, ✉ 78098, 𝒫 95 32 30, Fax 953236.

♦Stuttgart 139 – ♦Freiburg im Breisgau 61 – Offenburg 56 – Villingen-Schwenningen 26.

🏨 ⽫ **Parkhotel Wehrle** (mit Gästehäusern), Marktplatz, ✉ 78098, 𝒫 8 60 20, Fax 860290,
   « Park », ⌸s, 🔲 (geheizt), 🔲 – 📳 ⴳ⽫ Rest 📺 🚗 🅟 – ⵝ 40. ⁤ⴵ ⴵ ⴻ **VISA** ᴶᶜᴮ
   Menu 69/138 und à la carte 52/90 – *Alte Schmiede :* **Menu** à la carte 44/67 – **54 Z** 104/320
   – ½ P 120/190
   Spez. Das Forellen-Hors d'œuvre, Wachtelterrine mit Gänseleber, Rehrücken im Kräuterflädle.

🏠 **Adler** garni, Hauptstr. 52, ✉ 78098, 𝒫 45 74 – 📺 🚗. ⁤ⴵ ⴵ ⴻ **VISA**
   10 Z 80/140.

🏠 **Berg-Café** ⌘, Hermann-Schwer-Str. 6, ✉ 78098, 𝒫 40 03, Fax 21114, ≤, 🍴 – 📺 ☎ 🚗
   Jan.- 14. Feb. geschl. – **Menu** *(Dienstag geschl.)* à la carte 29/50 ⵁ – **9 Z** 55/116, 3 Suiten.

🏠 **Pfaff,** Hauptstr. 85, ✉ 78098, 𝒫 44 79, Fax 7897, 🍴 – ☎ 🚗 ⁤ⴵ ⴵ ⴻ **VISA** ᴶᶜᴮ
   April 1 Woche und Nov. 2 Wochen geschl. – **Menu** *(Okt.- Mai Mittwoch geschl.)* à la carte
   35/72 – **10 Z** 70/140.

🏨 **Café Ketterer am Kurgarten,** Friedrichstr. 7, ✉ 78098, 𝄢 42 29, Fax 77169, ≤, 🛋 – ☎ ⟷ 🅿
Menu *(Nov.- Mai Donnerstag geschl.)* à la carte 26/45 – **10 Z** 56/120 – ½ P 78/86.

🏨 **Central** garni, Hauptstr. 64, ✉ 78098, 𝄢 43 60 – |🛗| ⟷, 🆑 **E** 𝗩𝗜𝗦𝗔
14 Z 55/96.

In Triberg - Gremmelsbach NO : 9 km (Zufahrt über die B 33 Richtung St. Georgen, auf der Wasserscheide Sommerau links ab) :

🏨 **Staude** ⌇, Obertal 20 – Höhe 889 m, ✉ 78098, 𝄢 48 02, ≤, 🌿, 🛋 – 🅿
↤ *Ende Okt.- Ende Nov. geschl.* – **Menu** *(Montag nur Mittagessen, Dienstag geschl.)* à la carte 23/59 – **16 Z** 54/120.

TRIEBES Thüringen ▦▦ C 13 – 4 000 Ew – Höhe 380 m – ✪ 036622.
Erfurt 126 – Gera 24 – Weimar 81 – Hof 62 – Plauen 35.

✗ **Goldener Löwe** mit Zim, Hauptstr. 18, ✉ 07950, 𝄢 7 29 55, Fax 72954, 🌿 – 🖸 ☎ 🅿.
↤ **E** 𝗩𝗜𝗦𝗔
Menu à la carte 22/38 – **8 Z** 98/165.

TRIER Rheinland-Pfalz ▦▦ C 17, ▦▦▦ ㉓, ▦▦▦ M 6 – 99 000 Ew – Höhe 124 m – ✪ 0651.
Sehenswert : Porta Nigra★★ DX – Liebfrauenkirche★ (Grabmal des Domherren Metternich★) DX – Kaiserthermen★★ DY – Rheinisches Landesmuseum★★ DY – Dom★ (Domschatzkammer★, Kreuzgang ≤★, Inneres Tympanon★ des südlichen Portals) DX – Bischöfliches Museum ★ DX M1 – Palastgarten★ DY – St. Paulin★ DX – Schatzkammer der Stadtbibliothek★ DY B – Hauptmarkt★ DX – Dreikönigenhaus★ DX K.
Ausflugsziel : Moseltal★★ (von Trier bis Koblenz).
🗒 Touristik-Information, an der Porta Nigra, ✉ 54290, 𝄢 97 80 80, Telex 472689, Fax 44759.
ADAC, Fahrstr. 3, ✉ 54290, 𝄢 7 60 67, Fax 73984.
Mainz 162 ① – ◆Bonn 143 ① – ◆Koblenz 124 ① – Luxembourg 47 ③ – Metz 98 ② – ◆Saarbrücken 93 ①.

Stadtplan siehe gegenüberliegende Seite

🏨🏨 **Scandic Crown Hotel,** Zurmaiener Str. 164, ✉ 54292, 𝄢 14 30, Telex 472808, Fax 1432000, ≤, 🛋s, 🔲, – |🛗| ⤮ Zim 🖸 🅿 – 🔬 250. 🆑 ⓪ **E** 𝗩𝗜𝗦𝗔. 🛠 Rest   V e
Menu à la carte 37/64 – **217 Z** 195/350.

🏨🏨 **Ramada,** Kaiserstr. 29, ✉ 54290, 𝄢 9 49 50, Fax 9495666, 🌿 – |🛗| ⤮ Zim 🖸 ⅛ 🅿 –
🔬 700 – **130 Z**.   CY s

🏨🏨 **Dorint-Hotel,** Porta-Nigra-Platz 1, ✉ 54292, 𝄢 2 70 10, Fax 2701170 – |🛗| ⤮ Zim 🖸 ⅛
– 🔬 100. 🆑 ⓪ **E** 𝗩𝗜𝗦𝗔   DX z
Menu à la carte 42/68 – **106 Z** 162/470.

🏨🏨 **Deutscher Hof,** Südallee 25, ✉ 54290, 𝄢 4 60 20, Telex 472799, Fax 4602412 – |🛗| ☎ ⅛
⟷ 🅿 – 🔬 110. 🆑 **E** 𝗩𝗜𝗦𝗔   CY g
20. Dez.- 15. Jan. geschl. – **Menu** à la carte 28/56 *(auch vegetarische Gerichte)* –
98 Z 105/165.

🏨🏨 **Villa Hügel** ⌇ garni, Bernhardstr. 14, ✉ 54295, 𝄢 3 30 66, Fax 37958, ≤, 🛋s, 🔲, 🛋
– ⤮ 🖸 ☎ ⅛ ⟷ 🅿. 🆑 ⓪ **E** 𝗩𝗜𝗦𝗔   V s
30 Z 100/215.

🏨🏨 **Römischer Kaiser,** Porta-Nigra-Pl. 6, ✉ 54292, 𝄢 9 77 00, Fax 977099 – |🛗| 🖸 ☎ ⅛ 🅿.
🆑 **E** 𝗩𝗜𝗦𝗔   DX u
Menu *(Sonntag geschl.)* à la carte 34/65 – **43 Z** 95/210.

🏨🏨 **Nell's Parkhotel,** Dasbachstr. 12, ✉ 54292, 𝄢 1 44 40, Fax 1444222, ≤, 🌿, « Park » –
|🛗| 🖸 ☎ 🅿 – 🔬 60. 🆑 **E** 𝗩𝗜𝗦𝗔   V a
Menu à la carte 42/71 – **56 Z** 118/198.

🏨🏨 **Altstadt-Hotel** garni, Am Porta-Nigra-Platz, ✉ 54292, 𝄢 4 80 41, Fax 41293 – |🛗| 🖸 ☎ 🅿.
🆑 ⓪ **E** 𝗩𝗜𝗦𝗔   DX v
56 Z 100/210.

🏨🏨 **Paulin** garni, Paulinstr. 13, ✉ 54292, 𝄢 14 74 00, Fax 1474010 – |🛗| 🖸 ☎ ⟷ 🅿. 🆑 ⓪
E 𝗩𝗜𝗦𝗔   DX e
24 Z 100/180.

🏨🏨 **Casa Calchera** garni, Engelstr. 8, ✉ 54292, 𝄢 2 10 44, Fax 27881 – |🛗| 🖸 ☎ 🅿. 🆑 ⓪
E 𝗩𝗜𝗦𝗔, 🛠   DX r
über Weihnachten geschl. – **18 Z** 95/180.

🏨🏨 **Kessler** garni, Brückenstr. 23, ✉ 54290, 𝄢 97 81 70, Fax 9781797 – |🛗| 🖸 ☎ ⟷. 🆑 **E**
𝗩𝗜𝗦𝗔   CY r
21 Z 100/220.

🏨 **Deutschherrenhof** garni, Deutschherrenstr. 32, ✉ 54290, 𝄢 4 83 08, Fax 42395 – 🖸 ☎
⟷. 🆑 **E** 𝗩𝗜𝗦𝗔   CX s
15 Z 90/180.

🏨 **Astoria** garni, Bruchhausenstr. 4, ✉ 54290, 𝄢 97 83 50, Fax 41121 – 🖸 ☎. 🆑 ⓪ **E**
𝗩𝗜𝗦𝗔   CX r
Weihnachten - 6. Jan. geschl. – **14 Z** 100/150.

TRIER

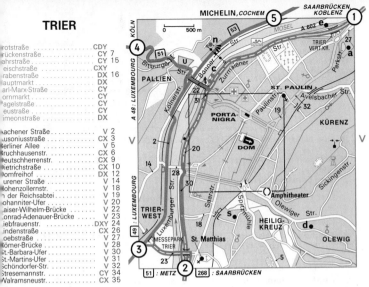

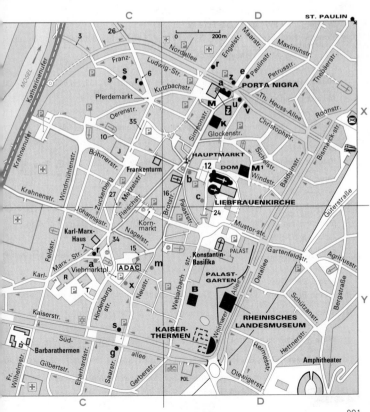

XXX **Pfeffermühle,** Zurlaubener Ufer 76, ✉ 54292, ℰ 2 61 33 – ℗. 𝘝𝘐𝘚𝘈. ✾   V
Sonntag, 6.- 17. Feb. und Okt. 2 Wochen geschl., Montag nur Abendessen – **Menu** (Tisch
bestellung ratsam, bemerkenswerte Weinkarte) à la carte 68/93.

XX **Palais Kesselstatt,** Liebfrauenstr. 10, ✉ 54290, ℰ 4 02 04, Fax 42308, 🍴 – ℗. 🅰🄴 ⓞ
🅴 𝘝𝘐𝘚𝘈   DX
Sonntag - Montag und Feb. geschl. – **Menu** à la carte 48/81.

XX **Lenz Weinstuben,** Viehmarkt 4, ✉ 54290, ℰ 4 53 10, Fax 73909 – 🅰🄴 ⓞ 🅴 𝘝𝘐𝘚𝘈 CY
Montag geschl. – **Menu** à la carte 34/64.

XX **Bagatelle,** Zurlaubener Ufer 78, ✉ 54292, ℰ 2 97 22, Fax 27754, 🍴 – 🅰🄴 ⓞ 🅴
𝘝𝘐𝘚𝘈   V
Nov.- März Montag und über Fasching 2 Wochen geschl. – **Menu** à la carte 48/72.

XX **Quo vadis,** Neustr. 15, ✉ 54290, ℰ 4 83 83 – 🅰🄴 ⓞ 🅴 𝘝𝘐𝘚𝘈   CY n
Sonntag geschl. – **Menu** à la carte 42/79.

XX **Schlemmereule,** Antoniusstr. 7, ✉ 54290, ℰ 7 36 16, 🍴 – 🅰🄴 ⓞ 🅴 𝘝𝘐𝘚𝘈   CY a
Montag und über Fasching 1 Woche geschl. – **Menu** à la carte 48/74.

X **Zum Domstein,** Hauptmarkt 5, ✉ 54290, ℰ 7 44 90, Fax 74499, « Innenhofterrasse » –
⅄. 🅴 𝘝𝘐𝘚𝘈   DX b
über Weihnachten geschl. – **Menu** (bemerkenswerte Weinkarte) à la carte 27/58 ⅄.

X Brunnenhof, Im Simeonstift, ✉ 54290, ℰ 4 85 84, Fax 74732, « Innenhof » –   DX a

Auf dem Kockelsberg ④ : 5 km :

🏨 **Berghotel Kockelsberg** ⌲ (mit Gästehaus), ✉ 54293 Trier, ℰ (0651) 8 90 38, Fax 89549
← ≤ Trier, 🍴 – 📺 ☎ ℗ – ⅍ 100. 🅰🄴 ⓞ 🅴 𝘝𝘐𝘚𝘈
Menu à la carte 24/64 – **32 Z** 69/140.

In Trier-Ehrang ⑤ : 8 km :

XX **Kupfer-Pfanne,** Ehranger Str. 200 (B 53), ✉ 54293, ℰ 6 65 89, Fax 66589
« Gartenterrasse » – 🅴 𝘝𝘐𝘚𝘈. ✾
Samstag nur Abendessen – **Menu** (Tischbestellung ratsam) à la carte 47/75.

In Trier-Euren SW : 3 km über Eurener Str. V :

🏨 **Eurener Hof,** Eurener Str. 171, ✉ 54294, ℰ 8 80 77, Fax 800900, 🍴, « Rustikale
Einrichtung », ≘ₛ, ⃞ – ▯ 📺 ℗ – ⅍ 30. 🅰🄴 𝘝𝘐𝘚𝘈
24.- 26. Dez. geschl. – **Menu** à la carte 32/73 ⅄ – **71 Z** 118/260.

In Trier-Olewig :

🏨 **Blesius-Garten** (ehemaliges Hofgut a.d.J. 1789), Olewiger Str. 135, ✉ 54295, ℰ 3 60 60
Fax 360633, 🍴, ≘ₛ, ⃞ – ▯ 📺 ☎ ℗ – ⅍ 100. 🅰🄴 ⓞ 🅴 𝘝𝘐𝘚𝘈   V d
Menu à la carte 35/65 ⅄ – **60 Z** 95/198.

In Trier-Pallien :

X Weisshaus, Weisshaus 1 (bei der Bergstation der Kabinenbahn), ✉ 54293, ℰ 8 34 33,
≤ Trier, 🍴 – ⅄ ℗ – ⅍ 30   V n

In Trier-Pfalzel ⑤ : 7 km :

🏨 **Klosterschenke** ⌲, Klosterstr. 10, ✉ 54293, ℰ 60 89, Fax 64313, 🍴 – 📺 ☎ ℗. ✾ Zim
Ende Dez.- Feb. geschl. – **Menu** *(Montag geschl., Dienstag - Freitag nur Abendessen)* à la
carte 28/63 – **11 Z** 85/155.

In Trier-Zewen SW : 7 km über ③ :

🏨 **Rebenhof,** Wasserbilliger Str. 34 (B 49), ✉ 54294, ℰ 82 71 70, Fax 8271733 – 📺 ☎ ℗.
🅰🄴 🅴 𝘝𝘐𝘚𝘈. ✾
Menu *(Freitag geschl., Sonntag nur Mittagessen)* à la carte 25/57 – **13 Z** 45/120.

An der B 51 SW : 5 km über ② :

🏨 **Estricher Hof,** ✉ 54296 Trier, ℰ (0651) 93 80 40, Fax 309081, ≤, 🍴 – ▯ 📺 ☎ ⅄ ⇔
℗ – ⅍ 30. 🅰🄴 🅴 𝘝𝘐𝘚𝘈
Menu *(Montag nur Abendessen)* à la carte 27/56 ⅄ – **16 Z** 80/135.

In Igel SW : 8 km :

🏨 **Igeler Säule** (mit Gästehaus), Trierer Str. 41 (B 49), ✉ 54298, ℰ (06501) 9 26 10,
Fax 926140, 🍴, ≘ₛ, ⃞ – ☎ ⇔ ℗ – ⅍ 80. 🅴 𝘝𝘐𝘚𝘈
Menu *(Montag nur Abendessen)* à la carte 27/66 ⅄ – **39 Z** 70/130.

In Mertesdorf O : 9 km über Loebstraße V :

🏨 **Weis** ⌲, Eitelsbacher Str. 4, ✉ 54318, ℰ (0651) 51 34, Fax 53630, ≤, 🍴 – ▯ 📺 ☎ ⇔
℗ – ⅍ 85. 🅰🄴 ⓞ 🅴 𝘝𝘐𝘚𝘈 ⏉ᴄʙ. ✾ – **Menu** à la carte 29/58 ⅄ – **56 Z** 65/150.

XX **Grünhäuser Mühle,** Hauptstr. 4, ✉ 54318, ℰ (0651) 5 24 34, Fax 53946, 🍴 – ℗. 🅰🄴 ⓞ
🅴 𝘝𝘐𝘚𝘈
Dienstag geschl., Mittwoch und Samstag nur Abendessen – **Menu** à la carte 34/66.

MICHELIN-REIFENWERKE KGaA. Trier-Pfalzel, Eltzstraße (über ⑤ : 7 km), ✉ 54293, ℰ 68 10
Fax 681234.

TRIPPSTADT Rheinland-Pfalz 🎫🏷 G 18, 🏷 ⑧, 🏷 ① – 3 000 Ew – Höhe 420 m – Luftkurort – ⊕ 06306.

🔹 Verkehrsamt, Hauptstr. 32, ⌧ 67705, 𝒫 3 41, Fax 1529.

Mainz 96 – Kaiserslautern 13 – Pirmasens 34.

🏠 **Zum Schwan,** Kaiserslauterer Str. 4, ⌧ 67705, 𝒫 3 93, Fax 396, « Gartenterrasse », 🍴
◆ – ❶. 🅴 𝚅𝚒𝚜𝚊
Feb. 3 Wochen geschl. – **Menu** *(Nov.- März Dienstag geschl.)* à la carte 23/54 ⅃ –
11 Z 38/110 – ½ P 48/52.

🏠 **Gunst** ⑤ garni, Hauptstr. 99a, ⌧ 67705, 𝒫 17 85, 🍴 – ❶
Nov. geschl. – **11 Z** 45/85.

TRIPTIS Thüringen 🎫🏷 H 13, 🏷 ㉓, 🏷 ㉗ – 7 500 Ew – Höhe 410 m – ⊕ 036482.

Erfurt 85 – Gera 25.

In Triptis-Oberpöllnitz NO : 2 km :

🏠 Zur Goldenen Aue, Mittelpöllnitzer Str. 1, ⌧ 07819, 𝒫 23 87, Fax 8308, Biergarten, ⊜, 🍴
– |🛗| 📺 ☎ ❶ – 🔬 200
35 Z.

In Miesitz W : 1,5 km :

🏠 **Wutzler,** Hauptstr. 18 (B 281), ⌧ 07819, 𝒫 (036482) 3 08 47, Fax 30848 – |🛗| 📺 ☎ & ❶
◆ – 🔬 35. 🅰🅴 ⓘ 🅴 𝚅𝚒𝚜𝚊
Menu à la carte 22/45 – **41 Z** 90/125.

In Auma - Gütterlitz SO : 2 km :

🏠 **Zur Linde,** Ortsstr. 26, ⌧ 07955, 𝒫 (036626) 2 03 67, Fax 20367, Biergarten – 📺 ☎ ❶.
◆ 🅰🅴 ⓘ 🅴 𝚅𝚒𝚜𝚊
Menu à la carte 23/39 – **13 Z** 74/140.

TRITTENHEIM Rheinland-Pfalz 🎫🏷 D 17, 🏷 ㉔ – 1 300 Ew – Höhe 121 m – Erholungsort –
⊕ 06507 (Neumagen-Dhron).

🔹 Verkehrsamt, Moselweinstr. 55, ⌧ 54349, 𝒫 22 27, Fax 2040.

Mainz 138 – Bernkastel-Kues 25 – ♦Trier 34.

🏠 **Moselperle,** Moselweinstr. 42, ⌧ 54349, 𝒫 22 21, Fax 6737, 🍴 – 🚗 ❶. 🅰🅴 ⓘ 🅴 𝚅𝚒𝚜𝚊
Dez.- Jan. geschl. – **Menu** *(Montag geschl.)* à la carte 27/53 ⅃ – **14 Z** 60/130.

In Naurath/Wald-Büdlicherbrück S : 8 km :

🍴🍴 ❀ **Landhaus St. Urban** ⑤ mit Zim, Im Dhrontal, ⌧ 54426, 𝒫 (06509) 9 14 00, Fax 914040,
🍴 – 📺 ☎ ❶. 🅰🅴 🅴 𝚅𝚒𝚜𝚊
Jan.- Feb. 3 Wochen geschl. – **Menu** *(Dienstag geschl., Mittwoch nur Abendessen)* à la
carte 69/104 – **10 Z** 85/170
Spez. Sülze von geräuchertem Bachsaibling, Gefüllter Kalbsschwanz mit Korianderjus, Birnenstrudel mit Zimteis.

In Bescheid-Mühle S : 10 km über Büdlicherbrück :

🏠 **Forellenhof** ⑤, Im Dhrontal, ⌧ 54413, 𝒫 (06509) 2 31, Fax 8666, 🍴, Wildgehege, 🍴,
◆ 🏊 – 📺 ❶
Menu à la carte 24/51 ⅃ – **18 Z** 55/100 – ½ P 63/78.

TROCHTELFINGEN Baden-Württemberg 🎫🏷 K 22 – 5 200 Ew – Höhe 720 m – Erholungsort
- Wintersport : 690/815 m ⚡2 ⚡2 – ⊕ 07124.

🔹 Verkehrsamt, Rathaus, Rathausplatz 9, ⌧ 72818, 𝒫 48 21, Fax 4848.

♦Stuttgart 68 – ♦Konstanz 109 – Reutlingen 27.

🏠 **Zum Rößle,** Marktstr. 48, ⌧ 72818, 𝒫 92 50, Fax 92550, ⊜, 🍴 – 📺 ☎ 🚗 ❶. 🅴
Jan. und Juli jeweils 2 Wochen geschl. – **Menu** *(Montag geschl., Freitag nur Mittagessen)*
à la carte 30/55 ⅃ – **31 Z** 59/120.

🍴🍴 Ochsen, Marktstr. 21, ⌧ 72818, 𝒫 22 00 –
(wochentags nur Abendessen).

TRÖSTAU Bayern 🎫🏷 S 16 – 2 500 Ew – Höhe 550 m – ⊕ 09232.

♦München 268 – Bayreuth 37.

🏠 **Bergcafé Bauer,** Kemnather Str. 20 (B 303), ⌧ 95709, 𝒫 28 42, Fax 1697, 🍴, 🍴 – 📺
◆ 🚗 ❶. 🅴
Menu *(Mittwoch geschl.)* à la carte 23/60 ⅃ – **21 Z** 60/110.

In Tröstau-Fahrenbach SO : 2 km :

🏩 Golfhotel Fahrenbach ⑤, Fahrenbach 1, ⌧ 95709, 𝒫 88 20, Fax 882345, <, 🍴, ⊜, 🍴,
🏌 – |🛗| ✘ Zim 📺 ☎ ❶ – 🔬 100
83 Z.

🛈 Bürger-Info, Wilhelm-Hamacher-Platz 24, ☒ 53840, ℘ 80 05 22, Fax 800550.

◆Düsseldorf 65 – ◆Köln 21 – Siegburg 5.

🏨 **Regina** garni, Hippolytusstr. 23, ☒ 53840, ℘ 7 29 18, Fax 70735 – |≱| 🆅 ☎ ⇔ – 🏄 2(
　　AE ① E 🚾. ✀ – **36 Z** 149/199.

🏠 Canisiushaus, Hippolytusstr. 41, ☒ 53840, ℘ 7 67 76, Fax 805362 – 🆅 ☎ ℗ – 🏄 30
　　14 Z.

🏠 **Wald-Hotel Haus Ravensberg,** Altenrather Str. 51, ☒ 53840, ℘ 9 82 40 (Hotel) 7 74 5(
　　(Rest.), Fax 74184, 🏡 – |≱| 🆅 ☎ ℗. AE ① E 🚾
　　Menu *(Sonn- und Feiertage nur Mittagessen)* à la carte 41/80 – **24 Z** 98/160.

🏠 Kronprinz garni, Poststr. 87, ☒ 53840, ℘ 9 84 90, Fax 804825, ⇌ – |≱| 🆅 ☎ ⇔ – **42 Z**

✗ **Am Bergerhof,** Frankfurter Str. 82, ☒ 53840, ℘ 7 42 82, Fax 806095, 🏡, « Rustikal
　　Einrichtung » – ℗. AE ① 🚾
　　Samstag nur Abendessen – **Menu** à la carte 39/65.

In Troisdorf-Sieglar :

🏨 **Quality Hotel Troisdorf,** Larstr.1, ☒ 53844, ℘ 99 79, Fax 997288 – |≱| ✀ Zim ▤ 🆅 ☎
　　& ℗ – 🏄 40. AE ① E 🚾 JCB. ✀ Rest – **Menu** à la carte 45/65 – **91 Z** 161/277.

🛈 Verkehrsamt, Rathaus, Schultheiß-Koch-Platz 1, ☒ 78647, ℘ 2 51 12, Fax 25150.

◆Stuttgart 106 – Donaueschingen 27 – Rottweil 14.

🏠 **Bären,** Hohnerstr. 25, ☒ 78647, ℘ 60 07, Fax 21395 – 🆅 ☎ ⇔ ℗. AE ① 🚾. ✀ Res
　　Menu *(Freitag nur Mittagessen, Samstag und Juli - Aug. 3 Wochen geschl.)* à la carte 36/6!
　　– **21 Z** 95/160.

🏠 Schoch, Eberhardstr. 20, ☒ 78647, ℘ 70 25, Fax 27317, ⇌, 🅽 – 🆅 ☎ ⇔ – **22 Z**.

Sehenswert : Eberhardsbrücke ≤★ Z – Platanenallee★★ Z – Am Markt★ Y – Rathaus★ Y R -
Stiftskirche (Grabtumben★★, Kanzel★ Turm ≤★) Y.

Ausflugsziel : Bebenhausen : ehemaliges Kloster★ 6 km über ①.

🛈 Verkehrsverein, An der Eberhardsbrücke, ☒ 72072, ℘ 9 13 60, Fax 35070.

ADAC, Wilhelmstr. 3, ☒ 72074, ℘ 5 27 27, Fax 27455.

◆Stuttgart 46 ② – ◆Freiburg im Breisgau 155 ④ – ◆Karlsruhe 105 ⑥ – ◆Ulm (Donau) 100 ②.

Stadtplan siehe gegenüberliegende Seite

🏨 **Krone** ⌂, Uhlandstr. 1, ☒ 72072, ℘ 3 10 36, Telex 7262762, Fax 38718, « Stilvolle
　　Einrichtung » – |≱| ✀ Zim ▤ 🆅 ⇔ ℗ – 🏄 40. AE ① E 🚾　　　　　　Z L
　　22.- 30. Dez. geschl. – **Menu** à la carte 34/85 – **48 Z** 155/300.

🏨 **Domizil,** Wöhrdstr. 5, ☒ 72072, ℘ 13 90 (Hotel), 13 91 00 (Rest.), Fax 139250, 🏡, ⇌ –
　　|≱| ✀ Zim 🆅 & – 🏄 35. AE ① E 🚾. ✀ Rest　　　　　　　　　　Z n
　　Menu *(Dienstag geschl.)* à la carte 32/60 – **80 Z** 145/205, 4 Suiten.

🏨 Stadt Tübingen, Stuttgarter Str. 97, ☒ 72072, ℘ 3 10 71, Fax 38245, 🏡 – 🆅 ☎ ℗ – 🏄 15(
　　68 Z.　　　　　　　　　　　　　　　　　　　　　　　　　　　X a

🏠 **Kupferhammer** garni, Westbahnhofstr. 57, ☒ 72070, ℘ 41 80, Fax 418299 – 🆅 ☎ ⇔
　　℗. AE ① E 🚾　　　　　　　　　　　　　　　　　　　　　　　　X m
　　22. Dez.- 6. Jan. geschl. – **20 Z** 90/145.

🏠 **Am Bad,** Am Freibad 2, ☒ 72072, ℘ 7 30 71, Fax 75336 – 🆅 ☎ ⇔ ℗. AE E 🚾
　　20. Dez.- 10. Jan. geschl. – (nur Abendessen für Hausgäste) – **36 Z** 80/168.　　X

🏠 **Haus Katharina** ⌂ garni, Lessingweg 2, ☒ 72076, ℘ 6 70 21, Fax 610882 – 🆅 ☎ ⇔
　　℗　　　　　　　　　　　　　　　　　　　　　　　　　　　　　　　X e
　　16 Z 85/190.

🏠 Barbarina, Wilhelmstr. 94, ☒ 72074, ℘ 2 60 48, Fax 550839 – |≱| ☎ ℗　　　　X r
　　(nur Abendessen) – **23 Z**.

✗✗✗ **Rosenau,** beim neuen Botanischen Garten, ☒ 72076, ℘ 6 64 66, Fax 600518, 🏡 – ℗
　　AE ① E 🚾　　　　　　　　　　　　　　　　über Schnarrenbergstr.　X
　　Montag geschl. – **Menu** à la carte 37/80.

✗✗ **Museum,** Wilhelmstr. 3, ☒ 72074, ℘ 2 28 28, Fax 21429 – ℗ – 🏄 70. AE ① E 🚾
　　Montag sowie Sonn- und Feiertage nur Mittagessen – **Menu** à la carte 36/85.　Y T

In Tübingen-Bebenhausen ① : 6 km :

🏨 **Landhotel Hirsch,** Schönbuchstr. 28, ☒ 72074, ℘ 6 80 27, Fax 600803, 🏡 – 🆅 ☎ ℗.
　　AE ① E 🚾
　　Menu *(Dienstag geschl.)* à la carte 43/80 – **12 Z** 135/250.

✗✗✗ ۞ **Waldhorn,** Schönbuchstr. 49 (B 27), ☒ 72074, ℘ 6 12 70, Fax 610581 – ℗
　　Montag - Dienstag und Juli - Aug. 2 Wochen geschl. – **Menu** (Tischbestellung ratsam,
　　bemerkenswerte Weinkarte) 98/160 und à la carte 75/104
　　Spez. Etouffé-Taube mit Pomerolsauce, Gratinierter Rücken vom Salzwiesenlamm, Hägenmark-
　　Eisbömble.

TÜBINGEN

*ichelin hängt keine
*child an die
*mpfohlenen Hotels
d Restaurants.

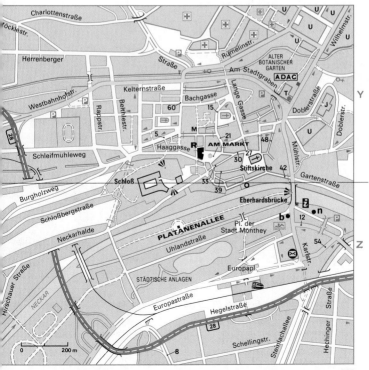

905

In Tübingen-Kilchberg ⑤ : 5 km :

🏠 **Gästehaus Hirsch** ⅀ garni, Closenweg 4/2, ⊠ 72072, ℰ 9 77 90, Fax 977977 – 📺 🏢
Ⓟ. 🅰🅴 **E**
24. Dez.- 10. Jan. geschl. – **20 Z** 80/130.

In Tübingen-Lustnau :

♤ **Adler** garni, Bebenhäuser Str. 2 (B 27), ⊠ 72074, ℰ 9 89 70, Fax 83422 – 📺 🕾 **Ⓟ**. 🅰🅴 **E**
VISA
X
Juli - Aug. 2 Wochen und 20. Dez.- 7. Jan. geschl. – **30 Z** 80/145.

XX **Basilikum,** Kreuzstr. 24, ⊠ 72074, ℰ 8 75 49, 😤 – 🅰🅴 **E** **VISA**
X
Montag und Juli - Aug. 2 Wochen geschl. – **Menu** (italienische Küche) à la carte 55/8€

In Tübingen - Unterjesingen ⑥ : 6 km :

🏠 **Am Schönbuchrand** garni, Klemsenstr. 3, ⊠ 72070, ℰ (07073) 60 47, ⇆, 🔲 – 🛗 🗲
🕾 **Ⓟ**
24. Dez.- 10. Jan. geschl. – **16 Z** 75/125.

▢ **TÜSSLING** Bayern siehe Altötting.

▢ **TUNAU** Baden-Württemberg siehe Schönau im Schwarzwald.

▢ **TUTTLINGEN** Baden-Württemberg 🄳🄸🄳 J 23, 🄰🄱🄷 ㉟, 🄰🄱🄷 K 2 – 33 000 Ew – Höhe 645 m
✪ 07461.
🗓 Verkehrsamt, Rathaus (Möhringen), ⊠ 78532, ℰ (07462) 3 40, Fax 7572.
◆Stuttgart 128 ⑥ – ◆Freiburg im Breisgau 88 ④ – ◆Konstanz 59 ③ – ◆Ulm (Donau) 116 ②.

TUTTLINGEN

		Untere Hauptstraße	Y 24	Kronenstraße	Z 10
				Ludwigstaler Straße	Y 12
		Alleenstraße	YZ 2	Marktplatz	Z 13
Bahnhofstraße	Z	Balinger Straße	Y 3	Neuhauser Straße	Z 14
Königstraße	YZ 9	Bismarckstraße	Z 4	Schaffhauser Straße	Z 19
Obere Hauptstraße	Z 15	Donaueschinger Straße	Z 6	Stadtkirchstraße	Z 22
Rathausstraße	Y 18	Donaustraße	YZ 7	Untere Vorstadt	Y 25

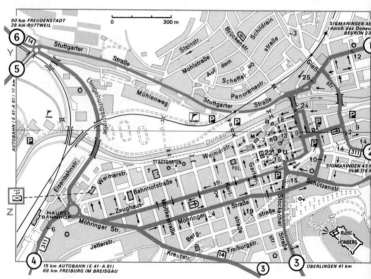

🏛 **Stadt Tuttlingen,** Donaustr. 30, ⊠ 78532, ℰ 1 70 40, Fax 78949 – 🛗 📺 🕾 ⇐ – 🔏 25
🅰🅴 ⓪ **E** **VISA** **JCB**
Y
Menu à la carte 38/72 – **80 Z** 105/250.

🏠 **Rosengarten** garni, Königstr. 17, ⊠ 78532, ℰ 51 04, Fax 15688 – 🛗 📺 🕾 ⇐. **E**
Y
27. Dez.- 20. Jan. geschl. – **25 Z** 67/110.

X **Engel,** Obere Hauptstr. 4, ⊠ 78532, ℰ 7 86 00, Fax 15880, 😤 – 🅰🅴 ⓪ **E** **VISA**
Z
Samstag und 1. - 10. Jan. geschl. – **Menu** à la carte 26/50 ⅀.

In Tuttlingen - Möhringen ④ : 5 km – Luftkurort :

🕎 **Löwen,** Mittlere Gasse 4, ⊠ 78532, ℘ (07462) 62 77, 🕿 – 🚗 🅿. ⓞ
➔ *20. Okt.- 20. Nov. geschl.* – **Menu** *(Mittwoch geschl.)* à la carte 23/42 🍸 – **21 Z** 60/110.

An der B 14 ③ : 6 km :

XX **Landhaus Hühnerhof,** ⊠ 78532 Tuttlingen, ℘ (07461) 46 01, 🍴 – 🅿. 🅰🅴 ⓞ 🄴 ⱽⁱˢᵃ
Donnerstag und Okt. - Nov. 3 Wochen geschl. – **Menu** à la carte 37/68.

In Wurmlingen ⑥ : 4 km :

🏠 **Traube** garni, Untere Hauptstr. 43, ⊠ 78573, ℘ (07461) 7 77 77, Fax 12782, 🕿, 🚗 – 🛗
📺 🕿 🚗 🅿 – 🕎 25. 🅰🅴 ⓞ 🄴 ⱽⁱˢᵃ. 🍴
Juli 2 Wochen geschl. – **45 Z** 89/145.

X **Gasthof Traube,** Untere Hauptstr. 40, ⊠ 78573, ℘ (07461) 83 36 – 🅿. 🄴 ⱽⁱˢᵃ
Mittwoch nur Abendessen, Dienstag und Juli 3 Wochen geschl. – **Menu** à la carte 30/44.

TUTZING Bayern 🐴🐴🐴 Q 23, 🐴🐴🐴 ㊲, 🐴🐴🐴 F 5 – 10 000 Ew – Höhe 610 m – Luftkurort – ✪ 08158.
Tutzing-Deixlfurt (W : 2 km), ℘ 36 00.
Verkehrsamt, Kirchstr. 9, Rathaus, ⊠ 82327, ℘ 20 31.
München 42 – Starnberg 15 – Weilheim 14.

🏠 **Zum Reschen** garni, Marienstr. 7, ⊠ 82327, ℘ 93 90, Fax 939100 – 📺 🕿 🚗. 🅰🅴 🄴 ⱽⁱˢᵃ.
🍴
19. Dez.- 10. Jan. geschl. – **19 Z** 95/150.

🏠 **Am See** 🦢, Marienstr. 16, ⊠ 82327, ℘ 74 90, Fax 7526, ≼, 🍴 – 📺. 🅰🅴 🄴 ⱽⁱˢᵃ
8.- 26. Nov. geschl. – **Menu** *(Montag nur Mittagessen, Dienstag geschl.)* à la carte 38/68
– **10 Z** 80/140.

🕎 **Andechser Hof,** Hauptstr. 27, ⊠ 82327, ℘ 18 22, Fax 6151, Biergarten – 🚗 🅿
22 Z.

XX **Forsthaus Ilkahöhe,** auf der Ilka-Höhe (SW : 2,5 km), ⊠ 82327, ℘ 82 42, Fax 2866,
≼ Starnberger See und Alpen, 🍴, Biergarten – 🅿
Montag - Dienstag und 23. Dez.- Mitte Jan. geschl., im Sommer Montag auch Abendessen
– **Menu** (abends Tischbestellung ratsam) à la carte 52/80.

TWIST Niedersachsen 🐴🐴🐴 E 9, 🐴🐴🐴 M 4 – 8 400 Ew – Höhe 20 m – ✪ 05936.
Hannover 255 – ♦Bremen 147 – Groningen 99 – Nordhorn 26.

In Twist-Bült :

XX **Gasthof Backers - Zum alten Dorfkrug** mit Zim, Kirchstr. 25, ⊠ 49767, ℘ 23 30, 🍴
– 📺 🕿 🅿. 🍴 Zim
1.- 10. Jan. und Juni - Juli 3 Wochen geschl. – Menu *(Dienstag geschl., Samstag nur*
Abendessen) à la carte 37/60 – **5 Z** 55/95.

UCHTE Niedersachsen 🐴🐴🐴 🐴🐴🐴 J 9, 🐴🐴🐴 ⑮ – 3 000 Ew – Höhe 33 m – ✪ 05763.
Hannover 68 – ♦Bremen 75 – Bielefeld 71 – ♦Osnabrück 93.

🏠 **Dammeyer,** Bremer Str. 5, ⊠ 31600, ℘ 22 51, Fax 544, Biergarten – 📺 🕿 🚗 🅿. 🅰🅴
ⓞ 🄴 ⱽⁱˢᵃ
Menu à la carte 29/56 – **15 Z** 65/150.

ÜBACH-PALENBERG Nordrhein-Westfalen 🐴🐴🐴 B 14, 🐴🐴🐴 ㉖, 🐴🐴🐴 ⑦ – 23 000 Ew – Höhe 125 m
– ✪ 02451 (Geilenkirchen).
Düsseldorf 72 – ♦Aachen 18 – Geilenkirchen 6.

🏠 **Stadthotel,** Freiheitstr. 8 (Übach), ⊠ 52531, ℘ 40 62, Fax 4063 – 📺 🕿 – 🕎 600
➔ **Menu** (wochentags nur Abendessen, Sonntag nur Mittagessen) à la carte 24/42 –
18 Z 60/120.

🏠 **Weydenhof,** Kirchstr. 17 (Palenberg), ⊠ 52531, ℘ 4 14 10, Fax 48958 – 🛗 📺 🕿 🚗 🅿
– 🕎 30. 🄴 ⱽⁱˢᵃ
Menu *(Freitag geschl.)* à la carte 28/44 – **29 Z** 50/140.

ÜBERHERRN Saarland siehe Saarlouis.

Gli alberghi o ristoranti ameni sono indicati nella guida
con un simbolo rosso.

Contribuite a mantenere
la guida aggiornata segnalandoci
gli alberghi e ristoranti dove avete soggiornato piacevolmente.

🏚️ ... 🏠

XXXXX ... X

😊 07331 (Geislingen an der Steige).

📌 Oberböhringen (N : 8 km), 🏌 (07331) 3 00 50.

🏢 Kurverwaltung, Gartenstr. 1, ⊠ 73337, 🖋 20 09 10, Fax 200939.

◆Stuttgart 64 – Göppingen 21 – ◆Ulm (Donau) 37.

🏨 **Bad-Hotel,** Badstr. 12, ⊠ 73337, 🖋 30 20, Fax 30220, 🍴 – 🛗 😉 Zim 📺 🅿 – 🔏 6🔆
🆎 ⓞ 🇪 *VISA* 🇯🇨🇧
24.- 30. Dez geschl. – **Menu** *(Mittwoch geschl.)* à la carte 43/75 *(auch vegetarisch Gerichte)* – **20 Z** 140/260 – ½ P 170/180.

🏨 **Golfhotel Altes Pfarrhaus** (restauriertes Fachwerkhaus a.d. 16. Jh. mit geschmackvoll Einrichtung), Badstr. 2, ⊠ 73337, 🖋 6 30 36, Fax 63030 – 😉 Zim 📺 ☎. 🆎 ⓞ 🇪 *VISA*
Jan. 2 Wochen geschl. – **Menu** (Tischbestellung ratsam) à la carte 55/85 – **14 Z** 120/26◑

Kneippheilbad und Erholungsort – 😊 07551.

Sehenswert : Stadtbefestigungsanlagen★ A – Münster★ B – Rathaus (Ratssaal★) B **R.**
📌 Owingen (N : 5 km), 🖋 (07551) 39 79.

🏢 Städt. Kurverwaltung, Landungsplatz 14, ⊠ 88662, 🖋 40 41, Fax 66874.

◆Stuttgart 172 ③ – Bregenz 63 ② – ◆Freiburg im Breisgau 129 ③ – Ravensburg 46 ①.

ÜBERLINGEN

*Michelin puts
no plaque or sign
on the hotels
and restaurants
mentioned in this guide.*

🏨 Parkhotel St. Leonhard 😊, Obere St.-Leonhard-Str. 71, ⊠ 88662, 🖋 80 81 00, Telex 73398
Fax 808531, ≤ Bodensee und Alpen, 🍴, « Park, Wildgehege », 🚉, 🔲, 🎾(Halle) –
😉 Zim 📺 🅿 – 🔏 200   über Obertorstr.   B
144 Z.

🏨 **Rosengarten,** Bahnhofstr. 12, ⊠ 88662, 🖋 48 95, Fax 4706, 🌳 – 📺 ☎ 🚗 🅿. ⓞ
VISA 🛏   über ③
20. Dez.- 10. Jan. geschl. – (nur Abendessen für Hausgäste) – **15 Z** 130/260.

🏨 **Bad-Hotel** (mit Villa Seeburg, ≤), Christophstr. 2, ⊠ 88662, 🖋 83 70, Fax 67079, 🍴, 🚉
🌳 – 🛗 📺 ☎ 🅿 – 🔏 160. 🆎 🇪 *VISA*. 🛏 Rest   A
Menu à la carte 40/72 *(auch vegetarische Gerichte)* – **69 Z** 140/250 – ½ P 175/205.

🏨 **Ochsen,** Münsterstr. 48, ⊠ 88662, 🖋 40 67, Fax 3290, 🍴 – 🛗 📺 ☎ 🚗 🅿. 🆎 ⓞ 🇪
VISA
Menu *(24.- 31. Dez. geschl.)* à la carte 34/65 – **43 Z** 90/180.

🏨 **Seegarten** 😊, Seepromenade 7, ⊠ 88662, 🖋 6 34 98, Fax 3981, ≤, « Gartenterrasse
– 🛗 📺 ☎. 🇪   A
Dez.- 15. Feb. geschl. – **Menu** à la carte 34/60 – **21 Z** 95/230.

🏨 **Bürgerbräu,** Aufkircher Str. 20, ⊠ 88662, 🖋 6 34 07, Fax 66017 – 📺 ☎ 🅿. 🆎 ⓞ 🇪 *VIS*
Mitte Dez.- Mitte Jan. geschl. – **Menu** *(Donnerstag geschl., Freitag nur Abendessen)* à l
carte 43/65 – **11 Z** 85/140 – ½ P 117.   B

🏨 **Stadtgarten,** Bahnhofstr. 22, ⊠ 88662, 🖋 45 22, Fax 5939, 🚉, 🔲, 🌳 – 📺
über ③
April - Okt. – (Restaurant nur für Hausgäste) – **26 Z** 65/180.

XX **Hecht** mit Zim, Münsterstr. 8, ⌧ 88662, 𝄘 6 33 33, Fax 3310 – ☎. 🗚 ⓞ 🅴 𝚟𝚒𝚜𝚊, 🦐 Zim
10.- 30. Jan. geschl. – **Menu** *(Sonntag nur Mittagessen, Montag geschl.)* (Tischbestellung
ratsam) à la carte 42/87 – **8 Z** 90/180 – ½ P 120.   B **n**

X **Weinstube Reichert** 🦐 mit Zim, Seepromenade 3, ⌧ 88662, 𝄘 6 38 57, Fax 67344, ≼,
🏡 – 📺. 🗚 ⓞ 🅴 𝚟𝚒𝚜𝚊   A **a**
März - Okt. – **Menu** *(Montag geschl.)* à la carte 29/60 – **9 Z** 85/150.

In Überlingen-Andelshofen ① : 3 km :

🏨 **Romantik-Hotel Johanniter-Kreuz** 🦐, Johanniterweg 11, ⌧ 88662, 𝄘 6 10 91,
Fax 67336, 🏡, « Rustikales Restaurant in Fachwerkhaus a.d. 17. Jh. », 🐎 – ‖ 📺 ☎ 🚗
ⓟ. 🗚 ⓞ 🅴 𝚟𝚒𝚜𝚊
Menu *(Montag geschl., Dienstag nur Abendessen)* à la carte 45/73 – **26 Z** 95/250.

🏠 **Sonnenbühl** 🦐, Zum Brandbühl 19, ⌧ 88662, 𝄘 20 08, Fax 2009, ⊜, 🐎 – 📺 ☎ ⓟ
– 🛁 20. ⓞ 🅴 𝚟𝚒𝚜𝚊, 🦐 Rest
Dez.- 2. Jan geschl. – (nur Abendessen für Hausgäste) – **20 Z** 125/240.

In Überlingen-Lippertsreute ① : 9 km :

🏠 **Landgasthof zum Adler** (Fachwerkhaus a.d.J. 1635 mit Gästehaus, ‖), Hauptstr. 44,
⌧ 88662, 𝄘 (07553) 75 24, Fax 1814 – 📺 ☎ 🚗 ⓟ. 🅴
März und Nov. je 2 Wochen geschl. – **Menu** *(Donnerstag nur Mittagessen, Freitag geschl.)*
à la carte 32/60 – **17 Z** 65/148.

ÜBERLINGEN AM RIED Baden-Württemberg siehe Singen (Hohentwiel).

ÜBERSEE Bayern 𝟺𝟷𝟹 U 23, 𝟺𝟸𝟼 J 5 – 4 000 Ew – Höhe 525 m – Luftkurort – ☻ 08642.
🅱 Verkehrsamt, Feldwieser Str. 27, ⌧ 83234, 𝄘 2 95, Fax 6214.
♦München 95 – Rosenheim 36 – Traunstein 20.

Am Chiemsee N : 4 km :

🏠 **Chiemgauhof** 🦐, Julius-Exter-Promenade 21, ⌧ 83234 Übersee-Feldwies, 𝄘 (08642)
8 98 70, Telex 56575, Fax 6808, ≼, « Terrasse am See », ⊜, 𝚂𝚠, 🦌, 🐎 – 📺 ☎ ⓟ
16 Z.

UECKERMÜNDE Mecklenburg-Vorpommern 𝟺𝟷𝟺 O 4, 𝟿𝟾𝟺 ⑧, 𝟿𝟾𝟽 ⑧ – 14 200 Ew – Höhe 5 m
– ☻ 039771.
Schwerin 199 – Greifswald 71 – Neubrandenburg 68.

🏠 **Pommernyacht,** Altes Bollwerk 1b, ⌧ 17373, 𝄘 2 43 00, Fax 24395, 🏡 – 📺 ☎ ⓟ. 🅴
𝚟𝚒𝚜𝚊
Menu à la carte 25/35 – **18 Z** 115/150.

🏠 **Stadtkrug,** Markt 3/4, ⌧ 17373, 𝄘 8 00, Fax 22782 – 📺 ☎. 🗚 🅴 𝚟𝚒𝚜𝚊
Menu à la carte 28/45 – **30 Z** 100/180.

ÜHLINGEN-BIRKENDORF Baden-Württemberg 𝟺𝟷𝟹 HI 23, 𝟺𝟸𝟽 I 2, 𝟸𝟷𝟼 ⑥ ⑦ – 4 400 Ew – Höhe
644 m – Wintersport : 644/900 m ✜6 – ☻ 07743.
🅱 Verkehrsbüro Ühlingen, Rathaus, ⌧ 79777, 𝄘 55 11.
🅱 Kurverwaltung Birkendorf, Haus des Gastes, ⌧ 79777, 𝄘 3 80, Fax 1277.
♦Stuttgart 172 – Donaueschingen 46 – ♦Freiburg im Breisgau 67 – Waldshut-Tiengen 21.

Im Ortsteil Ühlingen – Erholungsort :

🏠 Zum Posthorn, Hauptstr. 12, ⌧ 79777, 𝄘 2 44, Fax 5962, 🏡 – 🚗 ⓟ
16 Z.

Im Ortsteil Birkendorf – Luftkurort :

🏠 **Gästehaus Sonnhalde** 🦐 garni, Hohlgasse 3, ⌧ 79777, 𝄘 3 60, Fax 5996, ⊜, 𝚂𝚠, 🐎
– ‖ 📺 ☎ ⓟ – 🛁 30. 🅴 𝚟𝚒𝚜𝚊
31 Z 60/140.

XX **Sonnenhof** mit Zim, Schwarzwaldstr. 9, ⌧ 79777, 𝄘 58 58, Fax 1789, 🏡 – ‖ 🚗 ⓟ.
🗚 ⓞ 🅴 𝚟𝚒𝚜𝚊
Menu *(Okt.- März Donnerstag und 10.- 20. Dez. geschl.)* à la carte 32/65 ⅃ – **15 Z** 52/88.

In Ühlingen-Birkendorf-Witznau SW : 10 km :

X **Witznau,** Schlüchttalstraße, ⌧ 79777, 𝄘 (07747) 2 15, Fax 1394, 🏡 – ⓟ. ⓞ 🅴 𝚟𝚒𝚜𝚊
Montag und Feb. geschl. – **Menu** à la carte 27/62 ⅃.

UELSEN Niedersachsen 𝟺𝟷𝟷 𝟺𝟷𝟸 D 9, 𝟺𝟶𝟾 L 4 – 4 000 Ew – Höhe 22 m – Erholungsort –
☻ 05942.
♦Hannover 240 – Almelo 23 – Lingen 36 – Rheine 56.

🏠 Am Waldbad 🦐, Zum Waldbad 1, ⌧ 49843, 𝄘 10 61, Fax 1952, 🏡, direkter Zugang zum
städtischen 𝚂𝚠, ⊜, 🐎 – 📺 ☎ ⓟ – 🛁 35 – **12 Z**.

UELZEN Niedersachsen **411** O 8, **987** ⑯ – 38 000 Ew – Höhe 35 m – ✆ 0581.

🛈 Verkehrsbüro, Veerßer Str. 43, ✉ 29525, ☏ 80 01 32.

♦Hannover 96 – ♦Braunschweig 83 – Celle 53 – Lüneburg 33.

🏨 **Stadt Hamburg,** Lüneburger Str. 4, ✉ 29525, ☏ 9 08 10, Fax 9081188 – |📶| 📺 ☎ 🔥 ⇔
– 🔬 100. ⅊ ⊙ ⌶ *VISA*
Menu à la carte 32/60 *(auch vegetarische Gerichte)* – **34 Z** 80/140.

🏨 **Uelzener Hof,** Lüneburger Str. 47, ✉ 29525, ☏ 9 09 30, Fax 70191, « Altes
Fachwerkhaus » – 📺 ☎ ⇔. ⅊ ⌶ *VISA*
Menu à la carte 32/63 – **31 Z** 69/130.

🏠 **Am Stern,** Sternstr. 13, ✉ 29525, ☏ 63 29, Fax 16945, ⬚ₛ – |📶| 📺 ☎ 🅿 – 🔬 40.
⬩⬩ 🕸
Menu à la carte 24/41 – **30 Z** 65/120.

In Uelzen-Hanstedt II O : 7,5 km :

🏠 **Meyer's Gasthaus,** Hanstedter Str. 4, ✉ 29525, ☏ (05804) 97 50, 🍽 – 📺 ☎ 🅿 –
🔬 80
Menu à la carte 28/53 – **25 Z** 58/95.

In Uelzen-Veerßen SW : 2 km :

🏨 **Deutsche Eiche,** Soltauer Str. 14 (B 71), ✉ 29525, ☏ 9 05 50, Fax 74049,
« Rustikal-gemütliche Einrichtung » – ⇔ Zim 📺 ☎ 🅿 – 🔬 100. ⅊ ⊙ ⌶ *VISA*
Menu à la carte 27/58 – **37 Z** 98/160.

☞ *Per spostarvi più rapidamente utilizzate le carte Michelin "Grandi Strade" :*

n° **970** Europa, n° **980** Grecia, n° **984** Germania, n° **985** Scandinavia-Finlandia,
n° **986** Gran Bretagna-Irlanda, n° **987** Germania-Austria-Benelux, n° **988** Italia,
n° **989** Francia, n° **990** Spagna-Portogallo.

ÜRZIG Rheinland-Pfalz **412** E 17 – 1 000 Ew – Höhe 106 m – ✆ 06532 (Zeltingen).

Mainz 124 – Bernkastel-Kues 10 – ♦Trier 46 – Wittlich 11.

🏨 **Moselschild,** Moselweinstr. 14 (B 53), ✉ 54539, ☏ 9 39 30, Fax 939393, ⬩, 🍽,
« Geschmackvolle Einrichtung », ⬚ₛ Bootssteg – 📺 ☎ ⇔ 🅿. ⅊ ⊙ ⌶ *VISA*
10.- 30. Jan. geschl. – **Menu** (bemerkenswertes Angebot regionaler Weine) à la carte 39/83
– **14 Z** 117/230.

🏠 **Zehnthof** garni, Moselufer 38, ✉ 54539, ☏ 25 19, Fax 5131, ⬩ – ⇔ 🅿. 🕸
April - Okt. – **20 Z** 80/150.

🏠 **Zur Traube,** Moselweinstr. 16 (B 53), ✉ 54539, ☏ 45 12, Fax 1480, ⬩, 🍽 – 📺 ⇔ 🅿.
⬩⬩ ⅊ ⌶ *VISA* ᴊᴄʙ
Ende Nov.- Feb. geschl. – **Menu** à la carte 24/57 – **12 Z** 45/180.

In Kinderbeuern N : 4,5 km :

🏠 **Alte Dorfschänke,** Dorfstraße 14, ✉ 54538, ☏ (06532) 24 94, Fax 1532,
« Gartenterrasse » – 🅿
Jan. geschl. – **Menu** *(Montag geschl.)* à la carte 27/54 – **9 Z** 60/100.

UETERSEN Schleswig-Holstein **411** LM 5, **987** ⑤ – 18 000 Ew – Höhe 6 m – ✆ 04122.

♦Kiel 101 – ♦Hamburg 34 – Itzehoe 35.

🏩 **Mühlenpark,** Mühlenstr. 49, ✉ 25436, ☏ 9 25 50, Fax 925510 – |📶| 📺 🅿. ⅊ ⊙ ⌶
VISA
Menu (nur Abendessen) à la carte 51/68 – **25 Z** 118/198.

🏨 **Hotel im Rosarium** 🕊, Berliner Str. 10, ✉ 25436, ☏ 70 66, Fax 45376,
« Gartenterrasse mit ⬩ » – |📶| 📺 ☎ 🔥 ⇔ 🅿 – 🔬 20. ⅊ ⌶
Menu à la carte 42/70 🍴 – **30 Z** 92/185.

UETTINGEN Bayern **412 413** M 17 – 1 250 Ew – Höhe 230 m – ✆ 09369.

♦München 294 – ♦Frankfurt am Main 101 – ♦Würzburg 17.

🏠 **Fränkischer Landgasthof,** Marktheidenfelder Str. 3, ✉ 97292, ☏ 82 89, Fax 8094 – 📺
☎ ⇔ 🅿. 🕸
Menu *(Donnerstag geschl.)* à la carte 26/43 🍴 – **9 Z** 58/96.

ÜXHEIM Rheinland-Pfalz **412** D 15 – 1 500 Ew – Höhe 510 m – ✆ 02696.

🏌 Hillesheim (SW : 11 km), Kölner Straße, ☏ (06593) 12 41.

Mainz 176 – ♦Bonn 65 – ♦Koblenz 85 – ♦Trier 92.

In Üxheim-Niederehe S : 4 km :

🍴 **Fasen-Schröder** mit Zim, Kerpener Str. 7, ✉ 54579, ☏ 10 48, Fax 1472, Biergarten, 🚗
– 🅿. 🕸 Zim
15.- 31. Okt. geschl. – **Menu** *(Dienstag geschl.)* à la carte 29/48 🍴 – **6 Z** 40/85.

UFFENHEIM Bayern 🔲🔲🔲 N 18, 🔲🔲🔲 ㉖ – 5 500 Ew – Höhe 330 m – ✪ 09842.
◆München 242 – Ansbach 40 – ◆Bamberg 88 – ◆Würzburg 38.

🏠 **Grüner Baum,** Marktplatz 14, ✉ 97215, ✆ 3 10, Fax 2115 – 🅿
➡ Menu à la carte 24/45 ⅃ – **43 Z** 49/110.

🏠 **Uffenheimer Hof,** Am Bahnhof 4, ✉ 97215, ✆ 70 81, Fax 7180, Biergarten, ⛤ – ☎ ⇆
➡ 🅿 – ⚒ 35. ⌷ 🄴 *VISA* 🅹🄲🄱
20. Dez.- 10. Jan. geschl. – **Menu** *(Sonntag nur Mittagessen, Montag geschl.)* à la carte
21/46 ⅃ – **38 Z** 65/100.

🏠 **Schwarzer Adler,** Adelhofer Str. 1, ✉ 97215, ✆ 9 88 00, Fax 988080, Biergarten – 🅿. ⌷
➡ ⓄⒹ 🄴 *VISA* 🅹🄲🄱
Menu *(Montag und Jan.- Feb. 3 Wochen geschl.)* à la carte 23/51 – **13 Z** 50/86.

UHLDINGEN-MÜHLHOFEN Baden-Württemberg 🔲🔲🔲 K 23, 🔲🔲🔲 L 2 – 6 300 Ew – Höhe 398 m
– Erholungsort – ✪ 07556.
Ausflugsziel : Birnau-Maurach : Wallfahrtskirche★, NW : 3 km.
🄱 Verkehrsamt, Unteruhldingen, Schulstr. 12, ✉ 88690, ✆ 80 20, Fax 431.
◆Stuttgart 181 – Bregenz 55 – Ravensburg 38.

Im Ortsteil Maurach :

🏨 **Seehalde** ⬙, Maurach 1, ✉ 88690, ✆ 65 65, ⛤, 🔲, � – 📺 ☎ 🅿. ⁒
10. Jan.- Mitte März geschl. – (Restaurant nur für Hausgäste) – **21 Z** 106/215
– ½ P 120/135.

🏨 **Pilgerhof** ⬙, (Nähe Campingplatz), ✉ 88690, ✆ 65 52, Fax 6555, 🌤, ⛤, � – ⟷ Zim
📺 ☎ ⇆ 🅿. ⌷ Ⓞ 🄴 *VISA*
Nov. 2 Wochen geschl. – **Menu** *(Nov.- April Montag geschl.)* à la carte 33/80 – **38 Z** 95/200
– ½ P 120/160.

Im Ortsteil Mühlhofen :

🏠 **Landgasthof zum Kreuz,** Grasbeurer Str. 2, ✉ 88690, ✆ 71 80, Fax 718122, � – 📺 ☎
🅿
Mitte Jan.- Anfang Feb. geschl. – **Menu** *(Nov.- März Montag geschl.)* à la carte 29/56 –
48 Z 80/140.

Im Ortsteil Oberuhldingen :

🏠 **Storchen,** Aachstr. 17, ✉ 88690, ✆ 65 91, Fax 5348, 🌤, ⁒ – 📺 ☎ 🅿
➡ 22. Dez.- 15. Jan. geschl. – **Menu** à la carte 24/46 ⅃ – **29 Z** 45/120.

Im Ortsteil Seefelden :

🏨 **Landhotel Fischerhaus** ⬙ (Fachwerkhaus a.d. 17. Jh.), ✉ 88690, ✆ 85 63, Fax 6063, ≤,
🔲 (geheizt), 🌤 – 🅿. ⁒
Anfang Jan.- Mitte März und Mitte Nov.- Ende Dez. geschl. – (nur Abendessen für Hausgäste) – **28 Z** (nur ½ P) 140/210.

Im Ortsteil Unteruhldingen :

🏨 **Seevilla** garni, Seefelder Str. 36, ✉ 88690, ✆ 65 15 (über Hotel Seehof), Fax 5691, ⛤,
� առ – ⫟ 📺 ☎ & 🅿 – ⚒ 25. ⁒
30 Z 110/220.

🏠 **Seehof,** Seefelder Str. 8, ✉ 88690, ✆ 65 15, Fax 5691, « Gartenterrasse », � առ – 📺
🅿
Dez.- März geschl. – **Menu** à la carte 32/59 – **20 Z** 85/150.

🏠 **Café Knaus,** Seestr. 1, ✉ 88690, ✆ 80 08, Fax 5533, 🌤, � առ – 📺 ☎ ⇆ 🅿. ⌷
🄴
März - Mitte Nov. – **Menu** à la carte 30/50 – **28 Z** 86/180 – ½ P 113/138.

🏠 **Mainäublick,** Seefelder Str. 22, ✉ 88690, ✆ 85 17, Fax 5844, 🌤 – 📺 ☎ 🅿. 🄴
Ostern - Mitte Okt. – **Menu** *(außer Saison Donnerstag geschl.)* à la carte 28/63 –
23 Z 70/150.

ULM (Donau) Baden-Württemberg 🔲🔲🔲 MN 21, 🔲🔲🔲 ㊱ – 110 000 Ew – Höhe 479 m – ✪ 0731.
Sehenswert : Münster★★★ (Chorgestühl★★★, Turm ⁂★★) Y – Jahnufer (Neu-Ulm) ≤★★ Z –
Fischerviertel★ Z – Ulmer Museum★ Z **M1.**
Ausflugsziel : Ulm-Wiblingen : Klosterkirche (Bibliothek★) S : 5 km.
🏌 Wochenauer Hof (S : 12 km), ✆ (07306) 21 02.
Ausstellungsgelände a. d. Donauhalle (über Wielandstr. X), ✆ 92 29 90, Fax 9229930.
🄱 Tourist-Information, Münsterplatz, ✉ 89073, ✆ 1 61 28 30, Fax 1611641.
ADAC, Neue Str. 40, ✉ 89073, ✆ 6 66 66, Fax 61409.
◆Stuttgart 94 ⑥ – ◆Augsburg 80 ① – ◆München 138 ①.

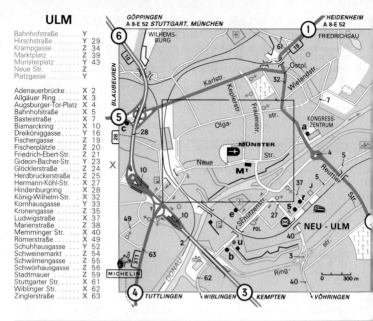

ULM

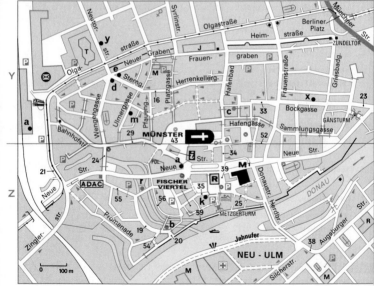

🏨 **Maritim**, Basteistr. 40 (Congress-Centrum), ⌗ 89073, 𝒫 92 30, Fax 9231000, 🛁, 🔲 – 🛗
　　📺 🔳 ᴋ ⟷ – 🔒 960. ⚡ Rest　　　　　　　　　　　　　　　　　　　X a
　　87 Z, 11 Suiten.

🏨 **Neuthor**, Neuer Graben 23, ⌗ 89073, 𝒫 1 51 60, Telex 712401, Fax 1516513 – 🛗 📺 ⟷
　　🅿 – 🔒 80. 🅰🅴 ⓞ 🅴 𝗩𝗜𝗦𝗔 ⚡　　　　　　　　　　　　　　　　　　　　Y e
　　23. Dez.- 10. Jan. geschl. – **Menu** (Sonntag nur Mittagessen) à la carte 36/70 – **90 Z**
　　140/220.

912

🏨🏨 **Stern,** Sterngasse 17, ⊠ 89073, ℰ 1 55 20, Fax 155299, ☎ – |‡| ⇔ Zim 📺 ☎ ⇔. **E** **VISA** ‎ ‎ ‎ Y **d**
Menu à la carte 37/73 – **61 Z** 125/220.

🏨🏨 **Goldenes Rad** garni, Neue Str. 65, ⊠ 89073, ℰ 6 70 48, Fax 61410 – |‡| 📺 ☎. **AE E VISA**
20 Z 120/190. ‎ ‎ Z **a**

🏨🏨 **Intercity Hotel,** Bahnhofsplatz 1, ⊠ 89073, ℰ 9 65 50, Fax 9655999 – |‡| ⇔ Zim 📺 ☎
⅙ ⇔ – ⚖ 60. **AE ① E VISA** ‎ ‎ ‎ Y **a**
Menu à la carte 33/60 – **135 Z** 170/220.

🏨🏨 **Blaubeurer Tor** garni, Blaubeurer Str. 19, ⊠ 89077, ℰ 9 34 60, Fax 9346200 – |‡| 📺 ☎
⇔ **℗. AE ① E VISA** ‎ ‎ X **c**
40 Z 130/230.

🏨 **Am Rathaus - Reblaus** garni, Kronengasse 10, ⊠ 89073, ℰ 6 40 32, Fax 6021656 – 📺
☎. **AE ①** ‎ ‎ Z **k**
23. Dez.- 8. Jan. geschl. – **34 Z** 65/180.

🏨 **Ibis,** Neutorstr. 12, ⊠ 89073, ℰ 61 90 01, Fax 63103 – |‡| ⇔ Zim 📺 ☎ ⅙ ⇔ – ⚖ 30.
➜ **AE ① E VISA** ‎ ‎ ‎ Y **y**
Menu *(Samstag - Sonntag geschl.)* (nur Abendessen) à la carte 24/51 – **90 Z** 124/138.

🏨 **Roter Löwe,** Ulmer Gasse 8, ⊠ 89073, ℰ 6 20 31, Fax 6021502 – |‡| 📺 ☎ ⇔. **AE ①**
➜ **E VISA** ‎ ‎ ‎ Y **m**
Menu à la carte 24/59 – **26 Z** 118/150.

XX **Goldener Bock** mit Zim, Bockgasse 25, ⊠ 89073, ℰ 2 80 79, Fax 9217668 – 📺 ☎. **AE**
① E VISA ‎ ‎ ‎ Y **x**
Menu *(Sonntag geschl.)* à la carte 50/80 – **12 Z** 95/140.

XX Zur Forelle, Fischergasse 25, ⊠ 89073, ℰ 6 39 24, Fax 69869 ‎ ‎ Z **b**

X **Pflugmerzler,** Pfluggasse 6, ⊠ 89073, ℰ 6 80 61 ‎ ‎ Y **c**
Samstag nur Mittagessen, Sonn- und Feiertage sowie 20. Mai - 6. Juni geschl. – **Menu**
à la carte 39/70.

X **Gerberhaus,** Weinhofberg 9, ⊠ 89073, ℰ 6 94 98 – **① E** ‎ ‎ Z **r**
Freitag geschl. – **Menu** à la carte 27/60.

In Ulm-Böfingen über ① :

🏨 **Atrium-Hotel,** Eberhard-Finckh-Str. 17, ⊠ 89075, ℰ 9 27 10, Fax 9271200, 🌤, ☎ – |‡|
📺 ☎ ℗ – ⚖ 40. **AE ① E VISA**
Menu à la carte 33/59 – **73 Z** 130/210.

In Ulm-Grimmelfingen ④ : 5 km :

🏨 **Adler,** Kirchstr. 12, ⊠ 89081, ℰ 38 50 61, Fax 382819, 🌤, ☎ – |‡| 📺 ☎ ⇔ ℗ – ⚖ 20.
AE E VISA
Menu *(Freitag nur Mittagessen, Samstag geschl.)* à la carte 31/55 – **42 Z** 120/170.

🏨 **Hirsch,** Schultheißenstr. 9, ⊠ 89081, ℰ 93 79 30, Fax 9379360, « Gartenwirtschaft » – 📺
➜ ☎ ℗. **AE ① E VISA**
24. Dez.- Mitte Jan. geschl. – **Menu** *(Dienstag geschl.)* à la carte 24/49 ⅙ – **25 Z** 90/145.

In Ulm-Lehr ⑥ : 3 km :

🏨🏨 **Engel,** Loherstr. 35, ⊠ 89081, ℰ 6 08 84, Fax 610395, 🌤, ☎ – |‡| 📺 ☎ ℗ – ⚖ 35. **AE**
① E VISA
23. Dez.- 9. Jan. geschl. – **Menu** *(Sonn- und Feiertage nur Mittagessen)* à la carte 29/61
– **46 Z** 118/210.

In Ulm-Wiblingen S : 5 km über Wiblinger Str. X :

XX **St. Martin's Schlößle,** Schloßstr. 12, ⊠ 89079, ℰ 4 67 56, Fax 481839, 🌤 – ℗. **AE E**
VISA. ⅝
Montag geschl., Dienstag nur Abendessen – **Menu** (Tischbestellung ratsam) à la carte
46/72 – **Modestus** *(nur Abendessen)* **Menu** à la carte 63/86.

An der Autobahn A 8 - Ausfahrt Ulm-Ost ① : 8 km :

🏨 **Rasthaus Seligweiler,** an der B 19, ⊠ 89081 Ulm (Donau), ℰ (0731) 2 05 40,
➜ Fax 2054400, 🔲 – |‡| 📺 ☎ ⇔ ℗ – ⚖ 40. **AE ① E VISA**
24., 25. und 31. Dez. geschl. – **Menu** à la carte 22/48 ⅙ – **118 Z** 85/148.

In Dornstadt ⑥ : 9 km :

🏨 **Krone,** Bodelschwinghweg 1 (B 10), ⊠ 89160, ℰ (07348) 2 10 33, Fax 22180, 🌤 – 📺 ☎
⇔ ℗ – ⚖ 180. **AE ① E VISA**
21.- 28. Dez. geschl. – **Menu** à la carte 32/61 *(auch vegetarische Gerichte)* ⅙ – **37 Z** 75/165.

Siehe auch : *Neu-Ulm*

MICHELIN-REIFENWERKE KGaA. Niederlassung Ulm, Dornierstr. 5 (über ④, Industriegebiet
Donautal), ⊠ 89079 ℰ (0731) 4 50 88 **Fax** 481925.

Les cartes Michelin sont constamment tenues à jour.

ULMET Rheinland-Pfalz 🔲🔲 F 18 – 800 Ew – Höhe 185 m – 🕿 06387.
Mainz 98 – Kaiserslautern 31 – ◆Saarbrücken 76 – ◆Trier 98.

- 🏠 **Felschbachhof** 🦢, nahe der B 420 (W : 1,5 km), ✉ 66887, 🖋 84 25, Fax 7500, 🍽, 🚗
  🚙, 🍴 – 📺 🅿 – 🔏 50. 🆎 **E**. 🦢
  Menu à la carte 34/65 🍷 – **25 Z** 65/115.

ULRICHSTEIN Hessen 🔲🔲 🔲🔲 K 15 – 3 600 Ew – Höhe 614 m – Erholungsort – 🕿 06645.
Sehenswert : Schloßruine ☼✷.
◆Wiesbaden 122 – ◆Frankfurt am Main 94 – Gießen 43 – Lauterbach 21.

- 🏠 **Zur Traube,** Marktstr. 1, ✉ 35327, 🖋 2 26, Fax 397, 🍽 – 📺 🅿
- ← Okt.- Nov. 3 Wochen geschl. – **Menu** (Montag geschl.) à la carte 24/50 – **11 Z** 43/95.
- 🏠 **Landgasthof Groh,** Hauptstr. 1, ✉ 35327, 🖋 3 10, 🚗 – 🚙 🅿 – 🔏 30
  Mitte Feb.- Mitte März geschl. – **Menu** (Montag geschl.) à la carte 26/50 🍷 – **13 Z** 45/105

UMKIRCH Baden-Württemberg 🔲🔲 G 22, 🔲🔲 ㉞ – 4 800 Ew – Höhe 207 m – 🕿 07665.
◆Stuttgart 206 – Colmar 41 – ◆Freiburg im Breisgau 9.

- 🏠 **Heuboden** garni, Gansacker 6a, ✉ 79224, 🖋 5 00 90, Fax 500996 – 📳 📺 🕿 🅿. 🆎 **E** 🆚🆘🅰
  🦢
  60 Z 80/130.
- 🏠 **Zum Pfauen,** Hugstetter Str. 2, ✉ 79224, 🖋 80 28, Fax 51949, 🍽 – 🌟 Zim 📺 🕿 🅿
  🆎 **E**
  Menu (Mittwoch geschl.) à la carte 50/84 – **20 Z** 89/148.

UNDELOH Niedersachsen 🔲🔲 M 7 – 850 Ew – Höhe 75 m – 🕿 04189.
Sehenswert : Typisches Heidedorf★.
Ausflugsziel : Wilseder Berg★ ≤★ (SW : 5 km, nur zu Fuß oder mit Kutsche erreichbar).
🅱 Verkehrsverein, Zur Dorfeiche 27, ✉ 21274, 🖋 3 33, Fax 507.
◆Hannover 113 – ◆Hamburg 53 – Lüneburg 35.

- 🏠 **Heiderose - Gästehaus Heideschmiede** 🦢, Wilseder Str. 13, ✉ 21274, 🖋 3 11, Fax 314
  🍽, 🚗, 🔲, 🍽 – 📳 📺 🕿 🅿. **E**
  Menu à la carte 31/65 (auch vegetarische Gerichte) – **50 Z** 100/180.
- 🏠 **Witte's Hotel** 🦢, Zum Loh 2, ✉ 21274, 🖋 2 67, Fax 629, 🍽, 🍽 – 📺 🕿 🅿. 🆎 ⑩ **E**
  🆚🆘🅰 🦢 Zim
  10. Dez.- Jan. geschl. – **Menu** (Montag geschl.) à la carte 35/59 – **23 Z** 77/144
  – ½ P 92/100.

  In Undeloh-Wesel NW : 5 km :

- 🏠 **Heidelust** 🦢, Weseler Dorfstr. 9, ✉ 21274, 🖋 2 72, Fax 672, 🍽, 🚗, 🍽 – 🕿 🅿 – 🔏 30
- ← 3.- 28. Jan. und 19.- 24. Dez. geschl. – **Menu** (Okt.- März Donnerstag geschl.) à la carte
  24/59 – **26 Z** 63/140 – ½ P 72/85.

UNKEL Rheinland-Pfalz 🔲🔲 E 15 – 4 300 Ew – Höhe 58 m – 🕿 02224 (Bad Honnef).
🅱 Verkehrsamt, Linzer Str. 2, ✉ 53572, 🖋 33 09.
Mainz 137 – ◆Bonn 22 – Neuwied 28.

- 🏨 **Rheinhotel Schulz** 🦢, Vogtsgasse 4, ✉ 53572, 🖋 7 10 51, Fax 72111, ≤
  « Gartenterrasse » – 📺 🕿 🅿 – 🔏 40. 🆎 ⑩ **E** 🆚🆘🅰. 🦢 Rest
  Menu à la carte 46/74 – **25 Z** 90/190.
- 🏠 **Gästehaus Korf - Weinhaus Zur Traube,** Vogtsgasse 2, ✉ 53572, 🖋 33 15, Fax 73362
  Rebengarten – 🚗 🅿
  nur Hotel : Nov.- Ostern geschl. – **Menu** (Mai-Okt. Dienstag geschl., Montag-Freitag nur
  Abendessen, Nov.- April nur Donnerstag-Sonntag ab 17 Uhr geöffnet) à la carte 28/62 –
  13 Z 63/106.

UNNA Nordrhein-Westfalen 🔲🔲 🔲🔲 G 12, 🔲🔲🔲 ⑭ – 64 000 Ew – Höhe 96 m – 🕿 02303.
🛈🛈 Fröndenberg (SO : 9 km) 🖋 (02373) 7 00 68.
ADAC, Friedrich-Ebert-Str. 7b, ✉ 59425, 🖋 1 27 85, Fax 15995.
◆Düsseldorf 87 – Dortmund 21 – Soest 35.

- 🏨 **Gut Höing** 🦢 garni (Gutshof a.d. 15. Jh. mit Gästehaus), Auf dem Höing (hinter der Eis
  sporthalle), ✉ 59425, 🖋 6 10 52, Fax 61013, 🍽 – 📺 🕿 🕭 🅿 – 🔏 25. 🆎 **E** 🆚🆘🅰
  19. Dez.- 2. Jan. geschl. – **52 Z** 115/190.
- 🏠 **Kraka,** Gesellschaftsstr. 10, ✉ 59423, 🖋 2 20 22, Fax 2410, 🚗 – 📺 🕿 🚙
  Menu à la carte 26/56 – **23 Z** 95/200.
- 🍴🍴 **Haus Kissenkamp,** Hammer Str. 102 d (N : 2 km), ✉ 59425, 🖋 6 03 77, Fax 63308, 🍽
  – 🅿 – 🔏 30. 🆎 ⑩ **E** 🆚🆘🅰
  Montag und Jan. 3 Wochen geschl. – **Menu** à la carte 41/79.
- 🍴 Ölckenthurm (Restaurant mit integriertem Turm a.d.J. 1475), Grabengasse 27 (am Neu
  markt), ✉ 59423, 🖋 1 40 80, 🍽.

914

Nahe Freibad Schöne Flöte SW : 7 km :

🏠 **Heidehof** garni, Massener Heide 22, ⊠ 59427 Unna, 𝒫 (02303) 8 31 30, Fax 81595 – 🍴
📺 ☎ ⇦ 🅿 ☲ ① 🄴 𝓥𝓘𝓢𝓐
23 Z 90/140.

In Unna-Königsborn :

🍴🍴 **Le Gourmet** (modern-elegantes Restaurant in einem ehem. Bahnhof), Hubert-Biernat-
Str. 2, ⊠ 59425, 𝒫 6 96 66, Fax 65593 – 🅿. ☲ ① 🄴 𝓥𝓘𝓢𝓐
Montag geschl. – **Menu** (nur Abendessen) à la carte 55/80.

UNTERFÖHRING Bayern siehe München.

UNTERHACHING Bayern siehe München.

UNTERKIRNACH Baden-Württemberg 🔢 HI 22 – 2 700 Ew – Höhe 800 m – Luftkurort –
Wintersport : 800/900 m ✭3 – 😊 07721 (Villingen-Schwenningen).
🛈 Verkehrsamt, Hauptstr. 19, ⊠ 78089, 𝒫 80 08 37, Fax 800840.
▶Stuttgart 122 – Donaueschingen 25 – ◆Freiburg im Breisgau 65.

🍴🍴 **Zum Stadthof**, Hauptstr. 6, ⊠ 78089, 𝒫 5 70 77, Fax 58358, 🍽 – 🅿. ☲ ① 🄴 𝓥𝓘𝓢𝓐 𝗝𝗖𝗕
Sonntag nur Mittagessen, Freitag und Juli - Aug. 3 Wochen geschl. – **Menu** à la carte 42/94
– *Kieschtockstube :* **Menu** à la carte 34/66.

🍴🍴 **Rößle-Post**, Hauptstr. 16, ⊠ 78089, 𝒫 5 45 21, 🍽 – 🅿. ☲ ① 🄴 𝓥𝓘𝓢𝓐
Montag - Dienstag und 4.- 19. Jan. geschl. – **Menu** à la carte 33/63 🍷.

UNTERREICHENBACH Baden-Württemberg 🔢 I J 20 – 2 100 Ew – Höhe 525 m – Erholungsort
– 😊 07235.
▶Stuttgart 62 – Calw 14 – Pforzheim 12.

In Unterreichenbach - Kapfenhardt :

🏨 **Mönchs Waldhotel Kapfenhardter Mühle** ⍋, ⊠ 75399, 𝒫 79 00, Fax 790190, 🍽, 😄,
🏊, 🎾 – 📶 📺 🅿 – ⚗ 35. ☲ ① 🄴 𝓥𝓘𝓢𝓐. 🍴 Rest
Menu à la carte 39/77 – **65 Z** 95/240.

🏠 **Untere Kapfenhardter Mühle** ⍋, ⊠ 75399, 𝒫 2 23, Fax 7180, 🍽, 😄, 🍴 – 📶 📺 ☎
🅿 – ⚗ 70. ☲ ① 🄴 𝓥𝓘𝓢𝓐
Ende Nov.- Anfang Dez. geschl. – **Menu** *(Nov.- Mitte April Dienstag geschl.)* à la carte 28/55
🍷 – **37 Z** 75/180.

🏠 **Jägerhof** ⍋, Hasenrain 1, ⊠ 75399, 𝒫 81 30, Fax 7495, 🍽, 🍴 – ☎ ⇦ 🅿 – ⚗ 30
Nov. 2 Wochen geschl. – **Menu** *(Montag geschl.)* à la carte 31/59 – **14 Z** 70/130 – ½ P 90.

UNTERSCHLEISSHEIM Bayern 🔢 R 22, 🔢 ㋧ – 24 500 Ew – Höhe 474 m – 😊 089 (Mün-
hen) – ◆München 18 – ◆Augsburg 69 – Ingolstadt 62 – Landshut 60.

🏠 **Alarun** garni, Weihenstephaner Str. 2 (Hollern), ⊠ 85716, 𝒫 31 77 80, Fax 31778178, 😄
– 📶 🍴 📺 ☎ 🔆 🅿 – ⚗ 20. ☲ ① 🄴 𝓥𝓘𝓢𝓐 𝗝𝗖𝗕
56 Z 150/195, 3 Suiten.

🏠 **Mercure** garni, Rathausplatz 8, ⊠ 85716, 𝒫 3 10 20 34, Fax 3173596, 😄 – 📶 📺 ☎ 🅿
– ⚗ 40. ☲ ① 🄴 𝓥𝓘𝓢𝓐
57 Z 159/245.

🏠 **Alter Wirt**, Hauptstr. 36, ⊠ 85716, 𝒫 3 10 66 28, Fax 3171691, 🍽, (Biergarten),
« Geschmackvolle Zimmereinrichtung mit Antiquitäten » – 📺 ☎ 🅿 – ⚗ 70. ☲ ① 🄴 𝓥𝓘𝓢𝓐
Menu *(Montag geschl., Samstag nur Abendessen)* à la carte 31/57 – **10 Z** 130/175.

UNTERWEISSBACH Thüringen 🔢 Q 15, 🔢 F 14 – 1 100 Ew – Höhe 550 m – 😊 036730
Sitzendorf).
rfurt 66 – ◆Berlin 306 – Coburg 95 – Suhl 53.

🏠 **Zum Hirsch**, Lichtetalstr. 20, ⊠ 98744, 𝒫 2 24 08, Fax 22271 – 📺 ☎ 🅿. 🄴
🍴 **Menu** à la carte 19/42 🍷 – **16 Z** 57/100.

UNTERWÖSSEN Bayern 🔢 U 23, 🔢 J 5 – 3 000 Ew – Höhe 600 m – Luftkurort – Wintersport :
00/900 m ✭5 ✭2 – 😊 08641 (Grassau).
🛈 Verkehrsamt, Rathaus, ⊠ 83246, 𝒫 82 05, Fax 8926.
München 99 – Rosenheim 40 – Traunstein 29.

🏠 **Zum Bräu**, Hauptstr. 70, ⊠ 83246, 𝒫 83 03, Fax 61896, 🍽 – 📶 🅿. 🍴 Zim
🍴 *Anfang Nov.- Anfang Dez. geschl.* – **Menu** *(Montag geschl.)* à la carte 23/57 – **31 Z** 60/138
– ½ P 78/94.

🏠 **Haus Gabriele** ⍋, Bründlsberggasse 14, ⊠ 83246, 𝒫 86 02, Fax 61740, 🍴 – ⇦ 🅿
Nov. geschl. – (Restaurant nur für Hausgäste) – **29 Z** 42/120 – ½ P 58/78.

In Unterwössen-Oberwössen S : 4 km :

🏛 **Post,** Dorfstr. 22, ✉ 83246, ℘ (08640) 82 91, Fax 8190, 🍴, 🌳 – **℗**
↞ 4. Nov.- 20. Dez. geschl. – **Menu** *(Dienstag geschl.)* à la carte 24/51 ♨ – **22 Z** 53/11
– ½ P 66/75.

UPLENGEN Niedersachsen **411** G 7 – 9 300 Ew – Höhe 10 m – ⛲ 04956.
♦Hannover 206 – Emden 42 – Oldenburg 38 – Wilhelmshaven 48.

In Uplengen-Remels :

🏛 **Uplengener Hof,** Ostertorstr. 57, ✉ 26670, ℘ 12 25, Fax 4555 – 📺 ☎ ⇐ ℗. ❤ Zir
↞ 24. Dez.- 2. Jan. geschl. – **Menu** *(Dienstag geschl.)* à la carte 22/51 – **7 Z** 60/154.

In Uplengen-Südgeorgsfehn S : 10 km ab Remels :

✗ **Ostfriesischer Fehnhof,** Südgeorgsfehner Str. 85, ✉ 26670, ℘ (04489) 27 79, Fax 3541
🍴 – ℗. 🅰🅴 ⓄⒹ 🅴 𝗩𝗜𝗦𝗔
Montag - Dienstag geschl., Mittwoch - Freitag nur Abendessen – **Menu** (Tischbestellun
ratsam) à la carte 33/60 *(auch vegetarische Gerichte).*

URACH, BAD Baden-Württemberg **413** L 21, **987** ㉟ – 12 000 Ew – Höhe 465 m – Heilbad un
Luftkurort – ⛲ 07125.
🛈 Kurverwaltung, Haus des Gastes, Bei den Thermen 4, ✉ 72574, ℘ 17 61, Fax 70174.
♦Stuttgart 46 – Reutlingen 19 – ♦Ulm (Donau) 56.

🏨 **Parkhotel,** Bei den Thermen 10, ✉ 72574, ℘ 14 10, Fax 141109, 🍴, Massage – 🛗 ⇆
📺 ☎ ℗ – 🔔 60. 🅰🅴 ⓄⒹ 🅴 𝗩𝗜𝗦𝗔. ❤ Rest
Menu à la carte 36/70 – **79 Z** 130/220 – ½ P 130/175.

🏨 **Graf Eberhard** ❧, Bei den Thermen 2, ✉ 72574, ℘ 14 80, Fax 8214, 🍴 – 🛗 ⇆ Zir
📺 ☎ ⇐ ℗ – 🔔 50. 🅰🅴 ⓄⒹ 🅴 𝗩𝗜𝗦𝗔. ❤ Zim
Menu à la carte 40/73 *(auch vegetarische Gerichte)* – **80 Z** 130/250.

🏨 **Frank-Vier Jahreszeiten,** Stuttgarter Str. 5, ✉ 72574, ℘ 16 96, Fax 1656, 🍴 – 🛗 📺
☎ ⓄⒹ 🅴 𝗩𝗜𝗦𝗔
Menu à la carte 33/65 – **35 Z** 89/220.

🏛 **Breitenstein** ❧ garni, Eichhaldestr. 111, ✉ 72574, ℘ 9 49 50, Fax 949510, ≤, Massage
♨, ⊆ട, 🏊, 🌳 – 🛗 📺 ☎ ⇐ ℗ – **16 Z** 72/146.

🏛 **Bächi** ❧ garni, Olgastr. 10, ✉ 72574, ℘ 18 56, Fax 40697, 🏊 (geheizt), 🌳 – 📺 ☎ ℗
🅴. ❤ – **16 Z** 60/105.

USEDOM (Insel) Mecklenburg-Vorpommern **414** N 4, **984** ⑧, **987** ⑦ – Seebad – Östlichst
und zweitgrößte Insel Deutschlands.
Sehenswert : Gesamtbild★ der Insel mit Badeorten★ Bansin, Heringsdorf, Ahlbeck(Seebrücke★
– Mellenthin (Innenausstattung der Dorfkirche★).
Ab Zinnowitz : Schwerin 201 – Neubrandenburg 81 – ♦Rostock 136 – Stralsund 74.

AHLBECK – 5 400 Ew – Seebad – ⛲ 038378.
🛈 Kurverwaltung, Dünenstr. 45, ✉ 17419, ℘ 3 19 55, Fax 31956.

🏨 **Ostende** ❧, Dünenstr. 24, ✉ 17419, ℘ 5 10, Fax 28397, ≤, 🍴, ⊆ട – 📺 ☎ ℗ – 🔔 3(
❤ Rest
Menu à la carte 32/46 – **27 Z** 100/270.

🏨 **Villa Auguste Victoria,** Bismarckstr. 1, ✉ 17419, ℘ 3 07 13, Fax 28144, « renoviert
Jugendstil-Villa », ⊆ട – 📺 ☎. 🅴
Menu *(Nov.- Mitte Dez. geschl.)* à la carte 28/55 – **16 Z** 110/190, 3 Suiten – ½ P 95/16(

🏨 **Ostseehotel** ❧, Dünenstr. 41, ✉ 17419, ℘ 6 00, Fax 60100 – 📺 ☎. 🅰🅴 🅴 𝗩𝗜𝗦𝗔
↞ **Menu** à la carte 22/51 – **62 Z** 160/210.

🏨 **Strandhotel** ❧, Dünenstr. 19, ✉ 17419, ℘ 3 01 02, Fax 30101, ≤, 🍴, ⊆ട – 🛗 📺 🕿
℗. 🅰🅴 ⓄⒹ 🅴 𝗩𝗜𝗦𝗔
Jan.- März und Nov. geschl. – **Menu** à la carte 40/68 – **108 Z** 155/220, 10 Suiten.

🏨 **Strandrose** ❧ garni, Dünenstr. 18, ✉ 17419, ℘ 2 81 82, Fax 28194, ≤ – 📺 ☎ ℗. ❤
19 Z 170/190.

BANSIN – 2 900 Ew – Seebad – ⛲ 038378.
🛈 Kurverwaltung, Waldstr. 15, ✉ 17429, ℘ 2 94 33.

🏨 **Admiral** ❧, Strandpromenade 36, ✉ 17429, ℘ 2 94 19, Fax 29413, ⊆ട – 📺 ☎ ℗ – 🔔 2
Nov. geschl. – **Menu** *(im Winter Montag geschl.)* à la carte 27/48 – **51 Z** 125/195.

🏨 **Zur Post,** Seestr. 5, ✉ 17429, ℘ 2 94 04, Fax 29404, ⊆ട – 🛗 📺 ☎ ℗ – 🔔 80. 🅰🅴 🅴
𝗩𝗜𝗦𝗔
Menu à la carte 31/46 – **18 Z** 140/195.

🏨 **Strandhotel Atlantik,** Strandpromenade 18, ✉ 17429, ℘ 6 05, 🍴, « Restauriert
Jugendstil-Villa » – 📺 ℗ – 🔔 20. 🅰🅴 🅴 𝗩𝗜𝗦𝗔. ❤ Rest
Menu à la carte 26/38 – **26 Z** 155/195.

🏛 **Strandhotel** ⟡, Bergstr. 30, ⌧ 17429, 𝓅 2 26 84, Fax 2343, ≤, 🍽, ⇌s – |⃰| 📺 ☎ 🅿 –
🔺 50. ⚙ Rest
62 Z, 14 Suiten.

🏛 **Forsthaus Langenberg** ⟡, Strandpromenade 36 (NW : 2km, Zufahrt über Waldstraße),
⌧ 17429, 𝓅 3 21 11, Fax 29102, 🍽, ⇌s – 📺 ☎ 🅿
Menu à la carte 29/52 ♨ – **34 Z** 100/160.

HERINGSDORF – 3 700 Ew – Seebad – ✪ 038378.
🛈 Kurverwaltung, Kulmstr. 33, ⌧ 17424, 𝓅 2 82 28, Fax 32017.

🏛 **Pommerscher Hof,** Seestr. 41, ⌧ 17424, 𝓅 6 10, Fax 61100 – 📺 ☎ – 🔺 40. ⊠ E 𝚅𝙸𝚂𝙰
Menu à la carte 27/45 – **69 Z** 155/195.

🏛 **See-Eck,** Seestr. 1, ⌧ 17424, 𝓅 3 19 81, Fax 22974 – |⃰| 📺 ☎ 🅿 – 🔺 20
Menu (nur Abendessen) à la carte 35/56 – **37 Z** 135/215.

🏛 **Weißes Schloß** ⟡, Rudolf-Breitscheid-Str. 3, ⌧ 17424, 𝓅 3 19 84, Fax 31985 – 📺 ☎
🅿. ⊠ E 𝚅𝙸𝚂𝙰
Menu (Nov.- März Sonntag geschl.) (nur Abendessen) à la carte 28/55 – **18 Z** 110/180.

🏛 **Stadt Berlin,** Bülowstr. 15, ⌧ 17424, 𝓅 2 23 11, Fax 22648 – 📺 ☎ 🅿. ⓞ E 𝚅𝙸𝚂𝙰. ⚙ Zim
Menu à la carte 27/43 – **27 Z** 120/180.

🏛 **Hubertus** ⟡, Grenzstr. 1, ⌧ 17424, 𝓅 2 29 71, Fax 32310, 🍽, ⇌s – 📺 ☎ 🅿 – 🔺 25.
⊠ ⓞ E 𝚅𝙸𝚂𝙰
Nov. geschl. – **Menu** à la carte 25/51 – **25 Z** 120/220.

🏛 **Wald und See** ⟡, Rudolf-Breitscheid-Str. 8, ⌧ 17424, 𝓅 2 25 11, Fax 22511, ⇌s – |⃰| 📺
☎ 🅿 – 🔺 45. ⊠ E 𝚅𝙸𝚂𝙰. ⚙ Rest
Menu (nur Abendessen) à la carte 30/55 – **43 Z** 115/190.

In Heringsdorf-Neuhof :

🏛 **Am Gothensee** ⟡, Am Gothensee 2, ⌧ 17424, 𝓅 3 12 83, Fax 31291, ⇌s, 🌳 – 📺 ☎
➔ 🅿. ⊠ E 𝚅𝙸𝚂𝙰
Menu (nur Abendessen) à la carte 24/32 – **36 Z** 108/142.

ZEMPIN – 1 000 Ew – Seebad – ✪ 038377.
🛈 Fremdenverkehrsamt, Fischerstr. 1, ⌧ 17459, 𝓅 21 62.

🏛 Wikinger, Seestr.6, ⌧ 17459, 𝓅 21 95, ⇌s, 🌳 – 📺 ☎ 🅿
57 Z.

ZINNOWITZ – 4 500 Ew – Seebad – ✪ 038377.
🛈 Kurverwaltung, Makarenkostr. 1, ⌧ 17454, 𝓅 22 29, Fax 2110.

🏛 **Parkhotel Am Glienberg** ⟡, Glienbergweg 10, ⌧ 17454, 𝓅 7 20, Fax 72434, 🍽, ⇌s
– 📺 ☎ 🅿 – 🔺 25. ⊠ ⓞ E 𝚅𝙸𝚂𝙰
Menu à la carte 29/45 – **28 Z** 125/255, 3 Suiten.

🏛 **Asgard** ⟡, Dünenstr. 20, ⌧ 17454, 𝓅 4 12 26, Fax 41229 – |⃰| 📺 ☎ 🅿. ⊠ E 𝚅𝙸𝚂𝙰
Menu à la carte 35/60 – **34 Z** 110/180.

🏛 **Kormoran** ⟡, Dünenstr. 14, ⌧ 17454, 𝓅 4 07 02, Fax 40704 – 📺 ☎. ⊠ E 𝚅𝙸𝚂𝙰
Menu à la carte 34/60 – **17 Z** 120/180.

🏛 **Dünenschloß** garni, Karl-Marx-Str. 6, ⌧ 17454, 𝓅 4 08 11, Fax 41156 – 📺 ☎ 🅿. ⊠ E
𝚅𝙸𝚂𝙰. ⚙
24 Z 95/160.

USINGEN Hessen 🔢🔢 I 15, 🔢 ㉔ ㉕ – 12 500 Ew – Höhe 270 m – ✪ 06081.
Wiesbaden 42 – ◆Frankfurt am Main 33 – Gießen 41 – Limburg an der Lahn 41.

🏛 **Walkmühle,** Walkmühle 1 (B 275) W : 1 km, ⌧ 61250, 𝓅 20 94, Fax 16809 – 📺 ☎ 🅿.
⊠ ⓞ E 𝚅𝙸𝚂𝙰
Menu (Mittwoch geschl.) (wochentags nur Abendessen) à la carte 43/68 – **11 Z** 90/140.

USLAR Niedersachsen 🔢🔢 L 12, 🔢 ⑮ – 17 300 Ew – Höhe 173 m – Erholungsort –
✪ 05571.
🛈 Tourist-Information, Altes Rathaus, Lange Str. 1, ⌧ 37170, 𝓅 50 51, Fax 6295.
Hannover 133 – ◆Braunschweig 120 – Göttingen 39 – ◆Kassel 62.

🏛 **Romantik-Hotel Menzhausen,** Lange Str. 12, ⌧ 37170, 𝓅 20 51, Fax 5820, « Reich ver-
zierte 400-jährige Fachwerkfassade », ⇌s, 🏊, 🌳 – |⃰| 📺 ☎ ⟺ 🅿 – 🔺 40. ⊠ ⓞ E
𝚅𝙸𝚂𝙰
Menu à la carte 44/76 – **40 Z** 110/310.

In Uslar-Fürstenhagen S : 12 km :

🏛 **Landgasthaus Zur Linde** ⟡, Ahornallee 32, ⌧ 37170, 𝓅 (05574) 3 22, Fax 344, ⇌s –
🅿 – 🔺 20
Menu (Mittwoch geschl.) à la carte 24/40 – **24 Z** 40/80.

21   917

In Uslar-Schönhagen NW : 7 km – Erholungsort :

⚕ **Fröhlich-Höche,** Amelither Str. 6 (B 241), ✉ 37170, ☎ 26 12, Fax 2612, 斎, 滷 – 🅿
➔ *Nov. 3 Wochen geschl.* – **Menu** *(Donnerstag geschl.)* à la carte 22/49 – **15 Z** 45/100.

In Uslar-Volpriehausen O : 8 km :

🏨 **Landhotel am Rothenberg** ⑤, Rothenbergstr. 4, ✉ 37170, ☎ (05573) 95 90, Fax 1564
⇌, 滷 – 📳 📺 ☎ 🅿 – 🍴 60
15. Dez.- Feb. geschl. – **Menu** à la carte 30/51 – **60 Z** 95/205 – ½ P 95/105.

UTERSUM Schleswig-Holstein siehe Föhr(Insel).

UTTING AM AMMERSEE Bayern 🔢 Q 22, 🔢 ㊱, 🔢 F 4 – 2 900 Ew – Höhe 554 m –
🟢 08806.
◆München 41 – ◆Augsburg 60 – Landsberg am Lech 24.

In Utting-Holzhausen :

🏠 **Sonnenhof** ⑤, Ammerseestr. 1, ✉ 86919, ☎ 20 31, Fax 2789, 斎, 滷 – ☎ ⇔ 🅿 –
🍴 35. 🖪 *VISA*
Menu *(Dienstag geschl.)* à la carte 27/51 – **30 Z** 90/180 – ½ P 90/120.

VAIHINGEN AN DER ENZ Baden-Württemberg 🔢 J 20, 🔢 ㉞ – 23 000 Ew – Höhe 245 m
– 🟢 07042.
◆Stuttgart 28 – Heilbronn 54 – ◆Karlsruhe 56 – Pforzheim 21.

In Vaihingen-Roßwag W : 4 km :

🍴🍴 **Krone,** Kronengäßle 1, ✉ 71665, ☎ 2 40 36, 斎
Mittwoch - Donnerstag und Juli - Aug 3 Wochen geschl. – **Menu** à la carte 36/61 🍴.

VANSELOW Mecklenburg-Vorpommern siehe Demmin.

VAREL Niedersachsen 🔢 H 6, 🔢 ⑭ – 24 300 Ew – Höhe 10 m – 🟢 04451.
◆Hannover 204 – Oldenburg 34 – Wilhelmshaven 25.

🏨 Friesenhof (mit Gästehaus), Neumarktplatz 6, ✉ 26316, ☎ 13 70, Fax 84587, ⇌ – 📳
☎ 🍴 ⇔ 🅿 – 🍴 80 – **110 Z**, 9 Suiten.
⚕ **Ahrens,** Bahnhofstr. 53, ✉ 26316, ☎ 57 21 – ☎ ⇔ 🅿
➔ **Menu** *(Samstag geschl., Sonntag nur Mittagessen)* à la carte 24/44 – **15 Z** 36/85.
🍴🍴 **Schienfatt** (mit Heimatmuseum), Neumarktplatz 3, ✉ 26316, ☎ 47 61, « Gemütliche Gast
stuben mit historischer Bildersammlung »
Montag und Juli - Aug. 3 Wochen geschl. – **Menu** (wochentags nur Abendessen) à la carte
45/80.

In Varel-Dangast NW : 7 km :

🏨 **Graf Bentinck** ⑤, Dauenser Str. 7, ✉ 26316, ☎ 13 90, Fax 139222, ⇌ – 📳 🔜 Zim 📺
☎ 🅿 – 🍴 50. 🖭 ⑩ 🖪 *VISA*
Menu à la carte 32/63 – **42 Z** 125/190 – ½ P 120/155.

In Varel-Obenstrohe SW : 4,5 km :

🏨 **Waldschlößchen Mühlenteich** ⑤, Mühlteichstr. 78, ✉ 26316, ☎ 92 10, Fax 921100
斎, ⇌, 🖂 – 📺 🅿 – 🍴 70. 🎾
Entenblick : **Menu** à la carte 35/75 – *Farmerstube :* **Menu** à la carte 27/61 – **52 Z** 95/240
– ½ P 127/167.
🏠 **Landgasthof Haßmann,** Wiefelsteder Str. 71, ✉ 26316, ☎ 26 02, Biergarten – 📺 ☎ 🅿
Menu à la carte 25 /51 – **11 Z** 55/98 – ½ P 73.

VATERSTETTEN Bayern 🔢 S 22 – 20 000 Ew – Höhe 528 m – 🟢 08106 (Zorneding).
◆München 17 – Landshut 76 – Passau 160 – Salzburg 138.

🏠 **Alter Hof** (mit Gästehaus), Fasanenstr. 4, ✉ 85591, ☎ 3 10 86, Fax 301131 – 📺 ☎ ⇔
🅿. 🖭 🖪 *VISA* – **Menu** à la carte 25/53 – **36 Z** 108/148.
🏠 **Cosima** garni, Bahnhofstr. 23, ✉ 85591, ☎ 36 50, Fax 31104 – 📺 ☎ ⇔ 🅿. 🖭 ⑩ 🖪
VISA – **32 Z** 115/155.

In Vaterstetten-Neufarn NO : 7,5 km :

🏨 **Stangl** (mit 🏠 Gasthof), Münchener Str. 1 (B 12), ✉ 85646 Neufarn, ☎ (089) 90 50 10
Fax 90501363, Biergarten, « Renovierter Gutshof mit Jugendstileinrichtung » – 📳 📺 🅿 –
🍴 40. 🖭 ⑩ 🖪 *VISA*
Menu *(Samstag geschl.)* à la carte 28/56 – **53 Z** 100/180.
🏠 **Landhotel Anderschitz** garni, Münchener Str. 13 (B 12), ✉ 85646 Neufarn
☎ (089) 9 03 51 17, Fax 9045560 – 📺 ☎ 🖪
23. Dez.- 12. Jan. geschl. – **31 Z** 58/140.

In Vaterstetten-Parsdorf N : 4,5 km :

🏠 **Erb** garni (mit Gästehaus), Posthalterring 1 (Gewerbegebiet, Nähe BAB Ausfahrt), ⌧ 85599 Parsdorf, 𝒫 (089) 9 03 73 74, Fax 9044457, 🛎 – |💱| 📺 ☎ 🚗 🅿 – 🔬 20. 🆎 ⓸ ⴺ 𝘝𝘐𝘚𝘈
50 Z 100/175.

VECHTA Niedersachsen 🔢 H 8, 🔢 ⑭ – 24 000 Ew – Höhe 37 m – 🕲 04441.
Hannover 124 – ◆Bremen 69 – Oldenburg 49 – ◆Osnabrück 61.

🏠 **Igelmann,** Lohner Str. 22, ⌧ 49377, 𝒫 50 66, Fax 4342 – 📺 ☎ 🅿. 🆎 ⓸ ⴺ 𝘝𝘐𝘚𝘈. 𝒮𝓍 Rest
(nur Abendessen für Hausgäste) – **20 Z** 90/130.

🏠 **Schäfers,** Große Str. 115, ⌧ 49377, 𝒫 30 50, Fax 6040 – 📺 ☎ 🅿. 🆎 ⓸ ⴺ 𝘝𝘐𝘚𝘈
➡ **Menu** *(Freitag geschl.)* (wochentags nur Abendessen) à la carte 24/45 – **17 Z** 85/120.

VEITSHÖCHHEIM Bayern 🔢 🔢 M 17 – 9 400 Ew – Höhe 178 m – 🕲 0931 (Würzburg).
Sehenswert : Rokoko-Hofgarten★.
▌ Tourist-Information, Rathaus, Erwin-Vornberger-Platz, ⌧ 97209, 𝒫 9 00 96 37.
München 287 – Karlstadt 17 – ◆Würzburg 7.

🏠 **Weißes Lamm,** Kirchstr. 24, ⌧ 97209, 𝒫 9 80 23 00, Fax 9802499, 🍴 – |💱| 📺 ☎ 🅿. 🆎 ⴺ 𝘝𝘐𝘚𝘈
Menu à la carte 30/53 – **28 Z** 99/155.

🏠 **Hotel am Main** 🦢 garni, Untere Maingasse 35, ⌧ 97209, 𝒫 9 80 40, Fax 9804121, 🚤 – 📺 ☎ 🅿. ⓸ ⴺ 𝘝𝘐𝘚𝘈
20. Dez.- 8. Jan. geschl. – **36 Z** 100/155.

🏠 **Spundloch** 🦢, Kirchstr. 19, ⌧ 97209, 𝒫 9 12 13, Fax 98917, 🍴 – 📺 ☎. 🆎 ⓸ ⴺ 𝘝𝘐𝘚𝘈
Menu à la carte 30/67 🍸 – **9 Z** 95/145.

🏠 **Café Müller** 🦢 garni, Thüngersheimer Str. 8, ⌧ 97209, 𝒫 98 06 00, Fax 91506 – 📺 ☎ 🅿. 🆎 ⴺ 𝘝𝘐𝘚𝘈
8 Z 85/125.

VEITSRODT Rheinland-Pfalz siehe Idar-Oberstein.

VELBERT Nordrhein-Westfalen 🔢 🔢 E 12, 🔢 ⑭ – 90 000 Ew – Höhe 260 m – 🕲 02051.
▌ Verkehrsverein, Pavillon am Denkmal, Friedrichstr. 181a, ⌧ 42551, 𝒫 26 22 96, Fax 54705.
Düsseldorf 37 – ◆Essen 16 – Wuppertal 19.

🏨 **Queens Parkhotel** 🦢, Günther-Weisenborn-Str. 7, ⌧ 42549, 𝒫 49 20, Fax 492175, ≼, « Terrasse, Park », 𝗟𝟨, 🛎 – |💱| 🔆 Zim 📺 🕭 🅿 – 🔬 80. 🆎 ⓸ ⴺ 𝘝𝘐𝘚𝘈
Menu à la carte 47/76 *(auch vegetarisches Menu)* – **81 Z** 211/328.

🏠 **Stüttgen** garni, Friedrichstr. 168, ⌧ 42551, 𝒫 42 61, Fax 55561 – 🔆 📺 ☎ – 🔬 40. ⓸ ⴺ 𝘝𝘐𝘚𝘈. 𝒮𝓍
Juli und 23. Dez.- 6. Jan. geschl. – **23 Z** 104/238.

🏠 **Zur Traube,** Friedrichstr. 233, ⌧ 42551, 𝒫 25 32 31, Fax 252231 – 📺 ☎ 🅿. 🆎 ⓸ ⴺ 𝘝𝘐𝘚𝘈. 𝒮𝓍
Menu *(Freitag und 24. Dez.- 10. Jan. geschl.)* à la carte 28/65 – **30 Z** 90/190.

In Velbert-Langenberg O : 5 km :

🏠 **Rosenhaus,** Hauptstr. 43, ⌧ 42555, 𝒫 (02052) 30 45, Fax 1094, 🍴 – 📺 ☎ 🅿 – 🔬 30. ⴺ 𝘝𝘐𝘚𝘈 𝗝𝗖𝗕
Juli - Aug. 3 Wochen geschl. – **Menu** à la carte 37/70 – **14 Z** 115/170.

In Velbert-Neviges SO : 4 km :

XXX **Haus Stemberg,** Kuhlendahler Str. 295, ⌧ 42553, 𝒫 (02053) 56 49, Fax 40785, 🍴 – 🅿. 🆎 ⓸ ⴺ 𝘝𝘐𝘚𝘈
Donnerstag - Freitag, März - April 2 Wochen und Juli - Aug. 3 Wochen geschl. – **Menu** (Tischbestellung ratsam) à la carte 42/81.

VELBURG Bayern 🔢 S 19, 🔢 ㉗ – 4 700 Ew – Höhe 516 m – 🕲 09182.
München 144 – ◆Nürnberg 60 – ◆Regensburg 51.

🏠 **Zum Löwen,** Stadtplatz 11, ⌧ 92355, 𝒫 4 97, Fax 2533, 🍴, 🛎 – |💱| 🚗
➡ **Menu** *(Samstag geschl.)* à la carte 19/30 – **24 Z** 51/80.

🏠 **Zur Post,** Parsberger Str. 2, ⌧ 92355, 𝒫 16 35, Fax 2415, 🛎 – |💱| 🅿 – 🔬 150
➡ **Menu** à la carte 18/34 – **101 Z** 52/80.

In Velburg-Lengenfeld W : 3 km :

🏠 **Winkler Bräustüberl,** St.-Martin-Str. 6, ⌧ 92355, 𝒫 1 70, Fax 1710, Biergarten, 🛎, 🔳 – |💱| 📺 ☎ 🕭 🅿 – 🔬 60. ⓸ ⴺ 𝘝𝘐𝘚𝘈
➡ 2.- 15. Jan. und über Fasching geschl. – **Menu** à la carte 21/48 – **55 Z** 85/135.

VELEN Nordrhein-Westfalen 📖📖 D 11 - 11 300 Ew - Höhe 55 m - ✪ 02863.
♦Düsseldorf 98 - Bocholt 30 - Enschede 54 - Münster (Westfalen) 52.

🏛 **Sportschloss Velen** ⌂, ✉ 46342, 🖋 20 30, Fax 203788, 🏤, ⛉, 🖼, 🎠, 🎿 (Halle)
⏸ ↔ Zim 📺 🗖 ☎ - 🛂 120. 🖭 ⑩ 🜂 🅥🅤
23.- 27. Dez. geschl. - **Menu** à la carte 46/76 *(auch vegetarische Gerichte)* - **Orangerie**
- **Keller** *(nur Abendessen)* **Menu** à la carte 37/60 - **113 Z** 190/290.

In Velen-Ramsdorf W : 5 km :

🏠 **Rave** ⌂, Hüpohlstr. 31, ✉ 46342, 🖋 52 55, Fax 6632, ⛉, 🎠 - 🗖
Menu *(Donnerstag geschl., Montag - Freitag nur Abendessen)* à la carte 26/45 - **43 Z** 40/92

VELLBERG Baden-Württemberg 📖📖 M 19 - 3 900 Ew - Höhe 369 m - Erholungsort - ✪ 07907
Sehenswert : Pfarrkirche St. Martin ←★.
♦Stuttgart 81 - Aalen 49 - Schwäbisch Hall 13.

🏛 **Schloß Vellberg** ⌂ (mit Gästehäusern), ✉ 74541, 🖋 87 60, Fax 87658, ←, 🏤
« Schloßkapelle, Kaminzimmer, Rittersaal », ⛉ - 📺 ☎ 🗖 - 🛂 30. 🖭 ⑩ 🜂 🅥🅤
Menu à la carte 35/70 - **37 Z** 95/250 - ½ P 126/146.

In Vellberg-Eschenau SO : 1,5 km :

🍴 **Rose,** Ortsstr. 13, ✉ 74541, 🖋 22 94, Fax 8569 - 🗖. ⑩ 🜂 🅥🅤
Dienstag nur Abendessen, Montag, über Karneval 2 Wochen und Okt.- Nov. 3 Wochen
geschl. - **Menu** à la carte 33/60 ♨.

Die Preise   Einzelheiten über die in diesem Führer angegebenen Preise
finden Sie in der Einleitung.

VERDEN (Aller) Niedersachsen 📖 K 8, 📖 ⑮ - 25 500 Ew - Höhe 25 m - ✪ 04231.
🛈 Touristinformation, Ostertorstr. 7a, ✉ 27283, 🖋 1 23 17, Fax 12202.
♦Hannover 88 - ♦Bremen 38 - Rotenburg (Wümme) 25.

🏛 **Höltje,** Obere Str. 13, ✉ 27283, 🖋 89 20, Fax 892111, 🏤, ⛉, 🖼 - 📺 ☎ 🗖 - 🛂 40
🖭 ⑩ 🜂 🅥🅤. 🎘 Rest
Menu à la carte 35/76 *(auch vegetarische Gerichte)* - **45 Z** 115/215.

🏛 **Haag's Hotel Niedersachsenhof,** Lindhooper Str. 97, ✉ 27283, 🖋 66 60, Fax 64875, 🏤
⛉ - ⏸ 📺 ☎ 🗖 🖣 🗖 - 🛂 400. 🖭 ⑩ 🜂 🅥🅤
Menu à la carte 31/64 *(auch vegetarische Gerichte)* - **85 Z** 95/185.

🏛 **Parkhotel Grüner Jäger,** Bremer Str. 48 (B 215), ✉ 27283, 🖋 76 50, Fax 76545, 🏤 - 📺
☎ 🗖 - 🛂 200. 🖭 ⑩ 🜂 🅥🅤
Menu à la carte 38/66 - **41 Z** 118/180.

🍴🍴 ❀ **Pades Restaurant,** Anita-Augspurg-Platz 7, ✉ 27283, 🖋 30 60 - 🖭 🜂 🅥🅤
Sonntag, 1.- 10. Jan. und Juni - Juli 3 Wochen geschl. - **Menu** *(nur Abendessen)* 52/85
und à la carte 65/88
Spez. Seezungenfilet mit Shii-Take-Pilzen, Gratinierte Kalbsbäckchen, Cappuccino-Parfait mit
weißem Moccaeis.

🍴 **Zum Burgberg** mit Zim, Grüne Str. 36, ✉ 27283, 🖋 22 02, Fax 2225 - 📺 ☎ 🗖. 🎘 Zim
Menu *(Montag geschl.)* à la carte 33/63 - **4 Z** 80/110.

In Verden-Dauelsen N : 2 km :

🍴🍴 **Landhaus Hesterberg,** Hamburger Str. 27, (B 215), ✉ 27283, 🖋 7 39 49, 🏤
« Restauriertes Fachwerkhaus a.d. 17. Jh. » - 🗖. 🜂
Sonntag, Jan.- Feb. und Juni - Juli jeweils 2 Wochen geschl., Montag nur Abendessen -
Menu à la carte 41/70.

In Dörverden S : 10 km :

🏠 **Pfeffermühle** (mit Gästehaus), Große Str. 70 (B 215), ✉ 27313, 🖋 (04234) 22 31, Fax 2150
🏤, 🎠 - 📺 ☎ 🖣 🖬. 🗖. 🖭 ⑩ 🜂 🅥🅤
Menu à la carte 37/70 - **17 Z** 70/140.

VERL Nordrhein-Westfalen 📖 📖 I 11. 📖 ⑱. 📖 ⑭ - 20 500 Ew - Höhe 91 m - ✪ 05246
♦Düsseldorf 152 - Bielefeld 33 - Gütersloh 11 - Lippstadt 36 - Paderborn 31.

🏠 **Haus Papenbreer** garni, Gütersloher Str. 82, ✉ 33415, 🖋 9 20 40, Fax 920420 - 📺 ☎
🗖. 🜂
14 Z 80/130.

🍴🍴 ❀ **Büdel's Restaurant-Bürmann's Hof,** Kirchplatz 5, ✉ 33415, 🖋 79 70, Fax 81403, 🏤
« Westfälisches Fachwerkhaus mit rustikaler Einrichtung » - 🗖. 🖭 🜂
Sonntag - Montag, März - April 2 Wochen und Juli - Aug. 3 Wochen geschl. - **Menu** 48
(mittags) und à la carte 58/90
Spez. Seeteufel mit Basilikumsauce, Lammrücken mit Schalottenconfit, Rotweinbirne mit Mar-
zipaneis.

VERSMOLD Nordrhein-Westfalen 👁️👁️ H 10, 987 ⑭ – 18 700 Ew – Höhe 70 m – 🔌 05423.

🚉 Schultenallee 1, 𝒫 4 28 82.

◆Düsseldorf 165 – Bielefeld 33 – Münster (Westfalen) 44 – ◆Osnabrück 33.

🏨 **Altstadthotel,** Wiesenstr. 4, ⊠ 33775, 𝒫 30 36, Fax 43149, ⥌ – 🛗 📺 ☎ 🅿 – 🔬 150.
🔿 ⓞ 🄴 VISA
Menu *(Sonntag und Juli - Aug. 3 Wochen geschl.)* à la carte 47/77 – **30 Z** 122/190.

In Versmold-Bockhorst NO : 6 km :

XX **Alte Schenke** mit Zim, An der Kirche 3, ⊠ 33775, 𝒫 85 97, Fax 42350 – 📺 ☎ 🅿. 🔿
🄴
Menu *(Montag, Jan.- März und Juli - Okt. auch Dienstag sowie Juli 2 Wochen geschl.)*
(wochentags nur Abendessen) à la carte 48/74 – **3 Z** 85/170.

VESSER Thüringen siehe Schmiedefeld.

VIECHTACH Bayern 👁️👁️ V 19, 987 ㉗ – 8 200 Ew – Höhe 450 m – Luftkurort – Wintersport :
🎿8 – 🔌 09942.

🄳 Verkehrsamt, Stadtplatz 1, ⊠ 94234, 𝒫 8 08 25, Fax 6151.

◆München 174 – Cham 27 – Deggendorf 31 – Passau 82.

🏨 **Schmaus,** Stadtplatz 5, ⊠ 94234, 𝒫 16 27, Fax 6042, 🍴, ⥌, 🔲 – 🛗 📺 ☎ 🚗 🅿 –
🔬 200. 🔿 🄴 VISA
10. Jan.- 5. Feb. geschl. – **Menu** à la carte 37/69 – **42 Z** 79/170 – ½ P 109/120.

In Viechtach-Neunußberg NO : 10 km :

🏠 **Nußberg** 🔾, ⊠ 94234, 𝒫 13 83, Fax 6440, ≤, 🍴, ⥌, 🐎 – 📺 🚗 🅿 – 🎿
▶ 15. Nov. - 3. Dez. geschl. – **Menu** *(Nov. - April Montag geschl.)* à la carte 19/32 – **30 Z** 49/82.

🏠 **Burggasthof Sterr-Gästehaus Burgfried** 🔾, ⊠ 94234, 𝒫 88 20, Fax 6012, ≤, 🍴, ⥌,
▶ 🔲, 🐎 – 📺 🚗 🅿. 🎿 Rest –
Anfang Nov.- Mitte Dez. geschl. – **Menu** à la carte 21/45 🔣 – **36 Z** 52/98.

VIENENBURG Niedersachsen 👁️👁️ O 11, 987 ⑯ – 11 700 Ew – Höhe 140 m – 🔌 05324.

◆Hannover 101 – ◆Braunschweig 38 – Göttingen 91 – Goslar 11.

🔾 **Multhaupt,** Goslarer Str. 4 (B 241), ⊠ 38690, 𝒫 30 27, 🍴 – 🚗. 🄴. 🎿 Zim
▶ **Menu** à la carte 22/40 – **13 Z** 50/80.

VIERNHEIM Hessen 👁️👁️ I 18, 987 ㉕ – 30 000 Ew – Höhe 100 m – 🔌 06204.
Siehe Stadtplan Mannheim-Ludwigshafen.

🚉 Alte Mannheimer Straße (beim Viernheimer Kreuz), 𝒫 7 87 37.

◆Wiesbaden 82 – ◆Darmstadt 47 – Heidelberg 21 – ◆Mannheim 11.

🏨 **Continental,** Bürgermeister-Neff-Str. 12 (Rhein-Neckar-Zentrum), ⊠ 68519, 𝒫 60 90,
Telex 413555, Fax 609222, 🍴, ⥌, 🔲 – 🛗 ↩️ Zim 🍽️ Rest 📺 ☎ 🔬 🅿 – 🔬 70. 🔿 ⓞ
🄴 VISA JCB. 🎿　　　　　　　　　　　　　　　　　　　　　　　　　　　　　　　　　　　　DU r
Menu à la carte 31/66 – **121 Z** 170/210.

🏨 **Central-Hotel** garni, Hölderlinstr. 4, ⊠ 68519, 𝒫 20 81, Fax 8108, ⥌ – 🛗 📺 ☎ 🚗 🅿
– 🔬 20. 🔿 ⓞ 🄴 VISA　　　　　　　　　　　　　　　　　　　　　　　　　　　　　　　　　　　DU n
24. Dez.- 4. Jan. geschl. – **27 Z** 109/185.

🏨 **Post** garni, Luisenstr. 3, ⊠ 68519, 𝒫 7 09 10, Fax 709181 – 🛗 📺 ☎ 🚗 – 🔬 45. 🔿 🄴.
🎿　　　DU a
24 Z 120/195.

🏠 **Am Kapellenberg** garni, Mannheimer Str. 59, ⊠ 68519, 𝒫 7 70 77, Fax 65978 – 📺 ☎
🅿　　　DU e
18 Z 95/130.

XX **Puppenspieler,** Waldstr. 20, ⊠ 68519, 𝒫 7 97 32, 🍴 – 🔿 ⓞ 🄴 VISA　　　　　　　DU s
Montag geschl. – **Menu** (nur Abendessen) à la carte 67/87.

In Viernheim-Neuzenlache über die A 659 DU, Ausfahrt Viernheim-Ost :

XX ✿ **Pfeffer und Salz,** Neuzenlache 10, ⊠ 68519, 𝒫 7 70 33, Fax 77035, 🍴 – 🅿. 🔿
Samstag nur Abendessen, Sonntag - Montag und Mitte Juli - Mitte Aug. geschl. – **Menu**
(Tischbestellung ratsam, bemerkenswerte Weinkarte) à la carte 72/115
Spez. Terrinen, Gänseleber süß-sauer, Fisch- und Wildgerichte (nach Saison).

VIERSEN Nordrhein-Westfalen 👁️👁️ C 13, 987 ㉓ – 77 000 Ew – Höhe 41 m – 🔌 02162.

◆Düsseldorf 33 – Krefeld 20 – Mönchengladbach 10 – Venlo 23.

🏨 **Kaisermühle** (ehemalige Mühle), An der Kaisermühle 20, ⊠ 41747, 𝒫 3 00 31, Fax 34751,
🍴 – 📺 ☎ 🅿. 🔿 ⓞ 🄴 VISA – **Menu** à la carte 45/80 – **12 Z** 115/230.

X **Stadtwappen** mit Zim, Gladbacher Str. 143 (B 59), ⊠ 41747, 𝒫 3 20 11, Fax 31414 – 📺
☎ 🅿
Juli - Aug. 3 Wochen geschl. – **Menu** *(Samstag nur Abendessen, Montag geschl.)* à la carte
36/73 – **7 Z** 55/130.

In Viersen-Dülken W : 5,5 km :

🏠 **Cornelius** garni, Rheindahlener Str. 3, ⊠ 41751, 𝒫 43 03, Fax 42828 – ⥱ 📺 ☎ ⇐ 🄿
– 🅰 25. 🄰🄴 ⓞ 🄴 𝘝𝘐𝘚𝘈
über Weihnachten geschl. – **29 Z** 105/250.

🏠 **Ratsstube,** Lange Str. 111, ⊠ 41751, 𝒫 43 36, Fax 4338 – 📺 ☎ ⇐. 🄴 𝘝𝘐𝘚𝘈. ⅍ Zim
Menu *(Montag und Aug. 3 Wochen geschl.)* à la carte 34/70 – **18 Z** 75/130.

In Viersen-Süchteln NW : 4,5 km :

🏠 **Höhen-Hotel - Petit Chateau** (ehem. Villa), Hindenburgstr. 67, ⊠ 41749, 𝒫 72 77,
Fax 80359, ⇄ – 📺 ☎ ⇐ 🄿. 🄰🄴 🄴 𝘝𝘐𝘚𝘈. ⅍ Zim
Menu *(Sonntag nur Mittagessen, Montag geschl.)* (wochentags nur Abendessen, Tisch-
bestellung erforderlich) à la carte 42/75 – **15 Z** 98/200, 3 Suiten.

VIETGEST Mecklenburg-Vorpommern siehe Güstrow.

VILBEL, BAD Hessen 🄸🄸🄸 🄸🄸🄸 J 16, 🄸🄸🄸 ② – 25 000 Ew – Höhe 110 m – Heilbad – ✪ 06101.
◆Wiesbaden 48 – ◆Frankfurt am Main 10 – Gießen 55.

🏠 **Am Kurpark** garni, Parkstr. 20, ⊠ 61118, 𝒫 6 40 11, Fax 64960 – 🛗 📺 ☎ 🄿. 🄰🄴 🄴 𝘝𝘐𝘚𝘈
Weihnachten - Anfang Jan. geschl. – **45 Z** 108/165.

In Niederdorfelden NO : 4,5 km :

🏠 **Schott** ⌕ garni, Hainstr. 19, ⊠ 61138, 𝒫 (06101) 3 36 66, Fax 33660 – ⥱ 📺 ☎ 🄿. 🄴
10 Z 90/150.

VILLINGENDORF Baden-Württemberg 🄸🄸🄸 I 22 – 2 400 Ew – Höhe 621 m – ✪ 0741 (Rottweil).
◆Stuttgart 89 – Oberndorf 13 – Rottweil 5,5 – Schramberg 23.

🏠 **Kreuz,** Hauptstr. 8, ⊠ 78667, 𝒫 3 40 57, ⇗ – ☎ 🄿. 🄴
1.- 15. Jan. und Ende Juli - Anfang Aug. geschl. – **Menu** *(Mittwoch geschl., Donnerstag
nur Abendessen)* à la carte 28/58 ⅌ – **8 Z** 55/110.

✕✕ **Linde,** Rottweiler Str. 3, ⊠ 78667, 𝒫 3 18 43, Fax 34181 – 🄿. 🄰🄴 🄴
Montag nur Mittagessen, Dienstag und Juli 3 Wochen geschl. – **Menu** à la carte 45/77.

VILLINGEN-SCHWENNINGEN Baden-Württemberg 🄸🄸🄸 I 22, 🄸🄸🄸 ③⑤ – 80 000 Ew – Höhe 704 m
– Kneippkurort – ✪ 07721.
🄱 Verkehrsamt, Villingen, Rietstr. 8, ⊠ 78050, 𝒫 82 23 40, Fax 822347.
🄱 Verkehrsamt Schwenningen, im Bahnhof, ⊠ 78048, 𝒫 (07720) 82 12 09., Fax 821207.
ADAC, Kaiserring 1 (Villingen), ⊠ 78050, 𝒫 2 40 40, Fax 28805.
◆Stuttgart 115 ③ – ◆Freiburg im Breisgau 78 ⑤ – ◆Konstanz 90 ⑤ – Offenburg 79 ① – Tübingen 83 ③.

Stadtplan siehe gegenüberliegende Seite

Im Stadtteil Villingen :

🏨 **Am Franziskaner,** Rietstr. 27, ⊠ 78050, 𝒫 29 70, Fax 297520 – 🛗 ⥱ Zim 📺 – 🅰 80.
🄰🄴 ⓞ 🄴 𝘝𝘐𝘚𝘈. ⅍ Rest   A a
Menu *(Samstag - Sonntag geschl.)* à la carte 38/75 – **98 Z** 169/268, 8 Suiten.

🏨 **Ketterer,** Brigachstr. 1, ⊠ 78048, 𝒫 92 60, Fax 926200 – 🛗 📺 ☎. ⓞ 🄴 𝘝𝘐𝘚𝘈 𝘑𝘊𝘉   A r
Menu *(Sonntag nur Mittagessen)* à la carte 38/70 *(auch vegetarische Gerichte)* – **34 Z**
95/175.

🏨 **Bosse** ⌕, Oberförster-Ganter-Str. 9 (Kurgebiet), ⊠ 78048, 𝒫 5 80 11, Fax 58013, 🚗 – 📺
☎ 🄿 – 🅰 60. 🄰🄴 ⓞ 🄴 𝘑𝘊𝘉. ⅍ Rest   über ⑥
Menu *(Freitag geschl.)* à la carte 38/75 – **36 Z** 98/189.

🏠 **Rindenmühle,** Am Kneipp-Bad 9 (am Kurpark), ⊠ 78052, 𝒫 5 15 11, Fax 51522, ⇗, 🚗
– ⥱ Zim 📺 ☎ 🄿. 🄴 𝘝𝘐𝘚𝘈. ⅍ Zim   über Kirnacher Straße   A
Menu *(Sonntag nur Mittagessen, Montag und Feb. 2 Wochen geschl.)* à la carte 44/74
– **20 Z** 95/140.

Im Stadtteil Schwenningen – ✪ 07720 :

🏨 **Ochsen,** Bürkstr. 59, ⊠ 78054, 𝒫 83 90, Fax 839639 – 🛗 ⥱ Zim 📺 ☎ ⇐ 🄿 – 🅰 40.
🄰🄴 ⓞ 🄴 𝘝𝘐𝘚𝘈 𝘑𝘊𝘉   B a
Menu *(Freitag, Jan. 2 Wochen und Juli 3 Wochen geschl., Samstag nur Abendessen)*
à la carte 47/70 – **40 Z** 90/180.

🏨 **Central-Hotel** garni, Alte Herdstr. 12 (Muslen-Parkhaus), ⊠ 78054, 𝒫 30 30, Fax 303100
– 🛗 ⥱ 📺 ☎ ⇐ – 🅰 45. 🄰🄴 ⓞ 🄴 𝘝𝘐𝘚𝘈   B c
23. Dez.- 8. Jan. geschl. – **58 Z** 98/148.

Im Stadtteil Obereschach N : 5 km über Vockenhauser Str. A :

🏠 **Sonne,** Steinatstr. 17, ⊠ 78052, 𝒫 7 04 75, Fax 62921 – 📺 ☎ 🄿. ⅍ Zim
Juli 2 Wochen und Okt.- Nov. 3 Wochen geschl. – **Menu** *(Dienstag geschl.)* à la carte 28/50
⅌ – **20 Z** 50/95.

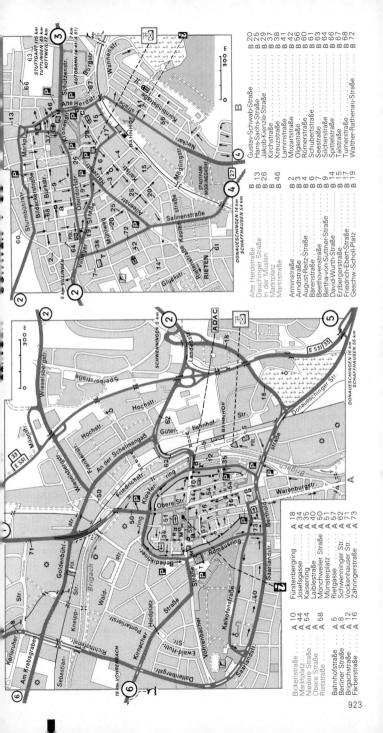

Im Stadtteil Weigheim über ③ : 7 km :

🏖 Schützen, Deißlinger Str. 2, ✉ 78056, ℰ (07425) 75 76 – ☎ 🄿
10 Z.

In Dauchingen NO : 4 km über Dauchinger Staße в :

🏠 Landgasthof Fleig, Villinger Str. 17, ✉ 78083, ℰ (07720) 59 09, Fax 65089, 🍽 – 📺 ☎ 🄿
18 Z.

🏠 Schwarzwälder Hof ⅏, Schwenninger Str. 3, ✉ 78083, ℰ (07720) 55 30, Fax 62103, ⅜
– 📳 📺 ☎ ⇐ 🄿
41 Z.

VILSHOFEN Bayern 🔢🔢🔢 W 21, 🔢🔢🔢 ㉘ ㊳, 🔢🔢🔢 L 3 – 14 600 Ew – Höhe 307 m – ✪ 08541.
♦München 164 – Passau 23 – ♦Regensburg 101.

🏠 **Bayerischer Hof,** Vilsvorstadt 29, ✉ 94474, ℰ 50 65, Fax 6972 – 📺 ☎ ⇐ 🄿. E. ⅏ Rest
27. Dez.- 10. Jan. geschl. – **Menu** (15.- 29. Aug. und Samstag geschl., im Winter Freitag
nur Mittagessen) à la carte 30/52 – **27 Z** 70/180.

VISBEK Niedersachsen 🔢🔢🔢 H 8 – 4 500 Ew – Höhe 50 m – ✪ 04445.
♦Hannover 139 – ♦Bremen 48 – Oldenburg 45 – ♦Osnabrück 63.

🏠 **Wübbolt** garni, Astruper Str. 19, ✉ 49429, ℰ 3 06, Fax 7146 – 📺 ☎ 🄿. ⅏
14 Z 68/98.

VISSELHÖVEDE Niedersachsen 🔢🔢🔢 L 8, 🔢🔢🔢 ⑮ – 10 000 Ew – Höhe 56 m – Erholungsort –
✪ 04262.
🅱 Verkehrsamt, Haus des Gastes, Waldweg, ✉ 27374, ℰ 16 67.
♦Hannover 81 – ♦Bremen 60 – ♦Hamburg 98 – Lüneburg 72 – Rotenburg (Wümme) 19.

🏨 **Luisenhof,** Worthstr. 10, ✉ 27374, ℰ 93 30, Fax 933100, 🍽, 🏤, ⅜, 🏊, ⅏ (Halle) –
📳 ↻ Zim 📺 ☎ 🔥 🄿 – 🔟 20. 🄰🄴 ① E 🆅🅸🆂🄰. ⅏ Rest
Menu à la carte 35/69 – **61 Z** 140/205.

In Visselhövede-Hiddingen NO : 3 km :

🏨 **Röhrs Gasthaus,** Neuenkirchener Str.1, ✉ 27374, ℰ 13 72, Fax 4435, « Garten », ⅜ –
← 📺 ☎ 🄿 – 🔟 80. 🄰🄴 E. ⅏
Menu (Montag - Freitag nur Abendessen) à la carte 23/52 – **28 Z** 65/110.

In Visselhövede-Jeddingen SW : 5 km :

🏠 **Jeddinger Hof,** Heidmark 1, ✉ 27374, ℰ 93 50, Fax 736, 🍽, 🔥 – ☎ 🄿 – 🔟 100. 🄰🄴
① E 🆅🅸🆂🄰
Menu à la carte 32/59 – **54 Z** 75/180.

VLOTHO Nordrhein-Westfalen 🔢🔢🔢 🔢🔢🔢 J 10, 🔢🔢🔢 ⑮ – 19 500 Ew – Höhe 47 m – ✪ 05733.
🅶 Vlotho-Exter, Heideholz 8 (SW : 8 km), ℰ (05228) 74 34.
♦Düsseldorf 206 – ♦Bremen 116 – ♦Hannover 76 – ♦Osnabrück 72.

🏠 **Lütke,** Poststr. 26, ✉ 32602, ℰ 50 75, Fax 5292 – 📺 ☎ 🄿 – 🔟 60. 🄰🄴 ① E 🆅🅸🆂🄰
Juli - Aug. 4 Wochen geschl. – **Menu** à la carte 40/82 – **20 Z** 68/140.

🏠 **Fernblick** ⅏, Lange Wand 16, ✉ 32602, ℰ 41 94, Fax 10827, ≤ Wesertal und Porta Westfalica, 🍽, 🔥 – 📺 ☎ 🄿. 🄰🄴 ① E 🆅🅸🆂🄰
Menu (Dienstag geschl.) à la carte 27/64 – **18 Z** 78/130.

In Vlotho-Bonneberg SW : 2,5 km :

🏨 **Bonneberg** ⅏, Wilhelmstr. 8, ✉ 32602, ℰ 79 30, Fax 793111, 🍽 – 📳 📺 ☎ 🔥 🄿 –
🔟 120. 🄰🄴 ① E 🆅🅸🆂🄰
Menu à la carte 40/68 – **126 Z** 138/217.

In Vlotho-Exter SW : 8 km :

🏠 **Grotegut,** Detmolder Str. 252, ✉ 32602, ℰ (05228) 2 16, Fax 1027 – 📺 ☎ ⇐ 🄿. 🄰🄴 ①
E 🆅🅸🆂🄰. ⅏
Menu (Sonntag nur Mittagessen, Montag nur Abendessen) à la carte 31/69 - **12 Z** 80/140.

🏠 **Landhotel Ellermann,** Detmolder Str. 250, ✉ 32602, ℰ (05228) 10 88, Fax 543 – 📺 ☎
⇐ 🄿. 🄰🄴 ① E 🆅🅸🆂🄰. ⅏ Zim
3.- 28. Aug. geschl. – **Menu** (Dienstag und 1.- 10. Jan. geschl.) à la carte 30/55 – **16 Z**
70/120.

VÖHRENBACH Baden-Württemberg 🔢🔢🔢 HI 22 – 4 300 Ew – Höhe 800 m – Erholungsort –
Wintersport : 800/1 100 m ⅘4 ⅍3 – ✪ 07727.
🅱 Verkehrsamt, Rathaus, Friedrichstr. 8, ✉ 78147, ℰ 50 11 15, Fax 501119.
♦Stuttgart 131 – Donaueschingen 21 – ♦Freiburg im Breisgau 56 – Villingen-Schwenningen 18.

Kreuz, Friedrichstr. 7, ✉ 78147, ☎ 70 17, Fax 7244 – 🚗 Ⓟ. VISA
März - April 2 Wochen und Mitte Nov.- Mitte Dez. geschl. – **Menu** *(Freitag geschl., Samstag nur Abendessen)* à la carte 26/55 🍷 – **15 Z** 60/110 – ½ P 65/76.

XX ❀ **Zum Engel,** Schützenstr. 2, ✉ 78147, ☎ 70 52, Fax 7873, (Gasthof a.d.J. 1544) – Ⓟ
7.- 17. Jan., Ende Juli - Mitte Aug. und Jan.- April Montag - Dienstag geschl., Mai - Dez. Dienstag auch Abendessen – **Menu** (Tischbestellung ratsam) à la carte 51/83
Spez. Kalbskopf mit Züngle und Hirnknödel, Geschmorte Lammhaxe mit Kräuternudeln, Aprikosensülze mit Lavendelhonig-Eis (Juli-Sept.).

An der Straße nach Unterkirnach NO : 3,5 km – Höhe 963 m

Friedrichshöhe, ✉ 78147 Vöhrenbach, ☎ (07727) 2 49, Fax 1350, 🏞, 🌳 – ☎ 🚗 Ⓟ – 🏛 25
Nov. geschl. – **Menu** *(Montag geschl.)* à la carte 24/56 🍷 – **16 Z** 56/116.

VÖHRINGEN Bayern 413 N 22, 987 ㊱ – 12 900 Ew – Höhe 498 m – ☎ 07306.
München 146 – Kempten (Allgäu) 75 – ♦Ulm (Donau) 22.

Sporthotel Ihle, Sportparkstr. 11, ✉ 89269, ☎ 60 44, Fax 2449, ≘s, 🎾 – TV ☎ Ⓟ
22 Z.

In Vöhringen-Illerberg NO : 3 km :

XX **Burgthalschenke,** Hauptstr. 4 (Thal), ✉ 89269, ☎ 52 65, Fax 34394, 🏞 – Ⓟ. AE ⓓ E VISA
Montag geschl. – **Menu** à la carte 34/68.

VÖLKLINGEN Saarland 412 D 19, 987 ㉔, 242 ⑥ – 44 300 Ew – Höhe 185 m – ☎ 06898.
ℹ Amt für Verkehrs- und Wirtschaftsförderung, Rathaus, Hindenburgplatz, ✉ 66333, ☎ 13 22 14, Fax 132350.
Saarbrücken 11 – Saarlouis 12.

❀ **Parkhotel Gengenbach,** Kühlweinstr. 70, ✉ 66333, ☎ 2 70 54, Fax 23655, « Kleiner Park, Gartenterrasse » – TV Ⓟ. AE ⓓ E VISA
Menu *(Samstag nur Abendessen, Sonn- und Feiertage geschl.)* à la carte 64/95 – **11 Z** 150/200
Spez. Sülze von Seezunge und Lachs, Crépinette von der Taubenbrust, Getrüffelte Rinderlende mit Barolo-Pfeffersauce.

In Völklingen-Fürstenhausen S : 1,5 km :

Saarhof garni, Saarbrücker Str. 67, ✉ 66333, ☎ 3 72 39 – TV ☎ 🚗 Ⓟ
14 Z 84/148.

VOERDE Nordrhein-Westfalen 411 412 CD 12 – 34 000 Ew – Höhe 26 m – ☎ 02855.
Düsseldorf 56 – Duisburg 23 – Wesel 10.

Niederrhein garni, Friedrichsfelder Str. 15, ✉ 46562, ☎ 96 20, Fax 962111, ≘s – 🛗 ⇔ TV ☎ ♿ Ⓟ – 🏛 60. AE ⓓ E VISA
56 Z 135/180.

XX **Wasserschloß Haus Voerde,** Allee 64, ✉ 46562, ☎ 36 11, Fax 3616, 🏞 – Ⓟ. E
Samstag nur Abendessen, Montag geschl. – **Menu** à la carte 44/75.

VÖRSTETTEN Baden-Württemberg siehe Denzlingen.

VOGT Baden-Württemberg 413 M 23, 427 N 2, 426 B 5 – 3 800 Ew – Höhe 700 m – ☎ 07529.
Stuttgart 178 – Kempten (Allgäu) 57 – Ravensburg 13.

XX **Landgasthaus Adler** mit Zim, Ravensburger Str. 2, ✉ 88267, ☎ 97 00, Fax 3436, « Fachwerkhaus mit elegant-rustikaler Einrichtung » – TV ☎ Ⓟ – 🏛 60. E
Menu à la carte 35/80 – **10 Z** 89/169.

VOGTSBURG IM KAISERSTUHL Baden-Württemberg 413 FG 22, 242 ㉜, 87 ⑦ – 5 100 Ew – Höhe 220 m – ☎ 07662.
♦Stuttgart 200 – Breisach 10 – ♦Freiburg im Breisgau 25 – Sélestat 28.

In Vogtsburg-Achkarren :

Zur Krone, Schloßbergstr. 15, ✉ 79235, ☎ 7 42, Fax 8715, 🌳 – ☎ 🚗 Ⓟ
Menu *(Mittwoch geschl.)* à la carte 33/67 🍷 – **22 Z** 65/110 – ½ P 72/77.

Haus am Weinberg 🐚, In den Kapellenmatten 8, ✉ 79235, ☎ 7 78, Fax 8527, ≘s, 🏊, 🌳 – TV ☎ 🚗 Ⓟ. AE E
6. Jan.- 6. Feb. geschl. – (nur Abendessen für Hausgäste) – **14 Z** 95/160.

In Vogtsburg-Bickensohl :

🏠 **Rebstock,** Neunlindenstr. 23, ⊠ 79235, ℘ 9 33 30, Fax 933320, 🌣 – 🅟
Jan.- 8. Feb. geschl. – **Menu** *(April - Nov. Montag geschl., Dienstag nur Abendessen, Dez.* *März Montag - Dienstag geschl.)* à la carte 35/72 🍷 – **13 Z** 65/160.

In Vogtsburg-Bischoffingen :

🏠 **Steinbuck** 🦱, Steinbuckstr. 20 (in den Weinbergen), ⊠ 79235, ℘ 7 71, Fax 6079
≼ Kaiserstühler Rebland, 🌣, 🗲, 🐎 – 📺 ☎ 🖛 🅟 – 🖆 30. 🕸 Rest
Mitte Jan.- Ende Feb. geschl. – **Menu** *(Dienstag geschl.)* à la carte 37/73 🍷 – **18 Z** 71/142

In Vogtsburg-Burkheim :

🏠 **Kreuz-Post,** Landstr. 1, ⊠ 79235, ℘ 5 96, Fax 1298, ≼, 🌣, 🐎 – ☎ 🖛 🅟 🕧 🖿 VISA
19. Nov.- 8. Dez. geschl. – **Menu** *(Dienstag geschl.)* à la carte 31/55 🍷 – **16 Z** 45/130.

In Vogtsburg-Niederrotweil :

🍴 **Zum Kaiserstuhl,** Niederrotweil 5, ⊠ 79235, ℘ 2 37 – 🅟
Sonntag nur Mittagessen, Montag und Aug. geschl. – **Menu** à la carte 42/67 🍷.

In Vogtsburg-Oberbergen :

🍴🍴🍴 ❀ **Schwarzer Adler** mit Zim, Badbergstr. 23, ⊠ 79235, ℘ 9 33 00, Fax 719, 🌣, 🗲, 🖂
– ☎ 🖛 🅟 🕧 🖿 VISA. 🕸
10. Jan.- 10. Feb. geschl. – **Menu** *(Mittwoch - Donnerstag geschl.)* (Tischbestellung ratsam
bemerkenswerte Weinkarte) 85/150 und à la carte 54/112 – **8 Z** 120/300
Spez. Ententerrine mit Gänseleber, Lasagne von bretonischem Steinbutt, Geschmorte Rinder
backe in Spätburgunder.

In Vogtsburg-Schelingen :

🍴 **Zur Sonne** mit Zim, Mitteldorf 5, ⊠ 79235, ℘ 2 76, Fax 6043 – 📺 ☎ 🅟 AE 🕧 🖿 VISA
8.- 29. Jan. und 8.- 23. Juli geschl. – **Menu** *(Dienstag geschl.)* (Tischbestellung ratsam
à la carte 35/60 🍷 – **4 Z** 48/88.

VOHENSTRAUSS Bayern 🗺️ U 18, 🗺️ ㉗ – 7 000 Ew – Höhe 570 m – ❀ 09651.
🛈 Verkehrsamt, Marktplatz 9 (Rathaus), ⊠ 92648, ℘ 55 30.
◆München 205 – ◆Nürnberg 108 – Passau 179 – ◆Regensburg 81.

🍲 **Drei Lilien,** Friedrichstr. 15, ⊠ 92648, ℘ 23 61 – 🖛
← **Menu** *(Montag - Freitag nur Abendessen)* à la carte 19/30 🍷 – **22 Z** 44/85.

VOIGTLAIDE Sachsen siehe Glauchau.

VOLKACH Bayern 🗺️ N 17, 🗺️ ㉖ – 8 900 Ew – Höhe 200 m – Erholungsort – ❀ 09381.
Sehenswert : Wallfahrtskirche "Maria im Weingarten" : Rosenkranzmadonna★ NW : 1 km.
🛈 Verkehrsamt, Rathaus, Marktplatz, ⊠ 97332, ℘ 4 01 12, Fax 40116.
◆München 269 – ◆Bamberg 64 – ◆Nürnberg 98 – Schweinfurt 24 – ◆Würzburg 35.

🏨 **Romantik-Hotel Zur Schwane,** Hauptstr. 12, ⊠ 97332, ℘ 8 06 60, Fax 806666
« Altfränkische Stuben, Innenhofterrasse » – 📺 ☎ 🖛 🅟 AE 🕧 🖿 VISA. 🕸
20. Dez.- 1. Jan. geschl. – **Menu** *(Montag und 2.- 20. Jan. geschl.)* 39/115 und à la carte
– **29 Z** 85/290 – ½ P 140/195.

🏨 **Vier Jahreszeiten** garni, Hauptstr. 31, ⊠ 97332, ℘ 37 77, Fax 4773, 🌣, « Historisches
Gebäude a.d.J. 1605 mit antiker Einrichtung » – 📺 ☎ 🅟 – 🖆 25. AE 🖿 VISA – **20 Z** 80/250

🏨 **Am Torturm** garni, Hauptstr.41, ⊠ 97332, ℘ 8 06 70, Fax 806744 – 📺 ☎. AE 🖿 VISA
14 Z 95/160.

🏠 **Gasthof und Gästehaus Rose,** Oberer Markt 7, ⊠ 97332, ℘ 12 94, Fax 6823, 🐎 – |≑
☎ 🅟 – 🖆 50. 🖿 VISA
25. Jan.- 22. Feb. geschl. – **Menu** *(Mittwoch geschl.)* à la carte 27/58 🍷 – **23 Z** 45/140
– ½ P 58/96.

🏠 **Behringer,** Marktplatz 5, ⊠ 97332, ℘ 24 53, Fax 2424, Biergarten – 📺 ☎. AE 🖿
Menu à la carte 31/65 – **21 Z** 65/160.

In Volkach-Astheim W : 1,5 km :

🍴 **Schwan,** Karthäuser Str. 13, ⊠ 97332, ℘ 12 15, Fax 6177, 🌣 – AE 🖿 VISA
Mittwoch nur Abendessen, Dienstag und Juni - Juli 3 Wochen geschl. – **Menu** à la carte
28/55 🍷.

In Volkach-Escherndorf W : 3 km :

🍲 **Engel,** Bocksbeutelstr. 18, ⊠ 97332, ℘ 24 47, Fax 6132 – 🖛. AE 🖿
← *7. Jan.- 7. Feb. geschl. –* **Menu** *(Donnerstag geschl.)* à la carte 23/45 🍷 – **10 Z** 40/75
– ½ P 50.

🍴 **Zur Krone,** Bocksbeutelstr. 1, ⊠ 97332, ℘ 28 50, Fax 6082 – 🖿
Dienstag sowie Feb. und Aug. jeweils 3 Wochen geschl., Mittwoch nur Abendessen – **Menu**
à la carte 43/60.

In Nordheim SW : 4 km : - ✆ 09381

⌂ **Gasthof Markert,** Am Rain 22, ✉ 97334, ✆ 47 00, Fax 3308 - ☎ Ⓟ - 🏛 50. Ɛ
⬥ **Menu** à la carte 23/58 🍷 - **24 Z** 65/110.

⌂ **Zur Weininsel,** Mainstr. 17, ✉ 97334, ✆ 28 75, Fax 6468, ⛱ - Ⓟ. ✂ Zim
⬥ *27. Dez.- Mitte Jan. geschl.* - **Menu** *(Mittwoch geschl.)* à la carte 24/44 🍷 - **12 Z** 45/110 - ½ P 58/80.

✗ Zehnthof Weinstuben, Hauptstr. 2, ✉ 97334, ✆ 17 02, Fax 4379, ⛱.

In Eisenheim-Obereisenheim NW : 9,5 km :

⌂ **Rose,** Marktplatz 5, ✉ 97247, ✆ (09386) 2 69, Fax 1264, ⇋ - Ⓟ. AE ◑ Ɛ VISA
⬥ **Menu** *(Montag geschl.)* à la carte 24/50 🍷 - **24 Z** 55/120.

VREDEN Nordrhein-Westfalen 411 412 D 10, 987 ⑬, 408 L 5 - 19 500 Ew - Höhe 40 m - ✆ 02564.

Verkehrsverein, Markt 6, ✉ 48691, ✆ 46 00.

Düsseldorf 116 - Bocholt 33 - Enschede 25 - Münster (Westfalen) 65.

⌂ **Hamaland,** Up de Bookholt 28, ✉ 48691, ✆ 13 22, Fax 34819 - 📺 ☎ Ⓟ. Ɛ VISA
Menu *(Montag geschl., Samstag und Sept. - April nur Abendessen)* à la carte 30/55 - **10 Z** 75/110.

WACHAU Sachsen siehe Leipzig.

WACHENHEIM Rheinland-Pfalz 412 413 H 18, 242 ④, 57 ⑩ - 4 600 Ew - Höhe 158 m - ✆ 06322 (Bad Dürkheim).

Verkehrsamt, Weinstr. 16 (Rathaus), ✉ 67157, ✆ 6 08 32, Fax 60859.

ainz 86 - Kaiserslautern 35 - ◆Mannheim 24 - Neustadt an der Weinstraße 12.

⌂ **Goldbächel** ⛰, Waldstr. 99, ✉ 67157, ✆ 9 40 50, Fax 5068, ⛱, ⇋, 🌳 - 📺 ☎ Ⓟ - 🏛 25
Jan. 2 Wochen geschl. - **Menu** *(Montag und Juli 1 Woche geschl.)* à la carte 31/68 🍷 - **16 Z** 65/135 - ½ P 85/92.

✗✗ **Kapellchen,** Weinstr. 29, ✉ 67157, ✆ 6 54 55 - ✂
Montag und Samstag nur Abendessen, Sonntag, Jan. 1 Woche und Juli-Aug. 3 Wochen geschl. - **Menu** à la carte 42/68.

In Gönnheim O : 4,5 km :

✗✗ **Lamm,** Bismarckstr. 21, ✉ 67161, ✆ (06322) 6 43 30, Fax 980606, ⛱ - Ⓟ. AE ◑ Ɛ VISA
Montag sowie Juli und Aug. jeweils 1 Woche geschl., Dienstag - Freitag nur Abendessen, Okt. - April Sonntag nur Mittagessen - **Menu** à la carte 50/73.

WACHTBERG Nordrhein-Westfalen 412 E 15 - 17 000 Ew - Höhe 230 m - ✆ 0228 (Bonn).

Wachtberg-Niederbachem, Landgrabenweg, ✆ 34 40 03.

Düsseldorf 99 - ◆Bonn 20 - ◆Koblenz 67 - ◆Köln 52.

In Wachtberg-Adendorf :

✗✗ **Gasthaus Kräutergarten,** Töpferstr. 30, ✉ 53343, ✆ (02225) 75 78, ⛱ - Ⓟ
Samstag nur Abendessen, Sonntag - Montag, Feb. 3 Wochen, Juli - Aug. 2 Wochen und über Weihnachten geschl. - **Menu** (Tischbestellung ratsam) à la carte 57/80.

In Wachtberg-Niederbachem :

⌂ **Dahl** ⛰, Heideweg 9, ✉ 53343, ✆ 34 10 71, Fax 345001, ≤, ⛱, ⇋, 🏊 - ⇅ 📺 ☎ 🚗 Ⓟ - 🏛 100. AE ◑ Ɛ VISA. ✂ Rest
23.- 29. Dez. und über Karneval geschl. - **Menu** *(Sonntag geschl.)* à la carte 29/56 - **67 Z** 95/210.

WACKEN Schleswig-Holstein 411 L 4 - 1 500 Ew - Höhe 40 m - ✆ 04827.

Kiel 85 - ◆Hamburg 75 - Itzehoe 17.

✗✗ **Landgasthof Zur Post,** Hauptstr. 25, ✉ 25596, ✆ 22 83, Fax 2676, ⛱, wechselnde Bilderausstellung - ♿ Ⓟ. AE ◑ Ɛ VISA
Mittwoch geschl. - **Menu** à la carte 32/64 🍷.

WADERN Saarland 412 D 18, 57 ⑥, 242 ② - 17 000 Ew - Höhe 275 m - ✆ 06871.

Saarbrücken 51 - Birkenfeld 32 - ◆Trier 42.

In Wadern-Reidelbach NW : 7 km :

⌂ **Reidelbacher Hof,** ✉ 66687, ✆ 30 28, Fax 4079, ⛱ - ☎ 🚗 Ⓟ. AE ◑ Ɛ VISA
14. - 25. Feb. und 23. Aug. - 1. Sept. geschl. - **Menu** *(Montag geschl.)* à la carte 25/50 - **11 Z** 48/78.

WADERSLOH Nordrhein-Westfalen 📖 📖 H 11 – 11 000 Ew – Höhe 90 m – 🕾 02523.
♦Düsseldorf 153 – Beckum 16 – Lippstadt 11.

🏨 ❀ **Bomke,** Kirchplatz 7, ⊠ 59329, ☎ 13 01, Fax 1366, 🍽, 🌳 – 📺 ☎ 🅿. 🆎 🅾 🗉 🚾
🍴 Zim
Menu *(Samstag nur Abendessen, Donnerstag und Juli - Aug. 3 Wochen geschl.)* (Tisch
bestellung ratsam, bemerkenswerte Weinkarte) à la carte 57/90 – **21 Z** 79/210
Spez. Hummer und Jakobsmuscheln im Safransud, Ochsenschwanzpraline mit Gänseleber, Kar
melisierter Pfirsich mit Mandelfladen.

WÄSCHENBEUREN Baden-Württemberg 📖 M 20 – 3 500 Ew – Höhe 408 m – 🕾 0717
(Lorch).
♦Stuttgart 54 – Göppingen 10 – Schwäbisch Gmünd 16.

In Wäschenbeuren-Wäscherhof NO : 1,5 km :

🏨 **Zum Wäscherschloß** 🍴, Wäscherhof 2, ⊠ 73116, ☎ 73 70, Fax 22340, 🍽, 🌳 – 🚗
🅿
Okt. 2 Wochen geschl. – **Menu** *(Mittwoch geschl.)* à la carte 26/44 – **27 Z** 65/110.

WAGENFELD Niedersachsen 📖 I 9, 📖 ⑭ – 6 000 Ew – Höhe 38 m – 🕾 05444.
♦Hannover 100 – ♦Bremen 74 – ♦Osnabrück 64.

🏨 **Central-Hotel** (mit Gästehaus), Hauptstr. 68 (B 239), ⊠ 49419, ☎ 3 61, Fax 5876 – 📺 🚗
➡ 🅿
1.- 20. Juli geschl. – **Menu** *(Freitag geschl., Samstag nur Abendessen)* à la carte 24/4
– **12 Z** 35/90.

WAGING AM SEE Bayern 📖 V 23, 📖 ㊳, 📖 K 5 – 5 400 Ew – Höhe 450 m – Luftkuror
– 🕾 08681.
🄱 Verkehrsbüro, Wilh.-Scharnow-Str. 20, ⊠ 83329, ☎ 3 13, Fax 9676.
♦München 124 – Salzburg 31 – Traunstein 12.

🏨 **Eichenhof** 🍴, Angerpoint 1 (NO : 1 km), ⊠ 83329, ☎ 40 30, Fax 40325, 🍽, 🐎, 🌳
📺 ☎ 🅿. 🗉 🍴 Rest
Menu (nur Abendessen) à la carte 26/59 – **34 Z** 125/240 – ½ P 130/165.

🏨 **Wölkhammer,** Haslacher Weg 3, ⊠ 83329, ☎ 40 80, Fax 4333, 🍽, 🍽 – 🛗 📺 🅿 – 🔬 40
🍴 Zim
Nov. geschl. – **Menu** *(Freitag geschl.)* à la carte 25/49 – **46 Z** 65/220 – ½ P 84/135.

🏨 **Unterwirt,** Seestr. 23, ⊠ 83329, ☎ 2 43, Fax 9938, 🍽, 🗉 – 📺 ☎ – 🔬 30
➡ *Jan. 3 Wochen geschl.* – **Menu** *(im Winter Montag, im Sommer Donnerstag geschl.)* à la
carte 24/50 – **36 Z** 60/130.

🏨 **Gästehaus Tanner** 🍴 garni, Hochfellnstr. 17, ⊠ 83329, ☎ 92 19 – 🅿. 🍴
15. - 22. Jan. und 5. Nov. - 24. Dez. geschl. – **13 Z** 45/80.

🍽🍽🍽 ❀ **Kurhaus Stüberl,** am See (NO : 1 km), ⊠ 83329, ☎ 40 09 12, Fax 400925, ≼ – 🅿. 🆎
🅾 🗉 🚾
Montag - Dienstag und Mitte Jan.- Ende Feb. geschl. – **Menu** (nur Abendessen, im Winte
Sonn- und Feiertage auch Mittagessen) 119/149 und à la carte 87/101
Spez. Rahmsülze von geräucherten Süßwasserfischen auf Linsen-Kürbissalat, Bauernente mit Bre
zenknödel, Quitten-Birnenstrudel.

WAHLSBURG Hessen 📖 📖 L 12 – 2 900 Ew – Höhe 150 m – 🕾 05572.
Sehenswert : in Lippoldsberg : Ehemalige Klosterkirche★.
🄱 Verkehrsamt (Lippoldsberg), Am Mühlbach 15, ⊠ 37194, ☎ 10 77, Fax 1768.
♦Wiesbaden 265 – Göttingen 48 – Höxter 40 – Hann. Münden 30.

In Wahlsburg-Lippoldsberg – Luftkurort :

🏨 **Lippoldsberger Hof** 🍴, Schäferhof 16, ⊠ 37194, ☎ 3 36, Fax 1327, 🌳 – 🚗 🅿. 🆎 🗉
25. März - 12. April geschl. – (Restaurant nur für Hausgäste) – **15 Z** 53/130.

WAIBLINGEN Baden-Württemberg 📖 KL 20, 📖 ㉟ – 50 000 Ew – Höhe 229 m – 🕾 07151
🄱 Stadtinformation, Marktgasse 1, ⊠ 71332, ☎ 5 00 14 23, Fax 5001446.
ADAC, Bahnhofstr. 75, ⊠ 71332, ☎ 5 10 58, Fax 562528.
♦Stuttgart 11 – Schwäbisch Gmünd 42 – Schwäbisch Hall 57.

🏨 **Koch,** Bahnhofstr. 81, ⊠ 71332, ☎ 5 50 81, Fax 55976 – 🛗 🍴 Zim 📺 ☎ 🚗 🅿. 🆎 🅾
🗉 🚾
23. Dez.- 8. Jan. geschl. – **Menu** *(Samstag nur Abendessen, Sonntag nur Mittagessen
à la carte 35/64 – **52 Z** 120/180.

🏨 **Adler,** Kurze Str. 15, ⊠ 71332, ☎ 5 39 39, Fax 562779 – 📺 ☎. 🆎 🅾 🗉 🚾
Menu *(Samstag sowie Sonn- und Feiertage geschl.)* (nur Abendessen) à la carte 27/61 🍴
– **28 Z** 85/160.

🍽🍽 Remsstuben, An der Talaue (im Bürgerzentrum, 1. Etage, 🛗), ⊠ 71334, ☎ 2 10 78,
Fax 24206, 🍽 – 🕭 🅿 – 🔬 350.

In Waiblingen-Hegnach NW : 3 km :

🏠 **Lamm,** Hauptstr. 35, ⊠ 71334, ℰ 95 95 40, Fax 9595410 – 📺 ☎ 🅿. 🄴
Menu *(Mittwoch geschl., Sonntag nur Mittagessen)* à la carte 31/58 ⅃ – **25 Z** 85/140.

In Korb NO : 3 km :

🏠 **Rommel,** Boschstr. 7 (Gewerbegebiet), ⊠ 71404, ℰ (07151) 3 70 76(Hotel), 3 55 50(Rest.),
Fax 35966 – |≋| ⇚ Zim 📺 ☎ 🅿 – 🔬 20. 🄴 𝑽𝑰𝑺𝑨. ⅏ Zim
23. Dez.- 6. Jan. geschl. – **Menu** *(Samstag-Sonntag geschl.)* (nur Abendessen) à la carte
36/65 – **50 Z** 105/180.

In Korb-Steinreinach NO : 3,5 km :

🍴 **Zum Lamm,** Buocher Str. 34, ⊠ 71404, ℰ (07151) 3 25 77 – 🅿
Montag - Dienstag, Jan. 3 Wochen und Aug. geschl. – **Menu** à la carte 34/59 ⅃.

WAISCHENFELD Bayern 🔢🔢🔢 R 17, 🔢🔢🔢 ㉖ – 3 100 Ew – Höhe 349 m – Luftkurort – 🕔 09202.
Ausflugsziel : Fränkische Schweiz★★.
🛈 Verkehrsamt im Rathaus, Marktplatz, ⊠ 91344, ℰ 15 48, Fax 1571.
◆München 228 – ◆Bamberg 48 – Bayreuth 26 – ◆Nürnberg 82.

Im Wiesenttal, an der Straße nach Behringersmühle :

🏠 **Café-Pension Krems** ≫, Rabeneck 17 (SW : 3 km), ⊠ 91344 Waischenfeld,
ℰ (09202) 2 45, ≤, 🚗 – ⅙ ⇔ 🅿. ⅏ Rest
10. Nov.- 20. Dez. geschl. – (Restaurant nur für Hausgäste) – **16 Z** 55/100.

🏠 **Pulvermühle** ≫, Pulvermühle 35 (SW : 1 km), ⊠ 91344 Waischenfeld, ℰ (09202) 10 44,
↣ Fax 1046, 🍴, 🚗 – ☎ ⇔ 🅿
Jan. und Nov. jeweils 2 Wochen geschl. – **Menu** *(Montag geschl.)* à la carte 24/49 – **10 Z**
60/120 – ½ P 80/110.

🏠 **Waldpension Rabeneck** ≫, Rabeneck 27 (SW : 3 km), ⊠ 91344 Waischenfeld,
↣ ℰ (09202) 2 20, Fax 1728, ≤, 🍴, 🚗 – 🅿
Feb. geschl. – **Menu** à la carte 24/39 – **25 Z** 50/102 – ½ P 50/61.

In Waischenfeld-Langenloh SO : 2,5 km :

🏠 **Gasthof Thiem** ≫, Langenloh 14, ⊠ 91344, ℰ 3 57, Fax 1660, 🍴 – 📺 ☎ ⇔ 🅿. ⅏ Zim
↣ *April - Okt.* – **Menu** *(Dienstag geschl.)* à la carte 16/29 – **10 Z** 60/102 – ½ P 65.

WALCHSEE Österreich siehe Kössen.

WALDACHTAL Baden-Württemberg 🔢🔢🔢 I 21 – 5 100 Ew – Höhe 600 m – Wintersport : 🎿5
– 🕔 07443.
🛈 Kurverwaltung, in Lützenhardt, Rathaus, ⊠ 72178, ℰ 29 40, Fax 30162.
◆Stuttgart 83 – Freudenstadt 17 – Tübingen 64.

In Waldachtal-Lützenhardt – Luftkurort :

🏠 Pfeiffer's Kurhotel ≫, Willi-König-Str. 25, ⊠ 72178, ℰ 24 80, Fax 248499, Massage, ♨, ⚘,
⩲, 🔲, 🚗 – |≋| ☎ 🅿. ⅏
Le Carosse *(auch Diät)* – **107 Z**.

🏠 **Breitenbacher Hof** ≫, Breitenbachstr. 18, ⊠ 72178, ℰ 80 16, Fax 20412, 🍴, ⩲, 🚗
– |≋| 📺 ☎ 🅿. ⅏ Rest
15.- 30. Jan. und 30. Nov.- 26. Dez. geschl. – **Menu** *(Mittwoch geschl.)* à la carte 28/57
– **23 Z** 60/140.

WALDAU Thüringen 🔢🔢🔢 E 14 – 1 000 Ew – Höhe 420 m – Erholungsort – 🕔 036878.
Erfurt 72 – Coburg 33 – Suhl 23.

🏠 **Bergkristall** ≫, Am Steinbacher Berg 1, ⊠ 98667, ℰ 2 45, Fax 245, 🍴, Biergarten – |≋|
📺 ☎ 🅿 – 🔬 50
64 Z.

🏠 **Weidmannsruh,** Hauptstr. 74, ⊠ 98667, ℰ 6 03 92, Biergarten – 📺 ☎ 🅿
↣ **Menu** à la carte 19/33 – **8 Z** 50/80.

WALDBÖCKELHEIM Rheinland-Pfalz 🔢🔢🔢 G 17 – 2 700 Ew – Höhe 156 m – Erholungsort –
🕔 06758.
Mainz 58 – Kreuznach, Bad 13.

🍴 **Weinhaus Hehner-Kiltz** mit Zim, Hauptstr. 4, ⊠ 55596, ℰ 79 18, Fax 8620 – ☎ 🅿. 🄴
Menu *(Dienstag geschl.)* à la carte 29/54 ⅃ – **9 Z** 50/80.

WALDBREITBACH Rheinland-Pfalz 412 F 15 – 2 100 Ew – Höhe 110 m – Luftkurort – © 02638.
🏢 Verkehrsamt, Neuwieder Str. 61, ✉ 56588, ℘ 40 17, Fax 6688.
Mainz 124 – ♦Bonn 48 – ♦Koblenz 38.

🏨 **Zur Post,** Neuwieder Str. 44, ✉ 56588, ℘ 89 90, Fax 89920, ⇔ – ☎ ℗ – 🦽 80. 🖭 ⓞ
E 🆅🆂🅰 – **Menu** à la carte 34/59 – **52 Z** 70/132.

🏨 **Vier Jahreszeiten,** Neuwieder Str. 67, ✉ 56588, ℘ 92 20, Fax 922101, 🍴, ⇔, 🎠 – 📺
☎ ℗ – 🦽 40
Anfang Jan.- Mitte Feb. geschl. – **Menu** *(Montag geschl.)* à la carte 25/51 – **30 Z** 55/100.

WALDBRONN Baden-Württemberg 413 I 20 – 12 500 Ew – Höhe 260 m – © 07243 (Ettlingen).
🏢 Kurverwaltung, im Haus des Kurgastes (beim Thermalbad), ✉ 76337, ℘ 5 65 70, Fax 565758.
♦Stuttgart 71 – ♦Karlsruhe 16 – Pforzheim 22.

In Waldbronn-Busenbach :

🏨 **Römerberg** 🦢, Waldring 3a, ✉ 76337, ℘ 60 60, Fax 67267 – 🛗 ⇔ Zim 📺 ☎ ℗ – 🦽 90.
🖭 ⓞ E 🆅🆂🅰
Menu à la carte 39/68 – **60 Z** 135/210.

🏨 Kurhotel Bellevue 🦢 garni, Waldring 1, ✉ 76337, ℘ 60 80, Fax 608444 – 🛗 📺 ☎ ℗
42 Z.

In Waldbronn-Reichenbach – Luftkurort :

🏨 **Weinhaus Steppe** 🦢, Neubrunnenschlag 18, ✉ 76337, ℘ 5 65 60, Fax 565656, ⇔, 🔲,
🎠 – ⇔ Zim 📺 ☎ ℗
Menu *(Sonntag nur Mittagessen, Mittwoch und Aug. 3 Wochen geschl.)* (wochentags nur
Abendessen) à la carte 31/58 🍷 – **28 Z** 95/160.

🏨 **Krone,** Kronenstr. 12, ✉ 76337, ℘ 5 64 50, Fax 564530, ⇔ – 📺 ☎ ℗. 🖭 ⓞ E 🆅🆂🅰
29. Juli - 25. Aug. geschl. – **Menu** *(Samstag nur Mittagessen, Mittwoch geschl.)* à la carte
32/58 🍷 – **20 Z** 50/180.

WALDECK Hessen 987 ⑮, 412 K 13 – 6 800 Ew – Höhe 380 m – Luftkurort – © 05623.
Sehenswert : Schloßterrasse ≤★.
🏢 Verkehrsamt, Altes Rathaus, Sachsenhäuser Str. 10, ✉ 34513, ℘ 53 02.
♦Wiesbaden 201 – ♦Kassel 57 – Korbach 23.

🏰 **Schloß Waldeck** 🦢, ✉ 34513, ℘ 58 90, Fax 589289, ≤ Edersee und Ederhöhen, 🍴, ⇔,
🔲, 🎠 – 🛗 ⇔ Zim 📺 ℗ – 🦽 100. 🖭 ⓞ E 🆅🆂🅰. 🍽 Rest
2. Jan.- 17. Feb. geschl. – **Menu** à la carte 51/93 – **43 Z** 170/270, 4 Suiten – ½ P 185/225.

🏨 **Roggenland,** Schloßstr. 11, ✉ 34513, ℘ 50 21, Fax 6008, 🍴, ⇔, 🔲 – 🛗 📺 ☎ ℗ –
🦽 100. 🖭 ⓞ E 🆅🆂🅰. 🍽
18.- 26. Dez. geschl. – **Menu** à la carte 42/66 – **67 Z** 110/230 – ½ P 130/140.

🏨 **Belvedere** garni, Bahnhofstr. 2, ✉ 34513, ℘ 53 90, Fax 6290 – 📺 ☎ ℗. 🍽
24 Z 74/156.

🏨 **Seeschlößchen** 🦢, Kirschbaumweg 4, ✉ 34513, ℘ 51 13, Fax 5564, ≤ Edersee, Massage, ⇔, 🔲, 🎠 – 📺 ℗. 🍽
5. Jan.- 15. März und Nov.- 15. Dez. geschl. – (nur Abendessen für Hausgäste) - **22 Z** 70/220
– ½ P 88/132.

In Waldeck-West, am Edersee SW : 2 km :

🏨 **Waldhotel Wiesemann** 🦢, Oberer Seeweg 1, ✉ 34513 Waldeck, ℘ 53 48, Fax 5410,
≤ Edersee, 🍴, ⇔, 🔲, 🎠 – 📺 ☎ ℗. 🍽
Jan. und Nov. jeweils 2 Wochen geschl. – **Menu** *(Okt.- März Donnerstag geschl.)* à la carte
27/60 – **15 Z** 70/200.

⛵ **Seehof** 🦢, Seeweg 2, ✉ 34513 Waldeck, ℘ 54 88, Fax 6297, ≤ Edersee, 🍴 – ℗. ⓞ
E
Menu (Abendessen nur für Hausgäste) à la carte 24/47 – **14 Z** 39/90 – ½ P 49/61.

In Waldeck - Nieder-Werbe W : 8 km :

🏨 **Werbetal,** Uferstr. 28, ✉ 34513, ℘ (05634) 71 96, Fax 6065, 🍴, 🐎 – 📺 ☎ 🚐 ℗. 🖭
ⓞ E 🆅🆂🅰
Mitte März - Mitte Dez. – **Menu** à la carte 30/58 – **26 Z** 68/156 – ½ P 75/109.

WALDENBUCH Baden-Württemberg 413 K 21, 987 ㉟ – 8 000 Ew – Höhe 362 m – © 07157.
♦Stuttgart 26 – Tübingen 20 – ♦Ulm (Donau) 94.

🏨 **Rössle,** Auf dem Graben 5 (B 27), ✉ 71111, ℘ 73 80, Fax 20326 – 🛗 📺 ☎ ℗. ⓞ E 🆅🆂🅰
Menu *(Dienstag und Juli-Aug. 2 Wochen geschl.)* à la carte 44/64 – **36 Z** 95/180.

WALDENBURG Baden-Württemberg 413 LM 19 – 3 000 Ew – Höhe 506 m – Luftkurort –
© 07942 (Neuenstein).
🏢 Verkehrsamt im Rathaus, ✉ 74638, ℘ 10 80, Fax 10888.
♦Stuttgart 82 – Heilbronn 42 – Schwäbisch Hall 19.

Panoramahotel Waldenburg, Hauptstr. 84, ✉ 74638, ℘ 9 10 00, Fax 9100888, ≤, Fö, ≘s, ▭ - |‡| ⇹ Zim ▭ ☎ ♿ ⇔ Ⓟ - 🏛 100. AE ⓓ E VISA
Menu à la carte 47/77 *(auch vegetarische Gerichte)* - **69 Z** 150/210 - ½ P 185/195.

Bergfried, Hauptstr. 30, ✉ 74638, ℘ 9 14 00, Fax 914045, ≤, 🏔 - ▭ ☎. E VISA
Ende Dez.- Mitte Jan. geschl. - **Menu** *(Dienstag nur Mittagessen, Mittwoch geschl.)* à la carte 29/55 - **14 Z** 78/130.

Mainzer Tor garni, Marktplatz 8, ✉ 74638, ℘ 23 35 - ▭ ☎
Anfang Okt.- Anfang Nov. geschl. - **12 Z** 75/120.

WALDENBURG Sachsen siehe Glauchau.

WALDESCH Rheinland-Pfalz 412 F 16 - 2 300 Ew - Höhe 350 m - ☎ 02628.
Mainz 90 - ♦Bonn 93 - ♦Koblenz 11.

König von Rom ⛰, Lindenweg 10, ✉ 56323, ℘ 20 94, Fax 2046, ≤, 🏔, 🌳 - ▭ ☎ ⇔ Ⓟ - 🏛 30. AE ⓓ E VISA
Menu *(2.- 16. Jan. und 10.- 29. Juli geschl.)* à la carte 44/70 - **19 Z** 80/150.

WALDFISCHBACH-BURGALBEN Rheinland-Pfalz 412 413 F 19, 987 ㉔ - 5 700 Ew - Höhe 272 m - ☎ 06333.
Mainz 110 - Kaiserslautern 26 - Pirmasens 14.

Zum Schwan, Hauptstr. 119, ✉ 67714, ℘ 30 05, Fax 5605, 🌳 - ▭ ☎ Ⓟ. E. ⇹ Zim
Menu *(Donnerstag geschl.)* à la carte 27/49 ♁ - **20 Z** 70/100.

WALDKIRCH Baden-Württemberg 413 GH 22, 987 ㉞, 242 ㉜ - 19 100 Ew - Höhe 274 m - Kneippkurort - ☎ 07681.
Sehenswert: Elztalmuseum★ - Pfarrkirche St. Margaretha (Innenausstattung★).
Ausflugsziel: Kandel ≤★ SO : 12 km.
ℹ Kur- und Verkehrsamt, Kirchplatz 2, ✉ 79183, ℘ 20 61 06, Fax 206107.
♦Stuttgart 204 - ♦Freiburg im Breisgau 17 - Offenburg 62.

Felsenkeller ⛰, Schwarzenbergstr. 18, ✉ 79183, ℘ 60 33, Fax 6033, ≤, Massage, ♆, ⛷, ≘s - ▭ ☎ ⇔ Ⓟ - 🏛 40. AE ⓓ E VISA
Menu à la carte 39/60 - **30 Z** 93/159.

Parkhotel ⛰, Merklinstr. 20, ✉ 79183, ℘ 50 61, Fax 24358, 🏔 - ▭ ☎ Ⓟ - 🏛 100
16 Z.

Scheffelhof, Scheffelstr. 1, ✉ 79183, ℘ 65 04, Fax 24596, 🏔 - ▭ ☎
16 Z.

Rebstock, Lange Str. 46, ✉ 79183, ℘ 93 80, Fax 9383 - ▭ ⇔
Aug.-Sept 3 Wochen geschl. - **Menu** *(Dienstag geschl.)* à la carte 35/65 - **11 Z** 65/120 - ½ P 80/90.

In Waldkirch-Buchholz SW : 4 km :

Hirschen-Stube - Gästehaus Gehri ⛰, Schwarzwaldstr. 45, ✉ 79183, ℘ 98 53, Fax 24250, ≘s, 🌳 - ▭ ☎ Ⓟ
Menu *(Sonntag nur Mittagessen, Montag und Feb. 3 Wochen geschl.)* à la carte 27/65 ♁ - **24 Z** 75/150 - ½ P 85/110.

Landgasthof Löwen, Schwarzwaldstr. 34, ✉ 79183, ℘ 98 68, Fax 25253, 🏔 - |‡| ▭ ☎ ♿ Ⓟ - 🏛 30. AE ⓓ E VISA. ⇹ Zim
Menu *(Mittwoch geschl.)* à la carte 25/54 ♁ - **20 Z** 90/130.

In Waldkirch-Kollnau NO : 2 km :

Kohlenbacher Hof ⛰, Kohlenbach 8 (W : 2 km), ✉ 79183, ℘ 88 28, Fax 5237, 🏔, 🌳 - ▭ ☎ Ⓟ - 🏛 20. AE ⓓ E VISA
Jan. 3 Wochen geschl. - **Menu** *(Dienstag geschl., Dez. - Mai Montag nur Mittagessen)* à la carte 36/65 - **18 Z** 75/130 - ½ P 90/95.

In Waldkirch-Suggental SW : 4 km :

Suggenbad (mit Gästehaus), Talstr. 1, ✉ 79183, ℘ 80 91, Fax 8046, 🏔, ≘s, 🌳 - |‡| ▭ ☎ ♿ ⇔ Ⓟ
Menu *(Donnerstag und Jan. 3 Wochen geschl.)* à la carte 33/62 ♁ - **35 Z** 65/180 - ½ P 90/115.

WALDKIRCHEN Bayern 413 X 20, 987 ㉘, 426 M 2 - 10 100 Ew - Höhe 575 m - Luftkurort - Wintersport : 600/984 m ⛷4 - ☎ 08581.
⛳9 Dorn (SO : 3 km), ℘ (08581) 10 40.
ℹ Verkehrsamt, Ringmauerstr. 14, (Bürgerhaus), ✉ 94065, ℘ 2 02 50, Fax 4090.
♦München 206 - Freyung 12 - Passau 29.

🏨 **Vier Jahreszeiten** 🗲, Hauzenberger Str. 48, ⊠ 94065, 𝒫 20 50, Telex 571131, Fax 205444, ≼, 🍴, 🚗, 🚂 direkter Zugang zum Bäderpark Karoli – 📺 ☎ ⚘ 🅿 – 🏇 70. 🖭 ⑩ 🗲. 🍽 Rest
Menu à la carte 29/58 – **112 Z** 99/162 – ½ P 106/125.

🏠 Gottinger (mit Apparthotel), Hauzenberger Str. 10, ⊠ 94065, 𝒫 80 11, Fax 3814, ≼, Biergarten, 🚗, 🚂 – 🍴 Zim 📺 ☎ 🅿 – 🏇 40
62 Z

🎍 **Lamperstorfer** (mit 🏨 Gästehaus 🗲), Marktplatz 19, ⊠ 94065, 𝒫 10 00, Fax 3898, 🚗 – 📺 🅿 🗲 𝘝𝘐𝘚𝘈
Menu à la carte 27/42 🍷 – **22 Z** 45/92 – ½ P 57/67.

In Waldkirchen-Dorn S : 3 km :

🏨 **Sporthotel Reutmühle** 🗲 (Apparthotel), Frauenwaldstr. 7, ⊠ 94065, 𝒫 20 30, Telex 571121, Fax 203170, Biergarten, Massage, 🎣, 🚗, 🏊, 🚂, 🎿(Halle) – 📺 ☎ ⚘ 🚗 🅿 – 🏇 80. 🖭 ⑩ 🗲
Menu à la carte 32/49 – **140 Z** 130/240.

WALDKRAIBURG Bayern 𝟦𝟣𝟥 U 22, 𝟫𝟪𝟩 ㊲, 𝟦𝟤𝟨 J 4 – 25 000 Ew – Höhe 434 m – 🕲 08638.
♦München 71 – Landshut 60 – Passau 107 – Rosenheim 64.

🏠 Garni, Berliner Str. 35, ⊠ 84478, 𝒫 9 67 50, Fax 967550 – 📺 ☎ 🅿 – **25 Z**.

WALD-MICHELBACH Hessen 𝟦𝟣𝟤 𝟦𝟣𝟥 J 18, 𝟫𝟪𝟩 ㉕ – 12 300 Ew – Höhe 346 m – Erholungsort – Wintersport : 450/593 m ⚐1 ⚐2 – 🕲 06207.
🛈 Verkehrsamt, In der Gass 17, (Rathaus) ⊠ 69483, 𝒫 4 01, Fax 1253.
♦Wiesbaden 101 – ♦Darmstadt 61 – ♦Mannheim 36.

In Wald-Michelbach - Aschbach NO : 2 km :

✗✗ **Vettershof**, Waldstr. 12, ⊠ 69483, 𝒫 23 13, Fax 3971 – 🅿. 🖭 ⑩ 🗲 𝘝𝘐𝘚𝘈
Montag geschl. – **Menu** (Tischbestellung ratsam) à la carte 36/85.

Auf der Kreidacher Höhe W : 3 km :

🏨 **Kreidacher Höhe** 🗲, ⊠ 69483 Wald-Michelbach, 𝒫 (06207) 26 38, Fax 1650, ≼, 🚗, 🚂, 🏊 (geheizt), 🚗, 🚂, 🎿 – 🍴 📺 ☎ 🕭 🅿 – 🏇 30. 🖭
Menu à la carte 46/78 – **34 Z** 115/240 – ½ P 135/150.

WALDMOHR Rheinland-Pfalz 𝟦𝟣𝟤 𝟦𝟣𝟥 F 18, 𝟤𝟦𝟤 ⑦, 𝟧𝟩 ⑦ – 5 400 Ew – Höhe 269 m – 🕲 06373.
Mainz 127 – Kaiserslautern 36 – ♦Saarbrücken 37.

✗✗ **Le marmiton,** Am Mühlweier 1, ⊠ 66914, 𝒫 91 56, 🚗 – 🅿. ⑩ 🗲 𝘝𝘐𝘚𝘈
Montag geschl., Dienstag nur Abendessen – **Menu** à la carte 57/74.

In Waldmohr-Waldziegelhütte NW : 2 km :

🏠 **Landhaus Hess** 🗲, Haus Nr. 13, ⊠ 66914, 𝒫 90 81, 🚗, 🚂 – 📺 ☎ 🅿. 🗲
Juni 2 Wochen geschl. – **Menu** *(Mittwoch geschl.)* à la carte 25/55 – **14 Z** 52/100.

An der Autobahn A 6 - Nordseite SO : 3 km :

🏠 Raststätte Waldmohr, ⊠ 66914 Waldmohr, 𝒫 (06373) 32 35, Fax 9060, 🚗 – 🅿 – **15 Z**.

WALDMÜNCHEN Bayern 𝟦𝟣𝟥 V 18, 𝟫𝟪𝟩 ㉗ – 7 700 Ew – Höhe 512 m – Luftkurort – Wintersport : 750/920 m ⚐2 ⚐6 – 🕲 09972.
🛈 Verkehrsamt, Marktplatz, ⊠ 93229, 𝒫 3 07 25, Fax 30780.
♦München 210 – Cham 21 – Weiden in der Oberpfalz 70.

🏨 **Bayerischer Hof** 🗲, Torweiherweg 5, ⊠ 93449, 𝒫 95 00 01, Fax 950455, 🚗, 🏊 – 🍴 🍽 Rest 📺 ☎ 🅿. 🖭 ⑩ 🗲 𝘝𝘐𝘚𝘈
Menu à la carte 20/56 – **168 Z** 85/156.

🏠 **Schmidbräu** (mit Gästehaus), Marktplatz 5, ⊠ 93449, 𝒫 2 21, Fax 3311 – 🍴 ☎ 🚗. ⑩ 🗲 𝘝𝘐𝘚𝘈
Menu *(Feb.- April Freitag geschl.)* à la carte 21/52 – **35 Z** 66/120.

🏠 **Post,** Marktplatz 9, ⊠ 93449, 𝒫 14 16 – 🅿
Menu à la carte 20/35 – **12 Z** 48/90.

In Waldmünchen-Geigant S : 9 km – Höhe 720 m :

🎍 Roßhof 🗲, ⊠ 93449, 𝒫 (09975) 2 70, Fax 8230, ≼, 🚗, 🚂 – 🚗 🅿 – **25 Z**.

In Waldmünchen-Herzogau SO : 4 km – Höhe 720 m :

🎍 **Pension Gruber** 🗲, ⊠ 93449, 𝒫 14 39, ≼, 🚂, 🚗 – 🅿
(Restaurant nur für Hausgäste) – **13 Z** 38/76 – ½ P 43/48.

In Tiefenbach NW : 13 km Richtung Schönsee :

🏨 **Gasthof Russenbräu,** Irlacher Str. 2, ⊠ 93464, ℘ (09673) 2 04, Fax 1808, 🏤 – ☎ ⇌
➡ 🅿. 🖪 𝚅𝙸𝚂𝙰
Menu à la carte 19/35 – **14 Z** 40/75.

In Treffelstein-Kritzenthal NW : 10 km Richtung Schönsee, nach 8 km rechts ab :

🏨 **Katharinenhof** ⑤, ⊠ 93492, ℘ (09673) 4 12, Fax 415, 🏤, « Restaurant-Stuben im ländlichen Stil », ⇌, 🔲, 🛋 – 🔟 ☎ 🅿 – 🔏 30. 🎇 Rest
15. Jan.- Feb. geschl. – **Menu** à la carte 28/54 – **50 Z** 65/110 – ½ P 75/90.

WALDRACH Rheinland-Pfalz 𝟜𝟙𝟚 D 17 – 2 200 Ew – Höhe 130 m – 🕾 06500.
Mainz 163 – Hermeskeil 22 – ♦Trier 11 – Wittlich 36.

In Riveris SO : 3 km :

🦢 **Landhaus zum Langenstein** ⑤, Auf dem Eschgart 50, ⊠ 54317, ℘ (06500) 2 87,
Fax 7579, 🏤, 🛲 – 🅿
26. Dez. - 20. Jan. geschl. – **Menu** *(Montag geschl.)* à la carte 25/39 🍴 – **22 Z** 50/96.

WALDSASSEN Bayern 𝟜𝟙𝟛 TU 16, 17, 𝟿𝟠𝟽 ㉗ – 8 000 Ew – Höhe 477 m – 🕾 09632.
Sehenswert : Stiftsbasilika★ (Chorgestühl★, Bibliothek★★).
Ausflugsziel : Kappel : Lage★★ - Wallfahrtskirche★ NW : 3 km.
🛈 Verkehrsamt, Johannisplatz 11, ⊠ 95652, ℘ 88 28, Fax 8851.
♦München 311 – Bayreuth 77 – Hof 55 – Weiden in der Oberpfalz 49.

🏨 **Bayerischer Hof,** Bahnhofstr. 15, ⊠ 95652, ℘ 12 08, Fax 4924, 🏤 – 🔟 ☎ 🅿. 🅰🅴 🖪 𝚅𝙸𝚂𝙰
➡ *April und Nov. jeweils 2 Wochen geschl.* – **Menu** *(Mittwoch geschl.)* à la carte 24/57 🍴
– **15 Z** 50/110.

🏨 **Ratsstüberl** (ehemaliges Forsthaus a.d.J. 1713), Basilikaplatz 5, ⊠ 95652, ℘ 9 20 40,
Fax 920444, 🏤 – 🔟. 🖪
Menu à la carte 25/46 – **25 Z** 45/90.

🏨 **Zrenner,** Dr.-Otto-Seidl-Str. 13, ⊠ 95652, ℘ 12 26, Fax 5427, « Innenhofterrasse » – 🔟
☎ ⇌. 🖪. 🎇 Rest
Menu *(Freitag geschl.)* à la carte 29/62 – **22 Z** 65/130.

🍴 **Prinzregent Luitpold,** Prinzregent-Luitpold-Str. 4, ⊠ 95652, ℘ 28 86, Fax 5439,
« Ehemaliger Bauernhof ». 🖪
Menu à la carte 27/54.

In Waldsassen-Kondrau SW : 2 km :

🏨 Pension Sommer garni, Wirtsgasse 8, ⊠ 95652, ℘ 7 42, ⇌, 🛲 – ☎ 🅿. 🎇
18 Z.

🏨 **Kondrauer Hof,** Alte Str. 1 (an der B 299), ⊠ 95652, ℘ 24 54, Fax 2164 – 🔟 ☎ 🅿. 🖪
(Restaurant nur für Hausgäste) – **12 Z** 50/85.

WALDSEE, BAD Baden-Württemberg 𝟜𝟙𝟛 M 23, 𝟿𝟠𝟽 ㉟ ㊱, 𝟜𝟚𝟽 ⑧ – 17 000 Ew – Höhe 587 m
– Heilbad – Kneippkurort – 🕾 07524.
Sehenswert : Stadtsee★.
🏌 Hofgut Hopfenweiler (NO : 1 km), ℘ 59 00.
🛈 Kurverwaltung, Ravensburger Str. 1, ⊠ 88339, ℘ 94 13 41, Fax 941345.
♦Stuttgart 154 – Ravensburg 21 – ♦Ulm (Donau) 66.

🏨 **Kur-Parkhotel** ⑤, Badstr. 30 (Kurgebiet), ⊠ 88339, ℘ 9 70 70, Fax 970775, Massage, ♨,
⇌, 🛲 – 🛗 ⇗ 🔟 ☎ 🅿
(Restaurant nur für Hausgäste) – **64 Z** 60/200.

🏨 **Altes Tor** garni, Hauptstr. 49, ⊠ 88339, ℘ 9 71 90, Fax 971997, ⇌ – 🛗 🔟 ☎. 🅰🅴 🔘 🖪
𝚅𝙸𝚂𝙰
– **28 Z** 120/180.

🏨 **Grüner Baum,** Hauptstr. 34, ⊠ 88339, ℘ 14 37, Fax 4229, 🏤 – 🔟 ☎ 🅿. 🅰🅴 🖪 𝚅𝙸𝚂𝙰
22. Dez.- 9. Jan. geschl. – **Menu** *(Dienstag-Mittwoch und 4.- 19. Juli geschl.)* à la carte
32/61 – **14 Z** 79/170 – ½ P 88/112.

🏨 **Kurpension Schwabenland** ⑤, Badstr. 26 (Kurgebiet), ⊠ 88339, ℘ 50 11, Massage,
♨, ♨, 🛲 – ⇗ ☎ 🅿. 🎇
Anfang Feb.- Okt. – (Restaurant nur für Pensionsgäste) – **17 Z** 59/130 – ½ P 61/80.

In Bad Waldsee-Gaisbeuren SW : 4 km :

🏨 **Adler,** Bundesstr. 15 (B 30), ⊠ 88339, ℘ 99 80, Fax 998152, 🏤, Biergarten – 🛗 🔟 ☎
⇌ 🅿 – 🔏 140. 🅰🅴 🖪 𝚅𝙸𝚂𝙰
Menu *(Donnerstag geschl.)* à la carte 37/54 – **31 Z** 83/154 – ½ P 88/98.

WALDSHUT-TIENGEN Baden-Württemberg 🔲🔲🔲 H 24, 🔲🔲🔲 ㉟, 🔲🔲🔲 I 3 – 21 500 Ew – Höhe 340 m – 🟢 07751.

🔁 Städtisches Verkehrsamt, Waldshut, im Oberen Tor, 761, 𝒫 16 14.

◆Stuttgart 180 – Basel 56 – Donaueschingen 57 – ◆Freiburg im Breisgau 80 – Zürich 45.

Im Stadtteil Waldshut :

🏨 **Waldshuter Hof,** Kaiserstr. 56, ⊠ 79761, 𝒫 20 08, Fax 7601 – 🛗 📺 ☎. 🇪 𝑉𝐼𝑆𝐴
Menu *(Sonntag nur Mittagessen, Montag geschl.)* à la carte 44/61 – **23 Z** 85/145.

🏨 **Fährhaus** (mit 🏡 Gästehaus), Konstanzer Str. 7 (B 34) (SO : 2 km), ⊠ 79761, 𝒫 30 11, Fax 7154 – 📺 ☎ 🚗 🅿. 🛇 Zim
Menu *(Sonntag geschl., Montag nur Abendessen)* à la carte 35/65 – **17 Z** 55/160.

Im Stadtteil Tiengen :

🏨 **Bercher,** Bahnhofstr. 1, ⊠ 79761, 𝒫 (07741) 6 10 66, Fax 65766, 🍴, 🍴 – 🛗 📺 ☎ 🚗 🅿 – 🔺 80. 🇪
7.- 16. Jan. geschl. – **Menu** *(Sonn- und Feiertage geschl.)* à la carte 29/59 – **40 Z** 65/180.

🏨 **Brauerei Walter** (Gasthof mit modernem Hotelanbau), Hauptstr. 23, ⊠ 79761, 𝒫 (07741) 45 30, Fax 63339 – 📺 ☎ 🚗 🅿 ⓪ 🇪 𝑉𝐼𝑆𝐴. 🛇 Zim
1.- 15. Aug. geschl. – **Menu** *(Sonn- und Feiertage geschl.)* à la carte 31/70 ⅄ – **20 Z** 65/160.

In Lauchringen-Oberlauchringen SO : 4 km ab Stadtteil Tiengen :

🏠 **Feldeck,** Klettgaustr. 1 (B 34), ⊠ 79787, 𝒫 (07741) 22 05, Fax 61468, 🔲, 🍽 – 🛗 📺 ☎ 🚗 🅿 – 🔺 30. 🇪 𝑉𝐼𝑆𝐴
Menu *(Samstag geschl.)* à la carte 25/47 ⅄ – **32 Z** 70/140.

WALDSTETTEN Baden-Württemberg siehe Schwäbisch Gmünd.

WALLDORF Baden-Württemberg 🔲🔲🔲 🔲🔲🔲 I 19, 🔲🔲🔲 ㉟ – 13 200 Ew – Höhe 110 m – 🟢 06227.

◆Stuttgart 107 – Heidelberg 15 – Heilbronn 54 – ◆Karlsruhe 42 – ◆Mannheim 30.

🏨🏨 **Holiday Inn Walldorf-Astoria,** Roter Straße (SW : 1,5 km), ⊠ 69190, 𝒫 3 60, Telex 466046, Fax 36504, 🍴, Biergarten, 🏋, 🍴, 🏊 (geheizt), 🔲, 🍽, 🎾 – 🛗 🛗 Zim 🍽 📺 🖑 🅿 – 🔺 100. 🇦🇪 ⓪ 🇪 𝑉𝐼𝑆𝐴. 🛇 Rest
Menu à la carte 49/72 – **158 Z** 279/408.

🏨 **Vorfelder,** Bahnhofstr. 28, ⊠ 69190, 𝒫 69 90, Fax 30541, 🍴, 🍴, 🍽 – 🛗 🛗 Zim 📺 ☎ 🖑 🅿 – 🔺 50. 🇦🇪 ⓪ 🇪 𝑉𝐼𝑆𝐴
Menu à la carte 39/65 – **66 Z** 120/350, 3 Suiten.

🏨 **Domizil** garni, Schwetzinger Str. 50, ⊠ 69190, 𝒫 60 80, Fax 60860, 🍴 – 🛗 🛗 📺 🅿. 🇦🇪 ⓪ 𝑉𝐼𝑆𝐴
23. Dez.- 6. Jan. geschl. – **34 Z** 175/235.

🍴 **Haus Landgraf** (ehem. Bauernhaus a.d. 17. Jh.), Hauptstr. 25, ⊠ 69190, 𝒫 40 36, Fax 601071, « Stilvolle, rustikale Einrichtung, Innenhof » – 🅿
(nur Abendessen).

WALLDÜRN Baden-Württemberg 🔲🔲🔲 🔲🔲🔲 L 18, 🔲🔲🔲 ㉟ – 11 200 Ew – Höhe 398 m – Erholungsort – 🟢 06282.

🔺 Walldürn-Neusaß, Mühlweg 7, 𝒫 76 05.

🔁 Verkehrsamt, im alten Rathaus, Hauptstr. 27, ⊠ 74731, 𝒫 6 71 07, Fax 67156.

◆Stuttgart 125 – Aschaffenburg 64 – Heidelberg 93 – ◆Würzburg 62.

🏨 **Landgasthof Zum Riesen** (restauriertes Fachwerkhaus a.d.J. 1724, ehemaliges Palais), Hauptstr. 14, ⊠ 74731, 𝒫 5 31, Fax 6618, 🍴 – 🛗 📺 ☎ 🅿 – 🔺 40. 🇦🇪 ⓪ 🇪 𝑉𝐼𝑆𝐴
Jan. geschl. – **Menu** à la carte 33/69 – **28 Z** 85/165 – ½ P 84.

🏠 **Zum Ritter,** Untere Vorstadtstr. 2, ⊠ 74731, 𝒫 60 55, Fax 6058 – 📺 ☎ 🅿. 🇦🇪 🇪 𝑉𝐼𝑆𝐴
◆ *Juli - Aug. 3 Wochen geschl.* – **Menu** *(Freitag geschl., Sonntag nur Mittagessen)* à la carte 22/45 ⅄ – **20 Z** 75/120 – ½ P 95.

In Walldürn-Reinhardsachsen NW : 9 km :

🏠 **Frankenbrunnen** 🏊, Am Kaltenbach 3, ⊠ 74731, 𝒫 (06286) 7 15, Fax 1330, 🍴, 🍴, 🍽 – 📺 ☎ 🚗 🅿 – 🔺 60. 🇦🇪 ⓪ 🇪 𝑉𝐼𝑆𝐴. 🛇 Rest
Menu *(Sonntag nur Mittagessen, Montag nur Abendessen)* à la carte 33/65 ⅄ – **23 Z** 95/160, 4 Suiten – ½ P 82/117.

WALLENHORST Niedersachsen siehe Osnabrück.

WALLERFANGEN Saarland siehe Saarlouis.

Ganz EUROPA auf einer Karte (mit Ortsregister) :
Michelin-Karte Nr. 🔲🔲🔲.

🎿, Risser Straße, ℰ 22 31.

🅸 Verkehrsamt, Dorfplatz 7, ✉ 82499, ℰ 4 72, Fax 1699.

◆München 93 – Garmisch-Partenkirchen 19 – Bad Tölz 47.

🏨 **Parkhotel,** Barmseestr. 1, ✉ 82499, ℰ 2 90, Fax 366, Massage, ⇌s, 🔲, 🛋 – ⧈ 📺 ⟷ **Ɵ**. ⚘ Rest
April 2 Wochen und 5. Nov.- 20. Dez. geschl. – **Menu** (nur Abendessen, Tischbestellung ratsam) à la carte 45/73 – **52 Z** – 140/174, 12 Suiten.

🏨 **Post,** Dorfplatz 6, ✉ 82499, ℰ 91 90, Fax 1658, 🍽, ⇌s – ⧈ 📺 ☎ ⟷ **Ɵ**
5. Nov.- 19. Dez. geschl. – **Menu** à la carte 31/67 – **30 Z** 70/180 – ½ P 105/125.

🏨 **Vita Bavarica** ⚘ garni, Lange Äcker 17, ✉ 82499, ℰ 5 72, Fax 2449, ≤ Karwendel und Wettersteinmassiv, ⇌s, 🔲 (geheizt), 🛋 – ☎ **Ɵ**. ⚘
25. Okt.- 18. Dez. geschl. – **13 Z** 51/138.

🏠 **Karwendelhof,** Walchenseestr. 18, ✉ 82499, ℰ 10 21, Fax 2413, ≤ Karwendel und Wetterstein, 🍽, ⇌s, 🔲, 🛋 – 📺 ☎ **Ɵ**
Nov.- Mitte Dez. geschl. – **Menu** (Donnerstag geschl.) à la carte 26/55 – **13 Z** – ½P 84/105.

🏠 **Wallgauer Hof** ⚘, Isarstr. 15, ✉ 82499, ℰ 20 24, Fax 2447, ⇌s, 🛋 – ☎ **Ɵ**. 🅴
Nov.- 15. Dez. geschl. – (nur Abendessen für Hausgäste) – **16 Z** 60/130.

🏠 **Isartal,** Dorfplatz 2, ✉ 82499, ℰ 10 44, Fax 2143, 🍽 – ⟷ **Ɵ**. 🅰🅴 🅴 𝖵𝖨𝖲𝖠
April - Mai 3 Wochen und Nov.- 17. Dez. geschl. – **Menu** (Montag nur Mittagessen, Dienstag geschl.) à la carte 25/53 – **20 Z** 50/104.

◆Wiesbaden 10 – ◆Koblenz 71 – Limburg an der Lahn 51 – Mainz 13.

🏨 **Zum neuen Schwan** ⚘ garni, Rheinstr. 3, ✉ 65396, ℰ 7 10 77, Fax 75120 – 📺 ☎ **Ɵ**. 🅰🅴 🅾 🅴 𝖵𝖨𝖲𝖠
Mitte Dez. - Anfang Jan. geschl. – **26 Z** 93/196.

🏠 **Ruppert,** Hauptstr. 61 (B 42), ✉ 65396, ℰ 7 10 89, Fax 72101 – 📺 ☎ **Ɵ** – 🕍 25
Menu (Montag - Dienstag geschl.) à la carte 27/50 – **30 Z** 80/130.

XX **Schwan** ⚘ mit Zim, Rheinstr. 4, ✉ 65396, ℰ 7 24 10, Fax 75442 – **Ɵ**. 🅰🅴 🅾 🅴 𝖵𝖨𝖲𝖠
Menu (Samstag nur Abendessen, Dienstag geschl.) à la carte 65/86 – **4 Z** 50/80.

In Walluf-Oberwalluf N : 2 km :

XX Viale, Marktstr. 14, ✉ 65396, ℰ 7 56 75, 🍽 – (nur Abendessen).

◆München 43 – Erding 8.

In Walpertskirchen-Hallnberg SO : 2 km :

X **Landgasthof Hallnberg** mit Zim, ✉ 85469, ℰ 4 10 55, Fax 49443, 🍽 – 📺 ☎ **Ɵ**. 🅰🅴 🅴
1. - 18. Aug. geschl. – **Menu** (Montag-Dienstag geschl., Mittwoch-Donnerstag nur Abendessen) à la carte 28/52 – **5 Z** 85/125.

Ausflugsziel : Vogelpark★ N : 3 km.

🎿 Walsrode-Tietlingen, ℰ (05162) 38 89.

🅸 Fremdenverkehrsamt, Lange Str. 20, ✉ 29664, ℰ 20 37, Fax 73395.

◆Hannover 61 – ◆Bremen 61 – ◆Hamburg 102 – Lüneburg 76.

🏠 **Landhaus Walsrode** ⚘ garni (ehem. Bauernhaus in einer Parkanlage), Oskar-Wolff-Str. 1, ✉ 29664, ℰ 80 53, Fax 2352, 🔲 (geheizt), 🛋 – ☎ ⟷ **Ɵ**. 🅰🅴 🅴
15. Dez.- 15. Jan. geschl. – **18 Z** 85/285.

🏠 **Walsroder Hof,** Lange Str. 48, ✉ 29664, ℰ 58 10, Fax 4974756 – ⧈ 📺 ⟷ **Ɵ**. 🅰🅴 🅾 🅴 𝖵𝖨𝖲𝖠. ⚘
Menu (Sonntag und Mitte Dez.- Jan. geschl.) (im Winter nur Abendessen) à la carte 31/58 – **35 Z** 105/160.

🏠 **Holiday Inn Express** garni, Gottlieb-Daimler-Str. 11, ✉ 29664, ℰ 60 70, Fax 607444 – ⇌⟷ 📺 ☎ 👥 **Ɵ** – 🕍 35. 🅰🅴 🅾 🅴 𝖵𝖨𝖲𝖠
79 Z 98/137.

🏠 **Hannover,** Lange Str. 5, ✉ 29664, ℰ 55 16, Fax 5513, Biergarten – 📺 **Ɵ**. 🅰🅴 🅴 𝖵𝖨𝖲𝖠
Menu (Jan. 2 Wochen geschl.) à la carte 23/50 – **24 Z** 75/140.

Beim Vogelpark N : 3 km :

🏠 **Parkhotel Luisenhöhe**, beim Vogelpark, ✉ 29652 Walsrode, ℰ (05161) 20 11, Fax 2387, 🍽, 🛋 – ⧈ ⇌⟷ Zim 📺 ☎ 👥 **Ɵ** – 🕍 180. 🅾 🅴 𝖵𝖨𝖲𝖠. ⚘ Zim
Weihnachten - Anfang Jan. geschl. – **Menu** à la carte 37/62 – **47 Z** 139/279.

Beim Golfplatz O : 9 km :

🏠 **Sanssouci** ॐ, ⊠ 29664 Walsrode-Tietlingen, *℘* (05162) 30 47, Fax 6742, « Gartenterrasse », ☞ – 📺 ☎ 🅿. ⅍ 🖪 *VISA*
Feb. geschl. – **Menu** *(Nov.- März nur Abendessen, Donnerstag geschl.)* à la carte 30/64 – **12 Z** 95/150.

In Walsrode-Hünzingen N : 5 km :

🏨 **Forellenhof** ॐ, ⊠ 29664, *℘* 20 91, Fax 6585, ㈜, 全, ☞, ⋔ – 📺 ☎ 🅿 – 🕍 100. ⅍ 🖪 *VISA*
Menu à la carte 36/65 – **50 Z** 75/300.

WALTENHOFEN Bayern 🔡🔡🔡 N 23, 24, 🔡🔡🔡 C 5,6 – 8 000 Ew – Höhe 750 m – ✪ 08303.
🛈 Verkehrsamt, Rathaus, ⊠ 87448, *℘* 7 90.
♦München 131 – Bregenz 73 – Kempten (Allgäu) 6 – ♦Ulm (Donau) 97.

In Waltenhofen-Martinszell S : 5,5 km – Erholungsort :

🏠 **Adler** (mit Gästehaus), Illerstr. 10, ⊠ 87448, *℘* (08379) 2 07, Fax 488 – 📺 ☎ 🚗 🅿. 🖪
9. - 22. Jan. geschl. – **Menu** à la carte 31/54 – **28 Z** 69/127.

WALTERSDORF Sachsen siehe Zittau.

WALTERSHAUSEN Thüringen 🔡🔡🔡 D 13, 🔢🔢🔢 ㉓, 🔢🔢🔢 ㉖ – 13 000 Ew – Höhe 325 m – ✪ 03622.
Erfurt 37 – Eisenach 23.

🏨 **Landgraf**, Gothaer Str. 1, ⊠ 99880, *℘* 6 50 00, Fax 650065, Biergarten, 全 – 🕮 ⟁ Zim
📺 ☎ ♿ 🅿 – 🕍 70
68 Z.

🍴 **Waldhaus** ॐ, Zeughausgasse 5, ⊠ 99880, *℘* 6 90 03, Fax 2249, ≤, ㈜ – ☎ 🅿. ⅍ ⓞ
🞀 🖪 *VISA*
Menu *(Freitag geschl.)* (wochentags nur Abendessen) à la carte 24/38 – **10 Z** 60/110.

WALTROP Nordrhein-Westfalen 🔡🔡🔡 🔡🔡🔡 F 12, 🔢🔢🔢 ⑭ – 30 000 Ew – Höhe 60 m – ✪ 02309.
♦Düsseldorf 85 – Münster (Westfalen) 50 – Recklinghausen 15.

🏠 **Haus der Handweberei** garni, Bahnhofstr. 95, ⊠ 45731, *℘* 9 60 90, Fax 75899 – ☎ 🅿
– 🕍 30. ⏤
23 Z 60/120.

🍴🍴 **Rôtisserie Stromberg**, Dortmunder Str. 5 (Eingang Isbruchstr.), ⊠ 45731, *℘* 42 28 – 🅿.
⅍ ⓞ 🖪 *VISA*
Montag geschl. – **Menu** à la carte 46/80.

🍴 **Burbaum's Restaurant**, Kirchplatz 4, ⊠ 45731, *℘* 22 14 – ⅍ ⓞ 🖪 *VISA*. ⏤
Dienstag geschl. – **Menu** à la carte 34/53.

WANDERSLEBEN Thüringen siehe Gotha.

WANGELS Schleswig-Holstein 🔡🔡🔡 P 4 – 2 200 Ew – Höhe 5 m – ✪ 04382.
♦Kiel 45 – Oldenburg in Holstein 11.

In Wangels-Weißenhäuser Strand N : 5 km :

🏨 **Strandhotel** ॐ, Seestr. 1, ⊠ 23758, *℘* (04361) 55 27 71, Fax 552710, ≤, ㈜, Massage,
🞖, 全, 🞖 – 🕮 📺 ☎ ♿ 🅿 – 🕍 120. ⅍ ⓞ 🖪 *VISA*. ⏤
Menu à la carte 34/56 – **147 Z** 99/208.

WANGEN Baden-Württemberg siehe Göppingen.

WANGEN IM ALLGÄU Baden-Württemberg 🔡🔡🔡 M 23, 🔢🔢🔢 ㊱, 🔡🔡🔡 B 5 – 24 000 Ew – Höhe
556 m – Luftkurort – ✪ 07522.
Sehenswert : Marktplatz★.
🛈 Gästeamt, Rathaus, Marktplatz, ⊠ 88239, *℘* 7 42 11, Fax 74111.
♦Stuttgart 194 – Bregenz 27 – Ravensburg 23 – ♦Ulm (Donau) 102.

🏨 **Romantik-Hotel Alte Post**, Postplatz 2, ⊠ 88239, *℘* 9 75 60, Fax 22604, « Einrichtung
im Barock- und Bauernstil » – ⟁ Zim 📺 ☎ 🚗 – 🕍 40. ⅍ ⓞ 🖪 *VISA*
Menu *(Montag nur Abendessen, Sonntag und Nov. 2 Wochen geschl.)* à la carte 44/68
– **19 Z** 98/200.

🏨 **Romantik-Hotel Postvilla** garni, Schönhalde 2, ⊠ 88239, *℘* 9 74 60, Fax 29323, ≤,
« Ehem. Villa mit eleganter Einrichtung », ☞ – 📺 ☎ 🅿. ⅍ ⓞ 🖪 *VISA*
8.- 20. Jan. geschl. – **10 Z** 90/220.

🏨 **Vierk's Privat-Hotel**, Bahnhofsplatz 1, ⊠ 88239, *℘* 8 00 61, Fax 22482, ㈜, 全 – 📺 ☎
🅿. 🖪
Menu *(Sonntag geschl., Montag nur Abendessen)* à la carte 45/67 – **14 Z** 80/160.

🏠 **Rössle** garni, Ebnetstr. 2, ⊠ 88239, 𝒫 40 71, Fax 4319 – 🔟 ☎ 🅿. AE ⓸ E 𝘝𝘐𝘚𝘈
24. Dez. - 14. Jan. geschl. – **8 Z** 85/195.

🏠 **Mohren-Post,** Herrenstr. 27, ⊠ 88239, 𝒫 2 10 76, Fax 4872 – ⌦
Menu *(Freitag - Samstag und Sept. geschl.)* à la carte 35/55 ⅃ – **14 Z** 65/140.

In Wangen-Herfatz NW : 3 km, über die B 32 :

🏠 **Waldberghof** ⑤ garni, Am Waldberg 9, ⊠ 88239, 𝒫 9 73 30, Fax 973333, ⇌ – 🔟 ☎
🅿. ⫸
Ende Nov. - Mitte Dez. geschl. – **16 Z** 60/160.

In Wangen-Neuravensburg SW : 8 km – ✪ 07528 :

🏠 **Garni - Café Winkelmann,** Bodenseestr. 31, ⊠ 88239, 𝒫 95 90, Fax 95959 – ↫ 🔟 ☎
🅿. E 𝘝𝘐𝘚𝘈. ⫸
Nov. geschl. – **12 Z** 85/155.

🏠 **Mohren,** Bodenseestr. 7, ⊠ 88239, 𝒫 95 00, Fax 95095, ⇌s, ⬚, ⫻ – 🔟 ☎ ⌦ 🅿. AE
⓸ E 𝘝𝘐𝘚𝘈
Menu *(Montag und Nov. geschl., Dienstag - Freitag nur Abendessen)* à la carte 31/60 –
27 Z 72/140.

🏠 **Waldgasthof zum Hirschen** ⑤, Grub 1, ⊠ 88239, 𝒫 72 22, Fax 6798,
« Gartenterrasse », ⇌, ⫻ – ↫ Zim 🅿
Jan. geschl. – **Menu** *(Montag geschl.)* à la carte 30/54 ⅃ – **7 Z** 75/160.

WANGERLAND Niedersachsen 𝟜𝟙𝟙 G 6 – 10 600 Ew – Höhe 1 m – ✪ 04426.
🛈 Kurverwaltung, Zum Hafen 3 (Horumersiel), ⊠ 26434, 𝒫 87 10, Fax 8787.
◆Hannover 242 – Emden 76 – Oldenburg 72 – Wilhelmshaven 21.

In Wangerland-Hooksiel 𝟜𝟙𝟙 H 6 – Seebad :

✕✕ **Zum Schwarzen Bären,** Lange Str. 15, ⊠ 26434, 𝒫 (04425) 2 34, Fax 394 – 🅿. AE ⓸
E 𝘝𝘐𝘚𝘈
Mittwoch und Jan. geschl. – **Menu** à la carte 33/70.

✕✕ **Packhaus** ⑤ mit Zim, Am alten Hafen 1, ⊠ 26434, 𝒫 (04425) 12 33, Fax 81110, ≤, ⇌
– 🔟 ☎ 🅿. AE ⓸ E 𝘝𝘐𝘚𝘈
Menu à la carte 36/66 – **6 Z** 85/120.

In Wangerland-Horumersiel 𝟜𝟙𝟙 H 5 – Seebad :

🏠 **Mellum** ⑤, Fasanenweg 9, ⊠ 26434, 𝒫 6 16, Fax 1380, ⇌, ⇌ – 🅿. ⫸
Mitte Jan.- Mitte Feb. geschl. – **Menu** *(Montag geschl.)* à la carte 29/55 – **20 Z** 60/110.

In Wangerland-Schillig 𝟜𝟙𝟙 H 5 – Seebad :

🏠 **Upstalsboom Hotel am Strand** ⑤, Mellumweg 6, ⊠ 26434, 𝒫 8 80, Fax 88101, ≤,
Massage, ⇌s – ⑂ ↫ 🔟 ☎ ⚎ 🅿 – ⚑ 50. AE ⓸ E 𝘝𝘐𝘚𝘈. ⫸ Rest
Menu à la carte 30/60 *(auch vegetarische Gerichte)* – **72 Z** 101/200.

In Wangerland-Waddewarden :

✕ **Waddewarder Hof,** Hooksieler Str. 1, ⊠ 26434, 𝒫 (04461) 24 12 – 🅿
Montag und Okt. 3 Wochen geschl. – **Menu** à la carte 28/49.

WANGEROOGE (Insel) Niedersachsen 𝟜𝟙𝟙 G 5, 𝟿𝟠𝟽 ④ – 1 200 Ew – Seeheilbad – Insel der
Ostfriesischen Inselgruppe. Autos nicht zugelassen – ✪ 04469.
⛴ von Wittmund-Harlesiel (ca. 1 h 15 min), 𝒫 (04464) 14 53.
🛈 Verkehrsverein, Pavillon am Bahnhof, ⊠ 26486, 𝒫 3 75, Fax. 1491.
◆Hannover 256 – Aurich/Ostfriesland 36 – Wilhelmshaven 41.

🏛 **Strandhotel Upstalsboom** ⑤, Strandpromenade 21, ⊠ 26486, 𝒫 87 60, Fax 876511, ≤,
⇌, Massage, ♄, ⚖, ⇌s, ⬚ – ⑂ ↫ Zim 🔟. AE ⓸ E 𝘝𝘐𝘚𝘈. ⫸ Rest
Menu à la carte 39/74 – **80 Z** 140/260 – ½ P 142/162.

🏠 Hanken ⑤, Zedeliusstr. 38, ⊠ 26486, 𝒫 87 70, Fax 87788, ⇌s – 🔟 ☎ – ⚑ 30. ⫸ Zim
45 Z.

WANNSEE Berlin siehe Berlin.

WARBURG Nordrhein-Westfalen 𝟜𝟙𝟙 𝟜𝟙𝟚 K 12, 𝟿𝟠𝟽 ⑮ – 23 500 Ew – Höhe 205 m – ✪ 05641.
🛈 Fremdenverkehrsamt, Altes Rathaus, Zwischen den Städten, ⊠ 34414, 𝒫 9 25 55, Fax 92582.
◆Düsseldorf 195 – ◆Kassel 34 – Marburg 107 – Paderborn 42.

🏛 **Alt Warburg,** Kalandstr. 11, ⊠ 34414, 𝒫 42 11, Fax 60910, « Restauriertes Fachwerkhaus
a.d. 16. Jh. » – 🔟 ☎ ⌦ – ⚑ 60. AE E 𝘝𝘐𝘚𝘈
Menu *(Sonntag-Montag, 1.- 15. Jan. und Anfang Aug. 1 Woche geschl.)* à la carte 69/90
– **21 Z** 90/160.

WAREN (Müritz) Mecklenburg-Vorpommern 🔲🔲🔲 K 5, 🔲🔲🔲 ⑦ ⑪, 🔲🔲🔲 ⑦ – 23 500 Ew – Höhe 80 m – Luftkurort – 🔘 03991.

Sehenswert : Müritz-Nationalpark★.

🖪 Waren (Müritz) - Information, Neuer Markt 19, ✉ 17192, ℰ 41 72, Fax 4172.

Schwerin 102 – ◆Hamburg 212 – Neubrandenburg 49 – ◆Rostock 81.

🏨 **Am Müritzpark - Villa Margarete,** Fontanestr. 11, ✉ 17192, ℰ 62 50, Fax 625100, ⊜s, ☞ – 📺 ☎ 🅿 – 🔬 25. 🖭 ⓞ 🗲 𝘝𝘐𝘚𝘈. ℀ Rest
Menu à la carte 25/55 – **27 Z** 110/155.

🏨 **Ingeborg** garni, Rosenthalstr. 5, ✉ 17192, ℰ 6 13 00, Fax 613030 – ⅙ Zim 📺 ☎ 🅿. 🖭 ⓞ 🗲 𝘝𝘐𝘚𝘈
26 Z 110/150.

🏨 **Ecktannen** ⚘ garni, Fontanestr. 51, ✉ 17192, ℰ 45 61, Fax 2450, ⊜s, ☞ – 📺 ☎ 🅿 – 🔬 30. 🖭 ⓞ 🗲 𝘝𝘐𝘚𝘈 ᴊᴄʙ
32 Z 115/180.

🏛 Müritzring, Kietzstr. 1, ✉ 17192, ℰ 38 01, ≤, « Gartenterrasse » – 🅿.

In Waren-Warensdorf W : 5 km :

🏛 Landhaus Mecklenburg ⚘ mit Zim, Eulenstr. 8, ✉ 17192, ℰ (03991) 22 75, Fax 120568, ☞ – 📺 ☎ 🅿
6 Z.

In Klink SW : 7 km :

🏨 **Müritz-Hotel** ⚘, ✉ 17192, ℰ (03991) 1 40, Fax 141794, ≤, ☞, ⊜s, 🖾, ☞, ℀ – 🛗 ⅙ Zim 📺 ☎ 🅿 – 🔬 70. 🖭 ⓞ 🗲 𝘝𝘐𝘚𝘈. ℀ Rest
Menu à la carte 29/43 – **412 Z** 125/200.

In Sembzin SW : 9 km :

🏨 **Sembziner Hof,** Dorfstraße, ✉ 17192, ℰ (03991) 73 32 02, Fax 733204, ☞ – 📺 ☎ ♿ 🅿 – 🔬 30. 🖭 🗲 𝘝𝘐𝘚𝘈
1 Woche vor Weihnachten und Feb. 2 Wochen geschl. – **Menu** à la carte 28/39 – **32 Z** 120/160.

WARENDORF Nordrhein-Westfalen 🔲🔲 🔲🔲 GH 11, 🔲🔲🔲 ⑭ – 34 000 Ew – Höhe 56 m – 🔘 02581.

Ausflugsziel : Freckenhorst : Stiftskirche★ (Taufbecken ★) SW : 5 km.

🏌 Vohren 41 (O : 8 km), ℰ (02586) 17 92.

🖪 Verkehrsamt, Markt 1, ✉ 48231, ℰ 5 42 22, Fax 54282.

◆Düsseldorf 150 – Bielefeld 47 – Münster (Westfalen) 27 – Paderborn 63.

🏨 **Im Engel** ⚘, Brünebrede 37, ✉ 48231, ℰ 9 30 20, Fax 62726, ⊜s – 🛗 📺 ☎ 🅿 – 🔬 100. 🖭 ⓞ 🗲 𝘝𝘐𝘚𝘈. ℀ Zim
Menu *(Donnerstag, Jan. und Juli-Aug. jeweils 3 Wochen geschl.)* (bemerkenswerte Weinkarte) à la carte 35/64 – **23 Z** 95/155.

🏨 **Mersch,** Dreibrückenstr. 66, ✉ 48231, ℰ 80 18, Fax 62686, ⊜s, ☞ – 🛗 📺 ☎ ⟲ – 🔬 30. 🖭 ⓞ 🗲 𝘝𝘐𝘚𝘈
Juli - Aug. 3 Wochen geschl. – **Menu** *(Sonntag geschl.)* (nur Abendessen) à la carte 42/61 – **24 Z** 100/175.

🏛 **Wiesenhof,** Lange Wieske 52, ✉ 48231, ℰ 7 80 61, Fax 7552, Biergarten, « Gartenterrasse » – 📺 ☎ 🅿 – 🔬 15. 🖭 ⓞ 🗲 𝘝𝘐𝘚𝘈. ℀ Zim
Menu *(Montag geschl.)* à la carte 36/65 – **16 Z** 80/160.

WARMENSTEINACH Bayern 🔲🔲🔲 S 17, 🔲🔲🔲 ㉗ – 3 000 Ew – Höhe 558 m – Luftkurort – Wintersport : 560/1 024 m ⚶10 (Skizirkus Ochsenkopf) ⚷7 – 🔘 09277.

🖪 Verkehrsamt, Freizeithaus, ✉ 95485, ℰ 14 01, Fax 1613.

◆München 253 – Bayreuth 24 – Marktredwitz 27.

🏨 Gästehaus Preißinger ⚘, Bergstr. 134, ✉ 95485, ℰ 15 54, ≤, ⊜s, 🖾, ☞ – 🅿
(nur Abendessen für Hausgäste) – **35 Z.**

🏨 **Krug** ⚘, Siebensternweg 15, ✉ 95485, ℰ 99 10, Fax 99199, « Terrasse mit ≤ », ⊜s, 🖾, ☞ – 🛗 ☎ 🅿 – 🔬 30. 🖭
Menu *(Montag geschl.)* à la carte 28/65 – **33 Z** 80/220.

🏛 **Königsheide** ⚘, Gablonzer Str. 42, ✉ 95485, ℰ 2 83, Fax 1345, ≤, ☞ – 🅿. ℀ Zim
Nov. geschl. – **Menu** *(Montag geschl.)* à la carte 30/45 – **12 Z** 60/100 – ½ P 60.

Im Steinachtal S : 2 km :

🛏 **Pension Pfeiferhaus,** ✉ 95485 Warmensteinach, ℰ (09277) 2 56, Fax 6249, ☞, ☞ – ⟲ 🅿. 🗲
März und Mitte Okt.- Mitte Dez. geschl. – **Menu** *(wochentags ab 14 Uhr geöffnet, Mittwoch geschl.)* (nur kleine Gerichte) – **23 Z** 45/108.

In Warmensteinach-Fleckl NO : 5 km :

🏠 **Sport-Hotel Fleckl** ॐ, Fleckl 5, ⊠ 95485, 𝒫 99 90, Fax 99999, 🖘, 🔲 , 🚗 – ☎ 🚗
🅿
nach Ostern 2 Wochen und Anfang Nov.- Mitte Dez. geschl. – (nur Abendessen für Hausgäste) – **24 Z** 70/160, 3 Suiten.

🏠 **Berggasthof** ॐ, Fleckl 20, ⊠ 95485, 𝒫 2 70, Fax 1353, 🚗 – 🚗 🅿
← *4. Nov.- 18. Dez. geschl.* – **Menu** à la carte 20/41 – **15 Z** 45/90.

In Warmensteinach-Oberwarmensteinach O : 2 km :

🏠 **Goldener Stern,** ⊠ 95485, 𝒫 2 46, Fax 6314, 🚗 – 🚗 🅿
← *25. Okt.- 1. Dez. geschl.* – **Menu** *(Mittwoch geschl.)* à la carte 21/41 – **22 Z** 38/74.

WARSTEIN Nordrhein-Westfalen 𝟜𝟙𝟙 𝟜𝟙𝟚 HI 12, 𝟡𝟠𝟟 ⑭ – 29 000 Ew – Höhe 300 m – ✿ 02902.
♦Düsseldorf 149 – Lippstadt 28 – Meschede 15.

🏠 **Lindenhof** ॐ, Ottilienstr. 4, ⊠ 59581, 𝒫 9 70 50, Fax 970540, 🖘 – 🚗 🅿. 🖭 ⓞ 🄴
 VISA
Menu à la carte 26/49 – **54 Z** 55/110.

🏠 **Hölter,** Siegfriedstr. 2, ⊠ 59581, 𝒫 24 40 – ☎ 🚗 🅿. ⓞ 🄴. ⌘
Juli - Aug. 2 Wochen geschl. – **Menu** *(Montag geschl.)* à la carte 29/50 – **8 Z** 45/130.

✕✕ **Domschänke** (mit Gästehaus), Dieplohstr. 12, ⊠ 59581, 𝒫 25 59, Fax 88409, Biergarten,
« Sauerländer Fachwerkhaus » – 🖵 ☎ 🅿 – 🔬 100. 🖭 ⓞ 🄴 *VISA*
Menu *(Juli - Aug. 3 Wochen geschl.)* à la carte 43/65 – **20 Z** 83/126.

In Warstein-Hirschberg SW : 7 km – Erholungsort :

🏠 **Cramer** (Fachwerkhaus a.d.J. 1788), Prinzenstr. 2, ⊠ 59581, 𝒫 29 27, Fax 2019,
« Gemütliche Gaststube » – 🖵 ☎ 🚗 🅿
Menu *(Dienstag geschl., Mittwoch nur Abendessen)* à la carte 30/53 – **25 Z** 60/140.

In Warstein-Mülheim NW : 9 km :

✕✕ Bauernstübchen, Erlenweg 45 (B 516), ⊠ 59581, 𝒫 (02925) 28 21 – 🅿.

In Rüthen-Kallenhardt NO : 6 km :

🏠 **Knippschild,** Theodor-Ernst-Str. 1, ⊠ 59602, 𝒫 (02902) 24 77, Fax 59422, 🖘 – ☎ 🚗
🅿. ⓞ 🄴 *VISA*
Menu *(Donnerstag geschl., Freitag nur Abendessen)* à la carte 30/66 – **21 Z** 55/130.

WARTBURG Thüringen siehe Eisenach.

WARTENBERG KREIS ERDING Bayern 𝟜𝟙𝟛 S 21 – 3 600 Ew – Höhe 430 m – ✿ 08762.
♦München 49 – Landshut 27.

🏠 **Antoniushof** ॐ garni, Fichtenstr. 24, ⊠ 85456, 𝒫 30 43, Fax 9704, 🖘, 🔲 , 🚗 – 🖵 ☎
🅿. 🖭 ⓞ 🄴 *VISA*. ⌘
19 Z 84/145.

🏠 **Reiter-Bräu,** Untere Hauptstr. 2, ⊠ 85456, 𝒫 8 91, Fax 3729 – 📱 ☎ 🚗 🅿. 🖭 ⓞ 🄴 *VISA*
← **Menu** *(Montag - Freitag nur Abendessen, Donnerstag und Aug. 3 Wochen geschl.)* à la
carte 24/49 – **34 Z** 75/125.

✕✕ **Bründlhof,** Badstr. 44, ⊠ 85456, 𝒫 35 53, 🏤 – 🅿. 🖭 🄴. ⌘
Dienstag - Mittwoch, 1.- 11. Jan. und 21. Aug. - 14. Sept. geschl. – **Menu** à la carte 57/86.

WARTMANNSROTH Bayern siehe Hammelburg.

WARZENRIED Bayern siehe Eschlkam.

WASSENBERG Nordrhein-Westfalen 𝟜𝟙𝟚 B 13, 𝟡𝟠𝟟 ㉓, 𝟚𝟙𝟚 ⑳ – 13 000 Ew – Höhe 70 m –
✿ 02432.
♦Düsseldorf 57 – ♦Aachen 42 – Mönchengladbach 27 – Roermond 18.

🏨 **Burg Wassenberg,** Kirchstr. 17, ⊠ 41849, 𝒫 94 90, Fax 949100, ≤, 🏤, « Hotel in einer
Burganlage a.d. 16. Jh. » – 🖵 ☎ 🚗 🅿 – 🔬 100. 🖭 🄴 *VISA*
Menu à la carte 68/91 – **28 Z** 100/345.

✕✕✕ ✿ **La Mairie,** Am Rosstor 1, ⊠ 41849, 𝒫 51 30, Fax 4092, 🏤 – 🖭 🄴
Donnerstag und Ende Juli - Mitte Aug. geschl. – **Menu** (wochentags nur Abendessen, Tischbestellung ratsam) à la carte 72/98
Spez. Gebackenes Schweinebäckchen auf süß-sauren Linsen, Lotte mit dicken Bohnen, Rumfortpudding mit Amarettosauce.

✕✕ **Tante Lucie,** An der Windmühle 31, ⊠ 41849, 𝒫 23 32, Fax 49763, 🏤 – 🅿 – 🔬 100.
🖭 ⓞ 🄴 *VISA*
Montag geschl. – **Menu** à la carte 44/90.

In Wassenberg-Effeld NW : 6 km :

🏨 **Haus Wilms,** Steinkirchner Str. 3, ✉ 41849, ℰ 30 71, Fax 5982, 斧, ≦s – 🛗 📺 ☎ ⇦
🅟 – 🟤 15. 🍽 Zim
Menu à la carte 34/64 – **14 Z** 90/140.

WASSERBURG AM BODENSEE Bayern 🔢🔢🔢 L 24, 🔢🔢🔢 A 6, 🔢🔢🔢 M 3 – 3 000 Ew – Höhe 406 m
– Luftkurort – ✪ 08382 (Lindau im Bodensee).

🛈 Verkehrsamt, Rathaus, Lindenplatz 1, ✉ 88142, ℰ 88 74 74, Fax 89042.

♦München 185 – Bregenz 15 – Ravensburg 27.

🏨 **Zum Lieben Augustin** 🛁 (mit Gästehäusern), Halbinselstr. 70, ✉ 88142, ℰ 88 70 70,
Fax 887082, ≼, 斧, Massage, ≦s, 🔲, 🛶, 🚲 – 📺 ☎ ⇦ 🅟
10. Jan.- Anfang März geschl. – **Menu** à la carte 43/74 *(auch vegetarische Gerichte)* – **40 Z**
145/210, 16 Suiten – ½ P 118/178.

🏨 **Kraft Bobinger** garni, Dorfstr. 11, ✉ 88142, ℰ 88 70 44, Fax 887046, 🚲 – 📺 ☎ 🅟. 🍽
Nov. geschl. – **11 Z** 75/148.

🏨 **Lipprandt** 🛁, Halbinselstr. 63, ✉ 88142, ℰ 88 70 14, Fax 887245, 斧, ≦s, 🔲, 🛶, 🚲
– 📺 ☎ ⇦ 🅟. 🆎 Ɛ 🆅🆂🅰
Menu à la carte 42/74 – **36 Z** 85/190.

🏠 **Seestern** garni, Halbinselstr. 60, ✉ 88142, ℰ 88 70 10, 🔲, 🚲 – 📺 ☎ ⇦ 🅟
Mitte März - Okt. – **22 Z** 80/150, 5 Suiten.

🏠 **Pfälzer Hof,** Lindenplatz 3, ✉ 88142, ℰ 88 74 22, Fax 89765, 斧 – ☎ ⇦ 🅟
1.- 10. Jan. und 10.- 24. Feb. geschl., Nov.- April garni – **Menu** *(Mittwoch geschl.)* à la carte
26/49 🍷 – **10 Z** 55/110.

In Wasserburg-Hege NW : 1,5 km :

XX **Weinstube Gierer** mit Zim, ✉ 88142, ℰ 88 70 33, Fax 887414, 斧, ≦s, 🔲 – 🛗 📺 ☎
🅟. 🆎 ⓞ Ɛ 🆅🆂🅰
Mitte Jan.- Mitte März geschl. – **Menu** à la carte 34/62 – **19 Z** 68/140.

WASSERBURG AM INN Bayern 🔢🔢🔢 T 22, 🔢🔢🔢 ㊲, 🔢🔢🔢 I 4 – 10 500 Ew – Höhe 427 m –
✪ 08071.

Sehenswert : Inn-Brücke : ≼★ – Heimatmuseum★.

🏌 🏌 Pfaffing (W : 7 km), Köckmühle, ℰ (08076) 17 18.

🛈 Städt. Verkehrsbüro, Rathaus, Eingang Salzsenderzeile, ✉ 83512, ℰ 1 05 22.

♦München 54 – Landshut 64 – Rosenheim 31 – Salzburg 88.

🏨 **Fletzinger,** Fletzingergasse 1, ✉ 83512, ℰ 80 10, Fax 40810 – 🛗 📺 ☎ ⇦ – 🟤 30. 🆎
ⓞ Ɛ 🆅🆂🅰
8. Dez.- 21. Jan. geschl. – **Menu** *(Nov.- März Samstag geschl.)* à la carte 25/60 – **40 Z**
98/168.

XX **Paulanerstuben** (prächtige Rokokofassade), Marienplatz 9, ✉ 83512, ℰ 39 03, Fax 50474,
斧 – 📺 ☎ ⇦
20. Okt.- 20. Nov. geschl. – **Menu** *(Dienstag geschl.)* à la carte 22/47 – **17 Z** 58/98.

XX **Herrenhaus** (spätgotisches Bürgerhaus), Herrengasse 17, ✉ 83512, ℰ 28 00 – 🆎 Ɛ
Sonntag nur Mittagessen, Montag und Aug. geschl. – Menu à la carte 40/73.

An der B 15 S : 8 km :

🏠 **Fischerstüberl,** Elend 1, ✉ 83512 Wasserburg-Attel, ℰ (08071) 25 98, Fax 51135, 斧 –
📺 ☎ 🅟. 🆎 Ɛ 🆅🆂🅰
ab Pfingsten 2 Wochen und Ende Okt.- Mitte Nov. geschl. – **Menu** *(Dienstag geschl.)* à la
carte 26/55 – **15 Z** 55/110.

In Wasserburg-Burgau W : 2,5 km :

🏠 **Pichlmayr,** Anton-Woger-Str. 2, ✉ 83512, ℰ 4 00 21, Fax 8728, ≦s – 📺 ☎ ⇦ 🅟 –
🟤 25. 🆎 ⓞ Ɛ 🆅🆂🅰
23. Dez.- 10. Jan. geschl. – **Menu** *(Samstag nur Abendessen)* à la carte 28/54 - **25 Z** 75/120.

WASSERLIESCH Rheinland-Pfalz siehe Konz.

WASSERTRÜDINGEN Bayern 🔢🔢🔢 O 19, 🔢🔢🔢 ㉖ – 6 000 Ew – Höhe 420 m – ✪ 09832.

♦München 154 – Ansbach 34 – Nördlingen 26 – ♦Nürnberg 69.

🏠 **Zur Ente,** Dinkelsbühler Str. 1, ✉ 91717, ℰ 8 14, Fax 1095, ≦s – ☎ ⇦ 🅟 – 🟤 35
Menu à la carte 23/46 *(auch vegetarische Gerichte)* – **28 Z** 59/104.

🏠 **Zur Sonne,** Dinkelsbühler Str. 2, ✉ 91717, ℰ 3 28 – 📺 🅟
Ende Sept.- Anfang Okt. geschl. – **Menu** *(Montag geschl.)* à la carte 22/44 🍷 – **14 Z** 45/80.

Schleswig-Holstein 📖 M 6, 📖 ⑤ – 34 000 Ew – Höhe 2 m – 🔴 04103.

Sehenswert : Schiffsbegrüßungsanlage beim Schulauer Fährhaus ≤ ★.

◆Kiel 106 – ◆Bremen 126 – ◆Hamburg 21 – ◆Hannover 170.

🏨 **Kreuzer,** Rissener Str. 195 (O : 1 km, B 431), ⊠ 22880, 𝒫 12 70, Fax 12799, ㎡, ≘s, ▨ – |☝| ⇄ Zim ▥ ☎ &. ❷ – 🔬 50. 🖭 ❶ ⴹ ៴🆂🅰
   Menu (wochentags nur Abendessen) à la carte 29/56 – **50 Z** 150/205.

🏨 **Wedel** garni, Pinneberger Str. 69, ⊠ 22880, 𝒫 9 13 60, Fax 913613 – ▥ ☎ ⟵ ❷. 🖭 ❶ ⴹ ៴🆂🅰
   23. Dez.- 1. Jan. geschl. – **16 Z** 98/205, 9 Suiten.

🏨 **Senator Marina** garni, Hafenstr. 28, ⊠ 22880, 𝒫 8 07 70, Fax 8077250 – |☝| ▥ ☎ ❷. 🖭 ❶ ⴹ ៴🆂🅰 – **46 Z** 128/168.

🏨 **Diamant** garni, Schulstr. 4, ⊠ 22880, 𝒫 8 07 80, Fax 7740 – |☝| ▥ ☎ &. ⟵. 🖭 ❶ ⴹ ៴🆂🅰 – **39 Z** 130/195.

🏠 Hotel am Roland, Am Marktplatz 8, ⊠ 22880, 𝒫 12 80, Fax 3294 – |☝| ▥ ☎ ❷
   30 Z.

Niedersachsen 📖 📖 M 9, 📖 ⑮ – 24 500 Ew – Höhe 45 m – 🔴 05130.

◆Hannover 20 – ◆Bremen 98 – Celle 27 – ◆Hamburg 128.

In Wedemark-Bissendorf :

XX Brunnenhof mit Zim, Burgwedeler Str. 1, ⊠ 30900, 𝒫 83 38, Fax 60324, ㎡ – ▥ ☎ ❷
   11 Z.

In Wedemark-Scherenbostel :

XX **Höpershof,** Am Husalsberg 1, ⊠ 30900, 𝒫 6 05 00, Fax 60500, ㎡ – ❷. 🖭 ⴹ ៴🆂🅰
   Montag geschl., Dienstag-Freitag nur Abendessen – **Menu** à la carte 40/72.

Nordrhein-Westfalen 📖 B 13, 📖 ㉓, 📖 ⑫ – 26 000 Ew – Höhe 60 m – 🔴 02434.

🔋 Schmitzhof (W : 7 km), 𝒫 (02436) 4 79.

◆Düsseldorf 47 – Erkelenz 9,5 – Mönchengladbach 16.

In Wegberg-Kipshoven SO : 5 km :

🏨 **Esser** ⑊, von-Agris-Str. 43, ⊠ 41844, 𝒫 (02161) 5 86 20, Fax 570854, ≘s – ▥ ☎ ⟵ ❷ – 🔬 35
   Menu (Samstag nur Abendessen, Juli-Aug. 3 Wochen geschl.) à la carte 31/66 – **41 Z** 95/250.

In Wegberg-Rickelrath NO : 3 km :

XX **Molzmühle** ⑊ mit Zim, Im Bollenberg 41, ⊠ 41844, 𝒫 2 43 33, Fax 25723, ㎡, « Wassermühle a.d.J. 1627 » – ▥ ☎ ❷. 🖭 ❶ ⴹ ៴🆂🅰
   Menu (Montag geschl.) à la carte 45/80 – **Bistro :** **Menu** à la carte 34/45 – **10 Z** 150/320.

In Wegberg-Tüschenbroich SW : 2 km :

XXX Tüschenbroicher Mühle, Gerderhahner Str. 1, ⊠ 41844, 𝒫 42 80, Fax 25917, ㎡ – ❷ – 🔬 40
   (am Wochenende Tischbestellung ratsam).

Bayern 📖 Y 21, 📖 ㊱ – 5 700 Ew – Höhe 718 m – Erholungsort – Wintersport : 733/935 m ≰1 ⴴ5 – 🔴 08592.

🛈 Verkehrsamt, Rathaus, Marktstr. 1, ⊠ 94110, 𝒫 4 77, Fax 88840.

◆München 210 – Passau 31.

🏠 **Landhotel Rosenberger** ⑊, Mitterweg 11, ⊠ 94110, 𝒫 88 90, Fax 889100, ㎡, Biergarten, Massage, ≘s, ▨, ⩫ – |☝| ▥ ☎ ❷ – 🔬 300
   1. - 25. Dez. geschl. – **Menu** à la carte 20/39 – **127 Z** 85/150 – ½ P 85/90.

Baden-Württemberg 📖 J 22 – 3 100 Ew – Höhe 777 m – 🔴 07426.

◆Stuttgart 100 – Sigmaringen 46 – Villingen-Schwenningen 40.

🏠 **Café Keller,** Bahnhofstr. 5, ⊠ 78564, 𝒫 9 47 80, Fax 947830, ㎡ – ▥ ☎ ⟵ ❷. 🖭 ⴹ ៴🆂🅰
   Menu (Freitag geschl., Samstag und Sonntag nur Mittagessen) à la carte 26/55 – **26 Z** 82/145.

Baden-Württemberg 📖 G 24, 📖 ㉞, 📖 H 3 – 13 400 Ew – Höhe 365 m – 🔴 07762.

🛈 Kultur- und Verkehrsamt, Rathausplatz, ⊠ 79664, 𝒫 8 08 88, Fax 80861.

◆Stuttgart 216 – Basel 31 – Lörrach 22 – Bad Säckingen 11 – Todtmoos 17.

🏠 **Klosterhof,** Frankenmatt 8 (beim Schwimmbad), ⊠ 79664, 𝒫 86 50, Fax 4645, ㎡ – |☝| ⇄ Zim ▥ ☎ ❷. ❶ ⴹ ៴🆂🅰
   Menu (Sonntag nur Mittagessen, Freitag geschl.) à la carte 36/62 🍷 – **40 Z** 75/140 – ½ P 80.

In Hasel N : 4 km :

🏠 **Landgasthof Erdmannshöhle,** Hauptstr. 14, ✉ 79686, 𝒫 (07762) 97 52, Fax 9643, 🍴
– 📺 ☎ 🅿 – 🔏 30. 🆎 ⓞ 🅴 𝒱𝒾𝒮𝒜
Menu à la carte 44/76 *(auch vegetarische Gerichte)* 🍷 – **17 Z** 70/150.

WEHRHEIM Hessen 🔢🔢 I 16 – 9 000 Ew – Höhe 320 m – ✪ 06081.
Ausflugsziel : Saalburg★ (Rekonstruktion eines Römerkastells) S : 4 km.
◆Wiesbaden 57 – ◆Frankfurt am Main 28 – Gießen 46 – Limburg an der Lahn 46.

🏠 **Zum Taunus,** Töpferstr. 2, ✉ 61273, 𝒫 51 68, Fax 57987 – 📺 🚗. 🅴. 🍴 Zim
Mitte Juli - Mitte Aug. und Weihnachten - Anfang Jan. geschl. – **Menu** *(Freitag geschl.)*
(wochentags nur Abendessen) à la carte 25/52 – **25 Z** 90/180.

WEIBERSBRUNN Bayern 🔢🔢🔢 L 17. 🔢🔢🔢 ㉕ – 2 000 Ew – Höhe 354 m – ✪ 06094.
🄸 Tourist-Information Franken, an der Autobahn A 3 (Rasthaus Spessart Südseite), 𝒫 (06094) 2 20
(geöffnet : Ostern - Mitte Okt.).
◆München 337 – Aschaffenburg 19 – ◆Würzburg 61.

🏠 **Brunnenhof,** Hauptstr. 231, ✉ 63879, 𝒫 3 64, Fax 1064, 🍴, 🌳 – 📶 📺 ☎ 🚗 🅿 –
🔏 100. 🆎 🅴 𝒱𝒾𝒮𝒜
Menu à la carte 28/58 – **52 Z** 60/140.

An der Autobahn A 3 Ausfahrt Rohrbrunn :

🏠 **Rasthaus und Motel im Spessart - Südseite,** ✉ 63879 Rohrbrunn, 𝒫 (06094) 94 10,
Fax 8354, 🍴 – ✂ Rest 📺 ☎ 🅿 🆎 🅴 𝒱𝒾𝒮𝒜
Menu à la carte 27/55 – **34 Z** 111/172.

WEICHERING Bayern 🔢🔢🔢 Q 20 – 1 500 Ew – Höhe 372 m – ✪ 08454.
◆ München 91 – ◆Augsburg 56 – Ingolstadt 14.

🏠 **Gasthof Vogelsang** 🍴, Bahnhofstr. 24, ✉ 86706, 𝒫 20 79, Fax 8171, 🍴 – ☎ 🅿
← *Anfang Sept. 1 Woche geschl.* – **Menu** *(Donnerstag geschl.)* à la carte 21/39 – **12 Z** 42/70
– ½ P 40/55.

In some towns and their surrounding areas,
hoteliers are liable to increase their prices
during certain trade exhibitions and tourist events.

WEIDEN IN DER OBERPFALZ Bayern 🔢🔢🔢 T 17. 🔢🔢🔢 ㉗ – 43 000 Ew – Höhe 397 m – ✪ 0961.
🄸 Verkehrsamt, Altes Rathaus, Oberer Markt, ✉ 92637, 𝒫 8 14 12.
ADAC, Bürgermeister-Prechtl-Str. 21, ✉ 92637, 𝒫 3 40 37, Fax 33957.
◆München 243 ④ – Bayreuth 64 ① – ◆Nürnberg 100 ④ – ◆Regensburg 82 ③.

Stadtplan siehe gegenüberliegende Seite

🏨 **Admira** garni, Brenner-Schäffer-Str. 27, ✉ 92637, 𝒫 4 80 90, Fax 4809666, ☎s – 📶 ✂
🔗 🚗 🅿 – 🔏 60. 🆎 ⓞ 🅴 𝒱𝒾𝒮𝒜   BY **a**
104 Z 140/180.

🏨 **Stadtkrug,** Wolframstr. 5, ✉ 92637, 𝒫 3 88 90, Fax 36268, Biergarten – 📺 ☎ 🚗. 🆎
ⓞ 🅴 𝒱𝒾𝒮𝒜   BZ **e**
24. Dez.- 9. Jan. geschl. – **Menu** *(Samstag, Sonn- und Feiertage geschl.)* à la carte 30/60
– **52 Z** 65/160.

🏨 **Am Tor** garni, Schlörplatzl 1a, ✉ 92637, 𝒫 4 74 70, Fax 4747200, ☎s – 📶 📺 ☎ 🅿. 🆎
ⓞ 🅴 𝒱𝒾𝒮𝒜   BZ **m**
40 Z 79/159.

🏠 **Europa,** Frauenrichter Str. 173, ✉ 92637, 𝒫 2 50 51, Fax 61562 – 📶 📺 ☎ 🚗 🅿. 🆎 ⓞ
🅴 𝒱𝒾𝒮𝒜   AX **b**
– *L'escargot (Sonntag nur Mittagessen, Montag nur Abendessen, Feiertage geschl.)* **Menu**
à la carte 46/70 – *de Pijp* (nur Abendessen) *(Montag-Dienstag, 2.- 17. Jan. und 31.Juli -
15. Aug. geschl.)* **Menu** à la carte 28/42 – **26 Z** 65/180.

🏠 **Advantage-Hotel,** Neustädter Str. 46, ✉ 92637, 𝒫 38 93 00, Fax 35009 – 📺 ☎ 🚗 🅿.
🆎 ⓞ 🅴 𝒱𝒾𝒮𝒜   BX **a**
Menu *(Sonn- und Feiertage geschl.)* (nur Abendessen) à la carte 29/52 – **18 Z** 62/128.

In Weiden-Oberhöll ② : 7 km :

🏠 **Hölltaler Hof** 🍴, Oberhöll 2, ✉ 92637, 𝒫 4 30 93, Fax 45339, 🍴, 🌳 – 📺 ☎ 🚗 🅿.
← 🆎 ⓞ 🅴 𝒱𝒾𝒮𝒜
16.- 31. Aug. und 20.- 31. Dez. geschl. – **Menu** *(Sonntag-Montag nur Abendessen)* à la
carte 22/55 🍷 – **24 Z** 65/140.

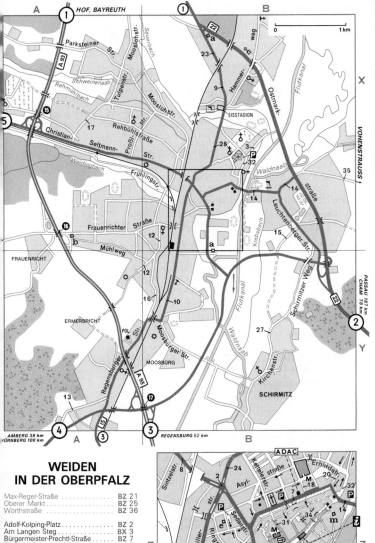

HOF, BAYREUTH

A 93

HOF, BAYREUTH

Parksteiner Str.
Moosiohstr.
Sauerbach
Schweineaab
Rehmühlbach
Christian-
Seltmann-
Str.
Weidlingbach
Frühlingstr.
Proß.
Rehbühlstraße
Tulpenstr.
Moosiohstr.

EISSTADION

Hammer-
Ostmark-
Flutkanal
Waldnaab
Leuchtenberger Str.
straße
Krebsbach

Frauenrichter Straße
Mühlweg
FRAUENRICHT
ERMERSRICHT
POL
Regensburger
A 93
MOOSBURG
Moosburger Str.
Flutkanal
Waldnaab
Schirmitzer Weg
Kirchenstr.

SCHIRMITZ

VOHENSTRAUSS

PASSAU 187 km
CHAM 78 km

AMBERG 39 km
NÜRNBERG 100 km

REGENSBURG 82 km

WEIDEN
IN DER OBERPFALZ

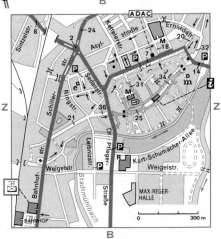

ADAC

Sintzelstr.
Schiller-
str.
Schiller-
Ringstr.
Asyl-
straße
Sedanstr.
Erhardstr.
Kettelerstr.
Leibnitzstr.
Dr.-Pfleger-
Straße
Stadtmühlbach
Weigelstr.
Weigelstr.
Kurt-Schumacher-Allee

MAX-REGER-
HALLE

BAHNHOF
Bahnhof-

0   300 m

B

WEIDENBERG Bayern 𝟦𝟷𝟹 S 17 – 5 400 Ew – Höhe 463 m – 🕾 09278.
◆München 244 – Bayreuth 15 – Weiden in der Oberpfalz 58.

🏠 Gasthof Kilchert, Lindenstr. 14, ✉ 95466, 🖉 2 77, 🚗 – 📺 🄿
16 Z.

WEIDENSDORF Sachsen siehe Glauchau.

WEIDHAUSEN Bayern 𝟦𝟷𝟹 Q 16 – 3 200 Ew – Höhe 289 m – 🕾 09562.
◆München 286 – Bayreuth 53 – ◆Bamberg 51.

🏠 **Braunes Ross,** Kappel 1, ✉ 96279, 🖉 9 82 80, Fax 982888 – 📳 📺 ☎ 🄿. 🗲 𝑽𝑰𝑺𝑨
↝ **Menu** *(Dienstag nur Mittagessen, Aug.-Sept. 3 Wochen geschl.)* à la carte 21/38 – **18 Z** 70/110.

WEIKERSHEIM Baden-Württemberg 𝟦𝟷𝟹 M 18, 𝟿𝟾𝟽 ㉖ – 7 300 Ew – Höhe 230 m – Erholungsort – 🕾 07934.
Sehenswert : Schloß (Ausstattung★★, Rittersaal★★).
🛈 Städt. Verkehrsamt, Marktplatz, ✉ 97990, 🖉 1 02 55, Fax 10258.
◆Stuttgart 128 – Ansbach 67 – Heilbronn 86 – ◆Würzburg 42.

🏨 **Laurentius,** Marktplatz 5, ✉ 97990, 🖉 70 07, Fax 7077, � – 📳 📺 ☎. 🄰🄴 ⓪ 🗲 𝑽𝑰𝑺𝑨
Menu *(Dienstag und 3.-28. Jan. geschl., Montag-Freitag nur Abendessen)* à la carte 37/73 – **12 Z** 75/155.

🏠 **Grüner Hof,** Marktplatz 10, ✉ 97990, 🖉 2 52, Fax 3056, � – 🌤 Zim
Mitte Jan.- Feb. geschl. – **Menu** *(Montag geschl.)* à la carte 28/50 – **22 Z** 75/130.

In Weikersheim-Laudenbach SO : 4,5 km :

🏠 **Zur Traube,** Mörikestr. 1, ✉ 97990, 🖉 88 63, Fax 8041 – 🄿
↝ *Jan. 3 Wochen geschl.* – **Menu** *(Dienstag geschl.)* à la carte 23/45 🍴 – **20 Z** 55/85.

In Tauberrettersheim NO : 4 km :

🏠 **Zum Hirschen,** Mühlenstr. 1, ✉ 97285, 🖉 (09338) 3 22, Fax 8217, �, 🍴, 🚗 – ☎ 🚙
🄿
23. Jan. - 24. Feb. geschl. – **Menu** *(Mittwoch geschl.)* à la carte 30/45 🍴 – **13 Z** 55/90.

WEIL Bayern 𝟦𝟷𝟹 P 22 – 2 900 Ew – Höhe 573 m – 🕾 08195.
◆München 54 – ◆Augsburg 34 – Landsberg am Lech 10.

In Weil-Pestenacker NO : 7 km :

🍴 **Post** 🍴, Hauptstr. 22, ✉ 86947, 🖉 2 77, Biergarten, 🚗 – 🚙 🄿
↝ *25. Aug.- 10. Sept. und 23. Dez.- 10. Jan. geschl.* – **Menu** *(Montag-Dienstag geschl.)* à la carte 18/37 – **21 Z** 35/75.

WEIL AM RHEIN Baden-Württemberg 𝟦𝟷𝟹 F 24, 𝟦𝟸𝟽 G 3, 𝟤𝟷𝟼 ④ – 26 000 Ew – Höhe 260 m – 🕾 07621 (Lörrach).
◆Stuttgart 261 – Basel 7,5 – ◆Freiburg im Breisgau 65 – Lörrach 5.

🏨 **Atlas Hotel,** Alte Str. 58 (nahe der BAB-Abfahrt Weil am Rhein), ✉ 79576, 🖉 70 70, Fax 707650, 🍴 – 📳 📺 🄿 – 🛄 120. 🄰🄴 ⓪ 🗲 𝑽𝑰𝑺𝑨 𝑱𝑪𝑩
Menu à la carte 43/82 – **160 Z** 186/345.

𝗫𝗫𝗫 ✿ **Zum Adler** (mit Zim. und Gästehaus), Hauptstr. 139, ✉ 79576, 🖉 7 50 55, Fax 75676
– 📺 ☎ 🄿. 🄰🄴 𝑽𝑰𝑺𝑨
Menu *(Sonntag - Montag, Anfang - Mitte Jan. und Anfang - Mitte Aug. geschl.)* (Tischbestellung ratsam, bemerkenswerte Weinkarte) 48/98 (mittags) und à la carte 71/105 – **23 Z** 150/250
Spez. Guglhupf von der Gänseleber mit Muskatellergelee, Fische und Meeresfrüchte im Safransud, Crépinette vom Schlamm mit Liebstöckljus.

𝗫𝗫 **Zur Krone** mit Zim (Landgasthof a. d. J. 1572), Hauptstr. 58, ✉ 79576, 🖉 7 11 64, Fax 78963 – 📺 ☎ 🄿. 🄰🄴 ⓪ 🗲 𝑽𝑰𝑺𝑨
Menu *(Dienstag geschl.)* (Tischbestellung ratsam) à la carte 38/80 – **11 Z** 65/160.

In Weil-Haltingen N : 3 km :

🏠 **Rebstock** 🍴, Große Gass 30, ✉ 79576, 🖉 6 22 57, Fax 65550 – ☎ 🚙 🄿
Menu *(Montag - Freitag nur Abendessen, Jan. 2 Wochen geschl.)* à la carte 42/74 🍴 – **18 Z** 75/160.

In Weil-Märkt NW : 5 km :

🏠 **Zur Krone,** Rheinstr. 17, ✉ 79576, 🖉 6 23 04, Fax 65350, � – 📺 ☎ 🄿
Feb. und Sept. jeweils 2 Wochen geschl. – **Menu** *(Montag - Dienstag geschl.)* à la carte 38/69 – **9 Z** 85/140.

Bayern **412 413** K 17 – 2 100 Ew – Höhe 166 m – ✪ 09373 (Amorbach).
◆München 353 – ◆Frankfurt am Main 79 – Heilbronn 87 – ◆Mannheim 84 – ◆Würzburg 79.

In Weilbach-Ohrnbach NW : 8 km :

🏛 **Zum Ohrnbachtal** ≫, Hauptstr. 5, ⊠ 63937, ℘ 14 13, Fax 4550, 佡, 🚗, 🔄, 📺, 🦅
– 🚗 🅿. **E**. ⚡ Zim
2. Jan.- 4. Feb. geschl. – **Menu** *(Mittwoch geschl.)* à la carte 29/58 ⅄ – **23 Z** 55/110
– ½ P 61/66.

Hessen **412 413** H 15, **987** ㉔ – 13 500 Ew – Höhe 172 m – Luftkurort – ✪ 06471.
Sehenswert : Lage★.
🛈 Kur- und Verkehrsverein, Mauerstr. 10, ⊠ 35781, ℘ 76 75.
◆Wiesbaden 72 – Gießen 40 – Limburg an der Lahn 22.

🏛 **Schloßhotel Weilburg** ≫, Langgasse 25, ⊠ 35781, ℘ 3 90 96, Fax 39199, 佡, 🚗, 🔄
– 📶 📺 ☎ 🚗 🅿 – 🔬 200. **E** **VISA**. ⚡ Rest
Menu à la carte 39/63 – **43 Z** 125/245 – ½ P 148/195.

XX **La Lucia,** Marktplatz 10, ⊠ 35781, ℘ 21 30, Fax 2909, 佡 – **AE** ⓪ **E** **VISA**
Montag nur Abendessen – **Menu** à la carte 37/74.

X Weilburger Hof, Schwanengasse 14, ⊠ 35781, ℘ 71 53, Fax 38350, 佡.

In Weilburg-Kubach O : 4 km über die B 456 :

🏛 **Kubacher Hof** ≫, Hauptstr. 58, ⊠ 35781, ℘ 48 22, Fax 41937, 🔄, 🚗 – 🅿. **AE**
➡ *Jan. 2 Wochen geschl.* – **Menu** *(Montag geschl.)* à la carte 23/39 ⅄ – **14 Z** 62/120
– ½ P 55/60.

In Löhnberg N : 3,5 km :

🏛 **Zur Krone,** Obertor 1, ⊠ 35792, ℘ (06471) 60 70, Fax 62107, Biergarten, 🚗 – 📶 📺 ☎
🔥 🅿 – 🔬 120
Menu *(Mittwoch und Samstag nur Abendessen)* à la carte 41/59 – **45 Z** 78/205.

In Mengerskirchen-Probbach NW : 12 km :

🏛 **Landhaus Höhler** ≫, Am Stausee, ⊠ 35794, ℘ (06476) 80 31, Fax 8886, ≤, 佡, 🚗, 🔄,
🚗 – 📺 ☎ 🅿. **AE** ⓪ **E** **VISA**. ⚡
Menu *(Montag geschl.)* à la carte 35/62 – **22 Z** 85/140 – ½ P 95/115.

Bayern **413** M 24, **426** B 6, **427** N 3 – 5 000 Ew – Höhe
631 m – Heilbad – Luftkurort – Wintersport : 630/900 m ⚡5 ⚡6 – ✪ 08387.
🛈 Kur- und Verkehrsamt, Weiler, Hauptstr. 14, ⊠ 88171, ℘ 3 91 50, Fax 39170.
◆München 179 – Bregenz 32 – Ravensburg 42.

Im Ortsteil Weiler :

🏛 **Kur- und Tennishotel Tannenhof** ≫, Lindenberger Str. 33, ⊠ 88171, ℘ 12 35, Fax 1626,
佡, Massage, ♨, 🏋, 🚗, 🔄, 🚗, 🦅 (Halle) – 📺 ☎ 🅿 – 🔬 25
Menu à la carte 33/60 – **46 Z** 125/210 – ½ P 104/158.

✿ **Post,** Fridolin-Holzer-Str. 4, ⊠ 88171, ℘ 10 70, Fax 8022, 🚗 – 🚗 🅿
➡ *Ende Nov.- Mitte Dez. geschl.* – **Menu** *(Mittwoch geschl.)* à la carte 24/52 – **17 Z** 50/95
– ½ P 70.

X **Zur Traube,** Hauptstr. 1, ⊠ 88171, ℘ 6 53, 佡 – 🅿. **E** **VISA**
Sonntag nur Mittagessen, Montag und Ende Aug.- Anfang Sept. 2 Wochen geschl. – **Menu**
à la carte 35/51.

Im Ortsteil Weiler-Bremenried :

🏛 **Kreuz,** Bregenzer Str. 91, ⊠ 88171, ℘ 4 45, Fax 3552, 佡 – ⚡ Rest 🅿
➡ *Nov. geschl.* – **Menu** *(Mittwoch nur Mittagessen, Donnerstag geschl.)* à la carte 23/49 –
11 Z 53/90.

Bayern **413** Q 23, **987** ㊲, **426** F 5 – 18 500 Ew – Höhe 563 m – ✪ 0881.
🛈₁₈ Pähl (N : 9 km), Gut Hochschloß, ℘ (08808)13 30.
◆München 53 – Garmisch-Partenkirchen 44 – Landsberg am Lech 37.

🏛 **Bräuwastl,** Lohgasse 9, ⊠ 82362, ℘ 45 47, Fax 69485, 佡, 🚗 – 📶 ⚡ Zim 📺 ☎ 🔥
🚗 🅿 – 🔬 40. **AE** **E** **VISA**
Anfang Jan. 1 Woche geschl. – **Menu** à la carte 32/62 – **48 Z** 99/158.

🏛 **Vollmann** ≫, Marienplatz 12, ⊠ 82362, ℘ 42 55, Fax 63332, 佡 – 📺 ☎ 🚗 🅿. **E** **VISA**
Menu *(Sonntag, 2.- 15. Jan. und 6.- 26. Aug. geschl.)* à la carte 26/52 – **38 Z** 60/120.

An der B 2 NO : 8,5 km :

🏛 **Hirschberg Alm** garni, ⊠ 82396 Pähl, ℘ (08808) 1 80, Fax 18100, ≤ Alpenvorland – 📺
☎ 🅿. **AE** ⓪ **E** **VISA**
6.- 31. Jan. geschl. – **20 Z** 79/158.

WEILHEIM AN DER TECK Baden-Württemberg 🌐🅐🅑🅒 L 21, 🌐🅑🅗 ③⑤ – 9 200 Ew – Höhe 385 m – ✪ 07023.

Ausflugsziel : Holzmaden : Museum Hauff★ N : 4 km.

♦Stuttgart 44 – Göppingen 15 – ♦Ulm (Donau) 52.

🏨 **Frank** garni, Kirchheimer Str. 20, ⊠ 73235, 𝒫 20 18, Fax 5822 – 📺 ☎. 🄴
    14 Z 100/150.

🏨 **Zur Post,** Marktplatz 12, ⊠ 73235, 𝒫 28 16, Fax 73444 – 🛗 ⟵ 🅿
🡢 **Menu** *(Sonntag nur Mittagessen, Aug. 3 Wochen geschl.)* à la carte 21/42 – **19 Z** 46/96

WEILROD Hessen 🌐🅐🅑 🌐🅐🅑🅒 I 16 – 6 300 Ew – Höhe 370 m – Erholungsort – ✪ 06083.
🔟 Weilrod-Altweilnau, Merzhäuser Landstraße, 𝒫 18 83.

♦Wiesbaden 42 – ♦Frankfurt am Main 39 – Gießen 51 – Limburg an der Lahn 33.

In Weilrod-Neuweilnau :

🏨 **Sporthotel Erbismühle** ⟲, ⊠ 61276, 𝒫 28 80, Fax 288700, ☇, 🛋, 🄽, 🞩, 🎾 – 🛗
    ☎ & 🅿 – 🏛 150. 🄰🄴 🅞 🄴 𝘝𝘐𝘚𝘈
    Menu à la carte 37/64 – **75 Z** 160/280.

WEIMAR Thüringen 🌐🅐🅒 G 13, 🌐🅑🅓 ㉓, 🌐🅑🅗 ㉖ – 58 000 Ew – Höhe 208 m – ✪ 03643.
Sehenswert : Stadtschloß (Cranachsammlung★★) – Goethehaus★★ – Schillerhaus★ – Deutsche
Nationaltheater (Doppelstandbild★★ von Goethe und Schiller) – Goethes Gartenhaus★★ – Stadt
kirche (Cranachaltar★★).
🅱 Weimar-Information, Marktstr. 10, ⊠ 99423, 𝒫 20 21 73, Fax 61240.
Erfurt 22 – ♦Berlin 262 – Chemnitz 132.

🏨 **Weimar Hilton,** Belvederer Allee 25, ⊠ 99425, 𝒫 72 20, Fax 722741, ☇, 🛋, 🄽 – 🛗
    ↳⇆ Zim 🍴 Rest 📺 & ⟵ 🅿 – 🏛 300. 🄰🄴 🅞 🄴 𝘝𝘐𝘚𝘈 𝗝𝗖𝗕
    Menu à la carte 40/68 – **295 Z** 250/330, 6 Suiten.

🏨 **Flamberg-Hotel Elephant,** Markt 19, ⊠ 99423, 𝒫 80 20, Fax 65310, « Gartenterrasse
    Einrichtung im Art-Deco-Stil » – 🛗 ↳⇆ Zim 📺 🅿 – 🏛 40. 🄰🄴 🅞 🄴 𝘝𝘐𝘚𝘈
    Anna Amalia : **Menu** à la carte 50/65 – *Elephantenkeller :* **Menu** à la carte 27/47 – **102**
    190/380, 3 Suiten.

🏨 **Russischer Hof,** Goetheplatz 2, ⊠ 99423, 𝒫 77 40, Fax 62337 – 🛗 📺 ☎ & 🅿 – 🏛 90
    🎆
    84 Z.

🏨 **Intercity Hotel,** Carl-August-Allee 17, ⊠ 99423, 𝒫 23 40, Fax 234444, ☇ – 🛗 ↳⇆ Zim
    📺 ☎ & ⟵ 🅿 – 🏛 70. 🄰🄴 🅞 🄴 𝘝𝘐𝘚𝘈
    Menu *(Sonntag geschl.)* à la carte 31/48 – **134 Z** 190/260.

🏨 **Liszt** garni, Lisztstr. 3, ⊠ 99423, 𝒫 5 40 80 – 🛗 📺 ☎ ⟵
    32 Z.

🏨 **Thüringen,** Brennerstr. 42, ⊠ 99423, 𝒫 36 75, Fax 3676 – 📺 ☎ 🅿 – 🏛 25
    34 Z.

🗙🗙 **Gasthaus zum weißen Schwan** (rekonstruiertes historisches Gasthaus), Frauentorstr. 2
    (Am Frauenplan), ⊠ 99423, 𝒫 6 17 15, Fax 202575, ☇ – 🄰🄴 🅞 🄴 𝘝𝘐𝘚𝘈 𝗝𝗖𝗕. 🎆
    Montag und 2. - 30. Jan. geschl., Feb. - Mitte März nur Abendessen – **Menu** (Tischbestellung
    ratsam) à la carte 39/59.

🗙 **Café Sperling,** Schillerstr. 18 (1. Etage), ⊠ 99423, 𝒫 20 29 10, Fax 202910 – 🄰🄴 🅞 🄴 𝘝𝘐𝘚
    Menu à la carte 27/34.

In Weimar-Gelmeroda SW : 4 km, nahe der BAB-Abfahrt Weimar :

🏨 **Schwartze** ⟲, Im Dorfe 65a, ⊠ 99428, 𝒫 5 99 50, Fax 512614 – 📺 ☎ 🅿. 🄰🄴 🄴
    (nur Abendessen für Hausgäste) – **30 Z** 120/160.

In Weimar-Legefeld SW : 6 km :

🏨 **Treff Hotel Weimar,** Kastanienallee 1, ⊠ 99438, 𝒫 80 30, Fax 803500, ☇, 🛋, 🄽 – 🛗
    ↳⇆ Zim 📺 ☎ & 🅿 – 🏛 170. 🄰🄴 🅞 🄴 𝘝𝘐𝘚𝘈 𝗝𝗖𝗕
    Menu à la carte 36/60 – **194 Z** 165/223, 4 Suiten.

WEIMAR Hessen siehe Marburg.

WEINÄHR Rheinland-Pfalz siehe Nassau.

WEINBOEHLA Sachsen siehe Meissen.

WEINGARTEN Baden-Württemberg 🌐🅐🅒 LM 23, 🌐🅑🅗 ③⑤ ㊱, 🌐🅐🅖 ⑪ – 25 000 Ew – Höhe 458 m – ✪ 0751 (Ravensburg).
Sehenswert : Basilika★★.
🅱 Städt. Kultur- und Verkehrsamt, Münsterplatz 1, ⊠ 88250, 𝒫 40 51 25, Fax 405268.
♦Stuttgart 143 – Biberach an der Riß 43 – Ravensburg 4 – ♦Ulm (Donau) 85.

🏩 **Mövenpick Hotel,** Abt-Hyller-Str. 37, ✉ 88250, ℰ 50 40, Telex 732325, Fax 504400, 🏤 – 📗 ⇔ Zim 📺 🅿 – ☒ 420. ☒ ⓸ 🄴 𝗩𝗜𝗦𝗔 𝗝𝗖𝗕
Menu à la carte 32/66 *(auch vegetarische Gerichte)* – **72 Z** 178/236.

🏛 **Altdorfer Hof,** Burachstr. 12, ✉ 88250, ℰ 5 00 90, Fax 500970 – 📗 📺 ☎ ⇔ 🅿 – ☒ 60.
☒ ⓸ 🄴 𝗩𝗜𝗦𝗔
20. Dez.- 11. Jan. geschl. – **Menu** *(Freitag geschl., Sonntag nur Mittagessen)* à la carte
36/63 – **46 Z** 88/175.

🏠 **Alt Ochsen,** Ochsengasse 5, ✉ 88250, ℰ 5 20 15, Fax 52017 – 📗 📺 ☎ 👤 ⇔ 🅿. ☒
→ ⓸ 🄴 𝗩𝗜𝗦𝗔. ⌘ Zim
27. Dez.- 6. Jan. geschl. – **Menu** *(Dienstag geschl.)* à la carte 23/51 – **25 Z** 65/174.

🏠 **Bären,** Kirchstr. 3, ✉ 88250, ℰ 4 23 80, Fax 43941 – 📺 ☎ ⇔ 🅿. ☒ ⓸ 🄴 𝗩𝗜𝗦𝗔
März 1 Woche und Juli 3 Wochen geschl. – **Menu** *(Montag geschl.)* à la carte 25/55 –
17 Z 80/130.

🏠 **Sonne,** Liebfrauenstr. 26, ✉ 88250, ℰ 56 07 90 (Hotel) 4 77 65 (Rest.), Fax 54691 – 📺 ☎
⇔ 🅿. 🄴 𝗩𝗜𝗦𝗔
Menu *(Mittwoch und Juli-Aug. 3 Wochen geschl., Samstag nur Abendessen)* à la carte
26/56 – **25 Z** 70/159.

✗ **Zur Post,** Postplatz 8, ✉ 88250, ℰ 5 25 75, Fax 552468, 🏤 – 🄴 𝗩𝗜𝗦𝗔
Montag und 1.- 27. Aug. geschl. – **Menu** (italienische Küche) à la carte 32/55.

In Wolpertswende-Mochenwangen N : 7,5 km :

🏡 **Rist,** Bahnhofstr. 8, ✉ 88248, ℰ (07502) 13 74, Fax 2884 – ⇔ 🅿. 🄴
→ **Menu** *(Freitag und Juli geschl.)* à la carte 24/38 – **16 Z** 42/85.

WEINGARTEN KREIS KARLSRUHE Baden-Württemberg 𝟜𝟙𝟚 𝟜𝟙𝟛 I 19 – 8 200 Ew – Höhe
120 m – 🕿 07244.
♦Stuttgart 88 – Heidelberg 46 – ♦Karlsruhe 16.

🏠 **Kärcherhalle,** Bahnhofstr. 150, ✉ 76356, ℰ 23 57, Fax 5190, 🏤 – 📺 ☎ 🅿. 🄴
über Ostern 2 Wochen und Juli - Aug. 3 Wochen geschl. – **Menu** *(Freitag - Samstag nur
Abendessen, Sonn- und Feiertage geschl.)* à la carte 39/71 – **13 Z** 50/100.

✗✗ **Walk'sches Haus** mit Zim, Marktplatz 7 (B 3), ✉ 76356, ℰ 70 37 00, 🏤, « Restauriertes
Fachwerkhaus a.d.J. 1701 » – 📺 ☎ – ☒ 40. ☒ ⓸ 𝗩𝗜𝗦𝗔
1.- 22. Jan. geschl. – **Menu** *(Sonn- und Feiertage geschl., Samstag und Montag nur Abendessen)* à la carte 55/99 – **14 Z** 90/200.

WEINHEIM AN DER BERGSTRASSE Baden-Württemberg 𝟜𝟙𝟚 𝟜𝟙𝟛 J 18, 𝟡𝟠𝟟 ㉕ – 42 000 Ew
– Höhe 135 m – 🕿 06201.
Sehenswert : Schloßpark★.
🛈 Verkehrsverein, Bahnhofstr. 15, ✉ 69469, ℰ 99 11 17, Fax 991135.
♦Stuttgart 137 – ♦Darmstadt 45 – Heidelberg 20 – ♦Mannheim 17.

🏩 **Ottheinrich** ⌂ (modern-elegante Einrichtung), Hauptstr. 126, ✉ 69469, ℰ 1 80 70,
Fax 180788, 🏤 – 📗 ⇔ Zim 📺 ☎ ⇔ – ☒ 35. ☒ ⓸ 🄴 𝗩𝗜𝗦𝗔
Menu *(Sonntag geschl.)* à la carte 54/72 – **24 Z** 150/220.

🏩 **Astron,** Breslauer Str. 52, ✉ 69469, ℰ 10 30, Fax 103300, 🏤, 🚬 – 📗 ⇔ Zim 📺 ☎
👤 🅿 – ☒ 300. ☒ ⓸ 🄴 𝗩𝗜𝗦𝗔 𝗝𝗖𝗕 – **Menu** à la carte 36/61 – **187 Z** 193/231.

🏩 **Fuchs'sche Mühle** mit Zim, Birkenauer Talstr. 10, ✉ 69469, ℰ 6 10 31, Fax 12914, 🏤, 🚬, ▣
– 📗 📺 ☎ ⇔ 🅿. ☒ ⓸ 🄴 𝗩𝗜𝗦𝗔. ⌘ – **Menu** à la carte 42/79 – **18 Z** 130/180.

🏠 **Haus Masthoff,** Lützelsachsener Str. 5, ✉ 69469, ℰ 6 30 33, Fax 16735, ▣ – 📺 ☎ ⇔.
☒ 🄴 𝗩𝗜𝗦𝗔 – **Menu** *(Montag geschl.)* à la carte 37/57 ♨ – **14 Z** 110/150.

✗✗ **Schloßparkrestaurant,** Obertorstr. 9, ✉ 69469, ℰ 1 23 24, Fax 67158, ≤, 🏤 – ☒ ⓸
𝗩𝗜𝗦𝗔
Mitte Jan. - Mitte Feb. und Dienstag geschl. – **Menu** à la carte 40/78.

In Weinheim-Lützelsachsen S : 3 km :

🏠 **Schmittberger Hof** (mit Gästehaus), Weinheimer Str. 43, ✉ 69469, ℰ 5 25 37, Fax 58942
– 📗 📺 🅿
27. Dez.- 7. Jan. geschl. – **Menu** *(Samstag - Sonntag geschl.)* (nur Abendessen) à la carte
27/50 ♨ – **33 Z** 58/100.

✗✗ **Winzerstube,** Sommergasse 7, ✉ 69469, ℰ 5 22 98, Fax 56520, 🏤 – 🅿. ☒ ⓸ 🄴 𝗩𝗜𝗦𝗔
Sonn- und Feiertage, Montag sowie Juli - Aug. 3 Wochen geschl. – **Menu** (nur Abendessen)
à la carte 51/74.

WEINSBERG Baden-Württemberg 𝟜𝟙𝟚 𝟜𝟙𝟛 K 19, 𝟡𝟠𝟟 ㉕ – 9 200 Ew – Höhe 200 m – 🕿 07134.
♦Stuttgart 53 – Heilbronn 6 – Schwäbisch Hall 42.

Außerhalb SO : 2 km :

🏠 **Gutsgasthof Rappenhof** ⌂ (mit Gästehaus), ✉ 74189 Weinsberg, ℰ (07134) 51 90,
Fax 51955, ≤, 🏤, 🌳 – 📗 📺 ☎ 🅿 – ☒ 30. ☒ ⓸ 🄴 𝗩𝗜𝗦𝗔
20. Dez.- 15. Jan. geschl. – **Menu** à la carte 35/65 ♨ – **38 Z** 75/195.

In Eberstadt NO : 4 km :

🏛 **Krone,** Hauptstr. 47, ⊠ 74246, ℘ (07134) 40 86, Fax 15752, 🏡 – 📺 ☎ 🅿. 🖭 ⑩ 📧 🔤
Menu *(Montag geschl.)* à la carte 34/69 – **17 Z** 75/135.

In Obersulm-Sülzbach O : 3,5 km :

✗✗ **Alter Klosterhof** (Fachwerkhaus a.d. 17.Jh.), Eberstädter Str. 7, ⊠ 74182, ℘ (07134) 1 88
55, 🏡 – 🅿. 🖭 ⑩ 📧 🔤
Sonntag - Montag und Juli - Aug. 3 Wochen geschl. – **Menu** (nur Abendessen) à la carte
55/86.

WEINSTADT Baden-Württemberg 📓📓📓 L 20 – 23 900 Ew – Höhe 290 m – ☸ 07151 (Waiblingen)
♦Stuttgart 16 – Esslingen am Neckar 13 – Schwäbisch Gmünd 38.

In Weinstadt-Baach :

✗ **Adler** ⛬ mit Zim, Forststr. 12, ⊠ 71384, ℘ 6 58 26, Fax 66520, 🏡 – ☎ ⇌ 🅿. 📧
Feb. und Juli jeweils 2 Wochen geschl. – **Menu** *(Montag - Dienstag geschl., Sonntag -
Donnerstag nur Mittagessen)* à la carte 36/70 – **5 Z** 65/110.

In Weinstadt-Beutelsbach :

🏛🏛 **Krone - Weinstadt Hotel,** Marktstr. 39, ⊠ 71384, ℘ 6 50 23 (Hotel) 6 51 81 (Rest.),
Fax 660916, 🏡 – 📳 ⇥ Zim 📺 ☎ 🔧 ⇌ – 🔬 20. 🖭 ⑩ 📧 🔤. ⛛ Zim
Menu *(Mittwoch geschl.)* à la carte 37/70 – **32 Z** 105/165.

In Weinstadt-Endersbach :

🏛 **Gästehaus Zefferer** garni, Strümpfelbacher Str. 10, ⊠ 71384, ℘ 60 00 34 – 📺 ☎ 🅿. 📧
14 Z 88/140.

✗✗ **Weinstube Muz,** Traubenstr. 3, ⊠ 71384, ℘ 6 13 21, Fax 61131 – 🖭 📧
Sonn- und Feiertage sowie Juli - Aug. 3 Wochen geschl. – **Menu** (nur Abendessen) à la carte
45/67.

In Weinstadt-Schnait :

🏛🏛 **Gasthof zum Lamm** (restauriertes Fachwerkhaus a.d.J. 1797), Silcherstr. 75, ⊠ 71384,
℘ 99 90 60, Fax 9990660, 🏡 – 📺 ☎ ⇌ 🅿 – 🔬 25. 🖭
Menu *(Dienstag geschl.)* à la carte 33/74 – **20 Z** 85/160.

In Weinstadt-Strümpfelbach :

🏛 **Gästehaus Amalie** garni, Hindenburgstr. 16, ⊠ 71384, ℘ 6 11 02 – ⇥ ☎ ⇌ 🅿
Aug. 3 Wochen und 22. Dez.- 10. Jan. geschl. – **15 Z** 62/102.

✗ **Lamm,** Hindenburgstr. 16, ⊠ 71384, ℘ 6 23 31, Fax 610162 –
Montag - Dienstag, Jan. 2 Wochen und Aug. 3 Wochen geschl. – Menu à la carte 34/75.

WEISENDORF Bayern 📓📓📓 P 18 – 5 500 Ew – Höhe 300 m – ☸ 09135.
♦München 204 – ♦Bamberg 53 – ♦Nürnberg 33 – ♦Würzburg 86.

🏛🏛 **Jägerhof** (mit Gästehaus), Auracher Bergstr. 2, ⊠ 91085, ℘ 71 70, Fax 717444 – 📺 ☎
⇥ 🅿 – 🔬 25. 🖭 ⑩ 📧 🔤. ⛛
Aug. 3 Wochen und Weihnachten - 8. Jan. geschl. – **Menu** *(Freitag geschl.)* à la carte 23/46
– **33 Z** 75/150.

In Großenseebach O : 4 km :

🏛 **Seebach,** Hauptstr. 2, ⊠ 91091, ℘ (09135) 71 60, Fax 716105 – ⇥ Zim 📺 ☎ ⇌ 🅿
– 🔬 15. 🖭 ⑩ 📧 🔤
Menu à la carte 25/45 – **19 Z** 95/140 – ½ P 110/120.

WEISKIRCHEN Saarland 📓📓 D 18 – 6 500 Ew – Höhe 400 m – Heilklimatischer Kurort –
☸ 06876.
🅱 Kurverwaltung, Kirchenweg 2, ⊠ 66709, ℘ 72 24, Fax 70938.
♦Saarbrücken 58 – Birkenfeld 39 – Merzig 19 – ♦Trier 33.

In Weiskirchen-Rappweiler SW : 2 km :

✗✗ **La Provence,** Merziger Str. 25, ⊠ 66709, ℘ (06872) 43 26. ⛛
Montag und Juli-Aug. 3 Wochen geschl., Dienstag und Samstag nur Abendessen – **Menu**
à la carte 29/66.

WEISMAIN Bayern 📓📓📓 Q 16, 📓📓📓 ㉖ – 5 000 Ew – Höhe 315 m – ☸ 09575.
♦München 276 – ♦Bamberg 43 – Bayreuth 35 – Coburg 41.

🏛 **Alte Post,** Am Markt 14, ⊠ 96260, ℘ 2 54, Fax 1054, 🏡
Menu à la carte 25/41 – **35 Z** 50/90.

🏛 **Krone,** Am Markt 13, ⊠ 96260, ℘ 9 22 20, Fax 922220, 📋, ⇌ – ⇌. ⛛
⇥ *Mitte - Ende Jan. geschl.* – **Menu** *(Samstag geschl.)* à la carte 20/38 – **34 Z** 50/100.

WEISSENBURG IN BAYERN Bayern 413 P 19, 987 ㉖ – 17 000 Ew – Höhe 420 m – ☎ 09141.

Sehenswert : Römer-Museum (Bronze-Statuetten★) und Römer-Thermen★.

Ausflugsziel : Ellingen (Schloß : Ehrentreppe★) N : 4 km.

Städt. Verkehrsamt, Martin-Luther-Platz 3 (Römermuseum), ✉ 91781, ☎ 90 71 24, Fax 907121.

München 131 – ◆Augsburg 82 – ◆Nürnberg 55 – ◆Ulm (Donau) 119.

Goldene Rose, Rosenstr. 6, ✉ 91781, ☎ 20 96, Fax 70752, – TV ☎. AE E VISA
Menu à la carte 25/65 – **31 Z** 80/180.

Goldener Adler, Marktplatz 5, ✉ 91781, ☎ 24 00, Fax 73996, – TV ☎. AE E VISA
Menu à la carte 26/56 – **11 Z** 80/145.

Am Ellinger Tor, Ellinger Str. 7, ✉ 91781, ☎ 40 19, Fax 86460, – TV ☎. AE ① E VISA
Menu *(Sonntag nur Mittagessen, Montag geschl.)* à la carte 29/57 – **27 Z** 78/168.

WEISSENFELS Sachsen-Anhalt 414 H 14, 984 ㉓, 987 ⑰ – 36 000 Ew – Höhe 100 m – ☎ 03443.

Stadtinformation, Nicolaistr. 37, ✉ 06667, ☎ 30 70.

Magdeburg 117 – ◆Leipzig 36 – Halle 31.

Jägerhof, Nicolaistr. 51, ✉ 06667, ☎ 30 43 11, Fax 305458, Biergarten – TV ☎ P. AE E VISA.
Menu à la carte 25/52 – **44 Z** 140/210.

WEISSENHORN Bayern 413 N 22, 987 ㊱ – 11 000 Ew – Höhe 501 m – ☎ 07309.

München 146 – Memmingen 41 – ◆Ulm (Donau) 22.

Löwen, Martin-Kuen-Str. 5, ✉ 89264, ☎ 50 14, Fax 5016 – TV ☎. AE E VISA. Rest
Menu *(Sonntag geschl.)* (Tischbestellung ratsam) à la carte 37/72 – **16 Z** 87/142.

WEISSENSEE Thüringen 414 F 12, 984 ㉓, 987 ⑯ – 3 500 Ew – Höhe 157 m – ☎ 036374.

Erfurt 38 – Nordhausen 56 – Weimar 43.

Promenadenhof (mit Gästehaus), an der Promenade, ✉ 99631, ☎ 2 02 10, Fax 20210, – TV ☎ P – 30
(nur Abendessen) – **20 Z**.

Sporthotel garni, Fischhof 3, ✉ 99631, ☎ 2 40, Fax 24113, – TV ☎ P – 20. AE ① E VISA
50 Z 86/126.

WEISSENSTADT Bayern 413 S 16, 987 ㉗ – 3 800 Ew – Höhe 630 m – Erholungsort – ☎ 09253.

Verkehrsamt, Rathaus, Kirchplatz 1, ✉ 95163, ☎ 7 11, Fax 1404.

München 265 – Bayreuth 36 – Hof 28.

Zum Waldstein, Kirchenlamitzer Str. 8, ✉ 95163, ☎ 2 70, Fax 8676 – Rest ☎
20. Feb.- 3. März und 28. Aug.- 9. Sept. geschl. – **Menu** *(Montag geschl.)* à la carte 22/43 – **14 Z** 40/100 – ½ P 48/58.

XX ✿ **Egertal,** Wunsiedler Str. 49, ✉ 95163, ☎ 2 37, Fax 500 – P. AE ① E VISA
Dienstag und Jan. 3 Wochen geschl., Montag - Freitag nur Abendessen – **Menu** (Tischbestellung ratsam) à la carte 53/80 – ***Prinz-Rupprecht Stube*** *(nur Abendessen)* **Menu** à la carte 29/54
Spez. Gebratene Meeresfische mit Paprika und Kräutern, Steinbutt und Waller in Räuchersauce, Milchlammschulter mit Senfschalotten.

WEISSWASSER Sachsen 414 P 11, 984 ⑳, 987 ⑱ – 33 000 Ew – Höhe 116 m – ☎ 03576.

Dresden 97 – Cottbus 48.

Kristall, Karl-Liebknecht-Str. 34, ✉ 02943, ☎ 4 30 03, Fax 43025 – TV ☎ P – 20. AE ① E VISA. Rest
Menu (nur Abendessen) à la carte 28/51 – **60 Z** 120/195.

WEISWEIL Baden-Württemberg 413 G 22 – 1 600 Ew – Höhe 173 m – ☎ 07646.

Stuttgart 181 – ◆Freiburg im Breisgau 35 – Offenburg 39.

X **Landgasthof Baumgärtner,** Sternenstr. 2, ✉ 79367, ☎ 3 47, Fax 1347 – P
Samstag und Dienstag nur Abendessen, Montag geschl. – **Menu** à la carte 44/70.

WEITENBURG (Schloß) Baden-Württemberg siehe Starzach.

WEITERSTADT Hessen siehe Darmstadt.

WEITNAU Bayern 413 N 24, 426 C 6 – 3 800 Ew – Höhe 797 m – Erholungsort – Wintersport 850/980 m ⚡4 ⚡3 – ☺ 08375.
♦München 155 – Bregenz 52 – Kempten (Allgäu) 25.

🏠 **Haus Hohenegg** garni, Hoheneggstr. 14, ✉ 87480, 🖉 15 13, Fax 1664, 🖴, 🚗 – ☎
Ⓟ
16 Z 69/124.

In Weitnau-Wengen NO : 12 km :

🍴 Engel, Alpe-Egg-Weg 2 (B 12), ✉ 87480, 🖉 3 17, 🏠, 🚗 – Ⓟ – **16 Z**.

WEMDING Bayern 413 P 20, 987 ㉖ – 5 500 Ew – Höhe 460 m – Erholungsort – ☺ 0909.
🅰 Verkehrsamt, Schloßhof, ✉ 86650, 🖉 82 22, Fax 8242.
♦München 128 – ♦Augsburg 70 – Nördlingen 18 – ♦Nürnberg 93.

🏨 **Meerfräulein,** Wallfahrtsstr. 1, ✉ 86650, 🖉 80 21, Fax 8574, 🖴 – 📶 📺 ☎ 🚗 – 🚗 8
🗝 🔞 Ⓔ 𝘝𝘐𝘚𝘈
Menu *(Sonntag nur Mittagessen, Dienstag geschl.)* à la carte 23/45 ♂ – **48 Z** 75/16
– ½ P 80/100.

WENDEBURG Niedersachsen siehe Peine.

WENDELSTEIN Bayern 413 Q 18 – 15 000 Ew – Höhe 340 m – ☺ 09129.
Siehe Nürnberg (Umgebungsplan).
♦München 157 – Ingolstadt 84 – ♦Nürnberg 12 – ♦Regensburg 100.

🏠 **Zum Wenden,** Hauptstr. 32, ✉ 90530, 🖉 9 01 30, Fax 901316 – 📺 ☎ – 🚗 20. 🗝 🔞
Ⓔ 𝘝𝘐𝘚𝘈   CT
Menu à la carte 43/66 – **18 Z** 98/128.

🍴🍴 **Ofenplatt'n,** Nürnberger Str. 19, ✉ 90530, 🖉 34 30, Fax 270968   CT
Samstag nur Abendessen, Sonntag geschl. – **Menu** (Tischbestellung ratsam) à la cart
65/89.

🍴 Grüner Baum, Hauptstr. 14, ✉ 90530, 🖉 38 01, Fax 27342, 🏠   CT
(wochentags nur Abendessen).

WENDEN Nordrhein-Westfalen 412 G 14 – 17 000 Ew – Höhe 360 m – ☺ 02762.
🖴 Wenden-Ottfingen, 🖉 (02762) 75 89.
♦Düsseldorf 109 – ♦Köln 72 – Olpe 11 – Siegen 22.

🏠 **Zeppenfeld,** Bergstr. 3, ✉ 57482, 🖉 12 46, Fax 1088 – 📺 ☎ Ⓟ. Ⓔ
Menu *(Dienstag geschl.)* à la carte 26/52 – **12 Z** 55/110.

An der Straße nach Hünsborn S : 2 km :

🏨 **Landhaus Berghof** 🏞, ✉ 57482 Wenden, 🖉 (02762) 50 88 (Hotel) 52 66 (Rest.), Fax 3708
🏠 – 📺 ☎ 🚗 Ⓟ. 🗝 Ⓔ. 🍴
Menu *(Montag geschl.)* à la carte 36/69 – **15 Z** 80/170.

In Wenden-Brün W : 5,5 km über Gerlingen :

🏨 **Wacker,** Mindener Str. 1, ✉ 57482, 🖉 80 88, Fax 6200, 🏠, 🖴, 🔲 , 🚗, 🍴 – 🏊 Zin
📺 ☎ 🚗 Ⓟ – 🚗 90. 🗝 🔞 Ⓔ 𝘝𝘐𝘚𝘈. 🍴 Rest
Menu à la carte 29/56 – **45 Z** 95/190 – ½ P 85/145.

WENDLINGEN AM NECKAR Baden-Württemberg 413 L 20 – 14 800 Ew – Höhe 280 m
☺ 07024.
♦Stuttgart 29 – Göppingen 28 – Reutlingen 31 – ♦Ulm (Donau) 69.

In Wendlingen-Unterboihingen :

🏠 **Löwen,** Nürtinger Str. 1, ✉ 73240, 🖉 94 90, Fax 94999, 🏠 – 📺 ☎ Ⓟ – 🚗 30. Ⓔ 𝘝𝘐𝘚
Menu *(Samstag geschl.)* à la carte 32/59 – **37 Z** 80/160.

WENNINGSTEDT Schleswig-Holstein siehe Sylt (Insel).

WERBELLINSEE Brandenburg siehe Joachimsthal.

WERDAU Sachsen 414 J 13, 984 ㉓, 987 ㉗ – 20 000 Ew – Höhe 234 m – ☺ 03761.
♦Dresden 123 – Zwickau 9.

🏨 **Katharinen Hof** garni (Restaurierte Jugendstilvilla a.d.J.1904), ✉ 08412, 🖉 55 19
Fax 3601 – 📺 ☎ Ⓟ – 🚗 25. Ⓔ 𝘝𝘐𝘚𝘈 – **18 Z** 95/170.

In Steinpleis SO : 2,5 km :

🏠 **In der Mühle** 🏞 (ehem. Mühle), Mühlenweg 1, ✉ 08432, 🖉 5 83 05, Fax 58307, 🏠, 🚗
– 📺 ☎ Ⓟ – 🚗 20. Ⓔ 𝘝𝘐𝘚𝘈 – **Menu** (nur Abendessen) à la carte 24/33 – **21 Z** 90/135.

WERDOHL Nordrhein-Westfalen **411 412** G 13, **987** ⑭ – 21 200 Ew – Höhe 185 m – ✪ 02392.

Düsseldorf 104 – Arnsberg 43 – Hagen 39 – Lüdenscheid 15.

In Werdohl-Kleinhammer S : 5 km über die B 229 :

🏠 Zum Dorfkrug, Brauck 7, ⊠ 58791, ℘ 9 79 80, Fax 979829, 🏞 – 📺 ☎ ⇔ 🅿
16 Z.

WERL Nordrhein-Westfalen **411 412** G 12, **987** ⑭ – 28 100 Ew – Höhe 90 m – ✪ 02922.

Werl-Stadtwald, ℘ (02922) 25 22.

Düsseldorf 103 – Arnsberg 25 – Dortmund 37 – Hamm in Westfalen 17 – Soest 15.

🏠 **Parkhotel Wiener Hof,** Hammer Str. 1, ⊠ 59457, ℘ 26 33, Fax 6448, « Gartenterrasse »
– 📺 ☎ ⇔ 🅿 – 🔬 40. 🅰🅴 ① 🅴 🆅🅸🆂🅰 🅹🅲🅱
Menu à la carte 40/68 – **8 Z** 89/160.

🏠 Bartels - Restaurant Kupferspieß, Walburgisstr. 6, ⊠ 59457, ℘ 70 66 (Hotel) 13 22 (Rest.),
Fax 85550 – 📺 ☎ ⇔ 🅿
32 Z.

WERMELSKIRCHEN Nordrhein-Westfalen **412** E 13, **987** ㉔ – 35 000 Ew – Höhe 310 m –
✪ 02196.

Düsseldorf 52 – ◆Köln 34 – Lüdenscheid 38 – Wuppertal 30.

🏠 **Zum Schwanen,** Schwanen 1 (B 51), ⊠ 42929, ℘ 71 10, Fax 711299 – ⅏ Zim 📺 ☎
⇔ 🅿. 🅰🅴 ① 🅴 🆅🅸🆂🅰
Menu à la carte 37/75 – **24 Z** 110/190.

🏠 **Zur Eich,** Eich 7 (B 51), ⊠ 42929, ℘ 60 08, Fax 6000, 🏞 – 📺 ☎ ⇔ 🅿 – 🔬 30. 🅰🅴
① 🅴 🆅🅸🆂🅰
Menu *(Juli - Aug. 3 Wochen geschl.)* à la carte 34/62 – **40 Z** 92/176.

In Wermelskirchen-Dabringhausen SW : 5 km :

🏠 **Zur Post,** Altenberger Str. 90, ⊠ 42929, ℘ (02193) 5 10 00, Fax 510079 – 📺 ☎ 🅿. 🅰🅴
① 🅴 🆅🅸🆂🅰
Menu *(Montag nur Abendessen)* à la carte 52/80 – **18 Z** 96/167.

WERNAU Baden-Württemberg **413** L 20 – 11 400 Ew – Höhe 255 m – ✪ 07153.

Stuttgart 32 – Göppingen 21 – Reutlingen 34 – ◆Ulm (Donau) 67.

🏨 Maître, Kranzhaldenstr. 3, ⊠ 73249, ℘ 33 75, Fax 39170, 🏞 – 📺 ☎ 🅿. ⅏ Zim
(nur Abendessen) – **33 Z**.

🏠 **Bad Hotel Lämmle,** beim Freibad, ⊠ 73249, ℘ 33 15, Fax 37173, 🏞, ⇌, 🔲, 🎿 – 📺
☎ 🅿. 🅰🅴 ① 🅴 🆅🅸🆂🅰
22. Dez. - 7. Jan. geschl. – **Menu** *(Freitag-Samstag geschl.)* (nur Abendessen) à la carte
27/50 – **65 Z** 100/160.

%% Maître mit Zim, Kirchheimer Str. 83, ⊠ 73249, ℘ 3 02 55 – 📺 ☎ 🅿. ⅏ Zim
9 Z.

% **Stadthalle,** Kirchheimer Str. 70, ⊠ 73249, ℘ 3 13 16 – 🅿 – 🔬 300
Sonntag nur Mittagessen, Montag, 1.- 7. Jan. und 29. Juli - 21. Aug. geschl. – **Menu** à la
carte 30/57.

WERNBERG-KÖBLITZ Bayern **413** T 18, **987** ㉗ – 5 000 Ew – Höhe 377 m – ✪ 09604.

München 193 – ◆Nürnberg 95 – ◆Regensburg 71 – Weiden in der Oberpfalz 18.

%% **Landgasthof Burkhard** mit Zim, Marktplatz 10, ⊠ 92533, ℘ 25 09, Fax 3664 – 📺 ☎ 🅿.
🎿
Menu *(Donnerstag geschl., Sonntag nur Mittagessen)* à la carte 34/73 – **12 Z** 75/150.

WERNE Nordrhein-Westfalen **411 412** F 11,12, **987** ⑭ – 31 000 Ew – Höhe 52 m – ✪ 02389.

Touristik-Information, Markt 19 (Stadtsparkasse), ⊠ 59368, ℘ 53 40 80, Fax 537099.

Düsseldorf 105 – Dortmund 25 – Hamm in Westfalen 15 – Münster (Westfalen) 40.

🏠 **Ickhorn** (mit Gästehaus), Markt 1, ⊠ 59368, ℘ 28 24, Fax 532789 – 📺 ☎. 🅴 🆅🅸🆂🅰
Menu *(Samstag und Juni-Juli 2 Wochen geschl.)* à la carte 27/53 – **26 Z** 80/150.

🏠 **Baumhove** (Fachwerkhaus a.d.J. 1484), Markt 2, ⊠ 59368, ℘ 22 98, Fax 536223,
« Restaurant mit rustikaler Einrichtung » – 📶 📺 ☎. 🅰🅴 ① 🅴 🆅🅸🆂🅰
Menu *(Sonntag nur Mittagessen, Montag nur Abendessen)* à la carte 28/62 – **18 Z** 75/140.

In Werne-Stockum O : 5 km :

🏠 **Stockumer Hof,** Werner Str. 125, ⊠ 59368, ℘ 9 50 70, Fax 950799 – 📺 ☎ 🅿. 🅴
Menu *(27. Dez. - 12. Jan. geschl.)* (wochentags nur Abendessen, Sonntag nur Mittagessen)
à la carte 26/59 – **20 Z** 70/120.

WERNECK Bayern 413 N 17, 987 ㉖ – 10 000 Ew – Höhe 221 m – ✆ 09722.
♦München 295 – Schweinfurt 13 – ♦Würzburg 27.

🏛 **Krone-Post,** Balthasar-Neumann-Str. 1, ✉ 97440, ✆ 50 90, Fax 509199 – 📶 📺 ☎ ዿ
– 🏛 30. ⅋ ⓞ Ｅ 𝘝𝘐𝘚𝘈. 🦐 Rest
Menu *(Montag nur Abendessen)* à la carte 29/46 – **56 Z** 72/180.

WERNIGERODE Sachsen-Anhalt 411 P 11, 414 E 10, 987 ⑯ – 37 000 Ew – Höhe 230 m
✆ 03943.
Sehenswert : Rathaus✶✶ – Fachwerkhäuser✶✶.
Ausflugsziele : Rübeland (Hermannshöhle✶) SO : 14 km.
🛈 Tourist-Information, Nikolaiplatz, ✉ 38855, ✆ 3 30 35, Fax 32040.
Magdeburg 88 – ♦Braunschweig 88 – Erfurt 145 – Göttingen 98.

🏛🏛 **Gothisches Haus,** Marktplatz, ✉ 38855, ✆ 37 50, Fax 375537, ☎ – 📶 ⇆ Zim 📺
ⓟ – 🏛 20. ⅋ ⓞ Ｅ 𝘝𝘐𝘚𝘈 – **Menu** à la carte 27/53 – **120 Z** 140/275.

🏛 **Weißer Hirsch,** Marktplatz 5, ✉ 38855, ✆ 3 24 34, Fax 33139, 🌲 – 📺 ☎ ⓟ. Ｅ 𝘝𝘐𝘚
Menu à la carte 30/52 – **31 Z** 115/195.

🏠 **Harz,** Mittelstr. 2, ✉ 38855, ✆ 3 22 86, Fax 36286 – 📶 📺 ☎
➜ **Menu** à la carte 24/44 – **26 Z** 110/135.

🍴 **Ratskeller,** Marktplatz 1, ✉ 38855, ✆ 3 27 04, Fax 21103, 🌲
➜ **Menu** à la carte 24/43.

In Wernigerode-Silstedt NO : 5 km :

🏛 **Blocksberg,** Hauptstr. 55, ✉ 38855, ✆ 2 12 51, Fax 21254, ☎ – 📶 📺 ☎ ዿ ⓟ – 🏛 7
⅋ ⓞ Ｅ 𝘝𝘐𝘚𝘈 𝐉𝐂𝐁 – **Menu** à la carte 27/54 – **28 Z** 110/170.

WERSHOFEN Rheinland-Pfalz 412 D 15 – 960 Ew – Höhe 497 m – ✆ 02694.
Mainz 176 – Adenau 19 – ♦Bonn 53.

🏠 **Pfahl,** Hauptstr. 76, ✉ 53520, ✆ 2 32, Fax 530, ≤, ☎, 🌬 – ⓟ. ⅋ Ｅ 𝘝𝘐𝘚𝘈
10. Jan.- 8. Feb. geschl. – **Menu** *(Dienstag geschl.)* à la carte 29/54 – **22 Z** 45/120.

WERTACH Bayern 413 O 24, 987 ㊱, 426 D 6 – 2 800 Ew – Höhe 915 m – Luftkurort – Wi
tersport : 915/1 450 m �4 ⼀3 – ✆ 08365.
🛈 Verkehrsamt, Rathaus, ✉ 87497, ✆ 2 66, Fax 1538 – ♦München 127 – Füssen 24 – Kempten (Allgäu) 2

🏠 **Alpengasthof Hirsch,** Marktstr. 21, ✉ 87497, ✆ 7 02 00, Fax 702030, 🌲 – ☎ ⓟ. Ｅ
Menu *(Donnerstag geschl.)* à la carte 31/62 – **10 Z** 65/130.

🏠 **Drei Mühlen,** Alpenstr. 1, ✉ 87497, ✆ 3 34, Fax 1381, 🌲, 🌬 – ⓟ. 🦐 Zim
➜ *Mitte Nov.- Mitte Dez. geschl.* – **Menu** à la carte 24/47 ♨ – **20 Z** 63/126.

WERTHEIM Baden-Württemberg 412 413 L 17, 987 ㉕ – 21 700 Ew – Höhe 142 m – ✆ 0934
Sehenswert : Stiftskirche (Grabdenkmäler✶ : Isenburgsches Epitaph✶✶).
Ausflugsziel : Bronnbach : Klosterkirche✶ SO : 9,5 km.
🛈 Fremdenverkehrsgesellschaft, Am Spitzen Turm, ✉ 97877, ✆ 10 66, Fax 38277.
♦Stuttgart 143 – Aschaffenburg 47 – ♦Würzburg 42.

🏛 **Schwan** (mit Gästehaus), Mainplatz 8, ✉ 97877, ✆ 12 78, Fax 21182, 🌲 – 📺 ☎ – 🏛 2
⅋ ⓞ Ｅ 𝘝𝘐𝘚𝘈. 🦐
Jan. geschl. – **Menu** à la carte 37/75 – **32 Z** 95/280.

🏛 **Bronnbacher Hof,** Mainplatz 10, ✉ 97877, ✆ 77 97, Fax 39977, 🌲 – 📶 📺 ☎ – 🏛 4
➜ ⅋ ⓞ Ｅ 𝘝𝘐𝘚𝘈 𝐉𝐂𝐁
Weihnachten - Anfang Jan. geschl. – **Menu** à la carte 24/46 – **37 Z** 95/160.

In Wertheim-Bettingen O : 10 km :

🏛🏛 ✿✿ **Schweizer Stuben** 🌿, Geiselbrunnweg 11, ✉ 97877, ✆ 30 70, Fax 307155, 🌲
« Hotelanlage in einem Park », ☎, ⬛ (geheizt), ⬛, 🌬, 🦐 (Halle) – 📺 ⓟ – 🏛 30. ⅋
ⓞ Ｅ 𝘝𝘐𝘚𝘈
Menu *(Dienstag und Jan. geschl.)* (nur Abendessen, Tischbestellung erforderlich) 138/19
und à la carte 85/165 – **Taverna La vigna - Schober** *(separat erwähnt)* – **33 Z** 225/49
3 Suiten
Spez. Jarret de beouf mit Trüffeln und Sellerie, Gerösteter Hummer mit Tomaten und Olivenö
Zicklein in Sarriette geschmort.

🍴🍴🍴 ✿ **Taverna La Vigna,** Geiselbrunnweg 11, ✉ 97877, ✆ 30 70 (über Schweizer Stuben)
ⓟ. ⅋ ⓞ Ｅ 𝘝𝘐𝘚𝘈
Sonntag-Montag und Feb. 3 Wochen geschl. – **Menu** (italienische Küche, Tischbestellun
ratsam) à la carte 71/91
Spez. Gegrillter Schwertfisch mit Bottargasauce, Geschmorte Bauernente mit Polenta, Cassat
von Panettone.

🍴🍴 ✿ **Schober,** Geiselbrunnweg 11, ✉ 97877, ✆ 30 70 (über Schweizer Stuben) – ⓟ. ⅋ ⓞ
𝘝𝘐𝘚𝘈
Mittwoch-Donnerstag und Jan. geschl – **Menu** à la carte 37/63.

In Wertheim-Mondfeld W : 10 km – Erholungsort :

🏠 **Weißes Rössel,** Haagzaun 12, ⊠ 97877, ℘ (09377) 12 15, Fax 1309, 🍽, 🛋 – 📺 🚗 ⇔ 🅿. 🖭 🗲 𝘝𝘐𝘚𝘈
Jan. 1 Woche geschl. – **Menu** *(Dienstag geschl.)* à la carte 26/58 ⅄ – **11 Z** 60/110 – ½P 75.

In Wertheim-Reicholzheim SO : 7 km – Erholungsort :

🏠 Martha 🐾, Am Felder 11, ⊠ 97877, ℘ 78 96, Fax 6655, ≤, 🍽, ≘s, 🔲, 🛋 – ☎ 🅿. 🛠
10 Z.

In Kreuzwertheim Bayern, auf der rechten Mainseite :

🏨 **Lindenhof,** Lindenstr. 41 (NO : 2 km), ⊠ 97892, ℘ (09342) 10 41, Fax 4353, ≤, 🍽 – 🍴 📺 ☎ ⇔ 🅿. 🛠 Rest
Menu à la carte 46/74 – **15 Z** 95/210.

🏨 **Herrnwiesen,** In den Herrnwiesen 4, ⊠ 97892, ℘ (09342) 3 70 31, Fax 22863, 🛋 – 📺 ☎ ⇔ 🅿. 🖭 🗲 𝘝𝘐𝘚𝘈
(nur Abendessen für Hausgäste) – **22 Z** 85/170.

WERTHER Nordrhein-Westfalen siehe Halle in Westfalen.

WERTHER Thüringen siehe Nordhausen.

WERTINGEN Bayern 𝟜𝟙𝟛 OP 21, 𝟿𝟪𝟩 ㊱ – 7 000 Ew – Höhe 419 m – ✪ 08272.
▸München 90 – ◆Augsburg 32 – Donauwörth 24 – ◆Ulm (Donau) 74.

🍷 **Hirsch,** Schulstr. 7, ⊠ 86637, ℘ 80 50, Fax 805100 – 📺 ☎ ⇔ 🅿 – 🔬 80. 🖭 🗲 𝘝𝘐𝘚𝘈
← **Menu** *(Freitag nur Mittagessen, Samstag und 23. Dez.- 6. Jan. geschl.)* à la carte 23/35 ⅄ – **29 Z** 54/95.

WESEL Nordrhein-Westfalen 𝟜𝟙𝟙 𝟜𝟙𝟤 C 11,12, 𝟿𝟪𝟩 ⑬ – 62 400 Ew – Höhe 25 m – ✪ 0281.
🔹 Verkehrsverein, Kornmarkt 19, ⊠ 46483, ℘ 2 44 98.
◾ADAC, Schermbecker Landstr. 41, ⊠ 46485, ℘ (0221) 47 27 47, Fax 9530947.
▸Düsseldorf 64 – Bocholt 24 – Duisburg 31.

💥 **Lippeschlößchen,** Hindenburgstr. 2 (SO : 2 km), ⊠ 46485, ℘ 44 88, Fax 4733, 🍽 – 🅿. 🖭 ⓞ 🗲 𝘝𝘐𝘚𝘈
Dienstag geschl. – **Menu** à la carte 50/75.

💥 **Bacco,** Kornmarkt 1, ⊠ 46483, ℘ 1 57 58, 🍽 – 🖭 🗲 𝘝𝘐𝘚𝘈 𝘑𝘤𝘣
Sept. 3 Wochen geschl. – **Menu** *(italienische Küche)* à la carte 35/70.

In Wesel-Büderich SW : 4 km :

🏠 **Wacht am Rhein,** Rheinallee 30, ⊠ 46487, ℘ (02803) 3 02, Fax 1741, ≤, 🍽 – 🅿. 🛠 Rest
22. Dez.- 10. Jan. geschl. – **Menu** *(Dienstag geschl.)* à la carte 30/60 – **20 Z** 75/160.

In Wesel-Feldmark N : 4 km über Reeser Landstraße :

🏘 **Waldhotel Tannenhäuschen** 🐾, Am Tannenhäuschen 7, ⊠ 46487, ℘ 6 10 14, Fax 64153, 🍽, ≘s, 🔲, 🛋 – 🍴 📺 ⇔ 🅿 – 🔬 80. 🖭 ⓞ 🗲 𝘝𝘐𝘚𝘈
Menu à la carte 59/85 – **46 Z** 148/290, 4 Suiten.

An der Autobahn A 3 Richtung Arnheim SO : 10 km :

🏨 Autobahnrestaurant und Waldhotel, ⊠ 46569 Hünxe-Ost, ℘ (02858) 70 57, Fax 2953, 🍽 – 🍴 Zim 📺 ☎ ⅄ 🅿
23 Z.

In Hamminkeln-Marienthal NO : 14 km :

🏨 **Romantik-Hotel Haus Elmer** 🐾, An der Klosterkirche 12, ⊠ 46499, ℘ (02856) 20 41, Fax 2061, « Gartenterrasse », ≘s – 📺 ☎ 🅿 – 🔬 50. 🖭 ⓞ 🗲 𝘝𝘐𝘚𝘈. 🛠 Zim
Menu *(1.- 15. Jan. geschl.)* à la carte 49/75 – **31 Z** 130/240.

WESSELING Nordrhein-Westfalen 𝟜𝟙𝟤 D 14 – 30 000 Ew – Höhe 51 m – ✪ 02236.
▸Düsseldorf 55 – ◆Bonn 15 – ◆Köln 12.

🏨 **Pontivy,** Cranachstr. 75, ⊠ 50389, ℘ 4 30 91, Fax 40738, Biergarten, ≘s – 📺 ☎ 🅿 – 🔬 30. 🖭 ⓞ 🗲 𝘝𝘐𝘚𝘈
Menu *(Samstag nur Abendessen)* à la carte 37/56 – **26 Z** 110/310.

🏠 **Haus Burum** garni, Bonner Str. 83, ⊠ 50389, ℘ 4 10 51, Fax 1406 – 🍴 📺 ☎ 🅿
24 Z 75/160.

💥 **Kölner Hof** mit Zim, Kölner Str. 83, ⊠ 50389, ℘ 4 28 41, Fax 42482 – 📺 ☎ 🅿. 🖭 🗲 𝘝𝘐𝘚𝘈. 🛠 Zim
1.- 30. Juli geschl. – **Menu** *(Samstag geschl.)* à la carte 32/72 – **8 Z** 60/120.

WESSOBRUNN Bayern 🄸🄱🄵 Q 23, 🄷🄸🄷 ㊱, 🄴🄲🄶 F 5 – 1 740 Ew – Höhe 701 m – ✪ 08809.
Sehenswert : Benediktinerabtei (Fürstengang★).
♦München 64 – ♦Augsburg 66 – Weilheim 10.

  ✗ **Zur Post** mit Zim, Zöpfstr. 2, ✉ 82405, ✆ 2 08, Fax 813, ☞ – ⇔ 🄿
    Menu *(Nov. - März Dienstag geschl.)* à la carte 28/54 – **3 Z** 35/70.

WESTERBURG Rheinland-Pfalz 🄸🄱🄶 G 15, 🄷🄸🄷 ㉔ – 5 600 Ew – Höhe 380 m – ✪ 02663.
Mainz 88 – ♦Koblenz 41 – Siegen 43.

  🏨 **Deynique** ☞, Auf dem Hilserberg 20, ✉ 56457, ✆ 2 90 20, Fax 2902200, ≼, ☞
    « Moderne, individuelle Einrichtung » – 📶 ⇆ Zim 📺 ⅙ ⇔ 🄿 – 🔏 40. 🄰🄴 🄾🄳 🄴 VIS.
    Menu *(Montag-Dienstag geschl.)* à la carte 48/80 – **30 Z** 180/216.

WESTERDEICHSTRICH Schleswig-Holstein siehe Büsum.

WESTERHORN Schleswig-Holstein 🄸🄸🄸 LM 5 – 950 Ew – Höhe 3 m – ✪ 04127.
♦Kiel 80 – ♦Hamburg 50 – Itzehoe 21.

  ✗ **Landkrog,** Birkenweg 6, ✉ 25364, ✆ 3 97, Fax 8423, ☞ – 🄿. 🄰🄴 🄾🄳 🄴 VISA
    Dienstag - Freitag nur Abendessen, Montag, 1. - 7. Jan. und Juni - Juli 3 Wochen geschl.
    – **Menu** à la carte 42/76.

WESTERLAND Schleswig-Holstein siehe Sylt (Insel).

WESTERNKOTTEN BAD Nordrhein-Westfalen siehe Erwitte.

WESTERSTEDE Niedersachsen 🄸🄸🄸 G 7, 🄷🄸🄷 ⑭ – 19 500 Ew – Höhe 13 m – ✪ 04488.
🄱 Tourist-Information, Rathaus, Am Markt, ✉ 26655, ✆ 18 88, Fax 5555.
♦Hannover 195 – Groningen 110 – Oldenburg 24 – Wilhelmshaven 42.

  🏨 **Voss,** Am Markt 4, ✉ 26655, ✆ 51 90, Fax 6062, ≋, 🔲 – 📶 📺 ☎ 🄿 – 🔏 200. 🄰🄴 🄾🄳
    🄴 VISA
    Menu à la carte 32/55 – **60 Z** 100/180.
  🏨 **Waldhotel am Wittenheimer Forst,** Burgstr. 15 (NO : 1,5 km), ✉ 26655, ✆ 8 38 20,
    Fax 72829 – 📺 ☎ 🄿. 🄰🄴 🄴 VISA
    23. Dez.- 4. Jan. geschl. – **Menu** *(Montag geschl.)* à la carte 26/47 – **23 Z** 68/140.
  🏨 **Ammerländer Hof,** Langestr. 24, ✉ 26655, ✆ 22 73, Fax 72486 – 📺 ☎ 🄿. 🄰🄴 🄾🄳 🄴 VISA
    Menu à la carte 25/42 – **23 Z** 88/130.
  ✗✗ Zur Linde mit Zim, Wilhelm-Geiler-Str. 1, ✉ 26655, ✆ 51 90, ☞ – 📺 ☎ 🄿
    11 Z.

  In Westerstede-Hollwege NW : 3 km :

  🏨 **Heinemann's Gasthaus,** Liebfrauenstr. 13, ✉ 26655, ✆ 22 47, Fax 73483, ☞ – 📺 ☎
  ⇆ ⇔ 🄿. ⅏
    16. Dez.- 3. Jan. geschl. – **Menu** *(Sonn- und Feiertage geschl.)* à la carte 20/42 – **18 Z**
    60/110.

WESTHAUSEN Baden-Württemberg siehe Aalen.

WETTIN Sachsen-Anhalt 🄸🄸🄸 H 11, 🄷🄷🄸 ⑲, 🄷🄸🄷 ⑰ – 3 000 Ew – Höhe 110 m – ✪ 034607.
Magdeburg 66 – Halle 25.

  ✗ Jagdhütte Wettin, Könnersche Str. 35, ✉ 06198, ✆ 2 04 81, ☞, Biergarten – 🄿.

WETTRINGEN Nordrhein-Westfalen 🄸🄸🄸 🄸🄸🄸 EF 10, 🄷🄸🄷 ⑭, 🄸🄾🄸 MN 5 – 7 000 Ew – Höhe 55 m
– ✪ 02557.
♦Düsseldorf 160 – Enschede 32 – Münster (Westfalen) 37 – ♦Osnabrück 59.

  🏨 **Zur Post,** Kirchstr. 4 (B 70), ✉ 48493, ✆ 70 02, Fax 7004 – 📺 ☎ ⇔ 🄿. 🄴
  ⇆ **Menu** *(Sonntag geschl.)* (nur Abendessen) à la carte 24/49 – **24 Z** 60/130.
  🏨 **Zur Sonne,** Metelener Str. 8 (B 70), ✉ 48493, ✆ 12 31 – 📺 ☎ ⇔ 🄿. 🄴
    Menu *(Freitag geschl.)* (nur Abendessen) à la carte 25/49 – **9 Z** 65/115.

WETTSTETTEN Bayern siehe Ingolstadt.

WETZLAR Hessen 🄸🄸🄸 🄸🄸🄸 I 15, 🄷🄸🄷 ㉔ ㉕ – 53 000 Ew – Höhe 168 m – ✪ 06441.
🄱 Verkehrsamt, Domplatz 8, ✉ 35578, ✆ 9 93 38, Fax 99339.
ADAC, Nauborner Str. 10, ✉ 35578, ✆ 4 31 00, Fax 46535.
♦Wiesbaden 96 ② – Gießen 17 ② – Limburg an der Lahn 42 ⑧ – Siegen 64 ⑧.

WETZLAR

0   200 m

Mercure, Bergstr. 41, ✉ 35578, ☎ 41 70, Telex 483739, Fax 42504, ≋, ▦ – ▮ ↔ Zim ▤ 🆣 🚲 🅿 – ᇓ 300. 🆎 ⓪ ⓔ 🆅🆂🆁 – **Menu** à la carte 39/73 – **144 Z** 185/380.   Z **c**

Bürgerhof, Konrad-Adenauer-Promenade 20, ✉ 35578, ☎ 90 30, Fax 903100 – ▮ 🆣 🅿 . 🛠 Zim – **62 Z**.   Z **e**

Wetzlarer Hof, Obertorstr. 3, ✉ 35578, ☎ 4 80 21, Fax 45482, ㈜ – 🆣 ☎ 🅿 – ᇓ 50. 🆎 ⓪ ⓔ 🆅🆂🆁
Menu à la carte 35/62 ᵷ – **22 Z** 108/180.   Z **d**

Tapferes Schneiderlein, Garbenheimer Str. 18, ✉ 35578, ☎ 4 25 51, ㈜ – 🅿   Y **n**
Sonntag - Montag, Jan. 2 Wochen und Juni - Juli 3 Wochen geschl. – **Menu** (nur Abend-essen) à la carte 50/71 *(auch vegetarisches Menu).*

In Wetzlar-Kirschenwäldchen S : 4,5 km über ⑥ :

Stoppelberg ⑤, Kirschenwäldchen 18, ✉ 35578, ☎ 2 40 15, Fax 25416, « Gartenterrasse » – 🆣 ☎ 🅿 – ᇓ 60. 🛠 – **25 Z**.

955

In Lahnau-Atzbach ② : 7,5 km :

XX **Bergschenke,** Bergstr. 27, ⊠ 35633, ℘ (06441) 6 19 02, Fax 64644, ≤, 🏤 – **Ⓟ**. 🖭 **Ⓔ**
Montag und 1. - 16. Jan. geschl., Samstag nur Abendessen – **Menu** à la carte 40/79 ·
Bürgerstube : Menu à la carte 33/52.

WEYARN Bayern **4⃝1⃝3** S 23, **4⃝2⃝6** H 5 – 2 700 Ew – Höhe 654 m – ✪ 08020.
♦München 37 – Innsbruck 124 – Salzburg 104.

🏠 **Alter Wirt,** Miesbacher Str. 2, ⊠ 83629, ℘ 90 70, Fax 1515, 🏤, Biergarten – 🖵 ☎ **Ⓟ**
Ⓔ 𝑽𝑰𝑺𝑨
Menu à la carte 28/48 – **46 Z** 75/150 – ½ P 80.

Im Mangfalltal NW : 2,5 km :

X **Waldrestaurant Maxlmühle,** ⊠ 83626 Valley, ℘ (08020) 17 72, 🏤 – **Ⓟ**. **Ⓞ**
Mittwoch - Donnerstag und 28. Jan.- Feb. geschl. – **Menu** à la carte 30/53.

WEYERBUSCH Rheinland-Pfalz siehe Altenkirchen im Westerwald.

WEYHAUSEN Niedersachsen siehe Wolfsburg.

WEYHE Niedersachsen **4⃝1⃝1** J 8 – 24 500 Ew – Höhe 9 m – ✪ 04203.
♦Hannover 104 – ♦Bremen 12 – Syke 10 – Verden 36.

In Weyhe-Kirchweyhe :

🏠 **Koch,** Bahnhofstr.2, ⊠ 28844, ℘ 60 93, Fax 6095, (Biergarten) – **Ⓟ** – 🏄 20. **Ⓔ** 𝑽𝑰𝑺𝑨
Menu *(Sonntag nur Mittagessen)* à la carte 33/55 – **20 Z** 75/160.

In Weyhe-Leeste :

🏠 **Leeste Hotel,** Alte Poststr.2, ⊠ 28844, ℘ (0421) 80 26 06, Fax 892265, 🏤, ≘s – 🖵 ☎
Ⓟ – 🏄 20. 🖭 **Ⓔ** 𝑽𝑰𝑺𝑨
Menu (nur Abendessen) à la carte 30/56 – **35 Z** 91/135.

WEYHER Rheinland-Pfalz siehe Edenkoben.

WICKEDE (RUHR) Nordrhein-Westfalen **4⃝1⃝1** **4⃝1⃝2** G 12 – 11 600 Ew – Höhe 155 m – ✪ 02377
♦Düsseldorf 105 – Dortmund 41 – Iserlohn 28.

XX **Haus Gerbens** mit Zim, Hauptstr. 211 (B 63), ⊠ 58739, ℘ 10 13, Fax 1871, Biergarten –
🖵 ☎ **Ⓟ**. **Ⓞ** **Ⓔ** 𝑽𝑰𝑺𝑨
Menu *(Samstag nur Abendessen)* à la carte 42/85 *(auch vegetarisches Menu)* – **9 Z** 75/130

WIEDEN Baden-Württemberg **4⃝1⃝3** G 23, **2⃝4⃝2** ㊱, **2⃝1⃝6** ⑤ – 530 Ew – Höhe 850 m – Erholungsor
– Wintersport : 850/1 100 m, ≤2, ✦5 – ✪ 07673 (Schönau).
🛈 Kurbüro, Rathaus, ⊠ 79695, ℘ 3 03, Fax 8533.
♦Stuttgart 246 – Basel 50 – ♦Freiburg im Breisgau 44 – Todtnau 11.

🏠 Hirschen, Ortsstr. 8, ⊠ 79695, ℘ 10 22, Fax 8516, 🏤, ≘s, ⬛, 🐎, 🎯 – 🛗 🖵 ☎ ⟸
Ⓟ – **28 Z**.

🏠 **Moosgrund** 🦢, Steinbühl 16, ⊠ 79695, ℘ 79 15, Fax 1793, ≤, ≘s, ⬛, 🐎 – 🛗 ☎ **Ⓟ**
(nur Abendessen für Hausgäste) **18 Z** 72/130.

An der Straße zum Belchen W : 4 km :

🏠 **Berghotel Wiedener Eck** – Höhe 1 050 m, ⊠ 79695 Wieden, ℘ (07673) 90 90, Fax 1009
≤, 🏤, ≘s, ⬛, 🐎 – 🛗 🖵 ☎ ⟸ **Ⓟ** **Ⓞ** **Ⓔ** 𝑽𝑰𝑺𝑨
Menu *(Dienstag geschl.)* à la carte 34/73 – **32 Z** 75/185 – ½ P 90/125.

WIEDERITZSCH Sachsen siehe Leipzig.

WIEFELSTEDE Niedersachsen **4⃝1⃝1** H 7 – 11 500 Ew – Höhe 15 m – ✪ 04402 (Rastede).
♦ Hannover 188 – Oldenburg 13 – Bad Zwischenahn 14.

🏨 **Sporthotel Wiefelstede** 🦢, Alter Damm 9, ⊠ 26215, ℘ 61 18, Fax 60761, 🏤, ≘s
🎯 (Halle) – 🖵 ☎ 🅿 ⅙ **Ⓟ** – 🏄 100. 🖭 **Ⓞ** **Ⓔ** 𝑽𝑰𝑺𝑨
Menu à la carte 32/64 – **58 Z** 90/190.

XX **Hörner Kroog,** Gristeder Str. 11, ⊠ 26215, ℘ 62 44, Fax 60779, 🏤, « Ammerlände
Bauernhaus » – **Ⓟ**. 🖭
Dienstag und Aug. 2 Wochen geschl. – **Menu** (nur Abendessen) à la carte 45/66.

In Wiefelstede-Spohle N : 7 km :

🏠 Spohler Krug, Wiefelsteder Str. 28, ⊠ 26215, ℘ (04458) 4 97, Fax 1551 – ⟸ **Ⓟ** – 🏄 30
32 Z.

Nordrhein-Westfalen **412** F 14 – 24 000 Ew – Höhe 192 m – Erholungsort – ✪ 02262.

🛈 Verkehrsamt, Hauptstr. 31, ✉ 51674, 𝒜 9 30 24, Fax 91543.

◆Düsseldorf 85 – ◆Köln 48 – Siegen 53 – Waldbröl 17.

🏠 **Zur Post,** Hauptstr. 8, ✉ 51674, 𝒜 79 00, Fax 92595, Biergarten, ⌂s, 🔲 – 🛦 🔟 ☎ **𝐏**
 – 🛦 80. 🖭 ⓪ 🗉 𝑽𝑰𝑺𝑨
 Menu à la carte 32/80 – **55 Z** 90/240.

🏠 **Platte,** Hauptstr. 25, ✉ 51674, 𝒜 90 75, Fax 97876 – ☎ ⇔ **𝐏** – 🛦 15. 🖭 ⓪ 🗉 𝑽𝑰𝑺𝑨
 Juli 3 Wochen geschl. – **Menu** à la carte 36/65 – **20 Z** 98/190.

 An der Tropfsteinhöhle S : 2 km :

🏠 **Waldhotel Hartmann,** Pfaffenberg 1, ✉ 51674 Wiehl, 𝒜 (02262) 90 22, Fax 93400, 🍽,
 🔲, 🐎 – 🛦 🔟 ☎ **𝐏** – 🛦 50. 🖭 ⓪ 🗉 𝑽𝑰𝑺𝑨. 🕸 Zim
 24.- 28. Dez. geschl. – **Menu** à la carte 33/65 – **40 Z** 120/230.

Niedersachsen siehe Celle.

Bayern **413** T 17, **987** ㉗ – 4 800 Ew – Höhe 506 m – ✪ 09634.

◆München 274 – Bayreuth 60 – Hof 70 – Weiden in der Oberpfalz 32.

🕿 Deutsches Haus, Hauptstr. 61, ✉ 95676, 𝒜 12 32, 🐎 – 🔟 ⇔ **𝐏**
 13 Z.

 *Places listed in the Michelin Red Guide
 are underlined in red on maps no* **411**, **412**, **413** *and* **414**.

L Hessen **412** **413** H 16, **987** ㉔, **984** ㉖ – 267 000 Ew – Höhe 115 m – Heilbad
 – ✪ 0611.

Sehenswert : Kurhaus★BY – Kurpark und Kuranlagen★BZ – Museum Wiesbaden
Jawlensky-Kollektion★)BZ – Nerobergbahn★.

Ausflugsziel : Schloß Biebrich★ – Kloster Eberbach★★ (Weinkeltern★★) W : 18 km.

🏌 Wiesbaden-Delkenheim (O : 12 km), 𝒜 (06122) 5 22 08 ; 🏌 Wiesbaden-Frauenstein (W : 6 km),
𝒜 (0611) 82 38 89 ; 🏌 Chausseehaus (NW : 5 km), 𝒜 (0611) 46 02 38.

Ausstellungs- und Kongreßzentrum Rhein-Main-Halle (BZ), 𝒜 14 40.

🛈 Verkehrsbüro, Rheinstr. 15, ✉ 65185, 𝒜 1 72 97 80, Fax 1729799.

🛈 Verkehrsbüro, im Hauptbahnhof, ✉ 65189, 𝒜 1 72 97 81.

ADAC, Grabenstr. 5, ✉ 65183, 𝒜 37 70 71, Fax 306324.

◆Bonn 153 ① – ◆Frankfurt am Main 41 ② – ◆Mannheim 89 ③.

Stadtpläne siehe nächste Seiten

🏨 **Nassauer Hof** ⑤, Kaiser-Friedrich-Platz 3, ✉ 65183, 𝒜 13 30, Telex 4186847, Fax 133632,
 🍽, Massage, ⌂s, 🔲 – 🛦 🕸 Zim 🔳 Rest 🔟 ⇔ – 🛦 120. 🖭 ⓪ 🗉 𝑽𝑰𝑺𝑨. 🕸 BY **g**
 Menu (siehe Rest. *Die Ente vom Lehel* separat erwähnt) – *Orangerie :* Menu à la carte 62/95
 – **202 Z** 351/742, 9 Suiten.

🏨 **Schwarzer Bock,** Kranzplatz 12, ✉ 65183, 𝒜 15 50, Fax 155111, « Einrichtung teils mit
 wertvollen Antiquitäten, Innenhofterrasse », Massage, ⚕, ⌂s, 🔲 – 🛦 🔟 ⇔ – 🛦 100.
 🖭 ⓪ 🗉 𝑽𝑰𝑺𝑨. 🕸 Rest BY **a**
 Menu 49/105 und à la carte 67/94 – **150 Z** 250/600, 22 Suiten.

🏨 **Aukamm-Hotel** ⑤, Aukamm-Allee 31, ✉ 65191, 𝒜 57 60, Telex 4186283, Fax 576264,
 🍽, ⌂s – 🛦 🕸 Zim 🔟 ⇔ **𝐏** – 🛦 180. 🖭 ⓪ 🗉 𝑽𝑰𝑺𝑨
 – *Rosenpark :* Menu à la carte 49/74 – *Marchesa (Sonntag - Montag geschl.)* Menu à la
 carte 61/90 – **158 Z** 291/852, 5 Suiten. über Bierstadter Str. BYZ

🏨 Holiday Inn Crowne Plaza, Bahnhofstr. 10, ✉ 65185, 𝒜 16 20, Telex 4064404, Fax 304599,
 ⌂s, 🔲 – 🛦 🕸 Zim 🔳 🕭 – 🛦 150 BZ **s**
 232 Z.

🏨 **Penta-Hotel,** Auguste-Viktoria-Str. 15, ✉ 65185, 𝒜 3 30 60, Telex 4186497, Fax 303960,
 🍽, ⌂s – 🛦 🕸 Zim 🔟 **𝐏** – 🛦 300. 🖭 ⓪ 🗉 𝑽𝑰𝑺𝑨 ᴶᴄᴮ BZ **e**
 Menu à la carte 53/79 – **200 Z** 242/369.

🏠 **Ramada,** Abraham-Lincoln-Str. 17, ✉ 65189, 𝒜 79 70, Telex 4186369, Fax 761372, 🍽, ⌂s,
 🔲 – 🛦 🕸 Zim 🔟 ☎ **𝐏** – 🛦 70. 🖭 ⓪ 🗉 𝑽𝑰𝑺𝑨 ᴶᴄᴮ über ②
 Menu à la carte 37/72 – **207 Z** 218/351.

🏠 **Oranien,** Platter Str. 2, ✉ 65193, 𝒜 52 50 25, Fax 525020, 🍽, 🐎 – 🛦 🔟 ☎ ♿ ⇔ **𝐏**
 – 🛦 100. 🖭 ⓪ 🗉 𝑽𝑰𝑺𝑨 AY **r**
 Menu *(Freitag - Sonntag und Juli - Aug. 3 Wochen geschl.)* (nur Abendessen) à la carte
 41/52 – **87 Z** 135/230.

🏠 **Fontana** garni, Sonnenberger Str. 62, ✉ 65193, 𝒜 52 00 91, Fax 521894 – 🛦 🔟 ☎ **𝐏**.
 🖭 ⓪ 🗉 𝑽𝑰𝑺𝑨 über Sonnenberger Str. BY
 Weihnachten - Anfang Jan. geschl. – **25 Z** 159/356.

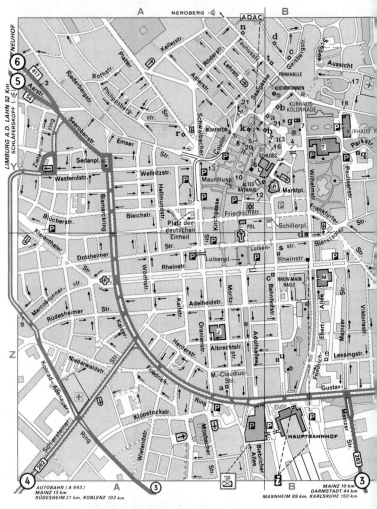

NEROBERG

ADAC

NEUHOF

LIMBURG A.D. LAHN 52 km
SCHLÄFERSKOPF

AUTOBAHN (A 643)
MAINZ 13 km
RÜDESHEIM 27 km, KOBLENZ 102 km

MAINZ 10 km
DARMSTADT 44 km
MANNHEIM 89 km, KARLSRUHE 150 km

Klee am Park, Parkstr. 4, ⊠ 65189, ℘ 30 50 61, Telex 4186916, Fax 304048, ☞ – ⧈ ⊺⊽
☎ ℗ – ⚿ 30. ⴹ ⓞ ⴹ 𝑉𝐼𝑆𝐴
Menu à la carte 51/75 – **54 Z** 188/336.
BY

Hansa Hotel, Bahnhofstr. 23, ⊠ 65185, ℘ 3 99 55, Telex 4186123, Fax 300319 – ⧈ ⊺⊽
☎ ℗ – ⚿ 30. ⴹ ⓞ ⴹ 𝑉𝐼𝑆𝐴
17. Dez.- 3. Jan. geschl. – **Menu** (Samstag geschl., Sonntag nur Mittagessen) à la carte
38/62 – **86 Z** 130/180.
BZ

Admiral garni, Geisbergstr. 8, ⊠ 65193, ℘ 5 86 60, Fax 521053 – ⧈ ⊺⊽ ☎ ⟵⟶ ⴹ ⓞ
ⴹ 𝑉𝐼𝑆𝐴
27 Z 145/205.
BY

Bären garni, Bärenstr. 3, ⊠ 65183, ℘ 30 10 21, Fax 301024, Massage, ☒ (Thermal) – ⧈
⊺⊽ ☎. ⴹ ⓞ ⴹ 𝑉𝐼𝑆𝐴
60 Z 140/280.
ABY

Hotel de France garni, Taunusstr. 49, ⊠ 65183, ℘ 52 00 61, Fax 528174 – ⧈ ⊺⊽ ☎
37 Z.
AY

Am Kochbrunnen garni, Taunusstr. 15, ⊠ 65183, ℘ 52 20 01, Fax 522006 – ⧈ ⊺⊽ ☎ ⟵⟶
ⴹ ⴹ 𝑉𝐼𝑆𝐴
24 Z 135/180.
BY

🏠 **Ibis** garni, Kranzplatz 10, ⊠ 65183, 𝒫 3 61 40, Telex 4064525, Fax 3614499 – 🛗 ⇔ Zim 📺 ☎ 🕭 ⇔
BY **b**
132 Z.

🏠 **Klemm** garni, Kapellenstr. 9, ⊠ 65193, 𝒫 58 20, Fax 582222 – 🛗 📺 ☎. 🆎 _VISA_
BY **d**
55 Z 120/180.

🏠 **Am Landeshaus** garni, Moritzstr. 51, ⊠ 65185, 𝒫 37 30 41, Fax 373044 – 🛗 📺 ☎ 🅿 🆎 ᴇ _VISA_
AZ **a**
22. Dez.- 5. Jan. geschl. – **22 Z** 130/190.

🏠 **Central Hotel** garni, Bahnhofstr. 65, ⊠ 65185, 𝒫 37 20 01, Telex 4186604, Fax 372005 – 🛗 📺 ☎. 🆎 ⓘ ᴇ _VISA_ BZ **u**
70 Z 90/180.

XXXX ❀ **Die Ente vom Lehel** - Hotel Nassauer Hof, Kaiser-Friedrich-Platz 3, ⊠ 65183, 𝒫 13 36 66, Fax 133632 – 🗏. 🆎 ⓘ ᴇ _VISA_.
❀
BY **g**
Montag, Sonn- und Feiertage sowie Juli - Aug. 4 Wochen geschl. – **Menu** (nur Abendessen, Tischbestellung ratsam) à la carte 96/127 (bemerkenswerte Weinkarte) – **Bistro** mit 🍴 (auch Mittagessen) **Menu** à la carte 68/95
Spez. Gebackenes Kaviarei mit Seezungenstreifen, Rehrücken im Walnußcrêpe (Juli-Jan.), Früchte im Gemüsesirup mit Caramel-Krokanteis.

XXX **Spielbank Restaurant,** Kurhausplatz 1 (im Spielcasino, Ausweispflicht), ⊠ 65189, 𝒫 53 62 00, Fax 536222 – 🆎 ⓘ ᴇ _VISA_ 𝗝𝗖𝗕.
❀
BY
Menu (nur Abendessen) à la carte 56/85 – **Käfer's Bistro** (auch Mittagessen) **Menu** à la carte 47/85.

XX **Alte Krone,** Sonnenberger Str. 82, ⊠ 65193, 𝒫 56 39 47, Fax 560914
über Sonnenberger Str. BY

XX **Estragon,** Wilhelmstr. 12, ⊠ 65185, 𝒫 30 39 06, Fax 373202 – 🆎 ⓘ ᴇ _VISA_
BZ **d**
Dienstag, Anfang Jan. 1 Woche und Juli - Aug. 3 Wochen geschl., Samstag und Sonntag nur Abendessen – **Menu** 59 (mittags) und à la carte 80/108.

X **Zum Dortmunder** (Brauerei Gaststätte), Langgasse 34, ⊠ 65183, 𝒫 30 20 96, Fax 301948, 🍴 – 🆎 ⓘ ᴇ _VISA_ AY **k**
Menu à la carte 27/60.

In Wiesbaden-Altklarenthal NW : 5 km über Klarenthaler Str. AYZ :

🏠 **Landhaus Diedert** ⑤, Am Kloster Klarenthal 9, ⊠ 65195, 𝒫 46 10 66, Fax 461069, « Gartenterrasse », 🐎 – 📺 🅿. 🆎 ⓘ ᴇ _VISA_
Menu (Samstag nur Abendessen, Montag geschl.) à la carte 57/90 – **15 Z** 150/250.

In Wiesbaden-Biebrich S : 4,5 km, über Biebricher Allee AZ :

X **Weihenstephan,** Armenruhstr. 6, ⊠ 65203, 𝒫 6 11 34, Fax 603825, Biergarten – 🆎 ᴇ
Samstag geschl. – **Menu** à la carte 36/82.

In Wiesbaden-Erbenheim ① : 4 km :

🏠 **Toskana** ⑤ garni, Kreuzberger Ring 32, ⊠ 65205, 𝒫 7 63 50, Fax 7635333 – 🛗 ⇔ 📺 ☎ ⇔. 🆎 ⓘ ᴇ _VISA_ – Weihnachten - Anfang Jan. geschl. – **50 Z** 145/250.

In Wiesbaden-Nordenstadt O : 10 km über ② und die A 66, Ausfahrt Nordenstadt :

🏠 **Treff-Hotel,** Ostring 9, ⊠ 65205, 𝒫 (06122) 80 10, Telex 4182529, Fax 801164 – 🛗 ⇔ Zim 📺 ☎ 🅿 – 🔬 150. 🆎 ⓘ ᴇ _VISA_ – **Menu** à la carte 40/66 – **144 Z** 175/239.

🏠 **Gästehaus Stolberg** garni, Stolberger Str. 60, ⊠ 65205, 𝒫 99 20, Fax 992111 – 📺 ☎ ⇔ 🅿 🆎 ⓘ ᴇ _VISA_
Weihnachten - Anfang Jan. geschl. – **49 Z** 118/200.

WIESENSTEIG Baden-Württemberg 413 L 21, 987 ㉟ – 2 500 Ew – Höhe 592 m – Erholungsor
– Wintersport : 370/750 m ⛷3, ⛷2 – ☎ 07335.
Ausflugsziel : Reußenstein : Lage★★ der Burgruine ≤★, W : 5 km.
♦Stuttgart 57 – Göppingen 27 – ♦Ulm (Donau) 45.

In Mühlhausen im Täle NO : 3 km :

Bodoni, Bahnhofstr. 4, ✉ 73347, ☎ (07335) 50 73, Fax 5076, ≘s – TV ☎ – 🏛 25. AE ⓓ E VISA
Menu (nur Abendessen) à la carte 29/51 – **15 Z** 100/150.

Höhenblick (mit Gästehaus), Obere Sommerbergstr. 10, ✉ 73347, ☎ (07335) 50 66
Fax 5069, ≤, ≘s – |‡| TV ☎ P – 🏛 30. AE ⓓ E VISA
Juli - Aug. 3 Wochen und Weihnachten - Anfang Jan. geschl. – **Menu** *(Sonntag geschl.*
à la carte 23/50 – **80 Z** 75/150.

WIESENTTAL Bayern 413 Q 17, 987 ㉖ – 2 800 Ew – Höhe 320 m – Luftkurort – ☎ 0919€
🅸 Rathaus, Marktplatz (Muggendorf), ✉ 91346, ☎ 7 17, Fax 1557.
♦München 226 – ♦Bamberg 38 – Bayreuth 53 – ♦Nürnberg 56.

Im Ortsteil Muggendorf :

✿ **Feiler,** Oberer Markt 4, ✉ 91346, ☎ 9 29 50, Fax 362, « Innenhofterrasse » – ⇹ Rest
TV ☎ 🚗 P. AE ⓓ E VISA
Dez. - Mitte März nur an Wochenenden und Weihnachten - 8. Jan. geöffnet – **Menu** *(Monta*
nur Abendessen) à la carte 68/96 – **14 Z** 120/230
Spez. Wildkräutersuppe mit Quarkklößchen, Gefülltes Täubchen, Pilzgerichte.

Goldener Stern, Marktplatz 6, ✉ 91346, ☎ 2 04, Fax 1402, 🏔, ≘s – TV ☎ P
Jan. geschl. – **Menu** *(Nov.- April Mittwoch geschl.)* à la carte 25/50 🍷 – **20 Z** 80/150.

Sonne, Forchheimer Str. 2, ✉ 91346, ☎ 7 54, 🏔 – ☎ P. AE ⓓ E
7.- 30. Jan. geschl. – **Menu** *(Nov.- März Montag geschl.)* à la carte 24/38 – **12 Z** 56/102

Im Ortsteil Streitberg :

Stern's Posthotel, Dorfplatz 1, ✉ 91346, ☎ 5 79, Biergarten, 🌳 – TV ☎ P
33 Z.

XX **Altes Kurhaus** mit Zim, ✉ 91346, ☎ 7 36, 🌳 – ☎ 🚗 P
Jan.- Anfang Feb. geschl. – **Menu** *(Montag geschl.)* à la carte 37/72 – **5 Z** 65/130.

WIESLOCH Baden-Württemberg 412 413 J 19, 987 ㉕ – 22 500 Ew – Höhe 128 m – ☎ 0622
🏌18 Wiesloch-Baiertal, Hohenhardter Hof, ☎ 7 20 81.
♦Stuttgart 102 – Heidelberg 14 – Heilbronn 49 – ♦Karlsruhe 48 – ♦Mannheim 36.

Mondial, Schwetzinger Str. 123, ✉ 69168, ☎ 57 60, Fax 576333, 🏔, ≘s, 🌳 – |‡| TV
– 🏛 20. ⓓ E VISA. ✂
Menu siehe Rest. ***La Chandelle*** (separat erwähnt) ***Brasserie*** *(Sonn- und Feiertage gesch*
Montag nur Abendessen) **Menu** à la carte 38/56 – **37 Z** 135/245.

Palatin, Ringstr. 17, ✉ 69168, ☎ 5 82 01, Fax 582555, ≘s – |‡| ⇹ Zim TV ♿ 🚗 – 🏛 15(
AE E VISA
Menu à la carte 40/68 – **115 Z** 175/325.

XXX ✿ **La Chandelle** - Hotel Mondial, Schwetzinger Str. 123, ✉ 69168, ☎ 57 60, 🏔 – ⓓ
VISA. ✂
Sonn- und Feiertage sowie Jan. 2 Wochen und Juli - Aug. 3 Wochen geschl. – **Menu** (nu
Abendessen, bemerkenswerte Weinkarte) à la carte 69/103
Spez. Gefüllte Jakobsmuschel im Maisblatt, Steinbutt mit Thymianbuttersauce, Rehrücken ir
Mangoldblatt.

XX **Freihof** (historisches Weinrestaurant), Freihofstr. 2, ✉ 69168, ☎ 25 17, Fax 51634, 🏔
AE ⓓ E VISA
Montag geschl. – **Menu** (wochentags nur Abendessen) à la carte 55/76.

XX **Roberto,** Schloßstr. 8, ✉ 69168, ☎ 9 21 50 – AE ⓓ E VISA
Dienstag, Jan. 2 Wochen und Juli - Aug. 3 Wochen geschl. – **Menu** (italienische Küche
à la carte 37/71 🍷.

X **Langen's Turmstuben,** Höllgasse 32, ✉ 69168, ☎ 10 00, Fax 2032, 🏔 – P. AE ⓓ
VISA
Mittwoch und Juli - Aug. 3 Wochen geschl. – **Menu** à la carte 27/59.

Am Gänsberg SW : 2 km, über Hauptstraße :

Landgasthof Gänsberg 🐌, ✉ 69168 Wiesloch, ☎ (06222) 44 00, Fax 4406, ≤ – TV
P
23. Dez.- 11. Jan. geschl. – **Menu** *(Montag geschl.)* à la carte 32/54 🍷 – **7 Z** 85/140.

WIESMOOR Niedersachsen 411 G 6, 987 ⑭ – 11 500 Ew – Höhe 10 m – Luftkurort – ☎ 0494
🏌18 Wiesmoor-Hinrichsfehn (S : 4,5 km), ☎ 30 40.
🅸 Verkehrsbüro, Hauptstr. 199, ✉ 26639, ☎ 8 74, Fax 305250.
♦Hannover 222 – Emden 47 – Oldenburg 51 – Wilhelmshaven 36.

Friesengeist, Am Rathaus 1, ✉ 26639, ✆ 10 44, Fax 5369, ☂, ♨, 🏊, 🐎 – |♦| ⅔ Zim 📺 ☎ 🅿 – 🏛 60. ✂ Rest
36 Z.

Fehn-Hotel, Hauptstr. 153, ✉ 26639, ✆ 10 28, Fax 5825 – |♦| ⅔ Zim 📺 ☎ 🅿
(Restaurant nur für Hausgäste) – **32 Z.**

Christophers (mit Gästehäusern), Marktstr. 11, ✉ 26639, ✆ 20 05, ☂ – ⅔ Zim ☎ 🚗 🅿
Mitte Dez.- Anfang Jan. geschl. – **Menu** à la carte 26/51 *(auch vegetarische Gerichte)* – **40 Z** 45/130.

Zur Post ⛰ (mit Gästehaus), Am Rathaus 6, ✉ 26639, ✆ 10 71, Fax 5432 – 📺 ☎ 🚗 🅿
Menu *(Montag geschl.)* à la carte 28/54 *(auch vegetarische Gerichte)* – **21 Z** 45/110.

In Wiesmoor-Hinrichsfehn S : 4,5 km, ca. 3,5 km über die Straße nach Remels, dann rechts ab :

Blauer Fasan ⛰, Fliederstr. 1, ✉ 26639, ✆ 10 47, Fax 3851, ☂, « Gaststuben im ostfriesischen Stil, Blumengarten », ♨, ⛳ – 📺 ☎ 🅿 – 🏛 60. AE E VISA
2. Jan.- Feb. geschl. – **Menu** *(Nov.- Dez. Montag geschl.)* à la carte 49/99 – **26 Z** 108/200.

WIESSEE, BAD

Bayern 413 S 23, 987 ㊲, 426 GH 5 – 5 000 Ew – Höhe 730 m – Heilbad – Wintersport : 730/880 m ⛷2 ⛷2 – ☎ 08022 (Tegernsee).

⛳ Robognerhof, ✆ 87 69.

ℹ Kuramt, Adrian-Stoop-Str. 20, ✉ 83707, ✆ 8 60 30, Fax 860330.

♦München 54 – Miesbach 19 – Bad Tölz 18.

Lederer am See ⛰, Bodenschneidstr. 9, ✉ 83707, ✆ 82 90, Fax 829261, ≤, ☂, « Park », ♨, 🏊, ⛵, 🎾 – |♦| 📺 ☎ 🅿 – 🏛 40. AE ⓓ E VISA. ✂ Rest
Anfang Jan.- Anfang Feb. und Nov.- Mitte Dez. geschl. – **Menu** à la carte 39/64 – **90 Z** 115/350.

Terrassenhof (mit Gästehaus), Adrian-Stoop-Str. 50, ✉ 83707, ✆ 86 30, Fax 81794, ≤, « Gartenterrasse », Massage, 🏋, ♨, 🏊, ☂ – |♦| ⅔ Rest 📺 ☎ 🚗 🅿. E
Mitte Nov.- Mitte Dez. geschl. – **Menu** à la carte 33/68 – **102 Z** 100/360, 4 Suiten.

Toscana ⛰, Freihausstr. 27, ✉ 83707, ✆ 8 36 95, Fax 83826, ♨, ☂ – 📺 ☎ 🚗 🅿 – 🏛 20
1.- 20. Dez. geschl. – (nur Abendessen für Hausgäste) – **18 Z** 67/255 – ½ P 96/154.

Landhaus Midas ⛰ garni, Setzbergstr. 12, ✉ 83707, ✆ 8 11 50, Fax 81150, ☂ – 📺 ☎ ♿ 🚗 🅿
9.- 31. Jan. und 8.- 22. Dez. geschl. – **11 Z** 90/210.

Seegarten, Adrian-Stoop-Str. 4, ✉ 83707, ✆ 8 11 55, Fax 85087, ≤, ☂ – ⅔ Rest 📺 ☎ 🅿 – 🏛 15
24 Z.

Wilhelmy ⛰, Freihausstr. 15, ✉ 83707, ✆ 8 40 71, Fax 84074, ☂, ☂ – 📺 ☎ 🅿
Mitte Nov. - Mitte Dez. geschl. – **Menu** *(Sonntag geschl.)* à la carte 40/66 – **22 Z** 85/210 – ½ P 114/134.

Rex, Münchner Str. 25, ✉ 83707, ✆ 8 20 91, Fax 83841, « Park », ☂ – |♦| 📺 ☎ 🅿. ✂
Mitte April - Okt. – (Restaurant nur für Hausgäste) – **57 Z** 92/230.

Marina - Gästehaus Marinella ⛰, Furtwänglerstr. 9, ✉ 83707, ✆ 8 60 10, Fax 860140, ♨, 🏊, ☂ – |♦| 📺 ☎ 🅿. AE E
8. Nov.- 20. Dez. geschl. – **Menu** à la carte 32/60 – **32 Z** 85/170.

Bellevue-Weinstube Weinbauer, Hirschbergstr. 22, ✉ 83707, ✆ 9 87 60, Fax 987654, ♨, ☂ – |♦| 📺 ☎ 🅿. AE ⓓ E VISA
Nov.- 22. Dez. geschl. – (nur Abendessen für Hausgäste) – **25 Z** 110/200.

Alpenrose ⛰ garni, Freihausweg 7, ✉ 83707, ✆ 8 11 29, ≤, « Alpenländische Einrichtung », ☂ – ⅔ Zim 🚗 🅿
14 Z 60/140.

Parkhotel Bad Wiessee ⛰, Zilcherstr. 14, ✉ 83707, ✆ 8 27 88, Fax 83216, ☂, ☂ – |♦| 📺 ☎ 🚗 🅿. AE ⓓ E VISA
Menu à la carte 31/53 – **35 Z** 90/190, 3 Suiten.

Kurhotel Edelweiß, Münchner Str. 21, ✉ 83707, ✆ 8 60 90, Fax 83883, ☂ – 📺 ☎ 🅿
(nur Abendessen für Hausgäste) – **39 Z.**

Jägerheim ⛰ garni, Freihausstr. 12, ✉ 83707, ✆ 8 17 23, Fax 83127, ♨, 🏊, ☂ – 🅿. ✂
März - Okt. – **26 Z** 60/150.

✕✕ **Freihaus Brenner,** Freihaus 4, ✉ 83707, ✆ 8 20 04, Fax 83807, ≤ Tegernsee und Berge, ☂, « Rustikales Berggasthaus » – 🅿. E
Menu (Tischbestellung erforderlich) à la carte 41/84.

Siehe auch : ***Kreuth***

WIGGENSBACH Bayern 413 N 23, 426 C 5 – 3 800 Ew – Höhe 857 m – Erholungsort – Wintersport : 857/1 077 m ≴1 ⛷3 – ☎ 08370.

Hof Waldegg, ✆ 7 33.

Verkehrsamt, Kempter Str. 3, ✉ 87487, ✆ 84 35, Fax 379.

♦München 133 – ♦Augsburg 112 – Kempten (Allgäu) 10 – ♦Ulm (Donau) 87.

- **Goldenes Kreuz,** Marktplatz 1, ✉ 87487, ✆ 80 90, Fax 80949, ≘s – |‡| TV ☎ ♿ ⇔ P – 🏛 120. AE ⦿ E VISA
  Menu à la carte 42/72 *(auch vegetarische Gerichte)* – **24 Z** 115/280.

WILDBAD IM SCHWARZWALD, BAD Baden-Württemberg 413 I 20, 987 ㉟ – 10 500 Ew – Höhe 426 m – Heilbad – Luftkurort – Wintersport : 685/769 m ≴2 ⛷4 – ☎ 07081.

Verkehrsbüro, König-Karl-Str. 7, ✉ 75323, ✆ 1 02 80, Fax 10290.

Verkehrsbüro in Calmbach, Lindenplatz 5, ✉ 75323, ✆ 1 02 88, Fax 78746.

♦Stuttgart 76 – Freudenstadt 39 – Pforzheim 26.

- Badhotel Wildbad, Kurplatz 5, ✉ 75323, ✆ 17 60, Fax 176170, direkter Zugang zum Eberhardsbad und Kurmittelhaus – |‡| TV ♿ ⇔ – 🏛 60
  83 Z, 8 Suiten.
- **Valsana am Kurpark** ⛰, Kernerstr. 182, ✉ 75323, ✆ 15 10, Fax 15199, ♆, ⛹, ≘s, ⛆ – |‡| TV ☎ ♿ ⇔ P – 🏛 30. ⦿ E VISA
  1.- 20. Dez. geschl. – **Menu** *(Montag geschl.)* à la carte 36/67 – **35 Z** 102/210.
- **Bären,** Kurplatz 4, ✉ 75323, ✆ 30 10, Fax 301166, 🏠 – |‡| TV ☎ ♿ ⇔ – 🏛 35. AE ⦿ E VISA JCB
  Menu à la carte 35/70 – **44 Z** 90/240 – ½ P 110/130.
- **Weingärtner,** Olgastr. 15, ✉ 75323, ✆ 1 70 60, Fax 170670 – |‡| ⇋ Zim TV ☎. ⚘
  Mitte Feb.- Mitte Nov. – (Restaurant nur für Hausgäste) – **37 Z** 73/134.
- **Alte Linde,** Wilhelmstr. 74, ✉ 75323, ✆ 13 28, Fax 1245 – |‡| TV ☎ ♿ ⇔ P. E
  20. Okt.- 15. Dez. geschl. – **Menu** *(Montag geschl.)* à la carte 26/48 ⅉ – **30 Z** 60/130.
- **Sonne,** Wilhelmstr. 29, ✉ 75323, ✆ 13 31, Fax 3716 – |‡| TV ☎
  8. Jan.- 9. Feb. geschl. – **Menu** *(Mittwoch geschl.)* à la carte 26/55 – **23 Z** 66/150 – ½ P 100/110.
- **Gästehaus Rothfuß** ⛰ garni, Olgastr. 47, ✉ 75323, ✆ 9 24 80, Fax 924810, ←, ≘s, 🌳 – |‡| ☎ ⇔ P. ⚘
  Ende Nov.- 20. Dez. geschl. – **30 Z** 61/150.

Auf dem Sommerberg W : 3 km (auch mit Bergbahn zu erreichen) :

- **Sommerberghotel** ⛰, ✉ 75323 Bad Wildbad, ✆ (07081) 17 40, Fax 174612, ← Wildbad und Enztal, 🏠, « Hirschgehege », Massage, ≘s, ⛆, ✂ – |‡| TV ⇔ P. AE E. ⚘ Rest
  Menu *(Montag - Dienstag geschl.)* à la carte 50/81 – **93 Z** 127/328, 4 Suiten – ½ P 159/207.

In Bad Wildbad-Calmbach N : 4 km – Luftkurort :

- **Christa-Maria** ⛰, Eichenstr. 4, ✉ 75323, ✆ 74 52, Fax 6099, ⛆ – ☎ P. ⚘ Rest
  Menu *(Montag - Dienstag geschl.)* à la carte 32/52 ⅉ – **10 Z** 67/124.
- **Sonne,** Höfener Str. 15, ✉ 75323, ✆ 64 27, Fax 78775 – ⇔ P
  Nov. geschl. – **Menu** *(Montag geschl.)* à la carte 25/42 ⅉ – **36 Z** 48/100 – ½ P 56/68.

In Bad Wildbad-Nonnenmiss SW : 10 km, Richtung Enzklösterle :

- **Tannenhöh** ⛰, Eichenweg 33, ✉ 75337, ✆ (07085) 73 71, Fax 1255, ←, 🏠, ≘s – |‡| TV ☎ ⇔ P
  Dez. 3 Wochen geschl. – **Menu** *(Mittwoch nur Mittagessen)* à la carte 24/42 ⅉ – **16 Z** 50/110 – ½ P 60/63.

WILDBERG Baden-Württemberg 413 J 21 – 8 400 Ew – Höhe 395 m – Luftkurort – ☎ 07054.

♦Stuttgart 52 – Calw 15 – Nagold 12.

- Bären, Marktstr. 15, ✉ 72218, ✆ 9 29 20, Fax 8985, ← Nagoldtal, 🏠, ≘s – ☎ ⇔ P – 🏛 50
  23 Z.
- **Krone** (mit Gästehaus), Talstr. 68 (B 463), ✉ 72218, ✆ 52 71, Fax 393 – TV ⇔ P – 🏛 40. E
  7.- 25. Jan. geschl. – **Menu** à la carte 29/49 ⅉ – **21 Z** 60/145.

In Wildberg-Schönbronn W : 5 km – Erholungsort :

- **Zum Löwen,** Eschbachstr. 1, ✉ 72218, ✆ 56 01, Fax 5021, ≘s, 🌳 – |‡| ☎ P – 🏛 40
  Menu à la carte 29/59 – **25 Z** 55/114.

Europe — If the name of the hotel is not in bold type, on arrival ask the hotelier his prices.

🖪 Kurverwaltung, Bohlweg 5, ✉ 38709, ℰ 61 11.

◆Hannover 95 – ◆Braunschweig 82 – Goslar 28.

🏠 **Waldgarten** ⟋, Schützenstr. 31, ✉ 38709, ℰ 9 68 00, Fax 968050, 佘, ⊡, 🐎 – ⊡ ☎ ❿ ⁒ Zim
34 Z.

🏠 **Sonneck**, Im Spiegeltal 41, ✉ 38709, ℰ 61 93, Fax 6224, ⇌, 🐎 – ❿
(nur Abendessen für Hausgäste) – **11 Z**.

🏠 **Rathaus**, Bohlweg 37, ✉ 38709, ℰ 62 61, Fax 6713, 佘, – ⇍ ❿. **E** *VISA*. ⁒ Zim
16. Nov.- 15. Dez. geschl. – **Menu** *(Donnerstag geschl.)* à la carte 24/61 – **11 Z**
50/106.

Sehenswert : Alexanderkirche (Lage★).

Ausflugsziel : Visbeker Steindenkmäler★ : Visbeker Braut★, Visbeker Bräutigam★ (4 km von Visbeker Braut entfernt) SW : 11 km.

🏐 Glaner Straße (NW : 6 km), ℰ 12 32.

🖪 Verkehrsbüro, Am Markt 1, ✉ 27793, ℰ 65 64, Fax 71444.

◆Hannover 149 – ◆Bremen 38 – Oldenburg 37 – ◆Osnabrück 84.

🏠 **Huntetal**, Im Hagen 3, ✉ 27793, ℰ 94 00, Fax 94050, 佘 – ⇌ Zim ⊡ ☎ ❿ – 🔏 40.
AE ❶ **E** *VISA*
Menu à la carte 36/65 – **32 Z** 85/150.

🏠 **Landhaus Thurm-Meyer** ⟋ (mit Gästehaus), Dr.-Klingenberg-Str. 15, ✉ 27793,
ℰ 9 90 20, Fax 990299, 🐎 – ⊡ ☎ ❿. **AE** ❶ **E** *VISA*
(nur Abendessen für Hausgäste) – **25 Z** 80/130.

🏠 **Am Rathaus** garni, Kleine Str. 4, ✉ 27793, ℰ 43 56, Fax 2161 – ⊡ ☎. **AE E** *VISA*
25 Z 70/130.

🏠 **Lindenau** garni, Dr.-Klingenberg-Str. 1a, ✉ 27793, ℰ 26 47, Fax 72732, 🐎 – ⊡ ☎ & ❿.
E *VISA*
11 Z 75/130.

An der Straße nach Oldenburg N : 1,5 km :

🏠 **Gut Altona** (mit Gästehäuser), Wildeshauser Str. 34, ✉ 27801 Dötlingen, ℰ (04431) 22 30,
Fax 1652, 佘, ⁒ – ⊡ ☎ ⇍ ❿ – 🔏 60. **AE** ❶ **E** *VISA*
Menu à la carte 29/61 – **47 Z** 90/140.

Sehenswert : Evangelische Stadtkirche (Wildunger Altar★★).

🏐 Talquellenweg, ℰ 37 67.

🖪 Kurverwaltung, Langemarckstr. 2, ✉ 34537, ℰ 7 04 01, Fax 704107.

◆Wiesbaden 185 – ◆Kassel 44 – Marburg 65 – Paderborn 108.

🏨 **Maritim Badehotel** ⟋, Dr.-Marc-Str. 4, ✉ 34537, ℰ 79 99, Fax 799795, 佘, Massage,
♨, ⇌, ⊡, – ⧈ ⇌ Zim ⊡ ☎ ❿ – 🔏 500. **AE** ❶ **E** *VISA* *JCB*. ⁒ Rest
Menu à la carte 46/79 – **245 Z** 189/358, 19 Suiten.

🏠 **Wildquelle** ⟋ garni, Hufelandstr. 9, ✉ 34537, ℰ 50 61, Fax 74507, ⇌, 🐎 – ⧈ ⊡ ☎
⇍. **AE** ❶ **E** *VISA*
26 Z 85/150.

🏠 **Isabel** ⟋ garni, Brunnenallee 42 a, ✉ 34537, ℰ 79 83 00, Fax 91644 – ⧈ ⊡ ☎ ❿. **AE**
❶ **E** *VISA*
48 Z 50/145.

🏠 **Wildunger Hof** garni, Langemarckstr. 23, ✉ 34537, ℰ 50 71, Fax 2914 – ⊡ ☎ ❿.
E
26 Z 78/148.

🏠 **Bellevue** ⟋ garni, Am Unterscheid 10, ✉ 34537, ℰ 20 18, Fax 72091, ≤, 🐎 – ☎ ❿.
E
März - Nov. – **22 Z** 75/150.

🏠 **Birkenstern**, Goeckestr. 5, ✉ 34537, ℰ 60 66, Fax 74611 – ⊡ ☎ ⇍. **AE** ❶ **E** *VISA*.
⁒
(Restaurant nur für Hausgäste) – **21 Z** 72/144 – ½ P 86/98.

🏠 **Villa Heilquell** ⟋ garni, Hufelandstr. 15, ✉ 34537, ℰ 23 92, Fax 4776 – ❿. **E** *VISA*.
⁒
18 Z 70/150, 3 Suiten.

In Bad Wildungen - Bergfreiheit S : 12 km :

🏠 **Hardtmühle** ⬦, Im Urftal 5, ⊠ 34537, ℘ (05626) 7 41, Fax 743, 🍴, Massage, ♨, 🌲, ≦s,
🔲, 🐾, ⚓ – |🛗| 🕿 ❷ – 🔬 40. 🈺
10. Jan.- 5. Feb. geschl. – **Menu** à la carte 34/65 – **36 Z** 73/210.

In Bad Wildungen-Reinhardshausen SW : 4 km über die B 253 :

🏠 Haus Orchidee und Haus Mozart garni, Masurenallee 13, ⊠ 34537, ℘ 7 09 80, Fax 709833,
🍴 – 📺 🕿 ❷
20 Z

XX **Schwanenteich** mit Zim, Hauptstr. 4, ⊠ 34537, ℘ 40 80, Fax 73132, 🍴 – 📺 🕿 ❷ –
🔬 55. 🖭 ⓪ 🈺 ⱽⁱˢᵃ
Menu *(Montag geschl.)* à la carte 34/63 – **8 Z** 80/140.

WILGARTSWIESEN Rheinland-Pfalz 𝟜𝟙𝟚 𝟜𝟙𝟛 G 19, 𝟚𝟜𝟚 ⑧ – 1 200 Ew – Höhe 200 m – Erholungsort – ❀ 06392 (Hauenstein).
Mainz 122 – Kaiserslautern 60 – Landau 22 – Pirmasens 24.

🏠 **Am Hirschhorn,** Am Hirschhorn 12, ⊠ 76848, ℘ 5 81, Fax 3578, 🍴, ≦s, 🔲 – 🕿 🚗
Menu à la carte 30/52 ⅃ – **21 Z** 75/150.

🏠 **Wasgauperle,** Bahnhofstr. 1, ⊠ 76848, ℘ 12 37, Fax 2727 – ❷. ⚓
⬷ Feb.- März 2 Wochen geschl. – **Menu** *(Mittwoch geschl.)* à la carte 22/40 ⅃ – **9 Z** 55/104.

WILHELMSFELD Baden-Württemberg 𝟜𝟙𝟚 𝟜𝟙𝟛 J 18 – 3 000 Ew – Höhe 433 m – Luftkurort –
Wintersport : 🎿 4 – ❀ 06220.
🏛 Verkehrsamt, Rathaus, ⊠ 69259, ℘ 10 21.
◆Stuttgart 117 – Heidelberg 17 – Heilbronn 66 – ◆Mannheim 27.

X **Talblick** ⬦ mit Zim, Bergstr. 38, ⊠ 69259, ℘ 16 26, Fax 5564, ≤, 🍴, 🐾 – 🚗 ❷
6.- 24. Dez. geschl. – **Menu** *(Montag geschl.)* à la carte 25/46 ⅃ – **3 Z** 45/90.

LES GUIDES VERTS MICHELIN
Paysages, monuments
Routes touristiques
Géographie,
Histoire, Art
Itinéraires de visite
Plans de villes et de monuments.

WILHELMSHAVEN Niedersachsen 𝟜𝟙𝟙 H 6, 𝟡𝟠𝟟 ④ ⑭ – 94 000 Ew – ❀ 04421.
🛥 An der Raffineriestraße, ℘ (04425) 13 22.
🏛 Wilhelmshaven-Information, Börsenstr. 55b, ⊠ 26382, ℘ 92 79 30, Fax 12508.
ADAC, Börsenstr. 55, ⊠ 26382, ℘ 1 32 22, Fax 27672.
◆Hannover 228 ① – Bremerhaven 70 ① – Oldenburg 58 ①.

Stadtplan siehe gegenüberliegende Seite

🏨 **Am Stadtpark,** Friedrich-Paffrath-Str. 116, ⊠ 26389, ℘ 86 21, Fax 8628, 🔬, ≦s, 🔲 – |🛗|
📺 🔥 ❷ – 🔬 50. 🖭 ⓪ 🈺 ⱽⁱˢᵃ   über Friedrich-Paffrath-Straße   A
Menu (nur Abendessen) à la carte 34/65 – **62 Z** 139/224.

🏨 **Kaiser,** Rheinstr. 128, ⊠ 26382, ℘ 94 60, Fax 946444 – |🛗| 📺 🕿 ❷ – 🔬 70. 🖭 ⓪ 🈺
ⱽⁱˢᵃ. ⚓ Rest   B y
Menu à la carte 30/72 – **71 Z** 85/250.

🏠 **Maris,** Werftstr. 54, ⊠ 26382, ℘ 20 20 96, Fax 201002 – 📺 🕿 ❷ – 🔬 20. 🖭 🈺 ⓪ ⱽⁱˢᵃ.
⚓   A c
20. Dez.- 4. Jan. geschl. – **Menu** (nur Abendessen) à la carte 25/46 – **40 Z** 68/125.

🏠 **Seerose** ⬦ garni, Südstrand 112, ⊠ 26382, ℘ 4 33 66, Fax 28801, ≤ – 📺 ❷. 🖭 ⓪ 🈺
ⱽⁱˢᵃ ⚓   C s
15 Z 65/170.

In Wilhelmshaven-Fedderwarden NW : 4 km über ① :

XX **Burgschenke,** (in Burg Kniphausen), ⊠ 26388, ℘ (04423) 13 72, Fax 2833, 🍴 – ❷ –
🔬 70
Montag geschl. – **Menu** à la carte 41/70.

Am Ölhafen NO : 5 km über Ölhafendamm C :

🏨 **Nordsee-Hotel Wilhelmshaven** ⬦, Zum Ölhafen 205, ⊠ 26384 Wilhelmshaven,
℘ (04421) 96 50, Fax 965280, ≦s – 📺 🕿 ❷ – 🔬 40. 🖭 ⓪ 🈺 ⱽⁱˢᵃ
Menu à la carte 38/74 – **51 Z** 80/240.

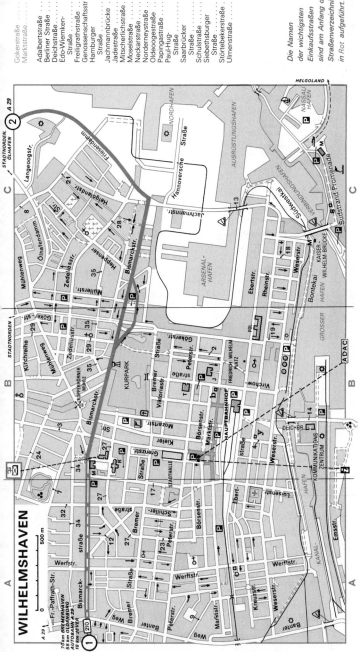

WILHELMSHAVEN

0   500 m

70 km BREMERHAVEN
58 km OLDENBURG
AUTOBAHN A 29
18 km JEVER
Fr.-Paffrath-Str.
A 29

HELGOLAND

STADTNORDEN/ÖLHAFEN
A 29

STADTNORDEN

Gökerstraße	B
Marktstraße	AB
Adalbertstraße	B 2
Berliner Straße	B 3
Deichstraße	B 4
Edo-Wiemken-Straße	A 7
Freiligrathstraße	C 8
Genossenschaftsstr	A 9
Hamburger Straße	A 12
Jachmannbrücke	C 13
Jadestraße	B 14
Mitscherlichstraße	A 17
Moselstraße	C 18
Neckarstraße	B 19
Norderneystraße	C 21
Oldeoogestraße	C 23
Papingastraße	B 24
Paul-Hug-Straße	AB 27
Saarbrücker Straße	C 28
Schulstraße	B 29
Siebethsburger Straße	A 32
Störtebekerstraße	AB 34
Ulmenstraße	BC 35

Die Namen der wichtigsten Einkaufsstraßen sind am Anfang des Straßenverzeichnisses in Rot aufgeführt.

22

965

WILLANZHEIM Bayern siehe Iphofen.

WILLEBADESSEN Nordrhein-Westfalen 👁👁 K 12 – 7 800 Ew – Höhe 250 m – Luftkuror‹
– 🌣 05646.
🖪 Tourist-Information, Haus des Gastes, ✉ 34439, 𝄐 5 95.
◆Düsseldorf 199 – Bad Driburg 17 – ◆Kassel 68 – Paderborn 27.

🏨 **Der Jägerhof,** Am Jägerpfad 2, ✉ 34439, 𝄐 80 10, Fax 80121, ≤, ㊟, 🐎 – 🛗 📺 ☎ 🄵
– 🕍 60. 🖭 **E** 𝘝𝘐𝘚𝘈
Menu à la carte 37/65 – **50 Z** 85/170.

WILLICH Nordrhein-Westfalen 👁👁 C 13 – 41 000 Ew – Höhe 48 m – 🌣 02154.
◆Düsseldorf 22 – Krefeld 8 – Mönchengladbach 16.

🏠 **Hotel am Park** garni, Parkstr. 28, ✉ 47877, 𝄐 4 01 13, Fax 428861 – 📺 ☎ 🄿. 🖭 **E** 𝘝𝘐𝘚
52 Z 145/185.

In Willich-Neersen W : 5 km :

🏨 **Landgut Ramshof** ⏾ (restaurierter Gutshof a.d. 17. Jh.), ✉ 47877, 𝄐 (02156) 9 58 9(
Fax 60829 – 📺 ☎ ⇔ 🄿. 🖭 ⓞ **E** 𝘝𝘐𝘚𝘈. ⅍
(nur Abendessen für Hausgäste) – **18 Z** 100/190.

In Willich-Schiefbahn S : 3 km :

🍴 **Stieger** (Restauriertes Bauernhaus a.d.J. 1765), Unterbruch 8, ✉ 47877, 𝄐 57 65, Fax 741{
㊟ – 🄿. 🖭 **E**
Donnerstag geschl., Samstag nur Abendessen – **Menu** à la carte 47/75.

An der Straße von Anrath nach St. Tönis NW : 9 km :

🍴🍴 **Landhaus Hochbend,** Düsseldorfer Str. 11, ✉ 47918 Tönisvorst, 𝄐 (02156) 32 1{
Fax 40585, ㊟ – 🄿. 🖭 ⓞ **E** 𝘝𝘐𝘚𝘈
Montag und über Karneval 2 Wochen geschl. – **Menu** à la carte 52/82.

WILLINGEN (Upland) Hessen 👁👁 I 13, 👁👁 ⑮ – 8 500 Ew – Höhe 550 m – Kneippheilba‹
– Wintersport : 560/843 m 𝟳 𝟭2 – 🌣 05632.
🖪 Kurverwaltung, Rathaus, Waldecker Str. 12, ✉ 34508, 𝄐 4 01 80, Fax 40150.
◆Wiesbaden 208 – ◆Kassel 81 – Lippstadt 62 – Marburg 88 – Paderborn 64.

🏨 **Kölner Hof,** Briloner Str. 48 (B 251), ✉ 34508, 𝄐 60 06, Fax 6000, ≘s, ◪, 🐎 – 🛗 📺
☎ 🄿 – 🕍 50. 🖭 ⓞ **E** 𝘝𝘐𝘚𝘈
Menu à la carte 29/60 – **62 Z** 111/216.

🏨 **Sporthotel Zum hohen Eimberg,** Zum hohen Eimberg 3a, ✉ 34508, 𝄐 40 9(
Fax 409333, ≘s, ◪ – 🛗 📺 ☎ 🄿 – 🕍 85
Menu à la carte 38/65 – **68 Z** 99/345.

🏨 **Göbel,** Waldecker Str. 5 (B 251), ✉ 34508, 𝄐 60 91, Fax 6884, ≘s, ◪ – 🛗 📺 ☎ ⇔
🄿. ⅍ Rest
26. Nov.- 18. Dez. geschl. – **Menu** *(Donnerstag geschl.)* à la carte 27/58 – **32 Z** 95/23(

🏨 **Rüters Parkhotel,** Bergstr. 3a, ✉ 34508, 𝄐 60 86, Fax 69445, ㊟, ≘s, ◪, 🐎 – 🛗
☎ ⇔ 🄿 – 🕍 35. ⅍ Rest
Menu à la carte 38/68 – **40 Z** 86/208.

🏨 **Fürst von Waldeck,** Briloner Str. 1 (B 251), ✉ 34508, 𝄐 9 88 99, Fax 69067, ≘s, ◪ ,
– 🛗 📺 ☎ ⇔ 🄿
26. Nov.- 15. Dez. geschl. – **Menu** à la carte 25/53 – **30 Z** 95/190.

🏨 **Waldhotel Willingen** ⏾, Am Köhlerhagen 3 (W : 2,5 km), ✉ 34508, 𝄐 60 16, Fax 6903{
≤, ㊟, ≘s, ◪ , 🐎, ⅍ (Halle) – 📺 ☎ 🄿. ⅍ Rest
Menu à la carte 36/81 – **38 Z** 92/240.

🏨 **Bürgerstuben,** Briloner Str. 40 (B 251), ✉ 34508, 𝄐 60 99, Fax 6051, Massage, ♨, ♨, ≘s
◪, 🐎 – 🛗 📺 ☎ 🄿. ⅍ Rest
Menu à la carte 29/63 – **49 Z** 72/190.

🏨 **Central,** Waldecker Str. 14, ✉ 34508, 𝄐 60 66, Fax 6218, ≘s, ◪ – 🛗 📺 ☎ 🄿. 🖭
𝘝𝘐𝘚𝘈. ⅍
Menu à la carte 31/55 – **27 Z** 88/176.

🏨 **Waldecker Hof,** Waldecker Str. 28 (B 251), ✉ 34508, 𝄐 6 93 66, Fax 69946, ≘s, ◪ ,
– 🛗 📺 ☎ ⇔ 🄿. 🖭 ⓞ **E** 𝘝𝘐𝘚𝘈
Menu à la carte 30/64 – **39 Z** 75/170.

🏠 **Hof Elsenmann,** Zur Hoppecke 1, ✉ 34508, 𝄐 6 90 07, Fax 6480, ㊟, 🐎 – 📺 ☎ 🄵
🖭 ⓞ **E** 𝘝𝘐𝘚𝘈
Mitte Nov.- Mitte Dez. geschl. – **Menu** à la carte 30/58 – **17 Z** 70/160.

In Willingen-Schwalefeld NO : 3,5 km :

🏨 **Upländer Hof,** Uplandstr. 2, ✉ 34508, 𝄐 45 55, Fax 69052, ㊟, ≘s, 🐎 – 🛗 📺 ☎ ⇔
🄿 – 🕍 20. **E** Zim
Nov.- Dez. 3 Wochen geschl. – **Menu** *(Nov.- März Montag geschl.)* à la carte 30/63 – **30**
60/160.

In Willingen-Stryck SO : 3,5 km :

🏨 **Romantik-Hotel Stryckhaus** ⓈⒷ, Mühlenkopfstr. 12, ✉ 34508, ℰ 60 33, Fax 69961, 🈺,
« Garten », ⓈⒷ, ⌁ (geheizt), 🏊, ⇙ – 🛗 🖵 ⇔ Ⓟ – 🔔 35. ⒶⒺ ⓪ Ⓔ 🆅🅸🆂🅰. ⅀ Rest
Menu à la carte 37/77 – **61 Z** 105/270.

In Willingen-Usseln SO : 4,5 km :

🏨 **Post-Hotel Usseln**, Korbacher Str. 14 (B 251), ✉ 34508, ℰ 50 41, Fax 5040, 🈺, ⓈⒷ, 🏊,
⇙ – 🛗 🖵 ☎ ⇔ Ⓟ – 🔔 30. ⒶⒺ ⓪ Ⓔ 🆅🅸🆂🅰. ⅀
Menu à la carte 30/65 – **32 Z** 89/200.

🏨 **Fewotel - Der Sauerland Treff** ⓈⒷ, Am Schneppelnberg 9, ✉ 34508, ℰ 3 10, Fax 31413,
≼, 🈺, ⓈⒷ, 🏊, ⇙ – 🛗 🖵 ☎ 🏋 Ⓟ – 🔔 80. ⒶⒺ ⓪ Ⓔ 🆅🅸🆂🅰
Menu à la carte 27/49 – **110 Z** 99/220.

🏨 **Berghof** ⓈⒷ, Am Schneppelnberg 14, ✉ 34508, ℰ 94 98 98, Fax 949894, 🈺, ⓈⒷ, 🏊, ⇙
– 🛗 🖵 ☎ ⅙ ⇔ Ⓟ ⒶⒺ Ⓔ 🆅🅸🆂🅰
Menu à la carte 30/60 – **23 Z** 78/210.

WILNSDORF Nordrhein-Westfalen siehe Siegen.

WILSDRUFF Sachsen 🔢🔢🔢 M 12, 🔢🔢🔢 ㉔, 🔢🔢🔢 ⑱ – 3 800 Ew – Höhe 275 m – 🕿 035204.
▶Dresden 17 – Chemnitz 55 – Meißen 16.

In Sachsdorf N : 2,5 km :

🍴 **Zur Linde,** Hühndorfer Str. 18, ✉ 01665, ℰ (035204) 86 34, Fax 8634, 🈺 – Ⓟ. ⒶⒺ ⓪ Ⓔ
🆅🅸🆂🅰
Sonntag geschl. – **Menu** (nur Abendessen) à la carte 34/66 ⅃.

In Sora NW : 4 km :

🏨 **Zur Ausspanne,** Hauptstr.21, ✉ 01665, ℰ (035204) 52 06, Fax 5209 – 🛗 🖵 ☎ Ⓟ – 🔔 40.
← ⒶⒺ Ⓔ 🆅🅸🆂🅰
Menu à la carte 24/42 – **35 Z** 120/150.

WILSNACK, BAD Brandenburg 🔢🔢🔢 H 7, 🔢🔢🔢 ⑪, 🔢🔢🔢 ⑯ – 2 800 Ew – Höhe 30 m – 🕿 038791.
🛈 Haus des Gastes, Im Birkengrund, ✉ 19336, ℰ 3 66 11.
▶Potsdam 117 – Perleberg 23.

🏨 Deutscher Hof, Dr.-Wilhelm-Külz-Str. 5, ✉ 19336, ℰ 23 70, Fax 72 71 – 🖵 ☎ Ⓟ
11 Z.

In Bad Wilsnack-Groß Lüben W : 2 km :

🏨 Erbkrug ⓈⒷ, Dorfstr. 36, ✉ 19336, ℰ 27 32, Fax 2586, ⓈⒷ – 🖵 ☎ ⅙ Ⓟ – **20 Z**.

WIMPFEN, BAD Baden-Württemberg 🔢🔢🔢 🔢🔢🔢 K 19, 🔢🔢🔢 ㉕ – 6 000 Ew – Höhe 202 m – Heilbad
– 🕿 07063.
Sehenswert : Wimpfen am Berg★★ : Hauptstraße★ – Wimpfen im Tal : Stiftskirche St. Peter
Kreuzgang★★).
Ausflugsziel : Burg Guttenberg★ : Greifvogelschutzstation N : 8 km.
🛈 Verkehrsamt, Hauptstr. 45, ✉ 74206, ℰ 5 31 51.
▶Stuttgart 64 – Heilbronn 16 – ◆Mannheim 73 – ◆Würzburg 113.

🏨 **Sonne** (mit Gästehaus), Hauptstr. 87, ✉ 74206, ℰ 2 45, Fax 6951, 🈺 – 🖵 Ⓟ
Menu *(Sonntag nur Mittagessen, Donnerstag geschl.)* à la carte 50/75 – **20 Z** 80/140.

WIMSHEIM Baden-Württemberg siehe Pforzheim.

WINCHERINGEN Rheinland-Pfalz 🔢🔢🔢 C 18, 🔢🔢🔢 ㉗, 🔢🔢🔢 ② – 1 400 Ew – Höhe 220 m –
🕿 06583.
Ausflugsziel : Nennig (Mosaikfußboden★★ der ehem. Römischen Villa) S : 12 km.
Mainz 189 – Luxembourg 34 – Saarburg 13 – ◆Trier 32.

🍴🍴 **Haus Moselblick** mit Zim, Am Mühlenberg 1, ✉ 54457, ℰ 2 88, Fax 1538, ≼ Moseltal,
🈺 – ☎ Ⓟ. Ⓔ 🆅🅸🆂🅰
20. Dez.- Jan. geschl. – **Menu** *(Dienstag geschl.)* à la carte 34/62 ⅃ – **4 Z** 45/85.

WINDECK Nordrhein-Westfalen 🔢🔢🔢 F 14, 🔢🔢🔢 ㉔ – 18 600 Ew – Höhe 95 m – 🕿 02292.
🛈 Verkehrsverein, Rathausstr. 10 (Rosbach), ✉ 51570, ℰ 6 01 74.
▶Düsseldorf 114 – ◆Koblenz 77 – Limburg an der Lahn 71.

In Windeck-Schladern :

🏨 **Bergischer Hof,** Elmores Str. 8, ✉ 51570, ℰ 22 83, Fax 4779, ⇙ – 🖵 ⇔ Ⓟ
Juli geschl. – **Menu** *(Montag geschl.)* à la carte 26/50 – **18 Z** 52/140.

WINDEN Baden-Württemberg 👤👤👤 H 22, 👤👤👤 ⑳ – 2 600 Ew – Höhe 320 m – Erholungsort
☻ 07682 (Elzach).

🗓 Verkehrsamt, Bahnhofstr. 1, ✉ 79297, ✆ 63 95, Fax 6399.

♦Stuttgart 192 – ♦Freiburg im Breisgau 28 – Offenburg 46.

In Winden-Oberwinden :

🏨🏨 **Elztal-Hotel Schwarzbauernhof** ⤵, Rüttlersberg 5 (S : 2 km, über Bahnhofstr.
✉ 79297, ✆ 5 14, Fax 1767, ⩽, « Freizeit- und Außenanlagen », Massage 🎣, 😩, 🔲
🏊, 🎾 – 🛗 📺 🄿. 🕸
Mitte Nov.- Mitte Dez. geschl. – (Restaurant nur für Hausgäste) – **55 Z** (nur ½ P) 118
320.

🏨 **Lindenhof,** Bahnhofstr. 14, ✉ 79297, ✆ 3 69, Fax 544, 🍴, 😩, 🔲 – 📺 ☎ ⟵ 🄿
🏛 25. Ɛ 𝓥𝓘𝓢𝓐
Menu *(Dienstag geschl.)* à la carte 35/70 ⅃ – **21 Z** 66/132.

🏨 **Waldhorn,** Hauptstr. 27 (B 294), ✉ 79297, ✆ 2 32, Fax 6635 – ⟵ 🄿. 🕸 Rest
24. Feb.- 2. März geschl. – **Menu** *(Donnerstag geschl.)* à la carte 26/62 ⅃ – **27 Z** 50
98.

🏨 **Rebstock,** Hauptstr. 36, ✉ 79297, ✆ 2 27, Fax 6492 – 🛗 🄿. 🕸 Zim
⟵ *Mitte Okt.- Mitte Nov. geschl.* – **Menu** *(Dienstag geschl.)* à la carte 22/44 ⅃ – **27 Z** 37
84.

WINDISCHESCHENBACH Bayern 👤👤👤 T 17, 👤👤👤 ⑳ – 6 200 Ew – Höhe 428 m – ☻ 09681

🗓 Verkehrsamt, Hauptstr. 34, ✉ 92670, ✆ 40 12 40, Fax 401100.

♦München 261 – Bayreuth 49 – ♦Nürnberg 115.

🏨 **Weißer Schwan,** Pfarrplatz 1, ✉ 92670, ✆ 12 30, Fax 1466, 😩 – ☎ ⟵
20 Z.

🏨 **Oberpfälzer Hof,** Hauptstr. 1, ✉ 92670, ✆ 7 88, Fax 8223 – 📺 ☎ ⟵ 🄿
⟵ *10.- 30. Nov. geschl.* – **Menu** *(Mittwoch geschl.)* à la carte 20/40 ⅃ – **33 Z** 45/90.

In Windischeschenbach-Neuhaus O : 1 km :

🏨 Zum Waldnaabtal, Marktplatz 1, ✉ 92670, ✆ 37 11, Fax 3903 – 📺 ☎ ⟵
12 Z.

WINDORF Bayern 👤👤👤 W 21 – 4 300 Ew – Höhe 306 m – ☻ 08541.

♦München 181 – Passau 20 – ♦ Regensburg 104 – Straubing 72.

In Windorf-Rathsmannsdorf NO : 4,5 km :

🏨 **Zur Alten Post,** Schloßplatz 5, ✉ 94565, ✆ (08546) 10 37, Fax 2483, 🍴 – 🄿
⟵ 🏛 60
Menu *(Montag geschl.)* à la carte 24/47 – **35 Z** 50/132.

WINDSHEIM, BAD Bayern 👤👤👤 O 18, 👤👤👤 ⑳ – 12 500 Ew – Höhe 321 m – Heilbad – ☻ 0984¹

🗓 Tourist-Information, Rathaus, Marktplatz, ✉ 91438, ✆ 40 20, Fax 40299.

♦München 236 – Ansbach 33 – ♦Bamberg 72 – ♦Nürnberg 44 – ♦Würzburg 57.

🏨🏨 **Reichsstadt,** Pfarrgasse 20, ✉ 91438, ✆ 90 70, Fax 7447, 🍴, 😩 – 🛗 📺 ☎ 👤 ⟵
🏛 45. 🄰🄴 ◉ Ɛ 𝓥𝓘𝓢𝓐
Menu *(Montag geschl.)* (nur Abendessen) à la carte 29/56 – **47 Z** 95/195.

🏨🏨 **Kurhotel Residenz** ⤵, Erkenbrechtallee 33, ✉ 91438, ✆ 9 10, Fax 912663, 🍴, Massage
🚼, 😩, 🔲, 🏊 – 🛗 📺 ☎ 👤 🄿 – 🏛 300. 🄰🄴 ◉ Ɛ 𝓥𝓘𝓢𝓐
Menu à la carte 40/60 – **128 Z** 128/228.

🏨🏨 **Reichel's Parkhotel** ⤵, Am Stauchbrunnen 7, ✉ 91438, ✆ 40 50, Fax 405350, 🏊 – 🛗
📺 ☎ 🄿
20. Dez.- 31. Jan. geschl. – (Restaurant nur für Hausgäste) – **32 Z** 88/150.

🏨🏨 **Am Kurpark** ⤵, Oberntiefer Str. 40, ✉ 91438, ✆ 90 20, Fax 90243, 😩, 🏊 – 🛗 📺
👤 🄿 – 🏛 35. 🄰🄴 ◉ Ɛ 𝓥𝓘𝓢𝓐
Menu à la carte 33/50 – **50 Z** 100/150.

🏨 **Goldener Schwan,** Rothenburger Str. 5, ✉ 91438, ✆ 50 61, Fax 79440 – 📺 ☎
Ɛ
Menu *(Mittwoch und 27. Dez.- 25. Jan. geschl.)* à la carte 26/56 – **22 Z** 68/120.

🏨 **Zum Storchen,** Weinmarkt 6, ✉ 91438, ✆ 20 11, Fax 7140 – 📺 ☎. ◉ Ɛ 𝓥𝓘𝓢𝓐
Menu *(Montag geschl.)* à la carte 28/60 – **18 Z** 62/110.

Niedersachsen 411 K 5 – 3 500 Ew – Höhe 25 m – Luftkurort – ☎ 04778.
🛈 Kurverwaltung, Dorfgemeinschaftshaus Dobrock, ✉ 21789, ✆ 3 12, Fax 7293.
◆Hannover 218 – Bremerhaven 54 – Cuxhaven 39 – ◆Hamburg 97.

🏨 **Waldschlößchen Dobrock** ⑤, Wassermühle 7, ✉ 21789, ✆ 8 00 80, Fax 800888, ㎡,
« Park », ⇔s, ◪, ⋒, 粥, 옷 – 回 ☎ ⇔ ❷ – 益 180. 歴 ⓪ ㄷ VISA
Menu à la carte 37/61 ⓙ – **44 Z** 79/220.

🏨 **Wikings Inn** ⑤, Schwimmbadallee 6, ✉ 21789, ✆ 80 90, Fax 1234, ⇔s, ㎡ – ✿ 回 ☎
❷ – 益 120
Menu à la carte 35/53 – **60 Z** 99/159.

🏠 **Peter** (mit Gästehaus), Bahnhofstr. 1 (B 73), ✉ 21789, ✆ 2 79, Fax 7474, ㎡ – ❷
Jan. geschl. – Menu (nur Abendessen) à la carte 28/40 – **27 Z** 75/150.

Bayern siehe Rötz.

Bayern siehe Reit im Winkl.

Baden-Württemberg 413 L 20, 987 ㉟ – 21 600 Ew – Höhe 292 m – ☎ 07195.
◆Stuttgart 20 – Schwäbisch Gmünd 44 – Schwäbisch Hall 48.

In Winnenden-Birkmannsweiler SO : 3 km :

🏠 **Heubach-Krone,** Hauptstr. 99, ✉ 71364, ✆ 78 53, Fax 71359 – ☎ ⇔ ❷
Aug. 3 Wochen geschl. – Menu (Dienstag - Mittwoch geschl.) à la carte 31/60 – **12 Z** 65/95.

In Winnenden-Bürg NO : 4,5 km :

🏨 **Schöne Aussicht** ⑤, Neuffenstr. 18, ✉ 71364, ✆ 7 11 67, Fax 75751, ≤ Winnenden und
Umgebung, ㎡ – 回 ☎ ❷. 歴 ㄷ VISA
Menu (Montag geschl.) à la carte 28/71 ⓙ – **16 Z** 105/155.

In Winnenden-Hanweiler S : 3 km :

🍽 **Traube** mit Zim, Weinstr. 59, ✉ 71364, ✆ 33 10, ㎡ – 回 ❷
über Fasching 2 Wochen und Juli - Aug. 3 Wochen geschl. – Menu (Dienstag - Mittwoch
geschl.) à la carte 27/57 ⓙ – **6 Z** 70/120.

In Berglen-Lehnenberg SO : 6 km :

🏨 **Blessings Landhotel,** Lessingstr. 13, ✉ 73663, ✆ (07195) 78 11, Fax 74099, ≤, ㎡ – 回
☎ ❷ – 益 40
Menu (Donnerstag geschl.) à la carte 32/70 ⓙ – **25 Z** 98/158.

Rheinland-Pfalz 412 F 16 – 2 700 Ew – Höhe 75 m – ☎ 02606.
🛈 Verkehrsverein, Rathaus, August-Horch-Str. 3, ✉ 56333, ✆ 22 14, Fax 347.
Mainz 111 – Cochem 38 – ◆Koblenz 11.

🏨 **Moselblick,** an der B 416, ✉ 56333, ✆ 22 75, Fax 1343, ≤, Biergarten, Bootssteg, ⇔s –
✿ ⇔ Zim 回 ☎ ❷ – 益 40. ㄷ VISA
27. Dez.- Anfang Jan. geschl. – Menu à la carte 32/65 – **34 Z** 110/180 – ½ P 114/134.

🍽 Marktschenke, Am Markt 5, ✉ 56333, ✆ 3 55, Fax 2333
11 Z.

Niedersachsen 411 N 6, 987 ⑮ – 27 000 Ew – Höhe 8 m – ☎ 04171.
◆Hannover 129 – ◆Bremen 112 – ◆Hamburg 34 – Lüneburg 21.

🏠 **Zum weißen Roß** (Haus a.d. 17. Jh. mit Hotelanbau und Bistro-Restaurant), Marktstr. 10,
✉ 21423, ✆ 22 76, Fax 61655, ㎡ – 回 ☎ ❷. 歴 ⓪ ㄷ VISA
Menu à la carte 30/48 – **11 Z** 90/145.

🏠 **Röttings Hotel,** Rathausstr. 36, ✉ 21423, ✆ 40 98, Fax 4984, ㎡ – ✿ 回 ☎ ⇔
❷
Menu (Sonntag geschl.) à la carte 31/58 – **24 Z** 58/150.

🍽 **Schwabenstüble,** Lüneburger Str. 112 (B 4), ✉ 21423, ✆ 7 47 67 – ❷. 歴 ㄷ VISA.
⅌
Mittwoch und Okt. 2 Wochen geschl. – Menu à la carte 37/62.

Baden-Württemberg siehe Schorndorf.

Nordrhein-Westfalen 412 I 13, 987 ㉔ ㉟ – 14 500 Ew – Höhe 700 m – Heilklimatischer Kurort – Wintersport : 672/841 m ⼳51 ⼳20 – ☎ 02981.
⼳ an der Straße nach Silbach (NW : 3 km), ✆ 17 70.
🛈 Kurverwaltung, Hauptstr. 1, ✉ 59955, ✆ 70 71, Fax 3751.
◆Düsseldorf 186 – Marburg 60 – Paderborn 79 – Siegen 69.

🏨 **Waldhaus** ⌕, Kiefernweg 12, ⊠ 59955, ℰ 20 42, Fax 3670, ≼, 🎇, ⇌, ▤ – 🛗 🆃🆅 ●
● **Ɒ**, ⅍ ⓪ 🄴 𝖵𝖨𝖲𝖠
Menu à la carte 44/69 – **28 Z** 90/220.

🏨 **Zur Sonne,** Schneilstr. 1, ⊠ 59955, ℰ 14 68, Fax 3568, 🎇 – **Ɒ**. 🄴. ⅍
1.- 20. Dez. geschl. – **Menu** *(Dienstag geschl.)* à la carte 33/53 – **18 Z** 50/150.

🏨 Steymann, Schneilstr. 2, ⊠ 59955, ℰ 70 05, Fax 3619, ⇌, ▤, 🚗 – ☎ **Ɒ**. ⅍ Rest
34 Z.

🏨 **Engemann-Kurve,** Haarfelder Str. 10 (B 480), ⊠ 59955, ℰ 4 14, Fax 3504, ⇌, ▤ – 🆃
☎ 🚙 **Ɒ**
April - Mai 3 Wochen geschl. – **Menu** à la carte 33/50 – **18 Z** 70/160.

🏨 **Haus Nuhnetal** ⌕ garni, Nuhnestr. 12, ⊠ 59955, ℰ 26 17, Fax 7106, ⇌, ▤ – **Ɒ**
18 Z 70/130.

🍴 **Haus Herrloh** ⌕, Herrlohweg 3, ⊠ 59955, ℰ 4 70, Fax 81114, ≼, 🚗 – ☎ 🚙 **Ɒ**. ⅍ Res
20. März - 5. April und 2. - 25. Nov. geschl. – **Menu** *(Dienstag geschl.)* à la carte 35/5
– **14 Z** 70/150.

In Winterberg-Altastenberg W : 5 km :

🏨 **Berghotel Astenkrone** ⌕, Astenstr. 24, ⊠ 59955, ℰ 80 90, Fax 809198, ≼, 🎇, ⇌, ▤
– 🛗 🆃🆅 ♿ 🚙 **Ɒ** – 🔥 100. ⅍ ⓪ 🄴 𝖵𝖨𝖲𝖠. ⅍ Rest
Menu à la carte 50/85 – **42 Z** 120/330.

🏨 **Mörchen,** Astenstr. 8, ⊠ 59955, ℰ 70 38, Fax 1373, 🎇, ⇌, ▤, 🚗 – 🆃🆅 ☎ **Ɒ**. ⅍ 🄴 ▮
Menu à la carte 30/59 *(auch vegetarische Gerichte)* – **39 Z** 80/190, 3 Suiten.

🏨 **Sporthotel Kirchmeier** ⌕, Renauweg 54, ⊠ 59955, ℰ 80 50, Fax 805111, ≼, 🎇, ⇌
▤, 🚗, ⅍ (Halle) – 🛗 🆃🆅 ☎ **Ɒ** – 🔥 200. ⅍ ⓪ 🄴 𝖵𝖨𝖲𝖠 𝖩𝖢𝖡. ⅍ Rest
Menu à la carte 30/70 – **114 Z** 93/198.

🏨 **Haus Clemens** ⌕, Renauweg 48, ⊠ 59955, ℰ 13 58, Fax 81257, ⇌, ▤, 🚗 – 🆃🆅
🚙 **Ɒ**
12. Nov.- 25. Dez. geschl. – **Menu** *(Montag geschl.)* à la carte 29/69 – **16 Z** 40/150.

In Winterberg-Hildfeld NO : 7 km :

🏨 **Heidehotel** ⌕, Am Ufer 13, ⊠ 59955, ℰ (02985) 80 30, Fax 345, ≼, 🎇, ⇌, ▤, 🚗
☎ **Ɒ** – 🔥 50. ⅍ 🄴 𝖵𝖨𝖲𝖠
Menu à la carte 35/70 – **44 Z** 92/250.

In Winterberg-Neuastenberg SW : 6 km :

🏨 **Berghaus Asten,** Am Gerkenstein 21, ⊠ 59955, ℰ 18 82, ≼, 🎇, 🚗 – 🆃🆅 **Ɒ**. ⅍
20. Nov.- 20. Dez. geschl. – **Menu** *(Mittwoch geschl.)* à la carte 30/48 – **10 Z** 55/100.

In Winterberg-Niedersfeld N : 8,5 km :

🏨 **Cramer,** Ruhrstr. 50 (B 480), ⊠ 59955, ℰ (02985) 4 71, Fax 1528, 🎇, ⇌, ▤, 🚗 – ◍
🚙 **Ɒ** – 🔥 20. ⅍ ⓪ 🄴 𝖵𝖨𝖲𝖠. ⅍ Rest
11.- 24. Juli und 19.- 25. Dez. geschl. – **Menu** *(Dienstag geschl.)* à la carte 37/68 – **23**
85/180.

In Winterberg-Siedlinghausen NW : 10 km :

🏨 **Schulte - Werneke** ⌕, Alter Hagen 1, ⊠ 59955, ℰ (02983) 82 66, Fax 1221, « Garten mi
Teich » – 🆃🆅 🚙 **Ɒ**. 🄴
März - April und Nov.- Dez. jeweils 2 Wochen geschl. – (Restaurant nur für Hausgäste)
26 Z 75/180.

In Winterberg-Silbach NW : 7 km :

🏨 **Büker,** Bergfreiheit 56, ⊠ 59955, ℰ (02983) 3 87, Fax 540, ⇌, ▤ – ☎ **Ɒ** – 🔥 40. ▮
⓪ 🄴 𝖵𝖨𝖲𝖠
März - April 3 Wochen und Ende Nov.- Weihnachten geschl. – **Menu** *(Mittwoch geschl.*
à la carte 30/60 – **19 Z** 81/160.

WINTERBURG Rheinland-Pfalz 𝟜𝟙𝟚 F 17 – 300 Ew – Höhe 350 m – Erholungsort – 🕲 0675€
Mainz 65 – Kirn 25 – Bad Kreuznach 21.

🏨 **Beck** ⌕, Soonwaldstr. 46, ⊠ 55595, ℰ 2 11, Fax 1303, ▤, 🚗 – **Ɒ** – 🔥 80. ⅍
Mitte Nov.- Mitte Dez. geschl. – (Restaurant nur für Hausgäste) – **35 Z** 80/142.

WINTERSTEIN Thüringen 𝟜𝟙𝟜 D 13 – 950 Ew – Höhe 360 m – 🕲 036929 (Ruhla).
Erfurt 54 – Eisenach 21 – Schmalkalden 30.

Außerhalb bei der Ruhlaer Skihütte, SW : 5 km

🏨 **Grünes Herz** ⌕, ⊠ 99842, ℰ (036929) 22 46, Fax 80080, 🎇, ⇌ – 🆃🆅 ☎ **Ɒ**. ⅍
🛬 **Menu** à la carte 20/40 ⅍ – **12 Z** 68/136.

WINTZINGERODE Thüringen siehe Worbis.

Nordrhein-Westfalen 412 F 13, 987 24 – 21 700 Ew – Höhe 275 m – 😊 02267.
◆Düsseldorf 67 – ◆Köln 50 – Lüdenscheid 27 – Remscheid 20.

XX **La Bohémienne im Landhotel Lohmühle** mit Zim, Leiersmühle 25, ✉ 51688, 𝒫 50 30, Fax 80958, 🍽 – 📺 ☎ 🅿. 🖭 ⑩ 🗲 𝑽𝑰𝑺𝑨
April und Juli-Aug. jeweils 2 Wochen geschl. – **Menu** *(Montag geschl.)* (wochentags nur Abendessen) à la carte 43/68 – **4 Z** 89/135.

X **Zum Schützenhof,** Gaulstr. 71, ✉ 51688, 𝒫 93 36 – 🅿. 🖭 ⑩ 🗲 𝑽𝑰𝑺𝑨
Samstag nur Abendessen, Mittwoch, Juli-Aug. 3 Wochen und 23. Dez.- 8. Jan. geschl. – **Menu** à la carte 29/61.

In Wipperfürth-Neye NW : 1 km :

🏠 **Neyehotel,** Joseph-Mäurer-Str. 2, ✉ 51688, 𝒫 70 19, Fax 1416, 🍽, 🖾, 🛏 – 📶 📺 ☎ 🅿 ⑩ 🗲 𝑽𝑰𝑺𝑨
Menu à la carte 30/58 – **15 Z** 68/150.

XX **Landhaus Alte Mühle** 🦢 mit Zim, Neyetal 2, ✉ 51688, 𝒫 30 51, Fax 9880, ≤, 🍽, « Rustikale Einrichtung » – 📺 ☎ 🅿 – 🔬 30. 🖭 ⑩ 🗲 𝑽𝑰𝑺𝑨
Menu *(Donnerstag geschl.)* à la carte 40/64 – **4 Z** 100/150.

In Wipperfürth-Wasserfuhr NO : 4 km Richtung Halver :

🏠 **Haus Koppelberg,** ✉ 51688, 𝒫 50 51, Fax 2842, « Gartenterrasse », 🛏 – ☎ 🅿. 🖭 🗲 𝑽𝑰𝑺𝑨
Menu *(Montag geschl.)* à la carte 30/58 – **15 Z** 65/95.

Rheinland-Pfalz siehe Montabaur.

Bayern 413 R 16 – 2 000 Ew – Höhe 355 m – Luftkurort – 😊 09227 (Neuenmarkt).
🖪 Kurverwaltung, Rathaus, Sessenreuther Str. 2, ✉ 95339, 𝒫 8 82.
◆München 250 – Bayreuth 21 – Hof 41.

🏰 **Reiterhof Wirsberg** 🦢, Sessenreuther Str. 50 (SO : 1 km), ✉ 95339, 𝒫 20 40, Fax 7058, ≤, 🍽, Massage, ⎚, ≋s, 🖾, 🛏, 🍴, 🐾 (Halle) – 📶 📺 🚗 🅿 – 🔬 60. 🖭 ⑩ 🗲 𝑽𝑰𝑺𝑨
Menu à la carte 40/72 – **51 Z** 130/235.

🏰 **Romantik Posthotel,** Marktplatz 11, ✉ 95339, 𝒫 20 80, Fax 5860, ≋s, 🖾 – 📶 📺 🅿 – 🔬 40. 🖭 ⑩ 🗲 𝑽𝑰𝑺𝑨
Menu à la carte 45/76 – **47 Z** 165/288, 6 Suiten.

🏠 **Am Lindenberg** 🦢, Am Lindenberg 2, ✉ 95339, 𝒫 8 60, Fax 2142, 🍽, ≋s, 🖾, 🛏 – 📶 📺 ☎ 🅿 – 🔬 50. 🖭 🗲 𝑽𝑰𝑺𝑨
Menu à la carte 26/47 – **27 Z** 80/170.

Mecklenburg-Vorpommern 411 R 5, 414 G 4, 987 ⑥ – 55 000 Ew – Höhe 14 m – 😊 03841.

Sehenswert : Marktplatz ★ – Nikolaikirche ★ (Altar der Krämergilde ★) – Wasserkunst ★ – Schabbelhaus ★.

Ausflugsziel : Neukloster ★ SO : 18 Km.

🖪 Wismar-Information, Am Markt 11, ✉ 23966, 𝒫 28 29 58.
Schwerin 31 – ◆Berlin 238 – ◆Lübeck 59 – ◆Rostock 58.

🏠 **Stadt Hamburg,** Am Markt 24, ✉ 23966, 𝒫 23 90, Fax 239239, ≋s – 📶 ⍟ Zim 📺 ☎ ⎈ 🚗 – 🔬 90. 🖭 🗲 𝑽𝑰𝑺𝑨
Menu à la carte 32/56 – **95 Z** 160/300.

🏠 **Alter Speicher,** Bohrstr. 12, ✉ 23966, 𝒫 21 17 46, Fax 211747, ≋s – 📶 📺 ☎ 🚗 – 🔬 50. 🖭 ⑩ 🗲 𝑽𝑰𝑺𝑨 𝐉𝐂𝐁
Menu à la carte 32/52 – **75 Z** 130/250.

🏠 **Willert** garni, Schweriner Str. 9, ✉ 23970, 𝒫 2 61 20, Fax 261215 – 📺 ☎ 🅿. 🖭 🗲 𝑽𝑰𝑺𝑨
15 Z 90/170.

🏠 **Altes Brauhaus** garni, Lübsche Str. 37, ✉ 23966, 𝒫 21 14 16, Fax 283223 – 📺 ☎ ⎈. 🖭 🗲 𝑽𝑰𝑺𝑨
16 Z 110/160.

🏠 **Gothia Hotel** garni, Sella-Hasse-Straße, ✉ 23966, 𝒫 73 41 56, Fax 734161 – 📺 ☎ 🅿. 🖭 ⑩ 🗲 𝑽𝑰𝑺𝑨
59 Z 115/160.

🏠 **Reingard** garni, Weberstr. 18, ✉ 23966, 𝒫 28 49 72, « individuelle Einrichtung » 📺 ☎ 🅿 🖭 🗲 𝑽𝑰𝑺𝑨
12 Z 120/185.

🏡 **Bertramshof** 🦢 garni, Bertramsweg 2, ✉ 23966, 𝒫 70 72 20, Fax 704622 – 🅿. 🗲. 🎾
45 Z 75/150.

An der B 105 NO : 6 km :

🏠 **Landhaus Streeck,** ⊠ 23970 Rüggow, ℰ (03841) 28 22 00, Fax 282200, 🏤, ⫘ – 📺 🕿
↘ 🅿. 🖭 🄴 𝘝𝘐𝘚𝘈
   Menu à la carte 24/49 – **18 Z** 100/150.

WISSEN Rheinland-Pfalz 🄦🄧🄨 G 14, 🄨🄧🄦 ㉔ – 9 000 Ew – Höhe 155 m – Luftkurort – 🍃 02742
Mainz 127 – ◆Köln 82 – Limburg an der Lahn 67 – Siegen 39.

🏠 **Nassauer Hof,** Nassauer Str. 2, ⊠ 57537, ℰ 40 07, Fax 1243 – 📺 🕿 🅿. 🖭 🅾 🄴 𝘝𝘐𝘚𝘈
   Menu *(Samstag nur Abendessen, Sonntag nur Mittagessen)* à la carte 30/62 – **16 Z** 85,
   130.

WITTDÜN Schleswig-Holstein siehe Amrum (Insel).

WITTEN Nordrhein-Westfalen 🄦🄡🄡 🄦🄡🄢 F 12, 🄨🄧🄦 ⑭ – 107 000 Ew – Höhe 80 m – 🍃 02302
🅸 Verkehrsverein, Marktstr. 16, ⊠58452, ℰ 5 81 13 08, Fax 22738.
◆Düsseldorf 62 – Bochum 10 – Dortmund 21 – Hagen 17.

🏨 **Parkhotel,** Bergerstr. 23, ⊠ 58452, ℰ 58 80, Fax 588555, 🏤, Massage, ♨, ⫘, 🔲 – 🌢
   📺 🕿 🅿 – 🔬 70. 🖭 🅾 🄴 𝘝𝘐𝘚𝘈
   Menu à la carte 35/65 – **65 Z** 155/196.

✗✗ **Theater-Stuben,** Bergerstr. 25 (Städt. Saalbau), ⊠ 58452, ℰ 5 44 40, Fax 23320, 🏤 – 🄲
   – 🔬 350. 🖭 🅾 🄴 𝘝𝘐𝘚𝘈
   Samstag nur Abendessen, Aug. geschl. – **Menu** à la carte 39/70.

In Witten-Annen :

🏠 **Specht,** Westfalenstr. 104, ⊠ 58453, ℰ 67 13, 🚗 – 🕿 🚘 🅿. 🛏 Zim
↘ **Menu** *(Sonn- und Feiertage sowie Mitte Juli - Mitte Aug. geschl.)* (nur Abendessen) à la
   carte 24/42 – **17 Z** 65/140.

WITTENBERG (Lutherstadt) Sachsen-Anhalt 🄦🄡🄣 J 10, 🄨🄧🄣 ⑲, 🄨🄧🄦 ⑰ – 55 000 Ew – Höhe
65 m – 🍃 03491.
Sehenswert : Markt★ – Lutherhalle★ – Schloßkirche (Reformations-Altar★).
Ausflugsziel : Wörlitz : Schloß★ und Park★★ (W : 20 km).
🅸 Wittenberg-Information, Collegienstr. 29, ⊠ 06886, ℰ 22 39, Fax 2537.
Magdeburg 87 – Dessau 36 – ◆Dresden 151 – ◆Leipzig 74.

🏨 **Alba Hotel,** Neustr. 7, ⊠ 06886, ℰ 46 10, Fax 461200, 🏤 – 🌢 🛒 Zim 📺 🕿 🕭 ⚘
   – 🔬 100. 🖭 🅾 🄴 𝘝𝘐𝘚𝘈
   Menu à la carte 33/54 – **171 Z** 180/260.

✗ Schloßkeller, Schloßplatz 1, ⊠ 06886, ℰ 23 27.

In Wittenberg-Apollensdorf :

🏨 **Sorat,** Braunsdorfer Str. 19, ⊠ 06886, ℰ 66 31 90, Fax 663191, 🏤, ⫘ – 🌢 🛒 Zim 📺
   🕿 🅿. 🖭 🅾 🄴 𝘝𝘐𝘚𝘈
   Menu à la carte 30/47 – **80 Z** 140/190.

WITTINGEN Niedersachsen 🄦🄡🄡 P 8, 🄨🄧🄦 ⑯ – 12 000 Ew – Höhe 80 m – 🍃 05831.
◆Hannover 93 – ◆Braunschweig 65 – Celle 50 – Lüneburg 64.

🏠 **Nöhre,** Bahnhofstr. 2 (B 244), ⊠ 29378, ℰ 10 15, Fax 7405, ⫘, 🔲 – 📺 🕿 🅿. 🖭 🄴 𝘝𝘐𝘚𝘈
   🛏 Zim
   Menu *(Sonntag geschl.)* (nur Abendessen) à la carte 27/51 – **30 Z** 42/130.

✗✗ **Stadthalle,** Schützenstr. 21, ⊠ 29378, ℰ 3 46 – 🅿 – 🔬 80
↘ *Mittwoch geschl.* – **Menu** à la carte 24/58.

WITTLICH Rheinland-Pfalz 🄦🄡🄢 D 17, 🄨🄧🄦 ㉓ ㉔ – 16 500 Ew – Höhe 155 m – 🍃 06571.
🅸 Fremdenverkehrsverein, altes Rathaus, Marktplatz, ⊠ 54516, ℰ 40 86, Fax 28443.
Mainz 129 – ◆Koblenz 91 – ◆Trier 37.

🏨 **Lindenhof** 🦌, Am Mundwald (S : 2 km über die B 49), ⊠ 54516, ℰ 69 20, Fax 692502
   ≤, 🏤, ⫘, 🔲 – 🌢 📺 🕿 🕭 🅿 – 🔬 250. 🖭 🅾 🄴 𝘝𝘐𝘚𝘈
   Menu à la carte 31/72 – **37 Z** 94/182.

🏠 **Well** garni, Marktplatz 5, ⊠ 54516, ℰ 9 11 90, Fax 911950 – 🌢 📺 🕿 ⚘. 🖭 🅾 🄴
   𝘝𝘐𝘚𝘈
   21 Z 65/130.

In Dreis SW : 8 km :

XXX ✿✿ **Waldhotel Sonnora** ⑤ mit Zim, Auf dem Eichelfeld, ⊠ 54518, 𝒫 (06578) 4 06, Fax 1402, ≤, « Garten » – 📺 ☎ 🅿. 🆎 🅴 𝒱𝑰𝑺𝑨. ⬚
6. Jan.- 6. Feb. geschl. – **Menu** *(Montag - Dienstag geschl.)* (Tischbestellung ratsam) 125/158 und à la carte 85/120 – **18 Z** 70/140
Spez. Bretonischer Hummer in Curry-Korianderwürze mit grünen Äpfeln, Kroß gebratener Zander auf Rotwein und Champagnersauce, Bluttaube mit Gänseleber im Wirsingblatt pochiert.

WITTMUND Niedersachsen 🔳🔳🔳 G 6, 🔳🔳🔳 ④ – 19 500 Ew – Höhe 8 m – ✿ 04462.
▮ Fremdenverkehrsamt, Rathaus, Knochenburgstr. 11, ⊠ 26409, 𝒫 98 31 25, Fax 983299.
Hannover 237 – Emden 51 – Oldenburg 67 – Wilhelmshaven 26.

🏛 **Residenz am Schloßpark,** Am Markt 13, ⊠ 26409, 𝒫 88 60, Fax 886123, 🏖, ≘s – |❄|
📺 ☎ ⅙ ⇎ 🅿 – 🔬 200. 🆎 ⑩ 🅴 𝒱𝑰𝑺𝑨
Menu à la carte 43/81 – **50 Z** 95/220.

In Wittmund-Ardorf SW : 8 km :

XX **Hilgensteen,** Heglitzer Str. 20, ⊠ 26409, 𝒫 (04466) 2 89, Biergarten – 🅿
Okt.- März Dienstag geschl. – **Menu** à la carte 34/68 *(auch vegetarisches Menu).*

WITTSTOCK Brandenburg 🔳🔳🔳 J 6, 🔳🔳🔳 ⑪, 🔳🔳🔳 ⑰ – 14 000 Ew – Höhe 66 m – ✿ 03394.
Potsdam 116 – Brandenburg 110 – Rostock 115.

🏛 **Am Röbler Tor,** Am Dosseteich 1, ⊠ 16909, 𝒫 44 38 22, Fax 443822, 🏖 – 📺 ☎ 🅿. ⬚
Menu à la carte 29/48 – **14 Z** 95/130.

🏛 **Stadt Hamburg,** Röbeler Str. 25, ⊠ 16909, 𝒫 44 45 66, Fax 444566 – |❄| 📺 ☎ 🅿 – 🔬 90.
🆎 ⑩ 🅴 𝒱𝑰𝑺𝑨
Menu à la carte 21/48 – **44 Z** 90/130.

🏚 **Deutsches Haus,** Marktplatz/Ecke Kirchgasse, ⊠ 16909, 𝒫 44 43 63, Fax 444365 – 📺 ☎
Menu à la carte 18/38 – **18 Z** 90/130.

In Heiligengrabe W : 6 km :

🏚 **Motel Heiligengraber Kreuz,** Am Birkenwäldchen 1, ⊠ 16909, 𝒫 (033962) 70 90,
Fax 709126, 🏖 – 📺 ☎ 🅿 – 🔬 10. 🆎 🅴 𝒱𝑰𝑺𝑨
Menu à la carte 21/34 – **24 Z** 65/95.

X Heiligengraber Krug mit Zim, Wittstocker Str. 31, ⊠ 16909, 𝒫 (033962) 5 02 42 – 🅿
7 Z.

In Berlinchen NO : 11 km :

🏚 Reiterhof Berlinchen ⑤, Dorfplatz 3, ⊠ 16909, 𝒫 (033966) 2 09, Fax 209, ➤ – 📺 ☎ 🅿
– 🔬 15 – **20 Z.**

In Sewekow NO : 17 km :

🏚 Seehotel Ichlim ⑤, Am Nebelsee, ⊠ 16909, 𝒫 (033966) 2 53, Fax 253, 🏖, ≘s, ▲◦, ⬚
– 📺 ☎ 🅿 – **27 Z.**

WITZENHAUSEN Hessen 🔳🔳🔳 🔳🔳🔳 M 12, 🔳🔳🔳 ⑮ – 18 700 Ew – Höhe 140 m – ✿ 05542.
▮ Städt. Verkehrsamt, Rathaus, ⊠ 37213, 𝒫 57 45, Fax 72157.
Wiesbaden 248 – Göttingen 26 – ♦Kassel 36.

🏛 Stadt Witzenhausen ⑤ garni, Am Sande 8, ⊠ 37213, 𝒫 40 41 – |❄| 📺 ☎ ⇎ 🅿 – **28 Z.**

🏚 Zur Burg garni, Oberburgstr. 10, ⊠ 37213, 𝒫 25 06, Fax 3200 – 📺 🅿 – **20 Z.**

In Witzenhausen-Dohrenbach S : 4 km – Luftkurort :

🏚 **Zum Stern** ⑤, Rainstr. 12, ⊠ 37216, 𝒫 30 93, Fax 71097, 🌲 – 📺 ☎ 🅿. 🆎 ⑩ 🅴 𝒱𝑰𝑺𝑨
Menu à la carte 29/58 – **12 Z** 65/110.

🏚 **Zur Warte** ⑤, Warteweg 1, ⊠ 37216, 𝒫 30 90, Fax 6681, 🏖, ≘s, ▣, 🌲 – 📺 ☎ 🅿
Menu *(Donnerstag geschl.)* à la carte 24/48 – **18 Z** 65/112.

XX **Sommersberghotel** ⑤ mit Zim, Rainstr. 32, ⊠ 37216, 𝒫 40 97, 🏖 – 📺 ☎ 🅿. 🆎 ⑩ 🅴 𝒱𝑰𝑺𝑨
Menu *(Montag geschl.)* à la carte 39/68 – **6 Z** 68/110.

WITZHAVE Schleswig-Holstein 🔳🔳🔳 O 6 – 1 000 Ew – Höhe 45 m – ✿ 04104.
Kiel 98 – ♦Hamburg 24 – ♦Lübeck 51.

🏚 **Pünjer,** Möllner Landstraße 9, ⊠ 22969, 𝒫 65 65, Fax 6713 – 📺 ☎ 🅿
22. Dez.- Anfang Jan. geschl. – **Menu** *(Samstag geschl.) (nur Abendessen)* à la carte 25/40
– **40 Z** 80/130.

WITZIN Mecklenburg-Vorpommern siehe Sternberg.

WITZWORT Schleswig-Holstein siehe Husum.

WÖRISHOFEN, BAD Bayern 月月月 O 22,23, 月月月 ㊱, 月月月 D 4 – 13 500 Ew – Höhe 626 m
Kneippheilbad – ✿ 08247.

◻ᵥ Rieden, Schlingener Str. 27 (SO : 8 km), ♪ (08346) 7 77 ; ◻ᵥ Türkheim, Augsburger Str. 51 (N
9 km), ♪ (08245) 33 22.

🮲 Städt. Kurdirektion im Kurhaus, Hauptstr. 16, ✉ 86825, ♪ 35 02 55, Fax 32323.

◆München 80 – ◆Augsburg 50 – Kempten (Allgäu) 55 – Memmingen 43.

🏨 **Kurhotel Residenz,** Bahnhofstr. 8, ✉ 86825, ♪ 35 20, Fax 352214, Massage, ♨, ♣, ≘s
🔟 (geheizt), 🔲, 🛋, – |‡| 🅿 ⇔ – 🔬 30. 🖭 ⓞ 🗲. ⚈
Menu à la carte 42/65 – **113 Z** 145/380, 13 Suiten.

🏨 **Kurhotel Tanneck** ⚘, Harthaler Str. 29, ✉ 86825, ♪ 30 70, Fax 307280, Massag
♨, ♣, ≘s, 🔟 (geheizt), 🔲, 🛱, ⚈ – |‡| Zim 🔟 ♣ ⇔ – 🔬 60. ⚈
(Restaurant nur für Hausgäste) – **110 Z** 100/340, 7 Suiten – ½ P 130/235.

🏨 **Kneipp-Kurhotel Fontenay** ⚘, Eichwaldstr. 10, ✉ 86825, ♪ 30 60, Fax 306185, Ma
sage, ♣, ≘s, 🔲, 🛱 – |‡| ✎ 🔟 ☎ ⇔ 🅿. 🖭 🗲. ⚈
(Restaurant nur für Hausgäste) – **50 Z** 130/300, 3 Suiten – ½ P 150/220.

🏨 **Kurhotel Kreuzer** ⚘, F.-Kreuzer-Str. 1a, ✉ 86825, ♪ 35 30, Fax 353138, 🛱, Massag
♨, ♣, ≘s, 🔲, 🛱 – |‡| 🔟 ☎ ⇔ 🅿. 🖭. ⚈
Ende Nov.- Ende Jan. geschl. – **Menu** *(Donnerstag geschl.)* à la carte 39/68 *(auch Diät un
veget. Gerichte)* – **100 Z** 95/295, 6 Suiten – ½ P 130/230.

🏨 **Kurhotel Sonnengarten** ⚘, Adolf-Scholz-Allee 5, ✉ 86825, ♪ 30 90, Fax 1068, 🛱, Ma
sage, ♨, ♣, ≘s, 🔲, 🛱 ⇔ 🅿 – 🔬 80. 🖭 🗲 𝖵𝖨𝖲𝖠. ⚈ Rest
7.- 15. Jan und 11.- 22. Dez. geschl. – **Menu** à la carte 40/65 – **77 Z** 105/350.

🏨 **Kur- und Sporthotel Tannenbaum** ⚘, Am Tannenbaum 1, ✉ 86825, ♪ 3 00 8
Fax 300820, 🛱, Massage, ♨, ♣, ≘s, 🔲 – |‡| 🔟 ☎ ♣ ⇔ 🅿 – 🔬 35. 🖭 ⓞ 🗲 𝖵𝖨𝖲𝖠. ⚈ Zir
Menu à la carte 36/56 – **45 Z** 90/270 – ½ P 130/170.

🏨 **Kurhotel Edelweiß** ⚘, Bürgermeister-Singer-Str. 11, ✉ 86825, ♪ 3 50 10, Massage, ♨
♣, ≘s, 🔲, 🛱 ✎ 🔟 ☎ ⇔ 🅿 ⚈
27. Nov.- 8. Jan. geschl. – (Restaurant nur für Hausgäste) – **52 Z** 90/210.

🏨 **Kurhotel Eichinger** ⚘, Harthaler Str. 22, ✉ 86825, ♪ 3 90 30, Fax 390388, Massag
♣, ≘s, 🔲, 🛱 – |‡| 🔟 ☎ ⇔ 🅿. ⚈
14. Nov.- 19. Dez. geschl. – (Restaurant nur für Hausgäste) – **40 Z** 65/208 – ½ P 87/11

🏨 **Kurhotel Eichwald** ⚘, Eichwaldstr. 20, ✉ 86825, ♪ 60 94, Fax 6679, 🛱, Massage, ♣
≘s, 🔲, 🛱 – |‡| 🔟 ☎ ⇔. ⚈ Rest
15. Nov.- 22. Dez. geschl. – **Menu** à la carte 31/51 *(auch Diät)* – **53 Z** 100/20
– ½ P 120/170.

🏨 **Kurhotel Brandl** ⚘, Hildegardstr. 3, ✉ 86825, ♪ 3 90 90, Fax 390990, Massage, ♨, ♣
≘s, 🔲, 🛱 🔟 ☎. ⚈
26. Nov.- 5. Feb. geschl. – (Restaurant nur für Hausgäste) – **22 Z** 98/246 – ½ P 128/17

🏨 **Allgäuer Hof,** Türkheimer Str. 2, ✉ 86825, ♪ 50 98, Fax 5090, 🛱 – |‡| 🔟 ☎ 🅿. 🖭 ⓞ 🗲 𝖵𝖨𝖲𝖠
Menu *(Freitag geschl.)* à la carte 34/65 – **32 Z** 78/148.

🏨 **Alpenhof,** Gammenrieder Str. 6, ✉ 86825, ♪ 3 00 50, Fax 300568, Massage, ♣, ≘s, 🔲
🛱 – |‡| 🔟 🅿. ⚈
Mitte Nov.- Mitte Jan. geschl. – (Restaurant nur für Hausgäste) – **24 Z** 65/190 – ½ P 79/9

🏨 **Adler,** Hauptstr. 40, ✉ 86825, ♪ 20 91, Fax 2095, 🛱 – |‡| 🔟 ☎ ⇔ 🅿. 🖭 ⓞ 🗲 𝖵𝖨𝖲
↠ **Menu** *(Freitag geschl.)* à la carte 23/41 ♣ – **48 Z** 45/130.

🏨 **Löwenbräu,** Hermann-Aust-Str. 2, ✉ 86825, ♪ 9 68 40, Fax 32051, 🛱 – |‡| 🔟 ☎ ⇔ 🅿
15. Dez.- 7. Jan. geschl. – **Menu** *(Montag geschl., Dienstag nur Abendessen)* à la carte
26/52 *(auch Diät)* – **22 Z** 68/158.

🏨 **Schwabenhof** ⚘, Füssener Str. 12 (Eingang am Trieb), ✉ 86825, ♪ 50 76, Fax 4292
Massage, ♣, – |‡| 🅿. ⚈
Dez.- Jan. geschl. – (Restaurant nur für Hausgäste) – **22 Z** 65/130 – ½ P 77/83.

✗✗ **Ma Gascogne,** Kaufbeurer Str. 6, ✉ 86825, ♪ 67 50 – 🗲 𝖵𝖨𝖲𝖠
Montag geschl. – **Menu** à la carte 31/81.

In Bad Wörishofen-Schlingen SO : 4 km :

✗✗ **Jagdhof,** Allgäuer Str.1, ✉ 86825, ♪ 48 79, Fax 2534, 🛱 – 🅿. 🖭 🗲
*Montag - Dienstag und Anfang Jan.- Anfang Feb. geschl., Mai - Okt. Montag nur Mittag
essen* – **Menu** à la carte 38/67.

WÖRLITZ Sachsen-Anhalt 月月月 J 10, 月月月 ⑲, 月月月 ⑰ – 2 000 Ew – Höhe 63 m – ✿ 034905
Sehenswert : Schloß und Park ★★.

🮲 Wörlitz-Information, Am Neuen Wall, ✉ 06786, ♪ 2 16, Fax 216.

Magdeburg 78 – ◆Berlin 115 – Dessau 36 – Wittenberg 21.

🏨 **Zum Stein,** Erdmannsdorffstr. 228, ✉ 06786, ♪ 2 03 54, Fax 20354, Biergarten, ≘s – |‡|
🔟 ☎ 🅿 – 🔬 100. 🖭 ⓞ 🗲 𝖵𝖨𝖲𝖠. ⚈
Menu à la carte 29/56 – **55 Z** 115/180.

🏨 **Wörlitzer Hof,** Markt 96, ✉ 06786, ♪ 2 02 42, Fax 20242, Biergarten – |‡| 🔟 ☎ ♣ 🅿
🔬 50. 🖭 🗲 𝖵𝖨𝖲𝖠
Menu à la carte 25/57 – **32 Z** 99/145.

974

WÖRTH AM RHEIN Rheinland-Pfalz 412 413 H 19, 987 ㉔ ㉕ – 18 400 Ew – Höhe 104 m – ☎ 07271.

Mainz 154 – ♦Karlsruhe 12 – Landau in der Pfalz 23.

Anker garni, Wilhelmstr. 7, ✉ 76744, ☎ 7 93 66, Fax 3639 – P.
17 Z 50/120.

In Wörth-Maximiliansau SO : 1,5 km :

Einigkeit, Karlstr. 16, ✉ 76744, ☎ 44 44, Fax 49339,
Sonntag und Aug. 2 Wochen geschl., Samstag nur Abendessen – **Menu** à la carte 49/82.

WÖRTHSEE Bayern 413 Q 22, 426 F 4 – 4 000 Ew – Höhe 590 m – ☎ 08153.

Gut Schluifeld, ☎ 38 72.

München 32 – Augsburg 55 – Garmisch-Partenkirchen 75.

In Wörthsee-Auing :

Florianshof garni, Hauptstr. 48, ✉ 82237, ☎ 88 20, Fax 88298, – TV ☎ P. E
60 Z 60/100.

In Wörthsee-Etterschlag :

Geierhof garni, Inninger Str. 4, ✉ 82237, ☎ 88 40, Fax 88488 – TV ☎ P. E VISA
Weihnachten - Neujahr geschl. – **34 Z** 70/100.

WOHLENBERG Mecklenburg-Vorpommern siehe Klütz.

WOLFACH Baden-Württemberg 413 H 22, 987 ㉞ ㉟ – 6 000 Ew – Höhe 262 m – Luftkurort ☎ 07834.

Sehenswert : Dorotheen-Glashütte*.

Kur- und Verkehrsamt, Rathaus, Hauptstr. 41, ✉ 77709, ☎ 9 75 34, Fax 97536.

Stuttgart 137 – ♦Freiburg im Breisgau 58 – Freudenstadt 38 – Offenburg 40.

Hecht, Hauptstr. 51, ✉ 77709, ☎ 5 38, Fax 47223 – ☎ P. AE ① E VISA. Rest
5. - 31. Jan. und Juli 2 Wochen geschl. – **Menu** *(Montag geschl.)* à la carte 28/65 – **17 Z** 65/95.

Schwarzwaldhotel garni, Kreuzbergstr. 26, ✉ 77709, ☎ 40 11, – TV P
April - Okt. – **10 Z** 68/150.

In Wolfach-Kirnbach S : 5 km :

Sonne , Talstr. 103, ✉ 77709, ☎ 69 55, Fax 4696 – TV ☎ P. AE ① E VISA
Menu *(Montag geschl.)* à la carte 29/66 – **20 Z** 75/180 – ½ P 85/105.

In Wolfach-St. Roman NO : 12 km – Höhe 673 m :

Adler (mit Gästehaus), ✉ 77709, ☎ (07836) 3 42, Fax 7434, , Wildgehege, , ,
, – TV ☎ P – 35. E VISA
Jan. 2 Wochen geschl. – **Menu** *(Montag geschl.)* à la carte 27/57 – **28 Z** 78/146 – ½ P 80/90.

WOLFEGG Baden-Württemberg 413 M 23, 987 ㊱, 427 N 2 – 3 000 Ew – Höhe 673 m – Luftkurort – ☎ 07527.

Verkehrsamt, Rathaus, Rötenbacher Str. 13, ✉ 88364, ☎ 5 00 70, Fax 50054.

Stuttgart 167 – Bregenz 46 – Ravensburg 17 – ♦Ulm (Donau) 76.

Zur Post, Rötenbacher Str. 5, ✉ 88364, ☎ 68 52, Fax 5116, , – TV ☎ P. E
März 2 Wochen geschl. – **Menu** *(Dienstag geschl.)* à la carte 25/41 – **18 Z** 62/92.

WOLFEN Sachsen-Anhalt 414 I 11, 984 ⑲, 987 ⑰ – 45 000 Ew – Höhe 65 m – ☎ 03494.

Magdeburg 82 – Dessau 28.

Rema-Hotel Excelsior garni, Straße der Republik 4, ✉ 06766, ☎ 2 11 17, Fax 22388 –
TV ☎ P – 40. AE ① E VISA
132 Z 170/360.

Deutsches Haus, Leipziger Str. 94, ✉ 06766, ☎ 4 50 25, Fax 44166, Biergarten – TV ☎ P
Menu à la carte 21/47 – **25 Z** 100/170.

Gerenommeerde keukens

Fijnproevers voor U hebben wij bepaalde
restaurants aangeduid met Menu, ✿, ✿✿, ✿✿✿.

Niedersachsen 411 O 10, 987 ⑯ – 54 000 Ew – Höhe 75 m – 🕿 05331.
Sehenswert : Stadtbild★★ – Fachwerkhäuser★★ABYZ – Stadtmarkt★AZ – Schloß (Turm★)AZ
🛛 Tourist-Information, Stadtmarkt 9, ✉ 38300, 𝒫 8 64 87, Fax 86444.
♦Hannover 74 ① – ♦Braunschweig 12 ① – Goslar 31 ③.

WOLFENBÜTTEL

🏨 **Parkhotel Altes Kaffeehaus,** Harztorwall 18, ✉ 38300, 𝒫 88 80, Fax 888100, 🎇, 🖂
– 🛗 ⇔ Zim 📺 🕿 🅿 – 🕍 60. 🅰🅴 ⓞ 🅴 𝒱𝐼𝒮𝐴 Z
Menu (wochentags nur Abendessen) à la carte 32/62 – **76 Z** 120/230.

🏨 **Landhaus Dürkop** ⌘ garni, Alter Weg 47, ✉ 38302, 𝒫 70 53, Fax 72638, ⇔ – 📺 🕿
⇔ 🅿 🅰🅴 🅴 𝒱𝐼𝒮𝐴 über ①
30 Z 95/170.

🏨 **Waldhaus,** Adersheimer Str. 75, ✉ 38304, 𝒫 4 32 65, Fax 41050 – ⇔ Zim 📺 🕿 🅿 🅰
ⓞ 🅴 𝒱𝐼𝒮𝐴 über ④
Menu à la carte 36/62 – **35 Z** 95/170.

WOLFERSGRÜN Sachsen siehe Kirchberg.

Bayern 413 N 23, 426 C 5 – 1 300 Ew – Höhe 676 m – 🕿 0833♦
(Grönenbach).
♦München 129 – Kempten (Allgäu) 27 – Memmingen 15.

🏨 Weißenhorn, Hauptstr. 4, ✉ 87787, 𝒫 2 20, 🎇 – 📺 🕿 ⇔ 🅿. ⌘ Zim
12 Z.

Hessen 🔢 🔢 K 13, 🔢 ⑮ – 13 000 Ew – Höhe 280 m – ✪ 05692.
◆Wiesbaden 238 – ◆Kassel 31 – Paderborn 68.

🏛 **Das Alte Rathaus** (restauriertes Fachwerkhaus a.d. 17. Jh.), Kirchplatz 1, ⊠ 34466, ℰ 80 82 – 🕍 📺 ☎ ᴕ. 🖭 ⓪ ᴇ 𝚟𝚒𝚜𝚊
Feb. 2 Wochen geschl. – **Menu** *(Dienstag geschl.)* à la carte 37/68 – **12 Z** 90/130.

🔲 **Zum Schiffchen** (Fachwerkhaus a.d. 16. Jh.), Hans-Staden-Str. 27, ⊠ 34466, ℰ 22 75,
📠 Fax 8761 – 📺 ☎ ⇔ ❶. 🖭 ⓪ ᴇ 𝚟𝚒𝚜𝚊
Anfang - Mitte Jan. geschl. – **Menu** *(Sonntag nur Mittagessen, Montag nur Abendessen)*
à la carte 24/45 – **16 Z** 40/120.

Bayern 🔢 P 19 – 2 500 Ew – Höhe 445 m – ✪ 09875.
◆München 177 – Ansbach 16 – Nördlingen 54 – ◆Nürnberg 48.

🏛 **Alte Vogtei** (Haus a.d. 14. Jh.), Hauptstr. 21, ⊠ 91639, ℰ 9 70 00, Fax 970070 – 📺 ☎
❶ – 🔏 20
24.- 30. Dez. geschl. – **Menu** *(Montag geschl.)* à la carte 23/47 ᴣ – **18 Z** 60/120.

🔲 **Pension Seitz** ⑳, Duchselgasse 1, ⊠ 91639, ℰ 9 79 00, Fax 979040, ⇌, ⫼ (geheizt),
📠 – ﹀ Zim ☎ ⇔ ❶. ⫿ Rest
(nur Abendessen für Hausgäste) – **20 Z** 55/94.

Bayern 🔢 R 23, 🔢 ㉟, 🔢 G 5 – 16 000 Ew – Höhe 577 m – ✪ 08171.
🔞 Egling-Riedhof (0 : 3 km), ℰ (08171) 70 65.
◆München 29 – Garmisch-Partenkirchen 57 – Bad Tölz 23 – Weilheim 31.

🏛 **Thalhammer** garni, Sauerlacher Str. 47 d, ⊠ 82515, ℰ 71 49, Fax 76185, ⇌ – 📺 ☎ ⇔
❶. ᴇ 𝚟𝚒𝚜𝚊
1.- 8. Jan. geschl. – **23 Z** 95/170.

🔲 **Märchenwald** ⑳ garni, Kräuterstr. 39, ⊠ 82515, ℰ 2 90 96, Fax 22236 – ﹀ 📺 ☎ ❶.
ᴇ ⫿
Weihnachten - Anfang Jan. geschl. – **14 Z** 75/120.

🔲 **Humplbräu,** Obermarkt 2, ⊠ 82515, ℰ 71 15, Fax 76291 – 📺 ☎ ⇔ ❶. 🖭 ⓪ ᴇ 𝚟𝚒𝚜𝚊
Juni und 24.- 31. Dez. geschl. – **Menu** *(Sonntag nur Mittagessen, Montag geschl.)* à la carte
23/48 ᴣ – **32 Z** 85/140.

🔲🔲 **Patrizierhof,** Untermarkt 17, ⊠ 82515, ℰ 2 25 33, 🍴 – ❶. ᴇ
Montag geschl. – **Menu** à la carte 42/76.

Siehe auch : *Geretsried*

Niedersachsen 🔢 P 9, 🔢 ⑯ – 130 000 Ew – Höhe 60 m – ✪ 05361.
🔳 Tourist-Information, Pavillon, Rathausplatz, ⊠ 38440, ℰ 28 28 28, Fax 282550.
ADAC, Am Mühlengraben 22, ⊠ 38440, ℰ 2 50 84, Fax 15033.
◆Hannover 91 ③ – ◆Berlin 229 ③ – ◆Braunschweig 33 ③ – Celle 80 ③ – Magdeburg 91 ③.

Stadtplan siehe nächste Seite

🏛 **Holiday-Inn,** Rathausstr. 1, ⊠ 38440, ℰ 20 70, Telex 958475, Fax 207981, 🍴, ⇌, ⫿
– 🕍 ﹀ Zim 📺 ⇔ – 🔏 120. 🖭 ⓪ ᴇ 𝚟𝚒𝚜𝚊 𝙹𝙲𝙱   Y **a**
Menu à la carte 40/72 – **207 Z** 265/340.

🔲 **Alter Wolf** ⑳, Schloßstr. 21, ⊠ 38448, ℰ 6 10 15, Fax 64264, « Gartenterrasse » – 📺
☎ ❶ – 🔏 100. 🖭 ⓪ ᴇ 𝚟𝚒𝚜𝚊   X **s**
Menu *(Sonntag nur Mittagessen)* à la carte 36/68 – **31 Z** 95/150.

🔲 **Goya** garni, Poststr. 34, ⊠ 38440, ℰ 2 66 00, Fax 23777 – 📺 ☎ ❶. 🖭 ⓪ ᴇ 𝚟𝚒𝚜𝚊 Y **b**
40 Z 125/180.

🔲 **Porsche-Hotel** garni, Porschestr. 64 b, ⊠ 38440, ℰ 2 66 20, Fax 266228 – 📺 ☎ ❶. 🖭
⓪ ᴇ 𝚟𝚒𝚜𝚊   Y **s**
17 Z 100/180.

In Wolfsburg-Brackstedt NW : 8 km über ① :

🏛 **Brackstedter Mühle** (ehem. Mühle a.d. 16. Jh.), Zum Kühlen Grunde 2 (N : 1 km),
⊠ 38448, ℰ (05366) 9 00, Fax 9050, 🍴 – ﹀ Zim 📺 ☎ ⇔ ❶ – 🔏 90. 🖭 ⓪ ᴇ 𝚟𝚒𝚜𝚊
Menu *(Juni - Juli 3 Wochen geschl.)* à la carte 40/72 – **48 Z** 90/180.

In Wolfsburg-Fallersleben – ✪ 05362 :

🏛 **Ludwig im Park,** Gifhorner Str. 25, ⊠ 38442, ℰ 5 10 51, Fax 3515, « Stilvolle Einrichtung »
– 🕍 📺 ❶ – 🔏 30. 🖭 ⓪ ᴇ 𝚟𝚒𝚜𝚊   X **n**
– *La Fontaine (nur Abendessen, Sonntag-Montag und Juli 3 Wochen geschl.)* **Menu** à la
carte 73/98 – **40 Z** 165/290.

🔲 **Fallersleber Spieker,** Am Spieker 6-9, ⊠ 38442, ℰ 93 10, Fax 931400 – ﹀ Zim 📺 ☎
❶ – 🔏 20. 🖭 ᴇ 𝚟𝚒𝚜𝚊   X **v**
Menu *(Sonntag nur Mittagessen, Montag geschl.)* (nur Abendessen) à la carte 32/62 – **48 Z**
115/170.

WOLFSBURG

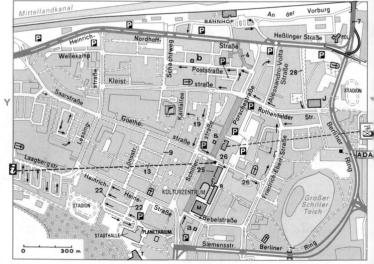

978

🏠 **Neue Stuben,** Bahnhofstr. 13, ✉ 38442, 𝒫 9 69 00, Fax 969030, 🍴 – ⇔ Zim 📺 ☎. 🇪 𝖵𝖨𝖲𝖠.
⫫ – **Menu** *(Samstag nur Abendessen)* à la carte 37/55 – **12 Z** 115/180.   X **v**

🏠 **Hoffmannhaus,** Westerstr.4, ✉ 38442, 𝒫 30 02, Fax 64108, 🍴 – 📺 ☎ 🅿 – 🔬 30. 🆎
🔘 🇪 𝖵𝖨𝖲𝖠   X **a**
Menu *(Montag geschl.)* à la carte 33/67 – **19 Z** 135/175.

In Wolfsburg-Hattorf SW : 10 km über ③ :

🏠 **Landhaus Dieterichs** (mit Gästehaus), Krugstr. 31, ✉ 38444, 𝒫 (05308) 40 80, Fax 408104
– 📺 ☎ 🅿. ⫫
23. Dez.- 1. Jan. geschl. – (nur Abendessen für Hausgäste) – **47 Z** 60/120.

In Wolfsburg-Neuhaus O : 5 Km über Dieselstr. X :

🏠 **An der Wasserburg** ⤸, An der Wasserburg 2, ✉ 38446, 𝒫 (05363) 94 00, Fax 71574 –
📺 ☎ 🅿 – 🔬 80. 🆎 🇪 𝖵𝖨𝖲𝖠. ⫫ Rest
Menu *(Samstag geschl.)* (wochentags nur Abendessen) à la carte 30/75 – **28 Z** 85/185.

In Wolfsburg-Sandkamp :

🏠 **Jäger** ⤸ garni, Eulenweg 3, ✉ 38442, 𝒫 3 90 90, Fax 31015, 🌳 – 📺 ☎ 🅿. ⫫ X **e**
20. Dez.- 7. Jan. geschl. – **29 Z** 90/170.

In Wolfsburg-Steimkerberg :

🏠 **Parkhotel Steimkerberg** ⤸, Unter den Eichen 55, ✉ 38446, 𝒫 50 50, Fax 505250, 🍴,
⇔ – 📺 ☎ 🅿 – 🔬 60. 🆎 🔘 🇪 𝖵𝖨𝖲𝖠 𝗃𝖼𝖻   X **b**
Menu *(Freitag geschl.)* à la carte 41/79 – **40 Z** 140/225.

In Wolfsburg-Vorsfelde über ② :

🏠 **Conni,** Am Bahnhof 1, ✉ 38448, 𝒫 (05363) 9 77 70, Fax 71441 – 📺 ☎ 🅿. 🔘 🇪 𝖵𝖨𝖲𝖠
Menu *(Mittwoch und Ende Dez.- Anfang Jan. geschl.)* (wochentags nur Abendessen) à la
carte 35/54 – **28 Z** 85/140.

In Wolfsburg-Westhagen :

🏠 Simonshof, Braunschweiger Str. 200, ✉ 38444, 𝒫 7 55 76, Fax 75414, ⇔, ⬛ – ⇔ Zim
📺 ☎ ⇦ 🅿   X **c**
(wochentags nur Abendessen) – **51 Z**.

🏠 **Strijewski,** Rostocker Str.2, ✉ 38444, 𝒫 (05361)7 20 13, Fax 75015, 🍴 – 🛗 ⇔ Zim 📺
☎ 🅿. 🆎 🔘 🇪 𝖵𝖨𝖲𝖠   X **d**
Menu *(Samstag nur Abendessen)* à la carte 35/61 – **51 Z** 95/140.

In Weyhausen NW : 9 km über ① :

🏠 **Alte Mühle,** Wolfsburger Str. 72 (B 188), ✉ 38554, 𝒫 (05362) 6 20 21, Fax 7710, 🍴,
« Moderner Hotelbau mit rustikalem Restaurant », ⇔, ⬛ – 🛗 📺 🅿 – 🔬 50. 🆎 🔘 🇪 𝖵𝖨𝖲𝖠
Menu à la carte 39/74 – **50 Z** 180/230.

WOLFSCHLUGEN Baden-Württemberg siehe Nürtingen.

WOLFSGRÜN Sachsen siehe Eibenstock.

WOLFSTEIN Rheinland-Pfalz 𝟜𝟙𝟚 F 18 – 2 500 Ew – Höhe 188 m – 🅲 06304.
Mainz 83 – Kaiserslautern 23 – Bad Kreuznach 47.

In Wolfstein-Reckweilerhof N : 3 km :

🛎 **Reckweilerhof,** an der B 270, ✉ 67752, 𝒫 6 18, Fax 1533, ⇔, 🌳 – ⇦ 🅿. 🆎 🔘 🇪 𝖵𝖨𝖲𝖠
→ **Menu** *(Montag nur Mittagessen)* à la carte 23/48 ⅃ – **13 Z** 52/92.

WOLGAST Mecklenburg-Vorpommern 𝟜𝟙𝟜 N 3, 𝟿𝟾𝟜 ⑦ ⑧, 𝟿𝟾𝟽 ⑦ – 17 800 Ew – Höhe 5 m
– 🅲 03836.
🛈 Wolgast-Information, Rathausplatz 1, ✉ 17438, 𝒫 60 01 18.
Schwerin 193 – Greifswald 34.

🏠 **Kirschstein** garni, Schützenstr. 25, ✉ 17438, 𝒫 20 33 44, Fax 600213 – 📺 ☎. ⫫
25 Z 90/140.

✗ **Ratskeller,** Rathausplatz 6, ✉ 17438, 𝒫 20 26 73 – 🆎 🇪 𝖵𝖨𝖲𝖠
Sonntag nur Mittagessen – **Menu** à la carte 25/37.

In Wolgast-Mahlzow O : 2 km :

🏠 **Zur Insel** garni, Straße der Freundschaft 54, ✉ 17438, 𝒫 20 10 77, ⇔ – 📺 ☎ 🅿. 🆎 🇪 𝖵𝖨𝖲𝖠
25 Z 90/150.

WOLNZACH Bayern 𝟜𝟙𝟛 R 21, 𝟿𝟾𝟽 ㊲ – 7 300 Ew – Höhe 414 m – 🅲 08442.
◆München 59 – Ingolstadt 31 – Landshut 47 – ◆Regensburg 65.

🛎 **Schloßhof,** Schloßstr. 12, ✉ 85283, 𝒫 35 49 – ⇦
→ *24. Dez.- 15. Jan. geschl.* – **Menu** *(Samstag geschl.)* à la carte 21/35 ⅃ – **20 Z** 50/120.

WOLPERTSWENDE Baden-Württemberg siehe Weingarten.

WOLSFELD Rheinland-Pfalz siehe Bitburg.

WORBIS Thüringen 412 NO 12, 414 D 11, 987 ⑯ – 4 000 Ew – Höhe 420 m – ✆ 036074.
Erfurt 99 – Göttingen 45 – Nordhausen 35.

  🏠 **Zur Wipper,** Nordhäuser Str. 14a, ⊠ 37339, ℘ 3 12 12, Fax 31116 – 📺 ☎ 🅿. 🖭 ① E 𝘝𝘐𝘚𝘈
    Menu à la carte 27/44 – **15 Z** 90/140.

  ✗ **Wiesengrund** mit Zim, Am Tierpark, ⊠ 37339, ℘ 3 12 18, Fax 2463, 😝 – 📺 ☎ 🅿. 🖭
  ➜ ① E 𝘝𝘐𝘚𝘈
    Jan. 2 Wochen geschl. – **Menu** à la carte 23/37 🜲 – **10 Z** 62/100.

  In Kirchworbis SO : 3 km :

  🏠 **Zur Alten Schänke,** Hauptstr. 38, ⊠ 37339, ℘ (036074) 3 12 41, Fax 31242, 😝, 🚗 –
  ➜ 📺 ☎ 🅿 – 🔏 50. ✗ Rest
    Menu à la carte 21/35 – **16 Z** 69/120.

  In Wintzingerode NW : 4 km :

  🏨 **Waldhotel Katharinenquell** 🦌, Schloßstr. 9, ⊠ 37339, ℘ (036074) 3 50, Fax 35199,
    « Gartenterrasse », 🚗 – 🛗 ↔ Zim 📺 ☎ 🅿 – 🔏 45. 🖭 E 𝘝𝘐𝘚𝘈
    Menu (nur Abendessen) à la carte 27/41 – **49 Z** 103/148.

WORMS Rheinland-Pfalz 412 413 I 18, 987 ㉔ ㉕ – 80 000 Ew – Höhe 100 m – ✆ 06241.
Sehenswert : Dom★★ (Westchor★★, Reliefs aus dem Leben Christi★) A – Judenfriedhof★ A –
Kunsthaus Heylshof★ Gemäldesammlung★ A **M1.**

🛈 Verkehrsverein, Neumarkt 14, ⊠ 67547, ℘ 2 50 45.

ADAC, Friedrich-Ebert-Str. 84, ⊠ 67549, ℘ 59 30 21, Fax 594848.

Mainz 45 ① – ◆Darmstadt 43 ② – Kaiserslautern 53 ③ – ◆Mannheim 22 ③.

WORMS

🏨 **Nibelungen** garni, Martinsgasse 16, ⊠ 67547, ℘ 92 02 50, Fax 92025505 – 🛗 📺 ☎ ♿
🅟 – 🛎 50. 🆎 ⓞ 🅴 𝘝𝘐𝘚𝘈   A a
23. Dez.- 8. Jan. geschl. – **46 Z** 120/200.

🏨 **Dom-Hotel**, Obermarkt 10, ⊠ 67547, ℘ 69 13, Fax 23515 – 🛗 📺 ☎ 🚗 – 🛎 80. 🆎 ⓞ
🅴 𝘝𝘐𝘚𝘈   A x
Menu *(Samstag nur Abendessen, Sonn- und Feiertage geschl.)* à la carte 46/80 – **56 Z**
115/220.

🏨 **Faber** garni, Martinspforte 7, ⊠ 67547, ℘ 92 09 00, Fax 920909 – 🛗 📺 ☎. 🅴   A r
17 Z 78/140.

🏨 **Kriemhilde**, Hofgasse 2, ⊠ 67547, ℘ 62 78, Fax 6277 – 📺 ☎   A c
20 Z.

🏨 **Central** garni, Kämmererstr. 5, ⊠ 67547, ℘ 64 58, Fax 27439 – 🛗 📺 ☎ 🚗. 🆎 🅴 𝘝𝘐𝘚𝘈 A e
20. Dez.- 5. Jan. geschl. – **19 Z** 88/145.   A n

🍴🍴 **Stadtschänke**, Kranzbühlerstr. 1, ⊠ 67547, ℘ 2 56 56, Fax 25665 – 🆎 ⓞ 🅴 𝘝𝘐𝘚𝘈 A e
Samstag nur Abendessen, Juli 2 Wochen geschl. – **Menu** à la carte 48/75.

🍴🍴 **Tivoli**, Adenauer-Ring 4, ⊠ 67547, ℘ 2 84 85, Fax 46104 – 🆎 ⓞ 🅴 𝘝𝘐𝘚𝘈. ❀   A v
Dienstag und Juli - Aug. 4 Wochen geschl. – **Menu** (italienische Küche) à la carte 38/67.

In Worms-Rheindürkheim ① : 9 km :

🍴🍴 Rôtisserie Dubs, Kirchstr. 6, ⊠ 67550, ℘ (06242) 20 23, Fax 2024
(bemerkenswerte Weinkarte).

WORPSWEDE Niedersachsen 411 J 7 – 9 100 Ew – Höhe 50 m – Erholungsort – ☎ 04792.
⛳ Vollersode, Giehlermühlen (N : 18 km), ℘ (04763) 73 13.
🛈 Fremdenverkehrsbüro, Bergstr. 13, ⊠ 27726, ℘ 14 77, Fax 4696.
◆Hannover 142 – ◆Bremen 25 – Bremerhaven 59.

🏨 **Eichenhof** 🌳 garni, Ostendorfer Str. 13, ⊠ 27726, ℘ 26 76, Fax 4427, 🚡, 🐎 – 📺 ☎
🅟 🆎 ⓞ 🅴 𝘝𝘐𝘚𝘈
23. Dez.- 23. Feb. geschl. – **20 Z** 115/210.

🏨 **Haar** garni, Hembergstr. 13, ⊠ 27726, ℘ 12 88, Fax 4628, 🐎 – ☎ 🚗 **🅟**
15 Z 75/135.

🏨 **Hotel am Kunstcentrum** 🌳 garni (mit Gästehaus), Hans-am-Ende-Weg 4, ⊠ 27726,
℘ 5 50, Fax 3878, 🚡, 🐎 – 📺 ☎ 🚗 **🅟**. 🆎 🅴 𝘝𝘐𝘚𝘈. ❀
22. Dez.- 6. Jan. geschl. – **25 Z** 90/160.

🏨 **Bonner's Waldhotel** 🌳 garni, Hinterm Berg 24, ⊠ 27726, ℘ 12 73, Fax 3426, 🚡 – 📺
☎ **🅟**. 🆎 ⓞ 🅴 𝘝𝘐𝘚𝘈
9 Z 110/178.

🏨 **Deutsches Haus**, Findorffstr. 3, ⊠ 27726, ℘ 12 05, Fax 2379, 🌺 – **🅟**. 🅴
Menu *(Montag - Dienstag geschl.)* (im Winter nur Mittagessen) à la carte 31/61 – **9 Z**
90/110.

🍴🍴 Worpsweder Landhaus, Findorffstr. 2, ⊠ 27726, ℘ 12 39, Fax 4255, 🌺, « Rustikale
Einrichtung » – **🅟**.

WREMEN Niedersachsen 411 I 6 – 1 600 Ew – Höhe 2 m – Seebad – ☎ 04705.
🛈 Verkehrsverein, Dorfplatz, ⊠ 27638, ℘ 2 10, Fax 1384.
◆Hannover 195 – Bremerhaven 18 – Cuxhaven 32.

🍴🍴 **Zur Börse**, Lange Str. 22, ⊠ 27638, ℘ 4 24 – 🆎 ⓞ 🅴 𝘝𝘐𝘚𝘈
Mittwoch und Mitte Jan.- Mitte Feb. geschl. – **Menu** à la carte 38/69.

WRIEDEL Niedersachsen siehe Amelinghausen.

WÜLFRATH Nordrhein-Westfalen 411 412 E 13 – 20 700 Ew – Höhe 195 m – ☎ 02058.
◆Düsseldorf 21 – ◆Essen 24 – ◆Köln 50 – Wuppertal 15.

🍴🍴 **Ratskeller**, Wilhelmstr. 131, ⊠ 42489, ℘ 55 01 – 🅴 𝘝𝘐𝘚𝘈
Samstag nur Abendessen, Mittwoch und Juli - Aug. 4 Wochen geschl. – **Menu** à la carte
34/55.

WÜNNENBERG Nordrhein-Westfalen 411 412 J 12, 987 ⑮ – 10 200 Ew – Höhe 271 m – Kneipp-
kurort – ☎ 02953.
🛈 Verkehrsamt, Im Aatal 3, ⊠ 33181, ℘ 80 01, Fax 7430.
◆Düsseldorf 169 – Brilon 20 – ◆Kassel 84 – Paderborn 28.

🏨 **Jagdhaus** 🌳, Schützenstr. 58, ⊠ 33181, ℘ 70 80, Fax 70858, 🌺, 🚡, 🎱, 🐎 – 📺 ☎
🚗 **🅟** – 🛎 60. 🆎 ⓞ 🅴 𝘝𝘐𝘚𝘈
Juli - Aug. 2 Wochen geschl. – **Menu** à la carte 26/67 – **40 Z** 95/220.

🏨 **Rabenskamp** 🌳, Hoppenberg 2, ⊠ 33181, ℘ 83 49, Fax 7774 – **🅟**
7.- 21. Jan. geschl. – **Menu** *(Montag geschl.)* à la carte 39/61 – **16 Z** 48/106 – ½ P 59/68.

In Wünnenberg-Bleiwäsche S : 8 km :

🏠 **Waldwinkel** 🦢 (mit Gästehaus), Roter Landweg 3, 🖂 33181, ℰ 70 70, Fax 707222, ≤
« Gartenterrasse », Massage, ♨, 🦶, 🛋, 🔟, 🐎 – 🛗 ↔ Zim 🖵 🅿 – 🔬 30. 🖭 ⓪ 🗲
VISA. 🛠 Rest
Menu à la carte 40/73 *(auch Diät und veget. Gerichte)* – **70 Z** 120/310 – ½ P 155/175.

In Wünnenberg-Haaren N : 7,5 km :

🏕 **Münstermann,** Paderborner Str. 7, 🖂 33181, ℰ (02957) 10 20, Fax 1840, 🖙, 🔟 – 🅿 –
🔬 40. 🗲. 🛠 Zim – **Menu** *(Donnerstag und 15. Dez.- 15. Jan. geschl.)* (nur Abendessen)
à la carte 24/42 – **43 Z** 60/130.

WÜRSELEN Nordrhein-Westfalen 🔢🔢🔢 B 14, 🔢🔢🔢 ㉔, 🔢🔢🔢 J 9 – 33 600 Ew – Höhe 180 m –
✪ 02405.

◆Düsseldorf 80 – ◆Aachen 6,5 – Mönchengladbach 47.

🏠 **Park-Hotel,** Aachener Str. 2 (B 57), 🖂 52146, ℰ 8 25 36, Fax 88742 – 🛗 🖵 🖵 ☎ ⬅ 🅿
🖙 🖭 🗲 *VISA*. 🛠 Rest
Menu à la carte 23/52 – **44 Z** 75/120.

🍴🍴 **Rathaus-Restaurant,** Morlaix-Platz 3, 🖂 52146, ℰ 51 30, Fax 18540 – 🅿. 🖭 ⓪ 🗲 *VISA*
Montag geschl. – **Menu** 34/95 und à la carte.

In Würselen-Bardenberg NW : 2,5 km :

🍴🍴 **Alte Mühle** 🦢 mit Zim, Alte Mühle 1, 🖂 52146, ℰ 8 00 90, Fax 800910, 🏡, 🖙, 🔟
🐎 – 🔟 ☎ 🅿 – 🔬 80. 🖭 ⓪ 🗲 *VISA*
Menu à la carte 39/69 – **20 Z** 105/150.

WÜRZBURG Bayern 🔢🔢🔢 M 17, 🔢🔢🔢 ㉕ ㉖ – 127 000 Ew – Höhe 182 m – ✪ 0931.

Sehenswert : Residenz★★ (Kaisersaal★★, Hofkirche★★, Treppenhaus★, Hofgarten★, Martin-von-
Wagner-Museum★ : Antikensammlung★ mit griechischen Vasen★★) Z – Haus zum Falken★ Y **D**
– Mainbrücke★ Z – St.-Kilian-Dom : Apostelaltar mit Riemenschneider-Skulpturen★, Grabmale★
der Fürst-Bischöfe Z – Festung Marienberg★X : Mainfränkisches Museum★★X**M1**, Fürstengarten
≤★ X – Käppele (Terrasse ≤★★) X.

Ausflugsziele : Romantische Straße★★ (von Würzburg bis Füssen) – Bocksbeutelstraße★
(Maintal).

🛫 ℰ 3 43 43.

🅱 Verkehrsamt, Pavillon vor dem Hauptbahnhof, ℰ 3 74 36 und Marktplatz (Haus zum Falken),
🖂 97070, ℰ 3 73 98.

🅱 Verkehrsamt im Würtzburg-Palais, am Congress-Centrum, 🖂 97070, ℰ 3 73 35, Fax 37652.

ADAC, Sternplatz 1, 🖂 97070, ℰ 5 23 26, Fax 59705.

◆München 281 ② – ◆Darmstadt 123 ④ – ◆Frankfurt am Main 119 ④ – Heilbronn 105 ④ – ◆Nürnberg 110 ②.

Stadtpläne siehe nächste Seiten

🏨 **Maritim Hotel Würzburg,** Pleichertorstr. 5, 🖂 97070, ℰ 3 05 30, Telex 680005,
Fax 18682, 🖙, 🔟 – 🛗 ↔ Zim 🖵 🖵 ♨ 🅿 – 🔬 1000. 🖭 ⓪ 🗲 *VISA* 🝔 Y **k**
Menu à la carte 53/91 – **293 Z** 223/398, 4 Suiten.

🏨 **Rebstock** (Rokokofassade a.d.J. 1737), Neubaustr. 7, 🖂 97070, ℰ 3 09 30, Fax 3093100
– 🛗 ↔ Zim 🖵 🔟 🅿 – 🔬 70. 🖭 ⓪ 🗲 *VISA* 🝔 Z **v**
Menu *(Sonn- und Feiertage nur Mittagessen)* à la carte 45/78 – **Fränkische Weinstube**
(regionale Küche) *(ab 15 Uhr geöffnet, Dienstag geschl.)* **Menu** à la carte 30/57 – **81 Z**
176/350.

🏨 **Dorint-Hotel,** Eichstraße, 🖂 97070, ℰ 3 05 40, Telex 68514, Fax 3054423, 🏡, Massage,
♨, 🖙, 🔟 – 🛗 ↔ Zim 🖵 Rest 🔟 ♨ ⬅ – 🔬 120. 🖭 ⓪ 🗲 *VISA*. 🛠 Rest Y **f**
Menu à la carte 34/74 – **159 Z** 210/320.

🏨 **Walfisch** 🦢, Am Pleidenturm 5, 🖂 97070, ℰ 5 00 55, Fax 51690, ≤ Main und Festung
– 🛗 🖵 🔟 🅿 ⬅ – 🔬 35. 🖭 ⓪ 🗲 *VISA* Z **b**
Menu *(Sonntag nur Mittagessen, 23.- 27. Dez. geschl.)* à la carte 38/63 *(auch vegetarische
Gerichte)* – **41 Z** 150/280.

🏨 **Pannonia Hotel am Mainufer,** Dreikronenstr. 27, 🖂 97082, ℰ 4 19 30, Fax 4193460 –
🛗 ↔ Zim 🔟 ☎ 🅿 ⬅ – 🔬 40. 🖭 ⓪ 🗲 *VISA*. 🛠 Rest X **a**
Menu à la carte 32/63 – **133 Z** 160/230.

🏨 **Amberger,** Ludwigstr. 17, 🖂 97070, ℰ 5 01 79, Fax 54136 – 🛗 🔟 ☎ ⬅ – 🔬 40. 🖭
⓪ 🗲 *VISA* 🝔 Y **t**
24. Dez.- 6. Jan. geschl. – **Menu** *(Sonn- und Feiertage nur Mittagessen)* à la carte 41/61
(auch vegetarische Gerichte) – **71 Z** 140/320.

🏨 **Grüner Baum** garni, Zeller Str. 35, 🖂 97082, ℰ 45 06 80, Fax 4506888 – 🔟 ☎ ⬅
⓪ 🗲 *VISA* – *24. Dez.- 2. Jan. geschl.* – **24 Z** 135/240. X **e**

🏨 **Residence** garni, Juliuspromenade, 🖂 97070, ℰ 5 35 46, Fax 12597 – 🛗 🔟 ☎. 🖭 ⓪ 🗲 *VISA*
51 Z 125/220. Y **v**

🏨 **Würzburger Hof** garni, Barbarossaplatz 2, 🖂 97070, ℰ 5 38 14, Fax 58324 – 🛗 🔟 ☎ ⬅.
🖭 ⓪ 🗲 *VISA* – *22. Dez.- 6. Jan. geschl.* – **36 Z** 100/250. Y **r**

WÜRZBURG

JLDA, VEITSHÖCHHEIM

🏠 **Zur Stadt Mainz** (altfränkische Gaststuben), Semmelstr. 39, ✉ 97070, ℰ 5 31 55, Fax 58510 – 📺 ☎ 🖭 🇪 𝘝𝘐𝘚𝘈   Y **p**
20. Dez.- 20. Jan. geschl. – Menu (Sonntag nur Mittagessen, Montag und Feiertag geschl.)
(Tischbestellung ratsam) à la carte 32/67 ⅃ – **15 Z** 130/200.

🏠 **Alter Kranen** garni, Kärrnergasse 11, ✉ 97070, ℰ 3 51 80, Fax 50010 – |≡| 📺 ☎. 🖭 ① 🇪 𝘝𝘐𝘚𝘈
17 Z 115/150.   Y **a**

🏠 **Schönleber** garni, Theaterstr. 5, ✉ 97070, ℰ 1 20 68, Fax 16012 – |≡| ☎. 🖭 ① 🇪 𝘝𝘐𝘚𝘈. ⅍ Y **n**
22. Dez.- 6. Jan. geschl. – **34 Z** 65/160.

🏠 **Franziskaner** garni, Franziskanerplatz 2, ✉ 97070, ℰ 1 50 01, Fax 57743 – |≡| ☎. 🖭 ① 🇪 𝘝𝘐𝘚𝘈
23. Dez.- 6. Jan. geschl. – **47 Z** 65/190.   Z **x**

🏠 **St. Josef** garni, Semmelstr. 28, ✉ 97070, ℰ 30 86 80, Fax 3086860 – 📺 ☎ 🚗. 🖭 🇪
𝘝𝘐𝘚𝘈 – *22. Dez.- 7. Jan. geschl.* – **35 Z** 65/160.   Y **p**

🏠 **Stift Haug** garni, Textorstr. 16, ✉ 97070, ℰ 5 33 93, Fax 53345 – 📺 ☎. 🇪 𝘝𝘐𝘚𝘈   Y **u**
20 Z 55/150.

✕✕ **Bernardo Ristorante,** Dompassage (1. Etage), ✉ 97070, ℰ 1 80 90, Fax 18092 – 🖭 ①
🇪 𝘝𝘐𝘚𝘈 – *Sonntag - Montag geschl.* – **Menu** à la carte 46/78.   Z **a**

Fränkische Weinstuben :

✕ **Weinhaus zum Stachel,** Gressengasse 1, ✉ 97070, ℰ 5 27 70, « Innenhof
"Stachelhof" » – 🇪   Y **b**
*ab 16 Uhr geöffnet, Sonn- und Feiertage, Anfang - Mitte Jan. und Mitte Aug.- Anfang Sept.
geschl.* – **Menu** à la carte 30/60 ⅃.

✕ **Bürgerspital-Weinstuben,** Theaterstr. 19, ✉ 97070, ℰ 1 38 61, Fax 571512, 🏠 Y **y**
Dienstag und Aug. 3 Wochen geschl. – **Menu** à la carte 28/50 ⅃.

✕ **Juliusspital,** Juliuspromenade 19, ✉ 97070, ℰ 5 40 80, Fax 571723   Y **d**
Mittwoch geschl. – **Menu** à la carte 28/53 ⅃.

WÜRZBURG

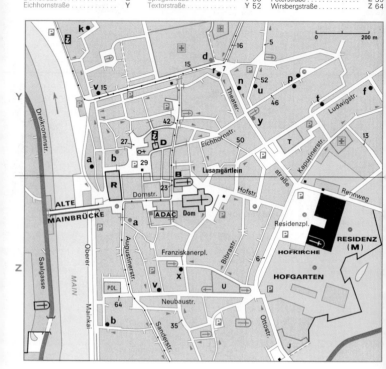

In Würzburg-Heidingsfeld ④ : 3 km :

🏨 **Post Hotel** garni, Mergentheimer Str. 162, ⊠ 97084, 𝒫 6 50 05, Fax 65850 – 📳 ⇌ 📺 ☎ 🚗 🅿. 🆎 ⓪ 🖃 𝘝𝘐𝘚𝘈 – **66 Z** 89/189.

In Würzburg-Lindleinsmühle ① : 2 km :

🏨 Lindleinsmühle garni, Frankenstr. 15, ⊠ 97078, 𝒫 2 30 46, Fax 21780 – 📳 📺 ☎ 🚗 🅿 **21 Z**.

In Würzburg-Zellerau ⑤ : 2 km :

🏨🏨 **Wittelsbacher Höh** ⑤, Hexenbruchweg 10, ⊠ 97082, 𝒫 4 20 85, Fax 415458, ≼ Würzburg, « Gartenterrasse », ⇌ – ⇌ Zim 📺 ☎ 🅿 – 🕍 80. 🆎 ⓪ 🖃 𝘝𝘐𝘚𝘈 **Menu** à la carte 36/75 – **74 Z** 125/300.

Im Steinbachtal SW : 5 km über ④ :

🍴🍴 **Waldesruh**, Steinbachtal 82, ⊠ 97082 Würzburg, 𝒫 (0931) 8 76 25, Fax 781731, 😚 – 🅿. 🆎 ⓪ 🖃 𝘝𝘐𝘚𝘈 *Montag nur Abendessen, Mittwoch und Mitte - Ende Jan. geschl.* – **Menu** à la carte 31/62.

Auf dem Steinberg ⑥ : 6,5 km, schmale Zufahrt ab Unterdürrbach :

🏨🏨 **Schloß Steinburg** ⑤, ⊠ 97080 Würzburg, 𝒫 (0931) 9 30 61, Fax 97121, ≼ Würzburg und Marienberg, « Gartenterrasse », ⇌, ⃞ – 📺 🚗 🅿 – 🕍 80. 🆎 ⓪ 🖃 𝘝𝘐𝘚𝘈 𝘑𝘊𝘉 **Menu** à la carte 42/71 – **50 Z** 130/240.

In Höchberg ⑤ : 4 km :

🏨 **Lamm**, Hauptstr. 76, ⊠ 97204, 𝒫 (0931) 40 90 94, Fax 408973, 😚 – 📳 📺 ☎ 🚗 – 🕍 60. 🆎 🖃 𝘝𝘐𝘚𝘈 *27. Dez.- 16. Jan. geschl.* – **Menu** *(Mittwoch geschl.)* à la carte 26/53 ⅃ – **38 Z** 80/170.

In Rottendorf ② : 6 km :

🏠 **Zum Kirschbaum,** Würzburger Str. 18, ⊠ 97228, ℰ (09302) 8 12, Fax 3548 – |≡| 📺 ☎ 🅿
Menu *(Nov.- Feb. Samstag geschl.)* à la carte 25/46 – **35 Z** 90/150.

XX **Waldhaus,** nahe der B 8, ⊠ 97228, ℰ (09302) 12 56, Fax 623, ☆ – 🅿
*Donnerstag, Feb.- März 2 Wochen und Aug.- Sept. 3 Wochen sowie über Weihnachten
1 Woche geschl.* – **Menu** à la carte 28/57.

In Margetshöchheim ⑥ : 9 km :

🏠 **Eckert** ⌇, Friedenstr. 41, ⊠ 97276, ℰ (0931) 4 68 50, Fax 4685100, ⊜ – |≡| ⬌ Zim 📺
☎ ⬌ 🅿 – 🔬 30. ⌷ ⌷ 𝒱𝐼𝑆𝐴
24. Dez.- 6. Jan. geschl. – **Menu** *(Samstag - Sonntag geschl.)* (nur Abendessen) à la carte
26/49 – **37 Z** 99/155.

In Biebelried ② : 12 km, nahe der Autobahnausfahrt A 3 und A 7 :

🏠 **Leicht** (altfränkische Gaststuben), Würzburger Str. 3 (B 8), ⊠ 97318, ℰ (09302) 8 14,
Fax 3163 – |≡| ⬌ 🅿 – 🔬 40. ⌷ ⌷ ⌷ 𝒱𝐼𝑆𝐴
Ende Dez.- Anfang Jan. geschl. – **Menu** *(Sonntag sowie über Ostern und Pfingsten geschl.)*
à la carte 36/63 – **70 Z** 105/240.

In Erlabrunn ⑥ : 12 km :

🏠 **Weinhaus Flach** (mit Gästehaus ⌇), Würzburger Str. 16, ⊠ 97250, ℰ (09364) 13 19,
Fax 5310, ☆, ⬌ – |≡| ☎ 🅿 – 🔬 40
20. Jan.- 9. Feb. und 25. Aug.- 6. Sept. geschl. – **Menu** *(Dienstag geschl.)* à la carte 27/53
🍴 – **36 Z** 65/130.

🏠 Gästehaus Tenne garni, Würzburger Str. 4, ⊠ 97250, ℰ (09364) 93 84, « Bäuerliche
Einrichtung » – 🅿. 🍴 – **13 Z**.

WÜSTENROT Baden-Württemberg 𝟒𝟏𝟑 L 19 – 5 900 Ew – Höhe 485 m – Erholungsort –
✪ 07945.
◆Stuttgart 58 – Heilbronn 27 – Schwäbisch Hall 24.

🏠 **Waldhotel Raitelberg** ⌇, Schönblickstr. 39, ⊠ 71543, ℰ 93 00, Fax 930100, ☆, ⊜,
⬌ – 📺 ☎ 🅿 – 🔬 100. ⌷ ⌷ ⌷ 𝒱𝐼𝑆𝐴 – **Menu** à la carte 33/57 – **35 Z** 88/158.

WULKOW (bei Seelow) Brandenburg siehe Müncheberg.

WUNSIEDEL Bayern 𝟒𝟏𝟑 ST 16, 𝟗𝟖𝟕 ㉗ – 10 000 Ew – Höhe 537 m – ✪ 09232.
Ausflugsziel : Luisenburg : Felsenlabyrinth★★ S : 3 km.
🅱 Verkehrsamt, Jean-Paul-Str. 5 (Fichtelgebirgshalle), ⊠ 95632, ℰ 60 21 62, Fax 602169.
◆München 280 – Bayreuth 48 – Hof 36.

🏠 **Wunsiedler Hof,** Jean-Paul-Str. 1, ⊠ 95632, ℰ 40 81, Fax 2462, ☆ – |≡| 📺 ☎ ⬌ 🅿
– 🔬 230. ⌷ ⌷ 𝒱𝐼𝑆𝐴 – Menu à la carte 26/47 – **35 Z** 85/140.

🏠 **Kronprinz von Bayern,** Maximilianstr. 27, ⊠ 95632, ℰ 35 09, Fax 7640 – 📺 ☎ 🅿. ⌷
Menu *(Montag geschl.)* à la carte 27/59 – **27 Z** 65/134.

In Wunsiedel-Juliushammer O : 3,5 km Richtung Arzberg :

🏠 **Juliushammer** ⌇, ⊠ 95632, ℰ 10 85, Telex 641279, Fax 8147, ⊜, ◪, ⬌, XX – 📺
☎ 🅿. ⌷ ⌷ ⌷ 𝒱𝐼𝑆𝐴 – **Menu** à la carte 27/55 – **24 Z** 95/145.

Bei der Luisenburg SW : 2 km :

XX ✿ **Jägerstueberl,** Luisenburg 5, ⊠ 95632 Wunsiedel, ℰ (09232) 44 34, Fax 1556, ☆ – 🅿.
⌷ ⌷ ⌷. ✻
Sonntag nur Mittagessen, Montag und Sept. 3 Wochen geschl. – **Menu** (wochentags nur
Abendessen, Tischbestellung ratsam) à la carte 60/79
Spez. Kalbskopf und Garnelen in Vinaigrette, Pochiertes Perlhuhn-Saltimbocca mit gebackenen
Schalotten, Krokantcrêpes mit Orangenfilets.

WUNSTORF Niedersachsen 𝟒𝟏𝟏 𝟒𝟏𝟐 L 9, 𝟗𝟖𝟕 ⑮ – 40 000 Ew – Höhe 50 m – ✪ 05031.
🅱 Städt. Verkehrsamt, Steinhude, Meerstr. 2, (Strandterrassen), ⊠ 31515, ℰ (05033) 17 45, Fax 2764.
◆Hannover 23 – Bielefeld 94 – ◆Bremen 99 – ◆Osnabrück 124.

🏠 **Wehrmann - Blume,** Kolenfelder Str. 86, ⊠ 31515, ℰ 1 21 63, Fax 4231 – |≡| 📺 ☎ 🅿.
⌷ 𝒱𝐼𝑆𝐴. ✻ – *Juli und 23. Dez.- 2. Jan. geschl.* – **Menu** *(Sonn- und Feiertage geschl.)* (nur
Abendessen) à la carte 26/38 – **25 Z** 75/130.

In Wunstorf-Steinhude NW : 8 km – Erholungsort – ✪ 05033 :

🏠 **Haus am Meer** ⌇, Uferstr. 3, ⊠ 31515, ℰ 10 22, Fax 1023, ≼, « Gartenterrasse » – 📺
☎ 🅿. ⌷ – **Menu** à la carte 37/59 – **13 Z** 85/210.

X **Schweers-Harms-Fischerhus,** Graf-Wilhelm-Str. 9, ⊠ 31515, ℰ 52 28, Fax 1784, ☆,
« Altes niedersächsisches Bauernhaus » – 🅿. ⌷ ⌷ 𝒱𝐼𝑆𝐴 𝐽𝐶𝐵
Okt.- April Montag und 3. Jan.- 5. Feb. geschl. – **Menu** à la carte 30/71.

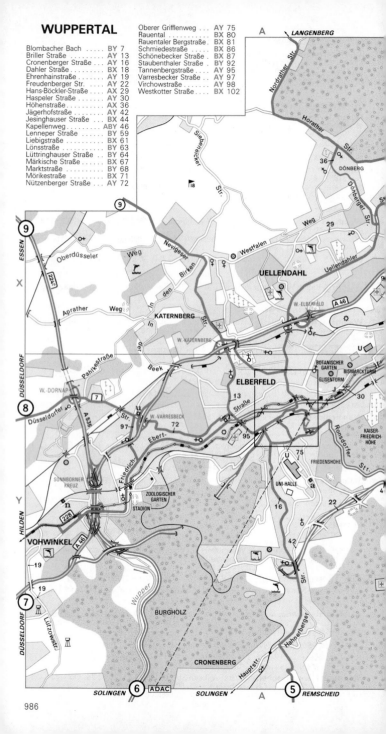

WUPPERTAL

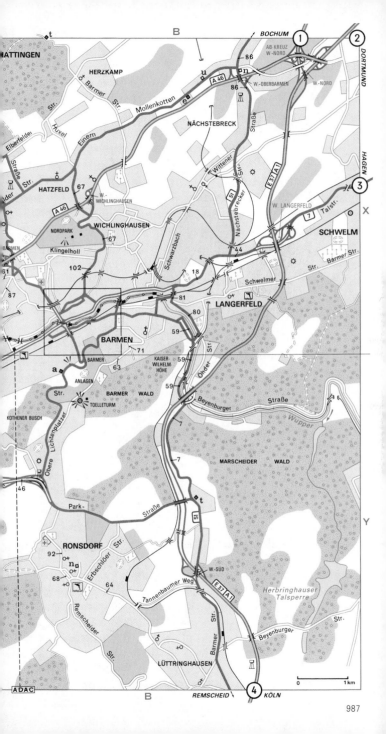

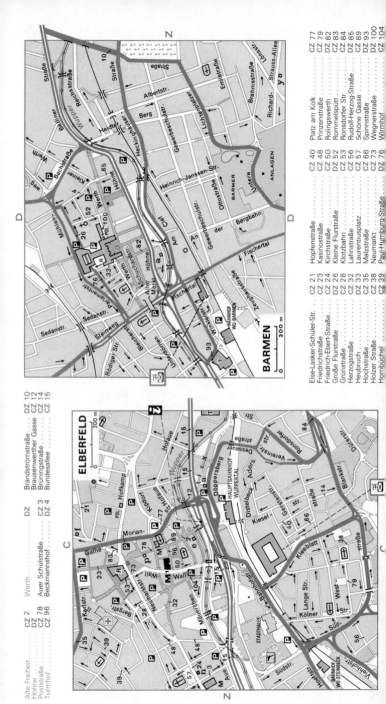

988

ELBERFELD

BARMEN

Sehenswert : Von-der Heydt-Museum★ Z **M1**.

🔝 Siebeneickerstr. 386 (AX), 🎱 (02053) 71 77 ; 🔝 Frielinghausen 1, 🎱 (0202) 64 82 20 (NO : 11 km).

🛈 Informationszentrum, Wuppertal-Elberfeld, Pavillon Döppersberg, ⊠ 42103, 🎱 5 63 21 80, Fax 5638052.

ADAC, Wuppertal-Elberfeld, Bundesallee 237, ⊠ 42103, 🎱 (00221) 47 27 47, Fax 2452399.

◆Düsseldorf 36 ⑦ – Dortmund 48 ② – Duisburg 55 ⑦ – ◆Essen 35 ⑨ – ◆Köln 56 ④.

Stadtpläne siehe vorhergehende Seiten

In Wuppertal-Barmen :

🔼 **Lindner Golfhotel Juliana,** Mollenkotten 195, ⊠ 42279, 🎱 6 47 50, Fax 6475777, « Terrasse mit ≤ », ≘s, ◻, 🐎 – 🛗 ⥄ Zim 📺 📵 – 🔬 150. 🖭 ⓪ 🅴 🖼 🈵 BX **u**
Menu à la carte 52/78 – **132 Z** 220/375.

🏛 **Villa Christina** 🅂 garni, Richard-Strauss-Allee 18, ⊠ 42289, 🎱 62 17 36, Fax 620499, « Ehem. Villa in einem kleinen Park », 🔣 (geheizt), 🐎 – 📺 🕿 📵. 🖭 ⓪ 🅴 DZ **y**
7 Z 110/160.

🏛 **Zur Krone** garni, Gemarker Ufer 19, ⊠ 42275, 🎱 59 50 20, Fax 559769 – 🛗 🕿 🖭 ⓪ 🅴
🖼 DZ **a**
17 Z 90/150.

🏛 Paas, Schmiedestr. 55 (B 51), ⊠ 42279, 🎱 66 17 06 – 📺 🕿 📵 – **12 Z**. BX **n**

🗙🗙 **Schmitz Jägerhaus,** Jägerhaus 87, ⊠ 42287, 🎱 46 46 02, Fax 4604519, 🍽 – 📵. 🖭 ⓪
🅴 🖼. 🈸 BY **t**
Dienstag geschl. – **Menu** à la carte 40/77.

🗙🗙 **Jagdhaus Mollenkotten,** Mollenkotten 144, ⊠ 42279, 🎱 52 26 43, Fax 524431 – 📵. 🖭
⓪ 🅴 🖼 BX **e**
Montag-Dienstag, Jan. 2 Wochen und Mitte Juli-Mitte Aug. geschl. – **Menu** à la carte 35/60.

🗙🗙 Zum Futterplatz, Obere Lichtenplatzer Str. 102, ⊠ 42287, 🎱 55 63 49 – 📵 BY **a**

In Wuppertal-Elberfeld :

🔼 **Kaiserhof,** Döppersberg 50, ⊠ 42103, 🎱 4 30 60, Telex 8591405, Fax 456959, ≘s – 🛗
⥄ Zim 🗐 📺 🕭 🛏 – 🔬 90. 🖭 ⓪ 🅴 🖼 CZ **a**
Menu à la carte 46/71 – **160 Z** 210/360.

🏛 **Zur Post** 🅂 garni, Poststr. 4, ⊠ 42103, 🎱 45 01 31, Fax 451791, ≘s – 🛗 ⥄ 📺 🕿. 🖭
⓪ 🅴 🖼 CZ **p**
Weihnachten - 6. Jan. geschl. – **55 Z** 125/195.

🏛 **Rubin** garni, Paradestr. 59, ⊠ 42107, 🎱 45 00 77, Fax 456489, « Sammlung alter Werkzeuge » – 🛗 📺 🕿 🛏 📵. 🈸 CZ **f**
16 Z 95/125.

🏛 **Astor** garni, Schloßbleiche 4, ⊠ 42103, 🎱 45 05 11, Fax 453844 – 🛗 📺 🕿. 🖭 ⓪ 🅴 🖼
Weihnachten - Neujahr geschl. – **45 Z** 110/160. CZ **e**

🏛 **Hanseatic** garni, Friedrich-Ebert-Str. 116a, ⊠ 42117, 🎱 31 00 88, Fax 309233 – 📺 🕿. 🖭
⓪ 🅴 🖼 AY **r**
22. Dez.- 5. Jan. geschl. – **16 Z** 105/160.

🗙🗙 La Lanterna, Friedrich-Ebert-Str.15, ⊠ 42103, 🎱 30 41 51, 🍽 – 📵 CZ **n**
(italienische Küche).

🗙 **Am Husar,** Jägerhofstr. 2, ⊠ 42119, 🎱 42 48 28, Fax 437986, 🍽 – 📵. 🖭 ⓪ 🅴 AY **a**
Mittwoch geschl. – **Menu** (wochentags nur Abendessen) à la carte 46/75.

In Wuppertal-Ronsdorf :

🏛 **Atlantic,** In der Krim 11, ⊠ 42369, 🎱 46 40 55, Fax 4660645, ≘s – 📺 🕿 📵 – 🔬 30. 🖭
⓪ 🅴 🖼 BY **n**
Weihnachten - Anfang Jan. geschl. – **Menu** (Samstag nur Abendessen, Sonntag geschl.)
à la carte 39/68 – **33 Z** 120/215.

In Wuppertal-Varresbeck :

🏛 Novotel, Otto-Hausmann-Ring 203, ⊠ 42115, 🎱 7 19 00, Telex 8592350, Fax 7190333, ≘s,
🔣 – 🛗 ⥄ Zim 📺 🕿 🕭 📵 – 🔬 250 AY **u**
128 Z.

In Wuppertal-Vohwinkel :

🗙🗙🗙 **Scarpati** mit Zim, Scheffelstr. 41, ⊠ 42327, 🎱 78 40 74, Fax 789828, 🍽, « Jugendstilvilla
mit mod. Restaurant-Anbau » – 📺 🕿 📵. 🖭 ⓪ 🅴 🖼. 🈸 AY **n**
Menu (italienische Küche) à la carte 64/87 – **Trattoria : Menu** à la carte 42/59 – **7 Z** 140/190.

In Hattingen-Oberelfringhausen N : 8 km :

🗙🗙🗙 **Landhaus Felderbachtal,** Felderbachstr. 133, ⊠ 45529, 🎱 (0202) 52 20 11, Fax 526702,
« Gartenterrasse » – 🗐 📵 – 🔬 50. 🖭 ⓪ 🅴 🖼. 🈸 BX **t**
Menu (Tischbestellung ratsam) à la carte 48/85.

WURMLINGEN Baden-Württemberg siehe Tuttlingen.

WURZACH, BAD Baden-Württemberg 𝟜𝟙𝟛 M 23, 𝟿𝟠𝟽 ㊱, 𝟜𝟚𝟞 B 5 – 13 000 Ew – Höhe 652 m – Moorheilbad – ✪ 07564.

🛈 Kurverwaltung, Mühltorstr. 1, ✉ 88410, ℰ 30 21 50, Fax 302154.

◆Stuttgart 159 – Bregenz 66 – Kempten (Allgäu) 47 – ◆Ulm (Donau) 68.

🏠 **Rößle,** Schulstr. 12, ✉ 88410, ℰ 20 55, Fax 2057, 🌤 – 📺 ☎ – 🔏 50. 🆎 ⓞ 🄴 𝚅𝙸𝚂𝙰
  Menu à la carte 40/62 *(auch vegetarische Gerichte)* – **21 Z** 79/150.

WYK Schleswig-Holstein siehe Föhr (Insel).

XANTEN Nordrhein-Westfalen 𝟿𝟠𝟽 ⑬, 𝟜𝟙𝟚 C 12 – 17 400 Ew – Höhe 26 m – Erholungsort – ✪ 02801 – Sehenswert : Dom St. Viktor★.

🛈 Verkehrsamt, Rathaus, Karthaus 2, ✉ 46509, ℰ 3 72 38.

◆Düsseldorf 66 – Duisburg 42 – Kleve 26 – Wesel 16.

🏠 **Van Bebber,** Klever Str. 12, ✉ 46509, ℰ 66 23, Fax 5914, « Historischer Gasthof mit antiker Einrichtung » – 🛗 🍽 Zim 📺 ☎ ❶ – 🔏 100. 🄴
  30. Jan.- 17. Feb. geschl. – **Menu** à la carte 43/70 – **35 Z** 95/225.

🏠 **Hövelmann,** Markt 31, ✉ 46509, ℰ 40 81 (Hotel) 30 03 (Rest.), Fax 4085 – 🛗 📺 ☎ ❶.
  🆎 ⓞ 🄴 𝚅𝙸𝚂𝙰 𝙹𝙲𝙱. 🍽
  Menu *(Donnerstag geschl.)* à la carte 30/60 – **24 Z** 90/150.

🏠 **Nibelungen Hof** garni, Niederstraße 1, ✉ 46509, ℰ 7 80, Fax 78400 – 🛗 🍽 📺 ☎ ♿
  🚗 – 🔏 80. 🆎 🄴
  40 Z 95/135.

  In Xanten-Obermörmter NW : 15 km über die B 57 :

✗✗✗ ❀ **Landhaus Köpp,** Husenweg 147, ✉ 46509, ℰ (02804) 16 26 – ❶. 🆎
  Sonntag nur Mittagessen, Montag und 2.- 30. Jan. geschl. – **Menu** (Tischbestellung erforderlich) à la carte 64/88
  Spez. Langustinen mit roten Spaghettini, Lammrücken im Rotkrautmantel mit Barolosauce, Dessertteller.

ZABERFELD Baden-Württemberg 𝟜𝟙𝟚 𝟜𝟙𝟛 J 19 – 2 900 Ew – Höhe 227 m – ✪ 07046.
◆Stuttgart 54 – Heilbronn 26 – ◆Karlsruhe 48.

  In Zaberfeld-Leonbronn NW : 3 km :

✗ **Löwen** mit Zim, Zaberfelder Str. 11, ✉ 74374, ℰ 26 03, Fax 7743, 🌤 – 📺 ☎ ❶. 🆎 ⓞ
  🄴 𝚅𝙸𝚂𝙰
  Jan. 2 Wochen geschl. – **Menu** *(Mittwoch geschl.)* à la carte 30/56 – **5 Z** 48/78.

ZARRENTIN Mecklenburg-Vorpommern 𝟜𝟙𝟙 P 6, 𝟜𝟙𝟜 E 5, 𝟿𝟠𝟽 ⑥ – 2 500 Ew – Höhe 18 m – ✪ 038851.
Schwerin 52 – ◆Hamburg 67 – ◆Lübeck 44 – Ratzeburg 21.

🏠 **Schaalsee-Hotel,** Breite Str. 1, ✉ 19246, ℰ 62 50, 🌤 – 📺 ☎ ❶. 🍽 Rest
  Menu à la carte 25/50 – **22 Z** 70/120.

ZEESEN Brandenburg siehe Königs Wusterhausen.

ZEIL AM MAIN Bayern 𝟜𝟙𝟛 O 16 – 5 300 Ew – Höhe 237 m – ✪ 09524.
◆München 270 – ◆Bamberg 29 – Schweinfurt 27.

🏠 **Kolb,** Krumer Str. 1, ✉ 97475, ℰ 90 11, Fax 6676, 🌤 – 📺 ☎ 🚗 ❶. 🄴
⬥ *3.- 23. Jan. geschl.* – **Menu** à la carte 22/49 ♨ – **21 Z** 49/115.

ZEISKAM Rheinland-Pfalz siehe Bellheim.

ZEITLARN Bayern siehe Regensburg.

ZEITLOFS Bayern siehe Brückenau, Bad.

Les hôtels ou restaurants agréables
sont indiqués dans le guide par un signe rouge.

Aidez-nous en nous signalant les maisons où,
par expérience, vous savez qu'il fait bon vivre.

Votre guide Michelin sera encore meilleur.

🏰🏰 ... 🏠

✗✗✗✗✗ ... ✗

ZEITZ Sachsen-Anhalt 🔲🔲🔲 I 12, 🔲🔲🔲 ㉓, 🔲🔲🔲 ⑰ – 38 000 Ew – Höhe 200 m – ✪ 03441.

🛈 Zeitz-Information, Altmarkt 1 (Rathaus), ✉ 06712, 𝒫 29 13.

Magdeburg 136 – Gera 23.

🏨 **Villa Zeitz** garni, Freiligrathstr. 5b, ✉ 06712, 𝒫 71 38 26, Fax 713827, 🛎 – 📺 ☎. 🆎 ⓞ
   🈲 𝗩𝗜𝗦𝗔. ✧
   15 Z 120/195.

🏨 **Weisse Elster** garni, Albrechtstr. 37, ✉ 06712, 𝒫 75 20 46, Fax 752049 – 📺 ☎ 🄿. 🈲 𝗩𝗜𝗦𝗔
   23 Z 110/150.

🏨 **Drei Schwäne,** Altmarkt 6, ✉ 06712, 𝒫 21 26 86, Fax 712286 – 📺 ☎. 🆎 🈲
   Menu à la carte 26/42 – **36 Z** 120/240.

✕✕ **Gasthaus am Neumarkt** mit Zim, Neumarkt 15, ✉ 06712, 𝒫 71 26 77, Fax 714033, 🛋
   – 📺 ☎ 🄿 – Menu à la carte 26/43 – **10 Z** 120/160.

ZELL AM HARMERSBACH Baden-Württemberg 🔲🔲🔲 H 21, 🔲🔲🔲 ㉘ – 7 000 Ew – Höhe 223 m

– Erholungsort – ✪ 07835 – 🛈 Verkehrsbüro, Alte Kanzlei 2, ✉ 77736, 𝒫 7 83 47, Fax 78350.

♦Stuttgart 168 – ♦Freiburg im Breisgau 55 – Freudenstadt 43 – Offenburg 22.

🏨 **Sonne,** Hauptstr. 5, ✉ 77736, 𝒫 56 44, Fax 1278, 🛋 – 📺 ☎ 🚗 🄿. 🆎 🈲 𝗩𝗜𝗦𝗔
   Mitte Jan.- Mitte Feb. und Mitte Juli - Mitte Aug. geschl. – Menu (Donnerstag geschl.)
   à la carte 28/60 – **19 Z** 70/140 – ½ P 80/100.

🏨 **Zum Schwarzen Bären,** Kirchstr. 5, ✉ 77736, 𝒫 2 51, Fax 5251 – 📳 📺 ☎ 🚗 🄿. 🈲
   𝗩𝗜𝗦𝗔. ✧ Zim
   1.- 15.Dez. geschl. – Menu (Mittwoch geschl.) à la carte 25/62 (auch vegetarische Gerichte)
   ♨ – **30 Z** 65/130 – ½ P 75/95.

🛖 **Kleebad** ♨, Jahnstr. 8, ✉ 77736, 𝒫 33 15, Fax 5187, 🍴 – ☖ 🄿. ✧
   20. Nov.- 20. Dez. geschl. – (Restaurant nur für Hausgäste) – **23 Z** 50/100 – ½ P 67.

   In Zell-Unterharmersbach :

🏨 **Rebstock,** Hauptstr. 104, ✉ 77736, 𝒫 39 13, 🍴 – 🄿. 🈲 𝗩𝗜𝗦𝗔
   11. Jan.- 8. Feb. und 21.- 28. Nov. geschl. – Menu (Dienstag geschl.) à la carte 23/57 ♨
   – **18 Z** 56/100 – ½ P 66/72.

ZELL AM WALDSTEIN Bayern siehe Münchberg.

ZELL AN DER MOSEL Rheinland-Pfalz 🔲🔲🔲 E 16, 🔲🔲🔲 ㉔ – 5 000 Ew – Höhe 94 m – ✪ 06542.

🛈 Tourist-Information, Rathaus, Balduinstr. 44, ✉ 56856, 𝒫 7 01 22, Fax 5600.

Mainz 105 – Cochem 39 – ♦Trier 69.

🏨 **Zum grünen Kranz,** Balduinstr. 12, ✉ 56856, 𝒫 9 86 10, Fax 986180, ≤, 🛎, 🖾 – 📳 📺
   ☎. ⓞ 🈲 𝗩𝗜𝗦𝗔
   Jan. geschl. – Menu à la carte 27/65 ♨ – **19 Z** 70/160.

🏨 **Zur Post,** Schloßstr. 25, ✉ 56856, 𝒫 42 17, Fax 41693, 🛋 – 📳 📺 🄿. 🆎 ⓞ 🈲 𝗩𝗜𝗦𝗔. ✧
   Feb. geschl. – Menu (Montag geschl.) à la carte 27/54 ♨ – **16 Z** 62/120.

🏨 **Am Brunnen,** Balduinstr. 51, ✉ 56856, 𝒫 40 60, Fax 4069, ≤ – 📺
   – Belle Epoque (Tischbestellung ratsam) Menu à la carte 48/83 – **19 Z** 65/170.

ZELL IM WIESENTAL Baden-Württemberg 🔲🔲🔲 G 23, 🔲🔲🔲 ㊵, 🔲🔲🔲 H 2 – 6 700 Ew – Höhe

444 m – Erholungsort – ✪ 07625.

🛈 Verkehrsbüro, Schopfheimer Str. 3, ✉ 79669, 𝒫 1 33 15.

♦Stuttgart 196 – Basel 32 – Donaueschingen 73 – ♦Freiburg im Breisgau 48.

🏨 **Löwen,** Schopfheimer Str. 2, ✉ 79669, 𝒫 2 07, Fax 8086, Biergarten – 📺 ☎ 🚗 🄿. ⓞ
   🈲. ✧ Rest
   Menu (Donnerstag nur Mittagessen, Samstag nur Abendessen, Freitag geschl.) à la carte
   26/60 ♨ – **36 Z** 50/120 – ½ P 70/85.

   In Zell-Pfaffenberg N : 5,5 km – Höhe 700 m :

🏨 **Berggasthof Schlüssel** ♨, Pfaffenberg 2, ✉ 79669, 𝒫 3 75, Fax 9632, ≤, « Terrasse »
   – 🄿. ✧ Zim
   Mitte Jan.- Mitte Feb. geschl. – Menu (Montag - Dienstag geschl.) à la carte 29/60 (auch
   vegetarische Gerichte) ♨ – **12 Z** 50/90.

ZELLA-MEHLIS Thüringen 🔲🔲🔲 E 14, 🔲🔲🔲 ㉓ ㉗, 🔲🔲🔲 ㉖ – 13 500 Ew – Höhe 500 m – ✪ 03682.

🛈 Fremdenverkehrsamt, Louis-Anschütz-Str. 28, ✉ 98544, 𝒫 28 40, Fax 7143.

Erfurt 65 – Coburg 58 – Suhl 6.

🏨 **Stadt Suhl,** Bahnhofstr. 7, ✉ 98544, 𝒫 4 02 21, Fax 41931, Biergarten – 📺 ☎ 🚗 🄿.
   🆎 🈲 𝗩𝗜𝗦𝗔. ✧
   Menu à la carte 20/35 – **13 Z** 73/132.

🏨 **Waldmühle,** Lubenbachstr. 2, ✉ 98544, 𝒫 8 98 90, Fax 7347, 🛋, 🍴 – 📺 ☎ 🄿. 🈲. ✧
   1.- 13. Nov. geschl. – Menu à la carte 23/37 ♨ – **38 Z** 75/140.

ZELLINGEN Bayern 412 413 M 17 – 5 800 Ew – Höhe 166 m – ✪ 09364.
♦München 296 – Aschaffenburg 60 – Bad Kissingen 53 – ♦Würzburg 16.

In Zellingen-Retzbach :

🏠 **Zum Löwen,** Untere Hauptstr. 9, ⊠ 97225, ℰ 80 50, Fax 805222, ⇌, 🏊 – 📺 ☎ 🅿 –
🔬 150. 🖭 ⓪ 🗲 𝘝𝘐𝘚𝘈
Menu à la carte 27/52 – **33 Z** 85/148.

ZELTINGEN-RACHTIG Rheinland-Pfalz 412 E 17 – 2 500 Ew – Höhe 105 m – Erholungsort –
✪ 06532.
🛈 Verkehrbüro, Zeltingen, Uferallee 13, ⊠ 54492, ℰ 24 04, Fax 3847.
Mainz 121 – Bernkastel-Kues 8 – ♦Koblenz 99 – ♦Trier 43 – Wittlich 10.

Im Ortsteil Zeltingen :

🏛 **St. Stephanus,** Uferallee 9, ⊠ 54492, ℰ 6 80, Fax 68420, ≤, 😤, ⇌, 🏊 – ⏐⧚ 📺 ☎ ⟺
🅿 – 🔬 80. 🖭 ⓪ 🗲 𝘝𝘐𝘚𝘈, 🕸 Rest
Jan. geschl. – **Menu** à la carte 31/68 – *Le petit (Mittwoch geschl.)* Menu 62/92 und à la
carte – **47 Z** 119/220 – ½ P 107/145.

🏛 **Nicolay zur Post,** Uferallee 7, ⊠ 54492, ℰ 20 91, Fax 2306, ≤, 😤, ⇌, 🏊 – ⏐⧚ 📺 ☎
⟺ 🅿 – 🔬 60. 🖭 ⓪ 🗲 𝘝𝘐𝘚𝘈, 🕸 Rest
6. Jan.- Feb. geschl. – **Menu** *(Montag geschl.)* à la carte 39/67 – **37 Z** 90/170 – ½ P 79/108.

🏠 **Zeltinger Hof,** Kurfürstenstr. 76, ⊠ 54492, ℰ 23 83, Fax 4083, 🍽 – ☎ 🅿. 🕸
➡ **Menu** à la carte 24/50 – **9 Z** 64/110 – ½ P 52/72.

🏠 **Winzerverein,** Burgstr. 7, ⊠ 54492, ℰ 23 21, Fax 1748, ≤, 😤, ⇌ – ☎ 🅿
Mitte März - Mitte Nov. – **Menu** à la carte 28/51 – **42 Z** 75/130 – ½ P 60/90.

Im Ortsteil Rachtig :

🏠 **Deutschherrenhof,** Deutschherrenstraße, ⊠ 54492, ℰ 23 64, Fax 4088, ≤, 😤 – ⏐⧚ 📺
⟺ 🅿. 🗲 𝘝𝘐𝘚𝘈, 🕸 Rest
2.- 22. Jan. geschl. – **Menu** *(Nov.- März wochentags nur Abendessen, Dienstag geschl.)*
à la carte 32/50 🍷 – **37 Z** 75/190.

ZEMMER Rheinland-Pfalz siehe Kordel.

ZEMPIN Mecklenburg-Vorpommern siehe Usedom (Insel).

ZENTING Bayern 413 W 20, 426 L 2 – 1 300 Ew – Höhe 450 m – Wintersport : 600/1 000 m
🎿 4 – ✪ 09907.
🛈 Verkehrsamt, Schulstraße 4, ⊠ 94579, ℰ 2 82, Fax 1093.
♦München 172 – Cham 89 – Deggendorf 30 – Passau 33.

Im Ortsteil Ranfels S : 4 km :

🏠 **Zur Post** ⬱, Schloßbergweg 4, ⊠ 94579, ℰ 2 30, Fax 1209, Biergarten, ⇌ – 📺 🅿
➡ **Menu** *(außer Saison Mittwoch geschl.)* à la carte 24/33 – **22 Z** 48/86.

🏠 **Birkenhof** ⬱, Ranfels 26, ⊠ 94579, ℰ 2 69, ≤, 😤, 🏊 (geheizt), 🍽, 🐎 – 🅿
➡ *Nov.- Mitte Dez. geschl.* – **Menu** à la carte 21/38 – **19 Z** 45/94.

ZERBST Sachsen-Anhalt 414 I 10, 984 ⑲, 987 ⑰ – 18 000 Ew – Höhe 68 m – ✪ 03923.
🛈 Fremdenverkehrsbüro, Schloßfreiheit 21, ⊠ 39261, ℰ 23 51.
Magdeburg 42 – ♦Berlin 137 – Dessau 30.

🏠 **Trepzik** garni, Käsperstr. 15, ⊠ 39261, ℰ 44 83, ⇌ – 📺 ☎ – **8 Z**.

🕱🕱 **Park-Restaurant Vogelherd,** Lindauer Str. 78 (N : 2,5 km), ⊠ 39261, ℰ 78 04 44,
Fax 2203, 😤, « Kleiner Teich und Pavillon mit Grill » – 🅿. 🖭 🗲 𝘝𝘐𝘚𝘈
Montag - Dienstag und Aug. 2 Wochen geschl. – **Menu** à la carte 30/62.

ZERF Rheinland-Pfalz 412 D 18, 57 ⑤ – 1 500 Ew – Höhe 400 m – ✪ 06587.
Mainz 160 – ♦Saarbrücken 61 – ♦Trier 22.

In Greimerath S : 7 km :

🏠 **Dohm - Zur Post,** Hauptstr. 73, ⊠ 54298, ℰ (06587) 8 57 – ☎ 🅿
➡ *Dez.- Jan. 2 Wochen geschl.* – **Menu** *(Dienstag geschl.)* à la carte 23/44 🍷 – **12 Z** 45/90.

ZEULENRODA Thüringen 414 H 14, 984 ㉓, 987 ㉗ – 14 400 Ew – Höhe 425 m – ✪ 036628.
Erfurt 109 – Gera 36 – Greiz 20.

🏠 **Goldener Löwe,** Kirchstr. 15, ⊠ 07937, ℰ 6 01 44, Fax 60145 – 📺 ☎ ⟺ 🅿 – 🔬 30. 🗲
Menu à la carte 25/45 – **32 Z** 90/140.

992

ZEVEN Niedersachsen 411 K 7, 987 ⑮ – 13 500 Ew – Höhe 30 m – ✆ 04281.
◆Hannover 147 – ◆Bremen 55 – Bremerhaven 60 – ◆Hamburg 74.

🏨 **Paulsen,** Meyerstr. 22, ✉ 27404, ℰ 50 51, Fax 8340 – 📺 ☎ 🅿 – 🔬 80. 🆎 ⓞ 🇪 𝗩𝗜𝗦𝗔
   Menu *(Sonn- und Feiertage geschl.)* à la carte 31/65 – **38 Z** 85/130.

🏨 Garni, Poststr. 20, ✉ 27404, ℰ 34 92, Fax 8414, 🌳 – 📺 ☎ 🅿. 🎉 – **22 Z**.

🏨 **Spreckels,** Bremer Str. 2, ✉ 27404, ℰ 24 33, Fax 6537 – 📺 ☎ 🅿. 🇪. 🎉
   Menu *(Samstag - Sonntag nur Abendessen)* à la carte 25/53 – **23 Z** 75/120.

   In Gyhum-Sick S : 10 km :

🏨 **Niedersachsen-Hof,** Sick 13 (an der B 71), ✉ 27404, ℰ (04286) 10 56, Fax 1400 – 📺 ☎
   ☎ 🅿 – 🔬 25. 🆎 ⓞ 🇪 𝗩𝗜𝗦𝗔. 🎉 Zim
   Menu *(Freitag geschl.)* à la carte 31/51 – **13 Z** 60/100.

ZIELITZ Sachsen-Anhalt 414 H 9 – 2 900 Ew – Höhe 74 m – ✆ 039208.
Magdeburg 20 – Burg 17 – Haldersleben 26 – Tangerhütte 28.

🏨 **Zielitzer Hof,** Magdeburger Str. 4, ✉ 39326, ℰ 22 71 – 📺 ☎ 🅿. 🇪
➡ **Menu** *(Freitag - Samstag nur Abendessen, Sonntag nur Mittagessen)* à la carte 21/38 –
   25 Z 90/150.

ZIERENBERG Hessen 411 412 K 12 – 6 700 Ew – Höhe 280 m – Luftkurort – ✆ 05606.
◆Wiesbaden 235 – ◆Kassel 20 – Warburg 28.

   In Zierenberg-Burghasungen SW : 6 km :

🏨 **Panorama,** Ludwig-Müller-Str.1, ✉ 34289, ℰ 90 21, Fax 7895, ← – 📺 ☎ 🅿 – 🔬 40. ⓞ
   🇪 𝗩𝗜𝗦𝗔
   Menu à la carte 36/56 – **19 Z** 88/148.

ZINGST Mecklenburg-Vorpommern 414 K 2, 984 ③, 987 ⑦ – 3 500 Ew – Seebad – ✆ 038232.
🇮 Kurverwaltung, Klosterstr.21, ✉ 18374, ℰ 6 33, Fax 633.
Schwerin 143 – Stralsund 42.

🏨 Boddenhus 🎣, Hafenstr. 9, ✉ 18374, ℰ 4 34, Fax 629 – 📺 ☎ 🅿. 🎉 Rest
   19 Z.

🏨 **Am Strand** 🎣, Birkenstr. 21, ✉ 18374, ℰ 6 00, Fax 603, 🍸 – 📺 ☎ 🅿. 🎉
➡ 22.- 26. Dez. geschl. – **Menu** à la carte 23/40 – **19 Z** 130/210.

🍴 Skipper mit Zim, Alte Reihe 5a, ✉ 18374, ℰ 6 80 – 📺 ☎ – **4 Z**.

ZINNOWITZ Mecklenburg-Vorpommern siehe Usedom (Insel).

ZIRNDORF Bayern 413 P 18, 987 ㉖ – 21 000 Ew – Höhe 290 m – ✆ 0911 (Nürnberg).
                    Siehe Nürnberg (Umgebungsplan).
◆München 175 – Ansbach 35 – ◆Nürnberg 9.

🏨 **Rangau,** Banderbacher Str. 27, ✉ 90513, ℰ 60 70 17, Fax 609204 – 🛗 ✳ Zim 📺 ☎ 🔆
   🅿 – 🔬 40. 🇪 𝗩𝗜𝗦𝗔. 🎉 Zim   AS **c**
   Menu *(Sonn- und Feiertage nur Mittagessen, Montag geschl.)* à la carte 37/58 – **20 Z**
   115/210, 6 Suiten.

🏨 **Kneippkurhotel** 🎣, Achterplätzchen 5, ✉ 90513, ℰ 60 90 03, Fax 603001, 🍸 – 📺 ☎
   ☎ 🅿   AS **m**
   Menu *(Sonntag geschl., Montag nur Abendessen)* à la carte 29/45 – **19 Z** 75/110.

🏨 **Knorz** garni, Volkhardtstr. 18, ✉ 90513, ℰ 60 70 61, Fax 6002012 – ✳ 📺 ☎ ☎. 🇪 𝗩𝗜𝗦𝗔
   23. Dez.- 10. Jan. geschl. – **18 Z** 65/150.   AS **u**

   In Zirndorf-Winterdorf SW : 5 km über Rothenburger Straße AS :

🏨 **Landgasthof Lämmermann,** Ansbacher Str. 28, ✉ 90513, ℰ (09127) 88 19, Fax 5649,
➡ 🍸 ☎ 🅿
   23. Dez.- 6. Jan. geschl. – **Menu** *(Montag nur Abendessen, Sonntag und 23. Aug.- 9. Sept.
   geschl.)* à la carte 23/44 🍷 – **24 Z** 75/110.

ZITTAU Sachsen 414 Q 13, 984 ㉔, 987 ⑱ – 32 000 Ew – Höhe 242 m – ✆ 03583.
🇮 Zittau-Information, im Rathaus, Markt 6, ✉ 02763, ℰ 75 21 37, Fax 51 03 70.
◆Dresden 99 – ◆Berlin 297 – Görlitz 35.

🏨 **Schwarzer Bär,** Ottokarplatz 12, ✉ 02763, ℰ 70 11 19, Fax 704037 – 📺 ☎ – 🔬 20. 🆎
➡ ⓞ 🇪 𝗩𝗜𝗦𝗔
   Menu à la carte 20/39 – **18 Z** 95/145.

🏨 **Dresdner Hof,** Äußere Oybiner Str. 9, ✉ 02763, ℰ 51 08 55, 🍸 – 📺 ☎ 🅿. 🇪 𝗩𝗜𝗦𝗔
➡ **Menu** à la carte 20/37 – **8 Z** 95/120.

🏨 **Riedel,** Friedensstr. 23, ✉ 02763, ℰ 68 60, Fax 686100, ☎ – 📺 ☎ 🅿 – 🔬 60. 🇪 𝗩𝗜𝗦𝗔
➡ **Menu** à la carte 20/34 – **45 Z** 85/125.

In Oybin, Kurort SW : 9 km – Höhe 450 m :

🏠 **Oybiner Hof** 🦢, Hauptstr. 5, ✉ 02797, 𝒫 (035844) 2 97, Fax 321, � – 📺 ☎ 🅿 – 🔏 40.
➜ 🆎 ◑ 𝐄 𝑽𝑰𝑺𝑨. ⚜
Menu à la carte 23/50 – **50 Z** 94/126.

In Jonsdorf SW : 10 km – Höhe 450 m – Kurort :

🏠 Kurhaus, Auf der Heide, ✉ 02796, 𝒫 (035844) 2 52, Fax 256, � – 📺 ☎ 🚗 🅿
23 Z.

In Lückendorf S : 12 km – Höhe 560 m – Erholungsort :

🏠 **Zum Hochwaldblick** 🦢, Kammstr. 13, ✉ 02797, 𝒫 (035844) 8 35, Fax 835,
➜ ≼ Böhmerland, � – 🅿 – 🔏 30. 🆎 𝐄 𝑽𝑰𝑺𝑨. ⚜
Menu à la carte 20/41 – **26 Z** 90/130.

In Waltersdorf SW : 16 km – Höhe 590 m – Erholungsort :

✗ **Grenzbaude** 🦢 mit Zim, Hauptstr. 161, ✉ 02799, 𝒫 (035841) 26 83, ≼, � – 📺 🅿. 🆎
➜ 𝐄
Menu à la carte 17/46 – **6 Z** 48/70.

ZORGE Niedersachsen 🗺 O 12 – 1 800 Ew – Höhe 340 m – Luftkurort – ✆ 05586.
🅱 Kurverwaltung, Am Kurpark 4, ✉ 37449, 𝒫 2 51.
♦Hannover 137 – Braunlage 15 – Göttingen 70.

🏠 **Wolfsbach**, Hohegeißer Str. 25, ✉ 37449, 𝒫 4 26, 🚿 – 📺 🅿. 🆎 ◑ 𝐄 𝑽𝑰𝑺𝑨. ⚜
16. März - 4. April und 5. Nov.- 19. Dez. geschl. – (Restaurant nur für Hausgäste) – **16 Z**
46/95 – ½ P 58/61.

🏠 **Landhotel Kunzental** 🦢, Im Förstergarten 7, ✉ 37449, 𝒫 12 61, Fax 660, �, 🚿 – 🅿
Mitte Nov.- 20. Dez. geschl. – **Menu** *(Nov.- April Donnerstag geschl.)* à la carte 32/60 –
29 Z 75/125 – ½ P 80/108.

ZORNEDING Bayern 🗺 S 22 – 7 500 Ew – Höhe 560 m – ✆ 08106.
♦München 20 – Wasserburg am Inn 34.

🏨 **Eschenhof** garni, Anton-Grandauer-Str. 17, ✉ 85604, 𝒫 28 82, Fax 22075, ⛶ – 📺 ☎ 🚗
🅿. 🆎 ◑ 𝐄 𝑽𝑰𝑺𝑨
Weihnachten - Anfang Jan. geschl. – **29 Z** 125/175.

🏠 **Neuwirt**, Münchner Str. 4 (B 304), ✉ 85604, 𝒫 28 25, Fax 29916, � – 📺 ☎ 🚗 🅿. 🆎
◑ 𝐄 𝑽𝑰𝑺𝑨. ⚜
Menu à la carte 27/58 – **30 Z** 105/140.

ZÜTZEN Brandenburg siehe Schwedt.

ZUSMARSHAUSEN Bayern 🗺 O 21, 🗺 ㊱ – 4 700 Ew – Höhe 466 m – ✆ 08291.
♦München 98 – Augsburg 25.

✗✗ **Die Post** mit Zim, Augsburger Str. 2, ✉ 86441, 𝒫 1 88 00, Fax 8363, � – 🛗 📺 ☎ 🚗
🅿 – 🔏 20. ◑ 𝐄 𝑽𝑰𝑺𝑨. ⚜ Rest
Menu à la carte 44/81 – **21 Z** 80/160.

ZUZENHAUSEN Baden-Württemberg 🗺 J 19 – 2 000 Ew – Höhe 148 m – ✆ 06226.
♦Stuttgart 92 – Heidelberg 21 – Heilbronn 40.

🏠 **Brauereigasthof Adler**, Hoffenheimer Str. 1, ✉ 74939, 𝒫 9 20 70, Fax 920740, �, ⛶
– 📺 ☎ 🚗 🅿 – 🔏 35. 🆎 𝐄 𝑽𝑰𝑺𝑨. ⚜ Zim
Menu *(Samstag nur Abendessen)* à la carte 28/66 – **18 Z** 100/210.

ZWEIBRÜCKEN Rheinland-Pfalz 🗺 F 19, 🗺 ㉔, 🗺 ⑪ – 35 900 Ew – Höhe 226 m –
✆ 06332.
🅱 Verkehrsamt, Schillerstr. 6, ✉ 66482, 𝒫 87 16 90, Fax 871100.
ADAC, Poststr. 14, ✉ 66482, 𝒫 1 58 48, Fax 72745.
Mainz 139 – Pirmasens 25 – ♦Saarbrücken 41.

🏨 **Europas Rosengarten** 🦢, Rosengartenstr. 60, ✉ 66482, 𝒫 4 90 41, Fax 45367, � – 🛗
⛶ Zim 📺 ☎ 🔕 🅿 – 🔏 40. 🆎 ◑ 𝐄 𝑽𝑰𝑺𝑨
Menu à la carte 34/51 – **48 Z** 115/150.

🏠 **Rosen Hotel** garni, Von-Rosen-Str. 2, ✉ 66482, 𝒫 7 60 14, Fax 3653 – 🛗 📺 ☎. 🆎 ◑
𝐄 𝑽𝑰𝑺𝑨
39 Z 75/100.

✗ **Hitschler** mit Zim, Fruchtmarktstr. 8, ✉ 66482, 𝒫 7 55 74 – ☎ 🚗. 𝐄 𝑽𝑰𝑺𝑨
Juli 2 Wochen geschl. – **Menu** *(Freitag geschl., Samstag nur Abendessen)* à la carte 28/57
– **9 Z** 54/95.

Außerhalb O : 3 km :

🏨 **Romantik-Hotel Fasanerie** ⬡, Fasaneriestraße, ✉ 66482 Zweibrücken, ℰ (06332) 97 30, Telex 451182, Fax 973111, « Park, Terrasse mit ≤ », ⇌s, ⬜ – ⇔ Zim 🔟 & ₱ – 🔥 100. ⚞ ① ☰ 𝚅𝙸𝚂𝙰
Menu *(Sonntag nur Mittagessen, Montag nur Abendessen)* à la carte 56/77 – **50 Z** 140/300.

In Battweiler NO : 9 km :

🏠 **Schweizer Haus,** Hauptstr. 17, ✉ 66484, ℰ (06337) 3 83, Fax 1606, ☂ – 🔟 ☎ ⇐ ₱. ⚞ ① ☰ 𝚅𝙸𝚂𝙰
Menu *(Dienstag geschl.)* à la carte 25/54 ⅄ – **10 Z** 85/120.

ZWESTEN, BAD Hessen 🄌🄍 K 13 – 3 800 Ew – Höhe 215 m – Luftkurort – ✪ 05626.
🄑 Kurverwaltung, Rathaus, ✉ 34596, ℰ 7 73, Fax 999333.
◆Wiesbaden 171 – Bad Wildungen 11 – ◆Kassel 43 – Marburg 50 – Paderborn 115.

🏠 **Landhotel Kern,** Brunnenstr. 10, ✉ 34596, ℰ 7 86, Fax 788, ☆, ⇌s, ⬜, ☂ – 🛗 ☎ ₱ – 🔥 30. ⚞ ① ☰ 𝚅𝙸𝚂𝙰. 🦐 Rest
10. Jan.- 17. März geschl. – **Menu** *(Dienstag geschl.)* à la carte 36/62 – **60 Z** 78/140.

🏠 **Altenburg,** Hardtstr. 1 a, ✉ 34596, ℰ 8 00 90, Fax 800939, ☆, ⇌s, ☂ – ☎ & ₱ – 🔥 60. ⚞ ① ☰ 𝚅𝙸𝚂𝙰. 🦐
Menu *(Freitag und Sonntag nur Mittagessen, 5.- 30. Jan. und 15.- 30 Nov. geschl.)* à la carte 27/58 – **45 Z** 69/196.

✕ **Zum kleinen König** mit Zim, Hauptstr. 4, ✉ 34596, ℰ 84 11, Fax 83 60, ☆ – 🔟 ☎. ⚞ ① ☰ 𝚅𝙸𝚂𝙰. 🦐
Menu *(Montag geschl.)* à la carte 43/72 ⅄ – **7 Z** 78/140.

ZWICKAU Sachsen 🄌🄍 J 13, 🄐🄑🄒 ㉓, 🄐🄑🄒 ㉗ – 116 000 Ew – Höhe 434 m – ✪ 0375.
Sehenswert : Dom St. Marien★ (Hauptaltar★★, Beweinung Christi★, Heiliges Grab★, Kanzel★).
🄑 Tourist-Information, Hauptstr. 6, ✉ 08056, ℰ 29 37 13, Fax 293715.
ADAC, Leipziger Str. 16, ✉ 08056, ℰ 29 23 14, Fax 293230.
◆Dresden 105 – ◆Berlin 245 – ◆Leipzig 80.

🏠 **Merkur** garni, Bahnhofstr.58, ✉ 08056, ℰ 29 42 86, Fax 294288 🔟 ☎ ₱. ⚞ ① ☰ 𝚅𝙸𝚂𝙰. 🦐
Dez.- Jan. 2 Wochen geschl. – **28 Z** 120/180.

In Zwickau-Eckersbach NO : 3 km :

🏠 **Park Eckersbach,** Trillerplatz 1, ✉ 08066, ℰ 47 55 72, Fax 475801 – 🔟 ☎ ₱. ⚞ ☰ 𝚅𝙸𝚂𝙰
Menu à la carte 20/42 – **16 Z** 90/150.

In Zwickau-Marienthal O : 4 km :

🏠 **Haus Marienthal** garni, Marienthaler Str. 122, ✉ 08060, ℰ 5 67 70, Fax 567727 – 🔟 ☎ ₱. ☰
12 Z 95/140.

In Zwickau-Oberhohndorf SO : 4 km :

🏨 **Mädler,** Wildenfelser Str. 51, ✉ 08056, ℰ 29 28 70, Fax 292871 – 🔟 ☎ ₱ – 🔥 30
Menu à la carte 25/41 – **12 Z** 90/180 – (Anbau mit 40 Z bis Frühjahr 1995).

🏠 **Garni,** Wildenfelser Str. 20a, ✉ 08056, ℰ 2 29 40, Fax 294451 – 🔟 ☎ ₱. 🦐
15 Z 95/160.

In Zwickau-Pölbitz N : 2,5 km :

🏨 **Achat,** Leipziger Str. 180, ✉ 08058, ℰ 87 20, Fax 872999, ☆ – 🛗 ⇔ Zim 🔟 ☎ ⇐ ₱ – 🔥 40
Menu à la carte 25/45 – **146 Z** 140/180, 4 Suiten.

In Schönfels SW : 6 km :

🏠 Landgasthof Löwen ⬡, Zwickauer Str.25, ✉ 08115, ℰ (037600) 7 01 45, Fax 70152 – 🔟 ☎ ₱
13 Z.

ZWIEFALTEN Baden-Württemberg 🄌🄍🄎 L 22, 🄐🄑🄒 ㉟ – 2 300 Ew – Höhe 540 m – Erholungsort – ✪ 07373.
Sehenswert : Ehemalige Klosterkirche★★.
◆Stuttgart 84 – Ravensburg 63 – Reutlingen 43 – ◆Ulm (Donau) 50.

🔉 **Zur Post,** Hauptstr. 44 (B 312), ✉ 88529, ℰ 3 02, Fax 2360, ☆, ☂ – ⇐ ₱
Anfang Jan.- Anfang Feb. geschl. – **Menu** *(Dienstag geschl.)* à la carte 24/43 ⅄ – **19 Z** 45/100.

ZWIESEL Bayern 🔲🔲🔲 W 19, 🔲🔲🔲 ㉘, 🔲🔲🔲 L 1 – 10 500 Ew – Höhe 585 m – Luftkurort – Wintersport : 600/700 m ≰1 ≰10 – ⊗ 09922.

📷 Lindberg, Zwiesel Winkel (SO : 3 km), ℘ (09922) 23 67.

🔲 Verkehrsamt, Stadtplatz 27 (Rathaus), ✉ 94227, ℘ 13 08, Fax 5655.

◆München 179 – Cham 59 – Deggendorf 36 – Passau 63.

🏨 **Zur Waldbahn,** Bahnhofplatz 2, ✉ 94221, ℘ 30 01, Fax 3001, 😤, « Garten », ⇌ – 🛎
⊕. ⁓ Zim
25. Okt.- 1. Dez. geschl. – **Menu** à la carte 27/44 – **28 Z** 75/160.

🏨 **Kapfhammer,** Holzweberstr. 6, ✉ 94227, ℘ 13 06, ⇌ – ⊕. 🄰🄴
➡ *Nov.- Mitte Dez. geschl.* – **Menu** à la carte 24/46 – **38 Z** 52/100.

🏨 **Bergfeld,** Hochstr. 45, ✉ 94227, ℘ 95 53, Fax 6744, ≤, Massage, 🛆, ⇌, 🔲, 🐴 – ⇌⇌
Mitte Nov. - 20. Dez. geschl. – (Restaurant nur für Hausgäste) – **26 Z** 75/150.

🏨 **Magdalenenhof** ⤸, Ahornweg 17, ✉ 94227, ℘ 92 21, Fax 6708, ≤, ⇌, 🔲, 🐴 – 📺
⊕. ⁓
7. Nov.- 19. Dez. geschl. – (nur Abendessen für Hausgäste) – **36 Z** 76/170.

🏨 **Deutscher Rhein,** Stadtplatz 42, ✉ 94227, ℘ 8 41 00, Fax 1652, 😤 – 📺 🛎 ⊕. 🄰🄴 ⦿
🄴 𝘝𝘐𝘚𝘈
Dez. 3 Wochen geschl. – **Menu** à la carte 27/50 – **18 Z** 75/128.

🏨 **Kurhotel Sonnenberg** ⤸, Augustinerstr. 9, ✉ 94227, ℘ 20 31, Fax 2913, ≤, ⇌, 🔲,
🐴 – 🛎 ⊕. ⁓ Rest
Mitte Nov.- Mitte Dez. geschl. – **Menu** (nur Abendessen) à la carte 27/51 – **22 Z** 57/150.

🏨 **Zum Goldwäscher,** Jahnstr. 28, ✉ 94227, ℘ 95 12, Fax 6921, ⇌ – 🛎 ⇌⇌ ⊕
➡ *Ende Nov.- Mitte Dez. geschl.* – **Menu** (Montag geschl.) à la carte 20/62 ⅃ – **10 Z** 45/86.

♨ **Zwieseler Hof,** Regener Str. 5, ✉ 94227, ℘ 8 40 70, 😤, 🐴 – 🛎 ⇌⇌ ⊕. 🄴
➡ *Dez. 2 Wochen geschl.* – **Menu** à la carte 24/50 – **19 Z** 50/84.

In Lindberg-Zwieslerwaldhaus N : 10 km – Höhe 700 m – Wintersport : ≰4 :

🏨 **Waldhotel Naturpark** ⤸, ✉ 94227, ℘ (09925) 5 81, Fax 572, 😤, ⇌, 🔲, 🐴 – 📺 ⊕.
➡ 🄰🄴 🄴
30. Okt.- 25. Dez. geschl. – **Menu** (Dienstag geschl.) à la carte 23/46 – **17 Z** 45/96.

ZWINGENBERG Hessen 🔲🔲🔲 🔲🔲🔲 I 17 – 6 300 Ew – Höhe 97 m – ⊗ 06251 (Bensheim an der Bergstraße).

◆Wiesbaden 61 – ◆Darmstadt 23 – Heidelberg 45 – Mainz 62 – ◆Mannheim 37.

🏨 **Zur Bergstraße** garni, Bahnhofstr. 10, ✉ 64673, ℘ 7 60 35, Fax 72275 – ⧊ 📺 🛎 ⊕. 🄰🄴
⦿ 🄴 𝘝𝘐𝘚𝘈. ⁓
20. Dez.- 7. Jan. geschl. – **21 Z** 130/200.

🏨 **Zum Löwen,** Löwenplatz 6 (B 3), ✉ 64673, ℘ 7 11 34, Fax 79511, 😤 – 📺 🛎 ⊕. 🄴 𝘝𝘐𝘚𝘈
Menu (Montag geschl.) à la carte 35/70 – **13 Z** 80/170.

🍴🍴 **Freihof** mit Zim, Marktplatz 8, ✉ 64673, ℘ 7 95 59, Fax 76712, 😤 – 📺 🛎. 🄰🄴 🄴
Menu (Sonntag geschl.) (italienische Küche) à la carte 45/80 – **10 Z** 85/140.

ZWISCHENAHN, BAD Niedersachsen 🔲🔲🔲 GH 7, 🔲🔲🔲 ⑭ – 24 500 Ew – Höhe 11 m – Moorheilbad – ⊗ 04403.

Sehenswert : Parkanlagen★.

🔲 Kurverwaltung, Auf dem Hohen Ufer 24, ✉ 26160, ℘ 5 90 81, Fax 61158.

◆Hannover 185 – Groningen 121 – Oldenburg 17 – Wilhelmshaven 53.

🏨 **Am Kurgarten** ⤸ garni, Unter den Eichen 30, ✉ 26160, ℘ 5 90 11, Fax 59620, ⇌, 🔲,
🐴 – 📺 ⇌⇌ – 🛆 15. 🄰🄴 ⦿ 🄴 𝘝𝘐𝘚𝘈. ⁓
17 Z 105/290.

🏨 **Seehotel Fährhaus** ⤸, Auf dem Hohen Ufer 8, ✉ 26160, ℘ 60 00, Fax 600500, ≤,
« Terrasse am See », 🔲, 🐴 Bootssteg – ⧊ 📺 🛎 ⊕ – 🛆 150. ⦿ 🄴 𝘝𝘐𝘚𝘈
Menu à la carte 41/64 – **56 Z** 108/350 – ½ P 120/210.

🏨 **Bad Zwischenahn** ⤸, Am Badepark 5, ✉ 26160, ℘ 69 60, Fax 696500, 😤, ⇌ – ⧊
🛎 ⊕ – 🛆 40. ⦿ 🄴 𝘝𝘐𝘚𝘈. ⁓ Rest
Menu à la carte 41/57 – **51 Z** 95/190, 5 Suiten – ½ P 120/155.

🏨 **Burg-Hotel** ⤸, Zum Rosenteich 14, ✉ 26160, ℘ 92 30 00, Fax 923100, 😤, ⇌ – ⧊
⁓ Zim 📺 🛎 ⊕ – 🛆 35. 🄰🄴 ⦿ 🄴 𝘝𝘐𝘚𝘈
Menu à la carte 32/78 – **47 Z** 110/195 – ½ P 128/170.

🏨 **Kopenhagen,** Brunnenweg 8, ✉ 26160, ℘ 5 90 88, Fax 64010, 😤, ⇌ – 📺 🛎 ⊕. 🄰🄴
⦿ 🄴 𝘝𝘐𝘚𝘈
Menu à la carte 31/63 – **14 Z** 85/230 – ½ P 129/149.

🏨 **Chalet,** Brunnenweg 10, ✉ 26160, ℘ 92 10, Fax 92155 – 📺 🛎 ⊕. 🄰🄴 ⦿ 🄴 𝘝𝘐𝘚𝘈
(Restaurant nur für Hausgäste) – **11 Z** 95/260 – ½ P 124/159.

🏨 **Kristinenhof** ⤸ garni, Zum Rosenteich 24, ✉ 26160, ℘ 21 26, Fax 63206 – 📺 🛎 ⊕.
🄰🄴 ⦿ 🄴 𝘝𝘐𝘚𝘈
20 Z 90/165, 3 Suiten.

🏨 **Haus Ammerland** 🐾, Rosmarinweg 24, ⊠ 26160, 𝒫 92 83 00, Fax 928383, 🎄 – 📺 ☎ 🅿. 🔁
(nur Abendessen für Hausgäste) – **32 Z** 75/190, 3 Suiten – ½ P 82/112.

🏨 **La Mer** garni, Weißer Weg 20, ⊠ 26160, 𝒫 5 90 78, Fax 938777, Massage, 🔲, 🎄 – 📺 ☎ 🅿. 🔁
25 Z 85/178.

🏨 Kämper, Georgstr. 12, ⊠ 26160, 𝒫 92 60, Fax 63797, ⬚ – 📶 ⇔ Zim 📺 ☎ ⅋ 🅿 – 🛔 60
27 Z.

🏠 **Am Torfteich** 🐾 garni, Rosarinweg 7, ⊠ 26160, 𝒫 10 33, Fax 63021, ⬚ – 📺 ☎ 🅿
12 Z 88/170.

🏠 **Hof von Oldenburg,** Am Brink 4, ⊠ 26160, 𝒫 21 69, Fax 58054, 🏠 – 📺 ☎ ⇌ 🅿. 🄰🄴 ⓞ 🄴 𝘝𝘐𝘚𝘈
Menu à la carte 39/58 – **13 Z** 85/210 – ½ P 109/139.

In Bad Zwischenahn - Aschhauserfeld NO : 4 km Richtung Wiefelstede :

🏨 **Romantik-Hotel Jagdhaus Eiden** 🐾, ⊠ 26160, 𝒫 69 80 00, Fax 698398, Spielcasino im Hause, « Gartenterrasse », ⬚, 🔲, 🎄 – 📶 ⇔ Zim 📺 🅿 – 🛔 60. 🄰🄴 ⓞ 🄴 𝘝𝘐𝘚𝘈. 🌿 Zim
Menu siehe Rest. *Apicius* (separat erwähnt) – *Jäger- und Fischerstube :* Menu à la carte 47/79 – **67 Z** 112/290 – ½ P 120/211.

🏨 **Pension Andrea** garni, Wiefelsteder Str. 43, ⊠ 26160, 𝒫 47 41, Fax 4745, 🎄 – 📺 ☎ 🅿. 🄰🄴 ⓞ 🄴 𝘝𝘐𝘚𝘈
16 Z 85/170.

XXX ❀ **Apicius** - Hotel Jagdhaus Eiden, ⊠ 26160, 𝒫 69 84 16, Fax 698398 – 🅿. 🄰🄴 ⓞ 🄴 𝘝𝘐𝘚𝘈. 🌿
Sonntag - Montag und 1.- 2 1. Jan. geschl. – **Menu** (nur Abendessen, Tischbestellung ratsam, bemerkenswerte Weinkarte) à la carte 67/91
Spez. Kalbsbries mit Linsensprossen, Steinbutt in der Gemüsekruste, Rehmedaillons mit Feigenknödel.

XX **Goldener Adler,** Wiefelsteder Str. 47, ⊠ 26160, 𝒫 26 97, Fax 58152, 🏠, « Ammerländer Bauernhaus » – 🅿. 🄰🄴 ⓞ 🄴 𝘝𝘐𝘚𝘈
Dienstag und Mitte Jan.- Ende Feb. geschl. – **Menu** (wochentags nur Abendessen) à la carte 35/77.

In Bad Zwischenahn - Aue NO : 6 km Richtung Wiefelstede :

X **Klosterhof,** Wiefelsteder Str. 67, ⊠ 26160, 𝒫 87 10, Fax 8860, 🏠, « Ammerländer Bauernhaus » – 🅿. 🄰🄴 ⓞ 🄴 𝘝𝘐𝘚𝘈
Montag geschl. – **Menu** à la carte 26/56.

ZWOENITZ Sachsen 𝟜𝟙𝟜 K 14 – 10 000 Ew – Höhe 525 m – ✿ 037754.
♦Dresden 110 – Chemnitz 33 – Chomutov 79 – Karlovy Vary 63 – Zwickau 29.

🏨 **Stadt Zwönitz,** Am Mühlengraben 10, ⊠ 08297, 𝒫 29 04, Fax 2971, ⬚ – 📶 📺 ☎ 🅿
➤ – 🛔 40. 🄰🄴 🄴 𝘝𝘐𝘚𝘈
Menu à la carte 18/47 – **39 Z** 89/190.

🏠 **Roß,** Markt 1, ⊠ 08297, 𝒫 22 52, Fax 2252, Biergarten – 📺 ☎ 🅿. 🄴
➤ **Menu** à la carte 24/36 – **21 Z** 80/130.

ZWOTA Sachsen siehe Klingenthal.

Benutzen Sie auf Ihren Reisen in EUROPA :

die Michelin-Länderkarten (1:400 000 bis 1:1 000 000) ;

die Michelin-Abschnittskarten (1:200 000) ;

die Roten Michelin-Führer (Hotels und Restaurants) :

Benelux, España Portugal, France, Great Britain and Ireland, Italia, Schweiz, Main Cities Europe

die Grünen Michelin-Führer (Sehenswürdigkeiten und interessante Reisegebiete) :

Deutschland, Frankreich, Italien, Österreich, Schweiz, Spanien

die Grünen Regionalführer von Frankreich
(Sehenswürdigkeiten und interessante Reisegebiete) :

Paris, Atlantikküste, Bretagne, Burgund Jura, Côte d'Azur (Französische Riviera)
Elsaß Vogesen Champagne,
Korsika, Provence, Schlösser an der Loire, Oberrhein

Entfernungen
Distances – Distanze

Einige Erklärungen

In jedem Ortstext finden Sie Entfernungen zur Landeshauptstadt und zu den nächstgrößeren Städten in der Umgebung. Sind diese in der nebenstehenden Tabelle aufgeführt, so wurden sie durch eine Raute ♦ gekennzeichnet. Die Kilometerangaben der Tabelle ergänzen somit die Angaben des Ortstextes.

Da die Entfernung von einer Stadt zu einer anderen nicht immer unter beiden Städten zugleich aufgeführt ist, sehen Sie bitte unter beider entsprechenden Ortstexten nach. Eine weitere Hilfe sind auch die am Rande der Stadtpläne erwähnten Kilometerangaben.

Die Entfernungen gelten ab Stadtmitte unter Berücksichtigung der günstigsten (nicht immer kürzesten) Strecke.

Quelques précisions

Au texte de chaque localité vous trouverez la distance de la capitale du « Land » et des villes environnantes. Lorsque ces villes sont celles du tableau ci-contre, leur nom est précédé d'un losange ♦. Les distances intervilles du tableau les complètent.

La distance d'une localité à une autre n'est pas toujours répétée en sens inverse : voyez au texte de l'une ou l'autre. Utilisez aussi les distances portées en bordure des plans.

Les distances sont comptées à partir du centre-ville et par la route la plus pratique, c'est-à-dire celle qui offre les meilleures conditions de roulage, mais qui n'est pas nécessairement la plus courte.

Commentary

The text on each town includes its distances to the "land" capital and to its neighbours. Towns specified in the table opposite are preceded by a lozenge ♦ in the text. The distances in the table complete those given under individual town headings for calculating total distances.

To avoid excessive repetition some distances have only been quoted once, you may, therefore, have to look under both town headings. Note also that some distances appear in the margins of the town plans.

Distances are calculated from centres and along the best roads from a motoring point of view – not necessarily the shortest.

Qualche chiarimento

Nel testo di ciascuna località troverete la distanza dalla capitale del « land » e dalle città circostanti. Quando queste città appaiono anche nella tabella a lato, il loro nome è preceduto da una losanga ♦. Le distanze tra le città della tabella le completano.

La distanza da una località ad un'altra non è sempre ripetuta in senso inverso : vedete al testo dell'una o dell'altra. Utilizzate anche le distanze riportate a margine delle piante.

Le distanze sono calcolate a partire dal centro delle città e seguendo la strada più pratica, ossia quella che offre le migliori condizioni di viaggio, ma che non è necessariamente la più breve.

Entfernungen zwischen den grösseren Städten

Distances entre principales villes

Distances between major towns

Distanze tra le principali città

Karlsruhe - Stuttgart **73 km**

	Aachen	Augsburg	Bamberg	Berlin	Bonn	Braunschweig	Bremen	Darmstadt	Dresden	Düsseldorf	Essen	Frankfurt am Main	Frankfurt an der Oder	Freiburg	Hamburg	Hannover	Karlsruhe	Kassel	Kiel	Koblenz	Köln	Konstanz	Leipzig	Lübeck	Mannheim	München	Nürnberg	Osnabrück	Regensburg	Rostock	Saarbrücken	Stuttgart	Trier	Donau Ulm	Wiesbaden
Augsburg	565																																		
Bamberg	468	201																																	
Berlin	646	568	410																																
Bonn	95	469	372	603																															
Braunschweig	414	558	393	238	370																														
Bremen	367	685	520	399	335	167																													
Darmstadt	272	329	214	573	176	362	469																												
Dresden	640	444	286	189	557	310	472	486																											
Düsseldorf	83	553	432	562	72	329	284	236	594																										
Essen	117	562	444	538	94	305	253	262	553	34																									
Frankfurt am Main	248	316	214	542	152	331	438	36	455	212	245																								
Frankfurt an der Oder	710	632	474	94	666	301	463	637	183	625	601	606																							
Freiburg	476	283	408	809	381	597	704	241	685	465	474	271	872																						
Hamburg	476	715	550	283	445	170	119	519	475	393	363	488	368	754																					
Hannover	355	572	407	299	311	66	125	376	371	270	246	345	362	611	155																				
Karlsruhe	344	228	278	679	249	467	574	111	555	333	342	141	742	133	624	481																			
Kassel	310	413	248	393	267	151	279	217	350	226	207	186	456	452	309	165	322																		
Kiel	563	811	646	349	532	265	206	615	541	480	450	584	434	850	96	251	720	404																	
Koblenz	157	412	333	604	53	393	388	137	517	120	147	113	668	324	497	364	192	222	584																
Köln	73	499	395	576	31	343	308	199	562	40	67	175	639	411	418	284	279	240	505	84															
Konstanz	568	182	335	735	473	673	796	333	611	557	566	363	798	125	831	687	232	528	926	416	503														
Leipzig	557	398	240	187	474	205	367	403	111	511	470	372	203	639	370	266	509	267	501	434	479	565													
Lübeck	536	771	606	276	504	226	178	575	468	453	422	544	361	810	65	211	680	365	78	557	477	887	428												
Mannheim	283	285	267	618	188	407	514	51	531	272	281	81	682	197	564	421	67	262	660	131	218	289	448	620											
München	624	70	232	590	529	630	757	389	466	616	636	398	654	330	787	644	288	485	883	472	580	221	420	843	345										
Nürnberg	482	137	62	436	386	459	586	228	312	446	466	228	500	377	617	473	247	314	712	347	409	303	266	673	236	166									
Osnabrück	256	582	417	434	225	201	119	359	506	173	143	328	497	594	229	142	464	180	316	277	198	686	401	288	404	654	484								
Regensburg	582	146	162	493	486	485	686	328	358	546	566	328	534	466	717	573	336	414	812	447	509	326	323	734	325	124	102	584							
Rostock	655	757	599	224	623	280	297	643	416	572	541	612	309	878	184	330	748	433	188	676	596	924	376	113	688	779	625	407	682						
Saarbrücken	250	368	387	714	226	503	560	168	627	300	319	182	778	206	660	517	140	358	756	165	256	305	544	716	129	427	361	450	450	784					
Stuttgart	391	161	234	634	295	500	619	155	510	379	389	186	698	181	657	514	73	355	753	239	326	175	464	713	112	220	203	508	292	823	213				
Trier	158	436	394	724	156	512	473	185	637	196	232	188	787	302	583	449	208	342	670	130	163	401	554	642	173	495	405	363	494	761	94	281			
Donau Ulm	496	81	218	617	400	537	664	260	493	484	494	291	681	207	695	551	159	392	790	344	431	119	447	751	217	140	186	562	216	806	299	93	367		
Wiesbaden	234	364	245	571	138	360	428	44	484	198	224	39	635	276	517	374	146	215	613	100	161	368	401	573	86	430	259	318	359	641	156	190	152	294	
Würzburg	371	207	99	504	276	362	489	118	380	335	355	117	567	312	520	376	182	217	615	236	299	311	334	576	171	281	110	387	210	693	290	138	298	187	149

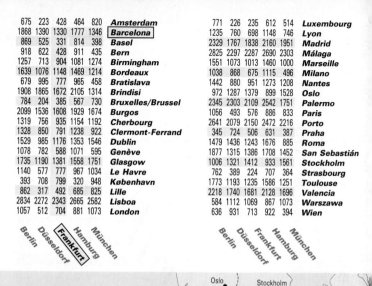

	Berlin	Düsseldorf	Frankfurt	Hamburg	München
Amsterdam	675	223	428	464	820
Barcelona	1868	1390	1330	1777	1346
Basel	869	525	331	814	398
Bern	918	622	428	911	435
Birmingham	1257	713	904	1081	1274
Bordeaux	1639	1076	1148	1469	1214
Bratislava	679	995	777	965	458
Brindisi	1908	1865	1672	2105	1314
Bruxelles/Brussel	784	204	385	567	730
Burgos	2099	1536	1608	1929	1674
Cherbourg	1319	756	935	1154	1192
Clermont-Ferrand	1328	850	791	1238	922
Dublin	1529	985	1176	1353	1546
Genève	1078	782	588	1071	595
Glasgow	1735	1190	1381	1558	1751
Le Havre	1140	577	777	967	1034
København	393	708	799	320	948
Lille	862	317	492	685	825
Lisboa	2834	2272	2343	2665	2582
London	1057	512	704	881	1073
Luxembourg	771	226	235	612	514
Lyon	1235	760	698	1148	746
Madrid	2329	1767	1838	2160	1951
Málaga	2825	2297	2287	2690	2303
Marseille	1551	1073	1013	1460	1000
Milano	1038	868	675	1115	496
Nantes	1442	880	951	1273	1208
Oslo	972	1287	1379	899	1528
Palermo	2345	2303	2109	2542	1751
Paris	1056	493	576	886	833
Porto	2641	2079	2150	2472	2216
Praha	345	724	506	631	387
Roma	1479	1436	1243	1676	885
San Sebastián	1877	1315	1386	1708	1452
Stockholm	1006	1321	1412	933	1561
Strasbourg	762	389	224	707	364
Toulouse	1773	1193	1235	1586	1251
Valencia	2218	1740	1681	2128	1696
Warszawa	584	1112	1069	867	1073
Wien	636	931	713	922	394

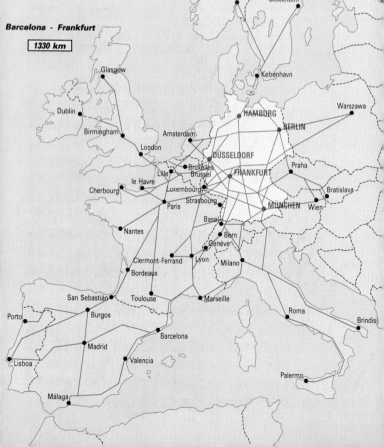

Barcelona - Frankfurt

1330 km

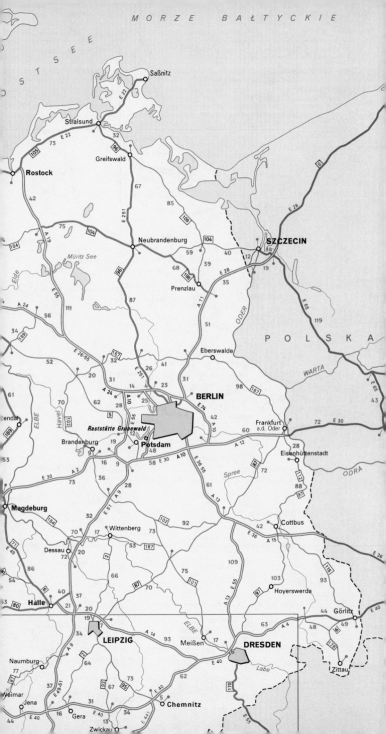

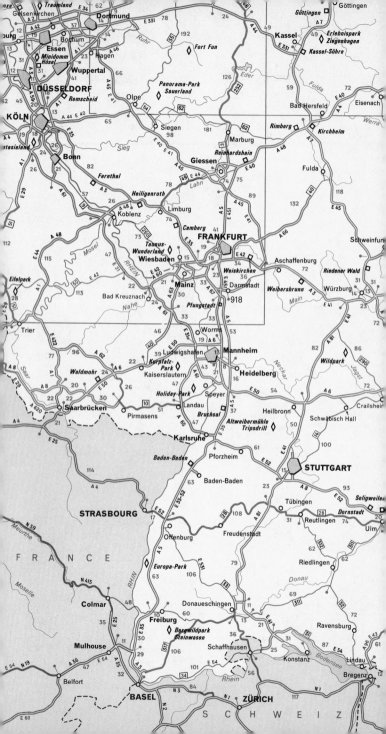

Auszug aus dem Messe- und Veranstaltungskalender

Extrait du calendrier des foires et autres manifestations

Excerpt from the calendar of fairs and other events

Estratto del calendario delle fiere ed altre manifestazioni

Messe- und Ausstellungsgelände sind im Ortstext angegeben.

Baden-Baden	Frühjahrs-Meeting	20. 5. - 28. 5.
	Rennwoche	25. 8. - 3. 9.
Bayreuth	Wagner-Festspiele	25. 7. - 28. 8.
Berlin	Internationale Grüne Woche	13. 1. - 22. 1.
	Internationale Tourismus-Börse (ITB)	4. 3. - 9. 3.
	Internationale Funkausstellung	26. 8. - 3. 9.
Bielefeld	Urlaub - Touristik - Freizeit	29. 4. - 7. 5.
Bregenz (A)	Festspiele	20. 7. - 23. 8.
Bremen	Bremer Freimarkt	14.10. - 29.10.
Dortmund	Internationale Zweirad-Ausstellung	1. 3. - 5. 3.
	Gahofa	23. 4. - 27. 4.
Dresden	Frühjahrsmesse	15. 4. - 23. 4.
	Musikfestspiele	20. 5. - 5. 6.
	Herbstmesse	30. 9. - 8.10.
Dürkheim, Bad	Dürkheimer Wurstmarkt	8. 9. - 18. 9.
Düsseldorf	Internationale Bootsausstellung	21. 1. - 29. 1.
	IGEDO - Internationale Modemesse	5. 3. - 7. 3.
	IGEDO - Internationale Modemesse	10. 9. - 12. 9.
	DRUPA	5. 5. – 18. 5.
Essen	Reisemarkt Ruhr	22. 3. - 26. 3.
	Motor-Show	1.12. - 10.12.
Frankfurt	Internationale Frankfurter Messen	18. 2. - 22. 2.
		26. 8. - 30. 8.
	JAA	14. 9. - 24. 9.
	Frankfurter Buchmesse	11.10. - 16.10.
	Leben - Wohnen - Freizeit - Reisen	18.11. - 26.11.
Freiburg	Camping- und Freizeitausstellung	11. 3. - 19. 3.
Friedrichshafen	IBO - Messe	18. 4. - 26. 4.
	Internationale Wassersportausstellung (INTERBOOT)	16. 9. - 24. 9.
Furth im Wald	Der Drachenstich	11. 8. - 21. 8.
Hamburg	REISEN - Tourismus, Caravan, Auto	11. 2. - 19. 2.
	INTERNORGA	10. 3. - 15. 3.
	Internationale Boots-Ausstellung	21.10. - 29.10.
Hannover	ABF (Ausstellung Auto-Boot-Freizeit)	11. 2. - 19. 2.
	Hannover Messe CeBIT	8. 3. - 15. 3.
	Hannover Messe INDUSTRIE	3. 4. - 8. 4.
Heidelberg	Schloß-Spiele	27. 7. - 31. 8.
Hersfeld, Bad	Festspiele und Opern	12. 6. - 23. 8.
Kempten i.A.	Allgäuer Festwoche	12. 8. - 20. 8.
Kiel	Kieler Woche	17. 6. - 25. 6.
Köln	Internationale Möbelmesse	24. 1. - 29. 1.
	DOMOTECHNIKA	21. 2. - 22. 2.
	ANUGA	7.10 – 12.10.
Leipzig	Buchmesse	23. 3. - 26. 3.
	Auto Mobil International	1. 4. - 9. 4.
	TC - Touristik + Caravaning	7.12. - 12.12.
Mannheim	Maimarkt	29. 4. - 9. 5.
München	C - B - R (Caravan - Boot - Reisemarkt)	4. 2. - 12. 2.
	Internationale Handwerksmesse	11. 3. - 19. 3.
	Oktoberfest	16. 9. - 1.10.

Nürnberg	Internationale Spielwarenmesse	2. 2. - 8. 2.
	Freizeit -Boot -Caravan -Camping -Touristik	18. 2. - 26. 2.
	Consumenta	28.10. – 5.11.
	Christkindlesmarkt	2.12. - 23.12.
Offenburg	Oberrhein-Messe	29. 9. - 8.10.
Sarrbrücken	Internationale Saarmesse	22. 4. - 1. 5.
Salzburg (A)	Festspiele	8. 4. - 17. 4.
	Festspiele	29. 7. - 27. 8.
Schwetzingen	Musikfestspiele	29. 4. - 30. 5.
Segeberg, Bad	Karl-May-Spiele	18. 6. - 20. 8.
Stuttgart	CMT -Ausstellung für Caravan, Motor, Touristik	21. 1. - 29. 1.
	LWH - Landwirtschaftl. Hauptfest	23. 9 – 1.10.
	Cannstatter Volksfest	23. 9. - 8.10.
Ulm	Leben-Wohnen-Freizeit	1. 4. - 9. 4.
Villingen - Schwenningen	Südwest-Messe	10. 6. - 18. 6.
Wiesbaden	Internationale Maifestspiele	29. 4. - 31. 5.
Wunsiedel	Luisenburg-Festspiele	30. 5. - 22. 8.

MICHELIN REIFENWERKE KGaA
Bannwaldallee 60, 76185 KARLSRUHE
Tel. 0721/8 60 00 – Fax 0721/8 60 04 10

Freizeitparks
Parcs de récréation
Leisure centres
Parchi di divertimenti

Ort	Freizeitpark	nächste Autobahn-Ausfahrt	
Bestwig	Fort Fun	A 44	Erwitte/Anröchte
Bottrop-Kirchhellen	Traumland	A 2	Bottrop
Brühl	Phantasialand	A 553	Brühl-Süd
Cham	Churpfalzpark Loifling	A 3	Straubing
Cleebronn	Altweibermühle Tripsdrill	A 81	Ilsfeld
Geiselwind	Freizeit-Land	A 3	Geiselwind
Gondorf	Eifelpark	A 1/48	Wittlich
Haren/Ems	Ferienzentrum Schloß Dankerm	A 1	Cloppenburg
Haßloch/Pfalz	Holiday-Park	A 61	Haßloch
Hodenhagen	Serengeti-Safaripark	A 7	Westenholz
Kirchhundem	Panorama-Park Sauerland	A 45	Olpe
Mergentheim, Bad	Wildpark	A 81	Tauberbischofsheim
Minden-Dützen	potts park	A 2	Porta Westfalica
Oberried	Bergwildpark Steinwasen	A 5	Freiburg-Mitte
Plech	Fränkisches Wunderland	A 9	Plech
Ratingen	Minidomm	A 3/52	AB-Kr. Breitscheid
Rust/Baden	Europa-Park	A 5	Ettenheim
Schlangenbad	Taunus-Wunderland	A 66	Wiesbaden-Frauenstein
Schloß Holte-Stukenbrock	Hollywood-Park	A 2	Bielefeld-Sennestadt
Sierksdorf	Hansapark	A 1	Eutin
Soltau	Heide-Park	A 7	Soltau-Ost
Uetze	Erse-Park	A 2	Peine
Verden/Aller	Freizeitpark	A 27	Verden-Ost
Wachenheim	Kurpfalz-Park	A 650	Feuerberg
Walsrode	Vogelpark	A 27	Walsrode-Süd
Witzenhausen	Erlebnispark Ziegenhagen	A 7	Hann. Münden/Werratel

Ferientermine
(Angegeben ist jeweils der erste und letzte Tag der Sommerferien)
Vacances scolaires
(Premier et dernier jour des vacances d'été)
School holidays
(Dates of summer holidays)
Vacanze scolastiche
(Primo ed ultimo giorno di vacanza dell' estate)

Land	1995	Land	1995
Baden-Württemberg	27.7. – 9.9.	Niedersachsen	22.6. – 2.8.
Bayern	27.7. – 11.9.	Nordrhein-Westfalen	13.7. – 26.8.
Berlin	29.6. – 9.8.	Rheinland-Pfalz	6.7. – 16.8.
Brandenburg	29.6. – 12.8.	Saarland	6.7. – 16.8.
Bremen	6.7. – 19.8.	Sachsen	22.6. – 2.8.
Hamburg	29.6. – 9.8.	Sachsen-Anhalt	22.6. – 2.8.
Hessen	6.7. – 18.8.	Schleswig-Holstein	29.6. – 9.8.
Mecklenburg-Vorpom.	29.6. – 9.8.	Thüringen	22.6. – 2.8.

Telefon-Vorwahlnummern europäischer Länder

Indicatifs téléphoniques européens
European dialling codes
Indicativi telefonici dei paesi europei

		von / de / from / dal		nach / en / to / in	von / de / from / dal		nach / en / to / in
AND	Andorra	1949*		Deutschland	003362		Andorra
B	Belgien	0049*		»	0032		Belgien
BG	Bulgarien	0049		»	00359		Bulgarien
DK	Dänemark	00949		»	0045		Dänemark
SF	Finnland	99049		»	00358		Finnland
F	Frankreich	1949*		»	0033		Frankreich
GR	Griechenland	0049		»	0030		Griechenland
GB	Großbritannien	01049		»	0044		Großbritannien
SU	G.U.S. (nur von Moskau)	81049		»	007		G.U.S.
IRL	Irland	1649		»	00353		Irland
I	Italien	0049		»	0039		Italien
YU	Jugoslawien	9949		»	0038		Jugoslawien
FL	Liechtenstein	0049		»	0041		Liechtenstein
L	Luxemburg	0049		»	00352		Luxemburg
M	Malta	049		»	00356		Malta
MC	Monaco	1949*		»	003393		Monaco
NL	Niederlande	0949*		»	0031		Niederlande
N	Norwegen	09549		»	0047		Norwegen
A	Österreich	06		»	0043		Österreich
PL	Polen	049 oder 0049		»	0048		Polen
P	Portugal	0049 u. 0749		»	00351		Portugal
RO	Rumänien			»	0040		Rumänien
S	Schweden	00949		»	0046		Schweden
CH	Schweiz	0049		»	0041		Schweiz
E	Spanien	0749*		»	0034		Spanien
CS	Tschechoslowakei	0049		»	0042		Tschechoslowakei
H	Ungarn	0049*		»	0036		Ungarn

Wichtig : Bei Auslandsgesprächen von und nach Deutschland darf die voranstehende Null (0) der Ortsnetzkennzahl nicht gewählt werden, ausgenommen bei Gesprächen von Luxemburg und Österreich nach Deutschland.
* *nach den ersten beiden Vorwahlziffern erneuten Wählton abwarten, dann weiterwählen.*

Important : Pour les communications d'un pays étranger (Luxembourg et Autriche exceptés) vers l'Allemagne, le zéro (0) initial de l'indicatif interurbain allemand n'est pas à chiffrer.
* *après les deux premiers chiffres : attendre la tonalité.*

Note : When making an international call (excluding Luxembourg and Austria) to Germany do not dial the first « 0 » of the city codes.
* *After the first two digits wait for the dialling tone.*

Importante : per comunicare con la Germania da un paese straniero (Lussemburgo e Austria esclusi) non bisogna comporre lo zero (0) iniziale dell'indicativo interurbano tedesco.
* *composte le prime due cifre, aspettare il segnale di « libero ».*

NOTIZEN
NOTES
APPUNTI

MANUFACTURE FRANÇAISE DES PNEUMATIQUES MICHELIN

Société en commandite par actions au capital de 2 000 000 000 de francs

Place des Carmes-Déchaux – 63 Clermont-Ferrand (France)

R.C.S. Clermont-Fd B 855 200 507

© **MICHELIN ET Cie, propriétaires-éditeurs, 1994**

Dépôt légal Novembre 1994 – ISBN 2-06-006259-4

Printed in the EC 10-94-100

Satz, Druck und Bindung : MAURY Imprimeur à Malesherbes – Frankreich – N° 47365 G

987

Deutschland, Österreich Tschechische Republik

Benelux

Allemagne, Autriche République Tchèque

1/1 000 000 – 1 cm : 10 km

CARTE ROUTIÈRE ET TOURISTIQUE

MICHELIN

46 Av. de Breteuil 75324 PARIS 14 DEX 07 – 76705 KARLSRUHE Bannwaldallee 60

GRÜNE MICHELIN REISEFÜHRER

DEUTSCHE AUSGABEN

DEUTSCHLAND – FRANKREICH – ITALIEN
ÖSTERREICH – SCHWEIZ - SPANIEN
ATLANTIKKÜSTE – BRETAGNE
BURGUND FRANCHE-COMTÉ – CÔTE D'AZUR
FRANZÖSISCHE RIVIERA
ELSASS VOGESEN CHAMPAGNE
KORSIKA – PARIS – PROVENCE
SCHLÖSSER AN DER LOIRE
OBERRHEIN

1014